Hélène Légaré

FRANCE

Côte Basque
n Sebastián
PAYS-
BASQUE
NAVARRE
Estella
Sangüesa
LA
RIOJA
la Oliva

Chemin de
St Jacques

Vielha

Sant Pere
de Rodes

Leyre
★ ★
San Juan
de la Peña
Parc nat.
de Ordesa
Parc national
d'Aigües Tortes
Besalú ★ ★

Route des
Pyrénées ★ ★

Vic
Girona
Sierra de
Montseny
Costa Brava

Saragosse
Lleida
Montserrat
Terrassa

s.Maria
Huerta
CATALOGNE
Poblet
Barcelone

Piedra
Rio Ebro
Santes
Creus

★ ★ Valderrobres
Taragone

Circuit des Sierras
du Bas-Aragon

★ ★ Ciudad
Encantada
Peñíscola
Menorca

Cuenca
Palma

COMMUNAUTÉ
Valence
Ibiza
Mallorca

iana
VALENCIENNE
BALÉARES

★ ★ Veruela
Rio Júcar
Ibiza

MANCHE

Elche

MURCIE

MER   MÉDITERRANÉE

da ★ ★
as
ujarras

0   50   100 km

étoiles, se reporter à l'index.
illées de l'Andalousie, des Castilles et de la Catalogne figu

D0596870

Espagne

Espagne

GUIDES BLEUS

Direction : Adélaïde Barbey.
Direction éditoriale : Isabelle Jendron, Catherine Marquet.
Direction littéraire : François Monmarché.
Rédaction en chef : Jean-Jacques Fauvel.
Rédaction : Christine Collado ; et Luis-Maria Areta-Armenta, Pascale Aubin, Yolande Alvarez-Duerto, Lucien Castela, Sylvie Chambadal, Aude Cox-Olivier-Lacamp, Christian Delacampagne, Josette Delaloi-Mayor, Élisabeth Dessus, Patrick Duval, Monica Garcia-Condé-Urquijo, Anna Gonzalez-Salvador, Carmen Lozano-Floristan, Luis Marques-Villegas, Marie-Thérèse Michaud, Jean-Pierre Miniou, Michelle Rodriguez, Francine Rougieux, Maria-Dolorès Uso-Dallester, Jacques Terrasa, Eduardo Vargas.
Rédaction des introductions : Lucien Castela, Michel Drain, Jacques Lassaigne, Didier Sénécal, Rodrigo De Zayas.
Cartographie : René Pineau, Alain Mirande.
Secrétariat d'édition : Christian Duponchelle.
Documentation : Florence Guibert.
Préparation, lecture, correction : Patrick Chatelier, Sophie Brissaud, Alix Ratouis ; et Guy Fournier, Juliette Minces, Josette Péronnet, Michèle Pesce, Élisabeth Rousseau, Pascale Stora, Paulette Tépernowski.
Illustrations : Florence Lasnes, Alexandra Pavone, Archives Hachette.
Fabrication : Gérard Piassale, Denis Schneider.
Couverture : conception, Calligram ; maquette, C. Mathieu.

Nous remercions tout particulièrement :
M. Éloi-Jaume Garcia
Mlle Sylvie Hano.

Régie exclusive de la publicité : **Hachette Guides de Voyages**

Hachette Guides de Voyages, 79, boulevard Saint-Germain, 75006 Paris

Sommaire

Avertissement   2
Table des cartes et plans   7
Légende des signes et symboles   9, 10 et 1108

Voyager en Espagne

Vous trouverez les informations utiles à la préparation et l'organisation de votre séjour. Cette partie est divisée en quatre chapitres.

Que voir en Espagne ?

Que voir en Espagne ? (13)
Les fêtes religieuses (13)
Les spectacles sportifs (15)
Les courses de taureaux (16)
La vie culturelle (19)
Propositions de circuits : La Castille et Madrid (20). Madrid, Tolède et le Nord-Est (20). Pyrénées Catalanes et Costa Brava ou la Catalogne romane (20). Costa Dorada et del Azahar, Aragon (20). Côte Cantabrique et León (21). Navarre et Vieille-Castille (21). Chemin de Saint-Jacques (21). Les sites artistiques majeurs (21). L'Espagne musulmane (22. Autres circuits (22).

Partir

Adresses utiles   23

Quand partir ?   23

Se documenter ?   24

Formalités : papiers d'identité (24). Douane (24). Devises (25). Santé et assurances (25). Animaux (25).
Le voyage par avion (25).
Le voyage par bateau (27).
Le voyage par le train (27).
Le voyage en voiture (28).
Le voyage organisé (28).

Se déplacer en Espagne : liaisons aériennes intérieures (29). Liaisons ferroviaires (30). Autocars interurbains (31).

L'Espagne en voiture : location de voiture (32). Essence (32). Réglementation (32). Formalités (32). Réseau routier et autoroutier (32). Les taxis (33).

Séjourner

Se loger : hôtels (34). Paradores (34). Chambres chez l'habitant (34). Location de villas et d'appartements (34). Camping et caravaning (34). Auberges de jeunesse (35).

Se restaurer : restaurants (35). La cuisine espagnole (35). Les boissons (36).

Vivre au quotidien : votre budget (36). Monnaie (36). Vivez à l'heure espagnole (36). Visite des musées, des châteaux, des églises (37). Vos achats (37). Les lettres et le téléphone (38).

Loisirs et distractions : la Plaza Mayor (38). Le paseo (38). Le chateo (39). Discothèques (39). Les sports que vous pratiquerez : le golf (39). le ski (39). la pêche (40), la chasse (40), les sports nautiques (41).

Lexique
Prononciation (41).
Quelques mots utiles (41).

Connaître l'Espagne

Vous disposez des pp. 51 à 163 d'un ensemble d'introductions aux divers aspects de la civilisation en Espagne suivies d'une bibliographie et d'un petit dictionnaire illustré qui, des pp. 169 à 180, explicite quelques notions d'art et d'archéologie ou donne la signification de termes d'usage peu courant.

L'Espagne aujourd'hui par *Didier Sénécal*	51
Lumières d'Espagne par *Lucien Castela*	56
La nature et les paysages	64
Survol de l'histoire	69
L'Espagne littéraire par *Lucien Castela*	87
L'art en Espagne par *Jacques Lassaigne* (†)	99
La musique en Espagne par *Rodrigo de Zayas*	142
L'économie de l'Espagne par *Michel Drain*	155
Indications bibliographiques	164
Petit dictionnaire	169

Visiter l'Espagne

Il s'agit du guide proprement dit, des pp. 183 à 1106, où sont décrits villes, sites et monuments.

Renseignements pratiques 1109

Pour vous aider à choisir un hôtel ou un restaurant, à obtenir l'adresse ou le numéro de téléphone d'un office de tourisme, à connaître les principales manifestations de l'endroit où vous séjournez, ce chapitre rassemble l'ensemble de ces informations pratiques. Les pages en sont repérées par un coin grisé.

Index 1251

Cartes, plans et illustrations

Cartes

Que voir en Espagne ?	pages de garde, en tête du volume
Que voir en Andalousie ?	cahier couleurs, planches XXXVI-XXXVII
Que voir en Castille - La Manche ?	cahier couleurs, planche XVI
Que voir en Castille - León ?	cahier couleurs, planches X-XI
Que voir en Catalogne ?	cahier couleurs, planches VI-VII
L'Espagne physique	64
Autonomies et provinces d'Espagne	182
Iles Canaries (partie Ouest)	350
Iles Canaries (partie Est)	351
Environs de Madrid	cahier couleurs, planches XXIV-XXV
Environs de Séville	959

Plans en couleurs (cahier spécial en milieu de volume)

Barcelone (plan général)	planches II-II
Barcelone (centre)	planches IV-V
Burgos	planches VIII-IX
Cordoue	planches XII-XIII
Grenade (plan d'ensemble)	planches XIV-XV
Madrid (plan d'ensemble)	planche XVII
Madrid II (Chamberi, Malasana)	planches XVIII-XIX
Madrid III (Salamanca)	planche XX
Madrid IV (Latina)	planche XXI
Madrid V (Rastro, Lavapies, Retiro)	planches XXII-XXIII
Palma de Mallorca	planches XXVI-XXVII
Salamanque	planches XXVIII-XXIX
Séville (plan d'ensemble)	planche XXXI
Séville (Macarena, Centro)	planches XXXII-XXXIII
Séville (Arenal, Santa Cruz)	planches XXXIV-XXXV
Tolède	planches XXXVIII-XXXIX
Vitoria	planche XL

Autres plans

Alicante	198-199	Burgos (cathédrale)	321
Almería	208-209	Cáceres	334-335
Avila	246	Cáceres (Barrio	
Barcelone (cathédrale)	273	Monumental)	336
Bilbao	310-311	Cadix	342-343

Carthagène	370	Pontevedra	812
Ciudad Rodrigo	400	Ronda	840
Cordoue (Barrio de la		Saint-Sébastien I	864-865
Juderia)	412	Saint-Sébastien II	866
Cordoue (mosquée-		Santa Cruz	
cathédrale)	415	de Tenerife	992-993
Corogne [La]	586	Santander	896
Cuenca	460	Santiago (Saint-Jacques-	
Escorial [L']	474	de Compostelle)	852-853
Estella	477	Santiago (cathédrale)	855
Gérone	496-497	Saragosse	908-909
Grenade (cathédrale)	532	Ségovie	920-921
Grenade (palais de		Séville (Alcázar)	943
l'Alhambra)	522	Séville (cathédrale)	935
Grenade (l'Alhambra et		Soria	970
le Generalife)	520	Tarragone	984
Grenade (Albaicín)	536	Teruel	1001
Jaén	572	Tolède (cathédrale)	1007
León	596-597	Trujillo	1031
Lleida	603	Valence I (Nord)	1046-1047
Lorca	612	Valence II (Sud)	1048-1049
Málaga	684-685	Valladolid	1062-1063
Mérida	700	Vigo	1085
Murcie	718-719	Zamora	1100-1101
Orense	742		
Oviedo	751	**Illustrations**	
Palencia	758		
Palma de Mallorca I	762-763	Arcs	170
Palma de Mallorca II	764	Corrida	17, 18, 19
Palma de Mallorca III	765	Coufique	173
Palma de Mallorca IV	766-767	Cursives	173
Palmas [Las] (ville)	508	Entrelacs	174
Palmas [Las] (Puerto de		Estipite	174
la Cruz)	507	Hórreo	175
Pampelune	784-785	Merlons	176
Poblet [Monastère de]	805	Sebka	180

Symboles

Vous trouverez ci-dessous les signes placés en marge des textes descriptifs et utilisés dans l'ensemble des Guides Bleus. Ils ne figurent donc pas tous nécessairement dans cet ouvrage.

œuvre ou document d'un intérêt exceptionnel

panorama, point de vue

site exceptionnel

musée

architecture rurale ou urbaine

château, fortification, rempart

ruine, site archéologique

haut lieu historique

église, abbaye

calvaire

synagogue, lieu saint juif

mosquée ou monument d'art islamique

monument ou sanctuaire hindou

monument ou sanctuaire bouddhique

monument ou sanctuaire taoïque

monument ou sanctuaire shintoïque

autre curiosité

anecdote relative à l'histoire littéraire

anecdote relative à l'histoire musicale

manifestation religieuse ou folklorique, marché

artisanat

source thermale

station balnéaire, plage

forêt, parc, espace boisé

palmeraie, oasis

excursion à pied

excursion en montagne

station de sports d'hiver

parc zoologique, réserve naturelle

lieu de pêche

lieu de chasse

itinéraire principal

itinéraire secondaire

incursion hors d'un itinéraire pour la visite d'un autre lieu ou monument

se reporter à

Abréviations

A.-R.	aller-retour	lun.	lundi
alt.	altitude	m	mètres
aub.	auberge	mar.	mardi
av.	avenue	merc.	mercredi
avr.	avril	mm	millimètres
bd	boulevard	mn	minutes
ch.	chambre	N.	nord
cm	centimètres	nov.	novembre
coul.	couleur	O.	ouest
déc.	décembre	oct.	octobre
dim.	dimanche	ouv.	ouvert
dr.	droite	p.	page
E.	est	pl.	place
env.	environ(s)	quot.	quotidien
f.	fermé	rens.	renseignements
fév.	février	rest.	restaurant
g.	gauche	r.-v.	rendez-vous
h	heures	s.	siècle
ha	hectares	S.	sud
hab.	habitants	sam.	samedi
hég.	hégire	sem.	semaine
it.	itinéraire	sept.	septembre
j.	jour	sf	sauf
J.-C.	Jésus-Christ	t	tonnes
janv.	janvier	t.a.	toute l'année
jeu.	jeudi	t.l.j.	tous les jours
juil.	juillet	vendr.	vendredi
kg	kilogrammes	vis.	visite
km	kilomètres	vol.	volume
kWh	kilowattheures	→	se reporter à

Classification des sites, monuments, musées...
Ils sont classés selon deux critères :
leur place, dans une « hiérarchie des valeurs », établie la plus objectivement possible

 * intéressant   *** exceptionnel
 ** très intéressant

le repérage des plus importants d'entre eux au moyen de symboles placés en marge des textes descriptifs.

Voyager en Espagne

Voyager en Espagne
Index des rubriques

Achats, 37
Adresses utiles, 23
Animaux, 25
Assurances, 25
Auberges de jeunesse, 35
Autocar, 28
Avion, 25, 29
Bicyclette, 22
Boissons, 36
Budget, 36
Camping, 34
Chambres chez l'habitant, 34
Chasse, 39
Chateo, 39
Chemins de fer, 27, 30
Cheval, 22
Cinéma, 20
Concerts, 19
Consulats, 23
Corridas, 16
Cuisine espagnole, 35
Déplacements, 29
Devises, 24
Distractions, 38
Documentation, 24
Douane, 24
Églises, 37
Époque du voyage, 23
Ferias, 14
Festivals, 19
Fêtes religieuses, 13
Formalités, 24, 32
Futbol, 15
Golf, 39
Horaires, 36
Hôtels, 34
Jours fériés, 37

Location de villas et
    d'appartements, 34
Location de voitures, 31
Loisirs, 38
Monnaie, 36
Monuments, 37
Musées, 37
Night-clubs, 39
Office du tourisme, 23
Papiers d'identité, 24
Paradores, 34
Paseo, 38
Pêche, 39
Pelote, 15
Plaza Mayor, 38
Poste, 38
Propositions de circuits, 20
Que voir en Espagne ? 13-15
Restaurants, 35
Romerías, 14
Routes, 32
Santé, 25
Ski, 39
Spectacles sportifs, 15
Sports nautiques, 40
Taxis, 33
Téléphone, 38
Théâtre, 19
Train, 22
Verbenas, 15
Vie culturelle, 19
Vie quotidienne, 36
Visites, 37
Voiture, 28, 31
Voitures tout terrain, 22
Voyage organisé, 28

Que voir en Espagne?

Que voir en Espagne? ————————————————

L'Espagne a apporté par les arts, par les lettres, une contribution décisive à l'évolution culturelle de l'Europe, mais les chefs-d'œuvre que son passé nous lègue ne peuvent être véritablement compris que si l'on se laisse prendre aux charmes de ses paysages, de ses climats, de ses atmosphères, de ses rythmes et de ses hommes. Un lever de soleil sur le désert de l'Aragon, une tournée de *tapas* à Cordoue, la bruine impalpable de Saint-Jacques-de-Compostelle effaçant dans le ciel les tours de la cathédrale, la mer qui essaie d'emprisonner Cadix dans sa «petite tasse d'argent», les taureaux furieux et affolés de la San Fermín à Pampelune célébrés par Hemingway... quelques impressions parmi des milliers d'autres qui marqueront vos souvenirs d'Espagne.

Greco, Vélasquez, Goya sont des artistes de Tolède, Séville, Madrid et Saragosse; vous trouverez dans les grands musées la partie plus importante de leur œuvre. Ils vous conduiront naturellement aux autres, moins connus, mais tout aussi talentueux : la peinture romane anonyme du musée de Barcelone, Zurbarán à Guadalupe, Murillo à Séville, Zuloaga à Bilbao.

La carte des pages de garde, complétée, pour les principales régions touristiques, par les cartes figurant dans le cahier en couleurs au milieu du volume, vous permettra de vous rendre compte de la localisation et de la répartition géographique des richesses de l'Espagne, qu'elles soient archéologiques, monumentales, picturales, ou qu'il s'agisse de paysages ou encore de folklore. Par ailleurs, les listes complètes des entrées alphabétiques de chacune des 17 Communautés autonomes figurent à la suite des articles consacrées à celles-ci dans la partie descriptive du guide.

Tout au long de l'année, des fêtes, des corridas, des manifestations culturelles sont une des raisons de se rendre en Espagne. Vous trouverez, au chapitre «Séjourner», les dates principales des jours fériés et, ci-après, un aperçu des principales fêtes religieuses; mais en fait, vous verrez que la vie est marquée par une multitude de réjouissances. L'office du tourisme espagnol publie chaque année un calendrier complet que l'on peut se procurer gratuitement.

Les fêtes religieuses ————————————————

Les fêtes de l'Église sont célébrées avec un éclat particulier; les autorités civiles et la population y participent activement. Les solennités liturgiques, empreintes de la gravité voulue, s'accompagnent ainsi de manifestations sévères ou joyeuses où l'âme du pays apparaît dans sa piété profonde ou son exubérance spontanée et volontiers spectaculaire. Le calendrier est ainsi jalonné de fêtes populaires qui marquent les grandes dates du cycle liturgique et les dévotions locales traditionnelles.

La Fête des Rois. — Cette fête ouvre l'année (6 janvier) avec ses cavalcades traditionnelles ; c'est la fête des enfants qui reçoivent ce jour-là leurs cadeaux. Le 17 janvier, la fête de saint Antoine s'accompagne de la bénédiction des animaux domestiques. Le 19 mars, saint Joseph est fêté à Valence avec un éclat particulier *(fallas de San José).*

La semaine sainte. — A cette occasion des cérémonies religieuses sont accompagnées de processions (défilés des confréries de pénitents) dont les plus fameuses sont celles de Séville. Pourtant celles de Cordoue, de Malaga, de Jerez, de Jaén, en Andalousie, ne sont pas moins intéressantes ; à Valladolid défilent les pasos (groupes sculptés) de Gr. Hernández et à Murcie ceux de Salzillo ; les processions de Tolède, de Cuenca, de Gérone, entre autres, manifestent un profond sentiment religieux.

La Fête-Dieu. — Elle donne lieu à de très belles décorations florales et les processions qui suivent les *custodes,* ces splendides pièces d'orfèvrerie dues aux plus grands artistes que l'on admire le reste du temps dans le trésor des églises, sont fort animées. La Fête-Dieu de Grenade est la plus réputée ; mais à Barcelone, Burgos, Séville, Tolède, Valence, Saragosse, les processions et les reposoirs ne lui cèdent guère en éclat.

Les fêtes de la Vierge. — Celles-ci sont célébrées partout avec dévotion. Dans les ports, la célébration de la *Virgen del Carmen,* le 16 juillet, comporte une procession en mer et des fêtes nautiques. La plus importante, *l'Assomption* (15 août), est accompagnée généralement de fêtes locales costumées (León, La Alberca, etc.), avec chants et danses et parfois de la représentation d'un *auto-sacramental,* comme à Elche, d'un grand intérêt folklorique.

Les fêtes des saints. — Saint Jean (24 juin), saint Pierre et saint Paul (29 juin), saint Jacques (25 juillet), etc., ainsi que celles des patrons locaux, comme santa Agueda (à Ségovie, le 5 février), San Isidro (à Madrid, le 15 mai), San Fermín (à Pampelune, le 7 juillet) sont aussi l'occasion de grandes festivités, ponctuées d'incessants lancements de pétards *(cohetes),* avec bals en costumes typiques, courses de taureaux ou, plus simplement, dans les villages, capeas.

Les romerías. — Ce sont des réjouissances de style rustique, avec repas sur l'herbe, gaies et pleines de charme, analogues aux pardons bretons, attirant quantité de pèlerins auprès des nombreux ermitages ou des chapelles isolées dans la campagne, surtout en automne. Les pays du Nord, de la Navarre à la Galice, en sont friands, ainsi que l'Andalousie, où la plus fameuse est celle du *Rocío* (à la Pentecôte) qui part de Séville ; mais on peut en voir de fort pittoresques dans toutes les provinces, telle celle de Montehermoso au N. de Cáseres qui permet d'admirer d'extraordinaires costumes locaux... et il y en a bien d'autres. La journée se termine souvent par une *verbena,* fête foraine dont la danse demeure l'élément principal.

Les ferias. — A ces grandes fêtes de saints se rattachent généralement les ferias, foires au bétail, qui, coïncidant avec les fêtes patronales, durent plusieurs jours et amènent de grands concours de population, souvent de fort loin : c'est ainsi que la feria de Séville est l'occasion d'une fête merveilleuse, de réputation justifiée, sans oublier la San Isidro à Madrid (en mai), les *fallas* de Valence (en mars), de la Merced à Barcelone (en sept.), etc. (Des informations sont données dans les renseignements pratiques des villes concernées).

La Toussaint et Noël. — Plus réservées, plus familiales, ces cérémonies sont aussi marquées par de nombreuses traditions populaires ; ces dernières *(Navidades)* s'accompagnent souvent d'une foire aux santons et toujours de *nacimientos* (ou *belén*), crèches paroissiales ou privées, montées aussi parfois par la municipalité. Enfin le 31 décembre, l'année s'achève solennellement par l'absorption de 12 grains de raisin aux 12 coups de minuit, cérémonie qui, à Madrid notamment, sur la Puerta del Sol, est très populaire.

Les Verbenas. — Grandes fêtes foraines nocturnes qui ont lieu dans de nombreuses régions de la péninsule, notamment la veille des fêtes des saints. On allume des feux de joie *(hogueras)* aux carrefours. On y consomme beaucoup de *chauros* dans un ambiance bruyante.

Les spectacles sportifs

Le futbol (ballon rond). — Ce sport est la passion de l'Espagne où l'on trouve les plus grands stades de football d'Europe, à Madrid *(Bernabeu)* et à Barcelone *(Nou Camp)*. Le patriotisme local y trouve un élément particulièrement excitant et les grands clubs sont l'orgueil de leur ville. Le cyclisme est aussi fort populaire, notamment depuis les grands succès remportés par des champions espagnols sur le plan international. Outre la *Vuelta a España*, des courses provinciales et locales sont fréquemment organisées, et elles ne manquent pas de mérite dans un pays aussi accidenté ! Le Pays basque, lui, est resté fidèle à ses jeux particuliers, comme les concours de bûcherons *(aizkolari)*, les levers de pierres qui sont l'objet de performances athlétiques ou le traînage par des attelages de bœufs.

Le jeu de pelote. — Ce jeu est l'une des distractions favorites des Espagnols. La pelote est une petite balle très dure. Les murs contre lesquels la pelote est lancée s'appellent *frontons*. Ceux des villes sont des halls gigantesques. Jouer au *blaid*, c'est jouer contre le mur, à mains nues ou avec *chistera*, sorte de grand gant creux, en cuir ou en osier, que le joueur s'attache la main droite. Il y a deux camps ; on joue deux contre deux, ou trois contre trois. Le jeu consiste à lancer la pelote contre le mur et les adversaires n'ont qu'à la refouler, jusqu'à ce qu'une pelote soit manquée, ce qui compte un point marqué par le camp adverse. Les parties ont lieu généralement en 70 points. La partie de pelote au *rebot*, que l'on joue moins souvent, est plus grandiose. Au lieu, comme dans le blaid, de taper la pelote contre un seul mur, on se la renvoie de mur à mur. Les adversaires sont bien plus éloignés les uns des autres et la balle, lancée avec force, décrit en l'air des courbes énormes. Les joueurs sont 5 contre 5 et il y a toujours, comme dans le blaid, un buteur par camp. Le butoir, sorte de tremplin, est placé à env. 30 m d'un des murs. Le buteur, qui tape d'abord la balle sur le butoir au lieu de la lancer en haut contre le mur comme dans le blaid, la lance en bas, et le camp adverse doit la renvoyer de l'autre côté du butoir, où se trouve le camp ennemi. Il y a du reste entre les camps une raie ou ligne de division. Ce jeu, qui se joue en 13 jeux de chacun 5 points, est assez compliqué et tend à disparaître.

Les joueurs, ou *pelotaris,* sont des professionnels et ont presque tous été en république Argentine ou en Uruguay, où ce jeu, importé par les Basques qui y sont établis en grand nombre, est également très en honneur.

De même que les toreros, ces joueurs gagnent des sommes importantes et sont l'objet de paris considérables.

Les courses de taureaux

Sans remonter à l'évocation des jeux crétois ou des sacrifices mithriaques, on constate que la lutte de l'homme contre le taureau remonte en Espagne à une haute antiquité. On en a en tout cas le témoignage historique dès le XIIIᵉ s. Plus tard, au XVIᵉ s., elle se pratique à la lance, de préférence, alanceo puis rejoneo. C'est au XVIIIᵉ s. que ce noble sport passa aux gens du peuple et bientôt aux professionnels, et c'est à cette époque que les règles actuelles en furent fixées. Elles sont ainsi demeurées sans modifications profondes depuis le temps de Pedro Romero et de Pepe Hillo mais, depuis un siècle et demi, les grandes espadas y ont apporté tant de figures personnelles qu'il importe d'être assez bon connaisseur pour en apprécier l'art raffiné.

Les courses *(corridas de toros)* ont lieu pendant les jours de feria et à d'autres fêtes, ainsi que tous les dimanches de la bonne saison dans les plus grandes villes. Beaucoup de ces courses sont des *novilladas,* où les taureaux *(novillos)* ne dépassent pas trois ans, où les *toreros* (et non toréadors) n'ont pas reçu la consécration de l'*alternativa,* où il n'y a pas souvent de *picadores ;* mais ce ne sont pas les moins intéressantes, en raison de la valeur qu'y déploient les jeunes toreros désireux de faire une belle carrière. Les capeas de village, improvisées sur la place publique, offrent souvent un spectacle pittoresque dans son audacieuse maladresse. La plaza de toros est un vaste amphithéâtre pouvant parfois contenir jusqu'à 25 000 spectateurs ; le prix des places varie suivant leur rang et suivant leur situation à l'ombre *(sombra)* ou le soleil *(sol).* Les places que préfèrent les connaisseurs *(aficionados)* sont celles du 1ᵉʳ rang *(delanteras),* les plus voisines de l'arène, ainsi que les loges *(palcos)* du 1ᵉʳ étage. Mais, des gradins *(gradas* et *tendidos),* on a une meilleure vue d'ensemble.

Le rituel de la corrida. — La corrida dure approximativement 2 h, pendant lesquelles trois toreros combattent et donnent la mort à six taureaux. Chaque combat dure donc 20 mn. Ils combattent par ordre d'ancienneté ; le plus ancien affronte ainsi le premier et le quatrième taureau, le suivant, le second et le cinquième, etc.

Lorsque l'heure est venue (normalement à 17 h, 18 h 30 ou 19 h), de la loge présidentielle, le président (un représentant de la municipalité), à l'aide d'un mouchoir blanc, donne le signal aux alguacilillos, en habits de l'époque de Philippe II.

Ceux-ci mènent alors le **paseillo,** défilé pendant lequel les toreros revêtus d'une cape bordée de soie et d'or, passent devant la loge présidentielle suivis de leurs cuadrillas, les aides qui les soutiendront dans les combats, et des mules qui traîneront les taureaux morts hors de l'arène. Le plus ancien torero se trouve à g., le second à dr. et le plus jeune au centre. Si l'un des toreros torée pour la première fois dans cette arène, il ôte sa montera et va tête nue. Seuls les matadors portent un habit brodé d'or ; ceux des aides sont brodés d'argent. De même, seuls, ils sont autorisés à tuer les taureaux ou les novillos. Un alguacilillos remet alors au torilero la clef du toriles où sont enfermés les taureaux.

Paseillo

La corrida se déroule en trois périodes, **tercios**. Le premier tercio est la **suerte de capa y vara**   pendant lequel le torero utilise une grande cape de couleur fuchsia, «capote de brega». C'est le tercio durant lequel le torero teste le taureau et exécute des passes que le public attend, comme les verónicas, les gaoneras, les revolveras et chicuelinas. Toutes les passes ne peuvent être employées au début de la corrida.

Passes de cape :

Revolvera

Veronica   *Gaonera*

Lorsque retentit la trompette, les **picadores** sortent à cheval munis de lances, les varas, et piquent le taureau. C'est le moment où est éprouvée la bravoure du taureau. L'agressivité d'un animal qui, sous l'effet de la douleur, charge à plusieurs reprises le même cheval, est très appréciée du public. Mais l'action des picadores ne doit pas

Pique (vara)

blesser le taureau; elle est destinée à exciter l'animal. Et une «tercio de varas» de laquelle l'animal sort épuisé et blessé soulève des cris de protestation. La règle veut que le taureau affronte trois varas, mais si le torero le juge bon, il peut demander au président de brandir le mouchoir blanc et de mettre fin au tercio après une ou deux varas. Le torero peut intervenir pour éloigner le taureau d'un cheval, le ramener au centre de l'arène et effectuer quelques passes. L'éventualité d'un taureau manquant de combativité est prévue. Le public réclame alors que l'animal sorte de l'arène en criant et en agitant les mouchoirs. Le président brandit alors un mouchoir vert et l'on fait regagner les chiqueros à la bête en utilisant des taureaux domestiqués.

Le second tercio est celui des **banderilles**. Le torero pose lui-même ces bâtons munis de pointes quelquefois de façon fort périlleuse, toujours face au taureau en s'effaçant d'un mouvement de hanche au dernier moment. Trois paires de banderilles sont ainsi posées. L'animal est alors au comble de son agressivité et le sang coule de son échine.

Banderilles

Pendant le troisième tercio, le torero troque la grande cape contre une petite cape rouge, la **muleta**, tendue sur une épée de bois. Dans la phase finale du travail, la **faena**, il prendra l'épée d'acier pour la mise à mort. Celle-ci est cependant trop lourde pour être tenue à bout de bras durant toute la «faena de muleta». Avant d'entamer ce dernier tercio, le matador se dirige vers le président et lui demande la permission de mettre à mort le taureau. Pendant ce temps, les aides, les peones, attirent le taureau à d'autres endroits de l'arène. Le torero peut offrir la mort du taureau à une personne de son choix dans l'arène, en échangeant avec elle quelques paroles et en lui donnant son chapeau; il peut aussi offrir la mort du taureau au public tout entier ou renoncer à la faire s'il estime que la faena ne sera pas belle.

De toute la corrida, c'est le dernier tercio qui reçoit la plus grande faveur du public. Celui-ci se passionne pour la faena, moment pendant lequel le torero affronte la bête avec la muleta, moment le plus dangereux pour l'homme. Très souvent, la fanfare joue des paso doble pendant la faena. Le torero cherche à ce que l'animal maintienne sa tête basse. L'épreuve des piques et des banderilles a alors suffisamment épuisé le taureau. Là encore, certaines passes classiques sont attendues comme les derechazos ou les naturales.

Passes de muleta:

Derechazo   *Naturale*

Lorsqu'il estime avoir bien mérité de son art, le torero se fait matador et procède à la mise à mort, **suerte de matar**, qu'il peut réaliser en attendant la charge du taureau, recibiendo, ou en s'élançant vers la bête, l'épée à la main, « a volapie » (il ne doit pas dépasser le temps qui lui est imparti sous peine de recevoir un avertissement). Le torero est face à l'animal tête basse et lui plante l'épée dans l'encolure. Il cherche à

Suerte de matar
(estocade)

sectionner l'aorte afin que la mort soit rapide ; il arrive que l'arme dévie et que le poumon soit transpercé ; le sang coule alors par la gueule de la bête, ce qui impressionne généralement le public et particulièrement les touristes. Si malgré tout le taureau tarde à mourir, le matador peut utiliser le verduguillo, épée dont la pointe est en forme de croix. Le torero et ses aides sectionnent alors les nerfs de la nuque et l'animal s'abat. Si le taureau tombe au premier coup, il est achevé par le puntillero qui utilise un poignard, la puntilla. Si le torero tue mal et si le taureau ne meurt pas tout de suite, le torero se verra refuser les oreilles du taureau, les trophées et les « Olé ! » rituels céderont la place à la bronca. Le public juge de la prestation et conteste même parfois les décisions du président d'attribuer ou pas une oreille ; il arrive enfin que le public applaudisse un taureau particulièrement brave lorsque les mules traînent son cadavre hors de l'arène.

La vie culturelle

La vie théâtrale, les festivals, les concerts. — La grande tradition théâtrale espagnole avec ses figures universelles telles que Calderón, Lope de Vega, Lorca est perpétuée de nos jours par des dramaturges de grande qualité. Les pièces d'avant-garde des auteurs espagnols et étrangers sont représentées sur les scènes des différents théâtres nationaux. A Barcelone, Josep Maria Flotats monte plusieurs œuvres en catalan. Il existe à Madrid de nombreux théâtres qui présentent des spectacles de grande qualité : Luís Pascual, José Luís Gómez coproduisent leurs pièces avec acteurs et metteurs en scène étrangers.

Le Festival d'Automne de Madrid, créé depuis quelques années, réunit les plus grands noms du théâtre et de la musique internationale. Il faut avoir écouté une fois dans sa vie un concert dans le décor somptueux des jardins de l'Alhambra à Grenade (juin). Les festivals de Mérida et de Santander sont également d'une haute tenue.

Plusieurs villes ont maintenant leur festival de cinéma (espagnol et ibéro-américain à Saint-Sébastien, méditerranéen à Valence...).

On trouve dans les villes de nombreuses salles de concert où ont lieu des récitals de musique classique et moderne. Certaines scènes accueillent les artistes les plus prestigieux : Teatro Real à Madrid, le Liceo à Barcelone... Les saisons d'opéra et de ballets sont, elles aussi, très riches : Placido Domingo, José Carreras, Montserrat Caballé, Teresa Berganza... Le Ballet national espagnol et les ballets d'Antonio Gades sont mondialement connus.

Le cinéma. — La relève des Buñuel, Bardem et Saura est bien assurée par la jeune génération de metteurs en scène de talent. Chaque année, de nombreux festivals internationaux sont organisés dans les villes d'Espagne : Sitges, Valladolid... (on notera que les séances commencent plus tard qu'en France, vers 16 h 30 ou 17 h). Les places sont souvent numérotées et peuvent être réservées à l'avance.

Propositions de circuits

La carte **Que voir en Espagne**, en tête de volume vous permettra d'opérer un premier choix dans vos objectifs de voyage. En complément, nous vous proposons ci-après quelques programmes classiques de une à trois semaines, au départ de Madrid aussi bien que de la frontière française, ainsi que quelques circuits plus originaux.

D'autres circuits, généralement assez courts, vous seront proposés dans la partie descriptive de ce guide, en annexe aux descriptions de diverses localités.

La Castille et Madrid.
1er jour : depuis la frontière (Irun) vous gagnerez Burgos (245 km).
2e jour : quittez Burgos pour vous rendre à Valladolid (124 km).
3e jour : gagnez Salamanque (115 km), ville d'universités médiévales.
4e jour : à 98 km vous visiterez Avila et ses remparts.
5e jour : de là vous gagnerez Ségovie (67 km).
6e jour : continuez en direction de Madrid, et arrêtez-vous à l'Escurial (41 km). Vous atteindrez Madrid en fin d'après-midi (45 km).
7e jour : visite de Madrid.

Madrid, Tolède et le Nord-Est.
1er et 2e jour : consacrez ces deux journées à la visite de Madrid et Tolède (70 km).
3e jour : par la N 11, rendez-vous à Sigüenza (131 km), sur la route visitez Alcala de Henares.
4e jour : poursuivez vers le N., Soria, en faisant un détour par Sta Maria de Huerta et Monasterio de Piedra.
5e jour : quittez Soria pour Covarrubias (85 km), et dans l'après-midi vous arriverez à Burgos (56 km). Vous pouvez faire un détour par Santo Domingo de Silos.
6e jour : terminez la visite de Burgos, dans l'après-midi vous arriverez à Ségovie (230 km).
7e jour : Ségovie et retour à Madrid (87 km).

Pyrénées catalanes et Costa Brava ou la Catalogne romane.
1er jour : à partir du col du Perthus, vous vous rendez à Figueras, Gérone et Barcelone en passant par la route côtière (161 km).
2e et 3e jour : consacrez ces journées à la visite de Barcelone.
4e jour : départ pour Montserrat, Manresa et Cardona.
5e jour : continuez vers le N. pour parvenir à Solsana et Seo de Urgel.
6e jour : vous pourrez marcher dans le Parc national de Aigües Tortes et retour à Seo de Urgel.
7e jour : passez par l'Andorre, puis terminez ce circuit en visitant Ripoll et Olot, avant de regagner la frontière au col du Perthus.

Costa Dorada et del Azahar, Aragon.
1er et 2e jour : visite de Barcelone.
3e jour : prenez la route côtière jusqu'à Tarragone, aux nombreux vestiges archéologiques (98 km).
4e jour : poursuivez vers le S. jusqu'à Valence (256 km) que vous visiterez le 5e jour.

6e **jour** : quittez Valence pour voir à l'intérieur des terres à Teruel, Calamocha, Alcaniz.

7e **jour** : vous poursuivez vers le N. et parvenez à Lérida. Ensuite vous rejoignez Barcelone en passant par Cervera et la sierra de Montserrat.

Côte Cantabrique et León.

1er **jour** : au départ d'Irun, prenez la route jusqu'à San Sebastian remarquable pour son site (25 km).

2e **jour** : de San Sebastian à Bilbao, soit par l'autoroute (91 km), soit par la côte (186 km) plus pittoresque. L'après-midi, visite de Bilbao.

3e **jour** : quittez Bilbao et continuez le long de la mer jusqu'à Santander (117 km).

4e **jour** : de Santander, vous parvenez à Santillana del Mar, vieux village, puis vous traversez le Parc national des pics d'Europe pour arriver à León à la fin de la journée (300 km).

5e **jour** : visite de León.

6e **jour** : reprenez la route vers l'E. afin de visiter Palencia et Burgos (212 km).

7e **jour** : vous terminez la visite de Burgos et passez par Vitoria pour revenir à Irun (290 km).

Navarre et Vieille-Castille.

1er **jour** : depuis Irun, vous vous rendez à Pamplona par la N 121 (87 km). Visite de Pamplona.

2e **jour** : de Pamplona à Jaca (108 km) avec visites de Leyre et Sos del Rey, et excursion au mont Paño où se trouve le monastère de San Juan de la Peña.

3e **jour** : quittez Jaca, pour parvenir à Huesca, puis Saragosse (70 km).

4e **jour** : après avoir visité Saragosse, vous poursuivez vers l'O. jusqu'à Tarazona et Soria (157 km).

5e **jour** : de Soria à Burgos (141 km) en faisant un arrêt au monastère de Santo Domingo de Silos et à Covarrubias.

6e **jour** : vous terminez la visite de Burgos et vous vous rendez à Vitoria (114 km).

7e **jour** : retour vers Irun, avec dans l'après-midi visite de San Sebastian (143 km).

Chemin de Saint-Jacques.

1er **jour** : au départ de Béhobie, prendre la route jusqu'à Vitoria (143 km).

2e **jour** : de Vitoria à Burgos (114 km) avec un arrêt à Miranda de Ebro.

3e **jour** : consacrez la journée à la visite de Burgos.

4e **jour** : quittez Burgos, passez par Sahagun pour parvenir à León (201 km).

5e **jour** : visite de León.

6e **jour** : continuez vers Astorga, Ponferrada et arrivée à Orense (279 km).

7e **jour** : visite d'Orense et des environs : Ribas del Sil, ou Celanova.

8e **jour** : d'Orense, gagnez Pontevedra sur la côte (104 km).

9e **jour** : prenez la route côtière au départ de Pontevedra pour arriver à Saint-Jacques-de-Compostelle.

10e **jour** : Saint-Jacques-de-Compostelle, consacrez la journée à la visite de ce grand lieu de pèlerinage.

11e **jour** : poursuivez vers le N. jusqu'à La Coruna, et visitez Betanzos (65 km).

12e **jour** : de La Coruna à Oviedo (323 km), vous longez la côte Cantabrique.

13e **jour** : poursuivez vers l'E. en vous arrêtant à Villanueva, Santillana del Mar et Santander (207 km).

14e **jour** : terminez le circuit par la route côtière, avec les visites de Bilbao et San Sebastian (227 km).

Les sites artistiques majeurs.

1er **jour** : à partir d'Irun, se rendre à Burgos (257 km).

2e **jour** : visite de Burgos et de la chartreuse de Miraflores.

3e **jour** : quittez Burgos, gagnez au S. Covarrubias et Santo Domingo de Silos, puis Valladolid (122 km) que vous visiterez l'après-midi.

4e **jour** : continuez votre route jusqu'à Salamanque (115 km).

5e **jour** : laissez les universités du Moyen Age pour voir Avila (97 km).

6ᵉ jour : rendez-vous à Ségovie le matin et à l'Escurial l'après-midi, avant de parvenir en soirée à Madrid, où vous séjournerez les **7ᵉ et 8ᵉ jours.**
9ᵉ jour : passez la journée à Tolède (71 km).
10ᵉ jour : de Tolède à Cordoue par Valdepenas (320 km).
11ᵉ jour : terminez la visite de Cordoue dans la matinée et gagnez Séville (138 km).
12ᵉ jour : passez la journée à Séville.
13ᵉ jour : gagnez Grenade où vous passerez la journée (256 km).
14ᵉ jour : traversez l'Andalousie par Guadix, Murcie et le Levant (278 km).
15ᵉ jour : de Murcie, allez jusqu'à Valence (241 km).
16ᵉ jour : continuez vers le N. de Valence à Barcelone par l'autoroute (349 km) sans manquer une halte à Tarragone.
17ᵉ jour : visite de Barcelone, où l'on peut prolonger son séjour 1 journée ou 2.
18ᵉ jour : terminez par la visite de Monserrat, Gérone et Figueras, avant de parvenir au col du Perthus (220 km).

L'Espagne musulmane.
1ᵉʳ jour : du col du Perthus, rendez-vous à Gérone, puis à Barcelone (193 km).
2ᵉ et 3ᵉ jours : consacrez la journée à la visite de Barcelone.
4ᵉ jour : prenez la route côtière et visitez Tarragona et Tortosa ; vous pourrez continuer jusqu'à Benicarlo ou Peniscola (225 km).
5ᵉ jour : vous longez la côte del Azahar, et vous visiterez Sagunto, Valence et Cullera. Poursuivez jusqu'à Alicante (321 km).
6ᵉ jour : quittez Alicante pour vous rendre à Elche et parvenir en Andalousie. Arrêtez-vous à Murcie, puis à Almería (294 km).
7ᵉ jour : d'Almería, gagnez Guadix et Grenade, où vous resterez le **8ᵉ jour.**
9ᵉ jour : continuez à l'intérieur des terres, passez par Alcala la Real, Jaen et Cordoue (203 km).
10ᵉ jour : visite de Cordoue.
11ᵉ jour : visitez Lucena, Antequera, Malaga où vous vous arrêterez.
12ᵉ jour : sur la Costa del Sol, visitez Malaga, puis vous gagnez Medina Sidonia par la route côtière, et Cadix.
13ᵉ jour : de Cadix, vous vous rendez à Séville (125 km).
14ᵉ jour : poursuivez vers le N. en passant par Mérida, Trujillo et Tolède (458 km).
15ᵉ jour : de Tolède.
16ᵉ et 17ᵉ jours : quittez Tolède pour voir Madrid (71 km).
18ᵉ jour : passez à Guadalajara, Sigüenza, Catalayud et Saragosse (325 km).
19ᵉ jour : visite de Saragosse.
20ᵉ jour : continuez vers le N. pour vous arrêter à Juesca, Lleida, Balaguer et Tarragona ou Barcelone (296 km).

Autres circuits.
— A bicyclette. — La «route colombienne» de Grenade à Palos de la Frontera en 17 étapes est proposée par la Direction générale de la politique touristique dans un livret (gratuit), mentionnant avec précision les chemins à suivre, les hôtels et les sites remarquables.
— A cheval. — De nombreux circuits sont organisés dans les sierras, qui vont du simple week-end à la grande randonnée. Se renseigner par exemple auprès des Voyages Marsans.
— En train. — L'Andalou Express composé de voitures anciennes effectue une croisière de 6 jours de Séville à Séville, en s'arrêtant à Cordoue, Grenade, Malaga, Jerez. Luxueusement aménagé, il comprend des salles de jeux, de vidéo et une discothèque. Selon le même principe, le Transcantabrico permet de découvrir en 8 jours le nord-ouest de l'Espagne de Ferrol à León ou vice versa, sur un circuit de 1 000 km.
— En 4 × 4. — Dans la sierra de Guarda, par exemple. Il est facile de se tracer des circuits variés dans les Pyrénées, toutefois il est prudent de se renseigner auparavant, de bien prévoir son itinéraire, de ne pas oublier des réserves d'essence, et enfin de ne pas vouloir faire trop de kilomètres chaque jour sous peine de saturation.

Partir

Office national espagnol du tourisme :

Bruxelles : 18, rue de la Montagne, 1000 ; ☎ (2) 512-57-35, 512-41-12.
Genève : 40, boulevard Helvétique, 67 rue du Rhône, 1207 ; ☎ (22) 735-95-95.
Paris : 43 *ter,* avenue Pierre-Ier-de-Serbie, 75381 Paris cedex 08 ; ☎ (1) 47-23-65-61, 47-20-90-54, 40-70-19-92 ; télex OFETP 648-254 ; ouv. lun.-ven. 9 h 30-17 h 30.
Zürich : Seefeldstrasse, 19, 8008 ; ☎ (1) 252-79-31.

Consulats :

Bayonne : Résid. du Parc, 4, bd du B.A.B., 64000 ; ☎ 59-59-03-91.
Bordeaux : 1, rue Notre-Dame, 33000 ; ☎ 56-52-80-20.
Hendaye : 18, bd Leclerc, 64700 ; ☎ 59-20-07-81, fax 59-20-23-07.
Lille : 188, rue Colbert, 59000 ; ☎ 20-57-70-05, 20-42-98-12.
Lyon : 1, rue Louis-Guérin, 69100 Villeurbanne ; ☎ 78-89-64-15.
Marseille : 38, rue Édouard-Delanglade, 13006 ; ☎ 91-37-60-07, 91-37-91-64.
Metz : 32, av. de la Liberté, 57050 ; ☎ 87-30-36-94.
Montpellier : 24, rue Marceau, 34000 ; ☎ 67-58-20-21, fax 67-92-52-18.
Nîmes : 70, rue Roussy, 30000 ; ☎ 66-29-16-50.
Paris : 165, boulevard Malesherbes, 75017 ; ☎ (1) 47-66-03-32, fax (1) 40-54-04-74, télex 640-225 ; ouv. lun.-ven. 8 h 30-13 h 30 (sam. jusqu'à 12 h).
Pau : 6, pl. Royale, 64000 ; ☎ 59-27-32-40, fax 59-83-86-31.
Perpignan : 12, rue Franklin, 66000 ; ☎ 68-51-17-71.
Strasbourg : 13, quai Kléber, 67000 ; ☎ 88-32-67-27, fax 88-23-07-17.
Toulouse : 16, rue Sainte-Anne, 31000 ; ☎ 61-52-05-50, fax 61-25-42-52.

Quand partir ?

Pour une visite de l'ensemble de la péninsule, le printemps et l'automne sont les plus agréables.
La visite de l'Andalousie n'est guère à recommander en été à cause de son climat, parmi les plus chauds d'Europe à cette saison, et de la foule des touristes. En revanche le printemps et l'automne, et même l'hiver, sont loin de manquer de charme.
En Castille si les hivers sont très froids, les étés n'en sont pas moins torrides, mais tout à fait supportables grâce à l'air climatisé et si l'on adopte le rythme de vie des castillans. Les pluies tombent surtout au début de l'hiver et au mois d'avril. Mais en toute saison la lumière est magnifique.

Le climat de la Catalogne est doux et tempéré grâce à la mer et aux montagnes. Les variétés géographiques de la Catalogne la rendent agréable toute l'année et permettent de trouver en toute saison le cadre idéal pour les activités recherchées.

> *Au printemps 1996, chaque numéro de téléphone en France aura 10 chiffres, deux chiffres étant alors placés en tête du numéro actuel ; ces deux chiffres seront le 01 pour l'île de France, 02 pour le Nord-Ouest, 03 pour le Nord-Est, 04 pour le Sud-Est, 05 pour le Sud-Ouest ; il n'existera plus de différence entre Paris et la Province et le 16 sera supprimé. Pour appeler l'étranger, vous ferez le 00 au lieu du 19.*

Se documenter

Librairies espagnoles :

Librairía española : 72, rue de Seine, 75005 Paris ; ☏ (1) 43-54-56-26.
Ediciones Hispano Americanas : 26, rue Monsieur-le-Prince, 75006 Paris ; ☏ (1) 43-26-03-79.

Librairies de voyages :

L'Astrolabe : 46, rue de Provence, 75009 Paris ; ☏ (1) 42-85-42-95 ; ouv. lun.-sam. 10 h-19 h ; — 14, rue Serpente, 75006 Paris ; ☏ (1) 46-33-80-06 ; ouv. lun.-sam. 10 h-19 h 30.
Espace Hachette Évasion : 77, bd Saint-Germain, 75006 ; ☏ (1) 46-34-89-52 ; ouv. lun.-sam. 10 h-19 h.
IGN (Institut Géographique National) : 107, rue de La Boétie, 75008 Paris ; ☏ (1) 42-25-87-90 ; ouv. lun.-ven. 8 h-18 h 50 et sam. 10 h-13 h 30, 14 h-17 h 15.
Itinéraires : 60, rue Saint-Honoré, 75001 Paris ; ☏ (1) 42-36-12-63 ; ouv. lun.-sam. 10 h-19 h.
Ulysse : 26 et 35, rue Saint-Louis-en-l'Île, 75004 Paris ; ☏ (1) 43-25-17-35 ; ouv. mar.-sam. 14 h-20 h.

Formalités

Papiers d'identité. — Pour les voyageurs de nationalité française ou suisse, la carte nationale d'identité en cours de validité, ou le passeport périmé depuis moins de 5 ans, suffit. Pour les citoyens belges, luxembourgeois et moné-gasques, la carte nationale d'identité est nécessaire.
Il en est de même pour les mineurs accompagnés de leurs parents, à moins qu'ils ne soient inscrits sur le passeport de ces derniers.
Les mineurs non accompagnés de leurs parents ont besoin d'un passeport en cours de validité. Ceux qui voyagent avec une carte nationale d'identité ou un passeport périmé (même depuis moins de cinq ans), doivent être munis d'une autorisation parentale de sortie du territoire français (formulaire délivré par la mairie ou le commissariat de police).

Douane. — Depuis l'entrée en vigueur de l'Acte Unique, le 1ᵉʳ janvier 1993, il n'existe plus de franchise douanière entre les différents pays de l'Union européenne (ex-C.E.E.). Vous pouvez par conséquent importer ou exporter les valeurs et marchandises que vous désirez sans restrictions.

Renseignements douaniers : ☏ (1) 40-01-02-06 ou Minitel 36.15, code « Finances », puis « Dou ».

Devises. — La réglementation vous permet de sortir de France avec 50 000 FF à chaque voyage ; au-delà de cette somme, une autorisation est nécessaire. Du point de vue espagnol, les étrangers peuvent entrer en Espagne des devises et des pesetas sans limite et sortir jusqu'à 100 000 PTA et des devises jusqu'à la contre-valeur de 500 000 PTA.

Santé et assurances. — Aucun vaccin n'est normalement exigé. La Sécurité sociale rembourse, sur présentation des factures, les frais médicaux engagés au cours de votre voyage mais il vaut mieux vous procurer, avant de partir, le formulaire E 111 de gratuité des soins ; adressez-vous à votre caisse primaire d'assurance maladie. Les prix des services médicaux sont assez élevés en Espagne.

Une assurance-assistance est recommandée (rapatriement, hospitalisation, assistance juridique, vol de bagages, etc.) ; elle est parfois comprise dans le prix du billet d'avion : renseignez-vous auprès de votre agence de voyages ou de votre banque (→ aussi *Le voyage en voiture*).

Animaux domestiques. — Un certificat de vaccination antirabique de plus d'un mois et de moins d'un an et un certificat de bonne santé établi depuis moins de dix jours sont exigés pour l'entrée des chiens et des chats. Les animaux domestiques sont admis dans certains hôtels, mais pas dans les restaurants.

Le voyage par avion ——— **AIR FRANCE** ////

(lignes régulières ; sans escales)
De France :
Des liaisons directes sont assurées vers Madrid et Barcelone au départ de plusieurs grandes villes françaises : Bordeaux, Lyon, Marseille, Nice et Paris.
Au départ d'Orly 8 départs quotidiens vers Barcelone et 10 vers Madrid.
L'aéroport d'Orly dessert aussi 8 villes espagnoles : Alicante, Bilbao, Malaga, Palma de Majorque, Séville, Ténérife, Valence et Saint-Jacques-de-Compostelle (par Bilbao).
La plupart des liaisons entre les villes de provinces françaises et espagnoles ne sont pas directes.

De l'étranger :
Plusieurs vols hebdomadaires relient Madrid et Barcelone à Bruxelles, Genève et Zurich.
L'aéroport de Bruxelles dessert les villes de Bilbao et Malaga.
En Suisse les aéroports de Zurich et Genève desservent Malaga, Palma et Valence. Genève assure également une liaison avec Bilbao.

La plupart des vols au départ de France sont assurés par *Air France, Iberia* et *Air Inter,* depuis Bruxelles par *Sabena* et de Suisse par *Swissair.* Depuis Orly-Sud, *Euralair* dessert Madrid, Valladolid et Saragosse.
Ces différentes compagnies proposent certains tarifs avantageux. Pensez aux tarifs couples (50 % pour le conjoint), jeunes (Air France et Iberia proposent aux moins de 26 ans des billets à prix intéressants à condition de réserver moins de 24 h avant le départ)...
Possibilités d'« open-jaw » : vous pouvez arriver par une ville et repartir par une autre au tarif « Vols-Vacances ».

Renseignements et réservations Air France :

— Par Minitel : 36.15 ou 36.16 code AF.

Aix-en-Provence : 2, rue Aude, 13100 (☏ 42-38-59-34).
Ajaccio : 3, bd du Roi-Jérôme, 20000 (☏ 95-29-98-20).
Amiens : 2 *bis*, bd de Belfort, 80000 (☏ 22-92-37-70).
Angers : place Mondain-Chanlouineau, 49000 (☏ 41-87-60-79).
Angoulême : 19, rue Montmoreau, 16000 (☏ 45-95-40-40).
Annecy : 17, rue de la Paix, 74000 (☏ 50-51-61-51).
Avignon : 7, rue Joseph-Vernet, 84000 (☏ 90-86-89-16).
Bastia : 6, av. Émile-Sari, 20200 (☏ 95-32-10-29).
Besançon : 15, rue Proudhon, 25000 (☏ 81-81-30-31).
Biarritz : aéroport de Parme, 64200 (☏ 59-23-93-82).
Bordeaux : 29, rue Esprit-des-Lois, 33077, et aéroport de Mérignac, 33700, (☏ 56-00-03-00).
Brest : 12, rue Boussingault, 29200 (☏ 98-44-15-55).
Caen : 143, rue Saint-Jean, 14300 (☏ 31-85-41-26).
Cannes : 2, pl. du Général-de-Gaulle, 06400, (☏ 93-39-39-14).
Clermont-Ferrand : aéroport d'Aulnat, 63510 (☏ 73-93-25-39).
Compiègne : 37 *bis*, rue de Solférino, 60200, (☏ 44-40-03-03).
Dijon : 29, place Darcy, 21000 (☏ 80-42-89-90).
Grenoble : 4, pl. Victor-Hugo, 38000 (☏ 76-87-63-41).
Lille : 8-10, rue Jean-Roisin, 59040 (☏ 20-57-80-00).
Lyon : 10, quai Jules-Courmont, 69002 ; 17, rue Victor-Hugo, 69002 ; 4, av. Henri-Barbusse, 69100 Villeurbanne (tous trois ☏ 78-92-48-48).
Marseille : 14, la Canebière, 13001, et 331, av. du Prado, 13100 (tous deux ☏ 91-37-38-38).
Metz : 29, rue de la Chèvre, 57000 (☏ 87-74-33-10).
Montpellier : 6, rue Boussairolles, 34000 (☏ 67-58-16-95), et aéroport de Fréjorgues, 34130 (☏ 67-64-13-36).
Nancy : 11, pl. Stanislas, 54000 (☏ 83-35-05-03).
Nantes : pl. Neptune, 44000 (☏ 40-47-12-33).
Nice : 10, av. Félix-Faure, 06000 (☏ 93-80-66-11).
Nîmes : 18, rue Auguste, 30000, ☏ 66-21-40-50, et aéroport de Garons (☏ 66-70-02-52).
Orléans : 4, rue de la Cerche, 45000 (☏ 38-54-82-10).
Paris et région parisienne : service central de renseignements et réservations par téléphone *(de 8 h à 20 h ; dim. et fêtes de 8 h à 21 h)* : ☏ 44-08-24-24 (rens.) et 44-08-22-22 (rés.).
Paris et région parisienne, agences *(ouv. jusqu'à 18 h)* : — Luxembourg, 4, pl. Edmond-Rostand, 75006 ; — Invalides, 2, rue Robert-Esnault-Pelterie, 75007 ; — Élysées, 119, av. des Champs-Élysées, 75008 ; — Scribe, 2, rue Scribe, 75009 ; — Blanqui, 74-84, bd Auguste-Blanqui, 75013 ; — Hilton, 18, av. de Suffren, 75015 ; — Maine-Montparnasse, 23, bd de Vaugirard, 75015 ; — Radio-France, 116, av. du Président-Kennedy, 75016 ; — Maillot, 2, pl. de la Porte-Maillot, 75017 ; — Villiers, 97, av. de Villiers, 75017 ; — Montreuil, 87, rue de Paris, 93100 ; — CNIT, 2, pl. de la Défense, 92053 Paris-La Défense ; — Le Bourget, aéroport du Bourget, 93350. — aérogare Orly-Sud ; — aérogare Orly-Ouest, hall départs. 1ᵉʳ étage ; — aérogare Charles-de-Gaulle-1, niveau départ, porte 10 ; — aérogare Charles-de-Gaulle-2, terminaux A, B, D.
Pau : 6, rue Adoue, 64000 (☏ 59-27-27-28).
Perpignan : 66, av. Général-de-Gaulle, 66000 (☏ 68-35-58-58).
Poitiers : 11 *ter*, rue des Grandes-Écoles, 86000 (☏ 49-88-89-63).
Reims : 11, rue Henri-Jadart, 51100 (☏ 26-47-17-84).
Rennes : 23, rue du Puits-Mauger, 35000 (☏ 99-35-09-09).
Rouen : 15, quai du Havre, 76000 (☏ 35-98-24-50).
Saint-Étienne : 29, av. de la Libération, 42000, (☏ 77-33-03-03).
Strasbourg : 15, rue des Francs-Bourgeois, 67000 (☏ 88-32-63-82).

Toulon : 9, pl. d'Armes, 83100 (✆ 94-92-64-76).
Toulouse : 2, bd de Strasbourg, 31000 (✆ 61-10-81-10).
Tours : 8-10, pl. de la Victoire, 37000 (✆ 47-37-54-54).

Renseignements et réservations autres compagnies :

Bâle : *Swissair*, Kohlenberg 7 ; ✆ (61) 284-55-22
Bruxelles : *Iberia*, 54, av. Louise, 1050 ; [✆ (2) 511-18-00] - *Sabena*, 35, rue Cardinal-Mercier, 1000 ; ✆ (2) 511-90-30, 509-20-30.
Genève : *Iberia*, 14, rue du Mont-Blanc, 1201 [✆ (22) 715-02-11] ; - *Swissair*, 15, rue de Lausanne, 1201 ; ✆ (22) 799-22-31.
Lille : *Iberia*, n° vert ✆ 05-23-00-23.
Lyon : *Iberia*, 76, rue Président-Herriot, 69002 ; ✆ 78-42-76-91.
Marseille : *Iberia*, 41, La Cannebière, 13001 ; ✆ 91-91-92-25.
Nantes : *Iberia* ✆ n° vert 05-23-00-23.
Nice : *Iberia*, aéroport, 06056 ; (✆ 93-83-04-05).
Paris : *Air Inter*, 14, av. de l'Opéra, 75002 ; ✆ (1) 45-46-90-00 ; — *Euralair* ; ✆ (1) 49-60-91-00 et comptoir à Orly Sud, Zone 2, porte M. ; — *Iberia*, 1, rue Scribe, 75009 ; ✆ (1) 40-47-80-90 ; — *Sabena*, 19, rue de la Paix, 75009 ; ✆ (1) 47-42-47-47 ; — *Swissair*, 38, av. de l'Opéra, 75002 ; ✆ (1) 47-42-15-96.
Strasbourg : *Iberia*, n° vert ✆ 05-23-00-23.
Toulouse : *Iberia* 81, bd Carnot, 31072 (✆ 61-23-11-74).
Zurich : *Iberia*, Talacker 42, 8001 ; ✆ (1) 221-14-25 ; — *Swissair*, Bahnhofstraße, 27 ; ✆ (1) 258-34-00 ; à la gare, ✆ (1) 258-33-55 et à l'aéroport ; ✆ (1) 258-34-34.

Iberia propose des billets avec 60 % de réduction pour les moins de 25 ans, sur des vols directs, à la seule condition d'acheter son billet la veille du départ.

Le voyage par bateau

La compagnie publique de navigation *Trasmediterranea* relie l'Espagne péninsulaire aux îles Baléares, Canaries et au nord de l'Afrique pendant toute l'année. Les ports de tourisme les plus importants sont Barcelone, Valence, Palma de Majorque, Malaga, Cadix, Las Palmas de Grande Canaries et Ténérife. Rens. : *Iberrail*, 8 bd Poissonnière, 75009 Paris, ✆ (1) 48-01-97-97, fax (1) 48-24-18-84.

Le voyage par le train

En raison de la différence de gabarit entre les voies du réseau français et du réseau espagnol, il faut changer de trains à la frontière, sauf les voyageurs de certains trains.

De Paris à Madrid. — Puerta del Sol (trains couchettes autos et motos accompagnées, rest.), circule tous les jours ; en 16 h ; départ vers 18 h. Euro City Paris-Madrid (wagons-lits, rest.), circule tous les jours ; en 12 h 30 ; départ vers 20 h.
Expresso-Estrella (trains couchettes) circule tous les jours. Arrivée Madrid-Vallecas ; en 12 h ; départ vers 22 h 30.

De Paris à Barcelone. — Euro City Barcelone Talgo (wagons-lits, rest.) circule tous les jours ; en 11 h 30 ; départ vers 21 h.
Au départ de Paris-Austerlitz nombreux trains de jour et de nuit avec changement à Port-Bou, 13 h environ.

De Genève à Barcelone. — Euro City Catalan Talgo ; circule tous les jours ; en 10 h par Lyon ; départ vers 11 h 30.
Trenhotel (wagons-lits) circule tous les jours ; en 11 h 30 ; départ vers 22 h 45.

Renseignements :
SNCF, gare d'Austerlitz, ☎ 45-82-50-50 et 45-65-60-60 (réservations), minitel 36.15
SNCF.
IBERRAIL, 8 bd Poissonnière, 75009 Paris, ☎ 48-01-97-80, fax 48-01-04-88.
N'oubliez pas les réductions accordées par la SNCF grâce aux Cartes Inter-Rail,
jeunes, aux billets BIJ...

Le voyage en voiture

A l'E., **la Junquera,** porte d'entrée de l'Espagne vers Barcelone, est à 939 km
de Paris par les autoroutes A 6 (Autoroute du Soleil) et A 9, puis B 9 à partir
de Narbonne (la Languedocienne). Cette route passe par le col du Perthus
(271 m) : 1 705 km de Paris à Madrid.

A l'O., le poste de douane de **Biriatou-Irún** est à 771 km de Paris par
l'autoroute A 10 (l'Aquitaine), la N 10 et l'autoroute A 63 (A 1/A 3 en Espagne) :
1 290 km de Paris à Madrid.
Ce sont les deux itinéraires les plus rapides.
On peut aussi franchir les Pyrénées, au centre, aux cols du Somport (1 632 m),
du Pourtalet (1 794 m), tous deux au S. de Pau, ou du Puymorens (1 915 m), et
d'Envalira (2 407 m) au S. d'Ax-les-Thermes, en passant par l'Andorre.

Le voyage en car

Certaines compagnies proposent des liaisons entre la France et l'Espagne. Le voyage
en car est relativement bon marché, mais long et fatigant.
Renseignements : *EUROLINES,* gare internationale de Paris-Gallieni, av. du Gén.-
de-Gaulle, 93170 Bagnolet ; ☎ (1) 49-72-51-51 ; — *ALSA VIACA VOYAGES,* 7 bis, rue
de Maubeuge, 75009 Paris ; ☎ (1) 49-70-04-12. Depuis le Pays Basque : *TURITRANS,*
Iparralde, 5, à Irun ; ☎ (43) 62-22-16 (départs du pont international).

Le voyage organisé

Toutes les informations et documentations seront offertes gracieusement en
Espagne et à l'étranger par les bureaux du secrétariat d'État au Tourisme (à
Madrid : Alcala, 31 ; ☎ 532-55-04). On peut également s'y procurer les services
de guides et d'interprètes.
Parmi les agences ou associations proposant des voyages en Espagne on peut citer :
Havas, 26, av. de l'Opéra, 75001 Paris [☎ (1) 42-86-00-31].
Amis de l'Histoire Clio, 3, rue du Hameau, 75013 Paris [☎ (1) 42-50-49-79], organise
des circuits à thèmes, accompagnés de conférenciers : le Siècle d'or, Goya à Madrid,
la Catalogne romane, la route du Cid, etc.
Iberica Voyages, 14, bd Beaumarchais, 75011 Paris [☎ (1) 48-06-26-26].
Jet Tours, 19, av. de Tourville, 75007 Paris [☎ (1) 45-50-20-75], filiale d'Air France,
propose à des tarifs avantageux des circuits à la carte comprenant le transport en
avion, la location d'une voiture et les nuits dans les hôtels.
Jumbo, 19, av. de Tourville, 75007 Paris [☎ (1) 47-05-01-95], autre filiale d'Air
France, offre des forumes avion + auto + hôtel avec des propositions d'itinéraires,
ou des circuits en autocar climatisé.
Marsans International, 4, rue de Chateaubriand, 75008 Paris [☎ (1) 43-59-72-36], est
un spécialiste des voyages en Espagne. Diverses formules de circuits, séjours, et
croisières ferroviaires sont à l'affiche de cette agence. Voyage en train de luxe en
Andalousie.

Melia, 31, av. de l'Opéra, 75001 Paris [☎ (1) 42-61-56-56]. La plus grande agence de voyage espagnole. Succursale dans la plupart des grandes villes.

Nouvelles Frontières, 87 bd de Grenelle, 75015 Paris [renseignements et réservations : ☎ (1) 45-68-70-00].

Terres d'Aventure, 5, rue Saint-Victor, 75005 Paris [☎ (1) 43-29-20-40], organise des randonnées pédestres en Aragon.

Le Tourisme Français, 96, rue de la Victoire, 75009 Paris [☎ (1) 42-80-67-80].

Ainsi que Air France Vacances, Air Tour, Air Vacances, Cartour, Eurotour, Fram, 1000 Tours, Frantour, Horizons Européens, Mundicolor, Planète, République Tours, Sunair, Touropa, qui sont représentés dans les agences de voyages.

Le **club Méditerranée** organise pour ses adhérents des circuits, à partir de ses villages de vacances.

Pour répondre à une demande de plus en plus fréquente, la plupart de ces organisateurs proposent désormais des **week-ends** ou des **courts séjours**, notamment à Madrid et à Barcelone.

Se déplacer en Espagne

Liaisons aériennes intérieures. — Iberia et Aviaco assurent les liaisons (certaines saisonnières) entre les principales villes.

Liaisons aériennes : nombre de vols journaliers *(à titre indicatif; importantes variations saisonnières)* **ou hebdomadaires et durée moyenne du trajet.**

	Barcelone	Madrid	Palma de M.	Ténérife
Alicante	**3 à 4** 50 mn	**4 à 5** 50 mn	**3 à 4** 45 mn	**3/semaine** 1 h 45
Barcelone		**36** 55 mn	**12** 40 mn	**1 à 2** 2 h 15
Bilbao	**4 à 5** 1 h	**8** 50 mn	**1** 1 h	**3/semaine** 2 h
Ibiza	**5** 40 mn	**2** 1 h	**5** 30 mn	
Malaga	**4** 1 h 20	**8** 55 mn	**4/semaine** 1 h 10	**4/semaine** 1 h 25
Palma de Mallorca	**12** 40 mn	**8** 1 h 05		
St-Jacques-de-Compostelle	**2 à 3** 1 h 25	**5 à 6** 1 h		
Séville	**3 à 4** 1 h 20	**4 à 5** 50 mn	**3/semaine** 1 h 15	**1** 1 h 15
Valence	**3** 40 mn	**8** 45 mn	**3** 40 mn	**3/semaine** 2 h

Liaisons ferroviaires. — Société nationalisée, la *Red Nacional de los Ferro-carriles Españoles* (RENFE) exploite tout le réseau ferroviaire intérieur. Sa représentation en France est assurée par : *Iberrail*, 8 bd Poissonnière, 75009 Paris (☎ 48-01-97-80 ; fax 48-01-04-88).
On pourra également faire l'acquisition, en Espagne, de l'Horario Guía de Ferrocarriles, Líneas aéreas y marítimas, très complet.
La plupart des trains sont climatisés et proposent aux passagers un service de restauration.

Transport des voitures. — L'*Auto-Express* transporte les automobiles, mais aussi les motocyclettes, remorques, bateaux de plaisance, canoës... (selon leur longueur). Les véhicules sont facturés en fonction de leur longueur, du parcours (inférieur ou supérieur à 1 000 km) et du nombre de billets acquis. L'usager peut voyager dans un autre train que celui qui transporte sa voiture. La livraison ou le retrait du véhicule peut avoir lieu à domicile. Se renseigner sur les diverses possibilités de réductions.
Le *Moto-Express,* réservé aux motos, applique un tarif unique.

Billets. — Ils sont délivrés par la RENFE, ou par les agences de voyages. Les enfants jusqu'à 4 ans voyagent sans billet et sans place. Les enfants de 4 à 12 ans bénéficient d'une réduction 50 % sur la plupart des trains.

Réductions. — La RENFE propose différentes formules pour voyager à des prix intéressants sur le réseau espagnol. Se renseigner auprès d'*Iberrail* (→ ci-dessus).
Signalons cependant la Carte Jeune qui permet aux jeunes entre 12 et 26 ans de voyager à 40 % (y compris sur le supplément) en période bleue sur des parcours d'au moins 100 km aller ou 200 km aller et retour. Il faut auparavant acheter la vignette de la RENFE.
Les jeunes de moins de 26 ans bénéficient aussi de réductions grâce aux billets BIJ (Billets internationaux pour les jeunes) en vente seulement dans certaines agences de voyages, à la carte Inter-Rail, Eurodomino... De prix modique, la Tarjeta dorada (carte vermeille) donne droit à 40 % de réduction sur tous les voyages en période bleue et sur les parcours d'au moins 100 km aller ou 200 km aller et retour. La réduction s'applique aussi aux suppléments.
Calendrier. — Période blanche : prix normaux sans réduction. Période rouge : prix normaux avec supplément de 10 %. Période bleue : prix avec d'importantes remises.

Réservations. — Obligatoires pour les wagons-lits et couchettes, sur les Trenhotel et Puerta del Sol (où le petit déjeuner est inclus dans le prix). Les réservations sont aussi obligatoires pour tous les voyages dans les trains de long parcours intérieur.

Les trains touristiques. — La RENFE organise des voyages d'une journée (à partir de 1 500 ptas), de deux jours en fin de semaine (sam. et dim., à partir de 6 750 ptas) au départ de Madrid et Barcelone. Elle propose également des voyages de six jours (à partir de 140 000 ptas) en Andalousie (depuis Madrid) et sur la route de Saint-Jacques-de-Compostelle (depuis ou vers Barcelone). Le prix de ces séjours à bord de trains luxueux comprend les visites en autocar, les visites touristiques avec guides, l'entrée des musées, l'hébergement, le petit déjeuner, parfois le déjeuner ou du moins des prix spéciaux dans les grands restaurants de la ville.
Pour plus de renseignements s'adresser à *Iberrail* (Capitan de Haya, 55 - 28020 Madrid ; ☎ 571-66-92) qui propose des tarifs avantageux.

Bagages. — La franchise est de 20 kg, en régime national pour tous les types de billets. Dans les Talgo et Intercity on ne peut garder que les bagages à placer dans le filet. Les valises sont dans un compartiment spécial.

En régime international, seuls sont admis les bagages contrôlés et plombés à la douane. Il n'y a pas de franchise et on doit payer pour chaque colis de moins de 30 kg.

Liaisons ferroviaires : nombre de trains par jour *(à titre indicatif; importantes variations saisonnières),* **durée moyenne du trajet et distances routières.**

Durée → Distances ↓ (km)	Alicante	Barcelone	Cordoue	Grenade	Madrid	Malaga	Séville	Valence
Alicante		4/j 6 h			6/j 4 h			2/j 2 h 30
Barcelone	530 km		5/j 11 h		8/j 7 h	3/j 13 h 30	2/j 13 h	10/j 4 h
Cordoue	522 km	870 km		3/j 4 h 45	11/j 4 h 30	6/j 2 h 30	16/j 1 h	
Grenade	350 km	880 km	172 km		2/j 6 h 30	2/j 3 h	2/j 4 h	
Madrid	424 km	630 km	400 km	440 km		5/j 7 h	5/j 6 h	
Malaga	470 km	1 000 km	180 km	120 km	560 km		2/j 3 h	
Séville	627 km	1 010 km	140 km	274 km	550 km	210 km		
Valence	170 km	360 km	510 km	520 km	350 km	640 km	650 km	

Depuis 1992, une première ligne TGV relie Madrid à Séville en 2 h 45 mn.

Autocars interurbains. — Des autocars confortables permettent de fréquents services entre les grandes villes et les localités de moindre importance. Les prix sont à peu près équivalents à ceux de 2ᵉ classe en train.

Métro. — Madrid et Barcelone ont un réseau métropolitain.

L'Espagne en voiture

Le tourisme automobile demeure encore sans aucun doute la formule idéale pour parcourir le pays, mais un fait important est intervenu ces dernières années : l'accroissement considérable du parc automobile espagnol, les habitudes locales de conduite font que nous vous conseillons vivement de renoncer à l'usage de votre voiture pour visiter le centre historique des villes.

Location de voitures. — La location d'une voiture de marque européenne et de classe moyenne pendant la saison d'été est à peu près aussi coûteuse qu'en France. Pour tous renseignements, s'adresser directement aux concessionnaires des grandes sociétés de location. La formule avion-hôtel-auto est proposée par les voyagistes et par Air France ou Iberia.

Carburants. — Ils sont sensiblement au même prix qu'en France. On trouve du carburant normal *(gasolina)*, du super *(súper)* et de l'essence sans plomb *(sin plomo)*. L'usage est de laisser une pièce au pompiste.

Réglementation. — Le code est pratiquement identique à celui du reste de l'Europe occidentale. Les routes prioritaires sont désignées par des panneaux carrés de couleur orange, fixés la pointe vers le bas. Les croisements prioritaires sont, comme en France, signalés par un triangle bordé de rouge avec, sur fond blanc, une flèche noire coupée d'un trait. L'approche d'une route prioritaire ou d'une bifurcation prioritaire est annoncée par des panneaux triangulaires.

La vitesse sur les autoroutes est limitée à 120 km/h pour les voitures de tourisme, 80 km/h avec une caravane. Sur les routes à deux voies, la vitesse est limitée à 100 km/h et sur le reste du réseau à 90 km/h. Dans les agglomérations, la vitesse est limitée à 50 km/h. Le port de la ceinture de sécurité est obligatoire.

D'une manière générale, ne pas oublier que la police *(policia de trafico)*, en ville, et la gendarmerie *(guardia civil)*, à la campagne, sont vigilantes et sans pitié ; les amendes sont lourdes et payables sur-le-champ.

Secours routiers : le *Real Automobil Club de España (RACE)* assure un service de dépannage permanent, 24 h sur 24, sur tout le territoire : *Ayuda en carretera* ☎ (91) 742-12-13. — État des routes *Tele-Ruta* ☎ 535-22-22.

Pour éviter de gâcher vos vacances, n'oubliez pas d'observer quelques règles simples de bon sens quant à l'état de votre véhicule, de vos pneus, de vous détendre par quelques arrêts...

La *Prévention routière* peut répondre aux questions que vous vous posez avant de partir : ☎ (1) 36-70-18-18 ou Minitel 36-15 code ITI.

Formalités. — Pour les automobiles, motocyclettes et autres véhicules, les pièces suivantes sont exigées : carte grise, permis de conduire international (ou permis national, rose à trois volets en France) et carte verte (carte internationale d'assurance automobile, délivrée par les compagnies d'assurance ; l'Espagne doit être citée sur cette carte parmi les pays où elle est valable). Si le propriétaire n'est pas dans la voiture, le conducteur doit être muni de l'autorisation du propriétaire. Il peut être utile de se munir du carnet d'assistance délivré par un Automobile-Club. Une assurance touristique spéciale, le Seguro turístico español («ASTES»), peut être souscrite pour couvrir tous les risques (bagages, voiture, assurance personnelle, assistance sanitaire en cas de maladie, caution en cas d'accident, assistance juridique, etc.); s'adresser aux postes frontières espagnols ou dans une agence du Banco de Bilbao.

Réseau routier et autoroutier. — Les autoroutes proprement dites sont encore assez peu nombreuses en Espagne. Elles faciliteront néanmoins vos déplacements dans le Pays basque et le long de la côte méditerranéenne : de la frontière (le Perthus) à Alicante. En revanche le réseau de voies rapides est dense et vous permettra de gagner facilement l'Andalousie depuis Madrid.

L'Andalousie s'est dotée d'un réseau de voies rapides qui relient depuis 1992 Séville au Portugal (par Huelva).

Attention : il faut distinguer les autovias, à accès libre, et les autopistas, autoroutes à péage (il faut compter 100 ptas pour 10 km pour une voiture de tourisme).

Les taxis. — Ils se distinguent par leurs couleurs : noir et blanc; dans les petites villes, ils n'ont généralement pas de taximètre, aussi vaut-il mieux fixer le prix de la course à l'avance. Le prix des bagages est en sus.

Séjourner

Se loger

Hôtels. — Le ministère de l'Information et du Tourisme publie chaque année «La Guía de Hoteles de España». D'autre part, chaque autonomie ou région édite un guide des ressources hôtelières des villes et villages qui la composent. Il suffira de se renseigner au bureau de tourisme de la capitale administrative ou dans les offices de tourisme. Les plus grandes chaînes hôtelières sont : Hesperia, Husa, Med Playa, NH et le groupe Melia/Sol (centrale de réservation à Paris ; ☎ (1) 40-23-03-03 ou n° vert : 05-41-31-65).

Les établissements H et HR (hotel, hotel residència) sont cotés de une à cinq étoiles, HA et RA (hotel apartaments, residència apartaments) de une à quatre étoiles, M - Hs - HsR et P (motel, hostal, hostal residència et pension) de une à trois étoiles. La lettre R dans les sigles signifie que l'établissement n'a pas de restaurant, il peut cependant servir le petit déjeuner ou posséder un bar.

Paradores. — Dépendant du ministère du Tourisme, ce sont des hôtels de luxe aux prix modérés installés le plus souvent dans d'anciens châteaux, monastères et autres monuments historiques.
L'ameublement et la décoration s'inspirent de l'art régional et des styles anciens. Vous y ferez un séjour agréable et paisible. De plus, ils offrent de larges possibilités de loisirs. Il est prudent de réserver à l'avance (à Paris : 8, rue Balzac 75008 ; ☎ 42-89-07-32 ; fax 53-75-06-23).
Les albergues de carretera sont situées sur les grands axes routiers et sont des gîtes d'étape confortables, ouverts jour et nuit.

Chambres chez l'habitant. — Cette formule est très répandue en période touristique intensive. Adressez-vous aux bureaux de tourisme ou regardez les façades des maisons et immeubles. La pancarte bleue arborant un «F» (fonda) ou CH (casa de huespedes) indique, surtout dans les grandes villes, que l'habitant a transformé certaines des pièces de son grand appartement en chambres d'hôte.

Location de villas et d'appartements. — Vous pourrez obtenir des renseignements auprès des bureaux de tourisme des villes, dans les agences immobilières des régions concernées, ainsi que par les petites annonces dans la presse espagnole et étrangère.

Camping et caravaning. — Il n'est pas exigé de carte spéciale pour les campeurs étrangers, une pièce d'identité suffit.
Une carte des campings («mapa de campings») est offerte gracieusement dans les bureaux de tourisme. Certains sont mentionnés dans la rubrique «Renseignements pratiques» à la fin du guide.
Renseignements : *Federación Española de Empresarios de Camping y Centros de Vacaciones,* San Bernardo, 97-99, 3ᵉ D, 28015 Madrid ; ☎ (91) 448-12-34.

Auberges de jeunesse. — Elles sont ouvertes toute l'année pour une durée de trois nuits consécutives. Il n'existe pas de limite d'âge maximum, mais la limite minimum est de treize ans, sauf pour les groupes accompagnés (prix modiques pour les voyages scolaires). Pour tout renseignement, s'adresser à la **Secretería General de la Red Española de Albergues Juveniles, calle Ortega y Gasset 71, 28006 Madrid,** ou dans les offices du tourisme.

Les tarifs sont bon marché, mais il y a quelques inconvénients : vols, situation excentrée dans les villes et heures de couvre-feu assez réglementées. Il est prudent de réserver en juillet et août.

En France, *Fédération unie des auberges de jeunesse (FUAJ),* 27, rue Payol, 75018 Paris, ☎ 42-41-59-00.

Se restaurer

Restaurants. — Seules les stations balnéaires ont tendance à aligner les horaires des repas sur ceux pratiqués en Europe occidentale ; mais partout ailleurs, les heures des repas sont plus tardives qu'en France : petit déjeuner de 8 h à 11 h, déjeuner de 13 h 30 à 16 h, dîner de 21 h à 23 h. Beaucoup de tavernes ne sont ouvertes que le soir.

La cuisine espagnole. — On doit abandonner tout préjugé et se rappeler ce mot de Dante : «Si tu n'aimes pas la cuisine à l'huile, laisse là toute espérance», car l'huile d'olive sert, en effet, à la préparation de beaucoup de plats. La restauration a réalisé des progrès spectaculaires en Espagne et quelques établissements nous ont paru mériter une mention particulière. (renseignements pratiques). On délaissera plutôt les restaurants d'hôtels qui pratiquent une cuisine internationale, et on préférera goûter la cuisine traditionnelle dans des restaurants souvent simples.

Quelques plats de base : le *cocido* (sorte de pot-au-feu) est le plat de résistance que l'on trouve partout, avec des variantes (pois chiches, pommes de terre, choux, chorizo, viande de porc, boudin...). La *paella,* originaire du Levant (pays valencien), s'est bien acclimatée à l'étranger ; à base de riz cuit dans l'huile en même temps que le poulet, le porc maigre, les langoustines, le chorizo, les épices... Le *gazpacho* andalou est une soupe froide de légumes crus (tomates, concombres, poivrons, oignons) qui s'accompagne de pain grillé coupé en dés. La *fabada* asturienne mêle haricots blancs, jambon, lard, oreille et pied de porc, boudin et saucisses. La *tortilla* est une omelette, servie chaude ou froide, aux pommes de terre (tortilla española), aux herbes, aux pointes d'asperges, au chorizo avec tomates, ou toute simple (tortilla francesa). Les *entremeses* (hors-d'œuvre) sont souvent à base de charcuterie : *jamón serrano, chorizo, lomo...,* de coquillages et de friture. Parmi les pâtisseries et autres friandises, citons surtout le *turrón* (nougat ou massepain à base d'amandes et de sucre), les *cortadillos* (fourrés aux cédrats), les *buñuelos* (beignets), les tartes au citron, ...

Vous ne manquerez pas de découvrir les spécialités régionales :
— La côte Cantabrique : le Pays basque est le pays des poissons, crustacés et mollusques ; *bacalao a la vizcaina* (morue à la biscayenne), *pescado salsa verde* (ragoût de poisson sauce verte), *besugo a la guipuzcoana* (dorade à la mode du Guipúzcoa), ou *chipirones en su tinta* (calmars dans leur encre). Vers Santander : *sardinas asadas* (sardines grillées), *sopa montañesa, tortilla a la montañesa.*
— Dans les Asturies, *fabada* (haricots blancs et porc), *callos* (tripes).

— En Galice, *pote gallego* (potée ; l'équivalent du *cocido* castillan), *lacón con grelos* (épaule de porc aux feuilles de navet), *merluza a la gallega* (colin à la galicienne), savoureux coquillages dont les coquilles Saint-Jacques, *filloas* (sortes de crêpes).

— Catalogne et pays valencien : c'est le pays du riz et du poisson : *escudella incarn d'olla* (pot-au-feu catalan), *butifarra con judías* (boudin aux haricots verts), *habas estofadas* (fèves à l'étouffée), *zarzuela de mariscos* (matelote de fruits de mer), *perdices con coles* (perdrix aux choux). Vers Valence, *paella, arroz a banda* (variété de paella), *tortilla de habas* (omelette aux fèves).

— Aux Baléares, *sopas mallorquinas, perdices de Capellán* (perdrix), *tortilla de sardinas, langosta a la ibicenca* (à la mode d'Ibiza).

— Andalousie : *gazpacho, habas*, dans les ports : *pescado frito, chanquetes, boquerones* (anchois frais pêchés), *riñones al Jerez* (rognons sautés au xérès), *lubina al sol* (loup cuit au sel). Parmi les desserts, citons les *polvorones* et les *mantecados*.

— Castille et Aragón : *cochifrito* (agneau de lait), *callos a la madrileña* (tripes). Arévalo et Ségovie se disputent l'honneur d'être la capitale des *tostones* (cochons de lait et agneaux rôtis). Vers Tolède, *perdices estofadas, mantecados* et *rosquillas* comme friandises.

Les boissons. — Chaque région a ses vins. Les vins andalous de grand arôme se boivent couramment en guise d'apéritifs, accompagnés ou non des rituelles *tapas* (succulents amuse-gueules qui peuvent constituer un repas complet). Les plus connus sont le *Manzanilla,* le *Montilla,* le *Moriles,* vins blancs secs de Cadix et Cordoue ; les célèbres *Jerez* (xérès), doux ou secs ; le vin liquoreux de Malaga...

Parmi les vins de table, blancs, rouges ou rosés, les plus connus sont ceux de La Rioja (Logroño, Alava et Navarre), de Cariñena (Aragon), le Valdepeñas (Castille-La Manche), le Penedés, le Turia, le Priorato (Catalogne), le Rueda, le Sariñena, l'excellent Vega Sicilia (Castille-León). Quelques vins locaux sont très caractéristiques : le *txacoli* basque, le ribeiro rouge et épais de Galice, sans oublier le cidre asturien.

Vivre au quotidien

Votre budget. — Si les prix espagnols sont encore souvent inférieurs aux prix français, la différence tend à disparaître.

Une chambre double avec salle de bain dans un hôtel trois étoiles coûte entre 5 000 et 8 000 ptas (250 à 450 F). Pour un repas moyen il faut compter entre 1 000 et 1 500 ptas. Mais on peut facilement se nourrir pour 700 ptas. Le soir les prix sont nettement plus élevés. Attention, il faut souvent ajouter à la note une taxe (IVA) qui va de 6 % jusqu'à 12 %. Les consommations dans les bars sont très bon marché ; la bière y est moins chère que le café. Les transports, trains, autobus, taxis sont moins chers qu'en France.

Monnaie. — L'unité monétaire est la peseta (pta). Il existe des billets de 100 (peu à peu remplacés par les pièces), 200, 500, 1 000, 2 000, 5 000 et 10 000 pesetas. Les pièces sont de 1, 2, 5, 25, 50, 100, 200 et 500 ptas.

Vivez à l'heure espagnole. — Les différents moments de la journée sont quelque peu différents en France et en Espagne. La matinée (la mañana) se poursuit généralement jusque vers 14 h. Après le déjeuner, on s'accorde dans les régions chaudes environ 2 heures de sieste. L'après-midi (la tarde) ne commence que vers 17 h. L'apéritif, pris sur le coup de 20 h, ouvre la soirée qui se confond avec la nuit (même mot : noche). Les conversations autour

d'un verre (chateo) peuvent durer jusqu'à très tard dans la nuit. En effet, celle-ci ne concerne, pour les Espagnols, que les heures passées à dormir !
En ville, les magasins sont généralement ouverts de 9 h/10 h à 14 h et de 17 h à 19 h 30/20 h et les supermarchés, sans interruption de 10 h à 20 h. Les banques sont ouvertes de 9 h à 14 h, sauf le samedi où elles ferment à 13 h. Certains bureaux de change sont ouverts de 17 h à 19 h. Tout est fermé le dimanche et les **jours fériés** (sauf dans les grandes zones touristiques). Certains magasins sont aussi fermés le samedi après-midi.

	1er janvier	Sts-Pierre-et-Paul	29 juin
Épiphanie	6 janvier	Saint-Jacques	25 juillet
Saint-Joseph	19 mars	Assomption	15 août
Vendredi Saint		Fête nationale	12 octobre
	1er mai	Toussaint	1er novembre
Ascension		Anniv. de la Constitution	6 décembre
Fête-Dieu		Immaculée Conception	8 décembre
Saint-Jean	24 juin	Noël	25 décembre

Sans compter les fêtes patronales, manifestations (carnaval, corridas), fêtes religieuses de la semaine sainte, de la Pentecôte, ou fêtes saisonnières (vendanges), vous ne pourrez séjourner en Espagne sans participer à l'une d'elles.

Visite des musées, des châteaux, des églises, etc. — Nous attirons l'attention du lecteur sur le fait que des fermetures temporaires, totales ou partielles, de musées, châteaux, églises, monuments, etc., pour cause de travaux d'urgence, de réaménagement, problèmes de gardiennage, etc., peuvent survenir d'une façon imprévue et nous le prions de bien vouloir nous excuser à l'avance d'éventuelles discordances avec les horaires de visite signalés dans le guide. Pour certains monuments, musées et églises d'importance secondaire et rarement visités, les horaires sont parfois assez élastiques et peuvent dépendre eux aussi de circonstances très fortuites, parfois de pure convenance personnelle de la part des gardiens ou des sacristains. D'une façon générale, c'est au moment des offices (très tôt le matin et en fin d'après-midi) que l'on a le plus de chance de pouvoir pénétrer dans les églises, mais pour certains sanctuaires de campagne, les offices sont parfois loin d'être quotidiens, des prêtres ayant souvent la charge de plusieurs paroisses.
Les musées nationaux sont fermés le lundi, le 1er janvier, le Jeudi et le Vendredi Saint, le 1er novembre et le 25 décembre.
Il est souvent plus sûr de téléphoner aux musées pour s'assurer des horaires.

Achats. — La qualité des produits manufacturés au-delà des Pyrénées a très sensiblement progressé et l'on tient compte aujourd'hui des créations de la mode espagnole, principalement dans la pelleterie (daim, agneau...), le tricot, les tissus de soie, la maroquinerie (chaussures et surtout bagages).
Madrid, Barcelone, Séville et Valence possèdent des marchés aux puces (rastros), où l'on peut découvrir de belles antiquités. D'autre part, il faut noter l'étonnante production artisanale, souvent restée très proche de ses sources, notamment en ce qui concerne la céramique. Des indications vous seront données dans la rubrique des renseignements pratiques. Il est agréable de flâner dans les petites échoppes à la recherche de la spécialité de la région ; afin d'y voir plus clair, nous vous recommandons : le cuir repoussé de Cordoue ; les tapis et les objets en bois incrusté de Grenade ; le gros tissu

rustiq.. de Níjar; les mantilles et le fer forgé de Séville (Andalousie); la verrerie catalane et des Baléares (carafons à long bec); les cruches en cuivre de Guadalupe (Estrémadure) et dans toute la région les cruches en terre cuite; les dentelles et la vannerie galiciennes; les turrons du Levant et la poterie de Manises (pays valencien); les poteries de l'Aragon; les couteaux d'Albacete, les dentelles d'Almagro, les broderies de Lagartera, les céramiques de Puente del Arzobispo et de Talavera, l'orfèvrerie et les massepains de Tolède (Castille-La Manche); les bijoux de Salamanque et les poteries rustiques (Castille-León); les napperons brodés et les objets tressés en feuilles de bananiers des Canaries; les perles de culture des Baléares.

Les lettres et le téléphone. — On peut faire adresser son courrier à la poste restante (lista de correos) ouverte de 10 h à 14 h et de 16 h à 19 h. Vous affranchirez vos lettres en vous procurant des timbres dans les bureaux de tabac (estancos) ou à la poste (correos).

Pour téléphoner, rendez vous à la telefónica, il y en a plusieurs dans les grandes villes (ouvert de 10 h à 14 h et de 17 h à 20 h 30); sinon appelez d'une cabine : elles fonctionnent avec des pièces de 5 pesetas (appel urbain), 25 et 50 (pour l'étranger).

Pour téléphoner à l'étranger, composez le 07, puis l'indicatif du pays que vous désirez obtenir (Belgique : 32, France et Monaco : 33, Luxembourg : 352, Suisse : 41...), l'indicatif de la ville appelée et enfin le numéro personnel de votre correspondant.

Pour téléphoner de France en Espagne : 19-34, indicatif régional sans le 9, puis le numéro du correspondant.

France direct

Si vous possédez la Carte France Télécom, vous pouvez, depuis l'Espagne, téléphoner vers la France aussi bien que vers d'autres pays en faisant débiter vos communications sur votre propre compte : composez pour cela le 900 99 00 33, et vous entrerez en relation avec une opératrice du service France Direct qui établira la communication.

Si vous ne possédez pas la Carte France Télécom, le service vous reste accessible pour des appels vers la France et en PCV qui seront débités à votre correspondant.

Rens. en France, avant votre départ, au 05-06-19-19 (n° vert).

Renseignements touristiques par téléphone : ☎ 901-300-600. Ce numéro permet d'obtenir des renseignements sur toutes les régions d'Espagne.

Loisirs et distractions ——————————————————

La Plaza Mayor. — Chaque ville et village d'Espagne possède une «grand-place», souvent bordée d'arcades. A Madrid ou à Salamanque, elles ont été dessinées avec un souci de symétrie, d'urbanisme et ne sont pas des carrefours. Fermées sur elles-mêmes, on ne les atteint souvent qu'en passant sous l'arche d'une maison.

Cette place est le centre de la vie communautaire (c'est là que se situe l'ayuntamiento) et des réjouissances populaires (les corridas s'y déroulaient jadis).

La population s'y donne rendez-vous vers 19 h-20 h pour un *paseo*, les conversations s'y nouent au hasard des rencontres.

Le paseo. — Une foule innombrable parcourt à la tombée du jour les rues qui mènent à la Plaza Mayor. Chacun vient profiter des heures de fraîcheur et des derniers rayons du soleil, en se promenant puis en s'attablant à la terrasse des cafés, centres importants de la vie sociale.

Les cafés. — Ils accueillent les Espagnols à toute heure du jour et de la nuit. Le matin, on vient y prendre le traditionnel cafe con leche, accompagné de *bollos* (brioches). Vers 13 h 30, l'apéritif est servi avec les célèbres *tapas* qui changent selon les régions (poulpe et fromage en Galice, poissons frits en Andalousie, tortilla dans toute l'Espagne...). Après le travail, on se réunit dans des *tertulias* (réunions amicales entre hommes à lieux et jours fixes où l'on discute de tout). Certains prennent au café leur *merienda* («goûter» vers 18 h-19 h) qui se compose souvent de chocolat et de *churros*, délicieux beignets torsadés. On peut aussi se faire servir de la charcuterie ou des *tapas*. Pour apaiser sa soif, on goûtera la *horchata*, boisson rafraîchissante extraite du souchet, et les *granizados* (granités) et les *batidos* (lait froid battu avec des fraises, des bananes...).

Le chateo. — Cette coutume bien établie consiste à aller de bars en *bodegas* et de *bodegas* en *tabernas* et de *tabernas* en *tascas* pour goûter dans chacun de ces lieux les vins au tonneau et autres boissons délicieuses : vermut, cognac, *jerez.* En accompagnement, on vous servira les *tapas* en *pinchos* (amuse-gueule) ou en *ración* (une assiette pleine).

Night-clubs et discothèques. — Nombreux dans les régions très touristiques (Costa Brava, Costa del Sol...), l'accès en est généralement interdit aux personnes âgées de moins de 16 ans.

Les sports que vous pratiquerez. — Depuis ces quinze dernières années, l'Espagne s'est efforcée de proposer aux touristes la pratique de très nombreux sports, pour lesquels l'office de tourisme communique des brochures spéciales.

Le golf. — On compte plus de 90 terrains répartis sur l'ensemble du territoire. Pour pouvoir jouer il faut posséder une licence fédérale, très facile à obtenir. Il existe des modalités provisoires pour un seul jour pour les étrangers.
Pour plus de renseignements : *Federacion Española de Golf,* c/ Capitan Haya 9, 5°, 25020 Madrid, ☎ 455-26-82 et 455-27-57.

Le ski. — Une grande partie des ressources touristiques que possède l'Espagne se trouve dans ses sierras et ses montagnes. A la beauté et à la variété de leurs paysages qui, à eux seuls méritent le voyage, il faut ajouter les incontestables possibilités qu'elles offrent pour la pratique des sports d'hiver. Il existe d'excellentes pistes naturelles de ski, et les stations de sports d'hiver dotées d'installations modernes et d'hôtels confortables sont nombreuses.
Parmi les sierras et les montagnes espagnoles les plus intéressantes pour les fervents des sports d'hiver, il faut signaler, au N. de la péninsule, les Pyrénées et la cordillère Cantabrique, jusqu'au massif de Galice, la cordillère Ibérique et la sierra de Gudar avec des aires où l'on peut skier dans les provinces de Burgos, de Soria, de Logroño et de Teruel. La sierra de Guadarrama, la sierra de Gredos, dans les environs de Madrid, et la sierra Nevada dans la cordillère pébibétique (Grenade) offrent également d'intéressantes possibilités.

Dans les Pyrénées, des raids et des stages de ski de fond sont organisés au départ de la France par la Maison de la montagne et du ski de fond, Matemale, 66210 Mont-Louis (☎ 68-04-49-86).

La pêche. — L'Espagne continentale et insulaire constitue un magnifique cadre aux possibilités illimitées pour les amateurs de pêche. Les eaux fluviales abritent une grande variété d'espèces : saumons, truites, carpes, brêmes, etc., et les côtes espagnoles, d'une grande variété, offrent une faune marine d'une immense diversité. Pour obtenir une licence, il vous faudra la solliciter auprès de la Direction provinciale de l'Institut national de conservation de la nature (ICONA) du lieu où vous vous trouverez.
Federacion Española de Pesca, Navas de Tolosa 3, 28013 Madrid, ☎ 232-83-53.

La chasse. — L'Espagne possède une vaste réserve cynégétique très appréciée des chasseurs qui peuvent y pratiquer leur art d'octobre à février.
Ils y trouvent petit et gros gibier, cailles, perdrix, sangliers, chevreuils, daims et cerfs... Quelques espèces sont protégées dont l'outarde, la «capra hispanica», le lynx, l'ours.
Les autorités espagnoles demandent à tout chasseur étranger de posséder la licence de chasse espagnole, le permis français et sa traduction délivrée par le consulat, le passeport pour la déclaration des armes à la frontière et l'assurance de chasse ; dans les réserves nationales, les chasses gardées et les zones contrôlées, un permis spécial doit être demandé à la Direction générale des entreprises et activités touristiques du secrétariat d'État au Tourisme à Madrid, Alcalá 44. — *Federacion Española de Caza,* Avda Reina Victoria 72, 28003 Madrid, ☎ 253-90-17 ou 253-01-74 ou 253-88-67.

Les sports nautiques. — Il existe en Espagne dans pratiquement toutes les stations balnéaires des clubs nautiques qui offrent un calendrier complet de compétitions nationales et internationales.
De nombreuses agences proposent des voiliers basés aux Baléares, sur la Costa del Sol ou aux Canaries ; vous pouvez vous adresser à :
Atlantis, 8, rue Sédillot, 75007 Paris [☎ (1) 47-05-63-86].
Force 4, 20, rue des Pyramides, 75002 Paris [☎ (1) 42-61-66-77].
Odyssée, 4, pl. Dumoustier, 44000 Nantes, [☎ 40-89-34-44].
Star Voyage, 5, rue Lincoln, 75008 Paris [☎ (1) 42-56-15-62].
Voile Voyage, 8, rue Domat, 75005 Paris [☎ (1) 43-29-30-30].

Dans les Pyrénées, la descente de rivière en raft pneumatique ou en canoë-kayak a de nombreux adeptes. On pourra se renseigner auprès de CIMES, 09200 Saint-Géron (☎ 61-66-40-10).

Lexique

La langue espagnole, parlée dans toute l'Espagne, est d'une compréhension relativement facile. Dans certaines provinces, la prononciation locale déforme quelque peu les mots, en Andalousie surtout. A part ces exceptions, l'Espagne est un des pays où la langue parlée est le plus conforme à la langue écrite.

Le voyageur français peut d'ailleurs arriver à se faire comprendre facilement dans les grandes villes, grâce à la courtoisie naturelle des Espagnols ; la connaissance de la langue française est courante dans les bureaux de tourisme, les hôtels et restaurants d'un certain rang, les magasins importants, les banques, etc.

Il sera néanmoins utile de connaître un petit nombre de mots usuels pour voyager sans inquiétude et pouvoir s'arrêter à son gré dans de simples villages d'un grand intérêt touristique. La consultation rapide du vocabulaire ci-après doit répondre à ce besoin. Pour une acquisition des premiers éléments de la langue espagnole, on trouvera un guide très sûr dans : J. Donvez, *Espagnol en 90 leçons* (Paris, Livre de Poche, Hachette).

Prononciation

Voyelles : e = é ; u = ou (sauf dans les syllabes gue, gui, que, qui, comme en français). — Consonnes : c, devant e et i, proche du th anglais ; ch = tch ; g, devant e et i, guttural ; j, de même ; ll, mouillées presque comme li ; m et n toujours détachées ; ñ = gn ; r, roulée ; s, t, toujours dures ; v. se confond avec b ; z comme c.

L'accent, très marqué, porte généralement sur l'avant-dernière syllabe dans les mots terminés par une voyelle, par une diphtongue ou par n ou s ; sur la dernière dans les mots terminés par une consonne (autre que n ou s) ; s'il y a une exception, la syllabe accentuée est alors indiquée dans l'écriture par un accent aigu. La forme de politesse est la 3e pers. du singulier ayant pour sujet Usted (pron. ousté), forme contractée de Vuestra merced (Votre grâce), écrit Vd.

Quelques mots utiles

Les mois

Janvier	*Enero*
Février	*Febrero*
Mars	*Marzo*
Avril	*Abril*
Mai	*Mayo*
Juin	*Junio*
Juillet	*Julio*
Août	*Agosto*
Septembre	*Septiembre*
Octobre	*Octubre*
Novembre	*Noviembre*
Décembre	*Diciembre*

La semaine

Semaine	*Semana*
Lundi	*Lunes*
Mardi	*Martes*
Mercredi	*Miércoles*
Jeudi	*Jueves*

Vendredi	*Viernes*
Samedi	*Sábado*
Dimanche	*Domingo*

Jour

Jour	*Día*
Aujourd'hui	*Hoy*
Hier	*Ayer*
Avant-hier	*Anteayer*
Demain	*Mañana*
Après-demain	*Pasado mañana*
Ce matin	*Esta mañana*
Ce soir	*Esta tarde (esta noche)*

L'heure

Matin	*La mañana*
Midi	*Mediodía*
Après-midi	*Tarde*
Soir	*Tarde, noche*
Minuit	*Medianoche*
Heure	*Hora*
Quart (d'heure)	*Cuarto*
Minute	*Un minuto*
Quelle heure est-il ?	*¿ Qué hora es ?*
Il est une heure	*Es la una*
Il est midi	*Son las doce*
A 3 h moins cinq	*A las tres menos cinco*

Numération

Zéro	*Cero*
Un, une	*Uno, a*
Deux	*Dos*
Trois	*Tres*
Quatre	*Cuatro*
Cinq	*Cinco*
Six	*Seis*
Sept	*Siete*
Huit	*Ocho*
Neuf	*Nueve*
Dix	*Diez*
Onze	*Once*
Douze	*Doce*
Treize	*Trece*
Quatorze	*Catorce*
Quinze	*Quince*
Seize	*Diez y seis*
Dix-sept	*Diez y siete*
Dix-huit	*Diez y ocho*
Dix-neuf	*Diez y nueve*
Vingt	*Veinte*
Vingt et un	*Veinte y uno*
Vingt-deux	*Veinte y dos*
Trente	*Treinta*
Quarante	*Cuarenta*
Cinquante	*Cincuenta*

Soixante	*Sesenta*
Soixante-dix	*Setenta*
Quatre-vingts	*Ochenta*
Quatre-vingt-dix	*Noventa*
Cent	*Ciento*
Deux cents	*Doscientos*
Cinq cents	*Quinientos*
Mille	*Mil*
Un million	*Un millón*
Un milliard	*Mil millones*
Premier	*Primero*
Deuxième	*Segundo*
Troisième	*Tercero* ou *tercio*
Quatrième	*Cuarto*
Cinquième	*Quinto*
Sixième	*Sexto*
Septième	*Séptimo*
Huitième	*Octavo*
Neuvième	*Noveno* ou *nono*
Dixième	*Décimo*
Onzième	*Undécimo*

Formules usuelles

Bonjour	*Buenos días*
Bonsoir (l'après-midi)	*Buenas tardes*
Bonne nuit	*Buenas noches*
Au revoir	*Adiós*
A bientôt	*Hasta luego*
Oui	*Sí*
Non	*No*
C'est cela	*Eso es*
Nous sommes d'accord	*Vale ; de acuerdo*
S'il vous plaît	*Por favor*
Excusez-moi	*Dispénseme*
Merci, merci bien	*Gracias, muchas gracias*
Dites, monsieur (pour appeler)	*Oiga señor*
Parlez-vous français ?	*¿ Habla Vd francés ?*
Comment vous appelez-vous ?	*¿ Como se llama Vd ?*
Que désirez-vous ?	*¿ Que desea Vd ?*
Je ne comprends pas	*No entiendo*
Je ne sais pas	*No sé*
Comment dit-on en espagnol ?	*¿ Como se dice en castellano ?*
Qu'y a-t-il ?	*¿ Qué pasa ?*
Donnez-moi	*Déme Vd*

Sur la route

Est-ce la route de... ?	*¿ Es esta la carretera de... ?*

Où conduit cette route ?	¿ Adonde va esta carretera ?
Est-ce loin d'ici ?	¿ Es lejos de aqui ?
A combien de kilomètres ?	¿ A cuántos kilómetros ?
Peut-on passer par ici ?	¿ Se puede pasar por aqui ?
Distributeur d'essence	Surtidor
Supercarburant	Supercarburante Gasolina plomo
Où peut-on trouver de l'eau ?	¿ Donde se puede encontrar agua ?
A droite	A la derecha
A gauche	A la izquierda
Au tournant	A la vuelta ; al recodo
Plus loin	Más lejos
Descente	Bajada
Montée	Cuesta
Virage	Curva
Carrefour	Encrucijada
Travaux	Obras
Champ, campagne	Campo
Village	Pueblo
Hameau	Aldea
Port ou col	Puerto
Au feu rouge	Al semáforo
Je suis en panne.	Tengo una avería
Garage	Garaje
Source	Fuente
Fleuve, rivière	Río
Gué	Vado
Chaîne de montagnes	Sierra

A l'hôtel

Hôtel	Hotel
Pension	Fonda
Auberge	Albergue, posada
Hôtel du SET	Parador
Auberge de campagne	Venta
Auberge	Mesón
La chambre	El cuarto, la habitación
Lit	La cama
Lit à deux places	Cama de matrimonio
Lits jumeaux	Camas gemelas
Couverture	Manta
Oreiller	Almohada
Drap	Sábana
Matelas	Colchón

Les cabinets	Los servicios
Garçon	Camarero
Femme de chambre	Camarera
Chasseur	Botones
Combien par jour.	¿ Cuánto por día ?
Service compris...	Servicio incluido
Meilleur marché ..	Más barato
L'étage	El piso
De l'eau chaude ..	Agua caliente
Veuillez me réveiller	Tenga la bondad de despertarme
Donnez-moi ma note, s.v.p.	Haga el favor de darme la cuenta

Au restaurant

Repas	Comida
Petit déjeuner	Desayuno
Déjeuner	Almuerzo ; comida
Dîner	Cena
Menu	Menú
A prix fixe	A precio fijo
Carte	Lista
Assiette	Plato
Verre	Vaso
Couteau	Cuchillo
Cuiller	Cuchara
Fourchette	Tenedor
Serviette	Servilleta
Couvert	Cubierto
Sel	Sal
Poivre	Pimienta
Moutarde	Mostaza
Huile	Aceite
Vinaigre	Vinagre
Beurre	Mantequilla
Pain	Pan
Vin rouge	Vino tinto, negro
Vin rosé	Clarete
Vin blanc	Vino blanco
Vin ordinaire	Vino corriente
Bouteille	Botella
Eau	Agua
Bière	Cerveza
Cidre	Sidra
Viande	Carne
Peu (bien) cuit	Poco (muy) hécho
Bœuf	Vaca
Veau	Ternera
Mouton	Carnero
Agneau	Cordero
Porc	Cerdo
Cochon de lait rôti	Tostón
Boudin	Morcilla
Saucisson	Salchichón

Saucisse (longue)..	*Longaniza*
Saucisse (pimentée).........................	*Chorizo*
Jambon..................	*Jamón*
Poulet	*Pollo*
Poule....................	*Gallina*
Oie	*Ganso*
Canard....................	*Pato*
Hors-d'œuvre	*Entremeses*
Œufs......................	*Huevos*
Rôti	*Asado*
Filet de porc	*Solomo*
Côtelette	*Chuleta*
Légumes................	*Legumbres, verduras*
Salade....................	*Ensalada*
Dessert	*Postre*
L'addition..............	*La cuenta*
Escalope de veau..	*Filete*

En ville

Ville	*Población, ciudad*
Faubourg	*Arrabal*
Quartier	*Barrio*
Avenue...................	*Avenida*
Rue	*Calle*
Promenade plantée d'arbres	*Alameda, promenas*
Promenade publique................	*Paseo*
Boulevard (en Catalogne); lit d'un torrent à sec..	*Rambla*
Boulevard périphérique	*Ronda*
Chemin	*Camino*
Route	*Carretera*
Pont	*Puente*
Postes...................	*Correos*
Poste restante.......	*Lista de Correos*
Timbres	*Sellos*
Boîte aux lettres....	*Buzón*
Télégramme	*telégrama*
Télégraphe	*Telégrafo*

Téléphone.............	*Teléfono*
Lettre	*Carta*
Carte postale........	*Tarjeta postal*
Mandat postal	*Giro postal*
Recommandé	*Certificado*
Bureau de tabac....	*Estanco*
Annuaire	*Guía de teléfonos*

En chemin de fer

Chemin de fer........	*Ferrocarril*
La gare	*La estación*
Embranchement	*Empalme*
A quelle heure arrive le train à...?.	*¿A que hora llega el tren a...?*
Combien d'arrêt avons-nous ici?.....	*¿Cuanto tiempo paramos aqui?*
Le billet.................	*El billete*
Billet de quai.........	*Billete de andén*
Le guichet.............	*La taquilla*
Les bagages..........	*El equipaje*
La clef	*La llave*
Les bagages à main......................	*Los bultos a la mano*
La valise	*La maleta*
Porteur..................	*Mozo de equipaje*
Buffet....................	*Fonda*
Buvette	*Cantina*
Compartiment........	*Departamento; compartimiento*
Le wagon..............	*El coche, el vagón*
Portière.................	*Puerta*
Vitre	*Cristal; ventana*
Salle d'attente	*Sala de espera*
Contrôleur	*Revisor*
Entrée	*Entrada*
Sortie	*Salida*
Où faut-il changer de train?...............	*¿Donde hay que cambiar de tren?*
Wagon-lit	*Coche cama*
Couchette	*Litera*
Correspondance ...	*Enlace*

Pour qui sait découvrir

Le patrimoine historique, naturel et artistique de la région,
mais aussi la vie locale et les activités humaines :
l'identité régionale sous tous ses aspects.

18 titres

Connaître l'Espagne

L'Espagne aujourd'hui

par **Didier Sénécal**, écrivain

Clichés... — Si vous voulez agacer un Espagnol dont vous venez de faire la connaissance, commencez par lui parler de la corrida, de votre enthousiasme pour ce combat héroïque ou au contraire de votre dégoût devant cette boucherie sordide, peu importe. Si vous souhaitez l'irriter encore un peu plus, détournez la conversation sur le flamenco et demandez-lui avec naïveté si sa mère, sa sœur ou sa femme jouent des castagnettes. Enfin, pour faire céder ses derniers remparts de politesse, confiez-lui votre étonnement de ne pas voir davantage de *guardias civiles* en cape sombre et bicorne et de petits *borricos* portant de lourdes charges.

Les Espagnols, en effet, détestent les images désuètes dont les étrangers s'obstinent à les affubler. Sans rien renier de leurs coutumes ni de leur passé, ils voudraient une bonne fois pour toutes faire admettre qu'ils ont surmonté de nombreux archaïsmes et sont entrés dans la modernité. Réduire l'Espagne aux *toros* et aux processions de *penitentes,* cela revient à se représenter les Français coiffés de bérets basques ou passant leurs soirées à danser la bourrée.

1976-1986 : des bouleversements tranquilles. — Ces visions de cartes postales sont d'autant plus difficiles à supporter que l'Espagne, au cours de son histoire récente, a dû fournir des efforts considérables pour rejoindre le peloton des grandes nations industrialisées. Première puissance européenne au XVIe s., sous Charles Quint et Philippe II, maîtresse d'un empire planétaire, elle se laissa distancer pendant les siècles suivants, manquant le rendez-vous avec la révolution industrielle et se faisant dépouiller par les États-Unis de ses dernières possessions coloniales, les Philippines et Cuba, en 1898. Au XXe s., l'entreprise de modernisation est interrompue par la guerre civile, qui ravage le pays et qui, pire encore, entraîne un repli sur soi. Durant quatre décennies, l'Espagne est dans une large mesure coupée du reste de l'Europe occidentale ; l'armée, la police, l'Église exercent une influence disproportionnée ; l'évolution de la société et des mœurs est ralentie artificiellement, l'industrie sclérosée par le protectionnisme. C'est une politique volontaire concertée et, comme toutes les tentatives autarciques, suicidaire à long terme. C'est pourquoi aujourd'hui la majorité des Espagnols, même ceux qui approuvent son action pendant la guerre civile, tiennent Franco pour responsable du retard accumulé depuis 1945.

Bien que l'essor économique ait commencé sous la dictature, la mort du Caudillo, le 20 novembre 1975, marque un tournant capital dans l'histoire de l'Espagne. En quelques années et de manière beaucoup plus calme que ne l'avaient prévu nombre d'oiseaux de mauvais augure, la démocratie s'impose. Pas de marche arrière possible : avec résolution, parfois même avec passion, les Espagnols mettent tout en œuvre pour combler l'écart qui les sépare des Italiens, des Anglais, des Français. Et ce mouvement n'est pas seulement une affaire de partis, de libertés individuelles et de système électoral ; il concerne aussi l'évolution des modes de vie. Aujourd'hui, les jeunes Espagnols discutent volontiers d'informatique, de planche à voile, de design, de sports d'hiver, de rock'n roll.

Nul doute qu'il reste du chemin à parcourir : avec trois millions de chômeurs, des régions entières dans une situation préoccupante et une mainmise de plus en plus affirmée des capitaux étrangers, l'économie reste très vulnérable. Cependant, il suffit de voyager quelque temps en Espagne pour observer des transformations évidentes. Barcelone, qui a toujours joué un rôle pionnier, Madrid, qui n'est plus seulement capitale politique, mais aussi métropole économique, Valence, Séville, Sarragosse sont des villes actives, prospères et intégrées aux grands circuits européens. Les embouteillages sont les indices certains de l'agrandissement du parc automobile. Les régions touristiques sont désormais d'accès facile grâce au développement de l'infrastructure autoroutière et aérienne. La croissance, d'ailleurs, n'a pas que des effets positifs. En un quart de siècle d'aménagement sauvage et de spéculation immobilière effrénée, des centaines de kilomètres de côtes ont été défigurées, tandis que de merveilleux quartiers historiques étaient laissés à l'abandon ou livrés aux bulldozers ; du fait de l'urbanisation et de la rénovation incontrôlées, les usines à vacances des rivages méditerranéens ont pour pendant les immeubles sans âme de Madrid et d'autres grandes villes.

Si le bilan économique n'est pas partout probant et si les succès les plus nets remontent à la fin du franquisme, la révolution médiatique, en revanche, date des dix dernières années. Avec la dictature, c'est la censure qui a disparu du pays. La presse écrite a abandonné ses horizons étroits, ses articles timides, sa présentation surannée. L'hebdomadaire *Cambio 16*, le quotidien catalan *La Vanguardia*, ou encore le grand journal madrilène *El País*, fondé en 1976 et entièrement informatisé, n'ont rien à envier à leurs homologues européens. Quant à la télévision, elle va devoir affronter le problème — bien connu de l'autre côté des Pyrénées — de la coexistence entre chaînes d'État et canaux privés.

Consécrations. — Deux événements survenus en 1986 symbolisent la reconnaissance de l'Espagne nouvelle par la communauté internationale. Le 1er janvier, en compagnie du Portugal, elle entre dans la CEE avec détermination quoique sans illusion, car la suppression des barrières douanières va l'obliger à travailler sans filet. « *Somos europeos* », disent les Espagnols, ce que l'on pourrait traduire par : « Nous sommes enfin européens. » Ils le savent, il n'y a pas d'autre destin. La fierté s'accompagne d'ailleurs de pas mal d'ironie, et la première conséquence de l'intégration est l'obligation pour les commerçants et les chauffeurs de taxi de calculer l'IVA, autrement dit la TVA locale — véritable casse-tête imposé par Bruxelles ! Aussi n'est-il pas rare d'entendre un vendeur, au cours d'un marchandage, proposer à un client difficile : « Allez, je vous retire l'IVA. »

Seconde victoire, plus anecdotique mais aussi révélatrice d'une image de marque revalorisée : à l'automne 1986, le Comité international olympique confie à Barcelone, candidat jusque-là plusieurs fois refusé, l'organisation des Jeux de 1992.

Sœurs ennemies. — La fin de l'isolement, c'est d'abord le rapprochement avec la France, intermédiaire géographique et politique entre la péninsule

Ibérique et l'Europe du Nord. A ce propos, il serait absurde de nier l'existence d'un lourd contentieux entre les deux sœurs latines, allant bien au-delà des habituelles zizanies qui opposent les nations voisines. L'incompréhension, rappelons-le, a été récemment à l'origine de l'incendie de camions et de voitures particulières, voire de l'envoi par le fond de bateaux de pêche. C'est du côté espagnol, incontestablement, que la situation est le plus mal ressentie, et les Français sont souvent surpris des sentiments inamicaux existant en Espagne à l'égard de leur patrie.

Les causes en sont diverses et méritent d'être détaillées, car de leur connaissance dépendent les solutions. L'histoire, d'abord, n'est pas à négliger. Les Espagnols ont conservé un fort mauvais souvenir du règne de «Pepe Botella» (1808-1813), c'est-à-dire de Joseph Bonaparte qui, si l'on en croit le surnom savoureux concocté par ses sujets réfractaires, ne buvait pas que de l'eau. Plus près de nous, les partisans de Franco voyaient dans la France un pays athée, progressiste et de mœurs relâchées (dans les années 60, un voyage à Paris avait souvent pour objectif l'étude studieuse desdites mœurs...) ; quant aux républicains, ils ne purent jamais pardonner aux Français de les avoir laissés tomber en 1936. Sur ces vieilles querelles sont venues se greffer des difficultés économiques — protection des zones de pêche, concurrence dans les secteurs maraîcher et viticole — et surtout la question basque. Les Pyrénées-Atlantiques, département français, n'ont-elles pas été pendant de nombreuses années la base arrière, le sanctuaire inviolable de l'ETA ?

Enfin, les blessures d'amour-propre achèvent de compliquer les choses. Les Espagnols reprochent aux Français la condescendance avec laquelle ils les traitent et leur ignorance des réalités espagnoles. Reproches justifiés, et inacceptables pour un peuple dont le nationalisme n'est pas précisément atrophié : quand on demande à un écolier espagnol de dessiner son pays, il trace d'une main ferme un rectangle bien compact, annexant sans la moindre hésitation le malheureux Portugal...

Ces vieilles histoires de famille, ces malentendus et ces torts partagés sont heureusement en train de s'acheminer vers un mariage sinon d'amour, du moins de raison. La coopération économique est chaque année plus intense, les dossiers agricoles en voie de règlement, la lutte antiterroriste de plus en plus coordonnée. Ce dernier point est essentiel parce qu'il résume l'évolution des mentalités : en France et plus généralement dans le monde occidental, on s'est enfin rendu compte que l'Espagne est une démocratie comme les autres.

Rythmes de vie. — Est-ce à dire que l'Espagne est un pays comme les autres et que les influences européennes et nord-américaines ont eu raison de son originalité ? Non, bien sûr. Sa culture est trop riche, ses coutumes trop enracinées pour que son visage subisse une complète uniformisation. Sans parler de l'Extremadura, de la Mancha et plus généralement des zones rurales à peine effleurées par les courants du modernisme et désertées par les jeunes, l'Espagne garde intacts son tempérament et ses habitudes parfois déconcertantes. La première grande différence avec ses voisins du Nord, celle qui apparaît aussitôt au voyageur étranger, touche aux rythmes de vie.

Pour souffrir du *jet lag*, en effet, inutile de parcourir des dizaines de méridiens. En restant dans leur bon vieux fuseau horaire, les Français peuvent connaître les sensations dépaysantes de la contraction stomacale et du sommeil décalé.

De manière insidieuse et totalement inexplicable, les Espagnols s'entêtent à manger et à dormir à des heures déraisonnables. Un simple exemple donnera une idée de ces étrangetés : sur la première chaîne de télévision, le journal de la mi-journée *(sic)* est programmé à 15 heures. Au restaurant, il est banal de déjeuner à 16 heures et de dîner à minuit. Aussi faut-il donner deux conseils aux Français qui dans les premiers temps jettent des coups d'œil affamés sur leur montre. D'abord, ils trouveront peut-être un réconfort en songeant que l'attente est plus dure encore pour les Américains, le déjeuner castillan correspondant à peu de choses près au dîner new-yorkais ! Ensuite, ils pourront évoquer la mémoire de Louis XIII, qui pesta toute sa vie contre les repas tardifs de son épouse Anne d'Autriche, née à Valladolid et élevée à la cour de Madrid.

L'Espagnol couché tôt et levé de bonne heure n'est pas une espèce inconnue. Toutefois, la tendance générale est au noctambulisme, et la boutade selon laquelle le village le plus reculé possède *una iglesia, una tienda* (épicerie-bazar-boulangerie) *y una discoteca* est à peine exagérée. Pour les jeunes Espagnols, une nuit réussie se décompose ainsi : bavardage à une terrasse de café autour d'un *granizado de limon* jusqu'à deux heures ; puis, lorsque la *noche* fait place à la *madrugada,* notre petit matin, consommation de boissons alcoolisées en écoutant de la musique assis dans un pub (prononcez pab) ; à quatre heures du matin, et pas avant parce qu'il serait ridicule d'arriver quand l'ambiance est encore tiède, descente dans une boîte à la mode. Les nuits espagnoles, on l'aura compris, sont souvent blanches.

La famille. — Un Espagnol n'est jamais seul. Dans ce pays où les enfants portent le nom de leurs deux parents, où le fils aîné reçoit fréquemment le prénom de son père et la fille aînée celui de sa mère, les liens familiaux sont à la fois contraignants, étouffants et rassurants. On est très loin du noyau parents-enfants et des relations distendues de l'Europe du Nord ; en cas de besoin, il est toujours possible de faire appel à des bataillons de *padrinos* (parrains), de *madrinas* (marraines) de *tios* (oncles), de *tias* et de *primos* à la mode de Bretagne...

La situation catastrophique de l'emploi, avec plus d'un cinquième des actifs au chômage, serait ailleurs insupportable. Mais les jeunes Espagnols, particulièrement touchés, disposent d'un refuge tout trouvé dans le foyer paternel. Trois générations habitent couramment sous le même toit, et il est naturel pour un homme ou une femme de trente ans, étudiant attardé ou travailleur déjà engagé dans une carrière, d'être encore chez ses parents. Le studio-cuisine-salle de bains, cadre de la solitude contemporaine, est presque inconnu en Espagne.

Juan Carlos Ier le Bien-Aimé. — Paradoxalement, l'homme qui incarne le mieux l'Espagne d'aujourd'hui est en même temps le représentant de l'une de ses plus anciennes institutions. Qui aurait pu prévoir, il y a quinze ans, l'ampleur des succès personnels remportés par Juan Carlos et la popularité dont il jouit, parmi ses concitoyens, comme à l'étranger ? La partie n'était pas gagnée d'avance, c'est le moins que l'on puisse dire, pour ce Bourbon né à Rome en 1938, élevé en Italie, en Suisse et au Portugal, puis installé sur le trône par Franco en personne. Héritage douteux, dont il a réussi à s'affranchir. Près d'un demi-siècle après la chute d'Alphonse XIII, son grand-père, la monarchie est rétablie en Espagne ; par une bizarrerie de l'histoire, elle va être le meilleur garant de la démocratie. De fait, Juan Carlos soutient avec une grande fermeté l'œuvre de libéralisation menée par les Premiers ministres Adolfo Suárez puis Felipe Gonzalez : élections, nouvelle Constitution, statut d'autonomie pour plusieurs régions. Mais c'est à son attitude lors du putsch du 23 février 1981 qu'il doit d'être devenu un arbitre universellement respecté. Quand le lieutenant-colonel de la garde civile Tejero investit les cortès, il savait qu'il serait suivi par une partie de l'armée si le roi lui apportait son soutien. En dénonçant le complot franquiste, celui-ci permit au nouveau régime de sortir indemne de cette crise aiguë.

A l'exception peut-être de la reine d'Angleterre, aucun autre souverain européen n'attire un pareil courant de sympathie. Il est quasi impossible de mettre la main sur un quotidien ou sur un hebdomadaire qui ne contienne au moins une photographie du roi, en grande tenue ou en bermuda sur son yacht. Et sauf le respect qu'on lui porte, Juan Carlos est comme une auberge espagnole, où tout le monde trouve ce qui lui convient. La droite conservatrice le considère comme le digne successeur d'une glorieuse lignée, la gauche comme un défenseur de la démocratie ; chacun selon ses goûts apprécie le chef d'État majestueux, le radioamateur, ou encore le motard qui, incognito sous son casque intégral, aime échapper de temps en temps aux servitudes de l'étiquette. Personne désormais ne conteste la légitimité de Juan Carlos, dont le fils Felipe se prépare déjà au métier de roi.

Du neuf avec du vieux. — Plus l'Espagne se modernise, plus elle éprouve le besoin de renouer avec son passé. En ce sens, il serait erroné d'opposer un respect supposé de la tradition sous la période franquiste à un soi-disant phénomène d'acculturation depuis 1976. Dans bien des cas, c'est exactement le contraire qui se produit. Après des décennies de pièces de boulevard, le théâtre classique de Calderón, Lope de Vega et García Lorca a refleuri avec la démocratie. Le carnaval, interdit sous Franco car il pouvait amener de dangereux débordements, a connu lui aussi une véritable renaissance ; des scènes proscrites hors des musées, tel l'*Enterrement de la sardine,* peint par Goya et conservé à l'Academia de San Fernando à Madrid, ont reconquis la rue. De même, les pouvoirs publics, las de ne vendre que leur soleil aux visiteurs du Nord, cherchent à développer un tourisme culturel à l'italienne, qui profiterait aux régions de l'intérieur.

La faculté des Espagnols à assimiler et à détourner les modes importées est sans limite. Ainsi l'invasion du *fast food,* aussi agressive que partout ailleurs, se heurte-t-elle à la puissance des habitudes culinaires ; le hamburger et le Coca-Cola doivent faire une place dans leur royaume à l'éternelle *tortilla,* au *bocadillo* et au *café con leche.* Dans les fêtes, après s'être trémoussées sur des musiques en provenance directe des États-Unis, les jeunes filles modernes exécutent avec plus ou moins de brio les pas savants des traditionnelles *sevillanas.* Et puisque nous en sommes revenus aux clichés les plus rétros, jetons un coup d'œil aux productions des artistes graphiques postmodernes : l'avant-garde, fascinée par les thèmes populaires et baroques, ne dédaigne pas les *toreros.*

Lumières d'Espagne

par **Lucien Castela**

Le pays d'où l'on vient — Le pays où l'on va

Ils ont été nombreux les voyageurs, qui de tous temps, se sont rendus dans la péninsule. Qui n'a présent à l'esprit les aventures romantiques que nous content Théophile Gauthier et Prosper Mérimée ? Ces auteurs ne faisaient que prendre la suite de voyageurs français, anglais, vénitiens, qui, depuis le début de l'époque moderne, s'en furent parcourir les chemins de cette terre desséchée ou verte.

Pourtant, c'est au Moyen Age que l'Espagne a le plus attiré sur ses routes les populations d'Europe. En franchissant le col de Roncevaux, les pèlerins, venus de tous les horizons du Vieux Continent, se dirigeaient par le «Chemin français» vers la ville où se trouvaient les restes de l'apôtre saint Jacques le Majeur, fils de Zébédée. Une étoile avait indiqué le lieu où la basilique devait être construite. Ces millions de gens qui cheminaient dans les régions du nord de l'Espagne connaissaient les montagnes abruptes et souvent dangereuses, les plaines dénudées et poussiéreuses de la Tierra de Campos, les collines verdoyantes, sauvages, mystérieuses et attirantes de Galice, où les Celtes jadis construisirent leurs villages, bâtirent leurs dolmens et plantèrent leurs menhirs.

Quelle époque fabuleuse connurent ceux qui, du XIe au XVe s., prirent le chemin de l'Espagne ! Les Andalousies, unies ou éclatées dans les royaumes de Taifas, donnaient à l'Occident les bases de ce qui allait devenir sa philosophie, ses sciences, sa musique. D'origine juive ou arabe, l'œuvre des savants et des créateurs du sud était étudiée à Paris, Boulogne, et dans toute la Méditerranée.

La lumière

Comment expliquer le flux constant de voyageurs, de curieux, de pèlerins attirés par l'Espagne ?

Il s'agit avant tout du pays de la lumière.

Lumière éclatante, desséchante, qui empêche par sa crudité absolue de laisser une quelconque place au mystère, au doute, au possible.

Lumière qui balaie la Castille dans une journée d'automne, au début de mai, et laisse l'homme face à son destin sans autre point de repère dans l'immensité de son ciel, qu'un chêne vert sur un mamelon roux, un peuplier verdoyant ou doré, oublié au bord d'une route rectiligne.

Lumière incertaine, douce, embuée de bruine, qui permet à tous les tons de vert, dont se vêt le paysage, d'atteindre leur plus profonde intensité.

Lumière grise, qui crée par les lambeaux de brouillard masquant les crêtes des collines, le climat profondément magique des pays verdoyants du nord de l'Espagne.

Lumière grecque de l'Andalousie méditerranéenne, qui permet parfois de voir mille soleils se refléter en miroitant dans des étangs rouges, brillant d'autant d'écailles, comme des touches du pinceau de Claude Monet, de percevoir d'autres espaces, de se sentir à la fin d'un monde et de rêver qu'Ulysse peut à tout instant apparaître dans la mer d'Almeria sur les traces d'Hercule.

La nuit

On trouve dans la langue espagnole de nombreuses expressions pour qualifier une nuit blanche : «Una noche toledana» — «Una noche a la luna de Valencia». Comme les nuits espagnoles sont ensorcelantes quand on contemple le ciel de Salamanque, chanté par le poète mystique fray Luis de León, orné de tant d'étoiles dans sa profonde limpidité, quand on sent l'intensité de l'espace nocturne au château de Loarre ou de Calatrava ou quand on s'enivre des senteurs des géraniums, des roses ou du jasmin qui embaument les jets d'eau du Généralife sur la colline de l'Alhambra à Grenade.

L'immensité de l'espace apparaît clairement au cours de la traversée de l'Aragon, dans les turbulentes collines de la région de Teruel, dans les perspectives infinies couvertes d'oliviers de Jaén. Cette immensité fait ressortir parfois, par sa monotonie, le caractère exceptionnel d'un élément. Comment percevoir la beauté de l'eau sous toutes ses formes, mieux que dans le jaillissement du río Piedra, au monastère de Piedra, ou à la naissance du Cuervo, près de Cuenca? Pays où la nature est restée fréquemment inviolée par les hommes, sa grandeur y est plus nettement accessible qu'ailleurs. Les Pics d'Europe, le long de la mer Cantabrique, abritent toujours des ours sauvages, des loups, des aigles et des lynx.

Immensités, chaleur, lumière tremblante, le créateur de Don Quichotte, Miguel de Cervantès, a évoqué mieux que personne, sans jamais le décrire, le paysage du centre de l'Espagne : la Mancha. Les lecteurs du plus grand roman jamais écrit ne pourront oublier les deux silhouettes de Don Quichotte et Sancho Pança mesurant l'étendue de la plaine au rythme lent de leurs montures. Ils se souviendront peut-être de leurs dialogues, lors desquels Cervantès s'interroge sur l'espace au bord de l'Ebre, dans l'aventure de la barque enchantée.

Au retour de leurs séjours en Espagne, le regard des voyageurs de jadis reflétait les horizons larges, vierges, des régions qu'ils avaient traversées. Ils en gardaient aussi la conscience qu'ils avaient atteint un pays de frontières, que l'Europe se terminait dans cette péninsule qui en était de ce fait le phare, le bastion ; que d'elle partiraient les conquérants de nouveaux espaces, que par elle s'étaient unies les grandes civilisations de la Méditerranée. Arrivés au cap Finisterre, souvent perdu dans le brouillard, où les sirènes avertissent les bateaux du danger des écueils, les pèlerins du chemin de Saint-Jacques pouvaient se demander si au-delà de ces brumes, il n'y avait pas d'autres mondes ignorés, d'autres espaces qui viendraient se greffer sur celui de l'Espagne et transformer les structures mêmes du monde dans lequel ils vivaient. La magie tellurique y existe plus qu'ailleurs. On se sent pris par la force de cette terre si pauvre, si désolée, que chaque plante, chaque herbe qui y pousse, apparaît comme un défi ou un miracle ; défi que les Espagnols ont essayé de lancer tout au long de ces siècles, en surmontant tant de difficultés, miracle que la nature a su réaliser, en donnant à la pauvreté et au désert la parure d'une sublime beauté.

Vivre ensemble

Le 20 décembre 1978, l'Espagne approuve la Constitution, qui définit le pays comme un État d'autonomies. Il ne s'agit pas d'une fédération mais d'une structure qui reconnaît à chacune de ses régions, et de ses peuples, le pouvoir de gérer directement par un gouvernement élu au suffrage universel, son éducation et sa culture, son commerce et son industrie. Si l'on met de côté le drame que connaît actuellement le Pays basque, cette structure donne dans l'ensemble satisfaction, et met fin à des luttes traditionnelles qui ont opposé la périphérie au centre, le nord au sud, les îles au continent.

L'histoire de l'Espagne se caractérise par la difficulté de vivre ensemble qu'ont connue ses habitants. Le relief, en créant de graves problèmes de communication, et le manque de moyens dû à une pauvreté historique ont permis le maintien des personnalités régionales. Des cultures locales d'une très grande richesse s'y sont développées. La langue et la culture catalanes sont aussi vieilles que la langue et la culture castillanes, qui prendront plus tard le nom « d'espagnoles » ; les premiers textes poétiques importants de la péninsule sont écrits en galicien...

Aujourd'hui, ces cultures périphériques connaissent une grande fraîcheur de création : des écrivains comme Salvador Espríu, Josep Carner en Catalogne, Castelao et Celso Emilio Ferreiro en Galice devraient être connus bien au-delà des frontières du pays. Avec l'éclatement de la Nova Cançó, la Catalogne a donné à la dernière période du franquisme la culture de la protestation et de la foi en un avenir démocratique.

Le renouveau culturel de l'Espagne actuelle a une de ses capitales en Galice, à Vigo. C'est là qu'une « movida » différente, mais presque aussi importante que celle de Madrid, a trouvé son terrain d'élection. On pourrait en dire autant d'autres grands foyers vibrant de culture populaire ou d'élite (Oviedo, Malaga), ou à la recherche d'une personnalité plus affirmée (Estrémadure, Canaries).

La grande diversité des peuples d'Espagne se retrouve au niveau des individus, de leur caractère, de leur tempérament farouchement individualiste. D'une manière générale, les Espagnols ne se réunissent que dans une grande entreprise commune : lorsque leur destin national est en jeu.

Les histoires d'Espagne

L'Espagne se forme durant sept siècles par un lent processus au cours duquel alternent conflits et périodes de répit. Cette période correspond à la lente et progressive reconquête du territoire péninsulaire occupé à l'orée du VIIIe s. par les armées arabes. La « Reconquista » entraîne la constitution de petits royaumes qui s'agrègent par guerre, par mariage, à des époques où quelques personnalités (Alphonse X le Sage, Ferdinand le Saint) arrivent à imposer leur vision politique à la plupart des princes ou des rois chrétiens, ou quand les institutions (ordres militaires de chevalerie : Calatrava, Montesa, Alcántara ou Santiago) se substituent aux rivalités locales.

L'Espagne opte définitivement pour la voie européenne, chrétienne, monarchique, à l'avènement des Rois Catholiques. L'utilisation politique du tribunal de l'Inquisition permet l'émergence, de façon radicale et violente, d'un sentiment national péninsulaire. Rejetant ses héritages, l'Espagne naît en 1492 par la reconquête du dernier giron (le royaume de Grenade) et l'expulsion violente des juifs d'Espagne. La découverte de l'Amérique donne au génie castillan la possibilité de prendre toute sa mesure. Sans moyens, sans préparation, des aventuriers (certains originaires de Trujillo en Estrémadure) ont pu conquérir d'immenses royaumes. Ceci n'a été possible que parce que, comme on le sait aujourd'hui, la langue est le meilleur instrument de l'impérialisme.

Charles Quint, l'empereur flamand, règne sur une grande partie de l'Europe, sur les océans, et sur un continent tout neuf. Dans ces moments de grandeur, de réussite militaire, politique, culturelle, la conscience nationale est encore écrasée par le poids de la misère. Alors que ce peuple, après les victoires sur François Ier, ou celles plus tardives de Philippe II à Saint-Quentin et Lépante, aurait pu dominer durablement en Europe et en Méditerranée, il se replie sur lui-même, ne peut sortir de sa pauvreté (si admirablement peinte dans le tableau de Murillo «le Mendiant» au musée du Prado) et se réfugie dans la picaresque, le service des grands, la fuite en Amérique ou l'aventure mystique.

Époque féconde pour la culture que celle de la décadence. La construction de l'Escurial par Herrera marque la fin d'une ère, même si ce monument s'inscrit dans la problématique du temps. La lente agonie du XVIIIe s. correspond à l'âge baroque. Ce crépuscule brille de mille feux, des ors d'Andalousie aux géométries compostellanes. Il semblerait que ce peuple épuisé ait voulu laisser de son passé un témoignage d'une inutile splendeur.

La dynastie des Habsbourg et son idée d'empire calquée sur les théories de saint Thomas (n'a-t-on pas dit de l'Espagne que c'était le pays des occasions perdues?) laissaient la place à la force moderne incarnée par la France. Louis XIV impose, après les longues guerres qui ont ensanglanté l'Europe et dans lesquelles l'Espagne et la France étaient engagées pendant la première moitié du XVIIe s. (guerre de Trente Ans), la dynastie des Bourbons.

Le XVIIIe s. marque un puissant renouveau : les industries se créent, le commerce fonctionne, les villes se modernisent et de nouveaux chemins jalonnent la péninsule. Un esprit colbertiste anime certains ministres, les idées des philosophes français, des économistes anglais, pénètrent les cercles gouvernementaux. L'Espagne a une chance de s'engager à nouveau, à part entière, dans la course pour le progrès et la modernité. La partie éclairée de la société voit dans la Révolution française la fin d'une époque et l'aube de la liberté.

Les hasards de l'histoire conduisirent Napoléon à Madrid, Bailén, Arapiles, Ciudad Rodrigo... laissant derrière le passage de ses grognards de profondes meurtrissures, dans un pays qui n'accepta jamais une quelconque soumission à un pouvoir étranger. La guerre de l'indépendance est une victoire de libération nationale, dans laquelle les élites cultivées ont été assimilées à l'ennemi.
L'Église, un instant menacée, reconstitue ses bases. Les forces traditionnelles

et possédantes sont à nouveau au pouvoir sous Ferdinand VII. On n'hésite pas alors à demander l'aide de la France pour liquider les prétentions libérales : c'est l'expédition des «Cent Mille Fils de Saint Louis», conduites par le duc d'Angoulême, et dès la mort du souverain, le début des guerres carlistes qui ensanglantent l'Espagne pendant le XIXe s. Ces luttes fratricides opposent les partisans de la branche légitime (Isabelle II) à ceux du prétendant carliste, de même que les forces périphériques au pouvoir de Madrid. Malgré les efforts des courants libéraux pour donner à l'Espagne une dimension moderne et plus proche de l'Europe (Desamortización de los Bienes de Mano Muerta), cette période se caractérise par un renforcement des forces possédantes.

Dès la moitié du XIXe s. commencent à surgir de-ci de-là, mais surtout à Madrid et en Andalousie, des insurrections locales qui créent un terrain favorable à l'installation des grandes doctrines révolutionnaires. Les théories de Bakounine pénètrent dans la péninsule en 1868, trois ans plus tard celles de Marx sont diffusées par son propre gendre. Les vieilles structures de l'Espagne tradition-nelle commencent à branler malgré la force des restaurateurs dirigés par Cánovas del Castillo.

La perte des dernières colonies ratifiée par le traité de Paris, faisant suite à la guerre de Cuba (1898), cimente les bases de l'Espagne du XXe s. La récupération des valeurs péninsulaires par la «génération de 1898», le développement des mouvements révolutionnaires, syndicaux, paysans et ouvriers, la faiblesse d'un pouvoir central contesté, sont à l'origine de la guerre civile, qui éclate après cinq années de République, les 17 et 18 juillet 1936. L'Espagne sort de ce conflit appauvrie, privée de ses talents (on dit qu'il y eut un million de morts et autant d'exilés). Le général Franco s'identifie désormais au destin du pays. Il gouverne avec habileté, sachant faire évoluer l'ensemble de l'Espagne selon l'évolution du monde. Les sanglantes répressions qui suivent la fin de la guerre en 1939 lui permettent de s'assurer un pouvoir à vie. Les forces démocratiques s'organisent à l'extérieur, dans la clandestinité, et participent dès la mort du dictateur (1975) à la rédaction de la Constitution.

La démocratie semble être solidement installée malgré quelques soubresauts involutionnistes (Tejero, 1981), et la personnalité du roi Juan Carlos Ier apparaît pour tous les Espagnols comme le garant de cette Constitution, une des plus libérales d'Europe.

Désormais, le temps va très vite. Les gouvernements qui se succèdent depuis 1975 ont à rattraper beaucoup de retard. De nouveaux hommes, jeunes et dynamiques apparaissent (Felipe González, président du gouvernement, est à la tête d'une équipe âgée de 40 ans en moyenne), et s'engagent résolument dans la modernité, orientant le destin de l'Espagne vers la démocratie et l'Europe.

« El Caballero de la Mano en el Pecho »

Un des tableaux les plus frappants de l'œuvre de Domenikos Theotokopoulos, dit le Greco, représente un chevalier de la fin du XVIe s., vêtu de noir, le cou serré dans sa fraise et la main droite posée sur la poitrine. Cette œuvre est une des plus significatives de l'histoire de la peinture espagnole. La technique du portrait y est parfaite, mais surtout se dégagent de l'expression du visage, de l'attitude du personnage, le sentiment d'une incommensurable solitude, un air de détachement par rapport au monde qui nous entoure (le tableau ne contient en effet aucun détail qui ne soit le corps et le vêtement du personnage) et comme un appel à celui qui le contemple, pour essayer de communiquer avec lui et de vaincre son tragique isolement. Le Greco, étranger venu de Grèce en passant par l'Italie, observe, ressent et vit, avec plus d'intensité peut-être que les hommes de sa génération nés en Espagne, les caractères marquants de la société de son temps, le drame d'un peuple qui s'effondre.

L'Espagne plurielle

On retrouve aujourd'hui dans le regard de tel paysan rencontré au fin fond d'un village de Castille, ou dans tel petit-bourgeois attablé au café de Chinitas à Málaga, des expressions qui ressemblent parfois à celles du «Caballero de la Mano en el Pecho». La société espagnole, comme toutes les vieilles sociétés porteuses d'histoire et de traditions qui se trouvent aujourd'hui affrontées aux différents défis d'adaptation au monde moderne, est une société complexe, très difficile à capter. La langue s'accompagne de bien d'autres langages de communication qui dépassent considérablement le domaine des mots. Vouloir la définir par quelque formule tiendrait de la gageure ou de l'inconscience. La variété des climats, des peuples, des paysages, ainsi que des origines de ceux qui sont venus se fixer en Espagne, fait que la mentalité, le caractère, le sens des rapports entre les hommes sont différents, de l'Andalousie à la Galice, de la Castille à la Catalogne.

La vie

Quand on traverse l'Espagne, on est particulièrement frappé de voir comment l'ensemble des habitants d'une ville, d'un village passe le plus clair de son temps à l'extérieur. La rue, la place (plaza Mayor) sont les lieux de rencontre et de promenade, les endroits où l'on communique, où l'on est informé de ce qui se passe dans le groupe. Tavernes, bars, cafés sont autant de livres ouverts dans lesquels s'établissent les contacts, se donnent les nouvelles. Certaines rues sont célèbres dans toute l'Espagne : calle del Olmo à La Corogne, El Tubo à Saragosse, quelques artères du vieux Saint-Sébastien, la plaza Mayor de Salamanque sont envahies de public en fin de matinée, et en fin d'après-midi. Si l'on y apprend des autres tout ce qu'il y a d'important, on y va aussi pour se montrer. Depuis l'inoubliable figure de l'écuyer de Tolède peinte par l'auteur anonyme du Lazarillo de Tormes, débordant de désespérante et vaine dignité, les Espagnols ont conservé le goût parfois baroque de l'apparence. Si leur façon de s'habiller est aujourd'hui européenne, on trouve encore chez eux un goût extrême de la tenue, de la présentation, de la propreté, d'autant plus louable que les budgets ne sont pas aussi confortables que ceux de leurs voisins du Nord. Cultiver l'apparence jusqu'à lui donner une profondeur, une réalité en soi, aller dans certains cas jusqu'à ne plus être qu'un masque. Ceci entraîne le dédoublement : se voir agir à l'intérieur de la société, plutôt qu'agir, être accompagné du miroir, parfois paralysé par lui, parfois conseillé dans la beauté d'un geste, dans la grandeur d'une générosité. Si l'on sait que tout n'est qu'apparence, tout devient relatif. Cette relativité s'applique aussi bien à la conception de la vie ou de la mort, à la capacité de dominer les drames nationaux ou personnels, en en mesurant l'ampleur sans être noyé par eux.

La vie débordante d'une jeunesse, qui veut se mettre à l'heure européenne sans imiter ce qui se passe à l'extérieur de ses frontières, est particulièrement active dans l'adaptation des modes internationales (rock), mais de plus en plus attentive à sa création propre, à de nouvelles façons d'envisager la vie en prenant d'autres habitudes, en écoutant d'autres musiques... Ces mouvements sont perceptibles dans beaucoup de villes espagnoles, mais c'est à Madrid, dans les quartiers du centre, dans les rues de Malasaña, près de la place 2 de Mayo, que l'on en trouve l'expression la plus dense, la plus élaborée, la plus variée. De nombreux cafés-concerts retrouvent les airs « rétro », qui alternent avec des productions toute récentes. Les spectateurs, souvent très jeunes, créent un climat de grande sympathie. Il n'y a point de violence dans ce quartier de la « movida ». Si de nouvelles tendances apparaissent chaque jour dans cette Espagne qui bouge, se remet en question, se prépare à jouer un rôle important dans la CEE, par son économie mais surtout par sa culture et par la jeunesse de ses responsables, les forces traditionnelles sont toujours présentes. La « fête nationale », comme on l'appelle ici, est la tauromachie. Retransmises par la télévision, les grandes corridas de la temporada (saison) sont suivies par un public très nombreux. Les fêtes des villes et des villages attirent beaucoup de monde, même lorsqu'elles continuent d'être la scène de manifestations anciennes parfois cruelles (San Fermín à Pampelune, fêtes de Coria en Estrémadure, de Tarazona en Aragon...)

La mort

Le sentiment religieux fait partie de la tradition espagnole. Les églises sont toujours pleines le dimanche et, bien que la hiérarchie n'ait plus le rôle politique et social qu'elle a joué sous le franquisme, son poids est toujours très lourd. Pendant la semaine sainte, l'Espagne est parcourue par de grandes processions : Virgen de la Macarena, El Cachorro, Triana... (certaines confréries dépassent les 3 000 adhérents). Valladolid et Séville sont d'importants pôles d'attraction. Faut-il croire que chacun de ces pénitents, suivant un « paso » représentant une scène du martyre du Christ ou de la vie de la Vierge, accomplit un acte authentiquement religieux ? Beaucoup le vivent comme une manifestation de culture populaire authentique qu'ils cherchent par tous les moyens à préserver. La mort est célébrée pendant toute la semaine, et la société espagnole l'a toujours présente à l'esprit. On joue même avec elle : quand la « camarde » s'est présentée à quelqu'un et ne l'a pas enlevé, on fait en Galice une procession dans laquelle les rescapés sont conduits dans leurs cercueils à divers ermitages : Amil, San Andrés de Teixido.

Le musée de la Sculpture de Valladolid rassemble les expressions les plus originales de la sculpture polychrome espagnole sur le thème de la mort. A Burgos, Palencia, des Christs trouvés au Moyen Age dans des barques sur la mer surprennent par la douleur tragique des tortures qui les marquent. La mort est la préoccupation essentielle, mais relative, de la vie. Le « Christ de la Bonne Mort » peut être imploré. Il contribuera à faciliter ce passage douloureux et serein de la vie ou de l'apparence de vie vers un au-delà qui n'est peut-être que le néant.

L'auberge espagnole

« L'Europe sans l'Espagne manquerait de profondeur », a dit le général de Gaulle, quand, au début des années 60, ses dirigeants frappaient à la porte de la Communauté. Cette profondeur se dégage de ses espaces, qui ont favorisé la présence d'hommes au caractère digne, intensément épris de liberté. Mais c'est surtout dans les monuments, orgueil de la plupart des villes, que l'on trouve les traces des civilisations qui se sont côtoyées sur cette « peau de taureau », laissant des jalons de leur vie, leur gloire et leurs guerres. L'Espagne romaine à Mérida et Ségovie, l'Espagne arabe à Cordoue et Grenade, l'Espagne romane à Saint-Jacques-de-Compostelle et dans mille églises perdues, souvent en ruine, dont les trésors peuvent être admirés aujourd'hui au musée d'Art roman de Barcelone. L'Espagne gothique à Burgos et León, l'Espagne de la Renaissance platteresque à Salamanque et celle du baroque exubérant dans l'ensemble du pays, suivie par l'Espagne néo-classique plus compassée. Gaudí reste le créateur le plus original de l'Espagne contemporaine et l'architecture d'aujourd'hui a de grandes dettes envers son œuvre.

Les Espagnols ont su investir dans la pierre. Les châteaux de la Reconquête et ceux des conquistadores, le foisonnement et la richesse de l'architecture religieuse, de même que les magnifiques perspectives des avenues modernes en sont les témoins.

Un voyage en Espagne ne peut se comprendre sans avoir le contact avec le peuple en fête. La culture populaire est très vivante et nombre de festivals, de pèlerinages religieux et païens, de fêtes votives se déroulent tout au long de l'année : San Isidro à Madrid, la Merced à Barcelone, la Feria à Séville, les Fallas à Valence... Ces manifestations sont un prétexte idéal pour apprécier la gastronomie locale : saveurs fines et élaborées de la cuisine basque se mêlent aux goûts plus francs des préparations des autres régions.

L'Espagne est pleine de secrets. Le voyageur pressé ne verra d'elle qu'une façade blanche aux fenêtres de fer forgé ornées de géraniums. Il faut trouver les clés pour en franchir le seuil ; les joies que l'on connaîtra à l'intérieur seront d'autant plus intenses que l'accès aura été difficile.

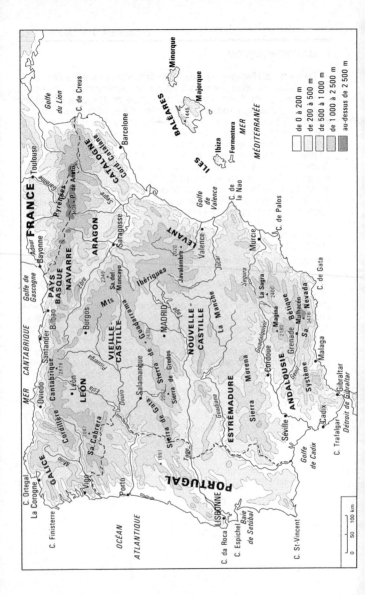

La nature et les paysages

Quelques chiffres
L'Espagne comprend les 4/5 environ de la péninsule Ibérique ; sur une superficie totale de 583 500 km² env., elle en occupe 491 258 km² (troisième rang en Europe) ; le reste appartient au Portugal et, pour une part infime, à la république d'Andorre et à la possession britannique de Gibraltar. Avec ses dépendances insulaires des Baléares (5 014 km²) et des Canaries (7 272 km²), l'Espagne s'étend sur 503 544 km².

L'Espagne apparaît comme la pointe d'un môle lancé par l'Europe vers l'Océan et, d'autre part, elle ferme le bassin occidental de la Méditerranée. Elle se trouve ainsi placée au croisement de deux des plus importantes routes maritimes du globe.

Par contre, sa situation péninsulaire n'est pas sans inconvénients. On a dit avec quelque exagération : l'Afrique commence aux Pyrénées. Cette boutade est plutôt le fruit d'une observation superficielle, limitée aux plateaux arides de Castille ou aux huertas et palmeraies d'Andalousie et du Levant. Il est indéniable que les Pyrénées ont mis, dans le passé, l'Espagne à l'abri de bien des influences qui auraient pu venir du reste du continent, mais des échanges se sont produits de tout temps, notamment avec le midi de la France, surtout au Moyen Age. L'étroitesse du détroit de Gibraltar (13 km) a facilité l'invasion musulmane qui a laissé de nombreuses traces.

Terre de contrastes, l'Espagne n'est pas seulement une terre aride et brûlée par le soleil au N., luxuriante et couverte de jardins au S. Elle est cela, mais bien d'autres choses encore.

« Montagnes et plaines, rochers et plages, steppes et vergers, défilés et côtes rébarbatifs, vallées toujours vertes et étendues fauves, landes et forêts inextricables ; rivières qui sont des torrents pendant trois mois et des chemins le reste de l'année, ou bien qui déroulent un cours tranquille entre des rives paisibles pour se briser ensuite en rapides grondants, ou encore, manquant à toute règle (comme le Guadiana), qui se laissent boire par la terre pour réapparaître, à des lieues de distance, plus abondants ; et, sur les côtes, les récifs sauvages succèdent aux rías enchanteresses où la mer et la terre paraissent se complaire en un long contact, tandis que leur embouchure s'abrite d'îles qui les font sûres et commodes » (F. J. Sánchez Cantón).

Montagnes et plaines. — La péninsule Ibérique se compose essentiellement d'un noyau central, la *Meseta*, encadrée de trois dépressions. La Meseta, plateau d'une altitude moyenne de 660 m, formé de terrains anciens et accidentés de reliefs, occupe à peu près la moitié du massif ibérique, où elle constitue la Vieille-Castille, la Nouvelle-Castille, l'Estrémadure et la Manche. Les bords de ce plateau, plus ou moins abrupts, sont circonscrits par de puissants reliefs ; au N. les monts Cantabriques, au N.-E. et à l'E., les monts

Ibériques ou des escarpements plus modestes ; au S. les gradins de la sierra Morena, à l'O., les terrasses de la Galice et du Portugal.

A l'entour s'étendent trois bassins tertiaires : au N.-E. la dépression de l'Ebre (Aragon) ; au S.-O., la dépression du Guadalquivir (Andalousie) ; à l'O., la dépression du cours inférieur du Tage (Estrémadure portugaise).

Au N. et au S. deux chaînes importantes se sont plissées contre le plateau ancien qui formait un môle de résistance : au N.-E. la chaîne des Pyrénées ; au S.-E., la cordillère Bétique (ou système Pénibétique) qui continue la chaîne marocaine du Rif, coupée par le détroit de Gibraltar.

La péninsule Ibérique est, après la Suisse, le pays le plus montagneux d'Europe, et cette particularité exerce la plus grande influence sur son climat, sur le régime de ses fleuves, sur son sol généralement aride, et sur son peuplement.

Les plus hauts sommets se trouvent sur le pourtour, dans les massifs de formation récente (3 478 m au Mulhacén), puis dans le système central (sierra de Gredos, monts Cantabriques et Picos de Europa), où ils atteignent 2 700 m. Vient ensuite le système ibérique où le Moncayo et les sierras de la Demanda et Cebollera s'élèvent à près de 2 400 m ; certaines sierras du versant oriental et du système pénibétique dépassent 2 000 m et le reste oscille entre 2 000 m et 1 000 m. Les hauts plateaux de l'intérieur s'étendent entre 900 et 1 000 m, mais ils s'abaissent par gradins au N. et au S. jusqu'à des altitudes comprises entre 600 et 700 m. A l'E. et à l'O. les dépressions latérales sont profondes : celle de l'Ebre à 250 m, celle du Guadalquivir 100 m d'altitude moyenne. Les terres basses (au-dessous de 500 m) représentent seulement 40 % de la superficie totale.

Mers et côtes. — Les lignes de moindre résistance qui ont déterminé le relief de la péninsule sont en étroite relation avec les dépressions maritimes qui l'entourent. Dans l'Atlantique, les fonds de plus de 4 500 m sont très voisins des côtes de Galice et du Portugal ; la lente submersion du massif galicien a donné naissance aux pittoresques *rías* qui sont devenues le type classique d'une catégorie de côtes découpées, au même titre que les fjords de Norvège. Au-delà de la côte lusitanienne, on trouve un littoral particulièrement uniforme à l'entrée du détroit de Gibraltar, de l'embouchure du Guadiana à la baie de Cadix.

A l'E. de la pointe Marroquí commence la côte méditerranéenne, dessinée par quatre grands arcs concaves qui s'accrochent comme une guirlande d'un cap à l'autre.

Du cap de la Nao aux Pyrénées, la côte levantine en allonge le dernier élément en une ligne d'une courbe harmonieuse jusqu'au delta de l'Ebre. Au-delà, la direction de la côte reflète celle de la cordillère catalane, s'infléchit vers le golfe de Rosas, d'où les plis pyrénéens arrivent directement à la mer.

Climat. — On pourrait résumer en trois mots le climat de l'Espagne : lumineux, tempéré, sec. Mais, outre que cette définition trop précise ne s'applique pas à la côte Cantabrique et à la Galice, elle présente quantité de nuances dans les autres régions.

Le **littoral atlantique** bénéficie de l'influence du Gulf Stream ; il lui doit sa température douce, non moins qu'aux vents chauds venus librement du S. et de l'E. ; l'humidité et la nébulosité intenses y contribuent également. La côte Cantabrique a un climat un peu plus frais, car elle est défendue au S. par une barrière montagneuse continue, mais elle jouit des mêmes hivers doux, des étés tempérés et de pluies abondantes.

La **Meseta** possède un climat continental : extrêmes de température, sécheresse de l'air, gelées (neuf mois d'hiver, trois mois d'enfer, dit le proverbe). Le bassin de l'Ebre, entouré de hautes montagnes, d'une pauvre végétation, connaît une rigueur analogue. Quant au bassin du Guadalquivir, il présente un caractère mixte, avec des étés chauds et très secs à l'intérieur, mais que les vents marins tempèrent sur une large bande littorale.

La **zone méditerranéenne**, Catalogne, Baléares, Valence, a le climat des pays riverains du N. de cette mer : hivers tempérés, étés secs et prolongés, automnes pluvieux et printemps délicieux. Cependant, dans le S.-E., de Valence à Almería, l'influence continentale l'emporte ; les vents de l'O., après avoir traversé la Meseta, y arrivent dépouillés d'humidité et alternent avec les vents secs d'Afrique : fortes insolations, pluies rares, air transparent.

Fleuves et rivières. — La péninsule Ibérique est pauvre en eau, pauvreté qui est la conséquence naturelle de son relief, de son climat et de la nature des roches qui forment son sol. Le débit des fleuves est irrégulier, en raison de l'altitude générale du pays et de la prépondérance des pluies d'équinoxe. Les fleuves espagnols agissent énergiquement sur le relief : presque tous ont entaillé profondément le sol.

La péninsule a quatre fronts maritimes correspondant aux quatre points cardinaux ; le front Sud se divise en deux, vers l'Atlantique et la Méditerranée. Vers le N. et l'O., les fleuves ont un régime atlantique mais ils sont très courts ; ce sont des fleuves côtiers (**Nerviòn, Sella, Nalòn**). Sur les terrasses galiciennes, les nombreuses petites rivières sont fréquemment coupées de rapides (**Tambre, Ulla**) ; la principale est le **Miño**, qui sert de frontière après avoir reçu le **Sil**.

Le **Douro**, le **Tage** et le **Guadiana** sont des fleuves de plateaux ; après avoir drainé la Meseta, ils doivent franchir, par des rapides et des cascades, les alignements montagneux qui limitent à l'O. le massif central. Ces trois fleuves présentent sensiblement les mêmes caractères : de débit très irrégulier, « ils dorment longtemps dans des biefs que séparent des rochers, ils se réduisent à un simple filet guéable, puis, subitement, les orages les gonflent. On les compare plaisamment aux étudiants de l'ancienne université de Salamanque : deux mois de cours et dix mois de vacances. Inabordables, impraticables, ils n'unissent pas les pays qu'ils traversent ; les villes les fuient ; bref ils sont moins les auxiliaires que les ennemis de l'homme » (Fallex).

Le **Guadalquivir**, le « grand fleuve », s'enrichit d'importants affluents ; le **Genil** lui apporte les eaux de la fonte des neiges de la sierra Nevada, en été par conséquent, ce qui en fait un cours d'eau tout à fait exceptionnel en Espagne. Aussi le Guadalquivir, parfaitement navigable sur les 120 derniers kilomètres de son cours, est-il l'artère vitale de la magnifique plaine qu'il parcourt.

Les rivières de la côte levantine qui vont prendre leur source sur le rebord de la Meseta sont assez abondantes, tels le **Segura**, enrichi par des prélèvements dans le Tage, et la **Júcar**, aux crues souvent catastrophiques, mais dont les eaux peuvent être retenues pour l'irrigation.

L'**Ebre**, qui prend sa source au N. de la Vieille-Castille, est le seul grand fleuve espagnol qui échappe à l'inclinaison générale de la péninsule. Fleuve de steppe, s'amenuisant sans cesse vers l'aval, il franchit difficilement les alignements de la cordillère côtière catalane, puis projette dans la Méditerranée, avec ses eaux, l'énorme quantité de matériaux qu'elles transportent, en un delta qui s'avance de 24 km dans la mer.

Régions naturelles. — Le sous-sol de l'Espagne est particulièrement riche et exploité depuis une haute antiquité. Les gisements de plomb, d'argent, de fer, de cuivre et de manganèse y sont abondants. On y trouve aussi de la houille, surtout dans le N., du mercure et de la potasse.

Les aptitudes végétales de l'Espagne sont étroitement liées au climat : on distingue deux zones, l'une humide, l'autre sèche. La première, au N.-O., ne représente qu'un tiers du territoire espagnol. A cette prédominance de la zone sèche s'ajoutent, pour influencer la végétation, l'altitude moyenne relativement élevée de la péninsule, son exposition à deux mers et la proximité du continent africain.

La région cantabrique, de climat doux et humide, est caractérisée par la forêt d'arbres à feuilles caduques ; la région méditerranéenne par les arbres à feuillage persistant : pins, chênes verts et chênes-lièges, avec le typique maquis.

On passe graduellement de celui-ci à la steppe, forme de végétation des climats extrêmes, comme dans la Manche, la Sagra, la dépression aragonaise, etc.

On peut aussi distinguer un certain nombre de grandes régions : **la côte Cantabrique,** humide et verdoyante, et **la Galice,** moins abritée et de sol plus rude ; **la région centrale,** où le Système central sépare la Vieille-Castille, aux riches terres à blé, de la Nouvelle-Castille, plus steppique ; **la région méridionale** (Andalousie), chaude, riche et variée, où se confondent les domaines du blé, de la vigne, de l'olivier et de l'oranger, avec une bordure subtropicale ; **la côte sud-orientale,** très africaine, où l'irrigation arrache à la steppe les huertas, paysage que l'on retrouve dans la côte levantine ; enfin plus au N., dans la Catalogne et l'Aragon, se combinent les influences de la mer et de la montagne.

Survol de l'histoire

Le temps des conquérants

Au **paléolithique,** deux groupes, dont on a retrouvé des traces en divers endroits, sont en présence dans la péninsule. Arrivés au cours d'une période glaciaire, ces hommes habitent des cavernes, notamment sur la côte Cantabrique, en Andalousie... Ils connaissent le feu, savent tailler la pierre et les os pour en faire des armes et des ornements ; ils pratiquent un art semi-symbolique sur les parois des grottes. Leurs plus belles représentations en couleurs (bisons, chevaux, sangliers, cerfs) se trouvent à Altamira, près de Santander.

Au **néolithique,** les Ligures dressent des dolmens et des tombeaux à coupoles, particulièrement en Andalousie. Des peuplades d'**Ibères,** sans doute venues d'Afrique, s'établissent au Sud et à l'Est.

Phéniciens et Carthaginois

**Av.
J.-C.** **Vers 1000.** — Les Phéniciens venant de Tyr fondent leurs premiers établissements commerciaux dans l'Andalousie occidentale appelée alors Tartesia : à Abdera (Adra), Malaca (Malaga) et au-delà des Colonnes d'Hercule à Gadir (Cadix), Onuba (Huelva), Tarsis (Tharsis)... apportant avec eux l'usage de l'écriture, leur connaissance des arts, leur science du commerce et de l'industrie, en échange, ils pêchent sur les côtes d'Espagne le thon et le murex (qui donne la pourpre) et exploitent le cuivre et l'étain.

630. — Les Grecs apparaissent en Andalousie ; ils s'installeront le long de la côte orientale, à partir de la province de Gérone, et fondent Emporion (Ampurias), Rhoda (Rosas), Hellenas (Linarés), Dianium (Denia).

550. — Les Phéniciens de Gadir, incapables de résister aux attaques des Tartesiens, demandent l'aide des **Carthaginois** qui contrôlent les territoires occupés par leurs frères de race.

Vers 550. — Les Celtes, venus d'Europe centrale, refoulent les Ligures, s'établissent au centre de l'Ibérie et, se mêlant aux populations locales, constituent les **Celtibères.**

Vers 450. — Le navigateur carthaginois Himilcon explore le littoral atlantique de l'Espagne.

237. — Le Carthaginois **Hamilcar Barca** entreprend la conquête de l'Espagne, procurant ainsi à Carthage la possession des plus riches mines d'argent du monde antique.

228. — **Hasdrubal** conquiert le pays jusqu'à l'Ebre ; il va fonder sur l'emplacement de l'antique Mastia une ville, Nova Carthago (Carthagène).

227. — Inquiète de voir la puissance carthaginoise s'implanter en Espagne, Rome tente une manœuvre diplomatique, et un traité avec Hasdrubal fixe à l'Ebre la limite des possessions carthaginoises.

221. — Hasdrubal est assassiné et l'armée choisit pour lui succéder son beau-frère **Hannibal,** fils d'Hamilcar, ennemi irréductible des Romains. Il se montre avant tout un chef remarquable, assez habile pour diriger une armée composée d'Africains, d'Espagnols, de Gaulois, de Phéniciens, de Grecs, d'Italiens.

219. — Hannibal ouvre les hostilités en assiégeant Sagonte, ville grecque alliée de Rome ; la ville se rend après une héroïque résistance.

218. — Laissant le commandement de l'Espagne à son frère aîné Hasdrubal, Hannibal franchit les Pyrénées orientales à la tête de cinquante mille fantassins, neuf mille cavaliers et trente-sept éléphants. Il se dirige vers l'Italie du Nord où les légions romaines sont écrasées à la Trébie.

217. — Tandis qu'Hannibal est vainqueur des Romains au lac Trasimène, la flotte carthaginoise est détruite à l'embouchure de l'Ebre, ce qui compromet la possession du pays.

La conquête romaine

216. — Hannibal remporte à Cannes, en Apulie, une victoire éclatante mais non décisive sur les Romains. Les Romains cherchent à s'établir en Espagne, afin de priver le chef carthaginois du recrutement de l'infanterie ibère. Publius Scipion et son frère Cneus Scipion, à peine débarqués, s'opposent à Hasdrubal et à Magon, frères d'Hannibal.

212. — Les deux Scipion, après avoir remporté des succès, subissent une importante défaite infligée par Hasdrubal, et sont tués.

211. — **Publius Cornelius Scipion**, le futur « Africain », est nommé proconsul d'Espagne ; il s'empare de la Nouvelle Carthage et entreprend de reconquérir le pays. Fondation de la ville d'Itálica (près de Séville).

208. — Déjouant la surveillance de Scipion, Hasdrubal quitte l'Espagne avec une armée, franchit les Pyrénées puis les Alpes pour aller en Italie au secours d'Hannibal qu'il ne pourra rejoindre, car il sera tué sur les bords du Métaure en 207 : c'est la fin de la puissance carthaginoise en Espagne.

202. — Hannibal est définitivement vaincu par Scipion à Zama, en Afrique. L'Espagne est à la merci des Romains.

197. — Le pays conquis est divisé en deux provinces : l'Espagne Citérieure (des Pyrénées à Carthagène), l'Espagne Ultérieure au sud de Carthagène, chacune étant administrée par un préteur. En réalité, la domination romaine se limite au littoral méditerranéen.

195. — Caton l'Ancien mate une révolte des peuples de l'intérieur.

180. — Le censeur Sempronius Gracchus poursuit la pénétration romaine.

154. — Révoltés par la cruauté et la mauvaise foi des Romains, Celtibères (à l'E.) et Lusitaniens (à l'O.) se soulèvent, sous la conduite de Viriathe.

139-133. — Rome fait assassiner Viriathe, mais la résistance continue, et la ville de Numantia (Numance, près de Soria), où huit mille Celtibères tiendront tête à soixante mille Romains, ne succombe qu'au bout de six ans. La prise de la ville marque la fin de la lutte organisée.

124. — Caecilius Mettellus chasse de l'archipel des Baléares les pirates. Fondation de Palma, Pollensa.

121. — Le consul Domitius Ahenobarbus, nommé au gouvernement de la Provincia, crée la via Domitia qui relie le Rhône à l'Espagne par le col du Perthus.

105. — Des **Barbares**, venus de Germanie, descendent la vallée du Rhône ; une partie d'entre eux passe en Espagne et se heurte aux Celtibères. Revenus en Gaule, ils seront anéantis par Marius à Pourrières (104).

83. — **Sertorius**, fuyant la dictature de Sylla à Rome, devient gouverneur de l'Espagne Citérieure, mais doit se retirer.

80. — Sertorius répond à l'appel des Lusitaniens révoltés et regagne l'Espagne, où il constitue une armée.

79. — Sertorius à l'apogée de sa puissance organise un État à la romaine.

76. — **Pompée**, âgé de trente ans, est envoyé en Espagne comme proconsul et passe les Pyrénées au col du Perthus.

73. — Sertorius est tué à l'instigation de son lieutenant et rival Perpenna.

72. — Pompée recueille la soumission de toute la région, bat Perpenna et le fait mettre à mort. Fondation de Pompaelo (Pampelune).

L'Espagne romaine

71. — Ayant pacifié le pays, Pompée regagne l'italie. Au col du Perthus, il érige un trophée destiné à rappeler que, des Alpes à l'Espagne Ultérieure, il a conquis 676 villes, pacifiant ainsi toutes les tribus d'Espagne.

61. — Jules César est désigné comme propréteur de l'Espagne Ultérieure. Imposant la paix romaine aux cités rivales et encore empreintes de barbarie, il fait aussi faire redouter le nom romain par la crainte.

56. — Pompée redevient proconsul d'Espagne en même temps que proconsul d'Afrique, mais se fait représenter dans la péninsule par des lieutenants.

49. — César, maître de Rome, ne peut laisser se constituer en Espagne, autour des fils de Pompée, un gouvernement semblable à celui de Sertorius. Il quitte Rome pour aller combattre les troupes et les chefs indigènes qui ont reconnu comme chef Cnaeus Pompée, fils aîné du proconsul. En six mois, César est maître de la province et laisse pour gouverneur Cassius.

48. — En Espagne Ultérieure, les exactions de Cassius provoquent la colère des indigènes, et les légions, séduites par le pays, refusent d'aller combattre sur d'autres fronts.

47. — La rebellion s'étend, et les fils de Pompée sont accueillis triomphalement.

46. — César décide d'intervenir et, en vingt-sept jours, parcourt à cheval la distance de Rome à Obulco (à 60 km de Cordoue).

45. — Après une lutte acharnée, les fils de Pompée sont vaincus à Munda (Ronda). César installe des vétérans et des colons à Hispalis, Urso (Osuna), Emporiae (Ampurías), Corduba (Cordoue). Dans certaines villes, il établit une charte municipale, directement inspirée des institutions de Rome.

29-19. — Les Astures sont soumis ainsi qu'une partie des Cantabres dont le reste se réfugie dans les montagnes.

27. — Octave, petit-neveu et héritier de César, devient seul maître du monde romain et prend le titre d'**Auguste**. Il partage la péninsule en trois provinces : l'Espagne Citérieure — à laquelle sont rattachées les Baléares — qui dépendra directement du prince, l'Espagne Ultérieure ou Bétique qui dépendra du Sénat et la Lusitanie.

25-26. — Auguste pacifie les Asturies et la Galice.

L'Espagne n'est pas constituée par de grandes tribus mais par un grand nombre de clans. Les populations n'entretiennent guère de rapports cordiaux et s'unissent rarement contre l'étranger ; aussi, après la pacification, l'occupation militaire se réduit à peu de chose. En revanche, les qualités foncières des indigènes font d'eux d'excellents soldats pour le service de Rome et César en forme sa garde personnelle.

Dès cette époque, le réseau routier est particulièrement développé. Une voie longeant la côte orientale va de la Gaule à Carthagène en passant par Barcelone et Valence ; de Barcelone, une branche va vers Lérida. Bientôt la via Augusta réunira Tarragone à Cadix par Cordoue et Séville. De Mérida, chef-lieu de la Lusitanie, partent huit grands chemins. Des voies sillonnent les plateaux et le León. Les ressources sont considérables, l'élevage tient une grande place ainsi que la pêche, la culture de l'olivier, du blé... mais c'est surtout l'exploitation du sous-sol (or, argent) qui est et sera l'objet des convoitises. L'Espagne, pacifiée et organisée, est prête à accueillir les bienfaits de la civilisation romaine, et dès le Iᵉʳ s. après J.-C. apportera sa contribution aux lettres de Rome avec les Sénèque — le rhéteur (55 av. J.-C.-39 apr.) et le philosophe (4-65) —, nés tous deux à Cordoue, ainsi que le poète Lucain (39-65), le poète Martial (40-102), né à Bibilis (près de Catalayud), etc.

L'Espagne chrétienne et les invasions

Ap. J.-C. **Vers 58.** — Si l'on ne peut affirmer la réalité de la venue de **saint Jacques le Majeur** en Espagne, et si l'on n'a pas la certitude que **saint Paul** ait pu entreprendre ce voyage, on sait du moins qu'il en avait formé le projet (cf. Épître aux Romains, XV, 23-29). Ainsi, dès les débuts du christianisme, l'Ibérie a été au premier plan des soucis de l'apôtre des Gentils et l'on peut supposer qu'elle fut très tôt évangélisée.

68. — A la mort de **Néron**, le patricien Sulpicius Galba, gouverneur de l'Espagne Citérieure ou Tarraconaise, qui s'était insurgé contre les crimes de Néron, est proclamé empereur par le Sénat mais est tué quelques mois plus tard par la populace et les prétoriens soulevés par Salvius Otho, gouverneur de la Lusitanie, qui, proclamé empereur à son tour, est vaincu peu après par Vitellius.

98. — **Trajan**, né en Espagne, à Itálica, est proclamé empereur.

117. — **Hadrien**, né à Itálica en 76, est proclamé empereur.

Éloignée des frontières continentales de l'Empire, l'Espagne n'est pas troublée par les premières incursions des Barbares ; elle connaît deux siècles de tranquillité pendant lesquels elle peut assimiler la civilisation romaine et s'ouvrir au christianisme. Dès le IIe s., il existe dans la péninsule des communautés chrétiennes qui se multiplieront au cours du siècle suivant malgré les persécutions, en particulier celle de Dioclétien (284-305).

306. — Le concile d'Iliberis (Elvira, près de Grenade) se préoccupe de combattre l'idolâtrie et les concessions au paganisme ; il décide le célibat des prêtres et interdit le mariage des chrétiens avec des non-chrétiens. Parmi les membres du concile, siège Osius, évêque de Cordoue, qui inspirera à l'empereur Constantin l'édit de Milan (313).

332. — L'organisation administrative de l'Espagne est portée de trois provinces à cinq par le morcellement de la Tarraconaise : la Bétique, chef-lieu Hispalis (Séville) ; la Tarraconaise proprement dite, chef-lieu Caesarea Augusta (Saragosse) ; la Lusitanie, chef-lieu Emerita Augusta (Mérida) ; la Galice, chef-lieu Braccara Augusta (Braga) ; la Carthaginoise, chef-lieu Carthago Nova (Carthagène).

379. — Flavius Théodose (346-395), né en Espagne à Cauca (Coca), devient empereur d'Orient.

409. — Les Barbares font leur apparition. Après avoir dévasté la Gaule, **Alains, Suèves, Vandales** passent en Espagne, qu'ils mettent au pillage.

412. — Les **Wisigoths**, reconnus par Rome comme fédérés, entreprennent de débarrasser le pays des Barbares mais ne pourront se maintenir, et les survivants des Vandales et des Suèves se partageront le pays jusqu'au départ pour l'Afrique (429) des Vandales et des Alains conduits par Genséric.

439. — Les Suèves se rendent maîtres de la Bétique et de la Lusitanie.

456. — Théodoric II, roi des Wisigoths d'Aquitaine, passe les Pyrénées, bat les Suèves et leur impose un gouverneur.

Les Wisigoths et la naissance d'une nation

467. — Euric (420-484) succède à son frère Théodoric et annexe l'Espagne du Nord. Il chasse les Suèves de Lusitanie et les confine en Galice. La monarchie wisigothique est alors la plus puissante de l'Europe occidentale.

484. — Alaric II succède à son frère Euric. Le royaume des Wisigoths s'étend alors sur l'Espagne presque entière et sur une partie de la Gaule entre Loire, Rhône et Pyrénées.

507. — Le Franc Clovis défait à Vouillé (près de Poitiers) les Wisigoths d'Alaric II qui se concentrent en Espagne.

531. — L'Ostrogoth **Teudis**, ancien gouverneur d'Espagne au temps de Théodoric, devient roi et s'établit à Barcelone.

549. — **Agila**, successeur de Teudis, transporte la capitale à Mérida.

554. — Aidée par l'empereur d'Orient Justinien Ier, le Wisigoth **Athanagild** attaque et défait Agila, mais les troupes de l'empereur demeurent et occupent à peu près les territoires des anciennes provinces de Bétique et Carthaginoise. Le roi wisigoth préfère alors transporter sa capitale à Tolède.

572. — **Léovigild** reconstitue le royaume gothique en reprenant aux Byzantins l'Andalousie ; il bat les Gascons, fonde Vitoria. Avec lui disparaîtra le dernier roi arien (586).

586. — **Reccared** Ier se convertit aussitôt au catholicisme ; l'emploi du gothique disparaît devant le latin dans les actes publics et dans le service divin.

612. — **Sisebut** soumet les Astures et les Vascons et chasse les Byzantins de la Lusitanie et de la Bétique.

631-636. — Sous le roi **Sisenand** se tient le quatrième concile de Tolède (633) présidé par saint Isidore, qui pose le principe de l'élection royale par les prélats et les grands du royaume.

642. — Un noble, **Chindaswinthe**, est élu roi et réalise l'unification des législations wisigothique et hispano-romaine.

653. — **Receswinthe** succède à son père ; il fait rédiger le *Liber judicum* qui réunit les lois du nouveau code. Le 8e concile de Tolède confirme le principe électif.

672. — Le dernier grand roi wisigoth, **Wamba**, devra lutter contre les nobles mais aura surtout à s'opposer victorieusement aux premières invasions des Arabes venus d'Afrique du Nord.

680. — Wamba est détrôné par l'aristocratie. La monarchie, livrée aux rivalités, va connaître une décadence rapide.

708. — **Roderic** (Rodrigue), le dernier roi goth, est incapable de s'opposer à l'invasion des Maures.

711. — A la bataille de Guadalete ou de La Laguna de la Janda, les 12 000 Arabes de Tarik défont l'armée de Rodrigue et commencent la conquête de l'Espagne.

La monarchie wisigothique, qui a duré plus de deux siècles, a été secouée par l'opposition de l'arianisme au catholicisme, et lorsque l'unité a été enfin réalisée, le système de l'élection royale et des rivalités inévitables a ébranlé l'institution. Cependant, la dynastie barbare avait contribué à donner au pays un caractère particulier. L'institution de conciles nationaux à Tolède, prenant la royauté en tutelle, tempère les ardeurs des nobles barbares et organise l'administration, donnant à l'Espagne — au jugement d'un Anglais — « le modèle de son régime parlementaire, de beaucoup le plus ancien du monde ». Il reste que les Wisigoths furent les plus capables d'assimiler l'héritage romain et de s'adapter à la culture hispano-romaine, contribuant à préparer une tradition espagnole.

Le temps des califes et les débuts de la Reconquête

712. — **Tarik Ibn Zivad** prend Séville, Cordoue et Tolède, cependant que Mouça Ibn Nukaif, gouverneur de Mauritanie, envoie de nouvelles troupes. La Catalogne est occupée.

713. — Le roi Rodrigue est définitivement vaincu à Segoyuela (près de Salamanque). Les deux chefs maures entreprennent la conquête systématique de la péninsule et la souveraineté du calife de Damas est proclamée à Tolède. En sept ans, l'occupation du pays est terminée à l'exception de la Galice et des Asturies où s'est replié l'héritier de Rodrigue avec les derniers chrétiens indépendants.

718. — Palayo le Conquistador, le roi Pélage, héritier de Rodrigue, retiré dans les montagnes des Asturies, arrête l'avance arabe à Covadonga. Cette première victoire sur l'envahisseur marque le **début de la Reconquête.**

724. — Garcia Ximénes constitue le petit État de Sobrarbe qui sera le noyau du royaume d'Aragon.

732. — Charles Martel brise à Poitiers l'élan de l'Islam.

739. — Alfonso Ier le Catholique, gendre de Pélage, crée le royaume des Asturies, auquel il rattache le León, et chasse les Maures de la Galice et de la Castille.

756. — Le calife de Damas, Abd ar Rahman, détrôné, s'établit à Cordoue (758). Il se proclame émir et tente d'établir son autorité sur les Arabes de la péninsule. Il est à l'origine du rayonnement de la civilisation arabe en Espagne.

778. — Charlemagne, en accord avec le gouverneur arabe de Barcelone révolté contre l'émir de Cordoue, passe les Pyrénées. C'est au retour de cette expédition que l'arrière-garde est attaquée à Roncevaux par les Vascons.

797. — Alphonse II, roi des Asturies, reprend Lisbonne aux Arabes et fixe sa capitale à Oviedo.

798. — Charlemagne entreprend de créer une « marche d'Espagne », au S. des Pyrénées, avec l'aide du roi des Asturies et de musulmans révoltés.

802. — Barcelone est conquise : la « marche d'Espagne » est constituée. D'autres conquêtes permettent d'établir une « marche de Navarre ».

812. — L'émir de Cordoue reconnaît l'existence de la « marche carolingienne d'Espagne », de l'Atlantique à la Méditerranée, au N. de l'Ebre.

817. — La « marche de Catalogne » devient le principal catalan, administré par le comte de Barcelone.

874. — Wilfred le Velu, appelé Joffre le Poilu, s'empare du comte de Barcelone et crée une dynastie indigène.

910. — Alphonse III le Grand, roi des Asturies, fonde le royaume de León, conquiert sur les Maures une partie du Portugal et de la Vieille-Castille.

914-924. — Ordoño II, roi des Asturies et de León, transporte sa capitale d'Oviedo à León.

929. — Abd ar Rahman III prend le titre de calife ou « commandeur des croyants ». Il arrête un moment la progression vers le sud du royaume de León et ravage les territoires chrétiens. Sous sa domination, Cordoue brille d'un éclat particulier et l'Espagne musulmane jouit d'une grande prospérité.

976. — A la mort d'Al Hakam II, calife de Cordoue, le premier ministre Al Mansour (le Victorieux), appelé Almanzor par les Espagnols, administre le califat. Il s'empare de León, Astorga, Barcelone... pille Saint-Jacques-de-Compostelle, mais ne se maintient pas dans ses conquêtes.

Peu après la mort d'Al Mansour, la puissance qu'il a constituée ne tarde pas à s'écrouler, et les États chrétiens reprennent possession des territoires perdus. L'Espagne du Nord comprend alors les royaumes de León et d'Aragon, de Navarre, les comtés de Castille, de Barcelone, qui ne cessent de s'opposer les uns aux autres, s'unissant parfois contre l'adversaire musulman. De temps à autre surgit une personnalité qui amorce une puissance éphémère. Pourtant, le grignotement du domaine musulman se poursuit par à-coups car, après l'abolition du califat (1031), l'Espagne du Sud se divise en petits royaumes musulmans indépendants, connus sous le nom de royaumes de taifas (taifa : parti, fraction), dont les principaux sont ceux de Séville, Grenade, Murcie, Tolède, Badajoz, Valence, Saragosse. Chrétiens et musulmans entretiennent cependant des relations et parfois se prêtent assistance contre leurs propres coreligionnaires.

L'Espagne des royaumes

La Navarre

852. — La réunion des diverses parties qui constituent la Navarre est faite par Garcia Ier Semen.

905-926. — Sanche Ier étend son royaume jusqu'à l'Ebre.

998. — Garcia III, allié au roi de León, bat Al Mansour.

1001-1035. — Sanche III le Grand, à qui la Navarre doit d'être alors le plus important des royaumes chrétiens d'Espagne ; elle s'étend du Pays basque français aux comtés catalans et comprend le comté de Castille ; Sanche peut alors se faire appeler rex Iberorum. Il meurt sans postérité.

1076. — Sanche IV le Noble, assassiné, la plus grande partie de la Navarre se donne au roi d'Aragon Sanche Ramire.

1135. — La Navarre recouvre son indépendance avec **Garcia V Ramire**.

1194-1234. — Sanche VII voit son royaume réduit à n'être plus qu'un État pyrénéen mais lui donne une organisation intérieure favorable à la vie municipale et au commerce. Il meurt sans postérité.

1234. — L'assemblée des nobles fait appel à **Thibaud IV de Champagne**, héritier par sa mère Blanche de Navarre, de son oncle Sanche VII. Avec Thibaud Ier, la Navarre demeure à l'écart des problèmes de la péninsule et subit l'influence française.

1270. — Thibaud II étant mort sans héritier, la couronne de Navarre revient à son frère **Henri le Gros** qui, à sa mort (1274), laisse une fille, Jeanne, qui soit se réfugier en France.

1284. — La reine Jeanne, émancipée à l'âge de douze ans, est fiancée au prince Philippe de France qui devient roi de Navarre, à titre personnel, avant de monter (1285) sur le trône de France sous le nom de **Philippe IV le Bel**.

1305. — A la mort de Jeanne, la Navarre passe à son fils aîné Louis, qui devient, en 1314, roi de France sous le nom de **Louis X le Hutin**.

1314. — Philippe succède à son frère Louis jusqu'à son accession (1316) au trône de France sous le nom de **Philippe V le Long**.

1316. — Charles Ier de Navarre succède à son frère Philippe, puis devient roi de France sous le nom de Charles IV le Bel.

1328-1349. — Le trône revient à **Jeanne de Champagne**, fille de Louis X le Hutin ; elle a épousé, en 1317, **Philippe d'Évreux**, qui est reconnu roi de Navarre en 1329 et est à l'origine de la Maison d'Évreux.

1349-1387. — Charles II le Mauvais, fils de Philippe et de Jeanne, néglige son royaume pour conspirer contre le roi de France.

1387-1425. — Charles III le Noble est le dernier souverain de la Maison d'Évreux. En 1419, sa fille Blanche épouse l'infant roi d'Aragon (futur Jean II).

1441-1479. — La reine **Blanche** meurt en 1441. Jean Ier retient le pouvoir au détriment de son fils don Carlos, prince de Viane, déjà reconnu comme futur roi de Navarre, ce qui donne lieu à une guerre civile jusqu'à la mort de don Carlos (1461). Entre-temps, **Jean** est devenu roi d'Aragon.

1479. — Éléonore, sœur de Carlos de Viane, succède à son père Jean.

1512. — Ferdinand VII rattache à la Castille la plus grande partie de la Navarre.

Castille

1035. — A sa mort, Sanche III de Navarre laisse le comté de Castille à son fils Ferdinand qui érige le comté en royaume et prend le nom de **Ferdinand Ier**. Il devient roi de León (1037) et de Galice (1054). Il prend aux Maures Coimbre et Salamanque (1058), menace Tolède.

1085. — Alphonse VI s'empare de Tolède, capitale historique de la Castille, qui devient le poste avancé des royaumes chrétiens.

1086. — Les Almoravides, fanatiques et cruels, venus du Maroc, appelés pour faire face à l'avance chrétienne défont l'armée franco-espagnole à Zalacca, près de Badajoz, et s'imposent à l'Espagne musulmane.

1094. — Valence est prise par Rodrigue Díaz de Bivar, le héros connu sous le nom de **Cid Campeador**.

1097. — Alphonse VI donne à son gendre, Henri de Bourgogne, le territoire compris entre le Miño et le Douro, érigé en comté de Portucalense — d'où Portugal — en reconnaissance de l'aide apportée lors de la reconquête de Tolède.

1135. — Alphonse VII, roi de León et de Castille, prend le titre d'«empereur d'Espagne», titre sans conséquence, mais qui manifeste la tendance à l'unité espagnole.

1139. — Le royaume de Portugal devient indépendant.

1146. — Les Almohades envahissent à leur tour le sud de l'Espagne.

1158. — Alphonse VIII le Noble (†1214) succède à son père Sanche III comme roi de Castille. Il se révélera un ardent soldat de la Reconquête et agrandira la Castille au détriment de la Navarre.

1212. — A Las Navas de Tolosa, les rois de Castille, d'Aragon et de Navarre enfin unis écrasent les troupes almohades et ouvrent ainsi les portes de l'Andalousie aux chrétiens.

1217. — Ferdinand III le Saint, fils d'Alphonse IX roi de León, recueille l'héritage de son oncle Henri Ier de Castille (1214-1217), héritage qu'il doit défendre contre son père. A la mort de celui-ci (1230), le León est réuni définitivement à la Castille. Il conquiert le N. et l'O. de l'Andalousie, avec Cordoue (1236), Jaén (1246), Séville (1248), et établit un protectorat sur le royaume de Murcie (1243). Il fonde l'université de Salamanque (1218).

1252. — Alphonse X le Sage (†1284) succède à son père comme roi de Castille et de León. Plus homme d'étude que de guerre, il est un des princes les plus éclairés de son temps, il dirige la rédaction d'un ouvrage juridique qui est un monument littéraire de la langue au XIIIe s., *las Siete partidas*, fait rédiger la première *Chronique générale* d'Espagne et fait dresser les tables astronomiques appelées *Alphonsines*. Il s'empare de Huelva (1257) et de Cadix (1262). Il mécontente ses sujets en cédant l'Algarve au Portugal (1254) et en abandonnant ses droits de la couronne sur le duché de Gascogne. Le règlement de sa succession amène les cortès à le déposer (1282).

1292. — Sanche IV le Brave reprend Tarifa aux Maures.

1295. — Ferdinand IV, fils de Sanche IV, occupe le trône, d'abord sous la tutelle de sa mère, Marie de Molina, qui doit tenir tête à la coalition de l'Aragon, du Portugal, de la France et de Grenade. La paix rétablie, Castille et Aragon s'unissent pour prendre Gibraltar (1309).

1312-1350. — Alphonse XI perd Gibraltar (1333), et sa flotte est battue à Algésiras (1340), mais il s'empare de la ville en 1344. Ses victoires du río Salado (1340) et de Palmones (1343) auront une portée décisive.

1350-1369. — Pierre Ier le Cruel fait peser sur la Castille une odieuse tyrannie. Son frère adultérin, Henri de Trastamare, se soulève contre lui et, avec l'aide de la France qui lui envoie les «grandes compagnies» sous la conduite de Du Guesclin, détrône Pierre Ier qui est tué.

1369-1379. — Henri II de Trastamare bat le roi de Portugal et le duc de Lancastre qui, ayant épousé une fille de Pierre le Cruel, prétend au trône de Castille.

1379-1390. — Jean Ier tente en vain d'unir le Portugal à la Castille. Il met fin à la menace constituée par les héritiers de Pierre le Cruel, en mariant son fils à Catherine de Lancastre; c'est la première fois que le prince héritier porte le titre de «prince des Asturies».

1406-1454. — Malgré les troubles qui agitent son royaume, **Jean II** remporte d'importants succès sur les Maures et s'illustre par ses goûts littéraires.

1454-1474. — Henri IV, déposé en effigie par les nobles (1465), bat les révoltés (1467), reprend au roi de Grenade la place de Gibraltar perdue en 1333. Il désavoue sa fille Jeanne au profit de sa propre sœur Isabelle qui épouse (1469) le roi de Sicile Ferdinand d'Aragon.

1474-1504-1516. — A la mort de son frère, **Isabelle Ire** devient reine de Castille. Avec son mari, **Ferdinand V**, elle doit aussitôt faire face à la révolte d'une partie de la noblesse castillane soutenue par le roi de Portugal, Alphonse V, qui est battu en 1479, au moment même où, par la mort de Jean II, Ferdinand devient roi d'Aragon. L'union des deux royaumes est réalisée et les **Rois Catholiques**, qui donnent l'exemple d'une rare harmonie de volonté, s'emploient à restaurer l'unité royale, tout en poursuivant l'œuvre de la Reconquête.

1492. — **Boabdil**, dernier roi maure de Grenade, doit abandonner sa ville aux Espagnols.

1492. — **Christophe Colomb**, navigateur génois, découvre le nouveau monde pour le compte des Rois Catholiques, suivant le nom donné par le pape à Ferdinand et Isabelle. — Expulsion des juifs pour protéger l'unité religieuse de l'Espagne.

1493. — Par le traité de Barcelone, les « rois » obtiennent du roi de France Charles VIII la restitution du Roussillon et de la Cerdagne.

1494. — Le traité de Tordesillas, arbitré par le pape, fixe le méridien qui doit séparer les futures colonies de l'Espagne et du Portugal.

1495. — Jeanne, fille de Ferdinand et d'Isabelle, épouse Philippe le Beau, fils de Maximilien d'Autriche, empereur germanique.

1504. — Mort d'Isabelle ; **Ferdinand** est proclamé régent du royaume de Castille au nom de leur fille Jeanne qui donne des signes d'égarement et perdra la raison à la mort de son mari (1506), dont elle avait eu deux fils.

1512. — Ferdinand s'empare de la Navarre dite espagnole.

1516. — Mort de Ferdinand.

Aragon

1035-1063. — A la mort de Sanche III de Navarre, son domaine est partagé entre ses fils, et **Ramire Ier** devient roi d'Aragon.

1076. — A la mort de Sanche IV le Noble, la Navarre se donne au roi d'Aragon Sanche Ramire.

1111. — Alphonse Ier le Batailleur, roi d'Aragon et de Navarre, épouse la reine de Castille, Urraque, mais tente en vain de s'imposer en Castille. Il s'empare de Saragosse (1118) sur les Maures.

1137-1162. — Raimond Bérenger IV, comte de Barcelone, époux de Pétronille, petite-fille d'Alphonse le Batailleur, gouverne l'Aragon, s'empare de Tortose (1148) et de Lérida (1149).

1164-1196. — Alphonse II réunit la Catalogne et l'Aragon sous le seul sceptre d'Aragon, s'empare de Téruel (1171) et reçoit par héritage les comtés de Provence (1166) et de Roussillon (1172).

1196-1213. — Pierre II continue la Reconquête dans la région de Valence.

1213-1276. — Jacques Ier le Conquérant s'empare définitivement de Valence (1238), et de l'île de Majorque (1229) dont il fera un royaume, en y ajoutant le Roussillon et la Cerdagne, qu'il laissera à son second fils Jacques.

1276-1285. — Pierre III oblige son frère, Jacques Ier de Majorque, à se reconnaître comme son vassal (1279), puis il annexe les Baléares dont son fils Alphonse s'est emparé.

1291-1327. — La couronne revient au second fils de Pierre III, déjà roi de Sicile, qui réunit les deux couronnes sous le nom de **Jacques II**. Il rend à Jacques Ier son royaume de Majorque (1298). Il laisse le trône de Sicile à son frère Frédéric, mais occupe la Sardaigne au détriment de Gênes.

1336-1387. — Pierre IV le Cérémonieux s'allie à la Castille et au Portugal contre les Maures (1340). Il conquiert Majorque et le Roussillon sur son cousin Jacques II de Majorque. Catalans et Aragonais, venus de Sicile s'établir en Grèce, lui offrent le duché d'Athènes (1381).

1412. — Après un interrègne de deux ans, le compromis de Caspe règle la succession de **Martin Ier** († 1410) en faveur de Ferdinand d'Antequera († 1416), second fils du roi de Castille Jean Ier, qui devient **Ferdinand Ier**.

1416-1458. — Alphonse V le Magnanime succède à son père mais passe presque tout son temps en Italie à lutter contre la Maison d'Anjou pour la conquête du royaume de Naples. Ayant pris Naples (1443), il y mène la vie d'un mécène lettré de la Renaissance, laissant la reine Marie gouverner l'Aragon.

1458-1479. — Jean II succède à son frère Alphonse V. Il dispute la Navarre à son fils Charles jusqu'à la mort de celui-ci (1461). Jean II épouse en secondes noces Jeanne Enríquez, fille de l'amiral de Castille, qui lui donne un fils, Ferdinand. Il doit lutter continuellement contre la révolution catalane et, par le traité de Bayonne (1462), obtient l'aide du roi Louis XI qui en profite pour rattacher à la France le Roussillon et la Cerdagne.

1479-1516. — A la mort de Jean II, son fils Ferdinand, déjà roi de Sicile pour son père, gouverne — depuis 1474 — la Castille sous le nom de **Ferdinand V**, en association avec sa femme Isabelle à qui il apporte son expérience politique. L'union de la Castille et de l'Aragon est réalisée.

Royaume de Majorque. — Catalogne

1276-1311 A sa mort, Jacques Ier d'Aragon laisse à son second fils Jacques un royaume constitué par l'île de Majorque, la Cerdagne et le Roussillon, dont la capitale est Perpignan. Dès le début, **Jacques Ier de Majorque** doit se défendre contre son frère, Pierre III d'Aragon, qui le contraint à se reconnaître son vassal. Il perd les Baléares, dont l'infant Alphonse d'Aragon s'est emparé, mais elles lui sont rendues en 1295.

1311. — Sanche Ier († 1325) succède à Jacques Ier. L'île jouit alors d'un grand développement économique et intellectuel.

1325-1344. — Jacques II tente en vain de défendre ses domaines contre l'emprise de son beau-frère, Pierre IV d'Aragon, qui prononce la confiscation du territoire majorquin (Roussillon et Baléares). C'est la fin de l'éphémère royaume.

Malgré les luttes incessantes qui l'ont secouée, l'Espagne a pu achever la Reconquête, et les Rois Catholiques ont mené à son terme l'œuvre d'unification. Les difficultés intérieures n'ont pas empêché l'esprit espagnol de se manifester malgré de fortes influences étrangères, et le XIIIe s. en particulier a été marqué par un grand épanouissement intellectuel et artistique. Parmi les grands noms qui ont illustré l'Espagne au cours de ces siècles de gestation, on relève ceux de Averroès (1126-1198), médecin et philosophe arabe, né à Cordoue, qui commente Aristote ; Maïmonide (1135-1204), médecin et philosophe juif qui tente d'établir l'accord entre la Bible et Aristote ; le bienheureux Raymond Lulle (1235-1314), né à Palma, missionnaire de la foi parmi les infidèles ; saint Vincent Ferrier (1355-1419), né à Valence, prédicateur, qui contribua à mettre fin au grand schisme d'Occident ; saint Dominique de Guzmán (1170-1221), fondateur de l'ordre des frères prêcheurs. L'unité territoriale s'achève au moment où le monde connu jusque-là découvre des horizons nouveaux et où la civilisation prend aussi un aspect nouveau. Et c'est une dynastie étrangère qui tient en main les intérêts de l'Espagne.

De l'Espagne impériale à la décadence

Le Siècle d'or

1516-1556. — Le petit-fils d'Isabelle la Catholique — par sa mère Jeanne la Folle qui avait épousé (1495) Philippe le Beau, lui-même fils de l'empereur germanique Maximilien — monte sur le trône d'Espagne sous le nom de Charles Iᵉʳ.

1517. — Charles Iᵉʳ d'Espagne prend contact avec son royaume dont il ignore à peu près tout et ne parle pas la langue, ayant été élevé aux Pays-Bas, et les premiers rapports sont difficiles.

1518. — Le souverain, entouré de conseillers flamands, commet la maladresse de donner à l'un de ceux-ci la présidence des cortès castillanes réunies à Valladolid.

1519. — La mort de son grand-père Maximilien lui vaut d'être élu empereur sous le nom de **Charles V** (Charles Quint), ce qui le met à la tête d'un immense domaine, tant en Europe qu'en Amérique. Conquête du Mexique par Hernán Cortés.

1520. — Charles décide de se rendre en Allemagne pour recevoir la couronne impériale mais, à court d'argent, demande aux cortès l'octroi d'un subside et confie à un Flamand le gouvernement de la Castille. C'est l'étincelle qui provoque le soulèvement des Comuneros, véritable guerre civile, menée par les grandes cités du centre qui sont défaites à Villalar (1521). La politique extérieure du souverain concernera davantage l'empereur germanique que le roi d'Espagne. Le navigateur portugais Magellan, au service de l'Espagne, pénètre dans l'océan Pacifique par le détroit qui porte son nom.

1525. — François Iᵉʳ, fait prisonnier à Pavie, est conduit en captivité à Madrid.

1530. — En exécution des traités de Madrid (1526) et de Cambrai (1529), François Iᵉʳ épouse en secondes noces Éléonore de Habsbourg, sœur de Charles Quint.

1532. — Francisco Pizarro entreprend la conquête du Pérou.

1534. — Ignace de Loyola fonde à Paris la Compagnie de Jésus.

1536. — Découverte du Chili, par Diego d'Almagro, et fondation d'une colonie à Santa Maria del Buen Aire (Argentine), par Pedro de Mendoza.

1541. — Échec de l'expédition contre Alger.

1554. — L'infant Philippe reçoit de son père la couronne de Naples et de Sicile.

1555. — Philippe devient régent des Pays-Bas.

1556. — Charles Iᵉʳ, fatigué et déçu, abdique la couronne d'Espagne et se retire dans son ermitage de Yuste, en Estrémadure, où il mourra deux ans plus tard.

1556-1598. — **Philippe II** succède à son père.

1559. — La lutte qui opposait le roi de France à Charles Quint en Allemagne et en Italie se termine par la paix de Cateau-Cambrésis.

1560. — La capitale est transférée de Valladolid à Madrid.

1562. — Sainte Thérèse fonde le Carmel réformé d'Ávila.

1567. — Exclusivement espagnol par son caractère et ses intérêts, Philippe II mécontente ses sujets flamands qui se révoltent ; il envoie le duc d'Albe avec mission d'implanter aux Pays-Bas le régime espagnol qui est imposé par la terreur.

1571. — Don Juan d'Autriche, demi-frère du roi, défait la flotte turque à Lépante.

1580. — Profitant d'une vacance du trône, Philippe II, fils d'une infante portugaise, se fait proclamer roi du Portugal. — Un édit met hors la loi Guillaume d'Orange, qui rejette la souveraineté du roi d'Espagne et tient sous son autorité les sept provinces protestantes du N., qui ont conclu l'union d'Utrecht (1579) et sont à l'origine des Provinces-Unies.

1588. — En vue de débarquer en Angleterre, dont la reine Élisabeth soutient les Provinces-Unies révoltées, Philippe II arme une flotte puissante, « l'Invincible Armada », qui est détruite par la tempête : c'est la ruine de la marine espagnole.

1589. — L'assassinat de Henri III de France, qui laisse le royaume à Henri de Navarre, est l'occasion pour Philippe II, en soutenant la Ligue qui triomphe à Paris, de placer sur le trône de France sa propre fille, nièce du souverain défunt.

1598. — Le conversion d'Henri IV ruine les espoirs du roi d'Espagne, et la paix de Vervins met fin à la guerre.

Le déclin

1598-1621. — Philippe III succède à son père mais laisse le gouvernement au duc de Lerma qui, en 1609, fait expulser les morisques, ce qui prive l'Espagne de près d'un demi-million d'agriculteurs.

1621-1655. — Frivole et artiste, **Philippe IV** laissera pendant vingt ans le gouvernement au comte-duc d'Olivarès qui poursuivra l'unification du pays, réduisant les attributions des cortès provinciales.

1621. — Au terme d'une trêve de douze ans, Olivarès reprend la lutte contre les Pays-Bas.

1624. — Prise de Breda par le marquis de Spinola ; la reddition de la ville a fait le sujet du fameux tableau de Vélasquez, *les Lances.*

1640. — La Catalogne se déclare indépendante et conclut une entente avec la France.

1641. — Le Portugal, révolté, proclame roi le duc Jean de Bragance sous le nom de Jean IV. Annexé par l'Espagne depuis 1580, le Portugal ne sera reconnu indépendant qu'en 1668.

1643. — La décadence militaire de l'Espagne se manifeste à la bataille de Rocroi, où le duc d'Enghien défait « les gros bataillons serrés » de « cette redoutable infanterie de l'armée d'Espagne » (Bossuet).

1652. — Le parti espagnol l'emporte en Catalogne, et Barcelone doit se rendre.

1659. — Par le traité des Pyrénées, l'Espagne cède à la France l'Artois, le Roussillon et la Cerdagne ; Louis XIV épouse l'infante Marie-Thérèse, qui apporte une dot de 500 000 écus d'or, mais renonce à ses droits à la couronne d'Espagne.

1667-1700. — Charles II succède à son père sous la régence de sa mère.

1678. — Le traité de Nimègue, conclu entre Louis XIV et Charles II, rend à l'Espagne une partie de la Flandre, mais la France reçoit en échange la Franche-Comté et quelques villes.

1690. — Le roi d'Espagne adhère à la Ligue d'Augsbourg, qui groupe les adversaires de Louis XIV, et le conflit va se poursuivre sur les Pyrénées, où la Catalogne est partiellement occupée et Barcelone prise.

1697. — La paix de Ryswick met fin à la coalition d'Augsbourg. Louis XIV rend à l'Espagne Gérone, Rosas, Barcelone et un certain nombre de places des Flandres et du Hainaut.

1700. — N'ayant pas d'héritier direct, Charles II a désigné pour lui succéder le duc d'Anjou, petit-fils de Louis XIV.

Avec Charles II disparaît le dernier souverain de la dynastie des Habsbourg d'Espagne. Avec eux, pendant un siècle au moins, l'Espagne a connu une grande gloire tant militaire que littéraire et artistique, il n'est que de rappeler, avec le souvenir des conquérants de l'empire, les noms de Lope de Vega (1562-1635), poète dramatique ; Tirso de Molina (1583-1648), auteur de comédies et de drames religieux, qui inspirera le *Don Juan* de Molière ; Guilhem de Castro (1569-1631), qui fournit à Corneille le modèle du *Cid* ; Calderón de la Barca (1600-1681), poète et auteur dramatique ; Góngora (1561-1627) ; l'immortel Cervantès (1547-1616)... et

les peintres : le Greco (1540-1614), si espagnol malgré son origine grecque ; Ribera (1588-1655) ; Zurbarán (1598-1664) ; Murillo (1618-1682) ; Vélasquez (1599-1660)...
Enfin, la vie religieuse et intellectuelle a été marquée par des personnalités dont le rayonnement dépasse leur époque : François Xavier (1506-1552), l'apôtre des Indes ; François Borgia (1510-1572), qui, après avoir été vice-roi de Catalogne, entra chez les jésuites ; Ignace de Loyola (1491-1556), fondateur de la Compagnie de Jésus ; Jean de la Croix (1542-1591), auteur d'œuvres mystiques ; la grande Thérèse d'Ávila, réformatrice du Carmel, esprit pratique et mystique...

L'Espagne des Bourbons

1700-1736. — Avec **Philippe V** — petit-fils de Louis XIV — désigné par Charles II pour lui succéder, la Maison de Bourbon accède au trône d'Espagne.

1701. — La crainte de voir la puissance de Louis XIV accrue par l'alliance franco-espagnole suscite la coalition des nations maritimes et de l'Autriche.

1703. — Le Portugal se décide pour l'alliance anglaise et oblige l'Espagne à défendre sa frontière de l'Ouest.

1704. — Les Anglais s'emparent de Gibraltar. L'archiduc **Charles de Habsbourg**, fils de l'empereur Léopold Ier, est reconnu roi d'Espagne par les adversaires de la France ; débarqué à Lisbonne, il entreprend de conquérir son royaume.

1705. — Barcelone et la Catalogne sont occupés par les Anglais.

1706. — Madrid et la Castille sont prises par une armée anglaise et l'archiduc Charles s'y fait reconnaître roi, cependant que Philippe V se réfugie en France.

1710. — L'armée anglo-autrichienne est battue à Villaviciosa, et Philippe V peut rentrer dans sa capitale.

1711. — Les Anglais abandonnent leurs alliés et reconnaissent Philippe V.

1713-1714. — Les traités d'Utrecht et de Rastadt mettent fin à la guerre de la Succession d'Espagne : **Philippe V** est officiellement reconnu comme roi d'Espagne, mais si celle-ci conserve son empire colonial, elle perd les Pays-Bas, et le royaume de Naples, donné à l'Autriche ; l'Angleterre garde Gibraltar et Minorque.

1718. — Madrid déclare la guerre à Londres : la France, qui a signé à La Haye une alliance avec l'Angleterre et la Hollande, est obligée d'intervenir.

1719. — Le N. de l'Espagne est envahi, mais Philippe V se soumet.

1726. — L'Espagne tente en vain de reprendre Gibraltar.

1746-1758. — **Ferdinand VI**, qui succède à son père, s'efforce de maintenir des relations pacifiques avec toutes les puissances et s'occupe du développement du pays. — Le maréchal de Richelieu prend Minorque occupée par les Anglais depuis 1708.

1759-1788. — Don Carlos de Bourbon, qui succède à son père sous le nom de **Charles III**, arrive à Madrid avec l'expérience acquise comme roi des Deux-Siciles. Despote éclairé, il entreprend d'heureuses réformes concernant les finances, le commerce, l'agriculture, l'enseignement, l'armée, la marine.

1763. — Par le traité de Paris, l'Angleterre reprend Minorque.

1782. — Avec l'aide des troupes françaises, reconquête de Minorque, mais échec devant Gibraltar.

1783. — Au traité de Versailles qui met fin à la guerre d'Amérique, l'Espagne se voit confirmer la possession de Minorque.

1788-1808. — **Charles IV**, qui est en partie victime de ses malheurs conjugaux et de l'impitoyable caricature que le grand peintre Francisco de Goya (1746-1828) a faite de lui, ne manque ni de bon sens ni de noblesse. Il subit l'influence de sa femme, Marie-Louise de Parme, et de son favori Manuel Godoy.

1793. — La Convention déclare la guerre à l'Espagne qui a rassemblé des troupes à la frontière pyrénéenne et a envahi le Roussillon.

1794. — Les Français reprennent le Roussillon et pénètrent en Catalogne et en Navarre.

1795. — Paix de Bâle signée avec la France.

1796. — Un traité d'alliance, signé à Saint-Ildefonse, prévoit une collaboration militaire avec la France et une garantie réciproque des possessions, ce qui aura pour conséquence d'entraîner l'Espagne dans les guerres de la République, du Consulat et de l'Empire contre le Portugal et l'Angleterre.

1798. — Les Anglais reprennent Minorque.

1801. — Après la prise d'Olivenza par Godoy, le Portugal, abandonné par l'Angleterre, demande la paix.

1802. — A la paix d'Amiens, l'Espagne rentre en possession de Minorque.

1805. — La flotte franco-espagnole des amiraux Villeneuve et Gravina est anéantie par Nelson au cap Trafalgar, près de Cadix.

1806. — Des dissensions au sein de la famille royale favorisent le jeu de Napoléon qui songe à attaquer le Portugal. Godoy voudrait profiter de l'occasion pour s'y tailler une principauté.

L'intermède Bonaparte

1807. — Le traité de Fontainebleau met au point la campagne contre le Portugal. Une armée impériale pénètre en Espagne et marche sur Lisbonne, qui est prise, mais en même temps menace Madrid où le prince héritier Ferdinand, révolté contre son père, fait appel à Napoléon.

1808. — A Aranjuez, un soulèvement populaire renverse Godoy, et le roi Charles IV abdique en faveur de son fils **Ferdinand VII**. Profitant de la situation, Napoléon fait venir à Bayonne le père et le fils, qui sont contraints de renoncer au trône en faveur de Napoléon, et l'Empereur, par un décret, nomme son frère **Joseph Bonaparte** roi d'Espagne. Madrid, occupé par les troupes françaises, se soulève le 2 mai ; c'est le commencement de la guerre d'Indépendance.

1808-1813. — Une junte réunie à Bayonne vote une Constitution sur le modèle français mais, arrivant en juillet en Espagne, Joseph Ier trouve un pays en insurrection sous l'impulsion d'une junte installée à Séville. Le général Dupont, aventuré en Andalousie, est contraint de capituler à Bailén. Le roi Joseph abandonne Madrid. Napoléon surgit en Espagne (nov.) où il bouscule trois armées, reprend Madrid et rejette à la mer les Anglais débarqués en août, au Portugal.

1809. — En janvier, Napoléon quitte l'Espagne, croyant avoir repris la situation en main. Cependant, le front va rester ouvert et Napoléon devra y maintenir des forces importantes pour tenir tête aux révoltés soutenus par les Anglais. La lutte est illustrée par la résistance héroïque de Saragosse qui succombe après un siège de plusieurs mois.

1812. — Les Espagnols libéraux travaillent à élaborer une Constitution prévoyant un régime libéral et constitutionnel.

1813. — En juin, l'armée anglo-portugaise de Wellington, jointe aux Espagnols, s'empare de Vitoria et franchit la Bidassoa. En décembre, traité de Valençay par lequel Napoléon rend son trône à Ferdinand VII.

XIXe et XXe siècle : crises et renouveau

Vers la République

1814-1833. — Le premier soin de **Ferdinand VII** à son retour en Espagne (mars) est de supprimer la Constitution de 1812, puis de préparer la reconquête des colonies d'Amérique qui, à la faveur des événements d'Europe, ont cherché à s'affranchir de l'administration de la métropole. Mais le mouvement, amorcé dès 1810 et un moment arrêté en 1815, ne va pas tarder à s'étendre pour aboutir à un morcellement de l'Empire espagnol en États indépendants.

1820. — Le coup d'État du général Riego rétablit la monarchie constitutionnelle mais entretient un climat de guerre civile.

1823. — Le triomphe des « exaltés » aux élections de 1822 suscite l'intervention de la Sainte-Alliance qui charge la France de rétablir l'ordre en Espagne.

1833-1868. — Lorsque meurt Ferdinand VII, sa fille **Isabelle II**, âgée de trois ans, lui succède sous la régence de Marie-Christine de Naples, mais **don Carlos**, frère de Ferdinand, prétend monter sur le trône, ce qui donne lieu à une guerre civile de sept années.

1869-1873. — Une nouvelle Constitution est votée par les cortès, et le général Prim, à la recherche d'un roi, offre la couronne à un prince catholique de la Maison de Hohenzollern, origine de la guerre franco-prussienne de 1870. Finalement, le duc d'Aoste, **Amédée**, fils du roi d'Italie Victor-Emmanuel II, est proclamé roi par les cortès mais il est contraint d'abdiquer.

1873-1874. — La **République** est établie mais ne peut venir à bout de la révolte carliste du Nord-Ouest. Les républicains sont divisés et le pronunciamiento du général Martínez Campos restaure la monarchie.

La Restauration

1874-1885. — Avec Alphonse XII, fils d'Isabelle II, l'Espagne retrouve l'unité et le calme. La révolte carliste (1875-1876) est réprimée, et la Constitution de 1876 établit le régime représentatif. L'Espagne, qui occupe depuis longtemps en Afrique du Nord les postes fortifiés (présides) de Ceuta, Alhucemas, Melilla et — depuis 1860 — Tétouan, s'installe au Sahara occidental, sur le Río de Oro.

1885-1902-1931. — Alphonse XIII est roi à sa naissance sous la régence de sa mère Marie-Christine. De nombreuses réformes sont introduites : liberté de la presse et d'association, jury (1888), suffrage universel (1890).

1895. — Cuba révoltée reçoit l'appui des États-Unis qui défont la flotte espagnole dans la rade de Santiago de Cuba et dans la baie de Manille (1896).

1898. — Le traité de Paris consacre la fin de l'ancien empire espagnol. Cuba devient une république indépendante ; Porto Rico et les Philippines passent aux États-Unis.

1902. — Fin de la Régence, Alphonse XIII est déclaré majeur. Sous ce nouveau règne, l'Espagne connaît un renouveau industriel et économique en même temps que des réformes sociales sont entreprises.

1905. — La conférence d'Algésiras confie à l'Espagne et à la France le maintien de l'ordre au Maroc.

1909. — L'Espagne éprouve des difficultés dans la lutte avec les Rifains et doit procéder à des envois de troupes qui donnent lieu à des manifestations antipatriotiques en juillet. Pendant une semaine, Barcelone, où règne la grève générale, est livrée aux éléments anarchistes.

1912. — Le traité de Madrid donne à l'Espagne le droit d'exercer son influence sur la partie N. du Maroc.

1921. — Le Rif se soulève.

1923. — Le général **Primo de Rivera**, capitaine général de la Catalogne, tente un coup d'État et se proclame chef d'un « directoire » bientôt accepté par le roi.

1923-1930. — Le directoire militaire devient civil en 1925 et collabore avec la France pour rétablir la paix au Maroc. Il entreprend un certain nombre de réformes, mais l'élan n'est pas donné au pays et l'échec politique est marqué par des tentatives de soulèvement. Primo de Rivera se voit contraint de s'exiler à Paris où il mourra peu après.

1931. — En avril, les élections municipales donnent les trois quarts des voix aux monarchistes mais, dans les grandes villes, la majorité va aux partis de gauche qui réclament la **République**. Le roi préfère se retirer et gagne la France sans avoir abdiqué.

La seconde République

1931-1936. — Cette révolution pacifique amène au pouvoir des représentants de différents partis républicains et socialistes. A Barcelone, les Catalans extrémistes du colonel Macia proclament la République régionale catalane. La République « réformiste et jacobine » doit faire face à de multiples problèmes : politiques, religieux, militaires et sociaux. Mais l'opposition violente entre ces partis rend tout gouvernement difficile pour une minorité prise entre les marxistes et les anarchistes. Peu à peu, une réaction se manifeste et s'organise.

1934. — Le gouvernement en présence de mouvements révolutionnaires en Catalogne et aux Asturies, ne se maintient que grâce à l'intervention de l'armée.

1935. — Constitution du Frente Popular qui groupe syndicats et partis de gauche.

La guerre civile

1936-1939. — Les élections du 16 février 1936 sont un succès pour le Frente Popular, ce qui se traduit en certains endroits par une explosion d'anticléricalisme (assauts contre les églises et les couvents) et un surcroît d'agitation sociale. Le 12 juillet, le chef de l'opposition monarchiste Calvo Sotelo est assassiné par la police : c'est le signal d'une réaction préparée depuis quelque temps par des officiers et les mouvements fasciste de la Phalange d'Antonio Primo de Rivera et monarchiste de Rénovation.

Le 17 juillet, l'armée du Maroc donne le signal du soulèvement dirigé par le général Franco. Les jours suivants, le mouvement s'étend. En six semaines, les nationalistes dominent presque la moitié du pays mais l'échec devant Madrid, en novembre, va stabiliser le front. La guerre civile durera trois ans et aura rapidement une répercussion internationale.

1938. — Le gouvernement républicain, replié à Barcelone, contrôle encore un tiers du pays. Le général **Franco,** proclamé chef de l'État, a établi à Burgos la capitale provisoire. L'attitude de non-intervention dans la guerre civile, proclamée par les États intéressés au conflit, n'est en réalité qu'une fiction et se traduit par une aide, plus ou moins officielle et plus ou moins importante, de la part de l'Allemagne et de l'Italie en faveur des nationalistes, de l'URSS en faveur des républicains. La France, elle-même divisée, laisse cependant passer les Pyrénées à des volontaires et à du matériel de guerre.

1939. — Le gouvernement républicain quitte Barcelone pour Figueras (janvier) ; Barcelone est prise par la nationalistes le 1er février. Le gouvernement républicain se réfugie en France. Le 28, chute de Madrid, dernier point de la résistance républicaine.

Une pénible étape a été franchie au cours de laquelle l'Espagne ne s'est pas laissé embrigader dans l'axe Berlin-Rome, malgré l'aide apportée par les dictateurs allemand et italien. Lorsque surviendra la Seconde Guerre mondiale, l'Espagne adoptera une politique de « non-belligérance »...

A l'intérieur, le chef de l'État a dû manœuvrer entre les tendances et les rivalités manifestées parmi monarchistes et phalangistes.

L'Espagne franquiste

1940. — (octobre) : entrevue Hitler-Franco à Hendaye. Hitler propose un traité d'alliance et son aide pour conquérir Gibraltar. Les conditions excessives émises par l'Espagne dissimulent un refus.

1945. — La Seconde Guerre mondiale terminée, les « Trois » (États-Unis, Angleterre, URSS), réunis à Potsdam (juillet), refusent à l'Espagne le droit de faire partie de l'Organisation des Nations unies.

1947. — La « loi de succession » est adoptée par référendum : l'Espagne est un royaume dont le général Franco est le régent en attendant le retour du souverain. Le prince Juan Carlos, petit-fils d'Alphonse XIII, doit être élevé en Espagne.

1953. — Accords financiers avec les États-Unis en vue de « fortifier la base économique du programme de coopération militaire ». Naissance d'une opposition, agitation sociale.

1955. — L'Espagne est admise à siéger à l'ONU.

1956. — Comme dans toute l'Europe, mouvements d'agitation sociale et d'opposition universitaire favorisé par l'inflation. La France et l'Espagne mettent fin à leur protectorat sur le Maroc, mais l'Espagne conserve les places de Ceuta et Melilla.

1963. — Accords hispano-américains par lesquels les USA s'engagent à fournir une assistance militaire.

1964. — A l'occasion du vingt-cinquième anniversaire du régime, le général Franco présente officiellement le prince Juan Carlos de Bourbon comme héritier du trône d'Espagne et comme son successeur.

1966. — Une nouvelle loi constitutionnelle soumise à référendum prévoit le choix du successeur du régent. Des grèves agitent le pays, notamment aux Asturies, en Navarre, en Catalogne.

1969. — Le prince Juan Carlos est officiellement désigné par le général Franco comme son futur « successeur constitutionnel ».

1970. — Une évolution se fait sentir à mesure que s'atténue le souvenir de la guerre civile, mais le rapide développement économique pose de multiples problèmes dans tous les secteurs.

1973. — (décembre) L'amiral Carrero Blanco, Premier ministre, est victime d'un attentat à la bombe à Madrid. L'Espagne traverse une de ses plus graves crises depuis 1936.

1974. — Pour la première fois depuis son arrivée au pouvoir, le Caudillo, hospitalisé, délègue ses pouvoirs pendant quelques semaines à son successeur désigné.

1975. — L'Espagne entreprend la décolonisation du Sahara occidental, territoire revendiqué par le Maroc et qui suscite la convoitise des États limitrophes.
Le 20 novembre, après une agonie de plusieurs semaines, le général Franco meurt à l'hôpital de La Paz, à Madrid.

La démocratie espagnole

1975. — Le 22 novembre, prêtant serment devant les cortès, **Juan Carlos Ier** devient roi d'Espagne ; le 27 a lieu la cérémonie d'intronisation.

1976. — Malgré quelques premières mesures libérales, le début de l'année est marqué par une situation sociale tendue avec de nombreuses grèves et manifestations.
En juillet, le roi fait appel à Adolfo Suárez pour être Premier ministre.

1977. — Reconnaissance du Parti communiste espagnol comme parti légal.

1978. — Le 24 février ont lieu les premières élections syndicales libres.
Le 29 décembre, approuvée par référendum, la nouvelle Constitution d'un État espagnol « social et démocratique » entre en vigueur.

1979. — le 25 octobre, dans les provinces basques et en Catalogne, le projet visant à leur accorder une large autonomie est approuvé par référendum.

1979. — L'Espagne devient une « nation de nations » : les statuts d'autonomie des provinces basques et de la Catalogne sont approuvés par référendum.

1980. — Le terrorisme séparatiste ne désarme cependant pas (plus de cent morts par attentat chaque année) et la situation économique reste critique.

1981. — Adolfo Suárez démissionne le 19 janvier. Le 23, des officiers d'extrême droite tentent un putsch qui avorte grâce au sang-froid du roi. Attentats terroristes et complots franquistes mènent la vie dure à la démocratie espagnole, maintenant dirigée par Leopoldo Calvo Stoleto.

1982. — L'Espagne adhère à l'Alliance atlantique. Victoire du parti socialiste (PSOE) aux élections : Felipe Gonzalez devient Premier ministre. L'Espagne organise le Mundial (championat du Monde de foot-ball).

1983. — Le satisfecit du FMI à la politique économique n'en résoud pas les problèmes. Le 22 février, les Baléares, la Castille-León, l'Extrémadure et Madrid sont dotées par les cortès d'un statut d'autonomie : l'Espagne compte désormais 17 communautés autonomes, disposant chacune d'un gouvernement.

1984. — La France extrade dorénavant les terroristes et soutient la candidature espagnole à la CEE. Le chômage affecte 18,2 % de la population active.

1985. — Le terrorisme entretient toujours la rancune des nostalgiques du franquisme, à vrai dire de moins en moins nombreux.

1986. — Huit ans après leur candidature, l'Espagne et le Portugal font leur entrée officielle dans le Marché Commun (1er janvier).

1987. — Une croissance économique dépassant 5 % (plus du double de la moyenne européenne) récompense les efforts de l'équipe de Felipe Gonzalez, qui remporte une nouvelle victoire lors des triples élections européennes, régionales et communales. En octobre, un universitaire espagnol, Federico Mayor Zaragosa, est élu directeur général de l'UNESCO.

1988. — L'Espagne prépare avec effervescence son intégration totale à la CEE en 1992 : ouverture aux investissements étrangers, importation de technologies, maîtrise de l'inflation, restructurations industrielles; adhésion à l'UEO en matière de défense et rapprochements diplomatiques avec la Grande-Bretagne (visites de Margaret Thatcher, puis d'Elisabeth II à l'automne) et la France avec qui elle partagera, en 1989, la présidence de la Communauté.

1992. — L'Espagne, centre du monde : tandis que Madrid est, pour l'année, la capitale culturelle de la Communauté européenne, Séville accueille, du 20 avril au 12 octobre, une Exposition Universelle célébrant le 5e centenaire de la découverte de l'Amérique par Christophe Colomb, et Barcelone organise, du 25 juillet au 9 août, les Jeux d'Été de la XXVe Olympiade.

L'Espagne littéraire

par Lucien Castela

Jeter un coup d'œil sur les littératures espagnoles en quelques pages relève de la gageure. Par la richesse de ses textes, leur variété et la continuité de sa production, l'Espagne occupe une place prépondérante parmi les littératures d'Europe occidentale.

Avec l'italienne, la française, l'allemande ou l'anglaise, elle fournit certains des chefs-d'œuvre dont se compose notre culture. A côté de Dante, de Pétrarque, de Goethe, de Schiller, de Shakespeare et de Montaigne, Cervantès, Quevedo, Galdós et Lorca font partie des esprits qui ont le plus influencé la pensée européenne.

Qui ne connaît aujourd'hui *La Célestine,* cette fameuse maquerelle de Salamanque dont les attitudes picaresques enveloppent l'amour à la Botticelli de Calixte et Mélibée? De même, Don Quichotte a fait le tour du monde dans une centaine de langues parce que l'humanité s'est reconnue dans le personnage de l'hidalgo à la triste figure. Si le religieux Tirso de Molina compose un jour *L'Invité de pierre,* c'est pour donner une forme définitive au thème de Don Juan que reprendront Molière et Mozart.

On pourrait prendre bien d'autres exemples, surtout si l'on tient compte des littératures catalane, galicienne, basque. Mais il est préférable de regrouper autour de certains axes les œuvres les plus remarquables de ces littératures. L'homme en société apparaît comme un thème constant des écrivains depuis le Moyen Age jusqu'à nos jours, tandis que l'autre grande source d'inspiration tourne autour des différentes formes de la solitude. Le caractère espagnol, dans la mesure où les généralisations sont acceptables, introduit toujours une grande relativité par rapport à Dieu, au monde et aux hommes : c'est pour cela que la dérision y est une source d'inspiration abondante.

L'Homme en société

Roman picaresque, « costumbrista », naturaliste, néo-réaliste. — Dès les origines, la peinture de l'homme en société est au centre des préoccupations littéraires espagnoles. C'est avec le roman picaresque que cette peinture atteint véritablement sa maturité et qu'elle donne à l'homme une dimension nouvelle par l'évocation de l'envers de la médaille, c'est-à-dire la thématique de l'anti-héros.

En 1554, paraît la première édition du *Lazarillo de Tormes,* qui décrit la vie d'un gamin de Salamanque, tantôt guide d'un aveugle des plus rusés, tantôt domestique d'un religieux d'une solide avarice, tantôt valet d'un écuyer ruiné. Le monde qui nous est présenté correspond à la face cachée de l'empire le plus puissant d'Occident. La culture de l'auteur anonyme de ce joyau en profite pour nous donner une peinture pleine de tendresse d'un monde décadent avec des touches que n'aurait pas reniées Érasme.

La postérité de cette œuvre est considérable. Citons au moins *El Guzmán* de Alfarache de Mateo Alemán, publié en 1599. Le jeune Guzmán, attiré par la vie picaresque, quitte sa maison et sa famille pour partir à l'aventure. Son œil particulièrement perçant ne laisse rien échapper des travers de la société dans laquelle il commet ses méfaits. De même, il est parfaitement conscient de ce qu'il devrait faire, mais il se sent attiré de façon irrésistible par le mal et par l'erreur.

La vie de l'écuyer *Marcos de Obregón* de Vicente Espinel, le *Diable boiteux* de Velez de Guevara sont des textes de qualité qui s'inscrivent dans la ligne picaresque. Les aventures du *Buscón*, de Francisco de Quevedo (1626), retracent la vie d'un jeune pícaro et donnent prétexte à une déformation baroque, dans un portrait qui ressemble à une caricature. Tout est satire et prétexte à ricanement. Le héros est le fils d'une sorcière et d'un malfaiteur, qui, condamné à la potence, est pendu par son bourreau de frère.

Le roman picaresque trouve un de ses derniers jalons avec *La Vida de Estebanillo González* et se transforme progressivement en roman «costum-brista», fait de tableaux et de scènes de société où l'action tend à disparaître au profit de la description des attitudes, des situations et des lieux. Sur cette base lointaine, s'appuie le roman naturaliste du XIXᵉ s., dont les deux plus grands représentants sont Benito Pérez Galdós et Clarín (Leopoldo Alas). Pérez Galdos a un génie d'une grande fécondité ; comme Balzac ou Zola, il donne de son pays une vision réaliste et profonde dans une dizaine de romans et dans cinq séries d'*Épisodes Nationaux*. On retiendra *Tristana*, que Luís Buñuel transposa au cinéma, et *Le 19-Mars et le 2-Mai*, qui peint le soulèvement du peuple de Madrid contre les troupes napoléoniennes en 1808. Son importance dans la littérature est comparable à celle de Dickens ou de Tolstoï.

En 1884, paraît *La Régente* de Clarín, que l'on a souvent rapprochée de *Madame Bovary*. La description de Vétusta (la ville d'Oviedo) dans son immobilisme petit bourgeois explique la déchéance progressive de la régente, qui ne comprend pas le monde dans lequel elle est obligée de vivre. Il s'agit là d'une œuvre admirable par son humanité et son universalité. Ramón María del Valle-Inclán (1866-1936) renouvelle le genre romanesque avec ses *Sonates* intimistes et ses romans d'inspiration latino-américaine, tel *Tirano Banderas* —, à l'origine de bien des œuvres de la littérature de ce continent. La génération de 98 a son maître en la personne de Pío Baroja, dont l'imagination féconde nous montre la société de son temps. Après la victoire du général Franco, le roman se cherche, puis renaît sous l'influence du «ténébriste» Camilo José Cela, bientôt suivi par Rafael Sánchez Ferlosio, Ignacio Aldecoa, Jesus Fernandez Santos.

La deuxième génération de l'après-guerre voit apparaître Luís Martin Santos, Juan Goytisolo, Jose Manuel Caballero Bonald, Antonio Prieto. Le jeune roman des années 80 renouvelle son inspiration en accordant une place plus déterminante à l'imagination et à la fantaisie : José María Gelbenzu, Alfredo Conde, Eduardo Mendoza.

Roman d'évasion et littérature de divertissement. — Le héros sublimé apparaît dès les chansons de geste dans la littérature espagnole. Le *Cid* incarne le conquérant patriote qui se heurte à maintes difficultés causées par la faiblesse de ses moyens, la jalousie des courtisans, le peu d'esprit politique du roi. Son héroïsme lui permet de l'emporter dans tous les combats. Les chansons de geste se transforment progressivement en poèmes d'allure plus légère, les « romances », où l'on invente de nombreux épisodes plus ou moins réalistes, voire tout à fait fantastiques de la vie de ces héros.

La thématique qui s'en dégage donne naissance à la fin du XVᵉ s. à des œuvres en prose : les romans de chevalerie. L'imagination y est de règle et la fantaisie de rigueur. La postérité de l'*Amadis de Gaule* est considérable, puisque la cour de Versailles y a puisé son savoir-vivre.

Le roman sentimental débute au XVᵉ s. avec Rodriguez del Padrón et Diego de Sampedro *(La Prison d'Amour)* et s'enrichit grâce à la redécouverte des romans grecs et latins (Héliodore à la fin du XVIᵉ s.). L'évasion du quotidien et de la vie en société se trouve aussi dans le roman pastoral ; *La Diana* (1558) de Jorge de Montemayor, reprenant la tradition de l'Italien Sanazaro, marque le début de la pastorale européenne. Les bergers se retrouvent fréquemment sur les planches et le théâtre leur réserve dans ses origines une place de choix. Les bergeries d'un Gil Vicente ou d'un Torres Naharro au début du XVIᵉ s. commencent à créer le climat de l'illusion scénique.

Avec les *pasos* et *entremeses* (sortes de farces) qui apparaissent dans la seconde moitié du XVIᵉ s., le théâtre espagnol sort de l'adolescence. Lope de Rueda et surtout Cervantès inventent des thèmes que la littérature mondiale reprendra plus tard. Les tréteaux des Merveilles de même que la grotte de Salamanque sont des exemples de tromperie des sens ou d'illusion comique et annoncent la thématique baroque. Si Cervantès n'a pas su traiter au théâtre des thèmes de plus d'ampleur, malgré d'extraordinaires réussites *(La Numance)*, c'est parce qu'il était conscient du génie incomparable de Lope de Vega.

Ce dernier a une production d'une telle richesse et d'une telle variété qu'il serait vain de vouloir la résumer. Retenons simplement l'affirmation constante de la dignité de l'homme, que ce soit dans le refus des brimades de *Fuenteovejuna* ou de *Peribáñez* ou dans la vision philosophico-idyllique de la vie champêtre qu'il donne dans *Le Vilain dans son coin*. Dans une société monarchique et décadente, il est bon de rappeler aux hommes que le pouvoir peut s'emparer de leurs biens et de leurs vies, mais que leur âme n'appartient qu'à Dieu, c'est-à-dire à eux-mêmes. Respectueux de la royauté, Lope s'adresse toujours au monarque pour que la justice soit rétablie : c'est le thème du meilleur maire, le Roi. Il est avant tout amoureux de son temps et de la société qui l'entoure, excellant dans le jeu d'échanges de toutes les classes sociales : *Al Acero de Madrid, La Moza del Cántaro*. De Lope reste un sens aigu du lyrisme, de l'envolée et du brio, que l'on retrouvera plus tard chez Lorca.

Gabriel Tellez Tirso de Molina, son contemporain, est beaucoup moins fécond, mais ses œuvres constituent une palette plus variées. La société de Madrid y apparaît dans *Don Gil de Las Calzas Verdes, La Villana de Vallecas*. C'est comme créateur du mythe de Don Juan, sous le titre de *El Burlador de Sevilla y Convidado de piedra*, qu'il atteint la plus grande célébrité. Ce thème sera repris par les Italiens de la Commedia dell'Arte, dans lequel Molière le découvrira. Il faudrait insister aussi sur d'autres créations de Tirso : les récréations historiques de la reine Maria de Molina dans *Les Prudences de la*

Femme ; Marthe la pieuse ou Madeleine dans *Le Timide au Palais* sont des types de femmes que Molière n'aurait pas reniés.

Parmi les écrivains de théâtre du XVIIe s. dont l'œuvre est déterminante à plus d'un titre, citons Guillén de Castro (modèle du Cid de Corneille) et surtout le grand maître de la scène baroque, Calderón de la Barca. La thématique religieuse est certes la plus abondante dans ses comédies (*Les cheveux d'Absalon, La Dévotion à la Croix,* traduite par Camus, *Le Magicien prodigieux*) mais c'est dans les « *autos sacramentales* » que se tient le grand débat religieux du XVIIe s. Les *autos* se représentaient une fois par an à l'occasion de la fête-Dieu, sur une place publique. Des allégories y évoquaient le combat du bien et du mal, de l'enfer et du paradis. Dans le chef-d'œuvre de Calderón, *La vie est un songe,* le prince héritier de Pologne Sigismond est enfermé dans une tour par son père depuis son plus jeune âge, car celui-ci craint que ne se réalisent les oracles qui ont annoncé le renversement du roi par son fils. Rêve et réalité se mêlent, expérience et illusion se confondent et donnent une des œuvres les plus remarquables du théâtre mondial.

Réflexions sur les structures de la société. — Dans l'histoire de la littérature espagnole, les questions politiques, morales et ascétiques tiennent une très grande place. Pour certains penseurs, l'étude de l'évolution des peuples d'Espagne est un miroir qui permettra de forger progressivement une conscience nationale du pays. Les historiens sont légion. Entre les chroniques médiévales de Hernando del Pulgar et les grands historiens du XXe s., comme Américo Castro ou Sánchez Albornoz, on peut retenir l'œuvre du père Juan de Mariana au début du XVIIe s., qui joua un rôle déterminant dans l'évolution de l'historiographie. Parallèlement, le XVIe s. a vu se développer un riche courant de chroniqueurs rapportant à la manière d'historiens et de journalistes la découverte des Indes. Christophe Colomb et Bartolomé de Las Casas sont les plus connus du public français, mais Bernal Díaz del Castillo, Francisco López de Gómara, l'Inca Garcilaso ou encore le Sévillan Cieza de León écrivent des récits fidèles de ce que fut leur expérience outre-mer.

La réflexion sur l'État est à la base d'une littérature d'essais depuis le Moyen Age jusqu'à nos jours. Les utopistes comme le Valencien Eiximeniz, les partisans de saint Thomas comme Antonio de Guevara, ou les post-machiavelistes comme Baltazar Gracián au XVIIe s. annoncent le courant de philosophes, d'économistes et sociologues du XVIIIe s., qui introduit les idées colbertistes mêlées à celles des penseurs français et des économistes anglais pour engager un grand débat sur l'essence et le devenir de l'Espagne. Cette littérature politique se prolonge dans la génération de 98 et dans la problématique posée par le Franquisme à l'intérieur et à l'extérieur de l'Espagne.

Archétypes. — On trouve dans la littérature espagnole des références à des modèles qui tendent à dépeindre l'homme tel qu'il devrait être dans une société donnée. Le Moyen Age entretient le culte du héros dans les grandes épopées comme celle du Cid, mais surtout dans les légendes épiques comme *Les Infants de Lara.* Il est curieux de remarquer que dans certaines de ces versions Rodrigue est un bâtard, de même que Mudarra, le sauveur de la lignée de la maison de Lara. Celle-ci recouvre peut être sa force grâce au sang qu'elle a pris dans une autre communauté, ce qui contribue à renouveler la vaillance de la lignée.

Après la mort de la chevalerie qui correspond à l'ouverture sur la Méditerranée et plus particulièrement sur l'Italie, un autre archétype est offert à la société espagnole : le courtisan tel que le définit Baldassare Castiglione à la cour d'Urbino. Sur les conseils de son ami Garcilaso de la Vega, Boscàn traduit l'œuvre de Castiglione et introduit de la sorte l'ensemble des idées et des codes néo-platoniciens qui permettront l'apparition d'un autre archétype : le conquérant de Dieu, l'ascète mystique, parfaitement illustré par l'œuvre et la personne de saint Jean de la Croix. Les combattants de Dieu s'organisent comme les fameux *tercios* de l'armée espagnole et Ignace de Loyola, en créant la Compagnie de Jésus, contribue à donner une réponse à la question de la conception de l'homme dans ses dimensions baroques et désespérées. Par la suite, la recherche des archétypes n'est plus l'un des phénomènes essentiels de la littérature espagnole. Mille figures y sont attachantes, mais depuis le XVIIIe s. elles ne prétendent plus représenter des modèles.

Expression de l'évolution politique et sociale. — Dès le XVIIe de nombreux essayistes, politologues ou tout simplement conseillers du gouvernement se proposent dans leurs écrits d'analyser les maux que connaît le pays et de proposer des remèdes. La plupart sont méconnus, mais le plus important d'entre eux, Francisco de Quevedo, a laissé une œuvre considérable qui préfigure celle de Saint-Simon.

Dans les *Grandes Annales de quinze jours,* il met à nu, au moment de la mort de Philippe III et de la montée sur le trône de Philippe IV en 1621, les intrigues politiques, les passions et les ambitions qui se dévoilent à la faveur des circonstances.

Le XVIIIe siècle assiste en Espagne comme en France au triomphe de la raison. Le grand rénovateur est sans aucun doute le père Feijoo qui, dans son *Théâtre critique* et dans ses *Lettres érudites,* aborde tous les problèmes de son temps de la manière la plus raisonnable, refusant les erreurs et les préjugés. Dans le même courant de pensée, on trouve José de Cadalso, disciple de Montesquieu qui se plaît à souligner tous les travers de la société et qui utilise dans ce but le point de vue d'un étranger découvrant Madrid et s'étonnant de tout. Esprit très curieux, Cadalso possède une profondeur d'analyse qui lui permet de dominer son époque. Par ailleurs, certaines de ses compositions *(Nuits lugubres)* annoncent le romantisme. Gaspar Melchor de Jovellanos, quant à lui, est un grand érudit et un économiste de talent dont le « *Rapport sur la réforme agraire* » a conservé de son actualité jusqu'à une date récente.

A côté de ces brillants esprits, le XVIIIe s. comporte des auteurs de grand talent comme Torres Villarroel, héritier du courant picaresque, ou comme le poète Meléndez Valdès. Certains d'entre eux, libéraux et proches des idées défendues par les philosophes français, durent s'expatrier et venir mourir en France (Meléndez Valdès à Montpellier, Goya à Bordeaux).

Il faut ensuite attendre la fin du XIXe s. pour connaître de nouveau une période faste. Le traité de Paris, mettant fin à l'empire colonial espagnol, provoque une déchirure dans la conscience de l'Espagne qui s'interroge sur son essence, son passé et son devenir. Le climat était bien préparé par les essayistes comme le grenadin Angel Ganivet ou par Joaquín Costa, dont les écrits sont toujours des références appréciées dans les débats politiques ou économiques actuels : « Je ne sais pas si je suis monarchiste ou républicain, je suis espagnol » disait-il.

Ce qu'on appelle communément la «génération de 98» est un groupe de penseurs et d'écrivains que rien n'aurait réuni sans la crise existentielle provoquée par le désastre. Il est nécessaire de regarder la réalité en face : le rêve américain est terminé. Il faut retrouver ses racines, son pays, et donc redevenir espagnol. Canovas del Castillo, politicien conservateur, artisan de la restauration de la monarchie en Espagne après la première république, disait avant d'être assassiné par un anarchiste en 1897 : «Sont espagnols ceux qui ne peuvent être autre chose». Ce pessimisme est la tonalité d'un Unamuno dans ses réflexions philosophiques *(Le sentiment tragique de la vie)*, d'un Azorín dans ses récits de voyage au travers du pays qu'il faut redécouvrir, l'Espagne, et surtout dans la poésie d'Antonio Machado, le plus grand poète de cette génération *(Campos de Castilla)*.

Cette pléiade d'écrivains a exercé une influence déterminante sur l'évolution de la pensée et de la politique espagnoles, car si certains ont dû finir leurs jours en exil, d'autres ont versé dans un nationalisme de plus en plus absolu et ont annoncé les premières manifestations du fascisme espagnol (Ramiro de Maeztu).

La génération de 27 est un véritable carrefour entre les courants d'opinion issus de la génération de 98, les grands problèmes consécutifs à la Première Guerre mondiale, les conflits sociaux qui ont périodiquement éclaté dans la péninsule à partir du début du siècle, enfin les idées de Karl Marx, introduites par son propre gendre à Madrid, et plus encore celles de Bakounine qui permettent l'éclosion du mouvement anarchiste.

L'importance philosophique de José Ortega y Gasset est considérable grâce à des œuvres comme *L'Espagne invertébrée* ou *La Rébellion des masses.* Par son travail régulier de chroniqueur *(El Espectador),* il exerce une influence constante sur certains secteurs de la société espagnole. Un de ses disciples, plus radical et partial celui-là, est le fils du dictateur Miguel Primo de Rivera, fondateur de la *Falange española.* Brillant orateur, passionné d'esthétique, José Antonio est l'héritier d'un certain nombre d'idées nationalistes européennes. Parmi les défenseurs de ces idéologies, il apparaît comme le plus cultivé et le plus sélectif.

Après la guerre civile qui ensanglante l'Espagne pendant trois ans, la littérature est bâillonnée par les nouveaux maîtres du pays. Grâce à Camilo José Cela, cependant, une création originale peut avoir lieu. *La Ruche, La Famille de Pascual Duarte* sont des peintures terribles de la société du début des années 40. Misère, dureté, petitesse nous impressionnent par leur intensité dans cette société que peindront aussi Ana María Matute et Miguel Delibes.

La deuxième génération de l'après-guerre, qui commence à produire dans les années 55, est encore dominée par ce réalisme social qu'elle interprète d'une façon originale. Les fantasmes issus de la guerre civile, que la société espagnole essaie sans y parvenir de refouler au plus profond d'elle-même, se révèlent dans des œuvres aussi importantes que *El Jarama* de Rafael Sanchez Ferlosio (1956) ou *Los Bravos* de Jesus Fernandez Santos (1954), et que dans l'ensemble de l'œuvre de Ignacio Aldecoa. Le roman connaît alors un moment de grande densité avec l'œuvre de Luís Martin Santos, *Tiempo de Silencio,* portée à l'écran, et qui peut apparaître comme l'une des images les plus justes de la société espagnole des années 60.

Nombreux sont les romanciers de grand talent aujourd'hui en Espagne. Les romans de Gonzalo Torrente Ballester sont une chronique de l'imagination du temps présent. Juan Benet compose une œuvre d'une méticuleuse précision, qui dans certains de ses aspects rappelle le meilleur Claude Simon *(Les lances brûlées)*. José Manuel Caballero Bonald évoque plus particulièrement l'Andalousie dans l'infinie richesse de ses facettes. José María Guelbenzu et surtout Alfredo Conde donnent une nouvelle dimension au roman en le dégageant des connotations locales pour lui donner une envergure internationale.

La Solitude

La Poésie. — La littérature espagnole exprime tout au long de son histoire le sentiment de la solitude. La nécessité de traduire la confidence, l'abandon, la perte, l'échec, l'occasion qui ne se présentera plus, de même que, parfois, la joie de l'amour comblé, est omniprésente. Du Moyen Age le plus reculé jusqu'aux derniers recueils de poésie, cette thématique s'impose au premier plan.

Les premières manifestations de la poésie lyrique péninsulaire, les *cantigas de amiga,* courtes compositions qui utilisent le galaïco portugais, apparaissent comme l'interprétation espagnole de l'influence des troubadours et de la poésie provençale. La plainte est douce et décrit en traits délicats les sentiments de la jeune fille abandonnée ou dans l'attente de l'amour, et du chevalier qui lui a promis tant de choses.

Avec le XVIe s., la poésie espagnole connaît un de ses moments de grande expansion. Parmi la multitude d'auteurs qui versifient pendant cette période, beaucoup mériteraient une mention spéciale. Nous nous contenterons de deux noms : Garcilaso de la Vega et Fray Luís de León.

La vie de Garcilaso de la Vega, le poète courtisan, correspond au premier tiers du XVIe s. : ami de jeunesse de l'Empereur, il pratique les armes et les lettres avec le même bonheur. Après l'unification définitive de l'Espagne sur le plan territorial et religieux en 1492, le pays cherche à se définir et les ambitions de la noblesse s'orientent vers l'Italie. Les idées néoplatoniciennes de Pic de la Mirandole, Marsile Ficin ou Pomponazzi ont un grand impact sur les penseurs espagnols.

Garcilaso guerroie avec son Empereur en Italie, en France, en Espagne, en Afrique du Nord. Il aime une femme qui ne lui est pas destinée à la cour de Tolède, et de cet amour impossible naissent la plupart de ses œuvres, en particulier ses *Églogues*. Faisant œuvre de novateur dans la création métrique, il adapte les formes italiennes et donne à la poésie espagnole les moules dans lesquels elle s'exprimera pendant plusieurs siècles.

Mort à Nice à la suite d'une blessure, Garcilaso, comme Lorca quatre siècles plus tard, semble avoir tout dit avant d'avoir vraiment vécu.

Fray Luis de León est le poète de Salamanque. Il faut savoir ce qu'a été la capitale du Tormes au XVIe s. pour apprécier cette affirmation. La plus ancienne université d'Espagne est auréolée de la gloire de ses professeurs, qui ont animé le concile de Trente. C'est à Salamanque, quelques décennies auparavant, que la reine catholique, Isabelle, a envoyé Christophe Colomb exposer son projet devant les savants de l'Université. C'est dans ses couvents et ses salles de cours que Francisco de Vitoria jette les bases du droit international, en se fondant sur le droit naturel.

Poète de ce que l'on appelle la deuxième Renaissance, celle de Cervantes et du Gréco, Fray Luis de León donne une dimension nouvelle à la thématique d'un Garcilaso. Chez cet érudit parfaitement au fait des littératures classiques, le pétrarquisme domine l'ensemble des idées néoplatoniciennes et atteint souvent un pathétique poignant. Les thèmes de la poésie de l'époque sont repris (éloge de la campagne, de la simplicité, etc.), mais avec des touches si personnelles qu'ils apparaissent comme le fruit de ses expériences et de sa vie.

Le XVIIᵉ est le grand siècle de la poésie lyrique espagnole. Luís de Argote y Góngora en est le représentant le plus remarquable. Andalou de Cordoue, homme d'église occupant un poste d'une certaine importance politique, il a composé une œuvre qui provoqua de grandes dissensions chez les critiques et les érudits. Traditionnellement, on a vu en lui deux facettes : l'une de grande simplicité et de poésie populaire, l'autre d'inspiration hermétique. Aujourd'hui, son œuvre apparaît comme le monument poétique du XVIIᵉ, aussi bien par ses sources de poésie populaire que par les thèmes très savants qu'il a su développer. On retiendra de lui *La Fable de Polyphème* ainsi que les deux *Solitudes*. Poésie totale, car le langage y est sans cesse appel aux sensations, aux souvenirs littéraires, à l'évocation de mondes parallèles infinis.

On ne peut évoquer la poésie de cette époque sans mentionner Francisco de Quevedo, dont les compositions lyriques occupent une place essentielle dans la littérature espagnole. Il faut souligner par ailleurs l'École sévillane avec Rodrigo Caro et surtout Francisco de Rioja. Le sentiment de l'éphémère, de l'insaisissable, de l'impossibilité de retenir le temps apparaît chez ce poète avec une intensité peu courante.

Lope de Vega, par son génie multiforme, joue un rôle capital dans la lyrique du XVIIᵉ. Sa veine n'hésite pas à parodier parfois la poésie épique, tel le grand combat de chats amoureux qu'il décrit dans la *Gatomaquia*.

Le romantisme n'est pas en Espagne un courant des plus riches. S'il prend naissance au XVIIIᵉ s. chez des auteurs comme Cadalso et Espronceda, il ne trouve sa véritable expression qu'avec le très grand poète du XIXᵉ s., Gustavo Adolfo Bécquer. Héritier du romantisme européen, il développe dans ses légendes des aspects de l'Espagne médiévale, où le fantastique joue un rôle important. Enlevé à 34 ans par la phtisie, Bécquer laisse une œuvre déterminante dans l'histoire de la poésie espagnole. Solitude, désespoir, clair de lune, symboles de toutes sortes permettent au poète de jalonner sa solitude et sa nuit de repères qui bientôt lui échappent.

Le XXᵉ s. est dominé par la figure légendaire de Federico García Lorca, dramaturge et poète de génie. Il écrit pour la scène des pièces majeures comme *Noces de sang*, *Yerma* et *La Maison de Bernarda Alba*. Dans son œuvre poétique *(Romancero gitano*, *Le Poète à New York)*, il s'impose comme l'héritier de l'ensemble des courants lyriques espagnols, de Góngora à Lope de Vega.

La quête du bien. — La pensée religieuse avec ses prolongements métaphysiques a toujours eu en Espagne une présence très vivante, mais c'est à la fin du XVᵉ, au XVIᵉ et au XVIIᵉ siècles que se situe son apogée. Vers 1480, se fait sentir un net besoin de réforme. La société espagnole est en train d'évoluer très vite. Le sentiment d'unité nationale, qui trouve sa concrétisation avec la prise de Grenade, dernier bastion de la puissance arabe à l'intérieur de la péninsule, devient progressivement une réalité. L'établissement par les Rois catholiques sur l'ensemble du territoire d'une institution peu dynamique qui subsistait depuis le XIIIᵉ s. en Aragon, l'Inquisition donne une base religieuse au sentiment national. La reconquête se termine et met fin à la puissance de nombreuses institutions, comme les ordres militaires de chevalerie (Calatrava, Alcantara, Montesa ou Santiago), et annonce une nouvelle période dans l'histoire du pays qui s'ouvre aux influences européennes, par l'Italie et bientôt par les Flandres.

Nombreux sont alors les responsables religieux espagnols qui sentent le besoin d'une réforme. L'Église apparaît un peu usée dans certaines de ses formes, et les ordres religieux se doivent d'observer des règles plus strictes pour être en accord avec le sens même de l'enseignement de l'Église. Le mouvement luthérien est connu dans les couvents espagnols et vient appuyer ce désir de réforme. Par ailleurs, les idées néoplatoniciennes originaires d'Italie contribuent à provoquer une réflexion de fond dans laquelle la vision transcendentale de Dieu et de la création se transforme en une conception immanente. Le rite et la liturgie perdent de leur importance au profit de la prière intérieure, du dialogue silencieux avec Dieu. On peut citer l'œuvre très importante accomplie dans ce sens par García de Cisneros depuis le monastère catalan de Montserrat dans les toutes dernières années du XVe s.

C'est avec saint Jean de la Croix, sainte Thérèse d'Avila et les franciscains de Séville que l'ambition de la quête, de la conquête de Dieu prend sa forme la plus accomplie. Le courant mystique franciscain de Séville est très important : des penseurs comme Osuna ou Laredo exercent une influence considérable. La quête spirituelle est déjà une glorification de l'Homme quand ils prétendent que pour aimer Dieu il est nécessaire de s'aimer soi-même ; ils expliquent cette affirmation en disant que l'amour est ce qui pousse l'individu vers ce qui est parfait. Lyrisme admirable, chant de liberté authentique, les œuvres des penseurs sévillans auront une grande résonance dans le XVIe et plus particulièrement sur sainte Thérèse d'Avila.

Thérèse est la représentation parfaite de la femme exceptionnelle qui unit tout au long de sa vie la réflexion à l'action. Incapable d'accepter la médiocrité ou le compromis, elle s'engage, après avoir convaincu ses supérieurs, dans la réforme de la règle du Carmel et entreprend un vaste programme de fondations de couvents. Thérèse est toujours prête à lutter pour la défense de Dieu, de l'Église, de ses sœurs, du monde et trouve cependant le temps de composer des œuvres mystiques *(Les Demeures)* de tant de poids qu'elle sera reconnue Docteur de l'Église, tout comme celui auquel elle a beaucoup apporté, saint Jean de la Croix.

Celui-ci applique la réforme du Carmel chez les moines. Victime de persécutions encore plus violentes que celles que connut Thérèse, il est emprisonné et soumis à toutes sortes de mauvais traitements. Il meurt en 1591 à Ubeda en laissant quatre œuvres d'une importance capitale, *Le Cantique spirituel, L'ascension du Mont Carmel, La nuit obscure de l'Âme* et *La Vive Flamme d'amour*. Il exerce une très grande influence sur les penseurs religieux et se révèle comme l'un des plus grands poètes de langue espagnole (surtout dans *La Nuit obscure* et dans *La Flamme*) ; il sera traduit admirablement en français au XVIIIe s. par un carme déchaux : Cyprien de la Nativité de la Vierge.

La dérision

Le sourire médiéval. — Au XIVe s., l'Archiprêtre de Hita compose *Le livre du Bon Amour (Libro de Buen Amor)*, sorte de somme culturelle médiévale qui se greffe sur un sens exceptionnel de la vie et sur un grand hymne à la liberté, à la femme et au sourire. Son humour cinglant lui permet de traiter de façon impitoyable les excès de la société de son temps. Passant d'une inspiration morale à la peinture d'un sensualisme débridé, l'Archiprêtre annonce en plus d'un point l'humanisme de la Renaissance. Les personnages qu'il a su créer, comme celui de l'entremetteuse qui préfigure *La Célestine*, sont dans la littérature espagnole des points de référence constants. L'Archiprêtre de Hita est immédiatement suivi dans sa veine satirique par l'Archiprêtre de Talavera, Alfonso Martínez de Toledo qui compose le *Corbacho*. Sa critique porte sur la société et plus particulièrement sur les femmes qu'il accuse d'être à l'origine de tous les maux du fait de leur perversité démesurée. Son coup d'œil acéré s'applique aussi à la politique dont il souligne la profonde vanité. Le Moyen Age espagnol annonce par ces deux grandes œuvres ce que les siècles suivants développeront magistralement : le miroir déformant, la caricature grotesque, le sourire ricanant qui masque le désespoir.

Don Quichotte. — *L'Ingénieux Hidalgo don Quichotte de la Manche* a une personnalité telle que vers lui convergent toutes les autres œuvres de Miguel de Cervantès Saavedra. Alcalá de Henares, à 30 km de Madrid, s'enorgueillit d'être son berceau. Cervantès y voit le jour en 1547, à une époque où l'université créée par le Cardinal de Cisneros est l'un des grands foyers du savoir européen.

La famille de Cervantès est modeste ; son père exerce la profession de chirurgien, c'est-à-dire d'aide-soignant officiant chez le barbier. Dans sa jeunesse, Miguel est en contact avec le petit peuple d'Alcalá, mais aussi de Madrid, où il peut faire quelques études. Il est marqué par certains de ses maîtres de la Compagnie de Jésus, dont il admire l'art et la pédagogie. Le choix de sa carrière est simple : du débat entre les armes et les lettres, il retient les premières.

Il prend part à la fameuse bataille de Lepante en 1571, au cours de laquelle il fait preuve d'héroïsme ; il est blessé à la main et devient désormais le « manchot de Lepante ». Après s'être rétabli de sa blessure et des fièvres qui l'ont maintenu de longues semaines dans les hôpitaux, il voit son courage reconnu par Jean d'Autriche, frère bâtard de Philippe II et vainqueur de Lepante, qui lui donne des lettres de recommandation par son retour en Espagne.

Déroutée par la tempête, la galère sur laquelle il a pris place est attaquée par les pirates maures. Après de courageux combats, il est fait prisonnier et subit quatre ans de captivité à Alger.

Enfin, Cervantès peut être racheté par un ordre religieux au moment où il allait quitter Alger pour la Turquie.

De retour en Espagne, personne ne se souvient de lui et son protecteur n'a plus la même audience auprès du Roi. Commence alors une vie de misère et de petits métiers. Son mariage ne semble pas être une réussite, et il se retrouve de nouveau en prison, faute de pouvoir rendre compte des impôts qu'il était chargé de lever. Ses voyages le conduisent ensuite en Andalousie, à Séville, à Cordoue, à Ecija, après quoi il s'installe en Castille, partageant son temps entre Madrid et Valladolid.

Il se consacre entièrement à la littérature dès la fin du XVIᵉ s., lorsqu'il se sent assez maître de ses expériences et de sa langue pour le faire. Il meurt à Madrid le 23 avril 1616, la même année que Shakespeare et peu de temps après le Gréco.

Une vie plutôt triste, donc, faite d'une suite d'échecs à l'image de l'histoire de son pays.

L'amertume aurait dû le pousser à écrire des œuvres tragiques, comme celles auxquelles il s'essaya au théâtre *(La Numance)*, mais en fait ces malheurs ne firent qu'accentuer chez lui le sens du dédoublement, de la relativité, de l'humain. La fantaisie est la qualité qui domine dans la dernière œuvre : *Les Travaux de Persilis et Sigismonde*, qui contient l'histoire de deux jeunes gens se rendant à Rome pour s'y marier. Cette œuvre magnifique semble un peu démodée aujourd'hui si on la compare au *Quichotte* et aux nouvelles.

Don Quichotte est salué d'abord comme une parodie. Cervantès ne nous dit-il pas lui-même qu'il a écrit ce livre pour montrer les méfaits de l'abondante littérature chevaleresque qui a inondé l'Espagne au XVIe s. ? Parodie d'héroïsme littéraire, noblesse de sentiments incités par des ouvrages de divertissement, Cervantès excelle à jouer de cette multiplicité de plans dans laquelle il place le lecteur. Lui-même, selon ses dires, n'est que le traducteur du fameux Cide Hamete. L'illustre chevalier, petit noble inconnu et démuni, décide d'abandonner son propre personnage pour revêtir celui du « chevalier à la Triste figure » ou « chevalier des Lions ». Chaque trait de son caractère et de l'image qu'il souhaite donner aux autres va correspondre à un modèle, ou archétype, celui des héros des romans de Chevalerie.

Sans être donc lui-même, Don Quichotte vit deux forts volumes d'ouvertures échelonnés sur plusieurs mois, jusqu'au jour où le masque est déchiré. Vaincu dans un duel, il est obligé de se soumettre à la volonté d'un de ses voisins et amis qui cherchait à le guérir de sa folie, et de rentrer au village. Certes, d'autres marques seraient possibles. Pourquoi ne pas se transformer en berger ? Mais la maladie survient, chassant tous les mirages.

Construit sur le modèle du double, Don Quichotte ne peut être compris dans son compagnon, Sancho Panza.

L'art de Cervantès consiste à mettre en parallèle ces deux trajectoires. Sancho, paysan roublard, se heurte sans cesse par son sens du réalisme quotidien à la noblesse et à l'imagination débordante de Don Quichotte.

Francisco de Quevedo y Villegas est certainement l'un des plus remarquables créateurs de la littérature de dérision. Nombreux sont les textes dans lesquels il laisse aller sa plume à certaines formes de caricature : aussi bien dans certaines de ses poésies satiriques que dans ses textes en prose, tels les *Songes*. Parmi cet ensemble de compositions, *Les Heures de tous* est sans conteste la plus élaborée, et la plus profonde. Quevedo imagine que Jupiter, lassé d'entendre monter vers lui les plaintes des hommes révoltés contre les injustices du sort, décide que la Fortune interviendra pendant une heure pour remettre le monde à l'endroit.

Quevedo, par son jeu linguistique subtil et varié, parvient à créer un univers multiple, surprenant, souvent grinçant, parfois surréaliste.

L'homme en société, la solitude, la dérision, tels sont donc les trois grands axes autour desquels s'est développée la littérature espagnole, et grâce auxquels on peut commencer à se faire une idée de son importance et de sa richesse. Le bilan est considérable, même si nous n'en avons évoqué qu'une partie. Les nouvelles générations d'écrivains dans les différentes langues d'Espagne se sentent particulièrement aptes à exprimer le renouveau du pays et à s'imposer comme l'une des forces les plus dynamiques dans le mouvement culturel de cette fin de siècle.

L'art en Espagne

par Jacques Lassaigne (†)

Conservateur en chef honoraire du musée
d'Art moderne de la Ville de Paris

La peinture espagnole c'est avant tout, pour le public, un petit groupe de figures majeures de l'art mondial : Greco, Vélasquez, Zurbarán, Goya, Picasso, véritables météores surgis apparemment sans que rien ne les ait annoncés et restés sans postérité immédiate comme si personne n'atteignait à leur niveau. Il est bien évident cependant qu'ils n'ont pu naître que dans un milieu particulièrement favorable. En vérité, l'art espagnol est d'une richesse et d'une fécondité qui ne sont pas loin d'égaler celles de l'Italie. De ce fait, on trouvera partout témoignage. La péninsule Ibérique, qui occupe une situation privilégiée de lien entre deux continents et qui a servi de passage aux migrations de peuples de diverses civilisations, s'est trouvée en même temps singulièrement protégée. Elle a été le grand creuset où ont abouti et se sont successivement fondues, d'une part, les invasions nordiques, d'autre part, l'invasion arabe venue du sud. Elle a assimilé ces apports désordonnés et c'est sur son sol que la culture wisigothique comme la sculpture mozarabe ont pu s'épanouir au contact des vieilles civilisations ibériques et des civilisations phéniciennes, grecques, romaines et celtes.

Les origines de l'art. — Dès l'époque néolithique, l'art est né dans l'Espagne cantabrique comme dans le sud-ouest de la France dont le climat et la géologie lui sont comparables. Il s'y est prolongé plus longtemps par des apports déjà venus du sud et dont les témoignages subsistent dans les *cavernes du Levant,* apportant le meilleur de certaines cultures africaines qui sont sans doute le chaînon manquant entre la préhistoire et l'histoire.

L'art des cavernes. — Les cavernes d'Altamira, près de Santillana del Mar, découvertes en 1875-1879, constituent le plus bel exemple de l'art magdalénien, l'équivalent de ce que sont les grottes de Lascaux pour l'art aurignacien. Dans une salle de dix-huit mètres sur neuf, dont le plafond s'abaisse progressivement, les artistes de la préhistoire, mettant à profit les irrégularités de la paroi, ont accumulé des représentations animales comme dans une sorte de sanctuaire. On y retrouve la figuration de la faune du quaternaire : bisons, chevaux, cerfs, sangliers. L'ensemble des bisons est particulièrement remarquable ; ils sont représentés au repos, de profil, tournant la tête de côté et les jambes repliées. Ils sont peints avec des rouges et des noirs. Dans la même région, la grotte de Puente Viesgo montre des éléphants et la grotte du Castillo, des empreintes de main.

De l'art du Levant, plus tardif, il reste des peintures sous des abris, à l'air libre et dont la conservation reste évidemment moins complète, d'autant plus que, pour les rendre plus perceptibles aux visiteurs, on n'hésita pas, pendant des années, à les arroser d'eau. Ces abris sont nombreux dans les provinces de Castellón, Valence et Teruel. On y voit fréquemment apparaître l'homme, en silhouette : chasseurs, apiculteurs, groupes de femmes dansant. Ces œuvres qui rappellent les décorations de certaines cavernes africaines datent de l'époque postpaléolithique et nous amènent au seuil de l'histoire, aux environs de l'an 4000 av. J.-C. Le processus de schématisation des figures s'accentue à l'âge du bronze.

Influence de l'art celte. — La rencontre des migrations celtes avec les populations ibériques a donné un art qui s'est exprimé dans le métal, soit découpé, soit traité en filigrane. Sur des bijoux d'or d'une très grande richesse décorative, abondant en sphères, spirales, évocations florales, apparaissent des silhouettes stylisées d'animaux. Les plus beaux de ces trésors (la Aliseda, Villena) sont conservés au Musée archéologique de Madrid et dans certaines capitales provinciales (à l'hôtel de ville de Séville, le Carambolo). On décèle une relation étroite entre ces éléments et les décors de céramique que l'on a retrouvés surtout dans la province de Murcie. Cet art a des échos dans tout le bassin méditerranéen.

Influences phénicienne et grecque. — Il semble que ce soient les influences phéniciennes qui aient été les plus fortes en Espagne, avant celles de la Grèce comme en témoigne l'étonnante déesse de Baza, mise au jour en 1971 ; elles sont sans doute à l'origine d'un ensemble de statues hiératiques, parmi lesquelles les statuettes découvertes au Cerro de los Santos (prov. d'Albacete), remarquables par leurs coiffures étagées et dont les plus fameuses sont une statue d'Astarté en albâtre *(musée de Madrid)* et la célèbre dame d'Elche, découverte en 1897, près d'Alicante, restituée par la France au musée du Prado. Exécutée dans une pierre calcaire très blanche, jadis polychrome, cette dernière œuvre est la marque d'un art déjà très perfectionné, d'une grande pureté malgré la richesse de son ornementation (plusieurs rangées de colliers).

L'influence grecque classique se fait sentir à partir du Ve s. av. J.-C., mais on trouve aussi en Espagne des traces de l'invasion carthaginoise (fondation de Carthagène). Le débarquement des Romains, en 218 av. J.-C., marqué par des luttes sauvages et d'importantes destructions, dont l'épisode de Numance demeure le symbole, allait provoquer de grands bouleversements.

L'Espagne romaine. — La romanisation avait pour contrepartie l'injection d'un sang nouveau dans la civilisation romaine. Deux des plus illustres empereurs, Trajan, né à Séville, et Théodose, qui devait transférer l'Empire à Constantinople, sont nés en Espagne, ainsi que Sénèque et Martial. Le pays se couvre de routes, de ponts qui subsistent encore tout le long du Tage, d'aqueducs (Ségovie, Mérida), d'enceintes fortifiées, d'arcs de triomphe, de mausolées, d'arènes. L'Espagne contribue à la projection du monde romain vers l'Orient et, quelques années plus tard, elle verra le triomphe de l'Orient en Occident, lorsqu'en 711 les Arabes franchissent le détroit de Gibraltar pour instaurer en Espagne un foyer de culture islamique qui s'épanouira pendant quelques siècles et aura d'infinis prolongements.

La plus grande et la plus riche des villes de l'Espagne romaine fut Mérida : aujourd'hui petite cité dont le sol et les maisons abondent en marbres antiques et qui a gardé les ruines de tous les monuments de ses plaisirs, y compris la naumachie. Tarragone, dont les murailles romaines ont été élevées très haut sur le soubassement de blocs cyclopéens, possède un petit musée de vestiges antiques où l'on verra de beaux morceaux de sculptures décoratives provenant sans doute d'un temple augustéen de Jupiter; à Cordoue, un temple du Ier s. de notre ère est miraculeusement bien conservé.

Pour l'Espagne, ce sont les aqueducs qui apparaissent vraiment, selon le mot de Frontin, comme les témoins les plus solennels de l'Empire. L'aqueduc de Tarragone égale un pont du Gard pour la beauté de l'édifice et du site; les aqueducs de Mérida, cette « seconde Rome », sont dignes de la campagne romaine et la puissance d'Auguste et de Trajan semble régner encore sur le faubourg de maisons naines que domine l'aqueduc de Ségovie.

L'art chrétien primitif. — Les sarcophages de marbre, décorés de reliefs, qui se multiplient dans tout l'Empire après la diffusion des religions orientales, sont moins nombreux en Espagne qu'en Gaule. Ils semblent avoir été importés d'Italie ou de Provence. Les sarcophages à sujet chrétien ont la même origine. Cependant l'Espagne a reçu, avant la fin de l'Empire, un nouvel apport d'art oriental, probablement grâce aux relations commerciales avec les Syriens. On a retrouvé en Catalogne des restes particulièrement défigurés de chapelles à coupole (San Miguel de l'ancienne Tarasa) et du mausolée de Centcelles, puis de Tarragone, du IVe s. Des motifs géométriques d'origine orientale sont adoptés par les artisans barbares. L'arc en fer à cheval apparaît sur des stèles du IIe et du IIIe s.; il est déjà employé comme élément de décoration dans la plus grande partie de l'Espagne avant l'invasion musulmane.

L'art wisigothique. — Tolède entre dans l'histoire vers le milieu du VIe s. L'Espagne connut alors, pendant un siècle et demi, une civilisation qui rivalisa avec celle du royaume ostrogoth d'Italie pour la culture et les arts.

Les industries de luxe prospérèrent dans la nouvelle capitale et sont encore représentées par le trésor qui a été retrouvé dans une ancienne cachette, à Guarrazar, non loin de Tolède. Les plus belles pièces du trésor sont des couronnes votives, qui sont maintenant au Musée archéologique de Madrid. Ces ouvrages cloisonnés et garnis de grenats et de pierres fines ne sont pas sans rappeler les ouvrages persans de l'époque sassanide.

De l'architecture wisigothique, Tolède n'a conservé que des chapiteaux assez grossièrement imités des modèles romains. L'église de San Juan de Baños, sur laquelle on lit encore l'inscription dédicatoire du roi Receswinthe (milieu du VIIe s.), a été complètement restaurée. Les arcs en fer à cheval de la nef semblent avoir conservé leur tracé primitif qui se retrouve dans de très vieilles églises de la Galice. Cet art wisigothique a fortement influencé les premières manifestations de l'art hispano-mauresque.

L'art hispano-mauresque : l'émirat de Cordoue. — Un demi-siècle après la conquête musulmane, l'Espagne eut une nouvelle capitale, Cordoue qui devint bientôt la rivale de Bagdad et de Byzance pour la grandeur et la splendeur de ses monuments.

La mosquée, centre religieux de l'Afrique du Nord et de l'Espagne, conserve, dans son enceinte de citadelle basse, une forêt de colonnes qui a été à peine entamée par les coupes pratiquées au milieu de l'édifice pour la construction de la haute cathédrale. La mosquée elle-même avait pris la place d'une église. Ses colonnes sont antiques, la plupart des chapiteaux, wisigothiques. Il est possible que des artisans chrétiens aient construit les premières arcades en fer à cheval ; mais le second étage d'arcades, qui gagne de la hauteur sans danger pour la solidité de l'édifice, est certainement imité de l'un des aqueducs romains de Mérida, los Milagros. Quant au plan, il semble avoir été imité, dès l'origine, d'une mosquée primitive analogue à celle de Fostat, sur les bords du Nil. La décoration du sanctuaire a été achevée en 965. C'est un résumé des magnificences de l'Orient, à une époque où l'Europe chrétienne était retournée aux ténèbres. Les mosaïques florales sont faites de cubes d'émail envoyés de Byzance par Constantin Porphyrogénète. Les lambris de marbre, dont les sculptures dessinent d'innombrables dentelles, les arcs lobés qui s'entrecroisent, les coupoles singulières avec leurs trompes d'angle et leurs nervures étoilées, qu'on voit à Tolède, en 980, dans le sanctuaire d'une mosquée (Cristo de la Luz), tous ces motifs peuvent être retrouvés dans des ruines qui s'échelonnent le long des rives de l'Euphrate. Ils ont dû être apportés en Espagne par des artistes venus des confins de la Perse.

Le palais qui communiquait avec la mosquée de Cordoue n'a pas laissé de traces ; d'un autre palais, celui d'az Zahra, bâti hors de la ville, et qui fut le Versailles des califes, des fouilles ont mis au jour des fragments fort intéressants de reliefs en stuc et de céramiques à reflets dorés. La décoration de ces palais était plus riche et plus variée que celle de la mosquée elle-même et comportait des figures d'hommes et d'animaux qui, bien que proscrites par la loi religieuse furent longtemps tolérées dans l'art profane de l'Islam. On peut se faire une idée de cette décoration par les reliefs des ivoires qui ont été ciselés à Cordoue, au Xe et au XIe s., pour les califes et leurs ministres. L'un des plus précieux est une boîte ronde que l'on peut voir au Louvre ; le plus grand et le plus beau est un coffret conservé au trésor de la cathédrale de Pampelune. Les figurines dont il est orné étaient directement imitées de l'art de Bagdad.

Du démembrement de l'émirat à la chute du royaume de Grenade. — L'art oriental continua de fleurir avec des formes de plus en plus compliquées, dans quelques-unes des villes où régnaient les petits princes qui avaient remplacé un empire par une féodalité anarchique. Au XIe s., la décoration du sanctuaire de la mosquée de Tlemcem diffère peu de celle de l'Aljaferia, le palais élevé hors de l'enceinte de Saragosse et qui conserve un vestige important de sa petite mosquée. De nouvelles invasions de Sahariens ou de Berbères rétablissent, pour peu de temps, l'unité musulmane en Espagne. Sous les Almohades, dont le vaste empire s'étendait sur tout le Maghreb, Séville devient capitale. La fameuse Giralda, minaret de la grande mosquée, dont la cour a gardé son plan dans le patio de los Naranjos, est décorée d'arcades entrecroisées, comme la Koutoubia de Marrakech qu'elle surpasse en hauteur et en richesse. Après le choc décisif de las Navas de Tolosa (1212), l'Andalousie elle-même est ouverte aux chrétiens. Alors, tout ce qui reste de vie et de splendeur dans l'Espagne musulmane se concentre dans le petit État du sultanat de Grenade. L'Alhambra est l'unique ensemble d'architecture profane qui nous reste du Moyen Age musulman. La figure humaine n'y apparaît que dans des peintures de la fin du XIVe s., scènes de récits de guerre et de chasse, portraits des sultans qui sont l'œuvre d'artistes chrétiens, peut-être sévillans. Les fantaisies, les plus imprévues pour nous, auxquelles se soient livrés les décorateurs de l'Alhambra sont géométriques ou épigraphiques. Mais les gigantesques toiles d'araignées dessinées par les poly-gones, les coupoles, incompréhensibles ruches d'alvéoles et de stalactites, ont encore le don de nous éblouir.

L'art juif et mudéjar. — Tolède avait été prise, dès 1085, par le roi Alfonse VI. La ville royale des Wisigoths retrouva son rang de capitale. Mais elle resta à demi orientale. Les rois de Castille montrèrent pendant plusieurs siècles une tolérance toute musulmane pour les juifs et les musulmans eux-mêmes. Tolède possède encore deux monuments qui forment un groupe unique en Europe : deux synagogues du Moyen Age. Celle qui est devenue l'église de Santa María la Blanca est une véritable mosquée à cinq nefs, élevée au XIIIe s. La synagogue, qui a été bâtie vers 1360 par le trésorier du roi Pedro, dit le Cruel, est une salle de palais ornée d'inscriptions hébraïques. C'est aujourd'hui Santa María del Tránsito.

Les musulmans n'avaient pas de mosquées officiellement reconnues comme ces synagogues : les prières étaient dites dans leurs propres maisons. On appelait ces musulmans : mudéjars. Tolède est encore remplie de monuments et d'ouvrages de l'art mudéjar dont on peut suivre l'évolution du XIIIe au XVe s., des arcades de la Puerta del Sol aux plafonds de marqueterie (artesonados) que chaque couvent conserve dans sa clôture.

A Séville, le palais, bâti par Pierre le Cruel dans l'enceinte de l'Alcazar des Almohades, fut décoré par des artisans venus de Tolède et prêtés au roi par le sultan de Grenade. Les jardins, vingt fois transformés, sont délicieux.

L'art mudéjar à son apogée. — L'art mudéjar atteint son apogée au XIVe s. Les infidèles travaillent à des monuments religieux, comme le grand cloître du monastère de Guadalupe (Estrémadure). Saragosse a sa morería dont un archevêque emploie les ouvriers, vers 1380, pour décorer de faïences et de stalactites une chapelle qu'il édifie au chevet de la Seo. Ce sont des Maures qui ont élevé ces tours dont la décoration est faite de jeux de briques et d'incrustations de faïences, si fréquentes en Aragon, et qui dominent encore Teruel et Tarazona. En Castille, en Navarre même, les palais du XIVe s. et du XVe s. sont décorés de stucs mauresques, de coupoles de bois, de plafonds à stalactites. Le château de Coca, appartenant aux Fonseca et dont les ruines sont encore superbes, a été entièrement construit en brique et décoré de stucs et de peintures par des Maures.

L'art de la céramique à reflets métalliques, pratiqué par les musulmans à Malaga, où a dû être exécuté, au XIVe s. le fameux **vase de l'Alhambra**, se retrouve au XVe s., à Manises, à Valence et à Majorque. La céramique hispano-mauresque est l'une des formes les plus séduisantes de l'art mudéjar. Après la prise de Grenade, les mudéjars furent peu inquiétés. Un maure cisela les stucs de la porte de la salle capitulaire à la cathédrale de Tolède ; un autre a collaboré avec des chrétiens, vers 1510, à la décoration de la porte de la chapelle de l'Annonciation, dans la cathédrale de Sigüenza. La richesse de la décoration musulmane fait encore oublier les motifs de la Renaissance dans la casa de Pilatos, bâtie à Séville au temps de Charles Quint.

L'art préroman. — C'est en Espagne, où l'art roman va connaître, sous un faisceau d'influences variées, la plus grande expansion, surtout dans la peinture, que l'on trouve sans doute le plus d'éléments pour éclairer l'un des plus mystérieux problèmes de l'histoire de l'art, celui de la peinture préromane qui vient combler le hiatus redoutable qui va de la disparition de la peinture romaine à l'apparition de grandes fresques romanes au XIe s. Des manuscrits, des tentures, quelques fresques encore maladroites et des techniques remarquablement poussées sont les témoignages d'un grand courant de création qui longe les côtes de l'Europe occidentale. Il se manifeste essentiellement sous une forme graphique qui permettait la communication et la circulation aisée, et traduit non seulement des apports latins, grecs ou orientaux, mais aussi d'autres survivances comme celles de l'art celte et nordique, qui rejoignent, par les steppes de l'Asie centrale, les arts de l'Extrême-Orient.

Les fresques préromanes. — L'étude des fresques romanes françaises révèle déjà l'existence de deux courants qui se mêlent souvent, et qui sont cependant nettement distincts, l'un de tradition byzantine et d'Asie Mineure, dont le principal foyer est en Auvergne et en Catalogne, l'autre, manifestement antérieur, d'origine beaucoup plus mystérieuse et correspondant essentiellement aux sanctuaires de l'Ouest et du Sud-Ouest; Focillon opposait déjà l'automne lumineux de la peinture murale de l'Ouest, à la sombre nuit orientale de la peinture de l'Auvergne. En Espagne même, les grandes œuvres romano-byzantines de Catalogne comme Tahull se superposent à des œuvres antérieures d'une tout autre origine. On ne peut pas ne pas penser à rattacher ces dernières avec leur appareil fantastique et imaginatif, leur richesse décorative, leurs entrelacs, à l'art des miniatures du Xe s. Et, là encore, l'apport de l'Espagne est considérable.

L'art des miniatures. — En effet, après le groupe des manuscrits irlandais très antérieurs, c'est celui des manuscrits espagnols qui est le plus surprenant. La plupart illustrent un commentaire de l'*Apocalypse Beatus Llebana*, écrit au VIIe s., en Espagne cantabrique par un abbé espagnol; autour de ce texte, l'un des plus fantastiques de la littérature chrétienne, avec ses visions terrifiantes, un ensemble incomparable de manuscrits a été exécuté entre 970 et 1050 par des artistes dont on a conservé le nom : le *Beatus de Valladolid* de 970 par Oveco, celui de *Gerone*, de 975, celui de *Burgo de Osma* (près de Burgos), celui qui est conservé au Musée archéologique de Madrid. Et c'est évidemment à ce groupe qu'il faut rattacher la fameuse *Apocalypse de Saint-Sever* de la Bibliothèque nationale. Ces manuscrits sont dits mozarabes, du nom donné aux chrétiens qui avaient gardé leurs cultes et leurs traditions sous le joug des infidèles, mais je crois que ce terme, assez impropre, a contribué à dénaturer leur véritable portée. Évoquant le raffinement et la science des chrétiens qui avaient vécu en Andalousie sous la domination arabe, et qui se montraient les plus actifs et les plus industrieux sujets des nouveaux royaumes chrétiens de l'Espagne du Nord, on a voulu voir dans les peintures des *Beatus,* dans leur extraordinaire bestiaire, dans l'éclat de leurs couleurs, dans la richesse de leur décoration quasi abstraite, des souvenirs de l'art arabe et, à travers celui-ci, du Proche-Orient.

L'influence occidentale. — En réalité, tout cet appareil décoratif qui se retrouve à l'origine dans les lettres ornées de manuscrits irlandais, est certainement, dans une large mesure, la caractéristique de cette civilisation d'Atlantique, où prédominent à la fois la symbolique celtique et les motifs décoratifs barbares que l'on retrouve sur les armes mérovingiennes et qui rejoignent ceux de l'art des steppes. Si les influences arabes s'y sont ajoutées, on retrouve dans certains de ces manuscrits, surtout dans celui de Burgo de Osma, des motifs qui évoquent même l'art de la Chine. Cette tradition atlantique est encore celle que l'on retrouve très exactement un siècle plus tard environ, dans la fameuse tenture de Gérone, comme dans la broderie de Bayeux.

C'est dans cette tradition beaucoup plus que dans les exemples arabes, qu'il faut, à mon avis, rechercher l'origine d'œuvres aussi étranges et insolites, dans le domaine de la peinture murale et sur bois, que les fresques archaïques de San Quirce de Pedret en Catalogne, du sanctuaire de Berlanga en Castille, ou même des tables de Mahamud (Castille), au début du XIIIᵉ s. C'est à la survivance de ces courants, je pense, qu'il faut attribuer cette espèce de violence et cet amour du raccourci symbolique qui caractérisent si nettement les principaux maîtres espagnols primitifs.

La peinture romane. — Si l'on étudie l'ensemble des monuments de l'art roman espagnol, tel que José Gudiol en a donné le panorama très complet et très à jour dans le tome IV de la grande encyclopédie *Ars Hispaniae,* on constate la coexistence de deux courants absolument distincts. Le même enchevêtrement géographique qui, en France, interdit d'attribuer à telle région tel style, fait qu'on voit souvent ici se superposer dans le même monument les deux styles, probablement à très peu d'années d'intervalle.

Les grandes fresques catalanes — en particulier le prodigieux ensemble, aujourd'hui au musée d'Art de Catalogne, des deux églises de Tahull, dont la date précise de consécration est 1123 — ont subi l'influence directe de Byzance, transmise très probablement par des artistes venus d'Italie, où ils avaient été en contact avec les sources qui se propagèrent du mont Athos, à travers la Dalmatie et la Vénétie, jusqu'en Émilie et en Sicile. Les étapes sont bien connues du renouveau de cette influence byzantine qui s'est fait sentir très probablement au XIᵉ s. : le fameux voyage en Grèce, en 1065, de l'abbé du mont Cassin, Desiderius le futur pape Victor III, l'apport de l'ordre bénédictin dans tout l'Occident, les courants grecs qui traversent l'Allemagne après le mariage de l'empereur Othon II avec la princesse byzantine Théophano, en 972. Cet art nouveau s'épanouit en Catalogne au début du XIᵉ s., mais dans un milieu où existe un art plus ancien qui puise ses racines aux sources autochtones (fresques archaïques de San Quirce de Pedret et de Bohí, aux représentations animales fantastiques évoquant les manuscrits mozarabes). A Tahull même, les maîtres d'œuvre des églises jumelles de San Clemente et de Santa María, utilisent pour les coupoles et les parties essentielles de l'édifice le formulaire byzantin à l'état pur, mais laissent à des collaborateurs locaux le soin de décorer les parties basses de scènes naïves et de représentations plus naturalistes. Ces divers apports en se mêlant donnent naissance à un art dont le dessin s'affermit et réussit à humaniser et vivifier la rigidité byzantine. Des témoignages d'un processus analogue se retrouvent en Aragon et jusqu'en Castille, par exemple dans le sanctuaire de Maderuelo (transporté au Prado).

Le groupe d'Urgel. — Le quatrième groupe se situe plus au nord, au cœur même des Pyrénées, autour du vieux siège épiscopal d'Urgel. Ici, le cercle comprend des artistes qui pratiquent simultanément les sculptures polychromes, la fresque et la décoration murale, la peinture sur bois, pour les devants d'autel ou « frontaux » et les baldaquins, ancêtres des retables. C'est ce qui explique que, dans cette période, les préoccupations décoratives soient plus grandes et que l'on assiste à la fois à un enrichissement des détails et de l'ornementation, et à des tentatives suivies pour mêler l'orfèvrerie ou la sculpture à la peinture proprement dite. Ces adjonctions se pratiquent selon des modes de placage ou d'incrustation qui contribuent à donner à de nombreux frontaux un caractère artisanal très prononcé. Certains reliefs sont obtenus par un procédé de pastillage analogue à celui qu'emploient encore les pâtissiers. Ces diverses techniques, de plus en plus perfectionnées, continueront à être utilisées même dans la peinture gothique catalane.

Les frontaux. — L'expression des frontaux est rendue plus saisissante par l'intensité à laquelle ce procédé de peinture permet d'atteindre. En effet, dans les fresques, en général, la peinture diluée à l'eau sur le mélange frais de chaux et de sable ou, dans la plupart des cas, sur un crépi déjà existant mais humidifié, donne des couleurs évidemment plus pâles et nuancées. Dans le frontal, où la peinture broyée à l'œuf, est disposée en larges plans sur un bois préparé avec une mince couche de colle, les teintes plus nombreuses et plus franches prennent plus d'éclat, de profondeur, les traits largement cernés de noir se détachent avec précision.

Bien qu'il soit extrêmement difficile d'assigner une date aux frontaux, les éléments que l'on possède permettent, sans doute, de relever pour eux même évolution que celle des œuvres peintes à fresque (les plus beaux exemples de frontaux se trouvent au musée d'Art de Catalogne et au très riche Musée diocésain de Vich). Les plus anciens appartiendraient à la fin du XIe s., et seraient donc antérieurs à l'apport massif des formules byzantines, proches au contraire de l'art des manuscrits mozarabes.

Lors du grand choc de l'influence byzantine, aux premières années du XIIe s., les artistes d'Urgel, dont l'habileté artisanale était grande, ont transporté du mur à l'autel, ou de la voûte au baldaquin, les grands motifs du Pantocrator, des Apôtres ou de la Vierge en majesté. Mais, très vite, reparaissent les figurations de saints patrons des églises et la narration, en petites scènes superposées, des détails pittoresques ou frappants de leur vie, inspirés par une observation quotidienne. Dans cette sorte de légende dorée historiée, l'artiste fait à nouveau appel aux anciens procédés de composition de la miniature, au raccourci du trait expressif, au placement des figures dans des bandes colorées, ou plus souvent un damier de différentes couleurs. Cet art s'affaiblit parfois en se dispersant vers des dévotions particulières, des rites locaux, que n'importe quel artiste, même très rustique ou maladroit, ose traiter. Il s'enrichit cependant de tout ce que le contact direct de la vie apporte à l'artiste naïf et émerveillé. Cette qualité humaine de l'artiste mineur influe à son tour sur l'art monumental de la fresque. On a pu prouver que les mêmes artistes, vers la fin du XIIe s., pratiquent à la fois, la peinture sur bois et la fresque et, dans ce dernier mode d'expression, introduisent la souplesse et la fraîcheur gagnées dans l'autre technique.

Naissance d'un art décoratif civil et religieux. — L'art roman de Catalogne et d'Aragon s'épanouit donc en un peu moins d'un siècle. Il se prolonge encore pendant un temps à peu près égal, sous une forme plus anecdotique, dans les domaines religieux et civil. On ne compte plus guère, au XIIe s., de grandes décorations murales d'église, à l'exception, du reste considérable, de la salle capitulaire du monastère de Sigena (au musée d'Art de Catalogne) qui vaut surtout par la richesse de ses éléments décoratifs, où l'on décèle des influences arabes. Mais les plus intéressantes décorations se trouvent maintenant sur des tombeaux, sur les murs des palais, voire de maisons particulières de Barcelone.

Avec cet art civil prégothique, on est en présence de problèmes qui se posent de façon générale à l'ensemble des pays espagnols qui commencent à ce moment-là à prendre conscience de leur communauté. Au XIIe s., des décorations de même style apparaissent en Castille, et même aux Asturies. Enfin, il existe un ensemble très important de fresques dans le royaume de León, elles décorent le Panthéon des Rois Catholiques de cette ville, qui est de la fin du XIIe s., et elles semblent si étranges et si isolées par le raffinement de leur décoration, la richesse de leur bestiaire, la douceur expressive de leurs figures, qu'on a proposé parfois de les attribuer à un maître français descendu des écoles de l'Ouest. Encore, faut-il remarquer que ces écoles sont à cette époque à peu près taries, alors qu'au contraire les ateliers de sculpteurs et d'architectes français sont en pleine activité et essaiment tout le long de la route de Saint-Jacques-de-Compostelle. Près d'un siècle plus tard, à la vieille cathédrale de Salamanque, Andrés Sánchez de Ségovie décore d'une fresque, en la signant et en la datant de 1262, une chapelle qui est l'un des documents les plus anciens de l'art gothique occidental ; le style en est très proche de ce qu'on connaît des ateliers clunisiens. Enfin, c'est à peu près de la même époque que l'on peut dater l'une des œuvres les plus curieuses et caractéristiques de tout l'art espagnol : les tables de bois du tombeau de Sancho Saiz de Carillo, provenant du petit village de Mahamud (nom d'origine évidemment arabe), dans la province de Burgos, conservée au musée d'Art de Catalogne. Il s'agit de six panneaux de bois, dont deux représentent des écussons, et quatre les groupes d'un cortège funèbre d'hommes et de femmes. Les vastes manteaux de laine aux rudes teintes noires, brunes et jaunes, reproduisent sans doute des costumes du temps.

Les commencements d'un art espagnol dans les nouveaux royaumes chrétiens. — L'art chrétien avait commencé à reparaître dans les Pyrénées asturiennes. Il y végétait sous des formes rustiques, au temps où Cordoue éblouissait le monde. Cependant les modestes églises que l'on peut visiter à Oviedo et aux environs sont des édifices d'un grand intérêt (IXe s.). Ce sont des constructions de plan presque carré, de masse compacte, à la façon des églises byzantines, et entièrement voûtées, comme semblent l'avoir été, en France même, quelques églises de l'époque carolingienne, imitées de modèles orientaux. Dans la décoration sculptée, les entrelacs, les rosaces et les monstres barbares continuent les traditions wisigothiques, à côté de copies enfantines d'ivoires byzantins (San Miguel de Lillo). L'imitation de l'art musulman est manifeste dans les plaques ajourées qui garnissent les baies. Le vieil art wisigothique survécut dans l'art populaire des Asturies et de la Galice jusqu'au XIIIe s. Dans les nouveaux royaumes de León et de Castille, c'est cet art que les érudits espagnols appellent « mozarabe ». Les arcs en fer à cheval conservent leur tracé le plus ancien ; les nefs ne sont couvertes qu'en charpente, même dans les églises de grandes dimensions, comme San Miguel de Escalada (province de León). Ces monuments archaïques sont encore assez nombreux dans les provinces du Nord-Ouest et parfois bien conservés, parce qu'ils sont restés isolés loin des habitations.

L'art des orfèvres et des ivoiriers est plus savant. Il est représenté par des pièces vénérables dans les trésors de la Cámara Santa d'Oviedo et de San Isidro de León.

L'art musulman triomphe encore, à la fin du siècle du Cid, dans le vaste et délicieux cloître de Santo Domingo de Silos, près de Burgos. Mais, vers le milieu du XIIe s., sa décoration fut complétée par une suite de bas-reliefs qui comptent parmi les plus importants de l'époque romane ; cette fois, les sculpteurs étaient venus de Toulouse.

L'influence française dans l'architecture et la sculpture. — Au temps d'Alphonse VI, le roi qui prit Tolède, commença en Espagne une véritable invasion française qui devait se continuer pendant deux siècles.

L'Espagne était, au commencement du XIIe s., la « province » la plus florissante de l'ordre de Cluny hors de France. L'influence de la plus riche architecture monastique de la Bourgogne se manifeste dans une église importante et ancienne comme San Vicente d'Ávila ; cependant, le rôle de Cluny a été moins d'importer l'art bourguignon en Espagne que de favoriser l'expansion de l'art français du Midi et du Sud-Ouest au-delà des Pyrénées. La basilique de Compostelle est, pour le chevet et pour les proportions des travées, identique à Saint-Sernin de Toulouse. Un atelier toulousain a travaillé en 1140 à Compostelle (puerta de las Platerías) et à San Isidro de León (1147).

Les formes d'architecture romane qui s'acclimatèrent le plus promptement en Espagne et qui y pénétrèrent le plus avant sont les plus robustes et les plus élémentaires. L'école poitevine de sculpture semble avoir exercé une influence étendue qui peut se reconnaître aussi bien à Santo Domingo de Soria qu'à Sangüeza, en Navarre, où des façades sont couvertes d'arcatures et de reliefs, comme celles de Notre-Dame-la-Grande, à Poitiers, et de la cathédrale d'Angoulême. Il est probable que des artisans soient venus de cette région, avec les marchands ou les moines qui ont importé en Espagne tant d'« ouvrages de Limoges » dont quelques-uns, encore parfaitement conservés, n'ont pas d'égaux en France pour la grandeur et la richesse.

Les cloîtres romans. — Les cloîtres romans d'Espagne, encore très nombreux, montrent dans leurs vieux chapiteaux historiés l'histoire des rapports artistiques qui ont uni si étroitement, au XIIe et au XIIIe s., la France du Midi et l'Espagne du Nord. La sculpture toulousaine, qui a établi ses avant-postes les plus lointains à Compostelle, pénètre en Navarre et dans le Haut-Aragon. La Catalogne doit moins à Toulouse qu'à la Provence ; au contact de l'école savante dont le centre était à Arles, les sculpteurs catalans imitent librement l'art provençal et s'en dégagent bientôt pour regarder la vie et la transporter sur leurs chapiteaux en groupes spirituellement caractérisés. Le seul artiste de cette école qui ait signé son ouvrage est Arnall Catell, auteur du charmant cloître de San Cugat del Vallès, près de Barcelone. La sculpture catalane du XIIe s., comme l'architecture, a pu profiter du passage des Comacini qui ont élevé dans le Roussillon des clochers massifs à « bandes lombardes ». La façade de l'église de Ripoll, véritable mur de bas-reliefs, rappelle, par l'abondance de sa décoration, les porches de Vérone.

Les monastères cisterciens. — Vers le milieu du XIIᵉ s. en Espagne, la décadence de l'ordre de Cluny se précipite, mais déjà l'ordre de Cîteaux a fondé des établissements dans tous les royaumes de la péninsule. Les cisterciens apportent en Espagne, comme ils ont fait dans l'Europe entière, leur art, conforme à leur règle. L'Espagne a conservé une incomparable série de ces grandes maisons de prières : en Catalogne, Poblet et Santas Creus, anciennes nécropoles royales ; en Navarre, Fitero (par Castejón), Veruela et Iranzu (Estella) ; en plein Aragon, Piedra, visitée pour ses alentours pittoresques ; Rueda, au bord de l'Ebre, en face d'Escatrón ; près de Burgos, Las Huelgas, monastère de dames nobles, où l'architecture sévère des cisterciens a été égayée d'ornements mudéjars ; dans la province de Palencia, Aguilar de Campoó, dans la province de Zamora, Moreruela et dix autres monastères, plus ou moins ruinés. Il y a peu de monuments plus saisissants et plus admirables que ces villes monastiques d'où la sculpture est bannie et où toute la beauté réside dans les proportions et la force d'un corps de construction fait pour braver le temps.

Les premières cathédrales espagnoles : le Portique de la Gloire. — L'architecture des cisterciens de France, qui donna à l'Italie les premiers éléments de son architecture gothique, semble avoir été prise pour modèle par les architectes qui élevèrent, à partir des dernières années du XIIᵉ s., une suite de grandes et robustes cathédrales, groupées dans l'est de l'Espagne, à Tarragone, Lérida (XIIᵉ s., ruinée), Sigüenza, Tudela. Ce sont des édifices couverts de solides voûtes d'ogives et sévères à l'extérieur comme des forteresses. Il faut mettre à part la cathédrale d'Ávila, plus imposante, plus complexe, et dont le chevet, bâti avec des formes archaïques sur un plan nouveau et savant, est enfermé dans une énorme tour d'enceinte comme dans une armure. En Galice, les cathédrales, de Lugo et d'Orense combinent le vieux modèle languedocien de Compostelle avec des voûtes bourguignonnes. A l'extrême ouest de la Castille, un autre groupe de cathédrales, aussi robustes que le groupe de l'Est et aussi « militaires », élève au-dessus des hauts plateaux ses étranges couronnements. C'est le groupe des cathédrales de Toro, Zamora, Salamanque et Ciudad Rodrigo. La coupole, à la croisée, y prend une importance extraordinaire.

Nous ne savons rien des architectes qui ont dessiné les monuments les plus originaux de l'art roman d'Espagne. Seul l'architecte sculpteur qui a élevé le **Portique de la Gloire**, devant la vieille basilique de Compostelle, a signé son œuvre : maître Matthieu (1183). Il avait voyagé dans le nord et le midi de la France avant de concevoir cette épopée de granit ; mais, par les combinaisons d'arts différents qu'il a réalisées, par le sens de la beauté plastique et de l'expression dramatique qu'il a possédé, il n'a pas d'égal en Europe parmi ses contemporains.

Les cathédrales franco-espagnoles. — L'essor de l'art espagnol fut arrêté encore une fois par une nouvelle intervention de l'art français qui avait terminé plus tôt sa prodigieuse évolution, grâce à des découvertes comme celle de l'arc-boutant.

La plus archaïque de ces cathédrales françaises d'Espagne est celle de Cuenca, dont le triforium a dû être dessiné par un architecte anglo-normand. La cathédrale de Burgos, fondée en 1221 par l'évêque Mauricio, dont le tombeau de cuivre émaillé est une œuvre de Limoges, est imitée librement de Bourges ; un atelier venu de Reims a dû travailler aux portails des transepts, d'une sévérité classique, et aux statues de rois du cloître. Le chantier de Burgos a fourni l'architecture de la cathédrale de Burgo de Osma et formé un groupe de sculpteurs castillans qui ont décoré cette petite cathédrale, d'une construction élégante et sobre. La cathédrale de León peut rivaliser avec Amiens.

La Primatiale de Tolède, commencée en 1227, presque en même temps que la cathédrale de Burgos, est la plus vaste et la plus solennelle des cathédrales françaises d'Espagne ; les nefs reproduisent le modèle de Bourges, avec des formes plus trapues et moins de hauteur.

L'architecture et la sculpture catalanes. — Le royaume d'Aragon entre, au commencement du XIVe s., dans une époque de puissance et de prospérité qui dure jusqu'à la fin du XVe s. Pendant cette époque se développe en Catalogne et dans la région de Valence une civilisation très brillante qui adopte et modifie des formes d'art empruntées à la France et à l'Italie.

Le Languedoc avait appliqué, dès la fin du XIIIe s., le système des voûtes d'ogives à de grandes églises entièrement différentes des cathédrales du Nord et dont les proportions s'étendaient plutôt en largeur qu'en hauteur. Ces vastes salles, dont la cathédrale d'Albi est un exemple magnifique, servirent de type, pendant le XIVe s., aux cathédrales neuves qui s'élevèrent dans l'Espagne « levantine ». Le plan ordinaire est à trois nefs, toutes trois larges et spacieuses, avec déambulatoire. Ce plan était celui de la cathédrale de Valence, dont l'intérieur a été complètement modernisé. L'énorme lanterne *(cimborio)* est, de même que le fameux clocher octogonal (Miguelete), d'un type provençal. La cathédrale de Barcelone, dont la construction, commencée en 1298, dura un siècle et demi, est l'une des plus solennelles églises d'Europe ; elle a servi de modèle aux cathédrales de Manresa et de Palma de Majorque. La cathédrale de Gérone, commencée sur un plan à trois nefs, fut très audacieusement achevée par la construction d'une nef unique, bordée de chapelles et d'une extraordinaire largeur.

Vers la fin du XIVe s., un style original d'architecture civile achève de se constituer dans les grandes villes commerçantes de la Catalogne où la vie municipale est favorisée par les rois. Le type des grandes salles de Bourse est déjà indiqué au XIVe s., par la Lonja de Barcelone dont les immenses arcades rappellent la Loggia dei Lanzi, à Florence. Guillem Sagrera commence en 1426 la Lonja de Palma ; cet édifice, chef-d'œuvre de l'architecture catalane, sert de modèle, un peu plus tard, à la Lonja de Valence et, au XVIe s., à la Lonja de Saragosse.

Les marbriers et les orfèvres catalans travaillent, au XIVe et au XVe s., pour les palais autant que pour les églises. Les auteurs de plusieurs œuvres remarquables sont connus. Un maître catalan, dont le réalisme savant égale la fantaisie, Pere Johan de Valfogona, sculpte en 1426 la prédelle et les grandes statues du retable d'albâtre de la cathédrale de Tarragone, terminé par un artiste moins important, et commence le grand retable de la Seo de Saragosse.

Les primitifs. — En Catalogne, dès le haut Moyen Age, l'activité artistique est intense. Les archives, aujourd'hui très complètement dépouillées, révèlent que des familles entières d'artistes se succèdent. Sur ce terrain sont jetées les premières influences italiennes que nous avons déjà constatées dans les œuvres de Ferrer Bassa.

Avec les frères Serra, qui vivent à la fin du XIVe s., c'est la grâce italienne qui triomphe sous la forme d'un certain maniérisme. Les personnages sont figés dans des gestes stéréotypés de présentation et d'offrande. On retourne vraiment à un art primitif. La couleur est mince, claire, sans imprévu, « illustrative ». On remarque cependant la finesse du dessin, la façon d'approcher le modèle à coups de pinceau légers et précis.

Les primitifs catalans. — Cette suavité toute siennoise se retrouve dans les premières œuvres de Borrassá qui apparaît à la fin du siècle et qui, originaire de Gérone, a bientôt, à Barcelone, un atelier d'une grande activité. Son art évolue rapidement vers plus d'originalité. Dans le panneau de *Saint Pierre marchant sur les eaux* de l'église de Tarrasa, une perspective vue en hauteur est déjà fort habile, les attitudes des pêcheurs se penchant sur leurs filets sont pleines de naturel et en même temps de style. Cet effort vers le style s'accentue encore chez son contemporain Ramón de Mur, longtemps appelé le Maître de Guimerá, du nom d'un retable célèbre du musée de Vich ; le dessin, volontairement simplifié, sacrifie les arrondis pour organiser de vastes plans schématiques.

Enfin, toutes ces conquêtes sont exploitées par Bernardo Martorell, le successeur de Borrassá, qui est peut-être moins violent, mais qui, dessinateur supérieur, va donner sa forme la plus parfaite à l'art médiéval catalan. Chez lui, les visages sont aisément reconnaissables, ronds et comme chargés de méditation ; la composition est très savante et la perspective — avec le point de fuite en haut du tableau — obtenue par des raccourcis sans défaut. Il y a, comme chez tous les maîtres catalans, une sorte de bonhomie qui traduit un profond amour des êtres, des animaux et des objets de la vie quotidienne, peints avec amour parfois comme de vraies natures mortes. Le moindre détail se distingue par sa sobriété et sa résonance authentique. Ainsi, dans la prédelle du retable de la Transfiguration de la cathédrale de Barcelone, cette silhouette de femme qui s'en va, son enfant à la main, le long du chemin de ronde, avec la majesté hiératique et familière d'une figure de Masolino.

Les primitifs de Valence. — L'épanouissement de l'école de Barcelone ne peut se séparer de l'apparition à Valence, dès la fin du XIVe s., d'une école de peinture qui prendra peu à peu une importance déterminante dans le milieu du siècle suivant. A l'origine, on trouve des apports de l'atelier des Serra, mais aussi des influences directes de peintres italiens qui travaillent à Valence comme Gerardo Starnina, le maître supposé de Fra Angelico (il peint aussi à la cathédrale de Tolède). Mais on voit bientôt prédominer des influences nordiques et allemandes. Entre 1395 et les premières années du XVe s., la personnalité la plus marquante est Marçal de Sax. Il apporte le goût des déformations expressives très caractéristiques, la prédominance de certains traits dans les figures : les chevelures abondantes et exagérément bouclées, le goût germanique des lourds chevaux. Il subit à son tour l'emprise du charme et du maniérisme hérité de Catalogne. Il résulte, de cette fusion d'éléments si divers, un art un peu morbide mais d'une expression passionnée.

Cependant, les peintres valenciens de cette école, dont l'habileté et la souplesse technique sont très grandes, ne tardent pas à dominer ces traits extérieurs de leur caractère. Par un très curieux phénomène de transposition, ils s'appliquent à conserver cette intensité d'expression, mais en l'intériorisant et en ayant recours à la finesse du dessin et à la pénétration psychologique. Les compositions de Marçal de Sax étaient généralement petites et très chargées. Ses élèves, tout en gardant la science de sa palette septentrionale, dressent de grandes figures dépouillées. Ainsi naissent ces extraordinaires chefs-d'œuvre de la peinture valencienne du milieu du xve s. (entre 1435 et 1450) : le retable de Marti de Torres et l'Annonciation qui sont conservés au musée de Valence.

Œuvres anonymes encore, car si l'on connaît les noms des peintres marquants de cette école de Valence : Fernando Gonzalvo et Antonio Pérez, Gerardo Giner, Antonio Guerau, on n'a pu encore délimiter exactement l'œuvre de chacun. (Il semble cependant que ces deux grandes œuvres appartiennent aux peintres de la famille Pérez.) Le *retable de Marti de Torres* comporte trois grands panneaux d'un mètre vingt de hauteur : saint Martin à cheval, sainte Ursule, saint Antoine. Il n'y a pas d'exemple dans l'art primitif de figures offrant un tel caractère de grandeur et de simplicité. Sur un fond d'or habilement marqueté, les silhouettes des personnages se détachent revêtues d'amples tuniques sombres ou délicatement colorées, retombant en larges plis, les visages chargés de mystère et d'humanité sont marqués d'une douceur mélancolique et suave. Le seul élément d'étrangeté est la coiffure de saint Martin avec ses retombées de franges.

L'*Annonciation* présente la même alliance de sens hiératique et de sensibilité. Ce tableau révèle cependant une personnalité et un art plus savants : la recherche d'expression se trouve concentrée, non seulement dans les regards, mais plus encore peut-être dans les mains qui sont parmi les plus belles de l'histoire de la peinture. Les grandes figures sur fond or sont d'une distinction parfaite dans leur simplicité. C'est le sommet de l'école valencienne qui va continuer à exploiter ce genre de composition durant près d'un siècle encore dans un art à la fois populaire et raffiné, qui se surcharge de richesse, de couleurs chatoyantes, au décor inspiré des merveilleuses céramiques de cette région, mais qui ne se renouvelle guère malgré la présence d'un artiste fécond et habile, Juan Reixach auquel on attribue aujourd'hui la quasi-totalité de la production d'un peintre qui fut longtemps considéré comme un symbole un peu mythique de l'art valencien, Jacomart Baço.

Jan Van Eyck et l'Espagne. — Une œuvre comme l'*Annonciation* appelle déjà l'art des Flandres. 1430 est la date où cette influence commence à se faire sentir. C'est, en effet, en 1428 que Jan Van Eyck vint en Espagne, avec l'ambassade envoyée par le duc de Bourgogne, Philippe le Bon, afin de demander la main de la princesse Isabelle du Portugal. A cette occasion, la délégation bourguignonne fit un long périple dans la péninsule, poussant jusqu'à Valence et Grenade. Le retentissement de cette visite de Van Eyck fut telle qu'en 1431, le roi d'Aragon, de qui dépendaient les provinces de Valence et de Barcelone, décida d'envoyer étudier à Bruges un jeune peintre valencien, Luis Dalmau. Dalmau travailla dans l'atelier de Van Eyck au moment où il peignait le retable de l'Agneau mystique. Revenu en Aragon, puis fixé à Barcelone vers 1440, il se souvient de la composition de Van Eyck dans l'œuvre qui lui est commandée en 1443 par la municipalité, *la Vierge des Conseillers*. L'œuvre est pleinement flamande dans sa composition et son dessin. La technique en apparaît cependant assez pauvre à tel point que, malgré l'emploi de l'huile, elle a moins d'éclat que les œuvres contemporaines

des peintres de Barcelone qui continuent à pratiquer la technique traditionnelles de la tempera.

Cette école de Barcelone est très vivante et exploite l'héritage de Martorell.
Elle est illustrée encore par un très grand peintre Jaime Huguet, qui occupe
la première place durant la seconde partie du xve s., si bien que l'œuvre de
Dalmau reste pratiquement sans écho dans le royaume d'Aragon. L'influence
flamande se développe davantage sur l'autre versant de l'Espagne, en Castille
et en Andalousie.

Jaime Huguet. — La vie et l'œuvre de Huguet sont aujourd'hui très
complètement connues à la suite de la publication des travaux d'Ainaud de
Lazarte. On a réussi à justifier pour ce peintre l'attribution, déjà entrevue par
Bertaux, de l'admirable *panneau de saint Georges et la princesse* du musée
de Barcelone et on a pu regrouper ainsi l'œuvre de sa jeunesse. Né à Valls,
dans la province de Tarragone, faisant partie à Barcelone du cercle des élèves
de Martorell, s'étant formé en exécutant des peintures religieuses dans tout
l'Aragon, Huguet se fixe à Barcelone au milieu du siècle et devient le chef
incontesté de l'école catalane. Il pousse à la perfection l'ancienne technique
de la peinture à l'œuf pratiquée déjà par les peintres de frontaux et si
perfectionnée par Martorell. Les couleurs, d'une gamme très subtile, sont
mêlées au blanc qui les rend opaques. La finesse de touche de Huguet est
remarquable. Le modelé de ses figures est d'une délicatesse extrême. Ses
regards ont une expression aiguë et insistante très particulière. Dans ses
œuvres de Barcelone, il acquiert plus d'ampleur et de force. Il reproduit avec
beaucoup d'exactitude et de vérisme les traits de ses modèles : ainsi dans
les détails de saint Bernardin prêchant.

On remarque dans cette dernière œuvre de la fin de sa vie, où le visage est
d'une rare puissance, la surcharge caractéristique de la composition qui
disparaît sous les incrustations métalliques, les reliefs en bois sculpté ou en
stuc. La peinture n'est plus qu'une part d'un ensemble, dans une architecture
qui reste très monumentale. C'est la fin d'un art très avancé, mais qui
s'essouffle et disparaît peu à peu derrière des formes artisanales. A ce
moment, la technique de l'huile l'a emporté, depuis longtemps déjà, dans le
reste de l'Espagne et cet art nouveau se marquera à Barcelone même, deux
ans avant la mort de Huguet, en 1492, par l'installation, à la cathédrale, de la
Pietà du chanoine Despla, œuvre magistrale de Bartolomé Bermejo.

Influence des Flamands en Castille. — Mais il faut revenir un peu en arrière
pour étudier comment les influences flamandes, ou plutôt septentrionales —
car la France et l'Angleterre même y ont sans doute leur part — se sont
répandues dans la partie non méditerranéenne de l'Espagne, dans le royaume
de Castille. L'art de ces rudes régions du nord et du centre de la péninsule
est longtemps resté assez pauvre durant le Moyen Age. A la fin du xive s., on
fait encore appel à des Italiens pour décorer la cathédrale de Tolède, et en
1446, au Florentin Dello di Nicolo pour la coupole de la cathédrale de
Salamanque. Mais ces vastes décorations italiennes aux ambitions cosmiques
et aux audacieuses figurations de nudités symboliques ne devaient avoir, en
Castille, aucun écho durable. Elles venaient trop tôt dans un terrain mal préparé. Sans doute correspondaient-elles moins au goût profond des hommes de
ce pays austère que les descriptions réalistes et minutieuses et la piété directe
des artistes flamands.

Après Van Eyck, dont une œuvre fameuse, *la Fontaine de grâce,* avait été acquise par le roi de Castille et offerte au monastère del Parral, près de Ségovie où elle se trouvait déjà en 1454, Rogier Van der Weyden, le Maître de Flémalle, Dierik Bouts, puis Gérard David et Hugo Van der Goes, sont les peintres auxquels on se réfère le plus volontiers. Leurs œuvres se répandent en Espagne, les originaux comme les copies. Un véritable marché de peinture flamande se tient régulièrement à la foire de Medina del Campo.

Les Flamands apportaient des procédés de peinture d'une souplesse et d'une richesse inconnues jusqu'ici. Ils furent donc bien accueillis. Mais les Castillans surent assimiler assez vite ces procédés qui leur permettaient de s'exprimer plus aisément.

Il est curieux que les deux premiers noms de peintres qui sortent de l'anonymat, Nicolás Francés puis Jorge Inglés, soient de ceux qui peuvent indiquer une origine étrangère. Ils peuvent n'être aussi que des surnoms relatifs à la formation de ces artistes ou à leur manière. Le fait est que, même s'ils sont étrangers, ils sont déjà fortement hispanisés. Jorge Inglés est l'auteur d'un admirable retable, exécuté en 1445, pour le marquis de Santillana, le fameux poète humaniste de la cour de Jean II, retable bien particulier, puisque les donateurs, loin de se tenir à une place modeste, à l'ombre de quelque grande figure sacrée, occupent les deux panneaux principaux et sont représentés dans leurs plus riches costumes dans les salles de leur palais dont l'amoncellement et le décor sont fidèlement restitués.

Fernando Gallego. — Cependant, une riche école fleurit bientôt à Ávila, à Valladolid, à Palencia, dans des œuvres qui sont comme l'expression populaire d'un vigoureux sentiment rustique. C'est dans ce climat favorable parmi ces nouvelles possibilités, qu'apparaît à nouveau une forte personnalité, celle de Fernando Gallego dont le nom cette fois indique les origines cantabriques. On suppose qu'il est né vers 1440, et qu'il est l'auteur d'une œuvre abondante que l'on retrouve à Zamora, Salamanque, Palencia et jusqu'aux confins du Portugal, à Ciudad Rodrigo, œuvre qui se prolonge jusqu'au début du xvie s. Son art dégage une forte impression de réalisme, mais sa recherche de style le conduit à des déformations originales. A son propos, on évoque parfois Conrad Witz dont il est l'exact contemporain. Comme le peintre suisse, Gallego se développe à la périphérie de l'influence flamande, sur un terrain encore peu exploré, d'où le caractère de verdeur de son art. On a beaucoup remarqué les déformations qu'il apporte aux traits du visage, les gros yeux à fleur de tête, les lèvres mobiles et aussi la mise en page des figures à demi retournées et des gestes qui demeurent ébauchés mais qui sont cependant très accusés et caractéristiques. Sous son pinceau, les riches brocarts perdent leur lourdeur hiératique, deviennent un élément mouvant et chatoyant de la composition. Enfin, son interprétation du paysage reste typiquement espagnole, inspirée des grands espaces dépouillés du plateau castillan.

Il semble que Gallego ait une sorte de pouvoir rajeunissant et salutaire ; il s'empare de thèmes traditionnels, de tout le langage hétéroclite des formules amassées par le siècle et il en fait un art frémissant de vie.

École andalouse. — Tandis que se développait cette école castillane, l'influence flamande descendait vers le sud et s'imposait à peu près sans conteste, avec un léger décalage de temps dans l'école andalouse. Celle-ci bénéficie de la grande prospérité qui s'attache au port de Séville, à la suite de la découverte de l'Amérique. Son épanouissement est rapide, moins laborieux et peut-être plus superficiel qu'en Castille. Les formes flamandes y prennent un caractère de jeunesse et de facilité. Mais c'est à Cordoue, dans l'antique cité maure, plus secrète et plus rude, plus proche aussi du Levant, que s'élabore une synthèse des meilleures acquisitions des influences étrangères, aussi bien flamandes et italiennes que des écoles valenciennes et catalanes. De cette école sortent Pedro de Córdoba et Bartolomé Bermejo.

Bartolomé Bermejo. — Ce dernier est, sans conteste, le plus grand primitif espagnol. Originaire de Cordoue, il semble y avoir acquis une connaissance approfondie des techniques flamandes et vénitiennes, car on n'a point retrouvé trace de voyages qu'il aurait pu faire à l'étranger, bien qu'on trouve certaines de ses œuvres en Italie du Nord. Il est en Aragon en 1474, où il exécute le *Saint Dominique sur son trône,* du Prado. Dans cette toile, il n'abandonne rien de la richesse, traditionnelle dans les écoles valencienne et catalane, des fonds or et chargés d'orfèvrerie ; il reprend un thème traité maintes fois par Reixach, mais en lui conférant une architecture monumentale. Sa technique est certainement supérieure et la qualité de ses couleurs peut rivaliser avec celle de n'importe quel peintre flamand. Enfin, il apporte à la peinture du visage une force, une science du modelé et des ombres qui dépasse les deux dimensions traditionnelles des œuvres de Valence pour donner espace et profondeur à une composition encore statique.

L'œuvre maîtresse de Bermejo, la *Pietà,* exécutée pour le chanoine Despla, achevée le 23 avril 1490, aujourd'hui au musée de la cathédrale de Barcelone (a été malheureusement gravement altérée dans un transport malencontreux pour une exposition à Madrid) vaut aussi bien par la façon dont est traité le sujet central que par les prolongements presque infinis de son décor, du paysage, des architectures, des personnages secondaires et des moindres détails de la composition. C'est ainsi que la figure du donateur, dont le visage d'une piété poignante presque balbutiante, avec une barbe rude à demi poussée, se détache sur un fond de roches sombres et de végétations étranges devant lesquelles voltigent des papillons. Le visage douloureux de la Vierge est d'un pathétique simple et direct, celui du Christ mort est surmonté d'une prodigieuse couronne d'orfèvrerie, qu'on retrouve à peu près identique sur la tête du Christ douloureux de l'Ecce homo du musée de Vich. Malgré la force de cette présence, l'attention est entraînée par l'appel d'un paysage double, qui, d'un côté, sous un ciel d'orage, montre, sur un roc avancé, un moulin d'une poétique précision et, de l'autre, l'architecture d'une vaste ville, toute incendiée de lumière rougeâtre. A gauche, au pied de la grotte du sépulcre, un soldat est endormi ; à l'extrémité droite, au sommet d'une colline, une femme est mélancoliquement assise devant sa maison. Dans l'axe du bras de la croix, un vol régulier de grands oiseaux se déploie. Les détails de Giorgione ne seront pas plus séduisants et plus mystérieux, les paysages de Patinir n'ont pas plus de développement, mais la richesse de cette œuvre n'appartient qu'à Bermejo.

Ainsi dans la seconde moitié du XVe s., apparaissent de grands peintres fédérateurs comme Bartolomé Bermejo, Pedro Berruguete (le premier peintre de la Renaissance) dont l'art s'épanouit dans l'universalité, au-delà des limites des écoles et des frontières de la péninsule, que leur science leur a permis de franchir. La grande Renaissance, qu'ils annoncent, n'a pourtant pas lieu, peut-être en raison de l'antinomie fondamentale entre un idéal religieux qui ne cesse de s'épurer et la résurrection d'un paganisme panthéiste et charnel. La peinture espagnole du XVIe s. reste donc teintée d'austérité provinciale, jusqu'au jour où apparaît le Greco, qui, sur cette terre, trouve à nourrir son prodigieux lyrisme et prouve que les splendeurs des formes et l'exaltation des couleurs peuvent être mises au service du monde surnaturel et de l'expression mystique.

Architectes et sculpteurs flamands et allemands. — L'Espagne avait connu la peinture flamande du XVe s. par l'intermédiaire de tableaux flamands et de peintres espagnols. A défaut de peintres, des architectes et des sculpteurs flamands et allemands vinrent travailler au-delà des Pyrénées, comme avaient fait jadis les imagiers français. Une influence germanique semble avoir dominé la construction de la gigantesque cathédrale de Séville. En Castille, les architectes venus du Nord fondent des dynasties d'artistes, tels le Bruxellois Annequin Egas (dit aussi Jan Van der Eycken) et, à Burgos, Hans de Cologne.

Des sculpteurs flamands et allemands parcourent toute l'Espagne ; un maître, Hans, termine en 1480 le grand retable de la Seo de Saragosse. Le flamand Dancart commence le prodigieux retable de la cathédrale de Séville qui sert de modèle au retable de la cathédrale de Tolède. Celui-ci est exécuté, sous la direction d'Anequin de Egas, par le Hollandais Copin et le Castillan Almonacid. C'est aussi Dancart qui termine les stalles de la cathédrale de Séville, commencées par Nufro Sánchez ; l'Allemand Michel Locher surmonte les stalles de la cathédrale de Barcelone d'une dentelle de bois ; un maître, Théodoric, sculpte les grandes figures et les groupes dramatiques des stalles de León ; un Allemand inconnu décore dans le même style, mais avec plus de richesse et de fierté, les stalles de Zamora ; Rodrigo Alemán montre une imagination abondante dans les stalles finement ouvragées de Plasencia, de Ciudad Rodrigo et de la cathédrale de Tolède.

L'internationalisation de la peinture. Alejo Fernández et Pedro Berruguete. — A la fin du XVe s., l'influence italienne s'affirme en Espagne avec la peinture de Bermejo et celle de Rodrigo de Osona qui se réduit à un seul tableau certain, mais capital, la *Crucifixion* de l'église Saint-Nicolas de Valence (mais le fils de l'artiste diffuse largement son message). On suppose, en raison d'affinités de style avec les Vénitiens qu'ils ont fait le voyage d'Italie. Ces influences, en se combinant avec la présence d'œuvres et même d'artistes flamands, suscitent la formation à Cordoue d'une école originale dont le plus important représentant est Alejo Fernández.

Cordoue est un point de passage et de rencontre à proximité de Séville, qui, enrichie par le commerce avec le Nouveau Monde, devient le centre d'un grand marché de commandes artistiques et voit fleurir les ateliers capables de les exécuter. Fernández est appelé, en 1508, par le chapitre de la cathédrale pour décorer le maître-autel, et les divers sanctuaires sévillans conservent ses meilleures œuvres : la *Vierge à la rose*, de Santa Ana de Triana, et la *Vierge des Navigateurs*, de l'Archive des Indes : la Vierge étend son manteau sur une flotte de caravelles et un groupe de personnages agenouillés parmi lesquels on a voulu reconnaître Christoph Colomb. Fernández dirige un atelier très prospère dont les œuvres se retrouvent à travers toute la province (Ecija, Marchena) et jusque dans le Nouveau Monde.

Avec Pedro Berruguete, on quitte le domaine des suppositions pour entrer dans celui des certitudes. Une partie de sa vie se déroule en Italie, au contact des plus grands artistes et son œuvre, pourtant si typiquement espagnole, en demeure profondément marquée. L'homme appartient encore au XVe s., il n'a vécu que peu d'années et sa peinture, longtemps confondue avec celle des artistes italiens et flamands avec lesquels il a collaboré dans sa jeunesse, n'a pris ses contours véritables que très récemment.

Originaire de Paredes de Nava, au nord de Palencia, le peintre a pu se former dans l'entourage de Gallego ou de Jean de Bourgogne qui avait passé par Florence avant d'exécuter à Tolède les fresques de la salle capitulaire de la cathédrale et, à Ávila, le retable de la cathédrale. Venu en Italie, Berruguete entra au service du duc d'Urbin, Frederic de Montefeltre, le grand mécène, protecteur de Piero della Francesca. Son nom est mentionné le 14 avril 1477 comme Pietro Spanolo, parmi les artistes qui travaillaient au studio du palais où le duc avait voulu faire peindre les effigies des philosophes, des poètes de la Grèce et de Rome et des Pères de l'Église. Il avait fait appel pour cela au grand peintre flamand Juste de Gand, à Melozzo de Forli et à Berruguete. Les érudits se sont appliqués à distinguer dans l'importante suite de ces tableaux, dont les principaux se trouvent aujourd'hui au Louvre et à la galerie d'Urbin, la part qui revient à chacun de ces artistes. Celle de Berruguete semble considérable. Son habileté était reconnue et c'est à lui qu'on fit appel pour peindre les mains du duc de Montefeltre en prière devant la Madone, dans la fameuse Pala Brera de Piero della Francesca. On attribue à Berruguete l'important portrait du duc avec son fils Guidobaldo. Le duc mourut en 1482, ce qui provoque la dispersion de ses artistes. Berruguete reparaît en Espagne en 1483, exécutant des fresques, qui ont disparu, à la cathédrale de Tolède, puis à Ávila où il réalise un ensemble impressionnant d'œuvres restées intactes : le retable du grand autel de l'église Saint-Thomas, retraçant les scènes de la vie du saint avec une fermeté de dessin et un art du clair-obscur inconnu jusqu'ici en Espagne. Il réalise aussi pour les dominicains d'Ávila deux retables dont les panneaux sont pour la plupart aujourd'hui au Prado, faisant montre d'une grande science de la perspective et des proportions ; il exécute enfin un nombre important d'œuvres dans son pays natal, notamment le retable de sainte Eulalie à Parades de Nava. Il est le père du grand sculpteur Alonso Berruguete.

La Renaissance en Espagne. — L'Espagne réagit d'une façon très particulière au grand appel de la Renaissance. Ce mouvement ne paraît répondre à rien de naturel et de profond dans le tempérament de son peuple. Alors que les différentes écoles primitives de Catalogne, d'Aragon, du Levant, d'Andalousie, de Navarre et de Castille, ont connu un développement parallèle à celui de la peinture italienne, provençale, flamande ou rhénane, tout en revêtant presque toujours des formes originales, on assiste au contraire au XVIe s. à une rupture certaine du dialogue. Ce n'est pas que les contacts aient manqué. Mais il y a manifestement une antinomie réelle entre le tempérament espagnol et le processus d'humanisme et de paganisation qui emporte l'Italie. L'artiste espagnol ne s'abandonne jamais à cette ivresse de découvrir une beauté idéale et naturelle réduite à elle-même, de dénuder des formes pleines et séduisantes. Il lui faut vaincre la chair, tourmenter les formes pour leur faire exprimer les idées redoutables et les pensées amères que lui inspire l'angoisse de sa destinée. Certes, des Espagnols vont auprès des plus grands maîtres italiens reccueillir directement leur message. Ils s'appliquent même, avec une grande habileté technique, à le reproduire fidèlement, mais à peine revenus en Espagne ils sont repris par la puissance de leur milieu et par ses exigences. Ainsi, Pedro Berruguete place sa science nouvelle au service d'une mystique qui, loin de s'humaniser et de s'adoucir, se fortifie et se fanatise. Les naïves descriptions de la piété médiévale ne sont pas reniées comme dépassées, mais elles sont intégrées dans une organisation plus rigoureuse qui permet d'en faire les meilleurs instruments de la foi. Par sa situation à proximité de l'Italie méridionale, Valence devient le centre de pénétration des idées nouvelles. Au début du XVIe s. le chapitre de la cathédrale commande les douze panneaux du retable monumental du maître-autel à deux peintres originaires de la Manche, revenant de Florence où ils avaient connu Fra Bartolomeo et travaillé dans l'esprit de Léonard de Vinci, Yáñez dit Fernando de la Almenida et Fernando de Llanos.

Dans cette œuvre capitale, ils subissent fortement la tentation de la plénitude des formes rondes et de l'expression sensible qui constituent l'héritage de Léonard. Mais ils sont sauvés de la fadeur et de la mièvrerie par leur rusticité.

Juan de Juanes, Pablo de Céspedes, Pacheco. — Cette rusticité se retrouve tout au long de l'art espagnol et se traduit par un goût des larges plans obliques favorables aux constructions colorées et contrastées, infiniment plus plastiques que celles qui résultent des jeux d'ombres. Juan de Juanes s'efforce d'adoucir et de nuancer la dureté des formes peintes par son père Vicente Masip, élève de Yáñez, pas assez cependant pour dénaturer ce message austère qui représente une transposition rigoureuse de la perfection raphaélique. Ce sont la grandeur et l'âpreté de l'aîné et non la douceur du second, lequel sert pourtant d'intermédiaire indispensable, qui seront transmises intactes avec les meilleures traditions de Valence à Ribalta et à la nouvelle école réaliste espagnole. Même les peintres sévillans, dans leur cité cosmopolite qui avait déjà été la plus ouverte aux influences extérieures de la Flandre, s'ils se montrent les plus fervents adeptes du goût italien, ne se laissent pas longtemps enfermer dans des limites trop étroites. Leur originalité est sauvegardée par leur tempérament exalté. Ainsi, les exagérations de Pablo de Céspedes confinent au lyrisme le plus surprenant, dans la *Cène* du musée de Séville où la composition, extraordinairement surchargée de détails réalistes et anecdotiques, est emportée par un rythme dû à la fois à l'audace du dessin et aux heurts des couleurs les plus imprévues. Pacheco lui-même, si soucieux de respecter les règles et l'idéal classiques, dans son remarquable effort pour retrouver dans ses innombrables portraits les types humains de son temps, est peu à peu pénétré par l'esprit de ses modèles : il échappe à la convention par le dépouillement.

Indépendance de l'art espagnol par rapport au concile de Trente. — Au prix de cette pauvreté volontaire, de ces refus, l'art espagnol du XVIe s. a sans aucun doute échappé à un grand péril qui menaçait plus qu'aucune autre cette citadelle de la foi. Le concile de Trente, dans lequel les prélats espagnols avaient joué un si grand rôle, avait proposé ou pratiquement imposé aux pays catholiques une iconographie officielle qui impliquait le sacrifice de tout ce qui n'était pas historique et consacré par les livres saints dans leur forme la plus rigoureuse et qui transformait l'artiste en auxiliaire du théologien en le faisant participer totalement à l'enseignement de l'Église et à l'édification des fidèles. Il devait en résulter normalement un académisme rigoureux et borné, qui ne retiendrait des grands messages de Vinci, Raphaël et Michel-Ange, que la partie la plus conventionnelle et utilitaire. L'Espagne risquait plus qu'aucune autre nation de tomber sous ce joug uniforme. Elle fut sauvée par l'originalité de ses peintres, par leur incapacité à se plier à des formes trop générales, par la nécessité où ils étaient de repenser les grands problèmes à une échelle plus intime, plus intérieure et plus humaine. Elle fut sauvée surtout par le génie providentiel du Greco.

L'époque des Rois Catholiques : le style Isabelin. — Le grand siècle historique de l'Espagne commence à la date du mariage de Ferdinand d'Aragon et d'Isabelle de Castille (1468) qui unit deux royaumes longtemps rivaux. Leur règne a été une époque de volonté et d'activité nationales. Le voyageur rencontre, depuis Santiago de Galice jusqu'à l'Alhambra, les emblèmes dont les Rois Catholiques ont marqué leurs monuments : le joug et le faisceau de flèches, qui symbolisaient l'union des époux royaux, et l'écusson chargé des armoiries de leurs royaumes, porté par un aigle nimbé, l'aigle de saint Jean l'Évangéliste pour lequel la reine Isabelle professait une particulière dévotion.

Les constructions les plus importantes de Ferdinand et d'Isabelle furent des chapelles royales à une seule nef, avec des tribunes pour les religieux des monastères auxquels ces chapelles étaient attenantes. Les plus grandes, San Juan de los Reyes, à Tolède, et la Capilla Real de Grenade furent successivement destinées à recevoir les tombeaux des deux époux. L'architecte du premier de ces édifices fut un Juan Guas ; celui du second, Enrique de Egas, le fils d'Anequin. Après les sculpteurs allemands et flamands déjà établis en Castille, l'orfèvre Enrique de Arfe (Harfe, « la Harpe ») venu de Flandre, avec Philippe le Beau, probablement en 1506, exécute pour León, Sahagún, Cordoue et Tolède ces custodias monumentales, imitées des ostensoirs allemands et pareilles à des clochers flamands et qui furent dorées avec l'or de l'Amérique. En Castille des grilles monumentales commencent vers 1500 à barrer l'entrée des chapelles et même de la Capilla Mayor. Le modèle de ces grilles où les arabesques gothiques se combinent avec des motifs héraldiques et des silhouettes d'animaux volants, d'un goût tout espagnol, paraît avoir été donné par un Français, Juan Francés, qui fut « Maestre Mayor », à Tolède et dont les œuvres signées sont restées intactes dans la cathédrale de Burgo de Osma et dans la cathédrale d'Ávila. Des sculpteurs de pierre et d'albâtre s'étaient formés en travaillant avec les maîtres venus de Flandre et d'Allemagne. Les chapelles de famille se remplissent de tombeaux très riches, et de formes les plus diverses, où les défunts sont tantôt gisants, tantôt agenouillés.

Influences multiples et mêlées dans la sculpture. — Tandis qu'une sculpture castillane se dégageait ainsi de la sculpture germanique, l'art mudéjar restait vivant et florissant à la cour même des rois qui prirent Grenade et expulsèrent les juifs. L'art mauresque se combine de la façon la plus fantaisiste et la plus brillante avec l'art gothique dans les galeries et les plafonds des appartements royaux de l'Aljafería de Saragosse, dans la décoration féerique du palais du duc de l'Infantado, à Guadalajara, malheureusement détruit en grande partie ainsi que la collégiale et le palais archiépiscopal d'Alcalá de

Henares. Les grandes chapelles funéraires de plan octogonal, comme la chapelle du Connétable, à Burgos, le cimborio de la Seo de Saragosse, œuvre d'Enrique Egas, ont des voûtes dont les nervures s'entrecroisent pour dessiner des étoiles de tracé musulman. Le principe même de la décoration musulmane, qui répète ses motifs à l'infini, est appliqué par Juan Guas, dans le chœur de San Juan de los Reyes. La façade de la collégiale d'Aranda de Duero, un peu plus tard celle de la cathédrale de Salamanque sont décorées suivant les mêmes principes qui se retrouvent encore dans la décoration des façades de palais comme celui de Guadalajara, la «maison des Coquilles» (Las Conchas), à Salamanque, ou le séminaire de Baeza, en Andalousie. La «chapelle dorée», fondée en 1524 dans la cathédrale neuve de Salamanque, est encore, avec sa polychromie et ses faïences précieuses, un joyau d'art gothique brillant d'une richesse orientale.

Rien n'est plus espagnol que ce style opulent et bizarre, combinaison imprévue d'art germanique et d'art musulman, que l'on peut appeler le style isabélin. Il a été imité en Portugal sous le règne de Manuel le Fortuné et sous le nom d'art manuélin.

Vers une nouvelle sculpture : Gil de Siloé, Diego de Siloé. — Gil de Siloé était originaire d'Anvers mais sa présence est signalée en Castille à partir de 1486. Ses chefs-d'œuvre sont rassemblés à la chartreuse de Miraflores près de Burgos où il sculpta un retable dans un goût absolument nouveau, dans lequel il remplace la répartition en rectangles étagés par une composition en cercles qui s'enchaînent à l'infini. Sur la prédelle en deux registres se dresse une grande roue décorée d'anges flanqués de quatre cercles contenant les Évangélistes, et d'autres cercles avec les instruments de la Passion. Le Crucifié, entouré de la Vierge et de saint Jean, se détache sur cet extraordinaire fond coloré d'une richesse jamais égalée. L'artiste a placé au pied de la croix un dispositif giratoire avec des scènes qui changent selon les fêtes de l'année. La polychromie fut exécutée avec la collaboration de Diego de la Cruz. De somptueux tombeaux sculptés par Siloé entourent cette œuvre qui représente sans doute l'aboutissement le plus audacieux de la sculpture gothique flamboyante. Sur un socle en forme d'étoile à huit branches reposent les gisants de Jean II et d'Isabelle de Portugal, parents d'Isabelle la Catholique. Sur un mur latéral se dresse la statue orante de l'infant Alfonso, mort prématurément. Ces tombeaux en albâtre révèlent la minutie et le goût de la perfection que Siloé apporte dans l'exécution pour servir sa géniale inspiration. Le style de Siloé exerce une profonde influence sur la sculpture espagnole ; il se fait sentir dans la fameuse façade du collège de San Gregorio à Valladolid et dans la façade de l'église San Pablo, de la même ville, comme dans les sculptures de l'arrière-chœur de la cathédrale de Palencia.

Un autre sculpteur, Philippe Biguerny, surnommé Philippe de Bourgogne, travaille à la chapelle royale de Grenade (1533) et exécute la chapelle du Connétable à la cathédrale de Burgos en collaboration avec le sculpteur-architecte, Diego de Siloé (fils de Gil), qui avait été, en Italie, en contact avec un élève de Michel-Ange, Ordoñez. Ses sculptures sur bois pour les stalles de l'abbaye bénédictine de Burgos sont aujourd'hui la gloire du musée national de Sculpture de Valladolid où elles constituent une véritable somme de la statuaire impétueuse engendrée en Espagne par l'héritage de Michel-Ange.

Alonso Berruguete. — Le saint Jean-Baptiste de Diego de Siloé servit de modèle à plusieurs des œuvres les plus significatives d'Alonso Berruguete, fils du peintre Pedro Berruguete. Alonso vécut, comme son père, en Italie où il eut comme maître Michel-Ange lui-même. De retour en Espagne, il apporta une science et une virtuosité que nul ne pouvait égaler. Son art passionné qui dépasse sans cesse l'anatomie, dont il est parfaitement maître, s'imposa contre le goût de la Cour et du public. Gonflé de force, d'une brutalité qui n'exclut pas la tendresse, il représente une création expressive parfaitement originale. Dans sa première œuvre importante, le retable de San Benito el Real à Valladolid, il n'y a pas moins de trente sculptures polychromes (aujourd'hui au musée de Valladolid), dont les plus célèbres sont les statues d'Abraham sacrifiant Isaac, saint Christophe, saint Jérôme, saint Sébastien. L'artiste représente les personnages dans une tension, un élan, un combat intérieur, par des formes torturées, étirées, vibrantes.

A la cathédrale de Tolède, il commence avec Biguerny qui achèvera l'œuvre, les sculptures du chœur qui comportent un groupe en albâtre figurant la Transfiguration, trente-six bas-reliefs en noyer pour les stalles, trente-quatre médaillons en albâtre. Les figures qui peuplent ces bas-reliefs constituent un véritable répertoire de types psychologiques et d'attitudes dynamiques qui ne sont pas sans évoquer les créations contemporaines du Greco.

Les commencements de la Renaissance. Les Italiens en Espagne. —

Une avant-garde de sculpteurs italiens se disperse à travers la péninsule au commencement du XVIe s., après que d'autres venaient de suivre Charles VIII en France. Quelques-uns de ces voyageurs sont des Florentins, comme Domenico Fancelli de Settignano, qui sculpte après 1504 le tombeau de l'infant Juan, à San Tomás d'Ávila, et qui commence, tout au moins, le tombeau des Rois Catholiques à Grenade. Le souvenir des tombeaux romains du XVe s. est manifeste dans son œuvre, ainsi que dans le tombeau de l'archevêque Diego de Mendoza (1509), dans la cathédrale de Séville, par le Florentin Michele, et dans le monument du cardinal Pedro de Mendoza (cathédrale de Tolède, vers 1500) qui paraît être du Florentin Andrea.

Gênes, qui était le port du marbre, a contribué plus que tout autre à l'expansion de la Renaissance, en exportant ses marbres tout sculptés et ses marbriers. Dès 1510, des Lombards décorent, pour un Mendoza, le château de Lacalahorra, près de Guadix, en pleine Andalousie mauresque. Les ateliers génois qui avaient travaillé pour la France au temps de Louis XII exécutent, sous le règne de Charles Quint, de somptueux monuments funéraires pour Tolède et pour Séville. Ces marbres sont envoyés par mer, comme le tombeau du vice-roi Ramón de Cardona, sculpté à Naples en 1525 par Giovanni de Nola et qui se trouve à Bellpuig, en Catalogne. Séville s'enrichit, pendant tout le XVe s., de colonnes et de portes de marbre commandées à Gênes. Elle avait donné l'hospitalité à deux Florentins qui n'étaient pas, comme Michele, des marbriers. En 1503, Nicoluso de Pise apporte à la ville des azulejos la polychromie des Della Robbia, que Girolamo Della Robbia lui-même devait faire connaître peu de temps après à Paris ; les dessins qu'il exécute sont donnés par Pedro Millán. Un Florentin errant, le sculpteur Torrigiani, qui vint à Séville après être passé par Londres, modèle des statues de terre cuite analogues à celles de Guido Mazzoni qui avait suivi Charles VIII en France. Son saint Jérôme (musée de Séville) et sa Vierge assise, œuvres d'un réalisme à la fois savant et populaire, devaient servir de modèle à de grands sculpteurs espagnols, mais longtemps après que le sculpteur florentin, poursuivi, dit-on, par l'Inquisition, fut mort en prison (1522).

L'italianisation de la sculpture. — Les progrès de l'italianisme, si rapides dans le groupe des sculpteurs d'origine étrangère établis en Castille, comme Enrique Egas, Francisco de Cologne et surtout Philippe Biguerny, de Langres, se manifestent de la manière la plus saisissante en Aragon, dans la série des retables monumentaux sculptés par Damián Forment, un Valencien dont le nom devrait avoir une célébrité européenne. A Saragosse, où il va s'établir, il rencontre Juan Morlanes et son fils Diego qui élevèrent de 1505 à 1519, le portail de Santa Engracia dans un style lombard pur de toute réminiscence gothique mais beaucoup plus sec que le style du Florentin Moreto. Forment lui-même relève, de 1505 à 1511, le grand retable d'albâtre de la basilique du Pilar, directement imité du retable germanique de la Seo ; mais les types, les draperies, toutes les formes plastiques doivent à l'Italie une part de leur ampleur et de leur beauté, vivifiée par des détails réalistes. Dans le retable de Huesca, commencé en 1520, l'architecture n'a pas changé ; mais les formes se sont amollies dans une élégance plus conventionnelle. Une transformation complète du cadre d'architecture s'accomplit dans le retable de bois de Santo Domingo de la Calzada ; elle s'achève, peut-être sous l'influence du Florentin Moreto, dans le retable de Barbastro, dont le soubassement d'albâtre, seul terminé à la mort de Forment, vers 1543, est une forte et magnifique construction italo-antique, animée par une foule d'êtres mythologiques et de demi-dieux nus. En Castille, deux contemporains de Forment se montrent, dès leurs premières œuvres, entièrement maîtres de la «Obra a lo romano». Dominico Fancelli a été, à Ávila, le maître ou le modèle de Vasco de la Zarza. Bartolomé Ordóñez, de Burgos, avait dû être formé, lui aussi, au style nouveau dans sa patrie et aux côtés de Biguerny ; mais c'est à Carrare qu'il exécute, en 1524, le mausolée dit du cardinal Cisneros, destiné à Alcalá de Henares et dont Fancelli avait laissé le dessin à sa mort, en 1517, puis, deux ans plus tard, le tombeau des parents de Charles Quint, réplique enrichie du tombeau du cardinal souverain. Dans la chapelle Royale de Grenade où elle a pris place, l'œuvre d'Ordóñez apparaît plus chargée et plus boursouflée que le tombeau florentin des Rois Catholiques dont elle conserve l'ordonnance : le sculpteur de Burgos s'était rencontré à Carrare avec des disciples de Michel-Ange.

Le «style Charles Quint». — A côté des premiers maîtres espagnols qui ont su trouver dans la sculpture italienne le style et la vie d'un art nouveau, nombre de praticiens n'ont vu dans la Renaissance qu'un répertoire d'arabesques qui remplaça bientôt, dans la pierre ou l'albâtre, les grandes décorations composées de motifs gothiques, comme celles-ci avaient remplacé les revêtements de dessin mauresque.

Les menus reliefs qui semblent parfois copiés de la chartreuse de Pavie couvrent des façades entières : «casas consistoriales» de Séville, construites à partir de 1527 par Diego de Riaño ; couvent de San Marcos à León, commencé en 1537 par Orozco, continué par Juan de Badajoz ; façade de l'Université de Salamanque.

Le décor lombard déploie ses fantaisies à l'intérieur des églises, où les entrées des chapelles, comme les niches funéraires, prennent une allure de portes triomphales. A Tolède, Alonso de Covarrubias bâtit dans le nouveau style la somptueuse chapelle des Rois Nouveaux, au chevet de la cathédrale. Dans la cathédrale de Sigüenza, dans l'église du Parral, près de Ségovie, à León, où le trascoro de la cathédrale contraste si fortement avec la décoration toute gothique des stalles, à Cuenca, dans la vieille cathédrale, avec la grande porte romano-lombarde de Jamete, retables et monuments funéraires semblent célébrer à l'envi la victoire de la Renaissance. Les sculpteurs de stalles adoptent la décoration italienne ; Bartolomé Fernández de Ségovie l'emploie en 1526 pour encadrer les reliefs encore tout gothiques des stalles du Parral (près de Ségovie). Les arabesques italiennes se mêlent aux motifs héraldiques et aux découpures flamboyantes dans des grilles dont la plus riche est peut-être celle qui entoure le tombeau plus ancien de l'archevêque Diego de Anaya, dans une chapelle du cloître de la cathédrale de Salamanque. Les motifs gothiques disparaissent complètement des grilles exécutées par fray Francisco de Salamanque dans la cathédrale de Séville (1518-1531) et par Bartolomé de Jaén, en 1518, dans la chapelle Royale de Grenade. Des figurines et des scènes entières compliquent de leurs silhouettes la dentelle de fer. Un maître novateur, Cristóbal de Andino, exécute en 1523 la grille de la chapelle du Connétable, dans la cathédrale de Burgos, et en fait une architecture de proportions presque classiques.

Le style plateresque. — Les motifs italiens se superposent aux dessins gothiques jusque dans les monuments de l'orfèvrerie. Ils triomphent dans la custode de Medina de Rioseco, œuvre d'Antonio de Arfe, le fils d'Enrique. Les érudits espagnols ont donné à tout ce style décoratif d'origine lombarde, dont les détails semblent ciselés dans la pierre comme dans l'argent, le nom de style d'orfèvrerie, plateresco. Il faut remarquer que les orfèvres n'ont fait que l'emprunter aux marbriers.

Ce style Charles Quint « ressemble fort au style français d'origine lombarde que nous appelons style François Ier ». Des architectes et des sculpteurs français sont venus travailler en Espagne pendant la première moitié du XVIe s. ; leurs œuvres, très dispersées (portail de Santa María de Calayud, par Étienne Obray et Juan de Talavera, 1523-1528 ; retable de Teruel, par Gabriel Joli, avant 1538 ; collège d'Oñate, dans les Provinces basques, par Pierre Picard), ne diffèrent pas des œuvres espagnoles les plus savantes.

L'architecture de la Renaissance en Espagne. — En Espagne, comme en France, l'architecture gothique conserve le système compliqué de ses voûtes et de ses piliers très avant dans le XVIe s. Gil de Hontañón s'inspire de la cathédrale de Séville en construisant la cathédrale neuve de Salamanque ; son fils Rodrigo ajoute au plan de celle-ci un déambulatoire lorsqu'il bâtit la cathédrale qui couronne le rocher de Ségovie.

Parmi les architectes qui ont travaillé à la cathédrale de Plasencia figure Diego de Siloé dont on connaît déjà l'activité de sculpteur. Il fut le grand novateur dans l'architecture espagnole de la Renaissance et fit pénétrer le premier dans l'organisme de la construction les formes italiennes, qui n'étaient encore qu'un vêtement de mode nouvelle plaqué sur l'architecture gothique.

En construisant le chœur de la cathédrale de Grenade, le maître castillan, qui avait sans doute fait le voyage d'Italie, se souvenait de la coupole de Brunelleschi et du grand projet de Bramante. La cathédrale de Grenade est imitée à Málaga et à Jaén. La coupole et la voûte à caissons tendent à remplacer partout les voûtes d'ogives mais la décoration lombarde ne recule que lentement devant les progrès de l'architecture classique : les caissons de la voûte qui couvre la sacristie monumentale de la cathédrale de Sigüenza logent une assemblée de trois cents « têtes d'expression ».

Une décoration non moins abondante semble sortir de la pierre des palais, entre les colonnes : cette richesse reste précieuse dans des édifices de proportions réduites, comme l'hôtel de ville de Jerez, œuvre d'Andrés de Ribera. Un maître plus complètement italianisé que Diego de Siloé, Pedro Machuca, a commencé dès 1526 le palais que Charles Quint voulut se faire bâtir sur le rocher de l'Alhambra. L'une des entrées monumentales a été ornée encore de bas-reliefs génois, œuvres d'un Niccola da Corte ; la cour circulaire, destinée aux fêtes et aux joutes, et qui est la première des « plazas de Toros », qui vont devenir le cœur véritable de toute cité espagnole, a l'ordonnance sévère et pure d'un dessin bramantesque.

L'étude des ordres et de leurs proportions occupe, pendant la seconde moitié du XVIe s., les orfèvres aussi bien que les architectes. Les custodes d'Ávila, de Séville (1580-1587), de Valladolid, par Juan de Arfe, auxquelles on peut rattacher la custode de Palencia, œuvre de Juan de Benavente, conservent, sous leur petite coupole de templetto à plusieurs étages, la richesse et la vie de la Renaissance espagnole. A la dernière génération des Arfe correspondent, dans l'art du fer, le maître Francisco de Villalpando et l'école tolédane qui ont élevé dans les cathédrales des deux Castilles de hautes grilles d'une ordonnance sévère et magnifique.

Les disciples espagnols de Michel-Ange.

— Au milieu de cet art opulent, Juan Bautista de Tolède et l'Asturien Juan de Herrera apportèrent de Rome, où Michel-Ange régnait, après Bramante et Raphaël, une architecture puissante, austère et nue. De ces deux architectes, le premier commença et le second acheva l'immense Escorial, palais, couvent et sépulcre. L'église du monastère, dans laquelle triomphe l'ordre colossal, réalise le projet de Michel-Ange pour Saint-Pierre de Rome, en le simplifiant jusqu'à l'abstraction : elle a été imitée par Juan de Herrera et par ses nombreux disciples dans des églises cyclopéennes, comme la cathédrale de Valladolid. Herrera, qui exerça dans toute l'Espagne son autorité de *Maestro de las Obras Reales*, a laissé son nom à ce style de mathématicien. L'art officiel de Philippe II, qui se continue sous « les Philippe », contraste même avec les œuvres les plus classiques des architectes de Charles Quint, dans les monuments qui ont été achevés par Herrera, comme l'Alcázar de Tolède.

La domination de Michel-Ange s'était imposée aux sculpteurs dès le commencement du XVIe s. Avant d'atteindre Ordóñez à Carrare, elle s'était emparée d'Alonso Berruguete, le fils du peintre Pedro. Ses œuvres authentiques sont en Castille. Dans son pays natal, le sculpteur retrouve son accent de réalisme, même pour le travail du marbre. Dans le travail du bois, dédaigné par les Italiens de la Renaissance, Berruguete mêle les bizarreries du style *monstruoso* aux souvenirs déformés de Michel-Ange. C'est sans doute Berruguete qui a initié à Michel-Ange Francisco Giralte, le décorateur de la capilla del Obispo, près de San Andrés, à Madrid, dont le retable polychrome et les tombeaux opulents forment un ensemble unique dans la capitale et trop peu connu.

Le plus vigoureux des disciples de Berruguete fut un Français que les Castillans appellent Juan de Juni et qu'il faudrait sans doute nommer Jean de Joigny. A Valladolid, où il s'établit, ses œuvres sont encore nombreuses dans les églises et au musée. Il n'a sculpté que le bois et l'a paré de couleurs somptueuses appliquées sur une première couche d'or.

Gaspar Becerra, de Baeza, alla à Rome trente ans après que Berruguete fut revenu de Florence ; il y trouva encore Michel-Ange. Il devint sculpteur de Philippe II et entreprit de grands ouvrages dont le plus important est le retable de la cathédrale d'Astorga ; ses œuvres colossales sont revêtues de la plus magnifique polychromie.

Les Leoni. — Charles Quint, vers la fin de son règne, eut pour sculpteur en titre un Italien, Leone Leoni d'Arezzo, plus proche de Cellini que de Michel-Ange. Le fils de Leone, Pompeo Leoni, alla à Madrid en 1556 et devint le sculpteur du fils de Charles Quint. Il continua la série des fiers portraits de son père dans une suite solennelle de portraits funéraires. La grande œuvre du sculpteur italien de Philippe II est dans l'église de l'Escorial ; il a peuplé de statues de bronze doré les gigantesques architectures de marbres polychromes dessinées par Herrera pour le retable et pour les portiques des mausolées au milieu desquels Charles Quint et Philippe II sont agenouillés avec leurs familles. Juan de Arfe, l'orfèvre sculpteur, travailla à ces mausolées ; il a lui-même exécuté après 1600, pour la famille des ducs de Lerma, des statues funéraires de bronze doré qui ont été longtemps attribuées à Pompeo Leoni. Les mausolées de l'Escorial ont été imités par Giraldo de Merlo à Guadalupe, vers 1600, et dans le grand couvent de Monforte de Galice dont l'architecte était un disciple d'Herrera.

Romanisme et maniérisme. — Si le message de Léonard de Vinci est transmis en Espagne par les peintres valenciens, l'influence de Raphaël et du Corrège se fait sentir également, en particulier parmi les peintres de l'école de Séville. Pablo de Céspedes avait travaillé vingt ans en Italie avant de regagner Cordoue, sa ville natale. Poète, érudit, architecte, il exerce un grand ascendant sur les jeunes artistes comme Pacheco. Luis de Vargas se souvient du Corrège dans le tableau célèbre de la cathédrale de Séville dit *la Gamba,* en raison du dessin académique particulièrement réussi d'une des jambes d'Adam. Dans cette école de Séville, une note plus vigoureuse est donnée par le Flamand Pieter de Kampeneer, devenu Pedro de Campaña, auteur de portraits remarquables. Pecheco est demeuré dans l'histoire comme le maître et le beau-père de Vélasquez. Son livre, *l'Art de la peinture, son unité et sa grandeur,* contient à côté d'exposés théoriques, de précieuses biographies d'artistes où il évoque, par exemple, un entretien avec le Greco.

Le maniérisme représente une tentative d'humanisation du classicisme par l'introduction du sentiment. Le peintre qui l'incarne le mieux est Luis de Morales qui tente de peindre l'effusion mystique et l'extase, d'une façon un peu conventionnelle mais qui répond à la piété populaire et qui sait toucher le cœur de ses contemporains. Sa célébrité lui valut même le surnom de « el Divino ».

Charles Quint, qui avait connu le Titien et posé pour lui, ne réussit pas à l'attirer en Espagne. Philippe II n'y parvint pas davantage, malgré la longue correspondance qu'il entretint avec lui. Mais les deux monarques acquirent de très importantes œuvres du Titien, du Tintoret et de Véronèse, qui constituent, aujourd'hui au Prado, la plus riche collection vénitienne que l'on puisse admirer hors de Venise. Philippe II fut sûrement le plus grand collectionneur de son siècle. Ce monarque taciturne sut reconnaître les œuvres les plus étranges, comme celles de Jérôme Bosch. Il fit venir de nombreuses œuvres flamandes, notamment le plus grand tableau de Rogier Van der Weyden, *la Déposition.* Il s'attacha, comme portraitiste, le Hollandais Antonis Mor, devenu Antonio Moro, digne successeur de Holbein. Moro forma toute une école de portraitistes de Cour, dont le meilleur Sánchez Coello, courtisan accompli, vivant dans l'intimité des princes et des grands, sut être le témoin d'une société. Ses portraits allient la précision, la finesse, voire une certaine préciosité à une prénétration aiguë. C'est lui qui décrit le premier les naines difformes à côté des infantes. Son portrait le plus fameux, *la Princesse d'Eboli,* représente une femme ravissante, un bandeau noir sur l'œil. Son œuvre est poursuivie par Pantoja de la Cruz et Bartolomé González.

Le règne de Philippe II. — La cour espagnole qui s'est fixée dans les palais de Madrid et de l'Escorial devient un monde complet, admirablement organisé et clos, qui absorbe l'essentiel des activités du pays et matérialise avec un sombre éclat les caractères de tout un peuple. Le roi, qui a conçu lui-même le cadre symbolique, austère et grandiose de l'Escorial, extraordinaire fusion entre le style classique monumental et le paysage le plus spécifiquement espagnol, cherche à donner à cette architecture le décor artistique qu'elle mérite ; mais il est malheureux avec les peintres. Les grands maîtres vénitiens qu'il appelle se détournent. Il hésite à employer le Greco qui serait leur successeur désigné et qui exécute, comme première épreuve, l'admirable composition du *Martyre de saint-Maurice,* il congédie également *Morales* et s'attache un peintre de mérite Juan Fernández de Navarette, dit le Muet dont le naturalisme grave et sombre traduit un goût encore rare pour les détails de la réalité. Mais ce précurseur qui dépouille les sujets religieux de leur emphase meurt prématurément à Tolède, en 1579. Le roi fait appel alors à toute une équipe d'artistes italiens dont le meilleur, Luca Cambiaso, annonce lui aussi le luminisme. Zuccaro, Pellegrino Tibaldi et Romulo Cincinati sont ceux qui obtiennent les meilleures commandes pour d'énormes compositions religieuses, conventionnelles et académiques. Pourtant, à l'écart de la cour, apparaît alors en Espagne le plus extraordinaire météore qui ait traversé le monde de l'art, le Greco, Domenikos Theotokopoulos. Grâce à lui, l'art espagnol, au lieu de rester enfoncé dans des formes provinciales, ou asservi par un académisme impersonnel, se trouve mis au contact des expériences les plus valables tentées en Italie, et rattaché aussi bien à des origines orientales qu'à l'effort raisonné de l'humanisme occidental.

Le Greco. — Les problèmes de l'expression moderne se posent déjà dans l'œuvre du Greco. Il a traversé la glorieuse aventure vénitienne, comme il a retenu l'essentiel du maniérisme romain. Né au foyer de Byzance, il sait le bienfait des systèmes cohérents de pensée, et aussi le péril des formules auxquelles il a su échapper. Poussé par la conscience orgueilleuse de son génie, il vivifie les leçons extérieures par ses propres expériences. Son art est ainsi la somme des découvertes contemporaines. Il a le sens de la communauté des cultures et de la permanence des valeurs. Architecte, il croit à la nécessité d'un ordre supérieur, et son œuvre se relie sans effort aux vastes représentations cosmiques du Moyen Age, réalisant un prodigieux mariage du ciel et de la terre, montrant une humanité aspirée par l'au-delà, anxieuse de son devenir. Ses figures ne sont jamais de froides entités. Elles empruntent au monde de la chair jusqu'aux couleurs de la décomposition, mais elles ne sont liées à aucune vraisemblance matérielle, il y a unité fondamentale entre les substances et les structures du réel et du surnaturel.

L'Enterrement du comte d'Orgaz demeure le plus parfait exemple de cette vision simultanée des deux plans de la création. Leur fusion s'affirme par la présence naturelle au milieu du divin, des apparitions éblouissantes des saints, et dans les portraits, par l'inspiration des visages tournés vers le ciel. Pourtant jusque dans ses créations les plus subjectives, le Greco garde une souveraine objectivité. A mesure que ses formes s'exaltent davantage, il prend des références plus précises dans le monde qui l'entoure. La période de ses grands retables est aussi celle où il multiplie les portraits. Ses visages, dont l'expression réside parfois en quelques touches essentielles, nous paraissent frémissants de vie, mais il faut bien y reconnaître autre chose que la traduction d'une apparence visuelle. Beaucoup sont purement imaginaires, des visions de l'âme appliquées à des personnages disparus dont le peintre n'a pu garder qu'un lointain souvenir, ou qu'il n'a connus qu'à travers des images sculptées. Bien qu'utilisant de larges plans uniformes, il ne leur donne jamais l'aspect vernissé, glacé et mort du maniérisme. Il les considère plutôt comme des supports souvent exécutés à la détrempe, sur lesquels il pose ensuite, à l'huile, des hachures ou des touches de tons purs destinés à rendre la vibration, le mouvement, la vie. Il est ainsi l'un des plus grands précurseurs de la peinture moderne. A la même époque, Cervantès, dans un chef-d'œuvre de la littérature universelle, commencé en dérision et achevé en épopée, dressait le bilan d'une civilisation. L'œuvre du peintre n'est pas indigne de la comparaison. Sans son apport, les découvertes de Vélasquez né l'année même de la publication de *Don Quichotte* et véritable révélateur de la peinture pure, ne seraient pas concevables, ni beaucoup plus tard celles de l'impressionnisme.

Le retour à la réalité : Ribalta et Ribera. — C'est le mérite des peintres valenciens d'avoir ramené la peinture espagnole dans la voie de la réalité. Francisco Ribalta né à Castellón, formé dans le milieu des peintres de l'Escorial et élève de Navarrete, rejoint les recherches du caravagisme en s'appuyant sur des modèles typiquement espagnols. Sa carrière se déroule à l'écart de la cour, à Valence, où il exécute une série de grandes compositions religieuses (collège du Patriarcat, chartreuse de Portacoeli). Dans ses cycles de saints qui se distinguent des apôtres peints par le Greco, il pratique un naturalisme scrupuleux, image fidèle de la vie monastique intense de son pays. Ses thèmes qui seront repris par Zurbarán sont cependant traités avec une spiritualité lumineuse et dans un mouvement qui leur donne une valeur symbolique.

Son disciple, José de Ribera qui, venu à Naples, devait y rester toute sa vie (il y fut connu en Italie sous le nom Lo Spanoletto) devait fixer pour toute l'Espagne, où ses œuvres furent largement répandues, les traits d'un naturalisme parfois outrancier qui se rattache directement à Caravage et à des modèles italiens. Son œuvre, qui a parfois souffert de la répétition et des répliques de ses nombreux élèves, conserve une grande force et une technique très sûre.

Il dessine avec une précision infaillible les accidents du visage, les rides, les plis et jusqu'au grain de la peau sous une lumière crue où tous les détails se révèlent, mais les fonds et les masses sombres sont généralement noircis, accentuant les contrastes. Il se plaît à décrire les scènes de tortures, de martyres, il a un goût secret pour les curiosités anormales et les excès de la nature (*la Barbuda,* de l'hôpital Tavera de Tolède, *le Pied-Bot,* du Louvre) mais sa peinture est admirable dans les détails de paysages, dans les natures mortes, lorsqu'il échappe, en fait, aux démonstrations un peu forcées qu'il affectionne.

Il existe toute une tradition espagnole de thèmes rustiques et de description des objets qui coïncide avec les œuvres réalisées en Italie dans ce domaine. Un autre Valencien, Pedro Orrente, élève du Greco, a peint des scènes bucoliques dans le genre de *Bassano* et surtout le frère Sánchez Cotán, lui aussi formé à Tolède, puis venu à Grenade, a laissé, outre de grandes peintures religieuses (chartreuse du Paular), d'admirables bodegones où il peint les fruits et les légumes les plus humbles avec une grande noblesse.

L'école de Séville : Zurbarán, Murillo. — C'est à Séville que cette prise de conscience des vertus du monde réel allait produire les œuvres les plus remarquables avec l'apparition de quelques très grands artistes : Zurbarán, Murillo, Vélasquez. Enrichie par le commerce des Indes, la capitale de l'Andalousie était depuis un demi-siècle le centre d'un marché d'œuvres d'art. Les commandes d'œuvres religieuses pour les églises du Nouveau Monde affluaient. Les rapports avec les artistes des Flandres et de Hollande, d'Allemagne et d'Italie se multipliaient. Le peintre Juan de las Roelas, travaillant dans le même esprit que Ribalta, avait contribué à libérer l'école de Séville du maniérisme et de l'académisme italiens dont Francisco Pacheco demeurait le plus brillant représentant. Un élève de las Roelas, Francisco Herrera, dont les énormes toiles sont conservées au musée de Séville et au Louvre, accentue la carrure des personnages, et fait triompher avec une certaine verve d'improvisation un réalisme expressif et populaire. Ses violences restent cependant d'une faible portée, et le réalisme espagnol va servir de support à un art qui précisément va transcender la réalité par la construction mentale et par la magie colorée.

Zurbarán est le peintre de la méditation spirituelle. Sa formation achevée dans un modeste atelier de Séville, il se retire dans une petite ville d'Estrémadure, son pays natal, qu'il refuse de quitter malgré les commandes flatteuses qui suivent ses premiers succès (la chapelle de San Pedro et la cathédrale de Séville). Il exécute, pour le couvent dominicain de San Pablo, les admirables peintures qui subsistent à l'église de la Magdalena à Séville ; pour le couvent de la Merced, *les Visions de saint Pierre Nolasque.* Il peint encore les cinq scènes de la vie de saint Bonaventure (Louvre, musée de Dresde), l'ensemble de la chartreuse de las Cuevas avec le fameux *Repas de saint Hugues* (musée de Séville) ; il réalise d'admirables portraits des frères de la Merci qui sont à l'académie de San Fernando à Madrid. Sa réputation gagne la cour où il est chargé d'exécuter pour le palais du Retiro, en cours de restauration, une série de peintures sur les Travaux d'Hercule. Mais ce thème profane ne lui convient guère, et il retourne vite à son pays et à sa vocation. En 1633, il entreprend son plus vaste ensemble, celui de la chartreuse de Jerez dont proviennent les tableaux du musée de Grenoble et ceux de Cadix. Il peint le cycle du monastère de Guadalupe resté en place jusqu'à ce jour. Pour les scènes placées à contre-jour il fait appel à de violents contrastes de parties vivement illuminées se détachant sur un fond sombre, créant un monde troué d'éclairs, qui a les caractères d'une vision. Cette œuvre gigantesque est accomplie en une douzaine d'années de 1628 à 1640, sans aucune faiblesse. A partir de 1640, Zurbarán subit une crise profonde, menant une vie obscure et bientôt difficile, malgré l'amitié fidèle de Vélasquez. Il disparaît en 1664.

Son œuvre d'une remarquable unité est celle d'un précurseur. Pour lui, le sujet importe moins que le rapport qui est créé entre les formes. Les personnages sont isolés dans leurs passions et leurs croyances, les détails anecdotiques abolis, les formes simplifiées. C'est pourquoi Zurbarán aime les longues robes monastiques, les masses raides de blancheur sur lesquelles alternent les plans de lumière et d'ombre et jouent les reflets colorés. Il fait intervenir des touches vives, et affectionne les couleurs claires, les jaunes, les roses et les bleus, qui conviennent aux évocations célestes, mais aussi les couleurs soutenues qui s'exaltent au voisinage du blanc. Souvent, son œuvre s'ouvre sur des architectures dépouillées, faites de perspectives et d'angles, baignant dans une lumière de rêve qui sont comme la projection du monde mental du personnage représenté.

Autres peintres sévillans. — Venus tenter fortune à Madrid, ils regagnèrent vite leurs provinces. Alonso Cano, après avoir étudié dans les collections royales les œuvres de Rubens et de Rembrandt, vint faire carrière à Grenade, sa ville natale où il exécuta à la cathédrale une série de grandes peintures *(les Joies de Marie)*, qui l'apparentent au style des Bolonais et de Guido Reni.

A Valence, Espinosa est, lui aussi, le peintre des moines et de la vie religieuse, mais sa description reste essentiellement extérieure, sa composition chargée d'ornementation. En Aragon, Jusepe Martínez, auteur d'un livre sur les « pratiques du très noble art de la peinture », apporte le message de Ribera à Saragosse, où une importante école se développe avec Antonio Martínez et Pablo Rabiella. Mais le peintre qui incarne le mieux le réalisme espagnol — avant d'atteindre, comme nous le verrons, les sommets de la peinture pure — c'est Vélasquez pendant sa courte période de formation à Séville. C'est pendant cette période sévillane — où il est l'élève de Pacheco et dont il épouse la fille — qu'il affirme une surprenante maîtrise avec ses premières descriptions des types populaires sévillans *(le Porteur d'eau, l'Omelette)*. Les personnages représentés dans leur fonction sont entourés d'objets, d'accessoires peints avec une extraordinaire saveur et cependant ramenés à des formes élémentaires, ovoïdes, s'inscrivant dans une rigoureuse composition elliptique. Il se rapproche ainsi de Zurbarán dont il est, à un an près, le contemporain et qui fut toujours son ami.

La seconde génération des peintres sévillans. — Elle montre le développement de ces nouvelles tendances sous l'influence flamande de Rubens dont le voyage en Espagne et l'amitié avec Vélasquez avaient suscité l'attention. Citons Antonio del Castillo dont les meilleures toiles sont au musée de Cordoue, Juan Valdés Leal, peintre de l'horreur et de la décomposition dans ses deux tableaux connus de l'église de la Caridad de Séville, fondée par Miguel de Manara — Don Juan — pour manifester son repentir. Esteban Murillo connut une gloire immense de son vivant et au cours du XIXe s., avant de tomber aujourd'hui dans un discrédit immérité, si l'on distingue, dans son œuvre alourdie par les images de piété mièvre et sentimentale, les œuvres d'un réalisme vigoureux et animées d'un vrai sentiment religieux. Le meilleur Murillo se trouve aux extrêmes de sa carrière, à ses débuts lorsqu'il peint pour les franciscains un ensemble de toiles, parmi lesquelles, *la Cuisine des anges,* qui est au Louvre, et dans les scènes tardives du *Fils prodigue,* où il semble se souvenir des peintres du Nord et de Rembrandt. Même dans ses innombrables *Immaculée Conception,* il réussit parfois à trouver un type de mère, enfantine et d'une pureté sereine.

Le réalisme dans la sculpture polychrome. — Les successeurs de Philippe II firent ériger à Madrid des statues équestres fondues à Florence mais dont les modèles avaient été envoyés de Madrid : la statue de Philippe III fut exécutée par Jean de Bologne, d'après un portrait de Pantoja ; pour celle de Philippe IV, commandée à Pietro Tacca, un dessin fut donné par Vélasquez et une maquette par son ami, le sculpteur Montañés.

La sculpture religieuse resta fidèle aux traditions espagnoles pour la matière et la couleur. Le marbre italien est délaissé : les sculpteurs se contentent du bois, destiné à recevoir les tons de chair et les couleurs opulentes de l'«encarnador» et de l'«estofador». Les grands retables, aussi hauts que les églises, sont abandonnés peu à peu pour les groupes de ronde-bosse ou les statues isolées qui descendent des autels dans les jours de fête et vont figurer dans les processions. La vogue des représentations religieuses, les «autos», contribua sans doute à celle des pasos, ces tableaux vivants de bois polychrome que le mouvement des porteurs devait achever d'animer. A Valladolid, où le musée permet de suivre pas à pas les transformations de la sculpture polychrome, Gregorio Fernández abandonne les contorsions par lesquelles Jean de Joigny avait cru imiter les poses héroïques de Michel-Ange. Les statues de la Vierge, tenant sur ses genoux le corps du Christ, ou seule dans sa douleur, sont d'une vérité populaire et d'une émouvante simplicité. Fernández, qui meurt en 1636, laissait des disciples qui travaillèrent jusqu'en Galice : il n'eut pas d'égal dans l'Espagne du Nord. C'est l'Andalousie qui, pendant le XVIIe s., a été l'école la plus féconde en maîtres, dans la sculpture comme dans la peinture : l'un d'eux, Alonso Cano, s'est partagé entre les deux arts. Peut-être la technique du bois polychrome fut-elle apportée de Castille ; mais Séville pouvait offrir aux sculpteurs des modèles de réalisme dans les statues en terre cuite polychrome laissées par Torrigiani, imitées librement par le premier des sculpteurs réalistes de Séville, Juan Martínez Montañés († 1649). Ce grand artiste, que l'on ne peut connaître que dans sa patrie, sculpta pour les confréries pieuses des statues du Christ et de la Vierge dont la plupart furent peintes par Pacheco, le beau-père de Vélasquez. Mais la vérité et la noblesse des attitudes et des formes sont trop souvent dissimulées sous des oripeaux de velours.

Les sculpteurs sévillans contemporains de Montañés lui sont inférieurs : le plus digne d'attention est Pedro Roldán († 1700), qui a eu pour disciple sa propre fille, Luisa Roldán, la Roldana. Alonso Cano, le maître de Grenade, n'a laissé à Madrid, avec ses toiles, qu'une œuvre de sculpteur : le crucifix de Santa Isabel. C'est en Andalousie seulement que l'on peut le connaître, en contemplant des Vierges de gloire ou de douleur, *Purísima* ou *Soledad.* Cano eut en José de Mora un disciple dont les œuvres ont été souvent confondues avec les siennes. Un autre disciple de Cano, Pedro de Mena, cisèle des statuettes d'un réalisme précieux.

La sculpture au XVIIIᵉ s. — La sculpture polychrome devient de plus en plus populaire. Un Napolitain, Francesco Zarcillo, connu en Espagne sous le nom de Salzillo (✝ 1783), qui vient s'établir à Murcie, mêle à la tragédie de la Passion la trivialité des figurines de crèche (les « presepi » napolitains) et les saillies de sa verve endiablée.

La couleur est tout ce qui reste, dans la sculpture, des traditions glorieuses : après avoir résisté à la Renaissance, elle impose sa parure voyante à la décoration baroque, importée d'Italie vers la fin du XVIIᵉ s. Les plus étranges folies des successeurs de Borromini sont dépassées par des architectes sculpteurs comme José de Churriguera (✝ 1723), le plus célèbre représentant d'une famille d'architectes, qui donne son nom en Espagne à un style compliqué et chargé, où la couleur achève de brouiller les formes, en couvrant de ses notes vives les retables.

Vélasquez et l'école de Madrid. — C'est à Madrid que Vélasquez allait accomplir sa destinée. La faveur du roi Philippe IV, jamais démentie, lui assure une carrière au palais où il est appelé aux plus hautes fonctions. En échange il va donner une image qui n'a jamais été égalée de la vie des princes, captée dans le mirage des costumes, des attitudes de représentation, de fête, mais révélant aussi l'intimité mélancolique de ces personnages isolés, écrasés par leurs charges. Toujours, Vélasquez domine son sujet avec une souveraine aisance, et s'affirme plus que le peintre des rois, le roi des peintres. Dans ses œuvres sévillanes, déjà, il magnifiait les thèmes quotidiens en donnant aux personnages épisodiques, aux éléments du décor, aux natures mortes, aux objets, une densité et une valeur particulières. Il garde de cette pratique une façon pénétrante de considérer le modèle, d'interpréter chacun de ses traits en révélant sa plus secrète expression. Mais c'est l'ensemble d'une vie, d'une carrière qu'il représente et jamais le détail d'un visage, fût-il le plus frappant, de même que lorsqu'il peint un costume chatoyant il lui suffit de juxtaposer quelques touches vives et presque informes pour que se dégage une impression de richesse et de merveilleux. La compréhension humaine de Vélasquez, son goût pour les valeurs concrètes, les éléments de la réalité ont longtemps fait croire qu'il était avant tout un œil et que ses plus fameuses créations étaient de simples tranches de vie : la scène des *Fileuses* serait une visite à l'atelier royal de tapisseries ; les *Ménines,* la rencontre, dans les couloirs du palais, d'une petite princesse entourée de ses suivantes ; les Lances, la relation vécue de la reddition de la place forte de Bréda. On croyait qu'il s'était borné d'autre part à transposer les thèmes mythologiques et à vulgariser les dieux de l'Olympe jusqu'à la dérision.

L'art de Vélasquez. — En fait, rien n'est plus sommaire qu'une telle conception, et les travaux des érudits modernes, en particulier de Diego Angulo, ont prouvé pour toutes les œuvres essentielles de Vélasquez la permanence de formes classiques antérieures, combinées et interprétées selon un processus de métamorphose vraiment magique. Vélasquez élabore sa composition à l'aide de références choisies dans les œuvres qu'il a étudiées, depuis l'atelier de Pacheco, en observant le trésor des riches collections royales, en particulier les toiles du Greco, du Titien, de Véronèse qu'il affectionne, en consultant les recueils de gravures et des documents, en voyageant et en visitant les sanctuaires les plus fameux d'Espagne et d'Italie, notamment la Sixtine. Lorsqu'il lui faut représenter un thème, il évoque d'abord quelqu'une des grandes compositions classiques mythologiques, qui l'ont frappé, et c'est appuyé sur ces bases solides qu'il s'abandonne à son génie. Les *Fileuses* sont ainsi une réplique de la voûte de la chapelle Sixtine et les personnages reprennent les poses des figures symboliques de Michel-Ange. Ce recours à des proportions idéales, géométriques, lui permet de donner de la réalité éphémère une représentation durable et profonde. Car la culture de Vélasquez, nourrie des plus hauts exemples, possède un don de vision incomparable, une capacité d'observation d'une remarquable objectivité. Vélasquez est sensible, comme personne avant lui, aux qualités de la matière, à la poésie des couleurs et, le premier, il découvre l'ivresse de la peinture pure. En partant d'une synthèse préalable, il cherche à individualiser le modèle, dans le moindre de ses traits, d'où l'importance des « repentirs » dans sa peinture, rectifiant, parfois à des années de distance, la position d'un bras, d'une jambe ou le pli d'un vêtement. Ses retouches qui, dans cette peinture claire transparaissent avec le temps, donnent l'impression, derrière l'impassibilité où sont figés les personnages, d'un mouvement décomposé. Jamais Vélasquez n'improvise, n'obéit à l'instinct ou à la facilité, toujours il pèse, il médite. Ses œuvres, qui représentent l'aboutissement d'une patiente élaboration, sont peu nombreuses, cent vingt environ. La plupart sont des portraits, généralement en pied, et qui souvent se détachent sur un fond de paysage, lui aussi commandé par la position que l'artiste désire donner au personnage et non par la volonté de décrire un site localisé : le sujet est placé au flanc d'une colline, devant un horizon descendant qui s'achève à mi-hauteur par une ligne de sommets bleutés. Malgré la répétition des motifs, le caractère factice des poses et du galop des chevaux, la pompe des cuirasses et du harnachement, ces œuvres donnent l'illusion d'un naturel absolu. Certains tableaux de chasse montrent des descriptions plus développées de la nature et Vélasquez a également représenté, avec l'aide de son gendre Mazo, une grande vue de Saragosse, dont le panorama s'anime de petites silhouettes marquées par des taches vibrantes. Ces œuvres font de lui un des précurseurs du paysage moderne.

Les portraits. — Outre les portraits du roi, des infants, des grands personnages de la cour — des bouffons et des nains, envers de cette société — Vélasquez a laissé une incomparable suite de portraits féminins, inspirés par la reine et les infantes (les plus beaux se trouvent au Prado et au musée de Vienne). Cette fois, ce sont les costumes, les satins, gris, les moires, les tulles transparents dans lesquels jouent des rubans de couleurs vives (les rubans et les fleurs se mêlent aussi aux longues chevelures), qui servent de prétexte à une véritable symphonie de couleurs posées en touches légères avec des raccourcis elliptiques, dont la magie abolit totalement le sujet.

« Les Ménines ». — L'œuvre illustre du Prado, *les Ménines,* est comme la synthèse de tous les apports de Vélasquez à la peinture universelle. L'artiste s'est représenté lui-même avec dignité et modestie, le pinceau à la main, dans sa fonction. Il a groupé devant lui les personnages de la cour, autour de la petite princesse Margarita, dont les parents apparaissent seulement reflétés dans un miroir. De chaque côté de la princesse, les suivantes (les Ménines), à droite, les bouffons et le chien familier. Le roi fit placer ce tableau dans sa chambre même, et après la mort du peintre, qu'il pleura, il fit peindre sur sa poitrine la croix rouge de l'ordre de Santiago, en témoignage de gratitude.

Les successeurs de Vélasquez. — Après un tel chef-d'œuvre, où toute une société revit dans ce qu'elle eut de meilleur, la tâche des successeurs de Vélasquez était bien ingrate. Les peintres du règne suivant, Carreño et Claudio Coello, ont encore exécuté quelques bons portraits de cour. Juan et Francisco Rizi ainsi qu'Antonio de Pereda ont peint des œuvres religieuses, notamment des scènes de la vie monastique. Antolínez a créé un nouveau type de Vierge de l'Assomption. Mais la décadence de cette école de Madrid est très rapide et lorsque Charles II décide, à la fin du XVIIᵉ s., d'achever le décor de l'Escorial, il fait appel à l'Italien Luca Giordano, le fameux Fa Presto qui avait été formé à l'école de Ribera. Ses grandes décorations, qu'il multiplie, imposent, dans toute l'Espagne, un style baroque, impersonnel. A ses côtés travaille Antonio Palomino qui eut l'idée de recueillir des témoignages sur la vie des principaux artistes de son pays, dans un ouvrage remarquable le *Parnaso español pintoresco laureado,* qui fait de lui le Vasari de l'Espagne.

Le XVIIIᵉ siècle. — Le XVIIIᵉ s. est une période de grand vide pour l'art espagnol. A la dynastie des Habsbourg épuisée a succédé une branche des Bourbons, venue de France. Philippe V, qui a gardé la nostalgie de Versailles, fait venir des peintres français comme Michel Van Loo, Ranc, disciple de Rigaud, René Houasse. En 1751 est fondée à Madrid l'Académie de San Fernando ; le mouvement s'étend à toutes les grandes villes de province. Un enseignement uniforme et rigoureux s'instaure, qui se conclut par des prix et des séjours à Rome. Seuls méritent d'être cités quelques artistes de second plan, mais qui gardent une certaine personnalité, comme Luis Paret qui peint de charmantes scènes de cour, Michel-Ange Houasse, fils de René, qui s'inspire de scènes populaires et pittoresques de la vie madrilène pour des cartons de tapisserie, créant un genre qu'illustrera Goya. La meilleure œuvre demeure celle de Luis Meléndez dont les bodegones (natures mortes alimentaires) restent fidèles à la tradition espagnole.

A la fin du siècle, Charles III ramène de Naples l'Allemand Raphaël Mengs, alors dans toute sa renommée de réformateur classique, épris de perfection grecque. Durant dix ans, Mengs exerce sa dictature par l'intermédiaire de l'Académie. Il est, malgré tout, un portraitiste raffiné, dans le goût des peintres allemands et anglais. Cependant, le roi fait aussi appel au grand Gian Battista Tiepolo pour qu'il déploie au plafond de la salle du trône et en l'honneur du « Triomphe de l'Espagne », les ultimes accents de la magie vénitienne. Tiepolo laisse encore de grandes décorations religieuses et ses dessins : *les Caprices* où il décrit les bizarreries de la nature humaine. C'est alors qu'apparaît le plus grand génie de la peinture espagnole, Francisco Goya.

Goya. — Né dans un misérable village d'Aragon, n'ayant reçu qu'une formation hasardeuse, improvisée, ce fils de paysan réussit à s'imposer en peu d'années à la société la plus raffinée et à la cour. Mais il restera toujours proche du peuple espagnol, est il se révélera le premier investigateur des mystères de l'inconscient et du fantastique. A cette époque, le meilleur peintre de l'école académique était Francisco Bayeu, de Saragosse, à qui la faveur de Mengs avait valu la commande de vastes peintures murales pour les palais royaux et de cartons pour les ateliers officiels de tapisserie. C'est lui qui fit venir à Madrid le jeune Goya qui devint peu après son beau-frère. Goya, qui est d'abord un remarquable portraitiste et un graveur très habile, commence une brillante carrière au palais. Il a ainsi accès aux collections royales où étaient conservés les trésors de la peinture espagnole et les riches acquisitions faites à l'étranger par les souverains.

Goya à la cour. — Lorsque Goya découvre Vélasquez, son émotion est telle qu'il entreprend de reproduire à la plume puis à l'eau-forte ses peintures les plus célèbres. Après un voyage à Rome, Goya est appelé à son tour à fournir des cartons de tapisserie pour représenter les scènes de la vie populaire de Madrid. La suite complète de ces cartons miraculeusement conservée, retrouvée et aujourd'hui exposée au Prado, permet, beaucoup mieux que les tapisseries qui en furent tirées, de déceler les caractères originaux de l'art de Goya. Les servitudes mêmes de la commande, l'obligation par exemple d'employer les couleurs claires et d'ignorer les ombres, la recherche du mouvement et du rythme permettent à Goya d'assouplir son métier. Pour mieux caractériser les types, il introduit des raccourcis et juxtapose les taches de couleur donnant à sa construction une véhémence qui convient beaucoup mieux à la peinture qu'aux plans lisses de la tapisserie. Cette expérience, qui se poursuit pendant plusieurs années, permet à Goya de constituer un répertoire de formes et de scènes dans lequel il ne cessera de puiser toute sa vie. C'est ainsi qu'il exécute pour l'Alameda du duc d'Osuna vingt-trois scènes populaires et champêtres où apparaissent ses premières transpositions fantastiques. Le célèbre tableau de la Pradera de San Isidro apparaît comme une synthèse de paysages qui lui servent de décor, avec le panorama de Madrid baigné d'une douce clarté, devant lequel se déroule, sur le pré qui longe le Manzanares, toute une fête bariolée avec des centaines de petits personnages indiqués parfois d'une simple touche.

Goya et la peinture religieuse. — Les types populaires qu'il affectionne se retrouvent également dans les œuvres religieuses où il interprète les thèmes traditionnels d'une manière vivante et actuelle comme s'il s'agissait de scènes de la vie quotidienne. Il n'hésite pas à évoquer des présences démoniaques mais en les plaçant dans un cadre naturel où il leur donne un caractère d'évidence et de réalité. Ainsi les tableaux de la cathédrale de Valence (*l'Apparition du démon conjuré par saint François Borgia*), ceux de l'église de San Antón à Madrid (*la Communion de saint Joseph de Calasanz*), la décoration de l'ermitage de la Florida où le miracle de la résurrection d'un mort par saint Antoine est salué par une foule madrilène bigarrée, comptent après celles du Greco et de Rembrandt, parmi les œuvres les plus bouleversantes de la peinture religieuse. Dans sa description d'un audacieux réalisme, loin de ramener les sujets sacrés à de simples limites terrestres, Goya donne au surnaturel une existence concrète. Les œuvres satiriques où il exprime le caractère dérisoire des croyances imposées, des superstitions, processions et fêtes grotesques, scènes de l'Inquisition, sont traitées avec une sorte d'exaltation sacrée, avec cette passion religieuse que tout Espagnol porte jusque dans ses anathèmes. En dénonçant les vieilles superstitions il montre leur permanence et leur fatalité. Nul n'a donné une vie plus réelle aux démons et aux monstres que le rêve ou l'imagination enfante, et qui sont comme les symboles les plus expressifs des passions humaines.

Goya portraitiste. — Dans ses portraits, Goya se montre le digne successeur de Vélasquez et les charges officielles auxquelles il est appelé, loin de constituer pour lui une entrave, deviennent le prétexte à désacraliser là aussi ses sujets et à représenter avec une véritable férocité les faiblesses et les travers des hommes. La progression est évidente entre ses premières effigies du vieux roi Charles III, de l'infant don Luis, son premier protecteur, jusqu'aux terribles descriptions de la reine Marie-Louise et de la famille de Charles IV, orgueil du Prado.

Dans ses nombreux autoportraits, il n'est pas moins lucide. Mais il est pourtant capable de la plus grande tendresse et d'une merveilleuse compréhension dans les tableaux qu'il trace d'enfants et de femmes aimées ou admirées. Même dans les œuvres qui sont des commandes mondaines, il dépasse la convention de la pose par la finesse de son interprétation psychologique et de son exécution technique. Sa facture reste d'une grande simplicité. Des gris, des transparences donnent l'illusion des étoffes les plus précieuses. Des portraits comme ceux de la comtesse de Chinchón, de la marquise de la Solana (au Louvre), de la marquise de Pontejos, de la famille d'Osuna, de la duchesse d'Albe (à qui le lia une passion secrète) demeurent parmi les œuvres les plus poétiques de la peinture.

Goya, témoin de son temps. — Atteint d'une surdité qui l'isole complètement du monde, Goya donne libre cours à son imagination. Il commence au crayon, puis en gravure, *les Caprices*, où il commente les événements sociaux et historiques, en s'efforçant de rester hors du temps. Dans ces scènes symboliques apparaissent d'inquiétantes figures contemporaines : favoris, ministres, personnages de la cour, si reconnaissables sous leurs masques que le livre, à peine publié, fut retiré du commerce par Goya et, par une singulière audace, vendu par lui au favori Godoy pour être enfermé dans les collections royales. C'est également pour Godoy, qui le protégeait, que Goya exécute les deux fameux portraits parallèles de la *Maja vestida* et de la *Maja desnuda* (Prado). Dans le second, le corps dévêtu et comme amenuisé par les finesses du pinceau, laisse une impression de surprise, en raison de ses contrastes. Après la mort de la duchesse d'Albe, en 1802, Goya paraît traverser une crise profonde. Ses autoportraits le montrent prématurément vieilli et alourdi, la bouche amère. Il continue cependant de travailler pour la galerie de ses portraits dans laquelle il préfère maintenant peindre ses amis les plus intimes. En 1808, il ressent intensément le drame vécu par l'Espagne. Il habite alors Madrid, à l'écart du monde et de la cour, véritablement seul. On trouvera dans son œuvre l'écho des événements tragiques et des contradictions absurdes qui sont celles de l'invasion française et de la guerre de l'Indépendance. Mais ce n'est que six ans après la fusillade du 3 mai 1808 que Goya a peint le célèbre tableau qui immortalise cette scène. Les gravures des *Désastres de la guerre* sont aussi le fruit d'une longue méditation qui transcende les faits et porte, dix ans plus tard (ses gravures datent de 1820), le jugement de l'Histoire. Muré dans sa surdité, enfermé dans sa maison de campagne située de l'autre côté du Manzanares, la Quinta del Sordo, Goya interroge le destin. Il apporte lui-même les réponses par les peintures qu'il exécute directement sur les murs de sa maison (elles ont été transportées au Prado lors de la destruction de ce sanctuaire). Dans ses fameuses peintures noires réalisées avec une grande économie de moyens, presque sans couleurs, avec du noir, du blanc, des terres de Sienne et de Séville, Goya reprend ses personnages les plus typiques et exalte leur valeur symbolique : vieillards gloutons, courtisanes impénitentes, prêtres douteux, fantoches militaires. Leurs vices illustrent les contradictions du destin, ses caprices et ses *Disparates,* dont Goya a choisi le titre pour ses recueils de gravure. Certaines scènes se rattachent plus directement à l'événement, comme ces personnages assis en l'air qu'un soldat met en joue (Goya a peint des hommes volants, des ascensions en ballon, le naufrage de la *Méduse*). D'autres ont des significations plus générales, comme ces deux hommes enlisés à mi-jambes et engagés dans un combat sans issue, ou bien, au bord d'un paysage désolé une tête de chien, image du désespoir solitaire, ou bien Saturne dévorant ses enfants. Goya dépasse ainsi les scènes d'horreur qu'il a toujours peintes (hôpitaux, maisons de fous, scènes de cannibalisme ou de torture) pour atteindre ce qui les provoque, cette fatalité baroque et rythmée qui plane au-dessus des êtres et des choses. Ses gravures des *Disparates* montrent des rondes de fous bien réglées, des pluies d'animaux, des paysages au ciel peuplé de bêtes. Il semble alors pénétrer dans le secret mécanisme de l'Univers et définit une véritable philosophie de l'absurde et du désespoir.

Goya, compromis par ses idées libérales, avait dû quitter l'Espagne après le retour de Ferdinand IV, et se retirer à Bordeaux où il mourut en 1828. Son départ laisse un grand vide, malgré la présence de quelques pasticheurs comme les Lucas. C'est en France que son message sera recueilli par Delacroix et par Manet.

Le XIXᵉ siècle. — Après la disparition de Goya, son œuvre de portraitiste est poursuivie par Vicente López, virtuose de l'ornementation des costumes et qui sacrifie aux détails de l'apparence toute préoccupation psychologique. Les scènes goyesques seront reprises par Eugenio Lucas, et, jusqu'à satiété, par le fils de celui-ci. Pourtant le premier des Lucas n'est pas sans mérite personnel. Voyageur inlassable, épris d'exotisme (il se rend plusieurs fois en Afrique) il peint avec verve, avec un dessin hachuré, en touches vibrantes, les événements de son temps (par exemple les scènes de la révolution de 1854). Il a connu Manet avec qui il entretint une correspondance.

L'académisme. — L'Académie triomphe sous la direction de José de Madrazo qui avait travaillé avec David et connu Ingres. Il impose le dessin d'après l'antique, la recherche du grand style, et aura le mérite d'organiser le musée du Prado avec la majeure partie des collections royales. Federico de Madrazo lui succède dans ces deux charges, tant à l'Académie qu'au musée ; il est le grand portraitiste du règne d'Isabelle.

Il y a une sorte de décalage entre la peinture espagnole et la peinture française : Madrazo a vingt ans de retard sur David et le même écart existe entre les esquisses de Delacroix et les peintres romantiques de Séville, Joachim et José Becquer (le père du grand poète élégiaque) et l'Asturien Jenaro Pérez Villaamil qui décrivent les aspects curieux des architectures du passé, qui ont le goût des ruines, des châteaux et des cathédrales fantastiques. Les lithographies des *Vues pittoresques d'Espagne,* par Villaamil, lorsqu'elles sont publiées à Paris, contribuent à populariser en France une vision romantique de l'Espagne. Deux peintres plus importants : Antonio Esquivel, sévillan, et Leonardo Alenza, madrilène, ont laissé dans leurs portraits d'écrivains, d'artistes, d'acteurs, dans leurs scènes de cafés et de salons littéraires, une image de la vie quotidienne de l'époque. Les meilleures œuvres d'Alenza sont au Musée romantique de Madrid et les dessins de cet excellent illustrateur à la Bibliothèque nationale.

La peinture d'histoire. — Des sujets classiques, l'Académie glisse rapidement vers la peinture d'histoire qui, flattant l'amour-propre national dans une période sombre, connaît en Espagne une extraordinaire fortune. Elle est à la base de tous les concours, de toutes les émulations et prend des proportions gigantesques (un musée entier lui est maintenant consacré dans le parc du Retiro). Partie des origines et des invasions barbares, elle s'attarde spécialement sur la Reconquête et les épisodes dramatiques de la vie de Jeanne la Folle, de Philippe II, de Charles Quint, et aboutit à la guerre de l'Indépendance et aux luttes civiles récentes. Elle ne tarde pas à sombrer dans l'anecdote puérile et le réalisme anémié, hormis l'œuvre d'un peintre de tempérament certain, Eduardo Rosales, mort prématurément, mais dont les esquisses révèlent un sens aigu de la composition et des volumes, un dessin ample et fort.

Une place à part mérite d'être faite à ce génie du tableautin que fut Mariano Fortuny. Prodigieusement doué, précoce et souple, il est capable de notations précieuses, par exemple lorsqu'il accompagne l'armée espagnole au Maroc ou lorsqu'il restitue les fastes de la Grenade d'autrefois. Malheureusement, son propre succès, l'un des plus rapides que l'histoire de l'art ait connu, le cantonne dans la petite scène historique que les amateurs s'arrachent à prix d'or.

Le paysage. — Plusieurs artistes ont des contacts aussi avec Paris : Martín Rico, ami de Daubigny, et Carlos Haes, d'origine belge, qui forme toute une école de paysagistes, parmi lesquels Beruete, Sainz, Regoyos. A Barcelone, Ramón Martí et son élève Joaquín Vayreda, qui sont des peintres de plein air, transposent le paysage réaliste par une touche floue et légère. Des peintres asturiens vont faire écho au mouvement impressionniste : Riancho, Sainz et surtout Darío de Regoyos ; ce dernier a vécu à Paris et à Bruxelles où il a connu Verhaeren, avec qui il collabore pour le livre *l'Espagne noire*. A Paris, il fréquente Redon, Mallarmé, Pissaro et Signac et se passionne pour le divisionnisme qu'il pratique avec souplesse. Ses paysages de la côte Cantabrique, puis de Grenade et de Catalogne sont d'une lumineuse spontanéité.

Le Valencien Joaquín Sorolla trouve sa voie dans une technique à larges touches qui évoque celle de Zorn, dont il fut l'ami. Il excelle à rendre les coulées de lumière sur les corps des baigneurs, la transparence de l'eau sur le sable et sur les barques. Venu à Paris avec Picasso, Francisco Iturrino, influencé par le fauvisme et Cézanne, tente de construire le paysage par masses colorées. Mais c'est à Barcelone que se développe l'école la plus intéressante de paysagistes, avec les interprétations lyriques de Meifrén et Joaquín Mir, le rude pointillisme de Mariano Pidelaserra, peintre des montagnes catalanes, et l'œuvre plus construite de Francisco Gimeno qui met en valeur les volumes des figures et des paysages.

Rôle social de Barcelone dans l'art. — A partir de 1890, à Barcelone, enrichie par l'industrie et où les problèmes sociaux revêtent une extrême acuité, le syndicalisme se développe et les théories anarchistes de l'action directe trouvent un terrain de prédilection. L'écroulement de l'Empire espagnol amène dans le port une foule de réfugiés. Les jeunes intellectuels et artistes, tels Santiago Rusiñol et Ramón Casas, sont à l'origine d'une sorte de snobisme de la révolte et de la misère. Les idées et les modes étrangères s'implantent dans ce terrain favorable : le préraphaélisme, le symbolisme de Maeterlinck, l'idéologie ibsénienne, le lyrisme wagnérien et aussi un certain misérabilisme nourri de Steinlen, de Forain et de Toulouse-Lautrec. C'est le *modernisme* qui sombre parfois dans l'affectation décadente, mais qui voit naître aussi des créations authentiques comme l'architecture spiritualiste de l'admirable Gaudí (auteur de la Sagrada Familia et du décor du parc Güell), la plastique poétique de Nonell, la première époque de Picasso.

Nonell est passionné par le visage humain. Né dans un quartier populaire où il a côtoyé toutes les misères, il prend pour modèles préférés de vieilles gitanes, des êtres déshérités (les crétins de Bohí), des femmes amaigries au regard perdu. Sa peinture, d'abord sombre et chargée, se simplifie dans les harmonies bleues et roses. Dans un esprit voisin, José Gutiérrez Solana, madrilène, lié à la grande génération des « écrivains de 98 » qui analysent les causes de la décadence espagnole pour lui chercher des remèdes, a dressé un bilan scrupuleux de toutes les curiosités et de toutes les survivances de la vie populaire. Il parcourt les villages misérables de Castille, retrouvant dans les fêtes rustiques et les mascarades grossières des rites d'une magique grandeur. Il amasse dans son atelier d'étranges débris, des objets exotiques, des poupées disloquées qui s'animent sous son pinceau près des êtres vivants. Son œuvre, qui baigne dans un éclairage verdâtre, est d'un réalisme puissant, en opposition avec celle de peintres consacrés comme José María Sert qui décore la cathédrale de Vich de grandes compositions religieuses d'une verve animée et comme Ignacio Zuloaga qui a voulu exalter les valeurs espagnoles en plaçant les portraits de ses contemporains au milieu des toreros, des majas, et des nains traditionnels. Zuloaga est aussi un paysagiste sûr et il demeure dans l'histoire comme celui qui a fait rendre justice au Greco, dont il avait constitué une admirable collection aujourd'hui conservée au musée de Zumaya. C'est par lui que Barrès a eu la révélation du Greco et put faire reconnaître la portée internationale de son œuvre.

Le XXᵉ siècle. — On peut citer encore, dans les générations suivantes, Daniel Vázquez Díaz aux portraits sévères et Benjamin Palencia qui retrouve, dans les structures des paysages de Castille, de grands rythmes lyriques. A ses débuts, Palencia avait pris part, avec le sculpteur Angel Ferrant, à un mouvement d'abstraction instinctive et poétique qui cherchait à retrouver les signes et les formes des arts primitifs.

Pablo Picasso. — Mais rares sont au début du XXᵉ s., les artistes espagnols qui sont demeurés dans leur pays pour y travailler. Cette période a vu en effet une étonnante diaspora. La plupart des peintres et sculpteurs, partis très jeunes à l'étranger, particulièrement à Paris, s'imposent rapidement et prennent place parmi les chefs de file de l'art moderne, tout en restant fidèles aux caractères les plus marqués de l'art espagnol. Dès 1900, Picasso expose chez Vollard, apportant les ferments d'une véritable révolution plastique. Formé à Barcelone — où il a fait partie du mouvement littéraire et artistique de la brasserie *Els quatre gats* — et à Madrid — où il a lancé la revue *Arte Joven* — il a pu, grâce à son départ pour la France, prendre ses distances vis-à-vis d'un héritage ethnique qu'il a parfaitement assimilé et donner à ses recherches une dimension internationale. Installé avec son compatriote le sculpteur Julio González au *Bateau-lavoir,* où il devient l'ami de Max Jacob et Apollinaire, lié avec Matisse, Derain, Braque, il achève rapidement l'expressionnisme sensible de sa période bleue pour retrouver les volumes des corps et des objets (période rose), et bientôt, sous l'influence de la sculpture nègre, jeter les bases du cubisme qui sera le grand tournant de l'Art moderne. Après Gauguin et Cézanne, il veut redonner une densité et une structure à la représentation picturale qui doit être totale, définir l'objet sous tous ses aspects visibles ou invisibles et dans toutes ses évolutions possibles. Dans les *Demoiselles d'Avignon* (1906) et la suite des visages qu'il peint alors, il traduit les volumes par des hachures et des plans de couleurs vives cernées par de larges traits rythmés. Un séjour en Espagne, à Horta de Ebro, lui permet d'appliquer aux paysages et aux objets comme aux êtres vivants ses principes de construction pour laquelle il préfère avoir recours à des tons neutres que n'altère aucune ombre, aucune lumière. Dans son souci d'analyse, Picasso introduit dans le tableau (et dans la sculpture qu'il pratique également) ces éléments mêmes de la réalité, relief, papier collé, sable, parcelles de bois ou de fer et effectue des montages imprévus et révélateurs. D'autres artistes espagnols participent au cubisme, Juan Gris, María Blanchard, le sculpteur Gargallo qui découvre la valeur expressive des vides aménagés dans les volumes. Épris de clarté, de simplicité, Juan Gris a recours lui aussi à l'introduction d'éléments réels qu'il n'hésite pas à reconstituer en trompe l'œil mais, dans un effort de synthèse, il s'applique à définir en priorité l'architecture de la composition (qu'il s'agisse de natures mortes ou de personnages). L'introduction de détails réels lui permet de rendre le sujet plus concret et compréhensible pour le spectateur. María Blanchard évolue vers la description réaliste et sensible d'un univers humble et douloureux.

Après 1917 l'art de Picasso revient à un certain classicisme sous l'influence de l'art romain (il s'est rendu en Italie pour collaborer au ballet *Parade,* monté par Diaghilev). Il peint des figures monumentales, des plages lumineuses peuplées de géantes. A l'inverse, les sculptures en fer forgé qu'il exécute avec González vers 1930 correspondent à des recherches architecturales où il délimite l'espace par des points et des lignes sans recourir à l'abstraction géométrique. Enfin, des plâtres exécutés à Boisgeloup, à partir de 1933, correspondent à une série de peintures d'une grande violence expressive. Il n'hésite pas à soumettre des formes à de terribles distorsions. Il détruit et recompose les mêmes visages pour mettre au jour les secrets les plus profonds de l'être et soumet le monde des apparences à d'incessantes métamorphoses. Dans une œuvre qui ne cesse de se renouveler il se montre sarcastique, insaisissable, comme pour signifier qu'il se garde disponible, ouvert. Il ne cesse pourtant de s'engager.

Bien que l'œuvre de Picasso ait été, pour la plus grande part, réalisée hors d'Espagne, elle y est maintenant honorée depuis l'ouverture à Barcelone du musée qui porte son nom et qui a été constitué grâce aux dons généreux de sa sœur et de ses neveux, qui avaient conservé presque toutes ses toiles de jeunesse, et ceux de son ami intime Jaime Sabartes.

Les sculpteurs. Gargallo, Gonzalez. — Comme on vient de le voir les sculpteurs ne sont pas restés à l'écart de l'entreprise de reconstruction du monde et de la figure humaine qui trouve en Espagne au début de ce siècle ses véritables fondements. Gargallo, puis Gonzalez sont liés personnellement à Picasso et développent leurs recherches avec parfois sa participation aussi bien à Barcelone qu'à Paris où ils se retrouvent. L'Aragonais Gargallo, tailleur de pierre intrépide qui réalise à partir de 1905 à Barcelone le décor du grand escalier et de la façade de l'hôpital Saint-Paul-et-Sainte-Croix de l'architecte Domenech i Montaner, sculpte directement des reliefs et de grandes figures allégoriques : anges, vertus théologales, saints, dans lesquelles Alexandre Cirici voit une intuition du cubisme. Dans les reliefs qu'il exécute pour le Palais de la musique catalane, chef-d'œuvre de l'architecture moderniste à Barcelone, de 1907, ses évocations de la musique, particulièrement de la *Chevauchée des Walkyries,* semblent faites d'une pierre qui vole. Quoi d'étonnant si une évolution logique le conduit à accorder bientôt une valeur expressive particulière à l'introduction de l'espace dans les volumes et s'il a recours comme Gonzalez, héritier d'une tradition de ferronnier, et comme Picasso lui-même, à un matériau plus ductile, le fer, dont les assemblages et les découpures lui permettent d'inépuisables variations. L'utilisation de formes préétablies qui peuvent se combiner ou se préciser par l'adjonction de détails caractéristiques en métal découpé permet aux trois artistes de définir de nouveaux modes d'expression qui conviennent aussi bien à l'évocation des traits marquants d'un visage qu'à la définition de symboles généraux. Ainsi, à leur façon les sculpteurs contribuent à la réintroduction des éléments du réel dans l'art le plus abstrait.

Les surréalistes. Miró, Dali. — Deux artistes espagnols ont joué aussi un rôle essentiel dans le mouvement du surréalisme. Après avoir donné de son village natal et de la vie paysanne une représentation quasi magique, Miró définit avec précision les éléments de son univers et les symbolise par des signes qui rappellent les arts primitifs et l'art roman. Il crée une représentation typique de la femme, de l'oiseau, du soleil, des étoiles. Ces signes vivent par eux-mêmes et leur signification naît de leur isolement ou de leur rapprochement. La couleur joue un rôle très important pour imposer ces figures à qui les regarde. Avec l'aide de son ami *Artigas,* Miró réalise également en céramique de grandes figures mythiques, d'une liberté de formes extrême... Salvador Dali est resté plus étroitement lié au surréalisme, élaborant une méthode de création qu'il qualifie de paranoïaque critique pour intensifier l'irritabilité de l'esprit, instaurer un système délirant producteur de hasard. Il utilise habilement les interprétations de la mémoire et les déformations de l'inconscient, réalise son œuvre avec une science technique nourrie aux disciplines classiques. Miró et Dali sont revenus se fixer en Catalogne, l'un à Majorque, l'autre à Cadaqués.

Les tendances nouvelles. — L'art contemporain a trouvé en Espagne, tout particulièrement en Catalogne, après 1945 des formes originales et significatives. Sur ce sol l'expression après-guerre a pris une acception totale et grave répondant à une attente plus ancienne. Les artistes disent un espoir qui doit faire oublier des combats plus dramatiques qu'aucun autre, des destructions ressenties au plus intime de chacun. Mais il existe aussi sur ce sol de puissants antidotes, l'héritage des miniatures mozarabes et du bestiaire roman avec leur fusion des genres et des espèces, la tendance à architecturer le fantastique, le goût des descriptions minutieuses et inquiétantes, affirmé depuis la vogue de Jérôme Bosch, une volonté d'expressionnisme avant la lettre, jamais démentie de Goya à Picasso. Dans ce creuset de Barcelone est apparue une génération de peintres et de poètes catalans : Jean Ponç dessine avec la précision d'un entomologiste un monde en constante évolution ou décomposition, fourmillant d'êtres ou d'embryons prêts à bouger et à revivre. Cuixart travaille dans le domaine de l'insolite mais le peintre le plus marquant est sans doute Antonio Tapies qui s'est imposé à Paris et à New York par de grandes compositions complexes où les couleurs sont transformées par des adjonctions de matières ou se fondent dans l'apparition dominatrice de noirs obsédants.

A Madrid, d'autres jeunes peintres, Canogar, Saura, Millares, Riveira, Juana Frances poursuivent des recherches d'expressions significatives. Ils forment le groupe El Paso et ils montrent aussi leurs œuvres dans l'impressionnant musée de Cuenca aménagé dans les antiques maisons suspendues qui ont été restaurées. Soit par la violence explosive de la peinture, soit par la superposition de nouveaux matériaux, linges pliés, noués, fils tendus, toiles métalliques écartelées, ces artistes créent des formes chargées de suggestions qui semblent répondre aux angoisses et aux interrogations de notre temps. Il faut ajouter à ces noms ceux de Genoves, d'Arrovo, peintres narratifs, utilisant souvent une mise en pages par séquence et dont l'art dramatique prend volontiers un caractère de revendication sociale et politique.

A ces préoccupations répond, à Paris, l'œuvre de Feito. Le groupe des Espagnols de Paris reste nombreux et vivace. Polazuelo compose de rigoureuses constructions géométriques. Pelayo, Peinado, Aguayo, Guancé, Valls, Alvar et bien d'autres défendent un art qui reste fidèle aux magies de la réalité ou s'abandonne à des inventions visionnaires.

La sculpture espagnole est très vivante, le plus souvent fidèle au métal avec les grandes constructions en acier de Chillida et de Chirino, les emboîtements d'Oteiza, les objets de Subirachs, les figures expressives ou symboliques de Pablo Serrano et les jeux d'espace de Sobrino.

La musique en Espagne

par **Rodrigo de Zayas**

Origines et Moyen Age

Les traces d'agglomérations urbaines d'une exceptionnelle ancienneté, en particulier dans la zone du delta du Guadalquivir, laissent supposer que les origines de la musique sont au moins aussi anciennes en Espagne que dans le reste du Bassin méditerranéen, exception faite de l'Égypte et de la Mésopotamie. Les comptoirs commerciaux phéniciens et grecs supposèrent un courant d'échanges entre l'Orient et l'Occident qui ne devait certainement pas exclure la musique, et ce, bien avant l'époque strictement historique. La latinisation intense et précoce de la péninsule Ibérique la situa au centre des courants culturels de l'Empire romain dès ses débuts. Toutefois, il est impossible d'attribuer une identité spécifique à la musique espagnole avant **saint Isidore de Séville** (559-636 apr. J.-C.). Son œuvre intitulée *Etimologiæ* devait être copiée, puis imprimée, sans interruption, jusqu'à nos jours.

Avant l'invasion musulmane en 711, l'Église wisigothique avait élaboré un corpus liturgique complet et aussi étendu que celui qui sera connu sous le nom de chant grégorien. Cette tradition se maintiendra sous la domination musulmane et sera connue comme « chant mozarabe ». A partir du concile de Burgos (1080), le rite romain fut imposé dans toutes les églises d'Espagne et, de nos jours, le rite mozarabe n'est observé que d'une manière résiduelle à Tolède, et l'écriture musicale des anciens manuscrits mozarabes, bien qu'apparentée aux neumes du chant grégorien primitif, n'a pas encore été pleinement déchiffrée.

La civilisation hispano-musulmane connut une époque de splendeur durant laquelle la musique fut la compagne privilégiée d'une des littératures poétiques les plus riches de l'Histoire, car cette poésie se récitait, le plus souvent, en la chantant. La tradition attribue à **Abu l-Hassan Ali Ibn Nâfi**, connu par son sobriquet « Ziryab » (« merle » en persan), la fondation d'une célèbre école poétique et musicale à Cordoue, vers l'an 820. Séville et Saragosse devinrent des centres renommés pour la construction d'instruments de musique de grande qualité et appréciés aussi bien dans le monde musulman que dans les royaumes chrétiens du N. En 1502, un musulman de Saragosse, **Mahoma Mofferriz**, construisait encore, sous le nez des Grands Inquisiteurs, des instruments à clavier renommés pour la perfection de leur facture. L'essentiel de la musique hispano-musulmane consistait en une récitation chantée, de vers coraniques ou profanes, avec un accompagnement improvisé sur des instruments comme le 'ud (luth), le rabâb (rebec), le shabbâba (flûte traversière), le qânûn (psaltérion) ou le bandair (tambourin). La musique militaire employait le nâfir (trompette droite), le tabl (tambour) et le naqqâra (timbale). De nombreux instruments furent ainsi transmis aux chrétiens espagnols qui appréciaient les ménétriers musulmans, non seulement dans les cours et les châteaux, mais aussi dans les églises. Ce n'est qu'après le concile de Valladolid de 1322 que les musiciens musulmans furent interdits dans les églises d'Espagne.

Les grands traités musicaux des Arabes avaient été traduits en latin par les célèbres traducteurs de Tolède, et c'est ainsi que l'Europe eut accès aux œuvres d'Al-Fârâbi et d'Ibn Sinnâ (Avicenne), qui contenaient en outre la meilleure exégèse médiévale des traités musicaux de l'Antiquité classique. La musique savante hispano-musulmane devait disparaître après la Reconquête et, aujourd'hui, elle ne survit comme musique traditionnelle qu'en Afrique du Nord et plus particulièrement au Maroc, qui n'eut pas à subir la domination et l'influence musicale ottomanes. La Reconquête ne se fit pourtant pas en un jour et, souvent, chrétiens et musulmans d'Espagne entretenaient de bons rapports. Ces rapports constituent l'un des aspects les plus intéressants et les plus attachants de l'histoire du Moyen Age. Il en existe de nombreux témoignages parmi lesquels les plus beaux apparaissent dans les enluminures des manuscrits dits des *Cantigas de Santa María* du roi Alphonse X le Sage qui régna entre 1252 et 1285. L'on peut y voir se côtoyer des ménétriers musulmans et chrétiens.

L'origine de la forme strophique, en poésie, était traditionnellement attribuée à un poëte aveugle du IXe s. appelé **Muqaddam Ibn Muâfa**, surnommé « l'aveugle de Cabra » (village près de Cordoue). La forme strophique fut la règle pour la poésie chantée des musulmans espagnols, avec une partie principale nommée « marqaz » qui correspondait au refrain, et une partie subsidiaire nommée « ruju », littéralement « retour », c'est-à-dire le renvoi. Cette forme apparaît dans la plupart des cantiques des manuscrits d'Alphonse X, et on la retrouve dans de nombreuses formes poético-musicales du Moyen Age : par exemple dans certains « cançons » troubadouresques et dans les virelais des trouvères ; plus tard, dans la forme « villancico ».

Malheureusement pour nous, les musulmans espagnols — qui connaissaient parfaitement l'écriture musicale — n'en firent jamais usage, car ils pratiquaient une musique savante de type improvisé et de transmission orale. Cela est vrai aussi des juifs espagnols — les sefardins — qui chantaient d'admirables vers dans un castillan mêlé d'hébreu que l'on appelle encore le « ladino », et qui emportèrent avec eux une part essentielle de la culture espagnole lorsqu'ils furent expulsés en 1492 par les Rois Catholiques. Ces chants survivent encore dans l'Orient méditerranéen sous forme de musique traditionnelle de transmission orale. C'est dans cette perspective que les cantiques d'Alphonse X le Sage doivent être compris : il s'agit d'un recueil de pièces vocales, écrites de la manière la plus claire, à un moment où l'Espagne chrétienne bénéficiait encore pleinement des influences culturelles hispano-musulmanes et hispano-juives. Le résultat est d'une grande beauté.

Les Espagnols musulmans pratiquaient le déchant instrumental (za'ida), mais pas la polyphonie proprement dite. Les chrétiens chantaient à deux voix depuis le IXe s. Le *Codex Calixtinus*, manuscrit musical de la cathédrale de Saint-Jacques-de-Compostelle, rédigé au XIIe s. par les moines clunisiens qui organisaient les itinéraires et les étapes des pèlerins de Saint-Jacques, contient un exemple de polyphonie à trois voix. C'est dans cette même cathédrale de Saint-Jacques que l'on peut admirer le Portique de la Gloire, sculpté au XIIe s. et dont le tympan représente l'Apocalypse avec ses vingt-quatre vieillards, chacun avec un instrument de musique dans les mains. Le couvent cistercien de Las Huelgas, à Burgos, date de la fin du XIIᵉ s. Un manuscrit y fut rédigé vers 1300 et que l'on peut encore consulter : simple, et même austère comme tout ce qui est cistercien, ce manuscrit contient de véritables chefs-d'œuvre de la polyphonie médiévale composés par **Juan Rodrigo**. Non loin de là, perdu dans l'immensité de la Meseta castillane, le monastère bénédictin de Silos possède l'une des bibliothèques de musique liturgique médiévale les plus riches d'Espagne. Autour du magnifique cloître roman, dont certains chapiteaux datent de la fin du XIᵉ s., des poutres peintes au XIVᵉ s. représentent des animaux anthropomorphes qui jouent des instruments de musique de tout genre, en une sorte de fête magique. Le monastère de Silos est encore l'un des hauts lieux du chant grégorien. En Catalogne, le monastère de Montserrat, célèbre pour son chœur d'enfants, possède l'un des manuscrits musicaux les plus précieux : le *Libre vermell*, rédigé vers 1350, qui contient cinq compositions polyphoniques d'une rare beauté, et quatre danses chantées.

La Renaissance

Comme pour les autres arts, la Renaissance musicale fut plus tardive en Espagne qu'en Italie ou en France. Ce n'est qu'à la fin du XVᵉ s. que l'on peut parler véritablement de musique de la Renaissance espagnole. L'Église s'ouvrait à l'influence des polyphonistes franco-flamands tandis que l'improvisateur **Benedicto Gareth «Il Chariteo»** (1450 ?-1514) devenait célèbre à la cour de Ferdinand II de Naples en chantant sur des vers de Virgile. La polyphonie profane fait son entrée dans l'histoire de la musique par la grande porte, comme en témoignent quelques chansonniers manuscrits du temps des Rois Catholiques. La forme strophique, héritée des musulmans, prédomine dans les «romances» (ballades) et les «villancicos», versions espagnoles du virelai. Généralement mises en musique pour trois ou quatre voix, les «romances» chantent la geste carolingienne, la Reconquête ou encore des textes bibliques, tandis que les villancicos chantent les amours populaires en un langage simple et plein de fraîcheur. Ces vers traditionnels étaient le plus souvent anonymes, ce qui n'empêcha pas l'humaniste et philologue Juan de Valdés d'affirmer, en 1536 dans son *Diálogo de la lengua*, qu'il fallait chercher là le modèle du style et de la pureté de la langue espagnole. Les deux chansonniers les plus célèbres sont ceux de «La Colombina», qui appartient à la Bibliothèque colombine de Séville constituée par le fils de Christophe Colomb, Fernand, et «de Palacio» qui appartint aux Rois Catholiques. Un musicien sévillan de la deuxième moitié du XVᵉ s., dont on ne sait rien si ce n'est qu'il s'appelait **Pedro Lagarto**, composa le premier villancico dont nous soit restée la notation écrite. Mais un poète-musicien s'imposa sur tous les autres au temps des Rois Catholiques : **Juan del Encina** (1463-1529), fils d'un cordonnier de Salamanque. Durant sa jeunesse, il écrivit des églogues pour la scène, avec des intermèdes musicaux en forme de villancico, dont la finalité était d'exprimer un moment d'émotion particulière durant la représentation. C'est sans doute à partir de ce moment que le public espagnol prit goût pour les intermèdes musicaux popularisants, qui deviendront la principale caractéristique du théâtre lyrique à l'espagnole, et qui s'appelleront, un jour, «zarzuela». Nous y reviendrons. Les chansonniers de la fin du XVᵉ s.

contiennent les œuvres de nombreux musiciens. Nous retiendrons surtout les noms de **Juan de Anchieta** (1462-1523) et de **Francisco de Peñalosa** (1470?-1528) du fait que ces deux musiciens ont laissé, en outre, une importante œuvre polyphonique religieuse dont le style reflète en même temps l'influence franco-flamande et aussi les débuts de la grande école espagnole du XVIᵉ s. Cela est surtout vrai d'Anchieta, dont la simplicité austère transmet une spiritualité à la fois intense et humaine, qui préfigure l'œuvre d'un Victoria. L'influence franco-flamande se fait sentir surtout à travers l'œuvre de Josquin des Prés, Johannes Urreda, Agricola et La Rue.

L'école espagnole s'affirma, face aux autres écoles de polyphonistes européens, par une volonté de simplicité et, surtout, d'intelligibilité des textes. Les polyphonistes espagnols furent les premiers à tenir compte des règles de la prosodie latine. Il s'agissait d'une véritable révolution technique, et elle apparaît pour la première fois dans l'œuvre du compositeur sévillan **Cristóbal de Morales** (1500?-1553), dont les disciples firent de Séville l'un des grands centres de la musique européenne : par exemple, **Juan Navarro** (1530?-1580) et surtout **Francisco Guerrero** (1528-1599), qui fut d'abord l'élève de son frère aîné **Pedro**. Avec **Tomás Luis de Victoria** (1548-1611), qui était de Avila comme sainte Thérèse, Cristóbal de Morales et Francisco Guerrero représentent le moment le plus important dans l'histoire de la musique espagnole. Ces trois musiciens furent connus, interprétés et publiés dans toute l'Europe, et en Amérique, où les premiers missionnaires franciscains avaient emporté des partitions, d'abord de Morales puis de Guerrero, pour aider à la conversion des Indiens à travers la musique. Ceux-ci, déjà en possession d'une culture musicale remarquable (surtout au Mexique et au Pérou), devaient comprendre très vite les possibilités qu'offraient les techniques de l'écriture musicale et du contrepoint car, dès le milieu du XVIᵉ s., les musiciens indiens pouvaient se comparer favorablement aux meilleurs musiciens venus d'Espagne. A cette époque, il y avait déjà une imprimerie musicale dans la ville de Mexico. A la fin du XVIIIᵉ s., l'on chantait encore des messes de Francisco Guerrero dans les cathédrales de Mexico et de Lima ! En 1572, le roi Philippe II avait pourtant ordonné la réduction des chanteurs et instrumentistes indiens dans les églises du Nouveau Monde car, selon ce monarque, ceux-ci étaient trop nombreux et, de surcroît, se refusaient à payer leurs impôts ! Rien n'y fit...

En Europe, les principales zones d'influence de l'école espagnole étaient Rome, Naples, Bruges et Gand ; mais l'influence espagnole se fait sentir d'une manière indirecte et beaucoup plus efficace, à travers le concile de Trente, qui se tint entre 1545 et 1563. Parmi ceux qui prirent part à cet important concile, il y avait 196 Espagnols. Ces Espagnols défendaient, parfois avec passion, la polyphonie contre l'avis de ceux qui voulaient retourner à l'usage exclusif du chant grégorien dans le culte catholique. Il s'agissait de donner une expression musicale à la Contre-Réforme, et le concile de Trente finira par adopter les thèses des musiciens espagnols qui, comme Morales, Guerrero et Victoria, préconisaient une polyphonie simple et capable d'exprimer le sens profond des textes religieux sans rien enlever de leur intelligibilité.

Aux côtés de la polyphonie sacrée chantée en latin, qui tient la part du lion dans la meilleure musique espagnole du XVIᵉ s., une polyphonie sacrée en langue vulgaire et une polyphonie profane devaient contribuer largement à la splendeur de l'école espagnole. Francisco Guerrero allait adapter le style particulier du villancico aux besoins des fêtes religieuses et populaires. C'est ainsi que ses «villanescas espirituales», chantées en espagnol et dansées par les enfants de chœur ou «seises», établirent le précédent pour les chants de Noël qui se chantent encore des deux côtés de l'Atlantique. «Villancico», aujourd'hui, ne signifie plus en espagnol que «chant de Noël». Au sens profane, les villancicos de Juan Navarro et, surtout, de Juan Vásquez (1510?-1560?), sont parfois d'une beauté émouvante.

Par ailleurs, l'humanisme italien avait profondément influencé les poètes et les musiciens espagnols. Garcilaso de la Vega et Juan Boscán avaient acclimaté l'esthétique littéraire italienne dans la poésie espagnole qui, à son tour, inspirera de merveilleux madrigaux parmi lesquels *Ojos claros y serenos* de Francisco Guerrero, sur des vers de Gutierre de Cetina, apparaît comme une sorte d'archétype du langage musical espagnol.

Le chant monodique accompagné et, surtout, la musique instrumentale, occupent une part importante de l'héritage musical que nous ont transmis les règnes de Charles Quint et de Philippe II. Le chant monodique accompagné, au vrai sens du terme, était surtout un genre improvisé sur des schémas préconçus qui devaient beaucoup à l'art de la rhétorique classique. Du fait qu'ils étaient improvisés, ces chants ne furent que très rarement écrits. Les improvisateurs espagnols étaient célèbres déjà au XVe s. (souvenez-vous de Chariteo à la cour de Naples), mais ce n'est qu'au XVIe s. que, du fait de la mode de tout écrire et de tout codifier, l'on commença à écrire quelques chants véritablement monodiques. C'est tout d'abord dans l'œuvre d'un gentilhomme valencien, **Luys Milán** (1500?-1561?), publié en 1536, que l'on trouve quelques sonnets de Pétrarque et de poètes pétrarquisants comme Jacopo Sannazaro, mis en musique pour monodie et accompagnement de vihuela (guitare à douze rangs de cordes doubles). **Alonso Mudarra** (1515?-1580), majordome de la cathédrale de Séville, écrira quelques pièces dans ce genre, parmi lesquelles *Recuerde el alma dormida* de Jorge Manrique sur la mort de son père reste un chef-d'œuvre du genre. Il ne faut toutefois pas confondre cette authentique monodie, dans laquelle le chant répond à une véritable science de la rhétorique et dont nous n'avons que fort peu d'exemples écrits, avec la pléthore de villancicos, romances, madrigaux, motets et même de messes entières transcrites pour voix seule et accompagnement de vihuela. Mais le répertoire instrumental ne devait pas être fait que de transcriptions : la vihuela et l'orgue devaient bénéficier de talents remarquables et d'un effort sans précédent sur le plan de l'édition musicale.

Pour la vihuela, Luys Milán et Alonso Mudarra, noms auxquels il faut ajouter ceux de **Luys de Narváez** (1500?-1560?) et de **Miguel de Fuenllana** (1500?-1568?), sont sans doute les chefs de file d'une prodigieuse lignée de compositeurs. Il ne faut pas oublier qu'à Naples, en 1536, **Francesco Canova «da Milano»** (1497-1543), considéré comme le meilleur luthiste de son temps, n'avait pas dédaigné de publier un recueil de ses meilleures œuvres, pour la vihuela. **Antonio de Cabezón** (1510-1566), avec l'édition de ses œuvres pour orgue, fut le premier d'une série de compositeurs pour cet instrument qui justifient amplement le fait que l'Espagne possède encore dans ses églises une quantité impressionnante d'orgues anciens d'une grande qualité.

Les théoriciens espagnols de la musique, durant la Renaissance, furent souvent de véritables révolutionnaires du fait de transférer à la musique une caractéristique typiquement espagnole : le sens des réalités concrètes (peut-être Sancho Pança en fut-il l'archétype). Cela n'alla pas sans mal. **Bartolomé Ramos de Pareja** (1440?-1491?) voulut démontrer que la vieille théorie médiévale, défendue par la scolastique, était devenue caduque. Il en perdit son poste de professeur à l'université de Bologne : cela n'empêcha pas les « progressistes » (il y en avait !) de prendre sa défense et, en Espagne, **Juan Bermudo** (1510?-1565?), **Diego Ortiz** (1510?-1570), **Tomás de Santa María** (1510?-1570), et surtout le plus grand de tous, ami de fray Luis de León, **Francisco Salinas** (1513-1590) ; tous, eurent en commun le même sens des réalités concrètes de la musique de leur temps, et la même capacité d'exprimer clairement leurs idées. Plus jamais la musique espagnole ne sera composée, ni expliquée, par de tels hommes.

Le baroque

Les causes de la décadence politique de l'Espagne étaient déjà présentes sous le règne de Philippe II, mais leurs effets ne se feront sentir vraiment qu'après l'avènement de Philippe III. Les dépêches secrètes des ambassadeurs vénitiens, ces témoins lucides et intelligents, sont à cet égard d'autant plus éloquentes qu'ils s'expriment sans la moindre passion. La survie même de la sérénissime république dépendait étroitement d'une compréhension sans faille des complexités politiques de l'Europe. L'Espagne sombrait lentement mais sûrement. La musique se ressentit de cette situation négative, mais elle avait pour elle ce que la cour ne pouvait avoir : une solide assise populaire, dont la vitalité et l'originalité ne faisaient pas défaut. Les compositeurs espagnols s'en approcheront de plus en plus. Durant la première moitié du XVIe s., deux musiciens, très différents par leurs styles et leurs origines, s'imposèrent sur tous les autres. **Francisco Correa de Arauxo** (1576?-1654), organiste-compositeur brillant et spectaculaire, représentait, en la « baroquisant », la continuité par rapport au style d'un Cabezón. **Mateo Romero**, ou **Rosmarin** (1575?-1647), d'origine liégeoise et surnommé « El Maestro Capitán », fut le musicien favori de la cour. Mateo fut l'introducteur, en Espagne, des techniques italiennes de la basse continue et de sa réalisation instrumentale pour l'accompagnement harmonique. Les règles de l'harmonie moderne en découleront et, dans une certaine mesure, les règles de l'orchestration moderne aussi. Toutefois, si l'influence italienne avait été une source d'inspiration et d'enrichissement pour une école musicale espagnole, qui, au XVIe s., était au sommet de sa trajectoire historique et, de surcroît, était puissamment protégée par la cour et par l'Église, au XVIIe s., l'influence italienne prit souvent la forme d'une substitution. Trop souvent, cela créa une dichotomie par rapport à une musique espagnole qui devait, soit s'ancrer dans un passé révolu, soit passer sous les fourches caudines de la mode italianisante à la cour. En fait, les musiciens italiens étaient de plus en plus nombreux à la cour d'Espagne, aux dépens de leurs collègues espagnols. Pourtant, les grands talents ne manquaient pas : Correa de Arauxo était titulaire des orgues de l'église du Saint-Sauveur de Séville. **Juan Bautista Comes** (1582-1643) était à Valence ; **Juan Pujol** (1573?-1626), à Barcelone ; **Alonso Lobo**, à Séville ; **Sebastián Aguilera de Heredia** (1565?-1627), à Saragosse. Victoria se fit entendre à Madrid jusqu'en 1611... et, grâce à **Juan Bautista Cabanilles** (1644-1712), la grande tradition des organistes espagnols se prolongea jusqu'au XVIIIe siècle.

Mais une fois encore, ce sont les improvisateurs espagnols qui retinrent l'attention des cours européennes. A Naples, **Mateo Bezón** (actif entre 1590 et 1610) enseignait la récitation chantée, l'accompagnement à la guitare à cinq rangs de cordes et la passacaille aux gentilshommes italiens. Toute l'Italie improvisait des variations sur la guitare, sur des danses espagnoles comme la passacaille, la chaconne et la sarabande, et chantait des vers espagnols aussi bien qu'italiens en s'accompagnant à la guitare. A Paris, **Luis Briçeño** (actif entre 1615 et 1630) publiait un recueil de chansons espagnoles, avec les accords pour la guitare — mais sans la mélodie ! Celle-ci devait s'improviser à partir des accords de l'accompagnement. D'abondants manuscrits, surtout en Italie, témoignent de l'enthousiasme pour ce genre. L'on sait, par une lettre datée de Paris en 1605, que l'un des inventeurs du théâtre lyrique moderne, Giulio Caccini, chanta à la cour du roi Henri IV en italien, en français — et en espagnol ! Giulio Caccini était l'un des improvisateurs les plus célèbres de son temps. Peu de temps après, à partir de 1608, le musicien français Gabriel Bataille commença à publier ses fameux « Airs de cour », parmi lesquels treize chansons espagnoles figurent parmi les très rares exemples écrits d'un genre essentiellement improvisé. Quelques-unes de ces chansons furent même publiées en Angleterre par le fils du célèbre musicien John Dowland, Robert, en 1610. C'est dans ce contexte que le plus grand dramaturge espagnol, Lope de Vega, donna lieu, en même temps, à la naissance de l'opéra espagnol et à l'énigme la plus obsédante de la musicologie espagnole. Ami de nombreux musiciens, et en particulier de Mateo Romero, **Lope de Vega** fit représenter à Madrid, entre avril et octobre 1629, sa pièce en vers intitulée *La Selva sin Amor*. Dans la dédicace, le dramaturge dit — fort modestement — que la moindre des choses dans la première représentation sont ses propres vers.

Selon Lope de Vega, les machines et la mise en scène du « Mage » italien Cosme Lotti avaient été extraordinaires et la musique avait été magnifique. Pour la première fois, nous dit l'auteur, l'on avait chanté une pièce de théâtre en espagnol, du début jusqu'à la fin. Ce qui fait enrager les historiens de la musique, c'est que Lope de Vega omet de dire qui avait composé la musique. On ne l'a jamais retrouvée. Avait-elle été improvisée ? Aurait-elle été l'œuvre de Romero ? D'un Espagnol ? D'un Italien ? Le saura-t-on jamais ?

Le premier opéra espagnol dont nous ayons le livret, la musique et les noms des auteurs, fut représenté au théâtre du Coliseo del Buen Retiro, à Madrid, en 1660. Il s'agit de *Celos aun del ayre matan* de **Juan Hidalgo** (1612 ?-1685) sur un texte en vers de Calderón de la Barca. Hidalgo et Calderón avaient peut-être déjà collaboré pour l'opéra *La púrpura de la rosa,* dont la musique est perdue. Malgré l'extraordinaire qualité de ces livrets, écrits par les meilleurs dramaturges du moment, et le talent exceptionnel de Juan Hidalgo qui, curieusement, n'avait que le poste de harpiste dans la chapelle royale à Madrid ; malgré toutes ces qualités donc, la cour préférait l'opéra italien et le peuple préférait son bon vieux théâtre à intermèdes chantés en forme de villancicos. L'on ne chantait, d'un bout à l'autre, que la messe ; et l'on allait au théâtre pour s'amuser, pas pour entendre la messe ! Le théâtre à intermèdes chantés était entré dans les mœurs depuis Juan del Encina, et Calderón ne se le fit pas dire deux fois : il inventa la zarzuela. Le mot vient de l'endroit où l'on représenta les premières pièces de ce genre : le palais de la Zarzuela (« zarza » veut dire ronce), actuelle résidence des rois d'Espagne. L'histoire de la zarzuela commence le 17 janvier 1657, avec la représentation de *El golfo de las sirenas*. Les thèmes choisis par Calderón étaient généralement mythologiques et l'action se déroulait en deux, et parfois même un acte. La zarzuela devint rapidement le genre lyrico-théâtral espagnol par excellence mais, plus jamais, il n'y aura de dramaturges de la taille d'un Calderón pour écrire les textes ni de musiciens comme Hidalgo pour composer les intermèdes musicaux. La grande popularité de la zarzuela contribua sans doute à ce qu'une grande quantité d'œuvres fussent écrites, souvent au détriment de la qualité. La zarzuela resta un genre mineur par rapport à l'opéra proprement dit. A la fin du XVIIᵉ s., **Sebastián Durón** (1660-1716) fut le principal compositeur d'intermèdes musicaux pour des zarzuelas écrites par des épigones de Calderón. Plus tard, **Antonio Literes** (1673-1747) composa de la musique réellement charmante pour des zarzuelas qui, sans doute, ne méritaient pas tant d'efforts de la part du musicien.

D'autres genres musicaux permettent encore d'identifier le caractère espagnol durant l'ère baroque. Le villancico était devenu un chant et même une danse liturgique (cela existe encore à la cathédrale de Séville) pour les grandes fêtes catholiques. Nous avons vu que ce genre de villancico avait été introduit dans l'Église par Francisco Guerrero pour faire chanter et danser les enfants de chœur ou « seises » des cathédrales d'Espagne et d'Amérique. Dès lors, tous les maîtres de chapelle avaient l'obligation expresse de composer de nouveaux villancicos pour chaque fête. Le résultat est que, dans les églises des deux côtés de l'Atlantique, un nombre prodigieux de villancicos dorment dans des manuscrits oubliés et jaunis par le temps. Ces villancicos ont parfois la forme de cantates, avec des parties instrumentales importantes et des « coplas » conçues pour être chantées et dansées en même temps. Juan Hidalgo en composa une grande quantité qui restent, à ce jour, inédits. A la fin du XVIIᵉ s., il était de plus en plus difficile de faire imprimer de la musique en Espagne. A Saragosse, **Gaspar Sanz** (1640-1710 ?), l'un des tout meilleurs guitaristes de son temps, dut employer les techniques de l'eau-forte, c'est-à-dire de la gravure sur plaques de cuivre qu'il effectua lui-même, pour faire imprimer sa musique. Ses compositions sont surtout des séries de variations courtes, sans solution de continuité, sur des thèmes de danses espagnoles. Le style de cette musique correspond au genre improvisé dont nous avons déjà parlé.

L'époque classique

Le XVIIIᵉ s. s'ouvre avec la publication, à Madrid, du premier traité édité en espagnol sur les techniques de la basse continue. Il s'agit de *Reglas generales útiles y fáciles de acompañar* (1702) dont l'auteur, **José de Torres** (1665-1738), était en outre un excellent compositeur. En juin 1712, *Los desagravios de Troya,* pièce en trois actes avec une musique de **Joaquín Martínez de la Roca** (1676- ?-1756 ?), était presque un opéra : elle ne comportait que très peu de passages parlés. C'était en outre la première fois qu'une telle musique était imprimée, avec son orchestration complète, en Espagne (1712). Dans cette pièce, l'un des interludes musicaux empruntait les anciennes techniques de l'« ensalada », sorte de pot-pourri de différentes pièces chantées simultanément de façon (malgré tout) harmonieuse, dont le plus grand spécialiste avait été le Catalan **Mateo Flecha le Vieux** (1481-1553). Cet interlude fait intervenir des musiciens de différentes nations qui n'arrivent pas à harmoniser leurs chants. Arrive une jeune chanteuse, munie d'une guitare et que l'on identifie tout de suite : c'est l'Espagne qui mettra tout le monde d'accord. D'un seul coup, la cacophonie devient divine harmonie ! Il s'agissait — bien sûr — d'une allusion un peu appuyée dont le destinataire était la cour. Le roi Philippe V, petit-fils de Louis XIV, comprit parfaitement et les musiciens espagnols connurent un regain de faveur à la cour. Mais cela ne dura que le temps d'un faveur royale, et la nature revint au galop sous l'habit d'un remarquable castrat : **Carlo Farinelli** (1705-1782), Philippe V ne pouvant émerger de ses mélancolies dépressives qu'au son de la voix de celui-ci.

Après la mort du roi en 1746, son successeur, Ferdinand VI, devait maintenir les privilèges de cet extraordinaire chanteur qui dirigeait non seulement toute la musique de la cour mais aussi la politique du gouvernement ! Que Farinelli ait été un homme intelligent et intègre n'empêcha pas la mainmise italienne sur les musiques royales. A son avènement en 1759, le roi Charles III décida que cela suffisait : il donna une pension généreuse au chanteur et lui demanda de bien vouloir rentrer en Italie.

Il est inutile d'insister sur le fait que, dans ces conditions, les musiciens espagnols n'avaient plus grand-chose à espérer du côté de la cour. La première moitié du XVIIIᵉ s. connaîtra surtout des zarzuelas, écrites par **José de Cañizares** (1676-1750), continuateur médiocre mais prolifique de Calderón, dont le principal attrait réside surtout dans les compositions musicales de Literes, que nous connaissons déjà, et de **José Nebra** (1702-1768) qui réussit à faire représenter cinquante-sept de ces œuvres lyriques à Madrid et à Lisbonne, entre 1723 et 1751. Son neveu, **Manuel Blasco de Nebra** (1750-1784), fut l'organiste titulaire des orgues de la cathédrale de Séville et, à vingt-cinq ans, il publia six remarquables sonates pour le pianoforte (1727).

Pendant la deuxième moitié du XVIIIᵉ s., la zarzuela fut principalement l'œuvre de **Ramón de la Cruz** (1731-1794). Ses textes furent mis en musique par des compositeurs comme **Esteve y Grimau** (1726 ?-1794), dont les querelles avec la célèbre chanteuse **María Antonia Fernández**, « la Caramba », occupèrent une place de choix dans les chroniques de l'époque. **Fabián García Pacheco** (1725 ?-1808), dont les villancicos ramassent encore la poussière des archives d'église, fut un autre compositeur de zarzuelas sur des textes de Ramón de la Cruz. Mais la zarzuela tomba en désuétude. Les allégories mythologiques à la façon de Calderón n'intéressaient plus personne quand **Luigi Boccherini** lui-même (1743-1805) composa, en 1786, la musique pour « La Clementina » de Ramón de la Cruz. C'est sans doute pour cette raison que *Las segadoras de Vallecas*, avec une musique d'**Antonio Rodríguez de Hita** (1724 ?-1787), puis *Las labradoras de Murcia* eurent un tel succès : ces zarzuelas représentaient, pour la première fois, la vie populaire de tous les jours. Représentées respectivement en 1768 et en 1769, les danses populaires jouées sur des instruments non moins populaires mirent le public en joie. La formule était trouvée... mais il faudra attendre la deuxième moitié du XIXᵉ s. pour, si j'ose dire, en mesurer la portée. Pour le moment, l'heure de la « tonadilla escénica » avait sonné.

Au début, la tonadilla n'était qu'une chanson accompagnée à la guitare, qui apparaissait de temps à autre dans les interludes théâtraux du genre « sainete » ou « entremés ». Vers 1750, le genre se développa en une sorte de sketch chanté en un acte. Les thèmes plaisaient d'autant plus qu'ils étaient politiques ou satiriques. Selon le nombre des personnages mis en scène, et qui pouvaient varier d'un seul jusqu'à quatre ou cinq (exceptionnellement plus), la tonadilla escénica pouvait durer de dix à trente minutes. Les mélodies faisaient place, de temps à autre, aux danses populaires où l'on voyait apparaître les types de «majos» et «majas» immortalisés par Goya. La satire, quant à elle, pouvait aller fort loin, si l'on en juge par le séjour en prison que l'on imposa à Esteves y Grimau pour s'être moqué un peu trop d'une dame de la haute société. Mais cela assura son succès populaire`: l'on connaît actuellement plus de trois cents tonadillas de ce musicien. Entre 1770 et 1810, plusieurs milliers de tonadillas furent composées et — ce qui est encore plus remarquable — représentées.

Vers 1810, le genre tonadilla déclina. Le dernier grand «tonadillero» fut **Manuel García** lui-même : le père de «diva assoluta» de l'époque, la Malibran. Manuel García devait fonder une école de chant qui fut célèbre à Paris et, en outre, il composa quarante opéras.

Le XVIIIe s. fut un moment privilégié pour la musique instrumentale en Espagne. **José Elías** (1700?-1760?) fut un organiste remarquable : élève de Cabanilles, il est le dernier d'une lignée de grands organistes espagnols inaugurée au XVIe s. par Antonio de Cabezón. Le Napolitain **Domenico Scarlatti** (1685-1757), claveciniste et compositeur réellement génial, avait fait école en Espagne grâce au fait d'avoir été, sous Ferdinand VI, le musicien attitré de la reine María Barbara. Son élève le plus remarquable fut, sans aucun doute, **Antonio Soler** (1729-1783). Ses sonates sont peut-être moins profondes que celles de son maître, mais l'éclatante solarité — comme pour justifier le nom Soler — de certaines pièces pour clavecin (le célèbre «fandango»!) en fait aujourd'hui encore une valeur sûre dans n'importe quel programme de concert. Soler composa aussi de très beaux villancicos pour les fêtes religieuses, qui ne furent égalés à cette époque que par les villancicos du maître de chapelle de la cathédrale de Séville : **Antonio Ripa** (1720-1795), compositeur influencé, quant à lui, par Josef Haydn.

Après **Santiago de Murcia** (1685?-1750?), la guitare doit attendre presque un demi-siècle pour retrouver un maître de la taille d'un Gaspar Sanz ou d'un **Francisco Guerau** (1660?-1720?). Dans l'intervalle, elle va perdre ses cordes doubles et ne conserver, comme la guitare moderne de concert, que six cordes simples. Sans doute influencés par les essais critiques de Feijóo, les meilleurs théoriciens de la deuxième moitié du XVIIIe s. espagnol firent preuve d'une originalité, qu'on n'avait pas vue depuis José de Torres. Les deux traités les plus remarquables furent, *La llave de la modulación*, d'Antonio Soler, et *Dell' origine delle regole della musica*, écrit en italien et publié à Rome par **Antonio Eximeno** (1729-1808). Ces deux ouvrages furent publiés, respectivement, en 1762 et 1774, Eximeno prenant un ton volontairement critique et polémique qui donne à son livre un intérêt toujours actuel.

L'époque romantique

Comme le reste de l'Europe, l'Espagne fit partie des décors de la tragédie napoléonienne. Exsangue, dépouillée d'abord d'un tiers de son patrimoine artistique et bibliographique puis de son empire colonial en Amérique, l'Espagne ne s'était libérée de l'occupation étrangère que pour tomber sous l'une des tyrannies les plus démentes de son histoire. La zarzuela, puis la tonadilla escénica n'étaient plus que des souvenirs de temps meilleurs. Des opéras dans le style italien furent composés par des musiciens comme **Ramón Carnicer** (1789-1855), qui utilisaient le plus souvent des livrets italiens.

Fernando Sor (1778-1839) composa des airs, des ballets et même des opéras — toujours sur des livrets italiens —, comme *Telemaco nell'Isola di Calipso*. Mais Sor est surtout connu, à juste titre, pour ses compositions pour guitare seule qui, encore de nos jours, font partie du répertoire obligé de cet instrument. La mort prématurée de **Juan Crisóstomo Arriaga** (1806-1826) priva l'Espagne d'un excellent compositeur de symphonies dans le style de Haydn qui eût pu, s'il en avait eu le temps, trouver une écriture plus personnelle.

Cependant, le public espagnol supportait toujours aussi mal les représentations théâtrales chantées sans interruption d'un bout à l'autre. Cela lui rappelait d'autant plus la messe qu'il ne comprenait guère mieux l'italien que le latin.

Dès 1850, la zarzuela fit une réapparition d'autant plus applaudie que, cette fois, les thèmes, le langage et la musique seront systématiquement actuels et populaires — ou du moins popularisants. L'enthousiasme du public rappelait celui des meilleurs jours de la tonadilla. Jusqu'à la chute de la IIe République la zarzuela connut un succès total, qui n'était pas toujours justifié par la qualité artistique des textes ou de la musique. Mais il y eut des exceptions tout à fait honorables à la médiocrité de la plupart des innombrables zarzuelas de cette époque : **Ruperto Chapí** (1851-1909), dont on représente toujours la charmante *Revoltosa* et, surtout, **Tomás Bretón** (1850-1923), compositeur du chef-d'œuvre du genre, *La verbena de la paloma*, furent les meilleurs compositeurs de zarzuelas de leur génération. L'on peut encore mentionner **Baltasar Saldoni** (1807-1889), auteur aussi d'un remarquable dictionnaire biographique de musiciens espagnols ; **Hilarion Eslava** (1807-1878), dont un « miserere » — toujours le même — hante encore les cérémonies de la semaine sainte dans la cathédrale de Séville ; **Felipe Pedrell** (1841-1922) qui eut le mérite de composer des opéras sur des livrets en langue catalane et qui se consola de son manque de succès en faisant de la recherche musicologique ; **Francisco Asenjo Barbieri** (1823-1894), excellent composi-teur de zarzuelas et d'opéras, et l'un des meilleurs musicologues de son temps ; **Pascua Arriete** (1823-1894), dont on interprète encore la zarzuela *Marina* ; **Federico Chueca**, dont la zarzuela *La gran vía* eut un succès mémorable et absolument mérité. Il faut encore mentionner **José María Usandizaga** (1887-1915) qui, tout comme Arriaga, mourut avant de pouvoir donner sa pleine mesure. Il eut quand même le temps de composer quelques zarzuelas sur des textes en langue basque. Son chef-d'œuvre est sans conteste *La golondrina*.

Le nationalisme musical, en Espagne, fut un avatar du goût français pour l'exotisme dans les phases ultimes de son romantisme : rappelons à cet égard les « espagnolades » littéraires de Victor Hugo et de Mallarmé, ou musicales de Lalo, Chabrier ou de Bizet. Ces espagnolades furent vite assimilées par des musiciens espagnols en quête de style national après l'ultime épreuve des guerres coloniales et de la défaite devant les États-Unis en 1898. Le nationalisme exaspéré des Espagnols de cette génération crut trouver une expression valable de son identité dans ces espagnolades, et les fit siennes.

Le XXᵉ siècle

Parmis les compositeurs nationalistes les moins médiocres, **Isaac Albéniz** (1860-1909) et **Enrique Granados** (1867-1916) méritent une mention à part. Albéniz composa quelques opéras et zarzuelas parmis lesquelles *San Antonio de la Florida* est la plus connue. Mais Albéniz est connu surtout comme compositeur pour le piano. Enrique Granados, qui mourut noyé en essayant de sauver sa femme, après que leur bateau eut été torpillé durant la Première Guerre mondiale, fut — comme Albéniz — connu pour sa musique de piano « à l'andalouse » selon les normes parisiennes, ce qui lui donnait quand même quelques reflets impressionnistes.

L'on peut encore citer le fondateur du célèbre chœur de l'Orphéon catalan : **Amadeo Vives** (1871-1932), dont la zarzuela *Doña Francisquita* eut beaucoup de succès ; **Jesús Guridi** (1880-1961) connu particulièrement pour avoir composé une zarzuela à succès, *El caserío*. Il faut encore mentionner **Pablo Luna** (1880-1942), **Francisco Alonso** (1887-1948), **Joaquín Vert** (1890-1931), **Reveriano Sautullo** (1884-1933) **Rafael Millán** (1893-1938) et enfin **Jacinto Guerrero** (1895-1951). **Federico Moreno Torroba** (1891-1982) fut un des meilleurs musiciens de cette génération. Sa zarzuela *Luisa Fernanda*, présentée en 1932, fut représentée... 8 000 fois ! Torroba est surtout connu pour ses pièces de guitare, composées pour le grand guitariste **Andrés Segovia**. Sautullo et Vert avaient collaboré pour une autre zarzuela à très grand succès, *La leyenda del beso*. Après 1940, le genre zarzuela tombera en désuétude.

Le compositeur **Manuel de Falla** (1876-1946) appartient à cette génération, mais il doit être considéré tout à fait à part. Il alla chercher son nationalisme musical à Paris, comme les autres, mais il sut l'exprimer avec élégance, avec force, et même avec originalité. Et *l'Amour sorcier* ou *Nuits dans les jardins d'Espagne* doivent sans doute beaucoup plus à son séjour et à son apprentissage parisien qu'à une authentique inspiration à partir de schémas musicaux traditionnels, comme on veut généralement le faire croire. Pourtant, l'accent est cette fois plus espagnol que français. Avec son *Concerto* pour clavecin et le *Retable de maître Pierre,* Falla retrouve enfin une écriture musicale sans espagnolades, même améliorées. La dernière œuvre de Falla, une sorte d'oratorio intitulé *La Atlántida,* resta inachevée. Son disciple **Ernesto Halffter** (1905) la termina.

Continuateur de l'aspect nationaliste de l'œuvre de Falla, **Joaquín Turina** (1882-1949) reste malgré tout un compositeur mineur. Avec lui, les typismes andalous masquent moins bien l'espagnolade que chez Falla. **Federico Mompou** (1893) et **Xavier Montsalvatge** (1912) expriment un nationalisme plus sincère et plus nuancé par la douceur et la sensibilité catalanes. **Joaquín Rodrigo** (1901), dont le *Concierto de Aranjuez* pour guitare et orchestre est loin d'être la meilleure œuvre, partage avec Maurice Ravel (le terrible boléro !) le malheur d'avoir composé un « best-seller » absolu. Dans les « juke-boxes » des États-Unis, l'on peut entendre, pour une pièce de monnaie, Miles Davis jouer « Aranjuez » à la trompette. Malgré cela, Rodrigo a composé de fort belles choses — par exemple pour voix seule — que l'on n'entend jamais. Au fait : il n'y a pas si longtemps, les « juke-boxes » pouvaient vous offrir *The fire dance,* enregistrée au Hollywood Bowl, sous la direction de Carmen Dragon. Mais l'espagnolade n'a pas eu que des adeptes parmi les musiciens nationalistes· : certains compositeurs, comme **Conrado del Campo** (1879-1953), avaient su trouver un langage musical apparenté à celui d'un Béla Bartók, dans la mesure où ils s'inspiraient d'une véritable compréhension du folklore musical des peuples de l'Espagne.

L'abandon du système tonal commença, en Espagne, avec les œuvres de **Roberto Gerhard** (1896-1970). Actuellement, la composition musicale se porte bien en Espagne, comme en témoigne la pléthore de compositeurs jeunes et moins jeunes, tout comme l'éclectisme des styles. A côté du classicisme d'un **Antón García Abril** (1933), d'un **Alberto Blancafort** (1928), d'un **Manuel Carra** (1931), ou du folklorisme (bien compris) d'un **Juan José Falcón** (1936), certains compositeurs de grand talent comme **Enrique Franco** (1920) et **Manuel Castillo** (1930) se sont montrés plus éclectiques dans leurs choix de styles, sans toutefois entrer vraiment dans « l'avant-garde ».

Carmelo Alonso Bernaola (1929) est passé d'une expression plutôt bartokienne au postsérialisme avec un égal bonheur. **Ramón Barce** (1928), **Claudio Prieto** (1934) et surtout **Cristóbal Halffter** (1930) reflètent l'influence de Darmstadt. **Tomás Marco** (1942) est un des jeunes compositeurs espagnols les plus marqués par l'influence d'Adorno, Stockhausen et Pierre Boulez. **Luis de Pablo** (1930) est, sans conteste, le chef de file et le compositeur le plus connu de cette génération de compositeurs. Ses efforts en faveur d'une actualisation de l'opéra ont éveillé un certain intérêt dans les milieux madrilènes des années 80. **Jesus Villa Rojo** (1940), clarinettiste virtuose et membre de l'IRCAM de Paris dirigé par Pierre Boulez, a fondé et dirige actuellement le groupe LIM dont le but est l'interprétation et la diffusion de la musique la plus actuelle, avec une certaine préférence pour les jeunes compositeurs espagnols. De tels groupes ont largement contribué à créer un public pour toutes les expériences musicales de la deuxième moitié du xxe s. La qualité technique du groupe LIM est tout à fait remarquable, mais il faut mentionner, au même titre, d'autres groupes qui ont ouvert l'Espagne aux courants musicaux de notre temps : « Nueva Música », fondé par Ramón Barce, fut le pionnier en 1958. Luis de Pablo fonda le groupe « Alea » en 1965, une année après que **Juan Hidalgo** (1927), un élève de Bruno Maderna, eut fondé le groupe « Zaj ».

L'avenir paraît assuré : parmi les tous jeunes compositeurs, l'on peut nommer **Manuel Hidalgo** (1956), **David Padrós** (1942), et **Eduardo Pérez Maseda** parmi les plus actifs. **Salvador Brotons** (1959) a obtenu un succès remarquable avec son œuvre *Jam rara inicant sidera* sur un texte de Sénèque. Enfin, **Francisco Guerrero** (1951) est un des meilleurs compositeurs de l'Espagne d'aujourd'hui. Son œuvre *Jondo,* où les techniques électro-acoustiques se mêlent aux éléments traditionnels du flamenco de son Andalousie natale, est une composition d'une grande élégance dans laquelle l'identité espagnole est présente, sans nationalisme, sans agressivité et sans prêter à sourire.

L'économie de l'Espagne

par Michel Drain

Il y a seulement un quart de siècle, l'Espagne n'était, du point de vue économique, qu'une puissance de second ordre, pauvre et mal développée. Français, Allemands et Suisses y venaient en quête d'exotisme ou pour y recruter des manœuvres et des bonnes à tout faire.

En 1977, à l'occasion de la demande espagnole d'adhésion au Marché commun, ses futurs partenaires ont découvert que l'Espagne était non seulement devenue un État démocratique et moderne, mais une puissance économique avec laquelle il fallait désormais compter.

L'Espagne, puissance européenne

Entre 1960 et 1974, le produit intérieur brut de l'Espagne a augmenté en moyenne de 7,3 % par an, taux le plus élevé d'Europe. Cette vigoureuse expansion s'est accompagnée du maintien d'un fort protectionnisme jusqu'en 1986.

De l'autarcie à l'intégration européenne. — L'Espagne ne fut épargnée qu'en apparence par la Seconde Guerre mondiale. La guerre civile qui s'y déchaîna n'en fut qu'une répétition et les destructions qu'elle causa ne le cédèrent en rien à celles qui devaient ravager l'Europe quelques années plus tard. Seule différence mais d'importance : la reconstruction y prit près de vingt ans de retard. En 1948, l'Espagne fut écartée du plan Marshall et l'aide américaine escomptée, sujet de l'inoubliable film *Bienvenue Mister Marshall* de Bardem et Berlanga, fut payée du prix de l'implantation de bases militaires sur le territoire national. La politique économique d'autarcie imposée par la Phalange n'en fut pas moins poursuivie, réservant le marché national aux capitalistes espagnols. Ceux-ci purent réaliser d'importants profits aux moindres risques, sans moderniser un appareil de production devenu incroyablement vétuste. Le maintien de la politique autarcique conduisit à une asphyxie de l'économie et, en juillet 1959, une nouvelle orientation l'emporta, défendue, notamment, par des hommes de l'Opus Dei.

Après l'application, en 1959, d'un plan de stabilisation destiné à freiner l'inflation, les échanges extérieurs furent libéralisés, les protections douanières légèrement abaissées et l'émigration des travailleurs autorisée en attendant d'être encouragée. Aussi, les remises des émigrés passèrent-elles entre 1960 et 1973 de 55 millions à 913 millions de dollars US. Par ailleurs, les investissements étrangers, désormais rendus possibles, et l'essor du tourisme balnéaire furent une autre source de devises permettant d'importer les biens d'équipement et les techniques nécessaires à la modernisation de l'économie. En dépit d'un fléchissement passager en 1967-1968, l'essor devait se poursuivre sur ces bases jusqu'au premier choc pétrolier. Malgré un retard de près de dix ans sur l'Italie, le « décollage » s'est alors produit et quelques indicateurs permettent d'en mesurer l'ampleur.

Développement de l'économie et de la population en Espagne de 1959 à 1984 (source : Banco de Bilbao)			
Années	Population en milliers	Revenu per capita au c.d.f. en $ US	Part des actifs dans l'agriculture
1959	30 048	365	41,9 %
1964	31 549	559	35,6 %
1969	33 224	841	30,2 %
1974	35 031	2 175	24,1 %
1979	36 902	4 645	20,1 %
1984	38 528	3 509	17,9 %

Parallèlement, l'Espagne ratifiait en 1963 les accords internationaux en faveur du libre-échange (GATT) et signait, en 1970, un accord commercial avec la Communauté économique européenne. La signature du traité d'adhésion au Marché commun, le 12 juin 1985, marqua l'aboutissement de ce processus d'ouverture. Il est vrai toutefois que la protection douanière à l'encontre des produits en provenance de la CEE demeura très élevée jusqu'au 1er janvier 1986, de l'ordre de 20 % sur les textiles, voitures de tourisme, etc., et qu'elle ne sera totalement abolie qu'au 1er janvier 1993.

La puissance industrielle. — C'est dans la première moitié du XIXe siècle que s'est produit, sur des bases minières, l'essor des Asturies et celui du Pays basque et que s'est confirmé celui, déjà ancien, de la Catalogne dont les industries textiles étaient alors les plus importantes. Madrid demeura jusqu'au milieu du XXe siècle une capitale politique aux fonctions exclusivement administratives. Le développement, depuis lors, de l'aire industrielle madrilène et de celle de Valence acheva de dessiner le quadrilatère de régions développées dont Barcelone, Bilbao, Madrid et Valence forment les pointes.

Afin d'assurer une répartition nationale plus équilibrée, une politique dite des pôles de développement, inspirée en partie par les idées de l'économiste français François Perroux, fut appliquée à partir de 1964. Les cinq premiers pôles choisis furent La Corogne, Séville, Valladolid, Vigo et Saragosse. Par ailleurs, le souci de développer des secteurs a priori peu attractifs pour les capitaux privés mais d'un intérêt national vital amena, dès 1941, la création d'une sorte de holding d'État : l'Institut national de l'industrie. Son premier directeur, José Antonio Suanzes, répondit aux exigences de la politique d'autarcie et réalisa une œuvre considérable. Au prix, il est vrai, de bien des erreurs et de gaspillages, l'INI joua un rôle essentiel dans le développement de la production d'énergie électrique, de la sidérurgie, des constructions navales et aéronautiques, etc. L'INI conserve encore, en 1986, des secteurs clés de l'économie ; parmi les 65 entreprises qui en dépendent et où s'emploient plus de 200 000 personnes, 4 figurent parmi les 20 premières entreprises espagnoles pour le chiffre d'affaires et l'une d'elles vient même au second rang pour l'importance des bénéfices !

Les industries espagnoles sont à la fois importantes et variées. Dans le monde, l'Espagne s'est hissée au troisième rang pour le tonnage des navires lancés, au sixième pour la production des véhicules de tourisme, au onzième pour le tonnage d'acier, etc. On notera toutefois que les secteurs les plus développés de l'industrie espagnole sont souvent ceux parmi les plus touchés par la crise économique qui secoue le monde depuis plus d'une décennie.

Une agriculture exportatrice. — Aux yeux du passager des lignes aériennes, la fréquence des affleurements rocheux que la charrue contourne, les taches claires des sols érodés et les griffures multiples de l'érosion au milieu des champs de céréales disent éloquemment la sévérité du milieu physique que l'agriculteur espagnol doit affronter. Pour près des 9/10 de son territoire, en effet, l'Espagne est placée dans la zone climatique méditerranéenne que caractérisent l'irrégularité des précipitations et la coïncidence estivale de la chaleur et de la sécheresse.

Cette dernière est encore aggravée par la forme massive de la péninsule dont l'intérieur est soustrait, en partie, aux influences océaniques. Aussi n'est-il pas surprenant que les productions végétales l'emportent en valeur sur les productions animales. Pour remédier à la sécheresse, l'agriculture espagnole a encore recours aux jachères herbeuses ou travaillées et à l'arboriculture qui lui vaut d'être le premier producteur mondial d'huile d'olive et de disposer du vignoble, sinon le plus productif, du moins le plus étendu du monde (1 650 000 ha). Mais l'irrigation s'est beaucoup développée. A partir des années 50, l'Espagne a mené une politique d'hydraulique agricole de grande ampleur. Les aires irriguées sont ainsi passées de 1 633 000 ha en 1954 à plus de trois millions d'hectares en 1980, au prix, il est vrai, d'une infrautilisation de l'eau et de coûts d'aménagement élevés. Mais c'est à ce prix que les potentialités climatiques sont mises à profit, notamment pour la production des fruits et légumes. Sur la côte orientale de l'Andalousie, dans la campagne de Dalías, l'irrigation n'a pas suffi ; sur des encroûtements très durs, il a été nécessaire de créer un sol artificiel en superposant le sable qui accroît la chaleur du jour au fumier qui atténue le refroidissement nocturne.

Bien qu'ils soient ponctuels, des exemples de ce genre permettent des exportations d'une valeur marchande élevée parmi lesquelles plus de 15 % reviennent aux agrumes. Ainsi, dans quelques secteurs de productions méditerranéennes : vin, huile d'olive, fruits et légumes, l'agriculture espagnole a une puissance qui lui permet des exportations massives et compétitives.

Toutefois, l'Espagne importe généralement plus de denrées agricoles qu'elle n'en exporte (mise à part l'année exceptionnelle de 1984) ; près de 40 % de ses importations agricoles sont destinées à nourrir le bétail (soja, maïs, sorgho) et proviennent des États-Unis. Enfin, bien des ombres planent encore sur l'agriculture espagnole dont la productivité par actif agricole n'est encore que le tiers de ce qu'elle est en France, où le pourcentage d'exploitants de plus de soixante-cinq ans est élevé (27 % en 1984) et où les structures sociales représentent un frein à la modernisation dans de nombreuses régions.

C'est ainsi que les exploitations laitières de l'Ibérie humide sont trop exiguës pour permettre la production d'aliments pour le bétail ce qui implique, au niveau national, les lourdes importations mentionnées plus haut. En revanche, en Andalousie, une partie des grands domaines à main d'œuvre salariée sont insuffisamment mis en valeur ce qui a justifié le recours à une réforme agraire promulguée le 9 octobre 1984 par le gouvernement autonome.

Une pêche miraculeuse. — Les Espagnols sont, de longue date, de gros consommateurs de poissons et fruits de mer qui sont un des attraits gastronomiques de ce pays. La distribution du poisson frais qui atteint les lieux les plus reculés y est déjà une sorte de miracle quotidien. Mais le plus surprenant est encore l'importance économique prise par la pêche dans un pays dont les littoraux ne sont guère favorisés à cet égard, ce qui oblige les pêcheurs espagnols à parcourir tous les océans.

A partir des années 60, l'Espagne mit sur pied une des plus importantes flottes de pêche du monde. Il s'agissait à la fois de remplir les carnets de commande des chantiers navals nationaux et de s'assurer, conformément aux habitudes alimentaires locales, une source de protéines animales que l'élevage n'était pas en mesure de fournir.

Les principaux ports de pêche espagnols sont atlantiques : Las Palmas aux Canaries, La Corogne en Galice, Pasajes au Pays basque, Algeciras en Andalousie ; le plus important de tous est celui de Vigo, en Galice, qui est, de loin, le premier port de pêche du continent européen.

L'extension à 200 milles de la juridiction des pays riverains s'est généralisée dans le monde entier entre 1973 et 1977 ; elle est venue porter un coup d'arrêt au développement de la pêche espagnole et même plonger certaines spécialités, comme celle de la pêche à la morue, dans une crise très grave. De vifs conflits en sont résultés ; l'adhésion de l'Espagne au Marché commun a provisoirement assuré des aires de pêche dans les eaux communautaires en échange d'une réduction progressive de l'armement espagnol.

L'organisation spatiale de l'économie espagnole

Le territoire national est organisé suivant des structures établies à des échelles différentes qui contribuent à distinguer nettement l'Espagne du reste de l'Europe, mais aussi à y introduire des disparités régionales qui se sont encore accrues durant les quinze années de développement. Les responsables espagnols se sont longtemps assez peu souciés de conduire rationnellement cette évolution rapide et de procéder à un véritable aménagement de l'espace. Les conditions politiques y sont aujourd'hui devenues plus favorables. L'instauration des institutions autonomes permet, en effet, une meilleure prise de conscience des problèmes régionaux, sans pour autant apporter toujours les moyens d'y porter remède.

Les structures spatiales. — On parlait autrefois « des Espagnes » pour mieux rendre compte de la diversité d'un pays dont on admettait également la forte originalité d'ensemble. L'institution des organismes autonomes est la reconnaissance de cette variété dont les éléments culturels constituent le plus important facteur. Mais il convient d'y ajouter également des disparités de nature plus économique et sociale et dont la délicate explication nécessaire de faire la part de l'histoire et de la géographie.

L'attention portée à la distribution de la population espagnole, d'une part, à la répartition géographique des revenus par tête, d'autre part, permet de mettre en évidence des structures de l'espace très suggestives. La répartition de la population dans le cadre de la péninsule Ibérique montre que les densités les plus élevées, les villes de plus de 100 000 habitants et les plus importants centres industriels se trouvent concentrés, de façon non continue, le long des littoraux. Les régions intérieures présentent un négatif de cette situation à quelques rares exceptions près dont la plus notable est la région de Madrid qui rassemble plus de trois millions d'hommes, de nombreuses industries et un centre de décision national au centre même de la péninsule. Il n'en fut pas toujours ainsi et le déclin démographique et économique de l'Espagne intérieure remonte au XVIIe siècle, mais il n'a jamais cessé depuis de s'accentuer privant ainsi les Castilles d'une justification économique de leur domination politique. La présence au centre d'une très grande agglomération compense, il est vrai, les effets centrifuges d'une répartition périphérique de la population, à la différence de ce qui se passe au Portugal où la capitale est elle-même périphérique.

Pour comprendre la signification de la distribution des revenus par tête, c'est à l'échelle de l'Europe tout entière qu'il convient de se placer. On constate alors qu'un groupe d'États à niveau de revenus par tête élevés s'oppose à d'autres dont les revenus sont très inférieurs. Les premiers s'organisent autour de la Suisse, de l'Allemagne fédérale et des pays scandinaves alors que les seconds se trouvent, de l'Irlande à la Grèce, dans une situation périphérique. L'Espagne fait partie de ce dernier groupe qui comprend aussi le Portugal et l'Italie, c'est-à-dire tous les États qui ont fourni au premier groupe, de 1955 à 1975, la main-d'œuvre non qualifiée pour les usines et chantiers du « centre » alors en pleine expansion. L'Espagne occupe parmi les États de la périphérie européenne une position intermédiaire entre celle de la France, pays du « centre » où le revenu par tête en 1984 était supérieur à 10 000 dollars US, et le Portugal, à l'extrême périphérie où le revenu par tête dépassait à peine 2 000 dollars à la même date. Si l'observation est poussée à l'échelle régionale, on se rend compte que l'Espagne est elle-même affectée par le phénomène et que la répartition des revenus par tête s'y organise suivant des portions de couronnes. Les revenus par tête les plus élevés s'y localisent en Catalogne et au Pays basque, mais aussi dans l'espace intermédiaire entre ces deux régions ainsi que le long des littoraux jusqu'aux Asturies sur le littoral atlantique, jusqu'à Alicante sur le littoral méditerranéen. En revanche, les revenus les moins élevés se situent au S.-O., en Galice, Estrémadure et Andalousie. La région madrilène fait, ici encore, figure d'exception avec les revenus par tête les plus élevés d'Espagne ce qui, au demeurant, ne saurait surprendre compte tenu de la concentration poussée de l'administration et de l'économie de l'Espagne.

Quelques éléments d'explication peuvent être fournis par les conditions géographiques. La péninsule Ibérique, par sa position, a pu participer dans l'histoire aux essors successifs des États méditerranéens et des puissances atlantiques, mais le déplacement contemporain du principal foyer européen d'activité vers les rives de la mer du Nord et de la Baltique l'a placée dans une position d'éloignement, en bout d'Europe, préjudiciable à un développement non endogène. Par ailleurs, sa configuration massive comme son caractère montagneux sont à la source de sérieuses contraintes pour les transports terrestres, ce qui explique qu'en 1981 encore plus de 18 % des échanges intérieurs de marchandises et 90 % des échanges extérieurs s'effectuaient par voie maritime comme si l'Espagne était une île.

Cependant, quel que soit l'espace qui leur sert d'assise territoriale, les sociétés humaines gardent la possibilité d'en jouer de diverses manières. La décision, par exemple, prise par Philippe II en 1561, d'ériger une méchante bourgade du centre de la péninsule Ibérique au rang de capitale, fut un choix politique aux conséquences considérables pour l'organisation de l'espace espagnol. Expression d'une double volonté de domination d'un homme et d'une région sur toute la péninsule, elle est devenue de nos jours, dans l'organisation de l'espace, un contrepoids qui équilibre la disposition périphérique des activités et des hommes. Cela suppose, il est vrai, un bon écoulement des flux de marchandises auxquels ni le réseau ferré ni la route n'ont jamais répondu de manière satisfaisante. Les chemins de fer, d'un écartement différent de celui du reste de l'Europe, ont contribué à l'isolement de l'Espagne et ont désormais perdu toute importance tant pour le transport des marchandises (6,7 % du trafic intérieur en 1983) que des voyageurs (7,1 % en 1983).

C'est, en définitive, à l'histoire récente des trente dernières années, que l'Espagne doit une bonne partie de ses aspects contemporains. Son développement fut essentiellement exogène, provoqué indirectement par l'essor d'un foyer européen situé au-delà de ses frontières, propagé par les flux de capitaux, de travailleurs, de touristes et, bien entendu, de technologie. C'est cette situation qui, en dernière analyse, rend le mieux compte du moment, de la nature et des modalités d'un développement qui n'a de commun avec celui du Japon que la soudaineté de son apparition.

L'aménagement de l'espace. — Le développement rapide de l'économie espagnole s'est accompagné d'un exode rural généralisé dont la plus grande partie trouva un exutoire dans les grandes agglomérations du pays, à la différence en cela du Portugal voisin où une part importante de l'exode rural fut contrainte de sortir du territoire national.

Cela entraîna en Espagne une concentration excessive et sauvage dans les grands centres urbains et une forte diminution de la population des régions rurales pouvant même aller, dans l'intérieur, jusqu'à la dépopulation et à l'abandon de villages entiers. Ces transferts massifs de population amenèrent des distorsions entre les régions dont le tableau suivant donne un aperçu ; ils pouvaient inciter à conférer à la planification une dimension spatiale tandis que la croissance urbaine pouvait être l'occasion également d'un aménagement. A quelques rares exceptions près, il n'en fut rien.

Évolution du produit intérieur brut et de la population de 1960 à 1977 par ensembles régionaux en pourcentages par rapport aux totaux nationaux.

Surf.	Ensembles régionaux	Produit intérieur brut		Population	
		1960	1977	1960	1977
53,0 %	*Régions intérieures* (les 2 Castilles, Aragon, Rioja, Estrémadure).	19,5 %	15,5 %	24,9 %	18,0 %
1,6 %	*Province de Madrid*	11,7 %	16,4 %	8,5 %	12,5 %
11,9 %	*Littoral méditerranéen* (Catalogne, Valence, Baléares).	30,0 %	31,4 %	22,4 %	27,4 %
6,7 %	*Littoral cantabrique* (Asturies, Cantabrie, Pays basque, Navarre).	14,8 %	13,4 %	10,5 %	11,6 %
5,8 %	*Galice*	5,9 %	5,8 %	8,6 %	7,4 %
21,0 %	*Régions méridionales* (Andalousie, Murcie, Canaries).	18,1 %	17,5 %	25,1 %	23,1 %

En 1962 fut créé un Commissariat général au plan de développement, mais les trois plans qui se succédèrent de 1964 à 1975, outre un aspect technocratique qui les rendait inopérants, ne comportèrent que très peu de préoccupations d'ordre régional. Aussi la croissance urbaine s'est-elle effectuée de façon irréfléchie aboutissant à créer des problèmes dont la solution est devenue désormais difficile tel que celui posé par la pollution de l'air à Madrid qui dépasse fréquemment, par beau temps anticyclonal, les seuils critiques de toxicité. Le massacre des sites le long du littoral méditerranéen relève de la même carence face à l'engouement du tourisme balnéaire et à la fièvre de spéculation ainsi déclenchée. Enfin, très peu de mesures furent arrêtées pour stimuler le développement des régions de l'Ouest et du Midi.

La création des communautés autonomes, prévues par la Constitution de 1978, vint enfin apporter une réponse au problème de l'aménagement régional en le plaçant, avec l'urbanisme, dans les prérogatives des pouvoirs régionaux. Il existe plusieurs moyens, à l'échelon du pouvoir central, pour assurer une redistribution des crédits au profit des régions les moins favorisées : un fonds d'action urgente qui accorda près de la moitié de ses crédits dès sa première année de fonctionnement (1979) à l'Andalousie et à la Galice, des sociétés de développement industriel (SODI) émanant de l'Institut national de l'industrie et dont l'action est régionalisée, enfin et surtout un fonds de compensation interterritorial dont le montant annuel ne peut être inférieur à 30 % des investissements publics de l'État espagnol. Mais le nouveau modèle d'aménagement se heurte au regain de faveur des politiques sectorielles en rapport avec la poursuite de la crise.

L'Espagne dans la crise

La longue agonie du franquisme, le vide politique laissé par une dictature de près de quarante ans, le souci enfin des Espagnols d'assurer une transition pacifique vers la démocratie ont accaparé les énergies et détourné l'attention des graves problèmes économiques de l'heure. La crise allait révéler, en effet, les rigidités de l'appareil productif espagnol ; moins de quinze années de développement continu et rapide n'avaient pu effacer toutes les séquelles de l'autarcie et du dirigisme, mais avaient suffi pour accoutumer l'opinion à une élévation graduelle du niveau de vie. Outre la nécessité de procéder à des réajustements de l'économie afin de tenir compte de la crise, mais aussi de l'entrée dans le Marché commun, l'Espagne doit également rétablir les équilibres fondamentaux de son économie et défendre son indépendance en ce domaine.

Le rétablissement des équilibres fondamentaux. — Chômage, inflation, déficit budgétaire, déficit de la balance des paiements ne sont pas des maux dont l'Espagne, depuis 1974, a le monopole mais, faute d'une suffisante vigilance, ils y ont pris une dangereuse ampleur qui exige désormais une lutte tenace sur tous les fronts.

C'est dans le domaine de l'**emploi** que la situation est devenue la plus préoccupante. En dix ans, de 1974 à 1984, le taux de chômage est passé de 2,9 à 20,6 % des actifs, soit un des plus élevés d'Europe. Les jeunes de seize à vingt-cinq ans en sont les principales victimes et l'on voit apparaître une catégorie de jeunes adultes n'ayant jamais eu d'emploi. En 1978, le pacte de la Moncloa inaugura une série d'accords salariaux entre les syndicats et le gouvernement afin de contenir les hausses de salaires. Cette politique de consensus était censée soulager le budget des entreprises afin de permettre plus d'investissements et la création de nouveaux emplois. Il n'en a rien été, mais des formes d'économie souterraine se sont développées dans de nombreux secteurs tels que la construction, l'habillement, l'hôtellerie où des ouvriers acceptent de travailler au rabais de manière plus ou moins clandestine. Il s'agit d'une forme de régression sociale vers la situation de pays en voie de développement.

Les **dépenses publiques** n'ont pas cessé de s'accroître en liaison avec de nombreuses mesures destinées à soutenir l'économie ou à atténuer les effets de la crise. Malgré une augmentation de la pression fiscale et une réduction des dépenses de personnel, le déficit budgétaire dépassa en 1985 le tiers de l'épargne espagnole. Aussi est-il fait appel de plus en plus aux emprunts extérieurs. L'endettement extérieur, public et privé, est ainsi passé de 8 millions de dollars US en 1975 à plus de 32 millions en 1984, quadruplant en moins de dix ans. Il n'est pas surprenant, dans ces conditions, que la monnaie nationale n'ait pas cessé de se déprécier par rapport aux monnaies européennes, Portugal excepté.

C'est seulement à partir de 1984 que, grâce à une augmentation substantielle des exportations, l'Espagne a réduit sensiblement un déficit de la **balance commerciale** qui avait dépassé 13 milliards de dollars en 1980. Encore faut-il tenir compte en 1984 d'une excellente année agricole et d'une baisse des importations en liaison avec une politique de rigueur. Les biens d'équipement et le matériel de transport représentèrent 19 % des importations cette année-là, les produits agricoles 12 %, mais le poste le plus important est celui des produits minéraux (40 %) parmi lesquels l'essentiel est représenté par les hydrocarbures. Les produits manufacturés figurent au premier rang des exportations avec, notamment, les véhicules de tourisme ; les produits agricoles ont aussi, rappelons-le, une part non négligeable (15 %). L'Espagne réalise le tiers de son commerce extérieur avec les pays du Marché commun, elle y exporte d'ailleurs beaucoup plus qu'elle n'en importe.

La tendance au rééquilibrage de la balance commerciale a permis à la balance des paiements de devenir excédentaire. D'autant plus que la tendance à la diminution des remises des émigrés fut largement compensée par le maintien des apports de devises du tourisme et par la progression des investissements étrangers. En 1984, près de 43 millions de touristes visitèrent l'Espagne, dont la population est inférieure à ce chiffre (38,5 millions) ; les devises qu'ils laissèrent s'élevèrent à près de 8 milliards de dollars US. Ainsi, en dépit d'une forte augmentation du coût de la vie, le tourisme demeure un des plus puissants moteurs de l'économie espagnole.

Les réajustements de l'économie. — Le redressement amorcé en 1984 doit également s'accompagner de mesures structurelles destinées à mettre l'économie espagnole en conformité avec les exigences du présent. L'économie espagnole est très dépendante d'importations d'hydrocarbures ; plusieurs secteurs industriels importants sont gravement touchés par la crise et doivent être modernisés ; enfin, l'entrée dans le Marché commun signifie la fin du protectionnisme.

La **dépendance énergétique** de l'Espagne ne concerne pas tant le charbon, dont la production nationale couvre les trois quarts des besoins, que les hydrocarbures dont elle doit importer la quasi-totalité de ceux qu'elle consomme. Aussi, les deux chocs pétroliers se firent particulièrement sentir et furent-ils pour beaucoup dans l'accroissement du déséquilibre de la balance commerciale. Entre 1974 et 1982, pour des volumes importés sensiblement égaux, la note pétrolière, exprimée en monnaie constante, tripla. Un premier plan national de l'énergie, élaboré en 1979, prévoyait de développer la production d'électricité. En 1984, elle s'éleva à 114 000 mégawatts dont 51 % d'origine thermique, 29 % d'origine hydraulique et 20 % d'origine nucléaire. La réduction de l'activité économique et la réalisation d'économies d'énergie firent d'ailleurs réviser en baisse les prévisions, entraînant la fermeture des chantiers de nouvelles centrales nucléaires.

La **politique de restructurations industrielles** fut mise en place tardivement, à partir de 1979, et ce fut seulement en 1981 qu'elle s'accéléra. Menée par secteurs au moyen d'incitations financières, fiscales et sociales, après négociations avec les représentants des entreprises et des syndicats, son coût fut de l'ordre de 1,1 % du produit intérieur brut en 1984. L'assainissement financier des entreprises accompagne le redimensionnement des unités de production en vue de réduire les coûts de fabrication et d'adapter la production à la demande. Presque tous les secteurs industriels sont concernés, mais les «dégraissages» d'effectifs atteignent ou dépassent 40 % du total dans la sidérurgie, les chantiers navals et la construction des appareils électroménagers.

Le coût social et politique de ces mesures est lourd et la fermeture des aciéries de Sagonte, par exemple, a donné lieu à de violents affrontements. Une loi de 1984 prévoit des mesures parallèles en faveur de l'emploi et la création de zones d'urgente réindustrialisation (ZUR). L'énumération des ZUR montre que tous les grands centres industriels sont touchés : Asturies, Madrid, Barcelone, Bilbao, baie de Cadix, ports galiciens de Vigo et d'El Ferrol. L'adhésion de l'Espagne au Marché commun peut modifier le déroulement des restructurations à l'exception de la sidérurgie où les aides de l'État sont autorisées pour une durée de trois ans.

La fin du protectionnisme est la principale conséquence de l'entrée de l'Espagne dans le Marché commun. Bien que graduel, en effet, son retrait est inexorable. L'obligation de substituer la taxe à la valeur ajoutée (TVA) au système complexe d'imposition indirecte jusque-là en vigueur fut d'une grande portée. En effet, cela signifie la fin du système d'aides déguisées de l'État aux exportations et de taxes aux importations dont le commerce extérieur espagnol a profité jusque-là. On comprend l'insistance des partenaires européens pour que la TVA fût appliquée dès le 1er janvier 1986, date d'entrée en vigueur du traité d'adhésion, mais aussi l'appréhension justifiée des entrepreneurs espagnols exposés depuis à une plus juste mais plus sévère concurrence sur le Marché commun.

On peut, en conclusion, se demander si trois âges économiques ne cohabitent pas en Espagne. Le plus archaïque n'est plus à chercher au fond des Jurdes, chez ces paysans misérables et arriérés que Buñuel nous a forcés à voir (*Las Hurdes*, 1933). Il est, au S. de Valence, dans ces ateliers hâtivement montés où des ouvrières fabriquent des chaussures pour un salaire de misère. L'âge moderne est, en revanche, celui des grandes entreprises agricoles des campagnes andalouses, hier encore latifundium et qui, aujourd'hui, exportent par centaines de tonnes salades, pêches et primeurs vers les marchés européens. Il est aussi celui des gigantesques usines Ford et General Motors qui lancent, par centaines de milliers, en direction du Marché commun, un seul modèle de voiture de tourisme. Mais il existe également un autre âge qui relève du futur ou, peut-être, de l'imaginaire, et qui se fait jour déjà dans quelques secteurs de pointe. Celui-ci serait la réalisation des potentialités de l'économie espagnole qui sont immenses. Sous forme de défi aux puissances industrielles du N. de l'Europe, cet âge-là verrait le retour aux pays où fleurit l'oranger des flux et des activités qui leurs furent dérobés jadis.

Indications bibliographiques et cartographiques

Nous avons tenu à indiquer un certain nombre d'ouvrages anciens mais de fond, susceptibles de rendre parfois service aux passionnés de l'Espagne. Épuisés pour la plupart, ces livres peuvent être consultés en bibliothèques. Au contraire, on se procurera facilement en librairie les titres récemment parus. On trouvera la plupart de ces livres à la librairie espagnole, 72, rue de Seine, 75006 Paris (☎ 43.54.56.26).

A retenir, tout d'abord, un excellent mémento :
R. *Escarpit*, F. *Bergès* et G. *Larrieu* : **Guide Hispanique** (Paris, Hachette, 1970), qui, bien que datant un peu, présente en résumé, avec une précision extrêmement détaillée, la géographie, l'histoire, les lettres et la pensée, les arts et la société contemporaine de l'Espagne.

Terre d'Espagne

Dans la collection des guides Visa (Hachette) :
En Andalousie (1989); *Aux Baléares* (1989); *Aux Canaries* (1989); *A Barcelone et en Catalogne* (1990); *A Madrid et en Castille* (1990).
Guide du Routard : *Espagne* (annuel).

Amalric (Jean-Pierre) : *Espagne* (Paris, Seuil, coll. «Points Planète», 1990).

Birot (P.) et J. **Dresch** : *La Méditerranée occidentale* [Péninsule ibérique], coll. «Orbis» (Paris, Presses Universitaires de France, 1953).

Birot (P.) : *La Méditerranée et le Moyen-Orient* (Paris, Presses Universitaires de France, 1964).

Bottineau (Y.) : *Splendeurs de l'Espagne* (Paris, Arthaud, 1962).

Chantal (S.) : *Espagne* (Paris, Sun, 1986).

Cornelius (Hans) : *Les Baléares, Majorque, Ibiza, Formentera, Minorque,* photos de M. Boumli (Paris, Bibliothèque des Arts, 1979).

Dessens (A.) : *L'Espagne et ses populations* (Complexe à Bruxelles, diff. P.U.F., Paris, 1977).

Drain (M.) : *Géographie de la péninsule ibérique,* coll. «Que sais-je?» (Paris, Presses Universitaires de France, 1964); *L'économie de l'Espagne* (*Ibid.,* 1968).

Guinard (Paul) : *L'Espagne* (Nous partons pour; Paris, Presses Universitaires de France, 1964).

Gutierrez Solana : *Espagne noire* (Paris, Buchet-Chastel, 1965).

Huetz de Lemps (A.) : *L'Espagne* (Géographie) (Paris, Masson, 1976).

Legris (J.) : *La tauromachie;* photos de M. **Chiaselotti** (Paris, Hachette, 1978).

Lucas-Dubreton (J.-M.) : *Le Voyageur d'Espagne* (Bibliothèque des Guides bleus, Paris, Hachette, 1963).

Minvielle (P.) : *Espagne* (Paris, Nathan, 1984).

Popelin (Cl.) : *La tauromachie* (Paris, Seuil, 1970).

Rodde (M.) et **Affergan** (M.) : *Voir l'Espagne* (Paris, Hachette, 1972).

Roiter (F.) : *Espagne,* album photos (Atlantis, 1972).

Saint-Paulien : *l'Espagne que j'aime* (Paris, Vilo, 1961).

T'Serstevens (A.) : *L'Itinéraire espagnol* (Paris, Plon, 1933); *Le Nouvel Itinéraire espagnol* (Paris, S.E.G.E.P., 1951);

L'Espagne (coll. «Images du Monde», 2 vol. ill., Monaco, Documents d'Art, 1952).

Willemont (H. et P.) : *Découvrir l'Espagne mauresque* (Verviers, Marabout, 1974).

Le temps et l'art

Dans la coll. «La nuit des temps» (Zodiaque) :
Castille romane, 2 vol. (1966); *Catalogne romane,* 2 vol. (1960, 1961); *Navarre romane* (1967); *Aragon roman* (1971); *León roman* (1972); *Galice romane* (1973); *L'art pré-roman hispanique,* (1973); *l'Art mozarabe* (1977).

Histoire de l'Espagne (Paris, Hachette, 1967).

Goya, coll. «Génie et Réalités» (Paris, Hachette, 1972).

Yves Brayer et l'Espagne, Introduction de **H. de Montherlant** (Grenoble, Arthaud, 1959).

Tout l'œuvre peint du Greco, Introduction de **P. Guinard** (Paris, Flammarion, 1971).

Tout l'œuvre peint de Goya, Introduction de **P. Guinard** et **R. de Angelis** (Paris, Flammarion, 1976).

Tout l'œuvre peint de Vélasquez, Introduction d'**Yves Bottineau** (Paris, Flammarion, 1969).

Dans la coll. «Classiques de l'art» (Flammarion) :
Goya (n° 76), *Greco* (n° 73), *Zurbarán* (n° 75), Introductions de **P. Guinard**.

Ainaud (J.) : *Peintures romanes espagnoles* (Paris, Flammarion, 1962).

Babelon (J.) : *La Civilisation espagnole du Moyen Age à nos jours* (Paris, Casterman, 1963) et *Hommes et cités d'Espagne* (Sud-Édition, 1965).

Barret (P.) et **Gurgand** (J.-N.) : *Priez pour nous à Compostelle* (Paris, Hachette, 1978).

Belzunce (A.) et **Mauthe** (Cl.) : *La vie quotidienne dans le monde de la corrida* (Paris, Hachette, 1980).

Bennassar (B.) : *Saint Jacques de Compostelle* (Paris, Julliard, 1970); *L'inquisition espagnole* (Paris, Hachette, 1979; *L'homme espagnol, attitudes et mentalités aux XVIe et XIXe s.* (Paris, Hachette, 1975); *Un siècle d'or espagnol* (Paris, R. Laffont, 1982); *Histoire des Espagnols* (Paris, A. Colin, 1985).

Braudel (F.) : *La Méditerranée et le monde méditerranéen à l'époque de Philippe II* (Paris, A. Colin, 1985).

Broué (P.) et **Temime** (E.) : *La révolution et la guerre d'Espagne* (Paris, Éd. de Minuit, 1961).

Bottineau (Yves) : *L'art de cour dans l'Espagne de Philippe V* (Bordeaux, 1962); *Les Chemins de Saint-Jacques;* 204 ill. (Paris-Grenoble, Arthaud, 1983).

Champdor (A.) : *L'Alhambra de Grenade* (Paris, A. Guillot, 1953).

Chaunu (P.) : *l'Espagne de Charles Quint* (Paris, Sedes, 1973).

Chastenet (J.) : *La Vie quotidienne en Espagne au temps de Goya* (Hachette, 1966); *Histoire de l'Espagne* (Hachette, 1967).

Collet (H.) : *L'Essor de la musique espagnole au XXe siècle* (Paris, Eschig, 1929).

Crespi (G.) : *L'Europe musulmane* (Paris, Zodiaque, 1986).

Daix (P.) : *Picasso* (Paris, Chêne, coll. «Profils de l'Art», 1991).

Defourneaux (M.) : *La Vie quotidienne en Espagne au Siècle d'Or* (Paris, Hachette, Nlle éd. 1992).

Descharnes (R.) : *Dali de gala* (Paris, Lazarus, 1962).

Descola (J.) : *Histoire de l'Espagne chrétienne* (Paris, R. Laffont, 1951); *La* *vie quotidienne en Espagne au temps de Carmen* (Paris, Hachette, 1971); *Les Libertadors* (Paris, Fayard, 1978); *Les Conquistadors* (*Ibid.*, 1979); *Histoire d'Espagne* (*Ibid.*, 1979).

Deveze (M.) : *L'Espagne de Philippe IV* (Paris, Sedes, 1973).

Dufourcq (Ch.-E.) : *L'Espagne chrétienne au Moyen Age* (Paris, A. Colin, 1976).

Duport (A.) : *Saint-Jacques de Compostelle* (Paris, Brepols, 1985).

Durliat (M.) : *L'Art roman en Espagne;* 248 photos de Yan (Paris, Braun, 1962); *L'Architecture espagnole* (Toulouse, Privat; Paris, Didier, 1966).

Gassier (P.) et **Wilson** (J.) : *Francisco Goya. L'œuvre complet illustré* (Fribourg-Paris, 1970).

Georgel (J.) : *Le franquisme, histoire et bilan* (Paris, Seuil, 1970).

Gobin (A.) : *Le flamenco*, coll. « Que sais-je ? » (Paris, P.U.F., 1975).

Georges-Roux : *La guerre civile d'Espagne* (Paris, Fayard, 1963).

Guinard (P.) : *Madrid* (Paris, Laurens, 1935); *Greco* (Paris, Skira, 1956); *Les Peintres espagnols*, coll. Livre de Poche (Hachette, 1967).

Guinard (P.) et **Baticle** (Jeannine) : *Histoire de la peinture espagnole du XIIe au XIXe siècle*, avec ill. (Paris, P. Tisné, 1950).

Hermann (C.) et Marcadé (J.) : *La Péninsule ibérique au XVIIe s.* (Paris, Sedes, 1989).

Hilaire (G.) : *L'Initiation flamenca* (Paris, Éd. du Tambourinaire 1953).

Jedlicka (C.) : *La Peinture espagnole* (Paris, Braun, 1963).

Lambert (E.) : *L'Art gothique en Espagne aux XIIe et XIIIe siècles* (Paris, Laurens, 1932); *L'Art en Espagne et au Portugal* (Paris, Larousse, 1946); *Le Pèlerinage de Compostelle* (Toulouse, Privat, 1959).

Lassaigne (J.) : *La Peinture espagnole. I. Des fresques romanes au Greco; II. De Velásquez à Picasso* (Paris, Skira, 1952).

Lavedan (P.) : *Palma de Majorque et les Iles Baléares* (Paris, Laurens, 1952).

Levi-Provençal (E.) : *Histoire de l'Espagne musulmane*, 3 vol. (Paris, G. P. Maisonneuve, 1950-1953).

Madariaga (S. de) : *Charles Quint*, coll. « Le Mémorial des siècles » (Paris, Albin Michel, 1969).

Mahn-Lot (M.) : *Portrait historique de Christophe Colomb* (Paris, Seuil, coll. « Points Histoire »).

Marçais (G.) : *Manuel d'Art musulman*, 2 vol. (Paris, A. Picard, 1926-1927).

Nicolini (G.) : *L'Art et la civilisation de l'Espagne antique : les Ibères* (Paris, Fayard, 1973).

Olagüe (L.) : *Histoire d'Espagne* (Paris, Édition de Paris, 1957).

Palol (P. de) et **Hirmer** (M.) : *L'Art en Espagne. Du royaume wisigoth à la fin de la période romane* (Paris, Flammarion, 1967).

Perez (J.) : *Isabelle et Ferdinand, Rois Catholiques d'Espagne* (Paris, Fayard, 1988).

Perez-Sanchez (A.) : *Goya* (Paris, Chêne, coll. « Profils de l'Art », 1989).

Pericot García (L.) : *L'Espagne avant la conquête romaine*, trad. R. **Lantier** (Paris, Payot, 1952).

Pietri (Fr.) : *L'Espagne du Siècle d'Or* (Paris, A. Fayard, 1959).

Pita Andrade (J.-M.) : *Cathédrales d'Espagne*, 136 phot. (Paris, Éd. des Deux Mondes, 1951); *Les Trésors de l'Espagne d'Altamira aux rois catholiques* (Skira, 1967).

Poulantzas (N.) : *La crise des dictatures, Portugal, Espagne, Grèce*, coll. « Points » (Paris, Seuil, 1975).

Rahlves (F.) : *Cathédrales et monastères d'Espagne* (Paris, Arthaud, 1965).

Ricard (P.) : *Pour comprendre l'art musulman dans l'Afrique du Nord et en Espagne* (Paris, Hachette, 1924).

Richardson (J.) : *Vie de Picasso* (Paris, Chêne, 1992).

Sánchez Cantón (F.-J.) : *Trésors de la peinture du Prado* (Paris, Somogy, 1959).

Santiago de Compostella, *1000 ans de pèlerinage européen* (Europalia 85, España).

Schreiber (H.) : *Séville, ville d'art* (Paris, Art et Style, 1959).

Sérullaz (M.) : *Évolution de la peinture espagnole des origines à nos jours* (Paris, Horizons de France, 1947); *La Peinture espagnole,* Coll. «Que sais-je?» (Paris, Presses Universitaires de France, 1966).

Smith (P.) : *Une histoire de l'Espagne à travers son art* (Paris, Laffont, 1966).

Subira (J.) : *La Musique espagnole,* Coll. «Que sais-je?» (Paris, Presses Universitaires de France, 1957).

Terrasse (H.) : *L'Art hispano-mauresque des origines au XIIIᵉ s.* (Paris, Van Oest 1932); *Islam d'Espagne* (Paris, Plon, 1958); *L'Espagne du Moyen Age; civilisation et arts* (Fayard, 1966).

Thomas (H.) : *La Guerre d'Espagne* (Paris, R. Laffont, coll. «Bouquins», 1985).

Vilar (P.) : *Histoire de l'Espagne,* coll. «Que sais-je?» (Paris, Presses Universitaires de France, 1947); régulièrement rééditée.

Williams (J.) : *Manuscrits espagnols du Haut Moyen Age* (Paris, New York, 1977).

Young (E.) : *Goya* (Paris, Le Chêne, 1975).

Littérature, idées

Dans les collections «Microcosme» (Seuil) :
Falla (nᵒ 13), coll. «Solfèges»; *Cervantes* (nᵒ 89), coll. «Écrivains de toujours»; *Saint Jean de la Croix* (nᵒ 22), *Sainte Thérèse d'Avila* (nᵒ 38), *Saint Ignace de Loyola* (nᵒ 23), coll. «Maîtres spirituels»; *Les Conquistadores* (nᵒ 35), coll. «Le temps qui court».

Aubrun (C.-V.) : *Histoire du théâtre espagnol,* coll. «Que sais-je?» (Paris, Presses Universitaires de France, 1965); *la Comédie espagnole* [1600-1680] (C.D.U., 1966).

Belorgey (D.) : *L'Enfer d'un prince : Pierre le Cruel, roi de Castille* (Paris, Mercure de France, 1986).

Blasco Ibáñez (V.) : *Arènes sanglantes* (Paris, Calmann-Lévy, 1948); *Dans l'ombre de la cathédrale* (Paris, Calmann-Lévy, 1929); *La Cité des futailles* (Paris, Flammarion, 1923); *Fleur de mai* (Paris, Calmann-Lévy, 1904); *Terres maudites* (Paris, Calmann-Lévy, 1946; *Les morts commandent* (Paris, Flammarion, 1925), etc., romans contemporains traduits de l'espagnol (Paris, Calmann-Lévy, Fasquelle, etc.).

Camp (J.) : *La Littérature espagnole des origines à nos jours* (Paris, Presses Universitaires de France, 1943); *La Guirlande espagnole* (Paris, Seghers, 1959).

Canavaggio (J.) : *Cervantès* (Paris, Mazarine, 1986).

Chastel (A.) : *Louis d'Aragon* (Paris, Fayard, 1986).

Chuzeville (J.) : *Les Mystiques espagnols* (Paris, Grasset, 1952).

Cocteau (J.) : *La Corrida du 1ᵉʳ mai* (Paris, Grasset, 1957).

Conchon (G.) : *La Corrida de la Victoire* (Paris, Albin Michel, 1959).

Daniel-Rops (H.) : *Sur les chemins de Compostelle* (Paris, Plon, 1959).

Darmangeat (P.) et **Brau** (Suzanne) : *Poésie Espagnole* (Paris, P. Seghers, Poésie 41, 1963).

Delpy (G.) et **Denis** (S.) : *Anthologie de la littérature espagnole* (Paris, Hachette, 1950).

Descola (J.) : *L'Espagne des conquérants et des saints* (Paris, R. Laffont, 1952); *Histoire littéraire de l'Espagne de Sénèque à Garcia Lorca* (Paris, Fayard, 1966).

Gattegno (F.) : *Anthologie poétique de F. García Lorca* (Paris, Charlot, 1946).

Guenoun (J.) : *Cervantes* (Paris, Seuil, coll. «Écrivains de toujours», nᵒ 89).

Gomez de La Serna (R.) : *La veuve blanche et noire* (Lebovici, 1986).

Guereña (J.-L.) : *Anthologie bilingue de la poésie espagnole contemporaine* (Verviers, Marabout, 1969).

Jean de la Croix (St) : *La Nuit obscure*, présenté par J.-P. Lapierre (Paris, Seuil, coll. «Points Sagesse», n° 35).

Lacretelle (J. de) : *Lettres espagnoles* (Paris, N.R.F., 1927).

Lorca (F.-G.) : *Poésies*, 3 vol., coll. «Poésie» (Paris, Gallimard).

Loyola (Ignace de) : *Exercices spirituels*, trad. de J.-C. Guy (Paris, Seuil, coll. «Points Sagesse», n° 29).

Machado (A.) : *Poésies*, coll. «Poésie» (Paris, Gallimard, 1973).

Martorell : *Tirant le blanc*.

Montherlant (H. de) : *España sagrada* [La Tauromachie] (Paris, D. Wapler, 1951).

Nougué (A.) et **Flecniakoska** (J.-L.) : *Romanciers espagnols d'aujourd'hui* (Toulouse, Privat, 1965).

Ortega y Gasset (J.) : *Essais espagnols*, trad. par M. Pomès (Paris, Éd., du Cavalier, 1932).

Palaccio (L.) : *1936. La maldonne espagnole ou la guerre d'Espagne comme répétition générale du deuxième conflit mondial* (Paris, Privat, 1986).

Parrot (L.), **Schveitzer** (M.) et **Guibert** (A.) : *Federico García Lorca* (Paris, P. Seghers, 1949).

Peyré (J.) : *Sang et Lumières* (Paris, Grasset, 1936); *Guadalquivir* (Paris, Flammarion, 1953); *La Passion selon Séville* (Grenoble, Arthaud, 1953).

Thérèse d'Avila (Ste) : *Le Livre des fondations*, trad. par Marcelle **Auclair**, coll. «Livres de vie» (Paris, Seuil).

Unamuno (M. de). *L'Essence de l'Espagne*, trad. par M. **Bataillon** (Paris, Plon, 1923).

Vaganay (H.) : *Le premier livre d'Amadis de Gaule* (S.T.F.M., 1986).

Valle Inclán (Ramón del) : *Les Amours du Marquis de Bradomin* (Norte), trad. par A. **Gorget** Paris, Stock, 1950).

Vandercammen (E.) et F. **Verhesen** : *Poésie espagnole d'aujourd'hui* (Silvaire, 1963).

Les cartes

Pour les îles surtout et, dans une moindre mesure, pour l'intérieur du pays, quantité d'éditeurs ont, depuis quelques années, mis sur le marché une vaste panoplie de cartes aux échelles les plus diverses; cette richesse n'est toutefois qu'apparente, certaines cartes pouvant être éditées sous plusieurs marques (avec ou sans modification du cadrage).

Vous choisirez donc en fonction du degré de précision que vous recherchez, de la durée de votre voyage, de la ou des régions visitées, et en comparant aussi les dates de mise à jour, prix et éventuellement styles.

Dans l'ensemble, pour ce qui concerne les cartes générales (échelles autour de 1/1 000 000; 1 cm pour 10 km), la carte *Michelin 990,* couvrant l'ensemble de l'Espagne et du Portugal, reste la meilleure.

Pour les cartes à échelle moyenne, vous avez le choix entre les 10 cartes *Firestone* (Mapas de carreteras C1 à C10, Portugal compris) au 1/500 000 (1 cm pour 5 km), les 8 cartes *Michelin* (441 à 448) au 1/400 000 (1 cm pour 4 km; les plus lisibles), et les 5 *Euro-cartes* (1-2, 3-4, 5, 6 et 7-8), qui ne tirent pas un aussi bon parti que les précédentes d'une échelle pourtant plus favorable (1/300 000; 1 cm pour 3 km).

Parmi les très nombreuses cartes à échelle «moyennement grande», les cartes *Firestone* (Mapas turisticas T20 à T32; échelles autour de 1/175 000; 1 cm pour 1,750 km) couvrent l'ensemble des côtes, le massif pyrénéen et les environs de Madrid (avec, pour cette dernière, un excellent plan de Madrid au verso); ce sont les meilleures de leur catégorie.

Petit dictionnaire

Abaco. Abaque ; tablette de pierre qu s'interpose entre le sommet du chapiteau et le corps qu'il doit supporter (architrave dans l'arch. antique ; dé, trumeau ou naissance des arcs dans l'arch. musulmane). On dit encore tailloir.
Lorsque le bloc est suffisamment important, il peut être décoré en bas relief.

Abside. Renfoncement à plan arrondi ou polygonal, situé vers l'autel, à l'extrémité de la nef principale d'une église ou d'une basilique et recouvert d'une voûte en cul-de-four, d'arête ou d'ogives.

Acanto. Acanthe, plante dont les feuilles sculptées, très découpées, ornent les chapiteaux corinthiens et les chapiteaux composés. Elle a fourni de nombreux thèmes décoratifs. Dans les chapiteaux mauresques, le ruban d'acanthe est une schématisation remarquable du bouquet d'acanthe des chapiteaux antiques.

Adobe. Brique crue travaillée généralement en forme de parallélépipède rectangle, parfois mêlée de paille et séchée au soleil, employée comme matériau de construction.

Ajimez (de l'ar.). Fenêtre divisée en deux par une colonnette ou **parteluz** sur laquelle se déchargent deux arcs juxtaposés : fenêtre géminée.
Désignait autrefois un balcon fermé de jalousies d'où les femmes pouvaient regarder sans être vues, comme l'indique l'étym. *as-sammis*, exposé au soleil.

Alameda. Allée, promenade plantée de peupliers *(alamos)*. Par extension, promenade bordée d'arbres.
Dans les villes du nord de l'Espagne, parcs plantés de peupliers.

Alborada. De *al alba* ou *al amanecer*, aube, point du jour : (mus.) aubade, qui se chante à l'aube.

Alcala (de l'ar. *al-kalaa*). Forteresse.

Alcalde. Maire.

Alcarraza (de l'ar.). En français alcarazas ; cruche ou vase en argile poreux auquel la rapide évaporation de l'eau en surface confère des qualités frigorifiques.

Alcazaba. Forteresse arabe, syn. de kasba.

Alcazar. Palais fortifié des rois musulmans, agrandi ou reconstruit par les rois chrétiens.
Dans le sens strict de palais arabe, syn. de ksar.

Alfarje. Plafond de bois travaillé et décoré de motifs combinés et d'entrelacs.

Alfiz (arch. musulmane). Encadrement rectangulaire mouluré d'un arc outrepassé.

Alfombra (de l'ar.). Tapis et, par extension, couche ou surface qui évoque par sa matière ou son aspect un tapis : tapis de fleurs ou de feuillages dont se parent les rues de certaines villes pour les fêtes.

Alhambra (de l'ar., « rouge »). Ancien palais et forteresse des rois maures à Grenade, édifié du xɪᵉ au xɪᵛᵉ s.
Il comprend quatre parties principales : l'Alcazaba, l'Alcazar (avec la fameuse salle des Ambassadeurs au décor d'azulejos polychromes), le palais inachevé de Charles Quint et les jardins.
La célèbre cour des Lions date de 1377.

Alicatado. Surface couverte d'azulejos ou plaques de céramique découpées formant des dessins géométriques. Généralement utilisés pour des soubassements décoratifs.

Alicer. Chacune des pièces de céramique vernissée qui forment un alicatado.

Aljibe (de l'ar.). Citerne, réservoir d'eau.

Alminar (de l'ar. *al-manār*, le phare). Minaret, tour de la mosquée d'où le muezzin appelle à la prière.

Almocárabe, almocarbe ou **mocárabe** (de l'ar. *muqarnas*). Travail décoratif très typique de l'art islamique, formé par une combinaison de prismes assemblés dont l'extrémité inférieure s'achève en surfaces concaves ; s'emploie dans les voûtes, arcs et corniches, formant des alvéoles (« nids d'abeilles »), des stalactites et des pendentifs.

Almohades (en ar. *al-Muwahhidūn*). Souverains berbères qui régnèrent sur la moitié de l'Espagne et la totalité du Maghreb de 1147 à 1269. Le fondateur, Ibn Tumert, berbère de l'Anti-Atlas, réformateur religieux, critique l'étroite observance du rite malékite par les Almoravides (→) et propose le retour aux sources religieuses ; sa doctrine se fonde dans la croyance à l'unité divine absolue. A sa mort, 'Abd al Mu'min lui succède en instaurant son autorité en Espagne et conquiert l'Afrique du Nord jusqu'à la Tripolitaine.

Les Almohades commencèrent à décliner après la défaite contre les chrétiens, du 4e calife, Muhammad an-Nāsir (1199-1213). L'installation des Mérinides à Marrakech mit fin à leur règne.

Le souvenir le plus important de l'art almohade reste la Giralda de Séville.

Almoravides (en ar. *al-Murābitūn*). Souverains berbères de la tribu des Sanhāja (désert du Maroc) qui régnèrent sur l'ouest de l'Afrique du Nord et sur une partie de l'Espagne de 1061 à 1146. Leur dynastie est anéantie en 1147 par les Almohades qui s'emparent de leur capitale, Marrakech.

Andalou. Région sud de la péninsule Ibérique, l'Andalousie doit son nom *Vandalusia*, à l'invasion vandale qu'elle subit au ve s. Les Arabes conquérants baptisèrent *Al-Andalus* l'Espagne musulmane par opposition au terme *Hispania* employé par les chroniqueurs chrétiens pour désigner la péninsule dans son ensemble.

L'adj. andalou se rapporte à la période durant laquelle les premiers exercèrent leur autorité en Espagne. On utilise également ce terme pour désigner l'art hispano-mauresque (→) diffusé au Maghreb.

Arabesco. Arabesque ; nom générique donné à l'ornementation musulmane, composée pour l'essentiel d'entrelacs végétaux ou géométriques très complexes.

Arcs. Bien plus encore que l'arc en plein cintre surhaussé (1), les arcs outrepassés sont caractéristiques de l'architecture islamique : l'arc en plein cintre outrepassé (2), dit aussi en fer à cheval, et déjà utilisé par les Wisigoths d'Espagne, est à la même époque largement employé en Perse et se répandra dans tout l'Islam, en Orient comme en Occident ; l'arc brisé outrepassé (3) est encore plus fréquent, tant en raison de sa facilité de construction que grâce à sa grande stabilité et surtout à la variété de courbes qu'il autorise. L'usage de l'arc lobé (4) se développe au XIVe s. en Andalousie et au Maghreb, s'enrichissant parfois de lobes supplémentaires et laissant autour de l'arc principal des parties ajourées : on parle alors d'arc polylobé. Enfin, divers éléments, tels que cannelures en creux ou en relief, peuvent venir orner l'intrados pour constituer l'arc à lambrequins (5). Plus que d'autres, l'art hispano-mauresque a usé de toutes les manières possi-

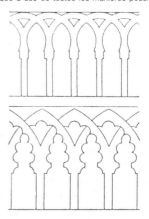

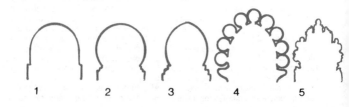

1   2   3   4   5

bles de la fonction décorative des arcs, les superposant ou les entrecroisant (illustr. ci-dessous) jusqu'à constituer un véritable réseau d'entrelacs (→ sebka).

Arianisme. Doctrine chrétienne propagée par le prêtre alexandrin Arius (v. 256-336) et condamnée lors d'un synode à Alexandre en 320 puis en concile de Nicée en 325 : elle nie la consubstantialité du Père, du Fils et de l'Esprit en Dieu et, par conséquent, refuse au Christ une nature divine parfaite. Cette hérésie se propagera en Occident lors des invasions barbares, et notamment en Espagne avec les Wisigoths.

Artesonado (arch. musulmane). Plafond en bois, travaillé en multiples caissons, sculptés, peints et dorés.

Ataurique. Motif végétal stylisé, inspiré de l'acanthe classique, très utilisé dans l'art califal de Cordoue.

Audiencia. Tribunal, cour d'appel.

Autonomía. Autonomie ; condition politique et juridique d'une entité régionale qui, au sein des structures constitutionnelles de l'État, possède les facultés de voter ses propres lois.

Les autonomies apparaissent en Espagne sous la République. Il faut attendre 1977 pour que de nouveaux statuts soient adoptés, pour la Catalogne et le Pays basque d'abord. Elles se sont multipliées depuis, et l'Espagne d'aujourd'hui en compte dix-sept :

Junta de Andalucía (provinces : Almería, Cádiz, Córdoba, Granada, Huelva, Jaén, Malaga, Sevilla) ; **Diputacion General de Aragón** (provinces : Huesca, Teruel, Zaragoza) ; **Comunidad Autonoma del Principado de Asturias** (province : Oviedo) ; **Comunidad Autonoma de las Islas Baleares** (province : Baleares) ; **Junta de Canarias** (provinces : Las Palmas, Santa Cruz de Tenerife) ; **Diputacion Regional de Cantabria** (province : Santander) ; **Junta de Castilla y León** (provinces : Ávila, Burgos, León, Palencia, Salamanca, Segovia, Soria, Valladolid, Zamora) ; **Junta de Comunidades de Castilla-La Manchá** (provinces : Albacete, Ciudad Real, Cuenca, Guadalajara, Toledo) ; **Generalidad de Cataluña** (provinces : Barcelona, Gerona, Lérida, Tarragona) ; **Junta de Extremadura** (provinces : Badajoz, Caceres) ; **Junta de Galicia** (provinces : La Coruña, Lugo, Orense, Pontevedra) ; **Comunidad de Madrid** (province : Madrid) ; **Comunidad Autonoma de la Region de Murcia** (province : Murcia) ; **Navarra** (province : Pamplona) ; **Comunidad Autonoma de la Rioja** (province : Logroño) ; **Generalidad de la Comunidad Valenciana** (provinces : Alicante, Castellón de la Plana, Valencia) ; **Consejo General del Pais Vasco** (provinces : Alava, Guipúzcoa, Vizcaya). A celles-ci s'ajoutent les deux villes espagnoles du continent africain, Ceuta et Melilla, enclavées dans le territoire marocain.

Définie historiquement ou économiquement, l'autonomie peut recouvrir une ou plusieurs provinces. Le gouvernement autonome regroupe, selon diverses combinaisons, un ou plusieurs des organes suivants : parlement, junte, conseil de gouvernement, députation générale, assemblée générale ou cortès.

Il peut officialiser ou protéger une langue dans les limites de sa juridiction.

Ayuntamiento. Hôtel de ville, mairie ; on dit aussi **casa consistorial** ou **alcaldía**. Le mot désigne aussi le conseil municipal, en tant qu'institution.

Azulejos (de l'ar. *az-zulaiy*, morceau de terre cuite). Carreaux de faïence émaillée, employés en revêtement. Le mot n'a pas de rapport étym. avec *azul*, la couleur bleue.

On cite les ateliers de Alcora (Castellón), Manises et Paterna (Valencia), Muel (Zaragoza), Sargadelos (lugo), Teruel, etc.

Balneario. Établissement thermal.

Barrio (de l'ar. *barrī*, extérieur, alentour, faubourg). Division des grandes agglomérations ou de leurs districts : quartier. Groupe de maisons situées à l'extérieur d'une agglomération et dépendant de celle-ci : faubourg.

Bodegon. A l'origine, peinture ou représentation de choses comestibles ou qui servent plus ou moins directement à ingérer celles-ci ou à faciliter leur ingestion : nourriture, boissons, objets employés à table, etc.

Les mots **florero** (fleurs) et **frutero** (fruits) existaient parallèlement puis le terme a été assimilé à notre « nature morte », plus général.

Bossage. Saillie, relief donné aux pierres appareillées.

Bóveda. Voûte ; bóveda de cañon, voûte en berceau ; bóveda cruceria, voûte d'ogives ; bóveda medio punto, voûte en plein cintre ; bóveda por arista, voûte d'arête.

Cabecera (de *cabeza,* la tête). Chevet d'une église.

Caisson → *casetón*

Califal cordobés (Arte). Style artistique qui se développe à Cordoue sous le califat hispano-mauresque, du VIIIe au IXe s. ; marqué par les influences conjuguées de l'art omeyyade et de l'art roman wisigothique, il influence durablement l'art mudéjar pendant les siècles postérieurs. Superbement illustré à la mosquée de Cordoue dans ses différents agrandissements.

Calife. « Al-Khalifa » : « le successeur » du Prophète, dirigeait, à l'époque classique, la communauté des croyants ; il détenait les pouvoirs spirituels, ainsi que temporels.

Calle. Rue ; calle mayor, grand-rue. Dans un retable, le mot désigne les successions verticales de compartiments, sculptés ou peints. Les **entrecalles** sont les armatures qui donnent au retable sa structure architecturale et sont aussi sculptées et décorées.

Calligraphie. En terre d'Islam, où la représentation de la figure humaine est souvent prohibée, les arts non figuratifs et, notamment, la calligraphie — l'art arabo-musulman par excellence — ont occupé une place de choix, dans les édifices religieux particulièrement. Et ne serait-ce que parce que c'est à cet art que l'on doit des copies du Coran, il n'est pas considéré comme un art mineur. Les deux principales familles d'écriture calligraphiée sont le coufique (→) et les cursives (→).

Camarín. Niche ou chapelle très décorée en retrait de l'autel, où était exposée une image sainte, le plus souvent une statue de la Vierge précieusement vêtue. Petite pièce où l'on gardait les objets précieux. Cabinet particulier, attenant à une chambre.

Cancel. Chancel ; clôture qui sépare le chœur de la nef.

Capilla. Chapelle ; **Capilla Mayor,** chapelle principale de l'église, placée dans l'axe de la nef et où se trouve le maître-autel (**Altar Mayor**), équivaut au chœur de nos églises françaises.

Carliste. Partisan de don Carlos de Bourbon (1788-1855) puis de ses descendants, prétendant au trône d'Espagne à la mort de son frère Ferdinand VII († 1833). Parti des ultras et de l'absolutisme monarchique qui engagea trois guerres civiles. La première de 1833 à 1840, la deuxième (après l'échec du mariage projeté entre Isabelle II, héritière de la couronne, et le comte de Montemolin, fils de don Carlos) de 1846 à 1849, la troisième de 1872 à 1876 menée par Charles VII, neveu de Montemolin.

Carmen. Carmel, couvent de l'ordre des Carmes. Désigne aussi un certain type de villa des environs de Grenade, de tradition mauresque, caractérisée par son jardin de plaisance.

Casa consistorial. Hôtel de ville.

Casetón ou **artesón** (arch.). Caisson, vide laissé par l'assemblage des solives d'un plafond, d'une voûte ou d'une coupole, orné de moulures et dont le fond — carré, rectangulaire, polygonal ou circulaire — peut être décoré d'une rosace.

Castizo. Pur, de bonne souche, typique.

Caudillo. Chef, celui qui dirige, guide l'armée et dans un sens plus large, un corps ou une communauté. El Caudillo, qualificatif choisi par Franco durant la guerre civile, chef de la nation espagnole.

Celosía. Claire-voie de pierre ou de plâtre ajouré ; littéralement, jalousie et, par extension, grillage ou treillis devant une baie.

Churrigueresco. Relatif au baroque espagnol, ce style doit son nom à José de Churriguera (1665-1723) et caractérise l'architecture de la fin du XVIIe et du début du XVIIIe s. Baroquisme outré, il trouve sa pleine expression en Amérique latine.

Ciborio. Ciborium ; baldaquin placé sur le tabernacle du maître-autel, il recouvrait le ciboire contenant les hosties consacrées.

Cimborrio. Tour-lanterne à la croisée du transept [→ ceux de la vieille cathédrale de Salamanque (1152) et de celle de Zamora (1151)].

Comarca. Unité économique naturelle ou historique qui ne recouvre pas nécessairement une unité administrative ; région, contrée. — **Comarcal** : régional.

Coro. Chœur ; partie de l'église réservée aux religieux et où ceux-ci se réunissaient pour chanter l'office. Le chœur, au centre de la nef centrale, est parfois surélevé, et souvent fermé de hautes clôtures. Le plus typique est celui de la basilique del Pilar à Zaragoza. On distingue généralement le **coro alto**, siège où s'asseoient les chanoines, du **coro bajo**, partie occupée par les clercs.

Corrida → chapitre L'Espagne touristique.

Cortès. États généraux de l'ancienne Espagne. Ensemble des deux chambres législatives. — **Cortes Constituyentes**, assemblée constituante.

Coufique. Ou kufique ; écriture arabe à l'aspect angulaire utilisée le plus souvent dans le décor architectural et dont le nom provient de celui de la ville de Kufa, en Mésopotamie.

Crucero. Croisée du transept.

Cruz cubierta. Croix couverte, édicule gothique du xve s. que l'on rencontre aux alentours de Valence.

Cuerda seca. Procédé d'émaillage de carreaux de terre cuite où les coloris purs sont juxtaposés avec soin ; les contours sont alors cernés d'un trait de matière grasse qui évite le mélange des couleurs voisines au cours de la cuisson.

Cuir de Cordoue. Cuir travaillé en relief, doré, gaufré, ciselé et peint, utilisé comme tenture et dans la fabrication des sièges. Un art dans lequel se sont illustrés les artistes cordouans sous le califat.

Cúpula. Coupole, voûte hémisphérique recouvrant le plus souvent un espace de plan carré.

Custodia (de *custodiar,* garder). Tabernacle ; custode, boîte liturgique, objet d'orfèvrerie contenant les hosties consacrées ou le viatique. (Cette acception seule a survécu mais le mot désignait jusqu'au xvie s. le rideau suspendu sur les côtés du maître-autel.)

Cursives arabes. Ces « écritures à main courante » obéissent à six styles principaux dont les règles calligraphiques ont été fixées en Orient au xe s. Deux de ces styles ont connu un développement particulier dans l'Occident musulman où, à partir du xiiie s., ils ont tendu à remplacer le coufique (→) dans les inscriptions ornementales : le neskhi (haut) et le thoulthi (milieu). Ce dernier a été l'objet d'une faveur particulière en Andalousie où il a donné naissance à une belle cursive,

souple et déliée, voluptueusement mouvementée, dite cursive andalouse (bas).

Damasquinar. Damasquiner, incruster un fil de métal précieux (or, argent) dans des incisions très fines pratiquées sur une plaque de métal plus pauvre (fer, acier ou cuivre).

Diputación. Députation, ensemble des députés et charge. — **Diputación provincial**, conseil général. — En Amérique du Sud, le président de la députation remplissait les fonctions du maire, par extension le mot désigne aussi aujourd'hui l'hôtel de ville.

Dorado ou **cerámica de reflejos metalicos.** Céramique à reflets métalliques ; imitation des reflets de l'or obtenue à la surface de certaines pièces céramiques par l'application sur l'objet déjà vitrifié d'un alliage d'argent, de cinabre, de sulfate de cuivre, d'oxyde de fer et de soufre dilué dans le vinaigre et qui adhère en surface lors d'une 3e cuisson réalisée dans un milieu très enfumé (dont l'intensité va déterminer celle de la dorure). Une croûte se forme qui doit être frottée pour révéler son résultat.

Émir. En arabe : amīr, « celui qui commande ». Ce titre a été porté selon les époques et les lieux par différents hauts personnages. Amīr al-mu'minīn : « commandeur des croyants » ; ce titre était porté par les califes (→).

Entrelacs. C'est, si l'on peut dire, un des modes d'expression favoris de l'arabesque, tout comme la calligraphie. Ces enroulements et replis, toujours régis selon un canevas polygonal, peuvent ainsi donner naissance à divers types de réseaux d'entrelacs géométriques (haut) : réseau carré, basé sur le carré et ses dérivés (octogone, polygone à seize côtés, etc., et étoiles correspondantes) ; réseau trigone, basé sur le triangle équilatéral et ses dérivés (hexagone, etc.) ; réseau dit rectangulaire, basé sur le pentagone et ses dérivés. Sur les mêmes principes peuvent être agencés des spires, rinceaux, feuilles, fleurons et autres palmettes, donnant naissance à des entrelacs floraux (bas).

Épigraphie. Le décor épigraphique, dans les monuments religieux du monde musulman où la représentation de la figure humaine est interdite, a naturellement pris une ampleur exceptionnelle. L'écriture la plus fréquemment employée dans le décor épigraphique fut, au moins jusqu'au XIIe s., le coufique (→), écriture anguleuse, se prêtant bien à la sculpture

sur pierre. Peu à peu, les hampes des lettres furent ornées de motifs floraux pour donner le « kufique fleuri ».

Estipite. Colonne diminuée en forme de tronc pyramidal inversé qui peut remplir le rôle d'un support ; le plus souvent, en éléments superposés. Peut être anthropomorphe.

Excision. Opération qui consiste à enlever la fleur du cuir, ou la mince couche d'émail des carreaux vernissés, avant la cuisson, suivant un dessin préétabli.

Fandango. Danse et chant d'origine folklorique, enrichi par l'influence gitane dans le sud de l'Espagne et que l'on exécute aussi bien en Estrémadure ou dans la Manche qu'en Andalousie.

Feria. Foire d'importance, à date fixe, ou marché aux bestiaux, et, par extension, fête donnée à l'occasion de ces rassemblements. **Feria taurina**, corridas. **Ferias Mayores**, férias de la semaine sainte (→ aussi chapitre Le Voyage).

Flamenco. Genre traditionnel andalou qui associe le chant et la danse à une musique de caractère expressif ; le flamenco devient au XVIIIe s. la musique des milieux gitans sédentarisés du S. de l'Andalousie.

L'instrument musical est la guitare ; le chant est ponctué par le jaleo — sorte de cri d'encouragement et compliment par lequel chacun participe —, les battements de mains ou **palmas**, les **pitos** (claquements de doigts) et le jeu des castagnettes (→ aussi *musique*).

Fonda. De l'arabe *funduq*, caravansérail ; pension, hôtel modeste, buffet de gare.

Fonducho. Gargote.

Fray. Apocope de *fraile*, ne s'emploie que devant les noms de religieux membres de certains ordres, un évêque aussi bien qu'un simple moine.

Geminado. Géminé ; s'emploie pour qualifier des ouvertures, des fenêtres ou des colonnes disposées deux par deux.

Generalidad. Généralité ; désignait autrefois les cortès de Catalogne puis le gouvernement autonome de cette province durant la République espagnole. Gouvernement régional autonome de Catalogne.

Genero (pintura de). Peinture de genre, qui représente des thèmes ou des scènes de la vie quotidienne.

Girola. Déambulatoire, allée contournant le maître-autel. Le plus souvent, prolongement des vaisseaux latéraux sur lequel s'ouvrent les chapelles absidiales. Syn. de deambulatorio.

Gobierno civil. Préfecture.

Habaneras (de *La Habana,* La Havane). Danses et chants populaires de souche afro-cubaine.

Hammam. Bain maure.

Hégire. Le 16 juillet 622, le prophète Muḥammad, à la suite de l'hostilité que reçut sa prédication à la Mecque, avec ses premiers adeptes, quitte cette cité pour l'oasis de Yaṯrib (la future Médine). Cette émigration — en arabe, higra, que l'on a transcrit « hégire » — marque le point de départ du calendrier musulman.

Herreriano (Estilo). Style herrerien, caractéristique du règne de Philippe II, créé par Juan de Herrera (1530-1597). Épuré, rigoureux, austère et monumental, il est fort bien illustré au monastère de San Lorenzo de l'Escorial.

Hidalgo. Gentilhomme, noble espagnol. Hijo de algo, c'est-à-dire fils de quelque chose, privilégié, il était autrefois dispensé de payer le tribut sans pour autant appartenir aux classes possédantes.
Le plus célèbre hidalgo reste *El ingenioso hidalgo Don Quijote de la Mancha.*

Hispano-morisco. Hispano-musulman, ou hispano-mauresque ; se dit de ce qui concerne l'Espagne musulmane.
L'art hispano-mauresque compte plusieurs périodes successives : la période du **califat de Cordoue**, où les thèmes importés d'Orient se développent d'une manière indépendante sans doute par suite de la rupture survenue entre les 'Umayyades de la péninsule et les Abbassides de Bagdad ; la **période andalouse** qui correspond à l'époque où Almoravi-

des, Almohades, Mérinides et Hasrides sont en contact avec les musulmans d'Espagne ; la **période mudéjare**, époque pendant laquelle les méthodes musulmanes sont employées dans l'art chrétien. L'art des mozarabes est, au contraire celui dont le style composite est dû au développement de l'art chrétien en pays de domination musulmane.

Hórreo. Grenier ; dans les Asturies et en Galice, l'hórreo est un édifice rectangulaire monté sur pilotis de pierre afin de préserver le grain de l'humidité et des rongeurs.

Humilladero. Calvaire, au bord du chemin, à l'entrée du village.

Imaginería. Art de la reproduction sculptée ou peinte d'images saintes (étym. : imagen, image, statue, effigie ou peinture d'un être céleste). **Bordado de imaginería,** broderie reprenant pour thème les images saintes. Art très répandu à l'époque gothique.

Infante. Infant, fils de roi. **Infanta,** infante, fille de roi ou épouse de l'infant. Le terme peut désigner plus généralement un enfant ou une fillette.

Intrados. Surface interne et concave d'un arc ou d'une voûte.

Isabelino (arte). Style isabélin ; décor très orné, de la fin de l'époque gothique, contemporain de la reine Isabelle la Catholique († 1504) [→ façade de l'Université de Salamanque.]

Jara. Ciste, plante typique du plateau de Castille dont la fleur blanche colle aux doigts. Jarales, champs de jara.

Jenan. Mot arabe signifiant jardin ; par extension, désigne aussi le paradis musulman.

Jota. Danse et musique populaire aragonaise (→ chapitre La musique en Espagne).

Junta. Junte ; conseil, assemblée administrative et politique en Espagne, au Portugal et en Amérique latine.

Khamsa. Mot arabe signifiant « cinq ». Par extension, désigne un bijou traditionnel, chargé de vertus prophylactiques et représentant l'image stylisée d'une main.

Kibla, ou **Qibla** → Quibla.

Lonja. Édifice public apparu au XIVᵉ s. servant à la fois de bourse de commerce et d'entrepôt : lonjas de Valence, Palma de Mallorque, Barcelone. Parvis d'une église ou esplanade devant un édifice public : lonja de l'Escorial.

Madrassa ou **Medersa.** École religieuse où l'on enseigne la théologie coranique. Édifice d'une architecture typique, comprenant un patio central décoré d'une fontaine et sur lequel ouvrent les cellules des étudiants ainsi qu'une vaste salle utilisée comme mosquée et lieu d'études.

Majestad. Majesté. Se dit des représentations du Christ ou de la Vierge en attitude triomphante, généralement assis de face, sur un trône, dans une attitude hiératique et souveraine. Définit aussi l'image du Christ en croix vêtu ; grand crucifix.

Majolique. Faïence italienne importée d'Espagne au XVᵉ s. Des potiers espagnols ou arabes, installés à Majorque au XIIIᵉ s. avaient inventé une glaçure stannifère qui permettait d'obtenir des fonds plus blancs et plus unis que la glaçure plombifère.

Maksoura. Dans la salle de prière de la mosquée, endroit clos généralement par un grillage de bois ouvragé derrière lequel se tient le souverain au moment des offices. En arrière du mihrab, et en dehors de la salle de prière, chambrette dans laquelle le prédicateur se tient avant de prononcer son prône.

Malaguena. Chanson populaire de la province de Malaga.

Mandorla. Mandorle (de l'it. mandorla, amande) ; forme décorative qui dans les œuvres médiévales encadre la figuration du Christ en gloire bénissant ou la Vierge à l'Enfant.

Manierismo. Maniérisme ; conception artistique qui se développe en Italie de 1515 à 1540 puis en France, en Flandre, à Prague et en Espagne où l'on retient les noms de Luis Morales et du Greco en peinture, celui de Alonso de Berruguete en sculpture. Style excessif, il marque la transition entre Renaissance et baroque et mêle, dans la recherche du non-conventionnel, l'outrance, l'angoisse et la sensualité, voire l'érotisme, au goût du morbide.

Matamoros. Matamore ; littéralement, tueur de Maures. Personnage de comédie, faux brave, vantard.

Maurisque, mauresque. Se dit de ce qui est relatif aux Maures (→ Moros).

Media naranja. Demi-orange ; qualifie les coupoles nervées ou les grosses têtes de clous qui garnissent les portes.

Merlons. Protégeant le chemin de ronde des ouvrages fortifiés, ils connaissent, dans l'architecture musulmane, une plus grande variété de formes que dans nos fortifications médiévales ; on distingue surtout trois types principaux : arrondis (haut), prismatiques (milieu), dentelés (bas).

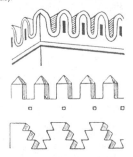

Meseta. Table ; nom donné aux plateaux du centre de la péninsule Ibérique.

Mihrab. Dans la mosquée, niche ouverte dans le mur de la quibla (→), orientée vers La Mecque et plus ou moins luxueusement décorée.

Morisco. Morisque ; relatif aux musulmans d'Espagne convertis au catholicisme, le plus souvent par la contrainte, sur l'ordre d'Isabelle la Catholique. Les révoltes des morisques de 1568-1571 décidèrent Philippe III à chasser d'Espagne plus de 200 000 personnes.

Moristane. Déformation du mot arabe maristân, signifiant jadis hôpital.

Moros. Maures, habitants de l'ancienne Mauretania, région du nord de l'Afrique.

Par extension sert à désigner aussi les musulmans d'Espagne.

Mósen. Maître, titre aujourd'hui réservé aux prêtres dans certaines régions d'Espagne (Catalogne, Aragon).

Mosquée. Édifice cultuel de l'islam. Il compte généralement une grande salle de prière, le plus souvent à colonnes, dont le mur du fond, donnant la direction de La Mecque *(quibla),* est creusé d'une niche *(mihrab),* près de laquelle se trouve le *minbar,* chaire à prêcher. Devant la mosquée s'étend une grande cour ornée d'une fontaine où le fidèle fait ses ablutions rituelles. Un minaret surplombe l'ensemble, et sert à l'appel à la prière.

Moucharabis. Grillage fait de petits bois tournés et assemblés, placé devant une fenêtre ou une galerie d'où l'on peut ainsi voir sans être vu.

Mozárabes. Mozarabes ; chrétiens d'Espagne soumis à la domination musulmane ; art et littérature auxquels ils ont donné naissance. L'art mozarabe, surtout répandu dans le royaume de León au xe et au début du xie s., est caractérisé par l'emploi de l'arc outrepassé puis de la voûte nervée.

Mudejar. Mudéjar ; musulman resté en Castille après la Reconquête. L'art mudéjar se développe du xiie au xvie s., caractérisé par l'influence de l'art de l'islam et l'utilisation de la brique, de la céramique, du bois et du plâtre.

Muezzin. Employé de la mosquée qui, du haut du minaret, lance cinq fois par jour l'appel à la prière.

Musique folklorique et traditionnelle. Les formes musicales les plus courantes sont les suivantes :

— Andalousie : cette région possède la musique traditionnelle la plus complexe et la plus raffinée d'Espagne. Le **flamenco** pur, ou **cante jondo**, emploie encore des cycles rythmiques et un mode, le dorien, dont on doit chercher les origines dans la Grèce de l'Antiquité. Plus récemment, les gitans ont fait de cette musique le symbole de leur identité ethnique. Le cante jondo est essentiellement chanté, avec ou sans l'accompagnement d'une guitare, selon les genres qui, éventuellement, peuvent aussi se danser. Dans tous les cas, et selon le talent de l'interprète, cela peut atteindre le grand art. Les danses folkloriques les plus typiques de l'Andalousie sont les **sevillanas**, dérivés de la seguidilla castillane, et le **fandango**. Certains chants régionaux, comme la **malagueña** ou la **granadina**, ressemblent au cante jondo, mais ont une forme rythmique plus libre. En fait, ils sont apparentés à certaines formes hispano-musulmanes qui survivent encore en Afrique du Nord. La **saeta**, ou « flèche », est chantée par une voix seule durant les processions de la semaine sainte. La saeta rappelle le chant du muezzin musulman.

— Aragon : avec son rythme ternaire composé, la **jota**, qui se chante avec une voix forcée, très typique, se danse aussi avec beaucoup de grâce et, de la part des danseurs, avec une grande agilité.

— Asturies : les chants de travail sont semblables à ceux de la Galice, avec des ornementations plutôt que des mélismes sur les notes longues. La **pericote** est une danse folklorique pour quatre danseurs et huit danseuses. Dans le **corri corri**, un seul danseur, très agile, courtise huit danseuses qui tiennent des rameaux d'olivier (symbole de fertilité).

— Baléares (îles) : les chants de travail sont très répandus ; il y en a pour chaque type de travail dans les champs. Il existe un genre de lamentation, que l'on compose pour que le survivant d'un couple puisse chanter en l'honneur de son conjoint défunt. Cette coutume existe également en Corse. A Ibiza, les chants de Noël et de mariage sont très particuliers, par les effets de gorge qui ressemblent un peu au « yodl ».

— Canaries (îles) : annexé en 1402, l'archipel canarien a importé, en grande partie, son folklore musical de l'Espagne continentale. La **folía** est la danse chantée la plus typique. Sur l'île de Gomera, l'on *parle* le **silbo**. Il s'agit d'un langage sifflé, utilisé par les pasteurs.

— Castille (Vieille-) : le **canto de dalle** est un chant de moisson, le **canto de nea** une berceuse. Le **picayo** est chanté par plusieurs jeunes filles, durant les fêtes en l'honneur du saint patron du village. La **charrada** est une danse de Salamanque, en rythme à 5 temps ou en 2/4.

— Castille (Nouvelle-) : la **seguidilla** de la région de la Manche est la danse la plus célèbre de Castille, et l'une des plus anciennes d'Espagne.

— Catalogne : dans le village de Vergés

(Gérone), l'on danse encore la **danse de la mort**, survivance du xıve s. et de ses terribles épidémies de peste. La **moxiganga**, danse du théâtre populaire du xvıııe s., se danse encore à Sitges (Barcelone). La **jota fogueada** se danse à Tarragone : des hommes dansent autour d'un arbre, réel ou figuré (symbole phallique), avec des feux d'artifice. La **sardana** est à la fois chant et danse, symbole de la nation catalane ; elle se danse en un cercle de danseurs et de danseuses qui se tiennent par la main. Son rythme ternaire, lent et très marqué, dérive peut-être des rythmes saturniens de l'Antiquité romaine. Sa forme actuelle a été fixée par Pep Ventura (xıxe s.).
— Estrémadure : la **ronda** est un chant de travail apparenté à la ballade ancienne. La **jota** se danse encore dans les villages ; ne doit pas être confondue avec les jotas aragonaises ou de Navarre.
— Galice : la **alalá**, chant de travail, sans accompagnement. La **muñieira** est une danse populaire, généralement accompagnée sur la « **gaita** » (biniou).
— León : les chants de travail se caractérisent par l'ambiguïté métrique et modale. L'**alborada** est chantée devant la maison d'une future mariée. Le **baile de la rosca** se danse pour les cérémonies solennelles, avec un pain dans la main. La **pelegrina** est une danse nuptiale.
— Murcie : le folklore de cette région ressemble à celui de l'Andalousie. La **murciana** est un genre de fandango. **baile de los tontos**, ou danse des fous, se danse le « jour des fous », c'est-à-dire le 28 décembre. Les danseurs portent des chapeaux décorés de rubans et de miroirs, et ils font la quête. Ces danses sont accompagnées par un violon et un tambourin.
— Navarre : le nord s'apparente aux traditions basques, alors que le sud pratique une version de la **jota** qui se définit par l'usage de mélismes plus complexes que dans la version aragonaise.
— Valence : la **jota** ; de forme plus libre qu'en Aragon, la jota valencienne est de tonalité ambiguë et emploie beaucoup la syncope. Le **fandango** se danse encore dans les villages. Le **U i el dos** (littéralement, le un et le deux) se danse en deux cercles concentriques, les danseurs formant la ronde intérieure.
Nasrides. Dernière dynastie musulmane

d'Espagne, fondée par Muhammad Ier (1273), vassal de Ferdinand III de Castille.
Les Nasrides régnèrent sur l'Andalousie de 1238 à 1492. Muhammad Ier fit de Grenade, sa capitale, une ville prospère et entreprit la construction de l'Alhambra.
Nazarí (arte). Correspond aux derniers édifices construits par les musulmans à Grenade avant la Reconquête (xıııe-xve s.).
Omeyyades, Omayyades ou **Umeyyades.** Première dynastie musulmane d'Orient, qui règne à Damas de 661 à 750. Elle emprunte son nom au calife Moaouïa. L'empire omeyyade s'étendit de la plaine de l'Indus (710-713) à l'Espagne (711-714) mais, déstabilisé par les révoltes chiites et kharijites, il devait succomber en 750. 'Abd al-Rahman s'enfuit au Maghreb et, de là, débarque en Espagne où il fonde l'émirat de Cordoue (756), érigé en califat en 929. Tandis qu'en Orient et au Maghreb se succédaient diverses autres dynasties, les Omeyyades maintinrent leur pouvoir en Espagne jusqu'en 1031. A la fin d'un empire qui sut être prospère et d'une culture raffinée, la péninsule devait être partagée entre quinze roitelets, *los reyes de Taïfa* (→).
Pantocrator. Représentation du Christ triomphant, assis, tenant les Évangiles dans sa main gauche et bénissant de sa main droite.
Parteluz. Meneau ; élément vertical divisant le tableau d'une fenêtre.
Paseo. Promenade ; Paseo Maritimo, bord de mer.
Paso. Pas (dar un paso, faire un pas) ; passage. — Station du chemin de Croix, et chacune des images ou groupes sculptés représentant ces scènes et que l'on fait circuler dans les rues lors des processions.
Patio. Cour intérieure fermée de murs ou de galeries, à ciel ouvert ; élément typique de l'architecture espagnole.
Picota → *Rollo.*
Plateresco. Plateresque ; ce style architectonique et décoratif espagnol apparaît sous les Rois Catholiques et perdure jusqu'au règne de Philippe II. Influencé par l'art gothique, l'art musulman et la Renaissance italienne, il conserve un caractère national. Une ornementation riche et fouillée, concentrée autour des portes et des fenêtres ou dans les parties supérieures des façades, rappelle l'art de

l'orfèvre, le *platero*, d'où son nom. [→ San Gregorio et San Pablo de Valladolid, le portail de l'Université de Salamanque (commencé en 1525), celui de l'église Santa Maria la Mayor (1528) à Catalayud].

Presbiterio. Espace réservé au prêtres dans l'église, situé autour du maître-autel, parfois séparé de la nef par quelques marches ou un chancel. Ne pas confondre avec le mot français presbytère, qui se traduit par *Casa del Cura* ou *Casa parroquial.*

Provincia. Division du territoire sous autorité administrative : province ou département. **Capital de provincia,** chef-lieu de département.

Pueblo. Ville, village, ou peuple, nation.

Púlpito. Chaire, ambon ; tribune élevée du haut de laquelle l'ecclésiastique s'adresse aux fidèles dans l'église.

Quobba. Monument funéraire à structure cubique et couvert d'une coupole, appartenant à l'art musulman. Les mudéjars construisirent des chapelles chrétiennes et des presbytères d'une forme semblable.

Quibla. Direction de La Mecque, vers laquelle les musulmans se tournent pour prier. Dans la mosquée, cette direction est matérialisée par le mirhab (→) niche s'ouvrant dans le mur du fond de la salle de prière et appelé pour cette raison mur de la quibla (ou mur quibli).

Rambla. Ravin. Cours, promenade, avenue qui conduit à la mer, le plus souvent bordée d'arbres.

Reconquista. Reconquête ; la Reconquête, menée par les chrétiens contre les musulmans, qui a un fait essentiel dans l'histoire de l'Espagne. La vague de l'invasion arabe qui submergea la péninsule fut repoussée à Poitiers par Charles Martel en 732. La Reconquête chrétienne s'était alors déjà amorcée dans les hautes vallées du nord, Asturies, Cantabres, Pays basque, Navarre, Aragon, Catalogne. La symbolique bataille de Covagonda en 722 marque la première victoire sur les Maures. Barcelone est reconquise en 801, León en 856, Zamora en 893, Tolède en 1085, Zaragoza en 1118, Córdoba en 1236, Valence en 1238, Séville en 1248 ; il fallut attendre 1492 pour que le dernier royaume arabe, celui de Grenade, soit reconquis par les Rois Catholiques.

Reflets métalliques → *dorado.*

Reja. Grille de métal ouvragé, utilisée fréquemment dans l'art chrétien pour fermer les chapelles ou séparer le maître-autel de la nef (→ Tolède, Salamanque, Burgos).

Retablo Mayor. Retable du maître-autel. Le retable espagnol dépasse souvent de beaucoup un simple décor d'autel et tend à former un ensemble décoratif autonome somptueux, sculpté, polychrome, doré, contenant aussi bien des chefs-d'œuvre de peinture que de sculpture (→ *calles*).

Reyes Católicos. Rois Catholiques ; Isabelle, héritière de Castille, et Ferdinand, héritier d'Aragon, se marient en 1469 et préparent, tout en achevant la Reconquête, l'unité nationale. Leur règne fut aussi celui de l'intransigeance religieuse (puissante Inquisition, expulsion des juifs) et des grandes découvertes. Ils meurent en 1504 et 1516. Leur petit-fils Charles Quint leur succède.

Ria. Pénétration de la côte par la mer qui envahit l'embouchure d'un fleuve, analogue aux abers bretons. Les rias de Galice, vallées montagnardes envahies par l'Atlantique, sont un exemple typique de cette forme d'érosion.

Ribat. Sorte de couvent-forteresse qui, sur les zones frontières des pays musulmans, abritait des volontaires pour la guerre sainte.

Rollo. Rouleau. Désignait aussi une colonne surmontée d'une croix qui indiquait autrefois les limites de la juridiction. Confondu parfois avec la *picota,* ou pilori, authentique gibet médiéval où le condamné était exposé à la vindicte populaire (→ Penaranda de Duero, Trujillo, etc.).

Romería. Pèlerinage, fête patronale, pardon. → chapitre L'Espagne touristique.

Ronda. Boulevard périphérique ou extérieur.

Sagrario. Tabernacle. Par extension, chapelle où sont conservées les Saintes Espèces.

Sardane. Danse catalane. → Catalogne.

Seguedilla. Séguedille, danse flamenco, exécutée sur un rythme rapide et très marqué à 3/4, d'origine andalouse. Musique et chant qui accompagnent cette danse.

Sebka. Genre de décoration à base de briques où se répètent à l'infini de petits arcs lobulés formant un réseau de losanges, caractéristique de l'art almohade.

Seo (en catalan Seu). Cathédrale, en Aragon et en Catalogne.

Sillería. Siège ; au pl. **sillerias**, stalles du chœur.

Soportal. Entrée couverte, portique ; au pl., **soportales**, arcades (sur une place, le long d'un édifice ou d'une rue) qui forment une galerie couverte et supportent le premier étage des maisons.

Stalactite. Motif décoratif en bois ou en stuc qui pend à une coupole ou un encorbellement, très fréquent dans l'architecture islamique (→ *Almocárabe*).

Stuc. Composition de plâtre ou de poussière de marbre gâché avec une solution de colle, que l'on peut mouler et travailler et avec laquelle on décore les parois, les plafonds, etc.

Suèves. Peuple germanique, les Suèves franchirent le Rhin en 406 lors des grandes invasions et arrivèrent en Espagne en 409 ; refoulés par les Vandales vingt ans plus tard, ils s'établirent principalement en Galice et se convertirent au christianisme. Le royaume suève fut annexé en 585 par Léovigild, roi des Wisigoths.

Taïfa. Bande, faction, parti : le mot exprime la division. **Los reyes de taïfa** désignent les roitelets qui se partagèrent l'Espagne arabe après la désagrégation du califat de Cordoue (1031) : il y en eut jusqu'à vingt-trois.

Tapiz (pl. **tapices**). Tapisserie, destinée à décorer les murs. Tapis → *alfombra*.

Tetramorfo. Tétramorphe ; désigne le groupe des quatre évangélistes avec leurs attributs symboliques ou encore le seul groupe de ces quatre symboles : le lion de saint Marc, l'ange de saint Matthieu, le taureau de saint Luc, l'aigle de saint Jean.

Trascoro. Partie postérieure (extérieure) du chœur. Désigne surtout le mur entourant celui-ci et se rattachant au jubé.

Tras-sagrario. Espace situé derrière le tabernacle.

Vasconia. On dit aussi **Vascongadas**, pour désigner les provinces basques : Viscaya, ou Biscaye (cap. Bilbao), Guipúzcoa (cap. San Sebastián), Alava (cap. Vitoria).

Vega. Plaine cultivée, vallée fertile bordant en général le cours inférieur des rivières et des fleuves des provinces méridionales.

Wisigoths. Goths « de l'Ouest », ils furent contraints par les Huns à franchir le Danube. Convertis à l'arianisme, s'emparent de Rome en 410 puis s'installent comme fédérés en Aquitaine. Ils veulent étendre leur hégémonie à la Gaule et à l'Espagne mais battus à Vouillé par Clovis en 507, ils établissent leur capitale à Barcelone puis à Mérida. Malgré des soulèvements et l'attaque des Byzantins, ils étendent leur royaume à l'Andalousie au milieu du VIᵉ s. et fondent leur capitale à Tolède en 555. Leur roi Reccared se convertit au catholicisme en 589, mettant fin aux luttes religieuses. En décidant la persécution des juifs en 633, les conciles de Tolède devaient affaiblir le pays, facilement conquis par les Arabes en 711. L'art wisigothique se développe au VIIᵉ s. associant à une renaissance littéraire (avec Isidore de Séville) une renaissance artistique (architecture, sculpture, orfèvrerie).

Yeseria (de yeso, *plâtre*). Désigne les stucs ou moulures en plâtre si caractéristiques du décor architectural musulman. Sculptées, gravées ou peintes, on en distingue plusieurs types : en stalactites comme à Valladolid ou **esgrafiado** (motifs incisés dans la surface lisse du mur) comme à la tour de l'Hommage de Ségovie.

Zócalo. Soubassement d'un édifice.

Visiter l'Espagne

AUTONOMIES	PROVINCES	AUTONOMIES	PROVINCES
Andalucia	Almer´a - AL Cádiz - CA Córdoba - CO Granada - GR Huelva - H	Castilla-La Mancha	Albacete - AB Ciudad Real - CR Cuenca - CU Guadalajara - GU Toledo - TO
	Jaén J Málaga - MA Sevilla - SE	Cataluña	Barcelona - B Gerona - GE Lérida - L Tarragona - T
	Ceuta - CE		
	Melilla - ML	Estremadura	Badajoz - BA Cáceres - CC
Aragon	Huesca - HU Teruel - TE		
	Zaragoza - Z	Galicia	La Coruña - C Lugo - LU Orense - OR Ponteverda - PO
Asturias	Asturias - A		
Islas Baleares	Baelares - PM	Madrid	Madrid - M
Canarias	Las Plamas - GC Santa Cruz de Tenerife - TF	Murcia	Murcia - MU
Cantabria	Cantabria - S	Navarra	Navarra - NA
Castilla y León	Avila - AV	La Rioja	La Rioja - LO
	Burgos - BU León - LE Palencia - P Salamanca - SA Segovia - SG	Comunidad Valenciana	Alicante - A Castellón de la Plana - CS Valencia - V
	Soria - SO Valladolid - VA Zamora - ZA	Pais Vasco	Alava - VI Guipúzcoa - SS Viscaya - BI

Aguilar de Campóo

Palencia, 102 km. — Santander, 106 km.
Alt. 895 m. — 5392 hab. — Province de Palencia (Castille-León).

Au N.-E. de la province de Palencia, au bord du río Pisuerga, Aguilar de Campóo se trouve dans une région vallonnée, où se succèdent des bois de chênes et les désertiques páramos (landes). Dans une contrée particulièrement riche en art roman, ce gros bourg, situé sur l'emplacement de l'antique Vellica, conserve de son passé plusieurs monuments dignes d'intérêt, en particulier le monastère de Santa María et l'église San Miguel.

Fêtes. — Du 24 au 29 juin, célébration de San Juan et San Pedro : activités folkloriques et romería à l'ermitage de la Virgen del Llano.

Par l'une des six **portes** de la ville vous pouvez vous rendre à la **plaza de España,** typiquement castillane avec ses galeries et demeures à balcons vitrés où se trouve la **collégiale San Miguel,** de style gothique avec portail roman ; à l'intérieur, dans la Capilla Mayor, deux statues d'orants en albâtre d'un tombeau des marquis d'Aguilar ; à g., dans la nef, sépulcre platéresque.

Environs. 1 — Olleros *(6 km S. par la N611 en direction de Palencia).* — Petite église rupestre unique en son genre : entièrement creusée dans la roche, elle ne laisse apparaître que son campanile et son portail.

2 — Herrera de Pisuerga *(27 km S. par la N611 ;* 3210 hab., alt. 840 m). — Le village conserve des restes de murailles et de son château. L'église est du xive s.

3 — Monastère de Santa María la Real* *(500 m O. en direction de Cervera de Pisuerga).* — Des xiie et xiiie s., il comprend une église et un cloître dont les admirables chapiteaux ont été pour la plupart déposés au musée archéologique de Madrid. La galerie inférieure du cloître est de pur style roman.

4 — Embalse de Aguilar *(1 km O.).* — Belles vues sur la région de Campóo. Plages artificielles.

5 — Cervera de Pisuerga *(25 km N.-O. ; →).*

Aigües Tortes (Parc national de)**

Province de Lleida (Catalogne).

Au N.-E. de la province, à cheval sur les comarques de Pallars Jussà et Pallars Sobirà, le parc national et le lac Sant Maurici constituent une superbe zone naturelle protégée. On accède au lac par la route asphaltée d'Espot (→ ci-dessous). Le lieu-dit d'Aigües Tortes, hautes prairies sillonnées par d'innombrables ruisseaux (et dotées d'un oratoire moderne, la capella del Sant Esperit, d'un sens architectural douteux), est accessible par une piste carrossable au départ de Caldes de Boí (→ Vall de Boí, km 22). L'excursion, en jeep et surtout à pied, et l'escalade sont les sports par excellence du parc. Les refuges sont nombreux; il est possible de camper près du lac.

0 km : Sort (1548 hab.; alt. 692 m); station d'estivage d'où l'on peut remonter la **vallée de Llessui*** en prenant sur la g. une petite route sur 14 km, entre de verts pâturages de haute montagne.
↦ A *14 km N.-O.*, **Llessui**, village pyrénéen. **↦** A 2 km, par la route, pistes de ski alpin entre 1450 et 2500 m.

12 km : Llavorsí; perché sur un rocher, à la confluence de la Noguera Pallaresa et de la Noguera de Cardós, ce village est le point de départ des flotteurs qui transportent encore des troncs d'arbres des Pyrénées jusqu'à Lérida ou Tortosa.

24 km : Espot; entouré de montagnes d'où jaillissent de nombreuses cascades, ce joli village pyrénéen est le point de départ d'une route asphaltée qui mène au lac de Sant Maurici et, au-delà, à plusieurs pistes à travers le parc. A côté, station de ski alpin (1480-2350 m). Projet d'une station pilote de neige artificielle.

Alayor

Ciutadella, 33 km. — Mahón, 12 km. — Mercadal, 9 km.
Alt. 130 m. — 5200 hab. — Ile de Minorque — Province des Baléares.

Ce bourg tout blanc est le troisième noyau urbain de Minorque. L'économie d'Alayor repose sur les fabriques de chaussures qui emploient plus de la moitié de la population, mais aussi sur l'agriculture. A Minorque, l'élevage bovin tient une place essentielle, et fournit la matière de base pour les deux productions locales : le cuir et les fromages. Pour ces derniers, citons le fameux queso Mahonés, mais aussi les fromages fondus en portions, produits depuis 1930 et qui représentent les trois quarts des ventes. Alayor, avec la fabrique de produits laitiers «Coinga» et les crèmes glacées «La Menorquina», diffusés dans tout l'archipel, occupe une place privilégiée.

La visite du bourg n'offre pas un intérêt majeur. On y verra toutefois l'**église** baroque de **Santa Eulàlia** et celle de **San Diego**, dont le cloître a été transformé en habitations.

Environs. 1 — Cala En Porter *(10 km S.-E.).* — Une charmante agglomération le long d'une plage de sable; la grotte d'En Xoroi, dans une falaise surplombant la mer, a été transformée en dancing. La calanque voisine, **Cala Coves**, est connue pour son habitat troglodytique. A mi-chemin entre Alayor et la mer, vous verrez le site préhistorique de **Torralba d'En Salort** (taula en parfait état de conservation).

∴ 2 — Torre d'En Gaumés* *(5 km S.).* — Un site archéologique de grand intérêt, qui comporte trois talayots et une taula de la fin de l'âge du bronze, ainsi qu'un habitat plus évolué (âge du fer).

Petit lexique pour grosses pierres. — La richesse archéologique de Minorque (plus de 2000 vestiges préhistoriques) peut être sommairement classée selon la forme et la fonction des monuments. La naveta, ainsi dénommée en raison de sa ressemblance avec la coque d'un navire, est probablement une construction à usage funéraire, contemporaine du talayot. Ce dernier est une tour, ronde ou carrée, en blocs quasi cyclopéens, qui servit peut-être d'ouvrage défensif. Il peut avoir jusqu'à 40 m de diamètre. La taula («table» en catalan), sorte de dolmen surmonté d'un énorme chapiteau qui le fait apparaître comme un T majuscule, aurait eu une fonction rituelle et symbolique. Ce serait le temple de ces villages de l'âge du fer.

En continuant vers la mer, on atteint la **plage de Son Bou**, station balnéaire où se dresse une basilique paléochrétienne des ve et vi^e s.

Alarcón*

Cuenca, 101 km. — Motilla del Palancar, 17 km.
Alt. 845 m. — 242 hab. — Province de Cuenca (Castille-La Manche).

Ancien bourg fortifié dans un site d'une sauvage beauté dans la vallée du Júcar, assez profondément encaissée en cet endroit.

Alarcón dans l'histoire. — Le nom musulman de la ville évoque sa formidable situation stratégique (Alarcón dérive d'«atalaya» : tour de guet). Reconquise par Alphonse VIII en 1184, Alarcón appartient par la suite à l'ordre de Saint-Jacques avant de constituer l'une des plus importantes forteresses du marquisat de Villena, objet de luttes sanglantes au xve s.

Fêtes. — Le 20 janv. célébration de San Sebastián ; danses populaires.

Pour parvenir au château vous franchirez trois murailles qui barrent un éperon rocheux, dans un méandre du Júcar. Vous passerez devant l'**église Santa María**, avec un admirable **portail*** plateresque, chaudement patiné ; à l'intérieur, grandiose **retable*** sculpté du xvie s., attribué à Alonso Berruguete. Le **château** est aujourd'hui transformé en parador. L'**église de la Trinidad**, plateresque, est décorée des armes des Rois Catholiques.

Environs. 1 — Embalse de Alarcón *(6 km N.).* — Il est alimenté par le Júcar.

2 — Valverde *(19 km N.-E. ; rejoindre la N111 en direction de Motilla ; au km 6, prendre à g. en direction de Buenache ; au km 6, bifurquer à dr. ; 1560 hab., alt. 822 m).* — La **fête** des Moros y Cristianos qu'on y célèbre du 5 au 9 janv. est une des plus anciennes d'Espagne.

3 — Motilla del Palancar *(17 km E. par la N111 ; 4395 hab., alt. 900 m).* — Église baroque renfermant un magnifique retable du même style. **Fêtes** : San Gil Abad, du 1er au 5 sept. ; la Purisíma, les 8 et 9 déc. : processions et jeux traditionnels.

4 — Minglanilla *(47 km E. par la N111 ; 2210 hab., alt. 827 m).* — Beaux paysages. A *2 km*, mines de sel, avec une galerie de plus de 1 km et une vaste grotte d'exploitation. ◆→ A *9 km N.-O. par la CU504*, **Puebla del Salvador** ; belle église Renaissance du xvie s. ◆→ A *22 km N.-O. par la CU504*, **Campillo de Altobuey.** ◆→ A *19 km N.-E.*, **Enguidanos** ; château en ruine ; Vierge du xve s. ◆→ A *18 km N.-O.*, **Cardenete** ; château en ruine, construit en 1522 ; dans l'église paroissiale, plafond mudéjar à caissons et triptyque, du xve s. ◆→ A *4 km S.-O.*, **Yémeda**, village situé dans une zone montagneuse de grande beauté où l'on peut pratiquer la chasse et la pêche. ◆→ A *6 km E.*, **embalse de Contreras**, alimenté par le río Cabriel. ◆→ A *33 km N.-O. par la N111*, **Garcimuñoz** ; le château fut reconstruit au xve s. L'église paroissiale actuelle a été bâtie à l'intérieur du château, une des tours servant de clocher.

Alba de Tormes

Peñaranda de Bracamonte, 30 km. — Salamanque, 23 km.
Alt. 836 m. — 4 110 hab. — Province de Salamanque (Castille-León).

Située sur la rive droite du río Tormes, la ville est un lieu célèbre de pèlerinage puisque le corps de sainte Thérèse d'Ávila y repose.

Après le pont, prendre à g. *(parking près d'une basilique moderne).* De là, par la **calle del padre Cámara**, gagner l'**église San Pedro**, reconstruite en 1686, avec un portail ogival d'un oratoire plus ancien (à l'intérieur, **sculptures** des XVᵉ et XVIᵉ s.).

La rue débouchant en face du portail mène au **couvent des carmélites**, fondé en 1570, où se trouve, au-dessus du maître-autel, le **tombeau de sainte Thérèse d'Ávila**, qui mourut dans ce couvent en 1582.

Une courte rue en face du couvent conduit à la **plaza Mayor**, près de l'**église San Juan**, du XVIᵉ s., qui renferme un **retable** churrigueresque, de 1771, ainsi qu'une **Vierge** et un **Christ** du XIVᵉ s.

Au chevet de San Pedro, un escalier donne accès à une ruelle menant à une imposante **tour**, seul vestige de l'ancien **palais du duc d'Albe**, du XVIᵉ s., détruit en 1809. Au-delà de l'église San Pedro, par la calle del Padre Camara, se situe l'**église Santiago**, de style romano-mudéjar du XIIᵉ s. (**retable du** XVIᵉ s. et **tombeaux** du XVᵉ s.). A la sortie de la ville, par la route de Peñaranda de Bracamonte, **couvent de Santa Isabel**, de 1481 (l'église comprend une charmante **chapelle** Renaissance), et **couvent de las Benitas**, reconstruit en 1734, avec un **portail** du XVIᵉ s. (dans l'église, **tombeaux** des XVᵉ et XVIᵉ s.).

Albacete

Cuenca, 146 km. — Madrid, 250 km. — Murcie, 146 km. — Valence, 183 km.
Alt. 686 m. — 117 130 hab. — Capitale de la province de Albacete (Castille-La Manche).

Ville moderne sans grand intérêt pour les touristes si ce n'est ses coutelleries (poignards, navajas ou couteaux à cran d'arrêt).

La ville dans l'histoire. — Nommée Al-Basite (la plaine) par les musulmans, Albacete est reconquise au XIIIᵉ s. par l'infant Alphonse qui la donne à Jacques II d'Aragon. Devenue ville indépendante, elle soutient la cause d'Isabelle la Catholique et reçoit en remerciement de nombreux privilèges. Pendant la guerre civile, Albacete est un des principaux centres de résistance des gouvernementaux et le siège de l'état-major des Brigades internationales.

Fêtes. — Semaine sainte ; Saint-Jean ; feria du 7 au 17 sept.

La **cathédrale** incendiée a dû être reconstruite. A l'intérieur on remarquera la **chapelle de la Virgen de los Llanos** avec un retable du XVIᵉ s. peint par le maître d'Albacete. La **Delegación de Hacienda**, installée dans l'ancien couvent des Justiniennes, conserve une Vierge des Douleurs de Salzillo. Notez les nombreuses maisons des XVIIᵉ, XVIIIᵉ et XIXᵉ s.

■ Dans le **palais de la Diputación, Musée archéologique provincial*** *(ouv. de 10 h à 14 h et de 17 h à 19 h., sf le dim a.-m., lun. et j. fériés)*. Nombreuses collections de pièces néolithiques provenant de la nécropole de Hoya de Santa Ana et Llano de la Consolación. Objets de la culture ibère et romaine (mosaïques de Hellín, poupées articulées retrouvées à Ontur). Poteries morisques.

Dans le **musée des Beaux-Arts,** toiles du XVIᵉ s. et peintures de Carducho.

Environs. 1 — Casas Ibáñez *(52 km N.-E. par la N 322 en direction de Requena ;* 3 755 hab., alt. 709 m). — Pittoresque village de montagne entre les vegas du Júcar et du Cabriel. Culture de vigne et de safran.
↦ A *19 km N.-E. par la N 322,* **Villatoya** ; station thermale dans la vallée du Cabriel, sur laquelle vous découvrirez de belles vues.

2 — Chinchilla de Monte Aragón *(14 km S.-E. par la N 430 en direction d'Almansa ;* →*)*.

3 — Hellín *(61 km S. par la N 301 en direction de Murcie ;* 22 655 hab., alt. 566 m). — La vieille ville est pittoresque avec ses ruelles en pente où se mêlent l'architecture de Murcie et de la Manche. Belles maisons baroques avec des fers forgés très ouvragés. Église Nª Sª de la Asunción, du XVIᵉ s. ; à l'intérieur, beaux fers forgés et escalier à azulejos. Dans le couvent des Franciscains, chapelle rococo et belle décoration en céramique valencienne. Au sommet du cerro del Castillo (la montagne du château), ruines de la forteresse médiévale.
Fêtes : la nuit du jeu. saint, défilé de pasos au son des tambours.
↦ A *10 km S. par la N 301, sur la dr.,* **Miñateda,** près d'une **grotte,** découverte en 1914, avec des peintures pariétales d'une composition très complexe associant des figures humaines et animales.

4 — Balazote *(28 km S.-O. par la N 322 en direction d'Ubeda ;* 2 155 hab., alt. 776 m.) — Au cœur d'une huerta fertile (légumes, céréales, coton). L'**église** gothique de Nª Sª del Rosario renferme dit-on les tombes des comtes de Carrión, époux des filles du Cid. Dans les environs, on a trouvé des traces romaines (thermes avec des mosaïques) et des objets ibériques (la fameuse «Bicha», taureau à tête humaine taillé dans la pierre qui date du VIᵉ s. av. J.-C. et que l'on peut admirer au Musée archéologique national de Madrid).
↦ A *23 km N.-O.* par une route locale, **Lezuza** (2 365 hab. ; alt. 912 m) ; église gothique à beau portail Renaissance.

Albarracín**

Teruel, 45 km. — Saragosse, 163 km.
Alt. 1 171 m. — 1 146 hab. — Province de Teruel (Aragon).

La sierra cache une cité médiévale perchée sur une falaise entaillée par le fleuve dans un site d'une beauté exceptionnelle avec ses montagnes érodées et ses gorges profondes. La ville s'adapte à la topographie que dessine le río Guadalaviar. Son centre est une place d'où partent trois ramifications de ruelles tortueuses pavées qui suivent les courbes de niveau. Le territoire porte les témoignages d'un village préhistorique : les covachos (petites grottes) del Abrigo de los Toricos, la Cocinilla del Obispo ou la Cueva de Doña Clotilde, sont décorées de peintures rupestres.

La ville dans l'histoire. — Le site est occupé dès le paléolithique supérieur. La ville prend de l'importance sous les musulmans. Au Xᵉ s., elle s'intègre au califat de

Cordoue, pour devenir ensuite un royaume de Taifas, gouverné par les Banurazin ; elle passe ensuite aux mains des Almoravides pour dépendre finalement de Valence. En 1170, seigneurie chrétienne indépendante avec les Azagra, elle connaît différentes vicissitudes jusqu'en 1363, date à laquelle elle est annexée définitivement à la couronne d'Aragon par Pedro IV, en échange d'une indépendance administrative et judiciaire absolue.

Fêtes. — Le 30 avr., les habitants d'Albarracín célèbrent la fiesta de los Mayos, la venue du printemps, avec force chants et danses.

Visite de la ville

Pour partir tranquillement à la découverte de ce nid d'aigle aux maisons crépies et fleuries, de couleur rose, souvent blasonnées et ornées de beaux balcons, laissez votre voiture sur la place de l'ayuntamiento. Ne manquez pas de faire une halte dans les tavernes pour y goûter jambon et vins locaux.

Le centre urbain remonte à l'époque musulmane, surtout l'ensemble de **murailles**. De l'architecture chrétienne, il convient de signaler la **cathédrale d'El Salvador**, qui remonte à 1221 et fut remaniée en 1532 ; la voûte en est attribuée à Pierre Vedel, la tour à Alonso de Barrio qui plaça cinq stèles funéraires dans le soubassement.

Dans la Capilla Mayor, retable sculpté en 1566 par Cosme Damián Bas ; dans une chapelle du côté g., **retable de San Pedro** peut-être sculpté par Juan de Salas vers le milieu du XVIᵉ s. On ne manquera surtout pas de se rendre dans la sacristie et la salle capitulaire, transformée en musée, où sont exposées sept **tapisseries flamandes*** tissées à Bruxelles dans la manufacture de François Geubels (entre 1534 et 1571) et qui représentent l'histoire de Gédéon, et un **baiser-de-paix** du XVIᵉ s., attribué à Benvenuto Cellini, etc.

On remarquera les **archives musicales** composées de 222 livres de pupitre de chant grégorien et 300 parchemins que garde l'**ayuntamiento**, des documents qui datent de 1362 et un cartulaire qui va de 1245 à 1665.

Vous visiterez aussi l'**église Santa María**, reconstruite au XVIᵉ s. par Pierre Vedel, qui y fut inhumé en 1567, le **couvent de San Bruno y San Esteban**, du début du XVIIᵉ s. (Christ en ivoire, travail philippin du XVIᵉ s.), etc.

De la place de l'ayuntamiento, vous accéderez à l'un des plus séduisants quartiers d'Albarracín en suivant la calle del Portal de Molina qui aboutit à une porte de ville près d'une maison, tout de guingois, que la photographie a rendue célèbre. Laissez-vous prendre au charme oriental de ses venelles tortueuses et de ses maisons à encorbellement dont les façades sont parées de grilles de fer forgé et de jalousies ouvragées qui évoquent les moucharabieh arabes. De l'ensemble de maisons se détachent la **casa de la Brigadería**, transformée en hôtel vers le milieu du XVIᵉ s., la **casa de los Navarro, Monterde et Antillón**.

Environs

1 — A *4 km S.-E. (prendre un guide)*, abri sous roche du **Callejón del Plou**, orné d'une frise préhistorique de taureaux peints en rouge ; dans la même pinède, à *2 km*, **abrigo del Navazo**, avec une décoration plus variée (biches, figures humaines et taureaux en noir et blanc) ; sur la route, **parc culturel d'Albarracín** *(fléchage)* dont la vocation est de faire connaître et de protéger l'art rupestre.

2 — Bronchales *(20 km N.-O. ; à Noguera, prendre à dr.)*. — Découvertes néolithiques d'El Endrinal. Église (fin du XIᵉ s.) au **portail** néo-classique de 1650. Beaux paysages.

◆→ La route de Pozondón, à dr., dessert plusieurs villages dont les églises conservent des peintures des XVᵉ et XVIᵉ s., pour la plupart de l'école valencienne.
— *7 km :* Ojos Negros, ruines d'un château aragonais sur les confins de la Castille ; dans l'**ermitage del Cristo de Herrera**, petit retable très abîmé, de la 2ᵉ moitié du XVᵉ s. (scènes de la Vie du Christ). — *23 km :* **Ródenas**, dans l'église, retable de saint Jean-Baptiste, du 1ᵉʳ quart du XVᵉ s., peut-être exécuté par Pere Nicolau ou par Marçal de Sax dans la sacristie, **tableau de sainte Catherine**, peut-être par le maître de la Florida (dernier tiers du XVᵉ s.). — *3 km* de Ródenas, **château de Peracense** sur une crête de la sierra Menera, daté, dans son dernier état, du XIVᵉ s.
— *31 km :* **Peracense**, dans l'église, tableau de saint Jean, du 1ᵉʳ quart du XIVᵉ s., que l'on attribue parfois au maître d'Alcoraz, statues en bois polychrome de la Vierge de la Villeta (XIVᵉ s.). — *5 km à dr. :* Blancas ; **église** gothique près d'une **forteresse** aragonaise fréquemment attaquée par les Castillans au XIVᵉ s.

3 — Orihuela del Tremedal* *(31 km N.-O. par la route de Noguera ; 718 hab. ; alt. 1 447 m).* — Village de montagne au milieu des pins. Belle **église** du XVIIIᵉ s., un des meilleurs exemples du baroque de la province de Teruel. Parmi les maisons nobles à belles grilles forgées, remarquez celle des **Franco Pérez de Livia** et l'**ayuntamiento**. Ermitage de la Virgen del Tremedal (pèlerinage le 11 sept.).

◆→ A une vingtaine de kilomètres, **Villar del Cobo**, à l'église Renaissance dotée d'un grand retable baroque du XVIIIᵉ s. et de quelques tableaux datant sans doute du XVᵉ s.

4 — Cella *(30 km E.).* — Localité citée dans le poème du Cid (El Cantar del mío Cid), composé vers 1140, pour son aqueduc, creusé dans le roc à l'époque romaine pour amener les eaux du Guadalaviar. Ruines d'un **château**. **Église paroissiale** dont la construction fut commencée au XIVᵉ s. Elle fut reconstruite au XVIᵉ s. puis au XVIIIᵉ s., suite à l'effondrement de la partie principale. Le retable du maître-autel, œuvre de Damián Bas (XVIᵉ s.) se fragmenta alors. Dans la chapelle du Santo Cristo et dans le musée paroissial, tableaux d'un retable attribué à Bernardo Pérez (1560). **Ayuntamiento** du XVIᵉ s. Plusieurs demeures des XVIᵉ et XVIIᵉ s. Dans l'une d'elles, le curé astronome Zarzoso se livrait à ses recherches. La **Fuente de Cella** est un puits artésien découvert au XIIIᵉ s. L'ingénieur italien Ferrari construisit en 1729 le parapet en pierres de taille, d'un périmètre de 130 m, de forme elliptique (35 m-25 m). Le coût de l'œuvre est évalué à 25 000 livres. Près de la fontaine s'élève un **ermitage** néo-classique contemporain de l'œuvre de Ferrari.

Alberca (La)**

Ciudad Rodrigo, 46 km. — Salamanque, 77 km.
Alt. 1 050 m. — 1 350 hab. — Province de Salamanque (Castille-León).

Le village est situé au pied de la sierra de Francia qui doit son nom à un repeuplement effectué au XIᵉ s. par des nobles français, dirigés par Raymond de Bourgogne, gendre du roi Alphonse VI. Région longtemps isolée, ses habitants conservent des coutumes ancestrales et les villages qui la jalonnent sont de splendides reliques parfaitement conservées.

Fêtes. — On y célèbre chaque année un rite archaïque symbolisant la fin du cycle agraire marquant le rythme de la vie rurale. Le 15 août, la population fait une offrande à une statue de la Vierge, habillée de vêtements magnifiquement brodés et agrémentés de bijoux caractéristiques de la région de Salamanque. Le jour suivant, on célèbre un auto-sacramental avec la participation de tout le village, où le Bien et le Mal s'affrontent en un combat dialectique qui se termine toujours par la victoire de l'archange saint Michel qui renvoie le diable aux enfers sous les acclamations des spectateurs.

L'un des plus séduisants villages d'Espagne, peut-être unique en Europe occidentale, pour son authenticité est classé tout entier monument historique. La Alberca offre l'image d'un village montagnard que l'on dirait transposé sans retouches du Moyen Age ; la **plaza Mayor**, avec ses galeries à colonnes de bois et de granit et ses balcons en bois ou en fer forgé, conserve un **calvaire** et une **église** du XVIIᵉ s.

Environs. 1 — Monastère de Nuestra Señora de la Peña de Francia (14 km N.-O. ; au km 6 de la SA 202, tourner à g.). — Point culminant du massif, il est construit à 1 723 m d'altitude ; magnifique **panorama**★★ d'où l'on peut voir tous les villages de la sierra ; le monastère, tenu par des dominicains depuis 1437, comporte une **église** gothique, construite en granit et en pierre de taille ; adossé à celui-ci, le **couvent** qui longe le précipice et dont les murs ont parfois plus de 3 m d'épaisseur. Selon la légende, les origines de ce monastère sont attribuées à un pèlerin français, Simon Vela, qui découvrit au sommet de cette abrupte montagne une statue de la Vierge.

2 — Miranda del Castañar★ (11 km E.). — Autre village très pittoresque, dans une vallée entourée de montagnes. De l'ancienne muraille, il reste la **porte de San Ginés**, avec des blasons du XVIᵉ s. ; à côté du château, formé par une énorme tour, la petite **place des Taureaux** est l'une des plus anciennes d'Espagne.

Alcañiz★★

Saragosse, 103 km. — Vinaròs, 138 km.
Alt. 381 m. — 11 780 hab. — Province de Teruel (Aragon).

Alcañiz, entourée d'oliveraies produisant une huile réputée, vous char-mera par les monuments de la plaza de España, son château et la diversité de ses environs.

La ville dans l'histoire. — Alcañiz est peut-être l'ancienne ville ibère d'Anitorgis où, pendant la deuxième guerre punique, les Carthaginois commandés par Hasdrubal défirent les légions romaines de Cneus Cornelius Scipion et de Publius Cornelius Scipion, en 211 av. J.-C.
L'étymologie arabe d'Alcañiz (l'église) atteste que cette localité fut habitée par des populations mozarabes sous la domination maure. Prise par Alphonse Iᵉʳ le Batailleur en 1117, un château y fut érigé vers 1124, mais dut être abandonné en 1134 après la défaite que subit le roi d'Aragon à Braga.
Raimond Bérenger IV, en 1157, reprit définitivement la ville aux musulmans, puis, en 1179, Alphonse II l'accorda aux chevaliers de l'ordre de Calatrava. Jacques Iᵉʳ le Conquérant en fit l'une des résidences favorites et y prépara l'invasion du royaume maure de Valence (1231-1238).
En 1411 on y élabora le compromis de Caspe conclu dans la ville voisine de ce nom, le 25 ou le 28 juin 1412, qui devait dénouer la crise très complexe née de la succession du roi d'Aragon Martin l'Humain (1410), décédé sans descendance directe, légitime et vivante, au profit de l'infant de Castille Ferdinand Iᵉʳ le Juste (ou d'Antequera), qui régna ainsi sur l'Aragon de 1412 à 1416. En 1526, une charte royale retira la ville et son château à l'ordre de Calatrava.

Festivités. — Le soir du vendredi saint commencent à retentir tambours et tambourins et ce, sans discontinuer, jusqu'au lendemain où ils accompagnent des processions de personnages déguisés et de femmes en costumes régionaux qui portent, dans des paniers, des tortas bénies. Le dimanche matin, après la célébration de la rencontre mimée du Christ ressuscité avec Marie, lâcher de centaines de colombes.

La fête de la Virgen de los Pueyos, le 8 sept., est l'occasion de défilés et de feux d'artifice.

Visite de la ville

Sur la **plaza de España, Lonja** (bourse) de la fin du XVe s., s'ouvrant par trois majestueuses arches gothiques contiguës à la noble et austère façade Renaissance de l'**ayuntamiento** (façade latérale mudéjare), du XVIe s., où l'on conserve quelques fragments de peintures murales du XIVe s. provenant du château.

La **collégiale Santa María**, près de la plaza de España, fut reconstruite à partir de 1736, avec un **portail*** baroque monumental, mais elle conserve une tour gothique du XIVe s. ; dans la sacristie et dans son vestibule, tableaux de retables gothiques de la fin du XVe s. ou du début du XVIe s. On remarquera la **chapelle de la Soledad** et celle du **Corazón de Jesus** où prêchait San Vicente Ferrer.

L'aile du **château****, où se trouve le parador, fut élevée en 1738 par l'infant don Philippe. Dans la cour, petit **cloître** gothique accessible par deux portails de style roman de transition du XIIe s.

La **tour de l'Hommage**, un puissant donjon gothique aux armes de l'ordre de Calatrava, fut surélevée d'un étage au XVIIIe s. L'étage inférieur est décoré de **peintures murales*** (XIVe s.) représentent des scènes de la Vie du Christ ; dans l'église à portail roman, tombeau de Juan de Lanuza († 1533), en albâtre, par Damián Forment à partir de 1537, mais auj. très endommagé.

Les plus importantes **peintures*** sont au 1er étage de la tour ; on y voit des scènes profanes (XIVe s.) qui illustrent les faits d'arme de Jacques Ier le Conquérant, notamment la prise de Valence, ou bien les exploits des chevaliers de Calatrava. On y reconnaîtra aussi, grâce à un renard, une scène peut-être inspirée du poème satirique de Renart le nouvel, écrit en 1288, à Lille, par Jacquemart Gelée.

Pour **les amateurs de détails**, signalons encore, dans la ville basse : l'**église del Carmen** (portail baroque daté de 1695, retable churrigueresque) et le **couvent des dominicains**, de styles gothique et baroque.

Environs

1 — Caspe *(29 km N. par la C 231 ; →).*

2 — Calaceite* *(25 km E. par la N 420 ; 1 432 hab. ; alt. 1 432 m).* — Ville d'origine arabe dont le nom dérive de qala zeit (château de l'olivier).
Plaza Mayor* typiquement aragonaise. **Église** paroissiale s'ouvrant sur un **portail*** baroque (vers 1720). D'importantes **fouilles archéologiques**, Canyeret de Pallites et Tozal de San Antonio (néolithiques), Cami dels Anaguerets, Vall de Cabrera et plusieurs tumuli (tombeaux) de l'âge du fer, Tossal Redó (VIe s. av. J.-C.) et les villages de Villanova et San Antonio, le second ibérique et le premier d'une époque de transition, sont dignes d'intérêt.
→ Cretas *(12 km, par la route de Valderrobres).* — Village très pittoresque avec une **église paroissiale** à portail platéresque daté de 1566. Ce village recèle une

grande quantité d'abris sous roches ornés de peintures levantines, Roca dels Moros, Barranco del Gascons et Calapata.

3 — Valdeargorfa *(15 km S.-E.).* — L'**église** paroissiale, dominée par un **clocher mudéjar**, renferme des **retables** des XVIIe et XVIIIe s. Le **couvent de las Clarías**, du XVIIe s., présente des fresques du XVIIIe s.

4 — Valderrobres* *(38 km S.-E.).* — Situé sur le flan d'une montagne, sur la rive dr. du Matarraña, dominé par le **château des Heredia**, du XVIe s., auj. démantelé. A Mas de Pernales, on trouva une stèle ibérique et à Torre Pacheco une cité ibérique. Les cortes se réunirent dans la salle des cheminées du château en 1429 sur l'ordre d'Alonso V. Quelques tours rondes subsistent ; sur celle de l'entrée S.-O., un écusson avec les armes de l'archevêque Heredia, fenêtres cintrées géminées. L'**église Santa María la Mayor** du XIVe s., gothique, est encore plus digne d'intérêt : un portail avec onze archivoltes en forme d'arc et un gable-tympan avec une admirable rosace de style gothique catalan. **Ayuntamiento**, de style Renaissance, du XVIe s.

◆→ La Fresneda, centre urbain qui conserve un certain aspect de quartier juif. Sur la plaza Mayor, plusieurs palais, avec une galerie supérieure et des gargouilles de style aragonais. Rues à portiques. Église paroissiale baroque du XVIIe s. Palacio de la Encomienda (maison de la Commanderie) du XVIe s. avec les écussons de l'ordre de Calatrava.

5 — Calanda *(17 km O. par la N 420 en direction de Montalbán).* — Église du XVIIe s. Dans cette localité sont nés le cinéaste Luis Buñuel et Gaspar Sanz (1640-1710), guitariste et musicologue.

Fêtes : le jeudi saint à minuit, pendant que les fidèles montent péniblement au calvaire avec des torches, les tambours se mettent à résonner. A la fin de la procession de l'enterrement se déroule un rite très ancien et pittoresque : la dispute entre le soldat qui transperça le flanc du Christ et le chef de la garde romaine.

◆→ A *40 km* par la route de Zorita *(prendre à g. vers Castellote et Santolea à 15 km),* près de Ladruñán, la **cueva del Rudiol**, au confluent du río Guadeloupe et du río Bordón, fut décorée de **peintures pariétales** à l'époque préhistorique ; on compte, notamment, une étonnante figure de taureau. Prendre un guide à Ladrunán.

6 — Alcorisa *(32 km O. sur la N 420).* — Bourg au pied de hautes falaises où l'**église Santa María** s'ouvre par un beau portail ; à voir également la **plaza de los Arcos** et le **palais de Linde**.

◆→ A *ے km* sur la N 420 embranchement pour **Molinos** *(10 km),* bourg qui appartint à l'ordre de Calatrava : église paroissiale à portail de style gothique flamboyant qui rappelle celui de Valderrobres (fin du XVe s.) : casa del Moro, sur une galerie aux arcs en tiers-point. Tout près, **Crevillén**, terre natale du sculpteur Pablo Serrano. Église paroissiale Saint-Martin du XVIIe s., **tour** marquant la transition entre le style mudéjar et le style baroque (en brique, composée de quatre corps, piliers octogonaux dans les coins).

◆→ A *19 km* sur la N 420, embranchement à g. pour **Aliaga** *(36 km).* L'ancienne Laxta de Ptolémée, fondée et fortifiée par Amilcar Barca, place arabe, est reconquise par Alfonso Ier, puis cédée à l'ordre des Templiers en 1163 par Alfonso II. Château du XIIIe s., presque sans vestiges ; des trois enceintes, il ne reste que celle du centre, douze tours circulaires et une tour de guet. Église du XVIIe s. A *8 km,* par la route vicinale, **Estercuel** : église de Santo Torribio, baroque, du XVIIe s. **Monastère del Olivar.** A *9 km* d'Aliaga, **Camarillas** : vestiges d'un château et d'un aqueduc médiéval, église paroissiale baroque du XVIIIe s. à façade plateresque. L'ermitage de la Virgen del Campo, du XVIIe-XVIIIe s., est flanqué d'une tour octogonale mudéjare.

7 — Montalbán *(82 km O. par la N 420).* — Sur les bords du río Martín. D'après la tradition, elle fut fondée par des juifs en l'an 200 av. J.-C. A l'origine plusieurs enceintes fortifiées entouraient le bourg ; il ne reste que les ruines de la prison (**Arco de la Carcél**). Église paroissiale de **Santa María de los Mayos**, fondée par Pedro II en 1210, de style gothico-mudéjar, ornée de briques vernissées, achevée au XIVe s. ; elle a été restaurée en 1965.

8 — Rafales *(23 km O.).* — Sur la rive gauche du río Tastavins, église gothique de **Nuestra Señora de la Asunción** (XIIᵉ-XVIᵉ s.), avec des chapiteaux schématiques avec des motifs végétaux. **Ayuntamiento** du XVIIᵉ s. adossé à la muraille. **Château** du XVIᵉ-XVIIᵉ s., édifice de trois étages avec deux entrées : l'une, un arc en plein cintre en pierres de taille avec un blason, l'autre un arc déprimé.

➭ Au N., **La Portellaoa**, église des **Saints-Cosme-et-Damien** du XVIIᵉ s. avec un clocher en briques ; l'**ayuntamiento** est monument historique.

➭ **Fornoles**, village situé sur la rive dr. du barranco (ravin) de Canales, patrie de Braulio Foz (1791-1865), auteur de la Vie de Pedro Saputo et d'Andrés Piquer, économiste et fondateur du Monte de Piedad. **Église paroissiale** baroque et gothique du XIVᵉ-XVIIIᵉ s. Plus remarquable est le **sanctuaire de Monserrate**, gothique, du XIVᵉ s., qui conserve un portail ogival avec cinq archivoltes. Il fut remanié au XVIIᵉ s.

Alcántara

Cáceres, 63 km. — Plasencia, 97 km.
Alt. 232 m. — 2 720 hab. — Province de Cáceres (Estrémadure).

Située sur une colline, la bourgade doit son nom au pont qui enjambe le río Tajo. Les Maures, qui la fondèrent, la nommèrent en effet Al Kantara (pont en arabe).

Fêtes. — Les 18 et 19 oct., la ville célèbre la San Pedro de Alcántara ; feux de bois et dégustations de migas.

Le **pont romain***, long de 194 m, à six arches, fut construit par Trajan, sur le Tajo, en 106 apr. J.-C. Il constitue un des plus impressionnants témoignages de la maîtrise technique des ingénieurs romains. C'est le plus haut des ponts romains. Détruit par les Maures en 1214, il fut restauré surtout par Carlos V en 1543. Au centre se trouve un grandiose **arc de triomphe**, de 14 m, qui porte les armes des Austria et des Bourbons, ainsi que la dédicace des onze municipes romains de Lusitanie qui participèrent à son édification.

A côté du pont, petit **temple romain** avec une inscription-dédicace. A l'intérieur, **autel funéraire** et **stèle** de Daïus Julius Lacer, le constructeur du pont. En amont du pont, **barrage d'Alcántara**, sur le Tage ; le plan d'eau, très étroit dans la vallée encaissée du fleuve, s'étend sur près de 150 km.

La ville ne conserve de l'ancienne enceinte arabe qu'une porte remaniée après la Reconquête.

L'**église Santa María de Almocóbar** construite en style roman (façade) et gothique, remaniée au XVIᵉ s., renferme un superbe **monument funéraire** au commandeur de l'ordre d'Alcántara, Bravo de Jerez, et cinq tableaux de Morales.

Le **couvent de San Benito** (aujourd'hui en ruine), ancien siège de l'ordre d'Alcántara, fut commencé en 1505 par les chevaliers-frères et terminé en 1576. Son **église**, de trois nefs, offre une débordante décoration plateresque sur les murs. **Cloître** gothique à deux étages. A dr., **chapelle** de Bravo de Jerez construite en 1550 par Pedro de Ibarra. L'escalier du chœur et la porte qui donne accès au cloître sont de style gothique influencé par la Renaissance. **Réfectoire** du XVIᵉ s.

A remarquer, les maisons nobles des Barrantes, Torreorgaz et Topete.

Environs. 1 — Ceclavín *(35 km N.-E. ; sortir par la C 523 en direction de Termas de Monfortinho ; au km 11, tourner à dr. ; 13 km plus loin bifurquer de nouveau à dr.).* — Le village est réputé pour ses **bijoux** en filigrane d'or, d'argent et enrichis d'émaux. L'**église Santa María del Olmo**, gothique, possède un beau retable.

2 — Garrovillas *(30 km E. par une route locale).* — Pittoresque **plaza Mayor** à arcades ; maisons seigneuriales. L'**église San Pedro**, en style gothique du xvᵉ s., est ornée d'un retable Renaissance. L'**église Santa María de la Consolación**, gothique elle aussi, conserve un autel romain en granite, que l'on utilisait comme fonts baptismaux ; retable baroque intéressant.
Fête : le 8 sept., pèlerinage au sanctuaire de Nª Sª de la Altagracia.

3 — Brozas *(15 km S.-E. par la C 523 en direction de Cáceres ;* 6 000 hab., alt. 411 m). — Petite ville pittoresque avec des maisons seigneuriales. L'**église Santa María** est une belle construction en style gothique du xvıᵉ s. avec quelques détails Renaissance. Dans la partie haute de la ville se dresse le château.

Alcaraz

Albacete, 79 km. — Ubeda, 130 km.
Alt. 963 m. — 1 955 hab. — Province d'Albacete.

Nommée Al Karrash par les Maures, elle est reconquise par Alphonse VIII en 1213. Elle est en 1265 un lieu de rencontre entre Alphonse X le Sage, roi de Castille, et Jacques Iᵉʳ le Conquérant, roi d'Aragon, qui y conclurent une alliance pour combattre les musulmans.

Fête. — Romería de la Virgen de Cortes, le 26 août.

De son passé, cette charmante et paisible petite cité conserve les ruines d'un **château arabe**, où gisent les restes de l'**église Santa María**, de style gothique, mais la ville basse, surtout, retiendra l'attention avec sa remarquable **plaza Mayor**, où la **casa Consistorial** s'ouvre par un **portail dit de la Aduana**, aux reliefs chaudement patinés d'un style plateresque très rustique. Sur cette place, l'**église de la Trinidad**, la plus intéressante, est un monument où se mêlent les styles mudéjar et gothique avec un sobre clocher Renaissance, face à un beffroi, dit El Tardón ; construite en 1486 ; elle comporte un beau portail latéral S., un cloître ruiné du xvıᵉ s. et renferme des **statues** en bois polychrome de Salzillo et de Roque López. Vous visiterez également la **Lonja del Corregidor**, reconstruite en 1718, mais avec une décoration plateresque de 1518. Près de la ville, restes imposants d'un aqueduc médiéval.

→ A **55 km S.**, par une route très sinueuse qui permet de découvrir une **vue**** d'une extraordinaire ampleur sur les montagnes de Riopar et la vallée du río Mundo, **Riopar*** ; perché comme un nid d'aigle, cet étonnant village est célèbre pour son artisanat de bronze. Église gothique. Allez voir dans la sierra les **chorros del Mundo***, source du fleuve du même nom qui forme de pittoresques cascades.
Fêtes : le 3ᵉ dim. de sept., romería et jota.

Alcázar de San Juan

Ciudad Real, 86 km. — Daimiel, 55 km. — Tomelloso, 31 km.
Alt. 651 m. — 28 580 hab. — Province de Ciudad Real (Castille-La Manche).

Nœud ferroviaire entre Madrid et l'E. de l'Espagne, Alcázar de San Juan possède un polygone industriel de décentralisation urbaine de Madrid.

Fêtes. — Foire et feria du 3 au 8 sept. On célèbre Notre-Dame du Rosario le 1er dim. d'oct.

Gastronomie. — Cordero a la pastora (agneau). Gachas de mantanza, bouillie de farine avec de la charcuterie. Guiso de boda, plat de noces. Migas de pastor, miettes de pain frites avec des lardons. Tortas de Alcázar : très connues en Espagne, ce sont des galettes tendres avec lesquelles on fait la bizcocha, plat doux à la crème renversée.

Dans le **Musée archéologique Fray Juan Cobo** *(16, calle de Don Quijote)* vous pourrez admirer des mosaïques romaines des Ier et IIe s. et des outils agricoles et de cuisine régionale. La **torreón de Don Juan de Austria** abrite un musée de peinture. Dans l'**église Santa María**, restes d'architectures mozarabe et romane. Dans ses archives, est conservé un acte de baptême longtemps considéré comme celui de Cervantès, il s'agit en fait d'un faux du XVIIIe s. Vous pourrez en outre voir des **moulins à vent** (Sancho Panza, Doncel, Rocinante, Fierabrás, Barcelona y « Dulcinea ») et le **musée des Chemins de fer.**

➡ A *10,5 km E. par la N420 en direction de Cuenca,* **Campo de Criptana***** (13 050 hab., alt. 707 m) ; parfaite illustration du village manchego avec ses moulins (une trentaine) qui se profilent contre le ciel sur l'arête de la sierra de los Molinos, ceux-là même que Don Quichotte aurait combattus. Ruines de l'ancien château avec l'ermitage de la Paz aux allures byzantines (à l'intérieur, Virgen de la Paz, du XIVe s.). L'église de Nª Sª de las Angustias, baroque, renferme un beau retable du même style. la ville appartenait autrefois à l'ordre de Saint-Jacques, dont la croix rouge en forme d'épée figure dans les armes municipales. Outre le charme de ses maisons et de ses rues, Campo de Criptana possède une intéressante bibliothèque.

Alcúdia

Artá, 37 km. — Palma, 52 km.
5 350 hab. — Ile de Majorque — Province des Baléares.

Située à l'entrée de la péninsule du cap des Pinar, qui sépare les baies de Pollença et d'Alcúdia, à l'E. de Majorque, cette petite ville fortifiée est surtout connue pour les 10 km de plages de sable fin qui, du port d'Alcúdia à Can Picafort, forment une station balnéaire très populaire.

La ville dans l'histoire. — Fondée en 1289 par Jacques II de Majorque, et entourée de murailles dès 1362, Alcúdia garde d'importantes traces de la ville romaine de Pollentia (IIe s. av. J.-C.). A 1,5 km en direction du port, on peut encore voir le théâtre romain, dont il ne reste que quelques entailles dans le rocher (gradins et bâtiments de scène). L'histoire récente d'Alcúdia est marquée, à partir de 1863, par l'assèchement de l'Albufera, zone d'anciens marais remplacés aujourd'hui par des rizières ou par les huertas de Sa Pobla et Muro, qu'irriguent de nombreuses éoliennes. Le plan d'eau résiduel est devenu, par sa faune et sa flore, une sorte de réserve écologique.

En longeant l'enceinte médiévale, en partie reconstruite ces dernières années, on verra successivement en allant vers le port la **porte de Sant Sebastià**, l'**église de Santa Aina**, du XIIIe s., et la **porte de la Xara**. Dans la ville, les maisons des XVIe et XVIIe s. et le **Musée archéologique** (calle General Goded, 7) sont les témoins de cette riche et longue histoire.

Environs. 1 — Au N.-E. d'Alcúdia. — En quittant Alcúdia en direction du port, sur la g., une petite route conduit au **Mal Pas**, minuscule station balnéaire dans les pins, avec un port de plaisance et une vue splendide sur la presqu'île de Formentor, de l'autre côté de la baie de Pollença. On atteint ensuite *(6 km)* l'**ermitage de la Victòria** (XVIIe s. sur une construction du XIIIe s.), avant d'accéder à pied à **Sa Talaia d'Alcúdia** (444 m) d'où l'on domine les deux baies. Un pèlerinage y a lieu chaque année (2 juil.) ; il se termine par un spectacle de danses traditionnelles.

2 — Port d'Alcúdia *(3 km S.).* — Il a su concilier le caractère agréable d'un petit port de pêche et les nécessités d'une économie moderne : centrale thermique (doublée aujourd'hui d'une nouvelle centrale près de l'Albufera), usine à gaz «Butano S.A.», base de sous-marins. Une ligne maritime régulière le relie à Ciutadella (Minorque).
Là commencent les kilomètres de plages (celles d'**Alcúdia**, de **Muro**, de **Santa Margalida**) où les paysans des villages voisins allaient chercher autrefois des charrettes d'algues qu'ils répandaient ensuite dans leurs champs. Ces plages sont surtout appréciées de nos jours pour la finesse de leur sable et la transparence de leurs eaux.

3 — Can Picafort *(15 km S.).* — Vaste agglomération d'hôtels et villas, à proximité de la nécropole préhistorique de **Son Real** (culture des talayots ; → Alaior, environs 2).

Alfaro

Logroño, 75 km. — Saragosse, 80 km.
Alt. 301 m. — 87 775 hab. — Province de Logroño (La Rioja).

Petite ville déjà typiquement aragonaise avec ses constructions de brique, legs de l'époque islamique, et ses demeures seigneuriales à blasons sculptés.

Fêtes. — Encierros du 15 au 18 août.

Au cœur de la ville s'élève l'**église collégiale San Miguel**, à l'imposante façade de style classique, construite au XVIIe s. Elle possède un beau retable baroque, de magnifiques stalles dans le chœur et une grille monumentale plateresque. Dans la **chapelle San Ildefonso**, statue de la Vierge des Douleurs, attribué à Salzillo.

Environs. 1 — Cervera del Río Alhama *(28 km S.-O. ; →).*
2 — Calahorra* *(22 km N.-O. ; →).*

Alicante*

Carthagène, 110 km (par N 332). — Madrid, 351 km. — Valence, 186 km (par N 332). 248 035 hab. — Capitale de la province d'Alicante (Communauté valencienne).

Située au centre d'une grande baie** formée par les caps de Huerta et Santa Pola, c'est une ville cosmopolite, résidentielle, gaie, élégante, cordiale et aimable. Elle est renommée pour la luminosité de son ciel d'un bleu intense (peut-être est-ce à cause de cela que son étymologie latine, Lucentius, signifie ville de la lumière). Grâce à ses conditions naturelles exceptionnelles et son climat privilégié, à ses hivers doux et ses étés agréablement chauds, Alicante est non seulement un centre touristique de réputation mondiale pendant l'été, mais aussi une des stations hivernales les plus visitées de l'Espagne. Possédant une industrie florissante, ainsi que de bons magasins et un commerce ample et varié, Alicante se présente, malgré son développement fabuleux et sa modernité, comme une ville où l'on ne peut pas se perdre et où toutes les rues mènent à la mer. Le marquis de Molíns, dans ses vers populaires, l'a appelé « la millor terra del món » (la meilleure terre du monde).

La ville dans l'histoire. — Alicante est parfois identifiée avec l'Acraleuce des Carthaginois, fondée vers 237 ou 236 av. J.-C. par le général Hamilcar. Par la suite, elle fut peut-être le siège d'une colonie romaine connue sous le nom de Lucentum. Ce fut aussi dans la baie d'Alicante que le roi des Vandales, Genséric, aurait réussi à s'emparer de la flotte de l'empereur romain d'Occident Majorien (456-461). Son nom actuel date de l'invasion musulmane du VIIIe s. En 1490, elle reçut le titre de ville. Au XVe s., attaquée par les Turcs et les Barbaresques, elle dut fortifier ses côtes. Le port se développa et l'activité économique fut florissante jusqu'à l'expulsion des morisques (1609). Occupée par les troupes de l'archiduc Charles, en 1706, elle revint à Philippe en 1708. Les monuments les plus importants datent de cette époque. Comptant parmi les plus solides bastions des républicains pendant la guerre civile, José Antonio Primo de Rivera, le fondateur de la Phalange espagnole, y fut fusillé le 20 nov. 1936.

Les fêtes. — Les Hogueras de San Juan (du 21 au 24 juin) sont les fêtes les plus populaires d'Alicante. Bien que la tradition de faire du feu la nuit de la Saint-Jean (24 juin) pour brûler des rebuts remonte à une époque lointaine, ces fêtes n'étaient pas formalisées jusqu'en 1921, où les premiers monuments de carton-pâte furent érigés, puis brûlés dans les flammes. La nuit du 21, les fanfares font leur entrée, suivies de la plantô, activité qui consiste à installer dans les rues des monuments gigantesques et des baraques où l'on mange, l'on boit et l'on danse.

Visite de la ville

Vous flânerez surtout dans les vieux quartiers bordant l'église San Nicolás et l'ayuntamiento. L'esplanada de España *(plan C3),* belle promenade à la somptueuse végétation, vous fera découvrir le point dont l'activité se concentre plus particulièrement autour de l'exportation des vins de l'arrière-pays. De la rambla Méndez Núñez, l'artère la plus animée, engagez-vous dans la calle Mayor *(plan D2),* réservée aux piétons et, par conséquent, bien caractéristique des rues commerçantes de l'Espagne méridionale.

L'église San Nicolás de Bari *(plan D2)* fut élevée de 1616 à 1662. A l'intérieur, remarquez la clôture à deux vantaux de bois et de cuivre de la

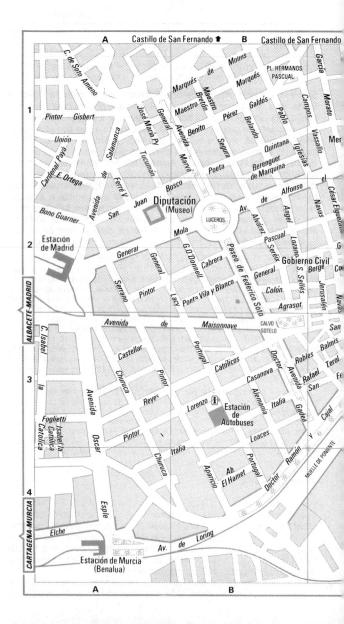

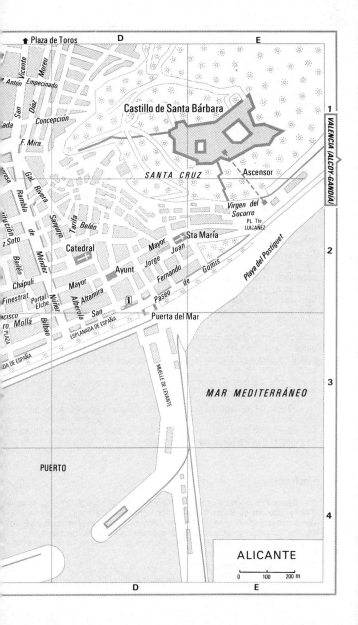

ALICANTE

chapelle du Saint-Sacrement, baroque, à coupole décorée de sculptures. Dans les chapelles derrière le maître-autel, retables en bois sculpté et doré du XVIIe s. Belle grille du cloître.

A l'extrémité de la Calle Mayor, la charmante petite plaza de la Santísima Faz est délimitée à dr. par la façade postérieure de l'**ayuntamiento** *(plan D2),* érigé de 1696 à 1760. La façade principale, du côté de la plaza del 18 de Julio, de style churrigueresque, est incomparablement plus belle.

L'**église Santa María** *(plan E2),* bâtie en style gothique sous les Rois Catholiques sur les ruines d'une ancienne mosquée, mais remaniée en 1720, présente une belle façade, exécutée par Manuel Violat, d'un style baroque un peu alourdi mis à la mode par Francesco Borromini. A l'intérieur, dans le sanctuaire, des peintures aux cadres de bois et d'autres éléments décoratifs de même style donnent beaucoup de charme à cet ensemble. Fonts baptismaux Renaissance en marbre de Carrare.

■ Jouxtant l'église Santa María, la Casa de la Asegurada, édifice du XVIIe s., abrite le **musée municipal d'Art du XXe s.** *(ouv. de 10 h à 13 h et de 17 h à 20 h ; f. le lun.).* Y est exposée la Colección Arte Siglo XX, réunie par le sculpteur Eusebio Sempere, qui se compose de nombreux tableaux, sculptures et ouvrages graphiques signés Gris, Picasso, Braque, Miró, Calder, Bacon.

■ Dans la ville moderne, le **Musée archéologique provincial** *(ouv. de 9 h à 13 h 30),* installé dans le palais de la Diputación *(plan A2),* renferme des collections d'objets préhistoriques, d'antiquités ibéro-puniques, romaines, dont un dolium, grand récipient qui servait à la conservation du vin, de l'huile ou des céréales (le tonneau de Diogène était en réalité un dolium), de la céramique médiévale, surtout mudéjare du XIIIe s., des azulejos des XVIIIe et XIXe s., etc.

Du **Castillo de Santa Bárbara** *(plan D E1 ; accès : soit par un ascenseur partant de la route de Valence — paseo de Gomiz —, soit par une route à péage se détachant à g. de la route de Valence à env. 500 m du port ; vis. : de 9 h à 18 h ; le dim. et les j. fériés ouv. seulement le matin).*

Sur la place d'armes du haut *(dernier arrêt de l'ascenseur)* se déroulent des concerts et des représentations folkloriques.

Le **couvent de la Capuchinas,** du XVIIIe s., conserve une Vierge de piété de Salzillo.

Laissez-vous charmer par la promenade dans la calle Labradores qui conserve de nombreux petits palais du XVIIIe s.

Environs

1 — Santa Faz *(5 km par la N332 en direction de Valence),* à 200 m par la route d'Alcoy, **couvent de Santa Clara** avec un portail baroque, construit pour recevoir l'un des trois linges dont se sert sainte Véronique pour essuyer le visage du Christ pendant la montée au Golgotha, relique apportée de Rome au début du XVe s.
Le **pèlerinage de la Santa Faz** (le jeudi suivant la semaine de Pâques) est la fête la plus traditionnelle d'Alicante.

2 — Cuevas de Canalobre *(dans le village de Busot ; 24 km par la N340 en direction d'Alcoy ; prendre à dr. par la route de Busot ; ouv. du 1er avr. au 30 sept., de 10 h à 20 h ; du 1er oct. au 31 mars, de 11 h à 18 h 30 ; f. le 1er janv. et le 25 déc.).* — Situées sur la pente septentrionale de la montagne Cabeçó d'Or, ces grottes renferment de nombreuses stalactites et stalagmites. Le nom leur vient du mot « canelobre » (chandelier), donné à une des plus grandioses stalagmites.

3 — Jijona *(25 km par la N340 en direction d'Alcoy ; 900 hab. ; alt. 453 m).* — Montélimar espagnol avec de nombreuses fabriques de turrón, un nougat confectionné industriellement depuis le xvIIIe s. que l'on mange comme dessert à Noël. Église paroissiale de style classique (1596) ; château en ruine. Dans la vieille église gothique, beau **plafond autesonad***.

Fête de San Bartolomé, le 24 août : défilé de Maures et de chrétiens.

4 — Alcoy *(55 km ;* 65 908 hab. ; alt. 580 m). — Centre historique au bord du río Segre. La ville fut reconquise au xIIIe s. par Jaime Ier. Sa vocation industrielle (tissus, papier, jouets) remonte au xIIIe s.

La **fête des Moros y cristianos****, du 22 au 24 avril, dont la tradition remonte à plusieurs siècles, consiste en de bruyants combats figurés entre deux troupes costumées — celle des Maures et celle des chrétiens — avec des scènes de défi, des ambassades (récitations versifiées) et parades.

En ville (d'un intérêt limité sauf au moment de la fête), visitez l'**église de Santa María** (1725-1767), de style baroque valencien, située sur la plaza de España *(centre de la ville).* En prenant à dr. de l'église, vous parviendrez à l'ancienne plaza Mayor, où se trouve le **musée archéologique municipal** *(ouv. de 9 h à 13 h 45, f. le dim.),* installé dans un édifice du xvIe s., appelé ayuntamiento vieio ; collections d'objets de la préhistoire, antiquités ibériques, romaines, maures, panneaux d'azulejos du xvIIIe s., peintures, etc. Dans le **museo de Fiestas del Casal de Sant Jordé***, costumes utilisés pendant la fête des Maures et des chrétiens.

5 — Cocentaina *(60 km ;* 10 414 hab. ; alt. 445 m). — Sur la place centrale, **palais** des comtes de Cocentaina, érigé au xve s. **Église Santa María**, du xvIIe s., (retable de Santa Bárbara, œuvre de la fin du xIve s. ou du début du xve s., attribuée à un peintre de l'école majorquine influencé par la peinture italienne). Couvent franciscain de San Sebastián du xvIe s., couvent des clarisses du xvIIe s.

Fête des Moros y Cristianos à la mi-août.

Dans les environs, **Planes** et **Lorcha** conservent les ruines de leurs châteaux médiévaux.

6 — Albaida *(85 km ;* 5 571 hab. ; alt. 315 m). — Château arabe en ruine ; église du xvIe s. ; **palais** des marquis d'Albaida.

➡ De là, vous rejoindrez **Oonteniente** *(par la C 320 en direction d'Almansa ;* 28 381 hab. ; alt. 400 m). Cette petite ville conserve des ruines médiévales et des murailles. Dans l'église gothique de Santa María, au portail platéresque, toiles de Ribalta, Valdés Leal et Vicente Lopez. Dans l'église de San Miguel, Christ de Benlliure.

➡ A **Bocairente*** *(par la C 3316 en direction de Villena ;* 4 881 hab. ; alt. 680 m), bourg curieusement étagé sur les pentes de la sierra de Mariola, belle **église** paroissiale avec des **retables** de Juan de Juanes, deux Cènes, l'une de Ribalta, l'autre attribuée à Marçal de Sax (xve s.), calice attribué à Benvenuto Cellini. **Plaza de toros** taillée dans le rocher. **Cuevas**, ou chambres sépulcrales ibériques dans la vallée des Agrés et le barranco du Viocaet.

Fête typique avec danses le 28 août.

7 — Castell de Guadalest* *(70 km par la N332 en direction de Valence ; en arrivant à Benidorm, prendre la C 3313 vers Alcoy).* — Ce petit village conserve un château de fondation maure qui occupe un **site*** étonnant sur une arête rocheuse étroite et escarpée, d'où l'on domine la vallée du río Guadalest. Il abrite aujourd'hui le village, accessible par un tunnel ; le cimetière est installé dans une ancienne cour. Petit musée ethnologique *(Casa Típica)* retraçant la vie et le travail des habitants depuis le xvIe s.

➡ Au-delà du Castell de Guadalest, **route**** pittoresque jusqu'au **Puerto de Confrides** *(14 km).* La route vers Villajoyosa *(à 20 km du château)* permet d'accéder au village de **Penaguila**, étagé à flanc de montagne ; porte, muraille et palais des Montcada.

De Guadalest revenir vers Callosa de Ensarria, puis prendre la C3318 très pittoresque, en direction de Pego (25 km).

On arrivera d'abord à **Tárbenas** (717 hab.), charmant village accroché au flanc de la vallée et d'où l'on découvre un beau **paysage montagneux***.

Plus loin, du **col de Raties** *(540 m)*, splendide **panorama**** pendant la descente au flanc de la sierra del Carrascal de Parcent, découpée en terrasses, où la végétation se diversifie selon l'altitude : pins et cyprès, amandiers, vigne et enfin agrumes.

8 — Pego *(84 km N.-E.)*. — Village agricole (légumes, oranges) aux maisons blanchies à la chaux avec tours et portiques. **Église de l'Ecce Homo** (XVIIIe s.) par fray Francisco Cabezas, l'église madrilène de San Francisco el Grande. Dans l'**église de la Ascención**, retable (1430) du Maître d'Ollería.

➜ A dr. **route** vers Cocentaina *(C3311)* avec des paysages remarquables surtout dans la vallée du Serpis.

Allariz

Orense, 23 km. — Xinzo, 17 km.
Alt. 465 m. — 5010 hab. — Province d'Orense (Galice).

Située au bord de l'Arnoya, la bourgade conserve plusieurs maisons seigneuriales armoriées.

La ville dans l'histoire. — Les Romains transforment le castro d'origine en une place militaire. Vers le VIe s., le village est donné à un Alarique (conquérant suève) et son nom se transforme en Villa Alaritii. Elle est la capitale historique de la Galice pendant la reconquête galicienne, de la fin du XIe s. au milieu du XIVe s. Alphonse VI y fait construire en 1072 le château, les premières murailles, les églises, et dessine les contours de la ville. Alphonse IX, proclamé roi à Allariz, y crée la cour littéraire de Galice. Tous les rois espagnols marquent la ville de leur passage. A l'époque moderne, les grandes familles de Galice construisent leurs palais à Allariz, y édifient des églises, fondent des œuvres de charité et des clubs artistiques. L'artisanat et le commerce apportent au village prospérité et célébrité.

Fêtes. — Le 11 juil., célébration de San Benito avec des danses traditionnelles.

Au cœur du village se dresse l'**église Santiago,** belle œuvre romane avec ses portiques, sa rosace, son abside semi-cylindrique et ses corniches à arcs. Aile gothique ; beaux sépulcres. Tableau de Juan de Juni.

Remarquez, non loin, l'**église San Esteban** dont les colonnes sont romanes ; chapelles remaniées en 1581 ; clocher à chapiteau.

Le **monastère Santa Clara** est du XVIIIe s. mais l'intérieur est roman (XIIIe s.). Tombeaux des enfants d'Alphonse le Sage. Vierge de marbre ; Christ en verre. Ce couvent possède le plus grand cloître d'Europe (3364 m^2) d'une facture baroque très soignée.

En vous promenant dans les rues d'Allariz, vous remarquerez de nombreuses maisons seigneuriales bien conservées (palacio de los Enriques, palacio de los Castro, etc.) et surtout la **maison d'Armoeiro** : deux édifices sont réunis à travers la rue par un corps à arc de style gothique, en pierre de taille.

On peut encore admirer des **vestiges des anciennes fortifications,** qui furent les plus solides de Galice ; 1100 m de périmètre, de 2,4 m à 4 m d'épaisseur. Granit massif.

Sur les rives de l'Arnoya, très belle vue ; remarquez le **pont de Vilanova,** d'origine romaine, dont l'élégante symétrie se reflète dans la rivière.

➡ A *7 km E.*, **Junquera de Ambia** ; belle collégiale Santa María à trois nefs romanes. Tombeaux gothiques et retables en bois polychrome à hauts-reliefs de style plateresque, exécutés vers 1530 par un imitateur de Jean ou Philippe de Bourgogne. Cloître du xvie s.

Almadén

Ciudad Real, 102 km.
Alt. 569 m. — 9 725 hab. — Province de Ciudad Real (Castille-La Manche).

Elle doit son nom à ses célèbres mines de mercure (al Maden signifie la mine, en arabe).

La ville dans l'histoire. — Ces mines, les plus riches qui soient au monde, étaient connues des Romains et des Arabes ; leur développement date du xvie s., lorsque le mercure est utilisé pour le traitement des minerais argentifères d'Amérique. Un peu après l'élection de Charles Quint à l'Empire (1519), le banquier Jakob Fugger (1459-1515), d'Augsbourg, qui a prêté environ 540 000 florins rhénans au roi d'Espagne sous forme de lettres de change remises aux Electeurs pour prix de leur bonne volonté à l'égard de celui-ci, après son accession à la dignité impériale, se fait concéder à bail, pendant trois ans, l'exploitation des mines de mercure et le droit d'exploiter les biens des ordres de Calatrava et d'Alcántara ainsi que les mines d'argent du Guadalquivir.
En 1563, la ville est récupérée par la couronne. Les mines, propriété de l'État, produisent près de 2 000 tonnes de mercure par an.

Fêtes. — Carnaval ; foire au bétail de San Pantaleón (21-27 juil.), Exaltation de la Sainte Croix (14 sept.).

Le château médiéval de Retamar conserve une tour. L'église de Nuestra Señora de la Estrelia abrite une image gothique de la Vierge.

Almagro*

Ciudad Real, 26 km. — Manzanares, 33 km. — Valdepeñas, 34 km.
Alt. 643 m. — 8 380 hab. — Province de Ciudad Real (Castille-La Manche).

Au bord du río Pellejero, Almagro est un centre d'élevage, de céréale et d'olivier, mais sa renommée en Espagne est due à son industrie de dentellerie.
De son passé, elle conserve un ensemble de monuments des xvie et xviie s. et une plaza Mayor qui compte parmi les plus intéressantes d'Espagne pour une ville de cette importance.

Fêtes. — Romería au sanctuaire de la Virgen de las Nieves, le 5 août. Fiestas de San Bartolomé, avec festival de théâtre classique, du 24 août au début sept.

Gastronomie. — Goûtez aux berenjenas, hors-d'œuvre typique : il s'agit d'aubergines macérées dans de l'huile et du vinaigre assaisonnés de piment rouge, de fenouil, de cumin et d'ail.

Peu après l'entrée par la route de Ciudad Real *(en venant de Manzanares ou de Valdepeñas, tournez à dr. sur le boulevard tracé à lisière de la ville ancienne)*; à g. se trouve l'**ex-université Santo Domingo** créée en 1534, grandiose édifice où l'on conserve les pierres sculptées de la chapelle du Rosario, les écussons aux armoiries de son fondateur Fernando Fernández de Córdoba et le plus bel écu de Charles V qu'on connaisse. Un peu plus loin, à dr., **église San Blas** ou **El Salvador**, fondée par Jakob Fugger, un descendant du fameux banquier d'Augsbourg qui finança l'élection de Charles Quint à l'Empire. Église très simple, à une seule nef, avec une curieuse inscription latine au portail.

De là suivre la **calle San Agustín** qui, s'enfonçant dans la vieille ville, nous permet de parcourir et d'admirer les calles, **plazas, portadas** (portails), **escudos** et **patios** qui conservent l'air de l'époque : parmi toutes ces anciennes maisons et manoirs, admirez au passage le portail de la **casa Rosales** avec un patio typique ; la **casa del Prior** (résidence du curé de San Bartolomé) ; la **plaza de Santo Domingo***, ensemble d'une grande beauté ; la **casa del Marqués de Torremagía**.

La calle San Agustín mène aussi à la **plaza Mayor*** où deux portiques supportent deux longues séries de logis à balcons vitrés et peints en bleu paon. Sur cette place, qui servait d'arènes pour les joutes et les corridas, se situent l'**ayuntamiento**, l'**église San Agustín** du XVIIe s. qui renferme des peintures de l'école de Zurbarán sur ses murs et plafonds, et le **corral de Comedias***, qui passe pour être le plus ancien théâtre d'Espagne où l'on ait donné des représentations de théâtre classique (depuis le XVIe s.).

Entre l'ayuntamiento et l'église, une rue donne accès à l'**église de la Madre de Dios** (1546), majestueux édifice à dimensions colossales, œuvre du maître Enriquez, et au **couvent de la Asunción** (ou des Dominicains), à l'angle de la route de Manzanares et de Daimiel. Fondé par Gutierre de Padilla, commandeur de l'ordre de Calatrava, il fut construit entre 1524-1544, avec une église de style gothique s'ouvrant par deux portails, l'un de style classique, l'autre Renaissance ; cloître platéresque.

De la plaza Mayor, la **calle del Gran Maestre** mène à l'**église San Bartolomé**, qui appartenait à un ancien collège jésuite. La façade, avec de grandes grilles, présente une hamonieuse architecture ; à l'intérieur, Cène du XVIe s.

Sur le **cerro del Convento** (la butte du Couvent), **château de Calatrava la Nueva**, aujourd'hui Parador nacional. Le couvent fut édifié par les pères franciscains avec autorisation de l'archevêque de Tolède et du roi Philippe III en 1597, autour d'un patio en brique. Des travaux de réforme ont transformé le château en un édifice de 7 000 m² avec 14 patios dont l'ancien cloître, le patio del boj (du buis), ou celui del agua (de l'eau), des réfectoires, la cave, la salle de conférences, la alberca (piscine), etc.

Environs. 1 — Bolaños de Calatrava (*4,5 km E. en direction de Manzanares* ; 9 937 hab., alt. 646 m). — D'origine romaine, la ville conserve de nombreux témoignages de l'époque impériale (chaussée). Le château arabe fut restauré au XVIe s. (donjon et quelques tours défensives). Ruines de l'ermitage roman de Santa María del Monte. Sanctuaire de Nª Sª de las Nieves (XVIe s.) avec des arènes adossées du XVIIIe s.
Fête : romería dans ce dernier sanctuaire, le 5 août.

2 — Moral de Calatrava (*17 km S.-E. par la C 415 en direction de Valdepeñas* ; 5 608 hab., alt. 671 m). — Belle église gothique qui contient une huile de Luís Tristán, l'élève préféré du Greco (La Trinité).
Fête : festia des Mayos, le 3 mai.

Calzada de Calatrava (*23,5 km S. par la C 417 ;* 5 166 hab., alt. 646 m). — Gros village au milieu des vignes.

Fêtes : semaine sainte colorée ave le *juego de las caras* où ont lieu d'énormes paris : « Puisque Dieu est mort, tout est permis. »

➡ A *9 km S.-O. (au km 7, prendre à dr.),* **couvent de Calatrava** ; édifié au XIIIe s., fortifié, il subsiste une église de style gothique cistercien, un cloître du XVe s. et diverses dépendances.

Almansa*

Albacete, 72 km. — Requena, 82 km. — Valence, 111 km. — Villena, 38 km. Alt. 950 m. — 21 395 hab. — Province d'Albacete (Castille-La Manche).

Grosse bourgade dominée par un piton rocheux escarpé, surmonté de l'une des plus belles forteresses d'origine maure de la région.

La ville dans l'histoire. — L'*Al Manxa* (la plaine) des Arabes est le théâtre d'affrontements entre les armées de Philippe d'Anjou, futur Philippe V, et celle de l'archiduc Charles, prétendant au trône. 1707 marque la victoire du duc de Berwick, chef des troupes de Philippe. Une pyramide a été dressée pour commémorer cet événement.

Fêtes. — Célébration de la Virgen de Belen du 2 au 6 mai, avec des défilés de chars fleuris.

Construit au XVe s. sur les restes de la forteresse arabe, le **château** est un plaisant but d'excursion. Au pied du rocher, l'**église archipresbytérale de la Asunción**, commencée au XVe s., présente une belle façade monumentale Renaissance, influencée par l'œuvre de Vandelvira. La tour et la façade de la Comunión, de style rococo, sont du XVIIIe s.

A côté de l'église, sur la **plaza de Santa María**, le **palacio de los Condes de Cirat**, actuelle **Casa Grande**, est un remarquable édifice maniériste de la fin du XVIe s., à figures lourdement sculptées ; façade surchargée d'ornements héraldiques et patio à double galerie ionique.

La plaza de San Agustín, au pied du château dont on a une belle perspective, est encadrée par les derniers châteaux que la ville conserve et le couvent des Augustines, édifice du début du XVIIIe s. ; sa façade, avec ses colonnes torses, présente une évidente influence levantine espagnole.

Plaza de la Constitución, dans le centre de la ville, se dressent l'**ayuntamiento** et la **tour de l'Horloge** néo-classiques. Le **sanctuaire de Nª Sª de Belén**, patronne de la ville, est situé dans un endroit pittoresque entouré d'ormaies. L'église renferme un retable et un autel baroques. Le sanctuaire de la madone est recouvert de fresques et d'azulejos de Valence.

Environs. 1 — Montealegre del Castillo (*22 km S.-O. par la C 3212 en direction de Hellín).* — Au pied du cerro de los Santos où, au lieu dit monte Arabi, on découvrit les vestiges d'une cité ibérique du IVe s. av. J.-C., avec des sculptures aujourd'hui déposées dans le Musée archéologique de Madrid.

2 — Embalse de Almansa (*6 km O. par la N 430 en direction d'Albacete).* — L'une de ces remarquables retenues dont les Maures ont doté l'Espagne et que ni les siècles ni l'eau n'ont ébranlée.

3 — Cueva de la Vieja et cueva del Queso (*24 km N.-O. ; sortir par la N 430 en direction d'Albacete ; au km 12, prendre à dr. vers Alpera ; bifurquer à dr. 1 km après* le village, puis 2 km plus loin, à g.). — Abris préhistoriques *(clefs à l'ayuntamiento d'Alpera)* ornés de peintures rupestres paléolithiques (scènes de chasse, de guerre, figures féminines en robe longue, etc.). Découvertes en 1910, elles comptent parmi les plus intéressants spécimens de cet art pariétal levantin qui s'épanouit dès la fin du paléolithique supérieur et durant le mésolithique dans les sierras qui, depuis les provinces de Lérida et de Tarragone jusqu'à la province de Jaén, limitent à l'O. la plaine côtière du Levant.

Almazán

Soria, 35 km.
Alt. 950 m. — 5 570 hab. — Province de Soria (Castille-León).

Sur la rive g. du Douro, cette ancienne place forte arabe, repeuplée en 1128 par le roi Alphonse Ier le Batailleur, joue un rôle actif dans les luttes entre les royaumes de Castille et d'Aragon ; Bertrand Du Guesclin détient en fief cette ville pendant cinq ans, avant de la vendre à la couronne de Castille.

De l'autre côté du Douro, on distingue les belles galeries du **palais des Hurtado des Mendoza,** que l'on atteindra en prenant la direction « Centro de la ciudad ». Du côté de la **plaza Mayor,** ce palais, où les Rois Catholiques séjournèrent en 1496, développe une longue façade, d'un style classique très austère datant du XVe s. Du côté du Douro, dans une **aile** de la fin du XVe s., s'ouvrent les deux **galeries** gothiques à l'étage inférieur, et Renaissance, avec des réminiscences gothiques, à l'étage supérieur.
Sur la plaza Mayor, à dr. du palais, **église San Miguel,** bâtie selon un plan très irrégulier dans la seconde moitié du XIIe s., avec une **coupole sur trompes** de type persan. Dans l'absidiole de g., **devant d'autel** roman sculpté (martyre de San Thomas de Cantorbéry).
En prenant à g. du palais, à *300 m,* **église San Vicente** (portail roman et une abside ornés de motifs d'inspiration mozarabe), qui ne devrait guère intéresser que les amateurs de détails. De la plaza de Ramón y Cajal, un peu avant cette église, une petite rue conduit à San Pedro ; la rue à dr. de la place triangulaire aboutit à l'**église Nuestra Señora de Campanario,** de fondation romane, remaniée au XVIIIe s., également peu intéressante. A dr., l'une des trois portes de ville de l'**enceinte** du XIIe s., dont il subsiste encore quelques pans. Revenir vers la plaza Mayor en prenant en point de mire une tour d'horloge, puis en repassant devant San Pedro.
De la plaza Mayor, la rue à l'opposé du palais mène à l'**église Nuestra Señora de Calatañazor,** du XVIIe s. (retable du XVIe s.).

Environs. 1 — Morón de Almazán *(13,5 km S.-E.).* — Ancien fief de Du Guesclin, dont la plaza Mayor* est l'une des plus intéressantes de la province avec un **palais** Renaissance, l'**ayuntamiento** de la fin du XVe s., un **pilori** de la même époque, et surtout l'**église paroissiale,** dominée par une belle tour (1540) ornée de reliefs de style plateresque.

2 — Monteagudo de las Vicarías *(36,5 km S.-E. par la même route).* — Ruines de **murailles** du XIVe s. et **château** du XVe s. (à l'intérieur, patio de style Renaissance). Dans le village, **église** de style gothico-Renaissance, avec un retable du XVIe s.

→ Tout près, petit château, appelé **Torre de Martín González** (xvᵉ s.), avec à ses pieds l'ermitage de **Nuestra Señora de la Torre.**

Almendralejo

Badajoz, 62 km. — Mérida, 30 km.
Alt. 336 m. — 23 870 hab. — Province de Badajoz (Estrémadure).

Capitale de la plaine dite Tierra de Baros, terre d'olivettes et de vignobles, vous y visiterez l'église paroissiale de style Renaissance et y verrez de belles maisons seigneuriales.

Environs. 1 — Alangel *(19,5 km N.-E. par la C 423 en direction de Don Benito).* — Castrum Colubri et Hins Alhanas (château du serpent) des Arabes, au pied d'une haute colline conique surmontée d'une forteresse d'origine maure. **Thermes romains** bien conservés, avec deux salles de plan circulaire, coiffées d'une coupole, chacune d'elles dotée d'une piscine ronde à degrés de marbre ; dans un corridor, inscription à Junon.

2 — Villafranca de los Barros *(15 km S. par la N 630 en direction de Séville).* — La façade principale de l'**église Santa María del Valle** est ornée d'un portail de style isabélin. A l'intérieur, retable du xvııᵉ s. d'architecture classique.
→ A *10 km E.,* **Ribera del Fresno,** où vous pourrez voir des maisons seigneuriales. Dans l'ermitage du Cristo de la Misericordia, du xvıııᵉ s., Christ gisant, de l'école de Montañés.
→ A *26 km E.,* **Hornachos** ; on peut y voir un grenier municipal (pósito) du xvıᵉ s. L'église de la Concepción, rebâtie au xvıᵉ s., est dominée par un élégant clocher (azulejos du xvᵉ s. dans le sanctuaire). Ruines d'un château d'origine arabe. Fontaine de los Moros du xvıᵉ s. En face d'un calvaire gothique du xvıᵉ s. se trouvent les ruines du couvent de San Francisco.

3 — Aceuchal *(9 km S.-O. par la C 423).* — Tour fortifiée par les templiers près de l'église paroissiale, du xvıııᵉ s. Musée taurin.

Almería*

Grenade, 159 km. — Madrid, 560 km. — Malaga, 208 km.
140 950 hab. — Capitale de la province de Almería (Andalousie).

Lieu de séjour très apprécié par la douceur et la sécheresse de son climat, il ne s'agit pas, à proprement parler, d'une station balnéaire, bien qu'il y ait une plage. Dans certains de ses quartiers, Almería est une vraie ville mauresque, notamment au pied de l'Alcazaba avec ses maisons blanchies à la chaux et le décor environnant, à la végétation africaine.

Quand Almería était Almería. — Fondée probablement par les Phéniciens, occupée ensuite par les Carthaginois, puis les Romains, qui l'appellent Portus Magnus ou Virgitanus, elle passe au pouvoir des Wisigoths, puis des Arabes qui la nomment Al-Mariyya, le Miroir. Dès l'époque de l'émirat omeyyade de Cordoue, elle devient l'un des premiers ports de la péninsule et une ville splendide. « Quand Almería était Almería, Grenade était sa métairie », dit un proverbe.

Un foyer de culture andalouse. — A la chute du califat de Cordoue, elle est la capitale d'un émirat indépendant, qui englobe même Cordoue, Jaén, Murcie et une

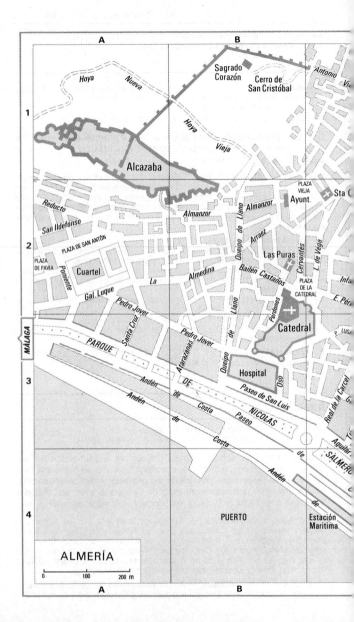

ALMERÍA

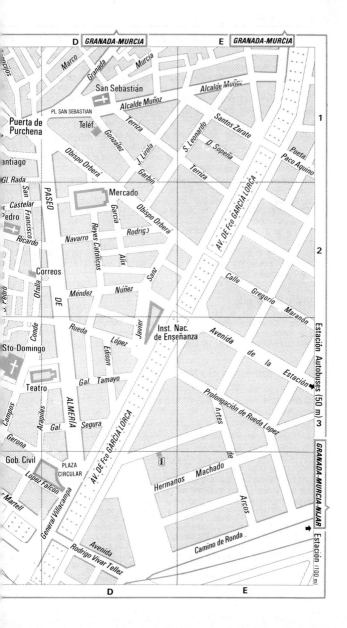

Marco
Granada
Murcia
San Sebastián
Alcalde Muñoz
PL. SAN SEBASTIAN
Alcalde Muñoz
Puerta de
Purchena
Teléf.
Terriza
González
Santos Zarate
1
Santiago
Obispo Orberá
J. Lirola
S. Leonardo
D. Sopeña
Poeta
Paco Aquino
Gl. Rada
Garbín
San
Francisco
Castelar
PASEO
Terriza
Pedro
Mercado
Obispo Orberá
Ricardo
García
Rodrigo
Navarro
Reyes Católicos
2
Correos
DE
Alix
Calle
Gregorio
Marañón
Méndez
Núñez
Sanz
Ofalla
Conde
Rueda
Javier
Inst. Nac.
de Enseñanza
Avenida
Sto-Domingo
López
Edison
de
la
Estación
Teatro
ALMERÍA
Gal. Tamayo
Prolongación de Rueda Lopez
Campos
Arapiles
Segura
Artes
3
Gerona
Gal.
de
AV. DE Fco GARCÍA LORCA
Gob. Civil
PLAZA
CIRCULAR
Hermanos
Machado
Martell
López Falcón
General Villacampa
Arcos
Avenida
Rodrigo Vivar Tellez
Camino de Ronda

partie de la région de Grenade. Bientôt, dépassant Séville en magnificence, elle devient le principal centre de culture andalouse. Tombée en 1091 au pouvoir des Almoravides, elle se transforme en repaire de pirates qui attaquent les chrétiens jusque sur les côtes de Galice. Prise en 1147 par Alphonse VII de Castille avec l'aide de la Navarre et de la Catalogne et des flottes de Gênes et de Pise, elle est reprise en 1157 par les Arabes. En 1489, l'oncle de Boabdil Abdallah az Zagal la remet aux Rois Catholiques. Le tremblement de terre de 1522 détruit la plupart des quartiers historiques (Rambla, Mezquita, Judería...).

Attaquée par les morisques au XVIᵉ s., elle connaît une évidente régression après leur expulsion au début du XVIIᵉ s., sous le règne de Philippe III. Bombardée par la flotte anglaise en 1705, pendant la guerre de Succession d'Espagne, occupée par les Français en 1808, elle vit en 1831 un soulèvement libéral écrasé dans le sang. Au XIXᵉ s., la ville connut un important essor économique avec le développement de l'agriculture et de l'élevage.

Almería aujourd'hui. — Malgré ses grandes possibilités, Almería est la capitale d'une des zones les plus pauvres d'Espagne. L'agriculture est sa principale richesse et l'utilisation de techniques de pointe (irrigation) son grand espoir pour l'avenir. Peu industrialisée, son économie s'appuie principalement sur la pêche et l'agriculture (oranges, vignes, fruits tropicaux...). Selon le refrain, « A Almería, trois choses vantent sa grandeur : la cathédrale, l'Alcazaba et la Torre de la Vela. »

Fêtes. — Fiestas de invierno (fêtes d'hiver), derniers jours de déc. et premiers jours de janv. ; le 5 janv., romería de la Virgen del Mar (Vierge de la Mer) avec des charrettes enrubannées et des couples à cheval ; semaine sainte ; du 22 au 31 août, fêtes patronales de la Virgen del Mar.

Visite de la ville

Si vous désirez vous limiter à l'essentiel, gagnez directement la cathédrale (parking sur la place), puis l'Alcazaba. Un itinéraire à travers la vieille ville est proposée à ceux qui souhaitent visiter plus en détail.

1 — La cathédrale et l'Alcazaba

Cathédrale* *(plan B2-3 ; ouv. de 8 h à 12 h et de 17 h à 20 h).* — Elle fut construite à partir de 1524, sur des plans de Diego de Siloé, sur le site de la Grande Mosquée d'Almería, que les Rois Catholiques avaient convertie en cathédrale et qui avait été détruite en 1522 par le tremblement de terre. Érigée en style gothique et Renaissance, restée inachevée, elle étonne par son aspect de forteresse (elle renforçait les défenses du front maritime de l'enceinte). Du côté de la plaza de la Catedral se trouve la **façade** la plus intéressante, de style Renaissance, œuvre arborant les armes du fondateur, avec des colonnes corinthiennes et des pilastres supportant les armes de Charles Quint. Cette façade, ainsi que celle le long de la calle de Perdones, est l'œuvre de Juan de Orea (1550-1573). La tour a été terminée au début du XVIIᵉ s.

A l'intérieur, très sombre, remarquez la beauté des voûtes à nervures, le **retable** sculpté (XVIIIᵉ s.) de la **Capilla Mayor**, les **stalles** du chœur, sculptées par Juan de Orea en 1558 et surtout, dans la capilla del Cristo de la Escucha, derrière le maître-autel, le **tombeau*** de l'évêque Villalán, fondateur de la cathédrale, et le retable d'Araoz, de l'école flamande ; notez encore, dans la 3ᵉ chapelle du déambulatoire une statue de Salzillo, ainsi que le trascoro (partie postérieure du chœur), d'une architecture néo-classique, avec 3 belles sculptures en albâtre par Ventura Rodríguez (XVIIIᵉ s.). **Peintures*** de Alonso Cano, Ribera et Murillo.

Alcazaba* *(plan A1).* — Forteresse mauresque aux murailles crénelées, renforcées de tours, elle occupe un long éperon rocheux dominant le ravin de la Hoya, à la lisière de la vega d'Almería.

Visite : de 9 h à 13 h en sem. ; de 9 h à 19 h dim. et j. fériés.

Elle fut fondée au VIIIe s. par le calife omeyyade Abd al- Rahman III, agrandie au Xe s. par Al Mansour, puis par Hayran, le premier émir indépendant d'Almería. Elle ne comporte pas moins de trois enceintes, dont la seconde abritait le palais des émirs, aujourd'hui ruiné, et pouvait accueillir à l'époque 20 000 hommes armés.

Le **chemin d'accès** à la première enceinte, qui passait par deux portes, était défendu par trois grosses tours. La **première cour** a été transformée en jardin, mais vous pourrez suivre le chemin de ronde ; il dessert les divers ouvrages défensifs de cette partie de la forteresse, notamment le baluarte del Saliente. Du front N., belle **vue** sur le ravin, barré par un rempart renforcé de tours carrées, reliant l'Alcazaba au cerro de San Cristóbal.

Vous pénétrez dans la **seconde enceinte** par le bastion de la Campana, qui fut reconstruit au XVIIe s. De cette partie de la forteresse, il ne reste pratiquement plus que l'enceinte : les anciens palais et bains arabes sont réduits aux seules fondations.

La **troisième enceinte**, qui formait le réduit, fut reconstruite par les Rois Catholiques et comporte un puissant donjon.

Dans la **torre de los Espejos**, il y aurait eu, d'après la légende, un système de miroirs que l'on utilisait pour envoyer des signaux aux bateaux qui entraient dans la baie.

La célèbre **torre de la Vela**, couronnée d'une cloche, fut construite par Charles III. Elle annonçait les événements marquants de la cité, indiquait aux paysans l'heure d'arroser leurs terres, et guidait les pêcheurs en mer.

2 — La vieille ville

De la **puerta de Purchena** *(plan C/D1),* la **calle de las Tiendas** mène à l'**église Santiago**, érigée en 1553 et s'ouvrant du côté de cette rue par un beau portail Renaissance, œuvre de Juan de Orea, orné d'un magnifique haut-relief représentant saint Jacques combattant les Maures à la bataille de Calvijo. La même rue, désormais interdite aux voitures, conduit à la **plaza Vieja** en passant devant l'église Santa Clara, du XVIIIe s. Au fond de cette charmante place se dresse la sobre façade de l'**ayuntamiento**. De là, en passant sous l'ayuntamiento, vous parviendrez à l'**Alcazaba** (→ ci-dessus) en suivant la **calle de Almanzor** *(plan B2).*

Après la visite de la forteresse mauresque, suivez un moment la **calle de Queipo de Llano**, puis tournez à g. dans la **calle de Bailén**. Plus loin à g., vous apercevrez, au fond d'une venelle, le portail baroque de la chapelle du **couvent de las Puras** *(plan B2),* du XVIIIe s., construit sur une mosquée, avant de parvenir à la **plaza de la Catedral** où se situe, à g., le palais épiscopal.

Après la visite de la cathédrale (→ ci-dessus), gagnez la plaza de la Virgen del Mar, où se trouve le **sanctuaire de Santo Domingo** *(plan C3),* du XVIIe s., qui renferme un retable baroque. On y vénère la Virgen del Mar, patronne de la ville. Vous reviendrez au point de départ en passant par l'**église San Pedro** *(plan C2),* ancienne mosquée convertie en église à la fin du XVe s. puis reconstruite en 1795.

Le **musée archéologique** *(ouv. de 11 h à 13 h 30 ; f. les j. fériés)* est installé dans l'Instituto Nacional de Enseñanza *(plan D2-3 ; 14, calle de Javier Sanz) ;*

il comprend surtout des collections de préhistoire découvertes par l'archéologue belge Louis Siret dans la région d'Almería.

Le temple de San Juan conserve le mihrab de la mosquée sur laquelle il avait été construit.

Parmi les monuments civils, remarquez le château roman de San Cristóbal, l'hôpital Renaissance et le séminaire.

Ne manquez pas de vous promener dans le pittoresque quartier de la Chanca avec ses maisons de couleurs vives et ses ruelles en pente.

Environs

1 — Tour de la sierra de Gador*.

143 km qui vous permettront de découvrir d'extraordinaires **paysages****.
Sortir d'Almería par la N340 en direction de Tabernas (→ environs 2, km 31).

12 km : embranchement à g. pour *(2 km)* **Gádor** (2557 hab. ; alt. 173 m) qui conserve les ruines d'un château médiéval, une église baroque et plusieurs maisons nobles à blasons.
Fêtes : San Sebastián (20 janv.), Virgen del Rosario (7 oct.).
➻ A 1 km N., **Los Millares***, nécropolis d'une telle importance que son nom servit à désigner la culture qui s'est développée entre l'âge de pierre et l'âge du cuivre.

22 km : prendre à g. pour *(7 km)* **Alhama de Almería** (2897 hab. ; alt. 520 m), située au cœur d'une riche région agricole. Sources thermales.

46 km : ➻ A 6 km à dr., **Ohanes** (1042 hab. ; alt. 958 m), important centre de production de raisin de table exporté dans le monde entier. Église paroissiale mudéjare. Du village, perché sur la montagne, on a une **vue**** splendide sur la vallée de l'Andarax jusqu'au Cabo de Gata.

48 km : **Canjáyar*** (2375 hab. ; alt. 605 m). — Pittoresque village entouré de gorges, de vegas fertiles, de vignes et de vergers.
Fêtes : la Santa Cruz est célébrée le 15 avr. ; descente aux flambeaux jusqu'à la Cruz Blanca, sur les bords du fleuve.

68 km : **Laujar de Andarax** (1864 hab. ; alt. 921 m). — Centre de la rébellion morisque dans les Alpujarras toutes proches (→) au temps de Philippe II. C'est là que mourut la sultane Moraima, mère de Boabdil. La ville est un centre touristique et d'excursions important grâce à la proximité d'une réserve forestière avec des montagnes enneigées l'hiver et de beaux paysages. L'**église** paroissiale Renaissance conserve un autel et plusieurs peintures baroques, ainsi qu'une belle Vierge exécutée par Alonso Cano.
Fêtes : San Vicente (22 janv.), Virgen de la Salud (week-end après le 19 sept.) avec feux d'artifice.

77 km : prendre à g. la C331.

92 km : **Berja*** (10925 hab. ; alt. 331 m). — Jolie ville entourée de vignes. Ruines des murailles et de citernes arabes. Belles maisons nobles Renaissance et baroques. Dans la montagne, ermitage de Nuestra Señora de Gádor (romería 8 sept.).
Prendre vers l'E. en direction de El Ejido.

101 km : **Dalías** (3700 hab. ; alt. 411 m) est un important centre agricole (fruits, fleurs) faisant appel aux technologies de pointe. Panthéon romain.
Fête : le 3e dim. de sept., célébration du Cristo de la Cruz.

109 km : **El Egido** (29486 hab.), centre de cultures sous serres et d'exportation de produits agricoles vers l'Europe.
Fêtes : les Cuadrillas de las Animas, le 1er janv. ; fêtes patronales du 9 au 15 juin.
Prendre la N340 en direction d'Almería.

143 km : **Almería.**

2 — Excursion au N.-E. d'Almería*. — *Circuit de 232 km au cœur de magnifiques paysages.*
Sortir d'Almería par la N 340.

12 km : ●→ Circuit de la sierra de Gador* (→ ci-dessus).
31 km : Tabernas (4 095 hab. ; alt. 404 m) ; dans un **paysage**** semi-désertique de caractère, coupé par des ravins et des gorges (on y a tourné la plupart des « westerns spaghettis »), se dressent les ruines du château médiéval où Isabelle la Catholique aurait passé la nuit lors de la conquête d'Almería. L'église paroissiale mudéjare renferme un bel artesonado et un autel en albâtre.

57 km : Sorbas* (3 785 hab. ; alt. 409 m) ; entre les sierras de Fibabres et de la Alhamilla, de pittoresques maisons suspendues dominent un ravin profond dans un site* étonnant.
Fête : San Roque (16 août).

79 km : ●→ A *14 km E.,* **Mojacar*** (→).

92 km : Vera (5 480 hab. ; alt. 102 m) ; le village vit de l'agriculture et de la poterie artisanale inspirée des productions arabes et phéniciennes. Flanquée de 4 grosses tours, l'église paroissiale date du XVIe s. (à l'intérieur, retable baroque). Ayuntamiento Renaissance, Pósito baroque.
●→ A *6 km N.,* **Cuevas de Almanzora** (8 186 hab. ; alt. 88 m), avec des maisons creusées dans le roc. Visitez le château gothique des Fajardos avec des salons à beaux plafonds artesonados. Hôpital du XVIe s.
Fêtes : feria avec défilés de chars, chants, danses (déb. août).

109 km : embranchement à g. pour la **vallée du río Almanzora***, suite d'oasis d'orangers et de grenadiers, puis d'oliviers et de vignobles.
●→ A *6 km N.,* **Huércal Overa** (12 045 hab. ; alt. 279 m), village bâti sur une terrasse dominant la vallée du río Almanzora. Vestiges d'une chaussée romaine et des murailles arabes. L'église paroissiale de la Asunción (XVIIIe s.) conserve de beaux retables baroques.

127 km : Albox (10 037 hab. ; alt. 424 m), fondée par les Arabes sous le nom de Box et reconquise en 1488. Église paroissiale gothico-Renaissance construite par les Rois Catholiques avec de nombreuses décorations de marbre, jaspe et fer forgé (beau tabernacle au maître-autel, plusieurs retables, fonts baptismaux en marbre). Remarquez aussi l'église de l'ancien couvent de San Francisco. Parmi les édifices civils, Archives ecclésiastiques du XVIIIe s.
●→ A *1 500 m d'alt.,* **sanctuaire de Saliente** (XVIIIe s.), où l'on organise un romería (8 sept.).

135 km : bifurquer à g. vers Cantoria.

138 km : Cantoria (3 530 hab. ; alt. 382 m) ; dans la chapelle, à dr. de la Capilla Mayor de l'église, **tableau*** d'Antonio de Lanchares (1622), l'une des 3 œuvres connues de cet artiste baroque madrilène influencé par Vicente Carducho et Eugenio Caxés.
De là, poursuivre vers **Almería** *(94 km)* par la C 3325, route de montagne très sinueuse qui vous fera découvrir de très beaux **panoramas*** sur la sierra de los Filabres. Au *km 192,* à Los Yesus, vous retrouverez la N 340.

3 — Nijar *(33,5 km N.-E. par la N 332 ; prendre à g. au km 30 ;* 10 842 hab. ; alt. 346 m). — Au cœur d'un paradis agreste où l'on cultive le raisin et les oranges. Vous trouverez dans ce village blanc des poteries, mais surtout des châles, ponchos grossièrement tissés, d'une grande beauté.

4 — Cabo de Gata** *(28 km S.-E. par la N 332 ; au km 14, prendre à dr., puis à g. une dernière fois à dr.).* — Magnifique cap sauvage et désolé. Le massif volcanique de las Sirenas est très apprécié par les amateurs de pêche sous-marine. Avant d'arriver au sommet du cap, vous avez traversé des salines aux eaux mauves, entourées d'énormes tas de sel. Belle **vue*** du cap sur une mer très claire. Un chemin de terre redescend de l'autre côté, avec la mer à dr. et des montagnes plantées de quelques plantes grasses et figuiers de Barbarie, à g. Vous profiterez des petites criques et plages désertes avant d'arriver à **San José** *(8 km N.-E.)*, petit village accueillant. De là, lancez-vous à l'aventure (mais avec une carte !) sur les petites routes qui s'enchevêtrent pour arriver souvent à la mer (**Los Escullos, Las Negras, Morón de los Genoveses...**). Les paysages, dépouillés et grandioses, rappellent que l'Orient n'est pas loin.

Alpujarras (las)**

Provinces de Grenade et d'Almería (Andalousie)

Point de rencontre, en Andalousie, du monde musulman et du monde chrétien, les Alpujarras constituent une région naturelle, entre les provinces de Grenade et d'Almería, région qui va de la montagne à la mer. La beauté sauvage des paysages, la personnalité d'une population indépendante qui a su résister aux envahisseurs romains, aux califes de Cordoue, aux conquérants chrétiens et, plus tard, aux «visiteurs» napoléoniens, en font un des lieux les plus originaux d'Andalousie.

Circuit de 150 km environ au départ de Lanjarón (46 km S.-E. de Grenade par la N 323 ; au km 40, prendre à g.), qu'il est préférable d'effectuer en 2 jours, les routes étant très sinueuses.

0 km : **Lanjarón** (4 500 hab. ; alt. 659 m). — Fondée par les Romains sur les contreforts de la sierra Nevada, c'est une ville thermale (sources de El Salado et El Baño, saison de juin à oct.) dont l'économie est aussi fondée sur l'agriculture. La douceur de son climat en fait un lieu de villégiature et de repos idéal et un centre d'excursion dans le massif de Mulhacen (3 478 m) et le Cerro del Caballo (3 053 m). **Fêtes** : San Sebastián (20 janv.) ; pèlerinage à l'ermitage de la Vera Cruz (3 mai) ; pèlerinage de San Isidro (15 mai) ; à la San Juan, distribution d'eau, de vin et jambon (24 juin) ; Nuestra Señora del Rosario (1er dim. d'oct.).

9 km : prendre à g. vers *(5 km)* **Caratáunas** et *(6 km)* **Soportújar** (611 hab.).

25 km : **Pampaneira*** (834 hab. ; alt. 1 658 m). — Situé sur le pittoresque «barranco de Poqueira», le village possède de belles maisons blanches avec des terrasses cendrées sur les pentes de la montagne. Église XVIe s. avec un artesonado mudéjar.
→ A *1 km N.*, **Bubión*** (353 hab. ; alt. 1 150 m). — Dans une des enclaves les plus pittoresques d'Espagne, le village forme un exemplaire unique d'architecture populaire. Les maisons assemblées les unes aux autres ont des terrasses couleur cendre imperméabilisées avec le sable de la sierra. Leur architecture rappelle celle de l'Atlas, dans un paysage verdoyant où pousse la mauve. L'église paroissiale avec un artesonado mudéjar s'élève devant la cime enneigée du Veleta (3 398 m).
→ A *4 km N.*, **Capileira** (712 hab. ; alt. 1 561 m), avec de belles maisons blanches aux balcons et poutres de châtaigniers. Église du XVIe s. avec un artesonado mudéjar.

44 km : **Trevélez** (894 hab. ; alt. 1 700 m). — Village le plus haut d'Espagne où les maisons sont curieusement intégrées à la morphologie de la montagne. Admirez les typiques tinaos qui relient les fenêtres et les terrasses en un labyrinthe pittoresque décoré de fleurs. Ne manquez pas de goûter le délicieux jambon séché, fort apprécié par Rossini ! Parmi les spécialités gastronomiques, citons encore les truites et le choto al ajillo.

65 km : prendre à g. la C 332.

74 km : **Yegen** d'où vous pourrez admirer une vue** extraordinaire sur un cirque de montagnes. Étape pour goûter les spécialités de la région : migas alpujarreñas (poulet à la tomate) et pastel de monjas (gâteau des nonnes).

85 km : **Ugíjar** (3 052 hab. ; alt. 559 m). — Capitale de l'Alpujarra orientale, sise dans un paysage plus chaud, plus sec et plus lumineux. On y fabrique des tapis d'après les procédés du Moyen Age.
Prendre à dr. vers Yátor.

141 km : **Orjiva** (5 017 hab. ; alt. 450 m). — Capitale de l'Alpujarra occidentale. La ville vit de l'agriculture (oliviers, orangers) et de l'exploitation du minerai de fer. Église paroissiale baroque, château des comtes de Sástago. Artisanat : corbeilles d'osier, tissage...

Fêtes : le vend. précédant celui de la Passion, procession du Cristo de la Expiración, avec tirs d'arquebuse et de pétards.

150 km : **Lanjarón** (→ *km 0*).

Alquézar**

Barbastro, 20 km. — Huesca, 45 km.
Alt. 660 m. — 336 hab. — Province de Huesca (Aragon).

Pittoresque petite ville d'aspect oriental, dans un site exceptionnel, sur un haut rocher, à l'entrée d'une gorge.

Visite de la ville. — Par des ruelles pavées de gros galets et bordées de vieilles maisons, parfois en encorbellement, vous atteindrez la **plaza Mayor** (en suivant en direction des Teléfonos). Gagnez à pied, en 5 mn, l'ancien **château** mauresque du XIe s., auprès duquel se dresse l'**église collégiale.**

Visite : clef dans la dernière maison à dr. avant la grille ; ouv. en été de 10 h à 13 h et de 16 h à 19 h ; accès payant.

Le **cloître***, étonnant mélange de styles roman des XIe et XIIe s. et mudéjar (la porte délicatement sculptée en face de l'entrée), est orné de chapiteaux historiés et de fresques du XVe (dans la galerie à g. et dans celle en face de l'entrée) et du XVIIe s. Dans l'**église**, élevée en 1525-1532 par Juan Segura, remarquer l'orgue, du XVIIe s., le retable du maître-autel, de style baroque du XVIIe s., et surtout, dans la chapelle en face de l'entrée, un **Christ en croix*** du XIVe s. Dans la sacristie, triptyque du XVe s., de l'école aragonaise, et divers tableaux, dont l'un est attribué à l'école du Titien et un autre à Alonso Cano ; dans la sacristie de la chapelle au crucifix, tableau de la Sainte Famille, assigné à Murillo.

↦ Barbastro (*25 km S.-E. ;* →).

Altamira** (Grottes d')

Santander, 35 km. — Santillana del Mar, 2 km.
Province de Santander (Cantabrie).

Elles comptent parmi les plus célèbres grottes à peintures préhistoriques d'Europe, et abritent un véritable trésor d'art rupestre.

Découvertes accidentellement par un chasseur en 1869, il faut attendre 1875 pour que Marcelino Sanz de Sautuola, un savant naturaliste de Santander, les explore, à la recherche de restes fossiles et de produits de l'industrie humaine de l'époque préhistorique. Mais les peintures ne sont révélées qu'en 1879 et sont très discutées jusqu'à la découverte des gravures rupestres de la grotte de Combarelles (1897) et surtout de peintures analogues à celles d'Altamira dans la grotte de Font-de-Gaume (1901).

Visite : musée et cueva de las estalactitas, de 10 h à 13 h et de 16 h à 18 h (17 h l'hiver) ; f. lun., 25 déc. et 1ᵉʳ janv.
Pour accéder aux grottes à peintures, il faut demander une autorisation par écrit au Jefe de las Cuevas de Altamira, Santillana del Mar. Le nombre de visiteurs étant limité à 15 par jour, s'y prendre très à l'avance.

Les grottes d'Altamira, surnommées la « chapelle Sixtine de l'art rupestre », renferment des fresques polychromes qui sont considérées comme l'un des témoignages les plus expressifs de l'art préhistorique. Les peintures, en grande majorité exécutées durant l'époque moyenne du magdalénien (14000 à 9500 av. J.-C. env.), sont groupées dans une salle naturelle de 9 m sur 18 m. Le plafond est recouvert de figures de bisons et de chevaux, dont les dimensions varient de 1,20 m à 1,90 m, mais il y a également un sanglier et un cerf (la plus grande figure : 2,20 m) ; elles sont peintes en rouge et ocre jaune, avec des grattages et des incisions pour accentuer les teintes et quelques détails, tandis que les contours sont cernés de noir. Souvent, les renflements de la roche ont été utilisés afin d'obtenir un effet de volume. On trouve aussi des figures dont seuls les contours ont été délimités et qui semblent remonter à l'aurignacien, c'est-à-dire à une période bien antérieure, et, partout des gravures.

Alto Nalón*

Province d'Oviedo (Asturies).

Entourée de sommets peu élevés, derniers sursauts de la chaîne Cantabrique (Navaliego, Crespón, Bernieja), la haute vallée du Nalón est un petit monde verdoyant où les citadins viennent pratiquer chasse, pêche et randonnées en montagne.

A l'E. de Pola de Laviana

0 km : **Pola de Laviana** *(36,5 km S.-E. d'Oviedo ; au km 9,5 de la N 634 en direction de Santander, prendre à dr. la C 635).* — Principal bourg de la vallée. Le **sanctuaire de la Virgen de Otero**, très remanié, conserve quelques sculptures romanes et un intéressant retable baroque.

3 km : prendre à dr. pour *(1,7 km)* **Lorio**, où s'élève une église en majeure partie des xvııᵉ et xvıııᵉ s.

5 km : **Condado**. — Ancienne tour romaine transformée en château sous la monarchie asturienne.

14 km : **Tanes**. — Église Santa María des xvııᵉ et xvıııᵉ s. avec des restes du xᵉ s. Ermitage de Santa María Magdalena (xvııᵉ s.) abritant un retable baroque.

20 km : prendre à dr. pour *(6 km)* **Caleao**. — Église du xvıᵉ s. renfermant un mobilier baroque du xvıııᵉ s. (retable, confessionnaux) et une Vierge à l'Enfant en bois polychrome.

24 km : **Campo de Caso**. — On y fabrique un fromage appelé casín. Aux environs, le cours du río Nalón se perd parfois dans des grottes, comme celle de Debollo. En poursuivant votre route, vous allez traverser la Réserve nationale de chasse de Reres qui renferme des espèces uniques en Espagne. Peut-être aurez-vous la chance d'apercevoir des coqs de bruyère, des ours, des chevreuils, des chamois ou des sangliers.

40 km : **Tana** (alt. 1 490 m). — Petit village typique de montagne où des artisans fabriquent des sabots de bois appelés madreñas. Le Nalón prend sa source au pied du col.

Au S. de Pola de Laviana

0 km : **Pola de Laviana** (→ ci-dessus).

2,5 km : **Entralgo** où s'élève le palais de l'écrivain Palacio Vadés (1853-1938). Il publia, en collaboration avec Clarín, «La Literatura en 1881», où apparaît toute son ironie, en contraste avec la gaieté de son co-auteur. Il affirme sa vocation de romancier avec «El Señorito Octavio». Il a été nommé académicien. Ses romans les plus importants sont : «La Hermana San Sulpicio», «La alegría del Capitán Ribot», «El cuarto Poder» et «La aldea perdida», où il évoque les coutumes bucoliques des Asturiens.

4,5 km : **Villoria.** — Église romane du XIIe s. et pont médiéval.

16 km : **Serrapio.** — L'église du XIIe s. abrite des tombeaux romains.

18 km : **Cabañaquinta.** — Prendre à dr. pour le beau **château*** de Soto, qui défendait jadis la route du col de San Isidro.

Ampurias (Empúries)*

L'Escala, 2 km. — Figueres, 40 km. — Gérone, 44 km. — 140 hab.
Province de Gérone (Catalogne).

•ᵔ• Les ruines d'Empúries, aménagées en parc archéologique, constituent l'un des sites les plus remarquables de la côte catalane, au bord de la mer et à proximité de belles plages.

Une colonie phocéenne. — Empúries, l'Emporion ou marché des Grecs, est fondée vers 550 av. J.-C. par des colons helléniques originaires de Marseille sur le site de l'actuel village de Sant Martí d'Empúries (Paléopolis), qui, à l'époque, formait une île. A l'étroit sur cette île, la ville se développe à partir du Ve s. av. J.-C., en un point du littoral appelé Néapolis ; entre les deux agglomérations se situe le port, aujourd'hui ensablé. Un quartier indigène (ibérique) se développe au voisinage de Néapolis, sous le nom d'Indika.

Une cité romaine. — Alliée à Rome lors de la seconde guerre punique (218-201 av.-J.-C.), Emporion met son port à la disposition de Cneus Cornelius Scipion qui y débarque en 218 afin de mener en Espagne des opérations de diversion tandis que Hannibal ravage l'Italie. Cependant, Emporion peut jouir d'une relative autonomie, sous la tutelle romaine, jusqu'à la guerre civile, lorsque, vainqueur des troupes du parti pompéien, César y installe une colonie de vétérans, vers 49 av. J.-C. Aux Ier et IIe s. de notre ère, Emporion connaît une nouvelle période de prospérité qui prend fin au IIIe s. lors des invasions franques ; la ville reste pourtant le siège d'un évêché jusqu'à l'arrivée des musulmans, au début du VIIIe s. Reprise par les Francs, sous Charlemagne, elle est incorporée à la marche hispanique, mais son port est déjà en déclin.

Visite : en été de 10 h à 14 h et de 15 h à 19 h ; en hiver de 10 h à 13 h et de 15 h à 17 h.

Néapolis. — A quelques pas du parc de stationnement, entrée du site par une ancienne porte de la ville, citée par Tite-Live, ainsi que le rempart (IIIᵉ s., remanié au IIᵉ s. av. J.-C.). Sur la place sacrée, base qui devait supporter la statue de l'empereur régnant. A g., restes du **temple d'Esculape**, le dieu guérisseur (fac-similé d'une statue de la divinité), et d'un second temple, probablement consacré à Hygéia, déesse de la santé.

Dans le secteur à dr. de la porte de la ville, **temple de Sérapis** adossé au rempart, bâti vers la fin du Iᵉʳ s. av. J.-C. Par une artère assez large, traverser un quartier d'habitations réduites aux fondations, d'époque romaine, au-dessus de demeures de la période grecque, jusqu'à une place ou agora. De là, une rue à dr. mène vers la plage en laissant à g. une stoa ou **portique** qui était occupée par des boutiques. A g. de l'entrée située près de la plage (restes d'un môle antique), vestiges d'une **basilique paléochrétienne**.

■ **Musée*** *(accès payant).* — Il renferme un grand nombre d'objets des époques grecque et romaine mis au jour lors des fouilles et les reproductions des sculptures les plus importantes du site dont les originaux ont été transférés au Musée archéologique de Barcelone. La **mosaïque du Sacrifice d'Iphigénie*** est la pièce la plus remarquable de cet ensemble.

Exécutée à l'époque hellénistique, à Athènes ou à Antioche, au IIᵉ ou Iᵉʳ s. av. J.-C., elle s'inspire probablement d'une œuvre de Timanthe, peintre grec originaire de Kythnos (vers 400 av. J.-C.).

Ville romaine. — Sur la hauteur, derrière le musée, enclose par une enceinte en partie dégagée ; restes (fondations, colonnes, pavements, etc.) de la **casa Vilanova**, une maison à cour centrale (atrium) à galeries (péristyle) entourant un impluvium ou bassin recueillant les eaux de pluie ; il y avait encore de petits thermes privés et un viridarium ou jardin. Une autre demeure présente à peu près les mêmes dispositions.

Plus loin, le **forum**, très ruiné, était bordé de portiques sur trois côtés et, sur le quatrième, par huit petits temples. De là, une grande artère (decumanus) menait à une porte de ville, entre deux rangées de boutiques. Hors de l'enceinte, vestiges d'un **amphithéâtre** de plan elliptique.

Le port était très important et s'étendait de Paléopolis jusqu'à Sant Martí d'Empúries (Sant Martí d'Empúries : **église** Sant Martí, début XVIᵉ s., gothique tardif) ; fermé actuellement.

Ancares (Parc national de los)

Province de Lugo (Galice).

Située à cheval sur les provinces de Castille-León et de Galice, la région de los Ancares constitue une zone protégée où, encore au XXᵉ s., hommes et animaux vivent sous le même toit, dans les vétustes pallozas, maisons en pierre de taille recouvertes de chaume.

Les larges vallées, les hauts sommets érodés, la végétation exubérante qui varie selon l'altitude, le climat et la nature des sols, les ruisseaux cristallins font de cette région privilégiée un havre de paix et le paradis des amoureux de la nature épargnée par l'homme.

Accès : à Becerreá (à 42,5 km S.-E. de Lugo par la N VI en direction de Ponferrada), bifurquer à g. vers Liber. Là, prenez sur la dr. une route qui suit un cours d'eau jusqu'au château de Doiras (environ 15 km plus loin).

Dans tout le parc, les forêts aux arbres centenaires voisinent avec les collines couvertes de bruyères ; les chênes, les châtaigniers se mêlent aux platanes sauvages, aux amandiers et aux houx. En sept., les paysans des Ancares arrachent les racines de gentianes qui servent à fabriquer des essences d'apéritif ainsi que divers produits pharmaceutiques, et ramassent les feuilles de réglisse.

Paradis du pêcheur et du chasseur, los Ancares conserve ses fêtes populaires traditionnelles : à Campa de Barreiro (Cervantes, *à 4 km N.-E. de Liber*) chanteurs, danseurs, joueurs de cornemuses et amateurs d'empanadas se réunissent le 3e dim. de juil. à l'ombre des genêts et boivent à la fuente de los Enamorados (fontaine des Amoureux).

Toute l'année, on peut goûter les charcuteries locales ainsi que le gibier, les truites et les délicieuses cerises sauvages.

Au castillo de Doiras (singulière forteresse), vous prendrez la route à g. vers Degrada. Vous passerez à Castelo de Frades et vous bénéficierez alors des plus beaux panoramas sur los Ancares. Peu après Degrada, vous pourrez faire une halte dans le refuge de montagne « Club de Ancares », où vous savourerez les produit ancareños. Prendre à g. la route qui descend vers Piornedo, sinueuse et pittoresque avec ses sommets environnants de plus de 1 500 m d'altitude (sierra de Villous, sierra de Agulleira).

Piornedo est sûrement le village le plus caractéristique de cette région. Il est resté tel qu'il était à l'époque préromaine, avec ses 14 maisons, pour la plupart des pallozas. Elles se composent d'une entrée avec trois sièges rudimentaires, d'un four à bois, d'une étable de planches pour le bétail ovin ou porcin, et de la chambre du jeune ménage. Les autres membres de la famille dorment à même la paille sur les planches qui séparent les bêtes des hommes. Il arrivait que le village soit bloqué par la neige pendant les mois d'hiver. Aujourd'hui, le ministère des Travaux publics envisage de reconstruire un nouveau village et de transformer l'actuel Piornedo en Musée ethnographique.

Andalousie

Provinces de Almería, Cadix, Cordoue, Grenade, Huelva, Jaén, Málaga et Séville.

L'Andalousie (la Bétique des Anciens), vaste région naturellement délimitée, groupe pourtant des pays d'aspect bien différent : la sierra Morena, la vallée du Guadalquivir, l'extrême S. où l'Europe rejoint presque l'Afrique, la région montagneuse bétique, coupée par le sillon intra-bétique, la chaude et lumineuse zone côtière méditerranéenne, enfin l'Andalousie des steppes orientales. C'est surtout le carac-

tère étonnamment original du peuple andalou qui donne à cette région son unité.

La sierra Morena. — Située sur la bordure méridionale de la Meseta, formée d'une série de gradins qui s'alignent depuis le S.-E. de la Manche jusqu'au S.-O. du Portugal, elle est la région minière de l'Andalousie. Une végétation de chênes nains d'arbousiers, de lentisques, de labiées (lavande, thym, romarin) et de cistes la recouvre, constituant, sur 570 km (de la sierra d'Alcaraz à l'Algarve), le plus grand maquis de la région méditerranéenne.

Dans sa section orientale, elle offre un relief très accentué, apparent surtout, quand on la regarde de la vallée du Guadalquivir ; puis une brèche l'entame par où l'on pénètre en Andalousie : le défilé de Despeñaperros, gorge étroite entre deux murs de schistes primaires (769 m à Almuradiel). Dans cette partie de la province de Jaén (87 hab. au km^2), les habitants vivent surtout de l'élevage et de l'exploitation forestière (pins et plantes aromatiques).

A l'O. de Despeñaperros se suivent des chaînons (dont le principal est la sierra Madrona), hachés par les failles et les torrents ; ils renferment de petites communautés pastorales et agricoles, maigres terres plantées de chênes verts ou de chênes-lièges et de quelques céréales. Toute la richesse est dans le sous-sol ; les villes se sont créées, ici, pour son exploitation. Ce sont les cités de plomb : la Carolina, Linares, qui est aujourd'hui le centre de cette industrie soutenue par des capitaux français et anglais, puis Peñarroya, où l'exploitation du plomb s'unit à celle de la houille à Belmez. Ici, la crête décharnée de la sierra domine la campagne de Cordoue ; la vallée du Guadiato permet de franchir la sierra en ouvrant une route vers l'Estrémadure ; sur ses pentes demi-boisées vivent de grands troupeaux de porcs.

Enfin la sierra Morena s'élargit au N. des provinces de Séville et de Huelva. On y trouve encore quelques gisements de houille ainsi que du manganèse, mais sa grande richesse est le cuivre, recherché déjà par les Phéniciens. C'est surtout la pyrite ferro-cuivreuse qu'on exploite. Deux petits fleuves, l'Odiel et le Tinto, colorés par les eaux de cémentation du minerai, traversent ce pays désolé ; leur embouchure fut toujours fréquentée : à côté de Palos de Moguer, d'où Christophe Colomb partit pour découvrir l'Amérique, prospère maintenant Huelva, le port minier de la province. Sa population, concentrée dans les zones industrielles et sur la côte, atteint la densité de 43 hab. au km^2.

La vallée du Guadalquivir. — Elle s'étend au S. de la sierra Morena. Due à un effondrement ou à un pli en flexion, elle formait, de la fin du primaire jusqu'à l'ère du plissement alpin, un détroit entre l'Atlantique et la Méditerranée : d'où les dépôts sédimentaires qui constituent son sol riche. Sa pente est faible : après un court trajet dans les montagnes à l'E. de Jaén, le fleuve n'a plus que 100 m d'altitude à Cordoue, 45 m au confluent du Genil et 10 m seulement à Séville ; la marée remonte au-delà de cette ville jusqu'à Lora del Río, à 120 km dans les terres. La vallée est dissymétrique, étroite à dr. du côté de la pente escarpée de la sierra, étalée à g. sous les sédiments ; de ce côté n'arrivent au fleuve que de maigres affluents, le Genil excepté. Après Baeza, la vallée prend une structure tabulaire : c'est la Campiña de Cordoue, où la colonie romaine, plus tard capitale des califes, s'est installée au croisement d'une route descendant de la sierra et du fleuve aux rives couvertes de céréales, de champs de coton, de vignes et d'oliviers. Le contraste est saisissant entre les âpres roches noires et désertes, garnies de cistes, et la vallée riche et populeuse, où le fleuve chemine parmi les forêts d'oliviers d'un vert pâle et les terres rougeâtres ou dorées. De grosses bourgades sont éparses dans la plaine ou s'alignent le long du Guadalquivir et sur la terrasse de l'Alcor, qui borde un moment le fleuve au S. de Carmona jusqu'auprès de Séville. Ces bonnes terres, remarquablement irriguées, permettent à la population de la province de Cordoue d'atteindre la densité de 64 hab. au km^2.

La région de Séville, vivante et fertile. — Séville, à l'extrémité O. de la plaine, est la cité la plus importante, la plus typique, la plus vivante de l'Andalousie. Cette région assez peuplée (93 hab. au km²) est très fertile. Déjà les Romains en tiraient d'abondantes ressources et les débris d'amphores qui ont formé, à Rome, le monte Testaccio proviennent en grande partie des ateliers de la Bétique, d'où l'on importait l'huile et le vin. Les conditions de la vie rurale sont ici très spéciales : pays de grande propriété, de latifundia, où la vie difficile de l'ouvrier agricole et l'existence d'immenses espaces privés d'irrigation ou laissés en dehesas, pour l'élevage des taureaux de course, ont de tout temps posé les termes d'un grave problème agraire.

Les Marismas et Cadix. — Dans son cours inférieur, le Guadalquivir vagabonde à travers une immense plaine, formant des îles et un marais, les Marismas, qu'une colonisation méthodique transforme actuellement en terres à coton ; puis vient une côte sablonneuse plantée de pins, les Arenas Gordas. Plusieurs petits ports, comme Sanlúcar de Barrameda, se sont créés près de l'estuaire, malgré la barre. La grande ville est à l'écart, au S., dans une presqu'île qui ferme une baie admirable, Cadix, « où se forma, par le commerce des Indes, la plus ancienne bourgeoisie du pays et d'où sortit le libéralisme », et qui après avoir longtemps vécu de sa fortune acquise, connaît un renouveau de prospérité, dû aux relations avec l'Amérique latine et au développement des chantiers navals. Si la province de Cadix atteint la densité exceptionnelle de 117 hab. au km², celle-ci est due surtout à l'agglomération gaditane. Autour de la baie, où débouche le Guadalete, près des marais salants de San Fernando, dont la production alimente un important commerce d'exportation, les collines calcaires portent les vignobles andalous les plus réputés, dont Jerez est le centre.

La serranía de Ronda. — A l'E. s'étendent des terres à céréales et des pâturages, puis le pays devient très accidenté, planté de forêts de chênes-lièges : c'est l'extrémité de la région montagneuse bétique que domine la serranía de Ronda. Son port est Algésiras, dont la baie d'escale et de refuge est protégée à l'E. par le rocher de Gibraltar. Le caractère de cette pointe de l'Espagne est commandé par le détroit, « à la fois un point et une barrière ».

L'Andalousie montagneuse et Grenade. — L'Andalousie montagneuse est un énorme massif dont les éléments s'étendent depuis le cap de la Nao jusqu'à la punta Marroqui, couvrant le S. de la péninsule : vaste chaîne plissée sous un effort venu du S. qui l'a dressée contre le môle de la Meseta, d'où ses nombreuses fractures. La plus importante est une faille longitudinale qui part du littoral levantin vers l'embouchure du Segura, passe par Lorca, Guadix et Grenade et finit par être le lit du Genil. Ce sillon intrabétique est une zone de communications de premier ordre. Une capitale y est née : Grenade, « dont le rayonnement local s'étend au long du Genil jusque fort loin vers l'O., à ces vivantes petites villes que sont Loja et Antequara. A l'E. une cloison sépare la riante vega grenadine des steppes de Guadix : c'est la barrière presque déserte des Montes de Tocónn » (J. Sermet). Au N. de la faille s'étend une zone de terrains assez récents, vigoureusement plissés, la zone subbétique, du cœur de laquelle sort le Guadalquivir et dont les chaînons tourmentés, couverts de vignes et d'oliviers, séparent ce fleuve du Genil. Celui-ci est un torrent qui comble sa vallée de débris ; très sujet aux crues, il a son débit maximal en décembre, étant alimenté par la fonte tardive des neiges. Il est donc précieux pour l'irrigation des vegas.

L'imposante sierra Nevada. — Au S. de cette dislocation se dresse le môle imposant de la sierra Nevada, la plus puissante montagne de la péninsule. Elle se continue vers l'O. par la serranía de Ronda et la sierra d'Ubrique. Ses hautes vallées sont encombrées d'éboulis dus à la désagrégation mécanique des roches et ravinées par des courts torrents qui dévalent au S. vers la mer toute proche.
Au pied de la sierra, sur la Costa del Sol, le long de la Méditerranée, les contreforts enserrant de petites plaines côtières abritent de nombreux ports et stations balnéaires. Almería, au débouché d'une région minière (plomb argentifère) et

viticole, est localisé dans l'un des coins les plus secs de l'Espagne; Motril, où prospère la culture de la canne à sucre, au débouché de la route de Grenade à travers les Alpujarras, irriguées par les eaux de la sierra et dernier refuge des morisques. Malaga est la capitale industrielle et commerciale de la côte, au cœur d'une belle vega, plantée d'orangers et où réussissent toutes les plantes tropicales, notamment le coton. La latitude, l'exposition ensoleillée et bien protégée par la barrière montagneuse du N., les eaux ruisselantes dans les vegas et les huertas expliquent que, dans cette zone côtière, la densité de population soit sensiblement supérieure à la moyenne de l'Espagne (74) : Grenade atteint 75 et Malaga 112 hab. au km².

L'Andalousie des steppes. — Elle s'étend à l'E. de la sierra Nevada, et couvre la moitié N. de la province de Grenade et plus des deux tiers de celle d'Almería : « Sous le signe d'une impitoyable sécheresse », battue par les vents, c'est une des régions les plus pauvres et pelées du Sud, par suite une des moins peuplées (Almería 42 hab. au km²). Dominée au N. par la Sagra (2 381 m), elle est bordée au S. par une côte inhospitalière où pointe le redoutable cap de Gata. A l'O. elle débouche sur le Levant par le couloir de Lorca.

Une Floride européenne. — Le climat de l'Andalousie est justement réputé : le ciel de Séville est serein 254 jours par an; la vallée du Guadalquivir s'ouvre largement aux souffles bienfaisants de la mer. On y connaît cependant, l'été, des chaleurs écrasantes. Quant à la côte méditerranéenne, abritée et extrêmement pittoresque, elle rivalise avec notre Côte d'Azur : entre Castell de Ferro et Adra, la moyenne hivernale dépasse 19°. Cette bienfaisante douceur du climat explique le développement touristique de la Costa del Sol qui attire, toute l'année, une clientèle avide de soleil, et est devenue une sorte de Floride européenne.

Le miroir de l'Espagne. — La position géographique de l'Andalousie a toujours eu une importance prépondérante dans le cours de son histoire. Cette région du S. espagnol, située entre deux continents et deux mers, traversée par deux cordillères, a été pendant des siècles le miroir de l'Espagne et a joué un grand rôle dans son histoire nationale. L'Andalousie d'aujourd'hui, influencée par le passage des peuples les plus divers et la présence de plusieurs civilisations, est surtout marquée par l'influence africaine.

Un peuplement ancien. — A la fin du IVᵉ millénaire av. J.-C. apparaissent en Andalousie (qui ne portera ce nom qu'après l'arrivée des Arabes qui le lui donneront) des civilisations égéennes. Il en reste encore quelques vestiges dans les ruines de Los Millares (province d'Almería), prototype de constructions gigantesques et de fortifications que ces peuples édifièrent en différents points de la côte.

Au cours du IIᵉ millénaire av. J.-C., en plein âge du bronze, vivent déjà en Andalousie des peuplades qui se distinguent par des formes et des styles nouveaux dans le traitement des métaux. El Argar (également dans la province d'Almería) voit la création d'une culture d'un type spécial, la culture « argarique », qui coexiste avec les cultures campaniformes et du bronze du S.-E. de l'Espagne.

Vers l'an 1000 av. J.-C. arrivent par le S. des peuples d'origine phénicienne qui pénètrent en Andalousie, attirés par ses fabuleuses richesses minières. Leur arrivée provoque un choc culturel avec la population indigène, des conflits politiques et socio-économiques. Apparaissent alors de petites monarchies de type oriental et, peu à peu, s'ébauche la première société urbaine. La céramique et l'orfèvrerie, d'inspiration orientale, atteignent en Andalousie un très haut degré de perfection (témoin les magnifiques pièces du trésor découvert à El Carambolo ; province de Séville).

La civilisation tartésique. — Un peu plus tard arrivent des colonisateurs grecs. Les deux civilisations grecque et phénicienne ont une importance fondamentale dans la culture tartésique qui se développe entre le VIIIᵉ et le Vᵉ s. av. J.-C. (la culture celte a également quelque influence).

Le 30 sept. 1958, au cours de travaux d'agrandissement du terrain de tir au pigeon de Séville, sur la colline de El Carambolo, apparaît, par hasard, un trésor qui est à l'origine des recherches sur l'énigmatique monde tartésique.

Ce trésor (près de 3 kilos d'or, 21 pièces) donne une image de ce que fut ce premier « État » riche et puissant, qui s'établit dans la péninsule Ibérique. Sa puissance s'appuya, semble-t-il, sur les échanges commerciaux avec les Phéniciens et la rivalité entre les deux peuples.

Pour détruire Tartessos, les Phéniciens doivent rechercher l'appui de peuples guerriers d'Afrique du Nord comme les Carthaginois. Après leur victoire, les Africains s'installent à Cadix, occupent la vallée du Guadalquivir et sont les promoteurs du développement historique andalou jusqu'à l'invasion, en 206 av. J.-C., des guerriers venant de Rome.

L'occupation romaine. — Après la seconde guerre punique, Rome prend le pouvoir et les Romains s'installent en Andalousie avec l'intention d'y établir un empire. La Bétique (aujourd'hui Andalousie) atteint alors un remarquable niveau de civilisation urbaine. Cités au tracé nouveau, aux rues larges, forums, temples, arcs de triomphe, théâtres ; cirques et lieux de spectacles fleurissent dans toute la Bétique durant les 200 ans de consolidation de l'Empire romain.

Dans cette province du Sud, surgissent des philosophes comme Sénèque, des écrivains comme Lucain et Columela et les premiers empereurs nés hors de la péninsule italienne, Trajan et Hadrien.

Mais les crises sociales, économiques, militaires et religieuses que va traverser l'Empire romain permettront l'entrée en Hispanie de peuples appelés « Barbares » et venant de l'autre rive du Rhin. Les Vandales, après avoir traversé la moitié de l'Europe, s'installent en Andalousie jusqu'à ce qu'une autre invasion, de nouveau par le S., ne s'empare du pouvoir (en 458 apr. J.-C.) et les Wisigoths l'emportent sur les Vandales.

La domination arabe. — Leurs luttes internes vont faciliter l'entrée, par Gibraltar, d'une expédition dirigée par Tarik qui, victorieux en 711, va imposer le pouvoir et la culture arabes.

Abd ar Rahman Ier établit alors sa capitale à Cordoue et commence la construction de la mosquée. Cordoue est la ville la plus florissante d'Europe. L'Andalousie est déjà Al-Andalus. Abd ar Rahman II s'adjuge le titre de calife et rompt avec le pouvoir établi à Damas. C'est à cette époque que se développe la civilisation dite « arabo-andalouse ».

Avec l'essor de la production scientifique apparaissent les philosophes qui auront le plus d'influence sur la pensée de l'époque : Averroès et Maimonides. De nouvelles technologies sont appliquées à l'agriculture et les monuments les plus importants sont édifiés (Giralda de Séville, Mezquita de Cordoue, Alhambra de Grenade).

La Reconquête. — Mais le pouvoir des Arabes, affaiblis par les attaques des tribus berbères venues du Sahara, tombe devant les attaques du roi chrétien Alfonso VIII, en 1212, durant la bataille des Navas de Tolosa. Fernando III de Castille reconquiert peu à peu l'Andalousie. En 1225, il s'empare d'Andujar. Cordoue tombe en 1236, Séville en 1248. Cadix est reconquise par Alfonso X, en 1264.

Du XIIIe au XIVe s., deux civilisations vont s'affronter en Andalousie : la zone « castellanisée » de la rive droite du Guadalquivir et une aire nettement islamique qui coïncide avec le royaume de Grenade. Celui-ci tombe aux mains des chrétiens en 1492. La conquête de l'Andalousie est définitive en 1610, avec l'expulsion des morisques.

L'époque moderne. — A partir de cette date, l'Andalousie s'intègre aux cultures européennes de l'époque. Pendant la Renaissance, elle est de nouveau le berceau d'architectes, de peintres, de sculpteurs, et d'écrivains célèbres. Mais c'est de la découverte de l'Amérique que naît un grand courant de richesse et de vie. Cet exploit espagnol « forgé » dans le port de Palos (province de Huelva) va peu à peu faire de l'Andalousie une terre ouverte à la transaction mercantile, où se mêlent misère et splendeur. La Séville du XVIe s., devenue la ville la plus importante d'Espagne grâce à son port fluvial, passage obligatoire du commerce avec les Indes occidentales, est le vivant exemple de cette transformation.

Au XVIIe s. des conditions économiques favorables, une diminution des impôts, la lutte contre les fléaux, favorisent le développement démographique de l'Andalousie. Mais des guerres avec des pays comme la France causent des ravages au sein de la population. En 1808, les Andalous se soulèvent contre l'Empire français et les soldats de Napoléon sont vaincus à Bailén.

Malgré les courants de liberté, l'Andalousie, région éminemment agricole, « latifundiste » et conservatrice, n'est pas favorable à la naissance d'une bourgeoisie dynamique. Cette carence, dont elle souffre encore, est à l'origine de contradictions agraires non encore résolues.

L'Andalousie aujourd'hui. — Crise économique et occupation de terres en 1920, séquelles de la Première Guerre mondiale, créent des situations de famine, de luttes libertaires paysannes et des périodes d'illusion pour une liberté qui ne pourra pas être conquise sous les deux Républiques.

Très peu industrialisée, l'Andalousie affronte le franquisme avec plus de faiblesse que le reste de l'Espagne.

L'émigration et le développement touristique sont alors les seules issues qui s'offrent à une grande partie de ses habitants, héritiers de peuples savants et puissants.

Mais le XXe s. a révélé aux Andalous (aujourd'hui organisés en communauté autonome) l'importance d'avoir grandi entre deux continents et d'avoir partagé avec des peuples venus de tous les horizons la culture et aussi le pain, la lumière et la chaleur du soleil qui ride le front de ces hommes et de ces femmes, tous « de buen talente ».

Une région de foires. — Les foires (ferias) sont une manifestation remarquable de l'activité de la région. Des milliers de têtes de bétail, surtout des chevaux et des porcs, sont réunis, en avril-mai, à Séville, Mairena, Carmona, Osuna, Ecija. Il y a aussi des foires réputées à Jerez, Medina-Sidonia, Cordoue, Baeza. Ces foires, qui durent plusieurs jours, sont une occasion de fêtes où apparaît dans toute sa gaieté exubérante le caractère andalou.

Un présent et un grand avenir touristique. — Le tourisme est, depuis plusieurs années, un facteur important du développement économique de l'Andalousie, source de devises et créateur d'emplois, il a aussi contribué au changement de la société. Mais si la Costa del Sol a pu être considérée comme l'archétype de ce « boum » touristique, le modèle qu'il offre (soleil, plage, tourisme de masse) semble être dépassé. Déjà, les pouvoirs publiques et l'entreprise privée ont mis en place ou projettent de nouvelles orientations touristiques.

Harmoniser le respect de la nature et l'urbanisation nécessaire, prévoir des infrastructures (routes en particulier) dont bénéficieront des régions isolées et donc moins connues, développer les installations sportives (sports de plaisance, golf...), créer des possibilités de loisirs différents (chasse, promenades, connaissance de la nature...), ouvrir au touriste l'accès à la culture traditionnelle et populaire (festivals), telles sont les grandes lignes de la politique touristique andalouse.

L'horizon 2000 c'est d'abord, pour l'Andalousie, l'exposition universelle de 1992 (500e anniversaire de la découverte de l'Amérique) mais aussi la mise en valeur de ses richesses et de sa beauté.

Notez la possibilité de faire une croisière ferroviaire à bord d'un train du début du siècle restauré, doté des services les plus sophistiqués (El Andalus express). Au départ de Séville, vous passerez 5 j. à bord de ce « musée roulant » avec des étapes pour vous permettre de visiter Cordoue, Grenade, Málaga et Jérez. *(Rens. à la gare de Séville, départ tous les lun. du 31 mars au 30 oct.).*

La gastronomie. — Parmi les charmes de l'Andalousie, il convient de noter celui de sa cuisine. La qualité et la variété de ses produits, alliées à une tradition au parfum de très vieilles cultures, vous donneront l'occasion de jolies «promenades» gastronomiques. Commençons par le tapeo rituel que l'on consomme au comptoir (la barra) dans des bars très animés. Une grande ardoise ou une petite carte vous offre une longue liste de tapas (ou de «raciones», même plat mais la quantité et le prix changent et deviennent plus importants). Les plus classiques sont : le jambon (celui de Jabugo est très fameux), le fromage (queso), les olives (aceitunas), les très connues pijotas (petits poissons frits) ou pringá (petit pain rond chaud servi avec de la viande de porc), les nourrissantes cola de toro (queue de bœuf en sauce), espinacas a la andaluza (épinards et pois chiches)... la liste est longue, goûtez-les toutes en les accompagnant de vin ou de bière.

Par les chaudes journées d'été, le gazpacho est de rigueur. Cette soupe froide, qui peut être aussi «allongée» et se transformer en boisson, est le symbole de la cuisine andalouse. Sa recette est très simple mais le tour de main est très important dans sa préparation (ail, tomate, cumin, mie de pain frais, concombres, piments verts, sel, poivre, eau ; servir très froid avec de l'œuf dur et des petits croûtons de pain).

Les poissons et les fruits de mer méritent, à eux seuls, le détour vers l'Andalousie. Deux recettes sont particulièrement succulentes : el pescaito frito, plat de friture de plusieurs petits poissons de Méditerranée et le poisson (dorade, loup, etc.) a la sal (cuit au four dans du gros sel).

Le cocido andaluz (sorte de pot-au-feu), la cola de toro, les petites côtelettes frites, sont parmi les plats de viande les plus typiques de la cuisine andalouse.

La pâtisserie andalouse de tradition morisque est riche et variée. C'est auprès des couvents de religieuses cloîtrées que vous trouverez les plus fines spécialités : yemas de San Leandro, pestiños, roscos de vino, turrón de Cádiz, perrunas, tocino de cielo, mantecados. L'archevêché de Séville vous donnera la liste de ces couvents (Arzobispado de Sevilla, plaza Virgen de los Reyes).

L'Andalousie est une région également privilégiée pour la qualité de ses vins. Le jerez (fino ou oloroso), mondialement connu, se boit de préférence avec les tapas, de même que la manzanilla de Sanlúcar de Barrameda, ainsi que les finos du Condado. Le costa de Grenade ou le rosé d'Albuñol accompagnent bien les viandes. N'oubliez pas le montilla et le moriles (Cordoue), le moscatel de Malaga et tant d'autres à découvrir au gré des promenades.

L'artisanat. — Très vivant, il maintient les traditions héritées d'un passé d'une grande richesse et d'une grande variété culturelle.

La poterie et la céramique populaires se placent au premier rang de cette création artisanale : céramique de terre rouge de Sorbas (province d'Almería), de terre blanche de la Rambla (province de Cordoue), aux reflets métalliques, bleue, verte, de Grenade, céramique dans toute la gamme des verts vitrifiés d'Ubeda (province de Jaen), aux dessins naïfs ou floraux de Trianá (Séville), poterie populaire inspirée des jarres, cruches, amphores romaines et arabes... le choix est vaste.

La maroquinerie et le travail du cuir en général sont magnifiquement représentés à Cordoue (coffres de cuir repoussé et peint) et aussi à Ubrique et Prado del Rey (province de Cadix).

Le métal (cuivre et laiton) à Lucena (province de Cordoue) ou à Hinojosa del Duque (province de Cordoue, fer forgé). L'argent et le filigrane (Cordoue, Grenade) apparaissent partout dans l'architecture extérieure (grille, portes, serrures) et la décoration intérieure (lampes, vases, encadrements de miroirs, argenterie...) des maisons andalouses.

Les tissages aux couleurs neutres ou éclatantes se fabriquent dans les Alpujarras (tapis), à Grazalema (couvertures ; province de Cadix), Grenade (tapis, couvertures).

L'Andalousie de l'artisanat c'est aussi (la liste n'est pas exhaustive) : les instruments de musique (guitares) dans toute l'Andalousie, les tonneaux à Montilla (province de Cordoue) et Jerez (province de Cadix), les meubles à Grenade, Torredonjimeno (province de Jaen), Valverde del Río (province de Huelva), Ronda (province de

Malaga), la sparterie à Ubeda et Villares (province de Jaen), la vannerie à Guadix et Lanjarón (province de Grenade) et partout les éventails, les castañuelas (casta-gnettes), les mantones (châles brodés).

Pour vos achats, nous vous conseillons la visite aux artisans et les trois magasins de Artespaña (Séville, Grenade, Marbella).

Pour visiter l'Andalousie :

→ Almería★
→ Alpujarras (las)
→ Antequera★★★
→ Aracena★
→ Baeza★★
→ Baza
→ Cadix★
→ Carmona★★
→ Constantina
→ Cordoue★★★
→ Costa de la Luz
→ Costa del Sol★★
→ Doñana★ (Parc national de)
→ Écija★
→ Estepa
→ Gibraltar
→ Grenade★★★
→ Guadix★
→ Huelva

→ Jaén★
→ Jerez de la Frontera★
→ Linea de la Concepción
→ Málaga★
→ Marbella
→ Marchena★
→ Martos★
→ Moguer
→ Mojácar
→ Osuna★
→ Palma del Condado
→ Priego de Córdoba★
→ Puerto de Santa María (El)
→ Rocío★★★ (El)
→ Ronda★★
→ Sanlúcar de Barrameda
→ Séville★★★
→ Úbeda★★
→ Utrera

Andratx

Palma, 30 km. — Sant Elm, 8 km.
Alt. 100 m. — 6 301 hab. — Ile de Majorque — Province des Baléares.

Andratx est un gros bourg, plein de caractère, dans une cuvette entourée de collines, parmi les pinèdes et les vergers d'amandiers. Construit 5 km à l'intérieur des terres, comme beaucoup d'autres villages de l'île, il était ainsi protégé contre les attaques des pirates turcs. Dès la fin du siècle dernier, beaucoup d'Andritxols ont émigré à Cuba, comme commerçants ou pêcheurs d'éponge, provoquant jusqu'en 1960 une baisse démographique importante. Le redressement actuel est dû à l'arrivée massive d'une main-d'œuvre andalouse, attirée par le boom touristique de la fin des années soixante.

On remarquera l'église paroissiale du XVIIIᵉ s. et le **château de Son Mas**, construit au XIXᵉ s., qui abrite chaque été le festival de musique classique d'Andratx.

Environs. 1 — Camp de Mar *(5 km S.).* — Agréable plage de sable entourée de pinèdes.

2 — Port d'Andratx★ *(5,5 km S.-O.).* — Ce charmant petit port de pêche, au fond d'une rade étroite, offre, de la pointe de Sa Mola, un merveilleux **panorama** sur la baie que domine au loin le mont Galatzó (1 025 m). En fév., la route du bourg au Port, le long de la vallée des Amandiers, offre un spectacle d'une rare douceur.

3 — Sant Elm *(8 km O.).* — Paisible station de vacances au fond d'une petite crique, près d'un château du XVIᵉ s. et en face de l'**île de Sa Dragonera***, éperon rocheux détaché de l'extrémité O. de la sierra de Tramuntana, long de 4 km sur 1 km de large et 311 m de hauteur. La grande beauté de l'îlot attira il y a quelques années des promoteurs immobiliers qui voulaient le transformer en station balnéaire. La protestation fut telle parmi les Majorquins que le projet semble pour l'instant être abandonné. ➜ De Sant Elm, on peut aller à pied à l'ancien **monastère de Sa Trapa**, aujourd'hui en ruine et racheté par le Groupe ornithologique baléare afin d'en préserver le site.

Antequera**

Cordoue, 118 km. — Grenade, 101 km. — Malaga, 57 km. — Séville, 139 km. Alt. 577 m. — 40 908 hab. — Province de Malaga (Andalousie).

Située à un croisement de routes, au pied de la sierra del Torcal, dans une riche plaine, Antequera, l'Anticaria des Romains, est actuellement une ville industrielle et animée. En plus de ses monuments qui font de la ville un des joyaux de l'art andalou, Antequera a été un foyer culturel de grande importance au milieu de paysages* d'une exceptionnelle beauté.

La ville dans l'histoire. — Peuplée dès l'époque de l'âge du bronze, la ville acquiert de l'importance sous la tutelle romaine (Anticaria). Ses habitants, qui se consacrent à l'agriculture, assimilent rapidement la culture latine et transforment la ville en un foyer de diffusion des civilisations classiques qui laissent des traces tant dans l'Andalousie musulmane que chrétienne.
Après un règne wisigoth éphémère, Abdelaziz ben Muza conquiert la ville et la fortifie. L'importance stratégique de la ville pousse l'infant Don Fernando à la reconquérir. Après cinq mois de combat, Antequera devient une avancée des royaumes chrétiens en Andalousie.
Au XVIᵉ s., grâce à l'aristocratie et au clergé qui emploient les artistes locaux, la ville est un centre culturel actif et prospère. Elle se développe autour du château en descendant dans la plaine, alors que se construisent palais et couvents. A la même époque sont aussi créées une imprimerie, une chaire de grammaire (1504) et une école de sculpture.

Fêtes. — Semaine sainte ; Cristo de la Salud (1ᵉʳ-15 mai) ; foire au bétail (fin mai-déb. juin) ; fiestas de la Recolección avec romerías, verbenas, taureaux, chants (mi-août) ; Virgen de los Remedios avec offrandes de fleurs et corrida (8-16 sept.).

Visite de la ville

Au centre, le **palais de Nerja**, du XVIIᵉ s., abrite de nombreuses collections (archéologie, ethnologie). Peinture : tableaux de Mohedano, Correa, Monteaisla et Bocanegra. Sculpture : deux œuvres maîtresses, l'Ephèbe d'Antequera, bronze romain du Iᵉʳ s., et le saint François de Pedro Mena ou Alonso Cano.
L'**église San Sebastián**, de style Renaissance du XVIᵉ s., est dotée d'un clocher baroque (1709). De la plaza de San Sebastián, en prenant la calle de la Cuesta Zapateras, puis en tournant à g. dans la 2ᵉ rue, vous parviendrez à l'**église del Carmen** *(ouv. de 10 h à 13 h et de 15 h à 19 h)* qui renferme un

artesonado mudéjar (plafond à caissons) et un splendide **retable churrigue-resque**.

En revenant vers le centre par le chemin de l'aller, puis en prenant à g. sur une petite place, vous monterez, en passant sous l'**arco de los Gigantes**, érigé en 1585 en l'honneur de Philippe II, à l'**église Santa María la Mayor*** ; édifice plateresque du XVIe s. (artesonado mudéjar). A l'intérieur, retable gothique.

La **capilla de la Virgen del Socorro**, en chaux et en brique, s'élève sur la **plaza del Portichuelo**, un des coins les plus pittoresques de la ville. Tout près, le **Colegio de Santa María de Jesús** renferme un beau patio et une chapelle baroque. On y vénère la belle statue de la Virgen del Socorro, très populaire à Antequera.

L'**église de San Juan**, Renaissance, est un édifice harmonieux du XVIe s. ; elle abrite un beau **retable*** sculpté du XVIIIe s.

En suivant la **calle Rodrigo de Narváez** (l'artère principale au Siècle d'Or), on arrive au **palais de Escalonias**, maniériste. Par la **calle de Estepa***, on poursuit la visite de la partie basse de la ville ; vous y découvrirez l'église de l'hôpital de San Juan de Dios, baroque, ornée de belles peintures et de sculptures ; à voir également le patio et l'ancien escalier de l'hôpital.

Remarquez dans l'**église de los Remedios** le **retable*** d'Antonio Ribera. L'ensemble de l'église est un musée. Tout près de là, l'**ayuntamiento** conserve le cloître et l'escalier de l'ancien couvent dans lequel il se trouve. Notez la belle façade de la casa de los Pardo (aujourd'hui banque) dans la calle Estepa (XVIIe s.).

Environs

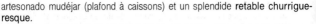

1 — Cuevas de Menga y Viera* *(1 km N.-E.).* — La cueva de Menga et un monument funéraire néolithique (v. 2500 av. J.-C.), recouvert d'un tumulus ; ici, la chambre funéraire est de plan ovale ; ses parois sont faites de 15 grands blocs de 3 m environ de hauteur, sur 1 m d'épaisseur, soutenant 5 dalles (le poids de l'une d'elles est estimé à 180 t) formant une fausse voûte ; la chambre, de 25 m de long sur 6 m de large, orientée E.-O., c'est-à-dire dans le sens de la marche du soleil, est précédée d'un vestibule (sur le 3e monolithe à g., figures humaines stylisées et symboles solaires) et partagée en deux nefs par trois piliers, comme un sanctuaire. A côté, la cueva de Viera est constituée par une galerie de monolithes (v. 2400 av. J.-C.), de 19 m de long et 2 m de haut, et d'une petite chambre carrée de 1,75 m de côté et 2 m de haut, couverte d'une seule dalle.

2 — Cueva del Romeral *(3,5 km N.-E.).* — Monument funéraire mégalithique, d'époque néolithique (il daterait d'environ 1800 ans av. J.-C.) ; recouvert d'un tumulus, il est constitué de deux chambres, précédées d'une galerie de 23,50 m.

3 — Archidona *(17,5 km N.-E. sur la N342 ; 7 000 hab. ; alt. 666 m).* — Gros bourg d'économie rurale avec des industries du plâtre et de la construction. Chasse et pêche dans les ríos Guadalhorce et Marín.

Dans la ville haute, ruines de la forteresse arabe d'origine punique et ermitage de la Virgen de la Gracia (à l'intérieur, vestiges de l'ancienne mosquée).

Dans la ville basse, portails baroques de l'église paroissiale et du collège de los Padres Escolapios. Nombreux couvents. Belle place octogonale du XVIIIe s.

Fêtes : pendant la semaine sainte, fête du Corpus Cristi (autels de fleurs dans les rues) ; Virgen de Gracia (14-19 août) avec romería et feux d'artifice ; foire au bétail (13-15 oct.) avec costumes typiques, chants et danses traditionnels.

4 — El Torcal *(15 km S.-O. ; au km 9 de la C337, bifurquer à g.).* — Du terminus de la route, des sentiers permettent de rayonner dans ce bassin d'érosion, véritable labyrinthe de rochers rougeâtres, aux formes fantastiques, affectant parfois l'aspect de maisons, d'églises, de tours. La flore se compose de lierres, d'épineux et de rosiers sauvages ; la faune de reptiles et de rapaces.

5 — Mollina (*15 km N.-O. sur la N334 ;* 3 199 hab. ; alt. 477 m). — Dans les alentours, parmi les oliviers et les vignes, nombreuses grottes naturelles (los Organos, la Araña, los Porqueros).
Fêtes : du 14 au 17 août, on célèbre la Virgen de la Oliva avec des processions, des danses et des chants.

6 — Lucena (*53 km N. par la N331 ;* 29 717 hab. ; alt. 485 m). — Ville réputée pour ses tinajas, énormes jarres (les plus grosses ont une capacité de 5 000 l), où la majeure partie de l'Espagne conservait ses vins. Lucena est aussi un centre de commercialisation de la production vinicole de la région, notamment des vins de Montilla et de Moriles, qui soutiennent parfaitement la comparaison avec les vins de Jerez (de 16 à 21° selon les crus et l'âge).
Laissez à g., à *1 km,* la capilla de Jesús, de style baroque, puis l'**église San Agustín,** à dr. Tournez ensuite à g. vers les Correos, puis à dr. pour arriver à la place principale, où se situe l'**église San Mateo** (visitez surtout la chapelle du Sagrario, délicate merveille de style rococo du XVIII\u1d49 s.).
De la place devant l'église, prendre à dr. ; vous passerez ainsi devant les ruines du **château del Moral** où fut emprisonné Boabdil, dernier roi maure de Grenade, après qu'il eut été vaincu dans les environs de la ville, en 1483. Au carrefour en Y, prendre à dr. pour parvenir à l'hospital de San Juan de Dios dont la chapelle mérite une visite (retable churrigueresque au maître-autel, lambris en marqueterie de marbres), patio baroque.
Dans l'**église** en ruine de **Santo Domingo,** beau retable baroque avec une peinture attribuée à Lucas Jordán ; dans celle de **San Francisco de Paula,** baroque, Vierge Renaissance en albâtre et plusieurs peintures baroques. Église gothique de Santiago, couvents de San Pedro Martir et San José. Nombreuses maisons nobles et un palais baroque construit sur les ruines d'un château gothique.
Fêtes : Cabalgata de los Reyes (5 janv.) ; semaine sainte ; Nuestra Señora de Araceli (1er dim. de mai) ; feria del Valle (8-10 sept.).

➜ A *20 km S.-E.* par la C334, **Rute** (10 162 hab. ; alt. 634 m), au pied de la sierra de Rute. La ville est célèbre pour ses eaux-de-vie. Ruines du château arabe, église Santa Catalina qui conserve une peinture et une niche custode de l'époque baroque. Dans l'ermitage du cimetière, le retable principal est Renaissance.
➜ A *6 km S.-E.,* **sanctuaire de Araceli,** sur une cime de la sierra de Aras (868 m ; vaste panorama).

Aracena

Huelva, 108 km. — Séville, 90 km.
Alt. 732 m. — 6 328 hab. — Province de Huelva (Andalousie).

Capitale de la région forestière de la sierra de Huelva, Aracena est une petite ville andalouse perchée sur une colline couronnée par les ruines d'un château almohade.

Dans l'**église de la Asunción,** sculpture de Martínez Montañés ; dans l'**église du couvent du Carmel,** retable sculpté en 1562 par Juan Giralte. A l'intérieur de la forteresse, qui appartint aux templiers jusqu'au début du XIX\u1d49 s., l'**église del Castillo** a pour clocher le minaret de la mosquée almohade (XII\u1d49 s.). Nombreux potiers.

Environs. 1 — Zufre *(26 km S.-E. ; au km 17 de la N433, prendre à g. ;* 2 140 hab. ; alt. 446 m). — Pittoresque village qui conserve quelques ruines de ses murailles du XIIᵉ s. Dans l'église paroissiale, retable attribué a Alonso Cano du XVIᵉ s. comportant des éléments de décoration arabes.

•→ A *15,5 km N.-E.,* **Santa Olalla del Cala** (2 330 hab. ; alt. 340 m) où vous pourrez voir un château du XIIIᵉ s., l'église gothique de la Asunción et un beau calvaire Renaissance.

2 — Grottes de las Maravillas* *(1 km S. ; ouv. de 9 h à 19 h en hiver ; jusqu'à 20 h en été).* — Vous y verrez plus de 1 500 m de galeries de formation naturelle qui recèlent de nombreuses concrétions blanc nacré, rose, vert émeraude et bleu turquoise, ainsi qu'un petit lac de 60 m de large.

3 — Alájar *(11,5 km O. ;* 933 hab. ; alt. 577 m). — Joli village de montagne qui conserve quelques constructions du XVIIIᵉ s. Vous monterez à la **peña de los Angeles**, rendue fameuse par les séjours qu'y fit le célèbre humaniste Arias Montano, auteur de la Bible polyglotte (XVIᵉ s.). On montre la Sillita del Rey, une grotte dans laquelle s'assit Philippe II lors d'une visite à son confesseur. De là-haut, belles **vues*** sur les environs.
Fêtes : les 7 et 8 sept., on célèbre « el Poleo » avec une procession de chevaliers qui montent à la peña.

4 — Sur la route de Rosal de la Frontera *(67 km O. par la N433).*
13 km : **Galaroza** (1 804 hab. ; alt. 556 m). — Centre agricole réputé pour ses fruits. Église Santa Brigida (XIVᵉ-XVIᵉ s.), fuente del Carmen.
18 km :   •→   Embranchement à dr. pour *(30 km ; prendre à dr. au km 26 de la N435).* **Cumbres Mayores** (3 543 hab. ; alt. 700 m) avec le château de Sancho IV du XIVᵉ s. Remarquez aussi le portail gothique du couvent des clarisses.
•→ Embranchement à g. pour *(1 km)* **Jabugo*** (2 524 hab. ; alt. 658 m), modeste et pittoresque village au milieu des chênes, des châtaigniers et des arbres fruitiers, mondialement connu pour son jambon noir de porc ibérique séché à l'air libre.
Fêtes : Virgen de los Remedios (2ᵉ dim. de juil.) ; feria de San Miguel (29 sept.).
28,5 km : **Cortegana** (5 548 hab. ; alt. 690 m). — En pleine montagne avec un beau château médiéval. Église gothique de El Salvador avec une belle chaire Renaissance en fer forgé. Production de jambons.
•→ A *6,5 km au S.,* **Almonaster la Real** (2 390 hab. ; alt. 613 m). — Dans le château se situe un ermitage qui conserve des chapiteaux romans et wisigoths. L'église de San Martín a un beau portail de style gothico-manuélin, typique de l'art portugais du XVᵉ s.
Fêtes : Santa Cruz (1ᵉʳ dim. de mai) ; romería de Santa Eulalia (3ᵉ fin de sem. de mai) avec procession nocturne et fandangos.
42,5 km : **Aroche** (4 048 hab. ; alt. 406 m). — Ville fortifiée sur la rive g. du Chanza dans une belle région couverte de chênes. L'ancienne Aruci Vetus romaine a transformé son amphithéâtre en arènes. Murailles arabes, château de las Armas, almoravide. Église paroissiale Renaissance avec de belles collections de bijoux et d'ornements liturgiques.
Dans le musée municipal, pièces archéologiques, minéraux. Le musée du Rosaire contient une collection fournie de chapelets cédés par des personnalités du monde catholique contemporain (John F. Kennedy, Jean XXIII...).
•→ Dans les environs, menhirs et dolmens.
67 km : **Rosal de la Frontera** (2 000 hab. ; alt. 221 m). — Ville frontière avec le Portugal.

Aragon

Provinces de Huesca, Saragosse et Teruel.

L'Aragon occupe une grande partie de la dépression de l'Èbre et de la région naturelle de la vallée de l'Èbre, limitées au S. par les sierras ibériques de Teruel. Son étendue représente presque 10 % de la surface nationale, mais elle ne compte que 3 % de la population. Elle s'étend, du N. au S., des Pyrénées axiales au système ibérique, mais ici ne suit pas une limite orographique précise. Les limites orientales correspondent approximativement à la ligne des rivières Noguera Ribagorzana

au N. et Algás au S., mais les limites occidentales sont physiquement arbitraires (Navarre et Soria). Elle occupe les grandes unités morphostructurelles des Pyrénées et du système ibérique, mais surtout celle de la dépression de l'Èbre, artère et axe fondamental de la région.

Un climat continental. — La dépression centrale, fermée entre de hautes cordillères, bénéficie d'un climat continental accentué par l'inversion thermique (les plus grandes amplitudes thermiques sont enregistrées ici), climat très aride à cause du rôle d'écran pluviométrique des reliefs périphériques. Les bords (les Somontanos) étant moins encaissés, l'inversion est atténuée et donne un climat plus tempéré, de type méditerranéen, avec des pluies moyennes à cause de l'altitude plus élevée. Dans les Pyrénées, c'est un climat de montagne avec des pluies relativement faibles. Dans le système ibérique, le climat est continental et montagneux plus sec que celui des Pyrénées.

Un comté dépendant de la Navarre, puis de la Catalogne. — La naissance de ce qui constitue aujourd'hui l'Aragon comme entité géographique et politique date du début du IXe s. C'est alors que surgit le Condado de Aragon dans les hautes terres pyrénéennes, comme un des réduits chrétiens de la péninsule Ibérique dans les premiers temps de la domination arabe. Ce noyau se localise dans la vallée de Hecho et s'étend aux vallées de Anso, Borau et Canfranc.
L'étendue territoriale du petit Condado, rattaché au royaume de Navarre depuis le Xe s., se réalise, comme dans d'autres royaumes ibériques, aux dépens des musulmans, installés dans la plus grande partie de l'actuel territoire aragonais. Cette conquête est particulièrement évidente avec le roi Ramiro Ier (1035-1063) grâce auquel l'Aragon se constitue en royaume, et progresse constamment jusqu'à l'arrivée de Alfonso Ier el Batallador (Alphonse Ier le Batailleur; 1104-1134) qui occupe Tarazona (1119), Saragosse (1118), Calatayud (1120) et Daroca (1120). A sa mort, les royaumes d'Aragon et de Navarre se séparent définitivement. Son successeur Ramiro II el Monje (le Moine) établit définitivement les frontières avec la Navarre et la Castille. Une de ses filles se marie avec le comte de Barcelone. Ce mariage permet l'union de l'Aragon et de la Catalogne et donne ainsi naissance à la couronne d'Aragon. Entre-temps, l'expansion territoriale continue et c'est ainsi qu'Alphonse II el Casto (le Chaste; 1162-1196) met fin à la domination musulmane sur le Baro Aragon.

Jacques le Conquérant, fondateur de l'Aragon. — Avec Jaime Ier el Conquistador (1213-1276), les frontières de l'actuelle Communauté autonome d'Aragon se consolident définitivement. L'importance du poids économique et commercial de la Catalogne encourage la politique d'expansion de la couronne d'Aragon, politique concrétisée par la conquête des royaumes de Valencia et Mallorca et orientée au cours des siècles ultérieurs vers la Méditerranée.

Grâce à l'évolution de la Curia Regia apparaissent au cours de ces siècles les Cortès comme représentation naturelle de chaque royaume avec structure estamental (d'État). Chaque royaume de la couronne a des Cortès séparées et des institutions particulières, tel le personnage du Justicia de Aragon, en principe simple juge de palais, et plus tard juge constitutionnel entre le roi et le royaume. Entre chacune des réunions des Cortès, les royaumes sont représentés par les Diputaciones qui apparaissent à cette époque. A partir de l'unification de la péninsule menée à terme par les Rois Catholiques à la fin xve s. la couronne d'Aragon disparaît lentement, d'abord comme réalité politique, ensuite comme réalité institutionnelle, résultat de l'intégration à la couronne d'Espagne de tous les royaumes hispaniques. Les fueros aragonais demeurent en vigueur sous les Autrichiens, mais les points les plus importants sont réformés.

L'abolition de ces fueros a lieu en 1811, après la guerre de Succession (1701-1714). Malgré la perte de l'autonomie politique, la conscience aragonaise se maintient.

La bourgeoisie illustrée. — Le xviiie s. est une période florissante pour l'agriculture et l'élevage : nouvelles plantations d'oliviers et de vignes, développement de la politique hydraulique, concrétisée par la réalisation définitive du canal d'Aragon grâce à la persévérance de grands Aragonais tels que Ramon Pignatelli. Tout cela favorise non seulement la croissance économique — malgré le faible développement industriel — mais aussi un enrichissement de la vie culturelle avec la protection d'institutions comme la Société économique aragonaise des amis du pays et des minorités ilustradas à laquelle appartiennent des personnages tels que Ignacio de Asso, L. Normante et Carcavilla ou le comte de Aranda. Cette société crée la première chaire d'économie du pays. La vie urbaine et industrielle continue cependant à être insuffisante.

Au début du xixe s., l'Aragon est très marqué par la guerre d'Indépendance. En 1808 se forment plusieurs assemblées locales et une assemblée suprême ; le capitaine général de l'armée, Palafox, est élu président. Saragosse est assiégé plusieurs fois par les troupes françaises ; sa résistance obstinée gêne énormément les opérations des troupes napoléoniennes, mais la ville se trouve affaiblie et l'agriculture aragonaise subit un très grave dommage.

Le problème des paysans. — Au cours de la première moitié du siècle se produit la libération juridique des paysans soumis aux seigneurs par de lourdes charges et des droits exorbitants. Aux Cortès de Cadix se produit la première opposition contre le régime seigneurial, et en 1811 l'abolition des droits juridictionnels est décidée. La restauration de l'absolutisme supprime la législation abolitionniste, mais celle-ci entre de nouveau en vigueur en 1820 après le pronunciamiento de Riego. A Saragosse, peu de temps après la proclamation de la Constitution, beaucoup de paysans s'approprient les terres de leurs anciens seigneurs.

Mais le chef politique de l'Aragon, Luis Veyan y Aparicio ordonne leur restitution, car la suppression des prérogatives seigneuriales ne concerne pas la propriété de la terre.

Dès le début du siècle, la possibilité de participer à la vie publique, ouverte par le constitutionnalisme, oblige les diverses forces sociales à se définir à travers différentes options politiques.

La propagation des idées libérales. — La ville de Saragosse, et en général le centre de la région, à l'économie plus riche, manifeste rapidement son adhésion au libéralisme, même dans ses tendances les plus exaltées. Ainsi se succèdent une suite de faits éloignés dans le temps, mais présidés par une même orientation : le pronunciamiento de Saragosse en faveur de la Constitution, dirigé par E. San Miguel

(1836), l'expulsion du chef de file carliste Cabañero qui, pendant la nuit, s'empare de la ville (1838). Pour la même raison, quand le général Borseo di Carminati prépare un pronunciamiento pour renverser Espartero de la Regencia et rétablir doña Maria Cristina, il n'ose le faire à Saragosse même ; il part vers Pampelune pour s'unir à O'Donell.

En revanche, la révolution libérale de 1868 obtient un succès rapide. A partir de cette date, on peut constater l'adhésion des masses citadines de Saragosse, de Huesca et de Teruel au républicanisme fédéral : ainsi le soulèvement de 1869 et la résistance de Saragosse lors de la chute de la Ire République. De même le prolétariat aragonais crée ses premières organisations en adhérant à l'internationalisme (vers 1870). Avec le temps, Saragosse devient un des plus importants bastions de l'anarchisme espagnol. Simultanément, un ensemble de zones relativement marginales et plus attardées économiquement (région pyrénéenne, Maestrazgo) sont le fief d'attitudes conservatrices et régionalistes.

Au cours des dernières années du xixe s. et des premières années du xxe s. à la suite de la déception nationale provoquée par la perte des derniers réduits coloniaux, se développe en Aragon un mouvement de régénération encouragé par Joaquin Costa et Basilio Paraiso. Costa, grâce à la mobilisation de la Ligue nationale de producteurs (1899), avec un programme de rénovation agraire fondé sur le développement d'une politique hydraulique et d'éducation, et Paraiso, à travers les chambres de commerce, contribuent à la formation de l'Union nationale (1900).

Anarcho-syndicalisme et guerre civile. — Au cours du xxe s. dans la zone de l'Èbre se développe l'anarcho-syndicalisme, qui fut le moteur de plusieurs grèves générales, d'actions contre la guerre du Maroc et même de l'assaut et du soulèvement de la caserne del Carmen. Pendant la guerre civile, l'Aragon est une zone de guerre et un front de bataille. Saragosse, au pouvoir des nationaux, est attaquée par les colonnes anarchistes, qui, ne pouvant pas prendre la ville, organisent leur arrière-garde de façon autonome.

A la mort du général Franco, l'Aragon, et plus particulièrement Saragosse, s'est profondément transformé du point de vue économique, social, politique et culturel. D'importants déséquilibres demeurent entre le monde rural et le monde urbain.

Terre d'art mudéjar. — Dans la construction des maisons, la pierre apparaît rarement, sauf dans les régions pyrénéennes ; la brique crue ou cuite est utilisée, d'où l'aspect caractéristique des villes où fleurit l'art mudéjar. Saragosse est la ville rose, rappelant Toulouse dont elle est la réplique comme métropole religieuse, administrative et industrielle.

Une population inégalement répartie et une émigration importante. — L'Aragon est une des communautés autonomes espagnoles les plus faiblement peuplées et au taux de croissance démographique le plus bas d'Espagne. De ses trois provinces, seule celle de Saragosse, grâce à la forte démographie de sa capitale, a connu une croissance soutenue au cours de ce siècle, alors que les deux autres, Huesca et Teruel, ont subi une perte de population presque continue. La région commença le siècle avec 912 717 hab. ; actuellement sa population n'est que de 1 175 000 hab.

Les causes de la faible croissance d'ensemble et de la nette régression de population de grands secteurs régionaux résident dans l'émigration provoquée par la précarité des ressources d'une économie essentiellement agricole et par l'attrait des capitales industrielles voisines, de Catalogne, du Pays basque et de la région même. L'émigration touche surtout les zones rurales, ce qui se reflète dans la baisse de population des petites et moyennes communes, dont l'économie est essentiellement agricole.

Une agriculture prospère et une industrie en expansion. — L'économie aragonaise se situe légèrement au-dessus de la moyenne nationale. Dans sa structure, l'agriculture a un poids important surtout dans les provinces de Teruel et Huesca. L'industrie se situe légèrement au-dessous de la moyenne espagnole. Les provinces les plus industrialisées sont Saragosse et Huesca, mais le pourcentage de Huesca est dû en grande partie aux exploitations de mines et à l'industrie électrique.

L'agriculture occupe la plus grande partie de la population active. Les principales cultures de la région sont la luzerne, l'orge, l'olivier et la vigne. On trouve des cultures de moindre importance comme le coton, la tomate et la pomme de terre.

L'élevage est une activité complémentaire dans les zones les plus arides, mais c'est la principale activité dans les vallées pyrénéennes et dans les montagnes du système ibérique. Avec le développement des zones irriguées, la transhumance a perdu de l'importance, et la stabulation intensive s'est accrue. L'élevage ovin est le plus important, suivi de l'élevage bovin qui, traditionnellement localisé dans la montagne, est en train de se développer autour des centres urbains. Puis en troisième position l'élevage porcin que l'on trouve dans toutes les provinces.

Dans l'industrie, le secteur le plus dynamique est celui de l'énergie. La région produit à peu près 50 % du lignite espagnol. La production d'électricité est très importante, mais la consommation de la région est faible ; l'excédent est détourné vers d'autres régions (Catalogne). Le barrage le plus important est celui de Mequinenza. Dans les exploitations minières, mis à part le lignite, il faut souligner les gisements de Ojos Negros (Teruel).

Le secteur secondaire est concentré à Saragosse ; la sidérurgie est la branche la plus importante suivie de celle des transformations agricoles (sucreries, minoteries et industries vinicoles).

Le développement industriel s'est accéléré au cours de ces dernières années : industries chimiques et industries de métaux non ferreux à Sabiñanigo et à Monzon.

Le folklore aragonais. — Les fêtes populaires aragonaises ressemblent beaucoup aux autres fêtes espagnoles, essentiellement dans leur aspect religieux. Elles se caractérisent par les divertissements, les repas extraordinaires et la préparation de gâteaux et de friandises. Il y a dans la fête un côté essentiel qui est la participation de tous en tant que protagonistes et un autre spectaculaire : certains réalisent des tours d'adresse et d'autres assistent au spectacle. Nous trouvons ainsi el dance, les spectacles de taureaux, les jeux sportifs comme la boule ou la barre, les défilés et les cavalcades, les feux d'artifices, les arboles o carretillas et, de façon plus limitée les représentations théâtrales.

Les feux de bois allumés la veille de la fête du patron sont un trait caractéristique de toutes les fêtes aragonaises.

Le costume régional garde une tradition mauresque dans quelques-uns de ses éléments, spécialement le foulard ou cachirulo si proche du turban ; la culotte ouverte et la gaine conservent une certaine apparence mauresque, mais ces vêtement sont plus larges que les vêtements arabes et viennent directement d'une imitation de la culotte seigneuriale bannie par la Révolution française en faveur du pantalon.

Le costume populaire date du XVIIIe s. ; les femmes portent un jupon ample en drap ou en percale imprimée, avec des fleurs, un tablier noir de fête, un châle en laine noir ou imprimé, mais aussi un foulard en soie, plié en triangle, des bas blancs, des chaussures noires à talon bottier et pour tous les jours des espadrilles. Elles portent un chignon bas avec une raie au milieu, des boucles d'oreilles et des pendentifs à plusieurs éléments. Les hommes portent quelquefois une veste à boutons argentés ou dorés, un gilet avec un col simple ou en alzapon, une culotte sans cirolos ou marinetas, ample et ouverte, avec des ornements aux Cinco Villas, et ajustée à Caspe ; des bas, peales o abarqueras, des espadrilles ouvertes ou albarcas.

La danse de tout l'Aragon est par excellence la jota, très ancienne dans certains de ses éléments musicaux, mais dont l'origine date du XVIIIe s. Les racines de la jota aragonesa, diffusée à partir du XIXe s., peuvent se trouver dans la musique andalouse avec une évolution parallèle à celle du fandango.

En plus de la jota, il faut mentionner d'autres danses comme la contradanza de Cetina du XVIIIe s., les séguidilles, les boléros (de Caspe, Saragosse, Luna, etc.), le canario et les danses des gigantes et cabezudos de Saragosse.

Le dance est un très bel exemple de théâtre populaire avec accompagnement des danses des épées, des bâtons, des arcs et des tours humaines (à Tauste), dont l'origine remonte à la lutte entre Maures et chrétiens et à la lutte entre le Bien et le Mal. Les danses des bâtons sont d'origine agricole et celles des épées d'origine guerrière, mais dans leur forme actuelle, aucune n'est antérieure au XVIIe s.

Parmi les chants religieux, il faut citer les aurores interprétés par des chœurs d'hommes qui, à l'aube, parcourent les rues en récitant le rosaire (Bujaraloz, Daroca, Mainar, Sastago, Tarazona et Uncastillo entre autres). Les gozos à la Vierge ou aux saints sont nombreux.

Également les villancicos ou chants de Noël, et de aguinaldo ou de fin d'année.

Parmi les chants profanes, le plus important est la albada, chant amoureux, de salutation ou d'adieu qui enchaîne avec les rondas, les chants nuptiaux et les chants du travail qui parlent du tissage, du dépiquage, des bergers, des récoltes de vins.

On peut ajouter les feux de bois et les mayos originaires de la sierra de Albarracín.

L'artisanat. — L'artisanat a toujours dépendu des marchés locaux et de l'importation de marchandises des pays voisins : travail du bois, meubles (chaises d'anea), bourrellerie, outillage agricole, ferronnerie, fuseaux et rouets, travaux de filature, tissage, travaux des bergers, chaudronniers, cordiers, alfatiers, fabricants d'espadrilles et tanneurs.

La céramique de Muel présente un intérêt particulier, ainsi que celle de Villafeloche, Daroca, Fuentes de Ebro, Lumpiaque, Calcena, Almonacid, Cuarte, la Almolda et Saragosse. On notera aussi parmi les produits artisanaux les fameuses frutas de Aragón, fruits confits enrobés de chocolat et les galets (chocos) de Saragosse, gros bonbons à l'anis.

La gastronomie. — L'origine de la gastronomie aragonaise est d'une part musulmane, pour certaines friandises et d'autre part tirée des recettes del « Llibre de coch » de maese Rubert ou de Ruperto de Nola, né à Saragosse, mais cuisinier d'Alphonse V à Naples, qui utilisa les ingrédients et les recettes de son Aragon d'origine.

La base de la cuisine aragonaise est la viande de porc et les excellents produits agricoles, essentiellement ceux des jardins potagers. Le repas aragonais traditionnel se compose principalement de deux plats, et pas toujours de dessert. Le premier plat, ou entrante, est composé de légumes ou de soupes en hiver et de salades en été. Les légumes « autochtones » sont la bourrache et le chardon. Ce dernier constitue le premier plat traditionnel de la nuit de Noël.

Le deuxième plat se compose de poisson (principalement la truite et la carpe), d'écrevisses des rivières Huerva et Piedra, de viande et d'œufs. La viande se prépare de préférence à la chilindron (plat à base de tomates, piments, oignon, ail, huile et poivre). Les œufs se consomment pochés, en sauce ou brouillés. On ne manquera pas de goûter les migas, mélange de pain, de saucisses et d'ail coupés en dés que l'on fait revenir dans beaucoup d'huile. Quant à la pâtisserie et la confiserie, le guirlache de Noël et les natillas (surtout la variété de crème appelée monja) sont à remarquer. A noter aussi les délicieux dobladicos à base de potiron, et les panetes. Les œufs, le lait, la farine, le beurre et le sucre sont les éléments de base des miraculeux roscones, culecas, cajicas (Tauste), cañadas, empanadones (Sariñena). Dans toute la région, traditionnellement, on recyclait le pain dur en le faisant tremper dans du lait et frire avec de la farine et des œufs : ce sont les torrijas, que l'on trouve dans les pâtisseries raffinées.

Quant aux vins, élaborés dans trois zones bien différenciées, ils sont excellents. On mentionnait déjà l'existence de vignes en 500 av. J.-C. A l'époque médiévale, la vigne s'étendit dans tout l'Aragon. Les zones principales de production se situaient autour des monastères : Venuela dans le Campo de Borja et Piedra, près de Calatayud. Dès le XVIIe s. la vigne de Cariñena ont acquis une grande renommée.

On distingue aujourd'hui : le campo de cariñena, vin jeune de couleur rubis entre 12,5 et 13º, le plus apprécié est celui de Alfamen (15º) ; le campo de borja, commercialisé au XVIIe s., plus fort, fruité et doux au palais. Ceux de Ainzón et de

Tabuenca sont particulièrement appréciés; les bajo jalón, vin de degré élevé, très coloré et assez fort (on goûtera plus particulièrement le celera); les somontano (à l'E. de Huesca), exporté vers la France à la fin du XIXᵉ s. Le rouge est foncé, un peu acide (12°). Les vins blancs sont agiles et fruités (10-12°), les rosés doux et frais (11-13,5°).

Pour visiter l'Aragon :

→ Albarracín*	→ Huesca*
→ Alcañiz*	→ Jaca
→ Alquézar*	→ Ordesa (Parc national)
→ Ayerbe	et Monte Perdido**
→ Calatayud	→ Piedra (Monastère de)**
→ Cariñera	→ Route d'Ordesa à Graus*
→ Caspe	→ Saragosse**
→ Circuit des sierras du bas Aragon**	→ Sos del Rey Católico*
→ Daroca*	→ Tarazona*
→ Ejea de los Caballeros	→ Teruel**

Aranda de Duero

Burgos, 79 km. — Madrid, 155 km. — Soria, 112 km. — Valladolid, 92 km. Alt. 758 m. — 27 158 hab. — Province de Burgos (Castille-León).

Cet important centre de communications, au carrefour des routes Valladolid-Soria, et Madrid-Burgos, dans la vallée du Douro, est célèbre pour sa spécialité gastronomique, l'agneau rôti au feu de bois.

Fête. — Virgen de las Vinas, le 12 sept., avec des processions.

L'église Santa María la Real de style gothique isabélin possède une belle façade platéresque attribuée à Simon de Cologne ; à l'intérieur, montez l'escalier, chaire Renaissance par Jean de Joigny.

Environs. 1 — Gumiel de Hizán *(1 km N. par la N1 en direction de Burgos).* — Au centre d'un terroir vinicole, le village constitue un intéressant ensemble d'architecture domestique castillane du XVIᵉ s.; l'église de Nuestra Señora de la Asunción abrite un remarquable retable sculpté du début du XVIᵉ s., ainsi qu'un musée d'art sacré *(visite : demander au curé; entrée gratuite; ☎ 54.40.18).* Collections d'art sacré, chapiteaux romans de l'ancien monastère de San Pedro de Gomellano.
↪ A 20 km N.-E., Caleruega, où naquit saint Dominique qui fonda à Toulouse en 1215 l'ordre des Prêcheurs (1208); le monastère dominicain se trouve près de la tour médiévale des Guzmán (XIᵉ s.). ↪ De Caleruega, vous pouvez rejoindre Peñaranda *(14 km; → ci-dessous)* en passant par Hontaria; là, prendre à g.

2 — Peñaranda de Duero* *(19,5 km E. par la C 111).* — L'un des plus étonnants villages de la vallée du Douro. Au-delà d'un charmant portail, la plaza Mayor conserve toute sa saveur castillane; l'église collégiale, achevée en 1732, est une hardie construction gothique; pilori gothique du XVᵉ s. devant la façade Renaissance du palais des Miranda *(ouv. de 12 h à 14 h et de 16 h à 18 h, f. en sept.);* patio à doubles galeries superposées, digne des plus riches palais de la Renaissance (le grand escalier et le salon des Ambassadeurs, ainsi que les plafonds des galeries sont remarquables avec leurs stucages mudéjars et les artesonados platéresques). Sur un rocher, château fort gothique.
↪ A 15 km N.-E., Peñalba de Castro. Là, prenez la petite route à g. pour *(2 km)* la cité ibéro-romaine de Clunia*. Colonie romaine, résidence de Sertorius et de

Galba, elle fut ravagée vers la fin du IIIe s. par les Alamans, mais ne fut abandonnée qu'au Ve s. Remarquez les restes d'un théâtre, à g., avec quelques gradins taillés dans le roc. 200 m plus loin, à dr., ruines de la maison de Los Arcos (Ier s. av. J.-C.), avec une salle à hypocaustes, des piles de briques destinées à soutenir le plancher d'une salle chauffée (bain privé ?). Au-delà du decumanus, l'une des deux grandes artères de la ville, près de l'ermitage de Nuestra Señora de Castro, restes de plusieurs maisons et du forum, de la fin du Ier s. de notre ère, dont on a mis au jour une partie du péristyle. Petit dépôt d'antiquités. Près de l'ermitage, hostellerie médiévale pour pèlerins.   ◆→ De Peñalba, vous pouvez rejoindre *(7,5 km S.)* La Vid (→ ci-dessous).

3 — La Vid *(19,5 km E. par la N 122 en direction de Soria).* — **Monastère Nuestra Señora de la Vid,** du XIIe s. Abandonné au XIXe s., il est réoccupé depuis peu.

Aranjuez**

Madrid, 47 km. — Tolède, 59 km.
Alt. 489 m. — 34 270 hab. — Province de Madrid.

Cette ville constitue sans aucun doute l'un des plus importants ensembles monumentaux et artistiques d'Espagne. Centre d'origine très ancienne, la ville fut choisie dès la fin du Moyen Age pour être l'un des sites où les rois d'Espagne venaient se reposer. Aranjuez est une petite ville fort agréable, entourée de jardins irrigués par le Tage, et constitue une véritable oasis au cœur de la steppe castillane (spécialités de fraises et d'asperges).

Palais royal.** — Commencé en 1561 sous le règne de Philippe II, par Juan Bautista de Toledo et Juan de Herrera, il fut achevé sous les Bourbons au XVIIIe s. Après les incendies de 1660 et 1665, Philippe V, qui en avait fait sa résidence favorite, y entreprit d'importants travaux (notamment l'escalier monumental). A sa suite Ferdinand VI entoura le palais de jardins et Charles III y ajouta deux ailes ; Charles IV, quant à lui, fit élever la casa del Labrador (maison du laboureur) et ajouter le jardin del Príncipe. L'aménagement intérieur est resté tel qu'il était au XIXe s. L'ornementation y est très riche et vous pourrez découvrir une multitude d'objets artistiques datant des XVIIe, XVIIIe et XIXe s. : horloges, lampes, meubles, tapis, porcelaines, peintures (Lucas Jordán), etc.

Visite : obligatoirement sous la conduite d'un guide. De 10 h à 13 h toute l'année et de 15 h à 17 h en automne-hiver ; de 15 h à 18 h au printemps ; de 16 h à 19 h en été.
Le billet donne droit à la visite du jardin de la Isla. Possibilité d'acquérir un seul billet permettant de visiter le Palais royal, la casa del Labrador et les jardins del Príncipe.

On remarquera plus particulièrement le salon du Trône, rococo avec de belles tapisseries, le salon de Porcelaine, décoré par Gricci, d'inspiration chinoise, le Salon arabe qui imite la sala de las Dos Hermanas de l'Alhambra.
Dans le musée du Costume, reproduction des habits de cour, des Rois Catholiques à nos jours.

Mais Aranjuez est surtout célèbre pour ses jardins et ses fontaines que vous ne devez pas manquer d'aller admirer. Devant la façade E. du palais s'étend le jardin du Parterre, dessiné en 1746 par le Français E. Boutelou ; la **fontaine** d'Hercule, avec deux colonnes symbolisant le détroit de Gibraltar, y fut aménagée sous Ferdinand VII. De l'autre côté d'un bras du Tage se trouve le **jardin de la Isla**, dessiné en 1669 par Sebastian Herrera, et dans lequel règne une grande sérénité. Des fontaines d'Hercule et de Narcisse, situées à l'entrée du jardin, rayonnent des allées ornées de sculptures, de fontaines dans une végétation d'une grande beauté.

Casa del Labrador** *(vous l'atteindrez par la rue de la Reina, se trouvant à l'entrée du village ; visites aux mêmes heures que le palais).* — Cet édifice a été dessiné sur le modèle du petit Trianon de Versailles. D'apparence assez modeste, ce palais construit en 1803 sous Charles IV est toutefois plus intéressant que le Palais royal par la décoration et les œuvres d'art qu'il renferme. Ici encore sont mélangés une multitude de styles et notamment ceux qui furent à l'honneur au XVIIIe et au début du XIXe s., mais l'ensemble est luxueux, avec ses marbres rares, ses bois précieux, ses velours, ses brocarts et ses peintures murales exécutées par les artistes les plus renommés de l'époque comme Bayeu, Maella, Zacarias Gonzalez Velázquez.

On notera surtout la salle de Billard, la salle des Sculptures (bustes grecs authentiques, mosaïques romaines), le salon de Marie-Louise (tapisseries représentant 97 vues de villes espagnoles), la salle de Bal (table et fauteuil de malachite, cadeau du tsar Alexandre III) et le salon de Platine (bois précieux, incrusté d'or et de bronze).

Vous pourrez ensuite vous rendre au **jardin du Príncipe** qui constitue une promenade fort agréable surtout en été. Tracé au XVIIIe s. par Boutelou, il est orné de fontaines, de sculptures, de pavillons et d'un étang artificiel comptant trois îles auxquelles on accède par un pont de marbre blanc.

La **casa de Marinos**, construite au fond de ce jardin par Charles III, abrite des barques royales richement colorées.

Celle de Philippe V, cadeau d'un comte vénitien, en bois doré ; de Charles IV avec des peintures de Maella ; de Marie-Christine avec des peintures-tapisseries ; d'Isabelle II, d'Alphonse XII et d'Alphonse XIII).

Dans la ville, visitez l'église de San Antonio de Bonavía en style baroque, le couven de Saint-Pascal construit par Sabatini, dont l'église renferme des peintures de Bayeu, Maella et Mengs. Maisons baroques de Oficios et Caballeros, palais classiques de Godoy, Osuna.

Artá

Alcúdia, 38 km. — Cala Ratjada, 11 km. — Palma, 68 km.
Alt. 120 m. — 5 630 hab. — Ile de Majorque — Province des Baléares.

Au pied du massif du même nom (point culminant à 561 m), la région d'Artà, sur la côte E. de l'île de Majorque, est riche en monuments mégalithiques, tours et fortifications médiévales, grottes aux dimensions impressionnantes. Sur le littoral, les nombreuses calanques offrent autant de lieux de détente.

Fête. — Revetla de Sant Antoni Abat, le 15 janv., à l'occasion de laquelle de grands brasiers sont allumés dans les rues de la ville.

Artá est une petite ville qui ne manque pas de pittoresque, avec son couvent de franciscains du XVIIe s., son église paroissiale du XVIe s. et, sur une butte, le **sanctuaire de Sant Salvador**, à l'intérieur de l'enceinte en ruine du château médiéval. Près de l'ancienne gare ferroviaire (souvenir d'un passé récent où l'île comptait 215 km de voies ferrées), les monuments mégalithiques de **Ses Païsses** constituent l'ensemble le plus important découvert à Majorque. Il reste de ce peuplement une petite enceinte en appareil cyclopéen, quelques ruines d'habitations, ainsi que plusieurs talayots qui ont été dégagés autour du site.

■ Dans le petit **Musée régional** d'Artá *(8, calle Rafael Blanes ; ouv. de 10 h à 12 h ; en dehors de ces heures, s'adresser au curé)* sont exposés des objets de la culture des talayots, en particulier des figurines en bronze de guerriers (V[e]-IIe s. av. J.-C.) trouvées à Capdepera, représentation d'un dieu guerrier identifié à Mars, qui était la divinité protectrice des mercenaires baléares.

Environs. 1 — Capdepera *(8 km E. ;* 5 593 hab.). — Enceinte du XIVe s. qui couronne la colline de ses murailles crénelées et abrite une chapelle gothique. Le chemin de ronde offre de beaux points de vue sur le littoral.
Courses de chevaux, le 24 août.

2 — Cala Ratjada *(11 km E.).* — Charmant port de pêche entouré de belles plages : Son Moll et Cala Agulla, à *1,5 km* au N.
Fêtes : procession maritime le 16 juil.

3 — Torre de Canyamel *(6 km S.-E.).* — Impressionnante tour défensive du XIIIe s. A l'intérieur, sous les voûtes gothiques, est installé un petit musée ethnologique.

4 — Grottes d'Artá★★ *(11 km S.-E. ; ouv. t.l.j. de 10 h à 18 h 30).* — Sur les falaises du cap Vermell. Connues depuis des siècles et explorées au XIXe s. par Édouard Martel, avec l'appui de l'archiduc d'Autriche, les cuevas (grottes) s'ouvrent face à la mer sous une immense arche naturelle de 35 m de portée. Elles sont surtout remarquables par l'ampleur des proportions de leurs galeries et de leurs salles : la **reine des colonnes** mesure 22 m, la **salle des drapeaux** a 45 m de haut, et l'arête verticale de l'**enfer** se dresse à 17 m du sol.
↠ A proximité, au S., s'étend la belle **plage de Canyamel**.

5 — Son Servera *(10 km S. ;* 5 110 hab.). — Tour de défense médiévale intégrée à l'église du XVIIe s.
↠ De là, on peut accéder à la **Costa de los Pinos**★, l'une des plus belles stations balnéaires des Baléares, dans les pins, le long d'une côte sauvage, et à **Cala Millor**, où l'on verra comment on a pu construire une cinquantaine d'hôtels sur une petite plage !

6 — Sa Canaba *(8 km O.).* — Beaux talayots (→ Alaior, environs 2).

7 — Ermitage de Betlem *(10 km N.-O.).* — Il offre un **panorama**★ splendide sur la baie d'Alcúdia.

Astorga

*Benavente, 66 km. — León, 38 km. — Ponferrada, 61 km.
Alt. 869 m. — 14 000 hab. — Province de León (Castille-León).*

L'antique Asturica Augustada des Romains, que Pline l'Ancien appelle la ville magnifique, est au Moyen Age une étape importante du chemin de Compostelle ; par la suite, elle perd sa prépondérance au profit de la ville de León. Astorga mérite un arrêt, surtout pour son palais épiscopal et sa cathédrale.

Fêtes. — Semaine sainte solennelle.

Visite de la ville

 Cathédrale*. — Commencée en 1471 et achevée au XVIIe s., elle présente une **façade** baroque en grès rose avec un grand portail à tympan orné de reliefs. Son **abside** possède une imposante aiguille, avec au sommet une statue de Pero Mato, guerrier légendaire de la bataille de Clavijo.

A l'intérieur, de style gothique fleuri des XVe et XVIe s., notez, dans la **première chapelle** à dr., un **retable** peint, du style de Jean de Bourgogne, et une **statue de la Vierge** du XIIe s.; dans la **2e chapelle**, dans un petit retable, une statue de l'**Immaculée Conception** attribuée à Gregorio Fernández; les **stalles du chœur**, du XVe s., furent exécutées par divers artistes, dont Jean de Cologne et Robert de Mémorancy, à qui l'on doit la chaire.

Au maître-autel, **retable** de Bartolomé Hernández (architecte), surtout remarquable pour les **sculptures** de Gaspar Becerra (1558-1562), avec la participation de Gaspar de Hoyos et Gaspar de Palencia. Dans le bas-côté g., **orgues** baroques et **grilles** en fer forgé et en bronze de Lázaro Azcaín (1662). Dans le **musée diocésain**, statues romanes du XIIe s., vase en cristal de roche, travail égyptien (XIe s.), peintures flamandes du XVIe s., reliquaire de la Vraie Croix, œuvre en filigrane d'or et d'argent, rehaussée de pierres précieuses (XIIe et XIIIe s.), mais on remarquera surtout le **coffret** en argent doré du Xe s., œuvre préromane marquée par une influence mozarabe.

Sur la place de la cathédrale, l'**hôpital de San Juan,** fondé en 1178, mais reconstruit au XVIIIe s., était l'un des vingt-cinq établissements hospitaliers que comptait Astorga, au temps où le pèlerinage de Compostelle mettait en mouvement des multitudes de dévots. En face de la cathédrale, **église Santa Marta,** d'un ancien monastère fondé au Xe s.; décoration en plâtre sculpté, baroque, de tradition locale; elle est contiguë à la **chapelle San Esteban,** gothique (XVIe s.).

■ **Palais épiscopal.** — Œuvre d'Antonio Gaudí (à partir de 1889), inspirée par l'architecture gothique du château des Templiers de Ponferrada, il abrite le **musée de los Caminos,** c'est-à-dire du chemin de Compostelle.

Visite : de 10 h à 14 h et de 15 h à 20 h en été et de 11 h à 14 h et de 15 h à 18 h en hiver.

Dans la **section romaine**, fragments de fresques d'un salon à décor pompéien d'une villa romaine dégagée au centre de la ville; dans la partie consacrée au **pèlerinage de Compostelle**, peintures des XVe et XVIe s. et sculptures d'une facture le plus souvent très populaire, des XIIe et XIIIe s., retiendront surtout l'attention.

Derrière le palais épiscopal, un tronçon de l'**enceinte** d'origine romaine, renforcée de tours comme à Lugo, est particulièrement bien conservé (vous l'examinerez plus facilement depuis la route de León).

Pour une **visite plus détaillée,** promenez-vous dans la vieille ville en suivant, depuis le palais, la **calle de Santa María,** qui débouche sur la **place de Santocildes,** à deux pas de la **plaza de España,** où se situe l'**ayuntamiento,** bel édifice baroque. En sous-sol du bâtiment à g. de l'ayuntamiento, vaste **salle en ciment et mortier,** d'origine romaine, longue de 60 m, large de 9,81 m et haute de 8,50 m, qui servit peut-être de prison pour les esclaves.

Par la rue à g. de l'ayuntamiento, gagnez l'**église San Bartolomé,** fondée au XIe s., mais remaniée surtout en style gothique (retable principal de José de Rozas, de la fin du XVIe s. au début du XVIIe s.).

La rue à dr. de l'ayuntamiento mène au **santuario de Fátima**, du XVIIIe s., mais avec des éléments plus anciens, notamment les chapiteaux romans du XIIe s. de son portail. Au-delà, une promenade a été aménagée sur le **chemin de ronde** d'un tronçon de l'enceinte. En le suivant, à dr. **Seminario** à plusieurs cloîtres, dont l'un est l'œuvre d'Antonio Gaudí.

Environs. 1 — Hospital de Orbigo *(17 km E. par la N 120 en direction de León).* — De cet hôpital destiné aux pèlerins de Saint-Jacques, il ne reste plus que des ruines ; tout près se trouve le **pont** d'Orbigo, où don Suero de Quiñones, avec l'aide de neuf compagnons, livra bataille à soixante nobles durant un mois et finit par les vaincre selon les règles de la chevalerie.
•➔ A *17,5 km N. (prendre la route à g. du río Orbigo),* Carrizo de la Ribera où se trouve le **monastère de Santa María de Carrizo**, fondé au XIIe s. ; église romano-gothique du XIIIe s. (retable principal de l'école de Gregorio Fernández ; grand crucifix gothique du XIVe s.) ; cloître de style plateresque.

2 — La Bañeza *(23 km S.-E. par la N IV en direction de Benavente;* 8 444 hab., alt. 771 m). — Typique **plaza Mayor** avec miradors et arcades ; l'**église San Salvador** romano-gothique présente une façade Renaissance ; dans l'**église Santa María** (XVIe s.), blasons héraldiques des Bazan, seigneurs de la ville ; dans la **chapelle du Nazareno**, tête de Christ, attribuée à Luis Salvador Carmona ; **tour** romaine.

3 — Val de San Lorenzo *(8 km S. par une route locale directe ou en prenant par Morales ; là tourner à dr.).* — Vous y trouverez des vêtements et des couvertures tissées en laine naturelle aux couleurs vives ou chatoyantes.

4 — Luyego *(19 km S.-E. par la même route).* — Son **église*** est une petite merveille d'art naïf et populaire. Murs et plafonds sont couverts de peintures aux couleurs vives. Dans la sacristie, tabernacle en forme de pélican.

5 — Castrillo de los Polvazares* *(6 km O. par une route locale).* — L'un des villages les plus caractéristiques et suggestifs de la Maragatería, contrée dont les habitants ont conservé jusqu'à un récent passé leurs coutumes archaïques, les différenciant des populations des villages de la région. Certains traits de la physionomie et du caractère des Maragatos les font apparenter aux Berbères amenés comme esclaves par les Romains ; certains soutiennent qu'il s'agirait d'un peuple asturien qui aurait résisté à la romanisation du pays. La pauvreté de ce canton a longtemps contraint les Maragatos à émigrer ou à s'adonner au commerce ambulant entre la Galice et la Castille. Aujourd'hui, de nombreuses coutumes de leur passé ont survécu ; la noce maragata, avec ses costumes typiques, son folklore et ses rites ancestraux, est une cérémonie (en voie de disparition), où subsistent encore toutes les traditions tribales des habitants de ce canton.
Une longue rue jalonnée de maisons seigneuriales traverse le village. Au bout de celle-ci, près de l'église Santa Catalina, s'élève un mirador d'où vous pourrez contempler toute l'étendue du pays des Maragatos dont font partie Val de San Lorenzo et Luyego (➔ ci-dessus).

Asturies

Province d'Oviedo.

Situées au N. de l'Espagne et entourées par les provinces de Santander, Lugo et León, les Asturies s'étendent tout au long de la cordillera Cantábrica. D'une superficie de 10 565 km², elles sont peuplées de plus d'un million d'habitants.

Relief. — On distingue du N. au S. trois régions bien distinctes : la côte — bordée par la mer Cantabrique —, une zone de vallées et la montagne qui isole les Asturies du reste du pays.

Climat et végétation. — Le climat se caractérise par des hivers doux et des étés frais, avec une haute pluviosité hivernale, qui rend très verte et riante la campagne. L'humidité constante explique l'importance des forêts : châtaigniers, chênes et frênes se mêlent aux bouleaux et aux hêtres. Dans les vallées, fertiles, on cultive les légumes verts, le maïs, la pomme de terre et les fruits, surtout la pomme. Les zones plus sèches servent de pâturage au bétail.

Une population concentrée sur la côte. — La majorité de la population est massée sur le littoral où se trouvent les principales ressources économiques de la région (industrie minière, agriculture, élevage et pêche).

Un peuplement très ancien. — La région asturienne est l'une des plus anciennement habitée d'Espagne puisqu'on y trouve des traces de peuplement dès le paléolithique supérieur (grottes préhistoriques de Tito Bustillo, du Pindal et de Candamo). Par la suite apparaissent des tribus astures d'origine et de culture celtes dont les vestiges les plus importants sont les célèbres castros. Ses habitants résistent à la domination romaine, jusqu'en 26-25 av. J.-C., aidés par le relief montagneux et la situation stratégique de leur région sur le bord septentrional du plateau de Castille, ce qui a favorisé son repliement sur elle-même et l'organisation du premier noyau de résistance à l'invasion arabe : vers 713 l'héritier de Rodrigue, Pelayo, se replie dans les Asturies avec les derniers chrétiens indépendants et fait cesser l'avance arabe à Covadonga, victoire qui marque le début de la Reconquête (718). La première cour des rois des Asturies s'installe à Cangas de Onís au bord de la rivière Sella, en 729. Deux siècles plus tard, Ordoño II, roi des Asturies et de León (le royaume de León a été fondé en 910), transfère sa capitale d'Oviedo à León.

Architecture. — Pendant la Reconquête et la fondation du premier royaume d'Espagne se dégagent les premières manifestations d'un art autochtone spécifique, le préroman asturien. Alphonse II, Ramiro Ier et Alphonse III font édifier les églises de Santa María del Naranco, San Miguel de Lillo, San Julián de los Prados, Santa María de Bendones, San Pedro de Nora et Valdediós (VIIIe-Xe s.). A la fin du XIVe s., les Asturies sont élevées au rang de principauté tandis qu'à Oviedo est construite la cathédrale, principale exemple de l'art gothique des Asturies.

Vous remarquerez par ailleurs de nombreuses maisons blasonnées, d'époque Renaissance et, dans les campagnes, des greniers à grains (horreo) construit sur quatre pilotis en bois de châtaignier et de chêne (ils sont connus sous le nom de panera lorsqu'ils sont de plan rectangulaire ; ils comptent alors six piliers).

Un pôle industriel, une activité portuaire. — L'évolution économique due à l'accroissement des industries extractives, sidérurgiques et alimentaires, a transformé la physionomie agraire et pastorale de la région. Les charbonnages ont pris, de nos jours, un grand essor et attiré une forte population ouvrière dans les trois grands bassins miniers qui s'étendent sur 2 700 km^2, de Cangas de Onís à Cangas de Narcea. Ils produisent près de 70 % des charbons espagnols. Avilés abrite le plus grand complexe industriel d'Espagne pour l'acier, les sous-produits du charbon et les engrais. Ces activités industrielles expliquent l'importante population des Asturies, bien que la province soit très montagneuse.

Gijón est le premier port d'Espagne pour le mouvement des navires et l'exportation de la houille, tandis que quelques petits ports continuent à se consacrer à la pêche (Llanes, Luarca).

Un folklore préservé. — Jusqu'à la moitié du xixe s., les coutumes, le parler appelé «bable», les chansons et les fêtes sont demeurés quasi inchangés. Le folklore est riche et varié. La danse la plus populaire, la danza prima, est interprétée à la fin de chaque fête patronale. Pour le corri-corri de Cabrales et le pericote de Llanes, les danseurs revêtent les costumes régionaux encore cousus et brodés à la main. Les instruments de musique les plus fréquents sont la gaita (biniou), le pandero (tambourin) et les castañuelas (castagnettes).

Une cuisine de «bonne femme». — Mets royal de la cuisine asturienne, la fabada se prépare, traditionnellement, avec des haricots, de la galette et des charcuteries, tous produits de la région. Mais aujourd'hui, on peut également trouver des fabes cuisinées avec d'autres éléments tels que des clovisses, du gibier ou de la langouste, et présentées comme une spécialité dans les meilleurs restaurants des Asturies. Les poissons sont également très appréciés, ainsi que le gibier (cerf ou sanglier) surtout dans le S. Outre un choix relativement important de fromages (il y en a plus de seize), quelques desserts sont particulièrement succulents : les frisuelos et le riz au lait. Parmi les fromages, on goûtera plus spécialement le cabrales qui, avec la fabada et le cidre, constitue un des trois «must» de la gastronomie asturienne. Le cidre, boisson de la région, est fabriqué artisanalement et doit être versé, selon la coutume, en tenant le flacon le plus haut possible ce qui se dit : «escanciar». Il est produit principalement à Villaviciosa et Nava.

Le paradis des amoureux de la nature. — Les rivières regorgent de poissons, les forêts de gibier; aussi les Asturies sont-elles par excellence le paradis de la chasse et de la pêche. A Ponga, Caso, Cabrales, Somiedo et Cangas de Narcea, on peut encore voir des ours et des coqs de bruyère, que l'on ne peut tirer car ces espèces sont protégées.

Les rivières de la région sont riches en saumons et en truites; les plus importantes sont le Sella, le Cares-Deva, l'Eo, le Narcea et le Navia.

*La visite des réserves nécessite une autorisation délivrée par la **Agencia del Medio Ambiente**, plaza General Ordoñez, à **Oviedo**.*

L'artisanat. — Il a survécu en raison de l'isolement naturel des Asturies. De nos jours, il existe encore à Taramundi des artisans qui se consacrent à la fabrication de couteaux et de canifs à manche de buis. Mais l'activité artisanale la plus répandue a été la céramique. Aujourd'hui on trouve encore des potiers à Faro, à Llamas de Mouro (céramique noire, unique en Espagne) et à Miranda (près d'Avilés). Quant à l'artisanat du bois, la production la plus remarquable est celle des madreñas, sorte de sabots locaux. On trouve en outre d'innombrables vanniers, répartis dans toute la région. Dans la localité de Corao, à Cangas de Onís, les artisans s'adonnent surtout à l'horlogerie.

Pour visiter les Asturies :

→ Alto Nalón*	→ Luarca*
→ Avilés	→ Oviedo
→ Bárzana	→ Pics d'Europe**
→ Candás	→ Pola de Lena
→ Cangas de Narcea	→ Pola de Siero
→ Cangas de Onís	→ Pola de Somiedo
→ Cudillero	→ Proaza
→ Gijón	→ Ribadesella
→ Grado	→ San Martín de la Plaza
→ Llanes	→ Vegadeo
→ Luanco	→ Villaviciosa

Atienza*

Guadalajara, 81 km.
Alt. 1 169 m. — 600 hab. — Province de Guadalajara (Castille-La Manche).

Cette petite ville mérite un arrêt, car elle a conservé presque intact son caractère de vieux bourg typiquement castillan.

Fêtes. — Le dim. de la Pentecôte, fêtes de la Caballada, qui commémore les exploits de la corporation des muletiers d'Atienza qui, en 1162, parvint à organiser la fuite d'Alphonse VIII de Castille et à lui permettre d'échapper à son oncle Fernand de León, qui voulait s'emparer du trône.

Un peu avant l'entrée en ville, à g., **église San Gil**, avec une abside romane, et, à dr., ruines de l'église gothique d'un ancien monastère. **Plaza Mayor** à galeries, bordée de pittoresques demeures en encorbellement. Sur la place, **église San Juan** (dans la Capilla Mayor, retable churrigueresque). De là, la calle de Cervantes, puis la calle de Sánchez Dali mènent à l'**église de la Trinidad,** avec une abside romane du XIIᵉ s. (à l'intérieur, chapelle dont les parois sont revêtues d'une profusion d'ornements baroques en bois doré ; à la prédelle d'un retable du XVIIᵉ s., quatre tableaux de l'école castillane du XVIᵉ s.). De là, on aperçoit le château en ruine (seul le donjon est bien conservé). **Église San Bartolomé** à abside et portail romans (artesonado, retable au maître-autel et chapelle du Christ de Atienza baroques). **Santa María del Rey** conserve une abside et deux portes romanes (l'une est finement sculptée).
Dans le **couvent de Santa Ana**, Renaissance, Christ du Pardom de Luis Carmona. Ermitage de Nª Sª del Val à portail roman enrichi de sculptures au XVIᵉ s.

Environs. 1 — Albendiego *(17 km O. par la C 114 en direction d'Aranda de Duero ; au km 15, prendre à g., puis à dr.).* — L'**ermita de Santa Coloma*** est peut-être la plus belle église romane de toute la province de Guadalajara. Elle appartenait à un ancien monastère de chanoines augustiniens. Son campanile est triangulaire et son abside semi-circulaire est splendide. Son intérieur est impressionnant avec un presbytérium central en pierre apparente, de grandes fenêtres occupées par des treilles mudéjares. Les chapelles latérales sont ornées par des chapiteaux *(il faut demander la clé dans le village).*

2 — Campisálabos *(27 km O. par la C 114).* — Église paroissiale à parvis avec une grande porte de vestibule à archivoltes parsemées d'entrelacs mudéjares et abside semi-circulaire à modillons. La chapelle du chevalier San Galindo avec portail roman nous montre un mensario du XIIᵉ s. ou représentation des mois de l'année avec les travaux agricoles.

Ávila**

Madrid, 112 km. — Salamanque, 98 km. — Ségovie, 67 km. — Tolède, 140 km.
Alt. 1 131 m. — 43 735 hab. — Capitale de la province d'Ávila (Castille-León).

Cette petite ville agricole du S. de la Castille, située dans la vallée de l'Ambles, au N. de la sierra de Gredos, est la capitale la plus élevée d'Espagne. La ville de sainte Thérèse, cernée par d'impressionnantes murailles, conserve jalousement son passé et présente un ensemble de monuments religieux et civils, dont la cathédrale, construite à l'aube de la période gothique, est le plus beau fleuron. D'aspect austère, elle a été surnommée la ville des pierres et des saints (ciudad de cantos y santos).

Une cité millénaire. — D'origine incertaine, Ávila est d'abord occupée par les Ibères ; les Romains y établissent plus tard une colonie militaire (Avela), dont il reste de nombreux vestiges dans ses murailles ; occupée à partir de 714 par les Maures, elle est reprise plusieurs fois par les armées chrétiennes, jusqu'au moment où Alphonse VI la reconquiert définitivement et la laisse sous les ordres de Raymond de Bourgogne. A cette époque, Ávila est une garnison militaire d'où partent de nombreuses croisades contre les musulmans ; la Reconquête achevée, la cité devient l'une des plus importantes de Castille. Malgré l'expulsion des juifs et des morisques, Ávila connaît durant le xve s. une période de prospérité. Sa décadence commence au xviie s. ; elle se transforme alors peu à peu en la petite ville de province, figée dans son passé, que nous connaissons aujourd'hui.

Sainte Thérèse (1515-1582). — Indissociable du passé d'Ávila, elle est, avec saint Jean de la Croix, le personnage le plus représentatif du mysticisme castillan, où la religion, à travers la pensée et l'écriture, devient une ascèse spirituelle pour communiquer avec Dieu. Femme polémique, au caractère inflexible et rigoureux, elle consacre toute sa vie à sa mission religieuse, et réforme en 1562 l'ordre du Carmel. Son souvenir se retrouve dans maints couvents, comme celui de la Encarnación, où elle entre dans les ordres en 1536. Un musée lui a été consacré, dans le couvent de Santa Teresa, sur le site de sa maison natale.

Fêtes. — La Sainte-Thérèse est célébrée du 12 au 18 oct.

Visite de la ville

Nous vous proposons ci-dessous trois promenades. Si la première se réalise à pied, les deux suivantes nécessitent en revanche un véhicule.

1 — La vieille ville

Promenade de 2 h à 3 h, si on se limite à l'essentiel (négliger les monuments signalés en petits caractères) ; parking près de l'église de San Pedro (plan D2) sur la plaza de Santa Teresa.

Église San Pedro *(plan C2 ; ouv. de 9 h à 11 h).* — Construite à partir du xiie s. en style roman et achevée au xiiie s. en style gothique (corniches et chapiteaux des nefs latérales, ainsi que l'élégante rosace de la façade principale).

A l'intérieur, dans la nef g., petit **retable** sculpté de style plateresque (1536), avec une statue de la Vierge à l'Enfant de l'école italienne, Saint Pierre aux Liens, par Morán (1673) et **tableaux** dans le style de Pedro Berruguete (ainsi que dans la nef dr.).

Vous remarquerez ensuite la coupole, les voûtes transparentes et, dans la **Capilla Mayor**, un **retable** churrigueresque ; dans la **sacristie**, saint Jérôme (1611), vêtements sacerdotaux, trésor, dont une croix de la fin du xvie s., une navette à encens d'Andrés Hernández (v. 1530) et un chandelier pascal du début de la Renaissance, de Laurencio de Avila et de Juan Francés (?).

Sur la place de Santa Teresa s'ouvre l'imposante **puerta del Alcázar** *(plan*

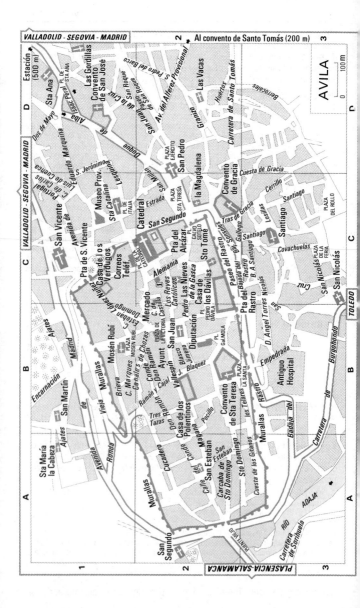

VALLADOLID - SEGOVIA - MADRID

Al convento de Santo Tomás (200 m)

AVILA

0   100 m

VALLADOLID - SEGOVIA - MADRID

PLASENCIA-SALAMANCA

TOLEDO

Estación (500 m)

Sta Ana
Las Gordillas
Convento de San José
PL DE STA ANA
Isaac Peral
Dos de Mayo
Alba
Duque
S. Pedro del Barco
Av. del Alférez Provisional
San Juan
Paseo de San Roque
de la Cruz
Las Vacas
Granizo
Carretera de Santo Tómas
Barrocales
Huertos
PLAZA EJÉRCITO
San Pedro
la Magdalena
Convento de Gracia
Cuesta de Gracia
Cerrillo
Santiago
PLAZA DEL ROLLO
Santiago
Losillas
Covachuelas
San Nicolás
San Nicolás
PLAZA DE LA FERIA
B. A. Santiago
San Angel Torres Nicolás
Cruz
Tras de Gracia
B. Gallego
Santiago
B. Sousoles
Bajada del Rastro
Pta del Rastro
Rastro
D. Angel Torres

Portugal
C. de Carlos
Luis de Cuenca
Eduardo Marquina
Museo Prov.
S. Jerónimo
Sta Catalina
Catedral
San Vicente
Avenida de San Vicente
Pta de S. Vicente
Casa de los Verdugos
López Núñez
Esteban Domingo
Correos Teléf.
Mercado
Alemania
Los Reyes Católicos
Pedro de la Gasca
Las Nieves
Casa de los Dávila
PLAZA PEDRO DÁVILA
PL DE ITALIA
Estrada
San Segundo
Sta Catalina
PLAZA STA TERESA
Pta del Alcázar
Sto Tomé
PL DE LA CATEDRAL
CALVO SOTELO

Madrid
Ajates
San Martín
Encarnación
Sta María la Cabeza
Ajates
Avenida
Roma
Murallas
Vieja
Brieva
Mosén Rubí
C. Marques Benalúes de Chazas
Conde Don Ramón
PLAZA MOSÉN RUBÍ
Ramón y Cajal
Vallespín
San Juan
J. Blasco Jiménez
Diputación
PLAZA DE LA VICTORIA
C. de Castilla
Ayunt.
PL GabrioLA
Tres Tazas
Don Ramón
Casa de los Polentinos
Caño
Magaña
Conde del
San Esteban
Calle
Carcaba de Sto Domingo
San Domingo
Sto Domingo
Cuesta de los Gitanos
Convento de Sta Teresa
PLAZA LA SANTA
Rastro
Murallas
Los Telares
Empedrada
Antiguo Hospital
Badajoz del
Carretera de Burgohondo
San Segundo
PUENTE VIEJO
RÍO ADAJA
Carretera de Sonsuela
Carretera de Sonsuela
Murallas

C2), l'une des plus remarquables de la ville, percée dans l'enceinte du xiie s., et que vous franchirez pour vous rendre à la cathédrale.

🕇 **Cathédrale**** *(plan C2).* — En partie romane, en partie du début de la période gothique, elle est à la fois une église et une forteresse qui participait à la défense de l'enceinte ; on pourra s'en rendre compte en examinant son chevet, par où commencèrent les travaux, sous la direction de maître Fruchel vers 1157, l'ensemble étant achevé au xive s. La **façade principale** est flanquée de deux tours de style romano-gothique du xive s., mais le portail monumental, aux sculptures assez médiocres, fut ajouté en 1779.

L'**intérieur**, à trois nefs avec un vaisseau central très élancé, ainsi que le transept, est remarquable par la pureté de ses lignes gothiques.

Dans la **première chapelle à g.** *(sous la tour)*, datant de la fin du xiie s., tombeaux d'époque gothique. A dr., contre un pilier, statue de saint Pierre, en bronze.

Au **trascoro** (partie postérieure du chœur), **bas et hauts-reliefs*** du xvie s. (scènes de la vie du Christ). Dans le **chœur** (1530), **stalles** en bois sculptées par Cornélis de Hollande (vers 1540).

Dans le **transept**, adossés aux piliers, à dr. et à g., **autels en albâtre** de la Renaissance (scènes de la vie de saint Segond et de sainte Catherine) et **chaires** en fer forgé et travaillé au repoussé et doré ; celle à dr. de style gothique, celle de g. de la Renaissance. Dans le bras dr., **tombeaux** du xvie s., reste de **peintures murales** romanes en plusieurs registres.

Dans la **Capilla Mayor**, qui correspond à un plan roman couvert de voûtes gothiques, **grille**, probablement forgée par Juan Francés (Jean de France), **retable** peint de 1499 à 1508 par Pedro Berruguete, Jean de Bourgogne et Santacruz sur une armature de Vasco de la Zarza.

A dr., **sacristie** et **musée**. Dans la sacristie, **autel en albâtre** sculpté, attribué à Alonso Berruguete, **retable** de Juan de Frías et d'Isodoro de Villoldo (xvie s.) ; dans ▣ le musée *(ouv. en été de 10 h 30 à 13 h 30 et de 15 h à 17 h 30 ; 19 h en été sauf j. fériés ; accès payant)*, belle **custode** en argent, par Juan de Arfe (1564), admirable **calice** italien du xive s., en cuivre travaillé au repoussé, argent ciselé et émaux, reliquaires, etc.

Depuis l'imposant **déambulatoire**, examinez à la partie postérieure de la Capilla Mayor, le **monument funéraire*** de l'évêque Fernández de Madrigal, dit el Tostado († 1455), puis un **tombeau** d'évêque, à reliefs, du xiiie s.

Dans la **2e chapelle** de la nef g., **Pietà**, d'après Michel-Ange, puis **fonts baptismaux** en marbre, œuvre allemande du xve s., ornée de reliefs, avec une base par Vasco de la Zarza, à qui l'on doit également les reliefs de la niche. Une porte romane donne accès au **cloître**, construction gothique du xive s., avec une magnifique **grille**** platéresque, chef-d'œuvre de Juan Francés, ferronnier d'art installé à Tolède dans la première moitié du xvie s.

En contournant la cathédrale par la g., remarquez le **portail des Apôtres**, du xiiie s., orné de reliefs et de statues du xve s. Presque en face, une caserne de pompiers est installée dans l'ancien **palais épiscopal** (à l'intérieur, salle de synodes, du xiie s.). En sortant par la **puerta del Peso**, vous découvrirez l'énorme tour à mâchicoulis dans laquelle est encastrée l'abside de la cathédrale. Au pied du chevet, contre la muraille, la **casa de Misericordia** s'ouvre par un portail du xvie s. orné d'une sculpture de saint Martin.

▣ **Musée provincial** *(plan C1).* — Il est installé dans une demeure seigneuriale de la Renaissance (xvie s.), connue sous le nom de casa de los Deanes (la maison des Doyens).

Visite : de 10 h à 14 h et de 17 h à 19 h du mar. au sam. ; dim. de 10 h à 14 h ; f. le lun. ; ☎ 21-10-03.

A l'étage, dans la *première salle*, **statues** romanes et gothiques, en bois polychrome. Celle, romane, de la niche centrale, date d'environ 1260 et conserve des traces de polychromie.

Dans la *deuxième salle*, **sculptures** en bois polychrome de la Renaissance et peintures du XVIe s. Vous remarquerez surtout un grand **triptyque** attribué à Hans Memling. **Tapisseries** de Bruxelles du milieu du XVIe s.

Dans la *troisième salle*, **sculptures** et **peintures** des XVIe et XVIIe s. dont une œuvre de Lucas Giordano.

Église San Vicente* *(plan C1).* — Construite sur un plan spécifiquement roman, mais en partie en style gothique du XIIe au XVe s., elle s'élève à l'extérieur de l'enceinte sur le site présumé du martyre de saint Vincent (début du IVe s.). Les trois nefs et le portail sont l'œuvre de l'architecte de la cathédrale, maître Fruchel, qui introduisit en Espagne l'art ogival français ; les absides, les bras du transept, les portes latérales et la crypte sont de style roman. La façade principale, du XIIe s., est dotée d'un double portail dont les piliers sont ornés de statues d'apôtres, de style bourguignon et les archivoltes sont décorées d'ornements d'un style roman très exubérant. Le long du côté dr. est appliquée une galerie inachevée, du XIIIe s., sous laquelle s'ouvre un portail latéral S., du XIIe s., orné de remarquables **sculptures** du début du XIIe s. (saint Vincent et sainte Sabine, Annonciation) rappelant les statues du portail de Vézelay.

Visite : de 10 h à 13 h et de 16 h à 18 h ; de 12 h 30 à 13 h et de 15 h à 19 h les *j. fériés.*

A l'intérieur, magnifique **tombeau*** de saint Vincent et de ses deux sœurs, **sarcophage** du XIIe s. orné de reliefs représentant des scènes de martyre, attribués au maître sculpteur anonyme qui exécuta le portail latéral S. (le dais de style gothique fleuri sous lequel se trouve le sarcophage date de 1465). Dans le **transept**, Trinité, tableau de Luis Tristán ; **Vierge** et **saint Jean** de l'école italienne du XVIIe s. ; **saint Jean-Baptiste** et **saint Paul**, dans le style de Pontoja.

Au **retable principal**, du XVIIIe s., tableaux de Bartolomé Carducho. De la nef à g., un escalier donne accès à la **crypte** romane (statue romane de la Vierge, du XIIe s., statue gothique de la Vierge, du XVIe s., Vierge à la crèche, peinture de fray Bartolomeo de la Porta).

Par la **calle de Parilla** *(plan C1),* **église San Andrés**, romane du début du XIIe s. ; en tournant à g. dans la calle de Valladolid, vous apercevrez les ruines du couvent de **San Francisco**, fondé en 1290, dont il subsiste l'église, des XVe et XVIe s. ; dans la 2e chapelle à dr., peintures murales de Sansón Florentino, de la fin du XVe s.

En franchissant la **puerta de San Vicente** *(plan C1),* l'une des plus remarquables de l'enceinte, flanquée, comme la porte de l'Alcázar, de deux hautes tours reliées par un arc, gagnez la **chapelle de Mosén Rubí** en laissant à g. la **calle del Tostado**, bordée de vieux palais, telles la **casa de los Verdugos** et la **casa del Marqués de Velada**, où Charles Quint résida, avec une aile de patio à trois étages de galeries.

La **chapelle de Mosén Rubí de Bracamonte** *(plan B1),* de styles gothique et Renaissance, est un oratoire funéraire érigé en 1516 ; il abrite diverses œuvres d'art, notamment le Cristo de las Batallas, petite statue polychrome du début du XVIIe s. Dans la cour, intéressant **portail** avec une Annonciation du XVIe s.

Dans l'**église San Juan** *(plan B2),* de la fin du XVIe s., fonts baptismaux où fut baptisée sainte Thérèse, en 1515 ; dans la dernière chapelle du côté g., **Pietà** de l'école de Morales.

La rue à g., à l'entrée de la **plaza de la Victoria**, où se situe cette église, conduit à la cathédrale en passant devant l'**ermitage de Nª Sª de las Nieves** *(à dr., après le marché)* orné, en façade, d'une **Annonciation** du XVIIᵉ s., en haut relief (à l'intérieur **Madone** de Juan Rodríguez et **vitraux** du XVIᵉ s.).

Les **casas de los Dávilas** *(plan C2)* forment un groupe de vieilles demeures de l'une des plus fameuses familles seigneuriales de la ville. La plus ancienne, près de la puerta del Rastro *(plan B-C3)*, date du XIIIᵉ s. ; celle à l'angle de la calle de los Caballeros et de la plaza de Pedro Dávila, du XIVᵉ s. ; les autres, jusqu'à l'église Santo Tomé *(plan C2)*, datent du XIVᵉ au XVIᵉ s., à l'exception de la dernière, érigée au début du XVIIᵉ s. Quant à l'**église Santo Tomé**, elle fut élevée par la Compagnie de Jésus en 1675-1687.

Sur la **plaza del General Mola** *(plan B2)* se trouve la **casa de Superunda**, à l'austère façade classique, en face de la **casa del conde de Oñate**, dominée par une noble et puissante tour crénelée. A côté, dans le **palais de la Diputación** *(plan B2)*, grand **triptyque** flamand de la fin du XVᵉ s., de l'école de Hans Memling.

Couvent de Santa Teresa *(plan B2 ; ouv. de 9 h 30 à 13 h 30 et de 15 h 30 à 20 h)*. — Érigé, en 1636, sur l'emplacement de la maison natale de la sainte. Son église, de style baroque, renferme diverses œuvres d'art, dont un Christ à la Colonne de Gregorio Fernández, une statue de sainte Thérèse, en argent, de l'école du Bernin ; à g., dans le transept, une porte donne accès au jardin de sainte Thérèse ; dans la chapelle **San Elías**, reliques de la sainte.

En face de l'église, la **puerta de la Santa** mène au **paseo del Rastro**, qui longe le flanc S. du rempart *(prendre à g.)*.

Dans le quartier au S. du rempart, l'**église San Nicolás** *(plan C3)*, construite en style roman, renferme des **retables** sculptés du XVIᵉ s.
Dans l'**église de Santiago** *(plan C3)*, de style romano-ogival, avec une tour du XIVᵉ s. et un portail Renaissance, retable principal du début du XVIIᵉ s. (à g. chapelle avec un retable de 1530).

En longeant l'enceinte, remarquez la **puerta del Rastro** *(plan B-C3)*, puis les bâtiments du **couvent de Gracia** *(plan C2)* que vous atteindrez en prenant à dr. la **bajada de Gracia**, puis en descendant un escalier à dr. Dans ce couvent, où sainte Thérèse fut éduquée, se trouve un retable sculpté de Juan Rodríguez et de Lucas Giraldo.

2 — Le circuit des remparts

Circuit de 4 km environ à réaliser en auto et au cours duquel vous aurez l'occasion de visiter quelques monuments intéressants.

Les **remparts d'Ávila**** *(accès à partir du Parador ; plan a en B1)*, construits au XIIᵉ s. avec des matériaux romains de remploi et particulièrement bien conservés (ils furent restaurés à maintes reprises), délimitent une enceinte de 2 400 m de périmètre. Les murailles, de 12 m de haut et de 3 m d'épaisseur, sont flanquées, tous les 20 m, de tours de granit — 88 au total — presque toutes demi-cyclindriques. Cette enceinte, accessible par huit portes, peut être considérée comme l'un des plus beaux spécimens de l'architecture militaire du Moyen Age.

A distance du front N., la **chapelle San Martín** *(plan B1)*, érigée en 1705, comporte une belle tour romane (à l'intérieur, peinture flamande de la fin du xvᵉ s. représentant saint Martin). Près du vieux cimetière la **chapelle de la Cabeza** *(plan A1)* est un monument de style romano-mudéjar construit en 1210.

Couvent de la Encarnación *(plan B1 ; vous l'atteindrez par la calle de la Encarnación ou la rue passant entre les deux derniers monuments).* — C'est dans ce couvent, fondé en 1499 et occupé par les carmélites en 1515, que sainte Thérèse prit le voile le 2 nov. 1533 ; elle y résida pendant 27 ans et demi, n'en sortant que pour l'exercice de sa mission réformatrice.

Visite : de 10 h à 13 h 30 et de 16 h à 18 h, t.l.j.

A l'intérieur, dans une chapelle sur l'emplacement de la cellule de la sainte, **sculpture de la Transverbération**, copie du fameux groupe du Bernin (dans l'église Santa María della Vittoria, à Rome). Dans la clôture, **reliques** de sainte Thérèse, manuscrits et objets divers lui ayant appartenu, dessins de saint Jean de la Croix, etc., visibles dans le parloir où eurent lieu ses entretiens avec saint Pierre d'Alcántara et saint François Borgia.

L'**ermitage San Segundo** *(plan A2)*, de style roman du début du xiiᵉ s., mais remanié au xviᵉ s., renferme le **tombeau de saint Segond**, premier évêque d'Ávila, avec une statue par Jean de Joigny (1573) ; **tableaux** de Sanson Florentino (fin du xvᵉ s.).

En face du pont sur l'Adaja, la **puerta del Puente** mène à l'**église San Esteban**, qui conserve l'abside et quelques autres éléments de style roman du xiiᵉ s. de l'édifice original.

Par la route de Salamanque *(plan A3)*, gagnez, à env. 500 m, la **cruz de los Cuatro Postes** (croix entre quatre colonnes), d'où l'on découvre une **vue*** splendide sur la ville et l'enceinte.

3 — Le monastère de Santo Tomás

Monument à la périphérie de la ville, dont la visite est vivement recommandée. S'y rendre en voiture par l'avenida del Alferez Provisional (plan D2).

Chemin faisant, vous verrez la **chapelle de las Vacas** *(plan D2)*, du xvᵉ s., qui renferme un **retable** du style de Juan Rodríguez et un **tabernacle** de l'école d'Alonso Berruguete.

Monastère de Santo Tomás *(plan D2)*. — Ancienne université et résidence d'été des Rois Catholiques, il comporte une **église** de style gothique fleuri, qui s'ouvre par un **portail** orné de statues et des armes de Ferdinand d'Aragon et d'Isabelle de Castille, par Gil de Siloé et Diego de la Cruz.

Visite : de 9 h 30 à 13 h 30 et de 15 h 30 à 21 h.

A l'intérieur, une voûte surbaissée supporte le maître-autel avec un **retable** de Pedro Berruguete (épisodes de la vie de saint Thomas d'Aquin, portrait de l'artiste et les quatre Pères de l'Église). Au milieu du transept, **tombeau** en marbre de l'infant don Juan († 1497), fils unique de Ferdinand et d'Isabelle, par le sculpteur florentin Domenico Fancelli (1512).

Le monastère comporte trois **cloîtres** dont le plus remarquable, celui de **los Reyes**, de style gothique, date de la fin du xvᵉ s., et un **musée d'Art oriental** (Philippines, Chine, Japon, Viêtnam).

Dans les quartiers E. de la ville vous pouvez encore visiter l'**église Santa Ana** *(plan D1)*, de la fin du XVIe s., avec quelques restes du sanctuaire primitif du XIVe s., le **couvent de las Gordillas** *(plan D1)*, des franciscaines de Marie, de 1557, qui abrite le tombeau de María Dávila, par Vasco de la Zarza, visible à travers la clôture, et le **couvent de San José** *(plan D1)*, la première fondation de sainte Thérèse d'Ávila, en 1562 (dans la 3e chapelle à dr., retable de l'Assomption, par Pantoja de la Cruz, de 1608).

En suivant l'avenida de Madrid en direction de Ségovie *(plan D1)*, puis en prenant à g. dans la calle de San Pedro Bautista, juste avant le stade, **couvent de San Antonio**, avec un portail décoré d'azulejos ; **église**, du XVIIIe s., avec une chapelle baroque de N^a S^a de la Portería, de 1731. A ce couvent est annexé un petit **musée** dont les collections comprennent des vêtements sacerdotaux, un orgue portatif en ébène et écaille, etc.

Environs. 1 — Cebreros *(48,5 km S.-E. par la N403 en direction de Tolède ; au km 40, prendre à g.).* — Village réputé pour ses vins blancs et rouges ; il conserve une **église** herrerienne élevée en 1699, les ruines d'un **couvent** de franciscains du XVe s. et un **pilori** (à la sortie par la route d'El Tiemblo).

2 — El Tiemblo *(45 km S. par la N403).* — L'**église**, romano-gothique est du XVe s. ; l'**ayuntamiento** a été construit sous le règne de Charles III.

3 — Toros de Guisando *(53 km S. ; sur la dr. au km 51 de la N403).* — Dans un champ *(accès payant)* se trouve un **groupe de quatre taureaux de granit**, certainement sculptés par les Celtibères. Dans ce lieu historique se réunirent, le 19 septembre 1468, la suite du roi Enrique IV qui venait de Madrid et les partisans de sa sœur Isabelle ; le roi priva de ses droits de succession sa fille Jeanne et proclama héritière du trône la future Isabelle la Catholique.

➡ Tout près, le **monastère de San Jerónimo** avec un cloître de style Renaissance.

Avilés[*]

Gijón, 25 km. — Oviedo, 23 km.
86 584 hab. — Province d'Oviedo (Asturies).

Bâtie au fond d'une ría, la cité, constituée de plusieurs petites agglomérations, s'élève sur le doux versant de la Rasa Marina. Caractéristique de l'Adelantado, la ville est devenue industrielle, tout en conservant un aspect traditionnel tant par ses rues bordées d'arcades que par ses constructions anciennes. Elle a su préserver certains quartiers présentant un intérêt historique de même que quelques beaux édifices.

La ville dans l'histoire. — De l'occupation romaine, le territoire d'Avilés conserve les ruines des châteaux de Nieva et Gozón, probablement d'anciennes tours de vigiles que les rois asturiens ont par la suite utilisées. Au Moyen Age, les habitants d'Avilés obtiennent des privilèges particuliers. C'est au XVe s., avec la découverte des Amériques, qu'Avilés devient le siège de la noblesse qui y construit des palais seigneuriaux armoriés. A la fin du siècle dernier, outre l'exploitation des charbons de Santo Firme et Arnao, commencent à se développer des industries chimiques, des cristalleries, des usines de textiles, une fonderie de fer, etc. De nos jours, Avilés est devenue l'un des principaux centres industriels espagnols, avec l'usine sidérurgique Ensidesa.

Pedro Menéndez de Avilés. — Militaire et marin espagnol, né à Avilés en 1519. L'empereur Maximilien d'Allemagne lui confie le commandement du corso contre les

Français ; Charles Quint le confirme dans cette charge. Philippe II le nomme capitaine général de la flotte des Indes. Il participe à la bataille de Saint-Quentin. Gouverneur de Cuba, il conquiert la région de la Floride qu'il baptise « Adelantado ». Plus tard, Philippe II lui confie l'Invincible Armada qui doit envahir l'Angleterre, mais il meurt subitement à Santader en 1574.

Fêtes. — Le dim. et le lun. de Pâques, fête du Bollo, et le 28 août où l'on célèbre la Saint-Augustin, attirent toujours de nombreux visiteurs.

Visite de la ville

Il vous faudra environ 1 h 30 pour découvrir Avilés.

Sur la **plaza de España** s'élève l'**ayuntamiento**, édifice du XVIIᵉ s. ; à g., le **palais de Llano Ponte**, de la même période, avec ses arcades, et, en face, le **palais du marquis de Ferrara** (fin du XVIIᵉ s.), très transformé, mais dont la façade, qui donne sur la plaza de España, est remarquable pour l'équilibre de ses lignes. Adossée à ce palais, dans la rue Jose Antonio, se trouve l'ancienne église paroissiale **San Nicolás**, très remaniée et aujourd'hui résidence franciscaine, dont le **portail** principal date du XIIᵉ s. Sur la toile de l'évangile de la chapelle principale figure le **tombeau de Don Pedro Menéndez de Avilés**, connu sous le nom de l'Adelantado de la Florida.
Sur la petite place San Nicolás, vous pourrez vous rafraîchir aux **Caños de Sàn Francisco***, fontaine du XVIᵉ s. ornée de sculptures taillées dans la pierre, très expressives.
En revenant à la plaza de España et en descendant la rue Marqués de Pinar del Río, vous pourrez contempler le **palais de Valdecarzana** ou **maison de las Baragañas**, du XVᵉ s. A dr., dans la rue Martínez Anido, l'**église San Francisco**, jadis un important monastère franciscain, conserve quelques vestiges romains. Le **portail** date de la fin du XVIIᵉ s. Dans le cloître, deux tombeaux du·XVᵉ s. et, au-dessus, des restes de peintures de la fin du XIIIᵉ s. Un ancien chapiteau romain sert de fonts baptismaux. Contiguë, la **chapelle de los Alas** a été édifiée au XVᵉ s.
Entre la rue Martínez Anido et celle de Marqués de Teverga, le **palais de Camposagrado**, bien qu'il soit du XVIIᵉ s., présente une façade baroque.
En longeant la rue General Zuvillaga, vous atteindrez l'**église Santo Tomás de Sabugo** dont l'aile S. comporte une porte romane.
Dans les rues Galiana, Herrería, Rivero, Atrás et sur les places España et San Francisco, on peut voir des **maisons** des XVIIᵉ, XVIIIᵉ et XIXᵉ s. qui ne manquent pas d'intérêt. Le **musée municipal de Céramique** *(ouv. de 10 h à 14 h et de 16 h à 18 h)* contient une exposition permanente de céramique régionale populaire.

Environs. 1 — Luanco *(13,5 km N.-E. ;* →*).*

2 — Candás *(15 km N.-E. ;* →*).*

3 — Salinas *(7 km O. ; par la N632 ; bifurcation à dr.).* — C'est l'une des plus grandes plages de la province.

4 — Piedras Blancas *(12 km O.).* — Le **monastère de Raices**, ruiné, conserve quelques restes romans.

Ayerbe

Huesca, 28 km. — Jaca, 60 km.
Alt. 582 m. — 1 411 hab. — Province de Huesca (Aragon).

Le village conserve son tracé médiéval et de nombreuses maisons du XVIᵉ s.

Vous vous promènerez plaza Mayor où s'élève le palais des marquis d'Ayerbe, de style gothique, qui conserve sa façade, une partie du patio et quelques artesonados. De là, on aperçoit la singulière torre del Reloj (tour de l'Horloge).

Environs. 1 — Agüero *(14 km N.-O. ; prendre à g. au km 9 de la N240 ; 229 hab.).*
— Église de Santiago* du XIIᵉ s. ; portail à chapiteaux et tympan sculptés ; sur ce dernier, le relief de l'Épiphanie est attribué au maître de San Juan de la Peña.
Les sculptures des chapiteaux représentent des animaux fantastiques, un Centaure armé d'un arc, un combat entre un Maure et un chevalier chrétien, des danseuses qui se contorsionnent, des scènes de la vie de la Vierge et de Jésus, etc.

2 — Château de Loarre* *(13 km N.-E. ; ouv. de 9 h au coucher du soleil ; avertir le gardien au village de Loarre).* — Ancien palais royal et monastère de l'ordre de Saint-Augustin. Ce château, **la forteresse romane la plus importante d'Espagne**, est construit sur un contrefort de la sierra de Loarre, sur le site d'un castrum romain (Calagurris Fibularial). Il fut fondé par le roi Sanche Iᵉʳ Ramírez, roi d'Aragon (1063-1094) et de Navarre (à partir de 1076), puis remanié au XIIᵉ s. De plan irrégulier, il conserve une double enceinte renforcée de tours.
De l'ancien **monastère de San Pedro**, placé sous la protection pontificale par Alexandre II, en 1071, il subsiste une remarquable **église romane** à une nef et coupole sur trompes doubles, de la fin du XIᵉ s. Les chapiteaux sculptés, d'un intérêt exceptionnel, s'apparentent étroitement à ceux des églises du midi de la France.

3 — Bolea* *(à 13 km du château de Loarre, par la même route).* — Dans l'église, ancienne collégiale du XVIᵉ s., remarquable **retable*** peint par Pedro de Aponte.

4 — Huesca* *(28 km E. ; →).*

5 — Ejea de los Caballeros *(51 km S.-O. ; →).*

Badajoz

Cáceres, 91 km. — Madrid, 413 km. — Mérida, 66 km. — Zafra, 79 km.
Alt. 183 m. — 114 360 hab. Capitale de la province de Badajoz (Estrémadure).

Baignée par le Guadiana, cette ville possède un charme particulier. Coquette, mystérieuse, elle est pleine de souvenirs arabes. La puerta de Palmas, ancienne porte des remparts, apparaît aujourd'hui comme un arc de triomphe, mais reste toujours, symboliquement, l'authentique porte de la cité. Derrière, la ville déroule uniformément ses avenues modernes et ses superbes jardins (celui de Castelar est un agréable lieu de repos, au milieu des palmiers et des fontaines ; de celui de la Legión, on aperçoit les remparts).

La ville dans l'histoire. — Fondée par les Maures en 1009, après le démembrement du califat de Cordoue, elle constitue le petit royaume (taifa) de Batalyos, souvent attaqué par les Portugais, les Castillans, les rois de León et de Galice. Alfonso IX, en 1230, y vainc le dernier roi maure. Après la découverte de l'Amérique, Badajoz envoie beaucoup d'émigrants vers les colonies. En 1524, on signe un traité qui décide de la souveraineté des îles Moluques. En 1580, elle est le centre des opérations de Philippe II contre le Portugal. Assiégée par les Portugais en 1660, puis en 1705 par les alliés de la guerre de Succession, elle est envahie par les Français en 1810, mais les Anglo-Portugais investissent la place après une défense héroïque de la garnison. Pendant la guerre civile, les nationalistes l'occupent (15 août 1936) après une vive résistance des républicains.

Fêtes. — La San Jose a lieu le 19 mars. Célébration de San Isidoro le 15 mai avec rues décorées et costumes traditionnels. Du 24 au 30 juin se déroule la feria de San Juan avec des corridas.

Gastronomie. — On ne manquera pas de goûter les gibiers (perdrix) et les dérivés du cochon, accompagnés par les vins de la Tierra de Barros.

Visite de la ville

Parcours à pied (rues piétonnes) d'une durée d'environ 1 h 30.
Parking plaza de España.

Cathédrale *(plaza de España).* — Fondée par Alfonso IX en 1232 sur l'emplacement d'une ancienne église mozarabe, elle ressemble à une forteresse avec sa tour crénelée (XVIᵉ) de 25 m de haut. La façade, de style Renaissance, s'ouvre par un portail du XVIIᵉ s. Fenêtres gothiques à encadrements plateresques.

A l'intérieur, trois nefs et douze chapelles. Les **stalles** du chœur (1548), œuvre de Jerónimo de Valencia, sont décorées de beaux bas-reliefs Renaissance.

Le **cloître** gothique à la voûte en nervure, construit de 1509 à 1520, abrite de nobles tombeaux, notamment celui de Lorenzo Suárez de Figueroa, œuvre d'un bronzier italien. Dans la **Capilla Mayor**, retable churrigueresque du XVIIIe s. A dr., **sacristie** aux murs tendus de tapisseries flamandes du XVIe s. A g., **chapelle de la Encarnación** avec un **bas-relief** d'albâtre représentant la Vierge à l'Enfant dans le retable. La **salle capitulaire** est devenue un musée où sont exposés des tableaux de Luis de Morales (stigmates de San Francisco, Pietá, Adorations des Rois, etc.), de Pedro Orrente et de l'école flamande.

Sur cette même place, **palais municipal** (ayuntamiento) et **statue** du peintre Luis de Morales. Suivez la calle de San Juan, puis la rue División Azul pour arriver à l'**Alcazaba**, forteresse qui fut la résidence des évêques de Badajoz, puis des rois maures. Remarquer plus particulièrement la **tour Espantaperros**, octogonale, typiquement almohade, accessible depuis la **Galera**, un bâtiment où se trouve installé le **Musée archéologique**. Dans l'enceinte de l'Alcazaba se trouvent aussi la tour et les créneaux du château, ainsi que le palais des Suárez de Figueroa.

Près de la tour Espantaperros, tournez à g., traversez la plaza Alta, à portiques au pied des remparts, puis tournez à dr. une vingtaine de mètres après être passé sous une arche qui enjambe la rue au fond de la place. Franchissez une porte à arc outrepassé. En suivant un corridor étroit vous atteindrez la colline aux pieds de laquelle se trouve le quartier le plus pittoresque de la ville : **maisons seigneuriales** à blasons sculptés, modestes logis sur des galeries... Descendez la calle de San Pedro de Alcántara, gagnez la plaza de la Soledad où se dresse l'**église de la Vierge de la Soledad**, patronne de Badajoz, et un curieux **pastiche de la Giralda de Séville**. Suivez la calle Francisco Pizarro, puis Hernán Cortés pour retrouver le **palais de la Diputación**, ancien couvent de Santa Catalina qui abrite le **musée provincial des Beaux-Arts** *(ouv. de 10 h à 14 h)* : peintures d'artistes d'Estrémadure, deux tableaux de Zurbarán.

Regagnez la plaza de España. En descendant la calle López Prudencio vous vous rendrez sur la **plaza de Cervantes**, une des plus belles de la ville où se trouvent un **monument** dédié à Zurbarán et les **églises de San Andrés** (tableau de Morales) et de **San Lorenzo**, du XVIIe s. Suivez la calle del Tercio, vous déboucherez sur l'avenue José Antonio ; à g., en direction de Madrid, **puerta de la Trinidad**, érigée en 1680 (armes de la maison d'Autriche). En suivant les remparts, vous traverserez le beau **parc de la Legión** (ancien parc de la Trinidad). Remarquez au passage le **bastion de San Pedro**, au pied de l'Alcazaba. Continuez par la route de circunvalación (circuit des remparts) jusqu'au **pont de Palmas**, érigé en granit sur des plans de Herrera ; long de 582 m, haut de 13 m, il comporte 32 arcs. En face, **puerta de Palmas**, reconstruite en 1551.

Environs

1 — Alburqueque *(46 km N. par la C 530 à prendre à g. au km 5,5 de la N 523 en direction de Cáceres ; 7 120 hab., alt. 506 m).* — Ancienne ville forte près de la frontière portugaise, patrie de Juan Ruíz de Arce, historiographe de la conquête du Pérou. Cette pittoresque petite cité est encore corsetée par une enceinte médiévale rattachée au **château***, érigé en 1276 par Alonso Sánchez, un bâtard du roi du Portugal. Bien conservé, il comporte un **donjon** crénelé et une **chapelle** de style roman de transition. A l'intérieur de l'enceinte urbaine, **église Santa María**, au clocher fortifié, s'ouvrant par un portail du XIIIe s. (retable Renaissance du XVIe s.). Extra-muros, l'**église de San Mateo**, ogivale et Renaissance du XVIe s., remaniée en style herrerien au XVIIe s., conserve des sépultures anciennes.

Fête : le 8 sept., pèlerinage au sanctuaire baroque de Nª Sª de Carrión.

➜ A *2 km S.-O.*, **abris préhistoriques** où l'on découvrit des peintures rupestres (figures humaines très stylisées).

2 — Valencia de Alcántara *(78 km N.-O. par la C 530 ;* 13 200 hab., alt. 461 m.). — Située au milieu de bois de chênes-lièges qui abritent des cerfs, cette petite ville forte, près de la frontière portugaise, conserve de nombreuses traces de l'occupation mauresque.

Son **château**, du XIIIe s., joua un rôle important dans les guerres entre la Castille et le Portugal, aux XIVe et XVe s. ; à côté du château se dresse l'**église de N.-D. de Roqueamador**, gothique et Renaissance, qui renferme un retable du XVIIe s., baroque ; dans la sacristie, peinture de Morales, la Virgen de los Santos Juanes, l'un des plus importants tableaux du peintre. Sur la plaza Mayor, **ayuntamiento** du XVIe s. et **église de la Encarnación**, gothique et Renaissance.

3 — Olivenza *(25 km S.-O. par la C 436 ;* 12 500 hab., alt. 268 m.). — Elle conserve un bel aspect lusitanien. Fondée probablement en 1228 par les chevaliers du Temple sur le territoire maure, elle fut souvent disputée par le Portugal et l'Espagne à qui elle appartient depuis 1801.

L'enceinte était percée de quatre portes dont trois subsistent encore ; celle du Calvaire arbore les armes de Portugal. Le **château**, érigé en 1303, fut construit par D. Dinis, roi du Portugal. Son donjon est du XVIe s. (33 m). Près de la forteresse, **église Santa María del Castillo**, Renaissance ; portail à arcs ; à l'intérieur, trois nefs avec des colonnes ioniques, retable baroque du XVIIe s. dans la Capilla Mayor ; dans celle de dr., retable de style manuélin, du XVIe s. **Église Santa María Magdalena**, du XVIe s., construite en style plateresque sur l'ancienne église gothique. A l'intérieur, retable baroque du XVIe s. Le **temple de S. Francisco**, décoré d'azulejos, conserve un beau retable de marbre et de jaspe.

Hospital de la Caridad, fondé en 1501, avec une chapelle aux murs lambrissés d'azulejos, de fabrication portugaise, représentant des scènes bibliques. La **bibliothèque** est installée dans un ancien palais de la fin du XVe s. avec un gracieux portail.

Baeza**

Jaén, 48 km. — Úbeda, 9 km.
Alt. 760 m. — 14 800 hab. — Province de Jaén (Andalousie).

L'ancienne Vivatia des Romains, puis siège d'un évêché à l'époque wisigothique, connut une exceptionnelle prospérité au XVIe s. et, comme Úbeda (→), offre un bel ensemble monumental de cette époque.

Fêtes. — Virgen del Alcázar (12-15 août) ; Romería de la Yedra (7 sept.).

Gastronomie. — A déguster de délicieux gâteaux (torta de aceite, de manteca, de los Santos) et des chicarrónes.

Visite de la ville

Pour visiter (à pied) les vieux quartiers, s'arrêter sur une petite place à la sortie vers Jaén.

Tout près, **arco del Pópulo**, arc ce style ogival élevé au XVIᵉ s. pour commémorer la victoire de Villalar sur les Comuneros révoltés contre Charles Quint. Sur la place, charmante **fontaine de los Leones**, devant un édifice à loggia arborant les armoiries de Charles Quint ; au fond, **casa del Pópulo** (S.E.T.), avec une belle façade plateresque datée de 1530 et des restes d'artesonado mudéjar.

A g. de la casa del Pópulo, un escalier permet d'atteindre la calle de la Cuesta de San Gil, que vous suivrez pendant 200 m pour prendre à g. en direction de la **cathédrale**, reconstruite de 1567 à 1593 par Jerónimo del Prado, avec un beau portail de style classique en façade (elle s'ouvre encore par la **puerta de la Luna**, de style mauresque, et la **puerta del Perdón**, de style isabélin). A l'intérieur, autels et retables Renaissance, **chaire** en fer forgé (1580), **stalles** dans le chœur (1635) et grille du XVIᵉ s., attribuée à Maître Bartolomé de Jaén ; cloître sur lequel donnent 4 chapelles (3 mudéjares et 1 gothique). En face de l'église *(côté latéral g.)*, anciennes **Casas Consistoriales**, dans un palais Renaissance. En laissant à g. la **fuente de Santa María**, en forme d'arc de triomphe (1564), descendez vers le **séminaire San Felipe Neri**, installé dans le palais de Benavides, à la splendide **façade*** de style isabélin (ornementation plateresque sur une structure de style gothique flamboyant) rappelant celle du palais de l'Infantado à Guadalajara ; patio du XVIᵉ s., escalier baroque.

En face du séminaire, l'**église Santa Cruz** conserve une porte latérale de style roman. En face, une longe la façade de l'ancienne **université**, édifice du XVIᵉ s. dont la salle des Actes (paraninfo) comporte un plafond artesonado mudéjar, magnifique patio à double galerie. Revenez jusqu'à la rue suivie depuis la cathédrale et tournez à g. pour parvenir à la route d'Úbeda, où vous tournerez pour atteindre le **Paseo**, longue place d'où vous apercevrez *(à g.)* des restes de l'**enceinte médiévale**, dont une tour.

Par la calle de San Francisco, qui débouche sur la place en face de la route d'Úbeda, vous vous rendrez à l'**ayuntamiento**, construit en 1599, avec une exquise façade plateresque décorée d'armoiries, d'une corniche sculptée et de balcons.

Pour une visite limitée à l'essentiel, revenez au point de départ par le Paseo, où vous tournerez à dr.

Pour une **visite détaillée**, continuez dans la calle de San Francisco en passant devant les ruines du **couvent de San Francisco**, construction Renaissance d'Andrés de Vandaelvira (1546) ; avant la plaza de José León, une petite rue à g. mène à l'église del Salvador, de style romano-ogival du XIIIᵉ s., mais presque entièrement reconstruite au XVIIᵉ s. De la place de José León, la calle de Francisco Robles mène à l'**église de los Descalzos**, du XVIIᵉ s. En prenant, au contraire, à dr., vous arriveriez à l'**église San Andrés**, érigée de 1500 à 1520 en style Renaissance, avec un beau portail plateresque ; à l'intérieur, grand **retable** Renaissance (Calvaire et les Apôtres) ; dans le chœur, **stalles** de l'ancienne église Santa María del Alcázar. Par la calle del Rojo, qui passe devant l'**église Santa Ana** (portail Renaissance), et la calle de San Pablo, vous reviendrez au Paseo en remarquant chemin faisant quelques belles façades de demeures seigneuriales du XVIᵉ s., notamment aux nᵒˢ 22 et 24 *bis*, mais surtout celle du vaste **palais de Montemar** *(au nᵒ 18)*, avec un admirable patio.

Environs. 1 — Úbeda** *(9 km N.-E. ; →)*.

2 — Jaén* *(48 km S.-O. ; →)*.

Baléares (Archipel des)

Province des Baléares.

Des quatre îles qui composent l'archipel des Baléares (Minorque, Majorque,
Ibiza et Formentera), dans le bassin
occidental de la Méditerranée, Majorque*** est celle qui offre la plus grande
variété de paysages, les plus belles
plages, la ville la plus intéressante :
Palma**. Des impressionnants points
de vue sur la côte rocheuse du N.
de l'île aux délicates concrétions des
nombreuses grottes, elle ne manque
pas d'attraits pour les trois millions de

touristes qui la visitent chaque année. Ibiza** et Formentera*, situées
plus au S., bénéficient d'un climat plus doux et rappellent l'Afrique du
Nord toute proche, par l'architecture blanche et cubique de leurs
maisons, et par les vestiges de l'ancienne civilisation punique. Point de
rencontre d'une jeunesse cosmopolite à la fin des années 1960, ces deux
îles (appelées aussi Pityuses) drainent aujourd'hui un tourisme de masse.
Celui-ci est souvent concentré sur les plages à l'urbanisation anarchique, conséquence, comme à Majorque, d'un succès trop rapide.
Minorque*, moins fréquentée et restée peut-être plus authentique, fut au
XVIIIe s. une colonie anglaise, comme en témoigne l'architecture de sa
capitale, Mahon*. Les fêtes équestres de Ciutadella*, les vestiges préhistoriques ou les belles plages presque désertes ont de quoi séduire ceux
qui recherchent le calme et la nature.

Portrait géographique. — Les trois principales îles de l'archipel, bien qu'unifiées
très tôt par les Romains, puis par les Catalans, ont conservé cependant une
personnalité propre. Cela est déjà évident au niveau du paysage.
A Majorque, une chaîne de montagnes culminant à 1 443 m (Puig Major) protège au
N. l'île contre les agressions climatiques. Ailleurs, l'altitude moyenne est comprise
entre 50 et 150 m. A Minorque, île aux reliefs modestes (Monte Toro, 357 m), le
contraste est éclatant entre la plate-forme calcaire de la moitié S. et les affleurements
sombres du socle paléozoïque au N. Ibiza est la plus homogène des Baléares : des
collines, dont la plus haute culmine à 475 m, donnent à l'île un relief accidenté, aux
nombreuses petites plaines intérieures ou littorales.

Les premières civilisations. — Déjà peuplées en 3517 av. J.-C. (datation au
carbone 14 d'ossements découverts près de Sóller, à Majorque), les Grandes
Baléares (Majorque et Minorque) connaissent au IIe millénaire avant notre ère une
civilisation dite des « talayots » (du nom des grandes tours de pierre qui l'ont
caractérisée), qui nous a laissé de nombreux vestiges. Mais on ne sait presque rien
sur le peuplement d'Ibiza antérieur à 654 av. J.-C., date de l'arrivée des Carthaginois
dans cette île.
C'est en 123 av. J.-C. que se réalise, sous la conquête romaine, l'unité des Baléares.
De grandes villes sont alors créées (Palma, Pollentia, Mago), tandis que la prospère
cité punique d'Ibiza se voit associée à l'empire par un pacte le liant à Rome.
Après la chute de l'Empire romain d'Occident, les îles évitent l'occupation wisigothe,
subissent celle des Vandales, dépendant ensuite de l'Empire byzantin avant de
connaître la première occupation musulmane en 707.

La période islamique. — Incorporées à Al-andalus en 902, les îles passent, à la chute du califat de Cordoue, sous la domination du royaume musulman de Dènia (1015). Indépendantes au siècle suivant, elles ont des activités corsaires qui valent à Palma et à Ibiza, en guise de représailles, d'être saccagées lors de la croisade pisano-catalane de 1114-1115. Puis les Almoravides, remplacés en 1203 par les Almohades, s'y établissent jusqu'à la conquête chrétienne.

La tutelle aragonaise. — Le roi d'Aragon, Jacques Ier, occupe Majorque en 1229, Minorque en 1235, tandis qu'Ibiza, tributaire à partir de 1231, n'est conquise qu'en 1287. Repeuplées par des Catalans, les îles constituent l'éphémère royaume de Majorque (1262-1349), créé par Jacques Ier lors du partage de ses terres entre ses deux fils. A nouveau incorporées à la couronne d'Aragon, elles développent au Moyen Age un commerce fructueux, en rapport avec la célèbre école cartographique majorquine.
Au XVIe s., alors que l'Espagne unifiée tourne ses regards vers l'Atlantique, les Baléares souffrent de dissensions internes (révolte des Germanies en 1521) et doivent subir les incursions des pirates turcs qui saccagent de nombreuses villes (Minorque fut la plus touchée). On conserve de cette époque de nombreuses tours de défense qui jalonnent le littoral majorquin, ainsi que les belles églises fortifiées d'Ibiza.

Les chemins divergents. — Les Baléares, isolées et appauvries, sont divisées durant tout le XVIIIe s. Minorque, occupée en 1808 par les Anglais, devient britannique par le traité d'Utrecht (1713). Elle le reste jusqu'en 1802, avec les deux intermèdes de l'occupation française (1756-1763) et espagnole (1781-1798). Mahon devient la capitale d'une île en plein essor. Création de routes, d'exploitations agricoles, de villes : le dynamisme de l'économie minorquine a de quoi surprendre lorsqu'on le compare à l'état de stagnation qui caractérise alors Majorque et Ibiza, soumises au despotisme militaire des Bourbons. Ces derniers imposent l'usage du castillan et suppriment toute organisation politique autonome. Cependant, vers la fin du siècle, des esprits éclairés développent l'agriculture (introduction de la vigne et de l'amandier). Toutefois, le commerce demeure secondaire.

L'époque contemporaine. — Il faut attendre le XIXe s. pour qu'une bourgeoisie commerçante apparaisse, tandis que l'aristocratie et le clergé perdent de leur pouvoir. La timide apparition d'un prolétariat, l'accroissement démographique (à Majorque surtout) et la création de lignes maritimes régulières entre les îles et Barcelone vont préparer les Baléares, réunies en une seule province en 1833, à mieux affronter les mutations du siècle suivant.
La deuxième république espagnole est trop courte pour que voit jour le statut d'autonomie projeté à Palma. En 1936, Majorque et Ibiza passent tout de suite aux mains des insurgés, tandis que Minorque reste républicaine durant toute la guerre civile.
L'expansion économique de l'Europe occidentale dans les années 1950 est à l'origine du prodigieux développement touristique de Majorque, puis d'Ibiza.
Cet archipel aux dimensions modestes possède en effet 28 % de la capacité hôtelière de l'État espagnol. Majorque (3640 km², 562193 hab.) se taille la part du lion avec 1227 hôtels, suivie d'Ibiza (541 km², 65228 hab.), avec 286 hôtels ; Minorque, plus grande mais moins peuplée (710 km², 60006 hab.), dont le nombre d'hôtels, en 1985, ne dépassait pas la centaine, a su se maintenir relativement à l'écart d'un tourisme de masse. Formentera est à cet égard mieux équipée, avec 50 hôtels pour 82 km².
Parmi les causes de ce développement touristique, les facteurs climatiques ne sont pas des moindres : 300 jours de soleil par an et des températures douces en hiver (14° 6 à Palma) et agréable en été (24°). Un autre facteur important : l'existence de 1238 km de côtes, sur lesquelles s'est concentrée la presque totalité des constructions hôtelières. En effet, dans les années soixante, il a fallu satisfaire une importante demande touristique ; on estime à 70 % la proportion d'insulaires qui se

sont lancés dans l'hôtellerie sans aucune préparation et sans la moindre notion de rentabilité ou d'amortissement. L'aide financière des agences de voyages s'est vite avérée indispensable, et de très nombreux hôtels sont ainsi passés sous contrôle étranger. Majorque, qui a servi de banc d'essai au tourisme espagnol, se remet lentement de ces bouleversements qui ont déplacé en quelques années la population du secteur primaire (agriculture, pêche) vers ceux de la construction, du commerce et des services.

Récemment, en 1984, l'adoption d'un statut d'autonomie a permis à cette communauté de mieux maîtriser son développement, et par là même son destin.

Des infidélités linguistiques. — Allemand, français, anglais... les langues parlées aux Baléares sont aussi nombreuses que les nationalités des touristes qui les visitent, et le jeune insulaire est vite devenu polyglotte. Cela fut facile, car dès le XVIIIe s., la centralisation imposée par Madrid, avec l'arrivée de fonctionnaires castillans, a introduit une langue étrangère à ces contrées conquises par les Catalans au XIIIe s. Ces derniers y ont diffusé leur idiome, et le catalan (ou plus exactement une variété assez proche de celle du Principat) y est parlé depuis le Moyen Age. Cette langue a conservé, du fait de l'insularité, des traits archaïques, et a suivi une évolution propre aux différentes îles. Outre les quelques centaines de mots spécifiques aux Baléares, c'est l'existence de l'article venant du latin « ipse » (se, sa, ses) qui caractérise le mieux cette variété. Nous ne serons donc pas surpris de le retrouver, au cours de notre voyage, dans de nombreux toponymes comme S'Arenal, Sa Pobla ou Ses Salines...

L'architecture. — La maison majorquine, construite en pierre rousse ou en mitjà (moellon de grès tendre découpé à la scie), a pour module de base l'aigovés, formé d'une toiture en pente sur deux murs porteurs. L'eau de pluie est toujours récupérée et conservée dans des citernes. Un cube blanc au toit-terrasse constitue l'élement essentiel de l'architecture d'Ibiza, tandis qu'à Minorque on sera surpris par l'omniprésence de la chaux, qui recouvre les murs et (souvent) les toitures en tuiles des maisons paysannes.

Littérature. — Écrite en catalan littéraire ou dialectal, la littérature insulaire commence avec la conquête de 1229 ; très vite, elle atteint des sommets jamais retrouvés depuis.

Le philosophe Ramon Llull (en français Raymond Lulle), qui vécut de 1233 à 1316, consacra sa vie à la conversion des musulmans et rêva d'harmoniser les trois cultures de son île natale (arabe, chrétienne et juive). De son œuvre littéraire, écrite en latin, arabe et catalan, on conserve quelque 250 titres. Mais ce géant de la littérature mystique, dont l'influence est considérable (de Nicolas de Cuse à Leibniz), est surtout le créateur du catalan littéraire, et l'un des premiers, avant Dante, à maîtriser aussi parfaitement une langue romane. De son œuvre, citons le mystique « Llibre de Contemplació », aux 365 chapitres, et deux romans allégoriques, « Blanquerna » et « Llibre de Meravelles », écrits dans une prose claire et intelligible pour un lecteur du XXe s.

Quelques décennies plus tard, Anselm Turmeds mènera une double vie à Tunis, nous laissant un traité en arabe où il caricature la foi chrétienne, et trois œuvres en catalan, non dépourvues d'humour, comme par exemple une célèbre digression sur le pouvoir universel de l'argent.

Du XVIe au XVIIe s., la littérature insulaire se limitera à des chansons et un théâtre populaires dont on a conservé peu de traces, et il faudra attendre le XIXe s. pour qu'elle renaisse, avec le poète romantique Marià Aguiló, à la recherche d'une synthèse entre traditions populaire et savante.

Avec le début du XXe s. apparaissent d'excellents poètes (Joan Alcover, Miquel Costa i Llobera), des philologues (Antoni M. Alcover), et un journaliste, Gabriel Alomar, dont les essais traduisent la préoccupation sociale.

Disparu à l'âge de 25 ans, Bartomeu Rosselló-Pòrcel était déjà un très grand poète dont l'œuvre sans concession peut rappeler la rigueur formelle d'un Valery ou un García Lorca. Un romancier, Llorenç Villalonga (1897-1980), décrira avec élégance cette fascinante mutation qu'a vécue l'île au xxe s., à travers le regard nostalgique d'un aristocrate voltairien.

A la suite du profond bouleversement culturel et social qu'a apporté le tourisme, une jeune littérature a vu le jour, prolifique, parfois maladroite, mais avec la sincérité d'une génération à la recherche de son identité. L'enseignement du catalan, devenu aujourd'hui obligatoire, ne peut qu'en favoriser l'épanouissement.

La gastronomie. — La cuisine majorquine a le plus souvent pour base le porc, présenté «dans tous ses états» : jeune, c'est la porcella rostida (le porcelet rôti) ; salé, il donne la sobrassada, préparée avec du piment rouge, et les botifarrons, de petits boudins noirs ; le saindoux est utilisé dans l'ensaimada, un gâteau de pâte feuilletée en forme de spirale que l'on trouve dans toutes les pâtisseries de l'île. L'introduction massive du porc à Majorque, au siècle dernier, a fortement orienté une cuisine qui par ailleurs conserve la traditionnelle soupe de pain paysanne (sopes mallorquines) et fait grand usage des tomates, oignons et poivrons, présentés en salade (trempó) ou en ratatouille (tumbet).

A Minorque, la pêche à la langouste et l'élevage bovin sont à la base de délicieuses spécialités, la caldereta de llagosta et le formatge maonés. Mais ici aussi, le plat de base a longtemps été une autre version de la soupe de pain, l'oliaigo. A Ibiza, vous goûterez le sofrit pagès (une friture à base d'abats) et le flaó, une excellente pâtisserie aux œufs et au fromage.

L'artisanat. — De nombreuses activités traditionnelles sont maintenues, souvent liées au tourisme. Ainsi, les industries artisanales comptent parmi les plus actives d'Espagne. Vous rapporterez des Baléares de la verrerie (la maison «Gordiola» perpétue à Palma une vieille tradition), des figurines en argile (siurells), des tissages (roba de llengo), des objets en bois d'olivier, des perles artificielles (Manacor), des bijoux (Minorque), du cuir (Inca) ou des vêtements (mode Adlib à Ibiza).

Le folklore. — La musique majorquine, aux résonances arabes, regroupe des chants de travail, comme les cançons de picat, et de longs poèmes narratifs, les romans, souvent accompagnés à la ximbomba, espèce de tambour qu'on fait vibrer en frottant un roseau avec la main mouillée.

Les danses, au son des xeremies (une sorte de cornemuse), sont très variées : copeo, jota, mateixes, fandangos et boleros. Certaines remontent au Moyen Age, comme le ball de cossiers ou les cavallets.

Mais pour connaître ces Baléares, pénétrez à l'intérieur des terres : le littoral ne peut offrir aux millions de touristes annuels qu'une culture de masse sans grand intérêt : architecture verticale, cuisine internationale, musique anglo-saxonne... Ce n'est qu'une façade, masquant de merveilleuses richesses que le visiteur curieux découvrira aisément.

Pour visiter les Baléares :

(Formentera)
→ Sant Francesc

(Ibiza)
→ Ibiza**
→ Sant Antoni de Portmany
→ Sant Joan
→ Santa Eulália del Rio

(Majorque)
→ Bunyola
→ Cabrera
→ Calviá
→ Campos del Puerto
→ Felanitx
→ Inca

→ Llucmajor
→ Manacor
→ Muro
→ Palma**
→ Pollença*
→ Sóller*
→ Valldemossa*

(Minorque)
→ Alayor
→ Alcúdia
→ Andratx
→ Artá*
→ Banyalbufar
→ Ciutadella*
→ Mahón*
→ Mercadal

Baños de Cerrato

Palencia, 9 km.
Province de Palencia (Castille-León).

La basilique San Juan Bautista de Baños* a été construite en 661 par le roi Receswinthe en action de grâces pour une guérison qu'obtint le roi grâce à l'eau d'une source voisine, consacrée au culte des Nymphes, si l'on en juge d'après un autel romain découvert dans les environs immédiats, lieu de culte qui lui-même devait faire partie d'un sanctuaire d'Esculape, le dieu guérisseur. Le musée d'art sacré est installé dans la basilique.

Visite : de 9 h à 13 h et de 15 h à 19 h. F. le lun.; entrée gratuite.

Des éléments antiques furent remployés dans la construction wisigothique, conçue sur un plan à trois nefs et triple abside à chevet rectiligne. La **nef centrale** est séparée des collatéraux par deux colonnes aux arcs en fer à cheval, bandés sur des chapiteaux romains et wisigothiques. Sur l'arc triomphal, par lequel l'abside centrale s'ouvre sur la nef, **inscription de dédicace** en latin assez barbare, datée du 3 janv. 661, mentionnant le nom du pieux roi Receswinthe. Dans l'abside g., **bassin pour baptêmes** par triple immersion. Au presbytère, **statue de saint Jean Baptiste**, en albâtre polychrome, contemporaine de la basilique.

Fête : Saint-Jean-Baptiste, le dimanche suivant le 24 juin. Messe de rite mozarabe avec la participation de la communauté mozarabe de Tolède et récital de musique vocale polyphonique.

Banyalbufar

Palma, 26 km.
Alt. 100 m. — 453 hab. — Ile de Majorque — Province des Baléares.

Situé sur la route qui, accrochée aux flancs de la sierra de Tramuntana et surplombant la mer, offre les plus beaux paysages de l'île, Banyalbufar, avec ses vergers en terrasses qui forment un escalier marin, compose un prestigieux panorama.

On compte à Banyalbufar 200 km de murs de soutènement, ce qui représente sur le plan vertical 70 ha de murs pour 60 ha de terres de culture. Ce travail gigantesque, accompli entre le Moyen Age et le XVIIe s., a fait de la montagne le garde-manger de Palma : olives, fruits, blé, élevage... Ainsi, à Banyalbufar, on trouvait au XVIe s. les plus beaux vignobles de l'île, donnant un vin rouge assez liquoreux (vignes de Malvoisie). De nos jours, on y cultive surtout des tomates. On peut citer les facteurs géographiques qui ont favorisé ce développement : des précipitations plus abondantes, de nombreuses sources et résurgences, et un meilleur humus.

Il existait au XVIe s. douze tours de guet pour protéger le village contre les attaques de Maures. Il en reste six de nos jours, dont la plus importante est la **Talaia de ses Ànimes**, à *2,5 km O.* du village. On y domine une vaste partie de la côte septentrionale, de Sa Dragonera à Sóller.

Environs. 1. — **Sa Granja** *(10 km E.; prendre en direction de Sóller; bifurquer à dr. au km 8).* — Une des plus belles propriétés de l'île : villa des XVIIe et XVIIIe s., jardins et jeux d'eau *ouv. en été de 10 h à 19 h; en hiver de 10 h à 17 h 30; dégustation de produits locaux et bals majorquins mer. et ven. de 15 h 30 à 19 h 30.*

2 — Son Fortesa *(19 km S.; de Sa Granja poursuivre vers Puigpunyent).* — Une autre de ces somptueuses demeures de l'aristocratie majorquine, au milieu de jardins à l'italienne; la villa, à flanc de montagne, date de la fin du XVIIe s.

3 — Galilea *(23 km S.).* — Ravissant petit village de montagne, au S. du mont Galatzó (1 025 m).

4 — Estallencs *(9 km S.-O.; 411 hab., alt. 100 m).* — Paisible village aux maisons étagées sur un versant qui se précipite vers la mer. Sur cette **route***** taillée en corniche, la vue sur la montagne n'est pas moins belle que celle vers la mer; on la découvre par intermittence entre des promontoires couverts de pins.

5 — Mirador de Ricardo Roca* *(14 km S.-O.).* — Au-dessus d'un tunnel, il offre une vue admirable sur la côte rocheuse.

Banyolés

Figueres, 28 km. — Gérone, 20 km.
Alt. 172 m. — 12 940 hab. — Province de Gérone (Catalogne).

Petite ville localisée sur une voie romaine et qui se développa autour d'un monastère bénédictin fondé au début du IXe s., près d'un lac aujourd'hui centre de sports nautiques où doivent se dérouler des épreuves olympiques en 1992.

Jolie place à arcades, maisons des XVe et XVIe s.

Le **Musée archéologique** *(11, plaça de la Font; ouv. en été de 10 h à 13 h et de 17 h à 20 h; de 10 h à 13 h et de 16 h à 19 h, f. le lun. en hiver)* est installé, au centre de la vieille ville, dans la **casa de la Pia Almoina** des XIIe et XIIIe s., dotée d'une nouvelle façade en 1636. Collections de préhistoire (la fameuse mandibule du Neanderthal de Banyoles), d'archéologie ibéro-romaine et médiévale, céramique et numismatique.

Presque en face, une ruelle mène à l'**église Santa María dels Turers**, gothique, du XIVe s.

Le carrer Nou donne accès au **monastère** bénédictin de **Sant Esteve**, qui conserve des éléments d'architecture romane; cloître du XVIIIe s.; à l'intérieur, retable du XIVe s.

Le **lac de Banyoles** s'étend sur plus de 100 ha. Alimenté par des failles souterraines plus que par des eaux superficielles, il peut subir d'importantes variations de niveau. Une route suit son pourtour (9 350 m) en forme de huit. Grand centre nautique d'Espagne, on y célèbre chaque année des championnats nationaux ou internationaux (ski nautique) ce qui n'empêche pas les pêcheurs d'y taquiner la carpe (géante), la tanche ou l'anguille.

Environs. 1 — Sant Miquel de Campmajor *(10 km O. par la route d'Olot; au km 9, prendre à dr.).* — Église romane du XIe s.

2 — Porqueres *(3,5 km O., au bord du lac par la route de Mieres, prendre à dr. à la sortie de la ville).* — Santa Maria de Porqueres, très belle **église*** romane du XIIe s. au portail orné d'arcs en fer à cheval. Colonnes, chapiteaux et abaques sculptés dont les personnages sont traités dans un style romano-byzantin marqué. Près de l'église, restes d'une **basilique paléochrétienne** sur le site d'une nécropole romaine du Bas-Empire.

Barbastro

Huesca, 50 km. — Lérida, 70 km.
Alt. 341 m. — 14 403 hab. — Province de Huesca (Aragon).

Au cœur d'une région viticole, Barbastro produit des vins de table qui jouissent d'une très flatteuse renommée à travers l'Espagne.

Barbastro est l'ancienne Brutina, une petite ville épiscopale où se tiennent en 1137 les cortes qui approuvent les fiançailles de la fille de Ramire II d'Aragon et du comte de Barcelone Ramon Berenguer IV et, par conséquent, l'union de l'Aragon et de la Catalogne. Saccagée par du Guesclin en 1366, elle souffre aussi de la guerre de succession à cause de sa fidélité à Philippe V.
Ville natale des frères Bartolomé et Lupercio Leonardo de Argensola, historiens et poètes du Siècle d'or.

La cathédrale de style ogival décadent, érigée par Balthazar Barazábal et Juan de Palacio en 1500-1533, renferme au maître-autel un magnifique retable signé Damián Froment mais terminé en fait, après sa mort, par ses disciples, également auteurs des retables latéraux. Belles stalles dans le chœur.
Le palais de l'archevêché abrite deux tapisseries flamandes.

Environs. 1 — Alquézar** *(25 km N.-O. ; →).*

2 — Monzón *(18 km S.-E. par la N240 en direction de Lleida ; 14.480 hab. ; alt. 279 m).* — Les cortes s'y réunissent fréquemment jusqu'au règne de Philippe II. Le site est dominé par un promontoire couronné par un imposant **château** attribué aux templiers par Ramon Berenguer IV, puis reconstruit par Charles Quint. Il conserve la torre del Homenaje, une grosse tour défensive et la chapelle romane. L'**église de San Juan**, d'origine romane, remaniée en style gothique au xve s., abrite un retable de Jerónimo Vicente. L'**église Santa María del Romeral**, gothique, comporte une tour mudéjare.
Fêtes : le 21 sept., concours de jotas à l'occasion de la San Mateo. La 1re sem. de déc., au moment de la Santa Barbara, typique baptême du maire.

3 — Fonz *(36 km ; bifurquer sur la g. à Monzón).* — Ce gros bourg conserve d'anciennes demeures seigneuriales en brique décorées d'arcatures, de loggias et de blasons armoriés, un ancien hôpital des Templiers (xive s.), à dr. juste avant l'église paroissiale, de la fin du xvie s.

4 — Berbega *(17 km S. ; au km 14, prendre à dr.).* — **Église** romane du xiie s. (statue de Santa María la Blanca, du xiie s.).

5 — Peralta de Alcofea *(24 km S.).* — Au tympan de l'église paroissiale, romane, relief de l'Épiphanie (xiiie s.).

Barcelone (Barcelona)***

Madrid, 620 km. — Saragosse, 298 km. — Valence, 363 km.
1 712 360 hab. — Capitale de la province de Barcelone (Catalogne).

Si je t'oublie, Barcelone... A Séville, la femme mythique s'appelle Carmen, elle joue la Gitane le long des remparts et danse la séguedille, les mains cambrées au-dessus de ses cheveux noirs. A Barcelone, c'est une cousine obscure que l'écrivain Juan Marsé en bon Catalan baptise Montsé, laissant *Monserrat* aux visiteurs, une drôle de cousine qui arpente la ville noire à petits pas comme l'inspecteur Carvalho, le héros fatigué de Manuel Vasquez Montalban. Elle vit dans les ruelles du Barrio Chino, ce quartier chaud et canaille où Francis Carco savourait la bohème artiste et le charme des mauvais garçons. Elle regarde peu la mer et lui préfère les places grises où le porche arrondi d'une église voisine un bar dépenaillé.

Barcelone, c'est la ville. Une ville aux murs hauts et serrés qui cernent la cathédrale et donnent au Barri Gòtic une silhouette de château fort. Il faut marcher le long de ses rues à angle *(carrer),* déboucher par surprise sur une place biscornue et jusque-là invisible, boire une *horchata* au goût d'amande et repartir vers une autre ruelle où des balcons étroits croulent sous les plantes vertes. On a cru marcher droit, mais la façade néogothique de la cathédrale se dresse de nouveau, comme une invite muette à découvrir son chœur de boiseries et de stalles ornées, qui vit se réunir Charles Quint et le chapitre de la Toison d'or.

Mieux vaut se perdre, suivre une Barcelonaise en mantille qui vous conduira d'un pas vif au cloître, sans un regard pour le pavillon Saint-Georges et sa fontaine moussue, sans un œil pour ses cygnes prisonniers qui chantent, la voir s'agenouiller pour baiser les pieds d'un Christ immense puis allumer un cierge rouge à sainte Rita, patronne et reine de ce lieu de culte populaire. On en sortira troublé, comme au sortir d'un labyrinthe minuscule, attiré soudain par le gothique flamboyant du portail de Sainte-Eulalie, la martyre de Barcelone. De nouveau, c'est la rue, petite, anguleuse. Un guitariste attend, assis par terre, pour jouer son air de flamenco.

Barcelone, c'est la ville. Celle qui monte du port à l'assaut de la *sierra,* d'abord confusément, puis avec méthode le long des avenues modernes, celle qui laisse Christophe Colomb tout seul sur sa colonne pour monter et descendre le long des Rambles. Là s'arrêtait la ville du Moyen Age, là on marche en regardant les marchands de perroquets, les clowns, les couples endimanchés et les *tirados* (les foutus) à la recherche d'une dose ou d'une cigarette, les touristes en short et les Catalans toujours en discussion comme d'heureux propriétaires. On saute les époques, le XVIIIᵉ de la Plaça Reial dont les arcades abritent cireurs de chaussures et vendeurs de *chocolate* (haschich), le XIXᵉ du Gran teatro de Opera de Liceu où la nouveauté est souvent catalane et fière de l'être.

Car la Catalogne a ici sa place, qui surplombe les Rambles comme un symbole. Grande et encombrée de jets d'eau, de kiosques et de pigeons, la Plaça de Catalunya annonce les temps modernes, ceux d'*Eixample* (agrandissement) toute de blocs géométriques, dessinés au cordeau à la fin du siècle dernier et que traversent les 10 km de la Diagonale, la bien-nommée. Sans le savoir, on joint l'utile à l'agréable, shopping et cours d'architecture, le long du Passeig de Gracia où les magasins de luxe côtoient les réverbères de père Falques i Urpi (1900), les mosaïques de la Casa Battio et, un peu plus loin, la pierre mouvante de la Pedrera, deux des œuvres fétiches de Gaudí, roi de Barcelone, que les tours lunaires de la Sagrada Familia n'ont pas éclipsées.

Barcelone, c'est la montagne. Toute proche, elle s'apprivoise en grimpant — à pied, en bus, en taxi jaune et noir — en délaissant les avenues perpendiculaires d'*Eixample* pour les rues courbes qui marquent peu à peu la montée vers les hauteurs et la fraîcheur. Quelques villas, hier de faubourgs, aujourd'hui de luxe, annoncent l'oasis du parc Guëll, gigantesque jardin où

Gaudí a joué les facteurs Cheval. Des pavillons de garde brillants de céramique, des dragons-fontaines au ruban festonné de la place du théâtre grec, tout en ce jardin est poésie. Oubliant la reconnaissance de l'architecte pour son mécène, le comte Eusebio Guëll, on suit un chemin, puis un autre ; celui-là conduit vers la maison du maître devenue musée, cet autre fait découvrir l'ombre de palmiers de béton, vestiges d'un château de sable géant et inachevé.

Assis dans les buissons au sommet de la ville, on regarde en bas, vers ce nuage de chaleur qui plane sur le port. De loin, la cathédrale est invisible. Seules percent les tours aiguës de cette Sainte Famille futuriste, malgré les grues qui les parasitent en ce temps de travaux olympiques. L'accès à la mer est barré par des myriades de rues et de bouchons dont le bruit vient s'amortir contre la montagne. Citadelle oblige, Montjuic, «la montagne des Juifs», offre un parfait profil de place forte qu'entame à peine le fil du téléphérique. A vol d'oiseau, cette montagne-sœur est toute proche, mais le silence du parc Guëll ignore la gaieté des auto-tamponneuses qui s'entrechoquent, la nuit venue, sur l'autre versant.

Barcelone, c'est la mer. On l'avait presque oublié, tant la ville est tournée vers elle-même, ses bars, ses loteries, ses impasses et ses marchés. Le vent olympique lui a rappelé qu'elle était un port et que derrière ses entrepots délabrés pouvait jaillir un miracle : une seconde jeunesse. A deux pas du Passeig de Colom, entre l'hospital del mar éventré par les travaux et les petites rues bien parallèles de Barceloneta, on creuse, on enterre, on cache, on bétonne, on planifie ce qui sera le village olympique avant de devenir un nouveau quartier de Barcelone, l'européenne. *Cobí*, le chien bancal inventé par Mariscal, s'est déjà installé en bord de mer pour annoncer les jeux, nouvelle mascotte d'une ville-artiste qui célèbre Miró jusque dans les logos de ses caisses d'épargne.

1992 est dans l'air qui secoue les artères pour les agrandir, embouteille encore les Rambles pour mieux les aérer, nettoie les volutes célébrissimes de Gaudí noircies par les pots d'échappement, détruit les taudis du Barrio Chino et les remplace par des maisons roses... *«Barcelona, posa't guapa»* (Barcelone, fais-toi belle) lui ont demandé par campagne interposée ses élus, pas fâchés de sentir chez les Barcelonais, Catalans farouches, comme chez leurs invités prestigieux, chez Ricardo Bofill le natif, chez Norman Foster le Britannique, une volonté commune de faire ville neuve. Comme Antonio Gaudí, Ildefonso Cerda, Luis Domenech I Montaner l'avaient fait avant eux.

Mission impossible ? Edouardo Mendoza l'a écrit noir sur blanc : Barcelone, c'est la ville des prodiges...

Barcelone dans l'histoire

Barcino. — La fondation de Barcelone est attribuée aux Phocéens, mais le site était probablement occupé antérieurement. En 236 av. J.-C., les Carthaginois s'y installent et l'appellent Barcino ; elle s'étend alors sur le mont Taber, petite éminence sur laquelle se trouve aujourd'hui la cathédrale.

Les Romains s'emparent de la ville en 201 av. J.-C., lors de la seconde guerre punique, la rebaptisent Julia Faventia Augusta Pia Barcino, et en font la capitale de la Layetana (subdivision de la Tarraconaise). Mais, vers 476, elle est reconquise par

Euric, roi des Wisigoths d'Aquitaine, et l'un de ses successeurs, Theutis (531-548), y transfère le siège de son royaume; elle est alors connue sous le toponyme de Barcinona.

Une marche franque. — Les Maures s'en emparent en 712, mais libérée par Charlemagne (conquête de la Catalogne en 795-812), elle redevient chrétienne et fait désormais partie de la marche de Gothie ou marche catalane. Vers 874, Guifré le Velu est nommé comte de Barcelone à titre de feudataire du royaume franc, et ce lien de vassalité se maintient jusqu'en 1258 pour devenir purement nominal à partir du XIe s. Cependant, le comté de Barcelone reste en butte aux incursions des musulmans et la ville est détruite en 985 par Al Mansour.

La Méditerranée, un lac catalan. — Le mariage de Pétronille, héritière de la couronne d'Aragon, avec Raimond Bérenger IV, Ramon Berenguer (1131-1162), annonce l'âge d'or de la Catalogne, puissante et indépendante.

En 1172, les deux États liés acquièrent le Roussillon, conquièrent les Baléares, qu'ils enlèvent aux musulmans en 1229-1235, prennent Valence en 1238 et signent en 1258 avec la couronne de France, le traité de Corbeil, cédant la Provence et le Languedoc, sauf Montpellier, et conservant le Roussillon et Sarlat, en Périgord. En 1282 sont fondés le royaume aragonais de Sicile (Vêpres siciliennes), puis, en 1311, le duché d'Athènes. La Sardaigne est pacifiée en 1322-1325, la Corse brièvement dominée au début du XVe s., et le royaume de Naples contrôlé de 1442 à 1500. Avec l'ouverture de comptoirs aux Échelles du Levant puis à Chypre — grâce à une puissante flotte et à une bourgeoisie marchande et bancaire entreprenante —, et tandis que les institutions politiques se mettent en place, la métropole catalane et Palma de Majorque connaissent une époque de prospérité dont témoignent de somptueux édifices.

Le nationalisme catalan. — L'union des couronnes d'Aragon et de Castille, la découverte de l'Amérique et les nouvelles orientations économiques de l'ensemble de la péninsule vont provoquer le long déclin de Barcelone. La désorganisation progressive de la Catalogne ne fait qu'accélérer ce processus. Les seigneurs catalans tentent de se révolter contre le roi d'Espagne et proclament une république éphémère après la victoire de Montjuïc (1641); ils s'allient à la couronne de France jusqu'en 1652.

Occupée par les Français de 1694 à 1697, Barcelone résiste au siège des troupes françaises et à celles de Philippe V lors de la guerre de Succession et tombe, le 11 sept. 1714. Cette date reste le symbole de la défense des libertés catalanes et des institutions.

La construction des citadelles de Montjuïc et de la Ciutadella, et le transfert de son université par Philippe V à Cervera (1717) marquent les temps de la domination espagnole.

Un nouvel essor économique. — Le commerce des mers et les importations de coton favorisent l'essor de l'industrie textile à laquelle Barcelone doit une nouvelle prospérité. L'invasion des troupes françaises révolutionnaires, puis l'occupation (1808-1813) de Barcelone par les troupes napoléoniennes freinent passagèrement ce processus de récupération économique.

En 1888, l'Exposition universelle accélère une dynamique que n'entravent ni les troubles de 1905, les conflits entre militaires et journalistes, et les attentats anarchistes (surtout vers 1908), ni les luttes sociales. La population urbaine ne cesse de s'accroître et la classe bourgeoise, enrichie par le commerce et l'industrie, cherche à récupérer un pouvoir politique. Elle affirme dans la ville sa puissance en finançant la construction d'édifices à la décoration exubérante : l'architecture moderniste, qui donne à la ville un de ses visages les plus caractéristiques, est issue de la *Renaixença*, un courant culturel nationaliste.

La Generalitat de Catalunya. — Le général Primo de Rivera (1870-1930) dissout après le coup d'État de sept. 1923 la Mancommunitat de Catalunya, organisme autonome fondé en 1914. Hostile au régime espagnol centralisateur, la Catalogne manifeste avec éclat son désir d'indépendance aux élections du 12 avr. 1931, en donnant une majorité écrasante à l'apôtre des libertés catalanes, Francesc Macià Celui-ci proclame la République, le 15 avr. 1931, et organise le nouvel État dont devient le chef en qualité de président de la Generalitat de Catalunya.

En 1936, la guerre civile fait de Barcelone le théâtre de longs et violents combats de rue. Le siège du gouvernement républicain se déplace de Madrid à Valence puis à Barcelone devant l'avance continue des troupes franquistes. La Catalogne est isolée du reste de l'Espagne après la bataille de l'Èbre en 1938, et Barcelone occupée en janv. 1939. Le gouvernement de Catalogne, exilé au Mexique, élit en 1954 Josep Tarradellas à la présidence.

Franco instaure une répression culturelle très forte, allant jusqu'à interdire l'usage du catalan, langue vernaculaire.

Après les élections démocratiques des cortès en 1977, la Generalitat est restaurée et le président Tarradellas rentre triomphalement à Barcelone. Le 11 sept. 1977, les Catalans expriment dans une immense manifestation de rue leur attachement à l'autonomie. La victoire de la coalition Convergència i Unió (coalition nationaliste catalane, liste menée par Jordi Pujol) aux premières élections du gouvernement autonome en 1980, brillamment reconduite en 1984 puis en 1988, confirme cette sensibilité nationaliste.

Visiter Barcelone

1 - Le Barri Gòtic ou quartier gothique, 269.
2 - Les Rambles, 275.
3 - Le port, 277.
4 - La Barceloneta, 281.
5 - Montjuïc, 281
   5 A - Au pied de la colline de Monjuïc, 282.
5 B - La colline de Montjuïc, 282.
6 - Parc de la Ciutadella, 24.
7 - Le Tibiado, 285.
8 - Pedralbes, 286.
9 - La ville nouvelle, 287.
10 - Grandes collections publiques, 292.
11 - Environs de Barcelone, 299.

En plus de ses deux grandes curiosités que sont le Barri Gòtic (quartier gothique autour de la cathédrale, et le musée d'Art de Catalogne malheureusement fermé pour plusieurs années, à Montjuïc, Barcelone est riche de nombreux monuments, musées et sites, mais peut se découvrir, pour l'essentiel, en trois ou quatre jours.

Ville du jour et de la nuit, vous n'oublierez pas qu'une fois les musées et monuments fermés, tout reste encore à découvrir.

Si vous n'avez qu'une journée pour visiter Barcelone, vous partirez de la cathédrale pour aller au musée Frederic Marès et sur la plaça del Rei, visiter la chapelle Sta Àgata, avant de vous diriger vers l'ajuntament (hôtel de ville) et le palau de la Generalitat (palais de la Généralité), sur la plaça Sant Jaume. De là, vous gagnerez les Rambles en direction du palau de la Virreina, puis le palau Güell de Gaudí, à visiter absolument.

Vous vous arrêterez sur la plaça Reial, ou vous profiterez de la pause du déjeuner pour manger au bord de la mer, sur la Barceloneta, ou vous reposer dans un restaurant des vieux quartiers avant d'aller visiter la basilique Santa Maria del Mar et remonter la carrer Montcada (musée Picasso).

Des vieux quartiers, en passant devant le palau de la Música catalana vous gagnerez le passeig de Gràcia pour admirer quelques-unes des plus belles maisons modernistes et rejoindre la Sagrada Familia (église de la Ste Famille) de Gaudí.

La fin de l'après-midi vous ramènera sur les Rambles ou sur la plaça Reial et, après le dîner, vous aurez le choix entre les bars modernes de la Diagonale, du passeig de Gràcia ou de la rambla Catalunya, et les cabarets du Paral·lel, à moins que vous ne préfériez flâner tranquillement sur le passeig Marítim ou traîner dans le Barric Chino, réputé être le quartier le plus mal famé de Barcelone !

*Si vous avez **deux jours** pour visiter la ville, vous consacrerez une journée à Montjuïc (Fondation Miró, Poble Espanyol...) ; vous rejoindrez, depuis les Rambles, l'hospital de la Santa Creu et la Casa de la Caritat (centre d'art contemporain) ou les anciens arsenaux, les Drassanes, où est installé le Musée maritime. Au N.-O. de la ville, le parc Güell ou le Tibidabo réservent de superbes points de vue sur Barcelone et la mer.*
Mais ne croyez pas alors avoir fait le tour de la ville ! Il vous faudrait connaître aussi le charme de l'église romane Sant Pau del Camp, l'exubérant décor de l'hôpital de Sant Pau (construit par l'architecte moderniste Domènec i Montaner), le cachet des quartiers de Gràcia ou de Sarrià, apprécier la qualité de certains édifices modernistes isolés (de Puig i Cadafalch notamment), ou d'ensembles architecturaux contemporains (sur la Diagonale ou à Sant Just Desvern où est installé le Taller de arquitectura de Ricard Bofill par exemple). Le parc de la Ciutadella, non loin du port (et à l'opposé de Montjuïc) et les jardins de Pedralbes à la sortie O. de Barcelone sur la Diagonale, excellents buts de promenade, sont très fréquentés par les Barcelonais. Vous pourrez visiter le musée d'Art moderne et le Musée zoologique dans l'un, le palau de Pedralbes dans le second.
Enfin, prenez le temps de fouiner dans les librairies ou de faire du lèche-vitrine, et tâchez d'assister à un spectacle dans cette ville où les activités culturelles sont variées tout au long de l'année : la très belle salle de l'Opéra du Liceu, le décor étonnant du Palau de la Musica ou la scène en plein air du Théâtre Grec sont autant de lieux privilégiés à découvrir.
Si vous restez plus de deux jours, une journée à Sitges sur la côte, un après-midi à Sant Cugat del Vallès (monastère), une excursion ou un pèlerinage à Montserrat, une visite de Vic, sont aisément réalisables.

1 — Le Barri Gòtic ou quartier gothique

Le Barri Gòtic, autour de la cathédrale, correspond au site d'habitat le plus ancien de Barcelone. Constitué d'édifices in situ plus ou moins modifiés et restaurés au cours des siècles, ainsi que d'autres constructions déplacées là lors du percement des grandes artères modernes, son homogénéité est valorisée par la présence de plusieurs musées. C'est aussi un quartier très animé, à proximité des rues commerçantes de la vieille ville.

Vous arriverez à la cathédrale par la plaça Nova (plan V, C2) et après l'avoir visitée, ainsi que le cloître et le Musée diocésain, vous vous dirigerez vers le palau Reial (musée Frederic Marès, fouilles romaines) et la plaça del Rei (chapelle Sta. Àgata, Musée historique et Archives). La petite rue de la Libreteria vous conduira ensuite sur la plaça Sant Jaume (plan V, C2) où se font face le palais de la Généralité et l'hôtel de ville.

Plaça Nova *(métro et autobus plaça de Catalunya).* — De la plaça de Catalunya, vous prendrez la rue piétonne de la porta del Angel *(plan V, C1)* qui débouche, à la hauteur du **collège des Architectes*** — dont les frises décoratives sont dues à Pablo Picasso —, sur la plaça Nova *(plan V, C2 ; un marché d'antiquités s'y tient le jeu.).*
Deux tours rondes de la muraille romaine ont été restaurées. A droite, le **palais épiscopal** inclut l'une d'elles et mêle des éléments architecturaux d'époques romane (galerie du patio) et gothique (fenêtre) ; la façade de la plaça Nova, austère, date de 1784. L'autre façade donne sur la plaça Sant Felip Neri où est installé, dans le bâtiment qui abritait l'ancienne guilde des cordonniers, le **musée d'Histoire de la chaussure** *(vis. mar. - dim., 11 h-14 h ; ☎ 302-26-80)* qui regroupe une collection de chaussures anciennes des XVIe, XVIIe et XVIIIe s., ainsi que des chaussures datant du XXe s. et ayant appartenu à des personnes célèbres.

En face du palais, la **casa del Ardiacra** fut dès le Moyen Age la résidence d l'archidiacre de la cathédrale. Son patio en forme de cloître est charmant e l'ensemble du bâtiment associe harmonieusement les éléments gothique e Renaissance. L'**Institut municipal d'histoire** *(accès réservé; visite du patr tolérée de 9 h à 18 h du lun. au ven. et de 9 h à 13 h le sam.; 1, carrer d Santa Llúcia; ✆ 318-28-86)* et les Archives historiques de la Ville y son installés depuis 1919.

Tout près, la **galerie des Catalans illustres** *(Bisbe cassador, 3; vis. guidée seulement; entrée gratuite; ✆ 315-00-10, 315-11-11)*, située dans l'Académi Royale des Belles-Lettres, abrite les portraits des plus célèbres Catalans.

A l'opposé du parvis de la cathédrale, à l'angle de la carrer Tapineria dont l nom perpétue le souvenir des cordonniers qui travaillaient là autrefois (tapin signifie souliers, galoches), la **Pia Almoina** est elle aussi flanquée d'une tou romaine. Cette maison construite au XVe s., propriété des chanoines, abrit une institution de charité créée en 1009 *(on ne visite pas)*.

Cathédrale** *(plan V, C2)*. — Consacrée à sainte Eulalie (martyrisée en 304 Barcelone), la cathédrale actuelle s'élève sur l'emplacement d'une basiliqu wisigothique ruinée par les Francs au IXe s., à laquelle succéda le sanctuair qui reçut, vers 878, les reliques de la sainte patronne de Barcelone. Ramo Berenguer Ier (1035-1076) le réédifia en 1058. Vers la fin du XIIIe s., Jacques (1291-1327), roi d'Aragon, en entreprit la reconstruction qui se prolonge jusqu'à la fin du XVe s.

Vous atteindrez la cathédrale par son parvis, de manière à découvrir l'ensemble d la construction et juger ainsi de ses proportions; observez les deux tour octogonales, du XIVe s. (la flèche, finement ajourée, est récente).

Visite : de 7 h 30 à 13 h 30 et de 16 h à 19 h 30 pour la cathédrale (short interdit pou les hommes comme pour les femmes); de 11 h à 13 h pour le Musée diocésair dont l'accès est payant.

1. Façade, néogothique, achevée en 1892.
2. Baptistère, **fonts baptismaux** en marbre par le Florentin Onofre Juli (1433) et vitrail dessiné par Bartolomé Bermejo (1495).
3. Vaisseau central et collatéraux voûtés, aux lignes sobres, bordés d 29 chapelles.
4. Chapelle de Saint-Clément : **tombeau de Sancha Ximenis de Cabrer** (1446) par Pere Oller et retable peint de la fin du XVe s., attribué à Lluí Dalmau.
5. **Chœur**; clôture ornée de **reliefs en marbre*** de style plateresqu consacrés à la vie de sainte Eulalie, par Bartolomé Ordoñez († 1520) et Per Vilar; **boiseries*** et **stalles*** par Macià Bonafè i Escuder (1457) pour la parti inférieure, Ça Anglada pour la partie supérieure, d'un travail beaucoup plu abouti, de la fin du XVe s. Le **chapitre de la Toison d'Or** se réunissait là a début du XVIe s., sous la présidence de Charles Quint, et l'on peut voir, au dessus des sièges, les noms et les armoiries des chevaliers peints *(accè payant)*.
6. Transept : sur les bras du transept s'élèvent les deux **tours octogonale** de pur style gothique catalan, que l'on aperçoit du parvis.

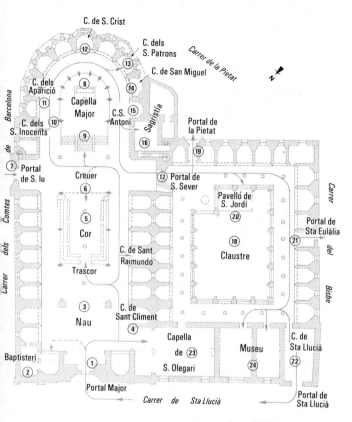

La cathédrale de Barcelone

7. **Portail de Saint-Yves** ou de l'Inquisition, deux reliefs représentent le combat du chevalier Vilardell avec le dragon (le chevalier lève son glaive pour célébrer sa victoire, reçoit des gouttes de venin et meurt), et «Dieu châtie sa vaniteuse gloire».

8. Capella Major, l'**abside** s'ouvre par une série d'arcades élancées sur le déambulatoire et les chapelles rayonnantes (nombreux **retables** des XIVe et XVe s.).

9. Devant le grand autel, des escaliers mènent à la **crypte de Sainte-Eulalie**, achevée en 1339. **Couronnement de la sainte** à la clef de voûte, œuvre de l'Allemand Müller. Le **sarcophage**, en albâtre polychrome à reliefs (1327), a sans doute été exécuté par un élève de Nicolas Pisano.

10. **Chapelle des Saints-Innocents,** tombeau gothique de l'évêque Ramon d'Escaler, fin du xve s.

11. Chapelle de l'Apparition.

12. Chapelle du Christ.

13. **Chapelle du patronage,** tombeau de l'évêque Ponce de Gualba († 1334).

14. **Chapelle de Saint-Michel,** tombeau du prélat Berenguer de Palau († 1240).

15. Chapelle de Saint-Antoine.

16. **Sacristie*** (salle du Trésor) : **collier de la Toison d'Or** de Charles Quint, **missel de Sainte Eulalie** (miniatures exécutées par Ramon Destorrents en 1403).

Ramon Destorrents (à Barcelone entre 1351 et 1362). — Il prend à la mort de Ferrer Bassa le titre de peintre à la cour. Son style anecdotique et narratif, son travail minutieux, où se révèle son art de miniaturiste, se joignent à une grande maîtrise technique.

17. **Portail de Saint-Sévère,** de style roman lombard *(accès au cloître).*

18. **Cloître*,** terminé en 1448 ; il comporte d'intéressants chapiteaux historiés.

19. **Portail de la Pitié** *(à g.),* ornée d'une sculpture en bois polychrome représentant la Pitié et le donateur, Berenguer Vila, attribuée à Miquel Lochner, début xvie s. *(sur la carrer de la Pietat).*

20. Pavillon Saint-Georges et fontaine.

21. **Portail de Sainte-Eulalie** de style gothique flamboyant *(sur la carrer del Bisbe).*

22. **Chapelle** et **portail de Sainte-Lucie*** de style roman, édifice de Ramon Berenguer (1257-1268).

23. **Chapelle de Saint-Olegari,** tombeau baroque en albâtre sculpté du xviie s. On vénérait dans cette chapelle un crucifix du xve s., le Christ de Lépante qui figurait lors de la célèbre bataille de Lépante (1571) à la proue du navire de Jean d'Autriche.

24. Secrétariat du chapitre et salle capitulaire, **musée de la cathédrale*.**

Parmi les œuvres les plus remarquables de ce musée, **retable de saint Bernardin et l'Ange gardien*,** commandé à Jaume Huguet (1414-1492) par la corporation des Vanneurs ; **Pietà du chanoine Desplà** par Bartolomé Bermejo (vers 1480-1490).

Jaume Huguet (Valls vers 1415-Barcelone 1492). — Aux retables d'un modelé délicat succèdent des œuvres d'un dessin plus accusé où se mêlent aux influences françaises et italiennes le naturalisme flamand. Après avoir beaucoup travaillé en Aragon, il s'installe à Barcelone en 1448. Ses dernières œuvres sont enrichies de dorures et de reliefs toujours plus envahissants.

Vierge à l'Enfant de Sano di Pietro ; retable de sainte Marthe et de sainte Eulalie par Ramon Destorrents (début xve s.) ; tableau de saint Onuphre par Jaume Serra (fin du xive s.) ; **tapisserie** du **Baptême du Christ** en laine et soie (xve s.), etc.

Au sortir de la cathédrale, vous pouvez accéder directement, à dr. sur le parvis, à la **chapelle** romane **Santa Llúcia**, reste de l'édifice construit par Ramon Berenguer Ier ; à g., remontez la carrer dels Comtes de Barcelona *(entre la cathédrale et le palais des comtes de Barcelone)* vers la plaça del Rei.

☐ **Palais royal*** ou palau Reial *(plan V, C2, visites de 9 h à 20 h du mer. au sam., le dim. de 9 h à 13 h 30 et le lun. de 15 h à 20 h).* — Palais des comtes puis des rois de Catalogne, il s'appuie sur la muraille romaine, comme on peut le voir depuis la plaça Berenguer el Gran. Pierre le Cérémonieux y regroupa plusieurs bâtiments en 1359. Siège du Tribunal de l'Inquisition puis propriété des religieuses de Santa Clara, l'édifice fut racheté par la ville au XIXe s.

Sur la placette de Sant Iu où s'installent souvent des musiciens de rue, on accède par les jardins du palais au musée Frederic Marès.

▣ **Musée Frederic Marès**** *(plan V, C2).* — Le fonds de ce musée a été constitué pendant une cinquantaine d'années par le sculpteur Frederic Marès i Deulovol, voyageur infatigable et collectionneur passionné qui en fit don à la ville en 1940. Trop peu connu, ce musée est formé de deux sections bien distinctes, la première consacrée à la sculpture (de l'Antiquité au XVIIIe s.), la seconde au Musée sentimental.

Visite : du mar. au dim. et jours de fêtes de 9 h à 13 h 45 et de 16 h à 19 h, f. le lun.; plaça Sant Iu, 5-6; ✆ 310-58-00; métro Jaume Ier; ligne IV; autobus 16, 17, 19, 22 et 45.

Un grand désordre semble régner dans ce musée où de très belles pièces voisinent avec des œuvres moins essentielles.
Vous commencerez la visite par la **salle d'antiquités** ibériques, grecques, puniques, romaines et paléochrétiennes *(au fond de la cour)*, suivie des **salles d'art roman*** des XIIe et XIIIe s.; la **crypte** est réservée à la taille de la pierre des Xe-XIIe s. Au *premier étage,* peintures et sculptures des XIVe, XVe, XVIe s. et autres pièces plus tardives.
Le **Musée sentimental** *(qui occupe tout le second étage)* s'articule, salle après salle, autour de thèmes aussi divers que celui de la femme, de la foi ou du fumeur... Vous y trouverez une collection d'objets de piété consacrés à la Vierge de Montserrat et une autre de bas de femme brodés; des éventails, des lorgnons, des bagues de cigare, des bijoux, des montres, des pipes, des jouets, des daguerréotypes, ou encore une collection de céramique.

▣ L'entrée des **galeries de fouilles*** du Musée historique *(visite : billet d'entrée au Musée historique, carrer del Veguer)* s'effectue par le musée Marès. Elles s'étendent de la plaça del Rei à la cathédrale, et l'on peut y lire différentes strates d'habitat, de la ville romaine au bas Moyen Age. Remarquez les **thermes romains,** la **basilique paléochrétienne** et le **baptistère,** et l'important ensemble de **sculptures** provenant de la muraille romaine.

☐ Le **palau del Lloctinent*,** palais du vice-roi *(contigu au musée Marès; ouv. de 9 h à 13 h en sem.),* fut construit par Antoni Carbonell de 1549 à 1557 et abrite les archives de la couronne d'Aragon — soit au total plus de quatre millions de documents dont le plus ancien date de 844.
Ce dernier bâtiment borde sur son autre façade la **plaça del Rei** qui se trouvait autrefois au centre du palau dels Comtes. Au fond de la place, une large volée d'escaliers conduit à g. au **saló (salon) del Tinell*,** ancienne salle de banquets et de réception du Palais royal, construite vers 1359-1370 par Guillem Carbonell et ornée de **fresques romanes** (vers 1300) provenant d'un édifice plus ancien; à dr., à la **chapelle Santa Àgata*** de style gothique catalan (XIVe s.), décorée au XVIe s. en style mudéjar. Cette chapelle renferme le **retable de l'Épiphanie**** de Jaume Huguet (1464-1466).

Le saló del Tinell est surmonté d'une galerie qui conduisait à la cathédrale. Au-dessus s'élèvent les cinq étages de la tour du **Mirador del Mar** (1557).

Le **Musée historique,** ou **museu de la Ciutat** *(plan V, C2)* qui referme artificiellement la place, est installé dans la casa Clariana-Padellàs, édifice gothique du xvie s., et fut, lors des travaux de percement de la via Laietana, transporté de l'ancienne rue des Marchands à son emplacement actuel.

Visite : de 9 h à 20 h du mar. au sam. ; 9 h-13 h 30 dim. et fêtes ; lun. 15 h 30-20 h ; ✆ 315-11-11 ; entrée carrer del Veguer.

A l'intérieur, la cartographie permet de saisir dans ses différentes phases le développement de la ville ; quelques maquettes restituent des monuments disparus comme la forteresse de la Ciutadella, 1715, inspirée de l'architecture militaire de Vauban *(2e étage),* et des documents iconographiques évoquent les fêtes d'autrefois (procession des Corpus) ou les quartiers anciens sacrifiés aux exigences de la ville moderne.

Par la petite rue de la Llibretaria ou la carrer Jaume Ier, au no 1 de laquelle se trouve le **musée de l'Holographie** *(vis. mar.-sam., 11 h-13 h 30 et 17 h 30-20 h 30 ; f. août ; ✆ 315-34-77, 319-16-76)* vous rejoindrez la **plaça Sant Jaume** *(plan V, C2).* Située au croisement du cardo et du decumanus de la cité antique, elle fut le théâtre de la vie sociale et corporative de la ville ; aujourd'hui encore, elle rassemble les danseurs de sardanes. Le palau de la Generalitat (gouvernement de Catalogne autonome) à dr., et le palau de l'Ajuntament, casa de la Ciutat ou hôtel de ville, à g., marquent aujourd'hui sa destination administrative.

☐ **Palau de la Generalitat** *(plan V, C2 ; ne se visite pas).* — La construction de ce palais fut entreprise par Jacques II. La façade, plus tardive (xvie s.), n'est pas sans rappeler le palais Farnèse, à Rome. Le grand patio gothique, l'escalier extérieur et la double galerie d'arcades mènent à la **chapelle Sant Jordi*** (1432-1435) dont l'intérieur a été réformé en 1620. La partie postérieure de l'édifice encadre le **pati dels Tarrongers** ou cour des Orangers, dont la construction fut entreprise en 1532 par Pau Mateu et achevée par Tomàs Barsa, le pavement en marbre de Carrare étant à l'origine en carreaux de faïence blanche et bleue. Le saló de Sant Jordi, avec une porte Renaissance, et le saló Daurat (où fut signée la proclamation de la République ; plafond d'acajou à caissons dorés) ouvrent sur la cour. Au-dessus de la carrer del Bisbe, l'édifice a été relié par un pont couvert de style gothique (1925-1929) à la **maison des Chanoines.** Les bâtiments du xvie s., de style gothique, ont été restaurés lors de la construction de ce pont. Blasons des xve et xvie s.

☐ **Ajuntament*.** — L'hôtel de ville présente sur la plaça Sant Jaume une façade néo-classique assez lourde due à Josep Mas (1840) à laquelle on préférera la façade gothique de la carrer de la Ciutat, achevée en 1550 et modifiée en 1824-1850.

Des nombreux et somptueux salons, vous visitez *au rez-de-chaussée* sous l'escalier d'honneur, le **Trentenari** où se réunissait le conseil des Trente (plafond peint vers 1408, portique du xvie s.). Le **saló de Cent,** grande salle du conseil des cent jurés de la ville *(au premier étage),* fut inauguré en 1373. Une décoration baroque se superpose à la structure gothique.

La **sala de les Croniques** a été décorée par Josep Maria Sert de **fresques** illustrant les faits d'armes des compagnies catalanes de Roger de Flor.

Roger de Flor (1280-1307), aventurier d'origine allemande, et les Almogavares combattirent en Asie Mineure contre les Turcs pour le compte des Byzantins (et leur propre profit) et conquirent le duché d'Athènes, en 1311.

Au milieu du XIXe s., l'architecte Daniel Molina construisit en annexe un nouvel édifice derrière les bâtiments existants, relié à l'ensemble par un pont couvert. Le bâtiment de la plaça Sant Miquel ou **Edifici Novíssim** par Giralt Clotet et Garcia Barbon (1958-1969) est décoré de reliefs sculptés par Subirachs.

Par la carrer Ataulfo, vous pourrez éventuellement faire un détour jusqu'à la **capella dels Templaris**, fondée au XIIe s. par les templiers puis reconstruite en style gothique en 1574 pour commémorer la bataille de Lépante ; elle constituait alors la chapelle du palais de l'amiral Lluís de Requesens, commandant effectif de la flotte chrétienne contre les Ottomans.
De la carrer de la Ciutat, le long de l'ajuntament, vous pourrez rejoindre l'**église Sant Just i Pastor** *(plan I, C2)*, de style ogival (1345 ; dans la chapelle de Saint-Félix, retable de l'école valencienne du XVIe s.), qui fut jusqu'au XVe s. la paroisse des rois.

Vous redescendrez vers la plaça de l'Angel par la carrer del Sostinent Navarro où subsistent d'importants vestiges de l'**enceinte romaine** (IVe s.) qui se prolonge au-delà de la plaça Ramon Berenguer el Gran. Plus loin, sur la voie Laietana, les restes d'une **villa romaine** du IIe s. ont été mis au jour. Derrière la cathédrale, on peut voir dans la cour du Centre excursionniste catalan *(10, carrer del Paradís)* quatre colonnes d'un **temple romain** d'Auguste.
Vers la plaça Catalunya et les Rambles, une **nécropole** des Ier et IIe s., située sur une des voies d'accès à la ville antique, est visible sur la plaça Vila Madrid.

En visitant le Musée archéologique de Montjuïc, les fouilles du Musée historique, le musée Frederic Marès et le petit musée paroissial de Santa María del Mar, vous aurez réalisé un « tour archéologique » complet de Barcelone.

2 — Les Rambles

De la plaça Catalunya *(plan V, C1)* part, en direction du port, l'artère la plus fameuse de Barcelone, les Rambles. Leur tracé s'appuie sur la limite O. de la ville médiévale du XIIIe s., lorsque fut élevée la seconde enceinte. Chacune des Rambles est désignée sous un nom différent.

Il y a tout d'abord la **rambla de Canaletes** avec une fontaine en fer du XIXe s. à laquelle elle doit son nom, puis la **rambla dels Estudis** (l'ancienne université ou **Estudi General** se trouvait là du XVe au XVIIIe s. ; *marché aux oiseaux le matin)* dont l'extrémité est marquée, à dr., par l'**église de Betlem**, de style baroque (1681-1729) et, à g., par le **palais Moja**, maison seigneuriale du XVIIIe s. restaurée qui abrite certains services de la Généralité et des salles d'exposition. La **rambla de Sant Josep** ou **rambla de les Flors** (marché aux fleurs) est bordée, en retrait, par la façade néo-classique du **palau de la Virreina***, construit par Josep Ausich en 1772-1777 pour l'épouse du vice-roi du Pérou.

A la mort de son époux, la veuve du virrei vécut quelques années dans ce palais dont la décoration baroque due au sculpteur Carles Grau contraste avec l'extérieur aux lignes sobres. Tous les salons n'ont pas été aussi bien conservés que la salle à manger *(au premier étage).*

Racheté par la ville en 1944, le palau de la Virreina abrite plusieurs années le musée des Arts décoratifs. Actuel siège des services culturels de la ville, le palau de la Virreina accueille régulièrement d'intéressantes expositions d'art contemporain *(ouv. lun. de 16 h 30 à 21 h; du mar. au sam. de 10 h à 14 h et de 16 h 30 à 21 h; dim. de 10 h à 14 h.)*.

De la plaça de la Boqueria, vous ferez un petit détour à g. jusqu'à l'**église del Pi** *(plan I, B2)* si vous désirez visiter en détail. Construite au XVᵉ s. avec remploi d'éléments plus anciens, elle présente une porte romane sur la plaça Sant Josep Oriol (XIIIᵉ s.) et une façade sobre et austère de style gothique catalan sur la plaça del Pi. Cette dernière est un endroit pittoresque où les artistes peintres exposent en plein air le dimanche.

Au même carrefour, en partant des Rambles dans le sens opposé, vous irez à l'**antic hospital de la Santa Creu*** *(plan IV, B2; que l'on peut rejoindre aussi à l'extrémité des bâtiments par la carrer de l'Hospital 56)*. Mélange savoureux d'architectures gothique, baroque et néo-classique, cet ensemble de bâtiments correspond à la réunion rationnelle et spacieuse de quatre hôpitaux dont la construction fut achevée en 1415, mais qui durent être rebâtis après un incendie en 1638. C'est un lieu de détente paisible avec ses cours aménagées en jardins, où l'on peut venir parfois écouter des concerts en plein air en soirée. L'édifice abrite aujourd'hui une bibliothèque municipale dans une belle salle voûtée *(au rez-de-chaussée)* et surtout la **Bibliothèque de Catalogne*** à laquelle on accède par un vestibule puis la cour d'un cloître et un large escalier décorés d'**azulejos** (carreaux de faïence) du XVIᵉ s. *La bibliothèque est ouverte de 9 h à 20 h (9 h à 15 h en août).* En face, la **Reial Acadèmia de Medicina** occupe l'édifice construit en 1762-1764 pour le Collège de chirurgie.

Depuis l'hôpital, vous pourrez gagner par la plaça de la Gardunya *(parking)* le **marché de la Boqueria** et traverser celui-ci pour rejoindre les Rambles. Sous une halle en fer, ce marché est l'un des plus animés de la ville : sa construction dura de 1840 à 1914; autre témoin de cette architecture commerçante moderniste, l'ancienne épicerie-pâtisserie Figueras, à l'angle de la rue Petxina. Sur les Rambles, à cette hauteur, vous remarquerez un grand pavement dû à Joan Miró et, au coin de la rue Cardenal Casanas, la Casa Bruno Quadros, de style néo-égyptien, témoin de l'orientalisme de la fin du XIXᵉ s.

Sur la **rambla dels Caputxins** se trouve le **Gran Teatre d'Òpera del Liceu*** *(plan IV, B2; visite : de 11 h 30 à 12 h 15 lun. et ven.)* construit de 1845 à 1848 et dont la salle (3 500 spectateurs) est l'une des plus belles d'Europe.

Deux rues plus bas, vous opterez pour la plaça Reial à g. ou le palau Güell à dr.

Palau Güell** *(plan IV, B2)*. — Aujourd'hui Institut et **musée du Théâtre et des Arts du spectacle**, ce palais, construit par Antoni Gaudi entre 1886 et 1890, marque les débuts de la grande époque créatrice du célèbre architecte. Après avoir regardé la façade et ses fers forgés, qui résument l'œuvre du concepteur, ne pas manquer l'intérieur et son jeu de volumes pour admirer le soin mis par Gaudi à intégrer architecture, décor et mobilier, ici conservés.

Visite : payante, lun.-ven., 16 h-20 h; f. sam., dim. et fêtes; entrée carrer Nou de la Rambla, 3; métro Liceu et Drassanes (ligne 3); autobus nᵒˢ 14, 18, 38, 59.

Ce palais était la résidence de la famille Güell en ville (1886-1888). La mise en place des espaces est l'une des recherches de Gaudi dans cette maison, des écuries souterraines à l'escalier qui ouvre sur les différents niveaux et à l'étonnante salle centrale; celle-ci est couverte d'une coupole parabolique qui dépasse en forme de cône sur la terrasse où elle est entourée de cheminées sculptées ornées de fragments de céramique.

Plaça Reial* *(plan IV, B2)*. — Entourée de constructions néo-classiques du XVIIIe s., elle a perdu le charme de la terre battue, mais conserve ses brasseries et, sous ses galeries, les marchands de cigarettes, les cireurs de chaussures et les vendeurs de billets de loterie côtoient les dealers et les travestis. Les anciennes boutiques disparaissent peu à peu mais on trouve encore, à l'angle du carrer del Vidre et du carrer de les Heures, l'ancienne herboristerie, dite du Roi, d'époque romantique. Lorsque s'allument les jolis réverbères — dessinés par Gaudí — la plaça Reial appartient, dit-on, à cet autre monde dont les lois régissent le Barrio Chino.

Barrio Chino. — C'est sans doute l'un des quartiers les plus fameux de Barcelone, peuplé de mauvais garçons et de filles de petite vertu. Pierre Mac Orlan situe le premier épisode de son roman *la Bandera* dans ce quartier qui inspira également quelques pages à Paul Morand, à Jean Genet et à Francis Carco. Si naguère le Barrio Chino était un passage touristique obligé, il n'a jamais eu de chinois que l'étroitesse de ses rues et l'éclat de ses enseignes lumineuses ; quartier du port, il est vrai assez mal famé, son prestige n'en reste pas moins une invention de la littérature française.

De la plaça Reial, vous pourrez rejoindre l'ajuntament, en passant par la petite **église de Sant Jaume,** construite en 1494 pour les juifs convertis de Barcelone, mais qui doit son aspect actuel à une reconstruction du XVIIe s.

En bas des Rambles se trouve le **musée de Cire** *(plan IV, B3 ; ptge de la Banca, 7 ; vis. en hiver lun.-ven. 10 h-14 h et 16 h-20 h, sam., dim. et fêtes 10 h-20 h ; en été t.l.j. 10 h-20 h ; ☎ 317-26-49)*, qui présente 300 personnages d'époques et de conditions différentes.

3 — Le port

La vocation maritime de Barcelone s'est inscrite en quelques beaux monuments dans la ville, près du port. La transformation des arsenaux en musée maritime, le récent aménagement d'une promenade le long du bassin marquent la volonté de remettre en valeur cet aspect de la ville dont la superbe basilique gothique Santa Maria del Mar est le symbole.

A l'extrémité des Rambles, vous aboutirez à la plaça Portal de la Pau signalée par le **monument a Colom** (à Christophe Colomb ; *plan IV, B3)*, une statue juchée au sommet d'une haute colonne (60 m), dressée à l'occasion de l'Exposition universelle de 1888, œuvre de l'architecte Gaietà Buigas. *(Un ascenseur permet d'accéder à la terrasse supérieure : panorama sur la ville.)*

Visite : du 24 juin au 24 sept. de 9 h à 21 h t.l.j.

■ **Musée maritime*** *(plan IV, B3 ; Portal de la Pau, 1 ; à dr. sur la place)*. — Ce musée est installé dans les Drassanes ou arsenaux de la couronne d'Aragon, construits sous Jacques Ier (1213-1276) pour préparer la conquête des Baléares, puis successivement agrandis jusqu'au XVIIIe s. En 1748, la flotte est dispersée, la galère ayant perdu sa suprématie sur les mers et Barcelone son grand rôle maritime après la découverte de l'Amérique.

Visite : de 9 h à 13 h et de 16 h à 18 h du mar. au sam. ; de 10 h à 14 h le dim. f. lun. ; 1 plaça Portal de la Pau ; métro Drassanes (ligne 3) ; autobus 14, 18, 29, 36, 48, 51, 57, 59, 64 ; ☎ 318-32-45, 301-64-25.

Les bâtiments sont impressionnants par l'ampleur de leurs proportions et donnent une idée de ce que devaient être les immenses vaisseaux qu'ils abritaient. La galère royale de don Juan d'Autriche à la bataille de Lépante, grandeur nature, a été reproduite en 1971, à l'occasion du quatrième centenaire de ce combat. Le fonds de la collection est surtout formé de modèles réduits de bateaux (caravelles, galères, etc., du xve au xviiie s., navigation à voile au xixe s., navigation à vapeur). Exposition d'ex-voto.

Dans la salle de cartographie sont conservés 18 portulans de l'époque médiévale dont le fameux **portulan de la Méditerranée*** dressé à Majorque en 1439 par Gabriel de Vallseca. Une salle est consacrée à l'art de la construction navale, une autre à l'archéologie sous-marine.

Des bateaux-mouches (de 11 h à 21 h de juil. à sept.; de nov. à mars, du lun. au ven. de 11 h à 17 h, sam. et dim. de 11 h à 18 h), les Golondrines, vous permettront de faire le tour du port en bateau; ☎ 419-59-44.

Depuis la plaça Portal de la Pau, vous aurez le choix entre la promenade (agrémentée de bars modernes et très appréciés) qui vous conduit en 30 mn à pied à la Barceloneta *(→ itinéraire 4)*, et le passeig de Colon, une artère très fréquentée qui mène tout droit au parc de la Ciutadella.

Lors de son séjour à Barcelone, Cervantès aurait habité une maison qui se trouvait à l'emplacement de l'actuel n° 6 du passeig de Colon, et y aurait terminé son *Don Quichotte*.

Vous laisserez sur votre g. la **Capitania General** *(plan V, C3)*, installée dans un ancien couvent des Frères de la Merci, transformé en 1846. Derrière se trouve l'**église de la Mercè*** *(plan V, C3)*, élevée en 1775 en style baroque, mais avec le remploi d'un portail latéral Renaissance de 1516. Ce sanctuaire somptueux, rococo à l'intérieur, est toujours consacré au culte *(les fêtes de la Mercè, patronne de la ville, sont l'occasion en sept. de nombreuses animations)*.

Au-delà du grand bâtiment de la poste se trouve la **Llotja** *(plan V, C-D3)*. Ces anciens magasins portuaires furent transformés au xviiie s. en école d'art, et la Llotja accueillit jusqu'au milieu du xxe s., de nombreux artistes; certaines de leurs œuvres sont aujourd'hui exposées dans les étages supérieurs. Picasso lui-même y était inscrit et son père y enseigna. Cet édifice néo-classique, élevé en 1763, englobe la grande salle gothique ou **saló de Contractació** *(fin xive s.)* où s'effectuent encore aujourd'hui les opérations de la bourse, ainsi qu'une autre salle de la même époque, découverte récemment. C'est aussi le siège de la Chambre d'industrie, de commerce et de navigation de Barcelone.

La Llotja (ou Lonja en castillan) était utilisée au Moyen Age pour emmagasiner les marchandises et conclure des opérations commerciales relevant essentiellement du commerce des mers. Celle de Perpignan a disparu mais on peut encore voir en Catalogne celles de Tortosa, Castello d'Empúries ou Palma de Majorque.

Tournez à g. sur la plaça del Palau; par la carrer Espaseria, vous arriverez à Santa Maria del Mar.

Santa Maria del Mar** *(plan V, D2-3; visite : de 9 h à 12 h 30 et de 17 h à 20 h, f. sam. et dim.).* — Cette église, érigée de 1328 à 1383, appartient à la dernière période du style ogival. Symbole de la puissance économique et politique des habitants du quartier (l'aristocratique carrer Montcada n'est pas loin) elle aurait été élevée, au retour de la conquête de Sardaigne, par Berenguer de Montagut, l'architecte de la collégiale de Manresa, de l'église de Santpedor et peut-être de la Seu de Mallorca.

La façade, très sobre, est agrémentée d'un **portail à archivolte**, surmonté d'une **rosace** du xve s. (Couronnement de la Vierge).

L'intérieur, éclairé par des **vitraux,** présente de belles proportions et les collatéraux sont presque aussi hauts que le vaisseau central (37 m). L'abside à pans coupés est entourée comme à Gérone d'un déambulatoire et de chapelles rayonnantes. Incendiée en 1936, l'église a perdu la plupart de ses œuvres d'art. Le petit musée paroissial présente essentiellement des objets procédant des fouilles archéologiques du sous-sol de l'église (nécropole paléochrétienne du IVe s.).

Derrière Santa Maria del Mar, sur la place où se tient le mercat del Born, et qui servait de cadre, au Moyen Age, aux joutes et aux tournois, débouche la carrer de Montcada.

La grande halle du **mercat del Born,** belle architecture du XIXe s. superbement restaurée, accueille aujourd'hui des expositions, des meetings ou des concerts qui donnent au quartier une nouvelle vitalité.

☐ **Carrer de Montcada*** *(plan V, D2).* — Cette rue doit son nom à Guillem de Montcada, issu d'une des plus grandes et puissantes familles de seigneurs catalans, qui acheta dans cette zone des terrains pour y bâtir, en 1153, son palais. Restée jusqu'au XVIIIe s. le quartier noble de la ville, cette rue est bordée de vieilles demeures seigneuriales : au n° 14, sala d'exposicions de la **Fundació de la Caixa de Pensions** *(ouv. de 11 h à 14 h et de 16 h à 20 h; f. dim. a.-m. et lun.),* au n° 19, **palau Meca,** au n° 25, **galerie Maeght** dans la casa Cervelló autant d'exemples de l'architecture civile catalane dont les façades sévères dissimulent de beaux patios agrémentés de larges escaliers et de galeries.

■ **Musée Picasso*** *(plan V, D2).* — Installé au n° 15 de la carrer de Montcada, dans le **palais Aguilar** (XIIIe s., restauré au XVe s.) et celui du baron de Castellet (un peu antérieur mais remanié au XVIIIe s.; *remarquez les très belles salles néoclassiques de l'étage noble),* ce musée renferme une importante collection de l'**œuvre gravé** de Picasso (1881-1973) et un ensemble unique de ses **œuvres de jeunesse.** Les collections ont été constituées par donations successives à la ville. En 1960, celle de Jaume Sabartés, secrétaire et ami intime du peintre, suscite la création du musée, inauguré en 1963.

Visite : de 10 h à 20 h du mar. au sam., dim. de 10 h à 15 h; f. lun.; ☏ 319-63-10/315-47-61; métro Jaume Ier, bus 16, 17, 22, 45.

Aux premières œuvres (enfance à Malaga, 1881-1891 et à La Corogne, 1891-1895) s'ajoutent quelques tableaux académiques réalisés à l'école des Beaux-Arts de Barcelone où la famille s'est établie en 1895 : **Primera Comunió** (1896), **Ciencia i Caritat** (1897) ainsi que des portraits d'artistes, assidus du café **Els Quatre Gats** dont Picasso était familier. En 1900, Picasso se rend à Paris et découvre les impressionnistes, les pointillistes et les nabis : brève série d'œuvres colorées **La Nana, Margot** (1901), suivie de la période bleue (1901-1904) où prédomine le thème des saltimbanques : **Els Desemparats** (1903), **La Dona del Floc de Cabells** (1903). La période rose est marquée d'un caractère plus classique : **portrait de la Senyora Canals** (1905). Dans cette œuvre, l'introduction de tons de verts et d'ocre annonce l'étape suivante. Le célèbre tableau des **Demoiselles d'Avignon** avait marqué en 1907 les débuts du cubisme; **Cap** (1913) illustre cette manière. L'artiste poursuit aussi son travail dans des voies différentes peignant des toiles cubistes sans pourtant délaisser un certain classicisme : **Dona amb Mantellina** (1917). En 1946, Picasso s'installe définitivement dans le midi de la France et la lumière envahit ses toiles. Il travaille à partir d'œuvres d'autres peintres comme le tableau des **Ménines** de Velázquez. C'est aussi à cette époque que Picasso découvre la céramique et, parallèlement à la peinture, réalise de nombreuses sculptures.

Son œuvre gravé s'étend sur près de 70 ans (1904-1972) et le musée présente l'évolution de ce travail. On remarquera les très belles **eaux-fortes** de la *salle 29* sur le thème de la **Tauromachie***.

Picasso : vous pourrez voir de l'artiste à Barcelone quelques **céramiques*** au musée de la Céramique (palau nacional de Montjuïc, → itinéraire 5); les frises gravées dans le béton de façade du **collège des Architectes** sur la plaça Nova (→ itinéraire 1; en face de la cathédrale) où Picasso a illustré des fêtes populaires, la ville de Barcelone avec ses édifices et ses usines entre mer et montagne, et la sardane; le long du parc de la Ciutadella, sur le passeig Picasso, **monument à Picasso** par Tapiès (1982); à Sitges : musée du Cau Ferrat.

Musée du Textile et du Vêtement. — Presque en face du musée Picasso, il occupe le palais du marquis de Llió (qui n'a donné son nom à l'édifice qu'au début du XVIIIᵉ s. : remarquez l'écu seigneurial à la retombée des arcs du patio) et le palais Nadal, deux édifices du XIIIᵉ s.

Visite : de 9 h à 14 h et de 16 h 30 à 19 h, du mar. au sam., dim. 9 h-14 h; entrée Montcada, 12-14; métro Jaume Iᵉʳ (ligne 4); bus 16, 17, 39, 40, 45, 51, 57, 59, 64; ☎ 310-45-16, 319-76-03.

Un important fonds textile rassemble tissus coptes, hispano-arabes, orientaux, péruviens, brocarts et velours, etc. La section d'ornements liturgiques (XIIIᵉ-XXᵉ s.) compte de superbes pièces brodées : **chape de Sant Fructuós** (XIIIᵉ s.), **Tern de Sant Valeri** (XIIIᵉ s.) ou de **Sant Vicenç** (XVᵉ s.). Trois pièces provenant de Bruxelles (XVIᵉ s.) illustrent l'art de la tapisserie de haute lisse.

Le musée du Vêtement et des Accessoires, pour l'essentiel issu de la **collection Rocamora**, retrace l'histoire de cinq siècles d'habillement civil et populaire, complétée en 1981 par la **donation Balenciaga** (haute couture). Le **musée de la Dentelle** *(au 2ᵉ étage)* possède une grande collection de mantilles, cols, châles, ombrelles. *Le rez-de-chaussée accueille des expositions temporaires.*

L'art roman à Barcelone. — Comme la ville romane s'était développée sur le site romain, les Barcelonais ont rebâti à l'époque gothique leurs églises, leurs palais ou leurs simples demeures sur l'emplacement de constructions plus anciennes. Les édifices romans — si nombreux en Catalogne — et plus souvent leurs vestiges sont rares ici et disséminés dans les vieux quartiers.

Deux musées importants présentent en revanche de riches collections : au musée d'Art de Catalogne à Montjuïc (→ itinéraire 5), peintures, sculptures, arts appliqués; au musée Frederic Marès (→ itinéraire 1), dans le Barri Gòtic, sculptures.

A l'extrémité de la carrer de Montcada se trouve la **chapelle de Marcús** (c. dels Carders, 2), fondée en 1116 et remaniée en 1860.

Suivez le carrer de Corders jusqu'à la plaça Sant Agustí où vous prendrez à g.; vous parviendrez à l'**église Sant Pere de les Puelles** *(métro Arc de Triomf).* Il ne subsiste de ce monastère roman de Saint-Pierre-des-Pucelles, fondé au Xᵉ s. et reconstruit en 1147, que quelques éléments romans dans l'église (impostes carolingiennes dans le collatéral g.). Vous vous dirigerez alors vers la cathédrale et la chapelle Sta. Llúcia (p. 272).

Monastère Sant Pau del Camp* *(plan IV, A2; visite : aux horaires de culte).* — Il se trouvait à l'une des portes de la ville. Fondée au Xᵉ s., l'église fut reconstruite vers 1120 en style roman par Guibert Guitard avec des éléments de remploi. Au portail, du XIIIᵉ s., les chapiteaux datent de l'époque wisigothique. Le **cloître***, du XIIIᵉ s., avec ses arcs à trois et cinq lobes, ses colonnes jumelées, ses chapiteaux sculptés (motifs végétaux, représentation d'Adam et Ève...), s'ouvre sur la salle capitulaire, plus tardive.

En sortant de Sant Pau del Camp, remontez la carrer de Carretes puis celle de la Botella, par la carrer de la Cera, pour rejoindre la plaça Padró et la chapelle de Saint-Lazare. La **capella de Sant Llàtzer** est le seul vestige de l'hôpital, fondé au XIIᵉ s. à l'entrée de la ville sur la route de Montjuïc et de Llobregat, pour accueillir les lépreux.

4 — La Barceloneta

Par le passeig Nacional puis, sur votre g., le passeig Maritim *(plan III, D3),* vous atteindrez le quartier des ouvriers et des pêcheurs. Il fut construit par des ingénieurs militaires au milieu du XVIIIᵉ s., ce qui explique son plan en damier et l'uniformité des étages inférieurs de ses maisons (les habitants du quartier reçurent, en 1837, l'autorisation de surélever leurs demeures). Depuis la guerre civile, ce quartier a cessé d'être exclusivement habité par les pêcheurs, mais il demeure un quartier populaire avec de nombreux cafés et des restaurants où l'on consomme volontiers du poisson et des fruits de mer, aux terrasses qui, pour la plupart, gagnent sur le sable.

La récupération du littoral a en effet conduit à l'aménagement de cette plage (surpeuplée en été) qui offre toutes les garanties de salubrité mais n'est pas un lieu de baignade idéal. Au-delà de la Barceloneta, le quartier du Poble Nou a été profondément remanié pour accueillir le village olympique lors des J.O. de 1992.

Métro Barceloneta; autobus 39 et 64.

Les plages de Barcelone. — Au-delà de la Barceloneta *(1,8 km de plage équipée de douches et de services),* la plage de Mar a été récemment assainie et des installations minimum créées.

La plage de **Badalona** *(10 mn en autobus, ligne de Gérone)* au N. ou celle de **Castelldefels** au S. *(1/2 h en train, ligne de Tarragone)* ainsi que **la Marina,** une frange côtière où subsistent quelques lagunes entre l'embouchure du Llobregat et Castelldefels, sont les premières grandes plages à la sortie de Barcelone. Très fréquentée en été, cette partie du littoral n'a cependant pas le cachet de Sitges ou le pittoresque de la Costa Brava, très bien reliés, par trains ou autocars, à la capitale catalane.

5 — Montjuïc

Une communauté juive, chassée de la ville par les événements de 1391, aurait habité au pied de ce qui devint «la montagne des Juifs».

Le site a eu longtemps une vocation militaire (citadelle de Montjuïc) mais l'Exposition de 1929 a permis de le valoriser. Certains pavillons construits à cette occasion sont restés ou devenus des musées (musée d'Art de Catalogne, musées archéologique et ethnologique...) tandis que l'on conservait le Poble Espanyol, village espagnol, reproduction des différents habitats et monuments régionaux pour en faire un centre touristique. La Fondation Miró a apporté un nouvel intérêt culturel et architectural à cet ensemble, en 1976.

Le parc d'attractions attire quotidiennement les Barcelonais, mais si vous dédaignez les autos tamponneuses et la grande roue, grimpez cependant au balcon de Miramar qui vous offrira un splendide panorama sur Barcelone et le port.

Trois jardins ont été inaugurés en 1970 : Joan Maragall (poète, 1860-1911) autour du petit palais Albèniz, Mossèn Cinto Verdaguer (poète 1845-1902) à côté du parc d'attractions, Mossèn Costa i Llobera (écrivain ecclésiastique, 1854-1922) avec ses plantes exotiques et ses cactées sur le front de mer, par le passeig Miramar.

Le versant S.-O., vers la zone industrielle, est investi par des installations sportives dont la préparation des Jeux de 1992 a fait l'un des plus vastes et ambitieux chantiers de la ville.

L'accès à Montjuïc (plan II, A3) s'effectue par la plaça d'Espanya ; métro lignes I et III ; funiculaire : Avinguda Paral.lel ; téléphérique : tour Saint-Sébastien, tour Jaume Ier, ou Miramar ; bus 61. — Si vous disposez d'un peu de temps ou vous intéressez à l'urbanisme, ne manquez pas un petit détour préalable par le quartier de la gare de Sants (métro Estacio-Sants), au pied de la colline.

5a — Au pied de la colline de Montjuïc

Plaça dels Països catalans. — La désolation du terrain vague qui s'étendait devant la gare n'avait d'égal que le désarroi des architectes lorsqu'ils furent chargés de ce problème. Le résultat est sans doute l'une des réalisations les plus avant-gardistes de Barcelone, dans laquelle les objets qui peuplent l'espace (et les piétons eux-mêmes) définissent le lieu : une grande pergola à couverture sinueuse qui rappelle la fumée des locomotives, une double rangée de jets d'eau, des podiums sans statues, des panneaux publicitaires sans annonces sont autant d'objets qui rappellent les avant-gardes artistiques du premier quart de notre siècle ; le résultat est l'invention d'une nouvelle topographie, paysage tout à fait remarquable.

A l'emplacement de l'usine **Espanya Industrial**, rasée, a été aménagé, outre la gare de Sants, un parc de grandes dimensions orné de sculptures et agrémenté d'un lac accessible par des gradins. C'est, parmi d'autres à Barcelone, un bel exemple de récupération d'espace au profit de l'architecture et de la sculpture contemporaines.

Avant d'atteindre la place d'Espagne, vous laisserez sur votre g., à l'emplacement des anciens abattoirs de la ville, le **parc de l'Escoxador** ou **parc Joan Miró** *(métro Tarragona, ligne 3)* orné, au milieu du lac, de l'une des sculptures polychromes les plus connues de l'artiste, *Dona i ocell* (Femme et oiseau).

La **plaça d'Espanya** *(plan II, A2)*. — Elle est décorée en son centre par une fontaine monumentale, l'Espagne offerte à Dieu, par Josep Maria Pujol, et des sculptures de Miquel Blai.

Située au débouché de l'avenue María-Cristina, qu'encadrent divers bâtiments de la Foire-Exposition — dont le vaste **palau Nacional**, palais des Nations — cette place marque l'entrée du **parc de Montjuïc**, dessiné par Forestier.

Au centre de la place jaillissent les **fontaines** lumineuses de Carlos Buigas restaurées pour les J.O. de 1992 *(éclairées en été : de 21 h à 24 h les jeu., sam. et dim. avec musique de 22 h à 23 h ; en hiver : de 20 h à 23 h les sam. et dim. avec musique de 21 h à 22 h).*

5b — La colline de Montjuïc

Village Espagnol ou **Poble Espanyol** *(plan II, A2)*. Construit pour l'Exposition de 1929 par l'architecte Folguera et le peintre Utrillo, il constitue l'un des grands lieux (un peu trop) touristiques de la ville. Il offre un condensé des aspects les plus intéressants de l'architecture régionale de l'Espagne et s'ouvre sur un fac-similé de la porte des murailles d'Ávila. Là, vous passerez sans transition du cadre aragonais, où la brique, la tuile vernissée et la céramique polychrome sont reines, au pueblo andalou, crépitant de blancheur, puis au village galicien, aux sombres et solides façades, ou encore à la noble austérité du burgo castillan. Vous verrez travailler des artisans (céramistes, souffleurs de verre, vanniers...), trouverez des produits régionaux et pourrez visiter quelques petits musées.

Visite : de 9 h à la fermeture des établissements nocturnes (2 h du matin dim. et lun., 4 h mar. et mer., 6 h jeu., ven., sam. et j. de fêtes); l'entrée des musées (souvent fermés l'a.-m.) est comprise dans le billet d'accès.

Musée des Arts et Traditions populaires *(carrer de la Conquesta, 2; ☏ 426-19-99; vis. sur demande).* — Mobilier et objets quotidiens, outils... classés par régions.

Casa Pallaresa *(plaça Major, 6).* — Restitution d'une maison d'éleveurs de la région de Pallars Jussa (N.-E. de la Catalogne).

Musée du Livre et des Industries graphiques *(carrer de la Conquesta, 2; ☏ 426-19-99; vis. sur demande).* — Dans une maison qui s'inspire de l'architecture de Caceres et Sangüesa; histoire et technique, pratiques de l'impression.

Farmàcia*. — La pharmacie occupe deux maisons contiguës dans le quartier catalan : collection de céramiques, de verreries, de mortiers...

■ **Musée d'Art de Catalogne***** *(plan II, A2).* — En sortant du Poble Espanyol, vous prendrez à g. et longerez l'enceinte pour rattraper l'av. dels Montanyans. Installé dans le **palau Nacional**, ce musée fait à juste titre l'orgueil de la ville ; ses richesses en matière d'art roman et gothique de Catalogne et d'Espagne et de peinture des xvie et xviie s. seront élargies par le regroupement d'une grande partie des collections d'art de la ville en un seul établissement, travaux qui entraînent sa fermeture pour quelques années *(→ grandes collections publiques, 2).* Le palau Nacional doit, en principe, accueillir également la célèbre collection Cambo *(→ grandes collections publiques, 1).*

Musée d'Archéologie** *(plan II, A2-3; à 5 mn du palau Nacional; descendez à g. en sortant du musée d'Art de Catalogne).* — Collections remarquables, de l'art étrusque à l'art du bas Moyen Age *(→ grandes collections publiques, 3).*

Fondation Joan Miró** *(plan II, A3; sur la route d'accès au château de Montjuïc, après le stade, vous votre g. Pl. Neptú, s/n; ☏ 329-19-08).* — Créée en 1971 par le célèbre artiste catalan Joan Miró (1893-1983), inaugurée en 1976, elle est installée dans les sobres bâtiments de Josep Lluís Sert (1902-1983), l'architecte de la Fondation Maeght à Saint-Paul-de-Vence. De béton et de verre, l'édifice joue des pleins et des vides et combine des espaces lumineux et paisibles, d'une grande qualité architecturale. L'agrandissement du musée a été réalisé récemment, selon les plans dessinés par Sert. Dans ce centre d'art contemporain sont exposés des dessins, peintures, aquarelles, sculptures et tapisseries de Joan Miró, et diverses œuvres léguées par l'artiste à la ville de Barcelone. D'importantes expositions y sont organisées, ainsi que des projections de cinéma et de diapositives.

Visite : de 11 h à 19 h du mar. au sam. (jusqu'à 21 h le jeu.) et de 10 h 30 à 14 h 30 dim. et fêtes ; f. lun. ; bibliothèque accessible sur dem. et f. en août ; ✆ 329-19-08 ; autobus 61.

Miró dans la ville : pavement sur les Rambles, à la hauteur de la plaça de la Boqueria ; céramique pour l'aéroport de Barcelone (1970) ; sculpture en ciment revêtue de céramique : Femme et oiseau, en collaboration avec Joan Gardy Artigas (1982) dans le parc Joan Miró, derrière les arènes de la plaça d'Espanya ; musée d'Art moderne.

Château de Montjuïc* *(plan II, A3).* — Au point culminant de la colline (213 m), un observatoire avait été installé au Moyen Age pour garder la ville. Un fortin fut édifié au XVIIᵉ s. lorsque Barcelone, en rébellion contre Philippe IV (1640) se plaça sous la protection du roi de France. Agrandi en château, il fut doté par le comte Rocali, à la fin du XVIIIᵉ s., de fortifications à la Vauban. La position stratégique de cette citadelle en faisait la clef de défense de la ville, en même temps que le rempart de l'autorité royale contre les turbulences des Barcelonais (elle servit même, à la fin du XIXᵉ s., de prison). Les demandes répétées de la Ville pour récupérer la citadelle n'aboutirent qu'en 1960, lorsqu'au cours d'une visite à Barcelone Franco en accorda la cession. Elle abrite un musée militaire.

Le **Musée militaire :** collections d'armes, uniformes, maquettes, décorations, etc. ; des jardins, quelques boutiques de souvenirs et un restaurant en marquent la nouvelle destination touristique.

Visite : du mar. au sam. de 9 h 30 à 14 h et de 15 h 30 à 20 h ; dim. et fêtes 9 h 30-20 h ; entrée payante ; accès par le funiculaire de Montjuïc, le téléphérique de Miramar ou l'autobus 61 ; parking. ✆ 329-86-13.

Musée ethnologique*. — Ses collections proviennent des expéditions du musée sur tous les continents et comptent plus de 20 000 pièces, exposées par roulement.

Visite : de 9 h à 20 h 30 du mar. au sam., de 9 h à 14 h dim. et fêtes, et de 14 h à 20 h 30 le lun. ; ✆ 424-64-02, 424-68-07. Accès : métro, ligne 3 (Poble Sec) ; bus 55.

Pour les ethnologues avertis, le **Musée ethnographique** andino-amazonien des capucins de Sarria complètera cette visite *(2-16, carrer Cardenal Vives i Tutó ; terminus de l'autobus 94 ; premier dim. de chaque mois de 12 h à 14 h, f. en août et sept. ; ✆ 204-34-58).*

A la sortie du Musée ethnologique, en redescendant le passeig de Santa Madrona, les escaliers vous mèneront, à dr., à la Font del Gat : restaurant du XIXᵉ s., œuvre de l'architecte moderniste Josep Puig i Cadafalch (1867-1956).

La reconstruction du **pavillon de Mies van der Rohe*** *(ouv. en hiv. de 8 h à 20 h ; en été de 8 h à 24 h, ✆ 423-40-16)* élevé à l'occasion de l'Exposition de 1929, a été achevée en 1986. En contrebas du palais Alphonse XIII, cet édifice marque une étape essentielle de l'architecture de notre temps.

6 — Parc de la Ciutadella

Plan III, D3 ; métro Arc de Triomf ou Barceloneta ; autobus 14, 29, 39, 40, 51, 92 ; le 747 circule les dim. et j. fériés de la plaça de Catalunya au Zoo.

Le parc est une belle promenade de 30 ha aménagée en jardins ornés de fontaines et de sculptures sur l'emplacement de la citadelle construite en 1717-1725 par l'ingénieur belge P. de Verboom et détruite en 1868. De la citadelle subsistent le pavillon de la Reine-Régente, la chapelle et le Palais royal qui abrite le musée d'Art moderne et le Parlement de Catalogne.

Le réaménagement du parc intègre également quelques bâtiments construits à l'occasion de l'Exposition internationale de 1888. Le musée de zoologie est installé dans ce qui fut le grand restaurant et l'arc de triomphe, sur le passeig Lluís Companys, date de cette époque.

Au centre du jardin, la **fontaine monumentale** (1881), de style néo-classique, est due à J. Fontseré dont l'un des collaborateurs n'était autre que le jeune **Gaudí**.

Musée d'Art moderne**. — Installé dans l'une des ailes du **palais de la Citadelle** (ancien arsenal), cet édifice néo-classique fut agrandi par Pere Falqués en 1915.

Il renferme surtout des peintures et des sculptures d'artistes catalans des XIXe et XXe s. et un bel ensemble d'art décoratif d'époque moderniste (→ *grandes collections publiques, 4).*

Musée de Zoologie*. — Depuis 1917, il est installé dans le fameux **castel dels Tres Dragons**, le restaurant de l'Exposition universelle de 1888 construit par l'architecte **Lluís Domènech i Montaner**, une grande bâtisse de brique rouge où l'on dénote certaines références à l'art médiéval et au style mauresque, deux composantes du mouvement moderniste qui s'amorce à cette époque. Une baleine, des dauphins, un gorille blanc et bien d'autres animaux font du **zoo** attenant l'un des plus beaux d'Europe.

Visite : de 9 h à 14 h t.l.j. sf. lun. ; parc de la Ciutadella P. Picasso s/n ; métro Arc de Triomf (ligne 1), bus 39, 40, 41, 51 ; ☏ 319-69-50, 319-69-12.

Musée de Géologie. — Le plus ancien musée de Barcelone est situé à côté, dans un bâtiment de style néo-classique à fronton, élevé en 1878. Les statues du botaniste Jaume Salvador *(à dr.)* et du zoologue Fèlix de Azara *(à g.)* ornent la façade. Importantes sections de minéralogie ; paléontologie et pétrographie *(ouv. de 9 h à 14 h sf lun. ☏ 319-68-95 ; métro Arc de Triomf, ligne 1 ; bus 39, 40, 41, 51).*

Dans le passeig de Picasso, qui borde le parc de la Ciutadella le long des musées de Zoologie et de Géologie, Antoni Tapies a conçu un monument-fontaine, enfermé dans un cube de verre de 4 m de côté, en hommage à l'anticonformisme de Picasso.

7 — Le Tibidabo

Par la route de Sant Cugat, vous atteindrez, à env. 10 km de la plaça de Catalunya, le sommet du Tibidabo (532 m), maintenant transformé en luna-park, d'où la vue sur Barcelone, la mer et l'arrière-pays boisé est particulièrement étendue. Le nom donné à ce sommet se réfère à la tentative satanique de corruption du Christ, telle que la relate dans la traduction latine de l'évangile de Matthieu : « Haec omnia tibi dabo si cadens adoraberis me » (tout cela je te le donnerai si, te prosternant, tu me rends hommage).

Autobus 17, 22 jusqu'à l'av. du Tibidabo ou train depuis la plaça de Catalunya : correspondance avec le tramway Tramvia Blau et le funiculaire.

Musée des Automates *(visite : de 11 h à 20 h d'avr. à sept. ; de 11 h à 20 h sam., dim. et j. fériés d'oct. à mars, ☏ 211-79-42).* — Il possède aussi une collection de marionnettes du début du siècle.

Pour redescendre du Tibidabo, prenez la route de **Vallvidrera**, cité-jardin d'où les vues sur la ville sont fort belles ; vous rejoindrez la **villa Joana**, actuel **musée Verdaguer** ; le poète Jacinto Verdaguer y mourut en 1902 *(vis. de 9 h à 14 h sf lun. ; l'a.-m. sur r.-v. ; ☎ 204-78-05)*. Alentour, belle promenade dans les bois de Fontvella.

Du retour vers Barcelone, on peut signaler pour les amateurs le **cabinet de physique expérimentale** Mentora Alsina où est exposée la collection d'appareils scientifiques du Docteur Ferran Alsina i Paradella *(carretera de Vallvidrera, au pied du funiculaire ; visite guidée uniquement ; ☎ 417-57-34)*, ainsi que le **musée de la Science** *(Teodor Roviralta, 55 ; du mar. au dim. de 10 h à 20 h ; ☎ 212-60-50)* et le **Planétarium** créés par la Caixa de Pensions. Ce centre des sciences présente de manière didactique de multiples thèmes scientifiques et organise des expositions temporaires *(visite du Planétarium à heures fixes : s'informer à l'entrée des sessions en français ; filmothèque : projections en fin de sem. et festival du cinéma scientifique en nov. ; 55, carrer Teodor Roviralta ; autobus 17, 22, 23 jusqu'à la Rotonda puis 5 mn à pied ; parking au-dessus du musée)*.

8 — Pedralbes

Comme le Tibidabo, Pedralbes est un peu excentré. Si vous êtes en voiture, prenez la Diagonale, vers l'autoroute de Madrid et Saragosse ; si vous êtes à pied, prenez le métro et descendez à la station Palau Reial, ou l'autobus 7 ou 75 ; vous rejoindrez le palais de Pedralbes puis vous remonterez l'avenue (un bon quart d'heure à pied) vers le monastère (autobus directs 22, 64 et 75).

Pour vous rendre au palais de Pedralbes, vous passerez près du « camp » du Futbol Club Barcelona *(Av. Aristide Maillol, s/n ; métro Collblanc, ligne 5, et Maria Cristina, ligne 3 ; bus 7, 15, 46, 54, 57)*, monument très fréquenté et véritable lieu de dévotion populaire, à côté duquel les supporters ne manqueront pas de visiter le musée *(ouv. mar.-ven. 10 h-13 h et 16 h-18 h, sam., dim. et j. fériés 10 h-13 h de nov. à mars ; lun. et mer.-sam. 10 h-13 h et 15 h-18 h, j. fériés 10 h-13 h d'avril à oct.)* : documents divers, audio-visuel sur l'histoire du club, accès à la loge présidentielle du stade.

☐ **Musée du palais de Pedralbes**** *(Avda. Diagonal, 686)*. — Dans une ancienne propriété des comtes de Güell agrandie par de successives acquisitions, le **Palais royal**, de style italien du début XIXe s., a été construit dans les années 20 et offert par le roi Alphonse XIII à la ville. Le dim., les Barcelonais viennent flâner en famille dans les jardins.

Visite : palais fermé temporairement ; ☎ 203-75-01.

■ Le palais de Pedralbes abrite le musée des Arts décoratifs et le **musée de la Céramique**** qui présente un ensemble de pièces du XIe s. à nos jours justifiant à lui seul une visite.

Visite : de 9 h à 14 h t.l.j. sf lun., f. jours fériés ; ☎ 280-34-21, 280-16-21.

Les diverses acquisitions et donations, les objets procédant des fouilles ont été classés par ordre chronologique et rendent compte de l'activité des différentes manufactures. Céramique arabe, céramique médiévale catalane, céramique vert-jaune-bleu d'Aragon, céramique à reflets dorés de Manises (XVe-XVIIe s.), carreaux de faïence valenciens et catalans, céramique italienne du XVIe au XXe s., voisinent avec des céramiques de Picasso et d'autres œuvres contemporaines.

Au palais de Pedralbes, ancienne demeure royale, sont conservés dans le **musée des Arts décoratifs** *(vis. sur dem.; ☎ 280-50-24)*, quelques très beaux meubles, objets d'art, tableaux et tapisseries meublant de somptueux salons (on y reçoit encore à l'occasion). Des expositions de qualité contribuent aussi à donner une vie nouvelle à cet endroit chargé d'histoire.

Dans les jardins, **font del Drac**, dessinée par Gaudí. En sortant, prenez la Diagonale à dr., longez la faculté de droit et remontez l'avenue de Pedralbes jusqu'à ce qui fut l'entrée de la propriété des Güell : **portail*** du Dragon en fer forgé, un animal fabuleux qui a malheureusement perdu ses éléments colorés en céramique, et **pavillons*** dessinés par Gaudí *(visite sur demande; 7, av. de Pedralbes)*, siège de l'Association des Amis de Gaudí et merveilleuse bibliothèque du professeur Bassegoda i Nonell, installée dans les anciennes écuries *(pavillon à g. de l'entrée)*. Manège.

✝ ● **Monastère de Pedralbes**.** — Plus haut sur l'avenue, l'enceinte du monastère de Pedralbes *(Baixauda Monestir, 9)* protège divers bâtiments : vous y visiterez le cloître et l'église.

Visite : de 9 h 30 à 14 h du mar. au dim.; entrée gratuite; ☎ 203-92-82.

Le **monastère** fut fondé en 1326, par la reine Elisenda de Montcada, quatrième épouse de Jacques II le Juste, roi d'Aragon et de Sicile. Le cloître fut achevé au XIVe s.

L'**église***, d'un seul vaisseau flanqué de chapelles latérales, a conservé ses vitraux du XIVe dans l'abside. Le **tombeau d'albâtre** de la fondatrice (1364), à l'entrée du presbytère, à dr., la représente couronnée, parée comme une reine et entourée d'anges et de saints alors qu'elle est vêtue du simple habit sur le sépulcre placé dans le cloître.

Les trois étages du **cloître** sont d'une remarquable unité architectonique. De nombreuses petites cellules de jour donnent sur le jardin. Vous vous dirigerez vers la **chapelle de Saint-Michel****, décorée de peintures murales par Ferrer Bassa (1290-1348) en 1346.

Ferrer Bassa (vers 1285-1290, † 1348) aurait beaucoup travaillé pour la Maison royale d'Aragon. Il ne reste malheureusement rien aujourd'hui de ses nombreux retables. Ces peintures du cloître de Pedralbes, qui laissent transparaître un style simplifié et une grande maîtrise de la composition, et où l'on discerne une influence de la peinture siennoise et de Giotto, sont consacrées à la vie de la Vierge; elles apparaissent sur un fond bleu, uniforme, qui nous rappelle que Ferrer Bassa fut aussi un miniaturiste.

Vous pourrez visiter le réfectoire (très restauré à la fin du XIXe s.), la **salle capitulaire** (clef de voûte polychrome de 1420 représentant la Pentecôte), la chambre dite de la Reine et l'infirmerie avec ses dortoirs. Pièces de mobilier, retables, sculptures y sont exposés.

À l'occasion des Jeux olympiques de 1992, le monastère accueille temporairement une partie (76 œuvres) de la collection Von Thyssen.

9 — La ville nouvelle

La grande plaça de Catalunya *(plan III, C2)*, ornée de fontaines et de sculptures (la *Déesse* de J. Clarà), marque le départ de l'*Eixample*, ces nouveaux quartiers dessinés à la fin du XIXe s. qui s'étendent de part et d'autre de la

Diagonale. Les plus beaux édifices modernistes se trouvent sur cet axe et sur le passeig de Gràcia. A l'O. de la ville, quelques édifices ponctuent le paysage urbain d'une note résolument moderne.

Passeig de Gràcia *(plan III, C1-2).* — C'est l'une des artères les plus séduisantes de Barcelone, dotée de magasins de luxe et d'immeubles modernistes qui contrastent avec les lignes rigides de l'architecture franquiste. Au début du siècle quartier résidentiel de la haute bourgeoisie, le passeig de Gràcia est aujourd'hui au centre de la vie sociale, économique, artistique et commerciale de Barcelone.

L'architecture moderniste. — Le modernisme peut être rattaché historiquement à l'Art nouveau (Guimard et l'École de Nancy en France, Horta en Belgique) dans ses manifestations architecturales et décoratives.

Il s'agit en réalité d'un mouvement culturel plus complexe qui embrasse la littérature, la musique et la peinture et prolonge une réflexion sur l'identité catalane amorcée dans la première moitié du XIXe s. Les architectes catalans sont influencés par le rationalisme de Viollet-le-Duc et la vogue du néo-gothique et s'inspirent, de manière plus originale, de l'art islamique. Comme partout en Europe, ils opposent à la rigidité des concepts classiques un vocabulaire naturaliste stylisé, inépuisable.

C'est sur le vaste champ d'expériences de l'**Exposition universelle de 1888** (un événement qui situe Barcelone au rang des grandes capitales européennes) que l'on peut voir se définir les caractéristiques de l'architecture moderniste. Elle prend un essor extraordinaire pour lentement se transformer, après 1910, sous l'impulsion des théories fonctionnalistes de Loos.

La conjonction de ce grand courant de pensée et d'un contexte économique privilégié en Catalogne (en particulier à Barcelone) va permettre à des architectes comme **Lluis Domènech i Montaner** (1850-1923), **Josep Puig i Cadafalch** (1867-1956), **Pere Falqués i Urpí** (1857-1916) et à beaucoup d'autres d'exprimer librement cette nouvelle conception de l'architecture tandis que **Gaudí**, bénéficiant du soutien d'un mécène éclairé, le comte Eusebi Güell, réinvente l'architecture, alliant à l'application rigoureuse des lois architecturales la plus grande fantaisie décorative.

A dr. dans le passeig de Gràcia, les n°s 2 et 4 (1890-1891) sont de Enric Sagnier ; puis du n° 6 au n° 14 vous remarquerez un ensemble de maisons de B. Bassegoda (1918). L'avenue elle-même est ornée de **bancs**, en céramique blanche, et de **réverbères** dus à Pere Falqués i Urpí (1900).

Sur votre droite la **Casa Calvet** *(c/ Casp. 48 ; plan III-D2)* est la première œuvre de Gaudí que l'on peut admirer quand on pénètre dans ce quartier. Immeuble de tendance baroque (1898-1900), il marque le passage vers un style complètement libéré des réminiscences historiques ; il faut entrer pour admirer l'escalier, le mobilier et l'ascenseur, également dessinés par Gaudí.

Casa Golferichs *(Gran Via de les Corts catalanes, 491 ; plan III-CD2)* de Joan Rubio i Bellvé (1871-1952), élève de Gaudí ; elle fut construite en 1900-1901. C'est un bel exemple de maison individuelle d'inspiration gothique qui fait un usage très étudié de matériaux traditionnels. Sauvée récemment, cette maison accueille les services administratifs du quartier.

Casa Heribert Pons *(rambla de Catalunya, 19-21 ; plan III-C2),* immeuble (1907-1910) de l'architecte Alexandre Soler i March (1873-1949), est très marquée dans ses formes par l'architecture viennoise contemporaine. Le jardin offre une série de sculptures d'Eusebi Arnau représentant les Muses. A la suite d'une importante restauration, le bâtiment abrite aujourd'hui le département d'Économie de la Généralité de Catalogne.

La zone du passeig de Gràcia située entre les rues de Consell de Cent et Aragó est appelée la **Mançana de la Discordia**, ce qui fait référence à la rivalité qui présida à la construction des édifices dans la première décennie de notre siècle et au contraste qui existe entre eux.

Au-delà de la Gran Via de les Corts Catalanes, vous traverserez les rues de la Diputació et du Consell de Cent.
A l'angle de la carrer Consell de Cent, au n° 35, la **casa Lleó Morera** transformée par Domènech i Montaner en 1905, très endommagée par la suite, a retrouvé son visage moderniste grâce aux restaurations d'Oscar Tusquets. Des services d'information de la ville s'y sont installés : entrez pour apprécier, dès le vestibule, le fol exercice décoratif auxquels se sont adonnés artisans mosaïstes, verriers, ébénistes et ferronniers d'art.

Tout près (au n° 39) se trouve le **musée du Parfum** *(vis. lun.-ven. 10 h-13 h et 16 h 30-19 h 30, f. sam., dim. et fêtes ; ☏ 215-72-38)* qui présente des flacons de parfums et de cosmétiques de l'Antiquité (céramiques grecques et verres romains) à nos jours.

A trois pas (au n° 41), vous remarquerez la **casa Amatller*** de Puig i Cadafalch, de 1900, voisine de la **casa Batlló***, un édifice du XIXe s. réformé par Gaudí en 1905.

Dans la première, vous pourrez visiter le patio intérieur et le premier étage (bibliothèque et musée de l'**Institut Amatller**) où le sens du détail de Puig i Cadafalch, grand historien d'art et de l'architecture médiévale, séduira ceux qu'une façade sévère où l'ornement s'ordonne en de multiples références historiques aurait pu surprendre.
La façade couverte de mosaïques de la casa Battló, étonnant aperçu de l'architecture polychrome moderniste, illustre le goût de Gaudí pour la ligne courbe et l'unité plastique de la composition architecturale. La façade postérieure est visible de la terrasse de l'Institut Amatller *(la visite du patio est tolérée).*

En face, au n° 66, vous entrerez dans le vestibule de la **casa Marfà** (1905) de Comas i Thos : vitrail au-dessus de la cage d'escalier.

↔ Un peu plus loin sur la g., dans les locaux de l'ancienne imprimerie Montaner i Simon, l'une des premières constructions du modernisme, a été installée la **Fondation Tapies** *(plan III, C1 ; Arago, 255 ; ouv. mar.-dim. 11 h-20 h ; ☏ 487-03-15)* ; la présentation de l'œuvre d'Antoni Tapies s'y accompagne d'expositions temporaires d'art moderne et contemporain.
Plus loin encore, le **musée d'Histoire de la médecine catalane** *(plan III, C1 ; ptge Mercader ; ouv. mer. 10 h-13 h ; ☏ 216-05-00)* évoque l'histoire de la médecine en Catalogne au moyen de 2500 objets dont certains ont appartenu aux plus grands praticiens.

A l'angle de la rue Provença, au n° 92, la **casa Milà**** *(plan III, C1)*, de Gaudí (1905-1910), est surnommée **la Pedrera**, la Carrière.
Formidable masse de pierre mouvante ornée de balcons de fer forgé, elle semble défier la ville : vous visiterez les patios (peintures très endommagées) et les toits où les cheminées composent un paysage fantastique. C'est la dernière construction civile de Gaudí avant qu'il ne se consacre à la Sagrada Familia *(vis. commentées, seul accès possible aux toits, du lun. au sam. à 10, 11, 12, 13 h).*
La **casa Vicens** *(c/ de Les Carolines, 22)* l'une des premières œuvres de Gaudí (1883-1888), est une résidentielle au goût islamisant (plafonds en stalactites) à la belle grille en fer forgé ; son décor intérieur exubérant témoigne du soin porté par Gaudí au moindre détail de l'édifice conçu comme un tout, architecture et décor intimement liés.

Vous rejoindrez la Diagonale en prenant à g. la carrer Rosellò. A Diagonal, 373, le **musée de la Musique** *(plan III, C1 ; Av. Diagonal, 373 ; visite de 9 h à 14 h t.l.j. ;*

f. lun. ; ☎ 416-11-57) est installé depuis 1980 dans le palais du baron Quadras construit en 1904 par Puig i Cadafalch.

Un peu plus bas, au n° 416, la **casa Terrades** ou **casa de les Punxes*** (des pointes), du même architecte, a fière allure ; vous remarquerez l'emploi apparent de la brique et un style très inspiré de l'architecture médiévale.

De là vous rejoindrez, par la carrer Provença, la Sagrada Família puis l'hôpital de Sant Pau pour gagner ensuite le parc Güell.

La Sagrada Família*** *(plan III, D1).* — Chef-d'œuvre d'**Antoni Gaudí**, l'église de la Sainte Famille, en construction depuis 1882, est si grandiose qu'elle est encore loin d'être achevée, faute de moyens financiers, et si étonnante qu'elle ne peut laisser le visiteur indifférent.

Les travaux furent confiés tout d'abord à l'architecte Francisco de Vilar qui imposa un style néo-gothique, mais renonça au projet après la construction de la crypte. Le 3 nov. 1883, Gaudí fut officiellement chargé de mener à bien les travaux, et devait s'y consacrer jusqu'à sa mort. Utilisant et renversant les propositions antérieures, il donna un souffle fantastique à l'édifice. La richesse architecturale de l'ensemble, l'originalité et la profusion du décor en font le monument le plus impressionnant de Barcelone, et son état de chantier à ciel ouvert contribue à dérouter le visiteur.

La **façade de la Nativité***, à l'opposé de l'**abside** *(à l'entrée),* est une immense sculpture où les personnages de l'Ancien et du Nouveau Testament, les saints et les anges voisinent avec tous les animaux de l'Arche de Noé, et des inscriptions à caractère religieux émaillant la façade elle-même aussi bien que les tours.

La façade **de la Passion***, récemment construite, a été sculptée par Sabirachs. Vous monterez dans les **tours** *(ascenseur payant)* dont les escaliers hélicoïdaux s'enroulent à donner le vertige. Point de vue sur Barcelone.

Dans l'entrée et la crypte se trouve le musée du Temple de la Sagrada Família : une maquette de l'édifice et tous les plans de Gaudí permettent aujourd'hui de poursuivre l'œuvre de cet architecte génial.

Visite : janv.-mars : 9 h à 19 h, avril-juin et sept.-déc. : 9 h à 20 h, juil.-août : 9 h à 21 h t.l.j. ; métro Sagrada Família ; autobus 34, 19, 20, 43, 44, 45, 47, 50, 51 et 54, ☎ 455-02-47.

Antoni Gaudí i Cornet (1852-1926). — Né à Reus, fils d'un chaudronnier, Gaudí s'est formé à l'École provinciale d'architecture de Barcelone. Il laisse une œuvre singulière où l'intelligence des problèmes architecturaux s'allie à une imagination surprenante.

D'une profonde religiosité, Gaudí consacre sa vie à l'architecture. On ne lui connaît que quelques voyages hors de Catalogne et il exerce pratiquement toute son activité à Barcelone. Marqué par son époque, il s'inspire librement de l'art gothique, musulman, mudéjar et laisse une large place au travail artisanal qu'il conçoit dans les moindres détails (ébénisterie, ferronnerie, céramique, sculpture...). Plus que tous les autres architectes modernistes, il veut retourner à des formes inspirées de la nature où la courbe prédomine, et réinvente un vocabulaire architectural dont l'arc parabolique et l'hélicoïde sont les fondements. Universellement reconnu aujourd'hui, son art soulevait à l'époque quelques controverses en Catalogne et restait confidentiel à l'étranger. Architecte visionnaire, Gaudí devait provoquer l'admiration des surréalistes et du Catalan Dalí en particulier. Il mourut accidentellement en 1926 sans avoir pu achever son œuvre majeure : le temple de la Sagrada Família.

En sortant de la Sagrada Família, prenez la longue avenue *(piétonne)* de Gaudí où ont été récemment réinstallés les réverbères-colonnes de Pere Falqués qui vous mènera à l'hôpital de Sant Pau* (1902-1912), construit par Lluís Domènech i Montaner. Le charme des pavillons aux toits de tuiles vernissées disséminés dans un jardin, la richesse de la décoration du bâtiment de la réception *(montez au 1er étage)* feraient presque douter de la destination de l'édifice.

Parc Güell**.** — Plus qu'une visite, cette promenade enchantera les enfants et les plus grands, et vous aurez, une fois de plus, l'occasion d'apprécier l'inventive fraîcheur et l'originalité de Gaudí.
Le parc est ouvert de 9 h à 17 h en hiver; jusqu'à 19 h de mars à oct. (21 h en été).

Projet de cité-jardin, une seule maison (1911) y fut construite, par Francisco Berenguer, disciple de Gaudí; le maître y vécut pendant plusieurs années. Elle abrite le **musée Gaudí** : vous y verrez son mobilier, et quelques-uns des meubles qu'il a dessinés, des projets... *(Visite : de 10 h à 14 h et de 16 h à 19 h, ☎ 317-52-21, 284-64-46.)*

*L'entrée du parc est marquée par deux **pavillons de garde** aux toits brillants de céramique colorée. Un escalier à double révolution orné d'un dragon pataud qui crache un filet d'eau mène, au-dessus d'une grotte, à la place couverte du marché. Tout est recouvert d'une mosaïque de morceaux de faïence, d'assiettes brisées et de tessons de verre comme le **banc supérieur***, long ruban festonné autour de la **place du théâtre grec** qui domine Barcelone et la mer (remarquez dans les supports la réinterprétation du style dorique). De récentes études voudraient rendre à **Josep Maria Jujol i Gibert** (1879-1949), auquel on doit les compositions en médaillons du plafond du marché, sa juste place auprès de Gaudí dont il fut l'élève inspiré.*

*Des **galeries** couvertes *(à dr.)*, dont les piliers inclinés en béton coloré ont été modelés en forme de troncs de palmier, s'intègrent dans le paysage comme *(plus haut, à g.)* le tracé du viaduc.*

Si le modernisme vous séduit, ne manquez pas d'autres édifices :
Non loin de la **casa Quadras** (Diagonal, nº 442), la **casa Comalat** de Salvador Valeri présente aussi une très belle façade sur la carrer Còrsegà (1909-1911).

En redescendant vers les vieux quartiers, vous remarquerez le **palau de la Música catalana*** *(plan V, CD1; 1905-1908)* de Domènech i Montaner où la mosaïque vient recouvrir le fer et la brique *(ne manquez pas la visite de l'intérieur : projetez une soirée musicale à cette seule fin, l'édifice n'étant plus accessible autrement).*

Sur la via Laietana *(plan V, C1)*, vous ne pourrez éviter au nº 56 le bâtiment (1917) de la **Caixa de Pensions** d'Enric Sagnier (1858-1931), très bien restauré.

Vous poursuivrez vers la carrer Porta del Angel *(plan V, C1)* par la carrer de Montsió où s'inscrit avec bonheur le café **Els Quatre Gats** (1897-1903) de Puig i Cadafalch, tout hérissé de ferronneries, au nº 3; Picasso a dessiné le menu que l'on vous y présente aujourd'hui encore.

De l'autre côté des Rambles (belles mosaïques modernistes au nº 83 de la rambla Sant Josep, **Antigua Casa de Pastas Figueras**, 1902) et plus bas, au nº 5 (1911) de l'architecte Enric Sagnier, prenez à g. la carrer de Sant Pau *(plan IV, AB2)*, avant le Liceu et, au nº 9, demandez à voir les salles à manger de l'**hôtel Fonda d'Espanya** de l'architecte Domènech i Montaner (1902-1903).

Aspects de la ville contemporaine. — Barcelone est une cité active, moderne, comme en témoignent de nombreux édifices. C'est à l'O. de la ville, dans le quartier de l'Eixample, sur la Diagonale et au-delà que l'on pourra le mieux mesurer l'apport de ces architectes «noucentistes» (Goday, Duran, Raynals...), rationalistes dans la mouvance du GATPAC (Churruca, Rodriguez, Arias...) et de leurs successeurs.

Parmi ces derniers : Coderch (**Institut français**, calle Moía), Tous et Fargas (**Banca Catalana** sur le passeig de Gràcia), Bohigas, Martorell et Mackay (**immeuble d'habitations Escorial**), Milà et Correa (**édifice Atalaia**), Clotet et Tusquets (**casa Fullà**) pour n'en citer que quelques-uns et ne mentionner qu'une de leurs réalisations respectives. Il faut compter aussi avec **Sert** (**Fondation Miró**) qui a choisi les États-Unis et **Ricardo Bofill** et le Taller de arquitectura.

Anciens faubourgs et villes de la périphérie. — Grande métropole, Barcelone tend à absorber les villes environnantes. Au siècle dernier, si les faubourgs ont été un à un annexés, ils conservent cependant dans le paysage urbain un caractère qui constitue l'un des attraits de la ville.

L'intérêt touristique et culturel de quelques agglomérations en couronne justifie la place que l'on donnera à Badalona, Castelldefels, Sant Just Desvern (→ *environs*).

Gràcia. — Annexée en 1897, cette petite ville conserve un cachet original, avec ses places tranquilles et ses rues étroites, en particulier la **Plaça del Sol** et la **Plaça Trilla** réaménagées ces dernières années. L'âme de ce quartier se retrouve dans la **Festa Major*** où, chaque année, les efforts conjugués de tous les habitants permettent la décoration des rues et une animation continue et trépidante durant la deuxième quinzaine d'août *(c'est aussi un endroit nocturne agréable, avec ses restaurants, très abordables, et ses bars en terrasse.)*

Horta. — Au pied du Tibidabo, cette zone résidentielle se distinguait au siècle dernier par l'activité de ses lavandières et de ses tanneurs. Le **labyrinthe** *(passeig dels Castanyers, Vall d'Hebron, ouv. au public; autobus 26 ou 27)*, un grand parc du XVIIIᵉ s., constitue un des attraits de Horta qui jouxte au S. le Guinardó. Dans ce quartier subsistent quelques petites villas modernistes au milieu d'immeubles plus ou moins heureux *(le marché, les petits commerçants, le parc du Guinardó et quelques petits restaurants font l'agrément de l'endroit, non loin de l'hospital de Sant Pau et de la Sagrada Família).* À côté, vélodrome construit par Bonell i Costa et Rius i Camps en 1984, et poème visuel de Joan Brossa dans le parc attenant.

Sants *(plan II, A1; derrière la gare centrale de Sants).* — Ancien centre industriel, Sants garde certains aspects de son passé dans ses humbles quartiers d'ouvriers et la présence insolite d'anciennes fabriques.

Sarrià est le dernier bourg annexé par Barcelone, en 1921. Campagne où se retrouvait au XIXᵉ s. une petite bourgeoisie laborieuse et qui devint zone résidentielle, Sarrià accueillit des couvents (celui des **Capucins de Sarrià** abrite un petit musée ethnographique; *carrer Cardenal Vives i Tutó;* celui des **Teresianes** est dû à Gaudí), des collèges et de belles demeures (**Can Ponsich**, 1894, de l'architecte Augusto Font, à restaurer).

Non loin du monastère de Pedralbes, visitez le **musée Clarà** *(visite : de 9 h à 14 h t.l.j. sf lun.; entrée libre; 27-29 carrer Calatrava; bus 14, 22, 66; ☏ 203-40-58.)*

Dans le jardin et l'atelier du sculpteur Josep Clarà (1878-1958), qui fut élève de Rodin, sont réunis en un musée paisible œuvres et souvenirs de l'artiste.

Non loin de l'église et de la plaça Prat de la Riba, vous trouverez de bons restaurants et des endroits animés. Vers la via Augusta, où les immeubles résidentiels se succèdent, le bar des Dos Torres (métro Tres Torres) est un lieu chic à la mode qui révèle l'autre physionomie de ce quartier.

10 — Grandes collections publiques

■ **1. Collection Cambó**.** — Après avoir passé plusieurs années au palais de la Virreina, cette collection va très probablement bientôt rejoindre le musée d'Art de Catalogne à Montjuïc; quantitativement peu importante, elle ne comprend pratiquement que des chefs-d'œuvre, la peinture italienne des XIVᵉ, XVᵉ et XVIᵉ s. étant la mieux représentée. L'exposition des œuvres par écoles, et dans l'ordre chronologique, sans surcharge, est excellente.

Cette collection fut réunie par Francesc Cambó (Barcelone 1876-Buenos Aires 1947), homme d'État — il occupa une charge de ministre des Finances sous Alphonse XIII — et homme d'affaires, qui fut vers la fin des années 20 l'un des plus grands acquéreurs d'œuvres d'art en Europe. Il se signala notamment en se faisant adjuger à Berlin, en 1929, pour une somme de plus de trois millions de marks, vingt-sept tableaux de la **collection Joseph Spyridon** dont le clou était constitué par trois œuvres de Sandro Botticelli (histoire de Nastagio degli Onesti, aujourd'hui au musée du Prado). En amateur éclairé et avec l'intention de les léguer au Prado et à sa ville natale, Francesc Cambó fut guidé dans ses choix par le désir de combler les vides dont, selon lui, souffraient le grand musée madrilène et le musée d'Art de Catalogne, où les écoles italiennes des xivᵉ, xvᵉ et xviᵉ s., les maîtres flamands et néerlandais du xviiᵉ s., anglais et français du xviiiᵉ s. étaient (et sont encore) si faiblement représentés par des œuvres de valeur.

École de Rimini (xivᵉ s.) : **Annonciation, Présentation au Temple, Dormition de la Vierge.** — Neri di Bicci (1419-vers 1491) : **prédelle d'un retable.** — **Vierge à l'Enfant.** — **Adoration de l'Enfant Jésus par la Vierge et saint Jean-Baptiste,** tableau à la composition très particulière, simulant un tabernacle, et qui servait peut-être d'enseigne processionnelle à une confrérie. — Bernardino Luini (vers 1475-1531/1532) : **Sainte Agathe.**
École du Pinturicchio (xvᵉ s.) : **Vierge à l'Enfant,** parfois attribuée à Andrea d'Assisi.
École de Ghirlandaio (xvᵉ s.) : **Vierge à l'Enfant*** entre saint Pierre et saint Paul, attribuée à Rafaellino del Garbo.
École de Fra Angelico (xvᵉ s.) : la **Vierge et l'Enfant Jésus,** adorés par saint Jean-Baptiste et sainte Catherine; l'attribution de ce tableau à Benozzo Gozzoli (1420-1497), est contestée par de nombreux critiques. — Ambrogio Borgognone (v. 1455-1523) : **Christ prêchant.**
Francesco di Antonio (1ᵉʳ tiers du xvᵉ s.) : les **Sept Arts libéraux** et les **Vertus théologales et cardinales,** deux panneaux d'un coffre de mariage (cassone), parfois attribués à Pollaiuolo, mais que Berenson assigne plutôt à Francesco di Antonio, un artiste florentin (?), qui signa en 1415 un triptyque appartenant aujourd'hui au Fitzwilliam Museum de Cambridge. — Raphaël (1483-1520) : **portrait de dame;** l'attribution de cette œuvre à Raphaël est conjecturale et repose sur une comparaison avec le portrait de la Donna gravida de la galerie Pitti de Florence. — Antonello da Messina (v. 1430-v. 1479) : **portrait de moine** portant une maquette d'église votive. — Sandro Botticelli (1445-1510) : **Saint Jean-Baptiste.**
École de Piero della Francesca (xvᵉ s.) : **Vierge à l'Enfant*** avec un ange, attribuée par Sánchez Cantón, avec une nuance d'incertitude, à Domenico di Bartolo (v. 1400-1444) mais aussi, par d'autres critiques, à **Antonio del Pollaiuolo** (1432-1498). — Jacopo da Valenza (actif entre 1485-1509) : **Mater Dolorosa;** attribution conjecturale.
Fra Filippo Lippi (v. 1406-1469) : **Vierge à l'Enfant*** avec deux anges; attribution incertaine.

Le Corrège (1489-1534) : **Ève à la pomme*,** une œuvre qui, sans être d'une importance capitale, laisse apparaître toute l'originalité de ce maître dans le traitement du nu féminin, en véritable précurseur de la peinture baroque, et dont Berenson a pu dire que, par tempérament, il appartenait au xviiiᵉ s. français. — Sebastiano del Piombo (1485-1547) : **portrait**** (signé) de dame, un moment identifié avec la poétesse Vittoria Colonna, marquise de Pescara, que l'on peut considérer comme l'un des plus grands chefs-d'œuvre de ce musée. — Le Titien (1477-1576) : **Jeune fille se coiffant*,** tableau qui appartient à la reine Christine de Suède, au régent Philippe, duc d'Orléans, puis à son fils, Philippe Égalité. On a voulu y reconnaître le portrait de Laura de Danti en compagnie d'Alfonso d'Este, époux de Lucrèce Borgia. — Véronèse (1528-1588) : **Sainte Catherine,** peut-être sous les traits de Catalina Cornaro, reine de Chypre. Ce tableau fit également partie de la collection du duc d'Orléans. — Le Tintoret (1518-1594) : **portrait d'un dignitaire vénitien*,** peut-être du procurateur Alessandro Gritti. — Giambattista Tiepolo (1696-1770) : le **Charlatan***

(daté de 1756) et le **Menuet*** (1756), très caractéristiques du raffinement et de la suprême élégance de l'un des derniers grands maîtres italiens, et **Euterpe*** — Francisco Zurbarán (1598-1663) : **nature morte.** — Jean-Baptiste Pater (1695-1736) : **l'automne** et **l'hiver.** — Maurice Quentin de La Tour (1704-1788) : **portrait du notaire Pierre-Louis Laideguive***, pastel présenté au Salon de 1761 et mentionné par Diderot. Jean-Honoré Fragonard (1732-1806) : **l'Abbé de Saint-Non*** (Jean-Claude Richard). — Élisabeth Vigée-Lebrun (1755-1842) : **portrait de Julie Lebrun*.**

Écoles flamande et allemande. — Quentin Massys (v. 1466-1530) : **portrait d'un vieillard*.** D'un disciple de Massys : **Marie-Madeleine.** — Joachim Patinir (v. 1485-1524) : **la Fuite en Égypte*,** où le thème religieux s'efface pour ainsi dire devant le paysage qui a retenu presque toute l'attention du maître. — **Pierre-Paul Rubens** (1577-1640) : **portrait de la comtesse d'Arundel,** exécuté en 1620 alors que la comtesse, Eletheia Tolbot, se rendait aux eaux de Spa. — Benjamin Cuyp (1612-1652) : **portrait d'un nègre.** — Alexander Coosemans (1627-1685) : **Intérieur d'une cave ;** tableau parfois attribué à Albert Cuyp (1620-1691). — Pieter de Hooch (1629-v. 1684) : **la Mauvaise Nouvelle.** — Disciple de Rembrandt (xviiᵉ s.) : **portrait d'un jeune homme,** peut-être exécuté par Ferdinand Bol. — Lucas Cranach l'Ancien (1472-1553) : **Scène galante ;** tableau daté de 1517, antérieur à un autre tableau représentant le même sujet, auj. au musée de Budapest, lui aussi inspiré par un passage de l'*Éloge de la folie,* d'Erasme.

École catalane (ou majorquine ; 2ᵉ moitié du xivᵉ s.) : **prédelle d'un retable,** peut-être d'un disciple de Pedro Serra. — Juan Pantoja de la Cruz (1553-1608) : **portrait de Philippe III enfant.** — Atelier du Greco (fin du xviᵉ s.) : **Saint Jean-Baptiste et saint François d'Assise.** — Bartolomé Esteban Murillo (1618-1682) : **portrait d'un gentilhomme,** probablement Juan Francisco de la Cerda ; attribution conjecturale. — Antoine Van Dyck (1599-1641) : **portrait d'un gentilhomme génois.** — Thomas Gainsborough (1727-1788) : **portrait de la comtesse de Spencer.**

2. Musée d'Art de Catalogne*** *(plan II, A2 ; Mílador del Palau, 6 ; ☎ 423-18-24).*

— Le palau Nacional, construit pour l'Exposition de 1929, était destiné à accueillir, outre diverses salles de réception et d'audience, les sections d'art et d'archéologie. Après l'exposition, il abrita diverses manifestations temporaires avant d'être réservé aux collections du musée d'Art de Catalogne.

L'histoire de ce musée est marquée par les événements politiques : inauguré par la junte en 1934, il reçut la visite officielle des autorités catalanes en 1936 ; dispersé lors de la guerre d'Espagne dans le souci de préserver les collections, il fut rétabli en deux étapes (1941 et 1943) et le musée de la Céramique vint s'y adjoindre en 1966.

Un programme de restructuration prévoit la prochaine réunion du musée d'Art de Catalogne et du musée d'Art moderne au palau Nacional et le réaménagement des salles par **Gae Aulenti** *(l'architecte du musée d'Orsay à Paris). La prestigieuse* **collection Francesc Cambó** *reviendra peut-être alors prendre sa place au point de clivage de ces deux grandes collections publiques. Les travaux ne seront pas terminés avant 1993 mais, à l'occasion des Jeux olympiques de 1992 des expositions temporaires seront organisées et une partie des salles d'art roman ouvertes* *(☎ 423-18-24).*
Vous trouverez ci-dessous une évocation globale des collections du musée.

33 salles sont actuellement consacrées à l'**art roman** *(sur votre dr. dans le hall d'entrée)* et abritent les peintures murales déposées d'édifices religieux et civils, des panneaux de bois peint, des objets et des sculptures, des chapiteaux et autres fragments d'architecture. L'ordre chronologique autant que les affinités stylistiques ont présidé à la présentation des collections.

Les 24 salles de la section d'**art gothique** — dont de précieux retables et sculptures — *(sur votre g. dans le hall)* offrent une vision très complète des écoles catalanes mais aussi de toute la péninsule, en particulier des maîtres valenciens et aragonais des XIVe et XVe s.
Les dernières salles seront consacrées à la **Renaissance**, au **baroque** et au **néo-classicisme** ainsi qu'à plusieurs donations.

Art roman. — On dénombre plus de 350 églises romanes en Catalogne dont la construction, le plus souvent, a été financée par le tribut en or que versaient les Arabes aux petits seigneurs locaux pour... maintenir la paix. On retrouve dans ces édifices l'influence des courants classique (chapiteaux corinthiens), mozarabe (décor d'entrelacs), lombard (décor architectural d'arcatures) ou la marque passagère d'une école du sud de la France, non sans que l'art populaire vienne apporter une touche inventive à l'ensemble.

Le **Christ et les apôtres*****. — Devant d'autel provenant du diocèse de la Seu d'Urgell, XIe s., panneau de bois peint.
L'œuvre, en très bon état, surprend par l'intensité de ses coloris qui n'est pas sans évoquer l'art de l'émail, et le traitement des figures comme certains détails décoratifs. La rigueur de la composition symétrique, où se répondent les éléments géométriques (cercle de la mandorle, auréoles, pyramides formées par les groupes d'apôtres, rectangles définissant les cadres...), s'allie à l'équilibre de la distribution des couleurs et au traitement raffiné des fonds. La richesse décorative des bandes qui entourent la composition puise dans le répertoire des motifs ornementaux utilisés aussi bien par les miniaturistes que dans la peinture monumentale (embrasures des fenêtres). Il est à comparer avec le **devant d'autel de Sant Quirze**, Durro, d'une facture beaucoup plus populaire.
La fresque de la **Lapidation de saint Étienne**** montre l'art consommé du maître de Boi (XIe s.). Le dessin linéaire et les courbes invisibles qui relient les mouvements des personnages confèrent une grande élégance et beaucoup de vie à la composition (provient de l'**église Sant Joan de Boi**).
A l'abside de Sant Pere de la Seu d'Urgell (XIe s.), la représentation de la **Vierge et des apôtres** tente de se dégager du hiératisme byzantin et introduit une animation entre les personnages. Le maître de Pedret (XIIe s.), dans une absidiole de l'**église Sant Quirze de Pedret**, à l'abside de **Santa Maria d'Aneu** ou celle de l'église du monastère de **Sant Pere de Brugal**, ne cache pas son attachement aux modèles classiques de l'art byzantin. Il introduit néanmoins un roi Melchior, vêtu à la manière de son temps, dans la composition A la gloire de Dieu de Santa Maria d'Aneu (Dieu est entouré de séraphins — ses messagers — dont les ailes couvertes d'yeux symbolisent leurs facultés), et représente la donatrice à Sant Pere de Brugal.

Parmi les œuvres sculptées, représentations du **Christ en majesté*** (Eller et Olot, XIIe s.) : le Christ est vêtu d'une longue tunique ceinte à la différence du Christ en croix demi-nu, selon un modèle oriental.
Dans la série des **Vierges à l'Enfant** que possède le musée affleurent toutes les nuances de l'art populaire.

Le **Christ en majesté*****, entouré des symboles des quatre évangélistes, de séraphins et de chérubins, qui décore l'abside de **Sant Clement de Taüll** (1123) est l'une des œuvres majeures des collections. La maîtrise de la composition et du répertoire symbolique, la richesse des coloris révèlent le grand art du maître de Taüll. Le contraste et les similitudes de cette œuvre avec le décor de l'abside de **Santa Maria de Taüll**** témoignent de la richesse des courants artistiques et de la qualité des peintres. Le maître de Santa María a représenté l'**Adoration des Mages**, présidée par une Vierge à l'Enfant dans une mandorle. Remarquez les symboles des évangélistes, d'une grande qualité plastique et proches des motifs d'enluminures.

Les fragments en bois sculptés d'une **Descente de Croix** (Le Christ, saint Jean et la Vierge), provenant de la même église, datent du xiie s.

L'état de conservation partielle des devants d'autel de la fin du xiie s. est dû à l'oxydation des revêtements métalliques qui enrichissaient la peinture sur toile et reliefs de stuc. Le raffinement des fonds, l'éclat des coloris rappellent le travail des orfèvres et de l'émail.

L'élégance toute byzantine du **devant d'autel de la Nativité** de l'église Santa María d'Avià (vers 1200) contraste avec le charme beaucoup plus populaire des **Scènes de la vie de la Vierge** de l'église de Mosoll, de la même époque.

La **Bigà**, poutre barrant l'abside, de Cardet (xiiie s.), est décorée d'un bestiaire fantastique comme en sont ornés tous les manuscrits d'alors.

La décoration des demeures privées donna aussi l'occasion de puiser dans ce répertoire et de multiplier les motifs floraux où l'influence mozarabe transparaît.

L'intérêt historique des scènes de la **Conquête de Mallorque**** (fresques du palau Aguilar, carrer Montcada à Barcelone, vers 1280) est immense. La narration en images nous renseigne tant sur l'habillement et l'habitat que sur les manières de faire la guerre. Tous ces chevaliers portent leurs écussons, signe d'identification. La composition, l'esthétique de certains éléments décoratifs (proche de l'art du vitrail) annoncent déjà clairement le nouvel art gothique.

Art gothique. — La section d'art gothique s'ouvre sur quelques panneaux d'informations historiques, géographiques et techniques et les premières salles regroupent œuvres sculptées, peintures ou reproductions par ordre thématique.

La **Vierge au manteau** ou Vierge de Miséricorde (xve s.) de Bonanat Zaortiga met en scène les hiérarchies sociales de l'époque : la Vierge abrite sous les pans relevés par deux anges de son manteau, au premier rang, à sa dr., le pape, le cardinal et l'évêque puis le roi, les seigneurs et jusqu'à l'humble pasteur encapuchonné, tandis que les femmes se regroupent à sa g., les premières luxueusement vêtues, les dernières tête nue. Le maître aragonais a idéalisé la figure de la Vierge mais marque d'un profond réalisme certains de ses personnages.

Remarquez le **portrait** de Jaume Ier (détrempe sur bois) qui appartenait à une série de quatorze portraits des rois d'Aragon dont quatre sont exposés au musée. Peints par Gonçat Peris et Jaume Mateu, ils ornaient la salle du Conseil de l'ayuntamiento de Valence.

La collection de **sculptures** regroupe des œuvres sur bois des xiiie et xive s. (artistes le plus souvent anonymes), des éléments décoratifs (consoles), des sculptures en albâtre ou en pierre sur lesquelles subsistent des traces de polychromie (xive s., Catalogne et Aragon ; xve, xvie s., Allemagne).

Le **tombeau de la famille Ardèvol** est un exemple rare de monument funéraire complet (taille en bas relief et sculpture, école de Tarrega : seconde moitié du xive s.). Sous un arc ogival polylobé, bordé de feuillages et dont les montants sont ornés de huit figures de pleurants et d'une scène de l'Annonciation, les deux gisants représentent des chevaliers, l'un étant revêtu de l'armure. Une allusion aux rites funéraires est surmontée d'une scène symbolisant le transfert de l'âme des défunts.

A l'empreinte du style gothique international : **Vierge à l'Enfant** (Sallent de Sanaüja, xive s., albâtre avec traces de polychromie) ; comparez le réalisme des **Orants**, sculptés par Pere Oller pour l'hôpital Sant Sever de Barcelone. Le **gisant** dit de l'abbé Arnau Ramon du Biure allie un modelé ferme et raffiné à un trait incisif.

Cet abbé fut assassiné dans la nuit de Noël 1350 par un noble qui se considérait spolié de ses biens par le monastère (couvercle de sarcophage en albâtre provenant du monastère de Sant Cugat del Vallès).

La richesse de l'ensemble des **peintures** vaut tant par les noms prestigieux de certains artistes que par la qualité des styles et leur diversité.

La représentation des **Travaux des mois** (Arteta, Navarre; xive s.) bordure d'un fragment de devant d'autel consacré à la Vierge, marque les prémices du gothique. Les **scènes de la vie de saint Dominique** (église de Sant Miguel, Tamarit de Llitera, Huesca; devant d'autel peint sur toile vers 1315) sont composées dans un équilibre très sûr avec une élégante sobriété : jeu des blancs sur un fond monochrome, mouvement des figures opposé à la définition hiératique du saint, au centre. L'attribution de cette œuvre (école aragonaise ou catalane?) reste discutée.

Les **panneaux peints** sur bois qui ornaient le **tombeau*** du chevalier **Sanco Saiz Carrillo** (église paroissiale de Mahamud, Burgos; école castillane, v. 1300) témoignent d'une grande maîtrise plastique. Remarquez le rythme des figures, l'expressivité du dessin, la chaleur du coloris dans la représentation des pleurants et des pleurantes. Les autres panneaux sont consacrés à des scènes de la vie de la Vierge ou ornés de blasons.

L'influence de la peinture italienne est très sensible en Catalogne dans la seconde moitié du xive s.

L'école gothique de peinture catalane. — Au xiiie s., le développement économique lié aux nouvelles activités maritimes conduit au déplacement des grands centres culturels et artistiques des monastères vers les villes. Dans les cités, les différentes catégories sociales contribuent à l'élaboration d'un style architectural religieux et civil. Aux fresques et aux devants d'autel romans, l'époque gothique préfère le retable, nouveau support de l'expression picturale.

La décoration des édifices civils n'abandonne cependant pas les anciennes techniques et sont conservées certaines fresques comme celle du palau Aguilar (1280) au musée d'Art de Catalogne.

Les peintres de l'école gothique catalane ont beaucoup observé l'art italien (notamment l'école siennoise) mais aboutissent à un art plus expressif, souvent amoureux du détail et dont la somptuosité croissante annonce peu à peu l'épuisement.

Ferrer Bassa, Ramon Destorrents, les **frères Serra, Lluís Borrassà, Bernat Martorell** et **Jaume Huguet** sont quelques-uns des artistes les plus marquants auxquels se joignent les maîtres anonymes et ceux, comme le maître d'**Estamariu**, celui de **Rubió** ou celui d'**Elna**, dont une œuvre a suffi pour nous transmettre la marque d'un talent original.

Le maître d'Estopanyà a été récemment identifié avec le peintre Rómulo de Florence : **retable de saint Vincent** (église d'Estopanyà, Huesca; vers 1370). Les œuvres de Arnau et Ferrer Bassa, d'un trait sûr et d'une superbe facture, sont richement rehaussées d'ors : **Scènes de l'Annonciation et de l'Epiphanie** (fragments d'un retable, Catalogne).

La sensibilité du modelé, la richesse du coloris marquent l'œuvre des frères Serra : **retable de la Vierge** (monastère de Sixena, Huesca) orné de nombreuses scènes; panneaux du **retable de la Vierge*** (couvent de Santa Clara, Tortosa); **retable de saint Estève** (église Santa María, Gualter, Catalogne).

De Ramon Destorrents, autre grand maître de la fin du xive s., une représentation de **saint Matthieu**, vers 1350-1360.

Retable de saint Jean l'Évangéliste et de **saint Jean-Baptiste** par Joan de Tarragona.

De l'école catalane de peinture gothique, proche du courant international de l'époque, Bernat Martorell est une figure prépondérante : un sens nouveau de l'espace, une volonté plus marquante de s'attacher au réel par la multiplication de détails anecdotiques, la recherche du mouvement sont sensibles dans le **retable de saint Jean l'Évangéliste** et **saint Jean-Baptiste** (église de Vinaixa, Catalogne; v. 1445) comme dans celui de **Saint-Vincent** (église de Menàrguens, Catalogne; v. 1425-1435).

La donation Fontana (13 peintures sur bois du xve s. catalan et aragonais) rassemble une **Résurrection** de Lluis Borassà (v. 1360-v. 1425), le **retable du monastère de Santes Creus**, confié à Pere Serra, peint par Guerau Gener, achevé par Lluis

Borassà, un calvaire où perce l'influence de l'art flamand, et quatre éléments du **retable de saint Jérôme*** peints par Jaume Ferrer II (v. 1457).

Le musée possède de nombreuses peintures de l'école castillane où perce le naturalisme flamand. L'œuvre de Jaume Hughet (v. 1414-1492) reflète l'évolution de l'art de son temps. Le **retable de Santa Maria del Pi** (Barcelone, 1455-1460) allie la sûreté du trait à la franchise du coloris dans les compositions proches de l'art de l'enluminure. Un soin particulier est porté aux effets de transparence dans le tableau de la **Vierge et l'Enfant** (Vallmoll, Catalogne, v. 1450). Les grandes pièces du **retable de saint Augustin** (1463-1485, Barcelone), alourdies par des stucs dorés comme le retable de Saint Vincent (église de Sarria, Barcelone, v. 1456-1466), faute sans doute d'une restauration, n'offrent que des coloris éteints. La **Vierge des Conseillers**** (1443-1445), peinte par Lluís Dalmau pour la chapelle de l'ayuntamiento de Barcelone, ne laisse aucun doute sur le séjour qu'a pu effectuer l'artiste en Flandres.

Renaissance. — Si cette partie des collections est beaucoup moins connue, d'importants retables, tel celui de Sant Cugat (monastère de Sant Cugat, Barcelones, v. 1505), voisinent avec les plus grands noms de la peinture espagnole, ou même italienne.

Portraits du marquis de Santa Cruz, xvi⁰ s., par le Tintoretto, deux œuvres du Greco, un **portrait de Ramon Llull** (grand homme de lettres catalan) par Francesc Ribalta, **Saint Paul** par Velázquez (xvii⁰ s.), œuvres de Francisco Zurbarán, de Josep de Ribera etc.

Sculptures de Bartolomé Ordonez (xvi⁰ s.), Damia Forment, Marti Diez de Liazasolo.

3. Musée d'Archéologie* *(plan II, A2-3).* — Les collections, installées dans le palais des Arts graphiques de l'Exposition internationale de 1929, sont présentées d'une façon très claire et très attrayante dans 33 salles *(d'autres sont en cours d'installation)* disposées de manière à suivre un itinéraire chronologique.

Visite : de 9 h 30 à 13 h et de 16 h à 19 h du mar. au sam. ; de 9 h à 14 h dim. et fêtes ; entrée payante ; passeig de Santa Madrona, parc de Montjuïc, métro Poble Seco ou Plaça d'Espanya. ✆ *423-21-49 — 423-56-01.*

Vestibule. — Consacré au monde étrusque.

Salles I à IX. — Elles renferment les collections préhistoriques provenant de Catalogne, d'Espagne et même de France. Remarquez dans la *salle III* deux produits de l'art magdalénien : un **bison** taillé dans une dent et une **idole stéatopyge**.

Salles X et XIV. — Elles renferment la section des Baléares où l'on retrouve successivement les influences phénicienne, carthaginoise, romaine.

Salles XV à XVII. — Elles sont consacrées aux antiquités provenant de la cité gréco-romaine d'Empúries. Remarquez, *salle XVI,* la **statue d'Asclépios** (Esculape) œuvre du III⁰ s. av. J.-C. et, à dr. de celle-ci, le petit torse féminin de la **Vénus d'Empúries,** copie réduite d'un original de Praxitèle, sculpteur grec.

Salles XVIII à XXXIII. — Elles abritent la section d'archéologie classique. Remarquable collection de céramiques grecques, depuis l'époque géométrique jusqu'aux vases à figures rouges d'époque classique *(salle XVIII).* Collection de terres cuites.

La verrerie romaine occupe deux salles ; remarquez plus loin parmi les mosaïques exposées celle qui décorait au II⁰ s. une villa romaine à Barcelone.

Les objets d'art ibérique provenant des fouilles en Catalogne et en Aragon sont en cours d'installation, tout comme les ensembles d'art romain tardif et d'art wisigothique.

4. Musée d'Art moderne *(plan III, D3).* — Actuellement, les collections du musée d'Art moderne, représentant avant tout la peinture et la sculpture catalanes des XIX-XXᵉ s., sont installées, de manière un peu confuse, dans l'une des ailes du palais de la Citadelle.

Visite : de 9 h à 19 h en sem.; ouv. le lun. de 15 h à 19 h; de 10 h à 15 h dim. et fêtes; ✆ 310-63-08 — 319-57-28. Métro Arc de Triomf (L1) et Barceloneta (L4); bus 14, 16, 17, 36, 39, 40, 45, 51, 57, 59, 64.

Néo-classiques, romantiques, réalistes, les peintres catalans suivent sans grande originalité les grands courants de l'art international, mais témoignent souvent d'une grande qualité.

Mariano Fortuny (1838-1874) connut une célébrité internationale et son coup de pinceau, sa manière précieuse et son sens du détail devaient inspirer de nombreux artistes. Influencé par Goya : **La Vicaria***, il montre aussi un goût prononcé pour l'orientalisme : le **Forgeron maure**, l'**Odalisque**.

L'école de Sitges (Roig i Soler, Mas i Fondevilla...) attire le regard par de grands tableaux lumineux.

A la fin du XIXᵉ s. se détache la personnalité d'Isidre Nonell (1873-1911) dont vous pourrez voir quelques superbes **portraits de gitanes***. Rusiñol ou Casas sont beaucoup plus proches des courants artistiques parisiens. Les paysages de Joaquim Mir sont éclaboussés de lumière mallorquine, l'artiste ayant passé une grande partie de sa vie sur l'île.

Après le modernisme, le **noucentisme** préconise, dans les années 1906-1931 en Catalogne, le retour au classicisme et à une expression artistique plus sobre.

Les sculptures de **Clarà** et **Casanovas**, les peintures de Sunyer, Obiols et Gali illustrent ce courant.

La section d'art contemporain est assez pauvre. Vous remarquerez toutefois les œuvres de Julió Gonzalez et Pau Gargallo, deux sculpteurs qui dès le début du siècle travaillent sur de nouvelles propositions, une œuvre de **Joan Miró : buste de figure chimérique et chat**, un portrait de **Salvador Dali**.

Depuis les années 40, le courant figuratif est illustré par des artistes aussi divers que Camps Ribera, Grau Sala, Carles, Amat, Mallol, Suazo, Mares...

Antoni Tapiès (né en 1923), avec ses matières âpres et rugueuses, est un des représentants les plus significatifs de l'art non figuratif qui compte des artistes comme Tharrats, Grau Garriga, August Puig, Guinovart, Rafols Casamada, Hernandez Pijoan.

Précédant les salles de sculpture *(à dr. en entrant)* le mobilier moderniste est représenté par quelques beaux ensembles de Gaspar Homar et de Busquets. Céramiques d'Antoni Serra.

11 — Environs de Barcelone

1 — Badalona (*9 km N. par la N II; 229 780 hab.*). — L'ancienne Baetulo, ville industrielle en bord de mer, a conservé ses thermes romains inclus dans le Musée municipal *(1, plaça Assemblea de Catalunya; ouv. en sem. de 18 h à 21 h; sam. et dim. de 11 h à 14 h.).*

2 — Castelldefels (*18 km S.; 24 690 hab.*). — Sa grande plage de sable fin, très prisée des habitants de Barcelone, est à l'origine d'une urbanisation importante. Son très ancien château a été récemment restauré; tours de guet des XII-XVᵉ s. et restes de l'enceinte.

3 — Sant Just Desvern (*1re sortie de l'autoroute Barcelone-Tarragone ou métro Zona Universitaria et prendre un taxi ; pour le retour station à Sant Just ; 11 015 hab.*).
— Vous apercevrez depuis l'autoroute les tours de la **cimenterie*** dans laquelle s'est installé le **Taller de arquitectura** de Ricardo Bofill et la masse imposante de Walden 7*, un immense complexe d'habitations HLM qui tient de la cathédrale et de la forteresse. Curieux mais discrets, vous franchirez le seuil pour découvrir de l'intérieur cette masse parfaitement articulée ; un bleu intense et rafraîchissant contraste avec l'extérieur. Les appartements ne se visitent pas. Traversez le grand hall pour ressortir face à la cimenterie.
La reconversion a brillamment tiré parti d'une structure gigantesque et ruinée. Des fenêtres « gothiques » raffinées se greffent sur la rudesse des volumes, couronnés d'éléments inspirés des cheminées de Gaudí à la casa Milà. Les cyprès apportent une note méditerranéenne à l'ensemble.
L'intérieur, lieu de travail et de résidence, se visite uniquement sur rendez-vous (☎ 371-59-50). Longer les terrains vagues qui entourent le parc de la cimenterie pour apprécier l'ensemble, peu visible sur sa façade côté rue, 14, avinguda de la Indústria.

Barco de Ávila (El)

Ávila, 81 km. — Béjar, 30 km.
Alt. 1 007 m. — 2 385 hab. — Province d'Ávila (Castille-León).

Le bourg est situé dans un riche terroir agricole réputé pour ses haricots ; son nom proviendrait de la barque que l'on utilisait jadis pour traverser le río Tormes.

Barco possède entre les ruines de ses murailles un **château** du XIVe s. bien conservé. Dans le village, **église** gothique **de la Asunción** ; à l'intérieur Vierge à l'Enfant par Philippe de Bourgogne, tableaux du maître d'Ávila (Jésus parmi les docteurs) ; retable consacré à la Vierge (XVIe s.) et bas-reliefs de Vasco de Zarza. A la sortie de la ville, pont sur le Tormes (XIVe s.) ; à dr. du pont moderne belle vue sur El Barco de Ávila et son château dominant le río Tormes.

Environs

L'itinéraire que nous vous proposons ici vous emmènera de la riche vallée où se trouve El Barco de Ávila jusqu'au cœur même de la sierra de Gredos. Cet énorme massif qui sépare les deux Castilles est l'une des plus importantes régions d'alpinisme et de sports d'hiver d'Espagne. Le versant N. de cette chaîne, véritable muraille à la crête découpée de pics et d'aiguilles, culminant à 2 592 m au pic d'Almanzor, présente un paysage couvert de landes, de forêts et d'alpages ; Hoyos del Espino et Gredos offrent de remarquables panoramas sur des lacs d'origine glaciaire et de profondes vallées au milieu des pinèdes. Monbeltrán et Arenas de San Pedro sont de charmants petits villages montagnards qui vous serviront de point de départ pour faire de longues promenades à pied à travers des paysages d'une beauté sauvage.

0 km : Barco. Prendre la C 500 à l'E.

34 km : Hoyos del Espino (1 584 m d'alt.), accès en voiture jusqu'à la **plataforma de Gredos**, puis à pied, par des sentiers de montagne, vous arriverez au **cirque de**

Gredos avec son lac d'origine glaciaire (Laguna Negra), dominé par le pic d'Almanzor (2 592 m). Pour cette excursion classique, adressez-vous aux guides de la Sociedad Gredos-Tormes.

43 km : **Parador Nacional de Gredos;** centre de sports d'hiver et d'estivage dans une admirable région forestière (remarquables **panoramas** depuis les terrasses du parador).

54 km : prendre à dr. la C 502 en direction d'Arenas de San Pedro.

60 km : **Puerto del Pico** (col du Pico) à 1 352 m d'alt.; vues splendides.

64 km : **Cuevas del Valle;** pittoresque village montagnard avec ses maisons à galeries en bois. Pilori, restes d'un château médiéval.

68 km : **Mombeltrán;** château des ducs d'Alburquerque (1393); pittoresque petite place et de nombreuses maisons seigneuriales; hôpital de San Andrés de style Renaissance (1393).

70 km : prendre à dr. vers Arenas.

74,5 km : ➭ A dr., route pour *(1,5 km)* le **couvent de San Pedro de Alcántara;** du XVIIᵉ s., il conserve les restes du célèbre réformateur franciscain (1499-1562); **chapelle** construite par Ventura Rodríguez.

75 km : **Arenas de San Pedro*** (6 398 hab.; alt. 510 m); dans un cadre forestier d'une grande beauté, au centre d'une région surnommée l'Andalucía Abulense, pour son climat agréable permettant des cultures méridionales. Ce gros bourg conserve d'intéressants monuments : le **château de la Triste Condesa** (la triste comtesse), du XIVᵉ s., est appelé ainsi parce que doña Juana de Pimentel s'y enferma après l'exécution de son mari, Don Alvaro de Luna à Valladolid en 1543. **Église** gothique du XIVᵉ s.

➭ A *6 km* S.-E., **Ramacastañas.** ➭ A *4 km* à g., **grottes del Cerro del Aguila*** *(ouv. de 9 h à 13 h et de 15 h à 19 h en sem. et de 9 h à 19 h les j. fériés; durée de la visite : 45 mn env.).*

Bárzana

Proaza, 16 km. — Oviedo, 43 km. — San Martín de la Plaza, 20,5 km.
Province d'Oviedo (Asturies).

Capitale du Quirós, Bárzana est un important centre d'élevage. La beauté des paysages l'entourant et la pureté de l'air en font une zone touristique privilégiée. Une faune variée (coqs de bruyère, chamois) attire les chasseurs tandis que les rivières et le barrage de Valdemurio sont propices à la pêche.

Festivités. — Le 1ᵉʳ dim. de juil., on célèbre la fête de l'agneau, à 1 330 m d'altitude, dans la prairie Llagüenzos.

Environs. 1 — Arrojo *(2,5 km N.-O.).* — L'**église** romane **San Pedro,** dont les arcs sont cependant gothiques, renferme un arc triomphal de trois tours s'appuyant sur six colonnes. Dans la **chapelle,** fresques du XVᵉ s. restaurées au XVIIIᵉ s.

2 — Proaza *(16 km N.-O.; →).*

3 — Col de la Collada *(10 km E.).* — Superbe vue sur les vallées de Lena et de Quirós ainsi que sur la sierra del Aramo.

4 — Pola de Lena *(21 km E.; →).*

5 — San Martín de la Plaza *(20,5 km O.; →).*

Bayona (Baiona)*

Pontevedra, 36 km. — Vigo, 21 km.
10 225 hab. — Province de Pontevedra (Galice).

A l'embouchure de la ría de Vigo, entre les deux presqu'îles de monte
Ferro et de monte Real, où s'ouvre la vaste baie qui porte son nom,
Bayona fut la première ville à apprendre, en 1493, la découverte de
l'Amérique. C'est aujourd'hui un centre touristique recherché pour son
climat, sa tranquilité, et le pittoresque de ses rues.

Fêtes. — Le 20 juil., célébration de la Santa Liberata ; le 1er dim. d'août, pèlerinage
de la Virgen de la Roca (danses typiques) ; le 2e dim. d'août, fêtes de la Anunciada
(danses des épées, défilés et feux d'artifice) ; le 27 sept., pèlerinage de San Cosme
et San Damian.

La ville a conservé intact son caractère de vieille cité avec ses maisons
armoriées, ses places dallées, ses belvédères, et ses rues où résonnent les
échos du passé.
La forteresse de Monte Real fut construite vers 1500 et servit jadis de
résidence au gouverneur de la ville. Pedro Sarmiento, diplomate galicien, y
vécut. Trois des splendides tours ont été conservées et l'ensemble du
bâtiment a été transformé en un parador très agréable entouré de pins et
d'eucalyptus. La promenade* sur les remparts *(1/2 h environ)* offre de belles
vues** sur la baie et les îles.
Dans la vieille ville, visitez surtout l'église collégiale *(ouv. de 10 h à 13 h et
de 16 h à 29 h),* romano-gothique des XIIe et XIIIe s. A l'intérieur, nombreuses
croix du XVIe au XVIIIe s. Dans les rues à arcades, remarquez les maisons
nobles, et surtout le palais de Lopez de Mendoza, baroque, et celui de
Correa.
Sculptée sur un promontoire au-dessus de l'océan, en face des îles Cies se
dresse la Virgen de la Roca. De taille gigantesque, les pans de son manteau
tombent jusque sur les rochers.

Environs. 1 — Monte Groba *(5 km S.-E.).* — Belvédère impressionnant d'où l'on
domine un paysage infini de mer et de verdure.

2 — Ile del Faro. — Remarquables restes archéologiques et lac salé.

3 — San Martin. — Bon lieu de pêche et de repos où volent par milliers les oiseaux
de mer.

Baza*

Grenade, 93 km. — Guadix, 48 km.
Alt. 872 m. — 20 610 hab. — Province de Grenade (Andalousie).

L'antique Basti est une petite ville d'aspect mauresque située dans un
vaste bassin d'érosion creusé par le río Baza. A la chute de l'Empire
romain, la ville fut le siège d'un épiscopat. Les Arabes construisirent la
forteresse et tracèrent un noyau urbain que l'on peut identifier dans les
quartiers de San Juan et Santiago.

Fêtes. — Semaine sainte ; Virgen de la Piedad (6-9 sept.) dans laquelle apparaît le célèbre Cascamorras, personnage traditionnel qui symbolise la compétition historique entre Guadix et Baza pour la possession de la Vierge ; feria chica (11-15 nov.) ; Santa Bárbara (4 déc.).

L'**église Santa María** fut reconstruite en style gothique en 1529 par Pedro de Urrutia à l'imitation de la cathédrale de Murcie ; les portails dans le style des Siloé datent de 1561 ; tour octogonale baroque. Dans l'**église de Santiago**, artesonado mudéjar.

Environs. 1 — Cúllar de Baza (*22 km N.-E. par la N342 en direction de Puerto Lumbreras ;* 5 630 hab. ; alt. 960 m). — Curieuse petite ville dans le bassin d'érosion du río Cúllar, conservant quelques **tours** musulmanes et une **église** en style de transition entre Renaissance et baroque.

➔ A *20,5 km N.,* **Galera,** où vous pourrez voir la nécropole ibérique de Tútursi, où des inhumations eurent lieu du VIIe au VIe s. av. J.-C.

2 — Chirivel (*51 km N.-E. par la N342 ;* 2 045 hab. ; alt. 1 039 m). — La **cueva de los Trein,** d'époque solutréenne, abrite des peintures et des céramiques.

3 — Vélez Rubio (*69 km N.-E. par la N342 ;* 6 360 hab. ; alt. 839 m). — Ruines du **château** arabe du VIIIe s. **Église** paroissiale **de la Encarnación** avec les armes des marquis de Villafranca et de Vélez qui la firent édifier ; à l'intérieur, magnifique artesonado, retable avec une peinture de Vicente López et statues attribuées à Salzillo. Dans la **casa des Sernas,** on conserve l'autel sur lequel fut célébrée la première messe après la Reconquête, au XVe s.

➔ A *5 km N.,* **Vélez Blanco★** (3 019 hab. ; alt. 1 070 m), petit bourg bâti au pied d'une colline dominée par un splendide **château★** construit en 1506-1515 par des architectes et artistes italiens. De plan octogonal, son enceinte est renforcée de nombreuses tours crénelées, mais il ne s'agit plus que d'une colossale coquille vide après la vente, en 1903, de l'admirable patio Renaissance autour duquel s'ordonnaient les appartements de ce palais, au Metropolitan Museum.

A *6 km N.-E.,* **las Cuevas de Moreno** décorée de peintures pariétales préhistoriques de couleur rouge (figures humaines, animaux schématisés, signes astronomiques...).

Baztán (Vallée du)

Province de Navarre.

A l'E. de la vallée de la Bidasoa, la vallée du Baztán, à la frontière de la France, forme un cirque immense ; quatorze villages, entourés de montagnes, s'échelonnent dans cette vallée, sur un tapis toujours vert. Les habitants vivent pour la plupart dans de grosses fermes disséminées sur les versants des montagnes, où le climat océanique favorise l'élevage et la culture du maïs.

La vallée dans l'histoire. — Elle abrite les Agotes, groupe ethnique dont on ignore l'origine. Selon certaines sources, ils descendraient des Goths, selon d'autres ils seraient d'anciens lépreux. Pendant de nombreux siècles, les membres de ce groupe subissent une forte marginalisation sociale : obligés d'habiter dans des quartiers réservés, ils n'occupent à l'église que les places du fond, sont cantonnés aux travaux les plus durs, ne peuvent se marier qu'entre eux. Toutes sortes d'histoires inquiétantes et invraisemblables courent sur leur compte. Le 27 décembre 1817, les Cortès de Navarre suppriment les mesures discriminatoires dont ils sont l'objet, mais certaines se prolongent jusqu'au XXe s.

La noble terre du Baztán reçut jadis les titres de « vallée, université et république ». Chacun des quatorze hameaux possède son maire, tous les villages étant représentés à la Funta General.

Les traditions. — La vallée du Baztán conserve les coutumes navarraises les plus pures ; la tradition se fait sentir aussi bien dans la langue que dans l'habitat. La maison baztanesa est grande et élégante . Nombre d'entre elles sont ornées du même écusson en forme de damier noir et blanc qui remonte à Don Sancho García de Navarre qui libéra la vallée de l'occupation française pendant la guerre d'indépendance. Les bâtisses fortifiées des anciens seigneurs rappellent le goût néo-classique du XVIIIᵉ s. ou bien adaptent les éléments architecturaux traditionnels. Ne manquez pas de goûter la truite saumonée, la bastán-sopa ou la gaztanbera, lait caillé préparé dans des bols en bois (kaikus) et que l'on fait bouillir sur des pierres sorties de l'âtre.

0 km : **Almándoz** *(sur la N 121 à 40 km N. de Pampelune ; 412 hab., alt. 440 m).* — Notez les maisons décorées des blasons baztanés et les carrières de marbre. ➡ Vallée de la Bidasoa* *(prendre sur la g. à Berroeta)* →.

9 km : **Ciga** *(prendre à dr. à Berroeta, puis embranchement à g. ; 389 hab., 364 m).* — Sur un monticule s'élève l'église paroissiale, bâtie au XVIᵉ s. Belle tour et atrium spacieux.

13 km : **Irurita** (1 057 hab., alt. 214 m). — Au bord du Baztán, ce petit bourg conserve de beaux palais du Moyen Age et une tour érigée au XVᵉ s.

Fêtes : l'Ascencion y est célébrée avec faste et ferveur.

16 km : **Elizondo*** (2 525 hab., alt. 196 m). — Capitale de la vallée et centre économique. Cette petite ville, dont le nom signifie « près de l'église », est l'un des plus jolis coins de Navarre. Sur la plaza de los Fueros, le palacio de las Gobernadoras, du XIVᵉ s., est orné d'un beau balcon ; le rez-de-chaussée s'ouvre sur une galerie à arcades. L'ayuntamiento présente une belle façade décorée de l'écusson de la ville. L'étendard de las Navas de Tolosa y est conservé. Remarquez enfin les maisons arborant pour la plupart des blasons car jadis, les habitants de cette petite république étaient tous nobles.

Fête : le 25 juil., danses traditionnelles : mutil dantza, soka dantza.

17 km : **Elvetea** (377 hab., alt. 200 m). — Belles bâtisses traditionnelles ; palacio de Jarola.

20 km : **Arizcun** (194 hab., alt. 367 m). — L'église San Andrés conserve une magnifique **sculpture** du XVIIIᵉ s., « saint Martin à cheval », exécutée par Luís Salvador Carmena. Tour et maison où habita la mère de saint François Xavier.

23 km : bifurcation à dr. pour *(1 km)* **Maya del Baztán.** — Remarquable par la simplicité de ses maisons inégales et les belles perspectives de ses rues.

40 km : bifurcation à g. pour *(1,5 km)* **Urdax** (625 hab., alt. 95 m). — Vestiges de l'ancien monastère de San Salvador ; grotte de Icaburu.

42 km : bifurcation à g. pour *(4 km)* **Zugarramurdi** (315 hab.). — Son nom est associé à l'idée des grottes, des sorcières et des sabbats. En 1610, l'Inquisition condamne 40 personnes de cette bourgade ; 10 sont brûlées en un célèbre autodafé à Logroño.

Fêtes : le 15 août, grand rassemblement dans la grotte que traverse la rivière Olabidea.

Béjar

Ávila, 111 km. — Salamanque, 73 km.
Alt. 938 m. — 17 300 hab. — Province de Salamanque (Castille-León).

Petite ville industrielle (fabrique de draps) perchée sur un étroit promontoire au pied de la sierra de Béjar.

Prendre la direction « centro de la ciudad » jusqu'à la place où se situe l'**église San Salvador**, de 1554. A *300 m* de là, dans la même direction, **église Santa María**, du XIVe s. (l'abside) restaurée au XVIIIe s. En revenant vers la route de Salamanque, vous longerez un important tronçon d'une **enceinte** du XIIe s.
Dans le **palais des ducs de Béjar**, du XVIe s. (beau **patio** Renaissance, **escalier** monumental) se trouve le **musée** municipal, avec une **collection des peintures** d'Eugenio Lucas et de Sorolla ; **buste** sculpté par Houdon.

Environs. 1 — La Calzada *(8,5 km N.-O. par la C 515 en direction de La Alberca).*
— Fortin romain sur la grande voie de Mérida à Astorga, dite calzada de la Plata, dont il subsiste des éléments en bon état (chaussée de 6,50 m, murs de soutènement, bornes, etc.) dans la région.

2 — Guijuelo *(24 km N. par la N 630 en direction de Salamanque ; alt. 1 010 m).*
— Village réputé pour ses charcuteries.
→ A *4 km E.*, **embalse de Santa Teresa**. Le barrage (au N. du lac), haut de 50 m, long de 492 m, retient une nappe d'eau de 372 millions de mètres cubes et assure l'alimentation de Salamanque et l'irrigation de la région.

3 — El Barco de Ávila *(30 km E. par la C 500 ; →).*

4 — Candelario *(4 km S.-E. ; alt. 1 200 m).* — Plaisant village de montagne, au flanc de la sierra de Gredos. Il est encore possible de voir, surtout les jours de fête, les femmes habillées de leur costume traditionnel (jupes en drap noir et blouses richement ornées).

Belmonte[*]

Cuenca, 101 km. — Mota del Cuervo, 16 km.
Alt. 806 m. — 2 880 hab. — Province de Cuenca (Castille-La Manche).

Belmonte est un vieux village fortifié que domine un imposant château édifié au milieu du XVe s.

Fêtes. — Le 24 août, feria de San Bartolomé. Du 29 sept. au 2 oct., San Miguel Arcángel et foire très animée.

Le **château**[*] *(ouv. en été de 10 h à 14 h et de 17 h à 20 h ; en hiver de 10 h à 14 h et de 16 h à 18 h 30)* est conçu selon un plan étoilé avec une double enceinte et de robustes tours cylindriques. On y accède par un beau portail gothique d'où l'on passe dans un **patio**[*] à deux étages de galeries ogivales.
Dans l'**église San Bartolomé**, dominé par un beau clocher musulman, retable du XVIIIe s. et tombeaux de Juan Pacheco et Pedro Téllez et leurs épouses. Remarquables **stalles**[*] du chœur, dont les dossiers sont magistralement sculptés en style gothique flamboyant.
La **plaza Mayor** est bordée de belles arcades et de maisons blasonnées.

Environs. 1 — Villaescusa de Haro *(6 km N. par la N 420 en direction de Cuenca).* — Église gothique s'ouvrant par un portail Renaissance ; à l'intérieur, chapelle de la Asunción (1507), de style isabélin, fermée par une remarquable grille de fer forgé (*retable** polychrome, aux sculptures gothiques sur armature plateresque).

2 — Mota del Cuervo* (→ *16 km S.-O. par la N 420 ;* → route de Don Quichotte, km 375).

Benavente

León, 63 km. — Zamora, 60 km.
Alt. 724 m. — 12 510 hab. — Province de Zamora (Castille-León).

Ce gros bourg, situé sur un promontoire entre les riches vallées des ríos Orbigo et Esla, probablement l'Interamnium Flavium romaine, est aussi appelé la « ville des trois comtes », pour avoir appartenu jadis aux comtes de Pimentel.

Fêtes. — Corpus christi avec les fêtes du Toro Enmaromado (le taureau attaché).

L'église Santa María del Azogue, fondée par Ferdinand II au XIIᵉ s., fut achevée au XVIᵉ s. ; elle conserve un magnifique **chevet** à triple abside à corbeaux sculptés, des **portails** romans, et un **portail principal** de style néo-classique ; à l'int., **Annonciation** du XIIIᵉ s. en pierre ; **calvaire** en haut relief et **retable** baroque du XVIIᵉ s.
L'église San Juan del Mercado (XIIᵉ s.), de style romano-gothique, conserve de belles **sculptures** sur son portail méridional ; au-dessus du **presbytère** se trouve la première voûte gothique d'Espagne ; dans l'**église San Andrés, tour** de style mudéjar. L'**Alcazar** de Benavente, incendié par les troupes napoléo-niennes, fut totalement détruit ; il ne reste plus que la **tour del Caracol** autour de laquelle a été édifié un **parador** national.

Environs. 1 — Villalpando *(21,5 km S.-E. par la N VI en direction de Madrid).* — Située dans la Tierra de Campos, la ville conserve de ses anciennes murailles la **puerta de San Andrés,** puissant ouvrage remanié au XVIᵉ s. ; dans le village, plusieurs **églises** de style mudéjar : Santa María la Antigua (XIIᵉ s.), récemment restaurée, conserve à l'intérieur une Vierge du XIIIᵉ s. ; San Lorenzo (portail gothique) ; San Nicolás, avec à l'intérieur deux crucifix et des statues baroques.

2 — Monastère de Moreruela* *(26 km S. par la N 630 en direction de Zamora).* — C'est le premier qui ait été fondé en Espagne par l'ordre de Cîteaux ; bien qu'il ait été déclaré en 1831, monument national, il tomba progressivement en ruine ; récemment restauré, il se trouve aujourd'hui dans une propriété privée ; construit en style de transition, il offre une magnifique **vue** sur le barrage de Ricobayo, qui retient les eaux du río Esla.

3 - Santa María de Tera* *(28 km O. par la C 620 en direction de Puebla de Sanabria).* — Son **église** est un magnifique exemple d'art roman ; construite au XIIIᵉ s., elle faisait partie d'un ancien monastère du Xᵉ s. ; portail sculpté (Christ en majesté) ; chevet rectiligne, orné de sculptures et de chapiteaux historisés.

Berga

Barcelone, 113 km. — Manresa, 50 km.
Alt. 715 m. — 12 352 hab. — Province de Barcelone (Catalogne).

Au centre de la comarca du Berguedà dont elle est la capitale, cette vieille ville textile du XVIIIe s. possède un centre-ville charmant au pied des ruines de son château médiéval.

Fêtes. — Pendant la semaine de la Fête-Dieu, Patum de Berga ; c'est l'une des fêtes les plus animées de Catalogne, elle attire des milliers de visiteurs désireux de participer à la débauche des bals populaires, défilés et feux d'artifice que ses personnages symboliques déploient dans les rues de la ville ; ainsi le Patum, grand aigle de bois sculpté crachant le feu.

Environs. 1 — Chapelle de Nª Sª de Queralt *(4 km O. ; alt. 1 024 m).* — Édifice du XVIIIe s., où l'on vénère une image de la Vierge du XIe s. Superbe **panorama****.

2 — Excursion au N. de Berga.

0 km : **Berga.** Sortir par la C 1411 en direction de La Molina.

17 km : ➜ A g. route pour *(13 km)* **Saldes** ; au cœur du **parc naturel de la sierra del Cadí****. Ruines d'un château du XIIIe s. dans le village et à 10 mn à pied, **monastère de Sant Salvador** (Xe s.) dont la petite église sur plan circulaire est surnommée la «rotonda de sull». A l'E., ruines de l'**église Santa María del Castell**, romano-gothique non loin du pittoresque point de vue du pont de Cabradic, sur le río Aigua de Valls.

19 km : **Guardiola de Berguedà** (1 393 hab. ; alt. 720 m) ; ville d'élevage et d'agriculture sur le río Llobregat. Point de départ des randonnées en Pyrénées et de l'escalade au massif de Pedraforca *(en partant de Saldes, 20 km O.)*, c'est aussi un centre de tourisme d'été. Guardiola s'est développé autour du **monastère** bénédictin de **Sant Llorenç**, fondé en 898 ; église et crypte romanes. — A *3 km N.*, **Bagà** ; église romane de Sant Esteve, modifiée au XIVe s., où est conservée une croix byzantine en argent. Vieilles maisons seigneuriales et pont médiéval.
Tourner à dr. en direction de La Pobla de Lillet.

28 km : **Pobla de Lillet** (2 023 hab. ; alt. 843 m) ; église du XIe s. Sant Miquel sur plan circulaire, d'où la vue sur les massifs montagneux est remarquable.

A *4 km E.*, une piste forestière *(prendre à dr.)* conduit à l'**église** monumentale de **Sant Jaume de Frontanyà**, vestige d'un ancien monastère des Augustins. La nef unique, couverte d'une coupole au transept, se termine par trois absides.

Betanzos*

La Corogne, 23 km. — Ferrol, 36 km — Lugo, 74 km. — Saint-Jacques-de-Compostelle, 64 km.
8 579 hab. — Province de La Corogne (Galice).

Située au fond de la ría du même nom, entourée de vertes collines, Betanzos a conservé de sa cité médiévale de nombreuses demeures seigneuriales à galeries vitrées dans des ruelles en pente pavées de lourdes dalles.

Fêtes. — 1er janv., importante foire au bétail. Lun. et mar. de Pâques, pèlerinage de la Magdalena. Le 23 juin, feux de la Saint-Jean avec les lumeiradas. Du 14 au 24 août, fêtes du patron de Betanzos (danses, promenades en bateau sur la rivière). Le 8 sept., los Remedios (procession, offrandes de fleurs).

De la plaza Mayor, dirigez-vous vers l'angle opposé à celui qu'occupe la tour d'horloge ; suivez la calle de Mendez Nuñez. A *300 m*, se dresse l'**église Santa María del Azogue**, gothique (XIVᵉ et XVᵉ s.), avec des réminiscences romanes. Remarquez la façade. De part et d'autre de la porte, deux niches abritent les statues de la Vierge et de l'archange Gabriel. A l'intérieur, retable flamand du XVᵉ s.

A côté, l'**église San Francisco**★. Fondée par Fernán Pérez de Andrade, c'est l'une des plus belles réalisations du gothique galicien (XIVᵉ s.) ; belles sculptures de pierre à l'extérieur (portail) et à l'intérieur (retable de Ferreiro). Le sépulcre du fondateur montre un sanglier et un ours (emblèmes de la famille des Andrade) supportant le cercueil. Sur les côtés, on peut admirer de nombreuses scènes de chasse.

A *150 m* à g. après l'église Santa María se dresse l'**église Santiago**, édifiée au XIᵉ s., mais rebâtie au XVᵉ s. par la corporation des tailleurs. Elle s'ouvre par un portail représentant saint Jacques matamore. A l'intérieur, nombreuses œuvres gothiques (tombeaux) ; retable platerexque attribué à Cornélis de Hollande.

↦ A *22 km N.-E. (sortir vers l'E. par une route locale puis prendre à g. à Irixoa)*, **Monfero** ; le monastère San Felix s'élève dans l'impressionnante **sierra de Moscoso**★ ; fondé au XIIᵉ s. et reconstruit au XVIIᵉ s., il conserve une étonnante façade à trois ordres colossaux en appareil à damiers de granit et de grès (baroque et Renaissance italienne). L'intérieur renferme des tombeaux du XVᵉ s. ; remarquez la chapelle baroque de la Vierge de Cela et la décoration de la sacristie. Cloître Renaissance achevé en 1783 ; salle capitulaire de 1790.

Bidasoa (Vallée de la)★

Province de Navarre.

La Bidasoa prend sa source sur le versant méridional du pic Autza (1 306 m) ; longue de 75 km, elle traverse des paysages très sauvages, ravins, rochers abrupts et forme de nombreux torrents. Très appréciée pour ses rivières très poissonneuses (truites, saumons), la région attira la noblesse anglaise désireuse d'imiter Édouard VII. On y pratique aussi la chasse (au sanglier et au renard) et, en octobre et novembre, la chasse à la palombe au filet, près de la frontière française.

La région a conservé des coutumes archaïques : le jour de la Saint-Jean, on cloue sur la porte des grosses bâtisses traditionnelles un chardon pour éloigner la foudre et protéger les animaux des maladies ; le laurier bénit se jette dans le feu le jour des Rameaux pour écarter les tempêtes. Tous les villages possèdent leurs fêtes traditionnelles, réminiscences d'un folklore millénaire, où l'on exécute des danses guerrières (ezpata-dantza, danse des épées), ou profanes (edate dantza, danse des buveurs) sur les places publiques.

0 km : **Oyeregui** *(à 49 km N. de Pampelune par la N 121, puis la C 133 ;* 122 hab., alt. 129 m). — Pittoresques maisons traditionnelles ; beaux paysages verdoyants.

↦ **Almándoz** (→ vallée du Baztán, km 0).

•→ A *11 km,* vous pouvez accéder au **monte Aizkolegui** (1 000 m) au sommet duquel se trouve un palais. Belles vues sur Biarritz, Bayonne et leur région.

1 km : **Navarte** (262 hab., alt. 138 m). — Centre de pêche situé dans un paysage d'une singulière beauté. Ancienne hôtellerie de Reparacea où séjourna souvent Édouard VII. Valle Inclán y écrivit « la Marquesa Rosalinda ».

3 km : **Santesteban** (785 hab., alt. 122 m). — Située entre la rivière et l'Ezcurra, Santesteban est le point de départ de très agréables promenades en montagne. La ville comporte de vieilles bâtisses très pittoresques.

•→ A *3 km,* depuis Elgorriaga, on entreprend l'ascension du **monte Mendaur** (1 136 m).

7 km : **Sumbilla** (951 hab., alt. 106 m). — Jolie petite ville située dans une région de sources d'eau fraîche. Entre la rivière et la route, on peut voir les **ruines d'une maison seigneuriale** et du **couvent de San Tiburcio**. La pêche, à la truite et au saumon, est un des divertissements essentiels du lieu.

14 km : **Ventas de Yanci**. Bifurcation à g. pour *(2 km)* **Yanci** (663 hab., alt. 207 m). — Célèbre **ermitage de San Juan Xar**, dans une grotte naturelle. Belle maison du XVIIIe s.

•→ A *8 km,* par la même route locale, **Aranaz** est une petite ville située dans un superbe paysage d'énormes rochers qui contrastent avec la placidité du cadre environnant.

16 km : tournez à dr. pour atteindre *(3 km)* **Echalar** (1 350 hab., alt. 100 m). — Ville pittoresque dans une gorge étroite entourée de rochers abrupts. Les maisons de granit forment un agréable ensemble urbain. On pratique ici la chasse à la palombe.

18 km : Bifurcation à g. pour *(2,5 km)* **Lesaca** (2 943 hab., alt. 77 m). — Cette ville offre de très beaux exemples d'architecture basque, avec surtout des maisons typiques, personnalisées à l'aide de couleurs variées ou de figurines qui ornent parfois les façades. On peut aussi contempler la **tour** appelée « Kaxerna » ou « Torre de Zabaleta », ancien quartier général de Wellington. Elle était jadis couronnée de créneaux et possédait des mâchicoulis ; les fenêtres à meneaux adoucissent l'impression militaire que donne l'édifice. Une autre tour offrant les mêmes caractéristiques se trouve près de l'église. Ce sont les seuls édifices d'architecture militaire présents dans la région basco-navarraise. Belle **église San Fermin** (fête le 7 juil.).

22 km : **Vera del Bidasoa** (3 454 hab., alt. 59 m). — Bâtie à l'ombre de la Rhune, Vera se présente comme le centre le plus important des Cinco Villas, antique confédération regroupant Aranaz, Yanci, Echalar, Lesaca et Vera. La ville est composée de différents quartiers très pittoresques ; celui d'Alzate s'ouvre sur une place irrégulière bordée de belles maisons blanchies et fleuries. On peut visiter l'**église** (xve s.), l'**ayuntamiento**, construit en 1776, et la **maison Itzea** de l'écrivain Pío Baroja (1872-1956), pleine de souvenirs. La bibliothèque compte quelques trente mille livres.

•→ Dans les environs, **gorge d'Endarlaza**, obscur et étroit défilé aux murs granitiques, long de 3 km.

Bilbao (Bilbo)*

Burgos, 157 km. — Madrid, 395 km. — Saint-Sébastien, 114 km. — Santander, 107 km.
433 000 hab. — Capitale de la province de Biscaye (Pays basque).

Le nom de Bilbao n'évoque pas seulement un centre urbain, mais aussi un complexe industriel et économique qui s'étend le long des 14 km de

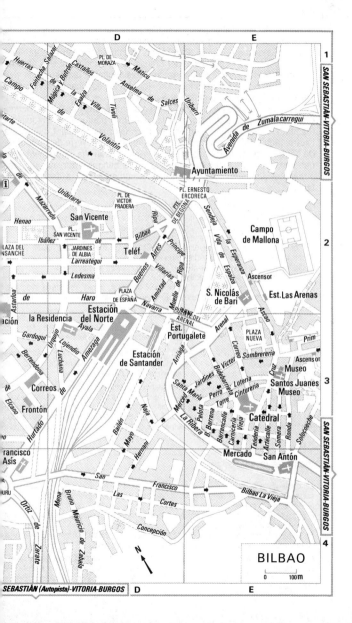

BILBAO

0   100m

la ría de Bilbao. Cette zone industrielle du Nervión est composée de plusieurs unités : Arrigorriaga, Baracaldo, Bilbao, Basauri, Guecho, Echarri, Galdacano, Lejona, Portugalete, Santurce, Sestao et Zaratamo. Sur la rive droite, à partir de Las Arenas et en continuant par Algorta, Neguri et Punta Galea, s'étend la zone résidentielle, tandis que la rive gauche est occupée par l'industrie lourde et les chantiers navals à Baracaldo, Sestao, Portugalete et Santurce.

Le vieux quartier de Bilbao a su conserver une grande activité commerciale ; c'est le plus pittoresque de la ville. On y pratique le « chiquiteo » (habitude de se promener en groupe dans les rues en allant d'un bar à l'autre, tandis qu'on se fait servir un « chiquito », petit verre de vin rouge). De l'autre côté de la ría autour de l'axe de la Gran Vía se concentre ce que l'on pourrait appeler la « city » : grandes banques, bureaux, édifices publics et administratifs, établissements commerciaux, salles de spectacles.

La ville dans l'histoire. — En 1300, D. Diego López de Haro fonde la ville, sur la rive droite du Nervión, en suivant un plan orthogonal qui se retrouve dans la vieille ville connue sous le nom de « las siete calles » (les sept rues). C'est là que l'on découvre l'ensemble de monuments des temps passés.

Le commerce de la laine provenant de la Castille a permis le développement de Bilbao aux xive et xve s. L'exportation du fer en Angleterre, la construction navale et l'industrie du fer seront les activités principales des siècles suivants.

La ville a joué un rôle considérable lors des guerres civiles du xixe s. Assiégée à trois reprises par les carlistes (en 1834, 1836 et 1873), Bilbao se défend avec une remarquable énergie et est surnommée la « Cuidad de los Sitios » (la ville des sièges).

C'est à partir du xixe s. que Bilbao connaît un grand essor, favorisé par la construction de voies ferrées, de routes et par les travaux menés dans le port ; une intense activité industrielle, économique et financière se développe alors.

Gastronomie. — Les poissons et les crustacés sont à la base de la gastronomie de Bilbao. On citera le « txangurro », l'araignée de mer en sauce, le merlu à la koskerra, la morue « à la vizcaina », les calmars, la morue « al pil-pil »...

Fêtes. — La Bilboko Aste Nagusia, ou Grande Semaine de Bilbao, est une fête de création récente, qui se déroule dans la seconde quinzaine du mois d'août. La ville est en effervescence autour de la Marijaia, symbole d'une ville en liesse vouée au feu mais qui renaîtra l'année suivante. Les comparsas s'occupent de transmettre leur entrain à la foule grâce à leurs danses et leur musique. Du 14 au 20 août, corridas.

Visite de la ville

L'industrialisation et l'activité portuaires ont donné à Bilbao un paysage très européen : on pourrait retrouver n'importe quelle rue, n'importe quelle boutique à Glasgow, à Dortmund ou à Bordeaux.

Bilbao conserve toutefois un charme particulier que l'on retrouve en parcourant la vieille ville, sur la rive droite du Nervión.

En se promenant dans les Siete Calles, de Somera à Barrencalle Barrena, vous aurez l'impression de retrouver l'atmosphère des siècles passés.

Il vous sera très difficile de trouver une place pour votre voiture dans le centre ; allez vous garer aux parkings de la plaza del Ensanche ou, en traversant le puente del Avenal à celui de la plaza Nueva (plan E3). De là, vous visiterez la partie ancienne de la ville.

✝ **Cathédrale Santiago** *(plan E3)*. — Elle fut édifiée sur le chemin du pèlerinage de Saint-Jacques-de-Compostelle, en témoignage du culte voué à cet apôtre. L'édifice actuel a été construit en 1379 en style gothique et remanié après un incendie en 1571. La façade et le clocher de Severino de Achúcarro sont une imitation gothique datant de 1891. Vaste portique Renaissance. Cloître gothique des XIVe et XVe s.

Église San Antonio Abad *(plan E4)*. — Plus connue sous le nom de San Antón, elle occupe la place de l'ancien château qui défendait la ville et le pont sur la ría. Elle fut bâtie entre la fin du XIVe s. et le début du XVe s. par le maître flamand Guiot de Beaugrant. De forme presque carrée, elle est de dimensions réduites. Un des portails est gothique et l'autre Renaissance. Clocher baroque (1774). La **chapelle de Nª Sª de los Dolores** conserve **un retable** plateresque avec une Pietà, œuvre de Guiot de Beaugrant, qui vécut à Bilbao au début du XVIe s.

Dans le quartier d'Achuri, non loin de San Antón, sur la plaza de la Encarnación, se trouvent l'**église et le couvent de Santo Domingo** (1513). L'église, dont la façade est dotée d'un portail Renaissance, comporte quelques éléments baroques sous un grand arc ogival. A l'intérieur, voûtes à nervures du XVe s. Deux beaux sépulcres gothiques du XVIe s.

◼ **Musée archéologique, ethnographique et historique de Biscaye** *(plan E3)*. — Il est logé dans les dépendances d'un ancien collège de jésuites.
Visite : de 10 h 30 à 13 h 30 et de 16 h à 19 h ; f. lun. et les a.-m. des dim. et fêtes ; accès gratuit.
Fondé en 1919, il possède d'importantes collections d'antiquités et des sculptures romanes, gothiques, etc. Les salles consacrées à l'ethnographie s'efforcent de reconstituer les formes de vie ancestrales (bergers, agriculteurs, pêcheurs...).
Une salle est réservée au Consulado de Bilbao, institution qui fut chargée de régler la vie commerciale et la navigation de 1511 jusqu'à sa disparition en 1829.

En suivant la calle Cruz, puis la calle Ascao on arrive à la **plaza Nueva** *(plan E2)*, néo-classique, construite entre 1829 et 1849 par Antonio de Echevarría ; les lignes en sont sévères, mais non dénuées d'un certain romantisme. Cette place est un centre très animé le dim. matin (on y trouve des oiseaux, des fleurs et des pièces de monnaie, etc.), ou lors de certaines fêtes comme le marché de Santo Tomás où sont exposés tous les produits typiques de la région.
En allant vers la ría, on découvre un espace ouvert, l'Arenal, qui sert de lieu de promenade et de repos, surtout les jours de soleil et le dimanche, lorsque joue la fanfare municipale (Banda). D'un côté se trouve le **théâtre Arriaga** (1890), de Joaquín Rucoba : entièrement transformé à l'intérieur, il va devenir le grand centre théâtral et musical de la ville ; Bilbao voudrait en effet retrouver l'animation sociale et culturelle qu'elle a connue dans les années cinquante.
L'**église San Nicolàs de Bari** *(plan E2)*, construite au milieu du XVIIIe s. par les navigateurs en l'honneur de leur patron, constitue un monument baroque caractéristique avec deux clochers jumeaux. A l'intérieur, statues de Juan de Mena dans les chapelles d'angle.
Derrière le chevet de l'église, un ascenseur permet de se retrouver sur la **colline de Begoña** (on y accède aussi par des escaliers très raides à l'extrémité de la calle Cruz). On découvre un vaste panorama sur la ville et

l'on peut se rendre à la **basilique de Begoña**, du XVIe s., dont le nom a été porté loin sur les mers par bon nombre de bateaux. A l'intérieur, des colonnes à cannelures s'élèvent jusqu'aux voûtes. On peut reconnaître les marques des marchands qui contribuèrent à financer la construction de l'édifice.

En redescendant vers le quai de l'Arenal puis en suivant la Senda Viuda de Espalza, on trouve l'**ayuntamiento** dont la façade, œuvre de Joaquín Rucoba, est remarquable.

En traversant la ría puis en empruntant la rue Buenos Aires, on arrive à la **plaza Circular** *(plan C2)* où se dresse le monument à Diego López de Haro, fondateur de la ville. Le long de la **Gran Vía** s'étend la zone commerciale et financière avec de grandes banques et des bâtiments administratifs comme le palacio de la Diputación (1900) ou le Gobierno Civil (moins intéressant au point de vue artistique). Au bout de la Gran Vía se dresse le monument au Sacré-Cœur, construit en 1926 par Angel Calahorra grâce à une souscription populaire.

■ **Musée des Beaux-Arts*** *(plan B2)*. — Il est situé dans le parc de Doña Casilda de Iturriza. Les collections sont réparties dans deux édifices reliés par une galerie ; l'un est consacré à l'art ancien (sculpture, et surtout peinture) et l'autre à l'art moderne : l'on y retrouve des œuvres de grands artistes tels que Gargallo, Oteiza, Chillida et toute l'avant-garde. Entre les deux bâtiments, Monument au fer, grande sculpture métallique d'E. Chillida.

Visite : de 10 h 30 à 13 h et de 15 h 30 à 19 h ; le dim. de 10 h 30 à 13 h 30 ; f. lun. ; accès gratuit.

Les salles de peinture ancienne offrent une collection exceptionnelle de peinture flamande comme la **Vierge et l'Enfant** de Thierri Bouts ou les **Changistes** de Quentin Metsys.

Les collections du musée présentent des toiles de grands maîtres de la peinture espagnole : le **San Sebastián** de Ribera, le portrait de Moratín par Goya et une série d'œuvres importantes. Dans la section de peinture basque il faut souligner la présence d'une grande variété de toiles modernes : Guinea, Echevarria, Tellaeche, Arteta, Aranoa, etc. Le musée possède 22 toiles de **Regoyo**, la série la plus complète que l'on puisse contempler ; et, à côté des noms de Solana, Vázquez Diaz, Serusier, Léger et Picasso, on trouve aussi un **Gauguin**, les **Lavandières d'Arles**.

Le long de la ría, le paysage se transforme en un monde fantasmagorique métallique de grues, de navires et de chantiers navals. Mais la technique a su créer aussi de vrais monuments en fer comme le **puente Colgante** ou plutôt puente Transbordador, inauguré le 28 juil. 1893 et réalisé par Alberto Palacio Elissague. D'une hauteur de 63 m, il sert à relier Las Arenas et Portugalete : il a été pendant longtemps la seule voie de communication entre les deux rives.

↦ Vallée du Nervión* (→).

Boí* (Vall de)

Province de Lleida (Catalogne).

Il offre un beau but d'excursion pour la beauté de ses paysages montagneux et ses églises romanes, édifices de pierre aux dimensions modestes, perchées au flanc de la montagne ou sur un pic isolé, entourées ou non de quelques maisons. Décorées d'arcatures lombardes, ces églises renfermaient souvent des peintures murales de toute beauté dont bon nombre se trouvent aujourd'hui au musée d'Art de Catalogne de Barcelone.

0 km : **Pont de Suert** (3 005 hab.; alt. 838 m); verrou de la vallée, son église est une œuvre contemporaine due aux architectes E. Torroja et J.-M. Rodríguez Mijares.

1,5 km : prendre à dr. en direction de Caldes de Boí (station thermale réputée).

5,5 km : **Llesp** (alt. 1 026 m); l'église romane, modeste, conserve un grand Christ gothique de la fin du XIIᵉ s.

A *3 km O.,* par un chemin non carrossable, **Coll**; église romane du XIIᵉ s., simple mais d'harmonieuses proportions; à l'intérieur, fragments d'un baldaquin d'autel orné de peintures gothiques.

13 km : **Barruera** (583 hab.; alt. 1 130 m); l'église de la Nativité, très rustique, conserve trois absides romanes du XIIᵉ s.

A *3 km E.,* **Durro,** charmant village à flanc de montagne (belles vues sur la vallée pendant l'ascension); **église*** romane avec un clocher de style lombard.

17 km : **Erill-Avall**; église du XIIᵉ s. que domine le plus beau **clocher*** de style roman lombard du val.

19 km : ↦ A dr. route pour *(1 km)* **Boí**; petite église romane renfermant des copies de deux fragments de peintures murales du début du XIIᵉ s. déposées au musée d'Art de Catalogne. ↦ A *2 km* sur la même route, **Taüll*** (alt. 1 482 m); le village compte de belles maisons typiques, de montagne, et surtout les **églises**** de Sant Climent et de Santa María, deux des plus intéressants monuments romans du val de Boí, l'un au centre du village, l'autre 200 m avant, dans une boucle de la route.

Santa María a souffert de nombreuses réformes. Une restauration en a restitué l'état d'origine sur un plan et une structure identiques à ceux de **Sant Climent** : un vaisseau central et deux collatéraux terminés par des absides semi-circulaires et flanquées d'un haut campanile, décoré d'arcatures lombardes. Les deux églises ont été consacrées en décembre 1123, à un jour d'intervalle, par l'évêque de Barbastro et de Roda, ancien prieur de Saint-Sernin de Toulouse, saint Raymond. Les peintures originales qui ornaient l'intérieur des édifices (Christ pantocrator à l'abside de Sant Climent, Épiphanie à l'abside de Santa María et Jugement dernier sur le mur occidental) ont été déposées au musée d'Art de Catalogne. La très belle crucifixion en bois sculpté provenant de Santa María et le banc de chaire de Sant Climent, qui mêle dans un art savoureux les motifs classiques, mudéjars et populaires, sont également conservés à Barcelone.

Une station de ski Boí-Taüll, à 2,5 km de Taüll, a été créée récemment.

22 km : **Caldes de Boí**; station thermale connue depuis l'Antiquité *(ouv. de fin juin à fin sept.).* Centre d'excursions en haute montagne (→ Parc national de Aigües Tortes**).

Bunyola

Palma, 16 km.
Alt. 230 m. — 3 122 hab. — Ile de Majorque — Province des Baléares.

Sur les premiers contreforts de la sierra de Tramuntana, Bunyola, autour de son église gothique et baroque, est un agréable village où vivent de

nombreux artistes. Dans la campagne voisine, deux demeures de l'aristo
cratie majorquine offrent aux visiteurs leurs splendides jardins.

Environs. 1 — Orient* *(11 km N.-E. ; alt. 400 m).* — Paisible petit village, en pleine
montagne, offrant de belles vues sur le **puig de l'Ofre** (1 090 m) et le **castell d'Alaró**
(822 m).

2 — Alaró *(21 km E.).* — Ce bourg bénéficie de l'un des plus beaux paysages de
Majorque, au pied des **massifs de S'Alcadena** et **Es Castell**, qui, comme deux
sentinelles, gardent la vallée de Solleric, où l'on cultive l'olivier. L'excursion au
Castell permet de découvrir un splendide **panorama***. On accède en voiture au
restaurant **Es Pouet**, et de là, à pied, au château, qui existait déjà au IXe s., et que
les partisans de Jacques II défendirent vaillamment contre les Aragonais au XIIIe s.
Dans les ruines fut édifiée au XVIIe s. une petite chapelle.

3 — Raixa *(4 km S.).* — Ancien palais de la famille des Despuig, construit en 1791
au milieu de jardins aux escaliers bordés de statues et aux terrasses ornées de
fontaines, d'où l'on embrasse un merveilleux panorama.

4 — Domaine d'Alfábia* *(4 km N.).* — Ses bâtiments possèdent un beau **plafond**
mudéjar, un intéressant mobilier majorquin et des **tableaux** de Murillo et Ribera ; il
occupe l'emplacement d'un ancien palais arabe. Les **jardins** sont remarquables par
leur belle végétation d'aspect tropical et une longue pergola aux curieux jets d'eau.

Burgo de Osma (El)*

Aranda de Duero, 58 km. — Soria, 69 km.
Alt. 895 m. — 4 500 hab. — Province de Soria.

El Burgo de Osma, situé au bord du río Ucero, est l'un des plus
séduisants villages de la province de Soria ; l'antique Uxama Argaleo
romaine, siège d'un évêché depuis l'époque wisigothique, connut après
la Reconquête, une époque de prospérité grâce à ses prélats successifs.
De son passé, il nous reste la cathédrale et de charmantes petites places
et rues à portiques où se trouvent érigés les principaux monuments de
la ville.

Fêtes. — Célébration de Nª Sª del Espino, le 16 août, danses traditionnelles sur la
plaza Mayor.

Visite de la ville

Cathédrale*. — Élevée en style roman par San Pedro de Osma au début du
XIIe s., reconstruite en style gothique par don Juan Domínguez au XIIIe s., elle
fut remaniée selon le goût, les caprices et la richesse des évêques qui se
succédèrent ; du côté de la place, **portail*** sculpté du XIIIe s., restauré en 1489
sous un porche Renaissance (1605).
Intérieur de pur style gothique d'influence française ; **Capilla Mayor** fermée
par des grilles de Nicolás Francés (1515), avec un grand **retable*** Renaissance, sculpté en 1552-1556 par Jean de Joigny pour la partie g. et par Pierre
Picard avec la **Dormition de la Vierge** pour la partie dr. ; **chœur** (1570) avec
des stalles en noyer.
Dans la **chapelle de la Virgen del Espino** *(bas-côté dr.),* statue gothique du
XIIIe s. dans un retable baroque.

Dans le déambulatoire s'ouvre la **chapelle de Palafox***, œuvre de Juan de Villanueva, dont la construction fut financée à l'aide d'un impôt de six maravedis sur chaque jarre de vin vendue sur le territoire de l'évêché.

Dans le transept g., **monument funéraire*** (1258) de San Pedro de Osma, et **chapelle San Pedro***, de 1541, accessible par un gracieux escalier qui évoque celui de la cathédrale de Burgos.

Cloître gothique, bâti en 1512 ; dans la **bibliothèque**, copie de l'**Apocalypse du Bienheureux de Liébana**, exécutée en 1086 et ornée de miniatures ; dans le **musée**, collection de textiles, coffrets arabes des XIIIe et XVe s., etc.

Dans le bas-côté g., la **chapelle San Ildefonso** renferme des **tableaux** gothiques incorporés à un retable baroque. Au **trascoro**, le **retable** de Marie-Madeleine, en pénitence dans la grotte de Sainte-Beaume, est peut-être l'œuvre de Pierre Picard, assisté de Juan de Logroño.

En suivant la **calle Mayor**, entre deux files d'arcades, vous arrivez à l'**université de Santa Catalina**, fondée en 1551 par l'évêque Acosta.

Environs

1 — Au N. de Burgo.

0 km : **Burgo.** Sortir par la SO 920 en direction de San Leonardo de Yague.

16 km : **Ucero** ; son château médiéval est bien conservé, surtout le donjon ; dans l'église paroissiale, Vierge romane, Vierge à l'Enfant du XVe s., Christ (XIVe s.).
➡ En sortant du village, on peut faire une impressionnante **promenade*** : après avoir traversé le pont sur le río Ucero (truites) à *2 km* du village, suivez un chemin à g., non carrossable ; pendant *3 km*, vous longerez un précipice de plus de 200 m de profondeur. Le **défilé du río Lobos**, taillé entre des prairies et des pinèdes, vous emmènera jusqu'à l'**ermitage de San Bartolomé**, ancienne église du monastère de San Juan de Otero, fondé par les templiers au XIIIe s.

34 km : **San Leonardo de Yague** ; centre estival situé dans un magnifique paysage forestier. Restes du château des Manrique de Lara, élevé en 1563. Nombreuses maisons seigneuriales.

2 — Au S.-E. de Burgo.

0 km : **Burgo.** Sortir au S. par une route locale, la SO 160, en direction de Berlanga de Duera.

15 km : **Gormaz** ; sur le versant d'un promontoire, où se dresse une grande **forteresse** arabe du Xe s. ; avec une énorme enceinte, haute de 10 m par endroits, renforcés de 24 tours et longue de 380 m. Elle fut, en son temps, l'une des plus grandes places fortifiées d'Occident ; une courtine percée d'une porte entre deux puissantes tours, dites d'Almanzor et de l'Homenaje, détermine un réduit (ou alcazar), avec citernes et ruines de casernements.

29 km : **Berlanga de Duero** ; situé au pied du château des Tovar, ce bourg fait partie des territoires que le roi Alphonse VI céda au Cid Campeador. L'antique Augusta Valeriana joua un rôle important durant la Reconquête. Belle **église collégiale*** de style gothique (1530) mêlé d'éléments Renaissance, **voûtes** à nervures, stalles en noyer sculpté de 1580 env. ; dans la Capilla Mayor, tombeau platéresque du XVe s., retable gothique, sculpté et peint ; dans la dernière chapelle, du côté dr., tombeau de l'évêque de Panama, Tomás de Berlanga, décédé en 1551 ; dans la chapelle de Santa Ana, au transept g., retable gothique de 1449.

40 km : **ermitage de San Baudelio*** *(prendre la clef à l'église de Casillas de Berlanga) ;* l'église mozarabe du début du XIe s., d'une architecture très originale (on a dit qu'elle était la plus musulmane des églises mozarabes), conserve quelques fragments de fresques romanes (fin du XIIᵉ s.) qui décoraient les murs et les voûtes (la majeure partie est aux États-Unis ; le musée du Prado en conserve six fragments).

3 — Au S.-O. de Burgo.

0 km : **Burgo.** Sortir par la N 122 en direction d'Aranda de Duero.

13 km : **Santa Esteban de Gormaz** ; gros bourg, appelé aussi la Llave de Castilla (la clef de la Castille), pour son importance stratégique au Moyen Age ; cité dans le poème du Cid, il fut âprement disputé entre Maures et chrétiens ; à la sortie, la route d'Aranda, deux **églises** romanes du début du XIIᵉ s. : **San Miguel,** avec une galerie extérieure dont les chapiteaux historiés comportent des scènes de guerre de danse et de jonglerie ; l'**église del Rivero** comporte, elle aussi, une galerie extérieure à chapiteaux sculptés.

Prendre à g. la N 110 en direction d'Ayllón.

45 km : ➡ Prendre à g. vers *(2 km)* Torraño. Là, bifurquer à dr., puis *4 km* plus loin à g. pour rejoindre *(18 km)* sur la dr. **Tiermes*,** étonnante **cité rupestre** sur une colline rocheuse, à 1 220 m d'alt., dans une région sauvage et isolée d'où l'on découvre de vastes horizons forestiers.

Tiermes, ou Termes, est mentionné dès 143 av. J.-C. comme une cité celtibère encore indépendante de Rome (elle ne fut pas soumise avant 97 av. J.-C.). Au Moyen Age, dès le XIᵉ s., elle fut le siège d'un **monastère** dont il subsiste encore l'église, remarquable monument d'art roman.

A l'entrée du site, à la fin de la route carrossable, vous visiterez l'**église Santa María de Tiermes*,** avec, du côté S., une **galerie** ouverte sur l'extérieur, à chapiteaux romans décorés de reliefs. Au **chevet,** corbeaux sculptés, tous différents.

En 1 h env. vous parcourrez le site de l'antique Termes. En descendant le chemin qui part de l'église, vous atteindrez une ancienne **porte de ville,** ouvrage en majeure partie rupestre, dénommée puerta del Sol. A côté, habitations taillées dans la roche gréseuse pour abriter le corps de garde.

En prenant à dr., vous remarquerez des **gradins rupestres,** puis un groupe d'**habitations celtibères,** réaménagées à l'époque romaine impériale durant laquelle Tiermes atteignit son apogée. La cité, protégée par une **muraille d'enceinte** de 3 m à 3,50 m d'épaisseur, renforcée par des **tours** semi-cylindriques, couvrait une superficie de 21 ha.

Plus loin vous découvrirez, près de la base de l'acropole, l'entrée d'un **tunnel** précédée d'une galerie ouverte d'environ 40 m. Peu après, vous parviendrez, à la pointe occidentale de la colline, en un lieu où fut aménagé un accès à l'**acropole.** Vous franchirez d'abord un **corridor** de 3 m de large, taillé dans la roche, sur une profondeur maximale de 6 m, avant de parvenir à une **rampe** d'une trentaine de mètres qui se termine au sommet.

En suivant la ligne de crête de la colline vous reviendrez vers l'église ; ruines insignifiantes d'un édifice dit **temple de Mercure,** puis celles d'un **castrum** probablement de construction romaine, aux murs de 4 à 4,50 m d'épaisseur, long de 45 m et large de 33 m.

49 km : **Ayllón** (1 502 hab. ; alt. 1 190 m) ; dans la sierra qui porte son nom, Ayllón ancien bourg fortifié, conserve de ses murailles l'imposante **porte del Arco.** Dans l'**église paroissiale** de style Renaissance, fonts baptismaux de style roman, Vierge gothique. L'**église San Miguel** conserve un portail roman ; à l'intérieur, sépulcres gothiques et plateresques. Dans le pittoresque centre du village, **plaza Mayor** à arcades et nombreux édifices seigneuriaux où se détache, en particulier, le **palais** gothique de **Juan Contreras.** Dans le **Museo Artístico de Arte Actual,** tableaux d'artistes espagnols contemporains.

69 km : **Riaza** (1 325 hab. ; alt. 1 200 m) ; dans l'église paroissiale, Pietà du XVIᵉ s. charmante petite place circulaire à arcades.

➡ **Sanctuaire de Hontanares,** entouré de montagnes dans un immense parc boisé ; tout près, station de sports d'hiver de **La Pinilla.**

Burgos***

Madrid, 238 km. — Santander, 118 km. — Valladolid, 124 km.
Alt. 860 m. — 156 450 hab. — Capitale de la province de Burgos (Castille-León).

Située au bord du río Arlanzón, Burgos est l'une des plus prestigieuses villes d'Espagne. A mi-chemin entre la frontière française et Madrid, elle se trouve au cœur même de la Vieille-Castille. Promue capitale du royaume unifié de Castille et León au XIᵉ s., elle le resta jusqu'à la prise de Grenade en 1492. De ce passé remarquable, la ville du Cid Campeador conserve un inestimable trésor monumental d'art gothique et isabélin, que domine la cathédrale, d'une éblouissante beauté. Burgos a connu, durant ces dernières années, un développement industriel considérable, sans cesser d'être pour autant une ville provinciale fortement attachée à sa tradition.

La naissance d'un royaume. — Burgos, fondée en 884 par le comte de Castille Diego Rodríguez, devient, à partir de 1037, résidence des rois de Castille et de León. Ceux-ci se succèdent à Burgos tant que dure la Reconquête ; la ville se convertit en place forte qui assure la défense des royaumes de Navarre et des Asturies ; mais après la prise de Grenade, Burgos cède son rôle de capitale à Valladolid. En 1808, les troupes napoléoniennes battent l'armée espagnole dans cette ville, puis sont ensuite assiégées par Wellington qui occupe la ville en 1813. De 1936 à 1938, Burgos est la capitale provisoire de l'Espagne franquiste.

Le Cid Campeador, personnage mythique. — La région de Burgos fut le décor des exploits guerriers de Rodrigo Díaz del Vivar (1043-1095), mieux connu sous le nom de Cid Campeador qui signifie en arabe «seigneur de la guerre». Ce personnage, issue de l'une des plus illustres familles de Castille, est le héros indiscutable de la Reconquête, bien que le rôle qu'il y joua s'avère beaucoup moins évident que celui que veut bien lui donner la littérature épique castillane. La chanson de geste «El Cantar de mío Cid», que l'on connaît par la copie d'un manuscrit du début du XIVᵉ s., le fait entrer dans la légende avec toutes les vertus propres à l'esprit chevaleresque. C'est dans l'église Santa Gadea de Burgos que le roi Alphonse VI est obligé de jurer devant le Cid qu'il n'a pas participé à l'assassinat de son frère Sancho II de Castille à qui il a succédé sur le trône.

Festivités. — Semaine de musique ancienne (la 2ᵉ du mois d'août) ; concerts dans la cathédrale et les églises San Nicolás et San Esteban. A la même époque se déroule l'Estival : concerts, théâtre et autres activités culturelles.

Gastronomie. — A découvrir le boudin, le fromage blanc et la olla podrida (sorte de cassoulet auquel on ajoute de la viande de porc sous forme de chorizo, de lard, de boudin, etc.) ; sans oublier les plats castillans traditionnels : la soupe à l'ail, les asados et les côtes de bœuf. Les vins rouges et rosés de la région sont acceptables.

Visite de la ville

Elle peut se faire en six promenades ainsi réparties :
En passant par l'Arco de San Martin (plan couleur A1) montez en auto jusqu'au Castillo (plan couleur B1), d'où vous découvrirez une vue intéressante sur la ville.
En commençant assez tôt le matin (vers 9 h) par la 1ʳᵉ promenade, vous aurez tout le loisir d'examiner l'une des plus belles cathédrales d'Espagne, la troisième par ses dimensions après celles de Séville et de Tolède. A moins que vous ayez prévu de passer plus d'une journée à Burgos, renoncez à parcourir ce quartier entre la

cathédrale et la colline du château qui évoque divers souvenirs du Cid et enchaîne, immédiatement après l'église San Esteban, avec la visite de l'église San Gil (2e promenade) ; avec la 3e promenade, vous pourrez vous contenter d'entrer dans la casa del Cordón afin de gagner sans trop tarder le musée archéologique (4e promenade).

Après la pause du déjeuner, vous terminerez à partir de 16 h votre promenade par le monastère de las Huelgas (5e promenade), puis par la chartreuse de Miraflores et le monastère de San Pedro de Cardeñas (6e promenade).

Il est de plus en plus difficile de trouver une place en face de la cathédrale ; nous vous conseillons le parking souterrain (payant) qui se trouve sous la plaza Mayor (plan couleur C2).

1 — La cathédrale et ses environs

La **plaza Mayor** *(plan couleur C2)*, encore appelée **plaza de José Antonio** ou **plaza de Carlos III**, est ornée d'une statue de Charles III qui se trouve juste en face de l'ayuntamiento, œuvre d'Antonio Tomé (1784). Sous une galerie, entrée de l'**ayuntamiento**, construit en 1791 par Ventura Rodríguez. Par le **paseo del Espolón** *(plan couleur C2)*, agréable promenade le long du río Arlanzón, gagnez l'**arco de Santa María***, l'un des plus remarquables monuments de Burgos. Cette porte fut construite à partir de 1536 en l'honneur de Charles Quint, sur l'emplacement d'une tour de la fin du XIe s. Le monument, attribué à Philippe de Bourgogne, est orné des statues de Nuño Rasura et de Laín Calvo (les deux premiers juges de Castille et ancêtres hypothétiques du Cid), de Diego Porcellos, du comte Fernán González, du Cid Campeador et de Charles Quint.

Cathédrale*** *(plan couleur C2)*. — Considérée comme l'une des plus belles expressions de l'art gothique à son apogée, elle fut construite à partir de 1221 par l'évêque Mauricio, sous le règne de saint Ferdinand. Consacrée dès 1230, il fallut encore trois siècles de travaux pour qu'elle soit achevée.

La **façade** est majestueuse avec son portail et ses flèches finement ajourées, mais le **portail Santa María** a été malheureusement défiguré au XVIIIe s et privé de la plupart de ses sculptures, ainsi que les deux portes latérales, surmontées de bas-reliefs de Juan de Poves (la Conception et l'Assomption). La **rosace** est d'une grande élégance, de même que les **fenêtres** et la **frise** qui la surmontent. Les deux **clochers**, hauts de 84 m, ont été élevés au milieu du XVe s. par Jean de Cologne ; ils se composent d'une tour carrée et d'une flèche « tailladée en scie, découpée à jour comme à l'emporte-pièce, feston-née et brodée, ciselée jusque dans les moindres détails comme un chaton de bague » (Théophile Gautier).

En prenant à dr., vous vous dirigerez vers le portail latéral S. en vous engageant dans un passage entre le cloître et la nouvelle sacristie (notez dans le passage, trois tombeaux de style gothique fleuri).

Entrez dans la cathédrale par la **puerta del Sarmental**, de style gothique français du XIIIe s.

Visite : le chœur et le cloître ainsi que diverses chapelles sont ouv. de 9 h à 13 h et de 15 h à 19 h en été, de 10 h à 13 h et de 15 h à 17 h en hiver. La cathédrale est illuminée chaque nuit, à partir de 21 h en été, et de 20 h en hiver.

Depuis le transept dr. vous recueillerez une première impression sur l'ampleur vraiment grandiose de cette église à trois nefs coupées par un transept et entourée de chapelles distribuées d'une manière très irrégulière.

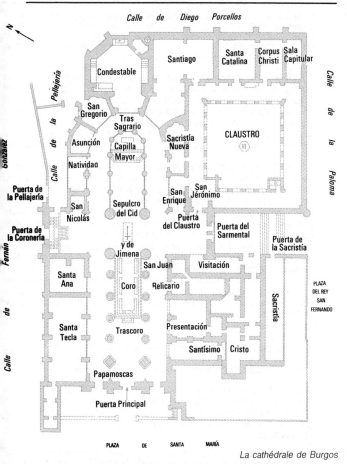

La cathédrale de Burgos

Cette cathédrale mesure, intérieurement, 84 m de longueur jusqu'à la chapelle del Condestable, derrière le maître-autel, et 106 m si l'on comprend cette chapelle ; 59 m de largeur à la croisée et 26 m dans les nefs, mais le chœur (coro) et la Capilla Mayor (sanctuaire) ne permettent pas de la découvrir dans son ensemble. La croix latine, formée par la nef centrale et le transept, est éclairée par de hautes fenêtres ogivales et entourée, à mi-hauteur, par une galerie dont les baies à quatre meneaux constituent une élégante guirlande.

En vous approchant assez près de la lice entre le coro et la Capilla Mayor, on découvrira dans toute sa splendeur la **coupole★★** qui coiffe la croisée du transept, à 50 m de hauteur.

Cette œuvre remarquable, dont le dessin est attribué à Philippe de Bourgogne, fut achevée en 1567 par ses assistants, Juan de Vallejo et Juan de Castañeda. Elle est décorée des armoiries de Charles Quint et de la ville de Burgos, de figures de prophètes, de patriarches et de séraphins. Vous ne manquerez pas non plus d'observer l'élégance de ses nervures.

Adossé à la lice, examinez le **transept S.** *(à dr.)* où s'ouvrent, au fond, la **puerta del Sarmental**, à dr. la chapelle de la Visitación, à g. la **puerta del Claustro★** (du cloître), du XIVe s., ornée de sculptures et dont les vantaux sont en bois sculpté du XVIe s., très remarquables (l'Entrée à Jérusalem, le Christ aux enfers, saint Pierre et saint Paul). En franchissant la lice entre le coro et la Capilla Mayor, vous pourrez examiner, au centre de la croisée, la **pierre tombale du Cid Campeador,** et de son épouse **Chimène**, fille du comte Díaz de Oviedo.

Dans la **Capilla Mayor**, maître-autel orné d'un **retable** de style Renaissance, par Rodrigo et Martin de la Haya, Domingo de Berríz et Juan de Anchieta en 1562-1580. A la base du retable reposent plusieurs membres de l'ancienne maison royale de Castille. Dans le **coro** (1497-1512), fermé par une grille (1602), **tombeau★** en cuivre émaillé du fondateur, l'évêque Maurice, œuvre d'un atelier de Limoges, **stalles★** en noyer sculpté, avec des incrustations de buis, curieux mélange de sujets mythologiques et de scènes de l'Ancien Testament, d'après des dessins de Philippe de Bourgogne. Revenez dans le transept dr. et suivez le **déambulatoire** ; à dr., à l'entrée, **capilla de San Enrique** : tombeau (en pierre sculptée et statue de bronze d'un orant) d'Enrique de Peralta y Cardenas († 1679). A g., **deux hauts reliefs** d'une série de cinq, figurant l'Agonie de Jésus dans le jardin des Oliviers, le Portement de croix, œuvres d'Alonso de los Ríos, pour le 1er et de Philippe de Bourgogne, pour le 2e.

Après la nouvelle sacristie, à dr., **capilla de Santiago**, bâtie de 1524 à 1534 par Juan de Vallejo.

A g., **tombeau** de l'abbé Juan de Ortega de Velasco (†1559) ; tapisseries du XVe au XVIIe s.

A g., **haut-relief** : la Crucifixion, par Philippe de Bourgogne.

A dr., **capilla del Condestable**, construite à partir de 1482 en style gothique fleuri, aux frais du connétable de Castille, Pedro Hernández de Velasco († 1492), sur des plans de Jean de Cologne et de son fils Simon. Magnifique **grille★**, chef-d'œuvre de Cristobal Andino, entre deux piliers ornés de **reliefs★** et de **statues**.

A l'intérieur, imposante **coupole** octogonale, richement ornementée (notez l'étoile ajourée). Aux murs, énormes **écussons**, par Gil de Siloé (?), de part et d'autre du grand **retable★** principal, exécuté entre 1523 et 1526 par Diego de Siloé, avec la participation de Philippe de Bourgogne (scène de la Présentation au Temple).

Au milieu de la chapelle, **tombeau★** du fondateur et de sa femme doña Mencia de Mendoza († 1500) ; belles **statues gisantes**, attribuées à Felipe Vigarné (le fait qu'elles proviendraient d'un atelier génois a été écarté). A l'autel latéral g. a été incorporé, au retable, un petit **relief de Saint Jérôme pénitent★** par Gaspar Becerra. A la paroi de dr., **triptyque** de l'école de Gérard David, **Descente de croix**, de l'école flamande. Dans la petite sacristie attenante, petit **tableau** flamand du XVe s. (Christ au jardin des Oliviers). Dans les armoires, **peintures** (Madeleine) de Gian Petrino, élève de Léonard de Vinci, **médaillon** ovale, en albâtre, d'une madone italienne. A noter encore un **diptyque** en ivoire, une **Vierge** en ivoire, etc.

A g., **relief*** (Descente de Croix et Résurrection), de Philippe de Bourgogne. A dr., **chapelle San Gregorio** (tombeaux gothiques du XIVᵉ s.). A g., **relief** (Ascension), par Alonso de los Ríos.
Capilla de la Asunción, du XIVᵉ s. (tombeau gothique). **Capilla de la Natividad** (retable Renaissance, de Martín de la Haya ; v. 1585).

Avant le transept g., à dr., **tombeau de l'archidiacre Pedro de Villegas** († 1536), de style ogival tardif.
Dans le **transept** g., au fond, **escalier**** (« escalera dorada » à double révolution et balustrade richement décorée, magistrale œuvre Renaissance de style italianisant, par Diego de Siloé, 1519), dont s'inspira Charles Garnier pour l'escalier d'honneur de l'Opéra de Paris ; il est orné des armoiries de l'évêque Fonseca, qui le fit exécuter ; la balustrade fut forgée par le Français Hilaire.

Capilla de San Nicolás (XIIIᵉ s.) : à g., **tombeau** de l'évêque Juan de Villahoz († 1275).

La **capilla de Santa Ana** a été bâtie de 1477 à 1488 par Simón de Cologne ; au centre, **gisant** de l'évêque Luis Osorio de Acuña († 1495), par Diego de Siloé ; à g., **tombeau*** de style gothique fleuri de l'archidiacre Díaz († 1492) ; à dr., **retable*** du maître-autel, somptueux monument de l'art gothique tardif, où figure un arbre de Jessé, généalogie du Christ, par Gil de Siloé et Diego de la Cruz. Au fond de la chapelle, grand **retable** plateresque, par Diego de Siloé. A g., à l'extérieur du coro, **peintures** de fray Juan Rizi.
La **capilla de Santa Tecla** (1736) est dotée d'une remarquable **voûte** churrigueresque à coupole (XVIIIᵉ s.) et d'une **cuve baptismale** romane, du XIIᵉ s. Au **trascoro**, du XVIIIᵉ s., statues de saint Pierre et de saint Paul. De là, en se rapprochant du bas-côté dr., on aperçoit une **horloge** du XVIᵉ s., avec la figure populaire du Papamoscas (le gobe-mouches), car le personnage en buste ouvre la bouche en sonnant les heures.

Dans la **capilla del Santísimo Cristo**, le retable présente en son centre un célèbre **Christ** provenant, dit-on, d'Orient et attribué à saint Nicodème qui l'aurait modelé au moment de la descente de la croix ; flexible à la pression des doigts, étant fait en peau, il porte des cheveux et des sourcils humains (il date, tout au plus, de la fin du XIVᵉ s.).
La **capilla de la Presentación** a été fondée en 1519 : grilles de Cristóbal Andino ; au centre, **tombeau*** du fondateur, par Philippe de Bourgogne ; sur l'autel, **Madone** peinte par Sebastiano del Piombo (1520) ; à g., en face de l'autel de g., **tombeau du chanoine Jacques de Bilbao**, trois **tombeaux de la famille de Lerma** (XVIᵉ s.).

Relicario renfermant la statue miraculeuse de la Madona de Oca, des reliquaires, etc. Dans la **capilla de San Juan de Sahagún**, tableaux de l'école hispano-flamande du XVIᵉ s. A l'angle du transept, **tombeau de Luis de Miranda**.

Dans le transept dr., **capilla de la Visitación** ou Santa Isabel, attribuée à Jean de Cologne (1435-1456) ; au centre, **tombeau d'Alonso de Cartagena*** († 1456), évêque de Burgos, qui introduisit en Espagne Jean de Cologne, l'auteur du gisant (sarcophage de Gil de Siloé, début XVIᵉ s.). Sur les côtés, six autres tombeaux, de moindre valeur.
Le **cloître***, de style gothique (fin du XIIIᵉ s.), renferme un grand nombre de statues et une quinzaine de sépultures. A g. de l'entrée, **statues*** dites du roi saint Ferdinand et de sa femme Béatrix de Souabe (XIIIᵉ s.) ; en face, **capilla**

de San Jerónimo, avec un retable Renaissance. Au fond, **capilla de Santa Catalina** (1316-1354), **capilla del Corpus Christi** (au tympan extérieur, Descente de croix), où se trouve un coffre bardé de fer, du XIe s., dit **coffre du Cid** ; c'est, dit-on, l'un de ceux que l'illustre guerrier remplit de ferraille et de sable et remit à des marchands juifs en prétendant qu'ils renfermaient sa vaisselle et son argenterie ; il leur demanda, contre ce gage, une somme de 600 marcs d'argent qui lui était nécessaire pour faire face aux dépenses de la guerre.

■ Dans la **sala capitular** (plafond artesonado du XVe s.), **tableau de l'Agonie du Christ**, attribué à Mateo Cerezo le Jeune, né à Burgos en 1635, triptyque de l'école flamande du XVe s. et **Descente de Croix** par Ribera (?). A l'extrémité de la galerie, **tombeau roman** (XIe s.) du monastère de San Pedro de Arlanza. Dans la galerie à dr. de l'entrée, **tombeau de Diego de Santander** († 1532), attribué à Diego de Siloé. Dans les galeries supérieures du cloître, le **musée diocésain** renferme, notamment, six **tapisseries** gothiques du XVIe s., sept **tapisseries** représentant les Vertus, signées de Frédéric Geubels et onze **tapisseries** de Bruxelles du XVIIe s.

En sortant de la cathédrale par la puerta del Sarmental, prenez à g. de manière à contourner le chevet (remarquez la **décoration*** extérieure de la chapelle del Condestable). Sur le côté N. de la cathédrale, vous admirerez la **puerta de la Pellejería***, en contrebas de la calle de Fernán González ; conçue dans le style plateresque (1516) par François de Cologne, elle offre l'aspect d'un grand retable couvert d'une profusion d'ornements. Ensuite, la **puerta de la Coronería** (toujours fermée), ornée de statues et de bas-reliefs, qui fut élevée au XIIIe s.

Église San Nicolás (plan couleur B2). — En vous dirigeant vers l'église San Nicolás de manière à prendre un peu de recul, vous apprécierez toute la beauté de la **tour de la croisée**, orthogonale, de la cathédrale à deux étages très élancés et décorés avec une profusion inouïe et surmontée de huit énormes pinacles finement ciselés. L'église San Nicolás, de style gothique du début du XVe s., renferme un splendide **retable** en albâtre polychrome, sculpté par François de Cologne (1505) ; il comprend 465 figures illustrant des scènes de l'Ancien et du Nouveau Testament, de la vie de saint Nicolas et un Couronnement de la Vierge.

De part et d'autre de l'autel, **tombeaux** d'Alfonso Polanco († 1490) et de sa femme à g., et de Gonzalo Polanco (1505) et de sa femme, à dr. Dans le bas-côté g., **retable** peint de saint François de Paul, de l'école flamande.

Église San Esteban (plan couleur C1). — Un peu plus haut, l'église San Esteban de style ogival, fut élevée de 1280 à 1350.

Visite : de 11 h à 13 h et de 15 h à 17 h.

A g., près de l'entrée, beau **tombeau** du XVIe s. (au tympan, bas-relief de la Cène). Dans la nef centrale, charmants spécimens de style plateresque : chaire, arcs soutenant l'orgue et le jubé. Dans le bas-côté dr., chapelle plateresque avec les **tombeaux** de Rodrigo de Frías (†1510) et de María de Ortíz de la Costana (†1505), par Nicolás de Vergara. Dans la sacristie, **tapisseries** (on ne montre les plus rares qu'avec la permission du curé), exposées à la Fête-Dieu. Cloître gothique du XIVe s.

Au départ de la plaza de Santa María, qui sert de parvis à la cathédrale, la promenade ci-après permettra d'évoquer le souvenir du Cid Campeador. Elle n'intéressera donc que les amateurs de détails.

L'arc de Fernán González *(plan couleur B2)* fut érigé en 1592, par Philippe II, en l'honneur du premier comte de Castille. Plus loin, vaste séminaire du **Solar del Cid** *(plan A1)*, sur le site de la maison du Cid ; un monument (une stèle et deux obélisques) y a été dressé en 1784.

L'arc de San Martín *(plan couleur A1)* est une porte de style mudéjar de l'enceinte du XIII e s. Sous la voûte, à g., la trace d'une barre qui y était encastrée passe pour être, dans l'imagination populaire, la mesure de la longueur de la Tizona, l'épée du Cid. De l'**enceinte**, il subsiste un tronçon du rempart, le long du **paseo de los Cubos,** *(plan couleur A1-2)* où la courtine est renforcée de tours semi-circulaires.

L'église Santa Agueda *(plan couleur B2)*, gothique, appartient également à la geste du Cid. Le « Romancero » et le « Cantar de mío Cid » racontent comment le Cid y fit entrer le roi Alphonse VI pour lui faire jurer qu'il n'avait eu aucune part dans la mort de son frère don Sanche, tué sous les murs de Zamora.

2 — L'église San Gil

Monument un peu isolé dans la vieille ville, mais qui mérite d'être visité. Vous vous y rendrez en auto si vous êtes pressé, sinon à pied à partir de la plaza Mayor (ou de José Antonio, plan couleur C2), ou encore en enchaînant avec la promenade précédente, après la visite de l'église San Esteban, en suivant la calle de Fernán González (plan couleur C1), encore bordée de quelques maisons seigneuriales du XVI e s.

Église San Gil *(plan couleur D1).* — De style gothique de la fin du XIII e s., ou du début du XIV e s., elle renferme quelques beaux **retables** sculptés et des **tombeaux** de la Renaissance.

Visite : de 11 h à 13 h et de 15 h à 17 h.

A g., dans la **capilla de la Natividad** (la 2e), **retable*** sculpté plateresque (XVI e s.) ; **Pietà**, tableau de l'école flamande du XV e s. Dans la **capilla del Santísimo Cristo** *(la 3e)*, deux tombeaux du XVII e s. A g. du maître-autel, **capilla de la Buena Manana,** avec un retable sculpté et cinq tombeaux gothiques et plateresques. A dr. du maître-autel, **capilla de los Reyes Magos**, avec un retable gothique sculpté. Dans le vestibule de la sacristie se trouvent deux **tombeaux** gothiques merveilleusement ciselés et un **tombeau** Renaissance.

Près de l'église, l'**arco de San Gil** *(plan C1)* a été restauré au XVI e s. Plus loin, l'**arco de San Esteban** *(plan C1)*, de style mudéjar, est une ancienne porte du XIII e s., sous le commandement de deux tours carrées.

3 — De la plaza Mayor à San Lesmes

A effectuer à pied à partir de la plaza Mayor (ou de José Antonio (plan couleur C2), courte promenade complémentaire, donc d'intérêt secondaire, la façade de la casa del Cordón (plan couleur D2) constituant la principale curiosité.

Sur le **paseo del Espolón** *(plan couleur C2)* est orientée l'une des deux façades principales du palais de la **Diputación** *(plan couleur D2)*, où une salle dite **Sala Cidiana** est ornée de fresques de Fortunato Julián, imitation moderne du style des peintures romanes du XII e s., relatant la geste du Cid.

De là, vous apercevrez le **pont de San Pablo**, sur l'Arlanzón, décoré de huit statues qui représentent doña Jimena (Chimène), l'épouse du Cid, le fils du Cid, qui trouva la mort à Consuegra, Alvar Fánez, le loyal conseiller, Martín Antolínez, saint Sisebut, abbé de San Pedro de Cardeña (où furent inhumés le Cid et Chimène), le prélat français Jérôme de Périgord, évêque de Valence, l'alcade maure Ben Galbón et Martín Muñoz de Montemayor, le capitaine lusitanien de l'armée du Cid.

Casa del Cordón *(plan couleur D2).* — Bâtie vers la fin du XVe s. pour le connétable Hernández de Velasco, elle doit son nom au grand cordon de saint François (ou peut-être de l'ordre teutonique), sculpté au-dessus de la porte et reliant entre elles les armoiries royales et celles des maisons de Velasco, Mendoza et Figueroa ; à l'intérieur, très restauré, **patio** à trois étages de galeries.

C'est dans le palais, en 1497, que Ferdinand d'Aragon et Isabelle de Castille reçoivent Christophe Colomb, au retour de sa seconde expédition, et que meurt, en 1506, Philippe le Beau, mari de Jeanne la Folle et père de Charles Quint. Celui-ci y reçoit François Ier, prisonnier après la bataille de Pavie, en 1526, et y vit avant de se retirer à Yuste. Philippe III, Philippe IV, Charles II et Philippe V y font également des séjours.

Actuellement la casa del Cordón ne peut être visitée ; elle va en effet être restaurée et aménagée pour servir de local à la Caisse d'Épargne municipale de Burgos.

L'église San Lesmes *(plan couleur E3),* de style gothique du XIVe s., s'ouvre par un beau portail sculpté. A l'intérieur, retables de styles gothique et Renaissance, dont le plus remarquable est celui, de style gothique fleuri, de la chapelle à dr. du maître-autel.

Dans les dépendances de l'**ancien hôpital de San Juan** (XVIe s.), avec un vaste patio à galeries, se trouvent installées les collections du **musée Marceliano Santa María** *(plan couleur E2 ; ouv. de 10 h à 14 h et de 16 h à 18 h ; f. lun.),* consacré à l'œuvre de ce peintre (1886-1952) inspiré par le campo burgalés, attiré par l'impressionnisme sans y adhérer tout à fait, bon portraitiste (il y a, notamment, un portrait d'Alphonse XIII).

4 — Le musée archéologique*

L'un des plus intéressants musées archéologiques provinciaux d'Espagne, mais archéologique au sens assez large, puisqu'il comprend, outre des trouvailles fortuites, des acquisitions et le produit des fouilles sur des sites celtibériques, romains (le plus important est celui de Clunia), mais encore des collections de sculptures romanes, gothiques et Renaissance. La pièce essentielle de ce musée est une plaque d'un cénotaphe roman de Santo Domingo de Silos. On peut aussi y admirer des céramiques, des stèles funéraires, des inscriptions, etc.

Cependant, il est impossible de dire dans quelles salles se trouvent les fonds archéologiques et les sculptures, leur place étant actuellement provisoire.

Entrée : par la calle de Miranda, au no 13
Visite : de 10 h à 13 h, f. lun.

Au fond du patio, **escalier d'honneur,** accessible par un portail Renaissance orné de grotesques. Au pied de l'escalier, remarquable **sépulcre de Gómez Manrique et de doña Sancha de Rojas** (XVe s.), par Simon de Cologne (?), avec les gisants en albâtre des deux époux. **Tombeau de doña María Manuel*** (XVe s.), avec un gisant d'albâtre, portrait de la défunte, dont la tête repose sur un coussin finement ouvragé, tandis que deux demoiselles d'honneur sont assises au pied du sarcophage.

Monument funéraire de don Juan Padilla, page des Rois Catholiques, qui mourut en 1491 lors du siège de Grenade, œuvre magistrale de Gil de Siloé (art gothique de la fin du XVᵉ s.). **Sépulcre de Jerónimo de Aranda** (XVIᵉ s.), avec des hauts-reliefs représentant la Sainte Famille, saint Jérôme pénitent et Dieu le Père ; **gisant**** en bois polychrome du XIVᵉ s., provenant de Villasandino.

Remarquez encore le **monument funéraire d'Antonio Sarmiento et de doña María de Mendoza*** (1548), Renaissance, attribué à Juan de Vallejo.

On peut aussi admirer des **objets d'art** hispano-arabe, dont un **coffret*** daté de 1026 avec 7 plaques d'ivoire sculpté et 1 plaque émaillée et un **coffret** du Xᵉ s., pour conserver des boules ; examinez, le **frontal émaillé de Silos**** (XIIᵉ s.), un panneau qui constituait la partie antérieure d'un cénotaphe en forme de tabernacle disposé sur le tombeau de saint Dominique, dans le monastère de ce nom, à Silos, où est conservée la partie supérieure.

Ce panneau se compose d'un tableau en bois de noyer sur lequel sont fixées des pièces en cuivre massif (les têtes du Christ et des apôtres), en cuivre travaillé au repoussé, doré et ciselé, et en cuivre émaillé. Parmi ces dernières pièces, les plus importantes sont exécutées selon la technique en champlevé, les alvéoles ainsi obtenues étant remplies d'émaux en bleu de cobalt (trois tons), vert (quatre tons), blanc, rouge de cinabre, rose, etc. Au centre apparaît un Christ en majesté, dans une mandorle ; aux angles, les Tétramorphes tenant les livres de l'Évangile, de part et d'autre, les apôtres en pied. Au-dessus apparaît un décor architectonique d'inspiration byzantine.
La date et le lieu de fabrication de cet étonnant cénotaphe sont très controversés. La première est généralement fixée au XIIIᵉ s., tandis que le second doit se situer en Occident, mais certainement dans un atelier inspiré par l'art byzantin.

Notez le petit **retable** en pierre, de la **Vie du Christ** (provient du couvent de San Pablo ; XIVᵉ s.), et un petit **coffret** émaillé du XIIIᵉ s. de Santo Domingo de Silos.

Sculpture d'une **Vierge allaitant***, de l'école de Hans Memling (XVᵉ s.), et la **Messe du pape saint Grégoire le Grand***, de Pedro Berruguete (XVᵉ s.), et huit **tableaux de la Passion** (école hispano-flamande du XVᵉ s.).

Peintures du XVIᵉ s., notamment un **Ecce homo*** attribué à Jan Mostaert, une **Pietà**, œuvre de l'école espagnole influencée par Van der Weyden, et **neuf tableaux d'un retable** hispano-flamand du XVᵉ s. provenant de San Pedro et Tejada (province de Burgos). Notez les **sculptures en bois doré du retable de la Merced** (XVIᵉ s.) par Gregorio Biguerny (Grégoire de Bourgogne).

Collection de **peintures** des XVIIᵉ et XVIIIᵉ s., de Corrado Giaquinto, de l'école de Poussin, du Dominiquin (cette collection de peintures va être prochainement transférée dans un palais, près de la casa de Miranda.)

Vous pourrez compléter la visite de la ville par une promenade dans le **paseo de la Isla** *(plan couleur A2),* où a été remonté le **portail roman** de l'église de Cerezo de Río Tirón (XIIᵉ s.), ou encore monter jusqu'au **château** *(plan couleur B1),* accessible par une chaussée partant de l'**arco de San Martín** *(plan couleur A1),* qui n'offre d'autre intérêt que de permettre la découverte d'une vue étendue sur la ville et sa cathédrale. Ce château, jadis résidence des souverains de Castille, a été presque entièrement détruit par le feu en 1736 ; la vigoureuse défense des Français en 1812 contre Wellington fit le reste.

5 — Le monastère de las Huelgas et l'hospital del Rey

Complément indispensable de la visite de Burgos (avec la chartreuse de Miraflores), le monastère est à 2 km du centre et l'hospital à 2 km du monastère par la route de Valladolid. Comptez env. 1 h 30 pour cette promenade.

Accès : autobus pour las Huelgas depuis la plaza Mayor ; dép. toutes les 20 mn.
Visite : le monastère est ouv. de 11 h à 14 h et de 16 h à 18 h ; j. fériés de 11 h
à 14 h ; l'hospital est ouv. à tout moment.

⚓ Monastère de las Huelgas**. — Il fut construit en 1175 par le roi
Alphonse VIII sur l'emplacement d'un palais surnommé las Huelgas del Rey
(les loisirs du roi). Placé directement sous le patronage royal et richement doté,
il fut destiné à recevoir cent religieuses nobles des plus grandes maisons
d'Espagne, et fut affilié à l'ordre de Cîteaux.

L'**église**, de style cistercien, avec un chevet élevé de 1180 à 1215 et le reste de
1215 à 1230, renferme de précieuses œuvres d'art. Vous y pénétrerez, sous la
conduite obligatoire d'un guide, par le bras N. du transept. Dans le bras S. du
transept, **retable** sculpté de Juan de Archieta (v. 1540-1588), un disciple de Jean
de Joigny (Juan de Juni). Dans le **chœur**, notez à g. des **tapisseries** de Beauvais
du xvie s. A dr., dans une chapelle, **retable** sculpté par Diego de Siloé. Dans la **nef
S.**, à l'entrée, à g., **sarcophage** de Fernando de la Cerda (†1275), le seul qui n'ait
pas été profané pendant les guerres napoléoniennes. Au centre, **sarcophage**
d'Alphonse de la Cerda († 1333).

Dans la **nef centrale**, notez un **retable** du xvie s., peut-être exécuté par Diego de
Siloé, des **tentures** brodées espagnoles du xvie s. et les **sarcophages** jumelés
d'Alphonse VIII et d'Éléonore d'Angleterre, sa femme, qui fondèrent ce monastère.

De la nef N. vous passerez dans le **cloître gothique**, des xiiie-xve s., dont les voûtes
étaient ornées de plâtre sculpté, de style mudéjar (il en subsiste quelques beaux
fragments, notamment en face de la salle capitulaire). Dans la **salle capitulaire** est
conservée la **bannière de las Navas de Tolosa**, qui aurait été enlevée aux Maures
lors de cette bataille (1212) ; elle fut plus probablement une prise de guerre réalisée
sous le règne de Ferdinand III (1217-1252). Le lendemain de la Fête-Dieu, une
procession commémore cette victoire. Il y a encore quatre **étendards ottomans** pris
à la bataille de Lépante (1571), des **vitraux** du xiiie s., deux **triptyques** flamands,
des **tapisseries** du xvie s., etc.

▣ Vous visiterez ensuite sous les voûtes de l'ancien cellier de la communauté le **museo
de Ricas Telas*** *(ouv. de 11 h à 14 h et de 16 h à 18 h ; F. le lun. et l'apr.-midi des
dim. et j.f., ☎ 20.16.30)*, un musée du textile vraiment royal puisqu'il comprend les
tissus, brocarts, ceintures, bijoux, etc., découverts lors de l'ouverture des tombeaux
royaux et princiers du panthéon de ce monastère. Au centre, **cercueil** de Ferdinand
de la Cerda (†1275), fils aîné d'Alphonse X le Sage ; le tombeau de cet infant, qui
n'avait pas été pillé pendant les guerres napoléoniennes, recélait une **ceinture** qui lui
fut peut-être offerte en 1269 à l'occasion de son mariage avec une princesse
française, une **épée**, une **pièce de brocart de soie**, un **bonnet** brodé aux armes de la
maison de Cerda, etc. Notez encore le plafond mudéjar, en stuc, du xiiie s.

Vous atteindrez ensuite le **cloître roman**, construit à la fin du xiie s., qui conserve
ses élégantes galeries à colonnettes jumelées.

De là, vous visiterez une **chapelle** mudéjare du xiie s., aux arcs polybés, qui faisait
probablement partie du palais d'Alphonse VIII, sur le site duquel le monastère fut
fondé. Dans cette chapelle se trouve une **Vierge à l'Enfant**, sculpture gothique du
xiiie s. de provenance probablement française. Dans une salle près de la chapelle,
restes de poutres mudéjares du cloître roman.

Dans la **chapelle de Santiago**, qui s'ouvre par une porte en fer à cheval sur des
colonnettes prélevées sur le site des palais arabes de Medina az Zahara, près de
Cordoue, **statue de saint Jacques**, aux bras articulés, qui, selon la tradition, servait
à armer chevalier les princes de Castille.

En repassant par l'église, vous remarquerez encore, dans la nef S., une **tapisserie**
flamande représentant le Paradis, à g., et trois **tapisseries** de Beauvais. A l'extrémité
O. de la nef centrale, notez, au sol, des **azulejos** du xive s.

Un mur avec une baie grillée sépare le transept du chœur des religieuses. Vous remarquerez, à côté de ce mur, une curieuse petite **chaire** en fer forgé, et doré du XIIIe s.

□ **Hospital del Rey***. — Fondé au XIIe s. par Alphonse VIII, il a été en partie reconstruit au XVIe s. sous le règne de Charles Quint ; à dr. de la cour, maison des pèlerins **(casa de los Romeros)**, avec une **porte** de style plateresque (1526). De l'autre côté, une galerie sert de vestibule à l'église, achevée en style néo-classique, mais s'ouvrant par un porche gothique à vantaux de bois sculpté.

6 — La chartreuse de Miraflores et le monastère de San Pedro de Cardeña

*La **chartreuse**, au moins, devrait être inscrite sur la liste des monuments à visiter au cours d'un séjour à Burgos. Située à 3 km du centre, elle est ouv. en sem. de 10 h à 15 h 15 et de 16 h à 19 h en hiver, les dim. et j. fériés de 11 h à 15 h 15 et de 16 h à 19 h ; de 10 h à 15 h15 et de 16 h à 19 h en été. Le **monastère de San Pedro de Cardeña**, à 11 km du centre, par la même route au départ de Burgos, mérite bien lui aussi une visite ; il est ouv. de 10 h à 12 h et de 15 h à 18 h 30 en été, de 13 h à 17 h 30 en hiver ; sonner et aller attendre à l'entrée de l'église.*

✚ **Chartreuse de Miraflores**** (Cartuja de Miraflores). — Fondée en 1441, elle s'élève sur l'emplacement d'un palais de Henri III (1390-1406). Après un incendie, en 1452, elle fut reconstruite, sur l'ordre de Jean II, par Jean de Cologne et son fils Simon, avec une **église**, de style gothique fleuri (1454-1488). La **nef** est divisée en trois parties ; la première est réservée aux fidèles, la deuxième aux frères lais (religieux non prêtres) et la troisième aux pères. Dans la deuxième, **stalles*** Renaissance, sculptées par Simón de Bueras (1558). Dans la troisième, **stalles gothiques** sculptées par Martín Sánchez (1488). Devant le maître-autel, **mausolée*** en marbre blanc avec les gisants de Jean II († 1454) et de sa seconde femme, Isabelle de Portugal ; œuvre de Gil de Siloé (1486-1493), il est orné d'une profusion de sculptures et de statuettes.

Dans la **Capilla Mayor, retable de la Vie du Christ****, sculpté par Gil de Siloé et Diego de la Cruz (1496-1499) ; au milieu, le Christ, entre la Vierge et saint Jean, est surmonté d'un pélican nourrissant ses petits ; aux angles inférieurs, statues de Jean II et d'Isabelle de Portugal ; ce retable présente la particularité d'être décoré d'une grande rosace et fut doré, dit-on, avec le premier or qui arriva d'Amérique.

A g., élégant **tombeau de l'infant Alonso***, frère d'Isabelle la Catholique († 1470, à l'âge de 11 ans), en albâtre, également sculpté par Gil de Siloé (remarquer la statue de l'infant, agenouillé dans une niche d'albâtre au décor finement réticulé) ; **grille** de fray Francisco de Salamanca. A dr. de l'autel, **triptyque flamand** de la fin du XVe s. A g., **Annonciation**, peinte par Mateo Cerezo. A g., dans la **chapelle Saint-Bruno**, sur l'autel, **statue de saint Bruno*** par Pereira. Les **vitraux** ont été importés de Flandre par Isabelle la Catholique (1484).

A partir de la courette, vous visiterez encore deux autres **chapelles,** l'une ornée de **fresques** du XVIIIe s. (Couronnement de la Vierge), l'autre renfermant une **pietà,** un **christ** en bois sculpté et des **statues** en bois polychrome.

✚ **Monastère de San Pedro de Cardeña***. — Fondé probablement au IXe s., il est l'une des plus anciennes maisons bénédictines d'Espagne. Maintes fois remanié, jusqu'au XVIIIe s., il est surtout célèbre par ses attaches avec le Cid Campeador qui y laissa sa femme et ses filles lorsqu'il fut banni de Castille. Il y fut enterré au côté de Chimène, dans l'**église**, bel édifice gothique du XVe s. Leur sépulcre, avec deux gisants du XVe s., se trouve aujourd'hui dans la **capilla de los Héroes**, élevée en 1736. Des anciens bâtiments, il subsiste quelques restes d'un **cloître** roman, de la **salle capitulaire** et une **tour** du XIe s. Les bâtiments conventuels datent du XVIIe s.

Environs

1 — Au N. de Burgos.

0 km : **Burgos.** Sortir par la N 623 en direction de Santander.

9 km : **Vivar del Cid** ; c'est ici que le héros de la Reconquête passa son enfance. Le manuscrit du « Cantar de mío Cid », la plus ancienne chanson de geste espagnole, fut conservé durant des siècles dans le couvent des franciscains de ce village.

45 km : ➛ Route à g. pour *(4 km)* **Tablada del Rudrón**, dont l'église romane s'ouvre par un portail au tympan sobrement décoré.

47 km : ➛ Route à dr. pour *(5 km)* **Sedano**. A dr., à *3 km,* **Gredilla**, dont l'église romane (XIIe s.) est ornée d'un relief de l'Annonciation au tympan du portail. A *4 km* de Sedano, **Moradillo**, dont l'église romane, également du XIIe s., s'ouvre par un portail au tympan richement sculpté.

61 km : **Quintanilla de Escalada** ; village typiquement castillan, sur la rive dr. de l'Èbre qui s'est frayé une cluse sinueuse, avec quelques pittoresques villages au fond de la gorge.

62 km : **Escalada** ; la collégiale romane a conservé son portail. Ermitage renfermant un retable gothique.
➛ A *14 km* O. en direction de Rerruero, **San Martín de Elines** ; un petit cloître jouxte l'ancienne collégiale de style roman du XIIe s.

2 — Au N.-E. de Burgos.

0 km : **Burgos.** Sortir par la N 1 en direction de Vitoria-Gasteiz.

41 km : **Briviesca** (4 855 hab. ; alt. 725 m) ; bourg entouré de murailles, au bord de l'Oca. C'est à Briviesca, lors d'une assemblée des cortès tenue en 1388, que le roi Jean Ier fit déclarer que le premier-né de la couronne de Castille, héritier du trône porterait le titre de prince des Asturies et présenta à ce titre son fils Henri. Dans l'**église collégiale**, retable du XVIe s. par Pedro López de Gámiz, avec la participation de Juan de Anchieta ; dans l'**église Santa Clara, retable*** sculpté par Diego Guillén (1551) et Pedro López de Gámiz qui le termina en 1589, avec une participation possible de Juan de Anchieta.

➛ A *26,5 km* N.-O., **Oña**, en prenant à dr. à l'entrée de la ville, accès au monastère de San Salvador* *(de 10 h à 12 h et de 16 h à 18 h),* fondation bénédictine de 1011, qui devint par la suite un collège de la Compagnie de Jésus. Le **collège** offre une imposante façade de style baroque ; à l'intérieur, collections d'œuvres d'art, dont un tableau, Saint Jean enfant dans le désert, attribué à Raphaël. Un large escalier et un **portail monumental** de style gothique fleuri conduisent à un vaste vestibule sur lequel s'ouvre, à dr., le **cloître**, de style ogival du XVIe s., et en face, l'**église** de style romano-gothique du XIIIe s., dont les voûtes furent refaites au XVIe s. ; tombes royales, surmontées de dais en bois ajouré du temps des Rois Catholiques.

Sur la place en face de l'escalier de l'église du monastère, **église paroissiale** s'ouvrant par un portail sculpté du XIIIe s.

68 km : **Pancorbo** (730 hab. ; alt. 635 m) ; à la sortie d'un défilé, on peut voir les ruines des deux châteaux qui en défendaient l'accès. L'un, celui de **Santa Marta**, fut fondé par les Maures, l'autre, celui de **Santa Engracia**, sur le sommet N., fut construit en 1794 et démantelé par les Français en 1823.

84 km : **Miranda de Ebro** (36 815 hab. ; alt. 463 m) ; église San Nicolás, romane, remaniée au xv⁰ s. (beau portail et abside remarquable) ; restes d'une enceinte fortifiée.

Au-delà de Miranda de Ebro, vous franchirez le **défilé de Pancorbo**, véritable porte d'accès du plateau castillan.

94 km : **La Puebla de Arganzón** ; village du comte de Treviño, enclave castillane de la province de Burgos en Alava. Dans l'église, monumental retable de style platéresque du xvi⁰ s.

3 — A l'E. de Burgos.

0 km : **Burgos.** Sortir par la N 120 en direction de Logroño.

16 km : → Route à g. pour *(4 km)* **San Juan de Ortega** ; comme saint Dominique de la Calzada, San Juan de Ortega fonda de nombreuses églises et hôpitaux pour faciliter le voyage jusqu'à Saint-Jacques-de-Compostelle. Dans l'**église** romane du début du xii⁰ s., sarcophage gothique du saint, au gisant d'albâtre sous un magnifique **dais** de style isabélin finement ajouré ; dans la **crypte**, sarcophage roman du xii⁰ s., avec certains motifs d'inspiration orientale.

24 km : **ermitage de Valdefuentes** (xiii⁰ s.), seul reste d'un prieuré cistercien bâti pour secourir les pèlerins en un passage particulièrement difficile.

31 km : **Villafranca de Montes de Oca** ; à dr., à l'entrée, ermitage de Nª Sª de Oca (statue de la Vierge, xiii⁰ s.). Église paroissiale du xvii⁰ s. et ancien hôpital de San Antonio Abad, souvenir médiéval du pèlerinage de Compostelle.

43 km : **Belorado** ; dans l'église Santa María, grand retable baroque et, dans la chapelle, à g. du maître-autel, groupe sculpté gothique de sainte Anne, la Vierge et l'Enfant Jésus.

4 — Pampliega *(30 km S.-O. par la N 620 en direction de Palencia).* — Bourg de fondation celtibère, où résida le roi wisigoth Wamba ; dans l'église, retable platéresque par Domingo de Amberes (1552).

→ A *11 km S.,* **Santa María del Campo** (alt. 829 m) ; porte crénelée de l'enceinte ; église du xv⁰ s., avec une belle tour de Diego de Siloé et de Philippe de Bourgogne (xvi⁰ s.), et un cloître gothique.

5 — A l'O. de Burgos.

0 km : **Burgos.** Sortir par la N 120 en direction d'Osorno la Mayor.

30 km : **Olmillos de Sasamón** ; à g. élégant petit château du xvi⁰ s. Église du xvi⁰ s. renfermant un retable Renaissance.

→ A *2 km N.,* **Sasamón**, la Segisamone des Romains, conserve en partie son enceinte médiévale. Visitez surtout l'**église Santa María la Real** (xiii⁰-xv⁰ s.), remarquable pour ses deux portails ; le principal, ouvrant sur le transept S. *(dr.)* est orné, au tympan, d'un Christ en majesté entre les symboles des quatre évangélistes, au-dessus des douze apôtres ; du côté de la façade principale, portail de style gothique fleuri ; à l'intérieur, retable de saint Jacques (platéresque), deux tapisseries flamandes ; cloître gothique du xv⁰ s.

37 km : **Villasandino** ; petit village d'architecture populaire, qui conserve un pont à dix arches, gothique du xiii⁰ s., sur le río Odra ; dans l'église paroissiale, retable de la Vierge attribué à Jorge Inglés (2⁰ moitié du xv⁰ s.).

→ A *10,5 km S.,* **Castrogeriz**, bourg fondé par les Goths et où résida le Conseil de Castille au xvi⁰ s. ; dans la rue principale l'église San Juan, gothique (tour et cloître du xii⁰ s.) ; à g., l'église Santo Domingo de style Renaissance (à l'intérieur Vierge gothique et tapisseries de l'école flamande), à l'autre extrémité du bourg, église collégiale romano-gothique, avec d'intéressants éléments romans.

Cabezón de la Sal

Santander, 63 km.
Province de Santander (Cantabrie).

Le village, qui doit son nom à la proximité de mines de sel, conserve de belles maisons seigneuriales. Le 13 août s'y célèbre le Día de Cantabria (journée d'affirmation régionale) avec des fêtes folkloriques.
La route (C 625) qui longe le río Saja vous fera découvrir un paysage agreste et forestier dans lequel sont disséminés de pittoresques villages qui ont conservé toute leur saveur archaïque.

Environs. 1 — Carmona* *(19 km S.-O. ; au km 12 km de la C 625, à Valle de Cabuérniga, prendre à dr.).* — C'est peut-être le plus bel ensemble d'architecture rurale de la Cantabrie. Rien ne semble avoir perturbé la vie de ce village, où aucune pierre n'a été posée depuis le XVIIIᵉ s. Moins seigneurial que Santillana, mais plus authentique dans sa rusticité, il conserve un ensemble de casonas (maisons seigneuriales) et de maisonnettes à balcons qui s'harmonise parfaitement avec le rythme de vie séculaire de ses habitants.

2 — Saja *(23 km S.).* — Ici commence la réserve nationale del Saja (180 000 ha), peuplée de cerfs, de sangliers, de renards, de coqs de bruyère et de chats sauvages. La flore est tout aussi riche ; les bois de chênes verts, de bouleaux, de hêtres, de saules et de châtaigniers, offrent au printemps, et surtout en automne, une variété de teintes inépuisable.

3 — Puerto de Palombera* *(36 km S.).* — A 1 260 m d'altitude, vous pourrez contempler un territoire encore vierge, peuplé seulement de vaches et de chevaux en liberté.

Cabrera* (île de)

Province des Baléares.

Véritable petit paradis formé de 17 îles dont la plus importante mesure 7 km de long et culmine à 172 m.

Accès. — Placée sous contrôle militaire, on y parvient difficilement. Une liaison maritime s'effectue une fois par semaine à partir de Palma, par la Cie Transmediterrá-nea ; l'aller-retour se fait dans la journée.
On peut toujours essayer de louer une barque de pêche à Sant Jordi (→ Campos del Puerto).

Mourir à Cabrera. — L'histoire de Cabrera est marquée par un tragique épisode. Après la défaite de Bailén, en 1808, on déporta sur l'île 9 000 prisonniers français, qui furent pratiquement abandonnés à leur sort pendant près de quatre ans. Les conditions de vie étaient telles qu'on signala même un cas d'anthropophagie. En 1812, au moment de leur libération, il ne restait que 3 600 prisonniers. La faim et les maladies avaient eu raison des autres. A l'époque, les Baléares étaient un peu le bout du monde, et l'État espagnol en faisait une terre d'exil pour certains prisonniers gênants (ainsi le philosophe Jovellanos). Avec les prisonniers de Cabrera, l'Espagne écrivait sans doute l'une de ses pages les plus cruelles.

Au-dessus du port, le meilleur port naturel des Baléares après celui de Mahón, un vieux château du XIVe s. rappelle une époque où il fallait éviter que les pirates ne fassent de cet îlot un refuge pour préparer leurs attaques contre la côte S. de Majorque.

L'excursion en barque à la Grotte bleue est l'un des principaux attraits de Cabrera.

Cáceres**

Badajoz, 41 km. — Madrid, 308 km. — Mérida, 71 km. — Plasencia, 84 km.
Alt. 439 m. — 71 855 hab. — Capitale de la province de Cáceres (Estrémadure).

C'est l'une des cités d'Espagne où l'on retrouve le mieux, surtout dans son Barrio monumental, corseté de murailles arabes, le cachet des temps anciens. Elle le doit aux aristocratiques familles originaires de Galice, du León et des Asturies, tous gens d'épée, qui la repeuplèrent au lendemain de la Reconquista et y érigèrent de nombreux palais véritables forteresses de clans rivaux qui s'entre-déchirèrent jusqu'à la fin du XVe s., témoins aujourd'hui muets des orgueilleux défis que se lancèrent leurs occupants. Admirablement sauvegardé, ce quartier apparaît comme le conservatoire de l'héraldique d'Estrémadure en même temps qu'un musée de l'architecture civile gothique d'Espagne.

La ville dans l'histoire. — Fondée en 29 av. J.-C., la Colonia Norbensis Cœsarina est l'une des cinq plus importantes localités de la province de Lusitanie. Presque complètement désertée sous les Wisigoths, elle est enlevée par les Arabes, puis à nouveau fortifiée, la dernière fois par les Almohades, au XIIe s. Alors connue sous le nom des Qasri (d'où viendrait le nom actuel), elle change plusieurs fois de mains avant d'être définitivement reprise aux Maures en 1229, par Alphonse IX de León et de Galice. Occupant une position stratégique sur la route du Portugal et sur l'ancien Camino de la Plata, Cáceres reste une place forte de premier ordre pendant les guerres civiles ou à l'occasion des conflits entre la Castille et le Portugal.

Fêtes. — A l'occasion de la semaine sainte, solennelles processions. Le 23 avr., pour la San Jorge, feux d'artifice et dragon livré au feu. Le 1er dim. de mai a lieu le pèlerinage au sanctuaire de la Virgen de la Montaria.

Gastronomie. — Laissez-vous tenter par les produits de la chasse (perdrix, sangliers) et les ragoûts de mouton et de cabri. A arroser avec les vins de Cañamero et de Montánchez.

Visite de la ville

Gagnez la **plaza Mayor** *(Plan Barrio monumental, en B2 ; parking),* d'où vous visiterez la **vieille ville***** ou Barrio monumental, à pied. Une tour d'horloge, dite **torre del Bujaco** *(plan B2),* servira de point de repère. Surmontée d'une

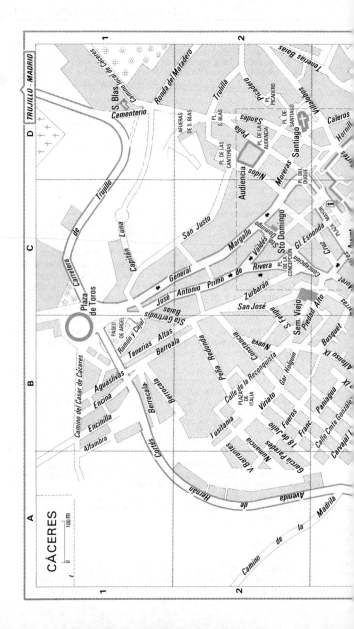

CÁCERES

0   100 m

TRUJILLO - MADRID

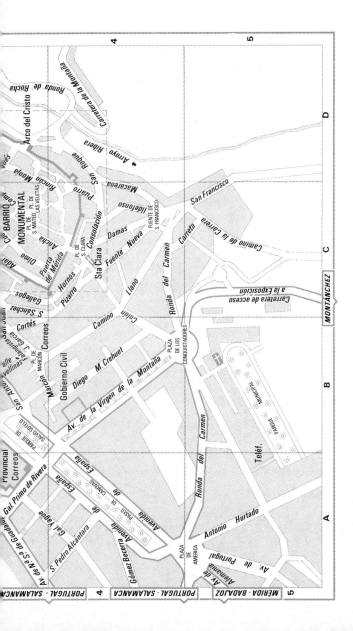

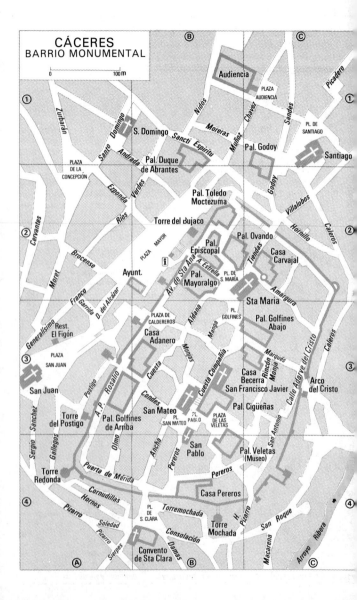

CÁCERES
BARRIO MONUMENTAL

0   100 m

B

C

Audiencia

PLAZA AUDIENCIA

Picadero

PL. DE SANTIAGO

①

Zurbarán

Nidos

Chavez

Sandes

Moreras

Muñoz

S. Domingo

Santo Domingo

Sancti Espíritu

Pal. Godoy

Santiago

Andrada

Pal. Duque de Abrantes

Godoy

PLAZA DE LA CONCEPCIÓN

Egonda

Verdes

Pal. Toledo Moctezuma

Villalobos

Hornillo

Caleros

②

Cervantes

Rios

Torre del Bujaco

PLAZA MAYOR

Pal. Ovando

Brocense

Moret

Pal. Episcopal

Casa Carvajal

Ayunt.

Av. de Sta Ana

A. Estrella

Tiendas

Amargura

Franco

Garrida

D. del Alcázar

Pal. Mayoralgo

PL. DE Sta MARÍA

Sta María

Generalísimo

Rest. El Figón

PLAZA DE CALDEREROS

Aldana

Manga

PL. GOLFINES

Pal. Golfines Abajo

Caleros

Casa Adanero

Monjas

Marqués

Rincón Monja

③

PLAZA SAN JUAN

Cuesta

Cuesta Compañía

Casa Becerra

San Francisco Javier

Arco del Cristo

San Juan

Postigo

A.P. Rosalio

Condes

San Mateo

PL. SAN MATEO

PL. PABLO

PLAZA DE LAS VELETAS

Pal. Cigüeñas

Calle Adarve del Cristo

San Antonio

Sergio Sanchez

Torre del Postigo

Pal. Golfines de Arriba

Olmo

Antcha

Pereros

San Pablo

Pal. Veletas (Museo)

Gallegos

Torre Redonda

Puerta de Mérida

Pereros

Casa Pereros

H. Pizarro

San Roque

④

Cornudillas

Hornos

PL. DE S. CLARA

Torremochada

Macarena

Pizarro

Soledad

Consolación

Torre Mochada

Arroyo Ribera

Pizarro

Sierpes

Damas

Convento de Sta Clara

A

B

C

statue romaine de Cérès, qui semble veiller sur la cité, elle renforçait l'enceinte almohade du XIIe s. Bujaco est la corruption de l'arabe Abou Yagûb, le souverain régnant au moment de l'une des reconquêtes (celle de 1173) de Cáceres sur les chrétiens.

A dr., un escalier mène à l'**arco de la Estrella** (1723), arche d'une large portée surmontée d'une niche en forme de temple néo-classique, sur des plans de Manuel Lara y Churriguera (neveu des célèbres architectes).

Cette arche sert d'entrée monumentale à la ville haute, étonnant ensemble de palais gothiques, pour la plupart décapités de leurs tours, sur l'ordre des Rois Catholiques, d'églises et de couvents, où à peine distinguera-t-on quelques notes discordantes d'architecture Renaissance ou baroque.

La **calle del Adarve** *(plan B2),* entre le front occidental de l'enceinte, hérissée de tours mauresques, et les hauts murs blasonnés qui gardent jalousement les secrets des demeures des hidalgos cacereños, est l'une des plus évocatrices de la ville haute. Après avoir remarqué la **casa de la Generala** *(plan a en B3),* à façade du XIVe s. qui arbore des blasons du XVe s., la quitter en face de l'**arco de Santa Ana**, l'une des portes de la ville maure, de manière à laisser à dr. le **palais de los Golfines de Arriba** *(plan A3),* du XVe s., mais amputé de ses tours, à l'exception du donjon, en vertu d'un privilège spécial, accordé par Ferdinand d'Aragon. En face, à g., la **casa de Adanero** *(plan B3)* s'ouvre par un portail baroque du XVIIe s.

Après cette demeure, prendre à g. la **cuesta de Aldana**, venelle tortueuse, chargée de relents d'Islam, avec, par exemple, sa petite maison mudéjare *(à g.),* modeste construction de brique, la plus ancienne du Barrio monumental.

A dr., après la façade à écusson fleurdelisé de la **casa de Aldana** *(plan b en B3),* remarquez la **casa del Mono** *(plan c en B3),* où une rampe d'escalier *(à l'intérieur)* est ornée d'un singe (mono) enchaîné. La casa abrite le **musée provincial de Peinture, de Sculpture et d'Art religieux** *(ouv. en été de 9 h à 14 h et de 17 h à 21 h ; en hiver de 10 h à 14 h et de 16 h à 20 h ; j. fériés de 10 h à 14 h).*

La **calle de la Monja**, qui semble se faufiler entre la **casa del Sol** *(plan d en B3),* à la façade du XVIe s., et la **casa del Aquila**, conduit à la plaza de San Mateo en passant au pied de l'imposante **torre de los Plata** du **palais des vicomtes de Roda** *(plan e en B3).*

L'**église San Mateo** *(plan B3),* rebâtie au XVIe s. (tour du XVIIe s.), renferme quelques beaux tombeaux platéresques. Presque en face, l'**église San Pablo** *(plan B4),* ancien sanctuaire conventuel, s'ouvre par un portail gothique (à l'intérieur, retable churrigueresque).

Le long de la **calle Ancha** *(plan B4),* remarquez la **casa de Ulloa** *(plan h en B4),* que l'on visite pour un intéressant patio central et un grand salon gothique, la **casa de Paredes-Saavedra** *(plan g en B4),* éclairée par de grandes fenêtres géminées mudéjares et gothiques. Presque en face, haute **tour del Comendador**, solide construction de granit du XVe s. d'un palais s'ouvrant par un portail néo-classique ajouté au XVIIIe s. A l'extrémité de la rue, **casa de Sanchez de Paredes** *(plan f en B4).* Une inscription en latin reproduit une citation de la Bible : « Nous ne cherchons pas ici-bas une cité permanente, mais une cité éternelle. »

Derrière, le **palais du Comendador**, la **casa de Ovando-Perero** *(plan j en A4),* à la fenêtre latérale gothique, est l'une des plus belles de la calle del Olmos.

Une incursion extra-muros conduira les **amateurs de détails** jusqu'au **couvent de Santa Clara** *(plan B4)*, au portail néo-classique, qui fut fondé au xviie s. Vous en profiterez pour découvrir, depuis la **calle de Cornudilas** *(plan A4)*, la torre **Redonda** *(plan A4)*, en réalité polygonale, ouvrage de défense typiquement almohade, qui rappelle la célèbre tour de l'Or de Séville. Une autre tour, comparable à la première, mais beaucoup moins bien conservée, est celle dite **torre Mochada** *(plan B4)*, que vous découvrirez depuis la rue homonyme.

La **casa de los Pereros** *(plan B4)*, du xvie s., offre un saisissant contraste entre sa façade austère et la grâce de son patio Renaissance.
Sur la place de las Veletas *(plan B3)*, palais de las Cigüeñas.

Ce palais fut élevé par le capitaine Diego de Cáceres de Ovando qui obtint des Rois Catholiques le privilège d'échapper à l'obligation de démanteler les tours trop élevées.

■ **Palais de las Veletas** *(plan C4)*. — Il abrite le **Musée archéologique provincial**, et masque, derrière une façade du xviiie s., quelques vénérables vestiges de l'alcázar maure, incorporés dans une construction rebâtie vers 1600, notamment une citerne datant, au plus tard, du milieu du xiie s., dont les colonnes proviennent d'édifices romains.

Visite : en été de 9 h à 14 h et de 17 h à 21 h ; en hiver de 10 h à 14 h et de 16 h à 20 h ; j. fériés de 10 h à 14 h.

Dans le musée, collections archéologiques préhistoriques, dont une série de stèles gravées de l'âge du bronze, celtibériques et romaines, et consacrées au folklore régional. Il comprend également quelques tableaux de Ribera, Luca Giordano, Vicente Carducho, Esquivel, etc.

L'église San Francisco Javier *(plan BC-3)*, la plus considérable entorse à l'harmonie architecturale du vieux Cáceres, est une imposante construction baroque élevée par les jésuites en 1755.
La **casa de los Becerra** *(plan C3)* arbore une façade gothique du xve s. Le **palais de los Golfines de Abajo**★ *(plan C3)*, gothique, mudéjar et plateresque à la fois, présente une très jolie façade avec un singulière crénelure. A l'intérieur, imposante **salle d'armes** à caissons polychromes. Ce palais fut la résidence de la reine Isabelle la Catholique pendant sa visite à Cáceres. On y trouve, entre des tombeaux en ruine, une arrogante inscription : « Aqvi esperan Los Golfines el Día del Juicio » (Ici des Golfines attendent le Jour du Jugement dernier).
Près de là, l'**arco del Cristo** *(plan C3)*, ancienne porte romaine.
La **plaza de Santa María** est encadrée de constructions évocatrices. D'un côté, l'**église Santa María**★ *(plan C2)*, gothique du xve s. Elle possède trois nefs et une voûte en croisée d'ogives. C'est là que reposent les plus illustres enfants de Cáceres dans une impressionnante suite de tombeaux, de pierres tombales et d'armoiries. Le retable du maître-autel, baroque, de Ferrant et Balduque, est dédié à l'Assomption de la Vierge, à laquelle l'église-cathédrale est consacrée. Au pied de son clocher, statue en bronze de San Pedro de Alcántara, œuvre de Pérez-Comendador.
Sur la même place, le **palais épiscopal** *(plan B2)*, érigé au xive et xve s., présente une austère façade à laquelle a été ajouté un portail Renaissance. En face, **palais du Mayoralgo** *(plan B2)* des xive et xve s. à façade du xvie s. A l'angle de la cuesta de Aldana, **casa de Moragas** à patio toscan et porte du xve s.

Au chevet de Santa María, la **maison de Carvajal** *(plan C2)* est surmontée d'une tour almohade du XIIIᵉ s. En face, le **palais de Ovando*** *(plan C2)*, de la fin du XVᵉ s., a été bâti par Herrando de Ovando, frère du commandeur de l'ordre d'Alcántara qui, en 1502, entreprit la colonisation de l'île d'Haïti. Remarquez son portail Renaissance ainsi que son patio à colonnettes toscanes et son escalier d'honneur.

Au bout de la rue Tiendas se dresse la superbe **tour de los Espaderos** à mâchicoulis en angle.

Vous pouvez terminer la visite de la ville haute par le **palais de los Toledo-Moctezuma** *(plan B2)* du XVIᵉ s., élevé par Juan Cano Moctezuma (fils d'une princesse aztèque dont le père, Moctezuma, reçut Hernán Cortés lors de sa première arrivée à Tenochtitlán, l'actuelle Mexico).

En sortant par l'**arco del Socorro** vous pouvez faire une incursion extra-muros pour visiter l'**église Santiago*** *(plan C1)*, d'origine romane, restaurée au XVIᵉ s. par Gil de Hontañón. Superbe retable d'Alonso Berruguete, achevé dans son atelier en 1559, après sa mort. Dans la **chapelle**, à g. du maître-autel, statue de Notre-Dame de la Esclarecida du XVIᵉ s. et chapelle qui abrite le **paso** (char de procession) sculpté par Tomás de la Huerta en 1609.

Le **palais de Godoy** *(plan C1)*, demeure d'un conquistador revenu au pays natal pour y jouir de sa fortune, est un excellent spécimen d'architecture civile de la Renaissance espagnole, surtout remarquable pour son patio aux murs lambrissés d'azulejos.

Non moins élégant, surtout à l'intérieur, est le **palais du duc** d'Abrantes *(plan B1-2)*, du XVIᵉ s., à l'exception du patio postérieur, du XVᵉ s.

Une courte promenade, complémentaire de la précédente, permettra de faire découvrir aux **amateurs de détails** quelques autres demeures seigneuriales en partant de la plaza Mayor. Le premier monument sera cependant l'**église Santo Domingo** *(plan B1)*, du XVIᵉ s. La **casa de Galarza** *(plan n en A2)* est dotée d'une haute tour d'angle à ornements de style plateresque, tout comme la décoration de son patio, l'un des plus intéressants de Cáceres. Le **palais de la Isla** *(plan k en A2)* est également une construction Renaissance, du XVIᵉ s.

L'**église San Juan** *(plan A3)*, gothique, fut reconstruite au XVᵉ s.

Accessible par la **calle de San Francisco** *(plan ensemble CD5)*, le **couvent de San Francisco** comprend une église dont la façade baroque masque une structure gothique d'une grande pureté de style, de la fin du XVᵉ s. Un peu plus loin, l'**ermitage del Espíritu Santo**, de style mudéjar (mais peut-être s'agit-il d'une ancienne mosquée?), est le plus ancien sanctuaire de Cáceres, auquel fut ajouté, en 1513, le compartiment occupé par le maître-autel.

Environs. 1 — Sanctuaire de la Virgen de la Montaña *(2 km S.-E. par une route locale)*. — Vous l'atteindrez par une route escarpée qui vous mènera au sommet de la sierra de la Mosca où s'élève le sanctuaire, de style baroque. Du mirador, magnifique **vue*** sur les montagnes de Gredos et la sierra de San Pedro.

2 — Grotte de Maltravieso *(1,5 km S.-E. par la C 520 en direction de Torremocha ; sortir par la calle Antonio Hurtado, plan A5 ; vous la trouverez à dr. près d'une école dont le concierge détient les clefs et peut servir de guide)*. — Elle renferme des peintures d'époque paléolithique représentant des personnages très stylisés, des têtes d'animaux, dans mains peintes en rouge et des symboles divers.

3 — Arroyo de la Luz *(20 km O. ; sortir par la N 521 en direction de Valencia de Alcántara et, au km 13, prendre à dr. ; 6 420 hab., alt. 340 m)*. — L'**église de Nª Sª de la Asunción**, de style gothique avec des éléments Renaissance, abrite un retable plateresque de Luis de Morales, composé de vingt tableaux.

Cadix* (Cádiz)

Séville, 117 km. — Tarifa, 92 km.
157 770 hab. — Capitale de la province de Cadix (Andalousie).

Cadix est une ville fortifiée, bâtie sur un rocher baigné de tous côtés par la mer, à l'exception d'un étroit isthme sablonneux qui le rattache au continent et ferme, au S., la baie de Cadix, traversée par une nouvelle chaussée, elle-même établie sur une digue.

Une ville d'une grande diversité. — Ville portuaire avec ses chantiers navals, ville moderne aux grands immeubles impersonnels dans ses nouveaux quartiers, pittoresque et animée dans sa partie ancienne, Cadix séduit par son charme un peu décadent et «fin de siècle», avec ses façades érodées par le vent de l'Atlantique et la nostalgie des grandeurs passées.
Depuis l'année 1947, où l'explosion d'un entrepôt de mines détruisit une partie de l'agglomération, la physionomie de la Tacita de plata (la petite tasse d'argent) s'est considérablement modifiée. La difficulté pour trouver des terrains à bâtir a engendré une urbanisation verticale et, malgré l'émigration (phénomène commun à toute l'Andalousie), Cadix a une forte densité de population. La ville reste essentiellement un port, pont entre l'Europe et l'Afrique, projection vers l'Amérique, lieu de rencontre des peuples commerçants et enclave disputée au cours des siècles.

Un comptoir de l'étain. — Au XIIe s. avant notre ère, sans doute, sont établies les premières relations maritimes entre la Phénicie et le royaume de Tartessos, en Andalousie, qui est devenu un important centre industriel grâce à ses mines : «Tarsis était ton client, profitant de l'abondance de tes richesses. On te donnait de l'argent, du fer, de l'étain et du plomb contre tes marchandises.» (Ezéchiel, XXVII, 12.) Ainsi se trouve définie la nature des relations commerciales entre Tyr et le royaume de Tartessos : en échange de ses produits manufacturés, la première reçoit les métaux dont elle a besoin, et notamment l'étain, indispensable à la fabrication du bronze, qui provient des mines des brumeuses Cassitérides localisées, selon les uns dans le N. de la péninsule Ibérique et, selon les autres, en Bretagne, voire même en Cornouaille.
Archéologiquement parlant, l'occupation phénicienne de ce rocher est attestée à partir du IXe s. av. J.-C. La cité phénicienne de Gadir devient par la suite carthaginoise, puis romaine sous le nom de Gades (et Julia Augusta Gaditana), d'où le nom de Gaditans donné encore aujourd'hui à ses habitants.
Ruinée au temps des Wisigoths, Cadix tombe au pouvoir des Maures peu après la bataille du Guadalete (711), elle est dévastée par les Normands en 1013, puis reconquise par Alphonse X de Castille en 1262. Elle est alors peuplée avec des colons venus de la Montaña ; c'est-à-dire de la région de Santander.

L'ultime réduit face à l'invasion napoléonienne. — Après la découverte de l'Amérique, l'importance du port de Cadix s'accroît considérablement. Elle suscite la convoitise des Anglais, qui prennent la ville d'assaut en 1596 et la saccagent. Ils reviennent trente ans plus tard, mais sont repoussés. Lord Nelson la bombarde en 1797.
C'est du port de Cadix que part l'escadre franco-espagnole qui se fait battre à Trafalgar, par Nelson, en 1805. Pendant la guerre d'Indépendance, elle devient l'ultime refuge de la Junte insurrectionnelle et les Cortes, convoquées par celle-ci, y proclament la Constitution de 1812, abolie par Ferdinand VII en 1814, mais que ne cessent de réclamer les libéraux d'Espagne et des Deux-Siciles. En 1820, Riego y proclame à nouveau la Constitution, à laquelle s'oppose encore le roi, qui y est conduit de force, en 1823. L'expédition des Cent Mille fils de Saint Louis, commandée par le duc d'Angoulême, vient le délivrer la même année, après avoir pris le fort du Trocadéro, Cadix est alors occupée par l'armée française jusqu'à la fin de 1823.

Cadix aujourd'hui. — C'est essentiellement une ville industrielle (constructions navales, industries alimentaires, pétrochimie). Son agriculture n'est pas très développée malgré l'importance du nombre des personnes employées dans ce secteur. La pêche subit une crise après avoir été génératrice d'emplois au cours de ces dernières années.

Fêtes. — Carnaval en fév. et mars.

Visite de la ville

Une demi-journée à Cadix. — Vous visiterez à Cadix (à pied, itinéraire 1), surtout la cathédrale, l'hôpital de Nª Sª del Carmen (tableau du Greco), l'église San Felipe Neri (tableaux de Murillo) et le musée des Beaux-Arts (œuvres de Murillo et de Zurbarán), et vous ne manquerez pas de suivre (en voiture, itinéraire 2) la promenade des anciens remparts, en s'arrêtant au passage pour visiter la chapelle Santa Catalina (peintures de Murillo).

1 — La vieille ville

Promenade de 2 h environ, à effectuer à pied de la plaza de San Juan de Dios (parking sur cette place ou près du port ; plan D3).

Pour parvenir à la plaza de San Juan de Dios, vous passerez par la **plaza de la Victoria** *(plan E4)* où se trouve la **puerta de Tierra**, porte de ville percée en 1751 dans le rempart du XVIIe s., en grande partie détruit dans ce secteur lors d'une explosion, en 1947.

De la **plaza de San Juan de Dios** *(plan D3)*, bordée par l'**ayuntamiento**, édifice de style néo-classique des XVIIe et XVIIIe s., passez sous l'**arco de Pópulo** *(plan D3)*, ancienne porte de ville avec une chapelle reconstruite en 1621, pour atteindre la plaza de la Catedral (palais épiscopal du XVIIIe s.).

✝ Cathédrale *(plan D3)*. — Construite en style néo-classique assez lourd à partir de 1702, elle fut achevée en 1838. Elle est surtout intéressante pour les **stalles★** du chœur, sculptées par Pedro Duque Vornejo, un élève de Pedro Roldán, et pour les œuvres d'art qu'elle renferme : **statue de saint Bruno** par Martínez Montañés (dans la chapelle de San Sebastián, à g.) et son **trésor** (visite de 10 h à 13 h et de 16 h à 18 h) : **custode** attribuée à Enrique de Arfe, une autre custode, de 3,35 m de haut, œuvre d'Antonio Suárez (1648), un **crucifix** en ivoire attribué à A. Cano, un Christ en croix, peint par le même artiste, une Immaculée Conception de Murillo, etc.

Dans cette partie de la ville, les amateurs de détails pourront encore voir l'ancienne cathédrale *(plan Catedral vieja, D4)*, fondée au XIIIe s. mais reconstruite en 1602 (retable sculpté de 1650), l'église de la Merced *(plan E3)*, de 1629 (fresques dans la sacristie, par Cl. de Torres).
Par un itinéraire assez compliqué, vous pourriez encore atteindre (prendre à g. dans la calle de la Yedra, en sortant de l'église de la Merced, puis au bout à dr., ensuite à g. dans la calle de Suárez de Salazar) le couvent de Santo Domingo (1645-1667), dont l'église est décorée en style baroque. Dans l'église de Santa María *(plan E4)*, azulejos du XVIIe s.

Sur le chemin de l'hôpital de Nª Sª del Carmen, vous passerez devant l'**église de Santiago** *(plan D3)*, où se trouve un retable baroque, puis, en faisant un petit détour, au pied de la **tour de Tavira** *(plan Torre, C3)*, qui domine l'ancien palais de Casa Recaño.

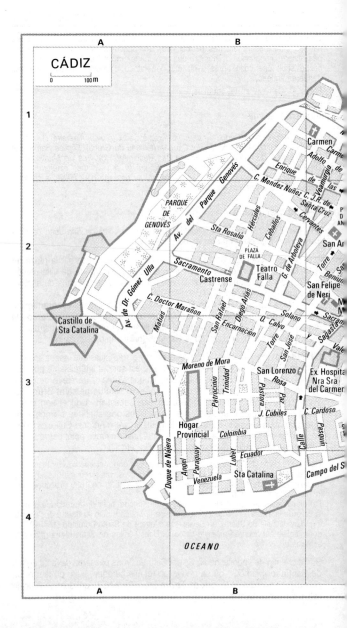

CÁDIZ

0   100 m

Carmen

Carme

Adolfo

de

Veamurga

las

Enrique

C. Mendez Nuñez   C. J.R. de

Santa Cruz

Cervantes

P. D

AN

PARQUE
DE
GENOVÉS

Parque   Genovés

Av. del

Sta Rosalía

Hércules

Ceballos

G. de Arboleya

San Ar

Torre

San

Beniun

San Felipe
de Neri

M

Sacramento

Av. de Dr. Gómez Ulla

Castrense

C. Doctor Marañón

Matías

San Rafael

Diego Arias

O. Calvo

Solano

Sacran

Sagast

Vale

Teatro
Falla

PLAZA
DE FALLA

Encarnación

Torre

San José

y

Castillo de
Sta Catalina

Moreno de Mora

Parrocinio

Trinidad

Pastora

San Lorenzo

Rosa

Paz

Ex. Hospita
Nra Sra
del Carmen

J. Cubiles

C. Cardoso

Pasquin

Hogar
Provincial

Colombia

Calle

Duque de Nájera

Angel

Paraguay

Venezuela

Lubet

Ecuador

Sta Catalina

Campo del S

OCEANO

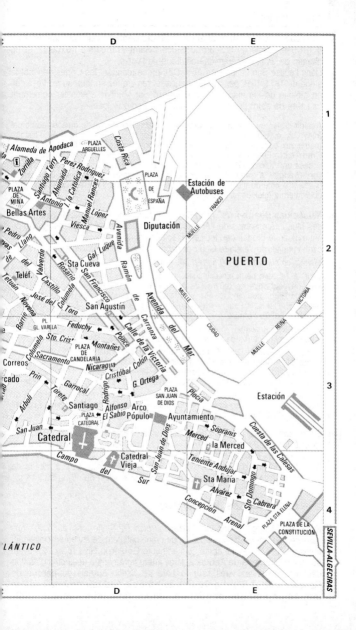

☿ La chapelle de l'ancien **hôpital de Nª Sª del Carmen** *(plan C3 ; ouv. de 10 h à 16 h)* renferme un tableau du Greco : **Saint François en extase***, et un chemin de croix en céramique sévillane du XVIIIe s.

✠ Dans l'église San Felipe Neri *(plan C2),* où se réunirent les Cortes pendant le siège de 1811-1812 par l'armée française, remarquez surtout, au maître-autel, un tableau de l'**Immaculée Conception*** par Murillo ; à signaler également une **tête de saint Jean**, en terre cuite, de Pedro Roldán.

A partir de là, les **amateurs de détails** pourraient encore voir le **musée municipal** *(plan C2 ; ouv. de 9 h à 14 h),* surtout intéressant pour les passionnés d'histoire (nombreux documents sur la guerre d'Indépendance, le Siège de 1811-1812), le **Gran Teatro Falla** *(plan C2),* s'ouvrant sur la plaza de Falla, où se situe également la **casa de Viudad** (1754), dont la chapelle abrite un tableau de **Saint Jean dictant son évangile à saint Prochoros**, œuvre du peintre crétois Jean Damaskinos (XVIe s.). A côté du théâtre se situe l'église de la garnison, **la Castrense** *(plan B2),* qui renferme quelques tableaux et sculptures du XVIIIe s.

■ **Musée des Beaux-Arts*** *(plan C2).* — Il comprend une **pinacothèque,** l'une des plus intéressantes de l'Andalousie, et un petit **musée archéologique** où est exposé le produit des fouilles effectuées dans la nécropole phénicienne et carthaginoise de l'antique Gadir et dans les sites de la province.

Visite : en sem. de 9 h 30 à 13 h 30, le dim. de 10 h à 13 h ; f. le lun.

Dans la *1re salle* de la pinacothèque, au premier étage de l'Académie des Beaux-Arts, on peut voir des œuvres de primitifs aragonais, d'Anton Van Dashorst Mor (Antonio Moro), de Francisco Rizi : Immaculée Conception ; — de Herrera le Vieux : Saint Pierre et saint Paul ; — de Murillo : Vierge à la ceinture ; **Ecce Homo*** ; de Rubens : **Sainte Famille*** ; — de Bernard Van Orley : **Vierge allaitant***, etc.

4e salle (salle Anselma) : outre des collections de verreries phéniciennes, grecques et romaines, peintures de Ribera : **Ecce Homo*** ; Murillo : Saint François.

5e salle : de Zurbarán : **Saint Bruno en extase***, Chartreux, Évangélistes, la **Pentecôte***, **Saint Anthelme***, considérée comme l'une des meilleures œuvres de Zurbarán, etc., provenant de la chartreuse de Jerez, et le Miracle de la Portioncule, avec le semis de fleurs que l'on retrouve dans de nombreux tableaux du peintre.

6e salle (de l'académie) : œuvres de Van Eyck : Bonne d'Artois, duchesse de Bourgogne ; — d'Alonso Cano : Autoportrait ; — Juan Carreño de Mirandá : portrait de Charles II ; — Claudio Coello, etc.

■ En revenant vers le point de départ, vous passerez par la Santa Cueva *(plan D2 ; ouv. à partir de 11 h, sf entre 17 h et 18 h),* église construite à la fin du XVIIIe s., qui renferme des peintures murales de Goya ; la Cène et la Multiplication des pains. Dans l'église San Augustín *(plan D2),* à façade de 1647, Christ de la Buena Muerte, par un artiste sévillan du milieu du XVIIe s.

2 — La promenade des remparts

⌇ Par l'**avenida de Ramón de Carranza** *(plan D2-3),* le long du port, vous passerez devant l'ancienne douane, un grand bâtiment de style néo-classique, construit en 1773 et qui abrite aujourd'hui le **Gobierno Civil** *(plan D2),* avant de suivre l'**alameda de Apodaca,** large artère agrémentée de jardins d'où l'on découvre de belles **vues*** sur la baie de Cadix. Au-delà du **parque de Genovés** *(plan A-B2),* à g. en face du balnéario (établissement de bains de mer), **hogar provincial** *(plan B3)* avec un patio d'architecture classique (1740).

Un peu plus loin, à dr., une jetée mène au **castillo de San Sebastián** (1613; *on ne visite pas*).

En vous arrêtant sur le **campo del Sur** (belles vues sur l'Océan et la côte rocheuse de la presqu'île de Cadix), vous irez visiter la **chapelle Santa Catalina** *(plan B4; ouv. de 11 h à 13 h et de 16 h à 18 h en hiver ou de 17 h à 19 h en été; les dim. et j. de fête, ouv. de 10 h à 12 h).*

Au maître-autel, des peintures de Murillo; au centre : **Mariage mystique de sainte Catherine*** (la dernière œuvre du peintre qui tomba de l'échelle en y travaillant et en mourut, en 1682; elle fut achevée par son disciple Meneses y Osorio; Dieu le Père et l'archange sont de la main du maître); au mur latéral g., autres œuvres de Murillo : les **Stigmates de saint François*** et Immaculée Conception. Œuvres de Salzillo : les Cinq Mystères du Rosaire, sculptures sur bois, et du Dominiquin : Saint Laurent de Brindes.

Environs. 1 — Puerto Real *(13 km N.-E.;* 21 465 hab.). — Ancien Portus Gaditanus des Romains, reconstruit par les Rois Catholiques en 1483, quartier général des Français pendant la guerre de 1808. Aujourd'hui, Puerto Real est un port actif avec une plage très fréquentée.
L'**église de San Sebastián** est d'époque Renaissance. Le **retable** baroque de la **chapelle de San Benito** abrite une sculpture de la Virgen de Montserrat, du XVIᵉ s. Dans le musée municipal, objets provenant du port romain.
2 — El Puerto de Santa María *(21,5 km N.-E.;* →).

Calahorra*

Logroño, 48 km. — Saragosse, 102 km.
Alt. 350 m. — 17 860 hab. — Province de Logroño (La Rioja).

Calahorra est actuellement le centre culturel, commercial et économique de toute la Basse Rioja dont l'influence se fait sentir au-delà de l'Ebre, en Navarre. Sa grande richesse agricole provient de l'utilisation rationnelle de l'irrigation, qui met en valeur cette vallée fertile. Calahorra a une industrie active, fondée principalement sur les conserves et tous leurs dérivés.

La ville dans l'histoire. — De l'époque romaine, on conserve la mémoire des martyrs San Emeterio et San Celedonio, exécutés au début du IIIᵉ s. sur les rives du Cidacos, là où s'élève aujourd'hui la cathédrale. En 1366, Bertrand Du Guesclin y proclame roi de Castille le prince Henri de Trastamare. Le tribunal de l'Inquisition y réside quelque temps sous Philippe II.

Fêtes. — Célébration de saints Emeterio et Celedonio à la fin du mois d'août avec des processions, des concours de chars, des encierras et des dégustations de produits locaux.

De l'époque romaine, la ville conserve les ruines d'un **aqueduc** et d'un **cirque**. On peut voir encore quelques restes de l'**enceinte** médiévale.
La **cathédrale** fut rebâtie en 1485 et remaniée au XVIᵉ s., en style Renaissance. La façade fut dressée en 1680-1704 et le portail N., gothique, reçut un décor plateresque au XVIᵉ s. Parmi les objets contenus dans le **trésor**, remarquer le bel **ostensoir**, dit le Cyprès, offert par Henri IV de Castille et exécuté en 1462 par Juan Díaz; tableaux peints, codex illustrés de miniatures du XIIᵉ s. Dans le chœur, belles stalles Renaissance. Dans la **chapelle San Pedro**, retable

platéresque (XVIe s.) et grille de fer forgé (XVe s.) remarquablement travaillée. A travers les ruelles qui montent vers le centre, on pourra visiter l'**église San Andrés**, de style gothique, avec un retable principal de style baroque, et le **couvent del Carmen** avec une statue du Christ à la colonne, par Gregorio Fernández.

Dans la bibliothèque municipale, il existe un petit **musée archéologique** *(ouv. en été de 11 h à 13 h et de 19 h à 21 h et de 11 h à 13 h et 18 h 30 à 20 h 30 en hiver),* dont la pièce la plus remarquable est une tête en marbre dite la Dama calagurritana, copie romaine d'un original grec du Ve s. av. J.-C. La ville conserve de belles **maisons seigneuriales** à façade baroque et platéresque.

→ A *12 km S.-O. en direction de Soria,* **Arnedo*** (11 735 hab., alt. 550 m) ; la ville fut une enclave importante à l'époque romaine (restes de chaussée). Le roi Garcia Ier de León mourut à ses portes au Xe s., lorsqu'il voulut s'en emparer.

On peut y voir un **château** en ruine, de fondation arabe, qui surplombe la ville. Deux églises, **Santo Tomás** (style gothique fleuri du XVIe s.) et **San Cosme et San Damián**, où on vénère la statue de N^a S^a de Vico, du XIe s.

Fêtes : le 27 sept., pour la San Cosme, encierros, représentations folkloriques et représentation du Robo de los Santos, l'enlèvement des martyrs.

Calatayud*

Saragosse, 87 km. — Soria, 91 km. — Teruel, 139 km.
Alt. 534 m. — 17 901 hab. — Province de Saragosse (Aragon).

Ville typiquement aragonaise avec ses monuments mudéjars, dans un bassin d'érosion que domine une colline où l'on trouve les lambeaux d'une forteresse de fondation arabe. Vous y visiterez surtout l'église Santa María.

La ville dans l'histoire. — Calatayud est située près du site de l'antique Bilbilis, patrie du poète satirique latin Martial (vers 40-vers 104), l'auteur des Épigrammes, qui fut mise à sac par les Maures au début du VIIIe s. Son nom actuel est la corruption de Qalaat Ayoub (le château d'Ayoub), sous lequel la ville fut connue sous la domination musulmane, jusqu'en 1120. L'infant don Fernando, le futur Ferdinand le Catholique, y fut déclaré héritier de la Couronne d'Aragon en 1461, dans l'église San Pedro de los Francos.

Au carrefour de la route de Teruel s'étend une place d'où vous apercevrez l'**église Santa María la Mayor*** ; elle occupe l'emplacement de l'ancienne mosquée. La partie la plus ancienne est le **cloître mudéjar**, en brique, et l'ancienne **salle capitulaire** de plan carré. Elle est consacrée au culte chrétien en 1120 par Alphonse Ier, le conquérant de Calatayud. Elle se signale à l'attention par un haut clocher octogonal à trois étages. Vous remarquerez son **portail*** de style platéresque, en marbre, qui fut sculpté en 1528 par Étienne d'Obray, un artiste français qui travailla surtout en Navarre, et par Juan de Talavera. A l'intérieur, remanié en style néo-classique au XVIIIe s., le **retable** principal fut exécuté par Gabriel Navarro. Le **cloître** gothique s'ouvre sur l'église par une porte mudéjare. Il abrite des peintures.

Pour les amateurs de détails, signalons encore l'église San Pedro Mártir (depuis la place prendre en direction de San Andrés), de style mudéjar, avec un portail gothique finement sculpté, l'**église San Andrés** *(à g. 200 m plus loin)*, fondée au VIIe s., que domine une élégante tour mudéjare.

De la plaza de España, où se situe l'**ayuntamiento**, la calle de Sancho Gil mène à l'église del Santo Sepulcro, élevée au XVIIe s. en style herrerien (retables du XVIIIe s.; cloître gothique de l'église primitive), près de l'**église San Benito** (voûte ornée de plâtres sculptés d'influence mudéjare) et de l'**église San Pedro de los Francos** (XVe s., style mudéjar).

Environs. 1 — Ateca *(14 km O. par la N11 en direction de Madrid)*. — Son église dédié à sainte Marie, baroque, abrite un spectaculaire retable dédié à l'Assomption de Notre-Dame; la base du clocher est une tour de style mudéjar au plan carré. Tout laisse penser qu'il s'agit du minaret d'une mosquée disparue. La **torre del reloj** (la tour de l'horloge) dans le fort, édifié en maçonnerie (chaux et sable) et en brique, date du XVIe-XVIIe s.; sa décoration est simple : elle se compose essentiellement de rhombes et d'arcs en plein cintre.

2 — Monastère de Piedra** *(29 km S.-O.; prendre à g. après Ateca; →)*.

3 — Aninon *(16 km N. par la N234 en direction de Soria; prendre à dr. au km 12)*. — Église gothico-mudéjare du XIVe s. avec un **retable*** plateresque en bois, par Gil de Morlanes pour l'architecture et par Gabriel Joly pour la sculpture, probablement avant 1532, d'après des gravures d'Albrecht Dürer.

4 — Cariñena* *(50 km E.; prendre la N11 en direction de Saragosse, puis tourner à dr. au km 4; →)*.

5 — Morata de Jalon *(35 km N.-E. sur la N11 en direction de Saragosse)*. — L'ensemble formé par la **place Mayor**, l'**église** paroissiale, le **palais des comtes de Morata** et la **torre del Reloj** (tour de l'horloge) est très harmonieux.

●→ La Almunia de Doña Godina *(8 km; →* Cariñena, environs 2).

6 — Maluenda *(10 km E. par la N234 en direction de Teruel; →* Daroca, environs 2).

Calviá

Palma, 17 km.
Alt. 150 m. — 11 777 hab. — Ile de Majorque — Province des Baléares.

Cette commune très étendue (145 km²) regroupe sur le littoral les principaux centres touristiques de l'O. de Palma : Cas Català, Illetes, Portals Nous, Palma Nova, Magalluf, Portals Vells, Cala Figuera, Santa Ponça, Peguera et Cala Fornells.

Il y a quelques décennies n'existaient ici que deux noyaux urbains, Calviá et Capdellà, tous deux à l'intérieur des terres, et où vivaient les ouvriers agricoles travaillant pour de gros propriétaires terriens. Le front de mer, morcelé, fut racheté à partir du dernier quart du XIXe s. par la bourgeoisie de Palma ou des sociétés anonymes. Ces lotissements littoraux, issus de la débâcle de l'aristocratie majorquine, reçoivent aujourd'hui la plus forte concentration hôtelière de l'île.

Dans l'église paroissiale de Calviá (XIXe s.), on peut voir un portrait baroque de Raymond Lulle. Mais l'intérêt de cette zone réside dans son littoral : de Cas Català à Magalluf, la côte très découpée abrite de petites plages de sable.

La plus longue est celle de **Palma Nova**, qui a pris l'aspect d'une ville de vacances. Autour de **Portals Nous**, se trouve le château de Bendinat, érigé en 1858 par le marquis de la Romana, dont la propriété couvrait à l'époque 2 515 ha, et le Marineland (dressage de dauphins et otaries...). La route du cap de **Cala Figuera** serpente au milieu de belles pinèdes et dessert la crique de **Portals Vells**. Puis, de l'autre côté du cap, la plage de **Santa Ponça** conserve une tour de défense du xive s., le castellot de Santa Ponça, et une croix qui rappelle que les troupes catalanes de Jacques Ier débarquèrent ici, le 10 sept. 1229, pour conquérir l'île alors musulmane. Ensuite, on atteint la plage de **Peguera**, dans une pinède, et la crique de **Cala Fornells**.

Campos del Puerto

Felanitx, 11 km. — Palma, 39 km.
6 127 hab. — Ile de Majorque — Province des Baléares.

Campos est un village d'agriculteurs : on y cultive des câpres, que l'on cueille en juil. sous les amandiers, et on y élève des bovins. D'anciens moulins à vent, qui ont perdu ailes et meules, se dressent au bord de la route.

Dans l'église paroissiale, on peut voir un **tableau** attribué à Murillo et un **retable** médiéval attribué à Gabriel Moger ; l'**hôpital** (xve s.), l'**ayuntamiento** (xvie s.), ainsi que quelques tours défensives complètent la visite.

Environs. 1 — Chapelle de Sant Blai *(2 km S.).* — Elle fut édifiée au xiiie s.

2 — Sant Jordi *(13 km S.).* — Avant d'arriver, sur la g., on verra entre les pins le **Balneari de Sant Joan de la Font Santa**, l'unique **station thermale** de l'île, dont les eaux qui émergent à 38° sont connues depuis l'époque romaine. Les bâtiments actuels datent de 1845. Près de là se trouvent les **salines du Levant**, et, près du hameau de Ses Covetes, la longue **plage*** de sable fin du **Trenc**, appréciée des naturistes et dont le projet d'urbanisation a soulevé dans l'île une grande vague de protestation. De l'autre côté du port de pêche, les plages sont aussi belles et sauvages qu'au Trenc.
➙ Ile de Cabrera* (→).

Camprodon

Gérone, 83 km. — Ripoll, 24 km.
Alt. 950 m. — 1 959 hab. — Province de Gérone (Catalogne).

Camprodon, charmante bourgade typiquement pyrénéenne et agréable station climatique, est construite autour du monastère de Sant Pere*, fondé au début du xe s.

L'**église** a été édifiée au xiie s. Très sobre, elle est dotée d'un campanile au-dessus de la coupole du transept. **Pont** roman sur le Ter flanqué d'une tour de défense carrée, élevée au xvie s. Ajuntament du xviie s.

Environs. 1 — Llanars *(2 km N.-O. en direction de Setcases).* — Dans l'**église** romane de **Sant Esteve**, devant l'autel peint (Pantocrator, martyre de Sant Esteve), œuvre romane de l'école de Ripoll.

2 — Molló *(5 km N. par la C 151 en direction de la frontière).* — Église Santa Cecília* (xiie s.), restaurée en 1952.

3 — Beget *(16 km N.-E.; au km 3 de la C 151, bifurquer à dr.).* — Église romane du xiiie s. flanquée d'une tour carrée. L'édifice renferme une belle présentation du Christ en majesté. Joli village, pont de pierre.

4 — Sant Joan de les Abadesses *(14 km S.-O. par la C 151 en direction de Ripoll; → Ripoll*, environs 3).*

Canaries (archipel des)

Provinces de Las Palmas et de Santa Cruz de Tenerife.

L'archipel des Canaries est situé à l'O. de la côte d'Afrique, à 1 050 km S. environ de Cadix et à hauteur du territoire saharien du cap Juby dont l'île de Fuerteventura n'est distante que de 115 km. Il compte treize îles, formant deux provinces. A l'E. celle de Las Palmas se compose de trois îles : la Grande Canarie, Fuerteventura et Lanzarote, avec quelques îlots ; à l'O., celle de Santa Cruz de Tenerife compte les îles de Tenerife, La Palma, Gomera et Hierro.

Exposé aux vents alizés et aux influences du Gulf Stream, l'archipel jouit pendant presque toute l'année d'une sorte d'éternel printemps qui vaut à ses îles le nom de «Fortunées». La température moyenne ne descend guère au-dessous de 18° en janvier et ne dépasse pas 25° en juillet, les extrêmes n'ayant jamais été au-dessous de 10° ni au-dessus de 35°. Si les pentes E., exposées aux souffles brûlants venant d'Afrique, et les îles les plus proches du Sahara ont un caractère de sécheresse très marqué, les versants où s'accrochent les nuages nés au-dessus de l'Atlantique sont habituellement fertiles et humides.

Bien que proches les unes des autres et bénéficiant du même climat régulier, chaque île possède une personnalité propre qui se traduit dans un relief et une végétation très variés.

L'essor économique. — Les Canaries, favorisées par la douceur de leur climat, doivent l'essentiel de leur spectaculaire essor économique au tourisme. Ces dernières années, celui-ci a progressé à pas de géant dans les îles Fortunées où la beauté grandiose des sites, jointe à leur originalité pour un visiteur venant d'Europe, sont faites pour attirer la clientèle des pays nordiques, surtout en hiver, la véritable saison des Canaries.

La canne à sucre, la vigne — dont les premiers plants venus de Malvoisie, en Grèce (Monemvasie), furent introduits au xve s. par le prince Henri de Portugal — y sont encore une source de profits et méritent leur séculaire réputation. La production de la cochenille du nopal (garance) qui, à partir de 1826, amena, principalement à

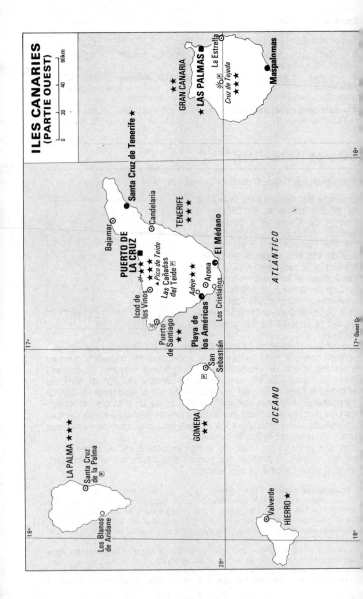

ILES CANARIES
(PARTIE OUEST)

0   20   40   60km

LA PALMA ★★★

Los Llanos○ de Aridane

Santa Cruz○ de la Palma Ⓟ

Santa Cruz de Tenerife ★

Bajamar○

PUERTO DE LA CRUZ ■ ★★★

Icod de○ los Vinos

▲ Pico de Teide
Las Cañadas del Teide Ⓟ

Puerto○ de Santiago

Playa de los Américas

Adeje ○

Arona○ Los Cristianos○

El Médano ●

Candelaria●

TENERIFE ★★★

GRAN CANARIA

★ **LAS PALMAS** ■

La Estrella Ⓟ

Ⓧ Ⓟ *Cruz de Tejeda* ★★★

Maspalomas ●

San○ Sebastián Ⓟ

GOMERA ★★

Valverde○

HIERRO ★

OCEANO   ATLÁNTICO

17° Ouest Gr.

16°

18°   17°   28°

18°

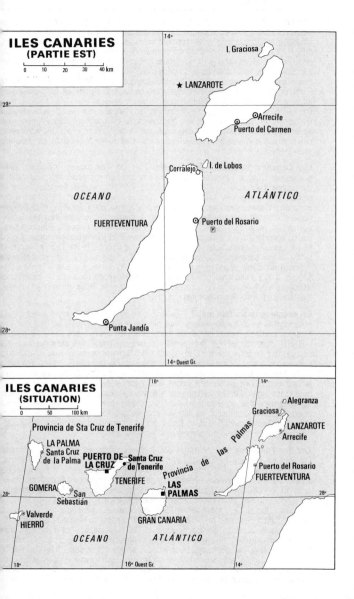

ILES CANARIES
(PARTIE EST)

0 10 20 30 40 km

14°

I. Graciosa

★ LANZAROTE

29°

⊙ Arrecife
Puerto del Carmen

Corralejo ⊙ I. de Lobos

OCEANO

ATLÁNTICO

FUERTEVENTURA

⊙ Puerto del Rosario
Ⓟ

28°

⊙ Punta Jandía

14° Ouest Gr.

ILES CANARIES
(SITUATION)

0   50   100 km

16°   14°

⊙ Alegranza

Graciosa

LANZAROTE
Arrecife

Provincia de Sta Cruz de Tenerife

LA PALMA
Santa Cruz
de la Palma

PUERTO DE
LA CRUZ ■ • Santa Cruz
de Tenerife

Provincia de las Palmas

⊙ Puerto del Rosario
FUERTEVENTURA

28°   28°

GOMERA

TENERIFE

LAS
PALMAS

• San
Sebastián

Provincia de

⊙ Valverde
HIERRO

GRAN CANARIA

OCEANO

ATLÁNTICO

18°   16° Ouest Gr.   14°

Tenerife, une ère de grande prospérité, a en revanche presque cessé depuis la découverte des teintures de synthèse pour redémarrer récemment avec les colorants alimentaires. Des plantations de tabac ont permis à l'industrie de prendre son essor, puis le développement croissant des cultures de tomates, d'oranges et surtout de bananes, exportées dans le monde entier, ont porté les méthodes d'exploitation et d'irrigation des terres à un point de perfection.

Aux manufactures de cigares, aux usines de conserves de poissons, il convient d'ajouter tout ce qui relève du transit maritime, de très nombreux bateaux venant relâcher à Las Palmas et à Santa Cruz.

Par leur situation en face des pays africains, les Canaries semblent devenir de plus en plus le marché idéal pour les négociants de ce continent. Las Palmas, ville traditionnellement cosmopolite, est maintenant le lieu de rencontre des acheteurs, des hommes d'affaires et des courtiers africains en quête de produits, de chalands et de négoce.

Les Canaries, fragments de l'Atlantide ? — On s'est souvent demandé si le groupe des Canaries, avec ceux de Madère et des Açores, n'était pas le seul reste du continent englouti de l'Atlantide. D'après les plus récents travaux, l'archipel semble être d'origine volcanique, ayant émergé à une époque indéterminée de profondes fosses océaniques, qui atteignent 3300 m entre Tenerife et la Grande Canarie et ayant continué jusqu'à nos jours à manifester une activité plutonienne. Cependant, les roches dures (diorite, sylnite) de La Palma, Gomera, Fuerteventura, ont pu appartenir à un socle primitif faisant partie d'un plus vaste ensemble auquel se rattacherait le Grand Atlas. Si le grand géologue français Pierre Termier reconnaît le fait d'une submersion atlantidienne, certains chercheurs la font remonter au miocène supérieur, avant l'apparition possible de l'homme. Dans le « Timée » (en 380 av. J.-C.), Platon rapporte le récit du prêtre égyptien qui place le cataclysme 9000 ans avant Solon, et certains faits ont pu appuyer la thèse qui fit des Canaries les dernières des « îles adjacentes » dont il parle.

Un peuple ignorant tout métal. — Au XVᵉ s. de notre ère, les conquérants français et espagnols qui débarquent dans l'archipel y trouvent « un peuple au teint clair, de haute taille, qui se croit le dernier du monde, tous les autres ayant péri ». Ce peuple guanche vit encore à l'âge de la pierre, ignorant tout métal, momifiant ses morts et se peignant le corps, certains jours, avec des sceaux de terre cuite. Sa langue s'apparente à des dialectes berbères et haïtiens. De nombreux crânes retrouvés présentent les mêmes caractéristiques que celui de l'homme de Cro-Magnon, dont la race peuple une partie de l'Europe aux âges paléolithiques ; leur front droit et bombé témoigne d'un indice céphalique élevé. La même race, originaire d'Afrique du Nord (race dite de Mechta et Arbi), est établie dans les sept îles bien que la navigation et la construction de bateaux y soient ignorées ; le peuple adore un dieu unique, le Terriblement Grand, le Tout-Puissant, et pratique des lois de générosité, de courage, de chasteté qui surprennent les envahisseurs.

Les îles Fortunées. — L'existence des Canaries, marquant les bornes du monde exploré, est pourtant connue dès l'Antiquité. Homère parle de la découverte par Sesostris d'une île « au-delà des colonnes d'Hercule », qu'on nomme Elysius et où sont conduites les âmes des héros. Les expéditions phéniciennes et carthaginoises, celle qui, en 680 av. J.-C., sur l'ordre du pharaon Nechao, fait le tour de l'Afrique, en rapportent des descriptions. Pour y aborder, les Carthaginois exécutent une manœuvre fort habile, rapportée par Pline, qui consiste à se diriger hardiment vers l'O. en partant des ports marocains, puis, ayant dépassé la longitude de l'archipel, de s'y laisser conduire par les courants et les vents alizés, qui interdisent une approche directe faute de moyens techniques suffisants. Hérodote dit que le monde finit « là où sont les jardins des Hespérides », gardés par le géant Atlas, portant le ciel sur son épaule, et Hésiode affirme encore que Zeus envoie les guerriers morts dans les îles Fortunées, au milieu de l'Océan. 50 ans av. J.-C., un fils du roi Juba de Mauritanie explore les îles et Pline mentionne à cette occasion l'île Canaria, dont le nom viendrait « des énormes chiens qu'on y élève ». Le géographe grec Ptolémée fait passer son premier méridien par Hierro, notion reprise par les Arabes et ratifiée par les mathématiciens du temps de Louis XIII.

Une conquête normande. — Néanmoins, Arabes, Maures, Génois, Portugais, Espagnols et pirates de tout bord n'ont jamais fait qu'aborder l'archipel sans pouvoir s'y fixer. En 1341, Alphonse IV de Portugal tente vainement un établissement durable. L'expédition menée par l'infant Luis de la Cerda en 1360 n'a pas plus de succès, et celle de Gonzalo de Peraza, en 1399, ne revient qu'avec un prisonnier, le roi guanche Tiguantaya. C'est en 1402 qu'un gentilhomme français, Jean de Béthencourt, « seigneur de Grainville-la-Teinturière en Normandie et ex-panetier du roi Charles VI en son hôtel Saint-Paul à Paris », décide d'aller conquérir les îles Fortunées et « convertir à une foi le peuple de ces estranges contrées ». Il part de La Rochelle, ayant comme second le Vendéen Gadifer de la Salle qui se révélera le véritable conquérant des îles dont Béthencourt se montrera surtout le sage administrateur. Il embarque un groupe de chevaliers normands, bretons et gascons, avec deux chapelains et deux esclaves « canares » achetés en Espagne. Lanzarote, décimée par les rapts précédents, se soumet aussitôt. Ayant obtenu aide en argent, hommes et navires du roi de Castille Henri III, Béthencourt conquiert successivement l'île de Forte Aventure (Fuerteventura), Gomera et Hierro, et reçoit le titre de roi des Canaries en échange de l'hommage de ses conquêtes à la couronne de Castille. Béthencourt est pleuré par le peuple quand il regagne la France, laissant son royaume à son neveu Maciot de Béthencourt. Ils sont à l'origine des innombrables Béthencourt, ou Betancor, qu'on rencontre dans tout l'archipel. La monarchie espagnole termine, non sans rudes et longues difficultés, la conquête des autres îles et leur christianisation, encore que la religion monothéiste du peuple le prédispose à accueillir celle du Christ qu'il pratique aujourd'hui avec une profonde piété. La conquête est enfin achevée par Alonso Fernandez de Lugo de 1491 à 1496.

Sur la route des grandes découvertes maritimes. — L'archipel, où Colomb s'arrête à chacun de ses voyages, sert dès la découverte de l'Amérique de point de relâche sur la route du Nouveau Monde. Sa maison y est d'ailleurs conservée dans la ville de Las Palmas. La souveraineté espagnole s'y maintient en dépit des attaques des flottes maures, hollandaises et anglaises aux XVIe et XVIIe s. Nelson lui-même, en 1707, ne peut réussir à prendre Tenerife. C'est enfin des Canaries qu'en 1936 le général Franco, qui en est gouverneur et capitaine général, lance ses troupes par air et par mer vers l'Andalousie et part pour Tétouan prendre le commandement de l'armée du Maroc.

Folklore. — Le folklore canarien est aussi riche qu'original. De nombreuses fiestas típicas, principalement en mai, permettent d'admirer les costumes portés dans les villages montagnards et ressuscités sur l'initiative du peintre Néstor de la Torre, les grandes mantas blanches ou brunes des anciens bergers, les minuscules chapeaux que les femmes portent sur leurs mantilles de soie, les danses accompagnées à la guitare. A Las Palmas, au Pueblo Canario, des spectacles de danses et de chants canariens, donnés par une troupe d'amateurs qui, visiblement, prend plaisir à se produire sur scène, donneront au voyageur l'occasion de se familiariser un peu avec ce séduisant folklore, d'un caractère généralement enjoué, riche en rythme et en nuances. Les vieilles chansons, isas, gaies et humoristiques, au rythme de jota, ou folías mélancoliques, au rythme de tango, ont un charme infini ; le tajaraste et le Santo Domingo reproduisent assez fidèlement les danses primitives aborigènes.

Une cuisine typique originale et sans prétention. — La gastronomie canarienne fait appel à des plats traditionnels qui mettent en valeur les produits de la terre et de la pêche. Il ne faudra pas manquer de commencer un repas par les « papas arrugadas », petites pommes de terre bouillies et ridées que l'on mange avec la peau, à la chair succulente. Vous les tremperez dans le « mojo », sauce préparée dans un mortier, composée d'huile d'olive, de cumin, de basilic et de coriandre. Vous mangerez ces pommes de terre accompagnées d'un fromage blanc rappelant le fromage grec, et de foie en sauce. Vous goûterez ensuite le «potaje», soupe de légumes traditionnelle dans laquelle vous introduirez pour l'épaissir une ou deux cuillerées de farine de maïs grillé, le «gofio», qui rehausse avantageusement le goût du potage. Si vous aimez le poisson, régalez-vous de «cherme», dont la chair ferme rappelle celle du mérou, et que vous dégusterez grillé ou à «la plancha». Vous pourrez terminer le repas par une de ces nombreuses glaces dont les Canariens sont friands, et que vous arroserez peut-être d'une cuillerée de «bienmesabe», préparation à base de miel et d'amande qui figure dans de nombreux desserts.

Artisanat. — Il s'illustre par des broderies et surtout par d'admirables dentelles que le voyageur trouvera dans chacune des îles. Il sera plus sage de les acheter dans les magasins spécialisés qu'auprès des vendeurs ambulants qui ignorent la différence entre l'île de Taïwan et les îles Fortunées! Vous n'aurez que l'embarras du choix devant les couvre-lits, nappes, serviettes, napperons, chemisiers... Vous pourrez aussi ramener de beaux couteaux au manche de corne orné de cercles de cuivre et d'incrustations de toutes sortes, ainsi que des petits paniers tressés en palmes ou en feuilles de bananier.

Quand partir? — L'égalité du climat canarien permet de résider dans l'archipel à n'importe quel moment de l'année. Cependant, les mois d'avril et de mai sont les plus agréables. La saison touristique atteignant son point culminant en plein hiver, il sera bon de réserver ses chambres d'hôtel aussi longtemps que possible à l'avance. A cette distance de l'Europe, ces îles comptent, en effet, parmi les rares endroits où l'on soit pratiquement assuré de trouver le soleil au rendez-vous. En plein été et au début de l'automne, les paysages apparaissent souvent moins verdoyants principalement sur les versants E., mais il suffit des premières averses pour faire renaître la végétation dans les champs.

Toutes les îles Canaries sont à peu près également ensoleillées et jouissent, par conséquent, d'un climat à peu près comparable, mais assez instable dans le courant d'une seule journée. Des différences assez sensibles se manifestent selon l'orientation et, bien entendu, l'altitude. La pluviosité conditionne l'aspect du paysage et d'une façon générale, la végétation devient de plus en plus rare au fur et à mesure que l'on va d'O en E. du large vers le continent africain. C'est ainsi que l'île de La Palma est un petit paradis à la végétation tropicale, mais que Lanzarote et Fuerteventura semblent être un morceau du désert saharien, d'ailleurs assez proche. Dans les îles où les sommets sont élevés (surtout la Grande Canarie et Tenerife) le versant oriental est beaucoup plus arrosé que les autres et présente parfois l'aspect d'une steppe, où les bananeraies, créées grâce à une irrigation intelligente font figure d'oasis, tandis que les versants les mieux exposés aux pluies de l'Atlantique offrent une végétation luxuriante, digne des paradis antillais.

Les îles de l'archipel sont inégalement belles et **Tenerife**** jouit le plus de la faveur des estivants, mais la **Grande Canarie*****, avec ses merveilleux paysages que l'on découvre depuis la Cruz de Tejeda, l'hyper volcanique **Lanzarote*** et **La Palma***** (où paradoxalement les hôtels sont encore très peu nombreux) recueilleront un certain nombre de suffrages. Il n'en reste pas moins vrai que Tenerife offre de plus larges possibilités d'excursions exaltantes et la montée vers le cratère du pic de Teide, suivie de la descente vers Puerto de Santiago, demeure l'un des grands moments d'un voyage aux Canaries.

Transport des voitures. — Tarifs très modérés de la Cía Trasmediterránea Aucona.

Pour visiter les Canaries :

→ Fuerteventura
→ Gomera*
→ Grande Canarie**
→ Hierro*

→ Lanzarote**
→ La Palma***
→ Tenerife***

Candás

Avilés, 15 km. — Gijón, 14 km. — Luanco, 5 km. — Oviedo, 33 km.
5 517 hab. — Province d'Oviedo (Asturies).

Station estivale célèbre pour ses sardines, mais aussi sa plage de sable fin.

Fêtes. — Le 1er août se déroule le festival de la Sardine. Le 14 sept., on célèbre le Santisimo Cristo, objet d'une grande dévotion.

L'église paroissiale San Félix, très remaniée, ne conserve qu'une partie du mur de l'ancienne construction pré-romane. On peut y voir l'intéressant retable baroque « Camarín de Cristo » dont la tradition veut qu'il ait été rapporté d'Irlande en 1530.

Environs. 1 — Luanco *(5 km N.-O. ;* →*)*.

2 — Perlora *(6 km S.-E.).* — Station balnéaire avec une belle plage.

3 — Piedeloro *(4 km S.-O.).* — L'église romane Santa María, édifiée au xie s., offre la structure et les sculptures de cette époque, bien qu'elle ait été transformée entre le xvie et le xviiie s.

4 — Manzaneda *(4 km O.).* — L'église romane San Jorge du xiie s. est très bien conservée. Remarquez plus particulièrement le portail O. Vous verrez également le vaste palais de la famille Riva et les restes d'une tour médiévale.

5 — Avilés* *(15 km O. ;* →*)*.

Cangas de Narcea*

Oviedo, 100 km.
Alt. 376 m. — 23 000 hab. — Province d'Oviedo (Asturies).

Traversée par la rivière Narcea, Cangas del Narcea, tout en conservant son caractère montagnard, est un important centre commercial, minier, viticole et d'élevage. Point de départ d'excursions en montagne, elle comble également les amateurs de pêche grâce à ses rivières riches en truites et en saumons.

Fêtes. — Le 16 juin, on célèbre la Virgen del Carmen : processions, distribution de cidre et de vin. Le 8 sept., la fête de la Virgen del Acebo, manifestations folkloriques et vente aux enchères.

Visite de la ville

L'**église paroissiale**, ancienne collégiale du xviiie s., se caractérise par une nef transversale et une nef centrale dotée de huit chapelles de chaque côté et trois chapelles dans sa partie principale. Elle possède un tombeau gothique et un retable Renaissance.

Le **palais du comte de Tereno et des Queipo de Llano**, aujourd'hui transformé en mairie, est un grand édifice du xviie s., formé de quatre corps de bâtiment entourant une cour centrale. Le plus remarquable en est la porte principale, avec ses balcons en fer forgé et les blasons des comtes de Tereno. Vous pourrez également voir le **palais de Omaña,** qui date de la première moitié du XVIe s., et un **pont romain.**

1 — Au N. de Cangas par la C 631

0 km : **Cangas de Narcea.**
2 km : **Monastère de Corias.** — Fondé par les comtes Piniolo et Ildionza entre 1028 et 1044, restauré au XIIe s., il a été presque totalement reconstruit en 1773. Il abrite depuis 1957 un lycée technique, après avoir hébergé pendant près de neuf siècles des bénédictins. Cet ensemble monumental d'inspiration herrerienne est d'une ampleur inusitée dans la région, ce qui lui a valu le surnom d'«Escorial des Asturies». Il se compose d'une église et de deux cloîtres. L'**église,** avec sa façade en pierre blanche sur un soubassement noir, de style néo-classique, est grandiose avec sa nef unique, son élégante coupole en pierre et ses proportions parfaites. Les autels, churrigueresques, sont en noyer sculpté, doré et polychrome. Dans une chapelle latérale, un **Christ** roman byzantin est le joyau du monastère. Le **cloître,** néo-classique, est construit en pierre de taille et en marbre. Il abrite les tombeaux des fondateurs du XIe s. et du roi Bermude III (1027-1037) et de son épouse. Les nombreuses églises romanes des alentours dépendaient jadis de ce monastère.

7 km : Puente del Infierno. Prendre à g. jusqu'à *(14 km)* Pola de Allande. Bifurquer à g. vers *(4 km)* Reijada. Là, tourner à dr. pour vous rendre *(7 km)* à la **réserve biologique de Muriellos.** La forêt s'étend sur 37 km². On y compte plus d'un million d'arbres, surtout des chênes. On peut y rencontrer des ours, des sangliers et des coqs de bruyère. Vous pouvez cheminer par des sentiers balisés; le plus emprunté est celui qui mène aux lagunes *(6 h de marche).*

15 km : prendre à dr. pour *(8 km)* **Llanas del Mouro.** — Le palais de Pambley comprend un corps central et deux tours latérales. C'est une maison seigneuriale typiquement asturienne, du XVIIe s. Il reste trois potiers à Llanas qui fabriquent une céramique originale, très appréciée pour sa couleur noire et ses reflets métalliques.

24 km : à La Florida, prendre à g. A *(2 km)* El Modical, tourner de nouveau à g. vers *(4 km)* **Tineo** (alt. 673 m). — Église au portail gothique de la fin du XIIIe s. *L'itinéraire se poursuit maintenant à l'O. de Tineo.*

26 km : prendre à dr. vers *(4 km)* **Obona.** — Le monastère a été fondé au XIIIe s. L'église, restaurée au XVIIe s., possède un autel de marbre revêtu d'argent, du XIe s. *Continuer sur la même route.*

33 km : **Bárcena.** — Monastère fondé en l'an 937.

2 — Au S. de Cangas par la C 631

0 km : **Cangas de Narcea.**
7 km : à **Mestas,** la route se divise : à g., Carballo et Cibea. A dr. Bimeda.

11 km : **Carballo** : l'église Santa María, du Xe s., abrite un tombeau gothique, un calvaire roman tardif et une croix processionnelle en argent, du XVIe s. Les deux entrées et la fenêtre de l'abside datent du XVe s. — *18 km :* **Cibea** : l'intérieur de l'église Santiago renferme un retable du XVIIe s. ainsi qu'un groupe sculptural en argent repoussé haut de 1,60 m. De là, on peut rejoindre la C 631 pour redescendre vers Cangas en passant par **Bimeda** : l'église San Pedro vaut le détour pour son abside semi-circulaire romane, avec des modillons sous la corniche de l'avant-toit. A l'intérieur, on peut voir une représentation du Christ, de facture rustique, datant du XIVe s., un retable et une sculpture sur bois de saint Pierre, du XVIe s., ainsi qu'un autre retable du XVIIIe s. ne manquent pas d'intérêt.

3 — Au S.-O. de Cangas par la O 734

0 km : **Cangas de Narcea.**
8 km : **Cibuyo.** — L'église paroissiale conserve quelques vestiges de peinture du XIVᵉ s. Sur la voûte de la chapelle principale, on peut voir des scènes de l'Évangile.

12 km : **Ardaliz.** — Le palais, de dimension imposante, est une demeure seigneuriale typiquement asturienne des XVIIᵉ et XVIIIᵉ s. Il possède de nombreux éléments décoratifs intéressants ; avant-toits, balcons, ferrures, etc.

19,5 km : **Rengos,** d'où une route à g. conduit *(10 km)* au **monastère de Hermo ;** mentionné au début du IXᵉ s., il possède une église dont le portail remonte au XVᵉ s. ; à l'intérieur, plusieurs sculptures romanes.

Par le **puerto** (col) **del Rañadoiro** (1 181 m), on passe dans la vallée du río Ibias où se trouve la **réserve nationale de Degaña.** — Elle abrite de nombreuses espèces animales (ours, loups, coqs de bruyère). On peut accéder à ses lagunes, bien qu'avec certaines difficultés, par les cols de Valdepardo, Cerredo et Valdecampo.

Cangas de Onís*

Oviedo, 63 km. — Ribadesella, 25 km.
2 865 hab. — Province d'Oviedo (Asturies).

Ancienne résidence des premiers rois des Asturies, au VIIIᵉ s., à l'intersection de deux cours d'eau.

Le pont, d'origine romaine, est une construction gothique du XIIIᵉ s. ; en son centre se dresse la Croix de la Victoire. Dans la ville, on peut voir le **palais de Cortés,** du XVIᵉ s., et, le jouxtant, la **chapelle de la Concepción.** Plus loin, la **tour de Soto de Cangas** est en réalité un château fort médiéval. L'**ermitage de la Santa Cruz** a été bâti sur une construction dolménique ; l'évêque Astemo éleva en l'an 437 un temple que Favila réédifia en l'an 735 ; il le dédia à la Santa Cruz pour rappeler la croix que son père, Pelayo, avait arborée lors de la bataille de Covadonga (→ environs 3, km 11,5). Une nouvelle chapelle occupe actuellement le site, mais les ruines du dolmen, sur lequel on peut encore apercevoir des peintures, sont toujours dans la crypte.

1 — Au N. de Cangas de Onís

0 km : **Cangas de Onís.**
2 km : **Villanueva.** — A l'extrémité du village s'élève le **monastère de San Pedro,** fondé en 746 par Alphonse Iᵉʳ. La partie la plus ancienne remonte au XIIᵉ s., bien qu'il reste quelques ruines préromanes. L'ensemble date du XVIIᵉ s. De l'église romane subsistent le portail latéral, l'abside et les chapiteaux qui représentent la mort du roi Favila tué par un ours. Les sculptures figurent des personnages, des monstres et des animaux formant parfois des scènes. Dans le cloître, on peut voir les restes d'une arcature romane. La construction conventuelle date des XVIIᵉ et XVIIIᵉ s.
Dans le pittoresque île de Sella est édifié l'**ermitage San Bartolomé,** des XIIᵉ et XIIIᵉ s.

7 km : **Arriondas** (1 500 hab.). — Aux alentours, nombreuses Casonas Solariegas, anciennes résidences d'un majorat ou d'un hidalgo. Elles constituaient une entité socio-économique d'importance dans les Asturies. Presque toujours précédées d'une terrasse, bâties en pierres taillées ou non, elles sont dotées d'une charpente en bois de chêne et de châtaignier. Sur leur façade sont représentées les armoiries de la famille. Une chapelle est édifiée à leurs côtés, et parfois une tour.

12 km : **Réserve nationale de Sueve.** — Dans un merveilleux paysage, cerfs, chamois et chevaux sauvages nommés asturcones. Courts sur leurs jambes, la tête petite, ils possèdent une force peu commune, sont très rapides et résistent bien aux très basses températures.

18 km : **Mirador du Fito.** — Saillie artificielle d'où l'on peut admirer un ample panorama englobant le massif du Sueve et les pics d'Europe.

➡ A *12 km N.,* **Cohanga** (→ Ribadesella, environs 5).

2 — A l'E. de Cangas de Onís

0 km : **Cangas de Onís.**

3 km : **Carcès** *(par la C 6312).* — Vous pourrez y visiter la grotte del Buxu, creusée aux flancs d'une falaise. Ses murs sont recouverts de peintures et de gravures du solutréen et du magdalénien, représentant des chevaux, des cerfs, un bison, une chèvre et d'autres groupes d'animaux peints au charbon de bois. Remarquez les traînées rouge ocre.

6 km : **Corao.** — Renommée pour sa foire annuelle au bétail, à l'Ascension, et pour ses artisans horlogers. On y trouve également plusieurs tombeaux romains et les ruines d'un castro (fortification ibéro-romaine).

➡ A g., en suivant le chemin sur *2 km,* **Abamia** dont l'église Santa Eulalia (xiie s.) renferme de curieuses sépultures qui passent pour être celles du roi Pelayo et de son épouse.

15 km : **Benia.** — L'église conserve quelques vestiges préromans et romans.

Fêtes : le 26 août, fiesta del Segador (fête du faucheur) où l'on distribue la Parva del Segador (le casse-croûte du faucheur) qui se compose d'un morceau de pain, de fromage et d'un verre d'anis. Au mois d'oct., concours de fromage de Gamonedo.

➡ Aux alentours, plusieurs groupes qui ne manquent pas d'intérêt.

➡ **Pics d'Europe*** (→).

3 — Au S.-E. de Cangas de Onís

0 km : **Cangas de Onís.**

9,5 km : **Campo del Rey Pelayo** *(prendre à dr. au km 4 de la C 6312).* — Obélisque érigé à l'endroit où Pelayo fut hissé sur le pavois par ses guerriers après la victoire.

✝ *11,5 km :* **Sanctuaire de Covadonga*.** — Sur un promontoire, dans une étroite vallée encadrée par les hautes montagnes d'Enol, dont les roches calcaires, dénudées, contrastent avec la florissante végétation du fond de la vallée.

Le sanctuaire de la Reconquista. — Covadonga est, pour les Espagnols, un lieu sacré, parce qu'il fut le point de départ de la révolte contre les Maures et, par conséquent, de la Reconquista. Un des seigneurs wisigoths vaincus à la bataille du Guadalete, en 711, était venu se réfugier ici, avec trois cents de ses guerriers, pour y organiser la résistance à l'invasion musulmane. L'émir de Cordoue envoya contre lui une armée qui venait de conquérir la Castille. Pélage la surprit dans les gorges du Deva et l'anéantit sous les rochers (718). Cette victoire ayant été attribuée à la protection de la Vierge, on lui éleva un autel dans la grotte del Auseva, qui avait servi d'abri à Pélage et aux siens ; celle-ci prit le nom de Covadominica qui, par corruption, devint Covadonga.

De l'escalier qui mène à la grotte, vue sur la cascade et le petit étang au pied du rocher du sanctuaire ; là se trouve l'ancienne abbaye, avec la collégiale du xvie s. (dans le cloître, tombeaux de style roman).

La célèbre cueva renferme le tombeau du roi Pélage (✝ 737), de sa femme,

Gaudiosa, et de sa sœur, Hemesinda (à l'extérieur, inscription du xvie s.) ; sur l'autel moderne, enrichi d'émaux, statue romane de la Vierge, du xiie s. Un peu en contrebas, presque en haut de l'escalier, la petite chapelle Santa María renferme le tombeau du roi Alphonse Ier († 757).

Vous vous engagerez ensuite dans le tunnel que vous aurez remarqué à dr. dans une grotte qui forme en quelque sorte l'antichambre de la cueva ; vous accéderez ainsi à la basilique.

La basilique de la Virgen de las Batallas, néo-romane (1891), possède dans son trésor de nombreux souvenirs historiques, la couronne de la Vierge, ornée de diamants, de perles, de saphirs, etc.

19 km : **Mirador de la Reina.** — Vous l'atteindrez par une petite route sinueuse, avec quelques fortes pentes. La vue y est particulièrement belle.

22 km : **Lago Enol*.** — Il s'étend au cœur du Parc national de Covadonga, dans un bucolique cadre de montagnes. Le parc couvre 16 925 ha. Dans ses forêts de hêtres, de châtaigniers, de chênes, d'ifs et de houx — une de ses plus grandes richesses — vit une faune très variée : loups, chats sauvages, faucons, vautours, chamois.

➡ Mirador d'Ordiales.

24 km : **Lago de la Ercina*.** — Il s'étale au fond d'une petite cuvette verdoyante.

Fête : le 25 juil., célébration de la fête du berger au refuge d'Entrelagos (à mi-chemin des deux lacs).

Cantabrie*

Province de Santander.

Dominée à l'O. par le formidable massif des Picos de Europa qu'elle partage avec les Asturies, la Cantabrie est séparée de la Meseta castillane par la cordillère Cantabrique ; la Montaña, l'une des régions les plus anciennement habitées de l'Espagne, s'adoucit dans sa partie centrale et va rejoindre à l'E. la moyenne montagne du Pays basque. C'est donc une région très cloisonnée ; peu-plée de 513 115 hab., elle s'étend sur une superficie de 5 282 km².

Climat. — Il est océanique. Loin des contrastes de la Castille, la Cantabrie jouit en effet d'un climat tempéré et humide durant toute l'année (à Santander, 19° de moyenne en août et 9° en décembre). Cependant, à mesure que l'on s'éloigne de la mer, la pluviosité diminue sensiblement, et dans l'Alto Campoo et la vallée de l'Ebre, le climat devient plus sec et rigoureux. Aussi la région bénéficie-t-elle d'une nature accueillante qui en fait un grand parc naturel, où, de la mer à la haute montagne, vous découvrirez le charme et les attraits d'un paysage très diversifié et saisissant de nuances.

La côte. — Hérissée de falaises hautes parfois de 500 m, elle s'étend sur 211 km, avec de splendides baies comme celles de Santander et Santoña. Elle est jalonnée de criques et de belles plages de sable (Laredo, Santander, Liencres, Oyambre,

Comillas, etc.) et pénétrée par des rias formées par les rivières qui descendent de la cordillère et des Picos de Europa.

Les Picos de Europa. — Dans la partie occidentale de la région, ils forment un imposant massif montagneux avec des sommets dépassant les 2 500 m ; il est creusé par des torrents et des rivières qui descendent vers la mer en s'ouvrant un passage à travers des défilés et de profondes gorges, séduisantes par leur beauté sauvage.

L'intérieur. — Le paysage s'adoucit à mesure que l'on s'approche de la mer ; des prés plutôt que des prairies ont remplacé les forêts touffues qui couvraient autrefois la région. On peut découvrir de charmants hameaux, disséminés entre les bocages, dans des vallées verdoyantes et paisibles.

Les Cantabres (Cántabros). — Ce peuple préromain, organisé socialement en tribus de tradition guerrière, occupait le N. des provinces de Palencia, de Burgos, et pratiquement toute la Cantabrie actuelle. Cette région fut l'une des dernières à subir l'occupation romaine, ce qui explique l'absence de monuments remontant à cette époque, si ce n'est les restes de Juliobriga près de Reinosa, qui fut le quartier général des Romains.
Les Cantabres résistèrent ensuite aux troupes barbares venues du N., et conservèrent leur indépendance durant les occupations wisigothe et arabe. Aujourd'hui, les habitants de la Cantabrie tiennent de leurs ancêtres un certain esprit autonome et un attachement particulier à leurs traditions.

L'élevage. — Il est la principale ressource de la région. La tudanca, vache autochtone élevée en semi-liberté dans les pâturages, peu généreuse en lait et principalement destinée aux abattoirs, a été progressivement remplacée par la grisonne ; celle-ci est élevée dans les petites fermes de la Montaña. Après avoir été alimentée pendant deux ou trois ans, la vache est vendue dans l'une des ferias de la région, comme celle de Torrelavega (la plus importante d'Espagne), à des acheteurs asturiens ou castillans pour l'exploitation du lait.

Une industrie en développement. — Moins considérable que dans les Asturies et au Pays basque, l'industrie en Cantabrie se concentre autour de trois villes : Torrelavega, Reinosa et Santander (chimie, métallurgie, matériel ferroviaire et agricole, chantiers navals) ; il faut aussi signaler l'industrie dérivée du lait (Nestlé, RAM) et de la pêche (conserveries).

Une activité portuaire limitée. — La plupart des villages de la côte ont perdu l'importance commerciale qu'ils avaient aux XVIIIᵉ et XIXᵉ s. et se consacrent essentiellement à la pêche. Le port de Santander, qui connut dans les siècles précédents une grande activité, a décliné et a été supplanté dans le N. par Bilbao.

Tourisme. — Il est devenu une importante activité économique. Le littoral est visité pendant la période estivale par des milliers de touristes, qui préfèrent la douceur du « Norte » aux chaleurs méditerranéennes. Ils se concentrent sur les plages, de Castro Urdiales à Unquera.
Pour ceux qui préfèrent la montagne, les Picos de Europa et la cordillère Cantabrique offrent de splendides paysages où l'on peut, en faisant de belles randonnées, découvrir des sites d'une rare beauté.
Les amateurs d'art ne manqueront pas de visiter les grottes préhistoriques et les églises romanes. Dans les petits villages typiquement montañeses, les maisons seigneuriales et l'architecture populaire forment un savoureux mélange ; Santillana del Mar avec sa collégiale en est le plus beau fleuron.
Santander, l'une des plus agréables stations balnéaires d'Espagne, offre en outre, pour ceux qui veulent joindre l'utile à l'agréable, les cours d'été de l'université de Menendez y Pelayo, dans le cadre incomparable du palais de la Magdalena et les festivals de musique et de danse de la plaza Porticada.

Sports. — Les courses de traineras (régates avec des bateaux à rames, comme les utilisaient jadis les pêcheurs) connaissent un grand succès dans les villes et villages du littoral, surtout entre Castro Urdiales et Santander.
Le jeu de quilles avec ses trois modalités (pasiego, pasabolos et bolo palma) est le sport «national» de la Cantabrie, au même titre que la pelote au Pays basque.

Pour visiter la Cantabrie :

→ Altamira (grottes d')**   → Reinosa
→ Cabezón de la Sal   → Santander*
→ Castro Urdiales   → Santillana del Mar**
→ Laredo*   → Santoña
→ Pics d'Europe**   → Vega del Pas

Caravaca de la Cruz

Murcie, 72,5 km.
Alt. 625 m. — 13 755 hab. — Province de Murcie.

Blottie dans l'étroit vallon de l'Argos, la ville est célèbre par une apparition (en 1232) de la Vera Cruz (véritable Croix), portée par des anges afin que Chirinos, fait prisonnier, puisse célébrer l'eucharistie devant le sultan Abu-Zait, qui se convertit alors au christianisme.

Fêtes. — En l'honneur de cette apparition, grandes fêtes religieuses début mai (luttes entre Maures et chrétiens).

Commencez la visite par le **château fort** (XIIᵉ s.), refuge des templiers, qui abrite le **sanctuaire de la Santa et Vera Cruz,** construit au début du XVIIᵉ s. ; façade de style baroque en marbre rouge qui rappelle les églises coloniales espagnoles d'Amérique ; intérieur de style Renaissance.
En descendant du sanctuaire, vous trouverez le **musée archéologique de la Soledad** et à 20 m la **paroisse del Salvador,** belle œuvre du début de la Renaissance (1534-1600) ornée de sculptures style napolitain. A voir aussi le **couvent des Carmélites, l'église de la Compagnie de Jésus, l'église de la Concepción** (magnifique plafond à caissons).

Environs. 1 — Calasparra *(27 km N.-E. ; sortir à l'E. en direction de Cehegín ; au km 4, prendre à g. ; 8720 hab., alt. 342 m).* — Ancienne petite ville ibère et romaine avec un château médiéval en ruine. Elle est réputée pour la qualité de son riz. Iglesia de los Santos : église baroque ; belle vue sur la Vegre. El Molínico : façade renaissance. Blason de la famille Conde de Valle de San Juan. La Encomienda, du XIIIᵉ s., est un des plus anciens édifices de la ville, il appartient à l'ordre de Saint-Jean-de-Jérusalem. Iglesia de San Pedro (XIIᵉ s.). Le sanctuaire de N.-D. de la Esperanza est construit au bord du Segura ; près de là, le barrage de Cenejo.

2 — Cehegín *(6,5 km E. ;* 14535 hab., alt. 571 m). — Son site fut habité dès 2400 av. J.-C. A visiter l'église de Santa Maria Magdalena (herrerienne, XVIᵉ s., monument national), l'église de la Concepción (XVᵉ s., charpente mudéjar, beaux artesonados polychromes), l'église del Sto Cristo (XVᵉ s., Renaissance), le couvent de San Esteban (baroque murcien, XVIIᵉ s.).
Depuis la **plaza de la Constitución** et le **mirador du Paseo de la Concepción,** magnifique panorama sur le paysage naturel de la Vega (pinèdes et vergers). Vous pourrez admirer la **Hoya de Don Gil, el Coto Real, el Refugion,** et les mines à ciel ouvert de **Gilico.**

Cardona

Barcelone, 91 km. — Manresa, 32 km. — Solsona, 20 km.
Alt. 750 m. — 5226 hab. — Province de Barcelone (Catalogne).

Cette ville industrielle, de la comarca de Bages, dominée par une imposante citadelle, s'est élevée dans un méandre du Cardoner qu'enjambe un pont du XVe s. Elle conserve en partie ses remparts édifiés du XIe au XVIIIe s.

Le **château** médiéval des comtes de Cardona, reconstruit au XVIIIe s., est aujourd'hui partiellement transformé en parador national. Dans l'enceinte du château se dresse l'**église Sant Vicenç★** *(pour visiter s'adresser de 10 h à 13 h 30 à l'office du tourisme),* ancienne collégiale (1019-1040) de style roman lombard : l'étagement des masses, le rythme des arcatures et des fenêtres aveugles qui décorent le chevet, l'éclairage de la nef centrale, l'utilisation conjuguée de plusieurs types de voûtes et la présence d'une crypte en font un superbe exemple d'architecture romane primitive. **Chapelle** érigée sur le lieu où mourut Sant Ramon Nonat (1204-1240), un moment chargé de racheter les captifs chrétiens détenus en Afrique du Nord.

En ville, l'**église paroissiale**, de style ogival du XIVe s., renferme une sculpture de la Vierge, en pierre, rapportée de Marseille en 1432 par Ramon Folc II de Cardona après la conquête de cette ville.

La visite du **musée du Sel** *(4, carrer Pompeu Fabra ; ouv. sam. et dim. de 10 h à 14 h)* peut servir de préambule à une excursion à **la Muntanya de Sal** (→ ci-dessous).

Environs. 1 — Solsona *(20 km N.-O. par la C 1410 ; →).*

2 — La Muntanya de Sal *(2 km S.-O. par C 1410 en direction de Manresa).* — Montagne de sel que le géographe grec Strabon signalait déjà au Ier s. av. J.-C. Curiosité naturelle, ce gisement de sel gemme mêlé à des plaques d'argile et à des oxydes de fer se présente sous la forme d'une masse glauque et vitreuse, étincelant sous le soleil. Il mesure 80 m de haut et 5 km de circonférence à la base ; on estime sa masse à environ 500 millions de tonnes. Des grottes naturelles sont tapissées de stalactites, d'une blancheur immaculée aux formes étranges *(visite sur autorisation).*

Cariñena★

Calatayud, 50 km. — Caspe, 113 km. — Daroca, 36 km. — Saragosse, 47 km.
Alt. 591 m. — 2932 hab. — Province de Saragosse (Aragon).

Ancien bourg fortifié et centre vinicole qui produit quelques vins rouges très estimés, riches en alcool, sous l'appellation contrôlée Campo de Cariñena.

Visite de la ville

De ses murailles, le village conserve une tour du XIVe s. L'**église** paroissiale **de la Asunción**, édifice baroque des XVIIe-XVIIIe s., est érigée en brique sur un soubassement en pierre. La nef principale est couverte d'une voûte à lunettes. A remarquer plus particulièrement : le **baldaquin** du maître-autel (1740) et le **retable** du transept g. (XVIᵉ s.) représentant la Virgen del Rosario. L'**église du Cristo de Santiago** est une œuvre de transition entre le roman et le gothique du XIIIᵉ s. La **casa Consistorial** est un bâtiment Renaissance du XVIᵉ s., remanié au XVIIᵉ s.

Environs

1 — Calatayud *(50 km O. ; par la C 221 ; →).*

2 — La Almunia de Doña Godina *(20 km N.-O. par la C 220).* — Le bourg offre un bel ensemble urbain de la Renaissance, avec ses maisons seigneuriales, la **casa Consistorial** (unique en Aragon pour ses deux étages de galeries ouvertes) et la maison qui servit de résidence aux commandeurs de l'ordre de Saint-Jean, de style gothique et renaissant aujourd'hui en phase de restauration pour une maison de la culture. L'**église** paroissiale, de style baroque néo-classique (XVIIIᵉ s.), à grande façade et à coupole. Le **temple médiéval** conserve sa tour de style mudéjar. Le **musée** présente le buste reliquaire en argent de **Santa Pantaria** (XVIᵉ s.) est intéressant.
➡ Près de la route de Calatorao se trouve l'**ermitage de la Vierge de Cabañas**, manifestation d'art roman peu fréquente dans cette région revalorisée grâce à ses peintures murales, ses sépulcres, son chœur mudéjar, et ses fonts baptismaux romans.

3 — Muel* *(22 km N. ; par la N 330 en direction de Saragosse).* — En 1048, les premiers azulejos de Muel apparaissent à Saragosse sur l'ordre d'Aben-Tafa. Des documents du XVᵉ s. nous parlent de la renommée de cette industrie. Les artisans morisques réalisent les azulejos destinés à la décoration des églises mudéjares d'Aragon. Vers 1580, l'occupation exclusive des habitants de Muel est la poterie. Avec l'expulsion des morisques, elle subit un dur coup dont elle ne se remet qu'en 1964, date à laquelle un groupe d'artisans enthousiastes essayent de reproduire les techniques artisanales des morisques. Il existe actuellement une école-atelier qui dépend de la Diputación Provincial de Saragosse.
Église paroissiale de **San Cristóbal** (XVIIIᵉ s.) et de **San Miguel** (XVIIIᵉ s.). **Ermitage de la Virgen de la Fuente** : les pendentifs de la coupole sont décorés de fresques de Goya. Le soubassement représente des fleurs, des anges (céramique de Muel). Importants vestiges d'édifices romains ; prise d'eau d'origine romaine sur le río Huerva.

4 — Fuendetodos *(24 km E. ; par la C 221 en direction de Caspe ; 328 hab.).* — Ville natale de Francisco Goya (1746-1828). Jusqu'en 1913, le village n'eut pas conscience de l'importance de l'événement. Cette année-là, le peintre Ignacio Zuolaga inaugura une stèle commémorative sur laquelle on peut lire : « Dans cette humble maison naquit, pour l'honneur de la patrie et le miracle de l'art, Francisco de Goya y Lucientes. » On doit la décoration de la stèle au sculpteur Dionisio Lasuén. On inscrivit 31 mars par erreur, au lieu de 30, véritable jour de naissance de l'artiste. Cette maison appartenait à la famille de la mère de Goya, Gracia Lucientes. Actuellement, une fondation, en collaboration avec les héritiers de Goya et la Diputación Provincial, se charge de la restauration et de l'entretien de l'édifice, une construction typiquement villageoise, en pierre brute. La cuisine est de style aragonais. En 1978, on plaça face à la façade principale un buste de Goya, œuvre de Gonzalvo.

5 — Belchite *(44 km E. par la C 221 ; 1 682 hab. ; alt. 447 m).* — L'ancienne Beligio, d'origine ibère, détruite pendant la dernière guerre civile. Une nouvelle agglomération a été bâtie à côté de l'ancienne qui a gardé un aspect fantomatique. Les **ruines de la collégiale San Martín** ne manquent pas d'impressionner ; on peut voir encore les restes de décoration mudéjare. Aux alentours de Belchite se déroula, en

228 av. J.-C., une bataille entre les Carthaginois ; Hamilcar Barca, le père d'Hannibal y fut vaincu et tué ; le général Suchet y battit les Espagnols le 18 juin 1809.

6 — Azaila *(67 km E. ; 293 hab. ; alt. 240 m).* — Village perché sur une colline, près des ruines d'une cité ibère (Cabezo de Alcalá) fondée vers la fin du IIIe s av. J.-C. sur le site d'une nécropole celtique et probablement détruite lors des guerres entre Sertorius et Metellus, entre 78 et 74 av. J.-C. ; acropole entourée d'un profond fossé, petite enceinte supérieure, rues dallées, temples et maisons réduites aux fondations (ne devrait guère intéresser que les passionnés d'archéologie). On y mit au jour une importante quantité de céramiques d'époque romaine dispersées actuellement dans les musées de Teruel et de Saragosse, et le musée archéologique national.

➛ Albalete del Arzobispo *(25 km ; prendre à dr. la N232 en direction d'Alcañiz, bifurquer à dr. à Híjar).* — Accroché sur les pentes d'une colline, le centre urbain conserve sa structure arabe. L'église paroissiale de la Asunción, de style gothique et Renaissance, est bâtie au XIVe s. ; son clocher mudéjar, composé de six corps est érigé en 1589. Le château, édifié au XIVe s. en style gothique, ne conserve que la salle capitulaire. Ville natale du peintre Juan Jose Garate (1870-1939).
Fêtes : le jeudi saint à minuit, tamborada (tambours et tambourins) vingt-quatre heures sans discontinuer.
Dans les environs, d'importantes fouilles archéologiques ont été entreprises : au barranco (précipice) de la Hoz, aux cabero (butte) Valdoria, cabero Cantalobos et cabero de los Abejos.

➛ Muniesa *(30 km S. d'Albalete ; bifurquer à dr. à Oliete).* — Le centre urbain présente un mélange de détails mudéjars et Renaissance. L'église (XVIe-XVIIe s.) veillée par un clocher mudéjar, est construite en briques sur un soubassement en pierres de taille. Elle est ornée d'entrelacs, de losanges et de franges d'azulejos.

➛ Alacon, paradis de peintures dispersées dans différents abris et barrancos (précipices) : barranco del Mortero, abrigos Trepadores, Ahumado, Borriquillos, Recolectores, cueva Hipólito (grotte). Dans le Cerro Felio : abrigos del Gamoso (hommes, arcs et flèches), frontón de los Cápridos, Eudoviges (taureaux rouges) Tio Mora (stylisations humaines).

7 — Escatrón *(87 km E.).* — Église baroque du XVIIe s. (retable en albâtre du début du XVIIe s.) ; sur l'autre rive de l'Ebre (passage en bac), le **monastère de Rueda*** fondé en 1182 par Alphonse II, abandonné en 1835, est un bel ensemble d'art médiéval avec son **église** du XIIIe s., son **cloître** gothique à fenêtres géminées et chapiteaux sculptés, sur lequel s'ouvrent la **salle capitulaire** et un grand **réfectoire** dans le style de transition du roman au gothique, une cuisine et une bibliothèque ; le **palais des abbés**, à façade néo-classique, date de 1610.
Fêtes : le 5 fév., procession des pains bénits avec défilés de costumes typiques.

8 — Caspe *(116 km E. ; ➛).*

Carmona**

Écija, 54 km. — Séville, 38 km.
Alt. 428 m. — 23000 hab. — Province de Séville (Andalousie).

Au flanc des vegas du Guadaira et du Carbones, Carmona est considérée comme le jardin et le grenier de l'Andalousie.
Colonie carthaginoise, important municipe romain en 206 av. J.-C. Karmuna des Arabes à partir de 712, reconquise enfin en 1247 par Rodrigo González Girón au nom de Fernando III, elle réunit le charme oriental et la fantaisie baroque. Les ruelles blanches, les jardins secrets

bordés de hauts murs, les patios fleuris voisinent avec les palais et les couvents qui s'élevèrent aux XVIIe et XVIIIe s.

Fêtes. — Feria de mayo (19-22 mai) ; romería à la Virgen de Gracia (8 sept.).

Visite de la ville

Pour visiter la ville (une demi-journée), garez votre voiture sur la place centrale, au centre d'un faubourg extra-muros lors de la traversée de l'agglomération par la route de Cordoue-Séville.

Sur le côté g. de cette place (quand on va de Cordoue à Séville), **couvent de la Concepción**, fondé au début du XVIe s., dont l'église, de style mudéjar, renferme un **retable** principal baroque du XVIIIe s., avec des statues de la fin du XVIIe s.

En prenant en direction de Cordoue dans la rue principale, vous atteindrez l'**église San Pedro** (XVe s.), à l'élégant clocher connu sous le nom de Giraldilla, car il rappelle la prestigieuse tour de la cathédrale de Séville ; à l'intérieur, remanié en style baroque, **chapelle del Sagrario** *(à dr. en entrant)*, fastueusement décorée dans le style baroque sévillan de la fin du XVIIIe s. ; dans la chapelle, à dr. du maître-autel, **fonts baptismaux en céramique verte**, spécialité des potiers andalous du XVe au XVIIIe s. (ceux-ci datent de 1500 environ).

Presque en face de l'église se trouve la **porte de Séville**, dont le gros œuvre est romain ; très remaniée par les Almohades, elle était autrefois défendue par un château ou alcázar de abajo, érigé par les Arabes, mais restauré au XVIIIe s. ; il en subsiste une aile, à g., avec un charmant patio dominé par une tour sur des fondations romaines.

Au-delà de la porte, à g., **église San Bartolomé** (dans la calle de los Oficiales), d'origine médiévale, mais restaurée aux XVIIe et XVIIIe s. (dans la chapelle à g. du maître-autel, azulejos de 1577).

Au carrefour suivant (en Y), prenez à dr. vers l'**église San Felipe**, l'un des plus beaux sanctuaires andalous de style mudéjar (remarquable **plafond artesonado***). De là, suivre la calle del Arquillo de San Felipe, à g., qui mène à l'**église San Salvador**, construction de style baroque de la Compagnie de Jésus qui la fit élever à partir de 1605 pour la terminer en 1720 (à l'intérieur, monumental **retable** churrigueresque du XVIIIe s. ; derrière l'autel de Santo Tomás, retable peint du début du XVIe s.).

A g., la calle del Salvador mène à l'**ayuntamiento** (dans la cour, pavement de mosaïque d'époque romaine), bâtiment du XVIIIe s., et la **plaza de San Fernando** ou **plaza Mayor**, bordée de quelques demeures mudéjares et Renaissance (notamment l'ancien cabildo ou hôtel de ville, au no 3).

Suivre ensuite la calle de Martín López *(à dr. sur la place quand on l'atteint par la calle del Salvador)*. A g., le **palais de los Aguilar** est l'un des plus beaux spécimens de l'architecture civile baroque de Carmona (fin du XVIIe s.). En face, **palais de los Rueda**, baroque, doté d'un admirable patio.

Immédiatement après, l'**église Santa María***, construite par l'architecte de la cathédrale de Séville, possède un **patio de los Naranjos** (cour des Orangers) où l'on peut voir, sur le fût d'une colonne, un **calendrier wisigothique**, datant probablement du milieu du VIe s. L'église, construite à partir de 1428, fut achevée en 1518, mais fut immédiatement remaniée en style Renaissance, de 1525 à 1551 et, plus tardivement, en style baroque.

A l'intérieur, monumental **retable plateresque*** (1559), par Nufro de Ortega et Juan Bautista Vásquez l'Ancien. Dans la première chapelle du bas-côté g., retable avec trois tableaux peints du XVᵉ s., œuvre de primitifs sévillans ; de ce même côté, dans la **capilla del Cristo de los Martirios, retable** sculpté probablement par des artistes flamands vers 1500 (grille plateresque de 1537). Dans le chœur, stalles en bois sculpté du XVIIIᵉ s. ; à la partie postérieure du chœur, retable peint, consacré à saint Pierre (fin du XVIᵉ s.).
Dans la chapelle, à dr. de la Capilla Mayor, tableau peint de la fin du XVᵉ s. Dans le bas-côté dr., **capilla de San José y San Bartolomé**, fermée par une grille plateresque du milieu du XVIᵉ s., avec trois **retables**, dont celui de g. comporte des tableaux peints du milieu du XVIᵉ s., parfois attribués à Pieter de Kempeneer. Dans la dernière chapelle, **retable principal**, sculpté vers 1580 par Gaspar del Aguila.
Dans la **Sacristía Mayor**, tableaux, trésor d'orfèvrerie religieuse, dont une custode processionnelle, œuvre de Francisco Alfaro (1579-1584), etc.

Au chevet de Santa María, à g. à l'entrée de la calle de San Ildefonso, **palais del Marqués de las Torres**, d'architecture baroque du XVIIIᵉ s.
Sur la petite place le long de l'église Santa María, le **couvent de las Descalzas**, fondé en 1629, comporte une église baroque (1718), avec un grand retable sculpté, de même style (milieu du XVIIIᵉ s.).
Par la calle de Santa María de Gracia qui débouche sur cette place entre le couvent et l'église, vous atteindrez le **couvent de Santa Clara**, fondé en 1460 ; l'**église mudéjare**, décorée intérieurement en style baroque, en 1664, date de la mort de Zurbarán, ce qui rend très problématique l'attribution à l'illustre peintre de la totalité des **tableaux*** encastrés dans le décor de plâtre sculpté des murs de la nef, sur deux registres superposés.

L'intérêt majeur de ces peintures, de valeur très inégale, qui représentent des saintes comparables à la série du musée des Beaux-Arts de Séville, est de nous restituer intacte la conception de Zurbarán en matière de décoration picturale des sanctuaires conventuels. La majeure partie des tableaux du retable principal, peint en 1653 par Valdés Leal, est aujourd'hui au musée des Beaux-Arts de Séville.

Au-delà, le **campanile de la Caridad** est une gracieuse structure de style baroque sévillan contigu au couvent (en clôture). En continuant dans la même artère, vous parviendrez à la **porte de Cordoue**, également d'origine romaine, s'ouvrant entre deux tours octogonales almohades reliées par un petit arc de triomphe baroque, du temps de Charles III.
En revenant sur vos pas pour tourner à g. dans la calle de Calatrava, vous passerez devant l'**église Santiago**, du XIVᵉ s., mais amplement remaniée au XVIIIᵉ s., avant d'accéder *(prendre dans la 2ᵉ rue à g. ou calle de San Marcos après l'église)* à l'**alcázar de arriba** ou **alcázar del Rey Don Pedro**, sur le site de l'acropole antique, construction almohade remaniée après la Reconquête. Ce château comporte deux enceintes prenant appui contre le front oriental de la muraille urbaine et renforcée de tours rondes et carrées dont certaines sont assez bien conservées.
De là, revenez par les rues de San José et de San Ildefonso où vous retrouverez l'itinéraire suivi à l'aller près de l'église de Santa María. *(Au-delà de la plaza Mayor, continuez dans la même direction pour redescendre à la puerta de Sevilla.)*

Ayant repris votre voiture, vous ferez un dernier arrêt, à la sortie de la ville, pour visiter *(à dr.)* une **nécropole romaine*** où furent mises au jour plus de neuf cents tombes du IIe s. av. J.-C. au IVe s. de notre ère. Elle s'étendait le long d'une chaussée qui conduisait à Italica, près de Séville.

Visite : de 10 h à 14 h et de 16 h à 18 h en juin sept., ou de 9 h à 13 h et de 15 h à 18 h en oct.-mai ; f. les dim., lun. et j. fériés ; accès payant.

Près d'une autre carrière se trouve la grande **tombe de Servilia***, hypogée très représentatif des grandes chambres funéraires collectives de cette nécropole, excavées dans le roc, accessibles par un étroit escalier, avec des niches réservées aux serviteurs de la famille, ou par un puits rectangulaire.

Dans les parois se trouvent des niches où étaient disposées les urnes cinéraires. Ces parois conservent parfois leur enduit de plâtre recouvert de peintures où apparaissent des guirlandes et des couronnes de fleurs, de feuillage, de fruits, des oiseaux, etc.
A l'extérieur de la tombe, à proximité, se situe la fosse à incinérer. Il y a aussi des fosses d'inhumation rectangulaires et des tombes mixtes avec fosse centrale circulaire pour un squelette, et, autour, des niches à urnes cinéraires.

Outre la tombe de Servilia, les plus remarquables monuments de la nécropole sont, derrière le musée, le **triclinium de l'éléphant** *(à dr.),* avec un lit tripartite pour la célébration des banquets funéraires, et le **colombarium-triclinium** *(juste derrière le musée).* Au-delà, site de l'amphithéâtre.
Le **musée** renferme les collections archéologiques découvertes lors des fouilles (verrerie, inscriptions, urnes cinéraires, fragments de peintures murales, sculptures, etc.).
Le long de l'ancienne chaussée romaine on peut encore voir la tombe aux quatre colonnes, avec une cour à ciel ouvert, et la tombe de Prepusa.

◆► Fuentes de Andalucia *(32 km O. ; au km 26 de la N IV, prendre à dr. ;* 7 471 hab. ; alt. 183 m). — Ville agricole située près de l'ancienne vía Augusta romaine. Son développement date des plans de Charles III. Du **château arabe**, il reste les murs et 4 tours ainsi que les vestiges d'une citerne. L'**église** baroque de **Santa María de las Nieves**, à 5 nefs, conserve de nombreux retables du même style (azulejos du XVIe s. dans la capilla de la Virgen de Lurdes). Dans l'**église San José**, appartenant à un couvent, magnifique **retable*** où l'on peut voir une statue de Juan de Mesa. L'**église de l'hôpital San Sebastián** possède de beaux portails baroques du XVIIIe s. Nombreuses maisons nobles baroques.
Fêtes : San Sebastián (20 janv.) ; feria (27-29 août).

Carrascosa del Campo

Cuenca, 57 km. — Madrid, 107 km. — Tarancón, 26 km.
Alt. 898 m. — 135 hab. — Province de Cuenca (Castille-La Manche).

Vous pourrez y voir une église des XVe et XVIe s., à l'aspect de forteresse, dominée par un clocher trapu. L'intérieur renferme un retable du XVIe s.

Environs. 1 — Huete *(13,5 km N. par la C 202 ;* 2 630 hab., alt. 833 m). — Ville qui fit partie de la dot de la fille du roi maure de Séville lorsqu'elle épousa Alphonse VI de Castille. **Église San Esteban**, à côté de l'ancien palais épiscopal ; à la sortie par la route de Cañaveras (et de Sacedón), à g., ruines de l'**église Santa María de Castejón**, du XVIe s., avec un beau portail Renaissance de 1576. Dans l'église de Santo Domingo, gisant de Andrés González de Monterroso, noble du XVe s. Ayuntamiento et maisons seigneuriales du XVIIe s. A Huete, on découvrit une poterie zoomorphe en forme de taureau, devenue le symbole archéologique de Cuenca. La pièce qui date du IVe av. J.-C. continue d'inspirer les artisans d'aujourd'hui.

Fêtes : San Juan (24 juin) : danses traditionnelles ; Danzas del Diable (mi-mai) : déguisements de couleurs vives.

2 — Segobriga *(20 km S.).* — Site romain surtout intéressant pour les passionnés d'archéologie. Le site, très vaste, comprend un théâtre, avec orchestra taillée dans le roc, bâtiment de scène très ruiné et cavea ou ensemble des gradins assez bien conservée. A *100 m,* restes de l'amphithéâtre dont la presque totalité des gradins a disparu. On y a découvert aussi les ruines d'une église wisigothique, du Ve ou du début du VIe s.

3 — Uclés* *(13 km S.-O. par la CU 701 ; 501 hab., alt. 1 020 m).* — Elle est célèbre pour son **monastère*** érigé du XVIe au XVIIIe s. Entre 1530 et 1550, on construisit, sur les plans de Francisco de Luna, toute la partie plateresque du couvent, c'est-à-dire la façade du côté de la ville et les annexes, une partie de l'abside de l'église, la sacristie, etc. Au XVIIe s. furent ajoutés la majeure partie du patio, à la noble architecture herrerienne, par Francisco de Mora, et le reste de l'église. Dans la 1re moitié du XVIIIe s. fut bâtie l'aile S. du patio, avec une porte d'accès (1735) de style baroque par laquelle vous entrerez.

A partir du **patio*,** vous visiterez l'église ; au coro alto, tableau de saint Jacques à la bataille de Clavijo, pièce détachée d'un retable par Francisco Rizi, peintre de cour de Philippe IV et de Charles III ; sacristie de styles gothique et plateresque ; sous l'église, panthéon des évêques, accessible par un escalier en colimaçon du XVIe s., où reposent également l'infante doña Urraca et le poète Jorge Manrique († 1478). Le réfectoire est surtout remarquable pour son magnifique **plafond*** à caissons ornés de rosaces ou de médaillons représentant, en buste, Charles Quint et les 36 grands maîtres de l'ordre de Saint-Jacques jusqu'en 1548, date d'exécution de cet admirable travail d'ébénisterie.

Carrión de los Condes

Burgos, 83 km. — Palencia, 40 km. — Santander, 182 km.
Alt. 839 m. — 2 810 hab. — Province de Palencia (Castille-León).

Ce bourg, étape importante sur la route du pèlerinage de Saint-Jacques-de-Compostelle, eut un passé glorieux. Il conserve de magnifiques exemples de l'art roman, comme l'église de Santiago et le monastère de San Zoilo.

La vengeance du Cid. — Selon la légende, les comtes de Carrión, fortement intéressés par la dot des filles du Cid Campeador, se marièrent avec celles-ci à Valence. En route vers la ville, les comtes firent subir mille outrages à leurs jeunes épouses, et les abandonnèrent sans plus de considérations, au bord du chemin. Le Cid apprenant la mésaventure de ses héritières, envoya, pour venger son honneur, ses fidèles chevaliers qui exécutèrent les félons. Par la suite, les filles du Cid épousèrent de nobles et illustres seigneurs d'Aragon et de Navarre qui leur firent oublier leurs avanies passées.

L'**église Santa María del Camino*** est une belle construction romane du XIIe s., remaniée au XVIIe s. ; **façade** sculptée (aux piliers du portail, têtes de taureaux, allusion à une légende médiévale relatant comment des taureaux auraient dispersé une troupe de Maures qui emmenaient des captives chrétiennes) ; à l'intérieur, grand retable de style churrigueresque et tombeaux. L'**église Santiago**, du XIIᵉ s., présente en façade une **frise*** sculptée romane qui rappelle les sculptures de l'église de Moarves de Ojeda. A la sortie O. du bourg, par la route de Cervatos, vous pourrez voir le **monastère bénédictin de San Zoilo** (XIᵉ s.), reconstruit au XVIᵉ s. Le **cloître** est gothique, avec des motifs ornementaux de style Renaissance ; on peut y trouver des reliefs de l'Ancien et du Nouveau Testament. Dans l'**église**, sépulcres des comtes de Carrión, tombeau de la fondatrice, doña Teresa de León.

Environs. 1 — Pedrosa de la Vega* *(21 km N.-O. par la C 615 en direction de Guardo ; au km 19, prendre à g.).* — Cette **cité romaine** du IIIᵉ s. *(propriété privée, entrée payante)*, découverte en 1968, mérite un détour. Elle possède une splendide **collection de mosaïques**, unique en son genre. Dans la salle Œcus, Achille à Skyros, avec douze personnages grandeur nature, ornée de portraits et de dessins d'animaux ; scènes de chasse, très bien conservées. Dans d'autres salles, figures géométriques aux couleurs vives et parfaitement assemblées ; cette villa romaine, dont les excavations sont encore en cours, est loin d'être définitivement restaurée.

2 — Saldaña *(23 km N.-O. par la C 615).* — C'est dans son château, maintenant en ruine, que mourut la reine doña Urraca. **Église** gothique **San Pedro** (XVᵉ s.). Dans le **musée archéologique**, collection d'objets et ustensiles de l'époque romaine, provenant des fouilles de la région.
➜ A *2 km N.* par la route de Guardo, **sanctuaire de Nuestra Señora del Valle** (Vierge byzantine du VIIIᵉ s.).

3 — Nogal de las Huertas *(7 km N. ; sortir par la N 120 en direction de Burgos ; prendre tout de suite la route à g.).* — Ruines du **monastère de San Salvador**, du XIIᵉ s.

4 — Villalcázar de Sirga *(7 km S.-E. en direction de Frómista).* — Dans l'**église Santa María la Blanca*** (XIIIᵉ s.), ancienne commanderie des Templiers, **statue de la Vierge**, célèbre, à l'époque des pèlerinages, pour les miracles qu'on lui attribuait ; **retable** peint (XVIᵉ s.) et, dans le transept dr., trois **gisants*** en albâtre de l'infant Philippe, fils de Ferdinand III, de son épouse, doña Leonor de Castro et d'un chevalier inconnu.

5 — Frómista *(20 km S.-E. ; →).*

Carthagène (Cartagena)

Alicante, 110 km. — Madrid, 444 km. — Murcie, 49 km.
172 755 hab. — Province de Murcie.

Remarquablement située au fond d'une rade encadrée de collines, Carthagène est le port militaire espagnol le plus important de la Méditerranée. C'est aussi un port de commerce parmi les plus actifs d'Espagne (il exporte les produits miniers de l'arrière-pays). Carthagène bénéficie d'un climat préafricain et d'une animation typiquement méditerranéenne.

La ville dans l'histoire. — Carthagène est fondée sous le nom de Mastie par une tribu ibère. Conquise en 223 av. J.-C. par les Carthaginois, elle est baptisée Carthago Nova, la Nouvelle Carthage. Elle passe ensuite sous la domination romaine (210 av. J.-C.). Puis viennent les Arabes qui installent les premiers chantiers navals et développent l'agriculture. Elle devient le siège d'une principauté indépendante

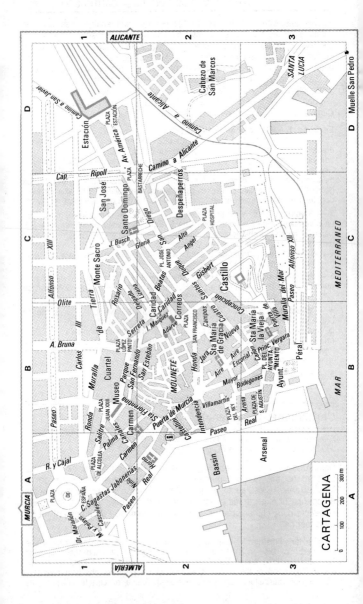

CARTAGENA

MURCIA
ALICANTE
ALMERÍA

0 100 200 300 m

MEDITERRANEO

MAR

Muelle San Pedro

SANTA LUCÍA

Cabezo de San Marcos

Camino a Alicante

Estación
PLAZA ESTACIÓN
Av. América
Camino a San Javier

Cap. Ripoll
PLAZA BASTARRECHE
Despeñaperros
PLAZA HOSPITAL

San José
Santo Domingo
Diego

XIII
J. Busch
Gloria
Alto
Ángel

Alfonso
Monte Sacro
Rosario
Delgado
PL. JOSÉ SAN ANTONIO
Duque
Gisbert
Castillo

Olite
Tierra
Licinia
Beatas
Santos
Concepción
Paseo Alfonso XIII

A. Bruna
Serreta
Caridad
J. Márquez
Correos
PLAZA SAN FRANCISCO
Campos
Sta María
Muralla del Mar
Puerta de la Villa

Carlos III
Muralla
Cuartel
Parque
San Esteban
MOLINETE
Honda
Jara
Sta María de Gracia
Cuatro Sta Vieja
Nueva
Aire
Escorial
PL. PRINC. Vergara
Péral

Ronda
Saltre
Palmas
Cañales
Carmen
Museo
San Fernando
Sta Florentina
Puerta de Murcia
Villamartín
Aire
Mayor
Cañón
AYUNTAMIENTO
PL. DE
Ayunt.

PLAZA JUAN XXIII

R. y Cajal
PLAZA DE ALCOLEA
Sagastas Jabonerías
Real
Horno
Intendencia
Castellini
PLAZA DE S. AGUSTÍN
Bodegones
Arena
Real
Bassin

Dr. Marañón
M. Payán
Cascales
PLAZA ESPAÑA
C. ESPAÑA
DE
Paseo
Carmen

Arsenal

Paseo

jusqu'à la Reconquête en 1242 sous le roi Ferdinand III de Castille, mais les Maures la reprennent et la conservent encore 22 ans.

En 1570, le roi Philippe II fait fortifier ses collines et, en 1777, Charles III fonde l'arsenal.

En 1936, la flotte de Carthagène se rallie aux gouvernementaux, mais, la plupart des officiers ayant été exécutés, elle ne peut empêcher le passage des troupes d'Afrique du général Franco.

L'activité économique. — Toute l'importance industrielle de Carthagène est due à ses mines situées dans le massif montagneux qui s'étend entre la ville et la mar Menor ainsi qu'à l'E. dans la sierra del Algarrobo. Exploitées du temps de l'occupation carthaginoise, elles alimentaient en argent un hôtel des monnaies installé à Carthagène. Ce sont d'épaisses couches d'oxyde de fer qui recouvrent des filons de minerais de plomb argentifère et de zinc.

Les chantiers navals emploient une part importante de la population active de Carthagène ; on y construit surtout des bâtiments militaires. Le faubourg de Santa Lucia *(plan D3)* possède de nombreuses fonderies de plomb et de cuivre, ainsi que des fours de calcination pour les minerais.

L'activité agricole s'étend sur tout le campo de Carthagène : plaines qui vont de la côte aux collines de Murcie, balayées par les vents. On y remarque de nombreux moulins à vent qui permettaient de puiser l'eau nécessaire à la vie agricole. Actuellement les travaux d'irrigation du canal Tajo-Segura tendent à une meilleure exploitation des terres.

Fêtes. — La semaine sainte est empreinte de solennité. Les processions, sans doute marquées par le caractère militaire de la ville, se déroulent dans l'ordre et la discipline et contrastent avec l'ambiance joyeuse et désordonnée qui règne dans toute la province. La richesse et la variété des tuniques, des manteaux brodés des statues, la splendeur des sculptures sur bois doré et l'argent des pasos (chars de procession) ajoutent à la solennité des cérémonies. Deux confréries se disputent le succès de ces processions : les Marrajos, confrérie créée en 1445 par la corporation des pêcheurs, et celle des Californios, fondée en 1747 par des émigrants venus de Californie.

Visite de la ville

La visite de la ville peut occuper toute une journée si vous voulez goûter à l'atmosphère pittoresque des vieux quartiers. L'esplanade située près du port est un parking idéal.

Les rues piétonnières favorisent le commerce de la ville. Dans les ruelles situées de part et d'autre de la calle Mayor on trouve de nombreuses boutiques de confection ainsi que des bars-tasca où l'on vous sert les vins locaux, les spécialités de charcuteries et les poissons à manger sur le pouce. A noter le vin du campo de Carthagène (16-18°) d'une couleur dorée peu courante. En été, des kiosques servent des spécialités : granizados au citron, lait d'orgeat glacé et tout un éventail de glaces.

Tout à côté de la **plaza del Caudillo** *(plan B3),* **monument aux morts de Cavite** (combattants morts lors de la guerre de Cuba en 1898). A l'autre extrémité de la place, **l'ayuntiamento** est une construction moderniste (1907). Tout près de là, l'**église Santa María la Vieja** *(plan B3),* romane et gothique, a été élevée au XIIIe s. à l'emplacement, selon la tradition, de la première basilique d'Espagne (restes de mosaïques romaines dans la crypte, colonnes romaines provenant du cirque).

Face à l'ayuntiamento, prendre une rue qui monte pour arriver à la muraille construite sous Charles III. De la **muralla del Mar**, vous dominerez le port naturel de Carthagène et les chantiers navals. Un peu plus haut, au sommet de la colline se trouve le **parc Torres** *(plan C2)* ; aujourd'hui en ruine, il fut construit par Henri III de Castille à la fin du XIVᵉ s.

En redescendant prenez à gauche la calle Gisbert puis la calle de la Caritad qui porte le nom de la patronne de la ville. L'**église de la Caritad** abrite des sculptures de Salzillo ainsi que des tableaux attribués à Ribera. La **plaza San Francisco** est un lieu de détente agréable avec ses arbres séculaires. Des rues piétonnières y débouchent (Honda, San Miguel). A deux pas, dans la calle del Aire l'**église de Santa María de Gracia** a été commencée au XVIIᵉ s. et achevée au XVIIIᵉ s. *(plan B2)* : sculptures de Salzillo représentant les quatre saints de Carthagène (Isidore, Florentine, Léandre, Fulgence) dont on vénère les reliques. Dans la chapelle de la confrérie des Californios on peut admirer les statues (pasos) de Mariono Benlliure que l'on porte en procession pendant la semaine sainte. A proximité, la calle Mayor, artère principale de la vieille ville, vous ramènera directement au port.

■ Le **musée archéologique** *(plan B1 ; ouv. en sem. de 10 h à 13 h et de 16 h à 18 h ; sam. et dim. de 10 h à 13 h ; f. le lun.)* est installé dans un ancien marché couvert du XIXᵉ s. Il renferme des collections d'antiquités romaines avec une salle consacrée à l'architecture, une autre à la sculpture (à noter un Hermès copie romaine d'un original grec ?), deux salles d'épigraphie, mais aussi des objets préhistoriques, une salle de céramique de Carthagène du XIXᵉ s., etc.

Environs. 1 — Torre Ciega *(1 km E. par la N332 en direction de La Unión).* — Monument funéraire romain du Iᵉʳ s., cube de 4 m de côté qui sert de sépulture à un membre de la famille Cornelia.

2 — La Unión *(11 km E. par la N332 ; 14 045 hab. ; alt. 98 m).* — Ville industrielle dont les mines de plomb argentifère et de zinc attirèrent Carthaginois et Romains ; elles sont exploitées depuis l'Antiquité et ont profondément modelé le paysage au cours des siècles : collines éventrées, colliers de cheminées abandonnées...
Dans la calle Mayor deux édifices modernistes : la **casa del Peñon** et le **marché couvert**, à structure métallique (de Pedro Cerdán et Victor Beltrí).
Fêtes : au mois d'août se tient le festival del Cante de las Minas, importante manifestation folklorique régionale. Du 6 au 12 oct., fêtes en l'honneur de N.-D. du Rosaire, patronne de la ville : défilés de chars, concerts, feux d'artifice...

Caspe

Alcañiz, 29 km. — Calatayud, 166 km. — Saragosse, 106 km (par Azaila).
8 422 hab. — Province de Saragosse (Aragon).

Petite ville très ancienne au confluent du Guadalope et de l'Ebre, théâtre de la réunion du parlement de la couronne d'Aragon qui vit l'intronisation de la dynastie des Trastamares.

Festivités. — Les fêtes traditionnelles de Caspe se déroulent du 14 au 18 août.

La **plaza Mayor**, de forme circulaire, conserve sur un côté des arcades en arc brisé qui s'élèvent du sol et soutiennent des maisons bâties sur des poutres en bois. La **collégiale Santa María** la Major, de style byzantin et ogival, a été édifiée aux XIIIᵉ-XIVᵉ s. De l'église ruinée de l'**Hospital Santo Domingo** subsistent un portail et un clocher du XVIIIᵉ s. Vous pourrez jeter un œil sur l'**église San Agustín**, érigée en 1617, de style baroque, et le château qui présente des vestiges de fortifications gothiques et un donjon intéressant.

Environs. 1 — Escatrón *(23 km O. ; → Cariñera, environs 7).*
2 — Alcañiz* ¹ *(29 km ; par la C231 ; →).*

Castellón de la Plana[*]

Barcelone, 283 km. — Sagante, 48 km. — Tarragone, 190 km. — Valence, 72 km.
126460 hab. — Capitale de la province de Castellón de la Plana (Communauté valencienne).

Ville moderne située dans le N. du pays valencien, à 4 km de la mer, au creux d'une plaine alluviale fertile (la Plana), Castellón est une des plus riches cités de la Communauté valencienne. Ses monuments, endommagés pendant la guerre civile, ne présentent plus qu'un intérêt limité.

La ville dans l'histoire. — Le castellón primitif était perché sur le petit promontoire de la Magdalena, au pied du Desierto de las Palmas ; des restes ibères et romains, ainsi que les ruines d'un château musulman, ont été mis au jour. L'incommodité de ce lieu élevé poussa les habitants de Castellón à s'établir dans la plaine (de là le nom de Castellón de la Plana). Pendant la guerre carliste, la ville fut protégée par de nouvelles murailles, qui ont dessiné son plan rhomboïdal actuel.

Les fêtes. — Les **fêtes patronale de la Magdalena** sont les plus populaires ; elles se déroulent le troisième dimanche de carême. La veille, tous les villages de la province participent à la **cavalcade du «Prégo»**, long défilé de personnages historiques et typiques. Le dimanche matin, romeria (pèlerinage) traditionnelle à la chapelle de la Magdalena ; le soir, défilé de Gayatas et feux d'artifice.

Visite de la ville

Par la calle Mayor *(parking souterrain à dr.),* dirigez-vous vers la plaza María Agustina, en passant par l'**église San Agustín**, à dr., construite à la fin du XIVᵉ s., mais dévastée en 1936. De la plaza María Agustina, prenez la direction de l'ermitorio Lidón ; vous parviendrez à l'**ermitage de Nª Sª del Llodó** *(2 km),* où l'on vénère une statue de la sainte patronne de Castellón.

En revenant à la plaza María Agustina, vous prendrez la calle San Luís, en tournant à g. pour déboucher sur la plaza de Aulas et, tout de suite, dans la calle Caballeros, où vous pourrez visiter le **musée provincial des beaux-arts** : vous y admirerez des collections de peintures avec des œuvres de Francisco Ribalta (1551-1628 ; le **Triomphe de saint Bruno*** ; **Saint Jérome***), Rodrigo de Osona le Jeune (XVᵉ s. ; 3 tableaux d'un retable du monastère de Valdecristo), du Guerchin **(Marie-Madeleine)**, d'anonymes des XVᵉ-XVIIᵉ s. **(Adoration des bergers**, du XVᵉ s.) de Ribera, Sorolla, Romero de Torres et d'artistes locaux des XIXᵉ et XXᵉ s. Dans le couvent des Capuchinas, voisin, dix tableaux de saints attribués à Zurbarán , mais qui, selon P. Guinard, ne seraient que des répliques d'atelier ou des copies d'originaux perdus *(ouv. de 10 h à 14 h et de 16 h à 18 h ; f. sam. a.-m., dim. et j. fériés).*

De la calle Caballeros, voys arriverez sur la plaza Mayor *(parking),* où se dresse la **torre el Fadrí**, clocher octogonal de la cathédrale, construit au XVIIIᵉ s. à l'imitation du Miguelete de Valence. La **cathédrale Santa María**, de styles gothique et Renaissance des XIVᵉ-XVᵉ s., détruite en 1936, a été reconstruite pierre à pierre. L'**ayuntamiento***, en face, bel édifice de 1698-1716 à façade en pierres de taille, abrite une collection de peintures, dont une œuvre anonyme du XVᵉ s. **(Adoration des bergers)**, divers tableaux de Ribalta, Rodrigo de Osona le Jeune, etc. *(ouv. de 10 h à 13 h).*

Environs.

1 — La **huerta**, dite la Plana, vaste étendue plantée d'orangers, de citronniers ou consacrée à la culture maraîchère, s'étend sur près de 40 km du cap d'Oropesa, au N., jusqu'aux collines d'Almenara, au S., avec une largeur maximale de 12 km. Elle est arrosée par les eaux du río Mijares ; leur répartition est assurée par un tribunal analogue à celui de Valence, qui siège publiquement à Villarreal de Los Infantes.

2 — **El Grao de Castellón** *(4 km) ;* à 16 h chaque jour, curieux spectacle de la rentrée des chalutiers et vente du poisson à la criée. Près du port, belle plage de El Pinar.

3 — **Alcora** *(24 km par la C 332 en direction de Mora de Rubielos ;* 8 336 hab.). — Alcora est célèbre pour son industrie de la céramique. Dès 1749, sous la direction du comte d'Aranda, elle est la première ville d'Espagne à produire de la porcelaine dure. La tradition s'est ainsi poursuivie jusqu'à nos jours. La première fabrique d'azulejos, fondée en 1927, fit concurrence à Moustiers et à la fabrique de Carlos III à El Retiro. Dans l'**ermitage de la Sangre**, sculptures médiévales et un calvaire attribué à Ribalta (**fête** fin août). Visitez les murailles de l'ancien **château d'Alcalatén** avec les portails de la torre del Reloj, de Verdera et de Marco. **Église paroissiale** (xive s.) édifiée sur les restes d'un temple arabe.
➡ **Lucena del Cid** *(7 km ;* 1 819 hab.). — Station balnéaire qui conserve une tour ibère. Belle place à portiques. Dans la crypte de l'église, pièces d'orfèvrerie et retable du xvie s.

4 — **Cabanes** *(29 km par la C 238 en direction de Morella ➡ ;* 2 765 hab.). — **Arco del Pla**, arc romain construit au iie s., à côté de la voie Auguste, au point où celle-ci croisait la chaussée de Vistabella.
➡ **Villafamés*** *(1 km ; déviation à g. après Puebla Tornesa ;* 3 167 hab.). — Village très pittoresque couronné par les ruines d'un château. **Musée d'art contemporain** installé dans le **palais** des Bayle (xvie s.).

5 — **Traiguera** *(53 km par la C 238 en direction de Morella ; prendre à dr. en arrivant sur la N 232 en direction de Vinaroz ;* 1 778 hab.). — Située au milieu des oliviers, la tradition de la céramique. Édifice de l'**ayuntamiento** (xviie s.) ; **église** (xviie s.) à voûte gothique et retable baroque. Dans le trésor, belles pièces d'orfèvrerie gothique. Fontaine dédiée à sant Vincent Ferrer (1611).
➡ A *2 km,* **sanctuaire de la Font de la Salut** (1598) édifié dans une belle **vallée**** qui domine toute la côte. Son pèlerinage, auquel se rendirent les rois de la maison d'Autriche, a lieu le premier dimanche de septembre. Beau trésor.
➡ A *15 km,* en direction de Vinaroz, **Sant Jordi del Maestrat** où vous pourriez admirer un **calvaire** très pittoresque offrant de très belles **vues****.

6 — **Santuario de Nª Sª de Vallivana** *(81 km par la C 238 puis la N 232 en direction de Morella).* — **Église** (1738) à décoration néo-classique et à façade baroque, qui abrite la statue de la Virgen de la Vallivana (xive s.).

7 — **Segorbe** *(44 km par la C 225 puis la N 234 en direction de Teruel ;* 7 803 hab. ; alt. 350 m).— Siège épiscopal depuis l'époque wisigothique, le village possède une **cathédrale** et un **cloître** du xiiie s. A l'intérieur, on remarquera les fresques de la voûte, les stalles et le retable du maître-autel. **Musée de la Cathédrale** avec d'intéressants triptyques et des bas-reliefs. Le **Musée municipal** abrite une importante **collection de peintures de primitifs**** : Vicente Macip, Juan de Juanes, Jacinto Espinosa Ribalta... **Virgen de la Leche**, sculpture en marbre de Donatello, triptyque attribué à Dührer, deux saint de Vicente Lopez *(ouv. aux h. de culte).* Belles œuvres à découvrir dans les églises de la Sangre (Vicente Macip et Pedro Espinosa) et de San Pedro (Vicente Macip). L'**ayuntamiento** (beaux artesonados Renaissances) est l'ancien palais des ducs de Medinacelli.
Ne manquez pas la promenade dans la partie haute de la ville où l'on domine la vega fertile du Palencia (fruits).

Castille-La Manche

Provinces de Albacete, Ciudad Real, Cuenca, Guadalajara, Tolède.

Terre de Don Quichotte, la Castille-La Manche comprend les provinces d'Albacete, de Ciudad Real, de Cuenca, de Guadalajara et de Tolède ; elle représente 16 % du territoire national.

Relief. — Plaine, montagne et eau se mêlent avec bonheur dans cette région où la variété des paysages est très grande. La plaine, immense, s'étend à perte de vue, piquetée de moulins à vent et de petits villages producteurs de vin et de fromage. La montagne présente de grands contrastes. Les sierras, peu élevées, offrent une végétation dense parsemée de petits hameaux et de rivières limpides. L'eau, enfin, est l'élément inopiné dans cette région totalement intérieure : des barrages artificiels ou des lagunes naturelles permettent la pratique du ski nautique ou de la voile aussi aisément que sur la côte.

Le climat. — C'est celui des extrêmes. Les étés sont très chauds et secs, le thermomètre montant jusqu'à 40 ou 45 degrés. Les hivers sont très froids, avec des températures allant jusqu'à — 10 degrés. Les pluies, irrégulières et peu abondantes, prédominent en automne et au printemps.
La terre est très sèche. On peut même dire qu'elle est aride, semi-désertique, quasi steppique. Bien que le pourcentage des terres labourées soit plus grand que le pourcentage national, la prédominance des champs non irrigués sur les terres irriguées est écrasante.

Une économie en déclin. — Le pourcentage de la population employée dans le secteur agricole est proche de 50 % (contre 2,5 % à Madrid). 62,3 % des terres cultivables sont occupées par les céréales dont la productivité est peu élevée car les terres irrigables ne représentent que 5 % de la superficie cultivée et les taux de mécanisation sont bas. Le vignoble et l'olivier occupent des surfaces importantes. L'élevage entre pour 37 % dans la production agricole de la région. Bien qu'il existe de grandes différences régionales quant aux caractéristiques des sols, déficits hydriques, altimétrie (des étendues désertiques face à des vergers établis sur de riches matériaux volcaniques), la structure de la propriété est en général médiocre et l'exploitation extensive. Cette situation provoque un taux de chômage élevé et une forte émigration.
Le faible niveau d'industrialisation est dû au fait que Madrid attire presque toute l'activité de la région. La Castille-La Manche ne représente que 30 % de la production finale nationale.
Le secteur minier, lui, a une importance très réduite ; chaque province apporte à la production finale moins de 2 % du total national, excepté Ciudad Real qui atteint 11,33 %. C'est en effet dans cette province que se trouve le gisement de mercure le plus important du monde (Almadén).

La gastronomie. — Peu connue à l'étranger, la cuisine castillane de la Manche est très variée et très riche. S'il faut souligner une de ses caractéristiques, la sobriété serait peut-être la principale.
On ne manquera pas parmi les entrées : les gazpachos manchegos ou galianos,

soupes froides à l'ail et aux concombres; le tiznao, morue rôtie au feu de bois et bouillie avec une sauce à l'huile d'olive, des tomates, de l'ail, des oignons et du poivron; le pisto, friture de légumes verts dont la composition varie selon chaque province et chaque village; le morteruelo, potage à base de foie broyé avec du gibier désossé et de la chapelure, le tout très épicé; les migas, pain réduit en miettes que l'on mange accompagné de lardons, de croûtons, d'ail et de saucisson au piment (chorizo et longaniza).

Parmi les plats de résistance, vous pourrez déguster : la caldereta, au ragoût de mouton; la perdiz estofada, perdrix à l'étuvée; le lapin a la cazadora (chasseur), à la guardesa (à la gardienne), al ajillo (à l'ail), conejo carbonero (à la charbonnière), conejo en adobo (marinade de lapin), conejo de doncella (du lapin de pucelle); les truites au citron et à la cazuela (terrine); les cailles au chocolat, au four ou au vin.

Vous terminerez par un de ces savoureux desserts : el alhajú, galette au miel, aux amandes et aux noix; les bizcochos borrachos, biscuits au miel; les flores manchegas, beignets en forme de fleurs. Le plus connu des desserts est le mazapán (massepain), gâteau typique de Noël, confectionné à base d'amandes et de miel.

Quant au fromage, le queso manchego (au lait de brebis) est le plus fameux — et le plus vendu — en Espagne.

Parmi les vins, on peut citer ceux d'Almansa, vins rouges de 12 à 15 degrés, secs et peu acides; les vins Mancha : les vins blancs sont pâles, fins, un peu fruités (12-13 degrés), les vins rosés sont brillants, aromatisés et légers (12-13 degrés), les vins rouges ont le parfum du Cencibel; les vins de Méntrida, dont le degré, l'acidité et le goût fruité sont très équilibrés; les vins de Valdepeñas : très connus en Espagne comme vins ordinaires de table, ils sont parfois de qualité très remarquable. Ils accompagnent merveilleusement les plats de Castille-La Manche.

Un artisanat très riche. — La Castille-La Manche possède des productions artisanales universellement renommées, comme les dentelles et les guipures d'Almagro. Dans la province de Tolède, Puente del Arzobispo et Talavera perpétuent la tradition des céramiques vertes et jaunes et bleues et jaunes. Les villages potiers se trouvent surtout dans la province de Cuenca. On n'oubliera pas les fameux couteaux d'Albacete (navajas) travaillés à la main et les objets damasquinés de Tolède. Le damasquinado s'obtient à partir d'une lame de fer doux sur laquelle on passe une lime. On grave ensuite au burin le dessin à réaliser. Le travail le plus délicat consiste à incruster des fils d'or sur le périmètre de la figure. Puis on oxyde le fer par des moyens chimiques afin qu'il prenne une couleur noire qui tranche sur le doré. Au hasard des promenades, vous découvrirez de petits ateliers travaillant le bois, le cuir ou la vannerie.

Pour visiter la Castille-La Manche :

→ Alarcón*
→ Albacete
→ Alcaraz
→ Alcázar de San Juan
→ Almadén
→ Almagro*
→ Almansa
→ Atienza*
→ Belmonte*
→ Carrascosa del Campo
→ Chinchilla de Monte Aragón
→ Cifuentes
→ Ciudad Real
→ Cuenca**

→ Guadalajara
→ Jadraque*
→ Molina de Aragón
→ Ocaña
→ Pastraña*
→ Priego*
→ Puertollano
→ Route de Don Quichotte*
→ Sacedón
→ Sigüenza*
→ Talavera de la Reina
→ Tolède***
→ Valdepeñas

Castille-León

*Provinces d'Ávila, Burgos, León, Palencia,
Salamanque, Ségovie, Soria, Valladolid,
Zamora.*

94 147 km² (22,6 hab./km²), six provinces en Vieille-Castille (Avila, Burgos, Palencia, Ségovie, Soria, Valladolid), trois dans le León (León, Salamanque, Zamora), cette région est une
des contrées les plus dépouillées, les
plus monotones et les moins douces
de climat qu'il y ait en Europe occidentale. « Ce sont des étendues ardentes,
découvertes et vastes, sans feuillages
et sans ruisseaux, des étendues où une
pluie torrentielle de lumière dessine
des ombres épaisses sur d'éblouissan-

tes clartés, noyant les nuances moyennes. Le paysage est découpé,
profilé, presque sans atmosphère, dans un air transparent et fin... Les
terres se présentent comme en une immense plaque de mosaïque
infiniment peu variée, sur laquelle s'étend le bleu très intense du ciel.
Pas de transitions douces, pas d'autre harmonie de continuité que celle
de la plaine immense et de l'azur massif qui la couvre et l'illumine »
(M. de Unamuno, « l'Essence de l'Espagne », trad. M. Bataillon).

Relief. — La région de Castille et León est un énorme plateau encastré entre de
robustes montagnes qui forment ses frontières naturelles et la séparent du reste du
pays. Au N., les horizons des vastes plaines castillanes sont interrompus par la
cordillère Cantabrique, où se situent les Picos de Europa dont les sommets
dépassent souvent 2 500 m.
En suivant les montagnes de la cordillère Ibérique, à l'E., on atteint directement la
frontière méridionale de la Meseta constituée par la cordillère Centrale, véritable
muraille qui sépare la Castille du S. de l'Espagne.
A l'O., les montagnes de León, qui s'étendent d'Astorga à la sierra de la Culebra,
sont beaucoup moins imposantes. Ce n'est qu'au S.-O. que les hautes plaines de
Zamora et de Salamanque se prolongent jusqu'au Portugal par un large couloir,
ouvert entre deux sierras.

Un climat inhospitalier. — La Meseta castillane, d'une altitude moyenne qui va de
700 à 900 m, s'étend autour du bassin du Douro qui la traverse d'E. en O. Séparée
de la mer par une barrière de montagnes, c'est une des régions les plus arides
d'Europe occidentale. Les hivers y sont longs et rigoureux et les étés chauds et
secs ; les printemps pratiquement inexistants, et ce n'est qu'en automne que la
température s'adoucit quelque peu.

Le Bierzo, pays de transition. — Au N.-O., aux confins de la Galice, le Bierzo où
l'influence de la mer est encore sensible, constitue un pays frais, où l'on trouve
encore la végétation de l'Espagne pluvieuse du N. : forêts de hêtres et de chênes,
châtaigniers surtout, lin et maïs, mêlée de plantes plus méridionales comme la vigne
et le figuier.

La « tranchée » de départ de la Reconquista. — Ce n'est vraiment qu'en
franchissant le col de Manzanal (1 143 m) dans l'âpre pays des Maragatos, qu'on

aborde enfin la **Meseta** castillane. La petite ville d'Astorga fut autrefois la capitale de cette région. Elle a perdu sa vitalité au profit de sa voisine León qui resta trois siècle durant la capitale du premier royaume chrétien de la Péninsule. Tous les village du reste, gardent ici la marque de l'histoire : entourés de murailles ou couronné de castillos, ils jalonnent la «tranchée de départ» de la Reconquista.

La Tierra de Campos. — Après León commence réellement l'Espagne aride ave la fameuse Tierra de Campos, que traverse la route de Palencia à León. Cet uniforme étendue argileuse, proverbiale par la rareté des cailloux, et l'abondanc des mottes de terre, sans arbres, est un des greniers de froment d'orge et de b de la Péninsule. Le climat y est excessif. Au S.-O. jusqu'à Zamora, elle se prolong par la Tierra del Pan, dont le nom est significatif ; passé le Douro, sur la rive g., c'e la Tierra del Vino et à l'O., la Ribera, dans son cadre plus vert d'amandier d'orangers et de vignes.

Le campo de Salamanque. — Dès qu'on repart vers l'E. réapparaissent les vaste dehesas du campo de Salamanque, terres d'élevage extensif, grandes emblavure dans les terres rouges et les terres noires de la Armuña ; dans la région d'Aréval les pinèdes étendues sur les sables alluviaux témoignent du temps où elle couvraient encore ce pays, entre Medina del Campo et Avila.

La Meseta castillane. — Au N.-E., la Vieille-Castille se défend comme un forteresse. Pour l'aborder, en venant de la vallée de l'Èbre, il faut franchir d farouches défilés. On accède au plateau, revêtu seulement de buissons et d pinèdes, presque dépeuplé, coupé de ravins ou hérissé de rochers : c'est le pay des aigres et froides parameras, aux sables rouges et arides, qui représentent l niveau primitif de la Meseta. Seules les vallées de la partie centrale du systèm ibérique, jusqu'au Moncayo, sont souriantes, grâce aux eaux qui ruissellent de ce hauts sommets, couverts de neige presque toute l'année. Si, de là, on revient ve le S.-O., on retrouve, dans la province de Ségovie, les vastes étendues des hau plateaux que piquent de loin en loin les taches noires des bouquets de pins.

La sierra de Guadarrama. — La proximité de la sierra de Guadarrama rend plu verdoyante la partie S. ; les escarpements sauvages que présente la sierra vers so point culminant (Peñalara, 2 406 m), ainsi que la sierra de Gredos qui lui fait suite l'O., couverts en hiver, d'une neige épaisse, offrent aux amateurs de sports d'hive des sites exceptionnels.

La vallée du Douro. — Le Douro (Duero) est le déversoir de toute la région. N dans la province de Soria, il coule au fond d'une dépression légère, d'Aranda d Duero à la frontière portugaise, il s'achève en rapides et en cascades, au point d rencontre des régions lusitanienne et galicienne. Bien que nombreux, ses affluent peu abondants, n'enrichissent guère son propre débit, lui-même assez pauvre. D gigantesques travaux ont permis la création d'une succession de lacs de barrage q ont profondément transformé l'aspect du paysage de la vallée du Douro et ont perm de modifier l'aspect des régions riveraines, grâce au développement de l'irrigatior Parmi les travaux réalisés, citons l'embalse de Almendra (à l'O. de Zamora), l'usine d'Aldeadávila, au N.-O. de Salamanque, l'une des plus puissantes de l'Europ occidentale.

Des villages caméléons. — La Vieille-Castille s'est développée à partir d'un typ de peuplement très particulier. Dans les campos, qui la constituent essentiellemen la campagne, absolument plane sur des dizaines de kilomètres, est sèche ; c'es donc dans les vallées d'érosion que se localisent les villages, couleur de terre, q recherchent le jaillissement des sources sur leurs flancs, ainsi qu'un abri contre l vent et les rigueurs de la température.

Un désert démographique. — Cette région qui, au début du siècle, compta 12,37 % de la population n'en représente plus maintenant que 6,84 %. De 1970 1981, 329 municipalités ont disparu de la carte castillano-léonaise, et, entre 1950 1980, plus d'un million de Castillans ont émigré à l'étranger ou dans les région industrialisées d'Espagne (Catalogne, Pays basque ; Madrid). Ce sont surtout les campagnes qui ont perdu leurs effectifs humains, tandis que les villes comme Burgos, Valladolid et León ont reçu un apport appréciable de population, grâce au développement de leur industrie ; malgré cela, cette contrée, avec ses 22,6 hab. par km² reste l'une des régions à la plus faible densité humaine d'Europe occidentale.

Les Castillans. — L'on pourrait dire que, d'une certaine manière, la terre a façonné l'homme. Longtemps habitué à lutter contre un sol pauvre, un climat si dur et une nature souvent hostile, les Castillans ont acquis une réputation de mysticisme, d'austérité et de fierté. Issus d'une région où mythes, légendes et réalités sont étroitement imbriqués, les Castillans sont du pays des héros de la Reconquête, le Cid, Guzmán le Brave, les aventuriers du Nouveau Monde, mais aussi des saints hardiment réformateurs, saint Dominique de Guzmán, saint Jean de la Croix, sainte Thérèse d'Ávila.

Castille et León : une union difficile. — Lorsque les Maures se répandent dans la Péninsule et y établissent leur domination, les chrétiens, refoulés vers le N., élèvent des châteaux fortifiés (en latin « castella », devenus « castilla » dans la langue vulgaire) pour s'y maintenir contre les musulmans ; c'est de là que le pays de Burgos reçoit le nom de Castille. Au cours de la Reconquête, qui dure environ 300 ans, se manifestent les premières rivalités entre la Castille et León. Jusqu'au xe s., les comtes castillans sont les vassaux des rois de León ; Fernán González, l'un des comtes de Castille, profitant de la faiblesse des monarques léonais, amorce un processus qui mène à l'indépendance de la Castille ; en 1037, les comtes de Castille reçoivent ou prennent le titre de roi. Fernando Ier le Grand est le premier à s'arroger ce droit. Par la suite, les deux royaumes se séparent et se réunissent à plusieurs reprises ; leur union ne devient définitive qu'avec le mariage d'Isabelle de Castille et de Ferdinand d'Aragon en 1475.

Les Comuneros de Castille. — Le soulèvement des Comuneros a pour origine l'ascendance étrangère de Charles Quint. La bourgeoisie, installée dans les grandes villes (Valladolid, Salamanque, Ségovie, Medina del Campo, etc.), appuie cette révolte populaire afin de défendre ses intérêts et briser le pouvoir de la noblesse, alliée de Charles Quint (Charles Ier d'Espagne). La défaite de Villalar, le 23 avril 1521, et la décapitation des chefs comuneros (Juan Bravo, Francisco Maldonado et Juan Padilla) renforcent le pouvoir du roi et de la noblesse, qui établissent définitivement les structures politiques de Castille et León.

Le déclin. — Si, au Siècle d'or, la région connaît une certaine prospérité, c'est surtout grâce aux relations commerciales avec les Flandres ; la crise du xviie s., après l'effondrement de l'empire, marque profondément la communauté castillano-léonaise, qui va payer le tribut d'une politique de grandeur et de prestige.
Ni les réformes libérales, ni la desamortización du xixe s. ne vont pouvoir empêcher la décadence d'une contrée, aux structures économiques sclérosées, qui fut en son temps le pilier de la construction de l'Espagne.

Un patrimoine artistique considérable. — Bien avant l'invasion musulmane et la Reconquête, cet immense territoire, qui allait devenir le berceau de l'Espagne, subit l'influence de civilisations venues du N. (Celtes) et des régions méditerranéennes (Romains), qui ont laissé de nombreux témoignages de leur passé.
De l'occupation celte, il reste les taureaux de Guisando (Avila) ; la culture celtibère nous a été par ailleurs révélée par les ruines de Numance, dans l'actuelle province de Soria.
La romanisation a laissé dans la région des monuments d'un grand intérêt artistique, comme l'aqueduc de Ségovie et l'arc de triomphe de Medinaceli (Soria), des restes de villas romaines sont apparus après les excavations de Clunia (Burgos) et Saldaña (Valladolid).
L'art wisigothique nous a laissé des églises et des monastères bien conservés, à Quintanilla de las Viñas (Burgos), San Juan de Baños (Palencia) et San Pedro de la Nave (Zamora).

Durant le repeuplement du bassin du Douro apparaissent des monuments religieux mozarabes (chrétiens qui conservèrent leur religion durant l'occupation musulmane), dans les provinces de León (Santiago de Peñalba, Santo Tomás de Ollas, San Miguel de Escalada), Valladolid (San Cebrián de Mazote et Santa María de Wamba) et Soria (San Baudelio de Berlanga).

L'art roman inaugure une époque de splendeur artistique qui se poursuit pendant la période gothique et se prolonge jusqu'à la Renaissance. Une multitude d'édifices religieux sont élevés, chaque région imprimant les caractéristiques de son style. Les églises de Arévalo et Madrigal de las Altas Torres (Ávila) sont de magnifiques exemples d'art mudéjar en brique. Les églises de San Martín de Frómista (Palencia), de San Isidoro (León) et le cloître du monastère de Santo Domingo de Silos (Burgos), véritables joyaux de l'art roman, méritent une visite.

Au xiie s., avec la construction des villes, s'élèvent d'imposantes forteresses défensives, comme les murailles d'Avila et les castillos qui subissent le plus souvent des transformations au xve s.

Vous découvrirez aussi l'architecture austère de l'ordre de Cîteaux, dans les monastères de Las Huelgas (Burgos), San Bernardo de Valbuena (Valladolid) et San Andrés del Arroyo (Palencia).

C'est sous l'influence de l'art français que commence au xiie s. l'édification des grandes cathédrales : Ávila (commencée en 1170), Burgos et León (xiiie s.). Leur construction se prolonge durant trois siècles, et ainsi apparaissent les cathédrales de Palencia (xive s.), de Ségovie et la Catedrál Nueva de Salamanque (fin du xve et début du xvie s.).

Sous le règne des Rois Catholiques, l'architecture revêt une forme autochtone et originale que l'on appelle style isabélin, paradoxalement créé par des artistes étrangers : façades de San Pablo et San Gregorio à Valladolid, chapelle du Connétable à Burgos, grilles de Juan Francés dans les cathédrales d'Ávila et de Burgos de Osma.

Les mudéjars (musulmans qui purent conserver leur religion jusqu'à l'interdiction des Rois Catholiques) ont influencé du xiie s. jusqu'au début du xvie s. l'art espagnol. Le couvent de Santa Clara à Tordesillas, avec son patio arabe et son église à plafonds lambrissés (artesonado), en est un magnifique exemple, en Castille.

Au xve s., l'architecture militaire connaît une nouvelle expansion et de nombreux châteaux sont construits ou réformés : l'Alcazar de Ségovie, les castillos de Medina del Campo (Valladolid) et de Coca (Ségovie).

La Renaissance est aussi une époque de splendeur pour l'art castillan. Le style plateresque, où les filigranes finement ciselés rappellent le travail des orfèvres, se développe dans toutes les villes de Castille, mais surtout à Salamanque (façade de l'université) et à Valladolid (collège de Santa Cruz).

Une pépinière de sculpteurs s'installe dans la région : Alonso Berruguete et Jean de Joigny (Valladolid), Vasco de Zarza (Avila), Juan de Valmaseda (Palencia), dont les œuvres se trouvent dans de nombreuses églises de la région, et dans le musée de Sculpture de Valladolid.

A la fin du xvie s. apparaît une architecture cyclopéenne et austère, propre à l'Espagne de Philippe II. Juan de Herrera, l'architecte qui construit l'Escorial, participe à l'édification de la cathédrale de Valladolid et de l'église de Villagarcía de Campos, et donne naissance au style herrerien. Avec Gregorio Fernández, la sculpture acquiert une pathétique simplicité dans les formes, loin des influences italiennes de Jean de Joigny et de Berruguete.

Au xviie s., la région a perdu beaucoup de sa vitalité artistique passée, il faut toutefois signaler que l'architecture churrigueresque (de Churriguera) marque ce siècle, avec notamment la construction de la plaza Mayor de Salamanque.

Depuis cette époque, le paysage monumental de Castille et León n'a pratiquement pas changé ; seuls quelques monuments isolés ont été construits ; le palais de la Granja (xviiie s.), près de Ségovie, en est le plus beau fleuron.

Castille et León aujourd'hui : un développement industriel déséquilibré et insuffisant. — Bien que la région castillano-léonaise participe, durant les années 60-

70, à l'essor économique de l'Espagne (le mal nommé miracle espagnol), c'est surtout l'axe Valladolid-Palencia-Burgos qui bénéficie d'une croissance industrielle considérable, grâce à l'installation d'entreprises étrangères (Renault et Michelin) dans les deux premières villes, et à l'industrie textile à Burgos. Les provinces de Soria, Ségovie, Ávila et Zamora ont conservé leurs caractéristiques rurales et ont à peine participé au «décollage» économique de l'Espagne.

Une région éminemment agricole. — L'adaptation d'une agriculture archaïque aux nouvelles nécessités économiques s'est faite à travers l'émigration d'une grande partie de la population, ce qui a permis à ceux qui restaient, grâce surtout à l'utilisation d'engrais, d'étendre les terres irrigables et de mécaniser les moyens de production (le tracteur et la moissonneuse-batteuse ont progressivement remplacé l'âne, la charrue et les bœufs), et d'obtenir ainsi un meilleur rendement des terres céréalières dans cette région surnommée le grenier de l'Espagne.

Une région en voie de développement. — Bien que la production agricole ait augmenté d'une façon significative dans le bassin du Douro, l'apport du secteur industriel est encore largement insuffisant, ce qui a entraîné une diminution importante de la population active. Aujourd'hui, la Castille, trop souvent oubliée par le pouvoir central, a fort à faire pour rattraper le temps perdu et retrouver la place qu'elle avait naguère en Espagne.

Une gastronomie riche à déconseiller aux végétariens. — Les plats castillans sont peu élaborés mais forts et succulents. On n'échappera pas à l'agneau et au cochon de lait rôtis au four. Si l'animal est tendre et la cuisson parfaite, on peut, selon la coutume, les découper avec le bord d'une assiette. La soupe castillane, très nourrissante, revigorera le palais, en hiver. A base de pain, de saucisse, de tomate, et d'œuf, elle doit être servie très chaude. De même, les plats de haricots blancs seront les bienvenus après une promenade sur le plateau venté ou neigeux de Castille-León. Les desserts sont à l'image des plats de résistance : complets ! Crèmes, leche frita, riz au lait...

Un folklore austère et prenant. — Vous ne manquerez pas la semaine sainte qui prend en Castille toute sa solennité. A Valladolid, vous verrez défiler près de quarante confréries portant les magnifiques pasos de Gregorio Hernandez ou Diego de Siloé. Vous pourrez aussi assister à quelques fêtes populaires dans les petits villages.

Pour visiter la Castille-León :

→ Aguilar de Campoo
→ Alba de Tormes
→ Alberca (La)**
→ Almazán
→ Aranda de Duero
→ Astorga
→ Ávila**
→ Baños de Cerrato
→ Barco de Ávila (El)
→ Béjar
→ Benavente
→ Burgo de Osma (El)*
→ Burgos***
→ Carrión de los Condes
→ Cervera de Pisuerga
→ Ciudad Rodrigo*
→ Coca*
→ Covarrubias*
→ Cuéllar
→ Frómista

→ León**
→ Medinaceli
→ Medina del Campo*
→ Medina de Rioseco*
→ Numancia
→ Palencia*
→ Ponferrada
→ Puebla de Sanabria
→ Sahagún
→ Salamanque***
→ San Ildefonso-La Granja*
→ Santa María de Huerta (Monastère de)**
→ Santo Domingo de Silos (Monastère de)**
→ Ségovie***
→ Soria*
→ Tordesillas
→ Toro*
→ Valladolid**
→ Zamora*

Castro Urdiales*

Bilbao, 34 km. — Santander, 70 km.
9812 hab. — Province de Santander (Cantabrie).

≈ Agréable station balnéaire, dotée de beaux jardins et de jolies plages, au pied d'un amphithéâtre de montagnes.

La ville dans l'histoire. — Castro Urdiales, l'antique Flavrobriga des Romains, est la ville la plus ancienne de la côte Cantabrique. Détruite par des pirates scandinaves au IIe s., elle est rebâtie sur la presqu'île rocheuse fortifiée qu'occupe aujourd'hui la vieille ville. Très endommagée par les troupes napoléoniennes après un siège de trois mois, c'est aujourd'hui un port minier important.

Fêtes. — Romería le 26 juin. Le 30 nov., à l'occasion de la Saint-André, régates et dégustation d'escargots et de baudroies.

L'église Nuestra Señora de la Anunciación (XIIIe-XVe s.), qui domine le port, est le monument gothique le plus important de Cantabrie ; puerta del Perdón, en style de transition ; Christ à l'agonie, tableau de l'atelier de Zurbarán ; sculpture gothique de la Vierge blanche, et Christ de Gregorio Fernández, à g. du maître-autel ; dans le trésor, émaux florentins du XVIIIe s.

Près du château des Templiers, actuellement en reconstruction, un pont romain vous conduit jusqu'à l'ermitage de Santa Ana, avec splendide vue sur la côte.

Promenez-vous dans la vieille ville, où se côtoient de vieilles maisons de pêcheurs et de belles demeures à miradors, caractéristiques du N. de l'Espagne.

Catalogne

Provinces de Barcelona, Girona, Lleida et Tarragona

Même un séjour rapide suffira à convaincre le voyageur que la Catalogne n'entend pas être une région comme les autres, ni une simple partie de l'Espagne. Certes, le Catalan le plus séparatiste est obligé de reconnaître qu'il est aussi citoyen de l'«État espagnol» (comme on dit à Barcelone), mais il se définira d'abord et avant tout comme catalan.
La Catalogne, pour un Catalan de souche, n'est pas une région, encore moins une province ; c'est une nation.

«Som una nació» : voilà un slogan qu'on entend et qu'on entendra encore souvent dans les années qui viennent. L'intensité d'un tel particularisme peut parfois étonner. Il n'en reste pas moins que la Catalogne, tant par sa géographie que par son histoire, par sa langue, sa littérature, sa tradition politique, économique, culturelle et artistique, possède effectivement une identité bien à elle. Pas toujours facile à saisir, souvent mal acceptée, tournée en dérision par ceux qui ne la connaissent pas, l'identité catalane a cependant résisté aux vicissitudes de l'histoire et donne aujourd'hui des preuves d'une vitalité peu commune.

Portrait géographique. — Située au N.-E. de la péninsule Ibérique, la Catalogne espagnole forme un triangle limité au N. par la chaîne pyrénéenne, à l'E. par la mer Méditerranée et à l'O. par l'Aragon, dont la frontière administrative fut déplacée vers l'E., aux dépens de la Catalogne, au xixᵉ s. Une petite partie de la Catalogne se trouve en France : c'est le Roussillon qui, par sa langue et sa culture, se sent souvent plus proche de la Catalogne S. que du Languedoc ou de Paris.

Des paysages contrastés. — L'un des meilleurs atouts touristiques de la Catalogne réside dans le voisinage de la mer et de la montagne : il ne faut guère que deux ou trois heures, selon les routes, pour descendre des vallées pyrénéennes vers la Costa Brava. Au N., la partie orientale des Pyrénées, qui va d'Andorre jusqu'au cap de Creus, se caractérise par une succession de sommets assez élevés (six d'entre eux dépassent 3 000 m, la pica d'Estats culminant à 3 143 m). Les contreforts méridionaux sont constitués par une série de massifs (Cadí, Sant Gervàs) qui à leur tour se prolongent par des chaînes centrales, les Catalanides, lesquelles descendent vers la mer en massifs parfois profondément découpés (massif du Montseny, sierra de Montserrat, côtes de Garraf). Dans cet ensemble tourmenté, les plaines sont rares, et les zones véritablement agricoles (Vallès, Penedès) ne commencent qu'à la lisière méridionale de l'Empordà (région de Gérone). Plus au S., le camp de Tarragona, avec ses plantations d'amandiers, constitue la transition vers le delta de l'Ebre, aujourd'hui converti en une immense rizière qui trouve son prolongement naturel dans le pays valencien.

Des climats déroutants. — Si le massif pyrénéen abrite surtout des forêts et des prairies humides, paradis des skieurs en hiver, et si la Catalogne centrale est encore assez verdoyante, en revanche la Catalogne méridionale connaît parfois de pénibles sécheresses, et la végétation y est beaucoup moins exubérante. Quant à la côte, qui s'étend de la frontière française jusqu'à Tarragone, le climat y est assez instable. En revanche, les plages depuis Tarragone jusqu'à Tortosa bénéficient d'un enso-leillement maximal tout au long de l'année. Que cette dernière remarque, toutefois, ne fasse pas déserter la Costa Brava : celle-ci mérite bien, en effet, son nom de «côte sauvage». Ses innombrables criques, ses plages de sable fin et ses petits ports justifient pleinement sa réputation de beauté naturelle. La Costa Daurada (de Barcelone jusqu'au delta de l'Ebre) est sans doute moins pittoresque mais plus chaude et à l'abri de la tramontane, ce vent du N.-E. qui souffle de la frontière française jusqu'à Blanes.

Une population mouvante. — La Catalogne dépasse actuellement les six millions d'habitants, ce qui, pour une superficie totale d'environ 30 000 km², représente une densité de population à peu près deux fois supérieure à celle du reste de l'Espagne. Près de la moitié de cette population est concentrée dans la seule région de Barcelone, c'est-à-dire la ville (1 750 000) et les six ou sept agglomérations qui l'entourent, et constitue un tissu urbain pratiquement ininterrompu (L'Hospitalet, Badalona, Sabadell, Terrassa, Santa Coloma de Gramenet, Mataró, Cornellà). Il existe un important pourcentage de peuplement «flottant», dû en particulier à l'immigration intérieure. Il y a plusieurs années beaucoup d'habitants d'autres régions d'Espagne (Andalousie, Murcie, Galice) sont venus s'installer à Barcelone dans l'espoir d'y trouver un travail. Certains se sont fixés là, et leurs enfants sont devenus parfois de véritables Catalans ; d'autres ne sont que passés, sans avoir eu le temps d'apprendre la langue. La crise économique, sensible depuis la fin des années soixante-dix, explique en effet que l'industrie catalane ne puisse, malgré son dynamisme, absorber indéfiniment cette main-d'œuvre.

Des structures administratives en plein changement. — Depuis 1980 la Catalogne a, en vertu de l'Estatut (statut d'autonomie, négocié entre le gouvernement d'Adolfo Suarez et celui de la Généralité en exil, alors représentée par le président Tarradellas), récupéré l'institution qui, depuis le Moyen Age, symbolisait son identité politique : la Generalitat (vocable médiéval lié à l'idée d'un impôt général, c'est-à-dire prélevé de la même façon que notre impôt sur le revenu). L'actuel gouvernement de la Généralité a reçu de Madrid le transfert des compétences dans un certain nombre de domaines (éducation, culture, affaires sociales, etc.) et ces dernières années une nouvelle administration locale s'est mise en place, dans toute la Catalogne. Sur le plan administratif, la communauté autonome aspire à substituer à la division franquiste en quatre provinces (Barcelone, Gérone, Lleida et Tarragona), un découpage spécifiquement catalan en quarante comarcas. Pour le moment, les deux structures se superposent de manière parfois confuse.

Une économie particulièrement active. — La Catalogne se situe parmi les dix régions les plus industrialisées d'Europe. En Espagne même, elle occupe la première place tant par l'ancienneté que par l'importance actuelle de ses activités économiques. A elle seule, elle représente 25 % de la production industrielle, 11 % de la production agricole et 30 % des revenus liés au tourisme. Si l'agriculture pyrénéenne souffre de l'exiguïté des terres cultivables et de l'exode rural, la Catalogne centrale (blé, vigne, oliviers, arbres fruitiers) et la Catalogne méridionale (amandiers, noisetiers, rizières) sont des zones riches. L'élevage est développé et la production de lait importante. La pêche continue d'être dynamique, malgré la diminution du nombre des pêcheurs, compensée par l'amélioration des techniques. Sur le plan industriel, on peut dire que c'est par la Catalogne que le capitalisme a, au XIXᵉ s., pénétré en Espagne. Du côté de Vic ou de Manresa on peut encore voir de nombreuses «colonies» ouvrières datant de cette époque. L'industrie textile reste, aujourd'hui, le secteur le plus important (72 % de la production nationale), bien que la crise ait considérablement ralenti son activité. Si le déclin de l'industrie textile est manifeste, en revanche l'électronique et d'autres secteurs de pointe montrent un dynamisme indéniable (entre autres dans la région de Terrassa et Sabadell). Les principaux autres secteurs d'activité sont l'industrie du papier, l'industrie chimique, la métallurgie, la confection et le travail du cuir, la céramique. Peu de mines, sauf de charbon et de sel ; de nombreuses centrales hydroélectriques, en revanche, grâce à la présence du massif pyrénéen.

Des origines au XIIᵉ s. — On ne sait pas grand-chose des Celtes et des Ibères qui, à partir de l'an 1000 av. J.-C., apparaissent sur le sol catalan. Les Phéniciens au VIIIᵉ s., les Grecs de Marseille et les Romains, attirés par la perspective de nouveaux débouchés commerciaux, constituent les vagues ultérieures de peuplement. C'est aux Grecs que l'on doit la fondation de la ville d'Emporion (actuellement Empúries), et aux Romains celle de Tarraco (Tarragona) et Barcino (Barcelone). A la fin de l'Empire romain, les Wisigoths franchissent les Pyrénées et installent momentanément leur capitale à Barcelone. A la faveur de dissensions internes, les Arabes, entrés en Espagne en 711, pénètrent en Catalogne dès 715. Tarragona est détruite et Barcelone occupée. Les monarques francs contribuent à repousser l'invasion musulmane et Charlemagne, pour en prémunir définitivement son empire, décide d'organiser la marche d'Espagne en commençant par nommer un comte franc gouverneur de Gérone. Par la suite, d'autres territoires sont repris sur les Arabes puis divisés en comtés dépendant de l'Empire carolingien. A son déclin, Guifré Iᵉʳ le Velu, comte d'Urgell et de Barcelone, réunit une grande partie des comtés catalans et entreprend de les soustraire à la tutelle franque. La séparation définitive fait suite à la prise de Barcelone par Al-Mansour (985). Raimond Bérenger Iᵉʳ le Vieux (comte de 1035 à 1076) donne à la Catalogne les cadres de son indépendance politique, avec la réunion des Corts (assemblée représentative) et la proclamation des Usatges (recueil du droit et des coutumes). Malgré les désaccords de ses successeurs, et la lutte permanente contre les musulmans, le comté de Barcelone se renforce au cours du XIIᵉ s. Finalement, le mariage d'Alphonse II (comte de 1162 à 1196) avec la fille du roi d'Aragon entraîne la réunion des deux territoires, et la confédération catalano-aragonaise devient, pendant les trois siècles suivants, l'un des États les plus importants de la Méditerranée.

La monarchie catalano-aragonaise (xiie-xve s.). — Tout en conservant leurs institutions propres, la Catalogne et l'Aragon adoptent une politique commune, qui n'arrive pas à effacer leurs rivalités au moment des conquêtes. Cette époque marque pour les deux royaumes une ère de grande prospérité : croissance démographique, expansion coloniale et commerciale (Montpellier, les îles Baléares, une partie de la Sardaigne et de l'Italie méridionale, une fraction de la Grèce et nombre d'îles méditerranéennes passent provisoirement sous contrôle catalan), naissance des grandes entreprises bancaires, développement d'une bourgeoisie urbaine, renouveau linguistique et culturel. C'est de cette période que datent les principales réalisations architecturales du «quartier gothique» à Barcelone. Le déclin s'amorce dès la seconde moitié du xive s. : famines et épidémies déciment la population, tandis que les conflits sociaux se multiplient, aboutissant à une guerre civile entre Jean II d'Aragon et la Generalitat (1464-1472), d'où la Catalogne sort vaincue : elle devient alors une province dans le nouveau royaume d'Espagne issu du mariage de Ferdinand II d'Aragon et d'Isabelle Ire de Castille (1469). La Catalogne conserve cependant en grande partie ses institutions. L'annexion définitive n'aura lieu qu'en 1714, à la suite de la guerre de Succession.

Une période de déclin (xvie-xviiie s.). — Désormais et pendant plus de trois cents ans, la prédominance de la Castille est incontestable. La Catalogne connaît de sombres années. Écartée de la conquête de l'Amérique et de la direction des affaires du pays, durement ponctionnée par le pouvoir central chaque fois que celui-ci a besoin d'argent, elle tente de faire sécession en 1640 avec l'appui de la France (guerre dels Segadors), mais ne parvient qu'à perdre le Roussillon et une partie de la Cerdagne lors de la paix des Pyrénées (1659). A l'avènement de Philippe V elle se voit retirer ses derniers privilèges. L'usage officiel du catalan est même interdit en 1714.

La Renaissance (xixe s.). — Elle est due à la reprise des activités commerciales et à la naissance progressive d'une industrie de type capitaliste. Elle offre aux Catalans une occasion supplémentaire de prendre conscience de leur singularité par rapport au reste de l'Europe. Un mouvement, à la fois politique et culturel, «la Renaixença», apparaît avec la publication de l'«Ode à la Patrie» du poète Aribau (1833). Le courant autonomiste, qui s'est déjà exprimé lors de l'occupation de l'Espagne par les troupes napoléoniennes, se manifeste à nouveau dans le cadre de la Ire République (1873) puis avec la création, en 1901, de la Lliga Regionalista et la brève parenthèse de la Mancomunitat (1914). La richesse de la Catalogne — et en particulier celle de Barcelone, qui connaît alors la grande effervescence architecturale du «modernisme» — n'empêche cependant pas le développement des conflits sociaux, l'essor du mouvement ouvrier et celui, corrélatif, de l'agitation anarchiste.

Vicissitudes contemporaines. — La victoire d'une organisation catalane de gauche, Esquerra Republicana, aux élections municipales de 1931, aboutit à la proclamation de la République catalane à Barcelone. La Generalitat est rétablie, sous la présidence de Francesc Macià. Mais la victoire de la droite aux élections espagnoles de 1933 remet en question le nouvel accord entre Barcelone et Madrid. L'autonomie est bien rendue à la Catalogne par le Front populaire, qui prend le pouvoir en février 1936, mais la guerre civile déclenchée par le putsch du général Franco (juillet 1936) bouleverse à nouveau le statu quo. La Catalogne se range farouchement dans le camp républicain et devient le théâtre de plusieurs batailles sanglantes (bataille de l'Ebre). L'occupation de Barcelone par les troupes de Franco, en 1939, marque la victoire définitive de la dictature. Toutes les institutions catalanes sont abolies et l'usage du catalan est interdit durant les premières années du nouveau régime. Une timide libéralisation, stimulée par l'afflux des touristes étrangers, apparaît dans les années soixante. Mais il faut attendre la mort de Franco

(1975) pour que Madrid se décide à renégocier, avec les représentants de la Généralité en exil, un nouveau statut d'autonomie, plus ou moins comparable à celui de 1932. Le nouveau gouvernement autonome se met en place tandis que les revendications pour une identité catalane prennent un nouvel essor.

La langue. — Le catalan est une langue romane, dérivant directement du latin et relativement stable depuis le Moyen Age. Quelle que soit sa parenté avec les langues occitanes parlées dans le midi de la France, c'est une langue à part entière, la langue maternelle de plus de la moitié des Catalans (bien des langues vivantes, l'hébreu moderne, par exemple, ou certaines langues scandinaves n'ont pas autant de locuteurs). Le catalan est également parlé dans le Roussillon, bien sûr, mais aussi en Andorre, sur la frange orientale de l'Aragon, dans le pays valencien, dans les îles Baléares ainsi que dans la région d'Alghero en Sardaigne. L'ensemble des régions comprises dans l'aire linguistique catalane constitue ce qu'on appelle maintenant les «pays catalans» (Països catalans), au sein desquels existent d'évidentes tensions dues au désir d'hégémonie (réel ou imaginaire) reproché aux Catalans de Barcelone. L'attachement des Catalans à leur langue se fonde, entre autres, sur deux motifs objectifs. D'une part, le catalan, à la différence du basque, n'a jamais cessé d'être parlé au cours des siècles, tant par les classes moyennes des villes que dans le monde rural. D'autre part, il a donné lieu à une littérature originale et d'une exceptionnelle qualité, dont les débuts remontent au XIIᵉ s.

La littérature. — Nourrie d'influences provençales au départ, la poésie des troubadours catalans affirme rapidement son originalité. En prose, le premier grand auteur est Ramon Llull (Raymond Lulle) qui fut en son temps le seul philosophe européen à choisir sa langue maternelle, plutôt que le latin, pour exprimer sa pensée. La chronique de Ramon Muntaner, la prose de Bernat Metge, le grand roman de chevalerie de Joanot Martorell, «Tirant lo Blancà», la poésie lyrique d'Ausis March (XVᵉ s.) témoignent à des degrés divers de l'avènement d'un humanisme catalan. En littérature comme en histoire, la période qui va du XVIᵉ au début du XIXᵉ s. correspond à un relatif effacement, auquel l'Ode d'Aribau, prélude à la Renaixença, met fin avec éclat. Jacint Verdaguer, Angel Guimerà, Joan Maragall illustrent la période moderniste. Au XXᵉ s., la prédilection des écrivains catalans pour la poésie donne naissance à quelques très grandes œuvres, celles de Josep Carner, Carles Riba, Josep Vicenç Foix et Salvador Espriu, entre autres. Le sens logique s'unit à l'esprit nationaliste et fait de la poésie une arme de combat en faveur de la langue et de la spiritualité catalanes. En prose, on retiendra les romans de Josep Pla et de Mercè Rodoreda, les contes de Pere Calders. Courageusement réapparue dans les années soixante, l'édition en langue catalane est aujourd'hui en plein essor.

Les arts plastiques. — L'existence d'une tradition picturale des plus vivaces en Catalogne constitue, aujourd'hui plus que jamais, un motif de fierté pour ses habitants. Le N. et le centre de la Catalogne se couvrent, dès le XIᵉ s., de nombreuses églises romanes, l'art de la fresque s'y épanouit très tôt, marqué au départ d'influences byzantines, pour connaître son apogée dans les absides de Saint-Clément et de Sainte-Marie-de-Tahull, toutes deux consacrées en 1123. La plupart des fresques provenant des églises pyrénéennes sont rassemblées au musée d'Art de Catalogne, le premier musée du monde pour la connaissance de l'art roman. La peinture gothique a, elle aussi, brillé avec éclat à Barcelone, comme en témoignent les œuvres de Lluis Borrassà, Bernard Martorell et surtout de Jaume Huguet (XVᵉ s.). Sans être dénué d'intérêt, l'art renaissant, baroque et classique est sans doute moins original ; il faut attendre la fin du XIXᵉ s. et la reprise des activités économiques pour assister à l'éclosion d'une esthétique vraiment nouvelle, le «modernisme». Ce dernier a surtout inspiré l'ensemble des arts décoratifs (mobilier, vitrail, etc.), c'est surtout en architecture qu'il a produit les œuvres les plus remarquables. Aux environs de 1900, des quartiers entiers se construisent à Barcelone, tel celui de l'Eixample (castillan : Ensanche). Dans cet immense chantier en pleine effervescence, Antonio Gaudí symbolise les tentances d'avant-garde. Ses admirateurs, de plus en plus nombreux au fur et à mesure que son génie énigmatique est mieux compris, estimeront que la visite de la Sagrada Familia, du parc Güell ou de la casa Batlló justifie à elle seule le voyage à Barcelone. Ajoutons, pour être honnête, que les réalisations des architectes catalans contemporains (Sert, Coderch, Bofill) sont elles aussi fort intéressantes, et contribuent à faire de Barcelone une ville clef pour tous les passionnés d'architecture. La peinture de l'époque moderniste est illustrée par les noms de Russiñol, Casas et Nonell, artistes de talent dont l'influence fut grande sur Pablo Picasso, qui passa à Barcelone toutes ses années de jeunesse. La Catalogne fut l'un des foyers les plus vivants du surréalisme, avec Salvador Dalí et Joan Miró. Elle est de nouveau, depuis la fin des années cinquante, un lieu d'intense activité artistique (Tàpies, Guinovart, Ràfols Casamada, Grau Garriga, etc.).

La musique. — La musique tient une place privilégiée dans la vie sociale catalane. Les Barcelonais, passionnés d'art lyrique, fréquentent assidûment la plus grande salle d'opéra d'Europe, le Liceu. Montserrat Caballé et Josep Carreras, pour ne citer qu'eux, portent dans le monde entier le renom de leur pays. Dans le domaine des variétés, Lluís Llach, Raimon, Joan Manuel Serrat et Maria del Mar Bonet sont également d'excellents ambassadeurs de la sensibilité catalane.

Fêtes et folklore. — Comme dans d'autres lieux d'Espagne, la culture populaire est très vivace en Catalogne, vieille terre rurale et montagnarde. Le folklore est, lui aussi, étroitement intégré à l'idée d'identité catalane : danser la sardane a fini par devenir un geste chargé de signification politique !

C'est la danse la plus populaire de Catalogne. Certains font remonter l'origine de la sardane au temps des Grecs et elle est probablement apparue en Empordà.

On sait qu'au XVIe s. elle était interdite lors des fêtes religieuses et qu'elle fut passagèrement réservée aux aristocrates au XVIIe s. En cercle (plusieurs se forment habituellement), danseurs et danseuses alternés se tiennent la main, les bras baissés ou levés selon le rythme. Après un bref pas d'introduction, l'orchestre traditionnel, la cobla, accompagne pas courts (au nombre de huit) et pas longs (seize), répétés à deux reprises. A la fin de la danse, les participants joignent leurs mains vers le centre de la ronde. La cobla est composée du flabiol (une flûte à bec jouée d'une seule main : sur les sept trous, cinq servent au doigté), un tamborí (tambour de poignet à deux membranes dont la caisse mesure environ 77 cm), une tenora (sorte de hautbois populaire assez aigu), deux cornetins (cornets à pistons), un fiscorn et deux tibles (autres instruments à vent). Après 1850, Pep Ventura remit à l'honneur cette vieille danse. Pau Casals écrivit une sardane pour cinquante violoncelles.

Les fêtes traditionnelles font, depuis peu, l'objet d'un regain d'intérêt lié au désir de récupérer dans toutes leurs ramifications les manifestations traditionnelles de la culture catalane. Le 23 avr., fête de saint Georges, patron de la Catalogne, est devenu un événement populaire après avoir été au Moyen Age réservé aux chevaliers : la plaça del Born à Barcelone était alors le théâtre de joutes et de tournois et les dames recevaient des roses de leurs cavaliers. La coutume veut, aujourd'hui, que l'on offre à celui ou à celle qu'on aime une rose à la Sant Jordi et chacun, ce jour-là, porte une fleur à la main... La journée du livre coïncide avec cette fête, commémorant dit-on la mort de Cervantès, le 23 avril 1616. Créée en 1923, elle est destinée à promouvoir l'édition en langue catalane. Sur les rambles, le passeig de Gràcia et devant toutes les librairies à Barcelone et en Catalogne, la foule se presse devant les étals. C'est aussi le jour pour offrir ou s'offrir un livre...

S'il en a la possibilité, le visiteur essaiera d'assister à un carnaval (de préférence à la campagne), ou bien à la danse des Morts (Dansa dels Morts) à Verges (la nuit du jeudi saint) ou encore à cet extraordinaire spectacle médiéval que constitue la Patum de Berga (semaine de la Fête-Dieu). Il aura ainsi l'occasion de constater par lui-même la ferveur avec laquelle les Catalans assurent la survie de leurs traditions les plus anciennes.

Gastronomie. — Vous ne manquerez pas d'associer aux plats de poissons et de fruits de mer de la côte, aux viandes grillées des régions de montagne et aux botifarres (saucisses dont chaque variété possède sa propre dénomination) ces quelques spécialités : les anxoves (anchois) pour s'ouvrir l'appétit. Le pa amb tomàquet i pernil : très populaire, le pain frotté à la tomate, salé et arrosé d'un filet d'huile d'olive est ici associé au jambon (pernil), on le consomme aussi avec des anxoves, embotits, etc. Les cargols (escargots) : un plat de grande tradition en Catalogne. Cuits à la braise, ils sont relevés d'une sauce piquante, de préférence d'un all i oli. L'escalivada : ce plat de légumes servi froid (jamais glacé !) se compose d'aubergines, de poivrons, de tomates et plus rarement d'oignons et de têtes d'ail cuits à la braise et pelés. La crema catalana : un dessert à déguster sur place ou à réaliser chez soi. La mel i mató : pour le dessert, l'association du miel et du fromage blanc.

Au-delà des clichés et des tabous. — S'il fallait résumer en une phrase cette brève introduction, nous dirions que la Catalogne souffre d'être mal connue et gagne à l'être davantage, pourvu qu'on sache aller au-delà d'une première impression parfois déconcertante. Le retour à l'autonomie, le droit enfin reconnu aux Catalans d'affirmer haut et fort leur identité, le mouvement de récupération de la culture traditionnelle sont, depuis quelques années, à l'origine d'une grande effervescence politico-culturelle. Une vaste campagne de «normalisation linguistique» vise à redonner à la langue catalane la position qu'elle aurait dû normalement avoir si elle n'avait pas été régulièrement brimée depuis 1714. Désormais reconnu comme langue officielle — à égalité avec le castillan —, obligatoire dès l'enseignement primaire, le catalan est de plus en plus systématiquement employé par les administrations locales sans toutefois évincer complètement le castillan, ce qui contribue à créer une situation de bilinguisme généralisé — qui rappelle, au fond, celle de la Suisse ou de la Belgique. Dans les kiosques fleurissent maintenant journaux et revues en catalan. TV 3 et Canal 33, les nouvelles chaînes autonomes de la Catalogne, ne diffusent qu'en catalan des émissions culturelles très souvent d'un réel intérêt. TVE 2 transmet une partie de ses émissions en catalan.
Au-delà de ce problème linguistique, il reste encore quelques barrières à franchir pour bien comprendre la Catalogne. La principale d'entre elles réside dans la masse de clichés, concernant ses habitants, propagés par le reste des Espagnols et auxquels les Catalans eux-mêmes affectent parfois de croire. Leur esprit de résistance les fait taxer d'obstination aveugle, tandis que leur sens de l'entreprise passe pour un goût immodéré du luxe. On va même jusqu'à dire que la Catalogne est un pays triste où les gens se couchent tôt et ne savent pas s'amuser. Voyageurs, rassurez-vous : les Catalans travaillent beaucoup, c'est vrai, mais ils sont aussi incapables de se coucher le soir que le reste des Espagnols. A Barcelone, comme dans beaucoup d'autres villes d'Espagne, les nuits sont imprévisibles...

Pour visiter la Catalogne :

- → Aigues Tortes (Parc national de)**
- → Banyoles
- → Barcelone***
- → Berga
- → Boí (Vall de)
- → Camprodon
- → Cardona
- → Cervera
- → Costa Brava**
- → Costa Daurada*
- → Costa del Maresme*
- → Empúries*
- → Figueres*
- → Gandesa
- → Gérone***
- → Granollers
- → Igualada
- → Lleida**
- → Manresa
- → Martorell
- → Montblanc
- → Montseny (Sierra de)**
- → Montserrat**
- → Olot
- → Poblet (Monastère de)***
- → Puigcerdà
- → Reus
- → Ripoll*
- → Sabadell
- → Sant Cugat del Vallès*

→ Sant Pere de Rodes (Monastère de)**
→ Santes Creus (Monastère de)**
→ Seu'Urgell*
→ Sitges*
→ Solsona*
→ Tarragona**
→ Tàrrega

→ Terrassa**
→ Tortosa
→ Tremp
→ Vic**
→ Vielha**
→ Vilafranca del Pènèdès
→ Vilanova i la Geltrù

Celanova**

Orense, 26 km.
Alt. 519 m. — 2672 hab. — Province d'Orense (Galice).

Cette petite ville, située entre deux cours d'eau, l'Arnoya et le Limia, a pour principales ressources l'élevage et l'agriculture.

Fêtes. — Los Marzos, le 1er mars. Le 1er dim. d'août se déroule la Ramallosa avec des danses et des défilés. Le 16 août, célébration de San Roque.

Sur la charmante plaza Mayor, entourée de vénérables édifices, se dresse l'imposant **monastère de San Rosendo**, fondé en 936 par les bénédictins. Il fut reconstruit aux XVIe-XVIIIe s. et l'église, dotée d'une magnifique **façade*** baroque, fut terminée en 1681 par Melchor de Velasco. Les trois nefs aux voûtes décorées de caissons forment un bel ensemble. Nombreux **retables*** parmi lesquels il faut surtout remarquer celui de la Capilla Mayor, étonnant par le foisonnement de son décor et par sa taille gigantesque (1697). Le chœur présente des **stalles sculptées***** gothiques en haut et baroques en bas, de magnifique facture. Belles orgues sur le mur gauche de la nef. Dans la sacristie Renaissance, vases sacrés des XIe et XIIe s. Le **cloître**** baroque de 1550 fut achevé au XVIIIe s. Le foisonnement des lignes et les jeux de lumière qu'on y admire en font un des plus beaux de Galice. Galeries et escaliers restaurés.
Dans le parc du monastère se trouve la magnifique **église San Miguel***, de style mozarabe du Xe s., très bien conservée.

→ A *16 km S. par la N540,* **Bande** (3 885 hab.), près du barrage de Las Conchas, possède une **église**** wisigothique du VIIe s., restaurée au Xe s. par les rois des Asturies et de León après une attaque arabe : c'est une des plus belles d'Espagne.

Cervera

Barcelone, 112 km. — Lleida, 56 km.
Alt. 565 m. — 6 445 hab. — Province de Lleida (Catalogne).

Capitale de la petite région de la Segarra, Cervera est pittoresquement située sur une haute colline et ses monuments méritent l'étape que vous ne manquerez pas de faire.

Cervera acquiert au XVe s. le droit de frapper les monnaies. Le roi Ferdinand d'Aragon vient y signer en 1469 son compromis de mariage avec Isabelle de Castille. En 1718, Philippe V y crée l'unique université de Catalogne, en représailles contre Barcelone qui a pris le parti de l'archiduc Charles lors de la guerre de Succession. Barcelone ne récupère définitivement son université qu'en 1842.

Fêtes. — Chaque année, à l'instar d'Esparreguera et d'Olesa, deux villes de alentours de Montserrat, se perpétue la tradition de la Passion, jouée dans une version dont la tradition remonte au xvᵉ s.

L'**université*** (1718-1740) est un grand édifice classique (190 m sur 90) dont les façades, intérieure et extérieure, sont décorées en style baroque.

L'**ajuntament*** (1679) est orné en façade de balcons à consoles sculptées de figures humoristiques. De la place, vous remarquerez l'élégant clocher de l'**église Santa María** commencée au xiiᵉ s. (portail roman). L'intérieur est de style ogival : la chapelle du Santíssim Misteri, de style baroque, est en marbre. L'hôpital des chevaliers de l'ordre de Saint-Jean-de-Jérusalem (xiiᵉ s.) abrite aujourd'hui le petit musée del Blat i de la Pagesia (du Blé et de la Vie rurale) et le **musée Duran i Sanpere*** *(5, carrer Major; ouv. de 12 h à 14 h et de 18 h à 21 h; f. dim.; accès gratuit)* qui présente des collections de céramique ibérique et romaine, portraits royaux, etc. Dans la chapelle de l'hôpital, musée d'Art religieux de Cervera (xiiᵉ-xviiiᵉ s.).

L'**église** romane de **Sant Pere el Gros*** présente un plan circulaire rare, le plus grand exemple de ce type en Catalogne.

Environs. 1 — Montfalcó Murallat *(7 km N.-E. par la C 141 en direction de Calaf; au km 5, prendre à dr.).* — Les maisons de ce village pittoresque, auquel on accède par une porte, ont été construites dans l'enceinte même du château médiéval.

2 — Couvent de Sant Ramon *(11 km N.-E. par la C 141).* — Ce couvent du xviiiᵉ s., d'imposantes proportions, abrite le tombeau de Sant Ramon Nonat. Fêtes : procession le 31 août.

3 — Tàrrega *(12 km O. par la N 11 en direction de Lleida; →).*

Cervera de Pisuerga

Aguilar de Campoo, 25 km. — Palencia, 127 km.
Alt. 900 m. — 1898 hab. — Province de Palencia (Castille-León).

Dans cette région montagneuse, la nature et le paysage sont d'une saisissante beauté. L'art médiéval y est par ailleurs magnifiquement représenté. Au pied des Picos de Europa, vous pourrez suivre de petites routes sinueuses et étroites qui vous feront longer de nombreux petits lacs et passer par des vallées profondes, réserve nationale de chasse et de pêche (sangliers, chevreuils, chamois et truites).

L'**église Santa María del Castillo** a été érigée en style baroque. Elle renferme un Christ en croix du xiiiᵉ s. et un retable baroque.

Environs. 1 — Aguilar de Campoo *(25 km S.-E.; →).*

2 — Perazancas *(14 km S.; prendre la direction Burgos; au km 4, bifurquer à g.).* — Son église romane, du xiᵉ s., s'ouvre par un intéressant portail sculpté. L'abside conserve quelques restes de peintures murales romanes. — L'**ermitage de San Pelayo**, roman, a une abside d'influence lombarde.

3 — Moarves *(24 km S.).* — Le magnifique **portail*** de l'église romane est orné de sculptures et de chapiteaux historiés, exécutés vers 1185, dans un style d'inspiration bourguignonne.

➜ A *5 km S.-E. (tourner à g. au bout de 2 km),* **San Andrés del Arroyo***, monastère cistercien du xiiᵉ s., avec une belle église gothique aux chapiteaux admirablement sculptés. Dans la salle capitulaire, sépulcre de la première abbesse du monastère, fille d'Alphonse VII.

4 — Circuit de Fuentes Carrionas*.

0 km : **Cervera.** Sortir à l'O. par une route locale (P 210) en direction de Ruesga. — *2 km :* Ruesga; lac. — *23 km :* Triollo; lac. — *48 km :* Otero de Guardo; lac.
57 km : Velilla del río Carrión; ce petit village situé dans un splendide amphithéâtre naturel, au bord du río Carrión, conserve quelques maisons seigneuriales et une église du xvie s. La fontaine de la Reana coule d'une manière intermittente; elle était déjà connue du temps des Romains (Pline et Ptolémée l'ont décrite).
61,5 km : Guardo; centre industriel et minier, situé dans un cadre naturel remarquable. L'église paroissiale abrite des fonts baptismaux romans.
Prendre à g. en direction de Cervera.
100,5 km : **Cervera de Pisuerga.**

Cervera del Río Alhama

Alfaro, 28 km. — Arnedo, 37 km. — Logroño, 86 km.
Alt. 543 m. — 2483 hab. — Province de Logroño (La Rioja).

Située au milieu de terres grises et ocre qui lui donnent un aspect particulier, cette petite ville agricole doit son essor à la fabrication des espadrilles.

Fêtes. — Virgen del Monte, le jour de l'Ascension. Le 28 nov., le jour de la Saint-Jacques, procession de la statue de sainte Anne.

L'**église Santa Ana** mêle des éléments gothiques et Renaissance tandis que le **pont du val de Bellota**, le clocher de **San Gil**, édifice gothique comportant des éléments romans, ainsi que le clocher et les avant-toits de la **chapelle N^a S^a del Monte** (belle statue romane à l'intérieur) perpétuent le souvenir mudéjar.

Selon la tradition, Zahara, la fille du gouverneur maure de Cervera, voulait faire construire, avec ses bijoux, la chapelle de la Virgen del Monte et brodait en secret une bannière qu'elle voulait y placer. Son père s'en aperçut, la châtia et envoya Fortun, son fiancé chrétien, à l'échafaud. Tous les ans, le jour de l'Ascension, on place sur la chapelle une bannière en souvenir de celle que broda Zahara.

Environs. 1 — Arnedo* (*37 km N.-O.;* → Calahorra*).
2 — Alfaro (*28 km N.-E.;* →).

Chemin de Saint-Jacques**

Provinces de la Navarre à la Galice.

Porte de communication entre l'Espagne et la France, la Navarre devient au xie s. le lieu de passage privilégié des pèlerins se rendant à Saint-Jacques-de-Compostelle, l'un des trois centres religieux les plus importants de la chrétienté avec Rome et Jérusalem.

Le chemin de Compostelle est jalonné de monuments romans et du début de la période gothique, parfois remarquables, presque toujours inspirés de l'art français, en particulier de l'art clunisien : sanctuaires, églises, mais aussi hospices et hostelleries, qui en font un itinéraire privilégié pour le visiteur.

Sur les pas des jacquets. — Cet itinéraire emprunte l'un des chemins de Compostelle vers le fameux sanctuaire, celui qui, par le col de Roncevaux, était suivi par la majorité des pèlerins venant de Tours, Vézelay, du Puy-en-Velay et de Saint-Gilles-du-Gard. Chaque année, à partir du xıe s., des centaines de milliers de pèlerins, jacquets, jacquots ou jacobites se rendent à Saint-Jacques, coiffés d'un chapeau à large bord, revêtus d'une grande pèlerine et portant gourde (de salut), bâton (d'espérance) et coquille (écuelle portée en sautoir).

Les bénédictins de Cluny facilitent le voyage des pèlerins français ; du côté espagnol, les templiers assurent la sécurité des chemins. Des monticules de pierres servent de points de repère. Des auberges et des hôpitaux accueillent les jacquets ; un guide, rédigé sans doute par le Poitevin Aimeri Picaud, les informe sur les coutumes des régions qu'ils traversent et les tombeaux de saints où ils doivent prier au passage.

La plupart d'entre eux traversaient la Navarre, où les rejoignaient, à Puente la Reina, ceux qui avaient franchi les Pyrénées au Somport (surtout les pèlerins provençaux, languedociens et aquitains). Après Estella, ils franchissaient l'Ebre à Logroño, puis s'engageaient sur les hauts plateaux, glacés en hiver, brûlants en été, de la Vieille-Castille et du royaume de León, avant de franchir le massif montagneux inhospitalier qui sépare le León de la rude Galice.

A l'apogée de sa célébrité du xıe au xıııe s., le pèlerinage attire par la suite moins de fidèles ; la présence de coquillards (cf. les ballades de François Villon), c'est-à-dire des malandrins et mendiants qui cousaient des coquilles sur leurs vêtements pour se faire passer pour des pèlerins, afin de détrousser ou de profiter de la crédulité des véritables dévots, cheminaient sur cette voie.

En Navarre :

0 km : **Valcarlos** *(65 km N.-E. de Pampelune par la C 135 ; 52 hab., alt. 365 m).* — Ses maisons ressortent sur le paysage vert des collines environnantes aux formes douces. L'église de Santiago témoigne du passage du chemin de Saint-Jacques.

18 km : **Roncevaux*** ou **Roncesvalles** (→).

20,5 km : **Burguete** (348 hab., alt. 960 m). — Ses maisons ornées de blasons sont bâties en pierre grisâtre et coiffées de toits très pointus. De l'incorporation du royaume de Navarre à la Castille jusqu'au milieu du xıxe s., les habitants de Burguete ont de fréquents démêlés avec ceux du versant français à propos des droits de pâturage. Ceci explique le rôle de place forte qu'elle a joué pendant de nombreuses années.

Spectacles folkloriques le 24 juin et le 6 déc.

31 km : **Viscarret.** — Ancien gîte d'étape du chemin de Compostelle. Église à portail roman.

65 km : **Pampelune*** (→).

87 km : **Obanos** (→ ; *22 km S.-O. de Pampelune ; prendre à g. au km 20*).

90 km : **Puente la Reina*** (→).

109 km : **Estella**** (→).

128 km : **Los Arcos** (2 000 hab. ; alt. 444 m). — L'église de la Asunción, de dimensions grandioses, remonte au xıııe s. Elle est surmontée d'un clocher Renaissance, véritable chef-d'œuvre dans son genre, construit par Martín et Juan de Landerrain. Le portail plateresque ouvre sur un intérieur entièrement décoré, qui accentue le caractère baroque de l'édifice. Statue de la Vierge, du xıve s. Retable orné de peintures de la fin du xve s. Beau cloître gothique.

✝ *135 km :* **Torres del Rio.** — Un peu à l'étroit entre les maisons du bourg se dresse l'église du Saint-Sépulcre*, vrai joyau du chemin de Saint-Jacques. Construite en 1160-1170, à côté d'un monastère et d'un cimetière dont on a perdu les traces, elle offre, comme à Eunate (→ Obanos), une forme octogonale et l'on reconnaît sa fonction de lieu d'ensevelissement à sa tour sur le toit ; celle-ci guidait les pèlerins, les invitait à prier pour les défunts et les délivrait des apparitions d'outre-tombe.

Bel extérieur à 3 hauteurs : la première sans ouverture, sauf la porte d'entrée, la seconde avec deux fenêtres seulement du côté de l'abside, tandis que la troisième est la plus décorée avec de belles fenêtres. Les colonnes des arêtes montent jusqu'au toit où les chapiteaux s'intègrent en une série uniforme de modillons.

L'intérieur étonne par la voûte formée de nervures qui s'entrecroisent en formant une étoile à 8 pointes ; l'on y reconnaît une nette influence musulmane. Chapiteaux sculptés avec des scènes de la Mort et de la Résurrection du Christ. Au fond, un Christ du xiiie s.

147 km : **Viana** (→).

En Rioja :

156 km : **Logroño** (→ *et* → *env. de Logroño, 4*).
184 km : **Nájera** (→).
203 km : **Santo Domingo de la Calzada** (→), dernière étape importante en Rioja.

En Castille-León :

De *(224 km)* Belorado à Burgos → *Env. de Burgos, 3.*
269 km : **Burgos** (→) d'où le chemin s'écarte des grandes routes (→ *Env. de Burgos, 5*).
341 km : **Frómista** (→) d'où, par Villalcázar de Sirga, on rejoint la grand'route à *(360 km)* **Carrión de los Condes** (→).
364 km : Calzada de los Molinos ; église gothico-mudéjare sur bases romanes.
381 km : Calzadilla de la Cueza, dont l'église (moderne) abrite un retable Renaissance orné d'abondants symboles compostellans.
401 km : **Sahagún** (→).
414 km : Gordaliza del Pino ; église romano-mudéjare. — On rejoint ensuite *(428 km)* la grande route Madrid-León.
449 km : Mansilla de las Mulas (1 490 hab.) ; un peu plus loin, à 5 km à g., Villaverde de Sandoval (→ *env. de León, 3*).
465 km : **León** (→).
471 km : à dr., **Sanctuaire de la Virgen del Camino***, construction moderne (1961) de l'architecte dominicain Coello de Portugal ; la façade est ornée de colossales statues en bronze de la Pentecôte (la Vierge et des apôtres) par Subirachs, également auteur des portes de bronze décorées de reliefs ; très importants pèlerinages le 2 sept. et le 15 oct.
495 km : à dr., Hospital de Orbigo (→ *env. d'Astorga, 1*).
512 km : **Astorga** (→). De là à Ponferrada, la route actuelle s'écarte de l'ancien chemin que suivent de petites routes locales passant par **Castrillo de los Polvazares*** (→ *env. d'Astorga, 5*), le col de Foncebadón (1 500 m), où une croix surmonte un énorme monticule de cailloux déposés par les pèlerins, et Molinaseca (à 6 km de Ponferrada), charmant village d'aspect médiéval.
575 km : **Ponferrada** (→).
De là, la route s'enfonce dans la cordillère cantabrique, remontant la vallée du Valcarce (→ *env. de Ponferrada, 5*).

En Galice :

625 km : Pedrafita do Cebreiro, au pied du col du même nom (1 110 m) et d'où le chemin bifurque à g. vers Sarria.

629 km : **El Cebrero ;** ce village constitue un site unique. Bâti à 1 300 m d'altitude, dans une contrée balayée par les tempêtes et souvent noyée dans le brouillard, il abrite encore de vieilles maisons celtes primitives. Petit monastère et hôpital fondés en 836 et attribués aux bénédictins de Saint-Géraud d'Aurillac. Église préromane du IXe s., d'une architecture très rustique. C'est à El Cebrero qu'une hostie tenue par un pèlerin de peu de foi s'est, dit-on, changée en chair et en sang.

637 km : **El Poyo** (alt. 1 337 m); là se terminait pour les pèlerins la partie la plus pénible du chemin. Belles vues sur le río Navia.

641 km : **Fronfría**; les pèlerins se reposaient dans l'hôpital de Santa Catalina (1535) qui fut fermé au XIXe s.

654 km : **Triacastela;** la ville fut fondée par Alfonso IX. Située au milieu d'une campagne fertile près de l'Oribio, Triacastela fut particulièrement florissante à l'époque médiévale. L'**église de Santiago** offre une belle abside romane semi-circulaire avec de robustes contreforts. La façade et la tour datent de 1790 et portent un blason aux armes de la ville (trois châteaux). A l'intérieur, grand autel baroque, croix d'argent sculptée du XIIe s., statue de saint Jacques.
Remarquez aussi l'hospital de la Condesa (casa Pedreira) qui fut également un cimetière de pèlerins; la meson del Peregrino (casa de Aira) s'ouvre par un portail en arc de demi-point qui donne accès aux dépendances : auberge, hôtellerie, écuries. La meson de la Ponte était à l'origine une forge comme en témoigne un des portes. A côté, ancien pont romain. Dans la prison on peut voir les vieilles grilles des cellules avec leurs serrures; les portes de bois, ornées de clous, portent des inscriptions d'anciens prisonniers. Monument au pèlerin réalisé avec la pierre des carrières environnantes.

664,5 km : **Samos;** dans un site boisé, on aperçoit la masse imposante, à l'aspect rébarbatif, du **monastère San Julian,** fondation royale du VIe s., construit dit-on par des Mozarabes venus d'Andalousie. Il a été remanié en style gothique au XVIe s. (petit cloître), Renaissance au XVIIe s. (grand cloître) et néo-classique au XVIIIe s. (église).

676,5 km : **Sarria** (12375 hab., alt. 500 m); la Flavia Lambrio des Romains est dominée par une colline que couronnent les restes d'un château médiéval. Les pèlerins de Saint-Jacques entraient dans la ville par le quartier de Vigo; ils traversaient le ponte Ribeira et montaient dans la vieille ville par la calle Mayor. Remarquez l'église El Salvador, de style roman; l'hospital San Antonio (en face de l'église), la forteresse (XIVe s.) et le couvent-hôpital de Santa María Magdalena, fondé au XIIIe s. (façade Renaissance et cloître romano-gothique). Fêtes : du 21 au 29 juin, San Juan (feux d'artifice, pèlerinage); le dern. sam. d'août, Noite Meiga (folklore, repas typique arrosé de queimada); le 8 sept., pèlerinage de la Virgen de los Remedios.
Poursuivre vers l'O., en direction de Puertomarin.

683 km : **Belante;** église romane.

700,5 km : **Puertomarin** (499 hab., alt. 480 m); localité reconstruite près du site du village médiéval, englouti après la formation du lac de barrage de Belesar sur le Miño. L'**église San Nicolás,** de style roman, a été démontée puis reconstruite; propriété de l'ordre de San Juan, elle présente l'aspect d'une forteresse; portail orné de remarquables détails sculptés, notamment l'Annonciation. Église San Pedro (près du parador) de style roman (1182); belles maisons seigneuriales des XVIe et XVIIe s. Fêtes : le dim. de Pâques, fiesta del Aguardiente (distillation d'eau-de-vie sur la place); en août, folklore avec chants et cornemuses; le 1er dim. de sept. Santísimo Cristo de la Vitoria.

713 km : carrefour de la route de Lugo à Orense. Prendre à dr. vers Lugo.
➜ A *12,5 km S.-O. (traverser le carrefour),* **Monterroso** (4 895 hab., alt. 489 m); son château, aujourd'hui disparu, a joué un grand rôle dans la lutte qui opposa Alphonse le Batailleur à doña Urraca. Église San Miguel de Esporiz, de style roman. Pazo de Laxe, Renaissance, avec église et statue gothique de la ville.

721 km : tourner à g. en direction de Santiago.

734 km : ➜ A dr., route pour *(2 km)* **Vilar de Donas**; petite église romane très rustique (1210), siège des chevaliers de l'ordre de Santiago depuis 1184. Les peintures murales remontent à la 1re moitié du xve s. Croix de procession en argent du xvie s.; pierres tombales de chevaliers.

738 km : **Palas de Rey ;** église paroissiale s'ouvrant par un portail roman.

748 km : **Leboreiro ;** église Santa María, romane.

753 km : **Melide** (8 014 hab. ; alt. 454 m) ; église Santa María, sanctuaire d'un ancien hôpital rattaché au couvent de Sancti Spiritus ; église San Pedro (portail roman) ; palacio de los Segade.

➡ A *25 km N. (prendre la C 540 en direction de Betanzos et bifurquer à dr. au km 16, à Corredoiras),* **Sobrado** (3 470 hab. ; alt. 511 m) ; magnifique monastère fondé au xe s. et remanié au xvie s. L'**église*** conventuelle présente une façade baroque et une sacristie érigée par Juan de Herrera en 1569. Beau chœur sculpté à la fin du xvie s. par Juan Davila et Gregorio Español. Trois cloîtres des xviie et xviiie s. ; dans l'église paroissiale, relief de la Mise au tombeau et crucifix du xvie s. d'un disciple ou imitateur de Juan de Juni, dit Maître de Sobrado. La cuisine du monastère a conservé sa curieuse cheminée, ainsi que les patios.

➡ A *22 km N.-O. par la C 540,* sur la g., **monastère de Santa María de Mezonzo** dont il ne subsiste plus guère que l'église de style roman. Saint Pierre de Mezonzo, son fondateur, évêque de Compostelle en 986, est considéré par certains exégètes comme l'auteur du *Salve Regina* (d'autres en attribuent la paternité à Adémar de Monteil, évêque du Puy).

770 km : **Arzua** (7 377 hab. ; alt. 385 m) ; cette ville fut une étape importante sur le chemin de Saint-Jacques. Elle abrite la chapelle gothique de la Magdalena et l'église del Carmen du xviiie s.

799 km : **Labacolla ;** à cet endroit s'élevait un calvaire qui se trouve auj. dans un jardin ; devant l'église Santo Domingo, les pèlerins avaient l'habitude de se laver afin de se présenter purs devant l'Apôtre.

804 km : **San Marcos ;** à g. à *200 m,* le **Montjoy** est l'éminence d'où les fidèles découvraient avec allégresse les tours de Santiago au terme d'un pèlerinage harassant.

810 km : **Saint-Jacques-de-Compostelle***** (→).

Chinchilla de Monte Aragón

Albacete, 14 km. — Almansa, 58 km.
Alt. 968 m. — 2 198 hab. — Province d'Albacete (Castille-La Manche).

La Saltigi des Anciens était une ville renommée pour ses tapis dès l'époque arabe. Bâtie en amphithéâtre autour de la plaza Mayor et dominée par un château du xve s., maintes fois remanié, Chinchilla de Monte Aragón est une pittoresque cité qui a conservé beaucoup de caractère.

De la place principale, où se situe l'**ayuntamiento,** du xviiie s., mais avec une façade Renaissance de 1590, les rues qui montent vers l'église Santa María sont bordées de vieilles maisons mudéjares, gothiques et Renaissance. L'**église Santa María,** de style gothique, avec une façade de 1440 et une tour du xve s., comporte cependant une abside plateresque richement ornée de reliefs (1540) ; à l'intérieur, Capilla Mayor Renaissance. A l'autre extrémité de la ville, **couvent de Santo Domingo,** du xive s., s'ouvrant par un portail Renaissance ; cloître des xive et xve s. Musée de la Céramique.

Environs. 1 — Albacete (*14 km N.-O. par la N 430 ;* →).
2 — Almansa (*58 km E. par la N 430 ;* →).

Cifuentes

Brihuega, 29 km. — Guadalajara, 60 km.
Alt. 898 m. — 1 374 hab. — Province de Guadalajara (Castille-La Manche).

La ville doit son nom aux cent sources (cien fuentes) qui alimentent les eaux du Tage.

Le château-forteresse est doté de tours carrées et d'un puissant donjon. Belle plaza Mayor, triangulaire, à arcades; maisons seigneuriales. L'église San Salvador, romano-gothique, arbore une façade Renaissance; à l'intérieur, chaire d'albâtre et retable Renaissance.

Environs. 1 — Trillo (*10 km S.-E. par la C 204 en direction de Sacedón; à Gárgoles de Abaja, prendre à g.;* 1 205 hab., alt. 733 m). — Pittoresque station thermale avec des ruines celtibères et romaines. De l'autre côté du Tage, au S., rochers Tetas de Viana qui dominent la vallée.

2 — Brihuega* (*29 km S.-O. par la C 201 en direction de Masegoso de Tajuña,* → Guadalajara, environs 2).

Circuit des sierras du Bas-Aragon**

Province de Teruel (Aragon).

Ceux qui aiment le tourisme buissonnier apprécieront cette route qui s'élève jusqu'à 1 700 m (col de Villaroya). Très sinueuse, mais parfaitement carrossable, elle dessert des bourgs qui ont conservé un air d'authenticité qu'il faut aller rechercher dans les sierras les plus isolées de la péninsule.

0 km : La Puebla de Valverde (→ Teruel**, environs 5).

19 km : **Mora de Rubielos** (1 393 hab.; alt. 1 035 m). — Ancienne petite ville fortifiée dominée par l'imposante masse d'un **château** du XIIIe s., remanié aux XIVe et XVe s. **Collégiale** du XVe s., construite en style gothique aux frais de Juan Fernández de Heredia († 1494), archevêque de Saragosse qui y fut inhumé. Quelques **chapelles** sont décorées d'azulejos de Manises du XVIIIe s. Bel ensemble urbain avec les **maisons seigneuriales** du XVIIIe s. del Curato, des Monterde, des Royo Herranz et des Cortel de la Fuen del Gemo (balcons, grilles et blasons).

33 km : **Rubielos de Mora.** — Séduisante bourgade, aux maisons à larges auvents de bois. Laissez à dr. le portail de San Antonio, puis garez votre voiture *200 m* plus loin près de la puerta del Carmen.

A dr., à *200 m :* **église paroissiale de la Asunción,** Renaissance, des XIVe-XVIe s. A l'intérieur, grand **retable*** gothique de la seconde moitié du XVe s. **Hostal de Peregrinos** (des pèlerins) du XVIIIe s. Une muraille des XIIe et XIIIe s. avec quatre portes. L'**ayuntamiento** de deux étages avec une **lonja** du XVIIe s. Le palais de Jaime Ier, de style gothique, des XVe et XVIe s. **Demeures seigneuriales** à blasons. **Couvent des augustines** du XVIIe s. (beau portail du XIVe s. et petit retable peint.) Fouilles archéologiques : dans le château Majó ou Las Estacas : vestiges de l'âge du bronze ; dans la rambla de las Truchas : vestiges de l'âge du fer.

53 km : **Linares de Mora.** — Ruines d'un château et de murailles médiévales. L'église paroissiale du XVIIIe s. abrite un exceptionnel **triptyque d'émaux*** de Limoges, une peinture de Juan de Juanes et une croix processionnelle gothique.

75 km : Mosqueruela (805 hab.; alt. 1311 m). — Pittoresque bourg fortifié sur une colline. Enceinte quadrangulaire orientée selon les 4 points cardinaux. Palais de Don Jaime et arcades gothiques sur la plaza Mayor. Le genièvre de la région sert à la fabrication du gin espagnol.

100 km : **La Iglesuela del Cid***. — L'église paroissiale de la Purification, des xvie-xviiie s., avec la chapelle de los Dolores, de style rococo, s'ouvre par un portail plateresque sur une séduisante petite place. L'ermitage de la Virgen del Cid (xvie-xviie s.) est une construction gothique et baroque renfermant de belles statues dont une Virgen de la Leche du xvie s. et la Virgen del Cid, de style roman, du xiie s. A remarquer, plusieurs **demeures à blasons** remarquables (l'une d'elles, en face de l'église, a été transformée en musée) : l'**Agramunt** des xviie-xviiie s., baroque, la **casa Daudén** du xvie s., Renaissance, la **casa Matutano-Daudén** du xviiie s., baroque tardif dont on remarquera tout spécialement l'escalier, élément architectural important en Aragon. Au n° 15 de la calle Mayor (prendre à g. après la demeure seigneuriale abritant le musée) se trouve la **casa Puig** dans laquelle est installé un petit **atelier de tissage** de couvertures en laine, de bissacs, présentant de très beaux ouvrages.

113 km : **Cantavieja***. — Centre urbain d'aspect médiéval construit sur le rebord d'une falaise dominant une gorge. L'**église paroissiale de l'Asunción** (des xviie-xviiie s.) est une œuvre baroque composée de trois nefs. **Église de San Miguel**, gothique, du xive s. L'**hôpital San Roque** et le **couvent** (xviie-xviiie s.). Le **château** (xiie-xiiie s.) est une enceinte de forme trapézoïdale, entourée de murailles, avec un donjon circulaire qui tient lieu d'ermitage. L'**ayuntamiento** est installé dans un palais du xvie s., sur une place bordée de galeries (soportales). La **Cueva de las Brujas** (sorcières) fut le quartier général de Cabrera pendant les guerres carlistes. Les ancêtres du peintre Sorolla étaient originaires de ce bourg.

↦ **Mirambel*** *(10 km);* bourg qui a conservé son cachet médiéval, en grande partie fermé par une muraille. **Église paroissiale de Santa Margarita** (xviie-xviiie s.). Mirambel présente un exemple d'architecture populaire avec de nombreuses maisons à blasons sculptés : **casa de los Aliaga, los de Malacara** ou **Costell, Costeras, Altaba,** toutes du xvie s. **Ayuntamiento** avec une lonja ouverte sur deux côtés (xvie s.) et un ensemble de constructions fortifiées (accès par une piste) des xive et xve s.

↦ **Villarluengo** *(26 km; à dr. à 10 km de Cantavieja).* — Avec l'**Hostal de la Trucha,** enclavé dans une sierra*, paysage de précipices et de torrents, un massif montagneux connu sous le nom d'Organo de Montoro, des aiguilles formées par des parois lisses qui atteignent jusqu'à 300 m (difficulté 5 en escalade). Là, genettes et martres sont en abondance. Sur les rives du Pitarque se succèdent les tunnels creusés dans la roche. La réserve de pêche Malbuga-Guadalope est ouverte toute l'année. **Église** néo-classique de grandes dimensions. L'**ayuntamiento** (xvie s.) est un exemple de l'architecture populaire aragonaise.

152 km : **Villarroya de los Pinares.** — Centre urbain, sur trois collines. **Église paroissiale de la Asunción,** de différents styles (xive-xvie s., xviiie s.). L'architecture civile est formée par un ensemble de maisons des xvie, xviie et xviiie s. **Ayuntamiento** de deux étages (xvie-xviie s.), avec un avant-toit en bois et une horloge solaire. Plusieurs ermitages autour du village : on remarquera **San Benón** (xviie s.), baroque.

↦ Villarroya de la Sierra; église paroissiale San Pedro Apostol. Extérieur en briques, portail très simple, arc brisé, sans doute mudéjar, du xve s. L'intérieur a subi de nombreuses transformations.

162 km : **Allepuz.** — **Ermitage de Loreto** du xvie s. **Église paroissiale** baroque (xviie-xviiie s.). **Palais** du xve s. avec une façade en pierres de taille. Le **Manantial** (source) est une fontaine composée de deux voûtes en plein cintre dans un mur de soutènement en maçonnerie qui date du xvie s.

172 km : Alcada de la Selva. — Ruines d'un château, église Renaissance. El

Humilladero et El Oreto datent du xviie s. ↔ A proximité, l'**ermitage de la Virgen de la Vega** ou **del Espino**, du xviiie s. (pèlerinage le 8 sept.), abrite une Vierge romane. Belles fresques du xixe s. dans le chœur.

197 km : **Mora de Rubielos** (→ km 19).

Ciudad Real

Madrid, 190 km. — Puertollano, 38 km. — Tolède, 120 km.
Alt. 635 m. — 57 746 hab. — Capitale de la province de Ciudad Real (Castille-La Manche).

Fondée par Alphonse X le Sage en 1225, détruite par les Maures, elle est une des premières villes où se fonde une Santa Hermandad, association de bourgeois contre les exactions des nobles et, plus tard, milice pour la poursuite des malfaiteurs. Si elle n'a à peu près rien conservé de son caractère médiéval, elle présente par contre un aspect déjà andalou. Centre commercial et agricole, son activité connaît un important déclin avec l'expulsion des Morisques à partir du xviie s., qui se poursuivit au xviiie s. lorsque Almagro devient la capitale de la Manche.

Fêtes. — Semaine sainte avec de belles processions dans les vieilles rues. Beau paso du Saint-Sépulcre qui défile le ven. saint. Le 31 juil., fiesta de la Pandorga en l'honneur de la Virgen del Prado, danses et repas régionaux.

Visiter Ciudad Real

A l'entrée, **puerta de Toledo**, porte de ville de style mudéjar (xive s.). Par la **calle de Toledo** qui prolonge la route de Tolède au-delà du circuit des rondas (boulevard circulaire), accès à la **plaza de José Antonio**, avec le **palais de la Diputación**, où se trouve installé un petit musée d'Art (peintures d'artistes locaux).

Laissant à dr. l'**église de la Merced** (xviie s.), la **calle de María Cristina** mène à la **plaza Mayor**, entourée de galeries du xvie s.; à l'opposé du **nouvel ayuntamiento**, qui occupe le fond de la place, **ancien ayuntamiento**, de 1619, et **casa Consistorial**, de 1869. Par une petite rue débouchant à dr. en arrivant sur la plaza Mayor, gagnez la **cathédrale**, édifice gothique, du début du xvie s., mais avec des éléments plus anciens, dont le portail O., du xiie s., très modeste, surmonté d'une rosace; le portail latéral, à dr., de style plateresque, date du xvie s.; à l'intérieur grand **retable** sculpté par Giraldo de Merijo (1616). Chœur Renaissance de Fernandez de Ecija. Stalles baroques. L'image de la patronne, la **Virgen del Prado**, est gothique et repose sur un trône d'argent. Retable de San Miguel, avec peintures du xvie s.

La nouvelle sacristie conserve un San Jerónimo, copie de Ribera, une sculpture gothique avec la Descente de croix et une Paix exécutées par Becerril au xvie s. Le musée de la cathédrale *(entrée libre, 11 h 30-13 h 30)* abrite diverses œuvres d'art sacré.

Le **musée de Ciudad Real** *(Prado, 3; entrée libre 10 h-14 h et 17 h-19 h; f. dim. a.-m. et lun.; ☎ 22-68-96)* possède des collections d'archéologie, d'entomologie et des œuvres d'artistes locaux. Le **Musée provincial** *(même adresse)* est consacré à l'archéologie, aux Beaux Arts et à l'ethnographie.

Parmi les autres oratoires que compte Ciudad Real, et qui pourront intéresser les amateurs, on peut encore citer l'**église Santiago,** fondée au XIIIe s., mais défigurée par des restaurations successives et l'**église San Pedro,** de style gothique des XIVe et XVe s. (monument funéraire du XVe s. dans la chapelle du Sagrario ; retable au maître-autel néo-classique ; chœur du XVIe s. de Antonio Fernández, stalles Renaissance de Juan Espinosa).

Environs

1 — Piedrabuena *(27 km O. par la N430).* — Réserve de chasse pour le gros gibier (cerfs, sangliers).

2 — Malagón *(24 km N. par la N401 en direction de Tolède ; 7 935 hab., alt. 634 m).* — Restes d'une partie du château de fondation arabe ; église gothique ; à l'intérieur du couvent des Carmelitas Descalzas, fondé par sainte Thérèse en 1568, beau retable baroque.
Fêtes : le 14 sept., défilés et concours de fruits et légumes, jotas et fandangos.

3 — Carrión de Calatrava *(9,5 km E. par la N420-430 en direction de Daimiel ; 2 410 hab., alt. 615 m).* — Le sanctuaire de Na Sa de la Encarnación abrite une statue de la Vierge sculptée dans du marbre au XIIIe s. Église gothique, couvent des Franciscains, baroque. ↦ A 6 km E., dans l'église de **Torralba de Calatrava,** stalles en bois sculpté provenant du couvent des dominicains de Ciudad Real.

4 — Château d'Alarcos *(9 km S.-O.).* — Accessibles en voiture par la ferme «Las Barracas», ses ruines coiffent une hauteur, occupée depuis la préhistoire, où se profile auj. une église gothique ; en 1195, les chrétiens y furent vaincus lors d'une grande bataille contre les Almohades. Depuis les murs, on aperçoit les restes des châteaux de Benavente, Piedrabuena et Caracuel.

5 — Daimiel *(31 km N.-E. par la N420-430 ; 16 260 hab., alt. 627 m).* — Ruines de l'ancienne forteresse arabe. Pittoresque plaza Mayor à arcades. Église de Santa María, de style gothique avec une façade Renaissance. Église San Pedro, Renaissance, renfermant un retable baroque.
Fêtes : le dim. de l'Ascension et le suivant, romerías et défilés au sanctuaire de Na Sa de las Cruces ; pique-nique avec mouton et fromage.
↦ A 10 km N.-O., par une route locale, Parc national de las Tablas de Daimiel *(ouv. 10 h-17 h en hiver, jusqu'à 20 h en été) ;* 2 000 ha, couverts de lagunes où la variété des eaux (calmes ou courantes, profondes ou superficielles, saumâtres ou douces) constitue un biotope idéal pour les oiseaux aquatiques : flamants, oies, bécasses, canards royaux, foulques. Les chasseurs furent les premiers à découvrir les richesses de cette région. L'infant don Juan Manuel vantait déjà les mérites de Daimiel en 1325, Philippe II venait y chasser. Le 30 juin 1973, las Tablas de Daimiel sont déclarées parc national, refuge des oiseaux. Le Cigüela et le Guadiana arrosent cette zone. On y trouve des écrevisses ainsi que quatorze espèces de poissons (carpes, barbeaux,...).

6 — Almagro* *(26 km S.-E. par la C415 en direction de Valdepeñas ; →).*

Ciudad Rodrigo*

Salamanque, 89 km.
Alt. 650 m. — 14 066 hab. — Province de Salamanque (Castille-León).

Située au S.-E. de la province de Salamanque, dans une région limitrophe avec le Portugal, cette petite ville fortifiée est entourée de riches pâturages où poussent des chênes (dehesas) ; on y élève le cochon

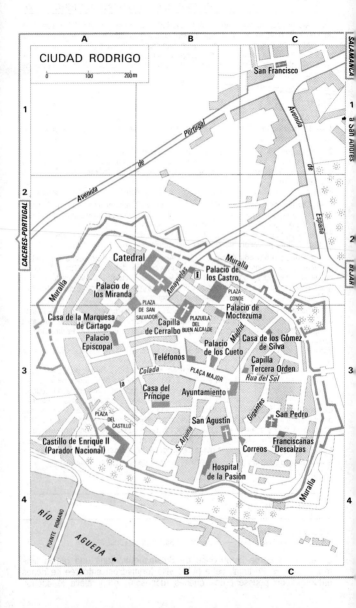

CIUDAD RODRIGO

0   100   200m

San Francisco

SALAMANCA

Avenida de Portugal

a San Andrés

Avenida

CACERES-PORTUGAL

Avenida

de España

BEJAR

Muralla

Catedral

Muralla

Amayuelas

Palacio de los Castro

PLAZA CONDE

Palacio de los Miranda

PLAZA DE SAN SALVADOR

Palacio de Moctezuma

Casa de la Marquesa de Cartago

Capilla de Cerralbo

PLAZUELA DEL BUEN ALCALDE

Madrid

Casa de los Gómez de Silva

Palacio Episcopal

Palacio de los Cueto

Teléfonos

Capilla Tercera Orden

Rua del Sol

Colada

PLAÇA MAJOR

Casa del Príncipe

Ayuntamiento

la

Gigantes

San Pedro

PLAZA DEL CASTILLO

San Agustín

Castillo de Enrique II (Parador Nacional)

S. Arçuña

Correos

Franciscanas Descalzas

Hospital de la Pasión

Muralla

RÍO

PUENTE ROMANO

AGUEDA

ibérique (sorte de petit sanglier domestique qui donne un excellent jambon), et surtout des taureaux de combat, nourris grassement pendant trois ou quatre ans et destinés à mourir dans l'arène le plus vaillamment possible.

La ville dans l'histoire. — L'antique Mirobriga Vettorum romaine est une place stratégique où se déroulent de nombreuses batailles ; les troupes napoléoniennes l'occupent puis sont repoussées par le duc de Wellington (1812). La ville conserve entre ses murailles un ensemble de monuments qui témoignent de sa splendeur passée ; elle doit son nom au comte don Rodrigo Girón.

Fêtes. — La San Blas est célébrée avec une romería, le 3 fév. Pendant le carnaval, corridas.

Gastronomie. — Vous pourrez savourer deux spécialités : le cabrito panadero (chevreau au four) et les huevos con farinato (œufs frits avec charcuterie).

Pour atteindre la cathédrale, franchir une porte de l'**enceinte**, construite sous le règne de Ferdinand II (1157-1188), sur le tracé d'une muraille romaine.

Cathédrale* *(plan B2 ; ouv. de 10 h à 14 h et de 16 h à 19 h).* — Commencée en style roman vers 1165-1166, elle fut remaniée par la suite, notamment en 1550, lorsque Rodrigo Gil de Hontañón rebâtit le sanctuaire. Son portail principal, du début du XIIIe s., est richement sculpté. A l'intérieur, grille du chœur et **stalles*** en bois sculptées par Rodrigo Alemán (1498) ; dans le bas-côté g., **Descente de Croix**, en albâtre, œuvre admirable d'un monument funéraire du XIIIe s.
Une porte, de style plateresque, mène au **cloître***.

Dans la galerie à g., de style romano-gothique des XIIe et XIIIe s., **chapiteaux** historiés ou à décor végétal ; la galerie suivante *(N.)* fut érigée en style gothique fleuri par Pedro Güemes (1526).

La chapelle de Cerralbo *(plan B3)* est une œuvre de style herrerien du XVIe s. ; à l'intérieur, **tableau** de Ribera.

De la **plazuela del Buen Alcalde** *(plan B3),* les amateurs de détails se rendront sur la **plaza del Conde**, où se situent le **palais de los Castros** *(plan B2),* avec une belle façade plateresque et un austère patio et le **palais de Moctezuma** *(plan B3),* demeure patricienne Renaissance à blasons sculptés.

Sur la plaza Mayor *(B3),* le **palais de los Cueto**, du XVIe s., présente de curieuses armoiries aux angles de la façade. Dans la **calle de Madrid**, derrière ce palais, autres demeures patriciennes du XVIe s. Au fond de la plaza Mayor, **ayuntamiento** *(plan B3),* avec, de chaque côté, une **tour** cylindrique, et une **loggia** du XVIe s.

Aux **amateurs de détails**, signalons encore, dans la **rúa del Sol**, la petite **capilla de la Tercer Orden**, de style néo-classique du XVIIIe s., à g., à l'entrée de la rue, suivie de la **casa de los Cuernos**, qui conserve des éléments d'architecture Renaissance, puis de la **torre del Cañon**, une tour du palais des seigneurs de Chaves. A l'extrémité de la rue, porte de ville, avec un escalier d'accès au **chemin de ronde**. Dans le quartier à g. de la rúa del Sol, la **casa de los Gómez de Silva** *(plan C3)* est un bel exemple d'architecture Renaissance du XVIe s.

Fondée au XIIe s., reconstruite en style gothique au XVIe s., l'**église San Pedro** *(plan C3)* conserve des restes d'architecture romane, notamment l'abside, en brique, qui rappelle des monuments contemporains de Sahagún. En face, église des **Franciscanas Descalzas** *(plan C3-4)*, à façade néo-classique du XVIIIᵉ s. En vous dirigeant vers le château, bâtiment des **Correos** *(plan C4)* demeure patricienne du XVIᵉ s. **(casa de los Aguilas)**, avec des plafonds à caissons, **église de San Agustin** *(plan B3)* du XVIᵉ s., attribuée à Rodrigo Gil de Hontañon, et l'**hospital de la Pasión** *(plan B4)*, fondé au XVIᵉ s. Dans la **casa del Príncipe** *(plan B3)*, d'un beau style plateresque du XVIᵉ s., patio orné de hauts-reliefs, escalier d'honneur à plafond à caissons et, dans la chapelle **calvaire** de Jean de Joigny.

L'imposant **Alcázar**, occupé en partie par le Parador nacional *(plan A4)*, fut reconstruit en 1372 par Henri de Trastamare sur le site d'un castrum romain. De là, beau panorama sur la vallée du río Agueda, petit cours d'eau qu'enjambe un pont d'origine romaine.

Revenez vers le point de départ, par la place San Salvador, où se trouvent la **casa de la Marquesa de Cartago** *(plan A3)*, de style gothique, et le **palais de los Miranda** *(plan A2)*, construction herrerienne d'un style sobre, avec un beau patio du XVIIᵉ s.

Environs. 1 — Fuenteguinaldo *(25 km S.-O. ; au km 14 de la C526 en direction de Cáceres, prendre à dr.).* — Ruines d'**Urueña**, à l'intérieur d'une enceinte de plus de 2 km de périmètre.

2 — Fuentes de Oñoro *(25 km O. par la N620).* — Ville frontière espagnole à 365 km de Lisbonne. Postes frontaliers ouverts jour et nuit.

3 — San Felices de los Gallegos *(39 km N.-O. par la SA324 en direction de Lumbrales).* — Restes de murailles avec un spendide **donjon**. Église paroissiale d'origine romane.

4 — Lumbrales *(49 km N.-O. ; 2477 hab., alt. 673 m).* — Église de style herrerien et tour mozarabe.
→ A *27,5 km N.-E.,* **Vitigudino** où vous pourrez trouver de belles poteries.
→ A *8 km S.-O.,* **Yecla de Yeltes**, restes d'une cité ibère fortifiée, occupée par les Romains, du Iᵉʳ s. apr. J.-C. jusqu'au début du Vᵉ s.

Ciutadella*

Mercada, 4 km. — Mahón, 45 km.
17862 hab. — Ile de Minorque — Province des Baléares.

A l'extrémité O. de Minorque, cette ancienne capitale médiévale de l'île, ville aristocratique au fond d'un ravissant petit estuaire, s'oppose à l'anglaise Mahón, encore tout imprégnée du souvenir de l'occupation britannique au XVIIIᵉ s. De l'une à l'autre il y a 45 km, la plus grande distance possible sur l'île. Ciutadella, site classé, où il fait bon vivre, offre aux visiteurs ses palais, sa cathédrale, ses ruelles bordées d'arcades, et pour la Saint-Jean, l'une des fêtes les plus populaires d'Espagne, chevaux, cavaliers et foule en liesse envahissent alors la ville selon une tradition inchangée depuis le Moyen Age.

La ville dans l'histoire. — Fondée par les Phéniciens, siège épiscopal dès le Iᵉʳ millénaire et capitale de l'île lors de la domination arabe, Ciutadella conserve ce statut privilégié après la conquête catalane de 1287. Sur la place principale de la ville, Es Born, un obélisque commémore la «desgràcia de Ciutadella», malheur survenu le 9 juillet 1558, moins d'un quart de siècle après celui de Mahón : les

Turcs saccagent ce jour-là la ville, ne laissant derrière eux qu'un tas de ruines. C'est l'agression la plus meurtrière que connaissent les Baléares au XVIe s. Sous la domination anglaise, les Ciutadellencs subissent une autre blessure, morale cette fois. La noblesse et le clergé, imbus de leurs privilèges, n'acceptent pas la présence d'étrangers protestants sur leur sol. Le gouverneur Kane, las de cette opposition à l'administration britannique, mais aussi pour des raisons stratégiques, transfère en 1722 la capitale à Mahón. Au siècle dernier, les remparts sont détruits afin d'élargir les limites de la cité. Ciutadella développe alors une petite industrie de la chaussure et de la bijouterie. Si cette dernière activité connaît une certaine stagnation après la guerre, le travail du cuir se met de nouveau à prospérer jusqu'à la crise des années 1980.

Les fêtes de la Saint-Jean. — Elles commencent le dimanche précédant le 24 juin. Ce jour-là, la « junta des caixers », avec à sa tête un homme aux pieds nus, vêtu de peaux de bête et portant un agneau, invite la population à participer à la fête. La veille de la Saint-Jean, la journée s'ouvre par une grande cavalcade. Les notes métalliques de la fanfare donnent le signal du départ. Les spectateurs les plus intrépides devront alors se placer sous le poitrail des chevaux qui caracolent. Les cavaliers font trois tours du Born, puis se dirigent vers l'ermitage de Sant Joan de Missa. Le lendemain (24 juin), la fête se termine par des défilés et des jeux médiévaux. L'origine de cette extraordinaire manifestation, probablement due aux chevaliers de l'ordre de Malte, remonterait au XIVe s.

Comme un balcon donnant sur le port, la **vieille ville***, édifiée sur un plateau calcaire, conserve quelques bastions des anciens remparts. Des ruelles pavées descendent vers les quais où les terrasses des restaurants accueillent le soir les amateurs de poisson frais et de langouste. L'ancienne **place d'armes**, devenue **Es Born**, est une immense esplanade où l'on remarquera la belle façade à loggia du **palais Torre-Saura**, aux deux corps symétriques de ligne néo-classique, deux autres palais du XVIIIe s. (Martorell et Vigo), et l'**ayuntamiento** aménagé en partie sur l'ancien alcázar des chefs maures ; restauré à la fin du XIXe s., il abrite le petit musée municipal.

La **cathédrale**, sur la plaça Vella, au N. du Born, fut élevée en style gothique sur le site d'une mosquée vers la fin du XIVe s., mais présente une façade du XVIIIe s.

La promenade à pied dans la vieille ville est fort agréable, que ce soit sous les arcades du carrer de ses voltes et de la **plaza de España**, mais aussi dans les rues adjacentes où l'on peut voir l'**église baroque del Roser** ou celle **del Socors**, dont le séminaire renferme un intéressant Musée archéologique. Calle del Santísimo, le beau **palais de la famille Saura** (XVIIe s.) nous fait revivre l'époque où l'aristocratie ciutadellenca dominait toute l'île.

Environs. 1 — Cala Morell *(8 km N.-E.).* — Station balnéaire.

2 — Cala Algaiarens* *(10 km N.-E.).* — Belle plage vierge entourée de pinèdes.

3 — Naveta d'es Tudons* *(4 km E.).* — Le plus grand vestige mégalithique des Baléares est un monument funéraire qui ressemble à un navire dont la quille regarderait le ciel (→ Alaior, environs 2).

4 — Son Catlar *(6 km S.-E. ; au km 4 de la route menant à Cala Turqueta, bifurquer à dr.).* — Monuments mégalithiques (talayots, taula et restes de murailles ; → Alaior, environs 2).

5 — Torre Saura *(8 km S.-E.).* — Grosse tour crénelée de l'époque d'Alphonse III d'Aragon (XIIIe s.).

6 — Playa de Son Saura *(12 km S.-E.).* — Belle plage de sable.

7 — Cala Santandria *(3 km S.).* — Station balnéaire.

8 — Cala Blanca *(4 km S.)*. — Station balnéaire.

9 — Tamarinda *(11 km S.)*. — Station balnéaire dotée d'une jolie plage (**Cala en Bosc**).

10 — Cala Blanes *(3 km O.)*. — Station balnéaire que l'on atteint en longeant le port en direction du cap de Bajolí.

Coca*

Cuéllar, 28 km. — Ségovie, 52 km.
Alt. 789 m. — Province de Ségovie.

Située dans une région couverte de pinèdes, Coca rivalisa avec Cuéllar (→) dans la lutte pour la couronne de Castille, comme en témoigne son impressionnant château, très bien conservé.

 Le **château**** a été construit dans la seconde moitié du XVe s. sur une petite éminence près du confluent du Voltoya et de l'Eresma, où on localise l'emplacement de l'ancienne Cauca, cité celtibère pillée en 151 av. J.-C. par le général Lucullus, où naquit vers 347 Théodose Ier, empereur romain d'Orient.

Visite : en hiver, de 9 h à 13 h et de 15 h à 18 h ; en été de 8 h à 14 h et de 16 h à 20 h.

L'édifice comprend une **enceinte extérieure** aux angles renforcés de tours octogonales couronnées de tourelles en encorbellement. La seconde enceinte est flanquée de puissants massifs polygonaux tandis que le **donjon**, de plan carré, est renforcé de tours d'angle. Dans la **tour de Pedro de la Mata**, que vous remarquerez à dr. depuis la passerelle donnant accès à la tour où se trouve percée la porte d'entrée, on a découvert quelques fragments de peintures murales mudéjares à motifs floraux et géométriques. Cette forteresse fut entièrement construite en brique par des maçons mauresques, ce qui explique le caractère si particulier de son ornementation.

Dans l'**église Santa María la Mayor** (XVe s.), **tombeau*** de Juan Rodríguez de Fonseca, par Bartolomé Ordoñez (1520) et tombeaux d'autres membres de la famille de Fonseca. La **tour** mudéjare de **San Nicolás** ressemble aux minarets almohades.

Environs. 1 — Cuéllar *(28 km N.-E. ; →)*.

2 — Fuentepelayo *(31 km E.)*. — L'**église Santa María la Mayor** est d'origine romane. L'**église el Salvador** possède un plafond à caissons. Le village est réputé pour ses couvertures et tapis de laine naturelle.

3 — Aguilafuente *(36,5 km E.)*. — Vestiges archéologiques romains. L'église mudéjare est ornée d'un portail gothique.

4 — Carbonero el Mayor *(30 km S.-E. sur la N601)*. — Dans l'**église San Juan Bautista** de style gothique, vous pourrez contempler un retable platéresque (1554) avec des peintures de Diego del Rosales. L'artisanat de ce village est caractérisé par les broderies typiques de la région de Ségovie.

5 — Monastère de Santa María la Real de Nieva* *(20,5 km S.-E. par la SG 341)*. — Il se développa au Moyen Age autour d'un couvent fondé par Catherine de Lancastre en 1393 ; l'**église** gothique s'ouvre par un portail sculpté, représentant le cycle de la Passion à la naissance de la voûte. Cloître* ogival, mais aux chapiteaux de style roman archaïsant.

Communauté valencienne

Provinces d'Alicante, de Castellón de la Plana, de Valence.

La Communauté valencienne occupe la bordure montagneuse du S.-E. de la Meseta ; d'une superficie totale de 23 305 km², elle est délimitée au N. par les plissements du système ibérique qui s'avancent jusqu'à la mer ; au-delà s'étendent la basse vallée de l'Ebre et son delta. La limite S. est moins précise : les plis du système subbétique s'enchevêtrent à travers la province d'Alicante et plongent dans la Méditerranée, au cap de la Nao (ils réapparaissent dans la cordillère N. de Majorque). S'ils séparent nettement la Cas-

tille de la Communauté valencienne, ils laissent cependant des couloirs qui facilitent les communications avec Murcie et l'Andalousie. Placée sous l'autorité du Concell de la Generalitat Valenciana (constitué en 1982), représentant du pouvoir exécutif, et des Corts Valencianes, organe du pouvoir législatif régional, la Communauté valencienne comprend les provinces d'Alicante, de Valence et de Castellón de la Plana.

Histoire. — Une fois achevée la Reconquête (1233-1245), Jacques Ier crée à Valence un royaume indépendant dans les territoires appartenant à la Couronne d'Aragon ; ceux-ci se peuplent d'Aragonais et de Catalans. Les premiers s'installent dans les terres de l'intérieur, les seconds leur préférant les côtes. Cette différence, qui prédomine quelquefois encore de nos jours, fut à l'origine de contrastes économiques et sociaux. Les Aragonais maintinrent en effet un régime seigneurial, alors que les Catalans développèrent très vite un commerce et une industrie très florissants au sein des villes. Ces différences exceptées, on peut dire que le principal facteur de motivation du développement économique valencien reposa sur le contact avec les musulmans, dont la plupart se consacraient au travail des champs. Les chrétiens, quant à eux, ne formaient, dans le royaume de Valencia, qu'une superstructure urbaine et dirigeante, qui se superposait au fonds musulman.
Au xve s., profitant des difficultés de sa voisine, la Catalogne (peste, guerre civile), le royaume de Valence devient la province la plus importante de la Couronne d'Aragon. Un grand nombre de commerçants catalans s'établissent à Valence, apportant des forces nouvelles à l'industrie et au commerce. La prospérité valencienne est favorisée par le calme qui règne alors dans les campagnes, où travaille toujours une importante majorité musulmane, et se poursuit sous le règne des Rois Catholiques.
La guerre des Germanies (1519-1522) met un terme à cette période florissante. Ce conflit fait ressortir les différences entre la population des terres littorales, à mentalité bourgeoise et artisane, et celle des terres intérieures, à majorité musulmane, attachée aux domaines seigneuriaux. En 1519, la peste qui accable les villes, le

danger que représentent les possibles attaques des pirates (musulmans), les soulèvements contre la noblesse qui possède les grandes extensions de labour, sont la cause d'une grave crise à Valence. Aucune autorité politique s'affirmant une fois décédé le roi Ferdinand le Catholique, la Junte des Treize (la Junta del Trece), formée d'éléments bourgeois, est constituée. Elle est à l'origine de la Germania, sorte de confrérie militaire qui doit faire face à une double tâche : la défense du royaume contre les Maures et les pirates, et celle du peuple contre la noblesse. Charles V, récemment couronné, a en effet accordé aux membres de la Germania le droit de porter des armes, ce à quoi la noblesse s'oppose. Les membres de la Germania refusent de reconnaître l'autorité de Diego Hurtado de Mendoza, comte de Mélito, que les nobles imposent comme vice-roi du royaume. La guerre civile éclate. Les troupes de la Germania sont formées par la bourgeoisie, les artisans et les paysans des terres royales ; l'aristocratie, les chevaliers et leurs vassaux, les mudéjars, constituent l'armée adverse. La Germania est vaincue et subit de très dures représailles menées par le comte de Mélito et la reine Germana de Foix, deuxième femme du roi Ferdinand le Catholique. Cette défaite entraîne la ruine de l'économie et de la société : l'industrie et le commerce périclitent, les villes se ruralisent.

La situation s'aggrave encore avec l'expulsion des morisques (musulmans) entre 1609 et 1614 ordonnée par Philippe III et le duc de Lerma. La campagne désertée, l'aristocratie s'en empare, provoquant de nouvelles protestations de la bourgeoisie et de la paysannerie chrétienne. Les prémices de la guerre de Succession sont en place : bourgeois et paysans soutiennent l'archiduc Charles d'Autriche face à Philippe V. La victoire de ce dernier à la bataille d'Almansa (1707) entraîne la perte de l'indépendance du royaume de Valence, entérinée par le décret de Nueva Planta, promulgué par Philippe V. Celui-ci impose une politique de centralisation très forte qui se fit sentir pendant tout le règne des Bourbons.

Au XVIIIe s., la Société économique des amis du pays (Societat Econòmica d'Amics del País) symbolise le développement de l'économie des terre valenciennes. La bourgeoisie agricole et financière triomphe ; la culture de l'oranger représente une source de richesse considérable. Quand débute la conquête du maréchal Suchet en 1811 (guerre d'indépendance), les produits agricoles de la région sont l'objet de la convoitise du gouvernement du roi Joseph Bonaparte, et de Napoléon lui-même, quoique les terres valenciennes ne soient pas comprises dans les territoires espagnols qui se trouvent entre l'Ebre et les Pyrénées.

Le relief. — Le relief de la région a été vigoureusement modelé par l'érosion, très active sur ces terrains calcaires et sous le climat aride. Les sierras du N.-O., notamment, coupées de gorges, présentent de pittoresques accidents. Elles n'offrent pas de hautes altitudes, mais, situées dans l'angle le plus relevé de la Meseta, leurs formes sont dures et leurs lignes accusées. Le dépôt des matériaux d'érosion a créé, en contrebas, une série de hautes plaines (Requena, Utiel), ainsi que de riches plaines littorales.

Les côtes. — Elles dessinent une suite d'ovales parfois complètement empâtés par les sédiments (c'est le cas de la plaine de Valence, avec les apports du Turia). Leur enchaînement est parfois interrompu par les alignements montagneux. La plus grande de ces plaines littorales, celle de Valence, s'étend sur une centaine de kilomètres de long et 6 à 50 km de large.

La côte de la province de Castellón est très étroite ; celle d'Alicante présente de nombreux promontoires qui lui donnent un caractère particulièrement séduisant. A partir d'Alicante, la montagne s'éloigne de la mer et la côte est constituée par de vastes étendues de plages. Les côtes de la Communauté valencienne sont parfois ourlées de dunes retenant les eaux des rivières et créant de grands étangs, cordons littoraux, entraînant la formation de lagunes, comme l'Albufera de Valence, où l'eau de mer se mêle à l'eau douce. En regardant la côte vers le N., du haut du Castillo de Denia, on se rend compte de ces transformations du littoral. Dans les plaines, les centres du peuplement s'éloignent de la mer. Les ports n'existent généralement que sur les parties rocheuses du littoral. Les nécessités commerciales ont pourtant entraîné le développement de villes maritimes, débouchés d'une grande ville de l'intérieur, tels les graos de Valence et de Castellón.

Le climat. — Il est typiquement méditerranéen. C'est par ici que la bienfaisante influence de ce grand réservoir régulateur de la température pénètre la péninsule et l'empêche d'être un désert saharien. Chaud et sec, avec des précipitations rares mais violentes, il est caractérisé par la sérénité du ciel, l'ardeur de l'été, la luminosité intense et la transparence cristalline de l'air. Malgré la proximité de la mer, la sécheresse est extraordinaire, mais la calina, chaude buée qui s'élève vers le milieu du jour, entretient jusqu'au soir une atmosphère moite et joue alors un rôle occulte et bienfaisant pour la végétation. En automne, quand la pluie tombe, ce sont des averses torrentielles qui causent les pires dommages (les inondations du Júcar et du Segura ont laissé, à maintes reprises, des souvenirs tristement célèbres). Ces lits de torrents à sec, les ramblas, que l'on traverse fréquemment, se transforment en quelques heures en fleuves tumultueux qui détruisent ponts et villages et recouvrent les récoltes d'une couche de boue ; les huertas d'Orihuela sont les plus exposées à ces désastres.

Les fleuves. — Ils dépendent étroitement du relief et du climat aride. Le cours supérieur du Mijares, du Turia, du Júcar et du Segura se déroulent dans des canons étroits qui entaillent profondément les contreforts de la Meseta. En débouchant dans la plaine littorale, les fleuves irriguent la plaine qui, desséchée, se transforme en un jardin fertile. L'été, ils se trouvent ainsi réduits à rien ; ce n'est qu'au printemps, par suite de la fonte des neiges des sommets, et en automne, grâce aux pluies que leur débit est abondant : c'est le régime des oueds africains.

La végétation. — Fille du climat, elle est méditerranéenne. Vers l'intérieur, on trouve de grandes étendues de caroubiers, qui donnent au paysage un aspect de sécheresse un peu âpre. Les pinèdes des montagnes ajoutent encore à cette note sombre ; le pin est en effet un élément essentiel des terres de la Communauté valencienne ; on le rencontre jusqu'au bord de la mer.

La maîtrise de l'eau. — Mais entre la montagne et la mer, la végétation rappelle celle des oasis africaines. L'homme est arrivé à vaincre la nature en régularisant le débit torrentiel des fleuves grâce à des réservoirs. Un réseau de canaux aux ramifications infinies répartit l'eau fécondante. Une vaste politique de travaux hydrauliques y a ajouté de nombreux pantanos, tel celui de Benageber, qui alimente Valence et sa huerta.

L'eau, considérée comme la propriété de tous, est assujettie à une politique très ferme qui permet une utilisation commune et rationnelle : les propriétaires des champs sont groupés dans une communauté d'irrigation qui prend le nom de canal dont ils se servent. Tous les irrigateurs de la communauté s'appellent « comuneros », et peuvent se servir de l'eau proportionnellement à la superficie de leurs champs ; le manque ou l'abondance sont ainsi partagés. Chaque communauté se gouverne par ses propres ordonnances vieilles de sept siècles ; les infractions sont jugées au tribunal des eaux.

Grâce à ce sytème d'irrigation, la terre produit sans interruption des légumes de toutes sortes : aulx, oignons, tomates, piments, melons, artichauts, carottes, fraises, rhizomes comme le souchet (chufa) et arachides. Les arbres africains, les palmiers, se mêlent aux espèces asiatiques et indigènes, amandiers, figuiers et grenadiers, d'où un mélange foisonnant d'essences qui donne à ce pays une note unique dans la péninsule.

L'oranger, l'une des richesses de la Communauté. — Sa culture réussit surtout sur la côte, vers Carcagente et Alcira, et forme de véritable forêts. 27 millions d'arbres en pleine production ont donné en 1984-1985 152 000 t d'oranges à Alicante, 103 000 t à Castellón et à Valence, soit 70 % de la production nationale. La majeure partie de la récolte est destinée à l'exportation (principal produit du commerce extérieur de l'Espagne vers la France, l'Allemagne, les Pays-Bas et la Grande-Bretagne). Les variétés les plus abondantes et les plus appréciées sont les navel et les clementina.

Jardins et vignobles. — Les jardins potagers donnent deux ou trois récoltes annuelles, sans que la terre prenne de repos. « Valence, terre de Dieu, hier du blé, aujourd'hui du riz », dit un proverbe. Le riz, élément principal de la paella, dont l'introduction remonte au XIVe s., est une des cultures les plus originales de la huerta ; intensive dans le delta de l'Ebre, l'Albufera de Valence et le cours inférieur du Júcar, elle s'étend de plus en plus.

Enfin, la vigne se rencontre partout ; la variété moscatel fournit des raisins secs (pasas) ou des vins blancs généreux (alicante).

Une industrie orientée vers l'exportation. — La Communauté valencienne connaît actuellement la transformation de sa société, jusqu'à ce jour fondamentalement agricole, en société industrielle. La structure de l'industrie valencienne tire son origine de la préexistence d'un réseau diffus de petits ateliers artisanaux, qui favorise la prépondérance de la petite et moyenne industrie : 95 % des entreprises industrielles valenciennes emploient moins de 100 travailleurs. De grandes entreprises industrielles comme Ford, IBM, Petromed ou ENDASA, sont néanmoins installées dans la Communauté.

La vocation extérieure de l'économie valencienne représente l'une de ses caractéristiques importantes. Il existe depuis longtemps une tradition concernant l'exportation d'agrumes ; en 1983, 2,5 millions de produits agricoles ont été exportés (chiffre battant le record des années précédentes). A la fin des années soixante, l'exportation de produits industriels s'ajoutait à celle des agrumes et la dépassait de beaucoup. Cette tendance s'est maintenue pendant les années soixante-dix ; aujourd'hui, l'exportation industrielle dépasse de 75 % le chiffre total du commerce extérieur.

La production industrielle comprend différents secteurs ; celui de la soie est issu d'une tradition ancienne. Très florissant à la fin du XVIIIe s., il semblait renaître ces dernières années, mais subit à nouveau une sérieuse éclipse. Les secteurs de base de l'industrie actuelle sont surtout la chaussure, la céramique, le jouet, le meuble, le textile et la construction. En 1982, 58,5 % du total de la production ont été exportés ; le commerce intérieur est cependant aussi très important pour la Communauté valencienne. Ainsi, par exemple, les marais salants de Torrevieja (Alicante) produisent de véritables montagnes de sel, capables de satisfaire les besoins de tout le marché espagnol.

Dans le domaine énergétique, la création de l'IPEAE (Instituto para la Promoción de Energias Alternativas y Ahorro Energético) vise à satisfaire les besoins de la Communauté, autonome dans ce domaine. L'énergie électrique produite dans la Communauté valencienne est obtenue par 25 centrales hydro-électriques et 4 centrales thermo-électriques. La mise en fonctionnement de la centrale nucléaire de Cofrentes (Valence), avec une activité moyenne de 6 000 heures, fournira un excédent d'énergie électrique qui sera canalisé vers les autres provinces manquant de cette matière première. La raffinerie de Castellón peut produire, quant à elle, 6 millions de tonnes d'hydrocarbures par an. Le gaz naturel a enregistré un développement continu de sa consommation : celle-ci a augmenté de 26 % par an entre 1982 et 1984.

Un important nœud de communication. — Dotée d'excellents moyens de communication internationaux, la Communauté connaît une activité maritime importante. Les ports des capitales des trois provinces (Alicante, Castellón et Valence) se consacrent, ainsi que plusieurs ports secondaires, à l'exportation d'agrumes et à la pêche. Les 149 compagnies de navigation qui y siègent proposent des liaisons avec plus de 330 ports répartis dans le monde entier.

Répartition de la population. — Si les régions montagneuses de l'intérieur sont à peu près vides (surtout dans la province de Castellón de la Plana), les plaines littorales présentent une densité de population exceptionnelle. Les 23 305 km² de la

Communauté valencienne accueille 3 775 724 hab. (9,7 % de la population totale ; densité : 162 hab./km²). La huerta de Valence offre le phénomène humain le plus intéressant de la région : on peut évaluer sa population à 2 208 hab./km², sur une superficie d'environ 400 km², sans compter l'agglomération de la capitale qui atteint maintenant 750 541 hab. Une pareille concentration ne se retrouve, sous cette forme purement agricole, que dans les vallées du Nil ou du Gange, ainsi que le long du littoral du Kerala, en Inde. Compte tenu de sa partie montagneuse, la province de Valence atteint encore le chiffre exceptionnel d'environ 199 hab./km². Alicante compte 203 hab./km². En revanche, Castellón est un bon exemple de la différence qui se manifeste entre la densité de population des huertas de la côte et la région sauvage du Maestrazgo, avec ses 66 hab./km² (sensiblement moins que la moyenne de l'Espagne).

La langue. — Une grande partie de la population de la Communauté valencienne est bilingue et parle le castillan et le valencien. Le valencien est une des variantes du catalan, langue romane qui, avec le galicien, le basque et le castillan, forment l'ensemble des langues régionales parlées en Espagne. La langue arabe a exercé une influence déterminante sur le valencien, les musulmans ayant habité les terres valenciennes du début du VIIIe s. au début du XVIIe s. Jusqu'à la perte de l'autonomie du royaume de Valence, le valencien a engendré une culture très florissante, reconnue en Espagne et en Europe ; l'importance de sa littérature la plaça à la tête des grands courants littéraires de l'époque (XIIIe, XIVe et XVe s.).

Lorsque le roi Ferdinand VII abolit le régime des privilèges (1707), la langue valencienne tomba en désuétude ; elle fut officiellement remplacée par le castillan. Le valencien fut relégué au rang des langues vulgaires qu'on ne parlait que dans la rue et d'une façon très familière, le support littéraire ayant disparu presque complètement. Ce n'est que dans les années soixante-dix que le valencien a commencé à reprendre son droit de cité, à la suite de la création de la Communauté valencienne. Un appui culturel et littéraire vise à donner à cette langue la place et l'importance qu'elle mérite.

Les fêtes. — Dans la Communauté valencienne, la vie est ponctuée de nombreuses réjouissances qui conservent, dans le goût du bruit et de la fumée des pétards, une vieille survivance maure. Les Valenciens ne comprennent les fêtes que dans une ambiance d'intense animation : ce ne sont alors que feux d'artifices, pétards, banderoles flottant au vent, défilés de fanfares. Tous les prétextes sont bons pour improviser une fastueuse cavalcade. Même les processions offrent de nombreux éléments folkloriques fort spectaculaires. Il ne faut pas non plus oublier les corridas, célèbres dans toute l'Espagne, ni la fête du taureau, ou « bou per la vila », au cours de laquelle on improvise une enceinte en bouchant un certain nombre de rues dans lesquelles on lâche un taureau ; les jeunes gens du village courent autour de lui et se sauvent en montant sur des échelles et des gradins. La nuit, on place deux boules de feu sur les cornes du taureau ; c'est ce que l'on appelle le « bou embolat ». Autre manifestation des fêtes valenciennes : le « porrat », la fête de quartier par excellence, pendant laquelle les gens se rassemblent pour manger dans la rue, invitent les passants à boire un verre et à manger des petits gâteaux typiques.

Gastronomie. — Le pays valencien est célèbre dans le monde entier pour ses riz qui trouvent leur plus fameuse utilisation dans la paella. Ils s'accompagnent de légumes, de viandes, de poissons, de crustacés... Les excellentes conditions climatiques font de Valence la huerta de l'Espagne et de l'Europe avec des primeurs de qualité. Les poissons et les coquillages de la Méditerranée sont excellents. Les langoustes de Vinaroz (province de Castellón de la Plana) rivalisent en qualité et en prix avec celles de Sanlúcar. Les régions de l'intérieur (Maestrazgo) fournissent d'excellentes charcuteries : jambon, cecina... Les agrumes sont présents partout ; on ne manquera pas de goûter les jus d'orange, qui sont excellents. Parmi les sucreries, citons les fameux turrones, nougats durs, mous, au chocolat, au jaune d'œuf, à la pâte d'amande... de Jijona, les dattes de Elche et les fruits confits. Les vins d'Alicante sont d'appellation contrôlée, de même que ceux d'Utiel, Requena et Valence.

Pour visiter la Communauté valencienne :

→ Alicante*
→ Castellón de la Plana*
→ Costa del Azahar**
→ Costa Blanca**
→ Elche**
→ Gandía**

→ Jativa*
→ Morella*
→ Orihuela*
→ Peñíscola**
→ Sagonte*
→ Valence***

Constantina*

Cordoue, 108 km. — Séville, 97 km.
Alt. 556 m. — 8 125 hab. — Province de Séville (Andalousie).

Fondée par les Romains, sous Constantin, c'est une très jolie ville médiévale qui vit de l'agriculture et de l'élevage.

Fêtes. — Feria du 25 au 28 août ; romería en l'honneur de Nª Sª del Robledo, le dernier dim. de sept.

Au pied de la montagne couronnée par un château s'étend la Moneria, le quartier médiéval qui a conservé tout son charme. L'église mudéjare de la Encarnación est dotée d'une belle **façade*** Renaissance. Dans l'église Renaissance de Nª Sª de los Dolores, à portail baroque et cloître Renaissance, beau retable baroque au maître-autel. Nombreuses maisons seigneuriales du XVIIIᵉ s.

Environs. 1 — Cazalla de la Sierra* *(20 km N.-O. par la C 432 ; 5 340 hab. ; alt. 750 m).* — Nombreux sont les vestiges d'une occupation précoce (les plus anciens, dans les grottes de Santiago, de l'époque néolithique). On a trouvé à Cazalla une statue de l'empereur Marc Aurèle ; les Arabes l'occupèrent sous le nom de Kasalla jusqu'à la Reconquête, au milieu du XIIIᵉ s. Renommée pour son anisette et son eau-de-vie, son économie prospère également grâce à l'agriculture et à l'exploitation du liège.
A voir, de belles églises : Santa María de la Consolación (style gothico-mudéjar, une statue de saint Bruno et un retable par Juan Hernández, du XVIᵉ s.) ; iglesia del Convento Madre de Dios (XVIIᵉ s.), réformée au XVIIIᵉ s. avec un cloître Renaissance ; iglesia del Convento de Santa Clara, Renaissance avec des éléments baroques ; iglesia Virgen del Carmen (mudéjar puis baroque). La chartreuse du XVᵉ s., réformée au XVIIIᵉ s., est en ruine. On remarquera le portail, la coupole avec des fresques et le cloître aux peintures mudéjares. Belles maisons des XVIᵉ et XVIIᵉ s.

2 — Las Navas de la Concepción *(22 km N.-E. par la SE 150).* — Ville fondée au milieu du XVIIIᵉ s. par les moines de San Antonio del Valle (monastère en ruine). L'église paroissiale renferme un grand retable baroque avec des statues attribuées à Luisa Roldán.

3 — Lora del Río *(29 km S. par la C 432 ; → Séville***, environs 2).*

Cordoue*** (Córdoba)

Grenade, 166 km. — Madrid, 406 km. — Séville, 143 km.
Alt. 123 m. — 283 000 hab. — Capitale de la province de Cordoue (Andalousie).

Cordoue, l'une des plus anciennes villes d'Espagne, est la cité « de l'esprit et de la culture ». Municipe romain, patrie de Sénèque, héritière de la tradition grecque, capitale de l'Espagne musulmane et cour des califes d'Occident, son empire spirituel s'étendit de Rome à l'Afrique et son influence fut déterminante dans l'essor de la civilisation occidentale. Vous vous laisserez séduire par le caractère de ses vieux quartiers où, tout autour de la cathédrale-mosquée, vous percevrez encore des parfums d'islam en parcourant des ruelles tortueuses, bordées d'églises, d'ermitages, de couvents, de demeures seigneuriales qui conservent, imprimé dans la pierre, le souvenir des temps anciens. Cordoue a su garder intacte cette inimitable allure andalouse avec ses patios somptueux, étincelants d'azulejos, où le fer forgé a une élégance à nulle autre pareille dans l'architecture domestique espagnole.

La ville dans l'histoire

Des antécédents punico-romains. — Fondée par les Carthaginois, conquise par Claudius Marcellus en 152 av. J.-C., Cordoue devient une riche cité romaine, capitale de l'Espagne ultérieure, mais est ravagée en 45 av. J.-C. lors de la guerre civile entre César et Pompée. Auguste la relève de ses ruines et ses successeurs y ramènent la prospérité. Occupée par les Goths en 572, elle est placée sous la dépendance de Tolède et connaît donc un déclin qui dure près de deux siècles.

Le califat omeyyade. — Prise par les Maures dès 771, elle est préférée à Séville et devient la capitale d'un vaste empire que vingt émirs, qui se succèdent de 715 à 756, tentent d'agrandir outre-Pyrénées, mais échouent en 732 à la bataille de Poitiers. Chassé de Syrie par un changement dynastique (750), un prince omeyyade se réfugie à Cordoue et se fait proclamer émir d'Andalousie en 756, sous le nom d'Abd ar Rahman. Il repousse une armée abbasside commandée par le gouverneur de Kairouan et, en 798, Charlemagne, qui a tenté une expédition contre Saragosse. Sous son autorité et celle de ses successeurs, s'ouvre pour Cordoue une ère incomparable de grandeur et de richesse. L'émir fait commencer les travaux d'une Grande Mosquée qu'il veut faire l'égale en somptuosité des principaux sanctuaires de l'islam. Sous les règnes d'Abd ar-Rahman II (912-961), qui se proclame calife en 929, de son fils, Al Hakam II (961-976) et d'Al Mansour, véritable maire du palais du calife Hisham II (976-1009), Cordoue atteint l'apogée de sa splendeur et est la plus populeuse cité d'Occident : elle ne peut être comparée, en Europe, qu'à la capitale des basilei d'Orient, Constantinople, ou à la métropole islamique d'Orient, Bagdad. Elle compte, dit-on, trois cents mosquées, d'innombrables palais d'une rare somptuosité et la vie intellectuelle y est plus rayonnante que partout ailleurs en Occident. La décadence du califat omeyyade de Cordoue, aboli en 1031, lui porte un préjudice immense et entraîne l'émiettement en émirats rivaux de l'Andalousie, où les Berbères, Almoravides puis Almohades, déferlant en vagues impétueuses mais éphémères, viennent jeter le trouble. Le coup de grâce lui est porté en 1212, lors de l'écrasement de l'armée almohade à Las Navas de Tolosa par une coalition des rois de Castille, d'Aragon et de Navarre. Cordoue est abandonnée par ses habitants musulmans qui se réfugient en Afrique du Nord, et le roi de Castille Ferdinand le Saint y entre en grande pompe en 1236. Elle devient alors une ville frontière, menacée à plusieurs reprises par les Maures. Placée dans ce climat

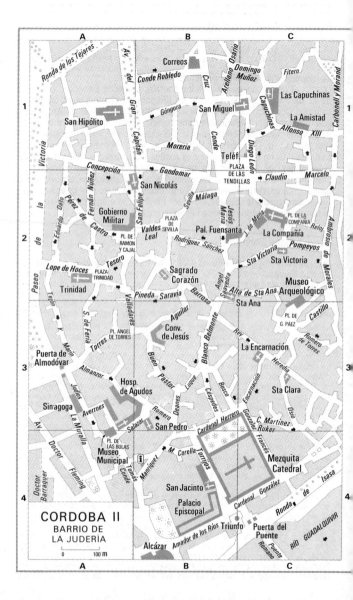

CORDOBA II
BARRIO DE
LA JUDERIA

0   100 m

d'insécurité permanente pendant trois siècles environ, Cordoue n'est plus que l'ombre de ce qu'elle a été. Les vainqueurs négligent l'industrie et l'agriculture, laissent à l'abandon le système d'irrigation aménagé par les Maures. Son industrie des cuirs maroquinés, si célèbres sous le nom de cordouans, disparaît presque entièrement.

Cordoue aujourd'hui. — Vous ne manquerez pas de noter le contraste avec la ville moderne, ses quartiers planifiés qui ne correspondent plus aux modèles autochtones (aussi bien ruraux qu'urbains), reflet du développement économique et démographique de la ville et de son essor industriel. L'économie de la province de Cordoue privilégie le secteur primaire, particulièrement l'agriculture. C'est à Cordoue que s'installent la plupart des industries (céramique, ciment, bijouterie, travail du métal, alcools) qui soutiennent le petit commerce malgré l'apparition de chaînes de grands magasins. Le tourisme n'a pas encore mis en valeur toutes les possibilités de la région.

Ils sont nés à Cordoue. — Le poète Lucain (39 apr. J.-C.-65), les deux Sénèque, Averroés (1126-1198), introducteur en Europe de la pensée aristotécienne, le médecin et philosophe juif Maïmonides (1135-1204), auteur du « Livre des Indécis », traité de philosophie inspiré de Platon et d'Aristote, saint Euloge († 859), élu archevêque de Tolède en 858, mais, martyrisé sous le règne de l'émir Muhammad Ier (852-886), le poète Luis de Góngora (1561-1627), qui devint aumônier de Philippe III, les peintres Bartolomé Bermejo († après 1495) et Lucas Valdés (1661-1725), etc. Le célèbre général Gonzalve de Cordoue, surnommé le Grand Capitaine à la suite de sa campagne contre les Français en Calabre, naquit à Montilla, près de Cordoue, en 1443 († à Grenade, en 1515).

Fêtes. — Romería au sanctuaire de Santo Domingo de Scala Coeli (dernier dim. d'avr.) ; festival des patios cordouans, concours du plus beau patio (5-15 mai) ; Nª Sª de la Salud (25-28 mai) ; feria d'automne avec manifestations folkloriques (25-27 sept.) ; San Rafael (24 oct.).

Spécialités gastronomiques. — Le ragoût de queue de taureau (estofado de rabo de toro), les pattes de porc à la cordouane (manos de cerdo a la cordobesa), les cuisses de grenouilles à la tomate (ancas de rana con tomate), les asperges sauvages (espárragos trigueros) et quelques plats mozarabes comme l'agneau au miel (cordero a la miel).

Visite de la ville

1 — Barrio de la Judería — Mosquée-cathédrale*** — Alcázar

Le plan I se trouve dans les pages couleur au milieu de l'ouvrage.
La fameuse mosquée de Cordoue est située dans un quartier où vous retrouverez l'atmosphère propre aux cités orientales. Cette visite sera complétée par celle de l'Alcázar, de la tour de la Calahorra, de l'autre côté du Guadalquivir, où, autrefois, gémissaient les norias. Parking au voisinage de la puerta de Almodóvar (plan couleur I, A3), sur le paseo de la Victoria.

Par la puerta de Almodóvar *(plan couleur I, A3)*, porte mauresque percée dans une enceinte crénelée dont il subsiste un important tronçon, entrez dans le **quartier de la Judería**, ancien ghetto juif aux ruelles blanches et murs fleuris avec des maisons s'ouvrant sur des patios à la végétation foisonnante, où l'on entend parfois le son des guitares et les battements de mains. Vous y visiterez une synagogue *(plan II, A3 ; ouv. de 10 h à 14 h et de 16 h à 19 h ; f. dim. et lun.)*, une des plus célèbres d'Espagne et l'une des rares qui subsistent avec celles de Tolède ; celle-ci, construite en 1315, conserve quelques spécimens de stucages entremêlés d'inscriptions hébraïques.

Un peu plus loin, la **casa de las Bulas**, du XVIe s., abrite le **Musée municipa** **taurin** *(plan II, A3-4 ; ouv. de 9 h 30 à 13 h 30 et de 17 h à 20 h en mai-sep* *de 16 h à 19 h en oct.-avr. ; f. lun. et j. fériés)*, sur le site présumé de maison de Maïmonides (1135-1204).

Exposition consacrée à la tauromachie et aux plus fameux toreros cordouans, do Manolete et El Cordobés, et aux produits de l'artisanat qui a le plus contribué a renom de cette ville, celui des cuirs de Cordoue.

En prenant à g. dans la calle de Salazar, vous passerez devant l'**église Sa** **Pedro de Alcántara** *(plan II, B3)*, rebâtie en style baroque au XVIIe s. ; el s'ouvre par un portail ogival du XVe s., reste d'un sanctuaire plus ancien (l'intérieur, **Dolorosa**, par Pedro de Mena).

En face, l'**hospital de Agudos** *(plan II, AB3)*, du XVIIIe s., comprend un chapelle gothico-mudéjare des XIIIe et XIVe s., connue sous le nom de capil de San Bartolomé, aux murs couverts de stucage et avec des inscription arabes, sur un soubassement d'azulejos ; colonnes wisigothiques de remplc avec leurs chapiteaux.

En tournant à dr. après l'église San Pedro de Alcántara en venant de la calle c *Salazar vous vous dirigerez vers la célèbre mosquée de Cordoue (les pancarte* *indiquent mezquita).*

Mosquée-cathédrale*** *(plan II, mezquita-cathedral, BC4)*. — L'ancienn Masjid al Djâmi'a, ou mosquée principale, pour laquelle les Anciens auraie sans doute ajouté une unité à leurs merveilles du monde, est bien à la dign rivale des plus prestigieux oratoires musulmans, telle la mosquée de Omeyyades de Damas ou Al Azhar du Caire par la somptuosité de so ornementation. C'est la plus grande du monde après celle de La Mecque.

L'édifice actuellement visible résulte de trois phases principales de construc tion qui s'échelonnent entre le règne d'Abd ar-Rahman Ier (756-788) et celu de Hisham II (976-1009). La majestueuse ordonnance de ce monument fu bouleversée au XVe s. par l'aménagement d'une première cathédrale (→ . plan), et, au XVIe s., d'une façon beaucoup plus préjudiciable, par la transforma tion, en plein cœur de la célèbre forêt de colonnes, d'un second secteu affecté au culte chrétien, sans compter les chapelles aménagées sur l pourtour.

Visite : ouv. le mat. de 10 h 30 à 13 h 30 ; 16 h à 19 h l'été, de 15 h 30 *17 h 30 l'hiver.*

De Janus à Jésus-Christ. — La mosquée-cathédrale s'élève sur le site d'un templ païen consacré à l'époque romaine au dieu Janus ; les Wisigoths la transformère en église dédiée à saint Vincent. Lorsque Abd ar Rahman Ier eut résolu d'ériger un mosquée digne de rivaliser avec la mosquée des Omeyyades de Damas d'où il ava été chassé par les Abbassides, il fit raser l'église après avoir indemnisé le Mozarabes et, sur son emplacement, commença en 785 la construction de l mosquée qui fut achevée, après sa mort (788), par son fils Hisham Ier. Celui-ci ajout un minaret. La mosquée comprenait alors onze nefs perpendiculaires à la façade d côté de la cour des Orangers, façade percée d'autant de portes qu'il y a avait d vaisseaux. La nef centrale, au fond de laquelle se trouvait la niche du mihrât orientée dans la direction (qibla) de La Mecque, s'étendait dans le prolongement d l'actuelle puerta de, las Palmas.

Abd ar Rahman II, de 833 à 848, agrandit la mosquée en prolongeant chacune de onze nefs vers la qibla, dont le mur était localisé à la hauteur de la chapelle d Villaviciosa. Abd ar Rahman III fit ériger, en 951, un nouveau minaret (reconstruit e 1593-1644). Al Hakam II (961-976) donna à la mosquée non pas ses dimension

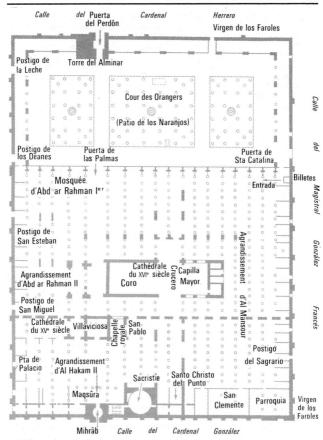

Calle del Puerta *Cardenal* *Herrero*
del Perdón Virgen de los Faroles

Postigo de
la Leche
Torre del Alminar

Cour des Orangers

(Patio de los Naranjos)

Postigo de
los Deanes
Puerta de
las Palmas
Puerta de
Sta Catalina

Billetes
Entrada

Mosquée
d'Abd ar Rahman Ier

Postigo de
San Esteban

Agrandissement
d'Abd ar Rahman II
Cathédrale
du XVIe siècle
Coro
Crucero
Capilla
Mayor

Postigo de
San Miguel

Agrandissement d'Al Mansour

Cathédrale
du XVe siècle
Villaviciosa
Chapelle royale
San
Pablo

Pta de
Palacio
Agrandissement
d'Al Hakam II
Postigo
del Sagrario

Maqsûra
Sacristie
Santo Christo
del Punto

San
Clemente
Parroquia
Virgen
de los
Faroles

Mihrâb   *Calle* del *Cardenal* *González*

Torrijos ... de ... Calle (left margin)

Calle ... del ... Magistral ... González ... Francés (right margin)

actuelles mais sa profondeur, en repoussant encore le mur de qibla où il fit aménager le mihrâb que l'on peut voir de nos jours.

Sous le règne de Hisham II (976-1009), enfin, Al Mansour élargit la salle de prière en ajoutant huit autres nefs, parallèles aux premières, sur toute la profondeur de l'édifice (cette dernière partie se reconnaît aisément à son pavement de briques rouges). Elle se composait ainsi de dix-neuf nefs ouvertes sur la cour des Orangers en formant une forêt de colonnes.

En 1236, lorsque le roi saint Ferdinand eut conquis Cordoue, la mosquée fut consacrée au culte chrétien, sous l'invocation de l'Assomption de la Vierge. On ferma les dix-neuf nefs sur le patio, à l'exception d'une seule, la puerta de las Palmas. Sur tout le pourtour on éleva des cloisons pour aménager des chapelles, tandis que le roi Alphonse X le Sage faisait bâtir (1258) une Capilla Mayor (sanctuaire) à l'emplacement de la travée, dite chapelle de Villaviciosa, à côté de la Capilla Real (1260), qui devait être destinée à lui servir de panthéon (elle fut en réalité transformée en sacristie, mais reçut en 1312 la dépouille mortelle de Ferdinand IV, puis en 1371, celle d'Alphonse XI, tué lors du siège de Gibraltar, après que le roi Henri II eut fait exécuter quelques travaux.

Pendant deux siècles et demi, le chapitre se contenta de ces installations, mais, à la fin du XVe s., l'évêque Iñigo Manrique fit pour ainsi dire tailler une première cathédrale en faisant abattre les colonnes de cinq nefs, sur une profondeur de trois travées, et ériger deux murs (aujourd'hui démolis) qui délimitaient un vaisseau se terminant à la chapelle de Villaviciosa. Isabelle la Catholique refusa d'accorder l'autorisation de plus amples constructions.

L'irréparable. — En avril 1523, le chapitre résolut d'ériger une cathédrale plus vaste, au chœur de la forêt de colonnes du monument arabe. A cette nouvelle, l'ayuntamiento s'émut et menaça de mort quiconque oserait attenter à cette merveille en attendant l'arbitrage de Charles Quint alléguant « que ce qu'on voulait défaire ne serait jamais remplacé par quelque chose qui arrivât à semblable perfection ». Le conseil royal intervint et donna tort à l'ayuntamiento en lui prescrivant de lever ces interdits. L'architecte Hernán Ruiz, auquel succéda son fils, commença les travaux. Lorsque Charles Quint vint en Andalousie, trois ans après avoir donné son accord, il parut vivement mécontent :

« Si j'avais su, dit-il aux chanoines, ce que vous vouliez faire, vous ne l'auriez pas fait car ce que vous faites là peut se trouver partout et ce que vous aviez auparavant n'existe nulle part. » La nouvelle construction fut pourtant terminée en 1599, en même temps que les nombreuses chapelles du pourtour (beaux retables, dont l'un, dans la chapelle San Nicolás de Bari, fut peint par Pieter de Kempeneer). Au XVIIIe s., des voûtes remplacèrent, dans la cathédrale proprement dite, les plafonds artesonados. Les travaux de restauration ont débuté en 1824, furent repris en 1885 et plus récemment ; ils se sont appliqués surtout aux façades, aux plafonds et au pavement.

La **puerta del Perdón**, au pied de la tour du minaret (aujourd'hui clocher), est une construction mudéjare datée de 1377 ; les vantaux en bronze de la porte, couverts d'inscriptions, ont été restaurés en 1539.

La **tour del Alminar** (du Minaret), qui menaçait ruine vers la fin du XVIe s., fut reconstruite en un sévère style d'inspiration herrerienne, mais égayé de nombreuses balustrades, à partir de 1593 et jusqu'en 1664, sur des plans dressés par Hernán Ruiz, le fils de l'architecte qui fut chargé de l'érection de la cathédrale du XVIe s.

Ce clocher à six étages en retrait comprend, pour ainsi dire coffré dans la maçonnerie chrétienne, le premier étage du minaret élevé par Abd ar Rahman III en 951 et qui servit de modèle aux plus fameux minarets almohades, ceux des grandes mosquées de Rabat, Marrakech et Séville (la Giralda).

La **puerta del Perdón** s'ouvre sur la **cour des Orangers*** (patio de los Naranjos), élément indispensable des grandes mosquées orientales, qui est bordée par des portiques, sauf du côté de l'ancienne salle de prière musulmane, et ornée de cinq fontaines ; au centre, citerne du temps d'Al Mansour, pour recueillir les eaux de pluies. Dans la cour, bornes milliaires romaines qui jalonnaient les voies des environs.

Sur la façade de l'ancienne salle de prière, une inscription arabe fait état d'une restauration exécutée sous le règne d'Abd ar Rahman III, au Xe s. Vous entrerez par la **puerta de Santa Catalina** après avoir remarqué la **puerta de las Palmas** surmontée d'un frontispice carré avec les statues de la Vierge et de l'ange Gabriel (1531).

Intérieurement, la **salle de prière*** est formée de 19 vaisseaux de 36 travées, mais relativement basses, puisqu'elles ne s'élèvent qu'à 11 m, mais cette donnée métrique est démentie par la sveltesse des supports, dont le nombre paraît infini, par la multiplicité des perspectives, et Théophile Gautier a pu écrire : « Il vous semble plutôt marcher dans une forêt plafonnée que dans un édifice ; de quel côté que vous vous tourniez, votre œil s'égare à travers des allées de colonnes qui se croisent et s'allongent à perte de vue. »

Les **colonnes**, au nombre de huit cent cinquante environ (on dit qu'il y en eut un millier), sont de granit, de jaspe, de brèche verte et violette et autres marbres précieux. Elles proviendraient des pays les plus divers, de Constantinople, de France (Nîmes et Narbonne), d'Espagne (Tarragone, Séville), des temples romains de l'Afrique du Nord, notamment de Carthage. Les colonnes de la partie la plus ancienne de l'édifice (mosquée d'Abd ar Rahman Ier) ont des chapiteaux tous différents, romains et wisigothiques. Sur les colonnes, de hauteur inégale, sont bandés deux étages d'arcs en pierre, dont les claveaux sont alternativement rouges et blancs (cette bichromie n'existait pas dans la mosquée primitive). Ces arcs, à leur tour, supportent des plafonds mauresques, sculptés et polychromes, en bois de mélèze, qui autrefois « brillaient comme le soleil sans nuages », illuminés par les feux de milliers de lampes.

Immédiatement après l'entrée par la puerta de Santa Catalina, dirigez-vous vers la dr. pour progresser **dans la nef située dans l'axe de la puerta de las Palmas**. Elle est plus large et plus haute que les autres, parce qu'elle constituait le vaisseau central de la mosquée d'Abd ar Rahman Ier, puis de celle d'Abd ar Rahman II et d'Al Hakem III.
Vous parviendrez à la **chapelle de Villaviciosa****, l'une des plus belles travées du monument, où se trouvait le mihrâb de la mosquée d'Abd ar Rahman II. Elle doit sa beauté à des arcs polylobés, entremêlés au second étage, aux douelles finement ornées de plâtres sculptés ou lisses, et à l'élégance des voûtes des travées adjacentes et des arcs entrecroisés qui supportent la coupole et allègent l'ensemble de cette superstructure, où s'ouvrent de petites fenêtres à jalousies et où s'épanouissent des rosaces.
A côté, à g., la chapelle royale fut réaménagée au XIVe s. pour servir de sépulture à deux rois de Castille, Ferdinand IV et Alphonse XI ; la merveilleuse **décoration mudéjare**** de stucages et de mosaïque de faïence émaillée du XIVe s., témoigne de l'influence de l'art grenadin dans les provinces reconquises par les chrétiens.

L'agrandissement de la mosquée du temps d'Al Hakam II, à partir de 962, représente l'apogée de l'art califal de Cordoue, d'un faste et d'un luxe inouïs, surtout dans les travées du mur de la qibla, où est aménagé le mihrâb, une niche orientée vers La Mecque.

Les arcs s'y déploient en festons, d'une grâce incomparable, rehaussés de plâtres sculptés, où l'**épigraphe arabe**, qui se prête si naturellement à la fantaisie, apporte son concours, au même titre qu'un répertoire floral qui ne s'est pas encore asphyxié dans une prolifération de motifs sur toutes les surfaces apparentes. Cet art est l'expression même de la mesure et de la lucidité de maîtres d'œuvres parvenus à leur pleine maturité et qui ne sont pas encore gagnés par la frénésie de l'ornementation à outrance qui rend moins sensible, sinon invisible, la beauté des lignes architecturales ; ce monument est à l'architecture arabe d'Occident ce que l'alexandrin est à la poésie : sa noblesse.

Vous admirerez la **coupole**** en pierre de taille, aux élégantes nervures couvertes d'arabesques et de mosaïques à petits cubes de verre, chef-d'œuvre de l'art oriental, qui furent exécutées par un mosaïste envoyé par Nicéphore Phocas à la suite d'une démarche effectuée par un envoyé d'Al Hakam II, auprès de l'empereur byzantin.
Le **mihrâb**** est lui aussi somptueusement décoré, surtout la façade, aux panneaux de marbre travaillés au trépan, de manière à former de délicates arabesques de fleurs et de fruits, aux mosaïques où la riche polychromie des cubes de verre déploie toute sa séduction à la douelle de l'arc principal, ainsi

que sur ses claveaux et dans les arcs aveugles au-dessus d'une frisée épigraphique. La niche de ce mihrâb prend ici une allure monumentale, inhabituelle dans l'art islamique, en raison de ses dimensions : elle forme une véritable chambre couverte d'une coupole taillée dans un seul bloc de marbre. C'était là qu'était déposé le Coran, le livre sacré qui, d'après les auteurs arabes, avait quelques feuilles écrites de la main du calife Othmân ; ce livre sacré était couvert d'or, enrichi de perles et de rubis, et se trouvait fixé par un cadenas sur un pupitre de bois rare et d'ivoire, puis recouvert d'un tapis de soie. Les fidèles admis dans ce lieu devaient, comme à La Mecque, en faire le tour sept fois à genoux. (Les dalles du sol sont usées circulairement, par suite de ce frottement continuel, ainsi que le revêtement de marbre, à la hauteur des coudes.)

A g. et à dr. du mihrâb, notez encore la **maqsûra***, clôture à claire-voie qui délimitait l'emplacement réservé au souverain.

A g., se trouve la **sacristie** qui, avec la **salle capitulaire** *(en sous-sol),* renferme le **trésor** de la cathédrale : **custode gothique***, en argent ciselé par Enrique de Arfe (1517), reliquaires, calices, baisers-de-paix et crucifix d'ivoire dont l'un est attribué à Alonso Cano, ainsi que diverses statues, des devants d'autel brodés des XVe et XVIe s. ; manuscrits des IXe et Xe s., près de 200 incunables avec des reliures mudéjares, etc.

A dr. en entrant dans la sacristie, la petite **chapelle du Cardinal** abrite le **tombeau*** de son fondateur, le cardinal Pedro de Salazar (†1706). A un pilier de la **chapelle du Santo Cristo del Punto** (→ *plan),* Annonciation, tableau de Pedro de Cordoba (1475).

En vous dirigeant vers la cathédrale du XVIe s., vous passerez devant la **chapelle San Pablo** (retable peint par Pablo de Céspedes).

La **cathédrale**** du XVIe s., construite au cœur de la mosquée, est une bonne œuvre de style Renaissance, très majestueuse, avec ses hautes voûtes et sa coupole à base elliptique, surtout lorsqu'elle est découverte depuis un bras du transept. Mais il est certain qu'elle contraste de singulière façon avec le monument arabe.

Le chœur, construit par Hernán Ruiz (le père) de 1523 à 1539, renferme des stalles de style churrigueresque sculptées par Pedro Duque Cornejo en 1758. Entre le chœur et le sanctuaire se trouve la pierre tombale de Léopold d'Autriche (†1557), évêque de Cordoue, fils de l'empereur Maximilien Ier et frère de Philippe le Beau, roi de Castille (1504-1506 ; 1557).

Le sanctuaire, commencé en 1547 par Hernán Ruiz (le fils ; †1583) et achevé en 1599 par Diego de Praves, abrite un retable d'une froide monumentalité, œuvre de Matías Alonso (1618-1628) avec des peintures de Palomino et des sculptures par Pedro de la Paz, et des chaires sculptées en bois, avec les symboles de quatre évangélistes par Michel Verdiquier (1760).

En sortant de la mosquée par la **calle de Torrijos** *(plan II, B4),* prenez à g. et remarquez plusieurs portes condamnées dont la dernière, dite **puerta de Palacios**, probablement réservée aux entrées du souverain, se distingue par la richesse de son ornementation.

A dr., la **chapelle San Jacinto** *(plan II, B4)* s'ouvre par un joli **portail*** de style gothique fleuri du XVIe s. Le **palais épiscopal** *(plan II, B4),* sur le site de l'Alcázar maure, fut restauré pour la dernière fois en 1745 (tapisseries du XVIe s., léguées par Léopold d'Autriche).

A l'extrémité de la rue, le **Triunfo** *(plan II, BC4)* est un curieux petit édicule baroque, en marbre et rocaille, érigé par Michel Verdiguier (1781), où sont représentés des saints locaux, et saint Raphaël, le patron de Cordoue, au sommet d'une colonne.

L'**Alcázar de los Reyes Cristianos** *(plan couleur I, A4 ; II, B4)*, enceinte rectangulaire renforcée de tours, est un ancien palais fondé au XIVᵉ s. par Alphonse XI ; à l'intérieur, transformé en **musée**, sarcophages, pavements de mosaïque d'époque romaine, etc. ; des tours, belle vue sur le Guadalquivir et la ville.

Visite : le mat., de 9 h 30 à 13 h 30 ; l'a.-m., de 17 h à 20 h en mai-sept., de 16 h à 19 h en oct.-avr. ; les jardins sont illuminés de 22 h à 1 h du mat. de mai au 30 sept. ; accès payant.

Sur le campo de los Mártires *(plan II, B4)*, vestiges de bains arabes, dits du calife.

Par la puerta del Puente *(plan II, C4)*, construite sous Philippe II par Hernán Ruiz (le fils) en 1571, gagnez le **pont romain*** *(plan I, B4 ; II, C4)*, long de 240 m, large de 6,50 m dont la construction est attribuée à l'empereur Auguste, mais qui fut rebâti ou restauré plusieurs fois. Cet ouvrage, à l'origine du développement de la ville, était défendu, sur l'autre rive, par la **tour de la Calahorra** *(plan couleur I, B4)*, puissant bastion crénelé et à mâchicoulis, bâti par les Maures et remanié par les chrétiens ; celle-ci abrite la **Fundacion Roger Garaudy** *(ouv. 10 h-18 h du 1ᵉʳ oct. au 30 avril, 10 h-14 h et 17 h 30-20 h 30 le reste de l'année)* qui évoque la vie quotidienne, artistique, scientifique, philosophique dans l'Andalousie des IXᵉ- XIIIᵉ s. Depuis la terrasse au sommet de la tour, assez belle vue sur Cordoue et le fleuve (une noria a été reconstituée sur la rive dr., près de l'Alcázar).

Sur le chemin du retour vers la puerta de Almodóvar, vous passerez par la **calle del Buen Pastor** *(plan II, B3)* et devant l'ancien **couvent des Carmélites déchaussées**, où vécut saint Jean de la Croix (en 1586), et le couvent de Jesús Crucificado *(plan II, B3)*, fondé en 1588 *(on ne visite pas)* ; il comprend une église dont le plafond artesonado est de style mudéjar au-dessus de la nef et de l'abside. A g., sur la **plaza de Angel de Torres** *(plan II, A3)*, palais des Ceas (fin du XVᵉ s.), où se combinent les styles gothique et mudéjar.

2 — Musée des Beaux-Arts - Musée archéologique

Cette deuxième promenade, au cours de laquelle vous aurez l'occasion de parcourir un autre quartier de la vieille ville, mérite elle aussi d'être effectuée à pied. Mêmes lieux de parking que pour la promenade 1.

L'**église de la Trinidad** *(plan II, A2)*, bâtie au XVIIᵉ s., renferme des autels churrigueresques et des sculptures de José de Mora, sur l'autel du Cristo de la Salud, à g. Sur la place où elle se situe, maison mortuaire du poète Luis de Góngora *(†1627)*, au n° 2.

Par de pittoresques ruelles, gagnez l'**église del Sagrado Corazón** *(plan II, B2)*, dont le clocher est un petit minaret du début du Xᵉ s.

Passez ensuite devant le **couvent de Santa Ana** *(plan II, BC2)*, du XVIᵉ s. (au portail, groupe sculpté du XVIIIᵉ s.), puis devant le **couvent de la Encarnación** *(plan II, C3)*, construction baroque, en face du **palais de Medinaceli**, récemment restauré.

L'église Santa Clara *(plan II, C3)* est une ancienne mosquée avec son minaret, sobre et massif, du xe s. En suivant ensuite la calle de Romero de Torres *(plan II, C3)*, vous atteindrez la **casa del Carpio**, à g. à l'extrémité de la rue, construction du xve s., de style gothique (pavements de mosaïque romains).

La **plaza del Potro*** *(plan couleur I, C3)*, la place du Poulain, décorée d'un monument à saint Raphaël, par Michel Verdiguier (1772), et d'une fontaine avec un poulain en bronze, est citée par Cervantès dans son « Don Quichotte » (l'écrivain aurait logé dans le Mesón del Potro).

■ **Musée des Beaux-Arts** *(plan couleur I, C3)*. — Il est installé dans l'ancien hôpital de la Charité, fondation des Rois Catholiques (début du xvie s.).

Visite : le mat. de 10 h à 13 h 30 ; l'a.-m. de 15 h à 17 h en nov.-fév., de 17 h à 19 h en avr.-sept., de 15 h à 18 h en mars et en oct. ; f. le lun. et à 14 h le dim et les j. fériés.

Dans la *chapelle*, à l'élégant portail plateresque, œuvres de Juan de Valdés Leal, de Pedro Anastasio Bocanegra et d'Antonio del Castillo.

Au *1er étage*, peintures de **Murillo** (Immaculée Conception), Palomino, Valdés Leal, Francisco Zurbarán (attributions incertaines), Juan Carreño de Miranda, Goya (portraits de Marie-Louise de Parme, de Charles IV), **Ribera**. Parmi les peintres, des écoles italiennes, les Bassano sont représentés par quelques tableaux. Une autre salle est consacrée aux peintres de l'école cordouane des xve et xvie s. : triptyque d'Alfonso de Aguilar, œuvres de Pedro Romana (actif de 1488 à 1536), d'un peintre anonyme dit Maître de la Flagellation (tableau de la Flagellation ; 1er tiers du xvie s.), etc. Dans une 3e salle : peintures des écoles flamande et italienne, Pietà de Morales.

Dans un gracieux édifice baroque de 1572 est installé un *musée (ouv. le mat. de 10 h à 13 h 30 et l'a.-m., en été, de 16 h à 18 h)* consacré au peintre cordouan **Julio Romero de Torres** (1885-1930), précisément dans la maison où il naquit et mourut.

Son père était en effet le directeur du musée et y logeait. Belle collection des œuvres de Romero de Torres qui traitent en grande majorité de sujets féminins. Exhaltation de la cordobesa avec le style du début du siècle.

Près de la plaza del Potro, l'**église San Francisco** *(plan couleur I, C3)* faisait partie d'un couvent fondé par le roi saint Ferdinand ; elle renferme des œuvres de Juan de Valdés Leal (saint Jean Baptiste et saint André de Patmos au transept g.), des sculptures d'Alonso Cano, Pedro de Mena, Carmona, etc. *(ouv. de 7 h 30 à 14 h 30 et de 19 h à 21 h)*.

Musée archéologique provincial* *(plan couleur I, B3 ; II, C2)*. — Il est installé dans le beau palais Renaissance (xvie s.) de Jerónimo Páez.

Visite : en été de 9 h à 14 h, en hiver de 10 h à 14 h et de 16 h à 19 h ; f. le lun.

Il expose des **objets de la préhistoire**, des **antiquités ibériques** dont un relief d'Almodóvar del Río figurant une chasse au cerf, des **antiquités romaines et paléochrétiennes**, en particulier une statue de Mithra sacrifiant un taureau et un sarcophage paléochrétien, en marbre (exécuté vers 330), mais aussi des collections d'orfèvrerie dont le **trésor de Pozoblanco** (art ibéro-celtique de l'âge du fer, Janus à deux faces, d'époque romaine, etc.), de **verreries** et de **céramique**.

Il y a encore des **antiquités islamiques** du palais de Medina az Zahara (dont un remarquable cerf de bronze niellé ; xe s.), de Cordoue, etc., avec des collections de braseros de bronze et de pierre, de panneaux en plâtre sculpté, de stèles inscrites.

En revenant vers le centre, passez devant le palais del marqués de la Fuesanta *(plan II, B2),* à façade plateresque richement décorée (1551), avant de parvenir à la plaza de las Tendillas *(plan II, BC1-2),* où se dresse le monument érigé en l'honneur de Gonzalo Fernández de Córdoba, le Grand Capitaine (1921).

De là, les **amateurs de détails** pourront se rendre jusqu'à l'**église de la Compañia** *(plan II, C2),* fondation jésuite (1546-1589), avec un grand retable churrigueresque garni de statues de saints par Pedro Duque Cornejo ; dans le couvent, à g., patio de style classique et splendide escalier baroque de marbres et de jaspes de diverses couleurs. L'**église Santa Victoria** *(plan II, C2),* commencée en 1761 par l'architecte français Graveton, en un sévère style néo-classique, fut achevée en 1788 par Ventura Rodríguez.

La calle de Gondomar, couverte de toldos en été, mène à l'**église San Nicolás** de la Villa *(plan II, AB2),* du XIIIe s., remaniée en style gothique au XVe s. (elle renferme le plus riche trésor après celui de la cathédrale).

L'**église San Hipólito** *(plan II, A1),* fondée par Alphonse XI en 1340, mais défigurée par des adjonctions baroques au XVIIIe s., abrite les sépultures de Ferdinand IV et d'Alphonse VI.

La calle de San Felipe mène au **Gobierno militar** *(plan II, A2),* installé dans l'ancien oratoire San Felipe de Neri, du XVIe s., avec une façade attribuée à Alonso Berruguete. De là, par Horno de la Trinidad, une petite venelle, revenez à l'église de la Trinidad *(plan II, A2),* puis un paseo de la Victoria.

3 — De San Pablo à San Lorenzo

Au cours de cette promenade, visitez surtout les églises San Pablo et San Lorenzo, mais la présence, près de la première, d'un temple romain bien reconstitué avec ses éléments d'origine ne devrait pas manquer de susciter l'intérêt. De San Lorenzo, gagnez directement la plaza de los Dolores, l'une des places les plus typiques de Cordoue et de toute l'Andalousie, si l'on se contente des principales curiosités ; dans ce cas, effectuez cette promenade, en voiture en vous arrêtant si possible entre l'ayuntamiento (plan I, B2) et l'église San Pablo (plan couleur I, C2), puis sur la place devant San Lorenzo (plan couleur I, D1-2).

Près de l'**ayuntamiento** *(plan couleur I, B2),* érigé en 1594-1631 en style Renaissance (dans l'escalier de marbre, de 1731, **Saint Raphaël**, tableau d'Antonio del.Castillo), on a restauré un **temple romain*** datant probablement du dernier quart du Ier siècle de notre ère. Ce temple, aux proportions réellement monumentales — il est un peu plus grand que la Maison carrée de Nîmes —, se dresse sur un haut podium et présente, en façade, une colonnade à fûts cannelés à chapiteaux corinthiens. La cella, ou lieu saint, était elle-même revêtue de plaques de marbre à l'extérieur et à l'intérieur.

Dans ce quartier, la **plaza de la Corredera** *(plan couleur I, C3)* est entourée de portiques de style classique de la fin du XVIIe s. ; marché pittoresque le matin. On y célébrait autrefois les autodafés et des courses de taureaux.

L'**église San Pablo*** *(plan couleur I, C2),* la plus belle église médiévale de Cordoue, fut construite en style de transition entre le roman et le gothique en 1241, mais avec des éléments d'inspiration arabe, notamment la double coupole aux arcs en étoiles superposées et le plafond mudéjar, de 1537.

A l'intérieur, à g., **capilla del Rosario** (1409), avec une chambre des reliques (camarín) de style baroque (**sculptures** de Pedro Duque Cornejo et **peintures** de Palomino et de Pedro Antonio).

Dans la calle de San Pedro, remarquez, à dr., la façade plateresque du **palais de los Villallones** (XVIe s.) ; avant l'**église San Andrés** *(plan couleur I, C2)*, du XIIIe s., remaniée au XVIIIe s. (dans une chapelle du transept g., **retable** du début du XVIe s., peint et sculpté).

L'**église San Lorenzo** *(plan couleur I, D1-2)*, de style romano-gothique, mais transformée en 1687, s'ouvre du côté de la place par un portail précédé d'un porche du XIVe s. que surmonte une belle rosace ; les portails latéraux et le chevet ont conservé leur caractère monumental en style de transition ; à l'intérieur, à la voûte du sanctuaire et dans l'abside, **peintures murales** (la Passion), du début du XVe s.

A partir de là, les visiteurs se limitant à l'essentiel gagneront directement la plaza de los Dolores (plan couleur I, B2).

Près de l'église San Rafael *(plan I, CD2)*, du XVIIIe s., se trouve le couvent de Jesús Nazareno, qui renferme des peintures d'Antonio del Castillo.

Dans l'église San Agustín *(plan couleur I, C1)*, restaurée au XVIe s., sculpture de la Vierge, par Juan de Mesa et tableaux de Nino de Guevara et d'Ant. del Castillo ; l'intérieur, d'un goût douteux, est entièrement décoré de fresques.

Le **palais de Viana*** *(plan couleur I, C2)* ou de Don Gome, l'un des plus beaux de Cordoue avec ses 14 patios et jardins, renferme des collections de fauconnerie, des cuirs de Cordoue, du mobilier, dont une chambre à coucher Louis XV et des tableaux de Goya, Zurbarán, Van Dyck, etc.

Le couvent de Santa Isabel *(plan couleur I, C1)*, fondé en 1491, abrite, dans la Capilla Mayor. de l'église (XVIe et XVIIe s.), des sculptures de Pedro Roldán. Beau patio.

L'église Santa Marina *(plan couleur I, C1)* est une belle construction gothique, dotée d'un clocher Renaissance, dont l'intérieur fut mis au goût du jour en 1751-1756, c'est-à-dire en style baroque. Sur la place devant l'église, monument à la mémoire du célèbre torero Manolete (†1947).

La **plaza de los Dolores*** *(plan couleur I, B2)*, curieuse petite place, digne de figurer en frontispice d'un ouvrage sur l'Andalousie, doit son charme et sa personnalité à ses longs murs blancs, à ses portails baroques, mais surtout au Cristo de los Faroles, un Christ entouré de lampes en fer forgé dont les figures se détachent en ombres chinoises la nuit, au clair de lune. A une extrémité de la place, le couvent des Capuchinos, aux portails baroques, date du XVIIe s.

A partir de ce quartier on pourrait encore voir la **torre de la Malmuerta** *(plan couleur I, B1)*, un vestige de l'ancienne **puerta del Colodro**, avec une inscription attestant qu'elle fut édifiée en 406 « sous le règne du puissant don Henri III » ; la tradition a donné à cette tour le nom de la Malmuerta parce qu'elle fut construite, assure-t-elle, aux frais d'un chevalier qui avait assassiné sa femme et obtint sa grâce à ce prix.

Près de là, le **couvent de San Cayetano** *(plan couleur I, C1)* fut fondé par saint Jean de la Croix, en 1580 ; église de style classique du XVIIe s. L'ancien **couvent de la Merced** *(plan couleur I, B1)*, qui développe du côté de la plaza de Colón l'une des plus belles façades baroques de Cordoue (1745), comprend un beau patio Renaissance ; il est aujourd'hui occupé par la Diputación ; dans l'église, sculptures de Gómez de Sandoval et des peintures de Cobo de Guzmán.

En revenant vers le centre de la ville à partir de la plazá de los Dolores, les amateurs de détails pourront encore visiter l'église de las Capuchinas *(plan II, C1)*, avec un portail baroque, l'**église San Miguel** *(plan II, BC1)*, fondée par le roi saint Ferdinand au XIIIe s. (retable principal orné de sculptures de José Cano), et le **circulo de la Amistad** *(plan II, C1)*, club privé installé dans un ancien couvent dont le patio est orné d'azulejos (dans les salons, peintures de Julio Romero de Torres et de Rodríguez Casado).

4 — Nuestra Señora de la Fuensanta

Promenade s'adressant surtout aux amateurs de détails, à effectuer de préférence en voiture en s'arrêtant pour visiter les principaux monuments.

L'**église San Pedro** *(plan couleur I, C3),* cathédrale à l'époque musulmane (début du XIIIᵉ s.), mais remaniée en style Renaissance au XVIᵉ s., renferme, dans sa Capilla Mayor, un grand retable churrigueresque du XVIIIᵉ s. L'**église Santiago** *(plan couleur I, D3),* du XIIIᵉ s., est dotée d'un clocher qui est un ancien minaret (à l'intérieur, dans la chapelle del Bautismo, retable du XVIᵉ s. ; dans la sacristie, Vierge aux anges, tableau d'Alejo Fernández).

Vous vous rendrez ensuite à l'**ermitage de los Mártires** *(plan couleur I, D3),* au bord du Guadalquivir, où, sous l'autel, se trouve un sarcophage romain du IIIᵉ s.

Plus loin, le **sanctuaire de Nuestra Señora de la Fuensanta** *(plan couleur I, D3)* est un lieu de pèlerinage près d'un puits miraculeux ; dans l'**église**, de 1641, tableaux de A. del Castillo, de Pablo de Céspedes, etc.

Sur le chemin du retour, le **couvent del Carmen Calzado** *(plan couleur I, D2)* est une construction du XVIᵉ s., avec une **église** de style mudéjar (1580) couverte d'un plafond artesonado (retable peint, par Juan de Valdés Leal, en 1658).

L'**église de la Magdalena** *(plan couleur I, D2)* fut construite au XIIIᵉ s., sous le règne de saint Ferdinand, mais fut remaniée en style baroque au XVIIIᵉ s.

Environs

1 — Medina az Zahara* — Ermitages de Cordoue — Santo Domingo (circuit de 36 km)

0 km : **Cordoue.** Sortir par la C 431, route de Lara del Río *(plan couleur I, A2).*
8 km : bifurquer à dr. vers Medina az Zahara.
10,5 km : au carrefour, prendre à g.

12 km : **Medina az Zahara***, où vous visiterez *(de 10 h 30 à 12 h et de 17 h 30 à 19 h)* les ruines d'un immense palais construit à partir de 936 par le calife Abd ar Rahman III, mais avec de nombreuses dépendances qui en faisaient une véritable cité désignée sous le nom de Medina az Zahra (la ville de Zahra) d'après celui d'une favorite de l'émir.

La ville dans l'histoire. — La construction dure 25 ans environ et est menée à son terme sous le règne d'Al Hakam II mais, en 941, la mosquée est déjà consacrée au culte et le calife Abd ar Rahman III y séjourne à partir de 947. Cette somptueuse résidence, d'un faste inégalé en Occident à cette époque, connaît une existence éphémère. Elle ne survit pas à la chute de la dynastie cordouane et, en 1010, elle est occupée et pillée et ses monuments sont dépouillés de leurs matériaux facilement récupérables, de leurs métaux, des fontaines, etc., de telle sorte qu'elle n'est plus qu'une ville morte au moment de la Reconquista. Pendant des siècles, elle sert de carrière où l'on se procure, à bon compte, divers matériaux de construction au profit de Cordoue, de Séville, de Grenade et même de Marrakech (au XIIIᵉ s.). Les fouilles qui mirent au jour cet immense ensemble furent entreprises surtout à partir de 1911 et se poursuivent de nos jours par intermittence.

La cité palatine était protégée par une double muraille (les deux courtisanes étant séparées par un passage de 5 m de largeur) de 15 m de hauteur, renforcée par des bastions saillants. Découverte réduite à un simple talus, d'importants tronçons ont été restaurés. Cette muraille délimitait une enceinte de 1 518 m de long et de 745 m de large. A l'intérieur, les bâtiments furent élevés sur trois longues terrasses fortifiées. La porte principale, formée de trois passages voûtés, s'ouvrait vers la plaine, au S.

Vous entrerez par la Bâb al-Jabal, la porte de la montagne, située au N., qui débouche sur la terrasse la plus élevée. Là, se trouvaient les plus beaux bâtiments avec le palais califal, des dépendances, des jardins et des pavillons. Sur les deux autres terrasses s'élevaient la mosquée, des bureaux, des offices, des casernes, d'autres jardins, une réserve d'animaux, un souk, des habitations pour les commerçants, les fonctionnaires, etc.

En face de la Bâb al-Jabal vous découvrirez la partie la plus spectaculaire de ce vaste champ de ruines. Elle est formée par la Dar al-Mulk, c'est-à-dire la Maison royale, où le calife donnait l'hospitalité à ses hôtes royaux ou de très haut rang. En cours de restauration, ce somptueux bâtiment est, pour l'essentiel, constitué de cinq nefs séparées par deux rangées de colonnes reliées par des arcs outrepassés et par deux murs percés de portes surmontées d'un arc outrepassé aux claveaux bichromes.

En outre, le Dar al-Mulk comptait également un vaste hall dont la partie centrale s'ouvrait vers l'extérieur par une élégante arcade, devant un large bassin. Vers l'intérieur, il donnait accès au salon central à trois nefs par une colonnade, et aux logis latéraux par deux portes en fer à cheval. Les trois nefs centrales, celles qui étaient déterminées par les deux colonnades, servaient de salon de réception où, ordinairement, se tenaient les réunions du conseil des vizirs ou ministres. Les nefs latérales, qui étaient donc isolées par des murs, servaient de logis.

La décoration de la Dar al-Mulk est particulièrement éblouissante avec ses arcatures bichromes, ses panneaux de pierre sculptée où est représenté l'arbre de vie, ramifié en de multiples feuilles et fleurs, ses inscriptions monumentales attestant que ce merveilleux monument fut bâti en cinq ans, de l'an 341 à l'an 345 de l'Hégire. Outre la titulature du calife, ces inscriptions nous donnent les noms des douze sculpteurs qui exécutèrent les reliefs. Pour protéger toutes ces merveilles, après leur restauration, il fut nécessaire de les abriter sous des toitures de tuiles demi-rondes.

Sur la terrasse supérieure, à l'O. *(à dr. en entrant dans l'enceinte)*, se trouvaient le logis du Grand Vizir et, plus loin, pratiquement adossé au front N. de la muraille d'enceinte, le palais califal, avec un grand salon de réception, au fond duquel s'ouvrait la chambre du souverain, flanquée d'alcôves et d'un hammam (bain) de marbre blanc. Tout le palais était entouré par un corridor où se tenaient les gardes ; il était percé de place en place par des portes qui devaient être fermées la nuit.

Dans la partie orientale de la terrasse supérieure étaient situés trois pavillons, séparés par de vastes patios. Le premier, entre la Bâb al-Jabal et la Dar al-Mulk, appelé salon occidental, était formé de cinq nefs parallèles, richement décorées. Le deuxième, appelé salon doré, servait de salle du trône. Le troisième, non encore fouillé, était le salon oriental.

En contrebas de la Maison royale, sur la deuxième terrasse, se trouvent les ruines de la mosquée du palais, consacrée en 941 (329 de l'Hégire), qui est précédée d'une petite cour à galeries au centre de laquelle gisent les restes de la fontaine aux ablutions.

Sur la terrasse inférieure furent érigés un grand pavillon à trois nefs entouré de galeries, appelé la maison de Marbre, des casernes et autres dépendances, aujourd'hui arasés.

➜ A *1,5 km* se dresse le **monastère de San Jerónimo** qui fut édifié en 1408 ; église de 1704 et beau cloître gothique ; appartement d'Isabelle la Catholique (c'est là qu'elle déposa les drapeaux pris à Grenade).

Revenir au km 10,5.

13 km : ➜ A g. route pour *(7 km)* **Santa María de Trassierra** ; ruines d'un château avec les restes d'une mosquée almohade (XIIe s.).

14 km : mirador d'où vous découvrirez une **vue*** étendue sur la vallée du Guadalquivir.

20 km : ➜ A dr., à *1 km,* se trouvent les fameux **ermitages de Cordoue**, dans une région âpre et sauvage qui fut consacrée à la vie érémitique dès le IVe s., surtout durant la domination musulmane. Ces constructions sont modestes, mais l'extraordinaire **panorama**** que l'on découvre depuis ces nids d'aigle justifie bien cette excursion.

26 km : 4 km après El Rosal, revenir vers Cordoue sur votre dr.

29 km : ➜ A 2 km, **sanctuaire de Santo Domingo de Scala Dei.** Ce couvent fut fondé au XV⁰ s., reconstruit au XVI⁰ s. et transformé au XVIII⁰ s. Fray Luis de Granada y écrivit ses meilleures œuvres.

36 km : **Cordoue.**

2 — au N. de Cordoue

0 km : **Cordoue.** Prendre la N 432 *(plan couleur I, D1).*

2 km : ➜ A dr., route pour *(4 km)* le **sanctuaire de Nª Sª de Linares,** du XIV⁰ s., fondé sur l'emplacement du camp de saint Ferdinand peu avant la prise de Cordoue.

14 km : **Cerro Muriano** où vous pourrez voir les ruines du château d'Obejo, d'origine mauresque ; anciennes mines de cuivre de la sierra Morena, en exploitation dès l'époque ibérique, avant l'arrivée des Romains.

30 km : ➜ A g., à 2 km, **castillo de Vacar,** ancien castrum d'origine romaine, soigneusement restauré.

38,5 km : prendre à dr. vers Pozoblanco.

75,5 km : **Pozoblanco** (13 906 hab. ; alt. 649 m). — Dans l'église Santa Catalina, tombeau de Ginès de Sepúlveda, chroniqueur de Charles I⁰ʳ et Philippe II.
Continuer à g. vers Alcaracejos

86,5 km : **Alcaracejos** (1 462 hab. ; alt. 608 m). — Sur le cerro Germo, on a découvert les ruines d'un baptistère wisigoth du VI⁰ s.
➜ A 3 km O., **Villanueva del Duque** avec une église Renaissance.
➜ A 8 km O., **Fuente la Lancha,** dont l'église est ornée d'un beau portail.
Revenir vers la N 432 en direction d'Espiel.

113,5 km : **Espiel,** centre d'exploitation de gisements de phosphates, de chaux et de houille.

142,5 km : **Belmez** (4 505 hab.), gros bourg qui, de loin, paraît formé d'une seule rue ouverte comme une plaie dans la colline, au pied d'une tour. Restes d'un château d'origine mauresque. Église paroissiale avec un retable et des peintures Renaissance. Ermitage de la Virgen del Castillo abritant une sculpture gothique de la Vierge. Ayuntamiento du XVIII⁰ s. Mines de houille.

149,5 km : **Peñarroya Pueblonuevo** (25 000 hab. ; alt. 532 m), centre d'une exploitation minière ; fonderies de plomb et de zinc, superphosphates, etc., dans un décor sinistre de gigantesques taupinières.
➜ A 31 km N., **Hinojosa del Duque** (8 159 hab ; alt. 548 m) dont l'église gothique et Renaissance de San Juan Bautista possède un beau portail monumental plateresque avec un artesonado mudéjar dans la nef centrale. Belles grilles et retables baroques.
➜ A 39,5 km N., **Belálcazar*** (4 312 hab. ; alt. 488 m) avec un château médiéval défendu par un impressionnant donjon. Palais des Sotomayor avec quelques salons très bien conservés et des restes d'artesonado. Beau retable plateresque dans l'église Renaissance de Santiago. Le couvent de San Francisco, gothique, conserve un christ Renaissance ; celui de la Columna, gothico-Renaissance, a un beau cloître à double galerie, des peintures et des sculptures du XVI⁰ et du XVII⁰ s. Nombreuses demeures seigneuriales dans la ville.

165,5 km : **Fuente Ovejuna** (6 840 hab.), un bourg posé comme un châle sur une colline ; dans l'église, custode d'Enrique de Arfe ; dans la chapelle du Sagrario, bâtie à la fin du xve s., retable du 1er tiers du xvie s., peint par un anonyme dit Maître de Fuente Ovejuna, inspiré par la peinture italienne, et plus spécialement ombrienne château en ruine.

Lope de Vega choisit cette ville comme lieu de la célèbre pièce de théâtre qui porte son nom et qui décrit une rébellion populaire contre Gómez de Guzmán, commandeur de l'ordre de Calatrava.

Fêtes : semaine sainte ; San Marcos (25 avr.) avec une romería à la Virgen de la Gracia.

3 — A l'E. de Cordoue

0 km : **Cordoue.** Sortir par la N IV E 25.

27 km : prendre à g. vers *(10 km)* **Adamuz.** Église paroissiale de San Andrés, ermitages de San Pío V (beau retable jaspé) et de la Virgen del Sol, patronne de la ville.

Fêtes : feria de la Virgen del Sol (3e dim. d'avr.) ; romería a El Cerro (dim. le plus proche du 8 sept.) ; San Andrés (30 nov.)

33 km : prendre à dr. vers *(11 km)* **Bujalance*** (8740 hab. ; alt. 345 m). — Beau village andalou entouré d'oliviers. Ruines de la muraille et du château fort. L'église paroissiale de la Asunción, gothique, est couverte à l'extérieur d'une tour du xviiie s. et d'une façade latérale baroque en marbre provenant de Cabra. A l'intérieur, deux retables Renaissance, peintures des xvie et xviie s.. Église de l'hôpital San Juan de Dios décorée de fresques à l'intérieur. Le couvent des Carmelitas Descalzas conserve une belle horloge baroque construite par l'Anglais William Bowyer. Ayuntamiento baroque avec deux belles massues du xviie s.

Fête : feria le 12 sept.

55 km : **Montoro*** (10046 hab. ; alt. 175 m). — Pittoresque village typiquement andalou sur les bords du Guadalquivir (pont gothique d'Enrique Egas). Église de San Bartolomé avec de beaux artesonados mudéjars ; de Santa María, Renaissance avec des chapiteaux romans. Hôpital de Jesús Nazareno (xviie s.), palais des ducs d'Albe et Montoro, de style plateresque avec de beaux artesonados.

Fêtes : semaine sainte avec défilés des centurions ; Virgen del Rosario (7 oct.).

4 — Au S.-E. de Cordoue

0 km : **Cordoue.** Prendre la N 432.

34 km : **Espejo** (5080 hab. ; alt. 418 m). — Ce pittoresque village domine un paysage de vignes. Sur la colline, château des ducs de Osuna avec un imposant donjon. Dans l'église gothique de San Bartolomé, bel artesonado et ornementations mudéjares et plateresques de quelques chapelles latérales ; retable de Pedro Romana, peinture de l'école de Cordoue (xve-xvie s.). Celle de San Andrés, avec une grille et un retable gothique, abrite le tombeau du fondateur du temple, Gonzalo Ruiz de Lucena, décoré d'azulejos.

Fêtes : San Isidro (15 mai) avec romería à « El Borbollón » ; feria de San Bartolomé (23-27 août).

42 km : **Castro del Río** (7830 hab. ; alt. 236 m). — Fondé par les Romains qui construisirent le pont sur le Guadajoz. Ruines des murailles et du château d'origine romaine où campèrent les troupes de Pompée la veille de la bataille de Monda (45 av. J.-C.). Beau portail plateresque de l'église de la Asunción ; à l'intérieur grilles Renaissance et baroques, artesonado dans la sacristie, cloître xviiie s. Dans l'église de Jesús y María de Scala Coeli, beau retable baroque peint. Dans la mairie, ancien palais du duc de Medinaceli, on peut voir la prison où fut retenu Cervantès en 1568.

Fêtes : Saint-Jacques (25 juil.) ; feria Real (16-18 sept.).

61 km : **Baena** (16 000 hab. ; alt. 407 m). Située sur un rocher, la ville conserve quelques murailles. Les ruelles blanches et pentues sont très belles avec leurs maisons aux grilles de fer forgé. La ville haute, Almedina, encore corsetée par une enceinte bien conservée, compte quelques palais Renaissance bien déchus.
Dans l'église gothique de Santa María, retables Renaissance et baroques et un tableau attribué à Goya. Dans la sacristie, belles pièces d'orfèvrerie (custode Renaissance). Ne manquez pas le couvent de la Madre de Dios et remarquez dans l'église le chœur, la chapelle principale et sa grille, son sol d'azulejos et son retable. Peintures de Sánchez Coello et Zurbarán.
Fêtes : semaine sainte (son des tambours spectaculaire) ; San Isidro (15 mai) ; feria Real (4-7 oct.)

➡ A *11 km* S.-E., **Luque,** dans une zone de dolmens, conserve une église Renaissance et le couvent de San Nicolás avec un beau retable* de jaspe.
➡ A *12 km* S., **Doña Mencía** (5 603 hab. ; alt. 585 m), au pied d'une montagne protégée par les ruines d'un château médiéval. Excellents vins.

5 — Au S. de Cordoue

0 km : **Cordoue.** Prendre la N IV E 25.
15 km : bifurquer à g. et suivre la N 331.

29 km : **Fernán Nuñez** où vous pourrez voir le palais des ducs de Fernán Nuñez, édifié au XVIIIe s.

33 km : **Montemayor** (3 370 hab. ; alt. 387 m), dont l'église de la Asunción abrite un petit musée archéologique qui présente des pièces romaines. Château mudéjar des ducs de Frías, imposante construction aux puissantes tours crénelées. A l'intérieur, belles œuvres d'art et archives historiques.

43 km :   **➡** Sur la g. à *3 km,* **Montilla** (21 380 hab. ; alt. 400 m), au cœur de la région des coteaux Montilla-Moriles où sont produits quelques-uns des vins les plus estimables d'Espagne. Montilla, probablement la Munda Baetica des Anciens, fief des ducs de Medinaceli (palais), est la patrie de Gonzalve de Cordoue, le Grand Capitaine (1443-1515) ; ruines d'une forteresse d'origine arabe, sur le site d'un castrum romain ; dans l'église du couvent de Santa Ana, retable principal de Blas de Escobar, orné de sculptures de Pedro Roldán (1652). Dans l'église Santa Clara, de style mudéjar, peintures de Murillo et Valdés Leal, sculptures de Alonso Cano. Visitez aussi le palais des ducs de Médinaceli et la maison-musée de l'Inca Garcilaso de la Vega (archives, bibliothèque).
Fêtes : feria (21-23 mai) ; San Francisco Solano (14 juil.) ; fête des vendanges Montilla-Moriles (21 août-1er dim. de sept.).

51,5 km : **Aguilar** (12 370 hab. ; alt. 372 m). — Entourée d'oliviers et située sur une colline, la ville marquait la frontière avec le royaume arabe de Grenade. Curieuse plaza Mayor hexagonale (plaza de San José) ; belles vues* du haut de la torre del Reloj, rues typiquement andalouses aux maisons parées de grilles de fer forgé ; ruines d'un château mauresque. Portail gothico-Renaissance de l'église Santa María del Soterraño. La légende raconte que le seigneur d'Aguilar fut assassiné par Pierre Ier le Cruel près de la porte. Dans le couvent des carmélites déchaussées (Carmelitas Descalzas), baroque, peintures d'un disciple de Murillo.
Fêtes : romería à l'ermitage de la Candelaria (1re sem. de juin) ; feria royale (6-9 août) ; Santa María de Soterraño (8 sept.) ; feria de la rose (2e dim. d'oct.).

➡ **Lucena** (➡ Antequera**, environs 7).
➡ A *10 km* S.-E., **Moriles,** célèbre pour ses vins.
Fêtes : feria de la Virgen del Rosaria et de la Vendange (7 oct.).
➡ A *5 km* S.-O., **étang de Zóñar,** où nichent de nombreuses espèces d'oiseaux aquatiques.

→ A *18 km S.-O.,* **Puente-Genil** (25 615 hab. ; alt. 231 m) qui conserve un pont du XVIe s. On y goûtera les dulces de membrillo (pâte de coing), l'huile d'olive et les vins blancs.
Fêtes : semaine sainte ; fiesta de la Cruz (3 mai) ; feria (15 août).

6 — Au S.-O. de Cordoue

0 km : **Cordoue.** Prendre la N IV E 25.
29 km : **La Carlota** (2 300 hab. ; alt. 213 m). Fondé au XVIIIe s., sous Carlos III, pour peupler une région déshéritée, ce bourg agricole est aujourd'hui typiquement andalou. Outre l'ayuntamiento, la iglesia de la Immaculada de style néo-classique, remarquez la antigua Casa de la Intendencia à la très belle façade de brique.
Fêtes : San Isidro (15 mai) ; Cristo de las Misericordias (14-17 sept.).

7 — A l'O. de Cordoue

0 km : **Cordoue.** Prendre la C 431.
25 km : **Almodóvar del Río** (6 420 hab. ; alt. 123 m) ; son château, édifié en 749, est reconstruit au XIVe s. par Pierre le Cruel.
Fête : pèlerinage de la Virgen de Fátima (13 mai).

34 km : **Posadas** (alt. 85 m) ; vestiges d'une ville romaine. Dans la chapelle de Santiago *(à dr., après le passage à niveau, puis de nouveau à dr. 200 m plus loin),* tombeaux gothiques du XIIIe s.

45 km : → A g., à *8 km,* **Hornachuelos** (5 920 hab. ; alt. 183 m) ; ruines du château et murailles. Église paroissiale mudéjare. Monastère Santa María de los Angeles, choisi par le duc de Rivas comme cadre de son œuvre *Don Alvaro* ou la Force du destin.
→ Vous pouvez, par une route locale au S.-O., rejoindre directement **Palma del Río** *(14 km).*

55 km : **Palma del Río** (18 000 hab.) ; murailles almohades ; église paroissiale de la Asunción.
Fêtes : feria del ganado (du bétail) du 20 au 22 mai ; feria (20-26 août) ; Nª Sª de Belén (8 sept.).

61 km : **Peñaflor** (4 035 hab.) ; ancienne Ilisea des Romains, on y a mis au jour des thermes et un aqueduc. L'église San Pedro, mudéjare, conserve des colonnes romanes. Belles sculptures dans le couvent de San Luis.
→ **Lora del Río, Villanueva, Cantillana, Alcalá** (→ Séville***, environs 2).

Coria

Cáceres, 72 km. — Plasencia, 76 km.
Alt. 263 m. — 10 365 hab. — Province de Cáceres (Estrémadure).

Fondée par les Celtibères, l'ancienne Caura fut désignée du nom de Caurium par les Romains, nom qui lui resta sous les Barbares et les Arabes. Elle fut fortifiée à l'époque romaine et en conserve encore de beaux vestiges. Ancien siège épiscopal établi par le pape saint Silvestre en 338, Coria, baignée par la rivière Alagón, se trouve au centre d'une riche région agricole (tabac, chênes, oliviers).

Fêtes. — Le 23 juin, San Juan ; lâcher de taureaux dans la ville.

Les **murailles** de la ville, avec ses tours carrées et ses quatre portes, conservent beaucoup d'éléments de l'époque romaine, notamment la puerta de la Guía. Dans la partie vulnérable de la muraille se dresse un château du XVᵉ s., construction en pierre de taille ; belle tour de l'Homenaje.

Cathédrale*. — Elle fut élevée du XIIIᵉ au XVIᵉ s. en styles gothique et Renaissance, à l'exception du clocher, reconstruit au XVIIIᵉ s. Le **portail latéral***, au pied de la tour, est un beau spécimen de style gothique fleuri du XVᵉ s., enrichi d'éléments plateresques au XVIᵉ s.

A l'intérieur, l'unique nef est ornée d'une voûte en croisée d'ogives. Le **chœur**, fermé par une grille gothique (1508), renferme de belles stalles de la fin du XVᵉ s. Le retable, construit en 1749 par les frères Villanueva, est baroque. Dans la **Capilla Major**, fermée par une belle grille baroque, tombeaux des évêques Pedro Ximénez de Préxamo et García de Galarra. La chapelle **El Relicario** conserve la supposée nappe de la Cène.
Faites-vous ouvrir la porte donnant sur un jardinet d'où vous découvrirez la façade principale de la cathédrale avec un riche portail* plateresque.
Cloître gothique du XIVᵉ s. d'où l'on peut contempler le pont romain. De la terrasse, belle vue sur la rivière Alagón.

Face à la cathédrale s'élève le **palais des ducs d'Albe**, ancien alcázar, remanié en styles gothique et Renaissance.

Environs. 1 — Hoyos *(35 km N.-O. par la C 526 en direction de Moraleja ; au km 27,5 prendre à g. ; 411 hab.).* — Église gothique du XVᵉ s. s'ouvrant par un portail roman ; à l'intérieur, retable baroque.
➡ A *24 km N.-O. (prendre en direction du Portugal et tourner à dr. au 1ᵉʳ embranchement puis à g. au suivant),* San Martin de Trevejo ; village enchanteur aux ruelles bordées de vieilles maisons. Sur la plaza Mayor se dresse l'église, qui contient trois tableaux de Morales.
➡ A *22,5 km N.-E. (au carrefour de la C 513 et de la C 526, prendre à g. puis immédiatement à dr.),* Gata ; église San Pedro, gothique du XVIᵉ s., renfermant un retable d'architecture classique et des peintures de Pedro de Córdoba (XVIIᵉ s.). Sur la place, fontaine aux armes de la maison d'Autriche.

2 — Torrejoncillo *(12 km S.-E. par la C 526 en direction de Cáceres).* — Célèbre pour ses toiles typiques.
Fête : le 7 déc., procession nocturne d'hommes montés à cheval (membres de la confrérie de l'Immaculada), couverts d'un drap blanc et portant une lanterne au bout d'une perche en souvenir d'un vœu formulé par un enfant, lors de la bataille de Pavie contre François Iᵉʳ en 1515.
➡ A *13 km S.-E. (prendre en direction de Cáceres et tourner à g. au bout de 2 km),* monastère de Palancar, baroque. C'est le plus petit du monde. Il fut fondé au XVᵉ s. par San Pedro de Alcántara, grand ascète qui dormait dans la cage de l'escalier assis sur une pierre.

3 — Portezuelo *(22 km S.-E. par la C 526).* — Ruines d'un château construit par les Maures. Église Santa María.

Costa Blanca**

Province d'Alicante (Communauté valencienne).

La Costa Blanca, de Denia à Campoamar, est un condensé de lumière et un bel ensemble de montagnes qui se dressent tout au long du littoral.

A mesure que l'on s'éloigne de Valence, vignobles, oliviers et palmiers remplacent peu à peu les cultures d'orangers. Terres de soleil et de mer où le traditionnel et le moderne, le local et le cosmopolite font bon ménage, les côtes sont bordées de centres touristiques de réputation mondiale.

0 km : **Denia** (22 162 hab.). — Ville industrielle, commerciale (jouets) et touristique, entourée de nombreuses plages de renom (Las Marinas, Las Deveses). Son port, Las Rotas, est un important centre de pêche et de plaisance.
L'ancienne Artemisium des Grecs, la Dianium des Romains, est située au pied d'un promontoire que couronnent les ruines d'un château (**panorama**** sur le golfe de Valence, jusqu'aux Baléares) ; elle fut reconquise par Jacques Ier au XIIIe s. Au XIe s., elle devint la capitale d'un ensemble de taïfas islamiques.
Dans la ville, vous pourrez découvrir l'**ermitage de San Juan**, de style gothique (XVe s.), et l'église paroissiale baroque (XVIIIe s.). Le **Musée archéologique** installé dans le château présente d'intéressantes pièces romaines et paléochrétiennes.
Fêtes : le 11 juil., Santisima Sangre avec défilés, batailles de fleurs, corridas près de la mer (bous de mar). Fallas en mars.
Au S.-E. *(à dr. de la route reliant Denia à Jávea ; parcours recommandé)*, le **Montgo** est une montagne isolée qui se prolonge dans la mer par le cap de San Antonio. Lorsque l'on procéda à la mesure du prolongement du méridien de Paris, elle fut choisie comme l'un des sommets d'un grand triangle de mesures trigonométriques. Arago et Biot, accompagnés de deux commissaires espagnols, s'installèrent en 1806 sur le côté E. de la montagne. Sur ses pentes poussent les herbes utilisées dans la fabrication de l'aguardiente locale (eau-de-vie). Remarquer les auvents typiques (réau rían) des maisons rurales où on laissait sécher les raisins, culture traditionnelle.

10 km : **Jávea*** (11 394 hab.). — Port de pêche à l'embouchure du Jalón. Vieille ville fortifiée (restes de murailles renforcées de grosses tours). L'**église paroissiale*** est une véritable forteresse érigée en style gothique au XIVe s. (elle comporte deux portails défendus par des mâchicoulis). A l'intérieur, croix processionnelle du XIVe s. Ne manquez pas de vous promener dans le vieux quartier, plein de charme médiéval.

➜ Cabo de San Antonio-Cabo de la Nao* *(2 km)*. Ensemble de lieux pittoresques, qui s'étendent sur 12 km, où l'on peut pratiquer les sports nautiques et la pêche sous-marine. Plages de sable fin aux eaux peu profondes dont les plus importantes sont la playa del Arenal (à côté de laquelle se trouve le Parador Nacional Costa Blanca) et la Granadella, au milieu des pins. La pointe offre une **vue*** magnifique sur la côte S. et ses falaises déchiquetées.

30 km : **Moraira**. Dans un paysage très méditerranéen, station balnéaire agréablement située sur une colline découpée en terrasses, près d'un petit port de pêche.

42 km : **Calpe** (7 000 hab.). — Ancienne ville forte sur une baie (station balnéaire) que domine le **Peñón de Ifach***, un énorme rocher de 383 m de hauteur, véritable sentinelle se dressant à pic au-dessus de la mer, près du port. Appréciez le charme de la vieille ville avec les ruines de ses anciennes murailles. Église gothico-mudéjare.
Fêtes patronales, les 22 et 23 oct. : Moros y Cristianos, vachettes. **Virgen del Carmen** : 16 juil., procession en mer.

54 km : **Altea*** (11 000 hab.). — Altea la Blanche est un port de pêche situé dans un **site splendide****, sur une colline fortifiée par Antonelli, sous le règne de Philippe II. Église paroissiale à coupoles bleues qui apporte un élément supplémentaire à la symphonie de couleurs : blanc des murs, rose des tuiles.
Fêtes : 3e dim. de mai : Moros y Cristianos ; du 9 au 11 juil. : fêtes sur la mer.

60 km : **Alfaz del Pi***. — Village très pittoresque dans la sierra d'Albir, entouré de pinèdes touffues et de **paysages magnifiques***. Des soirées médiévales sont célébrées dans le **castel** du comte d'Alfaz (dîners, joutes, tournois).

64 km : **Benidorm** (28 415 hab.). — Principale station balnéaire de cette partie de la Costa Blanca, le long de deux petites plages de sable séparées par des rochers où des miradors permettent de découvrir de **beaux points de vue*** sur la mer. Visitez **Aqualand**, le plus grand parc d'attractions aquatiques du monde *(ouv. t.l.j. à partir de 10 h du 1er juil. au 13 oct. ; service continu de bus depuis Triangular-Benidorm, et un service spécial : aqualand express)*. Flânez dans le pittoresque ancien quartier des pêcheurs ; des ruines du château vous découvrirez de belles **vues**** (depuis la dernière terrasse).

••→ **Ile de Plumbaria*** *(service de bateaux toutes les h. entre 10 h et 16 h)*, fragment du mont Campana détaché par le poignard de Roland, selon la légende.

74 km : **Villajoyosa** (21 000 hab.). — Port à l'embouchure du Sella. Vieille enceinte, où est encastrée l'abside de l'**église paroissiale**, de style gothique mais s'ouvrant par un portail Renaissance ; château fort ruiné et jolies maisons multicolores.
Fêtes : dernière semaine de juil. : Moros y Cristianos.

••→ Possibilité d'excursions aux barrages d'Amadoiro et Relleu, et à la sierra de Aitana.

91 km : **Campello** (7 092 hab.). — Village pittoresque avec de belles plages de sable fin ; remarquez celles de la Coveta Fumà, de la Isleta et de Muchavista. A Torre Illeta, beau **panorama*** sur la côte.

97 km : **San Juan.** — Station balnéaire le long d'une immense plage de sable fin sur la baie d'Alicante.

••→ A *4 km,* La Albufereta. A proximité, monastère de la Santa Faz (→ Alicante).

106 km : **Alicante*** (→).

125 km : **Santa Pola** (12 000 hab.). — Située dans une belle et vaste baie, avec de très belles plages. Restes archéologiques du Portus Illicitanus romain. Tours du château xvie s.
Fête de la Virgen de Loreto (1er-8 sept.) : défilés, feux d'artifice. 16 juil. : Virgen del Carmen, procession en mer.

••→ A 3 miles marins, **île de Tabarca*** avec une forteresse où débarquèrent en 1786 des Génois emprisonnés à Tabarka (Tunisie). Voir la collection archéologique Soledad Alvárez Estrada.

142 km : **Guardamar del Segura** (5 708 hab.). — Ville d'origine grecque ou carthaginoise à l'embouchure du río Segura. Splendides **plages*** avec des dunes plantées de pinèdes touffues ; nécropoles ibères.
Fêtes : Moros y Cristianos, le 25 juil.

••→ A *12 km au N. (C 332),* Rojales avec un beau pont du xviiie s. et la Cabeza Lucero, nécropole ibère.

156 km : **Torrevieja** (12 374 hab.). — Village entouré de marais salants exploités avant les Romains ; plage du Cura, avec un des meilleurs clubs nautiques d'Espagne. Calanques de Mojón et de Salaré. **Torre del Moro** (xvie s.). Les maisons ne dépassent pas la hauteur d'un étage, depuis le tremblement de terre de 1829. Quinzaine d'août : concours de habanera.

••→ A 11 km à l'O., **San Miguel de Salinas*** (2 301 hab.), pittoresque village avec un quartier typique d'habitations troglodytes. Dans les environs, bois de Los Alcores et Cabezo de la Vieja.

168 km : **Campoamor.** — Station balnéaire moderne dotée d'un club nautique. Son nom tire son origine du domaine concédé par la reine Isabelle II à Campoamor, le plus grand des poètes romantiques espagnols. Ses œuvres teintées d'un spleen plein de scepticisme et d'humour ravissaient la bourgeoisie du xixe s.

Costa Brava**

Province de Gérone (Catalogne).

De Port-Bou à Blanes, à 70 km au N. de Barcelone, la Costa Brava —
ainsi baptisée au début du siècle — est célèbre pour le charme de ses
criques sauvages surplombées de rochers et de pinèdes. Lieu de
prédilection des artistes et des intellectuels, admirablement décrite par
Josep Pla, brutalement investie par le tourisme de masse, la côte a
souffert de l'engouement qu'elle a suscité et d'une urbanisation anarchique. Certains sites ont cependant conservé tout leur caractère et
l'arrière-pays, avec les paysages vallonnés de l'Empordà (Ampurdán en
castillan) et des points panoramiques superbes, mérite plus d'un détour.
Région privilégiée, de peuplement très ancien, la Costa Brava allie aux
plages protégées et aux petits ports de pêche la proximité de sites
historiques de haut intérêt (Roses, Empúries, Sant Pere de Roda...) et
une vie culturelle active. Elle est dotée d'une infrastructure touristique
non négligeable même s'il peut être difficile de se loger en pleine saison
ou de trouver en hiver un hôtel... ouvert!

0 km : **Port-Bou** (Portbou ; 2 280 hab.) ; port de pêche et embarcadère au fond
d'une crique : tracé malheureux de la route et de la voie ferrée. Entre deux trains,
laissez vos bagages en consigne et profitez des jolies plages aux alentours, à 15 mn
à pied.

10 km : **Colera** (491 hab.) ; petit port de pêche et de plaisance (bien équipé) au
fond d'une anse sablonneuse. Monuments mégalithiques.
↪ Monastère roman de Sant Miquel de Colera dans la serra de la Balmeta, ruiné.

14 km : **Llançà** (4 980 hab.) ; gros bourg agricole et touristique, groupé autour de
l'église baroque de Sant Vicenç (xviiie s.).
↪ A *2 km E.,* El Port de Llançà ; aménagement en projet.
↪ A *14 km S.-E. (au km 24 de la route menant à Figueres tourner 1 fois à g.),*
monastère de Sant Pere de Rodes* (→).

22 km : **El Port de la Selva** ; 822 hab. ; autrefois recouverte d'une forêt de pins, toute
cette zone était réservée à la chasse. Le port de pêche, ancien refuge marin du
monastère de Sant Pere de Rodes, est très apprécié des estivants.

35 km : **Cadaqués** (1 547 hab.) ; la baie de Cadaqués se découvre au détour d'une
route superbe et sinueuse, entre les champs d'oliviers et les vignes abandonnés.
Longtemps accessible par la mer seule, ce village de pêcheurs a été relativement
bien préservé. Lieu de séjour de quelques artistes et intellectuels, vanté par Rusiñol,
Utrillo, Picasso, Derain, Duchamp, Tàpies, Man Ray, Buñuel, Eugeni d'Ors et bien
d'autres... il retrouve tout son charme tranquille en hiver. Il vous faudra convenir
d'un rendez-vous pour visiter le Musée d'art local *(carrer Monturiol, tél. : 25.81.94).*
Visitez sans faute le musée Perrot Moore d'Art graphique européen *(plaza Frederic
Rahola, ouv. de 17 h à 21 h)* et l'église, lieu du festival international de musique en
juil.-août, avec un beau retable gothique dans le chœur.
↪ A *3 km N.,* cala de **Port-Lligat,** port naturel et belle plage élus par Salvador
Dalí. La création d'une zone protégée au cap de Creus est en projet. De ravissantes
criques sont accessibles par les chemins côtiers, plus rarement par des routes, et
surtout par la mer (attention, récifs nombreux).

52 km : **Roses** (8 131 hab.) ; le port naturel de Roses aurait été colonisé très tôt par
des Grecs venus de Rhodes. Des fouilles ont mis au jour des vestiges qui attestent

une occupation du site depuis le VIᵉ s. av. J.-C. Avant le port, à g., **citadelle** en ruine, restes des maisons romaines, autrefois alignées le long du cardo et du decumanus. L'**église** romane de **Santa Maria,** en reconstruction, fut consacrée en 1022 sur le site d'un sanctuaire païen. Le port de pêche, toujours actif, est équipé pour accueillir les bateaux de plaisance. La grande plage de sable de la baie de Roses est interrompue de loin en loin par des marinas. Celle d'**Ampuriabrava,** créée en 1973, est impressionnante avec ses 25 km de canaux de navigation.

59 km : **Castelló d'Empúries** (2 653 hab.); ancienne capitale du comté d'Empúries. Belle **église** gothique de **Santa Maria*** reconstruite au XIIIᵉ s. non sans préserver le campanile roman ; portail en marbre sculpté par Antoni Antigoni, début du XVᵉ s. (Adoration des Mages au tympan); à l'intérieur, retable gothique sculpté vers 1485 par Vicenç Borràs. **Llotja*** gothique. Ajuntament installé dans l'ancien palais des comtes d'Empúries. Musée paroissial, art religieux et objets liturgiques *(plaça Mossèn Cinto Verdaguer ; ouv. de 9 h 30 à 13 h et de 15 h 30 à 20 h, accès gratuit).*
↦ A *3,5 km N.-O.,* **Vilanova de la Muga.** Dans l'église Santa Maria, peintures murales du XIIIᵉ s. (Pantocrator, Tétramorphe, lavement des pieds, entrée dans Jérusalem).

Tourner à g., vers le S.

65 km : **Sant Pere Pescadorà ;** l'embouchure du Fluvià, village de pêcheurs ensablé à 3 km de la mer. Petit port, faune ornithologique et flore de grand intérêt.

71 km : prendre à g.

73 km : ↦ A g. route pour *(2 km)* le **site archéologique d'Empúries* (→).**

75 km : **La Escala** (L'Escala ; 4 048 hab.); la proximité des plages et le renom du site d'Empúries ont favorisé le développement du tourisme dans ce petit port où l'activité traditionnelle de la pêche aux anchois est aujourd'hui complétée par l'industrie de salaison. De nouvelles installations portuaires sont destinées aux embarcations de plaisance.

85 km : tourner à g.
↦ A dr. route pour *(3 km)* **Verges** (1 231 hab.). **Fêtes :** le ven. saint, danse des Morts (Dansa dels Morts). Précédant la procession, des danseurs travestis en squelettes suivent un enfant armé d'une faux qui danse et saute au son des tambours. ↦ A *6 km O.,* **Colomers** (226 hab.); église romane de Santa Maria.

88 km : **Torroella de Montgrí** (5 599 hab.); la petite cité s'est développée au Moyen Age sous la protection de l'imposante forteresse fondée en 1294 par le comte de Barcelone, Jacques II. A l'entrée, tour d'enceinte et mirador. Sur la grand-place ornée de portiques, l'ajuntament, du XIVᵉ s. Église gothique des XVᵉ et XVIᵉ s., ancien palais.

93 km : **L'Estartit** (829 hab.); abrité naturellement de la tramontane au N., ce port de pêche possède un bon équipement pour les petits bateaux de loisir. La côte du massif de Montgrí au N., pour périlleuse qu'elle soit, présente une suite de jolies criques, surtout accessibles par mer, et d'îlots.
↦ Au large, les **îles désertes de les Medes*** (cavernes et tunnels sous-marins) seront un régal pour les plongeurs. Riche d'une faune subaquatique étonnante, cette zone a été déclarée parc marin par la Généralité : toute activité de pêche ou de récolte de minéraux est interdite. Depuis la flore et la faune sous-marines n'ont cessé de se régénérer.

Revenir à Torroella. Prendre à g. vers Palafrugell.

107 km : **Pals*.** Village d'origine médiévale groupé autour de son église paroissiale. Vous y verrez de nobles demeures et les restes d'un château et de murailles.
↦ A *5 km E.,* plage qui correspond à une région de marécages partiellement asséchés ou transformés en rizières.

114 km : **Begur** (2 277 hab.); la ville est située sur le versant du massif du même nom, un peu en retrait de la côte. De cette bourgade fortifiée, autrefois habitée par les pêcheurs de coraux et dominée par un château en ruine, magnifiques **panoramas****

sur la côte. Plusieurs petites routes mènent aux plages de : Sa Riera — calanque peu abritée au N. —, Aiguafreda et Sa Tuna — dans une même baie —, Fornells, Aiguablava d'où l'on peut rejoindre en bateau les grottes de la côte comme la Cova d'en Gispert ou del Bisbe (de l'évêque).

120 km : **Palafrugell** (15 030 hab.); ville du grand écrivain catalan Josep Pla, située à 3,5 km de la mer ou plutôt de Calella de Palafrugell, son quartier de pêcheurs. Après avoir flâné dans le beau marché du dim., il ne vous restera qu'à élire la plage de votre choix à **Tamariu** (simple embarcadère), **Llafranc** (petit port équipé des services minimums) ou **Calella**. Un chemin de ronde relie Llafranc à Calella. En voiture, vous pourrez rejoindre l'**ermitage de Sant Sebastià**, dont les panoramas splendides inspirèrent à Marià Aguiló le nom Costa Brava, ou le phare du cap et déjeuner dans le restaurant panoramique du même nom. Excellente cuisine à un prix raisonnable. Au début de l'automne les bois tout proches promettent de belles récoltes de champignons.
Depuis une vingtaine d'années, un festival de havaneres a lieu début juil. sur la plage de Port Bo de Calella de Palafrugell. A écouter en buvant à petites gorgées le cremat. De Calella, un chemin se détache et mène au **jardin botanique*** *(ouv. de 9 h à 21 h; 18 h en hiver, payant)* du cap Roig, aux essences méditerranéennes, qui s'étage sur plusieurs terrasses au flanc d'un promontoire dominant la mer.
→ A *12 km O.,* **La Bisbal d'Empordà** (7 675 hab.); capitale de la comarca du Baix Empordà, connue pour ses céramiques décoratives. Le palais épiscopal, en partie modifié postérieurement, est un bel exemple d'architecture civile romane. Sur l'ancienne place d'armes, grand marché les mercredis. Vieux pont sur le Daró, ensemble de maisons du XVIIIe s. → A *6 km N.-E.,* **Peratallada** (env. 500 hab.), entouré de murailles et d'un fossé taillé dans le roc (d'où son nom). Château mentionné dès 1065, église romane de Sant Esteve. → A *4 km N.-O.,* village ibérique d'**Ullastret**. Le site fortifié des IVe-IIIe s. av. J.-C. a été transformé en **parc archéologique***. Celui-ci occupe un ancien îlot d'une trentaine de mètres d'élévation au milieu d'un lac aujourd'hui asséché. Les maisons dont les fouilles ont mis au jour les fondations étaient protégées par une enceinte (bien conservée) renforcée de tours. Le matériel archéologique a été déposé dans le musée Monogràfic d'Ullastret (chapelle de Sant Andreu, XIVe s.; *ouv. de 10 h 30 à 13 h et de 16 h à 20 h en été; de 10 h à 14 h et de 16 h à 18 h en hiver; f. le lun).*

130 km : **Palamós** (12 178 hab.); sur un promontoire, les vieux quartiers de la ville dominent le port fondé par Pierre III d'Aragon en 1277. Saccagée à plusieurs reprises, Palamós garde le souvenir du fameux corsaire turc, Barberousse, qui l'assiégea en 1543. Profitant — comme Palafrugell — du développement de l'industrie du liège, le port conserve une activité commerciale certaine (port de plaisance réduit). **Église** gothique (XIVe s.) dotée d'une chapelle baroque au XVIIIe s.; **musée Cau de la Costa** *(4, plaça del Forn; ouv. de 10 h à 13 h et de 16 h à 18 h 30).*

137 km : **La Platja d'Aro** dépendant de la municipalité de Castell d'Aro (3 778 hab.), c'est une petite agglomération groupée autour de son château, — lieu d'exposition d'art contemporain *(accès gratuit, ouv. de mi-juin à fin sept. de 17 h à 22 h)* — et située à 4 km de la mer. Platja d'Aro est un formidable complexe touristique, bien connu pour sa vie nocturne. Pour oublier la foule de la grande rue et ses abords commerçants, on peut profiter de la plage aux eaux claires *(tourner le dos au front de mer).* Les plus courageux emprunteront le chemin de ronde pour rejoindre Palamós qui réserve de beaux points de vue et permet d'accéder aux différentes criques. La marina de Port d'Aro, très bien équipée, devrait encore s'agrandir.

140 km : **S'Agaró**; les villas se groupent, paisibles, autour de l'église Notre-Dame-de-l'Espérance (XXe s.). L'urbanisation du site, entreprise dans les années vingt, est un superbe exemple de préservation de l'environnement.

143 km : **Sant Feliu de Guíxols** (15 485 hab.); station balnéaire renommée de la côte, dans un beau **site***, à la lisière d'un massif montagneux. Son port, de vieille tradition, s'est équipé d'une base nautique. Le passeig Marítim est une fierté de la ville.

Vers le centre de Sant Feliu, vous remarquerez la **porta Ferrada**, dotée d'arcatures en fer à cheval, du monastère de Sant Benet ; l'ancienne porte de la ville du XVIIIᵉ s. ; la façade baroque de l'église Sant Feliu (XVIIIᵉ s.).

↦ À *8 km N.-O. (tourner à g. au km 6),* **monastère de Solius** ; la communauté cistercienne venue de Poblet au XVIIIᵉ s. se consacre à la restauration des livres et à la reliure. L'atelier est ouvert au public.

155 km : **↦** A dr. route pour *(5 km)* l'**ermita de Sant Grau** ; superbe **panorama***.

166 km : **Tossa de Mar** (2979 hab.) ; petite ville pittoresque, surtout dans ses vieux quartiers : la **Vila Vella***, XIIᵉ s. Enceinte fortifiée ; ruines de l'église Sant Martí (XIVᵉ s.) ; collections d'art moderne — le **Violoniste** de Marc Chagall — et matériel archéologique local au **musée de la Vila Vella**, dans une maison des XIVᵉ-XVᵉ s. *(plaça Pintors Roig i Soler ; ouv. de 10 h à 13 h et de 16 h à 20 h en été ; de 10 h à 13 h et de 15 h à 17 h en hiver).* Au-delà des pointes rocheuses qui ferment au N. et au S. la grande anse de sable de la plage, très fréquentée, la mer a ménagé de belles calanques. Au large, **îlot de Palma**.

178 km : **Lloret de Mar** (10 463 hab.) ; ce port, connu au XVIIIᵉ s. pour son chantier naval, est devenu un grand centre touristique, dont le casino *(ouv. de 15 h à 4 h du mat.)* n'est pas le moindre pôle d'attraction. Église du XVIᵉ s. aux coupoles couvertes de tuiles vernissées d'un très bel effet. La grande plage de Lloret (base nautique) se prolonge en criques moins fréquentées. La plage de Fenals avec le **sanctuaire de Santa Cristina** (église baroque, ex-voto) est très populaire.

Fête : lors de la Festa Major (24 juil.) procession en barque au sanctuaire et bal de l'Almorratxa (la danseuse chrétienne refuse le vase à parfums que lui offre un Maure qui le jette alors à terre et le brise).

184 km : **Blanes** (20 353 hab.) ; ville de haute tradition maritime. Port de pêche animé le soir par la vente à la criée et port de plaisance de bonne capacité aux installations très complètes, Blanes accueille l'été de nombreux touristes. Vieux quartiers typiques comme celui des pêcheurs, **S'Alguer**, grandes villas des marins qui avaient fait fortune aux colonies, passeig Marítim, église du Palau de Caírera (XIVᵉ s.), fontaine gothique (XVᵉ s.) du carrer Ample ; beaux **jardins botaniques de Mar i Murtra*** *(ouv. de 9 h à 18 h)* d'où le panorama est splendide, confèrent beaucoup de charme à cette station balnéaire réputée.

↦ Costa del Maresme* *(→)*.

Costa Cálida*

Province de Murcie.

Située entre Valence et l'Andalousie, la Costa Cálida offre 250 km de plages sablonneuses mais aussi de profondes calanques difficiles d'accès. C'est la mar Menor qui donne à cette côte son caractère exceptionnel : ce lac salé, le plus étendu d'Europe (73 km de côtes, 170 km²), est séparé de la Méditerranée par une étroite bande de terre sablonneuse de 22 km de long et de 50 à 150 m de large. Le lac et la Méditerranée communiquent par une série de goulets.

Grâce à la tranquillité de ses eaux tièdes et peu profondes et à leurs vertus thérapeutiques (forte teneur en iode), cette mer fermée est le paradis des touristes.

La côte de la mar Menor est jalonnée de stations balnéaires et de villages de pêcheurs. Dépeuplés en hiver, ils accueillent en été les vacanciers attirés par leur caractère familial et la douceur du climat : température moyenne 17° en hiver, 23° en été ; les eaux passent de 18° en plein hiver à 27° en été.

La mar Menor constitue la principale source de richesses de plusieurs villages situés sur une route nord-sud.

0 km : San Pedro del Pinatar

Les fouilles archéologiques situent l'établissement des premiers noyaux urbains bien avant l'ère chrétienne. Des ruines de maisons (dallages, colonnes) laissent présumer que San Pedro était le lieu de villégiature des Romains de Carthago Nova. Le 19 mai 1266, le roi Alfonso X accorde à la province de Murcie son autonomie régionale, mais conserve à la couronne les salines del Pinatar. Les noms des hameaux montrent que l'installation définitive de la population locale eut lieu au xvie s. En 1836, San Pedro reçut de l'ancien conseil murcien, l'autorisation de former sa propre municipalité.

Fêtes : les plus anciennes furent créées en 1796 par Carlos IV et se perpétuent encore de nos jours. Les 29 et 30 juin et le 1er juil., on fête le patron de la ville : kermesses, corridas, défilés de chars, expositions, concerts, foire au bétail. Le 16 juil, on célèbre la Vierge du Carmel, patronne des pêcheurs. La procession va du village jusqu'à Lo Pagan, au bord de la mar Menor où elle devient maritime.

Poursuivre vers le S. en longeant la mar Menor par une route locale.

5 km : **Santiago de la Ribera** (1 781 hab.) ; station balnéaire à proximité de l'immense plage de sable fin de la mar Menor.

13 km : **Los Alcázares** (1 817 hab.) ; situé au centre géographique des rives de la mar Menor, sa population passe de 2 500 à 30 000 habitants en été. Les vestiges de thermes d'origine romaine, modifiés ensuite par les Arabes, sont les premiers signes de la fondation du village. C'est sous la domination arabe qu'il prend le nom de los Alcázares (al Kezar : palais).

Fêtes : le 15 août sont célébrées les fêtes de la mer : une procession via terre et mer réunit des milliers de personnes. La semaine de la Huerta est une manifestation culturelle, mi-folklorique, mi-gastronomique. On peut y voir des groupes de danse folklorique, entendre des récitals en panocho (dialecte de la huerta). On y découvre les barracas (maisons paysannes typiques) et des expositions de l'artisanat local. Chaque barraca est construite et décorée par un « cercle » de voisins (peña) d'une localité rurale. On vous y sert les spécialités gastronomiques de la cuisine régionale : charcuteries « corsées » de confection familiale (cannelle, poivre, pimentón vous dérouteront peut-être), mais aussi les produits de la huerta savamment relevés par l'inévitable ailloli. Un rendez-vous à ne pas manquer.

21,5 km : **Los Urrutias** ; du monte Carmoli splendide **vue*** sur le lac et les îles.

30 km : **Islas Menores** ; de là, vous rejoindrez la route menant au cap, en tournant à g. au carrefour.

39 km : **Cabo de Palos** et la **Manga** ; Cabo de Palos est le cap le plus septentrional de la péninsule. Contrastant avec la côte de la mar Menor, le relief devient assez accidenté : falaises à pic, calanques profondes se succèdent jusqu'à Aguilas.

Palos est un village de pêcheurs travaillant en haute mer, célèbre pour sa spécialité culinaire : le caldero, que l'on prépare ici mieux que nulle part ailleurs. Les amateurs de pêche trouveront à Cabo de Palos le coin idéal pour s'adonner à leur sport ; les poissons de roche y abondent.

C'est à partir de Cabo de Palos que naît ce phénomène naturel qu'est la **Manga** : cet isthme de 24 km offre aux vacanciers une structure éminemment touristique : hôtels, appartements... On a ici la possibilité unique de se baigner dans deux mers, la mar Menor, calme, peu profonde, et la Méditerranée, capricieuse et plus dangereuse. On y pratique beaucoup la voile.

Les centres névralgiques de la Manga sont la **plaza Bohemia**, très animée le soir, et la **galerie commerciale du casino** où l'on peut trouver tout ce qui satisfait un touriste (souvenirs, vêtements, livres). La Manga de par sa capacité hôtelière et sa structure touristique est le centre cosmopolite le plus important de la région. L'ambiance y est jeune et animée et contraste avec les villages de la mar Menor plus traditionnels, tranquilles et familiaux.

Revenez sur vos pas, vers Los Belones.

47,5 km : **Los Belones**; prenez à g. vers Portmán.

55,5 km : **Portmán**; longues plages solitaires et calanques. La côte se fait accidentée, un massif montagneux côtier sépare terre et mer.

68 km : **Carthagène** (→).

100,5 km : **Puerto de Mazarrón**; petit port de pêche situé au fond d'une baie. Il possède des plages magnifiques et une palmeraie importante le long du bord de mer.

107 km : **Mazarrón** (10694 hab.; alt. 99 m); la ville se regroupe autour d'une colline dominée par le **château** du marquis des Vélez. Les mines furent à l'origine de sa richesse. Elles ont aujourd'hui laissé place à l'industrie du tourisme, le long des côtes et à celle de la tomate sur le flanc des collines.
Tout comme les restes du château, l'**église Saint-André** (plafond à caissons en bois mudéjar du xvie s.) et l'**ayuntiamento** sont d'un intérêt touristique appréciable.
A noter aussi ses 14 km de plages sauvages : **Calacerada, Matalentisco, la Balera...**

153 km : **Aguilas** (20595 hab.); la ville doit son aspect actuel aux architectes de Carlos III (xviiie s.). Vue magnifique du promontoire couronné par le **château de San Juan de las Aguilas** : à ses pieds, la ville, le port et le charme paisible du bord de mer. La **tour de Cope**, d'une hauteur de 12 m, date de 1414 (restaurée en 1572); une muraille allant jusqu'à la mer devait compléter cette construction et servait de refuge aux pêcheurs de thon.
La gastronomie d'Aguilas a pour base le poisson moragas (sardines et caramel) et la soupe de crustacés : arroz a la banda.

Fêtes. — Virgen del Carmen (16 juil.); Virgen de Agosto (15 août).
•→ Sur la route de Lorca (*N.-O.;* →), les **forteresses du Tébar et Chuecos** servaient à la surveillance de la côte. Distantes de 5 km l'une de l'autre, la seconde se situe au lieu dit Barranco de los Asensios.

Costa Daurada*

Provinces de Barcelone et de Tarragone (Catalogne).

De Barcelone à Tarragone, le littoral, parfois rocheux mais surtout sablonneux, bénéficie d'un excellent ensoleillement. Les anciens villages de pêcheurs sont devenus autant de stations balnéaires très fréquentées mais il faudra ici comme sur la Côte du Levant (le Maresme) déplorer la proximité de la voie ferrée, de la route nationale voire de l'autoroute, avec les plages. De nombreux trains et des autocars desservent la côte. La route côtière (qui rejoint la nationale à Coma-Ruga) s'allonge sur 96 km de Barcelone à Tarragone. Très fréquentée de Castelldefels à Sitges, elle est aussi particulièrement sinueuse sur ce tronçon.
Le littoral de Cambrils à l'Estany Gras appartient à la Costa de Ponent

qui englobe, au N., la Costa Daurada et, au S., les côtes du delta de l'Ebre. Ses similitudes avec le littoral de la Costa Daurada permetten d'en inclure la description à la suite.

Le massif du Garraf, entre la dépression du Penedès et la mer, a été déclaré parc naturel. Les incendies ont détruit beaucoup de pinèdes e l'urbanisation accélérée de la côte n'a pas toujours été heureuse. Le littoral, accidenté, conserve néanmoins de jolies criques protégées.

0 km : **Barcelone***** (→).

30 km : Garraf (236 hab.); premier port de la Costa Daurada. Du train, on aperçoi l'**Antiga Torre Güell***, un cellier construit par Gaudí et son élève Berenguer. Une grande installation portuaire de plaisance devrait voir le jour un peu au N. de Garra à **La Ginesta**. Le parc naturel du Garraf, vaste amas karstique, est la limite nord du Margalló (seule espèce de palmier européen poussant naturellement).

42 km : **Sitges*** (→).

49 km : **Vilanova i la Geltrú** (→).

53 km : Cubelles ; plage.

57 km : Cunit (611 hab.); belle plage. Église de Sant Cristòfol, du XVIIIe s. (sacristie du XIIe s.).

62 km : Segur de Calafell ; petite installation portuaire.
↦ A *2 km O.,* Calafell (4597 hab.); château médiéval en ruine, église romane de Santa Creu del Castell et Segur de Calafell ; urbanisation touristique récente, en bord de plage, embarcadère.↦ A *4 km N.-O.,* El Vendrell (11265 hab.); capitale de la comarca du Baix Penedès où l'activité vinicole prédomine ; ville natale de Pau Casals (1876-1973). **Église** del Salvador Transfigurat (XVIIIe s.) dont la restauration du chœur est due à J.-M. Jujol, disciple de Gaudí avec lequel il a notamment travaillé au Parc Güell (Barcelone). **Can Guimerà**, construite au XVIIIe s. sur des anciennes portes de l'enceinte médiévale et propriété du sculpteur contemporain Apel· les Fenosa. **Musée municipal** *(14, carrer Maig)* installé dans le vieux manoir de **Cal Pardo** (XVIIe s.) : collections préhistoriques et archéologiques à visiter sur rendez-vous. **Maison-musée Guimerà** du poète et dramaturge Àngel Guimerà (1849-1924) qui passa son enfance au Vendrell *(accès gratuit, horaire à convenir, tél. : 64.04.38).*

66 km : plage de Sant Salvador ; maison-musée de Pau Casals *(ouv. de 11 h à 14 h et de 17 h à 20 h ; l'hiver le mat.).*

68 km : Coma-Ruga ; belle plage.

73 km : **Arc de Berà** ; arc de triomphe élevé au début du IIe s. par Lucius Sergius Sura, général de Trajan, sur l'ancienne via Augusta qui reliait la Narbonnaise à Tarraco (Tarragone) et Gades (Cadix). Conçu sur le modèle de l'arc de Titus, à Rome, il constitue le plus bel exemple de ce genre de monument en Espagne.

79 km : **Torredembarra** (5544 hab.); sur une plage de sable fin, autre station balnéaire autour d'un **château** du XIIe s. (restauré au XVIIe s.). Restes des murailles médiévales et tour de la ville ; église néo-classique (bel orgue du XVIIIe s.).

83 km : Altafulla (1085 hab) ; église fortifiée, tours arabes et château médiéval. Très beau **château de Tamarit** qui surplombe la mer (XIIe-XIIIe s.), église romane, torre de la Mora (1562).
↦ Aux environs, site archéologique classé d'**Els Munts,** dont les vestiges sont exposés au musée de Tarragone.

89 km : **Torre dels Escipions** (tour des Scipions), monument funéraire romain. La tradition l'attribue aux Scipions, tués par les Carthaginois lors de la bataille d'Anigortis (Alcañiz), en 211 av. J.-C. Bâti vers la fin du IIe s. apr. J.-C., il était situé au centre d'une nécropole attachée à une villa, près de la via Augusta. Il s'agit d'un monument de type oriental où l'on a relevé diverses allusions aux mythes funéraires asiatiques assimilés par Rome.

95 km : **Tarragone**** (→).

108 km : **Salou**; elle occupe le site d'un port, Salauris, fondé par les Phocéens qui fut le plus important de la Catalogne au Moyen Age. C'est de là que partit en 1229 Jacques Ier le Conquérant pour Mallorque. Le port de plaisance est très bien équipé et Salou est l'une des grandes stations balnéaires d'Espagne, bâtie de part et d'autre du cap découpé en petites criques entre deux belles plages de sable fin, dans des pinèdes. Aux villas modernistes se sont ajoutés hôtels et immeubles d'appartements qui accueillent une foule impressionnante de touristes en été.

115 km : **Cambrils** (11 987 hab.); formée de deux agglomérations, l'une près du port, l'autre, fortifiée, plus à l'intérieur, cette grande station balnéaire est réputée pour ses spécialités de poissons. Signe des temps, le port de pêche s'est équipé pour accueillir les bateaux de plaisance. Aux abords de la ville, le **parc Samà***, un grand jardin privé, se visite le dim. ou les j. fériés, le mat.

130 km : **Platja Miami**; récente urbanisation touristique.

132 km : **L'Hospitalet de l'Infant**; ce village de pêcheurs doit son nom à un ancien hôpital de pèlerins fondé en 1314, ruiné. Centrales nucléaires en bord de mer à Vandellós (4 km au S.).

↦ A *25 km O.,* **Tivissa** (1 960 hab.); petite ville pittoresque, dotée d'une église gothique (façade XVIIIe s.). Aux alentours immédiats, **grottes préhistoriques** ornées de peintures rupestres (cova Ramat, cova del Cingle, Roquedal).

189 km : **L'Ametlla de Mar** (3 772 hab.); petit port de pêche traditionnel aujourd'hui très apprécié des touristes et où, hormis les immeubles des abords immédiats, les villas s'échelonnent au milieu des pins sur toute la côte (jolies criques). Ruines du **château** médiéval de Sant Jordi.

Costa de la Luz*

Provinces de Cadix et Huelva (Andalousie).

Elle s'étend sur environ 250 km le long de l'océan Atlantique, de Tarifa à l'E. jusqu'à la frontière portugaise. La blancheur des plages et la luminosité de l'atmosphère lui ont valu le nom de «Côte de la Lumière».

0 km : **Tarifa*** (15 220 hab.). — Située sur le contrefort méridional de la sierra de la Luna (784 m) et liée au souvenir d'Alonso Pérez de Guzmán.

La ville dans l'histoire. — Alonso Pérez de Guzmán, gouverneur de la ville lorsque celle-ci est assiégée par les Maures, préfère voir égorger son fils de neuf ans sous ses yeux plutôt que de rendre la place. Dès avant les luttes entre Maures et chrétiens, Tarifa a été occupée depuis la plus haute Antiquité par les Ibères, les Phéniciens, les Romains et les Vandales. Ces derniers, sous les ordres de Gensérie, s'y embarquent en 429 pour aller conquérir la province romaine d'Africa (Tunisie).

Au XVIIIe s., Tarifa devient un point de concentration de troupes (protection de la place de Ceuta et attaques contre Gibraltar) puisque le Maroc se trouve à moins de 15 km.

Actuellement port de pêche (thon, sardine, anchois...), siège d'industries alimentaires (salaison et conserve de poisson), elle compte aussi parmi ses ressources l'élevage (toros de combate) et la culture de céréales et de primeurs. Ses plages sont idéales pour la pratique du surf (vents du levant).

Fêtes : romería de San Isidro a Tahivilla, en mai; feria de Nuestra Señora de la Luz (8 sept.).

L'**Alcázar maure** *(ouv. de 9 h 30 à 13 h)* fut fondé au Xᵉ s. par Ab al Rahman III. On peut voir la fenêtre murée d'où Guzmán el Bueno jeta son propre poignard aux assaillants pour tuer son fils. L'**église San Mateo**, de style gothique, s'ouvre par un portail Renaissance. L'**église San Francisco** abrite de nombreuses images Renaissance et baroques. L'**église Santa María**, quant à elle, conserve de belles colonnes romanes et une Vierge Renaissance.

→ La **punta Marroquí** et l'îlot fortifié de **las Palomas** avec son phare marquent le point le plus méridional de l'Europe (**vue*** sur le détroit de Gibraltar et la côte africaine).
Suivre la N340.

15 km : → A *5 km* sur la g., baie de **Bolonia**, au fond de laquelle s'étendent, sur plus de 1 km le long de la plage, des ruines en partie couvertes par les constructions d'un petit village de pêcheurs, Realillo de Bolonia. En raison des fouilles, les habitants se sont installés dans un nouveau quartier, El Lentiscal.

Fondée en l'an 171 av. J.-C., Bolonia, la Belo des Romains, fut occupée jusqu'aux invasions du Vᵉ s. Ses **ruines*** constituent un ensemble particulièrement suggestif d'une petite cité romaine dont l'existence devait être liée à la production de salaisons de poisson et de garum, un condiment fort apprécié des Romains, confectionné à l'aide d'intestins et de certaines autres parties de poissons sélectionnés. Le site, identifié par Pierre Paris et fouillé par l'école française des hautes études hispaniques, de 1917 à 1922, est localisé à une dizaine de mètres du rivage.

Vous commencerez votre visite par le **forum**. Au fond de celui-ci, au pied d'une série de trois temples, une fontaine monumentale, de plan semi-circulaire et dont on distingue encore le bassin, prend appui contre la base de l'autel du Capitole, dans l'axe du temple médian. Les trois temples capitolins, à un niveau plus élevé, étaient orientés vers le forum ; ils furent construits dans le courant de la première moitié du Iᵉʳ s. de notre ère. Ruinés jusqu'aux fondations, leur plan est encore très apparent.

A g. des temples de la triade capitoline se trouve le **théâtre**, dont il subsiste, en partie, l'ossature de la cavea, c'est-à-dire de la partie réservée au public. Érigé au Iᵉʳ s. de notre ère, il fut agrandi ultérieurement et vient d'être dégagé.

Encore plus à g., on a mis au jour les restes des **thermes** dont on a reconnu les principales divisions, ainsi qu'un important tronçon de l'enceinte, élevé à l'époque de l'empereur Claude (41-54), et qui est conservé, en cet endroit, sur une hauteur d'environ 2 m, d'une porte de ville (porte O.) qui était reliée à une autre porte, à l'E., près du village, par une large artère bordée de portiques, le decumanus, qui bordait le forum au S. et qui était entrecoupé de rues à angle droit. Au-delà de ce tronçon de l'enceinte gisent les ruines d'établissements industriels pour la production de salaisons et de garum.

30 km : → A *10,5 km* sur la g., **Zahara de los Atunes** (2 900 hab.) doit son nom aux madragues pour la pêche au thon, installées et développées par les Phéniciens, les Romains et les Arabes. Son économie est fondée sur la pêche et un peu d'agriculture, avec des promesses de développement touristique grâce à ses belles plages. Allez déguster les produits locaux dans les petits restaurants de la ville, ou chiringuitos.

Fêtes : Cran Sardinada (8-10 août).

50 km : **Vejer de la Frontera*** (12 765 hab. ; alt. 190 m). — L'un des plus beaux pueblos blancos de toute l'Andalousie. Ses maisons blanchies à la chaux constituent un ensemble d'une parfaite beauté qui a été classé « monument historico-artistique ».

La ville dans l'histoire. — Un site exceptionnel, situé au S.-E. de la province de Cadix près de la lagune de la Janda, l'abondance de poisson et de gibier lui valent d'être un centre peuplé dès la préhistoire. Les Romains y fondent la ville de Besipo. L'occupation arabe, qui dure 539 ans, lui a imprimé son caractère et donné ses ruelles étroites et tortueuses, la disposition de ses maisons, ses patios. Reconquise par Fernando el Santo en 1250, elle est actuellement le siège d'une coopérative agricole qui a fortifié son économie (agriculture, élevage).

Fêtes : semaine sainte ; Nª Sª de la Oliva (24 août).

L'**église** mudéjare du **Divino Salvador** abrite de beaux cuivres flamands et un retable baroque. Pittoresque plaza del Ayuntamiento décorée d'azulejos andalous. L'**église du Rosario** est une ancienne mosquée ; **église Santa Lucia** ; église-hôpital San Juan de Letran. Le **sanctuaire de la Virgen de la Oliva**, construit sur une église wisigothe détruite par les Maures, fut reconstruit après la Reconquête. Il abrite une statue Renaissance.

→ A *26 km N. par la C343*, **Medina Sidonia** (16 190 hab. ; alt. 300 m). — Importante ville arabe au Moyen Age, elle est pendant des siècles le siège du duché le plus puissant d'Espagne. Ruines du château, dont quelques pièces furent utilisées pour la construction de l'église paroissiale. L'**église Santa María***, gothique, conserve un beau **retable*** Renaissance du xviᵉ s. consacré à la Vierge et sculpté par Juan Bautista Vásquez l'Ancien, ainsi que deux peintures attribuées à Zurbarán. Artesonado dans l'église mudéjare de Santiago. L'**église du couvent de San Agustin** abrite des fresques et un haut-relief représentant la Sainte Famille. **Tour** gothique de Doña Blanca où l'épouse de Pierre Iᵉʳ le Cruel fut retenue puis assassinée. Ayuntamiento baroque, maisons seigneuriales (palais des ducs de Medina Sidonia).

Fête : Velada de Santa Ana (26 juil.).

→ A *20 km N.-E.,* **Benalup de Sidonia*** *(au km 4 de la C 343, prendre à dr. puis tourner à g. au carrefour suivant),* refuges rupestres qui conservent d'extraordinaires peintures du paléolithique supérieur (Cuevas del Arco, Cueva del Tajo de las Figuras).

→ A *10 km S.-E.,* **Barbate de Franco** (20 849 hab.), à l'embouchure du río Barbate, port de pêche très actif, producteur de céréales, de produits maraîchers et de betteraves. Mais Barbate, c'est aussi un port de plaisance et une plage de rêve, Los Caños de Meca (près du cap Trafalgar), des grottes naturelles et des chutes d'eau douce des falaises qui dominent la plage *(accès à pied).*
Fêtes : Virgen del Carmen (14-18 juil.) avec processions maritimes, régates... Sardinada (2ᵉ dim. d'août).

→ A *15 km S.-O.,* vous atteindrez le **cap Trafalgar** au large duquel la flotte française, commandée par l'amiral de Villeneuve et l'escadre espagnole de l'amiral Gravina furent anéanties, le 21 octobre 1805, par la flotte de Nelson qui ne comptait que 27 navires, mais plus puissants et mieux armés. Villeneuve fut fait prisonnier sur le Bucentaure, Nelson fut tué dès le début de l'engagement et l'amiral Gravina mortellement blessé. Neuf vaisseaux français seulement purent rejoindre leur base de Cadix. Les Anglais en perdirent douze.

63 km : **→** bifurquer à g. pour *(2,5 km)* **Conil de la Frontera** (13 766 hab.), port de pêche, centre touristique et lieu idéal de repos : 14 km de plages dorées et de pinèdes. Fréquentation massive sur trois plages (Roqueo, Fontanilla y Bateles), mais les 14 autres plages sont peu fréquentées même en été.
La ville, typiquement andalouse, lumineuse et blanche, conserve la tour de Guzmán, une partie des murailles et une porte ancienne (Arco de la Villa).
Dans l'**église Santa Catalina**, image Renaissance de saint Sébastien. Belles sculptures et peinture de Caneño dans la **chapelle del Hospicio**.

Fêtes : romería San Sebastián (22 janv.) ; Cruces de Mayo (3 mai) ; Nª Sª de las Virtudes (6-9 sept.).

79 km : **Chiclana de la Frontera** (37 956 hab.). — Fondée en 1303 par Alonso Pérez de Guzmán, marquis de Medina Sidonia. Le roi Alfonso XII lui concède le titre de ville en 1876. C'est aujourd'hui un centre de villégiature et un port de pêche. Le moscatel chiclanero, l'un des produits d'une industrie vinicole importante, des fabriques de meubles et de poupées constituent la base de son économie.

Visitez l'église de San Telmo qui abrite une peinture d'un disciple de Murillo, l'église paroissiale San Juan Bautista sur la plaza Mayor, l'église San Sebastián et l'église San Agustin. Dans le couvent de Jesús Nazareno et dans la chapelle de l'hôpital San Martín, belles peintures et intéressantes pièces d'orfèvrerie.

Fêtes : San Antonio (13 juin) ; romería à l'ermitage de Santa Ana (26 juil.).

➜ A *5 km S.-O.,* plage de Sancti Pietri*.

91 km : San Fernando (18 548 hab.). — Berceau de Ponce de León, célèbre famille de conquistadores. Le capitaine de vaisseau Diego de Alvear y Ponce de León, à la tête de l'armée espagnole, arrête ici l'armée française de 1808 à 1812. En 1813, la guerre d'indépendance lui donne son nom en l'honneur du roi San Fernando. Elle est le siège des cortes et leur dernier refuge. Une importante industrie navale s'y est développée.

Dans la ville, vous visiterez les nombreuses églises baroques (del Carmen, San Francisco, San Pedro, San Pablo). Dans l'église du couvent des Carmelitas Descalzas, beau retable* baroque.

Parmi les monuments civils, on remarquera la mairie, l'hôpital de San José, le panthéon des Marins illustres où sont enterrés Gravina, Méndez Núñez, Lobo..., le pont romain de Zuazo et l'observatoire météorologique du XVIIIe s. dont le méridien sert de référence pour les calculs de la Marine espagnole.

Fêtes : semaine sainte ; Carmen y de la Sel (16 juil.).

101 km : **Cadix*** (**➜**).

Costa de la Muerte**

Province de La Corogne (Galice).

La côte de l'océan Atlantique qui s'étend de La Corogne au cap Fisterra est l'une des plus sauvages et des plus dangereuses de Galice. Les paysages sont austères et grandioses ; la pluie accentue encore le caractère inquiétant de ce littoral aux falaises escarpées battues par les tempêtes, ce qui lui valut le nom de côte de la Mort.

Un itinéraire de près de 200 km le long de cette côte vous permettra de découvrir des villages de pêcheurs, de longues plages désertes et de profondes rías aux eaux limpides. La route, plutôt sinueuse, traverse des forêts de pins et d'eucalyptus pleines d'un charme sauvage.

0 km : **La Corogne*** (**➜**). Sortir par la C 410 en direction de Carballo.

13 km : Arteixo (**➜** La Corogne, environs 3).
Prendre à dr. vers Caión.

23 km : **Caión** (600 hab.); petit village de pêcheurs typique sur une péninsule rocheuse. Beaux paysages côtiers. Plages de sable fin. Pêche côtière. Fruits de mer.

29 km : **Baldayo**; plage très étendue. Chasse dans les marais.

38 km : **Buño★★**; centre régional de la poterie. Tous les magasins se trouvent de part et d'autre de la rue principale. Vous remarquerez les plats en terre peints, les jolis objets servant à boire l'eau-de-vie (aguardiente, orujo) réalisés d'après les modèles celtes, les masques mystérieux pour chasser les mauvais esprits, etc.

45 km : **Malpica★★** (8 549 hab.); station balnéaire à l'abri du cabo de San Adrián; panorama extraordinaire. Plage de sable fin de 500 m (playa de Areamaior). Au large se trouvent les îles Sisargas, site que les mouettes ont choisi pour se reproduire.
Fêtes : le 20 janv., festa dos Casados (danses); à la mi-juin, romería de San Adrián (pèlerinage typique avec processions et repas champêtre); à la dernière pleine lune d'août, procession de la Virgen del Mar.

49 km : **Mens**; église paroissiale romane du xiie s. Tour médiévale de la forteresse antique de la famille des Moscoso (xve s.).

57 km : **Ponte-Ceso**; ville située au fond de la merveilleuse **ría de Laxe★**. Jolie station balnéaire avec de beaux paysages et d'agréables plages. Pêche maritime et fluviale; chasse.

69 km : **Laxe** (3654 hab.); beau village de pêcheurs sur une ría. Nombreuses maisons seigneuriales Renaissance des grandes familles de Galice (Moscoso, Castro). L'**église Santiago★** constitue un exemple splendide de la fin du gothique galicien; profusion de sculptures des xve et xvie s. Devant la porte, très beau crucifix de pierre. Plage longue de 1 500 m.

72 km : **Traba** : intéressante église romane. Lagune.

82 km : **Cean**.
➡ A *5 km S.,* **Vimianzo** (9 645 hab.); château restauré de la maison d'Altamira dont les parties les plus anciennes datent du xiie s.

94 km : **Camariñas★** (5 380 hab.); située sur la ría du même nom, près du cabo Villano d'où l'on bénéficie d'un panorama splendide sur la mer et la côte (site naturel présentant un intérêt national); Camariñas est un port de pêche aux ruelles blanches. Importante industrie artisanale de dentelles (encajes) que les palilleiras réalisent au fuseau : mouchoirs, nappes, vêtements, ornements ecclésiastiques, etc.
Fêtes : Pentecôte, danses et repas champêtre; du 29 juin au 2 juil., fêtes de San Pedro; le 16 juil., procession maritime de la Virgen del Carmen qui se termine par des danses typiques et une sardinhada (gigantesque grillade de sardines).
Revenez sur vos pas. A Ponte do Porto, prenez à dr. vers Muxia.
114 km : **Muxia★** (7 080 hab.); village de pêche situé sur une péninsule entre les caps Villano et Touriñán, avec des vues magnifiques sur l'Atlantique. Centre de production artisanale de dentelles (mais peu de magasins). Plages de sable fin. Parmi les roches déchiquetées par le vent et la mer se trouve la fameuse **Pedra de Abalar★** qui bouge si celui qui se trouve dessus est pur de tout péché (celui qui passe en dessous sera guéri des douleurs dorsales). En face, sanctuaire de la Virgen de la Barca renfermant un magnifique retable baroque. On voit aussi la représentation de la pierre tremblante, qui d'après la légende faisait partie du bateau que prenait la Vierge lorsqu'elle allait visiter saint Jacques. Église paroissiale de Santa María avec des sculptures romanes (xive s.).
Belles plages, très étendues et désertes pour la plupart (Lourido, Touriñan, Nemiña, Lires). Au sommet des caps on rencontre fréquemment des groupes de chevaux sauvages.

130 km : **Cee** (7 591 hab.); entre le río Castro et le Jallas, ce village conserve de nombreux horreos, greniers à grains en granit montés sur pilotis. Pazo de Cotón (xviiie s.). Plages. Chasse et Pêche.
➡ A *5 km S.-E.,* **Ameixenda** (➡ Muros★, environs 1, km 36).

132 km : **Corcubión*** (2 114 hab.) ; port d'une grande activité commerciale et touristique. Chasse et pêche. Église San Marcos (xɪɪe-xve s.) avec un mélange étonnant de styles et une façade fin de siècle. Chapelle baroque. Deux forts du xvɪɪe s. protègent la ría. Maisons nobles à écus.
Fêtes : 25 avr., 29 juin, 16 juil. et 24 sept. processions et régates.

144 km : **Fisterra** (5 322 hab.) ; église romane du xɪɪe s. avec des apports gothiques et Renaissance.
Fêtes : à Pâques, fiesta del Cristo (danses folkloriques) ; le dern. dim. de juil., Día de la Playa sur la légendaire plage de Langosteira avec ses pierres magiques ; le 9 sept., procession maritime de la Virgen del Carmen.

147 km : **cap Fisterra****, énorme masse granitique dominée par un phare ; points de vue impressionnants sur l'Atlantique depuis la pointe la plus occidentale de l'Europe.

Costa del Azahar**

Provinces de Valence et de Castellón de la Plana (Communauté Valencienne).

La côte de la fleur d'oranger, basse, étendue et peu profonde, forme un golfe très ouvert. Dominant les plaines côtières, qui forment un mince et fertile croissant le long de la mer, s'élève une barrière continue de montagnes qui forment un réseau compliqué et serré. Le climat privilégié, la mer, les plages paisibles et le paysage d'orangers font de cette région, dont l'art et l'histoire sont millénaires, un centre balnéaire idéal. Du N. au S., elle s'étend de Vinaroz à Denia ; commence alors la Costa Blanca (→).

0 km : **Vinaroz** (18 603 hab.). — Port de pêche renommé pour ses grosses crevettes (langostinos). Le duc de Vendôme, commandant les armées de Philippe V, y mourut en 1742. Église paroissiale s'ouvrant par un portail de style baroque (1698-1702) à pierres bleues. Peintures de Custóbal Bonet et Dolorosa d'Esteve Bonet.
Fêtes patronales le 20 janv. (San Sebastián). **Fête de la ville** du 8 au 15 août.
•→ Dans les environs, **Cálig** où l'on récolte en sept. les amandes pour fabriquer le mazapan.

7 km : **Benicarló** (17 975 hab.). — Au milieu des orangers, église du xvɪɪɪe s. à portail de style baroque et clocher octogonal ; belles pièces d'orfèvrerie. **Casa del Marqués de Benicarló**, bel exemple d'architecture civile du xvɪɪɪe s. (azulejos et petit musée de la Cuisine).
Fête : San Bartolomé (2e quinzaine d'août) : encierros et vachettes.

12 km : **Peñíscola**** *(prendre à dr. en arrivant à Benicarló ; →).*

30 km : **Alcalà de Chivert** (465 hab.). — Habitée par les Ibères et conquise par les Arabes. Église du xvɪɪɪe s. que l'on considère comme la plus haute de la région, portail baroque exécuté par Barceló.
•→ A *2 km,* ruines du **château de Chivert**. A *4 km,* **Alcocéber**, station balnéaire (plage de sable fin).

55 km : **Oropesa del Mar*** (1 817 hab.). — Centre touristique : belle plage** de sable fin en forme de coquille, au pied d'un promontoire occupé par un village aux blanches maisons et couronné par les ruines d'un château. Sur un rocher de la côte, la **torre del Rey** est un ouvrage fortifié du xve s. qui abrite un petit musée de la Mer. Concours de sculpture en plein air (du 6 au 12 janv.).

64 km : **Benicasim*** (5 262 hab.). — Station balnéaire avec de belles villas anciennes dans des jardins tropicaux. Église paroissiale du xvɪɪɪe s. ornée de peintures de Bonanat et de sculptures de Bonet. Château médiéval de Montormés. Établissement de thalassothérapie connu dans toute l'Europe. Concours international de guitare Francisco Tárrega (du 25 au 30 août).

➜ A *8 km*, **couvent du Desierto de las Palmas***, du XVIIIe s., avec de petits ermitages disséminés dans les pins, lieux de retraite du carmel. De là, on jouit d'une belle vue** sur la côte méditerranéenne. On peut y acheter les vins doux fabriqués par les pères carmélites (Licor Carmelitano y Moscatel).

75 km : **Castellón de la Plana*** (**➜**).
83 km : Villareal de los Infantes (40 648 hab.). — Au cœur de la riche huerta de Castellón. Patrie du guitariste Tárrega (1852-1909), compositeur classique de musique espagnole. La ville conserve une belle place à portiques. Dans l'église paroissiale (XVIIIe s.), remarquez la coupole décorée de peintures de José Vergara. Dans la sacristie, **tableaux** de Paolo di San Locadio (XVe s.). L'**église del Antiguo Hospital** contient des sculptures, des crucifix et des objets liturgiques de la Renaissance.

➜ Tout près de Villareal, au milieu des mandariniers, **ermitage de la Mare de Déu de Grácia**.

➜ A *5 km*, **Burriana**, la Medina al-Hadra des Maures (le grand mathématicien Mohammed de Burriana y vécut). Église gothique avec une tour du XVIe s. Dans l'ayuntamiento, le musée historique municipal présente des collections d'archéologie et d'ethnologie. **Fêtes** typiques de la San Blas (3 fév.), Fallas (mars).

➜ A *13 km*, **Onda** (fabriques d'azulejos) ; au centre de la ville, église paroissiale du XVIIIe s. (haut-relief en stuc dans l'abside) ; église de la Sangre, avec un portail roman. A *3 km* par la route de Fanzara, **chapelle del Salvador** (Christ en bois polychrome, œuvre de Juan de Juanes). A *2,5 km* par la route d'Ayodar, **musée de Sciences naturelles** dans le couvent del Carmen, fondé au XIVe s. *(ouv. de 9 h 30 à 14 h et de 15 h 30 à 20 h, f. le lun. sauf si c'est un j. férié, et du 20 déc. au 2 janv. inclus).*

108 km : Almenara* (5 032 hab.). — Village fondé à l'époque romaine sur les albuferas et autres zones lacustres de la côte de Castellón.
Le château fort, en ruine, passait pour être la clef de Valence. Jacques Ier le Conquérant y battit les Maures en 1238 avant de prendre la grande cité levantine.

➜ A g., à *5 km*, **Canet de Berenguer** dont l'église est ornée d'un retable sculpté et de peintures de Vergara ; palais des comtes d'Alcudia (XVIIe-XVIIIe s.).

116 km : **Sagonte*** (**➜**).
132 km : Puzol (11 117 hab.). — Église avec maître-autel baroque, retable du XIVe s. et tableaux des XVe et XVIe s. Dans le palais de los Arzobispos, belles peintures de March et Vicente López.

135 km : La Cartuja. — A g., bâtiments d'une ancienne chartreuse.
➜ A **El Puig**, à dr. de La Cartuja, entre l'ancienne route et l'autoroute de dégagement de Valence, **monastère** fondé par Jacques Ier le Conquérant, avec un portail de style de transition romano-gothique. Au pied de la colline, ermitage San Jorge, du XVIIe s. Des **azulejos*** racontent comment le roi Jacques Ier livra les premiers combats lors de la reconquête de Valence (oct. 1238).

141 km : Albalat del Sorells. — Palais du XVe s. de style gothique.
143 km : Meliana. — Église baroque avec des azulejos du XVIIIe s.
145 km : **➜** A g., **Almacera** *(2 km)* ; palais des comtes de Parcent du XVIIe s.
149 km : **Valence***** (**➜**).
163 km : Silla (16 165 hab.). — Église du XVIIIe s. ; ancien château de l'ordre de Montesa, aujourd'hui transformé en hôtel de ville.
174 km : Sollana (4 324 hab.). — Dans une région de rizières, dans l'église paroissiale, Christ au tombeau de Gregorio Fernández.
90 km : Sueca (24 195 hab.). — Les anciens villages de pêcheurs environnants (El Perelló, Les Palmeres...) sont devenus des stations touristiques. Centre de chasse aux oiseaux aquatiques et de riziculture (fête du riz le 2e dim. de sept.).

195 km : **Cullera** (20 283 hab.). — Au pied de ce nom (**panorama*** sur l'Albufera, la vallée du Júcar et la mer). Église du xviie s.; hôpital du xviie s.

208 km : **Simat** (*à dr. par la route d'Alcira, puis à g. par celle de Játiva;* 3 169 hab.). — Gros bourg près des ruines d'un monastère cistercien (1298), à beau portail mudéjar.

223 km : **Gandía**** (→).

231 km : **Oliva** (20 000 hab.). — Au pied d'une colline et à *3 km* de la mer. On y visitera le palais comtal, ogival et Renaissance; **couvent** de San Francisco (statue de la Vierge du xiiie s.). **Fête** le 8 sept.

Costa del Maresme*

Province de Barcelone (Catalogne).

La plaine du Maresme (10 km de large, 50 de long) a donné son nom à l'ancienne côte du Levant et son unité géographique correspond à la comarca du même nom, capitale : Mataró. Après la Costa Brava, le profil du littoral change brusquement et une plage de gros sable, très pentue, s'étend presque sans interruption jusqu'à Barcelone. Si la nationale et la voie ferrée coupent de manière désastreuse la plage de l'immédiat arrière-pays (les campeurs doivent souvent traverser l'une et l'autre pour aller se baigner), la construction de la nouvelle autoroute et le transfert de la voie vers l'intérieur devraient permettre l'aménagement d'une superbe promenade en bord de mer.

L'occupation des sites s'est faite au Moyen Age un peu en retrait de la côte, sous la protection de tours de guet et de défense contre les incursions des pirates. Les quartiers de pêcheurs se sont agrandis par la suite, en particulier au xviie et au xviiie s. avec le développement de la construction navale et du commerce vers l'Amérique. A l'industrie traditionnelle de bonneterie s'est ajoutée l'industrie chimique tandis que l'horticulture (mangez les fraises de Sant Iscle de Vallalta) et la floriculture (œillets) caractérisent cette région et permettent d'approvisionner les marchés de Barcelone. Grand port de pêche à Arenys de Mar et tourisme sur toute la côte.

0 km : **Malgrat de Mar** (10 972 hab.); ancien port de Palafolls (ruines du château du xiie s. à *1 km*). 5 km de plages et le parc d'attractions de Marineland.

5 km : **Pineda de Mar** (11 747 hab.); importante agglomération touristique en été (base nautique). Culture de l'œillet, industrie textile. Au N., belle plage de Santa Susanna (résidences secondaires des Barcelonais).

8 km : **Calella** (10 586 hab.); ville agricole et port, fameuse au début du siècle pour son industrie de bonneterie. Grand centre touristique de la côte, les immeubles et les hôtels bordent la plage. Le phare est construit sur l'emplacement d'une tour arabe ruinée.

12,5 km : **Sant Pol de Mar** (2 275 hab.); construite autour du **monastère de Saint-Paul**, Sant Pol de Mar est une ville de pêcheurs plus typique que Calella. Belle plage et base nautique.

16 km : **Canet de Mar** (8 062 hab.); vous y visiterez le **castell de Santa Florentina** (xe-xive s.) restauré par Domènech i Montaner au début du siècle.

19 km : **Arenys de Mar** (10 087 hab.); le tourisme y complète aujourd'hui les activités agricoles traditionnelles, l'industrie du verre, la bonneterie, la parfumerie et la pêche. Important port de plaisance très bien équipé. Dans l'**église de l'Assomption, retable baroque du sculpteur Pau Costa, originaire de Vic (XVIIIe s.) et capella dels Dolors de Joan Oliver. **Musée de la Dentelle Frederic Marés** *(41, carrer Església ; ouv. de mi-avr. à sept. de 18 h à 20 h du mar. au ven.; de 11 h à 13 h et de 18 h à 20 h le sam.; de 11 à 14 h le dim.; d'oct. à mi-avr., f. les lun., mer. et ven.).* Le **musée des Archives** *(3, plaça de la Vila)* renferme de nombreux documents sur l'histoire maritime de la Catalogne.

21 km : **Caldes d'Estrac** (1 104 hab.); station thermale. Promenade des Anglais et belles villas du début du siècle. Dominant la mer, sur un promontoire boisé : **torre dels Encantats** où fantômes et revenants se réuniraient à minuit... **Église** du XIIIe s. (antiphonaires et manuscrits anciens). Le port de plaisance d'**El Balís** qui dépend de **Sant Andreu de Llavaneres** est l'un des plus récents et des mieux équipés de Catalogne.

29 km : **Mataró** (97 008 hab.); ville industrielle et gros marché horticole. La **tour** de défense du Can Palauet avec ses créneaux et ses fenêtres gothiques dans une maison fortifiée du quartier de Cerdanyola est un monument classé. **Église** de Santa Maria, XVIIe s. : musée et archives locales. Un port de pêche bordé d'une importante zone commerciale a été récemment construit.

35 km : **Vilassar de Mar** (9 519 hab.); la ville possède aussi sa tour de défense : Can Nadal (XVe s.). Station balnéaire : parc d'attractions, de sport et de spectacles **Isla Fantasia** près de l'autoroute.

↦ À *3 km N.-O. :* **chapelle*** préromane de **Saint-Christophe** à **Cabrils,** marquée par les influences de l'architecture mozarabe. À l'intérieur, retable du XVIe s.

39 km : **Premià de Mar** (20 034 hab.); lieu de villégiature estival.

43 km : **El Masnou** (14 522 hab.); dotée depuis 1975 d'un port de plaisance ultra-moderne, c'est une ville de création relativement récente (1600). La plage (eaux peu profondes) est très fréquentée par les Barcelonais. Architecture début de siècle : casino, **museu Fundació Sensat Parés** (mobilier, peinture d'époque ; *28, carrer Sant Francesc d'Assís ; ouv. de 17 h à 19 h le sam., de 10 h à 13 h et de 17 h à 19 h le dim.*). A voir : le **Museu Retrospectiu de Farmàcia i Medicina** (Laboratoires Cusí sur la nationale, *au km 639*) avec un très beau mobilier, de nombreuses céramiques et divers objets. Vous dégusterez sur place les vins mousseux, «espumosos de El Masnou ».

46 km : Montgat (6 944 hab.); station balnéaire et industrie chimique.

57 km : **Barcelone***** (→).

↦ Costa Daurada* (→).

Costa del Sol**

Provinces de Almería, Cadix, Grenade, Málaga (Andalousie).

Du cabo de Gata, à l'E. d'Almería, jusqu'à Algésiras, s'étend la Costa del Sol où vous conduit cet itinéraire. Celui-ci se déroule comme un long film dont les séquences très variées deviendront particulièrement séduisantes à partir de Sorbas, dans une région limitée au S. par la sierra de Cabrera. Sur l'un de ses contreforts, la blanche Mojácar est la première bourgade réellement andalouse que vous puissiez voir en venant de la Communauté valencienne. Avant Almería, vous traverserez une contrée de collines arides, intensément érodées, paysage minéral, décor idéal de western, ainsi qu'en témoigne un «Fort Apache» de cinéma au-delà de Tabernas.

Au-delà d'Adra, la route est parfois taillée en corniche lorsque la sierra Nevada pousse ses contreforts jusqu'à la mer. De temps à autre, de minuscules plaines côtières, très fertiles, où l'on cultive la canne à sucre, étaient autrefois défendues par de petits fortins contre les maraudeurs venus de la mer. Vous noterez encore au passage les nombreuses tours de guet sur les collines. Les villages et les ports de pêche ont parfois l'aspect des bourgs maghrébins, tels Salobreña et Almuñecar. Tout au long de la route, vous apercevrez des ruines de tours maures d'où l'on pouvait surveiller la mer.

De Málaga à Algésiras, la route, excellente, longe la partie la mieux aménagée de la Costa del Sol qui, du cabo de Gata, près d'Almería, s'étend jusqu'à Tarifa, sur le détroit de Gibraltar. La Costa del Sol, dotée d'une longue suite de plages sablonneuses, est une étroite bande côtière, à la magnifique végétation subtropicale, resserrée entre la mer et la cordillère Bétique, une chaîne de montagnes ravinées que domine la puissante stature de la sierra Nevada (entre Almería et Motril). Bien protégée par cette barrière, elle jouit d'un climat relativement doux en hiver, d'un ensoleillement exceptionnel et d'une atmosphère particulièrement lumineuse, de telle sorte qu'elle est fréquentée toute l'année.

La Costa del Sol est pourvue d'une infrastructure hôtelière très dense de Málaga à Marbella, mais qui n'est pas toujours très réussie, et beaucoup plus relâchée à partir d'Estepona. Les installations sportives y sont très nombreuses, avec des ports de plaisance, des terrains de golf (près de Torremolinos, Benalmadena et surtout de Marbella : golf Río Real, golf Nueva Andalucia, Aloha Golf, golf Guadalamina et golf Atalaya Park), plus d'une centaine de courts de tennis, de très nombreuses piscines, etc. On y pratique les sports nautiques, le parachutisme ascensionnel, la pêche sous-marine, la pêche en mer ou dans les lacs de barrage et les ríos de l'arrière-pays, la chasse, notamment au chamois et au chevreuil. Les distractions y sont variées (courses de lévriers, corridas ; boîtes de nuit, tablaos flamencos, etc.).

0 Km : **Almería*** (→).
Suivre la N340 à l'O. d'Almería.

10 km : **Aquadulce** (18 900 hab.). — Localité de la circonscription de Roquetas del Mar. Station balnéaire d'intérêt touristique national, elle doit son nom à une source d'eau douce venue de la sierra proche.
Fête : Virgen del Carmen (16-18 juil.).
➥ A *8 km S.-O.,* **Roquetas de Mar** (18 891 hab.), beau village de pêcheurs aux maisons blanches.
Fêtes : San Isidro (15 mai), Santa Ana (26 juil.), Virgen del Rosario (7 oct.).

34 km : **El Ejido** (→ Almería*, circuit de la sierra de Gador*, km 109).

53 km : **Adra** (17 420 hab.). — Anciennement située sur le cerro de Monte Cristo, à l'E. de l'actuel centre urbain, s'élevait l'Abdera des Phéniciens, plus tard ville romaine comme en témoignent de nombreux vestiges de céramiques, pierres et autres objets, en particulier des monnaies romaines qui portent le nom d'Abdera. Son rôle éminemment commercial dans le monde antique subit une éclipse au Moyen Age au profit d'Almería. Les chroniques musulmanes la présentent alors comme une petite agglomération agricole. Menacée continuellement par la piraterie turque aux xvie et xviie s., c'est au début du xixe s. que le développement industriel andalou touche Adra qui construit ses premiers hauts fourneaux (plomb de la sierra de Gador). Un grand complexe industriel se développe à partir de 1832 (matériel moderne importé d'Angleterre) connu ultérieurement sous le nom de Heredia. La transformation de la canne à sucre (culture traditionnelle de la région) et l'exportation du plomb (vers Marseille) contribuent également à son importance commerciale au XIXᵉ s.

Aujourd'hui, Adra est une ville moderne avec une économie fondée sur la fertilité de sa plaine où les primeurs ont remplacé les cultures industrielles. Sa flotte de pêche est l'une des plus importantes de la côte méditerranéenne.

Remarquez les ruines des remparts, Puerta del Mar et l'église paroissiale du XVIIᵉ s. Club nautique et port de plaisance.

Plages : moyennement fréquentées. Plage Poniente : 10 500 m, bon accès, qualité médiocre. Plage San Nicolás de la Habana : 8 400 m, accès difficile, qualité médiocre.

Fêtes : Saint-Marc (25 avr.), fête patronale en l'honneur de la Vierge de la Mer et de saint Nicolas Tolentino avec cavalcades, château de feu et festival de chant flamenco (8-10 sept.).

69 km : **La Rabita**. — Village agricole et pêcheur, encore peu touristique, favorable au repos et à la détente. Petite plage dans une crique rocheuse.

Fêtes : San Isidro (15 mai) ; Virgen del Mar (8 sept.).

73 km : **La Mamola**. — Jolie plage de 1 100 m.

90 km : **Castell de Ferro** (2 000 hab.). — Petite ville de pêcheurs où apparaît clairement le souvenir d'un passé arabe. Centre de tourisme en été comme en hiver, avec une plage de 1 370 m de longueur, son économie est surtout fondée sur les primeurs : tomates, poivrons, aubergines et haricots. Le château, qui domine toute la ville (belles vues) et la vallée, et l'église paroissiale sont des monuments artistiques dignes d'intérêt.

Fête : Virgen del Carmen (15-18 juin).

➡ A *4 km* N.-O., **Gualchos**, où vous pourrez voir la torre Nueva et l'église paroissiale du XVIIᵉ s.

98,5 km : **Calahonda** (1 298 hab.). — Au pied de la falaise de Punta de Este, petit port de pêche dont le pittoresque contraste avec les nouvelles constructions de plaisance. Eglise paroissiale néo-classique. Belle plage (1 000 m).

Fête : San Joaquim (26 juil.).

106 km : **Torrenueva** (1 566 hab.). — Climat privilégié pour cette plage de 930 m de long, d'accès facile. La tour défensive du XVIIIᵉ s. a donné son nom à la ville.

112 km : **Motril** (40 335 hab.). — Avec un climat très doux toute l'année (18 °C de moyenne), sa côte, proche de la montagne, présente une succession de falaises à pic et de vastes criques de sable. Les eaux d'irrigation du Guadalfeo et les hautes températures en font un véritable verger.

Relativement peuplée après la conquête romaine, Motril, située à 2 km en retrait de la mer, est épargnée aux XVIᵉ et XVIIᵉ s. par la piraterie barbaresque qui sévit sur les côtes et peut prospérer.

La canne à sucre est la base de son économie et monopolise presque tous les sols cultivables (autres cultures : tomates, poivrons, céréales).

Port industriel actif et port de pêche, avec une petite zone industrielle (cellulose), Motril voit son avenir touristique lié au développement des communications (avec Grenade et l'intérieur), et de la construction.

Remarquez l'Iglesia colegial de la Encarnación, la Casa Consistorial, Renaissance. Le sanctuaire de Nuestra Señora de la Cabeza, situé sur l'emplacement d'une ancienne résidence des favorites des rois maures de Grenade, se dresse entre les ruines du château arabe où vécut la mère de Boabdil, dernier roi de Grenade.

Fêtes : Virgen de la Cabera (10-15 août) ; foire aux bestiaux (15, 16 et 17 oct.).

➡ A *17 km* N., **Vélez de Benaudalla** (2 616 hab.), où est édifiée une église du XVIIIᵉ s. dont les plans furent tracés par Ventura Rodriguez.

➡ **Las Alpujarras**** (→).

116 km : **Salobreña*** (8 837 hab. ; alt. 100 m). — Située sur la côte, dans une vallée fertile (cannes à sucre, amandiers), cette bourgade d'origine très ancienne a connu son époque de splendeur au temps des Arabes. Elle a conservé la disposition caractéristique des villes mauresques : un dédale de rues blanches et étroites où apparaît soudain un petit jardin rempli de fleurs. La ville s'abrite au pied d'une colline surmontée d'un château arabe récemment restauré. Dans l'église de la Virgen del Rosario, Renaissance, nombreux documents des XIIe et XIIIe s.

Plages : La Guardia (1 050 m), Salobreña (2 190 m). Accès facile, bonne qualité.

Fêtes : Virgen del Carmen avec processions maritimes (16 juil.) ; San Juan et San Pedro (24-29 juil.) ; Nuestra del Rosario (4-7 oct.).

133 km : **Almuñecar** (16 538 hab.). — Ville de la province de Grenade, au pied de la sierra de Almijara, dans une vallée. Fondée par les Phéniciens, en 800 av. J.-C., nommée Sexi Firmum par les Romains, Sexi-Heisn-al-Muñecal par les Arabes, Almuñecar et son château se rendirent aux Rois Catholiques en 1489.

Visitez l'église paroissiale La Mayor, Renaissance, dessinée par Juan de Herrera, l'aqueduc romain, les ruines de l'alcázar maure. Galerie d'art phénicien *(15, calle Real)*. La ville est célèbre pour ses poteries rougeâtres.

Fêtes : Virgen de la Antigua avec procession maritime et feux d'artifices (15 août) ; fiesta de la Chirimoya (12 oct.).

152 km : ➡ embranchement à dr. pour *(2 km)* les **grottes de Nerja*** *(ouv. de 9 h à 20 h de juin à mi-sept. ; de 10 h à 14 h et de 16 h à 19 h le reste de l'année)*, immense cavité naturelle où l'on a mis au jour d'importants vestiges d'occupation humaine (peinture, armes, bijoux) du paléolithique et surtout de l'âge du bronze. Un petit musée archéologique rassemble la plupart de ces vestiges. Dotée d'un remarquable système d'éclairage, cette grotte sert de cadre à des manifestations culturelles et, surtout, à un festival de ballet.

155 km : **Nerja*** (11 590 hab.). — Dans un paysage pittoresque, la Narixa (« source abondante ») des Arabes connaît au XIXe s. une économie florissante (vin, miel, sucre, forêts, mines). La chute du prix de la canne à sucre entraîne au XXe s. un appauvrissement et une forte émigration. Depuis les années soixante, le boom touristique a fortement développé les ressources de Nerja.

L'église du Salvador (XIIe s.) a été reconstruite en style baroque, après le tremblement de terre de 1884. L'ermitage de la Virgen de las Angustias, du XVIIIe s., conserve d'intéressantes fresques d'artistes de l'école de Grenade. Ne manquez pas les superbes jardins aux essences exotiques aménagés sur le petit plateau appelé balcón de Europa.

Fêtes : San Isidro avec procession de chars enrubannés (15 mai) ; San Miguel Arcángel y Nª Sª de las Angustias (9-12 oct.) ; feria (8 sept.) ; Virgen de las Maravillas avec procession et offrande de fleurs (8 sept.) ; chants de Noël et costumes typiques (25 déc.).

➡ A *8 km N.,* **Frigiliana** (2 112 hab. ; alt. 435 m), qui conserve un aspect mauresque. Ruines du château arabe, église Renaissance avec un artesonado mudéjar, nécropolis punique, grottes préhistoriques La Oscura et Los Murciélagos.

Fêtes : semaine sainte avec une représentation populaire de la Passion ; à Noël, romería où l'on sort en procession toutes les statues de l'église.

163 km : **Torrox Costa** (9 156 hab.). — Pittoresque ensemble urbain avec des traces romaines (maisons, thermes, nécropoles) dans une zone très touristique. Ermitage mudéjar (artesonado) de Nuestra Señora de las Nieves. Ne manquez pas de goûter le vin local et les migas.

Plages : très fréquentées de juin à sept. (poste de la Croix-Rouge à Faro), elles s'étendent sur 9 km ; club de ski nautique.

Fêtes : Virgen de las Nieves avec chants et danses régionales (5 août) ; fête du vin et des migas (dern. dim. de déc.).

176 km : **Torre del Mar** (3 500 hab.). Station balnéaire. A l'E. et à l'O. s'étendent 12 km de plages.

➡ A *4 km N.,* **Velez-Málaga** (41 776 hab.), située dans une région de vignobles aux très beaux paysages. A voir, l'ancienne alcazaba médiévale ; l'église paroissiale de la Encarnación sur le site de la cathédrale wisigothique, transformée en mosquée jusqu'en 1487 (retable Renaissance). Le sanctuaire de la Virgen de los Remedios date du xviie s. Dans l'église San Juan Bautista, beau **calice*** et sculptures de Pedro de Mena.

Fêtes : commémoration de la Reconquête de la ville (27 avr.-3 mai) ; Virgen del Carmen avec procession maritime et toros (14-18 juil.) ; fête de Torre del Mar (23-26 juil.) ; feria de San Miguel (27 sept.-1er oct.).

194 km : **Rincón de la Victoria** (7 078 hab.). — Village de pêcheurs, plage de sable gris où se rendent les habitants de Málaga. Très fréquentées en été, les plages de Cala del Moral (1 250 m) et de Rincón de la Victoria (5 600 m) sont d'accès et de qualité satisfaisants.

La ville était déjà habitée à l'époque romaine dont elle conserve une tour défensive contre les pirates et un temple dédié à la lune. Ruines de la forteresse arabe.

Fêtes : Nª Sª de la Candelaria (2 fév.) ; Nª Sª del Carmen, patronne des marins (16 juil.).

208 km : **Málaga** (→).

221 km : **Torremolinos** (40 000 hab.). — Situé sur le littoral malagueño, au pied de la sierra de Mijas, Torremolinos est devenu un grand complexe touristique dans les années cinquante, ce qui a défiguré la côte sur plusieurs kilomètres. Avant le «boom», ce n'était qu'une modeste bourgade de pêcheurs, d'une centaine d'habitants, et dont le seul monument notable était une vieille tour, la torre de Pimentel, qui dominait des petites maisons basses. Cette tour et quelques moulins (molinos) ont donné le nom à cette moderne station balnéaire où seul le quartier des pêcheurs a gardé quelque couleur locale (dans La Carihuela et à El Bajoncillo, vous pourrez déguster de délicieux poissons frits).

Au sommet de la colline, El Palacio Nacional de Congresos y Exposiciones est un bel exemple d'architecture moderne, avec une superficie de 5 500 m², un immense hall et 8 salles qui peuvent accueillir jusqu'à mille congressistes.

Fêtes : romería à la pinède où l'on campe, costumes et chants traditionnels à l'occasion de la San José (19 mars) ; feria de San Miguel avec procession et concerts populaires (24 et 29 sept.).

➡ A *8 km N.-O.*, **Alhaurin de la Torre**, où vous pourrez visiter une belle église du xviiie s.

➡ A *24 km O.*, **Alhaurin el Grande** (14 175 hab. ; alt. 239 m), belle ville que l'on peut admirer du sommet de la sierra de Mijas (1 150 m).

L'église paroissiale de Nuestra Señora de la Encarnación est baroque. Dans les environs, ruines d'un aqueduc romain et des fortifications arabes.

Fête : Virgen de la Gracia (15-18 août).

225 km : **Arroyo de la Miel.** — Important centre touristique ; plage ; parc d'attractions Tivoli World.

Fêtes : San Juan (23-24 juin).

226 km : **Benalmádena Costa.** — Zone résidentielle, très beaux hôtels, animation, boutiques ; belles plages.

Fêtes : San Antón (17 janv.) ; Nª Sª de los Remedios avec taureaux et concours populaires (14-16 août) ; Nª Sª Da de la Peña (8 sept.) ; Santa Teresa (15 oct.).

➡ A *9 km O.*, **Benalmádena*** (17 773 hab.), beau village andalou dont le nom signifie «fils des mines». Benalmádena est construit sur une colline à 280 m d'altitude, au pied des crêtes de Calamorro et de Castillejo (sierra de Mijas).

Musée archéologique inauguré en 1970 qui renferme des collections néolithiques, de l'âge du fer, précolombienne et d'époque romaine.

Fête : Virgen de la Cruz avec festival de flamenco (14-18 août).

➡ A *17 km O.*, **Mijas*** (14 896 hab. ; alt. 428 m), belle ville aux maisons blanchies à la chaux où subsiste l'artisanat du sparte, de l'osier, la céramique et le tissage. Les fenêtres des maisons sont ornées de plantes et de grilles. Ruines du château médiéval ; église baroque avec un bel artesonado mudéjar. Jolies vues* sur la Costa del Sol.

242 km : **Fuengirola** (30 996 hab.). — Ancienne colonie phénicienne située au débouché d'une vallée, dans un **site*** magnifique. En 956, le calife cordouan Abd al-Rahman III y fait construire un château au bord du fleuve (ruines). Actuellement, Fuengirola est une importante ville touristique, entre mer et montagne, station d'été comme d'hiver avec un port de pêche et de plaisance.
Plages : 6 800 m de plages, d'accès facile et dotées de bonnes installations (3 postes de secours, 80 signalisations).
Fêtes : San Juan (20 et 24 juin) : verbena del Carmen avec processions maritimes, festival de flamenco, danses locales (15 et 18 juil.) ; Virgen del Rosario avec concours de dressage de chevaux ; romería à El Esparragal (1re quinz. d'oct.).

252 km : **Calahonda.** — Plage en bordure d'une pinède.

269 km : **Marbella** (→).

280 km : **San Pedro de Alcántara** (4 000 hab.). — Station balnéaire dans l'un des plus jolis **sites*** de la Costa del Sol (vastes pinèdes). A voir, la basilique Vega del Mar, du vie s., au lieu-dit « Palero » (sépultures wisigothiques). Près du quartier de Guadalmina, reste de l'antique ville romaine de Silniana, détruite par un séisme en 365 (thermes classés « monument national » qui communiquaient avec la plage par un souterrain).
Fête : feria, chants andalous, taureaux (15-19 oct.).

↦ A *8 km N.-O.,* **Benahavis** (1 093 hab.), beau village blanc au pied d'un contrefort de la cordillère Bétique, ruines du château de Montemayor. Deux terrains de golf.

297 km : **Estepona** (24 461 hab.). — Station balnéaire et port de pêche, à 5 km de la sierra Bermeja qui la protège des vents du Nord. Colonie phénicienne puis romaine et arabe, cette ancienne bourgade de pêcheurs et d'agriculteurs s'est considérablement développée à la faveur du boom touristique. Près d'une région montagneuse très boisée (pins, châtaigniers), elle offre de nombreuses plages (clubs nautiques, sports nautiques).
Fêtes : San Isidro (15 mai) ; San Juan (24 juin) ; feria (3-10 juil.) ; Virgen del Carmen avec procession maritime (15 juil.) ; fête dans le quartier de la Cancelada (3e sem. d'août).
Spécialités gastronomiques : sardines à la broche, saupiquet de voladous (poissons volants), salade d'anchois.

306 km : **↦** embranchement à dr. pour *(14 km)* **Casares*** (3 127 hab. ; alt. 435 m), gros bourg au flanc de la sierra Crestonilla formé de maisons blanches qui dominent un beau panorama. Visite du château arabe (sur des fondations romaines) près de l'église paroissiale (xviiie s.) d'où l'on découvre une très jolie **vue*** sur la Méditerranée et la région de Gibraltar. Casares est la patrie de Blas Infante, père du nationalisme andalou.
Fêtes : jubilé de saint François (1er dim. d'août) ; feria (1er-3 août) ; fêtes patronales (8 et 15 sept.).

308 km : **↦** embranchement à dr. pour *(2 km)* **Manilva** (4 202 hab. ; alt. 128 m), fameuse pour son raisin muscat. Église Santa Ana (xviiie s.) ; bains romains.
Fêtes : Sainte-Anne (26 juil.) ; fête des vendanges (1er dim. de sept.).

320 km : **Sotogrande.** — Important centre touristique et résidentiel avec de nombreuses installations (golf, voile, équitation...).

333 km : **San Roque** (20 036 hab. ; alt. 109 m). — Autrefois simple ermitage consacré à San Roque. En 1704, les habitants de Gibraltar — lorsque l'escadre anglaise occupa leur ville — vinrent s'y réfugier et la ville prit peu à peu de l'importance. En 1735, l'église de Santa Maria Coronada fut érigée sur l'ancien ermitage, et l'actuel ermitage de San Roque fut construit en 1801. L'ayuntamiento abrite une importante collection de documents sur Gibraltar avant l'occupation anglaise. De la place des Cañones, vue splendide sur Gibraltar et la côte africaine. Le liège, la culture des céréales et l'élevage du bétail constituent l'essentiel de l'économie de ce gros bourg.
Fêtes : fondation de la ville (4 août) ; feria avec le toro de Sóga (12-16 août).

•→ A *3 km S.-E.*, **Carteya**, à l'embouchure du río Guadarranque. Fondée par les Phéniciens et florissante sous les Carthaginois, elle devint, après la deuxième guerre punique (206 av. J.-C.), la première colonie romaine, en 171 av. J.-C. Port le plus important de cette partie de la côte, la fondation d'Algésiras entraîna son déclin. Ses ruines ont été déclarées ensemble historico-artistique en août 1968.

340 km : **Gibraltar** (→).

360 km : **Algésiras** (92 280 hab.). — Port marchand et de pêche, le premier pour le nombre de passagers à destination du Maroc. Église baroque de Nuestra Señora de Europa ; église de la Virgen de la Palma (statue polychromée XVIIIe s.). Dans l'ayuntamiento se trouve la salle où se tint, du 17 janvier au 7 avril 1906, la conférence d'Algésiras, au cours de laquelle les principales puissances européennes et les États-Unis contraignirent le sultan du Maroc à ouvrir l'Empire chérifien au commerce international.

Certains coins de la ville ont une allure atlantique, presque coloniale, que renforce une exubérante végétation de palmiers et de bougainvillées.

Fêtes : feria (15 juin) ; Santa María de la Palma (15 août).

Plages : 20 km de côte. 9 plages dont 4 sont accessibles facilement (Getares, Chaparral, Los Ladrillos, El Rinconcillo).

•→ A *2 h de bateau* d'Algésiras, **Ceuta** (162 861 hab.). — Construite au pied du mont Hacho, l'autre colonne d'Hercule, de l'autre côté du détroit de Gibraltar, Ceuta est depuis 1955 zone franche. La ville, colonie cartaginoise, fut fortifiée par le calife de Cordoue, Abd al-Rahman III, et conquise par les Portugais en 1415. A la séparation des royaumes, Ceuta resta sous la souveraineté espagnole.

Ruines de la forteresse et des murailles arabes. Le foso de San Felipe et la muraille royale sont l'œuvre des Portugais, agrandie par les Espagnols. Beau portail en marbre noir Renaissance de la cathédrale. Dans l'ermitage de Nuestra Señora del Valle, sculpture de la Vierge donnée par Jean Ier du Portugal.

Du sommet du mont Hacho, belles **vues*** sur la ville, le détroit de Gibraltar et la côte andalouse.

Fêtes : Virgen del Carmen (16 juil.) ; Virgen de Africa (5 août).

Côte basque**

Provinces de Guipúzcoa et de Biscaye (Pays basque).

Le littoral basque offre un paysage fortement contrasté : hautes falaises tombant à pic dans la mer, petites rías et plages accueillant des stations balnéaires, collines verdoyantes.

Les villes qui se succèdent de Deva à Saint-Sébastien se rattachent économiquement à cette dernière, tandis que le littoral de Viscaya ressent davantage l'isolement imposé par une topographie rendant difficiles les communications. Les activités économiques sont variées ; elles se concentrent surtout autour de la pêche, de la construction navale, des conserveries de poisson et du tourisme.

Cette région reste une contrée géographiquement privilégiée où la nature est encore préservée. Les autorités s'efforcent de surveiller la planification et le développement industriel de façon que la côte continue à être l'un des poumons naturels du Pays basque.

0 km : **Fuenterrabía*** (→).

16 km : **Pasajes** (20 696 hab.) ; **Pasajes de San Pedro** est un port sur la rade, l'un des plus importants pour la pêche hauturière. **Pasajes Ancho**, grand port commercial, est situé à l'embouchure de l'Oyarzun ; il est uni à la mer par un chenal d'accès long de 1 200 m et large de 80 à 120 m, avec une profondeur minimale de 10 m. Les importants travaux de dragage du chenal permettent l'entrée de bateaux de 175 à 180 m de longueur, et favorise un important trafic de marchandises. **Pasajes de San Juan*** (Pasai Donibane) ne possède qu'une seule rue étroite, bordée de pittoresques maisons anciennes : l'une d'elle fut habitée par Victor Hugo en 1843. Près du village se trouve l'embarcadère d'où le marquis de La Fayette quitta l'Europe en 1777 pour prendre part à la guerre de l'Indépendance des Etats-Unis d'Amérique. On peut visiter la **basilique de Bonanza** et l'**église San Juan**.

24 km : **Saint-Sébastien**** (→).

44 km : **Zarauz** (Zarautz ; 17 075 hab.) ; c'est la plus vaste plage de la province de Guipúzcoa. La ville balnéaire, fort à la mode, s'étend le long de la route nationale, au centre d'un cirque de collines boisées ; elle met à la disposition des touristes d'excellents hôtels, des terrains de golf, des tennis et des piscines.

Vous pourrez y voir le palais du marquis de Narros avec son jardin face à la mer, l'église Santa María la Real, du XVIIIᵉ s., qui renferme un beau retable churrigueresque, la torre Lucea, gothique, à quatre étages, l'un des manoirs les plus importants de la province, et enfin l'ayuntamiento du XVIIIᵉ s.

Fêtes : du 2 au 9 sept., semaine basque avec des régates de traîneras, une exposition d'artisanat local, une dégustation de txakoli (vin), etc.

48,5 km : **Guetaria** (2 410 hab.) ; ville à vocation maritime, juchée sur un promontoire qui s'avance sur la mer. Port de pêche bien protégé de l'assaut des vagues par l'île de San Antón. Le port mérite une visite ; le long de ses ruelles en pente s'alignent les restaurants. Vous y trouverez de très bons poissons et pourrez goûter du txakoli, vin léger, produit dans cette localité. Dans la partie supérieure de la ville, église San Salvador (XIIIᵉ-XIVᵉ s.), gothique, renfermant de beaux retables sculptés en 1625 par Domingo de Goroa. Monument à Juan Sebastián Elcano (œuvre de Victorio Macho), illustre marin de la ville portant l'inscription : « Primus circumdedisti me », rappelant qu'il fut le premier à faire le tour du monde.

Juan Sebastián Elcano. — Depuis sa plus tendre enfance, il a le goût de l'aventure et s'engage avec Magellan sur la nef « Concepción », qui part de Séville en 1519. En 1520, après la mort de Magellan à l'île de Mactam, il prend la tête de l'expédition et, après maintes aventures, arrive le 6 sept. 1522 à Sanlúcar de Barrameda sur le « Victoria », le seul vaisseau qui parvient à regagner l'Espagne. Il meurt le 4 août 1526, en plein Pacifique, alors qu'il se rend aux Moluques pour les défendre des attaques portugaises.

54 km : **Zumaya** (→).

69 km : **Deva** (Deba ; 4 920 hab.) ; jolie station balnéaire dont la plage, située à l'embouchure de la rivière Deva, est fort égréable. L'**église Santa María**, de style gothique du XIVᵉ s., reconstruite en partie au début du XVIIᵉ s., s'ouvre par un très beau **portail*** sculpté du XIIIᵉ s. Cloître gothique.

Laissez sur votre g. la nationale pour suivre le C 6212 qui longe la côte.

73 km : **Motrico** (Motriko ; 5 245 hab.) ; charmant port de pêche, envahi l'été par les estivants attirés par la belle plage de sable fin de Saturrarán. On peut regretter que celle-ci soit quelque peu défigurée par des constructions intempestives. Dans l'église paroissiale, tableau de Zurbarán (Christ à l'agonie).

77 km : **Ondárroa*** (12 150 hab.) ; port de pêche dans un beau site sur l'estuaire du río Artibay. L'ensemble urbain se distingue par des maisons typiques aux balcons de bois. La ville conserve un **pont** médiéval d'origine romaine. Son **église fortifiée** (XVᵉ s.), construite sur le roc, garde un aspect imposant. Observez la corniche qui parcourt la partie supérieure. Les statues et la décoration fort riche laissent pressentir la main d'un artiste flamand ou bourguignon. Dans l'abside, cortège présidé par le roi et formé de courtisans, de guerriers et de musiciens.

89 km : **Lequeitio*** (6 875 hab.) ; port de pêche niché au pied du mont Calvario. Maisons à miradors serrées les unes contres les autres, ruelles en pente.

L'**église Santa María de la Asunción** (xvᵉ s.) est considérée comme l'exemple de la perfection du style gothique dans toute la Viscaya. On y pénètre par un portail à moulures multiples. Le retable principal, baroque, en bois doré, s'allie mal à l'image romane de Nª Sª la Antigua, si vénérée dans la localité. Dans la 3ᵉ chapelle du bas-côté droit, beau retable flamand de la Passion, de la fin du xvᵉ s., remarquable par ses sculptures et ses dais. Dans les chapelles, sépulcres avec écussons des familles illustres de Lequeitio.

Fêtes : le 29 juin, pour la Saint-Pierre, procession solennelle au cours de laquelle un homme danse le kaxarranka, sur une malle portée par huit pêcheurs. Le danseur doit faire preuve d'un grand sens de l'équilibre et d'une extrême habileté. Le 4 sept., à l'occasion des santantolines, impressionnant spectacle des oies.

125 km : **Guernica y Luno** (→).

139 km : Bermeo (11 280 hab.) ; port typique près de l'embouchure de **ría*** de Guernica. **Torre de Ercilla**, manoir d'Alonso de Ercilla (1533-1594), aventurier en Amérique et auteur du poème épique « La Araucana » dans lequel il évoque la lutte des chefs indigènes contre les Espagnols et exalte leur courage. La torre abrite désormais un **musée du Pêcheur** *(ouv. de 11 h à 14 h et de 16 h 30 à 19 h ; f. lun. ; accès gratuit).*

L'**église Santa Eufemia**, du xvᵉ s., fortement remaniée, conserve divers sépulcres des seigneurs Mendoza de Arteaga. L'**église Santa María de la Atalaya**, sur la place Mayor, près de l'ayuntamiento, est une belle construction néo-classique, de forme circulaire, due à Silvestre Pérez (1821) ; son péristyle, formé de quatre grosses colonnes, est très curieux. On peut aussi visiter le cloître gothique de San Francisco, qui abrite les halles de la ville.

Fêtes : le 22 juil., jour de la Sainte-Madeleine, traversée en bateau jusqu'à Izaro : pour rappeler que cette petite île appartient à la municipalité de Bermeo, les autorités locales lancent à la mer une tuile ; celle-ci symbolise le toit de Bermeo qui recouvre de cette manière le territoire de l'île.

150 km : **Baquio** (1 340 hab.) ; plage très étendue et très fréquentée en raison de la proximité de Bilbao.

170 km : **Plencia** (3 040 hab.) ; grand centre balnéaire doté d'un petit port de plaisance. L'église gothique de Santa María Magdalena est dominée par une tour fortifiée ; beau portail ; à l'intérieur statue de saint Pierre attribuée à Guiot de Beaugrant.

→ À *7 km S.-E.,* **castillo de Butrón**, reconstruit en 1879 par le marquis de Torrecilla, autour d'une ancienne tour médiévale.

173 km : Guecho (Getxo ; 67 500 hab.) ; avec ses quartiers de Neguri, Algorta, Las Arenas et Romo, cette ville constitue la banlieue résidentielle de Bilbao ; elle est formée de villas disséminées dans des pinèdes et sur des collines, comme à Algorta, ou bien de grands immeubles, comme autour de Guecho. L'église Santa María reconstruite au xvIIIᵉ s. conserve une belle sculpture de la Vierge.

190 km : **Bilbao** (→).

196 km : **Portugalete** (58 535 hab.) ; zone industrielle et urbaine du grand Bilbao sur la rive g. de la ría. L'église Santa María, gothico-Renaissance, renferme un magnifique retable de Juan de Ayala, Juan et Guiot de Beaugrant. Torre de Salazar.

200 km : **Santurce** (53 930 hab.) ; port de pêche réputé pour ses sardines fraîches cuites à la braise que l'on consomme dans la plupart des établissements rassemblés sur le port. Église romane du xIIᵉ s.

Fête : le 16 juil., on célèbre la Vierge du Carmel : procession de la statue de la Vierge sur les eaux du port dans des embarcations parées de belles guirlandes. A la hauteur du brise-lames, on jette à l'eau une couronne de fleurs, en souvenir des marins disparus.

207 km : **Somorrostro** ; grand centre industriel (forges, minerai de fer, raffinerie de pétrole...). Le **château de Muñatones** (xIVᵉ s.) est la plus belle des forteresses de

Viscaya. L'entreprise Petronor y a établi ses bureaux modernes et l'on reste surpris par l'impressionnant contraste entre les vieilles pierres du château et le paysage métallique et futuriste des alentours.

Covarrubias**

Burgos, 56 km.
Alt. 896 m. — 680 hab. — Province de Burgos (Castille-León).

Situé au bord du río Arlanza, le ravissant village de Covarrubias, qui doit son nom aux grottes rougeâtres qui l'entourent, joua un rôle primordial durant la Reconquête. Il a été fondé au Xe s. par le comte de Castille, Fernán González, dont les exploits guerriers donnèrent naissance à une chanson de geste au XIIIe s. Ses environs vous feront découvrir une région que certains considèrent comme l'âme de Castille, et dont l'histoire est intimement liée à la Reconquête et à ses légendes, et où l'art roman est magnifiquement représenté.

Fêtes. — Célébration de San Cosme et de San Damián le 26 sept. avec les danses de la Rueda Chospona et de la Rueda Rachela.

Vous prendrez plaisir à flâner dans les ruelles de cette paisible petite cité, vivant en marge du temps, encore enclose dans ses murailles. Son **église collégiale***, fondée au Xe s., rebâtie en style roman au XIIe s., puis en style gothique, est réputée pour la qualité de ses **orgues**. Remarquez dans la 1re chapelle à dr., un **triptyque*** sculpté par Diego de Siloé et peint par Diego de la Cruz (XVIe s.). Dans le **cloître**, rebâti en style gothique au XVIe s., **sarcophage** de la princesse Cristina, fille du roi de Norvège Haakon IV, qui, en 1258, épousa l'infant Philippe de Castille, abbé honoraire de Covarrubias. Dans la **sacristie** *(ouv. de 10 h à 14 h et de 16 h à 19 h ; f. le mar. en hiver)*, **peinture** attribuée à Quentin Metsys, œuvres de Pedro Berruguete, d'Alonso de Sedano, Vierge à l'Enfant de l'école de Jan Van Eyck, etc.

L'ayuntamiento, solide structure à fenêtres platéresques, a été construit par Juan de Vallejo au XVIe s. L'église Santo Tómas, gothique, remonte au XVe s.

Environs. 1 — Quintanilla de las Viñas *(23,5 km N. ; rejoindre la N 234 à Hortigüela ; tourner à g. vers Burgos ; 7 km plus loin, prendre la petite route à dr.).* — A 1 km au-delà du village, ermitage wisigothique de Santa María.

Certains auteurs ont reconnu en cet oratoire un temple manichéen du VIIe s., époque où la doctrine de Priscillien († 385), un sectateur chrétien, originaire d'Égypte, qui conçut un étrange syncrétisme fait de foi chrétienne, de croyances manichéennes et de panthéisme astrologique, était encore répandue en Espagne. Le maître avait fait des adeptes dans la région de Mérida et à Cordoue.

Cet ermitage, déclaré monument national, aménagé dans le chevet d'une église conventuelle wisigothique du VIIe s., restaurée en 879, est surtout remarquable pour ses **reliefs*** ; non pas pour leur qualité d'exécution, mais par la nature des thèmes représentés : la Vierge portée par deux anges, ainsi qu'un personnage qui est peut-être saint Jean Baptiste, Christ au nimbe cruciforme, soleil porté par deux anges, ainsi que la lune (notez le croissant lunaire), ces deux derniers motifs étant d'inspiration orientale (on les trouve dans l'art mésopotamien et dans l'art syro-hittite), monogrammes de style byzantin, dessins qui paraissent empruntés à des soieries sassanides (à l'extérieur), etc.

2 — Salas de los Infantes *(25 km E. ; rejoindre la N 234 à Hortigüela et prendre en direction de Soria ;* → Monastère de Santo Domingo de Silos**, environs 2).

3 — Monastère de Santo Domingo de Silos** *(17,5 km S.-E. par une route locale ; au km 11,5, bifurquer à g. ;* →).

4 — Lerma *(23 km O. par la C 110 ; 2 591 hab., alt. 844 m).* — **Enceinte** du XIIe s., dont il reste seulement une porte romane ; dans la **collégiale** (1606), **orant** en bronze de Cristobal de Sandoval, archevêque de Séville, par Juan de Arfe (XVIIe s.). Imposant et austère **palais** (XVIIe s.) du duc de Lerma, favori de Philippe III, qui y construisit églises, palais et couvents.

Cudillero

Avilés, 25 km. — Luarca, 53 km. — Oviedo, 59 km.
7 899 hab. — Province d'Oviedo (Asturies).

Construite sur les collines au bord de la mer, cette ville possède un charme dû à l'originale distribution de son enceinte urbaine où les édifices sont étagés sur un versant abrupt qui débouche sur la place de la mairie, l'église et le joli port.

Fête. — Le 29 juin, on célèbre la Saint-Pierre. Lors de la Amura-vela, le saint est amené en procession jusqu'au rivage. Un marin lit la célèbre annonce publique en pixueto, dialecte de Cudillero, dans laquelle il brosse un portrait critique de l'actualité ; cette annonce s'achève par une série de commandements, parmi lesquels Amurad velas (« Feu à babord et à tribord »)... Tout de suite après, on tire des feux d'artifice et le Xigante.

La **chapelle de l'Humilladero**, du XIIIe s., a subi plusieurs transformations et ressemble davantage aujourd'hui à un ermitage. L'**église** paroissiale San Pedro, édifice du XVIe s., possède un retable et une sculpture de San Francisco, du XVIIe s. ; elle est un bel exemple de l'art gothique rural asturien. Vous pourrez enfin jeter un œil sur l'**église de Jesús Nazareno**, intéressante pour son autel préroman.

Environs. 1 — El Pito *(2 km S.-E.).* — Le palais de las Selgas, construit en 1890, comprend un **musée** qui rassemble d'importantes pièces de céramique et une **pinacothèque** conservant notamment des œuvres de Goya et du Greco, ainsi qu'une collection de tapisseries (quelques-unes fabriquées à Bruxelles au XVIe s.) et des fresques de Plasencia.

2 — La Concha de Artedo *(5 km O.).* — Sa plage longue de plus de 1 km, est entourée de l'un des plus beaux paysages de la côte asturienne. Autres plages : San Pedro de la Ribera, la plage del Silencio, celle de Lairín, la Ballota, las Rubias, Doria, La Cueva, etc.

3 — San Martín de Luiña *(7 km O.).* — L'église San Martín, de la fin du XVIIe s., se compose de trois nefs, un transept et une seule chapelle ; à l'intérieur, trois retables baroques.

4 — Soto de Luiña *(9 km O.).* — L'église paroissiale **Santa María**, également à trois nefs, possède trois chapelles. Érigée à différentes époques, elle est surmontée d'une tour carrée du XVIIIe s. Dans les angles supérieurs, on peut voir des sculptures en pierre, du XVIe s., qui représentent des têtes de lions et de dragons. A l'intérieur, on peut admirer une belle croix processionnelle du XVe s. et un retable baroque du XVIIIe s.

Cuéllar

Coca, 28 km. — Ségovie, 60 km. — Valladolid, 50 km.
Alt. 857 m. — 8695 hab. — Province de Ségovie (Castille-León).

Ville fortifiée, sur le site de l'antique Colenda, Cuéllar fut un moment le siège de la cour des rois de Castille, privilège que lui disputa sa rivale, Coca (→).

Le **château***, à 1 km du centre par la route de Valladolid, fut construit au XVe s. par Don Bertrán de la Cueva, duc d'Alburquerque ; de style gothico-mudéjar, il fut transformé en palais aux XVIe-XVIIIe s. ; à l'intérieur, **chapelle** gothique et **patio** Renaissance ; dans le village subsistent plusieurs **églises** de style mudéjar, notamment l'**église San Esteban**, avec une abside romane en brique, décorée d'arcatures aveugles (à l'intérieur, **sépulcres** mudéjars et **retable** style Renaissance), l'**église San Andrés**, dotée de deux portails romans, et le **couvent de Santa Clara** qui comporte une église gothique avec un portail Renaissance ; nombreuses **demeures seigneuriales**.

Environs. 1 — Coca* *(28 km S.-O. ; →)*.

2 — Iscar *(21 km O. par la C 112 en direction de Medina del Campo ; 5512 hab., alt. 757 m)*. — On peut y voir des **restes de fortifications** du XIIIe s. L'**église San Miguel Arcángel**, de style mudéjar, s'ouvre par un portail du XIIIe s. A l'intérieur, retable peint (vers 1540) par un disciple de Jean de Bourgogne.

Cuenca*

Albacete, 145 km. — Madrid, 164 km. — Teruel, 152 km. — Tolède, 196 km.
Alt. 923 m. — 41235 hab. — Capitale de la province de Cuenca (Castille-La Manche).

La vieille ville est bâtie dans un site exceptionnel, sur un promontoire rocheux au confluent de deux gorges profondes où coulent le Júcar et le Huécar. C'est l'une des villes les plus singulières d'Espagne avec ses ruelles escarpées, bordées de vieilles demeures, parmi lesquelles les fameuses casas colgantes (maisons suspendues) qui lui donnent un caractère d'une grande originalité (vous ne manquerez pas de vous rendre, à partir de la ville basse, jusqu'à San Pablo, d'où vous découvrirez l'une des plus belles vues sur ces maisons accrochées sur le rebord de la gorge du Huécar). Elles abritent le musée d'Art abstrait espagnol dont les collections sont les plus prestigieuses d'Espagne avec celles du nouveau musée d'Art contemporain de Madrid.

La ville dans l'histoire. — De fondation romaine, Cuenca, l'ancienne Conca, est une importante cité au temps de l'occupation maure. Elle fait partie de la dot que la fille du roi maure de Séville apporte au roi de Castille Alphonse VI. Récupérée par les Maures, elle n'est reconquise qu'en 1177, par Alphonse VIII le Noble, après un siège de neuf mois. A partir du XIIIe s., la ville connaît une période de prospérité grâce au développement de l'élevage et de l'industrie lainière. Plus tard, l'exploitation forestière et la fabrication de papier, alliées à un artisanat puissant, consolident l'essor économique qui culmine au XVIe s. avec la demande nouvelle occasionnée par la découverte de l'Amérique. Pendant la guerre de Succession, Cuenca tombe entre les mains des Anglais, avant d'être occupée par les troupes de Philippe IV (1706).

Durant l'occupation française, un attentat contre le général Caulaincourt, en 1808, lui attire de terribles représailles. Pendant la guerre civile, elle est dévastée en 1937.

Visite de la ville

De la plaza de la Trinidad (plan A2), vous monterez directement à la vieille ville en prenant en direction de Cuenca Vieja et Ayuntamiento, jusqu'à la plaza Mayor (plan C1), où vous trouverez de bonnes possibilités de parking (sinon, continuez jusqu'à la place devant le Castillo, plan C1).

Vous accéderez à la **plaza Mayor** en passant sous l'**ayuntamiento**, de style baroque (façade de 1762) dont les archives comprennent des chartes remontant au XIIᵉ s.

Cathédrale* *(planc C1).* — Construite à partir de la fin du XIIᵉ s. et durant la majeure partie du XIIIᵉ s., c'est un noble édifice de style gothique, probablement dû à un maître d'œuvre du N. de la France, mais influencé par l'école normande. La façade, victime de l'effondrement de la tour en 1902, dut être refaite au début du siècle.

Visite : de 10 h à 13 h et de 16 h 30 à 18 h ; visite du trésor de 11 h à 13 h 30 et de 16 h 30 à 18 h 30 ; sam. de 14 h à 18 h 30 ; j. fériés de 11 h à 14 h et de 16 h 30 à 19 h.

A l'intérieur, remarquez la beauté des perspectives lorsque vous serez avancé au-delà du chœur. L'édifice comporte trois nefs s'élargissant à cinq au niveau du transept et un double déambulatoire, imité de celui de la cathédrale de Tolède, enveloppant le sanctuaire du Capilla Mayor et sur lequel s'ouvrent de nombreuses chapelles. La **grille*** de la **Capilla Mayor** fut exécutée par Fernando de Arenas, un maître ferronnier qui travailla à Cuenca de 1557 à 1568 ; **retable** principal de style baroque très surchargé, d'influence italienne tel que le concevra José de Churriguera vers la fin de sa vie.

La **grille** du chœur et le **lutrin** sont également attribués à Fernando de Arenas ; stalles en bois de noyer sculpté du XVIIᵉ s.

Au fond du bras g. du transept, **arc*** de style Renaissance italienne, œuvre du sculpteur Jamet, originaire d'Orléans (v. 1515), élevé en 1546-1548.

Depuis le **déambulatoire**, remarquez la **chapelle des Albornoz** ou **des Caballeros**, fermée par deux belles grilles gothiques (tombeaux du XVᵉ s. ; au maître-autel, **Crucifixion** peinte par Fernando Yáñez de la Almedina, artiste auquel on attribue également deux autres œuvres visibles dans cette chapelle : une **Pietà** et l'**Adoration des Rois**). Dans la **chapelle del Socorro**, retable gothique en haut relief, avec une statue de la Vierge à l'Enfant au centre (XVᵉ s.).

Derrière le maître-autel, la **chapelle du Saint-Esprit**, de style Renaissance, renferme les tombeaux des Hurtado de Mendoza, marquis de Cañete, vice-rois de Navarre, du Pérou, du Chili, etc., et celui du cardinal Mendoza (✝1586). De ce côté, le **nouvel autel San Julián** (1743), dit le **Transparent**, est un élégant travail exécuté d'après des dessins de Ventura Rodriguez, en jaspe, en marbre et en bronze doré. A g., sur le déambulatoire, la **chapelle du Corazón de Jesús** conserve un beau plafond à caissons, de style mudéjar,

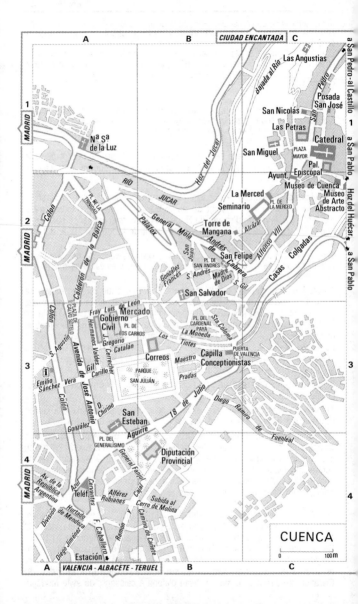

CIUDAD ENCANTADA

a San Pedro-al Castillo

Las Angustias

Posada San José

San Nicolás

Las Petras

Catedral

San Miguel

PLAZA MAYOR

Pal. Episcopal

Ayunt.

Museo de Cuenca

Museo de Arte Abstracto

La Merced

Seminario

PL. DE LA MERCED

Alcázar

Torre de Mangana

General Mola

Palafox

San Felipe

Andrés de Cabrera

Alfonso VIII

Colgadas

González Francés

San Juan

PL. DE SAN ANDRÉS

S. Andrés

Madre de Dios

S. Gil

Casas

San Salvador

Fray Luis de León

Mercado

Gobierno Civil

PL. DE LOS CARROS

PL. DEL CARDENAL PAYA

Sta. Coloma

Hermanos Valdés

J. Gregorio Catalán

Cerrecher

Los Tintes

La Moneda

Correos

Maestro

Capilla Conceptionistas

PUERTA DE VALENCIA

PLAZA DE CALVO SOTELO

Colón

Avenida de José Antonio

S. Agustín

Gil Carrillo

Vera

Emilio Sánchez

Colón

D. Chirino

Pradas

PARQUE SAN JULIÁN

18 de Julio

Diego Ramiro de

San Esteban

González

Aguirre

PL. DEL GENERALÍSIMO

Diputación Provincial

Fuenleal

General Fanjul

Cajal

Subida al Cerro de Molina

Av. de la República Argentina

Azul

Teléf.

Cervantes

Alférez Rubianes

Ramón

F. Caballero

Camino de Cañete

División de Mendoza

Hurtado de Mendoza

Diego Jiménez

Estación

VALENCIA - ALBACETE - TERUEL

MADRID

Nª Sª de la Luz

RÍO JUCAR

PL. DE LA TRINIDAD

Colón

Calderón de la Barca

Hoz del Júcar

Hoz del Huécar

a San Pablo

a San Pablo

CUENCA

0   100 m

A   B   C

et deux tableaux de Jan Gossaert, dit Mabuse († 1533 ou 1536). Dans la **chapelle Santa Elena** (grille de 1577), **retable** de noyer sculpté du XVIᵉ s. Notez ensuite les **portes** de noyer sculpté de la salle capitulaire, dont le style Renaissance rappelle celui d'Alonso Berruguete.

Dans la **sacristie**, dont les voûtes furent dessinées par Ventura Rodríguez, **Dolorosa**, de Pedro de Mena et, du même sculpteur, une Vierge dite de Bethléem.

Dans le bras dr. du transept, la **chapelle San Martín** est fermée par de magnifiques grilles de Fernando de Arenas (1548) et renferme une retable avec des sculptures d'albâtre. Dans la **chapelle San Antolín** *(la 1ʳᵉ du bas-côté dr. après le transept)*, à décor platéresque, tableau de saint Jean-Baptiste, de la fin du XIVᵉ s.

Le **cloître** fut construit de 1577 à 1583 par Andréa Rodi et Andrés de Vandaelvira en style Renaissance.

Le **trésor★** de la cathédrale est exposé au **musée diocésain** aménagé dans les sous-sols du **palais épiscopal** (sévère construction de 1523, à g. dans la calle de Obispo Valero); sa conception d'avant-garde est due à Gustavo Torner, l'un des créateurs du musée d'Art abstrait *(ci-dessous)*.

Il comprend de belles pièces d'orfèvrerie, notamment des baisers-de-paix ciselés par Becerril (XVᵉ s.), un **diptyque byzantin★** du XIVᵉ s., composé de deux tables de bois avec des peintures à la cire en partie recouvertes de plaques d'argent dont les contours sont rehaussés de perles et de pierres précieuses. Parmi les peintures, une œuvre (**Calvaire**) est attribuée à Gérard David. On compte également des œuvres du Greco (**Jardin des Oliviers★, Portement de Croix★**), de Jean de Bourgogne (tableaux d'un retable démonté illustrant le cycle de la vie de la Vierge), etc. **Tapisseries** flamandes d'après des cartons de Jules Romains (Histoire de Saul, de Noé, l'Enéide).

Plus loin, se trouvent les **casas colgadas★★** *(plan C2),* construites au XVᵉ s. en encorbellement sur le rebord de la gorge du Huécar. Une série de ses maisons suspendues, édifices gothiques en bois de pin, maçonnerie et revêtements de plâtre, abrite le musée d'Art abstrait espagnol.

◼ **Musée d'Art abstrait espagnol★★** *(plan C2; ouv. en sem. de 11 h à 14 h; sam. de 11 h à 14 h et de 16 h à 18 h; dim. de 11 h à 14 h 30; f. lun.).* — Il a été fondé en 1963 par le peintre Fernando Zóbel, assisté d'une équipe d'artistes dont Gustavo Torner, originaire de Cuenca, et Eusebio Sempere.

C'est à Cuenca que, depuis une dizaine d'années, l'art espagnol contemporain est révélé au public dans toute sa vitalité et dans toute sa richesse. Ce musée d'art abstrait réunit, avec celle des musées d'art contemporain de Madrid, la plus importante collection, la plus belle si l'on songe à la qualité des œuvres et à la façon dont ces œuvres sont exposées. Les collections comprennent une centaine de peintures et une douzaine de sculptures non figuratives, ainsi qu'environ trois cents dessins. Cet ensemble réuni par Fernando Zóbel ne prétend pas représenter de manière exhaustive l'art abstrait espagnol, pas plus qu'il ne cherche à offrir une vision historique et didactique de l'art contemporain en Espagne : il reflète simplement les goûts personnels d'un amateur éclairé, par ailleurs lui-même peintre de talent.

Qu'il s'agisse de la période gestuelle de **Canogar** (Grand Prix de Sao Paulo 1971), des recherches cinétiques de Sempere et de Iturralde, de l'hyperréalisme de l'étonnant **Antonio López**, des méditations poétiques et austères de **Feito**, de l'expressionnisme gestuel et des tableaux-cris de **Tàpies**, des sombres et tragiques magnificences de **Saura**, des élégantes envolées des sculptures de fer de **Chillida** et de **Martín Chirino**, dont est née une bonne part de la sculpture métallique, l'art espagnol actuel est là, présent, vivant et digne, même dans ses manifestations contestataires les plus poussées. C'est un art magistral, authentique, et l'on comprend qu'en 1971 dix prix internationaux aient été attribués à des Espagnols.

■ **Musée de Cuenca*** *(plan C2).* — Y sont présentées des collections archéologiques et de peintures et de sculptures du XVe au début du XXe s.

Visite : en sem. de 10 h à 14 h ; sam. de 10 h à 14 h et de 16 h à 20 h ; dim. et j. fériés de 10 h à 14 h ; f. lun.

Dans les *salles I et II, au rez-de-chaussée,* sont exposées des collections archéologiques de la préhistoire (notez, au centre d'une vitrine cruciforme, l'**idole de Chillarón,** en pierre, datant de l'âge du bronze ; 2500 à 2000 av. J.-C.) et de l'âge du fer (dans la *vitrine 14,* vous remarquerez surtout **deux petites figurines ibériques,** en bronze, du IVe s. av. J.-C.).

Au *premier étage,* salles d'**archéologie classique** *(III à VIII),* avec des céramiques des fragments de sculptures, des statues, des monnaies, etc., provenant de sites celtibériques et romains de la province de Cuenca, notamment de Valeria, Segobriga et Ercavica. Le **trésor de Valeria,** caché entre 187 et 155 av. J.-C., comprend des monnaies carthaginoises, grecques, romaines et ibériques des IIIe et IIe s. av. J.-C. Dans la *salle V,* consacrée à Segobriga, **portrait de Liva,** épouse de l'empereur Auguste, qui ressemble au portrait conservé dans la glyptothèque Ny Carlsberg de Copenhague, et **portrait d'Auguste,** malheureusement mutilé. Dans la *salle VIII,* où sont rassemblées des antiquités provenant d'Ercavica, se trouvent un très beau **portrait de Lucius César*,** en marbre, une tête en bronze de la fin du Ier s. avant notre ère ou du début du Ier s. apr. J.-C., ainsi qu'un buste d'Agrippine (50-59 apr. J.-C.).

Au *deuxième étage* sont présentées d'autres collections archéologiques *(salles IX et X)* et des peintures et sculptures *(salles XI à XVIII)* du XVe s., au début du XXe s.

Les **amateurs de détails** entreprendront la promenade ci-après : au fond de la plaza Mayor, le **couvent de las Petras** *(plan C1)* comprend une église de plan elliptique du XVIIIe s. Une petite rue débouchant sur la plaza Mayor, à g. du n° 25, permet d'atteindre l'**église San Miguel** *(plan C1),* de style romano-gothique, d'où un chemin (pénible) dessert l'**ermitage de las Angustias** et le pont sur le Júcar, mais revenir plutôt sur ses pas pour gagner l'**église San Pedro** *(plan C1)* en laissant à g. l'**église San Nicolás** *(plan C1),* accessible par un passage (ex-n° 17). L'**église San Pedro,** de plan octogonal, érigée au XVIIe s., se trouve en face du **Castillo,** ancien palais de l'Inquisition, renforcé de tours carrées et d'un donjon, sur une arête rocheuse (vues admirables sur les gorges du Júcar et Huécar).

Près la plaza Mayor, **église de la Merced** *(plan C2),* à façade Renaissance, en face, **séminaire** (XVIIe s.). La calle del Colegio conduit à la **tour de Mangana,** ouvrage de l'ancienne forteresse arabe.

En revenant vers la ville basse, vous laisserez à g., l'**église San Felipe** *(plan B2,* de style baroque, 1739).

La route des gorges du Huécar (Hoz del Huécar ; *plan C2)* conduit au couvent et à l'**église San Pablo** *(plan C2)* par le puente de San Pablo (XVIe s.). L'église, de style gothique tardif (1523), s'élève sur une terrasse d'où l'on domine la gorge du Huécar (vue splendide sur les casas colgadas) ; à dr. dans le sanctuaire, retable peint du XVIe s. ; dans la **chapelle del Rosario,** peintures d'Andrés de Vargas.

La **maison-musée Zavala** *(plaza de San Nicolás ; ouv. sam. de 16 h à 18 h et dim. de 11 h à 13 h)* occupe l'ancien **palais des Cerdán** du XVIIe s. et présente une intéressante collection de meubles.

À la sortie de la ville par la route de Madrid, **église N^a S^a de la Luz** *(plan A1),* du début du XVIe s., qui faisait partie d'un couvent fondé en 1352 ; on y vénère la Virgen de la Luz, la sainte patronne de Cuenca.

Environs. 1 — La Ciudad Encantada****

0 km : **Cuenca.** Sortir au N. par la route de la Ciudad Encantada *(plan C1)* qui remonte la gorge du Júcar.
7 km : prenez à dr. vers Valdecabras.

17 km : **Valdecabras**; village aux maisons groupées comme un troupeau de chèvres autour de l'église paroissiale.
La route s'élève dans un ravin puis atteint une forêt de pins, aux agréables sous-bois où se dressent des asphodèles au printemps.

22,5 km : à dr., vous remarquerez un curieux rocher, en forme d'enclume, premier phénomène d'érosion comme vous en découvrirez, de très nombreux, un peu plus loin.

25 km : **Ciudad Encantada** (ville enchantée), splendide formation de sédiments dans lesquels le ruissellement et l'érosion éolienne ont découpé des rochers aux formes fantastiques, affectant l'aspect d'une ville ruinée, avec ses rues, places, palais, mais aussi prenant parfois la forme de monstres, de géants, etc. Ce phénomène géologique couvre environ 200 ha *(parcours fléché ; flèches blanches à l'aller, rouges au retour ; compter env. 1 h pour une visite assez complète).*

30 km : prenez à g. vers Cuenca *(CU 921)* par Villalba de la Sierra.
➜ A dr. route pour *(40 km)* **Tragacete** (607 hab., alt. 1 283 m) ; petit village de montagne, dans une région forestière (pins) parcourue par des torrents (truites).
La route de Cuenca par Villalba de la Sierra domine de profondes gorges du Júcar sur lesquelles vous découvrirez une **vue****** impressionnante depuis le Ventano del Diablo.

38,5 km : **Villalba de la Sierra**; petit village au bord du Júcar, près d'excellents lieux de pêche à la truite.

60 km : **Cuenca.**

2 — Excursion à l'E. de Cuenca.

0 km : **Cuenca.** Sortir par la N 420 en direction de Teruel.

7 km : prenez à dr. vers Valdecabras.

11 km : **➜** A g. route pour *(10 km)* **Las Torcas** ; ce sont des avens aux flancs escarpés, dont la formation est due à des eaux souterraines. On en compte jusqu'à 25, dont le diamètre varie entre 50 et 700 m, avec des profondeurs de 10 à 80 m. Quelques-uns sont assez larges pour avoir permis l'établissement de chemins carrossables en vue de l'exploitation des pins de grande taille qui ont poussé au fond et sur les parois.

42 km : **Carboneras de Guadazaón**, avant la bifurcation *(à dr.)* de la route de Mira, ruines d'un couvent dominicain ; église à portail gothique flamboyant.
➜ A *23 km* S.-E., **Cardenete** (→ Alarcón***, environs 4).

52 km : **➜** A dr. un mauvais chemin franchissant le río Cabriel mène à *(6 km)* **La Peña del Escrito** et à *(13 km)* **La Rambla del Enear** (peintures néolithiques : arches, taureaux, sangliers, cerfs).

62 km : **➜** A dr. route *(4 km)* **Boniches** ; dans les environs, abri sous roche avec des peintures rupestres d'un style intermédiaire entre celui de la région cantabrique et celui de la région levantine.

71 km : **Cañete** (1 075 hab., alt. 1 062 m) ; pittoresque petite ville fortifiée, avec un château construit par le fameux connétable Alvar de Luna (1388-1453), le favori de Jean II de Castille, qui y naquit ; dans l'église paroissiale, tableaux du XVIe s., de l'école hispano-flamande.

3 — Valeria de Arriba *(35 km S. ; sortir par la N 320 en direction de Motilla del Palancar ; au km 8, prendre à dr. en direction d'Arcas ; à Tortola prendre à g.).* —

Cette ancienne ville celtibère appartint à la tribu des Olcades qui lutta contre Hannibal en 221 av. J.-C. Elle fut ensuite annexée par les Romains, et devint le siège d'un évêché au moins dès 589. Sous la domination musulmane, elle fut une ville assez importante, mais fut ruinée lors des guerres entre les Arabes et les chrétiens. Le siège épiscopal de Valeria fut transféré à Cuenca en 1178. Adossées à la colline où se trouve le village de Valeria de Arriba se trouvent les ruines d'un vaste nymphée, fontaine monumentale d'où proviennent plus de 20 inscriptions, ainsi que d'autres bâtiments, dont une petite forteresse médiévale.

4 — Carrascosa del Campo (*57 km O. par la N 400 en direction de Taracón ;* →).

Daroca[*]

Calatayud, 41 km. — Saragosse, 83 km. — Teruel, 98 km.
Alt. 900 m. — 2 588 hab. — Province de Saragosse (Aragon).

Étrange petite ville d'aspect oriental, tapie dans un vallon entre deux lignes de crêtes où se profilent des murailles crénelées.

Visite de la ville

Daroca occupe l'emplacement d'une forteresse musulmane. Les murailles, élevées aux XIIIe-XIVe s., avaient à l'origine un périmètre de 4 000 m et étaient renforcées d'une centaine de tours. 2 200 m sont encore conservés, ainsi qu'une partie du fossé, douze tours et deux portes : la portal de Valencia et la portal de San Martín de la Parra, de style mudéjar.

Parmi les monuments civils, vous remarquerez **la Mina** (XVIe s.), un mur en maçonnerie (chaux et sable) et une galerie d'un kilomètre de long qui dévie les eaux du torrent ; la **fontaine** aux vingt jets d'eau, œuvre Renaissance du milieu du XVIe s. ; la **demeure des Luna** du XVe s., avec un beau **patio** et un **plafond** « artesanado » ; le **quartier juif** Valcaliente et la **rue Mayor**.

L'**église Santa María***, des XIIIe-XIVe s., se caractérise par un portail néo-classique (près du clocher, portail de style gothique fleuri à tympan sculpté) et une abside romane.

Dans la chapelle à dr. de la porte, exquis petit **retable*** d'albâtre ; dans la 2e chapelle, **retable** plateresque du début du XVIe s. ; puis, dans la **capilla de los Corporales*** de style gothique fleuri, baldaquin de style baroque au-dessus du maître-autel. **Musée paroissial*** *(ouv. de 10 h à 12 h et de 16 h à 18 h),* peinture sur bois et retables peints, vêtements sacerdotaux, orfèvrerie, dont une custode du XIVe s., œuvre de Moragues.

Beaucoup moins intéressantes sont les **églises Santo Domingo de Silos,** qui conserve des éléments d'architecture romane, et **San Miguel,** que l'on atteindra en revenant vers la rue principale *(prendre à dr.),* puis en tournant dans la première rue à dr. après la plaza del Generalísimo. Romane, elle conserve une tour mudéjare. Dans l'abside, fresques originales du XIIIe s.

L'**église Santo Domingo de Silos** abrite un **musée** qui possède les peintures et l'orfèvrerie des églises de la ville. Vous remarquerez les tableaux du **retable Santa Engracia**, attribué à Bartolomé Bermejo, une statue gothique du début du XIIIe s. et plusieurs croix processionnelles des XVe, XVIe et XVIIe s., et une œuvre exceptionnelle, la **Custodia de los Corporales** (corporaux), exécutée par Pierre Moragues en 1384.

Environs

1 — Morata de Jiloca *(23 km N. par la route de Calatayud ; prendre à g. au km 21).* — Église mudéjare du xive s. s'ouvrant par un portail en brique vernissée.

2 — Maluenda *(30 km N. par la route de Calatayud).* — A l'intérieur de l'**église Santas Justa y Rufina★**, de style mudéjar, érigée au xve s., vous pourrez admirer : des azulejos, des plâtres sculptés et un retable peint par Domingo Ram et Juan Ríus en 1475-1477, représentant des scènes de la passion et du martyre des deux saintes sévillanes auxquelles l'église est consacrée.

3 — Ferreruela de Huerva *(20 km S.-E.).* — Église paroissiale de l'Assomption, baroque, trois nefs et un porche ; tour en brique et maçonnerie ; à l'intérieur, un retable du xviie s. et plusieurs autres du xviiie s.

4 — San Martin de Río *(6 km S. par la N330 en direction de Teruel, puis bifurcation).* — Dans l'**église paroissiale**, de style gothique du xvie s., retable principal du xviie s., consacré à saint Martin de Tours, et petit retable sculpté de la Vierge du Rosaire, du dernier tiers du xvie s.

5 — Luco de Jiloca *(6 km S. par la N330).* — Pont romain sur le río Panudero, affluent de la rive droite du río Jiloca.

6 — Calamocha *(25 km S. par la N330 ; 2641 hab. ; alt. 884 m).* — Église du xviiie s., ornée d'un retable sculpté du xviie s. Pont romain.
↦ A *00 km*, Olalla. — Église de Sainte-Eulalie du xviiie s. ; à l'intérieur, plusieurs retables, des statues et une croix du xvie s. Tour du xvie s., déclarée monument historique, dans la partie haute du village ; de base carrée, elle est décorée de tracés mudéjars en forme de losanges et de dents de scie. La partie supérieure est composée d'un corps octogonal, des pilastres étant adossés à ses arêtes.

7 — Monreal del Campo *(42 km S. par la N330 ; 2489 hab. ; alt. 939 m).* — Croix processionnelle en argent doré (fin du xve s.).

8 — Bello *(37 km S.-O. par la C211 en direction de Molina de Aragón ; prendre à g. au km 24).* — Enceinte du xive s. ; **église** Renaissance de 1574 (retable, du xvie s., avec des tableaux d'un retable gothique de la 2e moitié du xve s.).

9 — Embid *(40 km S.-O. par la C211 en direction de Molina de Aragón).* — Château du xive s., encore bien conservé.

10 — Cubel *(38 km S.-O. par la C211 en direction de Molina de Aragón ; prendre à dr. au km 24 ; 312 hab. ; alt. 1108 m).* — Église paroissiale, baroque, édifiée au xviie s., sur un plan en croix grecque. Le portail s'ouvre sur un arc en plein cintre encadré de pilastres toscans.

Doñana ★ (Parc national de)

Province de Nuelva (Andalousie).

Au S.-O. de la région des marismas (marais) du Guadalquivir s'étend la première réserve biologique d'Europe : le Coto de Doñana. Cette réserve, créée en 1969 par le ministère de l'Agriculture, développée en 1978 jusqu'à atteindre 73000 ha, compte 187 espèces animales dont 150 types d'oiseaux.

Vous pouvez visiter le parc en Land Rover *(environ 4 h)* avec un guide. Réservez à l'avance en téléphonant au (955) 43.04.32 (Cooperativa Marismas del Rocio). Départs à 8 h 30 ou 17 h.

A voir également le préparc *(ouv. au public)*, l'exposition permanente de Doñana et le palais de l'Acebrón *(vis. gratuite)*.

Durango

Bilbao, 30 km. — Saint-Sébastien, 86 km.
26 105 hab. — Province de Biscaye (Pays basque)

Centre administratif et commercial qui allie à ses nombreuses activités industrielles modernes un rôle de diffusion culturelle (centre de la télévision basque) et une certaine animation sportive.
La ville offre en effet de nombreux frontons très fréquentés où beaucoup de jeunes gens viennent se perfectionner au jeu de pelote.

Dans le centre historique formé par plusieurs rues parallèles à la rivière, on peut admirer les nombreux monuments à l'allure aristocratique qui donnent à la ville un air distingué. Ainsi le **palais de Echezuria**, dont les écussons proclament la noblesse, le **palais Echezarreta**, le **palais de Zabala** ou le **palais d'Olalde**.
La **croix de Crutziaga** est un beau calvaire très esthétique représentant l'arbre de la croix et la symbolique de la Passion, puis la Vierge et l'Enfant dans un beau style gothique. Cette croix, abîmée il y a quelques années, possède une réplique se trouvant au Musée ethnographique de Bilbao.
L'**église Santa María de Uribarri**, de style Renaissance, du XVI⁰ s., a un beau retable de Martín de Zubiate : scènes de la vie de la Vierge et de la Passion du Christ.
L'**église de Santa Ana**, de style herrerien, fut reconstruite au XVIII⁰ s. et offre des tableaux de Barroeta dans le maître-autel. Près de là, l'**arc de Santa Ana**, seule porte conservée de l'ancienne muraille, de 1744. Au centre, la niche qui garde sainte Anne avec la Vierge enfant ; de l'autre côté, l'écusson de l'Espagne.
A l'extérieur de la ville, l'**église San Pedro de Tavira**, du XI⁰ s., est considérée comme l'une des plus vieilles églises de Biscaye ; ses murs ou son chœur en bois font montre d'une très grande sobriété.

Environs. 1 — Abadiano *(2 km S.-E. par la C 6322 en direction d'Elorrio)*. — La torre de Muncharaz, dont le caractère guerrier de jadis a disparu, est maintenant une demeure agréable.

2 — Elorrio *(8,5 km S.-E. ; →)*.

3 — Izurza *(2 km S. par la C 6211 en direction de Vitoria)*. — Vous y verrez la torre de Echaburu, tour élevée sur une roche et recouverte de mousse et de lierre qui lui donnent un air romantique et sombre.

Écija*

Cordoue, 51 km. — Séville, 92 km.
Alt. 110 m. — 34 620 hab. — Province de Séville (Andalousie).

Populeuse et très tardivement animée les soirs d'été, cette ville mérite
une visite pour ses quartiers typiquement andalous où vous verrez
quelques beaux palais, surtout celui du Conde de Aguilar. La douceur
de son climat hivernal fait place l'été à une chaleur torride qui la fait
surnommer « la poêle de l'Andalousie ».

La ville dans l'histoire. — L'antique Astiji, fondée par les Grecs, est une importante
cité sous la domination romaine. Siège d'un évêché à l'époque wisigothique, elle
appartient au califat de Cordoue avant d'être reconquise par le roi saint Ferdinand
en 1420.

Fêtes. — San Pablo (25 janv.) ; feria avec concours de balcons et patios fleuris (8-
10 mai) ; Santa María del Valle (8 sept.) ; fête d'automne et San Mateo (12-23 sept.).

En prenant en direction de l'ayuntamiento (av. de Cervantes), vous atteindrez
la **plaza Mayor**. Chemin faisant, la cinquième rue à g. (calle de Padilla), mène
à l'**église Santiago**, le plus intéressant édifice gothique de la ville (**crucifix**
de Pedro Roldán).

La **plaza Mayor**, où se situe l'ayuntamiento, est très séduisante avec ses
maisons en encorbellement accolées à l'**église San Francisco** (à l'intérieur,
beaux retables et chœur néo-classique). En laissant l'ayuntamiento à dr., vous
gagnerez l'**église Santa María**, du XVIIe s., précédée d'un petit édicule
baroque de 1766.

De retour à la plaza Mayor, la calle de la Platería (à l'angle opposé) puis la
calle de Cordero mènent à l'**église San Juan**, aujourd'hui en ruine, qui se
signale à l'attention par un clocher très élégant, qui rappelle la Giralda, dans
un charmant quartier, évocateur du barrio de Santa Cruz à Séville avec ses
patios fleuris. Par la calle del Arcipreste Aparicio, derrière l'église, vous vous
rendrez au **palais del Conde de Aguilar**, s'ouvrant par un admirable portail
baroque et dominé par une imposante tour ; remarquez encore les peintures
sous la corniche et la longue galerie à rampe de fer forgé.

Revenez à la plaza Mayor en tournant à dr. dans la calle de Emilio Castelar,
devant le palais, puis à dr., dans la calle de Nicolás María Rivero.

En vous dirigeant à nouveau vers l'ayuntamiento, laissez à dr. la calle de Más
y Prat, où se trouve l'**église Santa Cruz**, en majeure partie ruinée. A l'intérieur,
sarcophage paléochrétien, belle custode Renaissance (son clocher est une
tour mauresque avec inscription et arc mudéjar), pour suivre la calle de José
Primo de Rivera. A dr., le **couvent de las Carmelitas Descalzas** (en clôture)
est un palais mauresque du XIVe s. Plus loin, à g., hôpital de la Concepción
(chapelle au portail baroque).

Ne manquez pas parmi les nombreuses églises : Santa Barbara, avec un salon à artesonado d'une construction antérieure mudéjare (à l'intérieur, stalles baroques et retables néo-classiques). Dans l'église San Juan Bautista à tour baroque, Christ sculpté par Pedro Roldán. Cloître du XVIIe s. dans l'église de Nuestra Señora del Carmen. L'église Santa Florentina présente un beau portail baroque, retable au maître-autel avec des peintures de l'école de Murillo et un chœur monumental. Dans le couvent de las Teresas, ruines d'un palais mudéjar du XIVe s. dans le cloître.

Parmi les maisons nobles, palais Renaissance de Villaseca, palais baroques de Benamejí, Peñaflor et Cortes de la Frontera.

Environs. 1 — La Luisiana (*15 km O. par la N IV;* 6 900 hab.; alt. 168 m). — Fondée au XVIIIe s. sous le règne de Carlos III, elle porte le nom de ses deux enfants, Luis y (et) Ana et conserve une belle église baroque.

2 — Carmona★★ (*54 km O.;* →).

Ejea de los Caballeros

Pampelune, 107 km. — Saragosse, 66 km. — Tudela, 45 km.
Alt. 346 m. — 15 842 hab. — Province de Saragosse (Aragon).

Au centre d'une riche région agricole du N.-O. de l'Aragon, la ville fut peuplée par les Ibères, qui la nommèrent Segia, puis par les Romains comme en témoignent les fouilles de Las Bardenas.

Fêtes. — Les 23 et 24 juin, à l'occasion de la Saint-Jean, toro de fuego et dégustation de migas.

L'**église Santa María** (dernier tiers du XIIIe s.) est l'église d'un château construit par Alphonse le Batailleur; malgré plusieurs remaniements, elle conserve en grande partie son caractère guerrier, auquel contribuent ses murs en pierre, ses créneaux et son toit recouvert de faïence. A l'intérieur, retables peints du XVIe s. Tribune, chaire et portail en style gothique mudéjar « isabélin ». L'**église de Nuestra Señora de la Oliva**, baroque, renferme des peintures de Luzán, maître de Goya. Celle de **San Salvador**★, restaurée, abrite un beau maître-autel et diverses sculptures, dont un Christ bénissant. A voir aussi, plusieurs maisons seigneuriales à blasons, de style Renaissance.

Environs. 1 — Biota (*20 km N.-O.;* prendre la C 127 en direction de Sádaba; tourner à dr. au km 15; 1 510 hab.; alt. 485 m). — L'**église San Miguel** (XIIe s.) abrite des sculptures du Maître Agüero représentant l'adoration des rois mages, et saint Michel en train de peser les âmes; deux remarquables retables plateresques du XVIe s. Vous visiterez aussi le **donjon**, reste de l'ancien château maintenant adossé au **palais** du comte d'Aranda et vicomte de Biota, édifié au XVIIe s.

2 — Sádaba★ (*22 km N.-O. sur la C 127).* — Bourg important près du río Riguel. Vous serez charmé par son caractère seigneurial.

L'**église Santa Maria**★, de style gothique aragonais, est du milieu du XVIe s.; le portail et la tour (dernier corps en forme de flèche) sont de style gothique flamboyant. A l'intérieur, grand retable sculpté de l'école d'Anchieta, fin du XVIe s.; retable peint de la Vierge, du début du XVe s.; retable Renaissance de saint Jacques, exécuté vers 1540; boiseries du chœur, de 1565; chaire sculptée de 1578. Imposant château du XVIe s., à neuf tours carrées et crénelées.

→ A 1,5 km par la route de Layana, un chemin se détachant à g. mène à (1 km) l'**altar de los Moros**, en réalité un tombeau romain assez bien conservé. Du village de (3 km) **Layana** par un chemin privé, à travers la Finca de los Banales, on accède aux ruines insignifiantes d'un **aqueduc romain**, de thermes et d'un petit temple dont on aperçoit quelques colonnes au flanc d'une colline. Ancien **monastère de Puilampa** avec une église au portail roman et à la nef gothique, transformée en grenier à paille !

3 — Sos del Rey Católico** *(52 km N. par la C 127 ; →).*

4 — El Frago *(31 km N.-E. ; prendre la C 125 en direction d'Ayerbe ; tourner à g. au km 18 vers Luna).* — Traverser le pont sur l'Arba de Biel, et remonter jusqu'au village *(à peine 1 km)* presque abandonné dont le climat est, dit-on, bénéfique aux malades mentaux. L'**église San Nicolas** s'ouvre sur un double portail orné de sculptures romanes qui rappellent celles du monastère de San Juan de la Peña (→). A l'intérieur, magnifique retable de la Virgen del Rosario, exécuté par Ancheta ; dans la crypte, un Christ grandeur nature du xive s.

5 — Ayerbe *(51 km N.-E. ; →).*

6 — Tauste *(22 km S.-O. par la C 127 en direction de Magallón).* — Dans l'**église Santa María**, pourvue d'une remarquable tour mudéjare, retable principal *(xvie s.)* sculpté par Gabriel Joly et Juan de Salas. Vous visiterez aussi le **palais des marquis de Ayerbe**, belle œuvre Renaissance.
→ Ermitage de Nuestra Señora de Sancho Abarca (fêtes du 20 au 25 avr., danses folkloriques locales) d'où l'on jouit d'un beau panorama sur la plaine.

Elche** (Elx)

Alicante, 24 km. — Carthagène, 107 km. — Murcie, 58 km.
165 000 hab. — Province d'Alicante (Communauté valencienne).

Dès les abords d'Elche, vous vous croirez transporté tout à coup dans quelque terroir d'Afrique ou d'Orient. Enfouies dans une palmeraie, les rues des villages sont étroites, les maisons traditionnelles, blanchies à la chaux, ont des toits plats et ne reçoivent le jour que par d'étroites fenêtres masquées par des nattes (esteras) de jonc.

La ville dans l'histoire. — L'ancienne Hélice des Ibères, fondée sur l'emplacement du site de La Alcudia, est prise par les Carthaginois au iiie s. av. J.-C., et postérieurement déclarée colonie romaine (vers 42 av. J.-C.) ; la Colonia Julia Ilici connaît un grand développement. En 250-260, les Francs s'en emparent et, au viiie s., à la suite des invasions arabes, la ville est déplacée. Elle est reconquise par les chrétiens en 1265. De sa splendeur médiévale, la ville conserve le quartier juif (juderia) et la célébration du mystère (peut-être d'origine grecque).

Les fêtes**. — Dans l'église Santa María se déroule, les 14 et 15 août, l'une des plus curieuses cérémonies religieuses d'Espagne : l'exécution d'un autodafé en langue limousine du xiiie s., la Festa telle qu'on la pratiquait au Moyen Age en l'honneur de la Vierge ; la mise en scène, les costumes, la musique, tout est conforme à la tradition que se transmettent de père en fils les acteurs (tous masculins). Ce drame sacré, entièrement chanté, est accompagné d'une partition originale, remaniée au xvie s. par divers musiciens (plus particulièrement par Ginés Pérez de Orihuela, maître de chapelle à Valence en 1581) pour être adaptée à la polyphonie, alors triomphante. Le 13 août, la répétition générale est suivie, le soir, d'un grand feu d'artifice et la fête s'accompagne de processions très pittoresques. Le dim. des Rameaux, procession des palmes ; le dim. de Pâques, procession de « los papeles de aleluyas ».

La palmeraie**. — Il s'agit d'un ensemble de plantations de palmiers et de vergers entourés de petits murs ou de clôtures faites de palmes, unique en Europe. Les palmiers y sont plantés irrégulièrement, de chaque côté de canaux d'irrigation délimitant des parcelles en damiers, où sont alignés des grenadiers et où l'on cultive des céréales. La mise en valeur de cette palmeraie doit remonter à l'époque carthaginoise et fut développée par les Maures grâce à une eau saumâtre qui lui convient particulièrement et lui est fournie par un lac de barrage aménagé à 5 km au N. d'Elche.

Le palmier croît très lentement. Un arbre de 30 ans atteint à peine 8 à 10 m (de nombreux sujets de cette palmeraie atteignent 25 à 30 m). La récolte des dattes a lieu en hiver ; on détache aussi les palmes qui, à l'approche de la semaine sainte, sont expédiées dans toute l'Espagne. Les feuilles sont relevées et ficelées de manière à former un cône, ce qui les préserve de la lumière. Grâce à ce procédé, les palmes conservent l'aspect laiteux et nacré des jeunes pousses.

Dans la palmeraie, promenez-vous dans le **huerto del Cura**** *(de 10 h au crépuscule)* et **La Alberca**, deux sites des environs d'Elche dont les accès sont signalés par des pancartes. Dans le huerto del Cura vous admirerez la palmera del Cura dont la branche centrale est vieille de près de deux cents ans.

Visite de la ville

De l'artère principale, suivez la direction indiquée par une pancarte pour atteindre le **parc municipal** *(à dr.)* à la végétation particulièrement somptueuse (notamment le **huerto del Baix**).

▣ Le **Musée archéologique** *(ouv. de 10 h à 13 h et de 16 h à 19 h, le dim. de 10 h à 13 h, f. le lun. et le 25 déc.)*, situé dans le parc, abrite dans une absidiole une copie de la fameuse **dame d'Elche**, trouvée dans le domaine de La Alcudia en 1897 (original au Musée archéologique de Madrid). Les collections comprennent également divers vestiges préhistoriques, un **torse acéphale de Vénus**, en marbre, d'époque hellénistique, des antiquités ibériques, romaines, etc.

En longeant le parc *(en voiture)*, gagnez l'**église Santa María**, vaste basilique au xviie s. s'ouvrant par un monumental portail baroque, œuvre de Nicolas de Bari (du clocher, magnifique panorama sur la palmeraie). A l'intérieur, splendide **tabernacle**** en marbre de Jaime Bort dessiné à Naples.

En contournant le chevet de l'église *(à pied)*, où vous remarquerez une demeure aménagée dans un ancien bastion de l'enceinte, vous arriverez, en passant devant le marché, à la plaza Mayor, où s'élève l'**ayuntamiento**, du xviie s. (façade à beaux balcons, peinture de S. Fernando attribuée à Vicente López). Vous passerez sous une grande **tour d'horloge*** du xviiie s. dont le marteau est mû par deux grandes poupées habillées, Calendura et Calendureta.

Reprenez votre voiture, longez l'église Santa María et prenez à g. sur une petite place où s'ouvre l'**église de la Merced** (1564) aux curieuses fenêtres ornées de grilles et au joli portail Renaissance. Dans le couvent annexe, on trouve quelques traces des anciens bains arabes. Remarquez aussi le cloître décoré d'azulejos de l'**église de San José** du xvie s., et les belles **maisons seigneuriales*** avec des restes mudéjars et de belles façades baroques.

Revenez sur la route principale pour atteindre le site de **La Alcudia**. A environ *1,5 km* un chemin à g. mène à une ferme où un petit musée renferme de la céramique ibérique ; à *100 m* chantier de fouilles, aux vestiges insignifiants (c'est là que fut découverte la dame d'Elche en 1897).

Environs. 1 — Crevillente *(9 km par la N 340 en direction de Murcia ; 20 841 hab.).*
— Ville d'origine romaine dont la principale industrie est celle de l'alfombra, c'est-à-dire du tapis. Seigneurie indépendant du roi maure de Murcie, la ville et les environs furent, au xviiie s., le repaire des bandits les plus célèbres qui vivaient dans des grottes (Jaime Alfonso le Barbu fut immortalisé dans de nombreux poèmes et chansons). L'**église paroissiale** conserve une sculpture de Juan de Juanes. **Musée Mariano Belliure** *(de 11 h à 13 h et de 17 h à 19 h 30 ; dim. et j. fériés de 11 h à 13 h).*
Fêtes : semaine sainte ; le 4 oct. : Moros y Cristianos.

2 — Callosa de Segura *(11 km au S.-O. ; 14 183 hab.).* — Centre de production de chanvre, dans la palmeraie. Ruines d'une ancienne synagogue. Dans l'église paroissiale gothique, à portail Renaissance, retable baroque et Dolorosa de Salzillo. **Fêtes** : spectacles de la Passion à Pâques ; du 5 au 16 août : Moros y Cristianos.
↦ A *12 km E.*, **Dolores**. Dans l'église, *Dolorosa* de Salzillo.

3 — Novelda *(17 km par la C 3317, puis la N 330 en direction d'Almansa ; 22 081 hab. ; alt. 247 m).* — L'église de San Pedro abrite un paso de la Samaritaine de Sánchez Tapia. Très original **sanctuaire** néo-gothique de **Santa María Magdalena***, avec des inspirations de Gaudí.

Fêtes : dernière semaine de juin.
↦ Château de la Mola ou de Luna *(5 km ; en prenant à dr. après le pont à l'entrée de la ville),* flanqué d'une puissante et curieuse tour triangulaire datant sans doute du xive s.

4 — Elda *(12 km au N.).* — Capitale de la chaussure. Notez les ruines d'un château médiéval, l'église et ses retables, le musée archéologique avec des collections d'objets découverts dans les gisements de Monastil, Trinitario et Agualejas (néolithiques, ibères, paléochrétiens et romains).

5 — Sax *(22 km au N. par la N 330, déviation à g. ; 7 307 hab. ; alt. 471 m).* — Forteresse à deux tours qui abrite le musée des costumes typiques*. Dans l'église paroissiale, **Apparition de la Vierge à saint François d'Assise** de Claudio Coello. Dans l'ermitage de San Sebastián, sculpture du saint par Salzillo.

6 — Villena *(16 km).* — Populeuse cité située au pied d'une colline couronnée par une double enceinte renforcée d'un colossal donjon du xve s. à voûtes mudéjares où vécurent l'infant don Juan Manuel et don Enrique de Aragón, marquis de Villena, poète et astrologue.

Peu après la bifurcation de la route de Yecla *(à dr.),* une petite rue à g. mène à l'**église Santiago** (1492), bel édifice de style isabélin, à colonnes torses, s'ouvrant par un portail principal de style gothique flamboyant. A côté, l'**ayuntamiento**, à façade Renaissance (1627), sculptée par Jacopo Fionentino, abrite le musée renfermant le **trésor de Villena***, découvert en 1963. Datant de l'âge du bronze, il dut être enterré vers l'an 1000 av. notre ère ; il se compose de vaisselle et de bijoux, en or pur pour la plupart. Dans une autre salle, petite exposition archéologique *(vis. pendant les heures d'ouverture de l'ayuntamiento).*
A *6 km* par la route de Yecla *(prendre à g. au km 4),* **Santuario de las Virtudes**, avec une église gothique, au pied d'un cerro où l'on célèbre, le 8 oct., une fête des Moros y Cristianos.
A *8 km* par la route d'Alcoy, le village de **Biar** est dominé par un **château** médiéval à triple enceinte crénelée d'origine arabe, conquis par Jacques Ier d'Aragon en 1245 ; église à portail Renaissance de 1519. Dans les environs de Biar, ne manquez pas **Onil** (palais comtal de 1539) et **Castalla** (château de 1529 et églises gothiques et Renaissance).

Elorrio

Bilbao, 38,5 km. — Durango, 8,5 km. — Vergara, 14 km.
7 960 hab. — Province de Biscaye (Pays basque)

En vous promenant dans ce vieux bourg, vous rencontrerez un grand nombre d'œuvres d'art : les calvaires sculptés du xvᵉ-xviᵉ s., aux principaux carrefours des routes menant à la ville, ou des maisons seigneuriales telles que le palais de Urquizucua avec ses quatre tours aux angles ou le palais de Tola de Gaytan.

Fêtes. — Le 1ᵉʳ dim. d'oct., la fête d'Errebombillos, avec sa procession de la Vierge, son défilé, sa musique de tambour et ses salves de fusil, nous fait remonter au temps où les armées impériales rentraient au pays et fêtaient bruyamment la Vierge.

L'**église de la Concepción**, du xvᵉ s., est de style gothique, avec des éléments Renaissance comme la belle balustrade qui parcourt l'intérieur de l'édifice dans sa partie supérieure. Tombe de saint Valentín de Berriochoa, né dans la localité. Retable churrigueresque du xviiiᵉ s.

L'**ayuntamiento**, du xviiiᵉ s., possède une architecture typique avec des arcades au rez-de-chaussée et de grands balcons au premier étage, surmontés de fenêtres. Sur la façade, trois écussons : celui de l'Espagne, celui de la Biscaye et celui de la Ville avec les inscriptions suivantes : «De toda palabra ociosa, darás cuenta rigurosa» (De toute parole oiseuse, tu rendras rigoureusement compte) et «En la casa del que jura no faltara desventura» (Chez celui qui jure, le malheur ne fera pas défaut).

Empúries → *Ampurias*

Escorial (Monastère de l')★★★

Ávila, 62 km. — Madrid, 45 km. — Ségovie, 41 km. — Valladolid, 131 km.
Alt. 1 030 m. — Province de Madrid.

Philippe II fit élever l'Escorial pour commémorer la prise de Saint-Quentin, le 10 août 1557, et réaliser un vœu fait à saint Laurent dont l'église avait été canonnée pendant le siège. Les travaux commencés à partir de 1563 par Juan Bautista de Toledo furent terminés en 1584 par Juan de Herrera et aboutirent à l'édification d'un des plus beaux monuments de l'art espagnol.

Fêtes. — Le 10 août, célébration de San Lorenzo (défilés, feux d'artifice, bals, corridas). Le 11 juin, San Barnabe. Le 2ᵉ dim. de sept., Romería de la Virgen de Gracia.

Visite : le mat. toute l'année de 10 h à 13 h; l'a.-m. de 15 h à 19 h du 15 avr. au 15 sept. et de 15 h à 18 h du 16 sept. au 14 avr.; f. lun. On ne délivre plus de billets 1 h avant la fermeture, sauf pour la visite du monastère. Entrée libre pour l'église. Plusieurs possibilités de billets selon la visite choisie. Le temps minimal requis pour une visite même brève est d'au moins 2 h.

L'ensemble, formé par le monastère et le palais, offre la forme d'un gril c'est-à-dire l'instrument du supplice de saint Laurent. Le monastère occupe un quadrilatère de 208 m de long sur 162 de large ; le palais, quant à lui, en saillie sur le côté oriental, représente le manche du gril dont les pieds sont figurés par les hautes tours s'élevant aux angles. Il est construit en granit bleuâtre de Guadarrama qui lui donne un aspect austère que renforce encore la sévérité des lignes architecturales. Son apparence est grandiose mais monotone et froide.

La **façade principale** présente trois portails monumentaux, entre deux hautes tours carrées. Au-dessus du portail principal remarquez la statue de saint Laurent, exécutée par J. B. Monegro, haute de 4,20 m, en granit, à l'exception de la tête, des mains et des pieds en marbre blanc.

L'entrée principale donne accès à la **cour des Rois** (patio de los Reyes), l'une des seize cours que compte cet imposant ensemble. Au fond se dresse la façade de l'**église**[**] comportant six hautes colonnes doriques surmontées de

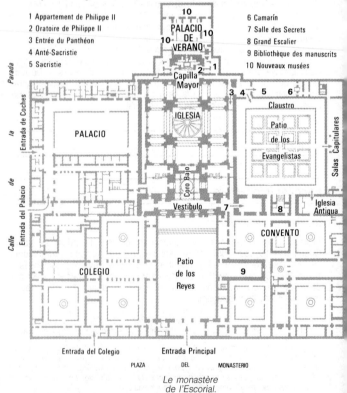

1 Appartement de Philippe II
2 Oratoire de Philippe II
3 Entrée du Panthéon
4 Anté-Sacristie
5 Sacristie

6 Camarín
7 Salle des Secrets
8 Grand Escalier
9 Bibliothèque des manuscrits
10 Nouveaux musées

Le monastère de l'Escorial.

statues colossales des six rois de Juda en pierre, en marbre et bronze doré, par J. B. Monegro.

A l'intérieur vous serez frappé par la sobriété de l'ornementation mais aussi par la majesté des trois nefs dont les voûtes sont ornées de **fresques** peintes par L. Giordano sous le règne de Charles II. Tout autour on compte 44 autels ayant, pour la plupart, des retables avec de beaux **tableaux*** peints par Navarrete, Zuccaro, Juan Gómez, Luis de Carvajal, etc.

La **Capilla Mayor,** ornée de marbres précieux, abrite le maître-autel et des oratoires. Le **retable principal**** est l'une des pièces maîtresses de Juan de Herrera qui rompt ici avec la tradition espagnole en adoptant une structure d'une grande sobriété.

De chaque côté, les oratoires renferment deux groupes de **statues** en bronze doré. A g., Charles Quint, portant le manteau impérial est flanqué de l'impératrice Isabelle et précède l'infante doña María, leur fille, et les infantes Eleonor et María, sœurs de l'empereur. A dr., Philippe II, revêtu du manteau royal, est à g. de la reine Anne, sa quatrième femme (mère de Philippe III); un peu en arrière la reine Isabelle, sa troisième femme, et à dr. de celle-ci la reine Marie, première femme du roi et mère de l'infant don Carlos.

Le **panthéon*,** caveau destiné aux sépultures des rois d'Espagne, est situé sous la Capilla Mayor. La plupart des rois depuis Charles Iᵉʳ jusqu'à Alphonse XIII y sont enterrés. Le panthéon est une chambre octogonale aux parois revêtues de jaspes, de porphyres et de marbres précieux encore embellis par une profusion d'ornements en bronze doré. Les cercueils des rois sont disposés à g. et ceux des reines ayant laissé une succession au trône, à dr.

Le **panthéon des Infants** (et des reines sans succession) est lui d'une grande simplicité.

Dans la sacristie vous pourrez admirer un chef-d'œuvre de Claudio Coello. Il s'agit d'un tableau qui forme le retable et qui représente la perspective de la sacristie et de l'église pendant la procession qui eut lieu pour la réception de la Sainte Hostie.

Depuis la cour des Rois, un escalier mène à la **bibliothèque royale**.** Cette magnifique salle unit à sa décoration Renaissance, la voûte peinte par Pelligrino Tibaldi et des fonds documentaires d'une immense richesse.

La bibliothèque possède en effet une collection inestimable de près de 60 000 volumes, allant de manuels médiévaux de jeux d'échecs à des manuscrits arabes et hébreux de la collection privée de Philippe II. Parmi les ouvrages exposés les plus célèbres, vous pourrez trouver un **livre de prière*** richement enluminé ayant appartenu à Charles Quint ; un volume remarquablement relié, dit «**Codice Dureo***», datant du règne de l'empereur d'Allemagne Conrad (xıᵉ s.) et où sont écrits en lettres d'or les quatre Évangiles, les préfaces et les épîtres. Dans la vitrine du fond se trouvent aussi les «Cantigas de Santa María», poèmes attribués à Alphonse X de Castille.

Le **palais**,** dont l'entrée se situe au milieu de la façade N., possède une collection impressionnante de plus de 300 **tapisseries*,** d'origine espagnole et flamande, d'une grande beauté. De nombreuses salles en sont décorées, et les plus belles sont sans aucun doute celles qui ont été exécutées d'après des cartons de Goya ou de Francisco Bayeu.

Dans les appartements royaux, vous remarquerez la **salle des Batailles*,** longue galerie de 55 m, décorée par d'immenses fresques de Granello et de Fabricis Castello.

Ces fresques relatent la bataille de la Higueruela (1431) et la victoire remportée sur les Maures par Jean II, sous les murs de Grenade. Sur une autre paroi, par les mêmes artistes, épisodes du siège de Saint-Quentin, de la bataille de Gravelines et des préparatifs de l'expédition destinée à la conquête du Portugal.

Vous visiterez ensuite l'appartement, très austère, de Philippe II où il mourut le 30 sept. 1598; cette partie du palais contraste avec celle, richement décorée, aménagée par les Bourbons.

Terminez la visite par les **Nouveaux Musées**,** installés dans le palais d'été de Philippe II; ils comprennent un musée d'Architecture et une riche pinacothèque où les écoles hollandaises, flamandes, allemandes, italiennes et espagnoles sont très largement représentées. Vous y trouverez notamment des œuvres de Bosch, Dürer, Titien, Tintoret, Ribera, Vélasquez, Rubens, le Greco, Véronèse.

Luxueux escalier de Juan de Villanueva, salons décorés de bois fins et de tapisseries (dessin original de Goya, Rubens et Teniers).

Dans le **jardin des Moines,** sur le côté du palais d'été de Philippe II, se trouve la **casita del Príncipe,** construite au XVIIIᵉ s. par Charles III pour son fils, le futur Charles IV. Très richement décorée elle renferme également de nombreuses œuvres d'art, notamment des tableaux de Luca Giordano, de Goya et de Guido Reni. La casita de Arriba, construite par Juan de Villanueva, est entourée de beaux jardins dessinés pour la 3ᵉ épouse de Fernand VII.

Dans le bourg de San Lorenzo lui-même, ravissant, d'étroites venelles conduisent à de petits restaurants ignorés, aux terrasses ombragées bien agréables.

➥ A 5 km O. (prendre la route d'Ávila et tourner à g. au km 3), Silla del Rey; de ces sièges et de ces marches taillés à même la pierre pour permettre à Philippe II et sa suite de suivre l'avancement des travaux du monastère, vous découvrirez une **vue*** magnifique sur l'Escorial et toute la vallée.

Estella**

Logroño, 49 km. — Pampelune, 43 km.
Alt. 430 m. — 12 796 hab. — Province de Navarre.

Surnommée, avec une certaine emphase, la «Tolède du Nord», Estella est une ville d'origine romaine et un ancien gîte d'étape du chemin de Saint-Jacques, auquel elle doit son existence — elle fut fondée à nouveau en 1090 par Sanche Iᵉʳ Ramirez qui y installa une colonie «franque», c'est-à-dire originaire du midi de la France — et sa fortune pendant des siècles.

Visite de la ville

De la plaza de los Fueros *(plan B1),* commencez la visite par l'église San Juan Bautista *(plan B1),* de peu d'intérêt, mais qui renferme un admirable retable Renaissance* de style classique, commandé en 1562 à Pierre Picart qui fut sans doute moine sous le nom de Jean de Beauvais; statue de la Vierge de las Antorchas* (XIIIᵉ s.), sur l'autel à dr. du maître-autel. Crucifix gothique dans la nef g.

Par la rue Ruiz de Alda *(plan C2),* bordée de vieilles maisons, dirigez-vous vers l'église-forteresse San Miguel Arcángel* *(plan C1).* Bâtie dans un style de transition à l'extérieur (chevet à chapiteaux historiés) et gothique à

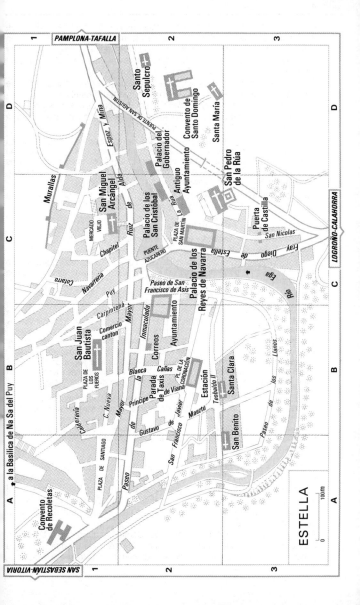

ESTELLA

0 — 100m

PAMPLONA-TAFALLA

SAN SEBASTIÁN-VITORIA

LOGROÑO-CALAHORRA

Santo Sepulcro

Convento de Santo Domingo

Santa María

Palacio del Gobernador

San Pedro de la Rúa

La Rúa

Antiguo Ayuntamiento

Puerta de Castilla

San Nicolas

Fray Diego de Estella

Río Ega

Murallas

San Miguel Arcángel

Espoz y Mina

Alda

MERCADO VIEJO

Ruiz

Palacio de los San Cristóbal

PLAZA DE SAN MARTÍN

PUENTE DE SAN AGUSTÍN

PUENTE AZUCARERO

Chapitel

Navarrería

Puy

Cotarca

Carpintería

Paseo de San Francisco de Asis

Palacio de los Reyes de Navarra

Mayor

Comercio canton

Inmaculada

San Juan Bautista

PLAZA DE LOS FUEROS

Correos

Ayuntamiento

Blanca

Cañas

Calderería

C. Nueva

Mayor

Principe de Viana

Parada de Taxis

PL. DE LA CORONACIÓN

Estación

Trebaldo II

Santa Clara

Paseo de los Llanos

PLAZA DE SANTIAGO

Paseo de Gustavo de Javier Maeztu

San Francisco

San Benito

Convento de Recoletas

★ a la Basílica de Na Sa del Puy

l'intérieur, elle renferme un retable baroque, une belle statue de la Virgen de la Merced, un intéressant tableau de l'école hispano-flamande exécuté en 1406 par Martín Périz, originaire d'Estella. Contourner l'église pour aller contempler le **portail N.***, de style roman poitevin, orné de sculptures, dont un étonnant Christ en majesté dans une mandorle.

Revenez sur vos pas pour traverser le **puente Azucarero** *(plan C2)*, sur le río Ega, qui marque l'entrée du **Barrio monumental** d'Estella.

☐ Le **palais des rois de Navarre** *(plan C2)* est un précieux exemple d'architecture romane civile du XIIᵉ s., comprenant une belle façade avec une galerie à chapiteaux sculptés (griffons, sirènes, guerriers).

De ce côté, la façade est garnie d'une paire de colonnes superposées où l'on remarquera deux chapiteaux particulièrement intéressants : à g., au chapiteau inférieur, sont représentés Roland et Ferragut, le héros chrétien et le héros musulman, aux prises au cours d'un combat singulier ; à d. au chapiteau supérieur, on remarque des animaux musiciens.

Ce palais abrite le musée Maeztu *(ouv. de 11 h 30 à 13 h 30 et de 16 h à 19 h ; f. le dim.),* consacré à l'œuvre de ce peintre (1887-1947).

♣ En face du palais s'élève l'**église San Pedro de la Rúa**** *(plan C2).*

Si l'église est fermée demandez la clef à la cure au nᵒ 13 de la rue Fray Diego de Estella.

Une tour imposante domine l'église qui s'ouvre par un beau et sobre **portail** roman du XIIᵉ s., de style poitevin, à chapiteaux ornés de griffons, de sphinx et d'une néréide.

Dans le sanctuaire, où vous remarquerez de savoureux détails sculptés romans, notez, à g., une colonne à 3 serpents entrelacés et une statue de saint Pierre (XVIIᵉ s.) ; dans l'absidiole de dr. une **Vierge romane** dite de Bethléem. Au fond de l'église, statue de la Vierge, gothique. Dans le chœur, stalles et fonts baptismaux romans. On pénètre dans le **cloître** par une porte latérale. Il comporte deux galeries à colonnes surmontées de **chapiteaux*** délicatement sculptés, représentant des scènes de la vie du Christ, de saint André ou de saint Pierre, dans la galerie N. (contre l'église) et des animaux fantastiques ou des thèmes d'inspiration florale dans l'autre galerie. Le chapiteau nᵒ 14 est double, avec des colonnes tordues qu'on retrouve également à Salos et Burgos de Osma et dont on ignore la signification.

Suivez la rue San Nicolás bordée de vieilles demeures seigneuriales à blasons sculptés qui vous conduira à la **puerta de Castilla**, percée dans les murailles, là où passait le chemin de Saint-Jacques.

A la lisière S. de la ville *(plan C3),* petite église romane du XIIIᵉ s. appartenant à l'ancien couvent de Rocamadour, fondé en 1201. Statue de la Vierge de Rocamadour, romane, du XIIᵉ s.

A l'entrée de la calle de la Rúa, à dr. ancien **ayuntamiento** *(plan C2),* de style Renaissance. La façade arbore deux beaux blasons de la ville. La Rúa est bordée de vieilles demeures seigneuriales gothiques et Renaissance parmi lesquelles vous remarquerez, à g., le **palais de San Cristóbal** et le palais du Gobernador, construit au début du XVIIᵉ s. (on peut encore lire la date de 1613 sur le linteau du balcon).

Au bout de la rue Curtidores, l'**église del Santo Sepulcro** *(plan D2)* est un édifice romano-gothique qui s'ouvre par un splendide **portail*** gothique richement décoré de sculptures, entre deux séries de statues d'apôtres.

Environs

1 — Monastère d'Iranzu *(10 km N. par la N 111 ; prendre à g. au km 7).* — L'un des plus anciens du royaume de Navarre puisqu'il dut être fondé au moins dès le xᵉ s. ; il ne prit de l'importance qu'à partir du xıᵉ s. avec l'essor de Saint-Jacques-de-Compostelle.

L'**église** est construite dans le plus austère et le plus sobre style cistercien. Le cloître romano-gothique des xıııᵉ-xıvᵉ communique avec la salle capitulaire par un arc de plein cintre et deux fenêtres sur les côtés. On peut visiter les **cuisines** carrées avec voûtes ogivales, qui laissaient sortir les fumées par la cheminée centrale appuyée sur quatre arcs.

2 — Basilique Nuestra Señora del Puy *(sortie S., plan A1).* — Vous y découvrirez un magnifique panorama. La basilique de Nª Sª del Puy, dont le culte fut introduit à Estella en 1085, fut reconstruite en 1951. Elle abrite une statue de la Vierge, d'époque très controversée mais probablement gothique ; dans le trésor, reproduction en bois d'un oratoire gothique finement sculpté (xıııᵉ s.).

3 — Monastère d'Irache *(3 km S.-O. par la N 111).* — L'abbé Munio y fonde en 1045 le premier hôpital de pèlerins, par ordre du roi García Sánchez V. Le monastère acquiert une importante renommée culturelle grâce à l'université de Santa María de Irache qui propose, de 1569 à 1824, des cours de théologie, d'art et de médecine.

L'**église**, commencée au xııᵉ s. en style roman, fut achevée en gothique. La façade principale est du xvıııᵉ s. en style baroque et offre un portail roman dont les portes conservent encore les charnières d'origine. Belle statue de Santa María la Real de Irache, en bois, totalement recouverte d'argent sauf le visage et les mains. **Cloître** Renaissance du xvıᵉ s.

4 — Chemin de Saint-Jacques en Navarre ** (→).

Estepa

Antequera, 54 km. — Séville, 96 km.
Alt. 604 m. — 9 865 hab. — Province de Séville (Andalousie).

L'antique Astapa ibérique est célèbre pour l'héroïsme de ses habitants qui, lors de la prise de la ville par les Romains en 207 av. J.-C., préférèrent la mort dans les flammes à la servitude.

L'économie d'Estepa est fondée sur une industrie qui s'impose à la vue du visiteur qui traverse la ville : les gâteaux et sucreries de Noël (polvorones et mantecados), mais aussi l'olivier et les céréales.

Fêtes. — Semaine sainte ; Virgen del Carmen (16 juil.).

L'**église de la Virgen de los Remedios** est l'une des plus belles expressions du baroque andalou (camarín de la Vera Cruz recouvert de jaspe rouge et noir, œuvre de Nicolas Bautista Morales ; xvıııᵉ s.). L'**église del Carmen** s'ouvre par un portail baroque. Le **palais de Los Cerverales** présente une façade baroque. Le **couvent de Santa Clara** (1598) abrite un retable à la fois plateresque et baroque, avec une image de la Virgen del Pilar du xvıᵉ s.

L'**église Santa María de Gracia** du couvent du même nom, aujourd'hui détruit, conserve de nombreuses images, parmi lesquelles on remarquera surtout un saint François d'Assise attribué à Pedro de Mena ; retable au maître-autel du xvıııᵉ s.

En vous promenant dans la ville, vous remarquerez quelques maisons nobles à façade baroque. De la forteresse arabe reconstruite par les chrétiens, il ne reste que quelques pans de murailles et le donjon.

Environs. 1 — Aguadulce (*12 km O. par la N 334 ;* → Osuna*, environs 2).
2 — Osuna ' (*24 km O. ;* →).

Estrada

La Corogne, 92 km. — Pontevedra, 42 km. — Saint-Jacques-de-Compostelle, 25 km.
Alt. 350 m. — 27 500 hab. — Province de Pontevedra (Galice).

La ville est située au carrefour des chaussées romaines, du chemin de Saint-Jacques et des routes industrielles (bois et textile). En avr., on y célèbre la fête du saumon que l'on déguste dans tous les restaurants de la ville.

Environs. 1 — Sabucedo (*14 km S.-E. par la C 541 ; au km 12, prendre à dr.*). — Le 1er dim. de juil., on y célèbre la **Rapa das Bestas*** dont la tradition remonte au XVe s. Une fois par an, les hommes jeunes du village partent dans la montagne attraper les chevaux sauvages qui y vivent en liberté. Le curro se déroule dans un lieu rectangulaire fermé : on coupe la crinière des chevaux, on les marque, on en garde quelques-uns pour la vente tandis que les autres sont relâchés dans la montagne.

2 — Acibeiro* (*33 km S.-E. par la C 541 ; à Cachafeiro, prendre à g.*). — Monastère Santa María, fondé par Alphonse VII au XIIe s., dont on peut encore admirer la très belle église romane.

3 — Cuntis (*12 km S.-O. par la N 640 en direction de Caldas de Reis*). — Station thermale où l'on soigne les rhumatismes.

4 — Caldas de Reyes (*21 km S.-O ;* 9140 hab.). — Station thermale déjà fréquentée au temps des Romains. Bâtie dans un beau site, cette ville compte de magnifiques parcs ; dans l'**église Santa María**, romane, se trouvent les tombeaux des ancêtres de Luis de Camoes, grand poète portugais du XVIIIe s.

Estrémadure

Provinces de Badajoz et de Cáceres.

L'Estrémadure est la partie occidentale du plateau de la Nouvelle-Castille. Elle reçut son nom, au XIIIe s., lors de la Reconquête, alors qu'elle formait la « frontière extrême » du royaume de Castille et León. Bien que divisée aujourd'hui territorialement en deux provinces, Cáceres et Badajoz (les plus étendues d'Espagne), elle est reconnue comme une région naturelle et constitue la Communauté autonome d'Estrémadure dont la capitale est la ville de Mérida.

L'Estrémadure offre le type classique de la pénéplaine. Toute la partie superficielle du pays a été décapée par l'érosion qui a laissé à découvert les anciens plis hercyniens qui viennent de Galice et rendent tout l'O. accidenté jusqu'au bord même de la sierra Morena. La disposition de ces plis explique les singuliers méandres du Tage et du Guadiana.

Le relief. — Il est formé par les roches qui ont le mieux résisté à cette érosion, aussi les montagnes sont-elles abruptes et comme éparses sur la pénéplaine. Ce sont les sierras de San Mamede, San Pedro, de Montánchez et de Guadalupe (celle-ci culminant à 1 558 m). Au N., la sierra de Gata et l'extrémité de la sierra de Gredos séparent l'Estrémadure du León ; au S., on descend facilement en Andalousie à travers les derniers chaînons de la sierra Morena.

Le climat. — Il est extrême, sec, de caractère méditerranéen, malgré la proximité de l'Atlantique ; les pluies sont rares, surtout l'été (moyenne annuelle 400 mm), le ciel absolument dépouillé.
La vallée du Tage, qui forme le N. de l'Estrémadure, présente des aspects assez différents. Au N., les pentes de la sierra de Gata enserrent d'étroites vallées où se développèrent des communautés pastorales comme le pays des Hurdes, région rocheuse, sèche et aride, où le maquis de cistes et d'arbousiers et les bosquets de chênes verts cèdent quelques rares espaces à de pauvres cultures. Malgré ses tristesses et sa solitude, ce coin perdu d'Espagne est étonnamment pittoresque.

La Vera, un immense verger. — Plus à l'E., la Vera offre un contraste frappant : c'est la vallée du Tiétar, région prospère où, à l'abri de la haute sierra de Gredos, la végétation du N., chênes et châtaigniers, se mêle aux plantes méditerranéennes, vigne, olivier, figuier et oranger. Toutes les espèces végétales s'étagent ainsi sur des pentes de 2 000 m, qu'arrosent de fraîches eaux. La vallée de Plasencia, à côté de la Vera, forme un couloir de 50 km de long sur 3 à 5 km de large, parcouru par le Jerte ; elle est aussi très fertile et ses vergers donnent des fruits réputés.

Le Tage, une source de richesse en puissance. — La zone du Tage est beaucoup moins productive : c'est une région de pâturages, de maquis et de landes où le sol fut longtemps laissé à l'abandon, mais que de grandioses travaux hydrauliques commencent à mettre en valeur. Jusqu'à présent ce pays n'est que peu peuplé (27 hab. au km² dans la province de Cáceres).
Au S.-E., le caractère montagneux reparaît dans les Villuercas, où de nombreuses sources aux eaux pures favorisent, sur les flancs de la sierra de Guadalupe, une végétation touffue de chênes, de châtaigniers, de chênes verts et de chênes-lièges.

Le domaine du chêne-liège et du porc. — La vallée du Guadiana forme la partie S. de l'Estrémadure, dans la province de Badajoz, un peu plus peuplée (43 hab. au km²). Sur les pentes des sierras qui la séparent au N. de la province de Cáceres, de grands troupeaux de porcs (les fameux porcs ibériques) parcourent les magnifiques forêts de chênes verts. Au S. à la limite de l'Andalousie, le paysage est plus gracieux et plus animé : les collines sont couvertes de chênes verts, de chênes-lièges et d'eucalyptus, qui alimentent une importante industrie du bois. La région intermédiaire est une immense plaine où le río Guadiana et son affluent le Zújar coulent tranquillement à travers des campagnes solitaires ; leurs rives sont jalonnées de petites villes parfois déchues.
Au S. du Guadiana s'étend la tierra de Barros aux argiles rouges, compactes et fertiles (céréales) ; à mesure que l'on descend vers le S., l'olivier occupe de plus vastes espaces. Mais l'élevage est ici encore l'activité dominante. Les moutons sont transhumants et les pâtres qui les accompagnent, transportent, sans les démonter, leurs huttes dont ils chargent des ânes. Les porcs, qui paissent à travers les immenses forêts de chênes, sont commercialisés dans les foires très fréquentées.

Une terre de conquistadores. — Portugais, Andalous, populations du bassin moyen du Tage, ont contribué à former le peuple extremeño, qui présente, malgré ce mélange, les caractères d'un groupe assez homogène ; l'extremeño, que l'on dit peu bavard, travailleur et parfois assez fataliste, paraît merveilleusement adapté aux larges horizons mornes de sa terre brûlée de soleil. Ce sont ces qualités de concentration, de persévérance, cette aptitude à l'effort qui ont permis que quelques-uns parmi les Espagnols les plus illustres soient issus d'Estrémadure : des conquérants comme Núñez de Balboa, Hernán Cortés, Francisco Pizarro, García de Paredes ; des peintres comme Morales le Divin, Herrera, Zurbarán ; des poètes tels que Carolina Coronado ou José de Espronceda.

Pour visiter l'Estrémadure :

→ Alcántara
→ Almendralejo
→ Badajoz
→ Cáceres★★
→ Coria
→ Guadalupe
→ Jerez de los Caballeros

→ Llerena
→ Mérida★
→ Plasencia★
→ Trujillo★
→ Yuste (Monastère de)
→ Zafra

Ezcaray★

Haro, 34 km. — Logroño, 61 km.
Alt. 813 m. — 1 720 hab. — Province de Logroño (La Rioja).

Cette bourgade, très pittoresque avec ses rues à galeries et ses maisons seigneuriales des XVIIᵉ et XVIIIᵉ s., ne conserve plus qu'une seule fabrique artisanale de tissage de draps et couvertures, souvenir d'une industrie créée au Moyen Age, qui connut son apogée au XVIIIᵉ s.

L'**église paroissiale**, édifiée au XVIᵉ s., a des allures de forteresse. A l'intérieur, vous remarquerez le Matachin, personnage au sourire insolite, habillé à la mode antique, chargé de sonner les heures. Les orgues récemment restaurées, sont les plus anciennes de la Rioja et remontent au XVIIᵉ s. A noter encore les stalles baroques du chœur et quelques retables gothiques.

L'**ermitage de la Virgen de Allende**, de style baroque, renferme une série de dix tableaux représentant l'archange saint Michel, en costume militaire du XVIIIᵉ s., maniant une arquebuse, ce qui a excité la verve des compères des villages voisins, où l'on dit volontiers qu'à Ezcaray même les anges ont une escopette.

●→ A 14 km N., Santo Domingo de la Calzada★ (→).

Felanitx

Campos del Puerto, 11 km. — Manacor, 14 km. — Palma, 50 km.
Alt. 108 m. — 12573 hab. — Ile de Majorque — Province des Baléares.

C'est la ville la plus importante du Migjorn, le midi de Majorque. De là, comme des bourgs voisins (Campos et Santanyí), on accède à la côte S. de l'île, formée d'une suite de plages et calanques, parfois sauvages, toujours très belles.

Des débouchés économiques. — Felanitx et le village voisin de **Porreres** *(14 km O.)* ont su trouver un débouché dans l'industrie alimentaire : d'abord la charcuterie, traditionnellement produite avec des porcs de la race noire majorquine, qui permet d'obtenir une excellente sobrasada, et ensuite le vin, moins alcoolisé que celui de Binissalem, mais ayant trouvé récemment un nouveau souffle avec l'adaptation de cépages de cabernet-sauvignon, à Porreres.

Felanitx possède une église édifiée au XVIIe s., à laquelle on accède par un large escalier.

Environs. 1 — Monastère de Sant Salvador *(6 km S.-E.; au km 2 de la route menant à Porto Colom, prendre à dr.; alt. 510 m).* — Fondé au XIVe s., mais reconstruit en majeure partie au XVIIe s., il mérite le détour pour les vues* splendides que l'on découvre du sommet, sur toute la partie S. de l'île. Dans le hall d'entrée du monastère, vous remarquerez une **Cène** en bois sculpté du XVIIe s., et dans l'église une **Vierge à l'Enfant** ainsi qu'un **retable gothique** en pierre polychrome. Sur une butte voisine se dresse un château du XIVe s., avec ses tours et ses murs crénelés : le **castell de Santueri**.

2 — Porto Colom *(14 km S.-E.).* — Anse abritant une agréable station balnéaire. Jusqu'à la très belle **Cala Santanyí***, plus au S., les criques qui se succèdent méritent toutes des éloges malgré la présence d'une infrastructure hôtelière qui a toutefois su éviter les désastres de certaines parties de l'île (le village de vacances du Club Méditerranée, à Porto Petro, a très bien su s'intégrer au paysage). **Cala d'Or***, avec ses pinèdes, son sable doré, la transparence de ses eaux, mérite largement le détour, tout comme **Cala Figuera** ou **Cala Lombards**.

3 — Santanyí *(17 km S.; 5670 hab.).* — Ce bourg est connu pour la pierre ocre de ses carrières, utilisée très tôt pour la construction de nombreux monuments de Palma, comme le château de Bellver, la Llonja... On peut encore voir une des **portes** de l'enceinte médiévale, la porta Murada, ainsi que la **chapelle gothique du Roser**, et, dans l'**église** paroissiale, un **orgue** monumental du XVIIe s. provenant de l'ancien couvent de Santo Domingo, à Palma.

Ferrol

La Corogne, 59 km. — Lugo, 110 km.
91 765 hab. — Province de La Corogne (Galice).

El Ferrol fut fortifiée au XIIIᵉ s. lorsque le port développait ses activités grâce à sa situation particulièrement protégée par la ría. Philippe V construisit l'arsenal de La Graña en 1726; peu après, les chantiers navals firent leur apparition. Aujourd'hui, El Ferrol est un des ports militaires les plus importants d'Espagne avec les grands chantiers de Esteiro.

Fêtes. — La semaine sainte y est célébrée très solennellement. Le lun. de Pâques pèlerinage à la Virgen del Nordés, au sanctuaire de Chamorro.

Le quartier du port de commerce a conservé son charme du Moyen Age. L'architecture de la ville se caractérise par de longues avenues rectilignes remontant à l'époque de Charles III (XVIIIᵉ s.). Sur le Cartón de Molíns s'élève la **cathédrale San Julián**, néo-classique, œuvre de Julián Sanchez Bort. A voir également, l'église las Angustias et l'église San Francisco du XVIIIᵉ s. (à l'intérieur, retable de José Ferreiro).

Figueres

Gérone, 38 km.
30 410 hab. — Province de Gérone (Catalogne).

Sur la route des invasions françaises, la forteresse de Figueres fut, à partir du milieu du XVIIIᵉ s., l'un des plus sûrs verrous de protection de la Catalogne.

A partir des rambles, au centre de la ville, suivre la signalisation qui vous indique le **musée Salvador Dalí** *(ouv. du 1ᵉʳ oct. au 30 juin de 11 h 30 à 17 h 30, le dim. et j.f. de 11 h 30 à 17 h 30; du 1ᵉʳ juin au 30 sept. t.l.j. de 9 h à 20 h30),* installé dans l'ancien théâtre municipal (Josep Rova i Bos, 1850) incendié lors de la guerre civile. S'il est vrai que des chefs-d'œuvre ont « disparu » de ce musée, véritable temple du surréalisme, après le décès de Dalí, il renferme encore des collections fort riches et, surtout, des ensembles permettant de comprendre très bien l'œuvre et le style du « grand maître ». A remarquer, la salle réservée aux tableaux de la collection privée de l'artiste (E. Greco, Fortuny, Meissonnier, Bouguereau...).

Le **musée de l'Empordà** *(2, rbla de Sant Jordi; ouv. de 11 h à 13 h et de 15 h 30 à 19 h; dim. et j. f. de 11 h à 14 h; f. lun.)* présente des collections d'archéologie, d'art médiéval, moderne et contemporain, d'histoire et de folklore locaux.

A deux pas *(10, rbla de Sant Jordi),* Josep Maria Joan i Rosa a ouvert en 1982 le **musée du jouet** *(ouv. de 10 h à 12 h 30 et de 16 h 19 h 30; l'hiver seulement le lun. et j.f.)* composé de ses collections de jouets, rapidement enrichi de donations. Une salle annexe *(visite gratuite)* accueille régulièrement des expositions temporaires originales.

Sous la grande halle de la **plaça Nova del Gra,** joli marché d'antiquités le premier dim. de chaque mois *(de 8 à 14 h).*

La belle église gothique **Saint-Pierre** remonte pour sa partie la plus ancienne à la fin du XIVe s.

Environs. 1 — Maçanet de Cabrenys *(28 km N.-O.; au km 11 de la N II en direction de la frontière, prendre à g.; 193 m).* — Village au pied d'un amphithéâtre de montagnes qui vit de ses savonneries et de ses fabriques de talc. **Église** romane de Sant Martí et sur la plaça Major, **Maça de Roland**, une barre de fer de plus de 5 m de long qui, selon la légende, aurait servi de masse d'armes à Roland lors des combats contre les Maures. ↦ Grimper au N. par une route sinueuse au **sanctuaire de Les Salines** (alt. 1 445 m) d'où la vue panoramique s'étend de la plaine d'Empordà, du côté espagnol, à la plaine du Roussillon, du côté français.

2 — La Jonquera *(15 km N. par la N 11;* 2 415 hab.*).* — Poste frontière espagnol. ↦ A *4 km,* par la nationale, prendre après La Jonquera sur votre g. une petite route vers **Cantallops**, d'où une piste permet de gagner le **château de Requesens**. L'origine de ce beau château médiéval restauré par les comtes de Peralada remonte au IXe s. Au bord de l'autoroute, **monument à la Catalogne**, *la Porta Catalana,* par Ricard Bofill (1974-1976). Cette pyramide astucieuse joue des fausses perspectives qui en augmentent visuellement la hauteur, un procédé utilisant la déformation optique, connue des Grecs dès l'époque classique.

3 — Vilabertran *(2 km N.).* — Ancien monastère de Santa Maria ; église du XIIe s., flanquée d'un campanile à trois étages ; cloître d'un style sévère.

4 — Peralada *(5 km N. par la même route).* — Sur une éminence au bord du fleuve Llobregat d'Empordà, le **castell dels Rócabertí**, comtes de Peralada, du XIVe s. et réformé au XIXe s., abrite de belles collections artistiques (peinture, mobilier) *(ouv. de 10 h à 12 h et de 14 h 30 à 18 h 30; le dim. et j.f. de 10 h à 12 h et de 16 h 30 à 18 h 30)* et un casino de jeu réputé. Dans la chapelle du château, **église de la Mare de Déu del Carme** (1206) ; remploi de certains chapiteaux romans du monastère de Sant Pere de Rodes. Voir aussi le cloître de l'ancien monastère Sant Domènec.

Frómista

Carrión de los Condes, 20 km. — Palencia, 33 km. — 1 132 hab.
Alt. 780 m. — Province de Palencia (Castille-León).

Ancien gîte d'étape sur le chemin de Saint-Jacques-de-Compostelle, qui ne conserve du célèbre monastère bénédictin de Saint-Martin que son église.

✝ A l'entrée du bourg, à g., **église San Martín**** *(ouv. de 10 h à 13 h et de 15 h au coucher du soleil; f. le lun.),* remarquable édifice du style roman le plus pur, construit en 1066 par l'épouse du roi de Navarre Sanche le Grand ; elle fit partie d'un couvent affilié à l'ordre de Cluny en 1118.

De l'extérieur, remarquez la triple abside, l'extrême variété des gargouilles, la tour lanterne octogonale de la croisée et la façade, d'une grande beauté pas sa sobriété. L'intérieur n'est pas moins séduisant, dans la pureté de ses lignes, avec ses trois nefs voûtées en berceau (de la croisée, observez la coupole sur trompes et les chapiteaux historiés des piliers d'angle).

Au centre du bourg, à g., **église San Pedro**, de style gothique du XVe s. et portail Renaissance (à l'intérieur, **retable** classique de style Renaissance italienne, Descente de Croix de l'école de Juan de Valmaseda ; dans les collatéraux, **peintures** du XVIIIe s., d'Anton Raphaël Mengs). Devant l'église, la calle de Calvo Sotelo, puis la 3e rue à dr., mènent à l'**église Santa María del Castillo**, de style gothique tardif (**retable** monumental de l'école hispano-flamande du XVIe s.). A la sortie du bourg, la calle du Général Mola mène au collège de la Divine Providence, où se trouve, près du château d'eau, l'ermitage de Santiago ou del Otero (statue de la Vierge à l'Enfant, romane du XIIIe s.).

Environs. 1 — Carrión de los Condes (*20 km N.-O. ; →*).

2 — Boadilla del Camino (*6 km E. ; prendre en direction d'Astudillo, puis tourner à g. au bout de 3 km*). — L'église paroissiale renferme d'intéressants retables ainsi qu'un pilori gothique du XVe s.

Fuenterrabía (Hondarribia)*

Saint-Sébastien, 24 km.
11 280 hab. — Province de Guipúzcoa (Pays basque).

Souvent en butte aux assauts des Français au cours de son histoire, Fuenterrabía est aujourd'hui une charmante cité située sur l'estuaire de la Bidassoa ; son activité se concentre essentiellement autour de la pêche.

Fêtes. — Le 8 sept., à l'ermitage de Nª Sª de Guadalupe, on commémore la fin du siège de 1638 lorsque la garnison, très éprouvée par les assauts (vingt en soixante-quatre jours) de l'armée du prince de Condé, fut secourue d'une façon inespérée par la Vierge. Parade militaire (alarde).

En prenant en direction du parador, entrée dans la **vieille ville*** par la **puerta de Santa María**, ouverte dans des murailles du XVe s., et la calle Mayor, pittoresque avec ses maisons dont certaines arborent d'énormes écussons. A dr., au n° 3, **maison Renaissance** où une plaque commémore la fin du siège de 1638.
Plus loin, à dr., **église Santa María** ou Nª Sª de la Asunción, de style gothique, remaniée au XVIe s., en style Renaissance.
A l'extrémité de la calle Mayor, plaza de Armas où s'élève le **palais royal** reconstruit par les Rois Catholiques et achevé par Charles Quint ; transformé en parador national, il offre une noble façade des XVe et XVIe s. ; de la terrasse derrière le palais, belle vue sur l'estuaire de la Bidassoa.

→ Côte basque** (→).

Fuerteventura (île de)*

30 000 hab. — Province de Las Palmas (Canaries).

L'île de Fuerteventura, la « Forte Aventure » de Jean de Béthencourt, un aventurier normand qui y débarqua en 1402 pour le compte du roi de Castille, est située à 45 milles de Las Palmas. Plus vaste que la Grande Canarie, mais longue et étroite, elle couvre 1 731 km² (104 km de long sur 34 km de large), mais compte seulement 13 agglomérations (densité faible, 11 hab./km²). Deux lignes de volcans éteints constituent l'ossature de l'île qui atteint une altitude maximum de 900 m à las Orejas de Asno, vers la pointe S.

L'île, sèche et brûlée par le soleil et les vents sahariens qui apportent parfois des nuées de sauterelles dévastant toute la végétation en quelques heures, n'est alimentée que par des citernes et des puits où des moulins à vent pompent une eau souvent saumâtre. Les rares pluies ont une violence tropicale et dévalent en torrents dans les ravins qu'elles achèvent de dénuder. On y trouve cependant quelques arbres fruitiers, des amandiers surtout, et le blé et l'orge y poussent assez bien les années les moins sèches, tandis que la culture de la tomate y progresse grâce à l'irrigation.

Fuerteventura oriente son développement économique vers les cultures spécialisées (tomates, agaves) et le tourisme. Le couloir très poissonneux qui sépare l'île de l'Afrique attire les amateurs de pêche au grand large (sardines, thons, espadons...). Les plages immenses et solitaires aux eaux transparentes et à la température idéale sont parmi les plus belles de l'archipel (celle de Jandía s'étend sur plus de 25 km).

La visite de l'île est recommandée aux amateurs de paysages désertiques et de tranquillité. Palmiers solitaires, moulins à vent, dromadaire attaché à une noria, four biblique, troupeau de chèvres, tours à demi écroulées deviendront bien vite des images familières de ce « squelette d'île » selon Unamuno.

Puerto del Rosario

La capitale de l'île (13 878 hab.) n'est qu'une bourgade assez rébarbative d'où un réseau de routes permet de rayonner dans l'arrière-pays. On remarquera l'église del Pago de Casillas del Angel d'aspect colonial, et celle de San Pedro de Alcántara à La Ampuyenta, fortifiée.

Fête de la Virgen del Rosario, le 7 oct.

Circuit du N.*

Sortir de Puerto del Rosario en direction de La Oliva.

9 km : **Tetir**, dans une **vallée*** pittoresque.
17,5 km : **Montaña Quemada** où s'élève un monument à Unamuno, exilé dans l'île par la dictature de Primo de Rivera.

23,5 km : **La Oliva*** (3 185 hab. ; alt. 219 m) ; ancienne capitale du royaume guanche de Maxorata. Sur la place déserte, château des colonels Cabrera, gouverneurs de l'île au XVIIᵉ s., grand bâtiment à deux tours carrées s'ouvrant par une porte en lave noire, à blason ; patio fleuri. Plus à dr., casa del Capellán (maison du Chapelain), minuscule habitation dans un enclos de pierres sèches.
Prendre à l'O. en direction de Lájares et Cotillo.

32 km : **Lájares** ; artisanat de broderies à la main.
40,5 km : **El Cotillo**, village de pêcheurs avec de nombreuses plages très accueillantes.
De là, revenir à Lájares, puis retrouver la route principale en direction de Corralejo.

60,5 km : **Corralejo**, à la pointe de l'île, petit port et station balnéaire avec de magnifiques plages dans de beaux paysages. **Vues*** sur les îles de Lanzarote et Lobos où l'on peut aller en excursion. Paradis de la chasse sous-marine.
Retour à Puerto del Rosario par la côte *(35 km)*, itinéraire de dunes et de très belles plages blanches, contrastant avec un paysage agreste d'une singulière beauté.

Circuit du centre*

Sortir de Puerto del Rosario en direction de Casillas del Angel.

30 km : **Betancuria*** (534 hab. ; alt. 395 m), bourg paisible, ancienne capitale de l'île fondée par Béthencourt en 1404 au fond d'un vallon montagneux. Ce n'est plus aujourd'hui qu'un triste et solitaire village avec une église, autrefois pompeusement parée du titre de cathédrale. Des premiers temps de la conquête, elle conserve un couvent franciscain en ruine. L'église blanche à balcon de bois abrite quelques statues intéressantes ; plafonds artesonado de la sacristie *(pour la visite, s'adresser au n° 11 de la calle Roberto Roldán).* A la sortie du village, musée ethnographique de l'époque guanche.

35,5 km : **Vega de Río Palma** qui abrite dans un joli site le sanctuaire de la Virgen de la Peña, patronne de Fuerteventura.

45,5 km : **Pájara***, un des plus jolis villages de l'île, d'aspect oriental. Il possède une belle église dont la façade est décorée de motifs aztèques (pumas, serpents, soleils...).

55 km : **Tuineja**, site de la bataille de Tamasite contre les corsaires anglais. Ermitage de San Miguel (beau retable).

69 km : **Gran Tarajal**, 2e port de l'île au milieu des tamaris (tarajes). Splendide plage bordée d'un bois épais de palmiers.

Retour par Antigua *(remonter vers Tuineja puis à dr.).*

96,5 km : **Antigua** (2041 hab. ; alt. 254 m) possède une jolie église et un château de Caleta de Fusters.

107,5 km : **Casillas del Angel.**

122 km : **Puerto del Rosario.**

Circuit du S.

Sortir de Puerto del Rosario en direction de l'aéroport en passant par le parador (belle vue).

15,5 km : **Caleta Fuste** est l'une des plus jolies plages de l'île surmontée d'un beau château-forteresse.
Descendre ensuite directement vers les plages de Tarajalejo, sans passer par Gran Tarajal.

61,5 km : **Tarajalejo**, important centre touristique.

133 km : **Punta de Jandía**, pointe bordée de plages, d'hôtels et de bungalows. Belles plages de Barlovento et Sotavento (24 km de long) couvertes de magnifiques dunes.

Galice

Provinces de La Corogne, Lugo, Orense et Pontevedra.

A la pointe occidentale de l'Europe, sur des terrains très anciens au relief estompé par l'érosion, s'étend la Galice, vaste région composée de quatre provinces aux charmes bien distincts. Au N., La Corogne présente d'abruptes falaises et un paysage sauvage dans lequel se nichent de nombreux villages typiques; au N.-E. se trouve Lugo, célèbre pour ses murailles romaines et ses longues plages. Au S., à la frontière avec le Portugal, la province de Pontevedra est la plus

douce de Galice; elle offre une incroyable palette de verts tranchant sur le bleu des profondes rías. Enfin, au S.-E., Orense, la seule province qu ne soit pas baignée par l'Atlantique, possède de très nombreuses sources thermales et de vieux monastères perdus dans la campagne.

Un littoral déchiqueté. — Sur la côte, les schistes cristallins et les roches anciennes ont résisté inégalement à l'action de la mer; après un abaissement du bloc continental, l'océan a vigoureusement déchiqueté le littoral dont les découpures rappellent celles de la Bretagne et de la Cornouailles. Les innombrables et profondes rías ainsi formées offrent d'excellents abris à une importante flotte qui se consacre à la pêche, activité essentielle de la région côtière.

Un climat doux et humide. — La Galice possède un climat océanique avec des températures agréables comprises entre 8° l'hiver dans les zones les plus froides de l'intérieur (Lugo, Orense) et 28° l'été sur la côte. Les pluies sont assez fréquentes, brouillards et brumes donnent au paysage un aspect souvent mystérieux, mais l'ensoleillement est toutefois généreux.

Une flore abondante et variée. — Les influences atlantiques permettent la floraison des camélias à Pontevedra et à Saint-Jacques : de gigantesques arbustes se couvrent au printemps de pompons multicolores et odorants. A Vigo fleurissent les orangers et les citronniers, tandis que les mimosas et les gardénias embaument. Les nombreux bois (la région fournit le quart du bois exploité en Espagne) renferment des essences odorantes : pins, eucalyptus. Le chêne et le châtaignier sont des arbres sacrés, vénérés depuis les temps les plus anciens; selon certaines croyances populaires, leur ombre est bénéfique et possède le pouvoir de guérir certaines maladies.

Des castros aux églises romanes. — La Galice est peuplée dès le paléolithique supérieur par des hommes d'origine inconnue, probablement des Celtes, race vagabonde se fixant dans les finisterres et les îles de l'O. Ils édifient vers le VIe s av. J.-C. de nombreux castros, lieux fortifiés, dont on découvre aujourd'hui les vestiges. Les Romains pénètrent en Galice par le S.-E. et s'établissent bientôt sur les terres de La Limia. On raconte que César vint à bout de la dernière tribu celte des Herminios sur le célèbre monte do Boi, à Bayona. Les Romains fondent Lugo et font de la Galice la plus grande exploitation aurifère de l'Antiquité. Des milliers d'esclaves creusent les montagnes, dévient le cours des fleuves et envoient l'or à Rome. Les deux peuples cohabitent dans la paix. Les invasions barbares (au S.) et suèves (au N.) déferlent vers le IIIe s. Les Suèves se convertissent au catholicisme grâce à un abbé qui soigne et guérit le fils de leur roi. Ils sont bientôt chassés par les Wisigoths, puis, en 730, par les Arabes, qui ne s'implantent cependant pas, car la Galice est incorporée au royaume asturien, berceau de l'Espagne chrétienne. C'est à cette époque que commence la fantastique aventure du pèlerinage à Compostelle (→ Chemin de Saint-Jacques).

Le XIIe et le XIIIe s. sont les siècles des grands pèlerinages; de superbes constructions romanes sont édifiées et de nombreuses villes sont fondées.

L'émigration. — A partir du XVe s., la Galice prend une part active dans le commerce maritime avec l'étranger. L'Invincible Armada de Philippe II part des ports du Ferrol et de La Corogne. Cette ville reçoit d'ailleurs en 1720 le droit de commercer avec les Amériques, privilège jusqu'alors réservé à Séville et à Cadix. Ceux qui ont émigré dans les colonies reviennent fortune faite et comblent églises et monastères de riches présents encore visibles aujourd'hui. La région subit par la suite les attaques des pirates anglais, puis connaît la guerre d'indépendance contre les armées napoléoniennes. Beaucoup de Galiciens émigrent alors en Amérique pour y trouver du travail et une vie meilleure, tant et si bien que les Galiciens sont presque plus nombreux en Amérique latine (en Argentine surtout) qu'en Espagne.

La Galice aujourd'hui. — Comme les autres régions espagnoles, la Galice possède un statut d'autonomie depuis 1979. Son premier parlement régional a été élu en 1981 et renouvelé en nov. 1985; la Xunta est l'organe exécutif de la région. La population, qui se compose d'une majorité de petits agriculteurs, émet un vote plutôt conservateur. Les noyaux industriels plus développés (Vigo, La Corogne et la côte O.) sont dans l'ensemble plus progressistes que les villes de l'intérieur; mais d'une façon générale, la Galice se méfie beaucoup de la politique et jusqu'aux dernières élections, le taux d'abstention y était le plus élevé d'Espagne.

L'agriculture. — La Galice intérieure, vaste plateau ondulé entouré de massifs anciens, constitue une barrière qui a longtemps maintenu le pays dans un quasi-isolement. Ces conditions géographiques ont ralenti le développement économique de la région; mais aujourd'hui, mieux desservie par la voie ferrée et la route, la Galice, pays de maigres cultures, à l'habitat dispersé, participe pleinement à l'économie espagnole (la province de La Corogne est la huitième pour la production). L'activité agricole se concentre dans l'intérieur des terres : les cours d'eau, rapides et au débit abondant, irriguent et fertilisent les vallées, comme celle du Miño, réputée pour ses vignes (El Ribeiro, vin rouge épais ; El Rosal, mousseux).

Les provinces d'Orense et de Lugo exportent une excellente viande bovine ; ailleurs les rendements sont faibles, les vaches destinées à la production laitière travaillant également aux champs.

La faible superficie des domaines provient du système des foros, aujourd'hui disparu : le propriétaire d'une terre prêtait celle-ci à un fermier, moyennant le paiement d'une redevance ; très vite, les fermiers sous-louèrent leur terre, ce qui créa le minifundio actuel qui empêche l'exploitation rationnelle du sol. On cultive surtout le maïs, la pomme de terre, le seigle, les herbages et la vigne.

L'industrie. — Sauf quelques rares exceptions, elle se concentre essentiellement sur la côte. L'élevage, tourné vers la producton de viande plus que vers le lait, a suscité certaines modifications de l'industrie comme en témoigne à Lugo l'installation d'un grand complexe frigorifique de style sud-américain.

La production d'électricité sur le Sil et le Miño a permis l'implantation d'industries métallurgiques autour de La Corogne et d'usines d'engrais dans le Bierzo ; par ailleurs, l'extension récente de la zone industrielle de Ponferrada (aux confins du León) ne peut manquer d'influencer de manière positive l'économie de la Galice orientale.

D'autre part, un grande partie de l'activité industrielle est liée à la mer : conserveries, constructions navales, etc. Les régions côtières possèdent les densités de population les plus fortes d'Espagne (197,29 hab./km^2 dans la province de Pontevedra, 138,79 hab./km^2 dans celle de La Corogne).

Aujourd'hui, l'industrie galicienne est en pleine restructuration : métallurgie et chantiers navals sont en crise. Le gouvernement espagnol a mis au point, après consultation des autorités régionales de la Xunta, un plan de réindustrialisation visant à diversifier les branches industrielles et à développer les secteurs de l'informatique et des énergies nouvelles.

Un peuple tenace, superstitieux, attaché aux traditions. — La vie a longtemps été difficile sur ces terres maigres, et si beaucoup d'hommes ont émigré pour faire fortune, une forte proportion est restée attachée à ce terroir plutôt ingrat.

Très lié à la nature et à la mort, le peuple de Galice conserve une infinité de croyances, légendes, superstitions qui se sont transmises au fil des générations, le soir, devant la cheminée. Aujourd'hui encore, dans les villages, les hommes et les bêtes se font soigner chez la « sorcière » locale plutôt que d'aller voir le médecin. Les lieux de pèlerinages sont innombrables et le plus insignifiant lieu-dit possède une connotation magique qu'il vous faudra découvrir.

Les Galiciens demeurent très attachés aux traditions qui s'accordent avec le tempérament mélancolique de la race celtique à laquelle ils appartiennent. On notera la survivance de l'organisation paroissiale et l'importance des fêtes patronales, les romerías, où l'on peut admirer les costumes régionaux. Certaines de ces fêtes, qui se déroulent à l'abri des églises, près des ermitages et des sanctuaires, atteignent souvent une force dramatique intense (procession des cercueils à Corpiño ou à Mugía ; exorcismes de Ribadavia, etc.).

Lors des romerías, on danse la muñeira, la meunière, au son de la gaita, la cornemuse galicienne, en dégustant le pulpo a feira (poulpe bouilli assaisonné d'huile d'olive et de paprika), arrosé d'un vin blanc local. Tard dans la nuit, la queimada réchauffe les cœurs et rallume les esprits : on fait brûler dans un récipient spécial des zestes de citron, du sucre et de l'eau-de-vie (aguardiente, orujo) que l'on sert dans de petites tasses de porcelaine blanche rayée.

Dans cette région profondément croyante, saint Jacques, le patron de la Galice, et saint Jean sont fêtés avec faste dans toutes les villes et les villages. Mais les produits de la nature eux-mêmes font l'objet de joyeuses festivités : on célèbre le vin, l'eau-de-vie, les coquillages, etc. De même, le marquage des poulains, en mai et juin, donne lieu à des manifestations dans les curros, enceintes où se déroulent des joutes qui rappellent les rodéos mexicains.

L'artisanat traditionnel. — La richesse des formes (spirale, cercle, rosace), les symboles utilisés (la coquille Saint-Jacques, le coq), le sens pratique et la dévotion mi-religieuse mi-superstitieuse sont les caractéristiques permanentes de l'art populaire galicien. On pourra le découvrir sur les marchés, dans les boutiques et surtout chez l'artisan. On remarquera plus particulièrement la dentelle (à Malpica), l'orfèvrerie (à Saint-Jacques, Orense et Lugo), la poterie (à Buño et Sargadelos), les objets religieux : ex-voto, amulettes (dans les grandes villes et sur les lieux de pèlerinage : objets en mie de pain à San Andrés de Teixido) et le travail de la paille et des écorces.

Les matériaux utilisés dans la vannerie sont très variés et vont des végétaux sylvestres comme l'osier, le jonc, le roseau, ou même des arbres comme le chêne, le châtaignier, le saule, le bouleau, et jusqu'aux restes d'autres plantes : brins de seigle, de blé, de maïs...

Cet artisanat remonte au néolithique, lorsque les hommes sédentaires pratiquaient l'agriculture de céréales, la taille des arbres, l'élevage. Leurs croyances étaient très liées au milieu naturel, la fécondité des plantes et des animaux, les morts, les astres servant de calendrier.

Les traces archéologiques attestant de l'existence de la vannerie en Galice à cette période (4000 av. J.-C.) ne sont pas très nombreuses à cause de l'acidité et de l'humidité de la terre. Par contre, l'époque castreña (500 av. J.-C.-300) en témoigne. La tradition du tissage en branches est présente dans l'architecture populaire, tant pour les cloisons que pour les systèmes de toiture des pallozas, cabanas, horreos... Les fermetures des enclos ou les charrettes conservent le tressage des végétaux qui décore aussi les bars et les mesones.

Les objets sont très divers : paniers typiques seilón (panier à main), gueipos (petit panier à pendre au bras), paxareiras (panier fermé pour les œufs et les poules), culeiros (énorme panier pour les vendanges), patelas (panier plat très ouvert)...

Pour les paniers de paille, on utilise le blé, le seigle et même les feuilles de maïs. On les enroule en spirale et on les coud en zigzag avec des rubans foncés secs. Le contraste entre la paille dorée et la « couture » grise crée un bel effet.

Ces paniers sont typiques des régions du Bergantiños, Val do Dubra, Nantón, Terra de Melide, Betanzos...

L'autre technique la plus utilisée pour la réalisation des chapeaux est celle de la paille tressée et des molidos, rond qui se pose sur le sommet de la tête avant de porter un poids. On peut voir des chapeaux tressés avec du cuir et les grands paniers de vendangeurs vers Chantada, Ribeiro, Amandi...

Parmi les chapeaux de paille, on distingue plusieurs types : les sancosmeiros, très amples en paille dorée cousue en spirale avec un ruban qui pend sur les épaules. Ce ruban auj. est noir, mais sa couleur dépendait de l'âge, du sexe et de la situation des paysans de Muros, Noia, Xallas, Mazaricos et certaines zones de l'intérieur comme La Estrada, Golada, Mellid.

La coroza, ample capeline de paille peignée, tressée, renforcée est le complément obligatoire de la capuche. Les animaux portent des nattes de paille qui les protègent dans les zones froides de l'intérieur.

Le bois apparaît tressé dans certains objets : fardos pour porter les marchandises dans les foires. Il est mêlé au cuivre pour la fabrication des cruches, des mesures allant de 3 à 25 litres. On trouve ces récipients dans le centre de la Galice : Carballedo, Chantada, Ribadulla, Carballeira de Peares.

Le bois et la vannerie se complètent dans les chaises et les prie-Dieu que l'on peut voir à Maside et Carballo. Plusieurs pièces portent en des endroits cachés la marque de l'artisan, intéressants symboles, abstractions qui remontent à ceux employés au Moyen Age.

L'artisanat a conservé ici sa fonction primitive : il produit avant tout des objets utiles qui servent dans la vie quotidienne. On porte les beaux chapeaux de paille, on boit le vin dans la céramique blanche, on porte sur soi les précieuses amulettes qui conjurent le mauvais sort. L'artisan et l'artiste se confondent.

Cet aspect profondément traditionnel ne doit pas masquer cependant l'évolution de la culture galicienne vers un art résolument moderne : qu'il s'agisse de peinture ou de sculpture (avec les œuvres d'Azisclo), de littérature (Alfredo Conde a vu ses écrits couronnés au niveau national), de musique ou encore de mode (avec le célèbre styliste A. Dominguez), la Galice est à la tête des manifestations culturelles d'avant-garde en Espagne.

Tout porte à croire que la région, étouffée par des années d'oubli, veut aujourd'hui exprimer ses passions et ses haines en se servant de la fantastique richesse de la tradition pour créer une nouvelle culture et d'autres arts.

La Galice, terre de délices gastronomiques. — Les Galiciens aiment manger et chaque événement de la vie, du baptême à la mort, est marqué par un banquet, aussi modeste soit-il. La cuisine se limite à la préparation d'excellents produits naturels. Rien ne fâche plus un Galicien que de voir gâcher un plat par une sauce ou une décoration superflue : il se méfie de tout ce qui est compliqué.

Les produits de la mer sont sans nul doute les rois : poissons et fruits de mer, pêchés en abondance dans les rías, raviront les amateurs : baudroies, loups, turbots, bars, soles, moules et huîtres, crabes et tourteaux, coques, langoustes, langoustines et homards. On ne trouvera qu'en Galice les excellentes zamburiñas, les santiaguiños (petits homards qui portent sur leur carapace la croix de saint Jacques qui leur a valu ce nom), les vieiras (coquilles Saint-Jacques). On trouvera, dans le restaurant de luxe ou le petit bar, le poulpe traditionnel.

Les rivières regorgent de saumons, de truites, de lamproies, d'anguilles. Ces dernières sont utilisées pour farcir l'empanada, sorte de succulente tourte.

Le cochon est un élément important de la cuisine. Il sert à parfumer le caldo, soupe de haricots blancs et de choux ; il constitue la base de la spécialité de la région, le lacón con grelos (lard, pommes de terre, feuilles de navets), et entre dans la fabrication de toutes les charcuteries (pedros, botelos, chourelas, androias, chorizos, etc.).

La Galice connaît une grande variété de fromages, fumés ou non, comme la tetilla ; parmi les desserts, citons les filloas, petites crêpes servies souvent avec de la crème fraîche et la tarta de Santiago, une tarte aux amandes.

Un pain d'une saveur exceptionnelle accompagne les repas, arrosés de ribeiro, d'albariño, ou encore d'amandi. Enfin, les eaux-de-vie traditionnelles, naturelles ou aromatisées aux herbes, constituent d'excellents digestifs.

Pour visiter la Galice :

- → Allariz
- → Ancares (Parc national de los)
- → Bayona
- → Betanzos*
- → Celanova**
- → Chemin de Saint-Jacques
- → La Corogne*
- → Costa de la Muerte**
- → Estrada
- → Ferrol
- → La Guardia
- → Lugo
- → Mondoñedo*
- → Monforte de Lemos
- → Muros*
- → Noya*
- → Orense*
- → Osera (Monastère d')*
- → Padrón
- → Pontevedra*
- → Puentedeume
- → Ría de Arousa*
- → Ría de Muros et de Noya*
- → Ría de Pontevedra*
- → Ría de Vigo*
- → Ribadeo
- → Saint-Jacques-de-Compostelle***
- → San Esteban de Ribas de Síl (Monastère de)*
- → Santa Tecla (Monte)*
- → Túy
- → Verín
- → Vigo
- → Vivero

Gandesa

Lleida, 88 km — Tarragone, 84 km.
Alt. 368 m. — 2835 hab. — Province de Tarragone (Catalogne).

Cette petite ville a été durement éprouvée lors de la guerre civile et tout particulièrement au cours de la sanglante bataille de l'Èbre en 1938.

L'**église paroissiale** a été restaurée. Élevée en style roman, remaniée à l'époque gothique, son campanile date du XVIIe s. Remarquer le beau **portail*** sculpté, dans le style de l'école de Lérida.

La Grand-Place, quelques maisons seigneuriales (**Palau Purroi, Casa Liori...**) la coopérative agricole construite par Cèsar Martinell en 1919-1920 peuvent justifier une courte promenade en ville.

Environs. 1 — Ascó *(23 km N.-E.).* — Village pittoresque au flanc d'une colline abrupte, doté de deux centrales nucléaires.

2 — A 10 km de Gandesa, sur la route de Miravet, **El Pinell de Brai** possède une superbe coopérative vinicole moderniste de Martinel.

3 — Miravet *(23 km E. sur la rive dr. de l'Èbre).* — Village pittoresque juché sur une haute colline. En 15 mn à pied par un chemin, **castell de Miravet** érigé par les Arabes, puis remis aux templiers par le comte de Barcelone Raymond Béranger. Église romane de Sant Joan. Vue panoramique sur l'Èbre.

Gandía**

Alicante, 119 km. — Benidorn, 77 km. — Valence, 74 km.
42 460 hab. — Province de Valence (Communauté valencienne).

A 4 km de la mer et de son port, le Grao de Gandía, qui exporte l'importante production d'agrumes (oranges, citrons) récoltés dans la huerta environnante, Gandía est une populeuse petite cité, jadis capitale d'un duché concédé en 1485 à la famille de Borja (Borgia) par Ferdinand le Catholique.

Visite de la ville. — Commencez par le **Centro de la Ciudad,** place au pied d'une tour de l'enceinte médiévale, où se dresse un **collège** fondé par saint François Borgia, le troisième général des jésuites, en 1546 et restauré en 1782-1785.
Par la calle Mayor, qui débouche en face du collège, puis par la calle de la Abadía *(3ᵉ à g.),* vous accéderez à l'**église collégiale** (XIVᵉ-XVIᵉ s.) : portail des Apôtres (défiguré en 1936) et porte ogivale. En face de celle-ci se dresse l'**ayuntamiento** à façade néo-classique de 1781.
Par la calle Ausiàs March, à dr. de l'ayuntamiento, vous arriverez au **palais des ducs de Gandía***, de style Renaissance, où naquit (1510) saint François Borgia *(vis. 11 h, 12 h, 16 h 30, 17 h 30; f. le dim.).* A l'intérieur, patio avec fenêtres à colonnettes de marbre, bel escalier avec les armoiries ducales. Vous visiterez les **appartements***, des XVIᵉ-XVIIIᵉ s., transformés en sanctuaire.
La calle del Santo Duque débouche, peu après le palais, sur le paseo de la Germanías; en le traversant pour continuer dans la même direction, vous atteindrez l'église San José, du XVIIIᵉ s., d'un intérêt limité.
Fêtes : semaine sainte; San Francisco de Borja (3 oct.); procession maritime (16 juil.).

Visitez la **huerta,** parsemée de villages comme **Benirredra** (couvent fondé par des religieuses françaises). Dans les environs, **couvent de San Jerónimo de Cotalba** avec un beau cloître mudéjar et un autre Renaissance, cuevas de las Marairllas et castillo de Bairén.

Gérone*

Barcelone, 97 km. — Madrid, 580 km.
69 732 hab. — Capitale de la province de Gérone (Catalogne).

Capitale de la région du Gironès, contrée intérieure de peuplement ancien, traditionnellement agricole, industrialisée au XIXe s., qui réserve au voyageur de beaux paysages, surtout au N., autour du lac de Banyoles.

La ville dans l'histoire. — Géron, fondée par les Ibères au Ve s. av. J.-C., est le siège d'un évêché dès le début du christianisme. Occupée par les Maures en 717, elle est reconquise en 785 par Louis le Pieux. Lors de la « croisade d'Aragon », entreprise contre Pierre III d'Aragon sous l'instigation du pape Martin IV, elle est assiégée par Philippe le Hardi, roi de France. Plus près de nous, le siège soutenu en 1809 pendant neuf mois contre l'armée française reste le grand événement de l'histoire de Gérone.

Visite de la ville

A l'opposé de la ville nouvelle, de peu d'intérêt, le centre historique de Gérone, sur la rive droite du fleuve Onyar, constitue un ensemble monumental remarquable aux rues pittoresques, étroites, souvent pentues et toujours pavées où il est vivement déconseillé de s'aventurer... en talons hauts ! Au-delà des murailles se sont étendus des quartiers résidentiels. La visite de la ville peut se faire en une demi-journée et de préférence à pied, la circulation s'avérant ardue et le stationnement difficile. Vous pourrez garer votre voiture plaça Independència et traverser le riu Onyar sur la passerelle d'en Gomez, en observant le bel ensemble des façades qui se mirent dans l'eau. Le voyageur pressé ne manquera pas la cathédrale, visitera sans faute le Musée capitulaire où est exposée la très fameuse Tapisserie de la Création, et passera la porte de l'église Sant Feliu avant de se rendre à Sant Pere de Galligants, au musée archéologique. En redescendant vers le fleuve par l'ancien quartier juif, le « call », il s'arrêtera pour se rafraîchir dans le paisible patio du centre Isaac El Cec à moins qu'il n'ait préféré sacrifier un peu de temps aux belles collections du musée d'Art — palais épiscopal — ou qu'une faim gourmande ne le conduise plus bas aux pâtisseries de la calle Cort Reial ou aux cafés animés de la rambla. Bien d'autres édifices religieux ou civils méritent un détour. A vous de choisir.

Cathédrale** *(plan C2).* — Elle se découvre de façon spectaculaire depuis la place (**palais de justice**, 1599) où s'élargit le carrer de la Força, départ d'un escalier monumental du XVIIe s. qui ne compte pas moins de 86 marches. Au bas de cet escalier, palais du XVe s., la **Pia Almoina**, une fondation créée en 1228 pour secourir les nécessiteux : reconstruit en 1945, classée récemment monument historique national. Fondée à l'époque wisigothique, consacrée au culte musulman en 717, puis rendue au culte catholique sous Charlemagne, en 785, la cathédrale est l'un des édifices gothiques les plus intéressants de Catalogne. Construite à partir de 1316 par Henri de Narbonne, elle ne fut pas achevée avant la fin du XVIe s., mais subit divers remaniements qui n'altèrent en rien la merveilleuse ordonnance de sa nef unique, d'une exceptionnelle largeur.

Visite : de juil. à sept., de 8 h 30 au coucher du soleil ; du 1er oct. au 3 nov. et du 1er mars au 30 juin, de 9 h à 13 h 50 et de 15 h 15 au coucher du soleil ; du 4 nov. à fin fév., ouv. les j. fériés de 9 h à 13 h 30. Le Trésor est ouvert tous les j. d'avr.

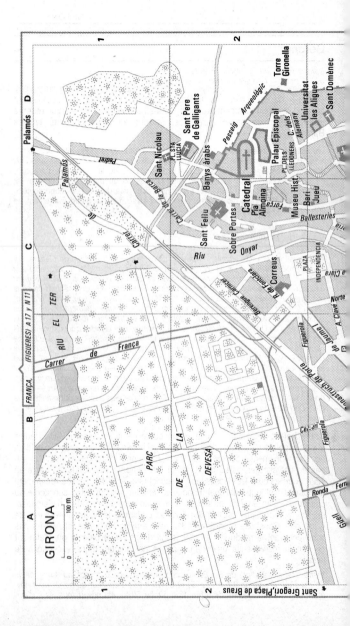

GIRONA

0   100 m

FRANÇA, (FIGUERES) A 17 y N 11

RIU EL TER

Carrer de França

PARC DE LA DEVESA

Ronda Fern

Sant Gregori, Plaça de Braus

Palamós

Pedret

Carrer de Pedret

Carrer de la Barca

Sant Nicolau

Sant Pere de Galligants

PL. STA LLÚCIA

Banys àrabs

Passeig Arqueològic

Torre Gironella

Sant Domènec

Palau Episcopal

Universitat les Aligues

C. dels Alemany

PL. DELS LLEDONERS

Catedral

Pia Almoina

Museu Hist.

Força

Barri Jueu

Ballesteries

Sant Feliu

Sobre Portes

Riu Onyar

Berenguer Carnicer

R. de Fontana

R. Correus

PLAZA INDEPENDENCIA

Figuerola

Norte

A. Clavé

e Clara

rria

de Jaume I

nasttrucció de Porta

Ceret

Figuerola

Gitell

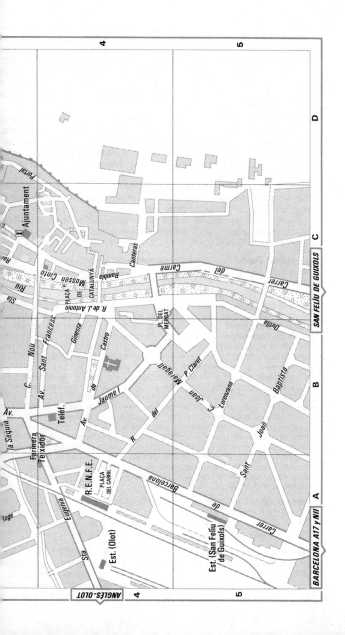

à mi-nov. de 10 h à 13 h et de 15 h 30 à 17 h (sans interruption de juil. à mi-sept. de mi-nov. à mars, ouv. uniquement les sam., dim. et fêtes de 10 h à 13 h.

La **façade** baroque fut érigée à partir de 1606, probablement sur des plans de Pau Costa, mais les travaux furent interrompus pendant plus de quarante ans, de telle sorte qu'elle ne fut pas terminée avant 1735. Le clocher date de 1581. Sur le côté dr. grosse **tour octogonale**, dite de Charlemagne, surmontée d'un campanile (XIIe s.).

A l'intérieur, **nef** grandiose, très sombre, avec de beaux vitraux : des chapelles sont aménagées entre les contreforts et renferment de belles œuvres d'art (**retable de Bernat Martorell dans la chapelle Sant Pere**). Dans le sanctuaire (Capella Major), le maître-autel est orné d'un **retable*** prestigieux, à relief en argent repoussé (scènes du Nouveau Testament), émaux et pierres précieuses, œuvre des maîtres Bartomeu, Andreu et Pere Barners (1320-1357). Le **cloître** (XIIe s.) est le seul vestige de l'édifice roman qui fut remplacé par l'actuelle cathédrale ; remarquables chapiteaux historiés (ceux de la galerie adossée à la cathédrale exposent des scènes tirées de la Genèse, mais inspirées, quant au style, par les miniatures des Bibles de Ripoll et de Roda ; d'autres sont dérivés du corinthien, d'autres encore présentent un décor végétal ou zoomorphique).

Le **Museu Capitular**, musée de la cathédrale ou **trésor**** *(ouv. t.l.j. de 10 h à 13 h et de 15 h 30 à 18 h ; en été de 10 h à 19 h),* installé dans les trois salles capitulaires, comprend d'admirables œuvres d'art dont la liste figure sur le catalogue remis gracieusement à l'entrée.

Signalons, à propos du **coffret arabe** de Hixem II (plus exactement de Hichâm II *n° 68, 3e salle),* qu'il dut être exécuté plutôt sous le règne d'Al-Hakam II al-Mustansir (961-976), sous lequel le califat omeyyade de Cordoue atteignit son apogée. Le **Livre de l'Apocalypse** est une copie, terminée en 975 par un moine du nord d'Emetrius en collaboration avec la nonne Enda, du Commentaire de l'Apocalypse du moine Beatus de Liébana, achevé en 785 et enrichi d'enluminures.

La **tapisserie de la Création***** *(n° 100, 4e salle)* est une pièce véritablement exceptionnelle. Il s'agit d'une toile brodée, de la fin du XIe s. ou du début du XIIe s. On y distingue trois cycles iconographiques. La partie centrale représente la Création du Monde et un Christ pantocrator, de style orientalisant. Le cycle s'interrompt avec la prohibition divine de manger les fruits de l'arbre défendu. Les scènes qui y sont reproduites ne rappellent en rien l'art très stylisé du haut Moyen Age. Le cercle central s'inscrit dans une bordure où est développé le thème des saisons et des mois, sous forme de calendrier agricole, thème iconographique inspiré par certaines mosaïques romaines, perpétuant une tradition hellénistique, mais par l'intermédiaire de l'art carolingien, qui a laissé notamment son empreinte dans la représentation des costumes. Dans les angles, entre la partie centrale et la bordure, figurent les allégories des vents cardinaux, autre thème très en vogue dans les arts hellénistique et romain.

Non loin de la cathédrale, le **musée d'Histoire de la ville** *(plan C2; ouv. de 10 h à 14 h et de 17 h à 19 h ; f. le lun., les 1er et 6 janv., le 24 juin et les 25 et 26 déc., dim. et fêtes l'a.-m.)* est installé dans l'ancien couvent des Capucins. Préhistoire, histoire de l'industrialisation à Gérone.

Musée d'Art* *(plan D2; ouv. de 10 h à 13 h et de 16 h 30 à 19 h ; f. le lun. et l'a.-m. des dim. et j. fériés).* — Il est en cours d'installation dans le palais épiscopal (pour l'essentiel des XIIe et XIIIe s., nombreuses restaurations postérieures). Il réunit les collections de l'ancien musée diocésain et une partie de celles de l'ancien musée Sant Pere de Galligants. Aux sculptures en bois chapiteaux sculptés, retables et peintures murales d'époques romane et gothique et provenant de toute la province, s'ajouteront des œuvres d'art plus tardives afin de compléter le panorama jusqu'au xxᵉ s. Remarquer les **chapiteaux romans** provenant de Sant Vicenç de Besalú ou ceux de Sant Pere de Roda ; le **martyrologue**, daté du xvᵉ s., d'une calligraphie très soignée et richement illustrée de scènes des martyrs des saints, entourées de rinceaux de feuillages ; le **retable de Sant Miquel de Cruïlles*** (1416) peint par Lluís Borrassà.

Sant Feliu* *(plan C2),* — Chapelle romane élevée sur les sépultures de saint Narcisse et saint Félix, patrons de la ville, dans un cimetière paléochrétien. Collégiale gothique, élevée au xivᵉ s. et flanquée d'une façade baroque au xviiiᵉ s., elle renferme une série de sarcophages romains et paléochrétiens (iiiᵉ-ivᵉ s.) encastrés dans ses murs, d'une grande qualité **(Rapt de Proserpine, Chasse aux lions, Suzanne).** L'intérieur est si sombre qu'à défaut d'une lampe de poche il est astucieux... de se munir de pièces de 25 pesetas pour la minuterie.
Au chevet de l'église Sant Feliu vous laisserez à dr. l'imposant **portal de Sobreportes,** ouvrage fortifié percé d'une porte menant au quartier de la cathédrale et vous suivrez le passeig Arqueològic qui vous conduira aux **Bains arabes** *(plan D2); ouv. en été de 10 h à 13 h et de 16 h 30 à 19 h; de 10 h à 13 h d'oct. à avr.; demander la fiche de présentation — en quatre langues — avec votre billet d'entrée),* en réalité construits suivant le modèle des bains romains après la Reconquête, à la fin du xiiiᵉ s. non sans utiliser des éléments de remploi d'époque plus ancienne.

Sant Pere de Galligants* *(plan D2).* — Dans l'ancien monastère bénédictin, l'église de style roman lombard fut élevée vers 1131 grâce aux libéralités de Raymond Béranger II (1082-1131). Les **chapiteaux** de la nef, décorés de motifs végétaux ou zoomorphiques, marquent la confluence des influences classique, carolingienne et orientale. La rosace de la façade, dont la réplique est exposée dans l'absidiole N., porte dans sa partie supérieure une inscription en latin : « Que tous sachent que Pere a fait la fenêtre. » Le **cloître** adossé à l'église serait un peu plus tardif et la galerie E. présente des similitudes avec celles du cloître de Sant Cugat del Vallès (vers 1190). Les chapiteaux historiés comportent des scènes du Nouveau Testament ou de la vie quotidienne ; d'autres, à motif décoratif, s'inspirent de la structure du chapiteau corinthien.

Visite : ouv. de 10 h à 13 h et de 16 h 30 à 19 h ; f. le lun. toute la j. et les dim. et fêtes l'a.-m. ; de nov. à la semaine sainte, ouv. uniquement le mat.

Après l'abandon du monastère par les moines en 1835, les bâtiments sont destinés par le gouvernement provincial à l'exposition des collections archéologiques et artistiques. Une restauration récente a conduit au réaménagement des collections, l'église et le cloître étant consacrés au seul domaine archéologique.

Les **amateurs de détails** se rendront plaça Santa Llúcia, où se dresse la chapelle romane de **Sant Nicolau** (xiiᵉ s.). Au-delà de Sant Pere de Galligants, le **passeig Arqueològic** longe l'enceinte médiévale où se trouvent incorporés des éléments de fortifications romaines, telle cette tour noyée dans la maçonnerie : la **torre Gironella** (reconstruite en 1412). Beaux panoramas sur la vallée du Ter.
A l'extrémité du **carrer de la Força** les rues étroites du quartier juif abritent derrière de hautes façades de beaux patios *(plan C3).* Carrer Sant Llorenç, le **Centre Isaac El Cec** (synagogue, école des femmes, école des hommes, Palais des conseils, bains, four à pain rituel et temple néolithique) est installé au centre historique juif de Gérone

(ouv. de 10 h à 14 h et de 17 h à 20 h; f. le mar.). Il entend avant tout contribuer à rétablir l'école talmudique fondée par Moshe Ben Narkman au Moyen Age.

La **Fontana d'Or**, carrer Cuitadans, a été récemment restaurée dans une construction romano-gothique : expositions d'art temporaires.

Vers la plaça del Vi, qui peut être considérée comme le centre de l'ancienne ville, à g le **couvent de Sant Josep** (fin XVIᵉ s.) abrite les archives de la ville. Près de la plaça de Catalunya, le **pont Nou** de pierre a été récemment classé. Le grand **parc de la Devesa** s'étend entre le Ter et l'Onyar et réunit les installations sportives et les arènes. Petits restaurants sous les arcades de la plaça Indepedència.

Dans la ville haute *(plan D3)*, plusieurs monuments récemment restaurés, dont l'ancienne **université des Àligues**, 1556; dans la cour, vestiges d'un mur dit cyclopéen, du Vᵉ s. av. J.-C. Église du **couvent de Sant Domènec**, de style ogiva, du XIIIᵉ s. Église **Sant Martí** du XVIIᵉ s.

Vall de Sant Daniel, beau site agrémenté d'un superbe monastère fondé en 1025.

↦ **Banyoles** *(20 km N.-O. ; au km 4 de la N 11 en direction de Figueras, prendre à g. ; →).*

Gibraltar

Cadix, 138 km. — Malaga, 127 km.
30 000 hab.

Située à l'extrême S. de la péninsule Ibérique, dans la province de Cadix et reliée à La Linea par un isthme sablonneux appelé Campo Neutro (zone de démarcation), la zone du rocher de Gibraltar (peñon de Gibraltar) mesure 4,8 km de long et 1,4 km dans sa plus grande largeur. Membre du Commonwealth britannique depuis le 4 août 1704, Gibraltar est administré par un gouvernement du Royaume-Uni. Inlassablement revendiqué par l'Espagne, le rocher, l'une des colonnes d'Hercule des Anciens, a joué dans sa longue histoire le rôle de «verrou de la Méditerranée».

La tête de pont de l'invasion maure. — Nommé Calpe jusqu'à l'invasion des Maures, le 30 avril 711, le rocher prend alors le nom de Jabal at Tarik, la montagne de Tarik, du nom de leur chef. Les Maures y restent six siècles et leur forteresse, prise en 1309 par Guzmán le Bon, perdue en 1333, est reprise par un autre Guzmán en 1462. Charles Quint, en 1532, charge un ingénieur italien de la mettre à l'abri des coups de main du corsaire turc Barberousse.

Le verrou de la Méditerranée. — En 1704, alors que la flotte anglo-hollandaise tient la mer pour le compte de l'archiduc Charles d'Autriche, compétiteur de Philippe V à la couronne d'Espagne, Gibraltar est occupé par surprise. La paix d'Utrecht, en 1713, ratifiée en ce qui concerne Gibraltar par le traité de Versailles de 1783, en assure la possession à l'Angleterre, malgré les tentatives faites en 1704, 1727, 1779 et en 1782 par les Espagnols pour reprendre la citadelle. Pendant la Révolution française et sous l'Empire, elle joue un rôle capital dans la conduite des hostilités contre la France, notamment pendant la campagne d'Espagne. Son importance au cours de la Seconde Guerre mondiale n'est pas moins considérable et c'est dans son port que se concentre la flotte alliée qui assure le débarquement anglo-américain en Afrique du Nord. Depuis fév. 1985, la grille qui sépare Linea de la Concepción de Gibraltar s'est ouverte.

La ville, **North Town**, s'étend le long de la baie d'Algésiras. La **cathédrale**, construite au XVIᵉ s. en style gothique, s'élève sur l'emplacement d'une mosquée; le palais du gouverneur est un ancien couvent franciscain, fondé en 1531. Main Street, la principale artère de la ville, se termine à la porte de Charles III, à l'entrée des magnifiques **jardins de l'Alameda***, créés en 1814. De Main Street, la Bell Lane, presque en face de la poste, donne accès, par une série d'escaliers, au **château maure** (Moorish Castle), fondé au début du VIIIe s. par Tarik et reconstruit par les Almohades. Près de là se trouvent les Upper Galleries, creusées par les soldats anglais à la fin du XVIIIe s. (accès payant).

Un réseau de routes étroites permet d'effectuer le tour du rocher de calcaire compact avec quelques couches de grès rouge, d'environ 4,5 km de long sur 1,4 km de large, culminant à 425 m.
Vous vous rendrez à la **pointe d'Europe***, à la pointe S. du rocher, d'où la route longe ensuite le versant E., abrupt. Par Engineer Road, vous accéderez à la corniche supérieure ou Queen's Road, en passant devant la grotte de Saint-Michel *(ouv. de 9 h à 17 h)*, où s'élève le mirador d'où vous découvrirez les plus belles **vues*** sur la baie d'Algésiras et la côte africaine, en laissant à g. le ravin des Singes (Apes' Den) ; amenés par les Arabes au IXe s., ce sont les seuls singes vivant à l'état sauvage en Europe ; la légende dit que lorsque les singes partiront, les Anglais s'en iront aussi...), et, à dr., les Upper Galleries.

Gijón

Avilés, 25 km. — Oviedo, 26 km.
260 000 hab. — Province d'Oviedo (Asturies).

Ville cosmopolite, centre de la Côte Verte et capitale estivale ouverte sur la mer Cantabrique, Gijón est aussi l'un des premiers centres industriels de l'Espagne et la ville la plus peuplée de la région.

La ville dans l'histoire. — Sur les ruines d'un village littoral préhistorique, les Romains établissent un campement autour duquel s'étend la ville de Gegio. Elle se développe au XIIe s. comme l'ensemble des villes asturiennes. Au XVe s., Gijón connaît une nouvelle période d'expansion avec la construction du port, à l'extrémité occidentale de la baie. Au XVIe s., naissance du quartier de Cimadevilla, dont l'agrandissement se poursuit jusqu'au XVIIe s. Pendant le XVIIIe s., Gijón devient capitale maritime et développe des activités industrielles et commerciales qui sont restées vivaces jusqu'à nos jours. C'est aujourd'hui un port d'exportation des minerais et de la houille de la région d'Oviedo.

Fêtes. — Les plus brillantes sont celles de la Semana Grande en août.

Visite de la ville

Comptez environ 1 h 30 pour découvrir la ville.

A l'extrémité de la **playa San Lorenzo**, que longe l'**avenida de la Victoria**, **promontoire de Santa Catalina**, où se trouve le pittoresque quartier de pêcheurs, **Cimadevilla** (fête le 8 sept.), avec ses ruelles en pente ou en escaliers.
A l'entrée de ce quartier, derrière l'**hôtel de ville** à l'imposante façade rongée par les intempéries, vous reconnaîtrez l'aspect traditionnel des ports espagnols avec ses petits cafés, ses restaurants de pêcheurs et ses épiceries d'ultramarinos.

Prenez le **pasaje de Emilio Tuya** vers el **Campo Valdés** jusqu'à la · **rue Cabrales**, où s'élève la **torre de los Jove Hevia** (fin XVIᵉ-début XVIIᵉ), juste en face de la plage. Tout près, la **chapelle des Jove-Hevia**, construite au XVIIᵉ s. en l'honneur de San Lorenzo, présente une façade très abîmée par l'érosion marine. A g., le **palais de Valdés**, du XVIᵉ s., aujourd'hui **couvent de Santo Angel**, se caractérise par ses trois tours. Proches du couvent, les **thermes romains**, découverts en 1903.

Par la rue de las Cruces, vous accéderez au **campo de las Monjas**. Au nº 1, **maison** du XVIᵉ s. communiquant avec la **fabrica de tabacos**, ancien couvent des mères Agustinas. L'**église**, du début du XVIIIᵉ s., est le seul monument à n'avoir subi aucune restauration.

Par la rue de Las Recoletas, vous parviendrez à la **chapelle de los Remedios**, jadis auberge de pèlerins ; détruite à la suite d'une épidémie de peste en 1598, elle fut réédifiée au début du XVIIᵉ s. en style baroque.

 Près de la place de Jovellanos se trouve la **masion natale de Jovellanos**, aujourd'hui **musée et pinacothèque municipaux**. Elle date du XVIᵉ s. ; sa façade principale comporte trois corps. Dans le musée on peut admirer les œuvres de plusieurs peintres asturiens : Nicanor Piñole, Alvarez Sala, Llanos, Carreño de Miranda et El Bassano (Renaissance). A remarquer plus particulièrement « El Retablo del Mar » du célèbre sculpteur Sebastián Miranda, en bois polychromé.

En descendant la rue de Las Recoletas, vous contournerez le **palais de Revillagigedo**, de la fin du XVIIᵉ s. C'est un bel exemple de l'architecture Renaissance baroque. Il est flanqué de deux tours, de chaque côté du portique, avec des colonnes ioniques et corinthiennes, un blason et des arcs en plein cintre. Adossée au palais, la Colegiata ou église San Juan Bautista, érigée en 1702. En face, **statue du roi Pelayo**, élevée à la fin du XIXᵉ s.

A partir de la rue de la Trinidad, en prenant le quai, montez par la **pente « del Cholo »** pour visiter les **nombreux passages et ruelles populaires** du quartier de **Cimadevilla** ; à signaler la **maison**, au nº 1 du **Tránsito de la Corrala**, construite au XVIIᵉ s., et **las Casas del Consistorio**, au nº 8 de la plazuela de la Soledad.

■ La **plage San Lorenzo** est l'une des plus agréables de la province. Elle longe la ville au N. et s'étend sur 2 km de sable fin et doré.

Le **musée ethnographique du Peuple des Asturies** *(ouv. en été. t.l.j. ; en hiver le dim. et j. fériés)* se trouve sur la rive dr. du río Piles, au Molinón. Il rassemble les richesses ethnologiques de la région. Si le cœur vous en dit, vous pourrez vous délasser dans le parc Isabel la Católica.

Gomera** (île de)

25 000 hab. — Province de Santa Cruz de Tenerife (Canaries).

Gomera est la troisième île du groupe occidental et la plus proche de Tenerife. Couvrant 378 km², longue de 25 km, large de 20 km, elle compte une trentaine de villages. D'origine volcanique, elle présente l'aspect étrange d'une forteresse aux falaises basaltiques abruptes, coupées par d'étroits barrancos qui sont souvent le seul accès possible aux vallées cultivées de l'intérieur où sont perchés des villages réunis entre eux par de petites routes ou des sentiers.

L'île culmine à 1 684 m à Garajonay ; elle est couverte, entre les massifs de rochers, par une terre fine et fertile où croissent d'épaisses forêts avec des hêtres qui ont une taille inconnue ailleurs. Les vallées, bien irriguées, produisent d'abondantes récoltes de bananes, ainsi que des céréales, des tomates, etc. Les habitants ont la coutume, à peu près unique au monde, de communiquer entre eux aux moyens de sifflements modulés. D'un bout à l'autre des barrancos, ils se transmettent des messages et s'avertissent des visites inopportunes.

Les descendants de Gomer. — De vieux chroniqueurs espagnols prétendent que le nom de l'île lui vient de Gomer, petit-fils de Noé, dont la race, ghomerythe ou cymrique, peuple l'Europe après le déluge. Gadifer de la Salle y débarque en 1402 et Béthencourt s'y établit. Plus tard, une troupe de Gomera participe avec les Espagnols à la conquête de l'île de La Palma. L'île repousse en 1599 une attaque hollandaise, mais est pillée en 1617 par les pirates barbaresques. Christophe Colomb, dit-on, serait venu ici huit ans avant son voyage de découverte du Nouveau Monde et y aurait reçu, d'un vieux pilote naufragé, le secret du passage vers les Indes occidentales. Il est certain qu'il y fait escale en 1492, avant de faire voile vers le nouveau continent, qu'il s'y approvisionne en vivres et en eau, et y entend la messe. A son second voyage, il y embarque gens et bêtes, vaches, chevaux, porcs, poules qui, partis de Gomera, seraient à l'origine de ceux d'Amérique.

Visite. — *Gomera ne vaut le déplacement que dans la mesure où l'on sera décidé à y séjourner suffisamment longtemps pour se rendre jusqu'au prodigieux cañon de Valle Gran Rey (la durée de l'escale du bateau de la ligne de Santa Cruz à Hierro est insuffisante pour que l'on puisse s'y rendre). L'île offre surtout des falaises et peu de plages ; on ne compte que 2 ou 3 points d'accostage pour les barques de pêche.*

En venant de La Palma, les bateaux longent la côte N.-E. de Gomera, qui offre l'aspect fantastique d'une succession de bourgs en ruine, de murailles abruptes, d'orgues basaltiques plongeant dans une mer d'un bleu transparent. Bien avant l'arrivée à San Sebastián, vous découvrirez ainsi l'entrée de la vallée dite Vallehermoso, la plus large et la plus fertile de l'île.

San Sebastián de la Gomera

Capitale de l'île (5 572 hab.), c'est une petite bourgade aux maisons roses, pour la plupart, près d'une plage de sable qui se signale à l'attention par une haute tour de défense du xve s., restaurée sous Philippe II, en 1580. Dans les vieux quartiers, on montre une maison de pierre jaune, où aurait séjourné Christophe Colomb, et l'église, au joli portail gothique en lave rouge.
Voir aussi les maisons nobles de Aguada et du comte de Gomera. Église de la Asunción, où Colomb entendit la messe avant de s'embarquer pour l'Amérique le 7 sept. 1492.
Sur la plage, tour du Comte (torre del Conde) du xve s., où doña Beatriz de Bobadilla, veuve de Hernán Peraza, le seigneur de l'île, accueillit Colomb lors de son escale à La Gomera. La tour abrite aujourd'hui un petit musée précolombien.
On ne manquera pas d'aller déjeuner au parador, planté en haut d'une falaise dominant le port. Son architecture s'intègre parfaitement au site* exceptionnel.
Fête locale le 20 janv.

Excursion au barranco de Valle Gran Rey

Une route très tortueuse s'échappe par le barranco de las Rosas et condui
par de nombreux villages à des belvédères d'où l'on domine les profondes
crevasses. Les réservoirs, qui datent d'une vingtaine d'années, permettent la
culture de fruits et légumes, du tabac, de la vigne et du palmier dattier.

Arrêtez-vous à **Hermiqua**, joli village blanc et rose dans une zone de
bananeraies, et découvrez les poteries de Chipude. Dans l'église, plafond
artesonado et retables baroques.

La descente en lacet vers **Aguló** *(28 km)* donne accès à *(41 km)* **Valleher-
moso****, dans un site d'une singulière beauté. Près de la plage, falaises de
los Organos (des orgues) aux formes curieuses.

De là, une route étroite et sinueuse permet de gagner la côte O. **Arure** *(13 km,*
marque l'entrée de l'extraordinaire **barranco de Valle Gran Rey****, envahie
par bananiers et palmiers.

De la **Playa de la Calera** *(25 km)*, une des plus belles de l'île, un bateau
quotidien peut vous ramener vers San Sebastián.

Grado

Avilés, 44 km. — Oviedo, 26 km.
5 680 hab. — Province d'Oviedo (Asturies).

Arrosé par le Nalón, Grado est un important centre de produits maraîchers niché dans une plaine fertile et encaissée, où de nombreuses
églises romanes ont été édifiées.

Traditions. — Fêtes populaires le 1er dim. après Pâques (Primera Flor) et le dim.
de la Pentecôte (Segunda Flor). Marchés très pittoresques tous les mer. et dim. A
goûter, le tocinello de cielo, sorte de flan très sucré.

A voir la **chapelle de los Dolores**, de la fin du XVIIIe s., le palais de
Valdecárzana et le **musée ethnologique**, qui ne manque pas d'intérêt.

1 — Au N. de Grado

0 km : Grado.

2 km : **Castañedo** *(prendre à g. sur la C 632)*. — Église paroissiale San Vicente
dont il subsiste de la première construction romane la structure de la nef, les deux
portails et les quatre baies de lumière.

12 km : **San Román de Candamo** *(sur la C 632)*. — Les meilleurs fruits des Asturies
y poussent. Festival de la fraise en juin. Dans un **site*** admirable d'où l'on découvre la
vallée de Pravia, la **grotte de la Peña**, découverte en 1913, abrite une extraordinaire
collection de gravures et de peintures préhistoriques (chevaux, bisons, tête de
taureau, remarquable cerf gravé dans la roche, etc.).

20 km : à g., **Pravia**, petite ville ancienne dans un joli site, en mirador sur la
vallée* du Nalón ; église collégiale et palais de los Montas, du XVIIIe s.

A 3 km en aval, sur la rive g. du Nalón, **Santianes de Pravia** est une ancienne
résidence des rois asturiens, de la fin du VIIIe s. Statues romanes de la Vierge et de
saint Jean dans l'église.

2 — A l'E. de Grado par la N 634

0 km : **Grado.**
3 km : **Peñaflor** *(par la N 634).* — L'église paroissiale San Juan présente des vestiges romans, comme la porte d'entrée et quelques modillons sous la corniche de l'abside.

3 — Au S. de Grado

0 km : **Grado.**
2 km : **La Mata.** — L'église paroissiale Santa Eulalia, du xiie s., conserve de cette époque un arc qui s'appuie sur des colonnes aux chapiteaux décorés. Dans la sacristie, sarcophage de style roman.
4 km : **Gurullés.** — L'église San Martín s'ouvre par un portail roman avec un arc soutenu par des colonnes aux chapiteaux et socles décorés. Les quatre fenêtres de la nef sont aussi romanes.

4 — A l'O. de Grado par la N 634

0 km : **Grado.**
12 km : **Dóriga** *(tourner à g. après Cabruñana).* — Il ne subsiste qu'une belle porte de l'ancienne église romane Santa Eulalia. Palais des García Dóriga, des xive et xvie s., dont la partie la plus ancienne est une grande tour médiévale de plan carré. L'église San Esteban garde des chapiteaux du Moyen Age.
14 km : **Cornellana*** *(à Dóriga, prendre à dr. pour retrouver la N 634).* — Centre de pêche (festival international du saumon, fin mai). — **Église et monastère San Juan Bautista :** l'église est romane, mais sa façade principale et les tours sont du xviiie s. L'intérieur se divise en trois nefs couvertes par des voûtes en plein cintre. Les lignes intérieures sont sveltes et d'une élégance austère ; elles correspondent au style de Cluny, du xiie s. Il subsiste une tour romane à laquelle on a ajouté un étage au xviiie s. Deux beaux retables. Le monastère, qui date de la fin du xviie s., est construit en style baroque sur une base romane. Le cloître est de petite dimension et de proportions harmonieuses. Sur deux murs s'ouvrent des portes romanes décorées délicatement ; sur l'une d'elles vous pourrez contempler deux sculptures gothiques en pierre qui représentent des têtes humaines.
23 km : **Salas** (9 305 hab. ; alt. 239 m). — Pêche au saumon. Maison de Miranda, du xviie s., aux proportions agréables, discrètement décorée. L'ancien château (xive s.) conserve une porte fortifiée et une tour de style baroque. Palais des Condes de Casares, du xviie et du xviiie s. Tour médiévale des Valdés, édifice militaire du xive s. avec terrasse fortifiée, meurtrières et fenêtres. L'église San Martín, préromane, qui ne comporte qu'une seule nef, s'ouvre sur une porte du xve s. avec un arc ogival. La collégiale Santa María la Mayor, construite sur un édifice antérieur, date de la première moitié du xvie s. Elle comprend une chapelle principale, une nef centrale et des chapelles à côté de l'épistole. La chapelle principale contient un grand retable baroque et le **mausolée de l'archevêque Don Fernando Valdés Salas*** (inquisiteur et fondateur de l'Université d'Oviedo), réalisé par Pompeio Leoni au xvie s. Il est en marbre blanc et les allégories des Vertus entourent le groupe central constitué par l'archevêque et ses prêtres. C'est une remarquable œuvre Renaissance. Dans la chapelle du Rosario, on peut admirer les extraordinaires retables sculptés du xvie s.
➙ A *3 km S.,* **Arcellana.** — L'église San Vincente, romane, est dotée d'une seule nef s'achevant par une chapelle carrée. A voir, deux peintures du xve s. et un Christ du xvie s.

27 km : **Camuño** *(à Salas, prendre à dr. vers le N.).* — Son église paroissiale a probablement été érigée pendant la période préromane dont elle conserve quelques vestiges. A l'intérieur, arc triomphal et un retable Renaissance.

31 km : **Linares.** — Dans l'église San Andrés subsistent quelques restes décoratifs romans.

Grande Canarie*** (île de la)

520 000 hab. — Province de Las Palmas (Canaries).

Bien que Las Palmas soit la ville la plus intéressante de tout l'archipel des Canaries, grâce à sa vieille ville, où vous ne manquerez pas de visiter la casa de Colón*, et bien que la Grande Canarie ait de ravissants villages (tels Agaete, Aruca, Tafira Alta, Teror, etc.), les principales curiosités de la province sont essentiellement des paysages, et vous ne devriez pas négliger, même au cours d'une escale, de vous rendre à Cruz de Tejeda, d'où vous découvrirez un inoubliable paysage de montagne***.

Les possibilités d'hébergement dans la Grande Canarie sont considérables. Près du port de Las Palmas, il existe une ville artificielle d'hôtels, de restaurants, de bars, de «friseurs», de magasins où l'on trouve les produits de l'artisanat marocain, indien, chinois, voire pire (surtout des fourrures, à des prix avantageux), mais vous irez chercher celui des Canaries au Pueblo Canario.

Voies d'accès par avion. — Sans compter les très nombreux vols charter, Las Palmas (Grande Canarie) est desservie quotidiennement par Iberia à partir de Barcelone, Madrid, Malaga, Séville, avec une escale à Casablanca pour certains vols, et trois fois par semaine à partir de Lisbonne. Air France et Iberia assurent plusieurs liaisons par semaine entre Paris, Bordeaux, Marseille et Las Palmas, tandis que la Sabena exploite une fois par semaine la ligne Bruxelles-Las Palmas.
De l'aéroport de Las Palmas, plusieurs services par jour pour Lanzarote, Fuerteventura, Tenerife et Las Palmas (via Tenerife).

Voies d'accès par bateau. — La compagnie Trasmediterránea dessert régulièrement Las Palmas à partir de Barcelone, Tarragone, Valence, Alicante, Algésiras, Cadix et Séville.
Une fois toutes les deux semaines, le bateau venant de Barcelone, Valence et Alicante fait escale à Arrecife (Lanzarote) avant de toucher Las Palmas. Du port de Las Palmas, la Trasmediterránea assure également les relations maritimes avec Arrecife (Lanzarote) 5 fois par semaine en 16 h à 17 h, avec une escale à Puerto del Rosario (Fuerteventura) 2 fois par semaine, et avec Santa Cruz de Tenerife, une fois par jour, en 5 à 7 h.

Un continent en miniature. — L'île de la Grande Canarie (Gran Canaria), qui couvre 1 532 km², est la seconde du groupe oriental pour la superficie, après Fuerteventura, mais la principale pour le chiffre de la population. On a pu appeler la Grande Canarie un «continent en miniature», en raison du contraste entre le caractère presque alpestre de certaines vallées, et l'aspect africain de ses côtes E. et S. L'île est presque circulaire, large de 47 km, longue de 55 km, avec un massif central volcanique, profondément entaillé par des barrancos (ravins), aux parois souvent abruptes, ou taraudé par d'anciens cratères. Son point culminant, Los Pechos, atteint 1 980 m. Des cumbres (sommets) dévalent les principaux barrancos où le lit des torrents, dessiné par le captage intensif des sources, entretient pourtant une végétation plus ou moins abondante selon l'exposition. Des bois de lauriers, d'eucalyptus ou de pins couvrent les sommets et certains versants. Sur les pentes cultivées, on trouve une grande variété d'arbres fruitiers : amandiers, orangers, figuiers, pêchers et surtout de vastes plantations de bananiers et de plants de tomates qui font la richesse de l'île, mais aussi des plantations de canne à sucre, du maïs, des céréales. Là où l'irrigation a été poussée à son plus haut niveau, on a pu cultiver avec succès avocats, aubergines, courgettes, concombres et poivrons pour l'exportation. La culture des fleurs commence à prendre son essor.

Les principales industries locales, hormis celles qui se rattachent à la production de conserves, sont celles, souvent artisanales, du tabac, des broderies et toiles travaillées (calado), vannerie en fibre de palme, etc. Un fromage, appelé Flor de Canaria, est obtenu par le caillage du lait à l'aide de fleurs de cardon, mais il est de plus en plus difficile de s'en procurer.

La Terre des Vaillants. — On ne sait à peu près rien de l'histoire particulière de la Grande Canarie avant l'arrivée des Européens, au XVᵉ s., sinon que les aborigènes la nommaient Tamaran (Terre des Vaillants) et que le titre de Grande lui aurait été attribué par Béthencourt en hommage à l'indomptable valeur de ses hommes. La première attaque espagnole, sous la conduite de Diego de Herrera, se déroule en 1464. C'est un échec. En 1478, une nouvelle tentative a lieu près de Las Palmas, où les Espagnols dressent un camp retranché qui est bientôt attaqué par 2 000 Canarios dont la défaite a surtout pour cause l'effroi que leur provoque un corps de cavalerie, les chevaux étant inconnus dans l'archipel. Il faut encore cinq ans pour que la conquête s'achève, en 1483, par la reddition du guanarteme (chef) de Galdar. Tandis que les Guanches de Tenerife adoptent des noms espagnols, les Canarios ont conservé leurs noms anciens que l'on trouve encore dans de nombreuses familles.

Las Palmas*

La ville dans l'histoire. — Las Palmas (380 000 hab. ; capitale de province) est fondée en 1478 par le conquérant espagnol Juan Rejón selon le désir implicite d'Isabelle la Catholique qui craint les visées portugaises sur l'île. Christophe Colomb s'y embarque pour les Amériques.

La croissance de la ville s'effectue en trois étapes bien distinctes. Jusque vers 1850, Las Palmas est protégée des attaques des pirates par de robustes murailles. Les quartiers les plus anciens sont celui de San Antonio Abad et celui de Vegueta ; ils abritent la cathédrale, la maison de Christophe Colomb, le musée Canarien. On construit ensuite le port de las Isletas qui connaît un développement considérable avec le régime de port franc. Il s'agit aujourd'hui du premier port d'Espagne pour le volume de trafic en tonnage brut. Enfin, depuis les années quarante ont surgi de nouvelles constructions qui s'étendent maintenant sur une dizaine de kilomètres.

La ville est donc en réalité composée de trois parties distinctes : le puerto de la Luz, ou quartier du port, une agglomération d'hôtels, de bars, de restaurants, orientée vers une plage de sable, et enfin la Ciudad, c'est-à-dire la ville proprement dite. Le port, point d'escale sur une route maritime très fréquentée, est très cosmopolite tandis que l'agglomération touristique apparaît surtout comme une colonie de vacances scandinave. Quant à la Ciudad, séparée des deux autres par une sorte de no man's land empli de villas de la bourgeoisie locale et de parcs, elle est restée la ville typiquement hispanique, à mi-chemin entre la petite cité andalouse et son homologue du Río de la Plata d'époque coloniale ou du XIXᵉ s. C'est qui elle est, essentiellement, retiendra l'attention des visiteurs.

Fêtes. — Las Palmas célèbre la Cabalgata de los Reyes Magos (chevauchée des Rois mages) le 5 janv., la semaine sainte et la Santa Ana (26 juil.)

Accessible par la calle de Juan Rejón *(plan C1)*, en face du quai des Pêcheurs (muelle pesquero), le **castillo de la Luz** est un modeste bastion érigé au

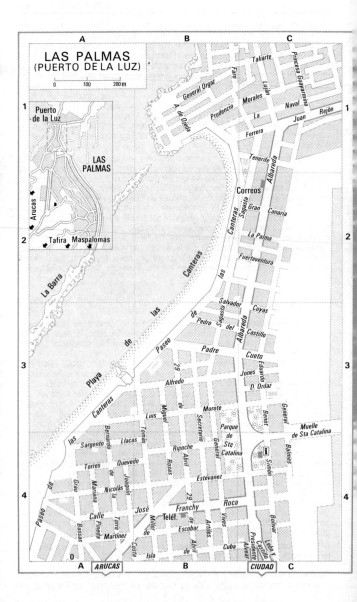

LAS PALMAS
(PUERTO DE LA LUZ)

0   100   200 m

Puerto de la Luz

LAS PALMAS

Arucas

Tafira   Maspalomas

La Barra

Playa

de

las

Canteras

Paseo

de

las

Canteras

Puerto de la Luz

Faro

General Orgaz

A. de Oleda

Taliarte

Prudencio

Morales

Luján

Princesa Guayarmina

La

Naval

Ferrera

Juan

Rejón

Tenerife

Albareda

Correos

Sagasta

Gran

Canaria

La Palma

Fuerteventura

Salvador

Cuyas

Pedro

de

Albareda

Castillo

Paseo

Padre

Cueto

Eduardo

29

Jones

D. Ordaz

Alfredo

de

Morote

Benot

General

Luis

Miguel

Secretario

Parque
de
Sta
Catalina

Muelle
de Sta Catalina

Sargento

Bernardo

Llacas

Tomás

Ripoche

General

Simón

Balmes

Torres

Quevedo

Rosas

Abril

Estévanez

Grau

Mariana

Nicolás

Joaquin

la

29

Roca

Vives

Bolívar

León y

de

Torre

José

Franchy

de

Artiles

Castillo

Paseo

Calle

Pineda

Miller

Teléf.

Escobar

Cuba

Presidente

Bassas

Martínez

Costa

Isla

de

Abril

Alvear

A   **ARUCAS**   B   **CIUDAD**   C

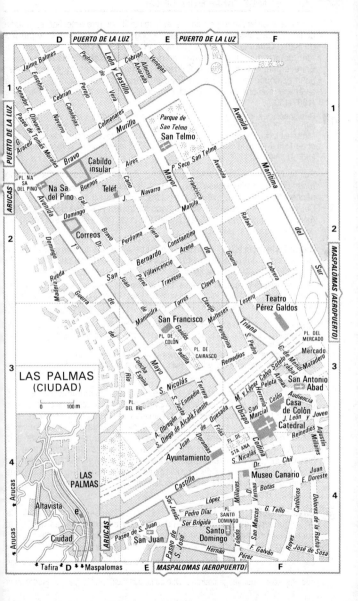

LAS PALMAS
(CIUDAD)

0   100 m

xvie s. pour défendre le port contre les pirates. Il doit être aménagé en musée de la Mer. Le **paseo de las Canteras**, le long de la plage *(4 km)*, et le **parque de Santa Catalina** *(plan B3-4)* donneront l'occasion, à ceux qui s'y promèneront, de prendre un bain de foule au milieu des palmiers et des hibiscus.

Entre le puerto de la Luz et la Ciudad, on ne devrait pas manquer de s'arrêter pour parcourir les **jardins du Parque Doramas** *(plan A2, c)*, où l'on a aménagé le charmant **Pueblo Canario**, création du peintre Néstor de la Torre (1887-1937).

Des spectacles folkloriques y sont donnés *(les j. fériés de 11 h 45 à 13 h 15 et le jeu. de 17 h 30 à 19 h, ainsi qu'en soirée)* ; exposition-vente des produits de l'artisanat local ; musée consacré à Néstor de la Torre *(ouv. en sem. de 10 h à 12 h et de 16 h à 19 h ; le dim. de 10 h 30 à 13 h 30 ; f. le sam. a.-m., le merc. et j. fériés toute la journée).*

Sur le chemin de la Ciudad, remarquez, dans le **parque de San Telmo** *(plan E1)*, la petite **église San Telmo**, le sanctuaire des marins et des pêcheurs (à l'intérieur, plafond à caissons, boiseries sculptées, etc.).

Sur la charmante **plazoleta de Cairasco** se trouvent l'**église San Francisco** *(plan E3)*, érigée en 1689, et l'hôtel Cairasco, où Saint-Saëns résida et composa plusieurs œuvres.

Cathédrale *(plan F3).* — Consacrée à sainte Anne, elle fut construite en lave au grain fin et dur à partir de 1497, mais ne fut pas livrée au culte avant 1570 (la façade fut terminée à la fin du xviie s. en style néo-classique).

Le triple vaisseau, de style gothique mêlé d'éléments Renaissance, est couvert de voûtes à nervures. A la croisée du transept, notez les **sculptures** de Luján Pérez, un artiste canarien, et, dans la **chapelle de San José** *(au fond et à dr.)* un tableau de l'école italo-flamande de la fin du xve s. Dans le **trésor** *(ouv. de 10 h 30 à 12 h)*, baiser-de-paix attribué à B. Cellini et autres pièces d'orfèvrerie religieuse, vêtements sacerdotaux, etc. Salle capitulaire pavée d'azulejos, cloître à galeries de bois, planté de papayers.

On remarquera la voûte plane qui couvre la crypte sous le maître autel, d'une belle perfection architectonique, unique dans le monde si l'on omet de citer celle de l'Escurial.

Au fond de la plaza de Santa Ana, bordée de palmiers, **ayuntamiento** de 1842, de style colonial, et, à dr., **palais de l'Évêché**, du xve s. Les chiens de bronze rappellent l'origine supposée du mot Canaries, dérivé du latin « canis ». Derrière la cathédrale s'étend le **quartier de Vegueta**, qui a conservé le cachet des temps anciens avec de grandes maisons aux balcons de bois chantourné, aux portes sculptées, aux encadrements de pierre grise ou bleuâtre et coiffées de toits plats à balustrades. Vous serez charmé par les jalousies taillées en bois de pin, les petites places recueillies, les tours des couvents, les vestibules ombragés laissant entrevoir l'intimité fleurie et lumineuse d'un patio...

Casa de Colón* *(plan F3).* — Vénérable et délicieuse maison de la fin du xve s. qui servit de résidence aux premiers gouverneurs militaires de l'île, et qui est aujourd'hui transformée en musée provincial des Beaux-Arts.

Visite : de 9 h 30 à 14 h 30 ; le sam. de 9 h 30 à 13 h ; f. le dim.

Les deux patios, abondamment fleuris, ont un charme inouï avec leurs collections qui évoquent le temps des découvertes maritimes dans le Nouveau Monde, ainsi que les salles qui les entourent. Quelques tableaux, prêtés par le Prado, sont exposés dans les salles du premier étage : œuvres de Luis de Morales (**Notre-Dame de la Cinquième Douleur**), Véronèse (**la Femme adultère**), Antonio de Pereda (**le Couronnement de la Vierge**), Guido Reni, du Guerchin (**le Titien et l'allégorie de la Peinture**), de l'école italienne du xve s. (**Annonciation**), mais le clou de la collection est constitué par deux tableaux peints à Anvers vers 1540 : **Saint Jean Baptiste** et, au verso, le **Martyre de saint Jean Népomucène** ; **Messe de saint Grégoire** et, au verso, **Sainte Claire***.

Vous découvrirez aussi la statue de santa Ana devant laquelle priait l'amiral avant d'entreprendre ses voyages vers le Nouveau Monde, ainsi que des cartes et des instruments de navigation.

Le petit **ermitage de San Antonio Abad** *(plan F3)*, construction du xviiie s., s'élève sur l'emplacement de la première église édifiée dans la Grande Canarie, où Christophe Colomb aurait assisté à la messe avant d'entreprendre son voyage de découverte, en 1492 *(pour visiter, s'adresser au musée ; → ci-dessous).*

■ **Musée Canarien** *(plan F4).* — Sa première organisation fut réalisée par l'anthropologiste français Verneau ; il rassemble des collections archéologiques et anthropologiques de la race guanche.

Visite : de 10 h à 13 h et de 15 h à 18 h ; le sam. de 10 h à 12 h ; f. le dim. et j. fériés.

Au rez-de-chaussée, **musée d'histoire naturelle** ; à l'étage, **collections archéologiques et anthropologiques** ; notez les petites **amphores** rouges à décor noir, ayant contenu des patelles, du lait ou du miel, et trouvées dans les grottes où les Guanches, vieillis, malades ou las de vivre, se faisaient emmurer pour mourir, des sceaux de terre cuite pour peintures corporelles, les **momies** trouvées dans les grottes funéraires ou sur les lieux de combat (certains guerriers atteignaient une taille de 2 m) ; certaines momies sont encore enveloppées de sept linceuls en peaux de chèvre et cousues avec des aiguilles en arêtes de poisson et des fils en boyaux. Le tissage et les métaux étant inconnus des Guanches, tous les vêtements, les armes, l'outillage et les ornements sont faits de cuir, de bois, de joncs tressés, de pierre et de coquillages. Dans les vitrines des salles 7 et 8, des tuniques et des culottes en peau, des diadèmes de coquilles, des haches de pierre, des épieux en bois durci au feu, des mortiers et meules en pierre, dont on se sert encore dans les villages pour broyer les céréales grillées dont on fait la bouillie de gofio, mets national Canarien.

Remarquer particulièrement les **pintaderas**, sorte de sceaux en terre cuite dont les dessins géométriques étaient imprimés en ocre et rouge sur la peau et les vêtements des anciens Canariens.

Bibliothèque de plus de 40 000 volumes.

Dans la **chapelle Santo Domingo** *(plan E4),* de l'ancien hôpital des lépreux, retable en bois sculpté et doré, de style baroque, du xviiie s.

Ces dernières années, la ville s'est considérablement étendue sur les collines qui dominent Las Palmas au S.-O. Ces nouveaux quartiers, désignés sous le nom de Ciudad Alta, comportent de remarquables réalisations architecturales d'un modernisme de bon aloi. Vous l'atteindrez en prenant la route d'Arucas, qui passe par l'**avenida de Escaleritas** *(plan A2 ou D6),* bordée des édifices les plus élevés de la capitale de la Grande Canarie. Vous descendrez de ce quartier de préférence par le **paseo de la Cornisa**, d'où vous découvrirez de superbes panoramas sur Puerto de la Cruz.

Ne manquez pas de faire une courte visite dans la maison-musée de Pérez Galdós *(ouv. de 9 h à 13 h ; bibliothèque ouv. de 16 h à 20 h ; f. le dim. et j. fériés, juil.-août)* qui contient de nombreux souvenirs du grand écrivain.

Circuit au centre de la Grande Canarie**

Route : 117 km par de bonnes routes, dans l'ensemble sinueuses, qui permettront la découverte des plus remarquables paysages de l'île, notamment ceux que l'on découvre depuis Cruz de Tejada.
Sortez de Las Palmas par l'une des routes menant à Arucas (plan A2 ou D4).

8 km : après **Tamaraceite,** prenez à g. vers Teror.
21 km : **Teror*** (9520 hab. ; alt. 445 m), grand village de villas typiques à balcons dans une débauche de végétation tropicale d'où vous découvrirez une très belle vue sur la vallée en contrebas, avec de vastes châtaigneraies. La rue qui descend vers l'**église de Nuestra Señora del Pino** est des plus séduisantes avec ses nobles demeures à balcons de bois sculpté. L'église, fondée à la fin du xve s. pour commémorer une apparition de la Vierge en 1481 dans un pin, fut reconstruite en 1740 en un élégant style baroque colonial espagnol. Elle abrite une statue richement parée de la Vierge du Pin (le trésor renferme des parures et des vêtements qui furent offerts à la Vierge par les fidèles) ; pèlerinage le 8 sept.
Fête de la Quema del Judas (mise à feu de Judas) le dim. de la Résurrection.
28 km : **Mirador de Zamora** (rest.) ; **vue*** admirable sur le ravin de Tenoya.
34 km : prenez à dr. en direction d'Artenara.
39 km : traversée d'un champ de laves.
42,5 km : à la hauteur de la bifurcation de la route de Juncalillo, très jolies **vue**** sur les montagnes du **Lomo del Bermejal,** avec de profondes vallées découpées en terrasses cultivées.

44 km : **Artenara,** le village le plus élevé de l'île (1 219 m) ; ses maisons sont parfois excavées dans un tuf très tendre, comme l'est le **sanctuaire de la Virgen de la Cuevita.**

52 km : route à g. non asphaltée, qui conduit à *(12 km)* la **presa de El Parralillo,** lac de barrage au creux d'un ravin.
56 km : **Pinar de Tamadaba,** vaste forêt de pins, avec un mirador au terminus de la route, d'où vous découvrirez, par temps clair, un extraordinaire **panorama**** sur la côte O. de la Grande Canarie et sur le pic de Teide, qui domine l'île de Tenerife de son imposante masse conique. Revenez ensuite sur vos pas jusqu'à la bifurcation de la route de Cruz de Tejeda, à 7 km d'Artenara.

71 km : prendre à dr. la petite route de Cruz de Tejeda qui traverse un champ de cendres volcaniques.
75 km : **Mirador** d'où vous découvrirez l'une des plus belles **vues***** de l'île sur un paysage de montagnes aux cheminées de fées et de rochers aux formes fantastiques.
79 km : **Cruz de Tejeda*** (1 470 m), dans un décor grandiose : à g., la silhouette du **Roque Nublo,** dyke de basalte isolé, de 68 m de haut, dominant les profondeurs du **barranco la Culata,** énorme amphithéâtre rocheux, aux pentes ravinées formant un saisissant contraste entre les cultures aperçues plus bas et les sommets arides ; parfois, le cône parfait du Teide émerge au-dessus de la couche de nuages qui fréquemment recouvre Tenerife. Unamuno qualifia la merveille volcanique de « tempête pétrifiée ».
→ A *9 km* du parador, **Tejeda** (4600 hab. ; alt. 1080 m) est un délicieux village de montagne, entouré de vergers d'amandiers (floraison en fév.), dans le cadre admirable que vous aurez découvert depuis Cruz de Tejeda (le détour est recommandé, même si vous n'avez pas l'intention de continuer au-delà du village, vers San **Bartolomé de Tirajana,** à *33 km* du parador, dont 16 km non asphaltés, par une route de montagne passant entre le Roque Bentaigue et le Roque Nublo, énorme monolithe, entrevu depuis Cruz de Tejeda, sur lequel vous découvrirez des vues** superbes avant le passage d'un col).
De Cruz de Tejeda, prendre en direction de Las Palmas.

82 km : tournez à dr. en direction de Vega de San Mateo.

95 km : **San Mateo** (ou **Vega de San Mateo**), bourg dans un site admirable parmi des châtaigniers, des néfliers, des noisetiers et des pins. Cultures en terrasses disposées en amphithéâtre.

➡ A *12 km* par la route de Telde, **Valsequillo** ; dans l'**église San Miguel**, fonts baptismaux en céramique verte (XVe s.), de fabrication andalouse introduite dans la Grande Canarie en 1479.

102 km : **Santa Brígida** (8 814 hab. ; alt. 520 m), au bord d'un ravin, au cœur du Monte, une région plantée d'eucalyptus et de pins ; dans l'**église**, Christ d'un réalisme étonnant, sculpté par Luján Pérez.

104 km : à dr. à *1 km,* **La Atalaya**, ancien lieu de guet et de défense des insulaires dominant le barranco de las Goteras (poteries fabriquées sans tour).

106 km : **Monte Coello.**

➡ A *6 km,* en prenant en direction de Pico Bandama, vous atteindrez la **Caldera de Bandama***, la chaudière de Bandama, cratère absolument circulaire, sorte de bol géant de 1 km de diamètre et de 200 m de profondeur, au fond dúquel une ferme minuscule est posée comme un jouet d'enfant ; du sommet, vue sur la côte orientale de l'île.

108 km : **Tafira Alta*** (2 033 hab. ; alt. 370 m), centre de villégiature dans un ravissant cadre de jardins tropicaux. A la sortie par la route de Las Palmas, **Jardin Canario***, où l'on trouve plus de 1 500 espèces de la flore des Canaries et des îles de l'Atlantique (Açores, Madère, etc.) Agréable promenade. *Visite : le mat. de 8 h à 12 h en sem. ; l'a.-m. de 15 à 18 h ; le sam. de 8 h à 12 h et de 13 à 17 h 30 ; le dim. de 10 à 12 h et de 15 à 17 h 30.*

De Tafira, la route de Mazargan permet de découvrir de beaux **paysages*** *sur la côte orientale, aux nombreuses bananeraies.*

117 km : **Las Palmas** *(entrée par la route de Tafira, plan D4).*

Tour de la Grande Canarie par le S.**

La partie la plus pittoresque se situe entre Las Palmas et Agüimes. Là, vous pourrez soit partir en direction des nombreuses plages jusqu'à Maspalomas, soit atteindre cette belle station balnéaire par l'intérieur des canyons* et d'imposantes falaises. De Maspalomas on retournera à Las Palmas par la côte et Mogán*, plus à l'intérieur.
Circuit de 206 ou 236 km selon que l'on s'éloigne de la côte pour entrer dans les terres montagneuses.
Sortir de Las Palmas par la route d'Agüimes. (plan E-F4 ou F2).

12 km : prendre à dr. pour *(4 km)* **Telde** (41 322 hab. ; alt. 130 m), ancienne résidence des Guanartemes (chefs canariens), est un important centre agricole, surtout consacré à la culture des agrumes, dont les plants poussent au milieu de la lave, et de la canne à sucre. Dans l'**église San Juan Bautista**, de la fin du XVe s., mais remaniée au XVIIIe s., **retable*** flamand de la fin du XVe s., en bois sculpté et doré, grand tableau de Vicente Carducho (**Saint Bernard recevant le lait du sein de la Vierge**), où s'exprime la recherche du clair-obscur propre à ce peintre italien qui fit surtout carrière en Espagne. Christ du Mexique exécuté avec des feuilles et des racines de maïs. Dans le transept dr., statue de N^a S^a de la Encarnación, en vêtement du XVIIe s., qui passe pour être le portrait de Marie Stuart.

21 km : **montaña de Cuatro Puertas** *(par la route d'Agüimes, près de la bifurcation de la route menant à l'aéroport de Gando),* ancien lieu saint des Guanches, localisé sur une colline. Le sommet rocheux est une plate-forme orientée vers l'Isleta, un autre lieu sacré. Un sentier taillé dans le rocher contourne le massif et aboutit à un temple rupestre, aux multiples chambres à piliers monolithiques. La face E. est percée de nombreuses grottes où les Guanches embaumaient leurs morts selon un rituel bien précis.

Rituel pour les funérailles d'un chef guanche. — On croit que les funérailles des chefs canariotes étaient célébrées sur la plate-forme, à la vue du peuple et des prêtres invoquant Alcorac, le Tout-Puissant ; puis le corps était remis aux embaumeurs : il était lavé, vidé de ses entrailles, rempli et oint d'un baume fait de beurre de chèvre, de suc d'euphorbe, de résine et de « sang de dragon », baume qui formait la base de la pharmacopée canariote.

Trois tranchées en forme de cercueil, excavées dans le roc, devaient recevoir les corps dont la dessication au soleil durait quinze jours, avant qu'ils fussent cousus dans six à huit peaux de chèvre fines comme un tissu. Le mort était ensuite emporté dans la nécropole ou muré dans une grotte, au flanc d'un barranco. Une suite de cavités circulaires aux murs creusés de niches abritaient les vierges sacrées, les harimaguadas, filles de chefs, soumises à la même chasteté que les vestales romaines. Tout homme qui leur parlait était condamné à être lapidé. Elles ne quittaient leur retraite que pour aller se baigner à la mer. Aux jours de détresse publique, on les fustigeait au cours d'une procession aux danses convulsives, en implorant la clémence du ciel.

30 km : **Ingenio,** un des plus anciens villages de l'île, important centre de production de canne à sucre. Centre traditionnel de broderie.

→ Tout près, au lieu-dit **Las Mejías,** intéressant musée de pierres (pierres volcaniques, cristaux, quartz...) qui abrite aussi un atelier d'artisanat typique.

33 km : **Agüimes,** qui fut seigneurie féodale des évêques des Canaries. Dans le barranco de Balos, on remarquera los **Letreros,** massifs de basalte aux curieuses inscriptions géométriques. Dans le barranco de Guayadeque furent découvertes les momies que l'on peut voir au musée Canarien. Nombreuses grottes utilisées comme habitations par les anciens Canariens.

Pour relier Agüimes à Maspalomas, deux routes s'offrent à vous : celle de la côte (27 km) ou celle de l'intérieur (49 km).

Agüimes-Maspalomas par la côte :

48 km : **Juan Grande,** maison seigneuriale des comtes de la Vega Grande, belle finca dans une petite oasis.

60 km : **Maspalomas.** — Station balnéaire, le long d'une immense plage de sable fin qui bénéficie d'un microclimat, dont le principal avantage est d'être plus ensoleillé que partout ailleurs dans l'île. Sur environ 17 km de long se trouvent les plages de **San Agustín, del Inglés,** prolongée par la plage **del Faro** ou de **Maspalomas,** longue de 6 km et bordée de dunes.

→ Tout près, oasis de palmiers et de lagunes où l'on pratique la pêche et le canotage.

Agüimes-Maspalomas par l'intérieur, prendre en direction de Santa Lucía *(route sinueuse)* :

45 km : **Temisas★** est un beau village perdu dans les oliviers qui conserve des souvenirs de l'époque guanche.

54 km : **Santa Lucía★,** au milieu d'olivettes, de plantations d'amandiers et de palmiers. Petit restaurant très agréable avec un jardin oasis. Musée guanche *(ouv. de 9 h à 18 h)* qui conserve des objets découverts plus à l'E. dans une colline à l'allure de forteresse.

58,5 km : **San Bartolomé de Tirajana★,** dans les arbres fruitiers et les oliviers au centre d'un immense cratère au pied de falaises grises. Le cirque de montagnes a les sommets les plus élevés de l'île : **Pozo de las Nieves** (1 965 m), **Pechos** (1 961 m).

De là prendre vers le S., le **barranco de Fataga★** d'une impressionnante beauté.

66,5 km : **Fataga★,** village pittoresque accessible par une route tracée dans un décor sauvage sur des pentes brûlées et ocrées.

71,5 km : **nécropolis** guanche d'**Arteara**.
82 km : **Maspalomas** (→ ci-dessus).

Suite de l'itinéraire depuis Maspalomas (km 60/81,5) :
72/94 km : **Arguineguín**, petit village à belle plage. Pêche en haute mer. Calanques et criques.

76/98 km : **Puerto Rico**, station balnéaire très bien aménagée dans une ancienne vallée désolée devenue jardin de plantes exotiques multicolores. Sports nautiques, tennis. Port de 500 bateaux de plaisance.

81/103 km : prendre à g. pour *(1 km)* **Puerto de Mogán** (pêcheries de thon) situé au pied d'une haute falaise qui domine la mer.
Suivre vers le N. le barranco de Mogán, sauvage.

95/123 km : **Mogán**, dans une oasis d'orangers, d'oliviers et d'arbres fruitiers tropicaux.
•→ A dr., route très accidentée pour *(40 km)* Cruz de Tejeda (→ circuit du centre de l'île, km 79), rejoignant près du Roque Nublo la route de Cruz de Tejeda à San Bartolomé de Tirajana.
121/149 km : **San Nicolás de Tomentino**, à l'entrée d'un barranco où miroitent plusieurs petits lacs de barrage. Au-delà, la route, tracée à flanc de montagne, longera la côte : **vues**** splendides sur les falaises de la côte occidentale et, par temps clair, sur le pic de Teide, notamment au mirador d'Andén Verde et, plus loin, en arrivant à Agaete (route très sinueuse, mais bonne).

155/183 km : **Agaete**** (4 414 hab. ; alt. 43 m), peut-être le plus charmant village de la Grande Canarie avec ses blanches maisons à terrasses, dans une délicieuse oasis de vergers, d'orangeraies, de bananeraies, de plantations d'avocatiers, de caféiers, de papayers et de palmiers. Dans l'**église paroissiale**, retable flamand du début du xvie s.
•→ A *1,5 km,* **Puerto de las Nieves** (plusieurs petits restaurants où l'on sert du poisson frais pêché), niché au creux d'une crique d'où l'on aperçoit les hautes falaises de la côte O. de la Grande Canarie.
•→ A *5 km,* **Playa de Sardina**, accessible par une petite route passant au pied de l'énorme amas de cendres volcaniques de la Montaña de Gáldar.

165/193 km : **Gáldar*** (14 000 hab. ; alt. 123 m). — Petite ville blanche, d'aspect presque oriental, autour d'une grande **église** à dôme rouge qui aurait été construite sur le site du palais des Guanartemes ; à l'intérieur, fonts baptismaux en céramique vernissée verte, importés d'Andalousie à la fin du xve s., où, selon la tradition, furent baptisés les Guanartemes canariens devant le gouverneur Pedro de Vera. Dans l'**ayuntamiento**, dont le patio abrite un vénérable dragonnier, se trouvent des collections archéologiques et anthropologiques guanches.
•→ Grotte peinte avec d'intéressants tumuli et des restes de maisons à **El Agujero** *(ouv. de 10 h à 13 h et de 15 h à 17 h).*

169/197 km : **Guía de Gran Canaria** (13 600 hab. ; alt. 180 m), dans une riche huerta ; dans l'**église**, sculptures de José Liyán Pérez qui naquit dans une petite demeure encore visible à **Tres Palmas**, près de la ville *(accès par la route d'Arucas par la côte).*
Important centre artisanal : poteries, couteaux à manches sculptés, fromages à base de lait de chèvre et de fleurs de chardons sauvages.
•→ A g., route pour *(19 km)* **Arucas** par la côte, à travers d'immenses plantations de bananiers qui fournissent les meilleurs fruits des Canaries. Ces bananeraies furent probablement créées avec des plants introduits dans l'île par une expédition française au retour d'Indochine, en 1855, mais, en fait, le bananier fut transplanté aux Canaries dès la fin du xve s. et, de là, cette plante originaire de Malaisie fut acclimatée aux Antilles, puis sur le continent américain, au xvie s.
•→ Tout près, **monastère de Valerón**, grappe de cavernes sur un formidable auvent de laves. Ces cellules naturelles abritaient les jeunes filles guanches isolées temporairement de la communauté pour être soumises à un régime spécial, afin de

grossir à la veille de leur mariage. On pense qu'il s'agissait de silos pour emmagasiner le grain et conserver les récoltes.

175/203 km : **Moya** (8 809 hab. ; alt. 490 m) sur le rebord d'un barranco dont les flancs sont découpés en terrasses. Berceau du poète Tomás Morales.

➡ A *10 km,* **Fontanales** (source thermale), accessible par une route très pittoresque dans le barranco de la Virgen.

182/210 km : prendre à dr. pour *(3 km)* **Firgas** (source thermale dite Fuente Agria, à *4 km*) dans le barranco de las Madres. Revenir sur la route principale.

188/218 km : **Arucas*** (28 883 hab. ; alt. 240 m), l'une des plus séduisantes localités de l'île, avec de beaux jardins, au cœur d'une région où l'on cultive intensément le bananier ; église moderne (1917), inachevée. Parc municipal, véritable échantillon de plantes et de fleurs exotiques.

➡ Près de la ville, sur un cône volcanique, hôtel moderne et élégant des terrasses duquel on peut contempler une série de **panoramas*** admirables.

➡ A *6 km,* plages.

➡ Route pour **Teror** (→ circuit centre de l'île, km 21) à dr.

206/236 km : **Las Palmas,** par une nouvelle route qui offre au voyageur, de Bañaderos à Las Palmas, de beaux **points de vue*** sur la côte : falaises et criques.

Granollers

Barcelone, 22 km. — Vic, 40 km.
Alt. 146 m. — 50 000 hab. — Province de Barcelone (Catalogne).

Capitale de la comarca du Vallès Oriental, Granollers conjugue une vocation agricole à une vocation industrielle.

Sur la place du Marché, belle halle de la bourse aux céréales, la Llotja ou **Gran Porxada***, au toit de tuiles à quatre pans soutenu par quinze colonnes de pierre (1586-1587). Le **palau del Conestable** date du xve s. A visiter le **musée municipal** *(40, carrer Anselm Clavé ; ouv. du mar. au sam. de 18 h à 21 h ; de 11 h 30 à 13 h 30 les dim. et j. fériés)* installé dans un édifice contemporain (1976), dont les collections vont de la préhistoire à la peinture catalane contemporaine.

Environs. 1 — Caldes de Montbui (*10 km O. ;* 10 168 hab., alt. 205 m). — Station thermale dont les eaux, connues dès l'Antiquité pour leurs vertus curatives comme l'attestent les **thermes romains** des Ier et IIe s. que l'on peut voir, jaillissent, notamment à la Font del Lleó, à une température de 70°. Dans l'**église** paroissiale, à portail baroque du xvIII^e s., reconstitution de la sculpture romane de la Santa Majestat, détruite en 1936.

➡ A *12 km N.-O.* par une route tortueuse *(prendre à g. au km 1 de la route menant à Sant Feliu),* église romane de **Sant Sebastià de Montmajor*** (tour à la croisée du transept, abside centrale à fond plat, absides à l'extrémité des bras du transept) décorée de peintures modernes par Vila Arrufat.

➡ A *6 km S.* sur la dr., **Palau-Solità** ; à l'intérieur de l'église romane de Santa María, du xII^e s., retable gothique des Mystères du Rosaire.

2 — La Garriga (*9 km N. par la N 152 en direction de Vic ;* 8 164 hab., alt. 253 m). — Station thermale au pied de la sierra de Montseny où l'on trouve de nombreuses demeures de la fin du xIx^e s. Retable peint attribué à Huguet Vergós (xve s.) dans l'église **Sant Esteve de la Doma**, du xIII^e s., remaniée postérieurement.

➡ A *16,5 km O.,* San Felíu de Codines ; un chemin mène du village au **sanctuaire** de Sant Miquel del Fai *(5 km N.),* fondé au xᵉ s., agrandi au xvᵉ s., spectaculairement plaqué contre une paroi dans des gorges pittoresques.

3 — Sant Celoni *(21 km N.-E. en direction de Gérone ;* → Sierra du Montseny**, km 0).*

Grenade*** (Granada)

Almería, 171 km. — Cordoue, 166 km. — Madrid, 428 km.
Alt. 682 m. — 265 265 hab. — Capitale de la province de Grenade (Andalousie).

Grenade est située dans l'un des cadres les plus séduisants qui aient jamais été donnés à une ville ibérique, dans une plaine-oasis (vega), «une coupe d'argent remplie d'émeraudes et de pierres précieuses» selon l'image d'un auteur arabe, au pied de l'un des plus majestueux massifs montagneux de la Péninsule, celui de la sierra Nevada, d'où cascadent, jusqu'au pied de l'Alhambra, d'impétueux petits torrents.
La ville, depuis la vega, escalade les pentes de trois collines que l'on a comparées aux quartiers ouverts d'une grenade. La première et la moins élevée, le monte Mauror, est dominée par les Torres Bermejas, les tours Vermeilles. L'Alhambra, la prestigieuse acropole mauresque, étale sur la deuxième et la plus haute, ses merveilleux palais et jardins, protégés par la couronne crénelée de ses remparts et de ses tours. Le quartier de l'Alcazaba Cadima et celui, voisin, de l'Albaicín, où flottent encore, dans les ruelles, sur les maisons mauresques et les jardins, des parfums d'Islam, gravissent la pente de la troisième colline jusqu'au cerro de San Miguel.
Grenade est une ville qui invite à la méditation et à la contemplation de la beauté. Elle transforma en un peuple raffiné et voluptueux les rudes envahisseurs musulmans et leur culture atteint dans ce cadre une perfection originale. Le pouvoir créateur du site inspira par la suite les monarques espagnols qui, autour de la cathédrale, contruisirent à leur tour une autre Grenade, Renaissance, baroque, néo-classique.
Le climat de Grenade est agréable et tonique grâce à l'altitude. L'hiver peut être rigoureux. Mais cette rigueur ajoute à la beauté de la ville, entourée de sommets couverts de neige et brillante de givre. L'été, avec des maxima de température de 38 °C, l'ocre de la terre et des monuments prend une intensité insoutenable.

Grenade dans l'histoire

Une naissance obscure. — Connue dès le vᵉ s. av. J.-C. sous le nom d'Elibyrge, puis sous celui d'Illiberis à l'époque romaine, Grenade, qui doit peut-être son toponyme actuel au village de Gharnáta, situé sur l'une des collines comprises dans l'enceinte de la ville, n'acquiert de l'importance que sous la domination arabe. Elle sort de l'obscurité à mesure que s'affaiblit la puissance des émirs de Cordoue. A la chute de la dynastie des Omeyyades, en 1010, Zâwī ben Zīrī, le chef d'une tribu berbère émigrée en Espagne, reçoit la vega du Haut-Genil en récompense de l'aide qu'il a procurée à Sulaymān al Musta'īn pour accéder au califat.

A l'époque de la création de l'émirat ziride, la capitale de la vega est Elvira et Gharnāta (Grenade) une localité sans grande importance, habitée surtout par des juifs. Zāwī ben Zīrī préfère le site de Gharnāta, facile à défendre, difficile à investir, et remarquable par la beauté de sa vega. Dans ses Mémoires, l'émir Abd Allāh, le dernier des Zirides, affirme que les nouveaux venus « s'absorbèrent dans la contemplation de cette magnifique plaine, sillonnée de cours d'eau et couverte d'arbres. Ils admirèrent la montagne qui est maintenant la ville de Grenade et sa situation les séduisait ».

Le royaume ziride. — Il est, certes, un petit État, aux limites territoriales instables, aux moyens limités, mais ses souverains, éblouis par le souvenir que l'on conserve des fastes de Cordoue, s'attachent à embellir leur capitale. Abd Allāh (1073-1090), le dernier émir ziride, paye tribut à Alphonse VI après la prise de Tolède (1085), puis est déposé au moment de l'intrusion des Almoravides dans les affaires de l'Espagne musulmane.

La domination des Almoravides. — La dynastie des moines guerriers de al Murābitūn (Almoravides) gouverne Grenade jusqu'en 1156, date de l'intrusion des Almohades, d'autres Berbères. La domination almoravide est une longue suite de combats contre les Castillans. C'est ainsi qu'Alphonse le Batailleur peut venir à deux reprises camper en 1125 dans la vega de Grenade sans avoir cependant les moyens d'entreprendre le siège de la ville. Inālū, gouverneur de Grenade, fait alors renforcer les fortifications de l'alcazaba, mais, sommé de se rendre à Marrakech, il est destitué en 1128 après avoir été reconnu coupable d'exactions contre les mozarabes de la ville.

L'interlude almohade. — Maymūn ben Yiddar, le dernier gouverneur almoravide de Grenade, offre en 1156 sa soumission aux Almohades alors que Cordoue et Séville sont déjà entre les mains des nouveaux maîtres berbères du Maroc (Marrakech). L'intrusion de ces Berbères n'amène pas la paix à Grenade, et aux combats entre les chrétiens s'ajoutent désormais les luttes contre d'autres émirs, tels Ibn Hamuskh qui, chassé de Carmona, assaille la ville en 1162 avec la connivence des juifs et des mozarabes, mais sans succès, ou encore Muhammad ben Yūsuf ben Hūd al-Djudhāni, chef de l'insurrection des musulmans d'Espagne contre les Almohades en 1232 qui parvient à asseoir son autorité sur l'Andalousie. Assassiné en 1237, il laisse la place à Muhammad Ibn al-Ahmar qui, en 1238, fonde l'Alhambra.

Un tour de force presque miraculeux. — Après la prise de Cordoue par les chrétiens (1236), les derniers occupants de l'ancienne cité califale se réfugient à Grenade qui devient la capitale d'un émirat gouverné par la dynastie nasride jusqu'en 1492. Son fondateur, Muhammad ibn al-Ahmar, à partir de 1238 et avec beaucoup d'habileté, formé ce royaume aux dépens des Almohades et de Yūsuf ben Hūd. Muhammad doit se reconnaître le vassal du roi de Castille Ferdinand III en 1246, au moment du siège de Jaén.

L'existence, pendant deux siècles et demi environ, de cet émirat indépendant, en contact permanent avec la puissance castillane, la première en Espagne à l'époque (l'Aragon s'est trouvé un champ d'action en Méditerranée), est un tour de force diplomatico-guerrier presque miraculeux si l'on considère la relative faiblesse des ressources de ce royaume qui couvre à peine 30 000 km^2 et ne compte sans doute pas plus de 350 000 à 400 000 âmes au xve s. (le chiffre de 200 000 hab. avancé par certains chroniqueurs pour la seule ville de Grenade, également au xve s., est manifestement excessif, celui de 50 000 hab. étant sans doute beaucoup plus proche de la réalité). Cette situation précaire rend encore plus étonnante la beauté raffinée et la somptuosité des palais de l'Alhambra.

L'un des facteurs de la survie du royaume de Grenade réside dans la mise en valeur de ses terres arables, où l'on produit le blé, l'orge et le millet, en quantités d'ailleurs insuffisantes, et de ses vergers comme de ses jardins, où l'on récolte des légumes et des fruits qui, grâce à l'exportation, compensent le découvert en céréales, produits de base de la consommation intérieure, en même temps qu'ils contribuent au grand renom des horticulteurs grenadins. On exporte également la canne à sucre produite dans les petites plaines côtières de Motril et d'Amuñecar, le safran de Baza, les vins et les raisins secs de Malaga. La production des fils de soie, surtout importante dans les régions de Ronda, de Malaga et des Alpujarras, est commercialisée à Grenade, Malaga et Almería, et alimentent le commerce extérieur et l'industrie locale des soieries.

Grenade est une cité où les arts, les lettres et les sciences sont prisés comme dans peu d'États à cette époque.

Une agonie d'un siècle. — Des dissensions continuelles dans la famille régnante, des rivalités entre familles aristocratiques minent l'émirat et amoindrissent ses capacités de résistance. L'agonie de cet infortuné royaume se prolonge pendant presque tout le XVᵉ s. et sa fin tragique a souvent été contée par les historiens et les romanciers.

La fin d'une civilisation. — Sous le règne d'Abū'l Hassan Ali (1464-1485) commence la guerre qui devait être décisive. La phase finale des hostilités commence en fév. 1482 par la prise d'Alhama de Granada, d'où les chrétiens peuvent menacer en permanence la route vitale qui relie Grenade à Malaga. L'émirat est alors secoué par une grave crise interne qui met aux prises le parti des Zegris, soutenant l'émir Abū'l Hassan Ali, et le parti des Abencérages, partisans du prince héritier Boabdil (Muhammad XII). Celui-ci est proclamé roi à Grenade, mais son père et son oncle Az Zaghal restent maîtres de Malaga et d'Almería. On a sans doute beaucoup exagéré l'importance de ces dissensions, certainement très graves mais qui, face au désir des Rois Catholiques d'en finir une fois pour toutes avec le royaume de Grenade, ne changent rien à son destin. La guerre, menée jusque-là pendant deux siècles et demi, sous la forme de rapides chevauchées, de coups de main et de pillages, rarement de véritables batailles en rase campagne, change de caractère. Avec des moyens financiers singulièrement accrus, elle devient méthodique et consiste à faire tomber les unes après les autres les forteresses et les places fortes tenues par les Maures, sans coup d'éclat, mais avec obstination. En trois campagnes, exécutées en 1485, 1486 et 1487, le territoire du royaume de Grenade est pratiquement réduit à sa seule capitale. La première amène la chute de Ronda et de sa région montagneuse, véritable forteresse naturelle qui forme l'un des principaux points d'appui du royaume. En 1486, la vega de Grenade devient le principal objectif des attaques des Rois Catholiques. En 1487, Malaga tombe à son tour, au prix d'un siège particulièrement sanglant. Serrée de près, coupée de ses sources d'approvisionnement, Grenade ne peut plus résister. Un acte de reddition est signé par Boabdil en nov. 1491, mais ne devient effectif que dans la nuit du 1ᵉʳ au 2 janvier 1492 avec l'entrée des troupes chrétiennes dans l'Alhambra et les autres forteresses de Grenade, sans combats.

Grenade n'en reste pas moins un centre d'art et de culture et la Renaissance y laisse des marques indélébiles. Mais la répression féroce de la révolte des morisques des Alpujarras et du quartier de l'Albaicin entraîne la ruine des campagnes environnantes et de nombreuses expulsions, en 1570 et 1571, notamment en Castille où ils sont disséminés jusque dans les villages, proportionnellement à la population locale, mais ils se regroupent dans les villes où ils ont tendance à accaparer certains petits métiers. Connus sous le nom de granadinos, ils font figure d'étrangers à cause de leurs vêtements et surtout de leur langue. En 1609, un décret ordonne l'expulsion définitive de ceux qui sont restés dans le royaume de Grenade, aussi bien ceux qui sont restés fidèles à leur religion que ceux qui ont été contraints d'adopter le christianisme, et que l'on connaissait sous le nom de moriscos depuis la conversion générale de 1502.

Ils sont nés à Grenade. — Fray Luis de Granada (1504-1588), l'un des premiers prosateurs du Siècle d'Or ; Diego Hurtado de Mendoza (1503-1575), historien et humaniste ; Alonso Cano (1610-1667), peintre, sculpteur et architecte ; Eugénie de Guzmán y Portocarrero (1826-1920), qui épouse Napoléon III en 1853 ; Angel Ganivet (1865-1898), romancier et philosophe ; Federico García Lorca (1895-1936), poète et dramaturge, qui y est fusillé (le 20 août) peu après le début de la guerre

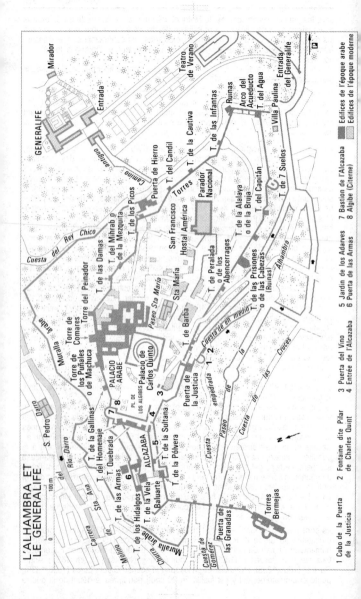

L'ALHAMBRA ET LE GENERALIFE

0   100 m

1 Cubo de la Puerta de la Justicia
2 Fontaine dite Pilar de Charles Quint
3 Puerta del Vino
4 Entrée de l'Alcazaba
5 Jardin de los Adarves
6 Puerta de las Armas
7 Bastion de l'Alcazaba
8 Algibe (Citerne)

■ Edifices de l'époque arabe
▨ Edifices de l'époque moderne

civile, victime d'une sordide vengeance, avec l'assentiment du gouverneur civil, le général nationaliste Valdés.

Fêtes. — La principale fête est celle du Corpus ou Fête-Dieu ; elle dure du mercredi au dimanche et comporte de belles cérémonies religieuses à la cathédrale (où est alors exposée la grande custode d'argent massif), une grande procession, précédée des massiers de la ville et de figures grotesques, des concerts et des bals en plein air, des concours musicaux et littéraires (représentations dans le palais de Charles Quint, à l'Alhambra). Chaque année, vers la fin juin et le début de juillet, se déroule un festival international de musique et de danse (dans les jardins de Generalife). La semaine sainte est aussi l'occasion de belles cérémonies (procession nocturne de Santa María de la Alhambra).

Pour l'anniversaire de la prise de Grenade par les Rois Catholiques, a lieu une procession civile et militaire, avec la bannière royale, et la cloche de la tour de la Vela sonne sans arrêt depuis le 1er janvier à midi jusqu'au 2 au soir. Le 1er février se célèbre la fête de San Cecilio, patron de la ville (fêtes populaires). Le dernier dimanche de septembre, on célèbre la fête de Nuestra Señora de las Angustias (procession). Enfin, le 29 septembre, a lieu la foire de San Miguel qu'accompagne une romería populaire avec la participation des gitans, et procession à l'ermitage del Santo Angel (San Miguel et Alto).

Gastronomie. — Les spécialités de Grenade sont succulentes : tortilla sacromonte (omelette de légumes, cervelle et testicules de taureau), fèves au jambon, queue de taureau, perdrix et sanglier. Les couvents élaborent de bonnes pâtisseries (mostachones, roscos de anís, cocadas, mazopán...).

Visite de la ville

Le plan I se trouve dans les pages couleur au milieu de l'ouvrage.
Deux jours à Grenade. — *Le premier, vous visiterez, le matin, l'**Alhambra*** ***, et le **Generalife***** (section 1) et, l'après-midi, la **cathédrale***** et les quartiers centraux de la ville basse (section 2). Le deuxième jour, après la visite des églises — San Juan de Dios* et San Jerónimo* surtout (section 3) —, si vous vous proposez de ne voir que l'essentiel, vous parcourrez, à pied, le pittoresque quartier de l'Albaicín* (section 4). L'après-midi, vous vous rendrez à la **Cartuja*** (section 5) et sur le **Sacro Monte*** (section 6) en fin de soirée, en intercalant, si vous désirez visiter en détail, la promenade suivante (section 7). Dans les environs, une excursion d'une demi-journée à la **sierra Nevada***** est vivement recommandée.*

1 — L'Alhambra et le Generalife***

A mi-hauteur de la **cuesta de Gomérez** *(plan couleur I, BC4),* accessible aux autos, un arc de triomphe dit **puerta de las Granadas** *(plan couleur I, C4)* marque l'entrée de l'acropole grenadine du temps des Nasrides. Construit au XIVe s. sur le site de l'ancienne porte arabe de Bâb al-Auar, il est orné, sur le couronnement extérieur, des armes de Charles Quint et de trois grenades ouvertes.

A dr., les **Torres Bermejas** (→ plan de l'Alhambra), les tours Vermeilles, érigées au XIe ou XIIe s., donc avant la construction de l'Alhambra, renforçaient une muraille dans laquelle était percée la porte. L'**alameda de la Alhambra**, qu'empruntent les voitures, traverse un frais vallon, planté d'ormes magnifiques et ruisselant d'eaux courantes. Ces superbes frondaisons furent établies après la prise de la ville car, pour des raisons défensives évidentes, les pentes de la colline de l'Alhambra étaient dénudées au temps de l'émirat de Grenade.

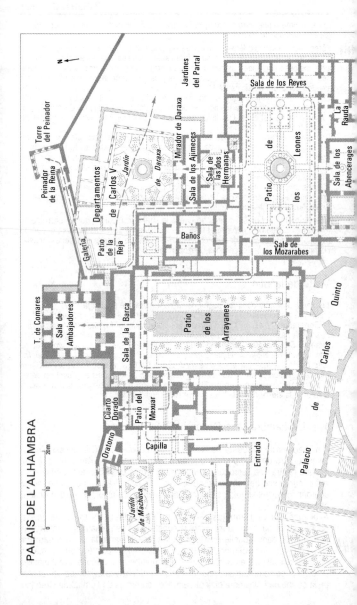

PALAIS DE L'ALHAMBRA

20m
10
0

Torre del Peinador

Peinador de la Reina

Galería

Departamentos de Carlos V

Jardín de Daraxa

Jardines del Partal

Mirador de Daraxa

Sala de los Ajimeces

Sala de las dos Hermanas

Sala de los Reyes

Patio de los Leones

La Rauda

Sala de los Abencerages

Patio de la Reja

Baños

Sala de los Mozarabes

T. de Comares

Sala de Ambajadores

Sala de la Barca

Patio de los Arrayanes

Quinto

Cuarto Dorado

Patio del Mexuar

Capilla

Entrada

Oratorio

Jardín de Machuca

Carlos

de

Palacio

Immédiatement après la puerta de las Granadas, un chemin réservé aux piétons (cuesta empedrada, → plan de l'Alhambra) gravit la pente pour donner accès à la puerta de la Justicia (→ ci-après). Ce séduisant et frais chemin ombragé passe devant une fontaine dite **Pilar de Carlos Quinto** *(plan 2 Alhambra),* aménagée en 1545 d'après un dessin de Pedro de Machuca, mais qui fut défigurée lors d'une réparation en 1624.

Pour respecter un sens interdit, les automobilistes prendront à dr. au 2e rond-point, en passant ainsi par le **campo de los Martires**, ancien couvent fondé en 1573 et dont saint Jean de la Croix fut le prieur de 1582 à 1588 ; tout près, le **carmen de los Catalanes** conserve les silos où les Maures enfermaient leurs prisonniers chrétiens.

Puerta de la Justicia*. — Entrée monumentale qui, par son aspect, rappelle que l'Alhambra fut une forteresse en même temps que la résidence des émirs. Elle est percée dans une puissante tour érigée en 1348 sous le règne de Yûssuf Ier (1333-1354).

Un arc outrepassé, d'une majestueuse portée et à la clef duquel est sculptée une main, précède un arc plus petit (notez une clef sculptée). Les cinq doigts de la main ouverte correspondent aux principes fondamentaux de la loi mahométane : l'unité de Dieu, la prière, l'aumône, le jeûne et le pèlerinage à La Mecque ; la clef représente les pouvoirs qu'Allah donna au Prophète d'ouvrir et de fermer les portes du Ciel.

Le second arc conserve sa porte à deux vantaux garnis de clous, dont la serrure et les verrous sont de curieux spécimens de ferronnerie arabe.

Remarquez ensuite la **puerta del Vino**, percée dans la seconde enceinte et ainsi dénommée parce qu'elle était située, au XVIe s., près d'un dépôt de vins. Elle fut construite sous le règne de Muhammad V (1354-1359 et 1362-1391). Cette porte est située à l'entrée de la **plaza de los Algibes** (des Citernes), que domine, à g., la muraille de l'Alcazaba. Cette place doit son nom à l'existence, en sous-sol, d'immenses citernes du XVIe s.

Vous vous dirigerez ensuite vers la dr., de manière à laisser sur votre dr. le palais de Charles Quint, que vous visiterez plus tard et, à g., la forteresse de l'Alcazaba. Vous atteindrez ainsi l'entrée des palais arabes

Alhambra*** ou alcázar de la Alhambra. — L'Alhambra (la Rouge, en arabe) est l'ultime floraison de l'art musulman en Espagne. C'était une véritable cité royale avec ses palais, ses bâtiments administratifs, ses casernes de gardes, ses logis, pour quelques-uns des hauts dignitaires du royaume, le personnel nécessaire au service ou à l'entretien de tous ces édifices, mais encore avec ses boutiques, ses ateliers, des bains et une grande mosquée. Cet ensemble est l'expression d'un art merveilleux et sublime mais qui, au temps où il fut érigé (XVIe s. en majeure partie), perpétuait pieusement les formules architecturales et décoratives déjà anciennes, sans les renouveler, essentiellement en raison de l'isolement de la Grenade maure alors que les autres grandes cités de l'Espagne musulmane étaient déjà retombées au pouvoir des chrétiens. Les derniers souverains arabes, ceux du XVe s., trop pauvres pour se permettre de bâtir d'autres palais ont, par la force des choses, maintenu en l'état cet ensemble de constructions que les Rois Catholiques puis les souverains de la maison d'Autriche eurent à cœur eux aussi de préserver, avant leur abandon momentané, au XVIIIe s., sous les Bourbons. Ajoutons que l'Alhambra est le seul palais du monde arabe du Moyen Age qui nous soit parvenu intact et ceci en fait un joyau d'une valeur inestimable.

L'Alhambra dans l'histoire. — Le nom d'Alhambra apparaît pour la première fois à la fin du IXe s., pour désigner une petite forteresse où les partisans de l'émir omeyyade Abdallāh se réfugient pour échapper aux paysans révoltés de la vega de Grenade. Cette forteresse, bâtie sur une partie de l'actuelle Alhambra, est sans doute abandonnée à la chute du califat omeyyade de Cordoue, puis elle est reconstruite entre 1052 et 1056 par le vizir juif Samuel ben Nigrello sous le règne de l'émir ziride Bahïs (1038-1073).

Les premiers travaux d'aménagement de la cité royale débutent quelques mois après la prise de Grenade par Muhammad Ibn al-Ahmar, en mai 1238, avec la construction d'un aqueduc et, sans doute, de la muraille d'enceinte. Celle-ci et les premiers bâtiments palatiaux ne sont probablement pas terminés avant le règne de Muhammad II (1273-1302), mais ils sont agrandis par les souverains suivants, notamment par Yūsuf Ier (1333-1354) qui fait élever la tour des Comares et les appartements autour de la cour des Myrtes. La cour des Lions et le reste du palais sont attribués à son fils, Muhammad (1354-1359 et 1362-1391).

Après la prise de Grenade, le 2 janv. 1492, les Rois Catholiques font restaurer l'Alhambra, puis Charles Quint fait élever un palais à côté des bâtiments arabes. Jusqu'en 1700 environ, on ne cesse de faire des réparations au palais arabe, puis il est laissé en un triste état jusque vers 1830. Depuis 1862, surtout, de grands travaux de restauration ont été exécutés et ne sont pas encore achevés, c'est ainsi que l'on propose de reconstituer l'entrée nasride du palais.

Visite : de 10 h à 17 h 30 d'oct. à avr., de 9 h à 18 h en mai, de 9 h à 19 h de juin à sept. ; accès payant (l'entrée au Generalife est comprise dans le prix du billet de l'Alhambra) ; entrée gratuite le dim. à partir de 14 h 30, mais les appartements de Charles Quint et le musée des beaux-arts sont fermés. Pour les visites de nuit de l'Alhambra illuminé, se renseigner au (958) 22.75.27.

Les **palais** proprement dits se composent de deux ensembles de constructions qui s'ordonnent autour de la cour des Myrtes (patio de los Arrayanes) et de la fameuse cour des Lions. Ces deux cours sont les éléments fondamentaux des deux corps de bâtiments formant comme un monde clos. Les salles de réception étaient au rez-de-chaussée et les salles d'habitation à l'étage, assez largement ouvertes elles aussi vers l'extérieur par des baies et des miradors, chose inhabituelle en Orient, mais licite ici, en raison de la situation prééminente de la colline de l'Alhambra.

Vous visiterez en premier lieu le groupe de la cour des Myrtes construit par Yūsuf Ier (1333-1354), qui est précédé d'un vestibule du Méchouar et d'un petit patio (l'itinéraire suivi pour la visite est tracé sur le plan des palais).

La **salle du Méchouar**, ou salle du Conseil, fut transformée sous Charles Quint et convertie en chapelle en 1629. Une restauration récente a permis de découvrir quelques traces de la polychromie originale *(à dr.).* Cette salle est décorée d'**azulejos** sévillans et de plâtres sculptés du temps de Muhammad V, complétés au XVIe s. (les devises de Charles Quint s'y mêlent aux inscriptions arabes). Au fond, petit oratoire dont le décor de plâtres sculptés est une reconstitution.

De là, vous passerez dans la **cour du Méchouar** pavée de marbre. A g., le **Carto dorado** (Chambre dorée), dont la décoration fut refaite au début du XVIe s. ; à dr., le **Cuarto de Comares**, à l'entrée du sérail, dont la magnifique façade*, enluminure de plâtre sculpté et d'azulejos percée d'élégantes fenêtres, est protégée par un large auvent, chef-d'œuvre de l'ébénisterie arabe.

Par une porte percée à dr. dans la cour du Méchouar, vous atteindrez la **cour des Myrtes**★★ (patio de los Arrayanes), où deux gracieux portiques se mirent dans un long bassin. Cette cour est dominée par l'imposante masse de la **tour** de Comares, puissant bastion de 45 m de haut percé de meurtrières et couronné de créneaux. De ce côté s'ouvre la **salle de la Barque** (de la Barca) ou de la Baraka (la bénédiction, en arabe), au plafond en bois de cèdre, en forme de carène de navire, qui servait d'antichambre à la **salle des Ambassadeurs****, la plus grande du palais

Construite par Yūsuf Ier, elle servait de salle du trône où l'émir recevait les émissaires étrangers. Elle forme un carré parfait de 11 m de côté avec une hauteur sous plafond de 18 m. Elle est éclairée par de nombreuses fenêtres, dont trois sont géminées. La coupole en bois de cèdre présente une variété infinie de dessins. Les murs sont entièrement revêtus de fins entrelacs, d'arabesques où l'épigraphie arabe révèle ses prodigieuses ressources plastiques à l'aide d'inscriptions reproduisant des versets du Coran ou des éloges adressés au prince qui fit bâtir cette salle ou encore à la devise des Nasrides : « Allah seul est vainqueur ». Les embrasures ouvertes dans les épais murs de la tour forment de véritables petites chambres dont l'une, faisant face à la porte, recevait le trône, ainsi que l'attestent les inscriptions qui la décorent.

De retour dans la cour des Myrtes, remarquez la galerie à l'autre extrémité du bassin : elle est surmontée d'un étage qui aurait abrité le harem et d'une autre galerie à arcades fermées par des jalousies.

A g., la **salle des Mozarabes** (au plafond, éléments de la décoration originale) sert de transition entre la cour des Myrtes et la **cour des Lions***** (patio de los leones), un des plus précieux monuments d'art arabe d'Espagne ; la célèbre **fontaine aux Douze Lions***, contraste, par sa rusticité, avec la grâce de miniature raffinée du cadre environnant ; elle a été construite au XIVe s. avec des lions, plus anciens, d'origine inconnue.

La cour des Lions, comble du raffinement d'un art délicat, construite à partir de 1377 sous le règne de Muhammad V, est entourée de galeries aux colonnettes de marbre blanc d'une grâce irréelle supportant des arcatures, revêtues d'une fine dentelle et enrichies de stalactites dans les deux pavillons qui se font face, d'une extrémité à l'autre de la cour. Galeries et pavillons sont couverts de toitures de tuiles vernissées vertes formant de larges auvents protégeant une frise en bois de cèdre. Au-dessus de lambris de faïence émaillée, les murs sont eux-mêmes couverts de guipures de stuc d'une délicatesse et d'une variété extrêmes, exécutées au moule selon une technique mise au point au XIIIe s., peut-être à Grenade. Pavillons et galeries offrent intérieurement un ravissant ensemble d'arc à stalactites, de petites voûtes, de niches et colonnettes soutenant des plafonds ouvragés.

La **salle des Abencérages***, où, selon la légende, Boabdil fit assassiner plusieurs membres de cette célèbre famille grenadine, comporte une admirable **coupole** à pendentifs de stalactites, d'une richesse décorative sans égale. Vous remarquerez encore les vantaux des portes en bois de mélèze, ornés de motifs en relief et d'une marqueterie de bois précieux.
A l'angle formé par cette salle et la suivante se dresse la tour de la Rauda.

La **salle des Rois**** (sala de los Reyes), ou salle du Tribunal, est ornée de précieux arcs à stalactites et de coupoles en demi-sphère comme des géodes éclatées révélant leurs cristaux de quartz.

Aux voûtes des trois alcôves de la paroi du fond, notez les peintures sur cuir, en cours de restauration, médiocres mais intéressantes en raison de la rareté des représentations figuratives dans l'Alhambra ; datant de la fin du XIVe s., elles furent sans doute exécutées par des artistes chrétiens de Séville. Au centre, dix personnages représentent peut-être les membres de la dynastie nastride qui se succédèrent sur le trône de Grenade et le héros éponyme de cette lignée ; à dr. et à g., scènes de romans de chevalerie. A g., à l'entrée du mirador qui s'ouvre sur les jardins extérieurs (ceux du Partal), les deux colonnes engagées ont conservé leur revêtement primitif d'azulejos à reflets métalliques.

La **salle des Deux Sœurs**** (sala de las Dos Hermanas), sur le quatrième côté de la cour des Lions, l'une des plus belles de l'Alhambra, fut probablement la résidence des sultanes.

Dans cette salle, qui doit son nom aux deux grandes dalles de marbre blanc, parfaitement jumelles, que l'on peut y voir, la décoration des soubassements en **azulejos**, la merveilleuse **décoration de stucs** et la magnifique **coupole à stalactites** sont d'une grâce irréelle. La fenêtre en face de la porte conserve sa grille de bois tourné (moucharabieh) d'origine, la seule qui existe dans ce palais.

Vous pénétrez ensuite dans la **salle des Ajimeces** (salle des fenêtres à meneaux), au plafond orné de stalactites, puis dans le **mirador de Daraxa***, petite salle au plafond artesonado à claire-voie, d'où l'on découvre un jardin intérieur, avant de passer dans les **appartements de Charles Quint** en prenant à g. Au-delà d'un premier salon, vous atteindrez une salle où une plaque rappelle que Washington Irving écrivit en ce lieu ses contes de l'Alhambra, en 1829.

De là, vous gravirez trois marches qui donnent accès à une véranda d'où l'on découvre le patio de la Grille (de la Reja) ou des Cyprès ; elle doit son nom à une grille placée à la partie supérieure en 1654-1655. Sur cette galerie s'ouvre le **boudoir de la Reine*** (peinador de la Reina), petite salle-mirador au sommet d'une tour de l'enceinte. Elle est ornée de peintures (Expédition de Charles Quint contre Tunis : 1539-1546), de Julio de Aquiles et d'Alexandre Mayner, disciples de Raphaël. De cette pièce, battue par les vents, on découvre une **vue*** splendide sur le vallon du Darro, en contrebas.

Vous descendrez ensuite dans la **cour de la Grille** (patio de la Reja), puis dans le **jardin de Daraxa***, vestige de l'ancien jardin intérieur du palais où, au milieu des parterres de buis, apparaît une **fontaine** (1626) dotée d'une grande vasque mauresque en forme de conque. En sous-sol, visitez le **hammam*** datant du règne de Yūsuf Ier (1333-1354). Le décor d'azulejos arborant le monogramme de Charles Quint, dans le salon du repos, fut restauré au XIXe s.

A la suite de ce salon viennent quatre salles dont les voûtes sont percées de petites ouvertures étoilées, jadis obstruées par des plaques d'albâtre puis par des verres teintés, qui dispensaient de minces filets de lumière. Dans les hammams, ou bains arabes, on retrouve à peu près les mêmes divisions que dans les thermes romains, c'est-à-dire un tepidarium ou salle tiède et un caldarium ou salle chaude, munie ici de deux grandes cuves de marbre. Sous le mirador de Daraxa se trouve la **salle des Secrets** où, par un effet d'acoustique, on perçoit dans un angle les paroles prononcées à voix basse à l'angle opposé.

Du jardin de Daraxa, vous irez visiter les **jardins du Partal** qui s'étendent en direction de l'extrémité orientale du plateau supérieur de l'Alhambra, à l'ombre des puissants remparts. Au-delà d'un grand bassin, à g., la **torre de las Damas**, construite par Yūsuf Ier, est précédée d'un portique à plafond et coupole artesonados. Les deux lions placés en bordure du bassin proviennent d'une fontaine du palais arabe de la Monnaie, autrefois situé dans l'Albaicín (1365-1367). Peu après, à g. au pied de la **torre del Mihrab** (tour du Mihrāb), se trouve une petite mosquée datant du règne de Yūsuf Ier.

Remarquez ensuite la **torre de los Picos** (tour des Pics), couronnée de merlons pointus, qui défendait la puerta de Hierro (porte de Fer), construite au temps des Rois Catholiques, dont elle porte les armes. Gravissez ensuite l'escalier *(à dr.)* qui longe le rempart à la hauteur du chemin de ronde, mais dans les jardins. Vous atteindrez ainsi la torre del Cadí (tour du Juge), la **torre de la Cautiva** (tour de la Captive), richement décorée au temps de Yūsuf Ier, puis la **torre de las Infantas** (tour des Infantes), ornée, intérieurement, au temps de Muhammad VII (1392-1408), où la décadence de l'art monumental grenadin se manifeste déjà.

Un chemin de ronde qui part de la tour des Infantes passe sous l'entrée de la tour de la Captive, longe la tour du Juge et mène aux écuries du marquis de Mondéjar. Vers l'extrémité orientale de l'enceinte, on pourrait encore voir la **torre del Agua** (tour de l'Eau), située près du terminus de l'aqueduc amenant les eaux du Darro à l'Alhambra, et la **puerta los Siete Suelos** (porte des Sept Étages), par laquelle, dit-on, Boabdil sortit de l'Alhambra, et qui est restée murée depuis la Conquête.

De la tour des Infantes, vous reviendrez sur vos pas jusqu'au bassin, de manière à sortir des jardins du Partal pour vous rendre au palais de Charles Quint. Vous passerez ainsi devant l'**église Santa María** *(ouv. de 9 h à 13 h et de 15 h à 18 h)*, construite de 1581 à 1618 par Juan de Herrera, sur l'emplacement de la mosquée royale.

De là, en suivant le **paseo de Santa María**, qui laisse à g. les ruines de la Rauda, ancien panthéon des rois maures, vous arriverez au **couvent de San Francisco**, fondé en 1495, partiellement reconstruit au xviie s., qui abrite le parador national.

◤◢ Palais de Charles Quint*. — Resté inachevé, il fut construit à partir de 1526 par Pedro Machuca dans le style de la Renaissance italienne que cet architecte avait pu étudier lors d'un séjour à Rome. A sa mort, en 1550, les travaux furent poursuivis par son fils Luis († 1572), se ralentirent, puis furent stoppés au xviie s.

Il se dresse sur un plan carré de 63 m de côté dans lequel est inscrite une vaste cour circulaire à deux étages de galeries dont la première, d'ordre dorique, fut achevée en 1568 et la seconde, d'ordre ionique, en 1616. Du côté de la plaza de los Algibes et du côté de la puerta de la Justicia, il s'ouvre par deux beaux portails sculptés ; la partie inférieure du premier, exécutée de 1551 à 1563, est ornée de reliefs par Juan de Orea et Antonio de Leval, tandis que la partie supérieure fut achevée de 1586 à 1592 d'après les dessins de Juan de Nijares ; la partie inférieure du second est décorée, en haut (1538) de sculptures par Nicolao da Corte. La chapelle octogonale, dans l'angle situé près de la cour des Myrtes, devait être coiffée d'un dôme qui resta à l'état de projet. Elle renferme un retable monté avec les marbres d'une cheminée achetée à Gênes en 1546 (au centre, Épiphanie, peinture assez médiocre de 1630 ; celle-ci voisine assez curieusement avec deux caryatides figurant des satyres, des statues de nymphes et des bas-reliefs représentant Jupiter et Léda, qui ornaient la cheminée). Remarquez la tribune des musiciens, en bois doré aux armes des Bourbons.

◼ Musée des Beaux-Arts*. — Il est logé au 1er étage du palais de Charles Quint, et propose un excellent panorama de l'école de peinture grenadine.

Visite : de 10 h à 14 h en sem. et de 10 h à 13 h les dim. et j. fériés ; accès payant ; le billet est également valable pour la visite du musée archéologique provincial et vice versa.

Salle I. — Peintures et sculptures de la fin du xve et du xvie s., en majeure partie de l'école grenadine. Vous remarquerez plus particulièrement les œuvres de Juan de Aragón (Christ à Colonne et Repentir de saint Pierre ; *22*), peintre maniériste de la seconde moitié du XVIe s. ; de Roberto Alemán (**Vierge à l'Enfant***, du XVe s., l'une des plus belles sculptures gothiques de Grenade ; *2*), de Iacopo l'Indaco (**Mise au Tombeau***, *3 ;* au fond de la salle), de Francisco Sánchez (saint Jean Baptiste ; seconde moitié du XVIe s.), de Diego de Siloé (médaillon sculpté de saint Jean et **relief de la Vierge à l'Enfant*** ; *5*).

Au fond à dr. de la salle I s'ouvre une alcôve où est exposé le **triptyque du Grand Capitaine**** exécuté par le maître émailleur Léonard Pénicaud (v. 1470-v. 1542), dit Nardon, de Limoges.

Salle II. — Vous y pénétrez en franchissant un grand arc sculpté, œuvre dessinée par Diego de Siloé, mais exécutée par Juan de Maeda. Outre une peinture de fray Juan Sánchez Cótan (Couronnement de la Vierge ; *38 ;* Prière sur le mont des Oliviers), remarquez les stalles sculptées du couvent de Santa Cruz la Real, par Juan de Orea* (1re moitié du XVIe s. ; *17-37*).

Salle III. — Œuvres de fray Juan Sánchez Cótan, de la chartreuse de Grenade.

Fray Juan Sánchez Cótan (1560-1627). — Originaire d'Orgaz, près de Tolède, formé dans cette ville par Blas del Prado, il entre en religion, dans l'ordre des chartreux, en 1603. En 1612, il arrive à la chartreuse de Grenade, où il exécute de nombreuses toiles pour le réfectoire, le cloître et les cellules de ce monastère, jusqu'à sa mort. Précurseur du ténébrisme (il inspire sans doute Zurbarán dans la réalisation des tableaux de la chartreuse de Séville), il est également attiré par un archaïsme gothicisant. Il est l'un des plus grands peintres de natures mortes d'Espagne avec Zurbarán.

Salle IV. — Œuvres d'artistes madrilènes et andalous du XVIIe s., mais aussi de Vicente Carducho (Consécration de saint Anselme ; *10*), un peintre italien qui s'hispanisa principalement au contact de fray Juan Sánchez Cótan.

Salle V. — Peintures d'Alonso Cano (**Vierge à l'Enfant*** ; *8 ;* **Saint Bernardin de Sienne et saint Jean de Capistrano*** ; *9*), Pedro de Moya, Pedro Anastasio Bocanegra, et sculptures de Pedro de Mena (Dolorosa et Ecce Homo, à g.) et d'Alonso Cano (**tête de saint Jean de la Croix*** ; *1*), qui exécuta, en collaboration avec Pedro de Mena, quatre statues de grande taille disposées dans les angles.

Alonso Cano (1601-1667). — L'un des artistes les plus doués de sa génération fut architecte (formé par son père), peintre (élève de Pacheco vers 1616) et sculpteur (élève de Juan Martinez Montañés vers 1620) ; il naît à Grenade, travaille à Séville et à la cour de Madrid, où il est appelé par le duc d'Olivarés. Après avoir perdu sa seconde femme, assassinée dans des conditions restées mystérieuses, en 1644, il se retire à la chartreuse de Porta Coeli, près de Valence, entre en religion, en 1658, et achève sa carrière dans la solitude et la pauvreté. Son œuvre sculptée compte parmi les plus importantes de son temps. On lui doit un grand nombre de sculptures religieuses et c'est dans cet art qu'Alonso Cano semble avoir le mieux exprimé sa personnalité, orientée vers la recherche d'une perfection esthétique dans le plus pur esprit de la Renaissance. Dans son œuvre peinte, qui fut très estimée de ses contemporains, A. Cano marche pour ainsi dire à contre-courant de l'école grenadine de son temps, inspirée par la peinture baroque flamande et plus spécialement par Rubens, en manifestant un penchant très vif pour un hyperténébrisme qui, cependant, s'atténue vers la fin de sa vie, sans doute sous l'influence de la peinture italienne, notamment du Titien et de Véronèse, ou encore d'un autre peintre, flamand celui-là, Van Dyck.

Salles VI et VII. — Peintures de fray Juan de Sevilla (1643-1695) et de Pedro Anastasio Bocanegra (1638-1689).

Le premier, fin coloriste, est formé par Francisco Alonso Arguello, influencé par Pedro de Moya, mais surtout par la peinture flamande, et Rubens en particulier ; le second, à la sensibilité plus délicate, s'inspire surtout de l'œuvre d'Alonso Cano.

Dans cette même salle, notez encore une Mater Dolorosa en bois polychrome de Diego de Mora et, du même sculpteur, un buste du Christ.

Salle VIII. — Peintures de José Risueño (1665-1732). Notez encore une crèche du milieu du XVIIIe s., travail andalou en bois polychrome et, dans le même style, un Portement de croix.

Salle IX. — Peintures de Luis de Madrazo et de Federico de Madrazo, et sculptures du XIXe s.

Salon de la cheminée italienne. — Peintures des XVIIe et XVIIIe s. et cheminée du XVIe s., en marbres de diverses couleurs, achetée à Gênes en 1546 pour décorer le palais de Charles Quint. Tapisseries de Bruxelles.

Salles X et XI. — Peintures et sculptures du XIXe s. et du début du XXe s.

Dans un dernier salon sans numéro, œuvres d'artistes grenadins du XVIIe s., notamment de fray Juan Sánchez Cótan (Adoration des bergers ; *1*), de Pedro Anastasio Bocanegra (Annonciation ; *10*), de José de Cieza (les Marchands chassés du Temple ; *2*).

■ Le rez-de-chaussée du palais, en cours de restauration, abritait un musée d'art hispano-musulman avec de belles collections de chapiteaux, de panneaux de plâtre sculpté, de travaux d'ébénisterie, de céramique, etc., ainsi que le magnifique **vase de l'Alhambra**★, l'un des plus beaux et des plus rares spécimens de la céramique hispano-mauresque du XIVe s., de 1,36 m de haut et 2,25 m de circonférence, couvert d'ornements et d'inscriptions en bleu rehaussé d'or se détachant sur un fond d'un blanc jaunâtre. Il y avait également une vasque datée de 1305, taillée dans un seul bloc de marbre et ornée de lions chassant d'autres animaux. Ces collections seront à nouveau présentées après l'achèvement des travaux de restauration.

A partir de la plaza de los Algibes, vous visiterez l'**Alcazaba,** la partie la plus ancienne de l'Alhambra, qui est une forteresse construite au XIIIe s. Les tours, autrefois au nombre de 24, sont reliées par une courtine de la même époque, mais qui fut restaurée au XVIe s. A l'extrémité N. du front E. (du côté de la plaza de los Algibes), un bastion, dit cubo, fut ajouté en 1589.

Du haut de la **tour de la Vela,** près de l'éperon naturel formé par la colline de l'Alhambra, admirable panorama sur la ville, le palais de l'Alhambra, le Generalife et les sierras environnantes, ainsi que sur le chantier de fouilles à l'intérieur de l'Alcazaba.

Generalife★★ *(plan couleur I, D4).* — Le Djennan al Arif (jardin des Élevés, c.-à-d. de ceux qui détiennent de hautes charges) des Maures était une résidence de campagne des émirs de Grenade, dont on sait seulement qu'elle fut décorée en 1319 sous le règne d'Ismaïl Ier (1314-1325). Elle se compose de plusieurs corps de bâtiments, d'une architecture fort simple, mais souvent remaniée depuis la prise de la ville par les chrétiens. Le charme du Generalife ne réside pas dans ces constructions, mais bien dans ses merveilleux jardins andalous, aux bassins et aux canaux où fusent des jets d'eau.

Les jardins du Generalife, comme ceux de l'Alhambra, sont des créations évolutives. Ils ont été renouvelés depuis la chute de Grenade, non sans avoir été longtemps en friche, mais ils l'ont été dans le respect d'une tradition dont les origines sont très lointaines et remontent probablement à la Perse achéménide (VIe s. av. J.-C.). Pour les musulmans, le jardin pourrait à la limite apparaître comme une fondation pieuse, dans le mesure où il répond à l'idée que se font les croyants du Paradis, décrit avec tant de précision dans le Coran. Au moment de la conquête du plateau iranien, au VIIe s. de notre ère, les Arabes trouvèrent dans la Perse sassanide des modèles d'une identité d'autant plus parfaite avec le Paradis coranique que, venant du désert, ils découvraient des créations royales d'une ampleur et d'une beauté sans doute saisissantes. Ces modèles (où l'architecture était essentiellement constituée par des pavillons disséminés), dès lors transmis dans tout le monde soumis aux croyants, en Iraq, par exemple à Samarra, en Égypte, dès l'époque des Tūlūnides, en Afrique du Nord avec les Aghlabides, en Andalousie. On sait que la résidence califale de Medina az Zahara, près de Cordoue, était dotée de vastes jardins avec de nombreux pavillons, des bassins et des fontaines. Le riyad d'Afrique du Nord, un jardin intime, simple agrandissement et embellissement du patio central des riches demeures, fut porté de la même manière à un point de perfection par l'horticulture andalouse, mais lui aussi semble avoir la Perse pour pays d'origine, où l'on en retrouve une sorte de modèle parfois dans les tapis dit « au jardin » avec leurs quadrilatères emplis de fleurs et d'arbustes, leurs canaux et leurs bassins, selon une géométrie qui évoque les jardins à la française.

Du parc de stationnement, vous monterez en 5 mn au Generalife par des allées bordées de cyprès centenaires, accompagné par le murmure des eaux courantes et par des chants d'oiseaux, en laissant à g. un **théâtre de plein air.**

Après une voûte de lauriers aux senteurs délicates, des échappées à g., du côté de l'Alhambra, révèlent les charmes d'une civilisation qui a été capable, avec l'aide de la nature, d'organiser une si sensible harmonie entre les constructions humaines et le paysage.

Une fois franchie la porte qui donne accès au **patio de la Acequia**, vous découvrirez un jardin à la fois secret, où des jets d'eau s'envolent en courbes gracieuses, et ouvert sur l'extérieur par de fines arcades. Dans l'axe central, ces arabesques scintillantes égrènent leurs gouttelettes entre des parterres fleuris, en saison, de roses, de pensées, d'arums, guidant le regard vers les arcatures festonnées d'un **pavillon de plaisance** ; celui-ci, admirablement proportionné, date du début du XIVe s., comme le bâtiment qui marque l'entrée de ce petit paradis. Depuis le kiosque-mirador terminal, aux stucs délicatement ciselés, votre regard pourra vagabonder encore d'un parterre de buis taillés emprisonnant des rosiers dans leur labyrinthe, à l'Alhambra et au quartier le plus andalou de Grenade, celui de l'Albaicín, folie de jardins, de clochers qui sont parfois d'anciens minarets, de cyprès et de cascades de toitures couvertes de tuiles.

Un escalier à dr. mène à un autre jardin où chantonnent d'autres jets en arceaux, précédant un décor architectural de galeries fleuri par des massifs de rosiers. Plus haut encore, s'étendent d'autres **jardins suspendus** dont le tracé remonte peut-être à l'époque musulmane. Par un escalier partant à g. du premier portique, celui à l'entrée du Patio de la Acequía, vous redescendrez dans un long jardin, autre labyrinthe de buis et de chamaecyparis enfermant des buissons de roses, de girofolées multicolores, de pensées, de soucis, de pieds-d'alouette, de gueules de loup, de marguerites et d'œillets de poète, avec d'autres bassins, d'autres jets d'eau. En traversant ce jardin, vous reviendrez au théâtre de plein air, entrevu à l'entrée du Generalife.

Au mois de mai, tout un secteur des jardins *(à g. lorsqu'on revient vers le parc de stationnement)* est couvert d'une étrange neige florale au moment de la floraison des saules.

Accessible par la route du cimetière, au-delà du Generalife, la Silla del Moro, dispense un **panorama*** particulièrement beau sur la ville. Plus haut, depuis les **Llanos de la Perdiz**, très belle vue sur la sierra Nevada.

En descendant en voiture vers le centre de la ville, vous laisserez à g. après l'hôtel Alhambra *(plan I b, C4)*, à dr., un charmant quartier où se trouve, dans la **calle de la Antequera Alta**, la maison où le compositeur Manuel de Falla (1876-1946) vécut dans les années 20 ; elle a été transformée en musée *(ouv. de 10 h à 14 h et de 16 h à 18 h).*

2 — La cathédrale et le centre de la ville

Promenade de 2 h environ avec la visite des deux plus remarquables monuments érigés à Grenade après la conquête : la cathédrale et la Capilla Real, où reposent les Rois Catholiques. La plaza Nueva (plan couleur I, B3) offre en principe les meilleurs possibilités de parking.

Cathédrale** *(plan couleur I, B3 ; → plan de détail).* — Elle fut construite en style gothique à partir de 1523 par Enrique de Egas, mais, cinq ans plus tard, avec l'arrivée de Diego de Siloé à la direction des travaux, l'œuvre fut continuée en style Renaissance. Elle fut inaugurée en 1561, mais on y travailla jusqu'en 1703, avec la participation, notamment, de Juan de Maeda, disciple de Diego de Siloé à partir de 1563, et d'Alonso Cano, qui dessina la façade.

Visite : (entrée par la Gran Vía de Colón ; plan de détail du quartier de la cathédrale, en C2) ; le mat. de 11 h à 13 h, l'a.-m. de 16 h à 19 h de mars à sept., et de 15 h 30 à 18 h d'oct. à fév.

L'intérieur, à cinq nefs délimitées par quatre rangs d'énormes piliers flanqués de colonnes corinthiennes à demi-engagées, offre de belles perspectives, sous des voûtes à nervures, après la disparition du coro.

Autel de Santiago *(report au plan de détail ; 1 en B2)* : sous un dais, au-dessus de la statue équestre de l'Apôtre, sculpture d'Alonso de Mena (1640), remarquez le tableau de la **Virgen de los Perdones**, offert par le pape Innocent VIII à Isabelle la Catholique. Pour obtenir l'éclairage du retable monumental de cet autel, introduire une pièce dans l'appareil à dr.

Capilla Mayor** *(plan 2 en B2)* : l'une des plus somptueuses d'Espagne, elle s'élève sur plan circulaire de 22 m de diamètre, à 45 m de hauteur. Sur les colonnes du premier ordre, **statues des Apôtres** par Alonso de Mena (celle de saint Paul, à dr.) et de Martín de Aranda (saint Pierre, à g.). Au-dessus de la première galerie, peintures de Pedro Anastasio Bocanegra et de Juan de Sevilla. Au-dessus de la deuxième galerie, sept grandes peintures d'Alonso Cano (**Scènes de la Vie de la Vierge** ; 1652-1664) sont surmontées de vitraux de Th. de Hollande. Les vitraux à la base de la coupole furent exécutés par Juan del Campo d'après des dessins de Diego de Siloé. Ceux au-dessus sont attribués à Juan del Campo, un autre artiste flamand. Vous remarquerez surtout, aux piliers du grand arc d'entrée, les **statues orantes*** (1675-1677) des Rois Catholiques par Pedro de Mena et, au-dessus, les têtes colossales d'Adam et Eve, par Alonso Cano (polychromie de Juan de Ulloa) ; **buffets d'orgue*** (XVIIᵉ s.) entre les deux premiers piliers de la nef centrale.

De chaque côté de la Capilla Mayor, dans le transept, autels ornés de peintures par Bocanegra (à dr. la Vierge apparaissant à saint Bernard, à g. Flagellation et Martyre de San Cecilio) et Juan de Sevilla (*à dr., en haut,* Miracle de saint Benoît).

La cathédrale communique avec la **Capilla Real** par un **portail*** *(plan 3 en B2)* de style gothique fleuri, couronné par une Épiphanie, par Enrique de Egas. Ce portail est le plus souvent fermé.

Retable de Jesús Nazareno *(plan 4 en B2)*, en bois doré, de style baroque ; il est orné des plus remarquables **peintures*** de la cathédrale ; à dr. *(de bas en haut),* Saint Augustin (A. Cano), Martyre de saint Laurent (Ribera), la Vía

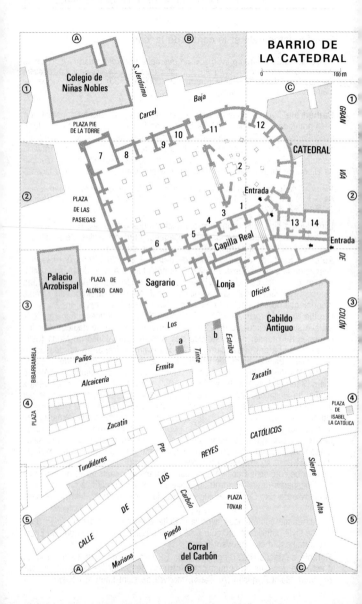

BARRIO DE LA CATEDRAL

0   100 m

Colegio de Niñas Nobles

PLAZA PIE DE LA TORRE

Carcel

S. Jerónimo

Baja

CATEDRAL

7   8   9   10   11   12

PLAZA DE LAS PASIEGAS

2

Entrada

1

3

4   5

6

Capilla Real

13   14

Entrada

Sagrario

Lonja

Oficios

GRAN VIA

DE

COLON

Palacio Arzobispal

PLAZA DE ALONSO CANO

Cabildo Antiguo

Los

a

b

Estribo

Tinte

BIBARRAMBLA

Paños

Alcaicería

Ermita

Zacatín

PLAZA

Zacatín

PLAZA DE ISABEL LA CATÓLICA

Tundidores

REYES

CATÓLICOS

Pie

LOS

Carbón

PLAZA TOVAR

Sierpe

Alta

CALLE

DE

Pineda

Corral del Carbón

Mariana

Dolorosa (A. Cano), Apparition de l'Enfant-Dieu à saint Antoine (Ribera), la Vierge (A. Cano), Apparition de l'Enfant-Dieu à saint Antoine (Ribera), la Vierge (A. Cano) ; au centre, Saint Antoine ermite (copie de Ribera), la Via Dolorosa (Ribera), à g., Saint François (le Greco), Sainte Madeleine (Ribera), le Christ (A. Cano). Pour obtenir l'éclairage, introduire une pièce dans l'appareil à g.

Capilla de la Trinidad *(plan 5 en B2)* : retable *(mettre une pièce de monnaie pour le voir éclairé)* orné de divers tableaux avec, au-dessus de l'autel, la Trinité, par Alonso Cano. Au-dessus de l'entrée du Sagrario, dans une travée sans chapelle, tableau de l'Incarnation par Bocanegra.

Capilla de San Miguel *(plan 6 en B2)* : à g., tombeau par J. Folch.

■ **Musée** *(plan 7 en A2).* — Il est installé dans la salle capitulaire, s'ouvrant par une porte sculptée par Juan de Maeda (1565), il comprend des collections d'orfèvrerie religieuse, des tapisseries flamandes, des sculptures de Pedro de Mena, d'Alonso Cano (notez la Vierge d'une crèche, à g.), un tableau de Pacheco (**Vierge à l'Enfant**, à dr.), une **tête coupée de saint Jean Baptiste**, œuvre d'un saisissant réalisme sculpté par Torcuato Ruiz del Peral (1708-1773), etc.

Capilla de Nª Sª del Pilar *(plan 8 en A2)* : à dr., tombeau de l'archevêque A. Galbán par J. Adán.

Capilla de Nª Sª del Carmen *(plan 9 en B2)* : statue de saint Paul par Alonso Cano, Vierge du Carmel par José de Mora.

Capilla de Nª Sª de las Angustias *(plan 10 en B1)* : autel churrigueresque en marbre rouge *(éclairage payant à g.).*

Capilla de Nª Sª de la Antigua *(plan 11 en B1)* : portraits de Ferdinand et d'Isabelle par Alonso Cano (1649) ; retable churrigueresque ; statue de Nª Sª de la Antigua (fin du xvᵉ s.) *(éclairage payant à dr.).*

Capilla de Santa Teresa *(plan 12 en C1)* : à g., Concepción par Juan de Sevilla *(éclairage payant à dr.).*

La **porte*** (1534) de Diego de Siloé, par laquelle vous serez entré, mène à l'**antesacristie** *(plan 13 en C2 ;* à l'intérieur, au-dessus de la porte, Annonciation aux bergers, de Bassano) et à la **sacristie** *(plan 14 en C2) ;* au fond, **Conception***, sculpture d'A. Cano (1656) ; au-dessus, **Christ***, en bois, par Juan Martínez Montañés et, plus haut, Annonciation, peinte par A. Cano.

L'**ancien hôtel de ville** (casa del Cabildo Antiguo, *plan catedral, C3*), bel exemple du baroque grenadin, s'élève sur l'emplacement d'une médersa (école de théologie coranique). La façade date du xviiiᵉ s.

La **Lonja** *(plan B3),* ancienne Bourse (1518-1522), bâtie par Juan García de Prades en style platéresque, est adossée au Sagrario, une dépendance de la cathédrale ; elle s'ouvre par une élégante loggia grillée.

Capilla Real** *(plan BC2).* — La chapelle royale, somptueux édifice de style gothique fleuri construit par Enrique de Egas en 1505-1507, pour recevoir les dépouilles mortelles d'Isabelle de Castille († 1504) et de Ferdinand d'Aragon († 1516), qui y furent déposées en grande pompe en 1521. Charles Quint trouva ce tombeau « trop étroit pour leur gloire » et projeta de le faire reconstruire, mais il se borna à faire dresser une nouvelle façade extérieure.

Visite : le mat. de 11 h à 13 h, l'a.-m. de 16 h à 19 h de mars à sept., et de 15 h à 18 h d'oct. à fév.

A l'intérieur, une **grille*** d'une grande richesse, œuvre platéresque de Maître Bartolomé de Jaén (1518), ferme la travée des tombeaux.

A dr., **cénotaphes des Rois Catholiques****, en marbre de Carrare, par Domenico Fancelli (1469-1519). A g., **tombeau de Philippe le Beau et de Jeanne la Folle***, œuvre de Bartolomé Ordoñez (1526). Au maître-autel, **retable*** dessiné par Iacopo l'Indaco et orné de sculptures par Philippe de Bourgogne, avec des scènes de la prise de Grenade et du baptême forcé des Maures, en 1502; **statues orantes des Rois Catholiques** de Diego de Siloé, à g. et à dr. et l'autel. Dans chaque bras du transept, autel latéral, dit **reliquaire***, par Alonso de Mena (1632). Dans le bras g. du transept, **triptyque*** de Dierick Bouts (Descente de Croix, Crucifixion et Résurrection).

Dans la crypte, sous les cénotaphes, ont été déposés les cercueils des Rois Catholiques et des autres personnages dont vous aurez vu les monuments funéraires dans la Capilla Real, ainsi que celui du prince Don Miguel, petit-fils des Rois Catholiques.

Dans la **sacristie**, véritable musée, vous remarquerez une **Pietà**** de Rogier Van der Weyden, une Vierge à l'Enfant de D. Bouts, une Vierge à l'Enfant de R. Van der Weyden.

Dans la travée fermée par une grille, à g., **statue orante**** de Ferdinand d'Aragon, et, à dr., **statue orante**** d'Isabelle la Catholique en bois polychrome, exécutées par Philippe de Bourgogne (Felipe Biguerny); **Ecce Homo*** de José de Mora.

De retour dans la première travée de la sacristie, notez encore l'Adoration des Rois mages, de Bartolomé Bermejo, puis les étendards maures enlevés à Grenade en 1492, dans une grande vitrine. Viennent ensuite le triptyque de la Descente de croix du Maître du Saint-Sang, Saint Jean l'Évangéliste de Pedro Berruguete; une Pietà de H. Memling, un Ecce Homo et une Vierge à l'Enfant de D. Bouts. Dans une vitrine, Calvaire et broderies du XVIᵉ s.

Oraison dans le jardin des Oliviers, tableau attribué à Botticelli; Vierge à l'Enfant de H. Memling; Christ mort du Pérugin, **Descente de Croix***, **Vierge allaitant*** et les Saintes Femmes, de H. Memling.

Dans la vitrine au centre, épée de Ferdinand d'Aragon, sceptre et couronne décorée de grenades d'Isabelle la Catholique; **reliquaire à l'arbre de Jessé***, **coffret à bijoux*** de la reine Isabelle et **missel des Rois Catholiques**** orné de miniatures de style flamand à la fin du XVᵉ s. par Francisco Flores.

Sagrario *(plan B3; ouv. de 7 h à 11 h et de 20 h à 21 h).* — Élégant édifice de style Renaissance, construit de 1705 à 1759. Dans la 1ʳᵉ chapelle à dr., fonts baptismaux Renaissance*, par Francesco l'Indaco.

A g. se développe la **façade de la cathédrale**, assez lourde, qui fut dressée au XVIIᵉ s. d'après les dessins d'Alonso Cano et ornée, au XVIIIᵉ s., de reliefs par J. Risueño, M. et L. Verdiguier.

Au-delà de la tour, restée inachevée, **puerta de San Jerónimo**, aujourd'hui obstruée, œuvre de Diego de Siloé (1532) pour le premier corps, et de Juan de Maeda pour le second, et **puerta del Perdón**, par Diego de Siloé (1537), à l'exception de la partie supérieure, par Ambrosio de Vico (1610). En effectuant le tour complet de la cathédrale, vous pourriez encore examiner la **puerta del Colegio Eclesiástico** (1530), ornée d'un bas-relief (Ecce Homo), par Diego de Siloé.

Du parvis de la cathédrale, vous gagnerez la **plaza de Bibarrambla** *(plan A3-4)* qui doit son nom à une porte de ville (Bāb ar-Ramla), de l'enceinte mauresque, devant laquelle se déroulaient des joutes, des tournois et des courses de taureaux ; elle est ornée de la **fuente de los Gigantones**, une fontaine du XVIIe s. Dans une niche du **palais archiépiscopal** *(plan A3),* statue de la Virgen de las Angustias, par J. Risueño (1716).

Vous traverserez ensuite l'**Alcaicería** *(plan A4),* ancien bazar arabe où l'on vendait des tissus de soie dont le royaume de Grenade était un important producteur ; il a été à peu près reconstitué selon l'ancien plan mais il est aujourd'hui transformé en un véritable **souk aux souvenirs.**

Le **corral del Carbón** *(plan B5),* ancien caravansérail du début du XIVe s., fut transformé en théâtre après la conquête (on y joua les comédies de Lope de Rueda). Par son décor en plâtre sculpté et son plan à cour centrale entourée de portiques, ce funduq rappelle les hôtelleries mérinides de Fès. On y accède en traversant un vestibule doté d'un plafond à stalactites qui s'ouvre par un arc outrepassé sous un linteau de décharge. Au XVIIe s. on y installa le poids public pour le charbon, d'où son nom actuel.

De la **plaza de Isabel la Católica** *(plan B4)* on aperçoit l'église du **couvent de Santa Teresa,** aux portails du XVIe s. ornés de hauts-reliefs.

■ La **casa de los Tiros,** où se trouve le bureau local du S.E.T. *(plan couleur I, B4),* est un édifice mudéjar élevé vers 1530-1540, avec une façade ornée de cinq sculptures en haut-relief représentant des dieux et héros de la mythologie gréco-latine ; elle abrite un petit **musée d'art grenadin** *(ouv. de 10 h à 14 h et de 17 h à 19 h ; f. le dim.)* : collections de meubles, d'azulejos, de tableaux du XVIIe s., expositions consacrées à l'impératrice Eugénie, à Charles Quint, à Washington Irving, l'auteur des *Contes de l'Alhambra* (1832), aux gitans, aux Alpujarras, à la sierra Nevada, etc. Dans la salle dite **Cuadra dorada,** plafond en bois sculpté réalisé vers 1539.

Dans l'**église San Matías** *(plan couleur I, B4),* de style plateresque (1526-1550), mais transformée en 1775, **retable** avec des sculptures de J. Risueño (1750) et **tableaux** de Pedro Anastasio Bocanegra.

En revenant sur vos pas dans la calle de San Matías pour tourner dans la première rue à dr. (calle de J. Y. María), vous remarquerez à g. la **casa de los Girones,** vieille demeure d'origine maure, mais très remaniée, qui conserve des plâtres sculptés sur fond de couleur qui datent de la fin du XIIIe s.

✝ Un peu plus loin, l'**église Santo Domingo** *(plan couleur I, B4-5 ; ouv. de 10 h à 13 h 30 et de 16 h à 19 h)* est un vaste sanctuaire gothico-Renaissance de 1532 où trône la **Virgen de la Esperanza,** statue d'albâtre du XVIe s., dans un retable churrigueresque ; **tableaux** de Pedro de Raxis et d'autres artistes de l'école grenadine.

Près de l'église, le **cuarto real de Santo Domingo** *(plan couleur I, B5),* où résida le Grand Inquisiteur Torquemada, est une vaste propriété privée, dans de beaux jardins avec des plantations de lauriers qui dateraient du temps des Maures. Elle comprend une tour de l'enceinte de la cité (XIIIe s.), avec une salle décorée de plâtres sculptés et d'azulejos de la fin du XIIIe s.

Vous passerez ensuite par la **plaza de Mariana Pineda,** où la Diputación occupe l'emplacement d'une ancienne forteresse maure, pour revenir au centre de la ville, en passant par la **puerta Real** *(plan couleur I, A4).*

3 — Le quartier de l'université

Courte promenade, de 1 h à 1 h 30, à effectuer à pied (par exemple à partir du parking près de l'église San Jerónimo), au cours de laquelle vous visiterez deux des

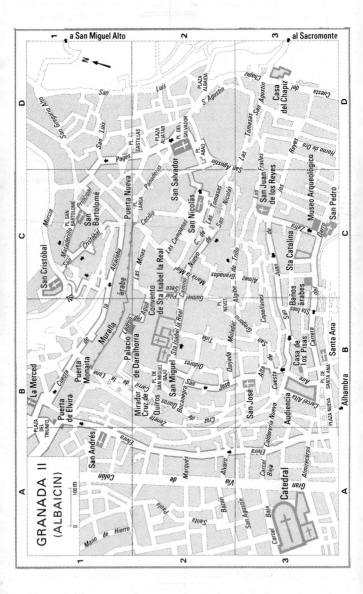

GRANADA II
(ALBAICIN)

0   100 m

1   a San Miguel Alto

2

3   al Sacromonte

N

A

Mano de Hierro

Colón

Paula

San Agustín

Bazán

Santa

Marqués

Vía

de

Álvaro

Elvira

Caldereria Nueva

Almireceros

Carcel Baja

Gran

Catedral

PL. DE
SANTA ANA

PLAZA NUEVA

Santa Ana

Alhambra

B

La Merced

Puerta
Monaita

Cuesta

Muralla

de

Zenete

Puerta
de Elvira

PLAZA
DEL
TRIUNFO

San Andrés

Cruz de

Mirador
Cruz de

Quiros

Palacio
de Darahorra

la

árabe

Luna

Agua
del

San

Patrón

PL. DE
SAN MIGUEL
BAJO

Sta Isabel la Real

San Miguel

Bocanegra

San José

Oidores

Carcel Alta

San José

José

Cuesta

Alta

de

Capellanes

San Gregorio

Aire

Audiencia

Casa de
los Pisas

Carrera

Baños
árabes

C

San Cristóbal

Murcia

PL SAN
BARTOLOMÉ

San
Bartolomé

PL Principal

Matadero

San
Cristóbal

Las Minas

Alcazaba

Puerta Nueva

Cecilio

Pilar
Seco

Convento
de Sta Isabel la Real

Camino
Nuevo

María la Miel

Las Campanas

C. de

San

San Nicolás

Las Tomasas

San Salvador

Panaderos

Granados

Algibe

PL.
NEVOT

Almez

de Trillo

Gumiel

Sta Inés

San

Juan

Zafra

San Pedro

Sta Catalina

Museo Arqueológico

San Juan Frailes
de los Reyes

D

San Gregorio Alto

San

San Luis

Pagés

San Luis

PL.
CASTILLAS

PLAZA
ALBAIDA

S. Agustín

PLAZA
ALIATAR

PL. DEL
SALVADOR

PL.
ABAD

San Agustín

Las Tomasas

Casa
del Chapiz

San Agustín

Chapiz

del

Cuesta

Reyes

Horno de Oro

del

plus intéressantes églises de Grenade après la cathédrale : San Jerónimo et San Juan de Dios.

☩ **Église San Jerónimo*** *(plan couleur I, A2 ; ouv. de 10 h à 13 h et de 16 h au coucher du soleil).* — Elle fut érigée de 1496 à 1547 par Diego de Siloé pour recevoir la sépulture de Gonzalve de Cordoue († 1515), le Grand Capitaine.

A l'intérieur, à une seule nef d'une majestueuse ampleur, grand **retable** Renaissance, sculpté et polychrome (1570-1605), par Juan de Aragón et Lázaro de Velasco, et décoré de peintures de Pedro de Raxis. De part et d'autre du maître-autel, **statues orantes** du Grand Capitaine et de son épouse. Dans le chœur, **statues** de Diego de Siloé ; deux **patios**, l'un de style gothique avec des portes sculptées par Diego de Siloé, et l'autre, mélange de styles gothique, mudéjar et Renaissance, terminé en 1520.

☩ Dans l'**hôpital San Juan de Dios** *(plan couleur I, A2)*, fondé en 1552, escalier monumental *(1re cour).* Un peu plus loin, l'**église San Juan de Dios*** *(vis. aux heures de service religieux)* est l'un des plus beaux spécimens d'architecture baroque de Grenade, notamment la façade, décorée de statues et de bas-reliefs (1738-1759).

En vous dirigeant vers l'université, remarquez le portail du **Colegio Mayor de San Bartolomé y Santiago**, du XVIe s., à dr. avant l'**église San Justo y Pastor**, du XVIe s., de style Renaissance (retables sculptés et dorés, **statues** d'A. Cano, peintures et sculptures de l'école grenadine), contiguë à l'**université** *(plan A3)*, fondée en 1526 et installée dans un ancien collège jésuite de style baroque du XVIIIe s.

4 — L'Albaicín*

Très intéressante promenade dans les quartiers qui ont le mieux conservé l'aspect de la cité mauresque. Il est vivement recommandé de l'effectuer à pied (environ 2 h 30), bien qu'elle soit assez pénible en raison des ruelles escarpées, souvent pavées de gros galets, mais ce sera réellement la seule façon de pouvoir savourer le charme exquis de ses jardins abondamment fleuris et de ses vénérables demeures, dont beaucoup ont gardé intact l'aspect qui fut le leur au temps des Maures. Vous trouverez également maintes occasions de découvrir de merveilleux panoramas sur l'Alhambra. Vous partirez de la plaza Nueva (plan II, B3), où l'on a quelques chances de pouvoir trouver un emplacement de parking. Pour les reports au plan au cours de cet itinéraire, consultez le plan de l'Albaicín (plan II).

L'**Albaicín** et le quartier de l'**Alcazaba Cadima** s'étendent sur une haute colline, contrefort de la sierra de la Yedra, que délimitent le ravin du Darro et la calle de Elvira et qui s'enfonce comme un coin dans la vega de Grenade. On y voit encore d'importants pans de la muraille arabe qui la défendait, notamment en bordure du ravin qui la sépare de la route de Murcie, ainsi que divers bâtiments maures, palais et restes de mosquées incorporés à des maisons ou à des églises.

Histoire. — Le quartier de l'Albaicín (en arabe Rabad-al-Baecin) est colonisé par les Maures de Baeza après la prise de cette ville par le roi saint Ferdinand, en 1227. Les morisques s'y retirent en grand nombre après la conquête de la ville par les Rois Catholiques, mais l'intolérance des vainqueurs les pousse à la révolte, dans la nuit de Noël de 1568 ; cette révolte se termine par un massacre et l'expulsion de la plupart des morisques.

Le quartier de l'Alcazaba Cadima (l'al Qasaba-al-Qadīma des Arabes) occupe probablement le site de l'antique Illiberis romaine. C'est là que les Zirides établissent leur palais au XIe s. Muhammad Ibn al-Ahmar, qui est à l'origine de la dynastie des Nasrides y vit quelque temps, à partir de 1238, avant de s'installer dans l'Alhambra, dont il ordonna la construction peu après la prise de Grenade.

Sur la **plaza Nueva** *(plan II, B3)*, l'**Audiencia** *(plan II, B3)*, ancienne chancellerie *(ouv. en hiver de 10 h à 18 h, en été de 9 h à 19 h)*, présente une noble façade achevée en 1587 ; le **patio**, probablement dessiné par Diego de Siloé, est entouré de deux étages de galeries (à g., **escalier** monumental à plafond à caissons hexagonaux et stalactites de 1578). A l'extrémité de la place, près du ravin du Darro, l'**église Santa Ana** *(plan II, B3)*, de style Renaissance, fut élevée en 1537-1563 sur des plans de Diego de Siloé ; elle présente du côté de la place une élégante façade percée d'un portail platteresque.

A g., en face de l'église, une ruelle mène à la **casa de los Pisas** *(plan II, B3)*, où mourut saint Jean de Dieu (1495-1550), le fondateur en 1540, ici, à Grenade, de l'ordre des Frères hospitaliers. Cette demeure du XVIe s., aujourd'hui maison de l'ordre, abrite un **musée religieux** *(ouv. de 10 h à 13 h et de 15 h à 18 h ; pas de groupe supérieur à 12 personnes)*.

Au-delà de l'église Santa Ana, vous suivrez la **carrera del Darro** *(plan I, BC3)*, petite artère qui en été exhale des parfums de figuier le long du Darro, un torrent qui coule entre la colline de l'Albaicín et la hauteur de l'Alhambra, à dr. Après le Puente de Espinoza, vous remarquerez la culée d'un pont avec la naissance d'une arche outrepassée. Il s'agit d'un ouvrage arabe, appelé pont du Cadi (du Juge), qui en réalité permettait au chemin de ronde de la muraille ziride de l'Alcazaba Cadima de franchir le torrent pour gravir le flanc N. de la colline de l'Alhambra, alors défendue par deux petites forteresses.

A g., au n° 31, bain arabe (plan II, C3 ; ouv. de 9 h à 18 h) du XIe s. où ont été remployés des matériaux romains et wisigothiques, notamment des chapiteaux. Au-delà d'une salle de déshabillage munie d'un bassin, il subsiste encore trois salles voûtées parallèles formant le tepidarium (bain tiède), le frigidarium (bain froid) et le caldarium (bain chaud).

Plus loin, à g., le **couvent de Santa Catalina de Zafra** *(plan II, C3)* est un ancien palais arabe du milieu du XVe s. (?) transformé en 1520 (patio du XVIe s., à décoration mauresque) ; dans l'église, peintures de Bocanegra et sculptures de J. Risueño.

Musée archéologique provincial *(plan II, C3)*. — La **casa de Castril**, face à l'**église San Pedro y San Pablo**, du XVIe s., est un édifice de la Renaissance avec un beau portail platteresque de 1539, attribué à Diego de Siloé. Le fonds du musée est constitué par des antiquités depuis la préhistoire jusqu'au XVIIIe s., mais plus spécialement de l'époque arabe.

Visite : de 10 h à 14 h et, en hiver, de 16 h à 18 h ; le billet d'entrée est également valable pour le musée des Beaux-Arts, à l'Alhambra, et vice versa ; f. le lun.

Sous les galeries d'un patio fleurant bon le chèvrefeuille et le seringa ont été déposés des fragments de stucs arabes. Dans la *salle I*, consacrée à la **préhistoire**, vous remarquerez surtout deux **sandales en fibre tressée** provenant de la grotte de los Murciélagos (Albuñol).

Dans la *salle II*, notez, sur une dalle d'ardoise découverte dans la sierra de Elvira, une **représentation humaine** datant de l'âge du bronze (v. 1700 à env. 1000 av. J.-C.).

A l'étage, dans la *salle IV*, superbes **vases d'albâtre** de provenance égyptienne trouvés dans une nécropole punique des environs d'Almuñecar. Ces vases, du IXᵉ s. av. J.-C. surtout (certains d'entre eux portent des inscriptions hiéroglyphiques mentionnant les noms des pharaons Osorkon, Chechonk II et Takeloth, de la XXIIᵉ dynastie) furent prélevés lors du pillage de tombeaux égyptiens et revendus dans le bassin méditerranéen. Dans cette salle, vous remarquerez encore une copie de la statue de la Dame de Baza (original au musée national d'archéologie, à Madrid), œuvre ibérique, ainsi qu'un **taureau**, d'Arjona, qui devait être placé à l'entrée d'un temple ou d'un monument funéraire.

Dans la *salle VII*, objets provenant des fouilles d'Elvira (près d'Artarfe, dans les environs de Grenade), une ville qui fut pillée en 1010 par les Berbères au cours de l'invasion qui provoqua la chute du califat de Cordoue. Parmi les collections, vous remarquerez surtout une magnifique **lampe en bronze** en forme d'édicule hexagonal, de la **céramique peinte** (sur un vase, représentation d'un coursier harnaché qui évoque l'art de la Chine à l'époque T'ang), des **lampes à huile** en bronze, enfin. Cette salle se termine par une exposition d'art nazari avec de la céramique, des azulejos, des bois sculptés, un coffret en marqueterie et une arbalète du XVᵉ s.

Au-delà du musée, vous pourriez voir, dans la **calle del Horno de Oro** *(plan II, D3)*, au nº 14, une maison arabe de la fin du XVᵉ s. (plafonds mudéjars), et surtout, à l'angle de la **cuesta del Chapiz** et de la route menant au Sacro Monte, la **casa del Chapiz** *(plan II, D3)*, aujourd'hui occupée par l'Escuela de Estudios Arabes, qui est une maison construite au début du XVIᵉ s. par une famille morisque et qui offre un mélange d'éléments d'architectures chrétienne et arabe ; joli patio à galeries et balustrade Renaissance et mudéjare du XVIᵉ s., sur trois côtés (le quatrième est ouvert sur l'Alhambra, que l'on découvre sous un bel angle).

Vous pénétrerez dans le **quartier de l'Albaicín** par la calle de Zafra *(plan II, C3)*, la rue juste avant le musée. Vers la fin de cette venelle, à g., le **palais du Gran Capitán**, de la fin du XVᵉ s., est aujourd'hui bien délabré.

En haut de la rue, l'**église San Juan de los Reyes** *(plan II, C3)*, de style gothique, fut construite après 1520 par Rodrigo Fernández, qui y incorpora le minaret d'une mosquée du XIIIᵉ s., de style mérinide, mais bien modeste.

Prenez ensuite à g. *(en arrivant de la calle de Zafra)* dans la **calle de San Juan**. A l'extrémité de cette artère, ou plutôt au point où elle s'infléchit vers la g. et prend le nom de **calle de la Cárcel Alta**, continuez tout droit, puis bifurquez à dr. dans la **cuesta de San Gregorio** *(plan II, B3)*, juste après la chapelle de ce nom. Après le nº 12 *(à dr.)* montez la ruelle qui débouche à g. Elle vous mènera à g. à l'**église San José** *(plan II, B3)* bâtie en 1501-1525 sur le site d'une mosquée dont il subsiste le minaret, du Xᵉ s. Au-delà de l'église, continuez dans la **calle de San José Alta**, très agréablement fleurie avec ses bouquets de roses, de géraniums et de seringas.

Vous parviendrez à la **placeta de San Miguel Bajo**, l'un des lieux les plus charmants de l'Albaicín avec son petit calvaire, ses acacias et ses marronniers, où se dresse l'**église San Miguel Bajo** *(plan II, B2)*, du XVIᵉ s. Faites un petit détour vers l'extrémité de la place, à g. au-delà du calvaire, pour aller admirer une vue splendide sur la ville basse depuis le **mirador de la Cruz de Quiros**.

Si vous descendiez la **calle de la Cruz de Quiros**, à g. à partir du mirador, vous découvririez d'autres très belles vues sur la cathédrale et, un moment, sur un tronçon de ruelle très séduisant avec des balcons et terrasses fleuris, un palmier au premier plan et, au loin, la cime neigeuse de la sierra Nevada. Peu après, vous pourriez remarquer, à g., un portail arabe s'ouvrant par un arc outrepassé. En face de ce portail, en prenant à g., vous arriveriez à la **calle de la Caldería Nueva** *(plan II, AB3)*, en passant devant la chapelle San Gregorio (→ ci-dessus).

✝ Par la calle de Santa Isabel la Real vous vous rendrez au couvent de Santa Isabel la Real *(plan II, B2)*, au fond d'un jardin secret, qui fut fondé en 1501 par Isabelle de Castille dans un **palais arabe*** du XVᵉ s. (Daralhorra), bien conservé. L'église s'ouvre par un portail gothique attribué à Enrique de Egas (*à l'intérieur, ouv. de 10 h à 18 h*, **sculptures** de Gaspar Becerra et de José de Mora, **tableaux** des écoles sévillane et grenadine). Du palais de Daralhorra, il subsiste un patio avec, sur les petits côtés, trois grands arcs, et de grandes salles terminées par une alcôve à chaque extrémité.

✧ De la terrasse de l'**église San Nicolás** *(plan II, C2)*, du XVIᵉ s., on découvre l'un des plus beaux **panoramas***** sur l'Alhambra, le Generalife et la sierra Nevada.

Au chevet de l'église, descendez une ruelle bientôt coupée d'escaliers. L'**église San Salvador** *(plan II, D2)*, de style mudéjar de la fin du XVIᵉ s., fut bâtie sur le site de la grande mosquée de l'Albaicín, dont il reste le sahn (cour). Suivez ensuite la **calle de Pagés**, d'où vous remarquerez, à dr., la **casa de los Mascarones**, typiquement mauresque avec sa moucharabieh et qui doit son nom à deux énormes masques de géants barbus. La première rue à g. (calle Principal) mène à l'**église San Bartolomé** *(plan couleur I, C1)*, élevée de 1542 à 1554, sur le site d'une mosquée et que domine une haute tour mudéjare.

Continuez dans la seule issue possible et tournez à dr. Vous parviendrez à la route de Murcie en face de l'**église San Cristóbal** *(plan II, C1)*, de style ogival.

✧ Du haut d'une terrasse-mirador, belle **vue** sur l'Alcazaba Cadima et son **enceinte**, construite par les Zirides au XIᵉ s. sur les restes d'une muraille wisigothique. On distingue également le couvent de Santa Isabel la Real et l'imposant bâtiment du Daralhorra.

La **muraille ziride** fut élevée par les émirs Habūs (1019-1038) et Badīs (1038-1073). Le tronçon, bien conservé, entre la **puerta Nueva** *(plan II, C1)* et la puerta de Elvira *(V. ci-après)*, construit en béton, est renforcé par de puissantes tours barlongues et semi-circulaires. La puerta Nueva et la **puerta Monaita** *(plan II, B1)*, sur plan coudé à salles voûtées, conservent leurs arcs surmontés de linteaux et d'arcs de décharge. Après l'établissement des Nasrides à Grenade, cette muraille d'enceinte fut agrandie de manière à protéger le quartier de l'Albaicín. Il n'en subsiste plus que de rares tronçons renforcés de tours barlongues.

Un sentier raide et difficile, se détachant à la hauteur de ce mirador de la route de Murcie, permet de gagner plus rapidement le fond du ravin, au pied de l'Alcazaba, et la **plaza del Triunfo** *(plan II, AB1)*, où une colonne est surmontée d'une **statue de la Vierge**, par Alonso de Mena (1631).

A dr., le **Gobierno Militar** occupe l'ancien couvent de la Merced *(plan II, B4)*, fondé en 1515 (grand patio et escalier monumental du début du XVIIᵉ s.), près de l'**église San Ildefonso** de styles Renaissance et mudéjar du XVIᵉ s., qui s'ouvre par une porte ornée de sculptures par Juan de Alcántara (1554-1555), d'après un projet de Diego de Siloé ; à l'intérieur, **plafonds mudéjars** du XVIᵉ s. et monumental **retable** baroque, de Blas Moreno (XVIIIᵉ s.).

La **puerta de Elvira** *(plan II, B1)*, la principale porte de l'enceinte arabe du XIᵉ s., permet d'atteindre la **calle de Elvira**, la plus ancienne artère de la ville à travers un quartier très populaire où débouchent de nombreuses petites ruelles montant à l'Albaicín. Vous passerez ainsi devant l'**église San Andrés** *(plan II, A1)*, puis devant le **colegio de Niñas Nobles**, à g. (portail Renaissance par Juan de Marquina ; salles à plafonds mudéjars), avant de revenir à la plaza Nueva *(plan II, B3)*.

5 — La chartreuse

Courte promenade à effectuer en voiture jusqu'à la chartreuse (Cartuja).

Avant d'atteindre la Cartuja, vous vous arrêterez quelques instants pour visiter l'**hospital Real*** *(plan couleur I, C1),* édifice de la Renaissance commencé en 1504 sur des plans d'Enrique de Egas, terminé en 1522 par Juan García de Prades et qui est aujourd'hui une dépendance de l'Université de Grenade. Au fronton, statues orantes des Rois Catholiques ; vous i visiterez la chapelle et les patios dont seul le second, à g., est achevé (1536).

Pour continuer vers la Cartuja, prendre en direction d'Almería et Murcie, puis vers Alfacar.

Chartreuse (Cartuja)*****. — Elle fut fondée en 1516 grâce aux libéralités de Gonzalve de Cordoue, le Grand Capitaine, mais il n'en reste plus que l'église, la sacristie et le cloître et ses dépendances.

Visite : le mat. de 11 h à 13 h ; l'a.-m. de 16 h à 19 h de mars à sept., et de 15 h 30 à 18 h d'oct. à fév.

Du **cloître**, entrez dans le **réfectoire** (peintures figurant des scènes de la vie de saint Bruno, par fray Juan Sánchez Cótan), puis dans deux autres salles où sont exposées des œuvres de Vicente Carducho. L'**église,** de style churrigueresque, fut achevée au XVIIᵉ s. par Cristóbal de Vilches ; dans la nef, aux riches stucages (1622), **tableaux** de Pedro Anastasio Bocanegra ; au maître-autel, à baldaquin, statue en bois polychrome de **saint Bruno,** par José de Mora. A travers une grande baie vitrée vous distinguerez, derrière l'abside, le **Santa Sanctorum,** chapelle érigée au début du XVIIIᵉ s. sur un plan circulaire coiffé par un dôme dont la calotte est ornée de peintures en trompe-l'œil. L'intérieur, rutilant de ses marbres polychromes, est l'une des plus curieuses expressions de l'art baroque espagnol.

La **sacristie*,** surtout, est remarquable par son abondante ornementation, somptueuse et extravagante, due à Luis de Arévalo (1727-1764) ; vous verrez encore les meubles en ébène, incrustés d'écaille de tortue, de nacre et d'argent, par fray José Manuel Vazquez (1730-1764). Dans la dernière petite chapelle avant de sortir, **Ecce Homo** en terre cuite du XVIᵉ s.

6 — Sacro Monte

Excursion d'une heure environ dans l'un des plus célèbres faubourgs de Grenade, celui des gitans, accessible par le camino del Sacro Monte (plan I, D3).

De la plaza Nueva *(plan couleur I, B3)* remontez le cours du Darro en longeant le quartier de l'Albaicín, puis prenez à g. la **cuesta del Chapiz** *(plan couleur I, D3)* et enfin à dr. *(pancarte)* une petite route, juste après la casa de Chapiz, aujourd'hui Escuela de Estudios Arabes (→ la description du quartier de l'Albaicín).

Avant de parvenir à l'abbaye du Sacro Monte, vous traverserez un quartier de modestes logis et surtout de **grottes** creusées au flanc d'une colline crayeuse qui domine l'Albaicín et où habite une importante **colonie de gitans.** L'abbaye **bénédictine du Sacro Monte** fut construite au début du XVIIᵉ s., à l'entrée de catacombes où furent peut-être déposés les ossements de San Cecilio et de ses compagnons martyrisés au Iᵉʳ s. L'église renferme le tombeau de son fondateur, l'évêque Pedro de Castro, et des reliques *(musée ouv. de 10 h à 18 h).*

7 — Le quartier du Genil

Courte promenade à l'intention des amateurs de détails historiques.

Par la **carrera del Genil** *(plan couleur I, A5)*, gagnez l'**église Nª Sª de las Angustias** *(plan I, A5)*, vaste sanctuaire où l'on vénère la sainte patronne de Grenade ; elle fut construite au XVIIᵉ s. par Juan Luis Ortega ; à l'intérieur *(ouv. de 9 h à 13 h et de 17 h à 21 h),* riche **retable** baroque en marbres polychromes.

La carrera del Genil aboutit à la **plazuela del Humilladero**, où les Rois Catholiques et leur cour s'agenouillèrent lorsqu'ils virent apparaître, sur la tour de la Vela, la croix d'argent du cardinal de Mendoza et l'étendard de Castille, après l'occupation de l'Alhambra. A environ 400 m par la route de Motril *(plan couleur, A5)*, ou plutôt par le **paseo del Violón**, où se tient la foire du Corpus Christi, se situe l'**ermitage de San Sebastián**, ancien oratoire mauresque du XVᵉ s., très modeste mais bien conservé, où, le 2 janvier 1492, se rencontrèrent Ferdinand d'Aragon et Boabdil, le jour de l'entrée des troupes chrétiennes dans l'Alhambra. Il s'agit sans doute d'un tombeau, de plan carré, coiffé par une coupole à 16 pans.

Près de là, à dr. de la route de Motril, l'**alcázar Genil** s'élève sur l'emplacement du palais des sultanes nasrides ; il fut construit au XIVᵉ s. par Yūsuf Iᵉʳ (salle arabe précédée d'un portique, qui évoque la salle des Ambassadeurs de l'Alhambra avec ses plâtres sculptés).

Environs

1 — Viznar *(8 km N.-E. par la route d'Alfacar, sortie plan I, C1, à dr. après la Cartuja ; 666 hab. ; alt. 960 m).* — **Château** construit vers 1800, avec une galerie décorée de fresques illustrant l'histoire de Don Quichotte ; **tombeau** du poète et dramaturge Federico García Lorca († 1936).

2 — Guadix* *(58 km E. par la N 342 ; →).*

3 — Sierra Nevada** *(46 km S.-E. par le GR 420 ; sortie en B5).* — La route, difficile, souvent fermée par la neige de déc. à mars, est la plus haute d'Europe (3 392 m au terminus), au Picacho de Veleta. Souvent très sinueuse, elle dessert plusieurs hôtels, établissements hospitaliers et chalets. Au tunnel du **Picacho de Veleta**, vous découvrirez un extraordinaire **panorama**** qui, par temps clair, s'étend jusqu'à la Castille, au-delà de la chaîne Subbétique, au N., sur une impressionnante barrière formée à l'E. par le Mulhacén, l'Alcazaba et le Pico del Curveo (3 172 m) qui masque la Méditerranée au S. et, au-delà, la chaîne du Rif, au Maroc. Au S.-O. s'étend la serranía de Ronda. La Sierra Nevada, maintenant dotée de 2 télécabines, 6 télésièges et 10 remonte-pentes, est, avec ses 50 km de pistes aménagées, une excellente station de sports d'hiver, où les championnats du monde de ski furent organisés en 1977. Pour tout renseignement sur la station, l'enneigement, téléphoner au (958) 48.05.00 à la Sierra Nevada ou au (958) 25.07.06 à Grenade.

4 — Au S. de Grenade *(par la N 323).*
0 km : **Grenade.**

5 km : **Armilla**, bourg agricole dans une plaine sur la rive g. du río Genil. Vous pourrez y voir l'église paroissiale San Miguel Arcángel et des vestiges romains et arabes dans el Cortijo de los Huertas.
Fêtes : San Isidro (15 mai) ; feria de San Miguel (29 sept.).

•→ A *4 km S.-O. par la C 340,* **Gabia la Grande** (4 625 hab. ; alt. 697 m) où vous pourrez visiter une **crypte paléochrétienne** du vᵉ s., formée d'une salle, avec une chapelle, et d'une tour carrée dont les salles et l'escalier conservent quelques restes d'un décor mauresque de la fin du xvᵉ s.

•→ A *48 km S.-O. par la C 340,* **Alhama de Granada** (7 950 hab. ; alt. 960 m), ancienne ville forte mauresque, près de sources thermales exploitées dès l'Antiquité ; **église** paroissiale fondée par les Rois Catholiques au début du xviᵉ s. et construite par Pedro de Azpeitia (le chevet), Enrique de Egas (la façade) et Diego de Siloé (la tour).

9 km : **Alhendin** (alt. 743 m), gros bourg d'origine arabe, situé sur un plateau d'où l'on jouit d'une très belle vue sur la vega de Grenade. Église paroissiale Nuestra Señora de la Concepción, ruines du château arabe.
Fête : las Reverencias (dim. de Pâques).

14 km : **Puerto del Suspiro del Moro** (alt. 865 m). Dans la pittoresque vallée de Lecrin, c'est de ce col que l'émir Boabdil, en route pour l'exil, jeta un dernier regard sur sa capitale perdue, Grenade.

20 km : **Padul** (alt. 749 m), petite ville au cœur d'une profonde dépression où les eaux s'accumulèrent et formèrent une lagune qui lui donna son nom. Château du xviᵉ s.

28 km : **Durcal** (alt. 782 m), dont l'église paroissiale remonte au xviᵉ s. Sources thermales.
Fête : romería à l'ermitage de San Blas (31 août).

•→ A *10 km S.,* embranchement sur la g. pour **las Alpujarras**** (→).

•→ A *37 km S.,* **Motril** (→ **Costa del Sol****, km 112).

5 — A l'O. de Grenade *(par la N 321).*

0 km : **Grenade.**

11 km : **Santa Fe** (9 803 hab. ; alt. 579 m). — Dominée par les neiges de la sierra Nevada et la silhouette des tours de Grenade, Santa Fe fut fondée en 1491 durant le siège de Grenade, sur le site du camp de l'armée des Rois Catholiques. C'est là que furent signés la capitulation de Grenade et l'appui aux projets de Christophe Colomb (Cristóbal Colón), le 17 avr. 1492.
Santa Fe a la physionomie d'un campement militaire carré entouré d'une muraille à 4 portes (3 sont conservées). L'église paroissiale (1774-1783) renferme divers tableaux et un trésor (vases et ornements d'or et d'argent). Sur le site de la Casa Rectoral s'élevait la Casa Real où logèrent les Rois Catholiques. L'ayuntamiento est une construction néo-mudéjare. L'ermitage de Los Gallegos a été fondé en 1498.
Fêtes : San Agustín (28 août) ; La Hispanidad (12 oct.) ; Santa Catalina (25 nov.).

53 km : **Loja** (22 000 hab. ; alt. 483 m). — La Loxa des Arabes fut reconquise par Fernando III en 1224. Le río Genil la traverse (pont du xviᵉ s.). Vous y visiterez l'église Santa María Encarnación (1488-1489), gothique ; dans l'Iglesia de San Gabriel (1570-1585), coupole et portail de l'annonciation par Diego de Siloé avec un magnifique artesonado. Convento de Santa Clara (1505) avec un plafond à caissons mudéjar. La Caridad (sur une tour arabe de la plaza Nueva). Bel ensemble architectural de la plaza Mayor, et, au centre de la ville, le château (893) qui conserve une bonne partie des murailles et des citernes (aljibes).
Fêtes : semaine sainte ; Saint-Marc (25 avr.) ; feria chica (4-6 juin) ; feria (24-28 août) ; Virgen de la Caridad (28-30 août).

•→ Au N., **los Infiernos de Loja** (les enfers de Loja) avec d'impressionnantes gorges et cascades formées par le río Genil.

•→ A *48 km O.,* **Antequera**** (→).

6 — Au N.-O. de Grenade *(par la N 432).* — Au-delà de la riche vega de Grenade, la route de Cordoue vous révélera encore l'une des principales richesses de l'Andalousie avec ses immenses oliveraies. Le campo apparaît ici comme une impressionnante mer d'oliviers couvrant des collines qui se succèdent en vagues

puissantes. Peu après Alcalá la Real, prenez le temps de contempler, derrière vous depuis le Puerto del Castillo, le saisissant panorama composé, au premier plan, par une houle frissonnante et étincelante d'oliviers argentés et, à l'arrière-plan, par la sierra Nevada, couverte de neige. Au printemps, sous un ciel pur et avec la tendre végétation des vergers ombragés par des palmiers, vous entreverrez une séduisante image du paradis terrestre.

0 km : **Grenade.**

10 km : un peu au-delà d'**Artafe**, à dr. de la route, ruines insignifiantes d'Elvira, peut-être l'anc. Illiberis avec une acropole et un aqueduc souterrain.

18 km : **Pinos Puente** (13 915 hab.) ; **pont** à trois arches sur le río Cubillas, d'origine wisigothique ; **porte de ville** (à la sortie par le route de Grenade), avec un autel de la Vierge ; au centre, chapelle crénelée du XVIIIe s.

31 km : ➡ Embranchement à dr. pour *(4,5 km)* **Moclin** ; enceinte arabe bien conservée, flanquée de tours rondes et dominée par le château de la Mota ; grande tour à mâchicoulis (postérieurs) portant les armoiries des rois maures de Grenade et la clef, symbole de la loi de Mahomet.

52 km : **Alcála la Real*** (20 802 hab. ; alt. 900 m), cité au pied d'une colline couronnée par les ruines d'un château maure. Ville natale de Juan Martínez Montañés, sculpteur, et de José Ventura qui « inventa » la sardane.

L'**église** paroissiale de **Nuestra Señora de la Consolación** abrite un christ attribué à Martínez Montañés. **Église de Nuestra Señora de las Angustias** de Ventura Rodríguez.

A la sortie de la place principale, à dr., **fontaine monumentale** dite de Charles Quint, puis **palais abbatial** du XVIe s. baroque et néo-classique avec un beau cloître et ayuntamiento au portrait baroque coloré.

➡ Plus loin se détache, à g. de la route de Cordoue, en face de l'église de la Consolación *(à dr.),* un chemin très escarpé menant au *(1,5 km)* **castillo de la Mota**, forteresse arabe bâtie par les rois maures de Grenade au XIVe s. et reconstruite au XVIe s. Elle s'ouvre par une porte sous un arc en fer à cheval, entre deux grosses tours carrées reliées par un arc en plein cintre, comme la porte de la Justice à l'Alhambra. Sur l'esplanade, **église** (XVIe s.), bâtie sur les plans de Pedro Velasco et Martínez Aranda, en style plateresque.

➡ A *29 km O. par la C 336,* **Priego de Córdoba*** (➡).

Guadalajara

Alcalá de Henares, 25 km. — Madrid, 56 km.
Alt. 679 m. — 59 925 hab. — Capitale de la province de Guadalajara (Castille-La Manche).

Guadalajara fut cruellement ravagée par des combats pendant la guerre civile. Vous y verrez surtout le palais de l'Infantado, doté d'une merveilleuse façade.

La ville dans l'histoire. — Guadalajara est peut-être l'Arriaco des Romains. Les Maures la désignent sous le nom de Guad al Hadjar (la rivière des pierres). Elle est reconquise en 1085, sous Alphonse VI de Castille, par le compagnon du Cid, Alvar Fáñez de Minaya, dont la silhouette équestre est restée dans les armoiries de la ville. Les Mendoza, de la puissante maison de l'Infantado, y tiennent leur cour (le deuxième duc de l'Infantado eut jusqu'à 80 000 sujets dans ses fiefs) et lui donnent un caractère seigneurial. Du 13 au 15 mars 1937, les républicains remportent sur les Italiens la bataille dite de Guadalajara, qui se déroule en fait autour de Brihuega.

Visite de la ville

Entrez en ville de préférence en venant du N. par la deuxième sortie depuis la déviation. Pour une visite limitée à l'essentiel, gagnez directement le palais de l'Infantado, en suivant toujours tout droit à partir de la déviation.

A dr. peu après la déviation, on se trouve devant le **Panteón de la Condesa**, oratoire funéraire en forme de croix grecque à coupole couverte de tuiles en porcelaine dorée de Ségovie (1886-1921).

A g. à l'entrée du quartier central, **église San Ginés**, d'un ancien couvent de Dominicains (1555), où se situe le **tombeau** Renaissance de Don Pedro Hurtado de Mendoza, du comte de Tendilla et de leurs épouses.

Plus loin, en suivant toujours dans l'artère principale, à dr. à la hauteur de la 2ᵉ place, **église San Nicolás** (1691), de style churrigueresque. Dans la 2ᵉ chapelle à dr., beau **tombeau** d'albâtre de Rodrigo de Campuzano (fin du XVᵉ s.).

En tournant à dr. dans la 2ᵉ rue après la troisième place (celle de l'ayuntamiento), vous parviendrez à l'**Instituto**, ancien couvent de nonnes, fondé vers 1530 sur l'emplacement du ghetto ; **église** de style gothique tardif, **patio** à double galerie et **escalier** provenant d'un palais plus ancien (dans ce patio, écusson de Charles Quint, en azulejos modernes) ; dans une salle, tombeau en albâtre de la fondatrice, doña Brianda de Mendoza (1534).

☐ **Palais de l'Infantado****. — Il présente une splendide **façade***, à pierres taillées en pointes de diamant, couronnée par une galerie aux arcs en anse de panier, disposées par paires séparées par des échauguettes. Par la délicatesse de son ornementation, subtilissime mélange de motifs du style gothique le plus flamboyant et d'éléments mudéjars, la façade de ce palais, datée de 1480, constitue, avec le monastère de San Juan de los Reyes, à Tolède, le chef-d'œuvre de Juan Guas.

Juan Guas. — Breton de naissance, il est formé à Tolède aux délicatesses du style gothique flamboyant de Flandre par maître Hennequin de Bruxelles, mais il découvre en même temps tout le raffinement de cet art mauresque de l'Espagne chrétienne que l'on désigne sous le nom de style mudéjar, et dont Tolède offrait l'un des plus somptueux répertoires.
La construction de ce palais dut débuter peu avant 1480 et fut menée à son terme dans la dernière décennie du XVᵉ s. Ainsi, la façade est-elle datée de 1480, le patio, où se trouve mentionné le nom de Juan Guas, de 1483.

L'entrée n'est pas située dans l'axe, mais se trouve décalée vers la dr., où des éléments géométriques mudéjars se mêlent à des motifs gothiques d'une grande exubérance. Les deux fenêtres et le balcon au-dessus de la porte furent ajoutés au XVIᵉ s., ce qui entraînera la surélévation de l'écusson supporté par les deux géants.

Ce palais où fut célébré au XVIᵉ s. le mariage de Philippe II et d'Isabelle de Valois abrite, après restauration, le musée des Beaux-Arts *(entrée par la façade latérale, à g.)* mais son principal attrait demeure un étonnant **patio**** à deux étages de galeries aux arcs polylobés ornés de motifs héraldiques, et d'un décor mudéjar d'une exquise minutie.

■ **Musée des Beaux-Arts** *(ouv. en sem. de 10 h à 13 h et de 16 h à 18 h, le dim. et les j. fériés de 10 h à 13 h)*. — Les collections comprennent quelques sculptures, dont un **sarcophage** avec gisant de doña Aldonza de Mendoza, en marbre du XVᵉ s., et surtout des peintures du XVᵉ s. au XVIIᵉ s., parmi lesquels on peut citer, dans la salle principale, un Saint Jérôme, par Antonio Rodelas (XVIIIᵉ s.), **Saint François d'Assise recevant les stigmates**, par José de Ribera (1591-1652), une **Vierge à l'Enfant avec saint Antoine**, de Juan Carreno de Miranda (1614-1682).

Dans la deuxième des salles de la série de pièces s'ouvrant sur le hall principal, vous remarquerez deux groupes en argile cuite et polychrome du XVIIe s. figurant la **Famille de saint Jean Baptiste** (notez les deux anges musiciens, dont l'un tient un violoncelle) et la **Sainte Famille**.

En prenant sur place en direction de Saragosse (calle del Ingeniero Mariño), vous passerez devant le **couvent de San José**, de l'ordre du Carmel, fondé en 1615 (dans la 1re chapelle à dr., **Extase de sainte Thérèse**, par Andrés de Vargas, 1644), avant d'atteindre l'**église Santa María de la Fuente**, d'aspect mauresque avec sa tour mudéjare du XIIIe s. et les arcs outrepassés de ses portes (dans l'abside, retable sculpté de l'école hispano-flamande, de la fin du XVe s.).

A dr. le long de la **cuesta de San Miguel** *(petite rue débouchant à dr. lorsqu'on atteint la place de l'église de Santa María)*, la **chapelle San Luis de Lucena** est un petit monument en brique de style mudéjar, aujourd'hui bien déchu.

Environs

1 — Torija *(19 km N.-E. par la N 11; 413 hab., alt. 966 m)*. — **Château*** du XIIIe s. à tours cylindriques et un haut donjon. Édifié par les templiers, le château fut saccagé par les armées napoléoniennes et reconstruit récemment. **Église** paroissiale gothique avec un arc platéresque dans la chapelle principale.

2 — Brihuega* *(34 km N.-E. par la N 11; à Torija, prendre à dr. la C 201; 3 425 hab., alt. 88 m)*. — Ancienne ville forte. Près de Brihuega le duc de Vendôme remporta la bataille de Villaviciosa en 1710, qui permit à Philippe V de monter sur le trône d'Espagne. La ville aux rues étroites bordées de maisons blanches conserve plusieurs maisons nobles (palacio de Ibarra) et une belle plaza Mayor sous laquelle ont été ouvertes par les Arabes de nombreuses galeries.

Vous atteindrez la ville par la **puerta de la Cadena** près de laquelle vous visiterez les **jardins de la Real Fábrica de Paños** *(le long de la route de Cifuentes)*, jardins d'une ancienne fabrique de draps fondée au XVIIIe s. par Charles III et qui constituent un lieu enchanteur, aux frais ombrages, dans un décor classique planté depuis le XVIIIe s.

En franchissant la puerta de la Cadena, remarquez le **Fuente de los doce Caños**. Prendre à g. à la fin de la rue, puis dans la première à dr. pour parvenir à la **plaza Mayor**; sortir par la rue du fond, à g. Vous accéderez ainsi à la **puerta de la Guía**, qui donne accès à l'enceinte du vieux **château de la Peña Bermeja** (de la Roche Vermeille) transformé en forteresse par l'archevêque Jimenez de Rada au XIIIe s., le château conserve deux chapelles, la Vera Cruz, romane, et celle de Santa María del Castillo, à trois nefs.

Fête : Virgen de la Peña (15 août) : repas champêtre, encierro de vachettes.

➡ A *29 km N.-E. par la C 201 en direction de Masegoso de Tajuña,* Cifuentes (→).

3 — Horche *(12 km E. par la N 320, sur la dr.; 1 180 hab., alt. 895 m)*. — Bourg situé sur une haute colline dans un paysage pittoresque. Rues à portiques, église du XVe s.; artisanat du bois.

4 — Chiloeches *(7 km S. par une route locale)*. — Petite **église** rustique du XVIe s. avec des autels platéresques et churrigueresques; **palais** du XIIIe s.

Guadalupe★★

Cáceres, 203 km. — Navalmoral de la Mata, 80 km.
Alt. 640 m. — 2 965 hab. — Province de Cáceres (Estrémadure).

Guadalupe (de «guadix», rivière et «lupus», loup) est célèbre pour son monastère où l'on vénère la Vierge de Guadalupe, patronne de l'Estrémadure. Avant d'y parvenir, vous traverserez une vallée où ciste et thym se mêlent aux marronniers, aux oliviers et aux vignes.

Le monastère dans l'histoire. — Il est fondé en 1340 par Alphonse XI de Castille à la suite de la victoire qu'il remporte sur les Maures sur les rives du río Salado, en un site où a été découverte, en 1320, une statue de la Vierge. Selon la légende, cette dernière aurait été sculptée par San Lucas et enterrée dans la vallée du Guadalupejo pour la protéger du pillage arabe. Quelques siècles plus tard, la Vierge serait apparue à un berger pour le prier de déterrer son effigie.
C'est du XIVe au XVIe s., l'un des plus grands centres de pèlerinage de l'Espagne. Christophe Colomb, qui au cours de son second voyage lui rend hommage en donnant son nom à l'une de ses découvertes (la Guadeloupe), les Rois Catholiques, après la conquête de Grenade, viennent lui offrir leurs dévotions, ainsi que de nombreux conquistadores, des princes et souverains, qui lui font d'importantes dotations. Il est pourtant abandonné en 1835, mais réoccupé en 1908 par les franciscains.

Fêtes. — Le 8 sept., le 12 oct. et le 24 déc.

Église. — Érigée en 1349-1363 en style gothique, elle présente une austère façade entre deux tours (du milieu du XIVe s. à g., du XVe s. à dr.) ; portes en bronze, du XIVe s., ornées de scènes de la vie du Christ et de la Vierge.
A dr. après l'entrée, **chapelle Santa Ana**, du début du XVe s. (à g., fonts baptismaux en bronze, œuvre de Juan Francés ou Jean de France ; 1402), qui renferme le **tombeau** du fondateur et de son épouse, Alonso de Velasco et Isabel de Cuadros, par maître Hennequin de Bruxelles.
A l'intérieur, défiguré par des remaniements au XVIIIe s., remarquer la **grille★** Renaissance fermant les nefs ; elle fut exécutée par fray Francisco de Salamanca et Juan de Ávila. Dans la **Capilla Mayor**, **retable** dessiné par Juan Gómez de Mora, avec des sculptures (statues et hauts-reliefs) de Giraldo de Merlo et, sur les côtés, des peintures de Vicente Carducho (à g.) et de Eugenio Caxés (à dr.). Le **tabernacle**, en bois de cèdre damasquiné, recouvert de plaques dorées et travaillées au repoussé, est le propre secrétaire de Philippe II, exécuté à Rome par Giovanni Giamin, un disciple de Michel-Ange (1561).

Monastère. — La visite s'effectue dans l'ordre qui vous est présenté ci-dessous.
Cloître mudéjar★. — Avec un beau patio fleuri, d'où l'on sort par une porte Renaissance, construit à la fin du XIVe s. ; au centre, **pavillon★** gothique et mudéjar, qui fut élevé en 1405 par fray Juan de Sevilla ; dans un angle, **fontaine mauresque**, du XIVe s., copie des fonts baptismaux ; dans un autre angle, **tombeau** en albâtre du père Illescas (†1464), par maître Hennequin de Bruxelles, surmonté d'un calvaire polychrome du XVe s.

Musée des broderies. — Dans l'ancien réfectoire ; broderies du XIVe au XVIIIe s., dont plusieurs furent exécutées par des moines.

Musée des miniatures. — Dans la salle capitulaire, de style gothique, au **plafond★** décoré d'arabesques. Outre d'admirables **missels** des XVe et XVIe s., le **livre d'heures du prieur** (XVIe s.), des antiphonaires, notez sur un chevalet, une œuvre de Jean de Flandre (**Baptême du Christ★**), une **statue de la Vierge** en albâtre (XVe s.), une Nativité attribuée à fray Juan de Correa (XVe s.), un **triptyque★** de l'Adoration des Rois attribué à Adriaen Isenbrant (†1551).

Chœur. — On y accède par une porte plateresque et un escalier du XVIe s. On notera les **stalles** de style churrigueresque, sculptées par Alejandro Carnicero (1742-1744). Sur la stalle du prieur, **Vierge à l'Enfant** du XVe s. A dr. et à g. se trouvent les deux **buffets** baroques de l'orgue et des **autels** avec des tableaux de San Ildefonso et de San Nicolás de Bari (attribués à Zurbarán). La **voûte** montre de belles **peintures** de Juan de Flandes (Jean de Flandres).

De retour dans l'**église** (par un couloir ouvert dans le mur) remarquez à dr. la **chapelle Santa Paula**, du XVIe s., où se trouvent les **statues** du prince Denis de Portugal et de sa femme, en bois doré (œuvres de Leone Leoni). A g., **chapelle Santa Catalina** (XVIIe s.) avec des **sculptures** de Giraldo de Merlo.

Reliquaire. — Pièce octogonale du XVIe s., construite par Nicolás de Vergara, qui contient des **reliques** de saints ; le **crucifix** de Enrique IV, quelques **manteaux** de la Vierge, un **coffret*** en argent ciselé par Fray Juan de Segovia. La pièce est ornée d'**azulejos** de Talavera et de **peintures** de Fray Juan de la Serena.

Camarín (trésor). — Pièce de style rococo du XVIIIe s., accessible par un **escalier** de jaspe rouge, qui présente la forme d'une croix grecque, et décoré de **statues** représentant les huit femmes fortes de la Bible et de **peintures** dont neuf tableaux de la vie de la Vierge par Luca Giordano. La pièce s'étend d'un côté, où est exposé le **trône** de N.-D. de Guadalupe, construit en 1953. La statue, en bois, présente la Vierge, le visage noirci par la fumée des lampes ; elle porte l'Enfant Jésus, d'une époque postérieure. Les 2 statues sont vêtues de capes brodées d'une richesse prodigieuse.

Trésor (Joyel). — Petite pièce aménagée, en 1651, dans la tour du clocher qui renferme un **crucifix** d'ivoire attribué à Michel-Ange, une peinture représentant le **Christ*** de Luis de Morales, des **pièces d'orfèvrerie** et une belle collection de **vêtements** de la Vierge.

Cloître gothique*. — De style flamboyant à trois étages de galeries (du XIVe, XVe et XVIe s.). **Plafond** à caissons au 2e étage.

Visite : monastère (sous la conduite d'un guide ; accès payant) : de 9 h 30 à 13 h 30 et de 15 h 30 à 19 h . Entrée libre pour l'église.

Chapelle San Jerónimo. — collection de **peintures** d'un disciple de Zurbarán ; sur l'autel, **Apothéose****, un surprenant ensemble surnommé la Perle de Zurbarán qui mérite à lui seul la visite du monastère.

Sacristie. — Salle rectangulaire ornée de fleurs et de fruits peints sur les murs, qui garde huit **tableaux**** de Zurbarán peints entre 1638 et 1647 (la Messe du père Cabañuelos, la Visión du père Saméron, etc.). Le peintre de Fuente de Cantos choisit toujours des personnages hiéronymites pour ses tableaux, où le clair-obscur donne du relief aux moines. La sacristie conserve également la **lanterne** de la nef capitane des Turcs à Lépante, qui pend au plafond.

L'**antésacristie** gothique dans la cour de Santa Ana contient des **peintures** sur cuivre, des **portraits** de la famille de Carlos II, une **Cène** et un **Lavement des pieds**, etc.

Ne manquez pas de vous promener dans le **bourg***, aux ruelles évocatrices et bordées de maisons des XIVe et XVe s. Remarquer les palais du marquis de Riscal, gothique, et du marquis de la Romana, Renaissance, qui abrite aujourd'hui le parador. Sur la **plaza Mayor**, à arcades, fontaine gothique où, selon les livres anciens, furent baptisés deux Indiens amenés par Colomb en 1496. Les paysans des alentours viennent vendre le matin des fruits succulents (cerises sauvages, abricots) et des légumes. On goûtera également le miel local.

Environs. 1 — Ermitage de Humilladero *(4 km N.-O. par la C 713 en direction de Navalmoral).* — Petite chapelle gothico-mudéjare du début du xvᵉ s. qui présente trois portails à tympans sculptés. Beau paysage sur la sierra de Villuercas parsemée de ruines de châteaux.

2 — Caramero *(21,5 km S.-O. par la C 401 en direction de Miajadas).* — Village célèbre pour ses vins (plus de 17°) et son jambon.

3 — Logrosán *(34 km S.-O. par la C 401 ; 6 200 hab., alt. 472 m).* — Ruines préromaines. Château médiéval sur une colline. Ermitage de Nª Sª del Consuelo (xivᵉ s.), baroque avec des restes gothico-mudéjars. La ville conserve de belles maisons seigneuriales gothiques et Renaissance.

Guadix

Almería, 113 km. — Baza, 48 km. — Grenade, 58 km.
Alt. 949 m. — 16 307 hab. — Province de Grenade (Andalousie).

La ville s'étend au cœur d'une vega fertile constituée par le fond d'un ancien lac, au pied d'un plateau desséché fortement érodé, aux paysages fantasmagoriques.

Guadix dans l'histoire. — L'empereur Auguste fait de cette cité très ancienne une colonie militaire connue sous le nom d'Acci. Importante sous les Wisigoths, elle peut conserver ses lois et sa religion après l'invasion arabe. Reconstruite par les Maures sous le nom de Wadi Asch, elle est le théâtre de luttes sanglantes entre ses seigneurs et les rois de Grenade et entre musulmans et chrétiens, jusqu'à sa reprise définitive par les Rois Catholiques en 1489.

Fêtes. — Romería de San Antón (17 janv.) ; San Isidro (15 mai) ; feria (1ᵉʳ-5 sept.).

Vous gagnerez directement la **cathédrale*** construite sur l'emplacement d'une mosquée à partir de 1510 en style gothique mêlé d'éléments Renaissance, puis, au fur et à mesure que s'écroulait le xviᵉ s., en un style purement platéresque, c'est-à-dire Renaissance ; c'est ainsi que le **chevet** fut érigé en 1549 par Diego de Siloé ; la **tour** fut achevée au xviiᵉ s. par Juan de Arredondo. L'ensemble fut remanié dans le courant du xviiiᵉ s. dans le style à la mode à cette époque, c'est-à-dire baroque, avec des façades monumentales. A l'intérieur à trois nefs à voûtes à nervures, notez les **stalles** du chœur sculptées au xviiiᵉ s., qui offrent l'exubérante richesse de détails du style churrigueresque. Dans le musée, calvaire de Ruiseño, peintures baroques, manuscrits, pièces d'orfèvrerie.

De la cathédrale, vous vous rendrez à la **plaza Mayor,** entourée d'arcades. En prenant à dr. à la sortie de cette place, puis encore à dr. au bout d'une petite rue, vous traverseriez un très curieux **quartier d'aspect mauresque** où une maison, à l'architecture pleine de fantaisie, comporte un balcon d'angle sur encorbellement, typiquement oriental. En face de cette demeure, le **couvent de Santiago** est doté d'une église mudéjare s'ouvrant sur un portail platéresque richement sculpté arborant les armes de Charles Quint (1540).

Guadix possède elle aussi un **quartier troglodytique***, le **barrio de Santiago,** formé de cavernes creusées dans le tuf, qui sont habitées par des gitans.

Le jardin, qui, entre la déviation de la route de Murcie à Grenade et la vieille ville, commence à la hauteur de la cathédrale, se termine près de l'**alcazaba** mauresque (xve s.), flanquée de tours très délabrées, qui se rattache à l'enceinte du ixe s., solide muraille à tours carrées en double alignement.

Environs. 1 — Purullena* *(6 km N.-O. ; 2 672 hab. ; alt. 908 m).* — Étonnant **village troglodytique**, aux monticules et cônes criblés de cavités creusées de main d'homme dans un tuf particulièrement tendre, au milieu d'une belle végétation.

2 — Lacalahorra* *(17,5 km S.-E. ; au km 14,5 de la N324, bifurquer à dr. ; 1 096 hab. ; alt. 1 197 m).* — Gros bourg au pied d'une colline conique, couronnée par un **château**** du début du xvie s. construit par Rodrigo de Vivar y Mendoza, fils aîné du cardinal Mendoza, par l'architecte Lorenzo Vásquez. L'aspect extérieur rébarbatif contraste avec le caractère très plaisant du **patio*** intérieur Renaissance, chef-d'œuvre de marbre décoré par des artistes italiens avec un escalier majestueux *(pour visiter, prendre auparavant la clef chez Antonio, calle de los Claveles).*

3 — Fiñana* *(33,5 km S.-E. ; au km 31,5 de la N324, tourner à g. ; 2 820 hab. ; alt. 946 m).* — La Finyàna des auteurs arabes est construite au pied d'une éminence couronnée par les ruines d'une forteresse. Avant la Reconquête, ses habitants, des musulmans d'origine ibérique, s'adonnaient à la sériciculture, et les produits de leur artisanat (foulards de soie, brocarts) étaient connus en pays chrétien sous le nom d'alfiniane. L'église de ce village typiquement mauresque est une ancienne mosquée.

Guernica y Luno (Gernika-Luno)

Bilbao, 32 km.
18 132 hab. — Province de Biscaye (Pays basque).

Dans une vallée arrosée par le río Mundaca, elle est la cité sainte du Pays basque espagnol qui, pendant la guerre civile, en 1937, fut victime d'un événement d'une portée mondiale, immortalisé par Pablo Picasso dans une toile célèbre, aujourd'hui déposée au musée du Prado : *Guernica.*

Un terrain d'expérience. — Avant le déclenchement des opérations contre le cercle de Fer de Bilbao, tenu par les républicains, Guernica est l'objet d'un raid aérien d'une violence inouïe destiné à terroriser les populations civiles. Pour atteindre à une plus grande efficacité dans la terreur, le bombardement a lieu un jour de marché, alors que la ville grouille de paysans venus des villages voisins. De 16 h à 18 h, par vagues successives, l'aviation nazie de la Légion Condor, au service des nationalistes, déverse des tonnes de bombes incendiaires et explosives, tuant deux mille personnes et faisant des centaines de blessés. En 1948, au procès de Nuremberg, Göring avoue que Guernica était «un terrain d'expérience» et, de fait, Sperrle, qui a préparé techniquement le raid, dirige en 1940 les opérations de bombardement de Rotterdam et de Coventry.

Au centre, en direction de Luno, vous parviendrez à l'**église Santa María**, du xve s., portail gothique de 1518, ainsi qu'au **chêne historique** sous lequel, depuis des temps immémoriaux, les rois de Biscaye prêtaient le serment d'observer les fueros (franchises) du peuple basque. Le vieil arbre symbolique, dont il ne reste qu'une partie du tronc, est abrité par une coupole soutenue par huit colonnes, dans la cour du Parlement. Un arbre nouveau fut planté en 1860, à côté.

Environs. 1 — Château d'Arteaga *(8 km N.).* — Construit pour l'impératrice Eugénie de Montijo. L'architecte français, M. Couvrechef, réalisa là une fantaisie néo-gothique en plein xixe s., édifiant un donjon crénelé entouré d'une petite enceinte fortifiée.

2 — Cuevas de Santimamine* *(6 km N.-E.; ouv. en été de 10 h à 13 h et de 16 h à 20 h; en hiver de 10 h à 13 h et de 15 h à 17 h; f. lun. en hiver).* — Elles sont aménagées sur une longueur de près de 1 km; peintures et gravures rupestres d'époque magdalénienne (14000 à 9500 av. J.-C.) figurant des bisons, des chevaux, des ours, des cerfs, etc. Près de la grotte, ermitage du xve s.

3 — Côte basque** (→).

Haro

Logroño, 38 km. — Vitoria-Gasteiz, 45 km.
Alt. 479 m. — 9 160 hab. — Province de Logroño (La Rioja).

Grand centre vinicole situé au bord de l'Ebre, près de l'embouchure du Tirón.

Fêtes. — Le 29 juin, romería de San Felices de Bilibio qui se termine par une grande bataille du vin.

On peut encore voir les restes du château et des vestiges de l'enceinte fortifiée. Sur la plaza de la Paz se dresse l'**ayuntamiento**, bâti par Juan de Villanueva, l'architecte de Carlos III, dans un beau style néo-classique.

Par la **calle Santo Tomás**, très animée, vous parviendrez à l'**église** du même nom. Bâtie de 1499 à 1613 en style gothique, elle présente cependant une décoration Renaissance, dont la plus claire manifestation est le portail plateresque, magnifiquement décoré de sculptures et de bas-reliefs dont l'ensemble fait songer à un retable.

La **basilique** Nª Sª de la Vega, édifice du XVIIe s., abrite une statue de la Vierge du XIIIe s., vénérée par les habitants de Haro, ainsi qu'un retable baroque.

A noter encore, les **maisons gothiques** de la calle del Castillo, le **palais** Renaissance de **Paternina**, le **palais** baroque des **comtes de Haro**, ainsi qu'une **fontaine** monumentale du XVIIIe s. ornée des armes de la cité.

Environs. 1 — Briones *(8 km E. par la N232 en direction de Logroño).* — Belle bourgade au milieu des vignobles, bâtie sur une colline. Le clocher baroque de l'**église** s'élève avec élégance par-dessus les toits. A l'intérieur, retable sculpté vers 1626 par Juan Bascardo et Hernando de Murillas († 1628). Parmi les **maisons seigneuriales**, remarquez la maison des Quinconces, Renaissance, celle du marquis de Terrán, néo-classique, et le palais du marquis de San Nicolás, avec une splendide façade du XVIIIe s.

➻ A *3 km N.,* San Vincente de la Sonsierra (1 255 hab.; alt. 501 m); vieux bourg autour de son château féodal, sur un promontoire qui domine l'Ebre, conservant de belles maisons du XVIIe s.
Fêtes : les jeu. et ven. saints, procession des picaos qui se flagellent en signe de pénitence. A la fin de celle-ci, rite du sang retenu dans une boule de cristal.

2 — Casalarreina *(6,5 km S.-O. en direction de Santo Domingo de la Calzada ;* 935 hab., alt. 449 m). — Cette bourgade constitue un bel exemple de l'architecture civile du XVIe s. avec sa grande place de forme rectangulaire flanquée d'édifices construits par la famille Velasco. Ancien **palais des connétables de Castille** avec une façade Renaissance. **Palais des Pobes**, avec un beau mobilier du XVIIe s. L'église du couvent de la Piedad s'ouvre par un remarquable portail plateresque. Au centre, Descente de Croix.

3 — Tirgo (*9,5 km S.-O.; à Casalarreina, bifurquer à dr.*; 310 hab., alt. 522 m). —
Le village conserve plusieurs **maisons nobles** des xvi⁰ et xvii⁰ s. L'**église** romane
au portail simple présente de beaux chapiteaux sculptés.

➻ A *2 km S.-O.*, **Cuzcurrita del Río Tirón** est une petite ville pittoresque située
au pied du monte El Bolo. Son château est un des mieux conservés de la Rioja.
L'église paroissiale, à l'originale façade baroque, possède une tour splendide. Les
rues, qui forment parfois un véritable labyrinthe, sont bordées de maisons seigneuriales.

4 — Fonzaleche (*16 km O.; à Tirgo poursuivre en direction de Pancorbo*; 240 hab.,
alt. 562 m). — Belle **église** romane.

Hierro* (île de)

7 000 hab. — Province de Santa Cruz de Tenerife (Canaries).

Hierro, la plus occidentale, la plus méridionale et la plus petite des
Canaries (278 km²), ne possède pas les mêmes richesses que ses
voisines, en raison de l'absence presque absolue de sources, carence
que ne compense pas, comme à Lanzarote, l'humidité de l'atmosphère.
Elle est relativement peu boisée et produit un peu de vin, des figues et
du fromage qui constituent ses seules exportations. Hierro compte peu
de touristes. Elle attirera les authentiques amoureux d'exotisme, de
nature et de calme.

L'île présente presque partout des côtes abruptes de lave noire hérissées de cactus.
Son sommet, à plus de 1 500 m, est un haut plateau parsemé de cônes volcaniques
et fréquemment couvert de nuages ou embrumé. La falaise d'El Golfo, à l'E., semble
être la seule paroi subsistant d'un cratère démesuré.

L'île dans l'histoire. — Avant la conquête, les habitants de l'île, que l'on désignait
sous le nom de Bimbachos (ou de Ben Bachir) étaient surtout des pasteurs, aimant
la danse, ignorant la guerre autant que l'argent. Ils n'essayèrent pas de résister à
Béthencourt. D'après la tradition, un arbre mystérieux, près de Valverde, laissait
ruisseler de son feuillage, chaque matin, assez d'eau pour abreuver les habitants. A
l'arrivée des Espagnols, les insulaires dissimulèrent le bassin où était recueillie cette
eau sous des branches sèches, de telle sorte que les Espagnols s'empressèrent de
quitter cette île assoiffée. Une jeune fille amoureuse qui avait livré le secret à un
soldat fut, dit-on, condamnée à mort par le conseil des anciens. Cet «arbol santo»
aurait disparu, arraché par un ouragan en 1612.
Avant la découverte de l'Amérique, Hierro marquait la fin du monde connu, où
commençait la mer qui n'est plus navigable. Le géographe grec Ptolémée (ii⁰ s. av.
J.-C.) y fit passer par conséquent son premier méridien. En 1634, ce choix fut ratifié
par une assemblée de mathématiciens réunis à Paris par Richelieu, suivi d'une
ordonnance signée par Louis XIII.

Le bateau aborde au minuscule **Puerto de la Estaca** après avoir longé une
côte aux falaises noires et inhospitalières. Du port, une route décrivant des
lacets vertigineux sur une pente couverte de lave broyée donne accès à *(8 km)*
Valverde, la capitale, près de l'aéroport qui relie Hierro à Tenerife. De larges
figuiers rampent au ras du sol dans de petits enclos de pierre qui les protègent
contre les chèvres; chacun d'eux représente un patrimoine et un seul arbre
est parfois possédé, branche par branche, par plusieurs copropriétaires.

De **Valverde**, curieux petit village avec une petite place en terrasse, très belle

vue* sur les îles de La Palma, Gomera, Tenerife et le pic de Teide; en contrebas se trouve l'église, d'aspect fortifié, dont le petit clocher se détache sur l'horizon marin. A l'intérieur, belle sculpture connue sous le nom de Cristo de Hierro.

Tamaduste, au N.-E., est une mini-station balnéaire avec une immense piscine naturelle ouverte sur la mer, aux eaux cristallines et limpides.

Excursion vers le S.-O. de l'île

Sortir de Valverde en direction de Tinor.

5 km : **Tinor,** dans le centre de la meseta, avec ses pyramides de cendres au milieu des champs verdoyants. C'est là que se dressait jadis l'arbre sacré des Bimbachos (→ L'île dans l'histoire).

11 km : **San Andrés.** A *1 km* à dr., embranchement pour le **mirador de Tinama,** beaux **panoramas*.**
Revenir à San Andrés et prendre vers le S.

20 km : **El Pinar,** vaste et agréable **pinède*** (en continuant vers le S., **La Restinga,** centre touristique, pêche).

➜➜ A El Pinar prendre à dr. une piste *(20 km)* qui traverse une zone désertique, seulement peuplée de quelques chèvres. Belles **vues**** sur le versant S. de l'île aux pentes rouges et creusées de cratères qui tombent vers la mer, «la Dehesa».

35 km : **Ermita de Nuestra Señora de los Reyes** qui renferme une statue de la Vierge, transportée avec les Rois mages lors d'une procession qui se déroule tous les 4 ans, vers Valverde. Les «danzarines» de chaque village traversé prennent part à la procession.

➜➜ Au S., la Punta de Orchilla servait, avant Greenwich, d'emplacement au méridien. El Sabinar est un bois exotique de sabines, dont les troncs robustes soutiennent des branches de près de 10 m de haut. Cette espèce de genévrier aux longues aiguilles ne pousse qu'à Hierro.

➜➜ Au N., el Rincón, beau **point de vue*** sur El Golfo que l'on atteindra en prenant une piste à g. après être revenu à l'ermitage de Nuestra Señora de los Reyes. **El Golfo**** est une dépression aux abruptes parois couvertes de bruyères et de lauriers sur les bords, de cultures dans le fond. Elle s'étend de Sabinosa aux Roques de Salmor.

40 km : **Malpaso,** point culminant de l'île (1 501 m).

45 km : depuis **Frontera,** un sentier conduit à *(9 km)* l'ensenada del Golfo, énorme amphithéâtre de rochers et de bois de pins largement ouvert sur la mer.

75 km : **Sabinosa,** station thermale pour les maladies de peau et de la digestion. De Sabinosa, une petite route descend à *(4 km)* la **playa de Los Palos,** de cendres noires, sur le Golfo, dans une zone propice à la pêche sous-marine.
Revenir sur la route principale en direction de Valverde.

120 km : **Valverde.** A partir de la capitale, une autre route conduit à *(10 km)* **Jarales** en passant par **Mocanal** *(4 km).* Chemin faisant, vous découvrirez d'autres fort belles vues sur les falaises noires qui se dressent au-dessus du golfe. On remarquera surtout les Roques de Salmor, récifs impressionnants où vivent des lézards de plus d'un mètre de long.

Huelva

Ayamonte, 48 km. — Séville, 92 km. — Zafra, 202 km.
139 125 hab. — Capitale de la province de Huelva (Andalousie).

Située sur une presqu'île formée par le confluent du río Tinto et du río Odiel, cette ville d'un intérêt limité doit son importance aux mines de cuivre de son arrière-pays. Un développement urbain désorganisé, un indice élevé de pollution (résidus industriels), une dépersonnalisation sont le prix de sa croissance. Cependant l'industrialisation, créatrice de nouveaux postes de travail, en fait un pôle d'attraction pour toute une région.

Tartessos, la Troie de l'Occident. — Huelva est identifiée avec l'antique Onuba, colonie romaine, peut-être sur le site d'un comptoir phénicien. Federico Wattenberg pense pouvoir identifier l'île de Saltés, à l'embouchure des ríos Tinto et Odiel, avec l'île de Tartessos, la Troie de l'Occident, fabuleuse pour sa richesse minière, maintes fois citée par les Anciens, notamment par Platon, et qui constitue l'énigme la plus troublante posée à l'archéologie espagnole. Prise par les Maures, elle est reconquise par Alphonse X en 1257. Donnée en fief par Pierre le Cruel à sa favorite, María de Padilla (1352), elle appartient, à partir de 1468, aux ducs de Medina-Sidonia.
A la fin du xve s., la côte de Huelva joue un rôle fondamental dans la découverte de l'Amérique. Mais, plus tard, avec la concentration du commerce avec les Indes à Séville et sur le Guadalquivir, elle entre dans une période de prostration dont elle ne sortira que plusieurs siècles plus tard. La plupart de ses monuments ont été détruits en 1755 lors du tremblement de terre de Lisbonne.

Fêtes. — San Sebastián (20 janv.); patronales (2-6 août); Virgen de la Cinta (8 sept.).

Gastronomie. — Vous mangerez des coquillages et des poissons, les champignons et le cerdo ibérico de la sierra accompagnés de vins secs et doux.

De la place de las Monjas, au centre de la ville, la calle 3 de Agosto *(à g. du Gobierno civil)* mène à l'**église San Pedro** construite sur une ancienne mosquée (xvie s.) et très modifiée au cours des temps (tour mudéjare).
L'**église de la Concepción** *(accès par la rue de la Concepción, interdite aux voitures),* du xvie s., a été l'objet de tant de restaurations qu'on y reconnaît à peine l'ancienne structure Renaissance. Dans le **sanctuaire de Nuestra Señora de la Cinta**, visité par C. Colomb, on vénère la statue de la patronne de la ville.
Le **musée provincial** *(ouv. de 9 h à 14 h; f. le lun.),* avenue de Montenegro **(route du monastère de la Rábida)**, comprend des collections archéologiques provenant notamment des dolmens de la province, des amphores romaines retrouvées dans la ría de Huelva, des sculptures romanes, des collections ethnologiques des anciennes populations de la sierra Morena, des peintures flamandes et des œuvres de Valdés Leal.
Le **couvent de la Merced** est devenu, depuis 1953, cathédrale de Huelva. Fondé par les comtes de Niebla, vers 1605, c'est en 1783 que l'édifice fut construit d'après un projet de Pedro de Silva.

Environs

1 — Monastère de la Rábida* *(10 km S.-E.; par l'av. de Montenegro qui longe le port, et le pont récemment construit sur le río Tinto).* — Ce célèbre couvent franciscain fut fondé au XVᵉ s. sur la rive g. du río Tinto, dans un site très romantique. A l'entrée se dresse une croix de fer.

La légende veut que Christophe Colomb soit tombé au pied de cette croix, épuisé par la fatigue lorsqu'il vint, en 1484, demander au portier du pain et de l'eau pour son jeune fils. Le prieur était, à l'époque, Juan Pérez de Marchena qui reçut de Colomb la confidence de ses projets et lui prêta un actif et constant appui.

Visite : de 10 h à 13 h et de 15 h à 18 h ou de 16 h à 19 h 30 en mai-sept.

Dans l'église, du XIVᵉ s., chapelle où Christophe Colomb et ses compagnons assistèrent à leur dernière messe avant de s'embarquer pour leur voyage de découverte; vestiges de fresques du XVᵉ s. Visitez le **cloître mudéjar**, du XVᵉ s. Au dessus du réfectoire, **musée** où l'on conserve divers souvenirs relatifs à la mémorable expédition de Christophe Colomb et des frères Pinzón.
➡ A *4 km N.,* **Palos de la Frontera** (→ Moguer*, environs 3).

2 — Mazagon *(19 km S.-E. par la C 442).* — Station balnéaire sur une immense plage de sable fin, à la lisière d'une vaste forêt de pins.

3 — Matalascañas *(67 km S.-E. par la C 442).* — Zone touristique en plein développement. 4,5 km de plages très fréquentées en juil.-août, désertes le reste de l'année.
➡ A *16 km N.,* **El Rocio**** (→).

4 — Punta Umbría *(22 km S.).* — Station balnéaire le long d'une plage de sable fin à l'embouchure du río Odiel.

5 — Cartaya *(24 km O.; 9 700 hab.).* — Dans une immense pinède qui monte de la mer vers la sierra, joli village qui conserve un château du XVᵉ s. Ruines d'un castrum romain, nombreuses fontaines arabes. L'église San Pedro (XIIIᵉ s.) s'ouvre par une porte mudéjar.
Fêtes : foire aux bestiaux (15 mai); Vierge du Rosario (5 oct.).
➡ A *8 km S.,* plages d'El Rompido et El Portil à l'arrière desquelles s'étendent des dunes protégées par des pins.

6 — Lepe *(31 km O.; 12 900 hab.).* — Église paroissiale de Santo Domingo de Guzmán, du XVᵉ s.
Fêtes : romería de la Virgen Bella (2ᵉ dim. de mai); patronales (14 août).

7 — Isla Cristina *(46 km O.; 15 050 hab.).* — Bourg de pêcheurs sur un cordon dunaire séparé du continent par des marais salants. Centre de pêche au thon.
Fêtes : carnaval réputé (fév.); patronale (15 juil.).

8 — Ayamonte* *(48 km O.; 17 500 hab.).* — Sur la rive g. du río Guadiana qui en cet endroit, sert de frontière entre l'Espagne et le Portugal. Belle vue depuis la terrasse du Parador. Visitez le **quartier** typique **de la Villa**, le **palais du marqués de Ayamonte**. L'**église Nuestra Señora de las Angustias** conserve à l'intérieur un beau plafond mudéjar dans la Capilla Mayor et un grand retable du XVIᵉ s.; azulejos. L'église du **couvent de San Francisco** possède de beaux plafonds artesonados, un retable du XVIIᵉ s. et des azulejos. Dans l'Asilo provincial, belle peinture de Murillo.
Fêtes : carnaval; semaine sainte; Virgen del Carmen avec des processions maritimes (16 juil.); Virgen de las Angustias (8 sept.).

9 — Gibraleón *(16 km N. par la N 431; 9 000 hab.).* — Sur la rive g. d'un bras du río Odiel, la ville est dominée par un **château** arabe. **Églises baroques** de San Juan et de Santiago; **couvent** d'El Vado (XVIᵉ s.).
➡ A *28 km N.-O.,* **Alosno** (alt. 183 m.), l'un des principaux centres miniers (baryte) de Huelva, pittoresque village de maisons blanches.
Fêtes : la Pascua de la Lechuga (dim. de Pâques); San Antonio (13 juin); San Juan avec danses du Moyen Age (24 juin).

•→ A *36 km N.-O.,* **Tharsis,** où les mines (cuivre, argent, or), de nouveau exploitées, le furent depuis la plus haute Antiquité. On retrouve partout des traces des installations, arabes, romaines et même phéniciennes et carthaginoises. Les mines cédées par Philippe V au Suédois Wolters revinrent à la Couronne en 1783. Louées en 1829 à un particulier, elles furent vendues en 1873 à une compagnie anglaise, puis furent rachetées par des capitaux espagnols en 1952.

Service de bac : les bacs pour transporter voitures et autocars partent toutes les 20 mn.
Pont suspendu : sur le Guadiana, entre le N. d'Ayamonte et Castro Marim (Portugal) ; côté portugais, il est relié à l'autoroute de l'Algarve.

Huesca[*]

Lérida, 120 km. — Pampelune, 180 km. — Saragosse, 71 km.
Alt. 488 m. — 44 372 hab. — Capitale de la province de Huesca (Aragon).

Ville d'origine ibérique et romaine qui fut ensuite une importante place forte musulmane avant d'être promue au rang de capitale par Pierre Ier d'Aragon, après la Reconquête (1096). La ville se situe dans un paysage d'une grande beauté.

La ville dans l'histoire

Un putsch romain. — Huesca, l'antique Osca, fondée par les Ibères, entre vraiment dans l'histoire lorsqu'elle devient la capitale de l'État de fait que s'est constitué le général Quintus Sertorius à partir de 82 av. J.-C. en luttant en Espagne contre les partisans de Sylla. Il y crée une école, lointaine ancêtre d'une université littéraire que les rois d'Aragon favorisent bien longtemps après, avant de succomber sous les coups conjugués de Caecilius Metellus, et de Pompée, en 72 av. J.-C.

Quatre têtes de rois. — Sous la domination des Maures, Huesca est la capitale d'un royaume et l'une des principales places fortes musulmanes dans le N. de l'Espagne. Le roi d'Aragon et de Navarre, Sanche Ramirez, grignote pendant 25 ans les possessions du sultan de Huesca, mais il meurt en 1094, lors d'une vaine tentative pour s'emparer de la ville avec l'aide de seigneurs gascons et languedociens. Son fils aîné et successeur, Pierre Ier, réussit en 1096 à prendre Huesca d'assaut, y tuant quatre rois maures qui ont laissé leur tête sur les armoiries de la ville. Il en fait la capitale de son royaume et y rétablit l'évêché. Pierre IV (1319-1387) y fonde en 1354 une université littéraire qui est fermée en 1835. Occupée par le général Suchet en 1810, la ville est encore le théâtre de luttes sanglantes en 1837, lors de la première guerre carliste. Tombée au pouvoir des troupes franquistes dès 1936, elle est longtemps située à la pointe d'un saillant du front oriental et sévèrement éprouvée à plusieurs reprises lors des attaques des gouvernementaux ; elle n'est dégagée que lors de l'offensive nationaliste du 9 mars 1938.

Fêtes. — Le 23 avr., jour de la San Jorge, pèlerinage à l'ermitage.

Visite de la ville

A l'entrée de la ville, par la route de Sabiñánigo (et de Pau), remarquez à dr. l'**église San Miguel,** de style romano-ogival des XIIe-XIIIe s. et, devant vous, d'importants fragments de l'enceinte médiévale.

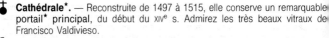
Cathédrale*. — Reconstruite de 1497 à 1515, elle conserve un remarquable portail* principal, du début du XIVᵉ s. Admirez les très beaux vitraux de Francisco Valdivieso.

A l'intérieur, magnifique **retable**** d'albâtre sculpté, de style Renaissance, mais avec des réminiscences gothiques, dû à Damián Forment qui y travailla de 1520 à 1533. Dans la capilla mayor, **stalles** en bois sculpté de la fin du XVIᵉ s. par Nicolás de Berástegui, mais terminées par Juan de Berroeta. A dr. de l'entrée principale, **autel de Santa Ana** (1522), dans le style de Berruguete, et grille d'Arnau Guillem (1525) ; dans le bas-côté dr. : **chapelle de los Santos Orfencio y Paciencia,** baroque (dans la crypte, monument funéraire des Lastanos, de 1665) ; dans la **chapelle de San Joaquim** (la 3ᵉ), retable baroque avec peintures de V. Berdusán.
En sortant par le bras dr. du transept, ne pas manquer d'aller voir, dans la paroisse, un **retable*** en albâtre, sculpté par Gil de Morlanes, provenant du monastère fortifié de Monte Aragón. Le **cloître** est antérieur à la cathédrale et conserve quelques éléments d'architecture de style de transition entre le roman et le gothique ; une aile de style ogival fut élevée vers 1453.

En face de la cathédrale, **Casa Consistorial,** de style Renaissance, érigée de 1577 à 1612 *(ouv. de 10 h à 14 h et de 16 h à 18 h),* et anc. collège Saint-Jacques, à façade Renaissance, réalisé par Mendizabal (1610). Montez au 1ᵉʳ étage contempler le tableau « la Cloche de Huesca » peint de façon très macabre (1880).

■ Musée provincial*. — La calle de Quinto Sertorio mène au musée provincial, installé dans l'ancienne **université littéraire** reconstruite (1690), près des restes du palais des rois d'Aragon (XIIᵉ s.), avec une noble façade principale, de style baroque, et une galerie à colonnes toscanes entourant un vaste patio intérieur.

Visite : de 9 h à 14 h et de 16 h à 19 h ; f. le lun. ; accès payant.

Parmi les œuvres de la **collection de la cathédrale,** remarquez les **fresques gothiques*** (XVIᵉ s.) provenant de San Fructuoso de Bierge (scènes de la Passion, de martyre de divers saints, de miracle) et celles de l'église paroissiale de Yaso (scènes de la vie de saint André), ainsi que le **retable du couronnement de la Vierge*** (XVᵉ s.), exécuté par Pedro de Zuera.
Parmi les œuvres peintes des XVᵉ et XVIᵉ s., notez la belle série de quatre **tableaux de la Vie de la Vierge*,** réalisés par un artiste anonyme désigné sous le nom de maître de Sigena et qui est sans doute un peintre d'origine italienne de la fin du XVᵉ s. ou du début du XVIᵉ s. (d'autres tableaux, provenant du retable de la chapelle de Saint-Jean du monastère de Sigena et consacrés à la vie de saint Jean Baptiste, sont attribués à un artiste différent). Dans cette même section, notez encore le tableau de **Saint Vincent martyr,** œuvre de grand style, peut-être exécutée par Pedro de Aponte, ainsi que le **triptyque de la Vierge à la Rose** d'un artiste espagnol influencé par l'art flamand du XVIᵉ s., l'**Assomption de la Vierge** par le Bolonais Giuseppe Maria Crespi (1576-1632), dit le Spagnolo.
Dans la section consacrée à la peinture du XVIIᵉ s., œuvres de Francisco Camilo (v. 1615-1671) : **Sainte Anne, saint Joseph et la Vierge ; Saint Joseph,** deux peintures baroques empreintes de sentimentalisme. De Juan de Pareja (1605/1606-1670), le **Baptême du Christ,** œuvre davantage influencée par la peinture baroque de l'école madrilène que par celle de Velázquez, dont il fut le serviteur. Tableaux de Claudio Coello, Mateo Cerézo, Juan Carreño de Miranda, Francisco Solís, Mateo Gilarte, Guido Reni, Angelo Nardi.
Dans la section des XVIIIᵉ et XIXᵉ s., tableaux de Goya (portrait), de Francisco Bayeu, du baron François Gérard (autoportrait), de Vicente Carducho, etc.
Dans la **section des gravures et lithographies,** quatre **lithographies** de Goya,

tirées à Bordeaux en 1825, œuvres d'une grande spontanéité, pleines d'intensité dramatique, qui sont consacrées à la **tauromachie**.

Au cours de la visite, vous pénétrerez dans une salle voûtée du XIIᵉ s., appartenant à l'ancien **palais des rois d'Aragon**, où se serait passée, selon la tradition, la fameuse scène connue sous le nom de cloche de Huesca, en 1136.

La cloche de Huesca. — Le roi Ramire II, dit le Moine, y aurait réuni les seigneurs révoltés de son royaume pour leur montrer « une cloche qui serait entendue dans tout le pays ». Seize d'entre eux furent décapités en entrant dans cette salle ; quinze têtes furent disposées sur le sol de façon à dessiner le bord inférieur de la cloche et la seizième pendue au-dessus et au centre, de manière à figurer le battant.

Revenez à la cathédrale, tournez à g. juste après, puis à dr. dans la calle de Alfonso de Aragón, que prolonge la calle de los Mozarabes. Cette rue mène à l'**église San Pedro el Viejo**, de style roman (1134-1137), qui faisait partie d'un monastère bénédictin où se retira et mourut Ramire II, après qu'il eut assuré le sort du royaume d'Aragon en fiançant sa fille, Pétronille, âgée de deux ans, au comte de Barcelone, Raimond Bérenger IV.

Dans le chœur, **stalles gothiques** du début du XVIᵉ s. et **retable** de la Capilla Mayor, œuvre de Juan de Berroeta.

En contournant l'église, on trouvera l'entrée du **cloître**** *(ouv. de 9 h 30 à 13 h 30 et de 16 h à 20 h ; accès payant),* de style roman, aux chapiteaux sculptés.

Dans une chapelle latérale, **tombeau** du roi-moine Ramire II († 1154) et d'Alphonse Iᵉʳ le Batailleur († 1134).

Pour une **visite plus détaillée**, suivre la calle de Moya, au-delà du marché que l'on aperçoit près de l'entrée du cloître. Cette rue débouche dans la principale artère de Huesca ; à dr., **église San Vicente el Real** ou **de la Compañia**, de style baroque (XVIIIᵉ s.).

En prenant à g. dans le Coso Alto, puis à dr. dans la troisième rue (calle de San Lorenzo), on atteindra l'**église San Lorenzo**, également de style baroque (1607-1624) : au maître-autel, retable sculpté et doré du XVIIᵉ s. ; peintures de J. Martinez et **tableau de San Orencio** (1623) par Pedro Núñez, un artiste formé à Rome (v. 1613-1614), peut-être par Vicente Carducho. De retour en Espagne vers 1620, il reçut plusieurs commandes de la cour. Fidèle à la tradition classique, son œuvre est exempte de baroquisme.

En continuant dans le Coso Bajo, on pourrait encore voir, à l'angle de la route de Lérida, l'**église Santo Domingo**, baroque, élevée en 1695.

Parmi les monuments civils, on remarquera le **palais épiscopal** avec sa belle salle du « Tanto Monta ». et l'**hôpital provincial** qui comporte une belle façade.

A voir aussi, à 3 km du centre, le sanctuaire de Cillas, reconstruit en 1774 (Vierge du XIIIᵉ s.), avec une maison de Lorette, commencée en 1585 sous Philippe II et achevée en 1777.

Environs

1 — Route des Pyrénées** *(prendre au N. la route 330).*

47 km : Artó *(prendre à g. au km 42)* ; église du XIᵉ s. (type serrablo).

51 km : Sabiñanigo (8 239 hab. ; alt. 780 m). — A 4 km N.-O., **Larrès**, dont le château abrite un musée consacré à l'architecture populaire du Haut-Aragon et 700 dessins d'artistes espagnols du XXᵉ s.

➜   A *18 km O.* Jaca** (→).

66 km : Biescas (911 hab. ; alt. 860 m). ; église paroissiale des XVIIᵉ et XVIIIᵉ s. Belles maisons anciennes à blasons sculptés.

➜   Parc national d'Ordesa** *(32 km E., route 260 ; →).*

74 km : **Búbal**. — Lac-barrage. Ermitage de Santa Elena, lieu de pèlerinage.

85 km : **Panticosa** (alt. 1 639 m). — Station thermale aux eaux radioactives située dans un beau cirque de montagnes, près d'un lac (pêche à la truite).

→ Gorges de l'**Escalar****, étroites et profondes.

88 km : **Sallent de Gállego** (alt. 1 305 m), joli village de montagne.

90 km : **El Formigal** (alt. 1 480 m), station de sports d'hiver (télécabines jusqu'au pico de los Tres Hombres, 2 441 m) au pied du col du Pourtalet.

2 — Vers Barbastro *(N 240).*

14 km : **Barluenga** *(au km 7 de la N 240, bifurquer sur la g.).* — La petite église San Miguel conserve un plafond peint et surtout de remarquables **peintures romanes*** du xiiᵉ s., dans l'abside *(clef dans la maison à dr. de l'église paroissiale).*

19 km : **Liesa** *(prendre à g. au km 17).* — Église Santa María del Monte, de style roman. La nef est du xvᵉ s.

23 km : **Ibieca** *(4 km après Liesa).* **→** Église San Miguel de Foces *(3 km; prendre à Ibieca une piste déconseillée aux voitures basses; demander la clef en s'adressant aux premières maisons à dr. à l'entrée d'Ibieca et se faire accompagner).* Cette église, érigée en style gothique en 1249, conserve des fonts baptismaux du xiᵉ s. et de remarquables fresques gothiques.

36 km : **Antillón** *(prendre à dr. à Angües).* — Église romane du xiiᵉ s. et vestiges d'une enceinte.

42 km : **Adahuesca** *(prendre à g. au km 30; 136 hab.).* — Remarquable Casa Loscertales, sur la place du village. Grande église paroissiale baroque. L'ermitage de Treviño, édifice roman des xiiᵉ-xiiiᵉ s., est orné de peintures murales romano-gothiques dans l'abside.

52 km : **Barbastro** (→).

3 — Sanctuaire de Nuestra Señora de Salas *(1 km S.-E. par la C 1310 en direction de Sariñena, puis à g. à la sortie de la ville).* — Fondé vers 1200 par doña Sancha, épouse d'Alphonse II, il est reconstruit en majeure partie en 1722. Vous pourrez admirer une statue de la **Vierge** de la fin du xiiᵉ s.; à sa gauche, statue de la **Vierge de la Huerta**, du xivᵉ s., en bois mais en partie recouverte de plaques d'argent.

4 — Grañen *(23 km S. par la C 1310; tourner à dr. au km 4).* — Église du xviᵉ s. dont le **retable*** fut peint par Cristóbal de Cardeñosa (le Christ dans le jardin des Oliviers, Jésus dépouillé de ses vêtements et la Flagellation) et à partir de 1511 par Pedro de Aponte, à qui l'on doit la partie la plus remarquable de l'œuvre, notamment la Descente de croix, qui témoigne d'une grande virtuosité technique.

5 — Sanctuaire de San Jorge *(1 km S.-O. par la N 123 en direction de Saragosse sur la dr.).* — Reconstruit en 1554 sur le champ de bataille d'Alcoraz (1096), où s'affrontèrent les Maures et les chrétiens.

Fête : le 23 avr., romería.

6 — Almudébar *(19 km S.-O. par la N 123).* — Ermitage de la Vierge de la Corona, du xviiiᵉ s. Dans l'**église** paroissiale N.-D. de la Asunción, remarquable retable du maître-autel, du xviᵉ s., représentant les mystères du rosaire. Dans la sacristie, retable de San Blas et Sainte Marie-Madeleine avec des peintures sur bois du xvᵉ s.

7 — Ayerbe *(28 km O.; →).*

Ibiza** (Eivissa)

25 343 hab. — Ile d'Ibiza — Province des Baléares.

La Vila d'Eivissa, appelée Ibiza à l'extérieur des Baléares, est la capitale de l'île du même nom. L'arrivée en bateau, peut-être davantage encore que pour Palma ou Mahón, est inoubliable. Les maisons blanchies à la chaux, s'étageant à flanc de colline, avec au sommet, entourée de murailles, Dalt Vila*, la haute ville aux nobles demeures massées autour de la cathédrale, forment un tableau presque inchangé depuis le XVIᵉ s. Près du port, cependant, les constructions récentes nous rappellent qu'Ibiza, devenue dans les années soixante un lieu mythique pour une jeunesse en quête de liberté, a su utiliser cette image de marque pour faire de l'île l'un des principaux centres touristiques de la Méditerranée occidentale.

L'île des vestiges puniques. — Après avoir été habitée à l'âge du bronze par des populations qui n'y laissèrent que peu de traces, Ebusus, est fondée en 654 av. J.-C. par les Carthaginois, sur une ancienne colonie phénicienne. Les fouilles archéologiques du Puig des Molins, colline qui servit de nécropole entre le IVᵉ s. av. J.-C. et le IIIᵉ s. de notre ère, nous ont apporté de précieuses informations sur cette civilisation. L'exploitation antique des salines et des mines de plomb argentifère, la préparation de la pourpre avec des coquillages abondants sur ces rivages et la fabrication d'amphores enrichissent cette île dont Diodore de Sicile vante les «ports mémorables et les murailles». Après la deuxième guerre punique (218-201 av. J.-C.), Ebusus devient une ville confédérée à Rome. Elle est dévastée par les Vandales en 426, puis occupée par les Byzantins en 535, défendue par Charlemagne contre les Arabes en 798, ruinée par les Normands en 859 et enfin conquise par les Maures en 901. Devenue un nid de pirates dépendant du royaume musulman de Dènia, Jacques Iᵉʳ d'Aragon la reconquiert en 1235, puis elle est rattachée au royaume de Majorque dont elle suit le sort. Charles Quint y fait escale en 1541 au retour de l'expédition d'Alger. Fréquemment attaquée par les flottes des Ottomans et des Barbaresques, Ibiza participe à la guerre menée contre les Anglais en Méditerranée à la fin du XVIIIᵉ s., et au début du XIXᵉ s.

L'île du tourisme branché. — Ibiza n'est pas connue du grand public pour ses vestiges puniques. La présence sur l'île, à partir de 1965, de jeunes gens aux cheveux longs, vêtus de tuniques fleuries et partisans d'une idéologie qui allait marquer le monde occidental pendant une décennie (pacifisme, écologie, naturisme...), devait donner de cette petite île l'image stéréotypée d'un lieu de plaisirs et de liberté sexuelle. De faux hippies, vrais fils à papa de l'Europe du Nord, ont envahi Ibiza dans les années soixante-dix, à la recherche de sensations fortes et d'exhibitionnisme. C'était tout un style de vie qui attirait cette jeunesse dorée vêtue à la mode «ad lib», la mode «ibicenca». Le symbole était puissant; les retombées économique devaient l'être aussi. Le tourisme est aujourd'hui pour Ibiza une véritable poule aux œufs d'or.

Baléarisation. — Avec ses 286 hôtels, qui offrent près de 90 000 places sur une île de 541 km² et 66 000 hab. (statistiques de 1985), Ibiza illustre parfaitement ce développement mal contrôlé d'un tourisme de masse connu en Europe sous le terme de «baléarisation». Certes, le revenu par habitant a fortement augmenté et le bilan démographique est positif, mais cela s'est fait au détriment du paysage et de l'équilibre écologique des îles. En l'absence de planification, les bâtiments ont poussé comme des champignons, tel ce gigantesque hôtel construit dans l'axe de la piste de l'aéroport, et qu'il a fallu détruire à la dynamite, car le décollage était devenu très dangereux. A cela, il faut ajouter l'étroite dépendance envers les agences de voyages étrangères, qui imposent leurs prix aux chaînes d'hôtels, et le déséquilibre d'une économie totalement basée sur le tourisme. La médaille punique a un bien triste revers.

«Feina o menjar!» — «Travailler ou manger», c'est ce que demande le Famelià, l'un des nombreux esprits qui habitent l'île. Si vous le laissez échapper de sa bouteille, il va mettre à votre disposition son immense capacité de travail pour construire un mur, terminer une maison ou résoudre tous vos problèmes domestiques. Mais ne le laissez pas inactif, car il réclame alors à manger, et ce nain malicieux vous ruinera en peu de temps. D'autres esprits, comme le Barruguet ou le Follet, peuplent l'imaginaire eivissenc, riche en croyances et superstitions de toutes sortes : surtout, ne donnez pas de sel à un étranger, ne vous coiffez pas sur un bateau, ne laissez pas de ciseaux ouverts, ne mettez pas vos chaussettes à l'envers... car il pourrait vous arriver malheur.

Visite de la ville

Dalt Vila est le quartier situé sur l'emplacement de l'ancienne acropole où les Carthaginois avaient bâti leur temple principal, consacré au dieu Eshmoun. Entouré de murailles, il a conservé depuis l'époque de Philippe II la forme d'un heptagone irrégulier flanqué de sept bastions. En montant par la rampe d'accès qui commence sur la place du marché, on y pénètre par le **portal de les Taules***, ainsi nommé à cause des planches qui formaient le pont-levis. Vous remarquerez le superbe blason, ainsi que de part et d'autre les statues romaines, découvertes en 1585 lors de l'édification de la porte.

Vous vous promènerez alors dans un labyrinthe de ruelles pavées, avec pour fil d'Ariane la **cathédrale**, sise au sommet de la colline. Élevée en style gothique au XIVᵉ s., sur un site consacré au culte depuis les Carthaginois, la cathédrale d'Ibiza fut en majeure partie rebâtie au XVIIᵉ s. Dans le musée, vous verrez une belle **custode*** en argent doré et deux **tableaux*** de la fin du XIVᵉ s., exécutés par Francesc Comes.

Derrière l'édifice, à côté du château, une grande terrasse vous permettra de découvrir un magnifique **panorama*** sur l'entrée du port, les salines et, à l'horizon, l'île de Formentera.

Sur la place de la cathédrale, le **Musée archéologique*** *(ouv. de 10 h à 14 h et de 16 h à 19 h),* créé en 1903, renferme d'intéressantes collections d'art punique, provenant des fouilles d'Illa Plana et de la grotte d'Es Culleram, près de Sant Joan. Bustes de la déesse Tanit, statuettes moulées dans l'argile, amulettes égyptiennes, bijoux en or et en ivoire, monnaies puniques et romaines, amphores... c'est tout un art relativement peu connu que l'on pourra découvrir dans ces salles.

Aménagé en 1969 dans la salle d'armes de Dalt Vila, le **musée d'art contemporain**, dont les fonds sont composés de plusieurs centaines d'œuvres (Tàpies, Millares, Tur Costa...), nous rappelle qu'Ibiza est depuis quelques décennies un foyer important de création artistique.

Vous découvrirez aussi à Dalt Vila d'anciennes demeures aristocratiques aux fenêtres gothiques ou Renaissance, une église de la fin du XVIᵉ s. (**Santo Domingo**), mais aussi des galeries d'art et des boutiques d'artisanat.

Au pied de Dalt Vila se trouvent le quartier de **Sa Marina**, avec ses rues commerçantes et ses nombreux restaurants, et celui de **Sa Penya***, aux étroites venelles bordées de maisons de pêcheurs blanchies à la chaux, qui évoquent l'Afrique du Nord toute proche. Les compositions formées à partir du cube blanc, module de base de la maison eivissenca, sont infinies, et sur ce rocher au bout du port, la fascinante architecture traditionnelle de Sa Penya est aux antipodes de l'habitat normalisé de nos villes modernes. On comprend pourquoi les hippies de 1965, fuyant l'anonymat glacé des banlieues industrielles, ont trouvé là un lieu de prédilection.

Au **Puig des Molins**, dans un joli paysage d'oliviers, se trouvent les 4 000 tombes excavées dans le roc de la **nécropole** phénico-carthaginoise d'Ebusus, l'une des principales sources d'information sur la civilisation punique. Le **musée** du Puig des Molins abrite des objets mis au jour dans ces hypogées, qui sont reliés entre eux depuis des siècles par des galeries souterraines destinées au pillage des sépultures.

Environs

1 — Jesus *(4 km N.-E.)*. — Église du XVIᵉ s., recouverte de nombreuses couches de chaux. A l'intérieur, le **retable** gothique de l'école de Valence, peint vers la fin du XVᵉ s. ou au début du XVIᵉ s., représente la Vierge entourée d'anges musiciens, dans un style qui évoque déjà la Renaissance.

2 — Playa Talamanca *(3,5 km E.)*. — A proximité se trouve le groupe de **villas** de Ca'n Martinet, construites par le célèbre architecte Josep Lluís Sert. Il s'agit d'une remarquable synthèse entre les formes de l'habitat traditionnel eivissenc et les principes hérités de Le Corbusier.

3 — Église fortifiée de Sant Jordi *(6 km S.)*. — Elle date du XIVᵉ s.

4 — Sa Canal *(10 km S.)*. — Hameau situé sur la plage de sable de Migjorn, près des **salines** qui valurent à Ibiza, au Moyen Age, son surnom d'île de Sel ; celles-ci occupent 400 ha, et le sel est exporté à partir du port de Sa Canal vers les pays nordiques, où on l'utilise dans les conserveries.

Igualada

Barcelone, 63 km. — Lleida, 93 km.
Alt. 315 m. — 31 552 hab. — Province de Barcelone (Catalogne).

Vous y visiterez l'église de Santa Maria, fondée au XIᵉ s. et très remaniée postérieurement, pour le retable baroque peint par Sunyer de Manresa en 1718. Dans le musée du Cuir, au musée de la ville (65, carrer de Manresa), objets relatifs à l'industrie du cuir, une activité pratiquée à Igualada dès le XIVᵉ s.

Environs. 1 — Rubió *(13 km N.-O. ; au km 8 de la N 11 en direction de Lleida, prendre à dr.)*. — Dans ce village, **église** fortifiée du XIIᵉ s. qui renferme un retable monumental peint vers le milieu du XVᵉ s. par un maître anonyme dit maître de Rubió, élève probable de Ramon Destorrents (la prédelle de ce retable est au musée épiscopal de Vic).

2 — Santa Margarida de Montbui *(4 km S.).* — Tour et château médiévaux de Montbui sur la place. ↦ A *5 km* par la route, sur une petite éminence, ensemble monumental de **Tossa de Montbui*** (église et château du xᵉ s.) et mirador.

3 — Santa Coloma de Queralt *(25 km S.-O. par la C 241;* 2743 hab.). — Église paroissiale de styles roman, ogival et Renaissance, renferme, dans une chapelle en face de l'entrée, un petit retable en albâtre sculpté en 1387 par Jordi Joan. Sanctuaire roman de **Santa Maria de Bell-lloc**, du xiiiᵉ s. (tombeaux gothiques des comtes de Queralt, du xivᵉ s.).

↦ A *8 km S.-O. (au km 4 de la C 241, bifurquer à dr.),* **Conesa**, village qui a conservé, sur la plaça Major, l'ancien four à pain de la ville, du xivᵉ s.

De Conesa un sentier mène à *(45 mn à pied)* l'**église Sant Pere Savella**, romane (belle image de saint Pierre grandeur nature [xivᵉ s.]), dont les chapiteaux du portail sont sculptés de motifs végétaux et de représentations zoomorphiques. Au tympan, Vierge à l'Enfant.

4 — A une dizaine de km d'Igualada vers le S., le beau village de **Capellades* conserve un très intéressant Molí paperer (moulin à fabriquer du papier) encore en fonctionnement *(visites sur demande),* unique en Europe. Non loin de la ville, l'abric Romani, gisement datant du paléolithique moyen, a fourni nombre d'objets et de restes qui sont exposés dans le même édifice du moulin (étage supérieur) du xviiiᵉ s.

Inca

Alcúdia, 24 km. — Palma, 24 km.
Alt. 150 m. — 22 118 hab. — Ile de Majorque — Province des Baléares.

Au cœur de Majorque et à 28 km à l'E. de Palma, cette ville a été longtemps un lieu de rencontre pour les paysans de l'île, qui s'y retrouvaient le jeudi pour vendre leurs produits et manger dans de vastes cellers, entre les foudres emplis des vins rouges et alcoolisés du Piémont. De nos jours, les cellers sont devenus des restaurants où les touristes, attirés par le marché haut en couleurs et les fabriques de chaussures, goûtent les spécialités locales. Une fois l'an, en nov., la foire du dijous bo attire une partie de la population de l'île. Inca, connue autrefois pour ses céramiques (majoliques), concentre ses activités dans l'industrie alimentaire (galletes d'Inca et charcuterie) et surtout le cuir. Les cars de touristes, qui s'arrêtent inévitablement dans les villages de Santa María (vêtements de peau et souvenirs) et Binissalem (supermarché de vins et liqueurs), ont fait de leur halte dans les ateliers de fabrication de chaussures d'Inca un élément vital pour cette petite industrie.

A voir, l'**église de Santa María la Major** (xiiiᵉ et xviiiᵉ s.), où l'on conserve une belle Vierge gothique de Joan Daurer (1363), les **couvents de Sant Francesc** et **Sant Domènec** (cloîtres baroques), et la **demeure** Renaissance de **Son Fuster**. Les religieuses du **couvent de Ses Monges** élaborent de délicieuses pâtisseries, les concos.

Environs. 1 — Selva* *(4 km N.).* — Vieux village pittoresque étagé au pied de la montagne. Un bel escalier bordé de cyprès conduit à l'église qui conserve un curieux **retable** gothique. Chaque mar. et vend., le groupe Aires de muntanya y donne un spectacle de danses folkloriques.

2 — Campanet *(10 km N.-E. ; à Selva, tourner à dr.).* — A l'extérieur du village, oratoire de Sant Miquel, l'une des premières églises construites à Majorque, et grottes* découvertes en 1948, aux concrétions d'une grande finesse.

3 — Puig de Santa Magdalena *(4 km E.).* — De ce lieu de pèlerinage, on a un excellent point de vue* sur le Pla, la région du centre de Majorque.

4 — Binissalem *(5 km S.-O.).* — Petite ville, fondée en 1300 par le roi Jacques II, qui possède une belle église et de nombreuses demeures seigneuriales, comme par exemple Ca'n Gilabert, édifice néo-classique où vécut le poète Llorenç Moyà. Fête : le dernier dim. de sept., au moment des vendanges, Festa d'es Vermar.

5 — Consell *(8 km S.-O.).* — A 500 m de la sortie du village, l'atelier de poterie des frères Amengual, où l'on fabrique les siurells, figurines blanchies à la chaux.

6 — Santa María del Camí *(10 km S.-O.).* — Vous pourrez visiter l'ancien couvent des Minimes, du xviie s., transformé en musée, ainsi que l'église paroissiale et l'ayuantiamento (intéressante façade). L'atelier de Ca'n Bujosa continue à tisser les traditionnelles robes de llengo, d'épaisses toiles de lin utilisées surtout comme rideaux.

Irún

Saint-Sébastien, 22 km.
52 191 hab. — Province de Guipúzcoa (Pays basque).

Ville sans grand intérêt, presque entièrement reconstruite après la guerre civile.

On peut remarquer la plaza de San Juan et, sur l'un des côtés, la colonne de San Juan de Arri, symbole de l'indépendance de la ville. La casa Consistorial est du xviiie s.

Les ruines de la forteresse de Gaztelu-Zar témoignent du passé militaire de la ville. Le blason d'Irún porte également un château, symbole de son caractère de place fortifiée.

L'église paroissiale Andra Mari del Juncal, de style Renaissance du début du xvie s., conserve une statue romane de la Vierge qui est la plus ancienne de Guipúzcoa.

➡ A *3 km S.-E.,* mont San Marcial, d'où, par temps clair, on aperçoit tout le golfe. Sur cette hauteur, le 30 juin 1522, les soldats de Guipúzcoa infligèrent une défaite à l'armée française ; en commémoration on célèbre tous les ans, le 30 juin, el Alarde de San Marcial (la parade de Saint-Martial) : 7 000 soldats, divisés en 19 compagnies sous le commandement d'un général, se rendent le matin à l'ermitage de San Marcial, avant de défiler en public l'après-midi. On garde ainsi le souvenir des anciennes milices locales toujours prêtes à défendre le pays contre l'envahisseur. Dans l'église Santa María, admirez le portique*, de style gothique tardif, représentant des scènes de la vie de la Vierge, dont la belle statue au visage souriant est entourée de celles des apôtres et des saints. La polychromie sur fond doré donne l'impression que cette œuvre magnifique a été réalisée sur du bois. A l'intérieur, grand retable sculpté par Juan de Arismendi (1632) ; stalles d'Antonio de Herrera.

Jaca**

Huesca, 69 km. — Pampelune, 111 km. — Saragosse, 140 km.
Alt. 818 m. — 13 771 hab. — Province de Huesca (Aragon).

L'antique Lacca, ville forte qui fut la première capitale de l'Aragon. Vous y visiterez la cathédrale, le plus ancien monument d'art roman d'Espagne.

La ville dans l'histoire. — Des restes de fortifications témoignent encore de la présence des légions romaines dans cette haute vallée pyrénéenne. Vers 760, un gouverneur maure de Huesca attaque Jaca, mais les assaillants sont repoussés (le 1er vendredi de mai, les jeunes filles de Jaca se livrent au jeu des Moros y Cristianos en souvenir de la part que prirent les femmes de la ville dans la défense de leur cité, à cette occasion).

La genèse d'un royaume. — Vers 824, Aznar Ier Galindez, peut-être d'origine basque, érige en comté la haute vallée de l'Aragon, qui lui donne son nom, et fusionne avec le comté voisin du Pallars. A la fin du xᵉ s., l'héritière du comté épouse et transmet ses possessions au roi de Navarre, Garcia III Sánchez II. A la mort du successeur de ce dernier, Sanche II Garcés, en 1035, le haut Aragon est séparé de la Navarre. Érigé en royaume, il échoit à Ramire Ier ; Jaca est alors promue au rang de capitale d'un royaume, encore bien modeste, mais qui plus tard devient l'un des plus puissants États de la Méditerranée occidentale, puisqu'il s'étend, au xvᵉ s., jusqu'en Sardaigne, en Sicile et comprend le royaume de Naples. Jaca perd son rang après la prise de Huesca, en 1096, par Pierre Ier (1094-1104).

Les fêtes. — Le 1er vendredi de mai, **fiesta de la Victoria**, commémoration de la bataille contre les musulmans, défilés des Maures et des chrétiens, danses typiques. Le 25 juin, célébration de la **Santa Orosia** : processions et danses costumées. du 25 juil. au 15 août ont lieu des expositions, des concerts et le festival folklorique des Pyrénées (les années impaires ; il se déroule à Oloron, en France, les années paires).

Visite de la ville

La citadelle, à l'entrée de la ville à dr., fut construite à partir du règne de Philippe II, en 1571, et achevée sous Philippe III. La place d'armes et une église baroque subsistent.

La cathédrale★★ conserve, de sa structure primitive (1040-1063), les murs extérieurs, la tour carrée, le portail principal, un portail latéral ainsi qu'une absidiole et les colonnes de la nef.

A l'intérieur, les voûtes nervurées (1598) contrastent fâcheusement avec la sobriété romane des voûte des arcs des collatéraux. A g. de l'entrée, **chapelle de la Sainte-Trinité** de style platéresque, et retable de même style par Juan de Anchieta (xvıᵉ s.) ; à dr., **portail platéresque de la chapelle San Miguel**, en albâtre sculpté, et **retable**, attribués à Giovanni Moreto, dit le Florentin (entre 1485/1490-1551).

Aux amateurs de détails, signalons encore les **fresques** du chœur et de la coupole de l'abside centrale, du XVIIIe s., par fray Manuel Bayeu, et, dans le collatéral de g., le **retable** et le **tombeau** platéresques de l'évêque Pedro Baguer (fin du XVIe s.). Dans la **salle capitulaire** de style roman, s'ouvrant sur le cloître (XVIIIe s., mais colonnettes à chapiteaux du XIe s. sur un côté), est installé le **musée diocésain** *(ouv. de 11 h 30 à 14 h et de 16 h à 18 h ; accès payant)* : **fresques romanes** provenant d'églises du diocèse, notamment les peintures de la crypte de San Ginés du couvent des bénédictines de Jaca.

Vous sortirez de la cathédrale de préférence par le portail du collatéral dr., précédé d'un portique où vous verrez de beaux **chapiteaux*** romans historiés (David jouant du luth, sacrifice d'Abraham) ou ornés de motifs inspirés par l'art byzantin.

Pour une **visite détaillée** de la ville, vous tournerez à g. en sortant de la cathédrale, puis à dr. dans la 2e rue. Vous parviendrez ainsi à la calle Mayor, où se trouve l'**ayuntamiento**, doté d'une façade de style platéresque aragonais, très sobre, du XVIe s. (dans le bureau de l'alcade, Libro de la Cadena, copie du XIIIe s. de la chante de Tueros de la ville, concédée en 1077 par le roi Sanche Ier Ramirez). A g. à l'extrémité de la calle Mayor, **église San Salvador et San Ginés** (sarcophage de doña Sancha, fille de Ramire Ier, le premier roi d'Aragon). Revenez sur vos pas, puis tournez à g. avant l'ayuntamiento dans la calle de Ramón y Cajal ; à g., **torre del Reloj**, sur le site de l'anc. palais royal (fenêtres gothiques du XVe s.). Continuez dans la calle de Costa Ramiro. A dr., dans une rue transversale, **église del Carmen**, à portail platéresque et retables baroques du XVIIe s. Plus loin, à g., église de Santiago, avec quelques restes d'une église romane du XIe s.

Environs

1 — Santa Cruz de la Seros *(15 km O. par la C134 en direction de Pampelune ; prendre à g. au km 11).* — L'un des plus charmants villages du haut Aragon, au pied de la sierra de San Juan de la Peña. A l'entrée, chapelle de San Caprasio, du XIe s., avec un clocher à baies géminées de la fin du XIIe s., un peu plus loin, **église de la Santa Cruz***, érigée aux XIe et XIIe s., en style roman, qui faisait partie d'un couvent fondé en 964 ; à l'int., notez le bénitier à colonnettes, construction hétéroclite de chapiteaux romans de remploi, quelques chapiteaux historiés et un petit retable peint du début du XVIe s.

2 — Vallée de l'Aragón*.
43 km : Hecho *(au km 19 de la C134 en direction de Pampelune, tourner à dr.).* — Église romane incendiée par les troupes françaises en 1808, conservant des sculptures du XVIe s.

➜ A *3 km,* monastère de San Pedro de Ciresa, cité dès le IXe s. **Église*** romane (1082) renfermant des retables peints des XIIe et XVIe s. *(demandez la clef dans la dernière maison à dr. avant le monastère).*

45 km : Siresa. — Impressionnant **temple** roman de **San Pedro de Siresa**, reste du monastère fondé en 883, construction sévère et vétuste, aux murs de 3 m d'épaisseur ; son portail en arcades est orné d'un tympan avec chrisme.

➜ A *2 km* sur la droite, Osia (11 hab.), dont l'église paroissiale, du XVIIIe s., conserve des restes romans. Ermitage de San Juan Bautista dont les peintures du XIVe s. sont exposées au Musée diocésain de Jaca.

En amont, à *8 km* de Siresa, le fleuve s'encaisse, formant la **Boca del Infierno** ; après le barranco Jardin, vous déboucherez sur la Selva de Oza où les arbres couvrent tout, cachant ainsi les versants. Dans les prairies, des camps de jeunesse et des campings s'installent en été. Au **refuge et casa de la Mina** partent trois chemins : le premier se dirige vers la frontière française par el Acherito ; las Foyas de Santa María cachent le lac de Acherito à 1 874 m d'altitude. Le deuxième monte par el col del Palo, zone riche en vestiges du passé (dolmens et voie romaine) ; le troisième aboutit à Guarrinza, par la source de la Grava au passage de l'Escalé. A Guarrinza, terre de bruyères, champ de tumulus avec un dolmen. **Aguatuerta** est l'entrée d'une vallée à morphologie glaciaire, semi-marécageuse, avec beaucoup de prairies.

3 — Vallée de Ansó**.

28 km : **Berdún** *(prendre la C 134 en direction de Pampelune).* — Ancienne Verodunum, portique de la vallée, où s'est installée l'École internationale d'Art.

32 km : **Biniés.** — Restes d'un château. La Fausse de Binués au pied de la sierra de Trueno, offre un spectacle de gorges sinueuses, de végétation dense et de gouffres profonds.

53 km : **Ansó.** — Un des plus beaux villages des Pyrénées ; les maisons sont robustes, à un seul étage avec un grenier et des toits d'ardoise à deux pans, couronnés de cheminées cylindriques. Son **église** gothique du XVIe s. garde une croix processionnelle du XVIe s., ouvragée en argent. Dans la sacristie se trouve le **musée d'Art sacré et des Coutumes** de Anso. L'élégant costume typique d'origine médiévale est encore porté dans les fêtes locales.

120 km : **Zuriza.** — Point de départ de belles excursions.

4 — Route de Sompart**.

8 km : **Castiello de Jaca** *(par la N 330 vers la frontière ;* 112 hab.). — Restes d'un pont médiéval ; trois ermitages romans (XIIe s.) ; San Bartolomé, Santa Juliana et la Vierge.

17 km : **Monastère de San Andrián de Sasabe** *(au km 10 de la N 330, bifurquer à g. vers Borau ; prendre à dr. peu après ce village).* — Antérieur à l'invasion arabe, malheureusement en ruine. De l'autre côté d'un large torrent (le Lupan), on aperçoit l'**église** assez bien conservée (fenêtres wisigothiques, portail roman). La légende veut que le Saint Graal ait été déposé dans ce monastère qui servit de lieu de refuge aux évêques lors de l'invasion arabe, avant d'être transféré à San Juan de la Peña, puis à Valence.

15 km : **Villanúa** (256 hab.). — **Église** du XVIIIe s. avec une Vierge du XIIe s. Dans les environs, trois **dolmens** de l'âge du bronze, Las Guixas, Letranz et Cueva de Tres Peñas. **Grottes naturelles,** rebeco avec une **rivière souterraine** et esjamundo très spectaculaire.

23 km : **Canfrano** (alt. 1 040 m). — Divisé en deux villages, Canfrano-Viejo (29 hab.) et Canfrano-Estación (579 hab.), avec une gare qui fut internationale, inaugurée par Alphonse XIII. A proximité, tour d'une forteresse du XIXe s. et fortification militaire du XXe s.

Fêtes : à la Saint-Jean, le 24 juin, feux de joie et déguisements.

32 km : **Candanchu** (90 hab. ; alt. 1 600 m). — Situé dans une vallée avec des pistes de ski, trois télésièges et 15 téléskis. C'est le siège de l'École militaire de Haute Montagne.

34 km : **Somport** (alt. 1 631 m). — L'ancienne Summus Portus. Frontière franco-espagnole.

5 — Sabiñanigo (*18 km E. ;* → Huesca, environs 1, km 51).

6 — Monastère de San Juan de la Peña (*28 km S. ; prendre à dr. à Bernués, au km 16 de la N 330*). — Localisé dans un site d'une exceptionnelle beauté**, à flanc de montagne.

Visite : du lever au coucher du soleil.

Des bâtiments de ce monastère, fondé au IXe s., qui fut l'un des foyers de la résistance aragonaise face aux Arabes, il subsiste la **salle capitulaire,** du Xe s., aux arcades en plein cintre, la **crypte,** avec deux chapelles (notez les arcs outrepassés du IXe s.), où sont conservés quelques fragments de **fresques romanes** du XIIe s.

En repassant par le vestibule d'entrée, on atteindra ensuite une cour (à g., sépultures des XIe et XIIe s.), puis l'église, de style roman, à demi engagée sous une voûte rocheuse. A g., dans l'ancienne sacristie, également romane, fut aménagé le **panthéon des premiers rois d'Aragon**, dont l'aspect actuel est dû à un remaniement, effectué en 1770 par le comte d'Aranda. Il semble que Doña Chimène, la femme du Cid, ait été inhumée en ce lieu plutôt qu'au monastère de San Pedro de Cardeña, près de Burgos.

Le **cloître**, du XIIe s., est surtout remarquable pour ses **chapiteaux historiés***, inspirés par des épisodes de l'Ancien et du Nouveau Testaments. Adam et Ève, chassés du Paradis, Caïn et Abel, le Massacre des Innocents, Hérode dans son palais, renforcé de tourelles, la Fuite en Égypte, divers miracles du Christ, etc.). Il est coincé entre le gouffre et la falaise qui lui sert d'auvent.

Jadraque*

Guadalajara, 48 km. — Atienza, 35 km.
Alt. 830 m. — 1 270 hab. — Province de Guadalajara (Castille-La Manche).

Jadraque est située au cœur d'une région parsemée de charmants petits villages conservant des églises romanes.

Fêtes. — 17 janvier, la Saint-Antoine est l'occasion de feux de joie et de danses. Semaine sainte. Le 14 sept., Santo Cristo.

Vous pourrez y voir de nombreuses **maisons seigneuriales**. L'église paroissiale, du XVIe s., renferme une œuvre de Zurbarán, le **Christ ramassant ses vêtements après la flagellation***. Le **château du Cid** a été édifié au XVe s.; il est en cours de reconstruction.

Environs. 1 — Hita* (*19,5 km S.-O. par la C 101 en direction de Guadalajara;* 334 hab., alt. 876 m.). — Village fortifié au XVe s. par don Iñigo López de Mendoza, marquis de Santillana, un des plus grands poètes de la littérature classique espagnole. Belle plaza Mayor médiévale. Château en ruine (XIIe s.).
Fêtes : du 15 au 30 juin, joutes médiévales, pièces de théâtre des XIIIe et XIVe s. qui rappellent le souvenir du marquis de Santillana et du fameux Arcipreste de Hita, un des plus grands écrivains du Moyen Age.

2 — Cogolludo (*20 km O. par de petites routes locales; sortir en direction de Congostrino; à 2 km, prendre à g. vers Carrascosa de Henares, puis, plus loin, à dr.;* 605 hab., alt. 893 m.). — On peut y voir le **palais de Medinaceli***, de 1495; élégantes fenêtres géminées à décor plateresque surchargé de détails et fine dentelle de pierre. A l'intérieur, plafond artesonado et patio Renaissance. Église Santa María, plateresque, qui conserve un saint Bartolomé de Ribera.
➙ A 12 km S.-O. (à Fuencemillán, prendre à dr.), **Beleña de Sorbe** (40 hab., alt. 891 m); village très important au Moyen Age à cause de sa situation stratégique entre les vallées des fleuves Henares et Sorbe. Château du XIe s. en ruine et baños de Doña Urraca (sources). Église d'origine romane transformée au XVIe s. (elle conserve un **orle*** qui représente les mois de l'année à travers les travaux des champs).   ➙ A 15 km N.-O., **Retiendas** (40 hab., alt. 895 m); à 3 km, sur la rive g. du río Jarama, ruines du monastère de Bonaval, fondé en 1154 par Alphonse VIII de Castille (restes d'une église de la fin du XIIe s. et début du XIIIe s. de style gothique cistercien qui rappelle celui du monasterio de Piedra (Aragon).

3 — Pinilla de Jadraque (*20 km N.; prendre à g. au km 4 de la route menant à Atienza*). — Église romane et ruines du monastère de San Salvador de Pinilla, roman, avec des éléments Renaissance.

Jaén*

Cordoue, 107 km. — Grenade, 93 km.
Alt. 574 m. — 105 000 hab. — Capitale de la province de Jaén (Andalousie).

Jaén est située au pied d'une colline pelée, couronnée par une imposante forteresse mauresque, véritable balcon d'où l'on découvre une vue superbe sur les montagnes environnantes (la sierra Morena au N., les sierras de Segura et Cazorla à l'E., celle de Magina au S.) et les plaines de la vallée du Guadalquivir (à l'O.).

La température peut atteindre – 8 °C en hiver et + 40 °C en été, avec une moyenne annuelle de 17 °C. Nous vous recommandons de vous y rendre de préférence au printemps ou en automne (surtout en oct. pendant les fêtes de la Saint-Lucas).

Jaén est la capitale d'une province peu peuplée (50 hab./km²), essentiellement agricole, avec quelques industries et un tourisme qui se développe. Le charme de sa vieille ville et de ses églises, son glorieux passé de place forte séduiront les amoureux d'une Andalousie tout « intérieure ».

La ville dans l'histoire. — L'ancienne Auringis est à l'époque romaine un centre d'exploitation des mines de plomb argentifère de la région et, déjà au temps des Carthaginois, Hasdrubal la fortifie. Mais Scipion s'en empare durant la deuxième guerre punique. Occupée au moment de la conquête arabe par une colonie militaire (djund) originaire de Qinnasrín, en Syrie du Nord, elle est connue dès lors sous le nom de Djayyân (lieu de passage des caravanes), mais vit dans l'orbite de Cordoue avec un gouverneur pour commander la forteresse établie sur un plateau qui domine la ville. Des clans berbères de la tribu des Zanâta s'y installent à la chute du califat de Cordoue. Ferdinand III de Castille l'assiège en vain une première fois, mais parvient à s'en emparer en 1246. Souvent attaquée par les musulmans aux xiiie et xive s., elle joue le rôle de bastion avancé pour la défense de la Castille. C'est là que se concentre l'armée qui s'empare du dernier royaume maure d'Espagne en 1492. La ville connaît son heure de gloire au xvie s., dont datent la plupart des monuments.

Fêtes. — San Antón, à l'occasion de laquelle on danse le melenchón (17 janv.) ; semaine sainte ; Nuestra Señora de la Capilla (10 juin) ; fería de San Lucas (12-20 oct.).

Gastronomie. — Vous goûterez les guiñapos (soupes de farine au paprika), les migas, la pipirrana (salade de tomates, poivrons, oignons et thon), la cazuela (tourtes avec des fèves, des aubergines, des pois chiches, agrémentés de tomates et de charcuterie).

Visite de la ville

Cathédrale* *(plan B4).* — Le style Renaissance y prédomine. Elle fut construite entre 1492 et 1519, par Pedro López et Enrique de Egas, mais les travaux, repris par Andrés de Vandaelvira à partir de 1546, ne furent achevés qu'en 1802. La façade, à la patine chaudement ocrée, se présente comme un gigantesque retable ; elle doit son ordonnance baroque à des sculpteurs du xviie s. qui, tels Pedro Roldán et son neveu Julián Roldán, exécutèrent, à partir de 1675, divers reliefs et statues placés au-dessus des portails (Assomption de la Vierge, saint Michel, etc.) et sur la corniche (statues de saint Ferdinand, des quatre Évangélistes et des quatre Docteurs de l'Église, par Pedro Roldán).

Visite : de 10 h à 13 h 30 et de 16 h à 18 h.

A l'intérieur, remarquez, en vous adossant au mur du trascoro, les **reliefs** de Barnabé Gómez, de Lucas González, et de Pedro Roldán au-dessus des portes (Jésus et les Docteurs de la Loi, les Noces de Cana, la Fuite en Égypte, etc.).

Dans la 3e chapelle du bas-côté dr., **Saint Jérôme**, tableau par Antolínez.

Vous remarquerez ensuite l'élégante coupole de la croisée, la majesté des travées qui constituent le chevet entourant la Capilla Mayor, et, en vous tournant vers le coro, la beauté des voûtes de la nef centrale.

Dans le **chœur, stalles*** richement sculptées par Gutiere et Juan López, vers 1520. Dans la **Capilla Mayor, tabernacle** soutenu par des anges, à colonnettes de serpentine et croix en cristal de roche. Dans le **déambulatoire**, derrière la Capilla Mayor, **retable** de style classique (sur l'autel, **tabernacle** orné de pierreries, œuvre d'orfèvres cordouans, renfermant la précieuse relique de la Santa Faz, linge avec lequel sainte Véronique aurait essuyé le visage du Christ pendant la montée au Golgotha, mais qui ne doit être qu'une copie de la relique conservée à Rome ; au-dessus, statuette de la Vierge que le roi saint Ferdinand, selon la tradition, portait avec lui dans ses expéditions).

Dans la chapelle, à g. de ce retable, somptueux paso (char de procession), rutilant d'ornements.

Dans la **salle capitulaire** *(bas-côté g.)*, **Sainte Famille**, exécutée vers 1520 par Pedro Machuca, auquel on attribue également le retable de San Pedro de Osma, dans la même salle.

Dans le bas-côté dr., la sacristie abrite le **musée de la cathédrale** *(ouv. de 10 h à 14 h ; f. le lun. et j. fériés)*. Pièces d'orfèvrerie religieuse, dont une custode du XVIe s., par Juan Ruiz, reliquaire de Santa Cecilia, du XVIe s., etc.

En sortant par la porte du transept g., visiter enfin, à dr., le **sagrario**, érigé au XVIIIe s. par Ventura Rodríguez en style néoclassique.

Visite de la vieille ville. — A partir de la place de la cathédrale, gagnez à pied, par une rue (calle del Obispo González) entre l'ayuntamiento et le palais de l'évêché, le **couvent de la Merced** *(plan A4)*, où l'on vénère la statue de Jesús de los Descalzos, du XVIIe s. A l'angle de la plaza de la Merced et de la calle de Almendro Aguilar, que vous suivrez, **maison à campanile** avec, en façade, des fragments de bas-reliefs (monstres et figures féminines).

L'**arco de San Lorenzo** *(plan Arco, en A4)*, du XVe s., s'appuie à une tour, reste d'une église, renfermant une petite chapelle de style grenadin. Au n° 22 de la **calle de Martínez Molina**, dans un bâtiment d'apparence modeste, transformé en casino, **artesonados** gothiques et mudéjars.

L'**église San Bartolomé** *(plan B3)*, ancienne mosquée ou synagogue, renferme le **Cristo de la Expiración**, attribué à Montañés, des fonts baptismaux gothiques en céramique, un plafond à caissons mudéjar, et, derrière le retable principal, des **peintures murales** du XVe s. retraçant des épisodes de la vie de saint Barthélemy. L'**église San Juan** *(plan A2)* comporte un clocher de style roman et des nefs gothiques (statues de Montañés, Gaspar Becerra, les Roldán).

L'**église San Andrés** *(plan A2)* semble avoir été édifiée sur le site d'une mosquée érigée en style mudéjar au début du XVIe s. grâce aux libéralités de Gutierre González Doncel, trésorier des papes Léon X et Clément VII ; elle

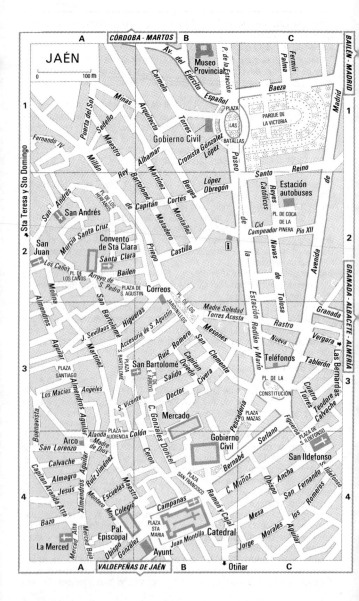

abrite la **Santa Capilla**, fermée par une magnifique **grille*** forgée par Maître Bartolomé au début du XVIe s. Parmi les œuvres d'art de ce sanctuaire, citons le tableau de la Vierge del Pópulo, une statue de la Vierge de l'école andalouse, des bulles papales ornées de miniatures, etc.

Le **couvent de Santo Domingo** *(plan A2),* ancien palais arabe où séjourna le roi saint Ferdinand, mais remanié aux XVIe et XVIIe s., s'ouvre par un **portail** Renaissance, œuvre d'Andrés de Vandaelvira, et comporte un **patio** de style baroque, à colonnes toscanes, du XVIIe s.

Au cœur de l'ancien quartier maure, au-delà de Santo Domingo, l'**église de la Magdalena,** de style gothique, renferme un admirable **retable*** de Iacopo l'Indaco, la Vierge del Pilar, attribuée à Pedro Machuca, une Dolorosa par José de Mora, Sainte Madeleine par Mateo Medina.

L'hôpital voisin est bâti sur des chambres voûtées, restes d'un bain arabe. Dans le **quartier de San Ildefonso** (voisin de la place de la Constitución), l'**église***, du même nom, est le sanctuaire de Nuestra Señora de la Capilla. Situé dans ce qui fut autrefois le plus beau quartier de la ville, elle possède trois portes : l'une gothique, l'autre plateresque et gréco-romaine (construite par Vandaelvira) et la troisième — porte principale — de style néoclassique, œuvre de Ventura Rodríguez.

A l'intérieur, très beaux retables baroques (celui de la Capilla Mayor, sculpté par Pedro Roldán et Julio Roldán) et la chapelle de Nuestra Señora que fit construire le prieur de San Ildefonso et, plus tard, l'évêque auxiliaire de Tolède, don Melchor de Soria y Vera.

Le **couvent de las Bernadas** est construit près de la puerta del Angel sur les vieilles murailles de la ville. Dans ce couvent de franciscaines (terminé en 1627), plusieurs tableaux d'Angelo Nardi et, tout près, sur le paseo de la Alameda de Capuchinos, des statues de bronze, toutes œuvres de Jacinto Higueras, qui représentent des fils illustres de Jaén.

L'architecture civile compte de très beaux **palais** : palais des Nicuesa (style andalou, porte du XVIIIe s.), maison de don Cristóbal de Vilches (style Renaissance), palais du Condestable Miguel Lucas de Iranzo (style mudéjar taledano-andalou, XVe s., beaux plafonds à caissons gothico-mudéjars), palais Renaissance de don Fernando Quessada, El Cuartelillo baroque, palais de Los Priores avec un beau patio...

Musée provincial *(plan B1 ; ouv. de 10 h à 14 h et de 16 h à 19 h ; f. le lun. et j. fériés).* — Il s'ouvre par un portail plateresque de 1547 provenant de l'ancien grenier municipal. Il comprend une section des Beaux-Arts (Vierge à l'Enfant de l'école d'Alonso Cano...), une section archéologique (Toro de Porcuna, de l'époque ibère) avec des antiquités musulmanes, des **mosaïques romaines***, un **sarcophage paléochrétien***...

Château *(sortie par la route de Valdepeñas de Jaén, plan A-B4 ; prendre ensuite en direction du Parador).* — Il résulte de la reconstruction, au XIIIe s., par Ferdinand III, d'une forteresse maure citée par le géographe arabe al-Idrissi comme l'une des plus puissantes d'al-Andalus. Aujourd'hui connu sous le nom de Castillo de Santa Catalina et situé à 4,5 km de la ville, vous découvrirez depuis ses terrasses d'admirables **panoramas*** sur le campo de Jaén et de ses plantations d'oliviers.

Environs

1 — Excursion vers la Mancha.
*0 km : **Jaén**. Sortir au N. par la N325, puis la N IV.*

23,5 km : Mengíbar (7859 hab.; alt. 327 m) conserve le donjon de son château arabe; l'église baroque de San Pedro abrite une sculpture de Pedro de Mena. A voir également le palais Renaissance des comtes de Garcíez.
Fêtes : San Antón (16-17 janv.) ; Cruces (3 mai) ; Magdalena (22 juil.).

37 km : **Bailén** (15825 hab.; alt. 349 m) est restée célèbre dans l'histoire de la résistance à l'occupation napoléonienne. Le général Dupont y fut battu, avec ses 18000 hommes, par une armée improvisée de volontaires andalous, sous le commandement du général Castaños. Cette première défaite des troupes de Napoléon eut un retentissement considérable en Europe et surtout en Espagne. Les restes du général Castaños reposent dans l'église paroissiale de la Encarnación (gothique, 1515).
Fêtes : Virgen de Zocueca, patronne de la ville (5 août) ; commémoration de la bataille de Bailén (7-22 juil.).
➜ A *14 km E.,* Linares (52112 hab.; alt. 570 m), où se dresse une forteresse construite autour de l'ancienne Castulo des Grecs et des Romains (vestiges peu importants) pour protéger l'exploitation des mines (plomb argentifère). L'**église** paroissiale mêle les styles roman, gothique et Renaissance. Le **musée archéologique** présente des objets provenant des ruines ibères et romaines des alentours.
Fêtes : Virgen de Linarejos (dim. de Pentecôte) ; San Isidro (15 mai) ; San Agustín (27 août-1er sept.) ; feria (27 sept.).
➜ A *27 km O.,* **Andújar** (36950 hab.; alt. 212 m), dans la vega du Guadalquivir, centre de poteries vernies et décorées de fleurs ou d'hommes. De l'époque romaine, il reste quelques **pans de murailles**, un pont à 13 arches restauré par les Arabes. L'**église Santa María**, Renaissance, est dominée par une tour mudéjare. A l'intérieur, retables, grille Renaissance et peintures attribuées à Alonso Cano et Mateo Cerezo. Nombreux couvents baroques, ayuntamiento baroque et maisons seigneuriales Renaissance.
Fêtes : romería au sanctuaire de la Virgen de la Cabeza (dern. fin de semaine d'avr.) ; San Isidro (15 mai) ; feria (8-12 sept.).
➜ A *31 km* au N. d'Andújar, **sanctuaire de la Virgen de la Cabeza** qui domine un beau **panorama***. Fondé au XIIIe s., il a été très restauré après la guerre civile. Une grille Renaissance protège la statue de la patronne de la ville, objet d'une fervente vénération. Curieuse exposition d'ex-voto.

51 km : Guarromán (3060 hab.; alt. 360 m), dont les mines de plomb et d'argent attirèrent Annibal. L'église paroissiale présente une façade néoclassique.
Fêtes : fiesta de Pintahuevos (dim. de Pâques) ; San Isidro (15 mai) ; romería de la Virgen de Zocueca (1er dim. d'oct.).

64 km : **La Carolina** (15775 hab.; alt. 595 m), fondée en 1767 par Carlos III pour accueillir les réfugiés français et allemands, elle devint la capitale de ces colonies de la sierra Morena. A voir l'**église du couvent des carmélites de la Sierra Morena**, fondé par saint Jean de la Croix ; le **palais** de l'intendant Olavide néoclassique et le **musée** archéologique. L'**église paroissiale** conserve un tableau de l'école de Ribera et une Vierge de las Angustias baroque en albâtre.
Fêtes : San Juan de la Cruz (24 nov.) ; feria (11-15 mai) ; fête de la fondation de la ville par le roi Carlos III (5 juil.).

68 km : **Las Navas de Tolosa**, à proximité duquel les rois de Castille, de Navarre et d'Aragon mirent en déroute, le 16 juil. 1212, les troupes de Muhammad Abou Abdallah, victoire d'une importance capitale pour l'Espagne chrétienne, qui préparait la reconquête de Cordoue (1236) et de Séville (1248).

76 km : **Santa Elena** (1200 hab.; alt. 742 m), village agricole, fondé par Carlos III. Dans les environs, plusieurs grottes avec peintures rupestres : au lieu-dit Los

Organos, cueva (grotte) de Vacas del Retamoso ; près de Miranda del Rey, cueva de la Granja et cueva del Santo.

Production de céramiques et de miel.

Fête : emperatriz Santa Elena (18 août).

➡ A 8 km N., très belle vue* sur le défilé de Despeñaperras depuis le Parador.

2 — Mancha Real (*19 km E. ; au km 14 de la N321, prendre sur la dr. ; 8 010 hab. ; alt. 757 m*). — Au cœur de la vallée de la Manchuela. L'église paroissiale, de style herrérien, est dominée par une tour du XVIIIe s. ; à l'intérieur, retables Renaissance et baroques.

3 — Baeza** (*48 km N.-E. par la N321 ; →*).

4 — Úbeda** (*57 km N.-E. par la N321 ; →*).

5 — La Guardia de Jaén (*14 km S.-E. par la N323, sur la dr. ; 1 770 hab. ; alt. 608 m*). — Elle connut son apogée au temps des Romains, comme en témoignent des vestiges de palais, temples, bains publiques, statues, monuments. C'est de La Guardia que partait vers Rome le meilleur or d'Espagne. A voir près du château une belle fontaine Renaissance, l'église et son beau presbytère, le couvent de Santo Domingo, Renaissance.

Fêtes : Divina Pastora (10 août).

6 — Pegalajar (*19,5 km S.-E. ; au km 15 de la N323, tourner à g. ; 3 225 hab. ; alt. 764 m*). — Fondée par les Arabes, elle conserve quelques ruines des fortifications médiévales. L'église Renaissance renferme un beau retable plate-resque. L'ayuntamiento, baroque, a été édifié au XVIIIe s.

Fêtes : Virgen de las Nieves (5 août).

7 — Campillo de Arenas (*39 km S.-E. ; alt. 874 m*). — Fondée sans doute par une décision de la reine doña Juana, fille des Rois Catholiques, elle reçoit en 1539 le titre de ville. L'église paroissiale, Renaissance, est ornée d'un plafond à caissons de style mudéjar. Broderies.

Fêtes : Moros y Cristianas (avant-dernier dim. d'août).

8 — Martos* (*24 km S.-O. ; →*).

9 — Porcuna (*42 km O. ; au km 17 de la N321, prendre à dr. la N324 ; 10 520 hab.*). — L'Obulco des Romains, pour qui elle fut une métropole religieuse ayant le titre de pontificale (on y célébrait le culte de Mithra) ; **château** du XVe s., où Boabdil, dernier roi de Grenade, fut retenu prisonnier. Pont romain sur le Salado. Ruines d'une citerne. Peintures de Julio Romero de Torres dans l'**église de Nuestra Señora de la Asunción**.

➡ A 21 km O., **Bujalance*** (→ Cordoue***, environs 3, km 33).

Játiva* (Xàtiva)

Alcoy, 50 km. — Alicante, 105 km. — Valence, 56 km.
Alt. 110 m. — 23 775 hab. — Province de Valence (Communauté valencienne).

Perchée sur un promontoire escarpé, couronné de muralles crénelées et d'un château, dans un paysage qui rappelle la Toscane, Játiva a conservé dans ses vieux quartiers un caractère oriental très marqué.

La ville dans l'histoire. — D'origine ibérique, la Saetabis des Romains, siège épiscopal sous les Wisigoths, est une cité florissante et industrieuse, sous les musulmans, connue sous le nom de Hateab (la ville conserve de cette époque le tracé urbain). Surnommée la « ville des mille fontaines », elle devient le centre de ralliement des Valenciens en lutte contre Philippe V pendant la guerre de Succession. En représailles, le souverain livre la ville aux flammes.

Quatre cents personnages célèbres. — Un érudit local a dénombré parmi les fils de cette ville plus de quatre cents personnages célèbres, parmi lesquels les papes Calixte III (1378-1458) et Alexandre VI (1431-1503), de l'illustre famille des Borgia (Borja), et le peintre José de Ribera (v. 1588-1652) ne peuvent absolument pas être contestés.

Fêtes. — Fallas du 15 au 19 mars; feria aux environs du 15 août. Le 25 nov., la fête de sainte Catherine est l'occasion d'un défilé d'enfants.

Visite de la ville

Partez à pied de l'**avenue del General Primo de Rivera**. En vous engageant dans la calle Poeta Chocomel, vous couperez l'aristocratique **calle de Montcada**★, bordée de quelques édifices gothiques et Renaissance.
Vous atteindrez ensuite l'**église collégiale** (reconstruite à partir de 1596) : triptyque de sainte Anne, de saint Augustin et du cardinal Alfonso Borja (le futur pape Calixte III), du XVe s., attribué à Jacomart Baçó *(vis. aux heures de culte).*
Face à l'église, l'**hôpital**, fondé par Jacques Ier, offre une façade gothique et plateresque qui s'ouvre par un portail orné d'anges musiciens et d'une Vierge à l'Enfant. Remarquez, à l'intérieur, le retable gothique, un **Santo Entieno** de Ribera et des toiles de Vicente López.
Prenez à dr. de l'hôpital la calle José Espejo; à *300 m,* le long de la calle José Carchano, vous découvrirez, à dr., l'**Almudín**, ancienne bourse au blé, bâtiment Renaissance (1548) qui abrite le **Musée municipal** *(ouv. de 10 h à 13 h et de 16 h à 18 h; sam. et dim. le matin seult).*

■ Dans le **patio**, auvent mudéjar en bois du XIIIe s.; **fontaine arabe**★ du XIe s. (reliefs sculptés dans du marbre rose) et éléments architectoniques de style gothique. Parmi les peintures : Mise au tombeau, de Ribera (prêt du Prado), retable anonyme du XVe s. **(Transfiguration du Seigneur).**

Se rendre au **château** en voiture (prendre la direction de Cerda). Vous passerez près de la **chapelle San Feliú** *(ouv. de 10 h à 13 h et de 16 h à 19 h),* élevée en style gothique, au XIIIe s.
A l'intérieur, un **chapiteau**★ historié en marbre (Nativité) sert de bénitier; **retables**★ du XVe s. de l'école valencienne.

🏰 La **forteresse** *(ouv. en hiver de 9 h 30 à 14 h et de 15 h à 18 h; en été de 10 h 30 à 14 h et de 16 h 30 à 20 h; f. le lun.),* en réalité composée de deux châteaux, conserve des vestiges de l'occupation maure et du XVe s. L'excursion vaut surtout pour la beauté du **panorama**★★ que l'on découvre depuis les terrasses.

Environs. 1 — Montesa (1 280 hab.; alt. 340 m). — Vous y visiterez l'église paroissiale (XVIIIe s.) avec des tablettes médiévales; **château de la Orden de Montesa** en ruine; au mont de la Umbria, site très pittoresque de la Basseta Roja.

2 — Carcagente (15 km par la C 3320; 22 228 hab.). — Au cœur d'une région agrumicole, autrefois inculte, où l'oranger s'est introduit en 1781 par un curé local et dont la culture se répand bientôt jusqu'à Játiva, Gandía et Alicante, en suivant le chemin de la côte. Église paroissiale du XVIe s. De là, on arrive très facilement aux monastères de la **vallée de la Murta**★.
➙ A 7 km par la même route *(prendre à dr. à 4 km),* Villanueva de Castellón : église gothique remaniée en style baroque au XVIIIe s.

3 — Alcira (19 km; 38 445 hab.). — Son site, au bord du Júcar, est peuplé dès l'âge du bronze; un petit noyau urbain se constitue à l'époque romaine. L'Algezira des musulmans est reconquise au XIII⁰ s. par Jacques I⁰ʳ qui fait construire l'Acequia Real permettant l'irrigation des zones de cultures. Important centre textile au Moyen âge, Alcira connaît une époque de décadence après l'expulsion des morisques. Bien que ravagée en 1936, la ville conserve une partie de ses murailles. Elle a cependant beaucoup perdu de son intérêt. De l'**église Santa Catalina**, à clocher ogival, gagnez la **casa consistorial** *(à 100 m)*, érigée au XVI⁰ s., en styles gothique et Renaissance. Après le rempart, une artère moderne *(à g. avant le marché)* est ornée de deux édicules triangulaires de style néo-classique qui, autrefois, décoraient un pont d'Alcira.

Fêtes : le vendredi de la Passion, chemin de croix, la nuit, qui unit la dévotion populaire au charme poétique de la cérémonie liturgique. Fallas en mars.

4 — Algemesí *(22 km ; 24552 hab.).* — Dans l'**église San Jaime**, il reste cinq **tableaux*** du magistral ensemble exécuté par Ribalta en 1604-1605 pour trois **retables** consacrés à saint Jacques.

Fêtes de la Saint-Onofre en juin, de la Vierge en sept ; semaine taurine en oct.

Jerez de la Frontera*

Cadix, 31 km. — Séville, 91 km.
175000 hab. — Province de Cadix (Andalousie).

C'est l'une des plus aristocratiques villes de la basse Andalousie, qui se dresse au milieu des vignobles qui ont donné une renommée mondiale à son vin. Mais Jerez est aussi l'une des plus séduisantes cités andalouses avec ses monuments Renaissance et baroques, chaudement patinés par le soleil, et ses rues bordées de blanches demeures ou d'élégantes résidences, accessibles par un zaguán, paré d'azulejos et pour la plupart dotées d'un patio enseveli sous une végétation luxuriante. En parcourant la ville, il est impossible d'ignorer qu'elle vit du commerce du vin, celui de Xérès, si injustement méconnu en France. Ne pas manquer de visiter l'une de ses nombreuses bodegas *(V. Renseignements pratiques)*, visite qui se termine généralement par une dégustation.

Muy noble y muy leal. — Durant la domination maure, Ceret, dont la fondation est antérieure à l'époque wisigothique, est fortifiée par les califes de Cordoue qui en font une place frontière contre les invasions normandes. Reconquise par Alphonse X de Castille (1264), elle résiste au XIV⁰ s. à plusieurs attaques musulmanes, ce qui lui vaut de nombreux privilèges et le titre de « Muy noble y muy leal » (Très noble et très loyale). Depuis le XVIII⁰ s., elle doit sa fortune à l'exportation des vins de la région, surtout vers l'Angleterre, par voie maritime.

Le plus vieux vignoble du monde. — Le vignoble de Xérès, qui est peut-être le plus ancien du monde encore en exploitation, couvre une superficie d'environ 15000 ha et produit annuellement environ 1 million d'hectolitres de vins de divers types. Parmi ceux-ci, on distingue, dans la gamme des vins blancs secs :

L'amontillado, d'une couleur ambrée, au bouquet aromatique, qui titre de 16 à 18⁰ quand il est jeune, mais de 22 à 24⁰ quand il a vieilli ; il accompagne parfaitement le jambon, les fruits de mer et les tapas.

Le manzanilla, à la robe jaune pâle, très fluide et léger, récolté dans la région de Sanlúcar de Barrameda, titre de 18 à 20⁰ ; il est consommé à l'apéritif et accompagne les fruits de mer.

Le fino, très sec, au parfum captivant, est un peu moins riche en alcool puisqu'il ne titre que, si l'on ose dire, de 15⁰ 5 à 17⁰ ; il convient parfaitement avec les fruits de mer et les tapas.

L'oloroso, d'une couleur très ambrée, au bouquet plus prononcé que celui de l'amontillado, titre de 18 à 20° quand il est jeune ; déjà assez riche en sucre, il est surtout consommé à l'apéritif ou au dessert.

Parmi les vins rouges, doux, on peut citer :

Le moscatel, obtenu à base de raisin muscat.

Le pedro ximénez, liquoreux, obtenu après un passerillage naturel.

Chants et danses. — Une des notes caractéristiques de Jerez est sa fidélité à la tradition du cante jondo et cette ville peut être considérée comme le berceau de cette musique populaire qu'est le flamenco.

Fêtes : San Antón avec bénédiction de chevaux (dern. dim. de janv.) ; feria de Caballo (4-6 mai) ; festival flamenco (août) ; fêtes des vendanges (21-25 sept.).

Visite de la ville

Pour une visite limitée à l'essentiel (église collégiale, alcázar et église San Miguel, la Cartuja, dans les environs, et une grande bodega), gagnez la plaza de los Reyes Católicos (centro de la ciudad).

Pour une visite détaillée, vous partirez à pied de l'alameda de Cristina (suivre, lors de la traversée de la ville, en direction du centro).

De la **plaza de los Reyes Católicos**, suivez la calle de Pérez Galdos, qui mène à l'**alcázar**, aujourd'hui résidence des ducs de San Lorenzo, qui est une ancienne forteresse almohade du XIe s., très restaurée, conservant encore plusieurs pans de murailles crénelées. Ce château comprend les **chapelles de las Conchas**, d'origine mauresque, et **Santa María la Real** (1261), de style gothique, des **bains arabes** mais aussi un **palais** Renaissance.

Par la calle de Manuel María Gonzalez, qui limite la base de la colline où s'élève l'alcázar, vous atteindrez l'**église San Salvador***, ou collégiale *(ouv. de 9 h à 12 h),* en prenant à g. Construite à partir du XIIIe s. en style gothique sur le site de la Grande Mosquée, elle fut achevée en 1750 sous la direction de l'architecte de la cathédrale de Cadix et présente une façade churrigue-resque du côté de la place, où s'élève un haut clocher isolé, de style mauresque jusqu'au premier balcon. A l'intérieur, **stalles** en bois sculpté (dans le chœur), **Christ** par Juan de Arce (dans le trésor), **tableau** de Zurbarán (la Vierge, enfant endormie), sculptures de Juan de Mesa ; pièces d'orfèvrerie.

Revenez ensuite à la calle de Manuel María González, où vous tournerez à g. pour rejoindre la plaza de los Reyes Católicos, d'où vous vous rendrez à l'église San Miguel par la rue de ce nom.

L'**église San Miguel*** *(ouv. de 8 h à 11 h),* bâtie en style isabélin à partir de 1482, c'est-à-dire avec une ornementation plateresque sur une structure de style gothique flamboyant, comporte une noble façade classique; extrêmement décorée. A l'intérieur, d'une élégante architecture gothique, vous observerez plus particulièrement les piliers de la croisée, richement ornés, le **retable** de la Capilla Mayor, avec des groupes sculptés par Martínez Montañés et José de Arce, la décoration plateresque des portes de la sacristie et du baptistère. Parmi les tableaux, l'un, œuvre de l'atelier de Zurbarán, représente la Sainte Face. Peintures d'Alonso Cano.

Sur l'**alameda de Cristina**, couvent de **Santo Domingo**, de style ogival, mudéjar et Renaissance, à façade classique et cloître gothique.

De là, traversez l'artère où aboutit l'alameda de Cristina du côté de la vieille ville et prenez à dr. sur la plaza de Rivero. Vous parviendrez ainsi à l'**église San Marcos.**

de style gothique tardif ; à l'intérieur *(ouv. de 12 h 30 à 14 h et de 18 h 30 à 20 h)*, **retable** principal baroque du XVIIe s., orné de peintures plus anciennes, tombeaux du XVIe s. et groupes sculptés dans la chapelle del Beato Juan.

Continuez dans la même direction, dans les calles de San José et de la Compañía. Tournez à dr. à l'extrémité de cette rue, pour aller visiter l'église San Juan, qui comporte une chapelle de style mudéjar.

De la place San Juan, la petite rue du même nom, puis la rue San Lucas, mènent à l'**église San Lucas** *(ouv. de 8 h à 11 h)*, de style mudéjar (XIVe s.) ; retable principal, baroque (début du XVIIIe s.) et, dans la **capilla de las Animas**, retable sculpté attribué à Luisa Roldán, frontal en azulejos sévillans.

Au-delà de la plaza de San Juan, continuez dans la même direction pour atteindre l'**église Santiago** *(ouv. de 8 h à 11 h)*, de style gothique tardif du XVe s., mais très remaniée, et dotée d'une tour, de 1665, et d'un clocher de 1760, au-dessus de l'abside ; dans le chœur, **stalles** provenant de la Cartuja, par les Sévillans Jerónimo de Valencia et Cristóbal Voisin (1547).

De là, prenez la calle de la Merced (à dr. en sortant de l'église), qui mène au couvent et à l'**église de la Merced** *(ouv. de 9 h à 11 h)*, du XIIIe s. ; à l'int., retable sculpté de Francisco de Ribas (1564).

Traversez la plaza de Santa Isabel, en face du couvent, en prenant au fond et à g. la petite calle de los Cordobeses. De la rue qui la prolonge, vous découvrirez l'**église San Mateo** *(ouv. de 8 h à 11 h)*, de style gothique tardif du XVIe s., avec un retable principal baroque du XVIIIe s. et des peintures des XVIe et XVIIe s.

Par la calle de San Mateo, vous parviendrez à la **plaza de Julian Cuadra** d'où, en prenant à dr., vous suivrez la calle de San Blas, puis la première rue à g. (calle de San Ildefonso). En continuant dans la même direction, vous atteindrez l'**église collégiale** *(V. ci-dessus)*. Gagnez ensuite l'**alcázar** *(V. ci-dessus)*, en prenant à dr. dans la calle de Manuel María González, puis la **plaza de los Reyes Católicos** et enfin l'**église San Miguel** *(V. ci-dessus)*.

De retour sur la plaza de los Reyes Católicos après la visite de San Miguel, continuez dans la calle de Calvo Sotelo (3e rue en comptant en sens inverse des aiguilles d'une montre à partir de la calle de San Miguel), jusqu'à la plaza de la Asunción. A g., **ancien Cabildo**, Renaissance (1575), par Andrés de Ribera, qui abrite le **musée archéologique municipal** *(ouv. le mat. de 10 h à 13 h ; l'a.-m. de 17 h à 20 h en hiver, et de 18 h à 21 h en été)*, avec des collections de préhistoire, d'antiquités grecques et romaines, des panneaux de plâtre sculpté du XVe s., etc.

Sur la place se trouve également l'**église San Dionisio**, mudéjare (vers 1430) ; tour, dite del Reloj (1449) ; à l'int., retable principal, baroque.

De retour sur la plaza de los Reyes Católicos, prenez la première rue à g. (calle de Ramón y Cajal), qui ramène à l'alameda de Cristina.

Environs

1 — Lebrija* *(31 km N. ; au km 23 de NIV, prendre à g. ;* 19000 hab.). — Jolie bourgade andalouse, la Nebrisa des Romains.

L'**église Santa María**, ancienne mosquée peut-être postérieure à la Reconquête, fut consacrée au culte chrétien en 1249, puis remaniée au XVIe s., en un mélange de style gothique et Renaissance ; à l'intérieur, retable sculpté et peint par Alonso Cano. A *500 m au-delà*, **ermitage del Castillo** (1535), à deux nefs couvertes d'un remarquable plafond : celui de la nef de dr., de pur style Renaissance, est à caissons avec une ornementation polychrome. De retour sur la place centrale, prendre la 1re rue (calle de Tetuán), qui mène à l'**église de la Veracruz** (crucifix de Martínez Montañés).

Fêtes : Santa Cruz (3 mai) ; Virgen del Castillo (15 sept.).

2 — Arcos de la Frontera* *(24 km E. par la N 342 ;* 27 560 hab. ; alt. 187 m). — La plus étonnante bourgade d'Andalousie, localisée dans une situation exception- nelle sur les pentes et le plateau d'un promontoire qui se dresse au-dessus du río

Guadalete. Du sommet, une longue coulée de maisons blanches serpente sur l'arête faîtière formant une sorte de proue dominant le fleuve. Les Maures s'étaien solidement établis sur cette colline d'où Alphonse X de Castille les en délogea e 1250. Medina Arkosch devint alors Arcos de la Frontera, en raison de sa position à la frontière de territoires encore occupés par les Maures.

✝ En suivant les indications données pour aller au Parador, vous atteindrez la plaza de Cabildo où se situe l'**église Santa María de la Asunción***, de style gothique flamboyant de la fin du xvᵉ s., s'ouvrant par un portail principal de style baroque richement sculpté. A l'intérieur, retable principal sculpté par Andrés de Ocampo e Juan Bautista Vásquez le Jeune à partir de 1585.

De la place, panorama* sur la vallée.

A l'autre bout de la ville, belle **église** gothique de **San Pedro** conserve d'intéressants retables, diverses peintures et pièces d'orfèvrerie Renaissance et baroques.

Parmi les édifices d'architecture civile, le palais des ducs d'Osuna conserve quelques tours crénelées, des anciennes fortifications de la ville, et le **palais des comtes d'Aguila** présente une belle façade à portail mudéjar. Le marché est installé dans une église inachevée.

Dans l'**église** baroque de l'ancien couvent de **San Francisco**, à l'entrée de la ville, Vía Crucis en azulejos du xviiᵉ s., retables baroques et peintures de l'école de Murillo e de Zurbarán.

Fêtes : semaine sainte ; San Isidro (15 mai) ; Velada de Nuestra Señora de la Nieves (3-5 août) ; Velada flamenca (30 août) ; romería del Santo Cristo del Romera (13 sept.) ; feria de San Miguel (29 sept.-1ᵉʳ oct.).

3 — Bornos* (*37 km N.-E. par la N342 ;* 7 430 hab. ; alt. 162 m). — Bourg pittoresque de fondation arabe. **Alcázar** du xvᵉ s. protégé par une enceinte. L'**église** gothique, renferme une peinture de la Virgen de Belén attribuée à Murillo.

4 — Villamartin (*49 km N.-E. par la N342 ;* 11 840 hab. ; alt. 175 m). — Bourg réputé pour son vin de Pajarete. L'église de Nuestra Señora de las Virtudes abrite une peinture attribuée à Bocanegra.

Fêtes : Velada ¬de Santa Ana (26 juil.) ; romería de la Virgen de las Montañas (8 sept.).

✝ **5 — La Cartuja*** (*5 km S.-E.*). — Célèbre monastère de chartreux, fondé en 1477 et construit par Andrés de Ribera.

L'**église**, de style gothique flamboyant du xvᵉ s., fut dotée d'une façade d'une grande richesse ornementale en 1667, à la manière d'un retable, avec des sculptures attribuées à Alonso Cano et Juan de Arce. A l'intérieur, retable principal décoré de sculptures par Pedro Roldán. Dans la partie en clôture se trouvent le cloître, de style gothique, la **salle capitulaire** et un **grand réfectoire**. Les peintures de Zurbarán qu s'y trouvaient sont aujourd'hui exposées au musée de Cadix. C'est dans ce monastère que l'on procéda aux croisements de races des chevaux napolitains andalous et allemands au xvᵉ s. On obtint la cartujana, magnifique race qui existe encore.

6 — Sanlúcar de Barrameda* (*23 km N.-O. ;* →).

Jerez de los Caballeros

Badajoz, 75 km. — Zafra, 40 km.
Alt. 505 m. — 11 600 hab. — Province de Badajoz (Estrémadure).

Patrie de Vasco Núñez de Balboa, qui découvrit le Pacifique, et de Hernando de Soto, le conquistador de la Floride C'est une charmante petite cité située sur les premiers contreforts de la sierra Morena ; ses ruelles sont bordées de blanches demeures dont l'architecture, parfois pleine de fantaisie, annonce déjà le style andalou, et d'élégantes maisons seigneuriales.

Fêtes. — Semaine sainte avec des processions solennelles. Le 24 août, pour la San Bartolomé figuration d'un démon poursuivant les enfants.

La **puerta de la Villa** est l'une de six portes que compta l'ancienne enceinte de la ville, aujourd'hui en majeure partie masquée par des maisons.

Dans la ville basse, **église Santa Catalina**, ogivale, dominée par une **tour** baroque du XVIIIᵉ s. (à l'intérieur, retable baroque du XVIIIᵉ s. et collection de sculptures du XVIIᵉ s.).

Dans le centre, **église San Miguel**, fondée au XIVᵉ s. et finie au XVIIIᵉ s. (portails du XVIIIᵉ s., l'un en granite et l'autre en marbre blanc ; tour filigranée du XVIIIᵉ s. ; décoration intérieure du XVIIᵉ s., de style baroque.)

L'**église Santa María de la Encarnación** occupe le site d'un ancien sanctuaire wisigoth consacré en 565. Il fut rebâti au XVIᵉ s. et au XVIIᵉ s., en un style où prédomine le baroque.

Le **château**, du XIIIᵉ s., fut amplement remanié en 1471. Il est situé à la lisière de la ville, près de l'église de Santa María. On peut voir encore la **torre Sangrienta** (tour sanglante) où l'on égorgeait les templiers qui refusaient de remettre la ville à Fernando IV.

Dans la partie la plus élevée de la ville, l'**église San Bartolomé** date de l'époque de la Reconquista et fut achevée vers 1600 bien qu'elle ait été fort remaniée postérieurement (**tour** baroque du XVIIIᵉ s. dont la silhouette évoque celle de la Giralda de Séville) ; **chapelle** gothique du XVᵉ s. ; **tombeau** de don Vasco de Jerez et son épouse). Parmi les édifices civils, on remarquera le **Pósito**, la **casa de la Justicia** et la **casa de la Carnicería**. Les **fontaines** Nueva et de la Silva datent du XVIᵉ s.

Environs. 1 — Barcarrota *(25 km N. par la N435 en direction de Badajoz ; 4 535 hab., alt. 467 m).* — Joli village dont l'**église de Nª Sª del Soterraño** abrite un retable baroque du XVIᵉ ou du XVIIᵉ s. et une chaire en fer forgé du même style. Sur la **plaza Mayor**, statue de Hernando de Soto, le conquistador de la Floride. A proximité, enceinte du **château** renforcée de tours, dont la place d'armes sert de plaza de Toros.

➡ A **20,5 km E.**, **Salvatierra de los Barros** ; sis au pied d'une colline que couronnent les ruines d'un château du Moyen Age, c'est un grand centre de fabrication de poterie.

2 — Almendral *(38 km N. par la N435 ; 1 575 hab., alt. 324 m).* — Charmant village conservant des maisons seigneuriales à blasons.

L'**église** fortifiée **San Pedro** et celle de la **Magdalena** sont toutes deux de style gothique.

➡ A **7 km S.-E.**, **Nogales**, où se dresse un château, exemplaire presque intact de l'architecture de la 2ᵉ moitié du XVᵉ s. Belles maisons nobles.

3 — Fregenal de la Sierra *(22 km S.-E. par la N435).* — Édifié sur le site de l'ancienne cité ibéro-romaine Nertobriga, le village est entouré de vignobles et d'olivettes et s'étend autour d'un puissant **château** (XIIIᵉ s.), ancien fief des templiers. L'une de ses tours sert de clocher à l'**église de Santa María**, fondée au XIIIᵉ s., mais remaniée par la suite, surtout au XVIIᵉ s. Cette forteresse est curieusement associée à la vie du bourg aux belles **maisons nobles** avec son petit **marché**, situé à l'intérieur de l'enceinte, tout près de la plaza de toros (l'ancienne place d'armes) très rustique. L'**église Santa Ana** conserve des **fonts baptismaux**

du xviᵉ s., un superbe **retable** platéresque et un mausolée de Bravo Murillo (homme
politique) qui y naquit.

Fêtes : grandes corridas à l'occasion de la feria du 22 sept.

●→ A *5 km S.-O.,* **Higuera la Real** ; église de **San Bartolomé** avec un portai
platéresque ; temple de Santa Catalina, ogival du xviᵉ s. avec des grilles monumen
tales et un grand retable avec des peintures de Morales. A la sortie de la ville, par
la route de Huelva, on trouve, devant l'**ermitage de Loreto**, du xiiiᵉ s., mais
remaniée au xviᵉ s., un groupe sculpté médiéval, en granit dit la **Mamarracha**
représentant un lion, surmonté d'une croix, terrassant l'esprit du mal.

4 — Segura de León *(37 km S.-E. ; prendre la C 434 à Fregenal).* — **Château** :
donjon et enceinte crénelés, du xiiiᵉ s. ; **église de l'Asunción**, ogivale du xivᵉ s. ;
ermitage du Cristo de la Reja, ancien sanctuaire d'un couvent franciscain, érigé
au xviiᵉ s. (Christ du xvᵉ s., retables et azulejos). Sur la façade de la mairie, écu de
Charles Iᵉʳ.

●→ A *21 km E. (au km 4 de la C 434, bifurquer à g.)* **Calera de León** ; couvent de
l'ordre de Santiago, aujourd'hui désaffecté. Dans l'église de style gothique tardif
s'ouvrant par un portail Renaissance, statue de la Vierge à l'Enfant (1327) ; cloître à
deux étages de galeries Renaissance du xviᵉ s. ●→ A *6 km S.,* **monastère de
Santa María de Tentudía,** fondé au xiiiᵉ s. Église gothique, à une nef, décorée
d'une profusion d'azulejos mudéjars et Renaissance, grand retable signé en 1518
par le maître sévillan Nicoloso Pisano qui collabora avec Juan Riero, lors de
l'exécution des chapelles latérales. **Cloître** mudéjar.

D'après la légende, les chevaliers chrétiens de Fernand III invoquèrent la Vierge, à
cet endroit, pour qu'elle arrête le temps (¡Santa María ten tu día!). Le miracle permit
la victoire des chrétiens sur les musulmans.

Fête : du 8 au 10 sept. avec pèlerinage au monastère, danses folkloriques.

Jumilla*

Murcie, 64 km.
Alt. 510 m. — 21 170 hab. — Province de Murcie.

La ville est célèbre pour la qualité de ses vins que vous pourrez goûter
au musée du Vin.

Les vins de Jumilla et Yecla. — L'appellation de Jumilla s'étend sur les provinces
d'Albacete et Murcie sur plus de 47 000 ha. Les sols sont gris, le climat très sec.
Le momastrell est le cépage dominant, il produit un grain moyen rouge et sucré.
Les vins ont un degré assez élevé (16º). On produit des rosés de belle couleur en
déposant quelques heures les peaux des grains sur le moût en fermentation. Ils
atteignent leur équilibre au bout de 2 ans.

La sécheresse de la zone empêche la propagation des maladies, et l'on peut dire
que ce vin est l'un des plus naturels d'Espagne, sans doute un des derniers
représentants de la viticulture européenne traditionnelle.

Ce sont les Arabes qui les premiers ont cultivé la vigne dans cette zone. Ils laissaient
souvent le vin devenir vinaigre pour préparer ensuite de savoureuses variantes.

Le yecla est cultivé sur plus de 26 000 hectares et produit aussi des rouges et des
rosés au degré élevé. On connaît ce vin depuis le xviᵉ s. Le cépage momastrel
donne ici des vins doux, plus frais que ceux de Jumilla. Ils peuvent prendre une
belle couleur grenat et sont alors très fruités.

Fêtes. — Semaine sainte ; fête des vendanges (15 août).

On a trouvé des traces ibères et des mosaïques romaines du iiiᵉ s. que vous
pourrez voir au **Musée municipal**. L'**église Santiago**, gothique de la fin du

xve s., abrite un grand retable sculpté d'époque Renaissance. L'**ayuntamiento** est installé dans un petit palais, lui aussi Renaissance. Vous pourrez voir encore la **prison** du xvie s., ornée d'une belle galerie gothique ; l'**église del Rosario**, gothique et Renaissance ; l'**église del Salvador**, baroque et néoclassique ; les **maisons des Pérez de Cobos** (grille baroque), des **Palencia** (patio plateresque) ; enfin, le **château**, en ruine, du xve s.

■ Le **musée du Vin** *(calle Barón del Solar ; ouv. de 8 h à 13 h et de 15 h à 17 h)* expose des ustensiles très anciens. La dégustation des vins y est gratuite.

Environs. 1 — Yecla *(28 km N.-E. par la C 3314 ; 25 150 hab., alt. 606 m)*. — Sur le haut de la colline se dresse le château aux murailles arabes. L'église San Francisco renferme la Virgen de las Angustias, exécutée par Salzillo. Le temple de la Purísima (1775) est une construction néo-classique. L'église Santa María, du xvie s., comporte une nef gothique. Chapelle des Hospitaliers, du xvie s. L'ayuntamiento, de style Renaissance, abrite une peinture d'Aguirre. L'ermitage de San Roque, gothique, est décoré d'un beau plafond en artesonado.
Fêtes : foire régionale du meuble (1re sem. d'avr.) ; de la Purísima (8 déc.).
↦ Grottes du mont Arabí (peintures typiques de l'art levantin).

2 — Monastère de Santa Ana *(5 km S. ; prendre à g. à 1 km de la sortie de Jumilla)*. — L'église, de 1580, possède un via crucis du xviie s. Elle renferme également une sculpture de Salzillo (**Jésus à la colonne***) et une Sainte Anne, la Vierge et l'Enfant, du xve s. Intéressants retables et azulejos baroques. **El Casón** est un monument funéraire paléochrétien du ive s.

La Corogne (La Coruña - A Coruña)*

Lugo, 97 km. — Madrid, 611 km. — Ortigueira, 108 km. — Saint-Jacques-de-Compostelle, 66 km.
232360 hab. — Capitale de la province de La Corogne (Galice).

Située au N. de la région, sur un promontoire qui, du large, se signale par l'imposant phare d'Hercule d'origine romaine, La Corogne est l'une des principales agglomérations de Galice.
La ville, très plaisante dans ses vieux quartiers, révèle une physionomie originale du côté du port avec des maisons à larges balcons vitrés qui lui ont valu son surnom de cité de verre.

Sur la route de l'Étain. — La Corogne est fondée par des populations ibères. Située sur la route de l'Étain, elle est fréquentée par les marins phéniciens. Probablement désignée par les Romains sous le nom d'Ardobicum Curonium, elle est agrandie par Trajan. A la fin du xᵉ s., elle est saccagée par Al Mansour. Sous le règne du troisième calife omeyyade de Cordoue, Hisham II, les Portugais s'en emparent en 1370, puis en sont chassés par les Castillans. Charles Quint s'y embarque pour aller recevoir en Allemagne, en 1520, la couronne impériale.
L'Invincible Armada y est rassemblée en 1588, avant de cingler vers les côtes des îles Britanniques. L'année suivante, l'amiral anglais Drake ravage son port, mais échoue dans ses tentatives de s'emparer de la ville.
Le 30 mai 1808, à la nouvelle de l'insurrection de Madrid contre l'armée napoléonienne, les habitants de La Corogne forment la Junte suprême de Galice. Les Français, sous le commandement de Soult, attaquent la ville, et, le 14 janvier 1809, les Anglais, vaincus lors de la bataille d'Elviña, aux portes de la cité, doivent se rembarquer. La place capitule le 19 janvier et est évacuée le 22 juin.

Une cité insurrectionnelle. — En sept. 1815, le général Juan Díaz Porlier y proclame la Constitution de 1812 mais, abandonné par ses troupes, le mouvement échoue. En 1820, une nouvelle insurrection, soutenant celle de Rafael del Riego y Núñez à Cadix, a plus de succès, mais, en 1823, les troupes françaises du duc d'Angoulême interviennent pour rétablir le pouvoir absolu de Ferdinand VII.

Fêtes. — Du 1ᵉʳ au 31 août, fêtes en l'honneur de Maria Pita qui combattit courageusement en 1589 les Britanniques.

Visite de la ville

Quel que soit votre point d'arrivée, vous aurez traversé des faubourgs industriels qui témoignent de ce que La Corogne est un grand port industriel (constructions navales, conserveries de poisson, pétrochimie), remarquablement abrité au fond d'une rade spacieuse. Le quartier des affaires, celui des boutiques et des banques occupe l'isthme de la Pescadería, entre le port et une plage de sable. C'est un quartier très aéré, agréable, où vous verrez les fameuses baies vitrées qui ont valu à La Corogne son surnom de cité en verre. Une petite artère, la calle Real (plan B1), parallèle à l'avenida de la Marina, y est réservée aux piétons. Au-delà, sur une petite éminence, se situe le noyau originel de la ville, aux ruelles étroites, enclose par une muraille d'enceinte au XIIIᵉ s. C'est dans ce quartier que vous visiterez les monuments les plus intéressants, en 2 h environ (y compris la visite du musée des Beaux-Arts, dans le quartier de la Pescadería).

Vous pourrez vous garer sans trop de difficultés aux alentours de la Dársena de la Marina (plan C2) ou à l'entrée du paseo del Parrote (plan CD2).

Église Santiago *(plan C2).* — La plus ancienne église de La Corogne fut érigée au XIIᵉ s. en style roman, mais fut remaniée ultérieurement. Elle présente une nef à arcs d'ogive et trois absides semi-circulaires. Le portail principal est surmonté d'une rosace décorée d'un relief de saint Jacques à cheval. Curieux tombeaux du XVIIᵉ s. On gardait la poudre destinée à la défense de la ville dans une des tours de cette église au XVIᵉ s.

Sur la charmante **plaza de Azcárraga** *(plan C2)* située derrière l'église, à l'ombre des arbres, s'élève la fontaine du Désir (fuente del Deseo). A côté, sur la **plaza del General Franco**, vous remarquerez un bâtiment du XVIIIᵉ s. avec une horloge et un écu royal, la **Capitainerie générale de Galice**.

L'église Santa María del Campo *(plan D2).* — C'est une ancienne collégiale romane édifiée du XIIᵉ au XVᵉ s. A l'intérieur, vous pourrez admirer une statue de la Virgen del Portal, considérée comme une des représentations les plus nnciennes de la Vierge à La Corogne, ainsi que deux tableaux de l'école de Pedro de Mena, du XVIIIᵉ s.

Couvent Santa Bárbara *(plan D2).* — Il fut fondé dans la deuxième moitié du XVᵉ s. dans un ancien ermitage dédié à sainte Barbara. Il conserve deux bas-reliefs intéressants sur la façade et sur la porte représentant le Jugement dernier. Sur la place se dresse un calvaire.

Dans la calle de Herrerias, **maison de María Pita**. L'église **Santo Domingo** *(plan D2)* est bâtie en style baroque galicien du XVIIIᵉ s.
Les **jardins de San Carlos** *(plan D2)* ont été aménagés en 1834, sur l'emplacement d'une ancienne forteresse du XVIᵉ s. ; au centre est enterré le général Moore. Belle vue sur les murailles et la mer. Maison de la Culture dans laquelle se trouvent les Archives et la Bibliothèque publique.

Casa de Doña Emilia Pardo Bazan *(II, calle Tubernas ; ouv. de 10 h à 12 h ; f. sam. et dim. ; accès gratuit).* — C'est une noble demeure du XVIIIᵉ s. où vécut une des figures littéraires les plus illustres du XIXᵉ s. Patio, balcons forgés, blasons. Au 1ᵉʳ étage, musée avec des souvenirs de la romancière. Le bâtiment abrite l'Académie royale galicienne, important centre de recherche sur la culture de la région (25000 volumes).

Castillo de San Antón *(plan D3).* — Importante forteresse de la fin du XVIᵉ s. construite sur l'emplacement d'un ermitage consacré à ce saint, abritant un musée d'Archéologie et d'Histoire *(ouv. en hiver de 10 h à 14 h ; en été de 10 h à 14 h et de 16 h à 20 h ; f. lun.)* : intéressants témoignages de la culture des castros, orfèvrerie galicienne, sculptures médiévales et hiéraldiques, etc.

Plaza María Pita *(plan C1).* — Elle est bordée de portiques et de galeries sauf du côté de l'**ayuntamiento** *(ouv. du lun. au ven. de 16 h à 17 h, accès gratuit),* élégant bâtiment à façade historiée datant du début du siècle. A

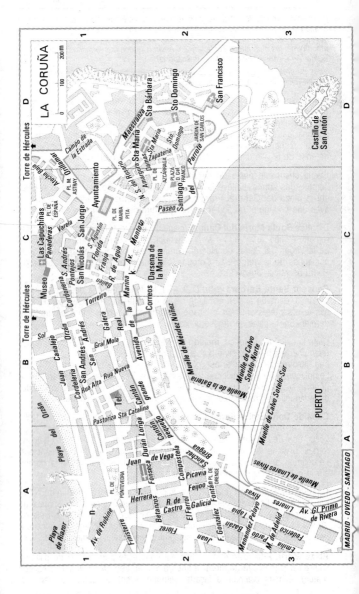

LA CORUÑA

0 100 200 m

Torre de Hércules

Playa del Orzán
Playa de Riazor
Av. de Rubine
Finisterre
PL DE PONTEVEDRA
Juan Florez
Betanzos
R. de Castro
El Ferrol
T. Herrera
Juan Fonseca
Durán Loriga
Sánchez Bregua
Compostela
Picavia
Feijóo
Fontán
PL DE ORENSE
Galicia
Federico Tapia
J. González
Menéndez Pelayo
F. Pardo Bazán
Emilia Pardo Bazán
M. de Arald

Av. Gl Primo de Rivera
Av. Linares Rivas

Museo
Las Capuchinas
Panaderas
Varela
San Jorge
S. Agustín
Florida
Franja
Montoto
Av.

Sol
Juan Canalejo
Orzán
Cordelería
San Andrés
Panderas
San Nicolás
Cordonería
Pontejos
S. Andrés
R. de Agua
Marina
Real
Galera
Gral Mola
Rua Nueva
Rua Alta
Cantón grande
Cantón pequeño
Pastoriza
Sta Catalina
Torreiro
Correos
de la
Avenida

Atocha Alta
Orillamar
PL M ASTRAY
Campo de la Estrada
Ayuntamiento
PL DE ESPAÑA
PL DE MARIA PITA
Maestranza
Sta Bárbara
Sto Domingo
S. del Rosario
Amargura
Sta María
Damas
PL DE Sta María
AZCÁRRAGA
PLAZA DE STO DOMINGO
STO Zapatería
San Francisco
JARDIN DE SAN CARLOS
Paseo del Parrote
Santiago

Torre de Hércules

Darsena de la Marina

Muelle de Mendez Núñez
Muelle de la Batería
Muelle de Calvo Sotelo-Norte
Muelle de Calvo Sotelo-Sur
Muelle de Linares Rivas

PUERTO

Castillo de San Antón

MADRID - OVIEDO - SANTIAGO

l'intérieur, belle collection de peintures d'artistes galiciens, musée de pendules et intéressante collection d'ornithologie.

A g. de la mairie, **église San Jorge** *(plan C 1)* du début du XVIIIe s., de style baroque. Plus loin, **église San Nicolás**, également baroque. Dans le même quartier, **église de las Capuchinas**, de style baroque compostellan, du début du XVIIIe s. ; à l'intérieur, tableau de saint François attribué à Zurbarán.

■ **Musée provincial des Beaux-Arts** *(plan C 1).* — Il est installé dans l'ancien consulat royal de la Mer, dans un bâtiment du XVIIe s.

Visite : en hiver de 10 h à 14 h t.l.j. ; en été de 10 h à 14 h et de 16 h à 18 h sauf le dim.

Magnifique collections de peintures, sculptures et céramiques avec des œuvres de Jenaro Pérez Villamil, Pedro Pérez de Castro, Eduardo Rosales ; eaux-fortes de Goya, Urgell, Vélasquez, Ribera, Murillo, Morales, etc. Parmi les œuvres étrangères, il faut citer les tableaux de Rubens, Lucas Jordan, Le Tintoret, Bruegel. Nombreuses pièces de céramique provenant de la Real Fábrica de Sargadelos.

Phare d'Hercule ou **torre de Hércules** *(plan D 1 ; ouv. de 10 h à 13 h 30 et de 16 h jusqu'à une heure avant le coucher du soleil ; f. dim. ; accès gratuit).* — Longtemps attribué aux Phéniciens ou aux Carthaginois, c'est en réalité une tour romaine du IIe s. C'est le seul phare romain conservé dans le monde ; restauré au XVIIIe s., il continue à remplir ses fonctions. Du haut de la tour, à 104 m au-dessus du niveau de la mer, **vue*** remarquable sur la baie de La Corogne.

Environs 1. — Cambre *(16 km S. ; après Sigras, au km 12 de la N550 en direction de Saint-Jacques, prendre à g. ; 9 000 hab.).* — Ce village rustique possède une belle œuvre d'art roman, l'**église Santa María*** *(XIIe s.).* Elle est dotée de trois nefs, de fenêtres à arc polylobés arabes, d'un déambulatoire et de cinq chapelles rayonnantes.

2 — Culleredo *(16 km S. ; au km 11 de la N550, prendre à dr.).* — Église romane de San Esteban (XIIe s.).

3 — Arteixo *(13 km S.-O. par la C 410 en direction de Carballo).* — Station thermale où se soignent les maladies du système nerveux et de la peau. Splendide panorama depuis le monte Subico.

La Guardia (A Garda)

Pontevedra, 76 km. — Tui, 28 km.
Alt. 635 m. — 9 900 hab. — Province de Pontevedra (Galice).

Port de pêche à l'embouchure du río Miño, que domine le monte Santa Tecla. On y trouve, dit-on, les meilleures langoustes de Galice, tandis que dans la vallée du Rosal, toute proche, on produit un vin blanc exceptionnel, moins sec que l'albariño.

Les belles plages de la ville, sur l'océan ou le fleuve (plages de Camposancos ou del Molino), sont dominées par des collines où vivent les chevaux sauvages.

La ville dans l'histoire. — Peuplée dès l'époque paléolithique, la ville est témoin des conquêtes romaines, des invasions sarrasine et normande ; elle combat contre les armées anglaises au XVIIIe s. aux côtés du Portugal et lutte contre Napoléon au XIXe s. Ces guerres entraînent la destruction des anciennes forteresses d'Atalaya et de Santa Cruz.

Fêtes. — Le 16 juil., Virgen del Carmen, patronne des marins ; la 2e sem. d'août, fête du monte Santa Tecla (important pèlerinage, folklore) ; le 8 sept., Virgen de la Guía.

Aujourd'hui, on peut toutefois encore admirer les remparts qui entourent la vieille cité, ainsi que quelques beaux monuments : l'**église Santa María**, de style gothique, s'ouvre par un **portail*** du XIVe s. orné de sculptures dont l'une représente le roi Sanche Ier Garcés, le fondateur de la ville ; à l'intérieur, grand retable sculpté de 1632. L'**église San Juan Bautista**, de style roman, date du XIIIe s. Sur la plaza Mayor, la **casa de la Villa**, de style plateresque, bâtie au XVIe s.

➻ *A 3 km S., monte Santa Tecla*** (→).

Laguardia

Logroño, 17 km. — Vitoria-Gasteiz, 44 km.
Alt. 635 m. — 1 670 hab. — Province d'Alava (Pays basque).

Elle a été bâtie sur une colline à la fin du Xe s. par le roi de Navarre Sancho Abarca qui voulait en faire la gardienne de son royaume, ce qui explique l'origine de son nom. La ville domine la Rioja Alavesa, étroite frange de terre située entre l'Èbre et la chaîne de Cantabrie ; cette dernière, avec ses 1 400 m d'altitude, protège la Rioja des vents du N. et lui donne un climat sec et ensoleillé, propice au développement de la vigne.

Fêtes. — A la mi-mai, día del gaitero (jour du joueur de cornemuse). Pour la Saint-Jean, danses, vachettes et agapes de côtelettes grillées aux sarments.

On peut encore admirer les créneaux et les portes des solides **murailles** élevées par le roi Sancho VII le Fort. Parmi les nombreuses belles maisons, remarquez le **palais** du fabuliste **Samaniego** (XVIIIe s.) en pierre de taille.
L'**église San Juan** est une synthèse des styles s'échelonnant du XIIe au XVIIIe s. : roman dans le portail S., gothique dans la structure générale de la nef, baroque dans le retable, néo-classique dans la chapelle adossée au pied de l'église. Belles stalles Renaissance exécutées par Esteban Martin et Nicolas Van Harlem. Dans la sacristie, fresques du XVIIIe s., œuvre de Pedro Baldini.

Environs. 1 — Elciego (*7 km S.-O. en direction de Cenicero ;* 451 hab., alt. 450 m).
— Au cœur d'une région riche en vignobles. Sur la charmante plaza Mayor, l'hôtel de ville porte sur la façade un grand blason impérial avec l'aigle bicéphale. La belle **église San Andrés**, aux tours inégales, montre une structure gothique à laquelle est venu s'ajouter le cachet de la Renaissance, apporté par Juan de Astiasu et Domingo de Emasabel. A l'intérieur, on remarquera les stalles Renaissance du chœur et de l'opulent retable chargé de motifs végétaux. La sacristie néo-classique est l'œuvre de Justo Antonio de Olaguíbel, avec un beau travail du bois sur les portes, l'autel, les bancs, etc.

A la sortie de la ville se trouve la **cave** du marquis de Riscal, construite en 1860 par Carmelo Hurtado de Amézaga, qui voulut imiter les plans des caves françaises du Médoc. C'est ici qu'on appliqua pour la première fois de manière industrielle la méthode bordelaise de clarification et de conservation du vin aux crus de la Rioja. Ainsi s'ouvrait la voie vers la reconnaissance de la qualité de ces vins qui autrefois ne supportaient pas les longs parcours faute de soins suffisants.

2 — Labastida* (*23 km O. par la N 232 en direction d'Haro*; 981 hab., alt. 540 m). — Au pied du monte Toloño, charmante bourgade de couleur ocre aux nombreuses maisons à blasons de pierre sculptés, datant des XVIe et XVIIe s. L'**église** est richement décorée et possède un beau retable baroque de 18 m sur 14, réalisé au XVIIe s., qui donne de l'ampleur à l'édifice. La porte de la sacristie offre un mélange de styles intéressant, datant de l'époque où le gothique s'efface tandis qu'apparaît le style Renaissance. L'**orgue**, construit en 1789, est un véritable chef-d'œuvre. Près de l'église, des escaliers donnent accès à l'ermitage del Cristó, tour fortifiée romane. L'hôtel de ville est une construction solide et harmonieuse de style Renaissance.

La partie S. du bourg est composée de bâtiments récents qui accueillent les habitants de Vitoria ou de Bilbao venus chercher le soleil, le bon air et la bonne chère. Les belles installations sportives font de cette ville tranquille et traditionnellement agricole un centre touristique qui s'anime à l'approche des fêtes et des vacances.

Dans les restaurants, on peut déguster les plats typiques de la cuisine locale : patatas con chorizo — pommes de terre cuites au chorizo — et côtelettes cuites à la braise de sarments, arrosées de bon vin rouge.

Fêtes : à Noël, célébration de la misa del Gallo (messe du coq) à laquelle participent les habitants vêtus en bergers qui dansent et chantent des vilanelles de Noël.

3 — Balcón de la Rioja* (*10 km N.-O. en direction de Vitoria-Gasteiz*). — Panorama superbe, particulièrement étendu.

Lanzarote* (île de)

35 000 hab. — Province de Las Palmas (Canaries).

Lanzarote (813 km²), située au N.-E. de Fuerteventura, à 85 milles de Las Palmas et à 65 du cap Juby, est moins étendue (58 km de long et 21 km de large), mais plus peuplée que Fuerteventura, sa voisine. Elle compte, avec sa petite capitale, Arrecife, une soixantaine de villages et de hameaux. Cette île est la plus étrange, peut-être la plus belle, au goût de certains, de l'archipel.

Lanzarote est une terre peu élevée, pierreuse, hérissée de près de 300 cônes volcaniques. Les dernières éruptions de 1730 durèrent six ans et convertirent la zone la plus riche en mer de lave. Malgré l'absence de sources permanentes et la rareté des pluies, d'assez belles récoltes de céréales, de tomates et de raisin sont possibles grâce à un mode très particulier de culture : les cendres (picón) extraites des anciens cratères sont répandues sur le sol en une couche de 20 à 30 cm d'épaisseur et reçoivent les graines ou les semis. Leur pouvoir d'absorber et de conserver l'humidité du sol sous-jacent dans la couche cendreuse est tel qu'une ou deux grosses averses annuelles suffisent pour favoriser la culture. Les cendres sont renouvelées tous les 3 ou 4 ans.

Les ceps de vigne et les figuiers sont plantés dans des excavations pratiquées dans la masse des laves, de manière à ce que les racines, plongeant dans le sol arable, puissent nourrir les plants qui se développent au creux de cet abri, chauffé par le soleil et souvent protégé par une murette contre les vents d'Afrique, violents et desséchants.

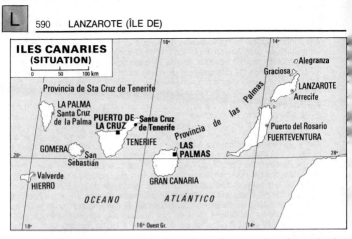

ILES CANARIES (SITUATION)

L'île offre aux amateurs de pêche de grandes ressources, car les poissons abondent dans ses eaux claires. Son aspect si insolite plaira également à ceux qui aiment les cieux lumineux et immuablement sereins en hiver, les grandes plages solitaires. Lanzarote en possède de nombreuses, d'une palette étonnante : des noires, des blanches, des grises, des rouges, d'autres aux sables d'or souvent balayées par le vent en été.

Le bon roi d'Yvetot. — Lanzarote doit son nom au capitaine Lancelot de Malvoisel, un marin génois qui aurait débarqué dans l'île avant Jean de Béthencourt ; longtemps, les cartes marines la désignent au Moyen Age comme une possession génoise. Un autre capitaine, l'Espagnol Martín Ruiz de Avendaño, est jeté par la tempête, en 1371, sur l'île où règne le roi Nuaza. En 1393, l'île est éprouvée par une flotte espagnole, de telle sorte qu'elle n'offre aucune résistance lorsque Jean de Béthencourt y débarque en 1402. Le Normand occupe tout le territoire et semble y avoir vraiment joué son rôle de « bon roi d'Yvetot », car tout le peuple pleure son départ. Cependant, les chroniques du temps racontent que ses habitants vivent misérablement dans des huttes rondes en pierre dont l'odeur est repoussante. Les femmes y jouissent d'un privilège de polyandrie, ayant droit à trois maris, qui se succèdent d'une lunaison à l'autre.

Arrecife

Capitale de l'île, elle fait maintenant figure de petite ville, avec ses 28 908 hab. Vous y visiterez le **castillo de San Gabriel**, établi depuis 1590 sur un îlot rattaché à Lanzarote par un pont-levis, et, sur une hauteur près du port, le **castillo de San José**, érigé en 1779, où la municipalité projette d'installer un musée.

Fête : le 25 août, célébration de la San Ginés, patron de l'île.

Excursion aux montagnes de Feu***

Route : circuit de 79 km qui permettra de découvrir les plus intéressants phénomènes volcaniques de l'île.
Sortez d'Arrecife par la route de l'aéroport.

12 km : ➡ A g., à *5 km,* **Puerto del Carmen,** près d'une vaste et belle plage de sable abritée du vent en été. C'est le centre touristique de l'île. De nombreux hôtels, studios et appartements longent la plage et l'ensemble des réalisations immobilières y est assez harmonieux.

25 km : **Yaiza.**

➜ A *9 km* de Yaiza, **Playa Blanca** est une curieuse plage qui occupe un cratère à demi effondré dans la mer. Site magnifique par ses couleurs changeantes.

Au-delà de Yaiza, traversée de l'un de ces champs couvert de la lave qui se répandit sur la partie méridionale de l'île à la fin du XVIIIe s. Paysage impressionnant.

31 km : prendre à dr. en direction d'El Golfo. Peu après, **salines de Janubio**. Très belles couleurs, surtout au soleil couchant.

35,5 km : **Los Hervideros**, une profonde calanque de lave, avec des ponts naturels.

37,5 km : à g., à environ *500 m*, **El Golfo**, lagune où l'eau est plus dense et plus salée que dans la mer Morte, au pied d'un amphithéâtre de roches volcaniques curieusement travaillées. Plage dangereuse à cause des courants. Les falaises régulièrement ou irrégulièrement striées, évoquent d'authentiques peintures modernes.

➜ Au km 37,5, une petite route qui se détache à dr. et que vous suivrez vous ramènera à Yaiza (➜ ci-dessus au km 25) en traversant la partie la plus spectaculaire du champ des laves et de scories de cette partie de l'île.

39 km : laissez à g. une route pour El Golfo et encore une autre, à g., à *500 m*.

44 km : tournez à g.

46 km : **Yaiza** ; prendre vers Tinajo.

51 km : point de départ des caravanes de chameaux montant jusqu'aux **montagnes de Feu** (montañas de Fuego ; alt. 450 m), cônes de sable fin et noir, à reflets rouges. Le coup d'œil est extraordinaire sur cette partie de l'île, bouleversée par les forces plutoniennes, toute en coulées de scories et en cratères, entre lesquels apparaissent de pauvres villages *(compter environ 40 mn pour l'excursion à dos de chameau)*. C'est un des paysages les plus surprenants que l'on puisse imaginer et qui devient de plus en plus dantesque au fur et à mesure que l'on progresse.

53 km : à g., à *3 km (route à péage)*, restaurant de la Montaña de Fuego, près duquel des trous pareils à des terriers, creusés dans le sable brûlant, permettent de faire cuire des œufs ou bouillir de l'eau en quelques minutes, la température du sol étant de 140o à 10 cm de profondeur ; des fagots, disposés dans ces creux, s'embrasent en quelques secondes.

59,5 km : à g., à *1 km*, **Tinajo**, modeste village ; vieux couvent de Santo Domingo. Peu avant San Bartolomé (➜ ci-après), près du village de **Mozaga**, vous remarquerez, sur un petit tertre de lave, le monument à la fécondité, œuvre moderne du sculpteur César Manrique, dont la blancheur contraste avec le sombre aspect d'un champ de laves et de scories.

72 km : San Bartolomé, entouré de vignobles et de vergers dont les plants sont disposés dans de petits cratères ou protégés par de petites murettes.

99 km : **Arrecife.**

Circuit dans la partie N. de l'île★

Il vous permettra de découvrir de beaux paysages★, notamment pendant la descente vers Haría et depuis un mirador sur une hauteur qui domine le détroit entre Lanzarote et l'isla Graciosa.
Route : *circuit de 80 km par de bonnes routes.*
Sortez d'Arrecife par la route de Teguise.

12 km : **Teguise** (6 096 hab. ; alt. 360 m). — Ancienne capitale de Lanzarote, jusqu'en 1618, elle présente de paisibles ruelles bordées de maisons seigneuriales, d'églises et de couvents d'une architecture baroque dépouillée qui lui donne l'aspect d'une cité coloniale hispanique. Teguise était le prénom de la fille de Guadarfia,

dernier roi guanche. Barbaque se maria avec le Normand Maciot de Béthencourt e résida dans cette ville qui fut fondée en 1418. Plus tard, elle se transforma en siège du «marquesado de Lanzarote». Parmi les monuments religieux, on remarque l'**église de Guadalupe**, du xve s., le **couvent de San Francisco**, du xvie s., le **couvent de Santo Domingo** et l'**ermitage de Las Nieves**. Remarquez auss certains **palais** comme celui de la reine Ico, du xve s., des Spinola, du xvie s., e celui du marquis de Herrera. C'est à Teguise qu'est né le timple, la petite guitare typique du folklore des Canaries.
Fêtes : on célèbre la fête du Corpus Cristi, avec des tapis de sel, et de la Vierge del Carmen (16 juil.) avec cavalcade, folklore et lutte canarie.

12,5 km : à dr., à *2 km (chemin d'accès)*, **castillo de Guanapay**, très modeste construction du xvie s.

25,5 km : d'un mirador, très belle **vue*** sur la côte E. de l'île et surtout sur Haría aux blanches maisons dispersées dans une cuvette où croissent des palmiers.

29 km : **Haría**, charmant village blanc qui évoque un décor d'Orient au cœur d'une oasis.
Continuez, de là, en direction d'Arrecife.

35 km : prendre à g. vers Orzala.

35,5 km : à dr., à *4 km,* **Los Jameos del Agua**, énorme effondrement de la croûte de lave, près de la mer, qui forme par endroits une sorte de vaste piscine couverte naturelle, avec de singulières colorations dues aux rayons solaires.

38,5 km : à dr., **cueva de los Verdes**, autre effondrement de la croûte de lave formant une grotte de 2 km de long et de 70 m de hauteur, où les anciens habitants se réfugiaient en cas de danger.

41,5 km : laissez à dr. la route d'Orzala.

46 km : **mirador d'El Río**, d'où l'on peut admirer un très beau **panorama*** sur le détroit d'El Río, que l'on domine d'environ 300 m, qui sépare Lanzarote de l'isla Graciosa, plateau volcanique de 27 km de long environ ; au loin, on aperçoit l'isla de la Montaña Clara, modeste îlot occupé temporairement par des pêcheurs, et l'isla de Alegranza, à 11 km, qui se signale par ses flancs escarpés, presque à pic, où se trouve un phare.
Revenez à Arrecife par la route suivie à partir du km 35, où, cette fois, vous laisserez à dr. la route de Haría pour continuer tout droit.
80 km : **Arrecife.**

Laredo*

Bilbao, 60 km. — Santander, 49 km.
12 280 hab. — Province de Santander (Cantabrie).

Au cœur de la côte Cantabrique, longue frange verte qui sépare la mer de la montagne, avec des falaises abruptes, entre lesquelles se dissimulent de minuscules criques où s'ouvrent de larges baies, comme celles de Santander et de Laredo. Les villages de pêcheurs, qui la jalonnent, se sont transformés durant ces dernières années en centres touristiques importants ; l'apparition d'une urbanisation trop souvent déplorable a endommagé les sites qui étaient autrefois des havres de paix inestimables.
Cependant, cette côte, encore sauvage par endroits, qui se prolonge jusqu'aux confins de la Galice, vous fera découvrir, tout au long de ses 30 km de plages, des paysages et des villages qui ont conservé tous leurs attraits et leur beauté primitive.

Laredo, l'un des ports les plus fréquentés pendant la Renaissance, est aujourd'hui l'un des principaux centres touristiques de la côte, où, durant la période estivale, se donnent rendez-vous des milliers de touristes. A la pittoresque vieille ville, autrefois paisible village de pêcheurs, est venue s'ajouter une ville nouvelle dénuée de charme, le long des 5 km de plage.

Fêtes. — On y célèbre deux fêtes qui sont parmi les plus intéressantes de la Cantabrie : la nuit de la Saint-Jean (24 juin), les marchandes de poisson se déguisent en dames de la haute société et se dirigent vers la plage dans des charrettes décorées comme des carrosses, pour se laver les pieds dans la mer.
Le dernier ven. du mois d'août a lieu une bataille de fleurs, avec un splendide défilé de carrosses ornés de fleurs.

La **vieille ville** est en réalité un ensemble de six rues construites au temps d'Alphonse VIII de Castille, vraisemblablement sur l'ancienne structure de la ville romaine. Les murailles furent construites à la même époque.
L'**église Santa María de la Asunción,** commencée au XIIIe s. et successivement transformée jusqu'au XVIIIe s., est singulière par l'inégalité de ses cinq nefs, d'époques différentes et la variété de ses colonnes ; portail du XVIe s., de l'école de Van de Veinder ; au triptyque central, Vierge à l'Enfant ; à g. l'Annonciation ; à dr., fragments du Calvaire ; sacristie du XVIIIe s. ; à l'intérieur, lutrins de bronze qui auraient été offerts par Charles Quint ; quelques tableaux de l'école de Murillo et sculpture du Christ de la Bella Muerte (XVIIe s.). Cette église demeure le lieu d'action de grâces des confréries de pêcheurs et de marins.

Environs. 1 — Limpias *(9 km S. ; par une route locale qui vous fera rejoindre la C 629).* — Dans l'église paroissiale, statue du Christ en pleurs, œuvre attribuée à Juan de Mena. On raconte que des larmes coulèrent des yeux de la statue en 1919.
↦ A g., à *4 km,* **sanctuaire de la Bien Aparecida,** où l'on vénère une statue de la Vierge du début du' XVIIe s. Le panorama que l'on y découvre sur la vallée de l'Asón n'est pas moins séduisant.

2 — Ampuero *(11,5 km S. ; sur la C 629).* — A partir du 8 sept. s'y célèbrent des spectacles tauromachiques dans une ambiance qui, toutes proportions gardées, rappelle les San Fermínes de Pampelune.

3 — Rasines *(15,5 km S.).* — Patrie de deux célèbres architectes de la Renaissance espagnole, Juan et Rodrigo Gil de Hontañón.

4 — Ramales de la Victoria *(23 km S.).* — Au bord del río Asón, ce village fut célèbre pour la bataille où les libéraux repoussèrent les carlistes (11 mai 1839), ce qui valut à Espartero le titre de duc de la Victoire. C'est durant cette même guerre que fut détruit le **palais de Revillagigedo,** du XVIe s., aujourd'hui en ruine. Au-delà de Ramales, impressionnant décor de montagnes karstiques de la sierra Hornijo.

5 — Grottes de Covalanas *(25,5 km S. ; au km 25, prendre à g. ; ouv. de 10 h à 13 h et de 15 h à 19 h).* — On y a découvert des dessins rupestres (chevaux, bovins, chevreuils) du paléolithique. De la terrasse, vue splendide sur la vallée du río Asón.

6 — Puerto de los Tornos *(37 km S.).* — Vues* magnifiques.

León**

Madrid, 248 km. — Oviedo, 110 km. — Salamanque, 200 km. — Valladolid, 139 km. Alt. 822 m. — 131 135 hab. — Capitale de la province de León (Castille-León).

Située près du confluent des ríos Bernesga et Torío, dans une vallée touffue et boisée, entourée de jardins et de prés, la ville de León est un centre industriel favorisé par la proximité d'importants centres miniers de fer et de charbon. Ville d'origine romaine, elle conserve de son passé de capitale du royaume et de gîte d'étape sur le chemin de Compostelle, la prestigieuse triade de monuments que sont la basilique San Isidro, avec son panthéon, surnommée la chapelle Sixtine de l'art roman espagnol, la cathédrale, l'une des plus belles réussites de l'art gothique, et le monastère de San Marcos, d'une architecture Renaissance non moins royale.

Un camp de légionnaires. — León est la corruption du mot latin « legio » (légion), nom que prend la petite civitas qui se développe auprès du cantonnement de la Legio Septima, la VIIe légion, recrutée vers l'an 68 de notre ère parmi les populations ibères, et qui est installée sur le site de la vieille ville, pour la surveillance des belliqueux montagnards du massif des Asturies. Après les Romains, elle est occupée par les Goths, vers 540, puis par les Maures (en 717) qui en sont chassés.

Une ville royale. — Ordoño II y transfère au xe s. la capitale du royaume des Asturies. En 1033, le roi de Navarre contraint l'héritière du trône de León à épouser son fils Ferdinand, qui devient ainsi roi de Castille et de León (1037-1075) ; mais les deux royaumes se scindent à plusieurs reprises jusqu'à leur union définitive, en 1230, sous le règne de Ferdinand III le Saint, roi de Castille. A cette occasion, León perd son rang de capitale. Malgré cela, la ville développe sa richesse commerciale jusqu'au xve s. ; sa décadence s'accentue quand · elle se rallie en 1521 aux Comuneros de Castille révoltés contre l'autorité de Charles Quint. Cependant, León conserve une certaine importance, pour être un des lieux privilégiés de la route de Compostelle. La ville est occupée par les troupes françaises en 1808, après la victoire de Rioseco.

Fêtes. — Célébration de San Juan et San Pedro du 25 au 30 juin. Les fêtes de la Virgen del Camino se déroulent à partir du 15 sept.

Gastronomie. — Peut-être vous laisserez-vous tenter par la soupe au lait avec du pain de campagne, le boudin, le ris d'agneau ou le ragoût. Ne manquez pas de déguster de petits vins accompagnés de tapas dans le Barrio húmedo (le quartier humide), ensemble de petites rues autour de la **plaza San Martín** ; nous vous conseillons de vous y promener à l'heure de l'apéritif, ou le soir, si vous n'avez pas envie de vous installer dans un restaurant.

Visite de la ville

Vous pouvez vous garer près de San Isidoro, notamment dans la calle de la Abadía (plan D2), sur la plaza del Castilla (plan D2), ou encore dans le parking souterrain de la plaza de San Marcelo (plan C2).

Basilique San Isidoro* *(plan C2-3)*. — Le Saint-Denis espagnol fut érigé par Ferdinand Ier († 1055) et par ses successeurs jusqu'à sa consécration, en 1149, à côté d'un **panthéon royal**** , également fondé par le premier roi de Castille et de León. La basilique, bâtie sur le site d'une église consacrée à saint Jean Baptiste, prit le nom de San Isidoro après le transfert de la dépouille de saint Isidore de Séville *(† 636)*, en 1060, obtenue par Ferdinand Ier de l'émir de Séville. Du côté de la plaza de San Isidoro *(plan C3)*, l'église possède deux **portails** romans d'une sobre beauté, mais celui de g. fut défiguré par l'adjonction, au XVIIIe s., d'un fronton surmonté de la statue équestre de saint Isidore ; au tympan du portail de dr., Descente de croix.

Visite de la bibliothèque, du trésor et du panthéon : t.l.j. de 9 h à 14 h 30 et de 15 h 30 à 19 h en été et, en hiver, t.l.j. sauf le dim. a.-m. et les j. fériés de 10 h à 13 h 30 et de 16 h à 19 h ; visite guidée.

L'**intérieur de l'église** est en majeure partie de style roman. A g. de l'entrée, **fonts baptismaux** sculptés du XIe s. La **Capilla Mayor** fut ajoutée par Juan de Badajoz (1513) : retable ; maître-autel manifiesto, c'est-à-dire ayant le privilège de garder apparente l'hostie du Saint-Sacrement. En passant par la chapelle San Martín, qui s'ouvre par un couloir sur le bras g. du transept, gagner la **capilla de los Quiñones**, avec une riche **décoration** romane (chapiteaux sculptés et fresques).

Bibliothèque. — Jadis très importante, elle conserve quelques pièces d'une inestimable valeur, tels une **bible** datée de 960, enrichie de miniatures, un **bréviaire** du XVe s., orné de miniatures par Nicolás Francés, la **bannière de Baeza** ou **de saint Isidore**, travail de broderie du Xe s., etc.

Trésor. — **Coffret*** revêtu d'émaux de Limoges, du XIIe s., **croix procession-nelle** par Juan de Arfe, **calice*** de doña Urraca (1063), composé de deux coupes romaines d'agate liées par une monture en or et enrichie de camées et de pierres précieuses, **châsse de saint Isidore*** du XIe s., revêtue de plaques d'argent travaillées au repoussé, **coffret** en bois du XIe s., orné de **plaques*** sculptées en ivoire, merveilles d'art roman (notez cependant les arcs outrepassés, survivance d'art mozarabe), **coffrets** arabes des Xe-XIIe s., **ornements sacerdotaux** du XIIe s., **tissus** persans et arabes, **autel** portatif de doña Sancha, l'épouse de Ferdinand Ier, **idole** scandinave, **baiser-de-paix** en ivoire, du Xe s., figurant un Christ pantocrator assis dans une mandorle, etc.

Panthéon royal. — Construit de 1054 à 1066, c'est une sorte de portique à colonnes trapues, reliées entre elles par des arcs en berceau. Les chapiteaux, à motifs végétaux d'acanthes, de palmettes et de pommes de pin (ces deux derniers motifs représentent sans doute un apport mozarabe) sont parfois compliqués de personnages et d'animaux fantastiques.

Il y a aussi quelques chapiteaux historiés dont les scènes sont empruntées à l'Ancien Testament (Exode du peuple juif sous la conduite de Moïse, Sacrifice d'Isaac, Daniel dans la fosse aux lions) et au Nouveau Testament (Résurrection de Lazare, Guérison du paralytique), iconographie empruntée à l'art français. Mais le principal attrait de ce panthéon est constitué par les admirables **fresques**** romanes, exécutées sous le règne de Ferdinand II (1157-1188) : scènes de la vie de la Vierge et du Christ, de l'Apocalypse, Christ pantocrator dans une mandorle et les quatre évangélistes dont les têtes, à l'exception de celle de saint Matthieu, sont celles de leurs animaux attributs ; à la voûte centrale, calendrier où des allégories figurent les travaux agricoles ; à la douelle d'un arc, rinceaux, motifs géomé-triques, etc. Peintures d'un style souple, lumineux, empreint d'une fantaisie qui les fait échapper aux canons de l'art byzantin, mais peintures déconcertantes, sans filiation clairement établie.

On compte les **sépultures** de onze rois, de douze reines et de vingt et un princes ou grands seigneurs du royaume de León, parmi lesquelles se trouvent celles d'Alphonse V († 1028), de Ferdinand Ier († 1065), de doña Urraca (fin du XIIe s.), de Zaïda, fille d'un roi maure de Séville, épouse d'Alphonse VI ; **une cuve baptismale wisigothique** du VIIIe s. peut également être admirée. Le **cloître**, du

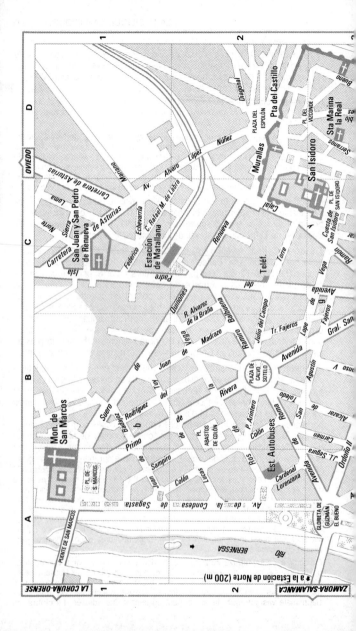

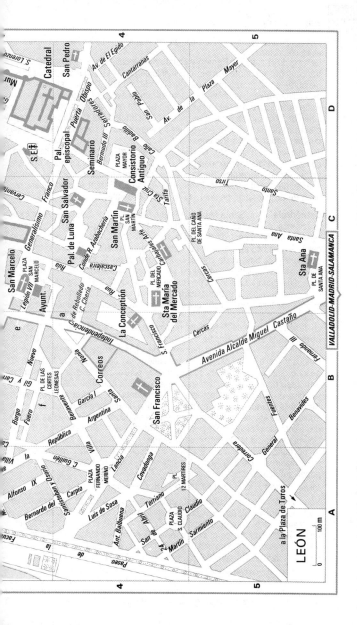

LEÓN

0 — 100 m

VALLADOLID-MADRID-SALAMANCA

a la Plaza de Toros

xvie s., remanié par la suite, est entouré de chapelles ; l'une d'elles est ornée de peintures murales (xiie s.).

Le long de la **calle de Ramón y Cajal** et de la **calle de la Abadía** *(plan D2)*, tronçons de l'**enceinte romaine**, démantelée par Al Mansour à la fin du xe s., restaurée au xie s., renforcée de tours semi-circulaires dont certaines abritent de pauvres logis. L'enceinte du *castrum* romain avait la forme classique d'un vaste quadrilatère de 380 m sur 705 m, avec 24 grosses tours sur les grands côtés et 15 m sur les petits. Sur le front N., la **puerta del Castillo**, surmontée d'une statue de la Force (1579), était placée sous le commandement de la puissante **tour de los Ponces**.

A l'intérieur de l'enceinte, la vieille ville, aujourd'hui sans grand caractère, conserve quelques vieux **palais**, du xve s. au xviiie s., et quelques **églises**, parmi lesquelles l'**église Santa Marina la Real** *(plan D3)* de 1751, sur le chemin de la cathédrale, renferme une **Vierge à l'Enfant et saint Jean**, par Jean de Joigny (Juan de Juni ; 1545 ; au maître-autel).

✝ Cathédrale*** ou **Santa María de Regla** *(plan D3-4).* — L'un des plus beaux spécimens de l'architecture gothique est considéré par certains auteurs comme un monument d'influence française. Son plan est une réduction de celui de la cathédrale de Reims et son élévation rappelle celle de la cathédrale d'Amiens. Les travaux de construction, entrepris en 1205, ne furent poussés activement qu'à partir du milieu du xiiie s. Parmi ses architectes, on relève le nom d'un certain Guillaume de Rouen. Au début du xive s., l'édifice était à peu près terminé. L'extrême légèreté de la construction en compromit la solidité, de telle sorte qu'elle dut être entièrement restaurée dans la seconde moitié du xixe s.

☿ La façade principale** (O.) est particulièrement élégante, avec son grand **portail** de la seconde moitié du xiiie s., s'ouvrant par trois baies ornées de sculptures, l'élévation de sa **nef centrale**, détachée des deux tours qui la flanquent (celle de g. est la plus ancienne, celle de dr. date de la fin de la période gothique). Parmi les sculptures des portes on relève, à **la puerta de San Juan de Regla**, à g., la Visitation, la Nativité, l'Adoration des Rois mages, la Fuite en Égypte, le Massacre des Innocents ; à **la puerta de Nuestra Señora la Blanca**, au centre, la Résurrection, la Récompense des Justes, la Punition des Méchants, le Christ en Souverain Juge et de très belles statues de saints aux pieds-droits ; à **la puerta de San Francisco**, à dr., le Couronnement et la Dormition de la Vierge.

Le **portail S.** *(prendre à dr.)* est remarquable par son élégance (portes ornées de sculptures de même style que celles du portail principal). Entrer par ce portail qui donne accès au transept dr.

Visite : de 7 h à 13 h 30 et de 16 h à 20 h, sauf pendant les offices.

Vous serez frappé immédiatement par la beauté des **vitraux***, notamment par ceux du transept N. *(en face)*, de la Capilla Mayor, à dr. (xive s.), et en vous avançant entre le coro et la Capilla Mayor, par ceux de la **rosace** de la façade principale (xiiie s.). De ce point, appréciez l'extrême élégance de l'architecture intérieure, avec ses piliers constitués de faisceaux de colonnes, d'une grande élévation dans la nef centrale, d'une étonnante luminosité.

Les **vitraux**, qui couvrent une superficie d'environ 1 800 m², sont l'ornement le plus précieux de la cathédrale avec les **sculptures** du portail O. Probablement posés dès le xiiie s., nombre d'entre eux furent remplacés au cours des siècles. Dans le **chœur** (coro), du xve s., **stalles** sculptées par Maître Théodoric (1464-1481).

Dans la **Capilla Mayor**, belles **grilles** plateresques sur les côtés, **maître-autel** avec un élégant **tabernacle**, une **châsse** et une belle **custode** d'argent (xvie s.) ; **retable** moderne où ont été incorporés des tableaux peints du xve s. provenant en partie de l'ancien retable, par Nicolás Francés ; **Pietà** par R. Van der Weyden *(à g.)*, **siège épiscopal** du xve s., orné de peintures, **grilles** de pierre **sculptée** de la fin du xve s. *(à dr.)*.

Déambulatoire *(commencez par la dr.) :* **capilla del Carmen** : tombeau de l'évêque Rodrigo († 1532). — A g., **portada del Cardo**, élégant portail du xive s. — En face de la sacristie, **tombeau** Renaissance de l'évêque San Pelayo. — **Capilla del Salvador** : à g., **tombeau** de la comtesse Sancha, par Maître Marcos (xive s.). — **Capilla de la Concepción** : à g., **tombeau** de l'évêque Manrique de Lara († 1232), fondateur de la cathédrale. — A g., **peinture murale** (Descente de croix), du xve s. — **Capilla de la Asunción** : **tombeau** de l'évêque Arnaldo († 1235). — A g., **tombeau d'Ordoño II**[*] († 923), du xive s. (le gisant) et du xve s. (la niche sculptée et son encadrement). — **Capilla de Nª Sª del Dado** : au-dessus de l'autel, statue gothique, en pierre polychrome, de la Vierge au dé (la légende raconte qu'un joueur malchanceux jeta ses dés contre la statue qui saigna). — En face, **peintures murales** du xve s. — **Capilla de Santiago**, la plus belle de toutes, qui est richement ornée de **sculptures** et de **vitraux**[**]. — **Capilla de San Andrés**, avec un portail gothique de la fin du xiiie s., décoré de statues d'évêques et de rois. Après avoir longé le bas-côté g., où une chapelle, s'ouvrant après le transept de g., renferme un **retable** à tableaux peints, notez, au **trascoro**, en partie ouvert pour ménager une perspective sur la nef centrale, les **sculptures** de style plateresque d'Estebán Jordán.

En prenant à dr. à la sortie, du côté de la façade principale, vous gagnerez le **cloître**[*].

Bâti au xive s., en style gothique (remaniements ultérieurs), il conserve une partie de sa décoration peinte sur les murs, de 1464 à 1470. Près de la **chapelle du comte de Rebolledo** († 1636), un escalier plateresque donne accès à la **salle du chapitre** (tapis, meubles, peintures). De retour dans le cloître, examiner le **portail** s'ouvrant sur la cathédrale, œuvre remarquable où Jean de Joigny aurait travaillé (portes de noyer par Guillaume Doncel, probablement avec la collaboration de Jean d'Angers).

■ Les dépendances du cloître abritent le musée de la cathédrale[*].

Visite : de 10 h à 13 h et de 16 h à 19 h.

Il comprend des collections de peintures, de sculptures et des ouvrages manuscrits ou imprimés : antiphonaire mozarabe du xe s., palimpsestes, bible wisigothique (datée de 920). **Lex Romana Wisighotorum**, manuscrit du xie s., etc. Parmi les sculptures, Vierge à l'Enfant (terre cuite polychrome) de Pietro Torrigiani, sainte Catherine (pierre) et sainte Lucie (bois), sculptures polychromes du xvie s., **Christ en croix**[*], de Jean de Joigny (1576). Parmi les peintures, œuvres de Bassano, mauvaises copies des œuvres du Caravage et un remarquable tableau de l'**Épiphanie**[*] de Pieter de Kempeneer (dit aussi Pierre de Champaigne ou Pedro de Campaña, 1503-1580), de l'école flamande.

En sortant de ce musée, il est recommandé de longer la cathédrale pour en découvrir le chevet en passant devant le palais de l'évêché, de style Renaissance.

L'église San Pedro de los Huertos *(plan D4),* d'un intérêt très limité, paraît avoir été la vieille cathédrale, jusqu'au xiie s.

De préférence par la **calle de Serradores** *(plan D4)* et par la **calle de Bermudo III** *(plan D4),* gagnez la **plaza Mayor** *(plan D4),* où s'élève le **Consistorio Antiguo**, édifice de style classique dont la façade fut dressé en

1677. Derrière, l'**église San Martín** *(plan C4)*, du XIIIᵉ s. mais remaniée aux XVIᵉ et XVIIIᵉ s., renferme des **sculptures** de l'école de Gregorio Fernández et de Luis Salvador Carmona.

Les **amateurs de détails** se rendront au fond de la **plaza de San Martín** *(plan C4)* ; à dr., la **calle de Juan de Arfe** puis la **calle de los Carbajales** (à g., **couvent de los Carbajales** ; dans l'**église, Pietà** par Antonio Arias ; 1658) mènent à la **plaza del Mercado**, pittoresque avec ses galeries et sa petite fontaine baroque de 1789.

L'**église Santa María del Mercado** ou **del Camino** *(plan C4)* conserve d'importants vestiges de la construction originelle, du XIIᵉ s., de style roman.

Un peu à l'écart, l'**église Santa Ana** *(plan C5)*, de l'ordre de Saint-Jean, s'ouvre sur une place à galeries. Chemin faisant, vous remarquerez un important tronçon de la **muraille d'enceinte médiévale**, crénelée, qui, le long de la rue **Cercas** *(plan B-C5)*, marque l'extension de la ville vers le S., au temps de la courte domination arabe et après la Reconquista. Quant à l'**église San Francisco** *(plan B4)*, du XIXᵉ s., elle abrite un colossal **retable** baroque de 1724.

Par la **calle de la Rúa** *(plan C4)*, revenir vers le centre en passant devant le **palais de Luna** *(plan C4)* ; portail du XIVᵉ s.

L'**église San Salvador de Palaz del Rey** *(plan C4)* conserve quelques vestiges mozarabes du Xᵉ s. de l'oratoire d'un monastère aujourd'hui disparu ; avant la construction de la basilique de San Isidoro, elle servit de panthéon royal ; à l'intérieur, **statue du Sauveur**, en bois polychrome de l'école de Jean de Joigny.

Le **palais de los Guzmanes**, aujourd'hui occupé par la *Diputación (plan C3)*, est un imposant édifice érigé en 1560 ; remarquable **patio** plateresque, **escalier d'honneur** et détails sculptés Renaissance.

Sur la **plaza de San Marcelo** *(plan C3)*, **casa de Botines**, construite par Antonio Gaudí, **ayuntamiento** *(plan C3)*, beau spécimen de style Renaissance (1585), **église de San Marcelo**, bâtie au XIIᵉ s., mais amplement remaniée par la suite (sculptures de Gregorio Fernández).

Monastère de San Marcos** *(plan A1)*. — Ancienne commanderie de Saint-Jacques, dont l'origine paraît remonter au début du XIIᵉ s., et qui fut rebâti de 1513 à 1549, en style plateresque, par Juan de Badajoz. La **façade principale*** constitue l'un des plus grands chefs-d'œuvre de la Renaissance espagnole.

Dans cette façade d'allure vraiment royale dans sa solennité, le rythme imprimé par les pilastres et les colonnes encadrant les fenêtres et les niches, est en quelque sorte sublimé par la pompe d'une ornementation dont la qualité et la finesse ravissent l'œil autant qu'elles charment l'esprit. On remarquera le **haut-relief de l'apôtre saint Jacques**, dans une niche à l'arc trilobé — note d'orientalisme — au-dessus de la porte, et la **frise de médaillons**, d'une perfection de camées, où furent portraiturés des héros de l'Antiquité païenne, tels que des empereurs romains, ou bibliques (tels Judith et des souverains castillans comme Isabelle la Catholique et Charles Quint).

L'**église**, de style gothique, s'ouvre par un **arc** d'une ampleur inhabituelle, entre deux niches Renaissance où Juan de Horozco et Jean de Joigny sculptèrent la **Crucifixion**.

A l'intérieur, **retable** du XVIᵉ s. et, à g. dans le chœur, belle **porte** plateresque de la sacristie et entrée du **cloître**, qui comprend une **salle capitulaire** au riche **plafond à caissons*** sculptés, et la **salle de San Francisco**, tandis que la **sacristie***, voûtée par Juan de Badajoz, est annexée au musée.

■ **Musée archéologique provincial*** *(accessible par l'église).* — Il présente des œuvres d'art religieux.

Visite : de 10 h à 14 h et de 16 h à 18 h.

Parmi les collections on doit surtout signaler des **sculptures** romanes et gothiques (dont le **Christ en croix**** de Carrizo ; **petits ivoires sculptés** du xiᵉ s., une **Vierge à l'Enfant** de l'école française du xiiiᵉ s., également en ivoire, le **retable** de l'église San Marcelo, du xivᵉ s., divers reliefs du xiiiᵉ s. provenant de la cathédrale), de la Renaissance (une **pietà** en terre cuite polychrome et **Saint Matthieu écrivant son évangile**, par Jean de Joigny, la **statue orante** de l'évêque Juan Quiñones de Guzmán, par Jerónimo de Nogueras) et baroques (dont une **statue** de saint François, par Salvador Luis Carmona). Parmi les œuvres peintes, **tableaux** de l'école castillane et de l'école hispano-flamande des xivᵉ et xvᵉ s., de Francisco Bayeu, etc. Depuis le premier étage du **cloître**, se rendre au **jubé** ou **coro alto** de l'église, où se trouvent des **stalles*** en bois sculpté (1537-1542) par Guillaume Doncel, un suiveur de Jean de Joigny, dont elles constituent le chef-d'œuvre. Jean de Joigny participa également à la construction de ces stalles ; on lui doit deux médaillons d'un prophète et d'un personnage qui est peut-être Constantin le Grand.

L'**église San Juan y San Pedro de Renueva** *(plan C1)* présente une façade Renaissance.

Environs

1 — Au N. de León*.

0 km : **León.** Sortir par la N 630 en direction d'Oviedo.

25 km : La Robla. ➡ A dr., à *12 km,* dans un paysage de lacs, de mares et de précipices se trouvent les **grottes quartziques** les plus belles et spectaculaires d'Espagne ; elles méritent un détour.
➡ A g. route pour *(29 km)* **Barrios de Luna** ; ruines d'un château fort ; église paroissiale du xivᵉ s. En continuant sur la route d'Oviedo, traversée du barrage de Barrios de Luna.

46 km : ➡ Route à g. pour *(2,5 km)* **Villamanín** ; dans les env. du **monastère de San Anton, chapelle de Poladura,** de style roman du xiiᵉ s., bâtie par les templiers.

59 km : Arbas del Puerto ; belle **église collégiale Santa María de Arbas,** fondée au moins dès le règne d'Alphonse VII (1126-1157), et construite en style roman. A l'intérieur, Vierge gothique du xivᵉ s. au retable principal. Contre le côté g. de l'église, **chapelle gothique** datant probablement du xiiiᵉ s. A côté de l'église, **ancien hôpital,** également du xiiᵉ s., construit à l'intention des pèlerins qui se rendaient à la Cámara Santa de Oviedo.

65 km : Puerto de Pajares ; à 1 366 m d'alt., **col** qui relie la Meseta de León et les Asturies.

2 — Villaverde de Sandoval *(16 km S.-E. par la N 601 en direction de Valladolid ; prendre à dr. au km 12).* — Ruines du **monastère de Santa María de Sandoval,** de la fin du xiiᵉ s. ; **église** assez bien conservée, de style gothique ; **cloître** du xiiiᵉ s.

3 — Monastère de San Miguel de Escalada* *(32 km E. par la N 601 en direction de Valladolid ; au km 16 prendre à g. ; ouv. de 9 h à 13 h et de 14 h à 20 h, ou 18 h d'oct. à mai).* — L'un des plus beaux monuments mozarabes, fondé par les moines de Cordoue en 913 ; contre l'église, **galerie** à douze colonnes supportant des arcs outrepassés bandés sur des chapiteaux romans sculptés ; **église** de même style, comportant une iconostase.

4 — Valencia de Don Juan *(30 km S. par la N 630 en direction de Benavente tourner à g. au km 24).* — Sur la rive g. de l'Esla, que domine le puissant château des comtes d'Onate, l'un des plus impressionnants spécimens de l'architecture militaire espagnole du XVe s. avec une double enceinte, un fossé et une muraille crénelée renforcée de triples tours. Bien qu'en ruine, ce château vaut son détour de la part des amateurs d'architecture féodale. Dans l'**église San Agustín**, retable sculpté attribué à Jean d'Angers, un fidèle suiveur de Jean de Joigny. Dans l'**église San Pedro**, retable exécuté vers 1543 par Guillaume Doncel avec la participation de Jean d'Angers.

Leyre (Monastère de)**★★**

Jaca, 68 km. — Pampelune, 51 km.
Alt. 750 m. — Province de Navarre.

Situé sur une petite esplanade au pied des rochers de la sierra du même nom, le monastère offrait un refuge aux voyageurs et aux pèlerins. On peut y admirer un magnifique panorama englobant les terres de Javier et les Pyrénées aragonaises.

Le monastère dans l'histoire. — Première construction romane de toute la région (Navarre, Castille, Aragon, Galice), Leyre est déjà un centre important en 848. En 924, lorsque Abdherraman III détruit Pampelune et sa cathédrale, la cour et l'évêque trouvent refuge dans le monastère qu'ils enrichissent considérablement. Abandonné au XIXe s., il est habité depuis 1962 par une communauté de bénédictins.

Les fouilles ont permis de savoir qu'il existait à l'origine une église préromane. Aujourd'hui, la partie la plus ancienne est la **crypte** avec ses 4 nefs de même hauteur, aux chapiteaux exagérés soutenus par de courtes colonnes robustes qui donnent l'impression d'une architecture à la fois primitive et monumentale. L'église présente deux parties : l'une est romane, avec ses **absides** du XIe s. et l'autre date d'une époque postérieure (XIVe s.) avec la vaste **nef** gothique. Chapelle avec les tombeaux de plusieurs rois de Navarre. Le **portail** « Porta Speciosa » fut transporté dans l'église après la construction de la nef ; grande richesse dans la décoration en style roman du XIIe s.

→→ Fontaine de San Virila, abbé du VIIIe s.

Línea de la Concepción (La)

Cadix, 136 km. — Málaga, 125 km.
55 908 hab. — Province de Cadix (Andalousie).

Ville frontière avec la colonie britannique de Gibraltar. Située à l'extrême S. de la péninsule Ibérique, elle est séparée du rocher de Gibraltar par une « zone neutre ». C'est actuellement une ville industrielle importante.

Fête. — Feria la 2e quinz. de juil.

Vous pourrez y visiter la paroisse de la Immaculada Concepción édifiée au XIVe s. La plaza de Toros a été conçue en 1879. Le musée municipal de peinture José Cruz Herrera présente plus de 200 toiles. Plages et club nautique.

→ **Costa del Sol**** (→).

Llanes

Gijón, 98 km. — Oviedo, 106 km.
155 000 hab. — Province d'Oviedo (Asturies).

Au pied de la sierra de Cuera, Llanes est considérée comme la capitale des Asturies orientales. Les quartiers anciens du port et de la vieille ville sont fort pittoresques. Plusieurs cavernes ou grottes, portant des traces de présence humaine, attestent que cette région était peuplée dès les temps préhistoriques.

De nombreuses plages (Toró, Portuelo à Cué, Puerto Chico ou San Antolín) ont fait la renommée de la contrée, ainsi que les fêtes patronales, au cours desquelles — fête de la Vierge de Guía, patronne de la mer, ou fête de Saint-Roch, de la Madeleine, de Santa Ana — les bateaux, très ornés, prennent la mer en procession selon une tradition ancienne tandis que les «Llaniscos» ont revêtu leurs costumes régionaux.

La vieille ville a conservé des **restes de remparts** du XIIIᵉ s., reliés à une **tour**, unique vestige du **château** construit par Alphonse XI de León à la même époque. L'**église Santa María** du XIIᵉ s., remaniée au siècle suivant (portail roman), conserve un remarquable **retable*** du XVIᵉ s., en style plateresque de l'école hispano-flamande.

A voir aussi la **chapelle del Cristo del Camino** (fin XVIᵉ s.) restaurée, ainsi que l'**ancien couvent des Agustinas Recoletas** dont il ne reste que le portail du XVIIᵉ s. A la même époque a été édifié le **palais du duc d'Estrada**, en ruine. Construite au style renaissance, la **casa del Cercau** possède une **chapelle** qui est, elle, d'une époque antérieure.

Au n° 32 de la calle Mayor, on peut admirer un **édifice** du XVᵉ s. tandis que la **maison des marquis de Gastañaga**, également du XVᵉ s., laisse apparaître des vestiges d'une construction plus ancienne sous la forme de deux fenêtres romanes.

Environs. 1 — Vidiago *(8 km O. sur la N634).* — Monument mégalithique, l'idolo de Peña Tu. Ne manquez pas de goûter à l'exquis jambon de cette localité.

2 — Pimiango *(37,5 km O.; au km 20 de la N634, prendre à g.).* — Là s'ouvre, à flanc de falaise, la **grotte du Pindal** *(ouv. de 10 h à 13 h et de 16 h à 19 h; en hiver l'a.-m. seult et au printemps, de 15 h à 17 h)* qui abrite d'importantes gravures et peintures remontant à deux époques différentes de la préhistoire, le solutréen et le magdalénien. De l'époque la plus ancienne datent le mammouth, la biche et d'autres peintures en rouge; à la plus récente appartiennent les bisons et les chevaux gravés et peints. De cette époque datent également les peintures noires, géométriques, de signification inconnue. On peut aussi voir les ruines du **monastère de Tina**, fondé au XIIᵉ s.

3 — Celorio *(4 km E. par la N634).* — D'une grande beauté naturelle, ce village possède l'une des plus jolies plages de la région, dans une baie bien protégée. On peut y visiter aussi le **monastère de San Salvador**, fondé en 1017 par des bénédictins, et qui conserve des restes romans sur le portail de l'église et dans la tour.

4 — Nueva *(18 km E.).* — Joli village dont la plage (playa de Cuevas del Mar) es très prisée.

Fêtes : Le 14 sept. se fête «El Cristo», qui, avec les festivités de La Paloma, rendu célèbre cette bourgade. La danza prima, autour du village, clôture traditionne lement ces manifestations.

Lleida (Lérida)*

Barcelone, 156 km. — Madrid, 464 km.
Alt. 151 m. — 110962 hab. — Capitale de la province de Lleida (Catalogne).

Dominée par une citadelle imposante dont les murailles entourent l célèbre cathédrale ancienne ou Seu Vella, la ville est bâtie sur les flanc d'une colline. Initialement située sur la rive gauche du fleuve Segre, ell s'est étendue le long du fleuve et sur la rive opposée. La Seu Vella, le vieux quartiers typiques, les différents édifices religieux et civils ouvert au public justifient une halte que rendrait plus intéressante encor l'ouverture d'un véritable musée réunissant les œuvres d'art dispersée en plusieurs points de la ville et difficilement accessibles (horaires convenir).

La ville dans l'histoire. — Près de l'antique Ilerda des Romains, César bat e 49 av. J.-C. une armée de Pompée, lors de la guerre civile. Les Maures s'emparer en 714 de la ville, reconquise en 1149 par Raymond Béranger. Quelques année plus tard, les Corts s'y réunissent et, en 1300, Jacques II d'Aragon réorganis l'université. Lleida subit plusieurs sièges, contre Jean II d'Aragon en 1466, puis sou Philippe IV en 1642. Un peu plus tard elle soutient victorieusement, en 1647, le attaques du Grand Condé, le vainqueur de Rocroi. Pendant la guerre de Successio d'Espagne, Lleida est assiégée par l'armée franco-espagnole, sous les ordres d Philippe d'Anjou, et prise d'assaut le 12 octobre 1707. La ville paie chèrement so adhésion au parti de l'archiduc Charles : Philippe V y fait exercer de dure représailles. Elle est à nouveau durement éprouvée en 1810, lors de l'attaque d général Suchet et la guerre civile de 1936-1939 ne l'épargne pas moins.

Visite de la ville

La visite de la ville peut s'effectuer à pied sans difficultés. Se garer dans le différents parkings situés dans la ville basse et reprendre éventuellement votr véhicule pour pénétrer dans la citadelle (parking libre autour de la Seu Vella). A pie compter 20 mn de la nouvelle à l'ancienne cathédrale. On pénètre dans l'ancienn citadelle par la **porte du lion** *(1826).*

Château de la Suda *(plan C2).* — De l'ancienne forteresse d'origine arabe qui fut un temps le palais forteresse des rois d'Aragon, subsistent une ne voûtée et des tours extérieures. Les fortifications qui l'entouraient englober l'ancienne cathédrale et les glacis ont été partiellement aménagés en jardins Des terrasses qui dominent la ville, superbe panorama sur la plaine du Segre

Vieille cathédrale** ou Seu Vella *(plan C2).* — Sa construction débute e 1203, sur l'emplacement d'une mosquée consacrée solennellement en 114 Consacrée en 1278, la nouvelle cathédrale ne sera achevée qu'au XVIe s. e mêle des éléments de l'art roman finissant et les caractères du nouvel ar

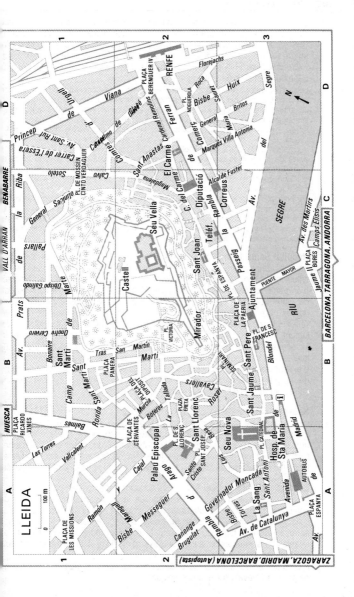

LLEIDA

0   100 m

VALL D'ARRAN **BENABARRE**

HUESCA

BARCELONA, TARRAGONA, ANDORRA

ZARAGOZA, MADRID, BARCELONA (Autopista)

N

Castell

Seu Vella

RIU

SEGRE

PUENTE MAYOR

PLAÇA
BORES

PLAÇA
ESPANYA

PLAÇA DE
LES MISSIONS

PLAÇA DE
CERVANTES

PLAÇA
RICARDO
VINES

PLAÇA
PANERA

PL. DE
DIPOSIT

PLAÇA
ERETA

PLAZA
SANTO

PL. DE S.
LLORENÇ

PL.
VICTORIA

PL. DE ESPANYA

PLAÇA DE
LA PAERIA

PL. DE S.
FRANCESC

Seu Nova

Hosp. de
Sta Maria

AUTOBUS

RENFE

PLAÇA
BERENGUER IV

PL.
NOGUEROLA

Ajuntament

gothique tandis que certaines parties intègrent une influence mudéjare
Un grand **cloître gothique** (fin du XIIIe s.) flanqué d'une haute tour octogonal
(XIVe s.) est curieusement accolé à la façade occidentale, à la manière d'u
atrium romain. La cathédrale a notablement souffert du siège de 1707 et fu
transformée par Philippe V en caserne. Elle n'en reste pas moins l'un des plu
beaux monuments de Catalogne.

Les **chapiteaux** de l'église comme ceux de l'aile orientale du cloître son
remarquables tant par la variété des thèmes d'ornementation que par la qualité de
sculptures (thèmes végétaux, zoomorphiques, animaux réels et bêtes fantastique
chapiteaux corinthiens, chapiteaux historiés, scènes de la vie quotidienne...). On
retrouve deux courants stylistiques, l'un d'influence toulousaine, l'autre propre
l'école romane de Lleida. Ce dernier est particulièrement manifeste dans l
décoration de la **porta dels Fillols** (1215-1220) sur le collatéral S., mais aussi à l
porta de les Núvies ou porta de l'Anunciata (vers 1215) au S. ou à la **porta d
Sant Berenguer** au bras N. du transept : la décoration résume toute une séri
d'influences, de la sculpture toulousaine romane à l'art islamique et se développ
essentiellement aux archivoltes et aux chapiteaux.

La porta dels Apòstols (portail O. du cloître), bien que très endommagée, es
probablement l'une des pièces maîtresses gothiques de l'ensemble.

Le cloître, par sa situation, constitue un admirable mirador, ouvert par de grandes e
superbes **claires-voies** de pierre ouvragées dont le travail n'est pas sans rappele
celui des artisans maures. Remarquer aussi le clocher gothique (XIVe-XVe s. ; 70 m).

Hospital Santa Maria *(plan A3).* — Édifié de 1454 à 1520, il avait été conç
en son temps pour accueillir les pauvres, les malades et les pèlerins qu
affluaient à Lleida. De style gothique catalan, sa sobre façade est agrémenté
d'un portail à arcatures surmonté d'une **Vierge à l'Enfant** abritée sous un dai
de pierre. Le patio central est doté d'un bel escalier qui donne accès à l
galerie ouverte par une série de fines arcades en ogive. Dans la chapelle
retable baroque de Francesc Escarpenter (XVIIIe s.). L'hôpital abrite actue
lement l'Institut d'Estudis Ilerdencs qui expose au rez-de-chaussée, dans l
Musée archéologique *(ouv. t.l.j. de 12 h à 14 h et de 18 h à 21 h),* u
intéressant ensemble des fouilles qui ont été menées dans la région. Sall
d'expositions temporaires adjacente. Voir également les restes archéologique
de la plaça d'Espanya, découverts lors de la construction d'un parkin
souterrain et classés monument historique.

Nouvelle cathédrale ou Seu Nova *(plan A3).* — Construite de 1761 à 178
sur un projet de Pedro Martín Cermeño, lorsque la Seu Vella fut convertie pa
Philippe V en caserne forteresse. Le **Musée capitulaire** *(visite en semain
sur RV ; tél. 26.94.70)* renferme une collection de tapisseries flamande
(XVIe s.) dont on décorait la cathédrale lors de la semaine sainte (thème
bibliques et mythologiques) ainsi que différents vêtements et objets liturgiques

Église Sant Llorenç *(plan A2).* — Elle se signale par son campanile octogona
et date de la fin du XIIe s. Les chapelles latérales, du XIVe s., abritent d
nombreux **retables** et **sculptures** de l'école de Lleida qui complètent le
collections du Musée diocésain et celles de l'église Sant Martí. Remarque
entre autres le retable du maître-autel en pierre dédié à saint Laurent, le
retables de sainte Ursule, sainte Lucie et saint Pierre dont un retable en boi
peint du XVe s. de Jaume Ferrer II.

A côté de l'église, sur la place Saint-Laurent se trouve le **Musée diocésain d
peinture médiévale** (peintures gothiques).

Église romane de Sant Martí. — Elle date de la fin XIIe s. et abrite depuis 1972 le **musée de Sculpture** *(visite sur RV du lun. au sam. de 10 h à 14 h et de 17 h à 20 h., tél. ; 26.86.28)* où l'on peut admirer les statues provenant de la porte de Annonciation de la Seu Vella, des chapiteaux romans et gothiques et des retables des XIVe et XVe s. On envisage de regrouper les collections à la Seu Vella.

Paeria. — Du XIIIe s., c'était à l'origine un édifice particulier. Il devient au XIVe s. le siège du gouvernement et abritait le Paer, chargé de préserver la paix et l'ordre public dans la cité. C'est aujourd'hui l'ajuntament (mairie) : l'ensemble a souffert de nombreuses réformes. Remarquer la façade romano-gothique et le patio central.

Couvent du Roser. — Édifice du XVIIIe s. qui intègre quelques éléments gothiques antérieurs. Situé **carrer de Cavallers**, une rue très pittoresque de la ville, il a été converti en département universitaire. Sa construction en brique, d'emploi exceptionnel à Lleida, lui confère un intérêt particulier. Il abrite le **musée d'Art moderne Jaume Morera** *(ouv. de 10 h à 14 h et de 19 h 30 à 21 h ; f. dim. et j. f.)*, peintures des XIXe et XXe siècles.

Environs

1 — Balaguer *(25 km N. ; 12 585 hab., alt. 233 m)*. — Petite ville au bord du río Segre. Le **cloître*** du **couvent de Sant Domènec** (XIVe s.) est considéré comme l'un des plus beaux du genre en Catalogne. Belle collégiale gothique Santa Maria. Jolie plaça del Mercadal (où a lieu le marché hebdomadaire), entourée d'arcades ; ruines des murailles de la ville — ancienne place forte arabe — des IXe et XVIe s. Musée comarcal de la Noguera *(1, plaça Mercadal)*, situé dans l'hôtel de ville.
➙ A *8 km O.*, **Castelló de Farfanya**, au pied d'une ancienne suda arabe du IXe s. en ruine. L'église Sant Miquel (XIIe s.) abrite des retables du XIVe s. L'église Santa María, du XIVe s., est une ancienne collégiale en ruine.
➙ A *12 km N.-E.* par la C 1313 en direction de La Seu de Urgell, **Cubells** ; église romane de Santa María au beau portail sculpté ; église Sant Pere, plus tardive et dotée d'un portail XVIe s. L'église Sant Miquel est en ruine. **➙** A *10 km* par la même route, **Artesa de Segre** *(3710 hab. ; alt. 400 m)* ; quelques rues typiques autour de l'église du XIIIe s.
2 — Torrebesses *(27 km S. par la N 230 ; au km 25, prendre à g. ; 386 hab.)*. — Pittoresque village autour d'une belle église paroissiale romane renfermant un retable en pierre du XVe s., de l'école de Lleida.
A une douzaine de km vers l'O. (N II puis route locale), Raïmut possède de beaux bâtiments modernistes, de J. Rubio-Bellver, voués à l'élaboration de vins prestigieux.

Llerena

Badajoz, 127 km. — Zafra, 42 km.
Alt. 639 m. — 8 750 hab. — Province de Badajoz (Estrémadure).

Petite ville gaie et pleine de vie où l'influence andalouse est indéniable ; son aspect monumental est étroitement lié à la grande influence de l'ordre de Santiago, qui fit de la ville l'un de ses sièges les plus importants.

Les témoignages de cette influence se retrouvent tant dans l'**enceinte** et ses **portes**, conservées en partie, que dans la magnifique **plaza Mayor** (XVIIe s.) tout en arcades. Elle est entourée de maisons à portiques et ornée d'une fontaine dont le dessin fut commandé en 1618, par la municipalité, à Zurbarán (elle fut défigurée au XIXe s.). Siège de l'ancien tribunal de l'Inquisition, la ville conserve encore le **palais du Santo Oficio**, qui se trouve pourtant très altéré ; **maisons seigneuriales, couvents** et nombreux **ermitages**. Église Santiago y San Pedro (XVe s.), fondée par un des maîtres de l'ordre de Santiago ; l'église de Nª Sª de la Granada, fondée au XIIIe , fut remaniée au XVIe et au XVIIIe s. **Tour** baroque et élégantes galeries de la façade.

Environs. 1 — Azuaga *(31 km E. par la N 432)*. — Belle église de la Concep-ción*; porte principale de style gothique fleuri. Clocher où se mêlent des éléments gothiques, plateresques et mudéjars. A l'intérieur, azulejos mudéjar et Renaissance, fonts baptismaux en céramique vernissée verte (travail andalou du XVIe s.). Intéressants restes d'un château médiéval.

2 — Granja de Torrehernosa *(42 km E. par la N 432)*. — Bourg d'origine romaine. Église dominée par l'un des plus beaux **clochers** de la région ; de style gothico-mudéjar, il est construit en brique.

Llucmajor

Campos de Fuerto, 13 km. — Palma, 24 km.
Alt. 143 m. — 14 550 hab. — Ile de Majorque — Province des Baléares.

Sur le territoire communal de cette petite ville on trouve la plus forte concentration touristique de Majorque (S'Arenal), et la plus faible (route du cap Blanc), des monuments mégalithiques (Capocorb Vell), et trois oratoires sur un massif solitaire qui domine la plaine centrale (puig de Randa). Llucmajor (qui possède une église paroissiale du XVIIIe s. et le couvent de Sant Bonaventura, du XVIIe s.) fut en 1349 le lieu d'une célèbre bataille où mourut Jacques III de Majorque, alors qu'il tentait de reprendre son royaume aux Aragonais.

Environs. 1 — Sanctuaire de Na Sa de Gràcia *(9,5 km N.-E. ; au hameau de Randa, bifurquer à dr.)*. — Fondé au XVe s., à l'abri sous un immense rocher ; un peu plus haut, à dr., l'**église de Sant Honorat** (XVIIe s.), et au sommet le **monastère de Cura**, bâti à 548 m d'alt., reconstruit au XVIe s. et restauré récemment par les franciscains. Le philosophe Raymond Lulle se retira à la fin du XIIIe s. dans une grotte près du monastère ; c'est là qu'il aurait reçu la lumière divine et conçu l'« Ars Magna », instrument dialectique pour la conversion des infidèles. Vue* splendide sur tout Majorque : de la baie de Palma (→) à celle de Pollença (→), et du Puig Major à l'île de Cabrera (→).

2 — Algaida *(8,5 km N. ; 2 866 hab., alt. 195 m)*. — L'église paroissiale renferme deux retables ; mais Algaida est surtout connue (avec le village voisin de Montuïri) pour une très belle **danse médiévale**, celle des cossiers : six hommes, une femme et le dimoni (le diable) représentant ainsi depuis des siècles la lutte du bien et du mal, lors des fêtes de village (le 25 juil. à Algaida et le 24 août à Montuïri).

3 — Capocorb Vell *(13,5 km S.)*. — Dans ce site préhistorique se trouvent les talayots les mieux conservés de Majorque (monuments mégalithiques construits entre la fin de l'âge du bronze et la conquête romaine ; → Alaior, environs 2).

4 — Cap Blanc *(18,5 km S.)*. — De là, on rejoint *(20 km N.-O.)* S'Arenal par des routes longeant de hautes falaises ; on traverse la Marina de Llucamajor, une étendue de garrigues littorales dans la zone la plus aride de l'île.

Logroño

Bilbao, 98 km. — Burgos, 114 km. — Madrid, 333 km. — Pampelune, 92 km. — Saragosse, 172 km.
Alt. 384 m. — 120 802 hab. — Capitale de la province de Logroño (La Rioja).

Capitale de la province du même nom, sur la rive dr. de l'Ebre, c'est une citée animée, vivant surtout du commerce des vins de la Rioja. De fondation très ancienne, elle conserve essentiellement quelques églises intéressantes.

Logroño dans l'histoire. — Port fluvial à l'époque romaine sous le nom de Varea Lucrosus, Logroño est enlevée par les Arabes au début du VIIIe s. puis reprise par les rois de Navarre en 755, et rattachée à la Castille en 1076. Les Français l'occupent de 1808 à 1813. En 1833, elle se rallie au parti de Don Carlos, à qui elle reste fidèlement attachée.

Fêtes. — Fêtes des vendanges du 19 au 26 sept. avec cinq corridas (du 21 au 25) des défilés de carrosses et la cérémonie du premier moût (le 21), pendant laquelle deux hommes, habillés de costumes traditionnels, écrasent de leurs pieds des raisins ; le moût ainsi obtenu est béni et offert à la Vierge de Valvanera, patronne de la Rioja, dont la statue préside la fête.

Les grandes routes qui traversent Logroño passent par le **paseo del Espolón**, vaste place à la lisière de la vieille ville. De l'Espolón, descendez la **calle de Sagasta**. Au croisement de la **calle General Mola**, tournez à dr. Sur la **plaza del Alcázar de Toledo** se dresse la cathédrale.

Cathédrale Santa María la Redonda. — Édifice gothique de la fin du XVe s., remanié au XVIIIe s. (tours et portail baroques), elle comporte trois nefs et trois absides. Les piliers cylindriques soutiennent de belles voûtes étoilées.

Au **trascoro**, dans un retable baroque (1762), statue gothique de la Vierge (XVe s.). Dans le **chœur, stalles*** sculptées, Renaissance, du milieu du XVIe s. **Chapelles du côté dr.** : 2e chapelle : retable d'albâtre du XVIe s. — 3e chapelle : statue gothique de la Vierge.
Capilla Mayor : maître-autel de style baroque (1648-1688), panneau sculpté (Arbre de Jessé) de l'école de Gil de Siloé (XVe s.), **chaires** en fer forgé de 1540. Derrière la Capilla Mayor : **chapelle du Christ**, de style herrerien (1625) avec un crucifix gothique de Juan Bascardo.
Chapelles du côté g. : 1re chapelle : reliquaires et trois grandes châsses du XVIe s. — 3e chapelle : **retable** Renaissance de San Ildefonso.

La **calle Herreras** conduit à l'**église San Bartolomé** (XIII-XIVe s.) qui s'ouvre par un beau **portail*** gothique. De là, la **calle Juan Lobo** mène à l'**église Santa María del Palacio**, érigée au XIe s., mais remaniée postérieurement ; elle est dominée par une tour pyramidale de 45 m de haut couronnée par une coupole octogonale sur trompes ; sa Capilla Mayor abrite un monumental **retable*** sculpté par Arnaud de Bruxelles (milieu du XVIe s.) ; les stalles et les peintures du chœur datent du XVIIIe s.

Prenez la **rúa Vieja**, puis la **calle Sagasta** ; dans la 2e rue à droite, vous verrez l'**église de Santiago el Real** où se réunissaient les pèlerins se rendant à Saint-Jacques-de-Compostelle. La belle nef gothique est du XVIe s. ; retable Renaissance (XVIe s.). Le portail baroque renferme une colossale statue équestre de l'apôtre saint Jacques, œuvre de Juan de Raón (1662).

En sortant par la **calle del Norte**, vous arriverez devant la **puerto Carlos Quinto**, seul vestige des fortifications élevées au XVIᵉ s.

Prenez la **rue Once de Junio**, puis à la **calle San Agustín** où se trouve le **palais de Espartero**, à façade baroque du XVIIIᵉ s., un des rares monuments civils dignes d'intérêt. Aujourd'hui il abrite les collections du **Museo provincial** consacré à la sculpture et à la peinture (2 tableaux de Vicente Carducho représentant des scènes de la vie de saint Bruno).

Environs. 1 — Agoncillo (*13 km E. par la N232 en direction de Saragosse;* 1 475 hab., alt. 346 m). — On peut y visiter le château du XIVᵉ s. flanqué de tours carrées, le pont romain et l'église paroissiale Santa María.

2 — Vallée de l'Iregua* *(vers Soria, au S.; route N 111).* Au-delà de la fertile huerta qui s'étend, sur une quinzaine de kilomètres, de Logroño à Islallana, la route de la vallée rejoint la vallée, dominée par les immenses falaises de la sierra de Cameros et dont l'entrée est marquée par de curieuses formations rocheuses dressées en sentinelles, parfois en surplomb de gorges étroites.

29 km : à dr., au fond du canyon, **Torrecilla de los Cameros** (540 hab.; alt. 744 m); église San Martín, du XVIᵉ s., à trois nefs de même hauteur; dans la sacristie, magnifique triptyque flamand du XVᵉ s. A **Almarza de Cameros** (*8 km S.-E.;* 36 hab.; alt. 1 079 m), l'église conserve des fonts baptismaux romans. A **Nieva de Cameros** (*8 km S.-O.;* 146 hab.; alt. 1 021 m), l'église San Martín, à belle façade gothique, abrite deux retables, l'un baroque, l'autre plateresque, et une sculpture romane de la Vierge. *41 km :* **Villanueva de Cameros** (125 hab.; alt. 914 m), avec quelques maisons à colombage; dans l'église, petit retable d'ébène et d'ivoire. A **Ortigosa de Cameros** (*4,5 km O.;* 336 hab.; alt. 1 069 m), l'église San Martín, du XVIᵉ s., possède un magnifique retable baroque, de belles sculptures gothiques et des pièces d'orfèvrerie; remarquer aussi le palais Renaissance des Brieba; église San Miguel, du XVIIᵉ s. — Après Villanueva, le paysage devient encore plus sauvage, avec de rares villages qui ont un air d'abandon; à travers des forêts de yeuses, de pins et de sapins, la route monte, durement, vers le col de Piqueras (1 710 m).

3 — Navarrete (*11 km S.-O. par la N120 en direction de Nájera;* 2 050 hab., alt. 512 m). — Henri de Trastamare et Bertrand Du Guesclin y furent vaincus par Pierre le Cruel et le prince Noir. L'**église** du XVIᵉ s. conserve un grand retable churrigueresque et un triptyque flamand de l'Assomption. Le portail roman (XIIIᵉ s.) de l'ancien hôpital rappelle que Navarrete se trouvait sur le chemin de Compostelle.

4 — Fuenmayor (*12 km O. par la N232 en direction de Vitoria-Gasteiz;* 2 065 hab., alt. 433 m). — La belle **église Santa María**, de style gothique, possède plusieurs retables Renaissance. Dans le chœur, bel orgue du XVIIIᵉ s.; beaux livres enluminés par Esteban de Haro; trésor dans la sacristie. A découvrir, des maisons nobles d'époque Renaissance et baroque.

Lorca

Murcie, 55 km. — Puerto Lumbreras, 18 km.
Alt. 327 m. — 24 954 hab. — Province de Murcie.

Ville d'origine préromaine, presque entièrement détruite par un séisme à la fin du XVIIᵉ s., Lorca est située sur les bords du Guadalentin, dans une riche zone de huerta. Elle joue le rôle de capitale agricole et constitue un pôle d'attraction pour le S.-O. de la région, particulièrement aride.

Lorca dans l'histoire. — Ville de fondation ibérique, siège épiscopal sous les Wisigoths, elle est prise par les Maures en 780 : ils la désignent sous le nom de Lurka. Sous la domination musulmane, une importante communauté mozarabe y conserve ses traditions chrétiennes. Reprise par Jacques le Conquérant en 1266, elle sert longtemps de ville frontière d'où partent les razzias contre Grenade. Au XVIIe s., son école de peinture est la plus brillante du royaume de Valence.

Fêtes. — La semaine sainte à Lorca est une manifestation tout à fait exceptionnelle et une des plus traditionnelles d'Espagne. De magnifiques broderies, produit de l'artisanat local, ornent les pasos. Aux côtés des pénitents défilent les grands personnages de la Bible ou de l'époque romaine, leurs costumes ajoutent une note chatoyante à la procession. Vous assisterez à une représentation insolite, vibrante, colorée et par là même inoubliable en particulier le vendredi saint (l'a.-m. et le soir).

L'artisanat. — Tissus en laine (tapis, couvre-lits); broderie artistique sur soie, très en vogue actuellement; poterie qui perpétue les vieilles traditions quant à la forme et à la qualité des objets particulièrement décoratifs.

Visiter Lorca

Pour une visite limitée à l'essentiel, se rendre sur la plaza de España où se situe l'église collégiale.
Pour une visite rapide, gagnez la plaza Mayor. Pour une visite plus détaillée, se garer sur la plaza de Colón.

La **plaza Mayor (de España)** *(plan C1)* est bordée de beaux monuments de style baroque. L'**ayuntamiento** *(plan C1)* des XVIIe-XVIIIe s. préside la place ; il renferme la bannière de la ville en tissu arabe et six tableaux de Miguel Muñoz : scènes de batailles, 1725.

Sur la même place, l'**église collégiale de San Patricio*** (plan C1 ; 1571-1772), monument national, est un magnifique édifice baroque. A remarquer sa superbe façade aux lignes sobres décorées d'un portail principal de style baroque et **la Capilla Mayor** (tableaux de Camacho). Décoration intérieure assez froide avec des tableaux du XVIIe s. Dans la sacristie, armoiries en bois sculpté de 1750. De là, vous passerez dans la salle capitulaire, bel édifice baroque sur un petit côté de la place.

De la **plaza Colón** *(plan B2)*, suivre la calle del Príncipe Alfonso, qui mène au **palais de San Julián** *(plan B2)*, du XVIe s., et à l'**église San Mateo** *(plan C2)*, datant de la fin du XVIIIe s. Le **palais de los Guevara*** *(plan C2)*, XVIIe-XVIIIe s., est aussi connu sous le nom de «maison des Colonnes». C'est un remarquable spécimen de l'architecture civile baroque de Lorca ; il s'ouvre par un magnifique portail finement sculpté, daté de 1694. Il abrite l'office du tourisme. En face, **casa de los Musso** avec un patio et une tour de 1660.

Vous pourrez poursuivre par la **Glorieta de San Vicente** *(plan C2)*, au coin de laquelle une **pierre milliaire romaine** supporte une statue de saint Vincent Ferrier, du XVIIIe s. De là, montez à l'**église Santiago** *(plan C2)*, du XVIe s. (statues de Manuel Caro et Salzillo), puis gagnez plaza Mayor *(plan C1 ; → ci-dessus)*, en suivant la direction «*Monumentos Históricos*».
En face de la collégiale, à côté du Juzgados, la **casa del Corregidor** est ornée de deux géants sculptés au-dessus d'un écusson d'armes. De ce carrefour, on aperçoit, sur la hauteur, l'**église Santa María**, du début du XVe s. (Christ ressuscité, œuvre de Roque López ; 1701), accessible par des ruelles tortueuses. A dr., **église San Juan**, de style baroque (retable de Manuel Caro, de 1694) et, à g., **église San**

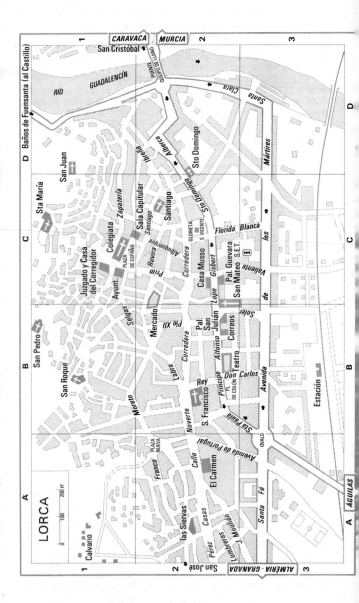

LORCA

CARAVACA   MURCIA

San Cristóbal

Baños de Fuensanta (al Castillo)

RÍO   GUADALENCÍN

PUENTE DE LLANO

QUEIPO DE LLANO

Santa Clara

Alburea

Iberia

Sto Domingo

Mártires

San Juan

Sta María

Colegiata

Zapatería

Sala Capitular

Santiago

Santiago

Juzgado y Casa
del Corregidor

PLAZA
DE ESPAÑA

Ayunt.

Prim

Rovira

Alburquerque

Corredera

GLORIETA
DE S. VICENTE

Florida Blanca

Casa Musso

Gisbert

Pal. Guevara

San Mateo   S.E.T.

los

de

Valiente

San Pedro

San Roque

Moreto

Selgas

Mercado

Pío XII

Corredera

Labra

Pal.
San
Julián

Alfonso

Soler

Lope

Correos

Rey

S. Francisco

Príncipe

Don Carlos

Teatro

PL.
DE COLÓN

Avenida

Estación

Sta Paula

ÓVALO

Noverte

Franco

PLAZA
NUEVA

Calle

El Carmen

Avenida de Portugal

Santa Fé

Casas

las Siervas

Pérez

Lumbreras

J. Moulián

Santa

Calvario

0   100   200 m

San José

ALMERIA - GRANADA

ÁGUILAS

Pedro, s'ouvrant par un portail gothique du XVᵉ s. (peintures de Camacho ; Divina Pastora, de Salzillo).

De retour sur la plaza de España, suivre la rue qui débouche sous l'ayuntamiento (**calle de Selgas**) ; à dr., au n° 8, maison du XVIᵉ s. (portail Renaissance). Par la **calle de Pío XII**, à g., vous atteindrez la **calle del Generalísimo**, la plus animée de la ville, réservée aux piétons. A l'extrémité, sur une place, **église San Francisco**, bâtie au XVIᵉ s. et au XVIIᵉ s. en style baroque (chapelle à décor rococo). Par la **calle del Rey Carlos**, à g. de l'église, vous reviendrez à la plaza de Colón.

Si, au lieu de suivre la calle del Rey Carlos, vous suiviez tout droit dans la **calle de Calvo Sotelo**, vous passeriez devant l'**église del Carmen** *(plan A2)*, de 1712, ornée, à l'intérieur, de motifs rococo.

Plus loin, en prenant à dr. en face du n° 51 de la calle de Calvo Sotelo, vous monterez au **calvaire**, à 500 m, jalonné par huit chapelles qui conservent de beaux azulejos. La principale, précédée d'un portique, renferme le fameux **crucifix de la Miséricorde**, en bois (1689), une Annonciation, peinture florentine de 1560, et plusieurs statues attribuées à Salzillo.

Pour visiter le **château**, il sera préférable de s'y rendre en voiture à partir de la route des Baños de Fuensanta *(plan D1)*. Cette forteresse est un intéressant spécimen d'architecture militaire du XIIIᵉ s. (elle fut restaurée au XIXᵉ s.) ; ruines d'une **église**, dite **de l'Alcázar**, et de la **torre Bélica**, du XIVᵉ s. ; donjon ou **torre del Homenaje**, du XVᵉ s. Du sommet, très belle vue sur la vega de Lorca. A l'extrémité O. **torre del Espolón** du XIIIᵉ s.

Environs. 1 — Embalse de Puentes *(12 km N.-O. par une route locale, embranchement à dr. au km 8).* — Lac de barrage entouré d'eucalyptus (1785-1791). Alimenté par les eaux du Vélez et du Luchena, qui par leur jonction forment le Guadalentín, il sert à l'irrigation de la vega de Lorca.

2 — Totana *(20 km N.-E. par la N 340 en direction de Murcie ;* 18 754 hab. ; alt. 255 m).* — L'**église de Santiago** date de 1550 ; elle s'ouvre sur un portail baroque du XVIIIᵉ s. (retable, tableaux et statues du XVIᵉ s.). Sur la plaza Mayor, **fontaine monumentale** baroque, œuvre de J. de Uceta. L'**ayuntamiento** est un édifice baroque.

→ A *8 km N.-O.* **Aledo** (1 084 hab. ; alt. 827 m) ; cette ville, très marquée par son caractère médiéval, s'inscrit dans un paysage d'une grande beauté.

Son **château** date du XVIᵉ s. ; il est célèbre pour le siège qu'il soutint contre les Maures, de 1085 à 1090.

Porte del Arco, flanquée de tours carrées et imposant donjon dit la Calahorra. L'**église Santa Maria** (XVIᵉ s.) contient des sculptures de Salzillo.

3 — Puerto Lumbreras *(18 km S.-O. par la N 340 ;* 8 773 hab. ; alt. 377 m).* — A la sortie, par la route de Grenade, la **Torrecilla** est une ancienne tour mauresque qui, au XVᵉ s., fut le théâtre d'un véritable combat entre Maures et chrétiens (Lope de Vega s'inspira de cette bataille dans son drame *El Lumer Fajardo*).

Luanco

Avilés, 13,5 km. — Gijón, 19 km. — Oviedo, 38 km.
3 129 hab. — Province d'Oviedo (Asturies).

Bourgade pittoresque, fondée dit-on par les pêcheurs de baleines ; elle bénéficie d'une jolie plage bien que peu étendue et d'un solarium artificiel.

Traditions. — On y fabrique — ainsi que dans toute la région — des broderies et des dentelles faites à la main, de même que des maquettes de bateaux ; quant au folklore, il se manifeste notamment par les «coriquinos» lors des réunions de marins. La gastronomie offre la succulente caldereta de crustacés et les typiques marañuelas.

Dans le **château de Gozón**, on peut encore voir la Croix de la Victoire qui y fut réalisée en l'an 908 sur l'ordre d'Alphonse II. Le **palais des Menendez Pola** (XVIIᵉ et XVIIIᵉ s.) est flanqué de deux tours ; le corps central porte des décorations en fer forgé ainsi que de magnifiques avant-toits.

Il faut également voir l'**église paroissiale**, temple du XVIIIᵉ s., pour ses retables baroques, dont celui de la chapelle principale avec le Cristo del Socorro, patron des marins.

Le **musée de la Mer** expose de nombreuses maquettes et pièces historiques.

Environs. 1 — Cabo de Peñas* *(9 km N.-O.).* — Point le plus septentrional des Asturies, il s'enfonce sur 5 km dans la mer Cantabrique et offre un paysage d'impressionnantes falaises dominées par le phare.

2 — Nembro *(2 km S.-O. sur la route d'Avilés).* — L'église Santa Eulalia, édifiée en 1910, possède un portail et des fonts baptismaux romans.

3 — Avilés* *(13,5 km S.-O. ; →).*

Luarca*

Avilés, 70 km. — Oviedo, 89 km.
19 920 hab. — Province d'Oviedo (Asturies).

La «ville blanche» de la Côte Verte est une charmante bourgade dotée d'un port de pêche pittoresque et de maisons étagées aux toits d'ardoise noire. Sa plage de sable gris s'étend au pied d'une falaise.

Fêtes. — Les processions des fêtes pascales sont très réputées. La deuxième quinzaine d'août se déroule la fête Vaqueira de Aristébano où le port du costume régional est quasi obligatoire.

Le **palais du marquis de Ferrara** est flanqué d'une tour, antérieure au XIIIᵉ s., remaniée à plusieurs occasions aux XIVᵉ, XVᵉ et XVIIIᵉ s. L'**église paroissiale** renferme d'intéressants retables baroques de la fin du XVIIIᵉ s.

Environs. 1 — Caroyas *(7 km E. sur la N 632).* — Agréable plage longée par les maisons du village.

2 — Cadavedo-Villademoros *(18 km E.).* — Cadavedo est un joli village aux fort belles plages. Sur le haut de la falaise se dresse l'ermitage de la Vierge de la Regalina (**fête**, le dernier dim. d'août). A Villademoros, tour militaire érigée sous la domination romaine et remaniée au Moyen Age. A voir aussi la maison-palais de Villademoros, du XVIIIᵉ s., ornée d'un blason sculpté.

3 — Soto de Trevias *(7,5 km S. par la N 634).* — A l'intérieur de l'église San Miguel, sculptures des XIVᵉ et XVᵉ s. et un tombeau en style de transition romano-gothique.

4 — Otur *(4 km O. par la N 634).* — Plage de sable fin entourée de prés.

5 — Navia *(21 km O. ; 8 728 hab.).* — Port de pêche dans un très beau site.
Fêtes : du 12 au 18 août, célébration de Nuestra Senõra de la Barca.

6 — Coaña *(25 km O. ; à Navia prendre à g. après le port).* — Le **castro celta**, situé sur une colline, le plus important d'Espagne. Dans ce village celte, parfaitement conservé, on peut voir encore la voirie ainsi que les fondations, de nombreuses maisons de plan circulaire et des lignes de défense à différents niveaux. A noter un édifice de grandes dimensions, le système d'écoulement et de conduite des eaux et une grande pierre, ayant la forme d'un prisme vide et quadrangulaire, qui devait servir de citerne de grande contenance. Le castro constitue actuellement le témoignage de ce qui fut un centre habité par un peuple celte, établi non seulement dans le territoire de Coaña, mais aussi dans toute la zone occidentale de la province. Ce peuple, installé avant la domination romaine, travaillait habilement les métaux dont il connaissait la valeur et l'usage.

Lugo

La Corogne, 97 km. — Madrid, 514 km. — Orense, 94 km. — Ponferrada, 123 km. Alt. 485 m. — 73 990 hab. — Capitale de la province de Lugo (Galice).

Ville ancienne située sur une hauteur dominant la vallée supérieure du Miño, au cœur d'une région agricole, Lugo a gardé de son passé une enceinte remarquablement conservée.

La ville dans l'histoire. — Centre très ancien des populations celtes de la Galice, dont témoigne son nom primitif (Lug), la Lucus des Romains constitue une enclave défensive bien protégée par d'imposantes fortifications. Siège d'importants conciles aux Ve et VIe s., elle est ravagée par les troupes du musulman Muza en 714. Alfonso Ier la reconstruit en 746 ; l'évêque Odoario, fondateur de la cathédrale, la repeuple. A nouveau saccagée par les Normands, elle reste inhabitée jusqu'au règne d'Alfonso VI, et ne renoue avec la prospérité économique qu'au XIXe s., grâce au développement de l'élevage.

Visite de la ville

Vous pourrez vous garer aux abords de la cathédrale ou à l'extérieur des murailles. La visite détaillée de la ville vous demandera une demi-journée.

Enceinte*. — L'enceinte et son chemin de ronde constituent un ensemble fortifié des mieux conservés, le plus remarquable spécimen d'architecture militaire en Espagne. La muraille fut construite par les Romains qui voulurent se protéger des invasions après les guerres cantabres. Tout au long des 2 130 m de son périmètre, elle est renforcée par des tours semi-circulaires édifiées au IIIe s. L'enceinte comptait un total de 85 tours à deux étages. Certaines furent détruites par les invasions suèves, wisigothes, arabes, normandes et françaises. Celles que l'on peut voir aujourd'hui, comme la torre de la Mosquera, n'ont plus leur partie supérieure. Dix portes permettent d'accéder à la vieille cité (les plus anciennes sont celles de Santiago, Miña, Falsa et Nova). Depuis le chemin de ronde, à 11 m du sol, on bénéficie d'une belle vue sur la ville et la campagne.

Cathédrale*. — Elle est bâtie sur l'emplacement d'une ancienne église par Raimundo de Montforte ; les travaux commencèrent en 1129. A l'intérieur, on retrouve le style roman initial mais des apports successifs de gothique, de baroque et de Renaissance ont fait de cette cathédrale un ensemble harmonieux.

Le **portail N.** *(donnant sur la plaza de España)* s'ouvre au fond d'un portique couvert et date de la construction primitive ; au tympan, noter une sculpture figurant le Christ dans une mandorle.

La **chapelle de Nª Sª de los Ojos Grandes** *(derrière la Capilla Mayor, au fond de l'abside)*, ainsi que le **cloître** sont deux œuvres parfaites du baroque galicien, dessinées par Casas Novoa, l'auteur de la façade de l'Obradoiro de la cathédrale de Saint-Jacques.

Dans le **transept dr.**, retable platéresque de Cornélis de Hollande ; dans le **chœur**, **stalles** en bois sculpté par Francisco Moure.

Derrière la cathédrale, le palais épiscopal, construit par l'évêque Gil Taboada en 1738, dans l'ancienne tour des comtes de Lemos, conserve un beau balcon et des symboles de la famille Osorio. Plaza del Campo (fontaine), prendre la rúa Nova pour atteindre la plaza de la Soledad où se trouve l'**église San Francisco**.

Église San Francisco. — Elle est édifiée sur la plaza de la Seledad. Selon la tradition, elle aurait été fondée par saint François d'Assise à son retour de Saint-Jacques ; elle appartenait à un couvent détruit au XVIIᵉ s. Nef de style gothique, belle rosace, chapelles avec les tombes de la famille de Lemos. Le cloître à chapiteaux romans ainsi que d'autres dépendances abritent le **musée provincial**.

■ **Musée provincial** *(ouv. de 10 h à 14 h et de 16 h à 19 h ; f. sam., dim. et j. fériés).* — Il présente de nombreuses collections archéologiques romaines, préromanes et romanes, des sculptures religieuses, etc. Au *premier étage,* collections de peintures, d'orfèvrerie, d'horloges, et de céramiques anciennes de Sargadelos.

A g. en sortant du musée, vous découvrirez l'**église Santo Domingo**, du XIVᵉ s., gothique avec une magnifique sacristie baroque et des retables churrigueresques et néo-classiques.

Les **amateurs de détails** pourront également voir le bâtiment de la **Diputación provincial**, construit en 1886 ; belles proportions avec balcons et blasons sur la façade. L'édifice abrite aussi la bibliothèque provinciale et les archives. La **mairie**, avec sa façade à deux tours et huit arcs, ses balcons et ses emblèmes, est une œuvre originale du baroque galicien, datant de 1735.

Environs

1 — Baamonde *(27 km N.-O. par la N VI en direction de La Corogne).* — Au bord de la route, en arrivant, vous remarquerez une curieuse **chapelle*** à l'intérieur d'un vieux châtaignier.
↦ A 17 km N., **Villalba** (→ ci-dessous).

2 — Villalba *(35 km N.-O. ; au km 13 de la N VI, à Rabade, prendre à dr.).* — Capitale de la Terra Cha (terre plate), Villalba est un centre agricole important célèbre pour ses fromages de San Simón en forme de cônes, ainsi que pour ses chapons. On y fabrique aussi des sabots typiques en bois de bouleau. Château à donjon octogonal (parador) datant du XVᵉ s.
Fêtes : du 31 août au 8 sept., célébration de San Román et Santa María (soupes à l'ail).

3 — Meira *(35 km N.-E. par la N 640 en direction de Ribadeo).* — Monastère cistercien de Santa María fondé au XIIᵉ s. L'église présente un mélange des styles roman et gothique. Le cloître sert de place du village.
Fête : du 14 au 17 août, fêtes en l'honneur de la patronne de Meira.

4 — Castroverde *(23 km E. par la C 630 en direction de Fonsagrada).* — Petite ville conservant une tour carrée, reste d'un château qui fut l'une des plus célèbres résidences féodales de Galice.

●→ En continuant vers **Fonsagrada,** vous traverserez une région sauvage de rocs schisteux, de pâturages et de maigres cultures.

5 — Bóveda *(11 km S.-O.; sortir par la N 640 en direction d'Orense; au km 3, bifurquer à dr.; au 1ᵉʳ carrefour rencontré prendre en direction de Friol; au 2ᵉ, tourner à g.).* — On a découvert sous l'**église Santa Eulalia** un édifice énigmatique, sorte de **crypte*** à voûtes à caissons où jaillit une source *(pour visiter, s'adresser à la poste).* Il s'agit peut-être d'un nymphée romain qui fut plus tard consacré au culte chrétien. Façade de granit avec des reliefs très frustes et des peintures aux couleurs encore vives, pouvant dater de l'époque constantinienne (on y reconnaît des arbustes, des fleurs, et des oiseaux rappelant les symboles du Paradis des catacombes de Rome et de la nécropole paléochrétienne de Nish, en Serbie).

Madrid***

*Barcelone, 641 km. — Burgos, 238 km. — Cadix, 643 km. — Cordoue, 406 km. —
La Corogne, 611 km. — Grenade, 428 km. — Murcie, 395 km. — Salamanque
210 km. — Santander, 331 km. — Saragosse, 252 km. — Séville, 549 km. —
Valence, 351 km. — Valladolid, 192 km.
Alt. 646 m. — 3 188 297 hab. — Capitale de la province de Madrid.*

Au cœur de la péninsule ibérique, la
capitale espagnole a connu, ces dernières années, un développement si
spectaculaire — conséquence directe de
la démocratisation du pays mais avant
tout du dynamisme exceptionnel de ses
habitants — qu'elle compte aujourd'hui
comme l'une des plus importantes
d'Europe au même titre que Londres,
Paris ou Bruxelles.

Un véritable tour de force lorsque l'on
sait à quel point la ville est défavo-
risée sur le plan géographique : isolée,
à 700 m d'alt., au milieu d'un grand plateau aride, elle n'a pour horizon
qu'une houle de collines dénudées, seulement barrées, au nord, par la
sierra Guadarrama.

Pourtant, cette ville qui explose aujourd'hui sur le plan international ne s'est
pas faite en dix ans ni même en un siècle. Dès le milieu du XIXᵉ s., Madrid
avait agrandi les limites de sa province en annexant de nombreux villages
et villes qui, depuis longtemps, subissaient son influence. Dès lors, la ville
se transforma très rapidement ; une véritable frénésie de construction,
stimulée par le désir de rivaliser avec Barcelone, dota la capitale de beaux
quartiers résidentiels au N. et à l'O. mais aussi de faubourgs populaires, au
S., déprimante accumulation d'habitations à bon marché qui témoignent
d'une croissance anarchique. Erreurs qu'une rigoureuse politique d'urbanisation tente aujourd'hui de rectifier.

Tard venue parmi les capitales des Espagnes, Madrid n'a pas la richesse
monumentale de ses rivales détrônées, Tolède, Burgos ou Valladolid. Nul
doute qu'elle ferait assez pauvre figure sans la prodigieuse qualité des
œuvres d'art de ses musées. Côté architecture, elle est vouée au style
herrerien dont l'Escorial est le plus fascinant des chefs-d'œuvre. La
promenade à travers le vieux Madrid permet de juger combien cette
architecture austère et hautaine convient à l'image que Philippe II voulait
donner à la fonction royale. Fort heureusement, cette austérité de façade

est contrecarrée avec force par la présence de quartiers populaires aux maisons basses, aux ruelles étroites, qui attirent chaque année davantage d'artistes, d'écrivains. Joyeuse faune artistico-branchée qui côtoie, sans heurts apparents, une population pittoresque de vieux Madrilènes encore tout surpris de voir leurs quartiers, autrefois considérés comme misérables, devenir les plus recherchés de la capitale.

Longtemps considérée comme une ville administrative, doublée il est vrai d'un centre d'affaires, la Madrid d'aujourd'hui est totalement ouverte sur le reste du monde. Hommes d'affaires, bohèmes et touristes y fréquentent les mêmes *bodegas,* les mêmes galeries, les mêmes corridas... Un tourbillon ininterrompu qu'on a fini — en deçà des Pyrénées — par baptiser *Movida* mais que les Madrilènes appellent tout simplement la vie.

Madrid dans l'histoire

Des origines à la fin du Moyen Age. — Les premières traces de vie humaine, découvertes dans la région de Madrid, remontent à la préhistoire. Grâce aux témoignages d'historiens romains, l'on sait que cette zone était peuplée d'Ibères, surtout dans la moitié S., et de Celtes venus du centre de l'Europe. Après la chute de l'Empire romain, les Wisigoths profitent du vide politique pour s'installer sur la meseta entre le Douro et le Tage. Cependant, les fréquentes dissensions entre leurs familles permettent, dès le VIIIᵉ s., aux musulmans de conquérir facilement la péninsule.

Cette période médiévale est marquée par la fondation de Magerit, dont la fortification par l'émir Mohammed Iᵉʳ en 852-856 en fait une ville stratégiquement utile à la défense de Tolède. La présence musulmane laisse une profonde empreinte dans la toponymie de la province : Magerit (Madrid), Beg-Tarik (Buitrago), Al Kalsen-Nahr (Alcala de Henares), Iben-Arankej (Aranjuez), et aussi dans l'architecture, avec l'art mudéjar, très présent à Madrid. Ainsi, le tracé de certaines rues étroites et tortueuses, l'ancienne muraille ou Almudeina autour de laquelle se développa la ville pendant tout le Moyen Age, les portes (de la Vega, de Guadalajara, ou de Balnadù) ou encore l'Alcázar témoignent-ils de l'influence musulmane à Madrid.

En 1083, Alphonse VI prend la ville sans grande difficulté et lui accorde — comme le feront à leur tour, les rois qui lui succèdent — des privilèges et des fueros (franchises), et la bourgade s'accroît peu à peu. A cette époque, la population, très hétérogène, vit en majeure partie de l'agriculture ; San Isidro le laboureur, patron de la ville, montre combien Madrid est alors essentiellement rurale. L'arrivée des rois chrétiens, qui fondent de nombreuses paroisses, la création par Henri IV de Castille d'une grande foire à Madrid contribuent à la prospérité et à l'importance de la ville qui, à la fin du Moyen Age, compte quelque 5000 habitants, répartis dans de nouveaux quartiers, tel celui de la Latina.

Le Madrid de la maison d'Autriche. — Le XVIᵉ s. est marqué par l'avènement de la Maison d'Autriche avec Charles Quint (1519-1556) qui, amoureux du site de Madrid, fait réformer l'Alcázar, influençant ainsi les familles aristocratiques à venir s'établir dans la cité. Celles-ci commencent dès lors à y construire leurs premiers palais (comme celui d'Alonso Gutiérrez qui deviendra plus tard le couvent des Descalzas Reales, ou la casa de Cisnero de style plateresque) ainsi que de nombreux édifices religieux, dont la très belle chapelle de l'Obispo.

Philippe II, qui décide de transférer la capitale du son royaume à Madrid, a une influence déterminante sur la croissance de la cité : la villa y corte (ville et cour), se dote alors d'une junta, sorte d'organisme contrôlant le développement de la ville et dont l'architecte Francisco de Mora devient le maître d'œuvre. L'architecte de la cour, Juan de Herrera, est chargé, quant à lui, de l'édification de la plaza Mayor qui deviendra, lors des règnes suivants, le noyau principal de la ville.

Au XVIIᵉ s., après un bref transfert de la cour à Valladolid, Francisco de Mora tente de donner à Madrid une allure plus digne, en lui faisant perdre son aspect médiéval ;

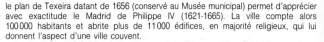

le plan de Texeira datant de 1656 (conservé au Musée municipal) permet d'apprécier avec exactitude le Madrid de Philippe IV (1621-1665). La ville compte alors 100 000 habitants et abrite plus de 11 000 édifices, en majorité religieux, qui lui donnent l'aspect d'une ville couvent.

La Maison des Bourbons. — Le XVIIIe s. est lui marqué par l'avènement des Bourbons en la personne de Philippe V (1701-1746) qui, comme les autres rois bourbons, porte un grand intérêt à Madrid. De cette époque datent le pont de Tolède, le paseo de la Florida, la porte San Vicente, et aussi l'église San Cayetano et l'hospice San Fernando dus à Pedro de Ribera. En 1734, l'incendie de l'Alcázar entraîne de nombreux changements : l'actuel Palais royal, édifié à l'emplacement du bâtiment détruit, s'entoure de nouvelles rues et places.

Ce n'est toutefois que sous le règne de Charles III que Madrid se convertit en une cité moderne. La noblesse se fait construire les magnifiques palais de Buena Vista, Villahermosa et Liria, et les très célèbres fontaines de Cibeles, Neptune et Apollon sont élevées. A cette époque, Madrid compte 150 000 habitants (35 % de la ville est propriété ecclésiastique, et 11 % propriété nobiliaire).

Les influences françaises et italiennes, tant en matière artistique qu'architecturale, sont déterminantes. Le rococo, en réaction contre le rationalisme, s'exprime à l'intérieur comme à l'extérieur des palais par une profusion d'éléments décoratifs, comme dans la salle Gasparini du Palais royal. Cependant, à partir du milieu du XVIIIe s. on assiste à une réaction contre cette profusion et à un retour à l'art classique. La sobriété, la mesure et les éléments classiques en accord avec l'esprit des lumières seront principalement exprimés par l'architecte Juan de Villanueva, créateur du jardin botanique, de l'observatoire astronomique et du musée du Prado.

Le XIXe siècle. — Il s'ouvre en Espagne sous le signe de la guerre d'Indépendance. En 1808, les Français entrent dans la ville, et le soulèvement des 2 et 3 mai contre Murat, à la puerta del Sol, donne en quelque sorte le signal de la guerre d'Indépendance. Malgré la brièveté du règne de Joseph Bonaparte, frère de Napoléon Ier, ces années sont importantes pour l'urbanisme madrilène. Le roi procède en effet à des modifications partielles de certaines zones et crée de nouveaux espaces (notamment des places : Santa Ana, San Miguel, de las Cortes...). Dès la seconde moitié du siècle et le rétablissement de la monarchie absolue avec Isabelle II, l'industrialisation et la montée de la bourgeoisie modifient la configuration de la ville. En 1846, Mesonero Romanos, régisseur de Madrid, envisage l'extension de la cité et, quelques années plus tard, fait détruire l'ancienne muraille, faisant dès lors de Madrid une ville ouverte.

Cette époque est marquée par un incroyable éclectisme architectural : tous les styles revivent au XIXe s. : le néo-classique avec le Palacio de Diputados (1850), le néo-Renaissance illustré par le palais du marquis de Salamanca, mais aussi le néo-mudéjar et le néo-gothique.

Madrid au XXe siècle. — Capitale politique et administrative, siège du gouvernement de l'Espagne, Madrid est témoin de tous les événements qui bouleversèrent la Péninsule. La république est proclamée dans l'enthousiasme, le 14 avril 1931, mais quelques années plus tard éclate la guerre civile. Dès le début, les nationalistes tentent de s'emparer de la ville et la bataille s'avère très violente dans les secteurs de la Cité universitaire, de la casa de Campo et de l'hippodrome, du 8 au 22 novembre 1936. Cependant Madrid résiste, malgré les bombardements aériens. La capitale ne se rend que le 28 mars 1939, deux jours avant Valence, trois jours avant la proclamation du bulletin de victoire des nationalistes.

La ville s'étant alors développée de manière anarchique, des plans précis d'urbanisme tentent actuellement de redresser ces déséquilibres.

Visiter Madrid

Quand ? — *Si vous voulez profiter d'une température agréable, le printemps et l'automne sont les saisons idéales pour visiter Madrid. Nous vous déconseillons en*

revanche les mois de juillet et août durant lesquels la ville connaît une grande affluence tandis que le thermomètre dépasse allègrement les 30 °... Sachez aussi que de nombreux musées sont fermés au mois d'août.
Fêtes et célébrations religieuses ont surtout lieu au mois de mai, la plus importante étant celle de San Isidro (le patron de Madrid) qui se déroule durant la semaine qui précède le 15 mai.
La saison tauromachique s'étend quant à elle d'avril à fin septembre.

Combien de temps ?

Quatre jours semblent être la durée minimale si l'on veut recueillir un ensemble d'impressions qui ne soit pas trop superficiel.
Voici un programme type que vous pouvez bien entendu modeler à votre guise :
Premier jour : le matin, visite à pied du vieux Madrid en partant de la Puerta del Sol (prom. 1). Après avoir goûté l'ambiance madrilène en prenant l'apéritif — vers 13 h — dans une des tascas de la cava San Miguel par exemple, et déjeuné dans l'un des restaurants de la plaza Mayor, vous pourrez visiter le Palais royal et ses alentours (prom. 2 et 3). Enfin, vous prendrez le téléphérique jusqu'au sommet de la casa de Campo afin d'admirer le coucher de soleil sur la ville. Le soir, promenade le long des paseos de Recoletos et du Prado (prom. 5 et 6) où les terrasses de café sont nombreuses et très fréquentées en été.
Deuxième jour : le matin, promenade le long de l'artère commerciale de la Gran Via et autour de la place del Callao (prom. 3) jusqu'à la place de España et visite à pied du quartier populaire de Malasaña (prom. 5). De là, vous vous dirigerez, à l'heure du déjeuner, vers la glorieta de Bilbao (prom. 5) et celle d'Alonso Martinez (prom. 6) qui offrent toutes deux de bons exemples de l'architecture madrilène du xixe s.
L'après-midi, en partant de la place Colón (prom. 6), descendre les paseos à pied, en bus ou en taxi et gagner ainsi le musée du Prado. En fin d'après-midi, balade dans le quartier des Jerónimos (prom. 9) et, le soir, visite d'une ou deux tascas du quartier Embajadores : à la casa Antonio Sanchez de Tirso de Molina, descendre la rue Mesón de Paredes jusqu'au n° 13 (c'est l'un des établissements les plus typiques de Madrid) ou bien, en face, à la casa Asturias. Vous pourrez facilement passer toute votre soirée dans ce quartier qui vous offrira de bons restaurants et des endroits très pittoresques comme les rues du Prado et de Huertas.
Troisième jour : consacrez-le, en partie, aux galeries et musées qui sont l'un des points forts de Madrid. Découvrez en particulier l'étonnant centre d'Art de la Reine Sofia (métro Atocha) et le tout nouveau musée Thyssen-Bornemisza (paseo du Prado). A moins que vous ne préfériez compléter votre visite du Prado en vous rendant à son annexe, le Casón du Buen Retiro où est exposé, entre autres œuvres des xixe et xxe s. le fameux Guernica de Picasso.
L'après-midi, une promenade dans le magnifique parc du Retiro vous reposera agréablement et vous pourrez terminer la journée par un peu de lèche-vitrine dans le quartier de Salamanca (rues Serrano et Velázquez, notamment, prom. 5).
Le **quatrième jour** sera réservé à la visite d'un site des environs de Madrid comme l'Escorial (→ env. 1) ou Aranjuez (→ env. 6).

Comment ? — **A pied**, pour le centre-ville où de nombreuses rues sont interdites aux voitures (notamment les alentours de la Puerta del Sol et de la plaza Mayor).
En **métro** et en **autobus** pour rayonner dans Madrid. La ville est remarquablement équipée en transports en commun qui sont sûrs et bon marché.

Où vous garer ? — Dans tout le centre de Madrid, le stationnement est payant et limité à deux heures. Il faut acheter (dans les bureaux de tabac) des cartes de stationnement (papel de ORA) sur lesquelles on poinçonne soi-même son heure d'arrivée. De nombreux parkings sont aménagés en sous-sol : pour la pl. Mayor et la Puerta del Sol, parking sous la pl. Mayor (entrée par la rue Mayor, plan XXII, A2) ; pour la Gran Via, parkings pl. Carmen (plan XXII, B1) et pl. Santo Domingo (plan XXII, A1) ; pour le musée du Prado, parking sur la pl. de Las Cortés (plan XXII, C2).

Si vous aimez...

Le shopping. — Le rythme de vie des Espagnols est différent de celui des Français : n'oubliez pas que les magasins sont en général ouverts de 10 h à 14 h et de 17 h à 20 h 30/21 h. Seule exception : les grands magasins qui, eux, font la journée continue mais sont souvent fermés le sam. après midi.

Les principaux quartiers commerçants se situent à la Puerta del Sol et dans les artères qui y mènent, c'est-à-dire les rues Montera, Carmen et Preciados (plan XXII, B2) où vous trouverez toutes sortes de boutiques, de la plus chic à la plus tradition-nelle. C'est également là que sont établis les grands magasins : les galeries Precia-dos et El Corte Inglés.

La Gran Via (plan XXII, A1, B1, C1), et les rues Hortaleza et Fuencarral (plan XXII, B1) sont plutôt spécialisées dans la bijouterie, l'artisanat, les boutiques de mode et de chaussures mais si vous recherchez des objets artisanaux, rendez-vous, de préfé-rence, dans le quartier de Malasaña (plan XIX, D4-E4). Les rues Princesa et San Jeró-nimo sont, elles aussi, très commerçantes.

Les boutiques de luxe se concentrent dans le quartier de Salamanca, principalement dans les rues Serrano, Velázquez et Goya (plan XX, B3-B4). S'y trouvent les magasins de haute couture, les grands fourreurs et les plus belles galeries d'art. Vous pourrez également vous rendre à la Vaguada, dans le quartier périphérique du Pilar (métro barrio del Pilar), où un complexe audacieux, construit en 1983 à l'initiative d'entre-preneurs français, est l'un des plus grands centres commerciaux d'Europe.

Enfin, ne manquez pas les petits commerces traditionnels regroupés autour de la plaza Mayor et spécialisés dans la philatélie, les chapeaux, les instruments de musique, les objets religieux, la passementerie, l'argenterie et l'horlogerie.

Si vous aimez les livres, vous les trouverez essentiellement dans les grandes librairies du centre ou, à l'occasion de la Foire de Printemps sur le paseo de Recoletos (où se trouve aussi, au nº 20, la bibliothèque nationale).

La brocante. — Amateurs d'antiquités ou de pittoresque, vous apprécierez le célèbre Rastro, le marché aux puces de Madrid, où se rassemblent, tous les dim. mat., à partir de la place du Cascorro dans la rue Ribera de Curtidores et les rues adjacentes, marchands, artisans et brocanteurs dans une ambiance très animée.

Flâner dans les quartiers animés. — Les Madrilènes aiment à se retrouver dans la rue, où ils se sentent chez eux, ce qui donne à leur ville une chaleur, une animation très particulières. L'on se réunit dans les cafés avant de commencer la soirée, bars branchés comme celui de Perico Chicote (12 Gran Via) ou grandes maisons comme les cafés de Gijón, Teide ou Lion. Les quartiers les plus animés le soir sont ceux de Chamberi, Bilbao, Malasaña, Chueca, Huertas, Salamanca, sans oublier, bien sûr, le paseo de la Castellana, la Puerta del Sol et la plaza Mayor.

Dans la journée, à l'heure de l'apéritif, vous apprécierez les tapas, typiques de l'Espagne, tout en vidant des chatos (petits verres de vin de Castille) ou des cañas (bière) dans les établissements appelés tasca, mesón ou encore casa. Vous pourrez aussi déguster, dans un restaurant, le très célèbre cocido madrileño (version espagnole du pot-au-feu français) et les callos (tripes).

Les salons de thé sont des endroits dont la clientèle est un curieux mélange de jeunes gens branchés et de vieille bourgeoisie ; on vous y servira des churros, beignets délicieux mais assez gras, accompagnés de chocolat chaud. Il existe aussi tout un assortiment de gâteaux à la crème dont la forme varie mais non le goût !

Les amateurs de verdure trouveront à Madrid de nombreux et ravissants parcs où il fait bon venir se rafraîchir l'été. Les plus connus sont celui de Buen Retiro, le jardin botanique (plan XXII, E3-D3), les jardins de Sabatini (plan XXI, C1), le Campo del Moro (plan XXI, B1-B2) ou encore le parc de l'Oeste (plan XXVIII, A4).

Les arts. — Outre le Prado qui regroupe l'essentiel de la peinture espagnole (mais aussi une quantité impressionnante d'œuvres des écoles flamande, française, italienne...), vous apprécierez des œuvres contemporaines présentées au centre d'Art Reine Sofia ainsi que la collection Thyssen-Bornemisza, installée dans le palacio de Villahermosa. Le patrimoine artistique de Madrid ne s'arrête pas là. Il vous reste *encore à découvrir les musées Lázaro Galdiano, Cerralbo ou Sorolla ou encore le merveilleux musée romantique, tous d'une richesse extraordinaire.*

Depuis une dizaine d'années, les galeries d'art se sont multipliées, proposant des expositions d'avant-garde de grande qualité. Elles sont généralement concentrées dans le quartier de la plaza Villa de Paris (entre les rues Prim, Barquillo, et Conde de Xiquena, plan XXII-XXIII, C1-D1). Enfin, chaque année, en février, a lieu à la casa de Campo (plan XXI, A1 ; métro El Lago), au pavillon des expositions I.F.E.M.A. (Institución Ferial de Madrid) une foire d'art contemporain (Arco) tout à fait comparable à la Fiac, et qui attire de nombreux marchands étrangers.

La vie culturelle. — *L'intense activité culturelle et artistique de Madrid en fait une ville aux multiples facettes, qui offre au voyageur un choix extraordinaire de distractions et sait combler tous les amateurs d'art. Que vos goûts soient classiques ou plutôt d'avant-garde, vous aurez le choix entre un grand nombre de musées, salles d'exposition, centres culturels et galeries. Si vous êtes amateur de zarzuela (une forme de théâtre typiquement espagnole) d'opéra ou de danse, si vous êtes friand de théâtre et de concerts ou si vous avez tout simplement envie d'aller au cinéma... un petit guide des loisirs, la* **Guia del Ocio** *(paraît samedi), vous informera sur l'ensemble de la vie culturelle madrilène ainsi que sur les derniers endroits à la mode.*

Les sports. — *Le tennis est certainement l'un des plus faciles à pratiquer : nombreux courts couverts et découverts qu'on peut louer à l'heure ; la Fédération de tennis de Madrid : ☎ (93) 201-08-44 et 201-55-86 — vous en donnera la liste.*

Le golf est le sport en vogue. Plusieurs terrains sont situés dans les environs immédiats de Madrid mais la licence est obligatoire pour jouer. Rens. Fédération espagnole de golf : ☎ 455-87-17.

Ceux qui veulent pratiquer la gymnastique ou nager quelques brasses trouveront la liste complète des salles et des piscines dans la Guia de Ocio.

Enfin, Madrid est à moins d'une heure des stations de ski de Puerto de Navacerrada, Valdesqui ou Valcotos. Rens. auprès de la fédération espagnole des sports d'hiver : ☎ 275-89-43.

La corrida. — *C'est, avec le football, le spectacle le plus populaire pour les Madrilènes. La saison tauromachique s'étend de mars à fin octobre mais les plus belles corridas (avec les toreros les plus prestigieux) ont lieu à l'occasion de la San Isidro entre le 15 mai et début juin. Durant neuf jours, ce ne sont, à travers la cité entière, que processions, spectacles musicaux, feux d'artifice, zarzuela et tournois...*

Les arènes de Madrid (23 000 places) sont situées sur la plaza Monumental de Las Ventas (ou plaza de toros : métro Ventas, plan XVII, B2). Les places sont vendues longtemps à l'avance (bureau de vente : 9 rue Victoria, tout près de la Puerta del Sol) mais on peut également s'en procurer le jour même aux guichets des arènes.

Les villages dépendant de la communauté de Madrid organisent eux aussi leurs corridas, en parallèle, le plus souvent, avec la fête de leur saint patron. Celle de San Sebastian de los Reyes (au N.-E. de la capitale), qui a lieu du 24 au 31 août est l'une des plus spectaculaires.

Puerta del Sol *(plan XXII, B2).* — A la lisière du vieux Madrid, cette vaste place doit son nom à une ancienne porte percée dans l'enceinte médiévale, orientée vers le levant et démolie au XVIe s.

Cette place constitue le km 0 de toutes les routes espagnoles et c'est vers elle que convergent toutes les grandes avenues de Madrid. La Puerta del Sol est également le point de départ d'un grand nombre de lignes d'autobus qui sont aussi un excellent moyen de découvrir la ville.

Attention : *la Puerta del Sol est très souvent fermée à la circulation des voitures particulières afin de faciliter celle des taxis et des autobus. Mieux vaut donc prévoir, dès le départ, un itinéraire de rechange.*

Bien que Madrilènes et touristes s'y pressent pour flâner, se donner rendez-vous ou faire du lèche-vitrine, la puerta del Sol n'offre pas un caractère architectural très particulier. Tout au plus peut-on citer, côté S., le bâtiment néo-classique construit en 1760 par l'architecte Ventura Rodríguez d'après les plans de l'architecte français Jacques Marquet; la petite tour qui surplombe l'édifice fut construite un siècle plus tard pour recevoir l'horloge. Du temps de Franco, ce bâtiment abritait la Sûreté générale et évoque encore, pour beaucoup d'Espagnols, de bien mauvais souvenirs; les bureaux sont aujourd'hui occupés en quasi-totalité par des services de la mairie. La puerta del Sol tire surtout sa renommée des nombreux événements historiques dont elle fut témoin; c'est là que le peuple madrilène résista aux troupes napoléoniennes en 1808, c'est là encore qu'eurent lieu dans les années 1820 des révoltes populaires et que la IIe République fut proclamée, en 1931.

Parmi les nombreuses rues qui partent de la place, la plus célèbre est sans doute, à l'O., la **rue Alcalá** qui présente quelque intérêt quant aux édifices qui la bordent. Outre les très nombreuses boutiques, vous pourrez notamment observer, au nº 15, l'Académie royale des Beaux-Arts de San Fernando; au nº 3 se dresse la Casa Real de la Aduana, ministère des Finances depuis 1845, dont la construction, par l'Italien Sabatini, date de 1769; au nº 25 s'élève l'église de Calatravas où l'on reconnaît des éléments baroques mais aussi Renaissance, et à côté l'édifice de «La Unión y el Fenix», réalisé en 1928 par le maître d'œuvre de la ville universitaire, López Otero. Enfin, au nº 16, le casino de Madrid, datant de 1910, comporte des éléments d'Art nouveau.

Toutes les rues situées autour de la puerta del Sol vous offriront un éventail très large de bars, tascas, mesones et restaurants. Au nº 6 de la rue Victoria vous pourrez entrer au *Llardy*, établissement renommé, pour y prendre l'apéritif, dans un décor Belle Époque, ou manger quelques spécialités maison. Un peu plus loin, sur la place de Canaleja, *Las Cuevas del Sesamo* est un classique des nuits madrilènes.

1 — Autour de la plaza Mayor

Vous effectuerez cette promenade à pied dans le Madrid du Moyen Age et de la Maison d'Autriche en 2 h environ; choisissez de préférence une matinée afin de pouvoir profiter à l'heure du repas des restaurants et des bars typiques, nombreux dans ce quartier. Parking sous la plaza Mayor.

Place de la Provincia *(plan XXII, A2).* — Point de départ de cet itinéraire, elle communique avec la puerta del Sol par la rue Esparteros. Cette place, qui doit son nom au tribunal institué par Philippe II en 1563, devint ensuite le centre de l'administration pénitentiaire avec l'édification d'une prison, dite palais de Santa Cruz. Construite par Juan Bautista Crescendi (1634) dans un style adapté de la Renaissance italienne et comportant une cour à deux étages d'arcades, celle-ci fut réaménagée à la fin du XVIIIe s. en palais de Justice et abrite aujourd'hui le siège du ministère des Affaires étrangères.

☐ **Plaza Mayor*** *(plan XXII, A2).* — Elle se nommait à l'origine place de l'Arraba et renfermait un important marché. Plusieurs architectes sont intervenus dans la conception de cette place. Juan de Herrera, l'architecte de l'Escurial, fut d'abord chargé par Philippe II du premier projet, mais en 1590 ce fut Diego de Sillero qui commença les travaux de la casa de la Panadería (→ *ci-dessous*). En 1617, Philippe III imposa définitivement le projet de Juan Gómez de Mora, qui fut le créateur de nombreux édifices liés au Madrid de la maison d'Autriche; à la fin du XVIIIe s. Juan de Villanueva intervint pour réparer les dégâts causés par les nombreux incendies qui avaient endommagé la place. Ce dernier en profita d'ailleurs pour fermer les accès par des arches. Les travaux s'achevèrent au XIXe s. mais la place apparaît aujourd'hui à peu près comme Gómez de Mora

Cartes et plans
en couleurs

II-III Barcelone (plan général)
IV-V Barcelone (centre)
VI-VII Que voir en Catalogne ?
VIII-IX Burgos
X-XI Que voir en Castille-León ?
XII-XIII Cordoue
XIV-XV Grenade
XVI Que voir en Castille - La Manche ?
XVII Madrid (plan d'ensemble)
XVIII-XIX Madrid (Chamberi, Malasana)
XX Madrid (Salamanca)
XXI Madrid (Latina)
XXII-XXIII Madrid (Rastro, Lavapies, Retiro)
XXIV-XXV Environs de Madrid
XXVI-XXVII Palma de Majorque
XXVIII-XXIX Salamanque
XXXI Séville (plan d'ensemble)
XXXII-XXXIII Séville (Macarena, Centro)
XXXIV-XXXV Séville (Arenal, Santa Cruz)
XXXVI-XXXVII Que voir en Andalousie ?
XXXVIII-XXXIX Tolède
XL Vitoria

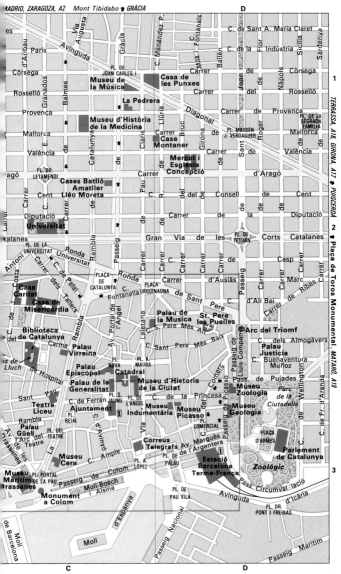

es
Aribau
Paris
Còrsega
Rosselló
Provença
Mallorca
València
agó
Cent
Diputació
Universitat
atalanes
Antoni
PL. DE LA UNIVERSITAT
ls de Lluch
Sant
Pau
Teatre Liceu
Rambla
Museu Marítim
Drassanes
Moll de Barcelona

Via Augusta
Avinguda
Gràcia
Granados
Balmes
de Catalunya
de
de
Ronda
Universitat
Carrer dels Tallers
Casa Caritat
Casa de Misericòrdia
Biblioteca de Catalunya
Carme
Palau Virreina
Palau Güell
L'Arc del Teatre
Museu Cera

C. de Sant A. Maria Claret
C. de la Flor
Indústria
Carrer
Llúria
Bruc
Carrer
PL. DE JOAN CARLES I
Museu de la Música
La Pedrera
Museu d'Història de la Medicina
Casa Montaner
Mercat i Església Concepció
Cases Batlló Amatller Lléo Moreta
C. R. del
Gran Via de les
Ronda
PLAÇA DE CATALUNYA
PLAÇA URQUINAONA
Passeig
Casa de les Punxes
Diagonal
PL. MOSSÈN J. VERDAGUER
Carrer
Carrer
Carrer
Carrer
Carrer
Carrer

Menéndez P.
C. Fontanals
Milà
Bailèn
Joan
de
del
Girona
Roger
Sant
Carrer
PL. DE TETUAN
Casp
Marc
Ali Bei
Ribes

Napols
Còrsega
Rosselló
Provença
PL. DE LA SAGRADA FAMÍLIA
Mallorca
València
d'Aragó
Consell
Cent
Diputació
Corts Catalanes

Sicília
Sardenya

Carrer
C. Fontanella
Palau de la Musica
St. Pere les Puelles
Arc del Triomf
Palau Justícia
C. Buenaventura Muñoz
Museu Zoologia
Parc de la Ciutadella
Museu Geologia
PLAÇA D'ARMES
Parlement de Catalunya
Zoològic
Avinguda
PL. DR. PONT I FREIXAS
d'Icària

Palau Episcopal
Catedral
Palau de la Generalitat
Ajuntament
Teatre Liceu
Museu d'Història de la Ciutat
Museu Indumentària
Museu Picasso
Correus i Telègrafs
Estació Barcelona Terme-Franca
Monument a Colom
Moll Bosch i Alsina
Moll
PL. DE PAU VILA

Passeig Nacional
Passeig Marítim

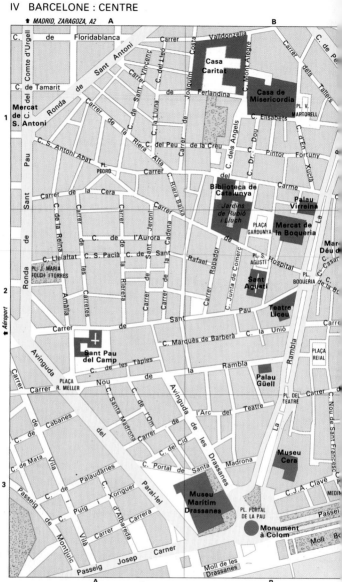

↑ MADRID, ZARAGOZA, A2

C. Comte d'Urgell
C. de Floridablanca
Carrer
Costa
Valldonzella
C. de Pe
C. dels Tallers

Sant Antoni
Carrer
Carrer de la Lluna
C. del Lleó
C. del Tigre
C. de St. Vicenç
Joaquim
Mont Alegre

Casa Caritat

Ferlandina

Casa de Misericordia

PL. V. MARTORELL

C. de Tamarit
C. del
Ronda
Carrer de
de la Riera
C. Alta
C. del Peu
de la Creu
C. dels Angels
Dou
C. Elisabets
C. d'En Xuclà
Pintor Fortuny

Mercat de S. Antoni

Pau
C. S. Antoni Abat
PL. PEDRO
Carrer
C. Riera Baixa
Carmen
del

Sant
Carrer de la Cera
C. de la Reina
Carrer
Jeroni
C. Riera Baixa
Cadena
Carrer

Biblioteca de Catalunya

Jardins de Rubió i Lluch

Palau Virreina

de
Ronda
de
C. de l'Aurora
C. de Sant
C. Sant
Rafael
Robador
C. Junta de Comerç

PLAÇA GARDUNYA

Mercat de la Boqueria

Mar Déu d

C. Casad

PL. S. AGUSTI
Hospital

PL. BOQUERIA de la B

C. Lleialtat
C. S. Pacià
C. de Sant
PL. J. MARIA FOLCH I TORRES
Amàlia
Carretes
Riereta
Carrer

Sant Agustí

Teatre Liceu

Carrer
de
Sant
Pau

C. Marquès de Barberà
C. la Unió
Carre

Sant Pau del Camp

C. de les Tàpies
Rambla
PLAÇA REIAL

Avinguda
PLAÇA R. MELLER
Carrer
Nou
de
la
Rambla
Avinguda
de
les
Drassanes
l'Arc
del
Teatre
Teatre

Palau Güell

PL. DEL TEATRE
Carrer
Nou de Sant Francesc

C. de Cabanes
Carrer
del
C. Santa Madrona
C. de l'Om
C. del Cid
C. Portal de Santa Madrona

Museu Cera

C. de Mata
Vila
C. de
Paludàries
Puig i Xoriguer
d'Albareda
Paral·lel
Carrera

Museu Marítim Drassanes

C.J.A. Clavé
MEDIN
Passei

Passeig de Montjuïc
Carrer
Vila
Carrer
Josep
Carner

PL. PORTAL DE LA PAU

Monument à Colom

Moll de les Drassanes
Moll B
Passeig
Josep

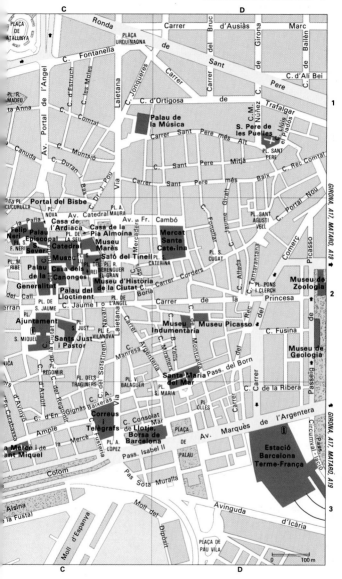

PLAÇA DE CATALUNYA

Ronda

Carrer   d'Ausiàs   Marc

PLAÇA URQUINAONA

C. Fontanella

Av. Portal de l'Angel

C. d'Estruch

C. les Moles

Laietana

C. Jonqueres

Carrer

de

Sant

Carrer

de

Girona

de

Bailèn

C. d'Alí Bei

PL. R. AMADEU

ta Anna

C. d'Ortigosa

de

Pere

Trafalgar

C.M. Núñez

C.M. Núñez

Lluís el Piadós

1

Canuda

C. Comtal

C. Montsió

C. Duran

Palau de la Música

Carrer   Sant   Pere   més   Alt

S. Pere de les Puelles

PL. SANT PERE

C. Rec Comtal

ssa PL. CUCURULLA

Portal del Bisbe

la Palla

C. E. Basa

J. Pou

Via

Carrer   Sant   Pere   Mitjà

Carrer   Sant   Pere   més   Baix

PL. A. NOVA

Av. Catedral MAURA

Av. Fr. Cambó

PL. SANT AGUSTÍ VELL

Portal Nou

Comerç

Picasso

Felip Neri

Palau Episcopal

Casa de l'Ardiaca

PL. DE LA SEU

Casa de la Pia Almoina

Mercat Santa Caterina

Mercaders

PL. S. CUGAT

Jaume Giralt

PL.M. RIBÉ

PL. S. FELIP NERI

Catedral

Museu

Saló del Tinell

Museu Marès

Carrer

PL. S. CATERINA

S. Sever

Palau de la Generalitat

Casa dels Canonges

PL. DEL REI

PL. R. BERENGUER EL GRAN

Museu d'Història de la Ciutat

Corders

PL. PONS I CLERCH

Museu de Zoologia

2

Palau del Lloctinent

del Call

PL. DE S. JAUME

Navarra

PL. DE L'ANGEL

Carrer

Boria

Carrer   de   la   Princesa

Rec

Allada

Tantarantana

Ajuntament

C. Jaume I

Laietana

Argenteria

Carrer   Montcada

Museu Museu Picasso Indumentària

C. Fusina

ferran

PL. S. JAUME

PL. S. JUST

PL. E. VILANOVA

Sants Just i Pastor

S. MIQUEL

Museu de Geologia

PL. DE LA CIUTAT

Manresa

B. Vella

Miratlers

Passeig

de

Picasso

Circumval·lació

C. REGOMIR

C. del Sotstinent

PL. DELS TRAGINERS

PL. V. BALAGUER

PL. S. MARIA

Santa Maria del Mar

C. de la Ribera

ers

d'Avinyó

C. d'En Gignàs

Via

PL. OLLES

Carrer

Ample

C. del Regomir

C. A. Fusteria

Correus i Telègrafs

C. Consolat Mar

Llotja

Borsa de Barcelona

PLAÇA

DE

PALAU

Av. Marquès   de   l'Argentera

a Mercè i de ant Miquel

la Mercè

PL. A. LÓPEZ

Pass. Isabel II

Estació Barcelona Terme-França

Colom

Pas   Sota   Muralla

Alsina

la Fusta

Moll del Espanya

Moll   del   Dipòsit

Avinguda   d'Icària

3

PLAÇA DE PAU VILA

0   100 m

C   D

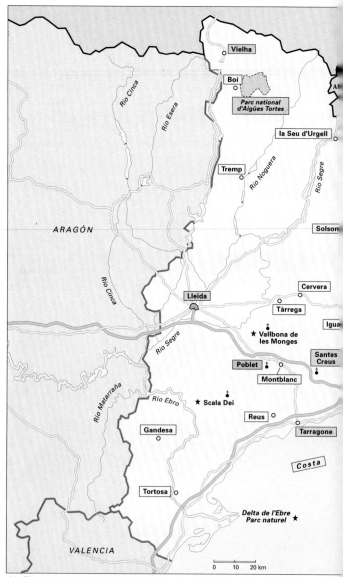

les villes et monuments encadrés sont décrits à leur place alphabétique dans le guide. Pour ceux désigné

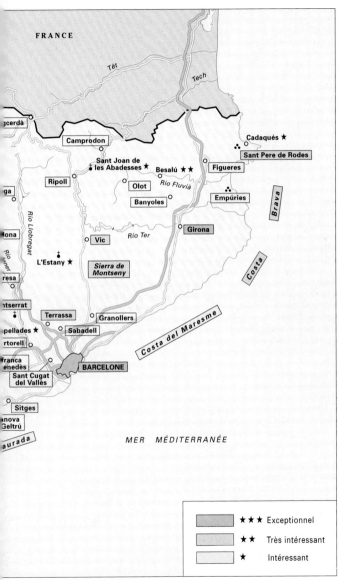

FRANCE

Têt

Tech

cerdà

Camprodon

Cadaqués ★

Sant Pere de Rodes

Sant Joan de
les Abadesses ★

Besalú ★★

Figueres

Ripoll

Olot

Río Fluvià

Empúries

ga

Banyoles

Río Llobregat

Brava

Costa

na

Río Ter

Girona

Río Ter

Vic

esa

L'Estany ★

Sierra de
Montseny

Costa

tserrat

Terrassa

Granollers

Costa del Maresme

pellades ★

Sabadell

rtorell

ranca
enedès

BARCELONE

Sant Cugat
del Vallès

Sitges

nova
Geltrú

aurada

MER MÉDITERRANÉE

★★★ Exceptionnel

★★ Très intéressant

★ Intéressant

toiles, se reporter à l'index .

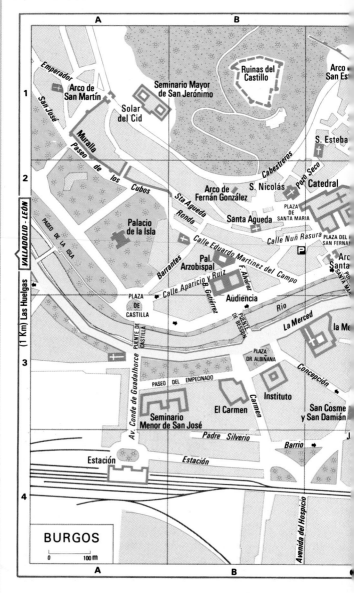

BURGOS

0   100 m

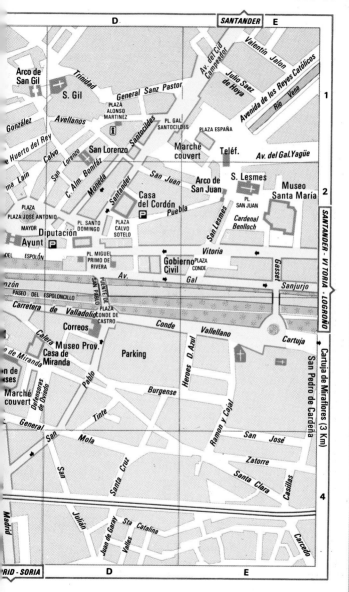

SANTANDER · VITORIA · LOGROÑO

Cartuja de Miraflores (3 Km)
San Pedro de Cerdeña

Arco de San Gil
Trinidad
S. Gil
General Sanz Pastor
PLAZA ALONSO MARTINEZ
Av. del Cid Campeador
Valentín Jalon
Julio Saez de Hoya
Avenida de los Reyes Católicos
Río Vena
González
Avellanos
Huerto del Rey
Santocildes
PL. GAL SANTOCILDES
PLAZA ESPAÑA
Calvo
San Lorenzo
San Lorenzo
C. Alm. Bonifaz
Moreta
Marché couvert
Teléf.
Av. del Gal.Yagüe
ma Lain
San Juan
Santander
Arco de San Juan
S. Lesmes
Museo Santa María
PLAZA
PLAZA JOSÉ ANTONIO
MAYOR
Diputación
Ayunt
Casa del Cordón
Puebla
PL. SANTO DOMINGO
PLAZA CALVO SOTELO
PL SAN JUAN
San Lesmes
Cardenal Benlloch
DEL
ESPOLÓN
PL. MIGUEL PRIMO DE RIVERA
Vitoria
Gobierno Civil
PLAZA CONDE
Gal
Gasset
lonzón
PASEO DEL ESPOLONCILLO
Av.
PUENTE DE SAN PABLO
Sanjurjo
Carretera de Valladolid
PLAZA CONDE DE CASTRO
Conde
Vallellano
Cartuja
Correos
Calera
Museo Prov.
Casa de Miranda
de Miranda
Parking
Héroes D. Azul
San Pablo
Burgense
Defensores de Oviedo
Tinte
Ramón y Cajal
San José
ón de ses
Marché couvert
General
San
Mola
Santa Cruz
Zatorre
Santa Clara
Casillas
Madrid
Julián
Juan de Garay
Valles
Sta Catalina
Carcedo

D   E

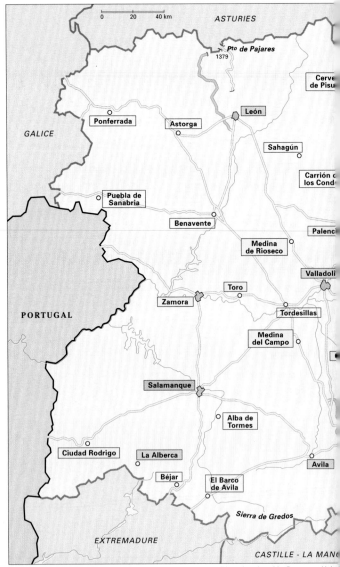

Les villes et monuments encadrés sont décrits à leur place alphabétique dans le guide. Pour ceux désig

Mer Cantabrique

CANTABRIE

PAYS BASQUE

NAVARRE

lar de poo

Burgos

LA RIOJA

sta

Covarrubias

s de ato

Santo Domingo de Silos

Numancia

Aranda de Duero

Soria

Peñafiel ★

El Burgo de Osma

lar

Almazán

ARAGÓN

Sepúlveda

Pedraza de la Sierra

gano

Santa María de Huerta

Medinaceli

ovie

San Ildefonso La Granja

CASTILLE - LA MANCHE

COMMUNAUTÉ DE MADRID

MADRID

	★★★ Exceptionnel
	★★ Très intéressant
	★ Intéressant

les, se reporter à l'index .

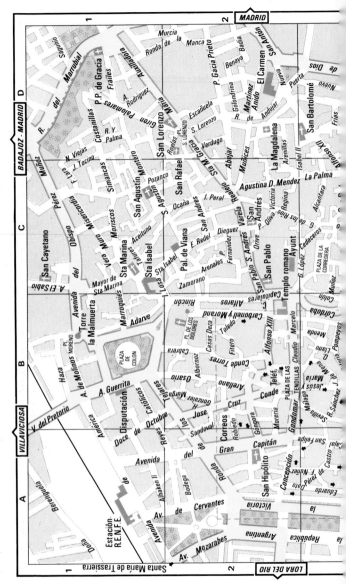

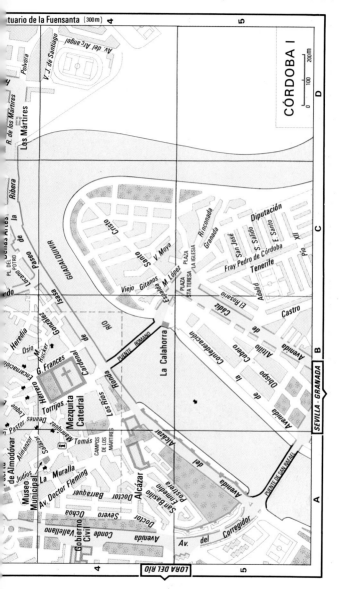

CÓRDOBA I

CÓRDOBA

0   100   200m

SEVILLA - GRANADA

LORA DEL RÍO

ituario de la Fuensanta (300 m)

Av. del Arc. ángel
V. J. de Santiago
Polvora
R. de los Mártires
Los Mártires

Ribera
de la
PL. DEL POTRO
Paseo
GUADALQUIVIR
Cristo
Santo
v. Moya
Viejo
Gitanos
Estadio M. López
PLAZA
STA TERESA
LA IGLESIA
PLAZA
Rinconada
Granada
Diputación
San José
Fray Pedro de Córdoba
S. Salido
E. Santo
Tenerife
Adalid
Pío
XII

RÍO
PUENTE ROMANO
La Calahorra
El Rosario
Cádiz
de
la
Confederación
Cubero
Alillo
Obispo
de
Avenida
Castro

Isasa
González
M. Rücker
Cardenal
Los Ríos
Ronda
del
Alcázar

Heredia
Osio
G. Francés
Herrero
Torrijos
Mezquita
Catedral
Tomás
CAMPOS
DE LOS
MÁRTIRES

Encarnación
Pastor
Deanes
Manriquez
Alcázar
San Basilio
Caballerizas

de Almodóvar
Saravia
Almanzor
Judíos
Museo
Municipal
La Muralla
Av. Doctor Fleming
Doctor
Barraquer
San Basilio
Enmedio
Postrera
Avenida
del
Corregidor
PUENTE DE SAN RAFAEL

Severo
Ochoa
Doctor
Conde
Vallellano
Gobierno
Civil
Avenida
Av.

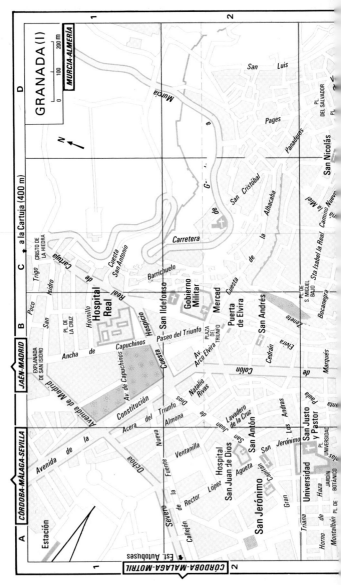

GRANADA (II)

MURCIA-ALMERIA

0   100   200 m

N

a la Cartuja (400 m)

CÓRDOBA-MÁLAGA-SEVILLA

JAÉN-MADRID

CÓRDOBA-MÁLAGA-MOTRIL

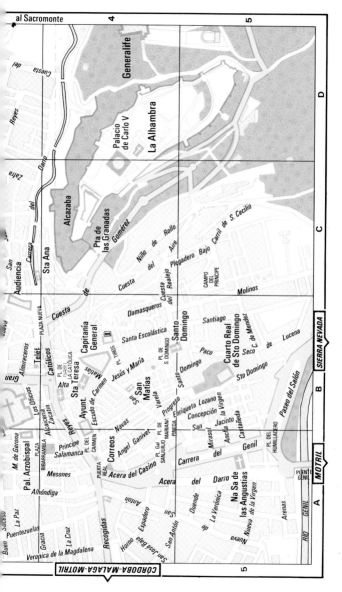

0   20   40 km

CASTILLE-LEÓN

★★ El Paular + Sierra de Guadarrama
Sierra Pobre ★
Atienza ★
Sigüenza ○
★ Torrelaguna
C. DE MADRID
El Pardo ★
El Escorial ○
Jadraque ○
Molina de Aragón ★
Cifuentes ○
Guadalajara ○
Alcalá de Henares ★
★ San Martín de Valdeiglesias ○
MADRID
Sacedón ○
San Miguel de las Victorias ★
Pastraña ○
Priego ○
Aranjuez
★ Chinchón
Carrascosa del Campo
Ciudad Encantada ★★
Toléde
Ocaña ○
Cuenca
Talavera de la Reina ○
Río Tajo
Uclés ★
CASTILLE- LA MANCHE
★ Tembleque
EXTREMADURA
Belmonte
★ El Toboso ○
Alarcón ○
Mota del Cuervo ★
R. Júcar
VA
★ Consuegra ○
Alcázar de San Juan ○
Route de Don Quichotte
Chinchill Monte Ar
Ciudad Real ○
Albacete ○
Almadén ○
Almagro ○
Valdepeñas ○
Almans
Puertollano ○
Alcaraz ○
ANDALUCÍA
MURCIA

	★★★	Exceptionnel
	★★	Très intéressant
	★	Intéressant

Les villes et monuments encadrés sont décrits à leur place alphabétique dans le guide.
Pour ceux désignés par des étoiles, se reporter à l'index.

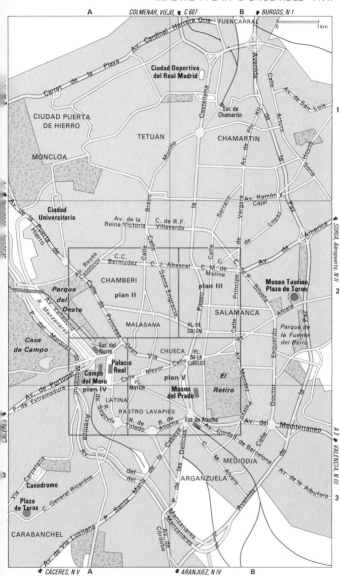

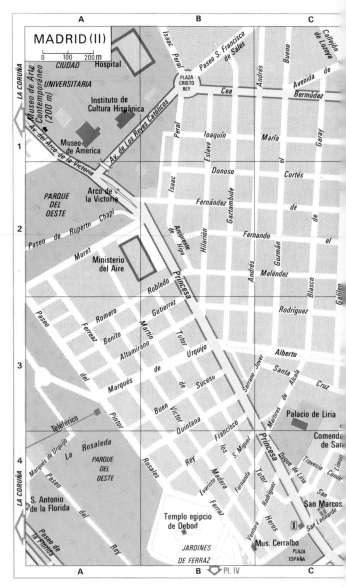

MADRID (II)

0   100   200 m

CIUDAD UNIVERSITARIA

LA CORUÑA

Museo de Arte Contemporáneo (200 m)

Av. del Arco de la Victoria

Instituto de Cultura Hispánica

Museo de America

Hospital

Isaac Peral

Paseo S. Francisco de Sales

PLAZA CRISTO REY

Cea

Bueno

Callejón de Lozoya

Andrés

Avenida   de

Bermúdez

Av. de Los Reyes Católicos

Peral

Ioaquín

Eslava

Joaquín

Donoso

Fernández

Gaztambide

Hilarión

Aricueste de Hipa

María

el

Cortés

de

de

Garay

el

PARQUE DEL OESTE

Arco de la Victoria

Paseo   de   Ruperto Chapi

Moret

Ministerio del Aire

Robledo

Princesa

Fernando

Andrés

Guzmán

Meléndez

Blasco

Galilen

Paseo

del

Ferraz

Romero

Benito

Altamirano

Marqués

Gutierrez

Martín

de

de

Tutor

Urquijo

Sucesu

Buen

Víctor

Quintana

Rodríguez

Serrano Jover

Alberto

Santa

Martires de Alcala

Cruz

Palacio de Liria

Comenda de Sar

Teléférico

Marqués de Urquijo

La   Rosaleda

PARQUE DEL OESTE

Francisco

los

S. Miguel

Princesa

Tutor

Duque de Liria

Travesia

Conde

Limón

Pintor

Rosales

Rey

Evaristo

Madera

Fernanda

Rodríguez

San

LA CORUÑA

S. Antonio de la Florida

Paseo

del

Rey

Templo egipcio de Debod

Ferraz

Ventura

Heros

San Leonardo

San Marcos

Mus. Cerralbo

PLAZA ESPAÑA

JARDINES DE FERRAZ

Paseo de la Florida

Pl. IV

A   B   C

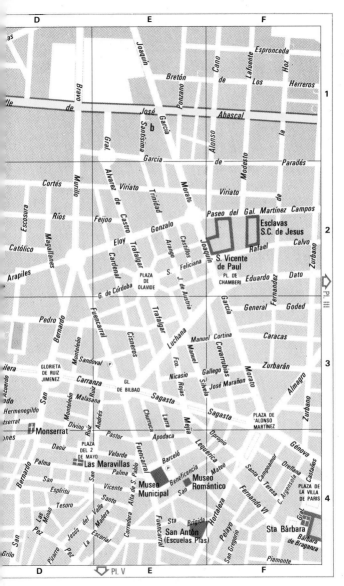

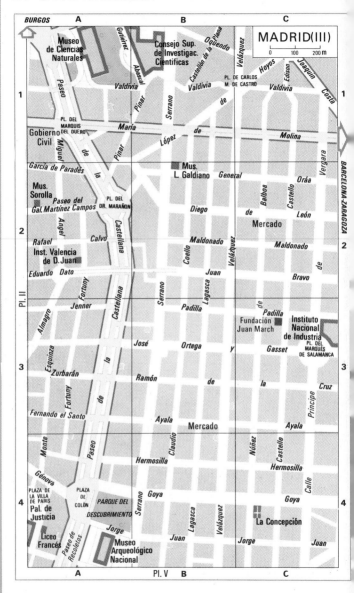

MADRID(III)

0   100   200 m

BURGOS

BARCELONA-ZARAGOZA

Pl. II

Pl. V

A

Museo de Ciencias Naturales

Paseo

Valdivia

Gutiérrez

Abascal

Pinar

PL. DEL MARQUIS DEL DUERO

María

Gobierno Civil

García de Paredes

Miguel

de

la

Pinar

López

Mus. Sorolla

Paseo del Gal. Martínez Campos

PL. DEL DR. MARAÑON

Ángel

Calvo

Rafael

Inst. Valencia de D. Juan

Eduardo   Dato

Fortuny

Castellana

Almagro

Jenner

Esquinza

Zurbarán

Fortuny

de

la

Castellana

Fernando el Santo

Monte

Paseo

Génova

PLAZA DE LA VILLA DE PARÍS

Pal. de Justicia

PLAZA DE COLÓN

Liceo Francés

Paseo de Recoletos

Jorge

Museo Arqueológico Nacional

B

Consejo Sup. de Investigac. Científicas

Castellana de

Valdivia

Serrano

de

Oquendo

Piqua

Mus. L Galdiano

General

Diego

Maldonado

Coello

Juan

Serrano

Lagasca

Padilla

José

Ortega

Ramón

de

Ayala

Claudio

Hermosilla

Goya

Serrano

Lagasca

Jorge

Juan

Mercado

y

Mercado

PARQUE DEL DESCUBRIMIENTO

Pl. V

C

Veláquez

PL. DE CARLOS M. DE CASTRO

Valdivia

Hoyos

Edison

Joaquín

Costa

Molina

Vergara

Oráa

Balboa

Castello

León

Veláquez

Maldonado

de

Bravo

de

Padilla

Fundación Juan March

Instituto Nacional de Industria

PL. DEL MARQUÉS DE SALAMANCA

Gasset

Cruz

Príncipe

Ayala

Núñez

Castello

Hermosilla

Calle

Goya

La Concepción

Veláquez

Jorge

Juan

1

2

3

4

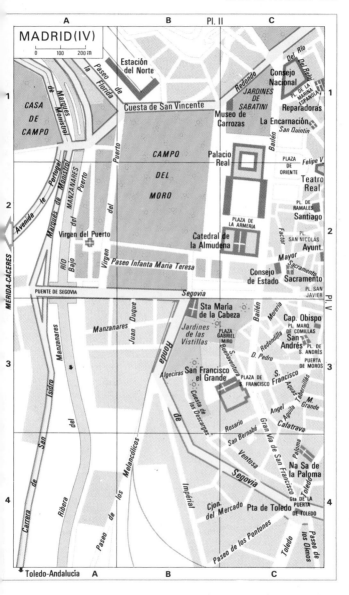

MADRID (IV)

0   100   200 m

CASA DE CAMPO

Paseo de la Florida

Marqués de Monistrol

Estación del Norte

Cuesta de San Vincente

JARDINES DE SABATINI

Del Río
Del Relaj
Redondo
Consejo Nacional
PL. DE LA MARINA
ESPAÑOLA
Reparadoras

Museo de Carrozas

La Encarnación
San Quintín

Bailén

CAMPO DEL MORO

Puerto del Manzanares

Avenida de Portugal

Marqués de Monistrol

Río Bajo

Manzanares

Virgen del Puerto

Palacio Real

PLAZA DE ORIENTE
Felipe V

Teatro Real

PL. DE RAMALES
Santiago

Virgen del Puerto

Paseo Infanta María Teresa

PLAZA DE LA ARMERÍA

Catedral de la Almudena

PL. SAN NICOLÁS
Ayunt.

Factor

Mayor
Sacramento

Consejo de Estado

Sacramento
PL. SAN JAVIER

PUENTE DE SEGOVIA

Segovia

Pl. V

Sta María de la Cabeza

Bailén

Morería

Cap. Obispo
PL. MARQ. DE COMILLAS

Jardines de las Vistillas

PLAZA GABRIEL MIRÓ

Buenaventura

Redondilla

San Andrés
PL. DE S. ANDRÉS

D. Pedro

PUERTA DE MOROS

Manzanares

Juan Duque

Ronda de

Algeciras

San Francisco el Grande

PLAZA DE S. FRANCISCO

S. Francisco

Aguas

Tabernillas

Angel

Águila

M. Grande

Manzanares

San Isidro

Carrera de

Ribera de

Paseo de los Melancólicos

Cuesta de las Descargas

Rosario

San Bernabé

Calatrava

Gran Vía de San Francisco

Ventosa

Segovia

Imperial

Na Sa de la Paloma

Paloma

Toledo

Cjon. del Mercado

Pta de Toledo

Gta DE LA PUERTA DE TOLEDO

Paseo de los Pontones

Toledo

Paseo de los Olmos

MÉRIDA-CÁCERES

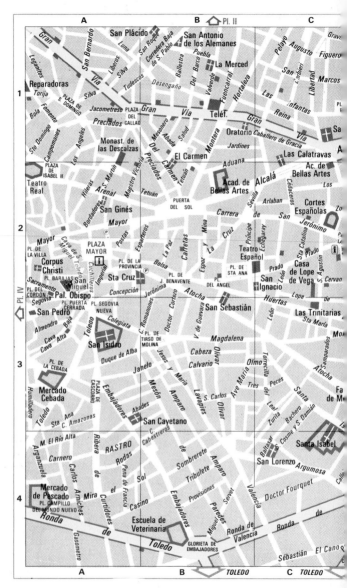

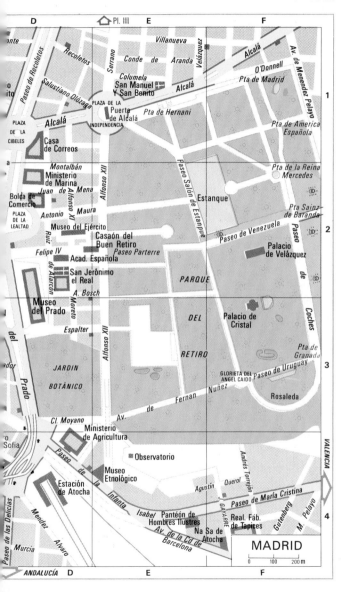

Pl. III

D   E   F

Villanueva
Recoletos
Conde   de   Aranda
Serrano
Paseo de Recoletos
Salustiano Olózaga
Columela
San Manuel
Y San Benito
Alcalá
Velázquez
Alcalá
O'Donnell
Pta de Madrid
Av. de Menéndez Pelayo

PLAZA DE LA
Puerte
de Alcalá
INDEPENDENCIA
Pta de Hernani
Pta de América
Española

PLAZA
DE LA
CIBELES
Alcalá
Casa
de Correos

Montalbán
Ministerio
de Marina
Juan   de   Mena
Alfonso XI
Antonio   Maura
Museo del Ejército
Alfonso XII
Paseo Salón de Estanque
Estanque
Pta de la Reina
Mercedes
Pta Sainz
de Baranda

Bolsa
de
Comercio
PLAZA
DE LA
LEALTAD

Casón del
Buen Retiro
Paseo Parterre
Ruiz
Felipe IV
Acad. Española
San Jerónimo
el Real
A. Bosch
de Alarcón
Paseo de Venezuela
Palacio
de Velázquez
Paseo   de

Museo
del Prado
Moreto
Espalter
Alfonso XII
PARQUE
DEL
RETIRO
Palacio de
Cristal
Coches
Pta de
Granada

JARDÍN
BOTÁNICO
Prado
GLORIETA DEL
ÁNGEL CAÍDO   Paseo de Uruguay
Rosaleda

Cl. Moyano
Ministerio
de Agricultura
Av.   de   Fernán   Núñez

Sofía
Observatorio
VALENCIA

Museo
Etnológico
Andrés Torrejón

Estación
de Atocha
Paseo   de   la   Infanta
Agustín   Querol
J. GAYARRE
Paseo de María Cristina
Gutenberg
M. Pelayo

Méndez   Álvaro
Murcia
Isabel   Pantéon de
Hombres Ilustres
Na Sa de
Atocha
Av. de la Cd de
Barcelona
Real. Fáb.
de Tapices

Paseo de las Delicias

MADRID
0   100   200 m

ANDALUCÍA   D   E   F

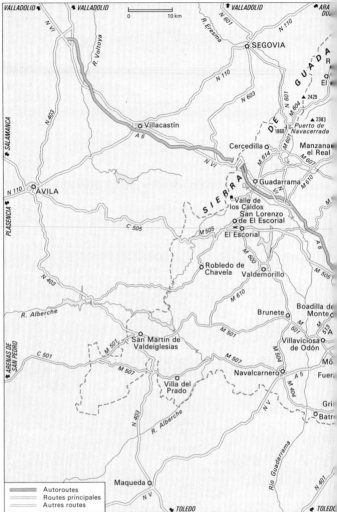

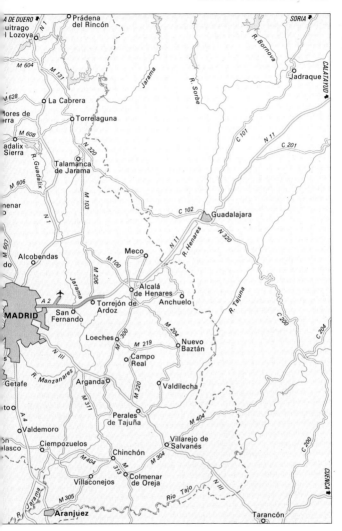

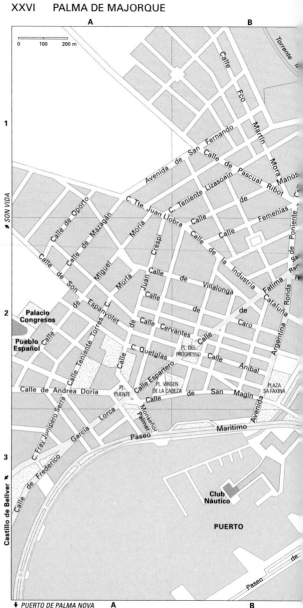

A   B

0   100   200 m

← SON VIDA

1

Torrente de

Calle

Fco

Martín

Mora

Manos

Avenida de San Fernando

Calle de Pascual Ribot

C. Tte. Juan Llobra

C. Teniente Lizasoain

de

Calle de Oporto

Calle de Mazagán

Calle de Son

Moria

Crespi

Femenias

Calle

Calle

Calle de la Industria

Fatima

Cataluña

Ronda

de Poniente

Sa

Ram

Ri

Argentina

Miguel

Moria

Juan

Calle

de

Villalonga

Palacio
Congresos

de Espanyolet

Calle

de

de

Caro

Pueblo
Español

Calle

J.

C. Quetglas

Calle Cervantes

Calle

PL. DEL
PROGRESSO

2

Calle

Calle

Teniente Torres

Calle

Calle Espartero

PL.
PUENTE

PL. VIRGEN
DE LA CABEZA

Aníbal

PLAZA
SA FAXINA

Calle de Andrea Doria

de

San Magín

Castillo de Bellver ←

C. Fray Juníparo Serra

Calle de Frederico

García

Lorca

Monseñor
Palmer

Calle

Avenida

Paseo

Marítimo

3

Club
Náutico

PUERTO

↓ PUERTO DE PALMA NOVA   A

B

Paseo   de

VALLDE MOSA

BUNYOLA, SOLLER

Plaza de Toros

Calle del Ausias
Calle March
Calle de General
C. Padre Bartolomé Pou
Calle de Blanquerna
Antonio Marqués
Riera
Calle de Jesús
Antonio Frontera
Luis
S. Calle de Balmes
Salvador
Fco Sancho
PL. CARDENAL REIG
Jafuda Cresques

Avenida Alemania
Pedro Dezcallar y Net
Av. Conde Sallent
Calle Archiduque
Av. J.

Estación de Sóller

Via Portugal
Via Roma
Calle Cecilio Metelo
Ferrocarriles de Mallorca
C. Marqués de Fuensanta

Cerdaña
Calle de los Olmos
PLAZA ESPAÑA
March
Av.

Capuchinos

Calle de la Concepción
(la Rambla)
Calle de San Miguel
PL. OLIVAR
José Tous Ferrer
Alejandro

Calle de San Jaime

Rey
Jaime
III
Navarra
Teatro Principal
PL. WEYLER
PLAZA MAYOR
Valldar
del
Sindicaro
Roselló
Mateo
Av. General Alomar de

Paseo del Borne
Unió
San Nicolás
Palacio de Justicia
Calle
C. Herrería

C. Protectora
C. San Felió
C. San Jaime
PL. PIO XII
Jaime II
C. Colón
Palacio Vivot
Samaritana
Alfarería
Enrique

Telefonos
Correos
Conquistador
Ayuntamiento
PL. SANTA EULALIA
PL. QUADRADO
Lladó

Naval
C. Conquistador
Palau
Rejal
C. Morey
PL. SAN FRANCISCO
San Francisco
Villalonga

PL. DE LA REINA
M. Botería
Apuntadores
Barrera
PL. DE LA ALMUDAINA
La Seo Catedral
Calle del Sol

nja del Mar
o Bellás Artes
Capitania General
Palacio Almudaina
S. Alonso
C. Montesión
Montserrat
PL. PORTA DES CAMP

Riba
Museo Diocesano
Museo
Pal. Episcopal
Baños árabes

Parque del Mar
Ronda
Litoral
PL. LLORENÇ VILLALONGA

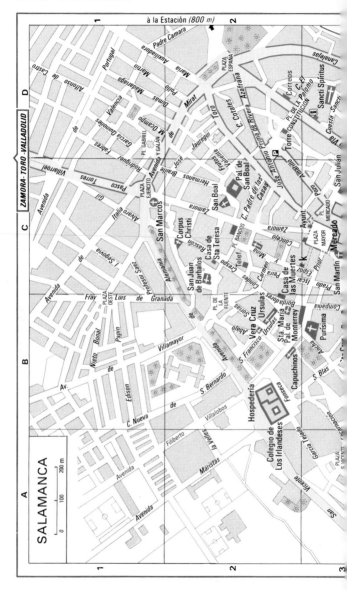

SALAMANCA

ZAMORA- TORO -VALLADOLID

à la Estación *(800 m)*

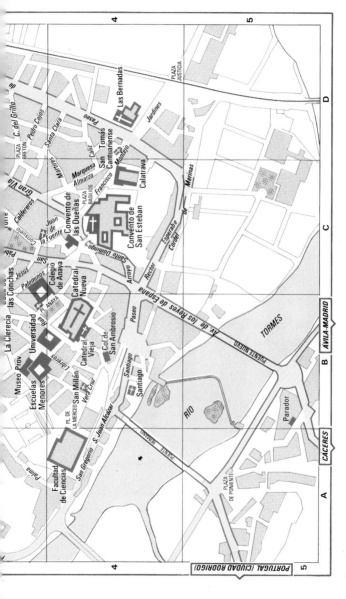

Pour qui sait découvrir le plaisir n'est pas loin.

Le patrimoine historique, naturel et artistique de la région,
mais aussi la vie locale et les activités humaines :
l'identité régionale sous tous ses aspects.
Un portrait vivant de la France d'aujourd'hui.

18 titres régionaux

Guides Bleus.
La passion du voyage.

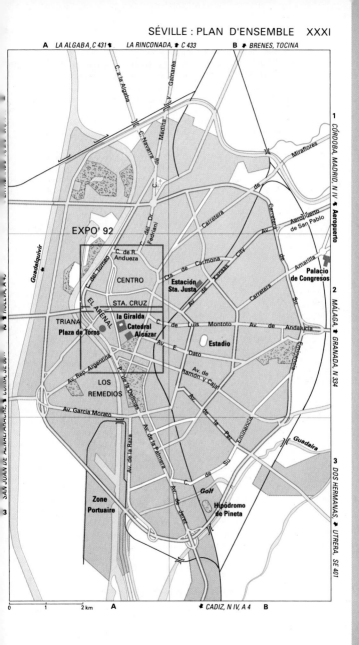

CÓRDOBA, MADRID, N IV, Aeropuerto 1

MÁLAGA, GRANADA, N 334 2

DOS HERMANAS, UTRERA, SE 401 3

SAN JUAN DE ALJARAFE, CORIA, SE 660

EXPO' 92

Guadalquivir

C. a la Algaba
C. Navarra de
C. Medina
Gatinares
Miraflores
Carretera
Aeropuerto de San Pablo
Amarilla
Palacio de Congresos
Cta. de Carmona
C. del Dr. Fedriani
C. de R. Andueza
CENTRO
Estación Sta. Justa
STA. CRUZ
EL ARENAL
la Giralda
Catedral
Alcázar
C. de Luis Montoto
Av. de Andalucía
Av. de Kansas
Av. Sur
Carretera
Av. E. Dato
Estadio
TRIANA
Plaza de Toros
Av. Rep. Argentina
Av. de las Delicias
LOS REMEDIOS
Av. García Morato
Av. de Ramón y Cajal
Av. de la Paz
Eminencia
Guadaira
Av. de la Raza
Av. de la Palmera
C. de Sur
Av. de Jerez
Golf
Hipódromo de Pineta
Zone Portuaire

0 1 2 km A CADIZ, N IV, A 4 B

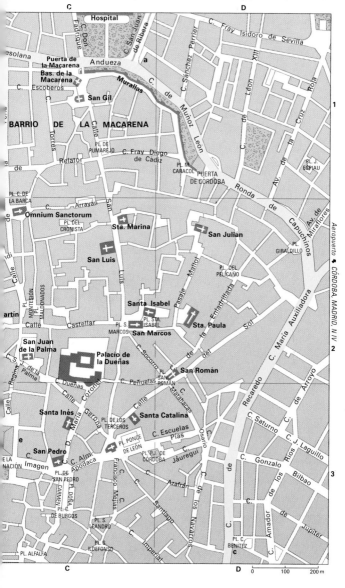

C

D

Hospital

C. Don Fadrique

C. San Juan de Ribera

C. Fray Isidoro de Sevilla

esolana

Puerta de la Macarena
Bas. de la Macarena

Andueza

a

C. Sánchez Perrier

XIII

C. León

Cruz Roja

C. Escoberos

Murallas

San Gil

C. de Muñoz León

1

BARRIO DE LA MACARENA

C. Torres

Calle

PL. DE PUMAREJO

C. Fray Diego de Cádiz

de

C. de

Muñoz León

PL. J. ESPIAU

de

Relator

PL. M. CARACOL

PUERTA DE CÓRDOBA

Ronda

Av. de Miraflores

PL-C. DE LA BARCA

C. Arrayán

San

Omnium Sanctorum

PL. DEL CRONISTA

Sta. Marina

San Julián

de Capuchinos

Av. de Miraflores

Aeropuerto ← CÓRDOBA, MADRID N IV

idi

Calle

San Luis

Luis

PL. GIRALDILLO

PL. DEL PELÍCANO

PL. MONTEBÓN
PL. MALDONADOS

Caffe

artin

Castellar

Santa Isabel

PL. S. STA. ISABEL

MARCOS San Marcos

Pasaje

C. María Auxiliadora

Mallol

Entradrihada

PL. DEL

Sta. Paula

Sol

la

2

San Juan de la Palma

egina

C. S. J. de la Palma

C. Dueñas

Palacio de la Dueñas

Coronel

Calle

Socorro

C. Peñuelas

PL. SAN ROMÁN

San Román

C. Marañaces

de

la

fer

Recaredo

C. de Arroyo

Calle

Santa Inés

C. María Coronel

Gerona

PL. DE LOS TERCEROS

Santa Catalina

Calle

Osario

C. Escuelas Pías

C. Saturno

C. J. Laguillo

e

E LA NACIÓN

San Pedro

Imagen

PL. PONCE DE LEÓN

PL. P.J. DE CÓRDOBA

Jáuregui

Ríos

C. Gonzalo

Bilbao

3

C. Almte. Apodaca

Francisco Mejías

PL-C. DE SAN PEDRO

SAN PEDRO

CARMEN

C. DOÑA MARÍA

DE BURGOS

Azafrán

C.

de

los

Navarros

de

Amador

Júpiter

PL. S. LEANDRO

Santiago

C. Imperial

PL. C. BENÍTEZ

c

PL. ALFALFA

PL. S. ILDEFONSO

C

D 0   100   200 m

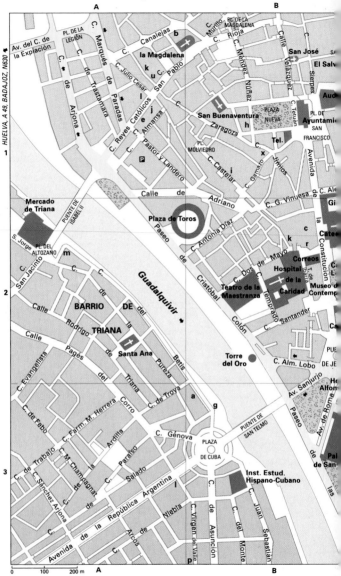

HUELVA, A 49, BADAJOZ, N630

A 49, BADAJOZ, N630

Av. del C. de la Explación

PL. DE LA LEGIÓN

C. Marques de Trastamara

C. de Paradas

C. de Arjona

C. Julio César

C. Reyes Católicos

C. Canalejas

la Magdalena

b

C. San Pablo

C. de Almansa

C. Pastor y Landero

C. Murillo

PL. DE LA MAGDALENA

C. Rioja

Calle Méndez Núñez

Calle Velázquez

San José

El Salv

Sierpes

Aud

San Buenaventura

Zaragoza

PLAZA NUEVA

C. Tetuán

PL. DE Ayuntami

SAN FRANCISCO

h

PL. MOLVIEDRO

C. Castelar

Tel.

x

C. Genaro

Avenida

i

Hrnos.

Calle de Adriano

C. de Ale

C. G. Vinuesa

Gi

Plaza de Toros

C. Antonia Díaz

c

la

Cate

k

r

Constitución

C. L

Mercado de Triana

PUENTE DE ISABEL II

S. Jorge

PL. DEL ALTOZANO

m

C. San Jacinto

C. de Rodrigo de Triana

BARRIO DE TRIANA

Calle Pagés

Santa Ana

Pureza

C. Dos de Mayo

Correos

Hospital de la Caridad

Teatro de la Maestranza

C. Temprado

T. de Triana

Museo d Contemp

Santander

Ca

Colón

PUE DE JE

Torre del Oro

C. Alm. Lobo

H Alfon

Av. Saniurio

Guadalquivir

Calle del

Betis

Calle de la

C. Evangelista

C. de Febo

C. Fárm. M. Herrera

C. de Trabajo

C. M. Champagnat

C. Sánchez Arjona

Corro

C. de Troya

Ardilla

Paraíso

Salado

C. Génova

a

g

PLAZA DE CUBA

PUENTE DE SAN TELMO

Av. de Roma

Pal de San

Inst. Estud. Hispano-Cubano

Avenida de la República

Argentina

C. de Niebla

C. de Asunción

C. Virgen del Valle

C. del Monte

C. Juan Sebastián

Arcos

las

p

0   100   200 m

A   B

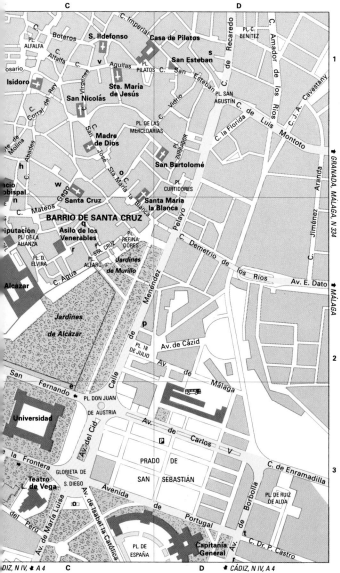

C. Imperial
PL. C. BENÍTEZ
C. Amador de los Ríos
C. de Recaredo
PL. ALFALFA
Boteros
S. Ildefonso
Casa de Pilatos
C. J. A. Cavestany
osario
C. Alfalfa
C. del Rey
Aguilas
PL. PILATOS
San Esteban
C. San Esteban
1
Isidoro
Sta. María de Jesús
C. SAN AGUSTÍN
C. de Luis Montoto
C. Virgenes
San Nicolás
C. Vidrio
C. la Florida
C. Aranda
de Molina
Corral del Rey
Abades
C. San José
Madre de Dios
PL DE LAS MERCEDARIAS
h
o
Sta. María
San Bartolomé
PL. ZURRADOR
C. Jiménez
acio
bispal
n
w
C. Gragg
Santa Cruz
Santa María la Blanca
PL. CURTIDORES
C. Mateos
BARRIO DE SANTA CRUZ
q
Asilo de los Venerables
PL. REFINA-DORES
C. Pelayo
C. Demetrio de los Ríos
GRANADA, MÁLAGA, N 334
iputación
PL. DE LA ALIANZA
r
PL STA. CRUZ
PL. D ELVIRA
PL. ALFARO
Jardines de Murillo
C. Menéndez
Av. E. Dato
MÁLAGA
Alcázar
C. Agua
C. de los Ríos
Jardines de Alcázar
p
Av. de Cázid
2
San Fernando
PL. 18 DE JULIO
Calle
Av. de Málaga
e
PL. DON JUAN DE AUSTRIA
Universidad
Av. del Cid
Av. de Carlos V
C. de Enramadilla
e la Frontera
GLORIETA DE S. DIEGO
PRADO DE SAN SEBASTIÁN
3
Teatro L. de Vega
Av. de María Luisa
Avenida
de Portugal
C. Borbolla
PL. DE RUIZ DE ALDA
del Perú
Av. de Isabel la Católica
PL. DE ESPAÑA
Capitanía General
Av. C. Dr. P. Castro

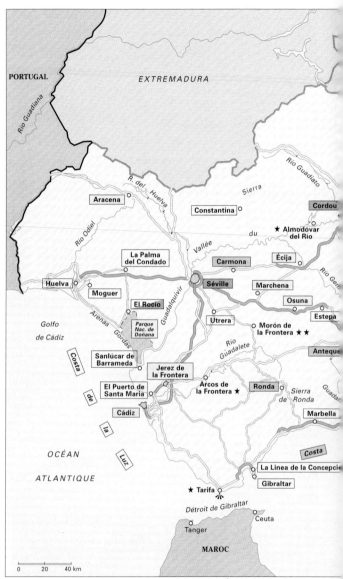

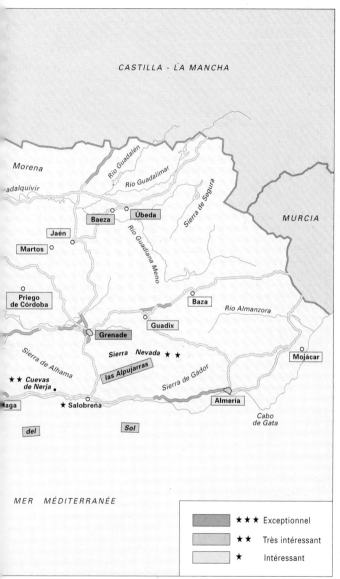

CASTILLA - LA MANCHA

Morena

adalquivir

Río Guadalén

Río Guadalimar

Sierra de Segura

MURCIA

Baeza ○ **Úbeda**

Jaén ○

Martos ○

Río Guadiana Meno

○
**Priego
de Córdoba**

Baza ○

Río Almanzora

Guadix ○

Grenade

Sierra de Alhama

Sierra   Nevada ★ ★

las Alpujarras

Sierra de Gádor

○
Mojácar

★ ★ *Cuevas
de Nerja* ●

laga   ● ★ **Salobreña**

Almería

Cabo
de Gata

del

Sol

MER   MÉDITERRANÉE

★ ★ ★	Exceptionnel
★ ★	Très intéressant
★	Intéressant

biles, se reporter à l'index.

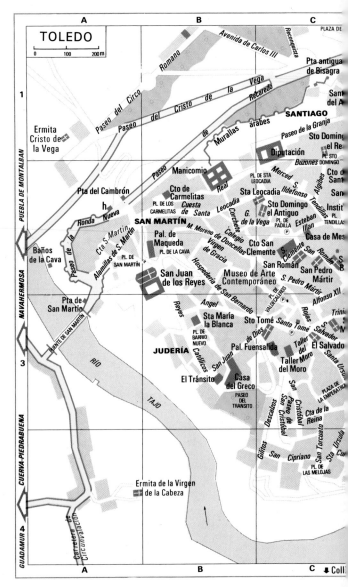

TOLEDO

0   100   200m

PUEBLA DE MONTALBAN

NAVAHERMOSA

CUERVA-PIEDRABUENA

GUADAMUR

Avenida de Carlos III

Romano

Paseo del Circo

Paseo del Cristo de la Vega

Recaredo

Pta antigua de Bisagra

PLAZA DE

Reconquista

Santiago

SANTIAGO

Ermita Cristo de la Vega

Muralla de árabes

Paseo de la Granja

Sto Domingo el Rea

Diputación

Manicomio

Paseo Real

PL. DE STA LEOCADIA

Merced

Sto Doming el Rea

PL STO DOMINGO

Buzones

Cto d Sant

Pta del Cambrón

Cto de Carmelitas

PL. DE LOS CARMELITAS

Cuesta de Santa Leocadia

Sta Leocadia

S. Ildefonso

Sto Domingo el Antiguo

Aljibes

San

Nueva

h

Ronda de la

SAN MARTÍN

M. Moreno de Doncellas

Corchete

G. de la Vega

Esteban Illan

Instit

PL. TENDILLAS

Tendillas

Cta. S. Martín

Pal. de Maqueda

PL. DE LA CAVA

Colegio

Virgen de Gracia

Cto San Clemente

Clemente San Román

Casa de Mes

Baños de la Cava

Alamillas de S. Martín

PL. DE SAN MARTÍN

San Juan de los Reyes

Hospedería de San Bernardo

Museo de Arte Contemporáneo

San Román

San Pedro Mártir

S. Pedro Mártir

S B

Pta de San Martín

Reyes

Angel

Sta María la Blanca

PL. DE VALDECALEROS

Alfonso XII

PUENTE DE SAN MARTÍN

RIO

Catolicos

PL. DE BARRIO NUEVO

Pal. Fuensalida

de Dios

Sto Tomé

Santo Tomé

Rojas

Trini

Salvador

M

S

Taller del Moro

Taller del Moro

El Salvado

Santa Ursu

TAJO

San Juan

El Tránsito

Casa del Greco

PASEO DEL TRANSITO

San Cristóbal

Cta de la Reina

PLAZA DE LA EMPERATRIZ

Paseo de San Cristóbal

Descalzos

Gilitos

San

Cipriano

PL. DE LAS MELOJAS

San Torcuato

Sta Ursula

Cu

Ermita de la Virgen de la Cabeza

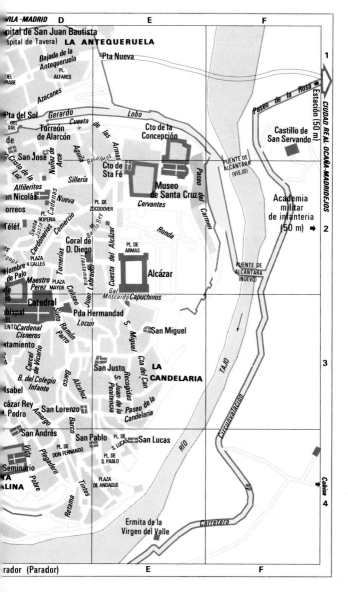

CIUDAD REAL·OCAÑA·MADRIDEJOS

Estación (50 m)

Hospital de San Juan Bautista
(Hospital de Tavera) **LA ANTEQUERUELA**

Pta Nueva

Bajada de la
Antequeruela
PL. ALFARES

DEL ARABE

Azacanes

Pta del Sol

DEL SOL

Gerardo   Lobo

Cuesta

de las Armas

Paseo de la Rosa

Castillo de
San Servando

Torreón
de Alarcón

de

San José
Cristo de la Luz

Núñez de Arce   Aguila

Recoletos

Cto de la
Concepción

Alfileritos
an Nicolás

Sillería

Cto de
Sta Fé

PUENTE DE
ALCÁNTARA
(VIEJO)

orreos

PL. CADENAS

Nueva

Teléf.

Santa Justa
ROPERIA

Cordonerías

Comercio

PL. DE
ZOCODOVER

**Museo
de Santa Cruz**

Cervantes

Academia
militar
de infantería
(50 m) ➡

Coral de
D. Diego

Ronda

gogé

PLAZA
4 CALLES

Tornerías

Juan Labrador

Cuesta del Alcázar

PL. DE
ARMAS

Paseo del Carmen

Hombre
de Palo

Trastamara

**Maestro
Perez**

PLAZA
MAYOR

Coliseo

Catedral

bispal

Gal Moscardó **Capuchinos**

Alcázar

PUENTE DE
ALCÁNTARA
(NUEVO)

ENTO **Cardenal
Cisneros**

Sixto
Ramón
Parro

Pda Hermandad

Locun

tamiento

Cárcel
de Vicario

S. Miguel

San Miguel

B. del Colegio
Infante

Barco

Alcaluz

San Justo

**LA
CANDELARIA**

Cta del Can

Recogidas

TAJO

Isabel

cázar Rey
Pedro

Amargo

Barco

San Lorenzo

S. Juan de la
Penitencia

Paseo de la
Candelaria

3

Vida

San Andrés

Plegadero

San Pablo

PL. DE
DON FERNANDO

PL. DE
S. LUCAS

San Lucas

RIO

Seminario

Pobre

PL. DE
S. PABLO

Circunvalación

Colisa

A
ALINA

Trintes

Retama

PLAZA
DE ANDAQUE

4

Ermita de la
Virgen del Valle

Carretera

rador (Parador)

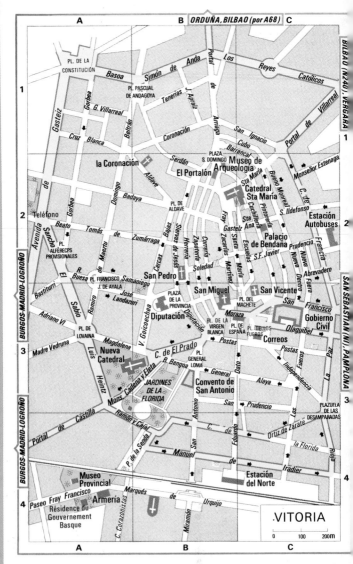

BILBAO (N-240), VERGARA

SAN SEBASTIAN (N1), PAMPLONA

BURGOS-MADRID-LOGROÑO

BURGOS-MADRID-LOGROÑO

PL. DE LA CONSTITUCIÓN
Basoa
Simón de Anda
Portal
Los Reyes
Católicos
Portal de Villarreal

Gasteiz
G. Villarreal
Gorbea
PL. PASCUAL DE ANDAGOYA
J. Arraiz
Tenerías
de
Anda

Cruz Blanca
Beltrán
Coronación
Arruga
San Ignacio
Cubo
Barrancal

la Coronación
Serdán
PLAZA S. DOMINGO
El Portalón
Museo de Arqueología
Sta María
Bueno Monreal
Catedral Sta María
Monseñor Estenaga
C. de
S. Ildefonso

Teléfono
de
Gorbea
Domingo
Badaya
Aldave
PL. DE ALDAVE
Fray Zacarías
Cuchillería
Pintorería
Estación Autobuses

Beato
Tomás de
Zumárraga
Bajas
Correría
Herrería
Zapatería
Santa María
Sta Ana
Escuelas
Prudencio
Nueva Fuera
Nueva Dentro
Francia

Avenida
Sancho
el Sabio
R. Buesa
PL. ALFÉRECPS PROVISIONALES
Ramiro de Maeztu
Samaniego
Cercas
Sierras de Jesús
Soledad
San Pedro
San Miguel
Martínez
S.F. Javier
San Vicente
Abrevadero

Bastiturri
Adriano VI
PL. FRANCISCO J. DE AYALA
José Landazuri
PLAZA DE LA PROVINCIA
Diputación
V. Goicoechea
Diputación
Moraza
PL. DEL MACHETE
San Francisco
Olaguibel

PL. DE LOVAINA
Madre Vedruna
Magdalena
Nueva Catedral
C. de El Prado
PL. DE LA VIRGEN BLANCA
PL. DE ESPAÑA
PL. DE LOS FUEROS
Gobierno Civil

Luis Heintz
Mons. Cadena y Eleta
B. Bengoa
PL. GENERAL LOMA
Postas
Correos
Postas
Independencia
La Paz
PLAZUELA DE LAS DESAMPARADAS

Madre Vedruna
JARDINES DE LA FLORIDA
Convento de San Antonio
General
Alava
Los

Portal de Castilla
Ramón y Cajal
San Antonio
San
Prudencio
C. de Eduardo
Ortiz de Zárate
la Florida
Rioja

Paseo Fray Francisco
P. de la Senda
Manuel
de
Iradier

Museo Provincial
Résidence du Gouvernement Basque
Armería
Márqués
Estación del Norte

C. Coronistas
Urquijo
Miramón

VITORIA
0   100   200m

l'avait conçue. Un des derniers aménagements a été la **statue équestre de Philippe III***, œuvre en bronze de Juan de Bolonia et de Pietro Tacca (vers 1608) installée en 1847 à l'initiative du régisseur de la ville, Mesonero Romanos.

Sur les façades N. et S., la **Real Casa de la Panadería** (boulangerie) et la **Real Casa de la Carnicería** (boucherie) rappellent la fonction première de la place. Celle-ci fut toujours le centre des principaux événements de la vie de Madrid : le mariage d'Isabelle II fut, en 1846, la dernière grande cérémonie qu'elle connut ; cependant, depuis son inauguration, le 15 mai 1620, la plaza Mayor a été le théâtre de couronnements, de canonisations, d'autodafés, de supplices et même de tournois et de corridas ; une grande fête y célébra la canonisation simultanée de Thérèse d'Avila, Ignace de Loyola, François-Xavier, Philippe de Néri, Isidore en 1622. Elle est aujourd'hui utilisée pour des représentations théâtrales, des ballets et des défilés de mode. En automne s'y tient une foire aux livres et à Noël on peut y acheter santons et arbres. C'est aussi, les dimanches et les jours fériés, un lieu de rendez-vous des philatélistes madrilènes.

Avant de quitter la place, pénétrez à l'intérieur de la casa de la Panadería, qui abrite les archives de la ville depuis 1880, et allez admirer les fresques peintes par Claudio Coello et José Jiménez.

Sortez de la place par la **rue Ciudad Rodrigo.**

Une grande halle en verre et structures de fer occupe la place San Miguel. A g., dans la **rue de la cava San Miguel,** vous trouverez un certain nombre de mesones (*flamenca, de la guitarra, del boquerón,* etc.) très typiques avant de tourner à dr. dans la rue del Maestro Villa pour atteindre la **plazuela Conde de Barajas ;** verdoyante et pleine de charme, celle-ci vous conduit, par la rue de la Pasa, à la plazuela Conde de Miranda au fond de laquelle se trouvent les murs du **couvent des Carboneras** du xviie s., œuvre de Miguel de Soria.

Prenez l'étroite rue du Codo, vous arriverez à la place de la Villa.

Place de la Villa. — Cette place piétonne, tranquille, offre d'intéressants édifices. Côté O., la **casa de la Villa** abrite aujourd'hui la mairie de la ville *(Ayuntiamento).* Cet édifice a été conçu par Juan Gómez de Mora en 1640. Peu après, l'intervention d'Ardemans donna à la façade une allure plus baroque. A l'intérieur, des collections comprenant des tapisseries flamandes du xviiie s., quelques sculptures du début du siècle et des toiles de Vázquez Díaz, Antonio Palomino, Vicente López et Ricardo Madrazo *(la visite n'est possible qu'avec une autorisation spéciale).*

Reliée à la précédente par une arche, la **casa de Cisneros,** palais construit au xvie s. dans le style plateresque, fait aujourd'hui partie de l'hôtel de ville. A l'intérieur, le salon des tapisseries conserve des œuvres d'art flamandes des xve et xvie s.

Face à la casa de la Villa se dresse l'**Hémérothèque municipale** (collection de journaux des xviiie et xixe s. ; *ouv. 9 h-13 h)* ; édifice de style tolédan avec un portail mudéjar, conservant une balustrade gothique et abritant les tombeaux Renaissance.

A côté s'élève la **torre de Lujanes,** bâtiment civil du xve s. en brique et plâtre ; on dit que le roi François Ier y fut gardé prisonnier jusqu'en janv. 1526 après avoir été capturé à la bataille de Pavie (24 février 1525). Elle abrite aujourd'hui l'Académie royale des sciences morales et politiques.

La statue de l'amiral Alvaro de Bazán (héros de la bataille de Lépante, 1571) qui se trouve au centre de la place fut élevée par Mariano Belliure en 1888.

Plazuela del Cordón. — Elle est bordée à dr. par le **palais de Puñonrostro** et à g. par le **palais O'Reilly,** du xviiie s. Tournez à dr. dans la rue Sacramento, dans laquelle un beau palais abrite aujourd'hui l'Institut culturel italien ; sur la g. s'élève l'église des Bernardas (ou du Saint-Sacrement), de 1671-1744, présente une sobre façade de style herrerien ; à l'intérieur des peintures murales des frères González Velázquez du XVIIIe s. et de Gregorio Ferro, de la fin du XVIIIe s.

Prenez alors à g. la petite rue de los Consejos.

Après l'ancien **palacio Uceda** (auj. Conseil d'État et Capitania General, c'est-à-dire État-Major), construit sous Philippe II, vue à dr. sur le pont de Ségovie ; la rue de la Villa, sur la g., mène à la **place de la Cruz Verde** où avaient lieu les autodafés de l'Inquisition ; depuis la fontaine de Diane chasseresse, belle vue sur l'église San Andrés et la chapelle San Isidro.

Par les escaliers de la rue del Rollo (le restaurant El Corgo, à l'angle des marches, offre, avec sa terrasse ombragée, une possibilité de halte rafraîchissante en été) puis de la rue del Conde, qui traverse la charmante plazuela San Javier, regagnez la **plaza del Cordón** et engagez-vous dans la rue San Justo. A dr., à l'angle de la place, **casa de Juan de Vargas** (XVIe s.), dite aussi casa de San Isidro : Isidore y fut domestique et l'on y conserve les reliques de divers autres saints. Presque en face, la **basilique San Miguel** (1739-1746) est l'une des plus belles expressions du baroque italien avec ses jeux de courbes et de contre-courbes ; elle fait face au palais épiscopal, à peu près contemporain.

A l'entrée de la place de Puerta Cerrada, où la taberna Casa Paco est un bar très célèbre, la rue del Nuncio, à dr., conduit à l'**église San Pedro el Real** (ou el Viejo), fondée au début du XVIe s. et dominée par une tour mudéjare en brique du XVe s.

Par la costanilla de San Pedro, montez vers la place San Andrés (notez au passage les étonnants azulejos de la maison de vin Casa Miguel) : face à la place de los Carros, contiguë à la précédente, se dresse l'**église** baroque **San Andrés,** reconstruite dans la 2e moitié du XVIIe s. et augmentée de la chapelle San Isidro dont seul son clocher la distingue.

Adossée à la précédente, la **Capilla del Obispo** fut érigée à partir de 1520 pour le compte d'un conseiller des Rois catholiques ; c'est un oratoire de style plateresque dont les portes sont ornées de bas-reliefs de Francisco de Villalpando ; retable de marbre dessiné par Juan de Villoldo, orné de sculptures* par le meilleur disciple d'Alonso Berruguete, Francisco Giralte, à qui l'on doit également les statues orantes du fondateur et de sa femme, qui, avec le retable et le tombeau de leur fils l'évêque Gutierre de Vargas, comptent parmi les œuvres les plus réussies de la sculpture espagnole.

En arrière, la **place de la Paja***, fréquentée par la jeunesse et bordée de quelques bons restaurants, offre un joli coup d'œil sur les deux édifices ; on est ici au cœur de ce qui était, à l'époque médiévale, la *Morería,* le quartier maure. De la place del Humilladero, également contiguë à la place San Andrés, la **Cava Baja** suit le tracé des douves *(cava)* qui longeaient les remparts ; de vieux bars et commerces pleins de charme en font l'une des plus typiques du vieux Madrid ; au 10, le Palacios est l'un des bars à tapas les plus sympathiques du quartier tandis qu'au 35, la casa Lucio, et au 30, el Mesón del Segoviano, sont des bars très populaires connus de tous les vrais Madrilènes.

Prenez la rue de los Cuchilleros, aux nombreuses tascas et mesones, en laissant sur votre dr. l'un des plus vieux restaurants de Madrid, le *Sobrinos de Botín,* fondé en 1725. En montant l'escalier de l'arc de Cuchilleros, vous rejoindrez la plaza Mayor où vous pourrez vous désaltérer à l'une de ses nombreuses terrasses de cafés.

2 — De la plaza Mayor au Palais royal

De la plaza Mayor, il ne vous faudra guère plus qu'un quart d'heure pour gagner le Palais royal, d'où vous pourrez éventuellement soit rejoindre l'itinéraire 3, soit vous diriger vers les Vistillas ou le parque de l'Oeste.

Quitter la plaza Mayor par la rue Ciudad Rodrigo; de l'autre côté de la calle Mayor, la rue Milaneses conduit à la rue Santiago.

La rue Santiago offre un bon choix de mesones typiques; elle mène à l'**église Santiago y San Juan Bautista**, reconstruite en 1811 et abritant un tableau de saint Jacques «Matamoros». Non loin, l'**église San Nicolás de los Servitas**, la plus ancienne de Madrid, a été reconstruite au XVe s.; sa tour est l'un des rares témoins du Magerit arabe, et offre aussi des éléments gothiques et mudéjars. Vous remonterez la rue San Nicolás jusqu'à la place Ramales où se trouve la **casa de Trespalacios**, du XVIIIe s. De là, vous aurez une très belle vue sur le Palais royal et vous pourrez apercevoir à dr. l'édifice de la torre de España.

La **plaza de Oriente**** *(plan XXI, C1-2)* fut commencée par Joseph Bonaparte et terminée par Isabelle II; elle est ornée, au centre, d'une statue équestre de Philippe IV* par Pietro Tacca qui l'avait fondue à Florence en 1640 d'après un portrait peint par Vélasquez. La proximité du palais, du théâtre royal et les statues des rois donnent à cet espace un caractère très noble.

Le **Teatro Real,** ou Opéra, est assez représentatif du romantisme madrilène, tendance éclectique qui marque les édifices construits durant le règne d'Isabelle II; il a été inauguré en 1850, le jour de la fête de la reine, à qui est dédiée, de l'autre côté de l'édifice, une place ornée de sa statue par José Piquer.

Ne manquez pas, à l'heure du goûter, d'aller déguster un chocolat chaud au Café de Oriente *(pl. de Oriente, 2)*, d'un luxe plus accessible que le restaurant du même nom.

Palais royal** ou Palacio Real *(plan XXI, C1-2; métro Opera ou Plaza España; bus 3 ou M4)*. — Ce palais mérite une visite pour ses merveilleuses collections d'œuvres d'art (peintures, sculptures, meubles, tapisseries, etc.), ainsi que pour son musée d'armes (Real Armería).

En 1734, pendant un séjour de la famille royale au palais du Buen Retiro, le vieil Alcázar du Moyen Age disparut dans un incendie. Philippe V fit appel à un architecte italien, Filippo Juvara, qui dressa les plans d'un bâtiment grandiose; en effet, dans l'esprit de l'architecte il ne devait pas mesurer moins d'un kilomètre de long. Ce fut la consternation à la cour. Un autre architecte italien, Giovanni Battista Sacchetti, ramena le projet à de plus justes proportions : le palais qu'il conçut mesurait 140 m de côté. Charles III y fit ajouter deux ailes encadrant une vaste cour ou place d'armes. La construction fut entreprise à partir de 1738 avec la participation de plusieurs architectes espagnols dont Ventura Rodríguez, et c'est en 1764, sous Charles III, que fut inauguré cet édifice de style néo-classique également pourvu d'éléments d'architecture baroque.

Les façades du palais forment un quadrilatère aux côtés presque égaux rythmés par une succession de pilastres et de colonnes; une balustrade couronne l'ensemble, prolongeant les éléments verticaux de la façade.

Devant la façade principale se trouve la **plaza de la Armería** (place d'armes) d'où l'on jouit d'une belle vue sur le Campo del Moro, jardin en pente qui descend jusqu'aux rives du Manzanares. Du côté de la façade N., les **jardins de Sabatini**, un des parcs les plus attirants de Madrid *(plan XXI, C1)*.

Visite : 9 h-18 h 15 (été) ou 9 h-17 h 15 (hiver) sous la conduite de guides polyglottes ; 9 h-14 h les dim. et j. fériés ; f. les j. de réception officielle. ☎ 248-74-04. Entrée par la plaza de la Armería.

Dans leur ensemble, les salles du palais correspondent aux goûts des monarques Charles III et Charles IV. La décoration des plafonds, qui vise à représenter divers aspects de la grandeur de la couronne, est principalement l'œuvre des peintres de cour, Juan Bautista Tiepolo, Conrado Giaquinto et Antonio Rafael Mengs.

Le **Grand Escalier*** est l'une des parties les plus belles du palais (à la voûte, allégorie de la Monarchie espagnole rendant hommage à la Religion, par Conrado Giaquinto).

Au 1er étage. — Antecámara (antichambre) de la Reina Cristina (plafond d'Antonio González Velázquez) ; — salle à manger ordinaire (plafond peint par Francisco Bayeu) ; — salle des glaces (plafond de F. Bayeu) ; — salon des tapisseries (plafond de F. Bayeu, tapisseries du XVIIIe s.) ; — salle des Armes (plafond de Maella, tapisseries du XVIe s. Portrait d'Isabelle la Catholique, par Bermejo et d'un chevalier de Malte, par Diego Vélasquez).

Les **salons officiels** comprennent : la cámara (plafond peint par Maella) ; — l'antecámara (plafond de Tiepolo : la Toison d'Or, portrait de Charles IV et de Marie-Louise, par Goya) ; — la saleta (plafond de Tiepolo, tapisseries du XVIIIe s. d'après Teniers) ; — le **salón de Embajadores** ou salle du Trône est d'un intérêt majeur : la voûte a été décorée par Tiepolo (baroque décoratif). Elle représente d'une façon plastique la grandeur de la monarchie espagnole avec ses provinces et ses états (deux lions en bronze doré de l'ancien alcázar et deux sculptures classiques rapportées d'Italie par Vélasquez) ; — la saleta de Gasparini : de style rococo, elle est recouverte de soie brodée et contient de merveilleuses porcelaines aux motifs chinois ; les voûtes furent décorées par Mengs, Vélasquez et F. Bayeu ; — la salle des Hallebardiers (plafond de Tiepolo ; tapisseries flamandes) ; — le salon des Colonnes (plafond de Conrado Giaquinto, statue de Charles Quint, par Pompeo Leoni).

Par le **tranvía de Carlos III** (tableau de Tiepolo : Saint Pierre d'Alcántara), le salón de Carlos III (plafond de V. López, élève de Goya) ; — dans les salles des angles, une magnifique collection de peintures : primitifs flamands, peinture italienne des XVIe et XVIIe s., tableaux de Vélasquez, Goya, Rubens, Watteau, etc.

La chapelle. — Au centre du palais, construite durant le règne de Ferdinand VII par Juan Bautista Sacchetti et Ventura Rodríguez, la chapelle renferme de très belles fresques de Giaquinto, une collection d'**instruments à cordes*** des XVIIe et XVIIIe s. des deux fameuses familles de luthiers de Crémone : Stradivarius et Amati. Riche **trésor*** comprenant des reliquaires.

La Real Biblioteca* (installée au rez-de-chaussée). — Elle occupe 24 salles du palais et contient des fonds d'une très grande richesse : 250 000 volumes, 6 000 manuscrits, 2 000 gravures et dessins, 3 500 cartes, 3 000 partitions musicales, des reliures luxueuses y sont précieusement conservés.

■ **La Real Armería**.** — Installée dans l'aile, à dr. de la façade principale, elle possède une exceptionnelle collection d'armes qui a pour origine la collection privée de Charles Quint que Philippe II ramena à Madrid en 1561. Elle renferme de nombreuses pièces uniques comme les armures de Charles Quint, de Philippe II et du roi Sébastien de Portugal, les épées du Cid, d'Hernán Cortés, des Rois Catholiques, de Boabdil, etc.

■ **La Real Oficina de Farmacia*.** — Collection de vases et d'ustensiles, notamment de nombreuses faïences de Talavera.

Pour atteindre le **musée des Carrosses,** qui renferme de nombreux véhicules, la plupart datant des XVIIIe et XIXe s., vous pourrez traverser les **jardins de Sabatini*,** parc de 21 000 m² qui s'étend entre la rue Bailén et la rue de San Vicente (jardins à la française, statues et fontaines).

Vous pourrez également vous promener à travers les **jardins du Campo del Moro**,** au tracé très soigné, où se trouvent les deux fontaines des Tritones et de las Conchas.

Au S. du palais se trouve la **cathédrale Santa María de Almudena** *(plan XXI, C2)*, construite aux xixe et xxe s., d'après les plans du marquis de Cubas, sur le site même de la plus vieille église de Madrid (xiie s.). La nouvelle cathédrale, qui est toujours en cours d'achèvement, est de style gothique mais offre une façade de style néo-classique. La crypte fut ouverte au culte en 1904 et conserve sur l'autel la représentation de la patronne de Madrid, Nª Sª de la Almudena *(fête le 9 nov.)*.

Au pied de l'église Sta Maria de la Cabeza *(plan XXI, B3)*, les **jardins des Vistillas** offrent une vue panoramique sur le chevet de la cathédrale, les arches du pont de Ségovie (construit en 1584 par Juan de Herrera), le parc de la Casa del Campo et, en fond de tableau, la sierra de Guadarrama. A proximité se trouve l'ancien atelier d'Ignacio Zuloaga (1870-1945 ; *on ne visite pas)*.

↦ Basilique San Francisco el Grande* *(plan XXI, BC3)*. — Cette église, dont la fondation remonte au xiie s. (couvent de frères franciscains), est sans doute la plus majestueuse de Madrid. Après sa démolition au xviiie s., sa reconstruction fut confiée au franciscain Cabezas puis à Sabatini. Elle servit un temps de Panthéon national et présente une sobre façade, un peu froide, de style néo-classique, que domine l'imposante masse d'un dôme de 32 m de diamètre, l'un des plus grands du monde. A l'intérieur, des œuvres de grand intérêt de Calleja, González Velázquez (Saint Bonaventure), Bayeu, Maella, Goya (Saint Bernardin prêchant devant Alphonse V), Zurbarán (statue de saint François) et Alonso Cano (Saint François) ; stalles* plateresques de la chartreuse d'El Paular. Au retour vers la plaza de Oriente *(prenez le bus 3 ou M4)*, le viaduc de la rue Bailén offre à dr. une belle vue sur les vieux quartiers *(→ prom. 1)*.

3 — Du Palais royal à la plaza de España

Cette promenade, d'une à deux heures environ à travers le Madrid de la maison d'Autriche, pourra être effectuée à la suite de la précédente, à condition de ne pas avoir visité l'intérieur du palais. Indépendamment, elle se fera plutôt en début d'après-midi afin de pouvoir flâner ensuite dans les quartiers commerçants où elle mène.

Couvent de la Encarnación* *(plan XXI, C1)*. — Il fut fondé par la reine Marguerite, épouse de Philippe III, et l'on doit son architecture à Juan Gómez de Mora. Relié au palais par un passage souterrain, il accueillait les femmes de la famille royale. Les travaux débutèrent en 1611 et la maison d'Autriche le fit décorer par les artistes de la cour. Restauré au xviiie s. par Ventura Rodríguez, c'est aussi un véritable musée.

Visite : mar., mer., jeu. et sam., 10 h 30-12 h 30 et 16 h-17 h 30 ; ven., 10 h 30-12 h 30 ; dim. et fêtes, 11 h-13 h 30 ; f. lun.

La **collection de peintures*** du couvent est composée de très belles œuvres appartenant, pour l'essentiel, à l'école madrilène du xviie s. : Juan Pantoja de la Cruz (xvie-xviie s.), Vicente Carducho (xvie-xviie s. ; *le Sauveur)*, Juan Carreño de Miranda (*Immaculée Conception ;* 1663), Antonio de Pereda (Saint Augustin et Sainte Monique ; 1650), Bartolomé Román (plusieurs toiles consacrées à la vie de la Vierge ; archanges), José de Ribera (Saint Jean-Baptiste), etc. Remarquez aussi, pour son intérêt historique, le grand tableau de Pieter van der Meulen, Entrega en el Bidasoa, qui représente l'échange des fiancées royales dans l'île des Faisans en 1615 : Isabelle de Bourbon, fille de Henri IV, destinée à être l'épouse du futur Philippe IV, et Anne d'Autriche, fille de Philippe III, qui deviendra la femme de Louis XIII.
Parmi les sculptures, remarquez surtout les œuvres de Gregorio Fernandez (Christ à la colonne ; Saint Augustin et Sainte Monique, dans l'église ; Christ gisant, dans le cloître).
Dans l'**église**, reconstruite en 1767 par V. Rodriguez, stalles du xvie s. ; aux murs, faïences de Talavera ; fresques d'Antonio et de Luis González Velázquez (1755 ;

coupole et voûte) et de Francisco Bayeu (capilla mayor) ; madone florentine du xviᵉ s. ; toiles de L. Giordano (xviiᵉ s.), B. Román, V. Carducho. La salle des reliques, abondamment décorée, abrite une multitude de précieux reliquaires dont une ampoule contenant du sang coagulé de saint Pantaléon qui, dit-on, se liquéfie miraculeusement le jour de sa fête (27 juil.).

A une centaine de mètres au N. du couvent, le **palais du Sénat** fut construit à la fin du xviᵉ s. pour abriter une communauté d'augustins ; il englobe l'ancien palais du marquis de Grimaldi, construit par Sabatini en 1776. Sur la place de la Marine Espagnole, qui le précède, monument à Antonio Canovas del Castillo, principal auteur de la Constitution de 1876.

De là, la rue de la Torija, où se trouvent quelques restaurants pleins de charme, conduit à la **place Santo Domingo** *(plan XXII, A1)*, cette place, où se dressait au xiiiᵉ s. un couvent, fut, jusqu'au xviiiᵉ s., le siège du « Santo Oficio ».

Plaza San Martín. — Elle occupe le site d'une église que Joseph Bonaparte fit abattre, première tentative pour « aérer » le vieux Madrid, ce qui excita la verve des Madrilènes pour qui il fut le « roi des Placettes » (il fut aussi *Pepe Botella*, Joseph-la-Bouteille, pour avoir prescrit la distribution gratuite de boissons).

Real monasterio del Descalzas Reales** *(plan XXII, A1)*. — Ce couvent de clarisses fut fondé en 1559 par l'infante Jeanne d'Autriche, fille cadette de Charles Quint dans un ancien palais des rois de Castille, construction de styles gothique tardif et du début de la Renaissance, où elle était née ; Antonio Sillero et Juan Bautista de Toledo s'acquittèrent des travaux en une dizaine d'années et Juan Gómez de Mora y apporta quelques remaniements au début du xviiᵉ s. Sa façade est de tradition très madrilène avec sa juxtaposition de brique rouge et de granit. L'établissement, où se retirèrent de nombreuses dames de sang royal — notamment l'impératrice Marie d'Autriche après la mort de Maximilien II, et sa fille Marguerite, qui entra en religion et y finit ses jours en 1633 —, fut enrichi d'un grand nombre de donations, essentiellement d'œuvres d'art très intéressantes.

Visite : mar., mer., jeu. et sam., 10 h 30-12 h 30 et 16 h-17 h 30 ; ven. 10 h 30-12 h 30 ; dim. et fêtes 11 h-13 h 30 ; f. lun. ☎ 222-06-87.

Vous remarquerez l'**escalier*** du vieux palais, vraiment royal, qui fut orné, dans la seconde moitié du xviiᵉ s., de **peintures murales** de Colonna et Mitelli et d'un plafond peint par Claudio Coello. Diverses salles abritent des portraits des Habsbourg ; l'une réunit une célèbre série de tapisseries, **Le Triomphe de l'Eucharistie**** ; cette série qui comportait 18 tapisseries (le couvent n'en possède plus que 17) fut commandée par **Isabelle d'Autriche** à **Rubens** qui exécuta des petits tableaux. Ceux-ci étaient soumis à l'infante pour recueillir son approbation sur leur contenu religieux. Le peintre exécuta ensuite, probablement entre 1625 et 1628, de véritables tableaux (81 cm × 91 cm) où il mit un zèle tout particulier à retracer, d'une manière épique et dans un foisonnement de couleurs, les dogmes de l'Église catholique triomphant dans sa lutte contre l'hérésie. De la série de 18 tableaux que Rubens peignit, le Prado en conserve 8. Le peintre fit exécuter de grandes estampes qui furent confiées à la manufacture de **Jan Raes**, à Bruxelles, qui dut s'adresser à d'autres tisserands, tels **Jacques Fabert**, **Jean Vervoert** et **Jacques Geubels**, en raison de l'énormité de la tâche (un excellent artisan ne produisait guère plus d'un m² de tapisserie en un an de travail constant).

Parmi les autres œuvres d'art que renferme ce couvent-musée, on peut signaler des sculptures de **Gaspar Becerra** (Saint Sébastien, Christ gisant, où l'on dispose, pour la procession solennelle du Vendredi saint, une petite custode du xviiᵉ s., ornée d'émeraudes), de **Gregorio Fernández** (Sainte Claire), de **Pedro de Mena** (plusieurs Mater Dolorosa, Sainte Claire, un Ecce Homo), etc., des peintures de maîtres flamands et néerlandais des xve et xvie s., notamment de **Pieter Brueghel le Vieux** (Adoration des Mages, œuvre signée et datée de 1569, l'année de sa mort), d'**Adriaen Isenbrant** (Vierge aux raisins, Vierge au perroquet), de **Jan Gossaert**, dit Mabuse (le Christ, la Vierge et Saint Jean), de **Joos van Cleve** (triptyque de l'Adoration des Rois) de **Rubens** (la Vierge remettant l'Enfant Jésus à saint François), de maîtres italiens : **Titien** (le Denier de César), **Angelo Nardi** (Saint Bruno), **Sebastiano del Piombo** (la montée au Golgotha), d'artistes espagnols : **Zurbarán** (Saint François), **fray Juan Sánchez Cotán**, etc.

Une impressionnante collection de reliquaires, des chapelles abritant quantité d'autres œuvres d'art et objets précieux, l'église, avec le tombeau de la fondatrice par Pompeo Leoni, complètent cet ensemble particulièrement remarquable.

↦ De la place San Martín, vous pourrez, par la rue du même nom, aller voir à env. 200 m S., l'**église San Ginés** *(plan XXII, A2); d'*origine mozarabe, mais reconstruite à plusieurs reprises, elle est surtout intéressante pour les œuvres d'art qu'elle abrite : des sculptures, dont un Christ en ivoire d'Alonso Cano (xviie s.) mais surtout un tableau du **Greco**, **les Marchands chassés du temple***, l'une des quatre compositions exécutées sur ce thème par le peintre.

En longeant à g. le couvent des Descalzas Reales par le Postigo de San Martin, vous arriverez à la place del Callao.

La **place del Callao** *(plan XXII, A1)* est entourée d'édifices datant du xxe s. *(au n° 1 se trouvent les locaux de l'Alliance Française de Madrid).* Les rues piétonnières del Carmen et Preciados sont très animées : *grands magasins et nombreuses boutiques;* autour de la place s'élèvent à dr. le palais de la presse, palacio de la Prensa, construit en 1928 par Muguruza (école de Chicago), et l'édifice Carrión, appelé aussi Capitol, construit par Martínez Feduchi, qui reflète le goût des années 30.

La **Gran Viá** (ou avenida de José Antonio) est l'une des avenues les plus importantes de Madrid ; vous pourrez la descendre à pied jusqu'à la place d'Espagne et outre un grand choix d'hôtels, de restaurants, de magasins et de cinémas elle vous offrira une vision assez synthétique de l'architecture de la première moitié du siècle et de l'influence nord-américaine : tel est le cas du cinéma Rialto (au n° 54) ou de l'ancienne banco Hispano de la Edificación (n° 60) ou encore du cinéma Coliseum (n° 78).

La fameuse **place d'Espagne** représente certes un nœud de circulation mais c'est aussi un lieu de rencontre agrémenté, au centre, d'un jardin avec un plan d'eau et un monument, un peu lourd, à Cervantès (1927). Parmi les monuments de cette place dominent deux **gratte-ciel**, la torre de Madrid (1957) et surtout l'edificio España (107 m ; 1948) dont la haute silhouette pyramidale, festonnée de pinacles (très proche de celle, contemporaine, de plusieurs buildings moscovites) est assez typique du goût éclectique et emphatique de certains régimes... ; en montant à la terrasse du 26e étage, vous jouirez d'une belle vue sur l'ensemble de la ville. Vous noterez également la façade néo-gothique du couvent de Sainte-Thérèse datant de 1923 et l'élégant bâtiment de la compagnie Asturiana de Minas de 1848.

↦ A une cinquantaine de mètres de la place, l'**église San Marcos*** *(c. San Leonardo, 10; plan XVIII, C4),* construite par Ventura Rodríguez en 1749-1753, est le dernier grand témoignage du baroque madrilène ; elle est dominée par une coupole peinte par Luis González Velázquez.

Au N. de la place, on pourra encore visiter le charmant musée Cerralbo *(c. Ventura Rodríguez, 17; → Musées, 7),* puis gagner les **jardins de la Montaña**

del Principe Pio : on a reconstruit là le temple de Debod, offert par l'Égypte e
1970 à l'Espagne en reconnaissance de la collaboration des archéologue
espagnols au sauvetage des monuments de Nubie.

➜ Le trottoir du **paseo del Pintor Rosales** qui borde les jardins de la Montaña e
occupé par de nombreuses terrasses de cafés ; vous pourrez vous y reposer avant c
prendre le téléphérique qui mène du **parque del Oeste**, particulièrement beau a
printemps en raison de la variété de ses fleurs, à la **casa de Campo** (plan XXI, A1

A l'O. des jardins, de l'autre côté des voies ferrées, le **paseo de la Florid**
(plan XXI, A1) fut, au XVIIIe s., la promenade favorite des Madrilènes. Sur
paseo, l'**ermitage de San Antonio de la Florida*** (ouv. de 11 h à 13 h 30 et d
15 h à 18 h 30 ; f. mer., dim. et j. fériés) fut construit en 1798 par l'architec
italien Francesco Fontana ; il est surtout célèbre pour les **fresques**** que Goya
peignit, à la demande de Charles IV. La dépouille mortelle de Goya y f
déposée.

Sur le paseo de la Florida, qui, au S., ramène vers le centre, vous trouverez ur
cidrerie de grande renommée, la *Casa Mingo*, où le cidre, le poulet frit et le fromag
de chèvre sont les trois grandes spécialités et où l'ambiance est vraiment typique.

4 — De la place d'Espagne à la cité universitaire

Cet itinéraire vous permettra de visiter l'O. de Madrid à travers la rue Princesa,
place Moncloa, jusqu'à la cité universitaire. Vous pourrez aller à pied le long de
rue Princesa ; en revanche, pour vous rendre à la cité universitaire il vous faudra u
véhicule (prendre un taxi de Moncloa ou le bus nº 46). N'hésitez pas, à l'heure o
chateo, c'est-à-dire à la tombée de la nuit, à arpenter les rues comprises entr
Mélendez Valdes, Arapiles, Blasco de Garay et Fernandez de los Rios de Feijo
(plan XVIII-XIX, CD2). Il y règne, grâce aux étudiants de la cité universitaire voisine
une ambiance très animée et très jeune.

La **rue Princesa** (plan XVIII, C4) constituait vers le milieu du XIXe s. une zon
résidentielle tranquille mais aujourd'hui les boutiques, les centres commerciaux
les hôtels et les bureaux l'ont convertie en un centre d'activités très importan
La proximité de la cité universitaire accroît encore son animation, les étudiant
aiment à se réunir dans ses bars et ses discothèques.

Au nº 20 de la rue Princesa se trouve le **palais de Liria** (plan XVIII, C3), qu
abrite aujourd'hui un musée (→ musées, 10). Commandé par Jacob Stuart Fitz
James, au XVIIIe s., il fut réalisé par Sabatini et Ventura Rodríguez ; détruit e
1936 à la suite d'un bombardement, il fut rebâti en 1956. La fièvre de
reconstruction entraîna la disparition d'un certain nombre de palais appartenan
à la noblesse mais dota cependant la rue Princesa d'édifices d'architecture
moderne d'un grand intérêt. Ainsi l'hôtel Melia au nº 27, de l'architecte Antonio
Lamela, à qui l'on doit aussi l'ensemble résidentiel « Galaxia » dans la rue Isaac
Peral (près de la place de la Moncloa, ci-après). En 1931, Zuazo réalisa la cas
Flores où vécut le grand écrivain chilien Pablo Neruda et que fréquentaien
García Lorca et d'autres poètes de cette même génération.

➜ A côté du palais de Liria, vous pourrez aller voir le **cuartel Conde Duque**
aujourd'hui centre culturel de la ville, en empruntant la travesía du Conde Duque. Ur
peu plus loin, dans la rue Amaniel, l'église du XVIe s. et le couvent (XVIIe s.) des
Comendadoras de Santiago par Sabatini. L'intérieur est un bon exemple du baroque
madrilène.

■ De là, rejoignez au N. la rue Alberto Aguilera *(plan XIX, CD3)* et prenez à g. ; au n° 25 le colegio de Areneros, construit en 1906 par Enrique Fort en style néo-mudéjar pour abriter l'Institut catholique des arts et métiers. Un peu plus loin, on rejoint la calle Princesa au coin du grand magasin El Corte Inglès.

La **place de la Moncloa** marque l'entrée de la ville universitaire avec ses nombreux bars et tascas. La Moncloa est représentative de l'architecture officielle de l'après-guerre. Son tracé fut dessiné par Luis Gutiérrez, qui établit également les plans de l'édifice du ministère de l'Air *(plan XVIII, AB2)* dont le style rappelle un peu celui de l'Escurial.

➜ *A 500 m N.-E. de la place, vous pouvez aller visiter rapidement le petit* **musée des Pères Escolapia** *(→ Musées, 31).*

La **cité universitaire**** *(plan XVIII, A1)* est née de la décision, prise en 1927 par une commission présidée par le roi Alfonse XIII, de doter Madrid d'une zone exclusivement consacrée aux centres et installations universitaires.

Jusqu'alors les centres d'études supérieures étaient disséminés dans la ville, bien qu'une université centrale existât rue San Bernardo. Pour la réalisation du projet on choisit un terrain d'une surface de 320 ha, situé près du centre, avec vue sur la sierra de Guadarrama ; la construction débuta en 1929 sous la responsabilité de l'architecte Modesto López Otero. A l'orée de ce quartier, qui fut l'un des théâtres les plus sanglants de la guerre civile en 1936 et 1937, Franco a célébré sa victoire en élevant (1956) un arc de triomphe de style classique et grandiloquent, surmonté d'une Minerve sur un quadrige.

Axe principal du campus universitaire, l'av. Arco de la Victoria laisse à dr. le **museo de America** *(plan XVIII, A1 ; → Musées, 22).* L'av. de la Puerta de Hierro, qui la prolonge, dessert à g. le **musée national des Reproductions artistiques** *(→ Musées, 22 bis),* une des plus belles réalisations architecturales des années 70. Aussitôt après, à g., la **casa de Velázquez,** construite en 1956-1959 est l'équivalent madrilène de la Villa Médicis : elle reçoit des chercheurs et artistes, boursiers, se consacrant à l'étude de la civilisation hispanique.

Le **palais de la Moncloa,** situé un peu plus loin à g., entre l'avenue puerta de Hierro et la route de Pardo, était un hôtel particulier construit pour la duchesse Cayetana d'Alba et devint propriété de la couronne à sa mort. Il fut notamment la résidence de Joseph Bonaparte, de la reine Marie-Christine de Bourbon et d'Isabelle II. Détruit pendant la guerre civile, il fut reconstruit suivant le même tracé et inauguré en 1955. C'est aujourd'hui la résidence du président du gouvernement.

5 — De la Gran Vía aux quartiers de Bilbao, de Chamberi et de Malasaña

Cet itinéraire couvre une surface assez importante, aussi ne vous indiquerons-nous que les points les plus intéressants, que vous choisirez selon votre goût.
En empruntant, depuis la Gran Vía, les rues San Bernardo ou Fuencarral, qui se rejoignent très au N. sur la Glorieta de Quevedo (plan XIX, D2-3), vous arriverez sur ce que l'on appelle les boulevards, constitués par les rues Carranza, Sagasta et Genova et sur lesquels s'ouvrent les glorietas de Ruiz Rimenez, de Bilbao ainsi que la plaza de Alfonso Martínez (plan XIX, F3). Plus au N. se trouve la plaza de Chamberi.
Toutes ces places sont desservies par le métro, mais si vous êtes bon marcheur, vous pouvez faire le chemin à pied et parcourir les petites rues entre les rues San Bernardo et Fuencarral.

De la plaza del Callao *(plan XXII, A1)*, prenez la rue Tudescos *(plan XXII, A-B)* puis la rue Desengaño dans laquelle s'élève l'**église San Martín***. A l'intérieur quelques peintures intéressantes de **Murillo, Carreño, Miranda, Claudio Coello** et **Juan Ricci**.

Prenez ensuite la rue Valverde, parallèle à Fuencarral. Au n° 22 se trouve la Real Academia de Ciencias Exactas, Fisicas y Naturales, édifice néo-classique fondé en 1834 par la reine Marie-Christine. Presque en face, à l'angle de la rue Puebla s'élève le couvent des Mercederias Descalzas de Don Juan de Alarcón, œuvre baroque du XVIIe s. *(l'église peut être visitée le dim. à midi lors de la célébration de la messe).*

Prenez la rue de la Puebla jusqu'au bout.

Au coin des rues Puebla et Corredora Baja se trouve l'**église San Antonio de los Alemanes** *(plan XXII, B1)* (visite : dim. à midi lors de la messe), construite au XVIIe s., remaniée au XIXe s. Elle contient des **fresques*** de **Giordano**; sur les murs, des portraits de monarques illustrent l'alliance du Trône et de l'Église; la coupole est de **Francisco Rizi** et l'allégorie centrale de **Juan Carreño de Miranda**.

Dans la **rue du Pez** vous verrez de belles maisons nobles dont certaines comme celle située au n° 6 arborent de magnifiques verrières. Au n° 9 se dresse le **couvent de bénédictines de San Placido** *(plan XXII, AB1)* dont la construction date du milieu du XVIIe s. ; il renferme notamment plusieurs **retables** ornés de magnifiques peintures de **Claudio Coello**.

Cette rue vous mènera à la **rue San Bernardo** *(plan XIX, D4)* où se rassemblent vieux commerces, bars, constructions modernes et maisons du début du siècle (à l'époque où la noblesse y avait élu domicile). Vous pourrez voir, au débouché de la rue du Pez, le ministère de la Justice dans l'ancien édifice du palais de Sorona, du début du siècle et remanié en 1951.

En face s'élève l'édifice austère de l'École supérieure de chant appartenant au banquier Bauer, représentant de la maison Rothschild, qui exerça un mécénat artistique important. Restauré dans son style isabélin d'origine, le palais possède un petit théâtre où se déroulent des concerts de musique de chambre.

Au n° 62, le palais de Guadalcazar, construit en 1728, est sans doute l'un des plus anciens de la rue.

Toujours dans la rue San Bernardo, au n° 79, l'**église Montserrat** *(plan XIX, D3-4)* fut construite en 1634, sur l'ordre de Philippe IV, pour accueillir les moines bénédictins d'origine castillane ayant fui le monastère de Montserrat en raison de la guerre de Catalogne. La façade, du début du XVIIIe s., est de **Pedro de Ribera** ; belle tour baroque.

En face de cette église, vous trouverez le couvent des Salesas Nuevas, qui fut le siège de l'université entre 1836 et 1848 lorsque celle-ci fut transférée de Alcalá de Henares à Madrid.

•→ *Vous pouvez, d'ici, rejoindre le palais de Liria (prom. 4) en prenant à g. après l'église, la rue Quiñones.*

La rue San Bernardo mène à la **Glorieta Ruiz Jimenez** *(plan XIX, D3 ; métro San Bernardo)*, où convergent les rues Alberto Aguilera, San Bernardo et Carranza (par la rue Alberto Aguilera, à g., puis le jardin du Valle Suchill, à dr., vous pourriez aller flâner un peu dans la zone commerciale d'Arapiles).

Vous prendrez ensuite la rue Carranza en direction de la glorieta de Bilbao. Cette rue tire son nom du dominicain Bartolomé Carranza (1503-1567), confesseur de Philippe II et archevêque de Tolède, qui fut brûlé pendant l'Inquisition sur un bûcher élevé dans cette partie de la ville.

La **glorieta de Bilbao** *(plan XIX, E3)*, au point d'intersection des grandes rues Fuencarral, Carranza, Sagasta et Luchana, offre peu d'intérêt du point de vue architectural, mais elle est devenue l'un des lieux les plus animés du Madrid moderne : tout autour de la place se concentrent salles de spectacle, cinémas et commerces. Au n° 7 se trouve le Café Commercial qui fut à une certaine époque un célèbre lieu de rencontres, où se livraient conversations et débats. Depuis quelques années, ce café, redécouvert par la jeunesse, est redevenu un lieu de rendez-vous très fréquenté. On peut y entendre, surtout le samedi soir, d'excellents musiciens de jazz.

↦ *De la glorieta, vers le N., la rue de Luchana mène vers la place de Chamberi. Au S. de celle-ci s'étend le quartier Almagro (→ itinéraire 7), quartier des ambassades, une des zones les plus chic de Madrid et dont les constructions datent de la seconde moitié du XIXᵉ s.*

La **place de Chamberi** *(plan XIX, F2)* fait partie du district du même nom, contemporain des quartiers de Salamanca et d'Arguelles. Il fut construit dans les années 1860 et représentait, dans les projets de Carlos María de Castro, l'une des principales zones d'expansion urbaine. Jusqu'alors cette partie de Madrid était en effet demeurée déserte, mais la situation centrale de Chamberi en a fait aujourd'hui une des zones les plus convoitées par la spéculation immobilière.

A l'O. de la place de Chamberi, la **plaza de Olavide** *(plan XIX, E2)* est entourée de rues tranquilles. Au n° 16 de la rue Feliciana, maison néo-mudéjare ; au n° 14 de la rue Albuquerque, le *Clamores* est un bar réputé pour ses excellents concerts de jazz et son ambiance décontractée *(les rues Hartzenbusch et Cardenal Cisneros sont quant à elles bordées de restaurants économiques, de bars et de mesones typiques).*

Revenez à la glorieta de Bilbao par la rue Luchana *(remarquez au n° 12 une maison de style Art nouveau).*

Au S. de la glorieta s'étend le **quartier de Malasaña**, un des quartiers de Madrid où l'animation nocturne est la plus intense.

Dans cette zone, les bars succèdent aux discothèques et toutes les modes y sont représentées. Parmi les établissements les plus sympathiques, citons le café Isadora (14, rue Divino Pastor), le café Ruiz (14, rue Ruiz), le Malasaña (28, rue Vicente Ferrer), la Vía Lactea (18, rue Velarde), le Foro (20, rue San Andrés), ou encore le café-concert le Manuela (29, rue Vicente Ferrer).

La **place du Dos de Mayo** *(plan XIX, DE4)* forme véritablement le cœur du quartier de Malasaña. La sculpture en son centre, d'Antonio Solé (1822), représente deux hommes prêtant le serment de lutter jusqu'à la fin contre l'envahisseur français *(cette place, qui est entourée de nombreuses terrasses de café, est le théâtre de concerts et de fêtes populaires au printemps).*

En empruntant la rue de la Palma, vous pourrez rejoindre la **rue Fuencarral**, très commerçante, et aller visiter le **Musée municipal*** *(au n° 78 de la rue ; → musées, 18),* consacré à l'histoire de Madrid ; il est situé dans l'ancien hospicio de San Fernando, œuvre maîtresse de **Pedro de Ribera**, l'un des représentants du baroque madrilène. Vous remarquerez la décoration foisonnante de la porte d'entrée. En face, le Tribunal des Comptes *(au n° 81)*, construction de style néo-classique, est l'œuvre de Francisco Jareño, également auteur de la Bibliothèque nationale. Plus bas, en empruntant la rue San Mateo, sur votre g. vous pourrez vous rendre au **Musée romantique** *(→ musées, 9)* et, en poursuivant cette rue, vous arriverez sur la place Santa Bárbara *(plan XIX, F4 ; prom. 6)* toute proche de la place Alonso Martínez.

Vous pouvez aussi rejoindre cette place depuis la glorieta de Bilbao en empruntar la rue Sagasta bordée de constructions très représentatives de l'architecture de la fin du xixe s. et du début du xxe s. Parmi les édifices intéressants, vous remarquerez dans la rue Larra *(2e à dr. en partant de Bilbao)* au n° 14, une construction Ar nouveau de Jesús Carrasco (1907); à g., aux n°s 33 et 35 de la rue Covarrubias deux élégantes bâtisses.

De la place Alonso Martínez, vous pourrez choisir entre les prom. n° 6 ou n° 7. Er poursuivant la rue Genova, vous atteindrez la plaza Colón située sur les paseos.

Les paseos. — Du plus ancien au plus moderne, et du S. au N., ils représentent une même avenue et prennent les noms de paseo del Prado *(plan XXIII, D2-3)*, de Recoletos et de la Castellana *(plan XX, A2-3)*. Une manière sympathique de prendre contact avec ces paseos, de jour comme de nuit, es de les parcourir en voiture depuis la glorieta Emperador Carlos V ou la gare d'Atocha jusqu'à la place Emilio Castelar et au-delà. Vous pourrez ainsi admirer les belles **fontaines**** de Cybèle, de Neptune et d'Apollon, et les édifices e monuments qui jalonnent le parcours.

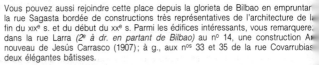

Le plus ancien paseo, celui du **Prado** *(plan XXIII, D2-3; → prom. 9)*, aménagé au xviiie s., naquit des réformes urbaines entreprises par les Bourbons. Situé sur les terres de l'ancien palais royal du Buen Retiro, il constitue, avec le paseo de Recoletos et celui de la Castellana, un véritable musée de plein air de la sculpture espagnole (fin xixe-début xxe s.).

Bordé à l'E. par le quartier de Jerónimos, et point de départ à l'O. de la carrera Sar Jerónimo qui monte à la puerta del Sol, le paseo del Prado prend fin à la place de la Cibeles.

La **place de la Cibeles****, présidée par une **fontaine** où la déesse trône sur un char tiré par deux lions, constitue un des endroits les plus connus de Madrid symbole universel de la ville, elle fut commandée par Charles III et réalisée par Francisco Gutiérrez et Roberto Michel (xviiie s.). Depuis la place, splendides perspectives sur les rues qui convergent vers elle.

A partir de la place de la Cibeles commence le second paseo, celui de **Recoletos** *(→ prom. 6)*, qui va jusqu'à la plaza de Colón, où débute le **paseo de la Castellaña**.

Ce dernier fut, à partir du milieu du xixe s., un lieu de carnavals, de fêtes et de manifestations politiques. C'était aussi le paseo qui comprenait le plus d'hôtels particuliers et de maisons bourgeoises. Aujourd'hui il est entièrement bordé d'immeubles occupés par des banques et des bureaux en tout genre. Au xxe s., le projet de décongestion du centre, élaboré par Zuazo et Jansen, fut concrétisé par la prolongation de la Castellaña vers le N.

6 — De la place Alonzo Martínez vers le paseo de Recoletos

Ce parcours ne pouvant s'effectuer en une seule fois, nous vous conseillons de sélectionner les lieux en fonction de vos centres d'intérêt. Prévoir une bonne journée.

Vous pourrez admirer les belles bâtisses où la haute bourgeoisie avait élu domicile au xixe s., et qui sont devenues aujourd'hui le siège d'établissements publics ou privés. Les alentours de la place del Rey offrent un ensemble de petites rues qui formaient autrefois le quartier des chisperos (forgerons). Les rues Genova, Almirante, Conde de Xiquena et Serrano sont nettement plus bourgeoises. C'est là que vous trouverez les boutiques les plus luxueuses de Madrid. Pour vos soirées, préférez le quartier de Chueca et la rue Hortaleza, toujours très animés.

Partez de la **plaza Alonzo Martinez** *(plan XIX, F4 ; métro)* : la rue Genova, qui descend vers la place Colón, est bordée de chaque côté de commerces de luxe. La rue Castaños, sur la dr. conduit ensuite vers la **plaza de la Villa de Paris*** *(plan XX, A4),* agrémentée en son centre d'un petit jardin et s'ouvrant sur la rue Marqués de la Ensenada : au n° 12, l'Institut français avait été construit en 1902 par Grases Riera, pour abriter le théâtre lyrique (tout à côté, vous trouverez les services culturels de l'ambassade de France).

La partie S. de la place est occupée par l'ancien monastère de las Salesas Reales, aujourd'hui **palais de Justice.** Il a été construit, dans les années 1750, selon les plans de Francisco Carlier et ne peut malheureusement pas se visiter. Ne manquez pas, en revanche, de pénétrer dans l'**église de las Salesas (ou Santa Bárbara)** adossée au couvent (l'entrée se trouve sur la petite place contiguë à celle de la Villa de Paris). Ce monument illustre parfaitement le baroque bourbon, combinaison de monumentalité et d'ornementation propre à ce style mais avec une forte influence française. A l'intérieur, vous pourrez admirer des sépulcres royaux, œuvres du sculpteur Francisco Gutiérrez.

↦ En sortant de l'église, empruntez la rue Fernando VI *(plan XIX, F4)* où, au n° 6, s'élève la peu banale **casa de Gongoria**** (1902) occupée actuellement par la société des auteurs. C'est l'un des rares mais magnifiques exemples à Madrid de l'architecture Art Nouveau.

Revenez vers la place Colón en empruntant la **rue Bárbara de Braganza** *(plan XX, A4)* qui abrite quelques galeries d'art de luxe et remontez le paseo de Recoletos.

La **place Colón** est entourée de terrasses de cafés où, à la belle saison, vous pourrez vous rafraîchir et déguster une horchata ou un granizado (glace pilée, généralement parfumée au citron ou au café). Sur cette place, bordée par le **parque del Descubrimiento** (parc de la Découverte), une statue de style néo-gothique est élevée à la gloire de Christophe Colomb, ainsi qu'une fontaine qui, de nuit, est du plus bel effet. Sous la place, le **Centre culturel de la ville de Madrid** comporte un auditorium, des salles d'exposition et de théâtre.

Au S.-O. de la place Colón, entre les rues Prim *(plan XXIII, D1)* et Barquillo *(plan XXII, C1)* le palais de Buenavista est le siège du **ministère de l'Armée** ; il avait été édifié à la fin du XVIIIe s. pour servir de résidence à la duchesse Cayetana de Alba, immortalisée par Goya.

Toute proche, au n° 1 de la **place del Rey** *(plan XXII, C1),* issue des réformes urbaines entreprises par Joseph Bonaparte, se trouve la casa de las Siete Chimeneas (1577), œuvre de Juan Bautista de Toledo et d'Antonio Sillero, et qui abrite aujourd'hui le ministère de la Culture.

↦ Par la rue Figueroa *(plan XXII, C1),* vous atteindriez la **place Chueca** autour de laquelle s'ordonne un ensemble de commerces modestes, de bars et de restaurants à cuisine familiale. Nombreux pubs et discothèques, fréquentées par une population plutôt jeune et moderne. Parmi les endroits les plus à la mode, on peut citer : El Mac, El Gris, La Fidula, El Filmo, etc. A proximité, dans la rue Luis de Góngora se trouve le couvent des Gongoras de la fin du XVIIIe s., de style baroque.

Revenez sur le paseo de Recoletos *(plan XXIII, D1).* Au n° 41 vous pourrez aller visiter le **musée de Cire** (↦ *Musées, 19).* En face, au n° 18, s'élève la Bibliothèque nationale, inaugurée en 1892 pour commémorer le quatrième

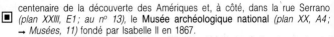 centenaire de la découverte des Amériques et, à côté, dans la rue Serrano *(plan XXIII, E1; au nº 13)*, le **Musée archéologique national** *(plan XX, A4;* → *Musées, 11)* fondé par Isabelle II en 1867.

En poursuivant la promenade du côté pair du paseo, à l'angle de la rue Salustiano Glozóga, vous découvrirez le palais du marquis de Salamanca, construit en 1858 selon les plans de Narciso Pascual y Colomer. En arrivant près de la place de la Cibeles, remarquez le palais de Linares, typique de l'architecture de la fin du siècle avec sa belle façade néo-baroque.

De la place de la Cibeles vous pourrez soit descendre la rue Alcalá vers la puerta del Sol, soit parcourir le paseo du Prado (→ prom. 9), ou bien encore remonter la rue Alcalá vers les quartiers de Salamanca (→ prom. 8) et de Manuel Becerra.

7 — De la plaza de Colón à la glorieta de Rubén Dario par le paseo de la Castellana

Ce parcours vous fera prendre contact avec les curiosités du paseo de la Castellana *(plan XX, A2-3)* et les belles rues du quartier Almagro, autour de la glorieta de Rubén Dario où le mélange entre habitations bourgeoises et constructions modernes n'est pas sans charme.

La plupart des bâtiments qui jalonnent le paseo et ses alentours datent de la seconde moitié du XIXᵉ s. Ce secteur résidentiel et aristocratique attira en son temps des nobles et des hommes d'affaires enrichis qui s'y firent construire des maisons et des immeubles avec jardins. Aujourd'hui, la plupart de ces élégantes bâtisses abritent les services diplomatiques de pays étrangers ou des ministères, et les immeubles bourgeois ont été remplacés par des édifices très modernes que se partagent bureaux et appartements de luxe.

Dans la portion de la Castellana située entre la place de Colón et la place Emilio Castelar, vous remarquerez l'architecture ultra-moderne des édifices où le verre est très utilisé. Au nº 34, se trouve l'**immeuble ABC Blanco y Negro** (1926) — étonnant mélange de briques et d'azulejos — œuvre de l'architecte Anibal González et dont l'autre côté donne dans la rue Serrano. Vous pourrez également aller voir le **musée de sculptures à l'air libre** à l'angle de la rue Juan Bravo (→ *Musées, 5)*. A l'angle de la rue Miguel Angel, vous noterez l'intéressant bâtiment de la «Caixa» (1978) et plus haut, au nº 80 du paseo, le **musée des Sciences naturelles** (→ *Musées, 27)*.

De l'autre côté du paseo, une promenade le long de la **rue Almagro** *(plan XX, A3)*, artère principale du quartier, ou dans les **rues Fortuny** et **Zurbano** *(plan XX, A3)*, vous montrera le caractère très chic de l'endroit : architecture opulente, boutiques peu nombreuses mais luxueuses, bons restaurants et galeries d'art.

Dans la rue Almagro, au nº 38, notez l'édifice de Augusto Martinez de Abaria qui fut primé en 1914 comme étant le plus réussi de l'année ; au nº 42, la casa Garay est un bon exemple du style espagnol à la mode au début du siècle *(elle abrite aujourd'hui le collège des ingénieurs des ponts et chaussées)*. Au nº 5 se tient l'Institut britannique. Vous pourrez prendre ensuite la rue Marqués de Riscal et celle de Fortuny. Au nº 43 de cette dernière se trouve le palacete de Osma, de style néo-arabe, abritant aujourd'hui l'**institut Valencia de Don Juan** (→ *Musées, 15)*.

A proximité de la glorieta de Rubén Dario, ne manquez pas d'aller voir l'édifice de **San Fermín de los Navarros*** *(10, rue Eduardo Dato)*, qui date de 1891 ; c'est sans doute l'un des meilleurs exemples de style néo-mudéjar qu'offre Madrid. En remontant la rue Miguel Angel, vous pourrez aller visiter le charmant musées Sorolla (→ *Musées, 8)*, situé au nº 63 de la rue Jose Abascal. Cette dernière vous mènera jusqu'à la place du Docteur Marañon, sur le paseo de la Castellana.

☐ Vous remarquerez au nº 21 de la rue Ríos Rosas, l'architecture de l'**École des ingénieurs des mines** ; cet édifice est l'œuvre de Ricardo Velázquez Bosco, grand architecte de la fin du XIXᵉ s. à qui Madrid doit aussi les palais de Cristal et de Velázquez dans le parc du Buen Retiro. Notez de même les céramiques murales. A l'intérieur, un musée de Minéraux dont la visite peut fort bien compléter celle du musée national de Géologie *(situé au nº 23 de la même rue)*.

Le prolongement du paseo de la Castellana, au-delà de la place du Dr Marañon jusqu'à la plaza de Castilla *(hors plan)*, né du projet de Zuazo et Jansen est de construction récente. Cette prolongation, qui avait pour but de décongestionner le centre, est devenue une des principales entrées de la ville.

☐ Parmi les édifices les plus intéressants on peut retenir celui de la banque de Bilbao, de 30 étages, construit en 1980 sur les plans de l'architecte Saenz de Oiza, et l'édifice Windsor *(65, rue R. F. Villaverde)*, l'un des plus hauts de Madrid (œuvre collective). Un peu plus loin, en face du stade Santiago Bernabeu, le Palais des Congrès est l'œuvre de Pablo Pintado ; une **mosaïque murale de Joan Miró*** orne la façade sur la rue du Général-Perón.

Dans cette zone de Madrid, surtout autour des rues d'Orense et de R. Fernández Villaverde, se concentrent également commerces (centre Azca), restaurants, discothèques et bars qui en font l'un des quartiers les plus «chauds» de la ville.

8 — Du paseo de la Castellana au quartier de Salamanca

Ce quartier, situé à l'E. de la Castellana, est limité au N. par la rue María de Molina, à l'E. par les rues Francisco de Silvela et du Dr Esquerdo, au S. par les rues O'Donnel et Alcalá et à l'O. par la rue Serrano, toutes ces voies se coupant en angle droit. Il s'agit là encore d'un quartier d'aspect bourgeois, dont la construction remonte à la seconde moitié du XIXᵉ s., sous le règne d'Isabelle II, et qui naquit du plan d'agrandissement de la ville de Castro. Il a été depuis profondément modifié, mais conserve toutefois son caractère bourgeois et traditionnel dont une promenade dans quelques-unes de ses principales rues vous donnera une idée.

Entre les rues Príncipe de Vergara et Serrano sont concentrés les commerces les plus luxueux de la ville : tissus et tapisseries, haute couture française, prêt-à-porter international, bijouterie, antiquités, maroquinerie, cadeaux, pâtisserie fine ; vous y trouverez également quelques grands magasins et un «multicentro» composé de boutiques consacrées à la mode d'avant-garde. C'est aussi dans ce quartier que se trouvent les plus prestigieuses galeries et salles de vente d'objets d'art.

☐ Dans la rue Serrano *(plan XX, B2-3)*, au nº 61, l'autre côté de l'**édifice Blanco y Negro** et **ABC**, construit en 1899 par l'architecte Salaberry, possède une façade d'inspiration néo-plateresque. Tout près, dans la rue Claudio Coello, au nº 99, l'**église San Andrés de los Flamencos**, construite en 1884 par l'architecte Ortiz de Villajos, est la plus ancienne du quartier. En poursuivant la rue Serrano vers le N. ne manquez pas d'aller visiter le musée **Lázaro Galdiano** *(nº 122 ;* → *Musées, 6)*, l'un des plus beaux de Madrid.

La **rue Goya** *(plan XX, BC4)* constitue une des grandes artères commerciales de ce quartier, mais aussi un grand centre d'animation, avec les bars et les cafétérias qui la jalonnent. Vous y remarquerez également l'architecture néo-gothique de l'**église de la Concepción** ; dans les rues avoisinantes, les **églises des Carmelitas** et du **Santo Cristo de la Salud** *(rue Ayala)*, celle des **Maravillas** *(rue Príncipe de Vergara)* constituent les principaux lieux de culte de ce quartier si catholique. Contrastant avec ceux-ci, au coin des rues Hermosilla et Nuñez de Balboa, se trouve le curieux **temple** anglican, de style néo-mudéjar.

Non loin, au nº 36 de la rue du Docteur-Esquerdo, se trouve un musée situé dans l'ancienne Fábrica nacional de monedas y timbres (→ *Musées, 21*).

La **rue Vélazquez** *(plan XX, B2-3)* est l'une des plus nobles du secteur. Tout près, à l'angle des rues Alcalá et Lagasca s'élève l'**église** néo-byzantine de **San Manuel y San Benito** *(plan XXIII, E1)*, construite au début du siècle par Fernández Arbos ; un peu plus haut, à l'intersection des rues Alcalá et O'Donnel remarquez la statue équestre du général Espartero, œuvre de Pablo Gibert. En poursuivant la rue Vélazquez, où abondent les commerces de luxe, vous pourrez admirer le palais de Amboage, remanié en 1910 par Grases Riera, et qui abrite aujourd'hui l'ambassade d'Italie.

Dirigez-vous vers la **place du marquis de Salamanca** *(plan XX, C3)* sans manquer au passage l'édifice de la **fondation Juan March*** (Castelló, 17 ; ☏ 435-42-40) où ont lieu d'importantes manifestations culturelles. On y trouve également une bibliothèque intéressante et, dans les jardins, de splendides œuvres sculpturales de Eugenio Sempere et **Eduardo Chillida**. La place du Marquis de Salamanca, inaugurée en 1911, possède un petit jardin et un monument élevé à l'illustre financier, œuvre de Jerónimo Suñol.

La rue Príncipe de Vergara, qui s'étend de la rue Alcalá à la place du Pérou, constitue une des plus grandes artères de la ville et possède les deux collèges les plus aristocratiques de la capitale : Nª Sª de Loreto, de style néo-mudéjar, œuvre de l'architecte Juan Bautista Lázaro et Nª Sª del Pilar, de style néo-gothique, d'Anibal Alvarez.

Rejoignez la rue Alcalá jusqu'à la plaza de la Independencia (plan XXIII, E1). De cette place, vous pourrez accéder au magnifique parc du Retiro.

Parc du Retiro *(métro Retiro)*. — Autrefois parc du **Buen Retiro**, il fut aménagé dès le XVᵉ s., au temps du roi Henri IV de Castille. L'étang existait déjà sous Philippe II qui y donnait des fêtes nautiques. Il dépendait d'un palais élevé dans les jardins d'un monastère, où les rois se retiraient pendant la semaine sainte et les deuils qui frappaient la cour.

Proche du centre, il représente une halte des plus agréables pour le voyageur. Occupant 119 ha en plein cœur de Madrid, il en est le véritable poumon. Le dimanche matin vous y trouverez une animation particulière le long de son lac : baladins, marionnettistes, dessinateurs, musiciens, vendeurs de bijoux et d'objets insolites seront au rendez-vous, et vous pourrez aussi assister à un concert donné par la fanfare municipale dans le kiosque à musique.
Vous pourrez louer une barque, et aller ainsi admirer de plus près l'ensemble sculptural qui surplombe le lac ; ce monument, réalisé entre 1900 et 1920, a été dessiné par Grases Riera, et la statue d'Alphonse XII est de Mariano Benlliure.

Le **palais de Velázquez*** *(plan XXIII, F2)* est un bel édifice de Ricardo Velázquez Bosco construit en 1887 : l'utilisation soigneuse de la brique et l'élégant tracé de son entrée, composée d'éléments appartenant aux styles les plus variés, donnent à cet ensemble une allure très originale. Les céramiques qui habillent les murs sont l'œuvre de Daniel de Zuluoga.

■ Le **palais de Cristal**** *(plan XXIII, F3),* également de Ricardo Velázquez Bosco, construit en verre et en fer, est du plus bel effet avec son petit étang où glissent cygnes et canards dans un cadre très romantique. *(Ces deux palais sont le théâtre, tout au long de l'année, d'expositions et de manifestations culturelles, organisées par la Direction générale des Beaux-Arts.)*

Dans ce parc, vous pourrez encore découvrir les jardins de Cecilio Rodríguez, la Rosaleda, la Chopera, le Parterre et enfin l'**observatoire astronomique** *(ouv. du lun. au ven.).* Ce dernier, commandé à Juan de Villanueva par le roi Charles III, est un véritable joyau du néo-classicisme madrilène. A l'intérieur sont conservés de nombreux instruments d'astronomie et de météorologie.

9 — De la plaza de la Independencia à la plaza Antón Martín par le paseo du Prado

Ce parcours sillonne la zone délimitée au N. par la rue Alcalá, à l'E. par la rue Alphonse XII, à l'O. par le quartier de la place Santa Ana et au S. par la rue Atocha. Au centre, le paseo du Prado. Nombreux sont les centres d'intérêt dans ce secteur, et vous ne pourrez sans doute pas tout voir en une seule fois. Aussi nous vous proposons plusieurs promenades que vous saurez choisir au gré de votre fantaisie.

☐ Sur la plaza de la Independencia *(plan XXIII, E1)* se dresse la **puerta de Alcalá**, ancienne entrée de la ville par la route d'Aragon, constituée par un arc de triomphe construit en 1778 par Francisco Sabatini. Son édification répondait au désir de Charles III qui voulait ennoblir la périphérie de Madrid en la dotant d'accès susceptibles d'impressionner le visiteur. Tous les ornements de cet arc furent réalisés par Robert Michel et Fernando Gutiérrez. Jusqu'à la seconde moitié du XIXe s., la porte d'Alcalá marquait la limite O. de Madrid ; la place d'Indépendance fut tracée autour de cette porte dans les années 1870.

En poursuivant la **rue Alcalá** vers la plaza de la Cibeles, vous verrez sur le trottoir des numéros impairs, le célèbre café Lion, connu dans les années 1930 pour les fameuses tertulias (discussions) qui s'y tenaient et dont Federico García Lorca était un participant assidu. Vous arriverez enfin sur la place de la Cibeles *(plan XXIII, D1)* où la gigantesque casa de Correos retiendra votre attention.

☐ **La casa de Correos**** *(plan XXIII, D1).* — Conçu par l'architecte Antonio Palacios comme un temple laïc à la gloire du progrès, cet édifice rassemble les styles les plus prestigieux de la tradition architecturale espagnole, intégrant aussi la tendance Art nouveau également connue sous le nom de « sécession viennoise ». Ce courant architectural se développa en parallèle avec la fameuse génération des écrivains de 98.

☐ En face, vous remarquerez l'édifice, important lui aussi, de la **Banque d'Espagne**, construit par Eduardo Adaro et Severiano Sainz entre 1844 et 1891. Son style est d'inspiration Renaissance vénitienne quoique ses toits mansardés aient un air résolument français. La banque possède en outre un musée conservant des **œuvres de Goya*** *(possibilité de visite sur demande).* Vous apercevrez, à côté, un palais néo-classique du XVIIIe s., aujourd'hui Académie de la jurisprudence et de la législation.

■ En descendant le paseo du Prado *(plan XXIII, D2),* vous pourrez prendre sur votre g. la rue Montalbán où se trouvent, au n° 2 le **Musée naval** (→ *Musées, 24*), et au n° 12 le **musée des Arts décoratifs** (→ *Musées, 14*).

Pour revenir sur le paseo, empruntez la rue Juan de Mena où se trouve la Bourse, dans un édifice néo-classique construit en 1884. Sur votre g., la place de la Lealtad est un élargissement du paseo, au centre duquel s'élève l'obélisque du 2-Mai, érigé pour commémorer l'exécution de nombreux Madrilènes par les troupes françaises en 1808. Vous arriverez ainsi sur la place Cánovas del Castillo ou place Neptune, qui peut être le point de départ d'une nouvelle promenade.

La **place Neptune*** *(plan XXIII, D2).* — Au centre de la fontaine, le dieu des mers apparaît sur un char en forme d'escargot, tiré par des chevaux marins. Projet de Ventura Rodríguez, ce monument fut réalisé à partir de 1780 par Juan Pascual de Mena. Sur cette place s'élèvent deux très beaux hôtels : le Ritz (1910) et le Palace (1912). Au coin de la carrera de San Jerónimo se trouve le palais néo-classique de Villahermosa, œuvre de Lopez Aguado, grand architecte sous le règne de Ferdinand VII ; annexe du Prado, il abrite la célèbre collection Von Thyssen-Bornemisza***, → *Musées, 29.*

Prenez la carrera San Jerónimo puis la rue du Prado. Le parcours que nous vous proposons vous entraînera dans un secteur qui fut au XVIIe s. le centre de la vie littéraire madrilène. Places et monuments témoignent du Siècle d'or des lettres castillanes ; Cervantès, Lope de Vega, Cadalso et Moratín y vécurent.

La **plaça de las Cortès*** *(plan XXII, C2).* — Formant un angle droit avec la rue du Prado, elle est dominée par la statue de Cervantès, qui passe pour être la première à ne pas avoir eu pour sujet la royauté ou la mythologie.

En face, sur la rue San Jerónimo, le **palais des Cortès** (Chambre des députés), construit en 1850 par Narciso Pascual y Colomer, possède une entrée de style néo-classique et de grandes colonnes striées d'ordre corinthien. A l'intérieur, vous trouverez les portraits des différents présidents de la Chambre ainsi que des tapisseries et des meubles de grande valeur.

En prenant la petite rue Fernanflor qui longe les Cortès sur un côté, vous atteindrez le **théâtre de la Zarzuela**, rue Jovellanos, inauguré en 1856 afin de promouvoir le genre «chico» (sorte d'opérette typiquement espagnole). Au printemps, ce théâtre devient le centre de festivals d'opéra et de danse classique.

Au nº 21 de la rue du Prado se trouve l'**Ateneo**. Cet athénée scientifique, artistique et littéraire est une institution madrilène qui fut entretenue par toute une génération d'intellectuels et de politiciens d'étiquette libérale dans les années 20. C'est là que s'exprimèrent les idées dont la diffusion n'était pas possible autrement. L'intolérance entraîna sa fermeture, et son changement d'adresse. L'édifice, construit en 1884 par Fort et Guyener, est plus intéressant à l'intérieur qu'à l'extérieur ; bibliothèque, salle de projection et salons de lecture reflètent encore aujourd'hui l'ambiance de jadis. On peut aussi y admirer des portraits d'athénéistes, dus à Rosales Madrazo ou à Casado del Alisal.

Dans cette même rue du Prado, au nº 4, vous pourrez faire une halte au *Salon del Prado*, un très beau café à l'ancienne, avec tentures de velours et tables en marbres (tous les jeudis, à partir de 23 h, le Salon devient un café-concert). Perpendiculaires à la rue du Prado, les rues Ventura de la Vega, Echegarray, Manuel Fernández y González et Príncipe sont spécialement riches en restaurants, tascas et tavernes ; les *Gabrieles* ou le *Viva Madrid* sont parmi les plus typiques.

La **place Santa Ana**** *(plan XXII, B2).* — Elle constitue le centre de ce quartier très animé. Due à l'architecte Silvestre Pérez (sous Joseph Bonaparte), elle occupe aujourd'hui le site du couvent des carmélites de Santa Ana dont la construction remontait à 1586. Au centre de cette place, la statue de Calderón, œuvre de Juan de Villanueva, regarde la façade du Théâtre Espagnol.

Le **Théâtre Espagnol** fut le témoin de premières théâtrales très importantes comme celles des célèbres pasos de Lope de Rueda au XVIe s. et, au XVIIIe s., des œuvres de Ramón de la Cruz, Moratín et García de la Huerta ou encore celles du théâtre romantique telles que «Don Alvaro» du duc de Rivas, «les Amants de Teruel» de Hartzenbusch, ou «le Troubadour» de García Gutiérrez.

Autre curiosité de la place Santa Ana, le superbe **hôtel Victoria** (aujourd'hui Tryp Reina Victoria) reconstruit en 1916 par l'architecte Jesús Carrasco y Encina. Admirez surtout l'étonnante tourelle à colonnes et la majestueuse façade de verre...

Ce quartier est riche en théâtres : au no 14 de la rue Príncipe se trouve le théâtre de la Comédie, dont l'ouverture date de 1875, et, dans le même secteur, le théâtre de la Cruz, sur la place del Angel (plan XXII, B2) et le théâtre Calderón, place Jacinto Benavente (plan XXII, B2).

De nuit, vous pourrez prendre quelques tapas à la Cerveceria Alemana, sur la place Santa Ana, et aller vous rafraîchir au Café Central, sur la place del Angel (à partir de 23 h des groupes de musiciens viennent animer la soirée).

De la place Santa Ana, la rue Huertas vous conduira dans une zone riche en souvenirs historiques et littéraires puisque nombre de grands écrivains l'habitèrent. Tout à côté de la place, l'**église San Sebastián*** (plan XXII, B2-3), dont l'entrée se situe rue Atocha, est elle aussi liée aux personnages les plus illustres des XVIIe, XVIIIe et XIXe s. qui y célébrèrent baptêmes, mariages et décès. Construite à l'origine par Churriguera, la façade en fut modifiée en 1829 par un disciple de Ventura Rodríguez qui transforma son style baroque en style néoclassique.

Au no 13 de la rue Huertas (plan XXII, C3), le **palais de Ugena**, de l'architecte Pedro de Ribera a été construit en 1734 et sa façade est typiquement baroque. Place Matute, vous découvrirez au no 12 un bel exemple de l'architecture Art nouveau avec la **casa de Villaamil**, construite par Eduardo de Reynals. A l'angle de la rue León se trouve l'**Académie royale d'histoire**, œuvre de Juan de Villanueva (1788). Initialement prévue pour imprimer les livres de prières des moines de l'Escurial, elle possède aujourd'hui une importante bibliothèque de 200 000 volumes et manuscrits et une collection de pièces archéologiques et artistiques, dont **cinq tableaux de Goya**.

À g., la rue León vous mènera rue Cervantès : au no 11 se trouve, achetée en 1610 par le grand poète et dramaturge, la **maison Lope de Vega** (plan XXII, C2; ouv. au public); revenez ensuite rue León et remontez-la jusqu'à la rue Lope de Vega. Au no 18 vous pourrez voir l'église et le couvent des Trinitarias Descalzas dont la construction date de 1673.

La rue Lope de Vega reconduit au paseo del Prado d'où vous irez voir le merveilleux musée du quartier des Jerónimos, édifié dans le dernier tiers du XIXe s.; le voisinage du **parc du Retiro**, le beau tracé de ses rues ombragées en font un des quartiers résidentiels les plus agréables de Madrid. Parmi ses centres d'intérêt, ne manquez surtout pas le très célèbre **musée du Prado***** (→ Musées, 1) et son annexe, le **casón du Buen Retiro** situé au bout de la rue Philippe IV. De la rue Philippe IV, prenez la rue Mendez Nuñez où se trouve le **musée de l'Armée** (museo del Ejército; → Musées, 23). Ce dernier constitue, avec le Cáson, l'unique vestige de l'ancien Palais royal du Buen Retiro.

A l'intersection des rues Philippe IV et Academia se trouve l'Académie royale de langue espagnole. Cet édifice, œuvre de Miguel Aguado de la Sierra, est d'une grande pureté de lignes. L'académie fut fondée en 1714 par Philippe V et son

premier objectif fut la publication d'un dictionnaire de la langue dont les 5 premie
volumes parurent entre 1726 et 1739; depuis ils n'ont cessé d'être réédités.

A côté de l'Académie et derrière le musée du Prado se trouve l'**église de
Jerónimos**** *(plan XXIII, D2)* de style néo-gothique. Les derniers événemen
qui marquèrent cette église furent le mariage d'Alphonse XIII avec Victoria Ba
tenberg, et la cérémonie religieuse célébrant l'intronisation de Juan Carlos Ier,
la mort de Franco.

En poursuivant la rue Ruiz de Alarcón, qui longe l'église, vous arriverez à
place Murillo, que domine le monument élevé à la mémoire de ce gran
peintre, par Sabino Medina (1873). Cette place constitue l'une des entrées d
jardin botanique** *(plan XXIII, D3)* tracé selon les plans de Juan de Villanuev
avec la collaboration du botaniste Gómez Ortega. Il possède aujourd'hui plus d
30 000 espèces végétales. Ce jardin occupe tout l'espace jusqu'à la glorieta d
l'Emperador Carlos V (ou Atocha) et il est bordé au S. par la rue Cuesta d
Moyano, célèbre pour ses bouquinistes.

La **glorieta d'Atocha** est née autour d'une ancienne porte d'accès à Madri
Place aujourd'hui très encombrée, elle est le point de jonction entre le centr
ville et les quartiers S., des projets d'urbanisation de grande envergur
prévoient pour les années à venir une décongestion de cet axe important d
circulation. D'ores et déjà, l'ancienne gare ferroviaire (1892) que beaucou
attribuent à tort à Gustave Eiffel (elle est en réalité l'œuvre de Alberto de
Palacio) a été doublée d'une nouvelle station ultra-moderne. L'animation de
place explique la présence dans cette zone de nombreux hôtels, pensions e
bars.

Le **Centre culturel Reina Sofia** *(→ Musées, 3),* comparable au centre George
Pompidou parisien par l'esprit qui a animé sa création, est situé dans l'ancie
hôpital général de Madrid, au n° 52 de la rue Santa Isabel, à deux pas de l
glorieta d'Atocha. Cet édifice, conçu en 1788 par Hermosilla et Sabatini, fu
acquis en 1977 par l'État pour le ministère de la Culture, après avoir été décla r
monument historico-artistique. En 1980, la direction générale des Beaux-Art
chargea l'architecte Antonio Fernández Alba de restaurer le bâtiment, compos
de cinq étages, jardins et terrasses occupant une superficie de 40 000 m^2.

Inauguré en 1986, ce centre, qui porte le nom de la reine, est très vite devenu –
grâce, notamment, à l'apport des collections du Musée espagnol d'Art contemporai
(qui a fermé ses portes en 1989) — l'un des centres d'Art moderne les plu
importants d'Europe. Son ambition est triple : promouvoir l'art contemporain, stimule
la création artistique et favoriser les échanges internationaux. Des ascenseur
extérieurs, entièrement transparents, permettent d'accéder aux différentes parties d
bâtiment qui comprend, outre plusieurs étages de galeries, un centre de graphisme
un centre de l'image et un centre de documentation entièrement informatisé.

De la glorieta d'Atocha, vous pourrez, en empruntant le paseo de l'Infant
Isabelle, découvrir au n° 1 l'imposant ministère de l'Agriculture, construit e
1893 par Ricardo Velázquez Bosco; vous remarquerez l'allégorie sculptural
d'Agustín Querol et les céramiques qui ornent les façades. Plus bas, à l'angl
de la rue Alphonse XII, se trouve le **musée national d'Ethnologie** *(→ Musées
13).*

*La rue Atocha, dont le tracé suit celui du XVIIe s., vous ramènera vers le vieux Madri
que vous visiterez en suivant l'itinéraire n° 10.*

10 — De la plaza de Antón Martín au Rastro

Ce parcours représente une promenade dans l'un des quartiers les plus pittoresques et authentiques de Madrid. Votre attention sera sans doute plus attirée par l'ambiance qui y règne que par l'aspect monumental, qui n'est pas une caractéristique de ce secteur. Celui qui aime s'imprégner d'images parfois insolites trouvera son bonheur en se promenant dans les petites ruelles situées entre les places Antón Martín, Tirso de Molina, Cascorro, Lavapiés et Embajadores que l'agitation de la grande ville moderne semble ne pas avoir touchées.

De la place Antón Martín, élargissement de la rue Atocha *(plan XXII, BC3)*, prenez la rue Magdalena, qui la relie à la **place Tirso de Molina*** *(plan XXII, B3)*. Au nº 12 se trouve le **palais des marquis de Perales**, l'une des créations les plus réussies du style baroque, de Pedro de Ribera. La place Tirso de Molina, construite en 1840, permet d'accéder aux marchés du Rastro et de la Latina.

Sur votre g. la rue Jesús y María vous conduira directement à la rue Lavapiés et celle de Mesón de Paredes à la glorieta de Embajadores. Le dim. mat., la place Tirso de Molina s'anime particulièrement avec ses vendeurs ambulants annonçant déjà la cohue que vous trouverez sur la place Cascorro.

Prenez la rue Duque de Alba puis tournez à g.; vous vous retrouverez sur la **place Cascorro** *(plan XXII, A3)*. Vous découvrirez la statue de Eloy Gonzalo, héros de la guerre de Cuba, et entrerez ainsi dans la zone qui fut appelée «les bas quartiers» aux XVIe et XVIIe s. en raison de sa situation topographique par rapport à l'Alcázar. Les maisons, très modestes, donnent une idée de la situation sociale traditionnelle du quartier, autrefois peuplé d'artisans et d'employés de la cour comme le rappellent certains noms de rues : rue Cabestreros (cordiers), rue Ministriles (serviteurs).

La **rue Embajadores** *(plan XXII, A3)*, des plus typiques, vous conduira jusqu'à la glorieta du même nom. Toutes deux tirent leur nom d'une anecdote survenue sous Jean II, père d'Isabelle la Catholique, quand plusieurs ambassadeurs vinrent à Madrid se présenter au roi de Castille. Une épidémie de peste se déclara et les ambassadeurs, pour éviter la contagion, s'installèrent dans diverses maisons situées dans ce secteur. Elles étaient au XVe s. éloignées du noyau principal de population.

Au nº 15 de la rue Embajadores, l'**église San Cayetano** *(plan XXII, A3)* des architectes Pedro de Ribera et Churriguera, construite en 1722, est un bel exemple du style baroque. Vous laisserez sur votre g. la rue de l'Oso pour prendre la suivante, la rue Cabestreros qui débouche sur Mesón de Paredes. En la descendant, vous arriverez aux ruines de l'**église de las Escuelas Pías de San Fernando*** et sur la **Corrala**. Cette dernière représente l'architecture madrilène la plus castiza (typiquement madrilène) du XIXe s. *(La placette qui s'étend à ses pieds est, en été, un lieu de fêtes et de kermesses où s'organisent nombre de représentations théâtrales.)*
En passant par la rue Sombrerete *(plan XXII, B4)*, vous arriverez à la **place Lavapiés*** où se trouve le théâtre Olimpia qui accueille des œuvres espagnoles de théâtre indépendant. Les alentours de la place sont fréquentés par une population jeune qui, attirée par l'animation du quartier, constitue la principale clientèle des nombreux bars et pubs qui ne cessent de s'ouvrir dans tout ce secteur.

Prenez la rue Tribulete *(plan XXII, B4)* et parcourez la dernière portion de la ru
Embajadores où vous trouverez, au n° 53 la **fabrique de tabac**. Très représentative d
l'architecture industrielle de la fin du XVIII⁰ s., elle est devenue célèbre grâce à la for
personnalité de ses employés; juste en face, au n° 70, l'**institut Cervantès**, constru
en 1881, est un édifice de style néo-mudéjar.

Depuis la station Embajadores (ligne 5), gagnez en métro le secteur de
Latina. Là, vous trouverez dans la rue Toledo, la **cathédrale San Isidro**
(plan XXII, A3) et l'institut du même nom, juste avant d'arriver à la place d
Segovia Nueva *(plan XXII, A3; possibilité de rejoindre l'itinéraire n° 1)*. L
construction de la cathédrale débuta en 1622 avec la collaboration des jésuite
Pedro Sánchez et Francisco Bautista. L'intérieur fut remanié par Ventu
Rodriguez au XVIII⁰ s. afin de l'adapter à sa nouvelle fonction d'église royal
Quant à l'institut, il fut créé par Philippe IV et reçut des élèves aussi illustre
que Lope de Vega, Calderón de la Barca, Francisco Quevedo, Pío Baroj
Jacinto Benavente et Vicente Aleixandre.

Le quartier de la Latina forme l'un des accès au **marché du Rastro**** qu
outre son attrait commercial, constitue pour les Madrilènes un lieu d
promenade du dimanche matin *(les heures d'affluence se situent entre 12
et 14 h, aussi nous vous conseillons de vous y rendre plus tôt)*. Le march
s'étend de la place Cascorro à la Ronda de Toledo. La rue Ribera de Curtidore
en est l'axe principal. Ne manquez pas, tout le long de cette rue, le
nombreuses cours intérieures spécialisées dans la vente d'objets anciens d
valeur et de qualité inégales. Toutes les rues parallèles, entre les rues Ribera d
Curtidores et Embajadores, vous offriront des objets en tout genre, d
l'artisanat actuel (cuir, verre, poteries, bois, céramique) aux vêtements, an
maux, livres, etc., parmi lesquels vous pourrez découvrir quelques curiosité
vraiment intéressantes... l'animation du marché étant déjà en elle-même l'un d
ses principaux attraits!

La coutume veut qu'après la promenade du Rastro l'on aille prendre l'apéritif : vou
n'aurez que l'embarras du choix pour trouver un bar sympathique.

11 — Musées

1. Musée du Prado***

L'un des plus prestigieux du monde et qui justifie à lui seul le voyage
Madrid, le musée du Prado est, bien entendu, d'une importance capital
pour la connaissance de la peinture espagnole — en offrant une visio
presque complète —, mais ses collections des écoles de peintur
italiennes (notamment de l'école vénitienne), flamandes (nombreuse
toiles de Rubens), et françaises en font également un musée d'un intérê
exceptionnel.

L'édifice. — Le roi Charles III (1759-1788) et ses ministres de la Culture décider
de transformer le paseo de San Jerónimo, où se trouvent les jardins du monastèr
du même nom, en une zone consacrée à la science. Ce projet est confié à l'un de
plus remarquables architectes néo-classiques espagnols du XVII⁰ s., Juan de
Villanueva (1739-1811). Sur l'ordre du roi, celui-ci y conçoit le jardin botanique e
l'observatoire astronomique (→ itinéraire n° 9) et, en 1785, entame la constructio
d'un futur musée d'Histoire naturelle destiné à recevoir les collections royales. C'es
cet édifice qui constitue l'actuel musée du Prado. Les travaux s'achèvent dans la
première décennie du XIX⁰ s. mais quand éclate la guerre d'Indépendance, en 1808

son utilisation comme arsenal par les troupes napoléoniennes cause d'énormes dommages à sa structure. De retour en Espagne, Ferdinand VII, avec l'appui de sa femme Isabelle de Bragance, décide de créer un musée de peinture en vue d'y exposer les collections royales. L'édifice est immédiatement restauré avec pour matériaux la pierre et la brique.

Un musée d'origine royale. — L'idée d'exposer au public les peintures réunies par les rois d'Espagne n'est pas nouvelle. En effet, les collections conservées par Charles Quint et Philippe II font déjà l'objet d'un intérêt tout particulier de la part des artistes désireux de contempler et d'étudier les prodigieux trésors que contiennent les résidences royales. Il semble que Vélasquez et Don Juan de Haro proposent à Philippe IV l'organisation et l'agencement des collections au XVIIe s. En 1735, après l'incendie de l'Alcázar de Madrid, le portraitiste français Jean Ranc écrit à Philippe V pour l'entretenir de la nécessité de rassembler les peintures sauvées de la catastrophe. A son tour, le peintre néo-classique Mengs conseille à Charles III de créer un musée ouvert au public et doté d'un conservateur et de restaurateurs. Charles IV étudie lui aussi la question par l'intermédiaire de son ministre Luis de Urquijo, tandis que Joseph Bonaparte reprend à son tour cette idée, poussé par son frère Napoléon, créateur du musée parisien qui porte son nom. Il faut attendre cependant la restauration du roi Ferdinand VII pour voir enfin se concrétiser le projet. Le musée est inauguré en 1819 comme musée royal de Peinture et de Sculpture. Au XIXe s., les collections du musée s'enrichissent de nouvelles œuvres provenant des collections royales des divers palais et monastères appartenant à la couronne, auxquelles s'ajoutent des donations privées. Après la révolution de 1868 et le départ d'Isabelle II, le musée devient propriété nationale sous le nom de musée national de Peinture et de Sculpture. En 1872 il reçoit des œuvres provenant de la confiscation des biens des institutions religieuses et, en 1920, il est finalement placé sous la tutelle du ministère de l'Instruction publique et des Beaux-Arts.

Les collections. — Le contenu des collections de peinture du musée est le reflet très fidèle du goût des monarques, de la politique artistique des différentes époques et des conflits qui ont traversé l'histoire européenne.

Qualitativement et quantitativement l'**école espagnole** occupe la première place. Elle se compose essentiellement des commandes faites aux artistes de la cour et de peintures religieuses. De grands noms comme ceux du **Greco**, **Ribera**, **Zurbarán**, **Vélasquez**, **Murillo** ou **Goya** apparaissent aux côtés d'autres moins connus ou même anonymes, du Moyen Age à l'époque contemporaine.

Les origines de la peinture espagnole sont représentées par des œuvres peu nombreuses mais expressives : depuis les fresques des chapelles romanes de Maderuelo et de San Baudilio et quelques beaux retables catalans, aragonais et castillans jusqu'aux tableaux de Berruguete (qui fut l'un des introducteurs de l'art de la Renaissance en Castille), en passant par les tendances italianisantes que l'on décèle par exemple dans l'art de Rodrigo de Osona, Juan Vicente Masip et Juan de Juanes dans la région valencienne, d'Alejo Fernández et Luis de Morales, en Andalousie et en Castille. On pourra aussi se rendre compte de l'importance qu'eut sur la peinture espagnole l'art flamand du XVe s., dont le Prado possède plusieurs toiles de grande valeur. L'école espagnole du XVIIe s. offre aussi des œuvres de grande qualité, comme celles d'**Alonso Cano**, **Juan de Valdés Leal** ou **Juan Carreño de Miranda**. Une belle collection de dessins, notamment ceux de Goya, quelques meubles et tapisseries complètent cette extraordinaire exposition de richesses artistiques. Les collections d'art espagnol du XIXe s. sont présentées dans une annexe du Prado située dans le casón du Buen Retiro.

Les **écoles italiennes et flamandes** sont les plus représentées après l'école espagnole, ce qui reflète la double orientation esthétique et politique de la péninsule Ibérique. C'est sous le règne d'Isabelle la Catholique que les

peintures d'artistes flamands furent soigneusement accumulées; Charl
Quint et Philippe II continuèrent cette tradition et passèrent également à
nombreuses commandes aux grands peintres vénitiens. La prédilection de
princes pour cette école, s'alliant si curieusement chez Philippe II au goût de
compositions tourmentées du Flamand **Jérôme Bosch**, explique le gran
nombre de tableaux de l'école de Venise que possède le Prado : on
découvrira plus de 20 toiles du **Titien** et remarquables œuvres du **Tintore**

Moins complètement représentées, les autres écoles italiennes figurent ici ave
quelques œuvres d'une importance capitale, de Fra Angelico, Botticelli, Mantegn
Raphaël, Andrea del Sarto, Bellini, le Corrège, le Parmesan, Luini, etc.
L'attraction exercée par la peinture flamande se poursuivra quant à elle au-delà d
XVIIe s. : vous découvrirez des œuvres de **Rubens**, dont on remarquera, entre autre
une série de toiles à thème mythologique, exécutées à la fin de sa carrière po
Philippe IV ; des toiles de **Van Dyck**, et de **David Teniers le Jeune**.

De bonnes relations avec la France au XVIIe s. permirent l'entrée dans le
collections royales de tableaux de l'**école française.** Cette impulsion s
poursuivit encore davantage au XVIIIe s. avec l'accession au trône d'u
Bourbon, en la personne de Philippe V. Ses successeurs, Ferdinand V
Charles III et Charles IV, complétèrent cette collection à des rythmes différen
et avec des orientations diverses. Vous pourrez voir quelques toiles d
Nicolas **Poussin**, de **Claude Lorrain** et de **Watteau** ainsi qu'une collectio
de portraits par **Rigaud**, Largillière et Van Loo.

Des divergences politiques avec la Hollande et l'Angleterre rendirent difficile
les acquisitions artistiques en provenance de ces pays. Les mêmes raison
affectèrent la peinture allemande quoique le musée possède des œuvre
maîtresses de **Dürer**. Ces lacunes furent cependant compensées par d
nombreuses donations et achats qui vous permettront de contempler de
œuvres peu nombreuses mais remarquables, de **Rembrandt, Hoblema, Luca**
Cranach et **Hans Holbein**.

Paseo del Prado (plan XXIII, D3) métro Atocha ou Banco de España ; bus 10, 14, 2
34, 37, 45; Microbus 6 ; ☎ 420-36-62, 420-37-68, 420-28-36, 420-60-70. — Visite
9 h-19 h du mar. au sam., 9 h-14 h dim. et fêtes; f. lun. et les 1er jan., ven. sain
1er mai et 25 déc. Entrée payante (mais gratuite avec un passeport de la C.E.E.); c
mi-sept. à fin juin : conférences les mer. et ven. à 19 h 30, sam. à 16 h 30 et dim.
11 h; votre visite pourra s'effectuer, sur demande, sous la conduite de guide
polyglottes.

Depuis 1976, d'énormes travaux ont été entrepris afin d'améliorer la présentation et
conservation des collections. Ceux-ci ont pris fin en décembre 1990 et les galeries q
avaient été déménagées ont retrouvé leur place initiale. En fait, c'est surtout sur u
plan technique (ateliers de restauration, réserves, bureaux administratifs, clima
sation...) que les travaux ont apporté des améliorations sans pour autant résoudre l
délicat problème de l'espace. Le palacio de Villahermosa initialement prévu pou
servir d'annexe au Prado ayant finalement été choisi pour héberger la collection d
baron Thyssen, c'est le palacio de Buenavista (sur la place de la Cibeles) qui semble
présent tout désigné pour accueillir les œuvres allant du Moyen Age au XVIIIe s
Malheureusement, aucune date n'est encore avancée et le musée du Prado devra
sans doute pour plusieurs années encore, se contenter d'exposer un peu moins d'u
tiers de ses collections !

Plutôt qu'une visite par salles qui vous ferait passer brutalement de la peintur
française à Goya et de ce dernier à la peinture flamande des XVe et XVIe s., nous avon
préféré vous proposer une histoire de la peinture par école, à travers les œuvres d
musée. Celles-ci sont répertoriées par numéros afin que vous n'ayez aucune peine
vous diriger dans le musée, et que vous alliez voir les écoles de votre choix. De plu

un personnel nombreux et informé vous indiquera en toute occasion l'emplacement de ce que vous recherchez. Soulignons que le musée contient plus de 3 000 tableaux; aussi les textes ci-après ne constituent-ils pas un inventaire exhaustif; ils attireront cependant votre attention sur les œuvres les plus remarquables, en mettant particulièrement l'accent sur celles des artistes espagnols. Si vous êtes pressé par le temps, nous vous proposons ci-dessous une liste des cent œuvres les plus représentatives des différentes écoles de peinture.

Cent chefs-d'œuvre

École espagnole

Fresques de **Sainte Croix de Maderuelo**
Nicolas Francés : retable de la vie de la Vierge et de saint François d'Assise *(2545)*
Bermejo : Saint Domingue de Silos *(1323)*
Gallego : Pietà *(2998)*
Berruguete : Autodafé *(618)*
Yañez : Sainte Catherine *(2902)*
Juanes : la Dernière Cène *(846)*
Morales : la Vierge et l'Enfant *(944)*
Sánchez Coello : le Prince Don Carlos *(1136)*
El Greco : la Trinité *(824);* Saint André et saint François *(2819);* la Crucifixion *(823);* Le Christ embrasse la croix *(822);* l'Adoration des Bergers *(2988);* le Chevalier posant la main sur le cœur *(809)*
Ribalta : Saint François réconforté par les anges *(1062)*
Mayno : l'Adoration des Mages *(886)*
Ribera : le Martyre de saint Barthélemy *(1101);* Madeleine *(1103);* Archimède *(1121)*
Zurbarán : la Vision de saint Pierre Nolasco *(1236);* Sainte Casilda *(1239);* Nature morte *(2803)*
Vélasquez : Adoration des Rois mages *(1166);* Christ crucifié *(1167);* les Ivrognes *(1170);* les Lanzas ou la Reddition de Breda *(1172);* Balthazar Charles à cheval *(1180);* les Fileuses *(1173);* les Ménines *(1174);* l'Enfant de Vallecas *(1204);* l'Infante Marguerite *(1192)*
Alonso Cano : la Vierge et l'Enfant *(627)*
Murillo : la Sainte Famille et l'oiselet *(960);* les Enfants de la coquille *(964);* l'Immaculée Conception de l'Escurial *(972);* Vision de saint Bernard *(978);* le Songe du patricien Jean *(944)*
Carreño : le Duc de Pastraña *(650)*
Claudio Coello : Triomphe de saint Augustin *(664)*
Mélendez : Nature morte *(936)*
Paret : Charles III déjeunant sous les yeux de la cour *(242)*
Goya : Autoportrait *(723);* l'Ombrelle *(773);* Un marchand de poteries *(780);* la Famille de Charles IV *(726);* la Maja nue *(742);* le 2 Mai 1808 à Madrid *(748);* le Sabat *(761);* Saturne *(763)*

École italienne

Fra Angelico : l'Annonciation *(15)*
Mantegna : la Dormition de la Vierge *(248)*
Antonello de Mesina : Christ mort soutenu par un ange *(3092)*
Botticelli : Histoire de Nastagio Déglionesti *(2838/40)*
Raphaël : la Sainte Famille à l'agneau *(296);* Chute du Christ sur le chemin du calvaire *(298);* Portrait de cardinal *(299)*
Corrège : Noli me Tangere *(111)*
Titien : Autoportrait *(407);* Bacchanales *(418);* l'Empereur Charles Quint à Mühlberg *(410);* Danae recevant la pluie d'or *(425)*
Andrea del Sarto : Sujet mystique *(334)*
Véronèse : Moïse *(502);* Vénus et Adonis *(482)*

Tintoret : le Lavement des pieds *(2824)*
Carravage : David vainqueur de Goliath *(65)*
Guido Reni : Hippomène et Atalante *(3090)*
Tiepolo : Un ange portant le saint sacrement *(364)*

École flamande
Maître de Flémalle : Sainte Barbara *(1514)*
Van der Weyden : la Descente de croix *(2825)*
Bouts : Triptyque *(1461)*
Memling : Triptyque de l'épiphanie *(1557)*
Jérôme Bosch : Adoration des Rois mages *(2048)* ; Jardin des délices *(2823)* ; la Table des sept péchés capitaux *(2822)*
Patinir : le Passage du Styx *(1616)*
Quentin Massys : Christ présenté au peuple *(2821)*
Bruegel le Vieux : le Triomphe de la mort *(1393)*
Antonio Moro : la Reine Marie Tudor *(2108)*
Rubens : Portrait équestre du duc de Lerma *(3137)* ; les Trois Grâces *(1670)* ; le Jardin d'amour *(1690)* ; la Sainte Famille *(1639)*
Van Dyck : le Couronnement d'épines *(1474)* ; Autoportrait avec sir Porter *(1489)*
Jordaens : Portrait de famille *(1549)*
Teniers : le Roi boit *(1797)*
J. Bruegel et autres : la Vue et l'Odorat *(1394/98)*
Snyders : le Fruitier *(1557)*

École hollandaise
Rembrandt : Artémise *(2132)*
Metsu : Coq mort *(2103)*

École française
Poussin : le Parnasse *(2313)* ; David vainqueur de Goliath *(2311)*
Claude Lorrain : Embarquement de sainte Paule Romaine à Ostie *(2254)*
Watteau : Contrat de mariage et Bal champêtre *(2353)*

École allemande
Dürer : Autoportrait *(2179)* ; Adam *(2177)*
Baldung Grien : les Ages et la Mort *(2220)*
Mengs : Marie-Louise *(2189)*

A — La peinture espagnole de l'art roman au Greco

C'est en 1872, lorsque le musée du Prado s'enrichit des fonds du musée de la Trinité, qu'entrèrent des toiles des écoles madrilènes et tolédanes et de quelques primitifs castillans, aragonais, catalans et valenciens.

Il faut signaler à ce titre les fresques de San Baudilio de Berlanga et celles de la Sainte Croix de Maderuelo. La peinture franco-gothique est représentée par le retable de saint Christophe et le style gothique international par les œuvres de Serra ou Nicolas Francés.

Quant à l'influence du réalisme flamand sur l'école espagnole, elle apparaît dans la seconde moitié du xve s. chez Fernando Gallego et Bartolomé Bermejo, servant de référence à l'art de Pedro Berruguete. Ce dernier, outre sa formation flamande, se distingue par sa dimension rénovatrice, en raison de son séjour en Italie qui lui ouvrit les portes de la Renaissance du Quattrocento. Ce nouveau concept esthétique s'exprime bien dans le panneau de Pablo de Saint Leocadio, Italien qui travailla à Valence ; cette ville connut par ailleurs l'influence de Léonard de Vinci, grâce à la présence de Yañez de la Almedina. Le caractère souvent anonyme des compositions romanes rend difficile l'identification des artistes nommés alors par commodité, maître de... ; citons Jean de Flandre, Huguet, maître de Perea, maître de Saint Michel de Zafra, maître de la Sisla dont l'art témoigne d'une profonde religiosité et d'une grande vivacité expressive.

La Renaissance s'exprime à travers les œuvres du Tolédan Machuca ou celles des Valenciens Vicente Massip et Juan de Juanes, son fils; ces œuvres sont riches en suggestions italiennes dues à l'influence directe des acquisitions de Charles IV, séduit par les échos romains et florentins de la Renaissance. Citons encore Correa de Vivar ou Blas de Pardo dont les toiles illustrent la tendance maniériste; au xvie s. se distinguent également Léon Picard et Luis d'Extremadura dont le maniérisme est fait d'éléments flamands exprimés dans un style des plus exaltés.

Le monde de la cour de la seconde moitié du xvie s. (Espagne de Philippe II et début du règne de Philippe III) peut être étudié à travers les portraits statiques de caractère officiel : les effigies de Sánchez Coello, fidèles aux principes flamands d'Antonio Moro, décrivent la vie de la noblesse entre les murs de l'Escurial ou dans les palais aristocratiques de Madrid. Les personnages de la cour devinrent alors des modèles pour Pantoja de la Cruz et Bartolomé González qui enrichirent leur art des apports de l'art vénitien.

Contemporain du monde courtisan madrilène du dernier quart du xvie s. et du début du siècle suivant, Domenikos Theotokopoulos, connu sous le nom de El Greco, arriva en Espagne en 1577 et s'illustra par une œuvre de crispation maniériste.

Peinture romane. — Les **peintures murales de San Baudilio de Berlanga**, panneau de six toiles à thème profane représentant des scènes de chasse ou de guerre, avec une forte influence orientale qui ne suit cependant pas la tradition iconographique byzantine. Les motifs rappellent ceux des céramiques et des ivoires de l'époque califale de Cordoba (xe et xie s.). Elles sont exceptionnelles par leur rareté. Les **fresques et peintures murales de l'ermitage de Sainte Croix de Maderuelo**, reconstitution des fresques romanes du milieu du xiiie s. appartenant à la tendance italo-byzantine. On remarquera la force d'expression, la rigueur du dessin, la brillance des coloris et le caractère curieusement anti-naturaliste dans le traitement du nu.

Peinture gothique linéaire et peinture du xive s. — Retable de saint Christophe *(3150)* d'un peintre anonyme du xive s. appartenant au style franco-gothique ou linéaire. — **Maître d'Estimariú,** peintre catalan du xive s. : la Légende de sainte Lucie *(2535/36)*. — **Frères Serra** : la Vierge du lait *(2676)*; Histoire de la Madeleine *(3106)*; Histoire de saint Jean Baptiste *(3107)*. — Le **retable de l'archevêque Don Sacho de Rojas** *(1321)* : splendide représentation du développement que connurent les retables en Espagne, d'un peintre anonyme qui puisa son inspiration dans le courant italo-gothique dont le foyer principal fut Tolède; d'auteurs également anonymes : 2 pièces du xve s. servent de référence à la connaissance d'images de dévotion : diptyque de l'Annonciation *(2721/20)*.

Peinture gothique : style international. — L'esthétique de ce style se situe à mi-chemin entre le gothique linéaire français et la peinture italienne de l'école de Sienne. Elle s'exprime par des tons clairs et brillants sur les fonds, les tracés architecturaux et les vêtements. La sensibilité générale est nerveuse, donnant un caractère dynamique, inconnu auparavant.

Nicolas Francés, introducteur de ce style dans la région du León où il travailla de 1434 à 1468, nous offre un magnifique retable de la vie de la Vierge et de saint François d'Assise *(2545)*. — Attribués au **maître de Sigüenza,** 5 tableaux d'un retable de saint Jean Baptiste et sainte Catherine *(1336)*, provenant de la chapelle des Arces (2e quart du xve s.). — Du **maître d'Argüis** : le **retable de saint Michel*** *(1332)*, du milieu du xve s.; dans cette œuvre, le narratif prime; l'architecture et les paysages sont schématiques, et les lois de la perspective semblent être ignorées. On remarquera sur le panneau inférieur g., la mort de l'Antéchrist d'une interprétation étrange, fantastique et peu commune. — D'un autre peintre aragonais, de la première moitié du XVe s., **Juan de Levi** : la Vierge et l'Enfant *(2707)*.

Peinture gothique : style hispano-flamand. — Les influences flamandes se firent sentir en Espagne avant le XVe s. et s'exprimèrent avec force, surtout en Castille et en Andalousie. Elles trouvent leur explication dans les relations commerciales et politiques qu'entretinrent ces royaumes avec les Flandres mais aussi dans leurs affinités artistiques et de tempérament. Le réalisme de l'école des Flandres s'introduisit par l'intermédiaire des grandes foires de Medina del Campo, principal marché des arts de la péninsule à cette époque. Le souci du détail et la rigueur minutieuse des artistes flamands parvinrent aux artistes espagnols qui les concrétisèrent dans des motifs pathétiques, d'un réalisme presque expressionniste.

Jorge Inglés, l'un des introducteurs du style flamand en Espagne : la Sainte Trinité entourée d'anges *(2666)*. — Maître de Sopetran (seconde moitié du XVe s.), de style hispano-flamand : l'Annonciation *(2575)*, Le Jeune priant *(2576)*, Mort de la Vierge *(2578)*, Nativité *(2577)*. *(Cet ensemble d'œuvres laisse percevoir l'influence des peintres flamands les plus importants : le maître de Flémalle, Van de Weyden et Memling)*. — **Fernando Gallego** (1466/1507), figure fondamentale du monde hispano-flamand castillan : le Christ en majesté *(2647)*, **Pietà*** *(2998)*, le Calvaire *(2997)*, le **Martyre de sainte Catherine*** *(3039)*. — Le **maître de la Sisla** (fin XVe s.) : 6 tableaux provenant du monastère de San Jerónimo de la Sisla (Tolède) : Annonciation *(1254)*, Visitation *(1255)*, Adoration des Mages *(1256)*, Présentation au Temple *(1257)*, Circoncision *(1258)*, Ascension de la Vierge *(1259)*. Ces œuvres reflètent une timide inspiration «Renaissance italienne» sans rompre avec le caractère hispano-flamand général. — Le **maître des Onze Mille Vierges** (dernier quart du XVe s.) : Couronnement de la Vierge *(1290)*, Sainte Ursule et les onze mille vierges *(1293)*. — Le **maître de Ségovie** : le magnifique panneau Descente *(1298)* inspiré de Bouts et de Van der Weyden. — Le **maître de Saint Nicolas** : Saint Augustin *(2684)*. — Peintre anonyme : la Vierge des Rois Catholiques *(1620)*, portraits idéalisés des Rois Catholiques adorant la Vierge et l'Enfant sur un trône de style gothique. — **Jean de Flandre** (phase finale du réalisme gothique exprimée au moyen d'éléments italianisants) : **Panneaux d'un retable*** *(2935/38)*. — Le peintre catalan **Jaime Huguet** (XVe s.) : Tête de Prophète *(2683)*. — Le maître de l'archevêque Mur (2e moitié du XVe s.) : Saint Vincent, diacre et martyr *(1334)*. — **Bartolomé Bermejo** (dernier quart du XVe s.), une œuvre maîtresse de l'école aragonaise : l'**Intronisation de saint Dominique de Silos** *(1323)*. — L'unique œuvre primitive du Prado appartenant à l'école andalouse est le tableau de **Saint Michel archange** *(1326)*.

Précurseurs de la Renaissance. — La peinture valencienne de la fin du Moyen Age est peu représentée au musée mais les pièces existantes en sont très caractéristiques.

Le **maître de Perea** (fin XVe s.) : le grand panneau de la **Visitation** *(2678)*. — **Pablo de Leocadio** : Vierge au chevalier de l'ordre de Montesa *(1335)*. — Anonyme espagnol influencé par la peinture de **Rodrigo de Osuna** : Nativité *(2834)* et Adoration des Rois mages *(2835)*. — **Pedro Berruguete** :

Saint Pierre *(123)*, Saint Paul *(124)*, Adoration des Rois mages *(125)*, Deux Rois mages *(126)*, **Autodafé** *(218)*.

Dans l'art castillan du xve s., le peintre **Pedro Berruguete**, contemporain de Fernando Gallego, présente des tendances novatrices qui lui confèrent une place importante dans la peinture espagnole. Il sut assimiler l'éducation traditionnelle hispano-flamande et les apports du Quattrocento. Il travailla jusqu'en 1477 en Italie, à Urbino, pour Federico de Montefeltro, au service duquel travaillèrent aussi Melozzo da Forli, Piero de la Francesca et le Flamand Juste de Gand. Il acquit le sens de l'espace et de l'éclairage ainsi qu'une facilité pour le rendu des formes d'esprit Renaissance. Son goût du détail et de la décoration, qui le poussa à faire un grand usage des fonds, son degré de technique et de maturité dans l'emploi de la perspective en font une grande figure de la peinture.

Renaissance et maniérisme. — L'art de la Renaissance, que commence à développer Berruguete en Castille durant le règne des Rois Catholiques, s'étend ensuite dans d'autres régions. La mort d'Isabelle la Catholique, au début du xvie s., est déterminante pour la nouvelle orientation de la politique royale, surtout avec l'accession au trône de Charles Quint. Cependant le nouveau courant artistique ne s'exprime que rarement au travers de thèmes profanes ; les artistes reproduisent essentiellement des thèmes religieux, le clergé constituant leur principale clientèle. Aussi l'obsession pour le décor, le désir de donner des exemples de moralité et le permanent souvenir du réalisme flamand empêchent la culture renaissante de s'exprimer pleinement.

Dans le premier tiers du xvie s. apparaît l'influence de Léonard de Vinci. — **Yañez de la Almedina** (Valencien) : **Sainte Catherine** *(2902)*, merveilleuse incarnation espagnole de la sensibilité illustrée par la Joconde.
Le second tiers du xvie s. est marqué par l'introduction en Espagne du style de Raphaël. — **Juan Vicente Masip** (Valencien) : la Visitation *(851)*. — Son fils **Juan de Juanes : la Dernière Cène** *(846)*; le Martyre de saint Étienne *(840/41)*, l'Enterrement de saint Étienne *(842)*. — **Juan Correa de Vivar** (meilleur représentant de la peinture castillane du dernier tiers du xvie s.) : l'Annonciation *(2828)*, la Mort de la Vierge *(671)*. — **Pedro Machuca** (Grenade), dont le style rappelle le maniérisme italien : La Vierge et les âmes du Purgatoire *(2579)*, Descente de croix *(3017)*. — **Léon Picard** (Burgos) : l'Annonciation *(2171)*, la Purification *(2172)*. — **Luis de Morales** (Badajoz) : **la Vierge et l'Enfant** *(944)*; Saint Étienne *(948)*.
Les peintres de cour de Philippe II : dans le dernier tiers du xvie s. citons : Gaspar Becerra, qui introduit le goût pour les puissantes formes de Michel-Ange : Madeleine *(608)*. — **Fernández el Navarrete** : le Baptême du Christ *(1012)*. — **Luis de Carjaval** : la Madeleine pénitente *(634)*. Ces deux artistes travaillèrent pour l'Escorial. L'art de la cour de la seconde moitié du xvie s. s'exprime au travers de portraitistes comme **Alonso Sánchez Coello.**

Alonso Sánchez Coello (1531-1588). — Il étudie en Flandre aux frais du roi Jean III de Portugal dans l'atelier d'Anton van Dashorst Mor qui, de 1550 à 1554, l'initie à la science du portrait. Entré au service de Philippe II en 1555, il devient peintre de la Chambre du Roi. Outre les portraits royaux et courtisans, il exécute des tableaux religieux en même temps qu'il décore certains retables de l'Escorial, entre 1580 et 1582. S'il est un portraitiste austère à l'image de la cour de Philippe II, ses compositions religieuses reflètent l'influence renaissante, notamment celle du Titien dont il a appris à connaître les œuvres en Flandre et à la cour.

Parmi ses œuvres : Philippe II *(1036)*, **Prince don Carlos** *(1136)*, l'Infante Isabelle Claire Eugénie *(1137)*, les infantes Claire Eugénie et Catherine

Michèle *(1138)*, Catherine Michèle, duchesse de Savoie *(1139)*, Isabelle de Valois *(1030)*, Anne d'Autriche *(1284)*.

Un autre portraitiste célèbre de la même époque fut **Pantoja de la Cruz** dont le Prado possède deux portraits : Philippe III *(2562)* et la Reine doña Marguerite *(2563)*.

Juan Pantoja de la Cruz (1553-1608). — Disciple d'Alonso Sánchez Coello, peintre de cour vers la fin du règne de Philippe II et au début du règne de Philippe III, il exécute des tableaux religieux (le Saint Nicolas de Tolentin compte parmi les plus réussis), dans un style maniéré, hérité de son maître, mais avec une noblesse et un sens de la grandeur typiquement castillans. On lui doit des portraits, dont celui, pathétique, de Philippe II, usé par la vie *(auj. à l'Escorial)*, mais le plus grand nombre date du règne de Philippe III, où l'apparat du costume témoigne que la cour s'amuse gravement après l'austérité de règle au temps du bâtisseur de l'Escorial.

Le Greco, né à Candie en Crète, en 1540, et mort en 1614 à Tolède, est sans doute la figure la plus suggestive de la peinture espagnole du XVIe s.

Arrivé à Venise en 1567, on pense qu'il entre dans l'atelier du Titien en 1570 ; il abandonne ensuite cette ville pour Rome où il vit jusqu'en 1575. Deux ans plus tard, il quitte l'Italie et arrive en Espagne en 1577, dans le but de travailler à l'Escorial pour Philippe II. Après un bref séjour à Madrid, il s'établit enfin à Tolède où il travaille déjà en 1577 aux retables de **Santo Domingo el Antiguo** et au **Dépouillement du Christ de ses vêtements** pour la cathédrale de cette ville. Il y noue rapidement des relations avec des intellectuels tels qu'Antonio de Covarrubias, Fray Hortensio Parravicino ou Góngora, et s'unit à Doña Jerónima de las Cuevas dont il eut un fils, Jorge Manuel, en 1578. Ses œuvres étant incomprises par Philippe II qui lui ferme les portes de la cour, le Greco se fixe alors définitivement à Tolède, où il trouve un climat artistique idéal avec une clientèle adéquate. Il ne cesse alors jusqu'à sa mort de peindre des portraits et des tableaux religieux pour les monastères, les couvents et les paroisses rurales.

Son style, si particulier et que l'on a tenté d'expliquer par de nombreuses hypothèses, telles que sa vue défectueuse par exemple, peut être qualifié de maniériste. Sa première formation byzantine comme peintre d'icônes a donné à certaines de ses représentations un caractère symbolique. Son séjour à Venise lui a permis de développer une gamme de couleurs de grande qualité : à côté des carmins et des jaunes on trouve une gamme de tons froids qui le rapprochent du Tintoret plus que du Titien. Il a su porter à leur paroxysme les caractéristiques du maniérisme (visages sur un seul plan, allongement des corps, élégance affectée, attitudes instables et raccourcis recherchés). Le Greco se cantonna dans deux genres de peinture : le portrait et les scènes religieuses ; il n'était pourtant pas un homme au tempérament mystique et sa biographie nous révèle un humaniste raffiné, fier de sa culture et même bon vivant. C'est cependant dans les thèmes religieux qu'il donna toute la mesure de son originalité.

Parmi ses œuvres, citons : l'**Annonciation*** *(827) ;* la **Trinité*** *(824),* une de ses premières toiles tolédanes, exécutée pour Santo Domingo El Antiguo ; la composition semble être inspirée d'une gravure de Dürer et rappelle l'art de Michel-Ange, notamment dans le modelé énergique du corps du Christ ; la lumière dorée, de densité vénitienne, les tons froids et les nuages épais sont propres à l'auteur. San Benito *(817),* **Saint Antoine de Padoue** *(815),* le **Couronnement de la Vierge*** *(2645),* **Le Christ embrasse la Croix** *(822),* **Saint André et saint François**** *(2819),* **Saint Jean de Patmos*** *(2444),* le **Baptême du Christ**** *(821),* la **Crucifixion*** *(823),* la **Résurrection*** *(825).* Dans cette dernière toile tout est exaltation : l'atmosphère est transparente, le Christ dématérialisé s'élève triomphalement comme un pur esprit, les gardes éblouis se sont jetés convulsivement l'un sur l'autre et leurs corps apparaissent crispés. L'insistance sur les nus à peine voilés trahit la formation italienne du peintre : **Pentecôte*** *(828)*, l'**Adoration des Bergers**** *(2988)*. Parmi les portraits : **le Chevalier posant sa main sur le cœur*** *(809)*, Un chevalier *(813)*, Un vieux chevalier *(806)*, le Docteur Rodrigo de la Fuente *(807)*, **Julian Romero et son saint patron*** *(2445)*, l'Avocat Jerónimo de Ceballos *(812)*.

B — La peinture espagnole du Siècle d'or

Le XVIIe s. est le siècle des grandes écoles nationales, telles les écoles flamande, hollandaise ou française qui prétendent rivaliser avec la vitalité de l'école italienne. En Espagne, le XVIIe s. constitue le Siècle d'or par excellence, que les collections du Prado illustrent admirablement.

Durant tout le siècle, les palais royaux réunirent des œuvres de Vélasquez notamment, auxquelles vinrent s'ajouter les toiles de Murillo achetées par Isabelle Farnèse, épouse de Philippe V. Le monde de la peinture espagnole du XVIIe s., malgré ses artistes géniaux, n'est cependant que moyennement varié dans ses manifestations, les thèmes profanes — surtout mythologiques — étant presque absents ; le paysage, les œuvres décoratives et la nature morte à l'européenne sont également assez rares : les peintres bénéficiaient d'une clientèle essentiellement religieuse et subissaient la concurrence des peintres italiens et flamands à la mode dans les milieux aristocratiques. Parmi les trois grands courants qui se développèrent dans l'Europe baroque, le naturalisme eut le plus de succès en Espagne, qui délaissa les courants classiciste et décoratif, moins adaptés aux goûts de la cour austère de la maison d'Autriche, animée par l'esprit de la Contre-Réforme. Deux artistes ont pourtant échappé à cette austérité. Vélasquez, voyageur et protégé de Philippe IV, et Alonso Cano, un peu en marge du contexte et de l'ambiance de l'époque. En général, les sujets religieux bénéficiaient de l'accueil enthousiaste d'un public animé d'une ferveur authentique, en relation avec les principes nés du Concile de Trente. Si la nature morte ne fut cependant pas absente du paysage artistique, elle était toutefois de conception éminemment symbolique, très morale et très religieuse. La première moitié du XVIIe s. correspond à la prédominance du naturalisme ténébriste d'origine italienne. On y trouve du mysticisme, un sens contemplatif exacerbé et des scènes de la martyrologie chrétienne, souvent taxée de cruelle, mais qui magnifiait en fait les principes de la Contre-Réforme, et dont l'intensité était influencée par la présence du religieux dans la vie quotidienne des Espagnols du XVIIe s. Les centres les plus importants de cette première étape, durant les règnes de Philippe III (1598-1621) et Philippe IV (1621-1665), furent la cour de Madrid puis Tolède (en régression), Séville, Grenade et Valence, avec particulièrement Ribera. Plus tard, les nouveautés en matière de contraste lumineux et de réalisme naissant, qu'apportèrent les Italiens à l'Escorial, s'étendirent petit à petit à l'ensemble de la péninsule, qui reçut ainsi les influences du caravagisme.
A partir de la seconde moitié du XVIIe s. (dernières années du règne de Philippe IV et règne de Charles II, 1665-1700), on assista à une mutation substantielle, due à la diffusion des modèles flamands comme ceux de Rubens et de son école.
Un style pompeux, triomphant, grandiloquent et théâtral s'épanouit alors, une période pleine de lumière et de brillance s'ouvrit alors, parallèlement à la décoration que le théâtre baroque employait dans ses grandes représentations. L'optimisme semblait vouloir masquer la désastreuse situation sociopolitique et la ruine de l'État. L'école valencienne s'éteignait alors que Madrid et Séville possédaient encore des artistes de grande valeur. La mort de Charles II, en 1700, marqua la fin du Siècle d'or. Il ne restait plus de figure exceptionnelle dans le panorama espagnol si ce n'est celle de l'Italien Luca Giordano, et autour de lui, un ensemble de maîtres de talent mais non de génie. La transition vers le XVIIIe s. allait ainsi se faire sur une base assez mince.

Parmi les peintres de l'**école madrilène** du début du XVIIe s. (→ Monastère de San Lorenzo de l'Escorial***) on retiendra : **Vicente Carducho**

(1576-1638) nommé peintre du roi en 1609 : le Miracle des eaux *(639)*, Sainte Famille *(643);* et ses disciples : Eugenio Caxes ou encore Bartolomé Román (futur maître de Carreño de Miranda). — Juan Van der Hamen (1596-1631), un des plus brillants naturalistes madrilènes : Nature morte *(1164)*, Fruitier *(1156)*.

La science du portrait est représentée par : — Bartolomé González (1564-1627) : Philippe II *(2918)*, Marguerite d'Autriche *(716)*. — **Juan Bautista Magno** (1578-1649), professeur de dessin du prince, futur Philippe IV : Portrait de chevalier *(2595)*, Adoration des Bergers *(3227)*, Résurrection *(5080)*, **Adoration des Mages** *(886)*.

De l'**école valencienne** : Francisco Ribalta (1565-1628) peintre à l'Escorial : **Saint François réconforté par les anges** *(1062)*. — José de Ribera (1591-1652) appelé Spagnoletto.

José de Ribera. — Il séjourne à Rome de 1611 à 1615, fréquentant les milieux caravagistes auxquels il doit sa vision naturaliste et ses violents contrastes lumineux. Sa manière d'empâter la toile lui est cependant bien personnelle, et ses coups de pinceau denses suivent de près les tensions de la forme. Il doit à son activité de graveur, la sûreté impeccable de son dessin, toujours ferme et solide. On le connaît surtout pour avoir peint des saints ermites, des martyrs, des vieillards ridés, usés par la pénitence et la souffrance. il développe l'aspect le plus dramatique de l'art de la Contre-Réforme, et toute son œuvre témoigne de sa connaissance profonde de l'art classique. Il met en valeur l'aspect multiforme de son art et on le considère aujourd'hui comme l'un des créateurs les plus originaux de la production baroque.

Parmi ses œuvres, citons : Saint André *(1078)*, Saint Jacques le Mineur *(1089)*, **Saint Jacques le Majeur*** *(1082/83)*, **Saint Pierre*** *(1072)*, le sculpteur aveugle Gambazo *(1112)*, Ixion *(1114)*, Ticio *(1113)*, Figure féminine *(1122)*, la Tête de Bacchus *(1123)*, la **Sainte Trinité*** *(1069)*, le Combat de femmes *(1124)*, le **Songe de Jacob*** *(1117)*, Saint Christophe *(1111)*, le **Martyre de saint Barthélemy**** *(1101)*, **Sainte Madeleine*** *(1103)*, Archimède *(1121)*.

De l'**école sévillane** : Francisco de Zurbarán (1598-1664); peintre de monastère par excellence, il s'identifie à la passion dévote : la **Vision de saint Pierre Nolasco*** *(1236)*, Immaculée Conception *(2992)*, Saint Luc peignant *(2594)*, **Sainte Casilda*** *(1239)*, **Nature morte** *(2803)*. — Alonso Cano (1601-1667), peintre, sculpteur et architecte, il fut influencé par Vélasquez et Van Dyck. Ses compositions sont simples et équilibrées. En général, sa production respire la sérénité : Rois d'Espagne *(632/633);* Christ soutenu par un ange *(629);* la **Vierge et l'Enfant** *(627)*.

Diego Rodríguez de Silva y Velázquez. — Né à Séville en 1599, mort à Madrid en 1660. Ce grand génie se situe entre le naturalisme ténébriste, courant dans lequel il fit ses débuts, et la plénitude baroque de la seconde moitié du xviᵉ s.

C'est à Séville qu'il est éduqué et à Madrid que mûrit son art, devenu depuis lors universel. Il commence sa formation dans l'atelier de Herrera le Vieux, puis passe dans celui de Francisco Pacheco, son véritable maître, dont il épouse la fille en 1617. Il aspire à devenir peintre du roi et il y réussit en 1623, grâce à la protection du ministre de Philippe IV, le comte-duc d'Olivares, dont il fait le portrait. A partir de ce moment, sa carrière de peintre se déroule parallèlement à sa carrière au palais où il est successivement nommé huissier de la cour, valet de chambre et chambellan. Ses ambitions sont comblées lors de son admission dans l'ordre de Saint-Jacques, privilège réservé à la haute noblesse. Son amitié avec le souverain facilite son travail artistique qu'il peut réaliser dans une liberté totale, sans le conditionnement habituel de la clientèle ecclésiastique et aristocratique.

Le rôle que Vélasquez a joué dans la peinture est unique, tant sur le plan de la technique que sur celui de la visualisation. Le jeune artiste passe de l'étape naturaliste à celles que le contact avec les œuvres des diverses collections royales lui apporte. L'arrivée de Rubens à la cour en 1628 est déterminante pour son évolution. Ce dernier lui conseille un voyage en Italie qu'il réalise entre 1629 et 1631. A son retour sa sensibilité innée ne s'en trouve que plus puissante, son pinceau plus nuancé, son utilisation de la lumière plus subtile et agréable. Le classicisme italien et la lumière resplendissante de la Renaissance vénitienne l'influencent jusqu'à transformer profondément son style. Parmi les œuvres de cette époque, on peut citer les nombreux portraits de cour, les Lanzas (les Lances) et les premiers bouffons. La magie de Vélasquez s'exprime à la perfection au travers de l'étude des plus subtiles gradations de la lumière et des nuances les plus délicates de la couleur. Il découvre encore les effets inexplorés de la vue qui ne perçoit précisément que l'objet qu'elle fixe, tandis que le reste est flou, et en représente ses effets au moyen de différentes techniques. Il parvient à donner l'impression de l'espace sans recourir aux appuis géométriques, ce qu'on a appelé la «perspective aérienne» de Vélasquez.

Dans les années 1640, il collabore à la décoration de l'Alcázar de Madrid puis réalise un autre voyage en Italie (1649-1651) afin d'acquérir des tableaux et des sculptures. Il peint à Rome le portrait de son serviteur, Juan de Pareja *(Metropolitan Museum de New York)* et le pape Innocent X *(Galerie Doria de Rome).* Il meurt en 1660 au retour d'un voyage à Fontarabie, effectué à l'occasion du mariage de Louis XIV avec Marie-Thérèse d'Autriche.

Nous ne saurions donner une liste exhaustive des nombreux tableaux de Vélasquez ; et ainsi nous contenterons-nous de citer les plus remarquables : l'**Adoration des Rois mages** *(1166),* œuvre de jeunesse peinte à Séville ; **Philippe IV**** *(1184);* le **Triomphe de Bacchus**** *(1170),* dit aussi les Buveurs, influence de Rubens ; la **Forge de Vulcain**** *(1171);* Marie d'Autriche, reine de Hongrie *(1187);* le **Christ crucifié*** *(1167),* une de ses rares peintures religieuses ; la **Reddition de Breda***** *(1172),* ou **las Lanzas** (les Lances), est une des œuvres les plus connues de l'histoire universelle de la peinture.

La **Reddition de Breda.** — Cette œuvre fut conçue pour les salons des Royaumes du palais du Buen Retiro, entre 1634 et 1635, pour lequel Vélasquez peignit également des portraits équestres. Ce tableau commémore la victoire espagnole du 2 juin 1625 où le gouverneur de Breda, Justin de Nassau, remet les clefs de la ville au général espagnol, le marquis Ambrosio Spinola. Les Hollandais à g. et les Espagnols à dr. forment une splendide collection de portraits ; la composition s'organise autour des diagonales qui se croisent sur la clef, et autour de ces deux lignes se développe un jeu de courbes (croupe du cheval, coude du soldat hollandais, etc.) et de verticales (les fines lances espagnoles). Vélasquez avait amassé une documentation très riche pour la réalisation de cette toile et il fit fusionner tous les éléments disponibles dans une vision unitaire et cohérente. L'on prétend qu'il a signé le tableau par son autoportrait : le visage qui nous regarde, contre le cadre, à dr. du cheval.

Philippe III à cheval** *(1176);* la **Reine Marguerite d'Autriche*** *(1177);* **Philippe IV à cheval**** *(1178);* le **Prince Balthazar Carlos à cheval**** *(1180 et 1189);* le portrait équestre du **comte-duc d'Olivares**** *(1181);* **Esope*** *(1206);* **Ménippe*** *(1207);* l'**Enfant de Vallecas*** *(1204);* l'**Infante Marguerite d'Autriche**** *(1192);* les **Ménines***** *(1174),* également appelées la **Famille de Philippe IV,** datant de 1656, constituent l'apogée technique de Vélasquez.

Les Ménines. — C'est peut-être le tableau le plus célèbre du peintre. Il représente le peintre dans son atelier où entrent l'infante Marguerite, accompagnée de ses deux ménines (demoiselles d'honneur), et un nain et une naine ; derrière, Vélasquez fait le portrait du roi et de la reine dont les images sont reflétées dans un miroir au fond de la pièce. Cette œuvre possède une attraction magique que lui confère sa troisième dimension : l'espace créé s'étend en dehors des limites de la toile elle-même, typiquement baroque par l'ambiguïté qui émane de la confusion entre monde réel et monde peint. On voit sur la toile le peintre et les spectateurs, mais on ne voit pas ce qui est le sujet même du tableau car celui-ci se trouve dans l'espace où nous-mêmes nous nous trouvons. Le point focal est la chevelure blonde de l'infante. L'ambiance créée par la légèreté et la rapidité des coups de pinceau révèle l'authenticité d'une scène de la vie quotidienne de la famille royale.

Les Fileuses*** *(1173)* sont une autre œuvre culminant dans l'histoire de la peinture ; cette toile est inspirée d'un thème mythologique et représente la fable d'Arachné qu'Ovide raconte dans les « Métamorphoses ».

A partir de la seconde moitié du XVIIe s., on distingue encore : **Antonio de Pereda** (1161-1178), grand naturaliste. — **Francisco Rizi** (1640-1685), un des peintres baroques madrilènes les plus importants : Annonciation *(1128)* ; Autodafé sur la plaza Mayor de Madrid *(1126)*. — **Juan Carreño de Miranda** (1614-1685), peintre du roi puis peintre de chambre : Charles II *(642)* ; la Reine Doña Mariana d'Autriche *(644)* ; Saint Sébastien *(649)* ; Duc de Pastrana *(650)*. — **Claudio Coello** (1642-1693) : élève de Rizi, il allie les tendances baroques à une grande précision dans le dessin. Ses peintures révèlent une forte personnalité. Il peignit de nombreuses fresques en collaboration avec José Giménez Donoso : le Triomphe de saint Augustin *(664)*. — Juan de Arellano (1614-1676) est la figure espagnole la plus connue pour ses peintures de fleurs *(2507/2508)*.

En Andalousie, la plénitude baroque est représentée par deux grandes figures aux caractères très distincts : **Murillo** et **Valdés Leal**. Le courant esthétique représenté par **Bartolomé Esteban Murillo** (1618-1682) détermine un tournant dans l'art espagnol. Des valeurs tendres et aimables, faites de grâce et de délicatesse, impliquent un langage différent, matérialisant le fait religieux au travers d'interprétations de la vie quotidienne. On dit de sa technique qu'elle est vaporeuse, elle délaie les formes pour les convertir en visions purement picturales de la lumière et de la couleur : l'**Immaculée Conception de l'Escorial*** *(972)* ; Vision de saint Bernard *(978)* ; le Songe du patricien Jean *(994)* ; la **Sainte Famille à l'oisillon*** *(960)* ; le **Bon Pasteur*** *(962)* ; les **Enfants de la coquille**** *(964)*. — **Juan de Valdés Leal** (1622-1690), grand coloriste, fougueux et spectaculaire dont le style est passionnément baroque : Saint Jérôme *(2593)*. — La représentation des paysages possède quant à elle une figure de premier ordre en Ignacio Iriarte *(836-837)*.

C — La peinture espagnole de 1700 à la mort de Goya

Le XVIIIe s. a été considéré comme l'étape la « moins espagnole » de l'histoire de la peinture en Espagne. Sans doute en raison de la disparition des grands maîtres de l'école madrilène et sévillane mais aussi parce que, avec l'arrivée du premier Bourbon, Philippe V, la présence des artistes étrangers éclipsa quelque peu les peintres espagnols.

Le style baroque du siècle précédent continua d'être de mise à la cour mais les peintres français et italiens contribuèrent à moderniser l'école. Les portraits de

Melendez n'arrivaient pas à égaler ceux des peintres européens; l'influence des créations françaises récemment introduites en Espagne et celle exercée par l'Italie sur certains artistes espagnols aboutirent finalement à la création d'une Académie royale des Beaux-Arts, celle de San Fernando, sous le règne de Ferdinand VI (1746-1759). De même, l'Académie royale des tapisseries allait être une pépinière de jeunes artistes de valeur parmi lesquels se distinguent Bayeu, Maella, Castillo et Goya.

La seconde moitié du siècle présente un horizon prometteur; les enseignements italiens s'allient à ceux du néo-classique Mengs, présent à Madrid depuis le début du règne de Charles III (1759-1788). L'achèvement du Palais royal, le développement économique et la culture du Siècle des lumières dynamisent une nouvelle phase dans l'art espagnol qui culmine en la personne de Goya. Ce siècle se termine avec la guerre d'Indépendance. Seule la peinture universelle de Goya survivra et servira de base à de nombreux courants esthétiques contemporains.

Le Prado vous offrira une vision intéressante, quoique incomplète de ce siècle. En revanche, en ce qui concerne Goya, les collections présentes vous permettront de vous faire une idée des plus satisfaisantes sur ce génial Aragonais.

Dans la **première moitié du siècle** on distingue : Antonio Palomino (1655-1726). — Jacinto Meléndez (1647-1734). — Antonio Viladomat (1678-1755).

Dans la **seconde moitié du siècle** : Meléndez, miniaturiste et élève de Louis Michel Van Loo : **Natures mortes** *(936 à 940 — 901 à 915).* — Luis Paret y Alcázar (1746-1798), le plus rococo des peintres espagnols. Son œuvre s'inspire aussi de la peinture vénitienne du XVIIIᵉ s. Il eut pour maître Charles de la Traverse, lui-même disciple de Boucher : **Charles III déjeunant sous les yeux de sa cour** *(2422; 1442 à 1445).* — Les Bayeu; la Fabrique royale des tapisseries de Santa Bárbara fut créée pour doter les palais royaux des pièces nécessaires à leur décoration. **Mengs** suggéra au monarque de réunir de jeunes artistes pour exécuter les cartons : **Francisco Bayeu** (1734-1795) peignit pour le Palais royal, le couvent de l'Incarnation, le palais du Prado et pour Saint-Pascal à Aranjuez. — **Ramon Bayeu** (1746-1793) collabora avec son frère et avec Goya. — González Velázquez (1763-1834) fut lui aussi un célèbre cartoniste. — Mariano Salvador Maella (1739-1819). Premier peintre de cour, en même temps que Goya, en 1799, il fut un protégé de Mengs et travailla aussi à la Fabrique royale des tapisseries. Il participa à de nombreuses fresques dans le cloître de la chapelle et dans la Casita del Príncipe du Pardo : Marina *(874-875);* les Saisons *(2497 à 2500).*

Francisco de Goya y Lucientes (1746-1828). — Ce génie universel vous émerveillera par l'envergure, la diversité et la liberté de ses œuvres. Avec lui se terminent les Temps modernes et commencent les grandes convulsions de l'époque contemporaine. Il fut le témoin d'une période critique de l'histoire espagnole : les dernières années du règne de Charles III (mort en 1788), le règne difficile de Charles IV (1788-1808) et la guerre d'Indépendance (1808-1814). Dépassant les tendances artistiques, s'élevant au-dessus des barrières esthétiques, Goya préconisa toutes sortes de transformations socioculturelles. La vision de ses œuvres nous fait pénétrer dans le monde intérieur de son génie car il y projette avec passion son vécu, préfigurant l'attitude de nombreux auteurs du dernier tiers du XIXᵉ s. à nos jours.

Cet homme, malgré sa nature robuste, échappe plusieurs fois à la mort, après d'atroces maladies qui le rendirent sourd avant cinquante ans. Mais il acquiert chaque fois une plus grande maîtrise de soi et de son art. Il n'est cependant pas un artiste précoce, réalisant ses plus belles œuvres après quarante ans. Né dans un misérable petit bourg aragonais, Fuendetodos, d'un père maître doreur à Saragosse et d'une mère de la petite noblesse, il fit son apprentissage dans l'atelier de José Luzan, modeste peintre de style baroque. Après deux échecs au concours de l'académie de Madrid, il part en 1770 pour l'Italie. De retour en Espagne, Goya peint des fresques à Saragosse et fait la connaissance des frères Bayeu dont il épouse la sœur Josefa. Francisco Bayeu l'introduit à la Fabrique royale des tapisseries de Madrid pour laquelle il exécute de nombreux cartons. Peu à peu, l'artiste devient le portraitiste favori de la cour. La noblesse ainsi que les cercles d'intellectuels et d'artistes se familiarisent avec lui et la renommée que lui confère son travail de portraitiste lui apporte la sécurité matérielle. Ses œuvres reflètent alors une réalité joyeuse et claire, combinant la délicatesse et l'hédonisme rococo aux règles académiques : une peinture qui, sans être géniale, est très agréable et pétillante d'esprit d'observation.

Goya commence toutefois, au contact des milieux éclairés et libéraux, à ressentir des préoccupations d'un autre ordre que celui de la simple vie joyeuse du monde dans lequel il vit. En 1792 et 1793, il souffre d'une maladie qui le rend sourd. La situation de crise en Espagne, les conflits au sein de la société et l'isolement dans lequel l'enferme son infirmité accroissent sa sensibilité et insufflent à son œuvre une nouvelle force. Il blâme dès lors dans ses tableaux les vices de la cour, la vanité, l'ignorance et la stupidité, l'obscurantisme religieux. Ses critiques sont dures, acerbes et directes, passionnées. Dans son isolement, il se met alors à distiller la véritable essence de sa personnalité redoutable. Loin d'adhérer au néo-classicisme, il préfère s'abreuver aux sources baroques : «Mes seuls maîtres sont Vélasquez, Rembrandt et la nature», dit-il. Il a pour souci essentiel la lumière et la couleur et l'on admirera sa magie chromatique, l'expressivité de ses formes et sa capacité à saisir la réalité. Il rejoint l'impressionnisme par ses touches de pinceau, sa liberté d'exécution, ses effets de lumière. Par ses thèmes et ses idées, il annonce certains aspects du romantisme, du réalisme, de l'expressionnisme et même du surréalisme. Dans les années qui précèdent la guerre d'Indépendance, son œuvre est presque une prémonition de cette grande catastrophe dont il sera, une fois déclarée, le principal chroniqueur.

Cette guerre marque une autre étape dans sa vie et dans son œuvre, chaque fois plus inquiète devant l'irrationnel de l'homme. L'étape suivante, avec les persécutions de Ferdinand VII, ne fait qu'accroître sa sensibilité dans des œuvres où interviennent fantasmagorie, sorcellerie, onirisme, éclairages d'une cruauté implacable sur des individus difformes et tragiques.

En 1823, il part en exil et s'installe à Bordeaux où il se consacre à de nouvelles techniques : la lithographie et la miniature. A quatre-vingt-deux ans, il étudie toujours et en dépit de son amertume et de ses désillusions, il maintient intactes jusqu'à sa mort sa curiosité et son énergie créatrice.

Parmi ses œuvres : des cartons : l'**Ombrelle*** *(773);* un **Marchand de poteries** *(780);* le **Pantin** *(802);* les Jeunes Filles portant leur cruche *(800)* — des thèmes religieux *(745 à 747; 3260)* — des portraits : **Autoportrait** *(723); (740 de A à G); (721); (722);* la **Maja nue***** *(742)* — des thèmes allégoriques et historiques *(2546-47-48);* le **2 Mai 1808***** *(748)* ou la **Révolte à Madrid contre l'armée française;** le **3 Mai 1808***** *(749)* ou la **Fusillade sur le pont Príncipe Pío.** — Les **peintures noires***** *(754 à 767):* elles s'appellent ainsi en raison de leurs couleurs qui vont du blanc au noir, aux bruns nuancés d'ocre et de terre, mais aussi du fait de leur obscure signification pessimiste, sombre et désespérée. Elles ont pour communs dénominateurs la mort et le sentiment de la mort. Travaillant pour lui-même, Goya peignit sans entraves et sans concession, laissant libre cours aux fantômes de son monde intérieur. Ce sont des œuvres très personnelles puisqu'il les peignit chez lui (sur les murs d'une maison qu'il avait achetée en 1819 près du Manzanares). Il était alors très vieux et il n'est pas toujours facile

de comprendre les chemins sinueux qu'emprunta l'inconscient de ce grand homme pendant la dernière étape de sa vie.
Les œuvres : **Sabbat** *(761);* Saturne dévorant un de ses enfants *(763).*

D — La peinture italienne

Les collections de peinture italienne sont très bien représentées au Prado, notamment les xvie et xviie s. Ne manquez pas d'aller admirer les splendides collections de l'école vénitienne dans laquelle on relèvera notamment le Titien, le Tintoret et Véronèse.

Le xve s. : les peintres du quattrocento. — **Fra Angelico** (1387-1455) : l'**Annonciation***** *(15).* — **Sandro Botticelli** (1445-1510) : trois tableaux de l'**Histoire de Nastagio degli Honesti***** *(2838-39-40)* relatent un conte du *Décaméron* de Boccace. — **Melozzo da Forli** (1438-1494) : **Ange musicien**** *(2843).* — **Andrea Mantegna** (1430-1500 ; école de Padoue) : la **Dormition de la Vierge*** *(248).* — Antonello da Messina (1430-1479) : Christ mort soutenu par un ange* *(3092).*

Le xvie s. — **Raphaël** (1483-1520 ; école romaine) : la **Sainte Famille à l'agneau***** *(296),* l'un des chefs-d'œuvre de la maturité de Raphaël, **Portrait de cardinal**** *(299),* la **Chute du Christ sur le chemin du Calvaire*** *(298),* la **Visitation*** *(300),* Transfiguration *(315).* — **Andrea del Sarto** (1486-1531 ; école de Florence) : la **Sainte Famille** *(335),* le **Sacrifice d'Isaac** *(336),* la **Vierge et l'Enfant en compagnie d'un saint et d'un ange*** *(334).* — **Corrège** (1489-1534 ; école de Parme) : la **Vierge, l'Enfant et saint Jean** *(112),* **Noli me tangere*** *(111).*

L'école vénitienne des xve et xvie s. — **Giovanni Bellini** (1430-1516) : la **Vierge et l'Enfant et deux saintes** *(50),* le **Sauveur** *(576).* — **Giorgione** (1477-1510) : la **Vierge à l'Enfant entre saint Antoine de Padoue et saint Roch*** *(269-288).*

Œuvres du **Titien** (1488-1576), peintre universel, inspirateur de nombreuses écoles espagnoles, flamandes et françaises, dont le Prado possède une importante collection : **Autoportrait** *(407),* la **Bacchanale*** *(418),* **Offrande à Vénus*** *(419),* l'**Empereur Charles Quint à Mühlberg**** *(410),* **Tityos*** *(427),* **Vénus se délasse en écoutant la musique**** *(420-421),* **Vénus et Adonis**** *(422),* la **Gloire*** *(432),* **Adam et Ève*** *(429),* **Danaé recevant la pluie d'or*** *(425).*

Véronèse (1528-1588) : **Moïse sauvé des eaux*** *(502),* **Vénus et Adonis*** *(482),* la **Madeleine pénitente** *(498).* — **Le Tintoret** (1519-1594) : le **Lavement des pieds*** *(2824),* **Judith et Holopherne**** *(389-391).* — **Iacomo Bassano** (1510-1592) : **Noé après le déluge** *(22).*

La peinture italienne du xviie s. (antimaniérisme, naturalisme et classicisme). — **Le Caravage** (1570-1610) : **David vainqueur de Goliath** *(65).* — Carracci (1560-1602) : la **Sainte Cène** (404). — **Guido Reni** (1575-1642) : **Hippomène et Atalante** *(3090),* Saint Sébastien *(211);* Cléopâtre *(209).* — **Luca Giordano** (1634-1707), baroque décoratif, Rubens peignant l'allégorie de la paix *(190),* Songe de Salomon *(3179).*

La peinture vénitienne du xviiie s. — **Tiepolo** (1696-1770), un des derniers grands peintres baroques : l'Immaculée Conception *(363),* un **Ange portant le saint Sacrement** *(364).*

E — La peinture flamande

Du bas Moyen Age à l'époque des Rois Catholiques, les relations entre les territoires des Flandres et la péninsule Ibérique débouchèrent sur des alliances politiques concrètes, provoquant l'entrée en Espagne de courants artistiques jusque dans le premier tiers du xvie s. C'est précisément à cette époque que la péninsule fut gouvernée par un prince né dans le N., Charles Quint, qui laissera d'ailleurs son empreinte de façon marquante dans le domaine de l'art. De même, Philippe II collectionna-t-il et conserva-t-il de nombreuses œuvres. Toutefois, durant son règne, les problèmes entre les Flandres et la couronne d'Espagne, ainsi que la longue guerre d'Indépendance des Provinces-Unies du Nord, la future Hollande, détermineront un certain éloignement au milieu du xviie s.

Le monde des primitifs flamands est merveilleusement représenté au musée qui offre un panorama presque complet de l'évolution esthétique de cette école tout au long du xve s. Vous pourrez admirer des œuvres maîtresses de Van Eyck, du mystérieux maître de Flémalle, de Van der Weyden ou encore des œuvres de Dirk Bouts, Hans Memling, Gérard David, Ambrosius Benson. Patinir et Metsys offrent des œuvres de grande importance.

Au xvie s., la vague de protestantisme et les conflits religieux donnèrent de nouveaux aspects à cette peinture. Des motifs provenant de l'Italie renaissante engendrèrent d'autres valeurs et d'autres peintres comme les maniéristes de Amberes ou les romanistes. On peut citer les noms de Gossaert, dit Mabuse, Van Orley, Marinus, Van Hemessen ou Pieter Coecke Van Aelst. Leurs œuvres, nerveuses, crispées, décoratives ou tragiques multiplient les possibilités d'expression. Pierre Bruegel le Vieux développa sa peinture dans cette voie et s'exprima de façon hallucinante et parfois terrifiante. Le concept esthétique d'Antonio Moro sut influencer toute une génération d'Espagnols, antérieure à Vélasquez, comme Sánchez Coello ou Pantoja de la Cruz. De l'énigmatique Adriaen Cronenburch, le musée offre des pièces uniques.

La paix de Westphalie en 1648 rendit la Hollande indépendante. Durant ce siècle la couronne espagnole maintint des relations politiques avec les terres catholiques *(les provinces du S., aujourd'hui la Belgique)* et dans ce cadre religieux, aristocratique, brillant et baroque, naquit un grand maître de la peinture universelle : Rubens. Il travailla au service des archiducs Albert et Isabelle Claire Eugénie, gouverneurs des Pays-Bas espagnols. La collection des œuvres de Rubens au Prado est extraordinaire. Il faut y ajouter les œuvres de Van Dyck et Jordaens mais aussi celles des peintres dits secondaires, au travers desquels on peut contempler la richesse des natures mortes, la clarté des paysages, la peinture mythologique, historique, religieuse ou tout simplement décorative. Les œuvres symboliques ou moralistes d'un Bruegel ou les scènes de chasse d'un Paul De Vos, les œuvres de Téniers ou les batailles de Snayers sont des motifs suffisants pour aller admirer les trésors de cette école au musée du Prado.

Les primitifs flamands : le xve s. — Van Eyck (1441-1590) : des copies de ses œuvres et des œuvres de ses disciples : la Vierge et l'Enfant *(1921)*, la Fontaine des Grâces *(1511)*. — Le **maître de Flémalle**, identifié sous le nom de Robert Campin (1374-1444) : **Sainte Barbara** *(1514)*. — Rogier Van der Weyden (1399-1464) : la **Descente de Croix***** *(2825)*, **Pietà***** *(2540)*. — Bouts (1420-1475) : Triptyque *(1461)*. — Hans **Memling** (1433-1494) :

triptyque de l'Épiphanie* *(1557)*. — Jérôme Bosch (1450-1516) : la Table des sept péchés capitaux* *(2822)*, le Jardin des délices*** *(2823)*, Triptyque de l'Adoration des Mages** *(2048)*, la Charrette de foin** *(2052)*. — Joachim Patinir (1480-1524) : le Passage du Styx *(1616)*, la Fuite en Égypte* *(1611)*.

Première moitié du XVIᵉ s. — Quentin Massys (1465-1530) : Christ présenté au peuple* *(2801)*. De cette même époque, vous pourrez voir des toiles de Jan Gossaert, Bernard Van Orley, Marinus, et Coecke dit, Van Aelst.

Seconde moitié du XVIᵉ s. — Bruegel le Vieux (1520 ou 1530-1569) : le Triomphe de la mort* *(1393)*. — Antonio Moro (1517-1576) : la Reine Marie Tudor *(2108)*. — Pieter Bruegel le Jeune (1564-1638) et Jan Bruegel de Velours (1568-1625) : *1394 à 1398*. — Rubens (1577-1640) : Portrait à cheval du duc de Lerma *(3137)*, les Trois Grâces** *(1670)*; le Jardin de l'Amour** *(1690)*, la Sainte Famille *(1639)*. — Van Dyck (1599-1641) : le Couronnement d'épines *(1474)*; Portrait de sir Endymien Porter *(1489)*.

Le XVIIᵉ s. — Jordaens (1593-1678) : Portrait de famille** *(1549)*, Méléagre et Atalante *(1546)*, les Trois Musiciens ambulants *(1550)*. — David Teniers (1610-1690) : Le roi boit *(1797)*. — Snyders (1579-1657), peintre animalier : le Fruitier *(1557)*; Concert d'oiseaux *(1761)*; le Sanglier harcelé *(1749)*.

F — La peinture hollandaise

Rembrandt (1606-1669) : Artémise** *(2132)*, Autoportrait** *(2808)*. — Metsu (1629-1667) : Nature morte au coq blanc *(2103)*.

G — La peinture française

Le Prado possède environ trois cents tableaux de l'école française. Si le panorama en est certes incomplet, il est cependant très suggestif.

Le XVIIᵉ s. — Simon Vouet (1590-1649) : la Vierge et l'Enfant *(539)*, le Temps vaincu par la Jeunesse et la Beauté *(2987)*. — Nicolas Poussin (1594-1665) : Bacchanales *(2312)*, le Parnasse *(2313)*, le Triomphe de David *(2311)*. — Claude Lorrain (1600-1682) : Embarquement de sainte Paule Romaine à Ostie *(2254)*, Moïse sauvé des eaux *(2253)*, Paysage avec Tobie et l'archange Raphaël *(2255)*. — Sébastien Bourdon (1616-1671) : Christine de Suède à cheval *(1503)*, le Serpent de métal *(4717)*. — Philippe de Champaigne (1602-1674) : Louis XIII *(2240-6170)*. — Pierre Mignard (1612-1695) : Saint Jean Baptiste *(2289)*.

Le XVIIIᵉ s. — De nombreux portraitistes, tels François de Troy (1645-1730), Hyacinthe Rigaud (1659-1743), Nicolas de Largillière (1656-1746), Jean-Baptiste Santerre (1658-1717), Gobert (1662-1744), Courtilleau. — Des toiles de Watteau (1684-1721) : Contrat de mariage et Bal champêtre *(2353)*, Fête dans un parc *(2354)*, Autoportrait *(2789)*.

Parmi les peintres attachés à la cour d'Espagne : Michel Ange Houasse (1680-1730) : Louis Iᵉʳ *(2387)*, Bacchanales *(2267)*, vue du monastère de l'Escorial *(2269)*. — Jean Ranc (1674-1735) : Philippe V *(2329)*, la Reine Isabelle de Farnèse *(2330)*, Famille de Philippe V *(2376)*, Louise Isabelle d'Orléans, reine d'Espagne *(2332)*. — Van Loo (1707-1771) : Philippe V *(2285)*, Isabelle de Farnèse *(2397)*. — Charles Joseph Flipart (1721-1797) : la Reddition de Séville à saint Ferdinand *(13)*.

Vous trouverez encore des œuvres d'Oudry, Silvestre, Nattier, Drouai, Hutin, des copies de Boucher et de Greuze, Vernet, Robert, Callet, Malaine, Flaugier, Fabre, etc.

H — La peinture allemande

Elle est peu représentée au musée du Prado ; on remarquera surtout les quatre chefs-d'œuvre de Dürer, grand peintre de la Renaissance, et ceux de ses disciples, Hans Baldung Grien et Lucas Cranach qui illustrent une tendance au maniérisme du milieu du XVIᵉ s.
Dürer (1471-1528) : **Autoportrait**** *(2179),* **Adam***** *(2177)* et **Ève*****
(2178), Portrait d'un inconnu** *(2180).*
Hans Baldung Grien (1484-1545) : **les Ages de la vie et de la mort*** *(2220).*
— Mengs (1728-1779) : **Marie-Louise de Parme** *(2189).*
Vous trouverez encore des œuvres de Christophe Amberger (XVIᵉ s.), **Lucas
Cranach** (XVᵉ-XVIᵉ s.), **Hans Holbein** (XVᵉ-XVIᵉ s.), Elsheimer (XVIᵉ s.), Roos
(XVIIᵉ s.) et Vollardt (XVIIIᵉ s.).

I — La peinture anglaise

L'Espagne et l'Angleterre devinrent ennemies dès le XVIᵉ s. à cause de la Réforme, et cette hostilité se prolongea jusqu'au XVIIIᵉ s., ce qui explique la rareté des œuvres anglaises dans les collections du musée. Seule la peinture des XVIIIᵉ s. et début XIXᵉ s. est quelque peu représentée.
Nous citerons notamment : **Reynolds** (1723-1792), portraitiste du XVIIIᵉ s., **Gainsborough** (1727-1788), paysagiste et portraitiste, Romney (1734-1802), portraitiste, Hoppner (1758-1810), paysagiste et portraitiste, et Thomas Lawrence (1769-1830), portraitiste.

Le musée du Prado est aussi riche de quelque 500 sculptures, de magnifiques collections de dessins, de meubles et d'objets d'art.

2. Le casón du Buen Retiro**

13 rue Felipe IV (plan XXIII, DE2) ☏ *468-04-81, métro Atocha, Banco de España. —*
Visite *: de 9 h à 19 h du mar. au sam., dim. et fêtes de 9 h à 14 h. F. le lun. On peut utiliser le même billet d'entrée que pour le musée du Prado dont le Casón du Buen Retiro est l'annexe.*

Ce musée abrite les collections de peinture espagnole du XIXᵉ s.

Ce pavillon, destiné aux fêtes du palais du Buen Retiro, fut construit en 1637 par Alonso de Carbonell. Luca Giodano en décora les plafonds d'une fresque allégorique de l'ordre de la Toison d'Or, bien conservée. Au XIXᵉ s., la façade orientale fut rénovée en style néo-classique par Mariano Carderera *(accès au parterre du parc du Retiro, plan XXIII-E2)* et la façade principale fut construite en 1886 par Ricardo Velázquez Bosco.

A l'étage par lequel vous entrerez, vous découvrirez d'excellents portraits de grands personnages de l'Espagne du XIXᵉ s. : Ferdinand VII et ses épouses, Francisco de Goya, peints par Vicente López (1772-1850) ; des œuvres néo-classiques : sculptures de Vallmitjana, d'Alvarez Cubero ; tableaux de José de Madrazo : **la Mort de Viriato** ; toiles de Tejero et de Espinós.
A l'étage supérieur, beaux exemples de la **peinture romantique*** : portraits de Carlos Luis par **Ribera** ; **les Filles du Cid,** de Dióscoro Teófilo de la Puebla ; **Jeanne la Folle,** de Lorenzo Vallés ; les poètes contemporains,

d'Antonio María Esquivel; des portraits de Gutiérrez de la Vega; deux disciples de Goya : Eugenio Lucas et Leonardo Alenza; des œuvres de Valeriano Domínguez Becquer; des tableaux de Pérez Villaamil (paysages fantastiques).

Vous trouverez encore, en dehors du courant romantique, les paysages du peintre belge Carlos De Haes.

Seconde moitié du xixe s. : Fortuny (miniaturiste); Madrazo (portraitiste), Palmaroli; de Eduardo Rosales : le Testament d'Isabelle la Catholique.

Fin du xixe s. : Santiago Rusiñol; de Joaquim Sorolla : Et ils disent encore que le poisson est cher, Enfants sur la plage; les grands paysagistes : Regoyos, Mir, Beruete; et la présence insolite de **Juan Gris** : **portrait de Josette.**

3. Centre d'Art Reina Sofia***

52 rue Santa Isabel (plan XXIII, D4; métro Atocha ou bus 6, 18, 19, 26, 27, 32, 34, 57, 59, 85, 86, M9, C) ✆ *468-50-61.* **Visite** *: du mer. au lun. : de 10 h à 21 h. F. le mar. Entrée payante.*

Assez proche du musée du Prado, ce centre culturel se veut un peu le Beaubourg madrilène. Aménagé dans l'ancien hôpital général de la ville, il a ouvert ses portes en 1986 et n'a cessé depuis d'enrichir ses collections dont la base est constituée en grande partie par le fonds de l'ancien **musée espagnol d'Art contemporain** d'une richesse exceptionnelle. Outre des expositions temporaires, thématiques de grande envergure, le Centre présente toute l'année un extraordinaire panorama de l'art du xxe s. Tous les mouvements — du cubisme à l'art conceptuel en passant par le surréalisme et l'avant-garde des années 40-50 — sont magnifiquement représentés avec des artistes aussi importants que Dalí, Picasso, Miró, Magritte, Tàpies, Arroyo... A ne manquer sous aucun prétexte!

Et enfin, le célèbre **Guernica***** que Pablo Picasso peignit, en noir et blanc, en signe de révolte contre l'horrible bombardement de Guernica y Luno, en Biscaye, par l'aviation nazie en 1937.

Vous trouverez également des plans et photographies du pavillon espagnol à l'Exposition internationale de Paris en 1937 et les œuvres d'art qu'elle contenait, ainsi qu'une extraordinaire collection d'études préparatoires du tableau de Guernica.

4. Musée de l'Académie royale des Beaux-Arts de San Fernando**

13 rue Alcalá (plan XXII, C2; métro Sol, Sevilla) ✆ *522-14-91.* **Visite** *: du mar. au ven. de 9 h à 19 h. Du sam. au lun. : de 9 h à 15 h. Entrée payante.*

L'édifice fut réalisé en 1711 par Churriguera et c'est en 1744 que Ferdinand VI y créa une Académie des Beaux-Arts.

Le musée contient aujourd'hui plus de mille toiles parmi lesquelles des peintures du xvie au xixe s. De l'**école espagnole** : Juan de Juanes, Luis de Morales, Alonso Cano, **El Greco, Vélasquez, Zurbarán,** Carreño de Miranda, Murillo, *Ribera, Goya,* Vicente López, Alenza, Madrazo, Sorolla, Camarasa; **de** l'**école italienne** : **Bellini,** Bassano, **Arcimboldo, Corrège,** Luca Giordano, **Tiepolo;** des **écoles flamande et allemande** : **Rubens, Van Dyck,** Mengs; de l'**école française** : **Fragonard,** Van Loo. Vous y trouverez aussi des sculptures, des porcelaines et du mobilier.

Au rez-de-chaussée de l'académie se trouve la calcografía nacional, un musée de la gravure où l'on peut voir des planches de Goya, Velázquez... ☎ 532-15-43.

5. Musée de Sculpture à l'air libre*

Visite : permanente ; à l'intersection du paseo de la Castellana et de la rue Juan Bravo (plan XX, A2) ; métro : Nuñez de Balboa et Rubén Dario.

Ce musée offre un panorama intéressant des tendances de la sculpture contemporaine. Remarquez les œuvres de Julio González, Subirach, Alfaro, Torner, Rivera, Serrano, Alberto, Leoz, Sobrino ; la beauté de la **Mère Ubu** de Joan Miró ; l'imposante sculpture **Rencontre** d'Eduardo Chillida ; une magnifique pièce en bronze de Pablo Serrano.

6. Musée Lázaro Galdiano**

122 rue Serrano (plan XVIII, B1-2 ; métro av. de America) ☎ 261-60-84 et 261-49-79. Visite : t.l.j. sf. lun. de 10 h à 14 h. F. en août. Entrée payante.

Le musée Lázaro Galdiano est un des plus intéressants de la ville. L'édifice qui l'abrite est un hôtel particulier italien (1903), entouré d'un jardin. Don José Lázaro Galdiano, mécène généreux, légua ses collections artistiques à l'État espagnol (en 1948) ainsi que cet hôtel particulier où il vécut. Le musée, inauguré en 1951, présente des collections d'objets d'art provenant de toutes les parties du monde (sculptures, orfèvrerie, médailles, émaux, bijoux, ivoires sculptés, meubles).

La revue «Goya», que les visiteurs pourront obtenir à l'entrée, donne toutes les explications nécessaires à la visite des différentes salles.

1er étage *(salles I à VII).* — Collections d'orfèvrerie, émaux, objets en cristal de roche, reliques, ivoires, etc. Dans la *salle II* notamment : **Vierge française** du XVIIe s., vieux bijoux et divers objets d'art religieux. *Salle IV :* magnifique coupe de l'empereur Rodolphe II (XVIe s.), divers joyaux et étuis baroques. *Salles V et VI,* consacrées à l'art italien : des **bronzes**** de la Renaissance (certains proviennent de l'atelier de B. Cellini) et des œuvres maîtresses : la **Tête de Salvador*** attribuée à Léonard de Vinci et le buste du Christ de **Verrocchio**. *Salle VII :* bronzes et terres cuites des époques celtiques, ibériques, romaines et wisigothiques ; représentations d'art décoratif arabe et un beau buste de Charles Quint.

2e étage *(salles VIII à XVIII).* — Ces salles, particulièrement soignées et luxueusement décorées, renferment de très belles collections de peinture allant du XIVe s. au XIXe s., ainsi que de nombreux meubles, pendules, ivoires et objets en argent ou en cristal, céramiques et armures. Les *salles VIII et IX* présentent des œuvres des primitifs flamands et espagnols, dont le magnifique **Ecce homo**** de Jérôme Bosch, et des tableaux de Lucas Cranach, Jean de Flandre, Quentin Metsys, ainsi que des planches de l'école navarro-aragonaise. Dans les *salles X et XI,* des œuvres de Claudio Coello : la **Communion de sainte Thérèse*,** et de François Clouet. La *salle XII* est essentiellement réservée aux peintures anglaises : Gainsborough, Reynolds, Raeburn, Lawrence, Hoppner... Dans la *salle XIII,* œuvre de Vicente López et de Madrazo. *Salles XVI et XVII :* peintures de Murillo, Carreño de Miranda, Sánchez Coello, Pantoja de la Cruz.

3e étage *(salles XVIII à XXX).* — Les *salles XVIII et XIX* présentent les primitifs espagnols des xve et xvie s.; les *salles XX, XXI, XXII,* la peinture européenne : **Bosch,** Metsys, Hobbema, Gerard David, **Rembrandt,** Bruegel de Velours, **Van Dyck,** Teniers. Les *salles XXII et XXIV* renferment des œuvres de **Zurbarán, El Greco, Vélasquez** (portrait de Góngora)... Murillo, **Ribera,** Valdés Leal, Carreño de Miranda **(portrait de Charles II).** Dans les *salles XXV à XXVIII :* peinture anglaise, peinture vénitienne du xviiie s. **(G. B. Tiepolo, Guardi);** *salle XXX :* peintures de **Francisco de Goya.**

4e étage *(salles XXXI à XXXVII).* — Mélange d'art décoratif religieux et guerrier d'époques diverses ; riche collection de tissus principalement espagnols et italiens, brocart *(salle XXXI).* Salles *XXXII et XXXIII :* toiles arabes, andalouses et siciliennes, et une petite collection de chapiteaux de calife. *Salle XXXV :* magnifique collection d'éventails. *Salle XXXVI :* mélange d'objets européens du xixe s. à aujourd'hui.

7. Le musée Cerralbo**

17, rue Ventura Rodriguez (plan XVIII, C4 ; métro Ventura Rodriguez). ☏ 247-36-46. — Visite : tous les jours sauf lun. de 10 h à 14 h. F. en août et les jours fériés. Entrée payante.

Le musée Cerralbo est installé dans l'ancien hôtel particulier du marquis de Cerralbo, légué à l'État avec les collections qu'il renferme, en 1926. Vous y trouverez des collections de peintures, sculptures, tapisseries et porcelaines, des armes et des dessins. Parmi les œuvres les plus importantes, vous découvrirez des toiles du **Greco,** de **Zurbarán, Ribera,** Alonso Cano, **Van Dyck, Tintoret, le Titien,** Boucher, Vicente López ; des **dessins de Goya,** Murillo, Tiepolo et Titien ; des pièces d'art ibériques, puniques et de l'époque romaine.

8. Musée Sorolla**

37, paseo du General Martínez Campos (plan XX, A3, métro Iglesia, Rubén Darío). ☏ 410-15-84. — Visite : tous les jours sauf lun. de 10 h à 14 h. F. en août. Entrée payante.

Installé dans l'ancienne demeure du peintre valencien Joachín Sorolla (1863-1923), ce musée, qui date du début du siècle et fut conçu par l'architecte Repullés Vargas, est entouré d'un **jardin** de style andalou dessiné par Sorolla lui-même. Vous y découvrirez des fontaines, des carreaux de céramique, des sculptures de Benlliure, Clara et autres artistes du début du siècle ; des reproductions de bronzes pompéiens, des écus, des boucliers et diverses pièces archéologiques sont exposés. Dans cette demeure, vous découvrirez également des toiles, des aquarelles, des dessins de l'artiste et aussi des petits objets que Sorolla collectionna durant toute sa vie. Les diverses étapes de sa peinture y sont représentées : le réalisme : Traite des Blanches ; la recherche : ses études pour la décoration de la Hispanic Society. La maturité de l'artiste s'exprime surtout dans les portraits, les estampes de jardins, les paysages et scènes de plage : la Bata Rosa, **Después del Baño, Paseo a Orillas del mar,** el Baño del caballo.

Sorolla. — Né à Turia en 1863, mort en 1923, il fait son apprentissage dans les écoles d'art de sa ville natale. En 1885, il obtient une bourse pour étudier à Rome, et en profite pour se rendre à Paris où il prend contact avec les impressionnistes.

Il est définitivement consacré en 1900 par le Grand Prix de l'Exposition universelle de Paris. Entre 1909 et 1911, artiste reconnu tant dans son pays que dans de nombreux autres pays européens, il réalise une série d'Expositions aux États-Unis sous les auspices de la Hispanic Society of New York. La bibliothèque de cette institution le charge de réaliser quatre toiles gigantesques devant représenter diverses régions espagnoles.

L'évolution de l'art de Sorrola part du réalisme social au début de sa carrière, pour arriver à l'absence de préoccupations envers tout ce qui n'était pas valeur purement formelle. Il a une obsession très méditerranéenne pour la lumière du soleil dont il a su capter les couleurs avec une habileté prodigieuse. Personne n'aurait pu soupçonner les multiples tonalités de blanc qu'il montre par exemple dans les plis des vêtements des femmes qu'il a peints.

9. Musée romantique*

13, rue San Mateo (plan XIX, E4 ; métro Tribunal) ✆ 448-10-45. Visite : tous les jours sauf lun. de 9 h 30 à 15 h. Les jours fériés : de 9 h à 14 h. F. du 1ᵉʳ août au 14 sept. Entrée gratuite.

Constitué en 1924 par le marquis de Vega-Inclán, il est aujourd'hui propriété de l'État ; peintures et **portraits** de la période romantique (xixᵉ s. jusqu'à 1860) ; meubles et instruments de musique, comme le piano — réalisé par la maison Pleyel pour Isabelle II —, ou encore des pièces de céramique et divers objets qui ont tous une histoire.

Œuvres des peintres Gutiérrez de la Vega, Esquivel, Leonardo de Villaamil, Federico de Madrazo, Eugenio Lucas, Valeriano Becquer. Le Musée romantique contient aussi des œuvres du xviiᵉ s. comme celles de Carreño de Miranda, Lucas Giordano et Zurbarán. La peinture de la seconde moitié du xviiiᵉ s. et du début du xixᵉ s. est représentée par le **San Gregorio Magno** de Goya et un portrait de Maella.

10. Fondation casa de Alba (Palais de Liria)*

20, rue Princesa (plan XVIII, C3 ; métro Plaza de España). ✆ 247-53-02 et 247-66-06. Visite (avec autorisation préalable uniquement) le sam. matin. Entrée gratuite.

Ce palais contient de nombreux objets d'art parmi lesquels des céramiques, des tapisseries, des manuscrits, du mobilier et de merveilleuses collections de peinture des écoles **anglaise** : Reynolds, Gainsborough, Raeburn ; **hollandaise** : Ruysdael, Van der Velde, Van Goyen, Rembrandt ; **flamande** : Rubens, Bruegel de Velours, Jordaens, Teniers ; **italienne** : Fra Angelico, Andrea del Sarto, Titien ; **espagnole** : Zurbarán, El Greco, Murillo, Sánchez Coello, Ricci, Goya.

11. Musée archéologique national**

13, rue Serrano (plan XX, A4 ; métro Colón ; bus 1, 9, 19, 21, 53, 74, M2) ✆ 577-79-13 et 577-79-12. Visite : de 9 h 30 à 20 h 30 du mar. au sam. et de 9 h 30 à 14 h les dim. et fêtes. F. le lun. Entrée payante.

C'est l'un des musées madrilènes les plus importants en raison des richesses qu'il contient. Il fut fondé en 1867 par Isabelle II et installé dans le Palais des Bibliothèques, immense bâtiment néo-classique, en 1895. Il est particulièrement intéressant pour ses collections de préhistoire, ses antiquités ibères et du Moyen Age (antiquités wisigothiques, musulmanes, romanes et gothiques) et ses collections d'art religieux de la Renaissance. Le musée vous offrira également tout un ensemble de programmes audiovisuels et une excellente bibliothèque spécialisée.

Dans le jardin, du côté de la rue Serrano, à g., se trouve la **reconstitution des grottes d'Altamira**, l'un des plus célèbres abris rupestres à peintures préhistoriques d'Europe.

En effectuant la visite dans l'ordre des salles, vous trouverez, dans la *salle 1 (2e étage)*, une introduction à l'étude de la préhistoire grâce à la reproduction de divers hominidés accompagnée de panneaux explicatifs et de cadres synoptiques ; *salles 2 et 3 :* de nombreux objets du paléolithique espagnol, notamment des ossements découverts dans le lit du Manzanares (Madrid) et de Pinedo (Tolède) et des **os gravés** provenant de la grotte de la cueva del Castillo (ils furent d'ailleurs parmi les instruments les plus sûrs pour la datation de nombreux éléments de l'art magdalénien ibérique).

Les *salles 4, 5 et 6* s'organisent autour d'un patio romain et contiennent des objets du **néolithique** et de l'**âge du bronze**, notamment des **vases campaniformes** d'une culture qui se répandit en Europe vers la fin du IIIe millénaire avant notre ère, et une exposition sur la culture d'El Argar (1800-1100 av. J.-C.), du nom d'un site près d'Alméria. Vous y trouverez également des parures en or, des haches, des poignards, des outils de bronze ; un ensemble d'armes et d'objets provenant de Huelva (IXe s. av. J.-C.).

Les *salles 7, 8 et 9* sont consacrées aux cultures de l'**âge de fer** : des trésors d'orfèvrerie, une exposition de bijoux en argent et de splendides torques provenant de l'archéologie numancienne (Numance fut conquise par les Romains en 133 av. J.-C.) ; la *salle 10* concerne la **préhistoire des îles Baléares** : notamment trois grandes **têtes de taureaux**** en bronze, de la culture des Talayots ; la *salle 11* est réservée à l'**archéologie des îles Canaries** : exposition d'objets jusqu'au XVe s. et d'art Guanche ; la *salle 12* expose la **préhistoire du Sahara occidental** ; vous remarquerez le monolithe au centre.

Dans la *salle 13*, vous trouverez des restes des civilisations de l'ancienne Égypte et de Nubie : des matériaux et objets du IVe millénaire av. J.-C. et d'autres récemment acquis par la mission archéologique espagnole : momies, sarcophages et amulettes ; *salle 14 :* des **collections mésopotamiennes**, dans lesquelles vous remarquerez la **tête du roi Goudéa**** (vers 2250-2230 av. J.-C.) en diorite, provenant de Lagash, et divers échantillons d'écriture cunéiforme ; les *salles 15 et 16* renferment une magnifique **collection de vases grecs**, notamment celui qui est signé par le peintre Aeson (vers 430 av. J.-C.), le grand **cratère de la «folie d'Hercule»** (IVe s. av. J.-C.), quelques sculptures, miroirs et bronzes très intéressants ; *salle 17 :* archéologie provenant du S. de l'Italie : des terres cuites du sanctuaire romano-hellénistique de Calvi ; *salle 18 :* **antiquités étrusques** (du VIIIe au IIIe s. av. J.-C.) : céramiques, bronzes (de **magnifiques miroirs gravés**) et divers bijoux.

A partir de cette salle, gagnez le 3e étage par l'escalier et poursuivez la visite en prenant à g. du vestibule.

La *salle 19* est une illustration des colonisations préromaines de la péninsule Ibérique (du VIIe au Ier s. av. J.-C.) : des objets phéniciens, puniques et grecs, le **trésor d'Aliseda** (province de Cáceres), des terres cuites d'Ibiza, la **Dame assise*** taillée en albâtre de **Galera** (Grenade).

La *salle 20* présente un grand intérêt car y sont exposées les trois grandes dames de la sculpture ibérique : la **Dame d'Elche***** (chef-d'œuvre de la sculpture ibérique ou carthaginoise du Ve s. avant notre ère, cette déesse porte un véritable casque d'orfèvrerie) ; la **Dame de Baza**** (Grenade), découverte dans une tombe, où elle constituait une urne cinéraire qui appartint sans doute à un guerrier, si l'on en juge d'après les armes qui faisaient partie du mobilier funéraire. De style orientalisant, elle fut exécutée dans la première moitié du IVe s. av. J.-C. La **Dame du Cerro de los Santos**** (Albacete) est placée près des **têtes sculptées**, véritables portraits de style archaïsant, datant du Ve s. av. J.-C. jusqu'à l'époque de la première dynastie des Flaviens. Vous trouverez aussi dans cette salle des ensembles funéraires d'**Osuna** (Séville) et des **ex-voto** en bronze provenant du sanctuaire ibérique de Despeñapperos (Jaén).

La *salle 21* présente des sculptures romaines : la **statue de Livia***, épouse de l'empereur Auguste, en marbre blanc du Ier s. apr. J.-C., et celle de **Tibère*** (toutes deux proviennent de Paestum) ; au sol, une **mosaïque des mois et des saisons**, de Hellín (IIIe et IVe s.) ; *salles 22 et 23* : cinq tables où ont été gravés des textes juridiques romains, en **bronze d'Osuna*** ; vous remarquerez également une pompe à double action en bronze ; *salles 24, 25 et 26* : antiquités paléochrétiennes avec un pavement de mosaïques dit **mosaïque des Muses et des Maîres**, provenant d'Arroni (Navarre).

Dans les *salles 27, 28 et 29* sont exposés l'archéologie wisigothique : un magnifique ensemble de **couronnes votives de Guerrazar**** (Tolède), du VIIe s., et des bronzes liturgiques et objets provenant de sépultures ; *salles 30 et 31* : archéologie islamique : art musulman d'al Andalus et art mozarabe, avec notamment un **cerf en bronze niellé** du Xe s. (Médina az Zahara), un **coffret en ivoire*** sculpté, un **coffret en argent niellé et doré***, enrichi d'agates, exécuté au Xe s. et provenant de la basilique San Isidoro de León. Vous trouverez également des **fragments d'architecture musulmane** du temps du califat, des plâtres sculptés, des céramiques, des objets en bronze. Les **salles 32 et 33** sont réservées au Moyen Age chrétien et à l'art roman : un **crucifix en ivoire** de don Fernando et doña Sancha (XIIe s.), des **sculptures romanes**, des chapiteaux romans, des stalles et différentes représentations de l'art gothique mudéjar et du Moyen Age (peintures du XVe s.), orfèvrerie, ivoires, jais). *Salles 34 et 35* : des caissons du XIIIe au XVIe s.

Un escalier vous conduira au 4e étage, consacré principalement à l'âge moderne et à l'époque contemporaine.

Salle 36 : meubles et tapisseries ; *salle 37* : art Renaissance ; vous découvrirez l'**astrolabe** de Gualterius Arsenius ; un bel abaque du XVIIIe s. ; collection d'armes blanches, de fusils, et des bronzes italiens ; *salle 38* : cristal de Baccarat et verres espagnols ; stalles ; *salle 39* : argent et céramique d'Alcora ; *salle 40* : une belle exposition de pierres dures et porcelaines du Buen Retiro, porcelaines de Wedgwood et de Sèvres ; *salles 41, 42 et 43* : dans les salles d'honneur, vous remarquerez le **caisson baroque** provenant du palais du marquis de Monsalud ; un orgue de Pedro Echevarria (XVIIIe s.) ; les *salles 44 et 45* sont consacrées aux collections numismatiques et philatéliques.

12. Musée de l'Institut archéologique municipal

Dans le ravissant **parc*** de la fuente del Berro *(plan XVII, fuente del Berro, B2)*, ce musée contient des **fossiles** découverts dans les environs de Madrid, des collections archéologiques allant de la période paléolithique jusqu'au **Moyen Age** qui proviennent non seulement d'Espagne mais aussi des pays du Proche-Orient et du Moyen-Orient, en particulier d'Iran et d'Irak (bas-relief en stuc de la Grande Mosquée de Samarra d'époque abbasside).

13. Musée national d'Ethnologie

68, rue Alfonso XII (plan XXIII, E4 ; métro Atocha) ☎ 230-64-18 et 239-59-95. Visite : du mar. au sam. de 10 h à 18 h ; le dim. de 10 h à 14 h. F. le lun. et jours de fête. F. en août. Entrée payante.

Le bâtiment, conçu par Francisco de Cubas, possède une entrée avec des colonnes d'ordre ionique.
Vous pourrez y découvrir des collections d'ethnographie d'Espagne, d'Amérique, d'Afrique, d'Asie et d'Océanie : outils de travail, vêtements, armes, récipients, instruments de musique, idoles et talismans, etc. ; vous remarquerez aussi des momies d'origine guanche. Le musée offre également une série d'expositions rétrospectives sur divers sujets.

14. Musée national des Arts décoratifs**

12, rue Montalbán (plan XXIII, D2 ; métro Banco de España) ☎ 521-34-40 et 522-17-40. Visite : du mar. au ven. de 9 h à 15 h 30. Sam. et dim. de 10 h à 14 h. F. lun. et jours fériés. Entrée gratuite avec un passeport de la C.E.E.

Vous y découvrirez des collections de meubles, de cuirs de Cordoue, porcelaines, céramiques, et dentelles. Nous attirons plus spécialement votre attention sur les **murs de la chapelle****, ornés de cuir du XVᵉ s., et sur le **retable*** du XVIᵉ s., décrivant les archanges Tobie, Michel et Raphaël. Remarquez encore l'orfèvrerie, les tapisseries et les meubles du XVᵉ au XVIIIᵉ s. ainsi que de très beaux fers forgés. Notez également les sculptures (du XIIᵉ au XVIIᵉ s.) et plus spécialement l'**Ecce homo**** de Pedro de Mena.

15. Institut Valencia de Don Juan

43, rue Fortuny (plan XX, A2 ; métro Colón ou Rubén Darío) ☎ 308-18-48. Visite : sur rendez-vous (autorisation préalable obligatoire). Entrée gratuite.

Ce musée est composé de collections privées appartenant à Don Guillermo de Osma et à la comtesse de Valencia de Don Juan. Il s'agit d'un musée de petite dimension dont les salles sont décorées de meubles et tapisseries, d'objets et d'œuvres d'art allant de l'âge du bronze au XIXᵉ s., avec une place de choix réservée à l'époque médiévale. Remarquez, parmi ses riches collections, les céramiques, **azulejos***, du XIIIᵉ s. au XVᵉ s. ; les **tapis persans** ; les **tissus médiévaux**, des pièces d'**orfèvrerie espagnole** ; des bijoux (notamment un **dragon d'émeraude*** offert par Hernán Cortés à la Vierge de Guadalupe) ; une collection de **jais*** de Compostelle, datant du XVᵉ au XVIIIᵉ s., qui rivalise avec celle du musée de Pontevedra ; des peintures, parmi lesquelles on retiendra les **Ermitages de la vallée de Camaldule**** peints par **le Greco** en 1597, et un **portrait de Charles II** par Juan Carreño de Miranda.

16. Musée des Arts et des Traditions populaires

Faculté de Philosophie et des Lettres, université autonome de Canto Blanco, route de Colmenar Viejo, km 15. ☎ 397-42-70. Entrée gratuite.

Plus de deux mille pièces d'artisanat populaire couvrent l'ensemble de la vie quotidienne en Espagne. Objets de céramique, de cuir, de métal, de bois, de verre relatifs aux différentes étapes de la vie (de la naissance à la mort) sont répartis dans cinq salles très bien aménagées. Parmi les thèmes traités : la pêche, l'agriculture, la fabrication des aliments traditionnels, la vie domestique... Très intéressant pour le travail réalisé dans le domaine de l'artisanat populaire.

17. Cabinet des antiquités de l'Académie royale d'histoire

21, rue León (plan XXII, C3 ; métro Antón Martin) ☎ *429-06-11 et 429-07-00. Visite : sur rendez-vous uniquement. Entrée gratuite.*

Cet édifice fut conçu par Juan de Villanueva en 1788 pour les moines de l'Escorial se consacrant à l'impression de livres de prières. Outre sa riche bibliothèque contenant plus de 200 000 volumes, il possède des collections d'antiquités d'origine ibérique, grecque et romaine, ou encore byzantine et musulmane. Il compte également **quatre portraits peints par Goya.**

18. Musée municipal*

78, rue Fuencarral, dans l'ancien hospice de San Fernando (plan XIX, E4 ; métro Tribunal) ☎ *522-57-32 et 521-66-56. Visite : du mar. au ven. de 10 h à 14 h et de 17 h à 21 h, le dim. : de 10 h à 14 h. F. lun. et jours de fête. Entrée gratuite.*

Il possède une splendide **Allégorie de la Villa de Madrid**** de **Goya** ; la plupart des œuvres artistiques et des documents qu'il renferme ont trait à l'histoire de la ville. Ainsi, vous pourrez observer le fuero (zone de privilège et franchises) de 1202 ou encore la maquette de l'ancienne muraille de Madrid ; le plan de Texeira du XVIIe s. Collections de cartons de tapisseries de Francisco Bayeu et de José del Castillo ; porcelaines du Retiro.

19. Musée de Cire

41, paseo Recoletos (plan XXIII, D1 ; métro Colón) ☎ *419-26-49, 419-22-82 et 308-08-25. Visite : tous les jours de 10 h 30 à 14 h et de 16 h à 21 h. Entrée payante.*

Ce musée plaira beaucoup aux enfants pour la variété des sujets exposés (mais évitez alors la chambre des horreurs !) et aussi aux adultes qui y trouveront une présentation très complète des hommes célèbres ayant jalonné l'histoire tant espagnole qu'internationale.
Hommes de lettres, de sciences, des sports et de l'actualité, vous découvrirez 400 figures «presque vivantes» placées dans un cadre décoré avec grand soin *(diaporama historique vers 17 h).*

20. Musée royal de la Fabrica de Tapices (tapisserie)

2, rue Fuenterrabía (plan XXIII, F4 ; métro Menéndez Pelayo) ☎ *551-34-00 et 551-34-09. Visite : du lun. au ven. de 9 h 30 à 12 h 30. F. sam. et dim. Entrée payante.*

Collections de tapisseries, de tapis et de cartons du XVIIIe s., notamment des œuvres de Mengs, Bayeu et Goya. Il est particulièrement intéressant d'aller faire un tour dans les ateliers où un groupe de restaurateurs travaille à la réfection des tapisseries anciennes ou réalise des ouvrages modernes d'après des cartons de différentes époques.

21. Musée de la Fabrique nationale des monnaies et des timbres

36, rue du Doctor-Esquerdo (plan XVII, B2 ; métro Goya) ☎ *574-10-54, 409-63-43. Visite : du lun. au ven. de 10 h à 14 h. F. sam. et dim. Entrée gratuite.*

Riches collections numismatiques et philatéliques, intéressantes gravures et médaillons américains de l'époque de l'Empire espagnol.

22. Musée d'Amérique*

6, av. de los Reyes Católicos (plan XVIII, A1; métro Moncloa puis bus 62 G) ☎ 243-94-37 et 449-26-41. Visite : du mar. au dim. de 10 h à 19 h. F. lun. et fêtes. Entrée payante.

Ce musée contient des objets de grande valeur. Il est consacré à l'exposition d'art précolombien et hispanique, et plus spécialement aux œuvres des anciennes civilisations mexicaines, péruviennes et colombiennes; vous pourrez notamment y admirer le fameux **trésor de Quinbaya*** et un code maya antérieur à la conquête du Mexique par Hernán Cortés.

22 bis. Musée national des Reproductions artistiques

2, av. Juan de Herrera (hors plan XVIII, A1); bus nᵒ 46 (depuis la Gran Via); métro Moncloa.

Il est installé dans l'ancien bâtiment du musée d'Art contemporain et expose les répliques en plâtre d'importantes œuvres d'art ibère, grec, romain, médiéval et Renaissance *(vous pourrez également acheter certaines de ces reproductions).*

23. Musée de l'Armée

1, rue Méndez Núñez (plan XXIII, D2; métro Banco de España) ☎ 522-89-77. Visite : tous les jours sauf lun. de 10 h à 14 h. Entrée payante.

Installé dans une partie de l'ancien palais du Buen Retiro, il comprend des collections d'armes, du Moyen Age à nos jours. Vous trouverez dans une des salles décorées dans le style de l'Alhambra, des **armes et équipements de Boabdil***, le dernier souverain maure de Grenade; la **tente de Charles Quint*** lors de la campagne de Tunis; des uniformes, pièces d'artillerie, etc.

24. Musée naval

2, rue Montalbán (plan XXIII, D2, métro Banco de España). ☎ 521-04-19. Visite : tous les jours sauf lundi, jours fériés et 16 juillet de 10 h 30 à 13 h 30. Entrée gratuite.

Vous y découvrirez d'importants ensembles de maquettes de bateaux, de navires et de caravelles; des uniformes et des armes de l'époque des grandes découvertes, des rétrospectives de grandes batailles navales comme celle de Lépante.

25. Musée du Ferrocarril (train)

61, paseo de Delicias (plan XXIII, D4; métro Delicias). ☎ 227-31-21 et 230-32-78. Visite : du mar. au sam. de 10 h à 17 h 30; dim. et fêtes : de 10 h à 14 h. F. le lun. Entrée gratuite.

Réelles locomotives et maquettes de trains.

26. Musée de Bebidas de Perico Chicote*

Paseo de la Castellana, dans la tour Jerez (plan XX, A4; métro Colón) ☎ 419-86-50. Visite : tous les jours de 10 h à 13 h. Entrée payante.

Très célèbre à Madrid, ce «musée» rassemble quelque 9 000 bouteilles (pleines!) du monde entier consciencieusement amassées pendant toute sa vie par le génial inventeur de cocktails : Perico Chicote. Son bar, au n° 12 de la Gran Via est actuellement l'un des plus branchés de Madrid.

27. Musée national des Sciences naturelles

2, rue José Gutiérrez Abascal (plan XX, A1 ; métro República Argentina) ☎ *411-13-28 , 261-86-07.* **Visite** : *du mar. au sam. de 10 h à 18 h ; dim. et fêtes : de 10 h à 14 h 30. F. lundi. Entrée gratuite.*

Diverses sections sont consacrées à la paléontologie, la minéralogie, la zoologie et la géologie.

28. Musée national de Géologie

23, rue Rios Rosas (métro Rios Rosas) ☎ *441-65-00 (poste 198).* **Visite** : *du lun. au sam. de 9 h à 14 h. F. le dim. Entrée gratuite.*

Il se trouve dans l'Institut de géologie et de minéralogie. Les passionnés de minéralogie peuvent également aller voir des collections à la faculté des sciences *(département de géologie de l'université Canto Blanco ; tél. : 734-01-00).*

29. Musée Thyssen-Bornemisza***

Initialement prévu pour accueillir une partie des œuvres du Prado (du Moyen Age au XVIIIe s.) le magnifique palais de Villahermosa, datant du début du XIXe s. a finalement été proposé au baron Hans Heinrich Thyssen-Bornemisza qui souhaitait faire venir à Madrid sa collection de tableaux, l'une des plus fabuleuses collections privées du monde.

Forte d'environ huit cents toiles, celle-ci comprend aussi bien des œuvres classiques (citons, entre autres : Frans Hals, Hans Holbein le Jeune, Rubens, El Greco, Goya, Velázquez, Zurbarán) que des tableaux modernes : Manet, Monet, Renoir, Degas, Cézanne, Van Gogh, Gauguin... ainsi que : Kandinsky, Paul Klee, Dali, Max Ernst, Magritte, Mondrian...

L'ensemble du musée comprend 49 salles où les toiles sont disposées par écoles et dans l'ordre chronologique. Totalement pensé en fonction de la collection Thyssen-Bornemisza, ce musée est doté des moyens techniques les plus sophistiqués. Son ouverture, début 92, a constitué l'un des plus grands événements culturels depuis l'ouverture, en 1986, du centre d'Art de la Reine Sofia.

30. Musée taurin

Plaza monumental de las Ventas, Patio de Caballos (plan XVII, B2 ; métro Ventas) ; ☎ *255-18-57. — Visite : du mar. au ven. de 9 h 30 à 13 h 30 et le dim. de 10 h à 13 h. F. lun. et sam. Entrée gratuite.*

Ce petit musée, situé dans une aile des arènes de Las Ventas maintient vivante la légende des grands toreros de l'histoire de la corrida. Habits de lumière, banderilles et épées ayant appartenu à des matadores aussi célèbres que Manolete, Antonio Bienvenida ou Miguel Báez «Litri» sont la fierté du gardien.

Le musée étant systématiquement ouvert les jours de corrida, l'idéal est d'arriver environ une heure en avance pour le visiter.

31. Musée des Pères Escolapia

65, rue Gaztambide (plan XVIII, B1 ; métro Moncloa) ☎ *243-54-08. — Visite : sur rendez-vous.*

Il s'agit d'un petit musée d'art religieux, transféré ici en 1990 et comprenant quelques toiles d'artistes connus tels El Greco, Goya et Ribera.

Environs

1 — Valle de los Caídos — L'Escorial

Excursion en voiture de 101 km. Par le chemin de fer (ligne Madrid-Atocha-Ávila), train environ toutes les heures à partir de 8 h 30 (trajet : 1 h). Il existe aussi 4 autobus par jour (9 h 30, 14 h 30, 19 h, 21 h 30) qui partent du 10, rue Isaac-Peral (plan XVIII, B1-2). Attention : L'Escorial est fermé le lun.

0 km : **Madrid.** Sortir à l'O. par l'autoroute A6 en direction de La Coruña. Prendre la sortie « Guadarrama ». De là, emprunter la C 600.

49 km : ↦ A dr. route pour *(5 km)* **Valle de los Caídos*** ; la basilique, construite de 1940 à 1956, est consacrée à la mémoire des victimes de la guerre de 1936 ; elle est creusée à même la montagne et se trouve couronnée d'une croix immense, en ciment armé, haute de 150 m. Une longue avenue souterraine mène à l'ossuaire et à l'église dont la nef est décorée de tapisseries flamandes du XVIe s. où l'on remarquera aussi le groupe sculptural de la **Pietà** de **Juan de Avalos**. C'est dans cette nef que repose le général Franco. Un funiculaire conduit à la base de la croix d'où l'on jouit d'un très beau panorama sur toute la vallée.

57 km : **monastère de l'Escorial***** (→).

Prenez la C 505 en direction de Galapagar. De là, vous n'aurez aucun problème pour rallier la capitale en empruntant soit la N VI, soit de petites routes locales fort agréables.

101 km : **Madrid.**

2 — Le Pardo

A 15 km N.-O. par la N VI en direction de La Coruña ; prendre à dr. à 7 km et suivre les indications.

Visite : en été de 10 h à 13 h et de 16 h à 19 h ; d'oct. à avr. de 10 h à 13 h et de 15 h 30 à 18 h 30 ; f. l'a.-m. des dim. et j. fériés.

Le **Pardo*** devint une résidence royale après que le roi Henri III y eut fait ériger une Casa Real, en 1405, dans une forêt de chênes et d'yeuses. Le palais fut reconstruit à partir de 1547 par Charles Quint, sur des plans de Luis de Vega, et achevé en 1558 par Philippe II. Charles III qui le fit agrandir, Philippe IV qui fit appel à Rubens pour le décorer, Charles IV et Ferdinand VII, qui firent achever la décoration intérieure par les meilleurs peintres espagnols de l'époque, témoignèrent de l'intérêt porté à cette résidence royale. L'extérieur assez commun ne révèle en rien la surprenante beauté des aménagements intérieurs ; l'ameublement, composé en grande partie de pièces Empire, est splendide de même que l'extraordinaire collection de tapisseries espagnoles et flamandes, notamment de Goya, Bayeu et González Ruiz. Le palais, qui fut la résidence du général Franco jusqu'à sa mort, a ouvert ses portes au public en 1976.

La **casa del Príncipe** a été construite au XVIIIe s., sous le règne de Charles III, et sur des plans de l'architecte López Corona ; c'est en fait le pavillon de chasse du palais. Toutefois, c'est sur ordre du fils de Charles III, le futur Charles IV, que fut édifié le pavillon et ce pour l'agrément de son entourage et plus particulièrement de sa femme, María Luisa, désireuse d'échapper à la sévère étiquette de la cour. Sous son propre règne, il la fit décorer et meubler selon les goûts du XVIIIe s. et fit appel à François Bayeu pour orner le plafond de la salle à manger. Dans toutes les pièces, stucs, lustres, meubles, soieries et broderies donnent un cachet somptueux à cette résidence où le visiteur ne manquera pas de remarquer les huit tableaux de Luca Giordano (6 scènes mythologiques, une Adoration des Rois et le Triomphe de la Vierge).

3 — Monastère del Paular-Navacerrada

Cette excursion de 178 km traverse la sierra de Guadarrama qui compte parmi les plus beaux paysages de la communauté de Madrid. L'itinéraire est fléché.

0 km : **Madrid.** Sortir au N. par la C 607 en direction de Colmenar Viejo.

30 km : **Colmenar Viejo** (13 643 hab. ; alt. 833 m) ; ce village présente peu d'intérêt en lui-même mais il faut vous y arrêter pour visiter l'**église** paroissiale **de l'Assomption***, qui est l'une des plus belles de la province de Madrid. De style gothique et de décoration Renaissance, elle possède un grand **retable**** qui est un chef-d'œuvre du genre (peintures de Sánchez Coello et sculptures de Giralte).
A la sortie de Colmenar, prendre à g. la C 607.

49 km : **Cerceda** (987 hab. ; alt. 876 m) ; son église paroissiale offre un magnifique exemple de gothique tardif du règne des Rois Catholiques (grand retable de bois de style Renaissance).
Prendre à dr. la route locale en direction de Manzanares.

55 km : **Manzanares el Real** (1 650 hab. ; alt. 908 m) ; le bourg est dominé par l'imposant **château des ducs de l'Infantado**** *(ouv. de 10 h à 13 h et de 15 h à 17 h 30 ou 18 h 30 en été).* Construit à partir de 1435 par le premier marquis de Santillana, fameux poète des «Serranillas», il compte parmi les plus beaux de toute la Castille. L'ornementation gothico-mudéjare de la partie supérieure des tours, qui donne beaucoup d'élégance à cette puissante forteresse aux murailles crénelées, est l'œuvre de l'architecte Juan Guas. L'intérieur a été récemment restauré.
Fêtes : 1re quinz. d'août, fiestas de la Virgen de las Nieves : dégustation d'un ragoût de taureau.
→→ Manzanares el Real peut être le point de départ d'excursions dans la «Pedriza de Manzanares», prodigieux amoncellement de blocs de granit qui jonchent une lande de plantes aromatiques où dominent les cistes et les lavandes.
Sortir de Manzanares en longeant le grand réservoir de l'embalse de Santillana et se diriger vers Soto el Real.

71 km : **Miraflores de la Sierra** (2 078 hab. ; alt. 1 150 m) ; ce village, au pied de la sierra Guadarrama, est devenu un centre estival traditionnel, et s'il s'est considérablement développé, il n'en a pas perdu pour autant l'aspect montagnard qui lui donne tout son charme. L'église paroissiale, comme beaucoup d'autres de la région, unit un mélange de styles où prédomine toutefois le néo-classique.
Fêtes : le 3 fév., fiestas de San Blas : la mairie offre un ragoût de pommes de terre et de morue (pèlerinage le dim. suivant) ; du 15 au 21 août, encierras.
Prendre à g. en direction de Rascafria une route de montagne très sinueuse, surtout au-delà du puerto de la Morcuera (1 796 m), mais particulièrement jolie.

96 km : **Rascafria** ; visitez l'église San Andrés, gothique, avec une belle chaire platéresque sculptée (saint Michel de Luis Salvador de Carmona).

98 km : **Monastère del Paular**** *(ouv. de 10 h à 13 h et de 16 h à 18 h ou 19 h 30 en été) ;* il fut la première chartreuse de Castille, fondée en 1390 par Jean Ier et bâtie selon les plans de Rodrigo Alfonso, l'un des architectes de la cathédrale de Tolède. Les travaux s'achevèrent en 1440, mais des additions postérieures, platéresques et Renaissance de Rodrigo Gil de Hontañon et Juan Guas, altérèrent la pureté du style gothique originel. Le monastère est habité depuis 1954 par des moines bénédictins venus de Valvanera. L'**église** a été reconstruite au XVIIIe s., mais conserve un magnifique portail du XVe s. A l'intérieur, vous ne manquerez pas de remarquer le splendide **retable** d'albâtre sculpté, de style gothique fleuri, représentant des scènes de la vie de Jésus sous des personnages portant des habits médiévaux, et qui serait l'œuvre d'artistes génois du milieu du XVe s. Vous serez charmé par les jardins et les cloîtres.
Au-delà du monastère, suivre la route qui nous mène vers la partie la plus abrupte de la sierra de Guadarrama, en passant par le col de Cotos (1830 m).

120 km : **puerto de Navacerrada** (1860 m) ; ce col est devenu une station de sports d'hiver très fréquentée et possède de nombreuses installations pour la pratique du ski. A la belle saison, il peut être le point de départ de promenades très agréables. Vous pourrez prendre par exemple le « chemin Schmidt » et vous promener au milieu des arbres au feuillage dense ou bien encore vous rendre au **col de Fuenfría****, à quelques kilomètres, très riche en pinèdes et qui conserve des vestiges de la chaussée romaine qui reliait Ségovie à Titulcia.
Du puerto de Navacerrada, prendre la N601 jusqu'à Villalba et, de là, la N VI pour rentrer à Madrid.

4 — Torrelaguna — Montejo de la Sierra — Buitrago del Lozoya

Cet itinéraire d'environ 200 km, vous permettra de découvrir, au N. et au N.-E. de Madrid les pittoresques villages de la sierra Pobre. Itinéraire fléché.

0 km : **Madrid.** Sortir au N. par la NI en direction de Burgos.

14 km : **Fuente del Fresno** ; prendre à dr. jusqu'à Algete.

22 km : **Algete** (5 076 hab. ; alt. 715 m) ; magnifiques peintures de Vicente Carducho (xviie s.) dans l'église paroissiale de la Asunción. Beaux édifices civils : hôpital du xvie s. et palais de Alcañices.
Revenir vers la C 100 et tournez à dr. pour remonter le cours du Jarama.

40 km : **Talamanca de Jarama*** (885 hab. ; alt. 654 m) ; vous y verrez les restes des murailles construites par les Romains et renforcées par les Wisigoths et les Arabes. L'**église de San Juan Bautista***, bâtie au xiie s., possède une abside romane intéressante avec quelques stalles. A l'extérieur, tour Renaissance et inscription wisigothique. Sur la plaza Mayor, ruines d'un ermitage offrant une abside mudéjare. La **Casa de Labor de los Cartujos*** est un ensemble baroque formé de greniers à blé, de jardins, et d'une chapelle. A l'intérieur, peintures a fresque et une toile de l'Immaculée attribuée à Alonso Cano.

50 km : **Torrelaguna*** (2 485 hab. ; alt. 744 m) ; c'est la ville natale du cardinal Cisneros qui fit construire l'**église de la Magdalena*** en style gothique. Magnifique retable baroque de Narciso Tomé avec une statue de la Vierge sculptée par Luís Salvador Carmona. Chœur et chaires Renaissance. Dans le couvent gothique de las Concepcionistas, beaux **tombeaux*** de Fernando Bernáldez de Quirós et de son épouse. La ville conserve de belles maisons seigneuriales à blasons ainsi que des places très pittoresques (plaza de la Iglesia, plaza de Montalbán).
Fêtes : le 8 sept., fiesta de la Virgen de la Soledad avec danses régionales, toro del aguardiente et gigantes y cabezudos.
De là, prendre vers Patones puis tourner à dr. en direction d'Uceda.

58 km : **Uceda** (409 hab. ; alt. 780 m) ; ruines impressionnantes de l'église romane de La Varga du xiie s. qui abrite aujourd'hui le cimetière.
➔ A *7 km S.-E.,* **Cubillo de Uceda** (169 hab. ; alt. 895 m) avec une église au beau portail plateresque décoré d'artesonados mudéjars.

66 km : **Patones*** (353 hab. ; alt. 832 m) ; ce village disposait d'un statut particulier au Moyen Age ; il était gouverné par un roi élu par les habitants. Ce lieu caché demeura un royaume indépendant jusque sous Charles III et son isolement le préserva même des invasions napoléoniennes. Le village, aujourd'hui presque entièrement en ruine, n'est qu'un lacis de ruelles en pente bordées de maisons de briques aux toits d'ardoise.
Revenir à Torrelaguna et prendre à dr. en direction d'El Berrueco.

A l'E. se situe la **sierra Pobre****, la zone la plus isolée, sauvage et désolée, de la communauté autonome de Madrid avec de minuscules villages, à demi abandonnés, dont les habitants se consacrent à l'élevage des moutons : Robledillo de la Jara, Bergoga de Lozoya, Serrada de la Fuente, Pardes de Buitrago, Prádena del Rincón (106 hab. ; église romane) ; paysages magnifiques.

112 km : **Montejo de la Sierra** (116 hab.; alt. 1 148 m); joli village entouré de forêts de hêtres.
Par des routes locales, rejoindre vers le S.-O. la N. I. à Buitrago de Lozoya.

124 km : **Buitrago del Lozoya** (1 151 hab.; alt. 975 m) possède des murailles arabes du xiᵉ s., assez bien conservées. Le château, gothico-mudéjar du xivᵉ s., a encore ses murs et ses tours, mais l'intérieur est en ruine. Église gothique de Santa María avec une belle porte; dans la sacristie artesonados prov. de l'ancien hôpital. Petit musée Picasso présentant des dessins que le peintre avait donnés à son coiffeur.
Prendre la NI en direction de Madrid.

129 km : ➡ A dr. très jolie route pour *(14 km)* **Lozoya** (447 hab.; alt. 1 114 m); église Renaissance avec une chaire plateresque et un retable en céramique de Zuloaga. Hôtel de ville baroque. **Fêtes :** romería à l'ermitage de la Fuensanta (dernier dim. de mai et sept.); Virgen del Rosario (1ᵉʳ dim. d'oct.) : processions et encierros.

197 km : **Madrid.**

5 — Alcalá de Henares — Chinchón

Cet itinéraire de 150 km, qui vous mènera tout d'abord à Alcalá de Henares, ville de longue tradition culturelle, vous donnera l'occasion d'apprécier quelques villages caractéristiques de l'architecture madrilène comme Nuevo Baztán ou Chinchón et de profiter d'un paysage varié à travers des routes locales tranquilles.

0 km : **Madrid.** Sortir vers l'E. par la NII en direction de Guadalajara.

31 km : **Alcalá de Henares*** (62 281 hab.; alt. 588 m); deuxième centre urbain de la communauté de Madrid, Alcalá possède une très belle **université*** (auj. Institut de l'Administration publique) fondée en 1498 par le cardinal Cisneros et implantée dans un édifice Renaissance. La magnifique **façade**** que vous ne manquerez pas de remarquer est de Rodrigo Gil de Hontanon; on peut visiter la chapelle, le Paraninfo (anc. salle des examens) et le patio Trilingüe aux 36 colonnes de pierre *(ouv. 11 h-14 h et 16 h-18 h).* Le **palais des archevêques de Tolède,** en dépit de sa destruction partielle en 1939, offre de précieux éléments de cette même époque. A proximité, ne manquez pas de visiter la **maison de Cervantès** qui reproduit une demeure du xviᵉ s. sur les lieux mêmes, dit-on, de sa maison natale. Remarquez aussi le collège du Roi (xviᵉ s.), l'église des Jésuites du xviiᵉ s., le monastère des Bernardas (xviᵉ s.) et le couvent del Imagen (xviᵉ s.). Et ne manquez pas un coup d'œil sur les vieilles arcades de bois* de la calle Mayor.

Sortez d'Alcalá de Henares en prenant à dr. la route locale qui conduit à Pezuela de las Torres; dirigez-vous ensuite à dr. vers Olmeda de las Fuentes; là, tournez de nouveau à dr.

61 km : **Nuevo Baztán** (461 hab.; 831 m) est une illustration parfaite de planification urbaine des xviiᵉ et xviiiᵉ s. On remarquera notamment l'église et le palais dessinés par José Churriguera.

Poursuivre vers Poruela del Rex; là, tourner à g. vers Valdilecha; continuer tout dr. jusqu'à Tilmes; là, prendre à dr. pour rejoindre la NIII en direction de Tarancón; après avoir traversé le río Tajuña, prendre à dr. jusqu'à Valdelaguna et se diriger vers Colmenar.

101 km : **Colmenar de Oreja** (5 004 hab.; alt. 750 m); renommée pour ses vins, ses ateliers de poterie mais aussi et surtout pour sa fort belle **place**,** entourée d'arcades. Ce charmant petit village possède de plus un **musée*** consacré à un peintre local très intéressant, Ulpiano Checa.

106 km : **Chinchón** (3 900 hab; alt. 753 m); la ville doit sa réputation à ses fameuses distilleries d'anis mais aussi à sa très belle **place**** considérée comme

l'une des plus jolies d'Espagne. Entourée de galeries à plusieurs étages, que domine l'église paroissiale, elle est encore le siège de courses de taureaux et même de représentations théâtrales. Outre la place, vous pourrez également visiter les ruines de l'imposant château datant du XVe s., l'église paroissiale de l'Assomption où est conservé un tableau de Goya (Assomption de la Vierge), le couvent des Clarisses ainsi que la casa de las Cadenas (maison des Chaînes).
Continuer tout droit pour rejoindre la N III.

132 km : bifurquer à g. vers Madrid.

151 km : **Madrid.**

6 — Aranjuez

Autobus : à partir de la gare S. des autobus de Madrid (17, calle Canarias). Départs à 8 h, 9 h, 13 h, 16 h, 17 h 30, 19 h et 20 h 45.
Chemins de fer : nombreux trains; trajet d'environ 40 mn.
Un moyen pittoresque de vous rendre à Aranjuez : à partir du 12 mai jusqu'à la fin de l'été circule el Tren de la Fresa (le train de la fraise), un vieux train plein de charme, inauguré en 1851 par Isabelle II. Des hôtesses vêtues de costumes d'époque vous donneront toutes les informations nécessaires sur Aranjuez et vous offriront d'excellentes fraises, spécialité de la ville. Le billet comprend la visite du Palais royal et de la casa del Labrador. Départs le dim. de la gare de Delicias à 10 h. Arrivée à Aranjuez 11 h 21. Pour le retour : départ à 19 h 40; arrivée à Madrid à 21 h.

0 km : **Madrid.** Sortir vers le S. par la N IV, en direction d'Aranjuez.

13,5 km : **Cerro de los Angeles** ; c'est le centre géographique de la péninsule Ibérique. Le village est dominé par un colossal monument au Sacré-Cœur de l'architecte Carlos Maura.

47 km : **Aranjuez**** (→).

7 — Brunete — San Martín de Valdeiglesias — Cadalso de los Vidrios — Villa del Prado — Navalcarnero — Griñon

0 km : **Madrid.** Sortir vers le S.-O. par la N V en direction d'Alcorcón.

14 km : **Alcorcón**, prendre à dr. la C 501 en direction de Brunete.

31 km : **Brunete**, où se livra l'une des batailles les plus acharnées de la guerre civile. Le village, complètement détruit, a été reconstruit mais sans qu'on tienne compte de son aspect original.

63,5 km : **barrage de San Juan**, idéal pour la pratique des sports nautiques dans un admirable paysage.

65,5 km : **Pelayos de la Presa** (652 hab.; alt. 570 m) ; ruines d'un monastère cistercien, dernier témoignage des sept églises, à façade Renaissance et cloître gothique.

79 km : **San Martín de Valdeiglesias*** (4 786 hab.; alt. 609 m) ; à l'extrémité occidentale de la province de Madrid, la petite ville est entourée de bois. Depuis le règne d'Alphonse VIII de Castille, la ville était capitale d'une région à la vie monastique intense (d'où son nom de San Martín de Siete Iglesias). Le **château** de Coracera fut construit par don Alvaro de Luna et appartint aux ducs de l'Infantado. Il conserve son donjon. **Église** paroissiale de **Juan de Herrera** avec une belle collection de peinture baroque. Parmi les **maisons seigneuriales**, remarquez celle de Dos Puertas et celle de la Santa, où vécut sainte Thérèse.
Fêtes : romería del hornazo (lun. de Pâques) ; San Martín (le 11 nov.).
Prendre à g. la N 403 en direction de Tolède.

90 km : ◆→ A dr. route pour *(7 km)* **Cadalso de los Vidrios*** (2164 hab. ; alt. 802 m) ; centre de vacances très apprécié pour ses paysages de pinèdes et son barrage de San Juan, tout proche. La ville connut son heure de gloire au xve s., comme en témoignent les belles **maisons*** seigneuriales à blasons. Église paroissiale du xvie s. avec une sacristie Renaissance. **Palais de Villena***, élevé sur un château xve s. par Don Alvaro de Luna ; résidence d'Isabelle la Catholique, Charles Ier et Philippe II, qui le transforma selon le goût classique italien de l'époque. Au xviiie s., Charles III y vécut et introduisit dans la ville l'industrie du verre qui lui donna son nom. Les caves typiques qui conservent les vins locaux, très appréciés, constituent un autre attrait du village, tout comme son important carnaval.
Au carrefour, bifurquer à g. vers Navalcarnero.

98 km : **Villa del Prado** (2690 hab. ; alt. 510 m) ; le village abrite l'un des joyaux architecturaux de la communauté autonome : l'**église Santiago*** du xvie s. Bâtie en style gothique, elle possède plusieurs **retables*** baroques d'une grande beauté.

127 km : **Navalcarmero** ; célèbre pour ses vins. Son église paroissiale bâtie au début du xvie s. est de style gothique avec des éléments Renaissance. Retable baroque et collection de tableaux religieux dus à José Antolinez.
Prendre à dr. la C 404 en direction du S.

139 km : sur la dr., **Batres*** (181 hab., alt. 608 m) ; le village possède dans ses environs un beau château du xvie s. qui appartint au célèbre poète Garcilaso de la Vega. La forteresse est en brique rouge, intéressant patio.

146 km : **Griñon** ; église paroissiale de brique (xvie-xviie s.) et couvent des Clarisses Renaissance (précieuses **peintures*** du Siècle d'or).
De là, prendre une route à g. qui conduit à Madrid.

155 km : **Fuenlabrada** (78096 hab. ; alt. 664 m) ; ville agricole et industrielle des environs de Madrid. Dans l'église de San Esteban (xvie-xviie s.), **retable*** baroque de Churriguera au maître-autel avec une peinture de Claudio Coello.

161 km : **Leganés** (163426 hab. ; alt. 665 m) ; retable de Churriguera dans l'église de San Salvador.

170 km : **Madrid.**

Mahón* (Maó)

Ciutadella, 45 km.
22 284 hab. — Ile de Minorque — Province des Baléares.

Au fond d'un port naturel de 5 km de long, que le cardinal de Retz considérait déjà au xviie s. comme « le plus beau de la Méditerranée », Mahón, capitale de l'île de Minorque depuis l'époque de la domination anglaise (1708-1802), a conservé le caractère original issu de ce mélange de cultures.

La ville dans l'histoire. — Le Portus Magonis, fondé par les Romains en 123 av. J.-C., grâce à sa position stratégique dans la Méditerranée occidentale, a fait au cours des siècles l'objet de nombreuses convoitises. Les sarrasins en sont les maîtres jusqu'à la conquête par Alphonse III, en 1287. Après le sac de la ville par le pirate Barberousse en 1535, les Maonesos élèvent à l'entrée du port le château de Sant Felip (xviie s.). Mais cela n'empêche pas l'escadre anglaise de l'amiral Leake d'occuper la ville.
Au xviiie s., le gouverneur anglais, Sir Richard Kane, entreprend de vastes travaux publics pour la défense de la cité, l'aménagement du port et la création de la route centrale vers Ciutadella. En 1756, l'escadre française du maréchal duc de Richelieu

(petit-neveu du cardinal) occupe le Port Mahon anglais. Cet intermède dure 8 ans, pendant lesquels le comte de Lannion continu l'œuvre de Kane. Minorque est alors un des sujets de conversation à la mode dans les salons parisiens. Plus récemment, pendant la guerre civile espagnole, Mahón reste républicaine, alors que sa voisine, Majorque, passe dès juillet 1936 aux mains des insurgés. Aujourd'hui, les Minorquins continuent à se démarquer des habitants des autres îles de l'archipel, préférant rester sous l'influence culturelle de Barcelone, plutôt que de subir celle de Palma, pourtant siège du gouvernement des Baléares.

Visite de la ville

Par mer, on pénètre dans le **port*** par la pointe de La Mola, où s'élève une forteresse et prison militaire érigée sous Isabelle II. La rade de Mahón est formée par une grande cassure ouverte entre les deux zones géologiques de l'île : au N., des collines schisteuses, au S. un plateau calcaire avec des conglomérats granitiques. C'est cette même opposition que l'on retrouve dans toute l'île, avec la région de Tramuntana au N. et le Migjorn au S. Avançons en direction de Mahón. Sur la g., l'ancienne **George Town**, fondée par les Anglais en 1771 suivant un tracé géométrique rigoureux, fut rebaptisée peu après Villacarlos, en l'honneur de Charles III d'Espagne. Mais les Minorquins l'appellent **Es Castell**, à cause du fameux **château de Sant Felip** que, curieusement, les Espagnols détruisirent à la fin du XVIIIe s. On passe près de l'**illa del Rei**, où débarquèrent les troupes catalanes, au XIIIe s. Un hôpital militaire de l'époque coloniale s'y dresse encore. Sur la dr. (au N., donc) apparaît près de la cala Sant Antoni une vaste demeure de style georgien, la **Golden Farm**, où vécut l'amiral Nelson au temps où il commandait la flotte de la Méditerranée.

La ville de Mahón, dont les ruelles pavées grimpent du port vers le plateau, a conservé de l'époque coloniale les fenêtres à guillotine, les intérieurs sombres remarquablement entretenus, aux meubles de style anglais, ainsi que la consommation de thé et surtout de gin.

Gin mayonnaise : un curieux mélange culturel. — Le gin de Minorque est un alcool très parfumé, que l'on boit accompagné d'une rondelle de citron. Il n'est guère consommé qu'à l'intérieur de l'île, mais il est pour les connaisseurs l'un des symboles de Minorque. Si les Anglais introduisirent le gin dans l'île, les Français, en revanche, s'en retournèrent, selon la tradition, avec une sauce célèbre : la mayonnaise (ou, en espagnol, « mahonesa »). Bien que l'on ne soit pas certain de l'origine minorquine de la sauce, sa diffusion à partir de la cour du duc de Richelieu a eu effectivement comme point de départ la petite ville de Mahón, que les Français occupèrent entre 1756 et 1763.
En ce qui concerne le thé, il faut remarquer toutefois que l'on appelle « té » toutes sortes d'infusions, comme par exemple la délicieuse camomille de Mahón, et l'expression « fer un gin » est couramment utilisée pour inviter quelqu'un à « boire un pot ». A Mahón, les anglicistes ne seront pas dépaysés car de nombreux mots, comme « bòtil », « boínder », « tornescrú » ou « xoc », si proches des « bottle », « bow-window », « turnscrew » ou « chalk » anglo-saxons sont mêlés au catalan local.

Le centre de la ville est formé par la **plaza de España**, entre l'**église del Carme**, imposant édifice de 1751, de style néo-classique, dont le cloître a été transformé en marché, et l'**église Santa María**, fondée par les conquérants et reconstruite en 1772. A l'intérieur, l'**orgue*** monumental de l'Allemand Johann Kiburz, construit en 1810, est considéré, avec ses 4 claviers, ses

51 registres et ses 3006 tuyaux, comme l'un des meilleurs d'Europe. Au chevet de l'église Santa María, l'**ayuntamiento** est un édifice du début du XVIIe s. qui s'ouvre sur la place par trois arcades; celle du centre est surmontée d'une horloge anglaise du XVIIIe s. De là, on aperçoit l'**arc gothique de Sant Roc**, une ancienne porte de la ville renforcée d'une tour à mâchicoulis. Sur la **plaza de la Conquista**, l'ancienne casa Mercadal, construite en 1761 sur l'emplacement du château de Mahón, a abrité jusqu'à ces derniers temps le **musée archéologique provincial des Beaux-Arts** (remarquable pour ses collections appartenant à la culture des talayots et à l'époque punique). Actuellement fermé, le musée doit être transféré au cloître de l'**église Sant Francesc**. Reconstruite au XVIIIe s., elle semble dominer la ville et offre, de la terrasse voisine, un excellent point de vue sur le port et la rade. L'**Ateneu**, sur la grande **place de l'Explanada**, est un centre culturel avec une importante bibliothèque et un musée d'Histoire naturelle qui abrite de très belles collections d'oiseaux, poissons, mollusques et algues.

Environs

1 — Albufera d'Es Grao *(8 km N.)*. — Lac de 2 km de long, lieu de repos durant les mois d'hiver pour les oiseaux migrateurs en route vers l'Afrique. Afin de partager le repos de ces volatiles, des industriels barcelonais ont construit près de l'Albufera un bel ensemble de villas, ainsi qu'un golf de 18 trous.

2 — Sant Lluís *(4,5 km S.; 2490 hab.)*. — Ville blanche fondée par les Français en 1761. Tout y est passé à la chaux, même le bord des trottoirs! Construite selon un plan quadrangulaire, elle s'organise autour de l'église néo-classique arborant au fronton les armes de Louis XV.
Fête : le 25 août, on y célèbre une fête équestre.
••→ De Sant Lluís, on accède aux **plages de S'Algar, Cala Alcaufar, Punta Prima, Binisafúa** et surtout **Binibeca**, où les promoteurs immobiliers ont essayé de construire dans le style des anciennes maisons de pêcheurs minorquins.

3 — Talatí de Dalt *(3 km O. par la route de Ciutadella, à g.)*. — Monuments mégalithiques (talayot et taula; → Alaior).

4 — Navetes de Rafal Rubí *(5 km O., sur la même route, à dr.)*. — Monuments mégalithiques (→ Alaior, environs 2).

Málaga

Algésiras, 133 km. — Almería, 208 km. — Grenade, 127 km.
502235 hab. — Capitale de la province de Málaga (Andalousie).

Málaga, trait d'union entre l'Andalousie penibétique et la basse Andalousie, est le seul port réellement important de la côte méditerranéenne de l'Andalousie. C'est une ville sympathique, gaie et animée, dans un beau site, au centre d'une baie largement ouverte, au pied du Gibralfaro, une haute colline de couleur fauve, couronnée par un château maure. Mais ce qui contribue le plus au charme de cette ville est sans doute la parure végétale de ses allées, de ses parcs et de ses jardins.
Málaga jouit d'un climat exceptionnel, d'une douceur quasi proverbiale en hiver, sous un ciel presque constamment pur (300 j. ensoleillés par an).

La ville dans l'histoire. — Strabon et Marcus Agrippa ont attribué la fondation de Málaga aux Phéniciens (Malaka). Elle passe au pouvoir des Carthaginois puis des Romains qui développent le centre urbain. Très tôt, elle devient le siège d'un évêché. Prise par les Maures en 711, elle est la capitale d'un petit émirat qui refuse de reconnaître l'autorité d'Abd al-Rahman, l'émir de Cordoue ; il y a même un roi de Málaga, Edris Ier, qui, ayant réuni une petite armée de Maures africains et de Noirs, s'attribue le titre suprême d'émir al-Moumenin. Autour de l'Alcazaba se développe la médina avec une mosquée et un souk où l'on vend soie, épices et céramiques... La ville, assiégée en 1487, est enlevée par les Rois Catholiques, mais de nombreuses familles musulmanes continuent à y vivre, tout au moins jusqu'au début du XVIIe s., avant que Philippe III ne décide l'expulsion des morisques. Au XVIIIe s., le port est agrandi et devient une des bases de commerce avec les colonies américaines. En 1810, Málaga est occupée par le général Sébastiani ; en 1820, Riego y proclame la Constitution. Les monuments de Málaga ont beaucoup souffert des troubles qui agitèrent la ville les 12 et 13 mai 1931, un mois après la proclamation de la république, et en mai 1936. Elle est enlevée presque par surprise le 10 février 1937 par les nationalistes.

Málaga aujourd'hui. — Málaga a subi des changements importants au cours des 25 dernières années, changements dus en grande partie à son développement économique, concentré sur la frange littorale. Prépondérance du secteur des services, haut pourcentage de la construction, et faible industrialisation caractérisent ce développement. La pêche a une importance relative et les industries alimentaires occupent une place très importante dans le secteur industriel. Hôtellerie et commerce, suivis de transports et communications se développent régulièrement dans cette zone qui tend à devenir une des plus touristiques de la Méditerranée. La ville est un foyer culturel florissant où les artistes laissent libre cours à leurs créations.

Ils sont nés à Málaga. — Le politicien Canovas del Castillo, le poète Salvador Rueda, l'aventurier et financier marquis de Salamanca (l'auteur du quartier de Madrid qui porte son nom) et Pablo Picasso.

Fêtes. — Cabalgata de los Reyes (5 janv.) ; carnaval ; semaine sainte (plus de 30 confréries, certaines ayant plusieurs siècles d'existence, défilent dans les rues) ; cruces de Mayo avec chants et danses typiques (3 mai) ; Corpus Cristi avec corrida et processions ; Saint-Jean avec feux de joie (23-24 juin) ; Virgen de los Romeros avec chars enrubannés (5 juil.) ; Virgen del Carmen avec processions maritimes (16 juil.) ; feria avec messe flamenca, dressage de chevaux, chant flamenco (fin juil.-déb. août) ; Virgen de la Victoria (8 sept.) ; Los Verdiales (28 déc.).

Gastronomie. — Vous mangerez un ajo blanco (gaspacho aux amandes), le pescaito frito (friture de boquerones et chanquetes). Sur les plages vous pourrez déguster des brochettes de sardines que l'on fait cuire à la braise sur le sable. N'oubliez pas le vin doux qui facilitera votre sieste !

Visite de la ville

Il est difficile de se fixer un horaire à Málaga. Vous pouvez en une demi-journée visiter la cathédrale, le musée des beaux-arts et le Gibralfaro, ou passer la soirée à flâner dans les bars et les vieilles tavernes (taberna del Guardia et d'autres) pour goûter le vin de Málaga.

Le **paseo de la Alameda** et surtout son prolongement du côté du port, le **paseo del Parque** *(plan C3)*, constituent la plus agréable promenade que l'on puisse rêver par temps de canicule, avec leurs allées ombragées par de magnifiques palmiers. Parmi les **fontaines** qui ornent cette promenade, celle de Neptune, en marbre, fut sans doute exécutée à Gênes vers 1560.

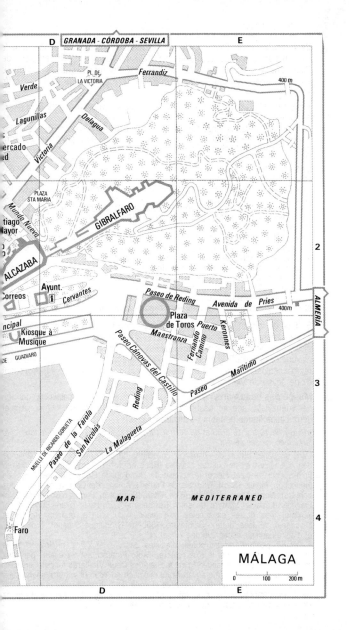

MÁLAGA

Cathédrale* *(plan C2).* — Imposant édifice de style Renaissance dont la construction fut entreprise à partir de 1528, probablement sur des plans de Pedro López, puis de Diego de Siloé et de Diego de Bergara, et inaugurée en 1588, mais les travaux furent arrêtés en 1783, sans que le bâtiment fût achevé.

Visite : de 10 h 30 à 13 h et de 15 h à 19 h en été ou de 16 h à 19 h en hiver ; accès payant.

A l'intérieur, de vastes proportions et d'un style dépouillé à l'exception des voûtes et des coupoles ornementées de motifs sculptés, vous remarquerez, au **trascoro** (partie postérieure du chœur) une pietà d'Alonso Cano.

Dans le chœur, construit de 1595 à 1632 par Vergara le Jeune, puis par Díaz de Palacios, **stalles*** sculptées par Luis Ortiz et José Micael (1658), avec **40 statues*** de saints par Pedro de Mena.

Dans la **Capilla Mayor**, cinq peintures du cycle de la Passion par César de Arbacia (1580).

Dans le **bas-côté dr.** : 3e chapelle : le **Triomphe de la Vierge***, peinture d'Alonso Cano ; sur un autel latéral, Saint Basile et Saint Luc, statues de Pedro de Mena — 4e chapelle : la Conception, tableau de Mateo Cerezo.

Dans le **déambulatoire** : 1re chapelle : **statues orantes des Rois Catholiques*** par Pedro de Mena (1681) — 3e chapelle : **retable** gothique, peint et sculpté — 4e chapelle : **retable** dessiné par Juan de Villanueva.

Dans la **sacristie, trésor** avec une **custode** d'or et d'argent, enrichie de diamants, de perles et de pierres précieuses, utilisée le jour de la Fête-Dieu : **Vierge des Douleurs**, peinture sur cuivre attribuée à Luis de Morales.

A partir de la 4e chapelle du bas-côté g., vous visiterez un **musée** avec, au premier étage, la salle capitulaire couverte d'un beau plafond artesonado à caissons.

En face de la cathédrale, le palais épiscopal *(plan B2),* musée diocésain d'art sacré, présente une façade baroque (1772). Dans le jardinet qui s'étend au pied de la cathédrale, le **Sagrario** *(plan C2)* est un petit sanctuaire s'ouvrant par une belle **porte*** de style isabélin, exécutée par Pedro López. A l'intérieur, retable sculpté de Juan de Balmaseda, en style platéresque (XVIe s.), provenant d'une église de Vieille-Castille.

Musée des beaux-arts* *(plan C2).* — Il est installé dans le palais des comtes de Buenavista, une imposante construction Renaissance du XVIe s., auquel deux patios fleuris donnent beaucoup de charme.

Visite : de 10 h à 13 h 30 et de 16 h à 19 h ; f. l'a.-m. des j. fériés et le lun. toute la journée ; accès payant.

Dans les salles du *rez-de-chaussée,* collections de **peintures** de l'école flamande des XVIe et XVIIe s., de Luis de Morales (**Ecce homo***, **Dolorosa***), Luca Giordano (le Repentir de saint Pierre, le combat de David et de Goliath, le Massacre des Innocents), Murillo (**Saint François de Paule***), Antonio del Castillo (Adoration des bergers), Alonso Cano (Saint Jean), de Ribera (Saint Jean, Portrait d'un apôtre, Saint François d'Assise, **Martyre de saint Barthélemy***), Zurbarán (Saint Benoît, Saint Jérôme), des écoles espagnoles et flamandes du XVIIIe s. (natures mortes et paysages), de José Moreno Carbonero (1860-1942), Enrique Simonet (1863-1927) et d'autres artistes espagnols des XIXe et XXe s.

A l'*étage,* peintures et sculptures d'artistes des XIXe et XXe s. originaires de la province de Málaga, dont le plus célèbre, **Pablo Picasso**, est représenté par deux œuvres de jeunesse, puisque le petit tableau des **Deux Vieillards** fut peint en 1891 à l'âge de 10 ans et qu'une aquarelle fut exécutée en 1895 (il y a également, dans ce musée, des **gravures** de Picasso de la série de la Joie de vivre et de la série de la **Tauromachie**, ainsi que trois céramès). Une salle est consacrée à Muñoz Degrain, un artiste andalou qui fut le premier maître de Picasso.

Dans la *chapelle,* également à l'étage, notez, au fond, à g. du retable, une **Dolorosa** attribuée à Pedro de Mena.

Alcazaba* *(plan C2).* — Forteresse d'origine romaine, reconstruite au IXe s. par les Maures et qui servit de résidence aux gouverneurs de la ville. Remaniée en 1057, puis au début du XIVe s., elle fut longtemps négligée après la Reconquête, mais une remarquable restauration a mis en valeur les traits purement arabes de l'architecture de ce palais-forteresse, avec ses arcs outrepassés, ses entrelacs, ses plâtres sculptés et ses merveilleux jardins andalous.

Visite : le mat. de 11 h à 13 h et l'a.-m. de 17 h à 20 h en été ou de 16 h à 19 h en hiver.

Un **musée archéologique** a été installé dans le bâtiment de la **puerta de Granada**; il comprend des collections de préhistoire, des antiquités romaines avec une intéressante section consacrée aux **sculptures** (portrait de Trajan, provenant de Cordoue, statue en marbre de Vénus, acéphale, tête dite de Vénus, en marbre, provenant de Churriana, etc.), wisigothiques, mozarabes et arabes, notamment des panneaux ou des fragments de panneaux en plâtre sculpté, ainsi que de la **céramique hispano-musulmane.**

L'Alcazaba est reliée à la **forteresse de Gibralfaro*** *(plan D2; V. plus loin)* par un sentier très escarpé par endroits *(n'effectuez la montée qu'en fin d'après-midi pour éviter la chaleur).*

Par la **calle de la Alcazabilla** vous accéderez au **théâtre romain** *(plan C2),* aussi grand que celui de Mérida, mais moins bien conservé, qui fut construit sous le règne d'Auguste (27 av. J.-C.-14 apr. J.-C.) mais embelli plus tardivement, avec emploi de marbres espagnols, italiens, africains et même de porphyre d'Égypte. Sa cavea ou ensemble de gradins fut aménagée au flanc de la colline de l'Alcazaba. Il fut abandonné au IIIe s.

Dans les quartiers centraux de la vieille ville, **église del Santo Cristo** *(plan B2),* de plan circulaire, à coupole du XVIIe s. (tombeau du sculpteur Pedro de Mena), et **Consulado** *(plan B2),* bâtiment construit en 1782 avec un patio à galeries.

Pour ceux qui désirent visiter plus en détail, signalons en outre, dans les quartiers du voisinage de l'alameda principale, le **marché** *(plan A3),* construit sur le site de chantiers navals fondés par Abd er-Rahman III, et dont on a conservé la porte d'entrée en marbre blanc. L'**église San Juan** *(plan B2),* érigée par les chevaliers de Malte (XVIIIe s.), avec une haute tour à trois étages, renferme un retable baroque de marbre rose et une sculpture de Francisco Ortiz.

Dans le même quartier, le **musée Mesón de la Victoria** *(plan x, B2; ouv. le mat. de 10 h à 13 h 30 et l'a.-m. de 16 h à 19 h ou de 17 h à 20 h; f. le lun.; accès payant),* localisé pasillo de Santa Isabel, au n° 7, est installé dans un beau bâtiment à patio central érigé en 1632. Il abrite des collections d'arts populaires, notamment une très remarquable série de figurines d'argile peinte représentant des personnages de la société andalouse des XVIIIe et XIXe s., par Salvador de León, les Gutiérrez de León, José Cubero, etc., et une collection d'instruments traditionnels servant à l'élaboration du vin.

Dans la vieille ville, le long de la traversée par l'ancienne route de Grenade, se trouvent l'**église de Santiago el Mayor,** construite en 1490, avec une belle tour mudéjare d'un bâtiment antérieur, contigu à la muraille (statue gothique de l'apôtre).

L'**église Nuestra Señora de la Victoria** *(continuer tout droit au point où la route de Grenade fait un coude à angle droit vers la g.)* fut construite peu après le siège de 1487 par les Rois Catholiques, sur l'emplacement de leurs tentes; à l'intérieur, image gothique de la Vierge sous un petit temple baroque sculpté par Lurinzaga, des sculptures de Pedro de Mena et le panthéon baroque des comtes de Buenavista dans la crypte.

Citons encore le cloître Renaissance du **couvent de la Trinidad**, avec une abondante décoration d'inspiration mudéjare et l'**église San Felipe Neri** dessinée par Ventura Rodríguez. Parmi les monuments civils, signalons la maison natale de Picasso sur la plaza de la Merced.

•ₐ• Castillo de Gibralforo (plan D2 : promenade à réserver pour une fin d'a.-m.).

— Le château, nommé aussi **Gebelfaro** (¹a montagne du phare, en arabe), réuni à l'Alcazaba par des murailles, s'élève au sommet d'une colline qui domine la ville et le port d'environ 130 m. Cette forteresse, qui serait d'origine phénicienne, fut reconstruite par l'émir Ysūf Iᵉʳ au XIVᵉ s. ; elle comporte une belle porte en chicane, avec une voûte à décor de briques et une ancienne mosquée, mais le **paysage*** que l'on découvre sur la ville et la mer depuis ses terrasses constitue le plus sûr de ses attraits.

Après la visite de la ville, le shopping (poterie) et la gastronomie (poisson et vins), vous attendent les **plages** : 20 plages sur les 18 km de la costa de Málaga, très fréquentées, surtout en été. Mais le climat, particulièrement clément, avec une température moyenne annuelle de 22°, vous permet de profiter des plaisirs de la mer tout au long de l'année.

Environs

1 — Excursion à l'embalse del Conde de Guadalhorce**.

82 km de bonne route, sauf pendant 21 km après Alora, où la chaussée devient étroite, sinueuse et en mauvais état.

0 km : **Málaga.** Sortir vers l'O. par la MA 402.

19 km : ➡ A *3 km* sur la g., **Cártama*** (10 580 hab. ; alt. 161 m), petite ville mauresque au pied d'un piton rocheux couronné par les restes d'une ancienne forteresse maure. La ville fut habitée par les Phéniciens et devint une importante place forte sous les Romains. Près des ruines arabes, ermitage de los Remedios avec une chapelle baroque.

➡ A *15 km* S.-O., **Coín*** (→ Marbella, environs 2).

37,5 km : **Alora*** (alt. 194 m), village au pied d'une colline surmontée par la forteresse de las Torres, commencée par les Wisigoths et renforcée par les Arabes. La ville fut reconquise par 30 000 hommes en 1484. Église paroissiale de Nuestra Señora de la Encarnación, baroque.

Fêtes : semaine sainte avec le jeudi l'émouvant adieu de Jesus Nazareno à la Dolorosa ; San Paulino avec un festival de cante jondo (22 juin) ; feria taurine (déb. août) ; romería au sanctuaire de las Flores (1ᵉʳ dim. après le 8 sept.).

➡ **Couvent de Nuestra Señora Flores**, en style baroque ; magnifique **chapelle*** principale de l'église.

A Alora, bifurquer vers le N.-O. en direction d'El Chorro.

54 km : à dr. gare d'El Chorro, à l'entrée de la **Garganta del Chorro**, gorge impressionnante mais inaccessible *(danger).*

56 km : **Mesas de Villaverde**, petit plateau où gisent les ruines de la ville de Bobastro, capitale d'un petit émirat du IXᵉ s., où l'on peut voir une église rupestre de plan basilical à trois nefs, typiquement mozarabe avec ses arcs en fer à cheval.

65 km : **Ardales** (3010 hab. ; alt. 400 m), qui conserve un château d'origine romaine, agrandi par les Arabes et de nombreuses églises baroques.

◆▸ **Grotte de la Trinidad** décorées de peintures remontant au paléolithique.

82 km : **Teba** (4395 hab. ; alt. 555 m), dont le **château** arabe, construit sur des ruines romaines, conserve un superbe donjon d'où l'on a une **vue*** splendide sur le paysage environnant. L'**église** paroissiale est ornée de colonnes de marbre rouge, de fresques et de peintures flamandes.

Fêtes : San Isidro avec romería de chars enrubannés et corrida champêtre sur les rives de l'Almarguen ; feria avec verbena et foire au bétail (9-12 août) ; processions pour la Virgen del Rosaria (6-8 oct.).

2 — Hacienda de la Concepción* *(7 km N. par la N321 ; ouv. de 9 h à 20 h ou 18 h en hiver ; f. le dim.).* — Avec d'amirables jardins tropicaux comprenant, notamment, des palmiers de toutes les espèces, des fougères arborescentes, des bambous, etc. Un petit temple, reconstitution d'un temple grec antique, abrite diverses antiquités romaines provenant de Cártama.

3 — Melilla *(liaisons par mer t.l.j. sf le sam. par la compagnie Aucona, en 9 h 30 ; tél. : 22.43.93 ; 58450 hab.).* — Enclave espagnole en territoire marocain, occupée par les Espagnols depuis 1490. Murailles bien conservées. Nombreux forts du XVIIIe s. Dans les tours Renaissance de la Concepción, musée municipal d'archéologie punique et romaine.

Manacor

Artá, 21 km. — Felanitx, 14 km. — Palma, 48 km.
Alt. 110 m. — 24205 hab. — Ile de Majorque — Province des Baléares.

Seconde ville de Majorque, Manacor est connue pour son activité commerciale (meubles, perles artificielles) et pour son port de pêche (Porto Cristo) où se trouvent les fameuses grottes du Drac.

Manacor, ville de fondation ancienne, possède une **église** avec abside gothique, mais dont la façade fut refaite au XIXe s., et un **ayuntamiento**, installé dans un ancien couvent dominicain du XVIe s., avec un élégant cloître baroque. Trois **tours** subsistent de l'ancienne forteresse médiévale : celle du Palau (reste de l'ancien palais des rois de Majorque), de Ses Puntes (aux fenêtres ogivales) et des Anagistes. Le **Musée archéologique** *(ouv. de 10 h à ˙13 h),* d'un intérêt assez limité, possède toutefois des objets provenant de la fouille des talayots et des pavements de mosaïque des basiliques paléochrétiennes de Son Peretó et de Sa Carrotja (VIe s.).

Depuis le XVIIe s., les meilleurs artisans du bois travaillent à Manacor. Cette activité traditionnelle s'est considérablement développée depuis un quart de siècle, car il a fallu produire à une cadence accélérée menuiseries et mobilier pour des milliers de chambres d'hôtels, ainsi que des objets en bois d'olivier destinés aux touristes. La fabrication de fausses perles et l'exploitation intensive des grottes sont deux autres exemples du dynamisme des Manacorers.

Fausses perles et vrais profits. — Depuis le début du siècle, Manacor s'est spécialisée dans la fabrication de perles artificielles, que l'on fait passer dans une série de bains chimiques afin de leur donner un aspect nacré. Leur prix abordable et la qualité de l'imitation expliquent dans une large mesure leur succès. Créée en 1950, la qualité « Majórica » exige 20 couches de pigmentation. Ces entreprises ont su profiter de l'image de marque de l'île et du passage obligé des cars de touristes allant visiter les grottes. La fabrique la plus importante emploie plus de 500 personnes et, pendant les mois d'été, accueille chaque jour 4 000 touristes qui visitent les ateliers de fabrication et — surtout — les comptoirs de vente. Les campagnes de publicité des «Perlas Majórica» dans la grande presse européenne révèlent l'importance des exportations.

Environs. 1 — Cuevas dels Hams *(9 km E. ; à dr., sur la route de Porto Cristo).* — Les grottes des Hameçons, découvertes en 1906, n'ayant jamais été éclairées par des torches, ont conservé leur blancheur primitive. *(Visite : toutes les 20 mn, de 11 h à 15 h 20 avec concert, et jusqu'à 16 h 30 sans concert. Ouv. t.l.j.)*

2 — Porto Cristo *(11 km E.).* — Blotti au fond d'une crique étroite, il est envahi l'été par les touristes qui viennent visiter les grottes. Il est alors préférable d'aller se baigner dans les calanques voisines, en suivant vers le S. la route parallèle à la mer *(tourner à g. à chaque croisement) :* Cala Anguila, Cala Estany, Cala Falcó, Cala Magraner, Cala Bota, Cala Antena, Cala Murada.

3 — Cuevas del Drach** *(13 km E.).* — Explorées par le spéléologue français Édouard Martel en 1896, elles s'étendent sur 2 km environ et comportent cinq lacs d'une limpidité extraordinaire. Le plus grand, le lac Martel, mesure 177 m de long ; l'éclairage de l'ingénieur Bohigas est remarquable.
Visite : avec concert à 11 h, 12 h, 14 h et 15 h ; sans concert à 16 h et 17 h. Pas d'entrée le sam. à 11 h et 15 h. Ouv. t.l.j.

Manresa

Barcelone, 59 km. — Montserrat, 17 km.
Alt. 205 m. — 64 727 hab. — Province de Barcelone (Catalogne).

Capitale comarcale du Bages, le cœur de la Catalogne, une région où l'activité agricole traditionnelle se double depuis le XIXe s. d'une activité industrielle (coton) et minière (potasse ; en déclin). Le monastère de Montserrat* (→) est le grand centre spirituel de la Catalogne tout entière, la comarca comptant pour sa part plus d'une centaine d'églises romanes.

La belle **Casa de la Ciutat** (ajuntament), du XVIIIe s., préside la plaça Major où a lieu le marché. On admirera aussi les édifices modernistes (casino de Manresa) et art déco (ancienes Magatzems forba).

Vous visiterez surtout la **basilique de Santa Maria de la Seu** *(ouv. les dim. et fêtes de 11 h à 14 h ou sur RV)*, de style gothique, construite à partir de 1322 dans le style de la cathédrale de Barcelone, et achevée en 1592, à l'exception de la façade, moderne ; dans la nef de dr., **retable du Saint-Esprit,** peint par Pere Serra (1394) ; dans la sacristie, petit musée (peinture gothique) ; autres beaux retables dus à Arnau Bassa (1346) et Jaume Cabrera (1406).

Sur l'autre rive du Cardener, la **Santa Cova,** où saint Ignace de Loyola vint faire pénitence et écrire ses «Exercices spirituels» (1522), a été transformée en chapelle. Près de là s'élèvent le monumental couvent des Jésuites et l'**église de Sant Ignasi** (XVIIIe s.), à façade baroque ornée de sculptures.

Très beau **musée Comarcal*** *(36, via de Sant Ignasi ; ouv. le ven. de 10 h à 13 h et de 16 h à 19 h, le sam. de 11 h à 14 h et de 17 h à 20 h, les dim. et fêtes de 11 h à 14 h),* installé dans un ancien couvent de pères jésuites : collections archéologiques, céramique locale, sculpture baroque.

Environs. 1 — Santpedor *(7 km N.),* ville pittoresque ; voir le **portail sculpté** de l'église romane Sant Pere (Christ pantocrator au tympan).

2 — Balsareny *(19 km N. par la C 1411).* — Le château, en très bon état de conservation, est un imposant édifice médiéval formant un masssif quadrangulaire couronné de créneaux. Musée de peintures, meubles *(visite sur RV).*

3 — Navarcles *(6 km N.-E. par la N 141 en direction de Vic).* — Ancien pont. Ruines de la chapelle romane de Sant Bartomeu.

➡ A *1 km* par une piste, **Sant Benet de Bages*** ; ensemble monumental remarquable : église du XIIᵉ s., cloître du XIᵉ s. dont certains chapiteaux sculptés datent du Xᵉ s., bâtiments monastiques gothiques et Renaissance *(propriété privée, visite du cloître en s'adressant à la maison voisine).*

Marbella

Algésiras, 77 km. — Málaga, 56 km.
34 266 hab. — Province de Málaga (Andalousie).

Station balnéaire la plus élégante de la Costa del Sol. Fondée par les Tyres en 1600 av. J.-C. sous le nom de Salduba (ville du sel), elle est reconquise par les Rois Catholiques en 1485 ; cette même année, à la Croix del Humilladero, le roi Fernando el Santo reçoit les clefs de la ville des mains de Muhammad Abuzena. Les principaux monuments datent du XVIᵉ s. Il y a une trentaine d'années à peine, Marbella vivait des industries qui dérivent de la pêche et de l'agriculture (farines, alcools). Aujourd'hui, si la pêche est encore pratiquée, la principale source de richesse de Marbella est le tourisme. Avec un des plus beaux casinos d'Europe, de nouveaux quartiers, plus de 1000 restaurants, plus de 30 hôtels, des résidences de luxe, Marbella est devenue le rendez-vous de la jet-society internationale qui se presse dans des fêtes d'un luxe digne des mille et une nuits.

Fêtes. — San Bernabé avec chants et danses flamenco (4-7 juin) ; procession de la Virgen del Carmen (16 juil.) ; San Pedro de Alcántara avec messe flamenca et barques (19 oct.).

Marbella conserve la structure des villes andalouses avec ses rues en pente bordées de maisons blanchies à la chaux qui descendent vers la mer. La ville ancienne avec son quartier de petites maisons garnies de géraniums contraste avec la Marbella ultra-moderne et luxueuse. Visitez le **musée archéologique** *(plaza de los Naranjos ; ouv. de 17 h à 18 h ; f. le sam. et le dim.),* qui présente des vestiges paléochrétiens, romains et wisigoths.

L'**ayuntamiento** ou **casa del Corregidor** du XVIᵉ s. conserve de beaux plafonds à caissons. Le monument le plus intéressant est l'**église** provinciale de **Nuestra Señora de la Encarnación**, du XVIᵉ s., restaurée en style baroque (portail rococo en pierre rougeâtre, tour). L'**ermitage du Calvario**, simple, avec des éléments de décoration mudéjars, possède un beau clocher.

Environs. 1 — Ojén* *(8 km N. par la C 337 en direction de Coin ; 2023 hab. ; alt. 335 m).* — Joli village dans la montagne réputé pour ses anisettes (distillerie). Fondés au début de l'invasion arabe, Ojén et son château furent souvent le théâtre d'affrontements entre les émirs de Cordoue et Babastro, seigneur mozarabe.
Fête : San Dionisio (8-12 oct.).

2 — Coin* (*28 km N.-E.* ; 20 855 hab. ; alt. 209 m). — Pittoresque petite ville au bord du río Seco, fondée par les Arabes et reconquise en 1485 par les Rois Catholiques. L'église San Andrés du XVIe s. conserve un bel artesonada mudéjar. Dans l'église San Juan Bautista, beau retable au maître-autel. Ayuntamiento et ermitage de la Fuensanta baroques.

Fêtes : Vera Cruz avec concours de croix fleuries (3 mai) ; patronales avec foire au bétail, exposition de fruits, danses, défilés, feux d'artifice (10-15 août).

➟ **Cártama*** (→ Málaga*, environs 1, km 19).
➟ **Alozaina*** (→ Ronda**, environs 4).

Marchena*

Écija, 38,5 km. — Séville, 65,5 km.
Alt. 149 m. — 15 855 hab. — Province de Séville (Andalousie).

Au cœur de la sierra de Carbones, pittoresque ville déclarée monument historico-artistique.

La ville conserve des vestiges de ses **murailles** édifiées au Moyen Age (puerta de Sevilla, el Arco de la Rosa, el Arco de Santa María).

L'**église San Juan**, de style mudéjar, élevée au XVe s., abrite un grand retable orné de peintures de l'école flamande du XVIe s. Dans la sacristie, **musée Zurbarán***.

■ La **plaza Ducal***, du XVIIIe s., correspond à l'ancienne cour des armes du château.

Environs. 1 — Paradas (*8 km S.-O.* ; 6 855 hab.). — L'église San Eutropio, à façade Renaissance, est dominée par une tour décorée d'azulejos. A l'intérieur, musée paroissial exposant des pièces d'orfèvrerie, des ornements liturgiques et des peintures dont une **Madeleine*** du Greco.

2 — Morón de la Frontera* (*25,5 km S. par la N 333, puis la C 339* ; 27 990 hab. ; alt. 306 m). — L'une des plus charmantes cités de la province de Séville. Plaza de Calvo Sotelo, vous remarquerez à dr. la façade baroque de l'**église de la Compañía** (à l'intérieur, peintures flamandes), puis à g. celle du **palais de Miraflores**. L'**église San Miguel**, gothique et Renaissance, conserve à l'intérieur une **grille*** Renaissance (dans la Capilla Mayor) ; dans le chœur, belles stalles sculptées ; fonts baptismaux en marbre et en jaspe et belle custode gothique. Le retable de l'**église de las Clarisas** est attribué à Martínez Montañés ; dans l'**église de San Francisco**, toiles d'El Españoleto. Du château mauresque qui défendait la ville subsiste le corps central.

Marquina

Bilbao, 49 km. — Ondárroa, 9,5 km.
4 785 hab. — Province de Biscaye (Pays basque).

Petite ville située aux abords de la rivière Artibay, au fond d'une vallée totalement entourée de montagnes. Construite en 1355 pour protéger le pays contre les factieux qui venaient de Guipúzcoa, c'est aujourd'hui une ville agricole possédant quelques industries.

Fête. — Le 29 sept., danses typiques.

Le fronton de pelote basque de cette localité constitue un véritable centre d'apprentissage de ce jeu traditionnel.

On peut visiter **San Miguel de Arrechinaga** et son mystérieux autel que certains font remonter à l'époque mégalithique : trois grands rochers, rapprochés par des Titans ou par un simple caprice de la nature, à l'intérieur même de la chapelle.

L'église **Santa María de Jemein**, antérieure à la fondation de la ville, et reconstruite en 1510, est remarquable par ses **colonnes** qui s'évasent comme des palmiers pour former les belles voûtes.

➡ *A 9,5 km N.-E., **Ondárroa*** (→ Côte basque**, km 77).*

Martorell

Barcelone, 26 km. — Igualada, 37 km
15 845 hab. — Province de Barcelone (Catalogne).

Au confluent du Llobregat et de l'Anoia, vous verrez surtout dans l'ancienne Tolobi romaine le pont del Diable à trois arches, plusieurs fois reconstruit (la dernière en 1768 par Charles III), près d'un arc de triomphe élevé en l'honneur de Hamilcar Barca (une inscription moderne attribue la construction de ce pont à Hannibal, en 218 av. J.-C.).

Le **Musée municipal** est installé dans l'ancienne église des Capucins (XVIIe s.) ; il comprend des collections archéologiques locales, mais surtout de la **céramique** de Manresa du XIVe au XVIIIe s.

Le **musée Santacana l'Enrajolada** *(15, carrer Santacana ; visite sur RV)* renferme une belle collection de céramique des XVe-XIXe s., des pièces d'archéologie, une collection d'objets d'art décoratif et une collection de peinture catalane du XIXe s.

Vous aurez une vision complète de la céramique catalane si vous visitez, après les deux musées mentionnés précédemment, celui de **Vicenç Ros** *(avinguda Vicenç Ros ; ouv. les dim. et fêtes de 9 h à 11 h et de 16 h à 20 h).*

➡ *A 15 km N., **Terrassa** (→).*

Martos*

Alcaudete, 48 km. — Jaén, 24 km.
Alt. 753 m. — 21 675 hab. — Province de Jaén (Andalousie).

L'ancienne Tucci des Ibères, la Colonia Augusta Gemella des Romains, est l'une des plus charmantes petites villes de la province de Jaén avec son curieux aspect oriental.

Les maisons blanches cubiques semblent monter à l'assaut d'une impressionnante couronne de fortifications ruinées, ancien château des Calatrava.

Dans la vieille ville, **église Santa María de la Villa**, fondée au XIIIe s., mais remaniée au XVe s. en style gothique avec des adjonctions postérieures Renaissance. A l'intérieur, sarcophage paléochrétien du IVe s., magnifique retable baroque au maître-autel et peintures du XVIIe s.

L'**église Santa María**, de style isabélin du XVe s., ancienne prison, fut bâtie en 1577 et s'ouvre par un beau portail à colonnes doriques. A l'intérieur, **fresques** dans la chapelle de Nuestro Señor Jesús Nazareno. **Retables** baroques dans l'**église de San Francisco** qui appartenait à un couvent aujourd'hui disparu. Joli portail plateresque du **couvent de Santa Clara**.

L'ayuntamiento est Renaissance, la Fuente Nueva fut construite sous Philippe II.

Vous flânerez avec plaisir dans les ruelles montantes et tortueuses, bordées parfois de demeures seigneuriales.

••→ Alcaudete (12 054 hab. ; alt. 355 m), autour d'un rocher couronné par une forteresse assez bien conservée ; **église San Pedro**, de style mudéjar du XVIe s. *(prendre en direction du centre de la ville, ou plaza del General Franco, continuer dans la rue débouchant au point diamétralement opposé ; clef au n° 64)* ; église Santa María du XVIe s. (prendre la rue s'ouvrant par un arc) avec une belle custode baroque, un retable au maître-autel. Dans l'**église de Santa Clara**, artesonado mudéjar. Ayuntamiento du XVIIIe s.

Fêtes : Santiago et Santa Ana (25-26 juil.) ; Virgen de la Fuensanta (14-16 août) ; feria (15-19 sept.).

Medina de Rioseco*

León, 67 km. — Palencia, 51 km. — Valladolid, 43 km.
Alt. 735 m. — 5 020 hab. — Province de Valladolid (Castille-León).

La plus importante ville de la Tierra de Campos, d'origine celte, connaît son apogée au XVIe s., quand ses commerçants et ses artistes concurrencent ceux de Medina del Campo. Ses églises recèlent quelques-unes des plus belles expressions de la sculpture castillane du XVIe s.

L'**église San Francisco**, de style gothique tardif, est ornée de **statues orantes des fondateurs**, exécutées, en 1539, par Cristóbal Andino, de Burgos, de **retables** plateresques de Miguel de Espinosa, dont les niches abritent des groupes en terre cuite du **Martyre de saint Sébastien**, attribués à Jean de Joigny.

De la place, suivre la Rúa, qui monte vers le centre, entre deux longues files de galeries. A g., **église de la Santa Cruz**, de style herrerien (XVIe s.).

Plus haut, à dr. de la Rúa, sur une place, **église Santa María de Mediavilla**, belle construction gothique des XVe et XVIe s. ; **retable principal** d'Esteban Jordán (1590) ; à g. du maître-autel, la **chapelle des Benavente***, construite à partir de 1543, est coiffée d'une coupole revêtue de stucs polychromes, œuvre de Jerónimo del Corral, illustrant le Jugement dernier, fermée par une **grille*** de Fr. Martínez (1554), l'une des plus belles œuvres de ferronnerie de la Renaissance espagnole ; elle renferme un **retable*** de Jean de Joigny (1557) ; montez à la loggia pour examiner à loisir les détails des sculptures de la coupole et des murs, d'un style délirant, à l'avant-garde du baroque ; dans le **trésor**, remarquable **custode** d'Antonio de Arfe (1585).

La calle Santiago mène à l'église Santiago*, des XVIᵉ et XVIIIᵉ s., savoureux mélange des styles gothique, plateresque, classique et baroque ; **portail latéral dr.** (1549), par Miguel de Espinosa. A l'intérieur, grandiose **retable*** churrigueresque dans la Capilla Mayor, entre deux retables de même style ; à dr., en vitrine, **Mater Dolorosa**, par Jean de Joigny ; dans la sacristie, **reliefs d'albâtre**, de Pedro de Bolduque (de Bois-le-Duc).

Environs. 1 — Cuenca de Campos *(21 km N. par la C611 ; sortir par la N601 en direction de León ; au km 4, bifurquer à dr.).* — Dans l'**église San Justo**, du XIIIᵉ s., charpente mudéjare et grand retable d'Estéban Jordán. A l'intérieur de la forteresse en ruine, **église Santa María del Castillo**, de style ogival.

2 — Villalón de Campos *(26 km N. par la C611).* — Charmante petite bourgade de la Tierra de Campos. Sur la place principale, **pilori** gothique du XVIᵉ s. et **église San Miguel**, au puissant clocher romano-gothique (dans une chapelle du transept, monument funéraire de Diego de González del Barco, mort en 1536, peut-être exécuté par Jean de Joigny). Après son évasion du château de La Mota, César Borgia se réfugia pendant un mois dans les murs de la ville, qui jouissait d'un privilège féodal d'inviolabilité.

3 — Torrelobatón *(28 km S. par la C611 en direction de Tordesillas).* — Château du XVIᵉ s. qui fut le dernier rempart des Comuneros révoltés en 1520 et écrasés à la bataille de Villalar (à 15 km). Dans l'**église Santa María**, retable principal sculpté (Ecce homo sur la porte du tabernacle) ; dans une chapelle du côté g., groupe sculpté polychrome (Pietà).

4 — Villagarcía de Campos *(18 km S.-O. par la C519 en direction de Toro).* — Dans l'**église collégiale** de la fin du XVIᵉ s., **retable*** principal, d'une architecture classique très austère due à Juan de Herrera, avec des reliefs d'albâtre représentant des scènes de la Vie et de la Passion du Christ et une sculpture monumentale de Saint Louis de France exécutée par Manuel Alvárez, un disciple d'Alonso Berruguete, et des peintures de Gaspar de Palencia et de Jerónimo Vásquez. Derrière le chœur, **chapelle du reliquaire**, élevée par les jésuites au XVIIᵉ s. et ornée de sculptures de style baroque par Mateo de Prado, de peintures par Francisco Romero, tandis que les grilles furent forgées par Gaspar Soco ; la chapelle renferme, dans un **reliquaire** gothique en argent doré, un fragment de la Vraie Croix offert par le pape Pie V à don Juan d'Autriche avant la bataille de Lépante. ➡ A *10 km S.-E.*, en direction de Peñaflor de Hornija, **La Santa Espina*** monastère cistercien fondé au XIIᵉ s. par doña Sancha, sœur d'Alphonse VII, reconstruit du XVIᵉ au XVIIIᵉ s. A l'intérieur, **sépulcre** de doña Sancha et des ducs d'Alburquerque, **cloître** à colonnes doriques ; dans l'**église**, retable principal par Diego de Marquina. Certaines dépendances de la Santa Espina sont actuellement occupées par un collège d'enseignement agricole. ➡ A *8 km S.-O.*, par une route locale, Urueña (→ ci-dessous).

5 — Urueña *(26 km S.-O. par la C519 ; au km 21, prendre à g.).* — Petit village avec une **enceinte médiévale** bien conservée, de près de 2 km de périmètre. ➡ A *9 km S.-E.*, **San Cebrián de Mazote**, qui conserve une très belle petite église mozarabe (Xᵉ s.) ; à l'intérieur, Christ gisant, de l'école de Berruguete, Vierge d'albâtre.

Medina del Campo*

Tordesillas, 24 km. — Valladolid, 41 km.
Alt. 721 m. — 19 240 hab. — Province de Valladolid (Castille-León).

Cette vieille et pittoresque cité castillane est, du Moyen Age jusqu'au XVIᵉ s., l'un des plus importants centres d'échanges commerciaux d'Europe. Isabelle la Catholique y meurt en 1504, et c'est dans cette ville que sainte Thérèse de Jésus et saint Jean de la Croix réforment l'ordre des carmélites.

Fête. — La semaine sainte y est solennellement célébrée.

A l'entrée par la route de Tordesillas, avant le pont sur le río Zapardiel, la route d'Olmedo, à g., puis un chemin à dr. mènent au **château de la Mota** *(ouv. de 12 h à 14 h et de 16 h à 19 h en été ; fermeture à 18 h en hiver),* puissante forteresse de briques rougeâtres bâtie en 1440 par Fernando Carreño pour Jean II de Castille et qui servit de lieu de résidence à la Cour. César Borgia et François I er y furent incarcérés. Dans le donjon, salles à voûtes mudéjares.

A 300 m par la route d'Olmedo, à g., **couvent de Santa Clara** qui abrite un retable du début du xvie s. attribué au Maître de Portillo.

A dr. avant le pont sur le río Zapardiel, **église San Miguel,** de la fin du xve s. (**retable** sculpté en 1567 par Leonardo de Carrión).
Après le pont, suivre la direction « Centro de la ciudad », c'est-à-dire de la **plaza Mayor,** où se dresse l'**église San Antolín,** construite à partir de 1502 ; dans la Capilla Mayor imposant **retable** (xvie s.) à panneaux sculptés de style platéresque, par Juan Rodríguez, Joachim de Troyes et Cornelis de Hollande. Notez encore les **stalles** de bois sculpté de Juan de Muniatequi, les retables baroques de la **chapelle de N ª S ª de las Angustías,** près du trascoro, et le **Cristo de la Paz,** de Gaspar Becerra.
De la plaza Mayor, la calle de Gamazo (passez sous la Casa Consistorial, de 1660), mène à l'**hôpital de Simón Ruiz** ; dans l'église, **retable principal,** d'un grand classicisme, œuvre de Juan de Ávila pour l'architecture, de Pedro de la Cuadra et de Francisco de Rincón pour la sculpture (xvie s.).
La calle del Almirante donne accès à l'**église San Martín** qui renferme un **retable** platéresque sculpté et peint (xvie s.), attribué par certains à Alonso Berruguete.
A l'extrémité de la calle Almirante tourner à g., puis à dr. dans la ronda de Santiago qui donne accès à l'**église Santiago,** érigée de 1537 à 1563 ; grand **retable** de 1597, selon le type dessiné par Juan de Herrera pour l'Escorial ; il fut sculpté par Adrián Alvarez.
La calle del Marqués de la Ensenada, en face de l'église, puis la calle del Castillo ramèneront à la plaza Mayor, en passant devant le **couvent del Carmel,** à g., et l'**église de la Magdalena** *(à dr.),* du milieu du xvie s. (**retable du Christ,** par Esteban Jordan, de 1571 ; peintures murales à la croisée). En face, **palais de las Dueñas,** de la première moitié du xvie s., à façade et patio à galeries Renaissance.
Après la plaza de San Juan et la plaza de la Cruz, continuez dans la calle del Castillo pour revenir à la plaza Mayor.

Environs. 1 — Rueda *(13 km N. par la N VI en direction de Tordesillas).* — L'**église Santa María,** de style baroque (xviiie s.), renferme d'intéressants retables.
➡ A *4 km E.,* **La Seca** avec une belle **église** de style Renaissance ; à l'intérieur, retable de Churriguera, tableau de fray Juan de Rizi (Assomption de la Vierge).

2 — Olmedo *(20 km E. par la C 112 ; 3324 hab., alt. 787 m).* — Ancienne place forte, de laquelle on disait : « Qui veut être maître de la Castille doit avoir à son côté Olmedo et Arévalo. »
Le bourg, près du château médiéval, aujourd'hui en ruine, comporte plusieurs

églises : **San Andrés**, de style roman, avec un retable sculpté par A. Berruguete (1526), **San Miguel**, du XIIIᵉ s. (romane), **San Pedro** (dans la sacristie, tableaux d'un retable par un disciple de Pedro Berruguete ; la Cène, par Antonio de Comontes, disciple de Jean de Bourgogne) ; **Santa María** du XIIIᵉ s., s'ouvrant par un portail roman (dans une chapelle du côté g., retable baroque du XVIIIᵉ s., avec des peintures du début du XVIᵉ s., dont le style évoque l'art de Jean de Bourgogne et de Pedro Berruguete).

3 — Arévalo (*33 km S.-E. par la N VI; 6 748 hab., alt. 827 m*). — Le **château** (XIVᵉ s.) a été récemment restauré. Isabelle la Catholique y passa ses jeunes années. De son passé, Arévalo conserve plusieurs églises et monastères qui attestent de son ancienne prospérité : **église San Martín** (portail roman, tours mudéjares) ; **église San Miguel** (retable baroque où ont été remployées des peintures d'un retable exécuté par Marcos de Pinilla en 1507-1508) ; **église San Salvador** (retable sculpté de Jean de Joigny, de 1577, terminé par son fils Isaac, dans la chapelle d'Alonso de Ávila Monroy) ; **église de la Lugareja**, d'un monastère cistercien du XVIᵉ s., dont il ne reste que le transept et les absides ; **couvent** de San Francisco, fondé par saint François d'Assise en 1224 ; **couvent de San Bernardo el Real**, où séjournèrent Isabelle la Catholique, Charles Quint et Philippe II. La **plaza de la Villa**, entourée d'arcades, est une charmante représentation d'architecture populaire. Sur les ríos Adaja et Arcevalillo, **ponts** mudéjars assez bien conservés.

4 — Rubi de Bracamonte (*15 km S. par la C 610 en direction de Peñaranda de Bracamonte*). — Dans l'**église paroissiale**, tableaux d'un retable du début du XVIᵉ s. attribué au Maître de Portillo.

5 — Madrigal de las Altas Torres (*26 km S. par la C 610*). — Paisible bourgade, où Isabelle la Catholique naquit le 22 avril 1451. Les cortès s'y réunirent en 1476 pour proclamer Isabelle princesse des Asturies, c'est-à-dire héritière du trône contre la prétendante Jeanne la Beltraneja.

6 — Nava del Rey (*15 km O. par la C 112*). — L'**église de los Santos Juanes**, des XVIᵉ et XVIIᵉ s., abrite un retable, du début du XVIIᵉ s., exécuté en partie par Gregorio Fernández ; sacristie élevée par Alberto de Churriguera. Un peu plus loin, à dr., à la sortie de la route d'Alaejos, **ermitage de la Vera Cruz** (Paso de Jesús Nazareno, œuvre de Juan de Muniategui, du début du XVIIᵉ s.). Encore un peu plus loin à dr., **couvent des capucines** (sculptures de Carmona).

Medinaceli*

Saragosse, 171 km. — Soria, 74 km.
Alt. 1 201 m. — 1 036 hab. — Province de Soria (Castille-León).

Le bourg est situé sur un promontoire qui domine le río Jalón. L'antique Ocilis, appelée aussi Cité du Ciel par les musulmans, fut reconquise en 1123 et devint alors l'un des duchés les plus puissants d'Espagne.

Fêtes. — Les 18 et 19 mai, romería de San Juan del Monte. Le 13 nov. se célèbrent à Medinaceli les fêtes du Toro Júbilo. Un taureau que l'on a préalablement barbouillé d'argile, afin de lui éviter les brûlures, porte sur ses cornes des rallonges en fer au bout desquelles on a placé d'énormes boules de feu, faites à base de térébenthine, de poix et recouvertes de soufre. Durant la nuit, sur la plaza Mayor, le jeu consiste à harceler et à exciter l'animal en se protégeant derrières des bûchers en flammes. Le taureau, après avoir subi mille sévices et tourments, est achevé sur la place du village ou dans les abattoirs municipaux..

Le monument le plus intéressant est un **arc de triomphe*** romain, construit au IIe ou au IIIe s.; c'est le seul de ce type à trois arches qui soit conservé en Espagne.

Dans l'**église collégiale de Santa María**, du XVIe s., **retable** baroque et quatorze **tombeaux** des ducs de Medinaceli. La **plaza Mayor** à arcades est bordée par le **palais des comtes** et de nombreuses **maisons seigneuriales**.

Environs. 1 — Arcos de Jalón *(17 km N.-E. par la N 11 en direction de Calatayud)*. — Petit bourg, d'origine mudéjare, qui conserve quelques restes de son rempart médiéval.

2 — Monastère de Santa María de Huerta** *(28 km N.-E. par la N 11 ; →).*

Mercadal

Ciutadella, 24 km. — Mahón, 21 km.
Alt. 120 m. — 2 937 hab. — Ile de Minorque (Baléares).

A mi-chemin entre Mahón et Ciutadella, cette grosse bourgade est chère au cœur des Minorquins car elle se trouve au pied du Monte Toro, point culminant de l'île (358 m) d'où l'on découvre un splendide panorama. Dans le sanctuaire, élevé sur les ruines d'un couvent primitif, on vénère la Vierge du Taureau, patronne de Minorque. Ainsi se trouvent réunies les deux cultures qui ont marqué l'île au long des siècles, le taureau étant le symbole le plus représentatif de la civilisation mégalithique. Mercadal est aussi connu pour ses sucreries : on y prépare de délicieuses pâtisseries, les carquinyolis et les amargos.

Environs. 1 — Fornells* *(9 km N.).* — A l'entrée d'une petite baie aux eaux peu profondes s'étend ce village de pêcheurs aux maisons blanches. Spécialisé dans la pêche à la langouste, Fornells est l'endroit idéal pour manger la caldereta de llagosta, une sorte de bouillabaisse préparée avec ce savoureux crustacé. Ce petit port accueille de nombreuses familles catalanes, hôtes privilégiés durant les mois d'été. Mais l'hiver, lorsque la tramontane souffle, la côte est déserte ; on n'y voit guère que quelques pins qui essaient de pousser horizontalement pour mieux résister aux assauts du vent du nord.
↦ Près de Fornells, l'**Arenal d'En Castell** et celui de **Son Saura** sont deux belles plages de sable fin.

2 — Migjorn Gran (ou San Cristóbal, *7 km S.-O.*). — Petit village agricole dont on appréciera l'architecture traditionnelle, ainsi que quelques vestiges mégalithiques.
↦ De là, on accède, au S., à la **plage** voisine de **Santo Tomás**.

3 — Ferreries *(8 km O.).* — Village pittoresque étagé à flanc de colline, qui a vu sa population fortement augmenter ces dernières années. Nombreux sont les habitants qui travaillent aujourd'hui dans la station balnéaire de **Cala Galdana***, à *11 km* de là. Cette plage, dans un site admirable, est le point de départ d'une belle excursion dans le **barranc d'Algendar**, un étroit ravin que l'on peut remonter au milieu d'une végétation exhubérante, entre deux parois rocheuses où nichent les oiseaux.

Mérida*

Badajoz, 66 km. — Cáceres, 71 km. — Trujillo, 88 km.
Alt. 221 m. — 40 060 hab. — Province de Badajoz (Estrémadure).

L'ancienne Augusta Emerita fut la plus importante cité romaine de la péninsule Ibérique, dont il subsiste un imposant ensemble de constructions, en particulier un théâtre et un amphithéâtre, ce qui lui a valu le surnom (excessif) de Rome hispanique.

Sur la route de l'Argent. — L'antique Augusta Emerita est fondée en 25 av. J.-C par l'établissement d'une colonie de vétérans des Vᵉ et Xᵉ Légions. Capitale de la province de Lusitanie, elle acquiert une grande prospérité et nombre de ses monuments sont construits par Agrippa, gendre de l'empereur Auguste. Située au cœur d'un réseau de voies d'une grande importance, dont la plus fameuse est la route de l'Argent qui relie la région cantabrique à Huelva et à la Bétique, c'est l'une des villes où les Romains s'efforcent le plus de donner des preuves de leur puissance et de leur magnificence.

Ville de martyrs. — Elle paie son tribut au martyrologe chrétien avec sainte Eulalie qui y fut mise à mort (ou à Barcelone ?) sous Maximien. Mérida, siège du légat augustal du gouverneur romain de la province, devient le siège d'un évêché dès les premiers temps du christianisme, puis d'un archevêché. Elle est ravagée par les Alains en 409, par les Suèves en 439, avant d'être rattachée au royaume des Wisigoths ; elle n'est pas non plus épargnée par l'hérésie arienne. Ces invasions entraînent son déclin mais elle conserve encore une certaine importance au moment de l'invasion arabe en 715.

Capitale d'un petit émirat. — Durant la domination musulmane, Mérida est le siège d'un gouvernorat dépendant de Cordoue, puis devient autonome lors du déclin du califat omeyyade d'Andalousie. Le pays se couvre de forteresses et devient l'enjeu d'âpres luttes entre Maures et chrétiens, ce qui achève de la ruiner. Au XIᵉ s., elle cesse d'être le siège d'un épiscopat, au profit de Saint-Jacques-de-Compostelle. Reprise par Alphonse IX de León et de Galice en 1228, elle échoit aux chevaliers de l'ordre de Santiago. Près de Mérida a lieu la bataille de La Albuera où les Rois Catholiques défont une armée du roi du Portugal qui soutient la cause de Jeanne la Beltraneja, aspirante au trône de Castille. En 1811, les généraux Castaños et Blake y écrasent Soult.

Fêtes. — Le 15 mai, à l'occasion de la Saint-Isidore, dégustation de la caldereta extremeña. La 2ᵉ sem. d'oct., grande réunion des gitans de tous les pays.

Gastronomie. — Les charcuteries de Mérida feront les délices des gourmets les plus exigeants.

Visite de la ville

Vous vous dirigerez vers le centre de la ville et la plaza de España (plan B2) qu offre quelques possibilités de stationnement. De là, vous visiterez le Musée archéologique, l'Alcazaba, le pont romain et quelques autres monuments. En reprenant la voiture, tournez à dr. après l'église Santa María la Mayor (plan A2) pour suivre une petite rue qui débouche sur la calle de Almendralejo, où vous tournerez à dr., en direction de la calle José Antonio (plan B1) à l'endroit où une pancarte indique « Monumentos ». Bifurquez ensuite dans la calle J. Ramón Melida (plan B-C2), une petite artère qui vous mènera à l'entrée du parc archéologique où se trouvent le théâtre romain et l'amphithéâtre. Reprenez votre voiture, suivez la rue Suárez Somonte (plan B-C2) puis à g., la calle de Oviedo (plan B3) ; elle vous

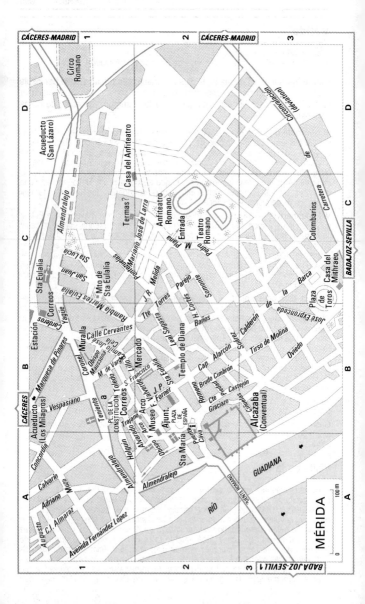

MÉRIDA

conduira à la plaza de Toros, près des ruines de la casa del Mithraeo (plan C3), en bordure de la déviation. Cette visite vous prendra environ 2 h.

Église Santa María la Mayor *(plan A2).* — Peut-être localisée sur le site de la basilique wisigothique de Santa Jerusalén, elle fut érigée vers la fin du XIIIe s. et remaniée au XVe s. (chevet, abside centrale) par le grand maître de l'ordre de Santiago, Alonso de Cárdenas, dont elle renferme le **tombeau**, de même que celui de son épouse, Leonor de Luna ; au-dessus de la porte d'accès ouvrant sur la place, à l'intérieur, **statue de la Virgen de la Guía**, en marbre, du XIVe s. ; retable principal de style baroque (XVIIe s.) ; dans la chapelle à dr. de la Capilla Mayor, Christ gothique.

Musée archéologique *(plan B2).* — Installé dans l'église baroque du couvent de Santa Clara, fondé au XVIIe s. c'est l'un des plus intéressants d'Espagne. Il comprend trois salles dont les deux premières sont consacrées à l'art romain et la troisième à la période wisigothique.

Visite : de 10 h à 11 h et de 16 h à 18 h ; f. lun. mat. et l'a.-m. des dim. et j. fériés.

La collection que Don Fernando de Vera réunit dans son palais, à la fin du XVIe s., est à l'origine de ce musée dont un bâtiment nouveau, près du parc archéologique *(rue de J. Ramón Melida),* procure un espace et des installations dignes du prestigieux passé de Mérida.

Salle I. — Outre leur numéro d'inventaire, les objets exposés portent un autre numéro, celui du petit catalogue (en espagnol et en anglais) où ils sont répertoriés.

4 : **statue d'Oceanos,** dieu barbu, représenté allongé ; une inscription sur une jambe mentionne le nom du prêtre Hedrychus, attaché au temple de Mithra, d'où provient cette sculpture du IIe s. apr. J.-C.

7 : **scène de sacrifice** sur un bas-relief, fragment qui ornait le temple de Jupiter Ammon.

8 : **statue en ronde bosse de Mercure,** en marbre, avec une inscription à Mithra (155 apr. J.-C.).

32 : **statue d'une déesse** (Isis ? Vénus ?), en marbre, aujourd'hui acéphale, découverte dans les ruines du temple de Mithra.

34 : **statue de Cronos mithraïque,** le corps entouré par un serpent (symbole de la course du soleil), avec un bélier (capricorne) à ses pieds ; temple de Mithra (IIe s. apr. J.-C.).

40 : dans une vitrine est exposée une **statuette du Génie du Sénat,** en bronze, sous les traits d'un homme barbu, drapé ; temple d'Auguste.

45 : **statue de Mithra,** en marbre, avec une inscription de dédicace d'un certain Demetrios sur la base.

53 : à g. de l'escalier d'accès à la salle II, **statue de Pluton,** dieu des Enfers, provenant du théâtre.

54 : à dr. de l'escalier, **statue de Cérès,** de taille colossale, découverte dans les ruines du théâtre.

56 : **statue féminine** acéphale, de grande taille (Ier s. apr. J.-C.).

60 et *61 :* **portraits** en marbre, particulièrement bien conservés.

68 : **tête de l'empereur Tibère** provenant du théâtre (Ier s. apr. J.-C.).

72 : **autel** orné d'un relief (bacchante).

73 : **tête de l'empereur Auguste,** fondateur d'Augusta Emerita (théâtre, Ier s. apr. J.-C.).

81 : près de l'entrée de la salle, **Vénus et amour chevauchant un dauphin,** sculpture trouvée dans le temple de Mithra.

85 : **console** en forme de tête de taureau, de taille colossale.

Au centre de la salle vous remarquerez encore un **pavement de mosaïque** d'une villa romaine du IVe s. où les figures allégoriques des quatre saisons ont été représentées dans la bordure.

Parmi les objets exposés dans les vitrines, vous remarquerez plus particulièrement, dans la *vitrine I*, une très curieuse pièce en bronze de l'équipement d'un char avec les figures d'un lion et d'un chien attaquant respectivement un cerf et un lièvre, un **cheval de bronze**, une cnémide, pièce d'armure des gladiateurs qui protégeait la jambe, etc.

Salle II. — **Collections épigraphiques**, dont beaucoup de **stèles funéraires** parfois ornées de reliefs, du Ier au IVe s. apr. J.-C.

Salle III. — Collection de **sculptures** et surtout de **fragments architectoniques** de monuments paléochrétiens et wisigothiques, du Ve au VIIe s.

▙▟ Alcazaba *(plan AB2-3).* — C'est le souvenir le plus remarquable que Mérida conserve de l'époque de la domination arabe ; il s'agit d'une vaste enceinte au plan à peu près carré, renforcé de tours en partie conservées, dont un côté est baigné par le Guadiana.

Visite : en été de 9 h à 13 h et de 15 h à 19 h ; en hiver de 8 h à 13 h et de 17 h à 20 h ; f. l'a.-m. des j. fériés.

Elle fut érigée par Abd ar-Rahman II, en l'an 220 de l'Hégire (835), avec de nombreux éléments romains et wisigothiques de réemploi. A l'intérieur, citerne souterraine d'origine romaine et reconstruite par les Arabes avec des matériaux wisigothiques, surtout pour l'escalier d'accès au plan d'eau, au niveau du fleuve.

Le **pont sur le Guadiana** *(plan A2-3)* est le plus long de tous les ponts romains d'Espagne ; point de départ des voies vers la Bétique, il fut probablement érigé au Ier s. av. J.-C., mais fut de nombreuses fois restauré, notamment durant l'époque wisigothique, en 698 (arches en fer à cheval), et en 1610, après la guerre d'Indépendance, etc. Sa longueur est de 792 m, la chaussée est large de 4,50 m ; il comporte 60 arches en blocs de granite.
De retour à la plaza de España, vous vous engagerez en face de la calle de Santa Eulalia pour tourner ensuite dans la deuxième rue à dr., jusqu'au **palais du comte de los Corbos**, où furent incorporés au XVIe s., les restes du **temple de Diane** *(plan B2)*, sanctuaire romain dont la divinité tutélaire est en réalité inconnue. Ce temple corinthien fut fondé probablement peu après l'installation des vétérans des Ve et Xe Légions ; la façade O., la mieux conservée, est visible depuis le patio.

Les **amateurs de détails** pourront voir, sur le chemin de la plaza de España au parador *(plan a en B1)*, l'**arc de Trajan** *(plan B1-2)*, arc monumental, aujourd'hui dépourvu de son revêtement de marbre, mais qui comporte, dans deux niches, une statue d'un personnage portant la toge.
Le **parador** est installé dans l'ancien **couvent des Frères de Jésus**, fondé au début du XVIIe s., sur l'emplacement d'un temple romain auquel succéda, bien plus tard, l'église de Santiago, érigée en 1479, mais dont il ne reste plus rien. Dans la construction du couvent furent remployés divers éléments architectoniques wisigothiques (notamment des colonnes et des chapiteaux dans les galeries du patio central) et des inscriptions arabes.

•⁚• Théâtre[**] *(plan C2).* — Le monument romain le plus intéressant de l'antique cité fut décrit à partir du XVIe s. par divers voyageurs ; il ne fut exploré qu'à partir du milieu du XVIIIe s. par le marquis de Valdeflores, puis il fut reconnu en 1794 par Manuel Villena, qui mit au jour l'inscription de fondation, au nom d'Agrippa, datée de l'an 24 av. J.-C. Les travaux de fouille les plus importants se déroulèrent de 1910 à 1933.

Visite : de 9 h au coucher du soleil, accès payant ; parc de stationnement à l'entrée du parc archéologique.

Le théâtre est en partie adossé à la colline de San Albín, qui offrait une protection contre les vents dominants. Au flanc de cette hauteur se trouve la cavea, c'est-à-dire l'ensemble des gradins, divisé en trois secteurs par des passages en demi-cercle, et pouvant contenir plus de 5000 spectateurs. Treize portes donnaient accès aux couloirs sur lesquels s'ouvraient seize vomitoria qui débouchaient parmi les gradins. Entre la cavea et la scène, l'orchestra, où évoluait le chœur, est un espace semi-circulaire, dallé en marbre. La scène, vue des gradins, comporte un proscenium (la scène proprement dite), qui devait être pourvu d'un plancher en bois, avec un pulpitum, petit mur orné alternativement de niches semi-circulaires et rectangulaires. A chaque extrémité de la scène, où évoluaient les acteurs, s'ouvrent deux larges passages voûtés ; l'un d'eux porte une inscription de dédicace. Au fond de la scène, la scena, d'ordre corinthien, isolait le théâtre de la rue voisine ; en partie reconstruite, elle offre un riche décor architectonique, revêtu de marbres de couleur.

En face du théâtre, du côté de la façade principale, s'étendait un jardin entouré de portiques dont il subsiste quelques restes. Sous le portique N. (la façade du théâtre est au S.) s'ouvrait, en face d'une fontaine, une bibliothèque dont il ne reste aujourd'hui que de rares vestiges. Plus loin, près de l'angle N.-O. du théâtre, un édifice, en majeure partie reconstitué, garde un pavement de mosaïque de la **casa Basilica**, une maison romaine avec une petite pièce conçue sur le plan basilical.

•°• Amphithéâtre* *(plan C2).* — Séparé du théâtre par une chaussée de 6,50 m de largeur, d'une capacité de 15000 spectateurs, il fut construit vers le début de notre ère (en l'an 8 ?). De plan elliptique de 54,50 m pour le grand axe et de 41,50 m pour le petit, il servait de cadre aux combats des gladiateurs et aux combats d'animaux.

La cavea, autour de la piste, est assez bien conservée. Un haut podium, autrefois revêtu de plaques de marbre, protégeait les spectateurs et supportait une série de dix rangées de sièges de granit dont quelques-uns sont encore en place. Un couloir annulaire séparait cette première série de sièges de la partie médiane de la cavea, dépourvue aujourd'hui de gradins. Après un second couloir de séparation, annulaire aussi, on passe à la zone supérieure, très délabrée. Dans le sous-sol ont été découverts des locaux réservés aux gladiateurs (spoliaria) et aux animaux de combat (carceres).

En dehors du parc archéologique se trouvent les restes d'une maison romaine de la deuxième moitié du Ier s. apr. J.-C., la **casa del anfiteatro** *(plan CD-1).* Située extra-muros, elle fut conçue selon le plan type de la demeure patricienne et comporte un patio central entouré de galeries (péristyle) sous lesquelles s'ouvraient diverses pièces, dont des thermes privés ; une des pièces offre un beau **pavement de mosaïque** avec un thème central d'inspiration bachique (personnages foulant du raisin) ; plusieurs pièces étaient ornées de peintures murales. Dans le secteur de l'amphithéâtre, au numéro 15 de la calle del General Aranda, dans une propriété privée, se trouvent les restes d'une construction souterraine avec des peintures murales (thermes ou baptistère ?).

En revenant vers le centre, passez par le petit jardin où se dresse le **monument de Santa Eulalia** *(plan C1),* composé de fragments architectoniques du temple de la Concorde, qui fut dressé en 1653.

Église Santa Eulalia *(plan C1).* — Elle comporte un curieux petit porche, le **Hornito de Santa Eulalia,** ajouté au bâtiment en 1612 avec divers éléments de remploi provenant en réalité d'un sanctuaire du Ier s. apr. J.-C. consacré, en un lieu inconnu, au dieu de la Guerre, Mars. L'église elle-même date du IVe s. et fut agrandie au VIe s., mais fut entièrement reconstruite après la reconquête de la ville au XIIIe s., en styles roman (portail principal, portails des deux chapelles latérales) et de transition (les nefs) mais avec des éléments romains et wisigothiques de remploi. A l'intérieur, riche **plafond à caissons** en style mudéjar et retable churrigueresque de 1743.

Près de la **plaza de Toros** *(plan BC-3),* que vous gagnerez de préférence en voiture, furent mis au jour les restes d'une **maison romaine** de la deuxième moitié du Ier s. apr. J.-C., dite **casa del Mithraeo** *(plan C3)* où l'on a conservé en place une belle **mosaïque** à thème cosmogonique, où figurent diverses représentations allégoriques, dont le Nil et l'Euphrate. A côté, dans un petit dépôt, fragments de **peintures murales** de style pompéien ; restes d'un **sanctuaire** consacré à diverses divinités orientales, dont le dieu Mithra.

•• Par la route de Cáceres *(plan B1)* vous irez voir l'**aqueduc de los Milagros,** splendide construction romaine qui amenait à Mérida les eaux du barrage de Proserpina, qui se trouvait à environ 5 km de la ville. Il comportait un bassin de décantation à l'entrée dont il subsiste une impressionnante série de 37 piliers d'une hauteur maximale de 25 m, où alternent briques et granite ; entre les piliers, double arcade, brisée, en briques et une arche en vousseaux de granite ; avec 4,50 m de jour, les arches inspirèrent l'arcature en couleur de la Mezquita de Córdoba.
A la sortie de la ville, par la route de Cáceres *(N630),* se trouve le **pont sur l'Albarregas,** d'où part la route de l'Argent ; d'une longueur de 125 m, il conserve encore son allure romaine et présente quatre arches, deux grandes et deux petites.

A la sortie de la ville par la route de Madrid *(plan D1),* **aqueduc de San Lázaro,** moins bien conservé que celui de los Milagros, qui, sur une longueur de 1 600 m environ, franchissait lui aussi le ravin du río Albarregas.
Un peu plus loin, mais à dr. de la route de Madrid, se situe l'hippodrome *(plan D1)* ou **circo romano,** qui fut partiellement exhumé en 1920 ; il présente une cavea, une spina et l'arena ; les gradins sont assez délabrés ; les arènes (400 m de longueur et 96,50 m de largeur) comportaient des garages et la spina, mur autour duquel les auriges tournaient avec leurs chars ; ce mur était revêtu de marbre et décoré d'obélisques et de statues, le monument servit peut-être aussi comme naumaquia.

Environs

1 — Torremayor *(20 km O. par la C537 ; sortir par la N630 en direction de Cáceres et prendre tout de suite à g.).* — Dans l'église paroissiale, consacrée à Santiago, retable du XVIe s. orné de peintures attribuées à Luis de Morales.

2 — Montijo *(26,5 km O. par la C537).* — Palais des comtes de Montijo, les ascendants de l'impératrice Eugénie, avec un portail Renaissance du XVIe s. A remarquer, le porche de l'hôtel de ville et l'église San Pedro, ornée de retables peints du XVIIe et du XVIIIe s.

3 — Embalse de Proserpina *(5 km N. ; prendre une route locale sur la dr. sitôt après s'être engagé sur la C537).* — Barrage d'origine romaine qui retient un petit lac d'environ 5 km de large. La digue, longue de 500 m, haute de 8 m au-dessus du plan d'eau, large de 6 m, est formée d'un mur en talus à revêtement en appareil de gros blocs de granite ; elle est renforcée, du côté du lac, par des contreforts et, de l'autre côté, par un terre-plein de 6 m de large. Les deux tours carrées furent élevées au XVIIe s., mais sur l'emplacement d'ouvrages romains de même plan, où se trouvaient les vannes de vidange du réservoir. De là, les eaux étaient amenées à Mérida par l'aqueduc de los Milagros.

4 — A l'E. de Mérida.

0 km : **Mérida.** Sortir par la N IV en direction de Trujillo.

13 km : ↦ A g. route pour *(2 km)* **San Pedro de Mérida** ruines d'une église wisigothique du VIIe s.

24 km : à l'embranchement, prendre à dr. en direction de l'embalse de Garcia de Sola.

33 km : prendre à dr. vers Don Benito.

39,5 km : impressionnant **pont de pierre** du XVIIe s., d'origine romaine, sur le Guadiana.

▙▟ *40 km :* **Medellín** (2 621 hab., alt. 251 m) ; la Metellium romaine, ancienne ville fortifiée par les Arabes. Patrie de Hernán Cortés, le conquérant du Mexique, qui y naquit en 1485 (dans l'**ayuntamiento**, portrait du conquistador). Medellín est située sur le Guadiana, au flanc d'une colline sur laquelle s'élève un des **châteaux** les plus intéressants d'Estrémadure ; le **donjon** carré en pierre de taille, du XIVe s., domine un ensemble architectural massif, que son emplacement stratégique, entre le Guadiana et l'Ortigas, rendait inexpugnable. Ruines de l'**église de Santa María.** **Maisons seigneuriales,** dont le palais des ducs de Medinaceli, avec un portail plateresque du XVIe s. et des comtes de Estrada. **Église de San Martín,** de style gothique, remaniée au XVIIe s. Sur la pente de la colline du château, ruines de l'**église de Santiago,** de style de transition de la fin du XIIe s., sur l'emplacement de la scène d'un théâtre romain. Sur la plaza Mayor, statue d'Hernán Cortés, œuvre d'Eduardo Barrón, qui représente le conquistador debout, portant l'étendard de Castille.

48 km : **Don Benito** (27 805 hab. ; alt. 279 m) ; **église de Santiago,** de la fin du XVIIe s., de style herrerien ; **maisons seigneuriales** sur la plaza Mayor et dans les rues voisines : remarquez la mairie et les palais de Amaya, Morales et Soto de Zaldívar.

55 km : **Villanueva de la Serena** (21 949 hab., alt. 294 m) ; **église de la Asunción** de style herrerien, comportant une tour carrée élancée, à trois étages, couronnée d'une lanterne à pilastres d'ordre toscan (à l'intérieur, tableau de la Vierge à l'Enfant et saint Jean, de Luis de Morales) ; **palais des prieurs de Magacela,** Renaissance remanié en 1788 ; sur la plaza Mayor, **ayuntamiento** du XVIe s. et **statue** en bronze de Pedro de Valdivia, le conquérant du Chili, né dans la province de Badajoz v. 1500.

67 km : ↦ A g. route pour *(7 km)* **Magacela,** l'ancienne Contosalia romaine, dont on aperçoit le **château** ruiné, de fondation arabe, mais avec un remploi de murs d'appareil cyclopéen, d'origine préromaine. Il renferme l'**église de Santa Ana,** gothique, qui s'ouvre par un portail mudéjar (fonts baptismaux du XVIIIe s.). L'**ermitage de N.-D. de los Remedios,** au pied du cerro couronné par le château, comporte un portail plateresque et une nef classique (à l'intérieur, sépulcre avec un gisant du prieur Cristóbal Bravo de Laguna, 1528).

75 km : **Campanario.**
↦ *4,5 km E.* par une route non asphaltée, **sanctuaire de Piedraescrita,** où l'on vénère une statue de la Vierge à la pomme du XIIIe s. (?) fâcheusement retouchée au XVIIIe s. (pèlerinage le lun. de Pâques).

93 km : **Castuera ; église de la Magdalena,** du XVIIIe s. ; vieilles **demeures seigneuriales,** à blasons sculptés, dans le quartier de San Juan avec des éléments gothiques, Renaissance et baroques. Voir les **ermitages de San Juan,** Renaissance, et de **San Benito** avec de beaux retables baroques.
↦ A *15 km S.-O.* (prendre la C 413 en direction de Llerena et tourner à g. au *km 13),* **Zalamea de la Serena** (8 500 hab.), l'ancien Municipius Julipense, où Calderón de la Barca situe l'action de sa fameuse comédie « l'Alcalde de Zalamea ». La **tour** de l'**église paroissiale** est un ancien monument funéraire romain, datant peut-être de la fin du Ier s. apr. J.-C., à trois étages, dont un haut podium à pilastres corinthiens, surmonté d'énormes colonnes cannelées, aujourd'hui dépourvues de chapiteaux, qui supportait un amortissement disparu (complet, cet hypogée devait

mesurer environ 24 m de hauteur). A l'intérieur de l'église, statue de la Vierge, en albâtre, du xive s., retable baroque. Dans la **chapelle du Santo Cristo**, baroque du xviie s., à côté d'un hôpital contemporain, construit par Francisco de Mora, retable moderne avec un Christ en croix, polychrome, du xviie s., de grande taille, beaux azulejos de Triana. Ruines d'un **château** du xive s., avec une tour octogonale, peut-être d'origine maure.

125,5 km : **Cabeza del Buey** ; bourgade peut-être localisée sur le site de l'ancienne Turobriga romaine. Dans l'**église de la Divina Pastora** (xvie s.), gothique et Renaissance, monument funéraire (à dr. dans la Capilla Mayor) du commandeur de l'ordre d'Alcántara Martín Rol (1515) ; **ermitage de San Mateo**, Renaissance ; **demeures seigneuriales**, gothiques et Renaissance, des xve et xvie s.

165,5 km : **Puebla de Alcocer**, bourg d'aspect médiéval, au cœur d'une âpre région rocailleuse ; il conserve en partie son enceinte médiévale ; l'**église de Santiago** (mudéjare), du xve s., avec un portail Renaissance, est décorée d'azulejos et conserve le tombeau d'un maître de l'ordre de Santiago. Piton rocheux couronné par une **forteresse** en ruine. Splendide panorama.

Moguer*

Huelva, 20 km.
10010 hab. — Province de Huelva (Andalousie).

De son port très actif au xve s. partirent plusieurs expéditions vers l'Amérique. Aujourd'hui, la tradition maritime a cédé le pas à l'agriculture. La culture des fraises est devenue une source de richesse pour la population de Moguer.

Fêtes : romería en l'honneur de la Virgen de Montemayor, le 2e w.-e. de mai ; fiestas de la Virgen, le 8 sept.

De la place centrale, la calle de Queipo de Llano mène aux couvents de Santa Clara et de Nuestra Señora de la Esperanza (église San Francisco).

Le **couvent de Santa Clara**, fondé en 1348, est une remarquable construction de style gothico-mudéjar. Dans l'église, où Christophe Colomb vint prier dès son retour d'Amérique, on peut voir, dans la Capilla Mayor, les **tombeaux*** d'albâtre, dans des niches gothiques, de la famille des Portocarrero qui fonda ce couvent. A l'entrée du chœur, **portes** peintes du xve s. ; **diptyque** de l'école siennoise, **Immaculée Conception** et **Saint Jean**, attribués à Montañés, **stalles*** sculptées sur un socle d'azulejos, de style mudéjar. Dans la salle capitulaire, retables d'azulejos ; dans le réfectoire, la Cène, par Pedro de Córdoba ; vaste patio à deux galeries superposées, avec un puits en azulejos. Le **couvent de Nuestra Señora de la Esperanza** fut fondé en 1337 et reconstruit en 1482 ; dans l'église, azulejos du xvie s., retable baroque.

L'église baroque de Nuestra Señora de la Granada abrite un beau retable Renaissance au maître-autel, une Vierge sculptée par la Roldana et 2 peintures attribuées à Murillo et Alonso Cano. Visitez aussi la maison-musée du poète Juan Ramón Jiménez et Zenobia Camprubi, son épouse et collaboratrice, où sont conservées de nombreux souvenirs et la bibliothèque du prix Nobel.

Environs. 1 — San Juan del Puerto (*7 km N.* ; 5010 hab.). — Village fondé en 1468 par le duc de Medina Sidonia. Église baroque de San Juan Bautista.

2 — Trigueros (*13 km N.; sur la N 435;* 6 880 hab.). — Au lieu-dit La Lobita, on a découvert en 1924 le dolmen del Zancarrón de Soto composé d'une longue galerie et une pièce avec une table rectangulaire. On peut y voir des peintures rupestres du néolithique. Dans la ville, églises baroques et maisons seigneuriales.

3 — Palos de la Frontera (*7 km S.;* 5 800 hab.). — De son port, aujourd'hui comblé par les alluvions, Christophe Colomb et les frères Pinzón partirent le 3 août 1492 à la recherche d'une nouvelle voie maritime vers les Indes, mais aboutirent à la découverte de l'Amérique. Colomb y revint de son premier voyage sur la Niña, le 15 mars 1493. Hernán Cortés y débarqua aussi, en mai 1528, après la conquête du Mexique.

Non loin du port, à g. de la route en venant de Moguer, on voit la **Fontanilla**, une petite fontaine de style mauresque, où les navigateurs firent provision d'eau douce. En ville, **église San Jorge** (1473) ; à l'intérieur, panneaux d'azulejos, chaire en fer forgé d'où fut promulguée la Pragmatique des Rois Catholiques annonçant l'expédition de Christophe Colomb, artesonado de la nef centrale, images du xve et du xvie s. Dans la sacristie, petit musée archéologique avec des pièces retrouvées dans les environs. La forteresse romaine fut transformée en tour de guet par les musulmans.

Mojácar*

Almería, 91 km. — Puerto Lumbreras, 72 km.
Alt. 172 m. — 1 585 hab. — Province d'Almería (Andalousie).

Située sur une colline, à l'extrémité orientale de la sierra Cabrera, près de l'embouchure du fleuve Aguas, cette petite ville, grâce à son climat privilégié, ses plages et son pittoresque, est devenue le principal centre touristique de la côte d'Almería.

La ville dans l'histoire. — Étape importante sur la voie romaine des côtes méridionales méditerranéennes espagnoles, elle bat des monnaies où apparaît l'ancien nom de la ville (Murgis). A l'époque de Pline, c'est une des grandes cités de la Bétique. Les Arabes la nomment Musacra (de Murgis-Acra).

Fêtes : San Agustín avec représentations de folklore (27 août-1er sept.) ; Virgen del Rosario (7 oct.).

La ville est très agréable avec ses maisons blanches qui montent à l'assau de la colline (en haut, splendides **vues**** sur la région et les vergers depuis le mirador). Sur le coteau de Belmonte, vestiges d'une nécropole de la culture de Los Millares.

Environs. 1 — Carboneras (*22 km S.;* 3 997 hab. ; alt. 18 m). — Village que vous atteindrez par une route côtière étroite et sinueuse parfois tracée en lacet au flanc d'une falaise avec des **vues**** impressionnantes sur la côte. Ruines du château de San Andrés.

2 — Agua Amarga (*30 km S.*). — Centre résidentiel proche d'une jolie baie, autour d'un village de pêcheurs.

Molina de Aragón

Guadalajara, 140 km. — Monreal del Campo, 49 km.
Alt. 1 050 m. — 3 795 hab. — Province de Guadalajara (Castille-La Manche).

Petite ville au pied d'une haute colline couronnée par un château élevé au XIe s. sur le site d'un alcázar maure, et d'où partent d'impressionnantes murailles crénelées, en direction de la ville.

Fêtes. — Le dim. de Pentecôte, romería au sanctuaire de la Virgen de la Hoz (danses typiques du bâton et de l'épée) ; le 16 juil., Virgen del Carmen : défilé de la confrérie militaire du carmen (habits pittoresques) ; du 1er au 5 sept., Cristo de las Victorias : concerts, défilés.

Le **château** conserve six magnifiques tours ; la tour de Aragón servait de tour de guet. La ville, qui possédait un quartier juif (Judería) important, conserve son charme du Moyen Âge avec ses vieilles maisons et ses rues étroites. L'**église de San Martín**, qui comporte une abside romane, s'ouvre par un portail de style de transition. Dans l'**église de San Gil**, Renaissance, fut inhumée doña Blanca († 1283) qui légua la seigneurie de Molina au roi de Castille Sanche IV le Brave (1257-1295). A voir également le **couvent de Santa Clara**, romano-gothique, les ruines de l'**église romane Santa María del Conde**, l'**église San Felipe**, romane, et le **pont** médiéval sur le fleuve Gallo.

Environs. 1 — Rueda de la Sierra *(10 km N. par la C 211 ; 112 hab., alt. 1 138 m).* — Église romane du XIIe s. avec un retable de l'école castillane du début du XVIe s. *(pour la clef, s'adresser au curé de Tortuera, 8 km plus loin en direction de Daroca).*
2 — Embid *(17 km N.-E. par la C 211 ; au km 12, prendre à dr. en direction de Daroca).* — **Château** du XIVe s. encore bien conservé.
3 — Castellar de la Muela *(12 km E. par la N 211 en direction de Monreal del Campo).* — Église du XVIIe s. qui abrite de beaux autels churrigueresques.

Mondoñedo*

Lugo, 78 km. — Ribadeo, 48 km.
Alt. 139 m. — 6 990 hab. — Province de Lugo (Galice).

Cette jolie petite ville fut autrefois capitale de l'une des sept provinces de Galice. Elle fut peuplée très tôt comme le prouvent les nombreux castros alentour. C'est sur l'emplacement de l'un d'eux qu'a d'ailleurs été construite une partie de la ville. Les évêques et les seigneurs de la ville agrandirent, fortifièrent et urbanisèrent Mondoñedo et, jusqu'à 1833, elle eut une vie politique, culturelle, militaire et sociale prospère. En perdant le titre de capitale, elle a perdu sa puissance, mais a conservé les témoignages de sa splendeur passée qui font d'elle l'une des villes les plus agréables du pays.

Fêtes. — San Lucas, du 18 au 20 octobre : on célèbre cette fête depuis 7 siècles ; exposition de chevaux et poulains sauvages ; artisanat populaire.

Cathédrale de la Asunción*. — Elle s'élève sur la plaza de España. Construite en style roman en 1219, on lui ajouta, au XVIIIe s., deux tours baroques avec une décoration d'influence coloniale. L'intérieur est plus sobre, dans le style roman de transition : trois nefs et des petites chapelles. Elle a été récemment restaurée et le chœur qui occupait la nef centrale a été supprimé. **Orgues** magnifiques munies de trompettes datant de 1710. Remarquez surtout les admirables **fresques romanes** (fin XIVe s.), restaurées, qui racontent le massacre des Saints Innocents. Il s'agit probablement de l'œuvre d'un artiste local. Dans une chapelle d'abside, on vénère Nª Sª la Inglesa, une statue de la Vierge à l'Enfant datant de l'époque gothique Tudor (XVIe s.) et provenant de la cathédrale de Londres. Cloître et sacristie Renaissance.

Musée diocésain*. — Il est logé dans les dépendances de la cathédrale. Remarquez le bureau épiscopal, du XVIe s., et la chapelle primitive des prélats, du XIIe s. Le musée abrite des peintures de l'école de Séville et de Bayeux, ainsi que divers objets liturgiques, pièces d'albâtre et orfèvrerie des lustres, des parchemins, etc.

Face à la cathédrale, belle place à maisons typiques (soportales). Non loin s'élève l'**église de los Remedios**; de style baroque, elle conserve des retables churrigueresques de grande valeur, ainsi que d'autres, d'art populaire, avec des touches de style colonial. Tombeau de l'évêque Sarmiento. La Vierge, patronne de la ville et du diocèse, préside dans le sanctuaire.

En vous promenant dans les rues de Mondoñedo, vous remarquerez de nombreuses demeures seigneuriales (palacio de Luaces) et de beaux pazos, témoignant de la richesse passée de la ville. Dans la rue qui longe le palais épiscopal, contigu à la cathédrale, se dresse la **Fonte Vella**, vieille fontaine Renaissance commandée par l'évêque Soto y Valera en 1548.

→ A 17 km N. (sortir par la N 634 en direction de la côte et prendre immédiatement à g. une petite route ; au 1er carrefour rencontré, tourner à g.) ; **Alfoz**. L'église paroissiale mérite une visite (splendide fresque gothique), ainsi que la **torre del Castro de Ouro** (mairie) où fut emprisonné le maréchal Pardo de Cela au XVe s. et qui constitua plus tard le lieu de retraite des évêques de Mondoñedo.

Monforte de Lemos

Lugo, 65 km. — Ponferrada, 119 km. — Saint-Jacques-de-Compostelle, 91 km. Alt. 263 m. — 19 385 hab. — Province de Lugo (Galice).

La vieille ville, ancien siège d'une tribu celte, se situe sur la colline du mythique castro Dactonio (Mons Fortis), aujourd'hui monte San Vicente del Pino.

Fêtes. — Le 13 juin, San Antonio. Le 21 sept., fête populaire sur les bords du Cabe avec des empanadas de tourterelles.

Visite de la ville

Monastère San Vicente del Pino. — Il ne subsiste que l'église gothique-Renaissance, œuvre de Gregorio Faton et Pedro Morlones. Beau portail

Renaissance. A l'intérieur, retables baroques, autel Renaissance (remarquez la sculpture de Santa Ana avec la Vierge et l'Enfant).

Torre del Homenaje. — Édifiée au XVᵉ s., elle a une hauteur de 30 m. Récemment aménagée, elle compte quatre étages auxquels on accède par un escalier montant sur une terrasse d'où la vue sur la ville et la vallée est superbe. Ce donjon est le seul élément bien conservé de ce qui fut la forteresse des comtes de Lemos.

Couvent des Clarisses. — Il est lié au souvenir de Don Pedro Fernandez de Castro (7ᵉ comte de Lemos) et de son épouse, Doña Catarina de Sandoval, qui s'y retira après son veuvage en 1633. Il se situe sur la rive droite du Cabe près du puente Viejo. Son architecture est simple ; l'église conventuelle date de la fin du XIXᵉ s. Voir le cloître central et le **musée d'Art sacré***. C'est le plus curieux et le plus riche du royaume. On peut y voir des reliques de saints et de martyrs, des crucifix et des ornements religieux.

Collège del Cardinal. — Fondé en 1593 par le cardinal Rodrigo de Castro, c'est un imposant édifice baroque avec des réminiscences Renaissance. Patios baroques. Dans l'église, beau retable Renaissance en bois sculpté par Francisco de Moure. Tableaux du Greco et d'Andrea del Sarto ; crucifix Renaissance de Valerio Cioli.

Environs

1 — Quiroga *(31 km E. par la C533 en direction de Ponferrada).* — Plage fluviale. Spécialités de vins et d'eaux-de-vie.

2 — Pombeiro *(32 km S.-O. par la C546 en direction d'Orense, sur la g.).* — Église San Vicente, du XIIᵉ s., aux vastes proportions, qui a appartenu à un monastère clunisien aujourd'hui disparu.

3 — Cangas *(14 km O. par la C546 ; au km 12, peu après Castro, bifurquer à dr.).* — Église San Fiz, du XIIᵉ s., assez vétuste.

4 — Eiré *(15 km O. par la C546 ; au km 12,5, tourner à dr.).* — Église San Miguel*, du XIIᵉ s. Très bel édifice dont l'originalité réside dans la tour rectangulaire placée en son centre.

5 — Pantón* *(4 km O. ; prendre une petite route à g., sitôt après s'être engagé sur la C533 en direction de Chantada ; 7000 hab., alt. 369 m).* — Château de Masid, du XIᵉ s., remanié au XIVᵉ s. Le monastère du couvent de Monjas Bernardas, fondé par les comtes d'Amarante, au Xᵉ s., est un exemplaire intéressant de l'art roman de la région. Belle façade.

6 — San Esteban de Saviñao *(21 km N.-O. par la C533 en direction de Chantada, sur la g. par un petit sentier).* — L'église, seul reste d'un monastère bénédictin de style romano-gothique, s'élève dans un **site*** admirable.

7 — Chantada *(33 km N.-O. par la C533).* — Terre du pain et du vin. Casas de Lemos du XVᵉ et XVIᵉ s. ; casas de Basan Grande, du XVIIIᵉ s. A proximité du centre, **monastère de San Salvador de Asma**, fondé sur les ruines d'un château normand au IXᵉ s. L'église et le cloître ont subi plusieurs remaniements, mais conservent de belles sculptures sur la façade et les chapiteaux.

Fêtes : avant-dernier dim. d'août, día de la empanada (folklore et procession).

Montblanc

Lledia, 57 km. — Tarragona, 33 km.
Alt. 350 m. — 5 108 hab. — Province de Tarragona (Catalogne).

Pittoresque bourgade déclarée ensemble historico-artistique national. Déplacée d'une rive à l'autre du Francolí au XIIᵉ s. sur l'ordre d'Alphonse Iᵉʳ, elle a conservé la majeure partie de son enceinte du XIVᵉ s.

L'église Sant Miquel*, de construction romane, est dotée d'un campanile du XVIᵉ s. : les cortès de Catalogne s'y réunirent plusieurs fois.
De la plaça Major (dans l'hôpital de Santa Magdalena, cloître du XVIᵉ s.), vous gagnerez l'**église Santa María***, bel édifice qui s'élève au sommet de la colline de Montblanc. De style gothique catalan du XIVᵉ s., elle s'ouvre par un portail baroque de 1688. A dr., retable en pierre sculptée du XIVᵉ s. A dr. de l'emplacement réservé aux choristes, petit retable de sainte Anne (peintures), du XVIᵉ s. De là, remarquez l'orgue de 1752, au-dessus de la porte d'entrée. Au-dessus du maître-autel, Vierge à l'Enfant du XIVᵉ s.
Juste avant l'escalier menant à l'église, à dr., la **casa Josa-Andreu** (XVIIᵉ s.) abrite les archives, des collections d'archéologie, de peinture et de sculpture locales *(ouv. de 11 h à 14 h et de 17 h à 20 h du mar. au sam. ; de 11 h à 14 h les lun., dim. et fêtes ; en sem., prendre RV, tél. : 86.03.49).*
De nombreux palais médiévaux subsistent : **Palau Reial**, lieu de séjour des rois, **Casa Alenyà** ou **Aguiló**, près du quartier juif, **Palau del Castlà**, près de l'église Saint-Michel.
A l'extérieur de la ville se trouvent l'église gothique **Sant Francesc**, l'ancien hôpital, l'église **Santa Magdalena** et le pont gothique qui enjambe le Francolí.

Environs. 1 — L'Espluga de Francolí *(6 km N.-O. par la N 240 en direction de Lleida ; → Poblet).*
2 — Monastère de Poblet*** *(10 km O. ; à Espluga, prendre à g. ; →).*

Montseny (Sierra du)**

Provinces de Barcelone et de Gérone (Catalogne).

Située au N.-E. de la comarca du Vallès oriental, la sierra du Montseny, à 60 km de Barcelone et non loin de la Costa Brava, peut être le but d'une «journée verte» durant votre séjour en Catalogne. La route de Granollers à Gérone longe le massif au S. de ce parc naturel, couvert de forêts de pins, de chênes et de hêtres. Les paysages ont attiré Verdaguer et bien d'autres poètes ou écrivains, les écologistes et le simple promeneur.

0 km : **Sant Celoni** (11 950 hab. ; alt. 156 m) ; église gothique remaniée au XVIIIᵉ s.
↦ A *22 km N.,* **ermitage de Santa Fe**, à 1 130 m d'altitude ; **magnifique parcours****. De là une route conduit au sanctuaire de Sant Marçal.
Sortir en direction de Granollers. De là une route mène au sommet du Turó de l'Home (1 712 m). Les panoramas sont splendides.
2 km : prendre à dr. en direction de Montseny.
16 km : **Montseny** (269 hab. ; alt. 528 m) ; église du XIIIᵉ s., remaniée postérieurement.

33 km : Brull; église romane consacrée en 1062, dont les peintures murales ont été déposées au musée de Vic (→).

37 km : au carrefour, prendre à g. vers Tona.

42 km : Tona; station thermale; ruines du château et de l'église Sant Andreu.

◆▸ *A 10 km N. par la N 152 en direction de Ripoll, Vic* (→).
Revenez jusqu'au carrefour du km 37 et prendre tout droit vers Viladrau.

60 km : Viladrau (alt. 821 m); pittoresque village.

73 km : Arbúcies (4 081 hab.; alt. 251 m); bourg au pied du versant septentrional du Montseny. Église du xve s.

84 km : Sant Hilari Sacalm (4 375 hab.; alt. 801 m); station thermale au cœur d'une contrée verdoyante. En août, festival de musique renommé dans l'église Sant Hilari.

106 km : Santa Colona de Farners (7 500 hab.; alt. 104 m); station thermale *(saison de juin à déc.).* Ville natale du poète Salvador Espriu. Église paroissiale fondée en 950.

119 km : Sils; à la sortie, sur la N II, collection d'automobiles anciennes Salvador Claret *(ouv. de 10 h à 13 h et de 15 h à 19 h; dim. et fêtes de 10 h à 13 h).*
Tourner à dr. sur la nationale.

122 km : Maçanet de la Selva; château ruiné du xiiie s. et maisons anciennes sur la plaça Major.

Montserrat** (monastère et sierra de)

Barcelone, 42 km. — Manresa, 17 km — 189 hab.
Alt. 725 m. — Province de Barcelone (Catalogne).

Le Montserrat est un pèlerinage obligé pour celui qui séjourne en Catalogne. Les liaisons en autocar ou en train sont nombreuses depuis Barcelone. La route *(42 km de la capitale au monastère)* longe le versant N. du Montserrat***, la montagne sciée, massif aux flancs abrupts qui culmine à 1 238 m et dont la base est formée de roches gréseuses colorées en rouge foncé par de l'oxyde de fer. Le sommet comporte une série de cônes de roches claires, comparables aux Météores de Thessalie, inaccessibles, et entre lesquels on ne pénètre que par des cheminées étroites et abruptes. Un téléphérique de 1 200 m relie la petite ville de Monistrol de Montserrat au monastère, depuis 1929. Après la visite des bâtiments monastiques, le massif du Montserrat vous offre quelques belles excursions qui ne sont pas toujours uniquement réservées aux professionnels de l'escalade.

Un haut lieu du christianisme. — Alors que la religion est encore sous la domination des Maures, de pieux anachorètes cherchent refuge sur le Montserrat et fondent, au viiie s., un premier ermitage. Une chapelle consacrée à la Vierge y est érigée en 880. Sous l'impulsion de l'abbé Oliba, vers 1030, après l'expulsion des Maures, les moines bénédictins de Ripoll y créent une abbaye romane, reconstruite en style gothique au xiiie s., qui prend rapidement de l'importance, de telle sorte qu'elle devient autonome au début du xve s. Son rayonnement s'étend très vite jusqu'en Europe centrale. L'abbaye de Montserrat devient à partir du début du xvie s. et pendant près de deux siècles un centre d'études théologiques très actif qui bénéficie de la protection de Giuliano della Rovere (1443-1513), pape sous le nom de Jules II (1503-1513), qui a été un moment abbé de Montserrat. En 1811, le monastère est en partie détruit par l'armée française et la plupart de ses bâtiments, d'une sobre architecture, mais sans grand intérêt, sont rebâtis dans le courant du xixᵉ s. Le monastère est aujourd'hui en pleine renaissance et constitue un centre de vie spirituelle, intellectuelle, liturgique et artistique, en même temps qu'un lieu de pèlerinage et dévotion mariale. Son site extraordinaire a donné naissance à de nombreuses légendes et a inspiré Richard Wagner pour la création de *Parsifal*.

Offices religieux. — *En sem., messes à 11 h et à 12 h; les j. de fête, à chaque heure de 8 h à 14 h. La messe célébrée en chant grégorien par les moines a lieu à 11 h. Vêpres à 18 h 45; sam. et j. de fête, service religieux à 17 h 45. L'Escolania, une chorale d'enfants, fondée au xiiiᵉ s., chante le Salve Regina à 13 h et, le soir, à nouveau le Salve Regina et le Virolaí, en l'honneur de la Vierge, à 19 h, à la fin des vêpres, le dim. et les j. fériés à 11 h.*

Le monastère* est bâti à 725 m d'altitude sur une terrasse étroite. Il ne reste de l'ancienne abbaye que diverses dépendances, dont une galerie de cloître de style gothique, de 1460. L'église, construite de 1565 à 1592, sous Philippe II, se compose d'une élégante nef, sur laquelle s'ouvrent deux étages de chapelles.

A dr. du maître-autel, un **escalier monumental***, orné de hauts-reliefs sculptés par Monjo et de mosaïques de Padrós, mène au Cambril de la Verge, chapelle haute d'où l'on peut observer la **statue de la Vierge noire***, la Moreneta, sculpture romane en bois polychrome de la fin du xiiᵉ s. placée sur un trône avec un retable d'argent, don de fidèles de Catalogne (1947). Pour examiner de plus près la sainte patronne de la Catalogne, gravissez le petit escalier, qui mène à une plate-forme très étroite devant la statue. A g. de l'escalier du Cambril, on peut descendre à la crypte (tombeau de l'abbé dom Antoni Marcet, œuvre de Joan Rebull). Outre les bâtiments occupés par les moines bénédictins et ceux qui sont destinés aux visiteurs et aux pèlerins (le monastère peut loger 2000 personnes), il faut citer l'**Escolania**, très ancienne et très célèbre école de musique, qui forme de jeunes choristes, la bibliothèque, l'imprimerie dont la fondation remonte à 1499, et surtout le **musée*** *(ouv. en été de 10 h 20 à 18 h et dim. et fêtes toute l'année)* où sont présentés des tableaux de peintres espagnols (Pedro Berruguete, Morales, le Greco, Zurbarán), catalans (maître de Gualba, du xvᵉ s.), flamands (Jan Bruegel, dit le Velours, Herrimet de Blès), français (Hyacinthe Rigaud, Pierre Mignard, Louis-Michel van Loo), mais cette pinacothèque est plus particulièrement riche en œuvres des écoles siennoise, napolitaine (notamment de Salvatore Rosa et de Luca Giordano), romaine (Caravage, Sassoferrato), bolognaise, génoise et vénitienne (Bassano, Francesco Guardi). Outre les quelques pièces du trésor du monastère, le musée renferme également des collections archéologiques, d'un intérêt plus limité (Mésopotamie, Égypte, Palestine, Chypre).

Un musée de la peinture moderne est installé dans un édifice curieux de Puig i Cadafalch de 1929. Belle collection d'art catalan des xixᵉ s. et xxᵉ s. (peinture et sculpture).

Environs du monastère. 1 — Église de Santa Cecília *(sur la route de Can Maçana à Montserrat).* — De style roman, elle a été fondée en 872 et appartenait à un monastère indépendant avant de passer sous la tutelle de Montserrat.

2 — Points de vue — Sant Jeroni *(accès par téléphérique;* petite chapelle accessible à pied pour les amateurs de marche en montagne, superbe panorama sur la Catalogne, une partie du haut Aragon et jusqu'aux Pyrénées et aux Baléares par temps clair); — **Chapelle Sant Miquel** *(accès par téléphérique; mirador);* — **Ermitage de Sant Joan** *(accès par funiculaire;* belles randonnées par des sentiers aboutissant à des belvédères sur la vallée de Llobregat, à pics impressionnants).

3 — Els Degotalls *(25 mn; par la route d'accès au monastère puis à g. par le* *chemin des Artistes et le chemin du Magnificat, aménagé à mi-côte et d'où l'on découvre de très belles vues).* — Les Degotalls sont une formation rocheuse d'où sortait naguère une petite source, aujourd'hui tarie.

4 — La Cova de la Verge *(en 5 mn, avec un départ toutes les 20 mn, de 9 h à 14 h et de 15 h à 19 h, par le funiculaire, dont la station est en face du garage du monastère, ou en 20 mn à pied par le chemin de corniche qui passe devant la station supérieure du téléphérique reliant Montserrat à la gare du chemin de fer).* — Le sentier, bordé de 15 monuments fin XIXe s. illustrant les **mystères du Rosaire**, aboutit à une petite chapelle bâtie à l'endroit où, selon la légende, fut trouvée, en 880, la statue de la Vierge noire.

5 — Cova del Salnite (situé à Collbato ; 530 m de parcours aménagé et éclairé) est un des attraits majeurs de la montagne.

Morella*

Saragosse, 177 km. — Vinarós, 64 km.
Alt. 1004 m. — 2475 hab. — Province de Castellón de la Plana (Communauté valencienne).

Au pied d'un piton couronné par un château en ruine, sur une haute colline qu'enserre une vaste enceinte où la bourgade actuelle semble flotter comme dans un vêtement qui n'est plus à ses mesures. Elle a su néanmoins conserver le cachet des temps anciens avec sa rue principale à portiques de pierre, ses ruelles tortueuses et mortueuses, et ses palais.

La ville dans l'histoire. — Habitée par les Ibères et les Romains, elle est le cadre d'affrontements sanglants entre les Arabes et le Cid. Place forte à la frontière du royaume de Valence, on se la dispute (guerres de Succession, d'indépendance et carlistes).
Fêtes. — A la San Marcos (25 avr.), tortas de pan et défilé de la Degolla. San Juan (24 juin). A Noël, Misa del Gallo.

Visite de la ville

Franchissez la puerta de San Miguel, et admirez celle de San Mateo, deux des six portes de l'enceinte du XIVe s. dont quatorze tours sont bien conservées.
Le **château**, perché à 1070 m d'altitude, fut construit par les Romains et servit de bastion aux troupes de Cabrera pendant les guerres carlistes.

A ses pieds, la **basilique Santa María la Mayor***, commencée au XIIIe s. et achevée en 1593 ; remarquable **portail de la Vierge et des Apôtres*** du XIVe s. L'intérieur de l'édifice est gothique, excepté l'autel de style churrigueresque (XVIIe s.). Plusieurs peintures Renaissance de Falcó et de Ribalta, **chœur*** sculpté à voûte pleine sur un escalier en colimaçon.

Le **musée**** est d'une richesse exceptionnelle : orfèvrerie gothique, bijoux, peintures de Reixach et Ribalta, bible enluminée.
Le **Real Convento de San Francisco** (XIIIe s.) abrite le **Musée ethnologique*** de Morella et du Maestrazgo. Parmi les maisons, remarquez plus particulièrement la casa de la Villa, la casa Ciurana, où logea le pape Luna, la casa Rovira, Piquer et Ram (charmant hôtel). Ne manquez pas de vous promener dans la belle **rue Blasco de Alagón**.
Dans l'**hôpital**, peintures du XVe s. de Martín Tormer.

Environs

1 — Hameau de Morella la Vella *(6 km).* — Peintures rupestres et ruines d'un village romain.

2 — San Mateo* *(36 km par la N 232 en direction de Vinaroz, puis à dr. vers le S. ; 2 040 hab. ; alt. 325 m).* — La capitale historique du Maestrazgo au milieu des vignes et des oliviers. Important centre commercial au Moyen Age, les cortes generales s'y réunirent à plusieurs occasions. Dans l'église eut lieu, en 1429, l'entrevue entre Clément VIII (Gil Sánchez Muñoz) et le cardinal Pierre de Foix, envoyé de Martin V, qui mit fin au schisme d'Occident.

L'**église** du XIIIe s., au portail sculpté, est un beau monument à nef centrale gothique. Dans la sacristie, peintures du XVe s. et objets de culte Renaissance : calice, croix processionnelle de 1397, lignum crucis de Juan de Olcina, reliquaire de Madona Galina. La plaza Mayor est à portiques.

Dans l'**ayuntamiento** gothique, vous pourrez voir des documents de l'ordre de Montesa. Remarquez aussi les façades du palais Borull (XIIIe-XIVe s.) et du palais du **marquis de Villores** (XVe s.). Deux belles fontaines de pierre (XIVe s.).

3 — Xert *(32 km par la N 232 en direction de Vinaroz ; au km 31 prendre à g. ; 1 206 hab.).* — Château et murailles en ruine ; **église de la Asunción** (XIIIe s.) restaurée au XVIIe s. Palais des comtes de Pestagua ; église du Barrio Nou. Tout près du village, la célèbre **Mola Murada**.

4 — Circuit vers le S.-O. — Recommandé aux adeptes du tourisme buissonnier. Les villages ont conservé un air d'authenticité qu'il faut aller rechercher dans les sierras les plus isolées. Languissants, ils vous séduiront avec leurs scènes pastorales, les produits de leur artisanat et leurs charcuteries.

12 km : Cinctorres (698 hab., alt. 900 m). — Belle **église paroissiale**, dotée de deux clochers, renfermant un retable de Bernat Serra et une Vierge Renaissance. Remarquer l'édifice de l'**ayuntamiento** et la maison de campagne de Sant Joan où est installé un petit musée de la Céramique.

➡ Dans les environs, **ermitage de Nuestra Señora de Gracia**, patronne de la ville. Si vous continuez en direction du N., possibilité d'entreprendre le circuit ci-après, moins long, avec des villes moins importantes d'un point de vue historique et monumental, mais aux paysages tout aussi pittoresques.

45 km : Villafranca del Cid (2 923 hab., alt. 1 100 m). — Ville artisanale, devenue un centre textile important (travaux de la laine). **Église paroissiale** avec de beaux retables ; dans l'**ayuntamiento** gothique, retable de Valentin Montolíu et tableau de Bernat Serra.

➡ Dans les environs, nombreux **ermitages** intéressants : San Miguel (retable de Bernat Serra), **Nuestra Señora del Llosar** (image gothique en marbre), avec des **romerías** typiques la 1re semaine de sept.

58 km : Ares del Mestre (466 hab., alt. 1 194 m). — Sur une muraille rocheuse dominant un paysage de plaines. Château médiéval en ruine.

➡ Aux alentours, peintures rupestres du **barranco de Gasulla***.

81 km : Albocácer (1 654 hab., alt. 540 m). — Capitale du haut Maestrazgo, dans les oliviers et les amandiers. La ville fut fortifiée par les chevaliers de Calatrava, du Temple et de Montesa. Dans l'église, belles pièces d'orfèvrerie, **retable de Nuestra Señora de la Esperanzar** (gothique du XVe s.), emblèmes des templiers sur les murs du château.

Fêtes patronales de la Asunción (13-20 août) : encierros, danses typiques du Maestrazgo.

➡ Plusieurs ermitages dans les environs. Peintures rupestres dans le **barranco de Valltorta*** (images de la vie quotidienne, danses, chasse, cueillette...).

Prendre en direction du N. pour retrouver la N 232.

95 km : **Catí** (1 006 hab., alt. 661 m). — La ville prospérait au Moyen Age avec le commerce de la laine. **Église paroissiale** avec un beau portail roman ; tour e chapelles latérales gothiques ; magnifique **retable*** de Jacomart (1460), peintre valencien qui travailla à Naples à la cour d'Alphonse V d'Aragon. Beau balcon de l'**ayuntamiento** (XVe s.). Remarquez les charmantes demeures des anciens marchands (palacio Miralles du XVe s.).

➔ Aux alentours, **ermitage de Santa Ana** (retables gothiques et azulejos du XVe s.) et **sanctuaire de la Virgen de l'Avellá** (pèlerinage le 8 sept.).

113 km : retour à Morella par la N 232.

5 — Circuit vers le N.* — Il débute à *12 km* de Morella, par la route d'**Alcorisa** ; prendre à g.

14 km : **Forcall** *(705 hab., alt. 680 m).* — **Plaza Mayor** avec des portiques en pierre sculptée. **Palais** de la famille Osset (XVIe s.). **Almudín** (XVIIe s.) où est installé le **Mesón de la Vila.** Église du XIXe s. avec une abside gothique (XIIIe s.).

➔ A *3 km* du village, pont médiéval.

22 km : **La Mata de Morella.** — Maisons seigneuriales du XIIIe s. (remarquez celle du marquis de Figuera). **Ayuntamiento** du XVIe s. Église avec abside et tour, édifiée en 1515.

24 km de Morella par la route d'Alcorisa : **La balma de Sorita del Maestrat.** — Une balma est un creux dans la montagne causé par l'érosion de l'eau. La balma de Sorita del Maestrat fait l'objet d'un culte chrétien depuis le XIVe s. Sur le site se trouvent une auberge et une église unies par un couloir suspendu au-dessus de l'abîme de la Tosa ; on y vénère une statue de la Vierge.

29 km : **Olocau del Rey** *(alt. 1 042 m).* — Sur la plaza Mayor, vous découvrirez l'**ayuntamiento**, à façade de style Renaissance, la **Lonja de la Lana** et la **Cárcel** (prison), datant du XVIe s. **Four** gothique (1272). Église gothique qui abrite l'image sculptée de la Virgen de la Naranja, sculpture romane.

30 km : **Tolodella** *(en sortant d'Olocau del Rey, vers le N., prendre à dr. à 1 km).* — Village célèbre pour ses **danses guerrières,** qui remontent au XIVe s., que l'on exécute le dimanche de Sexagésime sur la plaza Mayor.

Murcie (Murcia)*

Alicante, 82 km. — Almería, 219 km. — Madrid, 395 km. — Valence, 244 km. 243 759 hab. — Capitale de la province de Murcie.

Murcie, localisée au centre d'une plantureuse huerta et arrosée par le río Segura, a connu ces dernières années une poussée de croissance, qui a profondément bouleversé l'aspect de cette ville. Naguère marquée d'un certain cachet oriental, elle apparaît aujourd'hui comme une cité ultra-moderne, bourdonnant d'activités mais toujours typiquement méditerranéenne. Vous n'y trouverez plus la couleur locale que dans quelques rues entre la cathédrale, la plaza de Santo Domingo et la charmante plaza de las Flores, notamment les calles de la Trapería et de la Platería qui, en été, sont couvertes de bâches (toldos) pour protéger de la canicule. Vous y visiterez surtout la cathédrale, mais aussi le musée Salzillo, consacré à cet artiste murcien du XVIIIe s. qui est le dernier grand maître espagnol de la sculpture polychrome. Le dialecte murcien est du castillan assez pur, avec quelques restes de la phonétique arabe, surtout chez les paysans qui parlent le panocho.

La ville dans l'histoire. — Murcie, la Medinat Mursiya des Arabes, est fondée au début du Xᵉ s. par Abd ar-Rahman III et passe tour à tour sous l'autorité des califes omeyyades de Damas, des Abbassides de Bagdad et des Omeyyades de Cordoue. En 1224, elle devient la capitale d'un émirat indépendant qui est annexé dès 1243 à la couronne de Castille. Les industries de luxe s'y développent; elles sont groupées par quartiers dont les noms de rues conservent le souvenir (comme Platería, Trapería). Alphonse X (1252-1284) peuple Murcie de Catalans, d'Aragonais et même de Français. Centre culturel important, elle est dotée d'une imprimerie dès 1487, la même année qu'à Heidelberg ou qu'à Tolède. Sa fidélité constante aux rois de Castille lui vaut son blason aux sept couronnes. Elle résiste notamment aux Comuneros de Valence et Charles Quint vient y résider en 1541. Lors de la guerre de la Succession d'Espagne, au début du XVIIIᵉ s., elle arrête la marche de l'archiduc Charles d'Autriche. Ses trésors artistiques ont beaucoup souffert des activités révolutionnaires, en 1931, et au début de la guerre civile, en 1936, lorsque la plupart de ses églises furent dévastées et incendiées.

Les fêtes à Murcie. — C'est alors que Murcie est en fête qu'il faudrait visiter cette ville, par exemple en mars, à l'occasion de la fête du printemps, quand le Bando de la Huerta exécute une cavalcade, suivi de chars fleuris et de troupes de danseurs et de danseuses, ou lors de l'enterrement de la Sardine, une cérémonie parodique et grotesque, dont le thème a été immortalisé par Goya, qui marque la fin des réjouissances, avant l'entrée dans le Carême, par une procession aux flambeaux.

Les fêtes les plus remarquables sont les processions de la semaine sainte, avec un caractère religieux plus accentué qu'à Séville. Le défilé nocturne, dans les ruelles étroites de la vieille ville, des pénitents couverts d'une cagoule et portant sur leurs épaules les pasos de Salzillo, en soufflant dans de lourdes trompettes traînées sur de petits chariots, est impressionnant; la plus belle procession a lieu à l'aube du vendredi saint, où les pénitents bruns promènent les admirables pasos de Salzillo, depuis l'église de Jésus.

De la fin décembre à la fête des Rois, grande fête de Noël au cours de laquelle des paysans de la huerta donnent des sérénades accompagnées de chants.

Du 5 au 10 sept., les amateurs de corridas pourront assister aux six manifestations qui se déroulent alors dans la ville.

Le costume murcien. — Les couples revêtent les costumes typiques de la région pour exécuter les danses huertanas de Murcie. Les femmes portent une jupe en percale courte, de couleur vive. Le tablier est brodé de petites tresses violettes. Le chemisier à manches courtes est en dentelles brodées de rubans. Un peigne typique retient le chignon. Dans des espadrilles ou des chaussures montantes, elles portent des bas blancs. La version plus chic se compose d'un costume de soie ou de tulle et de chaussures couleur crème. De splendides colliers, des filigrammes d'or de riches émaux et des perles viennent compléter la parure. Les hommes ont une chemise brodée, des rubans colorés attachés par de gros boutons argent, des pantalons courts qui s'adaptent à la forme de la jambe, à la taille une large ceinture de soie rouge. Ils sont coiffés d'un mouchoir de soie ou de coton; aux pieds, des espadrilles noires à rubans.

Visite de la ville

A partir de la plaza de Belluga (plan C3; parking) qui sert de parvis à la cathédrale, vous trouverez (→ ci-après, 1) la description d'une promenade à travers quelques-uns des plus pittoresques quartiers de la vieille ville, mais quelques détours seront proposés aux amateurs de détails qui désireraient emporter une image plus complète de cette cité au caractère oriental assez marqué. Vous enchaînerez ensuite avec la visite du musée Salzillo (→ ci-après, 2), que vous gagnerez en voiture, en passant par la calle Acisclo, où se trouve le musée international du Costume folklorique.

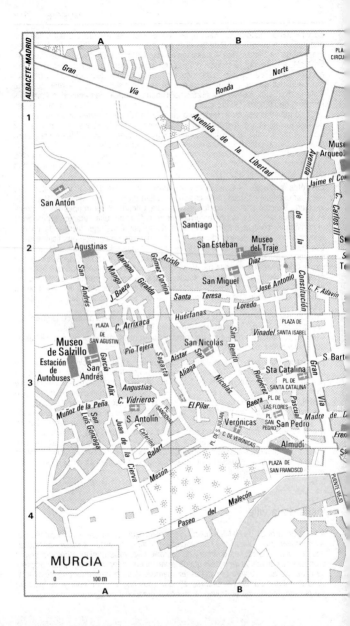

MURCIA

0   100 m

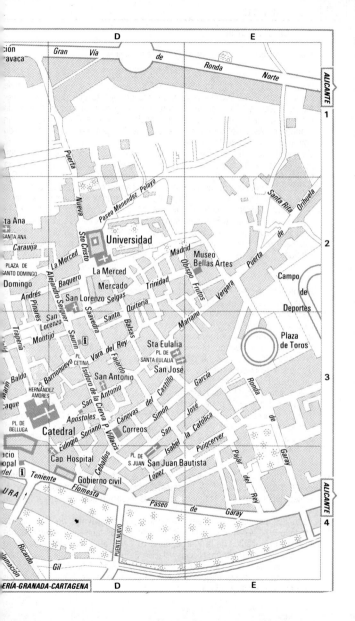

1 — La cathédrale

Promenade de 1 h 30 à 2 h en se limitant à l'essentiel.

Cathédrale** *(plan CD3).* — Fondée en 1320 sur le site d'une mosquée et construite en style gothique jusqu'au XVIe s., elle fut en partie rebâtie en style baroque en 1737-1790. La façade, comme un gigantesque retable baroque, fut dessinée en 1737 par Jaime Bort avec un grandiose fronton décoré de sculptures, par N. Salzillo et son fils Francisco, Juan de Egea, etc., et d'un groupe de l'**Assomption de la Vierge** par le Français J.-F. Dupart à qui l'on doit également les bustes des apôtres.

De l'extérieur, sur le côté latéral dr., remarquez la riche ornementation platteresque de la **capilla del Junterón*** et, quelques pas plus loin, la **puerta de los Apóstoles**, de style gothique, attribuée à Antonio Gil, vers 1440. Sur la plaza de Hernández Amores *(plan C3),* la **capilla de los Vélez**, de la fin du XVe s., fut élevée en un style gothique flamboyant très voisin du style manuélin. Sur l'autre côté latéral, la **tour*** (92 m env.), d'aspect monumental, fut érigée à partir de 1521 par le Florentin Francesco l'Indaco, continuée (1er étage) par Jerónimo Quijano, vers 1540, et achevée en 1792, avec un couronnement classique dû à Ventura Rodríguez; on y pénètre par une porte platteresque attribuée à Juan de León (1501-1516), mais terminée en style baroque à la fin du XVIIIe s. Du haut de cette tour, admirable **panorama*** sur la huerta de Murcie.

A l'intérieur, en partie de style gothique, à trois nefs et haute coupole de style classique à la croisée, vous remarquerez plus particulièrement:

Bas-côté dr. — 4e chapelle (del Junterón), construite en 1515-1529 par l'archidiacre de Lorca, Gil Rodríguez de Junterón, où vous verrez un **retable de l'Adoration des Bergers**, en marbre, sous un tympan décoré d'angelots annonçant la venue du Messie et un arc à plusieurs archivoltes, œuvre peut-être d'origine italienne ornée d'angelots, de grotesques, de masques, d'animaux fantastiques, etc.

Déambulatoire. — 5e **chapelle**** (de los Vélez), très belle construction de style gothique tardif attribuée à maître Pérez López par certains auteurs. Elle s'ouvre par une belle porte de style isabélin (1507). A l'avant-dernière travée avant le transept une élégante **porte platteresque** de Jerónimo Quijano conduit à la **sacristie** (boiseries de 1526 par Jerónimo Quijano).

Juste avant le bras g. du transept, le déambulatoire se termine par la **capilla de San Andrés**, prolongée par l'oratoire de l'évêque (médaillon de la **Sainte Famille** par Salzillo).

Musée diocésain * *(ouv. en sem. de 10 h à 13 h et de 17 h à 20 h en été; de 16 h à 19 h en hiver).* — Il est installé dans un **cloître** gothique du XIVe s. et ses dépendances, notamment dans la **salle capitulaire**, du dernier tiers du XIVe s.

Parmi les peintures exposées, remarquez un **polyptyque** de Barnabé de Modène (v. 1347-1350), de l'école de Sienne; des tableaux de Fernando de Llanos : **Épousailles de la Vierge**, de 1516, l'**Adoration des Bergers**; Pedro Orrente : le **Bon Pasteur**; Nicolas Villacis : **Saint Bruno**; Jerónimo de Zabala, un disciple du précédent : **la Cène**; Lorenzo Vila : **Christ à la Colonne, Adoration des Rois mages**; retable de saint Jean, peut-être exécuté par Andrés de Llanos (v. 1545).

Parmi les œuvres sculptées, **statues romanes et gothiques**, une Mater Dolorosa et divers reliefs par Rafael de León (1567-1571), des sculptures des XVIᵉ, XVIIᵉ et XVIIIᵉ s., dont plusieurs sont assignées à Francisco Salzillo.

De retour dans le bras g. du transept, vous vous dirigerez vers la **Capilla Mayor**, dotée de **grilles** de la fin du XVᵉ s.

A g., dans une niche, élégant tombeau par Jerónimo Quijano, où sont déposés les viscères d'Alphonse X le Sage.

Chœur de style gothique fleuri : **grille** platéresque, **stalles** de Rafael de León (1567), lutrin surmonté d'un Christ de Francisco Salzillo.

Bas-côté g. — Dernière chapelle : autel de marbre, de style Renaissance et statue de la Vierge, attribuée au Florentin Michel-Ange Nacherino.

Le **palais épiscopal** *(plan C3-4)* fut bâti à partir de 1748 par Baltasar Canestro, avec une façade en style rococo, inspiré du style Louis XV, alors en vogue à la cour espagnole ; vous remarquerez son sobre patio et son escalier monumental.

De la plaza de Belluga, les **amateurs de détails** prendront la calle de los Apóstoles, à dr. de la cathédrale ; ceux désirant se limiter à l'essentiel s'engageront à g. dans la calle de Salzillo, pour continuer dans la calle de la Trapería (→ ci-après). Un peu à l'écart de la calle de los Apóstoles, la **capilla del Hospital** *(plan D4)* est une jolie chapelle rococo, avec des fresques de Sistori.

Au chevet de la cathédrale, à g. de la calle de los Apóstoles, **collège San Leandro**, fondé en 1774 par le cardinal Belluga. Près de là, le **couvent de San Antonio** *(plan D3)*, bâti en 1571, présente un intéressant portail du XVIIᵉ s. En vous rendant à l'**église San Juan Bautista** *(plan D4)*, du XVIIIᵉ s., avec une façade de Ventura Rodríguez, remarquez le sévère **palais des Floridablanca**, bâti au XVIIIᵉ s., à l'angle des calles de Ceballos et de Simón García.

Sur la **plaza de Santa Eulalia** *(plan D3)*, devant les **églises** Santa Eulalia, du XVIIIᵉ s. (sculptures de Salzillo, de Roque López), et **San José**, on a mis au jour un tronçon de l'enceinte arabe, du XIIᵉ s., remaniée au XIVᵉ s., ainsi qu'un **cimetière hispano-arabe** ; l'ensemble est aujourd'hui transformé en musée.

◼ Le **musée provincial des Beaux-Arts** *(plan E2 ; ouv. en sem. de 10 h à 14 h e de 18 h à 20 h ; le sam. de 10 h à 14 h ; dim. et j. fériés de 11 h à 14 h ; f. le lun.)* est installé dans un bâtiment érigé en 1910 sur l'emplacement du couvent de la Trinité, dont il subsiste certains éléments décoratifs, notamment des **fresques** de Nicolás Villacís (1616-1694), peintre originaire de Murcie, qui étudia dans l'atelier de Diego Vélasquez, puis en Italie, à Côme, où il séjourna jusqu'en 1649 ou 1650. Parmi les collections de ce musée, on compte plusieurs tableaux de Nicolás Villacís (**Portrait d'un gentilhomme, Allégorie sur la fondation du couvent de la Trinité, Jésus au Temple**, etc.), de Luca Giordano (**Massacre des Innocents**), Federico de Madrazo, Bartolomé Carducho, Pedro Orrente, de Ribera, Ribalta, de Bassano, de Muñoz Degrain qui fut un moment le professeur de Pablo Picasso, etc. L'**église de la Merced** *(plan D2)*, de 1713-1727, s'ouvre par un portail baroque caractéristique du style assez chargé de la fin du XVIIᵉ s. Une partie de l'université est installée dans l'ancien couvent dont dépendait cette église (patio Renaissance). Revenez vers la cathédrale en passant par l'église San Lorenzo *(plan D2)*, de la fin du XVIIIᵉ s., par Ventura Rodríguez.

La **calle de la Trapería** *(plan C3)*, que l'on suivra depuis la place de Hernández Amores (croix monumentale, en marbre, de 1709), réservée aux piétons, est l'une des artères les plus pittoresques et les plus animées de la vieille ville. On peut y voir le Casino *(plan C3)*, club privé (on peut entrer dans le patio, de style pompéien, et un autre patio, de style arabe) ; en face, maison baroque du marquis de Beniel ; à l'extrémité, à g., **casa de Almodóvar**, au portail du XVIIIe s. orné de deux géants.

Continuez dans la **calle de la Platería** *(plan C3)*, à moins que vous ne désiriez visiter en détail les alentours de la plaza de Santo Domingo (→ ci-après).

Le **couvent de Santa Clara** *(plan C2)*, le plus ancien de Murcie, s'élève sur le site de l'alcázar es Seghir des Maures ; il n'en reste plus que la curieuse façade, aux fenêtres fermées par des grilles qui évoquent les moucharabieh orientaux, et l'**église** à coupole (**sculptures** de Salzillo et de José de Mora), ainsi que le **cloître** (en clôture), de style gothique tardif. En face, **couvent de Santa Anna** *(plan C2)*, avec une église de 1728 (**sculptures** de Salzillo).

■ Le **Musée archéologique** *(plan C1 ; ouv. de 10 h à 14 h et de 18 h à 21 h ; f. le lun.)* est installé dans la maison de la Culture. Il est surtout intéressant pour ses collections de **céramique** hispano-arabe des XIIIe et XIVe s., espagnole des XVIIe et XVIIIe s., mais il compte également des **antiquités ibériques, romaines, wisigothiques,**etc.

L'**église Santo Domingo** *(plan C2)*, sur la plaza de Romea (maisons seigneuriales du XVIIIe s.), présente une façade de style Renaissance et baroque (1543-1742), tandis que la façade postérieure, que l'on aura remarquée en se dirigeant vers le couvent des Clarisses, offre une ordonnance néo-classique.

La **calle de la Platería** *(plan C3)*, la plus animée de la ville avec celle de la Trapería, couverte de toldos en été, mène à l'**église San Bartolomé** *(plan C3)*, de la fin du XVIIIe s. (dans le transept dr., Virgen de las Angustias, de Salzillo). Sur la charmante **plaza de las Flores** *(plan B3)* s'élève l'**église San Pedro** *(plan B3)*, à façade baroque. De là, gagner la **plaza de San Francisco** *(plan B4)*, où l'**Almudí**, palais de justice, de 1618, a été reconstruit en 1945 dans le style du XVIIe s.

2 — Le musée Salzillo

Comptez env. 1 h 30 pour la visite du musée international du Costume folklorique, du musée Salzillo et de l'église San Andrés, voisine, et env. 45 mn pour la promenade complémentaire, destinée aux amateurs de détails. Parking sur la plaza de San Agustín (plan A2).

■ **Musée international du Costume folklorique*** *(plan Museo del Traje, B2)*. — Il est installé depuis 1972 dans l'ancien couvent de San Esteban, dont l'église, à côté, fut bâtie en 1557-1569, probablement par Jerónimo Quijana.

Visite : en sem. de 10 h à 13 h 30 et de 17 h à 20 h ; les dim. et j. fériés de 10 h à 13 h 30 ; f. le lun.

La **salle I**, où vous remarquerez un plafond à caissons de bois (artesonado) du XVIIe s., est consacrée à une **exposition du costume de la province de Murcie**, avec des vêtements portés par les membres des confréries religieuses de la capitale, qui remontent aux XVIIIe et XIXe s., des habits d'apparat et de travail des XVIIe et XVIIIe s., etc.

Dans les *salles II à V* sont présentés des **costumes de toutes les provinces d'Espagne**, tandis que les collections de la *salle VI* proviennent de différentes parties du monde.

Dans ce quartier, l'**église Santiago** *(plan B2)*, ou del Apóstol, est la plus ancienne église de Murcie (XIIIe s.). L'**église** (baroque) du **couvent de las Agustinas** *(plan A2)* date de 1727.

■ **Musée Salzillo*** *(plan A3).* — Il est installé dans l'église de Jesús, un modeste oratoire dont la coupole (1792) est décorée a fresco par Sistori.

Visite : de 9 h 30 à 13 h et de 15 h à 18 h ou 19 h, en été, en sem. ; de 10 h à 13 h les j. fériés ; f. le jeudi saint après-midi et le vendredi saint toute la journée.

Vous y verrez une splendide collection de **pasos***, groupes sculptés destinés aux processions de la semaine sainte et qui comptent parmi les meilleures productions du sculpteur **Francisco Salzillo** (1707-1783). Le paso du Jardin des Oliviers (Oración del Huerto) passe pour être « l'œuvre maîtresse des pasos espagnols » (Tormo). Le musée comprend en outre diverses œuvres du maître, mais surtout la **Crèche*** (Belén), décrivant toute la vie du Christ avec 520 figurines de personnages, d'animaux et des édifices ; les costumes sont ceux de la région de Murcie au XVIIIe s.

♦ **Église San Andrés** *(plan A3).* — De style baroque (1630-1762), elle renferme, dans une chapelle à dr., une statue de la **Vierge de Arrixaca**, chantée par Alphonse le Sage dans une de ses « cantigas », et des sculptures de **Salzillo** : Purísima et sainte Monique *(transept dr.),* saint André (maître-autel) et saint Augustin *(transept g.).*

Dans ce quartier, église San Antolín *(plan A3),* de style baroque (1745-1774). Dans l'**église San Nicolás** *(ouv. de 9 h à 11 h)* de 1736, sculptures de Salzillo, de Pedro de Mena et d'Alonso Cano. L'**église San Miguel** *(plan B2 ; ouv. de 9 h à 11 h),* du XVIIe s., renferme elle aussi des sculptures de Salzillo, un retable principal et une statue de saint Michel par Roque López.

Le **paseo del Malecón** *(plan B4)* est une promenade sur la crête d'une digue construite par les Romains contre les crues du Segura ; elle traverse une zone de jardins jusqu'au cœur de la huerta. En été, il est recommandé de ne la parcourir que le soir.

Environs

1 — Mula *(36,5 km O. ; à Alcantarilla, sur la N340, prendre à dr. la C415 ; 15 645 hab., alt. 319 m).* — Sur le flanc de la sierra del Castillo, au cœur d'une oasis de vergers, de plantations d'orangers et de citronniers. La ville a été déclarée monument artistique national.

Du **château romain**, restauré aux XVe et XVIe s. par les Fajardo, on a une vue magnifique. Maisons seigneuriales. A voir le **sanctuaire del Niño de Balate** (vente directe de très beaux couvre-lits et couvertures), le **couvent de la Encarnación**, celui des **Descalzas Reales** avec des statues de Salzillo, de Roque López et de La Roldana, el **Cigarralejo** (restes d'un peuplement ibère), l'**ermitage de la Puebla** et le **barrage de la Cierva**.

Fête : pendant la semaine sainte, la tradition veut que l'on batte le tambour.

2 — Au N.-O. de Murcie*.

0 km : **Murcie.** Sortir par la N301 en direction de Cieza.

21 km : traversez le río Segura.

25 km : **Archena** (12 480 hab. ; alt. 100 m) ; ville thermale aux eaux sulfureuses. Vestiges de bains romains et arabes. La ville repose sur des terrasses fluviales sur la berge droite du Segura. Son emplacement privilégié et les propriétés bénéfiques de ses eaux thermales ont de tout temps favorisé l'expansion du village. Le paysage agréable, à la végétation abondante, contraste avec le climat semi-aride de l'ensemble de la région. A signaler un petit musée d'artisanat local.

31 km : **Ojos.**

↦ A g., route pour *(2 km)* **Ricote** (2 297 hab. ; alt. 393 m) ; la ville joua un rôle important lors de la Reconquête car elle resta fidèle aux Maures alors maîtres des lieux. Sa population fut expulsée d'Espagne en 1613 suivant le sort qui était réservé aux infidèles. Petites rues étroites et pittoresques. **Iglesia de Santiago,** avec une statue abîmée de San José, attribuée à Salzillo. Remarquer les maisons seigneuriales des Alvarez, Castellanos et de Hoyos. Restes du **château.** Excellent vin.

32 km : barrage de Ojos.
35 km : retraversez le fleuve.

36 km : **Blanca** (6 760 hab. ; alt. 147 m) ; la ville s'étend au pied d'un château arabe. Une partie de ses terres ont été noyées par le barrage de Ojos. Dans l'**église,** jolie statue de sainte Anne assise, du xvie s.
Longez le fleuve vers le N. en direction de Cieza.

41 km : **Cieza** (31 000 hab. ; alt. 188 m) ; située au bord du Segura, qui l'entoure, la ville conserve les restes d'un vieux **château.** A voir, la **citadelle** et le **mur d'enceinte.** Dans l'**église de la Asunción,** au portail baroque du xviie s., sculpture de Salzillo.
↦ Sur une hauteur, **ermitage du Cristo del Consuelo** (Christ du réconfort).
↦ A *34 km N. (prendre à dr. 11 km après la sortie de Cieza),* **Jumilla*** (↦).

3 — Au N. de Murcie.

0 km : **Murcie.** Sortir par la N 340 en direction d'Orihuela.

4 km : **Monteagudo,** petit village au pied d'une colline conique ; les ruines qui la couronnent sont celles d'une forteresse romaine reconstruite et agrandie par les Arabes. Au sommet, très belle **vue*** sur Murcie et sa huerta.
Fête : romería de la Saint-Gaétan, le 7 août.

10 km : bifurquez à g. vers Fortuna.
15 km : barrage de Santomera.

27 km : **Fortuna** (5 710 hab. ; alt. 228 m) ; station thermale déjà connue à l'époque romaine. Dans l'église, retable baroque.
Tournez à dr. vers Abanilla.

36 km : **Abanilla** ; ruines archéologiques préhistoriques. Quelques édifices et œuvres d'art intéressants.

Murcie (région)

Province de Murcie.

Située au S.-E. de la Péninsule, territoire charnière entre le pays valencien, la Manche et l'Andalousie orientale, la région de Murcie est une des plus petites d'Espagne (11 317 km^2 ; 2,24 % du territoire ; 100 km dans sa plus grande longueur). Murcie est une province qui dépend étroitement de sa capitale.

Relief. — Il est montagneux et accidenté. Les sommets dépassent souvent 1 000 m (Espuña, El Gigante, Mojante...) et atteignent jusqu'à 2 000 m (Revolcadores). La province de Murcie s'étend sur la majeure partie des chaînes Bétiques orientales qui se divisent d'O. en E. en trois zones : les Prébétiques, en contact avec la Meseta, qui séparent Murcie d'Albacete, les Sous-Bétiques, zone centrale montagneuse, et les Bétiques (sierra de Almenara), parallèles à la Méditerranée, qui renferment d'importants gisements métallifères. Un ensemble de vallées, de bassins, de couloirs, de gorges se dessinent entre les principales formations géologiques : vallée du Segura, fosse du Guadalentin ou couloir murcien, bassins de Mula, Cieza, Fortuna, Campo de Cartagena...

Des paysages bien diversifiés. — Au N. et au N.-O., la zone des barrages et des châteaux, témoins de conquêtes lointaines, subit le climat rigoureux de la Meseta. On y trouve des réserves forestières et de chasse. On y cultive les vins réputés de Jumilla et Vecla sur les petits bassins marneux entre les chaînons calcaires.
La dépression murcienne, arrosée par le fleuve Segura, est une région où toutes les terres sont fertilisées grâce à un système d'irrigation séculaire (noria). Une palette de verts variés caractérise le paysage de cette huerta. La terre produit des fruits et des légumes en abondance : oignons, tomates, piments, artichauts, fraises, melons... Les palmiers se mêlent aux citronniers, aux amandiers, aux figuiers et aux grenadiers d'où se dégage un mélange d'essences ; le foisonnement de cette végétation fait de ce pays quelque chose d'unique dans la péninsule.
La côte, de San Pedro del Pinatar (au N.) à Aguilas (au S.), s'étend sur 250 km en une succession de plages dorées, de falaises, de calanques, d'îles et de caps (Palos, Tiñoso, Cope). La Manga del mar Menor, long ruban sablonneux qui isole le mar Menor de la Méditerranée, au N.-E. de Carthagène, grâce à son exceptionnelle situation, connaît un développement touristique très important. Les eaux peu profondes du mar Menor et de la Méditerranée sont riches en iode et idéales pour la baignade et les sports nautiques.

Climat. — Le climat méditerranéen à tendance semi-aride prédomine : chaud et sec avec des précipitations rares et violentes (moins de 350 mm par an) et concentrées sur quelques jours de l'année ce qui provoque des crues (riadas). L'hiver est court, l'été long et chaud ; l'ensoleillement est exceptionnel (2 800 h par an).

Habitat. — Le paysage est formé de huertas très peuplées et de petites propriétés rurales qui rappellent les structures de production et les sociétés de la huerta de Valence. L'habitat, formé de gros villages, est disséminé parmi les vastes terres céréalières et vinicoles du N. du territoire et annonce déjà la Nouvelle-Castille. Comme en Andalousie, les grands propriétaires terriens des zones occidentales se regroupent pour établir des relations économiques et sociales très étroites.

Histoire. — Dès le Ve s., les mines de plomb et d'argent sont exploitées et le seront sans relâche malgré les invasions successives. Sous la domination romaine, plus de 40 000 hommes y travaillent. Les Romains améliorent par ailleurs les voies de communication, développent l'irrigation et assurent la prospérité économique de la région.
Tardivement convertie au christianisme, la région subit au Moyen Age l'invasion des armées barbares. Métallurgie et commerce déclinent. Au VIIIe s., les Arabes envahissent la péninsule. Le califat inaugure une époque de paix et de prospérité économique pour les terres murciennes. Après la désagrégation du califat de Cordoue (1031), la dynastie des Beni-Hud gouverne la province. En 1243, celle-ci est reprise par les catholiques et s'intègre définitivement, en 1266, à la couronne de Castille. Le royaume de Murcie devient alors une voie de communication entre l'Andalousie musulmane et la Castille chrétienne, où coexistent chrétiens, juifs et musulmans. En reconnaissance de sa loyauté envers les rois de Castille, Murcie gagne les sept couronnes de son drapeau et les titres « Muy noble » et « Muy leal ». Les Temps modernes sont caractérisés par l'unification et la centralisation préparées par les Rois Catholiques et affermies par les Autrichiens. La stabilité politique favorise celle des institutions. Il s'ensuit un développement économique modéré, mais accompagné d'un grand essor culturel (XVIe et XVIIe s.). Comme dans le reste du pays, les XIXe et XXe s. sont caractérisés par l'instabilité politique.

La Murcie aujourd'hui. — Peuplée de 200 000 hab. au début du XIXe s., la Murcie en compte aujourd'hui un million. La province est riche et peu peuplée (81 hab./km²). A côté d'une agriculture prospère, la région bénéficie d'une industrie assez importante. Le sparte (genêt d'Espagne) alimente une industrie artisanale très active et fournit même les papeteries du Pays basque. Les veines métallifères sont nombreuses dans la région de Carthagène (plomb, fer, cuivre, zinc, soufre, étain...). L'industrie hydroélectrique se développe ainsi que celle des hydrocarbures. La raffinerie de pétrole installée en 1950 à Escombreras, près de Carthagène, est l'une des plus importantes d'Espagne. Depuis 1982, comme la plupart des régions espagnoles, Murcie a acquis un régime autonome.

Gastronomie. — Elle bénéficie de la fraîcheur des produits naturels de sa terre. Les légumes sont cuisinés très simplement en plat unique, ils accompagnent les poissons cuits au sel, excellents, et les viandes traditionnelles. Lorca est célèbre pour ses charcuteries (embutidos), sa paella à la viande et la olla fresca (riz, haricots, cochonnailles). La picardia est une confiserie à base de noisettes et de caramel, très recherchée. Les vins de Jumilla et Yecla sont connus dans toute l'Espagne.

Artisanat. — Le tissage des laines colorées (tapis et couvre-lits), la broderie artistique (soies brodées d'or et d'argent), la poterie (assiettes et cruches à fond blanc décorées de bleu) sont les principales activités artisanales de la région de Murcie.

Folklore. — La semaine sainte, si elle est fêtée avec moins de splendeur et de bruit qu'en Andalousie, est un événement à ne pas manquer à Murcie, à Carthagène et à Lorca. Les costumes et les pasos (chars de procession) des différentes Cofradías apportent une note superbe à cette représentation baroque, insolite et vibrante par la dynamique, la couleur et la mise en scène.

Pour visiter la Murcie

→ Caravaca de la Cruz   → Jumilla*
→ Carthagène   → Lorca
→ Costa Cálida*   → Murcie*

Muro

Palma, 40 km.
6014 hab. — Ile de Majorque — Province des Baléares.

Muro est un gros bourg situé dans la partie de Majorque appelée Es Pla, zone qui, malgré son nom, possède un relief souvent accidenté, culminant à 317 m (puig de Bonany). Muro et les villages voisins de Santa Margalida, Petra et Sineu délimitent au centre de l'île une région agricole à l'écart des grands axes touristiques.

■ Muro possède une frange littorale donnant sur la baie d'Alcúdia, aménagée en station balnéaire. A l'intérieur des terres, la culture des pommes de terre ou des haricots verts occupe le paysan murer, resté proche des activités traditionnelles. C'est peut-être pourquoi la direction du musée de Majorque a décidé de créer sur cette commune, en 1965, une **section ethnologique*** *(ouv. de 10 h à 14 h et de 16 h à 19 h ; f. dim. a.-m. et lun.),* installée dans la **Casa Alomar**, maison datée de 1670 qui appartenait à une famille d'agriculteurs aisés. Conservatoire des arts et traditions populaires, ce musée présente trois aspects. D'abord, une **architecture intérieure** représentative d'un certain type de maison paysanne, avec la large entrée dont le sol formé de galets autorisait le passage des chevaux, les chambres où sont exposés mobilier et tissus traditionnels, et surtout la cuisine, centre de la vie familiale, avec son immense hotte, sa collection de marmites en terre cuite, ainsi que tous les accessoires nécessaires à son bon fonctionnement. On verra un autre aspect du musée de l'autre côté du jardin, dans une maison annexe où sont exposés les **instruments de travail** des artisans locaux : forgerons, cordonniers, selliers, tisserands, sculpteurs sur pierre et bois, charpentiers, orfèvres... Dans d'autres salles, charrues, faucilles, jougs... évoquent la vie du paysan au siècle dernier. Le musée présente aussi la reconstitution d'une **pharmacie** du début du XIXe s., telle qu'elle existait en pays rural. Il est intéressant de la comparer à la pharmacie de type conventuel que l'on peut voir dans la chartreuse de Valldemossa.

Connue à l'époque musulmane sous le nom d'Algebelí, Muro possède une **église** du XVIe s. Remarquez les belles **façades** en pierre rousse des maisons paysannes.

Environs. 1 — Santa Margalida *(5 km S.-E.).* — Sur une butte où se trouvaient autrefois de nombreux moulins à vent ; **palais des comtes de Formiguera** (XVIIe s.) et dans l'**église** un retable gothique de sainte Marguerite.

2 — Petra *(16 km S.-E. ;* 3 662 hab.). — Village natal de Ginebró Serra (1713-1784), missionnaire franciscain qui évangélisa la Californie, fondant les villes de Los Angeles, San Francisco, San Diego... On peut visiter le petit **musée** installé dans sa maison natale, mais aussi l'**église** du XVIe s. et le **couvent** de Sant Bernardí.
➡ Sur une colline voisine, à *4 km* au S.-O., le **monastère de Bonany** offre un beau panorama sur l'île.

3 — Sineu *(12 km S.-O.).* — Fondée par le roi de Majorque, Jacques II, qui y construisit un palais transformé en couvent, au XVIe s. L'**église** du XIVe s., en partie reconstruite à la suite d'un incendie, abrite des tableaux en bois sculpté et des retables du XVIe s. Au centre d'une région agricole, Sineu accueille chaque mer. un important **marché**.

Muros*

La Corogne, 112 km. — Saint-Jacques-de-Compostelle, 72 km.
12 760 hab. — Province de La Corogne (Galice).

Abritée des vents marins par les monts Costiña (241 m) et Rebordiño (105 m), Muros, déclarée port-refuge dès 1880, vit surtout de la pêche ; elle est célèbre pour la richesse de ses bancs de sardines.
Si les marins de Muros sont connus pour leur esprit aventurier et audacieux, les femmes le sont pour leur élégance : elles portent un costume de toile noire brodé en couleurs de dessins traditionnels.

Fêtes. — Le 29 juin, célébration de la San Pedro avec concours de danses (muñeiras) ; le 16 juil., Virgen del Carmen (folklore local) ; le dim. suivant le 22 juil., pèlerinage de la Magdalena (avec joueurs de cornemuse et feux d'artifices).

Visite de la ville

La ville possède deux quartiers importants : **A Cerca**, du nom des fortifications qui s'y trouvaient, et **A Xesta**, près de la ria du même nom. Les deux méritent une promenade à travers leurs ruelles étroites et tortueuses.

Remarquez la porte de l'**hospital dos Pobres** et, tout près, la **Fonte Vella**, calvaire de la plaza de Santa Rosa.

L'**église San Pedro de Muros** est bâtie en style gothique sur des restes romans du XIIe s. (porte principale, stèles, etc.). Le plafond de bois présente une structure en arcs d'ogive et des chapiteaux romans. Sépulcres des XVe et XVIe s.

Environs

1 — Excursion du N. de Muros.

0 km : **Muros.** Sortir par l'O. en suivant la route longeant la mer, en direction de Cée.

3 km : San Francisco ; belle plage de sable fin de plus de 2 km.
➡ A dr. une route mène au **couvent de San Francisco de Rial*** à travers un paysage bucolique. Le monastère fondé au XIIIe s. conserve de magnifiques ogives. Beau calvaire avec fontaine. Abandonné en 1835, il fut rendu aux franciscains en 1873.

4,5 km : Louro
➡ A *2 km,* phare de Louro ; haut de 240 m, c'est l'un des plus caractéristiques de la côte. Belle route à travers des pinèdes. Plages.

9 km : Lariño
➡ A g., petite route pour le **phare de Punta Insua**.

16 km : Carnota (8 271 hab.) ; église baroque du XVIIIe s. (Santa Columba) ; vous remarquerez le **horreo*** (grenier), le plus long de Galice avec ses 35 m, soutenu par 22 paires de pieds en granit, qui date de 1768.

29 km : O Pindo* ; ce village maritime caractéristique est dominé par le mont du même nom (641 m), qui attire l'œil par les formes étranges de ses rochers : monstres, hommes et animaux. Plusieurs chemins mènent à «l'Olympe celte» du haut duquel on bénéficie d'une vue admirable *(compter 40 m de marche).*

32 km : Ezaro ; à l'embouchure du río Xallas.
➡ A dr., route pour *(4 km).* **Carreiroa** ; mirador sur O Pindo et la punta Galera aux étranges rochers et îlots nommés «bœufs de Gures».

36 km : Ameixenda ; forteresse bien conservée de l'époque de Charles III, édifiée pour défendre la ría.

41 km : Cée (→ Costa de la Muerte**, km 130).

2 — Ría de Muros et de Noya* (→).

Nájera

Burgos, 85 km. — Logroño, 28 km.
Alt. 485 m. — 6 175 hab. — Province de Logroño (La Rioja).

Petite ville au pied d'une falaise rougeâtre dominant la rive gauche du río Najerilla, sur le chemin de Saint-Jacques-de-Compostelle, c'est une ancienne résidence royale où fut couronné, en 1217, le roi Ferdinand III.

Fêtes. — San Juan, le 24 juin. San Pedro, le 29 juin. Le 16 sept., à l'occasion de la San Juan Mártir, novilladas (course de taurillons) et concours gastronomiques.

Outre les **églises San Miguel** (gothique), **Madre de Dios** (Renaissance), de la **Santa Cruz** (baroque) et de belles demeures seigneuriales, vous visiterez le **monastère de Santa María la Real*** *(ouv. en été de 9 h 30 à 12 h 30 et de 16 h à 19 h 30; en hiver de 10 h à 12 h 30 et de 16 h à 18 h 30).*

Une fondation miraculeuse. — Si l'on en croit la légende, le roi de Navarre García IV Sanchez III (1035-1054) découvrit au cours d'une chasse une grotte cachée dans la verdure. A l'intérieur, il trouva un autel rustique éclairé par une lampe et orné de lis et, sur l'autel, l'image de la Vierge avec l'Enfant dans les bras. Sous les instances de la reine Stéphanie, il fit construire un temple pour perpétuer le culte de la Vierge. Alphonse VI de Castille l'affilia à l'ordre de Cluny en 1079.

L'église fut reconstruite en majeure partie en style gothique au XVᵉ s.; elle comporte trois nefs et un chevet à angle droit. Les **stalles*** du chœur, de style isabélin, furent sculptées en 1492. Le **retable** de la Capilla Mayor est baroque avec une décoration exubérante.

Au pied de l'église se trouve le **panthéon royal*** où reposent plusieurs rois de Navarre et de León. Parmi les nombreux chefs-d'œuvre sculpturaux, il faut souligner le magnifique **sarcophage*** roman de Blanche de Navarre. Sur le panthéon s'ouvre une petite **grotte** renfermant une statue gothique de la Vierge à l'Enfant, sur l'emplacement où le roi aurait trouvé l'autel.

Le **cloître** (1517-1528), où se mêlent les styles gothique et Renaissance, séduit par l'exubérance de l'ornementation, notamment ses claires-voies, véritable dentelle de pierre supportée par de fines colonnettes.

Environs. 1 — Anguiano *(21 km S. par la C 113).* — Village célèbre pour ses **fêtes** de la Santa Maria Magdalena, le 22 juil. Des danseurs, vêtus du costume régional et juchés sur des échasses, descendent en tournoyant les ruelles en pente.

2 — Monastère de Valvanera *(35 km S.-O.; au km 30 de la C 113, prendre à dr.).* — Vous l'atteindrez après avoir suivi la pittoresque **vallée*** du río Najerilla. A 1 000 m d'altitude, dans une contrée boisée, presque déserte, se dresse le monastère fondé au XIᵉ s. à l'occasion de la découverte d'une statue de la Vierge. Isabelle la Catholique y séjourna en 1483 et lui accorda d'importantes libéralités. Dans l'église gothique (XVᵉ s.), on vénère une statue romane de la Vierge (XIᵉ ou XIIᵉ s.).

3 — Viniegra de Abajo *(43 km S.; au km 41 de la C 113, prendre à g.).* — Villégiature agréable dans un beau paysage de montagnes.

4 — San Millán de la Cogolla* *(23 km S.-O. ; bifurquer à dr. au km 6 de la C 113 ; →).*

5 — Santo Domingo de la Calzade* *(19 km O. par la N 120 en direction de Burgos ; →).*

Navarre

Province de Navarre.

Au S. des Pyrénées centrales et occidentales s'étend une région de vallées profondes, creusées du N. au S., et de terrasses alluviales s'abaissant vers la plaine de l'Èbre. La Navarre occupe une partie de ce territoire, offrant une succession de splendides paysages, jalonné de petites villes riches en monuments et chargées d'histoire.

Histoire. — Pendant l'Antiquité, la Navarre appartient au territoire des Vascons, appelé par la suite Euskalherria. Tandis que les populations des zones montagneuses refusent le joug étranger des Romains ou des Wisigoths, le S. se peuple de colons qui fondent des centres urbains, tel Pampelune.

Lors des invasions musulmanes, les habitants du N. poursuivent la lutte qu'ils n'ont cessé de mener pour sauvegarder leur indépendance. Les vallées pyrénéennes occidentales ne subissent ainsi aucune occupation ; même les Carolingiens échouent dans leurs tentatives pour contrôler ces régions. Le maintien de l'indépendance de la Navarre chrétienne face à l'envahisseur est favorisé par l'alliance entre chrétiens et musulmans navarrais, sous les Banu Quasi, descendants d'un comte wisigoth converti à l'islam. Ensemble, ils luttent contre Charlemagne et lui infligent la défaite de Roncevaux, puis s'opposent à l'émir Al-Hakam II. Pour renforcer cette alliance, Iñigo Arista est nommé (852) roi de Navarre ; sa dynastie s'établit à Pampelune.

La domination de la Navarre sur l'Espagne chrétienne coïncide avec la crise du califat de Cordoue. Sancho el Mayor (1004-1035) s'impose, tant en Castille qu'en Aragon. Conscient des enjeux économiques, artistiques et culturels des pèlerinages dont l'importance croît dans toute l'Europe, il facilite le passage des pèlerins vers Saint-Jacques-de-Compostelle.

Pendant tout le Moyen Age, luttes et conquêtes se succèdent, à l'occasion desquelles le royaume de Navarre mesure ses forces avec la Castille, l'Aragon et la France. Les frontières sont constamment modifiées ; leur défense est assurée par des places fortes qui se dressent aujourd'hui encore dans le paysage navarrais.

Le hasard des successions livre le trône aux comtes de Champagne (1305-1316), puis à la dynastie d'Évreux qui parvient à rassembler toutes les forces de la Navarre. Celle-ci connaît alors une période de magnifique splendeur : les rapports entre la

Cour et la France s'intensifient, favorisant l'introduction d'un nouveau style architectural : le gothique.

Les intrigues entre Castillans et Français conduisent la Navarre au bord d'une guerre civile entre Agramonteses et Beaumonteses, qui laisse le royaume totalement affaibli. En 1512, Ferdinand le Catholique occupe la Navarre sans pratiquement rencontrer de résistance. Les Cortès de Castille approuvent l'annexion en 1515, maintenant toutefois intacte l'organisation de la région et ses fueros.

La basse Navarre demeure sous l'autorité de la famille d'Albret lors de l'accession d'Henri III au trône de France ; sous le règne d'Henri IV, la basse Navarre est unie à la France ; ses souverains portent désormais le titre de « roi de France et de Navarre ».

Au cours de la guerre d'indépendance, le pays est occupé par les troupes françaises, dirigées par le gouverneur Reille. La politique de terreur, de représailles et de déportations qu'il mène suscite une résistance intérieure très forte, menée par d'illustres guérilleros, tels Javier Mina, Francisco Espoz y Mina, Gregorio Cruchaga, Joaquin de Pablo (dit « Chapalangarra »), Felix Sarasa (dit « Cholín »).

La première guerre carliste (1833-1840) a un grand écho en Navarre. Au conflit de la succession au trône se trouve mêlé le problème de l'intégrité des fueros et du régime traditionnel du royaume. La mort de Tomas de Zumalacarregui, qui tenait jusque-là en échec les meilleurs généraux isabélins, entraîne la victoire des libéraux. Peu à peu se démantèlent les institutions héritées du passé ; la loi de 1841 réussit cependant à sauvegarder une part non négligeable de l'autonomie de la région, incarnée désormais par la Diputación Foral.

Le relief. — D'une superficie de 10 421 km^2, peuplée de 507 367 hab., la Navarre présente de grands contrastes géographiques. Son territoire forme une charnière entre la France, la Castille et l'Aragon, entre les Pyrénées et l'Èbre, entre l'Espagne humide et l'Espagne aride.

La Navarre se présente comme une mosaïque multiforme constituée par une chaîne datant du plissement alpin — les Pyrénées — et un bassin complexe de formation tertiaire — la vallée de l'Èbre —, séparés par une frange imprécise de terres de piémont — terres de Estella et de Tafalla. On distingue ainsi trois grandes zones : la montagne, la Ribera et une région intermédiaire.

La montagne coïncide presque totalement avec la partie occidentale des Pyrénées et la partie orientale des monts basques cantabriques. La limite méridionale est constituée par les sierras de Urbasa (1 153 m), Andía (1 494 m), el Perdón (1 037 m), Alaiz (1 289 m) et Leyre (1 355 m). Au S. s'étendent la Navarre moyenne et la Ribera, vaste bassin de sédimentation lacustre. A l'approche de l'Èbre, le relief s'aplatit et s'uniformise.

Des climats diversifiés. — En raison de l'orientation des chaînes de montagnes, on observe une diminution progressive des précipitations dans le sens N.-O.-S.-E. et N.-S. Il existe ainsi une Navarre humide et une Navarre sèche, voire aride. L'altitude réduite des montagnes entraîne des transitions graduelles entre les climats. On distingue quatre zones bioclimatiques.

Le N.-O. offre un climat de type tempéré océanique, caractérisé par des pluies permanentes. Aussi sa végétation est-elle luxuriante et ses rivières nombreuses : c'est la Navarre des prairies naturelles et des forêts de hêtres, de chênes et de châtaigniers.

Le S. se caractérise par un climat méditerranéen continental, avec de fortes oscillations thermiques entre l'hiver (froid) et l'été (très chaud), avec des pluies faibles (moins de 500 mm par an) et irrégulières. Les vents intenses dessèchent la terre, la végétation est rare.

Le N.-E., la partie la plus élevée de la Navarre, présente des caractères subalpins : hivers froids avec des chutes de neige abondantes, étés agréables et assez secs. Les forêts de pins sylvestres se mélangent aux chênes et aux hêtres des versants. Ici, les rivières sont alimentées par les eaux de pluie et la fonte des neiges : l'Esca, le Salazar et l'Irati se jettent dans l'Aragon venu des Pyrénées centrales.

Enfin, au carrefour de ces trois régions s'étend la Navarre moyenne qui conjugue les climats des zones voisines avec des précipitations qui varient entre 500 et 1 000 mm par an.

Un pays rural en voie de transformation. — La zone de production agricole la plus importante se situe dans la partie S. de la province. La culture qui y est pratiquée, de type méditerranéen, est symbolisée par l'olivier. Dans la Ribera et la Navarre moyenne prédominent le blé, la vigne et toujours l'olivier. La proximité des fleuves et rivières favorise l'implantation des huertas où l'on cultive toutes sortes de produits horticoles. Ces dernières années, la culture des asperges s'est développée : ce travail minutieux est source d'une grande richesse pour les régions concernées.

Dans la montagne, la zone de cultures est réduite au fond des vallées et à certaines petites surfaces. C'est le domaine de la polyculture, avec le maïs et les prairies, où tout est orienté vers l'élevage des bovins et des ovins qui paissent dans les montagnes, de propriété communale.

L'agriculture connaît actuellement un processus de transformation qui s'accompagne de bouleversements sociaux. L'essor de l'urbanisation et de l'industrialisation déprécie le métier d'agriculteur.

Le paysan, fatigué et pessimiste, abandonne ses terres pour la ville, en quête de confort et de sécurité matérielle. Par ailleurs, la concurrence avec les autres pays du Marché commun s'intensifie et nécessite une mécanisation accrue.

Durant ces deux dernières décennies, une diminution du secteur primaire a été enregistrée au profit de l'industrie et des services. L'essor de ces derniers est dû au programme de promotion industrielle mis en place en 1964, qui envisageait le développement harmonieux de la province autour de centres plus importants : Pampelune, Aoiz, Estella, Tafalla, Tudela et Sangüesa. De nombreuses entreprises sont ainsi nées.

La transformation métallurgique est polarisée autour de Pampelune et d'Estella. Les industries alimentaires — celles de conserves principalement — sont disséminées dans la Ribera et placent celle-ci au second rang national, après la Murcie.

En plus des différents secteurs industriels, il convient de mentionner la présence des riches gisements de potasse du Perdón et les magnésites d'Eugui.

Pour visiter la Navarre :

→ Baztán (Vallée du)
→ Bidassoa* (Vallée de la)
→ Chemin de Saint-Jacques**
→ Estella**
→ Leyre (Monastère de)**
→ Obanos
→ Olite*
→ Oliva (Monastère de la)**
→ Pampelune*
→ Puente la Reina*

→ Ribera (La)
→ Roncal (Vallée du)*
→ Roncevaux*
→ Salazar (Vallée du)*
→ Sangüesa**
→ San Miguel Excelsis (Monastère)*
→ Tafalla
→ Tudela*
→ Ujué*
→ Viana

Nervión (vallée du)*

Provinces de l'Alava (Pays basque).

Ce court itinéraire vous mènera le long d'une vallée verdoyante où se nichent de pittoresques villages.

0 km : **Bilbao*** (→). Sortir vers le S. en direction de Burgos par la N 625.

16 km : **Llodio** (21 025 hab.); ville industrielle au bord du Nervión. Les vestiges du pont Vitorica laissent deviner une antique présence romaine. Le **pont d'Anuncibay,** de style Renaissance, avec son calvaire dressé à l'une de ses extrémités, traverse la rivière Altube dans le quartier d'Areta et donne accès au palais du même nom. La **tour d'Ugarte** près du ruisseau Lanuza, à côté de la chapelle de Saint-Ignace, est l'une des plus belles d'Alava : remarquez ses meurtrières encore intactes. Le parc de Lamuza, qui s'étend sur 8,5 ha, offre une grande variété d'espèces végétales.

Fêtes : les 15 et 16 août, fêtes de l'Assomption et de San Roque avec des courses de taureaux et des danses basques.

30 km : **Amurrio** (8 025 hab. ; alt. 220 m) ; petite ville pleine de charme ; vous noterez la belle architecture typique de ses caserios. Plusieurs palais (Isusi, Ugarte-Mariaca) évoquent les anciennes familles nobles des Guinea, Oxirando, Murga, Ugarte. L'**église** paroissiale **de Santa María** possède un retable du XVIIe s. considéré comme le plus beau des alentours. A l'intérieur, sépulcre de la famille Murga. A l'extérieur du clocher, une balustrade du XVIIe s. confère une certaine originalité à l'édifice.

➜ A *7 km S.,* Orduña (→).

A Amurrio, remonter vers le N.-O. en direction de Valmaseda.

32 km : sur la g., **campo de Zaraobe** ; c'est dans cet espace clos par un mur de pierre que se réunissaient au Moyen Age les habitants de la région pour discuter de leurs préoccupations communes. Au centre trônent une table et deux bancs de pierre.

34 km : **Respaldiza** (312 hab.) ; petite ville à l'habitat disséminé, ancienne capitale de la vallée. Un bâtiment unique sert à la fois d'hôtel de ville et d'église paroissiale ; celle-ci s'ouvre par un portail roman. Sous les dalles rustiques de l'abside reposent l'infant don Vela, premier noble de la famille Ayala, et son fils Vela Velázquez. Sur la place, un monument moderne a été érigé en 1973 pour commémorer le sixième centenaire du fuero de Ayala : il représente un grand livre en pierre sortant de la terre.

36 km : **➜** A g. route pour *(3 km)* **Quejana** ; le manoir de la famille Ayala (XIVe s.) forme un bel ensemble médiéval au milieu d'un paysage boisé. La **chapelle de la Virgen del Cabello** fut construite en 1399 par le chancelier Pedro Lope de Ayala. Au centre, les beaux sépulcres en albâtre conservent les restes du chancelier et de son épouse. Les autres gisants sont ceux du père du chancelier, Don Fernán, et de sa mère, Doña Elvira. Le retable est une copie de l'original transporté au musée d'Art de Chicago. La communauté de dominicains garde précieusement le reliquaire de Nª Sª del Cabello, joyau du plus pur style gothique (XIVe s.), don du cardinal Barroso à son neveu, le chancelier. Selon la tradition, il contiendrait un cheveu de la Vierge.

43 km : **Arceniega** (953 hab.) ; ce joli village conserve son tracé médiéval avec ses murailles, ses maisons seigneuriales et son église-forteresse. A la sortie de la ville, sur une colline, **chapelle de Nª Sª de la Encina,** beau temple gothique du début du XVIe s. Le **retable*,** voué à la Vierge, est un vrai chef-d'œuvre, datant de la fin de la période gothique. Il représente les légendes de l'apparition de la Vierge dans la ville sur un chêne. Sur le mur de g., fragments de fresques du XIIIe s. A l'extérieur de l'édifice est installé un Musée ethnographique : on y expose beaucoup d'objets qui évoquent avec réalisme la vie rurale de la vallée.

55 km : **Valmaseda** (→).

84 km : **Bilbao*** (→).

Noya (Noia)*

La Corogne, 103 km. — Saint-Jacques-de-Compostelle, 37 km.
14 130 hab. — Province de La Corogne (Galice).

Pline et Ptolémée connaissaient déjà, sous le nom de Noega, cette ville portuaire aujourd'hui prospère. Les murailles qui entourent Noia furent construites en 1168 après les attaques normandes et arabes. Ses rues conservent leur charme médiéval ; il est conseillé de s'y promener à pied afin de mieux apprécier la beauté des arcades gothiques et des maisons seigneuriales.

Fêtes. — Le 25 avr., San Marcos (foire au bétail). Le 24 août, San Bartolomé avec régates, folklore, concours d'empanadas et corrida (Noia est avec Pontevedra la seule ville de Galice possédant des arènes).

L'**église San Francisco**, sur la route de Muros, est la propriété du couvent des Franciscains fondé en 1316. Elle fut élevée au début du XVIe s., mais son style Renaissance apparaît surtout dans le cloître. Sépulcres des fondateurs et de Francisco Bermudez de Castro. Armoiries des familles de Noia ayant participé par leurs dons à l'édification de l'église.

Les **murailles** sont aujourd'hui pratiquement détruites ; hautes de 4 m, épaisses de 2 m, elles protégeaient admirablement la ville ; mais, construites au XIVe s., elles furent ravagées au XVIIIe s.

Dans la rúa de Ferreiro, remarquez au no 13 la très belle maison baroque ; en face, **église Santa María a Nova**, de style gothique avec des réminiscences romanes. L'intérieur abrite quelques œuvres intéressantes (sépulcres du XVIe s., fonts baptismaux du XVe s., grand retable baroque). Cette église construite sur un ancien cimetière possède à l'extérieur de nombreuses sculptures de gisants. Quelques-unes de ces 200 **pierres tombales*** sont particulièrement étranges. Les plus anciennes (Xe s.) portent des symboles de métiers (ancre pour les marins, etc.), sans date, ni nom ; d'autres présentent des visages humains schématisés. Il faut remarquer la ressemblance de ces dessins et inscriptions avec les pétroglyphes de la préhistoire galicienne.

L'**église San Martiño** fut bâtie à l'emplacement de l'ermitage de Santa María, par l'archevêque Lope de Mendoza en 1434 ; de style gothique elle conserve une tradition romane dans la décoration. Remarquable **portail*** principal sculpté. L'intérieur offre un retable et une chaire Renaissance ainsi que de gigantesques bénitiers en forme de coquilles, dons du commandant d'un navire de l'Invincible Armada mort en 1898.

En flânant dans les rues de Noia, ne manquez pas « O Curro », ainsi appelé à cause des corridas qui s'y déroulaient jadis ; rebaptisée rúa de Felipe de Castro (sculpteur, 1711-1775), c'est aujourd'hui une des rues les plus animées de la ville avec foires et marchés les 1er et 3e dim. de chaque mois.

Au no 15 de la rúa José Antonio, remarquez la casa de Rivas dont l'inscription témoigne de la date de construction, 1339.

→ Ría de Muros et de Noya* (→).

Numance

Soria, 5,5 km.
Province de Soria (Castille-León).

Site de la cité celtibère fameuse par son destin tragique au cours de la troisième guerre celtibérique.

Requiem pour une ville. — Pendant vingt ans, essuyant échec sur échec, le Sénat romain s'obstine à soumettre Numance avec le même acharnement qu'il montre à l'époque pour anéantir Carthage. En sept. 134 av. J.-C., Scipion Emilien, nommé consul, se présente sous les murs de Numance à la tête de 60 000 hommes de troupe dont 10 000 Romains, après avoir pratiqué la guerre de la terre brûlée pendant tout l'été. Incapables de briser la ceinture de fortifications élevée par les Romains sur un périmètre de 9 km autour de Numance, ou de vaincre au cours d'une bataille rangée qu'on leur refusait obstinément, réduits par la faim, les assiégés préfèrent le suicide collectif dans l'incendie volontaire de leur cité, au cours de l'été 133. Cette tragédie inspira à Cervantès l'un des plus pathétiques drames du théâtre espagnol : « El Cerco de Numancia », composé vers 1582.

Visite : de 10 h à 13 h et de 15 h 30 à 20 h (17 h dim. et j. fériés).

Le site de Numance, reconnu dès 1803 par des fouilles qui durèrent, avec de longues interruptions, jusqu'en 1927, occupait le sommet d'une colline ou plutôt d'un large plateau constituant un remarquable observatoire sur la contrée environnante. La visite du site se révélera assez décevante. Tout juste distingue-t-on le **plan général** de quelques quartiers de la ville, avec des maisons réduites aux seules fondations, alignées le long de voies plus ou moins importantes. Les fouilles ont mis en évidence l'existence de trois niveaux de construction, dont le plus récent correspond à une occupation assez réduite du site à partir de la fin du Ier s. avant notre ère.

◆→ A *1,5 km N.*, **Garray** ; à dr. à la sortie, **ermitage de los Mártires**, de style roman (fonts baptismaux romans du XIe s., et retable gothique du XIVe s., de l'école florentine, représentant l'Annonciation).

Obanos

Pampelune, 22 km. — Puente la Reina, 3 km.
1 000 hab. — Province de Navarre.

Charmant village navarrais, qui a de la race, mais tout le prestige de ses anciennes demeures seigneuriales ne réside plus que dans leurs orgueilleux blasons sculptés.

L'ermitage de Arnotegui garde les reliques de saint Guillaume, dont l'histoire est étroitement liée à Saint-Jacques-de-Compostelle. En souvenir, on y célèbre du 15 au 30 août le misterio de San Guillén y Santa Felicia.

Felicia, princesse de la maison d'Aquitaine, se rend un jour au tombeau de l'apôtre pour y prier. A son retour, pleine de ferveur, elle décide de ne plus retourner au château et de mener une vie de silence et de contemplation. Elle reste à Amonain, près d'Elia. Son frère, Guillaume, tente de la convaincre de retrouver sa vie brillante d'autrefois ; devant son refus, il la tue. Pris de remords, Guillaume part à Compostelle demander l'absolution de son péché, puis s'établit à Obanos dans le sanctuaire de Santa María Arnotegui. Là, il mène une vie exemplaire dans l'attente de monter au ciel où l'attend sa sœur. Il est vénéré à Obanos comme un saint.

La représentation de ce mystère est l'expression vivante de ce que fut le chemin de Saint-Jacques, avec son cortège itinérant de saints, de rois, de pénitents et de mendiants venus de toute l'Europe ; cette fête fait revivre avec éclat l'animation qui fut jadis celle du chemin de Saint-Jacques.

Environs. 1 — Chapelle d'Eunate** *(3 km E.).* — Un des monuments les plus importants et les plus originaux du chemin de Saint-Jacques. On a longtemps discuté sur son origine, attribuant sa construction aux chevaliers du Temple. Aujourd'hui, tout le monde admet que c'est une des églises-ossuaires qui jalonnaient le chemin, comme celle du Saint-Esprit à Roncevaux ou celle de Torres del Río.
De forme octogonale, elle est entourée d'un **cloître** en forme de portique. Jadis, une tour-lanterne se dressait au centre du toit ; il y brûlait jour et nuit une flamme en l'honneur des défunts. On y parvenait par l'**escalier** en colimaçon parfaitement conservé. La lanterne a été transformée en campanile. L'intérieur garde un air ingénu ; l'on y reconnaît les influences de l'architecture musulmane, comme dans la **voûte** aux nervures quadrangulaires sans clef de voûte commune.

2 — Puente la Reina* *(3 km O. ; →).*
3 — Chemin de Saint-Jacques en Navarre** (→).

Ocaña

Cuenca, 131 km. — Madrid, 63 km. — Tolède, 65 km.
Alt. 730 m. — 5 860 hab. — Province de Tolède (Castille-La Manche).

Située dans une plaine couverte de vignes, la ville fait partie de la dot de Zaida, fille du roi maure de Séville, lors de son mariage avec Alphonse VI. En 1809, l'armée de Soult y défait les armées espagnoles.

Fêtes. — Remarquables processions du ven. saint avec de beaux pasos aux statues articulées : « Jésus tombe trois fois », « Véronique lave le visage de Jésus », « la Vierge de la Solitude pleure et s'essuie les yeux ». Un des soldats porte l'armure de Alonso de Ercilla, l'auteur du poème épique « La Araucana », qui repose à Ocaña. Le 30 avr., Mayos, chants et danses populaires.

L'**église** paroissiale **de Santa María**, à façade Renaissance, conserve un retable plateresque de 1567 et des armures de processions des XVIe et XVIIe s. Dans le **couvent de Santo Domingo** (1527), visitez l'église baroque comportant une seule nef avec de belles stalles en bois sculpté Renaissance dans le chœur ; cloître Renaissance. La **plaza Mayor** est entourée de galeries de la fin du XVIIIe s. Sur la **plaza del Duque de la Victoria, palais des ducs de Frías**, de style isabélin (1500) et **palais des maîtres de Saint-Jacques** à ornements mudéjars (portail du XVIe s.), beau patio (il est aujourd'hui divisé en habitations particulières). Fuente Nueva Renaissance. Ruines des murailles romaines et rollo-gothique, formé de plusieurs colonnes, sur lequel on lisait la sentence des condamnés.

Environs. 1 — Route de Don Quichotte* (→).

2 — Yepes *(12 km O. par la TO 220).* — Petit village fortifié (portes gothiques et tours crénelées du XVIe s.). Église construite par Covarrubias en style Renaissance ; au retable principal, peinture de Luís Tristán (1616).

Olite*

Pampelune, 35 km. — Tafalla, 7 km. — Tudela, 53 km.
Alt. 380 m. — 3 829 hab. — Province de Navarre.

Ancienne résidence royale, Olite est l'une des bourgades les plus intéressantes de Navarre, où l'on visitera un étonnant château du XIVe s., d'une si grande beauté qu'il semble être la matérialisation d'une miniature des Très Riches Heures du duc de Berry, et deux églises romanogothiques, qui servent de cadre au festival de Navarre au mois d'août.

◼◼ Château** *(ouv. de 11 h à 13 h et de 16 h à 19 h ; accès payant).* — Construit par un roi d'origine française, Charles III le Noble, il fut malheureusement incendié en 1813 par le général Espoz y Mina pour éviter que les Français ne l'occupent. Il se perdit ainsi une grande partie de la richesse artistique de ce monument — galeries, jardins, tours — que la Diputación Foral de Navarra s'efforce de restaurer.

Vous découvrirez l'une des plus belles vues sur ce château de conte de fées en franchissant le portal de la Torre, qui livre passage à la route de San Martín de Unx.

Le château donne la sensation d'une asymétrie toute désirée. Dans son aspect militaire, il rappelle le palais des Papes à Avignon, mais ici l'abondance de tours aux formes multiples corrige l'impression de monotonie qu'auraient produite les énormes pans de muraille.

D'après certains inventaires des XVe et XVIe s., on sait qu'il existait quatorze ou quinze tours. Chacune portait un nom : tour des Atalayas, tour de Cuatro Vientos, tour des Tres Coronas, tour des Cigüeñas... Le château était décoré en style mudéjar de carreaux de faïence aux murs et au sol, et ses plafonds richement sculptés et peints. Les jardins suspendus, installés sur les vastes terrasses des parties supérieures des murs, provoquaient l'admiration générale.

Intérieurement, l'édifice ne manque pas de charme avec sa gracieuse arcade gothique, dite galerie du Soleil, que domine un puissant donjon (tour de l'Hommage), et son très élégant édicule des Quatre Vents, érigé sur un énorme bastion, près d'un éperon doté d'une tour de guet, relié au corps de bâtiment principal par un large pan de courtine.

A dr. du portal de la Torre, vous remarquerez la tour de la Citerne et la tour des Trois Couronnes, composée de trois corps superposés munis de mâchicoulis, plus à dr.

Au pied du château, comme formant partie de l'ensemble, s'élève l'**église Santa María la Real**, du XIIIe s., en style gothique simple. Elle est précédée de galeries de cloître (XVe s.) ; son **portail*** du XIVe s., remarquablement sculpté, représente des scènes de la vie de la Vierge, entourée des apôtres.

A l'intérieur, magnifique **retable** peint attribué au maestro de Agreda (XVIe s.) avec une belle statue de la Vierge. Crucifix du XIIe s. Dans une chapelle à dr. (XVIIIe s.), **statue du Cristo de la Buena Muerte**, œuvre du XIVe s.

Sur la **place San Pedro**, l'**église*** du même nom, reconstruite en style de transition entre le roman et le gothique à la fin du XIIe s. et au début du XIIIe s. Elle s'ouvre par un beau portail roman orné de sculptures rappelant la vie de saint Pierre. Sur les deux côtés de la porte, deux aigles (l'un voulant dévorer le lièvre qu'il vient d'attraper, l'autre essayant de ne pas causer de mal à sa proie) symbolisent les vertus d'énergie et de douceur. Le **cloître** roman appartient à l'église primitive.

Vous pourrez passer sous la **tour du Chapitel**, anciennement consacrée au marché et lieu de réunion du conseil de la ville, et observer une tour romaine revêtue de brique. La calle Mayor vous charmera avec ses vieilles maisons à écussons et à avant-toits très artistement sculptés.

Dans le **couvent de San Francisco** (façade du XVIIIe s.), la Virgen del Cólera est l'objet de la dévotion des Tafallais. Sachez enfin que le sous-sol d'Olite est totalement miné par des souterrains qui n'ont pas encore été explorés.

Environs. 1 — Tafalla (*7 km N.* ; →).
2 — Monastère de la Oliva** (*32 km S.-E.* ; →).

Oliva (Monastère de la)**

Olite, 32 km. — Pampelune, 74 km. — Tafalla, 39 km. — Tudela, 56 km. Province de Navarre.

Fondé en 1149 par des moines cisterciens de l'abbaye de Scala Dei (Gascogne), il devient l'un des plus riches d'Espagne. Les Français le saccagent en 1808 et la communauté se disperse en 1814. Le monastère est totalement abandonné de 1835 à 1926; à cette date, les cisterciens le réintègrent grâce à l'aide de la Diputación Foral de Navarra.

Visite : du 20 mai au 20 oct., de 8 h à 13 h et de 15 h à 20 h. Du 21 oct. au 19 mai, de 9 h à 12 h et de 14 h à 18 h.

Tout le monastère respire l'austérité et la simplicité du style cistercien, comme on le voit dans le **portail** situé sous le palais abbatial érigé en 1565 et surtout dans l'**église***. Commencée en 1164 et achevée à la fin du XIIᵉ s., celle-ci comporte trois nefs disposées en croix latine (74 m dans sa plus grande longueur, 39 m au transept), d'une belle unité. La décoration est très simple avec des chapiteaux aux motifs végétaux. La façade n'est pas d'origine car le portail est gothique (XIVᵉ s.) et la partie supérieure du XVIIᵉ s.
La finesse du **cloître*** gothique (XIVᵉ s.) rappelle celui de la cathédrale de Pampelune. La **salle capitulaire***, du plus pur style cistercien avec ses voûtes appuyées sur 4 colonnes à chapiteaux romans, impressionne par sa sobriété et sa beauté. Autour du cloître subsiste la bibliothèque; le réfectoire et la cuisine ont presque totalement disparu.

↦ **Olite*** (*32 km N.-O. ;* →).

Olot

Figueres, 44 km. — Gérone, 53 km. — Ripoll, 31 km.
Alt. 443 m. — 18 724 hab. — Province de Gérone (Catalogne).

Capitale de la comarca de la Garrotxa au cœur d'une région volcanique. Cette petite ville industrielle connut son heure de gloire à la fin du XIXᵉ s. quand des artistes comme Berga i Boix, Vayreda, Domenge, Martí Alsina... valorisent à l'école des Beaux-Arts les paysages et la végétation exceptionnels de la Garrotxa.

Visite de la ville

■ Ne manquez pas le **musée Comarcal de la Garrotxa** *(C. hospici, 8)* qui réunit le **Musée archéologique**, céramique et objet d'art populaire, archéologie locale, sculpture..., et le très important **musée d'Art moderne** pour l'école paysagiste d'Olot et les tableaux des peintres contemporains Casas, Anglada Camarrasa, Galwey, Rusiñol, entre autres *(ouv. de 11 h à 14 h et de 16 h à 19 h; dim. et j.f. de 9 h à 14 h; f. le mar.)*.
Au Musée paroissial *(carrer de Sant Esteve)* **retable** gothique du maître d'Olot (XVᵉ s.); **Jésus portant la croix** par le Greco, objets d'art sacré.

Environs

La **zone volcanique**** compte une trentaine de cônes de type strombolien (Montsacopa, Montolivet, La Garrinada...), quelques cratères d'explosion (El Traiter, El Cairet) et des coulées basaltiques dont la plus importante a été creusée par le Fluvia et s'étend sur plus de 10 km au N. de **Sant Joan les Fonts**.
Sur ces «orgues basaltiques» est juché le village pittoresque de **Castellfollit de la Roca**. La route d'Olot à Sant Joan des Abadesses offre les meilleurs points de vue

sur ces paysages verdoyants que favorisent un sol fertile et une humidité locale marquée.

La belle **forêt de hêtres, Fageda d'En Jordà** *(sur la route d'Olot à Banyoles)* inspira Joan Maragall et bien d'autres poètes. Les églises romanes sont nombreuses comme dans tout le N. de la Catalogne.

1 — Sant Joan de les Abadesses *(23 km E. par la C 150 ; → Ripoll*, environs 3)*

2 — Sant Joan les Fonts *(3 km N.).* — L'église a été récemment classée monument national. Ses fonts baptismaux remontent au xIIe s. Núria Limona l'a décorée de fresques modernes. Pont médiéval et ruines d'un ensemble défensif du xIIe s.

↦ A **10 km O.,** Sant Salvador de Bianya, l'église comporte un seul vaisseau, des chapiteaux sculptés de motifs végétaux et zoomorphiques, un campanile et des fonts baptismaux.

3 — Besalú** *(21 km N.-E. par la C 150 ; 2 091 hab.).* — Ensemble monumental exceptionnel. **Église** romano-gothique de **Sant Vicenç** du xIIIe s. **Monastère** bénédictin de **Sant Pere**, fondé en 977, dont il ne subsiste que l'église avec à trois nefs et trois absides dont la principale est dotée d'un déambulatoire. Plaça Major entourée d'arcades. Au fond de cette place, le carrer de Navarra donne accès à un **pont fortifié** d'origine romaine, reconstruit au Moyen Age, la principale curiosité de Besalú. Très endommagé lors de la guerre civile, il a été restauré. Ruines de la **collégiale** Santa Maria (xIIe s.) dont l'église a été dépouillée de ses éléments décoratifs.

4 — Ermitage de Santa Margarida *(7 km S.-E. en direction de Banyoles, sur la dr.)* — D'époque romane, cet édifice, joliment situé au centre d'un immense cratère, est orné d'un petit porche.

5 — Santa Pau* *(9 km S.-E. en direction de Banyoles ; 1274 hab.).* — Ravissant village dont la grand-place est bordée d'arcades (xve s.). Vieilles rues pittoresques classées.

↦ En continuant vers Banyoles, vous découvrirez le **menhir de la pierre du Diable** (pedra del Diable).

Oñate (Oñati)*

Saint-Sébastien, 70 km. — Vergara, 12 km.
Alt. 231 m. — 8 731 hab. — Province de Guipúzcoa (Pays basque).

Située au pied de la sierra de Aránzazu, la ville garde un air seigneurial que lui confèrent son université, ses palais et ses couvents.

Fêtes. — La procession de la Fête-Dieu est sans doute une des plus typiques du Pays basque. Sa tradition s'est perpétuée depuis le xvIe s. Les apôtres, le Christ et saint Michel sont personnifiés à l'aide de masques et de costumes ; une série de danses traditionnelles est par ailleurs exécutée.

L'**université** est un édifice de style platéresque de la moitié du xvIe s. La **façade*** est ornée de nombreuses statues, œuvres du sculpteur français Pierre Picart (xvIe s.). A l'intérieur, cour d'une sérénité classique et plafonds à caissons mudéjars.

Le **monastère de Bidaurreta**, fondé en 1510, présente une façade Renaissance et un intérieur gothique. Il renferme un retable baroque surchargé de Fray Jacinto de Sierra. Le **couvent de Santa Anna** abrite, lui, un beau retable de Aregono Hernández.

L'**église San Miguel** est un véritable musée de styles. Construite au XVᵉ s. en style gothique, elle présente un beau cloître très particulier : la cour centrale est formée par la rivière Ubao. Mausolée Renaissance du fondateur de l'université, attribué à Diego de Siloé. Le retable du maître-autel, baroque, est une œuvre de Juan Sebastián de Suso.

Environs. 1 — Vergara (*12 km N. ;* →).

2 — Aránzazu (*9 km S.-E. ;* alt. 800 m). — A Aránzazu se trouve le sanctuaire le plus réputé du Pays basque. La tradition affirme qu'en 1469 un berger aurait trouvé dans un arbre l'image de la Vierge. Une communauté de franciscains entretient ce sanctuaire depuis 1514 au milieu d'un paysage grandiose et sauvage. On jouit d'un magnifique **panorama** jusqu'au monte Aitzgorri (1 544 m).

En 1950, une nouvelle **basilique** fut bâtie dans un style avant-gardiste qui a soulevé de nombreuses polémiques ; elle est aujourd'hui considérée comme une belle réussite de l'architecture contemporaine. C'est une œuvre de Sáinz de Oiza et de Laorga ; la décoration est due à Oteiza, Chillida, Muñoz, Fray Xavier de Eulate et à Basterrechea. L'art moderne des années cinquante est parvenu à bien intégrer le ciment dans la verdure de la forêt voisine. La tour de 40 m de haut est décorée de petites pyramides qui symbolisent l'aubépine (l'aránzazu étant le nom basque de cette fleur).

Orduña

Bilbao, 35 km. — Pancorbo, 51 km. — Vitoria, 39 km.
4 400 hab. — Province d'Alava (Pays basque).

Ancienne ville fortifiée, tapie au pied d'un rocher escarpé dans la vallée du Nervión, Orduña connut une époque glorieuse aux XVIᵉ-XVIIᵉ s. : c'étai un important poste de douane sur le chemin royal qui menait vers la Castille. Aujourd'hui, la ville a été atteinte par le processus d'industriali-sation qui a touché toute la vallée où se sont établies de nombreuses industries.

Fêtes. — Le 9 mai, toute la vallée d'Arrastaria vient renouveler à la Vierge de la Antigua son vœu de la garder pour patronne. Cette cérémonie se perpétue depuis 1639 : cortège formé par des croix et des bannières ; à la sortie de la messe, on déguste les entradillas.

La vieille ville est formée par dix rues radiales qui se rejoignent sur une place. Comme monuments dignes d'être visités, citons l'**église Santa María**, construite sur un pan de la muraille à la fin du XVᵉ s. Intérieur très vaste. Dans la chapelle d'Olaso, admirable **triptyque flamand** du XVᵉ s., polychrome, consacré à saint Pierre.

Sur la **place des Fueros, église et collège de la Compagnie de Jésus** (1694), avec sa façade monumentale de forme massive. La **maison de la douane**, du XVIIIᵉ s. (1782), est d'allure très classique avec ses arcades et l'écusson de l'Espagne où l'on reconnaît la couronne royale et toutes les armes de Charles IV.

La **casa Consistorial**, bien conservée, montre sur sa façade un bel écusson de la ville. On remarquera de même la maison Renaissance de Herrán, les palais de Arbieto, Poza et des marquis de la Alameda.

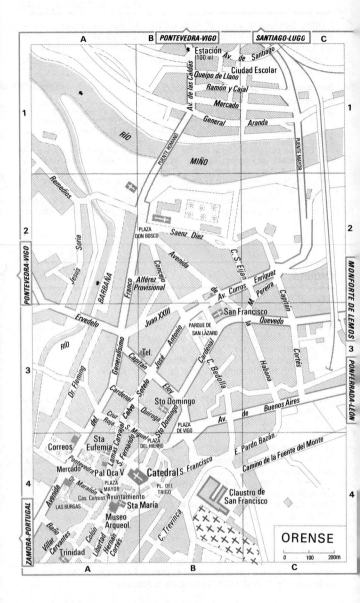

ORENSE

0   100   200m

Orense*

La Corogne, 177 km. — Lugo, 96 km. — Madrid, 504 km. — Saint-Jacques-de-Compostelle, 111 km. — Vigo, 91 km.
Alt. 125 m. — 96 085 hab. — Capitale de la province d'Orense (Galice).

Orense est située dans la vallée du río Miño, dans une région de collines granitiques, couverte de bois de pins, d'un grand charme. Vous y visiterez surtout sa cathédrale, la plus belle de Galice après celle de Santiago, mais les vieux quartiers qui l'entourent méritent également une promenade.

La ville dans l'histoire. — Réputée à l'époque romaine pour ses sources thermales chaudes (Las Burgas), Orense était connue sous le nom d'Auria probablement à cause des gisements aurifères du Miño. Cité épiscopale au IVe s., elle devient la capitale de la Galice pendant le règne des Suèves (VIe-VIIe s.). Détruite par les Arabes en 716, elle est reprise en 900 par Alphonse III qui favorise son repeuplement. Les attaques normandes et les razzias d'Almanzor la détruisent et ce n'est qu'au XIVe s. qu'elle prend son essor grâce à l'autorité des évêques. Elle voit sa prospérité compromise au temps des Rois Catholiques après l'expulsion de la communauté juive. Son renouveau économique ne s'est amorcé que depuis le début de ce siècle.

Fêtes. — Célébration de San Lázaro, le 3 mai. Le 11 nov., pour la San Martín, offrandes du vin nouveau et des premières châtaignes, queimada.

Visite de la ville

Cathédrale *(plan AB4).* — Elle fut commencée au XIIe s. et terminée au XIIIe s. ; malgré des transformations au XVe s. et au XVIIIe s., le style roman prédomine avec trois nefs et trois absides. C'est un remarquable monument, non pas par son aspect extérieur, mais par l'éclatante beauté de certains détails qui font de cette cathédrale la plus belle de Galice après celle de Santiago.

Commencer la visite par le **portail N.*** *(à l'extrémité de la calle de Lepanto).* De style roman, il est richement orné de sculptures d'excellente facture et surmonté d'une composition sculptée du XVe s., figurant une Descente de Croix.

Ce portail donne accès au transept ; à g., **chapelle del Santo Cristo****, l'une des plus belles expressions de l'art baroque galicien (1567, achevée en 1674).

Stalles* du XVIe s. par Diego de Siloé et Juan de los Angeles ; **autel à baldaquin*** soutenu par des anges de Domingo de Andrade ; Christ en croix introduit dans la cathédrale en 1330 et provenant d'une église du cap Finisterra (la légende l'attribue à Nicomède et dit que cette statue du Christ est arrivée par la mer) ; derrière l'autel, **Mater Dolorosa*** de Gregorio Hernández ; en face, **Lamentation sur le Christ mort*** (XVIe s.) attribué au Maître de Sobrado, disciple de Jean de Joigny.

Depuis la travée précédant la Capilla Mayor ou sanctuaire, observer la voûte de la coupole de Rodrigo de Badajoz, commencée en 1499. Dans la Capilla Mayor, **retable*** gothique, finement sculpté, de la fin du XVe s. ; à dr., tombeau d'évêque du XVe s. et à g. tombeau du cardinal de Quevedo, de style néo-classique, exécuté en Italie. Dans le déambulatoire aménagé au XVIIIe s. s'ouvrent plusieurs chapelles.

Chapelle San Lucas avec des sépulcres décorés de statues en prière ; **chapelle San Juan** en style gothique flamand avec de belles fenêtres à l'emplacement de l'ancien baptistère suève ; dans la **chapelle de Los Armadas**, beau retable baroque de Mateo del Prado.

■ Dans le bas-côté dr., **Musée diocésain** *(ouv. de 10 h 30 à 13 h et de 15 h 30 à 19 h 30).* Il abrite des pièces exceptionnelles parmi lesquelles on note le trésor de San Rosendo formé de huit pièces de jeu d'échecs en cristal taillé du Xe s., un des premiers livres imprimés en Galice en 1494 et une croix de procession en or enrichie de pierres précieuses attribuée à Enrique de Arfe.

◔ Terminez la visite par le narthex ou vestibule, qui abrite l'un des chefs-d'œuvre de cette cathédrale : le **Portique du Paradis****, à l'imitation du Portique de la Gloire de Saint-Jacques-de-Compostelle. Il s'agit d'un triple portail intérieur, dont la partie centrale est d'une grâce aérienne ; sur les jambages de dr., les quatre évangélistes, sur ceux de g., quatre prophètes ; au trumeau, Vierge à l'Enfant, et, au pied, l'apôtre saint Jacques, l'épée à la main, en protecteur de la Reconquista ; sur l'arc central, les 24 vieillards de l'Apocalypse ; au portail latéral dr., le Jugement dernier et statues d'apôtres ; au portail latéral g., autres prophètes ; vous remarquerez la polychromie de ces sculptures.

Sortez de la cathédrale par le portail S. *(à partir du transept dr.),* de style roman du XIIIe s., qui s'ouvre sur la **plaza del Trigo**, l'une des plus évocatrices de la ville avec ses maisons à galeries et sa fontaine (fonte Nova).

■ **Musée archéologique provincial** *(1, calle de La Corona).* — Il est logé dans le palais épiscopal, construction des XVIe et XVIIIe s. autour d'un noyau central roman.

Visite : de 9 h à 14 h (été) ou de 10 h à 13 h et de 16 h à 18 h (hiver) ; j. fériés de 11 h à 14 h.

Importantes **collections préhistoriques** de la culture des « mamoas » (néolithique), de l'âge du bronze, et de la culture des castros (statues de guerriers et nombreuses pierres sculptées). La **section des Beaux-Arts** contient des retables, des statues romanes, gothiques et baroques. Une Conception attribuée à Juan de Juni, un San Diego à Alcala. Tableaux du peintre d'Orense, Ramon Parada Justel, de la fin du XIXe s.

La calle de La Corona débouche sur la **plaza Mayor** *(plan A 4),* bordée de portiques des XVIIe et XVIIIe s. sur trois côtés.

En haut d'un escalier, à dr., **église Santa María la Madre** : c'était la première cathédrale, fondée au VIe s. Sur la façade du XVIIIe s., il reste quatre paires de colonnes de marbre de l'époque suève.

Dans le même quartier, **église Santa Eufemia** de 1778, dont la façade combine les styles baroque et néo-classique.

Dans la partie S. de la ville, l'**église de la Santisima Trinidad** *(plan A 4)* fut fondée au XIIe s. près d'un hôpital de pèlerins ; elle fut remaniée au XVIe s. Belle abside du XVIe s. Crête de style flamand. Curieuse façade flanquée de tours réunies par une galerie. Portail ogival.

Dans le même quartier, sources thermales de **Las Burgas** *(plan A 4),* connues avant l'époque romaine pour leurs vertus curatives ; elles débitent 300 litres d'eau à la minute (66 à 70°). Autour, quartier commercial.

D'autres églises présentent un intérêt comme l'**église Santo Domingo**, propriété du couvent du même nom ; elle fut construite au milieu du XVIIe s. en pur style herrerien ; autels baroques du sculpteur Castro Canseco. L'**église San Francisco**, gothique, est dotée d'une splendide abside centrale à larges fenêtres ; deux belles chapelles d'abside ; tombeaux.

Le cloître de San Francisco, du XIVe s., est incorporé à la caserne ; soixante-deux arcs gothiques légèrement outrepassés reposent sur de fines colonnes jumelées. Décor de pointes de diamant et de feuillage.

Depuis le pont qu'emprunte la route de Santiago et de Lugo *(plan C1),* vous découvrirez le pont sur le Miño ; construit en 1230 sur des fondations romaines, restauré en 1449, il comporte sept arches dont celle du milieu mesure 44 m de portée, à 38 m au-dessus du fleuve.

Monastère de San Estaban de Ribas de Síl (→).

Environs

1 — Monastère d'Oseira* *(32 km N. ; prendre la N525 en direction de Lalín ; au km 23, bifurquer à dr. ; à Cea tourner à g. et à Cotelas à dr. ; →).*

2 — Monastère San Esteban de Ribas de Sil* *(25 km N.-E. par la C546 en direction de Monforte ; au km 21, prendre à dr. la petite route longeant le río Sil ; →).*

3 — A l'E. d'Orense.

Ce circuit vous permettra de découvrir une région sauvage aux montagnes pelées et des villages traditionnels au charme certain.

0 km : **Orense.** Sortir par la N120 en direction de Ponferrada.

19 km : **Esgos** ; un chemin de terre vous mènera à l'église rupestre de San Pedro de Rocas et aux restes d'un monastère fondé par Alphonse III ; il est situé sur une construction mozarabe antérieure sans doute bâtie à l'emplacement d'un sanctuaire de druides. Remarquez la triple abside creusée à même le rocher et les sculptures rudimentaires des chapiteaux. Au milieu de la chapelle centrale, un trou creusé dans la roche semble avoir pour but de permettre l'entrée des influences célestes.

26 km : ↔ A g. route pour *(1 km)* **Junquera de Espadañedo** : vous pourrez y voir le monastère Santa María, fondé au XIIe s. L'église romane s'ouvre par un portail baroque ; beau cloître roman.

↔ A dr. de la nationale, route pour *(5,5 km)* **Maceda** (5 470 hab. ; alt. 550 m) ; château San Román où séjourna enfant Alphonse X le Sage. Dans le campo de la Feria (champ de foire), calvaire baroque avec d'intéressantes sculptures à thème biblique.

40 km : ↔ A dr., sitôt traversé le río Mao, route pour *(6,5 km)* **Montederramo** (2 050 hab., alt. 880 m) ; la ville est construite en éventail face à l'énorme édifice du monastère*. Fondé en 1124 et affilié à l'ordre de Cîteaux vers 1153, celui-ci a été rénové et agrandi aux XVIe et XVIIe s. La façade rest simple et équilibrée, de style herrerien. Il ne reste plus rien de l'époque romane. Par une porte flanquée de deux colonnes de facture classique, on pénètre dans le cloître Renaissance. L'église comporte trois nefs soutenues par des piliers à pilastres striés et chapiteaux ioniques. Dans la Capilla Mayor, grand retable baroque de 1666, œuvre de Mateo del Padro, à neuf panneaux remarquablement conservés. Beaux autels de San Benito, San José, San Bernardo et de l'Immaculée Conception. Le chœur est considéré comme l'un des plus réussis d'Espagne par sa composition et ses proportions ; il représente des scènes de la Bible et de l'histoire cistercienne.

52 km : **Castro Caldelas** (3 320 hab. ; alt. 793 m) ; situé entre trois barrages, ce village se dresse sur un promontoire ; un château des comtes de Lemos se trouve sur le sommet. Reconstruit au XIVe s., il conserve une bonne partie de ses murailles. A voir la torre del Homenaje et celle del Reloj. Église Renaissance. Belle vue depuis le cimetière sur la vallée.

68 km : pont sur le río Navea au-dessus d'une gorge.

75 km : **Puebla de Trives** (5 530 hab. ; alt. 746 m) ; vieux bourg conservant de nombreuses maisons à blasons sculptés.

Fêtes : le dernier dim. de juil., fête de la Bica avec grand repas champêtre, cornemuses, danses et dégustation de la bica (beurre) ; 24 août, San Bartolomé ; le 14 sept., fête du Christ avec processions solennelles.

97 km : ↦ A dr. route pour *(2 km)* **Portomourisco**, charmant village avec un pont en dos d'âne. ↦ A *10 km S. (au bout de 8 km, prendre à dr.),* **sanctuaire de la Virgen de las Ermitas**, de style baroque, élevé au XVIIe s. à flanc de montagne. ↦ A *21 km S.,* **Viano do Bolo**, petite ville médiévale, au pied d'une colline couronnée par un donjon, avec des rues à arcades bordées de vieilles maisons. **Fêtes** : le dim. de Carnaval, dégustation d'androlla, charcuterie typique ; fêtes religieuses les 15 et 16 août.

101 km : Petin ; pont d'origine romaine très restauré.

102 km : Rúa (6 060 hab. ; alt. 371 m) ; centre de production agricole (légumes et vins).
Prendre à dr. vers Ponferrada.

115 km : **Barco** (9 180 hab. ; alt. 320 m) ; site sur les bords du Sil, la ville conserve la torre del Homenaje et le pazo de Vilaria.

4 — Allariz *(23 km S. par la N 525 en direction de Xinzo ; au km 22, tourner à dr. ;* →*).*

5 — Monastère de Celanova★★ *(26 km S. par la N 540 ;* →*).*

6 — Ribadavia *(33 km S.-O. par la N 120 en direction de Vigo).* — Ensemble urbain noble avec murailles et maisons à blasons. En arrivant à g., **église Santo Domingo**, de style gothique, fondée au XIIIe s. par San Telmo ; elle comporte trois nefs et un plafond de bois. Nombreux sépulcres. Plus loin à dr., **château** médiéval et palais des comtes de Ribadavia. A proximité, **église San Juan**, romane avec de belles fenêtres ; à *200 m,* **église Santiago** avec son intéressante façade romane décorée d'une riche iconographie. A g. à l'intérieur, statue du Christ du XIIIe s. retirée du portail. Remarquez encore la plaza Mayor, d'une grande beauté, et les restes des murailles.
Fêtes : du 28 avr. au 2 mai, fête du vin de Ribeiro ; le 29, San Pedro martirio qui libère du mauvais œil ; le 8 sept., fête du Portal (folklore).

Orihuela★

Alicante, 58 km. — Carthagène, 73 km. — Elche, 21 km. — Murcie, 24 km. — 49 851 hab. — Province d'Alicante (Communauté valencienne).

La ville s'étend au pied du cerro del Oro, dans une riche vega arrosée par le Segura et plantée de nombreux palmiers, d'orangers et de citronniers.

Orihuela dans l'histoire. — La pauvreté des restes ibères, grecs et romains retrouvés, nous empêchent de connaître avec certitude les emplacements primitifs de la cité. En 713, les Arabes s'emparent de la ville, reconquise par les Aragonais en 1242. Au cours des XIIIe, XIVe et XVe s., elle connaît un développement urbain et économique remarquable, et est déclarée siège épiscopal en 1564. Pendant la guerre de Succession, la ville reste fidèle à la maison d'Autriche, et succombe sous les coups de l'armée de Philippe V. Au XIXe s., son université, fondée depuis trois siècles, est transférée à Murcie.

Fêtes. — Les plus populaires sont celles des Moros y Cristianos (17 juil.) et de la semaine sainte (chant de la Passion le vend. saint).

Visite de la ville

Peu après l'entrée en ville vous ferez un premier arrêt pour visiter l'**église Santo Domingo★** et le **collège★** (à dr.), ancienne université construite à partir de 1552 et achevée au XVIIᵉ s.

Grand **patio**, de style herrerien ; de là, un portail plateresque s'ouvre sur la **sacristie** de l'église, aux lambris d'azulejos de fabrication valencienne datant pour la plupart du milieu du XVIᵉ s. Dans l'**église**, maître-autel de style baroque ; dans la **chapelle★** à g. du maître-autel, retable de Juan de Juanes. Du grand patio, un passage couvert d'un bel artesonado mène au **petit patio★**, chef-d'œuvre d'architecture Renaissance, où s'ouvre le réfectoire, orné d'azulejos (XVIIᵉ s.).

En voiture, tournez à dr. dans la calle de Antonio Piniés, puis, à son extrémité, à dr. dans la calle de Alfonso XIII.

Peu après, la rue de Villanueva mène à l'**église de la Merced**, avec **Ecce homo de Salcillo**.

Prenez en direction de Torrevieja et, à dr., après le pont, la calle San Pascual qui aboutit à une petite place où se trouve un parking. Franchissez à pied un second pont sur le Segura et tournez à dr. dans la calle Mayor.

A dr., au nº 34, **palais épiscopal**, érigé en 1733 (sur permis spécial, on peut être admis à examiner diverses **peintures,** de Pedro Orrente, Ribera, Valdés Leal, etc.).

Un peu plus loin, la **cathédrale★** (XIVᵉ-XVᵉ s.) s'ouvre par deux portails gothiques (sur la place et du côté de la calle Mayor) et un portail Renaissance (sur la calle de Sargent), attribué à Juan Quijano. A l'intérieur, dans la dernière chapelle du côté dr., **retable** du XVIᵉ s., à plusieurs panneaux peints, dans le coro, fermé par de belles grilles ; **stalles** en acajou par J. B. Borja. Au chevet, petit **cloître** romano-gothique du XIIIᵉ s., provenant de l'ancien couvent de la Merced, et où se trouve installé le **musée diocésain** *(ouv. de 11 h à 14 h).*

Collection de **tableaux**, œuvres anonymes des XVIᵉ et XVIIᵉ s. ; à remarquer un Saint Michel de Rodrigo de Osono, une Marie-Madeleine de Ribera, un Ecce homo de l'école de Morales et la **Tentation de saint Thomas d'Aquin** de Vélazquez, de 1631 environ. A signaler en outre l'**orfèvrerie religieuse**, des manuscrits, le **missel★** du pape Calixte III du XVᵉ s., orné de miniatures.

Peu après le cloître, la calle de Sargent, à g., mène à la plaza del Marqués de Rafal, où se situe le palais du même nom, de style Renaissance. En continuant dans l'artère principale, vous atteindrez la **biblioteca de Fernando Loaces** qui abrite le **musée de la ville** *(calle de Alfonso XIII, 1 ; ouv. de 10 h à 13 h).*

Collections de peintures et archéologiques ; **paso du Triomphe de la Croix,** d'inspiration médiévale, exécuté par Nicolás de Busi ; dans la bibliothèque, collection d'incunables.

Reprenez votre voiture pour continuer en direction de Murcie ; en tournant à dr. à l'extrémité de la calle Ramón y Cajal, vous laisserez devant vous une rue menant au **séminaitre**, fondé au XVIIIᵉ s. (de la terrasse, **vue★** splendide sur la huerta), au pied du château arabe.

A l'extrémité de la calle Santa Justa, **église Santas Justa y Rufina**, de style gothique du XIVᵉ s., avec une façade inachevée du XVIIIᵉ s., en face du Depósito Municipal, où l'on peut voir un bas-relief du XVᵉ s.

A *100 m* à g., l'**église du couvent des Salesas** (XIXᵉ s.) renferme des peintures de Vicente López, une sculpture de Salzillo et plusieurs autres du

Génois Santiago Baglieto (XIXᵉ s.). Plus loin, à g. de la calle del Marqués de Arneva, **église del Carmen** (sculpture de Nª Sª del Carmen, par Salzillo).

En continuant vers Murcie, vous trouverez un parking, à dr., après l'**église Santiago***, bel édifice de style isabélin, de la fin du XVᵉ s., construit par les Rois Catholiques sur l'emplacement d'une mosquée ; il fut remanié en 1554-1609, lorsque furent rebâtis la Capilla Mayor et le transept, en style Renaissance. Au maître-autel, en marbre et jaspe, l'**Eucharistie** de Juan de Juanes et **statues** de Salzillo. Dans le **trésor**, Christ attribué à B. Cellini. Peu après, l'**église de la Virgen de Montserrat** (1748) renferme une statue de la Vierge du XIIIᵉ s. Plus loin encore, à dr., l'**église de los Capuchinos** est dotée d'un retable d'Esteve Bonnet (XVIIIᵉ s.) et d'une statue exécutée par Salzillo *(dans la 2ᵉ chapelle à dr.)*.

Près de la déviation d'Orihuela, **couvent de San Francisco** (1735), dont l'église abrite un Christ de Salzillo et une Immaculée de Juan de Juanes.

Le séminaire de la Purísma y de San Miguel, du XVIIIᵉ s., conserve un Christ de Santiago Baglieto. Depuis cet édifice d'origine musulmane situé au pied du château, **vue magnifique*** sur la ville et sa huerta.

Vous traverserez ensuite la **huerta de Orihuela** sur le cours inférieur du Segura, dont le système d'irrigation a été réglementé au XIIIᵉ s. par Alphonse X de Castille, et amélioré au XVIIIᵉ s. par le cardinal Belluga. La culture la plus abondante est celle de l'oranger.

↦ Possibilité d'excursion à **Callosa de Segura** (*11 km ;* → Elche, environs 2), **Crevillante** (*22 km ;* → Elche, environs 1) et **Elche** (→).

Osera (Monastère d')*

Orense, 32 km.
Province d'Orense (Galice).

Le monastère de Santa María la Real de Osera (pays des ours) fondé en 1135 par l'ordre de Cîteaux, mais en majeure partie reconstruit en style baroque au XVIIᵉ s., passe pour être l'Escorial de la Galice.

Visite : en été de 10 h à 13 h et de 16 h à 19 h ; en hiver de 15 h à 18 h.

En partie ruiné mais en cours de restauration, cet imposant édifice s'ouvre par un beau **portail** baroque à colonnes torses, pilastres sculptés et statues, plaqué contre une noble façade en gros appareil de granit.

Vous verrez ensuite un premier cloître du XVIIIᵉ s., puis remarquerez un noble **escalier*** de style herrerien (milieu du XVIᵉ s.), avant de pénétrer dans le deuxième cloître de la fin du XVIᵉ s., qui conserve des détails romans du XIIᵉ s. (la naissance des voûtes).

L'**église**, partie la plus ancienne du monastère (XIIᵉ s. et XIIIᵉ s.), offre un style typiquement cistercien, plein d'une grande sobriété. De l'église primitive, on peut encore voir l'abside romane. Sur la coupole à la croisée du transept, noter des fragments de peintures murales exécutées en 1694. Dans les sept chapelles du déambulatoire, petits retables de style baroque en granit du XVIᵉ s.

Dans la sacristie, remarquez la porte de style mudéjar de l'armoire à reliques avec de belles incrustations.

La **salle capitulaire*** (fin XVᵉ s. - début XVIᵉ s.) étonne par la magnificence de ses voûtes en éventail qui retombent sur 4 piliers spiralés.

Vous verrez ensuite la galerie haute du deuxième cloître d'où l'on aperçoit un troisième cloître.

Le réfectoire restauré peut être visité sur demande au moine qui vous servira de guide.

Vous pourrez acheter aux frères la liqueur à base d'eucalyptus qu'ils fabriquent selon des procédés anciens.

Osuna*

Antequera, 78 km. — Séville, 72 km.
Alt. 328 m. — 18 050 hab. — Province de Séville (Andalousie).

Reprise aux Arabes en 1239, elle devient la propriété des chevaliers de Calatrava qui la cèdent aux seigneurs de los Girón ; l'un de ceux-ci, Pedro Téllez, reçoit de Philippe II le titre de duc d'Osuna en 1558 et fonde ainsi une noble lignée qui devient rapidement une des plus puissantes d'Espagne. Les monuments les plus intéressants d'Osuna remontent au XVIᵉ s., époque faste qui voit la fondation de son université.

Fêtes : semaine sainte ; feria populaire (10-20 mai).

En prenant en direction du centre de la ville, gagnez la **plaza de España**, d'où vous rayonnerez à pied. Chemin faisant, vous passerez, en arrivant de Grenade, devant l'**église San Agustín**, qui renferme des sculptures des XVᵉ, XVIᵉ et XVIIᵉ s.

De la plaza de España, en prenant en direction de la Colegiata, vous atteindrez l'**église collégiale***, construite en style plateresque de 1535 à 1539, le **panthéon des ducs d'Osuna*** et l'**université**, transformée en lycée.

Panthéon* *(ouv. de 10 h à 15 h et de 16 h à 19 h ou 18 h en oct.-mai ; f. les jeu. et ven. saints ; accès payant).* — Vous entrerez en passant par un **patio plateresque** du XVIᵉ s., à colonnes de marbre, à deux étages de galeries ornées de panneaux de plâtre sculpté des plus remarquables ; dans des niches, peintures flamandes du XVIᵉ s. La chapelle funéraire, dite **capilla del Santo Sepulcro***, bâtie vers 1540, comporte un beau retable sculpté polychrome du XVIᵉ s. Dans la **sacristie**, **tableaux** de l'école flamande du XVIᵉ s. et de Luís de Morales (Jesús Nazareno). Dans le **narthex**, remarquable terre cuite de **Saint Jérôme en prière** (XVIᵉ s.). Dans la **crypte**, tableau de l'école flamande du XVIᵉ s. Dans la **chapelle de la Vierge à la grenade** (sculpture catalane du XVIᵉ s.), magnifique **triptyque** flamand du XVIᵉ s. et beau plafond artesonado.

Dans la **Capilla Mayor** de la collégiale, **retable** avec quatre peintures de Ribera (Saint Pierre et Martyre de saint Barthélemy à g., Saint Jérôme et Saint Sébastien, à dr.). Dans la dernière chapelle de la nef dr., **retable** du XVᵉ s. attribué à Sebastián Fernández. Le **trésor** comprend de l'orfèvrerie religieuse des XVIᵉ, XVIIᵉ et XVIIIᵉ s., une petite statue de la Vierge, œuvre d'Alonso Cano, un tableau de l'**Agonie du Christ***, de Ribera, etc.

Université. — Fondée, avec l'approbation de Charles Quint, en 1548, par le quatrième comte d'Ureña et ses docteurs en théologie furent consultés par le pape Clément XI (1700-1721) dans sa dispute avec les jansénistes. Dans la **chapelle**, **retable** orné de peintures flamandes ; **patio** plateresque.

De la plaza de España, en suivant en direction d'Écija, on parviendra à l'**église Santo Domingo**, qui abrite le Cristo de la Misericordia, sculpture de Juan de Mesa et des tableaux de Lorenzo Mélendez, dans la chapelle de San Sebastián (*2ᵉ à g. à partir du maître-autel*).

Un peu plus loin, après avoir remarqué à dr. l'**ancien tribunal**, dans un édifice baroque du XVIIIᵉ s., l'**église Nuestra Señora de la Victoria** renferme une Virgen Dolorosa, sculptée par José de Mora.

Si vous disposez d'un après-midi de plus à Osuna, ne manquez pas de visiter l'**ermitage de San Arcadio**, patron d'Osuna (XVIIᵉ s., très beaux retables), les **palais** (palais de Cepeda, rue de la Huerta, à la façade de pierre sculptée, palais des Osuna, du marquis de Gomara...), la **torre del Agua**, d'origine carthaginoise, aujourd'hui musée archéologique.

Environs. 1 — La Puebla de Cazalla (*19 km O. par la N 334* ; 10 500 hab. ; alt. 174 m). — Ses terres de vignes et d'oliviers contribuèrent à la richesse du duché d'Osuna, dont elle fut une colonie à partir du XVᵉ s. Son économie est aujourd'hui prospère grâce aux sols fertiles arrosés par le río Corbones, affluent du Guadalquivir. Dans ce village typiquement andalou sont nés des artistes très fameux dans l'histoire du chant flamenco : la Niña de los Peines, José Meneses... Remarquez le retable en céramique vitrifiée de l'église de Nuestra Señora de las Virtudes.

2 — Aguadulce (*12 km E. par la N334* ; 2 015 hab. ; alt. 265 m). — L'église paroissiale, baroque, renferme plusieurs retables du XVIIIᵉ s.

3 — Estepa (*24 km E.* ; →).

Oviedo

Avilés, 23 km. — Luarca, 89 km. — Ribadesella, 84 km.
Alt. 226 m. — 200 000 hab. — Capitale de la province d'Oviedo (Asturies).

Centre administratif et de services, Oviedo est aussi une ville industrielle moderne qui occupe une position stratégique au cœur des Asturies, entre les rivières Nalón et Nora.

La ville dans l'histoire. — Berceau de la monarchie espagnole, la première installation « ovetense » remonte à l'an 761, quand l'abbé Formestano, de l'ordre de saint Benoît, fonde une basilique consacrée à San Vicente, qui devient le sanctuaire d'un établissement monastico-agricole. Fruela Iᵉʳ, quatrième roi des Asturies, s'y installe et fait, lui aussi, construire une basilique dédiée au Sauveur.
Ravagée par les Maures en 789, Oviedo est relevée de ses ruines par Alphonse II (791-842) qui y transporte sa cour, après y avoir fait construire des palais et des églises et entourer la ville de remparts. De cette période ne subsistent que le chevet de San Turso, la Chambre sainte et Santullano. Son successeur, Ramiro Iᵉʳ (842-850), fait élever un splendide palais d'été, sur le mont Naranco.
Sous le règne d'Alfonse III (866-909) la ville connaît une nouvelle période d'expansion, mais qui ne dure guère, car au Xᵉ s. la cour royale est transférée à León et seules ses reliques attirent encore les pèlerins se rendant à Saint-Jacques-de-Compostelle.

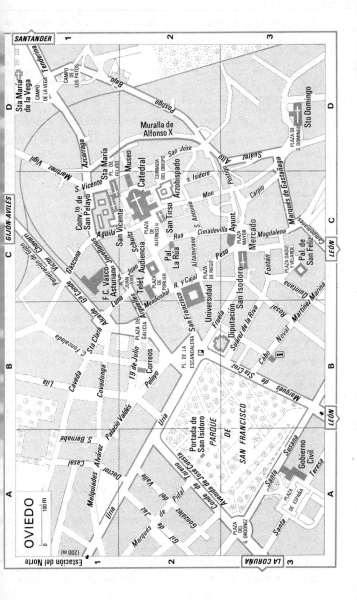

En 1388, les cortes du royaume, réunies à Briviesca, décident, sur la proposition du roi, que les Asturies constitueront un royaume et que le premier-né de la couronne de Castille sera nommé à l'avenir prince des Asturies.

La ville devient alors le centre commercial de la région pour se transformer au XVIe s. en un centre ecclésiastique et administratif. C'est au XVIIe s. qu'est édifiée l'université, mais c'est à la suite de l'installation de l'usine royale d'armement au XVIIIe s., puis, au siècle suivant, de l'exploitation du bassin houiller, qu'Oviedo se transforme en métropole industrielle et culturelle des Asturies.

En octobre 1934, la ville est investie par les mineurs du bassin minier asturien. La cité est fortement endommagée par les combats entre insurgés et troupes régulières : la Camara Santa est détruite, l'université incendiée, la cathédrale touchée. Occupée dès le début de la guerre civile en juillet 1936 par les nationalistes, Oviedo est assiégée par les gouvernementaux jusqu'en octobre 1936.

Fêtes. — Le 1er mar. après la Pentecôte se déroule la Balesquida avec procession de la Vierge, distribution de vin et de bollo preñao (brioche farcie de chorizo). Le 21 sept., pour la **San Mateo**, commence la fête la plus importante de la ville. Elle dure une semaine, avec défilé de chars pour le jour des Amériques dans les Asturies, romerías, etc. ; c'est également en sept. que débute la saison lyrique et théâtrale et qu'a lieu le festival folklorique international.

Visite de la ville

2 h vous suffiront pour découvrir Oviedo.

Cathédrale* *(plan C2).* — Caractéristique du gothique flamboyant, elle se dresse au fond de la place Alphonse-II. Elle fut commencée au XIVe s. sur l'emplacement d'une basilique fondée par le roi Fruela Ier, au VIIIe s., et achevée trois siècles plus tard. Le **portail O.**, par lequel elle s'ouvre sur la place, est attribué à un maître français, Pierre Bruyère. Au-dessus de la porte principale, **sculptures de la Transfiguration** et **bustes des rois Fruela Ier et Alphonse II le Chaste.** La **tour**, de la première moitié du XVIe s., peut être considérée comme une des plus belles d'Espagne avec ses ornements gothiques bien distribués et les quatre élégantes tourelles à pinacles qui encadrent le clocher.

Visite : de 9 h à 13 h et de 16 h à 19 h 30.

Intérieurement, sur le côté g. du transept, la **chapelle du Roi chaste** (capilla del Rey Casto) a été fondée par Alphonse II (IXe s.), mais reconstruite en style baroque au XVIIIe s. Le **porche** en est cependant gothique. L'intérieur est richement sculpté ; à g. on peut voir l'**autel de Nuestra Señora de la Luz** avec un retable très ornementé ; au fond, à dr., **panthéon des rois des Asturies** ne comportant qu'un seul sarcophage ancien à couvercle en marbre sculpté, du Xe s.

Dans la 2e chapelle du bas-côté g., **retable** de Fernandez de la Vega (XVIIe s.). Dans la dernière chapelle, de style churrigueresque (fin du XVIIe s.), **châsse en argent doré**, don d'Alphonse VI (début du XIIe s.).

Juste après l'entrée, à dr., la **chapelle Santa Barbara**, de style rococo de la fin du XVIIe s., communique avec la **chapelle San Martín** où se trouve un beau retable sculpté de Fernandez de la Vega (XVIIe s.). Contre l'un des piliers de la nef centrale, très ancienne **statue du Saint Sauveur** qui remonterait à l'époque de l'évêque Pelage II (début du XIIe s.).

Dans la **Capilla Mayor**, qui constitue le sanctuaire, on peut admirer le **retable*** sculpté par Giralte de Bruxelles avec la collaboration de Juan de Balmaseda, l'un des plus beaux d'Espagne, qui représente la vie du Christ (XVIe s.).

Dans le bras dr. du transept, on accède à la **Cámara Santa***, divisée en deux parties, dont la plus grande, du XIIe s., présente sur les côtés six piédestaux portant chacun deux statues d'apôtres. L'autre partie remonte à l'époque d'Alphonse II le Chaste (IXe s.). C'est dans la **Chambre sainte** que se trouve le **trésor** de la cathédrale, dont la **Croix des Anges***, en bois de cèdre, recouverte de pierreries (rubis d'une rare grosseur, gemmes gravées, travail en filigrane d'une exquise finesse), don d'Alphonse II ; et la **Croix de la Victoire*** datant, à ce que l'on dit, du temps du roi Pelayo et qu'Alphonse III fit recouvrir d'or ciselé et de pierreries en 908. Elle est le symbole des Asturies. On peut aussi y voir un **reliquaire**, coffre en bois de cèdre couvert de plaques d'argent travaillées en relief avec une inscription en caractères koufiques. Il fut offert par Alphonse VI (1065-1109) et contenait des reliques rapportées d'Orient au VIe s., puis de Tolède au moment de l'invasion musulmane. Une porte voisine de celle de la Cámara Santa donne accès au **cloître** de style gothique de la première moitié du XIVe s. ; **salle capitulaire** du XIVe s. (stalles du XVIe s.).

Derrière la cathédrale, dans la rue San Vicente, contigu à l'église Santa María Real de la Corte (XVIIe s.), s'élève le **monastère de San Pelayo** (XVIe, XVIIe et XVIIIe s.) érigé sur l'emplacement d'un édifice remontant au XIe s. Façade du XVIIe s.

■ **Musée provincial** *(plan C2)*. — Il est logé dans l'ancien couvent de San Vicente, fondé en 781 et reconstruit en 1493 (portail du XVIIe s.).

Visite : en sem. de 10 h à 13 h 30 et de 16 h à 18 h ; dim. et j. fériés : de 11 h à 13 h ; f. le lun.

Le musée, aménagé dans les salles s'ouvrant sur le cloître et dans ses galeries (du XVIe s. à l'étage inférieur, de 1775 à l'étage supérieur), comprend diverses collections qui sont présentées par ordre chronologique *(commencez la visite par le 2e étage, à g.)*.

La section préhistorique comprend des objets depuis la période paléolithique ; une belle collection d'armes et d'outils en bronze est plus particulièrement intéressante ; il y a un moule à faucille et un moule à hache, des pièces en bronze de harnais de cheval, de la culture des Castros.

Au 2e étage, vous verrez encore une exposition d'ethnographie et des collections numismatiques, depuis l'époque romaine, avec deux pièces de monnaie en or wisigothiques du VIIe s.

Les salles du 1er étage sont consacrées aux antiquités d'époque romaine avec des objets (monnaies, inscriptions, fragments de sculpture, un pavement de mosaïque très restauré, etc.), provenant d'Italica (Andalousie), de Mérida et surtout du N.-O. de l'Espagne. Dans une vitrine, quatre tablettes fragmentaires, en argile cuite, donnent les différents étapes de quatre itinéraires en Ibérie du N.-O. ; l'un d'eux, le troisième, part de Mérida, l'ancienne Augusta Emerita.

La section la plus intéressante, au rez-de-chaussée, est constituée par les collections d'arts préroman et roman, avec de nombreux fragments d'architecture civile ou religieuse, notamment deux grands chapiteaux du palais d'Alphonse III à Oviedo, que complètent les collections de sculptures gothiques (chapiteaux, tombeaux). Dans la section romane se trouvent un fragment de bois du reliquaire de la Cámara Santa et des reliefs en cire, de ce même reliquaire, qui furent recouverts de plaques d'argent travaillées au repoussé au XIe s.

Sur la corrada del Obispo se trouve, à g., le **palais épiscopal** et la porte du cloître dite de la **Limosna*** ; en face, **casa del Chantre**.

Si vous traversez le tránsito de Santa Bárbara, vous parviendrez rue Santa Ana où est édifié le **palais de Velarde**, de style baroque du XVIIIe s., aujourd'hui **musée provincial des Beaux-Arts** *(ouv. de 11 h 30 à 13 h et de 17 h à 20 h ; f. le lun.).*

Retournant vers la cathédrale, à g. sur la place, vous pourrez visiter l'**église**

San Tirso *(plan C2),* dont il subsiste encore quelques vestiges romans (fenêtre à trois baies du IXᵉ s. au chevet) alors que l'ensemble date de sa reconstruction, au XVIIᵉ s. A l'intérieur, **Adoration des Mages**, peinture de l'école de Hans Memling.

Face à la cathédrale, **maison des Llanes**, édifice baroque du XVIIIᵉ s., au portail monumental très orné. A g., la maison la plus ancienne d'Oviedo, le **palais de la Rúa**, du XVᵉ s., où peut s'observer la transition entre le gothique et le renaissant.

En suivant la rue Cimadevilla *(plan C2-3)* jusqu'à la plaza de la Constitución, vous passerez sous une voûte qui unit les deux façades de l'**hôtel de ville**, construit en 1622 par Juan de Naveda. A dr., **église San Isidro** *(plan C3)* dont la construction, commencée au XVIIᵉ s., ne fut achevée qu'au XVIIIᵉ s. Elle abrite un grand **retable** en bois sculpté ainsi que des sculptures remarquables.

Construite au XVIIᵉ s. sur l'emplacement d'un lac asséché pour agrandir la ville, la **place du Marché**, entourée d'arcades, est l'une des plus caractéristiques de la vieille ville.

Tout près, sur la place de Daoiz y Velarde *(plan C3),* on peut voir le **palais du marquis de San Feliz** *(plan C3)* construit par Ladrón de Guevara en 1723. A remarquer le **portail** Renaissance ; le reste de l'édifice est de style baroque. Le palais, qui contient une galerie de tableaux, possède un Greco de grande valeur : **les Apôtres**.

Dans la rue San Francisco, **Université** *(plan B-C2)* et **colegio de Huerfanas Recolatas**, à l'austère façade, construits à la fin du XVIᵉ s.

La **place de Porlier** *(plan C2)* est entourée de quelques beaux palais, dont celui de **Torino** (1673), transformé en bibliothèque et abritant le siège de l'Institut d'études asturiennes. En face, le **palais de Camposagrado**, harmonieuse construction du XVIIIᵉ s., inspirée par la Renaissance italienne. Derrière, **palais de Valdecarzana-Heredia**, qui date du XVIIIᵉ s., mais dont une des façades remonte au XVIIᵉ s.

Le **parc de San Francisco** *(plan A-B2-3),* en plein cœur de la ville moderne, couvre une superficie de 60 000 m².

On peut y voir la **Silla del Rey**, banc de pierre érigé en 1776, et le **portail** reconstitué de l'ancienne église San Isidro (XIIIᵉ s.).

Dans la rue Gil de Jaz *(plan A2),* l'**hôtel de la Reconquista**, ancien hôpital provincial, présente une façade typiquement asturienne du XVIIᵉ s., sauf la partie centrale du premier étage et le blason, de style baroque. Derrière la façade se cachent plusieurs **cours** Renaissance et, au fond, la **chapelle**. Celle-ci, comme la façade, est l'œuvre du maître de Reguera.

Dans la rue de Foncalada, la **fontaine**, du même nom, a été construite du temps d'Alphonse II (IXᵉ s.) et constitue l'un des seuls témoignages de l'architecture civile préromane. De la même époque, l'**église Santullano** ou **San Jullán de los Prados**, sur une petite place dans le prolongement de la rue Victor Chávarri *(plan C1),* représente le plus grand édifice préroman de la péninsule, dont la construction est caractéristique de l'art asturien du IXᵉ s.

Composée de **trois nefs** séparées par de grands arcs, elle comporte aussi une immense **nef transversale**, d'influence romaine. L'abside centrale est divisée en deux étages dont le premier accueille l'**autel**, tandis que l'étage supérieur comporte une **chambre secrète** isolée, coïncidant, au dehors, avec une baie de trois arcs. En son intérieur, l'église était décorée de fresques, dont ne subsistent que quelques fragments, et de stucs peints à motifs géométriques et floraux très stylisés.

Dans la chapelle, à g., très beau Christ roman du XIIᵉ s. encadrant le chœur, on peut aussi admirer les deux pilastres de l'arc de triomphe en marbre gris sculpté délicatement de motifs végétaux.

Environs

1 — Monte Naranco *(4 km N.-O.; du centre, suivre les indications données sur les panneaux indiquant Santa María de Naranco et San Miguel de Lillo).* — Du haut de ses 1 233 m, il domine la ville et possède sur son versant méridional deux remarquables spécimens de l'art chrétien du IXᵉ s.

Église Santa María del Naranco★, en réalité un ancien palais ou salle de justice, érigé vers le milieu du IXᵉ s., mais transformé en église entre 905 et 1065. A l'intérieur, intéressants médaillons à la retombée des arcs doubleaux. A chaque extrémité de l'édifice, colonnes torses à chapiteaux finement sculptés de lions et de chasseurs.

300 m plus haut, l'église San Miguel de Lillo fut édifiée elle aussi au IXᵉ s. par Romiro Iᵉʳ. Mais les deux tiers de l'édifice ont été détruits et reconstruits au XVᵉ s. L'abside, elle, date du XVᵉ s. Trois nefs très étroites accentuent la verticalité des murs. Plusieurs fenêtres de type « claustra » sont remarquables. On peut également admirer les treillis et l'œil-de-bœuf de la nef centrale. A l'intérieur, les nefs sont séparées par de grosses colonnes dont les bases sont décorées par le caractéristique motif de la corde que l'on retrouve aussi sur les chapiteaux, les arcs de la nef et la tribune. Mais l'élément ornemental le plus intéressant se trouve des deux côtés de l'entrée, sur les jambages de la porte où sont représentées deux scènes identiques, copie du diptyque byzantin d'Aerobindo et figurant un consul entouré de dignitaires. Sur les murs subsistent quelques vestiges de peintures de l'époque.

2 — Bendones *(4 km S.-E. sur la C 635 après Estebán de la Cruces).* — Église Santa María, où l'on peut encore voir quelques restes des peintures des absides.

3 — Las Caldes *(7 km O. sur la N 634, prendre sur la g., au km 4).* — C'est une importante station thermale fréquentée depuis le XVIIIᵉ s. On peut y visiter l'église San Juan de Priorio, romane, du XIᵉ s., dont le portail et l'abside sont semi-circulaires. Voir aussi le château de Priorio, XIXᵉ s.

4 — San Claudio *(9 km O.; prendre à dr. au km 5 de la N 634).* — Usine de faïence et de céramique de grand prestige, créée en 1900. On peut y faire des achats.

5 — Sograndio *(9 km O.).* — Jolie église San Estebán, toute simple, de style roman du XIIᵉ s.

6 — Nora *(14 km O.; au km 12,5 de la N 634 prendre à dr.).* — L'église San Pedro, préromane, remonte à l'époque d'Alphonse II.

Padrón

La Corogne, 86 km. — Pontevedra, 37 km. — Saint-Jacques-de-Compostelle, 20 km.
9 950 hab. — Province de La Corogne (Galice).

Cette petite ville, située sur les bords du Sar non loin de l'endroit où il rejoint l'Ulla, est souvent considérée comme un simple lieu de passage ; elle abrite pourtant de nombreuses curiosités ; c'est en outre une ville très animée possédant un marché fort pittoresque.

La ville dans l'histoire. — D'origine romaine, siège épiscopal jusqu'au XIᵉ s., c'est à Padrón que, selon la légende, accoste la barque contenant la dépouille de saint Jacques (→ Saint-Jacques-de-Compostelle**) ; l'on y vénère d'ailleurs la pierre à laquelle aurait été amarrée l'embarcation. Convoitée par les Normands, les Vikings, puis les Arabes, la construction des Torres del Oeste (→ Ría de Arosa, km 41) la rend moins vulnérable ; elle peut alors se développer, comme en témoignent les chantiers navals dont sont issues les premières galères de la marine espagnole. A partir des XIIᵉ-XIIIᵉ s., elle perd de son influence et devient la villégiature des évêques fuyant le tourbillon de la vie compostellane.

Fêtes. — Pâques (combats de coqs, courses de vachettes, folklore) ; le 13 juin, pèlerinage de San Antonio ; le 25 juil., fêtes de la Saint-Jacques (muñeiras, cornemuse).

Dans l'**église Santiago de Padrón** il reste une pierre de la première église romane construite au XIIᵉ s. par Gelmírez ; on peut la voir en entrant par la porte latérale en face de la Alameda, dans le mur intérieur à dr. Une seconde église ogivale fut ensuite construite sur ce même emplacement par l'évêque de Mendoza ; il ne reste qu'une partie de la célèbre chaire gothique. L'édifice actuel, sans valeur artistique particulière, conserve sous le maître-autel la pierre (o pedron) à laquelle aurait été attachée la barque de saint Jacques. Cette pierre est probablement un ancien autel romain.

Dans l'**église Santa María de Iria Flavia**, de style roman ogival du XIIIᵉ s., remarquer la statue de l'évêque de Quito en prière, la tombe de Rodrigo de Luna et une belle porte en fer forgé dans le presbytère.

Dans le **cimetière de Adina**, nécropole paléochrétienne et tombes suèves.

On peut aussi voir à Padrón la maison-musée de Rosalía de Castro, célèbre poétesse galicienne (1837-1885).

↦ Ría de Arosa** (→).

Palencia*

*Burgos, 86 km. — León, 128 km. — Madrid, 241 km. — Valladolid, 49 km.
Alt. 781 m. — 74 080 hab. — Capitale de la province de Palencia (Castille-León).*

L'antique Pallantina des Romains, située sur la rive gauche du río Carrión, est l'une des plus anciennes cités ibériques. Cette petite ville de province a connu dernièrement un développement appréciable grâce à l'industrie automobile. De son passé elle conserve des monuments dignes d'intérêt, en particulier la cathédrale.

La ville dans l'histoire. — Durant les guerres numantines, la ville, habitée par les Vaccéens (peuplade celtibère), résiste longtemps aux invasions romaines, mais doit finalement se rendre à Auguste. Les musulmans l'occupent ensuite et la détruisent en grande partie. Ce n'est qu'au xiᵉ s. que Sancho el Mayor la repeuple, et en fait un siège épiscopal. En 1208, le duc de Lancaster, prétendant à la couronne de Castille, assiège la ville ; celle-ci est défendue victorieusement par les femmes (les hommes guerroient loin de là) et Jean Iᵉʳ, en récompense, leur permet de mettre sur leurs habits des bandelettes d'or (que l'on retrouve encore aujourd'hui sur les costumes régionaux). C'est dans la cathédrale de Palencia que se marient Henri III de Castille et Catherine de Lancaster, mettant ainsi fin aux luttes dynastiques. Au xviᵉ s., la cité s'enrichit considérablement grâce au développement de son industrie textile.

Fête. — La San Antolín est célébrée du 28 oct. au 3 sept., avec une kermesse et des manifestations folkloriques.

Visite de la ville

Église San Pablo *(plan C1).* — Elle appartenait à un monastère fondé en 1217 par saint Dominique de Guzmán.

A l'intérieur de l'église, reconstruite au xvᵉ s. en style gothique, mais dotée d'un portail Renaissance au xviᵉ s., **Capilla Mayor** avec un retable sculpté de style plateresque (1597), en bois polychrome ; à g., remarquable **tombeau** de la famille de Rojas, sculpté par François Giralte (1557) ; à dr., **tombeau sculpté** par Pompeo Leoni (1604). Au **coro alto, stalles** du xviᵉ s.

La petite **église Santa Marina** *(plan B1)* remonte au début du xviᵉ s.

Cathédrale* *(plan B2).* — Très bel édifice de style gothique mêlé d'éléments Renaissance, elle fut bâtie de 1321 à 1516, mais resta inachevée (il lui manque une façade digne du reste de la construction) ; les **portails** donnant accès aux bras du transept sont richement ornés, surtout la **puerta del Obispo** *(bras dr.),* conçue par Diego Hurtado de Mendoza à la fin du xvᵉ s. Une statue de saint Antonin de Pamiers, au sommet du grand arc de cette porte, rappelle que Palencia fut, avec Pamiers et Saint-Antonin du Rouergue, l'un des trois grands centres de dévotion à ce martyr. Une grosse tour carrée sépare la puerta del Obispo de l'élégante **puerta de los Novios,** du début du xviᵉ s.

L'abside que les quatre dernières travées au fond du triple vaisseau formaient la cathédrale primitive, du xivᵉ s. A la fin du xivᵉ s., on l'agrandit de six travées, en aménageant une nouvelle Capilla Mayor, un transept et un chœur.

Au **trascoro** (partie postérieure du chœur), voyez les **bas-reliefs** attribués sans certitude à Gil de Siloé, encadrant un intéressant **retable** peint sur bois (1505) par Jean de Hollande (ou Jan Joest Van Haarlem) qui le peignit aux Pays-Bas (il

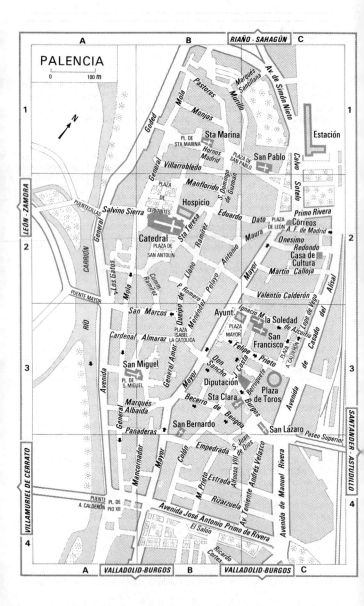

comporte huit compartiments avec, au centre, la Vierge et l'évêque Fonseca, le donateur). Devant le trascoro, un escalier de style plateresque mène à une crypte, d'origine wisigothique (VIIe s.) où don Sanche le Grand, suivant la tradition, découvrit la statuette de saint Antonin, patron de l'église et de la ville. En vous avançant vers la g. notez une **chaire à dais**, en noyer sculpté, œuvre de la Renaissance, par Higinio Valmaseda.

Le **coro** est orné d'une **grille** de 1555, de style plateresque ; **stalles** sculptées du XVe s. ; aux murs latéraux, **retables** gothiques et plateresques.

La **Capilla Mayor** est fermée par une **grille** de Cristobal Andino (1572), avec un magnifique **retable***, exécuté par divers artistes de 1504 à 1530.

Pedro de Guadalupe conçut l'architecture en 1504, en style plateresque, et Philippe de Bourgogne exécuta les sculptures en 1505 ; mais, autrefois disposé dans le sagrario, ce retable fut agrandi lorsqu'il fut placé dans la Capilla Mayor de la cathédrale, et Pedro Manso fut chargé de ce travail. On y ajouta les peintures de Jean de Flandres (entre 1510 et 1521) et, en 1519, Juan de Valmaseda fit le Calvaire. Enfin, en 1525, de nouvelles additions eurent lieu, avec des œuvres sculptées de Gonzalo de la Maza et d'Alonso de Solórzano.

A dr., à l'extérieur de la Capilla Mayor, dans une belle niche de style gothique fleuri, **tombeau** de l'abbé Diego de Guevara (1509).

Derrière, dans la Capilla Mayor primitive, **tombeaux** de doña Urraca de Navarre (XIIe s.), à g., et de doña Inés de Osorio (1492), à dr.

Dans les **chapelles** se trouvent des **retables**, quelques-uns fort beaux, comme celui de la **capilla de San Ildefonso**, par Juan de Valmaseda, l'un des meilleurs sculpteurs espagnols de la fin de la période gothique et du début de la Renaissance, ou le retable de la **capilla de San Cosme y Damián**, par un imitateur de Philippe de Bourgogne. Dans la sacristie de la **capilla de San Gregorio**, **tableaux** de la Transfiguration et de la Purification, par Juan de Villoldo.

Le **musée de la cathédrale** *(ouv. de 10 h à 13 h et de 16 h à 19 h ou 18 h en oct.- mai)*, dans le **cloître**, la salle capitulaire et son antichambre. Il comprend quatre magnifiques **tapisseries flamandes***, datant peut-être de la fin du XVe s. et représentant des scènes de la Vie du Christ ou à contenu symbolique, deux **tapisseries de Bruxelles** (v. 1530) figurant la Rédemption et l'Expulsion d'Agar, un **Saint Sébastien** du Greco, une **Pietà** de Philippe de Bourgogne, des œuvres de Juan de Villoldo (**Présentation de la Vierge**), de Mateo Cerezo (**Mariage mystique de sainte Catherine**), un **diptyque*** de Pedro Berruguete (dont une Vierge à l'Enfant en grisaille). Dans la **capilla del Monumento, custode*** en argent ciselé (1581-1585) par Juan de Benavente.

Près du chevet de la cathédrale, l'**hospice de San Bernabé y San Antolín** *(plan B2)* présente une sobre façade, avec une porte datée de 1580.

L'**église San Miguel** *(plan A-B3)*, du début du XIIIe s., est dominée par une imposante tour crénelée percée de grandes et sveltes fenêtres gothiques. C'est là qu'aurait été célébré le mariage du Cid et de Chimène. A l'intérieur, crucifix du XIIIe s.

Pour une **visite détaillée**, se rendre à l'**église San Bernardo** *(plan B3)*, dotée d'une jolie façade plateresque, en passant par la **calle Mayor Principal**.

Le **palais de la Diputación** *(plan B3)* abrite les collections du **musée archéolo- gique** (antiquités celtibères, romaines, fragments d'architecture romane du XIIe s., de sculptures romanes et gothiques).

L'**église Santa Clara** *(plan B3)*, de l'ancien couvent de ce nom, fondé en 1378, renferme un fameux **Santo Cristo**, Christ gisant du XVe s., peut-être une momie, trouvé sur les eaux de l'Atlantique.

L'**église San Francisco** *(plan C3)*, de style gothique du XIVe s., renferme un retable baroque du XVIIe s. A côté, dans la **chapelle de la Soledad** *(plan C3)*, statue de la Vierge, du XIVe s.

Au N. de la ville, à l'écart de la route de Santander, **ermitage du Cristo del Otero**, du XIIᵉ s., que signale, de fort loin, une statue en ciment armé, de 20 m de haut, œuvre de Victorio Macho (1931), représentant le Christ-Roi.

Environs

1 — Carrión de los Condes (*40 km N. par la C 615 ;* →).

2 — Au N. de Palencia par la N 611.

0 km : **Palencia**. Sortir en direction de Santander.

5 km : •→ A g. route pour *(2 km)* **Husillos**, siège d'une ancienne abbaye d'augustins, fondée au Xᵉ s. où fut célébré, en 1088, un concile auquel assista Alphonse VI ; église du début du XIIIᵉ s. qui présente une sobre façade à archivoltes sculptées.

13,5 km : **Monzón de Campos**, ancienne résidence royale où un château médiéval, restauré, a été transformé en hostellerie. Dans l'église paroissiale, splendide autel gothique et statue de Vierge à l'Enfant.

15 km : •→ A g. route pour *(4 km)* **Ribas de Campos** ; église Santa Cruz, du XIIᵉ s., remaniée au XVᵉ s., avec une belle salle capitulaire, et un retable de Juan de Valmaseda.

20,5 km : **Amusco** ; vaste et lourde **église** avec deux portails, l'un représentant les signes du zodiaque, l'autre avec des sculptures de saint Pierre et saint Paul ; à l'intérieur, maître-autel orné de statues en bois doré ; **ermitage de Nª Sª de La Fuente** (XIIᵉ s.) renfermant des statues gothiques et un lutrin mudéjar. Sur la place du village restes d'une synagogue souterraine.

25,5 km : **Piña de Campos** ; ruines d'un château crénelé renforcé de huit tours rondes.
•→ A *4 km E.,* **Támara** ; ruine d'une enceinte médiévale avec portes d'accès ogivales ; église de Santo Hipólito, de style gothico-Renaissance, classée monument national, en restauration ; à l'intérieur, chaire et chœur gothiques.

32,5 km : **Frómista** (→).

3 — Au N.-E. de Palencia.

0 km : **Palencia**. sortir par la N 620 en direction de Burgos.

25 km : **Torquemada** ; l'église Santa Eulalia a été restaurée au XVᵉ s. par le Grand Inquisiteur Francisco Tomás de Torquemada qui naquit dans ce village en 1470.

36,5 km : **Quintana del Puente.**
•→ A dr. route pour *(10 km)* **Palenzuela** *(au km 7,5, prendre à g.) ;* le village conserve des restes de son château et de son enceinte médiévale. Dans l'église San Juan (XVIᵉ s.), retable plateresque de Hernando de Henestrosa. Maisons seigneuriales, rues et maisons typiques de l'ancienne juiverie.

4 — Au S. de Palencia.

0 km : **Palencia**. Sortir par la N 611 en direction de Valladolid.

4 km : Sur la dr., **Villamuriel de Cerrato**, où vous pourrez voir une ancienne église fortifiée des templiers, du début du XIIIᵉ s., élevée en style de transition de type cistercien sauf en ce qui concerne la décoration sculptée. Imposante tour romane.

5 km : •→ A g. route pour *(4 km)* **Baños de Cerrato*** (→).

17 km : **Dueñas** (3 250 hab. ; alt. 730 m) ; localité très ancienne (on y a mis au jour les ruines de thermes romains avec des mosaïques du IIIᵉ s.), dans un site pittoresque sur les pentes d'une colline ; église du XIIIᵉ s., avec un retable principal attribué au Maître de Covarrubias (intéressant trésor). Le centre du village, avec ses maisons seigneuriales, a été déclaré d'intérêt artistique.

5 — Torremormojón *(24 km O. par la C 612 que vous prendrez à g. au km 11,5 de la N 610, à Villamartin de Campos).* — Château des XIVᵉ et XVᵉ s., à triple enceinte et donjon à trois étages. Dans l'église paroissiale, retable platéresque attribué à Juan de Valmaseda ; grille gothique du XVᵉ s.

➡ A 5 km S., Ampudia, qui conserve un château du XVᵉ s. bien restauré avec un grand donjon et plusieurs salles à plafond lambrissé. Dans le village, église ogivale dont le retable principal est de style platéresque.

➡ A 27 km S.-O., **Medina de Rioseco*** (→).

6 — Au N.-O. de Palencia

0 km : **Palencia**. Sortir par la C 613 en direction de Sahagún.

14,5 km : **Becerril de Campos** ; dans l'église, statue de la Vierge à l'Enfant, polychrome, attribuée à Jean de Joigny. Plaza Mayor typiquement castillane.

21,5 km : **Paredes de Nava** (alt. 784 m) ; ville natale du peintre Pedro Berruguete et de son fils le sculpteur Alonso Berruguete, ainsi que du poète Jorge Manrique. L'**église Santa Eulalia**, de style roman, que domine un haut clocher à toiture de tuiles vernissées, renferme, ainsi que le **musée paroissial*** *(ouv. de 9 h à 14 h et de 16 h à 20 h),* plusieurs œuvres des deux artistes ; **tableaux*** des quatre évangélistes représentant deux scènes de la vie de sainte Hélène, par Pedro Berruguete ; retable sculpté par Esteban Jordán et Inocencio Berruguete, avec douze **tableaux*** peints de Pedro Berruguete ; treize **tableaux** de la vie de la Vierge et de la vie de sainte Lucie, par Juan de Villoldo ; Vierge à l'Enfant et Calvaire, par Alonso Berruguete, etc.

37,5 km : **Cisneros** ; village où le cardinal régent Francisco de Cisneros passa son enfance. Le retable principal de l'église San Pedro est attribué à Francisco Giralte. La chapelle, qui renferme des sépulcres gothiques, est ornée de plafonds morisques lambrissés.

➡ A 25,5 km N.-O. par la même route, **Sahagún** (→).

Palma (Ciutat de Mallorca)**

305 662 hab. — Capitale de la province des Baléares.

Palma occupe une situation privilégiée au débouché de la plaine centrale de Majorque et au S. d'une cordillère bleutée qui la protège et lui permet de bénéficier d'un climat exceptionnellement doux. L'arrivée par bateau a toujours été un spectacle inoubliable, lorsque, après avoir passé en revue, serties dans une frange d'émeraude, les ravissantes criques de la côte S.-O., grossit peu à peu cet imposant vaisseau gothique qu'est la cathédrale, à une encablure du port. Mais la vue aérienne qui s'offre aujourd'hui aux millions de touristes arrivant par charter est tout aussi fascinante : aux escarpements sauvages de la sierra succèdent les mosaïques ocre des campagnes et le déroulement régulier de la longue plage de sable blond à l'E. de Palma. La ville s'organise autour de la baie, avec les agglomérations d'hôtels du premier centre touristique espagnol, le tracé régulier de la cité moderne et la belle architecture chargée d'histoire des vieux quartiers. Palma fut en effet, au Moyen Age, l'une des cités maritimes les plus prospères de la Méditerranée. De cette époque et de celles qui suivirent jusqu'au XVIIIᵉ s., elle conserve un remarquable ensemble de monuments gothiques, Renaissance ou baroques qui

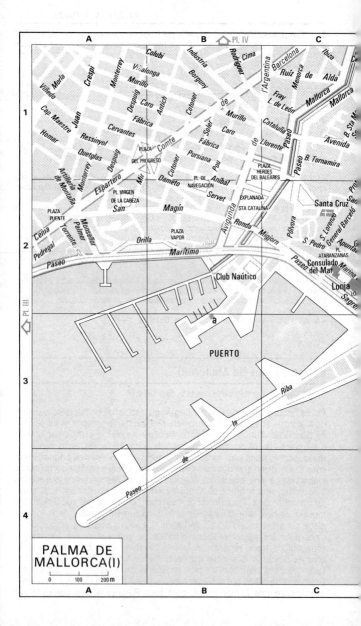

PALMA DE
MALLORCA (I)

0   100   200 m

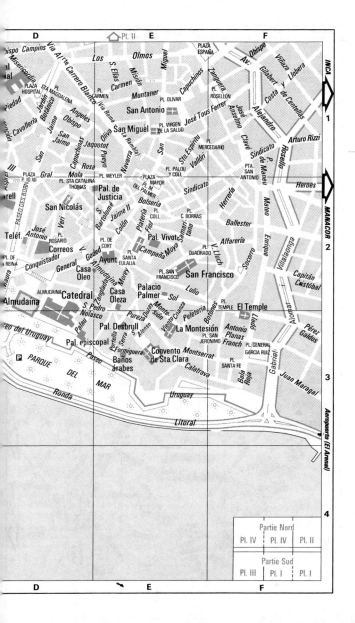

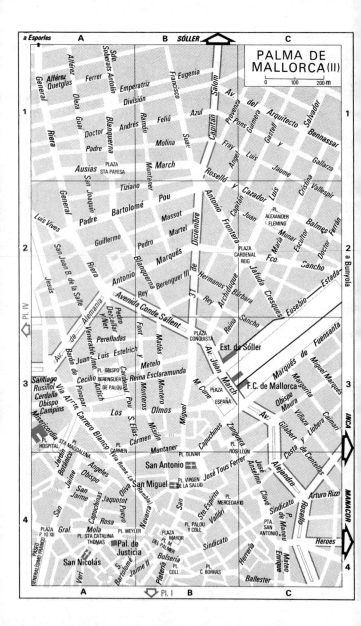

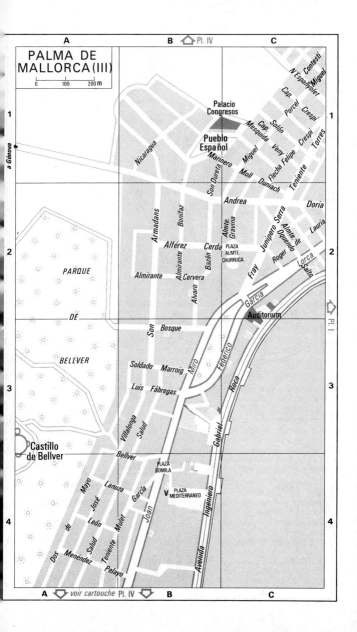

PALMA DE MALLORCA (III)

0   100   200 m

Pl. IV

a Genova

Palacio
Congresos

Pueblo
Español

Nicaragua

Marinero

Son Dureta

Armadans

Bonifaz

Alférez

Almirante

Cerda

Almirante

Cervera

Alvaro

PARQUE

DE

BELLVER

Son

Bosque

Soldado

Marroig

Luis

Fábregas

Villalonga

Salud

Bellver

Castillo
de Bellver

Mayo

José

Lanuza

García

Joan

de

León

Salud

Teniente Mulet

Dos

Menéndez

Pelayo

Miguel

Moll

Andrea

Bazán

Miguel

Veny

Flecha Felipe

Duñach

PLAZA
ALMTE.
CHURRUCA

Almte.
Gravina

Fray

Garcia

Juníper Serra

Almte.
Oquendo de

Roger

Auditorium

Miró

Federico

Roca

Cap.
Mesquida

Solón

Cap.

Porcel

N.Españoflet

Contesti

Miguel

Crespí

Crespí

Torres

Teniente

Doria

Lauria

Lorca

Salta

Gabriel

Ingeniero

Avenida

PLAZA
GOMILA

V PLAZA
MEDITERRANEO

Pl. I

A voir cartouche Pl. IV B

C

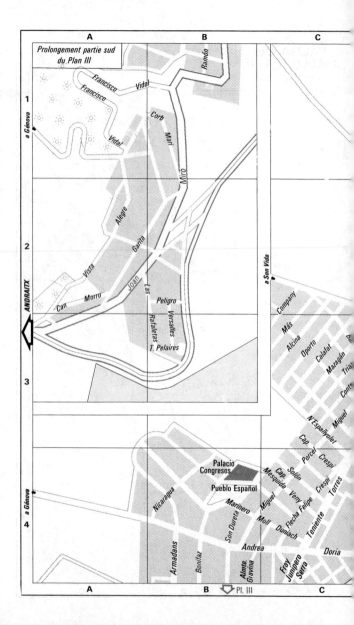

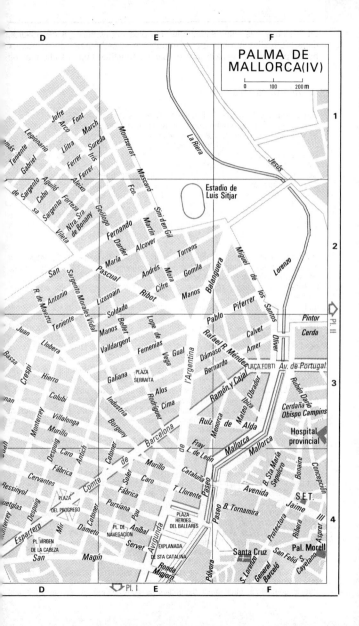

PALMA DE MALLORCA(IV)

0   100   200 m

D   E   F

Estadio de Luis Sitjar

Jofre
Arco
Font
Legionario
March
Teniente
Gabriel
Litra
Ferrer
Sureda
Iris
Ferrer
Aleixo
Ferrer
de Sargento
Aguiló
Forteza
Cabo
Sargento
Ntra. Sra.
de Bonany
Vileta

Montserrat
Mascaró
Fco.
Geólogo
Fernando
Siri d'en Gil
Martín
Dardet
Alcover
María
Pascual
Andrés
Mora
Cifre
Torrens
Gomila
San
Antonio
Sargento Morales Vidal
Lizasoain
Ribot
Manos
Belanguera
Soldado
Lope de
Pablo
Piferrer
R. de Maeztu
Teniente
Manos
Bellet
Vega
Gual
Rafael R. Mendez
Calvet
Amer
Juan
Llobera
Valldargent
Femenias
Dámaso
Bernardo
Galiana
Alós
Rodríguez
Cima
Ramón y Cajal
Ruiz
Ibiza
Cerda
Pintor
La Riera
Jesús
Miguel de los Santos
Lorenzo
Oliver
PLAÇA FORTI
Av. de Portugal
Rubén Darío
Cerdaña
Obispo Campins
Hospital provincial
Bassa
Crespi
Hierro
Colubi
Villalonga
Murillo
Industria
Borguny
Barcelona
Fray L. de León
Manacor
Mateu Obrador
de
Alda
Mallorca
Mallorca
Monterrey
Despuig
Caro
Antich
Fábrica
Cervantes
Comte
Murillo
Soler
Caro
Cataluña
Bta. María Sepúlcro
Avenida
S.E.T.
Bonaire
Concepción
Ressinyol
Despuig
PLAZA DEL PROGRESO
Fábrica
Pursiana
Pou
T. Llorente
B. Tornamira
Jaime
III
nuetglas
Mir
Coroner
Dameto
Aníbal
Servet
PLAZA HEROES DEL BALEARES
Paseo
Protectora
Ribera
San Feliú
Pal. Morell
Espartero
PL. VIRGEN DE LA CABEZA
PL. DE NAVEGACION
EXPLANADA DE STA CATALINA
Santa Cruz
S. Lorenzo
General Barceló
Cayetano
Aspreli
San
Magín
Ronda
Magín
Pólvora
Argundia

PI. I

PI. II

en fait l'une des villes espagnoles les plus attrayantes. La découverte, dans les ruelles étroites aux alentours de la cathédrale, de nombreux hôtels particuliers des XVIe, XVIIe et XVIIIe s., constitue l'un des charmes de cette ville.

La ville dans l'histoire

De Rome à la ville maure. — Fondée par Caecilius Metellus en 123 av. J.-C., Palma appartient à l'Empire romain jusqu'au Ve s., époque à laquelle elle est dévastée par les Vandales ; viennent ensuite les Byzantins (425) et les musulmans (707). Ce n'est qu'à partir de 903 que la Madina Mayurqa des Arabes devient une cité prospère. En 1114, après 8 mois de siège, les Pisans saccagent la ville, que les Almoravides repeuplent, avant d'être délogés par les Almohades en 1203. Cette longue période islamique prend fin le 31 déc. 1229 lorsque, après une dure bataille, le roi Jacques Ier d'Aragon entre dans ce qui devient alors la Ciutat de Mallorca. Pendant un siècle, la ville est la capitale d'un royaume qui comprend aussi Montpellier, le Roussillon et la Cerdagne. Grâce à son commerce avec tous les ports chrétiens de la Méditerranée, Palma connaît une période de prospérité ; on construit de nombreux palais, le château de Bellver, des couvents, des paroisses. Mais la peste noire de 1348 et la mort de Jacques III de Majorque, à la bataille de Llucmajor, vont clore cette période faste.

Un long déclin. — Les attaques des forans, paysans du reste de l'île refusant la pression fiscale de Palma, ou bien la dramatique inondation de 1403 marquent une période de décadence, malgré le luxe que la noblesse peut encore déployer dans certaines constructions, comme la Llonja. En 1521, les agermanats, artisans en révolte contre les autorités municipale et royale, perdent les quelques avantages qu'ils possèdent, et les nobles, qui profitent de la répression qui a suivi pour consolider leur pouvoir, font construire de beaux palais Renaissance ou baroques, tandis que s'accentue la misère de la population. Le XVIe s., avec les attaques des pirates et le déplacement du commerce vers l'Atlantique, voit le déclin économique de la ville, qui se protège en élevant de nouvelles fortifications et en servant de base aux corsaires.

Une lente mutation. — Au XVIIIe s., Ciutat est rebaptisée Palma par les fonctionnaires castillans qui remplacent les autorités locales. De nouveaux palais et des églises baroques sont édifiés. Vers la fin du siècle, des esprits progressistes essayent d'ouvrir l'île sur l'Europe des Lumières. Pendant la guerre d'Indépendance, les milliers de réfugiés politiques qui trouvent à Palma une terre d'asile et diffusent les idées libérales liées aux cortes de Cadix. Au XIXe s., on assiste à la lente transformation de la ville : la démolition des murailles et le nouveau plan urbain selon une disposition radiale et concentrique proposée par l'ingénieur Calvet permettant à Palma de s'agrandir, alors que le reste de l'île souffre au début de notre siècle d'une importante baisse démographique (émigration ou déplacement vers la capitale).

Palma aujourd'hui. — Avec près de la moitié de la population des Baléares, Palma est une ville moderne qui reçoit chaque année 7 millions de passagers transitant par l'aéroport de Son Sant Joan. Le trafic portuaire (2,5 millions de tonnes de marchandises) est essentiellement tourné vers les importations nécessaires à l'activité touristique. Après la guerre civile, Palma a vécu de grandes mutations. Dès 1943, le plan urbain est revu et de nouvelles artères sont créées, comme par exemple la luxueuse avenida Jaime III. Les installations portuaires de Portopí sont mises en place, reliées à l'ancien port par un large paseo marítimo. Trois autoroutes sont tracées : celle du nouvel aéroport, à l'E. ; puis celle de Palma Nova, à l'O. ; et enfin, récemment, celle d'Inca, qui dessert l'intérieur de l'île.

Si les industries traditionnelles (chaussure, textile) sont en crise, celles qui sont liées au tourisme (construction, alimentation) connaissent un essor sans précédent, ainsi que le commerce, étroitement dépendant de cette activité. Après l'engorgement qu'ont connu les plages de la baie de Palma dans les années soixante-dix, il semblerait que le secteur touristique connaisse aujourd'hui une certaine stabilisation.

Festivités. — Palma, ville de loisirs pour une partie de l'Europe, offre à ses visiteurs, tout au long de l'année, nombre de manifestations artistiques, festivals et fêtes populaires. Le calendrier est chargé. Dès le 6 janv., arrivée des Rois mages, en barque, avec distribution de jouets aux enfants. Le 19 janv., veille de la Saint-Sébastien, patron de la ville, on allume les traditionnels brasiers, et l'on chante, danse et déguste des produits locaux. Pour Carnaval, la fête de Sa Rúa donne lieu à des défilés de chars. Puis c'est la foire du jour des Rameaux. Les processions de la semaine sainte se font, depuis le XVIe s., autour du Christ de La Sang, de la chapelle de l'Hospital Provincial. Le 1er dim. après Pâques, la festa de l'Angel se déroule dans le parc du château de Bellver. Avec les beaux jours arrivent les festivals : celui de théâtre, en juin ; de jazz, en juill. ; et en août, les Serenates d'Estiu au cloître Sant Francesc (musique classique). L'année se termine par la festa de l'Estandart, en souvenir du début de la conquête de l'île, le 31 déc. 1229.

Visite de la ville

La vieille ville exige au minimum 4 h, en se limitant à l'essentiel, sans compter le temps consacré à la flânerie et aux achats dans les nombreuses artères commerçantes que vous parcourrez entre les visites des différents musées et monuments. Ceux-ci n'étant pas ouverts avant 10 h le matin et 16 h l'après-midi, il n'est pas possible d'effectuer la visite en une demi-journée. Nous vous conseillons de visiter les quartiers à l'E. du Born le matin, car c'est là que se trouvent les principaux musées et museums (cathédrale, musée de Majorque...), puis de revenir près du Born, cette promenade centrale, pour manger des plats traditionnels dans un celler ou des produits de la mer près de la Llonja. Vous pourrez ensuite visiter les quartiers à l'O. du Born et terminer par le château de Bellver. La plupart des palais du vieux Palma étant fermés au public, il est préférable de les réserver pour le matin, avant 10 h, car les portails sont souvent ouverts à ces heures-là sur d'élégantes patios.

Cette visite se faisant à pied, il vaut mieux garer votre voiture près du paseo Sagrera ou du paseo de Mallorca (plan I, C2) ou bien dans les parkings souterrains des places Rosellón (plan I, C1), Berenguer de Palou et Major (plan I, E2). Il est alors agréable, au départ de la plaça de Cort (plan I, E2) — la place de l'ayuntamiento —, de s'enfoncer dans les ruelles fraîches du vieux Palma pour découvrir, au détour d'une rue ou en débouchant sur une place, tel palais ou telle église. La zone située à l'O. du Born est en revanche moins homogène. Si les quartiers de la Llonja et du Puig de Sant Pere peuvent être parcourus à pied, la voiture ou le bus sont nécessaires pour le paseo marítimo, le Terreno et le Château de Bellver.

Si vous consacrez quelques heures à faire des achats, vous pouvez vous rendre dans les rues piétonnes qui convergent vers la plaça Major (calles Sindicato, San Miquel et Jaime II). Vous y trouverez des boutiques de vêtements et de chaussures, mais aussi des produits locaux (soubressade, ensaimadas, liqueurs) ainsi que des fruits secs ou des épices, des céramiques et verreries traditionnelles, et bien sûr de nombreux magasins de souvenirs. Sachez que le commerce de luxe est surtout concentré sous les arcades de l'avenida del Rey Jaime III.

La ville de Palma est riche en palais et monuments historiques. Toutefois, si vous ne disposez que de peu de temps, ne quittez pas la ville sans avoir vu trois chefs-d'œuvre de l'architecture gothique, caractérisés par l'élégance et la sobriété de leurs lignes : un édifice religieux, la cathédrale, un civil, la Llonja, et un militaire, le château de Bellver. Sachez aussi profiter du charme tout méditerranéen de ces ruelles sombres aux somptueux palais Renaissance ou baroques, et des larges artères bordées d'arbres qui entourent la ville basse : la Rambla, le Born, le paseo de Sagrera et celui de Mallorca. Enfin, consultez la presse locale, car il y a presque toujours à Palma des manifestations culturelles et artistiques de haut niveau. Plan général de la ville : reportez vous aux pages couleur hors texte.

1 — Passeig des Born

Au cœur de Palma, cette superbe promenade bordée de platanes, avec ses kiosques, ses boutiques pour touristes et ses bars des années trente, rythme la vie de la cité : fraîche et calme le matin, grouillante de monde en fin d'après-midi, tiède et silencieuse lorsque, tard dans la nuit, passent les derniers noctambules. Il n'en a pas toujours été ainsi. Autrefois, un torrent, **Sa Riera**, descendait la Rambla et le Born actuels pour aller se jeter dans la mer au pied de l'Almudaina. Palma était ainsi naturellement divisée en deux : la **Vila de Dalt** (ville haute) et la **Vila de Baix** (ville basse). Mais parfois, le torrent débordait, détruisait 1 700 maisons et tuait 1 500 personnes, comme ce fut le cas en 1403. Déviée à l'extérieur de la ville au XVIIe s., Sa Riera est aujourd'hui paisible, mais les lois de la gravité nous entraînent toujours vers son ancien cours, et le Born devient vite pour le touriste un point de repère rassurant au centre de la ville.

Si l'on descend vers la mer, on atteint vite la plaza de la Reina, et, au pied de l'ancienne citadelle maure, les jardins de **S'Hort del Rei**, avec les sculptures de Calder et Miró. Ce dernier a également signé l'impressionnant panneau mural en céramique du **parc de la Mar** *(plan I, D3)*, au pied des remparts de la vieille ville. Après la construction de l'autoroute littorale, cette zone était devenue un vaste terrain vague. Aujourd'hui, la mer a retrouvé les murailles et la cathédrale peut à nouveau se mirer dans les eaux calmes du lac artificiel.

2 — A l'E. du Born

Almudaina* *(plan I, D2).* — En partie occupé par la Capitainerie générale des Baléares, cet édifice, qui se signale au loin par une élégante galerie gothique (XVe s.) orientée vers la mer, est l'ancien palais des rois de Majorque, érigé par Jacques II à partir de 1309 sur le site d'une citadelle bâtie par les gouverneurs maures de Palma.

Sur le grand patio s'ouvre la **chapelle de Santa Ana** *(dim., messe à 10 h 30)* dont le **portail roman*** est l'un des rares spécimens de ce style à Majorque (à l'intérieur, **retable** peint en 1465 par Rafel Moger). L'Almudaina est actuellement utilisé par les souverains espagnols lors des réceptions officielles.

Cathédrale** *(plan I, D2).* — Construite à partir de 1230, un an après la conquête de Majorque par Jacques Ier d'Aragon, et achevée en 1601, cet admirable cathédrale gothique, qui domine les vieux quartiers de Palma, se dresse au bord des murailles, face à la Méditerranée où elle se reflète les jours de beau temps.

La Seu, comme l'appellent les Majorquins, offre, vue du port, la silhouette inoubliable de sa **façade S.**, dite du **Mirador**. Ce rectangle de 118 m de long est découpé verticalement par les alternances d'ombre et de lumière que créent de vigoureux contreforts d'où se détachent, à 40 m du sol, les courbes légères des arcs-boutants. Le **portail du Mirador*** (XVe s.), l'un des joyaux de l'architecture gothique, est l'œuvre de différents artistes parmi lesquels figurent Pere Morey et Guillem Sagrera, le talentueux architecte de la Llonja. La façade O., face à l'Almudaina, reconstruite au XIXe s. à la suite du séisme de 1851, est un pastiche néo-gothique sans intérêt. Le beau **portail de style platéresque**, œuvre de Miguel Verger (1594) a heureusement été conservé. On pénètre dans l'édifice par le **portail de l'Almoina** (de l'Aumône), situé au pied du clocher, haute tour à trois étages d'arcatures gothiques, resté inachevé au XVᵉ s. La cloche principale, N'Eloi, avec ses 2 m de diamètre, ne résonne qu'une fois l'an, le jour du Corpus.

Visite : de 10 h à 12 h 30 et de 16 h à 18 h 30 (musée et trésor). Accès payant.

A l'intérieur, l'espace que l'on perçoit est saisissant. Tout semble concourir pour mettre en valeur les jeux de l'air et de la lumière. Les dimensions, d'abord : celles de la nef centrale (19 m de large et 44 m de haut) et des nefs collatérales (10 m de large et 30 m de haut) ; ces dernières, curieusement, possèdent leur propre abside, comme dans les basiliques romanes. Ensuite, la sveltesse des deux rangées de sept **piliers octogonaux** : avec 21 m de hauteur pour seulement 1,50 m de diamètre, ils représentent une prouesse technique que l'on ne retrouve dans aucune autre cathédrale gothique. L'harmonie des proportions, la simplicité des lignes et l'absence presque totale de décoration contribuent à renforcer cette impression de légèreté de l'espace. La lumière peut alors jouer sur la pierre dorée de Santanyí, pénétrant par **cinq grandes rosaces** aux couleurs chaudes, dont la principale, au-dessus de la grande arcade de l'abside centrale, mesure 12,50 m de diamètre.

La **chapelle royale** a les proportions d'une église. En son centre, un énorme **baldaquin*** en fer forgé, œuvre de Gaudí (1912), nous rappelle que l'architecte catalan fut chargé, au début du siècle, de différents travaux dans la Seu : éclairage et déplacement des deux chaires en pierre sculptées par Juan de Salas (1531) et des 110 stalles en noyer, délicatement sculptées en style platéresque. La **chapelle de la Trinité**, qui prolonge l'abside et surplombe la chapelle royale, abrite les tombeaux des rois de Majorque et une statue de la Vierge du XIVᵉ s.

Sur le bas-côté g. (en revenant vers l'abside), vous verrez la **chapelle de Vermells**, qui donne accès à la sacristie par le portique de l'ancien chœur (1529), puis la **chapelle de la Piété**, surmontée du grand orgue de 1795, et au fond, dans l'abside, la **chapelle du Corpus Cristi**, avec un monumental retable baroque à figures en haut-relief.

Musée* et trésor*. — Dans la salle capitulaire est exposée une collection de peinture gothique où l'on remarquera un **retable*** de sainte Eulalie, exécuté par Joan Loert (1335), une sainte Marguerite de Rafel Moger (vers 1460) et un **Martyre de saint Sébastien***, d'Alonso de Sedano (1488).

Dans la sacristie, vous examinerez la **Vierge du Mirador***, une très belle sculpture gothique de la fin du XIVᵉ s., et le Rimmonim (XIVᵉ s.) de la synagogue de Cammerata (Sicile), formé par deux pommeaux destinés à soutenir le Pentateuque. Cet objet, rare et symbolique, fut réclamé il y a quelques décennies par différentes communautés juives, mais la démarche resta sans effet.

Dans la salle capitulaire baroque, de forme elliptique, est conservé le **trésor*** de la cathédrale (nombreux reliquaires, dont celui de la Vraie Croix, et deux superbes **chandeliers** en argent, ciselés par Joan Matons en 1718 et pesant chacun 243 kg).

■ **Musée diocésain***. — Derrière le chevet de la cathédrale, à dr. du palais épiscopal *(plan I, D3)*, le musée diocésain est surtout remarquable pour sa collection de peintures gothiques.

Visite : de 10 h à 13 h et de 15 h à 19 h ; accès payant.

Dans la première salle, vous remarquerez surtout le **retable de saint Paul**, attribué au maître de l'évêque Galiana (vers 1370-1380).

Dans la salle des audiences, à g., grand **retable de la Passion***, exécuté en Italie au XIIIᵉ s. Puis, **Couronnement de la Vierge***, fragment d'un grand retable attribué

à Joan Daurer (2ᵉ moitié du XIVᵉ s. ; à noter que le musée possède deux cithares identiques à celles que l'on voit représentées entre les mains de deux des anges musiciens qui figurent sur ce tableau).
Fragment d'un retable* du peintre majorquin Francesc Comes, représentant saint Jacques (la partie inférieure du tableau est le fruit d'une restauration). **Saint Georges terrassant le dragon****, pièce d'un grand retable peint par Pere Nisart et qui lui fut commandé entre 1468 et 1470. **Prédelle de saint Georges**, base du tableau précédent, figurant à dr. la conquête de Palma, exécutée par Pere Nisart, et deux autres scènes dont celle du centre est attribuée à Rafel Moger. Collection de sculptures, d'antiquités de l'époque des talayots, puniques (provenant d'Ibiza), romaines, arabes, etc.

⚓ Église Sant Francesc* *(plan I, E2).* — Sur la place de même nom, cette église gothique, construite à partir de 1281, est, après la cathédrale, l'un des monuments religieux les plus intéressants de Palma.

Visite : *de 9 h à 13 h et de 15 h 30 à 19 h ; accès payant.*

A la suite d'un incendie, la façade fut reconstruite au XVIIᵉ s. dans un curieux mélange de styles baroque et plateresque. Elle s'ouvre par un magnifique **portail**** conçu par Francisco de Herrera le Jeune (1612-1685), l'un des architectes de la basilique du Pilar, à Saragosse.

A l'intérieur, dans une chapelle attenante à la vaste nef unique de 73 m de long, se trouve le **tombeau** en pierre de Raymond Lulle. La base du monument (1448) est formée par une ligne d'animaux fantastiques supportant 7 stalles gothiques ; le gisant du bienheureux (1487) est l'œuvre de Francesc Sagrera, parent de l'architecte de la Llonja.
Le **cloître****, joyau de l'époque gothique, date du XIIIᵉ s. dans sa partie la plus ancienne. Les trois galeries hautes sont du XVIIᵉ s., tout comme le vieux puits en ferronnerie, au milieu du jardin central. C'est dans ce cadre agréable qu'ont lieu chaque été des concerts classiques, les **serenates d'estiu**.
Dans la sacristie et le musée, on peut voir un Saint François d'Assise de Martí Torner (XVᵉ s.) et un retable anonyme d'Artà, probablement du début du XIVᵉ s.

Les autres édifices religieux. — Outre la cathédrale et l'église Sant Francesc, il existe dans les vieux quartiers à l'E. du Born un certain nombre d'églises, dont la plus intéressante est celle de **Santa Eulàlia** (derrière l'ayuntamiento), construite aux XIIIᵉ et XIVᵉ s., avec une élégante nef centrale et dans la 1ʳᵉ chapelle du bas-côté dr., un retable peint au début du XVᵉ s.
Vers le milieu de la calle San Miguel, rue commerçante débouchant sur la plaça Major, l'**église de Sant Miquel** occupe l'emplacement d'une ancienne mosquée (beau **portail** gothique et statue romane de la Vierge, apportée par Jacques Iᵉʳ lors de la conquête de l'île). Presque en face, se trouve l'**église de Sant Antoniet**, avec un beau cloître de forme elliptique, œuvre de Lluís Mesquida (fin XVIIIᵉ s.), à l'entrée de l'ancien couvent aujourd'hui transformé en immeuble de bureaux.
De l'autre côté des vieux quartiers, près des murailles, on peut voir dans la calle **Montesión** l'église de même nom, propriété de l'ordre des jésuites, et qui s'ouvre par un remarquable **portail*** baroque daté de 1683. Tout près, dans la calle de Santa Ana, le **couvent de Santa Clara** représente l'ensemble de constructions monastiques le plus complet du XIVᵉ s. à Palma, bien que l'église ait été refaite au XVIIᵉ s. L'**oratoire du Temple** (au bout de la calle del Sol), ancienne chapelle d'un couvent de Templiers, est un harmonieux mélange de styles roman et gothique.

◼ **Musée de Majorque**** *(plan I, E3)*. — Au n° 5 de la calle Portella, le **palais***, construit en 1634 par le comte d'Ayamans et connu aujourd'hui sous le nom de «Ca la Gran Cristiana», abrite depuis 1975 les collections du musée de Majorque. Créé par un décret du 2 nov. 1961, le musée a hérité de différentes collections, en particulier celles de la Sociedad arqueológica Luliana et du musée provincial des Beaux-Arts. Le musée de Majorque comprend trois sections : archéologie (actuellement limitée à l'époque islamique), beaux-arts (la peinture gothique majorquine y est superbement représentée) et arts industriels (céramiques de différentes époques). Une section ethnologique existe depuis 1965 à Muro (→), volontairement décentralisée afin de pouvoir présenter ces arts et traditions populaires dans un contexte plus authentique.

Visite : de 10 h à 14 h et de 16 h à 19 h ; f. le dim. a.-m. et le lun. ; accès payant.

Section d'archéologie d'époque islamique. — Du VIIIe au XIIIe s., les Maures occupèrent Majorque, et, au XIIe s., Madīna Mayūrqa était l'une des huit villes les plus importantes d'al-Andalus, une cité prospère, aux nombreux bains et mosquées, dont Palma ne conserve pratiquement que les bases de l'ancienne Almudaina (citadelle), les bains de la calle Serra et l'arc de l'Almudaina. Situées au rez-de-chaussée du musée de Majorque, quelques salles nous permettent de découvrir des **chapiteaux** d'époque islamique, de la **céramique** (typologie et chronologie, du Xe au XIIIe s.), et de l'**art mudéjar.**

Section des beaux-arts. — Au 1er **étage,** vous visiterez une exposition de peinture qui donne à voir quelques-unes des œuvres les plus significatives de l'école de peinture majorquine de la fin du XIIIe s. au XVe s., influencée par la Catalogne et l'Italie, bien que certains peintres, tels que Pere Nisart, Gabriel Moger et Miquel d'Alcanyís n'y soient pas représentés.

Dans la *première salle* sont exposées des peintures gothiques de la fin du XIIIe s. au début du XVe s. De l'époque des rois de Majorque (jusqu'en 1349), vous remarquerez d'abord le **retable de saint Bernard,** fin XIIIe s., œuvre anonyme d'un peintre probablement catalan, influencé par l'école de peinture du S. de la France, ainsi qu'une **Vierge à l'Enfant** du maître d'Alaró et le **retable de sainte Quiteria,** du peintre et miniaturiste Joan Loert, maître des Privilèges, tous deux influencés par la peinture italienne. A partir de la 2e moitié du XIVe s., Majorque appartient au royaume d'Aragon, et le courant catalan réapparaît avec une **Crucifixion,** partie d'un retable commandé en 1353 à Ramon Destorrents par le roi Pierre IV (remarquez les zones grisâtres qui accentuent l'expression des visages, trait caractéristique de l'œuvre de ce peintre). Du maître de l'évêque Galiana (fin XIVe s.), vous examinerez deux retables : d'abord celui des **saintes Lucie et Marie-Madeleine,** dont les deux grandes figures centrales assez endommagées furent découvertes au cours d'une restauration sous des peintures de la fin du XVIe s. ; ensuite celui de l'**Annonciation***, qui trahit un retour à l'influence italienne, après quelques décennies marquées par le prestige de R. Destorrents et des frères Serra.

Attribuée au maître de Castellitx, la **prédelle de sainte Ursule** est une œuvre du début du XVe s. ; au-dessus d'une frise de médaillons tréflés figurant des apôtres, se trouvent des scènes de la vie de sainte Ursule avec le départ de la sainte et de ses suivantes *(à g.),* leur réception par le pape Cyriaque *(au centre)* et le martyre de la sainte (fragmentaire ; à dr.).

De la même époque, vous verrez deux tableaux d'un retable du maître de Montesión (**Résurrection et Pentecôte**). Légèrement antérieur (fin XIVe s.), le grand **retable de saint Nicolas, saint Antoine et sainte Claire** pose des problèmes quant à son attribution : certains critiques reconnaissent l'intervention de trois peintres différents. Ainsi, pour Ch. R. Post («A history of Spanish Painting», vol. III), la figure centrale (saint Nicolas) aurait été exécutée par le maître de l'évêque Galiana, et le tableau de saint Antoine, à g., par le maître de Castellitx. Quant à sainte Claire, elle aurait été peinte, selon G. Rosselló Bordoy, par un troisième artiste, désigné sous le nom de maître de sainte Marguerite.

Dans le *deuxième salle :* collections de sculptures en bois, polychromes ou non, en pierre, des fragments d'architectures du XIIIᵉ s. au début du XVIᵉ s., et des emblèmes héraldiques.

Dans la *troisième salle,* vous verrez des peintures gothiques de la fin du XIVᵉ s. et du XVᵉ s. De Francesc Comes, Valencien installé à Majorque (actif entre 1379 et 1415), sont exposées deux œuvres, un **Saint Georges***, tableau central d'un grand retable disparu, où l'on retrouve le dessin des yeux si particulier à cet artiste, et un **retable de Na Sa de Gracia et de saint Vincent martyr.** Exécuté par un auteur anonyme dans le style de F. Comes, l'**Annonciation de la Mort à la Vierge** est le tableau latéral d'un grand retable auj. disparu. Du maître des Prédelles (milieu XVᵉ s.), vous verrez trois œuvres : un **retable de saint Bernard et saint Onufre***, une **vie de sainte Marguerite et un saint Onufre.** De la fin du XVᵉ s., des œuvres de Rafel Moger (une très belle **Vierge du Saint Novice***) et de Martí Torner, un artiste qu travailla surtout à Valence (**Sainte Anne, la Vierge et l'Enfant Jésus,** et un **Archange Gabriel).**

Deux autres salles sont réservées à la peinture des XVIᵉ-XVIIIᵉ s., avec des œuvres provenant de Majorque, mais qui sont loin de présenter l'intérêt des peintures gothiques. (Vous remarquerez la **Multiplication des pains,** tableau de grandes dimensions de Joan Bestard, début XVIᵉ s.).

Deux salles sont consacrées aux collections de **céramiques** de la fin du XIIIᵉ s. jusqu'au XVIIIᵉ s., qui furent trouvées à Majorque, mais de provenances très diverses (Majorque, Catalogne, Manises, Italie). Les séries en vert et manganèse de la fin du XIIIᵉ s. et à reflets métalliques, des XVIᵉ et XVIIᵉ s., comptent parmi les plus remarquables.

Le 1ᵉʳ étage se termine par deux salles de **gravures** majorquines du XVIIIᵉ s. A l'étage supérieur, vous remarquerez des **céramiques** de la fabrique de la Roqueta, qui produisit à Majorque, entre 1897 et 1918, des pièces d'une excellente qualité, influencées par la céramique traditionnelle, ou directement inspirées de l'art nouveau.

Bains arabes *(plan I, E3 ; ouv. de 10 h à 12 h et de 16 h à 18 h ; f. dim. a.-m.).* — Derrière le musée de Majorque, au n° 7 de la calle Serra, ces anciens bains témoignent d'une présence musulmane qui a duré plusieurs siècles. Probablement construits au début du Xᵉ s., ils ont la forme d'un édicule à coupole reposant sur huit colonnes et constituent l'un des rares vestiges d'architecture antérieure à la conquête de l'île que l'on puisse encore voir à Palma.

Ayuntiamiento *(La Sala ; plan I, E3).* — Sur la plaça de Cort, point de confluence des rues commerçantes du vieux Palma, se dresse la façade du XVIIᵉ s. de l'ayuntamiento, très restaurée à la suite de l'incendie de 1894, et surtout remarquable par l'**auvent** de son toit sculpté en 1680 par Gabriel Torres, qui s'avance à plus de 3 m du corps de l'édifice. A l'intérieur est exposé un martyre de saint Sébastien (patron de Palma), attribué à Van Dyck. Le bâtiment néo-gothique contigu est celui du **Consell Insular de Mallorca,** constitué en 1979 ; il abrite une importante bibliothèque sur des thèmes majorquins.

Carrer de sa Plateria *(plan I, E2).* — En espagnol, calle Platería, rue de l'orfèvrerie. Près de la plaça Major, cette petite rue tient son nom du nombre important de bijouteries qui s'y trouvent. Mais derrière les façades, les artisans qui travaillent depuis des siècles l'argent et l'or ont une histoire, souvent tragique.

Ces descendants des juifs convertis au XVᵉ s., appelés à Majorque « xuetes », ont vécu dans cette île, si longtemps repliée sur elle-même ; un racisme dont les catholiques majorquins ne se vantent guère. Ceux-ci leur interdisaient d'habiter en dehors du Call, le quartier juif dont la calle Platería était le centre. Identifiés par leurs patronymes (Aguiló, Forteza, Fuster, Pomar, etc.), les xuetes ont fait l'objet de manifestations hostiles — parfois sanglantes — dont les séquelles se font encore sentir à travers les moqueries dont ils restent victimes. Mais dans cette île dont le destin dépend essentiellement du tourisme, la situation semble évoluer : ce sont maintenant les travailleurs saisonniers, surtout andalous, attirés par le gâteau touristique dont ils n'auront que les miettes, qui ressentent le plus cette xénophobie insulaire.

Les vieux palais. — Il existe, dans les ruelles autour de la cathédrale, de nombreux palais, dont les portes presque toujours fermées à cause des vols s'entrouvrent cependant le matin sur de beaux patios à portiques.

En descendant la **calle Almudaina**, rue coupée par une arcade à mâchicoulis, reste de l'ancienne enceinte arabe, vous verrez, au n° 8, **Can Oleo** (XVᵉ s.), palais avec un bel escalier gothique supporté par une arcade. Vous débouchez sur la calle Morey. Au bas de cette rue, sur la g., **Can Olesa***, maison gothique agrandie au XVIᵉ s., présente un délicieux patio avec un puits à ferronnerie et des fenêtres Renaissance. On trouve là les transformations qui ont marqué ces demeures patriciennes à partir du XVIᵉ s. : ouvertures plus grandes et rectangulaires ; escalier monumental conduisant à la loggia ; décoration plateresque.

Continuez par la **calle Portella** (où se trouve le musée de Majorque), qui se termine par la porta de la Muralla, percée dans le rempart ; à dr., le **palais du marquis de la Torre** *(au n° 14),* bel édifice baroque que l'on peut visiter, car c'est actuellement le siège du collège d'architectes des Baléares, et un lieu d'expositions temporaires en rapport avec l'architecture. En face, au bout de la calle Formiguera, se trouve **Can Formiguera**, où vivent les descendants d'un noble légendaire, el comte Mal.

Il existe dans ces quartiers trois autres palais d'époques Renaissance et baroque. Au n° 7 de la calle del Sol, le **palais du marquis de Palmer***, datant de 1566, présente une magnifique façade Renaissance surmontée d'un auvent (vestibule couvert d'un plafond à caissons). Le **palais Vivot****, au n° 2 de la calle Zavellá, construit en 1717, possède un grand patio aux colonnes de marbre rouge, et une ancienne cour avec une terrasse décorée de bustes d'empereurs romains. Les appartements, avec des plafonds peints et des tapisseries flamandes, sont tout aussi somptueux. Le **palais de justice** de la plaza Weyler *(plan I, E2)* est installé dans **Can Berga**, vaste demeure patricienne du début du XVIIIᵉ s., avec une imposante façade aux lourds balcons de pierre, et un vaste patio à portique.

A l'O. du Born

Églises et palais de la ville basse. — En haut du Born, laissez à g. l'**avenida del rey Jaime III**, cette luxueuse artère commerciale, pour monter par la **calle San Jaime**, rue bordée d'hôtels particuliers et qui a conservé tout le caractère aristocratique qui fut le sien au XVIIIᵉ s. A dr., l'**église Sant Jaime** *(plan I, D1),* à une seul nef, fut fondée par les rois de Majorque au XIVᵉ s. Au bout de la rue, sur la g., vous pourrez monter à l'**Hospital provincial**, fondée au XVᵉ s. par la réunion de plusieurs hospices. En face de l'entrée, sur la place de l'hôpital, s'ouvre une chapelle du XIIIᵉ s., surtout intéressante pour le **Santo**

Cristo de la Sangre, Christ du XIVe s., richement vêtu, et une curieuse crèche de 1565.

Retournons au Born. A quelques mètres de là, calle San Gaeta, le **palais Solleric***, avec son patio et son escalier d'une belle élégance, est l'un des plus séduisants exemples de demeures seigneuriales majorquines du XVIIIe s. Il possède une façade avec une galerie à l'italienne qui donne sur la promenade du Born. Restauré depuis peu, il abrite à présent le musée d'Art contemporain de la ville de Palma.

Au bout de la calle San Gaeta se trouve la **calle Montenegro.** A l'entrée de la rue, le **palais Montenegro** conserve son patio et sa façade du XVIIe s. avec le blason de cette puissante famille majorquine. Plus bas, à l'angle de la **calle San Juan** et de la **calle Apuntadores** (petits restaurants, bars et boîtes de nuit), l'ancien palais de **Can Marcell,** dont les arcades convergent vers un pilier central, est devenu aujourd'hui un bar à la mode dans un décor baroque à souhait.

En suivant la **calle Apuntadores,** on arrive à la **plaza Atarazanas,** autrefois fréquentée par les gens de la mer, puis dans les années soixante-dix par une jeunesse aux cheveux longs qui avait trouvé au pied du **Puig de Sant Pere** ce vieux quartier de pêcheurs devenu insalubre et misérable, un excellent lieu de rencontre. Aujourd'hui, le quartier est en cours de restauration.

De là, en rejoignant la Llonja, on peut suivre le **paseo marítimo.** Les **moulins à vent** que vous verrez au-dessus du paseo sont ceux du quartier de **Jonquet ;** ils abritent aujourd'hui des boîtes de nuit. Plus loin, entouré d'hôtels luxueux, l'**auditorium** de Palma, inauguré en 1969, est l'œuvre de Marcos Ferragut, un homme d'affaires majorquin qui a mis toute sa fortune dans cette noble entreprise. Le résultat est une grande salle de concert, à l'acoustique excellente, et qui permet à la ville de Palma d'accueillir les meilleurs orchestres et d'organiser les plus grands spectacles.

Presque au bout du paseo Marítimo, sur la dr., le **quartier du Terreno,** au pied du château de Bellver *(plan III, A3),* est connu mondialement pour ses bars, discothèques et salles de spectacles. C'est là, autour de la **plaza Gomila** *(plan III, B4),* que vit Palma la nuit : lieu bruyant et cosmopolite né avec et pour le tourisme.

Llonja** *(plan I, C2).* — Sur le **paseo de Sagrera,** face à la mer, cette ancienne bourse des marchands constitue l'un des chefs-d'œuvre de l'architecture civile gothique. La construction, décidée peu après la conquête par Jacques Ier pour répondre aux nécessités du commerce, ne débute qu'en 1426, sur des plans du Majorquin Guillem Sagrera, l'architecte du Castelnuovo de Naples et de la cathédrale de Perpignan.

L'édifice, qui porte à chaque angle une tour octogonale, est couronné par une série de grands merlons qui lui donnent un air faussement agressif. En réalité, ici tout n'est qu'élégance, comme celle des ouvertures gothiques admirablement mises en valeur par une restauration récente, ou celle de l'ange qui orne le tympan du portail principal. A l'intérieur, dans une belle salle de 40 m sur 28, six colonnes en spirale rappellent par leurs ogives qui s'élancent comme les feuilles d'un palmier, ces mêmes arbres que l'on retrouvera en sortant sur la promenade du bord de mer.
La Llonja sert aujourd'hui de cadre aux expositions qu'organise le Consell General Interinsular.

Consolat de mar *(plan I, C2).* — L'édifice de cet ancien tribunal de commerce maritime, créé au XVIIe s., est remarquable par la belle galerie supérieure formant loggia, avec des arcs en anse de panier et un plafond à caissons. On y a installé la présidence du gouvernement régional des îles Baléares.

Château de Bellver** *(plan III, A3).* — Admirablement situé sur une colline boisée, il fut construit à partir du début du XIVe s., sous le règne de Jacques II (1276-1311), et achevé peu après sa mort, en un temps relativement court, ce qui explique sa parfaite unité de style et la simplicité de son plan. Celui-ci, dû à l'architecte Pere Salvà, est des plus originaux puisqu'il comporte une enceinte rigoureusement circulaire renforcée de tours. Érigé pour servir de refuge aux rois de Majorque en cas de danger, ce château témoigne cependant de préoccupations esthétiques dans son aménagement intérieur, en particulier dans sa cour, également de plan circulaire, à deux galeries superposées, aux arcs d'une rare élégance.

Visite : ouv. t.l.j. de 8 h au coucher du soleil. Accès en voiture ou en autobus jusqu'au Terreno n° 3 à partir de la plaza de la Reina.

Le château, assiégé en 1521 par les agermanats en révolte contre le pouvoir royal, servit ensuite de prison pendant plusieurs siècles. Le philosophe et homme politique Jovellanos y fut incarcéré de 1802 à 1808. Ce devait être, peu de temps après, le tour des prisonniers français de la guerre d'indépendance. Les touristes français qui visitent Bellver aujourd'hui en gardent le meilleur souvenir : celui de l'admirable **point de vue*** sur la baie de Palma, la plaine centrale et la chaîne de montagnes qui forme au N. une barrière naturelle contre les agressions climatiques.

Au pied de la colline de Bellver, le **pueblo Español** *(plan III, B-C1),* comme son homonyme de Barcelone, est un ensemble de constructions reproduisant quelques-uns des monuments les plus caractéristiques d'Espagne, comme la fameuse cour des Myrtes de l'Alhambra de Grenade. En face du village, et pour rester dans le domaine de l'imitation servile, le palais des congrès possède un faux amphithéâtre romain de 1 000 places.

Environs. 1 — Sa Cabaneta *(11,5 km N.-E. en direction d'Inca ; au km 9,5, prendre à dr.).* — Village connu pour les figurines en terre cuite que l'on y fabrique, les **siurells.** D'origine médiévale, ce sont des sifflets en argile, blanchis à la chaux et décorés de taches rouges et vertes. Ils représentent l'imaginaire paysan : l'homme et la femme, le taureau, le diable aux longues cornes, le cavalier... On les vendait autrefois dans les foires, comme jouets pour les enfants. Aujourd'hui, les siurells, expression authentique d'un art populaire majorquin, ont perdu leur fonction ludique pour devenir de simples objets décoratifs.

2 — Can Pastilla *(7 km S.-E.).* — Près de 220 hôtels ont été construits ce dernier quart de siècle le long de cette grande plage de sable fin, et dont certains ont déjà été transformés deux ou trois fois. Le manque de planification est flagrant : pour aller de l'hôtel à la plage, il faut traverser une route à quatre voies, très dangereuse en été, lorsque la station balnéaire atteint son seuil de saturation.

Derrière cette plage réservée au tourisme de masse, le **prat de Sant Jordi,** ancienne étendue marécageuse asséchée au siècle dernier, est aujourd'hui une magnifique zone maraîchère, qui a été longtemps irriguée par des moulins à vent.

3 — Cala Major *(2 km S.-O.).* — Côte rocheuse avec quelques petites criques de sable. Cette station n'est en fait qu'une agglomération d'hôtels et de villas.

➡ Au-dessus, sur les derniers contreforts de la sierra Burguesa, le charmant village de **Gènova,** qui domine Cala Major, possède de belles grottes, de taille relativement modeste mais qui offrent de remarquables concrétions de calcite d'une blancheur immaculée ou teintées de rouge. *(Temporairement fermées. Contacter l'office du tourisme pour connaître la date d'une éventuelle réouverture.)*

4 — Establiments *(6 km N.-O.).* — C'est ici, au domaine de Son Vent, que George Sand et Frédéric Chopin vécurent quelque temps, avant leur installation à Valldemossa.

George Sand et l'archiduc. — Durant son hiver dans ce qu'elle appelait l'« île aux singes », G. Sand se forgea une idée bien particulière du paysan majorquin : « Il n'est pas plus haïssable qu'un bœuf ou un mouton, car il n'est guère plus homme que les êtres endormis dans l'innocence de la brute. » Elle ressentait face à eux « le sentiment d'une supériorité intellectuelle et morale » qui lui permettait d'apprécier pleinement le « spectacle de la nature ». L'archiduc d'Autriche, qui séjourna dans la même partie de l'île, consacra près de cinquante années de sa vie à étudier la langue et les coutumes des Majorquins. Les neuf volumes de son « Die Balearen » essaient de décrire avec des critères positivistes les îles Baléares, d'un point de vue social, historique, économique, culturel... L'archiduc (à l'inverse de G. Sand et de ses écrits insultants) est toujours très populaire aujourd'hui dans l'île.

➡ Autour du village, deux autres domaines sont les témoins d'une époque où l'aristocratie citadine possédait de luxueuses résidences d'été autour de Palma : **Sarrià**, édifiée au XVIIᵉ s., et **Son Berga**, une villa du XVIIIᵉ s. dans un beau parc.

Palma (île de La)***

80 000 hab. — Province de Santa Cruz de Tenerife (Canaries).

Au N.-E. de Tenerife, l'île de La Palma (728 km²) fait partie de la province occidentale des Canaries et occupe dans l'archipel le troisième rang en importance démographique et commerciale. Certains lui donnent le premier rang pour l'extraordinaire beauté de ses paysages et, entre tous, le fameux cratère dit Caldera de Taburiente, le plus grand du monde (9 km de diamètre), si l'on excepte celui de Las Cañadas del Teide, incomplet. Les étonnants paysages volcaniques où la vigne pousse dans la lave de la côte O., le charme très original de Santa Cruz de La Palma et de ses environs, justifient cette réputation de « isla bonita » (île jolie).

Vue d'avion, l'île a la forme d'une feuille verte posée sur l'Océan, longue de 47 km, large de 22 km en sa partie N., la plus étendue. Les versants du cratère central sont couverts de splendides forêts de pins sur les pentes supérieures et de cultures en dessous. Le versant O., en revanche, appelé le Malpaís, est presque entièrement recouvert de coulées de lave et celui du N., raviné par de nombreux barrancos, est encore difficilement accessible. L'île produit quantité de fruits : bananes, raisins, amandes, tomates et plusieurs variétés de fruits exotiques. On y fabrique des cigares dont le tabac provient de semences havanaises. Les femmes brodent à domicile des tapisseries au point d'aiguille.

Un peuple fier, violent, agile... — La Palma, surgie des abîmes de la mer sous la poussée de l'écorce terrestre, à une époque indéterminée, est peuplée par une race guanche un peu différente de celle des autres îles ; moins exposées que dans les autres îles de l'E. au métissage, les tribus locales se donnent, au temps de la conquête, le nom de Houarythes et forment « un peuple fier, violent, agile, amoureux et d'entendement aigu », de type physique proche de celui des Celtes et des Basques. En 1443, les Espagnols sont une première fois repoussés. En 1492, Alonso Fernández de Lugo, qui vient d'achever la conquête de la Grande Canarie, attaque La Palma avec une troupe d'auxiliaires de l'île voisine de Gomera, qui lui sont d'une inestimable utilité. Après sept mois de dures campagnes, l'île est prise mais les guerriers survivants et leur chef, le prince Tanausu, combattent jusqu'au milieu du cratère, autour du roc sacré Idafe. Tanausu, fait prisonnier, et fidèle aux traditions de suicide de sa race, se laisse mourir de faim avant d'atteindre l'Espagne.

En 1553, le corsaire français Sombreuil, dit Jambe de Bois, attaque la ville de Santa Cruz avec 700 hommes. C'est au XVIIe s. le port le plus important de tout l'archipel ; en 1743, La Palma repousse l'amiral Winton.

Santa Cruz de La Palma

Capitale de l'île, Santa Cruz est un charmant petit port, aux maisons, roses et blanches pour la plupart, qui s'étagent au flanc d'une haute colline, près d'une falaise. Sa population s'élève à 16 163 hab. Grâce à l'exportation de canne à sucre et à l'industrie navale, Santa Cruz était au XVIe s. un des grands ports espagnols.

Du port, où vous laisserez à dr. l'avenida Marítima, montez entre de vieilles maisons arborant des blasons, jusqu'à la charmante **plaza del Ayuntamiento**, où se dresse le **palais municipal,** de style Renaissance (1563). En face, **église San Salvador,** fondée au lendemain de la conquête. Beau **plafond*** artesonado. Remarquez aussi la voûte gothique de la sacristie *(ouv. de 8 h 30 à 13 h et de 16 h à 20 h 30).*

De la place de la Mairie, allez à la jolie **place de Santo Domingo.** Dans la chapelle de l'ancien couvent, beaux autels baroques.

Par de petites rues calmes, pavées de galets sertis d'herbe, bordées de maisons anciennes, à grands balcons à miradors croisillonnés, vous visiterez les autres églises, qui ont souvent de beaux plafonds peints comme à Tenerife. Dans l'**église San Francisco,** on peut voir une statue à vêtir du Cristo de la Caída, par le Sévillan Benito de Hita y Castillo, l'auteur de la fameuse Vierge de la Macarena, qui l'exécuta en 1752.

Fêtes : on célèbre le carnaval, la Santa Cruz (3 mai), la Bajada de la Virgen (en juil., tous les 5 ans).

La Caldera de Taburiente***

Au cours de cette excursion, vous découvrirez la curiosité majeure de l'île et l'une des plus belles de tout l'archipel ; si vous ne disposez que d'un temps limité, vous gagnerez directement la Caldera en suivant la route de Los Llanos, à partir du km 7,5 ci-après.

Route : circuit de 107 km, demandant au minimum 5 ou 6 h.

Deux routes quittent Santa Cruz vers le S. et se rejoignent un peu au-delà du barranco Aduares. La route inférieure longe la côte, puis monte en lacet vers Breña Baja (nombreuses petites calanques aux eaux limpides). Prenez plutôt la route supérieure vers Los Llanos et la Caldera, qui se détache de la première à dr. à la sortie de la ville et qui grimpe le long d'un ancien cratère au-dessus de la ville et du port, à travers des plantations d'eucalyptus, des vergers et des vignobles.

7 km : **Buenavista.** A *1,5 km* à g., mirador d'où vous découvrirez une **vue*** superbe sur le port ; petit oratoire de la Virgen de la Concepción.

7,5 km : laissez à dr. la route de Los Llanos.

9 km : **Breña Alta,** où se dressent une église Renaissance et des ermitages baroques.

10,5 km : traversée du **barranco Aduares.**

13 km : laissez à g. la route de Breña Baja qui mène également à l'aéroport.

17 km : **Mazo,** mirador sur la côte.

➡ Sentier à g. qui descend vers la **grotte de Belmaco,** résidence du dernier roi de Todote, où furent trouvées deux pierres gravées de signes pictographiques non déchiffrés, peut-être les arbres généalogiques des menceys locaux.

Entrée dans l'étrange région du **Malpaís**, coupée d'énormes coulées de lave où poussent, dans des cavités creusées artificiellement, des vignes qui donnent le meilleur vin de l'île et qui sont issues des anciens ceps de Malvoisie, acclimatés au xvie s.

31 km : **Fuencaliente**, grosse bourgade viticole. A *1,5 km*, église San Antonio, au-dessus d'un volcan, dans un **site** admirable. Vous longerez ensuite le versant O. de l'île en découvrant de remarquables **panoramas**** sur la côte que vous dominerez d'une grande hauteur.

45 km : **San Nicolás de las Manchas**, village qui fut en partie détruit par un torrent de lave en 1949.

50 km : **Tajuya**.

↦ A *4 km*, **Los Llanos de Aridane** (15 311 hab.; alt. 350 m), au centre de la riche vallée d'Aridane, où l'abondance des eaux captées dans la montagne permet des cultures intensives de bananier, d'amandier et de figuier. Magnifiques paysages.

↦ A *5 km*, **Tazacorte**, gros village situé près de *(2,5 km)* **Puerto de Tazacorte**, petit port naturel dominé par de hautes falaises noirâtres.

La route de Puntagorda, qui escalade par une série de lacets le flanc N. du barranco de las Angustias jusqu'à la hacienda del cura, à l'entrée de la Caldera, mène à la haute falaise d'El Time, à *10 km*, d'où s'étend un beau **panorama*** sur une mer de bananiers. De la hacienda del cura, la Caldera peut être atteinte à pied en suivant l'atarjea (conduite d'eau) jusqu'à la ferme du centre. A *20 km* de la route principale, enfin, se trouve **Tijarate**, village dont l'église fut fondée en 1588 (retable).

Au niveau de la mer, la Cueva Bonita rappelle celle de Capri par ses jeux de lumière.

54 km : **El Paso** (5 844 hab.; alt. 644 m), village parmi des vergers.

56 km : prendre une piste carrossable, à g., qui permet de s'approcher de la **Caldera de Taburiente***** en traversant une contrée jonchée de grands blocs de lave, puis en remontant des barrancos desséchés entre des pins pareils à des prêles gigantesques, des troncs à demi calcinés, jusqu'à *(10 km)* **La Cumbrecita**, à 1 833 m d'alt., d'où l'on découvre l'abîme de la Caldera. Là, au cœur d'un chaos prodigieux de rocs et d'arbres, la vue plonge depuis les hautes murailles, qui culminent à 2 423 m, au roque de los Muchachos, jusqu'au fond du cratère, à 402 m au-dessus du niveau de la mer où l'on discerne quelques petites maisons blanches entourées de cultures. L'extérieur du cratère est fait de roches basaltiques, mais on trouve à l'intérieur des dépôts d'hypersthénite, roche très rare aux Canaries, et du minerai de cuivre.

Il semble que le cratère primitif se soit rempli d'eau, dont la masse, en brisant la paroi O. à la suite d'un séisme, se rua vers la mer en ouvrant la trouée du barranco de las Angustias, le ravin des Angoisses. C'est au fond de la Caldera que Tanausu et son peuple se réfugièrent autour du roc sacré Idafe, vers la fin de la conquête de l'île par les Espagnols. Une prophétie assurait qu'Idafe tomberait quand l'île serait prise. Idafe tomba sur les derniers défenseurs.

62 km : tunnel, à environ 1 000 m d'alt., sous l'arête faîtière de l'île.

73,5 km : prenez à g.

74 km : **Buenavista**, d'où vous vous dirigerez vers Las Nieves.

78,5 km : **Las Nieves**, où vous visiterez une **chapelle**, érigée au xvie s., qui s'ouvre par un joli portail en pierre rousse et basalte ; elle abrite la statue de Nª Sª de las Nieves, patronne de l'île, portée en procession tous les 5 ans jusqu'à la nef en ciment, à l'entrée du barranco, puis à l'église del Salvador, où elle reste un an.

87 km : **Santa Cruz de La Palma.**

La route du N.**

Sortie de Santa Cruz de La Palma en direction du N., par une route qui s'élève taillée en corniche sur une falaise. La lave fait place à des roches ocreuses et à des *terres rougeâtres. Très belles vues*** *sur la côte et les ravins envahis par une végétation dense.*

15 km : La Galga. Un sentier à g. monte, dans un paysage de grands lauriers, de châtaigniers et de prés fleuris, jusqu'au **vallon du Cubo de la Galga***, bruissant de cascades.

▪→ A *9 km,* **San Andrés***, beau village oublié qui conserve dans son église un beau plafond mudéjar.

28,5 km : **Los Sauces,** le grand centre agricole de l'île. L'**église** renferme des fonts baptismaux en céramique vernissée verte de la fin du xve s., provenant d'Andalousie.

35,5 km : **Barlovento** (2 772 hab. ; alt. 577 m), producteur de bananes, de fruits et de pommes de terre.
De là, une piste sinueuse, assez difficile (la C 830 sur une vingtaine de kilomètres), vous permettra de faire le demi-tour de l'île en rejoignant Puntagorda.

68,5 km : **Puntagorda. Paysage**** d'une grande beauté, vues sur la côte N.-O.

88,5 km : **El Time** et **Tazacorte** (→ La Caldera, km 50).

108,5 km : **Puerto de Naos,** petite ville touristique (plage de sable fin noir) à laquelle on accède par une descente pittoresque à travers les champs de lave et les bananeraies.

Palma del Condado

Huelva, 41 km. — Séville, 53 km.
8 670 hab. — Province de Huelva (Andalousie).

Centre géographique et économique de la région du Condado de Huelva, dans une vallée, sur la route des vins et au cœur de la riche campagne « onubense » (adjectif qui signifie « de Huelva »). C'est au temps de Rome qu'apparaissent les premières allusions à son nom (vestiges de nécropoles, céramique, monnaies). De l'occupation arabe, elle a gardé des restes de forteresse, des gros murs d'ardoise (près du pont sur le río Tinto) et des meules de moulin.

Fêtes. — En mai, cruces de Mayo avec défilés de chevaux, chars décorés ; à l'occasion de ces festivités, on peut déguster les habas con pollo (fèves au poulet). Le 15 août, Virgen del Valle.

Allez voir la **plaza de España** et l'**église San Juan Bautista** (xvie s.), de style plateresque. Porte décorée d'**azulejos** des **Casas Consistoriales** (collection d'œuvres du peintre sévillan Santiago Martínez). Ayuntamiento au portail décoré d'azulijos.

Environs. 1 — Niebla *(11,5 km O. par la N 431 ; 4 191 hab.).* — Sur la rive dr. du río Tinto, l'ancienne Llipula des Ibères, siège d'un évêché au temps des Wisigoths puis capitale d'un petit émirat, prise par Alphonse X de Castille après un siège de six mois (1257). **Enceinte** renforcée de tours carrées ; l'**alcázar** fut ruiné lors de l'occupation française. En ville, **église Santa María de la Granada,** sanctuaire mozarabe (portails des xe et xie s.), converti en mosquée par les Almohades (xiiie s.), puis à nouveau en église qui fut remaniée en style gothique au xve s. Ruines de l'**église San Martín,** de construction mauresque (dans la Capilla Mayor, fresque très abîmée de saint Martin de Tours, du xve s.). Hôpital de Santa María édifié entre le xve et le xviiie s..
Fêtes : patronales (9 jours après le 2e dim. de sept.) ; feria du bétail (1er-3 nov.).

2 — Villalba del Alcor (*8 km E. par la N 431* ; 3 960 hab. ; alt. 162 m). — L'église San Bartolomé est surtout intéressante pour son architecture, où l'on retrouve des restes d'une construction d'époque almohade (azulejos anciens dans la travée de la croisée, couverte d'une coupole, dans la sacristie, peinture murale du XVIe s., représentant le Calvaire). Maisons nobles mudéjares, gothiques et baroques ; moulin del Diezmo (XVIIIe s.).

3 — Bollullos* (*7 km S. par la H 612* ; 14 000 hab.). — Ruines romaines et, surtout, près de **40 caves** où vous pouvez acheter les vins de la région. Palais baroques, église de Santiago, mudéjare.
Fêtes : romería de San Sebastián (20 janv.) ; San Antonio (12-13 juin) ; Saint-Jean (23-24 juin) ; foire agricole et artisanale (24 sept.).

4 — Almonte (*16 km S.* ; 12 000 hab.). — Au cœur d'une région riche en céréales, vignobles, primeurs, arbres fruitiers et oliviers. La ville conserve les monuments du XVIIIe s., quelques belles maisons et de vieux moulins.
➜ A *15 km S.*, **sanctuaire d'El Rocío**** (➜).

Pampelune* (Pamplona)

Saint-Sébastien, 87 km. — Saragosse, 180 km.
183 126 hab. — Capitale de la province de Navarre.

Cité en pleine croissance économique et industrielle, Pampelune se développe autour des pittoresques quartiers médiévaux qui enserrent la cathédrale, sa principale curiosité avec le musée de Navarre.

La ville dans l'histoire

De Pompée à Charlemagne. — On attribue la fondation de Pampelune à Pompée (106-48 av. J.-C.) qui choisit l'escarpement formé par l'Arga pour y établir une garnison romaine. Conquise par les Francs, les Goths puis les Maures, ses murailles sont renversées par Charlemagne. Les Navarrais ripostent en anéantissant son arrière-garde à Roncevaux.

Une époque florissante. — A la fin du XIe s., la ville prend un nouvel essor. Étape sur la route de Saint-Jacques, son activité commerciale et artisanale se développe fortement grâce à l'afflux des pèlerins. Trois quartiers se forment : la Navarrería — la ville ancienne peuplée de gens de la terre —, le bourg Saint-Sernin — peuplé de Francs et de marchands venus nombreux des environs de Toulouse — et la Población de San Nicolás. Indépendants les uns des autres, ils possèdent chacun leur église et leurs remparts. Mais leur entente ne dure guère et ils ne cessent de s'affronter jusqu'en 1423, date à laquelle Charles III les unit en une seule cité par le Privilegio de Unión, véritable charte de fondation de la Pampelune moderne.
Après la conquête de la Navarre par la Castille, Pampelune devient une véritable forteresse qu'édifient Ferdinand le Catholique, Charles Quint puis Philippe II.

Les Temps modernes. — Au XIXe s., Pampelune participe activement aux différentes luttes politico-militaires qui secouent le pays, notamment lors de l'invasion française par les troupes du général d'Armagnac et des guerres carlistes. La ville, à l'étroit dans ses murailles, s'agrandit. En 1915, les murs d'enceinte sont démantelés, la cité s'étend vers le S.-E., suivant un tracé géométrique. Depuis les années 50, son expansion se poursuit à l'O. de la Ciudadela pour recevoir une population qui a considérablement augmenté.

Les fêtes. — Le 6 juillet, à midi, la ville semble tout à coup exploser et « il n'y a pas d'autre manière de s'exprimer » pour les Navarrais, selon Ernest Hemingway.

Ce paroxysme de vitalité populaire, essentiellement masculine, se prolonge jusqu'au 14 juillet. L'un de ses points culminants est atteint au cours de l'encierro, c'est-à-dire le lâcher dans les rues de la ville des taureaux qui seront combattus l'après-midi dans les arènes. Tout au long du trajet ce ne sont que courses folles des hommes devant et derrière un ouragan d'énergie animale qui fait monter la tension de l'assistance et laisse des blessés, voire même des morts sur le pavé, parmi les imprudents et les téméraires. Mais il y a encore les peñas, ces cortèges d'hommes, accompagnés de toreros, qui précèdent ou suivent, l'après-midi, les corridans, ou ces défilés, orchestre en tête, qui perpétuent les traditions viriles des Navarrais par des danses athlétiques et tumultueuses, bien à l'image de ces ardents requetes qui au XIXe s. fournirent le gros des troupes du parti carliste lors de trois guerres sanglantes, et beaucoup de ses meilleurs combattants à l'armée franquiste. Ces manifestations sont aussi une fête bachique, car le vin joue un rôle moteur, pour exalter le courage des participants humains à l'encierro, ou de soutien, lorsque la corrida sombre dans l'agobio, l'accablement, ou pour réveiller ceux qui sont terrassés par l'insomnie. Car on ne dort guère pendant les San Fermínes : chaque soirée se termine fort tard dans la nuit, par des bals populaires.

Gastronomie. — En prenant place dans l'un des nombreux restaurants que vous trouverez notamment dans les rues Estafeta, San Nicolás, plaza del Castillo, cortes de Navarra, vous pourrez déguster des plats de la cuisine navarraise dont le renom s'est étendu au-delà de ses frontières : truites au jambon, morue à l'ail, mouton à la basquaise, cochonnet rôti, œufs au four à la roncalaise... Goûtez aussi au fromage du Roncal, d'Urbasa ou le savoureux caillé. Désaltérez-vous avec les vins rouges (de 9 à 16 degrés) de Tudela, Tafalla et Estella, mais ne dédaignez pas pour autant les rosés de San Adrián, de Pampelune ou d'autres localités de Navarre.

Visite de la ville

Vous trouverez au bout de l'avenue Conde Oliveto (plan C3), deux parkings où vous pourrez laisser votre véhicule.
Pour une visite limitée à l'essentiel, rendez-vous directement à la cathédrale, puis au musée de Navarre.

A l'extrémité du paseo de Sarasate *(plan C2)* se dresse le **monument aux Fueros**, érigé en 1903 grâce à une souscription populaire. L'**église San Nicolás** *(plan C2)*, bâtie au XIIIe s. sur les restes d'une église romane, servait au Moyen Age de bastion pour la défense de la cité. Lors de la conquête de la Navarre, elle fut privée de ses tours et de ses éléments militaires. Le côté qui donne sur le paseo Sarasate a été très restauré, mais on reconnaît encore quelques vestiges de sa construction gothique. Vers la rue San Miguel et vers la plaza de San Nicolás, l'église est entourée de portiques construits en 1887. Rosace gothique. L'intérieur gothique présente une décoration hétéroclite : retables et petits autels baroques ou datant du XXe s. de peu de valeur artistique.

L'édifice de la **Diputación Foral de Navarra** *(plan D2 ; ouv. de 5 h 30 à 13 h et de 16 h 30 à 19 h ; f. le dim.)*, érigé en 1843-1847 par José de Nagusía, est de style néo-classique. Sur le fronton deux personnages, représentant les types physiques du montagnard navarrais et de l'habitant de la Ribera, soutiennent l'écusson de la province. Vous y visiterez notamment la salle du Conseil (tapisseries des Gobelins) et si possible le bureau présidentiel (portraits de Fernand III de Navarre par Goya, de Marie Isabelle de Bragance par Federico de Madrazo).

Adossée à la Diputación, l'**Archivo Real y General de Navarra**, d'architecture

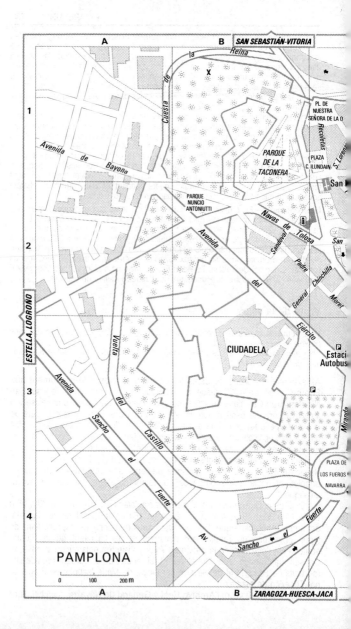

PAMPLONA

0   100   200 m

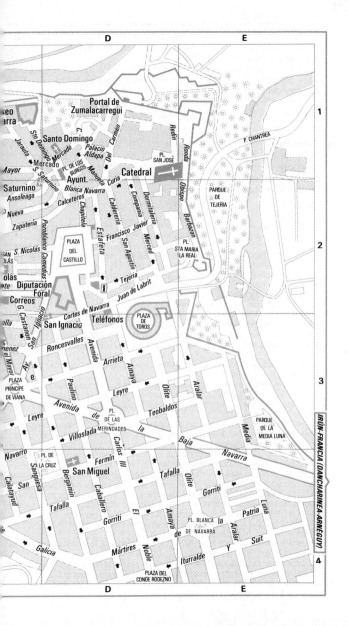

néo-classique (1896), œuvre de Ansoleaga, conserve toute la documentation historique ayant trait à l'ancien royaume ; c'est l'une des plus riches collections d'archives médiévales de l'Espagne.

A proximité, petite **basilique San Ignacio de Loyola** *(plan D3),* édifiée en 1624, près de l'endroit où le vaillant militaire fut blessé en 1521.

La **plaza del Castillo** *(plan D2),* jadis place d'armes du château, est le centre de la vie urbaine. Prenez la rue Estafeta *(plan D2),* toujours très animée, puis la rue Francisco Javier qui vous fera traverser le quartier médiéval de la Navarrería.

Cathédrale** *(plan D1).* — Construite de 1397 à 1530 env. et consacrée à la Vierge del Sagrario, elle constitue l'un des édifices religieux les plus importants d'Espagne. La façade, de style néo-classique, œuvre de Ventura Rodriguez (fin du XVIIIe s.) n'est en fait qu'un écran masquant l'architecture ogivale de l'édifice.

Visite : de 7 h à 12 h 30 (13 h 30 de la mi-oct. à la mi-mai) et de 15 h 30 (ou de 16 h 30 de la mi-oct. à la mi-mai) à 21 h.

La **nef centrale**, haute de 25,80 m, produit une impression d'austérité ; l'absence de triforium rend les pans de mur très monotones. Autrefois, ils étaient recouverts par des tapisseries. La lumière arrive par des ouvertures supérieures et les petites fenêtres des chapelles latérales. Admirable **tombeau*** en albâtre à deux gisants de Charles III de Navarre (†1425) et de son épouse Éléonore de Castille (†1416), œuvre de Janin l'Home ou Lome de Tournai. Dais magnifiquement sculptés. Le couple, à l'expression sereine et majestueuse, symbolise la royauté navarraise au moment de son apogée, sous la dynastie des Évreux. Sur les côtés, les personnages font la cour au souverain (certains sont historiques).

Dans le chœur, présidant les cérémonies sous un baldaquin moderne néo-gothique, se dresse la **statue Santa María la Real** ou del Sagrario devant laquelle étaient couronnés les anciens rois. Elle a subi de nombreuses transformations ; recouverte d'argent, visible dans la partie antérieure, elle porte des manteaux offerts par des dévots.

Dans le bas-côté dr., la **chapelle Santa Catalina** abrite un tombeau gothique délicatement sculpté.

La **chapelle San Juan** renferme le sépulcre de Sancho Sanchiz de Oteiza, évêque sous Charles III. Imposte avec des groupes d'évêques et de clercs ; retable provenant de l'église d'Itoiz, du début du XVIe s., dont les motifs gothiques annoncent déjà le style Renaissance.

Le bras dr. du transept donne accès au **cloître**** (1286-1472), remarquable par ses proportions, ses fenêtres ajourées sveltes et élégantes, ses voûtes ogivales simples et ses chapiteaux délicatement sculptés : les uns sont historiés, d'autres ornés de motifs floraux. La **puerta Preciosa***, du XIVe s., est ornée au tympan de trois registres de sculptures consacrés à la Vierge.

Autour du cloître on peut voir plusieurs **sépulcres** dont celui de l'évêque Sanchez de Asiain (XIVe s.). Belle scène de l'Adoration des Rois mages, par Jacques Pérut. La vaste **chapelle** gothique, appelée Barbazana, est remarquable par sa très belle **voûte** dont les arcades s'élancent à partir d'étonnantes consoles aux formes variées (observer l'attitude du cerf, par exemple). La Vierge Mère glorieuse, entourée des prophètes, préside du haut de l'étoile cette belle salle qui garde le sépulcre de l'évêque Arnaldo de Barbazán.

On reconnaît des caractéristiques de l'école bourguignonne dans les anges, près de la tête, et le lion, sous les pieds.

La **fontaine de la Santa Cruz** est fermée par une grille de fer forgé dont les chaînes furent prises comme trophée à la bataille de Las Navas de Tolosa (1212).

Du cloître, on accède au musée **diocésain****, installé dans le réfectoire et les cuisines des chanoines.

De forme rectangulaire, le **réfectoire**, construit en 330, surprend par la richesse de sa décoration : monstres, jongleurs, musiciens et scènes variées y sont représentés. Remarquez les reliefs de la partie inférieure de la chaire, où est sculptée, notamment, une épreuve de virginité imposée à une jeune fille (en bas à g., la jeune fille, les cheveux dressés d'épouvante, puis à cheval, conduite vers le bois où elle rencontrera une licorne ; au registre supérieur, la demoiselle, sortie victorieuse de l'épreuve, la bête couchée à ses pieds).

La peinture du XIVᵉ s. qui recouvrait le mur, véritable chef-d'œuvre, se trouve actuellement au musée de Navarre. Belle collection de sculptures gothiques du XIIIᵉ au XVIᵉ s.

Les cuisines présentent une architecture monumentale ; la cheminée centrale flanquée de quatre autres, plus petites, sur les côtés, s'élève à 24 m. Par sa dimension et par sa forme harmonieuse, on peut comparer cette pièce aux cuisines de Fontevrault ou du palais d'Avignon. Admirez le **reliquaire dit du Lignum Crucis** (1401), en argent doré rehaussé d'émaux, de perles et de pierres précieuses, et le **reliquaire du Saint-Sépulcre**** ou de Saint Louis, offert en 1258 par le roi de France à Thibaud II de Navarre à l'occasion de son mariage avec sa fille Isabelle.

En sortant par le portail N., suivez la rue Redín *(plan D1)* qui vous mènera au rempart reconstruit du XVIᵉ s. au XVIIᵉ s., et d'où l'on a une belle vue sur l'Arga et les environs de la ville.

Pour retourner vers la plaza del Castillo, empruntez la rue Navarrería. Sur la place Zugarrondo, vous remarquerez le palais du marquis de Rosalejo (baroque du XVIIIᵉ s.) et la fontaine néo-classique de Santa Cecilia, œuvre de Luis Peret, construite en 1788, lorsqu'on fit venir l'eau dans la ville.

De nouveau plaza del Castillo, empruntez la rue Chapitela, jusqu'à la plaza Consistorial *(plan D1)* située à l'intersection des trois quartiers de l'ancienne ville.

Vous y découvrirez l'**ayuntamiento** *(ouv. de 9 h à 12 h)* dont la façade baroque présente les styles dorique, ionique et corinthien superposés dans ses doubles colonnes. C'est de son balcon principal que le 6 juil. à midi est lancée la fusée annonçant le début des fêtes de San Fermín ; de cette même place s'élève le soir du 14 juil. le chant du Pobre de mí mettant fin aux réjouissances populaires.

En descendant la rue Santo Domingo *(plan CD1),* vous arrivez auprès des murailles et verrez la cour d'où partent les taureaux lâchés pour l'encierro.

■ **Musée de Navarre*** *(plan C1).* — Il est installé dans un ancien hôpital dont il ne reste pratiquement plus que le portail plateresque, de 1556, et abrite des collections de peintures et de sculptures ainsi qu'un département d'archéologie où sont représentées des antiquités romaines et des stèles discoïdales, avec une section plus spécialement consacrée à l'histoire de la ville depuis l'époque romaine.

Visite : de 10 h à 14 h (de 11 h à 14 h les dim. et j. fériés).

Parmi les collections de sculpture, on trouve des pièces d'architecture médiévale, de styles roman et gothique, des statues d'art religieux, en bois polychrome ou en pierre, des **stalles*** sculptées vers 1540 par Étienne d'Obray pour le chœur de la cathédrale de Pampelune, etc.

Les collections de peintures comprennent des fresques provenant d'églises romanes et gothiques de Navarre (Gallipienzo, Olite, Artajona, etc.), notamment du réfectoire du chapitre de la cathédrale de Pampelune, œuvre exécutée en 1330 par Juan Olivier. On trouve également des tableaux de retables, de Pedro Díaz de Oviedo, du Maître de Gallipienzo, des tableaux sur toile de Morales, Gaspar Becerra, Valdés Réal, de Goya, dont le **portrait*** du marquis de San Adrián, daté de 1804, etc.

A signaler également un **coffre**** en ivoire, œuvre musulmane de Cordoue datée de l'an 395 de l'Hégire (1004/1005), composé de 19 plaques avec des inscriptions et des sculptures figurant les portraits du calife omeyyade de Cordoue Hicham II (976-1013) et de son vizir Abd al Malik al Muzaffar, ainsi que des musiciens ; travaux d'orfèvrerie du xve au xviiie s., etc.

En revenant un peu sur vos pas par la rue San Saturnino *(plan CD1-2)* vous apercevrez l'**église** du même nom *(plan C2)*.

La première construction romane de San Saturnino fut très abîmée pendant la terrible guerre de 1276 entre la Navarrería et les Burgos. La nouvelle église en style gothique fut achevée en 1297. L'extérieur conserve son ancienne physionomie guerrière : les tours ont été couronnées de créneaux jusqu'au xviiie s. La tour S. garde la vieille horloge de 1795 de Martín de Ibarra qui pendant de nombreuses années a sonné les heures officielles de la ville. Entre 1758 et 1776, à l'emplacement du cloître primitif, on adossa la **chapelle de la Virgen del Camino** qui renferme un **retable** baroque.

Prenez la rue San Francisco. Vous passerez devant la **Chambre des Comptes royaux**, du xiiie s., qui abrite actuellement l'Institution culturelle Príncipe de Viana. Au bout de la rue se dresse l'**église San Lorenzo** dont le seul élément de valeur artistique est la **chapelle San Fermín** érigée de 1696 à 1717. Notez la combinaison entre la pierre typique de la montagne et la brique rouge annonçant déjà la Ribera. A l'intérieur, au milieu d'une décoration néo-classique, **statue de San Fermín**, très vénérée.

San Fermín. — La tradition veut que le prêtre Honestus se soit rendu à Pampelune, envoyé par saint Saturnin, pour y faire connaître l'Évangile. Le sénateur Firmus se convertit au christianisme ainsi que toute sa famille. Firmin, son fils, se rend en Gaule avec Honestus pour approfondir sa foi. Consacré évêque, il prêche en Aquitaine et en Auvergne où il est persécuté, puis se dirige vers Amiens où il convertit de nombreux païens, mais où il est décapité. Il est, avec saint François Xavier, le patron de la Navarre.

Vous pouvez terminer cette visite par l'agréable **parc de la Taconera** *(plan B1)*. On y entre par une porte datant de 1666 où figurent les armoiries de la ville. Beau monument à Francisco Navarro Villoslada (1818-1895), défenseur du catholicisme et de l'intégrisme carliste. La Taconera sert de poumon à la ville et dans les anciens fossés on a placé un petit zoo local qui fait le plaisir des petits et des grands.

La **Citadelle** (Ciudadela ; *plan B3*), construite au xvie s., a été cédée en 1966 par le ministère des Armées à la Ville : grâce à une restauration soignée et à un aménagement réussi des jardins, elle est devenue l'un des principaux endroits de détente des habitants et un centre d'expositions et de rencontres culturelles.

↦ **Chemin de Saint-Jacques en Navarre**** (→).

Parc national d'Ordesa et Monte Perdido**

Province de Huesca (Aragon).

Il s'étend sur près de 16 000 ha, entre la vallée d'origine glaciaire du río de Arazas et la crête des Pyrénées, jouxtant le parc national français sur 14 km de part et d'autre du cirque de Gavarnie.

Autour du Monte Perdido (3 355 m) rayonnent quatre vallées : la vallée d'Ordesa, à l'O., traversée par la rivière Arazas, la vallée d'Añisclo, au S., où coule le Vellos, la vallée d'Escuain, au S.-S.-E., creusée par le Jaga, et la vallée de Pineta, à l'E. et au S.-E., où le Cinca prend sa source.

Accès. — Trois routes permettent d'avoir accès à différentes parties du parc :
*— la plus à l'E. part de **Bielsa**, sur la route de Saint-Lary (France) à Barbastro par le tunnel d'Aragnouet-Bielsa : remontant la Valle de Pineta*, elle se termine à un parador moderne, à 1 320 m d'alt. à l'orée du parc, dans un lieu propice à la pêche et à la chasse (→ p. 844) ;*
*— de la même route Saint-Lary — Barbastro, une route goudronnée mais très étroite remonte la vallée du Vellos à partir d'**Escalona**, pénètre dans la Valle de Anisclo aux sources chaudes dites Fuentes del Baño et se termine à un parking aux Puente de San Urdez où bifurquent deux pistes : la première remonte droit au N. vers le Monte Perdido, pendant quelques kilomètres, dans la partie la plus large du canyon ; la seconde (étroite, accidentée mais en principe accessible aux voitures solides) s'élève rapidement au N.-O. et, par les villages perdus de Nerin (1 250 m) et Fanlo (1 342 m ; → p. 844), rejoint la vallée de l'Ara où se trouve la principale entrée du parc ;*
*— la plus à l'O. est la plus facile et la plus fréquentée ; elle emprunte la haute vallée du río Ara, accessible soit depuis **Ainsa** (sur la route Saint-Lary — Barbastro) soit depuis **Biescas** (→ p. 559 ; sur la route de Pau à Huesca par le col du Pourtalet) ; l'entrée du parc est au Puente de los Navarros (pont des Navarrais) d'où l'on pénètre dans la Valle de Arazaz.*

Valle de Arazas**. — Après le pont des Navarrais, la route *(à péage)* s'élève rapidement et court en corniche au-dessus de l'Arazas qui forme à dr., au fond du canyon, une succession de belles cascades (de Molinieto et de Torrombotera) tandis que, sur la g., l'immense masse rocheuse du Mondaruego (2 848 m) surgit derrière le Tozal del Matto, gigantesque paroi rocheuse de 400 m de hauteur, semblable à un donjon, au pied de laquelle s'arrondit le circo de Cabriata.

À 5 km du pont, on atteint le **parking d'Ordesa** (alt. 1 240 m ; *maison du parc, maison des gardes, café-restaurant, aire de pique-nique*), point de départ de promenades et randonnées plus ou moins difficiles :
— **cirque de Soaso** *(7 km E. ; facile)* : du parking part un bon chemin remontant la rive dr. de l'Arazas vers lequel descendent çà et là de courts sentiers permettant d'aller admirer les principales cascades : del Abanico (de l'Éventail ; ou de Arripas ; env. 2,5 km du parking), de la Cueva (qui doit son nom à la grotte s'ouvrant à g., au-dessus du chemin), del Estrecho (du Détroit ; la plus spectaculaire), où le torrent tombe dans une étroiture d'une centaine de m de hauteur. Après la cueva Franchinal, à g., et les cascades de Gradas (de l'Escalier), on atteint le fond du cirque de Soaso, amphithéâtre dépourvu de végétation (rares edelweiss) où le chemin franchit le torrent au pied de la cascade de Cola de Caballo (de la Queue de cheval).
Les bons marcheurs pourront revenir par le sentier de la Faja de Pelay, courant au-dessus de la rive g., à env. 2 000 m d'alt. et au pied des escarpements de la sierra de las Cutas : vue superbe sur le canyon dominé par la masse écrasante de la Punta Tobacor (2 780 m) en arrière de laquelle se profilent, d'E. en O., le Monte Perdido (3 355 m), le pic du Marboré (3 248 m ; juste sur la frontière), les crêtes de Gavarnie, du pic de la Cascade (3 073 m) au Taillon (3 144 m) en avant desquelles se dressent El Descargador (2 622 m), le pico Blanco (2 904 m) et le Gallinero, ou pico de Salarons (2 746 m). — Le chemin aboutit au mirador et au refuge de Calcilarruego d'où le sentier des Chasseurs (senda de Cazadores), en lacets serrés, dégringole (près de 800 m de dénivellation) vers le parking.
— **cirque de Cotatuero** : du parking, suivre le chemin de Soaso sur 800 m env. et bifurquer à g. ; le sentier passe par un bois de frênes, de pins et de bouleaux, atteint la Fuente Roya et monte en lacet, au-dessus du torrent, jusqu'à un abri du parc (alt. 1 650 m) au pied du cirque de Cotatuero où, parmi la végétation, se précipite la cascade ; c'est un des paysages les plus impressionnants de la vallée.
De l'abri de Cotatuero, un chemin monte à g. jusqu'au pied de la falaise du Gallinero

puis, courant à env. 1 800 m, conduit à l'O. à l'abri du cirque de Cariata; de là, descente en lacet vers la route principale qu'on rejoint env. 1 km en aval du parking.
— **cascades de Molinieto** : à 500 m en amont du parking, un pont permet de passer sur la rive g. de l'Arazas d'où part, à dr., le chemin de Turieto; conduisant au village de Torla (p. 843), ce chemin (prendre la branche de dr. au monument) passe au-dessus des cascades de Torrombotera et de Molinieto aperçues depuis la route d'accès.

Bujaruelo *(hors parc).* — Au pont de los Navarros, un chemin conduit au N. à Bujaruelo. Le chemin forestier qui pénètre dans la petite vallée devient un «caño» profondément encaissé, barranco de Sopeliana et murailles de la Gatera. C'est un lieu magnifique avec des bois de pins, de sapins, de fougères, des broussailles. Au fond d'un petit cirque se trouve le caserio de San Nicolas de Bajaruelo qui est une auberge-refuge. On peut également voir les ruines d'une église romane du XIIIe s.
Un pont roman permet de passer sur l'autre bord du Ara, et conduit au chemin qui par le barranco mène au Puerto (col, dit de Boucharo, ou encore port de Gavarnie), sur la frontière entre l'Espagne et la France.
Depuis Bujaruelo, le chemin forestier continue jusqu'au pont de Oncins et de là à la vallée de Otal, avec d'immenses prairies.
↠ Route d'Ordesa à Graus** (→).

Pastraña*

Guadalajara, 42 km. — Sacedon, 40 km.
Alt. 759 m. — 1 325 hab. — Province de Guadalajara (Castille-La Manche).

C'est l'une des plus chamantes cités de la province de Guadalajara. Son église collégiale renferme un riche trésor et de splendides tapisseries.

Fêtes. — Virgen del Carmen, le 16 juil. Fiestas del Verano, du 11 au 19 août avec des encierros. Le 15 oct., célébration de la Sainte-Thérèse.

Sur la **plaza de la Hora**, à *200 m* à dr. de la route, palais (XVIe s.) des ducs de Pastraña. De là, gagnez à pied, en suivant tout droit, l'**église collégiale**, construction gothique (XIVe s.) de l'ordre de Calatrava, remaniée en style Renaissance au XVIIe s.; à l'intérieur, grand **retable** peint de Jean de Bourgogne (XVIe s.); dans le **musée-trésor** *(ouv. de 10 h à 13 h et de 17 h à 19 h en sem. et j. f. de 10 h à 14 h et de 16 h à 19 h; ↷ 37-00-27)* tableau attribué au Greco (Saint Jérôme), et surtout magnifiques **tapisseries flamandes*** (Bruxelles; XVe s.) relatant les campagnes d'Alphonse V de Portugal au Maroc. Dans le **couvent des Concepcionistas**, du XVIe s., de nombreux objets évoquent la mémoire de sainte Thérèse. Visitez aussi la **bibliothèque** du couvent des franciscains.

Environs. 1 — Zorita de los Canes *(13 km S. par la C 200 en direction de Sacedón; au km 9, continuer tout droit vers Almonade de Zorita; au bout de 2 km, bifurcation sur la dr.; 1 065 hab., alt. 591 m).* — Son nom lui vient des chiens qui surveillaient la ville à l'époque médiévale. Près du Tage, ruines d'un château du XIIIe s. (à l'intérieur petite église romane); en face de Zorita, sur l'autre rive du Tage, le **cerre de la Oliva** est identifié avec l'ancienne Recopolis, fondation wisigothique de 578, où l'on a découvert les ruines d'une vaste église consacrée au culte aérien dès le VIe s.

2 — Almonacid de Zorita *(15 km S.-E. par la C 200; 1 065 hab., alt. 683 m).* — **Église** gothique avec un beau portail flamboyant. La ville fortifiée conserve une grande partie de ses **murailles** du XIIIe s., une **tour** du XVIe s. et le **palais des marquis de Floesta**. Le poète León Felipe y fut boutiquier.

Pays basque (Euskadi)

Provinces d'Alava, de Guipúzcoa et de Biscaye.

L'Euskadi est formé par trois provinces : l'Alava, le Guipúzcoa et la
Biscaye. Une superficie de 7 261 km²
rassemble 2 044 967 habitants. La densité de population est supérieure à la
moyenne nationale (281,6 hab./km²),
mais il existe une nette différence
entre les trois provinces : l'Alava
n'a que 85 hab./km², le Guipúzcoa
347 hab./km² et la Biscaye, la plus
peuplée, compte 533 hab./km².

Un paysage vert et montagneux. — Le
paysage du Pays basque se caractérise par
son aspect montagneux. La côte présente un aspect sauvage, avec de nombreuses
falaises où s'abritent de jolis ports comme Guetaria, Zumaya, Motrico, Ondárroa,
Lequeitio, Bermeo. Des collines déjà élevées, telles que le monte Igueldo (419 m),
Jaizquíbel (534 m), Sollube (684 m), Jata (592 m), surplombent la côte et semblent
vouloir la protéger.
Les montagnes s'élèvent progressivement vers le S. jusqu'aux confins de la Biscaye
et du Guipúzcoa où l'Aitzgorri (1 544 m), l'Aralar (1 442 m), le Gorbea (1 475 m) ou
encore la dépression d'Orduña, séparent le Pays basque en deux versants : les eaux
s'écoulent soit vers la mer Cantabrique, soit vers la Méditerranée par l'intermédiaire
de l'Ebre. Cette division entraîne aussi deux modes de vie différents. Au N.,
l'agriculteur, plus individualiste, vit près de ses terres dans des hameaux blancs,
solitaires, étalés sur les versants des montagnes, orientés au S. Sous le même toit
à pente douce vivent la famille et les animaux des exploitations.
Les fortes pentes des montagnes empêchent l'introduction d'engins mécaniques et
obligent à de durs travaux souvent encore effectués à la main. Au S., les maisons
se regroupent en villages de plus en plus grands, qui s'ouvrent sur des champs.
Les plaines d'Alava constituent une transition entre la région du N., la Castille et la
dépression de l'Ebre.
Le paysage est vert, avec d'épaisses forêts de hêtres, de châtaigniers et de chênes
auxquels s'est jointe le pin « pinus insignis » qui aujourd'hui recouvre de vastes
étendues, dans le but immédiat de fournir du bois aux grandes papeteries locales.
En Alava, aux forêts de type atlantique, succède une végétation méditerranéenne
avec les chênes verts ou la garrigue. Les nombreux incendies de l'été, qui ont bien
souvent détruit cette végétation, ont accru l'aridité de certaines régions du S.
Les cours d'eaux empruntent les dépressions géologiques ou fractionnent transver-
salement les unités montagneuses. Ceux qui descendent vers la mer sont courts,
leurs eaux rapides ; ils forment des vallées qui ont depuis toujours été utilisées pour
les communications et où se sont établis les différents centres de population. En
Guipúzcoa, les vallées sont orientées S.-N. : Urumea, Oria, Urola, Deva. En Biscaye,
elles suivent un axe S.-E.-N.-O. le long de l'Ibaizabal ou du Nervión. L'industrie s'est
installée dans le cours moyen de ces rivières et parfois à leur embouchure (Bilbao).
Les eaux de l'Alava coulent vers l'Ebre à travers les affluents du Zadorra, du Bayas,
de l'Omecillo et de l'Ega.

Un climat de transition. — Le Pays basque ne constitue pas une région climatique

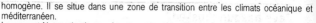
homogène. Il se situe dans une zone de transition entre les climats océanique et méditerranéen.

Le versant N. ou atlantique présente un type de climat mésothermique, sans période sèche et avec de fortes pluies en automne et en hiver. La proximité de la mer exerce une influence remarquable. En effet, les masses d'air océanique arrivent fréquemment sur la côte et adoucissent les oscillations thermiques qui seraient bien plus fortes si elles ne dépendaient que des radiations correspondant à la latitude. Le facteur orographique explique aussi l'abondance des pluies sur tout le versant N. du Pays basque : les vents du N.-O. et du N., en remontant devant la chaîne de montagnes, produisent des condensations sous forme de pluie. Il s'agit donc d'un climat de type océanique européen.

Le versant S. ou méditerranéen connaît un climat tempéré avec une période sèche et certains traits continentaux. Les oscillations thermiques augmentent au fur et à mesure qu'on avance vers le S. Les pluies sont moins abondantes car ici l'effet des facteurs orographiques disparaît : dans le S. de l'Alava, la moyenne annuelle est inférieure à 500 mm. Les étés deviennent secs et chauds. Le climat est plus ensoleillé et l'atmosphère perd son humidité.

Une agriculture variée. — Sous le climat océanique humide du versant N., l'activité agricole se centre autour de l'élevage en vue de la production de lait et de viande. La plupart des surfaces utilisées sont réservées aux pâturages. On trouve de petites fermes (en Guipúzcoa 36 % des fermes possèdent moins de 5 ha et 26 % entre 5 et 10 ha) avec un nombre réduit de bêtes (entre 6 et 9).

La spécialisation laitière a poussé à substituer aux races autochtones des vaches hollandaises ou frisonnes. Les rendements ont certes été améliorés, mais l'impossibilité d'introduire la mécanisation (à cause du relief) et l'absence d'une organisation rationnelle rendent très difficile le sort des éleveurs sur le marché national et, à plus forte raison, international. Aussi, bon nombre d'exploitations se sont-elles vues obligées d'abandonner ce type d'activité.

Au-delà des montagnes, dans les terres d'Alava, l'espace agricole change de physionomie et se consacre particulièrement à la production de céréales et d'une série de cultures dont la variété et l'intensité augmentent dans le sens N.-S. La pomme de terre et la betterave sucrière représentent une grande source de richesse. Le climat spécial dont jouit le S. de l'Alava favorise le vignoble, aux excellents crus dans la zone de la Rioja.

Une activité ancestrale : la pêche. — Le Pays basque a toujours eu les yeux tournés vers la mer et a donné à l'Histoire des marins célèbres : le premier navigateur qui fit le tour du monde, Juan Sebastián Elcano, est né à Guetaria. Un autre Basque, André de Urdaneta, montra comment il fallait naviguer dans le Pacifique en utilisant le courant du Kouro-Shivo.

Les Basques du littoral se sont consacrés à la pêche ; des récits traditionnels nous rappellent encore les exploits de ces hommes obligés de lutter dans leurs petites barques contre les baleines qui longeaient les côtes. Ils s'aventuraient sur des mers lointaines, jusqu'à Terre-Neuve et la toponymie témoigne clairement de l'incursion basque dans l'île : Biscay Bay, Port aux Basques, Islands Basques..., tandis que de nombreuses tombes avec des épitaphes en euskera rendent hommage à ces hommes intrépides qui partaient pour de longs mois en quête de nourriture.

La pêche la plus ancienne a été celle à la morue : elle avait lieu à Terre-Neuve ou en Norvège où l'on procédait à la salaison. Actuellement, ce secteur traverse une grave crise provoquée par les contrôles de la pêche et les limites imposées par l'application des 200 milles d'eaux juridictionnels. En 1970, cette production représentait 50 % de celle de la flotte nationale ; elle est aujourd'hui réduite de moitié.

On peut distinguer deux types de pêche : la pêche en eaux profondes et la pêche en surface. La première consiste en la capture d'espèces benthiques comme le merlu, la sole, la raie et autres poissons qui peuplent le fond océanique sur la plate-forme continentale. Les captures peuvent atteindre 40 000 t par an et le merlu représente la prise la plus importante. On le pêche surtout face aux côtes françaises et dans la zone du Grand Soleil.

Face à la côte basque, la sardine vient se reproduire à l'âge de deux ans. Chaque femelle dépose quelque 30 000 œufs qui se transforment en larves, puis en parrotxas qui arrivent en automne près de la côte.

La flotte qui participe activement à la pêche au thon est basée dans le port de Bermeo, environ 2 500 t de thons sont pêchées par an.

Ce type de pêche a connu un certain essor ces dernières années, ce qui permit de faire travailler les conserveries.

L'industrie. — Depuis plusieurs siècles, le Pays basque porte un intérêt particulier à la métallurgie. Le versant N., traditionnellement pauvre en ressources naturelles, a dû se spécialiser de bonne heure dans l'exploitation et la transformation du fer.

La Biscaye s'est orientée dans l'extraction sur place du minerai de fer (Somorrostro, Alonsotegui, Galdacano...) et son exportation vers d'autres points de l'Espagne — Castille et Andalousie principalement — ainsi qu'en Europe occidentale. La sidérurgie est prépondérante et compte des entreprises puissantes qui datent du début du siècle (Altos Hornos de Vizcaya, Echevarría). Les produits obtenus sont ensuite transformés en machinerie industrielle, construction navale, etc. L'industrie chimique est aussi très active. L'industrie se concentre autour de Bilbao et de la ría du Nervión qui s'étend sur 14 km, de Bilbao à la mer. 52 % des entreprises basques y sont installées. Cette concentration a provoqué de nombreux problèmes sociaux, problèmes de pollution et de communications. L'absence de terrains à bâtir et l'arrivée massive de travailleurs ont conduit à une urbanisation accélérée et désordonnée, à laquelle il est désormais très difficile de porter remède.

L'industrie constitue également l'activité économique principale de Guipúzcoa. Les caractéristiques de l'industrialisation sont différentes de celles de la Biscaye. Le Guipúzcoa s'est consacré de bonne heure à la transformation du fer, en diversifiant sa production. La province a eu la chance de pouvoir compter sur une main-d'œuvre spécialisée qui a su mener à bien le travail, effectué dans de petites usines ou ateliers. Il s'agit en effet d'une industrie éparse, sans grandes agglomérations, qui occupe la province d'une façon discontinue mais constante. L'urbanisation accélérée des anciennes villes établies au fond des vallées a transformé profondément les mœurs des habitants.

L'Alava n'a connu d'industrialisation que récemment. Apparue timidement vers 1930, l'industrie a acquis une certaine vigueur après 1950, et s'est bien développée dans la décennie 1960-1970. Cette croissance s'est polarisée dans la vallée du Nervión, à Llodio surtout et autour de Vitoria.

La croissance économique des années 60 supposait la création de nouvelles usines et l'extension de celles qui existaient déjà. Or en Guipúzcoa il y avait un manque évident d'espace. En Biscaye, les nouveaux centres industriels apparurent au détriment de la qualité de la vie, augmentant les problèmes déjà graves de communications, de pollution et de déséquilibre régional. Vitoria, au cœur d'une région plate facile d'accès, est devenu la sorte un centre industriel qui a résolu les problèmes d'espace du versant cantabrique. La province d'Alava venait ainsi à s'unir à l'essor industriel basque, peu avant que la crise économique des années 1973-1974 ne vienne mettre en évidence les graves failles du système économique occidental. Actuellement, le Pays basque connaît une transformation dont l'issue est incertaine.

Des communications longtemps difficiles. — Le Pays basque a connu de grandes difficultés dans l'établissement de ses voies de communication. Les nombreuses chaînes de montagnes ont longtemps isolé les différentes vallées et le projet de construction de routes adéquates ne date que du XVIIIe s., avec l'apparition des premiers essais d'industrie moderne.

Le réseau routier se caractérise par son adaptation aux conditions imposées par un relief très accidenté, principalement en Biscaye et en Guipúzcoa. Les vallées profondes et les pentes très prononcées obligent à suivre bien souvent le cours des rivières, ce qui se traduit par un tracé très sinueux. La forte densité de la population et le transport constant de matériel expliquent la lenteur du trafic et la fréquente saturation du réseau. Toutefois, le gouvernement basque fait un gros effort pour moderniser les routes en détournant celles-ci des nombreux centres urbains victimes, il y a peu de temps encore, de l'encombrement de voitures et de poids lourds.

L'Alava a toujours joui d'une meilleure infrastructure routière pour deux raisons. D'abord la topographie beaucoup moins accidentée, avec d'amples couloirs naturels, a permis la création d'un bon réseau qui satisfait largement les besoins de la province. De plus, l'Alava a bénéficié d'un régime administratif particulier : elle gérait elle-même les investissements de ses travaux d'infrastructure, donc de ses routes.

Quant au transport maritime, il existe deux ports importants : Pasajes en Guipúzcoa et Bilbao en Biscaye ; L'importance de Pasajes remonte au siècle dernier et les travaux entrepris permettent l'accès de gros bateaux. Le port de Bilbao constitue la base de l'infrastructure de Biscaye, il dessert un arrière-pays qui s'étend jusqu'à Santander, Vitoria et Burgos. En raison du trafic de marchandises et de bateaux, il est considéré comme le premier port d'Espagne et l'un des plus importants d'Europe. Tous les autres ports, Bermeo, Zumaya, Ondarroa, etc., se consacrent essentiellement à la pêche.

Le peuple basque. — On s'est beaucoup interrogé sur l'origine des habitants de cette région. Certains suggèrent l'Oural, d'autres l'Afrique... Mais les dernières recherches font état d'une origine pyrénéenne du peuple basque, remontant à la préhistoire. On sent la présence de ces ancêtres dans les nombreux dolmens (Arrizala, Eguilaz, Laguardia, El Villar, Aralar, Urbasa, etc.) ou les cromlechs (Errenga, Ezkain, Arano, Agiar, Illarrieta, etc.) qui parsèment le territoire. Dans les grottes telles que Santimamiñe, Arenaza, Ekain, Altzerri, etc., on retrouve la faune préhistorique : bisons, ours, rennes, cerfs, chevaux.

Situé à l'extrémité occidentale des Pyrénées, le Pays basque a toujours servi de lieu de passage naturel, entre le continent européen et la péninsule Ibérique. C'est par là que sont passés les Celtes, les Goths, les pèlerins qui se dirigeaient vers Saint-Jacques-de-Compostelle ; Napoléon lui-même emprunta ce passage unique pour entrer en Espagne.

L'euskera. — Le peuple basque a toujours conservé son identité, sa langue, ses lois et ses coutumes. Sa langue est l'euskera, qui demeure une langue unique et toujours en vigueur. Elle est utilisée en Guipúzcoa, Laburdi et Zuberoa d'une façon très répandue dans tous les villages. En Biscaye, l'euskera est également demeuré vivant, sauf dans les Encartaciones, à l'O. En Navarre, on parle l'euskera dans la région qui s'étend de Pampelune vers le N., tandis qu'en Alava cette langue n'est employée que dans une seule vallée, à Aramayona. La toponymie et les témoignages écrits indiquent que l'euskera se parlait jadis jusqu'en Aquitaine et dans la Rioja. Mais à partir du XVIIIe s., il subit une forte régression.

Le gouvernement basque et les municipalités s'efforcent de donner à cette langue une certaine vigueur en l'utilisant comme langue coofficielle dans toutes les dispositions légales, et en l'introduisant dans l'enseignement dès les premières années de la scolarisation. Certains élèves font toutes leurs études en euskera, principalement dans la zone « euskera-parlante » ; d'autres pratiquent le bilinguisme euskera et castillan, tandis que dans les écoles, collèges et lycées où les cours se font en castillan, l'euskera a été imposé comme langue obligatoire. De nombreux cours du soir sont également donnés afin que les adultes puissent apprendre cette langue. La télévision basque et certains journaux (« Deia », « Egin ») avec des articles en euskera constituent un excellent complément pour étendre l'utilisation de la langue.

Il est encore trop tôt pour savoir si les efforts officiels sont récompensés dans la réalité. Certains groupes, plus sensibilisés, souhaiteraient que l'introduction de l'euskera dans la vie courante se fasse plus rapidement. Mais il est certain qu'en raison de la grande différence structurale entre les deux langues, l'euskera aura beaucoup de difficultés à s'imposer dans le futur.

Les fueros. — Le Basque, qui est individualiste par nature, a besoin du groupe pour mener à bien les activités importantes. Le peuple s'est autogouverné pendant des siècles suivant de vieilles lois nommées fueros, que les rois eux-mêmes, lors de leur accession au trône, juraient de maintenir. Chaque province avait sa propre organisation. L'Alava était divisée en 7 cuadrillas et 54 hermandades, et les représentants se réunissaient en Juntas Generales sous l'autorité du député général, le plus haut magistrat de la province. Le Guipúzcoa fondait sa structure administrative sur la cellule municipale et les Juntas Generales qui se réunissaient deux fois par an dans 18 villes choisies à tour de rôle. Le Señorio de Vizcaya comprenait 8 merindades et les représentants de toute la province siégeaient à l'ombre du vieux chêne de Guernica, symbole de la liberté du peuple basque. Cette organisation se traduisait par une autonomie financière et militaire.

Au XIXe s., l'arrivée des libéraux désireux de créer un pays moderne, avec les mêmes avantages et obligations pour tous, entraîna l'abolition des fueros en 1867, provoquant un sentiment de profonde tristesse dans l'âme basque. Plus tard, le système franquiste voulut imposer à la Biscaye et au Guipúzcoa le sort commun du reste de l'Espagne, tandis que l'Alava maintenait une certaine autogestion. En 1979, les trois régions historiques se sont érigées en communauté autonome régie par le gouvernement basque ou Jaurlaritza, qui siège à Vitoria. Seules les questions d'intérêt général, de diplomatie, de défense nationale, de monnaie, sont de la compétence de Madrid.

Le sport. — Les Basques, sérieux, travailleurs, tenaces dans leur labeur de tous les jours, ont su faire du travail un élément de fête. Les régates de chaloupes ont pour origine le besoin des pêcheurs d'arriver les premiers au port pour mieux vendre le poisson. Ce qui, au début, n'était que du travail, est devenu une compétition, puis un spectacle qui attire des milliers de personnes.

La dure tâche du bûcheron a donné naissance à l'aizkolari et l'on ne saurait concevoir de fête villageoise sans la présence de deux ou de plusieurs aizkolaris qui rivalisent en rapidité pour couper à la hache un nombre déterminé de troncs.

On pourrait citer également les segalaris qui font preuve de leur habileté pour couper l'herbe à la faux. Le leveur de pierres manifeste, lui aussi, sa force physique et soulève plusieurs fois de suite des poids allant jusqu'à 280 kg. Les gens mesurent aussi la force de leurs animaux : pierres traînées par des paires de bœufs ou par des ânes, combats de béliers, combats de coqs.

Un seul sport traditionnel n'a rien à voir avec le travail journalier : le jeu de pelote, le jeu populaire par excellence. Un mur lisse et une balle suffisent pour que chacun puisse s'y exercer dès le plus jeune âge. On joue à la main, ou à l'aide d'un instrument (la pala, la chistera), seul ou à deux.

La danse. — Le Pays basque a toujours été une terre où l'on a aimé la danse ; le géographe Strabon rapportait déjà dans les premières années de notre ère que ce peuple passait la nuit de la pleine lune à danser, en l'honneur du dieu local. Cet amour pour la danse a fait écrire à Voltaire : « Le Pays basque est ce petit peuple qui danse dans les Pyrénées. » Tous les auteurs définissent la danse basque comme le reflet de l'essence basque, caractérisée par la décence, la sociabilité et le sens du rituel (il faut observer un ensemble de gestes, de mélodies et de rythmes, de musique, de costumes). La danse la plus répandue est le aurresku qu'on exécute à chaque événement important : arrivée d'un personnage de haut rang, inaugurations de monuments, mariages, etc. Cette danse exprime un désir de rendre hommage. Le danseur, ici, doit être habile pour exécuter les différents mouvements, les sauts, et il lui faut une grande préparation physique pour lever bien haut sa jambe.

La danse est inséparable de la musique et d'un instrument simple, le txistu. Cette flûte à trois orifices produit une sonorité aiguë ; l'on n'en joue qu'avec la main gauche tandis que la droite reste libre pour pouvoir mener le rythme avec le tambourin.

La gastronomie. — Au dire des gourmets, la cuisine basque est l'une des meilleures du monde. L'on sait, en effet, combiner avec art les saveurs des produits de la campagne, du jardin ou de la mer.

Il serait trop long d'indiquer ici la liste des plats du pays. Disons toutefois que la morue salée, qui autrefois se mangeait pour survivre, est devenue un plat recherché ; elle est accommodée de façons variées : Porrusalda, Bacalao al pil pil, Zurrukutuna... Les civelles (anguilles) constituent un plat de luxe. On trouve également le marmitako (ragoût), la sole au txakoli, et le seul plat noir de la cuisine mondiale : les chipirones (calmars) que l'on prépare dans leur encre.

Le littoral est logiquement spécialisé dans toutes les sortes de poissons et de fruits de mer. A l'intérieur, on préfère la viande, comme la côtelette à la braise. Les fromages, tel celui d'Idiazabal, sont très renommés. Quant aux vins, rappelons l'excellente qualité des crus de la Rioja qui ne peuvent pas manquer sur une bonne table. Le txakoli, d'une faible production, s'obtient sur des terrains peu ensoleillés et au bord de la mer. Son goût aigrelet accompagne agréablement les produits de la mer. On peut citer aussi le cidre, d'origine généralement artisanale.

On trouve dans la cuisine basque la double volonté de maintenir une tradition qui remonte fort loin et le désir d'adapter les produits actuels aux nouvelles exigences des gourmets. Ceux-ci se réunissent dans des sociétés gastronomiques réservées aux seuls membres, dans le seul but de se retrouver autour d'une bonne table, et où les femmes ne sont généralement pas admises.

Pour visiter le Pays basque :

→ Bilbao*
→ Côte basque**
→ Durango
→ Elorrio
→ Fuenterrabía*
→ Guernica y Luno
→ Irún
→ Laguardia
→ Marquina
→ Nervión (vallée du)*

→ Oñate*
→ Orduña
→ Saint-Sébastien**
→ Salvatierra
→ San Ignacio de Loyola (Sanctuaire de)*
→ Valmaseda
→ Vergara
→ Vitoria*
→ Zumaya

Peñíscola**

Castellón de la Plana, 73 km. — Saragosse, 241 km. — Tarragone, 124 km. — Valence, 121 km.
3 190 hab. — Province de Castellón de la Plana (Communauté Valencienne).

C'est l'une des plus agréables stations de la Costa del Azahar (→). D'origine très ancienne, le vieux bourg occupe un site* exceptionnel formé par un promontoire dressant une falaise abrupte du côté de la mer et couronné par un puissant château ; au pied de celui-ci, pittoresque agglomération entourée de murailles au temps de Philippe II ; longue plage de sable fin.

Un comptoir tyrien. — Habitée d'abord par les Ibères, elle devint un comptoir commercial établi par les Phéniciens, qui l'appelaient Tyriche, en souvenir de Tyr. Les Grecs la désignaient sous le nom de Chersonesos. Elle devint, sous Hamilcar, qui s'en empara, Acraleuce ou Carthago Vetus. C'est là, dit-on, que le jeune Hannibal «jura aux Romains une haine éternelle». Jacques d'Aragon la reprit aux Maures en 1234 et la donna aux Templiers. Elle passa ensuite aux mains des chevaliers de Montesa (1319). Pedro Martínez de Luna qui, au temps du grand schisme d'Occident fut, sous le nom de Benoît XIII, l'un des trois papes simultanément en activité au moment du concile de Constance (1414-1418), s'y réfugia et y mourut en 1423, se considérant toujours pape de l'obédience d'Avignon en dépit de sa déposition et de son excommunication (1417). Léguée au Saint-Siège, elle fut ensuite cédée à Alphonse V d'Aragon, en 1429. Attaquée par Suchet en 1811, elle capitula après 11 jours de blocus.

L'entrée de la ville, le **portal Fosc**, est attribuée à J. de Herrera ; la muraille qui entoure la ville fut élevée par l'ingénieur italien Battista Antonelli. Vous arriverez ainsi à l'**église paroissiale** (1739) dont le trésor* comprend le calice d'argent doré et la croix de cristal de roche, enrichie de saphirs et d'émaux, de Benoît XIII et le reliquaire de Clément VIII, son successeur. Le **château***
fut probablement fondé par les Templiers au XIIIe s., achevé par les chevaliers de Montesa au XIVe s., puis transformé par Pedro de Luna *(ouv. d'oct. à mai de 10 h à 20 h ; de juin à sept. de 10 h à 13 h et de 15 h 15 à 17 h 30)*. Il est auj. transformé en musée et abrite une collection d'objets relatant l'histoire locale.

L'**ermitage de la Virgen de la Ermitana** sert de cadre, les 8 et 9 sept., à des danses religieuses suivies d'un combat entre Moros y Christianos. Beaux azulejos d'Alcóra.

Pics d'Europe (Picos de Europa)*

Provinces d'Oviedo et de Santander (Asturris, Cantabrie).

Situés à environ 30 km de la mer dans l'axe de la corniche Cantabrique et au N. de la chaîne du même nom, les pics d'Europe, massif le plus élevé de la cordillère, s'étendent sur 40 km entre Oviedo et Santander. L'altitude moyenne est de 1 220 m. Imposant système fragmenté en trois massifs par de petites rivières très poissonneuses, les roches calcaires des pics d'Europe sont creusées de gorges impressionnantes et de défilés superbes. Les rivières Deva, Cares et Sella, qui traversent les pics et irriguent de fraîches vallées, sont rapides, tumultueuses et très riches en saumons et en truites.

Le massif oriental ou **massif d'Andarra** (point le plus élevé ; pico Cortés : 2 470 m) se dresse entre le río Deva et le río Duje et offre des paysages d'une beauté remarquable. Le río Duje coule dans une ancienne vallée glaciaire du quaternaire. Entre le río Duje et le río Cares s'étend le massif central ou **massif d'Urrieles**, le plus âpre et le plus sauvage, constitué par un haut socle hérissé d'impressionnants pics déchiquetés et abrupts. Le point culminant qui est aussi celui de l'ensemble montagneux, le torre Cerredo, atteint 2 648 m. Le río Cares, qui traverse les pics du S. au N., s'est frayé, sur la première moitié de son trajet, une gorge très étroite, dite gorge Divine longue d'une dizaine de kilomètres en amont de Carmameña. Plus à l'O., entre le río Cares et le río Sella s'élève le **massif de las Peñas Santas**, ou massif occidental, le plus vaste, aux paysages les plus variés. Il culmine à las Peñas Santas de Castilla (2 596 m) et abrite le Parc national de Covadonga, réserve naturelle. Le río Sella, qui suit la route d'Arriondas à Riaño et León, s'est frayé un étroit passage, le défilé de los Beyos.

L'agriculture et l'élevage, dans le creux des vallées, sont les activités économiques principales, complétées par les artisanats traditionnels : fabrication de cabrales (fromage de brebis rappelant le roquefort), travail du cuir, du bois (ustensiles de cuisine, notamment), céramique et même horlogerie, à Corao. Dans la région de Potes, la Liebana au climat protégé des vents du N.-O., possède des vergers où poussent des noisetiers, des cerisiers, des néfliers, et des vignes en terrasses construites à mi-pente. Ailleurs on trouve aussi quelques ressources minières et le tourisme, qui se développe fortement, vient enrichir l'économie locale grâce à la beauté des sites, mais aussi à d'importantes découvertes préhistoriques datant du paléolithique supérieur (grotte du Buxu, à Cangas de Onís, ou vestiges magdaléniens de la grotte de Collibil à Amieva).

1 — A l'O. des pics d'Europe

0 km : **Cangas de Onis*** (→). Sortir vers le S. par la C 637.

12 km : ↦ A g. route pour *(1 km)* **Sames**; pêche au saumon et à la truite dans le río Sella.

16 km : ↦ A g. route pour *(2 km)* **Amieva**; vestiges magdaléniens de la grotte de Collibil.

17 km : ici commence le **défilé de los Beyos****, creusé par le río Sella sur une dizaine de kilomètres.

33 km : ↦ A g. route pour *(4 km)* **Soto de Sajambre**, où se trouve le **jardin de la Peña Santa**, vallée idyllique de laquelle on peut contempler (au N.) la Peña Santa de Castilla (2 596 m).

2 — Au N. et au centre des pics d'Europe

0 km : **Cangas de Onis*** (→). Sortir vers l'E. par la C 6312 en direction de Panes (Peñamellera Baja).

22 km : beau point de vue sur le massif central des pics.

27 km : **Carreña** (Cabrales); nombreuses casas solarregas dans les environs.

31,5 km : **Las Arenas**; principal centre de production de cabrales.
Fête : le dernier dim. d'août, concours de cabrales.

↦ A *16 km* E. vers Panes *(tourner à g. au km 14)*, **Allés**; église comportant des vestiges romans.
↦ A *25 km* E., **Panes** (→ ci-dessous, environs 3, km 12).
A Las Arenas, prendre à dr. la O 204 vers Camarmeña.

36 km : Camarmeña; excursion au défilé des gorges de Cares et à Cain. Par une voie très accidentée, on peut accéder à *(5 km)* **Bulnes**, village demeuré très archaïque. De Bulnes on peut monter, le long d'un petit torrent, jusqu'à la vega de Callada, véritable défilé entre deux falaises, sur le chemin du refuge José Ramón Lueje, au Jou de los Cabrones (2 040 m), base de départ pour des courses en montagne, notamment pour l'ascension du pic Naranjo de Bulnes (2 516 m) dont la paroi abrupte domine un cirque encadré de pics dépassant, pour la plupart, 2 500 m.

3 — A l'O. des pics d'Europe

0 km : **Unquera**; vous pourrez y déguster la corbata de hojaldre, une pâtisserie appelée « cravate feuilletée ».
Prendre au S. la N 621 vers Panes.

12 km : **Panes** (Peñamellera Baja ; 599 hab.) ; pont médiéval et diverses demeures de style Renaissance.
Poursuivre vers le S. en direction de Potes.

20 km : entrée du **défilé de la Hermida*** ; cette impressionnante gorge, où coule le río Deva (truites, saumons), entre des murailles de plus de 100 m de hauteur, sépare la cordillère Cantabrique du massif oriental des pics d'Europe. Vous découvrirez de très belles vues sur les sommets déchiquetés de ce massif montagneux, et vous suivrez le défilé pendant une quinzaine de kilomètres.

32 km : sur la g., **église Santa María de Lebeña** ; d'achitecture mozarabe à l'exception du chœur, elle a été reconstruite en style roman. Elle est située dans un cadre enchanteur, surtout au printemps et à l'automne.

39 km : **Ojedo.**
➡ A g., à *8 km par la route de Palencia (au km 5,5 prendre un chemin à dr.),* **église Santa María de Piasca,** de style roman du XIIᵉ s. Déclarée monument national, elle faisait partie d'un monastère bénédictin mixte ; cette construction est d'inspiration clunisienne française.

40,5 km : **Potes** (1 144 hab. ; alt. 291 m) ; ancienne capitale de la Liébana, une vallée célèbre pour sa résistance aux troupes de Ney, en 1809. Vieilles demeures à blasons sculptés et, à dr., au centre, imposante tour fortifiée du XVᵉ s., convertie actuellement en ayuntamiento. Important marché à bétail le lun. Parmi les nombreuses spécialités culinaires, vous goûterez les fromages fumés de Treviso, le jambon, les différentes manières de préparer la viande de sanglier et les truites fraîchement pêchées. Excellente eau-de-vie (très forte).
➡ A g. route pour *(26 km)* le **mirador de Llesba*** *(prendre en direction de Riaño) ;* promontoire formant un observatoire idéal pour découvrir les pics d'Europè.

41 km : ➡ A g. petite route pour *(2 km)* le **monastère de Santo Toribio de Liébana*,** un des joyaux de l'art romano-gothique de Cantabrie, d'où l'on découvre un admirable panorama sur la vallée et les picos de Europa (se rendre jusqu'au mirador 500 m au-delà du monastère) ; église de style gothique cistercien où l'on remploya deux portails romans d'un sanctuaire plus ancien ; dans la chapelle attenante à l'église, du plus beau style platéresque (XVIᵉ s.), édicule de style néoclassique du XVIIIᵉ s. abritant un fragment de la vraie croix (reliquaire du XVIᵉ s.). On y trouve les célèbres « Commentaires de l'Apocalypse » du moine Beato (XIIIᵉ s.) qui combattait l'hérésie propagée par l'archevêque de Tolède Elipando.
Fête : on célèbre avec solennité la semaine sainte.

60 km : **Espinama ;** village minier, cité par le marquis de Santillana dans ses poèmes ; maisons anciennes, quelques-unes à blasons.
➡ A la sortie, une piste forestière, praticable par temps sec, donne accès, à *7 km,* au **refuge national d'Aliva** ou **de los picos de Europa** *(mai-oct.),* à 1 670 m d'alt. (pentes de 27 %).

64 km : **Fuente Dé,** cirque de montagnes où le río Deva naît de la réunion de nombreux petits torrents. A côté du parador, station inférieure du téléphérique *(de 10 h à 14 h et de 15 h à 20 h en été, de 10 h à 13 h et de 15 h à 18 h en hiver)* donnant accès au **mirador del Cable** (1 800 m d'alt.), sur le rebord méridional de la partie centrale du massif de los picos de Europa ; de là, vous pourrez effectuer l'ascension de nombreux pics (pour alpinistes expérimentés), où gagner à pied le refuge-bivouac Cabaña-Verónica (2 325 m), près du col de Horcados, puis descendre jusqu'au refuge d'Aliva (➡ ci-dessus).

Piedra (Monastère de)★★

Calatayud, 29 km. — Saragosse, 116 km.
Province de Saragosse (Aragon).

 Il est localisé dans un site admirable transformé en parc qu'il es
préférable d'aborder en venant d'Ateca ou d'Alhama de Aragón. Ce parc
au cœur de l'aride Aragon, apparaît comme une miraculeuse oasis à la
végétation luxuriante.

Le monastère dans l'histoire. — Fondé en 1195 par l'ordre de Cîteaux, il bénéficie
de l'aide des rois d'Aragon qui participent à sa construction et accordent de
nombreux dons aux moines dont les richesses s'accroissent. En 1835, conséquence
de la desamortización, le monastère est vidé de ses trésors, dispersés hors
d'Espagne. La végétation exubérante de ces terres arrosées par le río Piedra devient
maîtresse des lieux. Le monastère recouvre son aspect d'antan grâce à un généreux
promoteur qui entreprit de dompter le fleuve, de construire des routes, de restaurer
les bâtiments et de fonder la première pisciculture d'Espagne dont certains sont
transformés en hôtellerie.

Visite du monastère *(ouv. en été de 8 h à 20 h ; en hiver de 9 h à 18 h 30).* —
Les édifices monastiques, de grandes dimensions et de distribution complexe, sont
bâtis en maçonnerie (chaux et sable) rougeâtre s'harmonisant parfaitement avec le
milieu environnant. Vous remarquerez le **donjon** ou **tour de l'Hommage**, du XIIe s.
le **cloître** de style gothique, un magnifique **escalier★** *(à l'intérieur de l'aile réservée
à l'hôtel)* et les **ruines de l'église**, de style de transition entre le roman et le
gothique.

Le parc. — Des parcours fléchés *(suivre d'abord les flèches rouges, puis les bleues)*
permettent de le parcourir *(compter 45 mn à 1 h)* en ne manquant aucune des
curiosités naturelles (cascades, grottes) que recèle cette petite oasis. La plus
impressionnante des cascades, celle de la Queue de Cheval, comporte une
dénivellation de 50 m ; à l'intérieur se trouve une caverne que l'on peut visiter sans
grand risque. Le lac Miroir, une pisciculture de truites et la source de la Santé
recommandée pour les troubles digestifs, complètent l'ensemble.

Environs. 1 — Nuévalos *(3 km N.).* — Pittoresque localité située sur un rocher qui
domine l'extrémité du lac-barrage de la Tranquera.

2 — Alhama de Aragon *(18 km N. ; 1 472 hab. ; alt. 436 m).* — Ses eaux thermales
sont déjà réputées sous les Romains qui la nomment Aquae Bilbilitanae. Le village
localisé près du fleuve Jalón, conserve les ruines d'un château gothique. Les
thermes sont situés dans un bel édifice moderniste. Les eaux, à 34°, sont
recommandées pour les rhumatismes, les calculs rénaux et les maladies nerveuses.

3 — Jaraba *(10 km O. ; 376 hab. ; alt. 767 m).* — Agréable oasis au cœur d'une
région aride. L'**église de la Transfiguration**, construite aux XVIe et XVIIIe s., renferme
des peintures et retables des XVe et XVIIIe s. ; Christ du XVIe s. Eaux thermales
recommandées pour le diabète et les rhumatismes.

4 — Cetina *(25 km ; prendre à dr. à Jaraba ; 927 hab. ; alt. 686 m).* — Le **château**
des seigneurs de Cetina, édifié au XVe s., comporte une tour gothique et une chapelle
mudéjare (retable Renaissance) où se sont mariés Francisco de Quevedo et
Esperanza de Aragón.
Fêtes : San Lorenzo (du 19 au 22 mai) avec danses et costumes folkloriques.

5 — Ariza *(38 km ; à l'O. de Cetina sur la N 11 ; 1 492 hab. ; alt. 763 m).* — Perchée
sur une colline couronnée des ruines d'un château. Église gothique à 3 nefs avec
une façade herrerienne.
Pèlerinage à l'ermitage de la **Virgen del Amparo** (19 mai).

•→ Dans les environs, **ruines de Arcóbriga**, cité celtibère qui conserve quelques murs, une partie du forum, de la basilique, du théâtre et des thermes.

Plasencia*

Ávila, 129 km. — Cáceres, 84 km. — Salamanque, 132 km.
Alt. 355 m. — 32 180 hab. — Province de Cáceres (Estrémadure).

Petite ville fondée vers 1178 par Alphonse VIII dans une riche vega et qui conserve de son passé un bel ensemble de monuments du Moyen Age et de la Renaissance dont la cathédrale est le plus beau fleuron.

Fêtes. — Feria le 8, 9 et 10 juin.

Visite de la ville

Gagnez la **plaza Mayor**, ornée de galeries, où s'élève la **casa Consistorial** (hôtel de ville) du XVIe s. Prenez ensuite la rue Trujillo qui vous mènera à la cathédrale.

Cathédrale**. — Elle est un intéressant exemple de transition de styles. Elle réunit deux édifices : l'**ancienne cathédrale** ou **église de Santa María**, de style romano-gothique, construite entre le XIIIe et le XIVe s. par Juan Francés, amputée de sa partie E. (sanctuaire et chevet), lorsque fut bâti le **second édifice**, à la fin du XVe s., en style gothique ; les travaux exécutés au XVIe s. y apportèrent des éléments plateresques. Les plus fameux architectes et sculpteurs de l'époque y travaillèrent : Juan de Ávila, Francisco de Covarrubias, Siloé, Gil de Hontañón, etc.

Le **portail**, terminé en 1558, à quatre ordres superposés de colonnes, est d'une grande finesse. A l'intérieur, les trois nefs de croisée d'ogives reposent sur des colonnes sans chapiteaux, dont les nervures se prolongent sur la voûte, s'épanouissant comme de grands palmiers. Dans le **chœur**, fermé par une **grille** forgée en 1598 par Juan Bautista Celma, **stalles** en noyer sculpté de Rodrigo Alemán, à la fin du XVe s., dont les dossiers sont ornés de scènes en marqueterie, dont quelques-unes sont burlesques, ou agrémentées de portraits, comme ceux des Rois Catholiques. Dans la **Capilla Mayor**, décorée par Juan de Alava, Siloé et Alonso Covarrubias, retable du XVIIe s. sculpté par Gregorio Fernández (1626), avec des **tableaux** de Francisco Rizi. A g. du maître-autel, tombeau de l'évêque Ponce de León exécuté par le Grenadin Mateo Sánchez de Villaviciosa. Dans les chapelles des absides latérales, retables des frères Churriguera (XVIIIe s.)

On accède à l'**ancienne cathédrale** en longeant l'un des murs latéraux du chœur. De l'**église Santa María** ont été conservés la **porte del Perdón**, ce qui reste des trois **nefs** et la **chapelle de San Pablo** (XIIIe s.). Dans la chapelle de la nef dr., **statue** de la Virgen de la Paloma. L'intérieur de la chapelle est fermé par un **dôme** dit le « melon », de tradition byzantine, style mêlé à des détails romans.

Le **cloître**, commencé au XIVe s., a été inauguré par l'évêque Santa María, en 1438. Un escalier en colimaçon, construction de Gil de Hontañón, mène à la terrasse d'où l'on découvre en contrebas « le melon ».

Le **musée** *(ouv. de 10 h à 12 h et de 16 h à 18 h)*, au-dessus de la sacristie, dans une salle du XVIe s., possède des tableaux de Ribera et de Morales, ainsi qu'une **bible** — fin du XIVe s. — ornée de miniatures, avec une reliure enrichie d'émaux.

En face de la façade principale de la vieille cathédrale où vous pouvez admirer un **groupe sculpté** roman figurant l'Annonciation, se trouve la **casa del Deán,** du XVIe s.

A voir également la **casa del Dóctor Trujillo,** du XIVe s., en face du chevet de l'**église de San Nicolás** (XIIIe s.).
Le palais du marquis de Mirabel s'ordonne autour d'un joli patio Renaissance. L'escalier et l'harmonie des éléments architecturaux méritent une attention spéciale. Intéressant **salon** Carlos V et Pensil, qui contient une série de vestiges archéologiques collectionnés par le marquis, au XVIe s.
Le **couvent de Santo Domingo,** fondé en 1474, possède un somptueux portail du XVIIe s. ; dans l'église intéressant retable avec des peintures de l'école espagnole ; **cloître** gothique ; majestueux escalier Renaissance (1577) ; azulejos de Talavera du XVIe s.
Dans la partie haute de la ville se trouvent l'**église de San Pedro,** du XIIIe s. romano-gothique, avec un retable Renaissance, l'**église de Santa Ana** de 1556 (portail Renaissance) dans la rue Cruz de Santa Ana, l'**église de San Ildefonso** à retable baroque et l'**église San Martín** à retable plateresque (1557-1577), orné de sculptures et de peintures dont quelques-unes sont de Morales.
Presque à l'intérieur de la ville, se trouve une oasis pour les amateurs d'après-midi tranquilles : le **parc de la Isla,** au milieu de la rivière Jerte où vous pourrez louer un petit bateau à rames.

Environs

1 — Au N.-E. de Plasencia.
0 km : **Plasencia.** Sortir par la N630 en direction de Salamanque.

30,5 km : ⟼ A g. route pour *(6 km)* **Zarza de Granadilla** ; c'est aujourd'hui une île, baignée par le barrage de Gabriel y Calán. Fondé au IXe s. par les Arabes, le village conserve en partie son **enceinte** et son **château** du XIIIe s. Pour le reste, le village, abandonné, est en ruine, mais actuellement en reconstruction.

⟼ A *12 km N.-E.,* par une petite route. **Abadia** (→ ci-dessous).

35 km : ⟼ A g. route pour *(4 km)* **Abadía** (315 hab.) ; petite bourgade groupée autour d'un **château,** dont la construction est attribuée aux Romains et qui devint abbaye cistercienne, puis palais (au XIVe s.), avec le duc d'Albe, qui respecta le cloître du XIIIe s. Les anciens jardins sont convertis en vergers et parsemés de sculptures.

36 km : **Aldeanueva** ; deux églises Renaissance.

38 km : ⟼ A dr. route pour *(4 km)* **Hervás** (5 000 hab., alt. 685 m) ; bourgade intéressante surtout pour son **quartier juif** (Barrio Judio), l'un des plus évocateurs d'Espagne. Les ruelles étroites sont bordées de maisons à deux étages, construites en brique et en bois de châtaignier, dont la fantaisie architecturale compose un ensemble des plus pittoresques. La ville garde certaines coutumes juives, comme celle del hornazo (espèce de pain sans levain), et des noms à consonances hébraïque.
Vous visiterez l'**église de Santa María,** du XVIe s., dont le clocher est la tour d'un château médiéval disparu, et celle de **San Juan,** à retables baroques du XVIIIe s., qui appartint à un couvent de Trinitaires.
Fêtes : 14, 15 et 16 sept., Cristo de la Salud.

44,5 km : **Baños de Montemayor** (1 022 hab., alt. 708 m) ; station thermale, dont les eaux ont des vertus curatives reconnues depuis l'époque romaine pour les maladies des voies respiratoires, les maladies de la peau et les rhumatismes. Pont romain. Typiques paniers en bois de châtaignier.

2 — A l'E. de Plasencia.

Vous découvrirez une région boisée et très pittoresque, baignée par le Tiétar et dominée par la sierra de Gredos. Cette vallée, surnommée la Vera de Plasencia, est couverte de riches vergers de poiriers, d'orangers, de cognassiers, etc. Importante culture du tabac. Climat océanique, aux hivers doux et aux étés frais. Cette région est une oasis dans l'aridité du paysage de l'Estrémadure, avec sa verdure et ses innombrables ruisseaux. Au N. se trouve le circo de Gredos où dort la Laguna Grande, à 1 965 m de hauteur.

0 km : **Plasencia.** Sortir par la C 501 en direction de Jarardilla de la Vera.

18,5 km : **Tejada de Tiétar ;** intéressante église paroissiale.

37 km : **Jaraiz de la Vera** (8 484 hab. ; alt. 600 m) ; fondé par les Arabes, ce village est le plus important centre industriel de la Vera ; c'est un grand producteur de tabac et de pimeutón (paprika). A visiter : les églises San Miguel et Santa María d'origine gothique mais très réformées.
Fêtes : dim. de Pâques et 10 juil., pèlerinage à l'ermitage de San Cristobal.

39 km : ↳ A g. route pour *(5 km)* **Garganta la Olla** (1 522 hab., alt. 600 m) ; bel ensemble historique et monumental. Église de San Lorenzo, du xvie s., construite sur un édifice plus ancien ; ermitage du Cristo del Humilladero, casa de las Postas, construite en 1576, casa de las Muñecas et casa de los Azevedo, aujourd'hui casa-museo (musée).
Fêtes : 1er et 2 juil., danzas de las italianas, avec des costumes d'origine crétoise.

45 km : **Cuacos de Yuste** (1 077 hab. ; alt. 520 m) ; village où passa son enfance le fils bâtard de Carlos V, Juan de Austria, vainqueur de la bataille de Lépante (1572). On peut visiter sa maison (gothique, Renaissance), ainsi que l'église de la Asunción à l'orgue baroque. Charmantes ruelles bordées de vieilles maisons, parfois à encorbellement.
↳ A *2 km N.-O.,* **monastère de Yuste** (→).

55 km : **Jarandilla de la Vera** (3 044 hab. ; alt. 585 m) ; située sur le versant de la sierra de Jaranda, la ville fut fondée par les Arabes. **Forteresse** militaire (xiii-xive s.) des chevaliers de l'ordre du Temple, qui construisirent une maison fortifiée dont la tour, qui a été conservée, a donné son nom à l'église **N.-D. de la Torre.** Ce village accueillit Charles Quint pendant la construction du monastère de Yuste (→) où il passa ses dernières années. La cour centrale du château est entourée de galeries Renaissance, à réminiscences gothiques.
↳ A *4 km N.,* **Guijo de Santa Bárbara** (708 hab. ; alt. 876 m) ; à goûter, une liqueur aigre-douce, appelée gloria, élaborée avec de l'eau-de-vie et des guignes.

60 km : **Losar de la Vera** (3 401 hab. ; alt. 670 m) ; église paroissiale de Santiago el Mayor, du xve s.

75 km : **Valverde de la Vera** (867 hab. ; alt. 509 m) ; bel ensemble monumental, en particulier l'église de la Virgen de Fuentesclaras qui garde les tombeaux gothiques (xve s.) en albâtre des comtes de Nieva.
Fêtes : la nuit du jeu. au ven. saint, procession des empalados (pénitents). Pieds nus, le visage recouvert d'un voile blanc, ils franchissent les douze étapes du calvaire une croix attachée sur le ventre et la poitrine.

78 km : **Villanueva de la Vera** (2 440 hab. ; alt. 520 m) ; à visiter l'église paroissiale de la Concepción, du xvie s. gothique, avec des éléments Renaissance. Jolie place à portiques.

89 km : **Madrigal de la Vera** (2 357 hab. ; alt. 401 m) ; jolie place avec des maisons à linteaux de pierre.

3 — Mirabel *(25,5 km S.-O. ; au km 16,5 de la N 630 en direction de Cáceres, bifurquer à g.).* — Ruines d'un **château** mudéjar du xive s. et **pilori** du xvie s. L'**église paroissiale,** du xvie s., a un joli plafond en bois. Voir aussi la **Picota** et le **palais du marquis de Mirabel,** de la même époque.

4 — Serradilla *(37,5 km S. ; à 12 km au-delà de Mirabel).* — Village célèbre pour son **Cristo de la Victoria** et l'histoire de ses miracles. C'est une représentation en bois polychrome, sculptée par Domingo de Rioja au XVIIIe s., sur commande d'une religieuse nommée Francisca, qui réussit à transporter la sculpture de Madrid jusqu'au couvent de las Agustinas de Serradilla, après d'innombrables vicissitudes. Remarquez la **statue de N.-D. de la Asunción** (1745) attribuée à Luís Salvador Carmona dans l'**église paroissiale.** Le **couvent del Cristo** renferme d'authentiques trésors artistiques.

5 — Montehermoso *(27,5 km O. par la C 204).* — Beaux costumes typiques, dont le chapeau féminin est très original : confectionné en paille et brodé de laines multicolores, il comporte au-dessus du front un espace circulaire garni d'un miroir pour les jeunes filles, qu'enlèvent les femmes mariées mais que remettent, brisé, les veuves.
Fêtes : 24 août.

6 — Guijo de Galisteo *(34,5 km O. ; 2 km après Montehermoso, tourner à g.).* — **Enceinte** et **château** d'origine arabe. Du château, aujourd'hui en ruine, on ne conserve qu'une imposante tour. **Ayuntamiento** à galeries. L'**église de l'Asunción** possède une abside mudéjare du XIIe s. et une nef gothique du XVIe s. (retable baroque).

Poblet (Monastère de)***

Barcelone, 97 km (par l'autoroute). — Lérida, 57 km. — Tarragone, 33 km.
Alt. 490 m. — Province de Tarragone (Catalogne).

C'est l'un des plus beaux d'Espagne. Fondé grâce à une importante donation de Raymond Béranger IV, comte de Barcelone, il devait bénéficier de la protection des rois d'Aragon qui y firent aménager un panthéon royal.

Visite : toujours accompagnée (env. 1 h) ; ouv. t. l. j. de 10 h à 12 h 30 et de 15 h à 18 h (17 h en hiver), f. le jour de Noël, le ven. saint et les après-midi du jeu. et du sam. saints ; accès payant.

Vous franchirez la première enceinte (longue de 2 km) par la **porte de la Conciergerie** en laissant à gauche la maison du portier (XVIe s.). De là, une allée conduit à la porte Dorée, surmontée de mâchicoulis (XIIe-XVe s.). A dr., contre la porte, la **chapelle Saint-Georges** fut érigée par Alphonse V d'Aragon pour commémorer la prise de Naples (1442). Au-delà de la porte, d'où l'on aperçoit la façade baroque de l'église, se trouvent, à dr., les ruines de l'**hostellerie** et du **palais abbatial**, et, à g., celles d'anciens bâtiments administratifs et d'ateliers. De ce côté se situent encore l'**hôpital** et l'**église Sainte-Catherine**, autrefois dédiée à la Vierge, de style roman. La **croix de l'abbé Guimerà** (XVIe s.) s'élève sur la plaça Major, située devant l'entrée du monastère proprement dit. De là, vous examinerez la **façade** baroque de l'église (1716) ornée des statues de la Vierge, de saint Bernard et de saint Benoît entre des colonnes de jaspe, et de lucarnes en œil-de-bœuf percées dans des encadrements cantonnés de colonnes torses. Harmonieuse, la façade contraste cependant avec l'ensemble du monastère. Une **enceinte** de 608 m de périmètre, de 11,30 m de hauteur et de 2 m d'épaisseur, pourvue d'un chemin de ronde, de créneaux et de meurtrières, renforcée de tours,

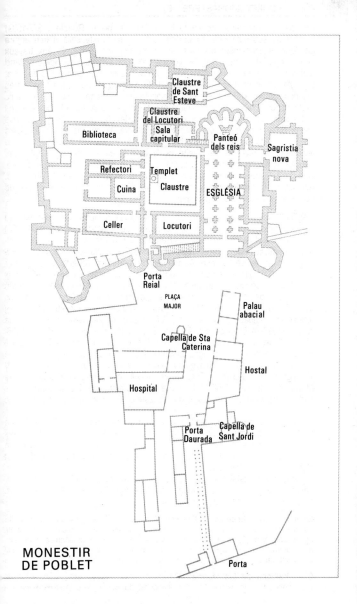

MONESTIR
DE POBLET

protège les bâtiments conventuels. A l'O., la **porte Royale** (1379-1397) conduit au vestibule puis au **parloir** (XIVᵉ s.), une vaste salle d'architecture gothique anciennement réservée aux frères convers (employés aux travaux domestiques du monastère). De là, une belle porte romane conduit au **grand cloître****. La galerie la plus ancienne, contre l'église, fut commencée au XIIᵉ s. en style roman et dotée ultérieurement de voûtes gothiques; les trois autres galeries datent du XIIIᵉ s. et l'ornementation, cantonnée aux chapiteaux, excluant toute représentation animalière, témoigne de la sobriété des édifices cisterciens. Du côté de l'aile S., le **temple du lavabo** (XVIᵉ s.) ne compte pas moins de trente et un jets. Accolés au cloître, la **cuisine** et le **réfectoire** (XIIᵉ s.) et plus loin le **calefactorium** (XIIIᵉ s.) où les moines âgés venaient se réchauffer en hiver. A l'extrémité de la galerie, on accède au **scriptorium**, transformé en bibliothèque au XVIIᵉ s. (structure romano-gothique du XIIIᵉ s.). Une belle porte romane donne accès à la **salle capitulaire***, du XIIIᵉ s. Remarquer la finesse des supports et les pierres tombales des abbés de Poblet incrustées dans le pavement.

L'**église**** bâtie au XIIᵉ s. par Alphonse Iᵉʳ subit d'importantes réformes au XIVᵉ s. Portique du XIIIᵉ s. A dr., **chapelle du Saint-Sépulcre** (1564-1583) dotée d'un bel autel Renaissance. **Retable*** du maître-autel en albâtre, chef-d'œuvre de la Renaissance, sculpté vers 1527 par Damià Forment (v. 1480-1541), un artiste de Valence. Au transept, le **panthéon royal****, aménagé par le maître Cascalls, à la demande de Pierre le Cérémonieux vers 1349. Deux énormes sarcophages gothiques sont posés sur des arcs surbaissés; chacun d'eux sert de sépulture à plusieurs membres des familles royales des dynasties de Catalogne et d'Aragon. A dr., Alphonse II le Chaste (1152-1196) repose en compagnie de Jean Iᵉʳ (1350-1395) et de ses deux épouses et de Jean II (1397-1479) et de son épouse; à g., Jacques Iᵉʳ le Conquérant (1208-1276), Pierre IV le Cérémonieux (1319-1387) et ses trois épouses (Marie de Navarre, Éléonore de Portugal, Éléonore de Sicile) et Ferdinand Iᵉʳ le Juste (v. 1380-1416). Dans le bras g. du transept, sépulture royale de Alphonse V le Magnanime (1396-1458). Près de la chapelle de Saint-Benoît, **tombeau de Martin Iᵉʳ** l'Humain (1356-1410). La récente restauration des sculptures, très endommagées lors du saccage du monastère, est due au sculpteur Frederic Marès.

Dans le bras dr. du transept s'ouvre la nouvelle sacristie (1732-1736). Le **dortoir** des moines, couvert d'un toit à double pente soutenu par de grands arcs diaphragmes, mesure 87 m de long. Les appartements somptueux que se fit construire le roi Martin à la fin du XIVᵉ s. se trouvent au-delà du petit cloître roman de Saint-Estève.

Le **musée** est installé au-dessus de l'ancien **cellier** (XIIIᵉ s.), dans le dortoir des moines jubilaires : documents sur le monastère, peintures, sculptures, céramiques, orfèvrerie religieuse.

Environs. 1 — L'Espluga de Francolí (*4 km N.; 3506 hab.*). — Important centre agricole et vinicole, fondé au XIᵉ s., enrichi par l'installation des moulins. Très belle **église Sant Miquel** (XIIᵉ s.). Ancien hôpital des chevaliers de Saint-Jean-de-Jérusalem, de la première moitié du XIVᵉ s., doté d'un superbe **escalier** dans le patio. Le **casal de l'Espluga** est une maison de la culture très active.

2 — Valbona de les Monges (*32 km N.*) — Agréable village dont l'abbaye cistercienne vaut le détour. La coupole-clocher du XIVᵉ s. est unique dans toute la

Catalogne ; voir également les masques grotesques de l'abside, le cloître résumant quatre siècles d'histoire (du XIIe au XVe s.), la salle capitulaire (début du XIVe s.) avec sa remarquable porte gothique.

3 — Montblanc *(10 km O. ; à l'Espluga, prendre en direction de Tarragone ; →).*

4 — Scala Del *(env. de Reus) ; —* **Montserrat** *(→).*

Pola de Lena

Oviedo, 30 km.
Alt. 322 m. — 14 471 hab. — Province d'Oviedo (Asturies).

Capitale de la région de Lena, où on pratique surtout l'élevage, et important centre urbain. Les principaux passages vers la Castille sont les cols de Pajares et de Cubilla. Cette région est située au cœur d'un paysage accidenté et s'étend sur les contreforts de la cordillère Cantabrique avec des pics élevés tels le Peña Ubiña (2 417 m).

Les fêtes. — Fiesta del Cordero (1er dim. de juil.) avec romería et concours de mouton rôti. Feria, le dim. suivant le 2e ven. d'oct., avec danses et chants régionaux.

La ville possède d'intéressantes maisons seigneuriales armoriées. Il faut voir également l'**église Santa Cristina de Lena,** l'une des plus belles réalisations du préroman espagnol, aux VIIIe et IXe s. Elle n'a qu'une seule nef mais de nombreux contreforts. La tribune se trouve dans la partie postérieure de l'un des vestibules. A noter une icône, au fond de la nef, formée par trois arcs aux plaques ajourées, exemple unique dans le préroman espagnol. L'église a vraisemblablement une origine wisigothique ; par la suite elle a été restaurée par Ramiro Ier.

Environs. 1 — Villallana *(4 km N.-E. par la N 630).* — Église paroissiale San Martín, avec d'importants restes romans du XIIe s. Le portail s'ouvre par un arc en plein cintre s'appuyant sur des colonnes aux chapiteaux décorés.

2 — Campomanes *(6,5 km S. par la N 630).* — Sépultures romanes, découvertes au XVIIe s.

➦ Bifurquer à g. A *25 km,* col de Pinas ou de la Cubilla. Splendide paysage.

3 — Puerto de Pajares *(26 km S. par la N 630).* — Longtemps le seul point de passage entre les Asturies et le León. Impressionnant panorama sur le massif de Peña Ubiña. Station de sports d'hiver où l'on peut déguster la spécialité locale, une excellente pâtisserie appelée suspiros.

4 — Bárzana *(21 km O. ; →).*

Pola de Siero

Oviedo, 12,5 km. — Villaviciosa, 25 km.
Alt. 209 m. — 33 000 hab. — Province d'Oviedo (Asturies).

Le paysage est doux et très peu contrasté. Dans la région se trouvent des monuments archéologiques.

Fêtes. — Le jeu. précédant le mer. des Cendres, las Comadres le mar. suivant Pâques, fêtes de Los Huevos Pintos ; des œufs décorés sont vendus sur le marché.

Le 1er dim. qui suit le 16 juil., fête d'El Carmín de la Pola, dédiée à la Vierge du Carmen.

Environs. 1 — Aramil *(6 km S.-E.; au km 4 de la N634, prendre à dr.).* — l'**église San Esteban**, du XIIe s., comporte une seule nef; ses portes S. et O. sont finement travaillées. Sur l'avant-toit de l'abside, belle collection de modillons à la décoration sculpturale très variée. A voir également le **palais des Vigil**, dont la tour remonte au XVIe s.

2 — Lieres *(8 km E. sur la N634).* — Le **palais de Valdás Cabanilles** est de style Renaissance (XVIe s.); la chapelle a été édifiée au XVIIIe s.

3 — Nava *(14,5 km E.; 6 000 hab.).* — Capitale du cidre dont la fête se déroule le 7 juil. **Palais de la Cogolla** (XVIe s.) à la belle façade baroque. **Palais de la Ferrería** également du XVIe s. L'**église San Bartolomé** (XIIe s.) est un vestige d'un ancien monastère bénédictin.

Pola de Somiedo

Cornellana, 50 km. — Oviedo, 87 km.
Alt. 1 000 m. — 2 112 hab. — Province d'Oviedo (Asturies).

Point de départ d'excursions dans la région des dix-huit lacs glaciaires de la vallée du río del Valle (entre 1 500 et 1 700 m d'altitude), Pola de Somiedo est située près du Pigueña, affluent du Narcea, dans un paysage particulièrement accidenté.

Vous pouvez visiter l'**église paroissiale**, baroque, et la **maison de Flórez**.

Environs. 1 — Belmonte *(29 km N. par la C633).* — On peut encore y voir une forge romaine.

2 — Réserve nationale de Somiedo. — Située au S., aux limites de Lena, Quirós, Teverga et Somiedo, elle est la réserve la plus étendue. Dans ses forêts et ses montagnes vivent ours, chevreuils, sangliers, coqs de bruyère, cerfs et perdrix. Les lacs **Cueva** *(15 km E.),* **Calabarosa** et **Cervenz** sont tous accessibles par de mauvaises pistes.

3 — Caunedo *(4,7 km S. par la C633).* — **Palais baroque** du XVIIe s. Le **château de Alba** conserve des restes d'une grande tour et de murs, correspondant à une forteresse médiévale.

Pollença*

Palma, 58 km.
11 264 hab. — Ile de Majorque — Province des Baléares.

A l'E. de la sierra de Tramuntana et au pied de deux collines, cette ville, par son architecture, ses fêtes, ses artisans, est l'un des conservatoires des coutumes majorquines. Sur le territoire communal, la presqu'île de Formentor*** reste le symbole du tourisme de luxe qui fit la renommée de Majorque dans les années trente.

La ville dans l'histoire. — Pollença, qui tire son nom de Pollentia, l'une des deux villes (l'autre est Palma) fondée par les Romains au IIe s. av. J.-C. (ruines près d'Alcúdia), garde de cette époque un pont à l'extérieur de la ville. De nombreux ordres se sont installés ici au fil des siècles : celui des Templiers au XIIIe, puis celui des dominicains au XVIe et des jésuites au XVIIe s. En 1522, les Pollencins participent activement aux révoltes de la bourgeoisie contre le pouvoir royal (Germanies). En 1854 y naît le poète de langue catalane, Miquel Costa i Llobera, dont on peut visiter la maison-musée. A sa mort, en 1922, la famille du poète fragmente la presqu'île de Formentor, qu'elle possédait. L'un des acheteurs, l'Argentin Adam Diehl, se rend propriétaire de 2 000 ha et y construit, en 1928, l'hôtel Formentor, célèbre par son casino, sa roulette et sa clientèle de milliardaires qui viennent y passer les mois d'hiver, fuyant les brumes de l'Europe du N.

Festivités. — Fêtes du pi de Sant Antoni (mât de cocagne), le 17 janv., et de Sant Sebastià, le 20 janv. (danses médiévales) ; mise au tombeau le ven. saint ; fête des Maures et des chrétiens (2 août), commémorant une victoire sur les pirates turcs, en 1550.

Dans la ville aux fraîches ruelles bordées de vieilles maisons (elles n'ont le plus souvent qu'un étage, et le portail est formé d'un arc en plein cintre), on pourra voir l'**église** paroissiale de **Santa María** (XVIIIe s.), celle de **Montisión**, également baroque, et l'ancien **couvent de Santo Domingo** (fin XVIe s.). Dans l'église attenante au couvent, un **retable** baroque de Joan Antoni Homs ; le cloître accueille chaque été le festival international de musique de Pollença. ■ Dans les dépendances du couvent, le **Musée municipal** *(pour visiter, s'adresser à la mairie)* se divise en trois secteurs : art religieux (peintures gothiques de Francesc Comes, Gabriel Moger, maître des Prédelles...), art contemporain (à l'étage supérieur du couvent sont exposées les œuvres primées par le Concours international de peinture et sculpture de Pollença) et ethnographie (petite collection d'outils et instruments de travail de la région de Pollença).

Le long escalier bordé de cyprès du **puig del Calvari** conduit à une chapelle du XVIIIe s. (Christ du XIIIe s.) ; l'on découvre de là-haut un splendide* panorama sur la ville et la baie. De l'autre côté de Pollença, au sommet du **puig de Maria** (333 m), se trouve un ancien monastère.

Environs. 1 — Cala de Sant Vicent* *(5,5 km N.-E. ; au km 1 de la route menant à Puerto Pollença, prendre à g.).* — Agréable station balnéaire, dans les pins, sur le pourtour de trois petites criques rocheuses.

2 — Puerto Pollença* *(5 km N.-E.).* — Ce port de pêche et cette charmante station balnéaire, au fond de la baie du même nom, est un excellent mouillage pour les bateaux de plaisance ; une agréable promenade sous les pins est aménagée vers l'E., le long de la plage ; quelques artisans perpétuent la fabrication de llaüts, barques de pêche avec une voile latine. Vous visiterez la maison du peintre Anglada Camarasa (1873-1959), transformée en musée (influences impressionnistes puis orientales dans ses compositions aux couleurs éclatantes).

➜ A partir de Puerto Pollença commence un tronçon de route très sinueuse à travers la **presqu'île de Formentor***, où le décor change à chaque détour : falaises abruptes, chaos de rochers, pinèdes riches en odeurs balsamiques, criques désertes, vues marines, plages solitaires. Au **mirador des Colomer**, le panorama*** est d'une grandiose beauté ; ne pas manquer de suivre le chemin sur le rebord de la falaise. La **plage de Formentor**** *(10 km)* est un véritable coin de paradis où, dans une pinède, se nichent des villas et un hôtel qui constitue l'un des plus beaux fleurons de l'industrie hôtelière espagnole. Juste avant l'arrivée au phare qui se dresse au **cap Formentor** *(20 km)*, le spectacle se termine en apothéose avec des vues superbes sur un chaos de rocs, des falaises à pic plongeant dans une mer souvent agitée, et, au loin, par temps clair, sur l'île de Minorque.

Ponferrada

León, 99 km. — Lugo, 121 km.
Alt. 543 m. — 52 550 hab. — Province de León (Castille-León).

Ponferrada, l'antique Interamnium Flavium, ville industrielle (hauts fourneaux) grâce aux gisements de minerai de fer de la région, doit son nom
à un pont du chemin de Compostelle qui fut construit pour la première
fois vers la fin du XIᵉ s.

Visite de la ville

Après le pont sur le río Sil, la **calle de Mateo Garza** *(à suivre à pied)* s'enfonce
à dr. dans la vieille ville. Au fond de la place de la Encina, **église Nuestra Señora
de la Encina**, de 1577 (retable sculpté et polychrome du XVIIᵉ s. par un élève de
Gaspar Becerra).
La **calle Gil y Carrasco** *(prendre à dr. en arrivant sur la place de la Encina)* mène
à l'**église San Andrés**, du XVIIᵉ s. (statue romane du Christ de las Maravillas, de la
fin du XIIIᵉ s.), près du **château des Templiers*** *(ouv. de 9 h à 13 h et de 15 h à
17 h)*, qui fut fondé en 1178 ; il comporte une partie romane (el Castillo Viejo) et
des additions gothiques.
Au-delà de l'église, la **calle del Hospital** donne accès à l'**hospital de la Reina**,
création (1498) d'Isabelle la Catholique, aujourd'hui très restauré.
Plus loin, en dehors des limites de la ville, **église d'Otero de Ponferrada**, préromane (XIᵉ s.), aux arcs en fer à cheval.

Environs

1 — Santo Tomás de las Ollas *(1,5 km E. par la N VI en direction de Madrid ;
prendre à g. au km 1).* — **Église** mozarabe (aux arcs outrepassés), mais avec
quelques éléments de style archaïsant, wisigothiques ; portail restauré en style
roman au XIIᵉ s. ; nef unique, remaniée au XVIIᵉ s., prolongée par une Capilla Mayor
de plan ovale, à voûtes polygonales du Xᵉ s. ; de part et d'autre de l'arc triomphal,
restes de peintures murales du XVIᵉ s.

2 — Bembibre *(17 km N.-E. par la N VI ; 9 251 hab., alt. 646 m).* — Ce gros bourg
situé sur l'un des chemins de Saint-Jacques-de-Compostelle conserve une église
romane du XIIᵉ s., avec portail à archivoltes.
↦ Tout près, **monastère de San Miguel de las Dueñas**, fondé au Xᵉ s.

3 — Peñalba de Santiago* *(21 km S. par une route locale ; alt.
1 093 m).* — Avant d'atteindre Peñalba *(au km 71)*, une route à dr. mène aux *(2 km
plus loin)* ruines du **monastère de San Pedro de Montes**, de fondation très
ancienne puisque les premiers moines y furent installés par saint Fructueux au
VIIᵉ s. ; après le retrait des Arabes du Bierzo, il fut fondé à nouveau, à la fin du IXᵉ s.,
par San Genadio ; il subsiste l'église romane (restaurée), d'un style très rude.
Peñalba de Santiago est une église du plus pur style mozarabe, reste d'un
monastère fondé au Xᵉ s. par San Genadio, évêque d'Astorga ; double portail aux
arcs outrepassés (restaurés) ; nef unique à deux absides mais, chose rare, se faisant
face aux deux extrémités de la nef (l'une renferme le tombeau du fondateur, l'autre
sert de sanctuaire) ; coupole à conque octogonale (sur les arcs de la croisée, traces
de peintures murales préromanes).

4 — Embalse de Pumares *(40 km S.-O. par la N 120 en direction de
Barco).* — Le barrage a noyé des installations construites par les Romains près du

village de Las Médulas *(N.-É.)* pour l'exploitation des terrains aurifères par de vastes galeries et des laveries, alimentées par les eaux du río Gavo, que des canaux amenaient de 28 km. Pour éviter que les boues chargées d'or ne descendent jusqu'au Sil, la vallée fut fermée par une large digue qui a formé une lagune. Il est très agréable de se promener dans ce paysage grandiose, magiquement transformé par la main de l'homme. Des conduits souterrains ont été creusés dans les rochers rouges qui contrastent avec le beau vert des châtaigniers.

5 — Au N.-O. de Ponferrada.

0 km : Ponferrada. Sortir par la N VI en direction de Lugo.

12 km : Carracedo del Monasterio ; ruines d'un monastère cistercien ; église du xviiie s., mais avec·des éléments romans ; palais royal, fondé au ixe s. par le roi Bermude II, reconstruit au xiiie s., puis remanié jusqu'au xviiie s. ; salle capitulaire du xiie s., cloître et réfectoire du début du xvie s.

23 km : Villafranca del Bierzo (4 677 hab., alt. 504 m) ; l'antique Berdigum Flavium fut un important gîte d'étape sur le chemin de Compostelle ; c'était avant l'invasion arabe une véritable thébaïde et de nombreux couvents et chapelles y furent construits ; l'**église collégiale de San Francisco** conserve un plafond lambrissé de style mudéjar ; à l'intérieur de l'**église de San Nicolás** (baroque), Christ de l'Espérance. Dans la calle del Agua, belles maisons seigneuriales, comme le palais de Torquemada et le palais des marquis de Villafranca (xvie s.), défendu par de puissantes murailles, et qui fut commencé en 1490.
➜ A g., à *1 km* par la route de Corullón, San Fiz ; **église romane San Juan** du xie s.
➜ A *4 km* S., **Corullón** ; églises San Esteban (1093-1100), de style roman, et San Miguel, romane du xiie s., avec un portail du style de la puerta de las Platerías de Saint-Jacques-de-Compostelle.

38 km : Ambasmestas.
➜ Route à g. pour *(2 km)* Vega de Valcarce ; à dr., sur un piton, château de Sarracín, peut-être fondé au ixe s., mais reconstruit au xive ou au xve s.

Pontevedra*

Madrid, 604 km. — Orense, 100 km. — Saint-Jacques-de-Compostelle, 57 km. 66 500 hab. — Capitale de la province de Pontevedra (Galice).

Située au fond de la ría qui porte son nom, Pontevedra a conservé un séduisant cachet : ses rues à arcades et ses vieilles demeures seigneuriales rappellent le temps où la ville était un port très actif.

La ville dans l'histoire. — Selon la légende, elle aurait été fondée par Teucer, fils de Télamon et frère d'Ajax. On sait cependant qu'une population appelée Lambriaca vit déjà sur ces terres avant l'arrivée des Romains. Détruite au iiie s., la ville est reconstruite par la suite et appelée Ad Duos Pontes. Étant donné le peu d'importance de ce noyau urbain, on perd sa trace jusqu'au Moyen Age où on le retrouve sous le nom de Pontis Veteris qui donne plus tard Pontevedra (vieux pont). La ville se développe beaucoup à l'époque médiévale : conserveries de poissons, saindoux, etc. C'est un port de commerce prospère. L'occupation et la destruction de la ville par les Anglais en 1719, ainsi que l'ensablement du Lérez, provoquent son déclin progressif.

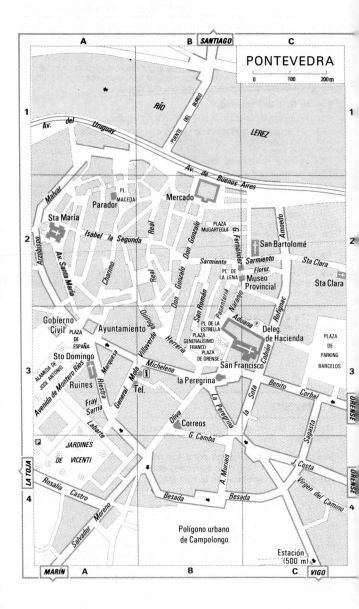

Visite de la ville

Vous visiterez surtout l'église Santa María la Mayor ainsi que le musée, mais ne manquez pas de faire une promenade à pied à travers la vieille ville.
Garez-vous de préférence à proximité du parador (plan A2).

De la **plaza de Maceda**, entourée de vieilles demeures seigneuriales (dont la **casa del Barón**, du XVIIIe s., où est installé le parador), gagnez par de pittoresques ruelles l'**église Santa María la Mayor** *(plan A2) ;* œuvre de Diego Gil et Juan de los Cuetos, elle fut bâtie par la confrérie des mariniers vers 1570 près du quartier des pêcheurs. Cette construction de style gothique présente une superbe **façade*** Renaissance sculptée par Cornélis de Hollande. A l'intérieur, remarquez les chapelles del Buen Jesus, de la Concepción et del Corpo Santo, ainsi que les beaux retables churrigueresques. Le mélange des styles gothique, isabélin et Renaissance est très réussi.

Église Santo Domingo *(plan A3).* — Il ne reste que le chevet gothique ; mais l'édifice abrite un **Musée lapidaire**, section d'archéologie du Musée provincial.

Visite : de 11 h à 13 h 30 et de 17 h à 20 h ; f. l'a.-m. les dim. et j. fériés. Prendre son billet au Musée provincial qui vous donnera accès à celui-ci ainsi qu'à la casa Fernandez Lopez (peinture galicienne contemporaine).

Dans les 5 absides du chevet, **tombeaux gothiques,** dont celui de Payo Gomez de Sotomayor, ambassadeur d'Henri III de Castille et León auprès de Tamerlan et qui assista en 1402 à la bataille d'Ankara, au cours de laquelle les Turcomans défirent les Ottomans. Parmi les **antiquités,** collection de quinze pierres militaires romaines (du IIe au Ve s.) d'inscriptions votives, funéraires, de fragments architectoniques paléochrétiens suèves, de style roman et gothique, de blasons galiciens sculptés, etc.

Sur la **plaza de la Peregrina, sanctuaire de la Peregrina** *(plan B3),* curieuse œuvre de Fernando Souto (1778-1792) en forme de conque avec une façade convexe. A l'intérieur est conservée la statue de la patronne de la ville. Le culte à cette vierge pèlerine s'est développé en Galice au XVIIe s. A côté, **église San Francisco** *(plan B C3)* de style gothique des XIVe et XVe s. ; portail de 1229. A l'intérieur, tombeau de Don Payo Gomez Chariño, seigneur de Rianjo, qui participa à la reconquête de Séville en 1248. Par la petite rue de la Pasantería, gagnez la charmante **plaza de la Leña** entourée de belles galeries et de vénérables maisons.

Musée provincial* *(plan B C2).* — Il est installé dans deux anciennes demeures patriciennes : le **palais de Castro Monte agudo** *(à dr.),* érigé en 1760, et le **palais des García Flórez** *(à g.),* également du XVIIIe s.

Visite : mêmes horaires que le musée précédent.

Dans le *premier bâtiment,* **collections de la préhistoire** (de l'âge du bronze et de la culture des castros celtes), mais surtout de **tableaux** avec des œuvres de Francisco Solives, du Maître de Villaroya (retable de saint Martin ; 1470), de Jacomart Baçó (calvaire), de Pedro Berruguete (le prophète Isaïe), Jean de Bourgogne, Bruegel le Vieux, de l'atelier du Greco, **Zurbarán** (saint François, debout, avec une tête de mort), **Ribera** (apôtre), **Murillo** (saint François de Paule). Noter un portrait de Goya au pastel, exécuté par Francisco Domingo et dédié à Charles Yriarte, écrivain français qui fut un biographe du génie aragonais.

Dans le *grand salon,* collections de peintures néerlandaises avec des œuvres de David Teniers, Karel Fabritius, Snyders, etc. Dans la salle suivante, œuvres de maîtres italiens (Luca Giordano, Tiepolo, Bernini).

Dans le *second bâtiment,* étonnante collection de jais sculptés, dont une splendide croix* du xive s. et une autre du xvie s. Dans les salles consacrées à la sculpture, 2 statues provenant du Portique de la Gloire de Santiago, œuvre de Maître Matthieu (1188) ; statue de la Vierge blanche attribuée à Cornélis de Hollande (1545).
Une autre salle consacrée à la marine présente la reconstitution du bureau de l'amiral Mendez Nuñez et le quartier des officiers du « Numancia » qu'il commandait à Lima en 1866 pour tenter de reprendre les anciennes colonies espagnoles.
A l'*étage supérieur,* faïences et céramiques de Sargadelos du xixe s.

L'**église San Bartolomé** *(plan C2),* baroque (1623), qui appartint aux jésuites, abrite un magnifique retable baroque. Sculpture de Gregorio Fernández (Madeleine) sur le deuxième autel à g.
Les places de Herreria, Verdura, Teucro, Pedreira, Mugartegui forment, dans le vieux quartier, un ensemble plein de charme abritant belles maisons et palais (palais du conde San Román, de Luaces, du marqués de Castelas).

Environs

1 — Lérez *(2 km N. par la N550 en direction de Saint-Jacques, sur la dr.).* — Le monastère **San Salvador de Lérez** fut fondé au ixe s. par les bénédictins. Au xvie s. y fut créé un collège d'humanités et de philosophie dans lequel enseignèrent au xviiie s. les pères Sarmiento et Feijoo. L'ensemble du monastère est en grande partie baroque. Retable principal de l'église néo-classique de Juan Rodriguez de Barros e Juan de Altamirano.

2 — Castillo de Soutomaior* *(18 km S.-E. par la N550 en direction de Redondela, à Arcade, bifurquer à g., puis à dr. et enfin à g.).* — Château médiéval galicien plein de charme et bien conservé. Construit au xie s., puis aménagé par Pedro Alvarez de Sotomayor ; sa façade gothique domine fièrement la vallée et la ría. Beau parc romantique.

3 — Mirador de Coto Redondo* *(16 km S. par la N550 ; à Paredes prendre en direction de Vigo puis du Logo Castiñeiras).* — La montée qui s'effectue à travers les bois de pins et d'eucalyptus permet de bénéficier de belles vues par échappées sur la mer. Du mirador, panorama sur les rías de Ponteverda et Vigo séparées par la péninsule du Morrazo.

4 — Ría de Pontevedra* (→).

Priego*

Sacedón, 59 km. — Cuenca, 66 km.
Alt. 854 m. — 1 185 hab. — Province de Cuenca (Castille-La Manche).

Gros bourg perché sur le rebord d'une falaise dominant une gorge verdoyante, perpétuant la tradition de la poterie et le travail de l'osier.

Dans l'église moderne de la Virgen de las Angustias, peinture du xvie s. offerte par le pape Pie V à l'occasion de la victoire de Lépante (1572).

Environs. 1 — Monastère de San Miguel de las Victorias *(2 km E. par une route locale).* — Dans un **site*** sauvage, surplombant la vallée. A l'intérieur, statues de saints par Luis Salvador Carmona.

2 — Hoz de Beteta* *(26 km N.-E. par la C202 en direction de Cañizares).* — Défilé impressionnant au milieu d'une végétation foisonnante.

Priego de Córdoba*

Alcála la Real, 29 km. — Cordoue, 103 km. — Grenade, 91 km.
19 490 hab. — Province de Cordoue (Andalousie).

Charmante ville typiquement andalouse, aux maisons ornées d'une profusion de grilles de fer forgé, au cœur de sombres sierras, de profondes vallées boisées ou plantées d'oliviers et à travers une campagne dépouillée où des taureaux se préparent au combat dans la solitude sauvage de steppes d'altitude. Singulier contraste, deux délicates merveilles d'art rococo vous sont promises lors de la visite de Priego de Córdoba.

Fêtes. — Romería nationale des gitans au sanctuaire de la Virgen de la Sierra (3e dim. de juin) ; Virgen de la Sierra avec messe gitane (4-8 sept.).

Pour la visiter, prenez la direction du « Centro de la Ciudad », d'où vous rayonnerez à pied.

La rue qui laisse à dr. le Banco de Vizcaya mène, à 400 m, à la **fuente del Rey** (elle ne compte pas moins de 139 jets), sculptée au XVIIIe s. par Alvárez Cubero. Du chemin de ronde voisin (ardave), belles vues sur les sierras et un paysage de vergers et d'olivettes.

Du carrefour central, en prenant la calle de Quelpo de Llano, puis en tournant dans la 1re rue à dr. et la suivante à g., vous parviendrez au **château des Medinaceli**, austère forteresse assez bien conservée. A côté, dans l'**église de la Asunción**, visitez surtout la **chapelle du Sagrario** *(1re à g.)*, ornée d'une profusion d'ornements rococo, véritable pièce montée de sucre blanc.

Environs. 1 — Carcabuey *(8 km O.).* — Village caractéristique de l'Andalousie des sierras, avec une forteresse dont l'état de conservation fait illusion quand on la découvre de loin. Église baroque de la Asunción avec un retable dont le Christ est attribué à Alonso Cano et à Juan de Mena.

2 — Cabra *(30 km O. ; 20 430 hab., alt. 350 m).* — Charmante bourgade, au cœur d'une huerta fertile, identifiée avec l'antique Igabrum ; couvent de Santo Domingo (1550), de style Renaissance ; église San Juan, où furent remployés des éléments architectoniques romains, wisigothiques et arabes. Dans l'église de la Asunción, custode baroque et belles stalles dans le chœur. Le retable du couvent des augustines comporte un groupe de sculptures de Pedro Roldán. Dans la ville, nombreuses maisons baroques.

3 — Lucena *(39,5 km S.-O. ; → Antequera**, environs 7).*

Proaza

Bárzana, 16 km. — San Martín de la Plaza, 14,5 km. — Oviedo, 27 km.
Alt. 200 m. — 1 225 hab. — Province d'Oviedo (Asturies).

Centre d'importantes foires au bétail au cœur d'une région très accidentée offrant de nombreuses possibilités aux amateurs de pêche et de randonnées en montagne.

Le palais de González-Tuñon est une belle construction du XVIIIe s., très bien conservée, ornée de balcons en bois sculpté et en fer forgé. La tour médiévale conserve plusieurs de ses ouvertures d'origine. On peut y voir les traces d'un ancien pont-levis.

Environs. 1 — Bárzana (*16 km S.-E. ;* →).
2 — San Martín de la Plaza (*14,5 km S.-O. ;* →).

Puebla de Sanabria

Verín, 84 km. — Zamora, 114 km.
Alt. 898 m. — 1 700 hab. — Province de Zamora (Castille-León).

Aux confins de la province de León, entre la Galice et le Portugal, dans une zone montagneuse et verdoyante, la région de Sanabria est un véritable havre de paix pour ceux qui cherchent le contact direct avec la nature ; autour de son lac légendaire, aux eaux profondes et limpides, vous découvrirez de charmants petits villages, aux coutumes ancestrales, véritables joyaux d'architecture populaire.

Puebla de Sanabria est un gros bourg sur un promontoire couronné par un puissant **château** du XVe s. bien conservé, renforcé par un énorme donjon. L'**église paroissiale**, à la patine chaudement ocrée, contiguë à une petite mais harmonieuse **chapelle** baroque, s'ouvre par un **portail*** principal de style de transition, orné sur les jambages de sculptures romanes d'une savoureuse rusticité (à l'intérieur fonts baptismaux du XIIIe s.).

Environs. 1 — Lac de Sanabria** (*10 km N.-O.*). — D'origine glaciaire, dans un cadre naturel incomparable (petite plage, sports nautiques, pêche à la truite, camping).

2 — San Martín de Castañeda (*17 km N.-O. ; prendre à dr. en arrivant au lac*). — Église romane du XIIe s. d'un ancien monastère dominicain.

3 — Mombuey (*27 km E. par la N 525 en direction de Zamora*). — Église du XIIIe s. dotée d'un remarquable clocher de style romano-gothique, terminé en pyramide.

4 — Lobernos (*3 km S. par la C 622, en direction de Calabor*). — Minuscule village presque dépeuplé, qui célèbre le jour de l'Ascension une **fête** curieuse et macabre : ce jour-là, au son du biniou et du tambourin, hommes et femmes défilent en procession dans le village et ses alentours drapés du linceul qui les recouvrira le jour de leur mort ; puis ce cortège de morts vivants revient dans l'église paroissiale pour assister à la célébration du culte.

Puente la Reina*

Logroño, 68 km. — Pampelune, 24 km.
Alt. 346 m. — 2 215 hab. — Province de Navarre.

Ancien gîte d'étape du chemin de Compostelle, où l'itinéraire aragonais (par le Somport) rejoignait la voie navarraise (par le col de Roncevaux).

La ville dans l'histoire. — Construite pour assurer la défense du pont sur l'Arga que franchissaient les pèlerins, Puente est un centre artisanal et commercial se consacrant à l'accueil des voyageurs. Aujourd'hui son activité est essentiellement agricole.

Fêtes. — Le 25 juil., célébration de la Saint-Jacques. Les 27 et 28 sept., danses traditionnelles.

Gastronomie. — Ne manquez pas de goûter la spécialité de Puente : des côtelettes d'agneau accompagnées de gros haricots blancs.

L'**église del Crucifijo**, d'époque romane, appartenait aux chevaliers du Temple. Dans la nef gothique du XIVᵉ s., vous pourrez contempler un Christ laissé par un pèlerin allemand vers l'an 1400.

Dans la calle Mayor, l'**église Santiago** a été édifiée au XIVᵉ s. sur une autre église romane du XIIᵉ s., comme le prouve le portail d'entrée aux 5 archivoltes décorées de bas-reliefs illustrant la Vie du Christ et alternant avec la représentation d'animaux divers. Ce portail a beaucoup souffert des attaques du temps, mais il conserve le message chrétien délivré aux voyageurs à travers l'iconographie.

La troisième église est celle de **San Pedro**, romane, très simple. L'intérieur date du XVᵉ s. Elle renferme une Vierge Renaissance.

Remarquez la **plaza de los Fueros** de forme asymétrique. Au-delà de la calle Mayor, vous traverserez l'Arga sur le pont en dos d'âne (milieu XIᵉ s.) qu'empruntèrent, pendant plusieurs siècles, les pèlerins de Saint-Jacques.

Environs. 1. — Obanos (*3 km E. ;* →).
2 — Artajona (*13 km S.-E. ;* → Tafalla, environs 1).
3 — Chemin de Saint-Jacques en Navarre** (→).

Puentedeume (Pontedeume)

La Corogne, 44 km. — Ferrol, 15 km.
Province de La Corogne (Galice).

Son nom lui vient du pont construit sur l'Eume au XIVᵉ s., époque de sa splendeur. Ses rues à arcades et ses maisons du XVIIIᵉ s. lui donnent une note pittoresque.

Il ne subsiste du **palais-forteresse**, édifié en 1370, qu'une imposante tour de style gothique ainsi qu'un patio des XIVᵉ. et XVᵉ s. L'**église Santiago**, rebâtie au XVIIIᵉ s., présente une belle façade ; à l'intérieur tombeau en marbre du fondateur, Fernando de Andrade, prince de Caserte, héros des guerres d'Italie.

Environs. 1 — Monastère de San Juan de Caaveiro (*10 km E.*). — Situé au fond d'un vallon boisé, ce monastère fut fondé au Xᵉ s. par San Rosendo qui devint évêque de Mondoñedo. Subsistent l'abside de l'église et le porche fortifié du monastère, baroque. L'ensemble se trouve perché sur un rocher dans un magnifique paysage de montagne.

2 — Église San Miguel de Breamo (*7 km S.-O. ; sortir par la N VI en direction de Betanzos ; à Campolongo, bifurquer à dr. en direction de Perbes ; à 2 km prendre un chemin sur la dr. ; le suivre pendant 3 km*). — Édifice roman, consacré en 1187. Il s'agit sans aucun doute d'une construction due aux templiers. La chapelle est murée dans une forteresse, sévère, et sans fioritures. La porte principale, à l'O., n'a ni colonnes ni chapiteaux ; elle ressemble à un trou pratiqué dans la façade. Les deux autres portes situées à l'extrémité du chœur sont plus petites et couvertes d'une seule pierre. Celle du S. n'est pas décorée ; celle du N. est gravée d'une croix composée de cinq cercles, symbole du rôle initiatique que jouait ce lieu. On pense que cette chapelle était destinée à honorer les chevaliers morts en Palestine.

Puerto de Santa María (El)

Cadix, 21,5 km. — Jerez, 14 km. — Séville, 104 km. — Tarifa, 96 km.
57 437 hab. — Province de Cadix (Andalousie).

Ville typiquement andalouse, à l'entrée de la baie de Cadix, vivant principalement des vins de Jerez, toute proche.

La ville dans l'histoire. — Ancien Portus Menesthei des Romains, elle est dévastée par les Vandales. Fortifiée par les Wisigoths, envahie par les Arabes, elle est reconquise en 1264 par Alphonse X le Sage. La ville devient au xvᵉ s. une des bases de la colonisation de l'Amérique.

Fêtes. — Semaine sainte ; feria de mayo (mai) avec danses, corridas, casetas décorées ; Nuestra Señora de los Milagros (8 sept.).

Au centre, sur la **plaza de España**, s'élève l'**iglesia Mayor Prioral**, édifice gothique du xiiiᵉ s. remanié en style baroque au xviiᵉ s. Face au portail latéral S. (à dr. lorsqu'on regarde la façade), la **calle de José Navarrete** débouche sur l'**avenida de Micaela Aramburu de Mora**, plantée de palmiers, qui mène au **castillo de San Marcos**, construction mauresque avec de grosses tours de style ogival, et à une ancienne chapelle mozarabe des ducs de Medinaceli. Dans l'**église de San Francisco** (xviᵉ s.), belles sculptures de Juan de Mesa. En plus de l'ayuntamiento et des arènes historiques, la ville possède de nombreuses constructions seigneuriales (**casa del Marqués de Purullena***, Renaissance, avec de magnifiques salons rococo ; casa de las Cadenas, ancien palais de Philippe V, casa de los Millones, casa de los Frailes, de Bizarrón, de Torrejones...).

Environs. 1 — Jerez de la Frontera* (*14 km N.-E. ;* →).
2 — Puerto Real (*8,5 km S. ;* →).
3 — Cadix* (*21,5 km S.-O. ;* →).

Puertollano

Ciudad Real, 38 km.
Alt. 711 m. — 52 005 hab. — Province de Ciudad Real (Castille-La Manche).

La ville est située au centre d'un bassin houiller dont les principaux puits appartiennent à la Société française de Peñarroya. Pendant les xviᵉ, xviiᵉ et xviiiᵉ s., son industrie de draps est très florissante, mais le vrai éclat économique a lieu à la fin du xixᵉ s. avec l'exploitation du charbon qui va se développer tout au long du xxᵉ s. et se consolider avec l'industrie pétrochimique et la création de l'Entreprise nationale du pétrole.

Fêtes. — Le 23 janv., día du chorizo. Le dim. suivant Pâques, día del hornazo (cadeau que l'on fait au prêtre qui a prêché le carême ; nom de la tourte aux œufs durs que l'on mange pendant ces fêtes). Foire début mai. A l'Ascension, fête du Santo Voto : en souvenir de la peste qui décima une grande partie des habitants au Moyen Age, repas communautaire dans des plats énormes. Le 8 sept., Nª Sª de Gracia, patronne de Puertollano.

Il ne reste pas grand-chose des anciens monuments de Puertollano à cause des incendies : **église** paroissiale de **Nª Sª Virgen de Gracia** reconstruite en 1940, **église** paroissiale **de la Asunción**, reconstruite en 1865 et en 1936 et qui conserve encore ses deux portails de 1562 et 1574. Nous conseillons la visite de la **fuente Agria** (fontaine aigre) et du **monumento al Minero** sur la butte Santa Ana.

Environs. 1 — Embalse de Tontoro *(24 km S. par la CR502).* — Charmant petit lac de barrage, aux rives échancrées dans un paysage de maquis.

2 — Brazatortas *(19 km O. par la N420).* — Le village est situé à une extrémité du **valle de Alcudia**, une dépression de 90 km de long sur 15 km de large, lieu de transhumance d'hiver des troupeaux d'ovins qui viennent des deux Castilles et du León. On y trouve un gibier assez abondant, quantité de rapaces, des sangliers, des cerfs, des renards et même des loups. Les villages y sont très rares.

3 — Fuencaliente *(60 km S.-O. par la N420).* — Petit bourg au voisinage duquel se trouvent plusieurs sites préhistoriques, notamment celui de **La Peña Escrita**, à *4 km à l'E.* (abri sous roche où l'on a relevé l'existence de peintures stylisées — êtres humains et animaux — de l'époque néolithique) et celui de **La Batanera**, à *1,5 km au N.-O.* du précédent, où, près d'une cascade du río de los Batanes, un banc de quartzite de 80 m environ comporte une série de dessins géométriques et de figures très schématisées de la même époque.

4 — Almodóvar del Campo *(7 km O. par la C424 en direction d'Almadén ;* 8 130 hab., alt. 669 m). — Ville d'origine romaine avec des fouilles archéologiques dans les environs. Ruines du château médiéval. Église gothique avec un beau plafond artesomado de style mudéjar ; fonts baptismaux où San Juan de Ávila reçut le baptême. Charmantes maisons nobles à blasons.
Fêtes : le 11 sept., ferias y fiestas à la tradition centenaire.

Puigcerdà

Barcelone, 169 km. — Gérone, 148 km.
Alt. 1 152 m. — 4 759 hab. — Province de Gérone (Catalogne).

Ville frontière et centre touristique, la ville, assez animée, a su conserver une certaine couleur locale. Ancienne capitale de la Cerdagne et place forte, elle a été fondée en 1177 par Alphonse II d'Aragon.

Pour visiter la ville à pied, garez-vous au centre, sur la plaça Major ou plaça de Cabrinetti, entourée de portiques. De là, suivre le carrer Major vers la tour et le portail en marbre rouge du XIVe de l'**église Santa Maria**, détruite en 1938. Le **couvent de Sant Domènec**, du XIIe s., a été partiellement reconstruit : visitez le cloître et l'église (portail de marbre gris du XVe s.) qui renferme des retables gothiques. Un petit musée de l'Institut d'Estudis Ceretans réunit des pièces d'intérêt local.

Le lac invite aux promenades en barque à moins que vous ne préfériez la patinoire ou le terrain de golf.

Environs. 1 — La Molina *(24 km S.-E. par la N 152 en direction de Ripoll).* — La plus ancienne station de sports d'hiver d'Espagne demeure aujourd'hui, avec Super Molina (à 6 km) l'une des plus importantes. Équipées de télésièges, téléskis, télécabines, tremplins de saut, etc., les pistes se situent entre 1430 et 2537 m d'altitude.

↠ A *25 km O. par la N 152,* **Ribes de Freser** (→ Ripoll*, environs 2).

2 — Bellver de Cerdanya *(17 km S.-O. par la C 1313 en direction de La Seu d'Urgell ;* 1708 hab., alt. 1061 m). — Perchée sur une roche escarpée, au-dessus du río Segre dans lequel vous pêcherez la truite. Plaça Major typique, entourée de portiques.

3 — Maranges *(17 km O. ; à Ger, au km 8 de la C 1313 en direction de La Seu, prendre à dr.).* — Ce village est entouré d'une zone de ski de fond balisée entre 1500 et 1800 m. On peut se rendre à pied au **Puigpedrós** (2914 m), à *10 km.*

4 — Llivia* *(5 km O. ; enclave espagnole en France).* — Un fait politique remontant au XVIIe s. est à l'origine de la création de l'enclave espagnole de Llivia qui occupe une grande partie de la basse Cerdagne française entre Saillagouse et Bourg-Madame. Le traité des Pyrénées stipulait que 33 villages de Cerdagne devaient devenir français. Llivia, considérée comme une ville en raison de son origine romaine, et non comme un village, ne fut pas cédée à la France par l'Espagne. Avec son terroir, elle forma une enclave en territoire français reliée à Puigcerdà par une route neutre.

Au pied de la colline qui porte les ruines du château médiéval, Llivia est un gros village agricole. Grande et belle **église** fortifiée construite au XVIIe s. Façade O.** : grand portail classique aux splendides pentures. **Musée** en face de l'église ; il abrite l'une des plus anciennes pharmacies d'Europe (XVIIe s.) et un beau christ gothique.

Reinosa

Santander, 72 km.
Alt. 850 m. — 13 175 hab. — Province de Santander (Cantabrie).

Reinosa est située au cœur de la terre de Campoo, baignée en grande partie par le barrage de l'Ebre, au climat rude et sec, qui annonce la fin de la verdoyante Cantabrie et nous introduit dans les terres céréalières et plates de la Meseta castillane. Point de rencontre entre les cordillères Cantabrique et Ibérique, vous y découvrirez la haute montagne et de splendides paysages agrestes et forestiers, et aussi des villages qui témoignent des premières manifestations de l'art roman en Espagne. Capitale de l'Alto Campoo, c'est une petite ville industrielle et agricole. Au XVIIIe s., elle était un nœud important de communications et de commerce entre le plateau castillan et la mer.

Fêtes. — A l'occasion de la San Sebastián, le 20 janv., dégustation de vin et de pâtisseries. Le 1er dim. de sept., la fiesta de los Campanos commémore la coutume ancestrale de la transhumance. Enfin le dernier dim. de sept., Día (jour) de Campoo, une des manifestations folkloriques les plus importantes de Cantabrie.

Dans la vieille ville, **rue à arcades** et **maisons blasonnées à miradors**, caractéristiques du N. de l'Espagne ; dans l'**église de San Sebastián** (XVIIIe s.), retables churrigueresques et baroques. Le **couvent de San Francisco** conserve une façade herrerienne.

Environs. 1 — Fontibre *(4 km O. ; alt. 881 m).* — L'Ebre, le fleuve le plus important d'Espagne, y prend sa source.

2 — Braña Vieja *(24 km O.).* — Station de sports d'hiver en pleine expansion.

3 — Pico de Tres Mares*** *(25 km O. ; accès par télésiège de 9 h à 17 h en été).* — L'un des sommets de la sierra de Peña Labra, véritable château d'eau où naissent trois rivières qui déversent leurs eaux dans trois mers : la Méditerranée avec le Hijar, affluent de l'Ebre, la mer Cantabrique (c'est-à-dire le golfe de Gascogne) avec la Nansa, et l'océan Atlantique, avec le Pisuerga, affluent du Douro. Du sommet se révélera à vous un extraordinaire panorama sur la partie centrale de la chaîne Cantabrique.

4 — Corconte *(21 km N.-E. par la C 6318, au N. du Pantano del Ebro ; alt. 940 m).* — Petite station thermale dont les eaux traitent les maladies rénales. Le **Pantano del Ebro**, énorme lac artificiel terminé en 1950, a englouti plusieurs villages de la région de Campoo (en faisant le tour, on peut encore apercevoir à la surface le clocher d'une église). Ce lac, excellent endroit pour pêcher, est aussi un lieu où viennent se poser des canards sauvages, que l'on peut voir de la rive.

5 — Bolmir *(2 km E. par la route longeant au S. le lac).* — Eglise romane du XIIe s.

6 — Retortillo *(3 km E.; prendre à dr. à Bolmir).* — L'église, très remaniée, conserve de l'époque romane une abside en cul-de-four et un arc de triomphe dont les chapiteaux sont remarquablement sculptés.

↦ Toutes proches, les ruines de l'ancienne Juliobriga, qui en son temps était peuplée de plus de 10 000 hab.

7 — Cervatos* *(5 km S. par la N 611).* — Gros bourg où vous visiterez une **église collégiale*** romane du XIe s., en partie remaniée en style gothique (la nef) à la fin du XIVe s. Vous remarquerez surtout le portail principal, au tympan finement décoré de sculptures, avec des motifs représentant des scènes érotiques; à l'intérieur, chapiteaux de l'abside qui comptent parmi les plus beaux de l'art roman.

Reus

Tarragone, 14 km.
Alt. 134 m. — 75 860 hab. — Province de Tarragone (Catalogne).

Au débouché de la région viticole du Priorat, Reus, chef-lieu de la riche comarca agricole du Baix Camp, est une ville populeuse et industrielle dont les vieux quartiers conservent un cachet méditerranéen.

Un clocher hexagonal haut de 63 m domine l'**église Sant Pere,** érigée de 1512 à 1601. A l'intérieur, un cénotaphe renferme le cœur du peintre Maria Fortuny (1838-1874), fils de la ville.

Dans la vieille ville, remarquez la **casa Bofarull,** maison seigneuriale du XVIIIe s., sise 15, carrer de Llovera, et le **Musée municipal** *(13, avinguda dels Martirs; ouv. en été de 10 h à 13 h 30 et de 17 h à 20 h; en hiver de 16 h à 19 h; les dim. et fêtes, de 11 h à 13 h 30, f. mar.)* : antiquités ibériques, romaines, sculptures gothiques des XIVe et XVe s., de la Renaissance, peintures des XVIe et XVIIe s., céramique dont plusieurs spécimens de faïence à reflets métalliques fabriqués à Reus au XVIe et au début du XVIIe s. Salle Fortuny.

On peut aussi signaler un important musée préhistorique et archéologique, le **museu Salvador Vilaseca** *(59, raval Santa Anna; ouv. de 10 h à 13 h et de 17 h à 19 h; f. dim. a.-m. et mer.).* De nombreuses demeures ont été construites au début du siècle et donnent une bonne image de l'architecture moderniste, dans cette ville où naquit l'architecte Antoni Gaudí.

Environs. 1 — Vilanova d'Escornalbou *(18 km S.-O. par la route de Riudóms; au km 14, prendre à dr.).* — Le **château*,** ancienne forteresse arabe située à 800 m d'alt., a été cédé aux Augustins en 1165. Le monastère subit de nombreux avatars : démantelé au début du XVIIIe s., ruiné en 1835, il devint propriété privée en 1911. Il abrite aujourd'hui une très importante bibliothèque. Église romane de **Sant Miquel** (1165-1240) et cloître. Panorama sur la sierra de Montsant depuis l'ermitage de Santa Bàrbara.

2 — Falset *(32,5 km S.-E. par la N 420; 2 684 hab.).* — Capitale de la petite comarca vinicole du Priorat aux vins réputés. Ruines du **château** des Castellví, église baroque.

3 — Scala Dei* *(44,5 km, sur la dr., par la C 242).* — Maison-mère de presque toutes celles d'Espagne et du Portugal, cette chartreuse fut fondée par Alphonse II en 1162; il en subsiste les ruines de deux grands cloîtres séparés par l'église en cours de restauration.

4 — Alcover (*14 km N. en direction de Montblanch*; 3 444 hab.). — Ville de fondation arabe, au caractère médiéval marqué.

➱ A *7,5 km E.*, **Valls** (18 860 hab.) ; l'église Sant Joan, construite en 1570, s'ouvre par un beau portail Renaissance et renferme un retable baroque dédié à la Mare de Déu de la Candela ; azulejos du XVIIIe s. représentant la bataille de Lépante dans la chapelle du Roser.

A Valls est associée l'image des castells, ces tours humaines, expression toujours très vivante du folklore local.

Les castells. — Ces jeux athlétiques auraient peut-être leur origine dans les travaux d'Hercule du Moyen Age. En Catalogne, les compagnies de castellers sont surtout nombreuses dans le S. de la région et l'on célèbre des concours depuis 1902.

Ces tours humaines sont constituées d'hommes forts à la base puis de plus en plus jeunes, un enfant, l'anxaneta, couronnant les étages.

Habituellement les castells se constituent depuis la base, chaque étage s'ajoutant au précédent mais il arrive qu'ils soient montés par en dessous. La gralla, une flûte au son aigu, et parfois les tambours rythment la construction et guident les castellers qui ferment les yeux pour mieux concentrer leurs efforts.

La terminologie est bien précise. Les pilars sont formés d'un seul homme par étage, les torres de deux, les castells de plus de deux. Un tres de cinq compte cinq étages de trois hommes, un quatre de sis, six étages de quatre hommes. On a vu des piliers de six ou sept, des tours de sept et de huit, des châteaux de huit voire neuf étages de trois ou quatre hommes.

Les compagnies les plus connues et grandes rivales sont la Colla Vella et la Colla Jove dels Xiquets de Valls et les Nens del Vendrell. Il faut aussi citer les Xiquets de Tarragone, les castellers de Vilafranca, ceux de Sitges, els Nois de la Torre (Torredembarra)...

Ría de Arosa**

Provinces de La Corogne et de Pontevedra (Galice).

L'itinéraire proposé ici suit l'une des côtes les plus belles des rías Bajas, ces profondes découpes qui sont autant de fractures du littoral rocheux de la Galice. Elle s'étend de Ribeira au N. à O Grove au S.

0 km : **Ribeira** (➜ Ría de Muros et Noia*, km 71).

8 km : **Puebla del Caramiñal** (10 070 hab.) ; port de pêche actif.

Fêtes : le 3e dim. d'août, Virgen del Carmen ; le 3e dim. de sept., procession de las Mortajas (des linceuls) qui constitue un spectacle impressionnant puisque défilent près de leurs cercueils les malades remis d'une maladie grave.

➱ A *10 km* N., **Mirador de la Curota**, d'où vous aurez une vue sur la ría des Arosa et presque toute la côte occidentale du cap Finisterra au monte Terra.

9,5 km : **Pazo de Mercede** (*à g. de la route, dans les eucalyptus*) ; curieux blasons. Valle Inclán y résida et y écrivit.

14 km : **Ponte Goians** ; après le pont, prendre à g. vers Moimenta pour arriver aux tours de Goians : pazo reconstruit au XVIe s. Tour carrée à fenêtres gothiques. Belle balustrade.

16 km : **Boiro** (16 570 hab.) ; importante station estivale.

22 km : **Cespón** ; castro et pazo de Agüeros.

27 km : **Taragona**.
Tourner à dr.

29 km : **Rianxo** (13 075 hab.) ; bel ensemble urbain avec des maisons seigneuriales Église Santa Comba en arcs d'ogive (xve-xvie s.). Sculptures Renaissance a tympan. Pazo de Martelo sur la place de l'église, baroque du xviie s.

39 km : traverser le pont.

41 km : **Torres del Oeste*** ; ruines des tours fortifiées construites par Alphonse V des Asturies pour défendre la ría.
➡ A *13,5 km N.-E.,* **Padrón** (→).

52,5 km : **Carril*** ; charmant petit port de pêche où l'on déguste d'excellents crustacés. Église gothique Renaissance.

54 km : **Villagarcia de Arosa** (31 000 hab.) ; capitale commerciale, industrielle e maritime de la ría. Située entre deux plages de sable, c'est un lieu privilégié de villégiature.
Fêtes : le 1er et le 22 mai, Santa Rita ; le 16 août, San Roque.
➡ A *4 km S.* en direction de Cornazo, **mirador de Lobeira**, avec les ruines d'un château médiéval sur le pic, d'où l'on aperçoit un **panorama*** splendide sur la ría.

55 km : **Villajuan** ; palais intéressants, beaux manoirs et église romane.

60 km : **Villanueva de Arosa** (14 979 hab.) ; important centre touristique avec de magnifiques plages et un service de bateaux desservant l'**île d'Arosa** ; cette île es préservée des promoteurs par la municipalité qui en avait fait cadeau à Alphonse XIII à la mort de ce dernier, l'île, restée vierge de constructions, fut l'objet de litiges opposant la ville aux entrepreneurs. Elle est restée aujourd'hui aussi belle que lorsque le roi l'avait reçue.
Fêtes : le 15 janv., San Mauro (feux d'artifice), le merc. des Cendres, défilé dans les rues d'un muñeco qui sera brûlé ; le 29 juil. Santa Marta (poulpes et vins de pays) ; les 15 et 16 août, fête patronale (folklore), le 28 oct., San Simón (dégustation de la gastronomie locale).

65 km : **Cambados*** (13 328 hab.) ; port de pêche et station balnéaire situé en face de l'île de La Toja. Peu avant l'entrée de la ville se trouve la **laza de Fefiñanes*** le long de laquelle s'élèvent la pazo du même nom et d'autres maisons à blasons sculptés. Cet ensemble harmonieux date du xviie s. ; l'architecte du pazo baroque était l'ambassadeur d'Espagne en Russie, Pardo de Figueroa. L'**église San Benito** bâtie sur cette place possède une belle façade qui se dresse entre deux tours baroques. Dans le village, **église Santa Mariña d'Ozo**, fondée par la mère de Fonseca qui fut archevêque de Santiago, au xvie s. Beau mélange des styles gothique et Renaissance qui se dégage de ces ruines. Cimetière marin typique, à tombes sculptées. Voir aussi les pazo de Figueroa (jardins de magnolias), de Montesacro (édifice néo-classique) et de Bazan (parador).
Fêtes : le 11 juil., San Benito (pèlerinage) ; le 1er dim. d'août, « Festa do Albariño » (folklore) ; le 25 juil., Santa Margarita (sardines grillées).
➡ A *3 km* par Vilariño, **torre San Saturnino**, antique phare romain fortifié du xiie s.

79 km : **Villalonga** ; village où l'hôtel Pazo el Revel est installé dans un manoir du xvie s.

84 km : **O Grove*** (10 300 hab.) ; jadis une île, O Grove est aujourd'hui une péninsule reliée à la terre par l'isthme de La Lanzada. Ce port de pêche est surtout connu pour sa cuisine savoureuse. Ses belles plages (plutôt du côté de la ría de Pontevedra) en font une station balnéaire appréciée.
Fête : la 2e sem. d'oct. a lieu la fiesta del Marisco (fête du coquillage), pendant laquelle on déguste les produits des concours de cuisine (moules, crabes, huîtres, etc.).
➡ A *2 km E.,* par un pont, vous accéderez à l'**île de la Toja**** (A Toxa), un des lieux de villégiature les plus agréables de la côte atlantique espagnole. Appelée l'île du rêve, c'est le paradis de ceux qui recherchent un lieu de repos incomparable parmi les pinèdes et les fleurs. Elle devint une station thermale lorsque l'on s'aperçut qu'un âne malade abandonné dans l'île fut miraculeusement guéri (les boues

soignent les maladies de peau et sont utilisées dans les cosmétiques). Curieuse église aux murs de coquilles Saint-Jacques. Ventes de colliers en coquillages par des femmes vêtues du costume traditionnel.

↦ Ile de Salvora* ; elle mesure 2 km de long sur 1,6 de large. Les monts Milreu (34 m) et As Gralleiras (70 m) en sont les principaux sommets. Sur la côte très accidentée, on ramasse d'excellents anatifes et autres crustacés.

L'île était autrefois habitée ; les femmes étaient pêcheurs, ce qui en Galice est habituellement réservé aux hommes. Il y a une quarantaine d'années, ces populations ont émigré sur la péninsule, les ressources de l'île étant très limitées et la vie en autarcie devenue impossible. Les seuls habitants insulaires sont aujourd'hui le couple de gardiens du phare. Le propriétaire de l'île est actuellement le marquis de Revilla.

Une légende très ancienne, en rapport avec les invasions celtes, explique la formation de ce groupe d'îlots : lorsque les Celtes arrivèrent par la mer, à Salvora, ils furent victimes d'un génie qui les transforma en pierres. Le chef eut la langue fendue en sept morceaux, qui sont les sept rochers que l'on peut voir à 150 m à l'O. de la punta Falcoeiro. Les roches de Las Moas sont les cheveux qui tombèrent du front du chef ensorcelé et les autres petits îlots alentours, les embarcations des Celtes pétrifiées par le génie.

↦ Ría de Pontevedra* (→).

Ría de Muros et de Noya*

Province de La Corogne (Galice).

Si la côte est découpée, elle est souvent plus basse que celle des rías voisines. Les paysages, parfois austères, sont jalonnés de rochers et de plages aux eaux claires. La ría s'étend de Muros au N. à Ribeira.

0 km : **Muros*** (→). Sortir par la C 550 en direction de Noia.

0,5 km : **sanctuaire de Nosa Señora do Camiño**, érigé à la sortie de Muros ; devenu hôpital, le bâtiment a accueilli de nombreux pèlerins. On peut encore voir la chapelle en ogive de facture romane du XIVe s.

7 km : **Abelleira** ; belle baie de Bornalle. Au large, île de Santa Catalina avec un ermitage consacré à cette sainte. L'île est accessible à marée basse.

12 km : **Esteiro** ; c'est une des plus belles **baies*** de la ría de Noía. Nombreuses plages.

17 km : **Freixo** ; petit port de construction navale (petites embarcations de pêche).

20,5 km : **Cruceiro de Roo** ; au pied du monte Tremuzo, église baroque San Xoan de Roo. A g., petite route pour Barquiña de Outes avec une intéressante église baroque offrant de beaux retables (San Cosme de Outeiro).

24 km : **San Ourente de Entis** ; maison à blasons des marquis de la Sierra ; l'église baroque, du XVIIIe s., est intéressante pour sa niche où est conservé le corps de San Campio. Ces reliques arrivèrent de Rome en 1794.
Célèbre pèlerinage les 28 et 29 septembre.

30 km : **Ponte Nafonso** ; reconstruit en 1844 sur une œuvre antérieure datant du XIVe s., ce pont possède vingt arches ; remarquez son étrange incurvation.

32 km : **Cruceiro de Eiroa** ; calvaire semblable à celui de Hio (Cangas).

35 km : **Noya*** (→).

35,5 km : **Obre** ; l'église Santa María possède une belle abside ; l'arc de triomphe aux colonnes divergentes à l'unique chapiteau donne à l'ensemble un aspect très primitif.

41 km : **Portosín** ; petit port de pêche aux maisons blanches et aux plages tranquilles, réputé pour ses succulentes sardines.

50 km : **Porto do Son** (11 388 hab.) ; vieilles maisons, placettes agréables et rues tranquilles.

→ A la sortie de Porto do Son, après les plages d'Arnela et de Fonforron, prendre à g. une route menant à la partie méridionale des montes Dordo (305 m) et Enxa (543 m) ; belles **vues**★ sur la ría de Muros et la côte de Xuño et de Basoñas. A 380 m d'altitude entre les montagnes et les bois, vous traverserez **Pousacarro**. Magnifiques **paysages**★ sur la sierra de Barbanza.

52 km : **Baroña**★ ; le **castro** de Baroña *(visite à pied)* est situé sur la cap septentrional de la plage de Area Maior ; c'est l'un des plus intéressants de Galice de par sa situation sur une péninsule ; il forme presque une île entourée de murailles défendant l'isthme. La première défense se compose de deux murs parallèles longs de 60 m et en partie rongés par la mer. La deuxième muraille défendait la population : murs superposés percés de portes d'entrée et escaliers de pierre. Deux groupes d'habitations étaient séparés par une place rectangulaire. Croix latine à la pointe méridionale de l'îlot. Ce castro habité par une tribu celte fut abandonné à l'époque des invasions suèves.

58 km : **Caamaño** ; église Santa María, romane ; intéressant calvaire à Pedrafurada.

66 km : **Oleiros** ; prendre à dr. un chemin pour Anxeitos. Entre les pins se trouve un dolmen. Appelé aussi **Pedra do Mouro**★, c'est un des plus célèbres monuments mégalithiques de Galice. Huit pierres soutiennent un plateau de 4,5 m sur 3,5 m à 2 m de haut.

71 km : **Ribeira** (24 259 hab.) troisième port de pêche de Galice. La tradition des industries de salaisons et de conserves de poissons remonte au XVIIIe s. Belles plages (Coroso, del Castro, etc.).

Fêtes : 1re sem. d'août, festas do vran (fêtes de l'été).

→ **Ría de Arosa**★★ (→).

Ría de Pontevedra★

Province de Pontevedra (Galice).

La ría de Pontevedra se situe au S. de celle d'Arosa (→) et s'étend de La Lanzada (au N.) à Hío (au S.). Il ne s'agit pas d'une mer intérieure comme celle d'Arosa et elle n'a pas la forme romantique de la ría de Vigo. Mais si elle possède des proportions plus réduites, son panorama est d'une beauté éblouissante par sa sérénité, la richesse de sa lumière et de ses couleurs. On voit sur les côtes des petits villages blancs, dispersés, qui forment de petites taches claires dans le vert infini du paysage. En allant vers l'intérieur, on trouve des hameaux, des pazos, des vallées, des calvaires, et des horreos surmontés de croix.

0 km : **La Lanzada** ; belle plage de sable fin, sauvage, s'étendant sur près de 8 km. La tradition galicienne liée au culte de l'eau veut que les femmes stériles soignent leur mal à La Lanzada en y faisant un pèlerinage. Dans les ruines de la forteresse construite par l'évêque Sisenando pour se défendre des Vikings, on peut voir les ruines d'un vieux phare romain. En face de l'église, sépulcres datant de l'âge du fer. **Fêtes** : romería animée au sanctuaire de La Lanzada le dernier sam. d'août et le dim. suivant.

10 km : **Portonovo** (3 000 hab.) ; pittoresque village de pêcheurs. Très belles plages.

12,5 km : **Sangenjo** (14 907 hab.) ; centre touristique ensoleillé. Plusieurs belles plages entourées de pins aux environs.
Fêtes : San Gines, à partir du 25 août.

20 km : **Samieira** ; mirador sur la ría.
•➤ A *7 km N.* par une petite route, **monastère Santa María**, fondé par San Ero au XIIe s. L'église à trois nefs, de style roman bourguignon, conserve une belle décoration mudéjare dans le chœur. Cloître baroque.

23 km : **Combarro*** (2 000 hab.) ; village de pêcheurs très pittoresque avec ses calvaires, ses maisons de verre, ses rues dallées et ses horreos qui descendent jusqu'à la mer (cas unique en Galice).

26 km : **Poyo** ; le **monastère San Juan** a été fondé par San Fructuoso au VIIe s. Il a subi de nombreuses modifications, mais l'église, œuvre baroque de Melchor de Velasco, conserve un magnifique retable du même style, de Lucas Cabrera. Deux cloîtres intéressants, l'un Renaissance, l'autre baroque. Remarquez la toile de la Piété dans la salle capitulaire.

30 km : **Pontevedra*** (➤).
On aperçoit au large de la ría deux îles : la plus petite est celle de Tambo, que Gongora a si bien chantée ; plus loin, défendant l'entrée, les îles Ons.

37 km : **Marin** (22 647 hab.) ; située sur la rive gauche de la ría de Pontevedra, Marin est le siège de l'École navale militaire. Sa baie occupée par les ports commercial, militaire et de pêche, ainsi que les chantiers navals, contraste avec le vieux village tranquille. Vieille église et emplacement du prieuré des moines d'Osera. Pittoresque quartier de pêcheurs, aux rues tortueuses sur la rive gauche du Lameira. Jolies plages en contrebas de la route bordée de pins : Portocelo, Mogor, Aguete, Loira, Lapaman, etc.

49 km : **Bueu** (12 000 hab.) ; important centre industriel (conserveries) et port de pêche. Musée Massó qui renferme une collection d'objets relatifs à l'histoire de la navigation : modèles d'embarcations, livres rarissimes, cartes, itinéraires, portulans, etc.

52 km : **Beluso** : ermitage de San Mamed chanté par le troubadour Xoan de Cangas au XIIe s.
•➤ A dr. chemin menant au *(2 km)* **cabo Udra** : vue* magnifique sur toute la ría et les îles.

56 km : **Aldan** ; au fond de la baie du même nom. Tour d'Aldan.

58 km : **Hio** ; près de l'extrémité de la presqu'île du Morrazo. En face de l'église d'où l'on bénéficie d'une belle vue sur l'océan, admirable **calvaire*** sculpté, le plus beau de Galice, œuvre baroque de José Cerviño.
•➤ **Ría de Vigo*** (➤).

Ría de Vigo*

Province de Pontevedra (Galice).

Moins large que celle d'Arosa (➤), cette ría est la plus profonde de toutes. Son entrée est gardée par les îles Cies, escarpées et abruptes mais offrant de magnifiques plages. Au fond émerge l'île San Simón, romantique à souhait avec des jardins d'une grande beauté.
Cette ría s'étend du cabo de Home au N. à Baiona au S. Après Vigo, la côte n'est plus qu'une suite ininterrompue de plages.

0 km : **Cabo de Home** ; du phare, belle vue sur la ría à g. et l'océan à dr. Plages désertes avec de minuscules villages perdus.

10 km : **Cangas de Morrazo** (22 000 hab.) ; à la fois village de pêcheurs et station balnéaire, cette petite localité possède en outre un port actif et des conserveries ; un service régulier de bateaux relie Cangas à Vigo (situé en face sur la rive droite de la ría) et aux îles Cíes. La **collégiale** du xvie s. abrite un beau retable et plusieurs statues parmi lesquelles un Christ crucifié qui ne voulut pas brûler lors du saccage de la ville par des pirates turcs en 1617. Il fit l'objet d'une vénération excessive de la part de femmes qui devinrent folles et furent accusées de sorcellerie lors de grands procès (María Soliña).
Du **mirador de San Roque**, situé à l'une des extrémités de la ville, on peut admirer l'impressionnante ría de Vigo. Mais le plus beau panorama s'offre depuis le phare de Domaio, au-dessus du mirador.
Fêtes : le 16 août, Virgen del Carmen ; le dern. dim. d'août, Cristo del Consuelo.

15 km : **Moaña** (17 854 hab.) ; centre agricole et port de pêche ; excellente cuisine. L'église San Martin, romane, présente un portail sculpté.

17 km : **Meira** ; beau panorama depuis El Esculca.

34 km : **Puente Sampayo**, où une armée commandée par Ney fut surprise et défaite le 8 juin 1809 par des paysans galiciens armés de canons de bois.

42 km : **Cesantes** ; belles plages et point de vue sur l'île San Simon.

46 km : **Redondela** (27 202 hab.) ; située près des grands ponts suspendus de la voie ferrée, la ville est entourée d'un paysage magnifique dont le relief accidenté est couvert de bois. Vous pourrez visiter l'église Santiago, gothique du xvie s., le couvent de las Madres Justinianas, de la même époque, ainsi que le pazo de Barcena, du xviiie s.
Fêtes : le lun. d'après Pâques, fiestas del Cristo de los Navegantes ; Corpus Christi, avec la curieuse danse « das penlas » et les tapis de fleurs dans les rues.

50 km : **Rande**, où s'étaient réfugiés pendant la guerre de Succession d'Espagne, en 1702, quarante navires français et espagnols escortant les galions d'Amérique. Chargés de bois et de métaux précieux, ils furent coulés par la flotte anglo-hollandaise. Les fonds sont depuis régulièrement explorés sans que l'on ait pu encore faire apparaître ce trésor enfoui sous plusieurs mètres de vase.

60 km : **Vigo** (→).

66 km : **Canido** ; belle plage.
➣ A l'entrée de Canido, tourner à g. vers *(2 km)* Corujo : église romane du xiie s. qui a subi de nombreux remaniements.

74 km : **Panjón** (3 000 hab.) ; petit port de pêche.
➣ A *2 km O.,* **monte Ferro**, promontoire qui s'avance sur la mer. Au sommet, monument moderne d'Antonio Palacios dédié aux martyrs de la mer de toutes les nations, tombés pendant la Première Guerre mondiale.

81 km : **Baiona*** (→).

Ribadeo

Lugo, 100 km.
9 070 hab. — Province de Lugo (Galice).

Située au N.-E. de la région, sur la rive gauche du fleuve Eo, Ribadeo est la troisième ville, en ordre d'importance, de la province de Lugo. Déjà connu à l'époque phénicienne et romaine, le port fut très utilisé au xixe s. et permit le développement d'un commerce prospère.

Ribadeo est une ville aux rues bien tracées, qui possède une ría pittoresque et des paysages d'une grande beauté dans ses environs. La visite de la ville ne prendra pas beaucoup de temps (peu de monuments), mais on profitera de ses plages et de sa gastronomie.

Fêtes. — Le 1er dim. d'août, día de la gaita (jour de la cornemuse) avec la Xira à Santa Cruz, pèlerinage typiquement galicien accompagné de concours de muñeiras, au milieu d'un paysage impressionnant ; le 16 août, San Roque ; le 8 sept., Nuestra Señora del Campo.

Dans la vieille ville, vous pourrez visiter la **collégiale Santa María del Campo**, baroque, construite au XVIIe s. et qui conserve un admirable retable du même style ; admirez aussi les belles maisons à blasons.

Environs. 1 — Mondoñedo * (*39 km S.-O. ;* →).
2 — Foz (*24 km O. ;* → Viveiro, excursion 2, km 43).

Ribadesella

Gijón, 69 km. — Lanes, 26 km. — Oviedo, 83 km.
6 688 hab. — Province d'Oviedo (Asturies).

Port de pêche et station balnéaire à l'embouchure de la rivière Silla, dans une très jolie ría. L'occupation de ce territoire remonte à la préhistoire, dont subsistent encore quelques vestiges.

Festivités. — Le 29 juin, célébration de la San Pedro. Le 1er sam. d'août, descente de la Sella en kayak entre Arriondas et le pont de Ribadesella. Une voie ferrée, longeant le fleuve, permet aux spectateurs de suivre, d'un train spécial, la descente. A l'arrivée, romería avec défilés folkloriques, concours de danses.

Flânez dans la vieille ville, rue Infante, plaza Vieja et calle Mayor où l'on peut admirer de **beaux édifices des** XVIIe **et** XVIIIe **s.** L'un d'eux arbore des blasons en pierre. A voir également le **palais des Prieto,** magnifique exemple d'architecture civile Renaissance.

A la sortie du pont sur la rivière Sella, un chemin à g. mène à *(500 m)* la **grotte Tito Bustillo,** parée de concrétions calcaires où des peintures furent exécutées, durant l'époque magdalénienne, il y a 20 000 ans. A *500 m* de l'entrée, on y découvre des silhouettes de chevaux, de cerfs gravés et peints en aplat en rouge ou ocre, ainsi que d'autres animaux qui, au plafond, atteignent environ 2 m de long.

Visite : en avr., mai, juin et sept., f. le lun. ; en juin et août, f. le dim. ; ouv. de 10 h à 13 h et de 15 h 30 à 18 h 30 ; accès gratuit le mar.

Environs. 1 — Cueva de la Moría *(3 km S.-O. par la route du Carmen, puis prendre à g.).* — Cette **grotte,** d'une grande beauté naturelle, constitue l'un des plus importants gisements du magdalénien.

2 — Junco *(5 km S.-O. ; prendre à g. à Sardalla).* — Église Santa María, romane, du début du XIIIe s., comportant quelques éléments gothiques.

3 — San Esteban de Leces *(5,2 km O. par la N632).* — La **tour de Junco** est une grande bâtisse du XVe s., avec des éléments du XVIIe ; l'**église paroissiale** conserve quelques pièces romanes.

4 — Caravia *(14 km O.)*. — Charmant village à proximité duquel s'étendent de très belles **plages de sable fin** au cœur d'un fort beau cadre naturel. On peut y voir les premiers **hórreos**, greniers sur pilotis qui sont l'une des caractéristiques du paysage du N.-O. des provinces maritimes de l'Espagne.

5 — Colunga *(21 km O. ; 5 933 hab.)*. — Station balnéaire ; **plage de sable fin** (La Griega) et très belles falaises.

➡ À *6 km S.-E.* par la C 637, **Gobiendes** où vous pourrez voir l'église paroissiale de la fin du IXe s.

➡ À *12 km S.-E.*, mirador del Fito (→ Cangas de Onís, environs N., km 18).

6 — Lastres *(18 km O. ; prendre à dr. à Colunga)*. — Port pittoresque et village de pêcheurs possédant d'intéressants **édifices** des XVIIe et XVIIIe s.

On peut aussi y visiter l'**église** paroissiale **Santa María**, de la fin du XVIIIe s., avec ses beaux retables baroques. À noter une représentation du Christ en croix du XVIIe s.

Fête : le 1er dim. après le 15 août, on célèbre la San Roque.

Ribera (La)

Province de Navarre.

C'est la partie méridionale de la Navarre, qui se caractérise par de vastes plaines d'origine alluviale où le climat est aride et la moyenne des pluies inférieure à 500 mm par an. Ici l'habitat se groupe en bourgs importants (2 500 à 3 000 hab.). L'exode qui a frappé tant de zones rurales de la Navarre a peu touché cette région. En effet, l'introduction de certaines plantations (maïs, pommes de terre, betteraves sucrières, luzerne) et la grande demande de produits maraîchers ont transformé radicalement la région.

Mais la Ribera aurait un caractère tout à fait différent sans l'irrigation qui est ici d'une extrême nécessité en raison de la grande sécheresse qui sévit durant l'été. Il existe d'excellentes conditions pour créer de bonnes zones d'irrigation : vastes plaines et abondance d'eau. Aussi les terrasses qui longent l'Ebre sont-elles fertilisées par trois canaux principaux : le canal de Tauste sur la rive gauche, le canal Impérial et le canal de Lodosa sur la rive droite.

Les canaux. — L'origine du canal de Tauste remonte à l'autorisation donnée par Teobaldo à l'ordre de Saint-Jean-de-Jérusalem, en 1252, de construire un barrage sur l'Ebre en aval de Tudela et d'ouvrir un canal pour irriguer Fustiñana et Cabanillas. Après certaines modifications effectuées au fil des ans, le chanoine Ramón de Pignatelli (1734-1793) améliore notablement le fonctionnement du canal. Aujourd'hui, long de 445 km, il irrigue près de 9 000 ha avec une capacité de 9 m³/s.

Le canal Impérial est ainsi appelé en souvenir de Charles Quint qui le fit construire suivant un projet de Gil de Morlanes. Ramón de Pignatelli réalise d'importants travaux de 1772 à 1790 pour le prolonger et amener l'eau jusqu'à Saragosse. D'une longueur de 96 km, il irrigue 28 000 ha et a un débit de 25 m³/s.

La construction du canal de Lodosa débute en 1915 ; la Confederación Sindical Hidrográfica del Ebro achève les travaux en 1935. Il mesure 127 km, et irrigue 22 000 ha ; sa capacité est de 22 m³/s.

A l'E. vers l'Aragon

0 km : **El Bocal del Rey** *(8 km S.-E. de Tudela ; prendre à g. au km 6 de la N 232).*
— On peut y voir deux barrages et deux maisons-vannes. Le vieux barrage en pierre
taillée fut édifié au xvie s. par Gil de Morlanes. L'autre, en amont, par Ramón de
Pignatelli au xviiie s. Ce sont des réalisations grandioses si l'on pense aux moyens
techniques de l'époque. Pignatelli fit travailler, en plus des 1 500 ouvriers fixes, les
soldats de 5 régiments d'infanterie et 400 prisonniers.
La maison-vanne, construite près du vieux barrage, s'appela à l'origine Bocal del
Rey, puis palais de Charles Quint. Elle est entourée de beaux jardins et possède
une chapelle séparée de l'édifice principal. Celui-ci servait de résidence au
gouverneur du canal ; il porte sur la façade les armes impériales.
La maison plus récente offre un moindre intérêt artistique, mais elle permet de voir
comment l'eau de l'Ebre est détournée vers le canal.

14 km : **Cortes** *(au S. sur la N 232 ;* 3 151 hab.). — Cette petite ville agricole, située
à la limite de la Navarre et de l'Aragon, offre un intéressant château-palais. La vieille
forteresse médiévale, défendue par sa haute tour crénelée, entourée de murs percés
de meurtrières se transforma au fil des ans en un palais résidentiel d'où l'on
administrait les vastes possessions du patrimoine.

A l'O. vers la Castille-León

0 km : **Corella** *(13 km O. de Tudela ;* 6 080 hab.). — Ville agricole au bord de
l'Alhama. L'**église San Miguel**, du xve s., possède un retable baroque, typique,
datant de 1718, œuvre de Juan Antonio Gutiérrez. L'architecture l'emporte sur la
décoration qui devient plus menue et nerveuse. Bel effet de saint Michel terrassant
le dragon à ses pieds.
Dans le **couvent de San Benito**, fondé en 1670, occupé par les bénédictines, vous
pourrez admirer deux riches tableaux de Claudio Coello. Celui de sainte Gertrude
présente ses noces mystiques en une composition exquise ; le martyre de saint
Placide est représenté avec une forte expressivité au moment où le bourreau lève
son bras pour asséner le coup fatal.
A voir également plusieurs grandes maisons-palais bâties en brique rouge où la
décoration simple (sauf les écussons) est obtenue par des dessins géométriques
réalisés avec la brique. Les balcons du premier étage et les arcades de l'étage
supérieur annoncent le style aragonais, comme en témoigne la maison qui abrite le
Juzgado Comarcal sur la plaza de los Fueros où les cinq arcades donnent un aspect
très léger à la construction.
Fêtes : du 23 au 30 sept., à l'occasion de la San Miguel, encierros. Pendant la
semaine sainte, défilé représentant l'Ancien Testament. Le 2e dimanche après
Pâques, romería à l'ermitage de Nuestra Señora del Villar (du xviie s., baroque
régional) à *2 km* de la ville. Après la cérémonie religieuse, déjeuner en plein air.

6 km : **Cintruenigo** (5 082 hab.). — Ville très active grâce à son industrie d'albâtre.
Dans l'**église San Juan Bautista**, du xvie s., vous remarquerez les voûtes étoilées
où alternent les formes courbes et les lignes droites, le **retable*** de la Capilla Mayor
achevé vers 1570 ; notez les ornements plateresques, les sculptures et le Baptême
du Christ au centre. Belles peintures de Pedro de Aponte. Retable de Nuestra
Señora del Rosario (1610) sculpté par Juan de Binies et peint par Juan de Lumbier.
En flânant dans la ville, vous pourrez admirer de belles maisons seigneuriales.
Fêtes : le 3 mai, fêtes de la Cruz, avec défilés et repas typiques. Excellent vin.

12 km : **Fitero** (2 286 hab., alt. 422 m). — Localisée au bord de l'Alhama, aux confins
de la Navarre et de la Castille, la ville connaît d'incessantes disputes frontalières.
Elle est établie autour de l'un des plus anciens monastères cisterciens d'Espagne,
le **monastère de Santa María**** édifié par des moines cisterciens de la fin du xiie s.
au milieu du xiiie s.

L'**église** offre une façade d'un style de transition, entre le roman et le gothique. Elle conserve un chevet roman et des nefs ogivales construites dans la plus pure tradition cistercienne. L'édifice renferme plusieurs retables (dont celui du maître-autel peint vers 1590 par Roland de Moys), des sépulcres et la chapelle de la Virgen de la Barda, patronne de la ville.

Le **cloître** plateresque, du XVIe s., est l'œuvre de Balthasar Fèbre, originaire d'Arras. La salle capitulaire du XIIIe s. présente de remarquables chapiteaux ornés de motifs floraux.

On peut visiter également les dépendances : le réfectoire, la cuisine, le dortoir, l'infirmerie, la sacristie et la bibliothèque.

Le monastère abrite de nombreuses œuvres d'art dont un **coffret-reliquaire de saint Blaise** du XIIe s. et un **coffret d'ivoire** d'origine musulmane. L'inscription sur le couvercle nous indique le nom de la propriétaire — une des femmes de Al-Hakam II — l'artisan — Halaf — et l'année de sa fabrication — 966. Il est décoré exclusivement de motifs végétaux d'une grande richesse.

•➔ Sur un des versants de la montagne dite « du château », on peut voir une curieuse construction destinée à arrêter la neige, à l'emmagasiner l'hiver afin de s'en servir durant l'été. Avec sa voûte de brique et ses 12 m de profondeur, elle a reçu le nom de « **frigidaire des moines** » (la nevera de los monjes).

•➔ A *3,5 km*, station thermale déjà connue en 27 av. J.-C., sous Auguste. Sources chaudes et froides.

Rioja (La)

Province de Logroño.

Cette région fertile traversée de part en part par l'Ebre doit son nom à l'un des affluents du grand fleuve : le río Oja. Peuplée de 255 000 habitants, c'est l'une des plus petites provinces du territoire national (5 033,88 km²).

Relief. — Bordée au N. et au S. par des massifs montagneux, la Rioja est parcourue en son centre par l'Ebre. Entre Haro et Logroño, la plaine alluviale, peu étendue, suit le tracé des méandres du fleuve parfois relativement encaissés. Au sortir de Logroño, la vallée s'élargit et s'étale en de riches terres agricoles. Au N., les monts Obaranes-Cantabria ferment la dépression de l'Ebre. La sierra de la Demanda se présente au S. comme un ensemble massif dont les sommets ont subi une forte érosion : ils s'élèvent à peine au-dessus d'un paysage dont la monotonie est rompue par de nombreuses rivières. Le pic de Saint-Laurent, son point le plus élevé, culmine à 2 271 m. La sierra de Cameros ferme la Rioja au S.-E., avec des altitudes s'étageant de 1 000 à 2 000 m, et sert de trait d'union entre la vallée de l'Ebre et le système ibérique.

Climat. — Sec et chaud en été, froid et humide en hiver, il comporte cependant des différences entre le côté occidental, plus humide, et le côté oriental, nettement plus sec.

Une végétation et une agriculture diversifiées. — De nouveau, il faut distinguer entre montagne et vallée. Cette dernière, mise en valeur par un système d'irrigation élaboré plusieurs siècles auparavant, se présente comme un vaste jardin potager (tomates, poivrons, asperges, artichauts, grande variété de fruits). Les terres, plus éloignées des points d'eau, sont occupées par la vigne ou les céréales, associées à de vastes cultures d'amandiers ou d'oliviers.

La montagne présente une grande variété d'espèces forestières, chênes, hêtres, pins sylvestres, chênes verts. La végétation, dense dans le secteur occidental qui subit l'influence océanique, se raréfie dans les régions orientales ; l'érosion, très intense, entraîne une dégradation rapide des sols.

Viticulture et conserveries. — Le développement des vignobles est lié à l'action du marquis de Murrieta qui, à la première exposition agricole célébrée à Madrid en 1857, obtient prix et distinctions pour ses vins. En 1870, il fonde les Bodegas del Marqués de Murrieta, qui donnent bientôt naissance aux Bodegas Franco-Espagñoles, fruit de la collaboration des viticulteurs français qui, voyant leur récolte détruite par le phylloxéra, introduisirent de nouvelles techniques permettant d'adapter la production espagnole aux goûts européens.

C'est sur l'initiative d'un pharmacien que la première conserverie est installée en 1840 à Logroño. Vingt-cinq ans plus tard, la Rioja en compte plus de 40. Les plus importantes se trouvent aujourd'hui à Logroño, Arnedo, Calahorra, Alfaro et Nájera.

Gastronomie. — Vous dégusterez certainement de savoureuses côtelettes de mouton grillées sur un feu de sarments, ou le calderete, ragoût à base de pommes de terre, de viande (agneau, porc, gibier...), de légumes (petits pois, tomates, oignons...), d'herbes aromatiques et de chorizo. Son nom vient du chaudron en cuivre dont on se sert pour la cuisson, le caldero. La sauce verte (faite d'amandes, de persil et d'ail) ou le chilindron (tomate et piment) servent à rehausser une grande variété de plats. Le poivron est une autre spécialité, servi soit farci, soit en condiment. En automne les façades des maisons sont recouvertes de grappes de poivrons qui sèchent au soleil, et qui seront mis en bocaux après avoir été passés au feu et pelés. Enfin, pour vous désaltérer, vous goûterez aux vins de Rioja, inconnus jusqu'au XIXe s., mais qui jouissent de nos jours d'une renommée internationale comme vins de table.

Pour visiter la Rioja :

→ Alfaro
→ Calahorra*
→ Cervera del Río Alhama
→ Ezcaray*
→ Haro

→ Logroño
→ Nájera
→ San Millán de la Cogolla*
→ Santo Domingo de la Calzada*

Ripoll*

Barcelone, 104 km. — Gérone, 84 km. — Puigcerdà, 63 km. — Vic, 38 km.
Alt. 682 m. — 10 668 hab. — Province de Gérone (Catalogne).

Ripoll est la capitale de la comarca du Ripollès, où la rareté des terres cultivables a laissé une place prépondérante à l'élevage et à l'industrie, implantée de longue date (armureries, usines métallurgiques, usines textiles...). Le tourisme d'été et plus récemment les sports d'hiver contribuent à dynamiser l'économie : un ensemble monumental exceptionnel, le ski, la chasse, la pêche (truites du Ter), les excursions en montagne sont les principaux attraits de cette région.

Ripoll est situé au confluent du Freser et du Ter, autour d'un vénérable monastère. Centre industriel de vieille tradition, les textiles ont supplanté la production d'armes à feu, célèbre du XVIe au XIXe s. Grâce à son abbaye romane et à son monastère, elle est considérée comme le berceau de la Catalogne.

Le noyau urbain ancien compte de belles maisons (Can Rama, Can Vaquer) et de nombreuses fontaines.

La **Festa Major** (fête de la ville) est célébrée le 11 mai, et le dimanche suivant se tient la journée nationale de la laine avec des scènes traditionnelles, comme la tonte du troupeau, le filage et le mariage paysan.

Le monastère de Santa Maria* *(f. le lun. ; accès payant).* — Du monastère ne subsistent aujourd'hui que l'église et le cloître, très restaurés.

Fondé en 589 par Recared Ier, roi des Goths, l'année où celui-ci abjura l'arianisme pour le catholicisme, le monastère de Santa María fut détruit lors de l'invasion arabe. Richement doté par Guifré le Velu, comte d'Urgell et de Barcelone, il devient sous l'évêque Arnulf, à la fin du Xe s., l'un des plus importants monastères de Catalogne et possède une bibliothèque d'une exceptionnelle richesse. La construction de l'édifice actuel débute en 1032 et l'église est consacrée en 1052.

L'**église** est flanquée d'une **tour** carrée de quatre étages. La nef centrale est bordée de doubles collatéraux, six absidioles orientées s'ouvrent sur les bras du transept, autour de l'abside semi-circulaire centrale.

Le magnifique **portail****, surnommé l'« Arc de Triomphe du Christianisme », est protégé par un portique gothique (et aujourd'hui par un vitrage). Daté, selon les spécialistes, du début du XIe s. ou du milieu du XIIe s., il mesure presque 8 m de haut et 12 m de large. Victimes de la corrosion de la pierre, ses reliefs inspirés de thèmes de l'Ancien et du Nouveau Testament ne sont pas toujours bien lisibles. Autour du portail proprement dit, la composition s'étage en six registres. Le Christ bénissant, entouré d'anges et des signes des évangélistes, domine la composition où l'on reconnaît les vingt-quatre vieillards de l'Apocalypse, les apôtres et des scènes de l'Exode, du Livre des Rois ou de l'Apocalypse. Les archivoltes sont décorées de motifs végétaux, des singes du zodiaque et de représentations d'animaux. L'une d'elles est dédiée à l'histoire de Jonas et à celle de Daniel. La célèbre **Bible de Ripoll** dont s'inspire toute la sculpture du portail est actuellement conservée au Vatican.

Panthéon des comtes de Barcelone, de Besalú et de Cerdagne jusqu'au XIIe s., l'église — très restaurée — n'abrite plus que le **tombeau*** de Béranger III (1131) dans le bras droit du transept. Seule l'aile du cloître accolée à l'église date du XIIe s., l'ensemble ayant été achevé au XVe s. selon la même élévation, à double étage de galeries.

A droite du porche d'entrée de l'église on accède au **cloître**** *(ouv. de 9 h à 13 h 30 et de 16 h à 19 h 30)* commencé à l'époque romane par l'aile adossée à l'église, fut continué à l'époque gothique. Autour d'un large préau s'organisent les quatre galeries. Dans les treize arcades de la galerie romane, des chapiteaux peuvent être comparés aux reliefs du portail. Cette aile du cloître fut terminée sous l'abbé Ramon de Berga (1172-1206), comme l'indique l'inscription qui surmonte un bas-relief représentant l'abbé sur le pilier d'angle nord-est. Les galeries gothiques ont été entreprises pendant la deuxième moitié du XIVe s. sous l'abbé Galceran de Besora (1380-1383).

Musée des Pyrénées ou museu Arxiu Folklòric *(ouv. de 9 h à 13 h et de 15 h à 19 h ; f. lun. a.-m.).* — Il est installé dans l'église romane de Sant Pere dont le retable est conservé à Vic et la peinture murale représentant le Christ en majesté à Barcelone ; artisanat populaire et art religieux, bibliothèque.

Environs

1 — Campdevànol (*4 km N.-O. par la N 152 en direction de Ribes;* 3 596 hab.).
— Vous y visiterez l'**église** romane de **Sant Llorenç** et celle, également romane,
de **Sant Pere d'Aüira** (*5 km par un sentier; alt.* 1 200 m), la plus ancienne de la
région. ➜A *8 km N.-O. en direction de La Pobla,* **Gombrèn**; village au caractère
médiéval bien marqué avec de vieilles maisons à balcons de bois d'où un
chemin muletier mène aux ruines du **château de Mogrony** (église romane de Sant
Pere).

2 — Ribes de Freser (*14 km N. par la N 152).* — De ce bourg, un petit train à
crémaillère mène à Núria (alt. 1 967 m), station de ski autour d'un lac artificiel
(patinage en hiver); pèlerinage au sanctuaire de la Mare de Déu de Núria. ➜ A *25 km
O. par la N 152 en direction de Puigcerdà,* **La Molina** (➜ Puigcerdà, environs 1).

3 — Sant Joan de les Abadesses (*10 km N.-E. par la C 151 en direction de
Camprodon;* 4 247 hab., alt. 773 m). — Ville industrielle (mines de houille et de fer)
dotée d'un célèbre monastère. *100 m* après le portail roman de l'**église Sant Pol,** dont
la fondation est attribuée à Charlemagne, prendre à g. pour atteindre l'église de
l'ancien monastère fondé par Guifré le Velu en 875 (*pour visiter en dehors des
horaires du culte, entrer par le musée;* ➜ *ci-dessous*). La **casa dels abats,** juste à côté,
comprend un cloître roman du XIIᵉ s. Le musée du monastère (*ouv. de mars à juin et
de sept. à oct. de 11 h à 14 h et de 16 h à 18 h, de juin à sept. de 10 h à 19 h, le lun.
de 10 h à 14 h et de 16 h à 19 h, de nov. à mars de 11 h à 14 h 30, w.-e. et j.f. de 11 h
à 14 h et de 16 h à 19 h)* expose les objets provenant du monastère; sculptures,
objets d'art religieux, tissus arabes et mozarabes. On peut encore visiter, près du
monastère le **palais abbatial** et son joli petit cloître du XVᵉ s. ➜ A *14 km N.-O. par la
C 151,* **Camprodón** (➜). ➜ A *23 km O. par la C 150,* **Olot** (➜).

Rocío (El)

*Bollullos, 24 km. — Huelva, 64 km. — Séville, 94 km.
Province de Huelva (Andalousie).*

Sanctuaire de la Vierge (la Blanca Paloma), centre d'une romería***
fameuse où les pèlerins affluent de toute l'Espagne. Les Andalous
arrivent sur des chevaux richement harnachés ou dans des charrettes
rutilantes de décorations. Cette fête qui se déroule le dim. de Pentecôte
mêle l'allégresse du peuple andalou et la dévotion pour la Vierge. Pendant tout le temps que dure la romería (sam., dim. et lun. de Pentecôte),
les romeros, vêtus des costumes andalous, chantent, dansent, boivent et
mangent avec des débordements de joie.

Soixante confréries sortent de leurs églises respectives pour se retrouver le sam. de
Pentecôte au sanctuaire du Rocío. Elles se déplacent en charrettes blanches à
deux roues, décorées de guirlandes et tirées par des bœufs, qui serviront pendant le
voyage d'habitation pour les hommes et de garde-manger pour le bétail.
Le culte à la Virgen del Rocío est très ancien. La statue gothique avec un manteau
et des bijoux baroques date du XIIIᵉ s. Les pèlerins viennent de toute l'Andalousie et
dorment à la belle étoile. El Alcalde de Camino est le responsable de chacune
des expéditions; il décide de l'itinéraire, des arrêts, des cérémonies religieuses sur
le chemin... Le soir, on peut voir les romeros réunis autour d'un feu chantant en

s'accompagnant de leurs guitares. Le matin, les flûtes et les tambours annoncent l'heure du départ. Les confréries défilent devant le sanctuaire le sam. a.-m. et sont accueillies par celle du Rocío (la Pontificia y Real Hermandad Matriz de Almonte). Elles sont rejointes par les nombreux pèlerins anonymes. A l'aube du lun., les jeunes «volent» la Vierge et la font naviguer sur leurs épaules au milieu d'une marée humaine, déchaînée, chacun voulant la toucher, l'embrasser. C'est le délire, on la complimente, on chante pour elle, on lui crie : «Que viva esa Blanca Paloma», «Que viva el Clavel de las Marismas»!

Roncal (Vallée du)*

Province de Navarre.

Limitée au N. par les vallées françaises de la Soule et de Barétous (Béarn), à l'O. par la vallée du Salazar, c'est la vallée la plus orientale et la plus montagneuse de la Navarre. Son climat rude, ses sommets fréquemment embrumés, la pluie et la neige la parent d'une sévère et mélancolique beauté. Unité administrative organisée en communauté politique régissant sept villages, la vallée est arrosée par l'Esca. Son économie est prospère : les habitants de la vallée se consacrent à l'exploitation de la forêt (depuis le XVIIIe s.) et à l'élevage (célèbre fromage).

Habitat. — La maison roncalaise est bâtie en pierre de taille ; elle comporte 2 étages, des poutres apparentes et un toit de tuiles. Une grande cheminée occupe la cuisine au rez-de-chaussée.

Fêtes. — Le Tributo de las tres vacas (tribut des trois vaches) se déroule tous les 13 juil. sur le pico de Arlas. Les élus de la vallée, en costume traditionnel, et les Français de Barétous prononcent les formules ancestrales de paix et de reconnaissance : «Pax avant.» Les Français remettent, en signe d'acceptation du pacte, 3 vaches qui selon les documents anciens doivent avoir «la même dentition, le même pelage, le même cornage». La cérémonie se termine par une fête populaire.

0 km : **Burgui** *(72 km E. de Pampelune ; au km 35 de la N 240, tourner à g. ; prendre à dr. à Navascués la C 137 ; 605 hab., alt. 629 m).* — Village bâti au milieu des prés et des bois, sur un terrain rocheux et abrupt. Chasse et pêche.
Fêtes : en mai, pèlerinage à l'ermitage de la Virgen de la Peña et de la Virgen del Camino.
➦ **Monastère** bénédictin **de Burdapastal** où vécut San Eulogio au IXe s.
➦ **Vallée du Salazar**** (→).

9 km : prendre à dr. pour *(4 km)* **Garde.** — Le village vit du travail du bois et de l'exportation du bétail. Chasse et pêche.
Fêtes : le 8 sept. pèlerinage à l'ermitage de Nuestra Señora de Zuberoa.

10,5 km : **Roncal*** *(1495 hab. ; alt. 727 m).* — Bourg aux maisons austères et aux ruelles étroites qu'il faut parcourir tranquillement pour en apprécier tout le charme. Au cimetière, beau mausolée de Julián Gayarre (1844-1890), grand ténor né à Roncal. Le célèbre sculpteur Benlliure a personnifié la Musique rendue inconsolable par la mort du chanteur. Le sarcophage présente des bas-reliefs d'enfants chantant des opéras dans la partie supérieure Harmonie et Mélodie soutiennent une riche bière en bronze sur laquelle s'étend le génie du Renom qui semble vouloir écouter la voix de l'artiste disparu. Benlliure a fait preuve d'une grande habileté technique : les personnages, le mouvement des corps et la composition générale sont une grande réussite artistique. A voir également la **casa de Juntas del Valle** qui abrite une importante collection de costumes.
Fêtes : le 20 juin et le 15 août.

15 km : **Urzainqui** (289 hab. ; alt. 728 m). — Nichée dans un beau paysage boisé, cette petite ville est le berceau du guérillero de l'Indépendance Gregorio Cruchaga. **Fêtes :** le 8 sept.

19 km : **Isaba** (911 hab., alt. 813 m). — Ville la plus prospère de la vallée, Isaba est un centre de vacances très estimé pour sa montagne et sa très belle forêt. Certaines maisons, très austères, présentent des toits pointus surmontés d'énormes cheminées rondes elles-mêmes coiffées d'un toit. L'**église San Cipriano** possède une impressionnante tour fortifiée, souvenir de l'époque où la ville était une place forte possédant son château. Elle renferme un beau retable de 1540, doré et travaillé par Simón Pérez de Cisnero. Les stalles du chœur sont sculptées de scènes représentant de manière allégorique la vie rurale et artisanale du pays.

•→ Excursions vers les **grottes de Ibón et de Ezcaurre**, la **source de Minchate** aux eaux sulfureuses, l'**ermitage de la Virgen de Idoya**, le **pic de Auñamend** (2 504 m) dont le sommet s'avance dans le territoire français, la **Mesa de los Tres Reyes**, point culminant de la Navarre (2 433 m).

•→ A *3,5 km,* **Uztárroz** (537 hab.) ; est bâtie dans un paysage grandiose où coule une multitude de ruisseaux et de cascades au milieu d'une végétation exubérante. La gorge de Minchate est très spectaculaire.

•→ A *12,5 km O.,* **Izalzu** (→ vallée du Salazar, km 26).

•→ A *15 km E. (embranchement à dr. 4 km après la sortie d'Isaba)* **Zuriza** (→ vallée de l'Anso).

Roncevaux (Roncesvalles)*

Pampelune, 59 km. — Valcarlos, 18 km.
Alt. 952 m. — Province de Navarre.

!

L'un des plus célèbres lieux historiques d'Espagne, grâce au souvenir de Roland et à l'existence de l'un des plus fameux monastères du chemin de Saint-Jacques-de-Compostelle.

La chanson de Roland. — Pour les pèlerins, le nom de Roncevaux évoquait une auberge célèbre dans toute l'Europe, tandis qu'il faisait résonner aux oreilles des lecteurs de romans épiques les clameurs d'une fameuse bataille ; il ne s'agissait certes pas de la bataille authentique que les Basques livrèrent à l'armée de Charlemagne en 778, mais de celle qui nous est décrite dans « la Chanson de Roland ». A partir d'un événement historique rapporté par Eginhard dans sa « Vie de Charlemagne » (v. 770-840), un clerc normand compose dans le premier quart du XIIe s. l'un des plus beaux poèmes épiques de la littérature française. La version originale de cette œuvre splendide ne fut découverte qu'au XIXe s., à Oxford. Elle relate comment le comte de la Marche de Bretagne, Roland, commandant l'arrière-garde de l'armée de l'empereur, fut surpris par les Maures au retour d'une expédition et périt en même temps que les douze pairs du royaume.

L'hôtellerie. — Émus par ces légendes, les pèlerins croyaient reconnaître à tout moment les traces matérielles de cette bataille : dans l'hôtellerie, ils contemplaient en extase le cor légendaire, l'étrier et les masses de Roland. De même croyaient-ils que la chapelle du Saint-Esprit était construite sur la pierre que le héros avait fendue avec son épée Durandal ; certains s'efforçaient même de recueillir ce qu'ils prenaient pour des reliques des guerriers francs morts dans le glorieux combat et qui n'était que les ossements des pèlerins ensevelis siècles après siècles.

Malgré cette exaltation, les pèlerins trouvaient dans l'hôtellerie l'accueil qui les réconfortait après la dure traversée des Pyrénées. Au sommet du col d'Ibañeta un ermite orientait au son de la cloche les pèlerins qui s'égaraient dans la nuit ou dans le brouillard. Dans l'hôtellerie, ils recevaient gratuitement nourriture et logement pendant trois jours et les malades étaient soignés par un médecin, un chirurgien et un apothicaire. Fondé vers 1130 par Sanche de la Rose, évêque de Pampelune, le centre était dirigé par une communauté de chanoines réguliers qui réalisèrent là une grande œuvre de bienfaisance et de charité chrétienne.

Fêtes. — Roncevaux continue d'être un centre de dévotion pour les habitants des vallées pyrénéennes. La Vierge de Roncevaux reçoit les romerías des vallées environnantes (Valcarlos, Val de Arce, Valderro, Espinal, Aézcoa, Burguete) pendant six dimanches de mai et juin. Ce sont des fêtes variées et impressionnantes. La plus touchante est sans doute celle de la vallée d'Arce qui se réalise à pied ; les hommes, habillés de tuniques noires, portent la croix sur l'épaule dans un silence étonnant, brisé uniquement par la récitation du chapelet. Les habitants de Aézcoa arrivent avec leurs costumes traditionnels et leurs étendards, tandis que les autorités locales portent les habits officiels prévus pour cette circonstance. Toutes les romerías finissent par une messe solennelle, puis par un repas champêtre.

Le **monastère** est un lourd bâtiment que domine l'**église***, l'une des plus belles œuvres de l'art gothique français de la première moitié du XIIIe s. fâcheusement restaurée. Au maître-autel, sous un dais en argent travaillé au repoussé, la **statue de la Vierge de Roncevaux***, en bois de cèdre, revêtue de plaques d'argent et richement parée d'or et de pierres précieuses, est une sculpture de l'école française datant de la fin du XIIIe s. A dr. du chœur, **Mater Dolorosa*** attribuée à Pedro de Mena.

Le **cloître**, très rustique, délabré, fut reconstruit au début du XVIIe s. L'ancienne **salle capitulaire**, du XIVe s., dite chapelle de San Agustín, abrite depuis 1912 les restes du roi Sanche le Fort et de son épouse Clémence ; le gisant du roi, belle sculpture gothique du XIIIe s., ne mesure pas moins de 2,25 m, ce qui aurait été la taille du monarque.

Dans le **trésor** *(ouv. de 11 h à 13 h et de 16 h à 18 h),* remarquez : l'**évangéliaire des rois de Navarre***, du XIIe s. ; un **reliquaire*** d'argent et d'or, enrichi d'émaux, de la seconde moitié du XIVe s., dit Échiquier de Charlemagne, où est représentée la scène du Jugement dernier ; un **coffret*** d'argent à médaillons d'or, du XIIe s., d'inspiration byzantine ; un **coffret*** gothico-mudéjar du XIIIe s., aux armes des rois de Navarre de la maison de Champagne ; une **masse d'armes** colossale du XIIe s., longtemps assignée à Roland mais qui en fait appartit à ce géant qu'était Sanche le Fort ; une **émeraude orientale** qui aurait orné le turban du miramolin (corruption occidentale, au Moyen Age, du titre arabe d'amir al-mu'minîn ou Commandeur des Croyants) à Las Navas de Tolosa ; un **triptyque*** de l'école néerlandaise du XVe s., attribué à Jérôme Bosch, un tableau de la Sainte Famille par Luis de Moralés, etc.

Au S. de l'hôtellerie, l'**église de Santiago** du XIIIe s. s'ouvre par un beau **portail** gothique portant le Christ. Dans le campanile, on a placé la fameuse **cloche d'Ibañeta**.

La **chapelle du Saint-Esprit**, du XIIe s., est le prototype des chapelles funéraires qui furent érigées tout le long du chemin de Saint-Jacques en Navarre. Cette construction carrée, comportant une galerie extérieure d'arcades en plein cintre, entoure un grand ossuaire souterrain recouvert de voûtes également en plein cintre. Au-dessus, une chapelle.

Environs. 1 — Valcarlos *(18 km N. ;* → Chemin de Saint-Jacques en Navarre**).
2. — Burguete *(2,5 km S. ;* → Chemin de Saint-Jacques en Navarre**).

Ronda**

Málaga, 116 km. — San Pedro de Alcántara, 49 km.
Alt. 750 m. — 31 895 hab. — Province de Málaga (Andalousie).

Ville de l'Andalousie des sierras qui laisse l'une des plus fortes impressions, surtout si on la visite lors de sa foire annuelle (20-22 mai), dont les corridas de taureaux, très réputées, ne sont pas le moindre des attraits.

Ronda occupe une situation** véritablement exceptionnelle, au cœur d'un immense cirque de montagne, la serrania de Ronda, de près de 40 km de diamètre, sur le rebord d'un plateau rocheux où une tranchée, profonde de 160 m, large de 60 à 80 m, entaillée par un torrent, isole un promontoire tabulaire, de dimensions assez modestes, mais suffisantes pour constituer l'assiette idéale d'une petite ville ainsi naturellement fortifiée. C'est là que vous visiterez l'ancienne cité mauresque, la principale curiosité de Ronda.

Le nid d'aigle d'un émirat. — Ronda est l'une des plus anciennes villes d'Espagne. Centre commercial de la région à l'époque romaine, sous le nom d'Arunda, elle ne cède qu'après une longue résistance au moment de l'invasion arabe. Devenue capitale d'un petit émirat, d'abord tributaire du Maroc, puis resté indépendant après que les chrétiens se soit emparés de la majeure partie de l'Andalousie, Ronda est surprise par une armée de Ferdinand le Catholique et succombe après vingt jours de siège, en 1485. Ses habitants passent en Afrique du Nord et la ville est repeuplée avec des émigrants venus de Cordoue et du nord de l'Andalousie. Elle connaît alors une époque brillante où de nombreux monuments sont construits. En 1809, elle est assiégée par les troupes françaises, qui font sauter la citadelle. Les habitants de Ronda, les Rondeños, montagnards endurcis, grands éleveurs de mulets, dresseurs de chevaux, se signalèrent longtemps par leurs activités de contrebande (la Serrania fut souvent le refuge inaccessible de bandits fameux). Aujourd'hui, Ronda est le centre de la vie économique de la Serrania de Ronda (agriculture et élevage, production de fromages et de charcuterie).

Le conservatoire de la tauromachie. — C'est à Ronda, au début du xixe s., que l'illustre Pedro Romero fixa les règles actuelles de cet art.

Fêtes. — Nuestra Señora de la Paz (24 janv.) ; carnaval ; semaine sainte ; Corpus Cristi : avec processions dans les rues fleuries ; procession de la Vierge, protectrice de Ronda (2e dim. de mai) ; foire annuelle, qui se tient à l'occasion de l'anniversaire de la conquête de la ville par les Rois Catholiques (20-22 mai).

Visite de la ville

De la **plaza de España** *(parking ; plan B2),* gagnez le **puente Nuevo**, pont à trois arches (1735-1793), d'où l'on découvre une vue réellement impressionnante sur le **Tajo****, une énorme faille qui coupe en deux la ville. Au-delà du pont, depuis la terrasse du **Campillo** *(plan B3),* le chemin de la puerta de los Molinos, qui descend en lacet jusqu'au fond du Tajo, donne accès à une porte mauresque, l'**arco del Cristo**, d'où l'on voit, dans toute sa hauteur, la gorge et ses parois rocheuses et moussues, ses moulins et le pont.

Près du Campillo, la **casa de Mondragón** *(plan B3),* où résidèrent les Rois Catholiques, comporte un portail Renaissance et deux petits patios à galeries à plafond mudéjar ; d'une terrasse, belle vue sur le ravin. Elle abrite le musée taurin.

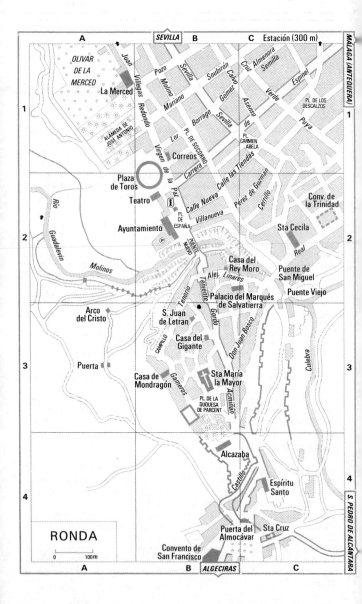

La **plaza de la Duquesa de Parcent*** *(plan B3)* est l'un des coins les plus charmants de la vieille Ronda. De là, on aperçoit une curieuse maison à galerie, adossée à la **cathédrale** ou **Santa María la Mayor** *(plan B3)*, dont le clocher est un minaret surmonté d'un étage octogonal, également arabe, et d'un clocheton gothique.

A l'intérieur, à trois nefs gothiques du XVIe s., l'abside, plateresque, est imitée de celle de la cathédrale de Málaga ; remarquez l'arc de l'ancienne niche du **mihrab**, décoré de motifs en plâtre sculpté du XIIIe s., les **stalles** Renaissance dans le chœur, et les **plafonds** artesonados.

De l'**Alcazaba** *((plan B-C4)*, vieux château mauresque, ne subsistent que des vestiges peu évocateurs après le coup de mine qui la fit sauter en 1809. L'**église del Espíritu Santo** *(plan C4)*, de style gothique fleuri, fut érigée à la fin du XVe s. pour commémorer la prise de la ville par les Rois Catholiques. La **puerta del Almocávar** était la principale porte d'accès à la ville au temps des Maures (fin XIIIe-début XIVe s.).

Au-delà s'étend le **quartier de San Francisco**, qui doit son nom à un couvent s'ouvrant par un portail plateresque.

Revenez vers le puente Nuevo par la calle del Teniente Gordo.

Au no 2 de la **calle del Marqués de Salvatierra**, une rue transversale qui mène au chevet de la cathédrale, la **tour** de l'ancienne église San Sebastián, aujourd'hui détruite, est un minaret aux fenêtres en fer à cheval, aux arcatures aveugles et aux ornements de briques vernissées.

La **casa del Gigante**, au no 6 de la rue de ce nom, est un ancien palais mauresque du début du XIVe s. avec un patio central *(visite chaque heure ; attendre le gardien)* ; plus bas, voir aussi le **palais du marquis de Salvatierra** *(plan BC2 ; mêmes conditions)*, s'ouvrant par un élégant portail Renaissance ; non loin, la **casa del Rey moro** *(plan B-C2)*, est aujourd'hui occupée par un magasin de souvenirs, avec, du côté du Tajo, de délicieux **jardins andalous** d'où un escalier creusé dans le rocher permet d'accéder au torrent Guadalevín, dans les profondeurs du fleuve.

A l'extrémité de la **calle de Don Juan Bosco**, un **arc Renaissance** donne accès au **puente de San Miguel** *(plan C2)*, d'origine romaine, d'où vous découvrirez également la profonde gorge du Tajo. En contrebas, le **puente Viejo** est une construction d'origine arabe. Près du fleuve vous verrez les vestiges des bains arabes construits en brique.

Par une rue escarpée, vous atteindrez l'**église Santa Cecilia**, gothique, presque en face de la **posada de las Animas** (v. 1500), où aurait séjourné Cervantès, et près des ruines du **couvent de la Trinidad** (XVIIIe s.).

De la plaza de España, il est également recommandé de se rendre jusqu'à l'**alameda de José Antonio** *(plan A-B1)*, qui s'étend jusqu'au rebord du plateau où se situe la ville (**vue**** splendide sur la serranía de Ronda). Chemin faisant, vous passerez devant la **plaza de Toros** *(plan B1-2)*, à galerie inférieure couverte, construite en 1784 aux frais de la Real Maestranza, le plus ancien des ordres nobiliaires d'Andalousie.

Environs

1 — Setenil *(18,5 km N. par une route locale ;* 3 505 hab. ; alt. 572 m). — La plupart des **maisons*** sont installées dans les cavités que le fleuve Guadalporcún a creusé dans le rocher. Du château arabe, il ne reste que quelques tours et un pont du

XVIᵉ s. Église gothique construite sous les Rois Catholiques (bel artesonado mudéjar dans la sacristie). Ayuntamiento Renaissance.

Fêtes : San Isidro (15 mai).

2 — Cañete la Real (*34,5 km N.-E. par la C 341 en direction de Teba; au km 27, bifurquer à g.*; 3 505 hab.; alt. 572 m). — Château médiéval; dans l'église paroissiale baroque, image de la Virgen de Cañosantos que lui disputait le village d'Olvera au XIXᵉ s.; Cañete garda le visage et les bras.

Fêtes : feria avec foire au bétail et flamenco (13-15 août); Virgen de Cañosantos (3ᵉ dim. de sept.).

3 — El Burgo (*26 km E. par la C 344 en direction de Coin*; 2 055 hab.; alt. 591 m). — De l'époque romaine, le village conserve une partie de la voie qui reliait Acinipo et Málaga. Ruines du château arabe. Église baroque de la Encarnación avec un portail gothico-mudéjar.

Fêtes : San Agustín (28-30 août).

➡ Dans les environs, ruines du **couvent de las Nieves** fondé par saint Jean de la Croix (romería le 5 août).

Fêtes : fiesta de la Cruz (3 mai); Santiago et Santa Ana (25-26 juil.); foire au bétail (12-15 sept.).

4 — Alozaina* (*44 km S.-E. par la C 344*; 3 015 hab.; alt. 386 m). — Pittoresque village blanc; de l'ancienne forteresse subsistent quelques ruines. L'église paroissiale est baroque.

➡ A *20 km S.-E.*, **Coin** (→ Marbella, environs 2).

5 — Serrania de Ronda* (*13 km S. par la C 339 en direction de San Pedro de Alcántara*). — Vous pourriez y effectuer d'intéressantes excursions, notamment dans la région de Pinsapar, plantée d'une espèce rare de pin, véritable fossile vivant du début de l'ère quaternaire (le pinsapo) et peuplée de chèvres sauvages, de la race *Cabra hispanica*.

6 — Excursion dans les sierras du N.-O. de Ronda**.

0 km : **Ronda.** Sortir par la C 339 en direction d'Algodonales.

9 km : ➡ A dr. (*12 km*) **Ronda la Vieja**, l'ancienne Acinipo, où l'on peut voir les ruines d'époque romaine d'un théâtre et d'un amphithéâtre.

14 km : ➡ A g. (*9 km*) **Benaoján**; prenez à g. vers la gare pour atteindre la **cueva del Gato** qui recèle des stalactites et des stalagmites.

➡ A *13 km*, **cueva de la Pileta**, où l'on peut voir des peintures pariétales d'époque paléolithique (taureaux, chèvres, bisons, poissons).

➡ A *23 km*, **Cortes de la Frontera** (*au km 17, prendre à dr.*; 425 hab.; alt. 633 m), dont l'ayuntamiento est baroque.

Fêtes : San Roque (19-23 août).

23 km : tournez à g.

32 km : **Grazalema**** (*à dr. au km 31*; 2 300 hab.; alt. 890 m); petite ville fondée par les Celtes, occupée par les Romains puis les Arabes, qui atteignit son apogée industriel et commercial aux XVIIIᵉ et XIXᵉ s. En ce temps-là, près de 5 000 ouvriers étaient employés dans ses manufactures de couvertures et de tissus de pure laine des moutons élevés dans la sierra. Actuellement, c'est un charmant bourg qui conserve jalousement son **architecture traditionnelle**. Dans le Cortijo de Clavijo, ruines de l'ancienne Lacidula romaine. A visiter, le **musée de la manufacture textile**. Dans l'église baroque de San José, beaux objets liturgiques en argent; dans celle de San Juan, peinture attribuée à un disciple de Murillo. A acheter, les couvertures de Grazalema.

Fêtes : romería de San Isidro Labrador (avant-dernier dim. de mai); fiestas del Carmen (3ᵉ sem. de juil.); feria (23-27 août); Virgen de los Angeles, patronne de Grazalema (8 sept.).

A Grazalema et dans ses environs, vous vous trouvez en plein cœur d'une zone déclarée parc naturel le 18 déc. 1984 par le gouvernement autonome andalou (Junta de Andalucía). Renseignez-vous auprès des gardes forestiers ou de la mairie de Grazalema sur les possibilités de promenades (en voiture, à pied) dans une région très belle où la faune et la flore bénéficient de conditions climatiques exceptionnelles (étés secs, automnes et hivers extrêmement pluvieux). La végétation est de type méditerranéen ; vous y découvrirez, comme dans la serranía de Monda (→ environs 5), le pinsapar, ce sapin unique en Europe, vestige de l'ère quaternaire. De très nombreux oiseaux (aigles, vautours), des chèvres, des mouflons et des cerfs peuplent ces contrées.

Revenez au carrefour du km 31 pour bifurquer à g. 3 km plus loin, tournez de nouveau à g. pour atteindre Ubrique.

57 km : **Ubrique** (16 325 hab. ; alt. 337 m), qui se consacre à l'artisanat du cuir. La ville occupe un **site*** d'une exceptionnelle beauté, au pied d'une immense paroi rocheuse, sur une sorte de balcon d'où l'on domine une huerta et une forêt de chênes-lièges.
Fêtes : San Antonio (13 juin) ; María Auxiliadora (15-17 août).
Poursuivez vers El Bosque, au N. d'Ubrique.

73 km : **El Bosque***, pittoresque village aux maisons blanches, où l'on fabrique de délicieuses charcuteries.
D'El Bosque, dirigez-vous vers Grazalema (à l'E.) en prenant la belle **route*** *qui passe par le col de Boyar.*

90 km : juste avant d'arriver à Grazalema, prenez à g. vers Zahara.

105 km : **Zahara** (2 650 hab. ; alt. 511 m) ; joli village blanc au pied d'un rocher couronné par une impressionnante forteresse de fondation romaine dans une position quasi inexpugnable, et qui, au xvᵉ s., fut l'enjeu de durs combats entre chrétiens et musulmans. Dans l'église baroque de Santa María, retable du même style et une Vierge Renaissance.
Fêtes : Corpus Cristi, San Juan avec romería à la rivière d'Arroyomolinos (24 juin) ; feria (20-23 août) ; commémoration de la Reconquête (28 oct.).
↦ Dans les environs, **grotte de la Garganta** avec stalactites et stalagmites.
Poursuivre au N. jusqu'à la C 339. Prendre à g. vers Algodonales.

113 km : **Algodonales*** (5 715 hab. ; alt. 368 m) ; joli village où l'artisanat du meuble domine. Dans l'église baroque de Santa Ana, retable au maître-autel, sculptures et belles stalles dans le chœur.
↦ A *40 km* N., **Morón de la Frontera*** (→ Marchena*, environs 2).

Route d'Ordesa à Graus**

Province de Huesca (Aragon).

Du Parc national d'Ordesa, d'où vous découvrirez de superbes paysages de montagne, cet itinéraire vous mènera jusqu'au cœur du haut Aragon où l'art roman est particulièrement florissant.

0 km : **Parc national d'Ordesa**** (→). Du puente de los Navarros à Torla (→ *ci-dessous*), la route passe sous le Mondarruego. Cinq **barrancadas*** se succèdent. Au pied de la montagne est logé l'**ermitage de San Antonio**, aux murs jaspés de taches d'oxydation de fer et de manganèse.

8 km : **Torla** (alt. 1 033 m). — Village pittoresque, entouré de hauts sommets : Mondiciero (2 296 m), Litro (2 019 m). Son centre urbain se situe sur une falaise. Certaines maisons sont dotées de grands balcons solanas, et de grandes portes sculptées en pierre qui représentent les armes des fondateurs de la demeure, anciens nobles du royaume d'Aragon. Parmi ces **maisons**, il faut signaler celle des **Viu**, de 1689, construite par Juan Bautista Viu. Belle **plaza Mayor** du xiiᵉ s.

↔ A *8 km*, **Linas de Broto** (*prendre à dr. à l'embranchement de la C 140 vers Biescas;* alt. 1 332 m). — Village très typique situé sur le bord de la route, avec son **église paroissiale** de style roman pur, en harmonie avec les maisons qui conservent les caractéristiques traditionnelles des hautes vallées pyrénéennes.

13 km : **Broto** (509 hab.; alt. 905 m). — Station d'été qui conserve dans ses environs l'**ermitage de San Blas,** du XII° s.

17 km : Sarvisé.

↔ A *8 km,* **Fanlo,** où la tôle ondulée a malheureusement remplacé les lauzes, fils électriques, antennes et tuyaux de plastique achevant de défigurer un charmant village de montagne, typiquement pyrénéen; dans l'église, retable gothique peint de San Miguel, du début du XVI° s.; deux sculptures d'un calvaire roman du XIII° s.

42 km : **Boltaña** (816 hab.; alt. 643 m). Une des capitales historiques de la région du Sobrarbe. Collégiale San Pedro, érigée vers 1575 (stalles sculptées du XVI° s.).

49 km : **Ainsa** (66 hab.; alt. 589 m). — Ancienne capitale du royaume médiéval de Sobrarbe. **Ville haute, château** en ruine; **collégiale** du XII° s., de style roman; sur la **plaza Mayor,** ancien **palais des premiers rois d'Aragon;** à *1 km,* petite chapelle du XVIII° s., dite de la **Cruz de Sobrarbe,** qui commémore une apparition de la croix pendant une bataille que le roi Garcí Ximénez livra contre les Maures.

Fêtes de Santa Cruz (du 14 au 16 sept.) avec représentation de la Morisma, drame historique, transmis oralement jusqu'au XIX° s., date à laquelle il fut retranscrit.

↔ **Bielsa** (*35 km par une route, modérément accidentée, qui remonte au N. la vallée del río Cinca*). — Dans ce village de 645 hab., à 1 053 m d'alt. (hôt.), ayuntamiento reconstruit dans le style Renaissance du XVI° s. Carnaval. Au-delà de Bielsa une route remonte la haute **vallée de Parzán,** à travers les magnifiques forêts du **cirque de Barrosa*.** Cette route passe par le **tunnel d'Aragnouet-Bielsa,** long de 3 000 km, foré en 1967-1968 à 1 827 m d'altitude, et se raccorde au réseau français par la N 129 via *(44 km)* Arreau et *(71 km)* Lannemezan; cette route est généralement fermée de nov. à mars.

A *1 km* de Bielsa par la route de Parzán se détache à g. une route très étroite qui, par *(2 km)* **Javierre** (église romane du XII° s; autel peint du début du XIV° s.), remonte la pittoresque **vallée de pineta*** jusqu'au (15 km) **parador** construit au pied du massif du Monte Perdido (3 352 m ; **→** p. 789).

88 km : **Naval.** — Église édifiée sur un ancien château médiéval en style gothique aragonais.

99 km : **El Grado.** — Collégiale du XV° s. de style gothique.

116 km : **Graus*** (2 521 hab.). Située au confluent de l'Esera et de l'Isabena, petite ville très pittoresque avec ses ruelles tortueuses, sa plaza Mayor à arcades, sa maison-mairie de style aragonais, ses maisons à blasons. Une rampe permet l'accès à la basilique de la Vierge de la Peña du XVI° s. (peintures gothiques de Pedro Espalargues), accessible par une longue galerie. Près de cette bifurcation, un peu plus haut, **église de San Miguel,** de style roman.

Fêtes : du 12 au 15 sept., pour la **Santo Cristo** et la **Saint-Vincent-Ferrier,** on vénère un crucifix ayant appartenu à ce saint dans la petite chapelle en face de la basilique Nuestra Señora de la Peña.

↔ **Pano** (*12 km N.-O.; au km 2 de la C 139 en direction de Benasque, prendre à g.*). — Église du XVI° s. Église du monastère de San Juan Bautista, aujourd'hui ermitage de San Antonio ; en face, restes du château de plan circulaire. A l'extérieur de cette enceinte, église romane du XII° s.

↔ **Roda de Isabena** (*27 km N.-E.; prendre à dr. à la sortie de Graus, puis à g. après Laguarres*). — **Église romane** grandiose qui fut cathédrale au XI° s. Belle abside décorée de fresques attribuées au Maître Tahull, retable de Gabriel Joly. Cloître roman et musée qui renferme d'intéressantes œuvres d'art médiévales.

Route de Don Quichotte*

Provinces d'Albacete, Cuenca, Ciudad Real et Tolède (Castille-La Manche).

Nombreux sont les lieux de la Manche qui ont la réputation d'avoir servi de cadre aux aventures du «chevalier à la triste figure», le héros de Cervantès. Cet itinéraire vous mènera sur ses traces. Vous traverserez maints champs de blé et vignobles, visiterez des moulins à vent, ne manquerez pas de goûter au vin de la Manche et à son fromage de brebis (queso manchego), le plus réputé d'Espagne.

0 km : Ocaña (→). Prendre vers le S. la N IV-E 25 en direction de Manzanares.

9 km : Dosbarrios (2 095 hab. ; alt. 708 m) ; église gothique avec un chœur Renaissance.

20 km : La Guardia* (2 446 hab. ; alt. 700 m) ; pittoresque petite ville avec des grottes jadis habitées. Église baroque de la Asunción (XVIIe-XVIIIe s.) avec une Vierge gothique et une croix processionnelle d'argent. Dans la capilla de la Concepción, fresques baroques de Angelo Nardi ; retable baroque de Bernabé de Contreras. Dans la sacristie, tableaux de Pedro Orente.

31 km : Tembleque* (2 202 hab. ; alt. 635 m) ; une des plus belles villes de la Manche avec une pittoresque plaza Mayor du XVIIe s. dotée de portiques à trois étages et d'une curieuse structure ouverte à tous les vents, au-dessus d'un accès à la place. Église paroissiale à façades gothique et Renaissance. Palais baroque de Fernández de Alejo.

Fêtes : du 24 au 27 août, Jesús Nazareno. Le 29 sept., romería del santísimo Cristo del Valle avec processions et vente aux enchères des brancards qui servent à transporter l'image.

57 km : Madridejos (9 906 hab. ; alt. 689 m) ; production de vins, de liqueurs et de fromages. L'église paroissiale, fondée par les templiers, a été réformée par la suite. Aux alentours, nombreux moulins à vent assez mal conservés.

Fêtes : le 1er mai, romería à la Virgen de Valdehierro. Le 14 sept., Cristo del Prado avec dégustation de vins et de fromages locaux.

→ A 6,5 km O. par la C 400, Consuegra*, pittoresque ville qui conserve de beaux moulins. Ruines du cirque et de l'aqueduc romains. Du haut de la colline sur laquelle se dresse le château, belles vues* sur la Manche et les monts de Tolède. Musée de la Poterie installé dans un vieux four, calle de Sª Justa y Rufina.

Fêtes : le 8 sept., Virgen de la Blanca. Le dernier dim. d'oct., *fête de la rose de safran.*

74 km : Puerto Lapice* (1 267 hab. ; alt. 673 m) ; au cœur du pays de Don Quichotte, importante étape (sainte Thérèse s'y arrêta lorsqu'elle alla fonder des couvents en Andalousie, Don Juan d'Autriche y fit halte avant Alcázar de San Juan, Cervantès pensait à cette ville lorsqu'il écrivit le chapitre où Don Quichotte est fait chevalier par un aubergiste...). Il fit de nombreux séjours dans les auberges du temps où il était page de Don Juan d'Autriche ou percepteur de l'ordre de Saint-Jean. Jolies maisons typiques.

→ A 16,5 km S.-O. *(sortir par la N 420 en direction de Daimiel, et prendre à dr. au km 3)* Villarrubia de los Ojos, avec tout près los ojos del Guadiana (les yeux du Guadiana) ; après plusieurs années de sécheresse, le fleuve, qui se cache sous la terre, ne réapparaît plus comme jadis à cet endroit, et les agriculteurs cultivent maintenant son ancien lit.   **→** A 10 km O. *(au km 8, prendre à dr.),* sanctuaire de la Virgen de la Sierra (romería le lun. de Pâques et le 3e dim. de mai avec repas champêtres, fandango et jota).

Continuer en direction de Manzanares.

1212. Église paroissiale Renaissance avec deux retables baroques; stalles Renaissance dans le chœur.
Prendre sur la g. la N 430 en direction d'Albacete.

127,5 km : **La Solana** (13 335 hab.; alt. 770 m); ville manchega typique avec de grandes maisons nobles. Plaza Mayor entourée d'arcades. Les lambris de l'ermitage et de la sacristie de la première église paroissiale, San Sebastián, sont du xve s. Église gothique avec une belle tour baroque : remarquez le portail de la 2e chapelle du côté de l'Évangile.

145 km : **Alhambra** (745 hab.; alt. 862 m); impressionnant **château*** construit par les Arabes et réformé par l'ordre de Saint-Jacques. Église de San Bartolomé, romane, renfermant deux retables et un tabernacle gothiques.

165 km : **Ruidera*** (609 hab.; alt. 671 m); centre touristique et résidentiel près des **lagunes*** qui communiquent entre elles par des cascades et forment une belle oasis où le fleuve Guadiana prend sa source; pêche au brochet. La ville, peuplée à l'époque romaine, fut fortifiée par les Arabes. Au xviiie s. existait une célèbre fabrique de poudre qui approvisionnait les armées espagnoles. Les lagunes principales sont : El ojo del Rey, la Colgada, la Lengua.

179 km : **Ossa de Montiel** (2 665 hab.; alt. 920 m); vieux château de Rochafría ou Rocafrida chanté dans les anciennes romances. **Grotte*** de Montesinos où descendit Don Quichotte.
Laisser la nationale à g., pour prendre à dr., vers le S.-E., une petite route menant à El Bonillo.

201 km : **El Bonillo** (3 556 hab.; alt. 1 068 m); certains pensent que Cervantès y situa l'épisode des Noces de Gamache. Bons fromages artisanaux. Église paroissiale Renaissance avec des retables baroques et deux magnifiques **peintures*** de Vicente López et du Greco. Ayuntamiento Renaissance.
Fêtes : fin août, Cristo de los Milagros.
Prendre la C 3214, sur la g., en direction de Munera.

214 km : **Munera**; on utilisa pour construire l'église paroissiale des matériaux provenant de bâtiments arabes. Il en reste d'importants vestiges.
A la sortie de Munera prendre la N 430 en direction d'Albacete, puis, à 1 km, bifurquer à g. vers La Roda.

249 km : **La Roda** (12 532 hab.; alt. 716 m); l'on s'aperçoit que l'on entre dans la région levantine grâce à l'apparition des premières coupoles à tuiles bleues; église San Salvador (1564), gothique et Renaissance (retable valencien de 1582, attribué à Juan de Joannes).
➔ A *9 km N.-E. (prendre en direction d'Albacete, puis tout de suite à g.),* **Fuensanta**; dans le cloître Renaissance du monastère, source d'eaux thermales.
De La Roda prendre la N 301 vers Aranjuez.

283 km : **➔** A dr. route pour *(9 km)* **San Clemente** (6 542 hab.; alt. 722 m); possession de l'ordre de Saint-Jacques comme en témoigne le château de Santiago de la Torre. L'**ayuntamiento*** est le monument le plus important de la ville; d'époque Renaissance, il possède une double galerie d'arcs classiques, et est orné des armes de Charles Ier. Église paroissiale du xve s.; plusieurs couvents et maisons seigneuriales.
A l'embranchement, prendre à g. vers Villarrobledo.

296 km : **Villarrobledo** (20 172 hab.; alt. 724 m); maisons nobles et palais. Bel ayuntamiento avec un curieux campanile. Église gothique de San Blas (xvie s.); église de la Caridad avec un bel artesonado.
Prendre l'AB 150 vers le S.-O. en direction de Tomelloso.

335 km : **Tomelloso** (27 134 hab.; alt. 662 m); les raisins cultivés ici sont utilisés à la production du vin et à la fabrication du brandy. L'église de la Asunción, du xvie s., possède un beau retable dédié à Nuestra Señora de la Paz. Petit musée de la Charrette et du Labourage (museo del Carro y de la Labranza; *pour visiter s'adresser à*

l'ayuntamiento). Un second musée est consacré à l'œuvre du peintre Antonio Lopez Torres (glorieta Maria Cristina, *ouv. de 12 h à 14 h en hiver et de 18 h à 21 h en été ; entrée gratuite*).
Fêtes : fin août, festividad de la Patrona avec des représentations littéraires brillantes.

↠ A *7,5 km S.-O.,* **Argamasilla de Alba*** (6845 hab. ; alt. 671 m) ; le village dont Cervantès ne voulait pas se rappeler le nom : c'est là qu'il fut emprisonné et écrivit les premiers chapitres de «Don Quichotte» et c'est là que naquit et mourut le chevalier. On y montre la Cueva de Medrano, où Cervantès aurait composé le début de son roman *(s'adresser à l'hôtel de ville).*

Prendre en direction de Pedro Muñoz, vers le N.

362 km : **Pedro Muñoz.** Prendre la N420 en direction de Mota del Cuervo.

375 km : **Mota del Cuervo*** (5500 hab. ; alt. 750 m) ; village typique de la Manche, au pied de la sierra de los Molinos, colline couverte de moulins (El Zurdo, le gaucher, tourne en sens contraire des autres). Église du XIIIe s., gothico-mudéjare. Cervantès fait travailler Ricote el Monisco, compère de Sancho Pança, dans le quartier des potiers.
Fêtes : à la Pentecôte, función de ánimas : danses, défilés de chevaliers, combats de Maures et Chrétiens. En sept., romería de la Virgen de Manjavaccas : les anderos transportent la Vierge sur leurs épaules pendant plus de 7 km.
↠ A *16 km N.-E. en direction de Cuenca,* **Belmonte*** (→).
Prendre la N301, sur la g., en direction d'Aranjuez.

384 km : **Venta de Don Quichotte** ; l'on y situe l'auberge où eut lieu la veillée d'armes de Don Quichotte.
↠ A *5 km S.-O.,* par une route locale, **El Toboso*** (2455 hab. ; alt. 692 m) ; des citations littéraires mettent les visiteurs hispanisants dans les pas de Don Quichotte, à travers les ruelles de ce bourg typiquement manchego, compact, replié sur lui-même, comme pour garder ses secrets, cerné de tous côtés par un triste horizon ; la maison dite de Dulcinée avec un écusson sur la façade renferme un petit musée d'objets rappelant Don Quichotte, et une collection des éditions de l'œuvre (José Antonio, *ouv. de 10 h à 14 h et de 16 h à 19 h ; f. lun. et dim. après-midi ; ☎ 19-72-88*). Elle possède la distribution typique des fermes manchegas, autour de la cour se trouvent les cuisines, la cave et le moulin. Intéressante église gothique avec des éléments Renaissance (statue de San Agustín).

393 km : **Quintanar de la Orden** (8675 hab. ; alt. 691 m) ; ville réputée pour ses morcillas (saucisses) et ses fromages. Église Santiago, gothique (début du XVIe s.). Remarquez la casa del Virrey construite en pierre au XVIe s. Ce bourg est au cœur de la région où Cervantès a situé le cadre des aventures de son fameux héros, Don Quichotte. Quintanar est la patrie de Juan Haldudo, le riche laboureur qui employait le jeune Andrés dans «Don Quichotte».
Fêtes : du 24 au 28 sept., foires au bétail les plus importantes de la Manche (mules). Le 15 août, processions à la patronne de Nª Sª de la Piedad.
↠ A *30,5 km S.-O.,* par une route locale, **Campo de Criptana*** (→ Alcázar de San Juan, environs).

415 km : **Corral de Almaguer.**
↠ A *17,5 km N.-E. (prendre en direction de Tarancón),* **Horcajo de Santiago** (3505 hab., alt. 860 m) ; nombreux artisans (fer forgé, bois, osier). Dans l'église paroissiale du XVIe s., Annonciation et Épiphanie du maître de Horcajo (XVe s.), influencées par les débuts de la Renaissance.

453 km : **Ocaña** (→).

Sabadell

Barcelone, 20 km. — Terrassa, 10 km.
177 638 hab. — Province de Barcelone (Catalogne).

Capitale, avec Terrassa, de la comarca du Vallès occidental, Sabadell es
une ville industrielle renommée depuis le XIIIᵉ s. pour ses fabriques de drap

■ On y visitera surtout deux musées : le **musée de Paléontologie** *(23, carre*
Escola Industrial; ouv. de 18 h à 20 h en sem., de 17 h à 20 h le sam. et de 11 i
à 13 h les dim. et fêtes; accès gratuit en sem.) qui possède des collections de
fossiles remarquables, et éventuellement le **musée de la Ville** *(13, carre*
Sant Antoni; ouv. sam. de 17 h à 20 h 30 et dim. de 11 h à 13 h 30).

→ Barberà del Vallès *(à la sortie S. de Sabadell).* — Église de **Santa Maria de
Barberà***, romane, à une nef terminée par trois absides décorées de peinture
murales bien conservées. Dans l'abside centrale, fresques du milieu du XIIIᵉ s., pa
un maître anonyme, appelé maître de Barberà, exécutées dans un style influenc
par l'art byzantin et une technique miniaturiste dans le traitement des détails. O
distingue le Pantocrator et les symboles des évangélistes à la conque et, e
dessous, des scènes de l'enfance de Jésus, Adam et Ève, Caïn et Abel, le Jugemer
de Salomon, etc.
Les fresques des absides latérales, datant du premier tiers du XIIᵉ s., sont attribuée
au maître de Polinyà, un artiste techniquement formé dans une école archaïsante
mais qui fut influencé par l'art français et les écoles de Lleida et de Vic. Dans l'absid
de dr., scènes consacrées à saint Pierre et à saint Paul, dans l'abside de g., Inventio
de la Croix, avec Constantin le Grand et sainte Hélène, et scènes de martyres.

Sacedón*

Guadalajara, 59 km. — Priego, 59 km.
Alt. 740 m. — 1 810 hab. — Province de Guadalajara (Castille-La Manche).

Cette petite ville est située entre les embalses d'Entrepeñas et de
Buendía, que les Madrilènes appellent le Mar de Castilla; c'est l'un des
complexes hydrauliques les plus importants d'Europe avec une capacité
totale de 2 346 millions de m³. Large de 2 à 3 km, long de 30 km, le lac
d'Entrepeñas est le plus pittoresque des deux, avec une côte occidentale
très escarpée (une route, celle de Cifuentes, permet de longer la rive O.).

Environs. 1 — Chilarón del Rey *(23 km N. par la C 204, qui longe la rive E. d
lac d'Entrepeñas; au km 20,5, prendre à dr.).* — L'église, plateresque, conserve u
splendide **retable*** baroque.

2 — Cereceda *(30 km N. par la C 204 ; au km 20,5 prendre à dr., puis peu après à g.).* — L'église, romane, s'ouvre par un portail d'une grande beauté.

3 — Córcoles *(9 km E. par la N 320).* — Église paroissiale à portail gothique ; à l'intérieur statue de pierre de Nª Sª de Monsalud du xvᵉ s. Tout près, imposantes ruines du monastère* de Monsalud, en cours de restauration. La légende raconte que le roi wisigoth Amalaric abandonna à cet endroit la princesse mérovingienne Clotilde qui fonda un monastère bénédictin en 1167 dans le plus pur style cistercien. Salle capitulaire du xIIIᵉ s., beau cloître, sacristie et dépendances du xvIIᵉ s.

4 — Alcócer *(18 km E. par la N 320 ; 344 hab., alt. 781 m).* — Quelques restes de murailles et d'un château. Maisons seigneuriales à blasons. Église Santa María commencée en style roman (portes) et poursuivie en gothique puis en Renaissance (Descente de Croix du xvIᵉ s.). Tour à un corps quadrangulaire qui lui donne des airs de forteresse et à un corps octogonal avec des fenêtres gothiques.

Sagonte* (Sagunto)

Castellón de la Plana, 48 km. — Teruel, 124 km. — Valence, 24 km.
55 252 hab. — Province de Valence (Communauté valencienne).

Populeuse petite ville au pied d'un énorme promontoire, en travers de la plaine côtière, couronnée d'une immense acropole où sont accumulés des restes ibériques, romains, maures et chrétiens, et d'où l'on découvre une vue réellement superbe.

Sagonte : un Dantzig de l'Antiquité. — L'ancienne Saguntun fut le prétexte de l'une des plus impitoyables guerres de l'Antiquité, qui mit aux prises Rome et Carthage pendant 17 ans (218-201 av. J.-C.). A l'époque où le général Hasdrubal commandait l'Espagne pour le compte de Carthage, Sagonte devint « amie » de Rome, bien que située au S. de l'Ebre dont le cours, selon les termes d'un accord conclu en 226, devait marquer la limite des zones respectives d'influence des Romains et des Puniques. Vers 221, le parti pro-romain prit le pouvoir à Sagonte. Fort des droits que lui conférait le traité, de 226, Hannibal entreprit d'y rétablir le parti punique, en dépit des avertissements des Romains. Au début de 219, il assiège l'acropole, qui résiste pendant 8 mois, attendant en vain des secours de Rome. Le siège se termine en tragédie : les Sagontins allument un immense brasier dans lequel ils se jettent tout ce qu'ils ont de précieux, puis s'y précipitent avec leurs femmes et leurs enfants. Quelques mois plus tard, Hannibal franchit l'Ebre (218) pour porter la guerre en Italie. Pendant ce temps une expédition de diversion lancée par les Romains permet à Sagonte de recouvrer sa liberté (212). On relève les remparts de la vieille forteresse, qui prend alors le nom de Muri Veteres, qui devint par la suite Murviedro.

Après la Reconquête, le Cid en fut le seigneur et maître. En 1811, Suchet doit en faire le siège pour s'en emparer. Le 29 décembre 1874, la dynastie des Bourbons est restaurée à Sagonte en la personne d'Alphonse XII.

Festivités. — La San Abdón et la San Senén sont l'occasion, du 10 au 30 juil., de grandes fêtes populaires.

Visite de la ville

Vous pouvez monter en voiture jusqu'à l'acropole, mais les possibilités de stationnement y sont limitées. Le **musée** *(ouv. de 10 h à 14 h et de 16 h à 19 h ; dim. seult le matin ; f. le lun.)* renferme des inscriptions, quelques sculptures, de la céramique, mais rien de bien remarquable ; collection de préhistoire du Pico del Corpo, peut-être sur le site de l'ancienne Turdula, à *3 km* au N. de Sagonte, qui fut l'alliée de Carthage.

Le **théâtre** a été bâti à mi-pentes ; il pouvait recevoir environ 6 000 spectateurs ; il subsiste les substructions de la scène, l'orchestre et 33 rangs de gradins, ainsi que les entrées et des sculptures ibériques et romaines. Il a été récemment restauré et, en été, on y donne des représentations.

L'**acropole*** ou castillo *(ouv. aux mêmes heures que le musée)* comprend un système complexe de fortifications de toutes les époques : ibériques (des parties de l'enceinte, en appareil pseudo-cyclopéen, des fondations d'édifices dans la plaza de Armas et dans la plaza de San Fernando), romaines (citernes, nécropoles), arabes (le mur de l'enceinte de la ville qui regarde vers Valence, et qui est renforcé de tours), médiévales (à l'extrémité O., citadelle avec la **tour San Pedro**).

Sur la place du Marché (plaza del Mercado), on peut apercevoir quelques restes de l'ancien forum romain. En face, l'**église Santa María**, du XIVᵉ s., restaurée au XVIIᵉ s., renferme un intéressant retable au maître-autel de Camarón Boronat.

Sagonte est une des rares villes espagnoles où l'on peut se trouver dans les **quartiers juifs*** du Moyen Age. Vous remarquerez les maisons de la **calle de la Sang Vella** *(nᵒˢ 7 et 11)* et celles des rues qui montent vers le château. Selon une tradition sefardi, la ville fut l'une des premières enclaves où ont habité les juifs espagnols de Sefardie, 1 000 ans av. l'ère chrétienne.

•→ Excursions à la Costa del Azahar (→) et à Segorbe, Onda et Burriana (→).

Sahagún

León, 67 km. — Palencia, 63 km.
Alt. 816 m. — 3 350 hab. — Province de León (Castille-León).

L'ancienne Camata, située en pleine Tierra de Campos, était jadis célèbre pour son monastère de bénédictins.

A l'entrée, **église de la Trinidad**, de style roman, et **église San Juan de Sahagún**. Plus loin, en prenant à dr. dans la **calle de la Alhondiga** *(puis à dr.)*, à partir de la plaza Mayor, **église San Lorenzo***, de style roman, qui se signale à l'attention par une imposante tour romane à quatre étages d'arcades ; à l'intérieur sur un retable baroque, **sculptures** (XVIᵉ s.) de Jean d'Angers provenant d'un retable plus ancien : Descente de croix, Mise au tombeau, Chemin du Calvaire et Christ au jardin des Oliviers ainsi que, dans des médaillons, les quatre évangélistes (XVIᵉ s.) ; dans la **chapelle San Juan**, accolée à cette église, mais généralement fermée, **bas-reliefs** de Jean de Joigny, du XVIᵉ s.

400 m après la plaza Mayor, en prenant à g., à partir de la plaza de Lesmes Franco, **église San Tirso*** (XIIᵉ s.), de pur style roman, élevée en brique, avec une remarquable tour carrée. A côté, ruines du **monastère de San Benito**, du XIIᵉ s.

A 200 m de la plaza de Lesmes Franco, à g., **monastère des bénédictines** ; l'église, du début du XVIIᵉ s., renferme les **tombeaux** du roi Alphonse VI de León et de Castille (†1109), de la reine Isabelle, de la fille de l'émir de Séville, Aben Omar ; dans le **musée** *(ouv. de 10 h à 13 h et de 16 h à 19 h)*, **custode** en argent doré, du début du XVIᵉ s., par Enrique de Arfe.

Environs. 1 — Sanctuaire de la Peregrina *(1 km S. en direction de Palencia).*
— Sanctuaire d'un monastère franciscain, aujourd'hui en ruine, où l'on découvre des stucages de tradition arabe classique.

2 — Melgar de Arriba *(13 km S. par la route de Mayorga).* — Dans l'église San Miguel, retable Renaissance (XVIe s.) comportant quelques tableaux peints.

Saint-Jacques-de-Compostelle
(Santiago de Compostela)***

La Corogne, 66 km. — Lugo, 105 km. — Orense, 111 km. — Pontevedra, 57 km. Alt. 264 m. — 93 695 hab. — Province de La Corogne (Galice).

C'est l'une des cités d'Espagne les plus attachantes, avec ses vieux palais, ses rues et ses places bordées de portiques, mais surtout sa prestigieuse cathédrale qui, au Moyen Age, fut pour l'Occident, sur un fond de guerre sainte, le but d'un des plus étonnants élans de ferveur mystique qui aient jamais existé au monde. Pendant plusieurs siècles, on assista à une extraordinaire migration le long des routes qui menaient à Compostelle et dont maints monuments portent encore témoignage.

De nos jours, la ville demeure un lieu de pèlerinage très fréquenté, aussi bien par les croyants que par ceux qu'attire la réputation de ses monuments.

Cependant, dans son aspect extérieur, Saint-Jacques-de-Compostelle n'est pas l'apothéose d'arts roman et gothique que pouvaient laisser espérer les innombrables églises, chapelles et hospices qui jalonnent la route. La Galice connut en effet à la fin du XVIe s. et durant le XVIIe s. une richesse exceptionnelle, concentrée entre les mains des membres du conseil municipal et des ordres religieux. De nombreux travaux furent alors entrepris, destinés à renouveler l'aspect de la vieille cité et à proclamer à l'époque de la Contre-Réforme le prestige et le triomphe de l'Église.

Ainsi Saint-Jacques-de-Compostelle se présente-t-elle comme une ville d'architecture baroque et néo-classique, qui a recouvert, sans pour autant les faire disparaître, les témoignages de la ferveur à la fois plus exaltée et plus intime du Moyen Age.

La ville dans l'histoire

De la Judée en Galice. — D'après la tradition, saint Jacques le Majeur se rend en Espagne après l'évangélisation de la Judée. Il débarque à Iria Flavia (Padrón), et reste sept ans en Galice. Revenu à Jérusalem, il y meurt décapité en 44. Ses disciples ramènent sa dépouille de Jaffa en Espagne. Ils l'enterrent près du río Sar. Durant la domination romaine, le culte des saints étant interdit, le lieu de la sépulture tombe dans l'oubli.

Le champ de l'étoile. — Au IXe s., l'apparition d'une étoile indique à un vieil ermite l'endroit où gît le corps de l'apôtre (de là le nom de Campus Stellae, le Champ de l'Étoile, devenu, par corruption, Compostella). Alphonse II fait construire une basilique en ce lieu qui, dès lors, devient un centre de pèlerinage.

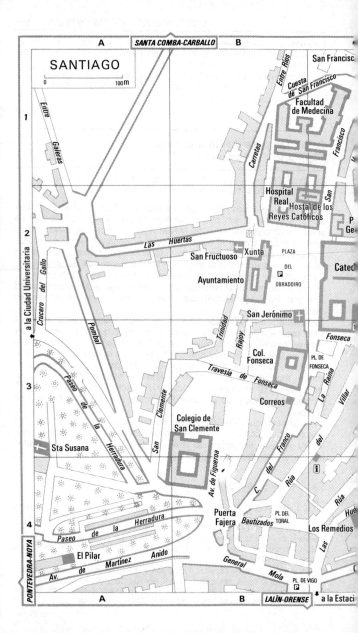

SANTIAGO

SANTA COMBA-CARBALLO

San Francisc

Cuesta de San Francisco

Entre Rios

Facultad de Medecina

Entre Galeras

Carretas

San Francisco

Hospital Real
Hostal de los Reyes Católicos

P Ge

Las Huertas

San Fructuoso

Xunta

PLAZA DEL OBRADOIRO

Cated

a la Ciudad Universitaria

Crucero del Gallo

Pombal

Ayuntamiento

San Jerónimo

Trinidad

Rajoy

Col. Fonseca

Fonseca

PL. DE FONSECA

La Reina

Villar

Travesía de Fonseca

Correos

Sta Susana

Paseo de la Herradura

San Clemente

Colegio de San Clemente

Av. de Figueroa

C. del Franco

del

Rúa

Rúa

Hué

Puerta Fajera

Bautizados

PL. DEL TORAL

Los Remedios

Paseo de la Herradura

El Pilar

Av. de Martinez Anido

General

Mola

Las

PL. DE VIGO P

PONTEVEDRA-NOYA

LALÍN-ORENSE

a la Estaci

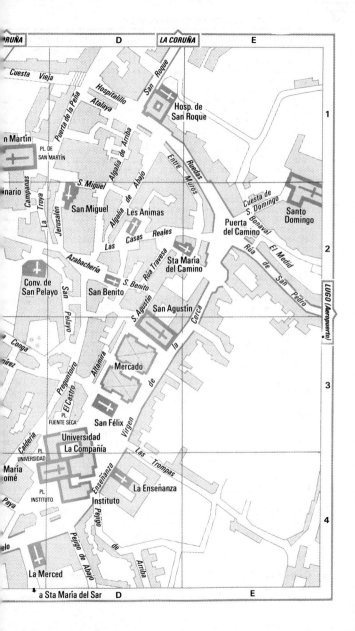

Le protecteur de la Reconquista. — Sous le règne de Ramire Ier (842-850), la victoire de Clavijo, remportée sur les troupes d'Abd ar-Rahman II, est attribuée à l'intervention de saint Jacques qui devient ainsi le protecteur des chrétiens et de la Reconquista. L'apôtre aurait également sauvé le seigneur de Pimentel, tombé à la mer pour échapper aux Arabes : il l'aurait fait ressortir des flots dans une coquille Saint-Jacques, qui devient l'un des symboles du pèlerin.

Les Maures détruisent cependant la ville en 997. La cathédrale est reconstruite au XIe s. et devient le troisième lieu de pèlerinage après Jérusalem et Rome. En 1175, le pape Alexandre III confirme les statuts de l'ordre militaire de Santiago, destiné à protéger les pèlerins, et qui est l'un des plus puissants ordres de chevalerie de la chrétienté.

Au cours des siècles suivants, la vie de la cité est surtout troublée par des luttes civiles. En 1504 est fondée l'université. En 1522, Charles Quint y tient des cortès pour obtenir les subsides nécessaires à son couronnement comme empereur ; après le refus de Santiago, de nouvelles cortès plus favorables durent être tenues à La Corogne.

En 1589, devant la menace du corsaire anglais Drake, débarqué à La Corogne, l'archevêque Sanclemente prend la résolution de dissimuler les précieuses reliques derrière le maître-autel ; la mort du prélat et le zèle apporté par celui-ci à trouver une cachette très sûre font que les reliques sont à nouveau considérées comme perdues, mais elles sont redécouvertes en 1879 et la nouvelle officialisée en 1884 par le pape Léon XIII.

Visite de la ville

Garez votre voiture sur la plaza del Obradoiro (plan B 2) ou, plus sûrement, dans le parking souterrain aménagé à partir de l'avenida Juan XXIII (sortie Lugo, près de Santo Domingo, plan C 1) ou encore aux alentours de la Herradura (plan B 3-4).

La visite de la cathédrale et de la vieille ville prendra au minimum une demi-journée. Il serait cependant souhaitable de disposer de plus de temps pour flâner à loisir dans les ruelles pittoresques, souvent encadrées de maisons à blasons, qui débouchent sur des placettes où veille fréquemment une petite église ou une charmante fontaine.

En prélude à votre visite, vous pouvez vous rendre sur le **paseo de la Herradura** *(plan A 3-4)* d'où vous découvrirez un très beau **panorama**** d'ensemble sur la ville, avec sa cathédrale, ses églises et ses maisons de granit.

A proximité du paseo, vous pourrez examiner les vestiges de l'**église Santa Susana** *(plan A 3)*, du XIIe s., incorporés dans un sanctuaire du XVIIIe s. Voyez aussi le **collège San Clemente** *(plan B 3-4)* qui fut construit en granit au début du XVIIe s., avec un avant-corps de style classique.

1 — La cathédrale

☐ **Plaza del Obradoiro** *(plan B 2)*. Bel ensemble harmonieux bordé de prestigieux monuments : le palacio de Gelmirez, l'hospital Real, transformé en hôtel, et le palacio de Raxoi, qui abrite la mairie et la Xunta (le gouvernement autonome de Galice). Cette magnifique place est l'une des plus belles réussites de l'urbanisme espagnol.

■ **Cathédrale***** *(plan C 2)*. — C'est l'une des plus anciennes et des plus intéressantes de la péninsule Ibérique ; elle fut commencée en 1074 et consacrée en 1211. Mais remaniements et additions allaient se succéder au cours des siècles ; de nos jours, ce monument porte témoignage (à l'exception du portail de las Platerias) du triomphe des styles baroque et classique qui connurent en Galice une diffusion exceptionnelle.

Visite : en hiver de 6 h 30 à 18 h ; en été de 6 h 30 à 21 h ; sauf pendant les offices. Trésor et musée (ainsi que la vieille cathédrale) ouv. de 10 h à 13 h 30 et de 16 h à 19 h 30 (18 h 30 en hiver). Compter environ 1 h 30 pour une visite assez détaillée.

La **façade principale**★, del Obradoiro, est un remarquable spécimen du style churrigueresque avec sa profusion d'ornements jusqu'au sommet des deux tours.

Cette façade, dite de l'Obradoiro (ouvrage d'or), est un chef-d'œuvre baroque de

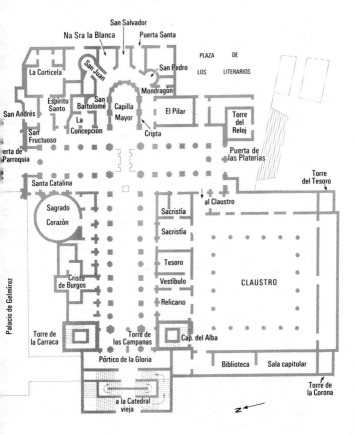

Fernando Casas y Novoa datant du XVIIIe s. Le corps central richement sculpté à la manière d'un retable colossal se termine en triangle élancé et se trouve précédé par un escalier monumental qui fut construit en 1606. Deux tours encadrent les lignes ascendantes : celle de g. est dite de la Carraca (la crécelle) d'après le nom de l'instrument de bois qu'elle renferme et qui sert à appeler les fidèles pendant la semaine sainte ; la tour de dr. ou Campanario (clocher) possède une base romane, mais les travaux divers qui se sont succédé font qu'elle ne se distingue en rien de sa voisine.
En haut de l'escalier, à dr. capilla del Dean (du Doyen), avec un beau tympan du XIVe s. où figure l'Adoration des Rois. Les portes de bois à grands clous de bronze datent de 1610.

Le **Portique de la Gloire*****, l'ancienne façade qui fut masquée par l'œuvre de Casas y Novoa, constitue l'un des chefs-d'œuvre de la cathédrale. Achevé en 1188 par maître Matthieu, il se compose de trois grands arcs où sont mis en scène, au centre, l'Église catholique, à g. l'Église des juifs, à dr. l'Église des gentils.
Ces trois porches sont ornés d'une profusion de sculptures, romanes pour la plupart, mais dont le style est influencé par l'art gothique naissant. L'illustration est une synthèse de thèmes exposés au portail de la Parroquia et surtout à celui de las Platerias.
Au **tympan de l'arc du milieu**, le Christ, assis et montrant ses plaies, est entouré des quatre Évangélistes avec deux anges thuriféraires et huit anges portant les instruments de la Passion. Le reste est occupé par quarante figures représentant le peuple saint racheté par le Christ. Sur l'archivolte de l'arc central, les vingt-quatre Vieillards de l'Apocalypse conversent entre eux. De chaque côté, des anges symbolisent les juifs et les gentils et les conduisent à la Maison de Dieu. Sous le Christ, au trumeau, la statue de saint Jacques repose sur une colonne de marbre gris : à la base, Adam maîtrise deux monstres ; sur le fût se développe l'arbre de Jessé, c'est-à-dire la généalogie temporelle du Christ jusqu'au chapiteau, où sont représentées la Trinité et les Tentations du Christ. A g., sur les jambages du porche central, admirables statues de Moïse, Isaïe, Daniel (au sourire contagieux ; les cicerones assurent qu'il souriait à la reine Esther, en face dont les formes abondantes furent réduites par ordre d'un archevêque) et Jérémie. Sur le jambage de dr., statues de saint Pierre, saint Paul, saint Jacques le Mineur et saint Jean.
L'**arc de g.** est formé de trois archivoltes sculptées dont la médiane représente l'Église des juifs et l'inférieure le Christ bénissant, encadré par Adam, Abraham, Isaac, Jacob et Juda (à dr.) et Ève, Moïse, Aaron, David et Salomon (à g.). Statues des petits prophètes Joël, Abdias, Osée et Amos.
L'**arc de dr.** présente aux archivoltes les têtes de Dieu le Père et du Christ et une suite de monstres symbolisant les péchés capitaux. Statues de saint reposant sur des colonnes ayant pour base des animaux fantastiques qui illustrent les Vertus et les Vices.
Sur le jambage central, on distingue la forme des cinq doigts d'une main : selon la légende, elle a été tracée par les mains des pèlerins qui s'appuyaient en entrant, fatigués de leur long voyage à pied. Derrière ce même jambage, on voit le populaire Santo d'os Croques (le saint aux bosses), qui représenterait maître Matthieu. Les étudiants viennent s'y cogner la tête pour acquérir mémoire et talent.

A l'intérieur, en forme de croix latine, à la croisée du transept, la coupole, bâtie en 1448, est, au sommet de la calotte, à 32 m du sol. Suspendu à la voûte, d'une hauteur de 24 m, l'**alcachofa** (l'artichaut) de métal blanc est remplacé lors des grandes fêtes par le botafumeiro, le « roi des encensoirs » selon Victor Hugo. Un système de poulies le balance d'un bout à l'autre du transept. L'actuel botafumeiro date de 1851.

A dr., en entrant, se trouvent la **salle des reliques** (Relicario) et le **Trésor**. Dans le vestibule est déposée la statue équestre de saint Jacques, du XVIIᵉ s., que l'on sort lors des processions.

La **salle des reliques** est une ancienne chapelle achevée en 1527 sur des plans de Juan de Alava. On y conserve la tête de l'Apôtre dans un reliquaire du XIVᵉ s., un fragment de la Vraie Croix dans un autre du XVᵉ s., une dent de saint Jacques, portée par une statuette d'argent doré, travail parisien de 1304, etc.

■ Le **Trésor***, installé dans la chapelle gothique de San Fernando, renferme une splendide **custode*** d'or et d'argent, par Antonio de Arfe (1539-1544) ; contre le mur de dr., cinq hauts-reliefs de marbre peints et dorés de la vie de saint Jacques (1456). Remarquer les **cornucopias** (bras-de-lumière) de l'Allemand J. Yager, magnifiques bas-reliefs ciselés dans des cadres très fouillés, émaillés et enrichis de pierreries.

Le **cloître***, de style gothique fleuri, est l'un des plus grands et des plus beaux d'Espagne.

Commencé en 1521 sur des plans de Juan de Alava († 1537), poursuivi par son successeur Rodrigo Gil de Hontañón († 1573) qui y apporta quelques modifications, il fut achevé à la fin du XVIᵉ s. par Juan de Herrera (un homonyme du constructeur de l'Escorial) et par Juan de Arce (à partir de 1578). On doit à ce dernier la **tour du Trésor**, coiffée d'une pyramide à degrés qui pourrait avoir été conçue à l'imitation de celle d'El Tajín au Mexique.

Par la galerie N. du cloître (contre la cathédrale), gagner le musée de la cathédrale.

■ La visite du **musée de la cathédrale*** commence par la **bibliothèque** : elle renferme de nombreux manuscrits et des incunables. On y conserve le botafumeiro, lorsqu'il ne sert pas.

Dans la **salle capitulaire**, **tapisseries** flamandes de Jean Raës, histoire d'Hannibal (XVIIᵉ s.) ; dais en tapisserie de fabrication espagnole dans le style des Gobelins (1753).

Dans l'escalier et les salles de la galerie haute se tient le **musée des Tapisseries***. Il s'agit de l'une des plus belles collections d'Espagne.

Série de l'histoire d'Achille, par Jean Raës d'après les cartons de Rubens ; nombreuses pièces d'après David Téniers ; trois dais, tissés par la Real Fabrica de Madrid, selon la technique des Gobelins (XVIIᵉ s.) ; dix tentures brodées d'or et de soie offertes par Philippe IV (1665) ; pièces d'après Goya et Scènes de chasse de R. Bayeu, tissées en Espagne.

A l'entresol est aménagé le **Musée archéologique** : on y découvre des pierres tombales et des sarcophages, des bas-reliefs de l'entrée du Christ à Jérusalem (XIIIᵉ s.) et de l'Adoration des Rois Mages (XIVᵉ s.). Christ assis de style roman, relief de la Vierge et l'Enfant Jésus (XIVᵉ s.), statues du XIVᵉ s., etc.

Retourner dans la cathédrale par le transept dr.

Notez, à une certaine hauteur, à dr., un **tympan** du Xᵉ s. qui constitue le plus ancien document iconographique de l'apparition de l'Apôtre à la bataille de Clavijo.

Dans la **Capilla Mayor**, remaniée de 1660 à 1774, belle grille de bronze avec deux chaires ciselées par J.-B. Celma en 1585. De chaque côté, statues du XIVᵉ s. Stalles sculptées en 1606 par Juan de Vila. Le **maître-autel** monumental est couvert d'un dais churrigueresque en bois doré de forme pyramidale (1660-1674). Saint Jacques est représenté assis, tenant le bourdon de pèlerin et une gourde d'or. La statue date du XIIIᵉ s. ; la pèlerine en argent incrustée de diamants et de pierres précieuses est de 1765. Au-dessus du **contre-retable** d'argent, groupe de l'Apôtre-pèlerin et de quatre rois agenouillés, en bois par Pedro del Valle (1667). Sur le dais, les figures des Vertus cardinales furent exécutées par ce même artiste, tandis que la statue équestre de l'Apôtre est l'œuvre de Mateo del Prado (1677).

A côté de la grille de la Capilla Mayor, une colonne creuse de métal ciselé (xiie-xiiie s.) surmontée d'une statuette de saint Jacques (xvie s.) contient le bourdon de l'Apôtre et celui de saint François de Sienne

Derrière l'autel, on accède par un escalier à la statue de saint Jacques dont les fidèles baisent la pèlerine. La lampe qui l'éclaire fut forgée avec les armes offertes par Gonzalve de Cordoue en 1512.

Dans le **crypte**, châsse d'argent (1886) qui contient le corps de l'Apôtre et de ses disciples.

Dans le déambulatoire, vous remarquerez successivement *(à dr.)* :

La **capilla del Pilar** (1696-1721), de style baroque, décorée de marbre, de jaspe et d'albâtre. Tombeau de l'archevêque F. A. Monroy (1721).

La **capilla de Mondragón** (1521) : belle grille, retable de terre cuite Renaissance.

La **capilla de San Pedro** : tombeau de Doña Mencia de Andrade par J.-B. Celma, grille platéresque et retable baroque de Casas y Novoa.

La **capilla de San Salvador** : elle date du xiie s. et fut dotée par Charles V de France en 1380. C'est là que l'on délivrait la « Compostelle », document rédigé en latin qui attestait l'exécution du pèlerinage à Santiago. Retable platéresque de Juan de Alava (xvie s.), tombeau du cambiador (changeur) Fr. Treviño (1511), membre de cette corporation fondée au xiie s.

La **capilla de San Bartolomé** : du xiie s., elle fut modifiée en 1521 pour l'installation de l'élégant **tombeau de Diego de Castilla*** par maître Arnaud. Beau retable platéresque.

Dans le bras g. du transept, **capilla de la Concepción**, restaurée en style gothique, en 1523, par Juan de Alava ; retable churrigueresque ; **monument funéraire du chanoine A. Rodriguez*** († 1526) réalisé par Cornélis de Hollande.

Capilla del Espíritu Santo : du xiiie s., agrandie au xive s., elle renferme sept **tombeaux*** les plus remarquables sont ceux des trois premiers à g. et ceux de l'archevêque Alonso de Moscoso († 1383) et du cardinal Pedro Varela († 1574).

Capilla de la Corticela : ancienne paroisse des étrangers au Moyen Age, elle fut incorporée à la cathédrale lors de la reconstruction de celle-ci. Portail roman, Christ au jardin des Oliviers, sépulcre du xve s. ; tombeau du cardinal Eanes († 1342).

Revenez vers le Portique de la Gloire par le bas-côté g.

Capilla del Sagrado Corazón : fondée en 1451 et rebâtie en 1770 ; à coupole de style classique ; Vierge en marbre blanc du xve s. ; dans les niches statues des Docteurs de l'Église par Juan da Vila (xviie s.), tombeaux des archevêques Lope de Mendoza († 1451) et Rajoy († 1772).

Capilla del Cristo de Burgos : de 1664 avec des retables churrigueresques et le tombeau du fondateur, l'archevêque Carillo († 1667).

Depuis la plaza de Obradoiro, on accède à la **crypte**, également appelée **vieille cathédrale** ; certains l'attribuent au maître Matthieu, qui apportait la touche finale au Portique de la Gloire en 1188. D'autres pensent qu'elle est antérieure. De style roman, elle possède cependant des éléments d'architecture gothique (arcs en plein cintre dotés de clés et appuyés sur des colonnes d'angle). Le portail, avec les armes de l'archevêque Maximilien d'Autriche, date de 1626. Notez les chapiteaux des piliers, délicatement sculptés.

Face à l'entrée, **statue de Violante de Hongrie****, épouse d'Alphonse X Le Sage (xiiie s.), œuvre romano-gothique exceptionnelle où l'on perçoit une influence orientale et même bouddhique.

On trouve des fragments de sculptures en marbre du Portique du Paradis (XIIe s.), antérieur au Portique de la Gloire. Remarquer également un ange tenant un parchemin, du XIIe s. ; deux **stalles**** en pierre du chœur du maître Matthieu (XIIe s.). Ce chœur, qui comprenait soixante-douze de ces stalles, fut détruit au XVIIe s. Magnifique dais orné de statues d'un décor architectonique de tradition gréco-romaine.

2 — Promenade autour de la cathédrale

Palacio de Gelmírez* *(plan C2)*. — Il fut élevé à partir de 1120 par le premier archevêque de Santiago, Diego Gelmírez ; il est considéré comme l'un des plus remarquables spécimens d'architecture romane civile d'Espagne.

Restauré au siècle dernier, on y a reconnu deux constructions (l'une du XIIe s., l'autre du XIIIe s.) avec la salle d'armes au milieu et une tour à trois étages. Le **salón de Fiestas***, vaste salle d'apparat de 32 m de long, offre des voûtes à nervures lisses ornées, à la retombée, de fines sculptures du plus pur style roman représentant diverses scènes d'un banquet. Cuisine voûtée du XIIe s. qui communique avec une salle à deux nefs aux chapiteaux finement sculptés.

Hospital Real**. — Fondé par les Rois Catholiques il a été transformé en hôtel de grand luxe (Hostal de Los Reyes Católicos) ; du côté de la plaza del Obradoiro, il présente un admirable **portail*** de style plateresque, œuvre d'Enrique de Egas (1505-1511) au centre d'une façade restaurée en 1678.

L'édifice est vraiment royal par l'ampleur de ses proportions et le somptueux décor intérieur, notamment celui de sa **chapelle***, véritable bijou de style isabélin, admirable combinaison du gothique finissant et des débuts de style Renaissance. Les deux premières **cours** font partie du plan originel d'Enrique de Egas (XVIe s.) ; les deux autres résultent d'un agrandissement du XVIIIe s.

Depuis la terrasse à g. de l'hôtel, on aperçoit la petite **église San Fructuoso** *(plan B2)*, à façade baroque, qui fut construite en 1774 pour servir d'oratoire à un cimetière dépendant de l'hôpital.

En face de la cathédrale s'élève le **palais Rajoy** *(plan B2)*, noble édifice néo-classique érigé en 1766-1777, qui abrite aujourd'hui la mairie et la Xunta. L'austérité de la façade, longue de 84 m, est compensée par les belles arcades. Au tympan du fronton central, on peut voir un relief de la bataille de Clavijo surmonté d'une statue équestre de saint Jacques de 1775.

Le **collège de San Jerónimo** *(plan B2-3)*, fondé en 1501 et reconstruit en 1665, a conservé le **portail*** romano-gothique provenant du Vieil Hôpital (XVe s.).

Derrière ce bâtiment, le long de la rúa del Franco, le **collège de Fonseca** *(plan B3)* s'ouvre par un portail Renaissance (1544). C'est dans cet édifice que fut installée la première université compostellane ; il abrite auj. le parlement galicien et l'institut Padre Sarmiento (culture). Il faudra demander la permission au gardien dans l'entrée pour admirer le **plafond à caissons** du salon (artesonado), la **chapelle** et le **cloître**.

En descendant la rúa de Vilar *(plan BC3-4)* bordée de portiques et de maisons anciennes, on arrive sur la **plaza de las Platerías**. A g. s'élève la **torre del Tesoro**, à dr. la **torre del Reloj** (fin XVIIe s.), qui renferme l'une des plus puissantes cloches du monde, de 2,5 m de diamètre, que l'on peut entendre jusqu'à 20 km à la ronde.

Puerta de las Platerías (portail des Orfèvreries)******. — C'est le plu
remarquable des portails extérieurs de la cathédrale. Ses deux baies son
ornées de sculptures romanes du XIe s. d'inspiration française, enrichies pa
une partie de la décoration plastique du portail de la Azabachería *(au N.
démoli en 1765-1770). On y remarque le Christ bénissant avec, à sa dr., sain
Jacques, puis Moïse à sa g., saint André et diverses figures symboliques. A
registre en dessous, on voit Adam et Ève chassés du Paradis. Dans la parti
g. de la frise, noter saint Pierre. Entre les arcs se trouvent Abraham sortan
du Sépulcre, Agar et deux lions sur une colonne sculptée de vingt person
nages parmi lesquels on compte les douze Prophètes mineurs. Sur deu
colonnes de marbre à dr. et à g. sont représentés les Apôtres et quatre anges
Les tympans sont couverts de scènes du Nouveau Testament. A g. du portai
une console en forme de coquille, **la Concha**, considérée comme un tour d
force architectural, supporte les escaliers de la Trésorerie ; elle date du XVIe s
et fut exécutée par Gil de Hontañon.

Sur la côte E., la façade donnant sur la plaza de los Literarios a été refaite
la fin du XVIIe s. A l'abside, la **puerta Santa** (porte Sainte) est ouverte
l'occasion du Jubilé (les années où la fête de l'Apôtre, le 25 juil., tombe u
dimanche). Elle est flanquée de vingt-quatre petites statues de granit, du XIIe s
figurant les Prophètes. Les trois statues du dessus (saint Jacques et se
disciples saint Théodore et saint Athanase en pèlerins) furent exécutées pa
Pedro del Campo en 1694. A g., puerta Real, de style classique, datant d
1666.

En face de ce portail, vous remarquerez le **couvent de San Pelayo** *(pla
CD2)*, dont la dernière reconstruction date du XVIIIe s. L'immense mur qu
ferme la place sur un côté est impressionnant. A l'intérieur se trouvent d
beaux retables churriguesques et l'autel des premiers disciples de l'Apôtre
au maître-autel.

Sur la côte N. de la cathédrale, la **puerta de la Azabachería** (atelier où l'o
travaillait le jais) est l'œuvre de Ventura Rodríguez (XVIIIe s.) Dans de petite
boutiques, sur la g. en entrant, des artisans réalisent de beaux objets en jai
et en argent.

En face, **monastère de San Martín Pinario** *(plan C2)* : la façade de c
monastère fondé au Xe s., mais reconstruit au XVIIe s., est décorée de la statu
de saint Benoît, des armoiries d'Espagne et du groupe équestre de San Martí
(1738). De vastes proportions, elle présente les caractères du baroque le plu
noble de Compostelle. A l'intérieur se trouvent deux cloîtres et, dans l
chapelle, le tombeau de l'archevêque San Clemente.

Église San Martín* *(plan C1)*. — Elle fut reconstruite en 1590 par Mate
López. L'imposante façade se présente comme un gigantesque retable à troi
corps orné de statues surmonté d'un fronton décoré d'un relief (saint Marti
partageant son manteau). Les deux corps latéraux ont été ajoutés au XVIIe s.

L'intérieur achevé en 1647 par Mateo del Prado est d'une magnifique ordonnance
L'autel de Santa Ecolástica est dû à Ferreiro (1737) ; les retables du transept, d
style churrigueresque, sont également somptueux ; celui de g. présente la statue d
N^a S^a del Rosario par le moine anglais Prater (XVIe s.). Le faste et la beauté d
maître-autel sont frappants : c'est un imposant retable de Miguel Romay (XVIIe s.
à baldaquin surchargé de sculptures et de figures en bois doré et peint. De chaqu
côté, deux portes mènent au coro Bajo, garni de **stalles*** sculptées par Mateo de
Prado en 1644-1647 ; scènes de la Vie de la Vierge sur les dossiers, histoire d

l'ordre de saint Benoît sur le dais. Dans la sacristie, statues de saints par Ferreiro, Vierge del Socorro par Claudio Cuello, tableaux attribués à Juan Rizi ou Juan Escalante (XVIIe s.). Stalles en noyer sculpté par Juan Da Vila (1607) provenant du chœur de la cathédrale.

Couvent de San Francisco *(plan C 1).* — Il aurait été fondé par saint François d'Assise lors de son pèlerinage à Santiago en 1214. Le tombeau de Cotolay, son disciple, qui construisit le couvent, se trouve dans le vestibule à dr. Restes de l'ancienne **salle capitulaire**, du XIIIe s., où Charles Quint réunit les cortès en 1520. L'église, grandiose et spectaculaire, fut reconstruite en 1613 par Simón Rodríguez. Devant l'entrée, sur la place San Fransisco, s'élève le monument à saint François, du sculpteur galicien Asorey (1926).

A l'intérieur, remarquez au deuxième autel à g. une croix-reliquaire du XVIe s. incrustée de nacre, longtemps vénérée dans la chapelle de l'Invention-de-la-Sainte-Croix à Jérusalem.

3 — La vieille ville**

Église San Miguel *(plan D 2).* — Détruite par Almanzor, elle fut reconstruite à différentes époques ; la façade néo-classique est due à Melchor del Prado et Mariño. L'intérieur, baroque, avec des retables du même style et de curieux anges en bois sculpté aux chapiteaux des piliers de la nef, est l'œuvre de Fernández Sarela et Casas y Novoa.

Église San Benito del Campo *(plan D 2).* — Elle fut bâtie d'après les plans de Lopez Freire avec une façade de Melchor del Prado. A l'intérieur, on remarquera à g. sur le 1er autel un petit retable en pierre polychrome, du XVe s., orné de reliefs ; sur le 1er autel à dr. peinture attribuée à Luis Tristan, disciple du Greco ; sculptures gothiques et baroques ; autels du XIXe s.

Église Santa María del Camino *(plan DE 2).* — Reconstruite au XVIIIe s. par Miguel Ferro Caaveiro. Remarquez la chapelle Renaissance des comtes d'Amarante, le maître-autel baroque, et le haut-relief très fruste de l'Adoration des Mages.

Au-delà de la **puerta del Camino** où se dressait la porte de ville réservée aux pèlerins français, au sommet de la Cuesta de Santo Domingo, s'élève le **monastère Santo Domingo.**

Monastère Santo Domingo *(plan E 1-2).* — Il fut fondé au XVIIIe s. par Domingo de Guzman et présente une façade baroque œuvre de Domingo de Andrade. La façade de l'église est de style Renaissance, alors que les trois nefs sont gothiques. Nombreux tombeaux, dont celui de la famille d'Altaneira, du XIVe s. La poétesse Rosalia de Castro y est enterrée, ainsi que Alfredo Brañas.

Un corps du bâtiment abrite le **musée du Peuple galicien*** qui contient de nombreux documents ethnographiques sur les arts, le folklore, l'histoire, l'archéologie et les coutumes de Galice.

A *100 m* du monastère, dans la calle de Bonaval, se trouve le **pórtico del Home Santo**, porte gothique du XIVe s., ornée d'une statue de la Vierge du XIIIe s. Il marque l'entrée d'un ancien cimetière.

Dans la calle de las Ruedas, **hospital de San Roque** *(plan DE 1)* du XVIe s. avec une façade remaniée en 1647. Plus loin, le vaste **couvent de Santa Clara** présente une lourde façade du XVIIe s., par Simón Rodríguez. Dans l'église du XVIIIe s., vo le maître-autel baroque, la chaire sculptée du XVe s. et le retable de Domingo de Andrade.

L'**église San Agustín** *(plan D 2-3)*, construite en 1648, renferme un retable churrigueresque dans la Capilla Mayor ; cloître de 1791. Au-delà du marché l'**église San Felix** est la plus ancienne de la ville. Elle a conservé un bea portail roman du XIIe s. ; à g. du maître-autel, tombeau du cardinal Lop Gonzalez, du XVe s. Croix de procession gothique et nombreuses sculpture datant de l'époque où l'église fut restaurée (XVIIIe s.).

L'**Université** *(plan D 3-4)*, fondée en 1532, est installée dans un bâtimen imposant érigé en 1750 et agrandi en 1904. Elle se compose d'un cloître, e d'une bibliothèque qui contient d'importantes archives : incunables, reliure du XVIe s., livre d'heures de Ferdinand Ier, etc.

Au fond de la plaza del Instituto, la vieille **porte de Mazarelos** s'ouvre sur la call del General Aranda, en face du **couvent des Mères de N.-D. de la Merci** (Madre Mercedarias ; *plan CD 4)*, érigé en 1673-1682. A proximité, couvent de la Enseñanza de 1765. Depuis la rue, on aperçoit, sur la façade postérieure, un relief de l'Adoratio des Mages, du XIVe s.

En passant devant le **collège de los Remedios** *(plan C 4)*, dont la chapelle date de 1671, vous parviendrez à la **plaza del Toral** *(plan B 4)* ; au no 2, **palais de Bendana** du XVIIe s.

Par la **rúa Nueva** *(plan C 4-3)*, bordée de galeries et de quelques palais ancien revenez vers la cathédrale. A dr., **église Santa María Salomé** *(plan C 4)*, à façad romane restaurée ; à l'intérieur, retable et calvaire du XVIIIe s.

Environs

1 — Église Santa María la Real del Sar *(à 1 km ; plan CD 4, par la calle Castro d'Ouro ; ouv. de 10 h à 13 h et de 16 h à 18 h 30 ; f. les j. fériés).* — Cette églis romane fut fondée par l'évêque de Mondoñedo, Munio Alfonso, et terminée pa Gelmirez ; la façade, reconstruite en 1732, conserve un beau portail du XIIe s Charmant **cloître*** aux chapiteaux richement sculptés de fleurs et de feuillage attribués à maître Matthieu. Les neuf arcs qui ont été conservés reposent sur de fines colonnes inclinées (on ignore si cette inclinaison doit être imputée à un acciden dû à la faiblesse des fondations ou à l'audace des constructeurs). Les trois nef abritent de nombreux tombeaux gothiques et Renaissance.

2 — Pazo de Oca *(à 25 km S.-E. par la N 525 en direction d'Orense ; ouv. en été de 9 h à 13 h et de 15 h à 20 h ; en hiver de 10 h à 13 h et 15 h à 18 h).* — Cette demeure seigneuriale est encore habitée, mais le concierge vous ouvrira la lourd porte pour que vous puissiez à loisir vous promener dans le parc somptueux. Le jardins à la végétation luxuriante sont tracés en terrasses autour des pièces d'eau où se reflète la noble demeure pleine de charme.

3 — Monastère de Santa María de Conjo *(2 km S. par la N 550 en direction d Pontevedra).* — Fondé au XIe s., ce monastère a été reconstruit en 1609 ; il rest une partie du cloître roman. Dans l'église du XVIIe s., retables churrigueresques statue de saint Jacques pèlerin par Ferreiro (fin du XVIIIe s.) et remarquable Chris par Gregorio Fernández (1628).

Saint-Sébastien (San Sebastián - Donostia)**

Burgos, 201 km. — Madrid, 530 km. — Pampelune, 87 km. — Santander, 200 km.
175 580 hab. — Capitale de la province de Guipúzcoa (Pays basque).

Saint-Sébastien, station balnéaire, digne rivale de Biarritz, est bâtie dans un site d'une beauté exceptionnelle, surtout le long de la Concha, arc sablonneux qui s'étend du mont Igueldo au mont Urgull, au pied duquel se blottissent la vieille ville et son port de pêche. Entre les deux monts, à l'entrée de la baie, l'îlot de Santa Clara, en ne laissant que des goulets assez étroits, donne à la Bahía de la Concha (la baie de la Coquille), l'apparence d'un lac d'un bleu cristallin.

Pendant la saison estivale, Saint-Sébastien est sans doute la station balnéaire la plus animée d'Espagne, celle en tout cas où les fêtes sont les plus brillantes et où les courses de taureaux comptent parmi les plus alléchantes.

La ville dans l'histoire. — A l'origine, la ville n'est qu'une bourgade établie autour d'un monastère nommé Saint-Sébastien de Hernani ou Saint-Sébastien-le-Vieux. Il semble qu'une des vocations de ce monastère est de servir de refuge aux pèlerins du chemin de Saint-Jacques, qui, en suivant la côte, évitent ainsi les routes plus dangereuses de l'intérieur. L'emplacement de la ville, au pied du mont Urgull, entre la mer et l'embouchure de l'Urumea, explique sa vocation de place forte. Ses premières murailles datent du XIIe s., le château est construit en 1194.

Ce petit bourg qui vit de la pêche et du commerce prend vite de l'importance en raison de sa situation privilégiée comme zone de contact entre deux régions différentes : la mer et les terres de l'intérieur. Son port connaît très vite un trafic important.

Au XIVe s., la vocation balnéaire de Saint-Sébastien se précise lorsque la reine María Cristina de Habsbourg choisit la ville comme résidence officielle d'été.

On conserve cependant peu de vestiges du son passé car une série d'incendies, dont le dernier date de 1813, pendant les guerres napoléoniennes, a entièrement détruit la ville. Le vieux quartier actuel, aux rues parallèles tracées à angle droit, est le résultat de la dernière reconstruction.

Fêtes. — Le 20 janv. a lieu la fête patronale de la ville. Le 19 au soir, à minuit, au moment où le maire hisse les drapeaux, la fanfare entonne l'air de la « Marcha de San Sebastián ». Tous les membres des sociétés gastronomiques parcourent la ville en faisant sonner leurs tambours : c'est la tamborrada. Le lendemain, des centaines d'enfants, vêtus de costumes militaires du XIXe s., défilent dans les rues.

Le carnaval est l'une des grandes fêtes de l'hiver, animée essentiellement par les comparsas (groupes d'amis), les chars et la musique.

La veille de la Saint-Jean, sur la place de la Constitution, se déroulent la cérémonie de la plantation de l'arbre et la danse de l'Aurresku.

Pendant la seconde moitié du mois de juil., la jeunesse afflue à Saint-Sébastien pour le festival international de jazz.

Le 14 août commence la **Semana grande** avec une série d'activitées destinées au public qui afflue en été.

Le 1er dim. de sept., les fêtes basques offrent de belles démonstrations sportives et culturelles ; pendant la seconde moitié de ce même mois, le festival international de cinéma donne une animation particulière à la ville.

Le 21 déc., la foire de Saint-Thomas est le prélude aux fêtes de Noël : vous y trouverez de nombreux produits du terroir, ainsi qu'un grand choix d'objets de fabrication artisanale.

Le 24 déc. au soir, l'Olentzero, le charbonnier des montagnes, est promené dans les rues, au milieu des chants, tandis que les petits enfants visitent les boutiques et

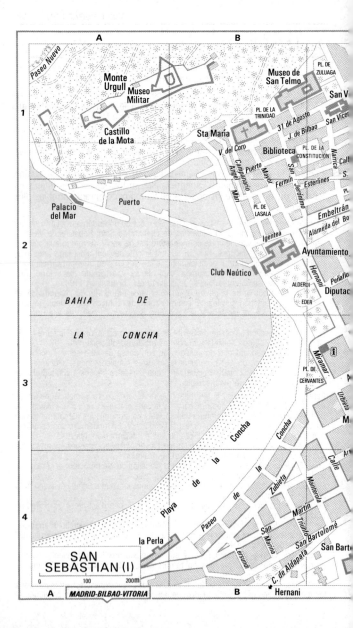

SAN SEBASTIAN (I)

0   100   200m

A   **MADRID-BILBAO-VITORIA**   B   • Hernani

Map labels:

Paseo Nuevo

Monte Urgull
Museo Militar
Castillo de la Mota

Palacio del Mar

Puerto

BAHIA   DE   LA   CONCHA

Museo de San Telmo
PL. DE ZULUAGA
San V...
San Vicer...
PL. DE LA TRINIDAD
31 de Agosto
J. de Bilbao
Sta María
V. del Coro
Biblioteca
PL. DE LA CONSTITUCIÓN
Narrica
Call...
S.
Campanario
Angel
Puerto
Mayor
Mari
San Jerónimo
San Fermín
Esterlines
PL.
Embeltrán
Alameda del Bo...
PL. DE LASALA
Igentea
Ayuntamiento
Club Naútico
Hernani
ALDERDI
EDER
Peñaflo...
Diputac...
Miramar
PL. DE CERVANTES
Urbieta
M...
Ar...
Concha
Concha
Calle
la
la
de
de
Zubieta
Manterola
Playa
Paseo
San
Marina
Martín
Trueta
San Bartolomé
San Bart...
la Perla
Lersundi
C. de Aldapa...
• Hernani

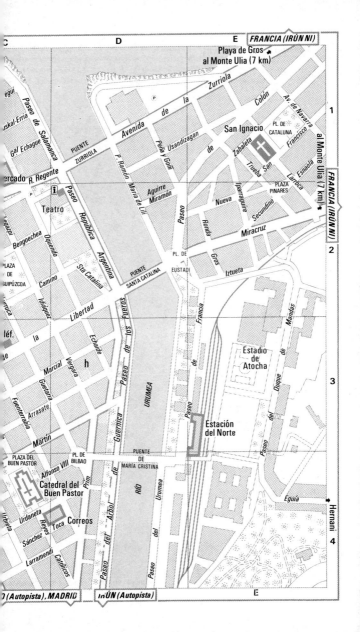

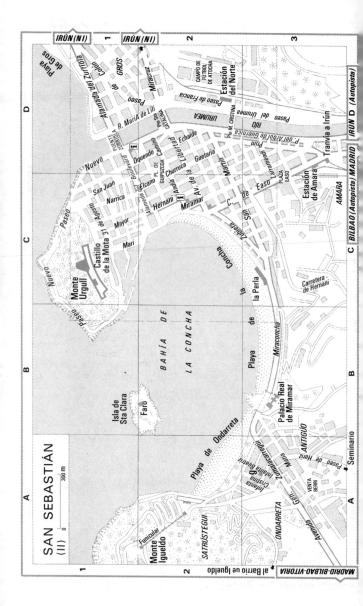

SAN SEBASTIÁN (II)

0   300 m

les maisons en chantant de vieilles mélodies et demandant des étrennes pour leur jaiotza (crèche).

Gastronomie. — La ville est réputée pour ses spécialités basques, notamment les poissons. Laissez-vous tenter par la dorade à la donostiarra, le merlu à la basque ou à la sauce verte, le txangurro ou araignée de mer, les chipirones ou calamars à l'encre. Pour accompagner ces plats, goûtez au chacoli, petit vin blanc sec.

Visite de la ville

Saint-Sébastien n'offre pas de curiosités d'un intérêt majeur, à l'exception du musée de San Telmo, mais elle peut être considérée comme l'une des plus séduisantes réussites de l'urbanisme espagnol. Sa baie et son cadre de collines verdoyantes forment le plus sûr de ses attraits et vous ne négligerez pas de vous rendre jusqu'au sommet du monte Igueldo, ainsi qu'au sommet des monts Urgull et Ulia.

Si vous décidez de traverser l'Urumea pour vous rendre dans la vieille ville, vous arriverez directement au parking Oquendo après avoir franchi le pont Zurriola. Si vous traversez le pont Santa Catalina, suivez l'avenida de la Libertad : près de la plage vous trouverez un parking plaza de Cervantes.

Si vous voulez garer votre voiture dans le centre de la ville, sachez que vous vous trouvez dans une zone de stationnement réglementé (OTA). Achetez au préalable dans un bureau de tabac un ticket vous permettant de stationner que vous laisserez bien visible sur votre pare-brise.

Pour sacrifier à la coutume ou prendre un bain de foule, vous irez, à l'heure de l'apéritif, vers 20 h, sur la plaza de la Constitución (plan I, BC1), lorsque les cafés et les bars sont fréquentés par les habitants de la vieille ville et du quartier du port. N'oubliez pas non plus que la pelote basque est le sport national d'Euskadi et allez assister au moins à une partie, par exemple au Fronton Urumea, l'un des plus populaires à Saint-Sébastien.

La **vieille ville***, tapie au pied du mont Urgull *(plan I, A1)*, ne manque pas de charme avec ses étroites ruelles, très animées, où règne l'inimitable odeur des ports espagnols.

En partant du port, dirigez-vous par le **portalón del Muelle** vers la basilique Santa María. Reconstruite en 1764, elle présente une façade churrigueresque. A l'intérieur, le style gothique domine. Le retable du maître-autel, néo-classique, est de Villanueva ; grand tableau représentant saint Sébastien, œuvre de Bocia (XIXᵉ s.). **Vierge du Coro**, patronne de la ville. On conserve dans cette basilique un **Christ**, appelé de la Paix et de la Patience, qui jusqu'en 1863 se trouvait à la porte de Terre par laquelle on entrait dans la ville entourée de murailles. Dans le chœur, belles stalles ; magnifique **orgue** Cavaillé-Coll fabriqué à Paris au milieu du siècle dernier.

Du chevet de l'église Santa María, un chemin escarpé donne accès au sommet du **mont Urgull** que couronne le **château de la Mota** du XVIᵉ s., intéressant parce qu'il représente un type de construction militaire intermédiaire entre la fortification médiévale où, le rôle de l'artillerie étant négligeable, seules comptaient l'épaisseur et la hauteur des murailles, et la fortification à bastions, où il importait de ne pas exposer les remparts aux tirs de plein fouet des canons devenus plus puissants. Ce château est aujourd'hui transformé en musée militaire *(vis. de 10 h à 13 h et de 15 h 30 à 17 h 30 ; f. lun. mat. ; le parc est ouv. de 7 h jusqu'à 1 h après le coucher du soleil)*.

Des terrasses du château, remarquable **panorama** sur la région de Saint-Sébastien et surtout sur la Bahía de la Concha. Il est recommandé de descendre par le chemin se détachant à g. à la sortie du château.

En descendant, vous pouvez faire le **tour du mont Urgull*** *(2,5 km)* en vous promenant le long du paseo Nuevo qui surplombe la mer. Vous passerez devant l'aquarium où sont présentés au public des animaux des mers et des rivières. La partie supérieure est occupée par le Musée historique naval *(ouv. de 10 h à 13 h 30 et de 15 h 30 à 20 h ; f. lun.).* On y trouve des maquettes de bateaux, documents divers et la reconstitution de la demeure du marin basque.

En sortant de Santa María, prenez la calle del 31 de Agosto qui vous conduira devant l'**église San Vicente** *(plan I, C1),* de style gothique basque ; elle a été construite en 1507. Belles colonnes. Le retable du maître-autel est un très beau travail du XVIᵉ s., dû à Ambrosio de Bengoechea et Juan de Iriarte.

■ **Musée municipal San Telmo** *(plan I, BC1).* — Il est logé dans un couvent de dominicains, de style Renaissance toscan, édifié en 1551.

Visite : de 10 h à 13 h 30 et de 15 h 30 à 17 h 30 ; f. dim. a.-m. et lun. mat.

Dans le **cloître**, pierres tombales et stèles funéraires basques discoïdales (dont les plus anciennes datent du XIVᵉ s.), blasons, roues hydrauliques, etc.

Au 1ᵉʳ **étage**, collection assez disparate de peintures anciennes et modernes, notamment d'artistes basques : Ugarte, Tellaeche, Zubiaurre, Arteta, Salaberria et bien d'autres. On remarquera les tableaux du Greco, du Tintoret, de Bassano et de Sánchez Coello.

Dans la **galerie du 1ᵉʳ étage, exposition d'ethnographie basque** : vie artisanale, jeux, techniques de pêche, coiffes et costumes traditionnels, etc.

La section des armes conserve, entre autres belles pièces, l'épée du dernier roi de Grenade, Boabdil, avec son baudrier, sa gaine et ses émaux.

L'**église** est décorée de peintures (1930-1932) en camaïeu de sépia, de rouge sombre et d'or, œuvre de l'artiste catalan José María Sert. Exécutées sur toile et collées aux parois de manière à créer l'illusion d'une fresque, elles constituent un hymne à la gloire du peuple basque.

Celui-ci est décrit *(de dr. à g.)* comme un peuple de forgerons (forges d'Irisati), de saints (saint Ignace de Loyola), de marchands (Compagnie royale de Caracas), de navigateurs (Sébastien Elcano), de pêcheurs (à la baleine) ; c'est un peuple attaché à son ethnie (autel de la race), à ses fueros (serment d'Alphonse VIII de Castille) ; c'est aussi un peuple d'armateurs (construction de bateaux de l'Invincible Armada dans les chantiers de Pasajes), de législateurs (arbre de Guernica) et de savants.

Sans sortir de la vieille ville, prenez la rue Narrica. Elle vous mènera à la **place de la Constitución** *(plan I, BC1),* centre de la vie urbaine et lieu des principales manifestations de la ville ; elle a été construite après l'incendie de 1813. On peut observer la numérotation des balcons, qui rappelle qu'au siècle dernier on célébrait sur cette place des courses de taureaux. La **casa Consistorial,** aux lignes néo-classiques, date de 1827. Elle abrite actuellement la bibliothèque municipale. Bel escalier d'entrée.

Quelques autres monuments méritent également votre visite. Le **palacio de la Diputación,** qui occupe un côté de la plaza de Guipúzcoa *(plan I, C2),* est une œuvre des architectes Morales de los Rios et Aladrén. Sur le grand escalier d'entrée un **vitrail moderne** représente Alphonse VIII jurant de maintenir les fueros. A l'intérieur, belle collection de tableaux de Zuloaga, Vázquez Diaz, Uranga ; grande bibliothèque spécialisée en philologie et histoire basques.

Après une courte promenade dans la **calle Peñaflorida,** vous parviendrez au **jardin Alderdi-Eder.** L'**ayuntamiento** *(plan I, B2)* occupe les salles de l'ancien casino. Œuvre des mêmes architectes que le palacio de la Diputación, il a été inauguré le 1er juil. 1887. Pendant un demi-siècle, il fut le centre de la vie internationale qui a donné à Saint-Sébastien l'air cosmopolite qu'elle a su conserver. L'intérieur garde encore des signes de la splendeur passée, comme le **salon des réunions**, qui fut autrefois salle de bal, et son escalier d'honneur.

Le **palacio Real de Miramar**, juché sur le pico del Loro, fut construit par l'Anglais Selden Wornun pour la reine María Cristina en 1893. Cette demeure royale es devenue patrimoine de la municipalité et son jardin s'est vu transformé en un parc public.

Environs

1 — Ilot de Santa Clara *(10 mn en canot depuis le port).* — A l'entrée de la baie ; très belles vues, surtout depuis le phare.

2 — Mont Igueldo *(4,5 km O. ; funiculaire accessible par le trolleybus n° 6 depuis l'avenida de Calvo Sotelo ; en voiture, suivre la plage de la Concha ; après le tunnel, prendre à dr.).* — Au passage, vous remarquerez, à g. du paseo de la Concha, avant le tunnel, l'ancien **palais royal de Miramar**, l'une des résidences favorites d'Alphonse XIII. Comme le Tibidabo, le mont Igueldo a été consacré à la triade Risa, Humor y Alegria par la construction d'un **Luna Park** sans lequel cet extraordinaire mirador serait peut-être resté presque désert, ce que ne manqueront pas de regretter les amoureux de la nature. Quoi qu'il en soit, les vues que l'on découvre depuis le sommet justifient le déplacement.

3 — Mont Ulía* *(7 km O. par la route d'Irún ; prendre à g. au km 1,5).* — Autre mirador (admirables **panoramas** sur Saint-Sébastien et sur la côte, notamment sur le Jaizquibel plongeant en falaises dans la mer).

4 — Hernani *(11 km S. en direction de Tolosa ; sortie plan II, C2 ; 30 000 hab.).* — Populeuse cité, industrialisée, que vous atteindrez en suivant la vallée de l'Urumea qui, hélas ! n'a plus rien de bucolique dans cette partie de son cours. Du rond-point à l'entrée de la ville débute la **calle Mayor**, bordée d'immeubles aux blasons de pierre sculptée ; cette artère aboutit à la plaza Mayor ou plaza de España, où se trouvent la casa Consistorial et l'église que domine une curieuse tour à balcons de fer forgé (retables latéraux churrigueresques, retable du maître-autel en bois polychrome).

5 — Tolosa *(22 km S. ; 18 895 hab.).* — Grand centre de fabrication de papier. Église paroissiale Santa María (xvie-xviie s.). Église San Francisco (xvie s.).

Salamanque (Salamanca)★★★

León, 200 km. — Madrid, 210 km. — Oviedo, 315 km. — Valladolid, 115 km. Alt. 820 m. — 167 135 hab. — Capitale de la province de Salamanque (Castille-León).

Salamanque, d'une richesse monumentale extraordinaire, a conservé ses trésors du Moyen Age et de la Renaissance autour de la plaza Mayor et de l'université, qui fut, en son temps, la plus célèbre d'Espagne.

Cette ville surnommée l'Athènes d'Occident, construite presque entièrement avec la pierre dorée et rougeâtre de la région de Villamayor, conserve les caractéristiques rustiques et provinciales de los Charros (autre nom donné aux habitants de Salamanque) et reste l'une des cités les plus séduisantes d'Espagne.

Une illustre université. — L'antique Salmantica est prise par Hannibal en 217 av. J.-C. Helmantica (nom que lui donnent les Romains) se trouve sur la Ruta de la Plata (route de l'argent) qui relie Mérida à Astorga ; la ville est successivement occupée par les Vandales, les Wisigoths et les Arabes (711). En 1085, après la Reconquista, Salamanque connaît un grand essor sous l'égide de Raymond de Bourgogne ; celui-ci la repeupla d'Allemands, de Castillans, de Portugais et de juifs. A l'époque de l'art roman apparaît l'école ecclésiastique qui deviendra plus tard l'Université. Aux XVe et XVIe s. Salamanque est une ville prospère grâce à son commerce, son artisanat et au développement de son industrie textile.

Sur la route de l'invasion napoléonienne. — Junot y passe en nov. 1807, conduisant son armée au Portugal. Plus tard, elle est le quartier général de Masséna, avant et après la bataille de Fuentes de Oñoro (mai 1811). Marmont y fortifie les couvents pour créer un point de résistance après la reddition de Ciudad Rodrigo. Près de la ville a lieu, le 21 juil. 1812, la bataille des Arapiles, qui marque le début du reflux des armées françaises.

Fêtes. — Autrefois la semaine sainte était l'occasion d'un rite particulier. Dans un souci de « purification », les maisons closes étaient vidées de leurs occupantes que l'on exilait de l'autre côté du río Tormes, afin qu'elles n'offrent aucune tentation aux habitants de Salamanque. Après le carême, le lundi de la Résurrection, les étudiants allaient rechercher les dames en barque et les ramenaient à leur lieu de travail habituel, sous les vivas et les acclamations de la gent masculine. Autres temps, autres mœurs, cette tradition a été remplacée par une innocente fête champêtre familiale, avec bal populaire et déjeuner sur l'herbe. — La San Juan est célébrée le 12 juin et la Virgen de la Vega le 8 sept. — Du 12 au 17 sept., corridas.

Gastronomie. — Le farinato, charcuterie typique ; la chanfaina, à base de riz, de viande d'agneau et de chorizo, et le cochon de lait au four sont des plats qu'il ne faut pas manquer de goûter.

Visiter Salamanque

Quand bien même auriez-vous l'intention de visiter en détail, un séjour d'une journée sera suffisant et sans doute aurez-vous encore le temps d'aller à Alba de Tormes où sainte Thérèse d'Ávila repose de son dernier sommeil. Pour vous limiter à l'essentiel, vous parcourrez à pied les deux premières promenades à travers la ville. La première, à effectuer de préférence le matin, exigera 3 h environ, la deuxième de 1 h 30 à 2 h. Vous compléterez ce programme par la visite du collège des Irlandais, de la casa de las Muertes et, éventuellement, de l'église San Marcos.

Vous pourriez vous garer sans trop de difficulté du côté de la nouvelle cathédrale (plan couleur C4) ; au centre de la ville, près de la plaza Mayor, parkings souterrains de la plaza Santa Eulalia (plan couleur P en D2) et du Convento Domínicos (payants).

1 — De la plaza Mayor à l'université

Plaza Mayor** *(plan couleur C3).* — Construite grâce aux libéralités de Philippe V, elle fut commencée en 1729 sur les plans d'Alberto de Churriguera et achevée en 1755 par Andrés García Quiñones. A l'origine, elle devrait être une place moderne qui servit de marché, de lieu de rencontre et spectacle. Les médaillons au-dessus des piliers des arcades comportent les portraits des rois et des grands capitaines d'Espagne. Elle est considérée comme la plus belle de toutes les places de style baroque d'Espagne. La **casa Consistorial** ou **ayuntamiento** *(plan C3)* est l'œuvre d'Andrés García de Quiñones. En face s'élève le **pavillon royal**, orné du buste de Philippe V.

Église San Martín *(plan couleur C3).* — Sortez de la plaza Mayor par l'angle situé au fond à dr. de la place lorsqu'on tourne le dos à l'ayuntamiento. Vous ne tarderez pas à découvrir le chevet de l'église San Martín, fondée au XIIᵉ s. Elle s'ouvre par un portail roman du côté de la plaza Mayor et, du côté de la plaza de Cobrillo, par un portail plateresque de 1586; à l'intérieur, sous le jubé, **capilla del Carmen**, de style churrigueresque; **retable** sculpté d'Alberto de Churriguera (1731).

Casa de las Conchas** *(plan couleur BC3; actuellement en travaux, elle ne se visite plus).* — En prenant la direction de la Zona monumental, dans la rúa Mayor, vous atteindrez la casa de las Conchas, le monument civil le plus représentatif de l'architecture du temps des Rois Catholiques (fin du XVᵉ s.). Cette superbe demeure est ornée, en façade, de coquilles de pèlerins, d'une savoureuse rusticité.

Le **patio*** est particulièrement beau avec sa double galerie ornementée de têtes de lions soutenant des écussons fleurdelisés et de gargouilles grotesques très variées; notez encore le plafond de l'escalier.

Clerecía** *(plan couleur B3; ouv. en sem. de 9 h 30 à 13 h 30 et de 16 h à 20 h; jusqu'à 18 h d'oct. à mai; le mat. seul. dim. et j. fériés).* — En face de la casa de las Conchas, la Clerecía, ou **séminaire**, fut construite par les jésuites de 1617 à 1755, à l'initiative de Philippe III et de son épouse. L'**église**, œuvre de Gómez de Mora, sauf la façade, de Pedro de Matos (début du XVIIIᵉ s.), renferme un **maître-autel*** grandiose, de style churrigueresque, devant un **retable** polychrome. Les autres **retables** sont également dus aux Churriguera.

Université pontificale *(plan couleur B3).* — Son portail, baroque, est de 1779; à l'intérieur, magnifique **patio***, l'un des plus brillants spécimens de l'art baroque espagnol; salón de Actos de même style et escalier à voûte décorée d'armoiries.

Colegio de Anaya *(plan couleur C3-4).* — Vers l'extrémité de la rúa Mayor, en face de la nouvelle cathédrale, se situe le collège de Anaya, édifice à façade néo-classique de 1760-1768, qui s'ordonne autour d'un noble patio, précédé d'une triple arcade; escalier monumental, à double révolution; au 1ᵉʳ étage, buste de Miguel de Unamuno, par Vitorio Macho (1929).

A g. du collège, **église San Sebastián** *(plan couleur B3),* construite en 1731 par Alberto de Churriguera; à dr., ancienne **hostellerie**, œuvre churrigueresque (patio du XVIIIᵉ s., avec deux ailes dans le style plateresque du XVIᵉ s. et deux ailes néo-classiques).

Nouvelle cathédrale** *(plan couleur B4).* — Commencée en 1513 par J. Gil de Hontañón, elle fut achevée au XVIIIᵉ s., ce qui explique le mélange de styles gothique, Renaissance et baroque de ce grandiose bâtiment. En face du collège de Anaya, la **puerta de las Palmas*** est ornée d'un remarquable **bas-relief** (Entrée à Jérusalem le jour des Rameaux) et de **statues** (saint Pierre et saint Paul).
Le **portail O.**** *(prendre à dr.)* est richement décoré de bustes sculptés dans des médaillons, de statues, d'écussons; à la porte centrale, notez la **statue** de la Vierge et les **reliefs** de la Nativité et de l'Épiphanie, au-dessus et de la Crucifixion, au-dessous. L'imposante **tour**, haute de 110 m, fut également construite sur des plans de Gil de Hontañón, qui prit pour modèle celle de la cathédrale de Tolède mais, en 1755, après le tremblement de terre de

Lisbonne, la municipalité crut devoir en garantir la stabilité par une enveloppe de maçonnerie.

Visite : de 9 h 30 à 13 h 30 et de 15 h à 18 h.

L'intérieur, à trois nefs, est remarquable par l'ampleur des proportions et sa riche ornementation, d'une grande délicatesse d'exécution. Au trascoro (partie postérieure du chœur) : statue de saint Jean et groupe en bois sculpté polychrome, par Jean de Joigny.
Dans la **Capilla Dorada** *(1re chapelle du bas-côté dr.)*, fondée au XVIe s., nombreuses **statues** sur consoles, calvaire, élégante décoration d'**azulejos**. Dans la 3e chapelle, **Mise au tombeau**, d'après une œuvre du Titien.
Dans le **chœur**, dont les murs sont couverts d'ornements sculptés de style baroque d'Alberto de Churriguera (XVIIIe s.), grilles et orgues de 1558.
Dans la **Capilla Mayor**, **Assomption** de Gregorio Fernández ; **Christ au jardin des Oliviers**, du XVIe s. ; **vitraux** flamands du XVIe s. Les statues de l'ancien retable d'Alberto de Churriguera ont été dispersées dans les chapelles. Dans le **déambulatoire**, à dr., **chapelle San Roque** (tableaux de l'école italienne de la fin du XVIe s.)
La **sacristie** est composée de deux salles dont la plus grande a l'aspect d'une salle de bal avec ses glaces et ses lustres de Venise ; tapisseries, broderies, etc.
En sortant de la sacristie par une porte donnant sur l'extérieur, vous examinerez le **portail secondaire** de la nouvelle cathédrale et surtout l'**abside** de la vieille cathédrale ainsi que sa lanterne octogonale dite **torre del Gallo** (tour du coq), où se manifestent les influences orientales (byzantines et arméniennes).
Derrière la Capilla Mayor, trois chapelles, dont la **capilla del Carmen** (celle du milieu) renferme un **autel** richement orné, avec le crucifix de l'évêque Jerónimo l'aumônier du Cid (XIe s.).
Dans le **bas-côté g.** : **chapelle de San Antonio de Padua** *(la 1re)* ; peintures de Fernando Gallego (XVe s.) et, sur l'autel, Madone du XIVe s.
Par la 4e chapelle du bas-côté dr., entrez dans la vieille cathédrale ; dans cette chapelle, **Vierge à l'Enfant** et **Saint Jean**, de Moralès.

Vieille cathédrale** *(plan couleur B4).* — Mutilée d'une partie du bras g. du transept, cette église est une merveille de style de transition (XIIe s.) entre le roman et le gothique.
Dans la **Capilla Mayor**, retable* peint par Nicolás Florentino (ou dello di Nicolo), à qui l'on doit également la **peinture murale** à la conque de l'abside ; **Vierge à l'Enfant**, du début du XIIIe s.
Dans le bras dr. du **transept**, sarcophage du XIIIe s., et peintures murales du XIVe s., à la voûte et au tympan des niches de trois tombeaux gothiques.
Au fond et à dr. *(en tournant le dos au maître-autel)* dans la **chapelle San Martín**, peintures murales (env. 1300), d'inspiration française (celles du côté g. sont attribuées à Andrés Sánchez, de Ségovie).
Dans le **cloître****, du XIIe s., mais remanié au XVIIIe s., chapiteaux romans à l'entrée ; dans la **chapelle de Talavera**, retable du XVIe s., avec des sculptures d'Alonso Berruguete et une Vierge du XIVe s. ; dans la **chapelle de Santa Bárbara**, de style gothique du XIVe s., **tombeau** de l'évêque Juan Lucero, de 1344 ; dans le **Musée diocésain** : triptyque de Fernando Gallego, statue de la Vierge à l'Enfant, du XIIIe s., diverses autres œuvres de Fernando Gallego, collection de peintures du XIVe au XVIe s. et de sculptures des XVIe et XVIIe s. ; dans la **salle capitulaire**, haut-relief en bois polychrome du XVIe s. (Épiphanie) ; dans la **chapelle San Bartolomé** (1422), magnifique **tombeau*** du fondateur Diego de Anaya, archevêque de Séville (1437), avec une splendide **grille** du XVIe s., un **orgue** du XVe s. ; dans le **cloître**, tombeau décoré d'une **Pietà**, œuvre de Jean de Joigny.

Les amateurs de détails pourront visiter les monuments suivants. En face de la tour de la nouvelle cathédrale se situe le **palais épiscopal**, d'une noble architecture néo-classique (xviiie s.) ; le **collège San Ambrosio** *(plan couleur B4)* présente une façade baroque due à Alberto de Churriguera (1720).

Près de la rive dr. du río Tormes, l'**église Santiago** *(plan couleur B4)* conserve des absides du xiie s., de styles roman et mudéjar, bien qu'elle soit très endommagée. De là, on aperçoit l'imposant **pont romain** de 26 arches, long de 400 m. La date de sa construction est inconnue, mais on sait qu'il fut restauré au début du iie s. (les onze arches près de la rive g. ont été reconstruites en 1499 et 1677).

L'**église San Millán** *(plan couleur B4)* fut érigée en 1480 et dotée d'un portail baroque en 1635 ; dans une niche, Vierge du xvie s., sculpture de l'école allemande.

▢ **Université**** *(plan couleur B3-4)*. — Sur la plaza de las Escuelas Menores, elle s'ouvre par un splendide **portail*** de style plateresque, orné de bas-reliefs en sa partie supérieure : médaillons des Rois Catholiques, écussons de Charles Quint, nombreuses autres figures et bustes dans un décor de grande fantaisie.

Visite : de 9 h 30 à 13 h 30 et de 16 h à 18 h 30 ; sam. et j. fériés, de 10 h à 13 h.

La Mère des vertus, des arts et des sciences. — Salamanque et son Université forment un tout indissociable. En effet, l'Université a imprimé un caractère singulier à cette ville éminemment agricole. Au xiie s., on professe déjà dans la vieille cathédrale. Alphonse IX, roi de León, fonde en 1218 l'université à laquelle Ferdinand III concède d'importants privilèges. Alphonse X le Sage y crée de nouvelles chaires en 1254. Au xive s., elle est citée parmi les quatre grandes universités d'Europe avec Paris, Oxford et Bologne. Elle atteint l'apogée de sa célébrité au xvie s., et est, à cette époque, fréquentée par plus de 12 000 étudiants. Le droit international y naît. On y enseigne, à cette date, le système cosmogonique de Copernic, réputé hérétique dans la plupart des autres pays. Principale représentante de la néo-scolastique face au réformisme érasmiste d'Alcalá de Henares, de nombreux maîtres du Siècle d'or enseignent dans ses classes ; entre autres, fray Luis de León, Francisco de Vitoria et saint Jean de la Croix ; Cervantès y étudie. L'université se développe progressivement au cours des siècles ; on y ouvre de nouvelles facultés et colegios mayores ; du xiiie s. jusqu'à nos jours, elle a donné à cette petite ville de province, une prestigieuse renommée culturelle et artistique.

La gloire et la honte. — Au xvie s., à la veille d'un examen, les étudiants s'enfermaient avec leurs livres, toute la nuit, dans la chapelle de Santa Bárbara pour le préparer dans la solitude ; le lendemain, s'ils étaient reçus, ils pouvaient passer, avec tous les honneurs dus à leur nouveau rang, par la porte principale de l'Université où les attendaient les professeurs et camarades de classe pour les féliciter et les congratuler. Par contre, si l'examen se soldait par un échec, ils se voyaient obligés de sortir par la porte du cloître dans l'anonymat et l'indifférence générale.

Les bâtiments datent en partie du début du xvie s. Dans l'**escalier** d'accès au **patio**, notez, à la voûte, les écussons de l'université. Sous les galeries s'ouvrent diverses **salles de cours** ; celle où étaient professés les cours de théologie est demeurée telle qu'elle était au xvie s. Charles Quint y vint suivre un cours du père Vitoria. Dans la **salle des Actes** (Paraninfo), tapisseries de Bruxelles : Charles IV d'après Goya ; sous le dais, étendard de l'université, en velours rouge du xve s. Dans la **classe de musique**, tapisseries et saintes Apolline et Madeleine, par Jean de Flandre (fin du xve s.).

Dans la **chapelle Saint-Jérôme** (porte du xvie s.), construite en marbre en 1767, **diplôme de docteur honoris causa** décerné à sainte Thérèse d'Ávila ; au **maître-autel, tabernacle** s. en argent ciselé et agate (le Sacrifice d'Abraham) ; à g., **tableau** d'Antonio Gonzaléz représentant le miracle de saint Jean de Sahagún. Sur la **galerie S.** *(à dr. de l'entrée)*, remarquable **escalier*** du xvie s., dont la rampe est ornée de **bas-reliefs** figurant des scènes de tournois, de chasse, de jonglerie, etc. A l'étage, **plafond à caissons*** (artesonado), **porte Renaissance** de la bibliothèque, avec une **grille** en fer forgé du xivᵉ s. Dans la **bibliothèque**, restaurée en 1749 par Alberto de Churriguera et ornée d'armoiries peintes en 1614 par Martín de Cervera, sont rassemblés plus de 80 000 volumes et 3 000 manuscrits.

☐ **Les Escuelas Menores**** *(plan couleur B3-4)*. — De 1533, elles présentent, du côté de la place, une façade à deux portails plateresques du xvlᵉ s. L'un, formé d'une double arcature prenant appui sur une colonne de granit surmontée d'une statue de saint Thomas d'Aquin et des écussons de Castille et des Rois Catholiques, est celui de l'ancien **hospital de l'Estudio**. Au rez-de-chaussée, fenêtres ogivales de l'ancienne **chapelle** à plafond à caissons polychromes; Pietà du xvlᵉ s. La seconde porte, également à double arcature et ornée des écussons royaux, donne accès à un vestibule donnant sur un **patio** Renaissance et baroque que vous traverserez pour accéder à l'**ancienne bibliothèque**, de la fin du xvᵉ s., transformée en **musée** : **statues de la Vierge et des saints**, par Philippe de Bourgogne (1504); **Épiphanie** et **Annonciation**, peintures par Jean de Bourgogne, ainsi que la Naissance de la Vierge, la Visitation, l'Adoration des anges, l'Assomption, la Rencontre près de la porte Dorée, la Présentation au Temple, tous tableaux d'un retable provenant de Terradillos et exécutés par un artiste anonyme de la fin du xvᵉ s. où du début du xvlᵉ s.

■ **Musée provincial*** *(plan couleur B3)*. — Il est installé dans la **casa de los Doctores de la Reina**, un palais de la fin du xvᵉ s., construit en style Renaissance par le docteur Fernando Alvarez Abarca, un médecin qui, pour avoir soigné Isabelle la Catholique, s'octroya le titre de docteur de la reine. Sa façade principale, du côté de la plaza de San Agustín, est ornée de délicates **sculptures** caractéristiques de l'art isabélin (au-dessus de deux grandes fenêtres, on reconnaît les armes des Rois Catholiques). Vous entrerez dans ce musée par une entrée percée dans la façade postérieure, près des Escuelas Menores. Les collections sont réparties au rez-de-chaussée, à l'entresol et au premier étage de cette belle résidence pourvue d'un patio central.

Visite : de 10 h à 14 h et de 16 h à 18 h 30 en hiver; de 9 h 30 à 14 h 30 en été; ☏ 21-22-35.

Au rez-de-chaussée, dans la **salle I**, couverte par un beau **plafond en bois polychrome** du xivᵉ s., provenant d'une maison de Salamanque qui appartint à Juan Sánchez de Sevilla, vous remarquerez surtout le **retable de Marie-Madeleine** *(nº 7)*, œuvre d'un primitif aragonais du xvᵉ s., et surtout une **pietà**** *(nº 11)*, peinte par Luis de Morales (1509-1586). A noter encore le long du mur g., le **tableau de sainte Ursule et des Onze Mille Vierges** (nº 19), exécuté dans la première moitié du xvlᵉ s. par Julio de Aquiles et Alejandro Mayner, et le **tableau de saint André** *(nº 12)*, par Jean de Flandre († 1519).

Dans la **salle II**, exposition de **tableaux**, pour la plupart des anonymes des xvlᵉ et xvllᵉ s. (le **Martyre de saint Barthélemy**, *nº 31*, dans l'escalier d'accès à la salle III, est peut-être une œuvre de José de Ribera), et de **sculptures**, dont une **statue gisante*** d'un jeune chevalier de l'ordre de Saint-Jean *(nº 32)*, du xvlᵉ s.

Dans la **salle III**, voyez surtout les toiles du **Béat Nicolas Albergato** *(nº 47)*, par Francisco Camilo, provenant des collections du Prado, et de **Saint Jérôme** *(nº 50)*, peut-être exécutée par Guido Reni (1575-1642) et, dans la **salle IV**, une copie ancienne d'une **Vierge orante** *(nº 53)*, par Sassoferrato, ainsi qu'une **Descente de Croix** du Corrège.

Dans la **salle VII**, *au premier étage*, vous remarquerez surtout un **portrait** d'Anne Victoire de Bourbon *(nº 96)*, par Jean Ranc (1674-1735), un **tableau** représentant **saint François de Sales** *(nº 122)*, par Francisco Bayeu (1734-1795) et une **série** d'**Anges chasseurs** en costumes de cour richement brodés, par un peintre anonyme mais dans la tradition de l'école de peinture de Cuzco (Pérou) du XVIIIe s.

2 — De la plaza Mayor à San Estebán

Itinéraire de 1 h 30 à 2 h, à réaliser à pied, qui permettra la découverte de palais Renaissance et de deux des plus remarquables couvents de Salamanque.

Le **palais de la Salina*** *(plan couleur C3)*, qui abrite aujourd'hui la Diputación, est un édifice de style Renaissance, attribué à J. Gil de Hontañón qui l'aurait construit vers 1519; patio à gigantesques consoles sculptées. Plus loin, au nº 32 de la **calle de San Pablo**, le **palais de Orellana** est un beau spécimen de l'architecture salmantine du XVIe s., à côté de la **casa de Abrantes** *(au nº 34)*, s'ouvrant par un portail du XVe s.

Couvent de las Dueñas ou **de las Dominicas** *(plan couleur C4; 10 h-13 h et 16 h-19 h).* — Édifié en 1419, il comporte une façade plateresque de 1533, une église de style gothique tardif (autels baroques, retables du XVIe s.) et un **patio*** Renaissance à chapiteaux sculptés d'animaux fantastiques.

Couvent de San Estebán. — En face du précédent, son **église**** fut bâtie en style gothique en 1524-1610, sur des plans de Juan de Alava, avec une façade plateresque (au centre, la **Lapidation de saint Étienne**, par le Milanais Ceroni, 1610).

Visite : 9 h-13 h et 16 h-20 h ou 18 h en hiver; la clôture est inaccessible aux dames.

A g. du maître-autel, **tombeau du duc d'Albe**, gouverneur des Flandres au XVIe s.; au-dessus du chœur, **Apothéose de saint Dominique**, fresque de Palomino, qui, dans sa composition, s'inspira d'une œuvre de Rubens.

Remarquer le **retable*** sculpté par José de Churriguera en 1693-1696, l'une des œuvres capitales du fameux architecte; les peintures sont de Claudio Coello; **statuette de la Vierge de la Vega**, œuvre limousine du XIIe s. enrichie d'émaux dans des alvéoles en champlevé. Quelques **autels** ont également été décorés par José de Churriguera.

A dr. de la façade, sous une **galerie***, l'un des spécimens les plus exquis de la Renaissance, se trouve l'entrée du **cloître***, du XVIIe s., orné d'une profusion de figures, de médaillons et constitué de deux étages de galeries, l'un dorique et l'autre ionique. Remarquez encore l'**escalier** de 1530; salle capitulaire (XVIIe s.); un second **cloître** date de la fin du XVe s.

A voir aussi, le **collège de Calatrava** *(plan C4)*, construit en 1717 par Joaquín et Alberto de Churriguera dans le style baroque le plus délirant, fâcheusement «retouché» en 1790. L'**église Santo Tomás de Canterbury** *(plan couleur D4)*, oratoire roman érigé en 1175, renferme des retables et des tombeaux du XVIe s., une décoration churrigueresque et des azulejos de Talavera.

Le **couvent des Bernardas de Jesús** *(plan couleur D4)* fut bâti par Rodrigo Gil de Hontañón en 1552. La façade de son église, de style plateresque, servit de modèle dans la région de Salamanque pendant toute la 2e moitié du XVIe s.

La **tour del Clavero** *(plan couleur C3)*, de 28 m de haut, renforcée de 8 tourelles, fut élevée à la fin du XVe s. par Francisco de Sotomayor, «clavero» ou maître des clefs de l'ordre d'Alcántara. Elle renferme le **musée de la ville** *(ouv. du lun. au ven. de 10 h à 14 h et de 16 h à 18 h 30; en hiver de 9 h 30 à 13 h 30 et de 17 h 30 à 19 h 30 en été; sam. et dim. de 10 h à 14 h; f. le lun.; entrée gratuite; ☏ 21-88-08).* Peintures, sculptures, documents historiques et céramique ancienne de la région.

L'église San Julián *(plan couleur C3)*, qui a conservé une tour et un portail du XIIe s., fut en majeure partie reconstruite en 1582 (à l'intérieur, **retable** churrigueresque, **tableau** de l'**Immaculée Conception**, par José Antolínez, **statue de saint Pierre d'Alcántara**, par Pedro de Mena).

La **tour del Aire** *(plan couleur D2)*, ancien palais des seigneurs de Fermoselle, qui dresse son élégante silhouette de style italianisant, fut élevée au XVIe s.

L'église **Sancti-Spiritus** *(plan couleur D3)*, érigée en 1541 en style Renaissance d'une grande richesse à l'extérieur, renferme un **retable*** (1659) qui fut exécuté par des sculpteurs de l'école de Gregorio Fernández ou qui s'inspirèrent de son œuvre. A l'intérieur, **Christ en croix** du début du XIIe s.

L'église **San Cristóbal** *(plan couleur D3)*, de 1145 (aujourd'hui école ; *visite aux heures de classe*), est l'un des rares spécimens d'architecture romane visibles à Salamanque.

3 — De la plaza Mayor au collège des Irlandais

Itinéraire de 1 h 30 environ, à réaliser à pied ; si vous êtes pressé, gagnez directement le palais de Monterrey et l'église de la Purísima.

L'église **San Benito** *(plan couleur B3)*, du XVe s., s'ouvre par un beau portail de style gothique fleuri (au sommet du retable de la Capilla Mayor, **Calvaire** attribué à Diego de Siloé).

Derrière le chevet, remarquez les **casas de los Solís** *(n° 2)* et **de los Maldonados** *(n° 1)*, deux demeures patriciennes de style platteresque du début du XVIe s., puis le **couvent de la Madre de Dios** (à la porte, côté ruelle, statue de la Vierge, du XVe s.), dont l'**église** renferme quelques sculptures du XVIIe s.

Dans ce quartier, **église Santa Cruz de Cañizares** *(plan couleur B3)*, avec une façade de Manuel de Churriguera, de 1734.

☐ Le **palais de Monterrey** *(plan couleur B2-3)*, l'un des plus beaux de la Renaissance espagnole, fut érigé en 1540 par R. Gil de Hontañon. En face, le **couvent de las Agustinas** comprend l'**église de la Purísima** *(plan couleur B3)*, bâtie en style baroque italien par Fontana, en 1636 (la coupole date de 1681).

A l'intérieur, **tableaux** de Ribera (**Saint Janvier et la Vierge avec saint Dominique et saint Antoine**, dans une chapelle du transept g. ; **Immaculée Conception***, œuvre capitale du maître, datée de 1635 et placée au maître-autel) ; dans les **chapelles**, nombreux **tableaux** de maîtres italiens du XVIIe s. : Lanfranco, Fr. Bassano, etc. ; riche **trésor** renfermant des objets d'art religieux des XVIIe et XVIIIe s.

Dans la **chapelle San Francisco** *(plan couleur Capuchinos en B2)*, à façade néo-classique, **Christ en croix**, de l'école sévillane du XVIIe s. au maître-autel ; **statues** de sainte Marguerite et de saint Roch, par Luis Salvador Carmona, dans les 1res chapelles à g. et à dr. ; **autels** churrigueresques.

☐ **Collège des Irlandais*** *(plan couleur Col. de los Irlandeses, en B2)*. — Ce bel édifice de style Renaissance, commencé en 1527 et destiné aux étudiants irlandais par Philippe II, fut inauguré en 1578. A côté, l'ancienne **hostellerie** (1760) s'ouvre par un portail baroque.

Visite : de 10 h à 13 h et de 16 h à 19 h sauf le j. de Noël et les jeu. et vend. saints.

Le **portail** fut dessiné par A. de Covarrubias et sculpté par Diego de Siloé. A dr., **chapelle** sur les plans de Juan de Alava (**retable** peint et sculpté par Alonso Berruguete en 1529, mais retouché par la suite, ce qui eut pour effet d'accentuer le style maniériste de l'œuvre). **Patio*** dessiné par Diego de Siloé, mais exécuté par P. de Ibarra; de style italianisant, il constitue l'une des plus harmonieuses réussites de la Renaissance espagnole.

Du perron du collège, d'où vous découvrirez une belle vue sur une partie de la ville, vous distinguerez l'**église San Blas** (1722), ruinée, près du **couvent du Carmel** fondé par sainte Thérèse en 1570.

Chapelle de la Vera Cruz *(plan couleur B2)*. — Reconstruite en 1713 par Joaquín de Churriguera, elle conserve un portail du XVIe s.

Couvent de las Ursulas *(plan couleur B2)*. — Du début du XVIe s., remanié vers 1777, il comporte un petit **musée**, annexé à l'église de style gothique.

Visite : de 9 h 30 à 12 h 30 et de 16 h 30 à 18 h 30 en hiver; de 9 h 30 à 13 h et de 16 h 30 à 20 h en été.

Dans la **Capilla Mayor, tombeau*** d'Alfonso de Fonseca, par Diego de Siloé; en face de la porte, **tombeau** du chevalier Francisco Ribas, dans une niche plateresque du XVIe s. Dans la salle du **musée, œuvres** de Morales, de Jean de Joigny (**buste reliquaire de saint Sébastien**), petit **triptyque** de Michel-Ange, reproduction du Christ de la Descente de croix de la chapelle Sixtine, **Baptême du Christ** et **Massacre des Innocents**, d'un peintre sévillan du XIVe s. **Sainte Ursule**, œuvre de l'école italienne du XVe s.

Église Santa María de los Caballeros *(plan couleur B2)*. — Du XIIIe s., restaurée au XVIe s. et en 1779, elle renferme un **retable** du XVIe s.; dans la sacristie, **sculptures** en albâtre et en bois polychrome des XVe, XVIe et XVIIe s.

Casa de las Muertes** *(plan couleur B-C2)*. — Du début du XVIe s., c'est l'un des premiers spécimens de style plateresque (**en façade**, somptueux **décor** attribué à Gil de Siloé). Ce nom macabre lui fut donné après qu'on eut trouvé, au XVIe s., en creusant dans ses profondeurs, les ossements de quatre personnes.

4 — San Marcos

La visite de cette église, l'une des plus anciennes de la ville, est complétée par un court itinéraire, destiné aux amateurs de détails, dans la partie E. de la ville.

Église San Marcos *(plan couleur C1)*. — Elle comporte trois nefs et trois absides inscrites dans un cercle parfait, et fut fondée vers la fin du XIIe s. (en 1178 ou en 1202); fragments, en mauvais état, de peintures murales de la période gothique dans l'abside centrale et dans celle de dr.

Le **couvent du Corpus Christi** ou de **Santa Clara** *(plan couleur C2)*, avec un **portail** de style plateresque, comporte une fastueuse **église** de style baroque du XVIIIe s.

L'**église San Juan de Barbalos** *(plan couleur C2)*, de style roman du XIIe s., renferme un **retable** churrigueresque, avec une **statue de la Vierge**, du XVe s., des éléments d'un retable du XVe s.; restes d'un cloître roman.

Dans le **couvent de Santa Teresa** *(plan couleur C2)*, **cellule** où sainte Thérèse d'Ávila résida en 1570-1571.

En face de l'**église San Boal** (1740), **palais de San Boal**, de la fin du XVe s. (patio orné de sculptures), et **palais d'Arias Corvelle**, du XVe s.

Environs

1 — Ledesma (*27 km N.-O. par la SA 300 qui longe la rive dr. du río Tormes*, 1 778 hab., alt. 780 m). — Vieille ville dans une boucle du río Tormes; **enceinte médiévale**; **église Santa María**, érigée du XIIIe au XVIe s. en style gothique (tombeaux des XVe et XVIe s.); ➜ A *7 km N.-O.*, sur la g., **sources thermales** déjà connues au temps des Romains.

➜ A *25 km N.-O.*, **barrage de la Almendra** où l'on pratique la pêche et toutes sortes de sports nautiques.

2 — Castillo de Buen Amor (*26 km N. par la N 630 en direction de Zamora; au km 24, prendre à dr.*). — Imposante **forteresse**, fondée en 1227 par Alphonse de León, elle fut occupée par les Rois Catholiques lors des combats menés contre la Beltraneja et fut transformée en palais à la fin du XVe s. par l'archevêque de Tolède: beau **patio**; grand salon à plafond à caissons, de style mudéjar et **cheminée** de même style, décorée d'entrelacs.

3 — Peñaranda de Bracamonte (*42 km E. par la N 501 en direction d'Ávila*, 6 094 hab., alt. 730 m). — Village pittoresque avec de charmantes petites places. **Église San Miguel**, de style gothico-Renaissance. Dans le **couvent des carmélites**, peintures de Lucas Jordán et d'Andrea Vaccaro. Le **palais des Bracamonte** a été édifié au XVe s.

4 — Alba de Tormes (*23 km S.-E. par la C 510;* →).

Salazar (Vallée du)*

30 000 hab. — Province de Navarre.

Cette vallée aux surprenantes beautés naturelles abrite 14 villages disséminés le long de la rivière; elle est le point de départ de nombreuses promenades et excursions très plaisantes.

La vallée dans l'histoire. — Sous Sancho el Mayor de Navarre est établi un système défensif dominé par les places fortes d'Usún et de Navascués. Lorsque la Navarre est incorporée à la Castille en 1512, les habitants maintiennent une garde permanente pour éviter que les rois détrônés ne reprennent la Couronne. Les paysans, dirigés par leurs maires en qualité de «capitanes a guerra», constituent alors un noyau autonome. Aujourd'hui, les intérêts des habitants sont défendus librement dans la Junta General, qui se réunit à Escároz.

Traditions. — Les paysans, les salencencos, conservent leur costume régional (une grande cape grise, un pantalon court, un chapeau). L'hiver est long, et autour des cheminées monumentales se réunit la famille, qui utilise des amulettes pour empêcher que les sorcières et les esprits maléfiques ne pénètrent dans la maison.

0 km : Navascués (*57 km E. de Pampelune; prendre la N 240 et bifurquer à g. au km 35*).
➜ **Vallée du Roncal**** (→).
8 km : Uscarrés. Embranchement à g. pour *(500 m)* **Gallues** (378 hab.; alt. 640 m). — Fête de la **San Bartolomé** le 24 août; pèlerinage à la Virgen de Arburúa le 2e ven. après l'Ascension. Chasse et pêche à la truite.
➜ A *3 km,* **Izal** (125 hab.; alt. 711 m). — Sanctuaire de Nuestra Señora de la Peña de Arburúa avec une jolie source à l'intérieur. Fêtes : le 1er dim. d'oct.
12 km : Güesa (277 hab.; alt. 657 m). — Ermitage de Arburúa (pèlerinage le 2e vend. après l'Ascension). Chasse et pêche.

18 km : **Esparza** (320 hab. ; alt. 693 m). — Église paroissiale de San Andrés Apóstol. Ermitage de San Tirso et Santa Engracia.
Fêtes : la Vierge du Rosaire est célébrée le 1er dim. d'oct. Chasse et pêche.

21 km : **Escároz** (555 hab. ; alt. 744 m). — Ermitage de Santa María Magdalena.· Pêche à la truite.

•→ A *6 km,* **Jaurrieta** (600 hab. ; alt. 914 m). — Église San Bartolomé ; nombreux ermitages ; chasse et pêche.

23 km : **Ochagaira** (1 165 hab. ; alt. 765m). — Localisée dans un site très pittoresque, centre d'excursions en montagne, la ville d'Ochagaira est la plus importante de la vallée du Salazar ; elle est blottie au pied du Musquilda (1 070 m). A l'entrée, une croix souhaite la bienvenue au voyageur. Dans l'**église San Juan Evangelista**, retable, stalles du chœur du XVIe s., œuvre de Miguel de Espinal, deux chaires Renaissance de grande valeur. La **basilique de Nuestra Señora de Musquilda**, romane du XIIIe s., abrite une Vierge de la même époque : elle tient une fleur dans la main droite tandis qu'elle appuie la main gauche sur l'épaule de l'Enfant assis sur ses genoux et prêt à bénir.
Fêtes : le 8 sept., tous les habitants montent à l'ermitage pour assister à la messe et aux danses traditionnelles effectuées en l'honneur de la Vierge. Elles sont rythmées par des coups de bâtons et gardent un caractère guerrier très appuyé. Elles sont exécutées sous la surveillance d'un Bobo portant un masque à deux faces selon une tradition que certains font remonter au dieu Janus. Distribution de vin et de pain.

26 km : **Izalzu** (200 hab. ; alt. 803 m). — Église de San Salvador ; ermitage de San José. Chasse et pêche.
Fêtes : le 2 juil., fête de la Visitation ; le 10, pèlerinage à la Virgen de Musquilda.

•→ A *12,5 km E.,* **Uztárroz** (→ vallée du Roncal, km 19).

Salvatierra

Saint-Sébastien, 88 km. — Vitoria-Gasteiz, 25 km.
Alt. 600 m. — 3 605 hab. — Province d'Alava (Pays basque).

Bel ensemble urbain avec d'importants édifices tant religieux que civils, dont la partie moderne présente cependant moins d'attraits. Sa population vit de l'agriculture et de quelques industries qui se sont installées à l'extérieur : sidérurgie, cuir.

La ville dans l'histoire. — Sa position stratégique à l'E. de la plaine d'Alava fait participer la ville à de nombreux faits d'armes. Les Français l'occupent six ans pendant la guerre d'Indépendance, causant de graves dégâts lorsqu'ils se replient vers la France, après la bataille de Vitoria. Pendant les guerres carlistes, les murailles de la ville sont détruites et réutilisées au renforcement d'autres points stratégiques.

Calle Mayor. — La ville s'ordonne autour de l'axe formé par cette rue, dont les deux extrémités sont occupées par les **églises San Juan** et **Santa María**. En vous y promenant vous verrez de nombreuses maisons nobles dont les blasons rappellent le nom des familles qui y habitèrent : Azcárraga, Begoña, Beltrán, Bustamante. Ces maisons aux pierres chargées d'histoire sont souvent à l'abandon, et réclameraient de grands travaux de rénovation.

Église San Juan. — Il est facile d'observer le caractère défensif de cet édifice, du côté E. de la muraille, avec le chemin de ronde et les meurtrières.

L'intérieur offre une architecture gothique de la première moitié du XVIe s. Les trois nefs sont de hauteur inégale. Le retable du XVIIe s. est très sobre. Les peintures de Mateo de Zabalia, d'une grande qualité, représentent différents moments de la vie de saint Jean, et font montre d'un classicisme de bon goût. Retable baroque de Pedro de Obril, peintre flamand.

Église Santa María. — Sa construction s'est étendue du XVe s. jusqu'à la seconde moitié du XVIe s., ce qui explique le mélange des styles à l'intérieur de l'édifice. L'extérieur offre un aspect militaire et rigide. L'ensemble de sa structure est gothique.

Le chœur présente un travail plateresque magnifiquement effectué, orné d'une balustrade et d'un blason impérial, placé en 1521, commémorant l'incorporation définitive de la ville à la couronne d'Espagne. Deux autres blasons plus réduits représentent les armoiries de Salvatierra. Le retable central, Renaissance, réalisé par Lope de Larrea, vers 1587, est consacré à la Vierge. Beau chœur plateresque.

Environs. 1 — Eguilaz *(4 km E. par N 1 en direction d'Alsasua).* — Au bord même de la route, on peut voir le **dolmen de Aizkomendi.** En ôtant une bonne partie du tumulus qui le recouvrait, on a mis au jour l'énorme masse de sa chambre.

↠ A *6 km N.-O. (au km 2 de la nationale, prendre à g. et encore à g. au carrefour suivant),* **Zalduendo.** Ses maisons gardent un bel aspect de caseríos ; les demeures seigneuriales, tel le palais de Lizarraga avec son grand blason soutenu par deux guerriers au milieu de la façade, sont particulièrement élégantes.

2 — Arrizala *(2 km S.).* — A proximité se dresse le **dolmen de Sorginexte** (maison de la Sorcière) aux proportions considérables.

3 — Alaiza *(6 km S.-O. par une route locale traversant la nationale).* — En retirant un autel baroque de l'église d'Alaiza, on mit au jour des **fresques** décorant l'abside. D'une couleur rougeâtre, elles représentent des sujets païens où se mêlent des figures de châteaux, de guerriers, d'animaux, d'églises, de centaures, etc., réunies en des scènes dont on ignore encore le message exact. Certains éléments font penser à des miniatures de caractère mozarabe, mais avec une expression plus ingénue, fruit d'une civilisation simple et populaire.

4 — Gaceo* *(4 km O. sur la N 1 en direction de Vitoria).* — En 1967, lors de travaux de réfection de l'église, on découvrit des **peintures** cachées sous plusieurs couches de chaux derrière un retable qui les protégeait. On les date du début du XIVe s. (style gothique). Elles occupent tout le chœur et la voûte, et visaient à donner une explication vivante des vérités de l'Évangile au peuple illettré d'alors.

San Estebán de Ribas de Síl (Monastère de)*

Province d'Orense (Galice).

Il s'élève sur une étroite terrasse rocheuse, dominant d'une hauteur vertigineuse les gorges du Síl qui entaillent profondément les monts granitiques couverts de vastes forêts de châtaigniers.

Dès le début du premier millénaire, cette montagne abrupte et solitaire attire de nombreux ermites, venus se recueillir dans ce lieu retiré, propice à la méditation. Vers 920, l'on songe à bâtir un monastère qui réunisse les anachorètes dispersés dans la montagne ; des bénédictins fondent San Estebán de Ribas de Síl, aujourd'hui malheureusement à l'abandon.

Les armoiries figurant sur la façade baroque du XVIIIe s. rappellent, à travers leurs neuf mitres, que neuf évêques ont trouvé refuge dans ce monastère, lors des invasions arabes. C'est aux XIe et XIIe s. que San Estebán est à l'apogée de sa splendeur ; on construit à cette époque le cloître roman et l'église que vous pourrez voir ; le nombre des moines augmente. Mais à la fin du XIIIe s., la rapacité des seigneurs des provinces voisines et une crise interne entre les abbés provoquent son déclin. Ravagé lors des guerres napoléoniennes au XIXe s., le monastère est aujourd'hui en ruine.

L'**église romano-gothique** est surprenante car les nefs latérales sont plus hautes que celle du centre ; ces trois nefs sont terminées par trois absides romanes percées de fenêtres ornées d'une corniche extérieure qui prend appui sur des **gargouilles*** d'un grand intérêt iconographique.

A l'intérieur, remarquez le **retable de la Capilla Mayor** du XVIe s. ; à colonnes corinthiennes, il offre de belles sculptures représentant des paysages bibliques et des scènes de la vie de saint Vincent et de sainte Christine.

Le monastère compte trois **cloîtres**. Le plus grand, de style Renaissance, fut commencé au XVIe s. par Diego de Isla. Le deuxième est le plus ancien (XIIe s.) ; il fut nommé le claustro de los Obispos (cloître des Évêques), en souvenir des 9 prélats qui y furent enterrés avant d'être transférés dans le grand autel de l'église. Au XVe s., on y ajouta des éléments gothiques et pour renforcer l'ensemble, on construisit des contreforts à pinacles flamands.

Le troisième cloître (claustro pequeño) est bâti dans le plus pur style Renaissance.

Chapelle mozarabe du Xe s.

➡ Une excursion dans les environs du monastère est très vivement conseillée : elle permettra de découvrir les magnifiques **gorges du Sil***, longues d'une quarantaine de kilomètres, et bordées de hameaux aux toits de tuiles qui se nichent dans un paysage de vignes et de forêts.

San Ignacio de Loyola (Sanctuaire de)*

Saint-Sébastien, 47 km.
Province de Guipúzcoa (Pays basque).

Il est édifié sur le domaine de la famille de Loyola, autour du manoir où naquit saint Ignace, au centre d'une vallée paisible et fertile bordée de montagnes. Marie-Anne d'Autriche, veuve de Philippe IV, acheta ce domaine en 1681 et en fit don aux jésuites ; ils firent venir de Rome l'architecte Fontana, qui dirigea les travaux de construction à partir de 1689.

L'appel. — Ignace est originaire d'une noble famille, établie au bord de l'Urola. Il naît probablement en 1491 et, très jeune, entre au service du vice-roi de Navarre ; il mène alors une vie dissipée d'officier, décidé à jouir des plaisirs de la vie. En 1521, lors du siège de Pampelune par les Français, il est blessé à la jambe. C'est au cours de sa convalescence, à Loyola, dans le manoir familial, qu'il est amené à se convertir, grâce à la méditation et à la lecture. Au cours d'un pèlerinage au sanctuaire de Montserrat, sa vocation se confirme. Il se retire (1522) dans une grotte, près de Manresa, pour faire pénitence et commence la rédaction de ses «Exercices spirituels», recueil de conseils destinés à libérer l'esprit de toute passion, afin de le préparer au service de Dieu.

L'apostolat. — Au retour d'un voyage en Terre sainte (1523), il entreprend des études de latin et de théologie dans les universités d'Alcalá de Henares et de Salamanque (1526-1528), où sa foi très ardente le rend suspect. Il gagne ensuite

Paris (1528-1535) où, inscrit à la Sorbonne, il devient maître ès arts.

En 1534, à Montmartre, il fait vœu de pauvreté et de chasteté en compagnie de sept autres maîtres ès arts, dont François-Xavier, un jeune philosophe basque, et fait le serment de se consacrer à l'évangélisation des infidèles en Palestine. Ce projet, rendu irréalisable par la conjoncture politique de l'époque, pousse Ignace et ses compagnons, ordonnés prêtres en 1537, à entrer au service du pape Paul III pour se vouer à la Contre-Réforme.

En 1540, ils fondent la Compagnie de Jésus, dont Loyola est élu supérieur général en 1541. L'ordre se consacre (à partir de 1547) à l'enseignement qui devient sa principale tâche. A la mort d'Ignace de Loyola (1556), la Compagnie de Jésus compte déjà une centaine d'établissements, dont les plus importants sont le Collège romain, fondé en 1551, et le Collège germanique de Rome, 1554. Peu après (1561) est créé à Paris le Collège de Clermont, qui devient le Collège Louis-le-Grand à partir de 1682.

Sanctuaire. — Il se présente comme un vaste ensemble rectangulaire à l'aspect sévère auquel deux appendices latéraux (la Santa Casa et le Collège) donnent la forme d'un aigle prêt à prendre son envol. Au centre de la façade s'élève la basilique qui anime la froideur de la pierre. Ce chef-d'œuvre d'architecture, réalisé par Fontana, le disciple de Bernini, est imposant : son ample perron, la vaste entrée aux trois arcades grandioses surmontées d'une riche décoration et des armoiries royales de la maison d'Autriche, la coupole, qui atteint 65 m et dont on aperçoit la masse imposante de loin dans la vallée, font de cet édifice un monument impressionnant.

Basilique. — Elle présente une forme circulaire de 33 m de diamètre dans le but de soutenir la coupole qui mesure 22 m de diamètre à l'intérieur.

Le portique intérieur est embelli par cinq statues de jésuites : au centre, saint Ignace portant un exemplaire de ses « Exercices spirituels », puis saint François-Xavier, saint François Borgia, saint Louis de Gonzague et saint Stanislas de Kostka. Huit énormes piliers de marbre noir servent à soutenir le poids de la coupole richement ornée. Huit fenêtres et une lanterne centrale éclairent l'intérieur. La variété des marbres, des jaspes, des lapis-lazuli, confère à l'ensemble une **polychromie** d'une grande richesse. Le **maître-autel**, consacré à saint Ignace, présente une décoration baroque sur un marbre magnifiquement travaillé. La statue du saint, don de la Real Compañía Guipuzcoana de Caracas à son saint patron, est en argent. La voûte est parsemée d'angelots sculptés dans du marbre, qui accompagnent saint Ignace dans la Gloire.

Santa Casa (ouv. de 10 h à 13 h et de 15 h à 19 h). — Il s'agit de la maison où naquit saint Ignace et où, à l'âge de 30 ans, renonçant à jamais aux armes, il se livra à Dieu et se mit au service du Christ. Cette maison fut construite au XIIIe s. ; c'était une forteresse, bâtie suivant le style du pays : un cube de 16 m de côté avec de solides murs de presque 2 m d'épaisseur. En 1456, Henri IV fit démanteler la demeure en détruisant les étages supérieurs : le propriétaire lui-même était exilé près de la frontière maure. A son retour (1461), il fit reconstruire la maison telle que nous la connaissons aujourd'hui, en brique rouge, suivant le style mudéjar, caractéristique de l'époque. Sur la porte d'entrée, les armoiries de la famille : une marmite pendue à une crémaillère entre deux loups.

Tandis que l'extérieur de la maison est intact, l'intérieur a subi de profondes transformations, afin de permettre d'y établir de luxueuses chapelles et oratoires dont la décoration est parfois surchargée.

Après le vestibule, vous visiterez la chapelle Saint-Joseph, puis la chapelle de l'Immaculée Conception (1904) au retable d'argent, exécuté d'après une peinture de

Juan de Juanes. Au 2e étage, la chambre où naquit saint Ignace, ornée de tapisseries du xvie s. Dans l'ancien oratoire, on conserve le retable offert par Isabelle la Catholique à la famille Loyola ; c'est là que saint François Borgia, le troisième général des jésuites, célébra sa première messe.

Environs 1 — Azcoitia (*2 km O.* ; 10950 hab.). — En 1764, sous l'égide du comte de Peñaflorida, naquit dans cette ville la Real Sociedad Vascongada de los Amigos del País, qui, à l'imitation des académies de la France, voulut s'occuper d'améliorer le sort du Pays basque. Ses membres s'efforcèrent de s'intéresser à tous les aspects de la vie humaine : agriculture, industrie, économie, art, enseignement. C'était la première fois que les trois provinces basques s'unissaient dans une tâche commune. On garde de nos jours un souvenir inoubliable de l'effort de ces «illustrés» qui voulurent secouer le Pays basque de la torpeur et de l'ignorance dans lesquelles il vivait.
L'**église de la Asunción de Nuestra Señora** (xvie-xviie) est une des plus belles de la province de Guipúzcoa ; elle conserve un retable de 1568.

2 — Azpeitia (*2 km E* ; 12960 hab.). — Le **temple de San Sebastián**, de style gothique, présente une façade de type herrerien (1767), conçue comme un arc de triomphe à trois baies, œuvre de Ventura Rodríguez. A l'intérieur, fonts en marbre où fut baptisé saint Ignace. A voir également, la **plaza Mayor**, l'**ayuntamiento**, la belle **casa Antxieta**, en brique rouge, de style mudéjar.
→ A *8 Km S.-E. en direction de Tolosa*, **Régil** (723 hab.) conserve un charme tout rural avec un habitat éparpillé tout au long de la vallée aux versants boisés.

3 — Cestona (*10 km N.* ; 3780 hab.). — Élégante station thermale, très en vogue au début du siècle.
Fêtes : le 3 mai, Santa Cruz : danses et tambourinades.

San Ildefonso - La Granja*

Ségovie, 11 km.
Alt. 1 192 m. — 3 707 hab. — Province de Ségovie (Castille-León).

Bourg localisé au pied de la sierra de Guadarrama, à la lisière d'une vaste forêt, qui fut autrefois célèbre par sa verrerie et cristallerie.

Un Versailles castillan. — San Ildefonso doit sa création au roi Henri IV de Castille qui, en 1450, fait bâtir une maison et un ermitage dédié à saint Ildefonse. Les moines du couvent del Parral élèvent une sorte de ferme-auberge (granja), solide construction, d'un style sévère, dont la cour est encore conservée au centre du palais. Philippe V, voulant ériger un palais qui lui rappelle le Versailles de sa jeunesse, charge Teodoro Ardemans de dresser les plans. Les travaux commencent en 1721 et sont achevés, par la façade sur les jardins, en 1739. L'aménagement des jardins, sous la direction de René Carlier et Et. Boutelou, artistes français, ne fut terminé que sous le règne de Charles III.

Visite : du palais de 10 h à 13 h 30 et de 15 h à 18 h ; dim. et j.f. de 10 h à 15 h ; des jardins les jeu., sam. et dim., de 9 h à 14 h (entrée libre) et de 14 h à 17 h 30 (entrée payante); les grandes eaux ont lieu à 17 h 30 les jeu., sam. et dim., à partir de Pâques et les 30 mai, 25 juil. et 25 août.

Le **palais de la Granja*** développe du côté des jardins une **façade** construite en pierre grise et décorée de pilastres et d'une frise de marbre rose, avec, en son centre, un **portique** surmonté d'un attique.

Sur la façade postérieure du côté de la plaza del Palacio s'avance un puissar avant-corps abritant la **chapelle**, érigée sous Philippe V ; **plafonds** peints pa Bayeu et Maella, **maître-autel** dessiné par T. Ardemans ; dans la **sala de panteón**, **mausolée** en marbre rouge de Philippe V et sa femme Isabell Farnèse ; dans la sacrisite, **peintures** attribuées à Alonso Cano et à Murill Dans les **salons**, à plafonds peints a fresco, admirable collection de **tapisse ries**** flamandes (apportées de Bruxelles par Charles Quint), françaises e espagnoles (d'après des cartons de Goya).

Les **jardins***, dessinés à l'imitation de ceux de Versailles, sont surtou remarquables par leurs **fontaines**** monumentales, au nombre de 26 comparables sinon supérieures à celles du palais versaillais. Elles ont ét sculptées sur plomb par Frémin et Thierry, puis par Demandre et Pitué. Ce fontaines sont alimentées par un lac artificiel, nommé **el Mar** (au bord, un maisonnette abrite une gondole de Charles III).

Dans l'**église paroissiale San Ildefonso**, sculptures de Luis Salvador Carmona dont le Cristo del Perdón, de 1751, en bois polychrome (Christ à genoux sur u globe orné de peintures représentant Adam et Ève). Dans l'**église Nª Sª de lo Dolores**, statue de la Vierge (1743), du même artiste.

→ A *17 S.*, **Puerto de Navacerrada** (→ Ségovie, environs 4).

San Martín de la Plaza

Bárzana, 20,5 km. — Oviedo, 41,5 km. — Proaza, 14,5 km.
Alt. 467 m. — Province d'Oviedo (Asturies).

Capitale de la Teverga, localisée au pied de la cordillère Cantabrique très boisée, San Martín fait le bonheur des alpinistes, des chasseurs e des pêcheurs. Le dimanche, son marché attire les habitants de tous le villages avoisinants.

A la sortie de la ville, la **Colegiata de San Pedro** est une intéressant construction où se confondent le style préroman asturien et le roman primiti La partie la plus ancienne date de la fin du XIIᵉ s. et a été complétée par u porche et une tour, qui, elles, sont du XVIIIᵉ s. Les **chapiteaux du narthe** sont ornés d'animaux et de feuilles stylisées. Sur les **chapiteaux de la ne** étroite et élevée, on peut voir à g. un ours et à dr. un lion. De chaque côt du grand autel, deux **cercueils** conservent depuis le XVIIIᵉ s. les momies d deux illustres personnages.

Environs. 1 — Entrago *(1 km N.).* — Palais des comtes d'Agüera, bell construction du XVIIᵉ s., en pierre de taille bien travaillée.

2 — Proaza *(14,5 km N.-E. ; →).*

3 — Bárzana *(20,5 km E. ; →).*

4 — San Salvador *(4 km S.-E.).* — Château médiéval d'Alesga.

5 — Villanueva *(4 km S.-O.).* — Église Santa María des XIᵉ et XIIIᵉ s.

San Miguel Excelsis (Monastère)*

Pampelune, 44 km. — Saint-Sébastien, 67 km.
Province de Navarre.

Sur une hauteur de la sierra de Aralar, au milieu de verts pâturages, se dresse le monastère, l'un des sanctuaires de la plus haute tradition religieuse de Navarre. Il domine la vallée de l'Arga, la surplombant de près de 800 m.

Selon la légende, un chevalier, tenté par le diable et pénitent à Aralar, fut attaqué par un dragon; il appela à l'aide saint Michel qui vint à bout du monstre. En signe de reconnaissance, il édifia, avec l'aide de sa femme, la première église.

A l'est, on observe la triple abside et la coupole qui couronne l'ensemble. L'intérieur présente trois nefs; celle du milieu est la plus élevée et la plus profonde. Aucune décoration ni sculpture. Cette apparente simplicité est le fruit de plusieurs édifications et de transformations effectuées à partir d'une église de type carolingien du IXe s.
La petite statue de saint Michel est en réalité un étui métallique haut de 68 cm. L'effigie en argent garde les restes de la statue primitive en bois, tandis que la croix soutenue par l'archange contient une relique du lignum crucis.

A chaque printemps, l'effigie est transportée à dos de mulet dans de nombreuses communes à l'occasion de la procession de la bénédiction des récoltes.

La pièce la plus célèbre du sanctuaire est le petit **retable**** consacré à la Vierge, l'un des joyaux les plus précieux de la Navarre, avec des émaux cloisonnés, à l'exception des têtes des personnages, travaillées en haut relief. De style méridional, avec des degrés chromatiques remarquables et des figures stylisées, c'est une œuvre exceptionnelle des années 1175-1185. Au centre la Vierge et l'Enfant, empreints d'une dignité majestueuse. Dérobé en 1979, le retable fut retrouvé pièce par pièce dans diverses villes d'Europe. Seuls manquent encore un Roi mage et un médaillon.

San Millán de la Cogolla*

Burgos, 85 km. — Logroño, 50 km.
Alt. 728 m. — 315 hab. — Province de Logroño (La Rioja).

Lieu de pèlerinage fréquenté par les dévots du chemin de Compostelle, qui comprend deux sanctuaires : le monastère de Yuso (d'en bas), et le monastère de Suso (d'en haut).

San Millán dans l'histoire. — Au milieu du VIe s., un ermite nommé Millán, originaire du proche village de Berceo, réunit autour de lui un groupe d'anachorètes. Ils vécurent là dans des grottes et des cabanes rudimentaires. Les premiers éléments du futur monastère comportaient onze petites cellules, creusées dans le roc, et l'église, formée de six arcs outrepassés, typiquement wisigothiques. Celle-ci reliait deux grottes, l'une destinée à l'autel et l'autre utilisée comme oratoire. En 1050, le roi Garcés, voyant l'affluence de pèlerins fit construire un autre monastère au fond de la vallée (monasterio de Yuso), avec des hôtelleries pour accueillir les nombreux visiteurs.

♦ **Monastère de San Millán de Yuso** *(ouv. de 9 h à 13 h et de 16 h à 20 h)*
— Il résulte d'une reconstruction qui s'est étendue du XIVᵉ au XVIIIᵉ s. avec une
empreinte du style herrerien, surtout dans les dépendances. L'**église** est de
style gothique tardif (1504 à 1540); à l'intérieur, peintures de Fray Juan Rizi
et petits retables baroques d'une grande richesse d'exécution. Le **cloître** est
gothique en bas et néo-classique en haut. Dans le **trésor**, prestigieuse
collection d'ivoires sculptés, surtout ceux du **reliquaire*** de San Millán, du
XIᵉ s., et du **reliquaire*** de San Felices. Dans la **bibliothèque** sont réunis
environ 10 000 ouvrages reliés, du XVIᵉ au XVIIIᵉ s., et des manuscrits dont les
plus anciens remontent au Xᵉ s.

♦ **Monastère de San Millán de Suso** *(ouv. en été de 9 h à 14 h et de 16 h
à 20 h; de 10 h à 14 h et de 16 h à 18 h d'oct. à mai).* — Construit contre
une falaise, c'est un monument mozarabe du Xᵉ s., en partie excavé dans le
roc. L'**église** (984), robuste bâtiment aux arcs outrepassés, renferme un
sarcophage roman du XIIᵉ s. Au maître-autel, retable gothique peint, du XIVᵉ s.
tombeaux des infants de Lara.

Environs. 1 — Santo Domingo de la Calzada* *(19 km N.-O. ; →).*
2 — Nájera *(23 km N.-E. ; →).*

Sangüesa**

Leyre, 15 km. — Pampelune, 46 km. — Tafalla, 43 km.
Alt. 401 m. — 4 405 hab. — Province de Navarre.

Petite ville ancienne fondée en 1122 par Alphonse Iᵉʳ le Batailleur qui la
dote d'une puissante enceinte, Sangüesa est l'une des plus intéressantes
localités de Navarre. Elle est surtout florissante au Moyen Age alors
qu'elle est située sur la voie aragonaise du chemin de Saint-Jacques, et
conserve de ce temps quelques remarquables monuments.

♦ A l'entrée de la ville se dresse l'**église Santa María la Real**** où l'on peut
apprécier divers styles : absides et magnifique **portail**** sculpté du XIIᵉ s.,
voûtes et nefs gothiques du XIIIᵉ s., **clocher** fortifié du XIVᵉ s. A l'intérieur
retable du XVIᵉ s. de Georges de Flandres, statue gothique de la Vierge de
Rocamadour et autres statues telle celle de saint François Xavier.
L'**église de Santiago** fut également édifiée en plusieurs étapes, dans la
première moitié et à la fin du XIIᵉ s., ainsi qu'au XIIIᵉ s. A l'intérieur,
grande **statue de saint Jacques*** datant de la fin du XIIIᵉ s. et retrouvée en 1964.

D'autres églises intéressantes sont à noter : celle de **San Salvador**, gothique, du
XIIIᵉ s., abritant un retable de Juan Berroeta (XVIᵉ s.) et des stalles plateresques
provenant de Leyre. Curieuse tour pentagonale. L'**église San Francisco** avec son
cloître du XIVᵉ s. Sur la route de Sos del Rey Católico (→), remarquable **chapelle
romane** de San Adrián de Vadoluengo datant de la première moitié du XIIᵉ s.,
restaurée en 1977.

Sangüesa possède en outre une grande variété d'édifices civils. Presque en
face de Santa María se trouvent les palais du duc de Granada (fin du XVᵉ s.)
et des comtes de Guaqui y Guendalain. Au centre de la rue Mediavilla, palais
de Vallesantoro*, baroque, avec une belle façade et un avant-toit sculpté. Il
abrite la maison de la culture de la ville. Dans la même rue, ancienne maison

de Estudio de Gramática avec son bel avant-toit et sa magnifique cour intérieure.

Dans la calle Mayor, maison des Sebastián, modèle classique d'édifice seigneurial, puis celle de Paris (xvie s.). Palais royal ou del Príncipe de Viana, formé d'un bâtiment central flanqué de deux tours; l'ayuntamiento a été érigé au xvie s. sur le site d'une aile de l'ancien palais.

Environs. 1 — Javier (*7 km N.-E., 250 hab.; alt. 475 m*). — Le château est démantelé en 1516 par ordre du cardinal Cisneros : les murs extérieurs sont démolis, les fossés comblés et les tours décapitées. Restauré à partir de 1952, il a retrouvé sa vieille physionomie et est devenu un lieu de pèlerinage très fréquenté, car ici naquit saint François Xavier, le 7 avril 1506.

L'apôtre des Indes et du Japon. — François Xavier (1506-1552) fait ses études à Paris en 1525. Alors qu'il enseigne la philosophie au collège de Beauvais, il entre en contact avec Ignace de Loyola. Ordonné prêtre en 1537, il part vers l'Inde portugaise où il organise les premières communautés chrétiennes tout en rédigeant des traités spirituels et des lettres qui suscitent de nombreuses vocations religieuses en Europe. Il passe au Japon où il commence en 1549 la prédication de l'Évangile à Kangoshima, Hirado, Yamaguchi et Bungo. En 1551, il retourne à Goa puis à Malaka où il s'occupe des pestiférés. Il prépare ardemment un projet pour s'introduire en Chine, mais, malade, il doit renoncer à son rêve, et meurt sur la plage de Sancian. Initiateur des nouvelles méthodes d'évangélisation, il prôna une catéchèse directe et la traduction du catéchisme et de l'Évangile dans les langues autochtones. Canonisé en 1622, Pie X le déclare en 1902 patron de la Sacrée Congrégation de la Propagation de la Foi.

Fêtes. — Le dim. de la neuvaine du 4 au 12 mars, 20 000 à 30 000 personnes quittent le soir Pampelune pour se rendre à pied à Javier afin d'assister au petit matin au chemin de croix, puis à la messe célébrée devant le château-palais où naquit saint François Xavier.

Le château comporte une enceinte polygonale crénelée, du xiiie s., comprenant une aile à usage d'habitation et la tour del Cristo, contre laquelle fut érigé, au début du xvie s., le palacio nuevo (au 1er étage, salle où naquit saint François Xavier) avec l'église Santa María (Vierge romane du xiiie s.). Le château comprend aussi un réduit du xie s. avec un donjon sur des fondations qui datent peut-être de la période arabe (xe s.), la capilla San Miguel et une pièce dite Cuarto del Santo où saint François Xavier aurait habité au temps de sa jeunesse.

2 — Monastère de Leyre** (*15 km N.-E.; →*).

3 — Sos del Rey Católico** (*13 km S.-E.; →*).

4 — Chemin de Saint-Jacques en Navarre** (→).

Sanlúcar de Barrameda*

Cadix, 40 km. — Jerez de la Frontera, 23 km.
48500 hab. — Province de Cadix (Andalousie).

Centre d'exportation des vins de manzanilla, c'était au Moyen Age un port assez actif. C'est de là que partirent Christophe Colomb, pour son troisième voyage vers le Nouveau Monde (1498), et Magellan, pour le premier voyage autour du monde (1519).

Fêtes. — Semaine sainte; feria de la Manzanilla (mai); San Lucas, patron de la ville (18 juin); Velada de la Virgen del Carmen avec des processions maritimes (25-27 juil.); exaltation du Guadalquivir (fin août).

Sanlúcar est formée de deux quartiers : el Alto (le haut) dominé par le château, et el Bajo (le bas) aux ruelles étroites et en pente, quelquefois avec des escaliers. Vous pourrez y visiter des **bodegas** (Hijos de A. Pérez Mejía, Manuel García Monje, Rafael Reig y Cía, etc.), l'**église Santa María de la O**, à plafonds mudéjars (retable principal du XVIe s. ; dans une chapelle gothique à dr., Saint Sébastien, par Vasco Pere, œuvre de 1562, Descente de croix, dans une autre chapelle, attribuée au même artiste) et l'**église de la Merced** (retable de Juan de las Roelas). Parmi les magnifiques **palais**, remarquez celui des ducs de Medina Sidonia, gothique, à façade sculptée ; du duc de Montpensier, avec des tableaux du Greco, de Dürer, Murillo, Goya, provenant du palais de San Telmo de Séville. La **casa de la Cilla** abrite un **musée du vin**. Vous mangerez les langoustines de Sanlúcar, réputées, et pourrez ensuite entreprendre des excursions fluviales sur le Guadalquivir, jusqu'à Séville.

Environs. 1 — Jerez de la Frontera* *(23 km S.-E. ;* →*)*.

2 — Chipiona *(9 km S.-O. par la CA 604).* — L'antique Turris Coepionis est une petite station balnéaire le long d'une **plage*** de sable. Ruines d'une tour romaine à la mémoire de Scipion l'Africain. Église baroque de Nuestra Señora de la O à portail Renaissance sculpté (retable principal, calice d'argent donné par Charles II).
Fêtes : Virgen del Carmen (16 juil.), festival du moscatel (août).
➜➜ A *2 km S.,* **monastère de Nuestra Señora de Regla**, gothique, construit sur les ruines du château des Ponce de León. Cloître décoré d'azulejos de Triana. Dans l'église du XIXe s., statue de la Vierge du XIIIe s. Peintures baroques, bibliothèque contenant plusieurs bibles du XIIIe s. (romería le 8 sept.).

3 — Rota *(16 km S. par la CA 604 ;* 25 295 hab.*)*. — Station balnéaire, avec une plage de sable fin, en bordure de pinèdes.
Fêtes : de la Hurta (15 et 17 août) ; Nuestra Señora del Rosario (2-5 oct.).

Sant Antoni de Portmany

Ibiza, 15 km.
11 490 hab. — Ile d'Ibiza — Province des Baléares.

Cette petite ville entièrement consacrée au tourisme de masse ne conserve de son passé que l'église fortifiée du XIVe s., réédifiée au XVIe s., et le souvenir d'une époque où les Romains venaient mouiller dans le Portus Magnus, avec leurs cargaisons d'amphores remplies de salaisons, comme en témoigne le navire découvert en 1960 près de l'île de Conillera.

Aujourd'hui, 80 hôtels forment une barrière de béton où s'entassent chaque été des dizaines de milliers de touristes, attirés par le port de plaisance et les plages voisines. En suivant la côte à l'O. de Sant Antoni, on rencontre successivement le **Port des Torrent**, et les **calanques de Bassa, Comte, Codolar, Corral, Tarida, Molí, Vedella**, ainsi que **Cala d'Hort**, face à l'îlot d'Es Vedrà, masse rocheuse de 382 m tombant à pic dans la mer. Au N. de Sant Antoni, **Cala Gració** est une très belle crique entourée de pinèdes.

➜➜ **Sant Josep** *(8,5 km S. ;* 6753 hab.*)* est bâti au pied du massif de Sa Talaiassa, le point culminant de l'île (475 m), d'où l'on peut apercevoir, par temps clair, la côte de Valence. Autour de Sant Josep, dans un paysage magnifique, se trouvent l'**ermitage d'Es Cubells** *(6 km S.-O.)* et **Sa Cova Santa** *(5 km S.-E.)*, grotte servant de cadre à des spectacles folkloriques destinés aux touristes, autour de grillades et de sangria.

Sant Cugat del Vallès*

Barcelone, 12 km.
31 185 hab. — Province de Barcelone (Catalogne).

Ville groupée autour d'un ancien monastère bénédictin, élevé sur l'emplacement du castrum romain d'Octavianum et désaffecté depuis 1835.

A l'entrée de la ville, sur la dr., petite **église de Sant Crist de Llaceres** (XVIIIe s.) renfermant des fresques de l'artiste contemporain Josep Grau Garriga.

Monastère de Sant Cugat* *(ouv. aux heures des services religieux; l'a.-m., demander la clef au presbytère).* — Fondé au XIe s. sur le site du martyre de saint Cucufat (303), il est encore partiellement entouré de son enceinte. L'**église**, de styles roman (partie du chevet et du clocher) et gothique, des XIIe-XVe s., est éclairée par une remarquable rosace en façade et une tour lanterne à la croisée du transept. Dans l'abside du collatéral droit, **retable gothique** de Tous les Saints dû à Pere Serra (1375).

Les galeries du **cloître*** *(ouv. de 10 h à 14 h et de 16 h à 19 h; f. lun.; accès payant),* à g. de l'église, sont de style roman. Le niveau inférieur, achevé au XIIIe s., a été doté d'un étage au XVIe s. Les **chapiteaux** du cloître roman sont remarquables : scènes bibliques, animaux fantastiques. La galerie N. s'appuie contre le mur d'une église du Xe s. où est installé — ainsi que dans d'autres bâtiments conventuels — un centre de restauration d'œuvres d'art. Remarquer sur le pilier d'angle des galeries N. et O., le chapiteau où s'est représenté, un ciseau à la main, le sculpteur Arnau Cadell qui signa son œuvre (inscription). Des sondages archéologiques *(non accessibles)* ont confirmé la très ancienne occupation des sols : voie romaine, basilique paléochrétienne, lieu de culte d'époque wisigothique...

L'école catalane de Tapisserie a été créée vers 1920 à Sant Cugat; la technique s'y est renouvelée dans les années cinquante sous l'influence de Jean Lurçat.

Sant Francesc de Formentera

4513 hab. — Ile de Formentera — Province des Baléares.

Unique ville de Formentera, quatrième île des Baléares avec 82 km², Sant Francesc offre au visiteur son église fortifiée construite en 1726 et dotée de pièces d'artillerie, ses rues commerçantes et un point de départ vers ce qui représente le principal attrait de l'île : les plages.

Formentera* s'étend au S. d'Ibiza dont elle est séparée par un canal de 7 km, duquel émergent les **îlots de S'Espalmador** et **S'Espardell**. La topographie est simple : une plaine, qui se termine à l'E. par les falaises escarpées du massif de La Mola, promontoire rocheux de 192 m de haut. D'ailleurs, selon

le philologue J. Corominas, Formentera ne tirerait pas son nom du latin
« frumentum » (ce n'était pas une terre à froment, comme on l'a prétendu),
mais de « promontorium », tout comme la presqu'île montagneuse de Formentor, à Majorque.

L'île est restée longtemps inhabitée car elle était trop exposée aux attaques
des pirates, son peuplement ne date que de 1697. Les salines ont longtemps
constitué l'une des principales ressources, avec une production de 20 000 t
annuelles. A moins d'une heure de bateau d'Ibiza, Formentera reçoit aujourd'hui
la visite de nombreux touristes qui, pour la plupart, n'y passent qu'une journée.
On y accoste à **La Savina**, petit port situé non loin des marais salants, entre
deux lagunes (Estany Pudent et Estany des Peix).

En dehors du chef-lieu — Sant Francesc —, il existe un autre village, **Sant Ferran**,
lieu de rencontre des hippies dans les années soixante-dix, et deux hameaux, **Es
Caló** et **El Pilar de la Mola**. De petites stations balnéaires ont été créées près de
la **plage de Migjorn** ou celle d'**Es Pujols***, l'une des plus belles des Baléares. La
finesse du sable et la pureté cristalline de l'eau ont attiré de nombreux naturistes,
bien avant que l'on autorise officiellement le nudisme sur une partie du littoral.

Sant Joan

Ibiza, 22 km.
3287 hab. — Ile d'Ibiza — Province des Baléares.

Ce village pittoresque, situé dans un paysage au relief accidenté, possède
une église du XVIIIe s. avec une chapelle à coupole. Sur le territoire
municipal, dans un rayon de 10 km, quatre centres d'intérêt nous
permettront de découvrir de nombreuses plages, mais aussi une architecture et un folklore typiquement eivissencs.

Environs. 1 — Cala Xarraca *(4 km N.)* et **Cala Portinatx*** *(8 km N.-E.).* — Criques
de sable fin à la lisière de vastes pinèdes.

2 — Cala de Sant Vicent *(12,5 km E.).* — Belle crique près de laquelle se trouve
la **grotte** d'**Es Culleram**, où l'on découvrit en 1907 un temple carthaginois consacré
à la déesse Tanit.

3 — Balafi* *(6 km S.).* — Fortifié et doté de deux tours auxquelles les habitants
accédaient en cas de danger, ce hameau est resté à l'écart du développement
touristique de la côte.

4 — Sant Miquel *(8 km S.-O.).* — Chaque jeu., près de son église du XIVe s. aux
murs d'une épaisseur peu commune, un spectacle de danses traditionnelles
eivissenques est donné par le groupe Balansat. Trois ou quatre femmes, au son de
la flûte, du tambourin et des castagnettes, gardent une attitude presque statique,
tandis que les hommes font de grands sauts autour d'elles, sans jamais les toucher.
Les danseuses portent l'emprendada, un ensemble formé de colliers en or et d'une
croix, ainsi que le magnifique costume traditionnel.

➡ A *4 km* se trouvent le **port** de pêche **de Sant Miquel** et la **station** balnéaire
de Na Xamena, au bord des falaises qui forment, jusqu'à Sant Antoni de Portmany,
une authentique costa brava qui surplombe la mer à plus de 200 m.

Sant Pere de Rodes* (Monastère de)

Figueres, 17 km. — Gérone, 55 km.
Alt. 670 m. — Province de Gérone (Catalogne).

Cet imposant ensemble monastique fortifié fut érigé à 600 m d'altitude, au flanc de la sierra de Verdera; il domine la côte, de Cerbère au cap Creus.

Le monastère dans l'histoire. — De fondation très ancienne, il fut probablement abandonné après un raid des Maures. On en retrouve la trace dans des documents datés de 878, mais c'est sous l'impulsion du riche chevalier Tassis qu'il devient indépendant (vers 926-944). L'église, consacrée en 1022, constitue l'un des premiers édifices romans de Catalogne.

Visite : 9 h à 14 h et de 16 h à 20 h; entrée payante.

Au terme de 10 mn de marche à pied sur un sentier muletier, une porte débouche sur une cour : à g., l'**église** se présente comme une imposante construction romane, aux murs épais, dont la base, sur une hauteur d'environ 1,80 m, est constituée d'un appareil en opus spicatum (pierres disposées en épi). En façade, une **clocher roman** à quatre étages a été construit postérieurement tout comme la **tour** carrée à g.

Conçue sur un plan en croix latine, l'église comporte trois nefs voûtées en plein cintre. Le vaisseau central est prolongé par une abside flanquée de deux absidioles et construite sur une crypte où furent peut-être déposées les reliques de saint Pierre et des autres saints, apportées de Rome au VIIe s. Au-dessus du bras gauche du transept, l'énorme tour carrée crénelée renforçait la défense du côté du ravin.

Les **chapiteaux** et les **abaques** de la nef sont remarquables, sculptés selon deux types bien distincts, l'un dérivé du style classique (chapiteaux corinthiens et thèmes végétaux), l'autre faisant appel à la décoration d'entrelacs.

Le cloître, dont les galeries massives sont en cours de restauration, a perdu en revanche nombre de ses éléments sculptés. On y accède par le transept et il conduit lui-même aux autres bâtiments monastiques, très ruinés.

En gagnant les ruines du **castell de Sant Salvador** *(20 mn à pied),* vous découvrirez un panorama exceptionnel.

➜ A *15 km N.-O.,* Llansá (→ Costa Brava**, km 14).

Santa Eulália del Rio

Ibiza, 15 km.
13 060 hab. — Ile d'Ibiza — Province des Baléares.

A l'embouchure de l'unique rivière des Baléares, le village de Santa Eulália est devenu aujourd'hui une station balnéaire appréciée pour les belles plages de S'Argamassa, Es Canar et Cala Llonga.

Au sommet du **puig de Missa***, petite colline à la sortie du bourg, se détache la silhouette blanche de l'**église** fortifiée, édifiée en 1568, à une époque où il était vital de se protéger contre les attaques des pirates maures. (L'intérêt que les Eivissencs portent aux armes à feu doit probablement dater de ce temps-là). On a voulu voir dans les larges arceaux du porche de l'église un reste de l'ancienne mosquée. De la terrasse, très belle vue sur le village et la mer.

L'influence arabe se retrouve aussi dans les **feixes**, un système de culture traditionnel qui a permis, autour d'Ibiza-ville, d'améliorer des terres originellement marécageuses en les découpant en longues bandes séparées par des canaux de drainage. L'habitat rural, très dispersé en raison de l'absence de villages et de grandes propriétés, présente à Ibiza des caractéristiques singulières. Le module de base est un parallélépipède aux bords arrondis par les nombreuses couches de chaux, aux murs très épais (souvent plus d'un mètre) et dont le toit-terrasse est formé par la superposition sur l'armature de poutres et de planches d'une couche d'algues et d'une autre d'argile, système de protection efficace contre la chaleur et la pluie. Autour du porche (sa porxada), les modules s'ajoutent et se superposent selon les besoins de la famille paysanne.

↠ Sant Carles de Peralta *(à 6 km N.-E.)*, avec sa curieuse petite église, était déjà connu à l'époque romaine pour les mines de plomb de S'Argentera, dans une colline voisine. Apprécié dans les années soixante-dix par les hippies qui fuyaient les zones de l'île trop fréquentées par un tourisme de masse, Sant Carles reste un excellent point de départ vers de belles plages encore préservées.

Santa María de Huerta (Monastère de)★★

Saragosse, 143 km. — Soria, 102 km.
Alt. 764 m. — Province de Soria (Castille-León).

Fondé par l'ordre de Cîteaux (1162), il est reconstruit à partir de 1179 grâce aux libéralités d'Alphonse VIII le Noble, roi de Castille, et achevé au XIIIe s. C'est l'un des plus beaux monastères d'Espagne.

Visite : de 9 h à 13 h et de 15 h 30 à 19 h (jusqu'à 18 h en hiver); accès payant.

Vous remarquerez tout d'abord la **porte Renaissance** du XVIe s., dite **arc de triomphe d'Alphonse VIII**, surélevée en 1785.
Au fond de la cour, **façade de l'église**, qui dut être élevée en 1190, en style de transition entre le roman et le gothique; à g., aile ajoutée au XVIe s., où l'on pénètre par une porte de style néo-classique (1619-1625).
Le **cloître de l'hostellerie**, de style herrerien, a été érigé en 1582-1630.
La **salle des frères convers★** (Domus conversorum), du XIIe s., est divisée en deux parties par une colonnade axiale aux chapiteaux romans, sur lesquels sont bandés des arcs ogives.
L'**économat** est du XIIe s.; au-dessus se trouvait une bibliothèque (XVIIe s.).

Cloître des Chevaliers★. — De style gothique du début du XIIIe s., bien cistercien dans son austère ornementation, lieu d'inhumation de choix, il était réservé à des personnages de haut rang et à des chevaliers — ils furent nombreux — qui moururent dans les guerres de la Reconquista.

Il sert ainsi de panthéon aux comtes de Molina (à partir de 1164), à la famille des chevaliers de Montuenga, à des chevaliers castillans qui participèrent à la reconquête de Séville et de Cordoue et même à des chevaliers français qui, avec le comte de Foix, portèrent assistance à Henri de Trastamare en 1366-1369.

Cuisine du XIIIe s.[*] — Étonnant spécimen de la rigueur de l'architecture cistercienne, elle est dotée d'une énorme cheminée centrale, de 3,30 m de côté servant d'appui à de remarquables voûtes d'ogive.

Réfectoire[**]. — Grande salle gothique de style bourguignon, il a été construit en 1215 en une sorte de Te Deum aux frais de Martin Muñoz de Finojosa qui participa à la bataille de las Navas de Tolosa (1212), d'une importance capitale dans l'histoire de la Reconquista. Cette salle fut véritablement conçue à la mesure de l'événement historique qu'elle perpétue. Admirée par Philippe II, elle constitue un impérissable témoignage du génie des architectes cisterciens par l'ampleur et la noblesse de ses proportions, par la pureté de ses lignes et par la clarté presque irréelle que lui procurent six fenêtres qui font apparaître le mur du fond comme une verrière et l'admirable rosace s'ouvrant sur le cloître. Notez encore la chaire, accessible par un escalier ajouré d'une galerie aux fines colonnettes et, sur une clé de voûte, un médaillon sculpté de Pantocrator.

Ancienne **salle capitulaire**, du XIIe s., dont il ne reste plus que la façade, dans la galerie suivante.
Escalier royal, aménagé en 1600 sur l'emplacement d'un calefactorum.

Galeries supérieures du cloître[**]. — De style platéresque (1531), elles sont ornées d'une profusion de médaillons et de bas-reliefs d'inspiration biblique, de portraits de saints, de moines, de rois de Castille, de fondateurs mais aussi de références historiques, notamment d'allusions à la conquête de l'Amérique (galeries le long de l'église) avec des divinités aztèques et deux portraits d'Indiens. Vous remarquerez de très sensibles différences dans l'exécution de ces sculptures, celles des galeries N. et E. (la galerie N. est celle par laquelle on atteint le cloître supérieur) étant incomparablement supérieures. Seule la galerie par laquelle on atteint le cloître a conservé son plafond d'origine, à caissons sculptés platéresques.

Coro alto. — Stalles[*] en bois sculpté du milieu du XVIe s. d'une grande beauté, en particulier l'amortissement en forme de frise où défilent quelques-uns des plus grands acteurs de l'Ancien Testament ; **orgue** du XVIe s., remanié plusieurs fois, surtout en 1760. Du coro, vous pourrez admirer l'intérieur de l'église.

Église. — Bâtiment à trois nefs, élevé à partir de 1179 et achevé au XIIIe s. en styles roman (l'abside), de transition (chapelles absidiales, croisée du transept, partie inférieure des nefs, façade) et gothique (parties supérieures des nefs, voûtes), mais mis au goût du jour aux XVIIe et XVIIIe s., c'est-à-dire en style baroque. **Grille** de fer forgé et doré au feu (1776) ; sacristie aménagée au XVIe s. sur l'emplacement de l'ancienne salle capitulaire (retable de saint Étienne martyr, du XVIIe s., importé de Rome par un duc de Medinaceli).
Capilla Mayor : panthéon des ducs de Medinaceli (1632-1735), fresque de la bataille de las Navas de Tolosa (1779).

Environs. 1 — Arcos de Jalón (*11 km S.-O. par la N11 ;* → Medinaceli[*], *environs 1*).
2 — Medinaceli[*] (*28 km S.-O. par la N11 ;* →).

Santa Tecla** (Monte)

A Garda, 3 km.
Province de Pontevedra (Galice).

De son sommet, vous découvrirez un splendide panorama sur le littoral et la basse vallée du Miño qui sert de frontière entre l'Espagne et le Portugal.

Chemin faisant, vous traverserez le site d'un **poblado celtico***, village fondé vers le VIe s. av. J.-C. par des populations celtes, et qui s'étendait jusqu'au sommet du mont.

On découvrit ce village en 1913 à l'occasion de la percée d'une piste forestière. D'une valeur incalculable, le gisement s'étend sur une longueur de 700 m et une largeur de 300 m. Les premières fouilles datent de 1914 et furent dirigées par un curé archéologue du musée de Madrid, Ignacio Calvo Sánchez. Des recherches plus complètes eurent lieu de 1928 à 1933.

On a dénombré environ un millier de maisons circulaires, bâties pour la plupart de 500 à 300 av. J.-C., les autres étant d'une époque plus tardive (300 à 100 av. J.-C.). Les objets qui y furent découverts se rattachent cependant typologiquement à la période dite de Hallstatt, plus ancienne, anachronisme dû à l'isolement des populations celtes de l'extrême pointe de la Galice. Vers le dernier quart du IIe s. av. J.-C., ce village connut une romanisation assez profonde qui s'affirma à partir du règne d'Auguste (Ier s. de notre ère), lorsque les Romains colonisèrent la région. Au Ve s., le site était occupé par des populations barbares qui éliminèrent les colons celtes.

Ce village offre des témoignages de presque toutes les époques : âge du bronze (peintures rupestres et pétroglyphes), culture des castros (fondations de maisons rondes desservies par des escaliers et d'étroites venelles ; huttes), époque romaine (maisons rectangulaires, muraille).

Un petit **musée*** abrite quelques-uns des objets découverts sur le site.

Dans les vitrines, on peut découvrir des objets du paléolithique (haches, piques, etc.), du néolithique, de l'âge du bronze, de l'époque des castros (bijoux d'or et de bronze, fibules) et de l'époque romaine (céramiques fines, monnaies). Remarquez la très vieille pierre sur laquelle est gravé le paysage que l'on découvre du sommet du Tecla.

A 341 m d'altitude a été construit un **ermitage** à sainte Thècle, disciple de saint Pierre, vierge et martyre.

L'actuelle **chapelle**, qui occupe le site d'un ermitage wisigothique, date du XVIe s. Au XVIIe s., l'intérieur s'enrichit de deux retables situés dans le grand autel de chaque côté de la statue de la sainte. En bordure de nef, autels de l'Immaculée Conception et de saint François d'Assise.

A l'entrée, beau calvaire baroque avec au dos la statue de saint François d'Assise (1685).

➜ *A 3 km N.*, **La guardia** (→).

Santander*

Bilbao, 107 km. — Burgos, 156 km. — Madrid, 394 km. — Oviedo, 204 km. 180330 hab. — Capitale de la province de Santander (Cantabrie).

Située au bord d'une large baie, Santander fut au XIXᵉ s. le lieu de villégiature de l'aristocratie espagnole. Aujourd'hui, elle est considérée, grâce à l'université internationale d'été Menéndez Pelayo et aux festivals de musique et de danse de la plaza Porticada, comme la capitale culturelle et artistique du pays durant la période estivale. Santander n'offre pas de monuments de premier ordre, mais son climat doux et agréable, sa côte jalonnée de longues et belles plages font de cette ville, en été, un excellent lieu où passer des vacances reposantes.

La ville dans l'histoire. — Grâce à la muraille de montagnes qui la sépare de la Vieille-Castille, Santander n'eut pas une histoire aussi agitée que le reste de l'Espagne aux époques de la Conquête et de la Reconquête. Durant le haut Moyen Age, ce petit village de gens de mer se groupe autour d'une abbaye, fondée sur le site de l'actuelle cathédrale, pour garder les reliques de saint Eméthère, martyrisé à Calahorra. En 1522, Charles Quint y débarque après avoir reçu la couronne impériale. En 1465, le roi Enrique IV concède la seigneurie de la ville au marquis de Santillana, mais l'opposition de ses habitants la fait dépendre à nouveau du pouvoir royal. Au XVIIIᵉ s., Santander devient une ville prospère grâce au commerce avec l'Amérique (transport de farine vers Cuba) lorsque sont installés les chantiers navals de l'Astillero. C'est au XIXᵉ s. que l'activité du port de Santander commence à décliner au profit de celui de Bilbao; la famille royale (Isabelle II), tout comme la haute société espagnole, décide de s'y installer durant l'été pour oublier la chaleur de la Castille. En 1941, à la suite d'un incendie qui dévaste quarante rues de la vieille ville, celle-ci est entièrement reconstruite et définitivement transformée.

Festivités. — Durant la période estivale (mois d'août), Santander sort de sa somnolence hivernale pour offrir aux visiteurs un riche éventail d'activités culturelles. L'université Menéndez Pelayo propose, en plus des cours pour étudiants étrangers, une série de conférences et de causeries dans le palais de la Magdalena et à l'université de las Llamas dispensées par d'illustres invités aussi bien espagnols qu'étrangers.
Depuis 1952, la charmante plaza Porticada (3000 places) sert de cadre au festival d'été, orienté principalement vers la musique, le théâtre et le ballet.
Près du Sardinero, dans l'auditorium, vous pouvez assister à des spectacles folkloriques et de tradition populaire.

Visite de la ville

Parkings souterrains, place del Ayuntamiento et en face de Correos; vous trouverez assez facilement une place sur le paseo Pereda, près du port, où tout simplement en suivant la mer par l'avenue Reina Victoria.

Cathédrale *(plan B3).* — Presque entièrement détruite lors de l'incendie de 1941, elle a été reconstruite dans le style gothique original. Elle s'élève au-dessus de l'**église del Santísimo Cristo**, construction de style de transition entre le roman et le gothique qui servit de crypte. Entrez dans la cathédrale en passant par le **cloître**, gothique. A l'intérieur, remarquez les **fonts baptismaux**, constitués par une ancienne fontaine arabe, et le **tombeau de Menéndez y Palayo**, homme de lettres et critique littéraire, par Victorio Macho (1956).

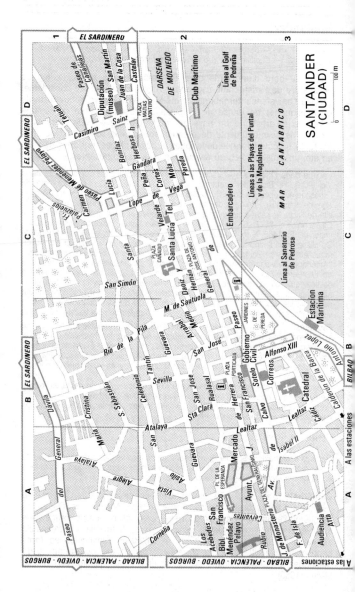

SANTANDER
(CIUDAD)

0   100 m

■ **Bibliothèque Menéndez y Pelayo** *(plan A2-3).* — Elle abrite les collections du **musée municipal des Beaux-Arts** qui comprennent surtout des œuvres de peintres régionaux, notamment d'Agustín Riancho, un pastel sur carton de María Blanchard (le Repas en famille) ; mais la pièce la plus importante de ce musée est un **portrait de Ferdinand VII** par Francisco de Goya, peint en 1814 (de ce peintre, on compte également des épreuves des Désastres de la guerre et des Caprices).

Visite : de 9 h à 13 h 30 ; f. dim. et j. fériés.

Marcelino Menéndez y Pelayo. — Né à Santander en 1856, Don Marcelino Menéndez y Pelayo est un érudit espagnol qui, à travers ses écrits, revendique un latinisme exacerbé au détriment d'autres cultures. Sur des conceptions fortement traditionnelles, il se fait le porte-parole d'une bourgeoisie nationaliste et catholique au moment de la restauration de la monarchie des Bourbons (Alphonse XII, 1874), dont il est un farouche partisan. Son œuvre (énorme) aborde presque tous les aspects de la culture espagnole.

La **bibliothèque personnelle** de Menéndez y Pelayo contient 50 000 volumes, des collections de revues de l'époque, des manuscrits et une grande partie de sa correspondance.

■ **Musée provincial de Préhistoire et d'Archéologie*** *(plan D1).* — Il devrait surtout intéresser les amateurs d'art rupestre qui y découvriront quelques pièces rarissimes, tels des bâtons de commandement, taillés dans des cors de cerfs.

Visite : de 9 h à 14 h ; f. lun.

Outre les collections préhistoriques, on peut encore signaler une exposition d'objets découverts lors des fouilles de villas romaines à Cildá et Quintanilla de la Cueza, dans la région de Palencia, et surtout des stèles funéraires à disque qui témoignent des cultes païens des anciennes populations de la région cantabrique. Vraisemblablement dressées sur la sépulture de personnages importants au sein de leur tribu, elles sont décorées de cercles concentriques, de svastikas, de demi-lunes, etc., motifs empruntés au répertoire iconographique du monde celte et qui étaient peut-être en relation avec certains cultes rendus aux astres par les peuples de l'Espagne du Nord. La stèle la plus intéressante est celle qui, provenant de Zurita, nous montre, sur un côté, un cavalier et deux guerriers à pied, portant un bouclier au-dessus d'un homme gisant près d'un oiseau de proie. Peut-être cette stèle symbolise-t-elle la coutume des Celtibères selon laquelle les guerriers morts au combat n'étaient pas incinérés mais livrés aux vautours qui enlevaient leur âme au ciel.

En partant du centre et en suivant le **paseo Pereda**, vous arriverez tout d'abord à **Puerto Chico** (port de plaisance) ; puis par l'avenue Reina Victoria au **palais de la Magdalena**, situé sur une presqu'île au milieu d'un beau parc. De style Tudor (1908-1912), il fut offert par la ville au roi Alphonse XIII. Après la restauration de la monarchie en Espagne, Juan Carlos Ier revendit le palais à la municipalité. Après avoir longé la **plage de La Concha**, vous passerez par **El Sardinero**, la prestigieuse plage de Santander, à g., la **plaza de Italia** (casino Belle Époque), pour arriver enfin à la **plage de Castañeda** (1 800 m de longueur) ; à g. près du stade, à 2 km, **phare de Cabo Mayor** en passant devant la plage de **Matalenas** (splendide vue sur la baie).

Pour trouver une ambiance sympathique et traditionnelle, rendez-vous au **barrio Pesquero**, auquel vous arriverez en suivant le port par la calle Antonio López puis Marqués de la Ensenada. C'est un pittoresque quartier de pêcheurs où de nombreux restaurants vous attendent : sardines grillées, calamars et paella à des prix très modiques, dans une atmosphère populaire et bon enfant.

Environs

≈ **1 — Les plages.** — Au N.-O. de la ville, vous découvrirez de nombreuses petites criques, dissimulées entre les rochers, et de grandes plages de sable comme celles de **Soto**, de la **Marina**, de **Liencres** et de **Mogro**, un peu moins fréquentées que celles de Santander. De l'autre côté de la baie, près des villages de Somo et de Pedreña, vous pouvez vous délasser sur l'immense **plage du Puntal**, sans avoir à craindre la promiscuité *(navette toutes les demi-heures).*

2 — Excursion au S.-E. de Santander

0 km : **Santander.** Sortir par la N 634 en direction de Bilbao.

13 km : ➡ Route à dr. pour *(4 km)* **Peña Cabarga★** ; promontoire à 568 m d'altitude d'où vous découvrirez une **vue★** splendide sur la baie de Santander. Monument à la mémoire des conquistadores et de la marine espagnole.

18 km : **Solares** (1 515 hab.) ; station thermale dont les eaux minérales carbonatées comptent parmi les plus consommées d'Espagne.

➡ A *3 km* E., sur la N 634, **Hoznayo** où s'élève le palais de Acevedo (chapelles et sculptures du XVIIe s.).

A Solares, prendre à dr., vers le S.-O., en direction de Pámanes.

☐ *23 km :* **Pámanes** ; vous pourrez y voir le **palais de l'Eseldo★**, l'un des plus beaux exemples d'architecture civile de la région. Construit au XVIIIe s., il est de style baroque.

A Pámanes, tournez à g.

26 km : **Liérganes★** ; située dans une belle vallée, cette charmante station balnéaire au bord du río Miera conserve de splendides maisons seigneuriales, en particulier la **casa de Cantolla**, Renaissance, et le **palais de Rañada**, de style herrerien.

3 — Excursion au S. de Santander

0 km : **Santander.** Sortir par la N 623.

7 km : **Muriedas** ; le **Musée ethnographique** de la région cantabrique y est installé dans une typique maison seigneuriale du XVIIe s. *(casa de Verlade ; ouv. en sem. de 11 h à 13 h et de 17 h à 21 h ; dim. et j. fériés de 11 h à 14 h ; f. lun.).*

25 km : **Varjas.**

➡ A dr. route pour *(10 km)* **Torrelavega** (➡ ci-dessous, environs 4, km 27).

•‧• *30 km :* **Puente Viesgo★** (2 497 hab.) ; petite station thermale dans un site charmant de la vallée du Pas où l'on peut pratiquer la pêche à la truite ou au saumon. Sur la dr., **grottes★** préhistoriques *(ouv. de 10 h à 13 h et de 15 h 30 à 19 h en été ; jusqu'à 18 h en hiver).*

Parmi ces grottes, il est recommandé de visiter la **cueva del Castillo.** On y trouve des peintures de l'époque magdalénienne (période du paléolithique supérieur, entre 14000 et 9500 av. J.-C.) un peu partout, sauf dans le vestibule : bisons, chevaux, cerfs et taureaux, en rouge et en noir, avec, parfois, utilisation voulue du relief de la roche pour obtenir des effets de volume, comme à Altamira. On y voit aussi des dessins figurant des mains ou d'autres à motifs géométriques (points, droites et courbes), certains affectant la forme de boucliers allongés.

La **cueva de la Pasiega**, voisine de la précédente, fut découverte en 1911 par H. Obermaier, qui l'explora en compagnie de l'abbé Breuil et de l'alcade del Río. Ses galeries constituent un véritable labyrinthe, avec des précipices dangereux. On y voit des peintures analogues par le sujet (animaux), mais différentes par les couleurs (rouge vif, rouge violacé, brun et noir) et la technique (traits continus, pointillés, pleins et déliés, fondus et demi-teintes et par l'emploi de la polychromie) ; quelques rares gravures, surtout des chevaux de l'époque aurignacienne (début du paléolithique supérieur).

D'autres peintures similaires peuvent être contemplées dans les **cuevas de las Monedas et de Las Chimeneas.**

42 km : **Ontaneda** et **Alceda,** villages juxtaposés, avec une station thermale (traitements des maladies de la peau) ; pêche à la truite.

4 — Excursion au S.-O. de Santander

0 km : **Santander.** Sortir par la N 611.

27 km : **Torrelavega** (55 786 hab.) ; ville industrielle, au milieu d'une ample vega fertile, entourée de gisements de zinc ; dans l'**église paroissiale** de style néo-gothique, Christ du XVIIIe s., par Juan Adán. **Vieilles maisons** nobles. Tous les mer., dans le ferial, se tient la plus importante foire au bétail d'Espagne (plus de 1 000 têtes).

Fêtes : du 14 au 24 août, fête de la Virgen de la Asunción avec des défilés de chars fleuris.

32 km : ↦ A dr. route pour *(1 km)* **Yermo** dont l'**église** paroissiale **Santa María de Yermo,** fondée au IXe s., a été remaniée au XIIe s. ; au tympan, sculpture d'un chevalier tuant un dragon (certainement saint Georges) ; à l'intérieur, statues préromanes, du IXe s., de l'oratoire primitif.

34 km : **Las Caldas de Besaya ;** station thermale. Dans le **monastère,** sanctuaire de N^a S^a las Caldas, qui fut un centre important de dévotion dans le passé (on attribuait aux eaux médicinales des effets miraculeux).

37 km : **Barros ;** à côté d'un ermitage, s'élève une énorme **pierre celtique,** avec une croix gravée et aussi un symbole solaire.

40 km : **Los Corrales de Buelna ;** petit bourg industriel avec de nombreuses maisons seigneuriales.

48 km : ↦ A dr., route pour *(2 km)* **Silió ;** l'**église San Facundo y San Primitivo,** de style roman, est surtout remarquable pour son abside, dont la décoration architectonique rappelle celle de la collégiale de Cervatos ; sur le parvis, différents sépulcres, dont l'un date de la prise de Grenade.

51 km : **Bárcena de Pie de Concha ;** église romane ; située à l'entrée du défilé de las Hoces, la route depuis ce village vous conduira, entre une paroi rocheuse et une dense végétation, jusqu'à l'**Alto Campoo,** début de la Meseta castillane.

72 km : **Reinosa** (↦).

Santes Creus (Monastère de)**

Tarragone, 32 km.
Alt. 340 m. — Province de Tarragone (Catalogne).

Ancienne et célèbre fondation de l'ordre de Cîteaux dont l'origine remonte à 1158 et qui fut édifié grâce aux donations des nobles des environs.

Après avoir traversé le Gaià sur un pont construit en 1549, vous franchirez une première porte pour pénétrer sur une petite place au fond de laquelle se trouve la **chapelle Santa Llúcia** (1741). Par la **porta de l'Assumpció** ou **porta Reial** (XVIIIe s.), vous entrerez dans une grande cour, ornée en son centre par la **fontaine Sant Bernat Calbó,** ancien abbé du monastère, fermée à droite par le **palais de l'Abbé** (patio de 1625 et peut-être même plus ancien), et sur laquelle donnent le parvis de l'église et la **cour dels Horts** par laquelle on accède au cloître.

L'**église** à trois nefs fermées de cinq absides à fond plat fut construite en style roman à partir de 1171, et achevée en style gothique en 1221. Destinée à devenir le panthéon de plusieurs rois de la dynastie catalane, elle renferme de remarquables **sépultures**. A la croisée du transept, celles de Jacques II (1327) et de sa femme Blanche d'Anjou.

Celle de Pierre III (1285) fut construite à partir de 1258. Le sarcophage en porphyre, semblable à ceux de Frédéric II, roi de Sicile et empereur germanique, et de Henri IV, empereur germanique et conquérant de la Sicile, serait probablement une ancienne baignoire romaine apportée de Palerme par l'amiral Roger de Llúria. Au pied de ce second tombeau, sous un dais délicatement ajouré comme le premier, se trouvent les sépultures royales. La sépulture de l'amiral italien Roger de Llúria (1304), le vainqueur de la flotte de Charles d'Anjou à Naples, en 1284, est une simple dalle. Dans les chapelles, tombeaux de princes d'Aragon et des familles de la noblesse catalane.

Le **grand cloître****, érigé en style gothique de 1313 à 1341, est l'un des plus purs exemples de ce type en Catalogne. Orné d'une belle série de chapiteaux sculptés, il abrite de nombreux sarcophages dont beaucoup ont été profanés en 1835 lorsque le monastère a été désaffecté puis pillé et incendié. Sur le côté S., **lavatorium** roman. Un escalier donne accès au **dortoir des novices**, de 1173, d'où l'on peut monter à la tour du clocher (1575); passez sur le toit de l'église et admirez l'élégant édicule de la croisée du transept, du début du XIVe s. Toujours dans la galerie E. se situe l'entrée de la **salle capitulaire**, de style roman (tombes des abbés dans le pavement).

Chapelle de l'Assumpció, ancienne bibliothèque. Une grande **porte**, ornée d'un Christ en majesté et d'une Vierge à l'Enfant, s'ouvre sur l'église. Un corridor voûté (ancien parloir) conduit de l'angle N.-O. du grand cloître à l'**ancien cloître** de style romano-ogival (1153), d'où vous visiterez un **cellier** (pressoirs et tonneaux du XVIIe s.) doté d'un système de canalisations pour le vin; le **réfectoire**; le **palais des rois** Jacques II et Pierre IV (dans la cour, élégant escalier Renaissance), où les rois d'Aragon avaient coutume de passer la semaine sainte. Visiter ensuite la chapelle de la Trinité du XIIe s. (crucifix roman).

Santillana del Mar**

Santander, 30 km.
1 035 hab. — Province de Santander (Cantabrie).

L'un des villages les plus évocateurs et séduisants d'Espagne, qui mérite à lui seul une visite. Le bourg conserve toute sa rusticité et sa noblesse du XVIIIe s., malgré l'invasion touristique de ces dernières années. Vous flânerez avec plaisir dans les deux rues qui traversent le village, jalonnées de demeures blasonnées et de solanas, maisonnettes à balcons en bois.

La ville dans l'histoire. — Santillana s'est formée autour de l'ancien monastère de Santa Illana et est depuis le VIIIe s. la capitale des Asturies orientales. Au Xe s., elle passe sous la dépendance des comtes de Castille et reçoit trois siècles plus tard ses fueros des mains d'Alphonse VIII. Les abbés du monastère deviennent seigneurs de tout le territoire alentour et doivent affronter la puissante maison de la Vega. D. Iñigo López de Mendoza y de la Vega obtient le fief de Santillana en 1445. La ville a alors comme premier seigneur laïque le grand poète espagnol du XVe s.

A l'entrée du bourg, par la route de Torrelavega ou de Santander, vous trouverez un parc de stationnement où vous laisserez votre voiture.

A g. de la route de Torrelavega, **casa de los Sánchez de Tagle**, belle construction du XVIIIe s., dont la sobre façade est orientée vers le campo de Revolgo où, au Moyen Age, les nobles vidaient leurs querelles, l'épée à la main.

Plus loin, **couvent de Regina Coeli** (1599) ; église gothique, cloître, musée d'art religieux. Derrière, **couvent dominicain de San Ildefonso** (1667).

Dans la rue principale, menant au parador, à g., **palais de los Peredo-Barreda** (XVIIe s.), avec un majestueux blason, et un balcon typiquement montañés ; en face, **casa de los Villa**, rebâtie en 1770. A la bifurcation, prendre à g. vers le parador, sur une **place** bordée de vieilles maisons seigneuriales (celle de Don Merino est du XIIIe s.) et de tours. Sur la même place, la **casa de los Barredo Bracho** (aujourd'hui parador national Gil Blas), du XVIIe s., qui a conservé tout son caractère, avec un intérieur sobrement décoré.

Par la calle de las Lindas, qui s'ouvre sur la place entre une **tour** du XIIIe s. et le jardin de l'hôtel Altamira, regagnez l'artère principale et tournez à g. A l'angle, l'hôtel Altamira occupe la **casa de los Valdivieso**, de la seconde moitié du XVIIIe s.

La **calle del Cantón** est bordée des plus vénérables palais. A dr., **palais du marquis de Santillana**, du XVe s., à l'austère et noble façade, où aurait vécu Iñigo López de Mendoza (1398-1458), homme de guerre et poète courtois qui gagna son titre de marquis de Santillana sur le champ de bataille d'Olmedo (1445), contre les Maures. Vient ensuite la **casa de los Hombrones** (la maison des Bons Hommes), allusion aux deux guerriers qui encadrent le blason sculpté de la famille des Villa. Plus loin, à l'entrée de la **plazuela de la Colégiale**, **casa de los Quevedo et de los Cosío**, la première à l'austère façade Renaissance, la seconde arborant quelques détails de style baroque. En face, à g., ancienne maison de l'archiduchesse Marguerite d'Autriche, dite **casa del Abad** (la maison de l'Abbé).

✝ **Colégiale***. — Bâtie au XIIe s. sur le site de l'église d'un monastère qui abrita des reliques de sainte Julienne ou Santa Iliana, d'où le nom de la ville, c'est le plus important monument d'art roman de la région cantabrique. Le portail principal, du côté de la place, présente, bien qu'il soit assez endommagé par le temps, de belles arcatures en plein cintre, sous un tympan triangulaire orné de statues.

Visite : en été de 9 h à 13 h et de 16 h à 20 h ; en hiver de 10 h à 13 h et de 15 h à 18 h ; f. mer. (en hiver).

A l'intérieur de l'église, dont les voûtes furent refaites en style gothique, sauf le transept et les absides, notez le **sarcophage de sainte Julienne**, de style gothique où se mêlent des réminiscences romanes (XIIIe s.), le **retable** sculpté et peint du sanctuaire (**sculptures** de style gothique fleuri de la fin du XVe s. pour le Calvaire, l'Assomption de la Vierge et des Apôtres ; de style Renaissance du XVIe s. pour celles de la prédelle, et du XVIIIe s. pour la statue de sainte Julienne) ; **six tableaux peints** du XVIe s.) ; le devant de l'autel, de style roman de la fin du XIIe s., est masqué par un **panneau d'argent repoussé**, œuvre mexicaine du XVIIe s.

Dans la nef, porte d'accès à un **cloître roman** de la fin du XIIe s., à **chapiteaux** sculptés. Dans la galerie (dépourvue de chapiteaux), **reliefs** du début du XIIIe s., de style roman, de la Vierge à l'Enfant *(à g.)*, de sainte Julienne *(à dr.)* et d'un Christ en majesté *(au centre)*. Dans la **sacristie**, croix du XVe s. et chapes du XVIe et XVIIe s.

Sur la **plaza de las Arenas, casa de los Velarde,** construction du XVIe s.

Revenez vers votre point de départ par le chemin de l'aller, mais en continuant tout droit au-delà de la calle del Cantón. Vous passerez ainsi devant la **casa de los Bustamante**, à la sobre façade Renaissance.

Environs

1 — Comillas (*34 km O. ; 2 397 hab.*). — Charmante station balnéaire entourée de belles plages de sable. Au temps d'Alphonse XII (1874-1885), le bourg fut une résidence royale d'été ; il conserve de cette époque de nombreuses **casonas** (maisons seigneuriales caractéristiques de la Cantabrie), et surtout le **palais** où séjournaient les membres de la cour (néo-gothique). Les marquis de Comillas, fondateurs de la Compagnie de navigation transatlantique, demandèrent à Gaudí de construire un **pavillon** pour leur fille dans le parc du palais ; il en résulta le Capricho, où l'on retrouve toute l'imagination propre à l'auteur de la Sagrada Familia à Barcelone.
Sur un promontoire, au-dessus de la mer, dans un splendide parc, avec **vue sur Comillas** et **sur la baie** se trouve l'**université pontificale** (aujourd'hui plus ou moins désaffectée), fondée en 1863 par le marquis de Comillas.
Fêtes : du 15 au 18 juil., pour le Cristo del Amparo, défilés, tambours et trompettes.

2 — San Vicente de la Barquera (*45 km O. ; 3 956 hab.*). — Situé au bord de l'estuaire du río Escudo, ce fut une ville importante dans le passé ; c'est ici que débarqua Charles Quint lors de son premier voyage en Espagne. Aujourd'hui, c'est une station balnéaire très fréquentée durant la période estivale (plages de sable).
À la sortie de la ville, avant un **pont** Renaissance à 28 arches, accès à l'**église Nuestra Señora de los Angeles**, construite du XIIIe au XVIe s., massive et robuste, d'aspect presque militaire ; portail principal roman, du XIIIe s. (le portail latéral dr. date de la fin du XIIIe s.). Dans la **chapelle San Antonio**, à g. tombeaux de la famille Corro ; le plus ancien est du XVe s. ; l'autre, celui de l'inquisiteur de Séville, Antonio del Corro, du XVIe s., comporte un gisant attribué aux Leoni mais qui fut probablement exécuté dans un atelier génois.
La **vieille ville** se trouve sur un promontoire rocheux couronné par les **ruines du château des ducs d'Estrada**. Un peu plus loin, l'ayuntamiento occupe le **palais des Corro**, de style Renaissance.
Fêtes : de la Folía, le dim. après Pâques : procession maritime et danses folkloriques traditionnelles.

3 — Puente Arce (*14 km E. ; sur la N611 en direction de Santander*). — Le restaurant El Molino mérite à lui seul le déplacement.

4 — Grottes d'Altamira** (*2 km S. ; →*).

Santo Domingo de la Calzada*

Burgos, 66 km. — Logroño, 47 km.
Alt. 639 m. — 5 710 hab. — Province de Logroño (La Rioja).

Important gîte d'étape sur le chemin de Compostelle, baigné par le río Oja et situé au pied des monts de Yuso et de la sierra de la Demanda.

La ville dans l'histoire. — Elle est fondée en 1044 par Santo Domingo, un pieux ermite né à Viloria de Rioja. Domingo, qui a cherché sans succès à entrer dans l'ordre des bénédictins du monastère de Valvanera, puis de San Millán, est ordonné par le cardinal Grégoire d'Ostie qui le prend sous sa protection dans sa tâche apostolique. A la mort de ce dernier, Domingo se retire dans un bois, sur les bords du río Oja. Près de là passent les pèlerins de Saint-Jacques. Désireux de leur venir en aide, Domingo entretient les chemins, construit un pont sur la rivière, aménage une hôtellerie, un hôpital et une église et crée ainsi un centre religieux qui attire commerçants, artisans et laboureurs.

Fêtes. — Du 10 au 15 mai se déroulent les fêtes de Santo Domingo ; procession des rameaux, procession du pain du saint, procession du pèlerin et procession des jeunes filles, habillées de blanc et coiffées d'une couronne.

Les **murailles**, édifiées par Pierre Ier le Cruel, en 1367, dénotent une influence musulmane. Enfermée dans ces fortifications, la ville garde une allure médiévale ; en parcourant ses ruelles pittoresques, vous découvrirez de vieilles **maisons blasonnées**, tel le **palacio del Obispo Juan del Pino**.

Cathédrale*. — Consacrée en 1106, remaniée à la fin du XIIe s. et pourvue d'un clocher baroque en 1762, c'est une vénérable construction romano-gothique. Remarquez, à l'extérieur, l'abside romane, du XIIe s. aux chapiteaux d'une grande variété et les arcs-boutants, de style gothique.
Entrez par un **portail** néo-classique, ajouté en 1769. A droite, le **mausolée de saint Dominique** est un excellent spécimen de la sculpture romane du XIIe s., avec un baldaquin de style gothique fleuri dessiné par Philippe de Bourgogne et réalisé en 1513 par Juan de Rasines. En face, un **poulailler**, gothique, abrite le coq et la poule consacrés à saint Dominique.

Un poulailler dans la cathédrale. — On commença de bonne heure à rapporter les miracles et les guérisons attribuées à Santo Domingo. L'un de ceux-ci nous a été transmis par une légende selon laquelle un innocent avait été condamné à mort. Ses parents plaidant son innocence devant le juge, ce dernier déclara qu'il ne croirait à celle-ci que si le coq et la poule que l'on cuisinait pour son repas se mettaient à chanter. Aussitôt les volatiles sortirent de la casserole et chantèrent à plein gosier. En commémoration de ce miracle, la cathédrale abrite en permanence ces deux représentants de basse-cour.

Dans la **Capilla Mayor**, monumental **retable*** de Damián Forment (v. 1540), en noyer doré et peint, sur un socle d'albâtre sculpté. Dans la **chapelle du transept**, en face de l'entrée, grand retable churrigueresque d'André de Puelles. **Chœur** platéresque, avec des **stalles*** d'Andrés de Nájera et des sculptures de Guillaume de Hollande (1521).
En faisant le tour du chœur par la dr. *(à g. si l'on regarde le maître-autel),* dans la **capilla de Santa Veronica** *(la 1re)*, **statue de sainte Véronique***, de l'école de Malines (XVe s.). A dr., Vierge Renaissance de Pedro Arbulo de Marguberte ; dans la **capilla de la Magdalena** *(la 2e)*, grille de fer forgé platéresque, tombeau attribué à Philippe de Bourgogne. Au **trascoro**, de style de transition, peintures murales du XVIe s. Après le baptistère, **capilla de San Juan Bautista** où des tableaux de l'école hispano-flamande du XVe s. et neuf sculptures composent un admirable **retable***.

En sortant vous verrez à droite l'**hospital del Santo**, dont les vieilles pierres, qui accueillirent les pèlerins du Moyen Age, continuent de recevoir les visiteurs dans le beau cadre du **Parador Nacional**.
Autre édifice remarquable, le **couvent de San Francisco** qui fut reconstruit en 1571 suivant les plans de Juan de Herrera. A l'intérieur de l'église, gisant en albâtre de fray Bernardo de Fresneda, le confesseur de Philippe II (mort en 1587).

Environs. 1 — Grañon *(6 km O. par la N120 en direction de Burgos).* — L'église, du XVIe s., conserve un splendide retable baroque.

2 — Nájera *(19 km E. par la N120 en direction de Logroño ; →).*

3 — San Millán de la Cojolla* *(19 km S.-E. ; →).*

4 — Ezcaray* *(14 km S. ; →).*

Santo Domingo de Silos (Monastère de)**

Burgos, 74 km. — Covarrubias, 17,5 km.
Alt. 900 m. — Province de Burgos (Castille-León).

Fondé au Xe s. par le comte de Castille Fernán González, totalement détruit par les musulmans, il a été réédifié par saint Dominique au début du XIIIe s.

Visite : de 10 h à 13 h et de 16 h 15 à 19 h.

L'étage inférieur du **cloître**** (XIe et XIIe s.) est l'une des plus remarquables réussites de l'art roman, avec des reliefs et des chapiteaux sculptés d'une grande finesse. Les galeries les plus anciennes, où sont les plus belles sculptures, sont celles de l'E. et du N. (parallèles à l'église) et, en partie, de l'O. Notez les **plafonds** mudéjars (XIVe s.), ornés de peintures (instruments de musique, plus d'une centaine, dont beaucoup sont inconnus de nos jours, scènes de chasse ou relatives à l'art de la tauromachie) ; les peintures de la galerie F. ont été reconstituées. A l'angle N.-E., **Vierge à l'Enfant** romane du XIIe s., provenant d'une église des environs. Dans la galerie N. **monument funéraire** de saint Dominique, du XIVe s., sur trois lions accroupis, du XIe s.

Dans le **musée**, groupe de sainte Anne, de la Vierge et de l'Enfant Jésus, œuvre romane du XIIe s., **antiphonaires** (recueils de chants liturgiques) des XIe et XIIe s., **codex mozarabes** avec partitions musicales, **calice*** du XIIe s. pour rite mozarabe, en argent filigrané, avec une patène qui comporte un camée romain du IIe s., **tête en bronze** du IVe s. d'une déesse romaine, **fragments de sculptures** romanes de l'église de Santo Domingo de Silos, avec, au centre, un **relief** de la Présentation au Temple (fin du XIIe s. ou début du XIIIe s.), **couvercle** d'une sorte de cénotaphe (XIIe s.) autrefois déposé sur le tombeau de saint Dominique.

Visitez ensuite la **pharmacie**, qui contient une remarquable collection de pots et ustensiles en faïence de Talavera.

Environs. 1 — Covarrubias** *(17,5 km N.-O. ; →).*

2 — Salas de los Infantes *(17,5 km N.-E. ; à Hacinas, prendre à g.).* — La légende des sept infants de Lara, tués traîtreusement par les Maures en 970, a rendu célèbre cette charmante bourgade. Passée dans la littérature espagnole sous la forme de chansons de geste, elle figure dans la chronique d'Alphonse X (vers 1252). Dans l'église Santa María, tombeau des infants de Lara, retable plateresque, croix du XIIe s.

3 — Gorges de la Yecla* *(3 km S.-O.).* — Vous pouvez franchir cet impressionnant défilé, large de 2 m et d'une grande profondeur, à pied et sur une passerelle très étroite.

Santoña

Santander, 48 km.
11 000 hab. — Province de Santander (Cantabrie).

Santoña, deuxième port de pêche de la Cantabrie, se trouve à l'entrée d'une baie profonde, défendue, depuis le XVIIe s., par une forteresse. C'est là que naquit Juan de la Cosa, le célèbre cartographe, propriétaire de la caravelle «Santa María», qui accompagna Christophe Colomb en Amérique. Pendant la guerre d'Indépendance, la ville fut le quartier général des troupes napoléoniennes.

L'église Santa María, fondée par des clercs, est de style romano-ogival du XIIe et XIIIe s.; à l'intérieur, grand retable Renaissance avec des peintures de l'école flamande du début du XVIe s.
Santoña, qui fut jadis une importante place militaire, conserve encore **quatre forts** (Napoléon, San Martín, San Carlos et San Felipe).
Tout près du village se trouve le **monastère de Montehano** (tombeau de Barbara Blomberg, maîtresse de Charles Quint, mère de don Juan d'Autriche, morte à Colindres en 1597).

Environs. 1 — Noja *(11 km N.-O.).* — Charmant petit village marin.

2 — Isla *(14 km N.-O.).* — Station balnéaire, très animée pendant l'été.

3 — Bareyo *(12,5 km O.).* — Jolie église romano-gothique du XIIe s.; à l'intérieur, fonts baptismaux du XIe s. et sculptures remarquables.

4 — Ajo *(14 km O.).* — Station balnéaire, située sur un cap avec de très belles plages de sable.
Dans tous ces villages, vous pourrez trouver des restaurants, qui vous prépareron d'excellentes paellas, des poissons et des fruits de mer succulents.

Saragosse** (Zaragoza)

Barcelone, 298 km (par la N 11), 307 km (par l'autoroute). — Bilbao, 296 km (par l'autoroute), 323 km (par la N 232 et la N 240). — Madrid, 322 km. — Pampelune, 164 km (par l'autoroute), 180 km (par la N 232 et la N 121). — Vinarós, 241 km. Alt. 200 m. — 590 750 hab. — Capitale de la province de Saragosse (Aragon).

Saragosse apparaît, pour qui vient de traverser les steppes du S. et du N. de l'Aragon, comme une miraculeuse oasis humaine avec, pour emblème, la célèbre et majestueuse basilique de la Virgen del Pilar. Toute de briques rouges construite, elle se détache sur un ciel que son climat continental, sans extrêmes, rend dégagé et lumineux. Capitale économique et culturelle de l'Aragon, elle doit son hégémonie à une position géographique privilégiée au centre du bassin de l'Èbre où trois fleuves se croisent. Cela explique son rôle de ville phare qu'elle détient depuis l'époque romaine.

Saragosse dans l'histoire

Une colonie romaine. — L'antique Salduba des Ibères est promue au rang de colonie militaire sous le nom de Caesaraugusta, par l'empereur Auguste. Elle devient bientôt l'une des plus florissantes cités de la Taraconaise, la première aussi à se convertir au christianisme, ce qui vaut à ses habitants de nombreuses persécutions, notamment au début du IVe s. Au Ve s., elle subit les invasions barbares. Les Wisigoths en font Cesaragos.

Rivale de Cordoue. — Prise par les Maures en 713 qui la désigne sous le nom de Sarakusta, elle devient la rivale de Cordoue, de Tolède et de Mérida. Un instant menacée par Charlemagne, venu l'assiéger en 778 avant sa sanglante retraite dans les défilés de Roncevaux, elle reste musulmane jusqu'au moment où le petit royaume chrétien de Sobrarbe, ayant envahi peu à peu la Navarre, fait de Saragosse sa capitale, en 1118. La ville connaît une longue période de prospérité dont l'apogée est atteinte au XVIe s., comme en témoignent les principaux monuments. Les maçons musulmans, dont le matériau préféré est la brique, font fleurir le style mudéjar dans les églises.

Le mariage qui fait l'Espagne. — Lorsque vers la fin du XVe s., Ferdinand d'Aragon et Isabelle la Catholique, réunissant sous leur autorité l'Aragon et la Castille, puis la Navarre, jettent les bases de la future monarchie espagnole, Saragosse cesse d'être la résidence des rois et essaye de conserver ses franchises (fueros) et de défendre son autonomie. Cela conduit Philippe II à l'acte de tyrannie qui entraîne la mort de Juan de Lanuza, le dernier des grands juges d'Aragon, l'héroïque gardien des libertés provinciales, décapité en place publique en 1591.
Saragosse tente de recouvrer ses anciens privilèges en prenant le parti, lors de la guerre de Succession d'Espagne, de l'archiduc Charles contre Philippe V. Après une sévère défaite, en 1710, sous les murs de la ville, ce dernier finit par emporter la victoire et retire alors à l'ancien royaume tout ce qui reste de ses franchises. Saragosse connaît, sous Charles III, un renouveau de prospérité à la faveur du percement du canal impérial d'Aragon.

Siempre heróica. — Au début du XIXe s., le siège de Saragosse par les Français est l'un des faits les plus saillants de la résistance de l'Espagne à l'invasion napoléonienne. La place est investie par le maréchal Lannes du 28 déc. 1808 au 21 fév. 1809. Sur la centaine de milliers d'habitants et de réfugiés que comptait Saragosse au début du siège, 54 000 périrent (la porte du Carmen porte encore les traces de la mitraille). Saragosse reçoit le titre de « Siempre heróica » et le drapeau de sa milice est décoré du collier de l'ordre de Saint-Ferdinand.

La genèse d'un pouvoir royal. — L'ancien royaume d'Aragon couvrait les actuelles provinces de Saragosse, Huesca, Teruel. Son berceau est le petit royaume de Sobrarbe, fondé au VIIIe s. La tradition a conservé la formule du serment imposé par les Aragonais au premier souverain qu'ils se donnèrent et qui fut prêté de 734 à 1336 : « Nous qui valons autant que vous et qui pouvons plus que vous, nous vous élisons roi à la condition que vous garderez nos franchises et libertés et qu'il y aura entre vous et nous quelqu'un qui pourra plus que vous ; sinon, non. » Ce « quelqu'un » placé entre le roi et ses sujets est le fusticia, haut magistrat chargé de la conservation des lois, qui reçoit le serment du roi et dont les pouvoirs s'étendent sur les ministres, les juges et les fonctionnaires. Il est d'autant plus redoutable qu'il est généralement respecté comme l'homme de la nation et qu'il n'est jugé par personne. Ces privilèges sont conservés par tous les rois, au moins en partie, jusqu'à l'avènement des Bourbons qui les suppriment complètement.

Festivités. — Au cours de la fête de la Virgen del Pilar, dans la semaine du 12 oct., procession du Rosaria de Cristal (carrosses illuminés par des lanternes), défilé des Gigantes y Cabezudos (géants et nains en carton), concours de danses folkloriques et courses de taureaux.

Visite de la ville

Pour découvrir une intéressante vue d'ensemble sur la ville et apprendre quelque chose sur ses relations avec l'Ebre (elle lui tourne le dos), ses faubourgs ouvriers et la campagne environnante, vous monterez à la tour de la basilique del Pilar (ascenseur).

Du haut de cette tour vous découvrirez à vos pieds le Casco Viejo, la vieille ville, aujourd'hui un quartier populaire, aux rues étroites qui, outre les curiosités monumentales cataloguées, conservent quelques cafés, tavernes et bodegas, qui sont autant de reliques d'un passé tendant à disparaître sous les coups de boutoir du modernisme. Ainsi, en fin de matinée, vous pourrez faire halte dans l'un des cafés à tapas des alentours du marché de la plaza de Lanuza (plan C2) ou de celui près de l'église de la Magdalena (plan DE 2-3), à l'angle des rues San Vicente et Mayor ; près de ce dernier mercado, le Bodegón El Rafa jouit d'une flatteuse réputation auprès des connaisseurs. A l'heure du déjeuner, vous vous rappellerez que Saragosse est la «capitale» des chilindrones c'est-à-dire des plats cuisinés avec une sauce aux tomates, poivrons, oignons et ail, que vous arroserez avec l'un des vins locaux tous riches en alcool, tels ceux de la cariñena, les plus connus, du Campo de Borja, encore plus généreux que le Cariñena, de Tabuenca, de Barbastro, etc.

Dans un quartier interlope du Casco Viejo, le café El Plata (El Tubo 23) est sans doute l'un des derniers cafés chantants d'Espagne.

1 — La basilique del Pilar et la Seo

A la sortie du puente de Santiago *(plan C1)*, le **torreón de la Zuda**, tour mudéjare (xive s.), est situé sur l'emplacement du palais des gouverneurs maures, fondé en 918 sur le front O. de l'**enceinte romaine**, dont il subsiste d'imposant vestiges. A côté, **église San Juan de los Panetes** (1720).

Nuestra Señora del Pilar (Notre-Dame du Pilier) ou de la **Virgen del Pilar*** *(plan C1).* — Le plus ancien temple marial de la chrétienté a pour origine une chapelle élevée par saint Jacques pour abriter une image miraculeuse de la Vierge apparue ici, selon la tradition, le 2 janvier de l'an 40. L'église actuelle, bâtie à partir de 1681 sur des plans de Francisco Herrera le Jeune, et remaniée par Ventura Rodríguez, est un édifice aux proportions grandioses d'aspect assez banal.

Visite : de 6 h à 21 h en hiver ou de 5 h 45 à 21 h 30 en été ; vis. des chapelles, de la Sacristía Mayor, du trésor et du musée de la Vierge de 10 h à 12 h (le dim.) ou 13 h et de 16 h à 19 h du 1er mai au 30 sept. : fermeture à 18 h du 1er oct. au 30 avr. ; entrée payante donnant également droit à la visite de la Seo.

L'intérieur, à trois nefs entourées de chapelles, couvre une superficie considérable (un rectangle de 130 m de long sur 65 m de large).

La **capilla de Nuestra Señora del Pilar***, de forme ovale, copie de la Santa Casa de Lorette, consacrée à la célèbre Madone miraculeuse (grande fête le 12 oct.), est surmontée d'une coupole décorée de fresques d'Alejandro González Velázquez. Au fond de la chapelle, d'une richesse inouïe, protégés par une balustrade en argent, se trouvent trois autels devant lesquels brûlent de nombreux cierges et lampes. L'autel de dr. encadre la petite image vénérée (xve s.), qui, sur son pilier de marbre, occuperait la place où saint Jacques l'aurait déposée il y a près de vingt siècles. Cette sainte image d'albâtre (xive s.), placée sous un dais d'argent, est revêtue d'une riche chape, différente chaque jour. L'autel central est surmonté d'un groupe sculpté par Carlos Selas : la Vierge, enlevée sur les nuages, indique de sa main droite sa statue. A l'autel à g., bas-relief figurant saint Jacques entouré de ses disciples.

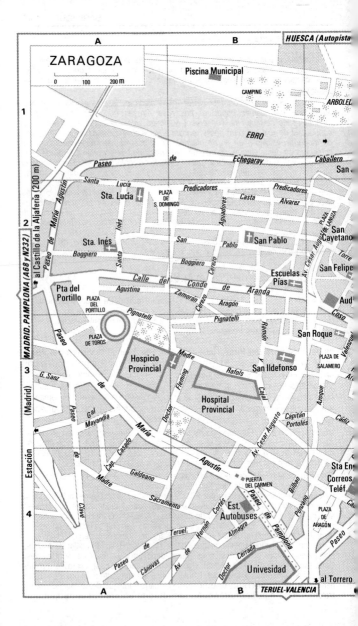

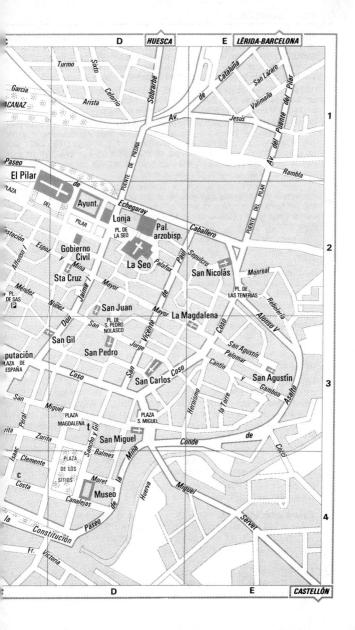

Après la visite de la capilla de Nuestra Señora del Pilar, sortir par la dr. pour entrer dans le bas-côté N. Dans le passage qui sépare la chapelle du maître-autel, de nombreux pèlerins viennent baiser le «pilar puesto por la Virgen» (le pilier déposé par la Vierge), c'est-à-dire l'empreinte qu'aurait laissée sur une pierre le pied de la Vierge, à dr. d'un bas-relief représentant l'Assomption de la Vierge.

Du bas-côté, vous observerez également les petites coupoles ornées de **fresques** par Goya (la Vierge, reine des martyrs, avec les quatre figures des Vertus : la Foi, la Charité, la Force et la Patience) et par Ramón Bayeu.

Du bas-côté N. vous entrerez dans le **museo Pilarista** ou **museo de la Virgen** pour aller contempler les joyaux offerts à la sainte statue. Dans ce musée vous verrez encore les esquisses exécutées par Ramón Bayeu (1770) et Goya (1780-1781) pour les coupoles décorées de peintures par les deux artistes (**→** *ci-après*). Remarquez encore un **olifant** du XIᵉ s., en ivoire sculpté, qui est œuvre byzantine, une petite **boîte ronde** en ivoire, travail arabe du XIᵉ s.

La partie de la basilique au-delà de l'entrée du musée constitue la **nouvelle cathédrale** dont le maître-autel précède le très beau **retable*** d'albâtre sculpté par Damián Forment (le contrat fut signé en 1509), illustrant la vie de la Vierge, qui est l'un des plus grands chefs-d'œuvre de la sculpture gothique.

Dans le **coro**, fermé par une belle **grille** de Tomás Celma (1574), sont disposés trois rangs de **stalles***, ornées de splendides sculptures dessinées par Étienne d'Obray, mais exécutées par le Florentin Giovanni Moreto et N. Lobato en 1544-1548.

Au fond de la nef N. se trouve l'accès à l'**ascenseur** qui monte au sommet de la tour (le prix d'entrée pour la visite de la basilique ne comprend pas le droit perçu pour utiliser cet ascenseur).

Dans le bas-côté S., vous visiterez la **Sacristía Mayor** où sont exposés des **tapisseries flamandes** des XVᵉ et XVIIᵉ s. et, dans une grande armoire, les **ustensiles liturgiques** d'argent utilisés à l'occasion des grandes solennités pour être placés sur l'autel et le retable principaux. Ces pièces constituent un remarquable ensemble d'orfèvrerie religieuse aragonaise des XVIᵉ et XVIIᵉ s. Une autre armoire, en face de la précédente, renferme quelques-unes des trois cents **capes brodées** de la statue de la Vierge.

La Lonja* *(plan D2; ouv. de 10 h à 13 h et de 17 h à 20 h à l'occasion d'expositions temporaires).* — Construite pour que les marchands de Saragosse aient un cadre digne de leurs transactions, la Bourse est le plus bel édifice civil de Saragosse ; elle fut érigée en 1541-1557 sur des plans de Juan de Sariñena, avec la participation de Gil de Morlanes fils pour la décoration intérieure. Son style Renaissance est marqué de réminiscences gothiques et surtout par une nette influence mudéjare. Intérieurement, la Bourse comporte une grande salle à trois nefs séparées par deux files de colonnes supportant des voûtes gothiques à nervures sculptées.

Derrière la Lonja, le **Puente de Piedra** *(plan D1),* d'où l'on découvre une fort belle vue sur la vieille ville, fut construit au XVᵉ s.

Palais archiépiscopal *(plan D2).* — Face à la cathédrale, il présente une noble architecture classique, avec une façade de 1787. A l'intérieur, patio avec des chapiteaux du XIIᵉ s. Parmi les œuvres d'art qu'il renferme on compte un portrait de l'archevêque Company, par Goya.

La Seo* *(plan D2).* — L'extérieur de la première cathédrale de Saragosse est moins spectaculaire, mais son ancienneté et la qualité de sa richesse artistique, la rend plus intéressante que le Pilar. Consacrée au Sauveur, elle fut construite à partir de 1119, jusqu'en 1550, sur l'emplacement d'une mosquée, elle-même érigée sur le site d'une église antérieure à la conquête arabe. Extérieurement, c'est un édifice péchant par un manque d'harmonie. Du côté de la place, elle présente une façade classique de la fin du XVIIᵉ s., dominée par une tour octogonale, dessinée par l'Italien Contini, à Rome, en 1685. Du côté du palais archiépiscopal, remarquez la très intéressante décoration extérieure, en brique et azulejos, d'un beau style mudéjar de tradition andalouse, et le chevet de la Capilla Mayor, qui a lui aussi une belle décoration extérieure, surtout à l'étage supérieur.

Visite : 9-14 h et 16-18 h ; le même billet donne droit à la visite de la Virgen del Pilar.

L'intérieur du monument, de plan presque carré, rappelle celui de l'ancienne mosquée, avec cinq nefs séparées par quatre rangées de beaux piliers gothiques ; le sol est pavé de larges dalles de marbre jaune dans lesquelles sont incrustées des lignes en marbre noir et blanc qui correspondent à la projection des arêtes de la voûte.

A dr. de l'entrée : **Capilla de Santiago** (1ʳᵉ chapelle), de style baroque, fondée en 1695, avec des **peintures** de Juan Rabiella. En face, vous remarquerez la décoration plateresque de la **clôture du chœur**, dans laquelle sont aménagées de petites chapelles enrichies d'une profusion d'ornements, de figurines, de bas-reliefs (XVIᵉ s.).

Capilla de las Santas Justa y Rufina (3ᵉ chapelle) : **retable** et peintures latérales de Francisco Camils (1644), coupole et pendentifs peints par Juan Galván.

Capilla del Nacimiento (4ᵉ chapelle), fermée par une grille plateresque du XVIᵉ s. : **retable** (1585-1590) peint par Roland de Mois.

Capilla San Marcos (5ᵉ chapelle), qui s'ouvre par un portail plateresque : peintures de Juan Zabalo, elle abrite un **paso** moderne représentant la Vierge sur une barque.

Capilla San Bernardo (7ᵉ chapelle) : **monuments funéraires*** plateresques, de l'archevêque Fernando de Aragón (à g.) et de doña Ana de Gurrea, sa mère (à dr.) ; sur l'autel, **bas-reliefs** en marbre (la Vierge apparaissant à saint Bernard) ; œuvres de Pedro Moreto, Juan de Leceire et B. Pérez (1553-1575). Vient ensuite un **portail,** qui est en fait l'entrée principale de la Seo, s'ouvrant par un porche à nervures Renaissance.

En face, vous examinerez le **trascoro*** (partie supérieure du coro), l'une des plus belles œuvres de la Renaissance espagnole, réalisée en 1557 par Arnaud de Bruxelles et Tudelilla. Il est orné de deux statues de saint Vincent et de saint Laurent (1538), de part et d'autre de l'autel et encadré par de grands panneaux en haut-relief où figurent ces deux martyrs.

Capilla San Valero (9ᵉ chapelle), de la fin du XVIIᵉ s. : portail et coupoles à décor basque ; **tableaux** latéraux de García Ferrer.

Capilla Nª Sª del Carmen (10ᵉ chapelle) : arc de tête sculpté de style baroque (XVIIᵉ s.) ; sur les murs latéraux, grands **tableaux** de Francisco Lupicino (XVIIᵉ s.), un artiste florentin, représentant l'Invention de la croix et des scènes de la vie de sainte Hélène.

Capilla San Miguel (11ᵉ chapelle), fondée en 1596 ; bel encadrement plateresque et remarquable **grille*** en bronze par Guillermo Trujarón ; magnifique plafond en bois doré, mudéjar ; très intéressant **retable** par Miguel de Anchieta (XVIᵉ s.). En face, vous examinerez l'autre côté latéral du chœur.

Capilla Santo Dominguito de Val (12ᵉ chapelle) : arc de tête à sculptures baroques d'un style sévère (XVIIᵉ s.) ; notez les ornements en plâtre sculpté de la coupole, très élégante.

Capilla San Agustín (13ᵉ chapelle) : arc de tête de style baroque (XVIIIᵉ s.) ; **retable*** (1520) dont l'architecture est l'œuvre de Gil de Morlanes tandis que les peintures sont d'Antón de Aniano et les sculptures de Gabriel Joly, à l'exception de la statue de saint Augustin (José Sanz, 1722). Ce retable, d'un art raffiné, a inspiré un certain nombre d'artistes qui travaillèrent en Aragon (Jaca, Tarazona, Teruel, etc.).

Capilla San Pedro Arbués (14ᵉ chapelle), qui porte le nom d'un inquisiteur assassiné dans la Seo en 1485 : sous un grand baldaquin dans le style du Bernin, remarquable **tombeau*** de ce prélat, élevé aux frais des Rois Catholiques par Gil de Morlanes (la statue est de José Ramírez).

Dans l'angle, la puerta de San Bruno conduit à un vestibule ou porche d'où vous accéderez au musée de la tapisserie de la cathédrale.

 Le **musée de la tapisserie*** possède l'une des plus belles collections d'Espagne de tapisseries gothiques des xivᵉ et xvᵉ s., et une série non moins importante de tapisseries de la Renaissance (xviᵉ s.), où l'influence de la peinture est déjà considérable. Elles furent tissées à Bruxelles et dans le N. de la France, peut-être à Arras. Vous remarquerez plus particulièrement les tapisseries du **Triomphe de l'Église** (ou du **Baptême de Constantin** ; Flandre ou N. de la France ; fin du xvᵉ s. ; *nᵒ 46*), du **Péché originel** (Bruxelles ; xviᵉ s. ; *nᵒ 47*), des **Soldats romains** (Bruxelles ; *nᵒ 56*), d'une grande délicatesse de tons et de dessin, de la **Crucifixion** (N. de la France ; fin du xivᵉ s. ou début du xvᵉ s. ; *nᵒ 58*), de l'**Expédition de Brutus en Aquitaine** (N. de la France ? ; xvᵉ s. ; *nᵒ 69*), d'**Assuérus et d'Esther** (N. de la France ; xvᵉ s. ; *nᵒ 88*), de la **Passion** (Arras ? ; xivᵉ s. ou début du xvᵉ s. ; *nᵒ 73*), les tapisseries de la série de la **Guerre de Troie** (N. de la France ou Bruxelles ? ; fin du xvᵉ s. ou début du xviᵉ s. ; *nᵒˢ 79, 80, 89, 90*).

Après la Puerta de San Bruno s'ouvre une porte donnant accès à la **sacristie**. Celle-ci abrite un **musée** où vous verrez, dans une grande armoire, une énorme **custode** en argent, de style platéresque, et plusieurs reliquaires. A dr. de l'armoire, après un **Ecce Homo** de l'école de Montañés, se trouve un **stradivarius** daté de 1733. Notez ensuite un **triptyque*** en émail par Léonard Pénicaud (v. 1470-v. 1542), dit Nardon, de Limoges, puis une **caravelle** en argent et coquillage, du xvᵉ s., qui repose sur un dragon ailé en argent doré, et, de ce même côté, un **baiser-de-paix** en argent doré de style platéresque (xviᵉ s.), où est représentée l'Assomption.

Vous remarquerez encore une colossale **custode de procession**, en argent, œuvre de Pedro Lamaison et Forment qui fut poinçonnée en 1541; composée de 24 000 pièces, elle pèse 218 kg. Plus à dr., **calice du jeudi saint, en argent doré, de style gothique** (xvᵉ s.) avec un décor Renaissance (xviᵉ s.).

Capilla San Pedro y San Pablo (15ᵉ chapelle) : retable de style baroque du xviiiᵉ s.

Capilla Mayor ; en avant de cette chapelle, la **coupole** fut reconstruite de 1505 à 1520 sur des plans d'Enrique de Egas. Derrière le maître-autel, **retable**** gothique en albâtre, commencé en 1434 par Pere Johan de Vallfogona, auteur de la prédelle, continué par Hans de Souabe (le corps du retable et la corniche saillante) en 1473-1477 et achevé par Gil de Morlanes (oculus central, entouré de chérubins). Il comprend trois grands tableaux sculptés figurant l'Ascension *(à g.),* la Transfiguration *(à dr.)* et l'Adoration des rois *(au centre);* ces trois tableaux sont décorés de pinacles gothiques contenant des statues à la partie supérieure. L'ensemble fut peint en 1480. De chaque côté de la Capilla Mayor notez encore les **tombeaux** de différents princes d'Aragon et *(à g.)* de l'archevêque Don Juan d'Aragon. En face, le **coro**, fermé par une belle **grille**, renferme des **stalles** en chêne sculpté du début du xvᵉ s.; remarquez encore le **siège épiscopal**, richement sculpté, et le **lutrin**, œuvre magistrale de 1413, don de l'antipape Benoît XIII.

Parmi les chapelles du pourtour, visitez encore la **capilla de la Virgen Blanca**, à g. de la Capilla Mayor, où l'on peut voir une **statue de la Vierge du Rosaire**, en albâtre, œuvre à l'auteur incertain : Hans de Souabe ou Fortaner de Usesque (milieu XVᵉ s.); notez encore le **retable** platéresque et les **azulejos**. A g. de cette chapelle, **armoire** peinte (l'Assomption de la Vierge), par B. Gonzalez (1767).

La **petite paroisse**, une chapelle qui s'ouvre à dr. juste avant la porte par laquelle vous serez entré dans la cathédrale, renferme, le long du côté g., le **tombeau*** de l'archevêque Lope Fernández de Luna († 1382), magnifique œuvre gothique de Pere Moragues, de Barcelone.

Retraversez la cathédrale pour sortir par la puerta de San Bruno (→ *ci-dessus*, avant le musée de la tapisserie). L'**Arco del Deán**, qui enjambe la rue, relie la cathédrale à la maison du Doyen (XIIIe-XIVe s.), édifice de style mudéjar (à l'exception du fenestrage pseudo-gothique ajouté lors de la restauration). En prenant dans la deuxième rue après l'arc, vous arriveriez au **palais de la Real Maestranza de Caballería**, construit de 1537 à 1547 dans le plus pur style aragonais (bel escalier à coupole mudéjare et plafonds artesonados), au *n° 21* de la calle de Dormer. En face, au *n° 8*, **palais de Azara**, ou **de Huarte**, du début du XVIe s.

Revenez alors pl. de la Seo, sous laquelle est aménagé le **museo del Foro romano :** à 4 m sous le niveau actuel de la place, les fouilles ont permis de retrouver les restes d'un *macellum* (marché), de diverses *tabernae* (boutiques), ensemble réaménagé, à la fin du Ier s., en un immense forum.

2 — La vieille ville

La **casa de los Pardo**, ou encore **de los Cosido** abrite le **musée Camón Aznar** *(ouv. mar.-sam. 10 h-13 h 30, dim. 10 h-12 h)*; riche collection d'œuvres picturales, notamment un autoportrait et une série de gravures de Goya; l'édifice, construit entre 1550 et 1570, possède un superbe patio à la décoration plateresque.

La **pl. Santa Cruz** est pleine de charme avec son jardinet et sa croix de fer forgé. L'église *(plan D2)* qui lui a donné son nom est une œuvre néo-classique de la fin du XVIIIe s. édifiée par les architectes Julian Yarsa et Agustín Sanz. Ramón Bayeu intervint dans la décoration du maître-autel. A l'intérieur, en forme de croix grecque avec une coupole au centre, un magnifique **baiser-de-paix** Renaissance avec un émail peint représentant saint Jérôme. La **casa de los Torrero** (fin XVIe-début XVIIe s.; *ouv. lun.-ven. 10 h-13 h., sam. 10 h-12 h)* conserve elle aussi un superbe patio associant des éléments décoratifs de tradition musulmane à des motifs gothiques.

L'**église San Gil** *(plan D3)*, des XIVe-XVe s., a été remaniée en 1779 en style néoclassique; elle garde un retable du XVIIe s.; dans la sacristie, fresques du XVIIIe s. et buste en argent ciselé du début du XVIe s.

Laissant la **casa de Fuenclara** (XVIIe s.), avec ses grandes baies et ses réminiscences gothiques et Renaissance, on atteint la **pl. San Felipe** où s'élèvent l'**église** du même nom *(plan C2)*, de style baroque (à l'intérieur **Ecce Homo** du XVe s., **statues** en bois polychrome des apôtres du XVIIe s. par Ramírez) et le **palais** saragossain du XVIIe s. **des comtes de Argillo**. Son avant-toit est d'une somptuosité rare; le patio présente des colonnes et des arcades. Le palais abrite le **musée Pablo Gargallo**.

Sur la place del Justicia, l'**église** la plus représentative du baroque à Saragosse : **Santa Isabel**, nommée aussi **San Cayetano** *(plan C2)*, fut édifiée par la Diputación del Reino de Aragón, dont l'écu orne la façade sobre flanquée de deux petites tours; l'intérieur surprend par l'harmonie de la décoration baroque. A côté, le **palais des comtes de Sobradiel** présente une noble façade néoclassique, mais on pourra lui préférer le tout proche **marché central de Lanuza**, tant pour l'animation qui y règne que pour son architecture métallique, très représentative du début du siècle.

➜ Plus à l'O. s'étend le vieux quartier San Pablo où vous pourrez admirer la très belle **église San Pablo** *(plan B2)*. Gothique (1259), elle est dominée par un clocher mudéjar, typiquement aragonais avec ses ornements de briques et d'azulejos verts et blancs. Derrière le maître-autel, **retable*** en bois doré et polychrome de Damián Forment et de son atelier. A noter l'**orgue** (1572) et, dans la **capilla de la Virgen del Rosario** (au fond du bas-côté g. quand on regarde le chœur), le **tombeau** de l'évêque Diego de Monreal (xviie s.); dans le déambulatoire, **retables** peints des xve et xvie s.; sur le tambour de la coupole sont encastrées deux **sculptures** d'albâtre figurant deux apôtres assignées à Juan de Anchieta; dans la **sacristie**, riche trésor et **tapisseries** d'après les cartons de Raphaël.

Dans ce quartier, vous pouvez aussi aller voir l'ancien **palais de Villahermosa** (portail ajouté au xviie s.), dans la calle de los Predicadores.

La vieille ville est ceinturée par le **Coso**, qui porte ici le nom de César Augusto *(plan C2);* de son passé aristocratique, cette artère a hérité du **palais des comtes de Morata**, dit aussi **palais des Luna** (xvie s.) qui abrite auj. l'**Audiencia*** *(plan C2; ouv. de 9 h à 13 h en sem.),* édifice de grande allure, de style Renaissance, qui fut le palais des comtes de Luna (1551). Il comporte deux puissantes tours reliées par une galerie s'ouvrant vers l'extérieur. La porte, aux énormes cariatides sculptées par Guillaume de Brimbez, est ornée d'un relief représentant l'entrée dans Rome de l'antipape Benoît XIII († 1423), de la famille des comtes de Luna.

A l'intérieur, occupé de nos jours par la cour d'appel, patio décoré d'azulejos verts et bleus, **salons** aux magnifiques plafonds à caissons, escalier aux nobles proportions; dans la **chapelle**, Christ en bois polychrome du xviie s.

Le second présente une curieuse galerie, actuellement en cours de restauration.

➜ De l'autre côté du Coso, les **Escuelas Pias** *(plan B2)* comportent une église à façade baroque de 1733.

Le palais des comtes de Ságasta, également du xvie s., présente une curieuse galerie couronnée par un auvent; son patio est assez bien conservé.

➜ En continuant de suivre le Coso vers l'E., vous découvrirez au fond d'une place l'**église San Miguel de los Navarros** *(plan D3),* de style mudéjar, s'ouvrant par un portail à corniche en coquille avec un groupe sculpté du xviiie s.; elle est surtout intéressante pour son **retable** de Damián Forment (1519), avec une **statue de saint Michel** par Gabriel Joly.

L'**église San Carlos** *(plan D3)* fut érigée par la Compagnie de Jésus en 1570 (à l'int. modifié en 1723 en style baroque surchargé d'ornements, nombreux tableaux, notamment **Saint François Borgia** par Ribera; cloître); à côté subsiste, pour l'essentiel, la façade de la maison des Morlanes (1555), célèbre dynastie de sculpteurs dont on peut voir, entre autres, diverses œuvres dans les églises de la ville. Sur le coso voisin, au n° 146, restes d'un **bain arabe**, ou plutôt juif, du début du xive s.

L'**église Santa María Magdalena** *(plan E3),* de style mudéjar (le chevet et la tour), s'ouvre par un portail baroque de 1730 (à l'int., dans la capilla mayor, retable néoclassique de Ramírez et, dans la capilla del Cristo, sculptures d'un ancien retable attribué à Damián Forment).

3 — Le musée provincial des Beaux-Arts

Durée env. 2 h, y compris la visite de l'église Santa Engracia, dotée de l'un des plus beaux portails Renaissance que l'on puisse voir en Aragon

■ Le **musée provincial des Beaux-Arts*** *(plan D4).* — Il comporte une intéressante section consacrée à l'archéologie musulmane, mais surtout des sculptures (celles de la Renaissance comptent parmi les plus belles) et de peintures des écoles aragonaise (avec l'une des collections de primitifs les plus complètes d'Espagne), castillane et valencienne, mais aussi des œuvres d'art flamandes et italiennes de la Renaissance. L'école aragonaise des XVIIIe, XIXe et XXe s. est surtout représentée par les Bayeu et Goya.

Visite : de 10 h à 14 h et de 15 h à 17 h en hiver, de 10 h à 13 h et de 16 h à 19 h en été.

L'origine du musée provincial des Beaux-Arts de Saragosse remonte à la création, en 1792, de la Real Academia de Bellas Artes de San Luis, dont le premier fonds est constitué par une collection de dessins italiens, légués par l'architecte Vicente Pignatelli. Le musée est inauguré en 1844 dans le couvent de Santa Fe. Le fonds du musée est alors surtout constitué par des œuvres d'art prélevées dans les couvents et monastères aragonais après la dissolution des ordres religieux en 1835. Il est ensuite installé dans le monastère de Santo Domingo, mais les premières salles ne furent pas ouvertes avant 1905.
Pour commémorer le centenaire du siège de 1808-1809, un édifice, de style Renaissance aragonaise, est construit à partir de 1907 et les collections présentées en 1911.

Parmi les collections des objets de la **préhistoire aragonaise,** mais aussi du Levant, des **antiquités romaines** (céramique, inscriptions, statues, dont un buste de l'empereur Tibère ou Claude, des pavements de mosaïque).
Une section est consacrée à l'**archéologie musulmane,** avec de remarquables panneaux et fragments de stucs délicatement sculptés, provenant du palais de l'Aljafería, ainsi qu'à la **sculpture des périodes romane et gothique** (gisant de Pedro Fernández de Hijar y de Navarra, du XIVe s., et **tombeau d'Isabel de Castro,** son épouse, qui se trouvaient dans le monastère de Rueda, etc.).
A l'**art de la Renaissance** appartiennent une **Mise au tombeau,** attribuée à Damián Froment, ainsi qu'une **Adoration des rois,** un siège abbatial et des fragments de **stalles** du monastère de Veruela, par Juan de Oñate, un fragment du **sépulcre du chancelier Juan Selvagio** (1519), exécuté par Alonso Berruguete, la **statue** polychrome de l'**Ange gardien** de la puerta del Puente (Saragosse), sculptée par Gil de Morlanes en 1492 et peinte par Martin Bernat, une statue d'albâtre polychrome, attribuée à Pere Johan de Vallfogona, etc.
Parmi les œuvres peintes, on compte des panneaux du **retable** de l'église de la Santa Cruz de Blesa, par les primitifs aragonais (XVe s.) Miguel Ximénez et Martin Bernat, des œuvres de Jaime Huguet (**Vierge à l'Enfant avec un ange, Annonciation et Épiphanie**, ces deux derniers tableaux exécutés en 1442-1445), de Bermejo (**Crucifixion**), de Jaime Serra (**retable de la Résurrection*,** provenant du couvent du Saint-Sépulcre, à Saragosse), de Roland de Moys (**Épiphanie***), d'Adriaen Isenbrant (**Vierge à l'Enfant**), de Lucas Van Leyden (**Vierge à l'Enfant**), de Sassoferrato (**Vierge à l'Enfant**), de Correa, Claudio Coello, Sánchez Coello, Vicente Berdusán, Luca Gíordano, Pantoja de

la Cruz, Ribera, Francisco Bayeu, fray Manuel Bayeu, Ramón Bayeu, Goya (**portraits**, dont un de Ferdinand VII, daté de 1815, un autoportrait au sombrero), etc.

 L'église Santa Engracia *(plan C4)*, dont le clocher comporte des éléments mudéjars, s'ouvre par un magnifique **portail*** de style plateresque réalisé en 1505-1519 par les deux Gil de Morlanes, père et fils. L'église fut reconstruite à la fin du XIXe s. Dans la crypte, sarcophages paléochrétiens, ornés de bas-reliefs, du IVe s.

Tout près de là, on peut aller, par la rue San Ignacio de Loyola, voir la Caisse d'Epargne de Saragosse, Aragon et Rioja (IberCaja; *aux h. d'ouverture des banques*) où a été remonté le **patio de la Infanta**, probablement le plus beau de tous les patio de la Renaissance en Aragon; achevé en 1550 pour le palais d'un riche marchand, il comporte une abondante décoration sculptée due à Martín Tudela.

La puerta de Nuestra Señora del Carmen *(pan B4)*, de la fin du XVIIIe s., conserve des traces du siège de 1808-1908.

4 — Le palais de la Aljafería**

Célèbre par sa résistance lors du siège de 1808-1809, ancienne résidence des émirs qui régnaient sur l'Aragon, puis des Rois Catholiques, ce somptueux palais gothique aurait été fondé par le légendaire Aben Alfage sur le site d'une villa romaine. En fait, la partie arabe du palais actuellement visible n'est pas antérieure au XIe s., à l'exception de quelques vestiges qui datent peut-être du IXe s.

Visite : de 11 h à 13 h 30 et de 16 h 30 à 18 h 30; f. le dim. a.-m. et les j. fériés toute la journée; accès payant.

C'est à Abū Djafar al-Maqtadir (1046-1081/1082), le second souverain de la dynastie des Banū Hūd, que l'on doit la construction de ce fameux palais dont l'appellation d'Aljafería dérive de son nom (Jafar). Abū Djafar al-Muqtadir, réputé grand buveur de vin et coupeur de têtes, est l'un des plus puissants de ces mulūk at-Tawā if (roi de Taifas) de l'Espagne musulmane avec Saragosse (Sarakusta) pour capitale. Il attire à sa cour des savants, écrivains et théologiens, tel Abū I-Walid al-Bādji qui répond à la lettre d'un « Moine de France » qui exhorte le souverain à embrasser la religion chrétienne. Il invite également le Cid à sa cour qui, plus tard, entre au service de l'un de ses successeurs, Abū Djafar al-Musta in.

Après la Reconquête, Alphonse Ier le Batailleur remet le palais aux bénédictins de Carcassonne, puis la cour d'Aragon l'habite aux XIVe et XVe s. Il est détruit en 1809. C'est dans l'Aljafería que se situe une partie de l'action du « Trouvère », un drame (« El Trovador ») écrit en 1836 par Antonio García Gutiérrez, qui, sur un livret de Salvadore Cammarano, inspira un opéra à Verdi.

La Aljafería est enclose par une puissante muraille, aujourd'hui en majeure partie restaurée, qui est renforcée par une énorme tour carrée, dite du Trovador, ayant servi sans doute de donjon, et par des tours semi-cylindriques; elle fut élevée en brique sur un soubassement de pierre. A l'E., du côté de la ville, cette enceinte s'ouvre par une porte en arc outrepassé, également restaurée. Elle donne accès à une cour, dite de l'église (celle-ci, consacrée au XIVe s. à saint Martin de Tours, possède une intéressante porte en brique de style mudéjar). De là, vous passerez dans une grande cour centrale, élément fondamental d'un palais arabe. Une porte mal conservée, érigée au temps des Rois Catholiques, donnait accès à ce vaste patio qui fut remanié à la même époque.

Au fond et à g. du patio *(côté S.)* se développait un portique aux arcs polylobés précédé d'un bassin. En face, du côté N., on retrouve la même disposition, mais le portique sert ici de vestibule à un **grand salon** flanqué de deux alcôves carrées, d'où un portique mène à la mosquée. De la décoration de ce vaste salon il subsiste encore quelques vestiges de motifs en plâtre sculpté. La **mosquée** s'ouvre par un magnifique arc outrepassé polylobé.

La **tour du Trouvère** (torre del Trovador) comporte quatre étages. Au rez-de-chaussée, deux piliers cruciformes soutiennent des arcs outrepassés et une voûte de brique ; de là, un corridor mène à une citerne souterraine. Le premier étage servit de prison, au temps où l'Aljafería fut le siège de l'Inquisition, et par la suite. La salle du second étage conserve quelques restes de stucs mudéjars avec des inscriptions arabes et des peintures murales du XIVe s. Les deux autres étages, de style gothique, sont des additions chrétiennes.

Le **palais des Rois Catholiques**** est l'ensemble le plus complet que nous ait légué l'architecture civile de la fin du XVe s. en Espagne, mais il y a encore des éléments de style gothique plus anciens qui datent peut-être des XIIIe et XIVe s. On sait que Pierre IV le Cérémonieux (1336-1387) y fit exécuter plusieurs séries de remaniements. Le palais que vous visiterez fut érigé par Ferdinand le Catholique, la date de 1492 marquant la fin des travaux de construction par un architecte mudéjar, Faragbali. Vous gravirez en premier lieu un majestueux **escalier d'honneur***, de style gothique fleuri, avec un magnifique plafond à caissons où sont peints les symboles des Rois Catholiques, et des ornements en plâtre sculpté. De là, vous passerez dans un corridor qui conduit à la salle du trône et à quatre autres salles. La salle du trône, l'ancienne Salle Dorée, est couverte par un remarquable **plafond artesonado**** peint qui paraît supporté par les sveltes colonnettes d'une galerie haute. Les quatre autres salles actuellement visibles sont également ornées de beaux plafonds mudéjars, ainsi que de gracieux azulejos où l'on trouve parfois le motif de la grenade, allusion probable à la conquête de Grenade (1492).

Au-dessus de la mosquée, une pièce, couverte par une coupole en bois récemment reconstituée, appartient au palais gothique des rois d'Aragon. Il s'agit peut-être de la salle, dite tocador de la Reine (boudoir de la Reine), où, en 1271, naquit l'infante d'Aragon et future reine du Portugal, sainte Élisabeth.

1 — Musée d'ethnologie (1,5 km S. de la pl. de Aragón, C4, par le paseo Fernando el Catolico, vers Teruel et Valence ; ouv. en hiver de 10 h à 13 h et de 15 h à 18 h ; en été de 11 h à 14 h et de 17 h à 20 h). — Dans le parc Primo de Rivera, il occupe une partie des bâtiments du **musée de céramique** (ouv. le mat., mar.-dim.). Deux bâtiments caractéristiques de l'architecture civile des Pyrénées aragonaises et de la sierra d'Albarracín.

2 — Utebo (7 km O. par la N232 ; 5 691 hab.). — **Église Santa María**, de style mudéjar, dotée de l'une des tours les plus intéressantes de la province. Construite au XVIe s. par Antonio de Sariñena, elle fut remaniée au XVIIIe s. en style baroque.

3 — Alagon (20 km O.). — **Église paroissiale** gothique s'ouvrant sur un portail baroque et surmontée d'une tour mudéjare octogonale. À l'intérieur, vous pourrez contempler un beau retable de Juan Salas ainsi qu'une statue du Christ dans la chapelle du même nom.

4 — Pedrola (28 km O. ; 2 143 hab. ; alt. 296 m). — Capitale des seigneuries des ducs de Villahermosa depuis le XVe s. ; ses descendants habitent le **palais** d'apparence extérieure sobre, construit en brique (XVIe-XVIIe s.). À l'intérieur, une **Adoration des Bergers** de Roland de Mois. On situe plusieurs chapitres du « Don Quichotte » dans ce palais. Une ancienne galerie qui traverse les rues et les maisons conduit à l'**église paroissiale**, de style mudéjar. Elle renferme le tombeau de la duchesse de Villahermosa, sculpté par Aniceto Màrinas et un retable de Santo

Domingo, peint au XVIIe s. par Francisco Escuer. Vous remarquerez deux toiles de François Bayeu représentant l'**Asunción** et le **sagrado Corazón**.

➡ A *8 km N.-O.,* **Luceni**, église de la Candelaria qui abrite un magnifique retable avec des sculptures en pierre polychrome.

5 — Villanueva de Gállego (*10 km N. par la N 123 en direction de Huesca;* 2 400 hab.). — L'**église paroissiale** abrite une sculpture gothique de la Vierge. Fêtes : le 1er dim. de sept.

6 — San Mateo de Gállego (*18 km N.;* 1 840 hab.). — L'**église** du XVIe s. possède une tour et une façade de style mudéjar très décorées ainsi qu'à l'intérieur un beau retable d'époque Renaissance.

7 — Zuera (*21 km N.;* 3 596 hab.). — Joli bourg situé dans les pins. L'**église romane**, de style gothique de transition, s'ouvre par un **portail** Renaissance. A l'intérieur, beau retable platéresque peint et sculpté par Juan de Ampuero et Juan Vizcaino, une chaire gothico-mudéjare et, dans la sacristie, un beau mobilier du XVIIIe s.

Fêtes : du 25 au 27 août, célébration de la San Licer.

8 — Chartreuse d'Aula Dei (*12 km E. par la N 11 en direction de Lérida; visite interdite aux femmes*). — Près du río Gállego, entre les quartiers ruraux de Montañana et de Peñaflor, la chartreuse fut fondée en 1563 par l'archevêque de Saragosse, don Fernando de Aragón, petit-fils des Rois Catholiques. Le **portail** de l'église, qui s'ouvre sur un parvis, est une œuvre rococo somptueuse, sculptée en plâtre, l'Assomption de Marie entre San Bruno (fondateur de l'ordre) et San Bautista. Dans le **cloître**, tableaux de la vie de saint Bruno, par Antonio Martínez. Dans l'**église**, fresques de la Vie de la Vierge et de l'Enfance du Christ par Goya (1774). Belle **bibliothèque**.

9 — Alfajarín (*20 km E.;* 1 283 hab.). — Église baroque avec une façade et une tour de style mudéjar.

➡ Sur les collines avoisinantes, **ruines** d'un **château** d'origine musulmane e **ermitage** de la Vierge de la Peña gothico-Renaissance avec 2 **retables** du XVIe s. Sur une autre colline, le **casino Montes Blancos**, seul casino de jeu autorisé en Aragon.

10 — Pina (*28 km E.; embranchement sur la dr. à 5 km d'Osera de Ebro*). — De son ancienne église paroissiale seule subsiste une gigantesque **tour** en brique, de style baroque (XVIIe s.). **Couvent** de **San Francisco** de style gothico-mudéjar.

Ségovie***

Ávila, 66 km. — Madrid, 91 km. — Valladolid, 146 km.
Alt. 1 005 m. — 53 240 hab. — Capitale de la province de Ségovie (Castille-León).

Ségovie est l'une des plus séduisantes et des plus vieilles cités d'Espagne. Son magnifique aqueduc romain en est le plus convaincant des témoignages. Dans un cadre de vallons aux couleurs fauves, la ville médiévale s'étend sur un promontoire escarpé, occupé, à la proue, par un fier alcázar, dont le nom évoque le passé mauresque de l'Espagne. La cathédrale, de style gothique tardif, évoque aussi la splendeur passée d'une ville qui fut autrefois l'une des plus importantes et des plus riches d'Espagne.

Une ville royale. — Centre de la résistance des Celtibères contre la domination romaine, prise par les Romains et rasée en 80 av. J.-C., elle est reconstruite et devient l'une des cités les plus importantes de l'Espagne romanisée. Capitale au

temps de la domination arabe, elle est la résidence de plusieurs rois de Castille, du
XIIIe au XVe s., notamment d'Alphonse le Sage (1252-1284), qui y compose ses
fameuses tables astronomiques, et d'Henri IV l'Impuissant (1454-1474), le père de
la Beltraneja. Les cortès s'y réunissent six fois au XIVe s. et au début du XVe s.
Isabelle la Catholique y est proclamée reine de Castille en 1474. En 1520, les
Ségoviens prennent une part active à la révolte des Comuneros contre l'autorité de
Charles Quint. L'industrie du drap, qui longtemps rendit célèbre le nom de Ségovie,
fut introduite par les Maures.

Ségovie aujourd'hui. — Comme de nombreuses cités de Castille, Ségovie ne s'est
pratiquement pas transformée durant ces dernières années. Ville éminemment
touristique, elle est visitée, les fins de semaine, par de nombreux Madrilènes autant
pour sa richesse monumentale, que pour goûter les spécialités gastronomiques qui
ont fait d'elle l'un des hauts lieux de la cuisine espagnole.

Fêtes. — Semaine sainte. Du 24 au 29 juin, célébration de San Juan et San Pedro.
Le 25 oct., San Frutos.

Gastronomie. — Vous pourrez savourer d'excellentes truites, la traditionnelle soupe
castillane et surtout les asados, avec en particulier le cochon de lait rôti au feu de
bois.

Visite de la ville

*Vous parcourrez la ville de l'aqueduc romain à l'Alcázar. Cette promenade vous
demandera de 2 à 3 h selon que vous voudrez voir le site plus ou moins en détail.
Vous pourrez enchaîner ensuite avec la visite des faubourgs de l'Eresma et du
Clamores, réalisable en 1 h en auto.*

*Vous pourrez vous garer sans trop de difficultés, au pied de l'aqueduc, sur la plaza
Mayor, plaza de la Merced (plan B2) ou sur l'esplanade de l'Alcázar.*

1 — La ville haute

*Promenade à pied de 2 h si on se limite à l'essentiel (aqueduc, calle Real, église
San Martín, cathédrale, Alcázar, églises San Esteban et San Juan de los Caballeros),
à 3 h ou plus si l'on visite en détail.*

Aqueduc romain*** *(plan acueducto en CD3).* — C'est l'un des monuments
de l'Antiquité les plus imposants et les mieux conservés ; il fut probablement
construit sous le règne de Trajan (98-117). Une série de 128 arches, longue
de 813 m, enjambe une dépression au S. de la ville, sur une hauteur maximale
de 28,50 m, rachetée par deux étages d'arcades d'une hardiesse et d'une
légèreté remarquables. La construction tout entière est en blocs de granit,
posés à sec, sans mortier ni ciment. Cet aqueduc amène à Ségovie les eaux
du Riofrío, un ruisseau qui prend sa source à 17 km de la ville. La conduite,
qui commence au Caserón, une tour située à l'entrée du chemin de Ségovie
à la Granja, aboutit à l'Alcázar. La direction de l'aqueduc et sa hauteur varient
selon les dispositions du terrain ; la pente est de 1 % et les eaux descendent
rapidement. Plusieurs arches, détruites au XIe s. lors de la prise de Ségovie
par les Maures, furent relevées à la fin du XVe s.

La **calle Real** *(plan B2-3)*, une rue qui prend successivement les noms de
calle de Cervantes, de **calle de Juan Bravo** et de **calle de Isabel la Católica**,
est l'artère la plus animée et la plus séduisante du vieux Ségovie. Réservée
aux piétons, elle est bordée de quelques-unes des plus belles **demeures** de
la ville haute, telle la **casa de los Picos** *(plan C2)*, du XIVe s. (la façade, du

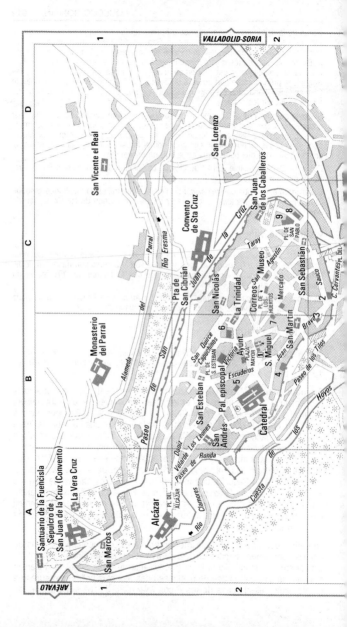

AREVALO

VALLADOLID-SORIA

Santuario de la Fuencisla
Sepulcro de
San Juan de la Cruz (Convento)

La Vera Cruz

San Marcos

Alcázar

PL. DEL ALCÁZAR

Río Clamores

Paseo del Valverde Los Leones

San Andrés

Paseo de Ronda

Monasterio del Parral

San Vicente el Real

Alameda

Paseo de San

Río Eresma

del Parral

Pta. de San Cibrián

Convento de Sta Cruz

San Lorenzo

San Juan de la Cruz

San Nicolás

La Trinidad

San Quirce

Capuchinos
PL. DE S. ESTEBAN

San Esteban

Pal. episcopal

San Andrés

Catedral

Taray

Correos-San Museo

PL. DE LOS HUERTOS

Mercado

PLAZA MAYOR

Ayunt.

Escuderos

Victoria

S. Miguel

Juan San Martín

San Agustín

San Sebastián

PL. DE SAN PABLO

Sauco

Bravo

C. Cervantes

Paseo de los Tilos

Hoyos

Cuesta de los

6
5
4
7
2
3
8
9

A   B   C   D   1   2

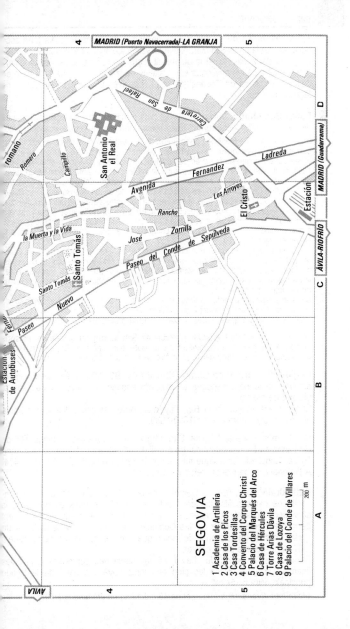

MADRID (Puerto Navacerrada)-LA GRANJA

Carretera de San Rafael

MADRID (Guadarrama)

ÁVILA-RIOFRÍO

Estación

Ladreda

Fernandez

Los Arroyos

El Cristo

Avenida

Rancho

Zorrilla

José

Paseo del Conde de Sepúlveda

Santo Tomás

la Muerte y la Vida

Campillo

Romero

romano

San Antonio el Real

Nuevo

Paseo

Estación de Autobuses

ÁVILA

SEGOVIA

1 Academia de Artillería
2 Casa de los Picos
3 Casa Tordesillas
4 Convento del Corpus Christi
5 Palacio del Marqués del Arco
6 Casa de Hércules
7 Torre Arias Dávila
8 Casa de Lozoya
9 Palacio del Conde de Villares

200 m

xvɪᵉ s., est ornée de pierres taillées en pointe de diamant) ; jadis forteresse
qui défendait la porte San Martín, elle servait également d'habitation au premier
magistrat de la ville ; c'est là qu'étaient reçus les rois et qu'ils s'engageaient
à maintenir tous les privilèges et les statuts de la cité. Au n° 40 de la calle de
Juan Bravo, **casa de Tordesillas** *(plan B3)*, avec un beau portail dans une
façade du xvᵉ s.

Église San Martín* *(plan B2)*. — La plus remarquable des églises romanes
de Ségovie (xɪɪᵉ s.) est surtout intéressante pour sa triple galerie extérieure.

Du côté de la **calle Real**, les **chapiteaux** de la galerie sont ornés de motifs floraux
et d'animaux fantastiques, mais ceux de la galerie O., où se trouve le porche d'accès,
et surtout de la **galerie N.**, avec des **scènes** empruntées à l'Ancien et au Nouveau
Testament, sont plus particulièrement admirables. De ce côté, vous reconnaître :
notamment, un Christ en majesté, la Cène, la messe de saint Martin de Tours, la
Résurrection de Lazare, l'Entrée de Jérusalem, le dimanche des Rameaux, le Baiser
de Judas, l'Annonciation, une scène de combat entre deux chevaliers (Roland et
Faragut ?), une autre scène de combat entre deux chevaliers et l'esprit du mal
symbolisé par un monstre, le voyage à Bethléem, David entouré de musiciens, c'est-
à-dire comme créateur des Psaumes, popularisés dans la chrétienté par Grégoire le
Grand et saint Augustin.
A l'intérieur, à g., remarquer une **chapelle gothique**, avec un **portail** de Juan Guas,
un architecte d'origine bretonne formé à Tolède par Maître Hanequin de Bruxelles,
qui l'initia aux finesses de l'art flamboyant des Flandres ; dans cette chapelle, notez
les **tombeaux** des Herrera (gisants d'albâtre) et un **retable** sculpté avec panneaux
de fermeture peints (xvᵉ s.).
Dans la chapelle suivante, aménagée en 1569 en style platéresque, **tableau** du
xvᵉ s. : la Vierge apparaissant à saint Ildefonse.
Dans la chapelle à g. de la Capilla Mayor, **Christ gisant**, par Gregorio Fernández.

Derrière le chevet de l'église, la **plazuela de San Martín** est bordée de **maisons
anciennes** dont l'une est dominée par une haute tour à mâchicoulis ; à g., **taureaux
de Guisando**, sculptures datant peut-être de l'époque romaine.

L'**église du couvent de Corpus Christi** *(plan B2)*, d'un intérêt assez limité,
est une ancienne synagogue de style mauresque, aux arcs outrepassés et
plafond de mélèze.
Sur la **plaza Mayor** *(plan B2)*, l'**ayuntamiento** est une solide construction
élevée en style herrerien en 1610-1630.

Sur la même place, l'**église San Miguel**, construite par Rodrigo Gil de
Hontañón en 1558, s'ouvre par un portail du xɪɪᵉ s. Dans l'**atrium** de l'ancienne
église, Isabelle la Catholique fut proclamée reine de Castille le 13 déc. 1474.
A l'intérieur, riche **trésor**, **retables** baroques.

Cathédrale* *(plan B2)*. — Commencée en 1522 par Juan Gil de Hontañón,
continuée par son fils Rodrigo, c'est l'un des plus curieux exemples de la
survivance du style gothique en plein xvɪᵉ s. Elle s'élève sur l'emplacement
de la cathédrale détruite par les Comuneros en 1520. On y pénètre par un
portail du style de l'Escorial, de même que le dôme qui se dresse hardiment
à 67 m au-dessus de la croisée.
Remarquez l'élégance du chevet, où rayonnent des contreforts à pinacles
finement sculptés. Dans les cinq premières travées à partir de la façade
principale, vitraux du xvɪᵉ s.
Visite : en hiver de 9 h à 13 h et de 15 h à 18 h ; en été de 9 h à 19 h.

A l'intérieur vous serez frappé par la majesté et l'ampleur des trois nefs, à voûtes richement ornées de nervures, surtout si on les contemple depuis la croisée du transept. Les chapelles et le clocher sont fermés par des grilles en fer forgé, d'un beau travail.

Dans la **Capilla Mayor**, retable du XVIIIe s., statue en ivoire et en argent de la Virgen de la Paz, enrichie de pierres précieuses.

Dans le **chœur**, stalles gothiques, d'une grande richesse, provenant de l'ancienne cathédrale (XVe s.), détruite par les Comuneros.

Dans le **bas-côté g.**, dans la 1re chapelle, **retable*** sculpté et polychrome, d'un caractère théâtral, de Jean de Joigny (1571) ; en face, grand **triptyque** d'Ambrosius Benson († 1550), peintre flamand d'origine lombarde qui fut élève de Gérard David.

Dans la 2e chapelle (de Santiago) : **retable** sculpté consacré à saint Jacques (intervention de l'apôtre à la bataille de Clavijo, à la partie supérieure).

Dans la 3e chapelle, **retable** sculpté de saints Cosme et Damien par Gregorio Fernández (1632). Dans la dernière chapelle du bas-côté dr. en remontant vers la croisée, une belle **porte*** gothique donne accès au **cloître** et au **musée diocésain**.

Le **cloître***, de style gothique, bâti en 1463-1470, est celui de l'ancienne cathédrale ; dans une chapelle à la base de la grande tour, grande **custode** en argent du XVIIe s., montée sur le carrosse du Corpus, en bois sculpté du XVIIIe s. Dans la **salle capitulaire**, magnifiques **tapisseries*** flamandes, d'après des cartons de Rubens, représentant l'histoire de Zénobie, la reine de Palmyre ; **plafond** à caissons (artesonado), du XVIIe s.

Par un escalier de pierre tendu de tapisseries, montez au musée diocésain.

Remarquez un **ostensoir** attribué à Benvenuto Cellini ; **tableaux** de Ribera, de Morales, de l'école de Pedro Berruguete (Messe de saint Grégoire ; Chandler R. Post l'attribue au maître lui-même), etc.

De retour dans la cathédrale, dans la branche dr. du déambulatoire : **chapelle du Sagrario**, remarquable spécimen d'art churrigueresque, réalisé à la fin du XVIIe s., d'après les dessins attribués à José de Churriguera.

A l'entrée de la **calle de los Leones**, le **palais du marquis del Arco** *(plan B2)* comprend un beau **patio** plateresque du XVIe s. Longez le parvis qui précède la façade principale de la cathédrale, très nue, mais revêtue d'une chaude patine, admirable au soleil couchant.

A dr. à la hauteur de la **plaza de la Merced, église San Andrés** *(plan B2)*, du XIIe s. (abside romane), mais souvent remaniée par la suite. De la place, la **calle de la Judería Vieja**, qui traverse l'ancien quartier de la juiverie, descend jusqu'à la **puerta de San Andrés** ; une plaque commémore les héros du poète et écrivain Francisco Gómez de Quevedo (1580-1645) et notamment Don Pablo de Ségovie, en esp. El Buscón — l'Aventurier — ou El Grand Tacaño (le Grand Vaurien), héros d'un célèbre roman picaresque.

Alcázar* *(plan A1)*. — Séduisant lorsqu'on le découvre du vallon de l'Eresma, il se dresse comme une figure de proue au sommet d'un haut promontoire ; c'est un château doté de tours à hauts pignons et d'un énorme donjon rectangulaire portant en couronne une ceinture de tourelles crénelées. L'Alcázar fut érigé de 1352 à 1358 par Henri II de Castille, sur le site d'un château bâti par Alphonse VI à la fin du XIe s. en profitant des travaux déjà entrepris par Abd ar-Rahman III, calife de Cordoue. Au XVe s., il fut agrandi par Catherine de Lancaster, épouse d'Henri III de Castille, et par Jean II.

Visite : de 10 h 30 à 18 h en hiver et à 19 h 30 en été.

Dans la partie accessible au public (visite guidée obligatoire), **collections de meubles anciens**, de **tapisseries** flamandes, de **lambris** en faïence de Talavera.

Dans la **salle del Solio,** plafond à caissons sur trompes mozarabes, lambris en faïence de Talavera. Dans une salle de plan cruciforme, ajoutée par les Trastamares, **frise** en plâtre sculpté exécutée sur l'ordre de Catherine de Lancaster en 1412. Après avoir traversé une petite cour, vous passerez dans une **chapelle** renfermant deux **retables** du XVIe s. Par le **chemin de ronde,** accès aux salles où sont présentées des **collections d'armes et d'armures.**

L'**église San Estebán** *(plan B2),* de style roman des XIIe et XIIIe s., est dotée d'une galerie à chapiteaux romans historiés et d'une très belle **tour*** du XIIIe s., en style de transition entre le roman et le gothique, dite « la reine des tours espagnoles ».

Dans la **calle de Escuderos** *(plan B2),* qui conduit à la plaza Mayor, au n° 13, la **casa de Diego de Rueda** est une très vieille maison (du XIIe s.) où habita, en 1445, Don Alvaro de Luna, le favori de Jean II de Castille.

Derrière l'église San Estebán, **palais épiscopal** *(plan B2),* construit à partir de la 2e moitié du XVIe s., mais achevé au XVIIIe s. En suivant la **calle de la Victoria** *(plan B2),* à g. à 100 m de l'entrée de cette rue, **casa de Diego Enríquez,** à façade platéresque, qui occupe l'angle de la **calle de Valdeáguila,** où se trouve le **couvent de Santo Domingo,** encore appelé **casa de Hércules** *(plan B2),* dominé par une tour avec quelques sculptures (Hercule sur une tête de sanglier, d'époque romaine).
L'**église de la Trinidad** *(plan C2),* de style roman, s'élève peut-être sur l'emplacement d'un oratoire wisigothique.
L'**église San Nicolás** *(plan C2),* romane, conserve encore, dans la petite abside, des **peintures murales** du XIIIe s. du sépulcre de la famille Ibáñez.
De la **plaza de los Huertos** *(plan C2),* on découvre l'impressionnant donjon de la **casa de Aris Dávila** *(plan B2),* construite au XVe s., tandis que le **palais** adossé à la tour date du XVIe s.

■ **Musée provincial des Beaux-Arts** *(plan museo en C2 ; 6, calle de San Agustín).* — Il est installé dans la **casa del Hidalgo,** édifiée vers 1500 par une modeste famille d'hidalgos citadins.

Visite : de 10 h 30 à 13 h 30 et de 15 h 30 à 18 h en hiver et de 10 h 30 à 13 h 30 et de 16 h à 19 h en été ; f. le lun.

Dans une niche du *patio,* **Pietà** en albâtre sculpté, œuvre de Sebastián de Almonacid, un disciple de Juan Guas.
Dans la *grande salle du rez-de-chaussée,* **tableaux** de l'école de Pedro Berruguete, **Annonciation, sculpture** polychrome de l'école d'Alonso Berruguete. A l'*étage* sont rassemblées des **peintures,** avec des œuvres de Francisco Camilo, de Mateo Cerezo, Vicente Carducho (Saint André, Saint Jean de Patmos, Saint François ; Saint Augustin et Saint Ambroise, une Annonciation, œuvres commandées en 1611 pour les **retables** latéraux du monastère de Santa María del Parral), Ambrosius Benson, des tableaux de l'école madrilène du XVIIe s., de l'école flamande, etc., des **estampes** de Rembrandt, d'A. Dürer, etc.

♣ **Église San Juan de los Caballeros** *(plan C2 ; ouv. de 10 h 30 à 13 h 30 et de 15 h 30 à 18 h en hiver et de 10 h 30 à 13 h 30 et de 16 h à 19 h en été ; f. le lun.).* — De style roman (XIe-XIIIe s.), elle est dotée d'une galerie extérieure à chapiteaux historiés, et abrite le **musée Zuloaga** dont les collections comprennent des œuvres du peintre Ignacio Zuloaga et de céramique de Daniel Zuloaga et de ses fils.

Dans le quartier voisin, autour de la **plaza del Conde de Cheste** et de la **plaza San Pablo** (pour y parvenir, prendre la petite ruelle débouchant à dr. après l'abside de San Juan de los Caballeros) se trouve un ensemble remarquable de **palais** dont la **casa del Marqués de Lozoya** *(plan C2)*, du XIVᵉ s., avec un splendide **patio** de style plateresque, et le **palais del Conde de Villares**, ancien palais du tribunal de l'Inquisition, et, de l'autre côté de la **calle de San Agustín**, les **palais de los Marqueses de Moya** et de los **Marqueses de Quintanar**.

2 — Les faubourgs de l'Eresma et du Clamores

Promenade à réaliser en voiture en 1 h env. si l'on se limite à l'essentiel (monastère del Parral, église de la Vera Cruz, couvent de San Juan de la Cruz, église de San Millán) ou en 1 h 30 si l'on visite plus en détail. Vous aurez alors l'occasion de découvrir de remarquables vues sur la ville haute et surtout sur l'Alcázar.

Couvent de Santa Cruz *(plan C2).* — Aujourd'hui désaffecté, il fut fondé en 1217 par saint Dominique de Guzmán ; l'église, réédifiée à la fin du XVᵉ s., s'élève au-dessus d'une grotte qui servit de refuge à saint Dominique. Notez le **portail** de style isabélin, orné de sculptures de l'école de Juan Guas (dans la lunette, **Pietà**, et, de chaque côté, le roi Ferdinand et la reine Isabelle à genoux).

Église San Lorenzo *(plan D2).* — Située au centre d'un quartier populaire, elle comprend une triple abside romane et une galerie extérieure à chapiteaux historiés (dans la **chapelle à g.** du maître-autel, **retable** sculpté de Benito Giralte, de 1532).

A l'angle du chemin du monastère de Parral, l'ancienne **casa de la Moneda**, élevée en 1586, fut abandonnée en 1730.

Monastère del Parral* *(plan B1).* — Il fut fondé en 1447 par Henri IV de Castille pour les hiéronymites, qui s'y installèrent en 1459 ; **église** construite en style isabélin par Juan Gallego (1494 ; la tour fut achevée en 1529).

Visite : de 9 h 30 à 13 h 30 et de 15 h à 18 h 30 en sem. ; de 11 h 30 à 13 h 30 et de 15 h à 18 h les j. fériés.

Dans l'église, au transept dr., **portail** de style gothique fleuri et, à g., **tombeau** de la comtesse de Medellin ; grand **retable** par Juan Rodríguez et Luis Giraldo (1528) ; les **sculptures** latérales, en albâtre, sont de Vasco de la Zarza et comprennent les **tombeaux*** plateresques des marquis de Villena qui firent construire l'église ; dans une chapelle à dr., petite **statue** romane de la Vierge (XIIIᵉ s.).

Église de la Vera Cruz *(plan A1 ; accessible par la route de Zumarramala).* — Construction romane édifiée en 1246 sur le site d'un temple romain, sur le modèle du Saint-Sépulcre.

C'est une **église polygonale** à douze côtés, s'ouvrant par deux portails, avec une partie centrale à deux étages. A l'entrée de la chapelle aménagée dans la tour (**tabernacle** gothique en pierre), restes insignifiants d'une composition murale du XIIIᵉ s. Dans la chapelle à g. de l'abside principale, fragment de **fresque** du XVᵉ s. figurant la Cène et le Donateur ; **retable** flamand du début du XVIᵉ s.

Couvent de San Juan de La Cruz *(plan Sepulcro en A1 ; ouv. de 8 h à 13 h 30 et de 16 h à 20 h 30).* — Occupé par des carmélites, il fut fondé en 1586 par saint Jean de la Croix, dont il abrite le tombeau.

Sanctuaire de la Fuencisla *(plan A1).* — Du XVIIe s., il aurait été bâti d'après des plans établis par Philippe II. A l'intérieur, **retable** de Pedro de la Torre, de 1651, peint par Francisco Camilo.

Par la **cuesta de los Hoyos** *(plan A-B2-3),* qui remonte le ravin du Clamores, vous découvrirez d'admirables **vues** sur l'Alcázar, puis sur la ville haute et la cathédrale.

Église San Millán *(plan C3).* — Romane (1110-1123), elle est surtout remarquable pour son abside et sa galerie extérieure à chapiteaux historiés.

A l'intérieur, fragments de **fresques** du XIIIe s. dans le sanctuaire ; les voûtes baroques (1669) masquent un **plafond** artesonado mozarabe. Dans le bas-côté g., **Christ** du XIVe s., **retable** peint du XVIe s., **Reniement de saint Pierre**, du XVIIe s., **fonts baptismaux** du XIe s., **fresques** du XVIe s. par Alfonso de Alava. En remontant, à dr., **Christ ressuscité**, par Luis Salvador Carmona, etc.

Église San Clemente *(plan C3).* — De style de transition influencé par l'art cistercien, elle renferme des **peintures murales** du XIIIe s. (dans la chapelle à dr. de la Capilla Mayor), au dessin excellent ; dans la conque, **Christ en majesté** dans la mandorle et figures du Tétramorphe ; plus bas, personnages assis portant des maquettes de châteaux, à la voûte, **arbre de Jessé** que termine, à dr., une Vierge à l'Enfant.

Au voisinage de l'aqueduc, on peut encore voir deux églises romanes.
L'**église San Justo** *(plan C3)* renferme dans une chapelle du côté g., ajoutée au XVIIe s., le **Cristo de los Gascones**, sculpture du XIIe s. apportée de Gascogne, à bras articulés pour l'exécution de la cérémonie de la Descente de croix pendant la semaine sainte ; on pénètre dans cette chapelle par un **portail** de style roman de la 2e moitié du XIIe s. orné au tympan d'un relief représentant la découverte des reliques des martyrs Juste et Pasteur ; dans l'abside, **fresques** illustrant des scènes de la Passion, Christ pantocrator à la conque, dans une mandorle formée par les vingt-quatre vieillards de l'Apocalypse, et figures du Tétramorphe.

Dans l'**église San Salvador** *(plan D3),* statue de la Vierge par Gregorio Fernández (dans la chapelle des Gonzáles).
Le **couvent de San Antonio el Real** *(plan D4)* est un ancien palais qui fut fondé en 1445 par Henri IV de Castille. L'église, singulière combinaison des styles gothique et mudéjar, s'ouvre par un portail isabélin de la fin du XVe s. A l'intérieur, splendide **plafond*** mudéjar peint en or, bleu et rouge ; calvaire de Bruxelles (XVe s.), retables sculptés de l'école flamande.

Environs

1 — Turégano* *(33,5 km N. par la N601 en direction de Valladolid puis, au km 9,5, à dr. par la C603).* — Village typiquement castillan, doté d'une vaste plaza Mayor avec, pour toile de fond, un imposant **château*** du XVe s. à double enceinte renforcée de tours et presque entièrement occupé, à l'intérieur, par l'**église San Miguel** de style de transition (XIIe-XIVe s.).

2 — Au N.-E. de Ségovie*

0 km : **Ségovie.** Sortir par la N110 en direction de Soria.

19 km : **Sotosalbos** ; son église romane s'ouvre par un portail à chapiteaux sculptés. A l'intérieur, statue de la Vierge du XIIe s. et retable baroque.

21 km : **Collado Hermosa** ; près des ruines du monastère de Santa María de la Sierra, fondation cistercienne du XIIe s.

25 km : prendre à g. en direction de Sepúlveda.

35,5 km : ●➔ A dr. route pour *(2 km)* **Pedraza de la Sierra***, petit bourg sur une hauteur, corseté dans son enceinte médiévale (xiie-xve s.) et surtout remarquable pour son bel ensemble de demeures seigneuriales du xvie au xviiie s., notamment le long de la rue qui conduit à la plaza Mayor si typiquement castillane avec ses soportales (galeries), d'où vous visiterez l'**église San Juan**, de style roman, que domine un noble clocher. Sur l'esplanade en face du château, ruines de l'**église Santa María del Castillo**. Le **château**, assez modeste, mais solidement établi, date dans son dernier état, du xvie s. (petit musée constitué par le peintre Zuloaga, avec quelques toiles de cet artiste).

48,5 km : ●➔ A dr. route pour *(2 km)* le **château de Castilnovo***, reconstruit en style mudéjar (notez les arcs outrepassés), en pierre et en brique, du xiie au xve s.

60 km : **Sepúlveda*** (1 610 hab., alt. 1 014 m) ; ville médiévale joliment située dans un méandre du río Duratón. Sur le chemin d'accès au centre de la ville (plaza de España) remarquez une porte de ville de l'enceinte fortifiée médiévale. A dr., au-delà de la porte, **église San Justo**, de style roman (dans la crypte, sculptures du xiie s.) ; en prenant à dr. 100 m après cette église, **église de la Virgen de la Peña** (à 400 m), romane, avec un intéressant portail à chapiteaux historiés et un relief du Christ pantocrator au tympan.

Au fond de la longue **plaza de España**, **église San Bartolomé**, romane. Sur la hauteur qui domine la ville se dresse l'**église San Salvador**, la plus intéressante au point de vue architectural, qui complète le groupe roman de Sepúlveda.

●➔ Vous pouvez vous diriger vers le **barrage de Burgomillo** en passant par **Villar de Sobrepeña**, Villaseca, Castrillo de Sepúlveda *(env. 30 km),* où vous découvrirez une terre ingrate et aride, splendide dans sa nudité, connue comme Las Hoces del Duratón (les gorges du río Duratón). Impressionnant défilé avec des escarpements abrupts qui atteignent parfois 100 m de profondeur ; vous trouverez, sur votre chemin, de petits ermitages primitifs et des ruines wisigothiques intéressantes.

3 — San Ildefonso-La Granja* *(11 km S.-E. par la N601 ; ➔).*

4 — Puerto de Navacerrada *(28 km S.-E. par la N601 ; alt. 1 860 m).* — Station de sports d'hiver sur l'arête faîtière de la sierra de Guadarrama, d'où l'on découvre d'admirables **panoramas***.

5 — Palais de Riofrío *(11 km S. par une route locale ; ouv. de 10 h à 13 h et de 15 h à 19 h du 20 avr. au 20 sept. ; de 14 h 30 à 18 h le reste de l'année ; f. 25 déc. et 1er janv.).* — Construit à partir de 1752 par Virgilio Rabaglio et achevé en 1762 par José Díaz Gamones, c'est une copie du palais royal de Madrid ; il appartient davantage à l'art classique de la Renaissance qu'à l'art baroque. A l'intérieur, **grand escalier** à double révolution avec des groupes sculptés, **chapelle** ovale à coupole, **salons** décorés de peintures en général médiocres. Dans les appartements d'Alphonse XIII, **musée de la Chasse**. Le **grand patio***, avec son perron orné de sculptures de R. Fremin, est remarquable.

6 — Villacastín *(28 km S.-O. par la N110 en direction d'Ávila ; 1 580 hab., alt. 1 100 m).* — Imposante église de style herrerien (retable principal du xvie s. ; à g. dans la chapelle de la Purísima, retable sculpté de 1608).

●➔ A 17 km E. par la NVI en direction de Madrid, **El Espinar**, au milieu de pinèdes. Dans l'église paroissiale, de style Renaissance, retable de Francisco Cualte ; orgue baroque. Miradors d'où l'on peut contempler de magnifiques panoramas sur la sierra madrilène.

La **Seu d'Urgell***

Lleida, 133 km. — Puigcerdá, 51 km.
Alt. 700 m. — 8595 hab. — Province de Lleida (Catalogne).

Capitale de la comarca de l'Alt Urgell, zone pyrénéenne consacrée à l'élevage, aux produits laitiers et à l'industrie textile, La Seu bénéficie comme toute la région de l'essor du tourisme et des activités sportives (ski, chasse, pêche, canoë-kayak, alpinisme et excursions). Siège d'un évêché depuis 527, La Seu d'Urgell est une ville pyrénéenne pittoresque, à la porte de l'Andorre : depuis 1278, l'évêque d'Urgell exerce un droit de cosouveraineté sur la principauté avec le comte de Foix, dont les rois de France, puis les présidents de la République ont hérité sur ce point.

De fondation très ancienne, la ville actuelle a conservé un cachet médiéval avec ses ruelles étroites et ses hautes maisons aux balcons de fer forgé, parfois ornées de fresques. La cathédrale, le cloître et le Musée diocésain méritent votre visite.

Cathédrale ou **Seu****. — Dédiée à la Vierge Marie, c'est une remarquable construction de style roman lombard du XIIe s.

Historique. — Après le pillage de la ville par les Maures en 793, une première église est dédiée à Marie en 839 après la reconquête de la marche hispanique par Charlemagne. Des trois églises qui constituaient le centre épiscopal, seule a subsisté celle-ci, reconstruite à partir de 1116 à l'instigation de saint Ermengol. Les travaux durent pendant presque tout le XIIe s. sous la direction, de 1175 à 1183, d'un maître d'œuvre lombard, Raimundus Lombardus, chargé d'achever la couverture et les tours, dont la tour lanterne du transept. Son intervention explique le style italianisant de l'édifice, surtout sensible dans la décoration extérieure, qui rappelle celles de Sainte-Marie Majeure de Bergame (chevet) ou Saint-Michel de Pavie (façade). En 1195, la ville est saccagée par le comte de Foix, Raymond Roger.

L'**église** fut achevée au XVIIIe s. selon les canons du style baroque mais l'ensemble des remaniements, comme la surélévation de la nef et de la façade au XVIe s., a été annulé lors des restaurations initiées en 1918. A l'intérieur, le **chœur des chanoines**, la **chaire** et le **maître-autel** datent du début du XIVe s.

Le **cloître*** *(spectacle son et lumière le dim. soir de juil. à sept.)* fut élevé en style roman au XIIIe s. Il conserve trois galeries d'origine, construites avant la fin du XIIe s. Les chapiteaux, assez rustiques, sont tous sculptés selon des motifs végétaux, zoomorphiques ou anthropomorphiques.

■ **Musée diocésain*** *(ouv. de 9 h 30 à 13 h 30 et de 15 h 30 à 20 h., f. dim. et j.f. a.-m.).* — Il est installé dans l'église de la Pietat (XVIe s., **retable de la Dormition**, style platéresque, de Jeroni Xancó). Le très fameux manuscrit illustré de 79 miniatures du **Commentaire de l'Apocalypse*** du Béat de Liébana, daté du XIe s., constitue la pièce la plus importante du musée, qui renferme de nombreux objets d'art et des peintures provenant des paroisses du diocèse et de la cathédrale, comme le **sarcophage** d'argent de saint Ermengol rehaussé de reliefs de cuivre, exécuté par Pere Llopard en 1752-1755.

Église Sant Miquel. — Autrefois connue sous le vocable de Sant Pere (XIᵉ-XIIᵉ s.), elle abrite une collection de tableaux et de peintures murales : Crucifixion (XIIᵉ s.) provenant d'Estaon ; Adoration des Mages (XIIᵉ s.) de la Vall d'Àneu ; Christ pantocrator (XIIᵉ s.) de Sorpe ; les peintures qui ornaient son abside se trouvent actuellement au musée d'Art de Catalogne, à Barcelone.

Dans la vieille ville : **palais épiscopal** (patio à arcades, fenêtres de marbre et façade crénelée dominée par une tour carrée) ; rues bordées de portiques : carrer Major, carrer dels Canonges, carrer de Santa Maria. Dans cette dernière, remarquez sous les arcades au niveau de la cathédrale les mesures à grain et à huile taillées dans une pièce monolithique, la **casa dels Pelegrins** (fréquentée autrefois par les pèlerins de Saint-Jacques), la **casa de les Llunes** ornée de blasons du XIVᵉ s.

Environs

1 — Anserall *(2 km N. par la C 145 en direction de la frontière).* — Le **monastère Sant Serni de Tavèrnoles**, fondé au IXᵉ s., ruiné, dont seul le chevet de l'église a été reconstruit, présente une abside polylobée de structure peu fréquente aux origines wisigothiques.

2 — Castellciutat *(2 km S. par la C 1313 en direction de Lleida).* — Il subsiste une citadelle, autrefois connue sous le nom de Torre Blanca et un château, datant peut-être du XIIᵉ s., mais dont les défenses furent renforcées ultérieurement par cinq bastions, et par un fortin, dit Torre de Solsona ou Torreta, à 500 m au N., en direction du val d'Andorre.

3 — Organyá *(23 km S. par la C 1313 ;* 1 143 hab.*).* — Vous franchirez les gorges d'Organyá, défilé ouvert dans un massif calcaire formant un contrefort de la sierra del Cadí au S. de la Seu d'Urgell pour rejoindre Organyá qui conserve une église romano-gothique et où, en 1904, Joaquim Miret découvrit les «Homilies», le plus ancien document connu rédigé en catalan (XIIᵉ s.). En aval, vous franchirez de nouvelles gorges, dites le **Grau de la Granta,** avec des escarpements de nuances rosées qui se dressent sur plus de 30 m au-dessus du río Segre. Au-delà de **Coll de Nargó** *(5 km plus au S.),* ravissante **église** préromane de **Sant Climent** avec un campanile de forme légèrement pyramidale ; sur la dr. une route très sinueuse traverse des forêts de pins et de chênes verts, dominant de magnifiques canyons. Elle franchit le col de Bòixols, à 1 380 m d'alt., avant de descendre vers le bassin (conca) de Tremp, à 61 km de là.

4 — Oliana *(43 km S. par la C 1313 ;* 2 104 hab. ; alt. 469 m*).* — La ville la plus au S. de la comarca d'Alt Urgell peut être un point de départ pour partir à la découverte d'églises, d'ermitages et de châteaux médiévaux en ruine. Un petit chemin mène par exemple à 2 km au château ruiné et à la **chapelle Sant Andreu** (XIᵉ s.) d'Oliana.

Séville***

Cadix, 117 km. — Cordoue, 143 km. — Huelva, 96 km. — Madrid, 549 km.
669 176 hab. — Capitale de la province de Séville (Andalousie).

Séville s'étend sur la rive g. du Guadalquivir, qui la sépare de son célèbre faubourg de Triana. Elle est l'une des villes-reines de l'Espagne, que l'on devrait visiter pendant la semaine sainte ou la feria, mais ici, il est bien difficile de choisir entre le sacré et le profane, car ces deux semaines fabuleuses offrent l'une et l'autre des attraits aussi puissants, d'une authenticité pour l'instant au-dessus de tout soupçon. Il serait vain d'opposer Séville à Cordoue ou Grenade. Disons simplement que Séville a peut-être réalisé la synthèse la plus réussie entre le noble et fier caractère castillan et la morbidezza orientale; elle est, par excellence, la cité andalousissime par sa spontanéité, sa naïve ferveur religieuse et sa joie de vivre.

Il faut la visiter et l'aimer en toutes saisons, surtout au printemps et en automne bien sûr, lorsque la température y est délicieuse, lorsque le parfum des orangers et du jasmin y est plus puissant que l'odeur de la grande ville, mais aussi en hiver lorsqu'elle s'éveille et sort paresseusement d'une brume légère, et en été lorsque la chaleur vous pousse implacablement vers les rues fraîches, vers le havre des patios, des jardins ou des petits bars.

Séville dans l'histoire

«Hercule me bâtit...». — L'histoire de Séville, depuis sa fondation jusqu'au XIIIᵉ s., se résume par les cinq vers qui étaient gravés sur la porte de Jerez, aujourd'hui démolie : «Hercule me bâtit, Jules César m'entoura de murs et de tours élevées et le roi saint (Ferdinand III) me prit avec (l'aide de) Garci Pérez de Vargas.»

La tradition mythologique herculéenne est née de la découverte de statues antiques lorsque fut entrepris l'assèchement des marais devenus de nos jours l'Alameda de Hércules. A l'époque romaine, vers la fin de la République, l'Andalousie fut le théâtre de l'affrontement entre Pompée et Jules César. Ce dernier, victorieux à Munda (Ronda), fonda la cité d'Hispalis, la future Séville, promue en 332 au rang de capitale de la province autonome de Bétique.

Également capitale du royaume wisigoth, au Vᵉ-VIᵉ s., la cité fut prise par les musulmans en 712 et devint la rivale de Cordoue. L'ancienne Hispalis romaine, devenue Ixbilya, devait ainsi être à la tête d'un des plus puissants royaume des Taïfas d'Andalousie (dynastie Abbadide), lorsque le califat de Cordoue se disloqua. Période féconde qui n'a paradoxalement laissé que peu de traces matérielles alors que la domination des Almohades, à partir de 1147, est à l'origine de la plupart des édifices maures subsistant à Séville. En gage de leur foi, les Almohades édifièrent le minaret qui devait devenir la Giralda; ils renforcèrent les murailles et complétèrent le système de défense par la Tour de l'Or en 1220. La ville était approvisionnée en eau grâce à la remise en état de l'ancien aqueduc romain; un système de canalisation fut construit. En 1211, Séville servit de centre de ralliement à l'armée musulmane qui se fit écraser l'année suivante à la bataille de las Navas de Tolosa.

Séville et les Amériques. — La ville tomba en 1243 aux mains du roi chrétien Fernando III; sous le règne de son fils, Alfonso el Sabio, le Sage, Séville reçut sa devise «elle ne m'a point abandonné» qui apparaît, de nos jours, stylisée sur tous les monuments et jusque sur ses transports urbains ou ses plaques d'égouts. Le monogramme «No» et «Do» entourant un écheveau *(madeja)* rappelle la phrase du roi : *«No madeja do»*, élision correspondant à la prononciation sévillane de *«No me ha dejado»* («elle ne m'a point abandonné»), célébrant la fidélité de Séville à sa couronne lors de la guerre civile qui l'opposa à son fils don Sancho.

Dans la Séville reconquise du XIVᵉ s., musulmans, chrétiens et juifs vivent encore côte à côte; le roi Pierre le Cruel édifie son palais sur l'emplacement de l'Alcázar en faisant appel à des artistes musulmans; il se plaît à s'entourer du raffinement des palais orientaux. Cette culture arabo-andalouse s'éteindra au XVᵉ s. lorsque musulmans et juifs seront expulsés.

En 1492 les Rois Catholiques accordent leur soutien à Christophe Colomb; en 1519 Magellan fait le premier tour du monde en partant de Séville. A partir de ce moment,

Séville et Cadix deviennent les ports d'attache d'un nouveau commerce entre le vieux continent et le nouveau monde. Séville reçoit le monopole du commerce avec les Indes (on dénomme ainsi alors le Nouveau Continent) exercé par la Casa de Contratación (aujourd'hui les Archives des Indes).

Cette activité se traduisait sur le plan culturel et artistique. La ville se transforma, avec de nouveaux tracés de rues, d'avenues, de places, de promenades, la construction de nouveaux édifices comme l'hôtel de ville (l'Ayuntamiento), et la Bourse du commerce. On acheva la construction d'anciens édifices comme la cathédrale avec sa chapelle royale et la salle capitulaire.

L'activité portuaire de Séville se poursuivit au xviiie s. et, bien que le commerce atlantique (commerce triangulaire) lui ait échappé au profit des ports anglais, hollandais ou français, l'empire espagnol d'Amérique latine assurait encore un volume d'échanges important. L'indépendance des colonies espagnoles au xixe s. acheva d'amoindrir le commerce sévillan.

Séville au XXe s. — En 1923, la dictature de Miguel Primo de Rivera, soutenu par la monarchie, s'abattit sur l'Espagne. L'une des dernières initiatives politiques du dictateur fut, avant de devoir quitter le pouvoir pour céder la place à la république, l'organisation de l'exposition ibéro-américaine (1929) qui tenta de faire revivre la gloire passée de Séville et laissa des traces urbanistiques et architecturales importantes dans la ville (plaza de España, musée archéologique, hôtel Alphonse XIII, etc.). La ville s'endetta alors lourdement.

Enfin, lors de la Guerre civile (1936-1939), la domination des grands propriétaires latifundistes sur la société assura le ralliement rapide de la région aux franquistes. Séville fut la première ville à tomber aux mains des rebelles après le coup de main d'un des lieutenants de Franco, le général Queipo de Llano.

Fêtes sacrées et profanes

La semaine sainte***. — Des centaines de milliers de Sévillans et de touristes venus de toute l'Espagne et du monde entier envahissent les rues de la ville. Mais c'est surtout pendant la nuit que les défilés des confréries et des pasos (groupes sculpturaux) revêtent une splendeur particulière. Les confréries (cofradías), autrefois corporatives, sont rattachées maintenant à une église ou à une paroisse qui détient des statues, images de la Vierge et du Christ accompagné souvent des apôtres. Véritables œuvres d'art, souvent très anciennes, ces imagenes sont l'objet tout au long de l'année des soins (restauration, entretien) de la confrérie qui les portera sur des pasos, énormes plates-formes richement sculptées et surmontées de dais au cours de la semaine sainte. Chaque confrérie, ou hermandad (55 actuellement à Séville), compte plusieurs centaines (voire plusieurs milliers) de hermanos (laïcs) qui suivent le paso porté par les costaleros (el costal : le sac de jute roulé autour du cou et de la tête pour amortir le frottement du bois ; les costaleros soutiennent en effet les pasos sur leur nuque et leurs épaules) dans les rues de Séville, selon un itinéraire et un horaire rigoureusement respecté (la presse et plusieurs publications vous informent de tous leurs mouvements). Revêtue de tuniques et de cagoules de couleurs différentes, les confréries défilent dans les rues à la lueur des milliers de cierges, au milieu de la ferveur populaire. Le paso (magnifiquement décoré, orné de fleurs) avance majestueusement, comme un bateau dans cette mer humaine, au rythme des pas parfaitement accordés d'une quarantaine de costaleros invisibles sous les riches draperies du paso. Lors des arrêts, ils apparaîtront, épuisés, suants et réjouis, sous la plate-forme qui alors reposera sur des pieds de bois.

Chaque confrérie accompagne deux pasos. L'un consacré à la Vierge, l'autre au Christ. Toutes les effigies de la Vierge, somptueusement vêtues, ornées de bijoux, sont l'objet de la ferveur et de l'affection de leurs fidèles. La Macarena et la Virgen de la Esperanza de Triana se disputent la primauté, mais des dizaines d'autres Virgenes vous émouvront et vous séduiront. Parmi les pasos consacrés au Christ et aux scènes de la Passion, celui du Cachorro (Triana) est le plus fameux.

Les processions sont accompagnées d'orchestres de cuivre. Elles circulent lentement, s'arrêtent souvent, surtout lorsque jaillit d'un balcon une saeta chantée en l'honneur du paso par un inconnu ou une vedette du cante jondo.

Il est impossible de décrire brièvement la semaine sainte de Séville. Elle est non seulement l'expression d'une ferveur religieuse populaire et originale, mais aussi un chef-d'œuvre esthétique réalisé par une population tout entière.

Des tribunes ou des chaises vous permettront de contempler les pasos plus confortablement, mais nous vous conseillons de vous mêler à la foule et de les suivre. Si vous désirez vous rendre à Séville pour la semaine sainte, retenez très longtemps à l'avance votre hôtel.

La Fête-Dieu ou Santísimo Corpus*. — Dès 8 h du matin, rendez-vous à la cathédrale où vous pourrez assister aux fameuses danses des seises (groupes de jeunes garçons en costumes du XVIIe s. qui dansent et chantent). Puis regardez les processions sur la place de San Francisco et du Salvador.

La feria**. — Elle se déroule deux semaines environ après la semaine sainte. C'est également une fête andalouse qui revêt un caractère prestigieux à Séville. Sur un vaste emplacement (quartier des Remedios) s'élève une ville de toile et de bois. Les casetas (loges en bois), séparées par des rues (demandez le plan de la feria à l'entrée), portant des numéros, sont louées par des familles, des groupes d'amis, des entreprises, des clubs, qui, pendant huit jours, se réuniront, s'inviteront pour boire, manger, chanter, traiter des affaires et surtout danser les sevillanas. Les casetas sont décorées au gré des loisirs occupants. A l'exception de quelques établissements ouverts au public et commerciaux, ce sont des lieux privés où la politesse exige que l'on n'entre que si l'on est invité.

Dans les rues de la feria circulent, surtout en fin de matinée, de magnifiques équipages, des cavaliers superbes portant en croupe de belles Sévillanes en robe de flamenca.

Visiter Séville

Combien de temps ? — *Si vous vous trouvez à Séville pendant les fêtes (Semaine sainte) il vous faut abandonner l'idée de visiter les monuments : ils restent fermés ces jours-là. En dehors de ces périodes, quatre ou cinq jours peuvent suffire à la visite de ces centres d'intérêt. Mais si vous voulez aussi goûter à l'atmosphère de la capitale andalouse, envisagez de passer ici une semaine, d'autant plus que vous pourrez ainsi entrevoir les environs.*

Le programme suggéré ici associe donc des visites de monuments (où vous trouverez une relative fraîcheur !) et des quartiers que vous visiterez de préférence en matinée ou après 17 h. Les quatre premières promenades peuvent ainsi s'enchaîner sur deux journées.

La **première journée** *peut être consacrée à la visite de la cathédrale et de la Giralda (prom. 1) et à une promenade dans le quartier de l'Arenal (prom. 2).*

Vous pourrez associer de la même manière, dans la **seconde journée**, *l'Alcázar (prom. 3) en fin de matinée et début d'après-midi et Santa Cruz (prom. 4) lorsque le soleil commencera à décliner, moment où le quartier s'anime.*

Une **troisième journée** *pourra être consacrée à la visite du musée des Beaux-Arts (prom. 9) le matin puis à une promenade dans le quartier de la Macarena et de l'alameda de Hércules (prom. 5 et 6) après 16 ou 17 h, lorsque les églises sont ouvertes.*

Le Musée archéologique et celui des Arts et Coutumes populaires pourront être visités en milieu d'une **quatrième journée** *après une promenade matinale dans le parc María Luisa (prom. 8); vous pourrez passer la fin d'après-midi dans le quartier de Triana (prom. 7), sur l'autre rive du Guadalquivir.*

Si vous êtes à Séville pendant l'Exposition universelle, il vous faudra prévoir au moins une journée entière pour sa visite. Pour parcourir les environs, prévoyez deux journées.

Comment? — *Les distances sont longues à Séville et en dehors des quartiers de Santa Cruz et de l'Arenal autour de la Real Maestranza qui valent, par eux-mêmes, une longue flânerie, il ne faut pas hésiter à prendre bus et taxis pour vous déplacer. Quant à prendre sa voiture pour visiter le centre, cela est déconseillé sauf pour rejoindre certains lieux de promenade.*

Parking. — *Il est très difficile de se garer dans le centre de Séville. Les rues sont équipées de systèmes horodateurs mais les Sévillans se garent où ils peuvent (sur les trottoirs, en double file) sans paraître craindre les amendes des contractuels très souvent non officiels. La mairie utilise en effet les services d'une société privée pour gérer le stationnement et les automobilistes profitent du caractère plus ou moins admis de cette gestion pour ne pas payer. Si vous prenez le risque, méfiez vous cependant de la grúa, la fourrière, qui, elle, fonctionne.*

Les références aux plans renvoient aux pages du cahier central en couleurs.

Toute visite de Séville commence par la **plaza Virgen de los Reyes** *(plan XXXV, C2),* égayée par une fontaine candélabre, c'est-à-dire par la place qui permet d'embrasser en un seul regard la Giralda, la cathédrale et la façade de l'Alcázar. De là, deux promenades vous permettront de découvrir, autour de ces monuments, les quartiers de l'Arenal et de Santa Cruz et du Centre. Peut-être aussi vous laisserez-vous tenter par l'une des calèches qui vous proposeront un tour en ville.

1 — La cathédrale et la Giralda

Promenade à commencer le matin vers 10 h de manière à pouvoir visiter en matinée la cathédrale et la Giralda puis la casa Lonja. En attendant l'ouverture de la cathédrale on en effectuera le tour, en visitant notamment la cour des Orangers (patio de los Naranjos) et en admirant la Giralda depuis le patio de las Banderas jouxtant l'Alcázar. Parking possible entre la cathédrale et la casa Lonja ou à proximité de l'université, ancienne fabrique de tabac.

Cathédrale*** *(plan XXXIV, B2).* — Elle fut construite à partir de 1420, en style gothique, puis Renaissance, sur l'emplacement de la Grande Mosquée (seconde moitié du XIIᵉ s.), dont il subsiste plusieurs corps de bâtiments, parmi lesquels le minaret, c'est-à-dire l'impressionnante Giralda, et la cour des Orangers. Le chapitre de Séville voulant «qu'aucune autre ne pût en être l'égale», on appela les plus grands architectes, les sculpteurs et les tailleurs de pierre les plus renommés, et l'œuvre fut terminée au début du XVIᵉ s. La cathédrale est ainsi une des plus grandes au monde par ses dimensions après Saint-Pierre de Rome, Saint-Paul de Londres et désormais celle de Yamous-soukro en Côte-d'Ivoire.

Visite : payante, lun.-ven., 11 h-17 h; sam., 11 h-16 h; dim. 14 h-16 h. Tenue correcte exigée.

L'architecte qui dirigea les premiers travaux est inconnu. Au XVᵉ s., se succédèrent les architectes Maître Isambret, Maître Carlin, Jean Normand, Ximon et Alfonso Rodriguez.
La coupole, qui s'effondra en 1511, fut réédifiée par Juan Gil de Hontanon en 1519. Une restauration fut nécessaire après un séisme (1888). C'est ainsi que la partie centrale dut être rebâtie.

Extérieur de la cathédrale. — La façade principale s'ouvre par trois portes sur l'avenida de la Constitución : de part et d'autre de la porte centrale, achevée à la fin du XIXᵉ s., la puerta del Bautismo* (du Baptême) ou de San

Juan, et la puerta del Nacimiento* (de la Nativité) ou de San Miguel, sont ornées de statues très expressives par Lorenzo Mercadante (1464-1467) et Pedro Millán (vers 1500).

Sur le **flanc S.**, la puerta de la Lonja, ou de San Cristobal, est moderne (1887-1895), tandis qu'au **chevet**, la puerta de las Campanillas et la puerta de los Palos, encadrant la Capilla Real, associent une structure gothique à des tympans Renaissance.

Au pied de la Giralda (ci-après) pénétrez dans la cour des Orangers par la puerta de Oriente.

Flanc N. : à g., après le passage, s'ouvre la **puerta del Lagarto** (du lézard) ; elle est précédée d'un arc outrepassé, reste de la mosquée, en avant duquel est suspendu un crocodile en bois, évocation d'un saurien offert, dit-on, au roi Alphonse X, en 1260, par le sultan d'Égypte ; la défense d'éléphant suspendue au sommet de l'arc est, elle aussi, un présent fait à la cathédrale de Séville. A g. de la porte du lézard, la chapelle de la Granada, où furent réemployés des chapiteaux wisigothiques, est un autre reste de la mosquée.

La **cour des Orangers**** ou patio de los Naranjos, au charme envoûtant, fait également partie de la Grande Mosquée. Au centre, la fontaine est pourvue d'une vasque provenant de l'ancienne cathédrale wisigothique. De l'autre côté, la puerta del Perdon a été percée dans la muraille d'époque almohade ; son ornementation en plates-bandes à sculptures platéresques fut exécutée par Bartolomé Lopez en 1522.

Remarquez le bas-relief (*Les Marchands chassés du Temple*), au-dessus de la porte, œuvre de Miguel le Florentin (1519-1520) ; les plaques de bronze avec inscriptions en caractères coufiques, qui recouvrent les battants de la porte, sont des œuvres mauresques datant probablement du XIIe s.

La **bibliothèque Colombine*** (à g., dans l'angle en revenant de la cour des Orangers) fut fondée par le chapitre en 1551, après le legs fait en 1539 par Fernand Colomb, le fils de Christophe Colomb, des œuvres que possédait son père et de celles assemblées par ses soins.

Le fonds de cette bibliothèque comprend de nombreuses notes rédigées par Christophe Colomb, antérieures ou postérieures à la découverte du Nouveau Monde, des livres d'heures des XIIIe, XIVe et XVe s., une bible d'Alphonse le Sage, l'épée de Fernán González, l'un des conquérants de Séville, divers portraits dont l'un (saint Ferdinand) fut exécuté par Murillo.

La **Giralda*****, la merveille de Séville, était le minaret de la Grande Mosquée. Cette tour colossale, universellement connue, a pour sœurs jumelles et contemporaines deux tours marocaines (la tour Hassan à Rabat, et la Koutoubia à Marrakech). Elle fut érigée à la fin du XIIe s. par l'émir almohade Abou Youssef Yaqoub al-Mansour mais on ne connaît pas le nom des architectes. Il est possible qu'elle prenne appui sur des bases romaines (au pied de la face E. apparaît une inscription latine). Cette tour, que les siècles ont revêtue d'une chaude patine ocre dresse, à 97,52 m au-dessus du sol, l'énorme statue du triomphe de la Foi, en bronze, œuvre de Bartolomé Morel (1564), qui tourne sur elle-même au moindre vent, d'où son nom de Giraldillo et celui de Giralda (girouette) donné au monument.

Il convient de prendre un peu de recul pour découvrir (le patio de las Banderas dans l'Alcázar, ci-après prom. 2, offre un angle admirable) l'élégance de son ornementation, faite de fenêtres simples ou géminées, aux chapiteaux wisigothiques ou arabes, d'arcs aveugles, d'entrelacs de briques en sebka et d'une frise de colonnettes et d'arcs entremêlés qui constituent une couronne de gloire à la partie almohade de la tour.

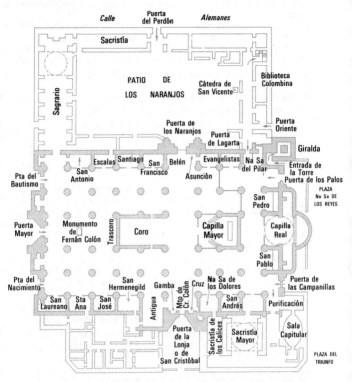

A l'intérieur *(vis. aux mêmes heures que la cathédrale)*, une rampe voûtée à pente douce, entrecoupée de 28 paliers et d'une largeur suffisante pour donner passage à deux cavaliers chevauchant de front, permet de monter jusqu'à la plate-forme de la tour mauresque (70 m de haut). Cette rampe s'inscrit dans un carré de 13,60 m à la base, dimension diminuée de deux fois 2,50 m qui représentent l'épaisseur des murs. Au-dessus de la première plate-forme s'élevait à l'origine une tourelle surmontée de quatre sphères de cuivre doré, remplacée en 1395 par un simple clocheton, puis en 1568, par un élégant clocher à cinq étages construit par Hernán Ruiz. L'étage inférieur comporte 24 cloches dont la plus grosse, celle de Santa Maria, date de 1588.

La partie supérieure, dite la Giraldilla, renferme la cloche de l'horloge, de 1764. Quant au Giraldillo, d'une hauteur de 4 m, il ne pèse pas moins de 1 288 kg. L'admirable **vue**** que l'on découvre sur Séville (le plus beau moment est la fin de l'après-midi lorsque les ombres ocrées du couchant s'étirent sur les toits de Santa Cruz) et sur les superstructures de la cathédrale justifie l'ascension, d'ailleurs relativement peu pénible.

Intérieur de la cathédrale. — Les cinq majestueuses nefs, couvrant un quadrilatère aux dimensions impressionnantes (130 m de long sur 76 m de large), occupent l'emplacement de la salle de prière de la mosquée. Les vitraux*, du XVIᵉ au XIXᵉ s., sont principalement l'œuvre de maîtres verriers flamands.

La nef centrale et le transept sont plus larges (16,10 m) et plus hauts (40,30 m) que les collatéraux (11 m de large et 26 m de haut). A la croisée, la voûte est encore plus élevée (56 m) et aussi plus ornée, ainsi que les vingt-quatre voûtes adjacentes. Le pavement, en marbre noir et blanc, a été achevé en 1793.

En prenant à g. immédiatement après l'entrée, visiter successivement (si l'on est entré par la puerta de los Palos) :

Capilla de San Pedro : retable* peint composé de neuf tableaux consacrés à des scènes de la vie de saint Pierre, par Francisco de Zurbarán.

A la prédelle, au centre, le Christ remet les clefs à saint Pierre ; à g., le Christ et saint Pierre marchent sur les eaux du lac de Génésareth ; à dr., saint Pierre guérit le paralytique. Au centre, saint Pierre en souverain pontife ; à g., Vision de saint Pierre (les animaux impurs symbolisent les Gentils) ; à dr., le repentir de saint Pierre. Au couronnement, Immaculée Conception au centre ; à g., l'Évasion de saint Pierre de la prison de Damas ; à dr., saint Pierre, fuyant Rome, rencontre le Christ (Quo Vadis).

La **Capilla Real** (chapelle royale), de style Renaissance, fut construite à partir de 1551 par Martin Gainza, puis Hernán Ruiz, et achevée par Juan de Maeda en 1575, pour abriter des sépultures royales. Sur l'autel, on remarquera surtout la statue de la Virgen de los Reyes ; habillée d'une robe de satin blanc, couverte de bijoux sous un dais d'argent, la statue de la patronne de Séville aurait été offerte au roi saint Ferdinand par son cousin saint Louis.

Sur l'arc supérieur, statues des Apôtres (1555) par Lorenzo del Vao et Campos. A g., tombeau d'Alphonse X le Sage ; à dr., tombeau de la reine Beatrix, sa mère. Devant l'autel principal, châsse du début du XVIIIᵉ s., en argent et bronze, donnée par Philippe V, renfermant le corps du roi Ferdinand III le Saint († 1252), offert à la vénération publique le 14 mai (anniversaire du transfert du corps dans l'actuel reliquaire), le 30 mai (anniversaire de sa mort), le dernier jour de l'octave de l'Assomption et le 23 novembre (anniversaire de la reconquête de Séville).

Capilla de la Purificación (bas-côté dr.) : grille* en fer forgé (1561), de Pedro Delgado ; grand retable peint par Pieter de Kempeneer (Pierre de Champaigne), Pedro Campana et Antonio de Alfián.

Dans l'antichambre qui précède la salle capitulaire, panneaux sculptés et demi-médaillons, au-dessus des portes, par Diego de Pesquera (v. 1579).

La **salle capitulaire*** construite à partir de 1530, en style Renaissance, par Riano et Gainza, est décorée de peintures par Pablo de Céspedes et de bas-reliefs par Diego de Velasco, Juan Bautista Vásquez l'Ancien et Marcos de Cabrera, artistes sévillans ; parmi les tableaux, noter l'*Immaculée Conception** de Murillo.

Sacristía Mayor*, construite, avec la sacristía de los Cálices, au XVIᵉ s. Parmi les œuvres d'art, remarquer à g. de l'entrée un ostensoir Renaissance*, œuvre de Juan de Arfe (1580-1587), étonnant par la richesse de son ornementation. A dr., grand candélabre*, œuvre de Bartolomé Morel (1562). A côté, Christ en ivoire sculpté par A. Cano. Sur l'autel du chevet, *Descente de Croix,* par Pieter de Kempeneer (1548), et reliquaire en forme de triptyque, dit *Tablas Alfonsinas,* offert par Alphonse X en 1284.

Dans une salle à dr. de la sacristie, le **trésor*** comprend de l'orfèvrerie religieuse, notamment le calice d'argent de saint Clément, la couronne de la Virgen de los Reyes (moderne), enrichie de près de 12 000 pierres précieuses, etc. Dans une salle à g., reliquaires.

La sacristía de los Cálices est un véritable musée avec des œuvres de Goya *(Saintes Juste et Rufine)*, Murillo (tête du Christ), Luis de Morales *(Pietà)*, Valdés Leal *(Délivrance de saint Pierre)*, Alejo Fernández (peinture sur bois du XVIe s.), et Luis Tristán *(Sainte Trinité)*. Sur l'autel, Christ en Croix*, sculpté par J. M. Montañés.

Porte de la Lonja, ou de San Cristóbal : au mur g., fresque de Saint Christophe, de 1584, par Mateo Pédrez de Alesio.
Devant la porte, dans le bras du transept, imposant **monument funéraire de Christophe Colomb,** ramené ici de La Havane en 1899, à la suite de l'indépendance de Cuba ; le cercueil est porté par quatre rois symbolisant les grands royaumes d'Espagne (Aragon, Castille, Léon, Navarre).

A g. de la porte, petite capilla de la Santa Cruz (retable avec une *Descente de croix* par P. Fernández de Guadalupe, 1527).
A dr. de la porte, une petite chapelle symétrique de la précédente abrite un célèbre retable*, dit de la « *Gamba* » de Luis de Vargas (Adam et Ève adorant la Vierge).

Capilla de la Antigua (XIVe s.) : à g., tombeau plateresque* du cardinal Mendoza, par Domenico Fancelli (1509).
Capilla de San Hermenegildo : tombeau gothique* de l'archevêque Juan de Cervantes († 1453), œuvre de Lorenzo Mercadante de Bretaña ; statue du saint par Juan Martinez Montañés.
Capilla de San José : *Mariage de la Vierge,* par Valdés Leal (1667) ; *Translation de l'Arche d'Alliance* et *Deborah,* par Luca Giordano.
Capilla de Santa Ana : à g., retable gothique sculpté et peint (1504).
Entre la **capilla de San Laureano** et la porte del Nacimiento, autel de la Nativité, avec des peintures de Luis de Vargas (XVIe s.) ; au-delà de la porte, autels de la Vierge de la Cinta (sculptures du début du XVIe s.) et de la Vierge del Madroño (groupe sculpté de L. Mercadante).

La **puerta Mayor,** ou porte centrale, est flanquée à g. de l'autel del Santo Angel, avec un tableau de Murillo, l'*Ange gardien***, et à dr. de l'autel de Nuestra Señora del Consuelo, avec des peintures d'Alonso Miguel de Tobar, le meilleur disciple de Murillo.

En face de la porte, au milieu de la nef centrale, **pierre tombale de Fernand Colomb** († 1540) fils de Christophe. Pendant la Semaine sainte, on dresse à cet emplacement un grand édifice de bois, œuvre d'Antonio Florentin (XVIe s.), mais entièrement restauré, dit le *Monumento*, à quatre étages ornés de statues ; la lanterne supérieure (1624), à 32 m du sol, reçoit le Saint Sacrement. Lorsqu'il est éclairé, dans la nuit du Jeudi au Vendredi saint, le monument produit un saisissant effet avec ses 120 lampes d'argent et ses 440 cierges.

A g. de la puerta del Bautismo, autel de la Vierge de la Alcobilla (petit groupe en terre cuite du XVe s) ; à dr. de la même porte, autel de la Visitación (retable peint par Pedro Villegas Marmolejo, au XVIe s., et statue de saint Jérôme par J. Bermúdez).

Le **Sagrario,** qui constitue une église paroissiale à part, fut construit en 1618 par Zumárraga et terminé en 1662 par Iglesias. A l'intérieur, tribune avec des statues des Évangélistes et des Docteurs de la Foi, par José de Arce (1657) ; au maître-autel, relief de l'*Entrée du Christ à Jérusalem,* par Pedro Roldán et Rivas.

Capilla de San Antonio : *Saint Antoine de Padoue en extase devant l'Enfant Jésus***, magnifique toile de Murillo, peinte en 1656. Au-dessus, *Baptême du Christ,* par Murillo.

Au murs latéraux de cette chapelle, *Nativité* et *Circoncision* de Jordaens (1669), quatre scènes de l'Ancien Testament, par Simon de Vos (1664), deux scènes de la vie de saint Pierre, par Juan de Valdés Leal, *Concepción,* de Pacheco ; *Saintes Juste et Rufine,* par Zurbarán.

Capilla de Escalas : autel avec un grand relief de la Pentecôte, œuvre génoise de 1539.

Capilla de Santiago : *Saint Jacques à la bataille de Clavijo,* par Juan de las Roelas (1609), *Sibylles et Prophètes,* par Antonio Pérez (XVIe s.), deux scènes de l'Ancien Testament, par Simon de Vos, *Vierge* par Zurbarán.

Capilla de San Francisco : *Glorification de saint François,* par Herrera le jeune (1657), *La Vierge et saint Ildefonse,* par Juan de Valdés Leal.

Au-dessus de la **puerta de los Naranjos,** tableau de Murillo ; sur l'autel de g., *Madone* de Alonso Cano.

Capilla de los Evangelistas : retable de Ferdinand Sturmes (1555), avec, en bas et à g., une représentation de la Giralda avant l'érection de l'actuel clocher à cinq étages au sommet de la tour almohade.

A l'autel de **Nuestra Señora del Pilar,** statue de la Vierge par Pedro Millán (vers 1500).

La **capilla Mayor,** au centre de la cathédrale, est fermée par de belles grilles* du XVIe s., de style plateresque, forgées par fray Francisco de Salamanca et Sancho Munoz (1518-1533). Elle abrite le plus grand **retable**** du monde (18 m de large sur 20 m de hauteur), chef-d'œuvre de l'art gothique fleuri, sculpté de 1482 à 1564.

Il est formé de 45 tableaux représentant les scènes de la vie du Christ et de la Vierge, ainsi que de saints sévillans. Au milieu de la partie inférieure, statue de la Virgen de la Sede (XIVe s.), enrichie de lamelles d'argent ; sur le couronnement, Christ gothique du XIIIe s.

C'est devant cet autel que les *Seises,* selon la tradition six jeunes garçons (qui sont aujourd'hui neuf) revêtus de costumes du XVIIe s., chantent et dansent avec des castagnettes, pendant l'octave de la Fête-Dieu. Tradition populaire qui ne sied guère au clergé.

Derrière la chapelle, la sacristie haute renferme un tableau attribué à Luis de Morales. A g. et à dr., dans le sanctuaire, noter encore deux chaires ornées de bas-reliefs (1527-1533). Les murs extérieurs sont garnis de figures en terre cuite par Miguel Marin et Diego de Pesquera.

Chœur : stalles* gothiques de Nufro Sánchez et Dancart (1475-1478) ; grilles de fray Francisco de Salamanca (1519-1523) ; lutrins de Bartolomé Morel (1570).

2 — Les abords de la cathédrale et l'Arenal

Palais archiépiscopal *(plan XXXV, C2 ; on ne visite pas).* — Sa large façade agrémentée d'un beau portail baroque (1704) domine la plaza Virgen de los Reyes, cachant un somptueux escalier aux marbres de couleur dû à Miguel Ramos.

L'intérieur renferme une collection de tableaux, notamment d'Alejo Fernández (*Conception, Nativité* et *Purification de la Vierge;* 1525), de Vélazquez (*La Vierge remettant la chasuble à saint Ildefonse*), de Murillo, etc.; plafond peint d'Antonio Mohedano (1569-1625), dans le grand salon.

Au S. de la place, le petit **convento de la Encarnación** se dissimule derrière des orangers; son église appartient à l'hospital de Santa Marta (XIVe s.), la partie la plus ancienne étant le presbytère, reste d'une petite mosquée.

A l'intérieur, retable néoclassique, peintures et sculptures des XVIIe et XVIIIe s.
En empruntant l'étroite ruelle en cul-de-sac qui longe le couvent, on atteint une charmante placette, quasi secrète, plantée d'un oranger.

Casa Lonja *(plan XXXIV, B2).* — Elle abrite les archives des Indes et fut construite de 1583 à 1598 d'après les plans de Juan de Herrera, l'architecte de l'Escorial, dans le style classique de la Renaissance.

Visite : gratuite, lun.-sam. 10 h-13 h; pour la consultation des manuscrits et cartes (étudiants et chercheurs) de 8 h à 15 h.

A l'intérieur de la casa Lonja, patio entouré de galeries d'ordonnance classique. Les Archives des Indes, fondées en 1784, comprennent un nombre incalculable de documents de toute nature relatifs à la découverte de l'Amérique, aux conquêtes de Cortés, de Pizarro, aux découvertes de Magellan. La bibliothèque, au premier étage, n'est consultable que par les chercheurs mais des cartes, en particulier les premières cartes des ports des Caraïbes, et des portulans (premières cartes maritimes) sont exposées sous vitrines.

Derrière la casa Lonja, au nº 5 de la calle Santo Tomás, le **Museo de Arte Contemporeano** *(plan XXXIV, B2, vis. payante, mar.-dim., 10 h-14 h)* occupe une très belle demeure du XVIIIe s. Le musée renferme des œuvres d'artistes espagnols du XXe s. : la Catalan Modest Cuixart, Rafaël Solbes, Manuel Valdes, Romero de Torres, Ortega Muñoz, Tapés, Guerrero, Manrique, le sculpteur Dario Villalba ou le céramiste sévillan Francisco Cortijo, etc.

A dr. de la poste centrale *(plan XXXIV, B2),* la calle Almirantazgo passe sous le **postigo de San Rafael,** porte de 1573, décorée des armes de Philippe III. Par la calle Dos de Mayo qui longe le bâtiment de la **Maestranza,** ancien arsenal (1587-1786) aujourd'hui aménagé en théâtre puis, à g., par la calle Temprado, on arrive à l'hospital de la Caridad.

Hospital de la Caridad *(plan XXXIV, B2).* — Grand hospice et siège d'une confrérie, il fut fondé au XVIe s. pour donner une sépulture décente aux corps des suppliciés, condamnés par la justice, et offrir, grâce aux libéralités de don Miguel de Mañara, un asile aux affamés, aux nécessiteux, à ceux qui étaient tourmentés par des souffrances physiques.

Visite : payante, lun.-sam., 10 h-13 h et 15 h 30-18 h; dim. 10 h 30-12 h 30.

Certains ont voulu reconnaître dans le donateur le modèle qui donna naissance à la légende de don Juan Tenorio, qui inspira Tirso de Molina (1625), Molière (1665) et tant d'autres auteurs.
Après avoir en effet mené une vie dissolue, don Miguel de Mañara voua la fin de son existence à son rachat. Il voulut être enterré sur le seuil de la chapelle, souhaitant montrer par cela qu'il se jugeait indigne d'entrer dans la maison de Dieu et qu'il entendait, par humilité, se faire piétiner par les fidèles les plus déshérités.

La seule allusion à ce type humain, d'une telle universalité qu'il atteint aux dimensions du mythe, ne saurait à elle seule justifier une recommandation de visite, si don Miguel de Mañara n'avait fait appel à deux grands artistes de son temps, Juan de Valdés Leal et Murillo, pour qu'ils se fassent les interprètes de son désir passionné de rachat, par l'expression de trois concepts apocalyptiques, ceux de la mort, de la faim et de la soif. A Valdés Leal il confia le soin d'exposer le thème de la Mort, dans toute sa brutalité, consécration de la caducité de l'être humain, et à Murillo celui d'exalter le don de la Charité qui étanche la soif et apaise la faim.

A dr. de la grande porte principale, le premier des deux tableaux de Valdés Leal représente un *archevêque et un chevalier morts*** dans leurs cercueils entrouverts et envahis par les vers ; c'est l'un des tableaux qui caractérisent le mieux le réalisme espagnol : « Pas d'art plus dépouillé de métaphysique que cet art si nourri d'intentions religieuses : ce n'est pas la mort qui nous est présentée dans ce tableau de Valdés Leal dont Murillo disait qu'il pue, c'est un cadavre, et ce cadavre est un portrait » (M. Yourcenar). Le second tableau, à g., est une saisissante *Allégorie de la Mort*** éteignant la lumière de la Vie.
Le coup de génie de Miguel de Mañara a bien résidé dans le choix de ses interprètes. Si Juan de Valdés Leal était bien, par sa vision pessimiste du monde, l'artiste sévillan le plus apte à transcrire la mort dans toute son horreur, en accord avec l'ascétisme exacerbé du chevalier repenti, Murillo, tout en douceur évangélique, en finesse, simple mais avec un fond de sentimentalité, était lui aussi l'interprète idéal pour brosser (entre 1670 et 1674) en deux tableaux principaux (il y en a 11 au total) l'apologie de la Charité avec le *Miracle de la multiplication des pains et des poissons*** et le *Miracle de Moïse faisant jaillir les eaux d'une source***, pour étancher la soif de son peuple. Ce dernier tableau est probablement inspiré par une toile attribuée à Giovachino Assereto (1600-1649 ; *El Agua de la Peña),* actuellement au musée du Prado, mais l'œuvre du Sévillan apparaît plus religieuse, plus épurée que la peinture foisonnante du maître italien, et la joie des assoiffés s'y révèle plus limpide et plus spirituelle.
Au-dessus d'un autel du côté g., vous remarquerez aussi le tableau figurant *Saint Jean de Dieu portant un moribond sur ses épaules.* Vous noterez également le tableau de *Sainte Isabelle,* aux mains transparentes, qui soigne un ulcère sur la tête d'un enfant malade, et encore l'*Annonciation,* expressément attribuée à Murillo dans un acte de donation.
Le tableau de *Sainte Isabelle de Hongrie soignant un lépreux* s'inspire d'une estampe de Raphael Sadeler, un graveur flamand (1584-1632) qui travailla aux Pays-Bas, en Allemagne et en Italie, et qui fit publier à Munich, entre 1615 et 1624, dans la Bavaria Sancta, une gravure de sainte Erentrude qui servit de modèle à Murillo.
Au retable* du maître-autel, de Pedro Roldán, dont il constitue l'œuvre la plus réussie, notez surtout la *Mise au tombeau* (1673). Dans la salle capitulaire, portraits des frères supérieurs de la Confrérie de la Caridad, dont celui de don Miguel de Mañara, par Valdés Leal, et divers souvenirs du fameux chevalier.

De l'hospital de la Caridad, la calle Santander rejoint le paseo de Cristóbal Colón le long du Guadalquivir.

La **torre del Oro** (tour de l'Or ; *plan XXXIV, B2)* fut bâtie en 1220 par les Almohades pour renforcer, du côté du fleuve, les défenses de l'Alcázar ; une longue muraille la reliait à celui-ci. Elle doit peut-être son nom à la couleur des carreaux de faïence qui la décoraient ou à sa fonction de péage contrôlant l'entrée et la sortie des navires.

Elle abrite aujourd'hui *(vis. payante, mar.-ven. 10 h-14 h, sam. et dim. 10 h-13 h),* sur deux étages, un petit musée de la Marine : maquettes, peintures, cartes, instruments de navigation, évocation de l'histoire de Séville, etc.

*En longeant vers le N. le **paseo de Cristóbal Colón,** laissant le fleuve et les espaces verts qui le bordent sur votre g., vous passerez successivement devant le nouveau* *théâtre de la Maestranza et la plaza de Toros, que les Sévillans nomment également la Maestranza.*

Le **théâtre de la Maestranza** *(plan XXXIV, B2)* a été inauguré en mai 1991 et la direction artistique en a d'abord été confiée à Placido Domingo. Les architectes, Luis Marin de Terán et Aurelio del Pozo ont incorporé à leur projet l'ancienne façade du cuartel de la Maestranza (caserne d'artillerie) de laquelle se détache la masse cylindrique qui caractérise le nouveau bâtiment.

La **plaza de Toros de la Maestranza** *(plan XXXIV, AB2)*, construite en 1760, peut accueillir 14 000 spectateurs et possède la plus vaste arène d'Espagne (grille en fer forgé du XVIIe s. provenant de la chapelle de la Regina). Les corridas s'y déroulent de Pâques à la fin de l'automne. Des novillas ont lieu dès février. A moins que l'idée même ne vous répugne, une visite à Séville ne saurait être complète sans une corrida.

Derrière la plaza de Toros s'étend le quartier d'**el Arenal** qui tire son nom de sa fonction première de port d'échouage, de point de départ et d'arrivée des bateaux (*arena*, le sable). La vie de ce quartier est aujourd'hui rythmée par ses nombreux commerces et surtout par la Real Maestranza : les soirs de corridas, les commentaires vont bon train dans les bars jusque tard dans la nuit.

Par la calle Antonio Diaz et Garcia de Vinuesa on rejoint l'avenida de la Constitución.

3 — L'Alcázar

■┛ **Alcázar de Séville***** (los Reales Alcazares; *plan XXXV, C2*). — Sa construction débute en l'an 844, sous le règne d'Abd al-Rahman II. Le premier palais est édifié sur l'ordre du calife de Córdoba dans l'enceinte du patio de Armas (actuellement patio de las Banderas) qui fait partie des remparts de la vieille Séville. Résidence des gouverneurs du califat à Séville et du calife lui-même lors de ses visites, c'est à la suite du démembrement du califat et de l'apparition des royaumes de Taifas que ce palais acquiert une extraordinaire splendeur. L'ensemble des constructions s'appellera désormais Alcázar Almubarat ou Alcázar Bendito, sous le règne d'Almutamid, le roi-poète de Sévilla.

Almutamid construit son palais sur l'emplacement où les Rois Catholiques élèvent plus tard le salon de l'Amiral (salón del Almirante). Subsistent de cette époque les jardins, quelques panneaux ornementaux et la chambre des hôtes illustres (actuellement salle capitulaire). On doit également au roi Almutamid la construction de ce qui fut le salon des Fêtes de son palais, salon des Poètes à son époque, puis salle du trône des Reales Alcázares.

L'ensemble des bâtiments princiers, désigné sous le nom d'Alcázar, que l'on visite de nos jours, est donc la résultante de plusieurs siècles d'activités architecturales où la part antérieure à la reprise de la ville par les chrétiens est très réduite, mais le reste est la plus parfaite expression de la vivacité des traditions esthétiques arabo-andalouses après la Reconquête. A cet égard, le **palais du roi Pierre le Cruel** (XIVe s.), qui constitue la partie la plus spectaculaire de l'Alcázar, est l'exemple le plus accompli de cette architecture dite mudéjare qui bénéficia des recherches des ateliers tolédans et de l'épanouissement de l'art nazarite de Grenade dont l'influence, ici, fut prépondérante. Dans sa construction intervinrent des artistes locaux, des artistes tolédans et des artistes nazarites.

Dans cet ensemble monumental, signalons aussi la construction du palais gothique par le roi Alphonse X le Sage, auquel on accède par les jardins appelés El Crucero et où le roi conçut la mystique de son œuvre «des cantiques de sainte Marie».

De ce palais, on passe au jardin de l'Alcázar où étangs, fontaines, végétation variée, forment un ensemble d'une grande beauté.

Visite : payante, mar. au sam. 10 h 30-17 h 30; dim. 10 h-13 h 30; prévoyez de la monnaie car paiement par caisse automatique.

Par la **puerta del León** (porte du Lion), percée dans l'enceinte de la Almena (d'époque almohade XIIe s.), entrez dans le **patio de la Montería** qui joua le rôle de mechouar ou espace entre les appartements privés et la partie publique dans les résidences royales musulmanes. Ce mechouar devint, par la suite, une place publique où se déroulaient les cérémonies des cours chrétiennes. De ce patio, on peut apprécier la variété architecturale de l'ensemble, expression de l'histoire et des goûts de chaque époque.

Dans l'axe de la puerta del León, vous découvrirez la **façade* principale du palais du roi don Pedro**, élevée en 1364-1366, ainsi que l'atteste une inscription gothique mêlée à des inscriptions arabes, façade qui fut élargie aux XVIe et XVIIe s.

Dirigez-vous à droite vers le **salón de los Almirantes** (salon des Amiraux) qui abrita la Casa de Contratación de las Indías (chambre de commerce des Indes) fondée en 1503 par Isabelle la Catholique, où furent préparés quelques-uns des plus fameux voyages de découverte du Nouveau Monde, notamment celui de Magellan autour du monde. Dans la salle capitulaire, décorée aux armes des amiraux de Castille, eurent lieu les premières rencontres de Colomb avec les Rois Catholiques. Dans cette salle est accroché le tableau d'**Alejo Fernández**, la Virgen de los Mareantes (la Vierge des Marins), qui représente la Vierge abritant sous son manteau déployé, en un geste de protection, des conquistadores et les premiers Indiens ramenés d'Amérique.

Visitez la **salle dite «romantique»** qui abrite une belle collection d'éventails ayant appartenu à Isabelle II, du mobilier d'époque et une reproduction de la famille royale en argent massif.

Traversant de nouveau le patio de la Montería, dirigez-vous vers le **palais mudéjar** par des couloirs richement décorés qui vous mènent au patio de las Doncellas (patio des Demoiselles).

Le **patio des Demoiselles*****, entouré de galeries aux arcatures polylobées, aux murs lambrissés d'azulejos du XIVe s. (les plus beaux du palais), aux panneaux de stuc finement travaillé, est l'une des plus belles réussites de l'art arabo-andalou. L'étage supérieur est en voie de reconstruction et de restauration de sa décoration primitive (de style platéresque). Remarquez les plafonds en bois aux dessins polychromes qui complètent, avec les portes finement ouvragées, une ornementation au charme captivant.

De ce patio, passez à **las Cámaras del Rey**, aux très beaux plafonds à caissons et aux murs lambrissés d'azulejos et, de là, au patio de las Muñecas (cour des Poupées).

Le **patio de las Muñecas****, où les colonnes des galeries datent de l'époque des califes de Cordoue et proviennent sans doute du palais de Medina az-Zahara, est d'une exquise élégance avec sa délicate ornementation de plâtres sculptés (la partie supérieure fut refaite en 1843).

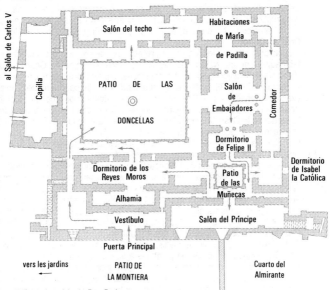

Alcázar : le palais de Don Pedro

De là, vous visiterez la **chambre d'Isabelle la Catholique** et le **salon du Prince**, composés de trois chambres dont l'une date de 1543 (la reine y donna le jour à son seul fils, qui mourut à l'âge de 18 ans).

Le **salon de Ambajadores**** (salon des Ambassadeurs) ou **salle du Trône** est le plus ancien du palais. Construit à l'époque du roi Almutamid, il fut décoré par le roi Pedro I (Pierre le Cruel). Restauré à diverses reprises, il subit d'importantes modifications à l'occasion du mariage de l'empereur Charles Ier d'Espagne. Sa **coupole** (structure en bois) est d'une grande beauté architecturale. Les **alcôves** et **salles proches** forment un ensemble harmonieux avec, comme dans le reste du palais, leurs plafonds à caissons, leurs dallages, leurs azulejos et leurs portes finement travaillées.

Au **premier étage**, réservé aux séjours de Leurs Majestés les rois d'Espagne, une série de salles aux murs couverts de tapisseries flamandes, françaises et madrilènes des XVIIe et XVIIIe s. Dans la chapelle privée des rois, un **autel** d'azulejos peints, œuvre de F. Nicoloso Pisano (1503) avec, au centre, une **Visitation** sans doute dessinée par P. Millán. A la suite, la **sala de los Infantes**, **el dormitorio du roi don Pedro** et la **cámara de doña María**, les appartements royaux conservés tels qu'ils étaient au temps d'Isabelle II et Alfonso XII.

Du **patio de la Montería**, prenez à dr. un couloir, passez sous un arc qui vous conduit au **patio del Crucero** ou **patio de María de Padilla**, dans un corps de bâtiment qui fut réaménagé au XVIIIe s. sous le règne de Felipe V (Philippe V) ou bien à la suite du séisme de 1755, mais sur le site d'un palais gothique (de la fin du XIIIe s. ou au début du XIVe s.) dont il subsiste des éléments aujourd'hui enterrés, en particulier la galerie voûtée, dite des Bains de María de Padilla.

Cette partie est actuellement en cours de restauration. A cette série de constructions gothiques appartiennent la **chapelle du Palais Royal**, un vaste **salon** transformé en oratoire sous le règne de Philippe V, et le **salon de Charles Quint**.

Dans la **chapelle**, azulejos du XVIᵉ s., retable baroque du XVIIIᵉ s. et collection de **tableaux**, dont une Nativité de l'école grenadine. Le **salon de Charles Quint** *(hors plan)*, à plafond ogival et magnifiques azulejos peints par Cristóbal de Augusta (1577-1579), renferme les **tapisseries de la conquête de Tunis**** exécutées en 1554 par Pannemaker d'après des cartons de Jan Cornelis Vermeyen, un peintre probablement formé par Gossaert et qui accompagna l'expédition de Charles Quint à Tunis (1535). Les tapisseries nᵒˢ 8 et 11 ont été remplacées par des copies faites à Madrid en 1740.

Le **salon de l'Empereur** est orné de tapisseries flamandes de la fin du XVIIᵉ s. illustrant la Création de l'Homme, et d'azulejos du XVIᵉ s.

Visitez ensuite les **jardins de l'Alcázar****, l'une des plus belles expressions de cet art que les Andalous portèrent à un éblouissant degré de perfection l'architecture almohade. De la terrasse du grand réservoir (arcades en rocaille au centre, élégante fontaine en bronze, surmontée d'un Mercure, par Diego de Pesquera), vous descendrez au niveau des jardins. Vous parcourrez successivement les **jardins mauresques**, série de jardins le long du palais, et les **jardins Renaissance**, de l'**Empereur** et de la **Damas**.

A dr., au rez-de-chaussée du palais, une longue galerie voûtée, dite la **galerie des Grotesques**, est ornée de peintures a fresco et d'azulejos du XVIIᵉ s.

Les allées du jardin sont pavées en briques posées à plat ; certaines sont percées de trous d'où jaillissent des jets d'eau formant une voûte en berceau. Au centre, le **pavillon de Charles Quint**, entouré d'une galerie extérieure aux jolis azulejos, est l'œuvre de Juan Hernández (1543), et comporte une coupole en bois de cèdre en demi-sphère. Vous verrez encore le secteur des **bains de la Sultane**, entourés de palmiers et d'un labyrinthe de charmilles, les jardins aux allées bordées de rosiers, créés par Alphonse XIII dans l'ancienne **Huerta del Retiro**.

Par l'**Apeadero**, vaste salle à colonnes de marbre, sortez de l'enceinte des jardins de l'Alcázar pour déboucher dans le **patio de las Banderas** et, de là sur la **plaza del Triunfo**, que domine un pan de muraille crénelée, renforcée de tours, dont celle d'Abd al-Aziz ou de l'Hommage, où fut arboré l'étendard de Castille lors de la Reconquête.

4 — Les quartiers de Santa Cruz et du Centre

De la place Virgen de los Reyes *(plan XXXV, C2)*, engagez-vous, face à la cathédrale, dans la calle Mateos Gago : vous pénétrez ainsi dans le **barrio Santa Cruz****, le plus célèbre et le plus charmant quartier de Séville, dédale de ruelles blanches, fleuries de géranium et de jasmin, de petites places, de fontaines baroques, de bars animés, de havres de solitude et de fraîcheur ; s'il est difficile de suivre un itinéraire préétabli, bien que le nom des rues soit assez souvent indiqué, c'est que la tentation est grande de se laisser guider par le hasard ; on s'égare alors facilement et c'est peut-être le plus agréable...

Ce quartier correspond à l'ancienne médina, l'aljama, et à l'ancien quartier juif, juderia de la Reconquête ; à cette dernière époque, trois portes, fermées tous les soirs limitaient cette juderia. Au XVIIe s., la haute société trouva l'endroit à son goût et s'y installa peu à peu. Le quartier y gagna le pavage de briques des rues et les demeures bourgeoises, voire aristocratiques qui lui donnent son aspect actuel. Vous ne pourrez pas ne pas remarquer les patios intérieurs de nombreuses maisons et les fontaines; ces jeux d'eau dont le murmure si rafraîchissant témoigne d'une tradition orientale. C'est aussi dans ce quartier que les fenêtres fermées de grilles de fer forgé si caractéristique des maisons sévillanes attireront le plus votre regard.

L'**asilo de los Venerables Sacerdotes** *(plan XXXV, C2)*, est un bel édifice baroque fondé en 1672 pour servir de maison de retraite pour les prêtres âgés *(fermé pour restauration)*.

La chapelle est décorée de fresques de Juan de Valdés Leal, à la coupole, et de Lucas Valdés sur les murs. A dr., *Saint Jérôme* par Francisco Herrera le Vieux; au 2e autel du côté dr., statue de *Saint Joseph* de Luisa Roldán; au 3e autel, tableau de l'*Immaculée Conception*, de Juan de las Roelas, et Christ en ivoire d'Alonso Cano; à côté, deux tableaux sur cuivre (scènes de la Vie du Christ) par Rubens (deux autres scènes sur le côté g. de la chapelle), et, plus loin, *Vierge et Enfant Jésus**, peinture sur agate, par Sassoferrato.
Au-dessus du maître-autel, *Cène* par Roelas, et *Saint Ferdinand*, par Valdés Leal. A dr. du maître-autel, *Saint Jean Baptiste* et *Saint Jean l'Évangéliste*, bas-reliefs de Martínez Montañés; sur l'autel, sculpture de la Vierge de l'école de Bologne; à dr., en bas, *Nuestra Señora de la Sede*, de l'école grenadine, attribuée à Luisa Roldán. Sur le côté g., statue de saint Étienne par Montañés.
Dans la sacristie, azulejos du XVIe s., plafond peint par Juan de Valdés Leal.

Par la **calle del Pimiento**, où une légende chrétienne veut qu'un poivrier ait poussé en une nuit après qu'un marchand d'épices juif eût imploré le dieu des chrétiens, on vient longer les jardins de l'Alcázar pour rejoindre la **plaza de Santa Cruz** *(plan XXXV, C2)* : une pièce de ferronnerie, dite la Cerrajería (1692) y marque, selon la tradition, l'emplacement de la sépulture de Murillo, d'où le nom donné aux jardins qui, prolongeant ceux de l'Alcázar, s'étendent en bordure du quartier. Le consulat de France occupe une belle demeure sur cette place.
De la plaza Santa Cruz suivre la **calle de Santa Teresa**; au n° 8 la **maison de Murillo** *(plan XXXV, C2; → aussi p. 955)* est aménagée en musée *(vis. lun.-sam. 10 h-14 h et 16 h-19 h)*; plus loin, on rejoint la calle Ximenez de Enciso qui passe derrière l'église nouvelle de Santa Cruz (l'ancienne fut détruite par les Français en 1810).
Sur la calle Santa Maria la Blanca, ancienne artère de la juderia, l'**église Santa Maria la Blanca** *(plan XXXV, D2)* fut peut-être bâtie sous la domination arabe mais avec réemploi d'éléments antiques, sans doute d'origine romaine. L'église actuelle, consacrée en 1665, a été aménagée en style rococo, d'une incroyable richesse de détails, encore rehaussée par des peintures de Murillo *(Cène)*.

→ La calle San José, à g., longe le **couvent de la Madre de Dios** *(plan XXXV, C1)* qui abrite les tombeaux de la femme de Hernán Cortés, Juana de Zuniga, et de sa fille; l'église, de la fin du XVIe s., renferme un maître-autel sculpté par Jerónimo Hernández et Juan Martínez Montañés. Un peu plus loin, l'**église San Nicolás** *(plan XXXV, C1)* a été élevée en 1781; sur sa g., s'ouvre la calle de los Marmoles où subsistent trois colonnes de granit gris, de 9 m de haut, restes d'un temple romain.

La **calle de Céspedes** *(plan XXXV, CD1)* rejoint la calle de Levies : au n° 23 la **maison natale de don Miguel de Mañara** est un beau palais de marbre et de jaspe. Non loin, l'église de San Bartolomé occupe une ancienne synagogue.
La calle Conde de Ibarra et la calle Lirio, à dr., conduisent au **couvent de Santa Maria de Jesús** *(plan XXXV, C1)*, fondé au XVIe s. et transformé en 1690, dont le

portail est orné d'une statue de la Vierge par Pietro Torrigiani. Tout près, l'église San Ildefonso conserve un tableau de Juan de las Roelas *(Mort de saint Ildefonse).*

La **casa de Pilatos**** *(plan XXXV, D1).* — Propriété du duc de Medinaceli, c'est un somptueux palais construit à partir de la fin du XVᵉ s. et achevé dans le premier tiers du XVIᵉ s., et qui combine, d'une façon étonnante, des styles aussi variés que le mudéjar, le gothique flamboyant et la Renaissance, sur un plan qui évoque celui des grandes villas romaines. Selon la croyance populaire, ce palais serait la reproduction de celui de Ponce Pilate à Jérusalem et cette légende, qui paraît remonter au XVIIIᵉ s., vient de ce que don Fadrique Enriquez de Ribera, marquis de Tarifa, fit en 1521 un voyage en Terre sainte, voyage qu'il commémora par une inscription en façade, avec une croix du Saint Sépulcre.

Visite : payante, lun.-dim., 9 h-18 h ; on peut visiter séparément le patio et la galerie.

Du côté de la place, s'ouvre un large **portail**, à l'imitation des arcs de triomphe romains, qui fut sculpté à Gênes en 1532, par Antonio Maria d'Aprile, en marbre de Carrare, avec des applications de bronze et de jaspe.
Après l'**Apeadero**, une cour ajoutée en 1750, on parviendra sur la dr. au **patio principal****, aux colonnes de marbre supportant des arcatures de plâtre sculpté aux dessins très variés, exécutés selon une technique au moule, mise au point probablement à Grenade au XIIIᵉ s. La richesse de cette ornementation mudéjare est rehaussée par de magnifiques azulejos* mudéjars, gothiques et Renaissance (1538), œuvre de Diego et Juan Polido, vingt-quatre bustes d'empereurs romains, de personnages fameux de l'Antiquité, tels que Cicéron, Hannibal, etc. (certains sont antiques, les autres sont du XVIᵉ s.), et de Charles Quint ; de statues disposées aux angles du patio (une Athéna grecque rappelant celle de Lemnos, par Phidias, et offerte par le pape Pie V ; une Minerve romaine ; une Cérès et une Muse, de la même époque) qui proviennent d'Italie.
A dr. du patio s'ouvre le **salon doré** ou du Prétoire, belle salle ornée de faïence de Cuenca et dotée d'un splendide plafond* à caissons mudéjars ; notez la fenêtre à volets en marqueterie de bois et la jolie grille du XVIIᵉ s.
En face de l'entrée sur la cour principale, une autre entrée donne accès à la **salle du tribunal**, ornée de stucs et d'azulejos (les stucs, de styles gothique et mudéjar, datent de la fin du XVᵉ s., ou du début du XVIᵉ s.), et à la **chapelle**, à voûtes gothiques et ornementation gothico-mudéjare ; les azulejos sont ici émaillés selon le procédé de la cuerda seca. A g. en sortant de la chapelle, **salle du musée Renaissance** (sculptures surtout), et à dr., **salle de la Fontaine**, ornée de stucs et d'un plafond à soffites sculptés.
Sur le quatrième côté du patio principal s'ouvre le **Musée romain***, où, en commençant par la dr., vous remarquerez : une statue de Dionysos (original grec ; *1*), deux masques architectoniques de la Renaissance *(3 et 5* ; XVIᵉ s.), une statue de la déesse Hygieia (copie romaine de l'époque des Antonins d'un original grec ; *7*), une tête de pilier hermaïque (copie romaine d'un original grec attribué à Alcamène, sculpteur du Vᵉ s. av. J.-C. ; *8*), un portrait d'Antinoüs (IIᵉ s. apr. J.-C. ; *10*), un portrait de Caïus César, fils d'Agrippa et neveu de l'empereur Auguste *(12)*, un portrait de Drusus l'Ancien, frère de Tibère *(13)*, une statue, probablement d'une impératrice romaine divinisée (Iᵉʳ ou IIᵉ s. apr. J.-C. ? *15*), un torse viril (époque hellénistique ou copie romaine d'un original hellénistique ? *20*).
Dans l'**escalier** d'accès à l'étage, azulejos à fond vert, jaspés et à reflets irisés, panneaux de plâtre sculpté, plafond à stalactites sur panneaux mudéjars. Sur le palier, Vierge dans un très beau panneau d'azulejos bleus irisés.
A g. de la **galerie supérieure** (fresques par Diego Rodriguez ; 1539), s'ouvre une salle dont le plafond fut peint en 1654 par Pacheco (sujets mythologiques). Vous visiterez ensuite une petite salle d'archives, puis une autre salle où sont conservés des manuscrits enluminés des XVᵉ et XVIᵉ s. pour la plupart ; un document de 860,

concernant un acte de donation par Charles le Chauve, est l'un des plus anciens documents d'Espagne.

↦ De la casa de Pilatos, vous pourrez, si vous avez un peu de temps, effectuer un détour hors des limites de la ville ancienne. Voyez d'abord, tout près, l'**église San Estebán** *(plan XXXV, D1),* aménagée dans une ancienne mosquée et abritant au maître-autel un retable de Zurbarán, en plusieurs tableaux, dont une *Adoration des bergers,* au centre des scènes de la vie de saint Pierre et de saint Paul et divers autres saints. A 450 m de là en continuant tout droit par la calle San Estebán et la calle Luis Montoto, restes d'un aqueduc mauresque du XIIᵉ s., dit **acueducto de Carmona** *(hors plan XXXV, D1) ;* un peu plus loin à g., l'**église San Benito,** du XVIᵉ s., abrite une statue de la Vierge du XIVᵉ s. Plus loin encore, la **Cruz del Campo,** petit temple mudéjar de 1482, protège une croix de marbre sculptée en haut relief.

L'**église San Isidoro** renferme des tableaux de Morales, Valera, Herrera le Vieux et Herrera le Jeune ; à dr., *Descente de Croix,* d'A. Cano. Dans la sacristie, tableau de Juan de las Roelas *(Mort de saint Isidore),* l'une de ses principales œuvres.

De San Isidoro, la calle Corral del Rey, prolongée par la calle Argote de Molina, mènerait à la cathédrale.

Quartier du Centre. — L'église Santa Catalina *(plan XXXIII, C3),* sur la plaza Ponce de León, est une ancienne mosquée qui comporte une chapelle avec l'un des plus beaux plafonds artesonados* de Séville ; à g. du maître-autel, retable* churrigueresque (XVIIIᵉ s.).

L'**Ancienne Université** *(plan XXXII, B3 ; ouv. 8 h-12 h et 18 h-21 h).* — Elle accueille toujours des étudiants et occupe un ancien collège jésuite, construit en 1579 ; sa **salle des Actes** est un véritable musée avec des sculptures d'Alonso Cano et des peintures de Juan de las Roelas, Herrera le Jeune, Juan Valdés Leal, Vincente Carducho, etc. ; son église est un édifice Renaissance de Bartolomé de Bustamante (1565-1579).

Au maître-autel, **retable*** : au centre, une *Sainte Famille* de Juan de las Roelas est entourée d'une *Nativité* et d'une *Épiphanie* de son élève Fr. Valera ; au registre supérieur, une *Annonciation* est due à Antonio Mohedano (vers 1563-1626), artiste lettré dont deux sonnets furent publiés en 1605 dans les *Flores de poetas ilustres de España,* en même temps que peintre réputé de natures mortes qui travailla surtout à Antequera. Sur ce retable, remarquez encore *Saint Jean Baptiste* et *Saint Jean de Patmos* par A. Cano et, devant, des statues de saint François Borgia et de saint Ignace de Loyola par Juan Martinez Montañés.
Dans la nef, à g. et à dr., **tombeaux*** de don Pedro Enriquez et de sa femme, sculptés à Gênes, en 1520, le premier par Antonio Maria d'Aprile, le second par Pace Gazini. A dr., retable de la *Concepción* par Montañés, tombeaux des frères Becquer, le poète et le peintre. Dans une chapelle moderne, Christ par Montañés.

Calle de la Cuna *(à g.).* — Au nº 18, le **palais de la comtesse de Lebrija** *(vis. sur dem. 11 h-13 h et 15 h-17 h, ☎ 422-78-02)* présente une façade assez austère ; c'est une belle demeure sévillane, avec un escalier monumental orné d'azulejos des XVIᵉ s. et XVIIᵉ s. et un beau plafond artesonado mudéjar du XVIᵉ s. L'originalité de ce palais est d'avoir été décoré avec des mosaïques romaines provenant d'Italica.

La calle de la Cuna débouche sur la plaza del Salvador.

Église del Salvador* *(plan XXXIV, B1 ; vis. lun.-sam. 18 h 30-21 h ; dim. 10 h-13 h 30 et 18 h 30-21 h).* — Construite de 1671 à 1712, c'est un grandiose spécimen d'architecture churrigueresque ; à l'intérieur, retables de même style et œuvres de Montañés *(Christ** au 2ᵉ autel à dr., *Ecce Homo* dans le sagrario) et peinture attribuée à Murillo *(Ecce Homo),* dans la 1ᵉʳᵉ chapelle à dr.

La **plaza del Salvador,** place quadrangulaire, est au centre d'un quartier de petits commerces fort nombreux ; vous rejoignez la **calle de las Sierpes** par la calle Sagasta en face de l'église. « Sierpes », la rue des serpents, ne tire pas son nom de son tracé puisqu'elle est rectiligne, mais plus probablement d'une enseigne d'auberge ornée de reptiles, située dans le passé à son entrée. C'est l'artère la plus célèbre de Séville, exclusivement réservée aux piétons et qui, bordée de cafés, de boutiques et de cercles (casinos), est celle où les Sévillans viennent le plus volontiers pour flâner ou contempler la flânerie des autres. Elle se termine auprès de la plaza la Campana, point de départ du parcours officiel des processions de la Semaine sainte, sauf le samedi, où elles se font en sens inverse.

Au nº 52, vous passerez devant un casino qui occupe l'emplacement d'une prison où Cervantès fut enfermé.

En traversant la calle Sierpes, vous irez visiter l'**église San José** *(plan XXXIV, B1),* un petit joyau d'art baroque, terminée en 1691 (à l'intérieur, *Trône des Anges,* par Pedro Roldán).

➡ A 400 m, au-delà de la calle Velasquez Tetuan, l'**église de la Magdalena** *(plan XXXIV, A1),* l'un des plus beaux temples baroques de Séville, conserve quelques éléments gothiques de l'oratoire du couvent de San Pablo. Elle est richement décorée, à l'intérieur, de moulures et de reliefs dorés, exécutés par Leonardo de Figueroa à la fin du XVIIe s. ; peintures de Lucas Valdés, Zurbarán (deux scènes de l'histoire de saint Dominique) et sculptures de Pedro Roldán *(Descente de Croix)* et Juan Martinez Montañés *(Christ au Calvaire).*

Vous reviendrez vers l'Ayuntamiento en passant par l'**église San Buenaventura,** où l'on peut voir des peintures de Herrera le Vieux.

Ayuntamiento* *(plan XXXIV, B1).* — Il a été construit vers 1527, d'après un plan de Diego de Riano. La façade du côté de l'avenida de la Constitución est un chef-d'œuvre de style plateresque d'une remarquable richesse d'ornementation. On y conserve plusieurs tableaux, dont un portrait de fray Pedro de Ona, par Zurbarán, une bannière de la ville, à l'image du roi saint Ferdinand, du XVe s., etc.

L'Ayuntamiento est en complète restauration et ses services ont, pour le moment, été déplacés.

Devant la façade E. de l'Ayuntamiento s'étend la **plaza San Francisco** où l'on célébrait autrefois autodafés et courses de taureaux ; de nombreux condamnés, victimes de l'Inquisition, périrent ici sur le bûcher. De nos jours, se dressent, chaque année, les tribunes officielles de la Semaine sainte. A l'E. de la place, l'**Audiencia,** ou tribunal, du XVIe s., avec une façade de 1606, a été restaurée en 1924.

5 — Le quartier de la Macarena

La paroisse de San Gil est assez éloignée du centre ville ; il est recommandé de s'y rendre en voiture (parking près de la porte de la Macarena, à l'extérieur de Ronda, suite d'avenues délimitant l'ancienne cité) ou en autobus : nº 2 (direction plaza del Duque à partir de la plaza Nueva).

A la lisière de l'enceinte urbaine, le **quartier de la Macarena** est cher au cœur du peuple de Séville qui y vénère une statue de la Vierge dont la théâtrale sortie, le Jeudi saint à minuit, est l'un des grands moments de la fabuleuse semaine.

La **puerta de la Macarena** *(plan XXXIII, C1)*, dont le nom rappellerait celui d'une princesse arabe, fut reconstruite en 1713 et 1795. Prolongeant la porte, un tronçon de la muraille almohade (XIIe s.), flanquée de tours, s'étend sur environ 500 m, jusqu'à la puerta de Córdoba.

➜ De l'autre côté de la Ronda (ici baptisée calle de Resolana Anduezza) vous pouvez voir l'**hospital de las Cinco Llagas** *(hors plan XXXIII, C1)*, des Cinq Plaies (1546-1613) qui présente une noble façade classique ; église (1650), par Hernán Ruiz (retable sculpté par Diego López et peint par Al. Vázquez ; 1601).

L'**église San Gil** *(plan XXXIII, C1)*, des XIIIe et XIVe s., mais remaniée au XVIIe s., fut incendiée au début de la guerre civile en 1936. Restaurée, elle conserve encore quelques éléments de la mosquée dont elle prit la place, notamment dans le clocher.

La **Vierge de la Macarena**, au visage semé de larmes de diamant, œuvre de Pedro Roldán, est dans la **basílica de la Macarena** construite à côté en 1949 *(vis. lun.-dim. 9 h-13 h, 17 h-21 h ;* dans la 2e chapelle à g., le *Christ devant Ponce Pilate*, sculpture de Pedro Roldán).

A la basilique est annexé un **musée** *(ouv. 9 h 30-12 h 30, 17 h 30-19 h 30)* qui renferme les riches ornements de la statue de la Vierge : couronnes d'or, diamants et pierres précieuses, manteaux surbrodés, bijoux, etc. ; les accessoires des processions de la confrérie, des costumes de toreros illustres (Joselito, Sánchez Mejías, ami de Federico Garcia Lorca qui écrivit à sa mémoire *Chant funèbre pour Ignacio Sánchez Mejías*, mis en musique par Maurice Ohanna ; et encore Manolete, P. Márquez, César Girón, etc.) et des joyaux offerts par quelques personnalités.

➜ *A partir de la puerta de la Macarena, vous pourrez entreprendre une promenade dans cette partie de la ville et revenir au point de départ en moins d'une heure.*

La calle San Luis conduit à l'**église San Luis** qui fut probablement bâtie par Leonardo de Figueroa et dotée d'une riche ornementation baroque (à l'int., fresques de Lucas Valdés à la voûte). Presque en face, l'**église Santa Marina** ; portail sculpté et clocher mudéjar du XIVe s. dont la base est arabe.

On atteint ensuite l'**église San Marcos** surtout intéressante par sa tour, minaret d'une ancienne mosquée ; juste avant, à g., la calle Vergara conduit vers l'église du **couvent Santa Isabel** *(plan XXXIII, C2)* de style Renaissance (1520, crucifix de Juan de Mesa). La calle Santa Paula conduit de là au **couvent de Santa Paula** *(plan XXXIII, D2 ; ouv. lun.- sam., 9 h-13 h, 16 h 30-18 h 30),* fondé en 1475 ; dans la cour, à côté de l'église, portail orné d'azulejos, de reliefs en terre cuite émaillée, par F. Nicolosa Pisano, et de médaillons de Pedro Millán. Rejoindre ensuite l'**église San Roman** *(plan XXXIII, D3)*, ornée de sculptures de Montañés puis, par la calle del Socorro ou la calle Peñuelas, la calle San Luis, où l'on peut voir le **palacio de las Dueñas** *(plan XXXIII, C2)*, fondé au XVe s. : riches ornements mudéjars en plâtre sculpté.

6 — L'alameda de Hércules

Deux couvents se trouvent dans les parages de l'alameda de Hércules : Santa Clara et San Clemente. Cette promenade assez courte peut s'enchaîner avec la précédente : prendre le bus nº 2, direction plaza du Duque à partir de la Macarena ; en voiture, parking assez facile sur l'alameda de Hércules.

L'**alameda de Hércules** *(plan XXXII, B2)* est une ancienne zone marécageuse asséchée dans la seconde moitié du XVIe s. C'est une large promenade au sein d'un quartier où les couvents et les églises abondent ; elle est ornée, du côté de la calle de Trajano, de deux colonnes romaines de granit surmontées des statues d'Hercule et de Jules César par le Sévillan Diego de Pesquera (1574), et, à l'autre extrémité, de deux colonnes de marbre blanc, du XVIIIe s., et de fontaines. Une tradition voudrait que la statue d'Hercule eut été découverte pendant les travaux d'assèchement, faisant de lui un héros local ainsi que le proclamait l'inscription de la puerta de Jerez (aujourd'hui disparue : « Hercule me bâtit, Jules César m'entoura de murs et de tours élevées… »).

Sur cette esplanade qui était dans le temps un lieu de promenade apprécié des Sévillans, se tient, le dimanche matin, un marché aux puces rempli de vieilleries et de véritables antiquités.

L'**église San Lorenzo** (par la calle Conde de Barajas), gothique, fut remaniée au XVIIe s. À l'intérieur *(vis. lun.-dim. 8 h-13 h 30, 18 h-21 h)*, remarquez surtout le maître-autel (1638-1639), par Montañés, et le *Christ au calvaire**, de Juan de Mesa, dans la chapelle del Gran Poder.

La calle de Santa Clara (au nº 21, palais de Santa Coloma, du XVIIe s.), mène au **couvent de Santa Clara**, fondé au XIIe s., dont l'église Renaissance (restes mudéjars à l'abside) possède un beau plafond artesonado* en bois ; noter encore les azulejos, de 1575, les statues des autels latéraux, sculptés par Montañés, surtout celle de saint François d'Assise, du côté dr. ; la **torre de Don Fadrique**, attenante, est une tour carrée construite dans le style roman avec un couronnement gothique.

Le **couvent de San Clemente** *(plan XXXII, B1)* a été fondé par saint Ferdinand ; son église (1632) couverte d'un plafond artesonado est ornée d'azulejos de 1558 et de fresques par Juan de Valdés Leal ; maître-autel attribué à Montañés et retable de saint Jean Baptiste (2e autel à dr.), Renaissance, par Gaspar Núñez Delgado (vers 1606).

➟ A proximité de l'alameda, les amateurs de peinture religieuse pourront faire un petit circuit par l'**église Omnium Sanctorum** *(plan XXXIII, C1-2)*, dotée d'une tour mauresque, l'**église San Juan de la Palma** *(plan XXXIII, C2)* ; à l'intérieur, côté dr., Crucifixion de Pieter de Kempeneer ; sculptures de Hita y Castillo et de Pedro Roldán. Dans l'**église San Martin** *(plan XXXII, B2)*, des XIVe et XVe s., cinq peintures, dans une chapelle à dr., sont attribuées à Alonso Cano. Au retable du maître-autel, Christ en croix et saints de Montañés ; à côté, scènes de la Vie de saint Martin, attribuées à Herrera le Vieux. A g., *Descente de croix* de Pedro Roldán.
En face de l'hospital de la Misericordia (*Christ en croix*, de Zurbarán), église de San Andrés ; au maître-autel, la *Concepción,* par Montañés.

7 — Triana

Promenade dans l'un des quartiers les plus populaires de Séville, celui de la grande tradition du flamenco, quartier où se recrutaient les marins pour les grandes traversées. Triana constituait autrefois la ville gitane, et les Gitans qui avaient été fixés ici par décret royal, avaient bien conscience de se rendre dans une autre ville lorsqu'ils franchissaient le pont sur le Guadalquivir. Quoi qu'en disent les dépliants touristiques, il y a longtemps que les Gitans de Triana se sont dispersés dans les grands ensembles entourant Séville.

Le **pont d'Isabelle II** *(plan XXXIV, A1-2),* ou de Triana, relie la ville à son faubourg de Triana, la Trajana des Romains, la Tarayana des Maures.

↝ La calle de Castilla conduit, au-delà du marché, à la **chapelle del Patrocinio** *(hors plan XXXIV, A1; ouv. 8 h-12 h 18 h-21 h)* qui renferme un Christ à l'Agonie**, le Cachorro, que les fidèles de la Semaine sainte affectionnent particulièrement. Plus loin, la calle de Castilla conduit à l'île de la Cartuja, lieu de l'Expo' 92.

L'église San Jacinto *(hors plan XXXIV, A2)*, baroque (1775), avec une haute coupole ornée de fresques abrite plusieurs des pasos, trônes des processions de la Semaine sainte.

Allez vers le pont de San Telmo par la **calle Betis,** lieu de promenade apprécié le long du Guadalquivir, bordée de restaurants avec terrasses.

L'église Santa Ana *(plan XXXIV, A2)*, de style gothico-mudéjar du XIIIe s., mais remaniée, renferme la *Virgen de la Rosa** (au trascoro), par Alejo Fernández, un peintre d'origine allemande, actif à Séville à partir de 1508 (en face, à côté de la porte d'entrée, *Epiphanie* et *Saintes Juste et Rufine,* du même auteur) et, au maître-autel, un retable peint en 17 tableaux par Pieter de Kempeneer.

On attribue au même artiste un tableau sur l'autel de saint François d'Assise (bas-côté g.). Dans le bas-côté dr., pierre tombale, en céramique, de Nicoloso Pisano (1503). Dans toutes les chapelles, azulejos des XVIe et XVIIe s.
Dans le trésor, baiser-de-paix ciselé de la fin du XVe s. et riche ostensoir d'argent par Mateo Ximénez (1651-1667).

Plus en aval, le long de la calle Betis se trouvait le puerto de las Mulas d'où partit Magellan, en 1519, pour le premier voyage autour du globe, voyage dont ne revinrent que dix hommes. Une plaque apposée sur l'**Institut d'études hispano-cubaines** *(plan XXXIV, B3)*, bâtiment caractéristique de l'architecture coloniale espagnole, commémore cet événement.

Au S. de la plaza de Cuba et de l'avda de la República Argentina commence le **quartier de los Remedios,** issu de la frénésie de construction des années 60 ; lieu de résidence des classes moyennes aisées, il est loin d'être une réussite sur le plan architectural. Le parc de la Feria d'avril et un parc d'attractions bordent au S. ce quartier.

8 — Le parc María Luisa

Cette promenade est la moins aisée à faire à pied. On entre ici dans la partie de Séville aménagée au XXe s., où dominent les espaces verts. Les distances entre les centres d'intérêt sont donc assez longues. On pourra laisser la voiture autour de la calle San Fernando pour une première partie puis la reprendre jusqu'au parc María Luisa.

De la **puerta de Jerez** (*plan XXXIV, B2;* chapelle du séminaire, de style gothique du XVIe s., avec des peintures du style d'Alejo Fernández) se diriger vers le **palais de San Telmo** *(plan XXXIV, B3),* vaste édifice baroque, et même churrigueresque dans sa porte principale (1734), construit de 1682 à 1796. Près de là, l'ancienne **fabrique de tabacs,** énorme bâtisse du XVIIIe s., constitue une dépendance de l'Université *(plan XXXV, C3).*

Le **parc María Luisa****, dessiné par l'architecte français Forestier au XIXe s., est la plus agréable promenade sévillane avec ses épaisses frondaisons aux essences variées, mais surtout tropicales. Cette promenade, compromis entre un bois de Boulogne et un jardin à l'andalouse, est parée de fontaines, statues, bancs et pavements où l'azulejos est roi. La plaza de España, avec son immense bâtiment en hémicycle construit à l'occasion de la Foire ibéro-américaine de 1929, lui procure une perspective monumentale.

Le **Musée archéologique provincial** *(hors plan XXXV, C3)* est installé dans le pavillon néo-Renaissance bordant la plaza de América au S. Il est riche en œuvres d'art (sculptures et mosaïques notamment) de la période romaine, mais l'intérêt majeur de ce musée est constitué par le **trésor d'El Carambolo**, composé d'objets en or très pur qui, s'ils furent fabriqués en Andalousie, témoignent de la vivacité des influences venues de l'Orient aux VIIIe et VIIe s. avant notre ère.

Visite : payante, mar.-dim. 10 h-14 h.

Le musée a été récemment réaménagé. Il comporte actuellement vingt-sept salles : les dix premières, situées à l'entresol, regroupent les collections préhistoriques et historiques des époques des colonisations phénicienne, grecque et punique. Les autres, au premier étage, rassemblent les sculptures ibériques, romaines, paléochrétiennes, wisigothiques, arabes et hispano-musulmanes.

Salle I. — Outils du Paléolithique et du Néolithique ; haches, racloirs, burins, pointes de flèches, etc. ; également fossiles d'origine marine et de grands pachydermes ; ces objets proviennent, pour la plupart, des régions de Carmona et d'El Coronil.

Salle II. — Objets de l'Énéolithique (premier âge des métaux, pierre et cuivre, précédant le Bronze) ; découvertes provenant de la caverne de la Mora, à Jabugo (Huelva), de la grotte de Don Juan à Conatantina (Séville) et des **idoles cylindriques** de Morón de la Frontera, Valencia de la Concepción et Italica.

Salle III. — Dans cette salle sont exposés des objets de gisements énéolithiques et du 1er Age du Bronze (2000 à 1500 av. J.-C.) parmi lesquels il faut remarquer ceux de Matarrubilla et de la Pastora à Séville et ceux des Algarbes à Cadix.

Salle IV. — Salle réservée à l'Age du Bronze et à l'Age du Fer ; stèles funéraires de Carmona et Ecija, milieu du VIIIe s. av. J.-C.

Salle V. — Vases de céramiques et autres pièces découvertes dans les fouilles du Cerro d'El Carambolo à Camas (Séville), datés du VIIIe au VIe s. av. J.-C.

Salle VI. — Cette salle renferme le **trésor en or d'El Carambolo*****, appartenant à la civilisation tartessienne et daté du VIIIe s. av. J.-C. ; statuette de bronze de la déesse Astarté avec inscription en caractères phéniciens sur le socle.

Salle VII. — Trésor en or du Cortijo d'Ebora à Sanlúcar de Barrameda (Cadix), d'influence orientale et de l'époque des colonisations phénicienne et punique (VIIIe au VIe s.).

Salle VIII. — Objets provenant des fouilles du village de Cerro de Salomón à Río Tinto (Huelva) parmi lesquels il faut remarquer le bronze Carriazo représentant la déesse Hathor entre deux cygnes.

Salle IX. — Salle réservée aux colonisations phénicienne, grecque et punique ; collection de vases italo-grecs.

Salle X. — Collection de vases appartenant à la civilisation ibérique, provenant d'Italica, ainsi que des armes, des fibules et des ex-voto de bronzes ibériques. Ces restes proviennent des **sépultures en tumuli de l'Andalousie** (particulièrement nombreuses et imposantes dans la région de Huelva et dans celle d'Antequera). Cette culture s'éteignit graduellement avec l'arrivée des Romains et certains objets témoignent d'une influence romaine.

Salle XI. — Collections de sculptures ibériques et d'inscriptions romaines portant des noms indigènes.

Salle XII. — Fonds romains de musée ne provenant pas d'Italica ; mosaïque représentant le **triomphe de Bacchus*** (IIIe s. apr. J.-C.).

Salles XIII à XX. — Collection de statues et d'arts somptuaires provenant des fouilles d'Italica ; statues de **Mercure*** (acéphale) copie d'un original grec du IVe s. av. J.-C. (Céphisodote ? Léocharés ?), Diane, Vénus, Trajan (mal conservé), etc., et bustes d'Alexandre le Grand, Auguste, **Hadrien** (l'un des meilleurs portraits connus), Marc Aurèle et Balbin ; mosaïque d'Hercule et de Hylax (IIe ou IIIe s. de notre ère) ; buste de Vespasien provenant d'Ecija.

Salle XXI. — Collection d'épigraphie romaine du musée. Une salle annexe est destinée aux expositions temporaires ; les dernières acquisitions du musée s'y trouvent.

Salle XXII. — Matériaux architectoniques provenant d'un temple découvert partiellement à Carteia, San Roque (Cadix) ; monnaies et pièces diverses découvertes dans cette ville.

Salles XXIII et XXIV. — Objets provenant des fouilles de la petite cité minière de Munigua, l'ancienne Flavio Muniguense, actuellement Mulva (Séville) ; des restes sculpturaux, architectoniques et épigraphiques avec la plus belle **verrerie*** du musée ; lettre de l'empereur Titus (79 apr. J.-C.) et très belle tête de Hispania.

Salle XXVI. — Objets appartenant aux civilisations paléochrétienne, wisigothique et arabe.

Salle XXVII. — Art mudéjar, dont une cuve baptismale du XVe ou XVIe s. en céramique vernissée verte (qui fut l'une des spécialités des artisans potiers andalous) et une plaque tombale de bronze, gothique du XIVe s.

Face au précédent, le **musée des Arts et Coutumes populaires** est le dernier musée d'importance créé à Séville, installé dans un des pavillons néo-mudéjars de 1929. Il rassemble un fonds d'outils, d'objets divers de différentes époques témoignant de la vie des différentes classes sociales, de l'artisanat, des modes de vie de l'Andalousie. Le fonds a été constitué à partir de donations diverses (musée des Beaux-Arts, municipalité de Séville, trouvailles dans les campagnes sévillanes, etc.). L'approche est avant tout sociologique, historique, mais aussi artistique.

Visite : payante, mar.-sam. 10 h-14 h.
Le musée est en cours d'installation ; un étage supplémentaire sera réservé en partie à des expositions temporaires.

On reviendra vers le centre ville par le **paseo de las Delicias**. Cette avenue tire son nom d'un bois qui, au XIXe s., était une promenade appréciée des Sévillans. On verra le long du paseo d'autres pavillons de l'exposition de 1929, ceux de Colombie, du Guatemala, d'Argentine, construits en style colonial. La statue de Simón Bolívar a été érigée en 1981.

9 — Le musée des Beaux-Arts***

Il est installé dans l'ancien **couvent de la Merced Calzada** *(plan XXXII, A3)* où résida le frère Gabriel Téllez, dit Tirso de Molina, avant son voyage vers les Indes en 1616. Le couvent fut construit au début du XVIIe s. sur l'emplacement d'anciens bâtiments de style mudéjar par l'architecte sévillan Juan de Oviedo.

Considéré comme la deuxième pinacothèque d'Espagne, après le musée du Prado, le museo de Belas Artes connut bien des vicissitudes liées au manque de moyens ; ses salles étaient, jusqu'à une époque récente, et selon les moments, partiellement, voire totalement, fermées.
Il est actuellement en travaux et doit être réinauguré en 1992, à la veille de l'exposition universelle. Jusque-là, trois salles donnant un bref aperçu de ses collections sont ouvertes au public. Plutôt qu'une description salle par salle, nous

vous proposons ci-dessous une présentation générale des écoles, grands peintres et périodes qui constituent l'essentiel des collections de ce musée.

Visite : payante, mar.-ven. 10 h-14 h, 16 h-19 h ; sam. et dim. 10 h-14 h.

La peinture gothique

Cette période de résurgence de la peinture chrétienne dans l'Espagne de la Reconquête est représentée par des œuvres témoignant des différentes tendances des artistes attirés à Séville après 1248, année où Ferdinand III reprit la ville aux musulmans.

La sculpture

Lorenzo Mercadante de Bretaña introduisit à Séville, où il résida entre 1453 et 1467, les formes de l'art flamand que l'on retrouve dans diverses œuvres importantes comme les portes de la cathédrale de Séville (1464-1467).
Son principal successeur et élève **Pedro Millán**, qui travailla à Séville entre 1487 et 1507, est un bon exemple de la façon dont s'hispanisèrent les formes flamandes. Sa production, marquée d'un grand éclectisme, fait de cet artiste l'initiateur de l'école sévillane de sculpture qui atteint sa perfection au XVII° s. avec les grands sculpteurs du baroque sévillan comme Martínez Montañés, Juan de Mesa, Francisco de Ocampo, etc.

La peinture espagnole : l'école sévillane

Luis de Morales travaille à Sévillle dans la 2° moitié du XVI° s. Il est intéressant en ce qu'il montre une réaction contre le triomphe de la beauté corporelle du raphaëlisme : dans la *Vierge à l'Enfant*, la silhouette humaine s'allonge, se spiritualise, comme chez le Greco ; son maniérisme traduit une spiritualité mystique proprement espagnole. Parmi les peintres qui se dégagent du quattrocento et de tous liens sensibles avec ceux de la génération précédente, citons à Séville **Pedro de Campana, Fernando de Esturmio** et **Luis de Vargas** (1506-1568) dont on peut admirer des peintures sur bois représentant *Jésus parmi les docteurs* et la *Résurrection du Christ*.

Pietro Torrigiani (1472-1528). Fils d'une famille de négociants aisés de Florence et condisciple de Michel-Ange, avec lequel il se querella, lui brisant le nez d'un coup de poing, ce qui le contraignit à quitter sa ville natale pour éviter les foudres de Laurent le Magnifique, Pietro Torrigiani se rendit à Rome et tenta d'entrer dans la carrière militaire. Il voyagea par la suite (en France, dans les Flandres) puis travailla en Angleterre (vers 1512-1519), pour le compte d'Henry VIII, et enfin gagna l'Espagne ; Grenade d'abord, où il laissa une Charité et un Ecce Homo, puis Séville, où il mourut dans les prisons de l'Inquisition pour avoir brisé une statue de la Vierge qu'on se refusait à payer le prix qu'il exigeait.
Le musée conserve de cet artiste deux œuvres magnifiques provenant du monastère de Saint-Jérôme de Buenavista : une statue de *Saint Jérôme*** et une *Vierge à l'Enfant.*

Le Greco. — Le *portrait de Jorge Manuel*, son fils, fut considéré longtemps comme un autoportrait du Greco lui-même mais cette hypothèse a dû être réfutée : les vêtements que porte le jeune homme sont propres au règne de Philippe III, époque que le peintre connut déjà âgé. Le musée conserve un autre tableau de lui, un *portrait de Fray Hortensio Félix de Paravicino y Arteaga*, son grand ami, qu'il peignit à plusieurs reprises.

José de Ribera (1591-1652). — Sa peinture se caractérise par un grand sens des ténèbres qu'il apprit du Caravage. Il fait ressortir, sur un fond obscur intense, les figures des saints, des apôtres, des martyrs qui sont traités avec une grande force expressive. Ribera est surtout un peintre de saints comme en témoignent le *Saint Jacques Pèlerin* et *Sainte Thérèse de Jésus* conservés ici.

Juan de las Roelas (vers 1558/1560-1625). — Le plus ancien des peintres de la première génération baroque sévillane. Probablement né à Madrid, il réside quelque temps en Italie, entre en religion et revient à Séville vers 1602-1603, où il contribue à la création d'une école sévillane de peinture. De son contact avec l'Italie, Juan de las Roelas a sans doute rapporté son talent de coloriste délicat et intimiste *(Sainte Anne enseigne à lire à la Vierge)*, s'exprimant généralement avec une simplicité et une grâce bien andalouse *(Immaculée Conception)*, mais il peut parfois atteindre à un pathétique certain, comme dans le *Martyre de saint André*, ou surtout dans le *Saint Jacques à la bataille de Clavijo*, dans la chapelle de Santiago (cathédrale de Séville). Roelas eut une grande influence sur les peintres sévillans des générations suivantes. On dit qu'il joua un rôle important dans la formation de Murillo et il est considéré comme le point de départ de la peinture de Valdés Leal.

Francisco Pacheco (1564-1654). — Fils d'un marin de Sanlúcar de Barrameda, il est un excellent portraitiste, sans doute un peu froid, mais au dessin très sûr. Grand voyageur, animé d'une curiosité fébrile, il séjourne en Flandre, fréquente la Cour et quelques-uns des artistes les plus célèbres de son temps (il est très lié avec le sculpteur Juan Martinez Montañés). Il donne des cours de dessin (notamment à Alonso Cano et à Diego Velázquez, qui devient son gendre en 1617); censeur des œuvres d'art pour le compte du tribunal de l'Inquisition, il publie en 1649 l'*Arte de la Pintura*, qui, bien que très partial, est une source d'informations très précieuse sur la peinture du Siècle d'or.

Francisco de Zurbarán (1598-1664). — Zurbarán fut le peintre des ordres monastiques et la série des *Chartreux* du musée de Séville, dont la date est controversée, se distingue par la monumentalité dans la composition, la minutie de certains détails (cf. les natures mortes sur la table du tableau de *Saint Hugues au réfectoire*, ou les fleurs éparpillées aux pieds de la *Vierge des Grottes*), les oppositions de tons, la raideur des vêtements de bure. Exécuté en 1631, l'*Apothéose de saint Thomas d'Aquin*, l'un de ses chefs-d'œuvre, commémore la fondation, en 1517, du collège dominicain de Santo Tomás, à Séville, par l'archevêque Diego de Deza, représenté en bas du tableau, en face de Charles Quint; il témoigne d'une grande habileté à reproduire les jeux de l'ombre et de la lumière, habileté qui se traduit ici dans le passage graduel et sans opposition du ténébrisme du plan inférieur du tableau à la relative clarté qui règne dans le ciel.

Bartolomé Esteban Murillo (1617/1618-1682). — Il fait son apprentissage dans sa ville natale, Séville, auprès de Juan del Castillo, puis il commence à produire une peinture alimentaire, destinée à être vendue à la foire de Séville, aux marchands de bondieuseries qui les revendent dans les pays du Nouveau Monde. Il voyage ensuite à Madrid, peut-être à l'instigation de Diego Velázquez, et découvre les grandes collections royales de maîtres flamands (Rubens, Van Eyck) et italiens (Raphaël, les Corrège, Titien, Tintoret, Véronèse) et revient à Séville où, ayant reçu une importante commande du couvent de San Francisco, il acquiert rapidement une renommée flatteuse, qui ne se dément jamais tout au long de son existence. Il peint ainsi un nombre assez important d'*Immaculées Conceptions*, dont le musée présente trois exemplaires.
Murillo est le type même du peintre andalou, attiré par les couleurs lumineuses et transparentes (il aura tôt fait de se dégager de l'influence qu'exercèrent un moment sur lui les ténébristes tels que Ribera) et par un lyrisme doux et attendri, par conséquent enclin à la sentimentalité, à l'optimisme. Il fut par excellence le peintre de la Vierge triomphante, celle de la vision de saint Jean de Patmos, dans l'Apocalypse, d'une femme vêtue de soleil, couronnée d'étoiles, un croissant de lune aux pieds.

Juan de Valdés Leal (1622-1690). — Né à Séville d'un père portugais et d'une mère andalouse dont il adopte le nom, il se forme à Cordoue, dans l'atelier du peintre Antonio del Castillo et y épouse, en 1647, Isabel de Carrasquilla, elle-même peintre. Son fils **Luca** (1661-1725) est son collaborateur et se classe parmi les meilleurs fresquistes sévillans. Sa première commande importante lui est demandée par le couvent de Santa Clara de Carmona. L'essentiel de son œuvre se trouve à Séville dont il est, en 1660, un membre fondateur de l'Académie, mais le Prado et Cordoue conservent également quelques chefs-d'œuvre de cet artiste dont la production est abondante et variée. Grand maître de la peinture baroque andalouse, souvent excessif, mais laissant rarement indifférent, caractère violemment tourmenté malgré une vie apparemment sans heurt, Juan de Valdés Leal donne surtout la pleine mesure de son tempérament altier et pessimiste dans les deux tableaux qu'il exécuta à la demande de don Miguel de Mañara pour l'hospital de la Caridad.

De l'œuvre exécutée pour le compte du couvent de Santa Clara de Carmona, le musée possède deux grandes compositions (1653), au saisissant contraste, qui représente la *Déroute des Sarrasins sous les murs d'Assise* devant la *Procession de la custode miraculeuse*. La série produite pour le monastère sévillan de Saint-Jérôme représente également l'un des sommets de la peinture baroque andalouse, d'une inspiration ardente, frémissante, atteignant à ce pathétique qui se donnera libre cours à l'hospital de la Caridad, et que l'on peut comparer, pour mesurer leur opposition, aux compositions un peu lourdes et assez mièvres de ses *Immaculées Conceptions*, par exemple avec celle provenant du couvent sévillan de Saint-Augustin (devenu aujourd'hui un musée).

La peinture étrangère au XVIIᵉ s.

La peinture sévillane fut au XVIIᵉ s. principalement influencée par deux écoles importantes du baroque européen, la hollandaise et l'italienne. La peinture hollandaise, rebelle à l'iconographie catholique traditionnelle, imposa ses nouvelles modes mythologiques et de genre. La peinture italienne eut, pour sa part, une influence que l'on qualifie de ténébriste puisque ce sont principalement les toiles des artistes de l'Italie du S. qui furent apportées à Séville, en raison des liens que la ville entretenait alors avec le royaume de Naples.

Ces deux écoles sont représentées au musée.

Le XVIIIᵉ s. n'égale pas la splendeur du précédent et présente en comparaison une production picturale assez pauvre. Les artistes les plus représentatifs sont **Lucas Valdés** († 1724), **Domingo Martínez** († 1750) et **Juan de Espinal** († 1784). Ils furent tous trois plus des peintres de fresques que des peintres de chevalet.

De Domingo Martínez on peut admirer l'œuvre la plus importante, la décoration de la voûte de l'église de l'ancien couvent de la Merced. Huit toiles de la Mascarade royale illustrent son œuvre de peintre de chevalet et représentent les charrettes triomphales qui défilèrent à Séville lors de l'avènement de Ferdinand VI et Barbara de Bragance en 1747.

Francisco de Goya y Lucientes. En 1792, il tombe gravement malade et est atteint de surdité. Les thèmes de sorcellerie, les épisodes tourmentés et dramatiques deviennent alors une constante de son œuvre. Le *Portrait de Don José Duaso,* peint vers 1820, reflète la maîtrise du peintre qui, après un bref séjour à Paris en 1824, s'établit à Bordeaux où il meurt en 1828.

La peinture du XIXᵉ s.

Joaquin Maria Cortés (1770-1835) et **José Maria Arango** (1788-1835) illustrent le courant romantique nuancé qui parvient à se frayer un chemin dans la peinture sévillane marquée par une forte tradition baroque. **José Guttiérez de la Vega** (1791-1865) est, avec **José Maria Romero** (1820-1879), le portraitiste des familles sévillanes. La famille d'artistes **Dominguez Bécquer** amorce un style plus moderne avec notamment des scènes de genre et d'intérieur. D'autres artistes, moins connus, se consacrent à des scènes de paysages romantiques. Le Madrilène **Eduardo Cano de la Pena** (1823-1897) s'établit à Séville et devient le chef de file de la peinture d'histoire. **José Arpa** (1860-1952), **José Garcia Ramos** (1852-1912), **José Jimenez Aranda** (1845-1903), **Nicolás Alpériz** (1870-1924) sont les peintres des scènes de la vie sévillane passée ou présente, les observateurs des traditions et des coutumes populaires.

La peinture du XXe s.

La longue tradition de la peinture sévillane se perpétue au XXe s. Des professeurs comme **Villegas** ou **Garcia Ramos** encouragent leurs élèves à travailler dans le droit fil de la tradition sans se laisser influencer par l'impressionnisme ou d'autres mouvements novateurs venus de l'étranger. Seuls quelques artistes purent donner à leurs œuvres quelques touches de renouveau. Parmi eux, citons **Andreas Parladé, comte d'Aguiar** (1859-1933), peintre animalier et de genre et **Gonzalo Bilbao Martínez** (1860-1938), qui tout en restant fidèle à des thèmes traditionnels, tels les *Cigarières*, se rapproche de l'impressionnisme par son traitement de la lumière et de la couleur.

10 — Expo'92

Sur l'île de la Cartuja (Chartreuse ; *plan XXXI, A1-2*), située entre les deux bras du Guadalquivir et face au centre historique, Séville fête par une exposition universelle, du 20 avril au 12 octobre 1992, le cinquième centenaire de la découverte de l'Amérique par Christophe Colomb. Prolongeant la tradition de celles qui, depuis le XIXe s., ont laissé derrière elles des réalisations prestigieuses, Expo'92 représente, pour la grande ville andalouse, une occasion et un moyen d'accéder au rang de métropole européenne.

Sur le thème « L'ère des découvertes », l'exposition n'est pas consacrée à la seule découverte de l'Amérique mais aux découvertes en général, c'est-à-dire l'exploration de nouveaux continents que sont les horizons scientifiques et techniques. Elle est un périple à travers le temps et l'espace, « à la découverte des découvertes » faites au cours des 500 dernières années. Elle est conçue de manière à faciliter l'approche de nouveaux domaines de la connaissance et l'appréhension des théories scientifiques. Elle doit permettre de saisir la portée de certains progrès et de comprendre aussi l'évolution de la création artistique à travers les âges. Les visiteurs ont ainsi la possibilité de monter à bord d'une caravelle du XVe s., aussi bien que de simuler le pilotage d'une navette spatiale, ou de contempler les galaxies ou des molécules. Ils peuvent expérimenter de nouvelles techniques qui se banaliseront peut-être au cours des prochaines décennies.

Une ville nouvelle. — Au cœur de l'île, le monastère de la Chartreuse (XVe s.) joue un rôle privilégié dans l'exposition. Tout autour, et sur 215 hectares, s'élève une ville entièrement nouvelle avec une centaine de pavillons (de pays, de grandes sociétés), des édifices destinés aux spectacles, des espaces de loisirs et des terrains de sport, une centaine de restaurants, autant de boutiques et 30 000 emplacements de stationnement.

Un enjeu pour l'Andalousie. — Devant un aussi gigantesque projet, des questions viennent à l'esprit concernant le devenir des infrastructures créées à cette occasion. Le flot des visiteurs attendus exige des installations dépassant le cadre même de l'exposition. Séville et ses environs bénéficient donc du programme de développement régional le plus ambitieux de l'Espagne d'aujourd'hui même si l'on a le sentiment que le monde d'informatique et de laser de l'Expo'92 et Séville sont deux univers qui se regardent un peu en chiens de faïence, comme si la ville de la Giralda avait peur de perdre un peu de son âme dans cette aventure. Il est certain que, à l'occasion de cette exposition, l'industrie touristique sévillane se tourne surtout vers le marché des affaires, axé sur les symposiums, conférences, conventions et autres séminaires professionnels. Plus de 800 millions de pesetas sont consacrés au réseau de transport et de communication de la région, mais les Espagnols ne financent pas seuls le coût de l'exposition.

La Sociedad Estatal para la Exposición, établissement public créé pour mener à bien le projet, a fait appel à des sponsors espagnols et étrangers parmi lesquels dominent les sociétés américaines, allemandes ou japonaises. Ces sociétés auront évidemment leurs pavillons (citons I.B.M., Rank Xerox, Fujitsu, Siemens, Philips, Alcatel, etc.).

La chartreuse. — Fondée en 1401, elle accueillit à diverses reprises Christophe Colomb qui y discuta probablement avec les moines les théories qui l'aidèrent à découvrir l'Amérique. L'église, gothique, a un beau portail et des azulejos du XVIe s. Dans la chapelle Santa Ana, auj. restaurée, furent déposés les restes du navigateur entre 1513 et 1536. Le monastère restauré est le siège du Pavillon royal où sont accueillis les chefs d'État présents à l'exposition.

A côté s'élèvent les fourneaux d'une fabrique de céramique célèbre, établie en 1839 dans l'enceinte de la chartreuse. Le voisinage de ces architectures, monastique et industrielle, renforce la signification symbolique de l'ensemble.

Environs de Séville

1 — Santiponce et Italica

Sortir de Séville vers le N. par la N630 en direction de Mérida.

9 km : **Santiponce*** (6300 hab.; alt. 18 m), où s'élève le couvent de San Isidoro del Campo, fondé en 1491 par Guzmán el Bueno, avec une église gothique renfermant un magnifique retable* en bois sculpté, œuvre de Juan Martinez Montañés (1613), qui est l'auteur des statues d'Alonso Pérez de Guzmán et de sa femme doña Maria Coronel; dans une autre église, de même style, tombeaux de leurs enfants; patios mudéjars et ancien réfectoire avec des restes de fresques du XVe s.

11 km : **Italica*** (*ouv. mar.-sam. 9 h-17 h 30 ; jusqu'à 19 h en été ; 10 h-16 h dim. et j. fériés),* ville fondée en 206 av. J.-C. par Scipion l'Africain pour ses vétérans de la guerre d'Espagne contre Carthage. Elle est la patrie de deux des plus grands empereurs romains, Trajan et Hadrien. Ville prospère, vivant du commerce des vins et de l'huile, elle fut dotée d'imposants monuments publics, dont un amphithéâtre, assez bien conservé. Elle fut détruite par les Vandales et les Suèves au Ve s., puis par les Maures au début du VIIIe s. En dehors de l'amphithéâtre, il ne reste que peu de chose des édifices, exceptées des mosaïques; les objets provenant des fouilles sont, pour l'essentiel, exposés au musée de Séville.

En prenant à g. du musée des fouilles, vous atteindrez une petite colline où l'on peut voir quelques **pavements de mosaïque.** Remarquez, près de la maison du gardien, les substructions d'une **porte de ville** à triple baie, percée dans l'enceinte dont il ne reste plus que de rares vestiges de ce côté.

De cette porte, partait une large artère (le *cardo maximus*) bordée de portiques aujourd'hui disparus. A g., près de la porte, ruines insignifiantes d'une **palestre.** Plus loin, la voie principale coupe une autre voie importante. Un peu plus loin encore, en prenant à g., site d'une maison avec une mosaïque figurant le labyrinthe crétois (au centre, le motif très abîmé représente Thésée et le Minotaure).

Au-delà, un autre pavement de mosaïque met en scène Hercule, les Pygmées et les Grues; au premier plan, mosaïque avec une tête de Gorgone. Plus loin, autres pavements, dont l'un est orné d'une représentation de Bacchus.

L'amphithéâtre*, dont il reste l'imposante carcasse, avec ses substructions voûtées et l'arène, fut construit au début du IIe s. de notre ère par Trajan ou Hadrien. De plan elliptique (156,50 m selon le grand axe et 134 m selon le plus petit), il pouvait accueillir de 25 000 à 30 000 spectateurs qui assistaient aux jeux du cirque (combats de gladiateurs contre des animaux sauvages, etc.).

Vous pouvez rejoindre la N630 et enchaîner sur l'excursion suivante.

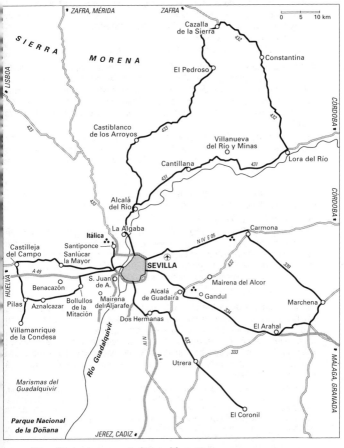

2 — Excursion vers la Sierra Morena

Cette excursion remonte pendant un moment la vallée du Guadalquivir puis s'élève vers la Sierra Morena. Vous emprunterez des routes étroites et sinueuses, souvent en mauvais état et même quelquefois fermées, mais les paysages traversés méritent ces quelques difficultés. — Sortez de Séville au N. par la N630.

11 km : prenez à dr. la SE 182 vers La Algaba.
15 km : **La Algaba** ; tournez à g. et suivez la C 431 jusqu'à Alcalá del Río *(7 km).*

22 km : **Alcalá del Río** (8 850 hab.; alt. 19 m); port fluvial dans l'Antiquité puis point stratégique à l'époque arabe, c'est actuellement un bourg qui vit de son agriculture (olivier, coton, maïs, céréales et fruits).

L'église Santa Maria de la Asunción abrite un magnifique retable* où se mêlent les styles Renaissance et baroque; bel artesonado, stalles dans le chœur, peintures du XVIe s et du XVIIe s. De l'époque romaine, ruines des murailles, d'un aqueduc et de canalisations.

A Alcalá, continuez sur la C 431 en direction de Cordoue.

41 km : **Cantillana*** (8 789 hab.; alt. 61 m), une des plus belles bourgades de la région. Visitez l'ermitage San Bartolomé, de style roman (à dr. de la rue principale) et le sanctuaire de Nuestra Señora de la Soledad, du XVIIIe s. Dans l'église baroque de Nuestra Señora de la Asunción, retable Renaissance de Jerónimo Hernández. — *51 km :* prenez à g. vers Villanueva del Río y Minas *(à 2 km).*

53 km : **Villanueva del Río y Minas** (5 955 hab.; alt. 168 m); petite ville sur les contreforts de la sierra Norte de Sevilla, proche du Guadalquivir. Autrefois centre minier comme en témoigne le complexe archéologique Nueva Muniguа, où apparaissent des vestiges de diverses cultures, en particulier ibère et romaine (forum avec excavation dans le roc, sans doute consacrée au dieu Mercure). Ruines du château romain de Mulva et du château médiéval de la Encarnación. Fêtes : San Fernando (30 mai); feria (13-18 juil.).

Rejoignez la C 431 (2,5 km).

73 km : **Lora del Río** (18 195 hab.; alt. 380 m); petite ville agricole où subsiste un embarcadère romain. Sur la plaza Mayor, ayuntamiento du XVIIIe s. La torre del Homenaje est un reste de la forteresse arabe sur laquelle s'élève l'église de Nuestra Señora de Setefilla (portail gothique et mudéjar, retable gothique dans la capilla de las Animas). Maisons nobles du XVIIIe s. Feria au mois de mai.

102 km : **Constantina** (→).

122 km : **Cazalla de la Sierra*** (6 200 hab.; alt. 540 m), où l'on a trouvé de nombreux vestiges d'une occupation précoce (les plus anciens, datant du Néolithique, dans les grottes de Santiago) ainsi qu'une statue de l'empereur Marc Aurèle; les Arabes, auxquels elle doit son nom de Kasalla, l'occupèrent jusqu'à la Reconquête, au milieu du XIIIe s. Renommée pour son anisette et son eau-de-vie, son économie prospère également grâce à l'agriculture et à l'exploitation du liège.

A voir de belles églises : **Santa Maria de la Consolación**, de style gothico-mudéjar, abrite une statue de saint Bruno et un retable par Juan Hernández, du XVIe s.; iglesia del Convento Madre de Dios (XVIIe s.), réformée au XVIIIe s. avec un cloître Renaissance; iglesia del Convento de Santa Clara, Renaissance avec des éléments baroques; iglesia Virgen del Carmen (mudéjar puis baroque). La **chartreuse,** du XVe s., réformée au XVIIIe s., est en ruine, on en remarquera néanmoins le portail, la coupole avec des fresques et le cloître aux peintures mudéjares. Belles maisons des XVIe et XVIIe s. Carnaval en fév. et romeria en août.

Retour possible sur Séville par une jolie petite route de montagne, via **El Pedroso** *et* **Castilblanco de los Arroyos.**

3 — Excursion à l'E. de Séville

Sortir de Séville par la N IV en direction de Cordoue.

35 km : **nécropole romaine*** où furent mises au jour plus de neuf cents tombes du IIe s. av. J.-C. au IVe s. de notre ère. Elle s'étendait le long d'une chaussée qui conduisait à Italica.

Visite payante, juin-sept. 10 h-14 h, 16 h -18 h ; oct.-mai 9 h-13 h, 15 h-18 h ; f. dim., lun. et j. fériés.

Près d'une autre carrière se trouve la grande **tombe de Servilia***, hypogée très représentatif des grandes chambres funéraires collectives de cette nécropole, excavées dans le roc, accessibles par un étroit escalier, avec des niches réservées aux serviteurs de la famille, ou par un puits rectangulaire.

Dans les parois se trouvent des niches où étaient disposées les urnes cinéraires. Ces parois conservent parfois leur enduit de plâtre recouvert de peintures où apparaissent des guirlandes et des couronnes de fleurs, de feuillage, de fruits, des oiseaux, etc.
A l'extérieur de la tombe, à proximité, se situe la fosse à incinérer. Il y a aussi des fosses d'inhumation rectangulaires et des tombes mixtes avec fosse centrale circulaire pour un squelette, et, autour, des niches à urnes cinéraires.
Outre la tombe de Servilia, les plus remarquables monuments de la nécropole sont, derrière le musée, le triclinium de l'éléphant *(à dr.)*, avec un lit tripartite pour la célébration des banquets funéraires, et le colombarium-triclinium *(derrière le musée).*
Au-delà, site de l'amphithéâtre.
Le **musée** renferme les collections archéologiques découvertes lors des fouilles.
Le long de l'ancienne chaussée romaine on peut encore voir la tombe aux quatre colonnes, avec une cour à ciel ouvert, et la tombe de Prepusa.

38 km : Carmona (→).
66,5 km : Marchena (→).
82 km : El Arhal *(→ env. d'Utrera).*
100 km : à 8 km par une route locale sur la dr., prendre la direction de Mairena del Alcor.

↦ **Mairena del Alcor** (13 839 hab. ; alt. 135 m), jolie petite ville andalouse, dont l'ancien nom «Maharana» signifiait «les fermes» ; château arabe restauré et transformé en musée archéologique.

108 km : **Gandul,** où subsistent les ruines d'un château mauresque à donjon carré, antérieur au XIIIe s. Sur le cerro de Bencarrón, nécropole à dolmen de l'âge du cuivre comportant une vingtaine de tumuli de 1 à 4 m de hauteur.

113 km : **Alcala de Guadaira*** (50 000 hab. ; alt. 92 m), reconquise par Fernando III en 1244, possède la plus grande forteresse almohade d'Espagne. Voir surtout l'église du couvent de Santa Clara, abritant des sculptures de Montañés, et le cloître baroque de l'ancien hôpital de San Ildefonso.

Dans le couvent Renaissance de Nuestra Señora de los Angeles (propriété privée), beau retable baroque. Le couvent de San Francisco, Renaissance, conserve un beau cloître. L'ermitage de Nuestra Señora del Aguila possède un portail gothique et un autre néoclassique. Dans l'église de San Sebastián, du XIXe s., azulejos Renaissance et sculpture baroque représentant le saint et San Roque. Pósito y matadero (citerne et abattoir) baroques.
Fêtes : Virgen del Aguila (15 août).

4 — Excursion vers le S. de Séville

Sortez de Séville par la NIV en direction de Jerez et de Cadix.

17 km : **Dos Hermanas** (66 700 hab. ; alt. 42 m). Important centre agricole (oliviers) et industriel (production et emballage des olives de table). Dans l'église baroque de Santa Maria Magdalena, statue gothique de Nuestra Señora de Valme, retables baroques; la sacristie abrite plusieurs pièces d'orfèvrerie Renaissance et baroques (custode du XVIIIe s.).

Bel artesonado de l'église du monastère de Santa Ana avec un San Roque de style Renaissance.

Fêtes : Santiago et Santa Ana (25-26 juil.); romería à l'ermitage de la Virgen de Valme (3e dim. d'oct.).

➔ Dans les environs, vous pourrez voir plusieurs tours arabes et des grands cortijos avec leur églises Renaissance et baroques.

42 km : Utrera (→)

5 — Excursion à l'O. de Séville

Quittez Séville par l'autoroute de Huelva (A 49) et sortez à 9 km vers Bollulos de la Mitación.

12 km : **Bollulos de la Mitación** (4 290 hab.; alt. 91 m); village d'origine arabe avec de nombreux palais baroques (San Clemente, San Ignacio de Torrequemada, Torre Blanca). Dans l'église baroque de San Martin, retable baroque consacré à la Immaculada avec des peintures attribuées à Zurbarán. La statue de Nuestra Señora de Rocesvallez, taillée dans le marbre, date du XIVe s.

16 km : sur la g., à 3 km, ermitage de **Cuatrovitas**, mudéjar, avec un fronton de céramiques du XVIe s. et une tour* qui fut probablement le minaret d'une mosquée disparue.

Fête : romería le 25 juin.

24 km : **Aznalcázar** (2 880 hab.); l'église mudéjare de San Pablo possède un chevet décoré de mosaïques et d'azulejos des XIVe et XVe s. Dans l'église de Nuestro Padre Jésus del Gran Poder, fonts baptismaux mudéjars, image sculptée de l'école de Martinez Montañés et retable baroque. La casa de los Camargo et las casas Capitulares sont de belles constructions baroques.

➔ Dans les environs, vestiges de l'époque romaine (nécropole de los Narros, pont sur le fleuve Guadiamar, acropole et murailles transformées par les Arabes).

28 km : sur la g., avant Pilas, à 6,5 km, **Villamanrique de la Condessa** (3 255 hab.); beau retable dans l'église Santa Maria Magdalena. Le palais*, Renaissance, est l'ancienne résidence de l'infant don Carlos, fils de Philippe II.

Revenez vers Pilas et prenez vers le N. en direction de Castilleja del Campo où vous rejoignez la N 431.

38,5 km : **Castilleja del Campo** (615 hab.; alt. 121 m); église paroissiale de San Miguel (XVIe s.) presque entièrement détruite en 1755 et reconstruite par la suite. Elle renferme deux retables néoclassiques et de belles sculptures.

Prenez la N 431 vers Séville.

47,5 km : **Sanlúcar la Mayor** (8 900 hab.; alt. 148 m); trois églises ont été construites après la Reconquête : San Pedro (XIIe s.) à l'aspect de forteresse avec sa tour almohade et son plafond artesonado en bois; Santa Maria (la seule ouverte au culte), la plus importante, de style gothico-mudéjar, dont le clocher est aussi une tour almohade; San Eustaquio, dans la partie haute de la ville. Des murailles musulmanes, il ne reste que la puerta del Sol.

Fête : San Pedro (29 juin).

59 km : **Castilleja de la Cuesta** (14 350 hab.; alt. 96 m); dotée de bonnes communications avec Séville et d'un climat plus frais en été, elle est devenue une «cité dortoir» et une résidence de vacances. On peut y visiter son église de la Concepción (sculpture de Nazareno de Guia), le petit musée sur la conquête du Mexique (rue principale, maison dite «de Cortés»), l'église de Santiago la Mayor avec des fonts baptismaux du XVIe s., une statue Renaissance de la Virgen del Rosarío et des retables baroques.

Fêtes : Virgen del Carmen (16 juil.); Santiago Apóstol. (25 juil.).

Sigüenza*

Guadalajara, 75 km. — Madrid, 131 km.
Alt. 1070 m. — 4407 hab. — Province de Guadalajara (Castille-La Manche).

Village plein de caractère et de noblesse et cité fortifiée, d'origine préromaine, située sur une colline dominée par un puissant château transformé en parador, dans un cadre immense de montagnes fauves, au lourd profil. Sigüenza conserve, dans son admirable cathédrale, le monument funéraire du Doncel, œuvre capitale de la fin du XVe s. digne de figurer en frontispice de la sculpture espagnole.

La ville dans l'histoire. — Sigüenza, la Segontia des Celtibères (Segontia signifie «celle qui domine la vallée»), est le centre d'opérations de leur armée, alliée à celle des Turdetans contre les Romains (195 av. J.-C.). Siège d'un évêché à l'époque wisigothique, elle est prise par les Arabes au début du VIIIe s., puis reconquise par Alphonse IV de Castille, en 1124.

Fêtes. — Le 22 janv., San Vicente et commémoration de la reconquête de Sigüenza.

Visiter Sigüenza

Quelle que soit votre route d'accès à Sigüenza, vous gagnerez l'Alameda, une large promenade bordée de platanes, signalée sur l'itinéraire de traversée de la ville par une pancarte indiquant la direction d'Alcunesa. Vous trouverez là les plus grandes facilités de parking, car il sera préférable de visiter à pied cette remarquable cité, riche en monuments civils et religieux du Moyen Age et de la Renaissance.

Par la **calle de San Roque** *(1re rue à dr. après l'entrée dans l'Alameda),* puis en tournant dans la première rue à dr., vous vous rendrez à la cathédrale en traversant un quartier monumental créé au XVIIIe s.

Cathédrale**. — Sa construction fut entreprise vers 1150 par des maîtres d'œuvre français dans le style poitevin, marqué par la suite par l'austérité de l'art cistercien. Elle ne fut pas achevée avant la fin du XVe s. La façade principale, encadrée par deux tours massives et trapues, a un aspect particulièrement sévère. Vous entrerez par le portail s'ouvrant sur la plaza del Obispo don Bernardo, flanquée d'une tour du XIVe s.

Visite : de 9 h à 13 h et de 16 h à 20 h 30; les visites sont interdites pendant le culte.

L'intérieur, à trois nefs sombres mais imposantes, abonde en chefs-d'œuvre. En commençant la visite par le **bras dr. du transept** : à dr., chapelle de San Juan (ou de los Arce); à g., **tombeau du commandeur Martín Vázquez****, dit le Doncel, tué en 1486 devant Grenade, œuvre magistrale attribuée à un certain maître Juan; cette chapelle renferme encore les tombeaux de l'évêque des Canaries Fernando

de Arce (†1521), de ses parents, au centre, et de ses aïeux, à l'entrée ; dans la sacristie, **relief en albâtre** de l'école anglaise de Nottingham (XVᵉ s.). Dans le transept, au pilier d'angle du chœur, **retable de la Virgen de la Leche*** (1514).
Capilla Mayor : grille de 1628-1638 ; **tombeaux*** du cardinal Carrillo de Albornoz (†1434 ; à dr., le plus beau), de ses parents et de deux évêques (XVᵉ s.) ; retable par Giraldo de Merlo (1609-1611).
La **chaire** de dr., de style gothique, date de 1495, celle de g. fut exécutée par M. Vandoma en 1572.
Chœur (coro) : **stalles*** de style gothique flamboyant (1491), celles du centre par Rodrigo Alemán. Au **trascoro** (partie postérieure du chœur), **retable** baroque (1665-1688), avec une **statue de la Vierge** du XIIᵉ s., revêtue d'argent au XIVᵉ s.
Côté g. : vestiaire et, au-dessus, **salle capitulaire** avec une collection de **tapisseries flamandes** du XVIᵉ s. — 1ʳᵉ **chapelle** (de San Pedro) porte et grille plateresque de Juan Francés de 1532 ; à dr. en entrant, tombeau de l'évêque de Lujan (1465). — Porte de 1503 donnant accès au **cloître*** (1504-1623), de style gothique. — 3ᵉ **chapelle** (de l'Annonciation) beau portail mudéjar (1515). — 4ᵉ **chapelle** (de San Marcos) : grand **triptyque** de Francisco de Rincón (XVᵉ s.).
Transept g. : chapelle de **Santa Librada****, splendide ensemble Renaissance dessiné par A. de Covarrubias, comprenant un arc triomphal qui encadre un retable peint par J. de Soreda (1525), tandis qu'un autre retable orné de sculptures se trouve en retour d'équerre à dr. ; dans la sacristie de cette chapelle, mausolée de don Fadrique de Portugal (†1539).
Dans le **déambulatoire**, à g., magnifique **sacristie**** également due à Covarrubias, à voûte à caissons décorés de têtes ou de rosaces (1532). En revenant vers le transept dr., **chapelle de Misericordia** (1498), renfermant un beau crucifix du XVIᵉ s.

■ **Museo de Arte Antiguo** *(face à la cathédrale ; ouv. de 11 h 30 à 14 h et de 17 h à 19 h ; de janv. à mars, les dim. et j. fériés, de 11 h 30 à 14 h et de 16 h à 18 h 30 ; s'adresser au n° 10, calle de Villegas, au 1ᵉʳ étage si, pendant l'horaire d'ouverture, le musée est fermé).* — Il renferme des collections de sculptures romanes, gothiques, Renaissance et baroques, dont le **monument funéraire** (XVIᵉ s.) de Francisco del Eraso et de sa femme, par Pompeo Leoni *(salle C)* et la **statue du prophète Elie** (XVIIIᵉ s.), attribuée à Salzillo *(salle F)*, et des **peintures** des écoles castillane et hispano-flamande des XVᵉ et XVIᵉ s., des œuvres du **Greco** (Annonciation* ; v. 1610-1614 ; *salle E*), de Vicente Carducho (Calvaire ; *salle A*), attribuées à Luis de Morales (Pietà ; *salle E*), à Zurbarán (Immaculée ; *salle E*), etc.

Au chevet de la cathédrale, la **plaza Mayor** est bordée de portiques du XVIᵉ s. et par l'**ayuntamiento**, Renaissance (1511). A g., la **puerta del Toril**, par où entraient les taureaux lorsque la place servait d'arènes, mène à l'**aqueduc de los Arcos**, du XVIIᵉ s.

☐ De la plaza Mayor, suivez à pied la **calle Mayor**, entre deux rangées de vieilles demeures, en remarquant au passage la **puerta del Sol** à g., et, plus haut le portail roman de l'**église Santiago**, puis tournez à dr. dans la **travesaña Alta**, une courte venelle qui donne accès à la **plaza de San Vicente** ; au n° 20, la **casa del Doncel**, du XVᵉ s. et **église San Vicente**, de style roman. A l'intérieur, retable baroque, Christ gothique et une Vierge de Morales. A l'extrémité de la travesaña Alta, la **plaza de la Cárcel** est bordée de galeries. Vous atteindrez ensuite la **puerta del Arco de San Juan**, d'où la **calle de Vigiles**, à g., mène au **château**, fondé au XIIᵉ s. mais reconstruit aux XIVᵉ et XVᵉ s., dont les remparts sont assez bien conservés, tandis que l'intérieur, restauré, abrite aujourd'hui un parador.
De là, vous suivrez la **bajada del Portal Mayor** qui mène au portal Mayor.

Prendre à dr. dans la **calle de Valencia** que vous descendrez en remarquant au passage, à dr., une **tour** cylindrique de l'enceinte.

En continuant tout droit dans la **bajada de San Jerónimo** au-delà du portal Mayor, vous pourrez visiter, à g., l'**église Santa María**, de style néo-classique (1812), puis, à dr., l'**église San Jerónimo** près du **séminaire**, ancienne université, dans un bâtiment du XVIIᵉ s. A l'intérieur, sculptures de l'école de Juan de Mena *(vous reviendrez vers l'Alameda en tournant à dr. après l'église).*

En prenant à dr. dans la **calle del Cardenal Mendoza** juste après une tour, vous reviendrez vers la cathédrale, mais vous tournerez à g. dans la **calle de Román Pascual** *(dans la rue de dr.),* ou **calle de Yedra**, au n° 2, **portail** Renaissance de la **casa de la Inquisición**. Le long de la **calle de Román Pascual** se trouvent l'édifice baroque du **séminaire San Bartolomé** et l'**hospital San Mateo** (1445; sculptures du XVᵉ s.).

A l'extrémité de cette rue vous retrouverez le chemin suivi au départ pour gagner la cathédrale.

En suivant l'Alameda au-delà du carrefour à l'entrée de cette artère, **église de Nª Sª de los Huertos** (1510-1515), s'ouvrant par un beau portail Renaissance (dans le chœur, **statue orante de maître Juan**, l'auteur présumé du Doncel, par lui-même). Plus loin, à l'autre extrémité de l'Alameda, **église San Francisco** de style baroque (sculptures dans le style de Juan de Mena). Derrière le théâtre, que vous aurez remarqué à dr. au passage, se situent la modeste **chapelle San Roque**, baroque, et, plus loin, dans la **calle de los Infantes** *(à dr. de la chapelle),* le **colegio de Infantes**, grande construction baroque, par L. Bernasconi (vaste patio avec un côté doté d'une triple galerie).

Environs : 1 — Carabias *(9 km N.-O. par la C 114 ; au km 6, prendre à g.).* — Église à porche roman ; chapiteaux à ornementation végétale.

2 — Pozancas *(8 km N.-O. par la C 114 ; au km 6, prendre à dr.).* — Église romane ; beaux chapiteaux et abside semi-circulaire.

3 — Alcolea del Pinar *(20 km E. par la C 114 ;* 651 hab., alt. 1 206 m). — La **casa de Piedra** a été réalisée par Lino Bueno qui travailla pendant vingt ans pour réaliser cette demeure dans la roche.

↦ A *25 km S.-E.,* par une route locale, Riba de Saelices (191 hab., alt. 1 001 m) ; le village est situé sur une colline dominée par un château médiéval. L'église paroissiale romano-gothique conserve un retable du XVIᵉ s. Dans la grotte de Los Casares *(4 km N.),* peintures rupestres avec des figures d'hommes et d'animaux.

4 — Sauca *(14 km S.-E. par la C 114 en direction d'Alcolea ; au km 10, prendre à dr. ;* 129 hab., alt. 1 099 m). — Village de montagne qui conserve une belle église romane à double galerie, bien restaurée.

Sitges*

Barcelone, 42 km. — Tarragone, 53 km.
11 460 hab. — Province de Barcelone (Catalogne).

Ancien port commercial romain de Subur, cette bourgade typiquement catalane avait été élue au début du siècle par Santiago Rusiñol. Station balnéaire aujourd'hui surpeuplée en été, elle reste une étape obligée en Catalogne.

Fêtes. — Celles du Corpus Cristi donnent lieu à une superbe procession dans les rues tapissées la veille de compositions florales.

Commencez votre promenade par le passeig de la Ribera, qui longe partiellement la Platja d'Or. Par l'escalier, sur la plage, ou les rues tortueuses de la vieille ville, grimper à l'**église** (XVIIᵉ-XIXᵉ s.) qui couronne le promontoire de Sitges et dont la façade rosée est devenue l'un des symboles de la ville. Derrière l'église, sur l'emplacement de l'ancien hôpital, le **musée Maricel de Mar** est une œuvre entre modernisme et historicisme de Miguel Utrillo ; il possède de belles collections (peinture et sculpture des XIXᵉ et XXᵉ s. notamment) ; un pont le relie au **Maricel de Terra**, qui sert souvent de cadre à des concerts et autres manifestations. Sur la même petite place, dite Raçó de la Caluma — le recoin tranquille —, le peintre Santiago Rusiñol (1861-1931) a fait construire, en remodelant deux anciennes maisons de pêcheurs du XVIᵉ s., son **Cau Ferrat** — nid aux Fers — auj. transformé en musée *(ouv. de 10 h à 13 h et de 17 h à 19 h ; 18 h en hiver ; dim. et fêtes de 10 h à 14 h ; f. lun.)* ; il abrite les collections d'antiquités, de ferronnerie catalane, de céramique et de mobilier réunies par l'artiste ainsi que de nombreuses peintures dont deux œuvres du Greco **(Repentir de saint Pierre, Sainte Madeleine pénitente)** et des tableaux de Picasso (Course de taureaux) ou de Ramon Casas, Anglada Camarasa, Nonell et de Rusiñol lui-même.

Redescendre vers la plage, de Sant Sebastià ou rentrer dans la ville par la **calle Rafael Llopart** pour rejoindre en flânant la **plaça del Cap de la Vila** par les artères les plus fréquentées (en été, quartiers piétonniers ou centre ville).

Le détour au **Museu Romàntic** *(calle de Sant Guadenci ; ouv. de 10 h à 13 h 30 et de 17 h à 19 h ; de 16 h à 18 h en hiver ; dim. de 10 h à 14 h ; f. lun.)* peut être réservé pour l'après-midi. Il est installé dans la **casa Llopis**, demeure seigneuriale du XVIIIᵉ s. : mobilier d'époque et objets, collection de poupées anciennes, fresques de Pau Rigalt. Le **musée du Costume** est en cours d'installation.

Après une séance de bronzage (très déshabillée sur ces plages à la mode auxquelles les nudistes préfèrent pourtant le site de la plage de... l'**Home Mort** à quelques kilomètres, vers Tarragone), se préparer à la nuit, longue même en dehors de l'époque des festivals (cinéma, théâtre...). Dîner de fruits de mer dans les restaurants de la plage et passage obligé dans la bruyante rue du Péché où les bars-vidéo se suivent au porte-à-porte. Une base nautique à Sitges même permet de pratiquer les sports de voile légers. Le port ultra-moderne d'**Aiguadolç**, juste à côté de la petite ville, possède des infrastructures très complètes.

→ **Costa Daurada*** (→).

Sóller*

Palma, 34 km. — Puerto Pollença, 61 km.
6297 hab. — Ile de Majorque — Province des Baléares.

Bourg dans une conque littorale plantée d'orangers, de citronniers et d'oliviers, au N. de la sierra d'Alfàbia (1068 m) et à l'O. du puig Major (1445 m).

Cette situation géographique a permis aux Sollerics, dès la fin du XIXᵉ s., d'exporter leurs agrumes vers la France, où nombre d'entre eux se sont enrichis dans le commerce des primeurs. De retour au pays natal, ces émigrés ont placé leurs économies dans la construction de maisons somptueuses (souvent de style art nouveau) donnant à ce bourg dynamique, qui a su résister à la toute-puissance de Palma, une allure étonnamment urbaine. L'aménagement de la **route**** du coll de Sóller (496 m) et le percement du tunnel ferroviaire ont permis au début du siècle le désenclavement de Sóller.

La ligne de chemin de fer de Sóller (créée en 1912, électrifiée en 1928), qui relie cette ville à Palma grâce à de nombreux viaducs et tunnels à travers la sierra, offre largement accès vers la vallée, au milieu des vergers, de remarquables **points de vue*** sur la ville et les montagnes.

Fêtes. — Les 23 et 24 août, on célèbre la Sant Bartomeu, patron de Sóller.

L'**église** paroissiale de Sant Bartomeu (XVIᵉ-XVIIIᵉ s.) possède une façade art nouveau, œuvre de Rubió i Bellver, élève de Gaudí ; juste à côté, du même architecte, le **Banc de Sóller** (actuellement Banco Hispano-Americano). L'**ayuntiamiento** et l'**oratoire de l'Alqueria des Comte**, hameau à l'E. du bourg, sont des constructions baroques.

Environs. 1 — Puerto Sóller *(5 km N.-O. ; on peut s'y rendre de Sóller par le tramway inauguré en 1913 qui démarre devant la gare).* La plus agréable station balnéaire de la côte N. de l'île, autour d'un cirque marin que forme une baie d'un arrondi presque parfait et dont les gradins sont occupés par des villas et des hôtels, ou encore par d'odorantes pinèdes.
Fêtes. — Le 2ᵉ dim. de mai, la fête de «ses valentes dones» évoque la victoire remportée en 1561 sur le corsaire turc Otxali, qui avait débarqué avec 1 700 hommes ; on se souvient ce jour-là de deux femmes, Francisca et Catalina, qui ont su défendre vaillamment la ville assiégée. Le 16 juil., procession maritime de nuit, en l'honneur de la sainte patronne du port de Sóller.
➜ La plage la plus agréable est celle d'**En Repic** *(par la route du cap Gros, à g. à l'entrée du port) ;* l'excursion la plus captivante consiste à se rendre par bateau à **Sa Calobra** et au **Torrent de Pareis,** *en 1 h 30 environ,* en longeant les falaises de la Costa Brava majorquine : on y voit, avant de passer la crique de Cala Tuent, l'ancienne centrale hydraulique qui, dans les années vingt, alimentait Sóller, le chemin de fer et les usines textiles qui contribuaient alors à la prospérité de la ville *(départ du port à 10 h et 13 h).*

2 — Sa Calobra *(40 km N.-E.).* — La récente C 710 grimpe sur les flancs de la sierra de **Son Torrella** (admirables **paysages****) et, à 1 000 m d'alt., après un long tunnel, débouche au pied du **puig Major**, sur la haute vallée du torrent de Pareis, et longe les barrages de **Cúber** et **Gorg Blau**. C'est après ce dernier barrage, à *27 km* de Sóller, que se trouve l'embranchement de Sa Calobra *(à g.).* La **route***** de *(13 km)* **Sa Calobra**, étroite et excessivement sinueuse, mais dans l'un des plus beaux décors naturels de Majorque, justifie à elle seule le voyage dans cette partie de l'île. Au *km 10*, une bifurcation permet d'aller vers la crique de **Cala Tuent** (plage de galets), dans un site relativement vierge. Dans la petite anse de Sa Calobra accostent les bateaux de promenade venant de Puerto Sóller. En suivant à pied un chemin de 300 m, on arrive par une galerie souterraine à l'embouchure du **torrent de Pareis**, plage exiguë où la mer prend d'étonnantes teintes d'un bleu laiteux et d'un bleu Nattier. En été, on peut remonter sur quelques kilomètres le lit du torrent, entre deux impressionnantes parois rocheuses.

3 — Monastère de Lluc *(37 km N.-E. par la C 710).* — Laisser à g. la route menant à Sa Calobra (➜ ci-dessus, environs 2) et poursuivre la C 710 vers Lluc. On peut voir sur la g. la petite **église de Sant Pere d'Escorca** (XIIIᵉ s.), l'une des premières construites à Majorque, immédiatement après la conquête.
Le **monastère de Lluc**, du XIIIᵉ s., fut reconstruit aux XVIIᵉ et XVIIIᵉ s. ; on y vénère

une Vierge noire du xvᵉ s. (dans l'abside de l'église); c'est la patronne de l'île de Majorque. Dans le petit **musée** *(ouv. de 10 h à 17 h 30),* on remarquera surtout une custode gothique en argent doré du xvᵉ s., et plusieurs statues de la Vierge en albâtre, ainsi que divers objets provenant des talayots (600 à 123 av. J.-C.).

4 — Biniaraix *(3 km N.-E.).* — Petit village de montagne d'où part le sentier pédestre qui conduit, au milieu des oliviers centenaires, aux **maisons de l'Ofre** (800 m).

5 — Fornalutx* *(5 km N.-E.; 505 hab., alt. 160 m).* — Vous apprécierez ses ruelles pavées en forte pente, son architecture populaire et le panorama sur la riante vallée des Orangers, au pied des montagnes abruptes.

Solsona

Berga, 51 km. — Lleida, 107 km.
Alt. 664 m. — 6 608 hab. — Province de Lleida (Catalogne).

Ancienne Setelsis romaine, bâtie sur un promontoire surmontant la rive g. du Negre, Solsona, capitale de la comarca du Solsonès et siège épiscopal, conserve dans ses vieux quartiers un cachet médiéval.

Cathédrale. — De style ogival des xivᵉ et xvᵉ s., elle intègre d'importants éléments d'architecture romane du xiiᵉ s., notamment l'abside et la tour campanile, et baroque (deux portails); les boiseries du chœur datent du xvᵉ s. Cloître du xviiiᵉ s. Mare de Déu del claustre (xiiᵉ s.) bas-relief roman dû au maître Gilabet.

◼ **Musée diocésain*.** — Il est installé dans le très beau palais épiscopal. Il présente des collections archéologiques, des peintures et des sculptures.

Visite : ouv. en hiver de 10 h à 13 h et de 16 h à 18 h; de 16 h 30 à 19 h de mai à sept.; f. le lun.; annexe ethnologique à l'hôtel de ville, 20, carrer Castell, mêmes horaires.

Vous remarquerez plus particulièrement les **peintures murales*** (déposées sur toile) de l'église Sant Quirze de Pedret, du xiᵉ s., qui furent recouvertes à la fin du xiiᵉ s. par une autre couche de peintures; elles ont été réparties entre le musée de Solsona et le musée d'Art de Catalogne, à Barcelone. Les peintures exposées dans ce musée représentent les vieillards de l'Apocalypse, un Christ pantocrator et les symboles des évangélistes, un séraphin entre deux cavaliers de l'Apocalypse, Caïn et Abel, le sacrifice d'Abraham et divers personnages auréolés, la poitrine transpercée par une épée. A la couche du xiᵉ s. appartient un Dieu bénissant, dans un cercle qui symbolise le ciel, sous un phénix.

A signaler en outre le **monument funéraire** peint provenant de Sant Pau de Casserres (xiiiᵉ s.), des **peintures gothiques** de Cardona (xivᵉ s.), des **peintures d'autel**, exécutées sur panneaux de bois, provenant de Sagars (xiiᵉ s.) et attribuées à l'atelier de Ripoll, des tableaux de Lluís Borrassà (Calvaire, 1419), de Jaume Ferrer (la Cène; xvᵉ s.) et de Pere Serra.

Environs

1 — Olius *(7 km E. par la C 149 en direction de Berga).* — Non loin du château ruiné des comtes d'Urgell, l'**église Sant Esteve** (xiᵉ s.) a été élevée selon les règles du plus pur art roman. Crypte, à trois nefs. De Olius, on peut longer le **lac de Sant Ponç**, très poissonneux, pour rejoindre Cardona (→ ci-dessous).

2 — Cardona (*20 km S.-E. par la C 1410 en direction de Manresa ;* →).

3 — Sanctuaire du Miracle (*12,5 km S. en direction de Torá*). — On y commémore une apparition de la Vierge, en 1458. Le sanctuaire comprend un couvent, une hôtellerie et une église, bâtiments d'une sobre architecture. A l'intérieur, impressionnant retable baroque de 1758, à l'exubérante ornementation, par Carles Moretó. Grande dévotion à l'image de la Vierge, du xv⁰ s.

Soria**

Burgos, 141 km. — Logroño, 106 km. — Madrid, 227 km. — Saragosse, 157 km. — Valladolid, 204 km.
Alt. 1 050 m. — 32 030 hab. — Capitale de la province (Castille-León).

Cette petite ville de province, qui semble s'être figée dans le passé, est restée en marge du développement industriel qu'a connu l'Espagne durant ces dernières années. Cependant, elle conserve de son époque médiévale des monuments dignes d'intérêt, parmi lesquels il convient de signaler l'église Santo Domingo et la cathédrale de San Pedro, ainsi que les ruines du monastère de San Juan de Duero.

La cité endormie. — De fondation ancienne, mais obscure, repeuplée au début du xii⁰ s. par le roi d'Aragon, Alphonse Iᵉʳ le Batailleur, Soria est cédée peu après à Alphonse VII de Castille et reste longtemps la capitale d'une marche-frontière entre les deux États. Les Morisques y sont nombreux, ce qui explique leur influence marquée dans les monuments romans de la région. Aucun événement notable n'a troublé, depuis lors, la vie de cette cité pleine du souvenir des temps héroïques de la Reconquista et qui paraît encore endormie dans un calme médiéval, évoqué par les vers d'Antonio Machado et par Gustavo Adolfo Becquer dans des légendes en prose.

Fêtes. — Celles de San Juan y Madre de Dios (à partir du 1ᵉʳ jeu. après la Saint-Jean) sont réputées pour leurs spectacles traditionnels auxquels participe toute la population. Du 1ᵉʳ au 4 oct., célébration de San Saturio.

Gastronomie. — Laissez-vous tenter par les truites au four fumées, les écrevisses, les champignons et l'excellent chorizo.

Visite de la ville

En 2 h 30 ou 4 h env., selon que vous aurez choisi de visiter les principaux monuments ou au contraire plus en détail. Vous parcourrez à pied la vieille ville (garez votre auto sur l'alameda de Burgo de Osma (plan A2), puis vous gagnerez en auto le quartier E. (cathédrale de San Pedro et monastère de San Juan de Duero), avant de monter au château, également en voiture.

■ **Museo Numantino** (*plan A2 ; ouv. de 10 h à 14 h et de 16 h à 19 h ; f. lun.*). — Le long de l'alameda de Burgo de Osma, à l'entrée de la ville par la route de Burgos et de Valladolid, se trouve le Musée numantin qui renferme environ 17 000 objets provenant des fouilles de l'antique Numance.

En face du musée, l'ermitage de la Soledad, reconstruit au xvii⁰ s., présente une façade du xvi⁰ s. (à l'intérieur, le **Cristo del Humiladero** est une sculpture du xvi⁰ s.). De l'autre côté de l'alameda, dans l'**église de l'Hospital**, retable sculpté et peint de l'**église San Nicolás**, attribué à Gabriel de Pinedo (fin du xvi⁰ s.).

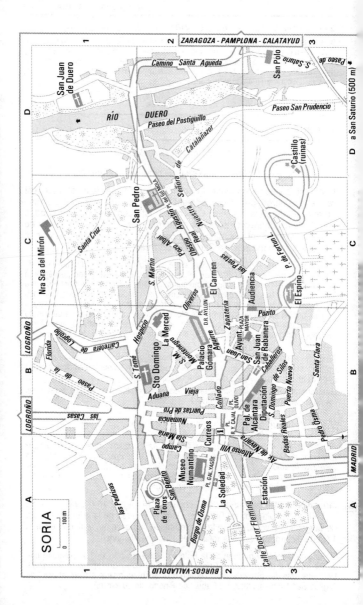

SORIA

0   100 m

ZARAGOZA - PAMPLONA - CALATAYUD

LOGROÑO

BURGOS-VALLADOLID

MADRID

a San Saturio (500 m)

San Juan de Duero

Camino Santa Agueda

San Polo

S. Saturio

Paseo de

RÍO   DUERO

Paseo del Postiguillo

Paseo San Prudencio

de Catalañazor

Castillo (ruinas)

San Pedro

Señora de Nuestra

Santa Cruz

Nra Sra del Mirón

Obispo Real Albar

las Postas

El Carmen

Audiencia

El Espino

P. de Fortun L.

S. Martín

Oliveros

Zapatería

PLAZA MAYOR

Pozito

PL. D.R. AYLLON

La Merced

Hospicio

Carretera de Logroño

Florida

Paseo de la

las Casas

S. Tomé

Sto Domingo

S. M.

Montenegro

Palacio Gómara

Aguirre

San Juan

Ayunt.

San Juan de Rabanera

Caballeros

Puerta Nueva

Santa Clara

Aduana

Vieja

Collado

PL. OLMO

Pal. de Alcántara

Diputación

S. Domingo

Bodas Reales

Pedro Osma

Numancia

Puertas de Pro

PL. RY CAJAL

Campo

Sta Maria

Correos

Alfonso VIII

Av. de Navarra

Estación

Museo Numantino

San Benito

PL. GAL.YAGÜE

La Soledad

Plaza de Toros

las Pedrizas

Burgo de Osma

Calle Doctor Fleming

Église San Juan de Rabanera *(plan B3)*. — En passant devant le **palais de Alcántara**, du XVIe s., vous atteindrez cet édifice de style roman qui présente une belle **façade** le long de la calle de Caballeros et un **chevet** où se combinent des influences byzantines et de style gothique naissant. Il s'agit d'un sanctuaire d'une grande originalité par son plan en croix latine, rare en Castille, et par le système adopté pour la couverture de la croisée du transept, avec une coupole sur trompes. Le **portail** principal (du côté de la place) provient de l'église San Nicolás ; il est surtout remarquable par ses **sculptures**, au tympan (San Nicolás de Myra recevant les présents d'un envoyé de Constantin le Grand) et sur les chapiteaux (quatre épisodes de la vie du Christ à g., et quatre miracles de saint Nicolas à dr.).

A l'intérieur dans le **transept** dr., fragment de **peinture murale** datant probablement du XIIIe s., **retable** de style platéresque sculpté par Francisco de Agreda et peint et doré par Juan de Baltanás, entre 1546 et 1556. Dans le transept de dr., **retable** baroque, peut-être sculpté par Pereira et **tableaux de saint Étienne**, attribué à Tibaldi. Sous le **chœur**, **tableau du Sauveur**, assigné à Palma le Jeune ou à un peintre flamand ayant subi l'influence de cet artiste.

Dans la **Diputación** *(plan B3)*, **Museo celtibérico** *(ouv. en sem. de 10 h à 13 h)* ; collections préhistoriques, celtibères, romaines, wisigothiques et médiévales.

Vers l'église Santo Domingo. — Vous gagnerez cette église de préférence par la **calle de la Aduana Vieja** *(plan B2)*, que bordent quelques vieilles maisons seigneuriales, notamment la **casa de los Castejones** (aujourd'hui institut), du XVIIIe s., **le palais du vicomte de Eza**, du XVIe s., au n° 3, et la **casa de los Ríos Salcedo**, avec un portail Renaissance, au n° 11.

Église Santo Domingo** *(plan B2)*. — Magnifique monument d'art roman du XIIIe s., qui s'ouvre par un **portail**** orné d'une multitude de sculptures, tandis que deux étages d'arcatures aveugles donnent à la façade un air de parenté avec les églises romanes du Poitou. Au **tympan**, la Sainte Trinité entre la Vierge et un prophète. Sur les **chapiteaux**, scènes de la Genèse, à lire de g. à dr. en deux séries interrompues par trois scènes difficilement identifiables. Sur les archivoltes, les vingt-quatre vieillards de l'Apocalypse, le Massacre des Innocents, des scènes de la Vie de la Vierge et du Christ et, enfin, des scènes de la Passion, chaque série occupant une archivolte distincte.

A l'intérieur, à trois nefs romanes, **sanctuaire** de style gothique du XVIe s., décoré de statues de saints et de peintures ; autels churrigueresques.

Vous reviendrez éventuellement reprendre votre auto sur l'alameda de Burgo de Osma de préférence en suivant les **calles de Santo Tomé** et del **Hospicio** *(plan B2)*.

Chemin faisant vous passerez devant un **hospice** qui conserve la façade et quelques restes d'architecture d'un couvent auquel appartenait l'actuelle **église de la Merced** *(plan B2)* ; son **camarín** (où l'on garde les robes et les joyaux qui parent les statues de la Vierge et des saints) est orné de **fresques** du XVIIe s. de l'école de Claudio Cuello.

Palais des comtes de Gómara* *(plan B2)*. — Situé à l'extrémité de la calle del Hospicio, c'est le plus remarquable spécimen de l'architecture civile de Soria ; **façade** de près de 100 m de long avec une partie Renaissance et une partie de style classique. Doté d'une orgueilleuse tour à pinacle, il fut terminé en 1592.

Près du palais, le **couvent del Carmen** *(plan C2)* fut fondé en 1581 par sainte Thérèse d'Ávila dans un palais de Beatriz de Beaumonte.

Vers la cathédrale San Pedro. — Vous l'atteindrez en suivant la **calle de la Zapatería** *(plan B2),* bordée de maisons anciennes, ainsi que la **calle Real** *(plan C2),* qui la prolonge (au n° 15, **palais** de la fin du xve s., ruines de l'église San Nicolás).

Cathédrale de San Pedro* *(plan C2).* — Cette église, promue au rang de cathédrale en 1953, fut érigée en style roman en 1152, puis rebâtie en 1544-1548 par l'architecte basque Juan Martinéz Mutio, selon le plan traditionnel de sa province d'origine.

Visite : de 9 h à 20 h sauf pendant les offices au maître-autel.

A l'intérieur, dans la **capilla de Nª Sª de Guadalupe** *(la 2e après l'entrée),* autel roman du xiie s. Au fond de cette nef, **capilla de Nuestra Señora del Azogue** ; **Mise au tombeau,** copie d'un tableau du Titien attribuée au Greco, et Christ en croix, sculpture romane du xiie s. Dans la **Capilla Mayor,** grand **retable** sculpté de style classique, par Francisco del Río (vers 1578) ; à dr., retable plateresque, du milieu du xvie s. Dans la **capilla de San Saturio** *(transept g.),* magnifique **triptyque*** de l'école flamande (1559).
De la construction primitive il subsiste trois galeries du **cloître*** roman, du milieu du xiie s., aux chapiteaux sculptés dans le style de ceux de Santo Domingo de Silos et de San Pedro el Viejo, à Huesca (animaux fantastiques, décor végétal, chapiteaux historiés).

Depuis l'**ermitage de Nuestra Señora del Mirón** *(plan C1),* reconstruit en 1725 sur le site d'une structure du début du xve s., dont il subsiste la sacristie, remarquable **panorama*** sur la ville et les gorges du Douro.

Monastère de San Juan de Duero* *(plan D1).* — En franchissant le Douro pour prendre à g. à la sortie du pont, vous irez visiter les ruines de ce monastère élevé par les chevaliers de Saint-Jean-de-l'Hôpital, au xiie s. et aujourd'hui transformé en **parc archéologique** (notez un **menhir** néolithique de Villar de Ala). L'**église** romane date du xiie s. ; sur les côtés, **chapelle** du xiiie s. à voûtes à nervures sur chapiteaux historiés (à l'intérieur, **mosaïques romaines** de la villa de Cueva de Soria, du iiie s., etc.). Le **cloître*** retiendra l'attention avec ses deux galeries d'arcs d'ogives entrelacés, une galerie d'arcs romans et une galerie d'arcs en fer à cheval et ses trois **portes** mudéjares, en arc outrepassé. Les curieuses **galeries d'arcs entrelacés** rappellent ceux de la cathédrale d'Amalfi, en Italie, mais sont antérieures. Elles relèvent plus probablement de la fantaisie d'un maître d'œuvre mudéjar inspiré par l'architecture califale de Cordoue.

Du même côté du Douro, le chemin vers l'ermitage de San Saturio traverse l'ancien **monastère de San Polo** *(plan D3)* qui appartient aux Templiers ; **église** du début du xiiie s.
L'**ermitage de San Saturio** *(plan D3),* sur un rocher de la rive dr. du Douro, fut érigé au xviiie s. ; accès par une **grotte** d'où un escalier permet d'atteindre deux **salles capitulaires.** Dans l'ermitage, **peintures** de 1704-1705 par un disciple de Palomino, **retable** baroque, etc.

Château *(plan castillo en D3).* — De la **plaza Mayor** *(plan B2-3)* où se dresse l'**Audiencia** *(plan B3),* en face de l'église de Nuestra Señora de la Mayor, du xvie s. (retable de la même époque attribué à Becerra), vous gagnerez le château en passant devant l'**église del Espino** *(plan C3)*, reconstruite en style gothique au XVIᵉ s. (retable plateresque dans la **Capilla Mayor**).

L'époque de fondation du **château**, dont il reste des vestiges insignifiants, est très controversée. La colline qui domine Soria dut être fortifiée de bonne heure, peut-être au Xᵉ s. Un circuit permet d'effectuer le tour du plateau supérieur où s'étendait la forteresse et de découvrir ainsi, sous plusieurs angles, l'étonnant **panorama*** des environs de Soria.

Environs

1 — Vinuesa* *(36 km N.-O. par la N 234 en direction de Burgos ; au km 18, bifurquer à dr.)*. — Pittoresque petit village montagnard, au bord du lac de la Cuerda del Pozo, avec de charmantes maisons à balcons, une église du XVIᵉ s. et un pilori médiéval. A signaler encore, le palais de Pedro de Neyla, du XVᵉ s., et celui des marquis de Vilueña, du XVIIᵉ s.

➜ En suivant la vallée vers le N., sur 10 km env., vous atteindrez à pied par un chemin en pente douce, dans un paysage agreste et rude, en pleine sierra de Urbión, entre des forêts de pins et de hêtres, la **Laguna Negra****, lac d'origine glaciaire, qui doit son nom à l'énorme paroi de roches grises qui se reflète dans la profondeur de ses eaux.

2 — Numance *(5,5 km N. par la N 111 en direction de Logroño ; à Garay, prendre à dr. ; →)*.

3 — Oncala *(24 km N. ; au km 5 de la N 111, à Garay, prendre la direction Arnedo)*. — Vous pourrez voir dans l'**église** paroissiale, contraste saisissant avec la pauvreté du village, une étonnante **collection** de huit grandes **tapisseries*** flamandes du XVIIᵉ s. d'après des cartons de Rubens (quelques-uns d'entre eux sont au musée du Prado), et deux petites, de la même époque ; les premières illustrent le Triomphe de l'Église, les secondes figurent des scènes profanes. Elles furent offertes par Francisco Giménez del Río, originaire de ce village, qui fut évêque de Ségovie, puis archevêque de Valence.

4 — Muro de Agreda *(47 km N.-E. par la N 122 en direction de Tarazona ; au km 45, prendre à dr.)*. — Ce village conserve une partie de son enceinte fortifiée et une église romane de transition.

5 — Agreda* *(50 km N.-E. par la N 122 ; 3 650 hab., alt. 921 m.)*. — Ce bourg montagnard fut une place forte convoitée par les royaumes de Castille et d'Aragon ; il conserve des **murailles**, dont certaines furent construites par les musulmans, et le **château de la Muela**.

Dans le village, aux ruelles sinueuses, église romane de la Virgen de la Peña (1193) ; à l'intérieur retable de l'école valencienne avec peintures gothiques. Église **San Miguel**, de la fin du XVᵉ s., de style gothique avec une tour romane (retable plateresque de 1519 ; retable de sainte Anne, à dr., de la fin du XIVᵉ s.).

➜ A *1,5 km E.*, par la route de Vozmediano, **couvent de la Concepción**, où fut inhumée sœur María Jesús de Agreda, conseillère du roi Philippe IV ; à l'intérieur, exécuté par des Indiens mexicains, **christ** en bambou, ce qui rendait son transport plus facile lors des fêtes, des guerres et des processions.

Sos del Rey Católico**

Pampelune, 57 km. — Saragosse, 142 km.
Alt. 652 m. — 1 301 hab. — Province de Saragosse (Aragon).

 Une des villes d'Espagne qui a le mieux conservé le cachet des âges médiévaux, temps où elle put s'enorgueillir d'être le lieu de naissance de Ferdinand le Catholique, qui y vit le jour en 1452.

Après avoir pris en direction du centre de la ville (centro de la Ciudad), vous atteindrez une terrasse *(parc de stationnement)* d'où vous découvrirez une **vue*** exceptionnellement belle. Franchissez, à pied, une **porte de ville** à mâchicoulis qui donne accès au **barrio monumental**. Peu après, une courte ruelle à dr. conduit au **palais de Sada**, aujourd'hui restauré, où naquit Ferdinand le Catholique. A la sortie du palais, prenez à dr. une courte ruelle puis, à g., vous accéderez ainsi à la **plaza Mayor** en passant sous une galerie enjambant la rue.

Sur la place, **ayuntamiento** installé dans un palais Renaissance ; à dr., la **Lonja**, bâtiment de style gothique devant lequel vous passerez pour vous rendre à la parroquia et au castillo. Par un passage voûté à chapiteaux romans du XIᵉ s., vous accéderez à l'**église San Esteban*** (parroquia), bâtie au XIᵉ au XIIIᵉ s. en style roman et agrandie en style gothique au XVIᵉ s. ; portail roman sculpté de la fin du XIIᵉ s. et du début du XIIIᵉ s. ; à l'int., stalles du XVIᵉ s., trésor ; dans la crypte, statue en bois de la Virgen del Pardón, du XIIIᵉ s., et surtout, dans deux des trois absides, **peintures murales*** du XIIIᵉ s., dans un remarquable état de conservation. Fonts baptismaux gothiques.

Environs. 1 — Route de Longas *(prendre à dr. la C 137 en sortant de Sos ; à Navardún, tourner à dr.).* — **Navardún**, église paroissiale de Nuestra Señora de la Asunción et un donjon, unique vestige du château du XIVᵉ s. — **Tiermas**, restes d'un village abandonné. Camping et embarcadère. Le **pantano de Yesa** (prise d'eau). — **Urriés**, église romane de San Esteban, quelques peintures intéressantes. — **Ruesta**, église de Nuestra Señora de la Asunción, gothique ; retable du XVIᵉ s. — **Isuerre**, église romane de San Esteban. — **Lobera**, église de la Asunción, du XVIIᵉ s. ; retable Renaissance. — **Longas**, la source du río Onsella, avec l'église Santa María, l'ermitage de la Magdalena et quelques maisons avec d'élégantes et sobres façades marquées d'écus en pierre sculptés.

2 — Uncastillo *(22 km S.-E. par une route tracée dans un maquis rocailleux).* — Ce gros bourg de 1 300 hab. au pied d'un promontoire est couronné par les ruines d'un château médiéval.

Vous vous arrêterez sur la **plaza del General Mola** ou un peu plus loin sur la **plaza del Olmo**, près desquelles vous visiterez l'**église Santa María**, qui s'ouvre vers le centre du bourg par un **portail*** en style de transition entre le roman et le gothique. Vous verrez encore le **cloître**, du XVIᵉ s., et, à l'intérieur de l'église, des **stalles** Renaissance du XVIᵉ s.

De la plaza del General Mola, suivez en direction des Teléfonos une petite rue bordée de **demeures à blasons**. Elle vous conduira à la **Casa Consistorial** qui arbore une **façade*** Renaissance assez richement sculptée. *200 m* plus loin, tournez à dr., passez sous une haute voûte (restaurée). Après ce passage, notez à g. quelques **chapiteaux romans** sculptés. Tournez à g., puis à dr. dans la **calle de Santiago**. A *50 m* se trouve l'**église San Martín** (derrière le retable du XVIᵉ s. ; abside romane ornée de sculptures datées de 1217 et chapiteaux historiés), au pied de la colline couronnée par un donjon crénelé, seul reste du château d'Uncastillo. Revenez sur vos pas jusqu'à la maison aux chapiteaux romans et continuez tout droit dans une ruelle qui laisse à g. l'**église San Andrés**. *200 m* plus loin, prenez à dr. dans une rue qui vous ramènera à l'église Santa María.

3 — Sádaba (*30 km S. par la C 127;* → Ejea de los Caballoros, environs 2).

4 — Ejea de los Caballeros (*52 km S. par la C 127;* →).

Tafalla

Pampelune, 35 km. — Tudela, 64 km.
Alt. 438 m. — 9 863 hab. — Province de Navarre.

Au pied d'une colline couronnée par les ruines de la forteresse de Santa Lucia, Tafalla est établie à un carrefour important où la voie qui unit la Navarre de l'E. (Sangüesa) à celle de l'O. (Estella) croise l'axe montagne-Ribera. Cette situation fait de la ville un important centre économique de la vallée du Cidacos. On la surnomme le jardin de la Navarre pour ses fruits délicieux.

Fêtes. — Le retour des pèlerins d'Ujué (→) le jour de la Saint-Marc (25 avr.) est tout à fait impressionnant. Vers 21 h, le curé de Santa María remercie tous les hommes qui habillés de noir, une cagoule sur le visage, les pieds nus, ont porté les énormes croix jusqu'au sanctuaire.

Visite de la ville

Plaza de Navarra, construite à l'emplacement de la cour d'armes du palais royal de Charles III le Noble, s'élève une **fontaine** bien curieuse : un monolithe à la base duquel quatre tonneaux laissent couler l'eau. Au centre de la place se trouve un kiosque typique. On peut encore observer quelques pans de murs de l'ancien palais royal du XIVe s.

En remontant les ruelles étroites on parvient à l'**église paroissiale Santa María**, totalement reconstruite au XVIIIe s.

A l'intérieur, vous admirerez le **retable** principal*, de style classique, sculpté par Juan de Anchieta, mais achevé en 1591, après sa mort, par son disciple Pedro González de San Pedro. Notez encore, sur l'autel du Miserere, un crucifix du même Juan de Anchieta.

Juan de Anchieta (ou de Ancheta ; v. 1540-1588), né à Azpeitia, au Pays basque, fit son apprentissage à Valladolid, où il devint le disciple de Jean de Joigny (Juan de Juni). Grâce à lui, il fut initié à l'art romain du XVIe s. Après avoir travaillé en Castille, en Aragon et en Biscaye, il établit son atelier à Pampelune, en 1578, où il forma des disciples, tels que Pedro González de San Pedro et Ambrosio de Bengoechea.

Parmi les œuvres encore visibles qu'il exécuta, on peut signaler le retable de la Trinité dans la cathédrale de Jaca, une participation dans le retable de la Capilla Mayor de la cathédrale de Burgos, ainsi que dans un retable de la collégiale de Briviesca.

Vous remarquerez encore une statue de San Sebastián, patron de la ville, et les orgues du XVIe s.

L'**église de San Pedro**, gothique, mais profondément transformée, conserve un retable de 1538 et un beau crucifix gothique.

Au-delà du paseo de Calatayud, bel ensemble formé par le **couvent de la Concepción** et le **manoir des Mencos**, reliés par un arc au-dessus du vieux chemin royal. La maison fut construite au XVIᵉ s. et utilisée au siècle dernier comme caserne. Le roi Ferdinand VII y résida en juin 1828. La façade du couvent est baroque-herrerienne, l'intérieur abrite un magnifique **retable*** peint par Roland de Moys et Paul Ezchepers, deux artistes flamands qui vinrent en Espagne à la demande du duc de Villahermosa. Ce retable, commandé en 1571, fut achevé par le seul Roland de Moys après la mort d'Ezchepers (1579). On attribue à ce dernier les peintures du second registre ; celles du premier sont dues à Roland de Moys.

Ne manquez pas de flâner dans la vieille ville qui renferme palais et maisons nobles.

Environs

1 — Artajona (*11 km N.-O. en direction de Puente la Reina ; 2 400 hab., alt. 456 m*). — La plus représentative et la mieux conservée des places fortes de la Navarre moyenne. Le site est habité dès la préhistoire : des dolmens et des traces de peuplements datant de l'âge du fer en témoignent. Mais ce qui frappe dès l'abord c'est l'aspect médiéval de la ville avec son fameux **Cerco**, ou enceinte crénelée, qui se compose de 12 tours carrées unies par des murs où passait jadis le chemin de ronde. La muraille s'adapte à la forme allongée de la butte sur laquelle elle est construite.

L'**église San Saturnino**, construite à la fin du XIIIᵉ s. sur un édifice roman, a été conçue comme le bastion principal de l'enceinte ; on distingue encore sur les voûtes de la nef le chemin de ronde auquel on accède par des escaliers latéraux. Le clocher, avec son allure martiale, date du XIVᵉ s. ; il était utilisé comme corps de garde et comme prison. La nef, large de 13 m, se termine à l'orient dans le presbytère. A l'intérieur, Vierge gothique du XVᵉ s. et retable gothique du début du XVIᵉ s., peint par Pedro Diaz de Oviedo.

L'**église San Pedro**, portail romano-gothique, conserve un beau lignum crucis du XIIᵉ s.

La petite **Vierge de Jérusalem**, installée dans un ermitage à l'extérieur de la ville, réalisée vers 1200 en métal doré avec des émaux champlevés. Le sourire à peine perceptible de la Vierge est caractéristique de la période de transition entre le roman et le gothique. Selon une pieuse légende figurant sur un parchemin apocryphe découvert à l'intérieur de la statue, elle serait l'œuvre de Nicodemus et aurait été dorée par saint Luc ; en réalité, elle semble provenir d'un atelier de Limoges ou de Silos. En 1099, Godefroy de Bouillon la donne au légendaire croisé d'Artajona, Saturnino Lasterra, pour le récompenser de son courage lors de la conquête de Jérusalem.

2 — Ujué* (*19 km E. par la C 132 ; →*).
3 — Olite* (*7 km S. par la N 121 ; →*).
4 — Monastère de la Oliva** (*39 km S.-E. par la N 121, puis la C 124 que l'on prend à g. au km 21 ; →*).

5 — Miranda de Arga* (*1 km S.-O. en direction de Lerín ; 1 238 hab.*). — Les maisons les plus anciennes de ce gros bourg, situé près d'un pont jeté sur l'Arga, se pressent autour de la vieille **église de la Asunción***, édifice gothique du XVᵉ s. à l'emplacement d'un sanctuaire romain dont il subsiste quelques éléments ; à l'intérieur, remarquez le retable churrigueresque (XVIIIᵉ s.) et près du baptistère la **statue de la Virgen de Miranda***, du XIVᵉ s., en bois polychrome. Du **palais** construit au début du XVIIIᵉ s. par le premier marquis de Colomo, il ne reste plus qu'une belle **façade*** baroque, à trois étages de colonnes torses groupées par paires, distribuées de part et d'autre de la partie centrale. On désigne cet édifice sous le nom du palais de Colomo.

6 — Lerín* (*29 km S.-O. ; 2 138 hab.*). — Magnifique village accroché au flanc d'une colline abrupte. L'**église de la Asunción** (1572), de style classique, renferme un beau retable baroque de Diego de Camporredondo (1760). Ici, l'architecture s'allie admirablement à la belle décoration rococo aux lignes dynamiques. Au centre du retable, la corniche s'avance comme pour vouloir se fermer au-dessus de l'autel. L'ensemble donne une belle impression de mouvement.

7 — Cárcar (*42 km S.-O. ; 1 287 hab.*). — Ancienne place forte dont les rues au tracé irrégulier dominent l'Ega. Église avec retable Renaissance du sculpteur Bernabé Imberto. Ici apparaissent les industries de conserves végétales, typiques de la vallée de l'Ebre.

Talavera de la Reina

Madrid, 120 km. — Tolède, 80 km.
Alt. 371 m. — 66 470 hab. — Province de Tolède (Castille-La Manche).

Cette ville reçut de nombreux privilèges pendant les règnes d'Alphonse IX, Fernand III et Alphonse X (un couvent fortifié assurait la défense de la riche vallée du Tage). Au XVe s., l'activité de Talavera fut favorisée par les nombreux séjours qu'y effectuait Jean II. Elle devint un très important centre de fabrication de céramique au XVIe s. Les premières pièces s'inspiraient des motifs de la Renaissance italienne, puis subirent l'influence flamande. Elles étaient utilisées pour décorer le bas des murs des églises et des demeures nobles. De nos jours, la production est tournée vers les objets utilitaires (vaisselle).

Fêtes. — La semaine de Pâques, fête de las Mondos, dont le cérémonial rappelle le culte romain des céréales. Des jeunes filles offrent du pain et des produits de la terre à la Virgen del Prado. Le 21 sept., pour la San Mateo, corridas.

Visite de la ville

En arrivant de Madrid, à l'entrée, **paseo del Prado,** vaste jardin public (ermitage de la Virgen del Prado, des XVIe et XVIIe s. ; plafond artesonado, de tradition mudéjare) ; garez votre voiture afin de visiter à pied la vieille cité, surtout intéressante pour les amateurs de détails.

Du paseo, continuez en direction de Mérida, puis tournez à g. dans la calle de Mesones. A dr., **église Santiago el Nuevo,** de style mudéjar du début du XIVe s. (?), remaniée par la suite ; notez la rosace de brique au-dessus d'une rangée d'arcatures aveugles, typiquement mudéjare.

De la **plaza del Generalísimo Franco,** à l'extrémité de la calle de Mesones, prendre à dr. dans la **corredera del Cristo,** le long de l'enceinte, construite après la Reconquista, au début du XIIe s. ; à g., **église San Salvador de los Caballeros,** de style roman du XIIe s. Prendre à g. après l'église, longer l'ex-couvent del Carmen avant de parvenir à l'**église San Clemente** et à la **puerta de Mérida,** porte de ville percée dans l'enceinte du XIIe s. De là, en suivant la rue qui débouche à g. avant le chevet de l'église San Clemente, vous atteindrez la collégiale.

✝ L'église Santa María (collégiale) fut construite, probablement sur le site de la mosquée principale de Talabira, à partir de la fin du XIVe s., en style gothique, et ne fut pas achevée avant 1469, mais encore fut-elle mise au goût du jour au XVIIIe s. avec l'érection d'un clocher et d'un fronton sur la façade principale. Remarquez la rosace, adaptation du style gothique flamboyant à la technique mudéjare avec ses éléments de brique et de céramique. A l'intérieur, tombeaux sculptés du XVe s., peintures au maître-autel par Mariano Salvador Maella et dans la chapelle Santa Leocadia (1592). Le cloître date du dernier tiers du XVe s.

Le couvent de Santa Catalina, collège des Augustins, date de la Renaissance et conserve deux portails et un cloître gothiques.

Dans l'église de San Salvador de los Caballeros, gisant représentant le cardinal García de Loaysa, archevêque de Séville (sculpture en albâtre du XIVe s.).

Belles stalles gothiques dans le chœur du couvent des augustines de San Ildefonso.

Visitez aussi les demeures gothiques des marquis de Villatoya et Loaysa.

Dans la ville, vous remarquerez de nombreuses pièces de décoration, sorties des ateliers de céramique : escalier de l'ayuntamiento, bancs publics sur la place del Pan, façade dans la rue de la Trinidad, décor exubérant du sanctuaire de la Virgen del Prado.

Sur la plaza del Pan (ou del General Primo de Rivera), *au n° 5,* près du fleuve, musée Ruiz de Luna *(ouv. de 10 h 30 à 14 h et de 15 h 30 à 19 h),* du nom d'un céramiste de la fin du siècle dernier, qui renferme des collections de céramique de Talavera depuis le XVIe s. jusqu'à nos jours.

En suivant le fleuve vers l'amont, vous parviendrez au site de l'ancienne alcazaba ou alcázar, où deux tours barlongues appartinrent à la forteresse maure. En prenant à g., longer le front oriental de l'enceinte en passant par la puerta de Sevilla (fin du XVIe s.), jusqu'à la plaza del Generalísimo Franco, d'où vous reviendrez vers le paseo del Prado en suivant la calle de San Francisco.

Environs

1 — Maqueda *(43 km N.-E. par la N V en direction de Madrid ;* 460 hab., alt. 483 m). — La ville fut une importante place forte musulmane (il reste la grosse tour de la Vela et une porte). Le château, construit par Gutierre de Cardenás sur des fondations arabes, est bien conservé (on trouve son « jumeau » à 6 km E., le castillo de San Silvestre). Église paroissiale de Santa María à l'aspect de forteresse ; abside mudéjare ; chapiteau roman qui sert de bénitier.
Fêtes : le dernier dim. d'avr., Virgen de los Dados, Moros y cristianos.
➡ A *12 km S.-E. par la N403 en direction de Tolède,* **Torrijos** (➜ Tolède***, environs 5).

2 — Erustres *(36,5 km E. ; au km 28,5 de la N V en direction de Madrid, tourner à dr.).* — Église mudéjar du XVIe s. avec une tour gothique de la fin du XIVe s. ; à l'intérieur, plafond à caissons.

3 — Malpica de Tajo *(31 km E. ; au km 9,5 de la N V en direction de Madrid, prendre à dr. vers Tolède ; 19,5 km plus loin, bifurquer à dr. ;* 1 770 hab., alt. 398 m). — Dans l'église paroissiale, croix processionnelle baroque ; Virgen de Bernúy du XIIIe s., très restaurée. Château médiéval d'origine arabe, restauré en style mudéjar, puis Renaissance (patio, donjon). Au lieu dit « Quinto de Tamujas Bajas », restes d'une ville ou de thermes romains avec une magnifique mosaïque*.

4 — Oropesa (*33 km O. par la N V*; 3 070 hab., alt. 420 m). — Le parador naciona Virrey de Toledo est installé dans le magnifique **château*** des ducs de Frías, élevé vers 1366 avec une enceinte de plan carré aux angles renforcés de tours cylindriques, et complété en 1402 par un palais bâti en gros appareil avec des murs à barbacanes, grande place d'armes et donjon à échauguettes. Le **palais des comtes d'Oropesa** se compose de deux bâtiments ; l'un est gothique-mudéjar, l'autre Renaissance.

→ A *14 km S.,* **El Puente del Arzobispo** (1 493 hab., alt. 320 m) ; village renommé pour ses poteries vernies, vert et jaune. Son nom lui vient du pont à huit arches que fit construire l'archevêque Tenorio pour faciliter le passage sur le Tage. On y ajouta trois arches au XVIIIe s. à cause des crues. Église moderne qui conserve une tour Renaissance décorée d'azulejos au XVIIIe s.

→ A *8 km E.,* **lac de barrage d'Azután,** accessible par la route de Belvis de la Jara qui traverse une région aux curieuses formations rocheuses.

→ A *2 km O.,* **Lagartera** (2 082 hab., alt. 389 m), bourgade réputée pour ses broderies (jupes et bonnets paysans, aux teintes très vives, nappes aux fines broderies de soie).

Tarazona**

Saragosse, 88 km. — Soria, 68 km.
Alt. 840 m. — 11 195 hab. — Province de Saragosse (Aragon).

Ville typiquement aragonaise avec ses constructions en brique brune. Vous y visiterez surtout la cathédrale pour son cloître mudéjar, mais aussi pour ses nombreuses œuvres d'art.

La ville dans l'histoire. — Peuplée par les Ibères qui la nomment Turiasso, elle connaît une période de grande prospérité à l'époque romaine, grâce aux gisements de fer de Moncayo. Au Moyen Age, les rois d'Aragon en font quelque temps leur résidence.

Les fêtes. — La ville est particulièrement animée pendant la **semaine sainte**, et la **fête de la Virgen del Moncayo** (1er dim. de juil.) : distribution de haricots blancs et de migas. Du 27 août au 1er sept., célèbre sortie dans les rues du Cipotegato, personnage bouffon que l'on bombarde de tomates.

Visite de la ville

Dominant la ville, le **palais épiscopal** (XIVe-XVe s.) est l'ancien palais des rois d'Aragon (beau patio). L'**ayuntamiento,** du XVIe s., comporte une façade ornée d'un long haut-relief figurant l'entrée de Charles Quint à Bologne pour son couronnement.

Cathédrale**. — Construite du XIIe au XVIe s., elle offre un étonnant mélange des styles gothique, plateresque et mudéjar.

Visite : de 11 h à 13 h 30 et de 17 h à 19 h en semaine ; de 9 h à 14 h et de 15 h à 19 h les j. fériés.

Le **portail N.** exécuté par Juan de Talavera, est décoré de statues ; tour mudéjare de 1588.

Au **trascoro,** Christ polychrome entre la Vierge et saint Jean (XVIIe s.).

Dans la **Capilla Mayor,** de 1560, retable sculpté et polychrome, de 1603.

Bas-côté g. — Capilla de la Visitación (1re chapelle) de 1538 : retable plateresque.

— **Capilla de Santiago** (2e chapelle) : retable* peint (1497), attribué à Pedro Díaz de Oviedo ou à son atelier. — **Capilla de la Purificación** (3e chapelle) : grilles de Guillén de Turena ; retable peint par Martin Bernat (1493).

Déambulatoire (à partir de la g.). — **Capilla de los Cardinales** (2e chapelle) : triple retable** monumental (1375), chef-d'œuvre de la peinture gothique signée par Jean Lévy, un artiste juif converti au christianisme, qui travailla un moment à la cour des papes à Avignon, où il subit l'influence des peintres toscans, avant de l'introduire en Aragon ; **tombeaux*** en albâtre finement sculptés, en style Renaissance, de l'évêque Pedro Calvillo et de son frère, cardinal à Avignon. — **Capilla de la Purísima** (3e chapelle) : retable sculpté, de style plateresque, de Giovanni Moreto (1535). — **Capilla del Rosario** (5e chapelle) : **Vierge à l'Enfant***, sculpture du XIIIe s.

Bas-côté dr. — **Capilla San Gregorio** (2e chapelle), de style ogival. Porte Renaissance du cloître et **tombeau*** de l'évêque Ximénez de Urrea (1317).

Le **cloître***, construit en brique au XIVe s., est un remarquable spécimen d'architecture gothico-mudéjar enrichi d'une dentelle de plâtre sculpté qui rappelle les jalousies. — **Capilla San Pedro et San Pablo** (3e chapelle) : retable plateresque sculpté. — **Capilla San Juan Bautista** (4e chapelle) : retable de 1542.

Près de la cathédrale, l'**église San Francisco**, du XVIe s., abrite un grand retable de style classique, un tombeau en albâtre du XVIe s. ; joli cloître à 2 étages du XIIIe s. dans le couvent.

Dans la ville haute, **église de la Magdalena** qui conserve des traces romanes : beau clocher mudéjar et retables Renaissance ; **église de San Miguel**, gothique. Parmi les monuments civils, on remarquera les **restes des murailles**, et l'**hospice**.

Environs. 1 — Monastère de Veruela* *(14 km E., par la N 122 vers Saragosse ; prendre à dr. en direction de Vera de Moncayo).* — L'un des plus remarquables d'Espagne. Il fut fondé au XIIe s. par l'ordre de Cîteaux grâce à une donation (1146) de Pedro de Atares, le fondateur de la maison des Borgia. Le poète Becquer y écrivit au siècle dernier ses « Lettres de ma cellule », une invitation au voyage dans les pays aragonais.

Visite : accompagnée de mai à oct. de 9 h à 14 h et de 16 h à 20 h. Le reste de l'année de 10 h à 14 h et de 16 h à 18 h ; f. le lun. ; entrée payante.

Parmi les bâtiments monastiques, vous remarquerez l'**église***, de style de transition, avec une belle façade. Intérieur voûté d'ogives de vastes dimensions. **Chapelle** plateresque avec porte sculptée polychrome aménagée au XVIe s. En face, la porte de la sacristie est d'un étonnant style rococo. Voir aussi le **réfectoire** et la **salle capitulaire*** d'une grande pureté cistercienne. Beau **cloître*** gothique fleuri achevé au XIVe s. : culs-de-lampe sculptés et galerie plateresque au 1er étage.

2 — Borja *(26 km E. par la N 122 ; 4 233 hab., alt. 448 m).* — Dans le centre d'une région vinicole avec des vins plus corsés que ceux de Cariñena. Cette ville, ancienne cité romaine de Bursau, fut le berceau de la famille des Borgia, dont on voit encore le château. Dans la **collégiale Santa María**, gothique, vous remarquerez la **capilla del Rosario**, avec un beau retable plateresque sculpté. Dans la sacristie, 12 tableaux gothiques. **Collection de tableaux** peints de primitifs aragonais que l'on admirera au moment des offices. Remarquez l'**ayuntamiento**, d'époque Renaissance, l'hôpital baroque et plusieurs maisons seigneuriales.

Fêtes : le **vendredi saint** se déroule une curieuse cérémonie de l'Enterrement du Christ à laquelle participent les habitants déguisés en personnages bibliques. Pour la **San Jorge**, on confectionne la culca, pâtisserie que l'on déguste dans l'ermitage du saint. Le 1er dim. de mai, **Rosario de la Aurora** avec offrandes de fleurs et de fruits à la Virgen de la Peana. Le 24 août, **San Bartolomé**, danse des épées.

Dans les alentours, vestiges archéologiques de l'âge du fer (cabezo de la Cruz) ou celtibériques (la corona de Esquilaz).

◆→ L'église gothico-mudéjar d'**Ambel** contient un beau retable gothique avec des peintures attribuées à Martín Bernat. Dans l'église de la Virgen del Rosario, de style mudéjar, 2 retables du XVe s.

→ A **Lituénigo**, église romane avec 2 tableaux en style maniériste provenant du monastère de Veruela. Belles peintures dans l'**ermitage gothique de San Miguel**.

3 — Magallón (*31 km E. par la N122; 1 463 hab., alt. 419 m*). — Après avoir traversé des terres gypseuses, les premières maisons de Magallón rompent la continuité du paysage. Remarquez l'ensemble de la **place d'Espagne** (XVIe-XVIIe s.), les **maisons Renaissance** dans différentes rues, l'**église paroissiale de San Lorenzo** (XIVe-XVIe s.) et l'**ermitage de la Virgen del Rosario** (XVIIIe s.). De l'ancien couvent des dominicains, il ne reste que l'abside mudéjare avec des peintures gothiques. Dans l'**ermitage de San Sebastián**, remarquez le retable avec les peintures gothiques de Coteta et Tomás Giner. Ne manquez pas de découvrir les fabriques artisanales de poteries.

Tarragone**

Barcelone, 93 km. — Lérida, 90 km. — Madrid, 554 km — Saragosse, 232 km. 109 125 hab. — Capitale de la province de Tarragone (Catalogne).

Du point de vue archéologique, c'est la ville la plus intéressante de la péninsule, avec Mérida. Fondée depuis des temps immémoriaux, elle fut occupée par les Ibères, puis les Romains, qui y laissèrent des témoignages de leur architecture; elle végéta ensuite, pendant de longs siècles après les invasions barbares du Ve s., et sous l'occupation arabe, mais elle recouvra quelque prospérité, ainsi que l'atteste sa magnifique cathédrale gothique, l'une de ses principales curiosités avec la promenade archéologique, aménagée au pied du tronçon le mieux conservé de l'enceinte antique. On n'y trouvera à peu près aucun monument de la Renaissance, qui correspond, pour cette ville, à une période de décadence.

La reconstruction du port en 1790 a donné un nouvel élan économique à la ville qui connaît actuellement un important développement industriel (textiles, tanneries, tabac et pétrochimie) alors même que l'activité touristique est en plein essor.

La ville dans l'histoire. — Fondée probablement par les Ibères, cette cité, prise par les Romains en 218 av. J.-C., est leur base d'opération pour couper la route aux renforts de mercenaires qu'Hannibal reçoit d'Espagne, tandis qu'il guerroie en Italie. Tarraco devient la résidence des consuls, des préteurs et est dotée d'un ensemble de monuments publics dignes de la puissance romaine (amphithéâtre, cirque pour les jeux de l'hippodrome, palais, temples, imposante enceinte sur les fondations en appareil cyclopéen). Capitale de la Tarraconaise (Espagne citérieure), elle est le siège de plusieurs réunions de députés de la Péninsule. Le christianisme qui, selon la légende, y aurait été prêché par saint Paul, s'y répand de bonne heure.

Les Francs, en 264, puis les Wisigoths mettent un terme à cette prospérité et les soldats d'Euric la détruisent en 469. Occupée et dévastée par les Maures en 714, elle est reconquise par Louis d'Aquitaine puis Raymond Béranger, comte de Barcelone, pour retomber sous le joug des Maures et rester pour ainsi dire dépeuplée jusque vers 1148 lorsque la prise de Tortosa assure un glacis protecteur à la ville.

Au cours de la guerre des Segadors, Tarragone se soulève contre Philippe IV et tombe en 1642 sous le siège de l'armée espagnole. Lors de la guerre de Succession d'Espagne, elle opte pour l'archiduc Charles mais le traité du 14 mars 1713 la laisse au pouvoir de Philippe V. C'est de cette époque que datent ses fortifications bastionnées. En 1811, la ville ne se rend au général Suchet qu'après une résistance opiniâtre.

Visite de la ville

On peut opter pour une promenade culturelle qui en 3 h permet de voir ou de visiter l'ensemble des monuments et musées importants de la ville (la cathédrale et le cloître, le Musée diocésain, le passeig Arqueològic, le Musée archéologique, la nécropole et le Musée paléochrétien), mais Tarragone invite aussi à flâner dans les vieux quartiers autour de la cathédrale (charmant musée de Castellarnau ou musée d'Art moderne), à déguster une glace ou à siroter un café sur la rambla Nova, à rêver du haut du balcon de la Méditerranée, à traîner sur le port ou à courir les magasins de la ville nouvelle. Vous garerez votre voiture non loin de la rambla Nova et du balcó del Mediterrani (plusieurs parkings) pour visiter la ville haute. Vous la reprendrez pour vous rendre à la nécropole.

Cathédrale**. — Fondée en 1154 sur l'emplacement d'une mosquée, elle-même localisée sur le site d'un temple dédié à Jupiter.

Visite : le Musée diocésain est ouv. de 10 h à 13 h et de 16 h à 19 h; dim. de 10 h à 14 h; f. dim. et fêtes en hiver.

Historique. — Commencée en 1174 à une époque où le sort des armes penchait tantôt en faveur des Maures, tantôt en faveur des chrétiens, son abside, de style roman, a l'aspect d'une forteresse. Au début du XIIIe s., avec le maître d'œuvre frère Bernard (1256), le style ogival primitif fut adopté mais on suivit, au cours des siècles suivants, toutes les phases du style gothique, sobre et austère à ses débuts qui évolue vers la profusion ornementale du style flamboyant. Des remaniements (XIVe-XVIIe s.) apportèrent des touches platéresques et churrigueresques dans les chapelles latérales.

La **façade*** présente un vaste portail gothique formé d'arcs concentriques et de piliers ornés de statues, dans des niches. Les portails latéraux sont de style roman mais l'Adoration des Mages sculptée au tympan du portail gauche présente déjà une facture gothique. Le portail central est l'œuvre de plusieurs architectes et sculpteurs; commencé en 1278 par maître Barthélemy dit le Normand (**Vierge** au trumeau et les huit **apôtres** sous les retombées des arcs), son élaboration se poursuit deux siècles durant. Au tympan, un Christ en majesté préside le **Jugement dernier**. Les vantaux de la porte datent de 1510. Une grande rosace circulaire éclaire la façade, au-dessus du porche.

L'intérieur est sobre et présente un aspect un peu lourd, en raison du peu d'élévation des trois vaisseaux et des proportions massives des piliers et des arcs : les piliers cruciformes étaient prévus pour recevoir une voûte en berceau. Les chapelles latérales, le plus souvent d'époque gothique, recèlent de nombreuses œuvres d'art. La **chapelle de Santa Tecla** *(sur le bas-côté dr.)* est un bel exemple de style churrigueresque. On remarquera dans la chapelle dédiée à la Vierge de Montserrat un superbe **retable*** attribué à Luís Borassà, comportant sept panneaux peints (Dormition de la Vierge, figures saintes...). Dans la **chapelle majeure**, le **retable**** d'albâtre sculpté polychrome de Pere Joan (1426-1431) est une des œuvres les plus importantes d'art médiéval de Catalogne.

La construction du **cloître**** est entreprise à la fin du XIIe s. et l'ensemble est achevé au milieu du XIIIe s. : il s'agit d'une œuvre de transition parmi les plus intéressantes de la région. On y accède de l'église par un **portail roman***** (Christ en majesté entouré des symboles des quatre évangélistes). Les **chapiteaux***, mais aussi les abaques, sont merveilleusement sculptés sur des thèmes variés. Le traitement classique des sculptures illustre bien les caractéristiques de l'école romane de

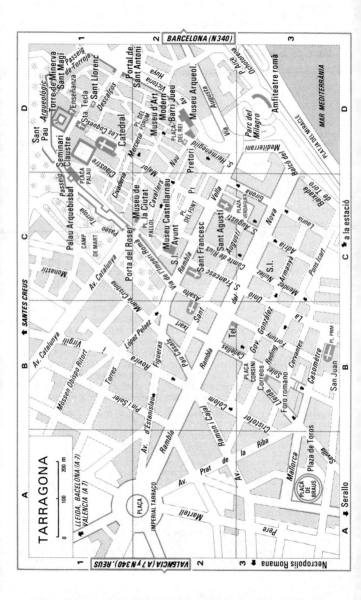

TARRAGONA

0 100 200 m

BARCELONA (N 340)

VALENCIA (A 7 y N 340), REUS

Tarragone non sans que certains chapiteaux historiés témoignent d'une évolution vers un naturalisme plus marqué. Dans la galerie S., une arcade aveugle, en forme de niche, comporte une inscription datée de l'an 349 de l'Hégire (960) : il s'agit de la niche du mihrab de la mosquée primitive.

Le **Musée diocésain*** donne sur la galerie du cloître. Dans la **chapelle du Corpus Christi** de style gothique (1330), retables, tableaux, sculptures et peintures murales des XIIIe-XIVe et XVe s. La **tapisserie**, placée dans la salle capitulaire (XVIIIe s.), tissée à Tournai au XVe s., est une entrée en matière à la collection présentée dans le **réfectoire**. Y sont exposées des tapisseries des XVe-XVIe et XVIIe s. (cartons de Joardens et de l'école de Rubens) que l'on exhibe toujours à l'occasion des fêtes de la ville (Fête-Dieu, fête de sainte Thècle).

Le **cloître*** s'ouvre sur la plaça del Palau, vers le **palais épiscopal** de style néo-classique, élevé en 1814 sur l'emplacement du Capitole et d'une forteresse du XIIe s. ; il comprend une tour de construction ibéro-romaine, mais remaniée au Moyen Age. Importantes archives du diocèse de Tarragone. En face, adossée au cloître, **casa dels canonges** (XVIe s.). Le **séminaire** *(carrer de Sant Pau)* a été érigé en 1883 sur le site du couvent de Sant Pau. La **chapelle de Santa Tecla la Vella** est adossée au cloître de la cathédrale, sur l'emplacement d'une église romane qui servit d'église épiscopale au XIIe s., elle-même élevée sur le site d'une construction romaine dont on mit au jour de nombreux vestiges *(visiter à partir du cloître)*.

■ **Musée archéologique**** *(plan D2)*. — Il est sans conteste l'un des plus intéressants du genre en Espagne. Ses grandes salles claires (édifice récent, inauguré en 1960) présentent de manière thématique les différents aspects de l'art et de l'architecture d'époque romaine à Tarragone.

Visite : ouv. de 10 h à 13 h et de 16 h 30 à 20 h (de 16 h à 19 h en hiver) ; f. dim. et fêtes l'a.-m. et le lun.

Au sous sol, pan de la muraille en appareil cyclopéen, surmonté d'assises en blocs de pierre plus légers, qui appartenait à l'enceinte de Tarraco (fin du IIIe s., début du IIe s. av. J.-C.)
Au *rez-de-chaussée,* la *salle II* est consacrée à l'architecture impériale à Tarraco et les éléments trouvés lors des fouilles accompagnent plans et maquettes de restitution. La *salle III,* avec une collection de mosaïques des époques républicaine et impériale, de simples pavements en blanc et noir du Ier s. apr. J.-C. comme des mosaïques polychromes des IIe et IIIe s., se développe sur deux étages. Vous remarquerez surtout le **médaillon de la Méduse***, confectionné à l'aide de minuscules tesselles dans une veine d'inspiration hellénistique. Le **triomphe de Bacchus** (IIIe s. apr. J.-C.) où le dieu apparaît sur un char tiré par deux tigres, la **mosaïque des Saisons** ou celle des Poissons *(dans la cage d'escalier)* dénotent une influence nord-africaine que l'on retrouve dans la mosaïque en pâte de verre des paons. Les collections de céramique, de verrerie et d'objets divers (une poupée articulée en ivoire du IVe s. de notre ère...) de la *salle IV* sont en cours de réaménagement.
Presque tout le *second étage* est consacré à la sculpture : effigies impériales, sculptures idéalisées d'influence hellénistique (**Vénus pudique**, réplique romaine du IIe s. apr. J.-C. de l'Aphrodite de Syracuse, **torse de Vénus** et **tête de Minerve**, copies romaines selon des originaux grecs d'époque hellénistique (IVe s. av. J.-C.), portraits (expressifs comme ceux de ces deux inconnues datés du IIe s. apr. J.-C.), sculpture zoomorphique ou éléments architectoniques, sculpture décorative et funéraire (sarcophage de Proserpine). La *salle IX* est consacrée à une collection de

céramique des IIIe et IVe s. provenant d'une villa romaine fouillée à Els Munts, à 12 km au N. de Tarragone, construite au Ier s. apr. J.-C.

En face du Musée archéologique, le **prétoire romain,** ou palais d'Auguste (où une tradition fait naître Ponce Pilate), aurait été en réalité une des tours (tour de Charles V) qui flanquaient le **forum provincial** (dont les restes ont été partiellement mis au jour). A l'entrée, une longue galerie voûtée souterraine mène au **cirque.** Celui-ci, construit vers la fin du Ier s. av. J.-C., ne mesurait pas moins de 350 m de long et 110 m de large. Il s'étendait ainsi depuis les abords du prétoire jusqu'au-delà de l'actuelle plaça de Sant Antoni. Sur la plaça del Rei, **église de Nazaret** de la fin du XVIe s. (maître-autel sculpté par Fr. Bonifàs en 1759) et, en face, **église de la Trinité** (1814).

Forum romain *(plan B3).* — Il a été partiellement dégagé dans la ville basse.
Visite : de 10 à 13 h et de 16 h à 19 h; sf dim. et fêtes l'a.-m. et lun. toute la journée; entrée carrer Lleida.
Le forum formait une cour rectangulaire entourée de portiques sous lesquels s'ouvraient des boutiques, la Curie ou tribunal. Aménagé au Ier s. de notre ère, il fut en usage jusqu'à la seconde moitié du IVe s. Dans une seconde partie des fouilles, accessible par une passerelle au-dessus du carrer Soler, tronçon de voie romaine (avec un égout souterrain) qui traversait un quartier d'habitations sur l'emplacement d'un quartier industriel ibérique dont on exhuma des silos.

En contrebas du **balcó del Mediterrani** *(plan D3),* restes, bien dégagés et mis en valeur, d'un **amphithéâtre*** du temps d'Auguste, dont le site fut en partie occupé par une église romane, **Santa María del Miracle,** également ruinée, sur l'emplacement d'un oratoire wisigothique consacré à la mémoire de saint Fructueux, évêque de Tarragone, qui y fut martyrisé en 259, sous Valérien, en même temps que les diacres Augure et Euloge.

Nécropole paléochrétienne *(hors plan; à la limite O. de la ville; passeig Independència; ouv. en hiver de 10 h à 13 h 30 et de 16 h à 19 h; en été de 10 h à 13 h, 16 h 30 à 20 h; f. dim. et fêtes l'a.-m. et le lun.).* — On a dégagé lors de la construction de la fabrique de tabac, une grande quantité d'urnes funéraires, de sarcophages, de pavements de mosaïque, réunis dans un petit musée; ruines d'une basilique et de deux cryptes.

Passeig Arqueològic *(plan C1).* — Une promenade a été aménagée le long d'un tronçon particulièrement bien conservé de l'enceinte urbaine. On y accède de la plaça del Pallol par le **portal del Roser,** porte O. de la ville.
Visite : de mai à sept. de 9 h à 20 h; en hiver de 10 h à 13 h 30 et de 15 h 30 à 17 h 30; f. dim. et fêtes l'a.-m. et lun.
Vous reconnaîtrez aisément la muraille en appareil cyclopéen, d'époque romaine, formée de gros blocs irréguliers, mais de taille colossale, qui a servi de substruction à une construction moins épaisse, elle aussi d'époque romaine, mais qui fut maintes fois restaurée jusqu'au Moyen Age. Un petit dépliant remis en même temps que le billet d'entrée vous permettra de suivre, section par section, cette imposante muraille. Vous remarquerez plus particulièrement la **tour del Paborde,** à mâchicoulis, élevée au XIVe s. sur une base mégalithique romaine, et, immédiatement après, une poterne percée dans la partie cyclopéenne de la muraille. De l'enceinte extérieure (1702-1715), panorama sur la ville et l'arrière-pays. Un auditorium et un stade ont été récemment installés sur le glacis.

A l'intérieur de l'enceinte, l'**église de Sant Magí** *(plan D1)* se trouve au pied de la **tour de Minerve**, à l'extrémité du passeig Arqueologic. La muraille se poursuit vers l'E. : **portal de Sant Antoni**, croix de la ville sur une colonne octogonale en pierre datée de 1604. Après la **place du Forum** (mise au jour d'éléments architectoniques du forum de la Provincia Tarraconensis, vieilles maisons du quartier juif *(plan D1)* qui communiquait avec le reste de la ville par une double arcature ogivale sur la carrer Talavera ; **portella dels Jueus** sur le passeig Sant Antoni. Le **musée d'Art moderne** *(8, carrer Santa Anna ; ouv. en été de 10 h à 13 h et de 17 h à 20 h, f. dim., j.f. et lun. ; en hiver de 10 h à 13 h et de 16 h 30 à 19 h 30, dim. et j.f. de 11 h à 14 h, f. le lun.)* est installé dans une maison du XVIIIe s. Collections de sculpture (Juli Antoni, 1889-1919, fils de la ville, en particulier), peintures et dessins des XIXe et XXe s.

De la plaça de la Seu (parvis de la cathédrale) où se tient le dim. mat. un marché de la brocante qui s'étend jusque sous les arcades gothiques du carrer Merceria, rejoindre l'**ancien ajuntament** *(plan C2 ; bureau d'informations touristiques)* qui conserve des éléments d'architecture médiévale sous les transformations postérieures des XVIIe et XVIIIe s. Le **musée de la Ville** *(Plaça del Pallol, 1 ; ouv. en été de 10 h à 13 h et de 16 h 30 à 20 h, en hiver de 10 h à 13 h 30 et de 16 h à 19 h ; dim. et j.f. de 10 h à 14 h ; f. le lun.)* est installé dans une maison gothique qui s'appuie sur une base d'époque romaine comme l'ensemble des édifices de la place.

◫ **Musée Castellarnau** *(14, carrer Cavallers, plan C2 ; ouv. de 10 h à 13 h et de 16 h à 19 h ; f. dim. et fêtes l'a.-m. et le lun.).* — Ce charmant musée a permis de mettre en valeur l'une des maisons seigneuriales de la rue des Chevaliers, d'origine médiévale et modifiée au XVIIIe s. Matériel archéologique, numismatique, céramique, objets décoratifs, gravures sur l'histoire locale, mobilier.

Le port. — Son histoire est intimement liée à celle de la ville dont l'importance, les impératifs militaires et commerciaux, la nécessité des relations avec Rome devaient favoriser le développement, à partir d'un site naturel — la colline — dès les premiers temps de la fondation de Tarragone. Le port artificiel se développe tout au long du Moyen Age mais les projets d'amélioration des infrastructures sont notablement ralentis à l'époque moderne, le port de Salou jouant un rôle prépondérant. Le port actuel date du début du XIXe s. et s'est étendu récemment sous l'impulsion du complexe industriel pétrochimique. Le port de plaisance, très bien équipé, se trouve dans la zone la plus intérieure, à côté du port de pêche. Le quartier du **Serrallo** reste le quartier traditionnel des marins. Aux plages immédiates (platja del Miracle et platja Llarga) on préférera, au N., les plages de la **Costa Daurada*** (→) ou, une fois dépassés le port et la zone industrielle, le sable fin de la côte qui rejoint au S. le delta de l'Èbre.

Environs : 1 — Constantí *(8 km O.).* — Sortir par la route de Valence et prendre à dr. à 1,5 km vers Constantí, 100 m avant la bifurcation de la route de Reus. A Constantí prendre à dr. à l'entrée du bourg, la carrer de Centcelles, en réalité un chemin non asphalté qui mène *(en laissant un autre chemin à dr. à 1 km)* au hameau de Centcelles, près duquel se trouve *(prendre à g. à l'entrée)* le **mausolée*** construit au IVe s., probablement pour l'empereur Constant Ier (350).

Visite : ouv. de 10 h à 13 h et de 15 h à 18 h ; f. dim et fêtes l'a.-m. et le lun.

Il est formé d'une vaste chambre funéraire bipartite à crypte, coiffée d'une ample coupole dont la calotte conserve encore quelques fragments de peintures et de mosaïque de verre, moins bien conservées que la construction (restaurée), mais néanmoins très représentatives — essentiellement les mosaïques — de l'art impérial du IVe s. A la base de la coupole, scènes de chasse, au-dessus, scènes de l'Ancien

Testament (Daniel dans la fosse aux lions, les Trois Jeunes Hébreux dans la fournaise de Babylone, Jonas dans la baleine) et, au sommet, mais en mauvais état, allégories des quatre saisons.

2 — Le Pont du Diable *(4 km N. par la route de Lleida).* — L'aqueduc romain, qui enjambe un vallon de la vallée du Francolí, fut construit à l'époque de Trajan pour faire venir les eaux de l'Alt Camp. Connu sous le nom de **pont de les Ferreres** ou **del Diable**, il comporte deux rangées d'arcades superposées (la rangée inférieure, de onze arches, est longue de 73 m et haute de 17,60 m ; la rangée supérieure, à vingt-cinq arches, est longue de 217 m et s'élève à 28,70 m).

Tàrrega

Barcelone, 112 km. — Lleida, 44 km.
Alt. 358 m. — 10 255 hab. — Province de Lleida (Catalogne).

Pour ne pas conserver de cette petite ville agricole le seul souvenir d'un bouchon interminable sur la nationale Lleida-Barcelone, découvrez ses vieux quartiers où subsistent quelques austères maisons médiévales comme la casa Sobies, du XVIᵉ s. Le petit **ermitage gothique de Sant Éloi** a été classé récemment.
Le **château,** d'où la vue s'étend sur la plaine d'Urgell, mérite un détour.

Environs. 1 — Agramunt *(15 km N. par la C 240 en direction d'Artesa de Segre ;* 4 649 hab.). — Connue pour ses fabriques de chocolat et de torró (ce délicieux nougat aux amandes), Agramunt vaut avant tout par le **portail monumental*** de l'église de Santa María. La construction de l'édifice commença en 1163 ; le tympan sculpté roman, représentant l'Épiphanie, est l'un des plus remarquables exemples du travail de l'école de Lérida. La décoration des battants de la porte n'est pas sans rappeler l'art islamique. La porte latérale, plus simple, est aussi digne d'intérêt.

2 — Cervera *(12 km E. par la N II en direction de Barcelone ;* →).

3 — Verdú *(5 km S. par la C 240 en direction de Montblanc ; au km 4, prendre à* g. ; 1 000 hab.). — Ce bourg conserve une partie de ses murailles et un château du XIᵉ s. flanqué d'un donjon circulaire. L'**église** gothique de **Santa Maria,** remaniée au XVIIᵉ s., s'ouvre par un **portail roman** à archivolte délicatement sculptée dans le style de l'école de Lleida.

4 — Guimerà* *(15 km S.-E. par la C 240 ; au km 10, bifurquer à g. ;* 502 hab.). — L'ensemble architectural de ce village, ancienne baronnie et ancien comté, est un site classé. A l'**église** paroissiale de **Sant Sebastià,** gothique (beau portail), est adossé un cloître. Superbe lacis de ruelles surmontées de ponts et de placettes secrètes... Le tout en très forte pente.

5 — Bellpuig d'Urgell *(11 km O. par la N II en direction de Lleida ;* 3 684 hab.). - L'église de **Sant Nicolau,** Renaissance, renferme le superbe **tombeau*** de Ramon Folc de Cardona - Anglesola, vice-roi de Sicile (1522) et de son épouse, sculpté par l'Italien Giovanni Merliano da Nola (1525) en marbre blanc de Carrare (la base est ornée de scènes maritimes, le sarcophage de thèmes profanes et religieux).

➥ A la sortie du bourg par la route de Belianes *(au S.),* vous visiterez l'ancien monastère franciscain de Sant Bartomeu, fondé en 1507 par Ramon III Folc de Cardona et complètement restauré après avoir été détruit pendant la guerre civile de 1936-1939. Le **cloître*,** auquel un bel escalier tournant donne accès, a été épargné. Le rez-de-chaussée et le premier étage sont de même époque (XVIᵉ s.), et de style gothique flamboyant tardif aux influences plateresques (très rare en Catalogne) ; le 2ᵉ étage, ajouté en 1614, est pleinement Renaissance.

Tenerife*** (île de)

400 000 hab. — Province de Santa Cruz de Tenerife (Canaries).

L'île de Tenerife est sans aucun doute la plus belle de l'archipel des Canaries, ou tout au moins celle qui offre la plus large gamme de paysages.

Santa Cruz de Tenerife* est la ville la plus agréable des Canaries, dans un site* exceptionnel, qui apparaît dans toute sa beauté lorsqu'on descend de l'aéroport.

Deux grandes excursions se partagent les faveurs des touristes séjournant à Tenerife : celle le long de la côte N.** (→ Le tour de Tenerife jusqu'au km 58), bien que le spectacle que l'on découvre depuis le mirador de Humboldt ne soit certainement plus ce qu'il fut au siècle dernier lorsque le célèbre naturaliste allemand le contempla, et celle qui consiste à parcourir la route*** de Santa Cruz de Tenerife à Puerto de Santiago par les Cañadas del Teide. Cette dernière est l'une des plus saisissantes excursions que l'on puisse faire au monde, dans des paysages volcaniques d'une ampleur inouïe, valant à eux seuls le voyage aux Canaries. Pour en apprécier toute la singularité, il est très vivement recommandé de ne pas se contenter du circuit classique, organisé par les agences de voyages locales, jusqu'au Teide et au Parador, avec un retour par la route de Portillo à La Orotava, sans doute fort belle, mais souvent embrumée, mais de continuer jusqu'à Puerto de Santiago au-delà du Parador, par une nouvelle route tracée sur le versant O. de l'île, qui exécute un extraordinaire slalom, d'une altitude d'environ 2 000 m jusqu'au niveau de la mer, à travers un fantastique champ de laves et de scories.

Les ressources de Santa Cruz sont de qualité, mais relativement réduites, et ce port ne peut être considéré, à proprement parler, comme une station balnéaire. Ce rôle est dévolu à Puerto de Santa Cruz, un ancien port bananier qui, après avoir pris une énorme extension grâce au tourisme, a acquis un caractère artificiel qui peut ne pas être du goût de tous. Près de Puerto de Santiago, la plage de Los Gigantes jouit d'un microclimat, plus ensoleillé que partout ailleurs dans l'île, ainsi que l'atteste d'ailleurs la végétation, d'un tout autre caractère que celle, exubérante, de la côte N. Mais là, les ressources sont très limitées, puisqu'il n'y a qu'un seul hôtel, d'ailleurs excellemment aménagé.

Voies d'accès par avion. — Sans compter les vols charter, Tenerife est desservie t.l.j. par Iberia à partir de Barcelone, Madrid, Malaga et Séville, avec une escale à Casablanca sur certains vols, et à partir de Lisbonne. Air France et Iberia assurent plusieurs liaisons par semaine entre Paris, Bordeaux, Marseille et Tenerife, tandis que la Sabena exploite une fois par semaine la ligne Bruxelles-Las Palmas-Tenerife. De Tenerife, plusieurs services par jour pour La Palma, Las Palmas (Grande Canarie), ainsi que pour Fuerteventura et Lanzarote via Las Palmas.

Voies d'accès par bateau. — La compagnie Trasmediterránea (Aucona) dessert régulièrement Santa Cruz de Tenerife à partir de Barcelone, Valence, Alicante, Algésiras, Cadix, Séville.
De Santa Cruz de Tenerife, la Trasmediterránea assure également les relations maritimes avec Las Palmas (une fois par j., en 5 ou 7 h), d'où l'on peut gagner Fuerteventura et Lanzarote, avec l'île de La Palma (5 liaisons hebdomadaires, en 9

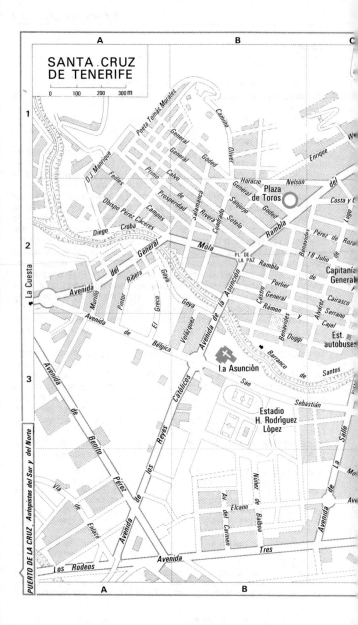

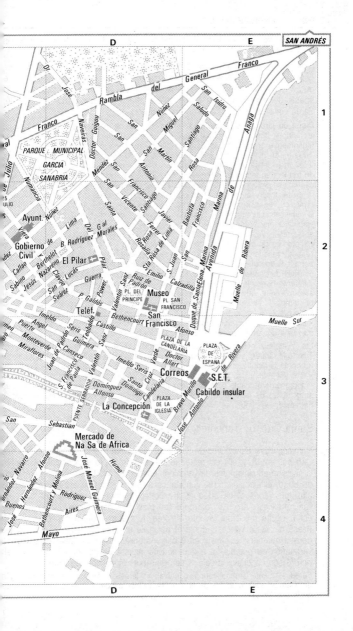

SAN ANDRÉS

ou 13 h), avec l'île de Hierro (4 fois par semaine), en 14 ou 16 h, avec, trois fois par semaine, une escale à Gomera (trajet en 7 h).

L'île de Tenerife, qui couvre 2 053 km², à 704 milles de Cadix, est la plus grande et la plus peuplée de tout l'archipel. Elle est longue de 84 km, large de 50 km, et les Anglais disent plaisamment que l'on peut la comparer à une épaule de mouton pour la forme qu'elle affecte sur une carte. Sa capitale, Santa Cruz de Tenerife, est son principal port.

Digne du jardin des Hespérides. — Tenerife est de formation volcanique, comme les autres îles de l'archipel. Au centre de sa partie la plus large s'élève le gigantesque cratère de Las Cañadas, large de 12 km, à une altitude moyenne de 2 000 m, au milieu duquel jaillit le cône parfait du célèbre Pico de Teide, haut de 3 707 m (c'est le plus haut sommet de toute l'Espagne), dont la silhouette, visible de fort loin en mer, a si fortement impressionné les anciens voyageurs. La cordillère centrale se prolonge depuis Las Cañadas jusqu'à Anaga, à la pointe N. de l'île. Toute la partie incurvée vers le N.-O. étale aux yeux de celui qui arrive par avion la profusion végétale et l'abondance de fruits des légendaires jardins des Hespérides. D'immenses plantations de bananiers, de plants de tomates, d'orangers dévalent jusqu'à la mer en somptueux tapis verts criblés de miroirs brillants par les citernes et les réservoirs dans la vallée d'Orotava, la « plus fertile du monde ».
La prodigalité tropicale des terrasses cultivées du N. contraste, ici aussi, avec l'aspect saharien de la côte S., exposée aux vents chauds et secs et coupée de barrancos rocailleux, autant qu'avec le décor alpestre, les paysages brumeux et mouillés du plateau souvent couvert de nuages autour de La Laguna. Tenerife, très différente de la Grande Canarie, a peu de forêts, sinon à l'altitude de Las Cañadas et sur l'arête faîtière qui descend vers le N.-E. Grâce à son climat d'éternel printemps, le littoral ne connaît pas le froid et seul l'observatoire des Cañadas est parfois isolé dans un brouillard glacé au-dessus duquel il émerge. En été, la brise marine du N.-E. rafraîchit l'atmosphère qui n'est jamais torride. La température moyenne de janvier est de 17° 5, celle d'août de 25° 2.

Le mystérieux peuple guanche qui a peuplé Tenerife, le royaume du légendaire Tinerfe le Grand, jusqu'à la conquête espagnole, s'est uni aux colonisateurs, dont il a adopté la langue et les noms en même temps que le christianisme, dès la fin du xvᵉ s. Cependant, on rencontre encore, dans les pueblos isolés, des types de montagnards de haute taille, aux yeux clairs, qui doivent descendre directement des autochtones de jadis. L'île fut réunie à la couronne de Castille en 1496 par Alonso Fernández de Lugo.

Santa Cruz de Tenerife*

Nommée aussi Santa Cruz de Santiago, elle compte 190 874 hab. Capitale des Canaries en 1821, elle est restée le chef-lieu de la province occidentale après la scission administrative de l'archipel. Fondée en 1494, par Alonso Fernández de Lugo, elle acquiert de l'importance au xixᵉ s., non sans avoir repoussé à plusieurs reprises les attaques de flottes étrangères, notamment celle de l'amiral Nelson, en 1797, qui perd son bras droit dans l'aventure. Santa Cruz est une cité moderne, vivante, colorée, très active, qui a conservé de son passé de vieille ville espagnole et coloniale un charme désuet dans certains de ses quartiers, aux maisons à balcons grillés, à patios ensevelis sous une végétation de paradis, et à qui l'activité incessante de son port n'a pas fait perdre son nonchaloir créole et son goût pour la douceur de vivre.
Fêtes. — Santa Cruz célèbre le carnaval, les fêtes de Mai (tout le mois), la Virgen del Carmen avec une fête de la mer (16 juil.) et la commémoration de la défense de la ville (25 juil.).

La plaza de la Candelaria *(plan D-E3)*, au centre du quartier maritime, le plus animé de la ville, est ornée d'un monument en marbre de Carrare sculpté par Cánova en 1778 pour commémorer une apparition de la Vierge aux Guanches, avant la conquête. Sur la place, à g. lorsqu'on est tourné vers la plaza de España *(plan E3)*, le palais de Carta, du XVIIe s., présente une sévère façade de pierre de taille et un beau patio.

■ Dans le Cabildo insular, du XVIIIe s. *(plan E3)*, musée d'Archéologie *(au 2e étage, entrée rue Bravo-Murillo; ouv. de 9 h à 13 h et de 16 h à 19 h en sem.; f. les j. fériés et le sam. a.-m. de juin à sept.)* où sont présentées des collections archéologiques locales, notamment des momies guanches, et des possessions espagnoles d'Afrique.

✝ **Église de la Concepción** *(plan D3)*. — Souvent appelée cathédrale, elle est une construction de style composite, commencée au XVIe s. et remaniée après un incendie en 1655.

A l'intérieur, à cinq nefs, la Capilla Mayor est couverte d'un plafond peint du XVIIIe s., dont les thèmes sont empruntés aux chapitres IV et V de l'Apocalypse de saint Jean de Patmos où il relate les visions que lui inspira Dieu, entouré des 24 vieillards, lorsque l'agneau divin ouvrit le livre des sept sceaux. Ce système de couverture en charpente fut introduit au Portugal au XVIe s. et se répandit aux Canaries au XVIIIe s. Remarquez encore la capilla de la Carta, une merveille de bois sculpté. L'église conserve aussi la croix de la conquête et les drapeaux de Nelson.

✝ L'église San Francisco *(plan D2-3)*, construite en 1680, restaurée au XVIIIe s., recèle également, dans sa Capilla Mayor, une toiture de bois à neuf panneaux, dont celui du centre est orné de peintures avec un Couronnement de la Vierge.

Dans les bâtiments du monastère dont dépendait cette église, se trouve installé le musée des Beaux-Arts *(plan D2; ouv. de 15 h à 20 h en sem. et de 10 h à 13 h les j. fériés)* qui renferme quelques œuvres de Ribera, Fr. de Madrazo, Sanz, etc., ainsi que des collections de sculptures de Luján, Capuz, Benlliure, et d'armes. Salle réservée à la peinture canarienne.

Dans l'église del Pilar *(plan D2)*, bâtie en 1752-1755, plafonds de bois peint (XVIIIe s.), figurant l'Assomption de la Vierge.

Près de là, le parque* municipal García Sanabria *(plan C-D1)* mérite une visite pour la beauté de sa végétation, notamment de ses somptueux palmiers et de ses dragonniers, arbres de la famille des liliacées qui peuvent atteindre une taille colossale (→ Le tour de Tenerife, km 58) et se ramifiant de la même façon que les baobabs; de l'écorce de certains dragonniers, les Guanches recueillaient un mucilage dit sang de dragon, qui était le produit de base de leur pharmacopée.

A faible distance de la ville, à la sortie par la route de San Andrés *(plan E1)*, le castillo de Paso Alto, près du musée militaire, juste après le club nautique, commémore la défense de la ville contre la flotte de l'amiral Nelson, le 25 juil. 1797. On peut y voir, parmi les canons exposés, « el Tigre », qui emporta le bras de Nelson. Vous y accéderez à partir de la plaza de España *(plan E3)* en suivant l'avenida de Anaga, une artère doublée d'une agréable promenade fleurie et bordée de quelques-uns des plus beaux édifices modernes de la ville.

Au-delà du Puente Serrador, on peut encore signaler le mercado (marché) de Nuestra Señora de Africa *(plan D3)*, avec ses étalages très orientaux de fruits, d'étoffes aux couleurs vives, ses types de marchands à foulard noir et petit chapeau de paille.

Environs. 1 — San Andrés *(8 km; sortie en E1).* — Village de pêcheurs accessible par une route sinueuse. A l'entrée, se détache une route pour le Parque Forestal qui mène à *(16,5 km)* **Taganana** (dans l'église, quatre tableaux, probablement d'origine andalouse, du début du XVIe s.) et permet de découvrir des **vues**★★ splendides sur le massif montagneux de la partie N.-E. de Tenerife (route étroite et très sinueuse, parfois dangereuse).

2 — La Cuesta *(6 km; sortie en A2).* — Église Santa María, la plus ancienne de l'île, fondée à la fin du XVe s. par Alonso Fernández de Lugo.

Le tour de Tenerife★★★

Route : 200 km par un itinéraire qui permet, si on le désire, d'emprunter une autoroute jusqu'à La Orotava, puis route très difficile jusqu'à Puerto de Santiago, à 95 km de Santa Cruz, puis modérément accidentée jusqu'à la plage de Los Cristianos, où vous trouverez l'excellente autopista del Sur, route sans croisements, jusqu'à Santa Cruz.
Sortie par la route de Puerto de la Cruz (plan A4; autopista del Norte).

9 km : **La Laguna** (112 635 hab.; alt. 550 m), ancienne capitale de l'île, fondée par Alfonso Fernández de Lugo en 1496 sur la rive d'une lagune aujourd'hui disparue. Seconde ville de Tenerife, siège d'une université fondée à la fin du XVIIIe s., et d'un évêché.

L'ensemble urbain et monumental est un des plus pittoresques d'Espagne. Cette jolie cité possède des rues droites et silencieuses bordées de vieilles demeures à balcons caractéristiques de l'architecture canarienne. On visitera la **cathédrale**, reconstruite en 1913 avec une façade néo-classique très colorée. A l'intérieur, crucifix de Domingo Estévez, beau retable baroque avec des statues flamandes, sculptures de Luján.

L'**église de la Concepción**, commencée en 1511, renferme des boiseries peintes du XVIIIe s. dans la capilla de San Bartolomé, fondée en 1714. Dans le **patio** du **couvent de Santo Domingo**, un dragonnier serait âgé, dit-on, de plus de 2 000 ans. Dans l'**église San Francisco**, Renaissance, sculpture gothique du Cristo de la Laguna (XVe s.) au centre d'un retable en argent repoussé.

Parmi les monuments civils, on remarquera le **palais épiscopal** en pierres de taille et celui de **Nava**, avec une grande galerie de bois.

Fêtes : Corpus Cristi avec tapis de fleurs, fondation de la ville (27 juil.).

↦ A *12 km,* **forêt de las Mercedes** dans la partie N. de l'île, dans la cordillère d'Anaga, d'où l'on découvrira des **vues**★ splendides, notamment du mirador Pico del Inglés, au terminus de la route, magnifique balcon naturel, à 973 m d'altitude, d'où l'on peut contempler la chaîne entière, ses bosquets et ses sauvages barrancos.
↦ A *12 km N.-E.,* **Bajamar,** belle plage de sable à l'extrémité de la vallée de Guerra.

12 km : aéroport de Los Rodeos, sur un ensellement qui domine les côtes occidentale et orientale de Tenerife.

15 km : ↦ A *2,5 km* sur la dr., **Tacoronte** (12 026 hab.), où, dans l'**église San Agustín** (1662), on vénère un Christ de Douleurs, apporté de Madrid en 1661 et qui est attribué à un suiveur de Gregorio Fernández ; **église** paroissiale **Santa Catalina**, dont l'intérieur est richement orné ; dans le trésor, pièces d'orfèvrerie religieuses du XVIe s. (calice en or massif, lutrin en argent travaillé au repoussé), statue de sainte Catherine, apportée d'Italie au XVIIe s. Production de vins réputés.

26 km : **La Victoria de Acentejo**, où Alonso Fernández de Lugo écrasa la résistance guanche en 1494 ; dans l'**église** paroissiale, fondée en 1536, vous pourrez voir, dans la Capilla Mayor, l'un des plus beaux plafonds peints des Canaries à décor floral (xviiie s.).

28 km : **Santa Ursula**, dont l'**église** paroissiale renferme une statue de l'Enfant Jésus triomphant du monde (globe terrestre aux pieds de l'Enfant), du démon (le serpent qu'il foule aux pieds) et de la chair (le crâne sur lequel il s'appuie), œuvre d'une grande singularité sculptée au xviie s.

30 km : **Mirador de Humboldt****, où le savant naturaliste allemand se serait agenouillé en découvrant ce qu'il jugeait être le plus beau paysage du monde. On ne se lasse pas de contempler ce décor, très différent de ceux d'Europe, le somptueux tapis vert des plantations semé de maisons claires, dévalant sur plus de 600 m, entre des hauteurs boisées, où surgit la majestueuse pyramide du Teide, et la mer, souvent liserée d'écume.

31,5 km : terminus de l'autoroute, près du jardin botanique (→ ci-après, km 33,5).

La Orotava** (31 520 hab. ; alt. 390 m), centre de la magnifique vallée de La Orotava, paysage unique, d'un charme fou. La ville, autrefois nommée Arauntapala, fut la capitale du chef guanche, le Manceyato de Taoro. Elle est considérée comme l'une des plus belles cités de Tenerife avec ses anciennes maisons seigneuriales et ses jardins.

Vous visiterez surtout l'**église de la Concepción** (xviiie) avec un retable en bois sculpté de Lázaro González, tabernacle néo-classique de marbre et de jaspe par Ventura Rodríguez, sculptures de Luján. Dans l'**église de San Juan**, deux sculptures de Luján. Pietà par Estévez dans l'ermitage du Calvario. Dans l'**église Santo Domingo**, voir le tableau de la Virgen de la Consolación d'un maître anonyme du xvie s., probablement d'origine flamande (peut-être s'agit-il du maître de l'Enfant prodigue, du musée de Vienne). Dans le quartier aux rues déclives, belles maisons aux larges balcons ajourés, typiquement canariotes, notamment dans la **calle de San Francisco***. Exposition d'artisanat dans la casa de los Balcones.

Fêtes : le jour de l'octave du Corpus Cristi, grande procession dans les rues parées de tapis floraux. Romería de San Isidro le 15 mai.

↦ 33,5 km : route à dr. pour *(5 km)* **Puerto de la Cruz** par le *(3 km)* **jardin botanique**, créé en 1795 sur l'ordre de Charles III, qui rassemble environ 1 500 espèces tropicales *(ouv. de 9 h à 19 h en sem., sauf les j. fériés)*. Caoutchouc de plus de 200 ans, orchidées...

Puerto de la Cruz (40 000 hab.), agglomération d'hôtels, de villas et de restaurants étouffant la vieille ville et son port, dans un cadre admirable de collines dominant une longue plage. La vieille ville ne manque pas de charme avec ses maisons à grands balcons peints débordants de fleurs. Dans l'**église Nuestra Señora de la Peña de Francia**, noter, dans la nef dr., un retable baroque (vers 1700), œuvre d'ébénistes locaux, orné de hauts-reliefs attribués à Lázaro González. Dans l'**église San Marcos**, retables et sculptures intéressants. Le **château de San Felipe** du xviie s. abrite le **musée naval**. **Musée Westerdahl**, collection de peintures modernes : Arp, Ernst, Miró, Tanguy, Picasso...

Allez jeter un coup d'œil vers le **Lago Martiánez**, impressionnant ensemble de piscines et de canaux artificiels, au milieu d'une abondante végétation tropicale, dessiné par César Manrique.

Fêtes : carnaval, Virgen del Carmen (16 juil.).

39 km : **Realejo Bajo** dont l'**église de la Concepción** abrite deux tableaux flamands du xvie s. Dans le **village de Realejo Alto**, contigu au précédent, **église Santiago**, érigée par Alonso Fernández de Lugo en 1498 (la plus ancienne de l'île). De la terrasse de la mairie, belle vue sur le village et la côte.

58 km : **Icod de los Vinos** (1 336 hab. ; alt. 220 m), jolie petite ville dont la plus grande fierté est le vénérable dragonnier que l'on peut y voir, à la sortie par la route de Puerto de Santiago ; son tronc énorme, renforcé de coulées de ciment, aurait 2 500 ans.

Fondée en 1501, la ville se présente comme un jardin parmi des maisons nobles.

Dans l'**église San Marcos,** la capilla de las Animas renferme un plafond de bois peint de 1776, à décor architectonique peuplé d'angelots. Parmi les œuvres d'art de cette église, un Christ à vêtir, pour les processions, est attribué à l'Andalou Martín de Andújar, et une statue de saint Jacques d'Alcalá à Pedro de Mena.

A côté du couvent de San Francisco, aujourd'hui désaffecté, **chapelle de los Dolores,** construite de 1767 à 1770 en style rococo (dans la Capilla Mayor, remarquable plafond de bois peint où sont figurées les vertus de la Vierge).

Fêtes : carnaval, San Marcos (25 avr.), Virgen de las Nieves (5 août).

↦ A *3 km,* **San Marcos.** Après avoir traversé les bananeraies, on atteint cette paisible station balnéaire avec une belle plage.

A *5 km,* **Garachico*,** jadis le plus important des ports insulaires, mais aussi le plus infortuné, puisqu'il fut cruellement éprouvé par l'irruption d'une coulée de lave en 1706, qui combla le port, après avoir détruit de nombreuses maisons. Il demeure cependant l'un des plus pittoresques villages de Tenerife, avec ses nombreuses maisons seigneuriales, son **castillo de San Miguel,** du XVIᵉ s., et son **église Santa Ana** où vous pourrez voir un Christ en croix du sculpteur andalou Martín de Andújar. Ermitage Renaissance de San Roque. Parmi les monuments civils, hôpital du XVIᵉ s., maison du marquis de Adeje (XVIIᵉ s.).

Fête de San Roque avec romería (16 août).

↦ A *10 km* de Garachico, **Buenavista** (dans l'église, statue de saint François attribuée à Alonso Cano), petit village au milieu des vignes en passant par *(7 km)* Los Silos, au pied d'une haute falaise (dans l'église paroissiale, statue du Christ, attribuée à un suiveur de Juan de Mena).

65 km : traversée du champ de laves et de scories de la coulée de 1706, qui détruisit Garachico en partie.

75 km : **Puerto de Erjos,** à 1 117 m d'alt., col servant souvent de frontière climatique entre la partie N. de l'île, fréquemment sous les brumes et les nuages, et la partie S.-O., plus ensoleillée.

79 km : **Santiago del Teide,** à 950 m d'alt., où le sol rouge rappelle l'Atlas marocain. Église à coupole.

91 km : ↦ A dr., à *2 km,* **Acantilado de los Gigantes,** vue*** très impressionnante sur les hautes falaises dites Los Gigantes, de la côte O. de Tenerife.

96 km : **Puerto de Santiago,** village au pied de la coulée de laves qui recouvre le flanc O. du Teide.

118 km : ↦ A g., à *2 km,* **Adeje,** village qui fut jadis la résidence du roi Tinerfe le Grand ; dans l'**église Santa Ursula,** Christ sculpté, de l'école de Martínez Montañés.

En traversant le village, puis en bifurquant à dr. à la sortie *(chemin difficilement carrossable)* vous parviendrez au *(2 km)* **barranco del Infierno**,** une impressionnante gorge, hérissée de pics.

124 km : **Playa de las Américas,** côte plate et sablonneuse hérissée de constructions.

127 km : ↦ A dr., à *2 km,* plage de **Los Cristianos,** de sable fin. Pittoresque village de pêcheurs aménagé en station touristique. Liaison par car-ferry avec l'île de Gomera.

↦ A *9 km* de la bifurcation du km 127, à g., **Arona** (13 556 hab. ; alt. 610 m) est un gros bourg de montagne d'où l'on découvre des vues superbes sur la côte E. de Tenerife ; dans l'**église** paroissiale, statue du Cristo de la Salud (XVIIᵉ s.), œuvre d'un artiste canariote.

Par la même route on peut également atteindre *(79 km)* **Candelaria** en passant par *(21 km)* **Granadilla de Abona,** au pied des grandes crêtes roses qui couronnent Las Cañadas del Teide, et *(67 km)* le **mirador de Don Martín* (vue*** splendide sur la vallée de Güimar et la côte E.), avant de parvenir à *(72 km)* **Güimar** (→ ci-après, km 178).

De Granadilla de Abona, la route de La Orotava donne accès à *(15 km)* **Villaflor**, village à 1 400 m d'alt., entouré de vergers et dont les maisons sont construites à l'aide d'un tuf de couleur jaune pâle. **Palais** des seigneurs de Abona.

La route, très sinueuse et même très pénible, est tracée à flanc de montagne, à une altitude oscillant entre 300 et 400 m, mais le paysage deviendra assez vite monotone : cultures en terrasses, villages sans grand charme dans une contrée où la végétation est rare, barrancos arides se succéderont ainsi pendant près de 80 km ; de temps à autre, vous découvrirez des vues (par temps clair seulement) sur la Grande Canarie.

145 km : ➝ A *5 km*, **El Médano**, station balnéaire (plage de sable abritée par un cône volcanique).

178 km : ➝ A *4 km*, **Güimar** (12 474 hab. ; alt. 290 m), grand village à flanc de coteau dominant une plaine couverte d'orangers.

➝ A 5 km par la route de Granadilla de Abona, **mirador de Don Martín*** : belles vues sur les profonds barrancos de Chinico, El Coto, El Río, Badajoz.

183 km : **Candelaria** (7 154 hab.), centre de pèlerinage où l'on vénère une statue de la Vierge découverte sur une plage en 1393, par deux bergers guanches, et qui provenait peut-être de la proue d'un navire. La Vierge de Candelaria est la sainte patronne de Tenerife et des Canaries (**fête** le 15 août). Sur la place, 10 statues représentent les anciens chefs guanches de Tenerife.

La **playa de las Caletillas**, composée de 3 petites criques, possède de bonnes installations touristiques.

200 km : **Santa Cruz de Tenerife.**

De Santa Cruz de Tenerife à Puerto de Santiago par les Cañadas del Teide***

Route : 114 km par une route excellente, relativement peu accidentée en dépit de l'altitude atteinte — plus de 2 000 m —, au cours de laquelle vous découvrirez des paysages d'une beauté exceptionnelle.
Sortie par la route de Puerto de la Cruz (autopista del Norte).

9 km : prendre à g. vers Las Cañadas.

19 km : à g. à *400 m*, **Las Raíces**, obélisque dans une carrière où le général Franco, envoyé comme capitaine général des Canaries, après le triomphe du Front populaire, réunit son état-major le 13 juin 1936 pour préparer son soulèvement. La clairière est située au cœur d'une magnifique **forêt*** de pins géants avec des sous-bois facilement accessibles, où vous pourrez faire de très agréables promenades.

22 km : La **Atalaya del Pico de las Flores**, à g. à l'écart de la route, d'où, par temps clair, on jouit d'un admirable **panorama**** sur la côte orientale de Tenerife et, au loin, sur la Grande Canarie.

28 km : **Mirador de Ortuño** (**vue**** sur le pico del Diablillo ; 1 620 m).

34 km : **col de Chipeque** (1 800 m).

35 km : **Mirador** sur la Grande Canarie, à g. Vous découvrirez ensuite des **vues**** tantôt sur la g. vers la Grande Canarie, tantôt sur la dr., vers le pico de Teide et l'île de La Palma.

La route, sortie de la forêt, côtoie des à-pic vertigineux en traversant une vaste étendue de cendres volcaniques allant du brun clair au brun foncé. En hiver, la route risque d'être verglacée et parfois enneigée.

45 km : ➝ A g. route pour l'observatoire d'Izaña, à 2 362 m d'alt.

46 km : **Corral del Niño** (alt. 2 300 m).

47 km : **Caramujo** (2 200 m), d'où vous entreprendrez la descente dans **Las Cañadas del Teide***** en dévalant le flanc interne du gigantesque cratère où se dresse le pico de Teide, cratère de 12 km de diamètre, dont on distingue nettement la courbe en contemplant, sur la g., la ligne de crêtes escarpées. Sur la dr., au contraire, au N.-O., le regard ne butte sur aucune hauteur, car le bord du cratère céda sous la formidable poussée des laves qui s'épanchèrent jusqu'à la mer.

51 km : El Portillo de la Villa (2030 m d'alt.; restaurant) où se détache, à dr., une **route**** très sinueuse à travers une forêt de pins, dans une marée pétrifiée de laves, vers *(27 km)* La Orotava en passant par le Monte Verde, grands rochers basaltiques en tuyaux d'orgue, peu avant *(18 km)* Aguamensa.

52 km : entrée dans le parc national de Las Cañadas (restaurant), immense chaos de lave noire et rouge semé de touffes d'un grand genêt sauvage (retama).

54 km : Montaña Mostaza (2200 m d'alt.).
56 km : Montaña Rajada (2310 m d'alt.).
59 km : Montaña Blanca (2370 m).
↔ A dr. une piste, avec des pentes maximales de 12 %, donne accès au *(5,5 km)* mirador de Montaña Blanca, à 2850 m d'alt., au sommet d'un ancien cône de laves et de cendres, d'où l'on découvre le pic de Teide, omniprésent au cours de cette excursion, mais aussi l'arc de cercle du cratère de Las Cañadas.

60 km : Base del Teide (2370 m).
61,5 km : ↔ A dr. à *500 m*, station inférieure du téléphérique *(de 10 h à 16 h)* montant sous le sommet du pico de Teide*** (3718 m), d'où le coup d'œil, tant sur la désolation de Las Cañadas que sur les pentes vertes de l'île et sur l'horizon marin, où se discernent, parfois, toutes les îles de l'archipel, est inoubliable.
Pour l'ascension à pied du pic proprement dit *(3/4 h)*, vous partirez de la station supérieure du téléphérique *(de 9 h à 17 h en été; de 10 h à 16 h en hiver)*. Si vous désirez l'effectuer intégralement à partir de la route, vous laisserez votre auto à La Montaña Blanca (→ ci-dessus km 59), d'où vous monterez, en 2 h environ, jusqu'au refuge d'Altavista (2360 m), où vous pourrez passer la nuit *(rés. au S.E.T. de Santa Cruz de Tenerife)*. Le refuge étant face à l'E., il est inutile de repartir avant le lever du soleil, que vous aurez loisir de contempler. Après 1 h de montée, vous passerez à La Rambleta, cratère intermédiaire, d'où s'élève le pilón de Azúcar, ou pain de sucre, dont le sommet neigeux, qui constitue le pico de Teide, est atteint en 30 mn environ. L'inclinaison de la pente du cône est de 33 à 38°, contre 45° au Vésuve. Le petit cratère terminal a environ 25 m de profondeur sur 50 m de largeur et laisse filtrer des vapeurs sulfureuses par les narices del Teide. A la descente, vous visiterez une curieuse grotte de glace.

63 km : Cañada Blanca (2200 m); le fond du cratère de Las Cañadas est maintenant couvert d'une forêt de pins.

65 km : Parador Nacional (→ ci-dessus, km 52), près de grands rochers de lave (Los Roques).

68 km : Ucanca (2015 m); du fond du cratère, vue sur le rebord, hérissé de pics, puis traversée d'un champ de laves.

71 km : prendre à dr. vers Guía de Isora en laissant à g. une route pour *(16 km)* Vilaflor et *(31 km)* Granadilla de Abona (→ itinéraire précédent, km 127).

79 km : Montaña Samara (1764 m), où d'immenses forêts de pins s'étendent sur le champ de laves ou sur des nappes de cendres volcaniques.
Ce **versant**** apparaît comme une cataracte pétrifiée de laves et couverte de pins, l'une des plus étranges forêts du monde avec son amas chaotique de roches éruptives et de scories.

93 km : après la forêt, apparaissent, sur des terrasses du champ de laves, les premiers vergers d'amandiers (floraison vers la 1re quinzaine de fév.).

99 km : ↔ Route à g. pour *(5 km)* Guía de Isora, gros village au pied du pinar de la Cañada, d'où l'on voit l'île de Gomera, entrevue pendant la descente, et, plus loin, les îles de La Palma et de Hierro.
Retour par El Retamar, San Marcos, Puerto de la Cruz et la côte O. de l'île.

Terrassa**

Barcelone, 31 km. — Sabadell, 10 km.
Alt. 286 m. — 148272 hab. — Province de Barcelone (Catalogne).

L'ancienne Egara romaine fut au Vᵉ s. un siège épiscopal (jusqu'à l'invasion arabe au début du VIIIᵉ s.). Elle en conserve un ensemble culturel de grand intérêt.

Églises**. — Habituellement, des trois églises du groupe épiscopal, celle dédiée à la Vierge était réservée à l'usage de l'évêque et aux réunions du clergé, celle des Saints-Apôtres destinée au culte et le baptistère placé sous le patronage de saint Jean-Baptiste. Ruinées, les églises de Terrassa ont perdu leur dénomination originale, mais on identifie Sant Miquel avec l'ancien baptistère et Sant Pere avec l'ancienne église Sainte-Marie, Santa Maria avec l'église paroissiale.

La nef de **Sant Pere** est recouverte d'une voûte en berceau du XIIᵉ s., mais l'abside et le transept appartiennent à la structure initiale. Retable de pierre sculptée du XVIᵉ s., fragments de mosaïque à motifs géométriques (VIIᵉ s.) dans l'abside centrale. **Sant Miquel,** ancien baptistère wisigothique probablement élevé au VIᵉ ou au VIIᵉ s. et restauré au IXᵉ s., est conçu selon un plan en croix grecque. Coupole sur trompes à la croisée du transept sur le modèle de Saint-Vital à Ravenne. Dans l'abside en saillie, peintures wisigothiques du VIᵉ ou du VIIᵉ s., crypte comportant une chapelle carrée et trois absidioles aux arcs outrepassés.

Santa Maria fut reconstruite au XIIᵉ s. en style roman non sans préserver l'abside wisigothique en cul-de-four inscrite dans un fond plat. Devant l'église se trouve une mosaïque de la première basilique, plus vaste, élevée en ce lieu sur les fondations d'une maison romaine, au Vᵉ s. Elle renferme trois **retables*** gothiques peints par Jaume Huguet (1460), Lluis Borrassà (1411, incomplet), Jaume Cirera (XVᵉ s.) et conserve dans une petite abside du transept des peintures murales du XIIᵉ s. dédiées à saint Thomas de Cantorbéry (à la voûte, Pantocrator tenant deux livres qu'il appuie sur la tête de deux personnages qui sont peut-être saint Thomas Becket et son diacre Édouard Grim ; en dessous, scènes relatives au martyre du saint évêque).

■ **Castell de Vallparadís** *(17, carrer Salmeron ; ouv. du mar. au sam. de 10 h à 13 h 30 et de 15 h à 19 h ; de 10 h à 14 h les dim. et fêtes ; accès gratuit).* — Cette grande forteresse gothique transformée en couvent de chartreux abrite aujourd'hui le musée municipal d'Art (éléments architectoniques, peinture et sculpture des XIIᵉ-XVIIIᵉ s., céramique catalane ancienne).

Musée textile *(ouv. de 10 h à 13 h 30 et de 17 h à 20 h ; de 10 h à 14 h dim. et fêtes ; f. lun.).* — Il a été inauguré en 1970 et renferme des collections de tissus coptes, arabes, hispano-arabes, de l'Amérique précolombienne et de l'époque coloniale, d'Europe occidentale des époques gothique et Renaissance, espagnols des XVIIᵉ et XVIIIᵉ s.

Environs. 1 — Monastère de Montserrat* *(30 km N.-O. ; →).*
2 — Caldas de Montbuy *(22 km N.-O. ; → Granollers, environs 1).*
3 — Sabadell *(10 km E. par la N150 ; →).*
4 — Martorell *(15 km S. par la C243 ; →).*

Teruel★★

Sagonte, 124 km. — Saragosse, 183 km.
Alt. 915 m. — 26 631 hab. — Capitale de la province de Teruel (Aragon).

On y trouve quelques-unes des plus belles expressions de l'art mudéjar, qui fleurit pendant plusieurs siècles après la Reconquête et qui constitue l'un des plus séduisants apports de la civilisation musulmane à l'art espagnol. Depuis le XIIᵉ s., Teruel est un important centre de production de céramique. On continue à y cultiver les formes et les couleurs traditionnelles, comparables aux meilleures productions de la Communauté valencienne.

Une ville mauresque. — Rien n'est venu jusqu'à présent confirmer l'hypothèse selon laquelle Teruel aurait été fondée par les Ibères et détruite par les Romains. La ville entre dans l'histoire à l'époque de la domination musulmane et est conquise par Alphonse II d'Aragon en 1171, mais de nombreux Maures y demeurent après la Reconquête et la dernière mosquée ne disparaît qu'en 1502. La ville se développe considérablement grâce à l'industrie de la laine et des armes. Le 7 janvier 1486, Teruel est le théâtre d'un massacre suivi d'une expulsion en masse de juifs sefardim, ce qui provoque le déclin de la ville. En 1577, elle devient siège d'un évêché. L'essor qu'elle connaît alors est interrompu par la guerre de Succession et la guerre d'indépendance. Du 15 déc. 1937 au 20 fév. 1938, Teruel est le lieu de l'une des plus importantes batailles de la guerre civile.

Festivités. — Du 6 au 14 juil., encierros à l'occasion des fêtes patronales. En sept.-oct. se déroule la fête du jambon au cours de laquelle on déguste de succulentes charcuteries régionales : jambons de Iglesuela de Cid (→), cecinas, longanizas, somarros.

Visite de la ville

Vous pourrez garer votre voiture sans trop de difficulté sur le paseo del Generalísimo (plan B3) *d'où part la promenade à travers la ville.*

Vers la cathédrale. — Du paseo del Generalísimo *(plan B3)* vous vous engagerez dans la calle del Salvador *(plan B2)* qu'enjambe l'une des plus belles **tours mudéjares★** de Teruel (fin du XIIIᵉ s.) ; à ses côtés s'élève l'**église del Salvador**, reconstruite au XVIIᵉ s. (dans la Capilla Mayor, Christ dit aux trois mains, du XIVᵉ s., en bois).
Pour se rendre à l'église San Martín *(plan B1)*, suivez de préférence la calle de los Amantes, d'où vous découvrirez, petit à petit, les admirables détails de la plus belle **tour mudéjare★** de la ville (fin du XIIIᵉ s.) qui domine l'**église San Martín**, rebâtie à la fin du XVIIᵉ s. L'ornementation de ce clocher est réellement admirable avec ses entrelacs, ses motifs géométriques en brique et ses arcatures aveugles ou ses élégantes fenêtres rehaussées d'un décor de céramique vernissée où dominent le blanc et le vert.

Au voisinage, le **musée archéologique**, installé dans la Casa de la Cultura *(plan A1)*, ne devrait guère intéresser que les amateurs de détails et plus particulièrement de céramique vernissée, dont Teruel fut un grand centre producteur (céramique verte des XIIIᵉ et XIVᵉ s., bleue des XIVᵉ s., céramique de goût italianisant du XVIIIᵉ s.).

 Cathédrale★ *(plan B2)*. — Au fond de la plaza del General Mola, que vous aurez traversée pour vous rendre à l'église San Martín, s'élève la cathédrale

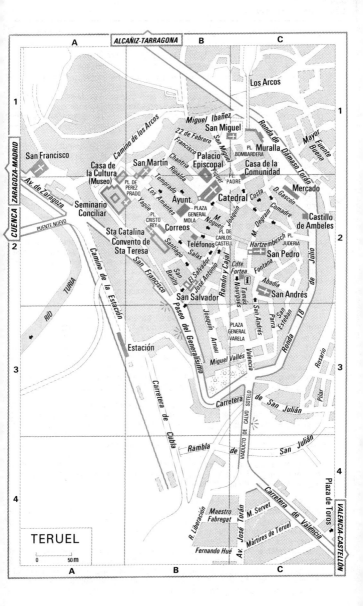

TERUEL

0   50 m

du XIIIe s. (nef centrale), reconstruite en majeure partie au XVIe s. (coupole, nefs latérales) et surtout au XVIIe s. (déambulatoire), mais qui conserve son **clocher mudéjar**, date de 1257. De l'extérieur, vous remarquerez encore l'élégance de la tour lanterne qui se dresse à la croisée. Elle renferme plusieurs œuvres d'art dont le fleuron est un plafond à caissons peints.

A g. de l'entrée, vous verrez le **baptistère**, orné d'azulejos de Manises (région de Valence). A dr. de l'entrée, **capilla de los Santos Reves** (retable baroque à tableaux peints dont le principal, représentant l'Épiphanie, est la copie, exécutée vers 1645 par Francisco Jiménez de Tarazona, d'une œuvre de Rubens, datée de 1610, auj. au Prado).

Dans la chapelle suivante **(capilla del Venerable Francés de Aranda)**, retable de la Visitation, œuvre peinte de l'école valencienne du XVIe s., attribuée au Maître d'Alcoraz (peut-être Jérónimo Martínez).

Depuis la croisée du transept, à voûte de style isabélin, mélange d'architecture gothique et Renaissance du XVIe s., on peut admirer le magnifique **plafond artesonado**** de la nef centrale et des collatéraux, à consoles sculptées, ornements empruntés à l'épigraphie arabe et panneaux peints qui représentent des personnages de l'époque, leurs métiers, leurs habillements... que l'on peut observer de plus près depuis les galeries hautes.

Les « heures » de Teruel. — Datant de la 2e moitié du XIIIe s. ou peut-être du début du XIVe s., les peintures de ce plafond forment un ensemble d'une valeur inestimable où se combinent la peinture hispano-arabe (motifs floraux, entrelacs, épigraphie) et la peinture gothique d'inspiration française (les personnages). Elles mettent en scène des saints, des rois, des évêques et d'humbles gens, laboureurs, ménestrels et courtisanes, et constituent une source d'une extraordinaire richesse pour l'étude du costume de cette période du Moyen Age.

De la croisée du transept vous observerez en outre la **grille*** de style gothique flamboyant de Maese Cañamache, de la fin du XVe s. et, dans le chœur, un pélican en laiton doré, œuvre brabançonne de la fin du XVe s.

Dans la Capilla Mayor, reste d'architecture gothico-mudéjare du XIVe s. dans une partie de l'église qui fut amplement remaniée au XVIIe s. lors de l'aménagement du déambulatoire, vous remarquerez surtout le splendide **retable de l'Assomption***, œuvre magistrale (1536-1538) sculptée par Gabriel Joly à qui l'on doit également le retable de l'église San Pedro ainsi que plusieurs autres œuvres en Aragon.

Un sculpteur de la Renaissance. — Gabriel Joly, artiste d'origine picarde, fait peut-être son apprentissage dans un atelier de Solesmes, en même temps que Philippe Biguerny (Philippe de Bourgogne), l'auteur de la chapelle royale de Grenade. Il vient sans doute assez tôt en Espagne, où il meurt en 1538 (il est précisément inhumé dans la cathédrale de Teruel). Il adopte le style platéresque dans ses travaux en bas-relief et subit l'influence du plus grand sculpteur espagnol de son temps, Alonso Berruguete. Dans la conception de ses retables de l'Assomption et de San Pedro, plusieurs autres à Tauste et Aninón notamment, il semble que Gabriel Joly se soit inspiré de dessins d'Albrecht Dürer.

Parmi les œuvres exposées dans le **trésor** et la **sacristie**, remarquez plus particulièrement la **custode** d'argent, de près de 3 m de haut, exécutée à Cordoue par B. García de los Reyes (1742), une croix processionnelle romane du XIIe s., ornée d'émaux, un triptyque gothique en ivoire, etc.

Dans l'autre collatéral, à la hauteur du bras g. du transept, **capilla de la Coronación**, avec un **retable du Couronnement*** d'un maître anonyme, désigné sous le nom de Maître de la Florida (peut-être Juan de Bonillo, qui travailla avec Bartolomé Bermejo à Daroca, ou Juan del Villar, l'un des principaux artistes aragonais de l'école hispano-flamande du XVe s.). Vient ensuite la capilla de los condes de la Florida du XVe s. (petite retable de la fin du XVe s.).

■ **Palais épiscopal** *(plan B1).* — Après la visite de la cathédrale, vous passerez sous le clocher mudéjar. A dr., le palais épiscopal, de la fin du XVIᵉ s., à portail du XVIIᵉ s., abrite les collections du **musée diocésain**, en attendant l'ouverture d'un musée distinct (tableaux de l'école aragonaise des XVᵉ et XVIᵉ s. dont la pièce maîtresse est constituée par un **tableau** d'un retable dit du **Patrocinio de la Virgen,** d'un artiste anonyme désigné sous le nom de maître de Teruel).

Sur la plaza de Fray Anselmo Polanco, entourée de vieux palais, notez surtout la façade Renaissance de la **Casa de la Comunidad** *(plan C1),* de la fin du XVIᵉ s. ou du début du XVIIᵉ s.

De là, ceux qui ne désireraient pas visiter la ville en détail se rendront directement à l'église San Pedro *(plan C2)* en passant par la plaza de Carlos Castell *(plan B2),* entourée de portiques.

Pour une **visite plus détaillée,** vous suivrez la calle de San Miguel *(plan B1),* bordée de quelques vieilles demeures (au *nᵒ 6,* palais à corniche en bois sculpté et fenêtres grillées). Plus loin, l'**église San Miguel** *(plan BC1),* fondée au XIIᵉ s., fut reconstruite en style baroque à la fin du XVIIᵉ s.

L'aqueduc dit **Los Arcos** *(plan C1),* qui enjambe un ravin, fut construit en 1537 et 1538 par l'architecte français Pierre Vedel et fut considéré en son temps comme l'une des œuvres les plus admirables d'Espagne. Formé de huit arches très amples en plein cintre qui enjambent un profond ravin, il rappelle le pont du Gard.

Au-delà de l'aqueduc à dr. de la ronda de Dámaso Torán, court tronçon de la **muraille médiévale** renforcée par le **torreón Lombardera,** tour octogonale qui date peut-être du XVᵉ s. De l'autre côté de la ronda, la Calle Mayor donne accès à l'**église de la Merced,** dont on aperçoit la tour mudéjare du XVIᵉ s., qui est surtout intéressante pour son **retable de San Jorge***, peint en 1525 et attribué au Maître d'Alcoraz (Jérónimo Martínez?) précisément parce qu'il représente, au tableau central, l'apparition de saint Georges lors de la bataille d'Alcoraz, livrée en 1096 sous les murs de Huesca, alors tenue par les Maures.

Le **castillo de Ambeles** *(plan C2),* sur le site de l'alcázar maure, est un autre vestige des fortifications de la Teruel médiévale (XVᵉ s.), auj. presque noyé dans un pâté de maisons.

⚓ **Église San Pedro*** *(plan C2 ; ouv. en été de 9 h à 11 h et de 20 h à 21 h ; en hiver de 9 h à 11 h et de 19 h à 20 h).* — Cette église qui se signale à l'attention par une tour mudéjare du XIIᵉ s., est surtout remarquable, extérieurement, pour son abside gothico-mudéjare du XIVᵉ s. à arcatures aveugles et ornements en céramique vernissée.

A l'intérieur, **retable de saint Paul,** de Gabriel Joly (attribution controversée), qui l'aurait exécuté vers 1533 ; dans la chapelle de dr., où l'on découvrit en 1555 les corps momifiés des amants de Teruel, **retable des saints Cosme et Damien,** sculpté par G. Joly, vers 1537, dans la **capilla de la Concepción,** à g., **retable** peint en 1646 par Antonio Bisquert, un disciple de Ribalta, établi à Teruel ; **cloître** du XVᵉ s.

Dans une chapelle voisine (sortir de l'église, passer sous la tour et s'adresser au nᵒ 6) reposent les amants de Teruel, dans des sarcophages modernes à gisants de marbre sculptés par Juan Avalos.

Les amants de Teruel. — D'après la légende, Diego Garcs de Marcilla, qui aurait vécu au XIIIᵉ s., se voit refuser la main de sa bien-aimée, Isabelle de Segura, en raison de l'insuffisance de sa fortune. Le père d'Isabelle accorde cependant cinq années à Diego pour conquérir la gloire, au terme desquelles il pourra épouser sa fille s'il réussit dans son entreprise. Le délai écoulé, Diego n'étant pas revenu, Isabelle est contrainte d'épouser sur-le-champ le richissime Don Pedro de Azagra. Alors que les cloches sonnent à toute volée la célébration du mariage, le galop du cheval de Diego se fait entendre dans le lointain. Hélas, Diego n'a pas inclus le jour de son départ dans le délai qui lui était imposé. Se voyant refuser le baiser demandé à Isabelle, juste mariée, il expire à ses pieds. Le lendemain, Isabelle se rend à l'enterrement vêtue de sa robe de noce et s'agenouille pour donner à son ami le baiser qu'elle ne lui a pas accordé. Au moment où elle approche ses lèvres, elle succombe à son tour.

Cette tragédie inspira Andrés de Artieda Ruy (« les Amants », 1599), Tirso de Molina (« les Amants de Teruel », 1635), Juan Pérez de Montalván (« les Amants de Teruel », 1638), et, plus tardivement, Juan Eugenio Hartzenbuech (« les Amants de Teruel », 1837), le compositeur espagnol Breton, qui en fit un opéra en 1889, et enfin le cinéaste Renoir, dont le film fut primé à Cannes.

Environs

1 — Alto Chacon *(à l'extrémité O. de la Muela, au-dessus du quartier de la Guea).*
— Les fouilles ont mis au jour deux rues pavées de cailloux, plusieurs maisons, ainsi que du matériel varié (→ Musée provincial de Teruel), qui remonte au IVᵉ s. av. J.-C.

2 — Albarracín** *(45 km O. ; tourner à g. au km 10 de la N330 en direction de Saragosse, →).*

3 — Concud *(à 500 m au N.).* — Gisement de mammifères du tertiaire. Il s'agit d'un barranco (défilé), baptisé **las Maravillas** (les Merveilles) ou **las Calaveras** (les Têtes de mort), mesurant 50 m de large sur 200 m de long. L'Irlandais Guillermo Bowles le découvre en 1775, mais confond ses restes avec des ossements humains et d'animaux domestiques. Feijóo, Asso, Cuvier et Torrubia font la même erreur. Maestro est le premier à se rendre compte de l'importance du gisement quand il identifie des mastodontes et d'autres espèces. A *300 m* de là, dans le Cerro de la Garita, d'autres découvertes importantes ont été effectuées.

4 — Santa Eulalia del Campo *(30 km N. par la N330, sur la g.).* — Église paroissiale de l'Immaculée du XVIᵉ s. en styles gothique et plateresque. Pierre Vedel participa à sa construction jusqu'en 1560. **Portail** principal (Renaissance) de deux corps, le premier arc est en plein cintre et doté de chaque côté de colonnes ioniques ; entre elles, niches garnies de sculptures ; le second arc, orné de sculptures, se termine en un fronton courbe de 1566. Le **retable** attribué à Jean Évangéliste, et la **croix** sculptée (1566), près de l'église, sont attribués à l'atelier de Pierre Vedel par certains auteurs.
→ A *7 km*, ruinee du **château d'Alba**, restauré en 1537 sous Pierre le Cruel, roi de Castille, alors qu'il faisait partie de la ligne de défense de la Castille contre l'Aragon.

5 — La Puebla de Valverde *(23 km S.-E. par la N234 en direction de Valence ; 563 hab., alt. 1 118 m).* — Le village conserve une partie des anciennes **murailles arabes** et le caractère médiéval de son ensemble urbain. Intéressants **ornements liturgiques** du XVᵉ s. dans l'église.
→ De La Puebla débute le **circuit des sierras du bas Aragon**** (→).

6 — Sarrión *(45 km S.-E. par la N234).* — Ruines de l'**ermitage de la Sangre del Cristo** (portail roman du XIIIᵉ s.). Sacristie de l'église et sculptures gothiques.
→ A dr., à *12 km*, **Manzanera**, beau village de montagne où l'on peut pratiquer la chasse, la pêche et la randonnée. L'église des XVIᵉ-XVIIᵉ s. possède un clocher gothique. Restes de la muraille, quelques tours et 2 portes. L'ermitage del Greto du XVIᵉ s. conserve une belle grille.

Tolède (Toledo)***

Aranjuez, 54 km. — Madrid, 70 km.
Alt. 529 m. — 57 770 hab. — Capitale de la province de Tolède (Castille-La Manche).

Tolède s'étend sur un promontoire tabulaire, véritable forteresse naturelle s'insérant dans un méandre du Tage qui coule en cet endroit au fond d'une gorge d'une sauvage beauté. C'est depuis la route dite de Circunvalación *(plan F3-4)* ou encore de la terrasse du parador, qu'il conviendrait de découvrir en premier lieu ce site qui en impose par son austère grandeur et sa noblesse. De là, cette vénérable et prestigieuse ville d'art apparaît sans équivoque pour ce qu'elle est en réalité : une cité d'aspect oriental, sortie pour ainsi dire sans retouches du Moyen Age avec son lacis de ruelles tortueuses et étroites, bordée d'églises et de couvents, quand il ne s'agit pas d'anciennes synagogues dont l'architecture mudéjare atteste le passé mauresque de l'Espagne, et d'innombrables maisons très secrètes.

Tolède dans l'histoire

La capitale du royaume wisigoth. — «Lorsque Dieu fit le soleil, dit une vieille légende, il le plaça sur Tolède, dont Adam fut le premier roi.» On ne saurait préciser la date de la fondation de cette ville qui fut, sous le nom de Toletum, mentionnée par Tite-Live. Municipe romain pendant les trois premiers siècles de notre ère, Tolède échut, au moment des invasions barbares, aux Alains, puis aux Wisigoths qui en firent le centre d'un royaume qui englobait la Narbonnaise. A partir de l'an 400, dix-huit conciles eurent lieu à Tolède, qui fut ainsi la métropole spirituelle des Wisigoths. Léovigild, le premier, installa à Tolède, en 579, le siège de sa capitale et sa dynastie y demeura jusqu'en 709. C'est alors qu'à la suite de violentes dissensions fut porté au trône l'infant don Rodrigo (Rodéric), dont la politique imprudente amena l'intervention musulmane. Tarik, vainqueur à la bataille du Guadelete (711), marcha sur Tolède et y installa un gouverneur avec une forte garnison. Pendant trois cents ans, Tolède dépendit de l'émirat de Cordoue.

Aux avants-postes de la Reconquista. — En 1012, le gouverneur délégué par le calife de Cordoue se souleva contre les Omeyyades et se déclara indépendant. Le 25 mai 1085, Tolède fut reconquise par Alphonse VI de Castille et devint le poste avancé des royaumes chrétiens dans leur lutte contre les Maures. A deux reprises, en 1197 et en 1295, des armées musulmanes vinrent l'assiéger, mais sans succès.

En 1212, elle servit de centre de ralliement aux armées de Castille, d'Aragon et de Navarre avant leur marche vers le S., où elles remportèrent la bataille de las Navas de Tolosa qui marque l'irrémédiable déclin de la puissance musulmane en Espagne.

En 1479, les Rois Catholiques, Ferdinand d'Aragon et Isabelle de Castille, étant venus à Tolède pour procéder à la fondation du couvent de San Juan de los Reyes, la reine y mit au monde l'infante Juana, la future Jeanne la Folle.

En 1485, le tribunal de l'Inquisition y dressa ses premiers bûchers et la ville, qui avait déjà perdu sa population musulmane, se trouva dépeuplée de la riche et laborieuse colonie juive.

Cité impériale et couronnée. — Au XVIe s., Tolède devint, au début du règne de Charles Quint, le centre de l'agitation des Comuneros, défenseurs des franchises des communes. Le chef de ce mouvement, qui s'étendit à presque tout le royaume, fut un Tolédan, Juan de Padilla. Lorsqu'il eut succombé à la bataille de Villalar, Tolède résista longtemps encore, soutenue par l'héroïque exemple de María Pacheco, sa veuve, jusqu'à la retraite de celle-ci au Portugal, après la reddition de la ville, Elle resta néanmoins la capitale de Charles Quint, mais en 1560, Philippe II l'abandonna pour Madrid. Elle n'en garda pas moins son titre de cité impériale et couronnée. En 1710, l'archiduc Charles d'Autriche songea à en faire à nouveau la capitale de l'Espagne, mais le triomphe de son rival, Philippe V, lui en ôta la possibilité.

Fêtes. — Le ven. saint, belles sculptures sur bois du XVIIIe s., portées en procession. Corpus Christi, avec une procession dans laquelle figure la belle custode d'Enrique de Arje ; tapis de fleurs et d'herbes aromatiques. Fêtes patronales du 15 au 22 août.

Visite de la ville

Le plan de la ville se trouve dans les pages couleur au milieu de l'ouvrage.
Il est recommandé de consacrer deux journées à la visite de Tolède, en commençant par la cathédrale*** (chap. 1), qui exigera une petite matinée (éventuellement complétée, pour les amateurs de détails, par une promenade dans les vieux quartiers au S. ; chap. 3), puis en continuant, l'après-midi, par la visite du quartier du monastère de San Juan de los Reyes** (chap. 4), avec les synagogues de Santa María la Blanca* et du Tránsito*, la maison-musée du Greco** et l'église de Santo Tomé, où se trouve l'Enterrement du comte d'Orgaz***, l'un des plus fabuleux tableaux de ce Greco, formé en Crète à l'école des peintres d'icônes et des fresquistes de tradition byzantine, puis à Venise, et qui trouva en terre castillane le climat mystique qui correspondait à son génie tourmenté mais profondément religieux. Terminer l'après-midi de cette première journée dans ce musée qu'est devenu l'ancien hospital de San Juan Bautista* (ou de Tavera ; chap. 7), puis consacrer la soirée à l'excursion, en voiture, du circuit par les Cigarales*** (chap. 8). Le 2e jour, la matinée sera réservée à la promenade en ville entre la cathédrale et la puerta de Bisagra* (chap. 2) et à la visite de l'alcázar (chap. 6). Dans l'après-midi, se rendre au musée de Santa Cruz** (chap. 5) et au château de Guadamur* (→ environs 3). Dans la soirée, promenade nocturne, par un itinéraire fléché.
Pour déjeuner rapidement, vous rechercherez dans les environs de la plaza de Zocodover un petit bar où l'on sert des tapas ou des bocadillos ; vous y côtoierez une clientèle très populaire, mais n'oubliez pas que la plaza de Zocodover (plan E2) est le lieu où tout un chacun vient le plus volontiers flâner, attiré par de sympathiques cafés à terrasse. Ne manquez pas de goûter la perdrix et le mazapán ; vous rapporterez de Tolède des couteaux travaillés et divers objets damasquinés.

1 — La cathédrale

Visite de 2 à 3 h que vous commencerez en faisant le tour de la cathédrale. Parking sur la plaza del Ayuntamiento (plan D3), aux possibilités limitées, comme partout ailleurs dans la vieille ville ; vous pourrez tenter votre chance sur la plazuela de Padilla (plan C2), quelquefois négligée par les Tolédans. L'idéal serait de s'arrêter près de la puerta de Bisagra (plan D1), sur les contre-allées du paseo de Madrid, et, de là, de gagner la cathédrale à pied (chap. 2) ou en taxi.

✝ **Cathédrale***** *(plan D3).* — Fondée au VIe s. par le roi wisigoth Reccared Ier (586-601) et saint Eugène, premier évêque de Tolède, elle fut convertie en mosquée durant la domination musulmane. Le roi saint Ferdinand jeta, en 1227, les fondations de la nouvelle cathédrale dont la construction ne fut achevée qu'en 1493.
Le premier architecte Petrus Petri (Pedro Pérez), probablement un Français si l'on considère le caractère du monument, aurait dirigé pendant près de cinquante ans les travaux. L'architecture est du style gothique français le plus pur, mais elle suivit l'évolution générale que connut ce style au cours des siècles.

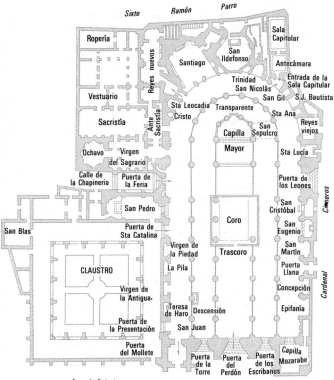

Arco de Palacio

Du côté de la plaza del Ayuntamiento *(plan D3)*, la **façade principale**, commencée en 1418, terminée au début du XVIe s., comporte trois portes ; del Perdón au centre, del Infierno ou de la Torre à g., de Escribanos ou del Juicio (Jugement) à dr.

La **puerta del Perdón** (porte du Pardon) s'ouvre au centre sous un bel arc ogival orné de sculptures d'anges, de saints et de prophètes, tandis que le tympan est décoré d'un relief figurant la **Vierge** remettant une chasuble à saint Ildefonse. Au-dessus du portail, notez encore le relief de la Cène. Entre les portes, deux énormes piliers portent plusieurs registres de **statues**.

A dr. de la façade, une chapelle mozarabe, incorporée dans la tour, est surmontée d'un dôme a huit pans coiffé d'un lanternon, œuvres de Jorge Manuel Theotocopuli, le fils du Greco.

A g. se dresse la **tour*** *(entrée par le palais archiépiscopal, 1, calle del Arco* *de Palacio),* haute de 90 m, construite de 1380 à 1440 par Rodrigo Alfonso et Alvar Martínez.

Cette tour est partagée en trois grands corps. Le premier divisé en cinq étages est décoré de colonnettes et d'arcs gothiques ornés d'azulejos ; le dernier de ces étages, de style gothique flamboyant, est l'œuvre de maître Hennequin de Bruxelles. Elle renferme les cloches dont la plus grosse, dite campana gorda, de 1753, pèse 17 515 kg. Le second corps, en retrait sur le premier et de plan octogonal, fut construit en style gothique flamboyant en 1442 par maître Hennequin de Bruxelles et comporte de jolies fenêtres et d'élégants pinacles. Le dernier corps, en forme de flèche, est orné de rayons symbolisant des couronnes d'épines.

Avant de quitter la place del Ayuntamiento pour entreprendre le tour de la cathédrale par la dr., vous jetterez un coup d'œil sur le **palais archiépiscopal** *(plan Palacio Arzobispal,* D3), du XVIIIe s., relié à la cathédrale par une galerie couverte. Sur le côté S. de la cathédrale s'ouvrent deux portes : la première, la **puerta Llana** (1800), de style néo-classique, contraste avec la **puerta de los Leones*** de style gothique flamboyant ; elle est précédée d'une grille entre six colonnes surmontées de lions tenant des écus non armoriés. Construite en 1452-1465 par maître Hennequin de Bruxelles et ornementée par Juan Alemán, elle a été restaurée au XVIIIe s. ; notez les beaux **vantaux*** de bronze, de 1545, œuvre de Villalpando et de Ruy Díaz del Corral. Le chevet est sans ouvertures, mais sur les murs, de grandes inscriptions rouges rappellent les noms de docteurs en théologie reçus à l'examen selon l'usage des XVIe et XVIIe s. De ce côté, la **posada de la Hermandad** *(plan DE3)* s'ouvre par une porte du XVe s. ornée des armes des Rois Catholiques et de Philippe II.

La **Sainte Confrérie** (Santa Hermandad) remonte au début du XIIIe s., lorsque Alphonse VIII autorisa la constitution d'une force armée rurale devant assurer la défense des petits villages des monts de Tolède. Cette institution fut dotée de pouvoirs judiciaires en matière criminelle qui ne prirent fin qu'en 1835. Dans cette posada, il y avait ainsi une prison en sous-sol, et un tribunal. Au premier étage, restes de peintures murales et plafond artesonado.

Le côté N. de la cathédrale est entièrement caché par le cloître et diverses annexes, mais au fond d'une impasse on aperçoit la **puerta de la Feria***, du début du XVIe s., conçue en style gothique. Vous reviendrez sur le parvis pour pénétrer dans la cathédrale.

Visite : toute la journée, aux heures de culte. Pour les chapelles fermées, le chœur, la Capilla Mayor, la salle capitulaire, la sacristie et le trésor, de 10 h 30 à 13 h et de 15 h 30 à 19 h en été ou 18 h en hiver ; accès payant.

Entrez par le **cloître**, à g. de la façade principale. Commencé en 1389, en style gothique, il comporte deux étages de galeries dont le second fut ajouté au début du XVe s. Sous la galerie S. *(à dr.)* s'ouvrent la **puerta de la Presentación** de 1565 (dans un médaillon, relief de la Présentation au Temple) et la **puerta de Santa Catalina,** de la fin du XVIe s. (au chapiteau du trumeau, relief de l'Enterrement de sainte Catherine).

Les galeries inférieures sont ornées de **fresques** par Francisco Bayeu et Maella (fin du XVIIIe s.). Dans la chapelle San Blas (→ plan de la cathédrale), tombeau du fondateur, l'archevêque Tenorio († 1399), par Ferrán González ; à la voûte, fresques d'Arnaldo da Cremona, disciple de Giotto (XIVe s.). Dans la galerie N., bibliothèque du chapitre, riche en manuscrits anciens (missel de saint Grégoire, de 983, bible transcrite en 968 par saint Servan). Dans un local de la galerie supérieure, gigantones, grands mannequins représentent les quatre parties du monde, le

Cid, etc., personnages monstrueux que l'on promène à la procession de la Fête-Dieu.

A l'intérieur, la cathédrale comporte cinq grandes nefs séparées par des rangées de piliers formés de faisceaux de 16 colonnes élancées, d'un aspect saisissant. Autour s'ouvrent vingt-deux chapelles qui, avec leurs œuvres d'art, retables, sculptures, tableaux peints, orfèvrerie, constituent un **véritable musée d'art religieux.** Aux fenêtres, **vitraux*** exécutés de 1418 à 1560 par Jacob Dolfin (1418), Joachim d'Utrecht (1429), Albert de Hollande (1525), etc. En prenant à g. dans le bas-côté g., après l'entrée par la puerta de la Presentación, vous remarquerez successivement : à dr. contre le 2e pilier, la **chapelle de la Descención**, par Grégoire de Bourgogne, en forme de dais gothique, qui fut construite en 1533 sur le site où la Vierge serait apparue à saint Ildefonse, lorsqu'elle lui apporta la sainte chasuble.

Chapelle de la Virgen de la Antigua : au retable, statue de la Vierge devant laquelle on prêtait serment avant de partir en guerre contre les Maures. Chapelle de la Pila (ou des Fonts) : derrière une **grille** de Domingo de Céspedes, **procession de la croix** (vue de Tolède), peinture en camaïeu, par François d'Anvers et deux **retables** du même artiste.

En face, à dr., à l'autel central du **trascoro** (→ *plan de la cathédrale*) ou partie postérieure du chœur, statue de la **Virgen de la Estrella**, œuvre sans doute d'origine française, du XIVe s. ; au-dessus, médaillon du **Père Éternel**, par Alonso Berruguete ; à g. et à dr., l'**Innocence et la Faute**, statues en albâtre de Nicolás de Vergara. Sur les murs latéraux de la clôture du chœur, reliefs du début du XIVe s.
De retour dans le bas-côté g. : **chapelle San Pedro**, du début du XVe s. fermée par une grille de Jean de France (Juan Francés).

Jean de France ou Juan Francés. — Ferronnier d'art de la première moitié du XVIe s., il s'installe à Tolède, où il exerce une profonde influence sur l'art de la ferronnerie en Espagne. Dans cette cathédrale, on lui doit encore les grilles des chapelles de San Martin, de San Eugenio, de la Concepción et de la Epifania, toutes les quatre dans le bas-côté dr., mais ses chefs-d'œuvre sont les grilles de la chapelle du cardinal Cisneros, dans la cathédrale d'Ávila, et celles qu'il a exécutées pour le compte du cardinal Cisnerós dans l'église San Justo d'Alcalá de Henares.

Transept g. : porte de la Feria, ornée d'un grand nombre de statues et médaillons par Grégoire de Bourgogne, Nicolás de Vergara.
Coro (chœur) : fermé par une **grille*** plateresque de Domingo de Céspedes, il renferme, sur trois côtés, des **stalles**** en bois sculpté qui comptent parmi les chefs-d'œuvre de la sculpture de la Renaissance. La rangée inférieure est de Rodrigo Alemán (1495) ; les 54 bas-reliefs y représentent des épisodes de la conquête du royaume de Grenade par les Rois Catholiques. La rangée supérieure, à dr. et en face, jusqu'à la stalle de l'archevêque exceptée, est due au ciseau de Philippe de Bourgogne. La stalle de l'archevêque, surmontée d'un groupe en albâtre (la Transfiguration), et toutes celles qui lui font suite en face et à g., sont d'Alonso Berruguete. Cette rangée, terminée en 1543, offre une série de figures de saints, de personnages bibliques ; au-dessus règne une frise de médaillons en marbre, représentant la généalogie du Christ. A propos du panneau de Job, un critique a pu écrire qu'il suffisait à désigner le meilleur sculpteur espagnol.
Au milieu du chœur, **pupitres*** en fer et en bronze, de Nicolás de Vergara

(1570) et de son fils, **lutrin***, en forme d'aigle aux ailes éployées, sur une tour gothique (ouvrage allemand de 1425), par Vicente Salinas (1646). Sur un autel, statue en marbre de la **Virgen de la Blanca**, chef-d'œuvre de l'art roman français de la fin du xiie s.

Capilla Mayor : agrandie de 1498 à 1504 par le cardinal Ximénez, elle est fermée par une belle **grille*** plateresque (1548) surmontée d'un **Christ** colossal, chef-d'œuvre de Francisco de Villalpando. Grand **retable**** en mélèze, de style gothique flamboyant, par divers artistes, dont Philippe de Bourgogne, Diego Copín, originaire de Hollande, et Enrique de Egas. A g., **tombeau*** du cardinal P. González de Mendoza (†1495) par le Florentin Andrea. De part et d'autre de l'autel, **tombes royales**, par Diego Copín (à dr. Sanche II et l'infant don Pedro, à g. Alphonse VII et deux autres princes).

Dans le **sagrario** (xvie s.) ou **chapelle de la Vierge du Tabernacle**, statue du xiiie s., en argent, au riche manteau couvert de perles.

L'**ochavo** (octogone), qui prolonge cette chapelle, mais que l'on visite à partir de la sacristie, fut élevé sur des plans de Jorge Manuel Theotocopuli, le fils du Greco (1630) et abrite diverses reliques.

La **sacristie**, construite de 1593 à 1616 par Nicolás de Vergara, est une vaste salle peinte a fresco par Luca Giordano. Elle est un véritable musée dont le chef-d'œuvre est l'Espolio par le Greco (→ *ci-après*).

En commençant votre visite par la g., vous remarquerez successivement : un **portrait** du cardinal de Cusa, par Zurbarán, **Jésus et la Samaritaine** de Giovanni Battista Crespi (1576-1632), les apôtres **saint Luc, saint Paul** et **saint Jacques**, du Greco, un **triptyque** (la Cène, saint Ildefonse et sainte Barbe) de Jean de Bourgogne, sous un tableau du **Christ et le Cyrénéen**, par Sebastiano del Piombo, deux autres **portraits d'apôtres** (saint Jacques le Mineur et saint Jean l'Évangéliste) par le Greco, un Christ en croix de Luis Tristán, Saint Pierre et Jésus par le Greco, une Dolorosa de Luis de Morales, le **Repentir de saint Pierre** du Greco, puis un superbe **reliquaire*** enrichi d'émaux (xive s.), une statue romane de la **Vierge à l'Enfant**, du xiie s., en bois recouvert d'argent, et, dans la même vitrine, un reliquaire en argent du xiie s. Vous arriverez enfin devant le chef-d'œuvre de ce musée qu'est l'**Espolio**** (le Christ dépouillé de ses vêtements), par le Greco.

L'**Espolio**, terminé le 11 juin 1579, 3 ou 4 ans après l'arrivée du Greco en Espagne, eut un grand retentissement dans ce pays en raison de la nouveauté du thème, emprunté à l'iconographie byzantine, et la singularité du style, de la palette et de l'inspiration ; cela lui valut une commande de Philippe II pour l'Escorial (saint Maurice), mais aussi de sévères critiques et même un procès avec le chapitre de la cathédrale qui exigea que l'on fasse disparaître quelques impropriétés contre l'Évangile, notamment la présence au premier plan, des trois Marie (la Vierge, Marie-Madeleine et Marie Cléophas). La composition s'organise autour de l'axe central formé par l'imposante et lumineuse stature du Christ. De l'écarlate, du jaune assourdi, du gris cendré et des verticales naît une transcendance rarement atteinte en peinture. Certains ont dit que jamais, ni avant ni après, la mélancolie de la foi n'avait été exprimée de façon aussi prodigieuse. De cette toile qui n'est pas sans liens avec l'œuvre de Michel Damaskinos, auteur de fresques qui vivait à Candie lorsque le Greco y était adolescent, il existe une quinzaine de répliques (dont une à Lyon).

A la suite, vous verrez encore un **Saint Dominique de Guzmán**, le fondateur de l'ordre dominicain, par le Greco, l'**Arrestation de Jésus** par Goya, une **Mater Dolorosa** de Morales, deux autres **apôtres** (saint André et saint Matthieu) par le Greco, un tableau de **Saint Jean l'Évangéliste** par le Caravage, **Saint Marc** et **Saint Philippe**, du Greco, une **Sainte Famille** de Van Dyck, **Saint Jude** (Thaddée) par le Greco, la **Vierge au voile**, de Raphaël, un portrait du pape **Paul III** par le Titien.

De la sacristie, vous passerez dans le **vestuario** (vestiaire), dont la voûte est peinte par Claudio Coello (1671) ; il est lui aussi transformé en un véritable musée avec des **vêtements sacerdotaux** et des **peintures de Goya** (Saint François d'Assise), de **Mengs**, de **Seghers**, etc.
De retour dans la nef g. de la cathédrale vous pénétrerez dans le déambulatoire en prenant à g.

Vous entrerez ensuite dans la **chapelle des Reyes nuevos***, construite de 1531 à 1534 en style plateresque par Alonso de Covarrubias pour recevoir la dépouille du roi Henri II le Magnifique, comte de Trastamare, celui que Bertrand Du Guesclin assista dans sa lutte contre Pierre le Cruel.
Au-dessus des stalles, niches avec les sarcophages et les gisants de Henri III († 1407) et de sa femme Catherine de Lancastre († 1419), à g., de Henri II († 1379) et de sa femme Jeanne († 1381), à dr. ; à côté, haut-relief de Jean II en oraison († 1454), par Jean de Bourgogne. Dans le chœur de la chapelle, statues orantes de Jean Ier († 1390) et de sa femme Léonore d'Aragon († 1382), par Jorge de Contreras.

La **chapelle de Santiago***, de 1530, est richement décorée dans le style gothique fleuri. Vous y remarquerez, au centre, les **tombeaux*** d'Alvaro de Luna et de son épouse doña Juana Pimentel, escortés de chevaliers de l'ordre de Santiago et de moines franciscains, par Pablo Ortiz (1489), et un **retable** du XVe s., par Juan de Segovia, Pedro Gumiel et Sancho de Zamora.
La **chapelle San Ildefonse***, transformée au XIVe s., renferme le **tombeau*** du cardinal d'Albornoz, son fondateur, qui mourut à Viterbe en 1364 ; parmi les autres cénotaphes, celui de Alfonso Carrillo de Albornoz, évêque d'Ávila († 1514), est l'œuvre de Vasco de la Zarza.
En face, derrière la Capilla Mayor, le **transparente** (1732) est une œuvre singulière, de style churrigueresque, conçue par Narciso Tomé, qui est un entassement de marbres, de bronzes, de volutes, de consoles, de balustres, de chapiteaux, de nuages et de rayons solaires et qui, dans le projet primitif, devait être entièrement ajourée de manière à laisser apparaître le maître-autel.
On y a vu une avance de presque deux siècles de l'Art nouveau de Gaudí et du surréalisme de Salvador Dali.
Par une belle porte, œuvre de Diego Copín, vous accéderez à une antichambre, puis à la **salle capitulaire****, du début du XVIe s., avec un magnifique **plafond*** à caissons sculptés et peints, mais remarquez surtout les **fresques*** de Jean de Bourgogne, ainsi qu'une **Vierge à l'Enfant** de Gérard David (vers 1500) ; **stalles** Renaissance de Francisco de Lara (1512), sauf celle de l'archevêque, par Diego Copín (1514).

Chapelle San Gil : retable attribué à Alonso Berruguete.
Chapelle des Reyes viejos ou del Espiritu Santo (1290) : grille de D. de Céspedes (1529) ; à g. retable peint par Antonio de Comontes (1539).
Chapelle Santa Lucia, de style gothique primitif (XIIIe s.) ; à l'extérieur, à g., Saint Jean-Baptiste par Ribera ou le Caravage.
Par un escalier, à dr. à la hauteur de la Capilla Mayor, accès à la **chapelle del Santo Sepulcro** ; sur le maître-autel, de 1514, Mise au tombeau, sculpture de Diego Copín et de Jean de France (Juan Francés).

Transept dr. : de là, observez les sculptures de la **puerta de los Leones*** avec, au-dessus, en haut relief, l'**arbre généalogique de la Vierge** ; au faîte du grand arc, médaillon du **Couronnement de la Vierge**, par Grégoire de Bourgogne.

A côté, figure colossale de **Saint Christophe**, dite el Cristobalón, le gros Christophe, fresque repeinte en 1638 par Gabriel de Rueda.

Chapelle San Eugenio : retable plateresque orné de peintures d'un disciple de Jean de Bourgogne (1515) et **statue de saint Eugène***, par Diego Copín.

En face, sur le parement extérieur de la clôture du chœur, se trouvent de curieux reliefs nous montrant, en cinq tableaux tirés de l'Ancien Testament, un épisode de la légende de la vie d'Adam et Eve, d'après une version popularisée peut-être dès le XIIIe s., mais issue d'une version plus ancienne, tirée de la tradition judaïque dès le IIIe ou le IVe s. Ces reliefs concernent la mort d'Adam et le voyage que fit son fils Seth, jusqu'aux portes du Paradis, légende qui fut incorporée par Calderón de la Barca dans plusieurs de ses œuvres, dont la Sybille d'Orient. Au 4e tableau, à partir de la g., Seth, accompagné d'un ange, se tient sur le seuil d'une porte entrouverte d'où il observe le Paradis, avec, au sommet d'un arbre plongeant ses racines aux tréfonds de l'enfer, le Christ enfant, qui pleure, lui dit l'ange, les péchés de ses parents. Au 5e tableau, enterrement d'Adam, mort le 3e jour après le retour de Seth, ainsi que le lui avait prédit l'ange. Au 6e tableau, de la tombe d'Adam, jaillit, des trois semences que l'ange avait remises à Seth, un arbre à trois variétés de rameaux de cèdre, symbole de Dieu le Père, de cyprès, symbole du Christ, et de pin, symbole du Saint-Esprit.

Chapelle de la Concepción : au centre du **retable**, peint par Jean de Bourgogne, la rencontre devant la Porte Dorée à Jérusalem.

Chapelle de l'Epifania : retable de Jean de Bourgogne.

Chapelle mozarabe (habituellement fermée) : construite par Enrique de Egas, en 1504, pour le cardinal Ximénez ; on y célèbre les offices religieux selon l'ancien rite mozarabe, qui, par une capitulation spéciale octroyée par les Maures pendant l'occupation de la ville, avait pu être exercé dans six églises tolédanes. Les fidèles de ce rite, qui profitèrent de cette tolérance, furent appelés mozarabes, c'est-à-dire mêlés aux Arabes. Une **fresque** de Jean de Bourgogne et représente la prise d'Oran (1509) par le cardinal Ximénez.

Chapelle de San Juan ou de la Torre : s'ouvrant par un portail construit en 1537 par Alonso de Covarrubias, qui abrite le riche **trésor**** de la cathédrale, dans lequel il convient surtout de signaler le colossal **ostensoir*** d'Enrique de Arfe (1524), haut de 3 m, pesant 180 kg, que l'on promène à la procession de la Fête-Dieu (exécuté en argent doré, il comporte 260 statuettes et est enrichi d'une profusion d'ornements, de ciselures, de diamants et de pierres précieuses ; à l'intérieur, ostensoir plus petit rapporté d'Amérique par C. Colomb) ; deux plats d'argent travaillé au repoussé (Enlèvement des Sabines, Mort de Darius), attribués à Benvenuto Cellini.

Dans une niche, **bas-relief** dit de Quo Vadis ?, œuvre de Philippe Hodart (1522-1526), sculpteur français dont la carrière se déroula surtout au Portugal, où il est connu sous le nom de Felipe Odarte, et qui apparaît comme un précurseur de la sculpture baroque.

Près de la cathédrale, **ayuntamiento** (plan D3), reconstruit au début du XVIIe s., par Jorge Manuel Theotocopuli, le fils du Greco, avec une façade de style herrerien flanquée de deux tours caractéristiques de l'architecture castillane du XVIe s. A l'intérieur, beau salon avec d'intéressantes peintures. Du chevet de la cathédrale part la **calle de las Tenerías** (plan D2) où vous pourrez voir, au n° 23, les arcs outrepassés d'une ancienne mosquée, sur un rez-de-chaussée qui remonte à l'époque wisigothique. Il est recommandé de gagner la plaza de Zocodover en faisant un détour à dr. vers le **corral de don Diego** *(plan D2)* où se trouve, au fond et à dr. d'une cour encombrée de logements et d'autos, une porte de style roman d'un palais du XIVᵉ s.; dans la partie g., salle s'ouvrant par une porte mauresque, dont l'arc est orné de stucages mudéjars, et coiffé d'une coupole en bois de cèdre.

2 — De la plaza de Zocodover à la puerta de Bisagra

Promenade de 2 h environ à effectuer bien entendu à pied, mais que vous pourrez commencer tout aussi bien à partir de la puerta de Bisagra (plan D1).

La **plaza de Zocodover** *(plan E2)*, sur le site d'un ancien marché (souk ou zoco) arabe, est l'une des plus célèbres places d'Espagne, non pas en raison de sa beauté, mais pour être citée à plusieurs reprises dans la littérature et le théâtre espagnols. De là, vous monterez à l'Alcázar (→ *chap. 6*) où vous vous rendrez, en franchissant El Arco de la Sangre, au musée de la Santa Cruz (→ *chap. 5*).

Par la calle de la Sillería, vous gagnerez l'**église San Nicolás** *(plan D2)*, du XVIIIᵉ s. Par la **calle de Núñez de Arce** (au nº 12, **casa de la Moneda**, du XVIᵉ s.), vous atteindrez la **chapelle San José** *(plan D1)*, la plupart du temps fermée, où le **retable**, exécuté, architecture et peinture, par le Greco, vers 1597, apparaît à l'avant-garde de l'art baroque, avec 30 ans d'anticipation sur le Bernin.

De là, gagnez la porte dite **Torreón de Alarçón** *(plan D1)*, puis la **puerta del Sol** *(plan D1)*, chefs-d'œuvre de l'architecture militaire mudéjare. Cette dernière, élevée par les Hospitaliers au début du XIVᵉ s., est défendue par une puissante tour carrée, crénelée, à dr., et par une belle tour semi-circulaire, à g. L'entrée est formée de deux arcs en retrait l'un sur l'autre, au profil différent; au-dessus du plus petit se voit un écusson triangulaire du XIIIᵉ s. aux armes de la cathédrale de Tolède (remise de la chasuble à saint Ildefonse, archevêque de Tolède, et saint Ferdinand, roi de Castille, rendant la justice) et, au-dessus du plus grand, une tête en marbre et deux figures d'apôtres provenant d'un sarcophage paléochrétien du IIIᵉ ou du IVᵉ s.

Au-delà de la porte à g., l'**église Santiago del Arrabal*** *(plan C1)* est un beau spécimen d'architecture mudéjare tolédane du XIIIᵉ s., avec une façade richement décorée et une tour plus ancienne que l'église elle-même, tandis que le chevet présente une triple abside de deux corps de bâtiment entourant une cour. A l'intérieur, **retable** du XVIᵉ s. dans la Capilla Mayor; chaire du XIVᵉ s.

◣◢ La **puerta de Bisagra** *(plan D1)* ou **puerta nueva de Bisagra**, agrandie et reconstruite en 1550, est, elle aussi, un chef-d'œuvre de l'architecture militaire, mais de la Renaissance. Elle est composée de deux corps de bâtiment entourant une cour.

Du côté de la ville, elle est surmontée d'un écusson aux armes impériales et comprend deux tours à toitures pyramidales recouvertes de tuiles vertes et blanches ornées des armoiries de Charles Quint. Dans la cour, statue de Charles Quint et petite statue d'évêque, avec des inscriptions de Philippe II. Du côté extérieur, gigantesque écusson avec les aigles et les colonnes de Charles Quint, entre deux énormes tours rondes crénelées. Son nom viendrait de l'arabe Bâb ash Shara (porte des champs).

La puerta vieja de Bisagra *(plan C1)* est la seule qui subsiste des anciennes portes de ville de l'enceinte arabe (IXᵉ s.). C'est par cette porte qu'entra Alphonse VI, en 1085, au moment de la Reconquête. Revenez sur vos pas pour prendre à dr., un peu avant la puerta del Sol, et gagnez la petite **église del Santo Cristo de la Luz*** *(plan D1),* ancienne mosquée connue sous le nom de Bâb al Mardom, rebâtie en 980 ainsi qu'en fait foi une inscription sur la façade, mais probablement en transformant une église wisigothique. Lors de sa transformation en église au XIIᵉ s., elle fut dotée d'un transept et d'une abside. L'intérieur est divisé en deux parties à peu près égales : un avant-corps à trois nefs, du Xᵉ s., avec quatre colonnes à chapiteaux wisigothiques et neuf petites coupoles de style cordouan de l'époque du califat ; la partie postérieure est formée d'une abside mudéjare où subsistent quelques restes de fresques du XIIᵉ s. A côté, à g., porte dite **Bâb al Mardom**, du XIVᵉ s.

Par de petites rues, l'**amateur de détails** se rendra à l'**église San Vicente** *(plan C2),* de 1595, mais avec une abside mudéjare. De là, on pourra se rendre, jusqu'à l'entrée du **couvent de Santa Clara** *(plan C2)* où reposent deux filles du roi Henri II, comte de Trastamare, et jusqu'au **couvent de Santo Domingo el Real** *(plan C1),* dont l'église présente une noble façade d'architecture classique sur l'une des plus charmantes places du vieux Tolède, qu'affectionnait tant le poète Gustavo Adolfo Bécquer.

Près de l'église San Vicente, la **Poste** *(plan Correos, D2)* a conservé la belle porte de la Tabacalera, avec le cordon de Saint-François (XVIᵉ s.). De là, vous reviendrez directement sur la place de Zocodover ou bien, si vous désirez visiter plus en détail, suivez les indications ci-après.

Les **amateurs de détails** pourront se rendre au nº 9 de la **calle de Esteban Illán** où se trouve la **casa de Mesa** *(plan C2),* construite vers 1400, qui conserve sa décoration mudéjare originale, influencée par l'art grenadin, et des azulejos. L'**église Santo Domingo el Antiguo** *(plan C2),* de style classique, renferme un retable principal peint par Jorge Manuel Theotocopuli, plusieurs toiles de Gréco peintes à son arrivée à Tolède (1577), un acte notarié signé de sa main, ainsi que le testament du roi don Pedro el Cruel. L'**église San Clemente** *(plan C2)* s'ouvre par un joli portail platéresque du XVIᵉ s.

L'**église San Román** *(plan C2),* élevée en 1221, abrite un petit **musée d'Art wisigothique** *(ouv. de 10 h à 14 h et de 16 h à 19 h ; f. dim. a.-m. et lun.),* mais elle est surtout remarquable pour les **fresques** (XIIIᵉ s.) de style italo-byzantin sur les intrados des arcs et sur les trompes de la coupole de la croisée, et celles, d'un style plus réaliste, aux couleurs plus vives, sur le mur dr., et sur le mur à l'opposé du sanctuaire, tandis que les peintures dans la zone des fenêtres, sur la douelle des arcs en fer à cheval, les arcs polylobés du transept et les pilastres appartiennent à une école de filiation orientale et sont non figuratives. L'église ayant été consacrée en 1221, les fresques doivent, par conséquent, dater de la 1ʳᵉ moitié du XIIIᵉ s.

L'**église San Pedro Mártir** *(plan C2)* conserve encore quelques peintures parmi celles exécutées par fray Juan Bautista Maino (1579-1649), un frère dominicain qui fut l'élève du Greco, bien que sa peinture ne rappelle en rien, ou presque, celle de son maître, et professeur de dessin de Philippe IV, dans son enfance. L'**église San Juan Bautista** *(plan C2),* érigée en style baroque du XVIIᵉ s., renferme un retable principal peint par Luis et Alejandro González Velázquez (on attribue au premier, qui fut maître de perspective de la Real Academia de San Fernando, la partie architectonique de la peinture, tandis que le second aurait exécuté le grand tableau central et les autres scènes ; 1776).

3 — La vieille ville au S. de la cathédrale

Promenade s'adressant surtout aux amateurs de détails qui découvriront dans ces quartiers une couleur très orientale. Parking sur la plaza del Ayuntamiento ou sur la plazuela de Padilla (plan C2).

Au-delà de l'**ayuntamiento** *(plan E4)*, la **calla de Santa Isabel** conduit au **couvent de Santa Isabel** *(plan D3)*, d'architecture mudéjare du XIVe s., en face d'un **palais dit de Pierre le Cruel** *(plan alcázar del Rey don Pedro, en D3)*, aujourd'hui bien délabré, comme le couvent. En vous dirigeant vers l'**église San Lorenzo** *(plan D3)*, vous cheminerez dans de pittoresques venelles, réminiscences d'islam, tout comme l'**église San Lucas** *(plan E4)*, d'origine mozarabe, avec des peintures hispano-flamandes.

De l'église San Lucas vous pourriez atteindre le **pont d'Alcántara** *(plan F1-2)*, en suivant le rebord de la gorge du Tage et en reconnaissant au passage quelques restes de la **muraille wisigothique**, élevée par le roi Wamba au VIIe s. Ce chemin aboutit à la **puerta de Doce Cantos**, érigée par Alphonse VI, au XIIe s.

4 — San Juan de los Reyes et le quartier de l'ancienne Judería

L'une des deux plus intéressantes promenades dans le vieux Tolède, au cours de laquelle vous découvrirez quelques-uns des plus prestigieux monuments de la vieille cité. Gagnez directement la plaza de San Martín (plan B2) en voiture (parking), à moins que vous ne préféreriez vous y rendre à pied depuis la cathédrale (en ce cas, commencez la visite par l'église de Santo Tomé ; plan C3).

Église San Juan de los Reyes** *(plan B2)*. — Elle faisait partie d'un couvent fondé par les Rois Catholiques après la victoire de Toro (1476) sur les Portugais et fut d'abord destinée à recevoir leurs sépultures (aujourd'hui dans la chapelle royale, à Grenade). L'architecte fut Juan Guas, inspiré par l'impressionnant répertoire d'art mudéjar qu'il put contempler à Tolède. Il réalisa ainsi dans la pierre ce que les architectes mudéjars conçurent en plâtre sculpté, en bois ou en brique, mais avec une structure d'un éblouissant style gothique.

Visite : de 10 h à 13 h 45 et de 15 h 30 à 19 h en été ; 18 h en hiver.

Intérieurement, l'église, érigée de 1477 à 1494, comporte une nef unique, d'une prodigieuse richesse ornementale, véritable Te Deum de pierre entonné pour perpétuer la gloire des Rois Catholiques. Remarquez les **piliers** couverts d'arabesques, les **voûtes** à nervures, la **frise**, autour du vaisseau, portant en lettres gothiques une inscription de dédicace, les tribunes à balcons de pierre travaillée comme une fine dentelle et les riches encorbellements portant les chiffres entrelacés de Ferdinand d'Aragon et d'Isabelle de Castille. Dans le transept, notez les chapiteaux, d'une forme originale, les six statues de saints sous des dais, la frise de gigantesques écussons aux armes de la Castille et de l'Aragon, surmontés de têtes d'aigle et accompagnés des emblèmes royaux (le nœud gordien et le faisceau de flèches), le retable, du XVIe s., la voûte surbaissée de la galerie du chœur et la statue orante de l'architecte, Juan Guas.

Le **cloître**** est l'un des plus beaux spécimens du style gothique flamboyant en Espagne. A g. en entrant s'ouvre une salle de la fin du XVe s., où débouche l'escalier d'accès à la galerie supérieure (au-dessus de la porte, notez le gisant décharné) et qui commande une salle à coupole de l'époque de Charles Quint. Dans le cloître, des piliers, richement ornés de statues, sous des dais finement sculptés, jaillissent des nervures qui s'enlacent pour parer la voûte. Remarquez également les **plafonds à caissons** (artesonados) de la galerie supérieure.

A l'extérieur, remarquer encore, au chevet de l'église, les **chaînes** suspendues des captifs chrétiens délivrés à Malaga et à Almería lorsque le roi saint Ferdinand s'empara de ces villes.

Santa María la Blanca* *(plan B3 ; par la calle de los Reyes Católicos, qu'traverse l'ancien quartier jüif).* — C'est la plus ancienne synagogue de Tolède. Elle fut fondée vers 1180, reconstruite au XIIIᵉ s. et transformée en église en 1405 lorsqu'elle fut attribuée aux chevaliers de l'ordre de Calatrava.

Visite : de 10 h à 14 h et de 15 h 30 à 19 h ; 18 h en hiver ; accès payant.

L'intérieur, qui rappelle le plan des mosquées almohades, est divisé en cinq nefs par des piliers aux **chapiteaux** de type andalou supportant des arcs en fer à cheval. Au-dessus des arcades de la nef centrale règne une **frise** en plâtre sculpté en léger relief, elle-même surmontée d'arcatures aveugles, polylobées, du plus bel effet. La travée de l'autel fut refaite après la conversion de la synagogue en église (le **retable**, en bois sculpté, date du XVIᵉ s.).

Depuis le **paseo del Tránsito** *(plan B3),* très belle vue sur la gorge du Tage. De là, vous vous rendrez à la **Roca Tarpeya**, la maison-atelier où mourut Victorio Macho (1887-1966), l'un des sculpteurs espagnols du XXᵉ s. les plus féconds, auteur de sculptures parfois grandioses, comme le Cristo del Otero, près de Palencia, sa ville natale ; dans sa maison, transformée en musée, son exposées diverses œuvres, des esquisses, dessins, etc., dont la **statue*** gisante de frère Marcelo *(actuellement fermée au public).*

El Tránsito* *(plan B3).* — Cette ancienne synagogue, sans aucune apparence extérieure, fut bâtie en 1366 par Meïr Abdeli, pour le compte de Samuel Levi, le fameux trésorier du roi don Pedro (Pierre le Cruel). Après l'expulsion des juifs, en 1492, les Rois Catholiques l'attribuèrent aux chevaliers d'Alcántara qui la transformèrent en église.

Visite : de 10 h à 14 h et de 16 h à 19 h ; 18 h en hiver ; f. dim. a.-m. et lun. ; accès payant.

L'intérieur, composé d'une seule nef, est remarquable par sa décoration de **panneaux** et de **frises** de plâtre sculpté, dans la plus pure tradition orientale. Le long des frises un bandeau avec de longues inscriptions en caractères hébraïques, à la louange du Dieu d'Israël, de don Pedro et de Samuel Levi, participe à la décoration générale. La paroi du fond a gardé presque intacte son ornementation primitive de style andalou. Vous remarquerez encore le beau plafond en mélèze incrusté d'ivoire et les fenêtres, taillées dans une seule dalle de pierre sculptée. Dans les salles contiguës a été installé un magnifique musée sefardi avec de belles pièces d'origine judaïque.

Casa del Greco** *(plan B3).* — Cette maison, où le peintre aurait habité, a probablement été bâtie par Samuel Levi, au XIVᵉ s. Elle appartenait au marquis de Vega-Inclán qui la restaura et fit bâtir à côté un petit **musée**, édifié avec des fragments d'architecture tolédane, sur l'emplacement d'un palais du marquis de Villena, et où sont présentées des **peintures du Greco** et de divers autres artistes *(→ Madrid, musée du Prado).*

Visite : de 10 h à 14 h et de 16 h à 18 h ; 19 h en été ; f. dim. a.-m. et lun. ; accès payant.

La **maison du Greco,** charmant exemple des maisons seigneuriales tolédanes du xvie s., est transformée en musée d'Art décoratif ancien, avec des meubles, des peintures et quelques rares sculptures des xve et xvie s.

A l'étage, dans l'atelier du Greco, sur un chevalet, tableau de Saint Pierre pénitent*, l'une des meilleures versions de ce thème si souvent traité par l'artiste.

Dans le cabinet de travail, la table est une reproduction de celle qui apparaît dans un tableau d'Illescas (Saint Ildefonse écrivant sous la dictée de la Vierge).

Dans la chambre à coucher, un crucifix, au-dessus d'un barguerío (secrétaire), rappelle par son style les quelques œuvres sculptées attribuées au Greco ; notez encore une Vierge à l'Enfant de l'école castillane du xive s.

Dans une antichambre, vers un salon de réception pourvu d'une estrade, portrait de Diego de Covarrubias (28), œuvre probable de Sánchez Coello qui servit de modèle au Greco pour le portrait du même personnage, et Christ en croix (28).

Dans le salon dit de l'estrade, copies d'œuvres du Greco ou de son fils Jorge Manuel Theotocopuli. Vous reviendrez ensuite au rez-de-chaussée pour visiter la cuisine, décorée de céramique de Talavera.

Dans le jardin, fragments architectoniques romains et médiévaux ; vous pourrez aussi jeter un coup d'œil dans les souterrains à voûtes mudéjares où Samuel Levi aurait caché ses trésors et où le marquis de Villena, poète du xve s., pratiquait l'alchimie.

Musée du Greco*. — Vestibule : tableau représentant un autodafé qui eut lieu à Tolède en 1656 (école madrilène du xviie s.). — Salle de la reine Marianne : portrait de la deuxième femme de Philippe IV, par Juan Bautista del Mazo. Vous passerez ensuite à l'étage pour visiter les salles consacrées aux œuvres du Greco.

Au 1er étage. — Vue de Tolède*, traitée d'une manière qui évoque l'impressionnisme dans une gamme claire d'ocres, de vert, avec un ciel bleu pâle ; portraits de Diego de Covarrubias (inspiré par celui attribué à Sánchez Coello ; → ci-dessus), d'Antonio de Covarrubias, et de Saint Jean d'Avila (attribution très incertaine).

2e et 3e salles : le Christ et les douze apôtres*, répliques de la série de la cathédrale, avec saint Luc en moins mais saint Barthélemy en plus ; la signature, en caractères grecs, apparaît sur l'épée de saint Paul ; le Christ, saint Barthélemy qui tient enchaîné un diablotin, saint Pierre, saint Paul et saint Jacques le Majeur sont les plus admirables ; saint Matthieu et saint Jude (ou saint Thaddée) sont inachevés. Dans la 3e salle, notez en outre une petite statue de la Vierge à l'Enfant du xiie s. Dans la chapelle (moderne mais avec un plafond artesonado provenant d'un village castillan) : Saint Bernardin de Sienne**, œuvre produite vers la fin de la vie du peintre, en 1603, où le pathétique atteint à un sommet avec la représentation du saint au visage cendreux, sous un ciel livide. A noter encore, à g. en entrant, Saint Sébastien* (xve s.), tableau de l'école de Jaime Huguet, le Couronnement d'épines* (fin du xve s.), par Gallego (Fernando ?) et, à dr., une grande statue de la Vierge au Calvaire* (fin du xve s.), de l'école germano-flamande.

Au rez-de-chaussée œuvres de maîtres espagnols des xve et xviie s., notamment de Luis Tristán (Saint Dominique pénitent*), de Luis de Carvajal, peintre tolédan contemporain du Greco (Saint Nicolas de Tolentino), de Zurbarán, Juan de Valdés, Juan Carreño de Miranda, etc.

Église Santo Tomé (plan C3). — De style gothico-mudéjar du xive s., elle abrite l'un des plus grands chefs-d'œuvre de la peinture universelle l'Enterrement du comte d'Orgaz*** du Greco.

Visite : en sem., de 10 h à 13 h 45 et de 15 h 30 à 19 h ; ou 18 h en hiver ; de 10 h à 11 h 30 et de 15 h à 19 h ; 18 h en hiver, les j. fériés ; f. le ven. saint.

L'Enterrement du comte d'Orgaz (de 1586) marque le point de maturité du Greco. Ce tableau fait allusion à l'apparition miraculeuse de saint Augustin et de saint Étienne qui se serait produite dans cette église au xive s. ; il est une « synthèse d'une société, une synthèse du ciel et de la terre, une grande symphonie funèbre, ordonnée avec une clarté sereine, sur une gamme éclatante et triste de noirs, de blancs et d'ors » (P. Guinard).

Cette composition de grand format (4,80 × 3,60 m) est classique, mais le mouvement qui l'anime, les volumes en spirales, le double feston de nuages et les draperies sont baroques, tandis que les mains effilées, les corps distordus sont maniéristes. L'œuvre, d'une brûlante spiritualité, comporte trois registres (à la façon de certaines icônes). En bas est représenté le miracle lui-même : on retrouve dans la position du mort celle de la Dormition de la Vierge, telle qu'elle est au mont Athos. Le nom du peintre est écrit sur le mouchoir du page qui, pour certains, serait Jorge Manuel. Au troisième registre, l'âme du défunt apparaît sous la forme d'un corps nu agenouillé devant la Vierge qui va intercéder. Entre les deux scènes, une ligne horizontale forme une sorte de frise constituée par les visages (tous différenciés) des notables témoins du miracle. Le peintre se serait représenté (personnage de face, au-dessus de la main g. du diacre au surplis transparent).

Sur la **plaza del Conde** se situe le **palais des comtes de Fuensalida** *(plan C3),* du XVᵉ s., où mourut l'impératrice Isabelle, en 1539. Patio avec des piliers mudéjars, salle à plafond à caissons avec tapisserie flamande du XVIIᵉ s.

Dans le même pâté de maisons, le **Taller del Moro** *(plan C3 ; ouv. de 10 h à 14 h et de 16 h à 19 h ; f. dim. a.-m. et lun.)* est un palais de la fin du XIVᵉ s. qui fut transformé en atelier (taller) où étaient taillés les pierres et les marbres destinés à l'entretien de la cathédrale. Une salle qui conserve de beaux restes de décoration mauresque constituée de panneaux de plâtre sculpté a été transformée en **Musée lapidaire** où l'on peut également voir de nombreuses sculptures sur bois de style mudéjar.

L'**église San Salvador** *(plan C3)* fut construite sur l'emplacement d'une mosquée, dont il subsiste une aile aux arcs outrepassés, mais avec un remploi de matériaux wisigothiques (piliers, chapiteaux) ; dans la chapelle Santa Catalina, retable du XVᵉ s.

Dans le même quartier vous visiterez le **musée d'Art contemporain de Tolède** *(ouv. de 10 h à 14 h et de 16 h à 19 h ; 18 h en hiver),* localisé dans la **calle de las Bulas Viejas** *(plan BC2),* au nᵒ 12. Il est installé dans la **casa de las Cadenas**, la maison des Chaînes, une paisible demeure mudéjare et castillane du début du XVIᵉ s., récemment restaurée ainsi que ses peintures murales du XVIᵉ s. Il abrite des **collections de peintures et de sculptures d'art figuratif**, mais avec des œuvres qui rompent parfois avec l'anthropomorphisme qui a été une tradition quasi constante de l'art européen depuis l'Antiquité grecque jusqu'au XIXᵉ s. On y trouvera donc des peintures et des sculptures où se manifestent des tendances figuratives non conservatrices, où la figure humaine est déformée, décomposée parfois jusqu'à l'agression, notamment par García Ochoa (né en 1920) et surtout Juan Barjola (né en 1919) et Alberto Sánchez Pérez (1895-1962), un sculpteur tolédan qui vécut en exil à Moscou à partir de 1938, jusqu'à sa mort. Sur les cimaises de ce musée vous pourrez encore voir de nombreuses œuvres consacrées aux paysages tolédans, en particulier avec des peintures du postimpressionniste Aureliano de Beruete y Moret (1845-1912), un artiste encore méconnu, même en Espagne, Ricardo Arredondo (1850-1911), etc. Ajoutons que les collections ne sont pas pour la plupart la propriété de ce musée et qu'elles sont destinées à être changées périodiquement.

De retour sur la plaza de San Martín *(plan B2)* près de San Juan de los Reyes, gagnez la **puerta del Cambrón** *(plan A2),* l'ancienne Bâb al Makara des Arabes, construite par les Wisigoths, sous le roi Wamba, au VIIᵉ s., mais remaniée par les Maures au XIᵉ s., puis en 1576, en style classique de la Renaissance.

Par un chemin sinueux vous pourrez descendre rapidement jusqu'à la petite **église del Cristo de la Vega** *(plan A1)* ou **basilique Santa Leocadia**, au-delà d'une artère qui franchit le Tage sur un pont construit récemment. Cette église moderne (sauf l'abside, mudéjare) fut fondée dès le iv⁰ s., peu de temps après le martyre de sainte Léocadie. Au vii⁰ s., l'oratoire primitif fut transformé en une somptueuse basilique où, en 660, se situe le fameux miracle de l'apparition de sainte Léocadie à saint Ildefonse, archevêque de Tolède, au roi et à une nombreuse assistance. A l'intérieur on vénère le Christ de la Vega dont un des bras n'est pas cloué sur la croix. Cette position donna lieu à de multiples légendes : il prêtait serment pour sauver la vie des victimes injustement poursuivies, il tendait le bras à une jeune fille abandonnée par son fiancé...

Entre le pont moderne et celui de San Martin se trouvent, près de la rive du Tage, les restes des **Baños de la Cava** *(plan A2)*, les Bains de la Grotte, à côté d'une vieille tour. Ce sont en réalité les ruines d'un pont du xi⁰ s., avec des substructions romaines, et son nom vient de celui du quartier juif voisin, al-Alcaba.

☐ Le **pont de San Martín★** *(plan A3)*, jeté sur le Tage au xiii⁰ s. et reconstruit au xiv⁰ s., est un beau spécimen d'ouvrage fortifié avec ses deux tours crénelées qui en défendaient l'accès. Il a été désaffecté depuis la mise en service du pont moderne, en aval.

5 — Le musée de Santa Cruz

Ce musée, où sont exposées d'autres toiles du Greco, mais aussi de nombreuses autres œuvres d'art, est l'une des principales curiosités de la ville. Sa visite est donc vivement recommandée. Le parking le plus proche est situé près de la plaza de Zocodover (plan E2), à g. peu après le début de la cuesta del Alcázar, ou encore dans le corral de Don Diego (plan D2).

De la **plaza de Zocodover** *(plan E2)*, franchir l'**arco de la Sangre**, ancienne porte mauresque, d'où un escalier mène à la calle de Cervantes, où se trouvait le Mesón del Sevillano, une auberge où habita Miguel de Cervantès et où il aurait écrit *la Ilustre Fregona*.

■ **Musée de Santa Cruz★★** *(plan E2)*. — Il est installé dans l'ancien **hôpital★** du même nom, construit de 1514 à 1544 par Enrique de Egas et qui est l'un des plus remarquables monuments de la Renaissance en Espagne. Cependant, l'intérieur et la coupole ont encore un caractère gothique marqué, avec quelques réminiscences d'art mauresque.

L'élégant et riche **portail★** appartient à la première période de l'art platteresque. A l'archivolte, on distingue des statuettes ; sous un dais, au tympan, le cardinal Pedro González de Mendoza, le fondateur, agenouillé au pied de la croix entre saint Pierre, sainte Hélène et saint Paul ; au-dessus de l'arc notez le **relief de la Visitation** et, au fronton, deux anges portant les armes du cardinal-archevêque.

Transformé, à l'occasion du quatrième centenaire de la mort de Charles Quint (1558), il constitue l'un des plus riches musées provinciaux d'Espagne, plus particulièrement en œuvres d'art du xvi⁰ s., c'est-à-dire de l'âge d'or de l'Espagne, auquel l'empereur est indissolublement associé. Raffinement suprême, la visite est généralement accompagnée de l'audition de pièces musicales du xvi⁰ s.

Visite : 10 h à 18 h ; dim. de 10 h à 14 h ; f. lun.

Outre le fonds de l'ancien musée, le nouveau a recueilli celui du musée paroissial de San Vicente, où étaient rassemblées les plus belles pièces des églises tolédanes, ainsi que quelques tableaux du musée du Greco. D'autres pièces ont été prêtées par le musée du Prado ou ont été acquises récemment, en particulier plusieurs toiles du Greco provenant de l'église de Talavera la Vieja, aujourd'hui noyée sous les eaux d'un lac de barrage. Beaucoup d'objets précieux proviennent du trésor de la cathédrale, notamment les grandes séries de tapisseries de Bruxelles.

En face de l'entrée s'ouvre la grande **chapelle** de l'hôpital, dont les dimensions sont celles d'une cathédrale. Conçue sur plan en croix grecque, elle abrite les collections du musée des Beaux-Arts.

Grande nef : aux murs, **tapisseries** de Bruxelles, du XVIᵉ s., consacrées à l'Histoire d'Alexandre le Grand, à dr., et à l'Histoire d'Abraham.

A dr., peintures de Juan Correa de Vivar et de son école : notez la **Naissance de la Vierge** et une **Nativité** ; Christ en ivoire, par Gaspar Becerra.

En face, **tableaux** provenant d'un retable du château d'Escalona par un maître flamand du XVIᵉ s. qui est peut-être Albert de Cornelis. Un peu plus loin, avant le transept dr., tableaux de Correa représentant le **Christ couronné d'épines** et **Ponce Pilate**.

Transept dr. : bustes et portraits de Charles Quint et de dignitaires de son époque, dont un **portrait** de Charles Quint par Pantoja de la Cruz (copie du Titien) et, au-dessus, un **bas-relief** de Leone Leoni ; **tapisserie*** flamande du XVᵉ s. dite des Astrolabes, superbe **portrait de Philibert II de Savoie*** par un maître de l'école flamande du XVIᵉ s. Notez encore, dans un cadre gothique, un tableau du **Christ couronné d'épines** et de la **Mater Dolorosa** par Van der Goes (v. 1440-1482).

Transept g. (peinture religieuse) : aux murs, **tapisseries*** des Flandres, du XVᵉ s. (Histoire de David) et suite de l'Histoire d'Abraham ; **Christ à la colonne**, tableau de Luis de Morales ; **Marie-Madeleine** par Sebastiano del Piombo ; **portrait de sainte Catherine** par Domingo Carvalho (XVIᵉ s.) ; œuvres des écoles allemande, flamande et néerlandaise.

Grande nef (*2ᵉ partie*) : **tapisseries** de Bruxelles, du XVIᵉ s. ; **Vierge à l'Enfant** de Lambert Lombard (1506-1566), de l'école flamande ; **Vierge de los Desemparados**, sculpture dans le style des Siloé ; au fond, **Christ en bois*** polychrome de Iacopo l'Indaco ; Baptême du Christ, de Jean de Bourgogne ; **Vierge à l'Enfant**, sculpture en bois polychrome du XVIᵉ s., dite Vierge à la poire.

A la voûte, bannière de la galère de don Juan d'Autriche à la bataille de Lépante (1572).

Au 1ᵉʳ étage. — Transept g. : aux murs, **tapisseries** du XVIIᵉ s. (scènes mythologiques) et de Bruxelles du XVIᵉ s. (Vie de saint Paul), **Saint Dominique de Guzmán***, statue en bois polychrome du XVIᵉ s. ; retable de la Visitation d'Alonso Berruguete, **ostensoir*** de Juan de Arfe, tableaux de Luis Tristán, Pedro Orrente etc.

Grande nef (*au-dessus de la 1ʳᵉ partie du rez-de-chaussée*) : aux murs, suite de l'Histoire d'Alexandre (**tapisseries** de Bruxelles du XVIᵉ s.). Dans une petite salle à l'extrémité de la galerie : tableau de l'**Ascension**, du Maître de Sigena, peinture Renaissance du XVIᵉ s., et **Présentation au Temple**, attribuée au même peintre ; **Christ en croix***, de Goya.

Transept dr. (salle du Greco) : Immaculée Conception ; Apparition du Christ à sa mère ; Saint Joseph et l'Enfant Jésus* ; Saint Jean l'Évangéliste* et saint Jean-Baptiste ; divers saints ; l'**Assomption****, œuvre admirable, terminée par le Greco six mois avant sa mort. Maurice Barrès a pu dire de cette œuvre : « Elle semble une voix, un chant qui vibre, ou plutôt un repos frémissant après une danse. »

Toujours dans cette salle : **Sainte Famille** ; l'Espolio (le Christ dépouillé de ses vêtements), réplique du tableau de la cathédrale ; **Couronnement de la Vierge*** ; Annonciation ; **Saint Ildefonse***, tableau du retable principal de l'église San Vicente aujourd'hui à l'Escorial. Parmi les statues, notez une **Vierge*** du XVIe s. dans le style des Siloé.

Grande nef *(au-dessus de la 2e partie du rez-de-chaussée)* : aux murs, **tapisseries** de Bruxelles du XVIe s. (Vie de Moïse) ; **Sainte Famille*, de Ribera et Descente de croix*** ; buste en bois polychrome de la Vierge, de Pedro de Mena.

Dans le grand patio, **Musée archéologique** où sont exposés des pavements de mosaïques d'époque romaine et des antiquités ibériques, wisigothiques et arabes. Dans les petites salles du 1er étage, azulejos, céramique et sculptures mudéjares.

Le musée est entouré de deux couvents particulièrement intéressants : le **couvent de Santa Fe** *(plan E2)* fut construit par les chevaliers de l'ordre de Calatrava sur l'emplacement d'un palais arabe où habitait le roi Galafre, dont la fille Galiana transporta le cœur et les sens de Charlemagne ! La **chapelle de Belén** correspond à l'ancien oratoire du palais. Les voûtes conservent des peintures du XVe s. ; sépulcre mudéjar du maître Juan Pérez (1280). Dans le couvent, beaux tableaux de Morales et un Lignum Crucis, Renaissance, en argent repoussé.

Dans le **couvent de la Concepción** *(plan E1)*, vous visiterez la **chapelle de San Miguel** à coupole mudéjare.

6 — L'Alcázar

Accès et visite : accessible depuis la plaza de Zocodover (plan E2) l'Alcázar (plan E2) est ouv. de 9 h 30 à 19 h en été ou de 9 h 30 à 18 h 30 (sept.-oct.), ou de 9 h 30 à 18 h (nov.-fév.).

Au point le plus élevé de la ville, l'**Alcázar** est une forteresse, fondée par Alphonse VI, peu après la Reconquête, sur l'emplacement d'un camp romain du IIIe s. Le Cid en fut le premier gouverneur.

Alphonse VIII et surtout Alphonse X le Sage l'embellirent, en lui donnant sa forme actuelle, c'est-à-dire un quadrilatère aux angles renforcés de tours carrées ; la façade E., vers le pont d'Alcántara, à mâchicoulis, date de cette époque (XIIIe s.). Lorsque Charles Quint fit de Tolède sa capitale, il en confia la reconstruction à Alonso de Covarrubias qui ajouta un **portail plateresque à la façade O.** (vers la cathédrale) élevée par les Rois Catholiques et bâtit la **façade N.** (vers la plaza de Zocodover), de 1538 à 1551. Philippe II fit ériger par Juan de Herrera la **façade principale** (S.), plus majestueuse et plus régulière, et l'imposant **escalier monumental** auquel travaillèrent également Francisco de Villalpando et Alonso de Covarrubias. Restauré par Ventura Rodríguez sous Charles III (1744-1774), il fut incendié par les Français en 1810.

Reconstruit de 1867 à 1882, à nouveau détruit par un incendie en 1887, puis restauré, on sait qu'il fut encore dévasté lors de la guerre civile lorsque les cadets de l'Académie d'Infanterie, commandés par le colonel Moscardo, résistèrent pendant 70 jours aux assauts incessants des républicains, maîtres de la ville, du 21 juillet au 28 septembre 1936. Après restauration, un **musée de la Guerre civile** a été créé dans le sous-sol qui servait de refuge aux familles des cadets. Admirez le beau patio Renaissance réformé sous Philippe II.

7 — L'hôpital de San Juan Bautista

Visite : de 10 h 30 à 13 h 30 et de 15 h 30 à 18 h.
Parking sur le paseo de Madrid.

L'hôpital de San Juan Bautista ou de Tavera *(plan D1)*, fondé par le cardinal Tavera, fut construit par Juan de Bustamante, de 1541 à 1599, et abrite le **musée Tavera***, musée privé de la duchesse de Lerma, reconstitution d'une résidence seigneuriale du XVIIᵉ s. avec de beaux **appartements***.

L'**église** s'ouvre par un portail de style Renaissance, en marbre de Carrare, par Alonso Berruguete.

Dans l'église, sous la coupole, **tombeau*** du cardinal Juan de Tavera († 1545), avec un gisant et, sur les quatre faces, les Vertus cardinales dernière œuvre d'Alonso Berruguete, qui mourut en 1561 à l'hôpital ; au maître-autel, grand **retable** composé et sculpté par le Greco.

L'ancienne **pharmacie de l'hôpital*** a été reconstituée telle qu'elle était au XVIᵉ s., avec ses armoires, ses faïences de Talavera.

Dans les **appartements** de l'aile g. *(visite guidée)*, vous verrez des œuvres de maîtres espagnols : Juan Carreño de Miranda, Claudio Coello, du Greco, dont le **Baptême du Christ**, sa dernière œuvre ; de Palomino Ribera (la **Femme à barbe**), et de l'école italienne : Luca Giordano, le Caravage, le Tintoret, le Titien **(Charles Quint à la bataille de Mühlberg)**, Salvatore Rosa, etc., et des collections de tapisseries flamandes et de **meubles** des XVIᵉ et XVIIᵉ s.

8 — Le circuit des Cigarrales

Circuit de 5,5 km, une des promenades les plus intéressantes que l'on puisse faire dans les environs immédiats de Tolède ; admirables panoramas sur la ville, surtout au coucher du soleil.

De la **puerta de Bisagra** *(plan D1)*, prenez en direction du centre de la ville, puis à g. à *300 m*, vers Ciudad Real, c'est-à-dire dans la calle de Gerardo Lobo, tracée le long de **murailles** remontant à l'époque wisigothique (VIIᵉ s.), au temps du roi Wamba.

Vous atteindrez la rive dr. du Tage au **pont d'Alcántara*** *(plan F1-2)* construit par les Romains, puis reconstruit à plusieurs reprises par les Maures en 997, par Alphonse X le Sage en 1258 et enfin au début du XVᵉ s. Tout près de là, vous verrez la fenêtre par laquelle s'est évadé saint Jean de la Croix emprisonné par ses persécuteurs. Sur la rive dr., **tour mudéjare** datée de 1484.

Franchir le Tage sur le **puente de Alcántara nuevo** *(plan F2)*, en laissant à dr. la **puerta de Doce Cantos**, élevée par Alphonse VI. A la sortie du pont, à dr., route de Cuerva, que vous suivrez, mais auparavant, il est recommandé de suivre à g. en direction de Ciudad Real pour aller découvrir, en bifurquant à dr. à 400 m en direction de l'Académie d'Infanterie, un admirable **panorama sur Tolède***** et le vieux pont d'Alcántara, un peu au-dessus du **château de San Servando** *(plan F1),* construit au XIᵉ s. par les templiers pour assurer la défense du pont. De retour sur le circuit des Cigarrales, la route contourne des ravins s'ouvrant sur les gorges du Tage, ou serpente entre des olivettes (cigarrales) et des landes couvertes de thym. Du parador, **vue aérienne sur Tolède***** et les gorges.

Laissant à g. la route de Cuerva, remarquez à dr. l'ermitage de la **Virgen de la Cabeza** *(plan AB4) ;* belle **vue**** sur le **pont de San Martín** *(plan A3)* du XIVᵉ s. Vous le laisserez sur votre dr. pour franchir le Tage un peu plus loin et revenir à la puerta Antigua de Bisagra *(plan C1).*

Environs

1 — Fabrique d'armes *(1,5 km par la camino à la Fábrica Nacional ; on ne visite plus).* — Vous l'atteindrez en traversant le site d'un cirque romain, transformé en jardin, où se déroulaient les jeux de l'hippodrome. Sur la rive dr. du Tage, la fabrique d'armes fut construite par Charles III de 1777 à 1783. On ne sait à quelle époque s'établit à Tolède cette industrie des armes blanches, autrefois célèbre. L'excellence de la trempe serait due à la qualité de l'eau du fleuve.

2 — Illescas *(34 km N.-E. par la N 401 en direction de Madrid ;* 6 060 hab., alt. 588 m). — La ville connut son époque de splendeur au XVᵉ et au XVIᵉ s. ; plusieurs rois de Castille et même François Iᵉʳ, pendant qu'il était prisonnier après Pavie, y résidèrent (on peut encore voir l'auberge où Charles Quint le rencontra pour le pousser à épouser sa sœur). Des anciennes murailles reste seulement la **porte** mudéjare de **Ugena**. L'**église paroissiale Santa María** fut construite entre le XIᵉ s. et le XVIᵉ s. : beau clocher mudéjar ; chevet roman ; nef gothique. Le monument le plus important est sans nul doute l'**hôpital de la Virgen de la Caridad** fondé par le cardinal Cisneros. A l'intérieur, belles pièces d'orfèvrerie (trône d'argent de la Vierge), peintures de Pantoja de la Cruz, Ecce homo de Luís Morales, cinq **tableaux*** du Greco (Saint Ildefonse écrivant sous la dictée de la Vierge, l'une de ses plus belles œuvres, la Charité, la Nativité, l'Annonciation et le Couronnement de la Vierge).

3 — Excursion au S.-E. de Tolède.

Vous traverserez tout d'abord un haut plateau où les bourgs conservent toute leur noblesse, puis une région d'olivaies et de vignobles.

0 km : **Tolède.** Sortir par la N 400 en direction d'Aranjuez.

3,5 km : prendre à droite la C 400 en direction de Mora.

21 km : **Almonacid de Toledo** ; près d'un château fort du XIᵉ s., en ruine, qui fut le témoin de la victoire du général Sébastiani en 1809.

26 km : **Mascaraque** ; ruines du petit château des Padilla (XIVᵉ s.), près de l'église paroissiale.

32 km : **Mora** (9 230 hab., alt. 717 m) ; église gothico-mudéjare de la fin du XVᵉ s. avec un grand retable plateresque sculpté, des peintures du XVIᵉ s., un ostensoir du XVIIᵉ s., œuvre d'Alonso Sánchez et d'Antonio Pérez. Intéressant musée d'objets liturgiques. Production de vins et de liqueurs.
Fête : le dernier dim. d'avr., fiesta del olivo avec défilé de chars.

63,5 km : **Consuegra*** (9 490 hab. ; alt. 705 m) ; pittoresque ville qui conserve ses moulins typiques. Ruines d'un cirque et d'un aqueduc romains.
Fêtes : Virgen de la Blanca (8 sept.) ; Cristo de la Vera Cruz (22 sept.) ; fête de la rose de safran (dernier dim. d'oct. lorsque le safran est en fleur).

➜ Par un itinéraire fléché *(Ruta cervantina)*, vous atteindrez, à *2 km*, le sommet de la colline couronnée par les ruines imposantes d'un château, bâti sur le site d'un castrum romain, et par plusieurs moulins à vent qui donnent à ce gros bourg le pittoresque aspect des localités de la Manche. Beau point de vue.
A Consuegra, prendre une route locale (TO 232) vers le N.-O. menant à Los Yébenes.

90,5 km : **Los Yébenes** (alt. 819 m) ; église San Juan dominée par une tour mudéjare du XVIe s. ; église Santa María renfermant un retable de Martinez de Arce, orné de sculptures exécutées par Luis Salvador Carmona (1770).
Prendre la direction de Tolède.

100 km : **Orgaz** (2 780 hab. ; alt. 744 m) ; fief de doña Jimena, épouse du Cid. Église paroissiale baroque, édifiée sur les plans d'Alberto Churriguera ; peintures de Francisco Rizzi et du Greco. Château du XIVe s. des Pérez de Guzmán.

109 km : **Sonseca** ; dans la Capilla Mayor, de style Renaissance, de l'église paroissiale, grand **retable*** plateresque sculpté par P. Martinez de Castañeda (1574-1588) et peint par Luis Velasco. La ville a la réputation de confectionner les meilleurs mazapanes de la région.
➜ A *4 km* N. en direction de Tolède, **Ajofrín** (1 916 hab., alt. 770 m) ; dans l'église paroissiale, retable churrigueresque dans la Capilla Mayor ; grille plateresque de 1611 ; sur la plaza Mayor, 300 m plus loin à dr., fontaine du XVIIe s. dans le style d'Alonso Cano. Ruines d'un château médiéval.
Prendre vers l'O. une route locale (C 402) en direction de Mazarambroz.

130 km : **Cuerva** (1 290 hab. ; alt. 771 m) ; église de style gothique (intérieurement), remaniée au XVIe s. A g. du maître-autel, Vierge flamande du XVe s. ; lutrin en bronze de 1600 environ ; la Cène, tableau de Luis Tristan, 1620.
➜ A *6 km* S. **Las Ventas con Peña Aguilera** *(prendre d'abord la route de Navahermosa, puis à g. à 1 km)* est un village dans une région où de nombreuses formations rocheuses donnent un aspect des plus étranges au paysage ; dans l'église paroissiale de style gothique, avec une tour mudéjare du XIVe s., grand retable peint et sculpté de 1600 ; statue de la Vierge del Aquila du XIIe s.
Prendre vers le N.-O. en direction de Gálvez.

137,5 km : **Gálvez** (3 100 hab. ; alt. 712 m) ; tour mudéjare du XVe s. Sur la place, maisons seigneuriales du XIIe s.
Prendre la direction de Tolède.

150 km : **Polán.**

154 km : ➜ A g. route pour *(2 km)* le **château de Guadamur*** ; forteresse bâtie de 1444 à 1464 par Pedro López de Ayala, très bien conservée (après restauration au XIXe s.), avec un puissant donjon crénelé et à mâchicoulis. On peut visiter (les 1er, 10, 20 et 30 de chaque mois), plusieurs pièces meublées, sans œuvres particulièrement remarquables : armes anciennes, peintures sur bois des XVe et XVIe s., meubles, tapisseries. Ermitage de Nª Sª de la Natividad avec une abside mudéjare ; une sainte Anne avec la Vierge enfant, gothique.

189 km : **Tolède.**

4 — La Puebla de Montalbán *(33 km O. par la C 502 en direction de Talavera de la Reina).* — Église Santa María de la Paz, de styles gothique et plateresque, don le chevet fut remanié au XVIe s. par Nicolás de Vergara ; dans l'**ermitage de Nª Sª de la Soledad** (1733-1743), retable et peintures murales (sur les trompes de la coupole) de Luis et Alejandro Velázquez (1741-1742). Palais ducal Renaissance avec une beau plafond artesonado mudéjar. Église du couvent de San Francisco avec une statue de don Pedro Pacheco.
➜ A *12 km* S., sur la dr., **château de Montalbán**, qui domine la vallée du Torcón, au cœur d'une région boisée, et qui fut probablement construit vers 1323 par l'infant don Juan Manuel sur le site d'une forteresse qui dut être fondée par les templiers au XIIe s. De plan triangulaire, il conserve encore de belles courtines avec deux

bastions pentagonaux à échauguettes qui renforcent l'enceinte sur le front le plus vulnérable ; l'un d'eux protégeait la porte, et le second servait de donjon.

→ A *14 km S. (au km 12, prendre à g.),* **Nª Sª de Melque** ; du VIIIᵉ s. ou IXᵉ s., c'est un sanctuaire d'une architecture unique en son genre dans la série des églises mozarabes ; voûtée en plein cintre, dotée de murs d'une épaisseur considérable et d'une coupole surmontée d'une tour, elle rapelle l'église San Vitale à Ravenne.

5 — Torrijos *(28 km N.-O. par la N403 en direction d'Ávila ; 7 995 hab., alt. 529 m).* — Église paroissiale, ancienne collégiale du Santisimo Sacramento, où se mêlent les styles gothique et Renaissance (1509-1518). A l'intérieur, retable plateresque et stalles gothiques dans le chœur. Dans l'hôpital de la Santísima Trinidad ou del Cristo de la Sangre, gothico-Renaissance, statues des fondateurs (la famille de Maqueda), toile représentant les murailles médiévales.

→ A *12 km N.-O. par la N403,* **Maqueda** (→ Talavera de la Reina, environs 1).

→ A *12 km N.-E. par une route locale,* **Fuensalida** (5 676 hab. ; alt. 593 m) avec une église paroissiale gothico-mudéjare qui conserve des objets d'orfèvrerie liturgique. Église de l'ancien couvent des franciscains déchaussés avec les tombes vides des 3ᵉˢ comtes de Fuensalida. Palais des Fuensalida gothique-Renaissance avec des décorations mudéjares et des azulejos de Talavera.

Tordesillas

Salamanque, 85 km. — Valladolid, 30 km. — Zamora, 67 km.
Alt. 702 m. — 6 685 hab. — Province de Valladolid (Castille-León).

Petite ville au bord du río Duero, aux rues étroites, dans laquelle vous visiterez surtout l'église-musée San Antolín et le couvent de Santa Clara.

La ville dans l'histoire. — C'est à Tordesillas que séjourne Jeanne la Folle, que se réunit l'assemblée des comuneros de Castille et qu'est signé, le 7 juin 1494, le traité arbitré par le pape Alexandre VI Borgia, entre l'Espagne et le Portugal, connu sous le nom de ligne de marcation, qui donne à l'Espagne les terres découvertes à l'O. d'une ligne imaginaire tirée d'un pôle à l'autre et passant à 370 lieues des îles du Cap-Vert : le Portugal obtient ainsi le Brésil.

Un sacrifice rituel : le taureau de Vega. — Depuis des temps immémoriaux, le mar. de la 2ᵉ sem. de sept., un taureau est lâché de la plaza Mayor jusqu'au pont. Après avoir traversé celui-ci l'animal est libre d'aller où il veut... mais, à ce moment, la chasse à courre commence. Armés de pics et de lances, à pied ou à cheval, les jeunes gens du pays poursuivent l'animal, jusqu'à ce que le plus habile d'entre eux réussisse à exécuter le taureau d'un coup bien ajusté ; le vainqueur, considéré jusqu'à l'année suivante comme le héros du village, sera décoré par la municipalité pour son courage et sa bravoure.

■ **Église San Antolín.** — Elle est édifiée sur une terrasse (**vue*** des plus belles sur la vallée du Douro) et est aujourd'hui transformée en **musée***. Dans la **chapelle de los Alderete**, à dr., **tombeau** de Pedro González Alderete et **retable** plateresque ; dans l'**église**, de style gothique (XVᵉ s.), **Christ en croix** et petit **retable** du début du XVIᵉ s.

Couvent de Santa Clara**. — C'est un ancien palais construit par Alphonse XI vers 1350, où résida Pierre le Cruel, qui le fit transformer en couvent. Il se présente comme l'un des plus beaux spécimens de l'architecture mudéjare, avec une façade de pierre et des céramiques polychromes dans le style de l'Alcázar de Séville ; petit **patio** arabe des XIᵉ et XIIᵉ s., aux fines arcatures polylobées, splendide création mauresque. Dans l'**église**, admirable **plafond**** à caissons, chef-d'œuvre d'art mudéjar, de l'ancienne salle du trône du palais d'Alphonse XI. Capilla Dorada ornée de fresques du XIVe et du XVIIIe s. (statue de la Vierge, polychrome, du XVe s.). Vestibule du palais, de style mudéjar, avec des fresques du XIVe s. et un retable du XVIe s.

Dans la chapelle latérale, tombeaux de style gothique fleuri, du XVe s.; triptyque gothique portatif, qui appartint à Pierre le Cruel (XIVe s.); retable flamand sculpté, du XVe s., dont les portes ont été peintes par Nicolás Francés.

◆→ A 21,5 km N.-O., **Villalar de los Comuneros** *(prendre la NVI en direction de Benavente jusqu'au km 15, puis bifurquer à g.).* C'est dans ce petit village que se déroula la bataille des comuneros de Castille contre l'empereur Charles Quint. Celui-ci avait en effet confié à un Flamand le gouvernement de la Castille, ce qui provoqua un soulèvement général des grandes villes du centre. Ce fut le début d'une véritable guerre civile qui s'acheva par la défaite des troupes insurrectionnelles le 23 avril 1521.

Fête : Villalar, après l'avènement de la démocratie en Espagne, est devenu le symbole de l'autonomie de Castille-León; tous les ans, le 23 avr. s'y célèbre une fête d'affirmation régionale qui réunit des milliers de personnes.

Toro*

Tordesillas, 34 km. — Zamora, 33 km.
Alt. 745 m. — 9 785 hab. — Province de Zamora (Castille-León).

Capitale de la Tierra del Vino (excellents vins rouges), elle fut au XVe s. une résidence royale; c'est ici que Jeanne la Beltraneja renonça à ses droits à la couronne au profit d'Isabelle la Catholique (1476). De son passé historique, Toro a conservé des monuments intéressants, en particulier les églises de Santa María la Mayor et San Lorenzo.

Du centre de la ville, en laissant à dr. l'**ayuntamiento**, vous gagnerez l'**église Santa María la Mayor**, de style roman, élevée à partir de 1160; on y pénétrera par le portail N. (roman); à l'intérieur coupoles sur trompes, à étroites fenêtres percées dans des arcatures aveugles, polylobées, de tradition islamique; dans la **Capilla Mayor**, **tombeau** de style gothique fleuri, à l'emplacement du chœur (démonté), sur les piliers, statues du XVIe s. Après la porte principale, sculptures du **portail de la Gloire*** et du **Jugement dernier**, du XIIIe s., qui conserve sa polychromie. Dans la sacristie, **tableau de la Virgen de las Moscas***, de la fin du XVe s., **calvaire** italien en ivoire finement sculpté.

De la terrasse devant le portail S., de style roman, vue sur la vallée du Douro et un **pont** d'origine romaine, presque entièrement reconstruit au Moyen Age, et, partant de cet ouvrage, restes d'une **chaussée romaine** établie sur une digue le long du fleuve.

De la plaza Mayor, la rue qui mène à la tour de l'Horloge (visible de loin) conduit à l'**église Santo Tomás**, à g., élevée au XVIe s., restaurée au XVIIIe s., qui renferme un retable sculpté du XVIe s.

Pour visiter les autres églises, prendre, depuis la plaza Mayor, la rue menant à l'église Santa María la Mayor, tourner à dr. après l'ayuntamiento. Cette artère, sinueuse, passe devant l'**église San Salvador** (en ruine), de style mudéjar, puis devant l'église Sancti Spiritus, du XIVe s. (plafonds artesonados, tombeau d'albâtre de la reine Béatrice de Portugal, épouse de Jean Ier de Castille). La rue qui débouche à dr., un peu avant cette église, ramène à la tour de l'Horloge ; remarquez au passage plusieurs demeures seigneuriales assez délabrées (dans une ruelle transversale à g., le palais de las Leyes où les cortès se réunirent en 1505).

De l'autre côté du Douro, église Santa María de la Vega (1208), de style romano-mudéjar (restes de fresques de la fin du XVe s. dans l'abside).

A l'autre bout de la ville, église San Julián, par Rodrigo Gil de Hontañón, avec un portail de style gothique fleuri et un retable peint et sculpté du XVIIe s. ; un peu plus loin, accessible par une rue transversale à g., église Santa Clara, avec des peintures murales du XIIIe s. Peu après le carrefour ci-dessus, église San Lorenzo de style roman du XIIe s., qui renferme un retable* peint par Fernando Gallego (fin du XVe s.).

Musée de peinture gothique *(visite demander à l'ayuntamiento ; entrée gratuite)*, installé dans l'église San Sebastián de los Caballeros (Plaza de la Paja).

➜ A 13 km N.-E. par la C519 en direction de Medina de Rioseco *(prendre à dr. au km 11)*, Villalonso ; ce petit village fut le théâtre d'une lutte entre Castillans et Portugais ; il conserve une splendide forteresse* avec un imposant donjon.

Tortosa

Gandesa, 41 km. — Tarragone, 86 km.
20 978 hab. — Province de Tarragone (Catalogne).

Capitale de la comarca du Baix Ebre dont les terres hautes ont été laissées aux bois de pins ou cultivées en terrasses (oliviers), tandis que les limons déposés par le fleuve ont favorisé le développement de l'horticulture et de la culture du riz (delta de l'Ebre). Les plages, longues et sablonneuses au S., sont lovées dans de belles criques près de l'Ametlla de Mar.

La ville dans l'histoire. — La ville est dominée par le castell de la Suda, forteresse fondée par les Arabes au VIIIe s. (aujourd'hui parador national), et les ruines de son enceinte, abattue partiellement en 1875 afin de permettre l'extension du noyau urbain. Place forte, Tortosa verrouillait autrefois le fleuve, grande voie de communication vers l'intérieur. On l'identifie avec l'antique Dertosa (ville de pierres) fondée par Scipion l'Africain sur les ruines de Hibera, cité ibère alliée aux Carthaginois. Enlevée par les Maures au début du VIIIe s., elle est assiégée et prise par Louis le Débonnaire en 811, reconquise par les Arabes qui en font un nid de pirates, enfin reprise avec l'aide d'une flotte génoise et des Templiers, par Raymond Béranger IV en 1148. Pendant la guerre civile de 1936-1939, l'Ebre fait frontière entre les troupes franquistes et républicaines durant plusieurs mois. Bombardée, la ville ne conserve plus guère qu'un quartier, au S. de la cathédrale, au cachet ancien : le Casc Antic, désormais classé.

L'ensemble des monuments est localisé sur la rive gauche de l'Ebre, où vous vous trouvez en venant de Barcelone. Peu après l'entrée dans la ville, prendre sur votre g. puis à dr. vers la plaça d'Espanya et l'Ajuntament : office de tourisme. Si vous arrivez à Tortosa un sam. ou un dim., dirigez-vous directement au parador pour bénéficier d'un superbe panorama sur l'Ebre et la ville. Il sera aisé de repérer à vos pieds la cathédrale où vous conduit une série d'escaliers et de ruelles pittoresques.

Cathédrale*. — Elle a été édifiée sur le site d'un temple romain remplacé successivement par une mosquée puis une église romane. Excepté la façade baroque du XVIIe s. et la tour d'origine mauresque, et bien que sa construction s'échelonne de 1347 à 1557, elle présente un style gothique harmonieux. Ouvrant sur le collatéral droit, les **fonts baptismaux** sont protégés par une lourde grille. On peut difficilement discerner les sculptures de la cuve, ancienne fontaine de jardin du pape Pedro Martínez de Luna. Elle porte les armes de ce pape avignonnais et des allusions au grand schisme d'Occident. La **chapelle** suivante, de style baroque, est une véritable église dans l'église. Consacrée à la Mare Déu de la Cinta, elle abrite une relique très vénérée : la ceinture de la Vierge. Les voûtes sont couvertes de fresques, les murs décorés de peintures et l'autel rutilant sous la lumière des bougies et des lustres de cristal (fêtes début sept.). Dans la nef, deux **chaires** de pierre sculptée (XVe s.) représentation des quatre évangélistes *(à g.)* et des docteurs de l'Église *(à dr.)*. Le chœur (XVe s.) est entouré d'un déambulatoire et de chapelles rayonnantes ouvertes.

Au maître-autel, grand **retable*** de bois à trois volets, sculpté et peint au XIVe s. D'autres œuvres d'art sont dispersées dans la cathédrale, le **trésor** est exposé dans la sacristie (orfèvrerie religieuse, émaux, tapisseries...). Le **cloître** adjacent (XIVe s.) est d'une grande sobriété. Puits à margelle sculptée du XVIe s.

Une venelle conduit du cloître au **palais épiscopal**. Patio de style gothique catalan (deux étages de galeries, grand escalier) et chapelle (portail et culs-de-lampe sculptés).

Le **collège Saint-Louis** *(ouv. du lun. au sam. de 10 h à 14 h et de 17 h à 21 h)*, de style Renaissance, a été fondé par Charles Quint en 1544 à l'intention des jeunes morisques convertis. Beau patio à trois étages d'arcades. Médaillons des bustes des rois d'Aragon.

Voir également l'**ajuntament** (gothique, XVe s.), le quartier ancien autour de la cathédrale, le quartier juif très pittoresque et la **Llotja** (gothique, XIVe s.) reconstruite dans le parc, à l'entrée de la ville, au bord de l'Ebre.

Musée et archives municipaux au **couvent des Dominicains** (XVIe s.) : documents sur l'histoire de la ville comme la **Lettre de peuplement** de Raymond Béranger IV et le **Livre des coutumes** de Tortosa (1272), musée archéologique, peinture des artistes locaux.

Un nombre important d'édifices modernistes sont éparpillés dans la ville (Mercat Públic, església del Roser).

Le delta de l'Ebre*

En partie sur la comarca du Baix Ebre, et sur celle du Montsià, le delta s'est formé et continue à se former grâce à l'énorme masse d'alluvions charriées par le fleuve depuis les monts Cantabriques, les Pyrénées et le plateau aragonais.
Pâturages appréciés dès la plus haute antiquité puis zone de pêche reconnue, région de salines enfin, le delta devient une région agricole à la fin du XIXe s. avec l'introduction des canaux d'irrigation. Le riz constitue aujourd'hui la principale production avec les primeurs.
Étendu sur plus de 320 km², le delta de l'Ebre est aussi une réserve naturelle : flore, insectes, animaux amphibies et reptiles, poissons de mer et d'eau douce

prospèrent dans cette région humide et chaude où la faune ornithologique recensée est remarquable — plus de 300 espèces.

Les oiseaux s'observent à l'automne de préférence, mais les rizières sont superbes au printemps et le paysage envoûtant en hiver.

L'Ebre et le littoral se prêtent à de nombreux sports nautiques. Longues plages d'alluvions aux eaux calmes et peu profondes. Les chasseurs et les pêcheurs s'informeront pour le calendrier des ouvertures. Possibilités de pêche en mer au départ de l'Ampolla ou de Sant Carles de la Ràpita.

Le delta, classé en partie parc naturel protégé de Catalogne par la Généralité, peut être parcouru à bicyclette ou le fleuve remonté en bateau de Deltebre à l'embouchure et de l'embouchure à la mer. De nombreux bars et restaurants vous invitent à déguster les plats de poissons et de fruits de mer à des prix raisonnables. L'aménagement touristique (urbanisation, création de campings équipés...) est en cours.

1 — L'Ametlla de Mar *(41 km N.-E. par la N 340).* — Petit port où la vie quotidienne est rythmée par l'activité des pêcheurs (sortie de bateaux à l'aube, retour vers 17 h, criée).

2 — Sant Carles de la Ràpita *(28 km S. par la N 340;* 10050 hab.). — Les plats de langoustines y sont réputés tout comme à **Les Cases d'Alcanar** *(10 km plus au S. par la même route).*

Tremp

Lleida, 93 km.
Alt. 468 m. — 4906 hab. — Province de Lleida (Catalogne).

Petit centre commercial dans une région riche en barrages et en centrales hydroélectriques : autant de rivières poissonneuses (surtout à truites) et de lacs artificiels où se pratiquent toutes sortes de sports nautiques. Grande zone de chasse, au petit et au gros gibier.

Environs. 1 — Abella de la Conca *(16 km E.; sortir par la C 142; au km 9 prendre à g.; 10 km plus loin bifurquer une nouvelle fois au S. en direction de Bóixols; à 2 km, embranchement à g. pour Abella).* — Église Sant Esteve (XIIIe s.). Village pittoresque.

2 — Covet *(31 km S.-E.; prendre la même route que précédemment, mais au km 19, continuer vers Artesa; à environ 9 km tourner à dr.).* — La **chapelle** romane de **Santa Maria** de Covet est d'une structure assez complexe. Très beau **portail*** sculpté de nombreuses figures présidées par un Christ en majesté *(demander la clef dans le village).*

3 — Àger *(31 km S. par la C 147 en direction de Balaguer).* — Après le **portell dels Terradets** (beau point de vue sur le barrage de la Noguera Pallaresa et lieu d'escalade), cette petite ville s'est groupée autour de la **collégiale** ruinée de **Sant Pere**, des XIe et XIIe s. Les paysages sauvages de la sierra de Montsec au N. d'Ager, entre le lac de barrage de Canelles à l'O. et la Noguera Pallaresa à l'E., constituent la grande région de spéléologie de Catalogne (attention les grottes sont parfois très dangereuses) et un milieu naturel remarquable (panorama depuis le pont d'Ager).

Trujillo*

Cáceres, 49 km. — Madrid, 259 km. — Mérida, 88 km.
Alt. 513 m. — 10590 hab. — Province de Cáceres (Estrémadure).

La Turgalium des Romains est l'une des plus attachantes cités d'Estrémadure. Ville de conquistadores, aujourd'hui bien déchue, elle demeure
cependant très séduisante avec ses monuments médiévaux et Renaissance. Trujillo est la patrie de Francisco Pizarro (v. 1475-1541), le
conquistador du Pérou ; nombre de ses fils fondèrent en Amérique latine
(Venezuela, Honduras...) des villes qu'ils baptisèrent Trujillo.

Fêtes. — Pour le dim. de Résurrection, costumes typiques (trujillano pastor), chants
et danses populaires. A la mi-sept., fiesta de la Virgen de la Victoria.

Gastronomie. — A goûter la soupe de tomates aux figues, le gazpacho blanco et
la moraga (viande de porc cuite à la braise).

Artisanat. — Osier, tissage, poteries, orfèvrerie.

Visite de la ville

☐ **Plaza Mayor**** *(plan C1).* — C'est l'une des plus intéressantes d'Espagne,
entourée d'**arcades** et de **palais Renaissance.** Sur la place, **statue équestre,**
en bronze, de Francisco Pizarro, œuvre des sculpteurs américains Charles
Rumsey et Mary Harriman (1927).

Palais de la Conquista *(plan C2).* — Il fut érigé par Hernando Pizarro, le
premier marquis de la Conquista, grâce aux immenses revenus que lui valut
la conquête du Pérou, sur le site de la maison seigneuriale de Gonzalo Pizarro,
le père du fameux conquérant.

Il présente une remarquable façade d'un style plateresque très exubérant, presque
baroque, avec un balcon d'angle où l'on distingue les armoiries concédées au
marquis de la Conquista par Charles Quint et où figurent les rois enchaînés (entre
les colonnes encadrant la fenêtre, bustes de Francisco Pizarro, de la princesse inca
Inés Yupanqui Haylas, son épouse, et, de l'autre côté, de leur fille, Francisca Pizarro
Yupanqui, et de Hernando Pizarro, le frère du conquistador, qui épousa ainsi sa
propre nièce).

Le **palais de Piedras Albas** présente une galerie d'inspiration italienne et une
façade à couronnement gothique. Plus près de l'église de San Martín, le **palais
de San Carlos,** transformé en couvent *(on peut le visiter),* offre une façade
plateresque, véritable archaïsme pour l'époque de sa construction, au XVIIIe s.
(magnifique patio à colonnes toscanes). L'**église de San Martín** *(plan C1),*
gothique des XVe et XVIe s., à deux superbes façades, s'ouvre sur la place par
un portail Renaissance.

Gravir la petite rue à dr. sur le parvis en sortant de l'église ; franchir la
puerta de Santiago, du XIIIe s., située entre deux tours dont l'une sert de
clocher à l'église voisine ; **casa de los Chaves,** des XVe et XVIe s.
L'**église de Santiago** *(plan B1),* de fondation romane (XIIe s.), fut défigurée
au XVIIe s. ; elle renferme les tombeaux de Gonzalo de Tapia et de María de
Paredes, de part et d'autre de la Capilla Mayor.

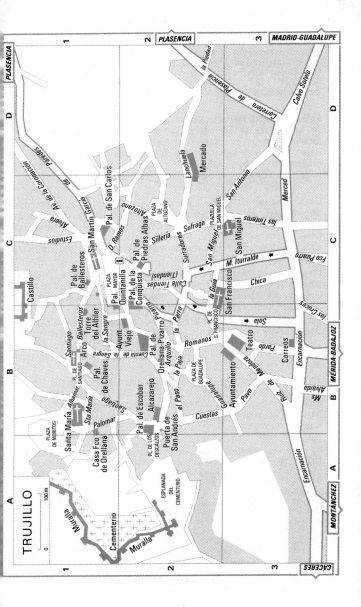

TRUJILLO

De là, les **amateurs des détails** pourront monter jusqu'au **castillo** *(plan BC1)* qui couronne la colline où s'étend la ville. C'est un beau monument militaire qui donne à Trujillo son cachet particulier et domine des rues étroites et escarpées qui obligent à chaque coin. Érigé sur des restes de fortifications romaines, il est renforcé par des tours carrées, d'origine maure, et par des tours cylindriques, ajoutées après la Reconquista. Il fut agrandi aux xve et xvie s. Au sommet, dans une niche entre deux tours, statue de la Virgen de la Victoria, patronne de la ville, du xvie s.

Église de Santa María la Mayor *(plan B1)*. — De style roman du xiie s., elle fut remaniée en style gothique (xve et xvie s.), mais conserve son clocher roman et renferme le monument funéraire de Diego García de Paredes, le Bayard espagnol (†1533), de même qu'un splendide **retable** gothique, peint par Fernando Gallego à la fin du xve s. ou au début du xvie s. et consacré à la vie de la Vierge ; au centre du retable, groupe sculpté de l'Assomption.

Dans ce quartier de la ville haute se trouvent de nombreuses **demeures seigneuriales** bien que souvent en mauvais état. En descendant l'escalier qui part de la place de Santa María, remarquez la maison natale de Francisco de Orellana *(la deuxième à dr.)* qui, le premier, navigua sur l'Amazone qu'il baptisa du nom de fleuve des Amazones, après avoir été attaqué par des Indiens aux longs cheveux.

Un peu plus bas, à g., **palais des Escobar** *(plan B2)*, du xve s., à fenêtres ogivales, puis la **puerta de San Andrés** *(plan AB2)*, du xiiie s. ou du xive s., après laquelle vous tournerez à g. en longeant le palais des Altamiranos ; à g., **maison fortifiée**, dotée de deux tours.

Cette artère vous ramènera à la plaza Mayor en passant devant le **palais de Orellana Pizarro***, à g., l'un des plus beaux de la ville (milieu du xvie s.) avec une belle façade Renaissance, où s'ouvre un portail flanqué de deux tours, au fond d'un porche surmonté d'une élégante galerie ; remarquable patio plateresque.

Juste avant la plaza Mayor, à g., l'ancien **ayuntamiento** *(plan B2)* présente une façade datée de 1586 ; le salon principal, aujourd'hui bibliothèque publique, est enrichi d'une décoration de peintures murales du xvie s., œuvre de Tibaldi (un petit autel est orné d'un tableau de l'Assomption, de l'école florentine du xvie s.).

Pour compléter la visite de Trujillo, vous pourrez vous rendre sur la **plaza de San Miguel** *(plan C2)* en suivant la calle de la Sillería *(plan C2)* et la calle de Sofraga *(plan C2)*, où se trouve, à l'angle formé avec la place, le **palais des marquis de Sofraga et des ducs de la Roca**, avec un balcon d'angle et une fenêtre encadrée de colonnes corinthiennes.

L'**église San Miguel** *(plan C3)*, qui faisait partie d'un couvent fondé par la reine Isabelle la Catholique, renferme une **sculpture de la Dolorosa** (Vierge des douleurs) attribuée à Gregorio Fernández ou à son école.

L'**église San Francisco** *(plan C3)*, ancien sanctuaire d'un couvent, présente un portail très sobre, orné du cordon de Saint-François, des armes de Charles Quint et de la ville, d'une statue de saint François et d'un bas-relief de Dieu le Père ; à l'intérieur, retables baroques, tableau attribué à Mateo Cerezo ; dans la crypte, sculptures de Hernando Pizarro et de son épouse, Francisca Pizarro Yupanqui.

Dans le même quartier, le **casino de Trujillo** est installé dans un ancien palais du début du xvie s., construit par Alvaro Pizarro.

Environs

1 — Au N. de Trujillo.

0 km : **Trujillo.** Sortir par la N IV en direction de Madrid.

27,5 km : Jaraicejo ; importante église du xvie s.

51,5 km : ↦ A dr. route pour *(4 km)* **Romangordo**, village situé près des ruines d'un château fort qui défendait la vallée du Tage.

53 km : pont sur le Tage dont le cours a été élargi par un barrage élevé à une trentaine de kilomètres.

59 km : **Almaraz** ; l'église San Andrés, du xvie s., comporte un portail Renaissance. Tour de l'ancien château médiéval.

↦ A 6 km E., **Belvis de Monroy** ; dans le village, imposant **château** du xve s., avec une haute courtine renforcée de tours carrées et d'une tour cylindrique, avec un haut donjon, qui appartint à la famille des Monroy, l'une des plus puissantes d'Estrémadure.

74 km : **Navalmoral de la Mata** (12 210 hab. ; alt. 514 m) ; vous pourrez y voir l'église de la Consolación, avec une rosace gothique, et l'église San Andrés des xve et xvie s. (fonts baptismaux Renaissance et beau retable baroque).

2 — Au S. de Trujillo.

0 km : **Trujillo.** Sortir par la N IV en direction de Mérida.

14,5 km : ↦ A g. route pour *(1 km)* **Santa Cruz de la Sierra** ; ancienne place forte maure. Nécropole celte. L'église gothique de Vera Cruz conserve un retable baroque, plusieurs autels gothiques décorés d'azulejos ; chaire du xviiie s. soutenue par un pied wisigoth.
Fêtes : le 14 sept., fêtes patronales avec une procession nocturne pendant laquelle on brûle des bottes de paille.

26 km : Villamesías. Prendre à dr.

32 km : Almoharín ; bourg de fondation maure. Curieuse église dont le clocher a l'aspect d'un minaret almohade.

55 km : Arroyomolinos de Montánchez ; église dont le portail platéresque est finement sculpté.
Poursuivre jusqu'au prochain carrefour. Là prendre à dr. une 1ʳᵉ fois, puis une 2ᵉ fois, 4 km plus loin.

65 km : Montánchez ; petite ville réputée pour ses jambons serranos. Ruines d'un château érigé après la Reconquête, d'où vous découvrirez l'immense coulée de tuiles des quartiers voisins de ce véritable nid d'aigle. Citerne arabe. L'**ermitage de** Nᵃ Sᵃ **de la Consolación** est situé à l'intérieur de la forteresse médiévale. Dans une niche décorée d'azulejos, statue de la Virgen del Castillo, patronne de la ville.
Fêtes : Virgen del Castillo, le 15 sept.

Tudela**

Pampelune, 99 km. — Saragosse, 75 km. — Tafalla, 64 km.
Alt. 324 m. — 25 284 hab. — Province de Navarre.

Les paysages de la région de Tudela annoncent déjà l'Aragon. La ville, deuxième agglomération de Navarre par son importance, est édifiée sur le Queiles, au bord de l'Ebre qui irrigue sa huerta (la Mejana). Ses innombrables ruelles étroites et tortueuses menant souvent à des culs-de-sac, ses maisons de brique rouge construites sur un socle en pierre taillée, outre des trésors artistiques de grande beauté, lui donnent un attrait tout particulier.

La ville dans l'histoire. — Fondée en 802 par Amrus Ibn Yusuf al-Muwallad, sous le règne de Al-Hakem I, sa position stratégique face au pont traversant l'Ebre (le seul entre Saragosse et Logroño durant des siècles) fait d'elle un avant-poste musulman face aux chrétiens de Pampelune ou la Castille. Conquise en 1119 par le Normand Rotron, comte de Perche, sous le règne d'Alphonse le Batailleur, Tudela devient un des postes défensifs de la partie méridionale du royaume de Navarre.
Pendant longtemps elle abrite trois communautés (juive, chrétienne et musulmane) qui coexistent en bonne harmonie dans leurs quartiers respectifs jusqu'à l'expulsion des juifs en 1498 et des musulmans en 1516.
Tudela est la patrie du géographe Benjamin de Tudèle, rabbin qui parcourt plusieurs pays de l'Orient musulman de 1160 à 1173, du grand poète Yehuda ha Levi et d'Abraham ibn Ezra, qui étonne encore par la quantité et la qualité de ses écrits. Autre personnalité illustre de Tudela, Miguel Servet (1511-1553), grand humaniste qui découvrit la circulation du sang. Il a des démêlés avec l'Église catholique et Calvin, qui l'accuse devant le Petit Conseil de Genève. Il est brûlé vif comme hérétique à Champel, près de Genève.

Spécialité gastronomique. — Il ne faut pas manquer de goûter à la menestra de Mejana, un mélange d'artichauts, d'asperges, de petits pois, de haricots et de jambon, parfumé à l'ail.

Visite de la ville

Si vous arrivez de Pampelune, vous traverserez l'Ebre sur un **pont à 17 arches**, long de 380 m, qui présente un mélange de plusieurs styles. Les tours défensives ont disparu, mais le pont demeure un symbole puisqu'il figure sur l'écusson de la ville. Sur la colline de droite, à l'emplacement du monument au Sacré-Cœur qui domine la ville, se trouvait le château dont il ne reste que quelques vestiges. Du sommet, on peut admirer un très beau panorama sur Tudela, la huerta et la vallée de l'Ebre.
Dans le centre ville, la **plaza de los Fueros**, avec son kiosque typique, est le lieu de réunion des habitants. Remarquez l'ensemble de maisons qui donnent une belle unité à la place.

Sur cette place, le dimanche de Pâques, se déroule une curieuse cérémonie, très populaire : la descente de l'Ange. Une procession solennelle amène sur la place la Vierge. Un petit enfant portant une tunique blanche et des ailes descend par un câble ; il découvre le visage de la Vierge en lui retirant le voile noir qui le cachait, tandis que la foule applaudit vivement.

En suivant la rue Méndez Vigo et après avoir traversé le marché, vous parviendrez à la **place San Jaime** où se distingue la façade de la casa Decanal, du XVe s.

Cathédrale**. — Construite sur des restes de la grande mosquée, il s'agit d'un magnifique édifice de style de transition où prédomine la sobriété cistercienne et dont l'ornementation se réduit aux seuls chapiteaux. Du côté de la façade principale, elle s'ouvre par un remarquable **portail*** du XIIe-XIIIe s., la porte du Jugement dernier, véritable chef-d'œuvre qui représente, dans les huit archivoltes, à g. le bonheur des élus et à dr. les tortures des condamnés.

A l'intérieur, d'un style très dépouillé rappelant l'église du monastère de la Oliva (→), grand **retable**** du maître-autel, peint par Pedro Díaz de Oviedo de 1487 à

1494. Consacré à la vie de la Vierge, il se signale par la qualité du dessin, la délicatesse et l'éclat des coloris.

Pedro Díaz de Oviedo (actif à la fin du XVᵉ s. et au début du XVIᵉ s.), originaire des Asturies, fait son apprentissage en Castille, probablement dans les ateliers de Burgos et d'Ávila, avant de s'installer en Navarre où, perfectionnant son art au contact de l'école aragonaise, il introduit la peinture flamande. Il s'inspire notamment dans l'exécution de plusieurs tableaux de ce retable (la Flagellation, le Christ devant Ponce Pilate), d'estampes du peintre alsacien Martin Schongauer, lui-même influencé par la peinture néerlandaise, en particulier par Rogier Van der Weyden.

Adossée à un pilier qui soutient l'arc de triomphe, **statue de la Vierge et l'Enfant**, de la fin du XIIᵉ s. Elle fut trouvée il y a quelques années, derrière le retable du maître-autel. Dans le transept, à dr., chapelle de Nuestra Señora de la Esperanza (grille du XVᵉ s.), qui abrite un beau retable et le **sépulcre de Mosén Francés Villaespesa*** († 1421), chancelier de Navarre sous Charles III, et de sa femme Doña Isabel de Ujué († 1418). C'est une réalisation de Janin L'Home ou Lome de Tournai, artiste flamand qui vint en Navarre au début du XVᵉ s. et mourut à Viana en 1449. La riche polychromie du sépulcre réalisé en style gothique bourguignon met en valeur des scènes d'un grand réalisme.

Outre les autres chapelles absidiales comme celle du Saint-Esprit, attardez-vous dans la **chapelle de Santa Ana**, patronne de la ville, à qui les habitants voulurent offrir ce lieu de prière (1713-1725); elle est admirable par ses proportions et par l'abondance de la décoration polychrome.

Dans le chœur, **stalles*** de style gothique (1ᵉʳ quart du XVIᵉ s.) sculptées par le Français Étienne d'Obray; celui-ci fit preuve d'une extraordinaire maîtrise de l'art gothique flamboyant, mais sut également s'adapter avec un égal bonheur au nouveau style, Renaissance, comme le prouve la **grille** platéresque du chœur.

Le **cloître*** (1186-1200) est un bel exemple de l'importance qu'a acquise la sculpture, pleinement intégrée dans l'architecture. Les chapiteaux historiés reproduisent des scènes du Nouveau et de l'Ancien Testament, alternant avec des scènes de la vie ordinaire, comme la chasse au sanglier; sur d'autres figurent des symboles, des animaux et des êtres fantastiques.

Sortez de la cathédrale par la porte N. qui s'ouvre sur la plaza Ugarte où s'élève l'**ayuntamiento**. Dans le vestibule, on peut admirer un carrosse rococo du marquis de San Adrián (XVIIIᵉ s.). L'hôtel de ville conserve en outre de nombreux documents des XIᵉ-XIIIᵉ s. (exemplaires bilingues latin-arabe, hébreu-latin) ainsi qu'une importante collection sigillographique.

A proximité, vous découvrirez la **maison del Almirante** (XVIᵉ s.), de style Renaissance. L'étroitesse des rues empêche d'avoir une belle perspective sur la façade. Celle-ci est ornée de beaux **balcons** décorés à l'étage principal, soutenus par les mains d'atlantes anthropomorphes : au centre, buste masculin portant une barbe à la façon d'un dieu grec, et aux deux extrémités, belles figures féminines dont l'une porte une vipère qui lui mord le sein : on ignore la signification de ce symbole. La façade fut peinte et recouverte d'écussons que l'on aperçoit encore. A l'étage supérieur court une galerie d'arcades doubles; l'avant-toit est richement sculpté.

Dans la même rue, **maisons seigneuriales** d'Ibañez Luna du XVIIᵉ s., du marquis de Huarte, et du comte de Heredia Spinola, aux majestueux escaliers.

L'**église San Nicolás**, du XIIᵉ s., a été profondément remaniée : il ne subsiste que le portail roman. Les armoiries de la Navarre et de la Maison d'Évreux, placées sur la porte au XVIIIᵉ s., rappellent que Sanche le Fort y fut enterré avant d'être transporté à Roncevaux où il repose aujourd'hui.

En suivant la calle del Portal, la tour romane d'un autre joyau de Tudela : l'église de la Magdalena qui occupe l'emplacement d'un édifice mozarabe. Son extérieur humble cache une belle église romane dont le portail*** est considéré comme un chef-d'œuvre avec son Christ pantocrator. Le retable du maître-autel a été réalisé en 1551 par Juan Ramírez de Sangüesa.

Environs

1 — La Ribera (→).

2 — Cascante (*7 km S.-O. par la N 121 ; 3 500 hab.*). — Petite ville agricole qui reçoit le statut de municipe lors de la domination romaine ; elle jouit ainsi de tous les privilèges attachés à ce titre. A cause de sa situation géographique, elle est le théâtre de nombreux combats au Moyen Age, avant d'obtenir les faveurs du roi Philippe IV.

On accède à la **chapelle de la Vierge del Romero** (fin du XVIIᵉ s.) par une galerie de 39 arcades datant de 1761 qui donne une physionomie particulière au paysage. L'édifice comporte 3 nefs, de style Renaissance ; on peut y admirer une magnifique grille de fer forgé. Depuis la chapelle, au milieu d'un agréable parc-jardin, on jouit d'un beau **panorama** sur la riche vallée du Queiles et les montagnes qui l'entourent, avec dans le lointain la silhouette du Moncayo.

Dans l'**église de la Asunción**, de style plateresque, **retable** de la fin du XVIᵉ s. par Pedro González de San Pedro.

L'**église de Nuestra Señora de la Victoria**, à l'unique nef de vastes dimensions, possède une remarquable chapelle de la Vera Cruz.

Fête : la Vierge serait apparue à Cascante au XIIᵉ s. ; on s'y rend en pèlerinage les 2ᵉ et 3ᵉ dimanches de sept.

➡ Ermitage de San Francisco du XVIIᵉ s. dans une grotte du Monte Calvario ; 4 autels.

➡ A **4 km E.**, **Ablita** (2 276 hab.) localité frontalière dont le château est construit sur un promontoire naturel protégeant la ville. Du haut du château (en ruine), on a une excellente vue sur la vallée du Queiles, jusqu'à Tudela. Église paroissiale avec retable sculpté attribué à Pierre de Feu (vers 1551) et belles stalles dans le chœur.

3 — Tulebras (*9 km S.-O.*). — Ce couvent de cisterciennes est le plus ancien d'Espagne. Fondé en 1134 par García Ramírez qui le remet à des religieuses du diocèse de Comminges dans le midi de la France, il est détruit lors des guerres entre l'Aragon et la Castille au XIVᵉ s. Reconstruit, il présente un mélange de styles, roman et gothique. Parmi les objets remarquables, on peut noter l'**autel roman**, les **stalles** du chœur de 1589 par Bernal de Gabadi, une **statue articulée** du début du XVIIᵉ s., appelée Nuestra Señora de la Cama, une **statue à trois faces** représentant la Trinité et un **retable** peint du XVIᵉ s., actuellement en cours de restauration.

Túy

Pontevedra, 48 km.
15 650 hab. — Province de Pontevedra (Galice).

Ville ancienne bâtie sur une haute colline dont le pied est baigné par le Miño. De son passé de cité médiévale, elle conserve un lacis de ruelles tortueuses en pente, bordées de vieilles demeures et surtout une cathédrale que vous ne manquerez pas de visiter.

La ville dans l'histoire. — Túy correspond à l'ancienne Tude, fondée par les populations ibères et citée par Strabon et Ptolémée. L'éminence sur laquelle cette ville s'étend aurait été l'ultime foyer de résistance celte à la domination romaine.

Sous les Suèves et les Wisigoths, elle est le siège de la cour du petit royaume de Galice, mais est ravagée par les Maures. Fréquemment pillée par les pirates normands, elle tombe aux mains du Viking Olof en 1012, puis est reconstruite et fortifiée par Alphonse V, tout en étant occupée sporadiquement par les Portugais du XIe s. au XVIe s. L'évêque Lucas de Túy est l'auteur d'une des premières chroniques d'Espagne après l'invasion musulmane du VIIIe s. Ces chroniques furent une source d'inspiration pour les chansons de geste castillanes.

Fêtes. — Le lun. après Pâques, San Telmo. Le 1er dim. de juil., pèlerinage de las Angustias en l'honneur de San Julián.

Cathédrale*. — Elle fut construite entre 1120 et 1225 sur l'emplacement d'un sanctuaire wisigothique. Vue de loin, elle présente l'aspect d'une forteresse. Située près de l'enceinte urbaine médiévale, elle en renforçait effectivement les défenses. Commencée dans le style roman de Compostelle, elle fut marquée par l'empreinte du style gothique naissant à partir de 1170.

Le portail N., qui s'ouvre sur la plaza del Generalísimo, est de style roman, dénudé et presque sévère. Le **portail O.***, sur la plaza de San Fernando, est un remarquable spécimen de l'architecture gothique orné de sculptures. Sur les jambages, l'archivolte et un haut tympan, on reconnaît, en haut, l'Adoration des Rois mages et, en bas, l'Adoration des Bergers.

A l'intérieur, nombreux tombeaux d'évêques des XIVe, XVe et XVIe s. Stalles sculptées racontant la vie de San Telmo, patron de Túy. Retables churrigueresques. Dans la sacristie, boiseries du XVIIe s. Cloître gothique rappelant celui de l'abbaye de Fontfroide, près de Narbonne. Au-dessus des galeries, prendre le chemin de ronde pour profiter des belles vues sur la vallée du Miño.

Face au portail roman, une ruelle donne accès à l'**église San Telmo,** charmant spécimen de l'architecture baroque lusitanienne de la fin du XVIe s. La chapelle conserve les reliques du saint, un dominicain portugais qui y mourut vers 1240. A proximité du fleuve s'élève l'**église Santo Domingo,** très bel édifice en ogive dans lequel se mêlent le préroman, le roman, le gothique et le baroque. Intéressante chaire de pierre. Parvis campagnard sur le Miño et jolie vue sur la ville depuis les jardins.

Plus loin, par la calle de Valiño, **église San Bartolomé,** qui fut un monastère et peut-être même une cathédrale mozarabe. C'est, en tout cas, l'une des plus anciennes églises de Galice. A trois nefs et trois absides, elle constitue un bel exemple des styles préroman et roman primitif d'une grande sobriété. Beaux chapiteaux.

Environs. 1 — Mirador de Aloya (5 km N.-O. par une route locale). — Vue* panoramique sur la campagne des alentours de Vigo et la superbe vallée du Miño.

2 — Pexegueiro (2 km N. par la N550 en direction de Pontevedra). — Belle église romane au tympan et aux chapiteaux sculptés.

3 — Salvaterra de Miño (17,5 km E. par la route longeant la rive dr. du Miño). — Ancienne place forte portugaise qui conserve de vieilles murailles.

Úbeda**

Cordoue, 122 km. — Jaén, 57 km.
Alt. 757 m. — 28 720 hab. — Province de Jaén (Andalousie).

Place forte des Maures, reconquise par Alfonso VIII en 1212, cette ville se distingue par la beauté et la variété de son architecture et son ensemble de monuments Renaissance.

Fêtes. — Semaine sainte ; romería au sanctuaire de la Virgen de Guadalupe (1er mai) ; San Miguel Arcángel (28 sept.-4 oct.).

Visite de la ville

En suivant en direction du Parador, vous atteindrez la **plaza de Vázquez Molina*** *(parking)*, au cœur du quartier monumental. Le Parador est installé dans un **palais*** du XVIe s., à la sobre façade d'architecture classique qui contraste avec la grâce du patio central à fines colonnettes, aux murs lambrissés d'azulejos.

A côté, la **casa de las Cadenas** (aujourd'hui ayuntamiento) fut construite par Andrés de Vandaelvira, avec une façade classique dans le style de Bramante. De l'autre côté de la place, l'**église Santa María de los Reales Alcázares**, du XIIIe s., fut très remaniée par la suite, surtout la façade principale, ainsi que l'intérieur, doté de fausses voûtes au XVIIIe s. ; elle comporte cinq nefs, sur lesquelles s'ouvrent des chapelles gothiques, et un cloître de la fin du XVe s., par lequel vous entrerez. A l'intérieur, notez les belles grilles plateresques de Maître Bartolomé (XVIe s.) et la porte de la sacristie, de même style, délicatement sculptée. A côté, vous remarquerez la **Cárcel del Obispo**, ancien couvent du XVIe s. (restes mudéjars dans le patio) et, derrière, **palais de Mancera**, de la fin du XVIe s. En face du Parador, ancien grenier municipal, bâti au XVIIIe s.

Église del Salvador* *(plaza de Vázquez Molina)*. — Bâtie de 1540 à 1556 par Andrés de Vandaelvira sur des plans de Diego de Siloé, avec un **portail*** monumental Renaissance, richement sculpté (portails latéraux plus nettement plateresques).

Visite : l'église est ouverte à 9 h, sauf pendant la semaine sainte ; en cas de fermeture, s'adresser au gardien (1re porte dans la ruelle à g. de l'église).

A l'intérieur, récemment restauré, vous verrez un **retable** décoré de sculptures en pierre polychrome des quatre Évangélistes, par Luis de Zaya, et un **Christ** d'Alonso Berruguete qui faisait partie du retable de la Transfiguration du

Seigneur, détruit pendant la guerre civile. Remarquez encore les **grilles** du chœur, dont les stalles ont été également incendiées en 1936. Derrière l'église, restes d'un cloître Renaissance.

La rue, le long du côté dr. de l'église, mène à un **mirador** (belle **vue★** sur les sierras de la Cruz et de Cazoria).

Derrière le Parador et l'église del Salvador se trouve tout un quartier de **maisons seigneuriales** des XVIᵉ et XVIIᵉ s., de style Renaissance, notamment la **casa de los Manueles** *(dans la rue à dr. du Parador)* et le **palais de los Cobos**, dans la rue homonyme *(à g. de l'église)*.

Par l'une des rues débouchant de part et d'autre du Parador, gagner la plaza del Generalísimo et l'**église San Pablo**, fondée à la fin du XIIIᵉ s. ; portail S. (sur la place) de style isabélin et portail principal roman. A l'intérieur, **chapelle del Camarero Vago★** *(la 3ᵉ à dr.)*, avec un arc Renaissance (1536) servant de portail.

Les visiteurs se limitant à l'essentiel termineront ici ; les amoureux du passé pourront découvrir maints endroits intéressants en enchaînant avec la promenade ci-après.

La rue débouchant au chevet de l'église San Pablo (fontaine du XVIᵉ s.) mène au **quartier des potiers**, artisanat d'origine mauresque en cette ville. Il est accessible par la **puerta del Rosal**, arc mudéjar du XIVᵉ s., au-delà de la **casa del Obispo Canastero**, à façade à bossages ornée de reliefs. La calle del Carmen, à dr. avant l'arc, mène à l'**oratoire Saint-Jean-de-la-Croix**, du XVIIᵉ s., sur l'emplacement de la cellule où mourut le fameux mystique castillan.

En tournant à g. après l'arc, vous parviendrez au **couvent des carmelitas Descalzas** (en clôture), qui conserve des souvenirs de sainte Thérèse d'Avila. La calle del Campanario, à dr., en face du couvent, aboutit à une petite place où se situe, à dr., l'**église San Nicolás**, de style ogival, ancienne synagogue, avec un portail principal Renaissance, œuvre d'Andrés de Vandaelvira (1576) ; à l'intérieur, **chapelle del Deán**, au portail plateresque de 1530, avec une **grille** de Juan Alvárez de Molina, faite à Tolède (1506).

Continuez dans la même direction, tournez à g. à l'extrémité de la rue (calle del Sacristán), puis, au bout, encore à g. Vous passerez devant un palais Renaissance (1580), au n° 6, puis devant l'**église de la Santísima Trinidad** (début du XVIIIᵉ s.), près de la plaza del General Saro *(à dr.)*, où une tour du XIIIᵉ s., surmontée d'un oratoire du XVIᵉ s., appartient à l'enceinte médiévale.

A 500 m de la place par la route de Jaén, l'**hospital de Santiago** fut construit dans le style de l'Escorial par A. de Vandaelvira ; dans l'**église**, retable polychrome de la fin du XVIᵉ s.

Plus près de la place, en face de la tour d'horloge, se situe l'**église San Isidoro**, à portail gothique et intérieur Renaissance.

Dans la calle de José Antonio *(vers le Parador)*, remarquez, à dr., le **palais del Conde de Guadiana**, du début du XVIIᵉ s. Tournez ensuite à dr. pour atteindre l'**église San Pedro**, d'origine romane.

En continuant dans la calle de Jaén, vous arriveriez au palais de la Rambla, du XVIᵉ s., avec un **patio** d'A. de Vandaelvira.

De retour sur la place, prendre à dr., puis encore à dr. dans la 2ᵉ rue, et enfin à g. dans la 2ᵉ venelle pour parvenir à la **casa de las Torres** ou **palais de Dávalos**, où résida le connétable de Castille, favori de Jean II ; son palais, l'un des plus beaux d'Ubeda, comporte un grand portail aux fines sculptures plateresques. Revenant sur vos pas pour tourner deux fois à dr., vous parviendrez à l'**église Santo Domingo**, à portail et chapelles plateresques et plafonds artesonados de style mudéjar. Par la rue débouchant à dr. de l'église, vous reviendrez sur la plaza de Vázquez de Molina.

Environs

1 — Excursion au N.-E. d'Úbeda*.

0 km : **Úbeda.** Sortir par la N 332 en direction de Villocarrillo.

10 km : **Torreperogil** (alt. 755 m) ; l'église Santa María est de style Renaissance. Il subsiste deux tours du château (XIIIᵉ s.).
Fêtes : Santiago (1ᵉʳ mai) ; San Isidro (15 mai) ; romería de San Gregorio (8 sept.).
↦ A *4,5 km* N.-O., **Sabiote** (4 735 hab. ; alt. 840 m), village typiquement andalou, sur le rebord d'un plateau d'où la vue est étendue. Ruines d'un château d'origine maure.
Fêtes : San Ginés de la Jara (25 août).
↦ Embranchement à dr. pour l'excursion au S.-E. d'Úbeda (→ environs 2).

32 km : **Villacarillo** (12 910 hab. ; alt. 786 m) ; grande église de la Asuncion, attribuée à Andrés de Vandaelvira (XVIᵉ s.).
Fêtes : Santa Cruz (3 mai) ; Cristo de la Vera Cruz (10-16 sept.).

41 km : ↦ A dr., à *26 km*, **Embalse del Tranco,** lac de barrage qui remonte de splendides **gorges**** du río Guadalquivir.

42 km : **Villanueva del Arrobispo*** (8 830 hab. ; alt. 688 m) ; fondée au XIVᵉ s., cette belle ville est liée au souvenir de saint Jean de la Croix qui vécut dans le sanctuaire tout proche d'El Calvario. Une fois par semaine, il se rendait à Beas de Segura confesser sainte Thérèse de Jésus et ses disciples.
Fêtes : San Isidro (15 mai) ; Virgen de la Fuensanta avec romería et festival flamenco (8 sept.) ; San Miguel (29 sept.).

60 km : ↦ A *5 km* sur la dr., **Beas de Segura** ; la qualité de son huile est réputée. Couvent des Carmelitas Descalzas, fondé par sainte Thérèse.
Fête : San Marcos (24-25 avr.).
↦ A *25 km* E. de Beas, **Hormos de Segura** (300 hab. ; alt. 871 m) ; charmant village à proximité de l'Embalse du Tranco de Bea. Au milieu du lac, château de Bujaraiza, perché sur une île, seul vestige du village du même nom, englouti sous les eaux.
Fête : San Roque (15-19 août).

77 km : **Puente de Génave.**
↦ A *24 km* E., **Segura de la Sierra**** *(prendre à dr. aux 2 carrefours qui suivent ; au 3ᵉ carrefour, tourner à g.) ;* paisible petit bourg montagnard dans une situation extraordinaire sur le rebord d'une falaise, au pied d'un piton rocheux couronné par les ruines d'un château d'origine maure, au puissant donjon crénelé. Dans le village, maisons seigneuriales aux blasons richement sculptés. Dans l'église paroissiale de Nuestra Señora del Collado, Vierge romane en albâtre et sculptures de Gregorio Hernández. Ayuntamiento Renaissance et fontaine Charles Iᵉʳ.
Fêtes : Santiago (25 juil.) ; Virgen del Rosario (7 oct.).

2 — Excursion au S.-E. d'Úbeda.

0 km : **Úbeda.** Sortir par la N 332 en direction de Villacarrillo.

10 km : **Torreperogil** (→ environs 1, km 10). Prendre à dr. la J 314.

33 km : **Peal de Becerro.**
↦ A *7 km* S.-O., **Toya,** localisé sur le site de l'antique Tugia, lieu de cantonnement de la VIIᵉ légion romaine.
En face du château, de l'autre côté du río Toya et sur un petit plateau distant d'environ 1 km, se situe une **nécropole ibère** des VIIᵉ et VIᵉ s. av. J.-C. On y mit au jour un hypogée souterrain à cinq chambres, construit en pierre, où des inhumations eurent lieu du Vᵉ au IIᵉ s. av. J.-C. En face du **cerro de la Horca,** où elle se trouve, de l'autre côté d'un ruisseau, une petite colline est couronnée par une tour arabe ; sur cette colline on découvrit les ruines de maisons d'époque romaine.

➜ A *14 km E.,* **Cazorla** (10 255 hab. ; alt. 790 m) ; gros bourg de montagne, dans un très beau site boisé, au pied d'une haute montagne, abrupte et déchiquetée. Le château, qui appartint aux archevêques de Tolède, joua un rôle important dans les guerres de la Reconquête ; il fut remanié au XIVᵉ s.
Fêtes : romería de la Virgen de la Cabeza (dern. dim. d'avr.) ; San Isidro (15 mai) ; Santisimo Cristo del Consuelo (17-21 sept.).

44,5 km : **Quesada** (alt. 679 m), où vous pourrez visiter le **musée Zabaleta** *(ouv. de 10 h à 13 h)* qui expose des toiles de cet artiste (1907-1960).

3 — Jódar *(23 km S. par la C 325 ; alt. 627 m).* — Derrière l'église paroissiale, impressionnante carcasse du château des Carvajales.

Ujué*

Olite, 19 km. — Tafalla, 26 km. — Pampelune, 61 km.
Alt. 815 m. — 2 100 hab. — Province de Navarre.

Ujué est bâtie dans un site exceptionnel, sur un promontoire d'où l'on peut admirer les Pyrénées et une grande partie de la Ribera, avec ses huertas et ses villes.

Visite du monastère. — L'église Santa María, fondée à la fin du XIᵉ s., conserve sa triple abside romane. La nef est réédifiée en style gothique dans la 2ᵉ moitié du XIVᵉ s. ; elle s'ouvre par un remarquable portail sculpté. Dans l'abside centrale, vous pourrez admirer une statue de la Vierge, du XIIᵉ s., en bois, en partie revêtue d'argent au XIVᵉ s. Dans le chœur, vous remarquerez les stalles en noyer de 1774. Vous pourrez aussi contempler un calvaire sculpté par Juan de Berroeta, seul reste d'un retable de pierre du XVIIIᵉ s. Derrière le chevet, haut mur d'un hôpital érigé par Charles II le Mauvais à partir de 1378. En face du portail principal, la cure occupe un ancien palais royal élevé en 1378-1379.

➜ A *1 km,* la **Cruz del Saludo** représente le Christ crucifié et la Vierge. C'est ici que se réunissent les pèlerins et de là que partent les processions qui montent en chantant jusqu'au sanctuaire de Santa María. La dévotion envers la Vierge d'Ujué est profondément ancrée dans le cœur des habitants des environs. Tafalla (➜) y célèbre sa romería le 25 avr., jour de la Saint-Marc. Les habitants des villages alentours viennent le jour de l'Ascension (San Martin de Unx), le 15 mai (Eslava) et le lundi de la Pentecôte (Pueyo).

Utrera

Jerez de la Frontera, 71 km. — Séville, 35 km.
37 880 hab. — Province de Séville (Andalousie).

Populeuse et active cité, bien caractéristique de l'Andalousie des plaines au cœur d'une campagne plantée d'oliviers et d'eucalyptus.

Fêtes. — Romería en l'honneur de la Virgen de Fátima, le dim. suivant le 15 mai.

En prenant la direction du « centro de la ciudad », remarquez, peu avant d'y parvenir, les restes d'un **château médiéval.** A g., **église Santiago,** du XVᵉ s., s'ouvrant par un beau portail de style gothique fleuri. De là, suivez la première rue à g. (si l'on tourne le dos à la façade de l'église) ; de la place, à l'extrémité, vous apercevrez l'église Santa María de la Asunción (1939), à nef centrale gothique, mais dotée d'un portail principal Renaissance à caissons sculptés ; à l'intérieur, retables baroques, sépulcre du conde de Arcos ; belles stalles. Églises Renaissance de San Francisco, Santo Domingo et San Bartolomé (beaux artesonados).

Environs. 1 — Nuestra Señora de Consolación* *(2 km N.).* — Église avec des plafonds artesonados, de beaux retables churrigueresques derrière le maître-autel et dans le transept, et des lambris d'azulejos.
Fêtes : célèbre romería le 8 sept.

2 — El Arahal* *(24 km N.-E. par la N333 ;* 17 000 hab. ; alt. 117 m). — L'origine de son nom peut être ibérique (Arahal = plaine) ou arabe (« changement » ou « retraite ») ou hébraïque (« Ariardum » devenu « Tarayal »), mais son histoire connue est romaine. L'église de la Victoria renferme un grand retable baroque et possède un cloître mudéjar. L'église du Santo Cristo de la Misericordia est surmontée d'un clocher plateresque du xvi⁰ s. L'hôpital de la Caridad a été fondé au xv⁰ s. L'église Santa María Magdalena conserve 2 tours décorées d'azulejos. A l'intérieur, livres de chants des xvi⁰ et xvii⁰ s. et belles stalles dans le chœur. Remarquez la coupole et le portail de l'église baroque de la Vera Cruz. Dans l'église baroque du couvent de Nuestra Señora del Rosario, beau retable avec dans le cloître une belle peinture flamande du xvii⁰ s.

3 — El Coronil *(17 km S.-E. par la SE 424 ;* 5 150 hab. ; alt. 138 m). — Le château arabe, édifié sur des ruines romaines, fut agrandi après la Reconquête et transformé en palais au xvi⁰ s.
→ A *4 km S.,* château de las Aguzaderas avec une place d'armes et un beau donjon. Selon une légende, les sangliers viendraient y aiguiser leurs défenses.

Valdepeñas

Bailén, 96 km. — Ciudad Real, 60 km. — Manzanares, 30 km.
Alt. 720 m. — 24 950 hab. — Province de Ciudad Real (Castille-La Manche).

Important centre commercial de la plaine de la Manche, capitale d'une des régions vinicoles les plus riches d'Espagne. Ses vins blancs doivent être consommés jeunes ; ils sont légers et de bonne qualité. Les rouges sont légers, francs et agréables.

Fêtes. — Feria du 1er au 6 août. Fêtes des vendanges, le 8 sept. : feux d'artifice, groupes folkloriques, dégustation de vin, concours de sangria ; concours de plats typiques de la Manche et de chant flamenco.

Visite de la ville

Depuis la **colline de las Aguzaderas** (monumento a los Caidos de Juan de Avalos), beau **panorama*** sur la ville entourée de vignobles. Les caves artisanales conservent le vin dans de grandes jarres de terre au frais et à la pénombre (la plus importante est «la Invencible»). La vie du bourg se concentre autour de la **plaza Mayor*** à portiques, bordée de maisons de couleurs vives. Église de la Asunción, gothique avec des éléments plateresques ; retable XVIIe s. avec sculptures et panneaux peints.

A l'entrée de la ville, le **moulin Gregorio Prieto*** *(ouv. de 11 h à 13 h et de 16 h à 20 h en été ; jusqu'à 18 h en hiver)*, le plus grand d'Espagne, expose 204 œuvres du peintre, né à Valdepeñas.

Environs

1 — San Carlos de Valle *(16 km N.-E. par une route locale ;* 1 300 hab., alt. 754 m). — Pittoresque plaza Mayor construite en brique. Église baroque et ancien hospice avec un beau portail et un patio typique.

2 — Villanueva de los Infantes* *(34,5 km E. par la C 415 ;* 6 015 hab., alt. 880 m). — Important centre vinicole et de fromages. Belle ville aux maisons blanches d'aspect andalou. Charmante plaza Mayor néo-classique avec des balcons de bois et des arcades. Église paroissiale de **San Andrés** avec une façade Renaissance ; à l'intérieur, retable baroque, chœur en marbre et sépulcre du grand écrivain du Siècle d'or, Francisco de Quevedo. Dans le couvent des Dominicains, cellule où vécut et mourut Quevedo ; retables baroques dans le couvent des Clarisses et dans celui de la Trinidad (façade baroque). Ermitages de Santo Tomás de Villanueva et de Nª Sª de la Antigua (patronne de la ville) ; casa rectoral Renaissance. Parmi les édifices civils, plusieurs maisons seigneuriales ; l'hôpital del Remedio, baroque ; la casa del Arco à façade néo-classique ; la Alhóndiga du XVIe s. et la casa de la Inquisición. **Fêtes :** Cruz de Mayo (2-3 mai) ; ferias (fin août) ; Nª Sª de la Antigua (8 sept.), Santo Tomás de Villanueva (18 sept.).

➜ A 14,5 km E. par la CR 631, **Montiel** (1 860 hab., alt. 500 m) ; église paroissiale du XVIe s.. Ruines d'un ermitage de la Torre, mélange de styles roman et byzantin. Ermitage du Santo Cristo de la Expiración, à trois nefs, du XVe s.

Fêtes : Virgen de los Marbires (8-9 mai) ; romería al Prao (15 août) ; Cristo de la Expiración (14 sept.).

3 — Santa Cruz de Mudela (*15 km S. par la N IV en direction de La Carolina ;* 5 020 hab., alt. 716 m). — Fondée par les chevaliers victorieux de la bataille de Las Navas de Tolosa. Église du XVIe s., plusieurs maisons seigneuriales blasonnées avec de belles ferronneries. Tout près, le santuario de las Virtudes du XVIe s. à plafond mudéjar et retable churrigueresque dans le chœur, restauré en 1950 après les dégâts causés par la guerre civile. Ce sanctuaire occupe l'une des quatre façades des arènes carrées, les plus anciennes d'Espagne, construites en 1641.
Fête : le 8 sept., au sanctuaire de las Virtudes.

4 — Almuradiel (*32 km S. par la N IV ;* 846 hab., alt. 800 m). — Village fondé en 1768 sur l'ordre de Charles III, avec un tracé très régulier. Église paroissiale néo-classique.
→ A *10 km S. par la nationale,* **Venta de Cárdenas** où commence le pittoresque défilé* de Despeñaperros, passage naturel faisant communiquer Castille-La Manche à l'Andalousie. La route traverse un paysage de montagne qui annonce déjà les caractéristiques du paysage andalou : oliviers, fermes blanches, balcons fleuris.
→ A *6 km O. par la C 410 en direction de Calzada,* **Viso del Marqués** (3 505 hab., alt. 776 m) ; palais du marquis de Santa Cruz, édifié en 1564, œuvre d'architectes italiens. Il abrite l'annexe du musée de la Marine de Madrid. Grand patio d'inspiration classique ; murs et plafonds ornés de peintures d'Arbasía et Perola. *Visite de 9 h à 13 h et de 16 h à 18 h.*

Valence***

Alicante, 162 km (par la N 430 et la N 340), 183 km (par la N 332). — Barcelone, 336 km. — Castellón de la Plana, 48 km. — Madrid, 351 km. — Tarragone, 243 km. 751 734 hab. — Capitale de la province de Valence (Communauté valencienne).

Valence, l'une des plus actives cités espagnoles grâce à son port du Grao et à sa couronne industrielle, est située sur les bords du Turia au cœur de la huerta, réputée pour son paysage et ses exploitations agricoles. « Valence la Claire », comme elle est nommée dans le « Poème du Mío Cid » : sa lumière éclatante, ses couleurs violentes frappent immédiatement, auxquelles s'ajoutent la gaieté de ses habitants, la beauté de ses pierres, sa végétation luxuriante et sa gastronomie, couronnée par la célèbre paella. Aux caractères propres de la ville méditerranéenne se mêlent l'élégance provençale, la désinvolture italienne et la fantaisie mauresque.

La ville dans l'histoire

La ville du Cid. — Son origine est des plus anciennes. Les Grecs y fondent une colonie qui tombe au pouvoir des Carthaginois, puis des Romains. Pompée défait Sertorius sur les bords du Turia. De 413 à 714 la ville appartient au royaume wisigoth ; tombée entre les mains des Maures, sous lesquels elle devient la capitale de l'un des émirats des Taifas, elle brille de toute sa splendeur sous Abd al-Aziz entre 1021 et 1061. Le Cid s'en empare en 1094, mais, trois ans après sa mort (1099), sa femme Chimène perd la ville, au profit des Almoravides. Elle est ensuite, de 1229 à 1238, la capitale d'un émirat indépendant que Jacques Ier d'Aragon conquiert. Celui-ci y installe, dans près de deux mille maisons abandonnées par les Maures, des gens de Catalogne, d'Aragon et de Montpellier. Une nouvelle enceinte, plus vaste, est établie à partir de 1338 ; les portes de Serranos et de Quart sont renforcées par des tours. Sous les Rois Catholiques, Valence est promue au rang de capitale d'une vice-royauté.

Durement affectée par la décision de Philippe III, en 1609, de chasser les morisques, qui constituent environ 40 % de la population, plus d'un siècle est nécessaire à la province pour retrouver le niveau démographique qui était le sien avant leur expulsion.

Une ville insurrectionnelle. — Lors de la guerre de Succession espagnole, au début du XVIIIe s., Valence prend parti pour l'archiduc d'Autriche, ce dont elle est châtiée par Philippe V qui lui retire ses privilèges. La ville continue cependant de prospérer grâce à l'industrie de la soie qui fait vivre environ dix mille familles. En 1808, elle se soulève contre les troupes françaises et est gouvernée par une junte insurrectionnelle. En 1812, le maréchal Suchet assiège la ville, occupée par une division anglo-espagnole placée sous les ordres du général Blake. Elle capitule le 12 janvier 1812 et les Français l'occupent jusqu'au 5 juin 1813. Ferdinand VII, revenant de sa captivité en France, y entre le 16 avr. 1814. En 1865, les chômeurs, victimes du déclin des soieries, sont utilisés à la démolition des murailles, ce qui permet d'agrandir la ville selon un tracé plus moderne.

La dernière capitale républicaine. — Valence est le siège du gouvernement républicain du 7 nov. 1936 au mois d'oct. 1937, lorsqu'il est transféré à Barcelone ; il revient par la suite sur les rives du Turia après la chute de la métropole catalane (26 janv. 1939), mais pour peu de temps car la guerre civile prend fin le 28 mars 1939.

Valence est la patrie du romancier Blasco Ibáñez (1867-1928), qui en a merveilleusement décrit les aspects et les mœurs dans de nombreux romans situés dans la huerta (« la Barraca », « Entre Naranjos »...).

Festivités. — Les Valenciens aiment la fête et celles de quartiers sont nombreuses. Les plus typiques se déroulent du 12 au 19 mars et comportent la construction de fallas (une par quartier), débutée quelque temps auparavant. Ces monuments de bois, de cire et de carton illustrant des thèmes satiriques sont brûlés dans la nuit du 19 au 20 mars, avec leurs Ninots, ou mannequins, au son des fanfares et dans un vacarme assourdissant d'explosions de pétards, tandis que l'on consomme des buñuelos, beignets achetés dans des boutiques foraines joliment décorées. Au cours de cette fête, des Valenciennes défilent en habits traditionnels (Falleras) et des offrandes de fleurs sont déposées devant le sanctuaire de la Virgen de los Desamparados.

Le lundi de Quasimodo, représentation de scènes (altarets) de la vie de **saint Vincent Ferrier**, né à Valence vers 1355. Le 10 mai, **fêtes de la Virgen de los Desamparados** (à cette occasion, le parvis de sa chapelle est revêtu d'un tapis floral). Lors de la **Fête-Dieu**, défilés de chars allégoriques appelés roques. Aux grandes **fêtes de San Jaime**, la 2e sem. de juil., se succèdent d'importantes courses de taureaux et feux d'artifice, jeux floraux, danses régionales, concours musical, etc.

Visite de la ville

Une journée à Valence. — *Le matin, en commençant de préférence à 9 h, vous visiterez le centre de la ville, entre la cathédrale et la plaza del País Valenciano (promenade 1). Toutefois, si votre visite a lieu un samedi, un dimanche, ou un jour férié, faites une entorse à ce programme en vous rendant au collège du Patriarche (promenade 3).*

Vous effectuerez ensuite la promenade 2, qui vous conduira dans les jardins del Real et au musée des Beaux-Arts.

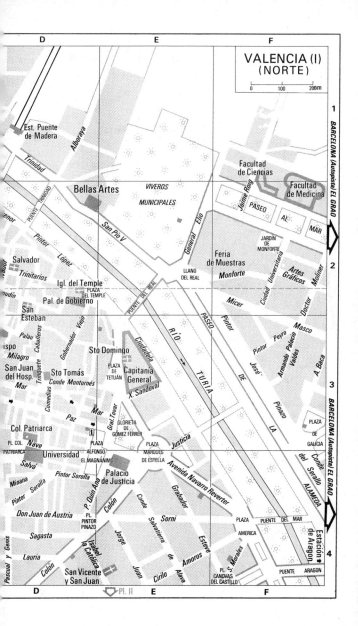

VALENCIA (I)
(NORTE)

0   100   200m

BARCELONA (Autopista) EL GRAO

D   E   F

Est. Puente
de Madera

Trinidad

Alboraya

Facultad
de Ciencias

Facultad
de Medicina

Bellas Artes

VIVEROS
MUNICIPALES

Jaime Roig

PASEO

AL

MAR

enor

Pintor

López

PUENTE TRINIDAD

San Pío V

JARDIN
DE
MONFORTE

Salvador

Trinitarios

Feria
de Muestras

Monforte

Artes
Gráficos

Igl. del Temple

PLAZA
DEL TEMPLE

nudin

Pal. de Gobierno

PUENTE DEL REAL

LLANO
DEL REAL

Micer

Ciudad Universitaria

Doctor

Molinet

San
Esteban

Gobernador Viejo

Palau

Caballeros

ispo

Milagro

San Juan
del Hosp.

Mar

Sto Tomás

Trinquete

Conde Montornés

Comedias

Sto Domingo

PLAZA
DE
TETUÁN

Capitanía
General

X. Sandoval

RIO

PASEO

Pintor

José

Pintor

Peyro

Armando Palacio
Valdés

Masco

A. Baca

TURIA

DE

LA

Pinazo

PLAZA
DE
GALICIA

BARCELONA (Autopista) EL GRAO

Col. Patriarca

PL. COL.

Nave

Paz

Gral. Tovar

GLORIETA
DE
GÓMEZ FERRER

Mar

PLAZA

PATRIARCA

Salvá

Universidad

PLAZA
ALFONSO
EL MAGNÁNIMO

PLAZA
MARQUÉS
DE ESTELLA

Justicia

Conde
del Serallo

ALAMEDA

Minana

Pintor Sorolla

Pintor Sorolla

P. Quin Ana

Palacio
de Justicia

Colón

Conde

Avenida Navarro Reverter

Grabador

PLAZA
DE
AMERICA

PUENTE DEL MAR

Estación
de Aragón

Don Juan de Austria

PL
PINTOR
PINAZO

Sorni

Salvatierra

de

Esteve

S. Morales

Sagasta

Isabel
la Católica

Jorge
Juan

Amoros

Cirilo

Alava

PL.
CANOVAS
DEL CASTILLO

PUENTE ARAGON

Pascual y Genis

Lauria

Colón

San Vicente
y San Juan

PL. II

BARCELONA (Autopista) EL GRAO

1

2

3

4

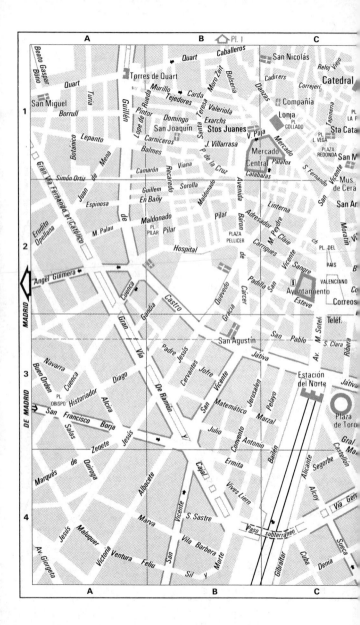

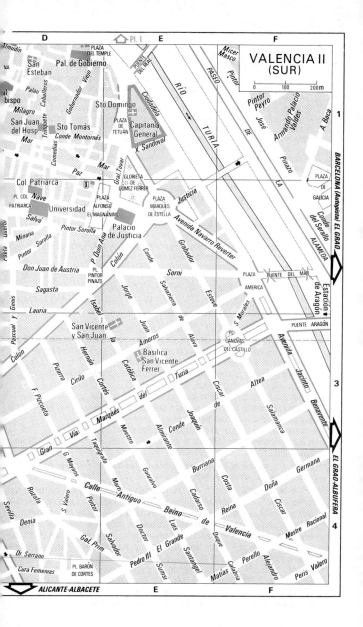

VALENCIA II
(SUR)

0   100   200m

BARCELONA (Autopista) EL GRAO

ALICANTE-ALBACETE

*L'après-midi sera consacré à la visite du musée national de la Céramique
(promenade 3) et à une flânerie dans le quartier d'El Carmen, à partir de la puerta
de Serranos (promenade 4).*

*Ces quatre itinéraires vous permettront non seulement de connaître l'aspect
monumental de Valence, mais aussi quelques-uns de ses aspects humains les plus
attachants : la plaza Redonda (plan I, C3 ; II, C1). Le marché central (plan I, BC3 ;
II, BC1), le quartier d'El Carmen à partir de la puerta de Serranos (plan I, C2), mais
aussi le Rastro, le marché aux puces local, installé dans les rues qui débouchent
sur la plaza de Nápoles y Sicilia. Vous vous intéresserez à l'artisanat populaire,
notamment à celui du marché de la Escuorueta, plaza de Zaragoza (plan I, C3 ; II,
C1), au marché aux fripes, le lundi, au début de l'avenida del Cardenal Benlloch, à
500 m au-delà du puente Aragón (plan II, F3), et vous noterez que le jeudi (ou le
mercredi si le jeudi tombe un jour férié) est consacré aux assises du tribunal des
eaux, à midi, devant le portail des Apôtres de la cathédrale. Enfin, la Lonja de la
Seda (plan I, C3 ; II, C1) prête son cadre à diverses activités culturelles (expositions
de prestige, marché aux timbres et aux monnaies).*

1 — La cathédrale et le centre de la ville

*Promenade de 3 h environ à faire à pied à partir de la plaza de Zaragoza (plan I,
C3 ; II, C1), en face de la cathédrale, où se trouve un parking souterrain.*

Tour du Miguelete* (Micalet, en valencien). — Elle est en quelque sorte le
symbole de la ville. Élevée de 1381 à 1429 pour servir de clocher à la
cathédrale, elle doit son nom à la grande cloche, baptisée en 1418 le jour de
la Saint-Michel.

✝ **Cathédrale*** *(plan I, C3 ; II, C1).* — Consacrée à la Vierge, elle s'élève sur
le site d'un temple romain dédié à Diane, puis transformé en église sous les
Wisigoths, et enfin en mosquée. Vouée au culte chrétien par le Cid en 1095,
sous le vocable de Saint-Pierre, ce fut Jacques Ier d'Aragon qui la dédia à la
Vierge, après plus de deux siècles d'une nouvelle occupation mauresque. Elle
fut construite, en style gothique, à partir de 1262 et terminée à la fin du XIVe s.,
mais avec quelques additions baroques, de 1674 à 1774.

A dr. du Miguelete s'ouvre un grand **portail** baroque, érigé en 1703 et orné
de statues par de Vergara père en 1713).

A l'intérieur, à g. du portail principal au-dessus des fonts baptismaux, tableau
de Juan Vicente Masip (**Baptême du Christ**, 1535). A dr. du portail, tableau
d'un peintre tolédan du XVIe s.

Dans la 1re chapelle du bas-côté dr. (capilla de San Pedro), **fresques** de Palomino
et un tableau de Juan de Juanes.

Par un beau portail Renaissance de 1558, vous accéderez à la **chapelle del
Santo Cáliz***, superbe salle gothique, très sombre, qui fut construite par
l'évêque Vidal de Blanes (1356-1369) sur plan carré coiffé par une voûte à
huit pans. Au centre d'un **retable** d'albâtre de style gothique fleuri, orné de
reliefs par le Florentin Poggibonsi, et qui formait la partie supérieure du chœur
avant d'être transféré en ce lieu au XVIIIe s., précieux **calice***, taillé dans une
agate orientale de couleur vert émeraude que les jeux de lumière font varier
jusqu'au pourpre. Selon la légende, il s'agirait du Saint-Graal, expédié à
Huesca par saint Laurent, à l'époque des persécutions de l'empereur
Valentinien. Le roi d'Aragon Alphonse V le retira du monastère de San Juan
de la Peña pour en faire don à la cathédrale de Valence.

Au mur de dr., fresque de l'**Adoration des Rois** (XVᵉ s.) exécutée par un artiste florentin. Au mur de g. chaînes du port de Marseille, enlevées en 1423 par les Aragonais.

■ Le **musée de la cathédrale*** *(ouv. de 10 h à 13 h et de 16 h à 18 h, dim. et j. fériés de 10 h à 13 h; accès payant),* qui s'ouvre à g. sur la chapelle du Santo Cáliz, renferme des peintures de primitifs valenciens (XVᵉ s.), de Juan Vicente Masip, Juan de Juanes, Rodrigo de Osona, Fernando Yáñez de la Almedina, du Corrège **(la Vierge au lapin)**, des sculptures, etc.

De retour dans le bas-côté dr. de la cathédrale, vous entrerez dans la 2ᵉ chapelle, ou **capilla de San Francisco Borja**, dans laquelle vous pourrez admirer, au maître-autel, une peinture de Maella, et deux tableaux de Goya : **Saint François Borgia prenant congé des siens** et le **Condamné**.

Au fond du transept dr. s'ouvre le **portail del Palau** ou de l'**Almoyna** (XIIIᵉ s.), de style roman.

La croisée du transept est couverte par une coupole à deux étages de fenêtres gothiques à vitres d'albâtre, d'une rare élégance (fin du XIVᵉ s.).

Dans la **Capilla Mayor** (à g. notez la chaire de style gothique, où saint Vincent Ferrier aurait prêché, le **retable** est fermé d'ordinaire par deux **volets*** peints par Fernando de Llanos et Fernando Yáñez de la Almedina (1507), le premier un disciple de Léonard de Vinci, tandis que le second dut être formé à Venise, dans le cercle de Giorgione ; au centre du retable, sculpture de la Vierge, par Vergara.

Derrière la Capilla Mayor, **autel de la Résurrection**, en albâtre, œuvre Renaissance. En face, **Vierge de la Cadira**, statue en albâtre polychrome du XVᵉ s. A dr., **chapelle du Cristo de la Buena Muerte** (grand crucifix d'Alonso Cano et tableau attribué à Baccio Bandinelli : **la Vierge, saint Jean et sainte Marie-Madeleine**) ; dans la chapelle à g., triptyque en argent travaillé au repoussé (XVᵉ s.).

En revenant vers l'entrée principale, vous pourrez voir dans la 3ᵉ chapelle du bas-côté dr. un tableau de Pedro Orrente **(Saint Sébastien*)**.

Le **portail de los Apóstoles*** (XIVᵉ-XVᵉ s.), de style gothique, richement décoré de statues et de sculptures, s'ouvre au fond du transept g. C'est devant ce portail que se réunit, tous les jeudis, vers 12 h, le **tribunal de las Aguas** (institué, dit-on, par le calife cordouan Al-Hakam, vers l'an 960), chargé de répartir les eaux destinées à l'irrigation dans la huerta de Valence et d'arbitrer les différends.

La **chapelle de Nª Sª de los Desamparados**, la sainte patronne de Valence, fut édifiée sur la plaza de la Virgen à partir de 1652, en style baroque. La voûte est décorée de fresques d'Antonio Palomino. Au maître-autel, statue de la Vierge (XIVᵉ s.), objet de la vénération du peuple valencien, offerte par le pape Benoît XIII au XVᵉ s., et sculptée dans le courant du 1ᵉʳ tiers du XIVᵉ s.

☐ **Palais de la Generalidad*** *(plan I, C2 ; ouv. de 9 h à 14 h et de 16 h à 19 h ; accès payant, autorisation nécessaire).* — Ce bel édifice gothique érigé de 1481 à 1510 servit de siège aux états du vice-royaume de Valence et abrite aujourd'hui le conseil autonome de la Communauté valencienne.

La **tour** (1518-1579) offre un séduisant mélange de style gothique fleuri, Renaissance et herrerien, qui témoigne de la lenteur avec laquelle les travaux furent menés. A l'intérieur, beau **patio** à arcades où l'on peut voir l'Enfer de Dante, cheminée sculptée par Benlliure, une chapelle XVIIᵉ s. de style baroque (peintures de Juan Sariñena (1607), la **salle des États*** (salón de cortes), avec un remarquable plafond à caissons sculptés (1540-1566), des fresques de 1592, représentant l'assemblée des États, et des lambris en azulejos dessinés par Juan de Juanes (1568-1574), la **salle dorée** (sala dorada), ou salle des avocats, au riche plafond à caissons sculptés, etc.

Vers la plaza del País Valenciano. — De retour sur la plaza de Zaragoza *(plan I, C3; II, C1),* suivez la calle de San Vicente *(plan I, C3-4)* en remarquant au passage, à dr. avant de quitter la place, la tour hexagonale de l'**église Santa Catalina**, beau spécimen d'architecture baroque, érigée en 1688 par Juan B. Viñes.

En prenant la calle de la Paz *(plan I, DE3; II, DE1)* puis en tournant à dr. dans la 3e rue, vous arriverez sur la place où se situe le collège du Patriarche (→ promenade 3).

La 1re rue débouchant à dr. sur la calle de San Vicente vous mènera à la **plaza Redonda** *(plan I, C3; II, C1),* l'un des endroits les plus populaires du vieux Valence, avec son petit marché à la friperie *(en sem.),* aux oiseaux, au livre d'occasion et à la brocante *(le dim.).*

De retour dans la calle de San Vicente traversez cette rue pour atteindre l'**église San Martín** *(plan I, C3),* de style gothique mais avec une façade remaniée en style baroque en 1648. Au-dessus du portail principal, statue équestre en bronze (1494) de saint Martin de Tours, œuvre d'un sculpteur flamand. A l'intérieur, à la décoration baroque, deux tableaux de Francisco Ribalta, dans une chapelle s'ouvrant sur le côté g. Dans une salle à g., au 1er étage, portrait d'un archevêque, par Goya.

Sur la plaza del País Valenciano, et en face du marché aux fleurs, l'**ayuntamiento** *(plan I, C4; II, C2)* est l'un des théâtres des festivités de la San Jaime. Ce bâtiment, d'architecture néo-classique de 1758-1763, abrite le petit **musée historique municipal** *(ouv. de 9 h à 13 h; f. le sam., dim. et j. fériés).*

■ Peintures de Miguel Esteve, du Tolédan Miguel del Prado (1518), de Vicente López (Ferdinand VII), de Sorolla (la famille de l'artiste), ivoires sculptés et émaux gothiques, armes, dont une épée attribuée à Jacques Ier d'Aragon, le conquérant de Valence, le Pendón de la Reconquista, c'est-à-dire la bannière de la Reconquête, du XIIIe s., etc.

De retour à la calle de San Vicente, traversez cette artère pour suivre la calle del Mercado. Elle vous mènera au **Mercado Central** *(plan I, B-C3)* qui est l'un des endroits les plus évocateurs de Valence, lorsque, les jours de marché, s'offrent à la vue les prodigieux étalages de fruits et de légumes de la huerta valencienne.

La **Lonja de la Seda***, ou halle de la Soie *(plan I, B-C3; face au marché central; ouv. de 10 h à 14 h et de 16 h à 18 h; sam. et dim. de 10 h à 13 h).* — C'est un grand édifice de style gothique flamboyant, bâti de 1483 à 1498, avec de magnifiques baies ogivales. A l'intérieur, immense **salle*** où s'effectuaient jadis les opérations du négoce de la soie, une activité qui se développa à partir du XVe s., alors que Valence exportait ses produits jusqu'en Flandre, en Allemagne et même en Italie. Ce vaste hall, d'une grande élégance, comporte trois hautes nefs délimitées par des colonnes torses supportant des arcs hardis et légers. A g., un petit escalier à vis permet de monter à la tour.

Les amateurs de détails peuvent voir, dans les environs du marché, quelques églises dont celle de San Nicolás est la plus intéressante.

L'**église de los Santos Juanes** *(plan I, B3)* présente une façade baroque de 1700 ornée d'un groupe sculpté (la Vierge du Rosaire).

Dans la calle de Carniceros, **église San Joaquín** *(plan I, B3)* à façade néo-classique (1767-1773) ornée de sculptures exécutées par Esteve.

L'**église de la Compañía** *(plan I, C3)*, reconstruite en 1886, abrite, dans la 3e chapelle à g., un tableau de l'Immaculée Conception, œuvre de Juan de Juanes.

L'**église San Nicolás** *(plan I, C2)*, fut érigée en style gothique aux XIVe et XVe s., sur l'emplacement d'une mosquée. Au retable de la chapelle des fonts baptismaux, **tableau*** de Rodrigo de Osono (1476) ; tableaux de Juan de Juanes ; à g. du maître-autel, la Cène et huit autres petits tableaux de J. V. Massip ; sur l'autel de Saint-Pierre, peintures d'Espinosa ; **trésor** dans la sacristie.

2 — Le musée des Beaux-Arts

S'y rendre en voiture (stationnement facile près du musée) ou en bus (prendre le 70 plaza del País Valenciano et descendre plaza de Alfonso el Magnánimo, devant les grands magasins Corte Inglés).

De la plaza de Alfonso el Magnánimo *(plan I, D-E3-4 ; II, D-E2)* vous jetterez un coup d'œil sur l'ancien **édifice de la douane**, construction néo-classique (1758-1802) qui abrite le **palais de justice** ; vous suivrez la calle del General To qui débouche sur la plaza de Tetuán *(plan I, E3 ; II E1)* bordée de maisons seigneuriales du XVIIe s., où se situe l'**ancienne citadelle** de Charles Quint, qui comprend l'**église Santo Domingo**, élégant portail classique, dessiné par Philippe II. Vous y visiterez, à dr., la **chapelle des Rois** (1437-1457), érigée en style gothique (notez les voûtes d'arêtes), avec un assez modeste retable sculpté de style Renaissance (XVIe s.). De l'ancien couvent de Saint-Dominique auquel appartenait cette église, il subsiste, à l'intérieur des casernements, le **cloître**, de style gothique fleuri de la fin du XIVe s. et du début du XVe s., et la **salle capitulaire** *(XIVe s.)*, également connue sous le nom de **sala de las Palmeras** (à l'intérieur, monument funéraire gothique, du XIVe s., de la famille Boíl). Par le **puente del Real** *(plan I, D2)*, construit en 1598 et restauré en 1682, vous franchirez le río Turia.

Après le pont, vous tournerez à g. le long du Turia, dans l'avenida San Pío V, en laissant à dr. le paseo de la Alameda où se trouve, sur la plaza de Galicia *(plan II, F2)*, l'**Archivo General del Reino de Valencia** *(ouv. de 9 h à 13 h et de 16 h à 20 h ; f. sam., dim. et j. fériés)*, où sont rassemblées, dans un bâtiment moderne (1965) les archives du royaume de Valence.

L'avenida San Pío V longe les **Jardines del Real** ou **Viveros Municipales** *(plan I, E2)*, où une belle roseraie est aménagée et où l'on peut admirer les plus beaux spécimens de la flore valencienne (zoo ; œuvre contemporaine du sculpteur valencien Alfaro). Non loin de ce parc, le curieux **jardin de Monforte** *(plan I, F2)* est décoré d'ifs taillés et de statues de marbre.

▣ **Musée des Beaux-Arts San Pío V*** *(plan I, D2)*. — Installé dans un ancien séminaire, bâtiment de style baroque érigé en 1683, il renferme des collections archéologiques, des sculptures et surtout des peintures où l'école valencienne est particulièrement bien représentée. Les salles du premier étage, où sont groupées les œuvres des primitifs, la peinture de la Renaissance et la peinture baroque (notamment Francisco Ribalta), sont celles qui abritent les œuvres les plus remarquables.

Visite : de 10 h à 14 h et de 16 h ; dim. et j. fériés de 10 h à 14 h ; f. le lun., le vend. saint et le 25 déc.

Au rez-de-chaussée se trouve, outre une exposition consacrée aux sculpteurs José Capuz (1884-1964) et Mariano Benlliure (1862-1947), une **section archéologique** présentant des antiquités ibériques (dont le taureau de Bocairente, du IVe s. av. J.-C.), romaines (mosaïques des Muses), hispano-mauresques, etc. ; des sculptures de la Renaissance, dont un petit relief en marbre blanc (le **Baptême du Christ***), œuvre d'un artiste (peut-être espagnol) influencé par la Renaissance italienne (XVIe s.) et une sculpture en albâtre de saint Vincent *(salle XI)* qui recouvrait le tombeau de la corporation des tailleurs au XVIe s.

La pinacothèque du 1er étage est nettement plus intéressante, avec ses collections de peintures gothiques (primitifs), Renaissance et baroques, où vous remarquerez plus particulièrement :

Salle XXIV : tableaux de l'école valencienne des XVe s. et XVIe s., prolongement de l'école catalane et, comme elle, influencée par l'école siennoise du XVe s., ainsi que, dans une moindre mesure, par quelques artistes germaniques qui travaillèrent dans les terres valenciennes et en Catalogne.

Salle XXV : **retable de saint Vincent Ferrier*** par un anonyme, dit maître au Grifon ; retable de la Vierge, provenant de l'ermitage de Puebla Larga et attribué parfois à l'école de Nicolau Marçal (vers 1430).

Salle XXVI : Virgen de la Leche, triptyque assigné au maître de Martínez Vallejo, élève du maître de Perea.

Salle XXVII : retable de fray Bonifacio Ferrier où figurent, au centre, le Calvaire et les sept sacrements, le Jugement dernier avec la Déisis (intercession de la Vierge Marie et de saint Jean Baptiste auprès du Christ), à g., la Conversion de Paul et l'Annonciation ; à dr., le Baptême du Christ ; à la prédelle, notez, de g. à dr., Bonifacio Ferrier, le donateur, frère de saint Vincent Ferrier, la Lapidation de saint Étienne, le Christ mort, soutenu par un ange, entre la Vierge et saint Jean, la décollation de saint Jean Baptiste, avec Salomé qui présente la tête du Précurseur à Hérode et Hérodias, et enfin l'épouse de Bonifacio Ferrier, en compagnie de ses sept filles. Cette œuvre est attribuée à un peintre italien, vers 1400.

Salle XXVIII : tableaux *(231 à 235 et 206 à 211)* d'un retable provenant du couvent de Porta Coeli consacré à la Vierge (œuvre de l'atelier de Juan Reixach ; vers 1450) ; œuvres de Juan Reixach ; Annonciation *(241)* du Maître de Bonastre, de la première moitié du XVe s.

Salle XXIX : peintures de l'école valencienne du XVIe s. et tableaux *(215 à 217)* de Rodrigo de Osona fils.

Salle XXX : tableaux de maîtres flamands et italiens du XVIe s., de l'atelier de Jérôme Bosch (**triptyque de la Passion*** ; le tableau central est une copie, l'original se trouve dans les Nuevos Museos de l'Escorial ; ce triptyque est une réplique, assignée par J. Bosch, mais peut-être exécutée par son atelier) ; du Pinturicchio (la **Vierge à l'Enfant*** dite N.-D. des Fièvres) ; de Pellegrino Tibaldi (Pietà) ; *Vierge à l'Enfant* (274), d'Antoniazzo Romano.

Salle XXXI : Pietà* *(203)*, de Rodrigo de Osona, l'unique œuvre attribuée avec certitude à ce peintre, à Valence, avec le retable du baptistère de l'église San Nicolás ; prédelle d'un retable *(213)* du Maître de Cabanyes (XVIe s.), un peintre auquel on assigne également une *Annonciation (236)* et le *Christ mort avec saint Jean et Joseph d'Arimathie (293)*, Jugement dernier, avec saint Michel *(227)* ; tableau de l'école du Maître d'Artés.

Salles XXXII-XXXIII : retables peints des XVe et XVIe s. (début) dont l'un, dit de la **Pureté***, fut peut-être peint par Onofre Falcó vers 1504 (les sculptures sont de Damián Forment, de son père et de son frère) ; **retable des Rois*** *(292)* par le Maître de Perea, du nom de la donatrice de cette œuvre, qui provient de la chapelle fondée par la veuve de don Pedro Perea dans le couvent de Santo Domingo.

Salle XXXIV : œuvres de Yánez de la Almedina et de Fernando de Llanos.

Salle XXXV : tableaux de l'école valencienne du XVIe s.

Salle XXXVI : œuvres de Juan Vicente Masip et de fray N. Borras.

Salle XXXVII : tableaux de fray Nicolás Borras et de Luís de Morales (**Calvaire***).

Salle XXXVIII : œuvres de Francisco Ribalta (dont **Saint François étreignant la Croix***, **Saint Bruno*** et la **Cène***) et de son fils Juan.

Salle XXXIX : portrait de Francisco de Moncada par Van Dyck.

Salle XL : œuvres de José de Ribera (dont **Saint Sébastien***, **Saint Jérôme***) et du Greco *(Saint Jean-Baptiste)*.

Salle XLI : œuvres de Ribalta et de Murillo *(Saint Augustin lavant les pieds du Christ)*.

Salle XLII : œuvres de l'école valencienne des xvɪᵉ et xvɪɪᵉ s., notamment de Juan Sariñena et de Pedro Orrente.

Salle XLIII : **Noli me tangere***, sculpture en marbre de D. Forment.

Salle XLIV : œuvres d'Andrea Vacaro.

Salle XLVI : tableaux de Miguel March.

Salle XLVII : œuvres de Jerónimo de Espinosa (1600-1680), le meilleur peintre baroque valencien, et de Juan Ribalta, le fils de Francisco Ribalta.

Salle XLVIII : portrait équestre de Charles II par Juan Carreño de Miranda ; moine, par Zurbarán (?).

Salle XLIX : portrait de don Mariano Ferrer *(580)*, de 1789, par Goya, à qui l'on doit également le portrait de Rafael Esteve, de 1815, le **portrait de doña Joaquina Candado***, de 1790 (?), **portrait du peintre Bayeu**, de 1780.

Salle L : **Autoportrait*** de Velázquez.

Salle LI : œuvres d'Estebán March et de petits maîtres néerlandais.

Salle LII : peinture académique du xɪxᵉ s., avec des œuvres de Vicente López, José de Madrazo, Maella, etc.

Salle LIII : portraits du xvɪɪɪᵉ s.

Salle LIII : portraits du xvɪɪɪᵉ s.

Au 2ᵉ étage, tableaux de peintres valenciens des xɪxᵉ et xxᵉ s. (Francisco Lozano...). On remarquera plus particulièrement la salle consacrée à Sorolla.

Au 3ᵉ étage, peinture historique des xɪxᵉ et xxᵉ s.

3 — Le musée national de la Céramique et des Arts somptuaires « González Martí » — le collège du Patriarche.

Le musée national de la Céramique, aux collections d'une exceptionnelle richesse, permet de se faire une idée de l'importance que connaissent à Valence, dès le Moyen Age, les arts de la céramique et de la faïence émaillée. Le musée du Collège du Patriarche, malheureusement peu souvent ouvert, mérite lui aussi une visite pour sa prestigieuse galerie de tableaux. Il sera commode de gagner ces deux musées à pied à partir de la plaza de Zaragoza (plan I, C3 ; II, C1) si l'on veut profiter des facilités de parking qu'elle peut offrir.

■ **Musée national de la Céramique « González Martí »**** *(plan I, C3 ; II, C1)*. — Il est installé dans le **palais du marquis de Dos* Aguas**, somptueuse résidence du xvᵉ s., mais complètement transformée au xvɪɪɪᵉ s., sur des plans d'Hipólito Rovira qui dessina le **portail rococo**, sculpté par Ignacio Vergara (1740).

Visite : de 10 h à 14 h et de 16 h à 18 h : dim. et j. fériés de 10 h à 14 h ; f. le lun. : accès payant.

Céramique valencienne. — La ville de Paterna, sise dans les environs de Valence, est le plus ancien centre de production de céramique des terres valenciennes. Cette industrie, d'origine ibérique, survécut à la domination romaine, aux invasions barbares et connut un essor prodigieux au temps de la domination musulmane et après la Reconquête. Des contrats passés entre céramistes et négociants attestent que les artisans se recrutaient à la fois dans les communautés chrétienne et musulmane.

Au XIIIᵉ s., après la Reconquête, et au XIVᵉ s., les artisans valenciens produisent une céramique décorée de motifs verts, à l'oxyde de cuivre, et bruns, à l'oxyde de manganèse. Aux XIVᵉ et XVᵉ s., la mode est aux motifs bleus, à l'oxyde de cobalt, et aux productions aux reflets métalliques des ateliers de Paterna et de Manises ; au XVᵉ s., le centre de Paterna, absorbé à cette époque par la famille Boíl, s'étiole petit à petit. Le départ forcé des morisques, au début du XVIIᵉ s., lui porte un coup fatal. A Manises, l'art de la céramique se maintient cependant, mais la décoration devient confuse et le dessin maladroit. Au XIXᵉ s., Manises ainsi que Ribesalves et Ovida sont les centres de production d'une céramique populaire qui profite de la décadence des fabriques de Tolède, Talavera et Séville, consécutive à la guerre d'indépendance.

Le fonds principal de la collection de céramiques a pour origine un legs de don Manuel González Martí (1947). Ce musée est plus particulièrement riche en **céramique et faïence émaillée** (azulejos) de la région valencienne : Alcora et surtout Paterna et Manises ; mais d'autres régions sont représentées, surtout l'Aragon avec de la céramique et des azulejos de Teruel des XIVᵉ et XVᵉ s., l'Andalousie avec des productions de Séville, la Nouvelle-Castille avec des faïences de Tolède et de Talavera. On compte également de la faïence émaillée mauresque et de la porcelaine étrangère (Moustiers, Japon, etc.).

Au rez-de-chaussée, où le vestibule est orné d'azulejos du XVIIIᵉ s., vous remarque-rez trois **carrosses*** du XVIIIᵉ s., qui appartinrent aux familles Boíl, Serdanyola et Dos Aguas. L'un d'eux est décoré de bois sculpté et doré par Ignacio Vergara.

Au 2ᵉ étage, une salle (II) est consacrée aux travaux en céramique de Mariano Benlliure, tandis que la salle VIII renferme quelques pièces signées par Picasso. Visitez surtout la salle où sont exposées les socarrats, plaques de terre, cuites à basse température et décorées de motifs traditionnels : végétaux, allégories...

Sur le chemin du collège du Patriarche, vous passerez devant l'**église San Andrés** *(plan I, C 34)*, des XVIIᵉ et XVIIIᵉ s., qui présente une façade baroque.

Collège du Patriarche* (Colegio Patriarca ; *plan I, D3 ; II, D2*). — Il est installé dans un bâtiment de style Renaissance (1586-1604). Doté d'un patio à double galerie, il abrita le Real Colegio del Corpus Cristi, c'est-à-dire un séminaire, vocation qui est encore la sienne. Il fut fondé par Juan de Ribera, archevêque de Valence et patriarche d'Antioche.

Visite : de 11 h à 13 h 30, sam., dim. et j. fériés.

■ Vous y visiterez l'église du Corpus Cristi (→) et surtout un **musée*** où sont exposées des tapisseries flamandes du XVIᵉ s., de l'orfèvrerie religieuse, des broderies, des sculptures et surtout des peintures.

Caravage : **Martyre de saint Pierre***. — Hugo Van der Goes : **Descente de croix***. Jan Gossaert, dit Mabuse : **Christ flagellé***. — Le Greco : **Adoration des bergers*** ; **la Vision de saint Martin*** ; une aquarelle sur vélin. — Juan de Juanes : **Vierge allaitant***. — Pieter de Kampeneer : **Descente de croix**. — Luís de Morales : **Portement de croix**. — Juan Fernández Navarrete, dit el Mudo : une série des Apô-tres. — Pedro Orrente : **Martyre de saint Laurent ; Madeleine pénitente ; Gué-rison du paralytique**. — Francisco Ribalta : plusieurs toiles dont une **Sainte Claire***. — Rogier Van der Weyden : **triptyque de la Passion***. — École de Van der Weyden : **Crucifixion***. — Fernando Yáñez de la Almedina : **Annonciation**. —

Œuvres de Espinosa, Juan Sariñena, Sebastiano del Piombo. — Œuvres de maîtres anonymes espagnols, flamands, français, allemands parmi lesquelles on notera une **Sainte Trinité*** *(dans la salle III)*, etc.

✝ L'**église du Corpus Cristi** date, elle aussi, de la fin du XVIe s. A l'intérieur, dans la chapelle de g., **Apparition de Jésus, entouré de saints, à saint Vincent Ferrier**, par Ribalta. Au maître-autel, la **Cène**, par Ribalta (tous les vend. vers 10 h du matin, pendant que les prêtres chantent le *Miserere*, une machinerie fait disparaître ce tableau, puis de grands rideaux noirs s'ouvrent et découvrent un crucifix du XVe s. ; l'apparition coïncide avec les derniers versets du chant). Tous les murs de l'édifice sont recouverts de frises d'azulejos. Dans la bibliothèque, comédies originales de Lope de Vega. Concerts d'orgue.

Du collège, les visiteurs se limitant à l'essentiel se dirigeront vers l'église San Juan del Hospital.

➡ En face de l'église du Corpus Cristi, l'**université** *(plan I, D4)*, de 1830, renferme quelques incunables, dont le premier livre imprimé à Valence, en 1474, des manuscrits enluminés ; dans le grand salon, **Vierge** peinte par Espinosa ; dans la chapelle (1737), tableaux de Vergara, **retable de la Virgen de la Sapiencia**, par Nicolás Falcó (1516).

Dans ce quartier, **maison natale de saint Vincent Ferrier** *(plan I, z en D3)*, en réalité reconstruite, avec une chapelle moderne (Vierge peinte par Vicente López). L'**église Santo Tomás** *(plan I, D3)*, de 1725-1736, présente une façade baroque à fronton sculpté par I. Vergara.

Église San Juan del Hospital *(plan I, D3)*. — C'est un petit sanctuaire gothique, fondé vers 1300 par les chevaliers de Malte, mais récemment restauré (dans une chapelle à dr., petit retable de saint Pierre, d'un primitif espagnol). Cette église dépendait d'un hôpital construit autour d'un patio du XVIIIe s., orné d'azulejos.

De là, regagnez la plaza de Zaragoza, à moins que vous n'ayez l'intention de visiter plus en détail ce quartier.

Les environs de San Juan del Hospital. — Dans la calle de los Baños del Almirante *(plan I, D3)*, au n° 3, **bains arabes**. L'**église San Esteban** *(plan I, D2-3)*, édifice gothique du XVe s. remanié en style baroque à l'intérieur, au XVIIe s. ; elle renferme des peintures de l'école de Juan de Juanes et de l'école de Jacomart Baçó dans la sacristie, de Pedro Orrente, de Jerónimo de Espinosa au maître-autel.

En face du **palacio del Gobierno** *(plan I, D2 ; tableaux de Joaquín Sorolla)*, l'**église du Temple** *(plan I, D2)*, qui appartint aux templiers, puis aux chevaliers de l'ordre de Montesa, fut reconstruite en style néo-classique de 1761 à 1780.

La calle del Salvador (maisons anciennes) mène à l'**église del Salvador** *(plan I, D2)* dotée d'un clocher du XIIIe s. (à l'intérieur **Ecce Homo** de Luís Morales).

Dans l'**église San Lorenzo** *(plan I, C2)*, retable churrigueresque et azulejos dans la chapelle San Gil.

Sur la plaza del Almudín s'élève un vieil édifice, avec des fresques populaires et un autel en azulejos du XIXe s. Il s'agit d'un ancien **pósito** ou dépôt de grains, de 1517, qui renferme les collections du **musée paléontologique** *(plan I, D2 ; ouv. de 10 h à 13 h ; f. le lun.)* provenant en grande partie d'Argentine. A proximité, la casa de Escribá conserve un beau patio gothique.

4 — Les portes de Serranos et de Quart

🏰 La **puerta de Serranos*** *(plan I, C2)*, bâtie par Jacques Ier en 1238, flanquée de deux tours ajoutées en 1392-1398, est un intéressant spécimen de l'architecture gothique militaire. Restaurée en 1930, elle abrite le **musée naval** *(ouv. de 10 h à 14 h ; f. le lun.)* ; on peut monter au sommet.

En suivant à pied la **calle de Roteros** *(plan I, C2)* à partir de la puerta de Serranos, vous entrerez dans le **quartier d'El Carmen**, lacis de ruelles qui doit son nom à un ancien couvent carmélite, qui abrite aujourd'hui une partie des ateliers de l'école des Beaux-Arts de San Carlos. La rue de Roteros vous mènera à une petite place où se dresse la petite **église de la Santa Cruz** *(plan I, C2)*, au cœur de ce quartier populaire, très animé depuis le matin jusqu'à une heure très avancée de la nuit grâce à ses bars et boîtes de nuit. L'église s'ouvre par un portail baroque du XVIIe s. (sculptures de Capuz; à l'intérieur, azulejos et tableaux du XVIe s.).

Par la **calle Museo** *(plan I, B-C1-2)*, vous parviendrez à la **plaza Na Jordana**, l'un des lieux les plus curieux du vieux Valence, théâtre privilégié de la fête des fallas. Vous vous dirigerez ensuite vers la **calle Alta** *(plan I, B2)*, que vous suivrez pour effectuer ensuite un détour vers la **plaza de Mosen Sorell** *(plan I, B2)*, où se tient un marché, en prenant à dr. la calle de Santo Tomás.
Près de la place, la **calle de Ripalda** *(plan I, B2)* est plus particulièrement fréquentée à l'heure de l'apéritif, vers 14 h, et le soir, grâce à ses nombreux bars populaires et à ses petits restaurants.
De retour dans la calle Alta, vous parviendrez à la **calle de Caballeros** *(plan I, B-C2)* bordée de nobles demeures armoriées, où, en tournant à g., vous atteindrez la **plaza de Manises** *(plan I, C2)*. A g., la **calle Baja** et les suivantes mènent au **portal de Valldigna** *(plan I, C2)*, petite rue établie le long de l'ancien rempart de la ville musulmane.

Sur la plaza de Manises s'élève le **palais de la Bailia** *(plan I, y en C2)* qui loge, outre la députation provinciale, le **musée de préhistoire** *(ouv. de 9 h à 13 h; f. j. fériés)*.

Outre le produit des fouilles effectuées sur des sites des terres valenciennes (essentiellement des grottes), le musée expose de la céramique ibérique et des sculptures, dont la plus remarquable est le **guerrier de Moisent**. On peut y voir également des reproductions de peintures rupestres des grottes de la Communauté autonome, grandeur nature.

En suivant la calle de Serranos *(plan I, C2)* vous reviendrez à la porte du même nom, après avoir réalisé cette incursion dans le quartier d'El Carmen. Entre la puerta de Serranos et la puerta de Quart, vous passerez devant le **musée Benlliure** *(plan I, C1)* où sont exposées des sculptures et des dessins des frères Benlliure ainsi que des peintures de Sorolla.

La **puerta de Quart***, ou de Cuart *(plan I, A3)*, porte de ville flanquée de deux énormes tours érigées par Pedro Bonfill (1441-1460), dans le style du Castel Nuovo de Naples, constitue un autre modèle de l'architecture militaire de la fin du Moyen Age. Les tours portent encore les traces des boulets français du siège de 1808.

A proximité de la porte de Quart, l'**église San Miguel** *(plan I, A3)*, construite de 1725-1739, abrite de très beaux azulejos; en face, le **jardin botanique** *(ouv. de 10 h 30 à 19 h 15)* est un petit paradis où croissent plus de 8 000 plantes.
Dans la sacristie de l'**église San Agustín** *(plan I, B4)*, vous pourrez contempler des peintures attribuées à Francisco Ribalta et à Juan de Juanes. Une annexe de la plaza de Toros *(plan I, C3)* sert de cadre au **musée taurin** *(ouv. de 10 h à 14 h et de 16 h à 20 h)*.

Environs

1 — La huerta de Valence est la plus fameuse des huertas de la Communauté valencienne. Longue de 18 km de Puzol à Catarroja, elle atteint sa largeur maximale, 17 km, le long du Turia, jusqu'à Villamarchante, mais la construction de nouvelles routes et l'extension prise par les localités de la périphérie de Valence lui ont fait perdre beaucoup de son caractère et de son charme. Un climat chaud, mais tempéré, avec des pluies d'automne et de printemps, une irrigation admirablement organisée, font de cette région un inépuisable jardin. Outre les plantations d'orangers et les cultures maraîchères, fruitières, vivrières et industrielles, la huerta de Valence produit des fleurs (surtout des œillets) qui sont appréciées dans toute l'Espagne. Vous pouvez parcourir la huerta, par exemple, à partir de la route de Barcelone *(plan I, 28 en B-C1)* en prenant des routes desservant les villages de part et d'autre.

2 — Le Grao *(4 km),* que vous atteindrez par l'avenida Blasco Ibáñez *(plan I, F2),* est le port de Valence, l'un des premiers d'Espagne. Le long de la **plage del Cabañal** ou de **Levante**, ainsi qu'à **La Halvarrosa**, nombreux restaurants spécialisés dans la préparation de la paella et dans les fruits de mer. Pendant les **fêtes** de la semaine sainte, processions des confréries.

3 — El Saler-Albufera *(sortie par la route du Grao et de l'Albufera ; plan F3).* — *(12 km :* El Safer, longue plage de sable fin. — *14 km :* route à dr. pour Alfafar. Vous longerez ensuite l'**Albufera** (en arabe « al Bahira », la petite mer), une lagune qui, séparée de la mer par une étroite langue de sable (Dehesa) fixée par des pins, est une curieuse région lacustre, rizicole, paradis des oiseaux aquatiques. — *20 km :* **parador** d'El Saler, près d'un terrain de golf. A *6 km* du parador, station balnéaire d'**El Perelló**.

4 — Excursion de la chartreuse de Porta Coeli. — Sortir de Valence par la C 234 en direction de Liria *(plan I, B1).* — *5 km :* **Burjasot** (35 583 hab.). — Silos et magasins à blé souterrains d'origine arabe (reconstruits en 1573). Dans l'**église** de style Renaissance, peintures de Vicente López. **Château du Patriarche** (xvᵉ s.) : plafonds à caissons mudéjars.
7,5 km : **Godella** ; **église paroissiale** Renaissance à l'extérieur et romano-gothique à l'intérieur (plafond du xivᵉ s.). ◆➜ A dr. à *6 km :* maisons seigneuriales du xviiiᵉ s.
17,5 km : **Betera** ; à la sortie, prendre à g.
29 km : **Chartreuse de Porta Coeli.** — Dans un beau site de la sierra de Náquera, elle fut fondée au xiiiᵉ s. ; **église** gothique du xivᵉ s., remaniée à la fin du xviiiᵉ s. ; **cloître** gothique du xivᵉ s. (azulejos du xviiiᵉ s.) ; **salle capitulaire** et **réfectoire** (1740) orné d'azulejos et de sculptures plateresques.

5 — Liria. — Sortir de Valence par la C 234 en direction de Liria *(plan U, B1).*
5 km : Burjasot **(➜ itinéraire 4).**
24 km : **Benisanó** (1 611 hab.). — Château du xvᵉ s. remarquablement conservé ; salons à cheminée gothique, sols d'azulejos. François Iᵉʳ y fut emprisonné après la bataille de Pavie. Dans l'**église paroissiale**, peinture de Juan de Juanes.
27 km : **Liria.** — L'Edeta des Ibères, la Civitas Edenatorum des Romains. **Palais des ducs de Berwick et d'Albe**, de style Renaissance (aujourd'hui **ayuntamiento**). Dans l'**église paroissiale** (1627-1672), à façade baroque, tableau de José Alvárez Cubero représentant la sœur de la duchesse d'Albe, peinte par Goya. **Église de la Sangre**, du xivᵉ s., à portail romano-gothique et à charpente polychrome ; modeste **église del Buen Pastor** *(demander la clef à Inés Igual, qui habite en face de l'église)* : peinture murale gothique (Crucifixion).

6 — Sur la route de Madrid. — Prendre la N 111.
6 km : prendre à g. la route de Torrente A *4 km,* **Alacuas : palais de la Casta** (1584), caractéristique de l'architecture féodale valencienne : cloître gothique, plafonds à caissons Renaissance et dallages en azulejos mudéjars.
8 km : **Manises.** — Faubourg de Valence, réputé depuis le xivᵉ s. pour ses faïences

à reflets dorés, caractérisées par une grande variété de formes (motifs héraldiques, végétaux, caractères arabes, etc.), qu'on peut admirer au musée de la Céramique à Valence (→ promenade 3). Quoique sa production ait beaucoup diminué à partir du XVIIIe s., il subsiste encore de nombreux petits ateliers. Vous visiterez le musée local de la céramique et l'église paroissiale. Remarquez la tour maure et le quartier des maisons troglodytes.

28 km : **Chiva** (6 500 hab. ; alt. 240 m). — Village pittoresque perché sur un promontoire. L'**église paroissiale** (1733-1781) est ornée de peintures de Vergara (à la voûte de l'abside et sur les pendentifs de la coupole).
Fêtes : du 1er au 10 sept., au sanctuaire de la Virgen del Castillo, encierros de cachettes. Le 15 août, el torico de la cuerda.

71 km : **Requena** (18 404 hab. ; alt. 692 m). — Vieille ville au caractère très accusé. L'**église San Nicolás**, du XIIIe s. (nef restaurée en 1787), est aujourd'hui presque ruinée ; plus loin, l'**église Santa María**, de style ogival (intérieur refait en style baroque en 1730) ; **église San Salvador** avec un portail du XVe s. (à l'int., remanié en style baroque du XVIIIe s., azulejos et retable au maître-autel de Jaime Molins). Dans l'église del Carmen, on vénère la Virgen de la Soterraña du XIIIe s. et une Dolorosa baroque d'Ignacio Vergara (beaux azulejos).
Musée historique de la ville et de la région de Requena, musée du vin et caves coopératives (fêtes des vendanges fin août).
↦ A dr. à *22 km* par la route d'Albacete, station thermale de **Villatoya**. Belles vues.
↦ A *33 km* par la route d'Albacete (prenez à g. à 2 km vers Almansa) : **Cofrentes** (1 124 hab., alt. 394 m). — **Château** gothique (XIVe s.) et belles vues* sur la vallée du Júcar et du Cabriel.   **↦**   A *24 km* de Cofrentes, **Ayora** : ruines d'un château arabe ; dans l'église paroissiale, tableaux détachés d'un retable peint par Yáñez de la Almedina et Fernando de Llanos. Dans les environs, **peintures rupestres** de Tortosilla et village ibère de **Mugrón**.

83 km : **Utiel** (12 261 hab., alt. 635 m). — **Église Nuestra Señora de la Asunción**, de style isabélin (XVIe s.), à une seule nef à colonnes torses dont les spirales se prolongent sur la voûte.
Fêtes : Virgen del Remedio avec des éléments païens (vendanges).

Valladolid**

Burgos, 124 km. — León, 139 km. — Madrid, 192 km. — Salamanque, 115 km.
Alt. 694 m. — 330 245 hab. — Capitale de la province de Valladolid (Castille-León).

Ancienne capitale du royaume de Castille-León, Valladolid est située au confluent du Pisuerga et de l'Esgueva, dans une vallée entourée de collines, de páramos, de pinèdes et de terres céréalières. C'est la ville la plus importante de la région ; durant ces vingt dernières années, elle a connu une augmentation spectaculaire de sa population, grâce au développement de son industrie, en particulier dans le secteur automobile. Malgré un urbanisme trop souvent chaotique, Valladolid conserve un ensemble monumental digne de son passé historique.

La ville du Conde Ansúrez. — Le nom de Valladolid qui pourrait provenir du toponyme celto-romain « Valle Tolitum », c'est-à-dire « Vallée des eaux », permet de supposer une colonisation par la deuxième invasion celte. Ce n'est qu'en 1074, lorsque Valladolid est reprise après des siècles d'occupation musulmane (elle était alors appelée Balad Valed, Cité du gouverneur) par Alphonse VI, que la ville va connaître une croissance significative. Sous l'égide du Conde Ansúrez, fait seigneur de la ville en raison des services rendus au roi durant la reconquête de celle-ci, la cité va se développer considérablement.

Une ville royale. — La noblesse commence à cette époque à s'y installer et, à partir du xiiie s., la ville devient résidence habituelle de la Cour. Des noces royales s'y célèbrent : Pierre le Cruel s'y marie avec Blanche de Bourbon et Ferdinand d'Aragon y épouse Isabelle la Catholique (1468). C'est sous le règne des Rois Catholiques que s'y établit le tribunal de l'Inquisition. Christophe Colomb y meurt en 1507. En 1560, Philippe II fait de Madrid la capitale du royaume, mais Philippe III revient à Valladolid en 1601. Au xviie et au xviiie s., Valladolid garde les caractéristiques d'une grande ville, mais la noblesse commence à l'abandonner pour rejoindre la Cour à Madrid. Insurgée contre les Français en 1808, elle est enlevée le 12 juin et Napoléon y installe son quartier général en 1809.

Fêtes. — Du dim. des Rameaux jusqu'au dim. de la Résurrection, Valladolid vit une semaine sainte où s'expriment toute la sévérité, la profondeur et l'émotion silencieuse et intériorisée du caractère castillan.

La religiosité, le mysticisme atteignent leur paroxysme durant la procession du ven. saint, qui réunit vingt-quatre pasos, œuvres des plus grands sculpteurs des xvie et xviie s. C'est un spectacle grandiose que de voir les sculptures imposantes de Gregorio Fernández, Jean de Joigny, Juan de Avila et Pedro Berruguete traverser les rues de la ville au rythme des tambours.

La semaine sainte est aussi l'occasion d'activités qui n'ont rien de religieux. De véritables fortunes se jouent dans les rues de Valladolid au jeu des las Chapas. Un meneur de jeu jette deux pièces de monnaie en l'air, et les participants parient leur argent sur le côté pile ou face ; cette tradition évoquerait le partage de la tunique de Jésus-Christ par les soldats romains.

A partir de la mi-sept., fêtes patronales avec nombreux bals populaires et importantes manifestations culturelles.

Visite de la ville

Outre les collèges Santa Cruz et San Gregorio (ce dernier abrite le plus prestigieux musée de sculpture religieuse d'Espagne), vous visiterez surtout l'église San Pablo, la cathédrale et son musée, l'église del Salvador et celle de Las Angustias. Plusieurs églises de la ville et, bien entendu, le collège San Gregorio, renferment des œuvres d'Alonso Berruguete, de Jean de Joigny et de Gregorio Hernández, qui sont parmi les plus grands sculpteurs d'Espagne et qui travaillèrent à Valladolid, à trois âges différents au cœur d'une région qui, au xvie s. et au début du xviie s., fut un extraordinaire pépinière d'artistes, peintres et sculpteurs. D'autre part, pour les amateurs de curiosités et d'exotisme, le couvent des Augustinos Filipinos a ouvert depuis peu un très intéressant musée d'Art oriental.

Vous pourrez facilement vous garer près du Campo Grande (plan AB4-5). Parking payant plaza Mayor (plan B3).

I — Le collège San Gregorio (musée national de Sculpture)

Outre le musée national de Sculpture, cet itinéraire comporte la visite de quelques autres monuments. Comptez environ 3 h de visite dont 1 h 30 pour le musée.

Église San Pablo** *(plan C2).* — Appartenant à un ancien monastère dominicain, cette église d'origine gothique conserve une remarquable **façade** de style plateresque, de la fin du xve s., véritable guipure de pierre avec un portail surmonté d'un groupe sculpté en haut relief représentant le Couronnement de la Vierge, réalisée par Simon de Cologne à la demande de l'évêque de Palencia, Fray Alonso de Burgos ; à l'intérieur, observez les portes

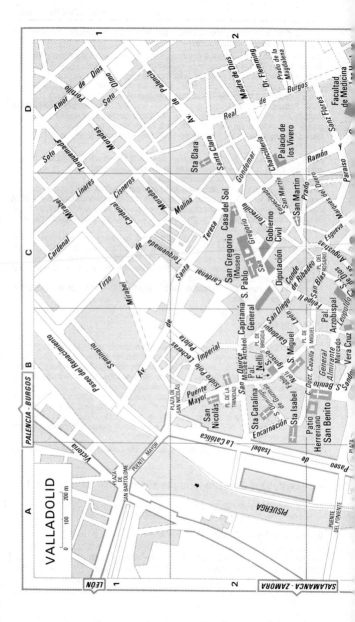

VALLADOLID

PALENCIA - BURGOS

SALAMANCA - ZAMORA

LEÓN

0 100 200 m

Paseo del Renacimiento

Puente Mayor

PUENTE MAYOR

PLAZA DE SAN BARTOLOME

Victoria

PLAZA DE SAN NICOLÁS

Amor de Dios

Portillo

Soto

Olmo

Ap de Palencia

Moradas

Torquemada

Soto

Linares

Mirabel

Cardenal

Cardenal

Cisneros

Moradas

Tirso

Mirabel

Seminario

Av de

Santa Teresa

Torquemada

Cardenal Torquemada

Molina

Sta Clara

Santa Clara

Av ap

Real

Madre de Dios

Dr. Flemming

Prado de la Magdalena

de

Burgos

Gondomar

Palacio de los Vivero

Chancillería

Ramón

Sanz Florés

Facultad de Medicina

Paraiso

y

Casa del Sol

San Gregorio (Museo)

San Gregorio

S. Pablo

San

Gobierno Civil

San Martín

San Martín

Prado

Diputación

Conde de Ribadeo

Esgueva

Marinas del Duero

Encarnación

Isidro Polo

Lecheras

Imperial

San Diego

Cardenal

Gardoqui

Felipe II

León

San Blas

Pº DEL ROSARIO

PL DEL ROSARIO

Dios

San Agustín

Leopoldo C.

Vera Cruz

Sandón

Puente Mayor

PL DE LA TRINIDAD

San Nicolás

San Quirce

Musée Archéol

Pal. F. Nelli

S. S. Fabio

S. Ignacio

S. Domingo

Capitanía

PL DE LA BRIGADA

General

S. Miguel

PL DE S. MIGUEL

Pal. Arzobispal

Mercado

Sta Catalina

Sta Isabel

C. Doct. Cazalla

General Almirante

San Benito

Patio Herreriano

La Católica

Isabel

ap

Paseo

PLAZA

PISUERGA

PUENTE DEL PONIENTE

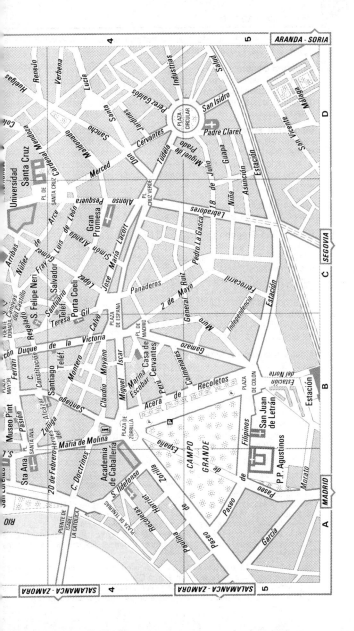

plataresques situées sur les bras du transept de la même époque que la façade, la voûte à nervures et la tribune ou coro alto.

Capitanía General *(plan B2)*. — En face de l'église San Pablo, la Capitanía General est installée dans l'ancien **palais royal**, agrandi en 1661 lorsque Valladolid redevint capitale de l'Espagne. A l'intérieur, **patio** entouré de galeries ornées de **médaillons**, par Alonso Berruguete ; escalier monumental plataresque.

Diputación Provincial *(plan C2)*. — Sur la même place, cet édifice est l'ancien palais des comtes de Ribadavia, où Philippe II naquit en 1527 ; du même côté de la place, jolie fenêtre à ornements plataresques à l'angle ; dans le vestibule, **azulejos** relatant la naissance, le baptême et le retour de Philippe II à Valladolid ; charmant **patio** de style Renaissance (actuellement en restauration).

En face du collège San Gregorio, le palais où se trouve le **Gobierno Civil** *(plan C2)* fut érigé au XVIe s. et restauré au XIXe s. ; patio à triple galerie.

Collège San Gregorio *(plan C2)*. — Il fut construit de 1488 à 1496 aux frais de l'évêque de Palencia, Fray Alonso de Burgos, qui avait été le confesseur d'Isabelle la Catholique. Dans ce collège en théologie, placé sous l'autorité des dominicains, furent inscrits l'écrivain Fray Luis de Granada, le père Las Casas, apôtre des Indes, et de nombreux personnages illustres. Le plan du bâtiment est attribué à Juan Guas.
La **façade**, attribuée à Gil de Siloé, à l'imitation d'un retable minutieusement ciselé, est un magnifique spécimen de ce style gothico-Renaissance de l'époque des Rois Catholiques que l'on nomme style isabélin. Le grand patio est également remarquable.

■ **Musée national de Sculpture***** *(plan C2)*. — Le collège San Gregorio prête son décor au musée où est présentée une magnifique collection de sculptures religieuses en bois polychrome et doré, qui s'échelonnent sur deux siècles et demi, de Charles Quint à Charles III et parmi lesquelles on compte quelques-uns des plus grands chefs-d'œuvre jamais produits dans cette province de Valladolid, qui fut à l'époque l'un des foyers les plus brillants de l'art castillan.

Visite : en hiver de 10 h à 14 h et de 16 h à 19 h ; en été de 9 h à 14 h et de 16 h 30 à 19 h ; f. dim. a.-m., lun. et les j. fériés.

Les salles 1, 2 et 3 sont consacrées à Alonso Berruguete.

Un artiste de la Renaissance. — Alonso Berruguete (1489-1561), fils du peintre Pedro Berruguete, est lui-même peintre, mais son prodigieux talent s'exerce surtout dans la sculpture. Parti très jeune en Italie, il y demeure une quinzaine d'années, au cours desquelles il se forme en étudiant les sculptures de l'Antiquité classique et hellénistique. Malgré la bénéfique influence qu'exercèrent sur lui les artistes italiens du quattrocento, et ses contacts avec Bramante et Michel-Ange, il se révèle comme un artiste profondément espagnol, par le caractère intensément tragique de ses œuvres. Artiste comblé par la fortune, il imposa souvent ses innovations artistiques.

Salle 1. — A dr., tableau sculpté de la **Circoncision** ; à côté, un **Ecce homo**, œuvre pathétique provenant de l'église San Juan à Olmedo.
A g., tableaux de la **Fuite en Égypte** et de la **Nativité** et enfin, entre les deux portes d'accès de la salle 2, **peintures** en grisaille de saint Marc et saint Matthieu.

Salle 2. — Ancien réfectoire du collège ; plafond à caissons du milieu du XVIᵉ s., grandiose **calvaire** qui couronnait le retable, avec, de part et d'autre du Christ en croix, la Vierge Marie et saint Jean.

En tournant ensuite dans le sens de l'horloge, groupe de l'**Assomption de la Vierge,** qui occupait la partie centrale du retable, œuvre magistrale où transparaît l'influence de Michel-Ange. Dans un angle, tableau de **Saint Benoît faisant jaillir une source au mont Subiaco.** Après la porte, dans une niche, statue de **saint Jean l'Évangéliste.**

Dans la *salle 3,* tableau de la **Tromperie du roi Totila,** ainsi que le **Martyre de saint Sébastien,** l'un des plus grands chefs-d'œuvre de la sculpture du XVIᵉ s. en Espagne, où le jeune héros, attaché à un arbre, semble exécuter une danse pleine d'allégresse, véritable défi à ses bourreaux ; l'**Adoration des Rois mages,** où le maniérisme d'Alonso Berruguete se manifeste par un étirement du canon, particulièrement sensible dans les figures des trois rois ; **Saint Christophe portant l'Enfant Jésus** et le groupe du **Sacrifice d'Abraham,** d'une grande intensité dramatique.

Dans l'*escalier d'accès au premier étage,* vous remarquerez une **tête de christ** qui provient d'un disciple du sculpteur, des **peintures** du XVᵉ s. et un **retable** baroque du début du XVIIIᵉ s. qui comporte un christ en croix du XVIᵉ s.

Salle 9. — **Retable de San Jerónimo*,** attribué à Jorge Inglés, peintre d'origine anglaise, comme l'attestent certains de ses paysages qui n'appartiennent ni à l'Espagne ni à la Flandre, où il a visiblement appris sa technique. Sculptures gothiques du XIVᵉ s. et en face du retable, deux **tableaux** peints attribués au maître de Saint-Ildefonse (dernier quart du XVᵉ s.).

Salle 10. — Elle est couverte d'un plafond en bois à caissons polychromes ; **retable de la Descente de Croix**,** représentant cinq scènes : la Naissance de la Vierge, l'Annonciation, la Naissance de Jésus, l'Adoration des Rois mages, et, au centre du retable, la Descente de Croix ; il s'agit d'une œuvre flamande, en bois de noyer, de la fin du XVᵉ s., d'un style gothique flamboyant.

A g. de cette sculpture, notez une grande **statue de sainte Anne, de la Vierge et de l'Enfant Jésus,** en bois polychrome, provenant sans doute d'un atelier flamand du début du XVIᵉ s. En tournant ensuite dans le sens de l'horloge dans cette salle, tableau d'un triptyque attribué à Gérard David. **Sainte Famille**,** œuvre admirable influencée par la Renaissance italienne et qui est attribuée à Diego de Siloé. **Pietà**,** en pierre polychrome, peut-être exécutée vers 1440 dans un atelier allemand, où la Vierge, les yeux gonflés de larmes et prostrée, est des plus émouvantes. **Statues en albâtre*,** rehaussées de touches d'or, exécutées vers 1530 par des sculpteurs certainement dirigés par Alonso Berruguete.

Salles 11 et 12. — **Stalles sculptées**** du chœur de San Benito el Real, exécutées en 1525-1529, par divers artistes, sous la direction de Andrés de Najera, parmi lesquels figure probablement Diego de Siloé, auteur du relief de la décollation de Jean Baptiste. Ces stalles, attribuées à chacun des abbés des monastères de l'ordre de Saint-Benoît en Castille, constituent l'une des plus belles expressions de l'art de la Renaissance en Espagne. Dans cette section vous verrez encore trois séries de **stalles** du XVIIIᵉ s., provenant également de l'église San Benito el Real, dont les **reliefs,** sur les dossiers, représentent des scènes de la vie de saint Benoît d'après les gravures d'un artiste italien du XVIᵉ s., Aliprando Caprioli.

Dans cette section, **panneaux sculptés** de la **Vie de Jésus et de la Vierge** qui appartenaient à un retable du couvent de la Mejorada, à Olmedo, puis à g., dans la *salle 12,* une **statue de sainte Anne, de la Vierge et l'Enfant,** en bois polychrome du début du XVIᵉ s., un panneau de l'**Adoration des Rois Mages** (XVIᵉ s.) et, dans la même salle, les **statues** de saint Michel et d'une sainte, en bois, du premier quart du XVIᵉ s., le relief de l'**Adoration des Bergers*,** œuvre attribuée au sculpteur florentin Giovanni di Moreto, qui travailla au premier quart du XVIᵉ s. en Aragon dans le premier quart du XVIᵉ s.

Salle 13. — **Sculptures** d'artistes espagnols du XVIᵉ s., plus particulièrement de Diego de Rodríguez, de Leonardo de Carrión et de Gaspar de Tordesillas.

Vers le fond de la salle, **relief de Job**, attribué à Diego de Rodríguez et, à côté, deux **évangélistes**, de l'église aragonaise du milieu du XVIᵉ s. ; panneau sculpté, en bois polychrome, du **Miracle des saints Cosme et Damien**, attribué à Isidoro de Villoldo.

Salle 14. — Deux **retables** baroques de l'école castillane du XVIIIᵉ s., influencée par l'art des frères Churriguera. Dans un angle, à dr., une **statue de sainte Monique**, de taille colossale (XVIIIᵉ s.), attire le regard.

En sortant de cette salle vous entrerez dans la galerie supérieure du **Patio Mayor**★★ du collège San Gregorio, l'une des plus belles expressions de l'art de la Renaissance espagnole du temps des Rois Catholiques, qui fut décoré de sculptures par Diego de Siloé.

Salle 15. — Après avoir laissé à g. l'escalier monumental, vous verrez quelques œuvres de Jean de Joigny (Juan de Juni) avec, notamment des **sculptures de saint Jean Baptiste, de sainte Anne** (buste-reliquaire) et surtout une **Mise au tombeau**★★ en bois polychrome, qui constitue l'un de ses chefs-d'œuvre. Il fut commandé par Fray Antonio de Guevara, évêque de Mondoñedo, chroniqueur de la conquête d'Oran par Charles Quint.

Le plus authentiquement hispanique. — Jean de Joigny (1507-1577), hispanisé en Juan de Juni, né à Joigny, en Bourgogne, fait son apprentissage en Italie. On le trouve à León, puis à Valladolid en 1535, dans cette Espagne du Nord, où, de même que plusieurs autres artistes français, tels que Pierre Picart en Navarre, et Gabriel Joly en Aragon, il fait pratiquement toute sa carrière. Son œuvre plaît énormément, sans doute parce que cet artiste sait exprimer toute l'ardeur et l'angoisse de l'âme castillane dans des compositions tourmentées, trépidantes, de telle sorte qu'il est considéré comme le sculpteur le plus authentiquement hispanique du règne de Philippe II.

Salle 16. — Sculptures provenant d'un **retable** commandé à Juan de Muniátegui en 1604, par le duc de Lerma pour le monastère de San Diego. L'œuvre architecturale de cet artiste basque est perdue, mais il subsiste les sculptures exécutées par Pompeo Leoni, en collaboration avec Millań Vimercado et Baltasar Mariano, notamment un monumental **Calvaire** peint par les frères Vicente et Bartolomé Carducho.

Au-dessus de la porte d'accès à cette salle depuis la précédente, noter un **Christ en croix**, sculpté par Diego Rodríguez en 1553, pour un retable de l'église San Antón, à Valladolid.

Salle 17. — **Retable**★ d'architecture néo-classique attribué à Gaspar Becerra et **tableaux** peints par Jerónimo Vázquez. A g. de la porte de sortie, deux **statues de saint Jérôme** et de **sainte Hélène**, par Inocencio Berruguete, neveu d'Alonso.

Salles 18 à 20. — **Sculptures** d'artistes de la fin du XVIᵉ s. et du début du XVIIᵉ, parmi lesquels on peut citer : Pedro de la Cuadra, Adrián Álvárez, Isaac de Juni, fils naturel de Jean de Joigny, etc.

Salle 21. — **Madeleine pénitente**★★, de Pedro de Mena (1664) l'émouvant chef-d'œuvre de cet artiste formé à Grenade à l'école d'Alonso Cano, où la pécheresse repentie, à la « figure émaciée dans sa tunique de palmes, symbole de la beauté sacrifiée, humiliée, conserve dans l'expression et la démarche une grâce incomparable » (Paul Guimard).

Salle 22. — Elle est formée par une galerie du patio où sont présentés des **panneaux** sculptés en 1735, par Pedro de Sierra et qui faisaient partie des **stalles** de l'église San Francisco, à Valladolid, aujourd'hui visibles dans la chapelle du couvent San Gregorio, annexée au musée. Vous remarquerez également un **Christ** du XVIᵉ s., et plus loin un **Christ** de l'école de la Rioja du XIVᵉ s.

Salles 23 à 26. — Sont présentées des **collections de peinture**, quelques-unes attribuées à Alonso Berruguete (**retable** provenant de la chapelle funéraire de Juan Pablo de Oliveiro, dans le couvent de San Benito el Real, la **Crucifixion**, entre deux peintures de son atelier, dans la *salle 23*), au maître de San Antonio ou maître de Toro. Les écoles italiennes *(salles 24 et 26)* et hollandaises *(salle 25)* sont représentées par quelques œuvres mineures ou par des copies.

Salle 27. — **Retable** baroque du XVIIIe s., œuvre probable d'Alejandro Carnicero ; les deux **sculptures** latérales sont l'œuvre de Pedro Corruas ; à dr., **sculpture** représentant la **tête coupée de saint Paul,** d'un terrible réalisme, exécutée en 1707, à Madrid, par Juan Alonso Villabril y Ron.

Salles 28 et 29. — Elles renferment des **sculptures** baroques des XVIIe et XVIIIe s., avec des œuvres singulières, telles que la **tête coupée de saint Jean Baptiste,** de la fin du XVIIe s., attribuée à José de Mora, de l'école grenadine.

Salle 29. — **Statue de sainte Anne et de la Vierge enfant,** assignée à Francisco Salzillo, est une œuvre charmante du milieu du XVIIIe s.

Salle 30. — Grande **sculpture** de **saint Michel Archange dominant le démon,** œuvre d'un artiste de l'école castillane du XVIIIe s. ; à dr., dans la même salle, le **retable de la généalogie du Christ** est une œuvre intéressante, peut-être produite dans l'atelier des Sierra, en Castille, au XVIIIe s.

De la salle 30, vous reviendrez à la salle 9, d'où vous passerez dans la galerie supérieure du cloître ; au fond de la galerie, vous entrerez dans les salles 6 et 7, où se trouve une **exposition de pasos.**

Salles 6 et 8. — **Paso de l'élévation de la Croix,** attribué à Francisco del Rincón, maître de Gregorio Fernández ; puis un **Christ portant la Croix,** exécuté par Gregorio Fernández, à l'exception du Christ, qui est d'une époque postérieure ; plus loin, le **paso de la Soif,** du même sculpteur ; et enfin, les pasos représentant différentes **scènes de la Passion,** destinés à figurer durant les processions de la semaine sainte.

Vous traverserez à nouveau le Patio Mayor, et en entrant dans le vestibule, vous arriverez dans la salle 4, entièrement consacrée à Gregorio Fernández.

Salle 4. — Au centre, une **Pietà**[*] pleine de suggestions gothiques, où apparaissent aussi les tendances baroques de la sculpture castillane, **sainte Thérèse de Jésus** (1625), **saint Pierre** en tenue pontificale (1616) ; deux grands **reliefs** représentant le **Baptême du Christ,** et la **Remise du scapulaire à saint Simon.**

Salle 5. — **Christ gisant,** l'une des œuvres les plus parfaites de Gregorio Fernández. Au mur, un **tableau** de Francisco de Zurbarán, représentant la **Santa Paz.**

Gregorio Fernández ou Hernández (v. 1576-1636). — Originaire de Galice, il est au début du XVIIe s. l'artiste le plus recherché en Galice et en Castille pour l'exécution de groupes sculptés, de statues et de retables. Son style dépouillé, d'un naturalisme parfois exacerbé, a fait de lui l'un des sculpteurs les plus représentatifs de l'école castillane.

En sortant du patio de Estudios, qui sert de vestibule au musée, vous traverserez un jardin, pour aller visiter la **chapelle du couvent San Gregorio**[*]. Elle renferme un **retable**[*] d'Alonso Berruguete, des **statues orantes**[*] en bronze, du duc et de la duchesse de Lerma par Pompeo Leoni, mais coulées par Juan de Arfe (1602) et Lesmes Fernández del Moral, le **tombeau**[*] de l'évêque Diego de Avellaneda, par Philippe de Bourgogne. Dans la **sacristie** de la chapelle, **Allégorie de la Mort,** attribuée parfois à Gaspar Becerra, à Juan de Balsameda ou à Jean de Joigny.

Casa del Sol *(plan C2).* — Contiguë au palais San Gregorio, la casa del Sol, ancien palais des comtes de Gondomar, aujourd'hui transformée en couvent, s'ouvre par un **portail** plateresque de 1540 ; du couvent dépend l'**église San Benito el Viejo,** transformée en 1583.

L'**église San Martín** fut fondée au XIIe s. ; sa structure date du XIIIe s. prenant comme modèle l'église de N[a] S[a] de las Angustias ; elle fut reconstruite au XVIIe s. ; à l'intérieur, grand **retable** de Pedro Salvador, et **sculpture** de Juan Antonio de la Peña ; dans la niche centrale, **sculpture de saint Benoît** ; au-dessus de l'autel, **Pietà** de Gregorio Fernández. A 50 m, **église Santa María la Antigua** (→ le 2e itinéraire à travers la ville).

Église Nuestra Señora de las Angustias *(plan C3 ; ouv. de 9 h à 12 h et de 16 h à 18 h).* — Elle fut élevée de 1597 à 1604, sous la direction de l'architecte Juan de Nates. Son principal titre de gloire est de renfermer l'un des plus grands chefs-d'œuvre de Jean de Joigny, la **Vierge aux sept glaives★★**, au visage pathétique et angoissé (1561) ; **retable de l'Annonciation** sculpté par Francisco Rincón et peint par Tomás de Prado.

Palais de l'archevêché *(plan C3).* — Du milieu du XVIe s., il conserve, dans sa chapelle, un **retable★** du début du XVIe s. provenant de Portillo, d'où le nom de maître de Portillo attribué à l'artiste anonyme qui l'exécuta. Dans l'escalier et le salon du trône, **tableaux** de Vicente Carducho. Récemment, dans l'escalier principal, a été installé un splendide **plafond à caissons** provenant de Fuente del Sol.

L'**église de la Vera Cruz** *(plan B3),* de style baroque (1595), renferme des **sculptures** de Gregorio Fernández (dolorosa au maître-autel, Christ à la colonne, Christ aux outrages, Descente de Croix), œuvre baroque destinée à prendre place sur un paso lors de la semaine sainte.

Église San Benito *(plan B3).* — Cet imposant édifice de style gothique du XVe s. faisait partie, à l'origine, d'un monastère bénédictin fondé en 1388 par Jean Ier de Castille ; vaste nef centrale, d'une ampleur insoupçonnée de l'extérieur. Dans l'église, **Christ** antérieur à 1616. A côté, le **patio Herreriano**, vaste cour à galeries de style néo-classique, par Ribero Rada.

Église San Miguel y San Julián *(plan B2).* — Ancienne église d'un collège de jésuites, reproduction fidèle de la collégiale de Villagarcía de Campos. **Retable** de la Capilla Mayor, par Adrián Alvarez (reliefs de Francisco Rincón et statues de Gregorio Fernández) ; **retables** latéraux avec **statue de San Siro** par Pedro de Sierra, **Magdalena** de Pedro de Mena, **saint François Xavier** de Gregorio Fernández. Dans la **sacristie**, différents **tableaux**, de Valetín Díaz, Gregorio Martínez, etc.

Musée archéologique municipal *(plan B2).* — Il est logé dans le **palais des marquis de Villaverde**, bâti en 1503 en style Renaissance, remanié en 1763, lorsque furent ajoutés quelques éléments baroques. A côté, **palais de Fabio Nelli** *(plan B2),* acquis au XVIe s. par un négociant italien qui le fit reconstruire en 1576-1594 par Juan de la Lastra (rez-de-chaussée) et Francisco de la Maza (l'étage) ; la façade, très sobre, fut refaite en 1594.

Visite : de 9 h à 14 h et de 15 h 30 à 18 h 30 ; j. fériés de 10 h à 14 h.

Ce musée comprend des collections d'**antiquités préhistoriques, ibériques** et surtout **romaines**, mais aussi quelques **sculptures** intéressantes, et de remarquables **peintures** ; dans la section des primitifs, six **tableaux** provenant de Curiel de Duero, dont deux (**Mise au tombeau,** et tableau très abîmé de la **Vie de la Vierge**) d'un anonyme de la fin du XVe s., encore influencé par la peinture gothique, et quatre **tableaux** du début du XVIe s. : **Présentation de la Vierge au Temple, Annonciation, Visitation et Pietà**, du Maître de Curiel, qui, lui, fut influencé par la peinture flamande, mais aussi par la peinture italienne.

Remarquer aussi les **fresques** (déposées sur toile) du monastère de San Pablo à

Peñafiel de Duero ; quelques-unes datent du XIIIᵉ s. (**Jugement dernier**, scènes de la **Vie de Marie Madeleine**, etc.) et furent exécutées par un certain Alfonso, qui fut peut-être le peintre de cour de Sancho IV de Castille (1284-1295), et d'autres du XVᵉ s. A noter encore deux **tableaux** du début du XVIᵉ s., du Maître de Saint-Ildefonse, qui représentent deux épisodes de la vie du saint archevêque de Tolède : le **Sermon de saint Ildefonse** au peuple tolédan sur la virginité de Marie contre les récits et les erreurs soutenus par les trois hérétiques et le **Miracle de Léocadie**, la martyre tolédane, qui, sortie du tombeau, supplie le prélat de veiller sur la ville et le roi.

2 — Du campo Grande au collège Santa Cruz (le musée d'Art oriental, la cathédrale et l'université)

Itinéraire de 3 à 4 h (en se limitant à l'essentiel) à réaliser à pied à partir du campo Grande (plan AB5). On visitera surtout le musée de Peinture, l'église del Salvador pour son retable flamand, la cathédrale et son musée et le collège de Santa Cruz ; par ailleurs, derrière le campo Grande, dans le couvent Agustinos Filipinos, un très intéressant musée d'art oriental a été ouvert au public.

■ **Musée d'Art oriental***. — Abrité dans le couvent Agustinos Filipinos, créé par Philippe V en 1743, c'est le plus important d'Espagne. Il est le résultat d'échanges culturels réalisés durant quatre siècles par les missionnaires augustins ; il a été inauguré en 1980.

Visite : en sem. de 16 h à 19 h ; j. fériés, de 10 h à 14 h.

Vous remarquerez une riche collection de bronzes chinois (1600-249 av. J.-C.), des **sculptures** d'inspiration taoïste et des **sculptures de Bouddha**. Des sculptures sur bois, comme le **Dieu de la Longévité**, et les **Huit Immortels** ; de nombreuses **pièces en laque** et en **jade**. Importante **collection de porcelaines chinoises** des dynasties Sung (960-1270), Ming (1364-1644) et Ts'ing (1644-1912) ; riche exposition de **peintures**, qui comprend des pièces réalisées durant les dynasties Ts'ang (618-907) et Ts'ing. Dans les **quatre salles** consacrées aux **Philippines**, vous découvrirez une **exposition d'armes primitives**, des **sculptures** religieuses en ivoire du XVIIIᵉ s., réalisées par des Chinois résidant dans les différentes îles ; une exceptionnelle **sculpture*** d'orfèvrerie el **Santo Niño de Cebú** en argent et or, des **instruments de musique** et des souvenirs de ceux que l'on appelait « les derniers des Philippines ».

Du campo Grande *(plan AB-5)*, jardin où sont déposés quelques restes du cloître des Templiers de Ceinos de Campos (XIIᵉ s.), vous vous dirigerez vers le centre de la ville en laissant à g. le bâtiment de l'**Académie de cavalerie** *(plan A4)* précédé d'un groupe sculpté par Mariano Benllure. Sur votre g., dans la **calle Santiago**, l'ancien **couvent de las Francesas**, fondé en 1489 par l'ordre militaire de Saint-Jacques, conserve un magnifique **cloître**, qui a été transformé (hélas !) en galerie commerciale. Dans l'**église Santiago** *(plan A4)*, de style gothique (1490) vous pourrez admirer le magnifique **retable de l'Épiphanie***, l'un des chefs-d'œuvre d'Alonso Berruguete ; dans la chapelle, la **Virgen de las Candelas** par Manuel Alvarez et **Christ** attribué à l'école de Leoni.

Plaza Mayor *(plan B3)*. — Entourée de galeries à portiques, elle fut réformée au XVIᵉ s., après le grand incendie de 1561, et servit de modèles à de nombreuses places, tant en Espagne qu'en Amérique du Sud. Elle fut le cadre d'exécutions capitales, de combats de taureaux, en passant par les tristement célèbres autodafés ; le connétable Alvaro de Luna, favori de Jean II, tombé en disgrâce à l'instigation de la reine Isabelle de Portugal, fut exécuté en 1453 sur une petite place toute proche ; au centre de la place, statue du conde Ansúrez.

■ **Musée de Peinture** *(plan B3).* — Il est installé dans l'**église de la Pasión**, construite à partir de 1579 et dotée d'une façade baroque.

Visite : de 10 h à 14 h et de 16 h à 19 h ; dim. de 10 h à 14 h ; f. lun. et j. fériés.

Dans la nef, remarquez notamment l'**Ascension de saint Jacques d'Alcalá**, des frères Bartolomé et Vicente Carducho, d'une série commandée en 1605. Plusieurs autres œuvres, cette fois attribuées au seul Vicente Carducho, sont encore réparties dans l'église et dans la salle à l'étage supérieur.

Vicente Carducho (en italien Vicenzo Carducci ; Florence, 1578-Madrid, 1638). — Il est appelé par Philippe II en 1585, et nommé peintre du roi par Philippe III, en 1609. Il est aussi le peintre favori de Philippe IV jusqu'à ce que Diego Velázquez le supplante en 1623. Vicente Carducho est, de tous les peintres italiens qui exercent en Espagne, celui qui tente le plus sincèrement de s'hispaniser. Il parvient avec un certain succès à traduire l'esprit religieux espagnol.

Dans l'abside ; deux **sculptures d'orants** du XVIe s., et surtout une **Annonciation** de Gregorio Martínez, exécutée en 1596-1597.

Un peintre de retables. — Gregorio Martínez (1547-1597 ou 1598) est né à Valladolid ; il est le fils du peintre Francisco Martínez le Vieux. Peintre de retables, il exécute pour le compte de Fabio Nelli des peintures murales et un retable dans la chapelle funéraire de ce riche négociant italien. Influencé par l'œuvre du Parmesan, et dans une moindre mesure par celles de Raphaël et du Corrège, il acquiert un goût prononcé pour le maniérisme des maîtres italiens du XVIe s. Vers la fin de sa vie, il adopte un style naturaliste, illustré surtout, en Espagne, par Francisco Ribalta.

Dans la **sacristie**, remarquez un **tableau** de l'école flamande de la fin du XVIe s. **(les Tentations de saint Antoine)** et une peinture de Luca Giordano **(la Descente aux Enfers)**.

Dans la **salle haute**, tableaux de Vicente Carducho, Bartolomé González **(la Fuite en Égypte)**, Diego Valentín Díaz **(la Sainte Famille)**, Juan de las Roelas **(Procession de l'Immaculée Conception)**, Antonio de Pereda **(le Miracle des Roses)**, etc.

Le **couvent de Santa Ana** *(plan A3),* reconstruit en 1780, abrite à l'intérieur un autel néo-classique, des **tableaux** de Ramón Bayeux et de son beau-frère, Goya ; dans le **presbytère**, sculpture de la Vierge de San Lorenzo (XVIe s.). La communauté religieuse a inauguré un **musée d'Objets conventuels** (Christ gisant de Gregorio Fernández, et **Sainte Famille**, du même sculpteur ; **Vierge** de Pedro de Mena).

De retour à la plaza Mayor, gagnez l'**église San Felipe Neri** *(plan C3),* en passant par la **place de la Fuente Dorada**, bordée en portiques sur un côté, et la **calle de Teresa Gil** où, dans la **casa de las Alabas** (XVe s.), naquit Henri II de Castille. Dans l'église San Felipe Neri, de style herrerien, édifiée en 1675, **retable** principal assemblé par Francisco Villota, et **Christ en Croix** de Pedro de Avila.

Dans l'**église de El Salvador** *(plan C4),* dans la dernière chapelle, **triptyque*** flamand, réalisé à Anvers (1500), attribué à un maître anonyme du cercle de Quentin Metsys, dit maître du triptyque Morrison. Ouvert, ce triptyque représente une **Adoration des Rois Mages** et une **Adoration des Bergers**; fermé, il figure une **messe de saint Grégoire** réellement monumentale.

Cathédrale *(plan C3).* — Au XIᵉ s., le conde Ansúrez fit édifier une église, qui devait être le temple principal de son fief. En 1580, Philippe II chargea Juan de Herrera de dresser les plans d'une nouvelle église, sur le site de l'ancienne collégiale. Ce projet exerça une extraordinaire influence, tant sur l'architecture castillane de la fin du XVIᵉ s., que sur celle des cathédrales du Mexique et du Pérou. Cependant les travaux furent arrêtés après la mort du roi; Alberto de Churriguera les reprit (il termina la façade en 1729), puis, plus tard, Ventura Rodríguez, mais jamais l'église ne fut achevée.

L'intérieur présente la sobriété propre au style de Juan de Herrera. Dans la **Capilla Mayor**, retable Renaissance (1562), d'un style maniériste, de Jean de Joigny; dans la partie centrale de ce retable, **Assomption de la Vierge**, par Z. González Velásquez; les **stalles**, semblables à celles de l'Escorial, ont été exécutées d'après les dessins de Juan de Herrera; dans la nef de dr., **orants** (XVIIᵉ s.) du monument funéraire de la famille de Vineros.

Musée diocésain. — Il est aménagé dans une partie de l'ancienne collégiale, dont il subsiste des chapelles gothiques, rebâties au XIVᵉ s., et une infime partie du cloître, au pied d'une tour romane (fin du XIᵉ s. ou début du XIIᵉ s.).

Visite : de 9 h 30 à 13 h et de 16 h à 19 h; j. fériés, de 9 h 30 à 14 h.

Après un vestibule (**retable** en bois polychrome du XVIᵉ s.), dans l'ancienne **chapelle San Lorenzo**, reconstruite après 1345, remarquez plus particulièrement : — *4 :* **portes** en noyer sculpté de style gothique fleuri de la fin du XVᵉ s.; — *6 :* **Sainte Famille**, en bois polychrome, de l'école hispano-flamande du début du XVIᵉ s.; — *16 :* **Pietà** en bois polychrome, par un artiste du cercle de Francisco Giralte (XVᵉ s.); il subsiste encore deux **sarcophages** sculptés du XIVᵉ s., laissés en place après la restauration de la chapelle.

Dans la **salle capitulaire** (XVIIIᵉ s.) : **stalles** en noyer, de style rococo du XVIIIᵉ s.; **Christ** qui préside la salle de Gregorio Fernández.

Dans la **chapelle Santo Tomás** (1341), avec quelques éléments de l'oratoire précédent, du XIIIᵉ s., importante **collection de sculptures** gothiques. A noter plus particulièrement : — *93 :* **retable de sainte Anne***, peint par un artiste anonyme identifié avec le Maître de Gamonal, peintre espagnol influencé par Bennozzo Gozzili (vers 1500); au second registre **Vierge à l'Enfant**, de la fin du XVᵉ s. A dr., **chapelle** aménagée dans un angle de l'ancien cloître : — **Crucifix** en bois polychrome, de style romanisant; cinq **tableaux** peints, du 1ᵉʳ quart du XVIᵉ s., contre le mur du fond. **Lamentation sur le Christ mort** (vers 1500), en bois polychrome, par un artiste du cercle de Gil de Siloé.

Dans la **chapelle San Blas**, du XIVᵉ s. : **orfèvrerie religieuse** dont une **croix** *(nᵒ 56)*, en bronze doré et cristal de roche (seconde moitié du XVIIᵉ s.).

Dans la **tour romane** : **custode** en argent, de Juan de Arfe (1590).

Dans la **chapelle Santa Inés**, du XIVᵉ s. : **sculptures funéraires** gothiques, et, surtout, un splendide **Ecce homo***, de Gregorio Fernández.

Dans la **dernière salle** : **peintures** dont un petit **retable** de la fin du XVᵉ s. ou du début du XVIᵉ s., et **Descente de croix**, en bois polychrome (XVIᵉ s.); **tableau** de San Pedro Regalado de Placido Constanzi (1746).

Derrière la cathédrale, l'**église Santa María la Antigua** *(plan C3),* fondée au XIᵉ s., reconstruite en majeure partie au XIVᵉ s. et restaurée au XIXᵉ s., offre un mélange d'éléments romans et gothiques et surtout un admirable **clocher*** de style romano-gothique lombard du milieu du XIIᵉ s., l'un des plus beaux d'Espagne.

L'**université** *(plan C3)* se trouve toujours sur l'emplacement où les Rois Catholiques l'établirent ; seule la **façade** baroque du XVIIIe s., œuvre des frères Narciso et Diego Tomé (1615), subsiste de l'ancien édifice reconstruit après l'incendie de 1939.

☐ **Collège Santa Cruz*** *(plan D3).* — Bâti de 1487 à 1491, c'est la première œuvre de style plateresque d'Espagne ; réalisé par Lorenzo Vázquez de Segovia, cet édifice, qui est actuellement le rectorat de l'université, présente une **façade** particulièrement intéressante ; avec un **portail** orné au tympan d'un **relief** figurant le fondateur, le cardinal Pedro González de Mendoza, agenouillé devant la Vierge. A l'intérieur sont installées diverses dépendances de l'université, une **bibliothèque** contenant des manuscrits et plus de 50 000 volumes, et une **hospedería** (hostellerie). La **chapelle** *(ouv. de 10 h à 13 h)* renferme le **Cristo de la Luz***, l'un des chefs-d'œuvre de Gregorio Fernández, et une **Dolorosa** de Pedro de Mena. Magnifique **patio** à trois étages de galeries décorées de croix de Jérusalem et des armoiries du cardinal de Mendoza. Les salles sont décorées dans le style de la Renaissance.
Dans la partie postérieure est installé le **collège** proprement dit (1675), avec, au-delà d'un jardin, un petit **patio** de style herrerien. Le **portail** de la bibliothèque, œuvre de Pedro de Bahamonde (XVIIIe s.), provient du collège de San Ambrosio.

La **casa de Colón**, *(plan D3),* où mourut Christophe Colomb, abrite un petit **musée**. L'**église de la Magdalena** *(plan D3),* du XVIe s., avec une façade de style Renaissance, renferme un retable d'Esteban Jordán (1597), des **peintures** de Gregorio Martínez. Dans la **chapelle de los Corrales**, retable de Francisco Giralte. Revenez vers la cathédrale par la **calle Juan Membrilla** *(plan D3),* bordée par quelques **maisons seigneuriales** notamment les nos 5 et 7. Du couvent de las Huelgas Reales, on peut encore revenir vers le campo Grande, en passant par le **sanctuaire de la Gran Promesa** *(plan C4),* du XVIIe s., et l'**église San Andrés** avec un retable principal du XVIIe s. et, dans la **chapelle des Maldonado**, un retable sculpté attribué à Pedro de la Cuadra (XVIIe s.) ; enfin la **casa de Cervantes** *(plan B4),* où vécut, en 1605, le génial auteur de « Don Quichotte de la Manche ». Elle est aujourd'hui transformée en **musée** *(ouv. de 10 h à 18 h ; j. fériés de 10 h à 16 h ; f. lun.).*

Environs

1 — Fuensaladaña *(8,5 km N.-O. par une route locale à prendre à dr. 500 m après la sortie de Valladolid par la N 601 en direction de León).* — Le **château de los Viveros** (XVe s.), bien conservé, est actuellement le siège du **parlement régional** de Castille-León.

2 — Cigales *(8 km N. par la N 620 en direction de Palencia, puis à g. au km 4).* — Église érigée par Juan de Sanabria (1540-1544), puis remaniée par Diego de Prades, disciple de Juan de Herrera ; le chevet et une partie de la nef, de style Renaissance, avec quelques réminiscences gothiques, sont de Juan de Sanabria ; le reste, en accord avec le style de Herrera est l'œuvre de Diego de Prades ; retable (1666) par Pedro de Cea.

3 — Trigueros del Valle *(18 km N. ; suivre la même route que Cigales).* — Village conservant l'aspect d'une forteresse, avec une couronne de **maisons anciennes** sur une colline, dont le sommet est occupé par l'**église Santa María del Castillo**, où l'on trouve quelques restes d'architecture mozarabe ; **château** du XVe s. en ruine. Dans le terroir qui entoure Cigales et Trigueros del Valle, vous pouvez goûter d'excellents vins rosés (clarete), réputés dans toute l'Espagne.

4 — La rive du Douro*.

0 km : **Valladolid.** Sortir par la N 122 en direction d'Aranda de Duero.

10 km : **Tudela de Duero** ; l'église paroissiale est du xvıe s. Façade Renaissance attribuée à Juan de Escalada ; retable de Manuel Álvarez (1573).

28 km : **Quintanilla de Onésimo** ; pont du xvıe s. ; dans l'église paroissiale, retable de style Renaissance.

35 km : caves de **Vega Siciala.**

55 km : **Peñafiel*** (5204 hab., alt. 755 m) ; bourg situé au pied d'une colline couronnée par une imposante **forteresse**, gardienne d'un passage du Douro. Le **monastère de San Pablo** (1324), monument de style plateresque et mudéjar, abrite le tombeau de l'infant Juan Manuel (xive s.), qui avait établi sa capitale à Peñafiel. Au centre de la ville vous trouverez l'**église San Miguel** de style herrerien (au retable principal, côté g., tableau peint assigné au Maître d'Osma : lutte de l'archange Michel contre les anges révoltés).
Par une petite rue, vous entrerez sur la **plaza del Coso**, ravissante petite place à balcons, où, durant les fêtes, se célèbrent des courses de vachettes. Le **château***, en forme de nef, fut édifié par Sancho García au xie s., et reconstruit en 1307 par l'infant Juan Manuel. Il comporte deux ceintures de murailles, dont la seconde est parfaitement conservée, et un énorme donjon quadrangulaire.
Traverser le río Douro.

57 km : ◆→ A dr., route pour *(4 km)* Curiel, petit village qui conserve sa structure médiévale avec le palais de doña Berenguela ; église paroissiale de style gothico · mudéjar ; à l'intérieur, retable du xvie s., de l'école de Palencia.

61,5 km : **Pesquera de Duero.** Au centre du village, petite place typiquement castillane. Dans l'église, par Juan de Nates, croix processionnelle du xvie s., retable principal de 1670, et chaire en fer forgé du xviie s.

69 km : ◆→ A g. route pour *(1 km)* le **monastère de San Bernardo de Valbuena** ; fondé par l'ordre de Cîteaux en 1144. Église du xiie s. qui contient des retables baroques de Pedro del Corral, avec des reliefs par Gregorio Fernández. Magnifique **cloître** à deux étages (xiiie et xvie s.). Dans la **chapelle du trésor**, peintures murales de la première moitié du xiiie s.

73,5 km : Valbuena de Duero.
79,5 km : Olivares de Duero.
94 km : Villabañez.
104 km : **Valladolid.**

5 — Simancas (*11 km S.-O. par la N 620 en direction de Tordesillas ;* 1 400 hab., alt. 725 m). — La Septimanca des Romains, petit bourg situé sur la rive droite du Pisuerga. Le **château**, fondé par les musulmans avant le ixe s. et reconstruit au Moyen Age, fut définitivement remanié au xvie s. ; il servit parfois de prison où furent incarcérés et exécutés des personnages de haut rang ; c'est là que sont conservées depuis une décision de Philippe II les **Archives générales du royaume**, riche collection de documents concernant non seulement l'Espagne, mais aussi ses anciennes possessions, en particulier des Pays-Bas et d'Italie. Dans l'**église San Salvador, retables** intéressants d'Inocencio Berruguete et Gregorio Fernández. En vous promenant à travers les charmantes petites rues de ce village, refuge de nombreux peintres de la région, vous traverserez une petite **place** où se trouve l'ayuntamiento, pour découvrir un magnifique **panorama** sur toute la vallée.

Valldemossa*

Palma, 18 km.
Alt. 437 m. — 1 161 hab. — Ile de Majorque — Province des Baléares.

Ce village de montagne, l'un des plus hauts de l'île, est entouré de terrasses plantées d'oliviers, caroubiers et amandiers. Groupé autour de la chartreuse, il reste, malgré l'absence d'hôtels (il n'y a qu'une pension de famille à Valldemossa), l'un des hauts lieux touristiques de l'île.

Fêtes. — Le 28 juil., célébration de sainte Catalina Tomàs, que les Majorquins vénèrent depuis le xvie s.

Fondée en 1399 par le roi d'Aragon, Martin l'Humain, qui céda aux moines le palais du roi Sanche de Majorque, la **chartreuse de Valldemossa** *(ouv. de 9 h 30 à 13 h 30 et de 15 h à 18 h 30; f. 30 mn plus tard en été)* possède un **cloître** du xvie s. et une **église** du xviie s. qui remplaça l'édifice primitif du xve s. Les fresques qui la décorent sont du beau-frère de Goya, Manuel Bayeu. La chartreuse eut au siècle dernier des visiteurs illustres. Le grand philosophe de l'Espagne des Lumières, Gaspar Melchor de Jovellanos, y résida en 1801-1802, lors de son exil politique à Majorque. Mais ce n'est qu'après l'expulsion des moines en 1835, une fois vendue à des particuliers, qu'elle reçut ses visiteurs les plus célèbres; Frédéric Chopin, accompagné de George Sand et de ses deux enfants, y séjourna de déc. 1838 à fév. 1839. Il en rapporta les « Préludes », et elle la matière de son « Hiver à Majorque ». Plus tard, le poète Rubén Darío y écrira son livre « Mallorca de oro » (1913). Mais l'on se souvient surtout aujourd'hui du séjour du célèbre couple romantique : visite des cellules qu'ils auraient louées, Festival Chopin chaque été, où de prestigieux pianistes interprètent les œuvres du maître. Un petit **musée**, installé dans la bibliothèque (tableau attribué au Greco et xylographies majorquines), ainsi qu'une **pharmacie** du xviiie s. complètent la visite.

Environs. 1 — Port de Valldemossa *(5 km N.-O.).* — Simple refuge de pêcheurs.

2 — Route du Nord***. — Elle domine la mer de plusieurs centaine de mètres, tournant au milieu des champs d'oliviers centenaires. **Miramar** *(4 km)* est une romantique demeure dont les bâtiments, construits par l'archiduc Louis Salvator d'Autriche, qui séjourna dans ses propriétés majorquines de 1872 à 1913, sont accolés à une tour, seul vestige de l'ancien collège des langues orientales créé en 1276 par Raymond Lulle.
Son Marroig *(2 km)* est aussi une demeure où séjourna l'archiduc; dans le jardin, édicule en forme de temple rond; de là, on découvre la **Foradada***, proue rocheuse qui se projette dans la mer. Chaque été, le salon de musique de Son Marroig est le cadre intime du Festival de Deià.
Deià *(4 km;* 510 hab., alt. 220 m), au creux d'un vaste amphithéâtre orienté vers la mer et découpé en terrasses, au pied du mont Teix (1 064 m), parmi les vergers d'amandiers, les olivettes et les bougainvillées, est une sorte de capitale culturelle des Baléares, où résident peintres et écrivains. Parmi les auteurs qui ont vécu à Deià, citons Robert Graves et Julio Cortázar; dans le hameau voisin de **Lluc Alcari** séjourna quelque temps Picasso. La montée vers l'église permet d'apprécier l'architecture populaire des maisons de Deià, et la descente vers la **Cala** *(2 km)* constitue une agréable promenade.

Valmaseda

Bilbao, 29 km.
Alt. 145 m. — 7 855 hab. — Province de Biscaye (Pays basque).

Cette ancienne ville commerciale, dont la douane contrôlait pratiquement tout le trafic de la laine entre la Castille et les Flandres ou l'Angleterre, n'a plus aujourd'hui qu'une faible influence en raison de l'attraction exercée par Bilbao.

Fêtes. — On pratique encore à Valmaseda un célèbre Chemin de Croix vivant auquel participent les habitants pour représenter avec un caractère profondément pathétique la mort du Christ.

Des temps historiques subsiste encore le vieux **pont** de pierre, toujours défendu par une tour centrale.
L'**église de San Severino**, du XVe s., possède plusieurs sépulcres gothiques. La façade et le clocher ont reçu une décoration baroque en 1726. A l'intérieur, beau retable sculpté.
Parmi les bâtiments civils, on peut citer le palais gothique de Valmaseda (XIVe s.), celui de l'amiral Diego de Urrutia (XVIe s.), celui du marquis de Bunuel (XVIIIe s.) et l'ayuntamiento du XVIIIe s.

Vega del Pas

Puente Viesgo, 34 km. — Santander, 64 km.
Province de Santander (Cantabrie).

Ce petit village, capitale de la région Pasiega, situé dans une large vallée entourée de montagnes, conserve autour de sa charmante petite place, entourée de maisons à balcons, une agréable saveur rurale.

Les Pasiegos. — Considérés comme une ethnie « à part », les habitants de la région, les Pasiegos, ont été l'objet de nombreuses études, et leurs origines font encore l'objet de polémiques chez les érudits. Hommes rudes et forts, méfiants et peu bavards, les Pasiegos, qui ont longtemps vécu isolés du reste de la région, ont conservé des coutumes ancestrales et une forme de vie rurale qui n'a pratiquement pas changé jusqu'à nos jours.
Il y a peu de temps, on les distinguait encore par leur tenue : fichu sur la tête et sorte de hotte (cuévano), qui servait aussi bien à transporter l'herbe que les enfants, pour les femmes ; quant aux hommes, on pouvait les voir, chaussés de sabots de bois (albarcas), et tenant une longue baguette de noisetier à la main, qu'ils utilisaient pour aiguillonner les bœufs et sauter les fossés et les talus (les Pasiegos pratiquent durant leurs fêtes traditionnelles une sorte de saut à la perche).
Il y a une trentaine d'années, les femmes pasiegos, en ville, servaient encore fréquemment de nourrices aux enfants de la haute société.
Actuellement, les Pasiegos vivent essentiellement du produit de la vache. La Vega del Pas est le centre d'un district entouré de cabañas (petites fermes isolées dans la montagne) où les hommes vivent, durant une bonne partie de l'année, seuls avec leur bétail.

Gastronomie. — Les spécialités de la contrée, le sabao (sorte de gâteau à base de farine, de sucre et de beurre) et la quesada (tarte aux œufs, avec farine, anis,

cannelle et sucre), ont acquis une excellente réputation, grâce à leur commercialisation récente.

Environs. 1 — Selaya *(16 km N.)*. — Demeures seigneuriales des XVIIe et XVIIIe s. Palais de Donadío, de style gothique ; casa de Arce Quevedo.

2 — Villacarriedo *(17 km N.)*. — Bourg où se dresse le palais de **Juan Antonio Díaz**, ambassadeur de Philippe V à Rome ; de style italianisant, il présente une façade assez délirante, œuvre de Cossimo Fontanelli.

Vegadeo

Oviedo, 150 km.
5 000 hab. — Province d'Oviedo (Asturies).

Vegadeo et sa ría sert de frontière avec la Galice. Situé au fond de sa ría au bord de la rivière Eo, ce bourg est un important port de commerce, en même temps qu'une ville agricole. De nombreuses casas solariegas sont disséminées dans la région, dont les écus nobiliaires évoquent la puissance de la société du XVIIIe s.

Environs. 1 — Castropol *(8,5 km N. par la N634 ; 5 291 hab.)*. — Située sur un petit promontoire dominant l'Eo, Castropol est caractéristique par ses paisibles maisons blanchies à la chaux aux toits d'ardoise. On y remarquera aussi la **chapelle de Nuestra Señora del Campo** renfermant un beau retable d'albâtre, l'**église paroissiale** qui contient le sépulcre des Montenegro et des retables baroques, enfin le **palais de Valledor** et celui de **Montenegro**, tous deux de style XVIIe et XVIIIe s.

2 — Figueras *(14,5 km N. ; prendre à g. à Barres)*. — Port fluvial et de pêche, qui a aussi d'agréables **plages** : Lumeiro, San Román, Cova de Vella, El Canón et Arnao. De cette bourgade, très belle vue sur Castropol et Ribadeo surplombant la ría de l'Eo.

3 — Tapia de Casariego *(20 km N.)*. — Joli port de pêche bâti sur l'extrémité d'un promontoire qui pénètre profondément dans la mer. Les champs s'intercalent entre les maisons, dispersées, du village. Pittoresque station estivale, ce bourg possède une très belle plage à l'O. au fond d'une crique.
➜ A **Salave**, on peut encore voir un castro celte et d'anciennes exploitations minières.

4 — Mazo de Meredo *(6 km S. par la O 710, à dr.)*. — Là est toujours en activité l'authentique **joyau ethnographique** qui servait à laminer le fer par des procédés rudimentaires.

5 — Taramundi *(14 km S. par la O 704)*. — Village célèbre pour sa coutellerie artisanale.

Vergara (Bergara)

Saint-Sébastien, 65 km. — Vitoria-Gasteiz, 43 km.
Alt. 155 m. — 15 760 hab. — Province de Guipúzcoa (Pays basque).

Établie à un carrefour naturel entre plusieurs vallées, Vergara est une ville dynamique de la vallée de la Deva.

La ville dans l'histoire. — Son industrie commence à se développer aux xve s. et xvie s. avec la fabrication d'armes et de couteaux. Au xviiie s., Vergara est un important foyer culturel : la Real Sociedad Vascongada de los Amigos del País s'efforce d'introduire dans le pays toutes les nouveautés techniques et culturelles venues de France et d'Europe. L'« Encyclopédie » de Diderot y trouve de nombreux lecteurs. Lorsque les jésuites sont chassés d'Espagne, la Real Sociedad fonde en 1776, sous le nom de Real Seminario Patriótico, la première école non dirigée par des ecclésiastiques. Pour la première fois en Espagne, on enseigne des matières comme la minéralogie, la chimie, la physique. Des professeurs célèbres, tels que Chavanneau ou les frères Elhuyar, y donnent des cours et dans le laboratoire du séminaire, Fausto Elhuyar découvre le wolfram. L'occupation de la ville par les Français en 1794 met fin à cette expérience pédagogique.

La première guerre carliste se conclut à Vergara en 1839 avec la signature du convenio (pacte) de Vergara.

L'église Santa María de Oxirondo, reconstruite en 1542, possède une belle tour baroque. L'église San Pedro renferme la statue du Christ à l'agonie (1622) de Juan de Mena, et la Nativité de José de Ribera. De nombreuses maisons seigneuriales témoignent de la splendeur passée de cette ville : la casa de Jaúregui du xvie s. présente une façade curieusement sculptée. L'ayuntamiento est baroque. Le séminaire, baroque, ancien collège dominicain (1776), abrite une statue de saint Ignace de Loyola par Gregorio Hernández.

Environs. 1 — Eibar (13 km N.-O. en direction de Deva ; une fois sur la nationale, prendre à g. ; 36495 hab., alt. 121 m). — C'est ici que fut proclamée la république le 14 avr. 1931. La ville fut en majeure partie détruite pendant la guerre civile en raison de sa position sur la « ligne de fer » que défendait Bilbao. L'église San Andrés, du xviie s., conserve un beau retable de Juan de Araoz.
Fêtes : elles commencent le 8 sept. et sont très fréquentées ; concours de pelote basque.
→ A 6 km N.-E., par une route locale, sanctuaire de la Virgen de Arrate ; étape sur le chemin de Saint-Jacques, il abrite quatre peintures d'Ignacio Zuloaga qui naquit à Eibar.

2 — Oñate* (12 km S.-E. ; →).

3 — Mondragón (9 km S. en direction de Vitoria ; 26045 hab., alt. 211 m). — Ville industrielle (fer, bois, usines hydroélectriques). L'église San Juan, édifice gothique, conserve une belle chaire du même style. L'ayuntamiento est une œuvre baroque de Martín Carrera.

Verín

Orense, 69 km. — Puebla de Sanabria, 84 km.
Alt. 612 m. — 10100 hab. — Province d'Orense (Galice).

Situé dans la vallée de Monterrey, Verín est une ville à vocation agricole (vignes, céréales et légumes) ; animée et pittoresque, elle a conservé ses ruelles dallées, ses maisons à galeries vitrées et aux blasons sculptés.

Fêtes. — Le dim. de Pâques, San Lazaro (folklore espagnol et portugais) ; le 17 janv., San Antonio (pèlerinage à l'ermitage et grande « chorizade ») ; le carnaval se déroule selon les plus anciennes traditions ; le 8 sept., Virgen de los Remedios (pèlerinage populaire).

Vous visiterez l'**église de la Merced**, de style baroque, qui conserve un spendide **crucifix**[*] de Gregorio Fernández.

🏰 **Castillo de Monterrey*.** — Sur un promontoire qui domine la ville, à *2 km*, véritable forteresse comprenant hôpital, église et palais. Monterrey occupe l'emplacement d'un castro celte désigné dans les documents médiévaux sous le nom de Castro de Baronceli.

Le château dans l'histoire. — Occupé par les Romains qui se rendent compte de son importance stratégique, Monterrey est souvent détruit pendant le Moyen Age ; cependant, dès le XIIIe s., une grande église s'élève au centre d'une ville royale. Sous Pedro Ier de Castille, le château reste fidèle au roi contre les prétentions de son frère bâtard Enrique, le roi persécuté y séjourne longtemps d'après les inscriptions figurant dans le château. Au XIVe s., le château sert de prison ; il abrite aujourd'hui un parador très agréable.

On accède au village fortifié par un vieux chemin datant de l'époque préhistorique. Trois enceintes établies selon les principes à la Vauban se succèdent.

Près de la **porte de San Ignacio** se dressait un magnifique collège baroque de Jésuites dont il reste un calvaire sculpté daté de 1636. Face à une belle porte décorée des armes de la Maison de Monterrey, on découvre l'**ancien hôpital de pèlerins**, construction romano-gothique du XIIIe s. Chapiteaux portant des décorations végétales ; sur le tympan, Christ en majesté entre les évangélistes. Plus haut, église de style de transition entre le roman et le gothique, du XIIIe s., s'ouvrant par un beau portail sculpté, et dont le clocher se dresse en face de la **torre de las Damas**, ancien donjon du XVIe s. A l'intérieur de l'église, intéressants détails sculptés (anges musiciens à la retombée des arcs) ; étonnant retable en pierre sculptée, du XIIIe s., en douze tableaux (scènes de la Passion).

Au pied de la torre de las Damas s'étend une double galerie, le long d'une cour dominée par l'imposante **torre del Homenaje** de 22 m de haut. Elle fut bâtie par le premier comte de Monterrey en 1481. La cour du palais, à trois étages de galeries, est moins austère ; panorama sur toute la vallée. Fontaine de 1619.

Environs. 1 — Mijos *(4 km N. ; sortir par la N525 en direction d'Orense ; à 500 m, prendre à dr. la route non asphaltée en direction de Laza).* — Église Santa María, de la fin du IXe s., décorée de belles peintures murales.

2 — Mezquita *(49 km E. par la N525 en direction de Puebla de Sanabia ; au km 45, prendre à dr.).* — Cette petite ville conserve un ancien château fort. L'**église San Pedro**, de style roman, possède d'intéressantes sculptures et un retable baroque de Ferreiro.

Viana

Estella, 38 km. — Logroño, 9 km. — Pampelune, 81 km.
Alt. 469 m. — 3389 hab. — Province de Navarre.

Petite ville très pittoresque, dernier relais du chemin de Saint-Jacques en Navarre (→).

La ville dans l'histoire. — Fondée en 1219 par Sanche VII le Fort pour fortifier la frontière S. de son royaume, Viana est une ville de marché réputée pour ses auberges et son hôpital. Sur proposition du roi Charles III, elle devient en 1423 une principauté dont le titre est réservé au prince héritier ; son neveu, don Carlos, en est le premier titulaire. Le château est démoli sur l'ordre de Cisneros, après l'incorporation de la Navarre à la couronne de Castille. La ville connaît alors une nouvelle période de splendeur (fin XVIᵉ s.) comme en témoignent ses édifices civils et religieux.

Sur la place de los Fueros **l'ayuntamiento,** belle construction Renaissance à arcades du XVIIᵉ s., est flanqué de deux tours latérales. Sa façade platéresque, ornée de l'écusson de la ville, s'ouvre sur une galerie.

Sur la même place s'élève la majestueuse **église Santa María,** digne d'être appelée cathédrale. Construite aux XVᵉ-XVIᵉ s., elle possède un magnifique **portail*** Renaissance, qui servit de modèle pour beaucoup d'autres églises. Beaux reliefs, où l'on remarquera, dans la partie inférieure, la représentation des travaux d'Hercule et l'ensemble sculptural du Calvaire.

A l'intérieur, **retable** baroque (XVIIᵉ s.) et **chapelle de San Juan Bautista** (XVIIIᵉ s.) décorée de peintures néo-classiques exécutées par Luis Paret entre 1784 et 1787. Belles compositions sur la vie du saint. Dans les quatre pendentifs, figures allégoriques — Sainteté, Sagesse, Constance, Chasteté — symbolisées par des femmes d'une grande beauté. Dans l'**atrium** est enterré César Borgia.

A environ *200 m,* à g. de l'église, l'**église San Pedro,** ruinée, conserve un beau **portail** baroque du XVIIIᵉ s. Sur la muraille des jardins sont agréablement aménagés.

Vic*

Barcelone, 66 km. — Ripoll, 74 km.
Alt. 494 m. — 30 155 hab. — Province de Barcelone (Catalogne).

Capitale de la comarca d'Osona, une contrée intérieure verdoyante où la proximité de la mer n'adoucit guère les influences du climat pyrénéen : les brouillards de la plaine de Vic, un phénomène que personne ne manquera de vous évoquer, seraient dues aux inversions thermiques.
La ville s'est donnée une vocation commerciale et industrielle dans les textiles surtout, le cuir et les salaisons (ses saucissons — *llonganissa* et *fuet* — sont réputés dans tout le pays).

La ville dans l'histoire. — Vic se situe sur l'emplacement de la capitale de la tribu ibérique qui peuplait le bassin du Ter et qui pactisa avec les Carthaginois contre les Romains lors de la seconde guerre punique. Pendant la guerre civile entre Jules César et Pompée (49 av. J.-C.), elle opte pour César et prend le nom d'Ausa. Vespasien lui accorde, en 75 de notre ère, les privilèges de municipe romain ; elle connaît alors une période de prospérité qu'attestent les restes d'un temple probablement consacré au culte impérial. Désignée sous le nom d'Ausona à partir de 476 environ, sous les Wisigoths, elle est ravagée vers 716 par les musulmans et abandonnée. Ausona est repeuplée à partir de 878, sur l'initiative du comte Guifré le Velu et devint le siège d'un évêché dépendant de Narbonne. Lors de la guerre civile, de nombreux édifices religieux sont incendiés et postérieurement restaurés.

On choisira d'y faire halte pour visiter la cathédrale et le musée épiscopal, de préférence un jour de marché (le dim. mat.) pour profiter de l'animation de la plaça Major. Stationnement autour de la cathédrale et parc souterrain sous la pl. Major.

Cathédrale*. — Fondée en 1038 par l'évêque Oliba, construite en style roman lombard puis agrandie et remaniée jusqu'au XVe s., reconstruite en style classique à partir de 1633, les travaux, longtemps abandonnés, ne furent achevés que de 1781 à 1803. La restauration de l'édifice après la guerre civile devait conduire à l'aménagement d'un déambulatoire et à l'ouverture de la crypte romane du XIe s. Le retable gothique de Pere Oller, le clocher, le cloître et surtout les peintures modernes de J. M. Sert lui confèrent un grand intérêt.

A l'intérieur, les **peintures murales** de Josep Maria Sert (1874-1945) réparties sur les murs latéraux, au-dessus de l'entrée et dans le sanctuaire proprement dit, attirent immédiatement l'attention.

Il s'agit de la troisième série de peintures exécutées par J. M. Sert dans cette église (la première, jugée non satisfaisante par l'artiste, date de 1900-1915 ; la deuxième, réalisée de 1926 à 1930, fut détruite en 1936). Les peintures (sur toile marouflée), en sépia et noir, couvrent plus de 2 000 m² et ont pour thème central le mystère de la Rédemption qui culmine dans le polyptyque de la Crucifixion, dans le chœur. Au-dessus de l'entrée, où est évoquée la destruction de la cathédrale pendant la guerre civile, Jésus chassant les marchands du Temple *(à dr.)*, Portement de Croix *(à g.)* et Jugement de Ponce Pilate *(au centre)*. Au-dessus des chapelles latérales, représentations des Apôtres. Dans le transept de g., Adam et Eve, la domination de la Mort. Dans le transept de dr., les passions humaines, le Paradis fermé. Dans le chœur, au centre, le Calvaire, à g. la Mise au tombeau, à dr. l'Ascension. J. M. Sert mourut avant d'avoir pu achever la décoration des lunettes dans les parties hautes de la corniche ; ses esquisses (les Béatitudes) ont été réalisées par son élève Miquel Massot.

Dans la sixième chapelle de g., fermée par une **grille de fer** doré de 1685, **sarcophage** de l'évêque Bernat Calbó (1243), en argent travaillé au repoussé par Joan Matons (1728). Au fond de l'abside est encastré le remarquable **retable*** en albâtre polychrome exécuté par Pere Oller en 1420-1427 (les Apôtres, les Mystères joyeux de la Vierge, la Vie de saint Pierre ; au centre, saint Pierre et la Vierge). En face, **tombeau** du chanoine Despujol par le même sculpteur (1434). La **crypte** du XIe s., dont les voûtes en plein cintre (reconstituées) s'appuient sur six colonnes à chapiteaux provenant d'une construction de la fin du Xe s., était située au-dessous du chœur de la cathédrale romane.

On gagnera le **cloître** par la galerie supérieure, élégante construction gothique élevée de 1318 à 1400 env. au-dessus d'une galerie romane, du XIIe s.

Dans son état actuel le cloître résulte d'une reconstruction (1806) effectuée pierre à pierre selon un plan et un emplacement quelque peu modifiés lors de l'érection de la cathédrale entre 1781 et 1803. Aux murs, inscriptions et sarcophages, dont celui de J. M. Sert, et pierre d'autel de Diane, trouvée à Vic. Monumental tombeau du grand philosophe catalan Jaime Balmes (XIXe s.).

Le **clocher** roman à six étages d'arcatures a été achevé vers 1064. Beau point de vue depuis la place, à dr. en sortant de la cathédrale vers le musée épiscopal.

Le **Palais Episcopal**, contigu à la cathédrale, conserve la bibliothèque épiscopale et l'une des collections de documents les plus importantes de la catalogne, composée de nombreux parchemins des IXe et Xe s. et de livres enluminés.

■ **Musée épiscopal**** (*Plaça Bisbe Oliba, 3*). — Inauguré en 1891, c'est l'un des musées les plus importants de Catalogne. Il est surtout remarquable pour ses collections d'arts roman et gothique (peinture et sculpture).

Visite : en hiver de 10 h à 13 h ; en été de 10 h à 13 h et de 16 h à 18 h ; dim. et j.f. de 10 h à 13 h ; accès payant.

Salle 1 : peinture et sculpture romanes.
Peintures murales de l'abside de l'église Sant Sadurní d'Osormort par le maître d'Osormort, influencé par la tradition italo-byzantine et par l'école de peinture romane de la région de Poitiers. Il fut peut-être l'élève du maître de la crypte de l'église de Saint-Sauveur-sur Gartempe. On lui attribue également les fresques de Sant Martí del Brull exposées dans la même salle. **Descente de Croix*** provenant d'Erill-la-Vall, en bois, exécutée en ronde bosse au milieu du XIIᵉ s. Remarquer l'élégante facture des figures, cernées d'un large trait noir des **fresques romanes** de Sant Martí Sescorts, et le **baldaquin** de Vall de Ribes dont la représentation peinte du Pantocrator est considérée comme l'œuvre capitale de l'atelier de peinture romane de Ripoll. Les devants d'autel en bois peint témoignent des influences stylistiques de la peinture byzantine.

Salle 2 : sculpture gothique.
Les collections de sculpture gothique du musée sont très importantes. On s'attardera devant la **Vierge de Boixadors** du XIVᵉ s., le beau **retable** de la Passion sculpté en albâtre par Bernat Saulet en 1341 et les **portes** sculptées par Pere Oller en 1427.

Salle 3 : peinture italo-gothique.
A côté des tableaux de la prédelle du **retable de Rubió** (vers 1350) par le maître du même nom, d'autres œuvres sont exposées au musée, les fragments du retable de Sant Bernat par Ferrer Bassa annoncent le grand art de l'école de peinture gothique catalane.

Salle 4 : salle Ramon de Mur.
De ce peintre, actif vers 1402-1435 : **retable de Guimerà** (1402-1412), un Jugement dernier entouré de scènes de l'Ancien et du Nouveau Testament et d'illustrations des textes apocryphes dans une magistrale composition aux riches coloris.

Salle 5 : salle Jaume Ferrer I
Autour du retable de la Pitié peint par Ferrer, d'autres pièces, également datées de la première moitié du XVᵉ s.

Salle 6 : salle Lluís Borrassà.
L'ensemble du **retable**** de Santa Clara, peint vers 1414 par Borrassà pour le couvent des clarisses de Vic, est le chef-d'œuvre de ce musée. D'autres œuvres du peintre de Gérone (connu vers 1380-1426) côtoient une **Vierge à l'Enfant** de Jaume Cabrera (début XVᵉ s.), d'une facture raffinée.

Salle 7 : salle du Maître de Preixana. Le **retable de Preixana** est attribué à un maître anonyme influencé par Jaume Ferrer II.

Salle 8 : salle Jaume Ferrer II. Douze tableaux, provenant de l'ancien **retable de Verdú** et peints par l'artiste (actif en 1434-1467).

Salle 9 : salle Bernat Martorell et Jaume Huget.
Du premier, le retable de **Santa Magdalena de Perella** et des fragments du **retable de Sant Joan** et **Santa Eulàlia** (milieu du XVᵉ s.) ; du second le charmant petit **retable de la Vierge** et surtout celui de l'**Épiphanie***, considéré comme l'une de ses meilleures œuvres.

Salle 10 : salle Joan Gascó.
Venu de Navarre vers 1502, ce peintre installé à Vic réalisa des œuvres déjà empreintes de l'esprit de la Renaissance.

L'*étage supérieur* accueille les collections de tapisseries, de mobilier, d'archéologie, de vêtements liturgiques et de broderies, de céramique et d'orfèvrerie procédant du trésor de la cathédrale.

Temple romain. — Près du musée, une pancarte indique la direction à suivre pour atteindre ce monument en majeure partie reconstruit. Il fut découvert à la fin du XIXe s. lors de la destruction du château de Montcada (une famille qui fournissait les sénéchaux à la cour des comtes de Barcelone). Consacré au culte impérial, il fut probablement élevé au IIe s. de notre ère.

Sur la **plaça Major**, entourée d'arcades, l'**Ajuntament** ou **Casa de la Ciutat** est une belle demeure gothique où l'on visitera la salle du conseil, et la **chapelle Felip i Jaume** qui renferme un retable de 1584 de l'école aragonaise.

L'**hôpital de la Santa Creu**, documenté dès le XIe s., fut reconstruit au début du XVIe s. : portail plateresque.

Couvent de Sant Domènec. — Vers la place de la Cathédrale, à dr. sur la rambla, le cloître de Sant Domènec est une œuvre séduisante de style plateresque, véritable anachronisme si l'on considère l'époque (début du XVIIIe s.) où il fut construit ; l'église du monastère fut érigée à partir de 1708 sur les plans du même architecte, Josep Moretó.

Au-delà du rond-point où débouche la courte rue menant à la place de la Cathédrale, vénérable **pont roman** (début du XIe s.).

Une promenade complémentaire consistera à suivre les rambles au-delà de ce pont. L'**église Santa Teresa**, à l'extrémité de la rambla de Montcada, fut construite en style baroque en 1646 ; elle renferme les plus intéressantes curiosités de cette promenade : un **retable baroque** exécuté en 1698-1704 par un sculpteur anonyme et un **monument de la semaine sainte**, au décor surabondant influencé par l'art français contemporain (style Louis XV) et qui fut conçu en 1751 par les frères Josep (architecte) et Carles (sculpteur) Moretó. Un peu plus loin, également à dr., **église del Carme**, baroque, élevée à partir de 1661. Plutôt que de suivre les rambles pour revenir vers la cathédrale, vous vous engagerez dans la ruelle qui débouche presque en face en traversant ainsi un vieux quartier de Vic (maison de la culture, du XVIe s.) avant d'atteindre le musée épiscopal.

Environs

1 — Rupit *(37 km N.-E. par la C153 en direction de Roda ; au km 35, bifurquer à dr.).* — Village très apprécié des artistes ; il conserve le cachet des temps anciens ; circulation automobile interdite.

2 — Embassanient de Sau *(15 km N.-E. ; au km 5 de la C153, prendre à dr.).* — Le plan d'eau retenu par le barrage de Sau a englouti Sant Martí de Sau dont on aperçoit encore le clocher. Le village a été reconstruit sur les hauteurs à Vilanova de Sau. Le lac s'étend au creux d'une belle vallée et parfois entre de véritables falaises. On a les panoramas les plus spectaculaires depuis **Tavertet**, petit village, sur la falaise, conservant une belle église romane (XIe s.).

3 — Santa Eugènia de Berga *(4 km S.-E.).* — Vous pourrez y voir une petite église romane du XIe s. dont la croisée du transept, couverte d'une tour lanterne, soutient un campanile à trois étages.

4 — Tona *(10 km S. par la N152 en direction de Barcelone → sierra de Montseny**, km 42).*

5 — L'Estany *(22 km S.-O. ; sortir en direction de Balsareny ; au km 19, bifurquer à g. ; 400 hab.).* — Paisible village où vous visiterez sans faute le **monastère de Santa Maria****. L'église, consacrée en 1133, fut partiellement détruite par l'écroulement du clocher lors d'un tremblement de terre en 1448 et reconstruite. De la nef unique, une porte (xvıᵉ s.) ouvre sur le cloître, légèrement postérieur à l'église et modifié au xvııᵉ s.(élévation). Les colonnettes jumelées sont surmontées de **chapiteaux** délicatement sculptés illustrant le Nouveau Testament (*galerie N.*, xııᵉ s.); représentant des scènes profanes (*galerie E.*), avec, notamment, des musiciens; à décor très stylisé ou géométrique témoignant d'une grande maîtrise stylistique (*galerie S.*, *postérieure*) ou encore peuplés d'animaux mythiques parmi des motifs floraux (*galerie O.*). Remarquer à la place des piliers d'angle les groupes de cinq colonnettes. Dans l'église, **sculpture** de la Vierge de l'Estany en albâtre (xvıᵉ s.). *(Ouv. t.l.j. de 10 h à 13 h et de 16 h à 18 h).*

↠ A *7 km S. par la même route*, **Moià** (3 083 hab.; alt. 776 m); l'église paroissiale Santa Maria (xvıᵉ s.), au portail baroque, renferme deux retables de Jaume Serra, du xvıᵉ s. Le musée d'Archéologie et de Paléontologie *(12, carrer Sant Josep; ouv. de 11 h à 13 h et de 16 h à 18 h; de 11 h à 14 h sam., dim. et fêtes)* présente des trouvailles provenant des sites environnants.

6 — Prats de Lluçanès (*30 km N.-O. par la C 154 en direction de Gironella; 2 270 hab.; alt. 707 m*). — Au cœur de la région pittoresque de Lluçanès, formée de hautes collines couvertes de pins.

↠ A *4 km N.*, **Lluçà**, où vous visiterez un petit monastère, aujourd'hui désaffecté, dont l'église est flanquée d'un cloître roman (xııᵉ s.) bien modeste, mais d'une savoureuse rusticité (chapiteaux sculptés); dans deux dépendances, peintures murales du xıvᵉ s. fragmentaires, mais de coloris très vifs.

↠ A *9 km S.*, **Sant Feliu Sasserra**; demeures anciennes, église avec portail roman.

↠ A *4 km E.*, **Oristá**; église paroissiale élevée au xıvᵉ ou au xvᵉ s. au-dessus d'une crypte romane du xııᵉ s. parfaitement conservée.

Vielha et la Vall d'Aran**

Lleida, 163 km.
Alt. 971 m. — 1882 hab. — Province de Lleida (Catalogne).

Vielha est la capitale de la vall d'Aran. Cette dernière forme une entité bien particulière. Enclave géographique entourée de hautes montagnes, on y parle le catalan, le castillan et le français mais d'abord l'aranais, un dialecte local assez proche du gascon («Aran» signifie «vallée» en gascon). Haute vallée de la Garonne, française par la géographie, le val — la vall — d'Aran est espagnol depuis l'arbitrage demandé au pape Clément V par Philippe IV le Bel, en 1308. On y compte 39 villages qui forment 6 terçons (division territoriale aranaise), avec Vielha pour capitale, et environ 6 000 hab., longtemps attachés à leur Constitution archaïque et aux privilèges obtenus, comme dans beaucoup d'autres vallées des Pyrénées, de leurs seigneurs et suzerains. Le val d'Aran fut rattaché à la France de 1812 à 1814.

Dans l'**église** paroissiale de **Sant Miquel**, à tour octogonale et portail roman du xıııᵉ s., on remarquera le **buste du Christ**** en bois sculpté dit Crist de Mijaran, vestige d'une Descente de Croix du xııᵉ s. et un retable peint du xvᵉ s.

Environs. 1 — Güells del Joeu (*16 km S.-O.; au km 8 de la N 230 en direction de la France, prendre à g.; alt. 1 405 m*). — Ici surgissent les eaux de la principale source de la Garonne, englouties au Forat d'Aiguallats ou Trou du Taureau, dans les comarques catalanes de la province de Huesca.

2 — Bossost (*16 km N.-O. par la N 230 en direction de la France*). — Agglomération au bord de la Garonne, surmontée des ruines d'un ancien château. L'**église Santa María***, l'un des sanctuaires romans les mieux conservés du val d'Aran, arbore, au portail g., un tympan de marbre noir aux reliefs très frustes figurant Dieu le Père, le soleil, la lune et les symboles des évangélistes.

3 — Arties (*6 km E. par la C 142 en direction de Salardú ; 537 hab.*). — Centre thermal, Arties est une base d'excursions idéale au centre de la vallée. Remarquable **église** romane de **Santa María*** (XIIᵉ et XIIIᵉ s.) flanquée d'une tour à trois étages du XVIᵉ s. Parmi les édifices civils, la casa Pairal a été choisie pour abriter un parador national. En dehors du village, église gothique de Sant Joan et ruines de l'église de la Mare de Déu del Peiro (XVᵉ s.).

4 — Salardú (*10 km E. par la C 142 ; 517 hab.*). — Ancienne cité fortifiée, au pied des escarpements rougeâtres du pic de Salardú, on y visitera l'**église San Andreu** (XIIᵉ-XIIIᵉ s.), flanquée d'une tour du XIVᵉ s.

5 — Baqueira-Beret (*16 km E. par la C 142*). — Station de ski équipée de remonte-pentes et de télésièges ; ski alpin et ski de fond entre 1 500 m et 2 500 m.

Vigo

Orense, 101 km. — Pontevedra, 34 km.
300 000 hab. — Province de Pontevedra (Galice).

Vigo, qui s'élève sur la rive g. de la ría qui porte son nom, est la ville la plus peuplée de Galice. Son port est le premier d'Espagne pour la pêche et les liaisons transatlantiques. Elle possède une industrie dynamique et variée (conserveries, mécanique, construction automobile, chantiers navals).
Vigo se présente comme une ville moderne avec seulement quelques monuments intéressants et un vieux quartier très pittoresque, mais elle se distingue par la beauté de son site, sur la rive d'une profonde ría encadrée de collines boisées où le climat est particulièrement doux.

La ville dans l'histoire. — Les découvertes archéologiques prouvent que sur le site actuel de la ville s'est établie, vers 6000 av. J.-C., une société sédentaire, vivant d'agriculture et d'élevage. Vers 600 av. J.-C. se développe la culture castreña à laquelle se mêlent des influences d'Europe centrale et de la Méditerranée. A la fin du Iᵉʳ s. av. J.-C., la culture romaine devient dominante ; la ville connaît alors un développement économique important qui attire des immigrés de Castille.
Détruite par les troupes d'Almanzor en 997, repeuplée en 1170 sous Fernando II, la cité est divisée en deux zones bien distinctes : la colline du Castro, qui compte peu d'habitants, et la plage de El Arenal avec des ramifications vers Teis et El Berbés. Cette zone abrite de nombreux pêcheurs.
Jusqu'au XVIᵉ s. Vigo prospère et sa population dépasse celle de Redondela et de La Guardia. Mais entre 1569 et 1598, la peste fait rage ; d'incessantes attaques anglaises ruinent le commerce maritime. De même, le XVIIᵉ s. est éprouvant avec ses guerres, sa montée des prix, le manque de sel qui empêche la salaison, l'occupation de la cité, etc. La ville reprend son essor vers 1750 grâce à la levée des barrières douanières et au développement du trafic portuaire avec l'étranger, l'Amérique surtout, avec qui elle obtient une autorisation de commerce. Vigo est même pendant quelque temps capitale de province, mais Pontevedra l'emporte dans la lutte qui oppose les deux villes pour la possession de ce titre. Cependant, à Vigo, les industries de la presse se développent, les routes se modifient, les quais, la voie ferrée, l'arrivée de l'électricité changent complètement la physionomie de la ville qui

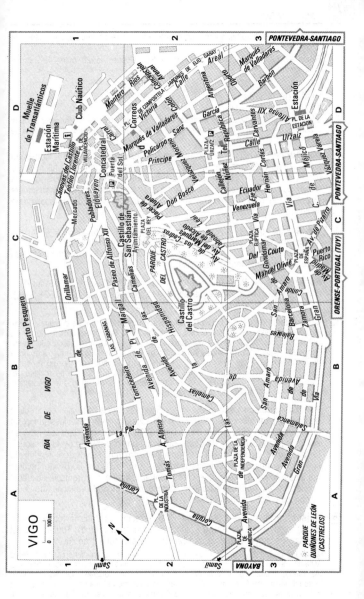

VIGO

0 100m

N

RIA DE VIGO

PONTEVEDRA-SANTIAGO

PONTEVEDRA-SANTIAGO

ORENSE-PORTUGAL (TUY)

PUERTO-PORTUGAL (TUY)

BAYONA

Samil

Muelle de Transatlánticos
Estación Marítima
Club Náutico
Cánovas del Castillo
Teófilo Llorente
Concatedral
Puerta del Sol
Mercado
Pobladores
El Cuevaen
Paseo de Alfonso XII
Castillo de San Sebastián
Ayuntamiento
Castillo del Castro
PARQUE DEL CASTRO
Orillamar
Puerto Pesquero
LAS CORUÑAS
Pi y Margall
Torrecedeira
Avenida de
Avenida de
Camelias
Camelias
Hispanidad
La Paz
A. Alonso
Tomás
Coruña
Coruña
Avenida de
PL. DE LA INDUSTRIA
PLAZA DE AMÉRICA
PLAZA DE LA INDEPENDENCIA
San Amaro
Salamanca
Avenida de
Gran Vía
Avenida de
Zamora
Barcelona
Baleares
San Amaro
Conde de
Gondomar
Manuel Olivié
PLAZA ESPAÑA
Del Couto
PLAZA ELÍPTICA
Puerto Rico
Av. de Madrid
Alv. de Pizarro
Vázquez Varela
C. de Méjico
Vía
Vía
Venezuela
Ecuador
Herrán
Cortés
Nuñez
Callejón
Cervantes
Urzaiz
Calle
Av. Alfonso XIII
PL. DE LA ESTACIÓN
Estación
Barbón
Marqués de Valladares
Areal
Oporto
Argentina
García
Tel. República
PLAZA URZAIZ
Sanz
Moriano
Valencia
Velázquez Leal
Plaza de Compostela
Av. de los Cedros
Av. del Aragón
Don Bosco
Arenal
Policarpo Sanz
Príncipe
Marqués de Valladares
Correos
Victoria
Colón
Calle
JARDINES DE ELDU. GARAY
PL. DE COMPOSTELA
Montero Ríos
Rosalía de Castro
PARQUE QUIÑONES DE LEÓN (CASTRELOS)

nous apparaît aujourd'hui comme un centre très actif de commerce, d'industrie, de pêche et de tourisme.

Fêtes. — Le 16 août, célébration de la San Roque ; le 28 mars, fête de la Reconquête.

Visite de la ville

Elle vous prendra environ une matinée, mais il sera agréable de la prolonger par une excursion dans les îles ou une promenade dans les forêts environnantes, pleines de charme.

Cathédrale *(plan D 1).* — Ancienne collégiale, elle date de 1816. Construite en style néo-classique d'après les plans de Prado y Mariño, elle fut achevée par Placido Camiña. Remarquez sa colonne intérieure moderne ainsi que les mosaïques du maître-autel. Intéressant cadran solaire dessiné sur un des murs extérieurs en 1837. On vénère dans la cathédrale le Cristo de la Victoria, une sculpture du XVIIIe s.

Vieille ville* *(plan CD 1).* — Elle vous charmera avec ses rues étroites, ses pentes soudaines, ses placettes, ses maisons nobles aux blasons sculptés. Habité en majorité par les pêcheurs, le casco viejo (vieux quartier) est très populaire et animé tard dans la nuit.

Forteresse *(plan C 2).* — Elle couronne la colline du Castillo. Fondée au Xe s., elle fut sans cesse remaniée jusque sous le règne de Philippe IV (1621-1665). La vue** vers la ría et les îles Cíes est particulièrement remarquable.

Les **amateurs de détails** pourront visiter encore un grand nombre d'églises. Parmi les plus intéressantes, citons l'**église Santa María de Bembrive**, romane du XIIe ou XIIIe s. ; l'**église Santa Miguel de Bouzas**, du XVIe s. avec une croix de la même époque ; l'**église Santa María de Castrelos**, près du château, offre une riche décoration romane des XIIe et XIIIe s. ; l'**église San Salvador de Corujo** présente un plan en croix latine à nef unique. Elle possède trois absides semi-circulaires et date de XIIe s. Enfin, l'**église San Andrés de Valladares**, d'époque médiévale, conserve des peintures murales du XVIe s.

Parc Quiñones de León *(plan A 3).* — Situé à la lisière de la ville, en direction de Baiona, il offre une variété infinie d'espèces, un jardin néo-classique et un théâtre de plein air pouvant accueillir 24 000 personnes. Dans ce parc se trouve le **pazo Quiñones de León*** qui abrite un riche **musée** (→ ci-dessous). Le pazo date du XVIIe s. ; la tour primitive (torre del Mayorazgo) souffrit de l'invasion portugaise et dut être reconstruite en 1670 par D. Benito Tavares qui ajouta une autre tour et le corps central. L'intérieur fut remanié au début du siècle et en 1926. Le marquis de Alcedo, don Fernando Quiñones de León, fit don du pazo à la municipalité.

■ **Musée*** *(plan A 3).* — Ouvert en 1937, il reçut des dons privés (Policarpo Sanz) ou publics (musée du Prado, musée d'Art moderne). Toutefois, c'est par sa pinacothèque que ce musée est le plus important de Galice.

Dans les premières salles, on découvrira les romantiques galiciens : Jenaro Pérez Villamil, et les grands paysagistes du XIXe s. comme Lloren Antonio Fernández, Abelenda, Imeldo Corral. Sotomaior, Seijo Rubio ou González del Blanco s'intéressent davantage à l'homme et peignent les coutumes et les traditions locales. On trouve aussi de nombreux dessins de Carlos Sobrino. Máximo Ramos et surtout

Castelao avec l'importante collection Cousas da vida. Des salles sont consacrées à des monographies de Maside, Colmeiro, Torres et Souto.

Au deuxième étage, on remarquera surtout les œuvres de Seoane et Laxeiro.

Les représentants de la peinture galicienne contemporaine sont situés vers la tour. **Xaime Quessada**, qui exerça ses talents sur les trottoirs parisiens et les murs des prisons européennes ayant souvent été arrêté pour vagabondage, est aujourd'hui considéré comme l'un des meilleurs peintres de sa génération. Il excelle aussi dans la reproduction des œuvres de peintres espagnols tels que Miró, Dali ou Picasso.

Les différentes salles offrent de même un bel échantillon de la **sculpture** galicienne ancienne et moderne, les œuvres d'Eiroa Xoán Piñeiro Leiro et Manzano (sculpture sur pierre : granit, ardoise, etc., et bois).

Le musée abrite également des œuvres de Fragonard, Lucas Jordán, Aureliano de Beruete et Jean-Baptiste Oudry entre autres.

Deux salles sont entièrement consacrées à **la préhistoire et l'archéologie** de Vigo et de sa région. La première possède des pièces allant de l'âge de pierre au Moyen Age : bijoux d'or et d'argent (1800 à 1500 av. J.-C.), céramiques (époque des castros), stèles funéraires (pièces uniques dans le N.-O. de la Péninsule, datées du IIIe ou du IVe s.), sarcophages (époque médiévale). Dans la seconde salle sont exposés les résultats des fouilles réalisées sur le castro de Vigo, en plein cœur de la ville. On découvre ainsi ce que fut le peuplement l'économie et l'organisation de la société de Vigo il y a vingt siècles.

Environs

1 — Mirador de A Guia* *(3 km N. en direction de Cangas).* — Le regard embrasse sur la droite Redondela et la ría ; sur la g. les plages de Vigo et la côte jusqu'à Nigrán ; en face, la presqu'île du Morrazo et les îles Cies.

2 — Mirador de La Madroa** *(6 km E. par la route de l'aéroport ; à 3,5 km prendre à g. vers le parque zoológico ; laisser la voiture sur l'esplanade et continuer pendant 50 m à pied).* — Depuis le sommet de cette colline, on bénéficie d'un magnifique panorama sur la terre et la mer.

3 — Porriño *(15 km S.-E. par la N 120 ; 13520 hab.).* — Célèbre pour son granite rose. L'attrait véritable de cette ville réside dans son pain, d'une exquise saveur, cuit au feu de bois, que l'on trouve dans n'importe quelle boulangerie.

4 — Puenteareas *(26 km S.-E. par la N 120 ; à Porriño, prendre vers Orense ; 15015 hab.).* — Cette petite ville conserve un pont médiéval sur le río Tea.
Fête : intéressante célébration du Corpus Cristi.

5 — Iles Cies**. — Les eaux cristallines de la ría, que l'on traversera en 45 mn, ont donné aux îles le surnom d'îles des Dieux. La promenade sera particulièrement agréable au printemps et en été, mais, même en hiver, il est rare que le trafic du port soit perturbé.

Les îles Cies sont la porte d'entrée de la ría de Vigo ; les grands navires les frôlent, les vagues de l'Atlantique viennent se briser sur leurs falaises. L'archipel se compose de trois îles : au S., l'île de San Martín ; au centre, l'île del Faro ; au N., l'île del Monte Agudo. Elles furent visitées par les Celtes, les Phéniciens, les Carthaginois et les Romains. Plus tard, elles abritèrent une population de paysans et de pêcheurs. En 1980, on les déclara Parc naturel afin d'y protéger la flore et la faune.

La montée au phare, surtout à l'aube ou au coucher du soleil, permettra d'avoir une **vue*** splendide sur l'océan Atlantique.

6 — Ría de Vigo* (→).

Vilanova i la Geltrú

Barcelone, 49 km. — Tarragone, 39 km.
46848 hab. — Province de Barcelone (Catalogne).

Capitale de la comarca du Garraf, dont le quartier de la Geltrú est le noyau historique. Le commerce du vin et des eaux-de-vie à la fin du XVIIIᵉ s. devait entraîner la création d'un port où se retrouvent aujourd'hui les bateaux de pêche et de commerce et les embarcations de plaisance. L'activité industrielle n'est pas absente et le secteur du tourisme d'été est très actif.

Le **château** de la Geltrú, du XIIIᵉ s., abrite une belle collection de sculptures et de peintures modernes et contemporaines. Remanié aux XIVᵉ et XVᵉ s., on y a ajouté un étage au XVIIᵉ s. *(ouv. de 10 h à 14 h et de 16 h à 19 h; dim. et j.f. de 10 h à 14 h; f. lun.).* Avec le même billet on peut visiter le château et le **musée Balaguer** *(avinguda Víctor Balaguer, mêmes horaires)* où sont présentées des collections de peinture plus ancienne dont une **Annonciation*** du Greco et un ensemble remarquable d'antiquités égyptiennes et d'objets d'art oriental. Le **museu Romàntic** est installé dans la **casa Papiol** *(32, carrer Major; ouv. de 10 h à 13 h et de 17 h à 19 h; 16 h à 18 h l'hiver; dim. et j.f. de 10 h à 14 h. F. le lun.)* de style néo-classique, construite à la fin du XVIIIᵉ s. Dans le superbe cadre mondain de cette demeure seigneuriale, collections d'art décoratif des XVIIIᵉ et XIXᵉ s. et importante bibliothèque. On pourra aussi visiter la **casa Santa Teresa** *(avinguda Víctor Balaguer)* : mobilier espagnol des XVIIᵉ-XIXᵉ s. et objets personnels de Victor Balaguer, écrivain et homme politique (1824-1901). Charmant musée des **Curiositats Marineres Roig Toques** *(2 carrer Almirall Cervera).* Élégant **passeig Marítim**, le long des trois plages de Vilanova.

↦ **Costa Daurada*** (→).

Vilafranca del Penedès

Barcelone, 67 km. — Tarragone, 48 km.
Alt. 233 m. — 24432 hab. — Province de Barcelone (Catalogne).

Capitale de l'Alt Penedès, au centre d'une région vinicole renommée. Non loin de la place de l'Ajuntament, où se déroule le dimanche matin le marché, vous visiterez le musée du Vin, installé dans l'ancien palais des rois d'Aragon.

Fêtes. — Le 29 août et j. suivants, la Festa Major de Villafranca est considérée comme l'une des plus typiques de Catalogne. Défilé de dragons, procession, sardanes, castellers, concerts, feu d'artifice... marquent la fin des moissons et célèbrent la fête du patron de la ville, Sant Félix.

■ Le bâtiment, des XIIᵉ-XIVᵉ s., abrite en réalité six musées; celui de la Ville, celui du Vin, un musée d'Art, un musée d'Archéologie, un autre de Géologie et enfin un musée d'Ornithologie *(plaça Jaume Iᵉʳ; ouv. en hiver de 10 h à 14 h et de 16 h à 19 h, et de 10 h à 14 h et de 16 h 30 à 19 h 30 en été; f. lun.).* Dans ce **palais** mourut Pierre II le Grand, en 1285. L'édifice, cédé au monastère de Santes Creus, devait être racheté en 1835 par des particuliers (qui ouvrent au rez-de-chaussée une taverne), puis passer aux mains de la ville. Le **musée du Vin** réunit toute une collection d'objets et de documents relatifs à la viticulture, des amphores et autres récipients ibériques, grecs, puniques ou romains, jusqu'aux objets du siècle passé. Collection de dioramas, restitution d'une cave catalane du XVIIIe s., documentation technique, et dégustations des vins réputés du Penedès.

Sur la place, **chapelle** romano-gothique de **Sant Joan**, centre d'activités culturelles ; **basilique** gothique de **Santa María** (façade moderne) et, à côté, le Palau del Fraret, édifice de transition du gothique à la Renaissance (début XVIe s.). On pourra visiter également l'église (portail roman) et le cloître du **couvent Sant Francesc**, du XIIIe s. A l'intérieur, **retable** gothique de Sant Jordi. N'oubliez pas de parcourir la vieille ville et la seigneuriale rambla de Sant Francesc.

Environs. 1 — Sant Martí Sarroca (10 km N.-O. en direction de Santa Coloma de Queralt). — Église du XIIe s., étonnant mélange d'architecture orientale byzantine et de style roman lombard, l'abside en particulier. Elle renferme un grand retable peint, dit de Santa Llúcia ou du Roser, du XVe s., attribué à Jaume Cabrera. A côté, château du Xe s. bien restauré et aménagé.

2 — Sant Sadurní d'Anoia (14 km N.-E. en direction de Martorell). — La Noela de Pline aurait été fondée par Noé (une arche figure sur l'écusson de la ville). Important centre vinicole ; ses caves datent du XVIe s. On peut visiter, de préférence les j. de fêtes, à 2 km de la gare, les **caves Cordoniu** où l'on produit un vin champagnisé, depuis 1872. Ensemble de bâtiments dû à Josep Puig i Cadafalch vers 1904 (arch. moderniste). (Ouv. de lun. à jeu. de 8 h à 11 h 30 et de 15 h à 17 h 30 ; le ven. de 8 h à 11 h 30 ; F. w.-e., j. f. et en août ; entrée gratuite).

3 — Sant Sebastià dels Gorgs (7 km N.-E. par la route de Barcelone, à dr. après Avinyonet). — Contre l'**église** romane (tympan sculpté) du XIe s., un petit cloître a été bâti avec des chapiteaux de remploi du VIIe s.

4 — Olèrdola (3 km S. par la C 244 en direction de Vilanova i la Geltrú). — Ce site fortifié fut longtemps l'enjeu d'âpres combats entre musulmans et chrétiens. En 1108, il fut ravagé par les Almoravides. L'enceinte, en appareil cyclopéen, de 3 m de haut, fut bâtie à la fin du IIIe s. av. J.-C. L'**église Sant Miquel**, construite en 991, fut remaniée au XIIe s. en style roman, après l'invasion almoravide : chapelle latérale du XVIIe s. Près de l'église, **tombeaux rupestres** anthropomorphes du site de Pla dels Albats : un **musée monographique** présente le matériel archéologique (ouv. de 9 h à 13 h 30 et de 15 h à 17 h, 19 h l'été ; dim. et j.f. de 9 h à 13 h 30 ; f. lun.).

Villaviciosa

Gijón, 30 km. — Ribadesella, 39 km. — Oviedo, 41 km
4 431 hab. — Province d'Oviedo (Asturies).

Jolie ville, construite à l'embouchure d'une ría profonde, où le futur roi Charles Quint, alors âgé de 17 ans, passa la nuit à son arrivée en Espagne, en septembre 1517 ; il venait des Flandres, accompagné de courtisans flamands, pour prendre possession de son royaume, et débarqua dans cette ville à la suite d'une erreur de navigation qui l'avait éloigné de Santander. Capitale de la pomme, Villaviciosa est le siège du Centre de recherches sur la culture et l'exploitation de la pomme.

Fêtes. — Du 5 au 11 sept. a lieu la fête de la Virgen del Portal, avec descente de la ría en kayak. Les années impaires se tient le festival de la pomme (les meilleures récoltes se produisant tous les deux ans). Une pomme d'or est offerte au vainqueur du concours des plus beaux fruits. Les processions de la semaine sainte sont d'un grand intérêt et justement réputées depuis le xvie s. Enfin, le 8 sept. se déroule la fête de Nuestra Señora del Patal, avec processions et danses folkloriques.

Les rues étroites de la ville sont bordées de **vieilles maisons blasonnées**, aux larges auvents.

Sur la **plaza Mayor**, l'**église Santa María de la Oliva**, du xiiie s., est un monument de transition où les éléments romans se mêlent à ceux du gothique. Le portail roman est décoré de statuettes dressées sur des consoles maçonnées sur des colonnettes, sur lesquelles sont bandés les arcs des archivoltes. Sur le côté S. *(à dr.)*, vous remarquerez un **portail** roman à chapiteaux sculptés et les fenêtres géminées à ornements mozarabes.

Non loin de là (à dr. du teatro Riera, au chevet de l'église) se trouve une charmante **petite place fermée**.

On peut aussi voir l'**église** paroissiale **San Francisco**, du xviiie s.

Environs. 1 — Tazones. — Pittoresque village de pêcheurs où Charles Quint débarqua en 1517.

2 — Plage de Rodiles. — A l'embouchure de la ría (1 500 m de long), plage très fréquentée par les Asturiens, car elle bénéficie d'une façade fluviale et d'une façade maritime.

3 — Priesca *(11 km E. par la N632; bifurquer à dr. au km 7)*. — Église romane placée sous le vocable de **San Salvador**, consacrée en 921, où se reconnaît une influence mozarabe dans le traitement des chapiteaux ornés d'entrelacs.

4 — Amandi *(1 km S. par la O121)*. — Vous pourrez y admirer une extraordinaire église romane du xiiie s., l'**église San Juan**, juchée sur une hauteur. Transformée au xviiie s., elle garde de son origine le portail et l'abside élégamment décorés, notamment de remarquables chapiteaux.

→ Sur la même route, à g., **Lugas**, dont la fondation de l'église Santa María remonte à l'époque de la Reconquête bien que les parties les plus intéressantes qui ont été conservées soient du roman du xiie s.

5 — Villabona *(8 km S. par la C838)*. — Belle maison-palais.

6 — Valdedios *(11 km S., route à dr. après Ambás)*. — Dans un vallon se nichent le **monastère San Salvador** de style cistercien (xiiie s.) et une petite église asturienne, Santa María. L'église, connue sous le nom de « El Conventín », date du préroman (xie s.). Elle est dotée d'un plan basilical avec trois nefs, une tête tripartite, un portail central et deux salles latérales. Ses voûtes sont romanes dans la nef centrale et croisées d'ogives sur les bas-côtés. Elle possède aussi un **cloître** à trois étages de galeries des xve, xviie et xviiie s. Dans un enclos, l'**église San Salvador**, consacrée en 893, est un petit oratoire à trois nefs, préroman, aux chapiteaux influencés par l'art mozarabe.

Vitoria (Gasteiz)*

Bilbao, 66 km. — Burgos, 113 km. — Madrid, 351 km. — Pampelune, 96 km.
Alt. 524 m. — 192 775 hab. — Capitale de la province d'Alava (Pays basque).

Autour de la vieille ville ont été récemment construits plusieurs quartiers résidentiels et industriels. La ville historique forme un ensemble homogène de demeures anciennes, groupées autour de la cathédrale.

La ville dans l'histoire. — Le roi de Navarre Sancho VI décide en 1181 de fortifier une petite bourgade, probablement d'origine wisigothique, établie au sommet d'une colline, au cœur d'une vaste plaine. A partir de l'an 1200, la ville s'étend de manière concentrique autour des fortifications en s'étageant sur les pentes de la colline ; la vocation militaire disparaît progressivement au profit d'une activité essentiellement commerciale comme le montre le nom des rues actuelles qui gardent le souvenir des artisans d'autrefois : rue Cuchillería (coutellerie), Zapatería (cordonnerie), Herrería (forge), Pintorería (atelier de peinture), Correría (poste). En raison de sa situation géographique, entre la Castille et la mer Cantabrique, Vitoria connaît une activité économique intense à partir du xvᵉ s. : c'est un lieu de passage fréquenté par les marchands et muletiers transportant des charges de laine, de miel, de cire, de vin et de fer.

C'est au S. de la ville que Wellington écrase le 21 juin 1813, l'armée française du maréchal Jourdan qui doit se retirer vers la frontière. Ce fait d'armes, qui inspire à Beethoven un poème symphonique « la Bataille de Vitoria », destiné en quelque sorte à effacer la « Symphonie héroïque », est en réalité le chant du cygne des prétentions napoléoniennes en Espagne.

Fêtes. — Le 17 fév., fête traditionnelle des agriculteurs. Depuis 1778, on organise une loterie populaire dont les bénéfices sont destinés à la caisse de l'hospice. Le gros lot est un cochon. La municipalité organise à cette occasion différentes cérémonies, dont la classique distribution de chocolat chaud, offert au public présent.

Le 4 mars au soir les jeunes gens parcourent la ville en chantant en l'honneur de sainte Agueda, tandis qu'ils marquent le rythme en frappant le sol de leurs gros bâtons. En échange, ils quêtent auprès des passants et des habitants pour s'offrir un bon repas en groupe.

Le 28 avr., célébration de saint Prudencio, patron de la province d'Alava. La veille de sa fête tout le monde accourt à la retreta (invitation à participer à la fête). Le lendemain, la fête se déroule à Armentia, petite localité dans les environs de Vitoria : cérémonies religieuses le matin, puis grande romería populaire jusqu'à la tombée du jour.

Le 24 juin, Saint-Jean avec feu de joie et fête qui se prolonge tard dans la nuit.

Les fêtes patronales se déroulent du 4 au 9 août ; chants, musique et parodies effectuées par les blusas, groupes de jeunes qui animent les fêtes.

Le 1ᵉʳ lun. après la fête de la Nativité de la Vierge (généralement le 2ᵉ lun. de sept.), romería d'Olarizu.

A Noël, installation d'une grande crèche dans les jardins de la Florida. On promène en outre dans les rues une effigie de l'Olentzero, le charbonnier qui annonce à tous la nouvelle de la naissance de Jésus.

Visite de la ville

Le plan de la ville se trouve dans les pages couleur au milieu de l'ouvrage.
Le stationnement dans la vieille ville est interdit de 8 h à 20 h. Il est donc préférable de se garer dans les parkings souterrains.

Église Santa María* *(plan C2)*. — Elle a été érigée au xiᵉ s. sur les restes d'anciennes fortifications, sans doute à l'emplacement d'une petite église romane. Son chœur, de style plateresque, et sa tour datent du xviᵉ s. En 1856, un incendie détruisit la structure en bois de la tour, qui fut restaurée par l'architecte Martin de Saracibar. Les travaux réalisés en 1961 ont permis un allégement des voûtes et une belle restauration de l'édifice.

Construite en style gothique, elle est précédée d'un magnifique **portail*** à trois baies, dont les tympans sont richement ornés de sculptures de la 1ʳᵉ moitié du xivᵉ s. Le **tympan central** a pour thème la vie de la Vierge. A dr., Jugement dernier, avec un Christ en majesté ; l'artiste a représenté les épisodes de la vie de saint Thomas.

Remarquez la beauté de la Vierge située au centre. La figure de Marie, délicatement inclinée, reflète l'élégance du gothique du XIVe s. Après avoir vaincu le péché, représenté par le dragon à ses pieds, la Vierge offre une baguette fleurie à l'Enfant Jésus couronné, un petit oiseau à la main.

Dans le **transept** dr., petit retable sculpté de style plateresque du XVIe s. et tableau de l'Immaculée Conception de Carreño de Miranda. Derrière le chœur, gisants du XVe s. Dans le transept g., **tympan sculpté**, du début de l'époque gothique (XIIIe s.) provenant d'une autre construction, et **Descente de Croix** de Van Dyck.

Dans la 1re travée après le transept g., **autel de la Santa Victoria** avec un tableau de Rubens. Dans la 3e chapelle de g., à partir du transept, **Mise au tombeau**, tableau du Caravage.

A g. de la porte de la sacristie, **Vierge du Rosaire***, statue de style gothique flamand. Dans la sacristie, croix processionnelle attribuée à Benvenuto Collini, et **les Apôtres**, tableau de l'école de Ribera.

Église San Vicente *(plan C3)*. — Sur les ruines d'autres constructions religieuses, on commença à bâtir cette église en 1484. Au XVIe s., on y ajouta le chœur et plusieurs chapelles de style plateresque. Pendant la guerre d'Indépendance, on y installa un entrepôt militaire. L'architecte Pantaleón Iradier construisit en 1860 la tour actuelle. En 1931, on ajouta un portique, construit en partie avec les matériaux provenant de l'ancien couvent de Saint-François, qui constituait un joyau gothique et plateresque.

Église San Miguel *(plan B3)*. — Elle a été élevée au début du XIVe s. Remarquez sur les voûtes les blasons (XVe s.) des marchands de la ville sculptés en remerciements de leurs dons. Retable baroque sculpté par Gregorio Fernández et Juan Velásquez au début du XVIIe s. Dans une niche à l'extérieur de l'édifice, **Vierge blanche** vénérée pendant les fêtes patronales.

Église San Pedro *(plan B2)*. — Édifice du milieu du XIIIe s., les voûtes et le chœur sont du XVe s. Dans le transept dr., **retable de l'Épiphanie**; dans la sacristie, **Pietà** de l'école flamande.

Torre Hurtado de Anda *(plan B2; 100, calle Correria)*. — Cette tour est certainement le plus ancien édifice de la ville. Son origine remonte à la fin du XIIe s., mais elle connut des modifications postérieures. Elle défendait la muraille vers le N. Les travaux d'aménagement du quartier, la proximité du Portalón et du palais de Gobeo-Guevara-San Juan donnent à cette partie de la ville un authentique cachet médiéval.

Palais de Escoriaza-Esquibel *(plan B2; 72, calle Fray Zacarias Martínez)*. — Il a été bâti en 1535-1540 dans la partie supérieure de la ville, sur un pan de l'ancienne muraille de 1181. Il faut remarquer sa façade plateresque et sa jolie cour intérieure.

Casa del Cordón *(plan C2; 22, calle Cuchillería)*. — Sa construction remonte au XVe s.; de cette époque, elle ne conserve que la façade du rez-de-chaussée. La façade des étages supérieurs a été transformée en 1898. A l'intérieur, on peut voir une tour gothique bâtie sur une partie des murailles de Vitoria des XIIe et XIIIe s.

Torre de Doña Ocharda *(plan B2; 39, calle Herrería)*. — Cet édifice a été construit à partir d'une ancienne tour défensive de la muraille de Vitoria. On suppose qu'elle remonte au XVe s. Elle fut restaurée au XVIe s. et abrite aujourd'hui le musée des Sciences naturelles.

Plaza Nueva *(plan BC3).* — Elle a été conçue en 1781 par Olaguibel. Sur un des côtés, ayuntamiento de style néo-classique. Cette place servit de modèle à la plaza Mayor de Estella, de Bilbao, et à la plaza de Guipúzcoa de Saint-Sébastien.

Los Arquillos. — Pour résoudre le problème posé par la différence de niveau entre la vieille ville et les nouveaux quartiers situés au bas de la colline, on édifia au XVIIIᵉs. cette série d'édifices et de promenades sur trois plates-formes, qui forment une charnière entre la ville médiévale et les extensions postérieures de la cité.

Plaza de los Fueros. — Construction des Temps modernes, cette place fut inaugurée en 1981, après de vives controverses publiques. Vue d'en haut, elle présente l'aspect d'une œuvre abstraite où se cache, bien protégée par des murailles, une **sculpture** moderne de Eduardo Chillida, symbole des fueros. Les gradins classiques en pierre permettent au public d'assister au très populaire jeu de pelote, aux jeux basques ou aux grands spectacles de musique ou de théâtre qui s'y déroulent.

Cathédrale *(plan B3).* — Construite en 1907 en style néo-gothique ogival, elle possède une **crypte** où se mêlent des scènes bibliques et des thèmes très variés d'une grande beauté artistique.

■ **Musée des Beaux-Arts★** *(palais de Augusti; plan A4; 8, paseo de Fray Francisco de Vitoria).* — Il réunit une belle collection d'art sacré avec des tableaux flamands, des vierges gothiques et des tableaux de Ribera : le **Christ crucifié, saint Pierre et saint Paul.**
L'école basque de peinture et l'art contemporain sont largement représentés avec les principaux artistes, dont Picasso et Joan Miró, Tapiés, Saura.
Visite : de 11 h à 14 h et de 17 h à 19 h ; sam. et j. fériés de 11 h à 14 h ; accès gratuit.
Les collections du 1ᵉʳ étage comptent des œuvres sculptées d'époque romane, notamment quatre statues d'une **Descente de croix★** du XIIᵉ s., et une **statue de sainte Anne** portant une Vierge à l'Enfant. Bustes reliquaires du XVIᵉ s.
Les collections de peintures anciennes sont particulièrement intéressantes : œuvres de l'école de Juan de Juanes ; deux triptyques de l'école flamande du XVIᵉ s., un triptyque du XVIᵉ s. de l'école de Herri Bles de Met ; des œuvres de Ribera dont un **Christ★★** daté de 1643. Remarquez l'Immaculée d'Alonso Cano qu'il représenta probablement sous les traits de sa jeune épouse.

Casa Museo de Arte Vasco *(même adresse et mêmes horaires que le musée précédent).* — En face du musée provincial, au fond d'un plaisant jardin, une vaste villa abrite des collections de peintures, d'aquarelles et de dessins exécutés au XIXᵉ s. et XXᵉ s. par des artistes basques : Carlos Saez de Tejada (1897-1957), Ramón et Valentín Zubiaurre, Gustavo Maetzu, Ignacio Zuloaga, Elias Salaverria, Pablo Vranga, Ignacio Díaz de Olano, Juan de Echevarría.

Musée d'Armes *(même adresse et mêmes horaires que le musée précédent).* — On a voulu restituer dans ce bâtiment moderne l'évolution des armes depuis la préhistoire jusqu'à la fin du XIXᵉ s. en suivant un ordre chronologique. Les objets du Moyen Age et de la Renaissance offrent un intérêt tout particulier. La collection consacrée à la bataille de Vitoria réunit des souvenirs très importants sur le séjour de l'armée française en Espagne. Vous remarquerez tout particulièrement une **armure milanaise*** de 1575 au rez-de-chaussée.

Musée des Cartes *(même adresse et mêmes horaires que le précédent).* — Après de longues années de recherches ininterrompues et passionnées, M. Felix Alfaro est parvenu à réunir une collection unique de cartes du xvᵉ s. à nos jours. Cette collection est complétée par une présentation des moyens techniques (planches, presses, etc.) qui ont servi à imprimer les cartes.

Musée archéologique *(Casa Armera de los Gobeo-Guevara-San Juan ; mêmes horaires que le musée précédent).* — On y expose par ordre chronologique et culturel des pièces archéologiques qui ont été trouvées dans la province. On peut y admirer des sculptures, des stèles et des inscriptions d'époque romaine provenant de la colline du Campillo, d'Iruña (Trespuentes), et des antiquités venues de divers sites préhistoriques de la province (mobilier funéraire de dolmens, si nombreux en Alava).

Environs

1 — Salinas de Añana* *(29 km S.-O. par la N 1 en direction de Miranda ; au km 10 prendre à dr.).* — Depuis l'époque romaine, on y produit du sel à partir de la saumure que l'on fait évaporer sur des terrains en escalier. Les rues et les places sont très pittoresques ; nombreux blasons. Du couvent de Madres Comendadoras de San Juan de Acre, belle vue sur la ville et la vallée.
Fêtes : le dim. de Pâques, Quema de Judas, au cours de laquelle l'effigie de Judas est brûlée.

2 — Trespuentes *(10 km O. par une route locale).* — Son nom latin (trans pontem : au-delà du pont) fait référence à un pont comportant treize arcs qui remonte à l'époque romaine.

3 — Argómaniz *(12 km E. par la N 1 en direction de Saint-Sébastien ; au km 10, bifurquer à dr.).* — Dans l'ancien palais des Larrea, parador. Du haut du promontoire, beau panorama sur la plaine.

4 — Sanctuaire d'Estibaliz* *(8 km S.-E. par une route locale qu'il faut prendre au km 2 de la N 1 en direction de Saint-Sébastien ; 4 km plus loin, tourner à g.).* — Véritable joyau de l'art roman. Église aux proportions admirables sise dans un beau cadre.

Vivero

Ferrol, 90 km. — Lugo, 97 km. — Ribadeo, 71 km.
14 565 hab. — Province de Lugo (Galice).

Important port de pêche et de cabotage, c'est aussi un centre de tourisme actif, aux plages et aux paysages attrayants. La ville, très agréable avec ses maisons à galeries du quartier du Malecón et sa porte Renaissance aux armes de Charles Quint, a conservé quelques monuments intéressants.

Fêtes. — Le 27 juil., fête de San Pantaleon sur le fleuve ; du 14 au 18 août, fête de la patronne de la ville (ascension du monte de San Roque ; fête folklorique avec repas champêtre) ; le dernier dim. d'août, fête de Naseiro, à 5 km de Vivero (l'une des manifestations les plus populaires de Galice, avec chants et danses traditionnels).

Visite de la ville

La ville ne conserve de ses anciennes fortifications que la **porte Renaissance** du château de Charles Ier, construite en 1548 en style plateresque.

Vous pourrez visiter l'**église Santa María del Campo**, de style roman, du XIe s. ; c'est la plus complète et la plus pure des églises romanes urbaines.

L'abside de l'**église du couvent San Francisco**, de style roman ogival, datant des XIIe et XIIIe s., est considérée comme l'une des plus sveltes parmi les églises conventuelles de Galice.

Outre la porte Renaissance, vous pourrez admirer la **porte del Vallado**, ancienne entrée de la ville sur la route romaine, qui remonte sans doute au XIIIe s. ; la porte de la Villa, ancienne entrée principale de la ville, fut érigée en 1217 sous le règne d'Alphonse IX de León.

De l'autre côté du pont qui traverse la ría s'élève la **capilla de la Misericordia**, construite en 1603 en style Renaissance. Elle conserve un beau retable dans l'autel et d'intéressantes peintures dans la coupole du presbytère.

Parmi les édifices civils, remarquez les nombreuses maisons seigneuriales blasonnées, le collège de la Natividad, Renaissance, et la Aduana, du même style. Voir également la casa de los Leones, somptueux édifice de style Renaissance dont la façade est ornée de très belles armoiries.

Excursion vers l'O.*

0 km : **Vivero.** Sortir par la C 642 en direction d'Ortigueira.

2 km : Covas ; petite station estivale. Pazo de Gralla du XVIe s., construit par Juan Dutton y Aguiar, capitaine d'infanterie espagnole, descendant de la noblesse anglaise, et qui a fui son pays lors de l'avènement du protestantisme. Belle promenade le long du bord de mer avec une des plus agréables plages du littoral.

13 km : ➡ A dr. route pour *(1 km)* **Vicedo** ; magnifiques plages d'Arealonga et de Xilloy. Belles vues suur la ría d'El Barquero.

17 km : **El Barquero*** ; joli port de pêche (langoustes) aux maisons blanches couronnées d'ardoise. Les paysages rappellent les fjords norvégiens. Bel itinéraire à suivre en remontant le cours du Sor (pêche à la truite et au saumon).

➡ A 7 km N. **cap de la Estaca de Bares*** beau site naturel ; le village, construit sur la plage même, possède une jetée préromaine.

35 km : **Ortigueira*** (15 576 hab.) ; située au fond de la ría de Santa Marta de Ortigueira, c'est une ville d'agriculteurs et de pêcheurs. Entourées de montagnes basses, les côtes au N. s'élèvent vers la sierra Faladoira et la cordillera Capelada. Gorges spectaculaires. Intéressante église Santa Marta de style baroque ; bel ayuntamiento.

44 km : Mera. Tourner à dr.

52 km : Pedra. Poursuivre tout droit.

54 km : Cariño ; petit port typique situé sur la rive g. de la ría d'Ortigueira. Beaux paysages côtiers.

Revenir à Pedra, et prendre à dr. en direction de Cedeira.

66 km : **San Andrés de Teixido*** ; ce petit village de pêcheurs situé sur les pentes de la sierra Capelada est un lieu de pèlerinage très important en Galice. Paysages sauvages et grandioses aux falaises battues par les vagues et à la végétation secouée par les tempêtes.

Fêtes : le 8 sept., une foule de fidèles rend hommage à saint André. S'ils ont pendant l'année frôlé la mort, de près ou de loin, ils doivent effectuer le pèlerinage dans des cercueils portés par les membres de leur famille. Des scènes souvent douloureuses se déroulent à l'approche de la charmante église à la façade décorée d'ardoises. Des amulettes en mie de pain cuite et peinte représentent le saint, sa barque, etc.

Excursion vers l'E.

0 km : **Vivero.** Sortir par la C 642 en direction de Ribadeo.

10 km : Xove ; beaux paysages et belles plages de Portocelo, Moras, etc.

14 km :   ➡   A g. route pour *(2 km)* la **presqu'île de San Ciprian** où s'élève un pittoresque village. Curieux musée naval.

19 km : Cervo (10 000 hab.) :

Fêtes : 30 mai, fêtes de l'empanada avec la procession de la Virgen del Carmen ; 16 juil., romería de San Ciprian ; 25 juil., à l'occasion de la Saint-Jacques, pèlerinage à l'ancienne fabrique de céramiques de Sargadelos, avec spectacles folkloriques ; 16 août, fête de San Roque, pendant laquelle on déguste la nuit les typiques queimadas.

➡ A *1 km* S., **Sargadelos** ; important centre industriel où furent installés les premiers hauts fourneaux d'Espagne en 1791. La fabrique royale de porcelaine de Sargadelos fut à l'origine une usine à canons. Mais vers 1804, profitant de l'excellent kaolin de la région, on commença à produire les premières pièces de porcelaine. Elles eurent beaucoup de succès jusque vers 1860, puis l'usine ferma. Bien que les installations de l'époque aient été en partie dynamitées, il reste d'intéressants vestiges du complexe industriel. A *800 m,* on installa en 1970 la nouvelle fabrique de céramique, qui perpétue la tradition en produisant cette porcelaine d'un beau bleu profond auquel se mêle le blanc éclatant. Un pazo à proximité abrite un riche **musée** regroupant un échantillon des pièces fabriquées sur place. Voir aussi la romantique « promenade des Amoureux ».

24,5 km : Burela ; port de pêche typique avec de belles plages.

43 km : Foz (8 776 hab.) ; importante station balnéaire. Paradis des pêcheurs sous-marins pour la transparence de ses eaux et la variété de sa faune. Pêche au saumon dans le río Masma.

45 km :   ➡   A dr. route pour *(3 km)* San Martín de Mondoñedo* ; l'**église** est de style roman très archaïque. Elle fit partie d'un monastère qui fut le siège d'un évêché jusqu'en 1112. Le bâtiment présente trois nefs et abrite des peintures murales gothique et Renaissance. Tombe de San Gonzalo, qui, selon la légende, fit par sa seule prière, sombrer une flotte normande qui attaquait les côtes.

Fêtes : les 10 et 11 août, on célèbre San Lorenzo avec une foire d'art populaire galicien.

67 km : **Ribadeo** (→).

Yuste (Monastère de)

Cáceres, 131 km. — Jarandilla de la Vera, 12 km. — Plasencia, 47 km.
Province de Cáceres (Estrémadure).

Le monastère de Yuste fut fondé en 1408 et choisi comme retraite par Charles Quint, peut-être attiré par l'impression de paix qui se dégage de ces lieux.

En 1554, le futur Philippe II vient personnellement examiner si ce monastère est propice à l'installation de son père, l'empereur Charles Quint. Les travaux d'aménagement commencent aussitôt. Charles Quint, abdiquant en faveur de Philippe II le 24 oct. 1555, à Bruxelles, s'y retire en février 1557 et y meurt le 21 sept. 1558. Saccagé pendant la guerre d'Indépendance, incomplètement réparé sous Ferdinand VII, il appartient ensuite à la marquise de Mirabel qui le fait à peu près reconstituer selon le plan ancien. Acquis par l'État, il a été intelligemment restauré à l'occasion du quatrième centenaire de la mort de Charles Quint et confié à nouveau aux hiéronymites.

Visite : en été, de 9 h à 13 h et de 15 h à 19 h ; en hiver, de 14 h à 18 h.

On visite les **appartements** de l'empereur, construits en 1554, sur le plan de son palais de Gand, par Antonio de Villacastín.
On y accède par une rampe que l'empereur pouvait gravir à cheval jusqu'à la terrasse. A l'intérieur du palais, on peut voir la salle à manger, avec un petit balcon, la cuisine, le bureau, la chambre mortuaire. De là, un passage mène au chœur de l'**église**, de style gothique de transition (éléments plateresques) et comportant une seule nef ; elle fut bâtie en 1508 ; le **maître-autel**, à colonnes corinthiennes, est l'œuvre de Juan de la Mora ; le grand **retable**, commandé par Philippe II, offre une bonne copie de la Gloria, encore appelée Jugement dernier, par le Titien (l'original, inscrit au catalogue du musée du Prado, fut transporté à l'Escorial en même temps que le corps de Charles Quint, en 1574). Dans ce tableau, l'artiste a représenté l'empereur et son épouse Isabelle de Portugal, en haut et à dr. de Philippe II et, en dessous, la reine Marie de Hongrie ainsi que son propre portrait. Les boiseries du **chœur**, à l'imitation de celles de la cathédrale de Plasencia, datent du xv⁰ s. A g., porte de la crypte, sous l'autel où se trouve le premier cercueil de Charles Quint. Au centre du **cloître** plateresque (xvi⁰ s.), **fontaine** de la même époque ; ruines du réfectoire (1656) avec des azulejos mudéjars ; **petit cloître** Renaissance, avec quelques éléments gothiques.

➼ A *2 km S.-E.,* Cuacos de Yuste (➙ Plasencia, environs 2, km 45).

Zafra

Badajoz, 79 km. — Mérida, 63 km.
Alt. 509 m. — 12 910 hab. — Province de Badajoz (Estrémadure).

L'ancienne Segada des Ibères, la Julia Restituta des Romains, la Zafar des Maures qui l'avaient entourée de murs, relevés en 1442, est l'une des plus attachantes petites cités de la basse Estrémadure.

Visite de la ville

A 100 m de la plaza de España *(prendre en direction du centre de la ville)*, l'Alcázar*, transformé en parador, est une imposante construction, dotée d'un énorme donjon, qui fut reconstruite à partir de 1437. Le **patio**, en marbre blanc, d'une noble architecture classique, fut ajouté au XVIe s., peut-être par Juan de Herrera. On sera impressionné par la luxueuse **décoration mudéjare des salons**, en particulier par celle du **salón Dorado** ; chapelle de style gothico-mudéjar, avec un bel artesonado.

La pittoresque **calle de Sevilla**, qui part de la plaza de España, est une rue commerçante très animée. A g., en face du nº 21, s'ouvre un passage donnant accès au **couvent de Santa Clara**, de la fin du XVe s. ; **église** reconstruite au XVIIe s. à l'exception de la Capilla Mayor, gothique du XVIe s. (retable principal, du XVIIe s. ; à g., dans le sanctuaire, **monument funéraire** de Lorenzo Suárez de Figueroa, le fondateur du nouvel Alcázar, et de son épouse).

Au-delà de la plaza de José Antonio Primo de Rivera, la calle del General Mola mène à l'**église de la Candelaria**, construite en 1546 ; du côté de la calle de San José, elle s'ouvre par un **portail** de style herrerien ; dans la chapelle à dr., **retable** peint par Zurbarán ; dans la dernière chapelle latérale, à dr., quand on tourne le dos au maître-autel, **retable** de José de Churriguera.

Revenez jusqu'à la plaza de José Antonio et traversez-la en vous dirigeant vers l'angle opposé pour vous engager dans une ruelle ; dans la première à dr., vous trouverez le portail gothique de l'**hospital de Santiago**, avec une peinture de l'Annonciation de style de la Renaissance italienne. De retour sur la plaza de José Antonio, prenez à g. un passage couvert pour arriver à une autre place, à galeries.

Environs. 1 — Los Santos de Maimona *(5 km N.-E.).* — Église de Nª Sª de los Santos, gothique, du début du XVIe s. (au retable de la Capilla Mayor, peinture de l'école de Murillo).

2 — Calzadilla de los Barros *(19 km S.-E. par la N IV en direction de Séville).* — L'église du Salvador possède l'un des plus beaux **retables*** de la région. Sur un frontal d'azulejos et occupant toute l'abside de l'église, il se présente en forme de triptyque doré composé de vingt-huit tableaux à ornementation mudéjare.

3 — Fuente de Cantos *(25,5 km S.-E. par la N IV).* — Ville natale du peintre Francisco de Zurbarán (1598-1664). Dans l'église Nª Sª de la Granada (xvιe-xvιιe s.), retable baroque du xvιιιe s.

↦ A 11 km N.-E., **Bienvenida**; maisons seigneuriales; église de Nª Sª de los Angeles, avec un retable attribué à Zurbarán.

4 — Puebla de Sancho Pérez *(4 km S. par une route locale).* — **Ermitage de Santa María de Belen** *(à 1 km au-delà du bourg à dr.),* avec un chemin de croix monumental du xvιιe s. taillé dans la pierre. Dans l'ermitage, statue de la Vierge en • albâtre polychromé du xve s.

5 — Medina de las Torres *(10 km S. par la même route locale).* — Ruines d'un château médiéval d'origine arabe. Temple comportant des éléments artistiques des xvιe-xvιιe et xvιιιe s. Maisons seigneuriales, pour la plupart du xvιιe s.

6 — Atalaya *(16 km S.-O. ; à Medina, prendre à dr.).* — Église de Santa María del Camino, dominée par une haute tour crénelée (statue romane de la Vierge, du xιιιe s. ; retable baroque).

Zamora**

León, 138 km. — Madrid, 252 km. — Salamanque, 62 km. — Valladolid, 97 km. Alt. 649 m. — 59 735 hab. — Capitale de la province de Zamora (Castille-León).

Au bord du Douro et au centre d'une région de terres céréalières, Zamaro est une ville d'origine arabe, immortalisée par le poème du Cid, et qui fut au Moyen Age l'un des foyers d'art roman les plus actifs de la péninsule Ibérique. On y visitera surtout la cathédrale et les églises de la Magdalena et Santa María la Nueva.

Aux sources du Romancero. — Fondée durant la domination musulmane, Zamora devient une ville frontière dès le vιιιe s. Détruite en 988 par Al Mansour, elle est relevée à la fin du xιe s. sous Ferdinand Ιer, qui la donne en fief à sa fille doña Urraca : celle-ci doit la défendre contre son frère don Sanche.
Sous ses murs se déroulèrent plusieurs drames héroïques relatés dans les chroniques du Cid : la mort du roi don Sanche, le combat des fils d'Arias Gonzalo, défenseurs de la ville, contre Diego de Zara, le champion de l'armée royale.
Depuis cette époque légendaire, l'histoire n'en fait plus guère mention qu'à l'occasion des séjours qu'y fait la Beltraneja, la prétendante soutenue par des Portugais contre Isabelle de Castille, et comme place d'armes importante lors de la révolte des Comuneros contre l'autorité de Charles Quint en 1520.

Fêtes. — Comme dans toute la Castille, la semaine sainte, à Zamora, revêt une solennité sévère et austère. D'origine médiévale, ses processions sont avant tout une représentation artistique, où les plus belles œuvres des grands sculpteurs castillans défilent dans les rues de la ville. Quatre cortèges attirent particulièrement l'attention : la procession del Silencio, qui, partant de la cathédrale, parcourt les vieilles rues de la ville ; la procession de las Capas, qui démarre le jeu. saint à minuit et impressionne par sa majesté et ses couleurs ; le Miserere Gisant, œuvre de Gregorio Fernández, que l'on sort, le jeu. saint, de l'église Santa María, et enfin la procession du Cinco de Copas, contrepoint de la religion officielle. Le nom de cette procession vient du premier de ses pasos, où Jésus-Christ et les soldats romains se trouvent disposés comme sur une carte à jouer espagnole.
Le vend. saint, vers cinq heures du matin, 3 000 pénitents prennent part à cette procession qui se termine aux environs de midi, pour permettre aux participants de manger une soupe à l'ail bien chaude. Après cette pause qui dure une ou deux

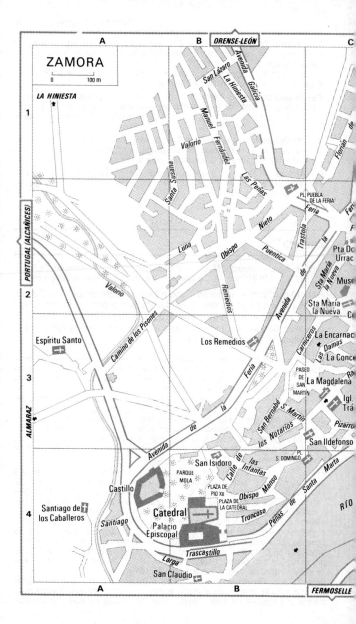

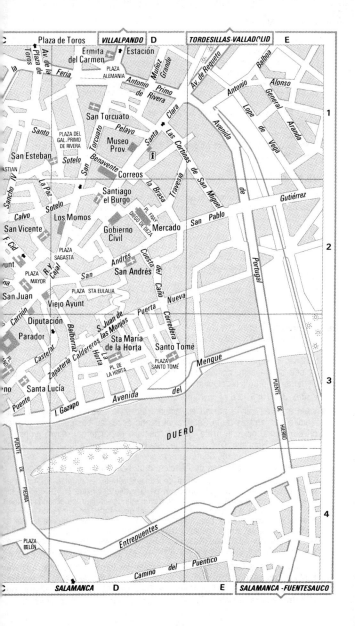

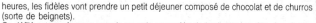

heures, les fidèles vont prendre un petit déjeuner composé de chocolat et de churros (sorte de beignets).

Ce défilé est aussi connu sous le nom de procesión de los borrachos (des ivrognes) ; en effet, il semblerait que les pénitents en question, loin de toute ascèse, font circuler sous cape des bouteilles destinées à agrémenter leur longue marche ; inutile de préciser que cette forme peu orthodoxe de pénitence préoccupe profondément les autorités ecclésiastiques.

Du 21 au 31 juin, célébration de la San Pedro.

Gastronomie. — A déguster : le riz à la Zamorana, sorte de paella accompagnée de différentes charcuteries provenant de la viande de porc ; les asperges de Fuensauco, particulièrement renommées dans la région, et les vins rouges de la région de Toro.

Visite de la ville

En 1 h environ vous visiterez la cathédrale et son musée avant d'aller découvrir le beau panorama sur le quartier d'Olivares, au bord du Douro. Vers le centre de la ville, le palais de los Momos (plan D2) mérite aussi d'être découvert pour sa belle façade Renaissance. Pour vous limiter à l'essentiel, les églises de la Magdalena et Santa María la Nueva (et son musée annexe de la semaine sainte) sont des monuments dignes d'être contemplés. La promenade dans les bas quartiers de la rive dr. du Douro intéressera surtout les amateurs d'art roman.

Comptez env. 1 h pour le programme réduit et 2 h à 2 h 30 pour le programme détaillé.

Vous pourrez facilement vous garer sur la place de la Cathédrale (plan B4) ; si vous voulez être près du centre, garez-vous près du parador, sur la plaza Claudio Moyano et aux alentours (plan C3).

Cathédrale** *(plan B4).* — Bâtie de 1151 à 1174, elle se présente comme un édifice roman d'une grande simplicité, mais altéré par des additions postérieures. Les travaux furent probablement dirigés par un maître d'œuvre français, influencé par l'architecture poitevine, surtout en ce qui concerne la croisée du transept, coiffée d'un dôme à tuiles de pierres, mais avec des éléments empruntés à l'Orient chrétien.

Visite : de 11 h à 13 h et de 16 h à 20 h.

Vous entrerez par le **portail N.**, addition de style classique du XVIIe s., qui s'ouvre sur la plaza de la Catedral et donne accès au bas-côté g. A dr., **le chœur**, fermé par une **grille**, délicate dentelle de fer forgé, œuvre probable de Jacques Hanequin (XVIe s.), où les **stalles***, sculptées à la fin du XVe s. et au début du XVIe s., sans doute sous la direction de Rodrigo Alemán, mettent en scène des personnages de l'Ancien et du Nouveau Testament.

Les **sculptures** nous révèlent aussi de curieux **détails**, empruntés à l'Antiquité païenne, avec des figures de sybilles et de la pythie delphique (il y a également celle du poète latin Virgile), ainsi que de savoureux détails (sur les accoudoirs) tels un renard, vêtu de la bure monastique, prêchant devant une assemblée de poulets, une fille de petite vertu, à cheval sur un homme à quatre pattes qu'elle fouette à l'aide d'un balai, et autres scènes croustillantes, allusions évidentes à une licence souvent répandue à l'époque dans le clergé et les communautés religieuses, licence qui, peu de temps après, devait déchaîner les foudres de la Réforme luthérienne.

En face, dans la **Capilla Mayor**, chaires en fer forgé ; sur le pilier à g. de l'entrée, **tombeau** gothique du XVe s. du comte Ponce de Cabrera ; **retable** en marbre sculpté d'Andrés Verde (la Transfiguration ; XVIIIe s.) ; **statue de Nuestra Señora la Calva**, du XIIIe s., en grès, mais peinte ultérieurement.

Dans la deuxième chapelle de la nef, **Christ**, de l'école de Gallego. Un peu plus loin, une porte à deux vantaux de bois sculpté donne accès au **cloître**, construction de style herrerien des XVIe et XVIIe s.

Vient ensuite une **porte dite de l'évêque Valdés**, sculptée, du XVe s. (saint Pierre et saint Paul). Dans le **bas-côté** dr., **tombeaux** d'anciens évêques, depuis 1149. A l'extrémité de la grande nef, **chapelle del Cardenal** (elle renfermait le retable de saint Ildefonse, œuvre de Fernando Gallego), puis la **chapelle de San Juan**, avec le tombeau de style gothique fleuri du chanoine Juan de Grado. Au **trascoro** (partie postérieure du chœur), **tableau** du Christ triomphant, du XVIe s.

■ **Musée de la cathédrale**** *(plan B4).* — Sur la plaza de la Catedral *(plan B4)* se trouve le musée installé dans le palais épiscopal. Il renferme, notamment, une magnifique collection de **tapisseries flamandes*** : la Vie de Tarquin du XVe s., Hannibal en Italie (Bruxelles XVIIe s.) et surtout la **série de la Guerre de Troie**, tissée à Tournai pour le compte du roi de France, Louis XI, vers 1465, ainsi qu'une **custode** de style platéresque, œuvre de Juan de Arfe (1515), une **statue** en marbre de Carrare de la Vierge à l'Enfant et de saint Jean, par Bartolomé Ordóñez, et des collections de peintures.

Le **portail S.*** de la cathédrale, qui s'ouvre vers le palais épiscopal, d'une conception particulièrement originale, avec ses arcs polylobés, date du XIIe s. Notez encore les **reliefs** au tympan de chacune des deux niches qui flanquent ce portail : une Vierge à l'Enfant entre deux anges à dr., et deux apôtres à g.

Les **amateurs de détails** pourront se diriger vers la rampe passant par la puerta de Olivares (XIIe s.), contre le palais de l'évêché, qui conduit au **quartier d'Olivares**, le long de la rive dr. du Douro ; au pied de la colline de la cathédrale, vous y verrez l'**église San Claudio** *(plan B4),* du XIIe s., surtout remarquable pour ses chapiteaux sculptés (à l'intérieur). Dans le même quartier, **église Santiago el Viejo** *(plan A4),* encore appelée **Santiago de los Caballeros**, où, selon la tradition, le Cid fut armé chevalier et prêta serment au roi Alphonse VI (chapiteaux historiés à l'intérieur).

Derrière la cathédrale, au fond du **parc Mola**, se trouve le **château**, transformé au cours des siècles ; du donjon, belle vue sur la boucle du Douro, en contrebas et sur la cathédrale, notamment sur la tour (inachevée) de la fin du XIIe s. et sur le dôme. Aux alentours immédiats de la cathédrale, **église San Isidoro** *(plan B4),* du XIIe s., fondée par doña Sancha, fille d'Alphonse VII ; **église San Ildefonso**, du XIIIe s., transformée au XVe s. ; portail de 1723 ; dans la sacristie, **triptyque** de l'école flamande offert par Charles Quint en 1522. Notez encore les **reliefs** au tympan de chacune des deux niches qui flanquent ce portail : une Vierge à l'Enfant entre deux anges à dr., et deux apôtres à g.

Vers l'église de la Magdalena. — Le long de la plaza de Claudio Moyano, où vous garerez éventuellement votre voiture pour visiter à pied le centre de la ville, se dressent l'**église de la Conception**, érigée en 1676 avec une façade de type Renaissance, et le **Parador**, aménagé dans le **palais des comtes d'Alba y Aliste**, des XVe et XVIe s., qui est doté d'un noble patio de style classique. Le **collège Nuestra Señora del Tránsito** *(plan C2-3)* occupe les bâtiments de l'ancien hospital de la Encarnación, construit en 1662 ; dans la chapelle, **retable** sculpté attribué à Gregorio Fernández (XVIIIe s.).

En tournant le dos au parador de manière à laisser l'église à g., vous suivrez la **calle de Ramos**.

♱ **Église de la Magdalena*** *(plan C3).* — A 200 m de la place vous atteindrez cette église, élégant édifice de la fin du XIIe s. et du début du XIIIe s., de style roman (l'abside et les deux portails) et gothique (la nef), qui s'ouvre sur la calle de Ramos Carrión par un beau **portail*** polylobé à quadruple archivolte, de style poitevin, soulignée par une frise de têtes sculptées. A l'intérieur, vous remarquerez surtout, dans le **transept**, deux **tombeaux*** de la fin du XIIᵉ s., à l'étonnant décor sculpté (magnifiques **chapiteaux** romans et **reliefs** insérés au fond d'arcatures trilobées, ménagées dans un décor architectonique d'inspiration hellénistique, mais transmis par la tradition orientale).

Église Santa María la Nueva *(plan C2)*. — En passant derrière le chevet de l'église de la Magdalena, puis en continuant dans la calle Carniceros après avoir passé le **paseo de San Martín** *(plan B3)*, vous parviendrez à cette église plus particulièrement intéressante pour son **abside**, d'une grande pureté de lignes, des **fragments de peintures murales** romanes (dans la nef centrale et la sacristie), et un **Christ gisant** de Gregorio Fernández.

■ **Musée de la Semaine sainte** *(plan museo en C2 ; ouv. de 10 h 30 à 14 h et de 16 h à 19 h ; le dim. de 10 h 30 à 14 h)*. — Il renferme une impressionnante collection de pasos, pour la plupart modernes (XIXᵉ et XXᵉ s.) ; deux d'entre eux furent sculptés par Mariano Benllure (nᵒ 12 : la Rédemption, et nᵒ 26 : une Descente de croix).

Dans le même quartier, la **puerta de doña Urraca** *(plan C2)*, une ancienne porte entre deux puissantes tours, donnait accès au palais de doña Urraca.
De Santa María la Nueva (ou de la puerta de doña Urraca), vous reviendrez vers la plaza de Claudio Moyano et le parador en suivant la rue qui débouche derrière le chevet de l'église.

Les **amateurs de détails** remarqueront, au fond de la plaza de Claudio Moyano, la petite église San Cipriano *(plan C3)*, du XIIᵉ s., remaniée par la suite ; elle conserve un intéressant détail : la **fenêtre** de la chapelle à g. de la Capilla Mayor (à l'intérieur, retable classique du XVIᵉ s.). Au terme d'une descente assez raide, église Santa Lucía *(plan C3)*, de fondation romane, puis **église de Santa María de la Horta** *(plan C3)*, de la fin du XIIᵉ s. qui s'ouvrent sur la place par deux **portails**, l'un purement roman, l'autre avec des arcs légèrement brisés (à l'intérieur, dans la chapelle de San Juan de la Vega, retable gothique, peint, de la fin du XVᵉ s. ou du début du XVIᵉ s.).
Un peu plus loin, **église Santo Tomé** *(plan D3)*, avec un **chevet** du XIIᵉ s., des **chapelles** de style mozarabe et des **chapiteaux** historiés du XIᵉ s. Après la remontée vers le centre de la ville de préférence par la **cuesta del Caño** *(plan D2)*, **église San Andrés** *(plan D2)* : **monument funéraire** d'Antonio de Sotelo, œuvre de Pompeo Leoni, en marbre sculpté.
L'**église Santiago del Burgo** *(plan D2)*, de style roman de la fin du XIIᵉ s. et du début du XIIIᵉ s., s'ouvre du côté de la calle de Santa Clara par un portail roman à clé pendante ; le **portail N.**, de l'autre côté de l'église, présente de curieuses archivoltes denticulées, dispositif d'origine orientale déjà attesté au portail S. de la cathédrale.
Dans la calle de Santa Clara, le **Musée provincial** *(plan D1)* est installé dans une ancienne église du XVIIᵉ s. ; les collections, d'un intérêt assez limité, comprennent deux tableaux de Vicente Carducho (**Saint Bruno dans le désert**, de 1630, et un **Chartreux en prière**, de 1632), deux portraits de Federico de Madrazo, ainsi que des antiquités romaines et ibériques. L'**église San Torcuato** *(plan D1)* renferme un retable doré baroque du XVIIᵉ s., contemporain du bâtiment. En revenant vers le centre de la ville par la calle de San Torcuato, à dr., **hospital de Sotelo**, à façade Renaissance de 1526. Au fond d'une ruelle, **église San Esteban** *(plan C1)*, de style roman du XIIIᵉ s. Près de l'extrémité de la calle San Torcuato, **palais de los Momos**

(→ ci-dessous). Un peu plus loin, l'**église San Vicente** *(plan C2)*, accessible par la calle de Quebrantahuesos (à la hauteur du Teatro Principal), du début du XIII⁰ s., se signale par une belle tour romane. De là, revenir vers le point de départ par la plaza Mayor.

Vers le plaza Mayor *(plan C2)*. — Au centre de la ville, vous visiterez sur la place principale de Zamora, l'**église San Juan**, érigée aux XII⁰ s. et XIII⁰ s., mais remaniée en style gothique au XVI⁰ s., qui renferme des retables sculptés et polychromés, d'un intérêt limité. A dr., ancien **ayuntamiento**, de 1504. Terminez la visite par le **palais de los Momos** *(plan D4)* offrant une belle **façade** de styles gothique et Renaissance du XVI⁰ s., au vigoureux décor sculpté.

Dans les quartiers excentriques se trouvent l'**église de l'Espiritu Santo** *(plan A3)* du début du XIII⁰ s., et sur la rive g. du Douro, le **couvent de Santo Domingo** (sur la façade du XVI⁰ s., groupe sculpté de l'Annonciation).

Environs

1 — A l'O. de Zamora

0 km : **Zamora.** Sortir par la N 122 en direction du Portugal.

12 km : ↦ A dr. route pour *(10 km)* **Campillo**; l'**église San Pedro de la Nave** est un sanctuaire wisigothique de la fin du VII⁰ s., transporté et remonté à Campillo, afin qu'il ne soit pas noyé dans un lac de barrage; à l'intérieur, admirables chapiteaux (à la croisée, à dr., le Sacrifice d'Isaac, et, à g., Daniel dans la fosse aux lions).

24,5 km : **Villalcampo**; ruines d'une imposante muraille romaine, au lieu dit Despoblado de Santiago, atteignant 3 m de hauteur et 4 m d'épaisseur.

61,5 km : **Alcañices**; bourg conservant des restes de muraille et d'un château construit par les Templiers au XIII⁰ s.
↦ A *15 km N.-E.,* **Bercianos de Aliste**, où se déroule une curieuse procession. Le ven. saint, les pénitents se regroupent sur le parvis de l'église paroissiale, couverts d'une tunique blanche, cousue généralement par les femmes et les fiancées, et qui leur servira de linceul le jour de leur mort. Les plus vieux sont habillés d'une peau de mouton appelée chivo (bouc). Après le sermon, on procède à la descente de croix d'un christ articulé que l'on emmène en procession jusqu'à une colline proche, où il sera symboliquement enterré.

2 — La Hiniesta *(8,5 km N.-O. par une route locale)*. — **Église gothique** du début du XIV⁰ s., avec un magnifique **portail*** s'ouvrant au fond d'un porche aux niches garnies de statues. Au tympan du portail, noter le Christ en majesté, flanqué de la Vierge et de saint Jean, entre deux anges, et les archivoltes sculptées.

3 — Carbajales de Alba *(29,5 km N.-O. par la même route locale)*. — Village spécialisé dans la confection de nappes et de draps multicolores, l'une des plus séduisantes productions de l'artisanat espagnol.

4 — Toro* *(33 km E. par la N 122 en direction de Valladolid ; →)*.

Zumaya

Bilbao, 83 km. — Saint-Sébastien, 30 km.
7 700 hab. — Province de Guipúzcoa (Pays basque).

Station balnéaire et port pittoresque à l'embouchure de l'Urola, qui doit son essor actuel à ses industries métallurgiques et à ses conserveries.

Église San Pedro. — Elle conserve le seul **retable** complet de Guipúzcoa, œuvre d'**Anchieta.**

Juan de Anchieta. — Né à Azpeitia en 1540, il fait un séjour en Italie où il est fortement influencé par la sculpture de Michel-Ange. Il travaille à Briviesca, Burgos, Saragosse, Jaca, puis s'établit à Pampelune. Il recherche les effets grandioses où s'allient la forme et le mouvement. Il exerce une forte influence en Navarre, dans la Rioja et tout le Pays basque.

Remarquez la **Libération de saint Pierre.** Dans une chapelle du bas-côté dr., **triptyque** flamand de la Passion.

 Musée Zuloaga. — Il est installé près de la maison et du studio que le peintre Ignacio Zuloaga (1870-1945) fit construire à proximité des ruines d'un ermitage du XIIe s. qui accueillait jadis les pèlerins de Saint-Jacques-de-Compostelle.

Visite : ouv. de juin à sept. le jeu. de 10 h à 12 h et de 14 h à 17 h ; le dim. de 13 h à 14 h et de 17 h à 20 h ; accès gratuit.

Dans l'église, retable gothique ; **Christ** janséniste de Beobide qui domine l'autel polychrome que Zuloaga réalisa lui-même. Dans le musée, belles collections de sculptures et de tableaux de l'Antiquité à nos jours ; Saint François d'Assise du **Greco,** Amour profane de **Goya.** Près du musée, dans le studio de Zuloaga, sont exposées les œuvres les plus importantes du peintre.

→ Côte basque** (→).

Carnet d'adresses

Signes conventionnels
touristiques et hôteliers

Les signes conventionnels ci-dessous sont utilisés dans l'ensemble des Guides Bleus pour les renseignements touristiques et hôteliers ; ils ne figurent donc pas tous nécessairement dans cet ouvrage.

- Office du Tourisme, informations touristiques.
- Aéroports, compagnies aériennes.
- Ports, compagnies maritimes.
- Gares, réservation et renseignements.
- Tramways, trolleybus.
- Autobus.
- Renseignements concernant l'automobile : location, taxis, garages.
- Code postal, poste et télécommunications.
- Camping, caravaning.

  Classification des hôtels et des restaurants :
- ¶¶¶¶¶ Grand luxe.
- ¶¶¶¶ Luxe.
- ¶¶¶ Très confortable.
- ¶¶ Confortable.
- ¶ Simple.
- Téléphone de l'établissement.
- Restaurant.
- * Cuisine remarquable.

- Chauffage central.
- Air climatisé.
- Ascenseur.
- Salle de bains ou douche.
- Téléphone dans les chambres.
- Télévision dans les chambres.
- Service d'autocar privé.
- Jardin.
- Parc.
- Piscine.
- Plage privée ou publique.
- Tennis.
- Golf 9 trous.
- Golf 18 trous.
- Équitation.
- Garage de l'hôtel.
- Parking.

Carnet d'adresses

VI	Alava	01	CU	Cuenca	16	NA	Navarra	31
AB	Albacete	02	GE	Girona	17	OR	Orense	32
A	Alicante	03	GR	Granada	18	P	Palencia	34
AL	Almeria	04	GU	Guadalajara	19	PO	Pontevedra	36
A	Asturias	33	SS	Guipúzcoa	20	SA	Salamanca	37
AV	Avila	05	H	Huelva	21	SG	Segovia	40
BA	Badajoz	06	HU	Huesca	22	SE	Sevilla	41
PM	Baleares	07	J	Jaén	23	SO	Soria	42
B	Barcelona	08	C	La Coruña	15	TF	Sta Cruz de	38
BU	Burgos	09	LO	La Rioja	26		Tenerife	
CC	Cáceres	10	GC	Las Palmas	35	T	Tarragona	43
CA	Cádiz	11	LE	León	24	TE	Teruel	44
S	Cantabria	39	L	Leida	25	TO	Toledo	45
CS	Castellón de	12	LU	Lugo	27	V	Valencia	46
	la Plana		M	Madrid	28	VA	Valladolid	47
CE	Ceuta	11	MA	Málaga	29	BI	Vizcaya	48
CR	Ciudad Real	13	ML	Melilla	29	ZA	Zamora	49
CO	Córdoba	14	MU	Murcia	30	Z	Zaragoza	50

**Les provinces d'Espagne :
immatriculations et codes postaux**

ADEJE (TF)   ☎ 922

Hôtels :

¶¶¶¶ *Bouganville Playa*, Urbanización San Eugenio, Playa de las Américas (☎ 79-02-00) 481 ch. ✆ ☐ ♪ ▨ moderne et près de la plage.

¶¶¶¶ *Gran Tinerfe*, Playa de las Américas (☎ 79-12-00) 356 ch. ✆ ✆ ☐ ⌣ ♪

¶¶¶ *Jardín Tropical*, Urb. San Eugenio (☎ 79-41-11) 341 ch. ☐ confortable, vues sur la mer ; son restaurant, *El Patio* (☎ 79-41-51), est le plus réputé de la ville.

¶¶¶ *Los Hibiscos*, Urb. San Eugenio (☎ 79-14-62) ✆ ☐ ♪ ▨ studios et appart. à 150 m de la plage.

Restaurants :

¶¶ *Dormajo*, Centro Sol (à Playa de las Américas ; ☎ 79-14-25) excellente cave.

¶ *Bistro*, Viñas del Mar (☎ 79-07-18) terrasse.

ADRA (AL)   ☎ 951

Hôtels :

¶¶ *Abdera*, Route d'Almería, 26 (☎ 40-01-00) 38 ch. ✕ ✆ ₱ simple et central.

▲ Campings : *Las Gaviotas* (2ᵉ c. ; ☎ 40-06-60). — *La Sirena Loca* (2ᵉ c. ; de juin à sept.), Route Motril-Almería, km 60 (☎ 40-09-20). — *La Habana* (3ᵉ c.), Route Motril-Almería, km 64.

— *Las Vegas* (3ᵉ c.), Route Motril-Almería, km 63. (☏ 16-22-28).

AGAETE (GC)   ☏ 928

Restaurants :
¶¶ *Casa Romántica,* Route de Berrazales, km 3,5 (☏ 89-80-84) cuisine locale ; beau paysage.
¶ *Los Papayeros,* La Concepción (☏ 89-80-46) cuisine canarienne.
¶ *Antonio,* au col de las Nieves (☏ 89-81-71).

AGRAMUNT (L)   ☏ 973

Restaurant :
¶¶ *Kipps,* Route Artesa de Segre - Montblanc, km 12 (☏ 39-08-25) ℗ très bonne cuisine populaire à prix modiques, dans l'hôtel du même nom (25 ch.).

AGUADULCE (AL)   ☏ 951

Hôtel :
¶¶¶ *Hotel Apartamentos Satelites Park,* Route de Malága (Urbanización Aguadulce Parc 48 ; ☏ 34-06-00) 300 ch. ▦ ℁ ⌷ ⌀ près de la plage.
Restaurants :
¶¶ *El Pez de Plata,* Paseo Maritimo (☏ 34-26-32) Vue sur la mer. Poissons et fruits de mer pêchés le jour même par la maison.
¶¶ *Mesón del Abuelo,* Urbanización Aguadulce (☏ 34-16-53) tapas et barbecue.
¶ *Mesón Los Mariscos,* Urbanización Las Terrazas (☏ 34-00-06) fruits de mer.

AGUERO (HU)   ☏ 974

Hôtel :
¶ *Costera,* La Costera, s/n (☏ 38-03-30) 12 ch. ⌖ ℗

AGUILAR DE CAMPÓO (P)   ☏ 988

¶¶¶ *Valentín,* Avda Generalísimo 21 (☏ 12-21-25) 50 ch. ⌖ ▦ ℁ ℁ ⌷ ℗ hôtel de haute montagne, moderne et confortable.

AGUILAR DE LA FRONTERA (CO)   ☏ 957

Achats : gastronomie, *Juan Jiménez Pérez,* Sta Brigida, 7, meringues au café.

AGUILAS (MU)   ☏ 968

Hôtels :
¶¶ *Madrid,* Pza de Robles Vives, 4 (☏ 41-05-00) 33 ch. ℁ coiffeur.
¶¶ *Carlos III,* Rey Carlos III, 22 (☏ 41-16-50) 32 ch. ℁ central et confortable.
Restaurant :
¶ *Las Brisas,* Explanada del Puerto (☏ 41-00-27) poissons et coquillages.

AGÜIMES (GC)   ☏ 928

⛺ Camping : *Temisas* (3ᵉ c.), Lomo de la Cruz (☏ 79-81-49) ⌷ ⌀ douches ; bien ombragé.

AIGUABLAVA (GE) → Bagur

AINSA (HU)   ☏ 974

Hôtels :
¶¶ *Dos Rios,* Avda Central, 2 (☏ 50-09-61) 18 ch. central.
¶ *Mesón de Ainsa,* Sobrarbe, 12 (☏ 50-00-28) 24 ch. ⌖ ℗
¶ *Sanchez,* Avda Sobrarbe, 10 (☏ 50-00-14) 39 ch. ℁ ⌷
Restaurant :
¶¶ *Bodegas del Sobrarbe,* Plaza Mayor, 2 (☏ 50-02-37). Ancien bodega décoré dans le style médiéval.

ALAIOR (PM)   ☏ 971

Restaurant :
¶ *Club San Jaime,* Urb. San Jaime, à 7,5 km au S.-O. ; d'avr. à oct.

ALAMEDA DEL VALLE (M)   ☏ 91

Restaurant :
¶¶ *Hostal del Marqués,* Route de Lozoyuel à Navacerrada, km 21 (☏ 869-30-43) cuisine familiale dans un restaurant rempli d'objets artisanaux ; produits du potager et grillades.

ALARCON (CU)   ✆ 969

Hôtels :

🛏🛏🛏🛏 *Parador Nacional Marqués de Villena,* Avda Amigos de los Castillos, s/n (✆ 33-15-50) 13 ch. 🕭 ℗ dans un château médiéval sur un éperon rocheux dominant le río Júcar.

🛏🛏🛏 *Claridge,* Route Madrid-Valence, km 184 (✆ 33-11-50) 36 ch. 🕭 🖂 ⚲ moderne et fonctionnel.

ALBA DE TORMES (SA)   ✆ 923

Hôtels :

🛏🛏 *Benedictino,* Benitas, 6 (✆ 30-00-25) 40 ch. ⤬ 🎞 🕭 🕭 🗓 ouv. de mars à oct.

🛏🛏 *Alameda,* Avda. Juan Pablo II (✆ 30-00-31) 🎞 🎬 🗓 34 ch.

Restaurant :

🛏 *Hostal America,* La Guía, s/n (✆ 30-03-46). Sopa castellana et poisson de rivière.

🍴 Achats : poteries, *Perez,* Cuesta del Duque, 22 ; *F. Perez,* Cuesta del Castillo, 14 ; *G. Dueñas,* Puerta, 6.

ALBACETE (AB)   ✆ 967

ℹ️ Office du tourisme : Avda de España, 3 (✆ 22-33-80).

Hôtels :

🛏🛏🛏🛏 *Los Llanos,* Avda de España, 9 (✆ 22-37-50) 102 ch. 🎬 🗓 🗓 moderne, près d'un grand parc.

🛏🛏🛏 *Parador Nacional de la Mancha,* Route Madrid-Alicante, km 260 (✆ 22-94-50) 70 ch. ⤬ 🎬 🕭 🖂 ⚲ 🗓 tranquille, construit autour d'un grand patio «manchego» ; bonne cuisine, spécialités régionales.

🛏🛏🛏 *Gran Hotel,* Marqués de Molins, 1 (✆ 21-37-87) 69 ch. 🎬 dans le centre.

🛏🛏 *Albar,* Isaac Peral, 3 (✆ 21-68-61) 51 ch.

🛏🛏 *Castilla La Mancha,* Paseo de Cuba, 3 (✆ 21-42-88) 60 ch. moderne et central, bon rapport qualité-prix.

🛏🛏 *Albacete,* Carcelén, 8 (✆ 21-81-11) 36 ch. ⤬ familial.

🛏🛏 *Florida,* Ibáñez Ibero, 12 (✆ 22-70-58) 55 ch. 🎬 🕭 près des arènes.

🛏🛏 *Los Gabrieles,* Route Madrid-Alicante, km 235 (✆ 21-51-61) 38 ch. ⤬ 🕭 🕭 🗓 cuisine typique.

Restaurants :

🍴🍴 *Nuestro Bar,* Alcalde Conangla, 102 (✆ 22-72-15) cuisine «manchega» de qualité ; gibier en saison (faisan) ; f. dim. soir et juil.

🍴🍴 *Rincón de Ortega,* Marqués de Molins, 1 (✆ 21-37-87) omelette à l'ail et à la morue, agneau, vins de pays.

🍴🍴 *Mesón Las Rejas,* Dionisio Guardiola, 9 (✆ 22-72-42) cuisine régionale avec des tapas.

🍴🍴 *Surco 2,* Pza Altozano, 5 (✆ 23-16-52).

🍴 *Casa Paco,* La Roda, 26 (✆ 22-00-41) cuisine familiale locale.

🍴 *La Casita,* Route N.340, km 3 (✆ 22-72-44) cuisine régionale.

🍴 Achats : poteries, *Juan Carcelén,* Santiago Rusiñol, 55. — couteaux, *Martínez Gomez,* Feria, 50 (✆ 22-01-61) ; *F. Vicente,* Feria, 52 (✆ 22-19-21).

ALBARRACIN (TE)   ✆ 978

Hôtels :

🛏🛏🛏 *Albarracín,* Azagra, s/n (✆ 71-00-11) 44 ch. ⤬ 🔲 🕭 central.

🛏 *Gallo, El,* Los Puentes, 1 (✆ 71-00-32) 18 ch. ⤬ central.

🛏 *Montes Universales,* Route Teruel-Albarracín, km 2 (✆ 71-01-58) 30 ch. ⤬ ℗

🛏 *Olimpia,* Barrio San Antonio, 8 (✆ 71-00-83) 15 ch. ⤬

ALBENTOSA (TE)   ✆ 978

Hôtel :

🛏 *Los Mânos,* Venta del Aire (✆ 78-02-54) 51 ch. ⤬ ℗

ALBERCA [LA] (SA)   ✆ 923

Hôtel :

🛏🛏 *Las Batuecas,* Route de Las Batuecas, s/n (✆ 41-51-88) 24 ch. ⤬ 🎞 🕭 🕭 🗓 ℗ spécialité gastronomique du village, charcuteries et jambon ibérique. Chiens admis.

ALBERIQUE (V)   ✆ 96

Hôtel :

🛏🛏 *Balcón del Jucar,* Route Cadix-Barcelone, km 199 (✆ 244-00-87) 15 ch. 🕭

ALBUFERA - EL SALER (V)   ☏ 96

Hôtels :

⬥⬥⬥⬥⬥ *Sidi Saler Sol*, Playa del Saler
(☏ 365-41-00) 276-ch. ✕ ▥ ▤ ▦ ⊟ ▨ ▨
⊡ ✕ ℗ grand confort ; dans un cadre
pittoresque.

⬥⬥⬥⬥ *Parador Nacional Luís Vives*, El Saler
(☏ 161-11-86) 58 ch. ✕ ▥ ▤ ⊟ ▨ ▨ ✕
℗ cadre très agréable, une pinède près
d'une plage de sable.

ALCALA DE CHIVERT-ALCOCÉBER (CS)
☏ 964

Restaurant :

⬥⬥ *Sancho Panza*, Jai Alai, s/n. Urb. Las
Fuentes (☏ 41-22-65) Ambiance très
agréable.

⬥ *Jacinto*, Route N. 340 (☏ 41-02-86) cuisine locale.

Achats : *J. Ferreres*, Pza San Ramón, 7
(☏ 41-00-82) espadrilles typiques.

ALCALA DE GUADAIRA (SE)   ☏ 95

Hôtels :

⬥⬥⬥ *Oromana*, Avda Portugal, s/n
(☏ 568-64-00) 30 ch. ▤ ▨ ⊟ ▨ dans une
demeure andalouse ; dans une pinède ;
idéal pour le repos.

⬥⬥⬥ *Nueva Andalucía*, Route Séville-Utrera,
km 12,5 (☏ 568-52-48) 10 ch. ▨

ALCALA DE HENARES (M)   ☏ 91

Hôtels :

⬥⬥⬥ *El Bedel*, San Diego, 6 (☏ 889-37-00)
51 ch. confortable.

⬥⬥ *Bari*, Via Complutense, N 112
(☏ 888-14-50) 48 ch. agréable.

Restaurants :

⬥⬥ *Hostería del Estudiante*, Los Colegios, 3 (☏ 888-03-30) dans un collège
du XVIᵉ s., cuisine castillane ; beau
patio.

⬥ *Oliver's Nuevo*, Los Gallegos, 15
(☏ 889-81-14) cuisine castillane.

ALCANAR (T)   ☏ 977

Hôtel :

⬥⬥ *Migjorn*, Route Valence-Barcelone,
km 160 (☏ 73-72-09) 15 ch. ✕ ▥ ▨ ⊟ ▭

⌖ ▨ ℗ Site pittoresque près de la
plage.

Restaurant :

⬥⬥ *El Pescador*, Càdiz, 4, Les Cases
d'Alcanar (☏ 73-70-93) pour déguster
les fruits de mer du delta.

Club Nautic : Les Cases d'Alcanar
(☏ 73-70-06).

🚃 trains à Ulldecona.

♦♦ Manifestation : 15 mai, courses de
taureaux sur la plage.

ALCAÑIZ (TE)   ☏ 978

Hôtels :

⬥⬥⬥ *Parador Nacional de la Concordia*,
Castillo de los Calatravos (☏ 83-04-00)
12 ch. ✕ ▤ ▨ ▨ central ; très belle vue
sur les collines ; ancien château
couvent de l'ordre de Calatrava ;
Charles Quint y aurait logé.

⬥⬥ *Meseguer*, Avda Maestrazgo, 9
(☏ 83-10-02) 24 ch. ✕ ▨ ▨

⬥ *Guadalope*, Pza de España, 8
(☏ 83-07-50) 15 ch. ✕ ▨ central.

⬥ *Senante*, Route de Saragosse, s/n
(☏ 83-05-50) 29 ch. ✕ ▨ ▨

⬥ *Calpe*, Route de Saragosse
(☏ 83-07-32) 40 ch. ✕ central.

ALCANTARA (CC)   ☏ 927

Restaurants :

⬥ *La Estrella*, Quartier San Pedro.

⬥ *Lusitania*, Gen. Franco, 19.

ALCAZAR DE SAN JUAN (C.R.)   ☏ 926

ℹ Office du tourisme, Casa de Cultura,
Goya, 1 (☏ 54-07-07).

Hôtels :

⬥⬥ *Aldonza*, Alvárez Guerra, 2
(☏ 54-15-54) 29 ch. agréable et central.

⬥⬥ *Ercilla Don Quijote*, Avda Criptana, 5
(☏ 54-38-00) 44 ch. ▤ ▨ ✕

⬥⬥ *Barataria*, Avda Herencia, s/n
(☏ 54-14-65) 24 ch. ✕ dans un cadre
agréable ; spécialités régionales ;
bonne cave.

Restaurants :

⬥⬥ *La Mancha*, Vía de Ronda, s/n
(☏ 54-10-47) cuisine « manchega ».

⬥ *Casa Paco*, Avda Alvárez Guerra, 5
(☏ 54-06-06) cuisine familiale de Castille - La Manche.

ALCOCEBER (CS) ☎ 964

Hôtels :

▜▜▜▜ **Las Fuentes,** Playa de las Fuentes, s/n (☎ 41-23-00) 50 ch. ✕ ▨ ▦ ⊟ ▨ ▨ ⊟ ⌂ ▣ situation remarquable, au bord de la mer, au milieu des pins.

Restaurant :

▜▜ **El Figón** (☎ 41-00-00) ▦ ⊟ cadre élégant et confortable ; excellents fruits de mer.

ALCOLEA DEL PINAR (GU) ☎ 949

Hôtels :

▜▜ **Casa de Piedra,** Route N. II, km 133 (☎ 30-00-57) 13 ch. ▨ ▨ hôtel de montagne.

▜▜ **El Pinar,** Route N. II, km 132 (☎ 30-00-49) 19 ch. simple et tranquille.

ALCORA (CS) ☎ 964

Restaurant :

▜▜ **El Pantano,** Route de Castellón à Alcora, km 19 (☎ 36-00-25) cuisine locale et soignée dans un beau cadre naturel et élégant.

▱ Achats : **La Muy Noble y Artística Cerámica,** Pintor Ferrer, 12 (☎ 36-10-03), fabrique de céramique artistique d'après celle du Conde de Aranda (jaune et violet).

ALCORISA (TE) ☎ 974

Hôtel :

▜▜ **Arcos, Los,** Pza General Franco, 6 (☎ 84-02-96) 18 ch. ✕

Restaurant :

▜ **El Castillo,** Castillo, 41 (☎ 84-00-87).

ALCOY (A) ☎ 96

ℹ Office du tourisme : Ayuntamiento (Mairie) (☎ 554-52-11).

Hôtel :

▜▜▜▜ **Reconquista,** Puente San Jorge, 1 (☎ 533-09-00) 77 ch. ▨ ▤ ⊟ ▨ ▣ bonne situation et service remarquable.

▱ Achats : **turrones, mazapanes,** Reina Victoria, 18 (☎ 561-00-00) ; Pza del Convento, s/n (☎ 561-01-00) ; Generalísimo, 18 (☎ 561-00-68).

▸▸ Manifestation : du 22 au 24 avril, la **fête des Moros y Cristianos** rappelle les affrontements entre les Maures et les chrétiens, pendant plusieurs siècles.

ALCUDIA (PM) ☎ 971

Hôtels :

▜▜▜▜ **Princesa,** Avda Minerva, s/n, port d'Alcúdia (☎ 89-29-50) 102 ch. ▨ ▦ ⊟ ▨ ▨ ⊟ ▱ boutiques, gymnase, coiffeur, salle de réunions ; sur une très longue plage de sable fin, dans une pinède.

▜▜▜ **Bahía de Alcúdia,** Avda de la Playa, port d'Alcúdia (☎ 54-58-00) 234 ch. ✕ ▨ ⊟ ▨ ▨ ⊟ ▱

▜▜▜ **Nuevas Palmeras,** Avda Minerva, port d'Alcúdia (☎ 89-14-50) 114 ch. ✕ ▨ ⊟ ▨ ▨ ⊟ ▱ boutiques, salle de réunions, gymnase.

▜▜▜ **Gran Vista,** Route Alcúdia-Artà, Can Picafort (☎ 85-00-52) 277 ch. ✕ ▨ ⊟ ▨ ▨ ⊟ ▱ boutiques, coiffeur, gymnase ; directement au bord de la mer ; vue splendide.

▜▜ **Gran Playa,** Playa 2, Can Picafort (☎ 85-00-50) 156 ch. ✕ ▨ ⊟ ▨ ▨ ⊟ service soigné ; belle vue.

▜▜ **Condes de Alcúdia,** Zona Comercial Carabela, port d'Alcúdia (☎ 54-54-92) 238 ch. ✕ ⊟ ▨ ▨ ⊟

▜▜ **Mal Pas,** Playa Mal Pas (☎ 54-51-43) 106 ch. ✕ ▨ ⊟ ▨ petite station tranquille, près d'Alcúdia ; belle vue sur la baie et Formentor.

▜ **Bocaccio,** Avda de Pedro Mas Reus, s/n, port d'Alcúdia (☎ 89-13-75) 272 ch. ✕ ⊟ ▨ ⊟ ▱

Restaurants :

▜ **Miramar,** Vicealmirante Salvador Moreno, 2, port d'Alcúdia (☎ 54-52-93) spécialité : langouste.

▜ **Mandilego,** Isabel Grau, 49, Can Picafort (☎ 52-70-03).

▜ **Celler Colón,** Paseo de Colón, 10, Can Picafort (☎ 52-71-23).

ALCUDIA [L'] (V) ☎ 96

Restaurant :

▜▜▜ **Galbis,** Antonio Almela, 15 (☎ 254-10-93) nouvelle cuisine valencienne et spécialités traditionnelles.

ALCUESCAR (CC)   ☎ 927

Hôtels :
¶ *Cruce de las Herrerias,* Route N. 630, km 249 (☎ 38-40-66) 22 ch. ✕

ALDEANUEVA DE LA VERA (CC)   ☎ 927

Hôtels :
¶¶ *Chiquete,* Extremadura, 3 (☎ 56-08-62) 15 ch. ✕
¶¶ *Noga,* Maestro Aparicio, 33 (☎ 56-09-44) 18 ch.
⚠ Camping : *Yuste* (2ᵉ c.), Route C501, km 49 (☎ 56-09-10) 500 pl. ; ouv. de mars à sept.
Restaurant :
¶ *Vivas,* Avda Calvo Sotelo, 14 ; cuisine régionale.

ALDEANUEVA DEL CAMINO (CC)   ☎ 927

Hôtel :
¶¶ *Roma,* Route Salamanque-Cáceres, km 94 (☎ 48-40-38) 26 ch. ✕ ▥ simple et confortable.
Restaurant :
¶¶ *Las Palmeras,* Avda Poeta Gabriel y Galán, 93.

ALELLA (B)   ☎ 93

Restaurant :
¶¶¶ *El Niu,* Rambla Àngel Guimerà, 16 (☎ 555-17-00) cuisine catalane traditionnelle adaptée aux goûts actuels ; très accueillant.

ALFAJARIN (Z)   ☎ 976

Hôtels :
¶¶¶¶ *Casino de Zaragoza,* Route de Barcelone, km 343 (☎ 10-00-04) 37 ch. ✕ ▣ ⚘ ▤ coiffeur, sauna ; très calme.
¶¶ *Rausan-Alfajarín,* Route Madrid-Barcelone, km 341 (☎ 10-00-02) 39 ch. ✕ ▨ ⚘ ℗

ALFARO (LO)   ☎ 941

Hôtel :
¶¶ *Palacios-Rioja,* Route de Saragosse, s/n (☎ 18-01-00) 86 ch. ✕ ▨ ⚘ ▤ ⚲ établissement renommé et couru pendant les fêtes ; curieux musée du vin ; cuisine locale typique ; bonne cave.

ALGECIRAS (CA)   ☎ 95

ℹ Office du tourisme : Juan de la Cierva s/n (☎ 60-09-11). — Cia Transmediterránen : J. Santacana, 20. (☎ 67-17-11
Hôtels :
¶¶¶¶ *Reina Cristina,* Paseo de la Conferencia (☎ 60-26-22) 162 ch. ▦ ⚘ ▨ ▤ l'un des meilleurs hôtels d'Espagne style anglais dans un cadre remarquable.
¶¶¶¶ *Octavio,* San Bernardo, 1 (☎ 65-27-0 80 ch. ▦ ▣ ▨
¶¶¶ *Las Yucas,* Agustin Balsamo, (☎ 66-32-50) 33 ch. ⚘ ▨
¶¶¶ *Al-Mar,* Avda de la Marina, 2 et (☎ 65-46-61) 192 ch. moderne ; déco arabo-andalous.
¶¶ *Marina Victoria,* Avda de la Marina, (☎ 65-01-11) 49 ch. dans le centre.
¶ *Anglo-Hispano,* Avda Villanueva, (☎ 57-25-90) 30 ch. ☎
¶ *El Estrecho,* Avda Virgen del Carmen 15 (☎ 65-35-11) 20 ch. jolie vue.
¶ *Río,* Comandante Garcia Morato, (☎ 65-31-55) 25 ch. central.
Restaurants :
¶¶¶ *El Copo,* Palmones-Los Barrios (à 6 k d'Algeciras, ☎ 67-77-10) Fruits de me
¶¶ *Marea Baja,* Trafalgar, 2 (☎ 66-36-5 cuisine de la mer.
¶¶ *Los Remos,* Playa de Guadarranqu (à 12 km d'Algeciras ; ☎ 76-08-12 76-05-28) très bonne cuisine.
¶ *El Ancla,* Urbanización Bahia de Alg ciras (☎ 66-66-02).

ALGORTA (GUECHO) (BI)   ☎ 9

Hôtel :
¶¶¶ *Los Tamarises,* Playa de Ereaga, s (☎ 469-00-50) 42 ch. ☎ ▣ classique confortable ; belles vues sur la mer.
Restaurants :
¶¶¶ *Itxas-Alde,* Avda Arriatera (Sopelana ☎ 676-00-15) bonne cuisine basque avec un beau point de vue sur la plage
¶¶ *Zubia,* María Cristina, 3 (☎ 463-77-0 nouvelle cuisine basque.
¶ *Ibaiondo,* Mayor, 17 (☎ 463-02-13) cu sine familiale.

ALHAMA DE ALMERIA (AL)   ☏ 951

Hôtel :
¶¶¶ *San Nicolás*, Baños s/n (☏ 10-01-01) 58 ch. bien situé.

ALHAMA DE ARAGON (Z)   ☏ 976

Hôtels :
¶¶¶ *Termas*, General Franco, 20 (☏ 84-00-11) 35 ch. ✕ ☎ ☀ ⛄ ▯ sauna ; grand parc.
¶¶ *Balneario Guajardo*, General Franco, 3 (☏ 84-00-02) 84 ch. ☀ ⛄ ▯ sauna, gymnastique.

ALICANTE (A)   ☏ 96

ℹ️ Office du tourisme : Explanada de España, 2 (plan D2 ; ☏ 521-22-85 ou 520-00-00).

Hôtels :
¶¶¶¶¶ *Sidi San Juan Sol*, Pda Cabo la Huerta (☏ 516-13-00) 176 ch. ▦ ☀ ☎ ◢ ✕ ⛄ ▯ sur la plage.
¶¶¶¶ *Tryp Gran Sol*, Avda Méndez Núñez, 3 (plan D3 ; ☏ 520-30-00) 148 ch. ▦ ☎ ▣ ◢ ☎ ▯ dans un immeuble-tour qui domine le port.
¶¶¶¶ *Meliá Alicante*, Playa del Postiguet, s/n (plan E2 ; ☏ 520-50-00) 545 ch. ✕ ▦ ▣ ◢ ☎ ⛄ ▯ au bord de la mer et en plein centre d'Alicante.
¶¶¶ *Adoc*, Finca Adoc Bloque 17-18 (Playa de la Albufera ; ☏ 526-59-00) 93 ch. ▦ ☀ ⛄ ✕ ▯
¶¶¶ *Maya*, Canónigo Peñaloa, s/n (☏ 526-12-11) 198 ch. ✕ ▦ ◢ ☎ ⛄ ▯ vous y goûterez l'aspect le plus moderne et en même temps le plus pittoresque d'Alicante.
¶¶¶ *Leuka*, Segura, 23 (plan B1 ; ☏ 520-27-44) 108 ch. ▦ ☎ ◢ ☎ ▯ près des voies principales, mais loin des agglomérations et de la plage.
¶¶¶ *Palas*, Pza Ayuntamiento, 6 (plan D2 ; ☏ 520-66-90) 53 ch. ▦ ◢ ☎ situé au cœur de la ville.
¶¶ *Alfonso el Sabio*, Alfonso el Sabio, 18 (plan BC1 ; ☏ 520-31-44) 77 ch. ▦ ◢ ☎ en plein centre ; bon service.
¶¶ *Reforma*, Reyes Católicos, 7 (plan B3 ; ☏ 592-81-47) 52 ch. ◢ ☎ ▯ calme et tous les services à votre portée.

¶ *El Alamo*, San Fernando, 56 (plan C3 ; ☏ 521-83-55) 48 ch. ▦ ◢ ☎ très bon service ; très bien situé.

Restaurants :
¶¶¶ *Delfín*, Explanada de España, 14 (plan D2 ; ☏ 521-49-11) ▦ décoration moderne et belles vues sur le port ; célèbre pour ses spécialités alicantines et ses plats de riz.
¶¶¶ *Curricán*, Canalejas, 1 (plan C3 ; ☏ 514-08-18) tranquille et calme ; plats de riz.
¶¶¶ *Maestral*, Andalucía, 18 (☏ 515-03-76) dans un pavillon d'une zone résidentielle à 3 km par la route de Valence ; petites salles privées. Fruits de mer, plats de riz.
¶¶ *Nou Manolin*, Villegas, 4 (☏ 520-03-68) excellents riz ; bonne cave.
¶¶ *Quo Venit*, Santísima Faz, 3 (plan D2 ; ☏ 521-66-60) belle terrasse ; spécialités locales.
¶¶ *El Entresol*, San Fernando, 16 (plan C3 ; ☏ 520-07-30) cuisine internationale.
¶¶ *Darsena*, Muelle de Costa (Paseo del Puerto, s/n ; ☏ 520-73-99) admirablement situé ; très beau restaurant ; spécialités de plats de riz ; fd. dim. soir.
¶ *Pacha*, Haroldo Parres, 6 (☏ 521-19-38) riz, viandes et poissons dans un décor rustique.

✉️ Poste et téléphone : Pza Gabriel Miró (plan C3). — *téléphones*, Av. Constitución, 10.

🚌 Autobus : *Estación Central de Autobuses*, Portugal (plan B3 ; ☏ 522-07-00), pour Madrid, Murcie, Carthagène, Almería, Gandía, Valence, Alcoy...

🚆 Chemin de fer : *Estación Término ou de Madrid* (plan A2), pour Albacete, Barcelone, Port-Bou, Madrid, Valence... — *Estación de Benalúa ou de Murcia* (plan A4), pour Carthagène, Murcie et Grenade. — *Estación de la Marina*, Avda de Villajosa, pour Denia et Carcagente. — *informations et billets*, Explanada de España, 1 (☏ 522-68-44).

✈️ Aéroport, Route de Murcie, 12 km (☏ 528-50-11). — *Aviaco* et *Iberia*, Paseo de Soto, 9 (☏ 521-86-13). — *Air France*, Rambla de Mendez Nuñez, 45 (☏ 520-62-22).

🚢 Compagnie maritime : *Cia Aucona*, Explanada de España, 2 (plan D2 ;

↑ 520-61-09), bateaux pour les Baléares.

Agences de voyage : *Melià*, Paseo de España, 5 (↑ 520-84-33). — *Wagons-lits/tourisme*, Avda del Doctor Gadea, 12 (↑ 521-88-00).

ALLARIZ (OR) ↑ 988

Hôtels :
¶ *Limia*, Route générale Zamora-Orense (↑ 44-08-20) 6 ch. ▥ ⬱ belle vue.
¶ *Villa de Allariz*, Route N.525, km 512 (↑ 44-00-15) 12 ch. ✕ ▥ ⬱
Restaurant :
¶ *Casa Fandiño*, Villanueva, 1 (↑ 44-00-02) cuisine locale ; fruits de mer.

ALLES (O) ↑ 98

Hôtel :
¶ *Casa Julián*, Niserias (Peñamellera Alta ; ↑ 541-41-79) 4 ch. ▥ ⬱

ALMADEN (C.R.) ↑ 926

Hôtel :
¶¶ *Alcor*, Route Almadés-Puertollano, km 1,3 (↑ 71-06-25) 25 ch. ▥ ▦ ☏ ☐ Confortable hôtel routier.
¶¶ *Retamar*, Waldo Ferrer, 22 (↑ 71-26-35) 14 ch. Simple et central.

ALMAGRO (C.R.) ↑ 926

🛈 Office du tourisme, Mayor de Carnicería, 11 (↑ 86-07-17).
Hôtel :
¶¶¶¶ *Parador Nacional de Almagro*, Ronda de San Francisco (↑ 86-01-00) 55 ch. ✕ ▦ ⬰ ▣ ▣ dans un ancien couvent du xvie s., calme et agréable.
Restaurant :
¶¶ *El Corregidor de Almagro*, Jerónimo Ceballos, 2 (↑ 86-06-48) Auberge restaurée, près de la plaza Mayor. Cuisine de La Mancha.
¶¶ *Ches*, Pza Mayor, 39 (↑ 86-07-13) joli cadre, plats typiques et vins locaux.
🛍 Achats : dentelles typiques, *Felipe Moreno*, Pilar, 4 (↑ 86-00-08) ; *García Guijarro*, Pza Mayor, 25 (↑ 86-00-32) ; *A. Martín*, Santo Domingo, 39 (↑ 86-02-84). — aubergines en

conserve : *Conservas Corral de Comedias*, Padres Dominicos, 1.

ALMANSA (AB) ↑ 96?

Hôtel :
¶ *Los Rosales*, Route de Circunvalación km 318 (↑ 34-07-50) 36 ch. ✕ ▦ simple et confortable ; cuisine régionale et gibier.
Restaurant :
¶ *Mesón Pincelín*, Las Norias, 1? (↑ 34-00-07) cuisine maison ; f. lun et dim. soir.
🛍 Achats : vins d'Almansa, *Bodega Piqueras*, Juan Ramón Jiménez, (↑ 34-14-82). — *Sucesores de Alfonso Abellán*, Rambla de la Mancha (↑ 34-00-97).

ALMAZAN (SO) ↑ 975

Hôtel :
¶¶ *Antonio*, Avda de Soria, 1 (↑ 30-07-11) 28 ch. ✕ ▥ ▦ ▣ f. d? 25 déc. au 30 jan. ; bonnes viandes cochon de lait rôti, entrecôte de vea? (le restaurant est f. le soir des jours fériés).

ALMENDRALEJO (BA) ↑ 92?

Hôtels :
¶¶ *España*, San Antonio, 77 (↑ 67-01-20 26 ch. ▥ ⬱ ▦ simple, central et confortable.
Restaurants :
¶¶ *El Paraíso*, Route Gijón-Séville km 312 (↑ 66-10-01) cuisine familiale d'Estrémadure, bien préparée.
🚉 Gare : (↑ 66-08-83).
🛍 Achats : *Couvent de Santa Clara* Palacios, s/n, gâteaux au miel et au? amandes élaborés par les sœurs.

ALMERIA (AL) ↑ 95?

🛈 Office du tourisme : *Hermano Machado*, 4 Edif. Múltiple (plan D4 ↑ 23-06-07).
Consulat de France : Avda Cabo de Gata, 81 (↑ 25-00-33).

Hôtels :

¶¶¶¶ *Gran Hotel Almería,* Avda Reina Regente, 8 (plan D4 ; ☎ 23-80-11) 124 ch. ▦ ⬚ ♫ ▣ face au port, au carrefour le plus animé de la ville.

¶¶¶ *Costasol,* Paseo de Almería, 58 (plan D3 ; ☎ 23-40-11) 55 ch. ▦

¶¶¶ *Torreluz II,* Plaza Flores, 1 (plan C1 ; ☎ 23-47-99) 76 ch. ▦ ▨ ▣ agréable.

¶¶ *Embajador,* Calzada de Castro, 4 (hors plan E2 ; ☎ 25-55-11) 67 ch. confortable.

¶¶ *La Perla,* Pza Carmen, 7 (☎ 23-88-77) 44 ch.

¶¶ *Nixar,* Antonio Vico, 24 (plan C1 ; ☎ 23-72-55) 40 ch.

⚐ Camping : *La Garrofa* (2ᵉ c.), route Motril-Almería, km 8 (☎ 23-57-70) douches ; ombragé ; près de la plage.

Restaurants :

¶¶¶ *Bellavista,* autoroute de l'aéroport, km 9 (Los Llanos de Alquián ; ☎ 29-71-56) cuisine méridionale traditionnelle ; la meilleure cave d'Almería.

¶¶ *Ánfora,* González Garbín, 25 (plan D1 ; ☎ 23-13-74) cuisine internationale et plats régionaux. Petites salles dans un cadre intime.

¶¶ *Club de mar,* Muelle, 1 (plan A3 ; ☎ 23-50-48) très belle terrasse sur la mer ; poissons, fruits de mer.

¶ *Rincón de Juan Pedro,* Federico de Castro, 2 (☎ 23-58-19) cuisine familiale.

¶ *Imperial,* Puerta de Purchena, 13 (plan C1 ; ☎ 23-17-40) poissons, coquillages.

▬▬ Gare : *RENFE* (☎ 25-11-35) ; *information :* Alcalde Muñoz, 1 (☎ 23-12-07).

🚌 Autocars : *gare routière,* Plaza de Barcelona (☎ 22-10-11).

✈ Avions : *aéroport* (6 km ; ☎ 22-19-54). *IBERIA* (☎ 23-84-11).

⚓ Bateaux : Parque Nicolás Salmerón, 28 (☎ 23-67-56 et 23-69-56).

Marchés : ils ont lieu toute la semaine dans des quartiers différents : lun. : La Chanca. — mar. : Avda del Mediterráneo (regiones). — mer. : Colonia de los Angeles. — jeu. : 500 Viviendas. — ven. : Plaza de Toros. — sam. : Zapillo.

🖐 Achats : céramique, *Cebrian,* Altamira, 9. — couture : *Cooperativa artesana de la Aguja,* Lope de Vega, 7 (☎ 23-25-65). — gastronomie : *La Dulce Alianza,* Paseo de Almería, 18 (☎ 23-73-79) spécialités d'Almería.

ALMONTE (H)   ☎ 959

Hôtels voir Matalascañas.

⚐ Camping : *El Rocío* (2ᵉ c.), Route Huelva-Matalascañas, km 45,2 (☎ 43-02-38) ✻ peu d'ombre ; près de la plage.

Restaurant :

¶¶ *Mesón del Tamborilero,* Unamuno, 15 (☎ 40-67-48) très bonnes spécialités traditionnelles.

ALMUÑECAR (GR)   ☎ 958

ℹ Office du tourisme : Puerta del Mar, s/n (☎ 63-11-25).

Hôtels :

¶¶ *Altamar,* Alta del Mar s/n (☎ 63-03-46) 16 ch. confortable.

¶¶ *Velilla,* Playa Velilla s/n (☎ 63-07-58) 28 ch. vues sur la mer.

¶ *Carmen,* Avda Europa, 8 (☎ 63-14-13) 18 ch. central.

¶ *Goya,* Avda General Galindo (☎ 63-05-50) 24 ch. f. du 15 janv. au 15 fév. ; petit hôtel familial.

¶ *La Najarra,* Avda General Galindo (Urb. La Najarra ; ☎ 63-08-73) 30 ch. ⬚ ▣ salons ; fonctionnel et moderne.

⚐ Camping : *El Paraíso* (2ᵉ c.), Route N 340, km 334 (☎ 63-02-30) douches ; beaucoup d'ombre ; près de la plage.

Restaurants :

¶¶¶ *Cotobro,* Bajada del Mar, 1 (☎ 63-18-02) cuisine française ; le meilleur restaurant de la côte de Grenade.

¶¶ *Los Geranios,* Placeta de la Rosa, 4 (☎ 63-07-24) dans une maison ancienne ; cuisine andalouse.

¶ *Ultima Ola,* Puerta del Mar, 4-6 (☎ 63-00-18).

🖐 Achats : vins et chirimoyas, céramique populaire, *José Fernández,* Clavelico, 10.

ALMUNIA DE DOÑA GODINA (Z)   ☎ 976

Hôtel :

¶¶ *Río Grío,* Route Madrid-Barcelone, km 263 (☎ 60-00-01) 11 ch. ▨ ▩

Restaurant :

¶ *El Patio,* Av. Generalísimo, 6 (☎ 60-06-08) 11 ch. ▦ ▣

ALMURADIEL (C.R.) ☎ 926

Hôtels :
- ♜♜♜ *Los Monteros,* Dr. Patricio Fernández, 2 (☎ 33-90-32) 10 ch. ▦ ▣ séjour confortable.
- ♜♜ *Casa Marcos,* Route Madrid-Cadix, km 231 (☎ 33-90-34) 18 ch. ⨯ ▦ ℗ cuisine « manchega ».

ALP (GE) ☎ 972

- ℹ️ Informations station de ski : *Masella,* Pla de Masella (☎ 89-01-06). — *La Molina* (☎ 89-20-31 ou ☎ 89-21-75).

Hôtel :
- ♜♜♜ *Alp Hotel,* Urb. Masella, s/n (☎ 14-42-01) 142 ch. ▥ ▨ ▣ ℗
- ⤛ Aéroclub de Cerdagne (☎ 89-00-88).

ALSASUA (NA) ☎ 948

Hôtels :
- ♜♜♜ *Alaska,* Route N.I, km 403 (☎ 56-28-02) 30 ch. ▨ ▨ ▣ ▫ dans un paysage d'une grande beauté ; entouré d'un beau jardin.
- ♜♜ *Ulayar,* Route N.I, km 398 (☎ 56-28-03) 7 ch. ▨ ▣ ▨ près du bois.

ALTEA (A) ☎ 96

Hôtels :
- ♜♜♜ *Cap Negret,* Route Valence-Alicante, km 32 (☎ 584-12-00) 250 ch. ⨯ ▥ ▦ ▨ ▨ ▨ ▣ ▫ très confortable.
- ♜♜ *Altaya,* Generalísimo, 113 (☎ 584-08-00) 24 ch. ⨯ ▥ ▨ ▨ modeste, calme et confortable.

Restaurants :
- ♜♜ *Montemolar,* Montemolar, 38 (☎ 584-15-81) cuisine française, bons plats de viande ; dans une villa avec terrasse-jardin.
- ♜♜ *La Costera,* Costera del Mestre de Música, 8 (☎ 584-02-30) sympathique restaurant suisse avec spectacle conduit par le patron, à la fois animateur et cuisinier.
- ♜ *Bahía,* la Mar, 141 (☎ 584-00-11) cuisine traditionnelle.
- ♜ *Posada San Miguel,* Conde de Altea, 24 (☎ 584-01-43) paella ; dans une auberge vieille de plus de 150 ans.

AMETLLA DE MAR [L'] (T) ☎ 977

- ℹ️ Office du tourisme : Av. Amistad Hispano-Italiana (☎ 45-63-29).

Hôtel :
- ♜ *Bon Repos,* Pl. de Catalunya, 49 (☎ 45-60-25) 38 ch. ⨯ ▥ ▨ ▨ ▣ ▨ ▣ mi-avril à fin sept.
- ♨ Manifestation : Fêtes de Carnaval en fév.

AMETLLA DEL VALLES [L'] (B) ☎ 93

Hôtel :
- ♜♜♜ *Del Vallès,* Autovia de l'Ametlla, s/n (☎ 843-26-00) 54 ch. ⨯ ▥ ▦ ▣ ▨ ▨ ▣ ▨ ℗

AMPOLLA [L'] (T) ☎ 977

- ℹ️ Office du tourisme : à Ametlla de Mar.

Bassin sportif : *Club Nàutic de l'Ampolla* (☎ 46-02-11) port d'*El Perelló*.

AMPOSTA (T) ☎ 977

- 🚌 Autobus : carrefour Av. de Sta Bàrbara et Av. de Catalunya pour Sta Bàrbara ; carrefour Av. de Sta Bàrbara et Av. de la Rapità pour Sant Carles de la Rapità, Vinaroz, La Cava, Barcelone, Sarragosse, Tortosa et Alcañiz.
- ♨ Manifestation : Fiesta Mayor du 14 au 21 août ; on y danse la *jota ampostina* et l'on se déguise de vêtements de papier.

AMPURIABRAVA (GE) ☎ 972

Marina : *Club Nàutic Ampuriabrava* (☎ 25-05-04) Port d'Ampuriabrava, Castelló d'Empúries.
- 🚆 Trains : à Figueres.

AMURRIO (VI) ☎ 945

Hôtel :
- ♜♜ *Ayala,* Avda Ayala, 2 (☎ 89-04-52) 10 ch. ; central et tranquille.

Restaurants :
- ♜ *Fonda Urrutia,* Dionisio Aldama, 8 (☎ 89-01-07) cuisine basque.

¶ *El Ancla,* Dionisio Aldama, 15; cuisine traditionnelle.

ANDORRA (TE)   ☏ 974

Hôtel :
¶¶ *Andorra,* Avda Albalate, 13 (☏ 84-38-11) 78 ch.

ANDRAITX (PM)   ☏ 971

Hôtels :
¶¶¶ *Mini Folies,* à Cala Llamp (Port d'Andraitx ; ☏ 67-26-00) ✕ ⊿ ☐ complexe hôtelier récent ; vue splendide et accès direct à la mer ; bungalows, restaurant, buffet froid...
¶¶¶ *Lido,* Playa de Camp de Mar, s/n, Camp de Mar (☏ 10-51-00) 116 ch. ✕ ☰ ⊿ ☎ ☆ ☐ sur la plage.
¶¶¶ *Playa,* Playa de Camp de Mar, Camp de Mar (☏ 10-50-25) 286 ch. ✕ ☰ ☎ ☆ ☐ ↗ boutiques, coiffeur ; sur la plage.
¶¶ *Brismar,* Almirante Riera Alemany, 6 (☏ 67-16-00) 56 ch. ✕ ☰ ⊿ ☎ sur le port de pêche d'Andraitx.
¶¶ *Bellavista,* Avda Mateo Bosch, 35 (☏ 67-16-25) 30 ch. ☰ ⊿

Restaurant :
¶ *Miramar,* Avda Mateo Bosch, 22, port d'Andraitx (☏ 67-16-17) poissons très frais, et terrasse agréable.

ANDUJAR (J)   ☏ 953

Hôtels :
¶¶¶ *Don Pedro,* Gabriel Zamora, 5 (☏ 50-12-74) 29 ch. dans le centre, ambiance familiale.
¶¶ *Del Val,* Avda Puerta de Madrid, 29 (☏ 50-09-50) 79 ch. ☆ ☐ halte agréable sur la route.
⚐ Camping : *Andujar Camping* (1ʳᵉ c.), Route N IV (☏ 50-07-00) ☐

Restaurants :
¶ *Caballo Blanco,* Monjas 5 (☏ 50-02-88) cuisine andalouse.
¶ *Mesón Don Pedro,* Gabriel Zamora, 5 (☏ 50-12-74) cuisine régionale, gibier.
₲ Achats : Poteries, *Manuel Mezquita,* Juan Grande, 13. Sur la route vers Bailen : nombreux magasins de céramiques typiques.

ANGUIANO (LO)   ☏ 941

Hôtel :
¶¶ *Abadia de Valvanera,* Monasterio de Valvanera (☏ 37-70-44) 29 ch. ☆ à 1 200 m d'alt. dans le monastère, lieu de repos idéal au milieu de la nature.

ANTEQUERA (MA)   ☏ 95

Hôtels :
¶¶¶ *Parador Nacional de Antequera,* Garcia del Olmo, s/n (☏ 284-02-61) 55 ch. ☎ ☆ ☐ ℙ mini-bar dans les chambres, salle de congrès ; récent et confortable ; tableaux surréalistes et toiles du xvᵉ s.
¶¶ *La Yedra,* Route Cordoue-Málaga, km 540 (☏ 84-22-87) ☒

Restaurants :
¶¶ *La Espuela,* Paseo Mª Cristina, 1 (☏ 270-26-33) dans les arènes ; spécialités d'Antequera.
¶¶ *Lozano,* Polígono Industrial, A-6y7 (☏ 284-03-96) cuisine andalouse.
₲ Achats : gastronomie, *Monastère Madre de Dios* (☏ 84-19-98). — artisanat, *Antonio Guerra,* San José, 6.

ARACENA (H)   ☏ 959

Hôtels :
¶¶ *Sierra de Aracena,* Gran Vía, 21 (☏ 12-61-75) 43 ch. ☎ ☒ moderne, dans le centre.
¶¶ *Los Castaños,* Avda. de Huelva, 1 (☏ 12-63-00) 33 ch. central.

Restaurants :
¶¶ *Casas,* Pozo de la Nieve, 41 (☏ 11-00-44) cuisine et cadre andalous.
¶ *Venta de Aracena,* Route N.433 (☏ 11-07-62) décoration régionale.

ARANDA DE DUERO (BU)   ☏ 947

Hôtels :
¶¶¶ *Los Bronces,* Route Madrid-Irún (☏ 50-08-50) 29 ch. ✕ ☰ ☎ ☆ ☐ ℙ cuisine internationale et régionale ; produits du terroir et poterie régionale.
¶¶¶ *Tres Condes,* Avda de Castilla, 66 (☏ 50-24-00) 35 ch. ☰ ☎ ☆ ☒
⚐ Camping : *Costajan* (1ʳᵉ c.), Route Madrid-Irún, km 162 (☏ 50-20-70) ouv. d'avr. à sept.

Restaurant :
¶¶ *Mesón de la Villa,* Alejandro Rodríguez de Valcarcel, 3 (☎ 50-10-25) ▦ ▣ f. lun. ; bonne cuisine régionale.

ARANJUEZ (M)   ☎ 91

Hôtels :
¶¶¶ *Las Mercedes,* Andalucía, 15 (☎ 891-04-40) 37 ch. ▨ ▩ ▭ ▫
¶¶ *Francisco José,* Príncipe, 12 (☎ 891-11-40) 28 ch. tranquille.
⛺ Camping : *Soto del Castillo* (1ʳᵉ c.), Route N.IV, km 46,8 (☎ 891-13-95) ▭ beaux jardins.
Restaurants :
¶¶ *Casa José,* Abastos, 32 (☎ 891-14-88) petit restaurant genre bistrot ; plats de saison, peu nombreux mais soignés.
¶¶ *Casa Pablo,* Almíbar, 20 (☎ 891-14-51) cuisine castillane, bonne cave.
¶ *Chirón,* Real, 10 (☎ 891-09-41).
¶ *La Rana Verde,* Reina, 7 (☎ 891-32-38) belle terrasse.
⚜ Achats : en saison, Mercado central de Abastos, Pza del Ayuntamiento, fraises et asperges.

ARBUCIES (Arbucias) (GE)   ☎ 972

ⓘ Office du tourisme : Mayor, 6 (☎ 16-24-77).
Hôtel :
¶ *Reus,* Camprodon, 37 (☎ 86-00-96) 47 ch. ⤬ ▦ ▭ ▩ ▭ ⤳ ▫
Restaurant :
¶ *Hostal Torres,* Camprodon, 14 (☎ 86-00-42) ▭ f. du 20 déc. au 20 janv.

ARCHENA (MU)   ☎ 968

Hôtels :
¶¶¶ *Termas,* Balneario de Archena, s/n (☎ 67-01-00) 71 ch. ▦ ▩ ▩ ▩ sauna, coiffeur ; dans l'ensemble historique des thermes arabes et romains.
¶¶ *Levante,* Balneario de Archena (☎ 67-01-00) 81 ch. ▩ ▫ ▩

ARCOS DE LA FRONTERA (CA)   ☎ 956

Hôtels :
¶¶¶ *Parador Nacional Casa del Corregidor,* Pza España s/n (☎ 70-05-00)

24 ch. ⤬ ▦ ▩ ▩ situation exceptionnelle ; bon restaurant.
¶¶ *Mesón la Molinera,* Route Arcos-El Bosque, km 6 (☎ 70-05-11) 20 ch. ⤬ ▩ ▭ ▣ belles vues sur l'ensemble de la ville, au bord du bassin ; cuisine andalouse.
Restaurant :
¶¶ *El Convento,* Marqués de Torresoto, 7 (☎ 70-32-22) excellente cuisine ; accueil agréable.

ARCOS [LOS] (NA)   ☎ 948

Hôtels :
¶¶ *Monaco,* Pza del Coso, 22 (☎ 64-00-00) 17 ch. ; confortable et tranquille.
¶¶ *Ezequiel,* La Serna, 14 (☎ 64-02-96) 13 ch. central et simple.

ARENAS [LAS] (O)   ☎ 98

Hôtel :
¶¶ *Naranjo de Bulnes,* route générale s/n (☎ 584-51-19) 16 ch.
⛺ Camping : Naranjo de Bulnes (2ᵉ c.), Arenas (☎ 584-51-78) 634 pl., ouv. mars à oct.

ARENYS DE MAR (B)   ☎ 93

ⓘ Office du Tourisme ; Pl. Ayuntamiento (☎ 792-15-37).
Hôtels :
¶¶ *D'Arenys* Pg de Catalunya, 8 (☎ 792-03-83) 100 ch. ⤬ ▤ ▩ ▩ ▭ sur la plage.
¶¶ *Titus,* Route de Francia, km 655 (☎ 791-03-00) 44 ch. ⤬ ▦ ▭ ▩ ▩ ▭
Restaurants :
¶¶¶ *Portinyol,* Zona del Puerto (☎ 792-00-09) ▦ ▭ ▣ un des restaurants réputés de la côte ; f. mer.
¶¶¶ *Hispania,* Route Real, 54 (☎ 791-04-57) ▣ f. dim. soir et mar. Cuisine typique du Maresme.
Club Nàutic d'Arenys de Mar, Port (☎ 792-08-96)
Manifestation : grand bal le 15 août.

ARES DEL MAESTRE (CS)   ☎ 964

Restaurant :
¶ *Federico Barreda,* Route Albocácer - Villafranca del Cid, km 16 ;

auberge typique où l'on pourra goûter et acheter les produits locaux.

AREVALO (AV) ☎ 920

Hôtel :

🍴🍴 *Fray Juan Gil*, Avda Emilio Romero, s/n (☎ 30-08-80) 30 ch.

Restaurants :

🍴🍴 *Goya*, Avda Emilio Romero, 33 (☎ 30-03-62) 🍽 cuisine régionale, asados (cochon de lait et agneau).

🍴 *La Pinilla*, Figones, 1 (☎ 30-00-63) cuisine traditionnelle.

ARGAMASILLA DE ALBA (C.R.) ☎ 926

Hôtels :

🍴🍴 *Cruz*, Route Manzanares, km 0,250 (☎ 52-15-78) 29 ch. 🍽 🖻

🍴🍴 *El Rocinante*, Route de Tomelloso, km 7 (☎ 52-10-18) 18 ch.

ARGENTONA (B) ☎ 93

Restaurant :

🍴🍴🍴 *Racó d'en Binu*, Puig i Cadafalch, 14 (☎ 797-04-64 ou 797-01-01) une table réputée ; peut-être un peu éloignée de la plage ; f. dim. et lun., du 1er au 15 juin et du 1er au 15 nov.

ARNEDILLO (LO) ☎ 941

Hôtel :

🍴🍴🍴 *Balneario de Arnedillo*, (☎ 39-40-00) 172 ch. 🖾 🏖 🖾 ⁄ ⌁ coiffeur ; dans un beau paysage ; près du fleuve Cidacos ; très confortable.

ARNEDO (LO) ☎ 941

Hôtels :

🍴🍴🍴 *Victoria*, Constitución, 97 (☎ 38-01-00) 48 ch. 🖾 🏖 🖾 ⁄ à l'extérieur de la ville.

🍴🍴 *Virrey*, Paseo de la Constitución, 27 (☎ 38-01-50) 36 ch. 🖾 central et moderne.

Restaurant :

🍴🍴 *Sopitas*, Carrera, 4 (☎ 38-02-66) dans une vieille cave typique, cuisine régionale.

🛒 Achats : *Cooperativa Nuestra Señora de Vico*, General Franco, 1, vins rouge et rosé.

ARRECIFE (GC) ☎ 928

ℹ️ Office du tourisme : Parque Municipal, s/n (☎ 81-18-60). — *Cia Transmediterránea*, José Antonio, 90 (☎ 81-10-19) : Gran Canaria, Tenerife, La Palma, Péninsule.

Hôtels :

🍴🍴🍴🍴 *Los Fariones*, Puerto del Carmen, s/n (à Tías ; ☎ 51-01-75) 172 ch. 🍽 🖾 ⁄ face à la mer, dans de beaux jardins tropicaux.

🍴🍴🍴🍴 *San Antonio*, Playa Los Pocillos (à Tías ; ☎ 51-17-57) 331 ch. 🍽 🖽 🏖 🖾 🖻 près de la mer, dans un jardin botanique ; idéal pour la tranquillité.

🍴🍴 *Cardona*, 18 de Julio, 11 (☎ 81-10-08) 62 ch.

Restaurant :

🍴🍴 *Daniel's*, Centro Comercial Marítimo (☎ 82-52-65) cuisine internationale, bonne cave.

ARRIONDAS (O) ☎ 98

Hôtels :

🍴🍴 *Español*, Pza Venancio Pando, 9 (☎ 584-00-10) 14 ch. 🖾 ⌂

🍴🍴 *María Isabel*, José Antonio, s/n (☎ 584-01-43) 10 ch. 🖾 ⌂

ARROYO DE LA LUZ (CC) ☎ 927

Hôtel :

🍴🍴 *Divino Morales*, Route d'Alcántara, 119 (☎ 27-02-57) 18 ch. 🍽 🖾

ARTA (PM) ☎ 971

Hôtels :

🍴🍴🍴🍴 *Eurotel Golf Punta Rotja*, Urb. Costa de los Pinos (☎ 56-76-00) 244 ch. 🍽 🖾 🖽 ⌂ 🏖 ⁄ ⌁ boutiques, coiffeur, salle des fêtes ; gymnase ; grande construction moderne, très isolée dans une pinède, près d'une côte rocheuse ; les pelouses descendent jusqu'à la mer.

🍴🍴🍴 *Playa de Canyamel*, Avda Costa y Llobera, s/n, Capdepera (☎ 56-33-00) 112 ch. 🍽 🖾 ⌂ 🏖 🖾 ⁄ salle de réunions, gymnase ; sur la plage de Canyamel.

🍴🍴🍴 *Aguait*, Avda de los Pinos, s/n, Cala Ratjada (☎ 56-34-08) 188 ch. 🍽 🖾 ⌂ 🖾

≋ ⬚ dans une pinède, au bord d'une côte rocheuse.

¶¶¶ *Bella Playa*, Avda Cala Guya, Cala Ratjada (☎ 56-30-50) 214 ch. ⤬ ▥ ⬚ ≋ ≋ ⬚ près d'une belle plage.

¶¶¶ *Flamenco*, Urb. Sa Maniga, Cala Millor (☎ 58-53-12) 220 ch. ⤬ ▥ ⬚ ≋ ≋ ⬚ salles de réunions et de gymnastique.

¶¶¶ *Borneo*, Urb. Sa Maniga, Cala Millor (☎ 58-53-61) 200 ch. ⤬ ▥ ⬚ ≋ ≋ ⬚

¶¶ *Bahía del Este*, Avda de Llevant, s/n, Cala Millor (☎ 56-72-50) 189 ch. ⤬ ▥ ⬚ ≋ ≋ ⬚ ⤏ gymnase et coiffeur.

¶¶ *Gran Sol*, Paseo Marítimo, Cala Millor (☎ 58-52-83) 58 ch. ⤬ ▥ ⬚ ≋ ≋ ⬚ ⬚ du 20 mars au 31 oct. ; dans la crique de Cala Bona, près de Cala Millor.

¶¶ *Serrano*, Son Moll (playa), Cala Ratjada (☎ 56-33-50) 46 ch. ⤬ ▥ ⬚ ≋ ≋ ⬚ ⤏ sur la plage de Son Moll.

¶¶ *Ses Rotges*, Rafael Blancs, Cala Ratjada (☎ 56-31-08) 12 ch. ⤬ ▥ ⬚ ≋ ≋ petit hôtel à caractère familial ; bon restaurant.

¶ *Baviera*, Leonor Servera, s/n, Cala Ratjada (☎ 56-30-66) 43 ch. ⤬ ⬚ ≋ ≋ ⬚ ⤏ ⬚ boutiques et coiffeur ; sur l'avenue principale de Cala Ratjada.

¶ *Voramar*, Binicanella, 2, Playa de Cala Millor (☎ 58-58-71) 65 ch. ⤬ ⬚ de type familial.

Restaurants :

¶¶ *Ses Rotges*, Rafael Blancs, Cala Ratjada (☎ 56-31-08) cuisine française ; poissons et fruits de mer.

¶¶ *Porxada de sa Torre*, à Canyamel (5 km de Capdepera ; ☎ 56.30.44) de mai à oct. ; à côté de la Torre de Canyamel, tour du XIIIe s. ; spécialité : cochon de lait.

¶¶ *S'Era de Pula*, Route Son Servera-Capdepera (☎ 56-79-40) ambiance majorquine ; poissons et viandes grillées y sont très appréciés.

¶ *Ca s'Hereu*, Hotel Son Sart, 2, Cala Millor (☎ 58-53-14).

ARTEIJO (C)   ☎ 981

Hôtels :

¶¶ *Balneario Arteijo*, Balneario de Arteijo (☎ 60-00-14) 29 ch. ⤬ ▥ ⬚ ≋ vues pittoresques ; ouv. de juin à sept.

¶ *Arteixo*, Route La Corogne-Carballo (☎ 60-01-85) 10 ch.

Restaurant :

¶¶ *El Gallo de Oro*, Avda Finisterre (☎ 60-04-10) poissons et fruits de mer.

ARTIES (L)   ☎ 973

Hôtel :

¶¶¶¶ *Parador Nacional Don Gaspar de Portolà*, Route Baqueire-Beret s/n (☎ 64-11-03) 49 ch. ⤬ ▥ ▦ ⬚ ≋ ≋ ⬚ ℗

ARUCAS (GC)   ☎ 928

Restaurant :

¶ *Mesón de la Montaña*, Montaña de Arucas (☎ 60-08-44) belle situation.

ASTORGA (LE)   ☎ 987

Hôtels :

¶¶¶ *Gaudí*, Eduardo de Castro, 6 (☎ 61-56-64) 35 ch. ▥ ≋ ⬚ ≋ ⤏ ℗

¶¶¶ *Pradorrey*, Route Madrid-La Corogne, km 329 (☎ 61-57-29) 64 ch. ▥ ▦ ⬚ ⬚ ≋ ℗

Restaurant :

¶¶ *La Peseta*, Pl. San Bartolomé, 3 (☎ 61-72-75) ℗ spécialités régionales : le « cocido maragato » (sorte de pot-au-feu) et les « mantecados » (gâteaux au beurre).

𝄐 Achats : couvre-lits, tapis avec les couleurs typiques « maragatas », vert et rouge.

AVILA (AV)   ☎ 920

ℹ Office du tourisme : Pza de la Catedral, 4 (plan C2 ; ☎ 21-13-87).

Hôtels :

¶¶¶¶ *Palacio de Valderrábanos*, Pza de la Catedral, 9 (plan C2 ; ☎ 21-10-23) 73 ch. ▥ ▦ ≋ ⬚ Chiens admis.

¶¶¶ *Parador Nacional Raimundo de Burgoña*, Marqués de Canales y Chozas, 12 (plan B1 ; ☎ 21-13-40) 40 ch. ▥ ≋ ⬚

¶ *Cuatro Postes*, Avda. Salamanque, 23 (plan A3 ; ☎ 22-00-00) 78 ch. ⤬ ▥ ≋ ≋ ℗

Restaurants :

¶¶ *Mesón del Rastro*, Pza del Rastro, 1 (plan B2 ; ☎ 21-12-18) ▦ ℗ côte de bœuf excellente ; cuisine médiévale au feu de bois dans un ancien palais. On peut également s'y loger.

¶ *Piquío,* Estrada, 4 (plan C2; ☎ 21-14-18) ▓ excellent gibier.

⚇ Achats : antiquités, céramiques, *Mercado de Artesanía,* Alfonso Montalbo.

✉ Poste : Pza de la Catedral, s/n (☎ 21-13-54).

🚌 Gare : (☎ 22-01-88). — SMUR, Sta Cruz de Tenerife, s/n (☎ 22-14-50).

AVILES (O) ☎ 98

Hôtels :

¶¶¶ *Luzana,* Fruta, 9 (☎ 556-58-40) 73 ch. ✕ ▥ ☒ central et confortable.

¶¶¶ *San Félix,* Avda. de Lugo, 48 (☎ 556-51-46) 18 ch. ✕ ▥ ☒ ▨ central.

Restaurants :

¶¶ *Piemonte,* Salinas (☎ 550-00-25).

¶¶ *Las Conchas,* Édifice Espartal-Salinas (☎ 550-14-45).

AYAMONTE (H) ☎ 959

Hôtels :

¶¶¶ *Parador Nacional Costa de la Luz,* El Castillito (☎ 32-07-00) 54 ch. ▥ ☒ ▨ ☒ ☒ bien situé, belles vues sur le Guadiana, le Portugal et l'Atlantique.

¶¶¶ *Don Diego,* Ramón y Cajal s/n (☎ 47-02-50) 45 ch. confortable.

¶ *Marqués de Ayamonte,* Trajano, 14 (☎ 32-01-25) 31 ch.

Restaurant :

¶ *Barberi,* Pza Ribera, 13 (☎ 47-02-89) cuisine de la mer.

AYEGUI (NA) ☎ 948

Hôtel :

¶¶¶ *Irache,* Route Pampelune-Logroño, km 43 (☎ 55-11-50) 74 ch. ▓ ☒ ☒ ▨ ▨ au pied de Montejurra ; belles vues.

AZPEITIA (SS) ☎ 943

Restaurant :

¶¶ *Kiruri,* Avda Loyola (☎ 81-56-08) cuisine traditionnelle ; une des meilleures caves de la région.

⚇ Achats : *Viuda de Ansoalde,* Paseo de los Fueros, 3 (☎ 81-10-56), espadrilles et objets de sparte travaillée.

BADAJOZ (BA) ☎ 924

ⓘ Office du tourisme : Pasaje de San Juan, 2 (☎ 22-27-63).

Hôtels :

¶¶¶¶ *Gran Hotel Zurbarán,* Paseo Castelar, s/n (☎ 22-47-32) 215 ch. ✕ ▥ ▓ ▨ ☒ ☒ ☒ ☒ ▨ ☒ central ; très confortable et moderne.

¶¶¶ *Lisboa,* Avda Elvas, 13 (☎ 27-29-00) 176 ch. ✕ ▥ ▓ ▨ ☒ ▨ ▨ moderne.

¶¶¶ *Río,* Avda A. Díaz Ambrona, s/n (☎ 27-26-00) 90 ch. ✕ ▥ ▓ ☒ ▥ ☒ ☒ ▨ ▨ confortable, en dehors de la ville.

¶¶ *Conde-Duque,* Muñoz Torrero, 27 (☎ 22-46-41) 35 ch. ▥ ▓ ☒ central et fonctionnel.

¶¶ *Cervantes,* Trinidad, 2 (☎ 22-37-10) 25 ch. ▥ ☒ ☒

¶ *Victoria,* Luis de Camoens, 3 (☎ 27-16-62) 20 ch. ▥ ☒

¶ *Menacho,* Abril, 12 (☎ 22-18-53) 32 ch.

¶ *Niza,* Arcoaguero, 34, (☎ 22-38-81) 37 ch. ✕ ☒

¶ *Villa Real,* Donoso Cortés, 4 (☎ 22-34-16) 36 ch. ▥

Restaurants :

¶¶¶ *Aldeberán,* Avda. Elvas, Urbanización Guadiana, s/n (☎ 27-42-61) en dehors de la ville ; cuisine basque et estrémadure.

¶¶¶ *La Toja,* Avda. Elvas, 22 (☎ 27-34-77) Cuisine de Gallice et d'Estrémadure.

¶¶ *Los Gabrieles,* Vicente Barrantes, 21 (☎ 22-42-75) Cuisine traditionnelle dans un restaurant qui ne l'est pas moins.

¶¶ *Los Monjes,* Paseo Castelas, s/n (☎ 22-37-41) Restaurant de l'hôtel Zurbarán.

¶¶ *Cervantes,* Avda F. Calzadilla, 10 (☎ 25-77-56) ▓ bon accueil.

¶¶ *El Sotano,* Virgen de la Soledad, 6 (☎ 22-00-19) ▥ ☒ cuisine espagnole.

¶¶ *La Ría,* Pza de España, 7 (☎ 22-20-05).

¶¶ *El Caballo Blanco,* Avda Gen. Rodrigo, 8 (☎ 23-42-21) cuisine internationale.

¶ *Rivero,* Menacho, 8 (☎ 22-00-32) cuisine régionale.

✉ Poste : Paseo San Francisco, s/n (☎ 22-02-04).

🚌 Autocars interurbains, Route de Valverde, s/n (☎ 25-86-61).

🚌 Gare : *RENFE* (☎ 24-68-62).

Night-clubs : *Fashion*, Avda Juan Pereda Pila, 12 (☎ 23-13-58); *Kiss*, Avda Carolina Coronado, 62 (☎ 25-36-46); *Boîte Zurbarán*, Paseo Castelar, s/n (☎ 22-19-26).

⚅ Achats : San Juan, grands magasins ; artisanat du cuir, *García Hierro*, Calvo Sotelo, 61.

BADALONA (B)   ☎ 93

Hôtel :
❚❚ *Miramar*, Sta Madrona, 60 (☎ 384-03-11) 42 ch. ▥ ▦ ⊟ ☎ ▨

Manifestation : 11 mai, *fêtes de Saint-Anastase*, où l'on brûle de grandes effigies du diable.

BAENA (CO)   ☎ 957

Hôtel :
❚❚ *Iponuba*, Nicolás Alcalá, 9 (☎ 67-00-75) 39 ch. ⤫ ▨ dans le centre.

⚅ Achats : poteries. *José de la Torre*, Adolfo de los Ríos, 44.

BAEZA (J)   ☎ 953

Hôtels :
❚❚ *Juanito*, Avda Arca del Agua s/n (☎ 74-00-40) ⤫ central et confortable ; anciennes recettes de cuisine provinciale.
❚❚ *El Alcázar*, Route de Málaga s/n (☎ 74-00-28).
❚❚ *Comercio*, San Pablo, 21 (☎ 74-01-00).
⚅ Achats : *Nuestra Señora del Carmen*, San Pedro, 4 («tortas de aceite»).

BAGUR (GE)   ☎ 972

ⓘ Office du tourisme : Pl. de l'Esglesia (☎ 62-24-00).

Hôtels :
❚❚❚❚ *Parador de Aiguablava* (☎ 62-21-62) 40 ch. ⤫ ▥ ▣ ⊟ ☎ ▨ ▨ belle vue sur la côte.
❚❚❚ *Bonaigua*, Playa de Fornells (☎ 62-20-50) 47 ch. ▥ ▣ ⊟ ☎ ▨ ▨
❚❚ *Bagur*, Coma y Ros, 8 (☎ 62-22-07) 35 ch. ⤫ ▥ ⊟ ☎ ▨ ▣ avr.-oct.
❚❚ *Sa Riera*, Barrio de Sa Riera (☎ 62-30-00) 41 ch. ⤫ ▥ ⊟ ☎ ▨ ⊟ ▨ dans les pins, à 100 m d'une charmante petite plage ; ouv. avr. à oct.

A Aiguablava :

❚❚❚❚ *Aiguablava*, Platja de Fornells, s/n (☎ 62-20-58) 95 ch. ⤫ ▥ ⊟ ☎ ▨ ⊟ ⤫ ▨ ▣ près d'une belle calanque, hôtel de grande qualité, et table renommée ; ouv. d'avril à oct.

Restaurants :
❚ *Platja*, Pl. Pella i Forgas (☎ 62-21-97) cuisine familiale ; bons plats de poisson et de fruits de mer ; f. du 21 déc. au 22 janv.
❚ *Mas Comanau* (☎ 62-32-10) petit restaurant dont on parle ...

BAILEN (J)   ☎ 953

Hôtels :
❚❚❚ *Parador de Bailén*, Route N.IV, km 296 (☎ 67-01-00) 86 ch. ⤫ ▦ ☎ ⊟ moderne et fonctionnel.
❚❚❚ *Don Lope de Sosa*, Route Madrid-Cadix, km 295 (☎ 67-00-58) 26 ch. ⤫ ▦ ▨ bungalows confortables.
❚❚ *Zodiaco*, Route Madrid-Cadix, km 294 (☎ 67-10-58) 52 ch. ☎ ▣ ☎ simple et confortable.

BALAGUER (L)   ☎ 973

Hôtels :
❚❚❚❚ *Conde Jaime de Urgel*, Urgell, 2 (☎ 44-56-04) 60 ch. ⤫ ▥ ⊟ ☎ ⊟ ▨ ▣
❚❚ *Mirador del Segre*, La Banqueta, 3 (☎ 44-57-50) 33 ch. ⤫ ▥ ⊟ ☎ ⊟ ▨
Restaurant :
❚❚ *Cal Morell*, La Noguera, Pg de l'Estació, 18 (☎ 44-80-09) très bon accueil ; cuisine catalane de qualité.

Foire agricole : les trois premiers jours de mai.

BAÑEZA [LA] (LE)   ☎ 987

Hôtel :
❚❚ *Vermar*, Route Madrid-La Corogne, km 300 (☎ 64-18-08) ▥
Restaurant :
❚ *Casa Boño*, Fernández Cardónica, 4 (☎ 64-00-15) f. le dim. ; gibier durant l'époque de la chasse.

BAÑOS DE MOLGAS (OR)   ☎ 988

Hôtel :
❚❚ *Balneario de Molgas*, Samuel Gon-

zález, 6 (☎ 43-02-46) 32 ch. ✕ ⊿ ☜ ℙ
ouv. juil.-sept.

BAÑOS (CC)   ☎ 927

Hôtels :
¶¶ *Eloy*, Calvo Sotelo, 11 (☎ 42-80-02)
32 ch. ✕ ⊿ ☜ ℀ ☼ dans le centre.
¶¶ *La Glorieta*, La Glorieta, s/n
(☎ 42-80-18) 19 ch. confortable.
¶ *Balneario*, Avda Calvo Sotelo, 24
(☎ 42-80-05) 88 ch. ✕ ⊿ salle des fêtes.

BANYALBUFAR (PM)   ☎ 971

Hôtels :
¶¶¶ *Mar y Vent*, Mayor, 49, Banyalbufar
(☎ 61-80-00) 19 ch. ✕ ☲ ⊿ ☲ ℀ ☐ ♪
☼ petit hôtel de montagne ; promenades agréables au printemps et à
l'automne ; vue splendide sur la côte
nord.
¶¶ *Sa Coma*, Sa Coma - Banyalbufar,
Banyalbufar (☎ 61-80-34) 32 ch. ✕ ⊿ ℀
☐ ♪ confort simple et familial.

Restaurant :
¶¶ *Es Grau*, à Estallencs (☎ 61-02-70)
cuisine majorquine ; belle vue sur la
mer et les falaises.

BANYOLES (BAÑOLAS) (GE)   ☎ 972

Hôtels :
¶¶ *Victoria*, Dr. Hysern, 22 (☎ 57-12-79)
21 ch. ☷ ⊿
¶ *Flora*, Pl. de Turers, 28 (☎ 57-00-77)
37 ch. ✕ ☷ ☼ bonne table à des prix
très abordables ; f. dim. soir.

BARBASTRO (HU)   ☎ 974

Hôtels :
¶¶¶ *Rey Sancho Ramirez*, Route Tarragone - S. Sebastián (☎ 31-00-50) 78 ch.
✕ ☲ ℀ ☐ ♪ ☼
¶¶ *Palafox*, Corona de Aragón, 20
(☎ 31-24-61) 28 ch. ☼ central.

Restaurant :
¶¶ *Flor*, Goya, 3 (☎ 31-10-56).

BARBATE (CA)   ☎ 925

Hôtel :
¶¶ *Barbate*, Avda Generalísimo, 13
(☎ 43-00-50) fonctionnel, près de la
plage.

Restaurants :
¶¶ *Gadir*, Padre Castrillón, 15 (☎ 43-08-00)
cuisine basque.
¶¶ *Trafalgar*, Caños de Meca (à 8 km
de Barbate) bonne ambiance ; cuisine
agréable.

& Achats : gastronomie, *Conservas del
Rey de Oros :* fabrique de conserves
de poissons, excellentes.

BARCELONE (B)   ☎ 93

ℹ Office du tourisme : ☎ 412-20-01 ;
services centraux, Tarragona, 149/157
(☎ 423-18-03, fax 423-26-49) ouv. du
lun. au ven. de 9 h à 19 h ; sam. 9 h à
14 h — bureaux municipaux, *Estación
Central-Sants* Pl. Països Catalans
(☎ 491-44-31 ; comptoirs dans le hall de
la gare) ; *Monument à Colón* (sur le
port ; ☎ 302-52-24) ; *Ajuntament*
(Pl. Sant Jaume ; ☎ 402-70-00) ouv. du
24 juin au 30 sept. ; du lun. au ven. de
9 h à 20 h ; sam. 8 h 30-14 h 30 et *pl.
de Catalunya* — en été, informateurs
de rue à votre service dans les grands
quartiers touristiques (Ramblas, Barrio
Gòtic...) ; aéroport (☎ 478-47-04). Estació de Franca.

Hôtels :
¶¶¶¶¶ *Arts Barcelona*, Rue de la Marina,
19-21 (☎ 22-11-000) ☷ ☲ ☲ ☼ ☲ ℙ ☐ &
☐ ♪ Grand luxe, au bord des nouvelles
plages de la Ville Olympique.
¶¶¶¶¶ *Rey Juan Carlos I*, Avda. Diagonal,
661-671 (☎ 448-08-08) ☷ ☷ ☲ ☼ ☲ ℙ ☼
& ☐ ♪ Grand luxe ; sur une colline
dominant la ville.
¶¶¶¶¶ *Barcelona Hilton*, Avda. Diagonal,
589-591 (☎ 419-22-33) ☷ ☷ ☲ ☼ ☲ ℙ ☼
& ☐ ♪ Dans le nouveau quartier commercial et des affaires.
¶¶¶¶¶ *Gallery Hotel*, Rosellón, 249
(☎ 415-99-11) 110 ch. et 5 suites ✕ ☲ ⊿
☲ ☼ ☼ ☐ & sauna, solarium et salle de
conférences. Récent et central : entre
la Rambla de Catalunya et le passeig
de Gracia.
¶¶¶¶¶ *Presidente*, Diagonal, 570 (plan coul.
III, C2 ; ☎ 200-21-11) 156 ch. et appts ✕
☷ ☷ ☲ ⊿ ☲ ℀ ☐ ♪ ☼
¶¶¶¶¶ *Ritz*, Gran Via de les Corts Catalanes, 668 (plan coul. III, D2 ;
☎ 318-52-00) 197 ch. et appts ✕ ☷ ☷ ☲ ⊿
☲ ℀ ☼ salles de conférences, grand
classique.

¶¶¶¶ *Colón,* Avda de la Catedral, 7 (plan coul. III, C2; ☎ 301-14-00) 146 ch. et appts ✕ ▥ ▦ ▣ ⌂ ▦ ▣ salle de conférences, bonne situation, excellent accueil.

¶¶¶¶ *Condes de Barcelona,* Passeig de Gracia, 75 (plan coul. III, C1; ☎ 484-86-00) ▥ ▦ ▦ ▣ ⌂ ▦ ▣ ⓖ ☐ ☞ Nouveau, dans le centre ville.

¶¶¶¶ *Expo Hotel,* Mallorca, 1-23 (plan coul. II, B1; ☎ 325-12-12) 432 ch. ✕ ▥ ▦ ▣ ⌂ ▦ ☐ ▣ ▣ salle de conférences.

¶¶¶ *Majestic,* Passeig de Gràcia, 70 (plan coul. III, C2; ☎ 488-18-80) 344 ch. ✕ ▥ ▦ ▣ ⌂ ▦ ☐ ▣ salle de conférences.

¶¶¶ *Astoria,* Paris, 203 (plan coul. III, C1; ☎ 209-83-11) 109 ch. ✕ ▥ ▦ ⌂ ▦ dans le centre des affaires.

¶¶¶ *Villa de Madrid,* Plaça Villa Madrid, 3 (plan coul. V, C1; ☎ 317.49.16) 28 ch. ▥ ⌂ ▦ ▣ familial ; demandez une chambre sur la place.

¶¶¶ *Oriente,* Ramblas, 45-47 (plan coul. IV, B2 : ☎ 302-25-58) 142 ch. ✕ ▥ ⌂ ▦ ▣ salle de conférences, l'hôtel des artistes.

¶¶¶ *Rallye,* Travessera de les Corts, 150 (☎ 339-90-50) 73 ch. ☐ bar, salle de conférences.

¶¶¶ *Regencia Colón,* Sagristans, 13-17 (plan coul. V, C1; ☎ 318-98-58) 55 ch. ▥ ▦ ▣ ⌂ ▦ l'un des meilleurs de sa catégorie.

¶¶ *L'Alguer,* Pere Rodriguez, 20 (☎ 334-60-50) 33 ch. salles de conférences.

¶¶ *Bonanova Park,* Capità Arenas, 51 (☎ 204-09-00) 60 ch. ▣

¶¶ *Lléo,* Pelai, 24 (plan coul. IV, B2; ☎ 318-13-12) 42 ch. ✕ ▥ ⌂ ▦ à trois pas de la Plaça de Catalunya.

¶ *Don Quijote,* Ramblas, 70 (plan coul. IV, B2; ☎ 302-55-99). Très central.

¶ *Nouvel,* Santa Ana, 18-20 (plan coul. V, C1; ☎ 301-82-74) 76 ch. ▥ ⌂ ▦ ⓖ bien situé, beaucoup de charme.

¶ *Santcarlo,* Plaza de Urquinaona, 5 (plan coul. V, C1 ; ☎ 302-41-25)

Restaurants :

¶¶¶¶ *Finisterre,* Diagonal, 469 (plan coul. III, C1; ☎ 322-01-51) très beau décor, signé Estrella Salietti ; grande cuisine.

¶¶¶¶ *Orotava,* Consell de Cent, 335 (plan coul. II, B1; ☎ 430-00-29) l'une des meilleures tables de Barcelone ; f. le lun.

¶¶¶¶ *Via Veneto,* Ganduxer, 10-12 (☎ 200-70-24) décor moderniste. La qualité des produits, le raffinement des préparations en font l'un des lieux les plus renommés d'Espagne.

¶¶¶ *Hostal Sant Jordi,* Trav. de Dalt, 121-123 (☎ 213-10-37) cuisine traditionnelle catalane ; f. dim. soir.

¶¶¶ *Agut d'Avignon,* Trinitat, 3 (plan coul. V, C2; ☎ 302-60-34) décor rustique, cuisine typique. Un peu cher ; f. Noël et en août.

¶¶¶ *Quo Vadis,* Carmen, 7 (plan coul. IV, B1; ☎ 317-74-47) près du marché de Sant Josep, l'une des meilleures tables de la ville; f. dim.

¶¶ *Balsa,* Infanta Isabel, 4 (☎ 211-50-48) belle terrasse au pied du Tibidado, décor studio PER ; cuisines catalane et basque ; f. dim. et lun. midi.

¶¶ *Set Portes,* Passeig Isabel II, 14 (plan coul. V, D3; ☎ 319-30-46) sept portes, un piano, une chanteuse : une ambiance très appréciée. Spéc. de fruits de mer.

¶¶ *Vivanda,* Graus, I-3 (☎ 203-19-18) sous les arbres ; f. dim. et lun. midi.

¶¶ *La Troballa,* Riera de Sant Miquel, 69 (☎ 217-34-52) essayez d'être au jardin.

¶¶ *Los Caracoles,* Passatge Escudellers, 14 (plan coul. IV, B2 ☎ 302-31-85) une institution connue dans le monde entier, décor unique ; y déguster bien sûr, ses caracoles (escargots).

¶¶ *El Gran Café,* Avinyo, 9 (plan coul. V, C2; ☎ 318-79-86) décor Art nouveau, pianiste le soir; cuisine traditionnelle et de création. F. dim. soir et en août.

¶ *Tinell,* Freneria, 8-10 (plan coul. V, C2 ☎ 315-46-04) cuisine populaire dans une vieille demeure du Barrio Gótico ; f. dim.

¶ *Senyor Parellada,* Argenteria, 37 (plan coul. V, C2 ☎ 315-40-10) cuisine catalane classique, simple mais de grande-qualité.

¶ *L'Olivé,* Muntaner, 171 (☎ 230-90-27) une excellente adresse pour la qualité de la cuisine catalane, l'accueil et le rapport qualité-prix.

¶ *Quatre Gats,* Montsió, 3 bis (☎ 302-41-40) cuisine catalane ; là se retrouvaient les artistes peintres barcelonais.

¶ *Pijarra,* Avinyó, 56 (plan coul. V, C3; ☎ 301-16-47) dans le quartier animé

des Ramblas, très bon petit restaurant ;
f. sam. soir, dim. et en août.

¶ *Tunel,* Ample, 33 (plan coul. V, C3
☏ 315-27-59) fruits de mer ; f. dim. soir
et lun.

¶ *Petit Président,* Passatge Marimón, 20
(☏ 200-67-23) entrée sur un bar de peu
d'allure, mais ne pas hésiter à descendre ; cuisine fine et délicieuse.

¶ *El Cangrejo Loco,* Moll de Gregal,
au Port Olympique (☏ 221-05-33 ou
221-17-48). Poissons et fruits de mer,
dans le nouveau port olympique.

✉ Poste et téléphone : *bureau central,*
Plaça Antoni Lopez (plan coul. V, C3 ;
angle Via Laïetana / Pg de Colón ;
☏ 318-38-31 et 302-75-63). — *poste
restante* de 9 h à 21 h, les dim. et
f. de 9 h à 13 h. — *télégraphe*
(☏ 221-36-16). — *Télégrammes* par
téléphone (☏ 322-20-00).

🚗 Taxis : noir et jaune, ils sillonnent la
ville ; libres, ils arborent une lumière
verte ; ☏ 300-38-11 ; 490-22-22 ;
357-77-55 ; 358-11-11 ; 392-22-22 ;
433-10-20 ; 397-81-11 (radio-taxis).

🚌 Autobus : ils circulent de 6 h à 22 h
environ ; lignes nocturnes jusqu'à 1 h
du mat. et plus ; nouvelles lignes de
bus nocturnes (Nitbus) de 22 h à 4 h
du matin (informations ☏ 412-00-00 de
7 h 30 à 20 h 30 en sem. ; de 8 h à
14 h le sam.). — *cartes de transport* (10 voyages) donnent également
accès au métro, tramway bleu, le Tibidabo, le funiculaire de Montjuïc et aux
lignes urbaines des chemins de fers
catalans dans les kiosques d'information : Ronda Sant Pau, 43 ; Metro Sants
Estació, Metro Universitat ou aux guichets de métro — quelques *lignes
d'intérêts touristique : 1/* Pl. d'Espanya — Poble Espanyol — Parc Atrac-
cions Montjuïc ou en sem. le 201 Av.
Paral·lel — Pg Colom — Parc Atrac-
cions — Poble Espanyol — Pl. Espanya - Av. Paral·lel ; *8/* Pl. Catalunya —
Pl. Universitat — Gran Via — Pl. Espanya — Gran Via — Pl. Zona Franca
— Cinturo Litoral — Pg Colom —
Rambles - Pl. Catalunya ; *14/* Pl. Zoo —
Est. de Francia — Rambles — Pl. Cata-
lunya - Hosp. Clinic — Via Augusta —
Pg Bonanova ; *17/* Barceloneta — Via
Laietana — Pl. Catalunya — Balmes —
Av. Tibidabo (tramway bleu pour le

Tibidabo) ; *19/* Av. de la Catedral —
Via Laietana — Trafalgar — Arc de
Triomf — Pl. Tetuan — Pg St. Joan —
Pl. M. J. Verdaguer — Pl. Sagrada
Familia — Av. Gaudi — Pg Maragall —
Dante ; *22/* Pg Colom — Via Laietana
— Pl. Catalunya - Pg Gracia — Pl.
Lesseps — Av. R. Argentina — Pg
Sant Gervasi — Av. Tibidabo (tramway
bleu) — Pg Bonanova — Pl. Sarria
— Pedralbes.

Métro : 4 lignes (la ligne 2 est en
construction) ; service assuré de 5 h à
23 h et jusqu'à 1 h les ven., sam., et f.,
de 6 h à 24 h le dim. ; plans dans les
offices de tourisme et guichets de
métro ; cartes de 10 transports ou
billets ; informations (☏ 412-00-00). —
les *Ferrocarrils de la Generalitat*
assurent les liaisons interurbaines ;
départ de la Pl. Catalunya pour le Tibidabo ou Sarria — Sant Cugat del
Vallès — Sabadell — Terrassa.

🚌 Autocars : *Alsina Graells,* Estació del
Nord pour Andorre et le Vall d'Aran. —
Rue Tost, Pl. Goya pour Castelldefels.
— *SARFA,* Pl. Duc de Medinacelli, 4
(☏ 318-93-92) pour la Costa Brava. —
Hispano-Igualadina, Europa, s/n
(☏ 230-43-44) pour Vilafranca del
Penèdes et Igualada. — *Julia,* Viriat
s/n, Estació d'autobuses Sants
(☏ 490-40-00) pour Montserrat, Tou-
louse, Perpignan, Marseille, Genève,
Solsona.

Consulats : *Belgique,* Diputació, 303
(☏ 487-41-40). — *Canada,* Via
Augusta, 125 (☏ 209-06-34). — *France,*
Pg de Gracia, 11 (☏ 317-81-50). —
R.F.A., Pg de Gracia, 111
(☏ 415-36-96). — *Grande-Bretagne,*
Diagonal, 477 (☏ 419-90-44). — *Italie,*
Mallorca, 270 (☏ 215-16-54). — *Luxem-
bourg,* Tuset, 8-10 (☏ 237-37-01). —
Monaco, Via Augusta, 158
(☏ 209-75-88). — *Suisse,* Gran Via de
Carles III, 94 (☏ 330-92-11).

🚃 Gares : *Estació de Francia* Av. Marqués d'Argentera s/n (☏ 319-64-16)
récemment réouverte, pour Paris,
Genève et Milan en siège ; trains de
banlieue vers la côte nord et l'intérieur
de la Costa Brava. — *Sants Estación
Central* Pl. Països Catalans
(☏ 490-02-02) longues lignes pour toute
l'Espagne ; trains de banlieue vers la

côte méridionale. — *Apeadero de Gracia* (☎ 216-06-36) halte pour la plupart des trains quittant l'Estació de Sants. — *SNCF* : Gran Via de les Corts Catalanes, 656 (☎ 317-54-79), ouv. de 9 h à 13 h 30 et de 15 h à 18 h.

✕ Aéroport : (☎ 379-00-00 ; rens. Iberia : 401-31-31) liaison ferroviaire avec la gare Central Sants de 6 h 30 à 23 h (départ toutes les 20 mn ; trajet 15 mn) par bus. *Aerobus*, Pl. Catalunya, Aeroport El Prat (tous les jours).

✕ Compagnies aériennes : *Air France*, Pg de Gràcia, 63 (☎ 487-25-26). — *Iberia*, Pl. Espanya, s/n (☎ 325-75-38).

⛴ Compagnies maritimes : *Transmediterranea*, (Barcelone-Baléares), Estació Maritima Baleares-Moll Barcelona (☎ 412-25-24). — Alimar (Barcelone-Livourne-Sicile), Estació Maritima Internacional (☎ 412-33-21).

Bassin sportif : *Real Club Maritimo de Barcelona* (☎ 315-00-07), *Real Club Náutico de Barcelona* (☎ 315-11-61).

♯♯ Fêtes locales : 5 jan., défilé des *Rois mages.* — 17 jan., cavalcade *dels Tres Tombs* et bénédiction des chevaux sur la Pl. Sant Jaume. — fêtes du Carnaval en fév., *Carnestoltes* — rallye de voitures anciennes Barcelone-Sitges. — 3 mars, pèlerinage à l'*ermitage de Sant Medir* (Gracia). — fête des Palmes le dimanche des Rameaux, procession sur les Ramblas le Vendredi saint. — 23 avril, fête de *Sant Jordi,* du Livre et de la Rose. — fêtes du *Corpus* où l'on décore la foraine du cloître de la cathédrale de fleurs et où l'on pose sur le jet d'eau une coquille d'œuf, *l'ou com balla* (l'œuf qui danse), procession avec géants et grotesques, castells, etc. — 23 et 28 juin, Nuits Saint-Jean et Saint-Pierre. — 16 août, Festa Major de *Sant Just Desvern.* — 16 août, Festa Major de l'*Hospitalet de Llobregat.* — à partir du 15 août, Festa Major de *Gracia* (concours de rues, bals, grands repas de voisinage, etc.) et *Sants.* — 11 septembre : *Diada de Catalunya* (journée nationale). — à partir du 24 sept., fêtes de la Mercé, *Setmana Gran :* Festa Major de Barcelone, fête populaire et activités culturelles. — 29 sept., fêtes de *Sant Miquel* à la *Barceloneta.* — début oct., Festa Major de *Sarria ;* à la

fin du mois, de *Les Corts.* — à partir du 8 déc., décors de Noël à la cathédrale et à la Sagrada Familia.

Marchés et foires populaires : *Els Encants* (M° Glories) lun., mer., ven. et sam. du lever au coucher du soleil, les grandes «puces» de Barcelone. — *Mercat de Sant Antoni* (M° Urgell) *Encants* lun., mer., ven. et sam. de 9 h à 20 h, et foire aux livres, revues, photographies, cartes postales, monnaies le dim. mat. — *marché de la Pl. del Pi* (à côté de la cathédrale) jeu. 9 h-20 h, antiquités. — livres anciens, Diputació (entre Balmes et Aribau). — timbres et monnaies, Pl. Real (M° Liceu) dim. mat., vente et échange. — peinture, Pl. de Sant Josep Oriol (église del Pi) sam. et dim. — sur les Ramblas, *marché aux fleurs,* aux oiseaux et petits animaux, artisans sur la Rbla Monica dim. et fêtes. — en janv., *foires des jouets,* Avda Mistral et Gran Via de les Corts Catalanes (plutôt qu'à Noël, on offre des cadeaux pour la fête des Rois). — semaine avant le dim. des Rameaux, *foire des Palmes* (Rbla de Catalunya et Pl. de la Sagrada Familia). — 11 mai, foire aux herbes, au miel de la *Sant Ponç,* l'Hospital, M° Liceu (superbes fruits confits). — 22 mai, *marché des Roses,* Pl. Sant Agusti pour la *Sainte-Rita.* — exposition des *vins de Catalogne* en sept. — *sardanes,* Pl. de la Catedral ; dim. à 12 h, à 19 h, Pl. Sant Jaume, Pl. Sant Felip Neri, 1er sam. du mois à 18 h.

Music-Halls : *Arnau,* Av. Paral·lel, 60 (☎ 242-28-04). — *El Molino,* Vila i Vila, 99 (☎ 241-63-83). — *Belle Époque,* Muntaner, 246 (☎ 209-73-85).

Nights Clubs : *Bagdad,* Nou de la Rambla, 103 (☎ 242-07-77). — *Bodega Apolo,* Paral·lel, 59 (☎-241-40-05).

Jazz : *L'Eixample,* Diputació-Bailen. — *L'Auditori,* Balmes, 245.

🛍 Achats : les boutiques sont ouv. du lun au sam. de 9 h à 13 h et de 16 h 30 à 20 h ; grands magasins ; de 10 h à 21 h : *Corte Ingles* (Pl. Catalunya 14 : terrasse panoramique ; Pl. Ma. Cristina, sur la Diagonal) ; *Galerias Preciados* (Portal de l'Angel, 19-20, entre la cathédrale et la Pl. Catalunya ; Avda Diagonal, 471, au niveau de la Pl. Francesc Macià) ; à moindre prix, *Sepu*

(Ramblas, 120) ou *Simago* (Ramblas, 113, en face). — *Barrio Gótico*, Portal de l'Angel, vêtements ; Call et autour de la cathédrale, antiquités, instruments de musique, artisanat. — sur les *Ramblas* et au *Poble Espanyol de Montjuïc*, artisanat. — sur les *Ramblas* et rue *Pelai*, vêtements. — *magasins de luxe* sur le Pg de Gràcia, la Rambla de Catalunya, la Diagonal (entre Pg de Gràcia et Pl. Francesc Macià), Tuset, L'Illa Diagonal ; *centre des antiquaires* sur le Bd. Rosa, Rbla Catalunya. — *galeries d'art* sur le Pg de Gràcia, la Rambla Catalunya, Consell de Cent, mais aussi Montcada et Petritxol, dans les vieux quartiers. — *librairies* près de la Pl. Sant Jaume et sur le Pg de Gràcia, la Diagonal ; revues, journaux, périodiques jour et nuit sur les Ramblas.

BARCO DE AVILA [EL] (AV) ☎ 920

Hôtel :
¶¶¶ *Manila*, Route Soria-Plasencia, km 69 (☎ 34-08-44) 47 ch. ▥ ☎ ☆ ℗ gymnase, coiffeur, médecin.

Restaurant :
¶¶ *Casa Gamo*, Pza Campillo, 12 (☎ 34-00-85) cuisine maison à très bon prix.

BARCO DE VALDEORRAS [EL] (OR) ☎ 988

Hôtel :
¶¶ *Avenida*, M. Quiroga, 17 (☎ 32-02-06) 18 ch. ⨉ ⊟

BARIG (V) ☎ 96

Hôtel :
¶¶¶ *Monte Mondúber*, Partida de la Drova (☎ 281-03-29) 72 ch. ☎ ⊞ ⊟ ♪ dans un paysage pittoresque ; idéal pour le repas.

BARRIOS [Los] (CA) ☎ 956

Hôtel :
¶¶¶ *Guadacorte*, Route Cadix-Málaga, 115 (☎ 67-75-00) 118 ch. ☆ ⊟ ♪ tranquille, à proximité de la plage.

Restaurants :
¶¶ *Mesón El Copo*, Málaga-Palmones (☎ 65-27-10 et 66-67-37) poissons et fruits de mer.
¶¶ *En Ca Juan*, Route Cadix-Málaga, km 115 (☎ 66-45-00) cuisine régionale ; bonnes viandes.
¶ *Venta del Oro*, Route Cadix-Málaga, km 116 (☎ 66-47-72).

BASIGO DE BAQUIO (BI) ☎ 94

Hôtels :
¶¶ *Arimune*, Playa, s/n (☎ 687-30-22) 10 ch. ☆ près de la plage.
¶¶ *Longaray*, Route de Bilbao, km 155 (☎ 687-30-07) 5 ch. ▣ ▣ belles vues sur la mer.

BAYONA (PO) ☎ 986

Hôtels :
¶¶¶¶ *Parador Conde de Gondomar*, Monterreal (☎ 35-50-00) 128 ch. ⨉ ▥ ◿ ☎ ▣ ⊟ ♪ ▣ dans l'ancien château médiéval, au cœur de la forteresse de Monte Real ; site d'une exceptionnelle beauté.
¶¶ *Carabela La Pinta* (☎ 35-51-07) ⨉ ▥ ◿ ⊇
¶ *La Anunciada*, Elduayen, 16 (☎ 35-55-90) 20 ch. ▥ ◿ ℗
¶ *Rompeolas*, Luis Calleja, s/n (☎ 35-51-30) 39 ch. ⨉ ◿ ☆ ▣

Restaurants :
¶¶ *Moscón*, Alferez Barreiro, 2 (☎ 35-50-08) poissons et coquillages.
¶¶ *Naveira*, Alfarez Barreiro, 8 (☎ 35-50-25) belle vue sur la mer ; poissons.

BAZA (GR) ☎ 958

Hôtels :
¶¶¶ *Robemar*, Route de Murcia, km 175 (☎ 86-07-04) 46 ch. ఉ ▥ ▣ ℗ ⊟ ☆, chiens acceptés.
¶¶ *San Carlos*, Route de Grenade, 2 (☎ 70-02-67) 16 ch. moderne.
¶¶ *Venta del Sol*, Route de Murcia, km 176 (☎ 70-03-00) 25 ch.
¶ *Baza*, Route de Grenade, s/n (☎ 70-07-50) 26 ch. ▣ ℗ ambiance familiale, service satisfaisant.

Restaurants :
¶¶ *La Curva*, Route de Grenade, s/n (☎ 70-00-02) f. dim. soir. Restaurant

routier, poissons et fruits de mer d'excellente qualité.

♢ Achats : *Cooperativa industrial de tejidos artísticas*, Llano del Angel s/n.

BEASAIN (SS)   ☎ 943

Restaurant :
¶¶¶ *Castillo*, Route Madrid-Irún-Olaberría (☎ 88-20-11). Excellente cuisine traditionnelle.

BECERREA (LU)   ☎ 982

Hôtel :
¶¶ *Rivera*, Route générale, 468 (☎ 36-01-85) simple et confortable.

BECERRIL DE LA SIERRA (M)   ☎ 91

Hôtel :
¶¶¶ *Las Gacelas*, San Sebastián 53 (☎ 853-80-00) 28 ch. 🎫 🛉 🖼 ⌷ 🖿
Restaurant :
¶¶ *Las Terrazas*, San Sebastián, 3 (☎ 853-80-02) cuisine castillane familiale.

BEJAR (SA)   ☎ 923

Hôtel :
¶¶¶ *Colón*, Colón de San Juan, 42 (☎ 40-06-50) 54 ch. 🕪 🎫 🛉 ✕ chiens admis.
Restaurant :
¶ *Argentino*, route de Salamanque, 93 (☎ 40-26-92). Auberge agréable en été ; on y mange dehors, sur des tables de bois.

BELLMUNT DEL PRIORAT (T)   ☎ 977

ℹ Office du tourisme : Mayor, 49 (☎ 83-03-69).
Manifestation : beau carnaval en février.

BELLVER DE CERDANYA (L)   ☎ 973

ℹ Office du tourisme : Area del Cadi (☎ 51-02-33). — *Sociedad de Pesca* (permis de pêche), Escoles (☎ 51-00-77).

Hôtels :
¶¶ *Maria Antonieta*, Av. Cerdanya, s/n (☎ 51-01-25) 55 ch. ✕ 🕪 🖼 ⌷ 🖿 🛉 🖼 ⌷ 🖿 🖿
¶¶ *Bellavista*, Route de Puigcerdà, 43-45 (☎ 51-00-00) 50 ch. ✕ 🕪 🖼 ⌷ 🖿
♦♦ Foire : le 11 oct.

BENALMADENA (MA)   ☎ 95

ℹ Office du tourisme : Route de Cadix, km 229 (☎ 244-24-94).
Hôtels :
¶¶¶¶¶ *Triton*, Avda Antonio Machado, 29 (☎ 244-32-40) 183 ch. 🕪 🛉 🖼 ⌷ 🖿 sauna ; bien situé face à la mer, et à quelques kms des centres de divertissements de la côte.
¶¶¶¶ *Alay*, Avda Alay (☎ 241-14-40 ; tlx : 77034) 265 ch. 🛉 🖼 🖿 mini-bar dans les chambres, galerie commerciale, salle de congrès, coiffeur ; vaste et fonctionnel ; proche de la plage.
¶¶¶¶ *Costa Azul*, Route de Cadix, km 223 (Torremuelle ; ☎ 244-28-40) 312 ch. très moderne ; sur la plage.
¶¶¶¶ *Riviera*, Avda Antonio Machado, 49 (☎ 244-12-40) 173 ch. 🕪 🛉 🖼 ⌷ 🖿 salle de congrès, discothèque, coiffeur, sauna ; belle vue ; bar agréable.
¶¶¶ *Los Patos Sol*, Route N.340, km 227 (☎ 244-19-90) 270 ch. 🛉 🖼 ⌷ près de la plage.
¶¶¶ *Villasol*, Route N.340 (☎ 244-19-96) 76 ch. 🖼 jolie vue.
¶¶¶ *La Roca*, Playa de Santa Ana, Route N.340, km 228 (☎ 244-17-30) 155 ch. 🛉 🖼 🖿
Restaurants :
¶¶¶ *Mar de Alborán*, Avda. de Alay, 5 (☎ 244-64-27) cuisine d'inspiration basque faite avec les produits du coin, très bien préparée ; excellent service.
¶¶¶ *La Rueda*, San Miguel, 2 (Urb. El Cerro ; ☎ 244-82-21) cuisine régionale, ambiance agréable.
¶¶¶ *Ventorillo de la Perra*, Route de Benalmádena (Arroyo de la Miel ; ☎ 244-19-66) cuisine locale.
¶¶ *Mesón del Virrey*, Benalmádena, 87 (Arroyo de la Miel ; ☎ 244-35-99) décor andalou, cuisine régionale.

BENASQUE (HU) ☎ 974

Hôtels :

❚❚ *Aneto*, Route d'Anciles, s/n
(☎ 55-10-61) 38 ch. ✕ ▦ ☒ ☒ ⌂ ♪ ▣ ℙ

❚ *Benasque*, Route de Anciles, s/n
(☎ 55-10-11) 56 ch. ✕ ☒ ☒ ♪ ▣ ℙ

❚ *El Pilar*, Route de Francia, s/n
(☎ 55-12-63) 52 ch. ✕ ☒

❚ *El Puente II*, San Pedro, s/n
(☎ 55-12-11) 28 ch. ☒ central.

Restaurants :

❚ *La Parilla*, Route de Francia
(☎ 55-11-34).

❚ *El Puente*, San Pedro (☎ 55-12-79)
12 ch. ☒ ℙ

BENAVENTE (ZA) ☎ 980

Hôtel :

❚❚❚❚ *Parador Nacional Rey Fernando II
de León*, Pza Ramón y Cajal, s/n
(☎ 63-03-00) 30 ch. ✕ ▦ ▦ ▣ ⌂ ♪ ℙ
chiens admis ; agréable ; spécialité de
« bacalao a la tranca » (morue).

Restaurant :

❚ *Raúl*, Ronda Rancha, 15 (☎ 63-10-42).
Cuisine simple.

BENICARLO (CS) ☎ 964

Hôtels :

❚❚❚ *Parador Nacional Costa de Azahar*,
Avda Del Papa Luna, 5 (☎ 47-01-00)
108 ch. ✕ ▦ ▦ ▣ ⌂ ▣ excel-
lente cuisine valencienne ; atmosphère
élégante.

❚❚ *Marynton*, Paseo Marítimo, 5
(☎ 47-30-11) ▦ près de la plage.

BENICASIM (CS) ☎ 964

ℹ Office du tourisme : Médico Segarra,
4 (Castellón ; ☎ 30-09-62).

Hôtels :

❚❚❚ *Intur-Azor*, Paseo Marítimo
(☎ 39-20-00) 88 ch. ✕ ▦ ⌂ ☒ ☒ ⌂ ♪
bon service ; confort ; dans la partie la
plus animée de la plage.

❚❚❚ *Intur-Orange*, Gran Avenida, s/n
(☎ 39-44-00) 415 ch. ✕ ▦ ▣ ⌂ ☒ ☒ ⌂
♪ ♪ service et confort exceptionnels
dans un cadre pittoresque.

❚❚❚ *Voramar*, P. Pilar Colona, s/n
(☎ 30-01-50) 55 ch. ▦ ▣ ⌂ ☒ ☒ ⌂ ♪ ℙ

dans la partie la plus agréable de la
station.

❚❚ *Intur-Bonaire*, Paseo Marítimo, s/n
(☎ 39-24-80) 78 ch. ▦ ⌂ ☒ ☒ ⌂ situé
dans une partie très animée de la
plage.

Restaurants :

❚❚ *Bélgica*, Avda Salvador Ferrándis, 62
(☎ 39-20-01) cuisine française et belge ;
f. mer. et du 15 jan. au 15 fév.

❚❚ *Petit Restaurant*, Leopoldo Querol, 52
(☎ 30-35-56) petit restaurant de bonne
cuisine française ; prix malheureusement élevés.

❚❚ *Plaza*, Cristóbal Colón, 3 (☎ 30-00-72)
cuisine régionale avec une légère
influence basque.

BENIDORM (A) ☎ 96

ℹ Office de tourisme : Avda. Martínez
Alejos, 16 (☎ 585-32-24).

Hôtels :

❚❚❚❚❚ *Gran Hotel Delfín*, Playa del
Poniente-La Cala (☎ 585-34-00) 87 ch.
✕ ▦ ▦ ▣ ⌂ ☒ ☒ ⌂ ♪ ▣ ℙ situation, confort et service magnifiques ;
élégance et bonne cuisine.

❚❚❚❚ *Cimbel*, Avda de Europa, 1 (Playa
Levante ; ☎ 585-21-00) 144 ch. ▦ ⌂ ▣ ℙ
l'un des hôtels les plus prestigieux de
la zone.

❚❚❚❚ *Don Pancho*, Avda del Mediterráneo,
39 (☎ 585-29-50) 252 ch. ▦ ▣ ☒ ☒ ♪
ℙ luxueux.

❚❚❚ *Las Ocas Sol*, Gerona, s/n
(☎ 585-56-58) 329 ch. ☒ ▣ ♪ ℙ

❚❚❚ *Agua Azul*, Vía Emilio Ortuño, s/n
(☎ 585-24-08) 145 ch. ✕ ▦ ⌂ ☒ ☒ ⌂
très confortable ; cuisine typique.

❚❚❚ *Agir*, Avda del Mediterráneo, 11
(☎ 585-51-62) 68 ch. ✕ ▦ ▦ ▣ ⌂ ☒ ⌂
gai et confortable, accueil familial.

❚❚❚ *Belroy Palace*, Europa, 5 (☎ 585-02-03)
102 ch. ✕ ▦ ▣ ⌂ ☒ ☒ ⌂ ⌂ ℙ accueil
familial dans une atmosphère élégante.

Restaurants :

❚❚❚ *I Fratelli*, Dr. Orts Llorca, 21
(☎ 585-39-79) cuisine italienne ; très
élégant, sa terrasse est un bon observatoire où regarder... et se montrer ; f.
nov.

❚❚❚ *Don Luis*, Dr. Orts Llorca, 11
(☎ 585-46-73) bonne cuisine internationale dans un décor élégant.

¶¶¶ *Tiffany's,* Avda del Mediterráneo, 51 (☏ 585-44-68) ▦ ℗ décoration somptueuse et excellente cuisine internationale ; bonne cave ; ouv. le soir en été.

¶¶ *La Caserola,* Bruselas, 7, Rincón de Loix (☏ 585-17-19) ℗ atmosphère très agréable ; cuisine européenne et espagnole.

¶¶ *José Luís,* Partida Cachola, s/n (☏ 585-88-81) cuisine familiale de qualité dans une villa en pleine montagne.

¶¶ *El Cisne,* Partida de Sanz, Route de Valence (☏ 585-14-81) ℗ jardin très attrayant ; excellente paella.

¶¶ *Casa L'Esclau,* Bon Retiro y San Miguel, 7 (☏ 585-64-15) cuisine locale ; excellents riz.

BENISANO (V)   ☏ 96

Restaurant :
¶¶ *Levante,* Route Valence-Ademuz, s/n (☏ 278-07-21) la meilleure paella de la région (goûtée par Juan Carlos Ier lui-même...)

BERGA (B)   ☏ 93

ℹ️ *Informations station de ski* : ski alpin et nordique de Rasos de Peguera, Pl. Sant Pere, 11, 1er étage (☏ 821-17-48 ou 821-03-79).

Hôtels :
¶¶ *Estel,* Route de Sant Fruitós, 39 (☏ 821-34-63) 40 ch. ▥ ▦ ▧ ▣ ▨ ♿, chiens acceptés.

¶¶ *Queralt,* Plaza de la Cruz, 4 (☏ 821-06-11) 29 ch. ▥ ▧ ▣ central, chiens acceptés.

Restaurant :
¶ *Sala,* Pg de la Pau, 27 (☏ 821-11-85) ▦ f. dim. soir et lun.

♦♦ Manifestation : ne pas manquer à la fête de Corpus Christi la célèbre *Patum de Berga.*

BERMEO (BI)   ☏ 94

Restaurants :
¶¶ *Jokin,* Eupeme Deuna, 13 (☏ 688-40-89) cuisine bien préparée ; vue panoramique sur le port.

¶¶ *Casa Pili,* Parque Ercilla, 1 (☏ 688-18-50) poissons et coquillages de première qualité.

¶ *Artxanda,* Eupeme Deuna, 14 (☏ 688-09-30) dans un cadre rustique, cuisine simple.

BETANZOS (C)   ☏ 981

Hôtel :
¶ *Los Angeles,* Los Angeles, 11 (☏ 77-15-11) 36 ch. ✕ ▥ ▧

Restaurants :
Edreira, Linares Rivas, 8 (☏ 77-08-03) cuisine familiale, spécialités galiciennes.

La Casilla, Avda de Madrid, 90 (☏ 77-01-61) bonnes « tortillas ».

♠ Achats : artisanat, *J. Vasco,* Saavedra Menese, 15 (☏ 77-21-04).

BIELSA (HU)   ☏ 974

Hôtels :
¶¶¶ *Parador Monte Perdido,* Valle de Pineta de Bielsa (☏ 50-10-11) 24 ch. ✕ ▧ ▨ ▣ splendide vue sur un paysage de montagnes.

¶ *Bielsa-2,* Route France-Bielsa (☏ 50-10-08) 60 ch. ✕

¶ *Valle de Pineta,* Los Cuervos, s/n (☏ 50-10-10) 28 ch. ✕ ▨ ▤ ▣

BIESCAS (HU)   ☏ 974

Hôtels :
¶ *Casa Ruba,* Esperanza, 20 (☏ 48-50-01) 29 ch. ✕ central.

¶ *La Rambla,* La Rambla de San Pedro, 7 (☏ 48-51-77) 28 ch. ✕ ▨ ▣ central.

BILBAO (BI)   ☏ 94

ℹ️ Office du tourisme : Alameda Mazarredo, s/n (plan C2 ; ☏ 423-64-30) ; Centre d'initiatives touristiques (☏ 416-00-22 ou 416-02-88).

Hôtels :
¶¶¶¶¶ *Lope de Haro,* Obispo Orueta, 2-4 (plan C2 ; ☏ 423-55-00) 53 ch. 📺 ℗ ▣ ▦ ▧ ▣ ✕ neuf et central ; grand luxe ; son restaurant Club Náutico est agréable.

¶¶¶¶¶ *Villa de Bilbao,* Gran Vía de Lopez de Haro, 87 (plan A2 ; ☏ 441-60-00) 142 ch.

✕ ▦ 🕮 ▣ ▨ coiffeur, salle de conférences; central.

¶¶¶¶ *Aránzazu*, Rodríguez Arias, 66 (plan A3; ☏ 441-32-00) 173 ch. ✕ ▦ 🕮 ▣ ▨ coiffeur, salle de conférences.

¶¶¶¶ *Ercilla*, Ercilla, 37-39 (plan B3; ☏ 410-20-00) 350 ch. ✕ ▦ 🕮 ▣ ▨ coiffeur, salle de conférences; accueillant.

¶¶¶¶ *Husa Carlton*, Pza Federico Moyúa, 2 (plan C3; ☏ 416-22-00) 142 ch. 🕮 ▣ salle de conférences; le plus classique de la ville.

¶¶¶ *Avenida*, Avda Zumalacárregui, 40 (plan E1; ☏ 412-43-00) 116 ch. 🕮 ▣ ▨ salle de conférences; fonctionnel.

¶¶¶ *Conde Duque*, Campo Volantin, 22 (plan D1; ☏ 445-60-00) 67 ch. 🕮 ▨ salle de conférences.

¶¶¶ *Nervión*, Campo Volantin, 11 (plan D1; ☏ 445-47-00) 351 ch. ✕ 🕮 ▣ ▨ moderne.

¶¶ *Cantábrico*, Miravilla, 8 (☏ 415-28-11) 51 ch. 🕮 ▣ ▨

¶¶ *Arana*, Bidebarrieta, 2 (plan E3; ☏ 415-64-11) 69 ch. ▦ 🕮 central.

¶¶ *Casco Viejo*, Santa Maria, 14 (plan DE3; ☏ 416-67-36) 43 ch. 🕮 ▣ central et confortable.

Restaurants :

¶¶¶ *Bermeo*, Ercilla, 37-39 (☏ 410-00-00) dans l'hôtel Ercilla.

¶¶¶ *Club Náutico*, Obispo Orueta, 2 (☏ 423-55-00) dans l'hôtel Lope de Haro; salle à manger luxueuse avec peu de tables.

¶¶¶ *Goizeko-Kabi*, Particular de Estrauzana, 4-6 (plan B3; ☏ 441-50-04) f. dim. Cuisine basque traditionnelle, ses produits sont d'excellente qualité.

¶¶¶ *Gorrotxa*, Alameda Urquijo, 30 (plan C3; ☏ 443-49-37) f. dim. Au premier étage d'un passage : à l'extérieur rien ne permet de deviner les merveilles — décoration, cuisine, services — de l'intérieur.

¶¶¶ *Guria*, Gran Vía, 66 (☏ 441-05-43) cuisine basque; typique et accueillant.

¶¶¶ *Iturriaga*, Alameda de Mazarredo, 20 (plan C2; ☏ 423-83-90) cuisine du marché; belles décorations.

¶¶¶ *Matxiventa*, Ledesma, 26 (plan C2; ☏ 424-84-95) élégant et agréable.

¶¶¶ *Zortziko*, Alameda Mazarredo, 17 (plan C1; ☏ 423-97-43) f. dim. Nouvelle cuisine; plusieurs salles à manger où

règne une ambiance différente, dans un pavillon restauré.

¶¶ *Iruña*, Colón de Larréategui, 13 (plan CD2; ☏ 423-70-21) dans un café du début du siècle; orchestre.

¶¶ *Lasa*, Zumalacárregui, 125 (plan E1; ☏ 446-48-30) cuisine basque et française; ambiance agréable.

¶¶ *Casa Vasca*, Lehendakari Aguirre, 13-15 (plan A1; ☏ 435-47-78).

¶ *Kirol*, Ercilla, 28 (plan B3; ☏ 443-92-34) cuisine traditionnelle.

¶ *Señor*, General Eguía, 50 (plan AB4; ☏ 441-21-01) bons vins et bons poissons.

¶ *Lepanto*, Pza Eguilear, 2 (☏ 415-04-26) cuisine internationale.

Marisquerias - fruits de mer : *Anduriña*, Sendeja, 5 (☏ 445-77-00); *El Bodegón*, Autonomía, 35 (☏ 444-00-28); *Carta Blanca*, Ledesma, 8 (plan C2; ☏ 424-85-18); *Txangurro*, Alameda de Urquijo (plan CD3; ☏ 441-50-11); *El Taller*, General Concha, 12 (plan C3-4; ☏ 443-47-49); *Ikusgarri*, Rafaela Ibarra (Deusto; ☏ 447-43-66); *La Concordia*, José M. Olabarri (Deusto).

🚌 Autobus : *Turytrans*, Pza de Arriaga (☏ 415-21-19) pour Gijón, Irún, Santander, Paris, Bruxelles. — *La Unión*, Henao, 29 (☏ 424-08-35) pour Logroño, Vitoria, Pampelune, Saragosse. — *Ansa*, Autonomía, 17 (☏ 444-31-00) pour Madrid, Barcelone, Burgos. — *Transportes Pesa*, Urazurrutia, 7 (☏ 416-14-80) pour la province du Guipúzcoa. — *Transportes Vascondagos*, Pza Encarnación, 2 (☏ 475-42-08) pour Bermeo, Guernica, Lequeitio.

🚆 Gares : *Estación del Norte*, Hurtado de Améagza, 1, pour Madrid, Barcelone et la Péninsule. — *Estación de Portugalete*, Bailén, 9 (☏ 425-59-80) : rive gauche jusqu'à Santurce. — *Estación de Santander*, Bailén, 2, pour Santander, en longeant la côte. — *Estación de Achuri*, Achuri, 8 (☏ 443-48-50), pour Saint-Sébastien. — *Estación de las Arenas :* banlieue de Bilbao.

✈ Aéroport : Sondica (à 9 km) (☏ 453-13-50).

🛍 Achats : pâtisseries basques, *Pastelería Silmai*, Rodríguez Arias, 15

(☎ 443-97-94). — confiserie tradition-nelle, *Santiago*, Correo, 23 (☎ 415-67-49). — coquillages, *Nagulas de Aguinagua*, Ribera, 21 (☎ 416-74-44).

BINEFAR (HU)   ☎ 974

Hôtels :
- ¶ *La Paz*, Avda de Aragón, 30 (☎ 42-86-00) 69 ch. ⤬
- ¶ *Cantabrico*, Zaragoza, 1 (☎ 42-86-50) 30 ch. ⤬ central.

BLANES (GE)   ☎ 972

- ℹ Office du tourisme : Pg de Dintre (☎ 33-03-48).

Hôtels :
- ¶¶¶ *Park-Blanes*, Platja s'Abanell, s/n (☎ 33-02-50) 127 ch. ⤬ ▥ ▤ ⌂ ☎ ℀ ⌕ ▦ près de la plage ; ouv. mai à oct.
- ¶¶ *Lyon Magestic*, Villa Mas Marot, 13 (☎ 33-03-93) 120 ch. ⤬ ▥ ⌂ ouv. avr. à sept.

Restaurant :
- ¶¶ *Can Patacano*, Pg del Mar, 12 (☎ 33-00-02) spécialités catalanes ; f. lun. et du 10 nov. au 10 déc.

Sports : *Club de Vela Blanes* (☎ 33-14-98).

- ₩ Manifestation : en mai, *grand marché de bateaux* d'occasion.

BOADILLA DEL MONTE (M)   ☎ 91

Restaurant :
- ¶¶ *La Cañada* (☎ 633-12-83) belle vue ; agréable terrasse.

BOIRO (C)   ☎ 981

Hôtel :
- ¶ *Jopi 2*, Derechos Humanos (☎ 84-44-70) 25 ch. ▥ ⌂

BOLLULLOS PAR DEL CONDADO (H)   ☎ 959

Restaurant :
El Reñiero, Cruz de Montañina, 6 (☎ 41-02-01) cuisine andalouse ; il s'y déroule des combats de coqs (jeu. et dim. de nov. à juin) ; le restaurant est fermé les jours de combats.

- ₲ Achats : les célèbres vins du Condado, dans 37 caves.

BOLTAÑA (HU)   ☎ 974

Hôtel :
- ¶ *Boltaña*, Avda de Ordesa, 39 (☎ 50-20-00) 50 ch. ⤬ ℀

BORGES BLANQUES (Borjas Blancas) (L) ☎ 973

Hôtel :
- ¶¶ *Els Llacs*, Pl. Terrall, 4 (☎ 14-29-62) 17 ch. ▥ ▦

Restaurant :
- ¶ *Masia de les Garrigues*, Route de Tar-ragone, km 1 (☎ 14-01-62) demandez des pieds de porc ou des escargots ; f. le lun.

- ₩ Fêtes : grande fête de printemps le 3e dim. d'avr. — le 6 août, fête de l'ermitage de Sant Salvador.

BOSSOST (BOSOST) (L)   ☎ 973

Hôtel :
- ¶¶ *Hosteria Catalana*, Pietat, 34 (☎ 64-82-02) 36 ch. ▥ ⌂ ☎ ℀ ▦ ℗

BRIHUEGA (GU)   ☎ 949

Hôtel :
- ¶¶ *El Torreón*, Paseo María Cristina, 6 (☎ 28-03-00) 20 ch. ▦ simple et confor-table ; de belles vues.

BRIVIESCA (BU)   ☎ 947

Hôtel :
- ¶¶ *El Vallés*, Route Madrid-Irún, km 280 (☎ 59-00-25) 22 ch. ⤬ ▥ ☎ ℀ ▦ f. du 24 déc. au 5 fév. ; le restaurant est de qualité, ce qui est très rare au bord de la route.

BRONCHALES (TE)   ☎ 978

Hôtel :
- ¶ *Suiza*, Rafael Bea 12 (☎ 70-10-89) 18 ch. ⤬ ℀ ▦

BROTO (HU)   ☎ 974

Hôtels :
- ¶¶ *Latre*, Avda de Ordesa, s/n (☎ 48-60-53) 22 ch. ℀

¶¶ *Español,* Avda de Ordesa, 20 (☎ 48-60-07) 25 ch. central.

BUEU (PO)   ☎ 986

Hôtel :
¶ *A Centoleira,* Playa de Beluso (☎ 32-08-96) 8 ch. ✕ ⊟ ➴

BUITRAGO DEL LOZOYA (M)   ☎ 91

Restaurant :
¶ *Casa Pepe,* Route N. I, km 76 (☎ 868-02-12) bonne cuisine familiale.

BUJARALOZ (Z)   ☎ 976

Hôtel :
¶ *Los Monegros,* Route N. II, km 390 (☎ 17-30-21) 10 ch. ✕ ℗ central.
Restaurant :
Español, Route N. II (☎ 17-31-92) ▦ ℗

BUNYOLA (PM)   ☎ 971

Hôtel :
¶¶ *Muntanya,* Bordoy, 6, Orient (☎ 21-40-94) 16 ch. ✕ ▥ ⊟ dans un ravissant petit village de montagne; tranquillité assurée.

BURELA (LU)   ☎ 982

Hôtel :
¶ *Luzern,* Route générale, 225 (☎ 58-59-66) 18 ch. ✕ ⊟

BURGO DE OSMA [EL] (SO)   ☎ 975

Hôtel :
¶ *Virrey Palafox,* Universidad, 7 (☎ 34-02-22) 20 ch. ✕ ℗ son restaurant est sans conteste le plus prestigieux établissement de la région de Soria; on y célèbre des journées gastronomiques à l'époque de l'abattage des porcs; très bonne cuisine avec les produits du cochon; f. du 16 déc. au 16 jan.

⚑ Camping :
La Pedriza (3ᵉ c.), Route del Seminario, s/n (☎ 34-08-06) ouv. de juin à sept.

BURGOS (BU)   ☎ 947

ⓘ Office du tourisme : Pza Alonso Martínez, 7 (plan coul. IX, D1 ; ☎ 20-31-25).
Hôtels :
¶¶¶¶¶ *Landa Palace,* Route de Madrid, km 236 (☎ 20-63-39) ✕ ▥ ▦ ⚊ ⊟ ⁒ ▣ chiens admis; l'un des plus beaux hôtels d'Espagne, situé dans un château du xvıᵉ s.
¶¶¶¶ *Condestable,* Vitoria, 8 (plan coul. IX, D2 ; ☎ 26-71-25) 80 ch. ✕ ▥ ▦ ▣
¶¶¶ *Mesón Del Cid,* Pza de Santa María, 8 (plan coul. VIII, B2 ; ☎ 20-87-15) 30 ch. ✕ ▥ ▦ ▣ installé dans un édifice du xvᵉ s., avec vue sur la cathédrale; f. en fév. ; au restaurant, service en costume régional et cuisine maison de qualité (f. le dim. soir).
¶¶ *Hostal Hidalgo,* Almirante Bonifaz, 14 (plan coul. IX, D2 ; ☎ 20-34-81). Hôtel modeste mais confortable, situé près de la plaza Mayor.
⚑ Campings : *Fuentes Blancas* (1ʳᵉ c.), près de la chartreuse de Miraflores (☎ 48-53-79) ouv. de mars à oct. — *Rio Vena* (2ᵉ c.), Route Madrid-Irún, km 245, à Villafríax (☎ 22-41-20) ouv. de mai à oct.

Restaurants :
¶¶¶ *Landa,* Route de Madrid, km 236 (☎ 20-63-43) ▦ ⚊ ⊟ ▣ ▣ excellente cuisine de la région accompagnée de quelques spécialités françaises (loubine au vin de Bourgogne, agneau de lait au four, feuilleté d'asperges).
¶¶ *Casa Ojeda,* Vitoria, 5 (plan coul. IX, D2 ; ☎ 20-90-52). Restaurant célèbre depuis des décennies. Cuisine régionale de qualité; f. dim. soir.
¶¶ *Gaona,* Virgen de la Paloma, 41 (plan coul. VIII, C2 ; ☎ 20-61-91). Bonne cuisine, cadre agréable au pied de la cathédrale; f. le mer.

⚘ Achats : artisanat (fer forgé, statuettes de pierre, coffrets du Cid), Pza de la Catédral, Pza J. Antonio et rues de la Paloma et de la Puebla.

✉ Poste, Pza del Conde de Castro, 4 (plan coul. IX, D3 ; ☎ 26-27-50).

🚍 Autocars, Miranda, 4 (plan coul. IX, C3 ; ☎ 26-55-65).

🚃 Gare : *RENFE* (plan coul. VIII, A4 ; ☎ 20-91-31). Informations : ☎ 20-35-60.

BURRIANA (CS)   ☎ 964

Hôtels :
- ¶¶¶ *La Plana* (autoroute A7 ; ☎ 51-25-50) 56 ch. ⤫ 🍴 🅿 hôtel typique ; restaurant fonctionnel.
- ¶¶¶ *Club Náutico*, Avda. del Mediterráneo, s/n (☎ 58-59-05) près de la mer, plats de poisson et de riz.
- ¶¶ *Aloha*, Conde Vallellano, s/n (port ; ☎ 51-01-04) 30 ch. ⤫ 🍴 ⚿ ➤ 🅿 petit hôtel calme et confortable avec un bon service ; ouv. juin-sept.

CABAÑAS (C)   ☎ 981

Hôtel :
- ¶¶¶ *Sarga*, Route Cabañas-La Corogne (☎ 43-10-00) 97 ch. ⤫ 🍴 ⚿ 🅿 🅟

CABANES (CS)   ☎ 964

Hôtel :
- ¶¶ *La Ribera*, Route Oropesa-Torreblanca, km 404 (☎ 31-00-08) 13 ch. ⤫ 🍴 🍷 ⚿ atmosphère agréable et accueil familial ; calme et confort.

CABRERA [LA] (M)   ☎ 91

Hôtel :
- ¶¶ *Mavi*, Route N.I, km 58 (☎ 868-80-00) 42 ch. ⚿ 🍷 🅿

CÁCERES (CC)   ☎ 927

- ⓘ Office du tourisme : Pl. Mayor, 33 (plan C3 ; ☎ 24-63-47).
  Hôtels :
- ¶¶¶¶ *Parador de Cáceres*, Ancha, 6 (plan C3 ; ☎ 21-17-59) 27 ch. 🍴 🍷 ⚿ 🅿 ⤫ 🅥. Au cœur du Barrio Monumental, dans le palais du Comendador (xvie s.) ; cuisine d'Estrémadure.
- ¶¶¶¶ *Meliá Cáceres*, Pza de San Juan (plan C3 ; ☎ 21-58-00) 86 ch. 🍴 🍷 ⚿ 🅿 🅟. Installé dans un palais du xviie s., très bien restauré.
- ¶¶¶¶ *V Centenario*, Manuel Pacheco, s/n (☎ 21-68-68) 138 ch. 🍴 🍷 ⚿ 🅿 🅟 👤 ⚿ ⤫. Luxueux hôtel récemment inauguré.
- ¶¶¶ *Alcántara*, Avda Virgen de Guadalupe, 14 (plan A3, ☎ 22-89-00) 67 ch. ⤫ 🍴 ⚿ moderne et dans le centre.

- ¶¶¶ *Extremadura*, Avda Virgen de Guadalupe, 5 (plan A3 ; ☎ 22-16-00) 68 ch. ⤫ 🍴 ⚿ 🍷 ⚿ 🅟
- ¶¶ *Álvarez*, Morret, 20 (plan C3 ☎ 24-64-00) 37 ch. ⤫ 🍴 ⚿ 🍷 central.
- ¶¶ *La Rosa*, Sanguino Michel, (☎ 22-17-50) 18 ch. 🍴 🍷 central e confortable.
- ¶ *Ara*, Juan XXIII, 3 (☎ 22-39-58) 62 ch. 🍴 ⚿ 🍷
- ¶ *Los Naranjos*, Alfonso IX, 12 (plan B3 ☎ 24-35-08) 23 ch. 🍷 🅟

Restaurants :
- ¶¶¶ *Atrio*, Avda. de España, 2 (☎ 24-29-28) f. dim. soir. Cuisine pleine de sensibilité qui donne un air d modernité à la traditionnelle cuisin d'Estrémadure.
- ¶¶¶ *El Clavero*, Virgen de Guadalupe, s/ (plan A3 ; ☎ 21-44-92) 🍴 🍷 🅿
- ¶¶ *Figón de Eusterquio*, Pza San Juan 12 (plan C3) ambiance régionale.
- ¶¶ *Metropol*, Avda España (plan A4 ☎ 21-35-15) 🍴 🍷
- ¶¶ *Monte Bola*, Route de Salamanque km 208 ; plats typiques.
- ¶ *Leoncio*, Reyes Huertas, 3 (☎ 22-09-07).
- ¶ *Lidia*, Reyes Huertas, 30 (☎ 22-10-15 spécialité : «frite extremeño».
- ✉ Poste : (☎ 22-50-71).
- 🚍 Autocars interurbains, Gil Cordero, s/ (☎ 22-55-48).
- 🚉 Gares : (☎ 22-08-31).
  Sports : Ciudad Deportiva (tennis football, piscines, etc.). — *Piscine* Parque del Príncipe.
  Night-clubs : *Acuario*, Avda España, (plan A4 ; ☎ 22-06-14) ; *Ara*, Juan XXII *New People*, Hernández Pacheco, 1 (☎ 22-39-24) ; *Faunos*, Pza Albatros s/n ; *Bols-Club*, Pza Albatros, s/ (☎ 22-57-42).
  Achats : Pintores. — charcuteries, *E Aguila*, Pza Concepción. — artisana *Empresa N^{al} de Artesanía*, San Antón 13.

CADAQUES (GE)   ☎ 97

- ⓘ Office du tourisme : Cotxe, 2. (☎ 25-83-15).
  Hôtels :
- ¶¶¶ *Rocamar*, Virgen del Carmen, s/ (☎ 25-81-50) 70 ch. ⤫ 🍴 ➤ 👤 🍷 🅟 dan

une pinède, sur un promontoire ; ouv.
juin à sept.

¶¶¶ *Llane Petit*, Dr. Bartoneus, 37
(☎ 25-80-50) 35 ch. ✕ ▥ ⊟ ☎ ♨ ♫ ▣ un
classique ; ouv. avr. à sept.

¶¶¶ *Playa Sol*, Platja Pianch, 5 (☎ 25-81-00)
50 ch. ✕ ▥ ⊟ ☎ ▣ ♫ ▣ sur la mer, à
peine à l'écart du centre ; ouv. avr.
à sept.

¶¶ *Port Lligat Hotel*, Port Lligat, s/n
(☎ 25-81-62) 29 ch. ✕ ▥ ⊟ ☎ ▣

Club Méditerranée Pje Tudela, s/n
(☎ 25-80-98) spécial plongée sous-
marine.

Restaurants :

¶¶¶ *La Galiota,* Narcís Monturiol, 9
(☎ 25-81-87) f. l'hiver sauf les week-
ends. Lieu de rencontre des artistes et
des célébrités qui fréquentent la ville ;
bons plats de poissons de la côte, surtout au four.

¶ *Don Quijote*, Av. Caridad Seunaria,
6 (☎ 25-81-41) grand jardin, cuisine
simple, très appréciée.

Bars : *Boya, Maritim, Meliton,* où l'on
retrouve toutes les générations, de jour
comme de nuit, et l'*Hostal,* où vous
irez écouter du jazz jusqu'à 3 h du
matin, dans un endroit autrefois fréquenté par Salvador Dali.

♦♦ Manifestation : *Festival International
de musique* en août.

CADIX (CA)   ☎ 956

ℹ️ Office du tourisme : Calderón de la
Barca, 1 (plan C1 ; ☎ 21-13-13).

Hôtels :

¶¶¶¶ *Atlántico*, Duque de Nájera, 9
(plan A2 ; ☎ 22-69-05) 153 ch. ▦ ☎ ⊟ ▣
terrasse, vue sur la baie de Cadix.

¶¶¶ *Francia y París*, Pza San Francisco, 2
(plan C2 ; ☎ 22-23-48) 57 ch. ✕ ▦ ☎

¶¶ *Regio I*, Ana de Viya, 11 (☎ 27-93-31)
40 ch. ▣ moderne.

¶¶ *Regio II,* Avda Andalucía, 79
(☎ 25-30-09) ▣

¶¶ *Carlos I*, Pza de Sevilla s/n
(☎ 28-66-00) 30 ch. ☎ ▣

¶¶ *Del Duque*, Duque de Tetuán, 13 (plan
C2 ; ☎ 22-27-77) 5 ch. ☎

Restaurants :

¶¶¶ *El Faro*, San Félix, 15 (plan B4 ;
☎ 21-10-68) savoureuse cuisine andalouse.

¶¶ *Curro El Cojo*, Paseo Marítimo, 2
(☎ 25-31-86) ▦ belle terrasse ; tapas,
spécialités de porc.

¶¶ *Ventorillo El Chato*, Route Cadix-San
Fernando, km 2 (☎ 25-00-25) dans un
relais du XVIIIᵉ s. ; collection d'armes
et d'affiches.

¶ *Doña Pepa*, Muñoz Arenillas, 1. Poissons et fruits de mer ; cuisine simple
et sympathique.

♣ Achats : antiquités, *Casa Nieto,*
Enrique de las Marinas, 1 (plan B1) ;
Feliciano Boto, López, 7. — osier,
Cesteria Hernández, San Francisco,
32 (plan D2 ; ☎ 28-51-02). — gastronomie : *Pasteleria* (pâtisserie) *La Came-
lia,* Avda Cayetano del Toro.

Marché : Plaza de la Libertad (plan
C3), t.l.j. sauf dim.

🚉 Gare : *RENFE* (☎ 25-43-01/02).

✉️ Poste et Télégraphes : Plaza de las
Flores (☎ 21-39-45).

Téléphones : information (☎ 003).

CALAFELL (T)   ☎ 977

Hôtels :

¶¶¶ *Miramar*, Rambla Costa Daurada, 1
(☎ 69-07-00) 201 ch. ✕ ▥ ⊟ ☎ ♨ ⊟ ▣
ouv. mai à sept.

¶¶ *Canadá*, Mosén Jaime Soler, 44
(☎ 69-15-00) 106 ch. ✕ ▥ ⊟ ☎ ♨ ⊟ ♫ ▣
ouv. mi-mai à mi-oct.

CALAHONDA (GR)   ☎ 958

Hôtels :

¶¶¶ *Calasol II*, Camino del Puntal
(☎ 62-30-34) 18 ch. Simple et confortable.

¶ *Miramar*, Route del Mar s/n
(☎ 62-31-11) 22 ch. dans le centre ; de
très belles vues.

¶ *Las Palmeras*, Acera del Mar
(☎ 62-30-11) 30 ch. ☎ ⊟ ▣ terrasse.

CALAHORRA (LO)   ☎ 941

Hôtels :

¶¶¶ *Parador Nacional Marco Fabio Quin-
tiliano*, Era Alta, s/n (☎ 13-03-58) 63 ch.
▦ ☎ ▣ confortable et bien décoré.

¶¶ *San Cristóbal*, Ramón Subirán, 12
(☎ 13-00-21) 28 ch.

¶ *Teresa,* Sto. Domingo, 2 (☎ 13-03-32) 12 ch.

Restaurants :
¶ *Café de Paris,* Paseo del Mercadal, 37 (☎ 13-32-16) cuisine française dans un beau cadre.
¶ *Chef-Nino,* Padre Lucas, 22 (☎ 13-31-04) cuisine basque.
¶ *Montserrat,* Maestro Falla, 7 (☎ 13-00-17) cuisine locale.
¶ *Viana,* Bebricio, 3 (☎ 13-00-08).

CALAMOCHA (TE)   ☎ 978

Hôtel :
¶¶ *Fidalgo,* Route Sagunto-Burgos, km 190 (☎ 73-02-77) 20 ch. ✕ ⊛ ℗ central et confortable.

CALANDA (TE)   ☎ 978

Hôtel :
¶¶ *Balfagón,* Route Alcolea-Tarragone, 404 (☎ 84-63-12) 34 ch. ✕ ▥ ℗ central.

CALATAYUD (Z)   ☎ 976

Hôtels :
¶¶¶ *Calatayud,* Route Madrid-Barcelone, km 237 (☎ 88-13-23) 63 ch. ✕ ⊠ ▥
¶¶ *Fornos,* Cortes de Aragón, 5 (☎ 88-13-00) 46 ch. ✕ ☎ central.
¶¶ *Marivella,* Route de Madrid, km 241 (☎ 88-12-37) 39 ch. ☎ ⊛

CALDAS DE REYES [REIS] (PO)   ☎ 986

Hôtels :
¶¶ *Balneario Acuña,* Herreria, 2 (☎ 54-00-10) 21 ch. ✕ ▥ ⊿ ⊛ 🔲 ℗ traditionnel, confortable et bien situé.
¶¶ *Panamá,* Travesía de Sagasta, s/n (☎ 54-02-81) 14 ch. ▥ ⊿ central.
Restaurant :
¶ *Bar O Muiño,* près du pont ; typique tasca avec tapas et ambiance animée.

CALDAS, LAS (O)   ☎ 98

Hôtel :
¶ *Balneario de Las Caldas de Oviedo,* Carretera, s/n (☎ 529-11-01) 42 ch. ⊿ ☞ ⊛

CALDES D'ESTRAC (B)   ☎ 93

ℹ️ Office du tourisme : Baixada de l'Estació, 3 (☎ 791-02-89).
Station thermale : pour les bains, s'adresser à l'hôtel de ville de Caldes d'Estrac Caldetes (sauna, bains, douches thermales).
ᕼᕼ Fête : Fiesta Mayor le 8 sept.
Golf : à Sant Andreu de Llavaneres (5 km).

CALDES DE BOI (CALDAS DE BOHI) (L) ☎ 973

ℹ️ Office du tourisme : à Barruera.
Station thermale : 1 500 m d'alt. ; traitements : difficultés respiratoires, rhumatismes, traumatismes, problèmes circulatoires, nerveux, obésité.
Hôtels :
¶¶¶¶ *Manantial,* Apartat de Correus à Pont de Suert (☎ 69-01-91 ou 69-03-82) 119 ch. ✕ ▥ ⊿ ⊛ 🔲 ℗ luxueux hôtel, à la lisière d'un beau parc que longe un torrent ; ouv. du 15 juin à fin sept.
¶ *Caldas,* Apartat de Correus à Pont de Suert (☎ 64-04-49) 125 ch. ✕ ⊛ 🔲 ▥ ℗ à la lisière d'un beau parc que longe un torrent ; de fin juin à fin sept.

CALDES DE MALAVELLA (GE)   ☎ 972

Station thermale : traitements : appareils digestif et respiratoire, traumatismes, problèmes de circulation, système nerveux.
Hôtels :
¶¶¶ *Balneari Prats,* Pl. Sant Esteve, 10 (☎ 47-00-51) 76 ch. ✕ ▥ ▦ ▥ ⊿ ⊛ ▥ ⊛ ℗
¶¶¶ *Balneari Vichy Catalan,* Avda Dr. Fuster, 32 (informations à Barcelone, Roger de Lluria, 126 - B 37 ; ☎ 257-29-16 ou 257-30-85 ; 47-00-00) 86 ch. ✕ ▥ ⊿ ⊛ ⊛ 🔲 ☞ ℗

CALDES DE MONTBUI (CALDAS DE MONTBUY) (B) ☎ 93

Hôtels :
¶¶ *Balneari Termas Victoria,* Barcelona 12 (☎ 865-01-50) 85 ch. ✕ ▥ ⊿ ⊛ ⊛

◻ ✎ à des prix raisonnables, une cure thermale dans les règles de l'art.

❚❚ *El Farell*, Route de Sant Sebatià de Montmajor, km 11 (☎ 865-06-50) 29 ch. ✕ ▥ ⊿ ▨ ☸ ◻ 🄿 dans un cadre forestier exceptionnel.

᛭ Manifestations : *foire*, fin mai. — *carnaval : ball des gitanes del Vallès* (danse traditionnelle).

CALELLA (B)   ☎ 93

Hôtels :

❚❚❚ *Mont Rosa*, Pg de les Roques, 13-25 (☎ 769-05-08) 120 ch. ✕ ▥▤ ⊿ ▨ ☸ ◻ ouv. de mai à mi-oct.

❚❚ *Balmes*, Apartat 62, Balmes, s/n (☎ 769-05-81) 195 ch. ✕ ☸ ◻ 🄿

᛭ Manifestations : foire et Fiesta Mayor fin sept.

CALPE (A)   ☎ 96

Hôtels :

❚❚ *Paradero Ifach*, Explanada del Puerto, 50 (☎ 583-03-00) 29 ch. ✕ ▥ ⊿ ▨ ⊇ 🄿 admirable panorama ; près du Peñón.

❚❚ *Porto Calpe*, Avda Puerto, 7 (☎ 583-73-11) 60 ch. ✕ ▥ ▣ ⊿ ▨ ⊇ bonne cuisine et atmosphère très accueillante.

❚❚ *Venta de la Chata*, Route Valence-Alicante, km 150 (☎ 583-03-08) 18 ch. ☸ ✎ ▨ 🄿 belle vue sur la mer.

CALVIA (PM)   ☎ 971

Hôtels :

❚❚❚❚❚ *Melis de Mar*, Paseo de Illetes, 7 (☎ 40-25-11) 136 ch. ✕ ▥ ▤ ⊿ ▨ ☸ ◻ ✎ boutiques, salle de réunions, nightclub, coiffeur ; grand luxe ; accès direct à la mer.

❚❚❚❚ *Bonanza Park*, Route d'Illetes, Illetes (☎ 40-11-12) 138 ch. ✕ ▥ ▤ ⊿ ▨ ☸ ✎ coiffeur, gymnase ; construction traditionnelle majorquine ; piscine au niveau de la mer.

❚❚❚❚ *Gran Hotel Albatros*, Paseo de Illetes, 13, Illetes (☎ 40-22-11) 119 ch. ✕ ▥ ▤ ⊿ ▨ ✎ gymnase, coiffeur ; service très soigné.

❚❚❚❚ *Maricel*, Route d'Andraitx, km 7, Ca's Català (☎ 40-27-12) 56 ch. ✕ ▥ ⊿ ▨ ☸ ✎ ▨ construction de style rural major-

quin ; chambres les plus agréables : de 103 à 107 ; piano l'a.-m.

❚❚❚❚ *Punta Negra*, Route d'Andraitx, km 12, Palma Nova (☎ 68-07-62) 61 ch. ✕ ▥ ▤ ⊿ ▨ ☸ ◻ ▨ à la Costa d'En Blanes, relativement isolé ; construction majorquine avec patios intérieurs.

❚❚❚❚ *Portonova*, Paseo del Mar, 2, Palma Nova (☎ 68-15-12) 101 ch. ▥ ▤ ⊿ ▨ ☸ ◻ résidence-appartements à proximité d'un restaurant de grand luxe.

❚❚❚❚ *Coronado*, Playa Cala Fornells, s/n, Cala Fornells (☎ 68-68-00) 139 ch. ✕ ▥ ▤ ⊿ ▨ ☸ ✎ boutiques, gymnase ; dans un site exceptionnel, sur un promontoire qui domine la mer.

❚❚❚❚ *Atlantic*, Punta Ballena, s/n, Magalluf (☎ 68-02-08) 80 ch. ✕ ▥ ⊿ ▨ ☸ directement sur la plage de sable.

❚❚❚❚ *Magalluf Playa-Sol*, Avda Notario Alemany, s/n, Magalluf (☎ 68-10-50) 242 ch. ✕ ▥ ▤ ⊿ ▨ ☸ ✎ coiffeur et gymnase.

❚❚❚❚ *Forte Cala Viñas*, Las Sirenas, s/n, Magalluf (☎ 68-11-00) 245 ch. ✕ ▥ ⊿ ▨ ☸ ◻ ✎ boutiques, coiffeur et salle de réunions ; à Cala Vinyes ; zone agréable pour promenades.

❚❚❚❚ *Villamil*, Route d'Andraitx, km 22, Peguera (☎ 68-60-50) 106 ch. ✕ ▥ ▤ ⊿ ▨ ☸ ◻ ✎ boutiques, gymnase, salle de réunions ; construction en pierre des années 1960 ; sur la plage.

❚❚❚ *Beverly Playa*, Urb. La Romana, Peguera (☎ 68-60-70) 432 ch. ✕ ▥ ⊿ ▨ ☸ ✎ boutiques, coiffeur, salle des fêtes, gymnase ; au début de la plage de Peguera.

❚❚❚ *Bendinat*, Urb. Bendinat, Portals Nous (☎ 67-52-54) 31 ch. ✕ ▥ ⊿ ▨ ☸ ✎ sur les rochers de Bendinat ; construction traditionnelle et décoration majorquine.

❚❚❚ *Palma Nova*, Miguel Santos Oliver, s/n, Palma Nova (☎ 68-14-50) 210 ch. ▥ ⊿ ▨ ☸ ◻ sur la plage.

❚❚❚ *Trópico Playa-Sol*, Paseo del Mar, s/n, Palma Nova (☎ 68-05-12) 117 ch. ✕ ▥ ⊿ ▨

❚❚❚ *Barracuda*, Avda Notario Alemany, s/n, Magalluf (☎ 68-12-66) 264 ch. ✕ ▥ ⊿ ▨ ◻ ▨ boutiques.

❚❚❚ *Royal Jardín del Mar*, Urb. Es Castellot, Santa Ponsa (☎ 69-09-11) 188 ch. ✕ ▥ ⊿ ▨ ◻ hôtel-appartements ; nombreuses prestations : gymnase, change... ; accès direct à la mer.

¶¶¶ *Rey Don Jaime,* Vía del Puig, Santa Ponsa (☎ 69-00-11) 417 ch. ✕ ▥ ⊿ ☎ ⚜ ▱ boutiques, coiffeur, salles de réunions, de gymnastique ; décoration de style majorquin.

¶¶¶ *Pionero,* Puig del Teix, s/n, Santa Ponsa (☎ 69-00-61) 310 ch. ✕ ▥ ⊿ ☎ ⚜ ▱ gymnase.

¶¶ *Playas del Rey,* Vía Jaime I, 77, Santa Ponsa (☎ 68-02-45) 64 ch. ⊿ ⚜ ▱ salle de réunions.

¶¶ *Flor Los Almendros,* Route d'Andraitx, s/n, Peguera (☎ 68-60-93) 67 ch. ▥ ⊿ ⚜ ▱

¶ *Malgrat,* Route d'Andraitx, s/n, Peguera (☎ 68-60-61) 18 ch. ▥ ⊿ ⚜ le premier hôtel construit dans cette zone.

¶ *Playa Santa Ponsa,* sur la plage, Santa Ponsa (☎ 69-05-11) 184 ch. ✕ ⊿ ⚜ ▱ ♪ bowling ; ouv. du 1er avril au 31 oct.

Restaurants :

¶¶¶ *Bon Aire,* Avda Adelfas, Illetes (☎ 40-00-48) construction de type majorquin ; agréable terrasse ; l'une des meilleures tables de Majorque.

¶¶ *La Gran Tortuga,* Route de Cala Fornells, Peguera (☎ 68-60-23) vue sur la crique de Cala Fornells ; ouv. de mars à oct.

¶ *Ca Na Cucó,* Avda de Palma, 14, Calvià (☎ 67-00-83) cuisine marjorquine et familiale de bonne qualité.

CAMARIÑAS (C)   ☎ 981

Hôtel :

¶ *Catro Ventos,* Molino de Viento, 81 (☎ 73-60-64) 19 ch. ✕ ⊿

Achats : dentelles, *Teresa González,* Cantón de la Leña ; *Julio Quintana,* Generalísimo, 18.

CAMBADOS (PO)   ☎ 986

Hôtels :

¶¶¶ *Parador del Albariño,* Paseo Cervantes (☎ 54-22-50) 63 ch. ✕ ▥ ⊿ ☎ ⚜ Ⓟ dans une ancienne demeure seigneuriale galicienne restaurée.

¶¶¶ *Casa Rosita,* Avda de Villagarcía, 8 (☎ 54-34-77) 29 ch. ▤ ⚜ Récemment inauguré (1991) ; ouvert de juin à sept.

¶¶ *El Duende,* Orense, 10 (☎ 54-30-75) 17 ch. ▥ ⊿ ☎ ▨ central, vues sur la ria.

Restaurant :

¶¶ *O Arco,* Real, 14 (☎ 54-23-12) spécialités galiciennes ; ambiance rustique.

⚓ Achats : vins Albariño, *Palacio de Fefiñanes.*

CAMBRE (C)   ☎ 981

Hôtels :

¶¶ *Alba,* Los Campones, 28 (☎ 66-18-62) 21 ch. ✕ ⊿ belle vue.

¶¶ *Mesón Vasco,* La Telva Sigras (☎ 66-12-02) confortable et tranquille.

CAMBRILS (T)   ☎ 977

ℹ Office du tourisme : Pl. Creu de la Missió, s/n (☎ 36-11-59).

Hôtels :

¶¶¶ *Augustus I,* Route Salou-Cambrils, s/n (☎ 38-11-54) 243 ch. ✕ ▥ ⊿ ☎ ⚜ ▱ ouv. avr. à nov.

¶¶ *Mónica,* G. Marquet, 1-3 (☎ 36-01-16 ou 36-01-58) 56 ch. ✕ ▥ ⊿ ☎ ⚜ ▱ ouv. avr. à oct.

¶¶ *Tropicana,* Route Salou-Cambrils, s/n (☎ 36-01-12) 28 ch. ✕ ▥ ⊿ ☎ ⚜ ▱ près d'une olivaie, face à une petite plage.

Restaurants (Cambrils est un haut lieu gastronomique dont voici deux des meilleures adresses) :

¶¶¶ *Can Gatell,* Miramar, 27 (☎ 36-01-06) déguster sur la terrasse une « sarsuela de marisc » (plateau de fruits de mer) ; f. mar., oct. et début nov.

¶¶ *Casa Gatell,* Miramar, 26 (☎ 36-00-57) restaurant de grande tradition ; f. dim. soir et lun., à Noël et en jan.

Sports : *Club Nàutic de Cambrils* (☎ 36-05-31).

CAMPELLO (A)   ☎ 96

Restaurants :

¶¶¶ *Jumillano 2,* San Vicente, 99 (☎ 563-04-86). Cuisine de mer sur la plage ; f. dim. soir et lun.

¶¶¶ *La Peña,* San Vicente, 12 (☎ 563-10-48) sur la plage.

¶¶ *Sevilla,* Avda de Alicante, 6. Cuisine régionale dans un restaurant de style andalou ; plats de riz.

CAMPO DE CRIPTANA (C.R.)   ☎ 926

Hôtel :
¶¶ *Santa Ana,* Santa Ana, 5 (☎ 56-17-02) 18 ch. ▨ tranquille et central.

CAMPRODON (GE)   ☎ 972

ⓘ Informations station de ski : *Vallter 2000,* Freixenet, 1 (☎ 74-03-53).
Hôtel :
¶¶ *Rigat,* Plaza del Dr. Robertz (☎ 74-00-13) 74 ch. ✕ ▥ ⊒ ⊛ ▣ ▨ ouv. juin à nov.

CAÑADAS DEL TEIDE (TF)   ☎ 922

Hôtel :
¶¶¶ *Parador Nacional Cañadas del Teide* (☎ 33-23-04) 17 ch. ⊛ ▣ ⤴ ▨ magnifiquement situé dans le parc national, au pied du Teide.
Restaurants :
¶¶ *Bodegón Campestre,* Route Las Cañadas - El Rosario - La Esperanza (☎ 54-80-57) viandes grillées ; atmosphère sympathique ; cadre pittoresque.
¶ *Bamby,* 7 Cañadas (☎ 33-03-47) cuisine canarienne.
¶ *Portillo de las Cañadas,* Route Orotava-Vilaflor (☎ 33-03-47) cuisine traditionnelle locale.

CAÑAVERAL (CC)   ☎ 927

Hôtels :
¶¶ *Puerto de los Castaños,* Route N. 630, km 163 (☎ 30-01-11) 22 ch. ✕ ▥ ⊒ ☎ accueillant et confortable.
¶ *Málaga,* Barrio Nuevo, s/n (☎ 30-00-67) 11 ch.

CANDANCHU (HU)   ☎ 974

Hôtels :
¶¶¶ *Edelweiss,* Route Saragosse-France, km 189, 4 (☎ 37-32-00) 76 ch. ✕ ☎ ⊛ ▣ central ; belle vue.
¶¶ *Candanchu,* Route de Francia (☎ 37-30-25) 48 ch. ✕ ☎ ▣ belle vue.
¶¶ *Tobazo,* Route de Francia (☎ 37-31-25) 52 ch. ✕ ☎ ▣ belle vue.

CANDAS (O)   ☎ 98

Hôtel :
¶¶¶ *Marsol,* Rufo Rendueles, 1 (☎ 587-01-00) 64 ch. ▥ ⊒ ▣ ▨ décoration avant-gardiste ; belles vues sur la mer et le port.
⚑ Camping : *Perlora* (2e c.), Orilla de la Costa (☎ 587-00-48) 800 pl.
Restaurants :
¶¶ *Casa Gerardo,* Prendes (7 km route Avilés-Gijón ; ☎ 87-02-29) spécialité de fabada et de riz au lait.
¶¶ *La Parra,* Valdés Pumariño, 18 (☎ 87-00-06) cuisine asturienne.

CANDELARIA (TF)   ☎ 922

Hôtels :
¶¶¶ *Los Geranios,* Los Geranios, 1 (☎ 50-04-00) 108 ch. ▣ ⊛ ▣
¶¶¶ *Tenerife Tour,* Generalisimo 170 Las Caletillas, km 17 (☎ 50-02-00) 91 ch. ⊛ ▣ près de la plage.

CANET DE MAR (B)   ☎ 93

Hôtel :
¶ *Carlos,* Pl. Sant Telm, s/n (☎ 794-02-57) 83 ch. ✕ ▥ ⊛ ▣
Manifestation : procession au sanctuaire de la Misericordia le 8 sept.

CAÑETE (CU)   ☎ 966

Hôtel :
¶¶¶ *Hostería de Cañete,* Route N. 420 (☎ 36-60-45) 11 ch. dans un site pittoresque.

CANFRANC (HU)   ☎ 974

Hôtels :
¶¶ *Villa Anayet,* Pza José Antonio, 8 (☎ 37-31-46) 67 ch. ☎ ⊛ ▣ central.
¶ *Ara,* Fernando el Católico, 1 (☎ 37-30-28) 30 ch. ✕ ℙ

CANGAS DE MORRAZO (C)   ☎ 986

Hôtel :
¶ *Pensión Rodeiramar,* Playa Rodeira (☎ 30-00-11) 12 ch. ✕ ⊒ ⊛ ▨ simple et bien situé sur une plage.

Restaurant :

¶¶¶ *Casa Simón* (à Baleas sur la route de Hio ; ☎ 30-00-16) fruits de mer ; bonne cave.

CANGAS DE NARCEA (O)   ☎ 98

Hôtel :

¶¶¶ *El Molinón*, Uría (☎ 581-29-52) 16 ch. ▥ ▦ ☎ ⊡

¶¶ *Químico*, Barrio Nuevo (☎ 581-00-18) 9 ch.

Achats :
à Llamas del Nouro, *J. Rodriguez Garrido*, poteries typiques élaborées dans les vieux fours celtes.

CANGAS DE ONIS (O)   ☎ 98

Hôtels :

¶¶¶ *Pelayo*, à Covadonga (☎ 584-60-61) 43 ch. ✕ ▥ ▱ ☎ près de la basilique ; très belles vues sur la montagne alentour.

¶¶ *Ventura*, Avda Covadonga (☎ 584-82-01) 53 ch. ✕ ▥ ▱ ☎ très bonne cuisine ; bien situé dans le centre.

¶¶ *Piloña*, San Pelayo 19 (☎ 584-80-88) 18 ch. ▥ ▱ central.

⚑ Camping : *Covadonga* (2ᵉ c.) ; Soto de Cangas (☎ 594-00-97) 500 pl.

CAÑIZA [LA] (PO)   ☎ 986

Hôtel :

¶¶ *O' Pozo*, Route d'Orense N. 120 (☎ 65-10-50) 20 ch. ✕ ▥ ▱ ⊡ endroit pittoresque.

CANTAVIEJA (TE)   ☎ 964

Hôtels :

¶¶ *Balfagón Alto Maestrazgo*, Avda del Maestrazgo (☎ 18-50-76) 22 ch. ✕ ▣ ⊡

¶¶ *Buj*, Avda. del Maestrazgo, 6 (☎ 18-50-33). Cuisine traditionnelle dans un simple bistrot dont la tradition date de plus d'un demi-siècle.

CARAVACA DE LA CRUZ (MU)   ☎ 968

Hôtel :

¶¶ *Victoria*, María Girón, 1 (☎ 70-00-34) 27 ch. ☎ central et discret.

Restaurant :

¶¶ *Los Caballos del Vino*, Route de Murcie, km 63 (☎ 70-22-19) cuisine murcienne.

  ♿ Achats : spartes, *Ruiz*, Pza Caballos del Vino ; *Sánchez*, Cartagena, s/n.

CARAVIA (O)   ☎ 985

Hôtel :

¶¶ *Caravia*, Route N. 632, km 14 (☎ 85-30-14) 18 ch. ▥ ▱ ⌂

CARBALLINO (OR)   ☎ 988

Hôtels :

¶¶¶ *Arenteiro*, Alameda, 19 (☎ 27-05-58) 45 ch. ✕ ▥ ▱ ☎ ⊡ fonctionnel.

¶¶ *Noroeste*, Travesía Calle Cerca, s/n (☎ 27-09-70) 15 ch. ▥ ▱ simple.

¶¶ *Parque*, Artureses, 7 (☎ 27-00-60) 9 ch. ▥ ▱ central ; dans un site pittoresque.

Restaurants :

¶¶ *Chez Richard*, Rosalia de Castro, 8-1ᵉʳ ét. (☎ 27-07-92) cuisine française, décor Belle Époque.

¶ *O' Pote*, Parque Municipal (☎ 27-00-15) ; cuisine galicienne, dans un cadre de verdure.

CARBALLO (C)   ☎ 981

Hôtels :

¶¶ *Allones*, Lugo, 1 (☎ 70-05-01) 5 ch.

¶¶ *Río*, Desiderio Varela, 3 (☎ 70-19-07) 12 ch.

CARBONERAS (AL)   ☎ 950

Hôtels :

¶¶ *El Dorado*, Playa de Carboneras (☎ 45-40-50) 17 ch. ☎ ▣ ⌂ près de la mer.

¶¶ *Bilbomar*, Paseo Marítimo, s/n (☎ 45-41-03) 9 ch. confortable.

¶¶ *San Antonio*, Pescadores, 9 (☎ 13-00-19) 19 ch. vues sur la plage.

¶ *Roca Mar*, Route de Garrucha, s/n (☎ 45-43-01) 18 ch.

CARCAIXENT (V)   ☎ 96

Hôtel :

¶¶¶ *Monasterio de Aguas Vivas*, La Barraca de Aguas Vivas (☎ 297-50-11)

30 ch. ✕ 🕮 🍴 ▣ ♪ ℗ dans un édifice historique, au milieu d'un paysage d'une grande beauté ; à 15 km de la plage de Tabernes.

CARDONA (B)   ☎ 93

ℹ️ Office du tourisme : Pl. de la Fira, 1.

Hôtel :

¶¶¶¶ *Parador Castillo de Cardona Duques* (☎ 869-12-75) 65 ch. ✕ 🎠 🏢 ⊟ 🕮 ℗ dans un château médiéval dominant la ville.

Restaurant :

¶ *Hostal Perico,* Pl. de la Vall, 18 (☎ 869-10-20) cuisine familiale ; f. lun. et de mi-sept. à mi-oct.

Manifestation : très belle Fiesta Mayor début sept., *course de taureaux et Cargoler* (un homme enfermé dans une cage d'osier excite le taureau qui tourne vainement autour, sous les exclamations de la foule).

CARLOTA [LA] (CO)   ☎ 957

Hôtels :

¶¶¶ *El Pilar,* Route N. IV (☎ 30-01-67) 83 ch. ⊐ 🕮 🆒 ⊟ ℗ confortable.

¶¶ *Aragones,* Route N.IV (☎ 30-01-95) 🍴 ⊟

CARMONA (SE)   ☎ 95

Hôtel :

¶¶¶¶ *Parador Alcázar del Rey don Pedro,* Alcázar Alto (☎ 414-10-10) 🏢 🍴 ⊟ ⬚ remarquable réalisation dans un ensemble de style mudéjar.

Restaurants :

¶¶¶ *Casa de Carmona,* Plaza de Lasso, 1 (☎ 414-33-00). 🏢 ⊐ 🕮 ⬚ ℗ ⊟ Cuisine basque-andalouse dans la somptueuse atmosphère d'un ancien petit palais sévillan, qui constitue l'hôtel du même nom.

¶¶¶ *San Fernando,* Sacramento, 3 (☎ 414-35-56). Cuisine de saison avec une pointe de modernité, dans une ancienne maison restaurée située dans le centre du bourg.

¶ *El Molino,* Route N.IV, km 508 (☎ 414-10-54) cuisine andalouse.

CAROLINA [La] (J)   ☎ 953

Hôtels :

¶¶¶¶ *La Perdiz,* Route N.IV, km 269 (☎ 66-03-00 et 66.09.00 pour restaurant) 89 ch. ✕ 🏢 🍴 ⊟ ⬚ rustique et accueillant ; gibier en saison.

¶¶ *Orellana-Perdiz,* Route N.IV, km 265 (☎ 66-03-04) 18 ch. ✕ 🍴 dans un lieu pittoresque ; bon restaurant.

¶ *Gran Parada,* Avda Linez Vilches 9, Route N.IV (☎ 66-02-75) 24 ch. ℗

⚘ Achats : gastronomie, au *marché,* les mer. et ven. — *La Gran Parada,* route Madrid-Cadix, km 269 (☎ 66-00-52) excellent pâté de perdrix.

CARRION DE LOS CONDES (P)   ☎ 979

⛺ Camping : *El Edén* (2e c.), Route Logroño-Vigo, km 200 (☎ 88-01-85) ouv. de mars à oct.

Restaurants :

¶ *Mesón Pisarrosas,* Piña Blasco, 27 (☎ 88-00-58) bons asados ; f. sam. et dim.

⚘ Achats : artisanat, *Isabelino García,* N. 120 ; orfèvre très réputé.

CARTAYA (H)   ☎ 959

Hôtel :

¶¶ *El Basque,* Route Huelva-Ayamonte, km 668 (☎ 39-02-50) 50 ch. 🍴

⛺ Camping : *Catapum* (2e c.) El Rompido - Punta Umbria, km 3 (☎ 39-91-65) douches ; ombragé ; près de la plage.

CARTHAGÈNE (MU)   ☎ 968

ℹ️ Office du tourisme : Ayuntamiento (plan B3 ; ☎ 50-23-63).

Hôtels :

¶¶¶ *Mediterráneo,* Puerta de Murcia, 11 (plan B2 ; ☎ 50-74-00) 56 ch. central.

¶¶¶ *Cartagonova,* Marcos Redondo, 3 (plan A1 ☎ 50-42-00) 126 ch. 🏢 ⬚

¶¶ *Alfonso XIII,* Paseo de Alfonso XIII, 30 (plan C1 ☎ 52-00-00) ✕ 🏢 ⬚ ℗ moderne et central.

⛺ Camping : *La Manga* (1re c.), Route de Palos, km 12 (☎ 56-30-19) tout confort. — *El Portús* (2e c.) El Portús (☎ 55-30-52)

700 pl. Naturiste, tous les services, ouv. toute l'année.

Restaurants :

❚❚ *Los Habaneros,* San Diego, 60 (plan C2 ; ☏ 50-52-50) coquillages.

❚❚ *Los Sauces,* Route de La Palma à Carthagène, km 4,500 (☏ 53-07-58) f. dim. soir. Dans une villa accueillante des environs de la ville ; le chef marie avec bonheur les ingrédients et la tradition de la cuisine murcienne avec le savoir-faire de la cuisine basque.

❚ *Mare Nostrum,* Alfonso XII (plan B3 ; ☏ 52-21-31) port et jolie vue.
Tino's, Escorial, 13 (plan B2-3 ; ☏ 10-10-65).

🚌 Autocars : *Murcie,* Angel Bruna ; *Lorca,* Salitre, 6 (plan AB1).

🚃 Gare : Pza de la Estación (plan D1 ; ☏ 50-20-73).

♦ Achats : *Festo* (art populaire-artisanat), Cuesta de la Baronesa, 9. — *Alzabara* (artisanat), Aire, 28. — *Colorado* (confection), San Miguel, 3. — *Larvi 2* (confection), Aire, 23.

CASAS IBAÑEZ (AB)   ☏ 967

Hôtel :

❚ *Balneario de Fuente Podrida,* Route de Requena ; tranquille et confortable.

CASCANTE (NA)   ☏ 948

Restaurant :

❚ *Mesón Ibarra,* Vicente Tudor, 13 (☏ 85-04-77) ambiance rustique, cuisine régionale.

♦ Achats : *Cooperativa Nuestra Señora del Romero,* Route de Tarazona, s/n ; vins rouges jeunes, rosé aromatique doux et fruité.

CASO (O)   ☏ 985

Hôtel :

❚❚ *Tarna,* Tarna (☏ 60-80-16) 10 ch. 🛏 ⊟ 🅿

CASPE (Z)   ☏ 976

Hôtel :

❚ *Mar de Aragón,* Pza de la Estación F.C. (☏ 63-03-13) 40 ch. 🅿 central.

CASTEJON DE SOS (HU)   ☏ 974

Hôtels :

❚❚ *Alto Aragón,* El Real, s/n (☏ 55-30-23) 48 ch. 🛏 🍴 🅿

❚ *Plaza,* El Real, s/n (☏ 55-30-50) 13 ch. 🍴 🅿 calme et confortable.

CASTELL DE FERRO (GR)   ☏ 958

Hôtels :

❚❚ *Francia,* Pza España, 13 (☏ 64-61-61) 14 ch. confortable, près de la plage.

❚❚ *Ibérico,* Route Almería - Málaga s/n (☏ 64-60-80) 18 ch. 🍴 🅿

❚ *Mar y Sol,* Route Motril-Almería, km 23 (☏ 64-60-86) 15 ch. 🛏 🅿

❚ *Mesón Castell,* Route Málaga-Almería (☏ 64-60-08) 59 ch. 🍴 ⊟

❚ *Paredes,* Route Motril-Almería, km 24 (☏ 64-61-59) 27 ch. 🍴 ⊟ 🅿

⚠ Campings : *El Cortijo* (2ᵉ c.), Route N. 340, km 22 (☏ 64-60-83) bien ombragé ; près de la plage. — *El Sotillo* (2ᵉ c.) Playa de Castell de Ferro (☏ 64-60-78) sur la plage. — *Las Palmeras* (3ᵉ c.), Route N. 340 (☏ 64-61-30).

CASTELLAR DE LA FRONTERA (CA)   ☏ 956

Restaurant :
Los Faroles, Route N. 340, km 14. Ambiance et décoration andalouses ; fêtes flamencas en été.

CASTELLDEFELS (B)   ☏ 93

ℹ Office du tourisme : Pl. Rosa dels Vents, s/n (☏ 664-23-01).

Hôtels :

❚❚❚❚ *Gran Hotel Don Jaime,* Av. del Hotel, 22 (☏ 665-13-00) 240 ch. ✕ 📺 ⊟ 🛏 🍴 ⊟ 🅿

❚❚❚ *Bel Air,* Pg Maritim, 169 (☏ 665-16-00) 45 ch ✕ 📺 ▦ 🅿 ⊟ 🛏 🍴 🏊 ⊿ 🅿

❚❚❚ *Playafels,* Pg de la Ribera, 1 à 9 (☏ 665-12-50) 34 ch. ✕ 📺 ⊟ 🛏 🅿

❚❚❚ *Mediterráneo,* Paseo Marítimo, 294 (☏ 665-21-00) 47 ch. 📺 ▦ 🅿 📺 ⊟ 🅿 ⊟ 🅿 ♿ ⊟ 🏊 Restaurant.

Manifestation : *Festival de danse,* en juin.

CASTELLO D'EMPURIES (CASTELLO DE AMPURIAS) (GE)   ☏ 972

Hôtel :
¶ *Emporium,* Route de Roses, s/n (☏ 25-05-93) 38 ch. ⤬ ▥ ☎ 🅿

CASTELLON DE LA PLANA (CS)   ☏ 964

ℹ Office du tourisme : Pza María Agustina, 5 (☏ 22-77-03 et 22-10-00).
Hôtels :
¶¶¶¶ *Del Golf,* Playa del Pinar (El Grao ; ☏ 28-01-80) 127 ch. ⤬ ▥ ▦ ⬚ ☎ ⬚ 🄟 ⬚ ⬚ ⤴ ⚥ 🅿 dans une pinède ; les chambres donnant sur le terrain de golf sont les plus agréables.
¶¶¶¶ *Mindoro,* Moyano, 4 (☏ 22-23-00) 114 ch. ⤬ ▥ ▦ ⬚ ⬚ ☎ 🄟 au centre de Castellón ; confort exceptionnel.
¶¶¶ *Turcosa,* Treballadors de la Mar, 1 (El Grao, à 4 km ; ☏ 28-36-00) 70 ch. ⤬ ▥ 🄟 ⬚ ☎ 🅿 du calme et du confort, mais à côté des activités du Grao.
Restaurants :
¶¶¶ *Brisamar,* Buenavista, 36, à El Grao (☏ 28-36-64) sur le port, avec de belles vues ; cuisine du marché.
¶¶ *Club Náutico,* Escollera de Poniente (port ; ☏ 28-24-33) ▦ 🅿
¶¶ *Rafael,* Churruca, 26, à El Grao (☏ 28-21-85) dans une ancienne taverne, poissons et riz.
✉ Poste et téléphone : Pza de Tetuán. — *téléphones :* Ruíz Zorrilla, 45.
🚍 Autobus : *Autobuses Mediterráneo,* Pza Fadrell, 4, pour Benicarló, Benicasím, Morella, Oropesa del Mar, Vinaroz. — *Autobuses Valduxense,* Pto Orient, 3 (☏ 21-38-03), pour Segorbe. — *Hispaño-Fuente En-Segures,* Trinidad, 66 (☏ 21-10-80), pour Valence, Vinaroz.
🚆 Gare : Pza de España (☏ 22-62-34 et 25-02-02), station de la ligne Barcelone-Valence.

CASTIELLO DE JACA (HU)   ☏ 974

Hôtel :
¶ *El Mesón,* Route de Francia, 4 (☏ 36-11-78) 28 ch. ⤬

CASTRO CALDELAS (OR)   ☏ 988

Hôtel :
¶ *Blanco* (☏ 20-30-50) Route générale, 2, 18 ch. ▥ ⬚ halte sur un parcours.

CASTRO URDIALES (S)   ☏ 942

Hôtels :
¶¶¶ *Las Rocas,* Avda. de la Playa, s/n (☏ 86-04-04) 61 ch. ▥ ☎ ⬚ 🅿 belles vues sur la mer et la baie ; près de la plage.
¶¶¶ *Vista Alegre,* Barrio Brazomar, s/n (☏ 86-01-50) 20 ch. ▥ ▦ ☎ moderne.
⛺ Campings : *Oriñón* (2ᵉ c.), Route N.634, km 163 (☏ 85-03-55) près de la plage ; ouv. d'avril à sept. — *Playa Arenillas* (2ᵉ c.), Route N.634, km 157 (☏ 86-31-52) près de la plage ; ouv. d'avril à sept.
Restaurants :
¶¶ *El Marinero,* Correría, 23 (☏ 86-00-05) fruits de mer et poisson.
¶¶ *El Segoviano,* Correría, 19 (☏ 86-18-59) cuisine ségovienne et cantabrique ; en nov., journées gastronomiques à base de gibier.

CASTROPOL (O)   ☏ 98

Hôtel :
¶¶ *Casa Enrique,* Route générale (☏ 562-38-08) 9 ch. ▥ ⬚
Restaurants :
¶¶ *Casa Vicente,* Avda. de Galicia, s/n (☏ 563-50-51). Fruits de mer de son propre vivier ; quelques chambres.
¶¶ *El Risón,* El Puerto (☏ 563-50-65). Cuisine familiale et savoureuse dans une petite maison en bois sur la rive de l'Eo.

CATOIRA (PO)   ☏ 986

Hôtel :
¶¶ *Hipolito,* Puente, s/n (☏ 54-61-07) 27 ch. ⤬ ▥ ⬚ central.

CAZORLA (J)   ☏ 953

ℹ Office du tourisme : San Francisco, 1 (☏ 72-00-00).

Hôtels :

¶¶¶ *Parador El Adelantado*, Sierra de Cazorla (☏ 72-70-75) 33 ch. ✕ ☏ ₧ dans le site magnifique de la sierra de Cazorla ; dans une épaisse forêt de pins ; cuisine andalouse, plats de gibier.

¶¶¶ *Noguera de la Sierpe*, Coto Ríos, (☏ 72-16-01) 15 ch. Pavillon de chasse dans le Parque Natural de Cazorla ; lac privé.

¶ *Cazorla*, Pza Generalísimo, 4 (☏ 72-02-03) 22 ch. ✕

¶ *Andalucía*, Martinez Falero, 42 (☏ 72-12-68) 11 ch. ☏ ₧

¶ *Guadalquivir*, Nueva, 6 (☏ 72-02-68) 7 ch.

¶ *Mirasierra*, sur la route el Tranco ; 16 ch. tranquille et isolé.

Restaurant :

¶ *La Sarga*, Pza del Mercado (☏ 72-09-68).

⚴ Achats : artisanat (sparterie, beaux tapis), *Manuel Mendieta*, dans le village suivant Peal de Becerro. — gastronomie, au marché, les lun. et sam., place du marché.

CEDEIRA (C)   ☏ 981

Hôtel :

¶ *Paris - St-Tropez*, Generalísimo, 73 (☏ 48-04-30) 10 ch. ▥ ⌐ ⌇ belles vues sur la côte.

CEE (C)   ☏ 981

Hôtels :

¶ *Galicia*, Finistere, 85 (☏ 74-60-57) 10 ch. ▥ ⌐ simple.

¶ *Playa de Estorde* (☏ 74-55-85) 14 ch. très simple ; sur la plage.

CEHEGIN (MU)   ☏ 968

Hôtel :

¶¶ *España*, Route de Murcie, 55 (☏ 74-00-81) 30 ch. ☏ simple et central.

⚴ Achats : espadrilles, *López*, Mayor de Abajo, 4.

CELANOVA (OR)   ☏ 988

Hôtels :

¶ *Betanzos*, Celso Eusebio Ferreiro, 7 et

Castor Elices, 12 (☏ 45-10-36) 33 ch. ▥ ⌐ central. Restaurant.

¶ *Comercio*, Pardo Bazán, 2 (☏ 45-00-42) 19 ch. ✕ ▥ ⌐ simple et central.

CERCEDILLA (M)   ☏ 91

Hôtel :

¶¶ *Longinos*, Avda Generalísimo, 3 (☏ 85-20-01) 7 ch. ₧

Restaurant :

¶¶ *Mirasierra*, Route de los Molinos, 11 (☏ 852-12-59) cuisine familiale.

CERLER (HU)   ☏ 974

Hôtel :

¶¶¶ *Monte Alba*, Estación de Esqui, s/n (☏ 55-11-36) 131 ch. ✕ ▤ ☏ ☏ ⌑ ₧ calme.

CERVERA (L)   ☏ 973

Hôtel :

¶¶ *Canciller*, Pg Balmes, 2 (☏ 53-13-50) 40 ch. ✕ ▥ ▤ ⌐ ₧

Manifestations : *fêtes du Très-Saint-Mystère* les 5, 6, 7 fév. — *représentations de la Passion* le dim., de mars à avr. (tradition qui remonte au xvᵉ s.). — à la *Saint-Magi*, procession et bénédiction de la ville. — *festival de musique classique et de chant choral*, en août.

CERVERA DE PISUERGA (P)   ☏ 979

Hôtel :

¶¶¶ *Parador de Fuentes Carrionas*, Route de Santibañez (☏ 87-00-75) 80 ch. ▥ ☏ ☏ ⌘ ⊡ ₧ situé près du barrage de Ruesga, endroit tranquille, près des Picos de Europa ; f. du 9 nov. au 29 déc.

Restaurant :

¶¶ *El Resbalón*, Calvo Sotelo, 2 (☏ 87-03-90) truites et viandes excellentes.

⚴ Achats : *Pâtisserie Uko*, feuilletés très réputés en Espagne.

CESTONA (SS)   ☏ 943

Hôtels :

¶¶¶ *Arocena*, Paseo San Juan, 12

(☏ 14-70-40) 109 ch. 🅿 ⚡ 🖿 ♒ ▣ moderne et confortable ; belles vues.

¶¶¶ *Gran Hotel Balneario de Cestona,* Paseo San Juan, s/n (☏ 14-71-40) 110 ch. 🖿 ⚡ ▣ tranquille et très confortable.

¶¶¶ *Bedua,* Route de Zumaya-Meagas, Barrio Bedua (☏ 86-05-51). Sur les berges de l'Urola ; terrasse en été.

¶¶¶ *Eate,* Avda. Erentxun, 9, à Arrona Arriba (☏ 14-76-93). Poissons et fruits de mer ; quelques chambres.

¶¶ *Guisasola,* Avda Generalísimo, 14 (☏ 86-70-32) 20 ch. central et simple.

CHANTADA (XANTADA) (LU) ☏ 982

Hôtel :

¶¶ *Las Delicias,* Route Lugo-Orense, km 56 (☏ 44-10-04) 9 ch. 🖿 ▣ vues sur la campagne.

Restaurant :

¶ *Cuatro Caminos,* Luciano Travadelo, 16 (☏ 44-06-27) cuisine familiale galicienne et espagnole avec de bons produits.

CHICLANA DE LA FRONTERA (CA) ☏ 956

Hôtel :

¶¶¶ *Hotel Escuela Fuentemar,* Route Fuente-Amarga (☏ 40-01-11) 48 ch. ✕ 🅿 ⚡ 🖿 ♒ tranquille établissement balnéaire.

⚒ Achats : artisanat, *Fabrique de poupées Marin,* Manuel Herrero, s/n. — gastronomie, *Agustinas Recoletas,* Padre Félix, 31 (☏ 40-04-09).

CHINCHON (M) ☏ 91

Hôtel :

¶¶¶¶ *Parador de Chinchón,* Generalísimo, 1 (☏ 894-08-36) 38 ch. ✕ 🅿 ⚡ 🖿 dans un couvent du XVIIe s.

Restaurants :

¶¶ *Mesón Cuevas del Vino,* Benito Hortelano, 13 (☏ 894-02-85) dans un ancien moulin à huile ; authentique cuisine castillane.

¶¶ *Mesón de la Virreina,* Pza Mayor, 29 (☏ 894-00-15) cuisine locale dans une vieille auberge sur la célèbre place.

⚒ Achats : anis et eaux de vie de Chinchón, *J. Delgado,* Pza Mayor, 33 (☏ 894-05-75).

CHIPIONA (CA) ☏ 956

Hôtels :

¶¶¶ *Cruz del Mar,* Sanlucar de Barrameda, 1, s/n (☏ 37-11-00) 85 ch. 🅿 ⚡ 🖿 près de la plage.

¶¶ *Del Sur,* Avda de Sevilla, 2 (☏ 37-03-50) 54 ch. ⚡ 🖿

¶¶ *Chipiona,* Gómez Ulla, 16 (☏ 37-02-00) 40 ch.

¶¶ *Gran Capitán,* Fray Baldomero González, 7 (☏ 37-09-29) 14 ch. dans un édifice typiquement andalou.

CHIVA (V) ☏ 96

Hôtels :

¶¶¶ *La Carreta,* Route N.111, km 330 (☏ 251-11-00) 80 ch. ✕ 🖿 🅿 ▣ ♒ ▣ ▣ calme ; bonne cuisine.

¶ *Casa Blayet,* Route Madrid-Valence, km 231 (☏ 252-00-09) ✕ ⚡ 🖿 ▣ cuisine régionale.

CIEZA (MU) ☏ 968

⚒ Achats : artisanat, *Giménez* (☏ 76-12-53). — tapis de Sparte, *Ibanez* (76-01-90).

CIFUENTES (GU) ☏ 949

Hôtel :

¶¶ *San Roque,* Route C204, km 36 (☏ 81-00-28) 28 ch. central ; dans un site pittoresque.

⚒ Achats : miel de la Alcarria : *Lopez,* Route de Guadalajara (☏ 81-00-32).

CINTRUENIGO (NA) ☏ 948

Hôtel :

¶¶ *Maher,* Ribera, 19 (☏ 81-11-50) 26 ch. ▣ central et animé.

CIUDAD REAL (C.R.) ☏ 926

🛈 Office du tourisme, Avda Alarcos, 31 (☏ 21-20-03/4).

Hôtels :
¶¶¶ *Castillos,* Avda Rey Santo, 6
(☎ 21-36-40) 132 ch. ◙ moderne et central.
¶¶¶ *El Molino,* Route Cordoue-Tarragone, km 242 (☎ 22-30-50) 18 ch. ✕ ▦ ℗ cuisine « manchega ».
¶¶ *Almanzor,* Bernardo Balbuena
(☎ 21-43-03) 71 ch. ▦ ◙ ℗
¶¶ *Alfonso el Sabio,* Carlos Vásquez, 8
(☎ 22-28-00) 57 ch. tranquille et central.
¶ *San Millán,* Ronda de Granada, 23
(☎ 22-15-79) 40 ch. simple et agréable.

Restaurants :
¶¶ *Santa Cecilia,* Tinte, 3 (☎ 22-85-45) plats locaux typiques et spécialités de différentes régions. Carte des vins intéressante.
¶¶ *Casablanca,* Ronda Granada, 23
(☎ 22-59-98) poissons et coquillages dans un cadre agréable.
¶ *El Torreón,* Avda Torreón, 7
(☎ 22-83-13) cuisine régionale.
🕭 Achats : vins doux, *Bodegas Vigón,* Route de La Atalaya (☎ 22-10-20). — *Bodegas Jacinto Jaramillo,* Malpica, 2 (à Miguelturra ; ☎ 22-55-25).

CIUDAD RODRIGO (SA)   ☎ 923

ℹ️ Office du tourisme : Puerta de Amayuelas, 6 (plan B2 ; ☎ 46-05-61).

Hôtels :
¶¶ *Parador Enrique II,* Pza del Castillo, 1 (plan A4 ; ☎ 46-01-50) 27 ch. ✕ ▦ ☙ ℗ il occupe une partie du château d'Henri II de Trastamara ; bonne cuisine typique de la région.
¶¶ *Conde Rodrigo,* Pza San Salvador, 7 (plan B3 ; ☎ 46-14-08) 31 ch. ✕ ▦ ☙ ◙ ℗ discothèque.

Restaurant :
¶¶ *El Cruce,* route de Lisbonne, 4 (☎ 46-04-50). Chiens admis.
🚇 Gare : *RENFE,* Pza Onésimo Redondo, 9 (☎ 46-11-13).
🕭 Achats : tapis et couvertures typiques, *Felpe Rodríguez,* José María del Hierro, s/n.

CIUTADELLA (PM)   ☎ 971

Hôtels :
¶¶¶ *Iberotel Almirante Farragut,* Cala'n Forcat (☎ 38-28-00) 472 ch. ✕ ▦ ☙ ☒ ☙

◙ ⌁ boutiques, coiffeur, salle de réunions.
¶¶¶ *Cala Blanca,* plage de Cala Blanca (à 4 km au S. ; ☎ 38-04-50) 147 ch. ✕ ▦ ☙ ☙ ◙ ◙
¶¶¶ *Calan Bosc,* Urb. Tamarinda, plage de Calan Bosc (à 10 km au S. ; ☎ 38-06-00) 174 ch. ✕ ▦ ☙ ☒ ☙ ◙ boutiques, coiffeur.
¶ *Alfonso III,* Cami de Mao, 53
(☎ 38-01-50) 54 ch. ▦ ☙ ☒ ◙ dans la vieille ville.

Restaurants :
¶ *Ca'n Diegu,* Capllonch, 38 ; sur le port, poisson et fruits de mer.
¶ *Casa Manolo,* Marina, 103 (☎ 38-00-03) agréable terrasse sur le port de Ciutadella.
¶ *La Payesa,* Marina, 67 (☎ 38-00-21).

COCENTAINA (A)   ☎ 96

Hôtel :
¶¶¶ *Odón,* Avda País Valenciano, 145 (☎ 559-12-12) 52 ch. ✕ ▦ ☙ ⊞ ☙ ☒ ◙ ℗ moderne, mais avec une atmosphère de traditionnelle élégance qui s'accorde parfaitement avec le caractère de la ville.

Restaurant :
¶ *L'Escaleta,* Avda del País Valenciano, 19 (☎ 59-24-17) cuisine familiale.

COFRENTES (V)   ☎ 96

Hôtel :
¶¶ *Balneario Hervideros de Cofrentes,* Route de Casas Ibañez, km 4 (☎ 189-04-25) 60 ch. ✕ ▦ ☙ ☒ ☙ ⌁ ◙ ℗ hôtel thermal ; coquet, dans un cadre étonnant de montagnes et de pins.

COLERA (GE)   ☎ 972

Hôtels :
¶¶ *Tocamar,* Rbla del Port, s/n (☎ 38-90-16) 12 ch. ✕ ☙ ℗
¶ *La Gambina,* Barrio del Port, s/n (☎ 38-90-14) 27 ch. ☙ ℗
Sports : *Club Nàutic Sant Miquel de Colera,* Badia, s/n (☎ 38-90-95).

COLMENAR DE OREJA (M)   ☎ 91

Restaurant :
¶ *Mesón del Desarreglo,* Las Monjas, 2

«ternera al desarreglo» et «patatas chulas».

& Achats : poteries, *Celestino Crespo*. — cave centenaire réputée, *Jesús Díaz,* Convento, 32 (✆ 894-04-58), vins rouges et vins blancs.

COLMENAR VIEJO (M)   ✆ 91

Restaurants :
¶¶ *Asador de Colmenar,* Route de Miraflores (✆ 845-03-26) décoration rustique.
¶¶ *El Mesón* (✆ 734-10-19) décoration rustique, dans une ancienne ferme castillane.

COLOMBRES (O)   ✆ 98

Hôtel :
¶¶¶ *San Angel,* Route Irun-La-Coruña, km 284 (✆ 541-20-00) 77 ch. ▥ ⬝ ☎ ▨ ▨ ⊠ ⌁ ▨

COLUNGA (O)   ✆ 98

Hôtels :
¶ *El Mesón,* Santa Ana (✆ 585-63-35) 715 ch. ⬝ simple.
▲ Camping : *Costa Verde* (2ᵉ c.), La Griega (✆ 585-63-73) 630 pl.
Restaurant :
¶¶ *Cabaña del Mar,* Plage de La Griega (✆ 85-60-58).

COMARRUGA (T)   ✆ 977

Hôtels :
¶¶¶¶ *Gran Hotel Europe* (✆ 68-04-11) 154 ch. ✕ ▥ ▦ ▤ ⬝ ☎ ▨ ⌁ ▨ ▣ ouv. juin à sept.
¶¶¶ *Brisamar,* Av. Bonaventura Trillas, s/n (✆ 68-01-11) 103 ch. ✕ ▥ ▤ ⬝ ☎ ▣
Restaurant :
¶¶ *El Puerto,* Pl. dels Germans Trillas, s/n (✆ 68-00-28) f. en sept.
Embarcadère de Coma-Ruga : *Club Nàutic,* Port d'El Vendrell, (✆ 68-01-20).

COMILLAS (S)   ✆ 942

Hôtels :
¶¶¶ *Casal del Castro,* San Jerónimo, s/n (✆ 72-00-36) 75 ch. ▥ ▦ ☎ ▨ ⌁ dans un édifice historique.
¶¶¶ *Paraíso,* Padres Páramo y Nieto, 13 (✆ 72-00-30) ▥ ☎ ouv. d'avr. à oct., confortable.
¶¶ *Hostal Colasa,* Antonio López, 9 (✆ 72-00-01) ouv. de mai à sept.; maison traditionnelle, calme et tranquille.
▲ Camping de Comillas (2ᵉ c.), Route Barreda-San Vicente de la Barquera (✆ 72-00-74) ouv. de juin à sept.
Restaurant :
¶¶¶ *El Capricho de Gaudí,* Barrio de Sobrellano, s/n (✆ 72-03-65). Cuisine du marché dans le cadre d'une remarquable construction de Gaudí.
¶¶¶ *Adolfo,* Las Infantas, 1 (✆ 72-20-14). Poissons et fruits de mer, cuisine régionale, terrasse.
¶¶ *Fonda Colasa,* Antonio López, 9 (✆ 72-00-01) fermé du 30 sept. au 1ᵉʳ mai; cuisine maison, plats très copieux.

CONIL DE LA FRONTERA (CA)   ✆ 956

Hôtels :
¶¶¶ *Flamenco,* Fuente del Gallo, s/n (✆ 44-07-11) 120 ch. ▨ ⌁ bien situé.
¶¶ *Espada,* San Sebastián, s/n (✆ 44-07-80) 46 ch. ▨ ▣ ▨
¶ *Las Cumbres,* Route Cadix-Málaga, km 17 (✆ 44-01-14) 39 ch. ▨ ▣ ▨ jolie vue.
¶ *Tres Jotas,* San Sebastián s/n (✆ 44-04-50) 39 ch.
▲ Campings : *Pinar Tula* (1ʳᵉ c.). Route N. 340, km 20 (✆ 44-55-00) ▣ douches. — *Cala del Aceite* (2ᵉ c.), Roche Viejo, s/n (✆ 44-09-72) douches; près de la plage.

CONSUEGRA (TO)   ✆ 925

Hôtel :
¶¶ *Las Provincias,* Route Tolède-Alcázar, km 61 (✆ 48-03-00) 24 ch. ▣ ⌁ belle vue sur la Manche et la ville.
▲ Camping : *Los Estanques Romanos* (3ᵉ c.), Avda del Imperio Romano ▨ (ouv. d'avr. à oct.).
& Achats : poteries traditionnelles, *Hermanos Baltasar Moreno,* Santa Justa y Rufina; *José Navas,* Santa Justa y Rufina.

CONTURIZ (LU)   ☎ 982

> Hôtel :
> ¶ *Torre de Nuñez,* San Isidro Labrador,
> 7 (☎ 22-72-13) 61 ch. ✕ ▥ ⊣ ⊛ ⊛ ▣ vue
> pittoresque depuis cet hôtel simple
> et confortable.

CORDOUE (CO)   ☎ 957

> ⓘ Office du tourisme : Hermanos Gon-
> zalez Murga, 13 (plan coul. XII, B2 ;
> ☎ 22-12-05) ; annexe à la Juderia (plan
> coul. XII, A4).
> Hôtels :
> ¶¶¶¶ *Parador La Arruzafa,* Avda de la Arru-
> zafa, s/n (☎ 27-59-00) 83 ch. ✕ ♪
> ▣ ℗ dans le quartier résidentiel nord,
> avec de beaux jardins à l'andalouse.
> ¶¶¶¶ *Gran Capitán,* Avda de América, 3 et 5
> (plan coul. XII, B1 ; ☎ 47-02-50) 99 ch. ✕
> ▦ ▣ moderne et central.
> ¶¶¶¶ *Meliá Cordoba,* Jardines de la Victoria
> (plan coul. XIII, A3 ; ☎ 29-80-66) 106 ch.
> ✕ ▦ ⊛ ▭ près de l'Alcázar.
> ¶¶¶ *El Califa,* López de Hoces, 14 (plan
> coul. XII, A3 ; ☎ 29-94-00) 50 ch. ▦
> ▣ calme.
> ¶¶¶ *Los Gallos,* Avda Medina Azahara, 7
> (plan coul. XII, A2 ; ☎ 23-55-00) 105 ch.
> ▦ ▭
> ¶¶¶ *Maimonides,* Torrijos, 4 (plan coul. XIII,
> B4 ; ☎ 47-15-00) 61 ch. ▦ ▣ décoré en
> style andalou ; face à la mosquée.
> ¶¶ *Colón,* Alhaken II, 4 (plan coul. XII, A1 ;
> ☎ 47-00-17) 40 ch.
> ¶¶ *Marisa,* Cardenal Herrero, 6 (plan
> coul. XIII, B3-4 ; ☎ 47-31-42) 28 ch.
> ¶¶ *Niza Sur,* Avda de Cádiz, 60 (hors plan
> coul. XIII, B5 ; ☎ 29-65-11) 30 ch.
> ¶¶ *Selu,* Eduardo Dato, 7 (plan coul. XII,
> A2-3 ; ☎ 47-65-00) ▦ ▣ bien situé, mais
> cadre et accueil décevants.
> ¶ *El Oasis,* Avda de Cádiz, 78 (hors plan
> coul. XIII, B5 ; ☎ 29-13-50) 31 ch. ⊛ ▭
> ¶ *Hostal Séneca,* Conde y Luque, 7
> (☎ 47-32-34) 10 ch.
> △ Campings : *Campamento municipal*
> (1ʳᵉ c.) (☎ 27-50-48) douches ▭ *Cerca
> de Lagartijo* (2ᵉ c.), Route N.IV,
> km 398 (☎ 25-04-26) ▭
> Restaurants :
> ¶¶¶ *La Almudaina,* Pza de los Santos Már-
> tires, 1 (plan coul. XIII, A4 ; ☎ 47-43-42)

dans un petit palais ; on y déguste une
agréable cuisine andalouse.
> ¶¶¶ *Caballo Rojo,* Cardenal Herrero, 28
> (plan coul. XIII, B3-4 ; ☎ 47-53-75) spé-
> cialités andalouses.
> ¶¶¶ *El Churrasco,* Romero, 16 (plan coul.
> XIII, A3 ; ☎ 29-08-19). Cuisine tradition-
> nelle de Cordoue ; f. août.
> ¶¶ *El Blasón,* José Zorrilla, 11 (plan coul.
> XIII, A2 ; ☎ 48-06-25). Ancienne taverne
> bien restaurée ; on sert des tapas dans
> le patio.
> ¶¶ *Bandolero,* Medina y Cornella, 8 (plan
> coul. XIII, B4 ; ☎ 41-42-45).
> ¶¶ *Los Arcos,* Avda Tejares, 16 (Pasaje
> Rumasa ; ☎ 47-14-60) dans un décor
> cordouan, poissons et tapas.
> ¶¶ *Oscar,* Pza de los Chirinos, 6 (plan
> coul. XII, B2 ; ☎ 47-75-17) poissons.
> ¶¶ *Castillo de la Albaida,* Route de Santa
> María de Trassiera, à 4 km O
> (☎ 27-34-93 et 27-20-46) cuisine anda-
> louse dans une belle demeure.
> ¶¶ *Ciro's,* pasco de la Victoria, 19 (plan
> coul. XII, A2 ; ☎ 29-04-64).
> Tourisme : *RENFE* (Chemin de Fer
> Bureaux voyages), Ronda de los
> Tejares, 10 (☎ 22-58-84).
> ▭▭▭ Gare : *RENFE* (plan coul. XII, A1 ;
> ☎ 49-02-02).
> ⚭ Achats : gastronomie, *Confiteria San
> Rafael,* Sta María de Gracia, ▦
> (☎ 25-18-46) gâteaux cordouans avec
> du jambon ; pâtisseries diverses. —
> artisanat et articles de décoration
> *Guerrini,* Noques, 3 et 5 (☎ 47-58-97)
> — cuir de Cordoue, *Alejandro e
> Carlos López,* Calleja de las Flores, 2 ;
> Encarnación, 12 (☎ 47-59-02).

CORELLA (NA)   ☎ 948

> ⚭ Achats : *Bodega Camilo Castilla,* Sta
> Bárbara, 40 (☎ 78-00-06), excellents
> vins doux.

CORIA (CC)   ☎ 927

> Hôtels :
> ¶ *Los Kekes,* Avda Calvo Sotelo, 49
> (☎ 50-09-00) 22 ch. ✕ ▥ ⊣ ▣ ▣
> ¶ *Montesol,* Route Cáceres - Ciudad
> Rodrigo (☎ 50-10-49) 16 ch.
> Restaurant :
> ¶ *Onasis Club,* Rivera del Alagón, s/n.

CORNELLANA (O)   ☎ 98

Hôtel :

¶¶ *La Fuente,* Cornellana (☎ 583-40-42) 14 ch. ▥ ⌐ ▬ ⊛ bel édifice dans un agréable jardin.

COROGNE [LA] (C)   ☎ 981

ℹ Office du tourisme : Darsena de la Marina (plan C2 ; ☎ 22-18-22).

Hôtels :

¶¶¶¶ *Atlántico,* Jardines de Mendez Nuñez (plan B2 ; ☎ 22-65-00) 200 ch. ✕ ▥ ▣ ⌐ ⊛ ▣ salle de conférences ; près de la mer, moderne et animé.

¶¶¶¶ *Finisterre,* Paseo del Parrote, s/n (plan D2 ; ☎ 20-54-00) 127 ch. ✕ ▥ ▆ ⌐ ▣ ▣ ▱ ♪ près de la Torre de Hercules ; bien aménagé.

¶¶¶ *Ciudad La Coruña,* Poligono de Adormideras (☎ 21-11-00) 131 ch. ✕ ▥ ▣ ⌐ ▣ ▣ ▬ ⊛ ▣ construit en 1982, cet hôtel situé en bord de mer près de la torre de Hércules offre un très bon rapport qualité/prix.

¶¶¶ *Riazor,* Avda Barrié de la Maza (plan A1 ; ☎ 25-34-00) 168 ch. ▥ ▣ ⌐ ▣ ▣ ▣ les diverses transformations ont su conserver le côté Belle Époque.

¶¶ *Rivas,* Avda Fernández Latorre, 45 (☎ 29-01-71) 70 ch. ▣ ⌐ ▣ ▣ situé dans le centre de la ville.

¶¶ *Mara,* Galera, 49 (plan B1 ; ☎ 22-18-02) 19 ch. ▥ ⌐ ▣ agréablement situé dans le centre.

¶¶ *Oriental,* Juana de Vega, 21 (plan A1-2 ; ☎ 22-36-01) 15 ch. ▥ ⌐ ▣ belle vue.

¶ *Palacio,* Pza de Galicia, 2 (☎ 22-21-85) 18 ch. ✕ ▥ ⌐ ⊛ cadre attrayant ; simple et confortable.

Pensión Fabeiro, Betanzos, 1 (☎ 22-46-51) 6 ch. ▥ ⌐ belle vue.

Pensión Rosaleda, Juana de Vega, 13 (plan A1-2 ; ☎ 22-28-09) 9 ch. ✕ ▥ ⌐ vue pittoresque.

Restaurants :

¶¶ *Duna 2,* Estrella, 2 et 4 (plan B1 ; ☎ 22-70-23) cuisine galicienne recherchée dans un cadre moderne et fonctionnel.

¶¶ *Casa Pardo,* Novoa Santos, 15 (☎ 28-00-21) Cuisine régionale traditionnelle légèrement adaptée aux goûts d'aujourd'hui.

¶ *Coral,* Estrella, 5 (plan B1 ; ☎ 22-10-82/22-27-17) poissons et coquillages.

¶ *El Rápido,* Estrella, 7 (plan B1 ; ☎ 22-42-21) poissons et coquillages ; bonne cave.

¶ *Viuda de Alfredín,* Manuel Murguia, 4 (☎ 25-00-91) cuisine galicienne de marché.

¶ *Os Arcados,* Playa Club Riazor (plan A1 ; ☎ 25-00-63) coquillages ; jolie vue sur la plage.

Night-clubs : trois rues sont particulièrement animées le soir à La Corogne ; dans la vieille ville, plusieurs pubs : *La Cava de la Poesia,* Calle 42, *Alalampara* (jazz). — la Calle Orzán et ses abords sont le rendez-vous des « progres » et des intellectuels : *O Patacón, El Tranvia, Filloa.* — vers Juan Flores et la Plaza de Vigo, les lieux deviennent plus chers et luxueux : *D. Pepe, Brujas, Pato negro, La Bolera.* — on peut prendre un dernier verre près du port ou à *Cuatro Caminos Fornos,* Olmos, 25, lieu idéal pour bavarder et prendre l'apéritif. — *Clangor,* Playa de Riazor ; Chastón, Costa Rica, 4 ; *Candilejas,* Las Jubias, sont quelques-unes des nombreuses discothèques de La Corogne.

🕭 Achats : gastronomie, *Aniceto Rodriguez,* Cantón Pequeño, 23 (☎ 22-14-38) eaux de vie et charcuterie, grand choix de vins ; *Cesar Blanco,* Plaza de Pontevedra, 15, pâtisseries. — céramiques, *O Tabuleiro,* Paseo de la Darsena, 3. — artisanat galicien, *Feitina,* Sto Domingo, 8. — terre, bois et osier, *El Zueco,* Plaza, 4. — jais et granite, *Obradoiro,* Plazuela de los Angeles, 7.

Manifestation : marché à l'air libre, Plaza de María Pita (dim. de 10 h à 14 h) antiquités, artisanat, timbres et monnaies.

CORRALEJO (GC)   ☎ 928
→ Puerto del Rosario

COSTA DEL SILENCIO (TF)   ☎ 922

Hôtels :

¶¶¶ *El Chaparral* (dans le centre commercial) ⊛ ▣ ▣ minigolf.

¶¶ *Parque En-Bel*, Las Gallegas (Arona ; ✆ 78-50-58) ⌧ 🏊 ♪ ⬚ important complexe hôtelier de la côte sud dans un endroit pittoresque (appartements, studios, bungalows).

COVARRUBIAS (BU)   ✆ 947

Hôtel :

¶¶¶ *Parador Colaborador de Arlanza*, Pza Mayor, 11 (✆ 40-30-25) 40 ch. ✕ ▥ 🐕 chiens admis. f. du 15 déc. au 15 mars ; situé dans un édifice historique ; cuisine de la région, dîners médiévaux le sam., sauf en juil. et août.

COVAS (LU)   ✆ 982

Hôtels :

¶¶ *Dolusa*, Suasbarras, 14 (✆ 56-08-66) 15 ch. ▥ ⊿

¶¶ *Cociña*, Avda Hermanos Pérez Labarta (✆ 56-00-78) 65 ch. ▥ ⊿ belle vue.

CREVILLENTE (A)   ✆ 96

Hôtel :

¶¶ *Sultán*, San Vicente Ferrer, 67 B (✆ 540-15-50) 28 ch. ▥ ▦ ⊿ 🐕 ⌕ calme ; très beau panorama.

CUBELLS (L)   ✆ 973

Hôtel :

¶ *Roma*, Route Lleida-Puigcerdà, km 38 (✆ 45-90-03) 18 ch. ✕ ▥ ⊿ ⬚

CUDEIRO (OR)   ✆ 988

Hôtel :

¶¶ *Bocarribeira* (✆ 21-63-99) 14 ch. ▥ ⊿ site agréable.

CUDILLERO (O)   ✆ 98

Hôtel :

¶¶ *La Lupa*, San Juan de Piñera (✆ 559-00-63) 23 ch. ▥ ⊿ 🐕

CUELLAR (SG)   ✆ 921

Hôtel :

¶¶ *San Francisco*, Camilo José Cela, 2 (✆ 14-00-09) ✕ ▥ spécialité d'asados grillés au feu de bois.

CUENCA (CU)   ✆ 969

ℹ️ Office du tourisme, Colón, 34 (plan A3 ; ✆ 22-22-31).

Hôtels :

¶¶¶¶¶ *Parador de Turismo*, Paseo de Huécar, s/n (hors plan C1 ; ✆ 23-23-20) 62 ch. Dans l'ancien couvent de San Marcos, du XVIe s., les chambres — dont plusieurs donnent sur les maisons suspendues — conservent le charme et la tranquillité des cellules monastiques.

¶¶¶¶ *Torremangana*, San Ignacio de Loyola 9 (✆ 22-33-51) 115 ch. ✕ ▦ 🐕 ▥ 🅿 moderne et confortable ; spécialités régionales à « La Cocina ».

¶¶¶ *Cueva del Fraile*, Route Cuenca Buenache, km 7 (✆ 21-15-71) 54 ch. 🐕 ⌧ ▣ ♪ ⌕ 🅿 dans un édifice du XVIe s restauré ; calme.

¶¶¶ *Alfonso VIII*, Parque de San Julián, 3 (plan A3 ; ✆ 21-43-25) 48 ch. ▦ 🐕 ⬚ dans le centre ville.

¶¶ *Francabel*, Division Azul, 7 (plan A4 ✆ 22-62-22) 30 ch. simple et confortable.

¶¶ *El Figón de Pedro*, Cervantes, 13 (plan A4 ; ✆ 22-45-11) ; dans la vieille ville haute, au-dessus d'un des meilleurs restaurants de la ville.

¶¶ *Posada de San José*, Julián Romero 4 (plan A1 ; ✆ 21-13-00) 24 ch. dans la vieille ville, édifice du XVIe s. où vécut le peintre Martínez del Mazo.

Restaurants :

¶¶¶ *El Figón de Pedro*, Cervantes, 13 (plan A4 ; ✆ 22-68-21) ambiance castillane et cuisine locale ; semaine gastronomique en novembre. Le meilleur restaurant de la ville.

¶¶ *Mesón Casas Colgadas*, Canónigos s/n (plan C2 ; ✆ 22-35-09) dans un cadre très agréable dominant le Júcar paysage magnifique. Réserver 24 h à l'avance, au moins.

¶¶ *Mesón Los Claveles*, 18 de Julio, 32 (plan B3 ; ✆ 21-38-24) cuisine maison gibier en saison ; f. jeu.

¶ *Togar*, Avda República Argentina, 3 (plan A4 ; ✆ 22-01-62) cuisine régionale

¶ *Casa Marlo*, Colón, 59 (plan A3-4 ✆ 21-11-73) cuisine familiale.

🛍️ Achats : poteries, *Alfarería Luís de Castillo*, Pza Mayor (plan C1) ; *Pedro*

Mercedes, Benito Perez, 22 ; *Emilio del Castillo,* Clavel, 7.

CULLERA (V) ✆ 96

Hôtels :
- ¶¶¶ *Sicania,* Playa del Raco, s/n (✆ 172-01-43) 117 ch. ✕ ▥ ▤ ◿ ▨ ▣ ◱ ➘ ▣ très agréable, et belle vue sur la mer.
- ¶¶ *Don Carlos II,* Avda Cabañal, 17 (✆ 172-00-89) confortable ; sur la plage.
- ¶ *El Cid,* Playa el Dosel, 9 (✆ 172-11-64) ▨ ▣

Restaurants :
- ¶¶¶ *Les Mouettes,* Subida del Castillo (✆ 172-00-10) superbe panorama ; cuisine française très soignée.
- ¶¶ *Don Carlos,* Avda Castellón, 16 (✆ 172-06-23) terrasse ; poisson.

CULLEREDO (C) ✆ 981

Hôtel :
- ¶ *Caamaño,* La Corbeira-Vilaboa (✆ 66-00-95) 5 ch. ▥ beau point de vue.

CUNIT (T) ✆ 645

Restaurant :
- ¶ *L'Avi Pau,* Route Barcelone-Calafell, km 52 (✆ 67-48-41) f. dim. soir.

CUNTIS (PO) ✆ 986

Hôtel :
- ¶¶ *Balneario La Virgen,* Calvo Sotelo, 2 (✆ 54-80-00) 84 ch. ✕ ▥ ◿ ▨ ▣ ◱ sauna, gymnase, boutiques ; très confortable ; dans un paysage pittoresque.

DAIMIEL (C.R.) ✆ 926

Hôtels
- ¶¶ *Las Tablas,* Virgen de las Cruces, 5 (✆ 85-21-07) 33 ch. ▤ ▣
- ¶¶ *Las Brujas,* Route N.420, km 231 (✆ 85-22-89) 14 ch. ▨ ▣
- ¶¶ *Madrid,* Magdalena, 9 (✆ 85-24-17) 17 ch. tranquille.

DARNIUS (GE) ✆ 972

Hôtel :
- ¶¶ *Darnius,* Massanet, 17 (✆ 53-51-17) 10 ch. ✕ ▥ ◿ ▨ ▣

DEIXEBRE (C) ✆ 981

Hôtel :
- ¶¶ *Los Carballos,* Route La Corogne-Santiago, km 44 (✆ 68-07-14) 30 ch. ✕ ▥ ◿ ▨ ▣ ▣ installations modernes dans un site agréable.

DELTEBRE (T) ✆ 977

- ❶ Office du tourisme : *Centre d'information du Parc Naturel du Delta,* Pl. 20 de Maig (Pl. de l'Ajuntament ; ✆ 48-04-70 ou 48-10-63).
- ⛴ Bateaux : Pour l'embouchure de l'Èbre, *S° Olmos* (✆ 48-04-73) et *S° Garriga* (✆ 48-01-22).

  Chasse et pêche : dates d'ouvertures, permis, s'informer *Sección Territorial del Medio Natural de Tarragona,* Catalunya, 50 (✆ 21-78-78).

DENIA (A) ✆ 96

Hôtels :
- ¶¶¶ *Denia,* Partida Fuentes del Mar, s/n (✆ 578-12-12) 280 ch. ▨ ▣
- ¶¶ *Los Angeles,* Bovetes Nord A, 118 (✆ 578-04-50) 59 ch. ✕ ▨ ▨ ➘ ▣ très confortable.

  Restaurant :
- ¶¶ *El Pegoli,* Playa de Les Rotes (✆ 578-10-35) coquillages.

DEVA (SS) ✆ 943

Hôtels :
- ¶¶¶ *Miramar,* Arenal, 24 (✆ 60-11-44) 60 ch. ▣ confortable et tranquille ; près de la plage.
- ¶¶ *Monreal,* Lersundi, 30 (✆ 60-12-44) 26 ch. ; simple et confortable ; près de la plage.

DON BENITO (BA) ✆ 924

Hôtels :
- ¶¶ *Veracruz,* Route D. Benito - Villanueva, km 101 (✆ 80-13-62) 53 ch. ▥ ▨ confortable.
- ¶¶ *Miriam,* Donoso Cortés, 1 (✆ 81-15-39) 27 ch. ▥ ◿ ▨ central.
- ¶ *Galicia,* Pza Sánchez Cortés, s/n (✆ 80-35-28) 10 ch.

Restaurant :

¶ *La Espuela,* Calvo Sotelo, 5 ; central ; cuisine espagnole.

DOS BARRIOS (TO)   ☏ 925

Hôtel :

¶¶ *Guzmán,* Route Madrid-Cadix, km 72 (☏ 13-70-25) 23 ch. ⤫ ⛾ ▣

ECIJA (SE)   ☏ 95

ⓘ Office du tourisme : Ayuntamiento, Plaza de España (☏ 590-02-00).

Hôtels :

¶¶ *Astigi,* Route N.IV, km 450 (☏ 483-01-62) 18 ch. ⤫ ▦ ☏ ℗ terrasse, cuisine andalouse.

¶¶ *Ciudad del Sol,* Miguel de Cervantes, 50 (☏ 483-03-00) 30 ch. confortable et tranquille.

Restaurant :

¶ *Pirula,* Miguel de Cervantes, 48. Spécialités locales.

🛍 Achats : *Yemas el Ecijano,* Villareal, 1 (☏ 483-20-12) confiseries typiques. — *Convento Purísima Concepción :* « biscochos » maroquins.

EIBAR (SS)   ☏ 943

Hôtels :

¶¶¶ *Arrate,* Ego Gain, 5 (☏ 11-72-42) 89 ch. ☏ central et très animé.

¶¶ *San Juan,* San Juan, 3 (☏ 11-71-46) 9 ch. simple et central.

Restaurants :

¶¶ *Chalcha,* Isasi, 7 (☏ 11-11-26) cuisine basque et du marché.

¶¶ *Artola,* Pza Vizcaya, 7 (☏ 11-63-48) cuisine basque et nouvelle cuisine.

¶ *Acitaín,* Acitaín, 6 (☏ 11-11-19) cuisine familiale.

EJEA DE LOS CABALLEROS (Z)   ☏ 976

Hôtel :

¶¶¶ *Cinco Villas,* Paseo del Muro, 10 (☏ 66-03-00) 30 ch. ⤫ ☏ central.

EJIDO [El] (AL)   ☏ 950

Hôtel :

¶¶¶¶ *Golf Hotel Almerimar,* Urbanización

Almerimar (☏ 49-70-50) 38 ch. ▦ ⛾ ▣ ⤴ ⤶ bel établissement près de la plage.

⚓ Camping : *Mar Azul* (2ᵉ c.) Playa de San Miguel (☏ 48-15-35) ▣ ⤴ douches ; moderne, peu d'ombre.

Restaurant :

¶¶ *Mesón El Segoviano,* Urbanización Almerimar (☏ 48-00-84) spécialité de grillades de la sierra de Alpujarra.

EL MEDANO (TF)   ☏ 922

Hôtels :

¶¶¶ *Médano,* (plage ; ☏ 70-40-00) 65 ch. belle vue.

¶¶ *Cavel,* Av. Príncipes, 22 (☏ 70-42-50) 20 ch.

ELCHE (A)   ☏ 96

ⓘ Office du tourisme : Parque Municipal (☏ 545-27-47 ou 520-00-00).

Hôtels :

¶¶¶¶ *Huerto del Cura,* Porta de la Morera, 14 (☏ 545-80-40) 70 ch. ⤫ ▥ ▦ ▣ ⤴ ☏ ⛾ ▣ ▣ ℗ bonne cuisine au *Els Capellans ;* confort, décoration élégante, terrasse et palmeraie.

¶¶ *Don Jaime,* Avda Primo de Rivera, 5 (☏ 545-38-40) 64 ch. ⤫ ▥ ▦ ▣ ⤴ ☏ situation exceptionnelle.

Restaurants :

¶¶ *La Finca,* Partida Perleta, 7 (☏) 545-60-07) f. dim. soir, lun. et jan. Cuisine régionale et internationale dans un décor agréable.

¶ *Parque Municipal,* Alfonso XIII (☏ 545-34-15) dans le parc municipal, en plein air, sous de frais ombrages.

✉ Poste et téléphone : Parque Proyecto, s/n (☏ 544-69-11 et 544-25-02).

🚉 Gares : *Estación Carrús,* Avda de la Libertad, Oscar Esplá. — *Estación Parque,* Paseo Alfonso XIII, Avda de la Libertad.

ELCIEGO (VI)   ☏ 945

🛍 Achats : *Bodegas Domecq,* Route de Villabuena, s/n (☏ 10-60-04), vins rouges de grande qualité, excellentes réserves. — *Bodegas Murua,* vins rouges élaborés dans une maison seigneuriale.

ELDA (A) ☎ 96

Hôtel :
¶¶ *Elda,* Avda de Chapí, 4 (☎ 538-05-56)
37 ch. ▥ ⌑ ☎ ℗ accueil familial.

Restaurant :
¶¶ *La Sirena,* Avda. de Madrid, 14
(☎ 537-17-13) f. dim. soir, lun. et août.
Cuisine régionale et internationale.

ESCALA [L'] (GE) ☎ 972

ℹ Office du tourisme : Pl. de les
Escoles, 1 (☎ 77-06-03).

Hôtels :
¶¶¶ *Nieves Mar,* Pg Maritim, 8 (☎ 77-03-00)
80 ch. ✕ ▥ ⌑ ☎ ⌧ ♪ restaurant réputé.
¶ *Dels Pins,* Closa del Llop, s/n
(☎ 77-03-95) 16 ch. ✕ ▥ ℗
¶ *Caravel·la* (☎ 77-01-14) confort minimum, mais accueil agréable.

Restaurant :
¶¶ *Els Pescadors,* Port d'En Perris, 3
(☎ 77-07-28) belle vue, bon confort
et fruits de mer conseillés ; f. en sept.

Sports : bassin de plaisance de
l'Escala : *Club Nàutic* (☎ 77-00-16).

𝕰 Achats : les anchois, bien sûr,
Anxoves de l'Escala, La Torre, 18 ;
Xilly, Picasso, 18 ; *Fill J. Callo Ser-
rat,* Bonari, 1.

ESCALONA (TO) ☎ 925

▲ Camping : *Municipal* (3ᵉ c.), Route
Tolède-Avila, km 54 (☎ 78-10-34 ; ouv.
de juin à août) ⌧ bien ombragé, pêche.

ESPINAMA (S) ☎ 942

Hôtel :
¶ *Refugio de Aliva,* à 7,5 km de Espinama (☎ 73-00-01) ▥ refuge de montagne dans les Picos de Europa ;
sports d'hiver.

ESPIRITU SANTO (C) ☎ 981

Hôtel :
¶¶ *Espiritu Santo,* Sada (☎ 62-04-37) 8 ch.
▥ ⌑ hôtel simple avec de belles vues.

ESPLUGA DE FRANCOLI [L'] (T) ☎ 977

Hôtels :
¶ *Capella,* Las Masies de Poblet s/n
(☎ 87-00-57) 39 ch. ✕ ▦ ⌑ ☎ ▣
¶ *Del Centre,* Balneari de Poblet, s/n
(☎ 87-00-58) 48 ch. ✕ ▥ ☎ ⌧ ℗

Restaurant :
¶¶ *Fonda Garell,* Pg de Canyelles, 3
(☎ 87-01-83) spécialités catalanes ; f. de
fin déc. à fin jan.

ESPOT (L) ☎ 973

Hôtels :
¶¶ *Saurat,* Sant Martin, s/n (☎ 63-50-63)
50 ch. ✕ ▥ ⌑ ☎ ☎ ℗ un bon hôtel
et une bonne table.
¶ *Hostal Roya,* Route de Sant Mauricio, 1 (☎ 63-50-40) 39 ch. ✕ ▥ ⌑ ℗

ESTARTIT [L'] (GE) ☎ 972

ℹ Office du tourisme : Av. de Roma, 42
(☎ 75-79-01) ; Paseo Marítim, 47
(☎ 75-89-10).

Hôtels :
¶¶¶ *Bell-Aire,* Iglesia 39 (☎ 75-81-62) 78 ch.
✕ ▥ ▣ ⌑ ☎
¶ *Univers,* Victor Concas, 7 (☎ 76-05-70)
52 ch. ✕ ⌑ ℗
¶¶ *Les Salines,* Paseo del Molinet, 5
(☎ 75-86-11) poissons et fruits de mer
face à la mer. f. de nov. à mars.

Sports : Bassin sportif de l'Estartit,
Club Nàutic, port de Torroella de Montgri (☎ 75-84-02).

⛴ Bateaux : sur le port, navettes vers
l'*île de la Meda Gran*

🚂 Chemin de fer : trains à Flaçà.

ESTELLA (NA) ☎ 948

ℹ Office du tourisme : à la Puerta de
Castilla (☎ 55-40-11 ; ouv. Pâques-
Toussaint).

Hôtels :
¶ *Tatan,* Sancho el Fuerte, 6 (☎ 55-02-50)
25 ch.
¶ *Irache,* Irache (☎ 55-11-50).

Restaurants :
¶¶ *Tatana,* García el Restaurador, 1
(☎ 55-38-70) cuisine locale, ambiance
agréable.

¶ *Navarra*, Gustavo de Maeztu, 16 (✆ 55-00-40).

¶ *La Cepa*, Pza Los Fueros, 18 (✆ 55-00-32) cuisine traditionnelle.

🛍 Achats : *Diaz de Cerro*, Paseo de la Immaculada, 44 (✆ 55-04-42), botas pour le vin.

ESTEPONA (MA)   ✆ 95

ⓘ Office du tourisme : Paseo Marítimo (✆ 280-09-13).

Hôtels :

¶¶¶¶ *Iberotel Atalaya Park*, Route de Cadix, km 175 (✆ 288-48-01) 481 ch. ▦ ※ ▢ ♪ gymnase, sauna ; près de la plage.

¶¶¶¶ *Stakis Paraiso*, Route N.340, km 173 ; ✆ 288-30-00) 195 ch., ▦ ※ ▢ ♪ ♪ belles vues sur la mer et la montagne.

¶¶¶ *Santa Marta*, Route N.340, km 173 (✆ 288-81-77) ▦ ▢ ▨ bungalows dans un grand jardin tropical.

¶¶ *Caracas*, Avda San Lorenzo, 50 (✆ 280-08-00) 32 ch.

¶¶ *Dobar*, Avda España, 117 (✆ 280-06-00) 35 ch. belles vues.

¶¶ *Buenavista*, Paseo Marítimo (✆ 280-01-37) 38 ch. ▣ près de la plage.

¶¶ *Mediterráneo*, Avda España, 68 (✆ 280-08-95) 22 ch. près de la plage.

Restaurants :

¶¶¶ *The Yellow Book*, Route N.340, km 167 (✆ 280-04-84) cuisine internationale dans une ambiance des années 20.

¶¶ *El Molino*, Route N.340, km 172 (✆ 281-34-90) cuisine française dans un cadre rustique.

¶¶ *Bahia Dorada*, Urb. Bahia Dorada, 7 km (✆ 280-25-49) ▢ terrasse.

¶¶ *Le Castel*, Urb. Bahia Dorada (✆ 280-05-46) cuisine française et andalouse.

¶ *Antonio*, Puerto Deportivo (✆ 280-11-42) terrasse agréable, fritures de poissons.

¶ *El Cenachero*, Puerto (✆ 280-14-42) délicieux fruits de mer.

¶ *Benamara*, 11,4 km N.-E. (✆ 288-11-48) cuisine marocaine.

¶ *Club Naútico* (✆ 280-09-54) terrasse.

🛍 Achats : poteries, *José del Cid Abellán*, Málaga, s/n. — artisanat typique : *Artesania Alhambra*, Avda España.

ESTRADA [LA] (PO)   ✆ 986

Hôtel :

¶ *La Bombilla*, Plaza del Generalísimo, 32 (✆ 57-03-35) 32 ch. ▥ ᴐ

Bar : *Puerta del Sol*, spécialité de cocktails.

EZCARAY (LO)   ✆ 941

Hôtel :

¶¶ *Gri-Cap*, Route de Santo Domingo (✆ 35-40-00) 30 ch. ; accueillant et animé ; fréquenté par les skieurs en hiver.

Restaurants :

¶¶ *Echaurren*, Héroes del Alcázar, 2 (✆ 35-40-47) cuisine traditionnelle, avec des spécialités de la Rioja et du Pays basque.

¶ *Marichu*, Avda Jesús Nazareno, 1 (✆ 34-50-05) cuisine basque ; bonne cave.

🛍 Achats : *Fabrique artisanale de couvertures*, González Gallarza, 4 ; ces ateliers artisanaux continuent la tradition de la Fabrique royale fondée en 1752 par Charles III.

FELANITX (PM) ✆ 971

Hôtels :

¶¶¶¶ *Cala Esmeralda*, Urb. Cala Esmeralda, s/n, Cala d'Or (✆ 65-71-11) 151 ch. ✕ ▥ ▦ ᴐ ※ ▢ ♪ un peu à l'écart du centre commercial de la crique.

¶¶¶ *Cala Gran*, Playa, Cala d'Or (✆ 65-71-00) 77 ch. ✕ ▥ ᴐ ※ ▢

¶¶¶ *Skorpios Playa*, Cala Egos-Cala d'Or (✆ 65-71-51) 163 ch. ✕ ▥ ᴐ ※ ▢ à Cala Egos, petite crique près de Cala d'Or.

¶¶¶ *Park Air Marine*, Els Revelle, 21, Cala d'Or (✆ 65-78-58) 25 ch. ▥ ᴐ ▢ ♪

¶¶¶ *Marqués del Palmer*, Colonia de Sant Jordi (✆ 65-51-00) 211 ch. ✕ ᴐ ※ ▢ ♪ dans la station balnéaire entourée de longues plages de sable fin ; site relativement préservé.

¶¶ *Sur-Mallorca*, Urb. El Coto, s/n, Colonia de Sant Jordi (✆ 65-52-00) 200 ch. ✕ ▥ ᴐ ※ ▢ ♪

¶¶ *Balneario San Juan de la Font-Santa*, Route de Campos del Puerto (entre Campos et la Colonia ; ✆ 65-50-16)

19 ch. ✕ ≜ ☒ l'unique station thermale de Majorque ; l'hôtel, de 1845, à l'abri de pins centenaires, permet de trouver calme et fraîcheur.

❚❚ *Nereida,* Cristóbal Colón, s/n, Porto Petro (☎ 65-72-23) 45 ch. ✕ ☒ ☒ ✗ ☒

❚❚ *Pinos Playa,* Costa Den Nofre, Cala Santañy (☎ 65-39-00) 104 ch. ✕ ☒ ≜ ☒ ☒ ✗ sur la plage d'une petite crique.

❚❚ *Cala Santañy,* Cala Santany, s/n (☎ 65-32-00) 24 ch. ✕ ≜ ☒ ✗ boutiques.

❚❚ *Cala Figuera,* Tomarinar, 30, Cala Figuera (☎ 65-36-95) 103 ch. ✕ ≜ ☒ dans un petit port de pêche très agréable.

❚❚ *Las Palomas,* Asunción, 14, Porto Colom (☎ 57-51-52) 114 ch. ✕ ≜ ☒ ☒ ☒ ✗ dans un petit port de pêche sympathique.

❚ *Porto Colom,* Cristóbal Colón, 5, Porto Colom (☎ 57-52-23) 27 ch. ✕ ≜

❚ *Delfins,* Andrés Roig, s/n, Cala d'Or (☎ 65-77-96) 37 ch.

❚ *Rocamar,* Juan Sebastián Elcano, 34, Cala Figuera (☎ 65-37-02) 42 ch. ✕ ≜ ☒

❚ *Es Turo,* Ingeniero Roca, 38, Colonia de Sant Jordi (☎ 65-50-57) 18 ch. petit hôtel, simple mais apprécié.

Restaurants :

❚❚ *Yate d'Or,* Avda Bélgica, Cala d'Or (☎ 65-79-78) cuisine majorquine ; f. en hiver.

❚❚ *Sa Torre,* Avda Tagomago, 19, Cala d'Or (☎ 65-70-83) d'avr. à oct.

Village de vacances : Club Méditerranée, Porto Petro.

FERREIRA (LU)   ☎ 982

Hôtel :

❚ *Novo,* Arda Viveiro, 7 (☎ 57-41-39) 14 ch. ✕ ☒ ≜ simple et confortable.

FERROL [EL] (O FERROL) (C)   ☎ 981

Hôtels :

❚❚❚ *Parador San Francisco,* Almirante Vierna, s/n (☎ 35-67-20) 30 ch. ✕ ☒ ≜ ☒ ☒ belle vue sur le port.

❚❚❚ *Almirante,* Maria, 2 (☎ 32-56-90) 122 ch. ✕ ☒ ≜ ☒ ☒ ☒ central, bien aménagé.

❚❚ *Aloya,* Pardo Bajo, 28 (☎ 35-12-31) 15 ch. ☒ ≜ dans le centre, avec vue sur la ville et le port.

❚❚ *Balboa,* Sagrada Familia, 1 (☎ 31-67-54) 18 ch. ☒ ≜ ☒ confortable.

Restaurants :

❚❚ *Casa Tomás,* Jubia-Neda (☎ 38-02-40) cuisine traditionnelle de poissons et coquillages ; excursions à Jubia, Neda et Narahio.

❚❚ *Paco,* Jubia-Narón (☎ 38-02-30) un des classiques de la région ; bons produits de la mer, décoration agréable.

❚❚ *Pataquiña,* Dolores, 35-B (☎ 35-23-11) cuisine galicienne traditionnelle, poissons et fruits de mer, plat du jour. f. dim. soir.

❚❚ *O' Xantar,* General Franco, 182 (☎ 35-51-18) fruits de mer de qualité.

& Achats : artisanat, *Covelo,* Iglesia, 96.

FIGUERES (G)   ☎ 972

ℹ Office du tourisme : Pl. del Sol (☎ 50-31-55).

Hôtels :

❚❚❚ *Président,* Ronda del Ferial, 33 (☎ 50-17-00) 75 ch. ✕ ☒ ☒ ≜ ☒ ☒ ☒

❚❚❚ *Ampurdan,* Route Madrid-França, km 763 (☎ 50-05-62) 42 ch. ✕ ☒ ☒ ≜ ☒ ☒ ☒ ☒ sa cuisine raffinée fait oublier le décor assez ordinaire.

❚❚❚ *Duran,* Lasauca, 5 (☎ 50-12-50) 67 ch. ✕ ☒ ≜ ☒ ☒ excellente cuisine catalane.

Restaurant :

❚❚ *Viarnés,* Pujada del Castell, 23 (☎ 50-07-91) ☒ f. dim. soir et 2ᵉ quinz. de mai et oct.

🚃 Gare : *RENFE* (indiquée dans toute la ville, sur la route de Roses), trains de la ligne Port-Bou à Barcelone.

🚌 Autocars : à la *gare,* Pl. de l'Estació, pour Port de Llança et Gérone ; *Empordà,* pour Olot ; *Canigó,* pour Maçanet de Cabrenys ; *Sant Llàtzer,* pour Cadaques, Palafrugell. — *Ampurdan Bus S.A.* (☎ 50-23-83) ; *Autos Sala S.A.* (☎ 50-11-69) ; *Estarriol Bramont,* Pere (☎ 50-04-03) ; *Terradas Quintana,* Jaume (☎ 50-33-23).

🎭 Manifestations : *marché d'antiquités* le 1ᵉʳ dim. de chaque mois (Pl. del Gran). — *foire et fêtes de la Sainte Croix,* la 1ʳᵉ semaine de mai (tradition qui remonte à 1419) ; ne man-

quez pas à cette occasion de voir
danser la sardane au son de la prestigieuse Cobla Miramar de Figueres.

FINISTERRE (C)   ☏ 981

Hôtels :
- *Cabo Finisterre,* Santa Catalina, s/n
  (☏ 74-00-00) 6 ch. ⤫ ▥ ⌐
- *Rivas,* Route   Faro-Finisterre
  (☏ 74-00-27) 9 ch. ⤫ ▥ ⌐ belle vue.

FISCAL (HU)   ☏ 974

Hôtel :
- *Río Ara,* Route d'Ordesa (☏ 50-30-20)
  17 ch. 🍽 ▨

FITERO (NA)   ☏ 948

Hôtels :
- *Balneario Virrey Palafox II,* Baños de
  Fitero (☏ 77-62-75) 48 ch. 🛁 ▨ 🍽 ↗ ▨
  sauna ; confortable et tranquille.
- *Balneario Bécquer,* Baños de Fitero
  (☏ 77-61-00) 218 ch. 🛁 ▨ 🍽 ▥ ↗
  ▨ coiffeur ; Adolfo Bécquer y passa
  l'été 1865 dans la chambre 314.

FONSAGRADA (LU)   ☏ 982

Hôtel :
- *Alameda,* Rosalia de Castro, 17
  (☏ 34-00-53) 16 ch. ⤫ ▥ ⌐ simple et
  central.

FONTARABIE (SS)   ☏ 943

Hôtels :
- ❚❚❚ *Parador El Emperador,* Pza de Armas
  del Castillo (☏ 64-55-00) 16 ch ; dans le
  château de Charles Iᵉʳ, décoré avec
  goût et élégance ; belles vues depuis
  la terrasse.
- ❚❚❚ *Jáuregui,* San Pedro, 38 (☏ 64-14-00)
  53 ch. moderne et accueillant ; près de
  la plage.
- ❚❚ *Guadalupe,* Ciudad de Peñiscola, s/n
  (☏ 64-16-50) 34 ch. 🍽 ▥ calme, près de
  la plage.
- ❚❚ *Alvarez Quintero,* Hermanos Alvarez
  Quintero, 7 (☏ 64-22-99) 14 ch. simple
  et central.

Restaurants :
- ❚❚❚ *Ramón Roteta,* Irún, 1 Villa Ainara
  (☏ 64-16-93) dans un cadre bien
  décoré ; cuisine raffinée.
- ❚❚ *Arraunlari,* Paseo Butrón, Case Etxe
  Alay (☏ 64-15-81) dans une maison
  basque typique, cuisine traditionnelle
  et innovations.
- ❚❚ *La   Hermandad,*   Zuloaga,   12
  (☏ 64-27-38) bons poissons, dans une
  taverne de pêcheurs.
- ❚❚ *Zeria,* San Pedro, 19 (☏ 64-27-80) dans
  la rue la plus populaire de la ville ;
  cuisine de la mer.
- ❚❚ *Kuluska,* San Pedro, 23 (☏ 64-27-80)
  cuisine de la mer.

FORCALL (CS)   ☏ 964

Restaurant :
- ❚❚ *Mesón de la Vila,* Pza Generalísimo,
  1 ; excellente cuisine typique dans un
  cadre rustique (ancienne mairie).

FORTUNA (MU)   ☏ 968

Hôtels :
- ❚❚ *Balneario,* Balneario de Fortuna, s/n
  (☏ 68-50-11) 58 ch. 🍽 ↗ ▨ coiffeur.
- ❚❚ *España,* Balneario de Fortuna, s/n
  (☏ 68-50-61) 59 ch. 🍽 ↗ ▨ coiffeur.
- ⚑ Camping : *Las Palmeras* (3ᵉ c.), Route
  de Pinoso (☏ 68-51-23) 🍽 bien
  ombragé.

FOZ (LU)   ☏ 982

Hôtels :
- ❚❚ *Leyton,* Avda Generalísimo, 6
  (☏ 14-08-00) 50 ch. ▥ ⌐ 🛁 central et
  agréable.
- ❚ *Bahía,* Ramón Rodríguez, 30
  (☏ 14-00-40) 25 ch. ▥ ⌐ simple, avec
  vue sur la mer.
  Restaurants :
- ❚❚ *Descanso* (3 km, à Fazouro ;
  ☏ 13-66-76) poissons ; bonnes viandes.
- ❚ *Casa Palmira* (4 km, à Villaronte ;
  ☏ 13-71-96) cuisine traditionnelle galicienne.

FROMISTA (P)   ☏ 979

Restaurant :
- ❚ *Los Palmeros,* Pza de San Telmo, 7

(☏ 81-00-67) 🅿 f. le mar. et en hiver;
cuisine castillane; bonne préparation
du gibier. On peut aussi y loger
(10 ch.).

FUENCALIENTE (C.R.)   ☏ 926

Hôtels :
¶¶ *Los Azores,* Route Cordoue-Tarragone, km 105 (☏ 47-00-79) 9 ch.
¶ *Del Balneario,* Baños, 4 (☏ 47-00-18)
35 ch. belles vues.

FUENGIROLA (MA)   ☏ 95

🛈 Office du tourisme : Ayuntamiento
(☏ 247-95-00)
Hôtels :
¶¶¶¶ *Las Pirámides,* Paseo Marítimo
(☏ 247-06-00) 320 ch. ▦ ☏ ▭ ✕ ▱
¶¶¶ *Las Palmeras,* Paseo Marítimo
(☏ 247-27-00) 425 ch. ▦ ☏ ▭ ✕ ✂ ▱
près de la plage.
¶¶¶ *Angela,* Paseo Rey de España
(☏ 247-52-00) 260 ch. ☏ ▭ ✕ ▱ agréable
et fonctionnel.
¶¶¶ *El Puerto,* Paseo Marítimo, 32
(☏ 247-01-00) 349 ch. ▦ ▭ ✂ ▱ discothèque; moderne et animé.
¶¶¶ *Pyr,* Lamo de Espinosa, s/n
(☏ 247-17-00) 400 ch. ▭ ✕ ▱
¶¶ *Agur,* Tostón, 4 (☏ 247-66-62) 30 ch.
¶¶ *Italia,* de la Cruz, 1 (☏ 247-41-93) 28 ch.
Restaurants :
¶¶¶ *Don Bigote,* Fco Cano, 39
(☏ 247-50-94) cuisine internationale;
belle décoration andalouse.
¶¶ *El Balandro,* Paseo Marítimo de Car-
vajal, s/n (☏ 266-11-29) poissons et
viandes; décor agréable. f. dim.
¶¶ *La Langosta,* Fco Cano, 1
(☏ 247-50-49).
¶¶ *La Olla,* Paseo Marítimo, Los Boliches
(☏ 247-45-16).
¶¶ *Portofino,* Paseo Marítimo, Edificio
Perla, 1 (☏ 247-06-43) terrasse.
¶ *Mesón del Cordero,* Avda Santos Rey,
Edificio Andalucía (☏ 247-41-08).
¶ *La Chimenea,* Paseo Marítimo, Edi-
ficio Perla, 2 (☏ 247-01-47).
¶ *Monopol,* Los Palangreros, 7
(☏ 247-44-48).
¶ *El Rincón de Cristóbal,* de la Cruz,
14 (☏ 247-03-21) poissons et coquil-
lages.

FUENMAYOR (LO)   ☏ 941

Restaurants :
¶¶ *Asador Chuchi,* Route de Vitoria, 18
(☏ 45-04-22) poissons et viandes rôties.
f. mer. soir.
¶ *El Valenciano,* General Franco, 48
(☏ 45-02-27) cuisine locale.
¶ *Mesón del Porrón,* Avda Cenicero, 42
(☏ 45-00-52) cuisine « riojana » et bonne
cave.
⚖ Achats : *Bodegas Lagunilla,* Route de
Vitoria, km 182 (☏ 45-01-25),
«bodegas» historiques qui élaborent
les bons vins de la Rioja. — *Bodegas
Marqués del Puerto,* Route de
Logroño, rouges typiques, blancs.

FUENSALDAÑA (VA)   ☏ 983

Restaurant :
Bodega La Sorbona, Paraje el Barero
(☏ 58-30-77) dans d'anciennes caves à
vin, repas typiques, à la bonne fran-
quette; f. lun. et en oct.

FUENTE DE-ESPINAMA (S)   ☏ 942

Hôtel :
¶¶¶ *Parador Río Deva,* à 3,5 km de Espinama (☏ 73-00-01) 78 ch. ▦ ☏ ▱ 🅿
belles vues.

GALDAKANO (BI)   ☏ 94

Restaurants :
¶¶¶ *Andra Mari,* Elexalde, 22 (☏ 456-00-05)
succulente cuisine basque; dans les
pins, à 10 km de Bilbao.
¶¶¶ *Aretxondo,* Elexalde, 20 (☏ 456-76-71)
symbiose de modernisme et tradition
dans une pension qui surplombe la
vallée; f. lun.

GANDESA (T)   ☏ 977

Hôtel :
¶ *Piqué,* Via Catalunya, s/n (☏ 42-00-68)
48 ch. ✕ ▦ ᴄ recommandé pour sa
bonne table où l'on vous servira une
cuisine catalane populaire.
⚖ Achats : vous ne repartirez pas sans
une *outre en peau de chèvre,* idéale
pour garder au frais les *vins de Terra
Alta.*

⁑ Manifestation : Aplec au *sanctuaire de Fontcaldà* le premier dim. de mai.

GANDIA (V)   ☎ 96

Hôtels :
¶¶¶¶ *Bayren I,* Paseo Neptuno, s/n (☎ 284-03-00) 164 ch. ⤫ ▥ ▦ ▣ ▨ ▧ ⌕ ➳ très confortable et beau panorama.

¶¶¶ *Porto,* Foies, 5 (☎ 284-17-23) 135 ch. ▨ près de la plage.

¶¶¶ *Madrid,* Castilla la Nueva, 22 (☎ 284-15-00) 108 ch. ⤫ ▥ ▦ ▣ ▨ ⌕ ⌕ ⌕ excellent service et bonne situation.

¶¶¶ *San Luis,* Paseo Neptuno, 6 (☎ 284-08-00) 72 ch. face à la mer.

¶¶¶ *Tres Delfines,* Almirante, s/n (☎ 284-14-00) ▥ ⌕ ⌕ ▨ près de la plage.

¶¶¶ *Gandia Playa,* Devesa, 17 (☎ 284-13-00) ⌕ près de la plage.

Restaurants :
¶¶¶ *Gamba,* Route Nazaret-Oliva (Playa ; ☎ 284-13-10) ▦ ⌕ dans le cadre d'une île des Caraïbes ; menus et vins soignés ; f. lun. et en été.

¶¶ *As de Oros,* Paseo Marítimo Neptuno, 26 (☎ 284-02-39) poisson.

¶¶ *Mesón de los Reyes,* Mallorca, 47 (playa ; ☎ 284-00-78) cuisine espagnole.

¶ *Kayuko,* Cataluña, 14 (playa ; ☎ 284-01-37) riz, poisson et fruits de mer.

GARRAF (B)   ☎ 93

Hôtel :
¶ *Del Mar,* Sant Josep, 10 (☎ 894-11-22) 16 ch. ▧ ▨

Sports : Bassin sportif, *Club Nàutic* (☎ 894-05-00).

GARRIGA [LA] (B)   ☎ 93

Hôtel :
¶¶¶ *Balneari Blancafort,* Baños, 55 (☎ 871-57-50) 52 ch. ⤫ ▥ ▦ ▣ ▨ ⌕ ⌕ ⌕ ➳ ℗

Manifestations : rues tapissées de fleurs, à la Fête-Dieu en juin. — *Fiesta Mayor,* le 3 août, avec narration populaire du martyre de saint Estève dans l'église de la Doma Plant.

GERONE (GE)   ☎ 972

ⓘ Office du tourisme : Rambla, 1 (plan C3 ; ☎ 41-94-19) ; à la gare, *Estació RENFE* (☎ 21-62-96) ; Ciutadans, 12 (☎ 20-16-94).

Hôtels :
¶¶¶ *Immortal Girona,* Route de Barcelone, 31 (☎ 20-79-00) 76 ch. ⤫ ▥ ▦ ▣ ▨ ⌕ non loin de l'aéroport.

¶¶¶ *Ultonia,* Av. Jaume I, 22 (plan B3 ; ☎ 20-38-50) 45 ch. ▥ ▣ ⌕

¶¶ *Europa,* Juli Garreta, 23 (plan A5 ; ☎ 20-27-50) 26 ch. ▥ ▣ ▨ ▨

¶ *Condal,* Joan Maragall, 10 (plan B4 ; ☎ 20-44-62) 38 ch. ▥ ⌕

¶ *Peninsular,* Nou, 3 (plan B4 ; ☎ 20-38-00) 68 ch. ▥ ▣ ⌕ ⌕ proche du fleuve.

¶ *Bellmirall,* Bellmirall, 3 (☎ 20-40-09) 7 ch. à deux pas de la cathédrale ; très agréable, joliment décoré.

Restaurants :
¶¶¶ *Rosaleda,* Pg Central de la Devesa (plan B2 ; ☎ 21-36-38) cuisine catalane traditionnelle de grande qualité ; f. lun et dim. soir.

¶¶ *Can Xapes,* Mn. Jacint Verdaguer, 5 Cornellà de Terri (à 5 km ; ☎ 59-40-22) cuisine typique de l'Empordà ; poissons.

¶¶ *La Roca Petita,* Route Aéroport, Riudellots de la Selva (à 9 km ; ☎ 47-31-32) cuisine de l'Empordà dans une grande villa confortable avec plusieurs salles à manger.

Jim's H, Independència, 16 (plan C3 ; ☎ 21-36-61) cuisine populaire depuis 1918. Spécialités « à la casserole » ; f. le jeu.

Las Faras, Força, 4 (plan C2 ; ☎ 21-52-60) cuisine populaire. Tou petits prix ; f. le dim.

🚌 Autocars : *Estació d'autobusos de Girona,* Pl. d'Espanya (☎ 21-23-19) pour Figueres, L'Estartit, Ripoll, Caldes de Malavella, Sant Pere Pescador, Begur, L'Escala, Olot, St Hilari Salcam Sta Coloma de Farners, Barcelone, Lloret de Mar, Tossa de Mar, Maçanet de la Selva, S'Agaro, Villarroja. — Compagnies : *Hispano-Hilariense S.A* (☎ 20-15-40) ; *Presas y Cia* (☎ 20-16-79) ; *Transportes Periféricos TRAPSA* (☎ 20-24-32).

🚃 Gare : *RENFE* (☎ 20-70-93).

➤ Aéroport : *Costa Brava* (☎ 20-75-00); *Iberia* (☎ 47-43-43).

Consulat français, Ultonia, 8 (☎ 20-03-35).

ᛤ Manifestations : marchés importants le sam.; grande foire fin oct.

GETAFE (M)   ☎ 91

Hôtels :

¶¶¶ *Los Angeles,* Route d'Andalucía, km 14,3 (☎ 696-38-15) 46 ch. ✕ ▦ ☎ ▣ ⊠ ☒ ⤫ ℗

¶¶¶ *Los Olivos,* Route d'Andalucía, km 12,7 (☎ 695-67-00) 100 ch. ✕ ▦ ☎ ▣ ⊠ ☒ ⊠ dans un paysage pittoresque.

⚕ Camping : *Alpha* (2ᵉ c.), Route d'Andalucía, km 12,4 (☎ 695-80-69) ⊠ installations modernes.

GIJON (O)   ☎ 98

ⓘ Office du tourisme : *S.E.T. :* Marqués de San Esteban, 1 (☎ 534-60-46).

Hôtels :

¶¶¶¶ *Hernán Cortés,* Fernández Vallín, 5 (☎ 534-60-00) 109 ch. ▥ ⊿ ☎ ▣ ⚓ ☒ très confortable, dans un décor de bois et de marbre; animé.

¶¶¶¶ *Príncipe de Asturias,* Manso, 2 (☎ 536-71-11) 80 ch. ▥ ⊿ ☎ ▣ ☒ luxueux, avec vue sur la mer.

¶¶ *León I,* Av. de la Costa, 45 (☎ 537-01-11) 156 ch. près de la plage.

⚕ Camping : *Gijón* (2ᵉ c.; ☎ 536-57-55) 340 pl. f. d'oct. à mai.

Restaurants :

¶¶¶ *Las Delicias,* Somió, s/n (☎ 536-02-27) cuisine du marché avec de bons coquillages.

¶¶¶ *La Pondala,* Dionisio Cifuentes, 27 (Somió; ☎ 536-11-60) cuisine régionale; ambiance familiale.

¶¶ *Los Hórreos,* La Providencia (☎ 537-43-10).

¶¶ *Zabala,* Remedios, 2 (☎ 534-17-31) spécialité de congre avec des pommes de terre.

¶¶ *Bella Vista,* Avda García Bernardo (El Piles; ☎ 534-52-38).

¶¶ *Casablanca,* Avda García Bernardo, 16 (☎ 533-31-39) cuisine française; quelques spécialités locales; agréable terrasse sur la plage.

✉ Poste et Téléphone : *courrier,* Plaza del 6 de Agosto. — *téléphone,* Plaza de José Antonio.

🚃 Gare : trains pour Oviedo, León et Madrid; lignes locales pour Avilés, Pola de Laviana, Langreo, etc.

GINZO DE LIMIA (XINXO DO LIMIA) (OR)   ☎ 988

Hôtel :

¶¶ *Mazaira,* Avda de Orense, s/n (☎ 46-03-39) 16 ch. ✕ ▥ ⊿ central.

GRADO, EL (HU)   ☎ 974

Hôtel :

¶¶¶ *El Tozal,* Las Planas (☎ 30-40-00) 35 ch. ▦ ☎ ▣ ☒

Restaurant :

¶¶ *Loan,* Route d'Oviedo (☎ 75-03-25) ℗ belle vue.

GRADO (O)   ☎ 98

Restaurant :

¶¶ *Loan,* Route générale, s/n (☎ 575-03-25).

GRANADILLA DEABONA (TF)   ☎ 922

Hôtels :

¶¶¶¶ *Europe,* Avda Litoral, s/n (à la Playa de las Américas; ☎ 79-13-08) ▦ ☒ ⊠ ⤫ ⊠ animé, près de la plage.

¶¶¶¶ *Tenerife-Sol* (à la Playa de las Américas) ⊠ ⤫ confortable et animé.

¶¶¶ *Hotel Apartamentos* (Playa de las Américas; ☎ 79-06-20) ☒ ⊠ confortable, belles vues.

¶¶¶ *Médano* (Playa de El Médano; ☎ 70-40-00) près de la mer.

Restaurants :

¶¶ *La Langostera* (à Puerto de los Abrigos) cuisine de la mer.

¶ *Dornajo Sol,* Centro Sol (Playa de las Américas; ☎ 79-14-25) cuisine internationale.

GRANJA DE SAN ILDEFONSO [LA] (SG) ☎ 921

Hôtel :

¶¶¶ *Roma,* Puerta de Segovia, 1 (☎ 47-07-52) 21 ch. ▥ ☎ f. du 15 oct. au 15 nov.

Restaurants :

¶¶ *Canónigos,* Pza Canónigos, s/n (✆ 47-11-60) bonne cuisine castillane.

¶¶ *Dolar,* Valenciana, 1 (✆ 47-02-69) cuisine castillane ; f. mer.

GRANOLLERS (B)   ✆ 93

Hôtel :

¶ *Del Vallès,* Route de Masnou, s/n (✆ 870-03-62) 30 ch. ⤫ ▥ ⊿ 🖭 doté d'un bon petit restaurant.

Restaurants :

¶¶¶ *Farin,* Route de Gérone, 52 (✆ 870-20-07) f. dim.

¶¶ *Fonda Europa,* Anselmo Clave, 1 (✆ 870-03-12) ancienne auberge routière inaugurée en 1714 et qui conserve encore 7 chambres de l'époque ; cuisine catalane.

🚌 Autobus : pour Mataro, Barcelone, Canoves, St Celoni, La Garriga, Terrassa, El Masnou, Viladrau, Torroella de Montgri. — Compagnies : *Gibert Roqué* (✆ 870-13-59) ; *Granollers Transport* (✆ 870-81-05).

Salle d'expositions : *Cercle Culturel de la Caixa de Pensions,* Joan Camps, s/n (✆ 870-64-67) espace photo, expositions d'art, soirées jazz.

☿ Manifestation : grand marché le jeu. sous la grande Porxada.

GRAZALEMA (CA)   ✆ 956

Hôtel :

¶¶ *Grazalema* (✆ 14-11-62) ⤫ 24 ch. ▥ ☎ ❊ 🅿 ; à 800 m d'altitude dans un cadre sauvage de montagne. Dégustez les spécialités du village (fromage de brebis, jambon).

GRENADE (GR)   ✆ 958

ℹ Office du tourisme : Casa de los Tiros, Pavaneras, 19 (plan coul. XV, B4 ; ✆ 22-10-22). — *Bureau de renseignements du Festival de Grenade :* Palacio de la Madraza, Oficios, 1 (✆ 22-52-31).

Hôtels :

¶¶¶¶ *Parador de San Francisco,* La Alhambra (plan coul. XV, D5 ; ✆ 22-14-40) 33 ch. dans un couvent du XVᵉ s., au milieu de beaux jardins dominant l'Alhambra, le Generalife et la sierra Nevada.

¶¶¶¶ *Alhambra Palace,* Peña Partida, 2 (plan coul. XV, C5 ; ✆ 22-14-68) 127 ch. dans un édifice arabe, très confortable.

¶¶¶¶ *Luz Granada,* Avda de la Constitución, 18 (plan coul. XIV, A1 ; ✆ 20-40-61) 173 ch. ⤫ ▦ 🖭 🖬 moderne et central.

¶¶¶¶ *Meliá Granada,* Angel Ganivet, 7 (plan coul. XV, A4 ; ✆ 22-74-00) 221 ch. ▦ ☎

¶¶¶¶ *Carmen,* Acera del Darro (plan coul. XV, A5 ; ✆ 25-83-00) 205 ch. ▦ 🖭 🖬 fonctionnel.

¶¶¶ *Alcano,* Route N.342, km 437 (✆ 28-30-50) 100 ch. ▦ ❊ 🖾 ♪⁰

¶¶¶ *Los Angeles,* Escoriaza, 17 (✆ 22-14-24) 100 ch. ▦

¶¶¶ *Victoria,* Puerta Real, 3 (plan coul. XV, A4 ; ✆ 25-70-00) 69 ch. central, confortable et ancien.

¶¶¶ *Cóndor,* Avda de la Constitución, 6 (plan coul. XIV, B1 ; ✆ 28-37-11/50) 101 ch. ▦ 🖬 moderne et confortable.

¶¶¶ *Washington Irving,* Paseo del Generalife, 2 (Alhambra, plan coul. XV, D5 ; ✆ 22-75-50/59) 68 ch. 🅿 XIXᵉ s. ; bien situé et du charme, mais propreté et service douteux.

¶¶¶ *Alixares del Generalife,* Avda del Generalife (plan coul. XV, D5 ; ✆ 22-55-75 et 22-84-18) 145 ch. ▦ 🖾 🖬 dans l'enceinte de l'Alhambra ; moderne.

¶¶ *Kenia,* Molinos, 65 (plan coul. XV, C5 ; ✆ 22-75-06) 19 ch. ⤫ ❊ terrasse.

¶¶ *Sudán,* Acera del Darro, 60 (plan coul. XV, A5 ; ✆ 25-84-00) 78 ch. 🖬

¶¶ *America,* Real de la Alhambra, 53 (plan coul. XV, D4 ; ✆ 22-74-71) 14 ch. 🖬 site agréable.

¶ *Sacromonte,* Pza del Lino, 1 (plan coul. XV, A4 ; ✆ 26-64-11) 33 ch.

¶ *Cónsul,* San Antón, 34 (plan coul. XV, A5 ; ✆ 25-98-57) 19 ch. 🖬

¶ *Sierra Nevada* (✆ 20-00-61) 23 ch. 🖾 ♪⁰ 🅿 motel, sur le camping du même nom (ci-après).

🔺 Campings : *Sierra Nevada* (1ᵉ c.), Route de Madrid (✆ 27-09-56) 🖾 ♪⁰ douches ; bien ombragé, près de la ville. — *El Ultimo* (2ᵉ c.), Camino Huetor Vega, 50 (✆ 12-30-69) 🖾 douches ; vues sur la sierra Nevada. — *Los Alamos* (2ᵉ c.), Route Jerez-Cartagène, km 439 (✆ 27-57-43) 🖾 douches.

Restaurants :

¶¶¶ *La Alcaicería,* Pza Alcaicería (plan

coul. XV, B4; ☎ 22-43-41) dans un cadre typique, cuisine locale.

¶¶ *Sevilla*, Oficios, 12 (plan coul. XV, B3; ☎ 22-12-23) en face de la cathédrale, cuisine andalouse avec des spécialités de Grenade.

¶¶ *Cunini*, Pescaderia, 14 et Capuchina, 14 (plan coul. XV, A3; ☎ 26-37-01) tapas excellentes; poissons et fruits de mer.

¶¶ *Baroca*, Pedro Antonio de Alarcón, 34 (☎ 26-50-61) agréable décor, cuisine internationale (bons desserts).

¶¶ *Colombia*, Antequeruela Baja, 1 (plan coul. XV, C5; ☎ 22-74-33) cuisine traditionnelle andalouse, musique d'ambiance et belles vues sur la sierra Nevada.

¶¶ *Ruta del Veleta*, 5 km au S.-E.; terrasse, décor typique.

¶¶ *El Molino*, à 28 km de Grenade, dans le village de Dúrcal-Paraje de la Isla (☎ 78-02-47) cuisine ancienne, recettes arabes; four à pain; bibliothèque.

¶ *Los Manueles*, Zaragoza, 2 et 4 (☎ 22-34-15) dans un édifice du début du siècle; tapas et cuisine régionale.

¶ *Mesón Antonio*, Ecce Homo, 6 (à côté du Campo del Principe; plan coul. XV, C5; ☎ 22-95-99) dans une maison (il faut frapper à la porte); cuisine et salle à manger réunies; spécialités basques.

₠ Achats : artisanat : terre cuite, *Bernedo García*, Párraga, 3; *Jiménez Gómez*, Molinos, 46; *Miranda García*, Mueva de Cartuja, 14. — céramique, *Al-Yarrar*, Bañuelo, 5; *Fernández Garrido*, Pl. Aliatar, 18, Albayzin; *Morales Moreno*, Pl. San Isidro, 1; *Ruiz* (Ntra Sra de la Encarnación). Jun.; *Vila*, Bocanegra, 14, Albayzin; *Yedra Izquierdo*, Route de Murcia, s/n, Albayzin. — cuir, *Campos Mariscal*, Pl. Nueva, 15; *Ferrer Lucena*, del Agua, 19, Albayzin; *Serrano Zamora*, Solares, 7; *Talabar*, Bañuelo, 5. — cuivre, *Heredia Navarro*, Urb. Las Sierras, Edif. S. Elvira, 5 2º g.; *Martin Alvarez*, Pardo, 4, Albayzin. — tissages et tapis, *Alvea Maldonado*, Chapiz, 29, Albayzin; *Castro Elizondo*, Pl. San Nicolás, 4, Albayzin; *Fortuny*, *Tejidos Artísticos*, Pl. Fortuny, 1; *López Serrano*, Guatimosin, 3, Albayzin; *Nade Fabreau*, Route de Capileria, s/b, Bubion; *Megías Sánchez*, Puente Mariano, 2, Albayzin;

Rodriguez Megías, Route d'Alhacaba, 114, Albayzin.

✉ Postes et Télécommunications : Puerta Real (☎ 22-48-35, 22-49-92 ou 22-11-38).

GROVE [EL] (PO)   ☎ 986

Hôtels :

¶¶¶ *Bosque Mar*, Reboredo El Grove (☎ 73-10-55) 29 ch. ⚔ ☰ ₪ ⛁ ⚏ ⚏ 🖃 près de la plage; jolie vue.

¶¶¶ *Touris*, Touris Apartado 33 (☎ 73-02-51) 32 ch. ☰ ₪ ⚏ ⚏ ⚏ ☎ 🖃 ⚬ ₪ très confortable et bien situé.

¶¶ *Molusco*, Glez Besada, 206 (☎ 73-07-61) 21 ch. ⚔ ☰ ₪ ⚏ ⚏ central et tranquille.

¶¶ *La Noyesa*, General Franco, 22 (☎ 73-09-23) 16 ch. ⚔ ☰ ₪ vue sur la mer.

¶ *Brasil*, Tte Domínguez, 6 (☎ 73-09-66) 42 ch. ☰ ₪ confortable, vue pittoresque.

Pension Miramar, Tte Domínguez, 15 (☎ 73-01-11) 10 ch. ⚔ ₪ jolie vue.

⚑ Campings : *Moreiras* (2ᵉ c.; ☎ 73-16-91) ombragé, près de la mer; douches. — *Muiñeira* (2ᵉ c.), à La Lanzada; ombragé, près de la plage, douches. — *Espiño* (3ᵉ c.), à San Vicente do Mar ⚬ sous les pins, et près de la plage; douches.

Restaurants :

¶¶ *Crisol*, Hospital, 10-12 (☎ 73-00-29) cuisine soignée de marché, bon accueil.

¶ *El Pirata*, Playa Farruco (☎ 73-80-52) poissons, coquillages et viandes de qualité; près de la plage.

¶ *Casa Pepe*, Rua de Castelao, 149, Route de la Toja (☎ 73-02-35) cuisine familiale.

GUADALAJARA (GU)   ☎ 949

ℹ Office du tourisme : Travesía de Beladiez, 1 (☎ 22-06-98).

Hôtels :

¶¶¶ *Pax Hotel*, Route Madrid-Barcelone, km 57 (☎ 22-18-00) 61 ch. ⚏ 🖃 ⚬ ₪ fonctionnel.

¶ *España*, Teniente Figueroa, 3 (☎ 21-13-03) 33 ch. tranquille et agréable.

Restaurants :

❙❙ *Mesón Hernando*, Route Madrid-Barcelone, km 52 (☎ 22-27-67) ▭ cuisine de Castille-La M.; vins de Valdepeñas; f. lun.

❙❙ *La Murciana*, Miguel Fluiters, 21 (☎ 21-30-11) cuisine de Murcie; vins de Rioja; f. lun.

❙❙ *El Ventorrero*, Lope de Haro, 2 (☎ 21-22-51) soupe, perdrix, épaule de porc, beignets au miel; f. août.

❙❙ *Minaya*, Mayor, 23 (☎ 21-22-53) dans un ancien palais; cuisine espagnole avec quelques spécialités régionales.

& Achats : «bizcochos» typiques, *Villalba*, Mayor, 29 ; *Mariam*, Bardales, 8.

GUADALUPE (CC)   ☎ 927

Hôtels :

❙❙❙ *Parador de Guadalupe*, Marqués de la Romana, 10 (☎ 36-70-75) 40 ch. ✕ ▭ ▦ ♨ ▭ ▭ ℗ dans deux beaux palais des xvᵉ et xvⁱᵉ s. ; tranquille et confortable.

❙❙ *Hospedería del Real Monasterio*, Pza Juan Carlos I, s/n (☎ 36-70-00) 37 ch. ✕ ▦ ▭ ▦ dans une annexe du monastère ; très agréable.

❙ *Cerezo*, Gregorio López, 12 (☎ 36-73-79) 15 ch.

& Achats : artisans du cuivre et du laiton, sur la route Estación.

GUADIARO-SOTOGRANDE (CA)   ☎ 956

Hôtel :

❙❙❙❙❙ *Tenis Sotogrande*, Route N. 340 Cadix-Málaga, km 132 (☎ 79-21-00) 46 ch. ▭ ♨ ▭ ♫ ⌨ sauna, nombreux sports.

GUADIX (GR)   ☎ 958

Hôtels :

❙❙ *Mulhacen*, Route de Murcia, 43 (☎ 66-07-50) 40 ch. ▭

❙ *Carmen*, Route de Grenade, km 226 (☎ 66-15-00) 20 ch. ▦▦ ▭

❙ *Comercio*, Mira de Amezcua, 3 (☎ 66-05-00) 21 ch. Cuisine de famille.

❙ *Rio Verde*, Route de Murcia, 1 (☎ 66-07-29) 11 ch.

Restaurant :

❙ *La Gruta*, Route de Grenade, s/n (☎ 66-01-55) cuisine locale.

& Achats : poteries, *Ortiz Garrido*, Cañadas Ojeda, 9.

GUARDAMAR DE SEGURA (A)   ☎ 96

Hôtels :

❙❙ *Meridional*, Urbanización Dunas de Guardamar (☎ 572-83-40) 37 ch. ▭ belle vue.

❙ *Delta*, Blasco Ibáñez, 63 (☎ 572-87-12) 14 ch. ♫ près de la plage.

🏕 Campings : *Palm Mar* (2ᵉ c.), Route N. 332, km 36 (☎ 572-88-56) dans les citronniers. — *Mare Nostrum* (2ᵉ c.), Route N. 332, km 38 (☎ 572-80-73) ▭

GUARDIA [LA] (PO)   ☎ 986

Hôtels :

❙❙ *Fidelmar*, Playa Arena Grande, s/n (☎ 61-02-08) 10 ch. ▦▦ ▭ vue sur la mer.

❙ *Pazo Santa Tecla*, Apartado, 4 la guardia Pontevedra (près du sommet du Monte Santa Tecla) (☎ 61-00-02) 35 ch. ✕ ▦▦ ▭ ▦ dans un cadre agréablement boisé d'eucalyptus.

❙ *Martirrey*, José Antonio, 8 (☎ 61-03-49) 44 ch. ✕ ▦▦ ▭ central, endroit pittoresque.

❙ *El Molino*, Plaza Camposancos (☎ 61-07-13) 48 ch. ✕ ▦▦ ▭ ▭ simple et agréable.

🏕 Camping : *Pedro Rubia* (2ᵉ c.), à Mougas, Oya (☎ 35-51-33) ▭ ♫ douches ; près de la plage.

Restaurants :

❙❙❙ *Gran Sol*, Malteses, 24 (☎ 61-05-52). Cuisine galicienne typique — poissons et fruits de mer — dans une taverne restaurée ; ambiance portuaire.

❙❙❙ *Olga*, Malteses, s/n (☎ 61-15-16). Poissons et fruits de mer.

❙❙ *Os Remos*, Plaza San Benito, s/n (☎ 61-00-02). Plats régionaux dans un ancien couvent du XVIIᵉ siècle ; quelques chambres.

❙❙ *Anduriña*, Calvo Sotelo, 48 (☎ 61-11-08) poisson, fruits de mer ; belle vue.

❙❙ *Casa Delmiro*, Route Tuy-La Guardia, km 12 (☎ 62-22-53) cuisine recherchée, avec poissons de mer et d'eau douce ;

tranquille, dans la campagne près du Miño.

& Achats : vins galiciens, *Bodegas Santiago Ruíz* à El Rosal (☎ 61-05-68).

GUDIÑA [LA] (OR)   ☎ 988

Hôtels :

¶¶ *El Relojero 2*, Route Zamora-St-Jacques-de-C., km 444 (☎ 42-10-01) 25 ch. ▥ ◿ ☎ ☂ ▣ confortable et bien situé ; cuisine régionale.

¶ *Caleiro*, Beato Sebastián Aparicio, s/n (☎ 42-10-10) ▥ ◿

GUERNICA (BI)   ☎ 94

Restaurants :

¶¶ *El Faisán de oro*, Adolfo Urioste, 4 (☎ 685-10-01) cuisine internationale.

¶¶ *Zimela-Etxea*, Carlos Gangoiti, 57 (☎ 685-10-12) cuisine familiale ; bons poissons.

¶ *Zaldua*, Sabino Arana, 10 (Pedernales ; ☎ 687-08-71) asados.

GUETARIA (SS)   ☎ 943

Hôtels :

¶¶ *Azcue*, Alto de Meagas (☎ 83-05-54) 22 ch. ; confortable avec de belles vues.

¶¶ *San Prudencio*, San Prudencio, s/n (☎ 14-04-11) 10 ch. ☂ près de la mer.

Restaurants :

¶¶¶ *Elkano*, Magallanes, 2 (☎ 14-66-14) cuisine basque de la mer.

¶¶¶ *Kaia-Kaipe*, General Arnao, 10 (☎ 14-05-00) succulentes « grillades » de poisson et de fruits de mer ; belle vue sur le port.

¶¶ *Talai-pe*, Puerto Viejo (☎ 14-06-52) produits de la mer ; belle situation.

GUITIRIZ (LU)   ☎ 982

Hôtels :

¶ *As Pontes*, Route de Madrid-La Corogne, km 549 (☎ 37-01-83) 18 ch. ▥ ◿ ☎ ◿ ▣ confortable et bon marché.

¶ *La Casilla*, Avda Balneario, s/n (☎ 37-01-88) 38 ch. ▥ ◿ ☎ ▣

HARO (LO)   ☎ 941

Hôtels :

¶¶¶¶ *Los Agustinos*, San Agustín, 2 (☎ 31-13-08) 62 ch. ▦ Dans un ancien couvent du XIVe siècle ; cuisine basque.

¶¶¶ *Iturrimurri*, Route 232, km 41 (☎ 31-12-13) 24 ch. ▦ ☎ ▣ ☂ ▱

¶¶ *Higinia*, Vega, 31 (☎ 31-01-00) 21 ch. ☎ ☂ ▣ central.

Restaurants :

¶¶ *Terete*, Lucrecia Arana, 26 (☎ 31-00-23) agneau au four.

¶¶ *Beethoven II*, Santo Tomás, 5 (☎ 31-11-81) nouvelle cuisine.

¶¶ *Costa del Vino*, Route de Circunvalación (☎ 31-12-13).

¶ *La Concordia*, Vega, 2 (☎ 31-11-19).

¶ *Las Cigueñas*, Pza de la Paz (☎ 31-01-22).

HELLIN (AB)   ☎ 967

Hôtels :

¶¶¶ *Reina Victoria*, Federico Coullalt Valera, 3 (☎ 30-02-50) 25 ch. ▥ ▦ ☎ ▣ ☂ ℗ ▣

¶ *Hellín*, Route de Murcia, 27 (☎ 30-01-42) 26 ch. simple et confortable.

¶ *Modesto*, López del Oro, 18 (☎ 30-02-50) 19 ch.

Restaurant :

¶ *Emilio*, Route de Jaén, 23 (☎ 30-15-80) cuisine régionale ; grande terrasse en été.

& Achats : bonbons traditionnels, *La Pajara, Hijo de Juan Losada Ruíz*, Asunción, 8 (☎ 30-08-84).

HERENCIA (C.R.)   ☎ 926

Hôtel :

¶¶ *Don Miguel*, Avda Alcázar, 9 (☎ 57-15-24) 16 ch. ☂ agréable.

HERRERIA (LU)   ☎ 982

Hôtel :

¶ *Balneario*, Herreria (Incio ; ☎ 42-70-08) 36 ch. ✕ ▥ ◿ ☎ ♫ ▣ confortable ; dans un site pittoresque.

HORCHE (GU)   ☏ 911

Hôtel :
♦♦♦ *La Cañada*, Cañada de Alcohete, s/n
(☏ 29-02-11) 26 ch. ▦ ▣ 🔲 bel endroit
calme.

HOSPITAL DE ORBIGO (LE)   ☏ 987

Hôtel :
♦♦ *Paso Honroso*, Route León-Astorga
(☏ 38-81-75) ▥ ▩ ⚥

⚓ Camping :
Don Suero de Quiñones (2ᵉ c.),
N. 120, km 30 (☏ 38-84-48).

Restaurant :
♦♦ *Avenida*, Avda J. Antonio, 31
(☏ 38-82-11) ▦ notamment un très bon
menu à base de truites.

HOSPITAL DEL INFANTE (T)   ☏ 977

Hôtels :
♦♦♦♦ *Pino Alto*, sur la plage de Montroig,
(☏ 81-10-00) 137 ch. ▦ ⚥ ▩ ⚥ ✕ ▣ 🔲 ⟋
⟋ bars, saunas, squash ▨
♦♦ *Montana*, Route de Tarragone, km 2,
sur la commune de Montroig del Camp
(☏ 83-30-01) 24 ch. ✕ ⚥ ▩ ⚥ ℙ au bord
de la plage ; ouv. avr. à oct.
♦ *Del Infante*, Mar, 24 (☏ 82-30-00) 71 ch.
✕ ▥ ▣ ⚥ ▩ ⚥ ℙ

⚓ Port de plaisance : *Club Nàutic Hos-
pitalet-Vandellos* (☏ 82-30-04).

HOSTALRIC (GE)   ☏ 972

Restaurant :
♦♦♦ *La Fortaleza*, Av. de la Fortaleza
(☏ 86-41-22) ℙ dans un ancien château ; haut lieu gastronomique ; cuisine
catalane traditionnelle.

HUELVA (H)   ☏ 959

ℹ Office du tourisme : Vásquez López, 5
(☏ 25-74-03).
Hôtels :
♦♦♦♦ *Luz Huelva*, Alameda Sumdheim, 26
(☏ 25-00-11) 105 ch. ▦ ▣ ⟋ ⟋ ▨ central,
confortable.
♦♦♦ *Tartessos*, Avda Martín Alonso Pinzón,
13 (☏ 28-27-11) 112 ch. ▦

♦♦ *Costal de la Luz*, José Maria Amo, 8
(☏ 25-64-22) 35 ch.

Restaurants :
♦♦ *La Muralla*, San Salvador, 17
(☏ 25-50-77) recettes du passé à base
de produits régionaux.
♦♦ *Los Gordos*, Carmen, 14 (☏ 24-62-66)
poissons à la « plancha » ; jambon de
Jabugo.
♦ *Doñana*, Avda Martín Alonso Pinzon
(Gran Vía), 13 (☏ 24-27-73) cuisine
locale de qualité.
♦ *Las Candelas*, Route de Punta Ubría
(croisement de Aljaraque ; ☏ 31-83-01).
Poissons et viandes à la braise.
♦ *El Peñon*, Carmen, 10 (☏ 24-78-19)
cuisine régionale familiale.
🚍 Autobus : *Damas S. A.* Avda de Por-
tugal, 9 (☏ 25-69-00, 25-72-24 et
25-62-24). — *Casal, S.A.* Comandante
Redondo, 9, Aracena (☏ 11-01-96).
🚃 Gare : RENFE (Chemin de Fer-Bureau
de voyages) Avda de Italia
(☏ 24-56-14).

HUESCA (HU)   ☏ 974

ℹ Office du tourisme, Coso Alto, 23
(☏ 22-57-78).
Hôtels :
♦♦♦ *Pedro I de Aragón*, Del Parque, 34
(☏ 22-03-00) 52 ch. ✕ ▩ ▨ central.
♦♦ *Montearagón*, Route Tarrago-
ne-San Sebastián, km 208 (☏ 22-23-50)
27 ch. ✕ ▩ ▣ 🔲 ▨
♦♦ *Aragonesa*, Pza de Lizana, 15
(☏ 22-06-50) 18 ch. ▩
♦♦ *Mirasol*, Paseo Ramón y Cajal, 29
(☏ 22-37-60) 13 ch. ⚥
♦ *Fondevila*, Paseo Ramón y Cajal, 43
(☏ 22-00-24) 12 ch. ▣ ⚥
Restaurants :
♦♦ *Navas*, San Lorenzo, 15 (☏ 22-47-38).
♦♦ *Venta del Sotón*, Route Tarragona-San
Sebastián, km 227, Esquedas (à
14 km ; ☏ 27-02-41).
♦ *Las Torres*, María Auxiliadora, 3
(☏ 22-82-13) f. dim.
♦ *Parrilla Gombar*, Av. Martinez de
Velasco, 32 (☏ 29-39-12).
♦ *Casa Vicente*, Pza de Lérida, 2
(☏ 22-98-11).

IBIZA (PM)   ✆ 971

   ℹ️ Office du Tourisme : *office de tourisme du Consell Insular de Ibiza*,
   Vara de Rey, 13 (✆ 30-19-00).
   Hôtels :
   En ville :
❚❚ *El Corsario*, Poniente, 5 (✆ 30-12-48)
   14 ch. ▥ ⊟ ⯑ dans une vieille maison
   d'Ibiza, sur les hauteurs de Dalt Vila ;
   vue splendide.
❚ *Montesol,* Vara del Rey, 2 (✆ 31-01-61)
   60 ch. ▥ ⊟ ☎ dans le centre d'Ibiza-
   ville.

   A la plage de Ses Figueretes (2 km) :
❚❚❚❚ *Los Molinos*, Ramón Muntaner, 60
   (✆ 30-22-50) 147 ch. ⤬ ▥ ▦ ⊟ ☎ ☎ ▤ ▫
   boutiques, salle de réunions, coiffeur.
❚❚❚ *Ibiza Playa*, Playa de Figueretas,
   Apdo. 18 (✆ 30-28-04) 155 ch. ⤬ ▥ ⊟
   ☎ ▤ devant la plage.
❚❚ *Cenit*, Archiduque Luis Salvador, s/n
   (✆ 30-14-04) 62 ch. ▥ ⊟ ☎ ☎
❚❚ *Ebeso*, Ramón Muntaner, 44
   (✆ 30-23-00) 113 ch. ⤬ ▥ ⊟ ☎ ☎ ▤

   A la plage d'En Bossa (4 km) :
❚❚❚ *Torre del Mar*, Playa d'En Bossa
   (✆ 30-30-50) 217 ch. ⤬ ▥ ▦ ⊟ ☎ ☎ ▤
   ⤴ ▫ salle de réunions, gymnase, coiffeur.
❚❚❚ *Tres Carabelas*, Playa d'En Bossa, s/n
   (✆ 30-24-16) 245 ch. ⤬ ▥ ⊟ ☎ ☎ ▤
   boutiques, coiffeur ; sur la plage.

   A la plage de Talamanca (2,5 km) :
❚❚❚ *Argos*, Playa de Talamanca
   (✆ 31-21-62) 106 ch. ⤬ ▥ ⊟ ☎ ▤
   Restaurants :
❚❚ *El Portalón*, Plaza de los Desamparados, 1 (✆ 30-08-52) produits frais et
   service soigné.
❚❚ *S'Oficina*, Avda de España, 6
   (✆ 30-00-16) cuisine traditionnelle
   basque.
❚❚ *El Olivo*, Plaza de la Vila, 7
   (✆ 30-06-80).
❚ *Formentera*, Luis Tur Palau, 4
   (✆ 31-10-24) cuisine traditionnelle
   d'Ibiza.
❚ *San Telmo*, Marino Riquer, 6
   (✆ 30-57-73) cuisine française.
❚ *Delfín Verde*, Garijo, 3 (✆ 30-03-64).

ICIAR (SS)   ✆ 943

   Restaurant :
❚❚ *Salegi* (près du sanctuaire ; ✆ 60-12-75)

   cuisine familiale soignée, dans une
   maison typique.

ICOD DE LOS VINOS (TF)   ✆ 922

   Restaurants :
❚ *Bodegón de San Marcos*, Playa de
   Icod (✆ 81-04-77) cuisine canarienne.
❚ *La Arepera*, Príncipes España, 46
   (✆ 81-09-91) cuisine vénézuélienne et
   canarienne.

IGUALADA (B)   ✆ 93

   Restaurant :
❚❚❚ *El Jardi de Granja Pla*, Sant Isidre, 12
   (✆ 803-18-64) excellente cuisine et une
   carte très abordable ; f. fin juil. et début
   août.
🚌 Autobus : *Estació d'autobusos
   d'Igualada*, Pg Verdaguer, s/n
   (✆ 804-44-51).
✈ Aérodrome : *Aérodrome General
   Vives d'Igualada* (Odeña), *vol à voile.*
🎎 Manifestation : les 5 et 6 janvier,
   grande fête des Rois.

ILLESCAS (TO)   ✆ 925

❚ *El Bohío*, Avda 18 de Octubre, 18
   (✆ 51-11-26), auberge castillane
   typique. f. dim.
🍬 Achats : «yemas», *Pastelería Valladolid*, Generalísimo, 72 (✆ 51-12-49) ;
   Confitería Díaz, Francisco Guzmán, 14
   (✆ 51-17-69).

INCA (PM)   ✆ 971

   Restaurants :
❚❚ *Celler Ca'n Amer*, Pau, 39 (✆ 50-12-61)
   dans un ancien cellier ; excellente cuisine traditionnelle majorquine.
❚ *Celler Sa Travessa*, Pau, 16
   (✆ 50-00-49) cuisine majorquine dans le
   cadre rustique d'un cellier.
❚ *Sheila*, Pou Bo, s/n, Binissalem
   (✆ 51-13-11) ouv. le soir et aussi au déj.
   les sam. et dim. ; dans une vieille maison de village, Sheila prépare chaque
   jour un menu très personnel ; cuisine
   internationale ; il est conseillé de réserver.

INFIESTO (O)   ☎ 98

Hôtel :
Gran Vía, Avda Cueva, 45
(☎ 571-04-89) 11 ch. ▥ ◿ ▵

INGENIO (GC)   ☎ 928

& Artisanat : broderies, *J. Sánchez,*
F. Perez, 72.

IRUN (SS)   ☎ 943

Hôtels :
¶¶¶ *Alcázar,* Avda Iparralde, 11
(☎ 62-09-00) 48 ch. ▨ ※ confortable et
accueillant.
¶¶ *Lizaso,* Aduana, 5-7 (☎ 61-16-00)
20 ch. ; central et confortable.

Restaurants :
¶¶ *Romantxo,* Pza de Urdanibia
(☎ 62-09-71) cuisine basque et française.
¶¶ *Jaizubia,* Poblado Urdanibia
(☎ 61-80-66) dans un beau paysage,
bonne cuisine basque et cave exceptionnelle.
¶ *Mertxe,* Francisco Gainza, 9
(☎ 62-46-82) cuisine traditionnelle.

ISLA CRISTINA (H)   ☎ 959

Hôtels :
¶¶ *Los Geranios,* Route Isla Cristina-
Playa (☎ 33-18-00) 24 ch. ※ ℗ près de
la plage, dans les pins et les eucalyptus.
¶¶ *Pato Azul,* Gran Vía (☎ 33-13-50) ▱
¶¶ *Paraíso Playa Hotel,* Route de la
plage, 1 km (☎ 33-18-73) 18 ch. lieu
agréable.
¶¶ *Gran Vía,* Gran Vía, 10 (☎ 33-07-94)
19 ch.

Restaurants :
¶¶ *Casa Rufino,* Route de la plage
(☎ 33-08-10) terrasse ; tapas et poissons.
¶ *Acosta,* Plaza del Caudillo, 13
(☎ 33-14-20) poissons fraîchement
pêchés.
& Achats : au *marché aux poissons,*
Avda del Muelle, s/n (de 7 h à 13 h et
de 16 h à 18 h 30). — *USISA* (Unión
Salazones Isleña S.A.), Muelle Ribera,
s/n (☎ 33-15-50) thon...

JACA (HU)   ☎ 974

ℹ Office du tourisme : Pza Calvo Sotelo
(☎ 36-00-98).
Hôtels :
¶¶¶ *Gran Hotel,* Paseo de la Constitución,
1 (☎ 36-09-00) 80 ch. ※ ▨ ▣ ▨ ※ ▱ ℗ ▨
¶¶¶ *Oroel,* Avda de Francia, 37
(☎ 36-24-11) 124 ch. ※ ▨ ▣ ▨ ▱ ℗ ▨
¶¶ *Conde Aznar,* Paseo de la Constitución, 3 (☎ 36-10-50) 23 ch. ※ ▨
central.
¶¶ *La Paz,* Mayor, 39 (☎ 36-07-00) 34 ch.
▨ central.
¶¶ *Pradas,* Obispo, 12 (☎ 36-11-50) 39 ch.
▨ central.
¶ *Mur,* Santa Orosia, 1 (☎ 36-01-00)
69 ch. ※ ▨ ▨
¶ *El Abeto,* Bellido, 15 (☎ 36-16-42)
25 ch. ▨ central.

Restaurants :
¶¶ *Palacio de Congresos,* Av. Juan III, 19
(☎ 36-19-86).
¶ *José,* Av. Domingo Miral, 4
(☎ 36-11-12).
¶ *La Cocina Aragonesa,* Cervantes, 5
(☎ 36-10-50) décoration typique, dans
l'hôtel Conde Aznar.
¶ *Gaston,* Av. Primo de Rivera, 14
(☎ 36-29-09) terrasse

JADRAQUE (GU)   ☎ 949

Hôtel :
¶ *El Castillo,* Route de Soria, km 103
(☎ 89-02-54) 20 ch. ※ simple et confortable ; cuisine castillane (soupes, grillades...).

Restaurant :
¶ *La Palma,* Route de Soria, s/n
(☎ 89-01-38) cuisine familiale régionale.

JAEN (J)   ☎ 953

ℹ Office du tourisme : Paseo de la
Estación, 30, 1er étage (☎ 22-92-00).
— *Bureau du Tourisme* : Arquitecto
Bergés, 1 (☎ 22-27-37).
Hôtels :
¶¶¶¶ *Parador Santa Catalina,* Castillo de
Santa Catalina (plan B4 ; ☎ 23-00-00)
43 ch. ▦ ※ ▱ ℗ vue sur Jaén, les
oliviers et la montagne.

¶¶¶ *Condestable Iranzo,* Paseo de la Estación, 32 (plan C1 ; ☎ 22-28-00) 147 ch. ▦ ▣ ▨ central et moderne.

¶¶¶ *Xauen,* Pza Deán Mazas, 3 (plan C3 ; ☎ 26-40-12) 35 ch. ▦ ▨ ▨

¶¶¶ *Reyes Católicos,* Avda Granada, 1 (plan C2 ; ☎ 22-22-50) 28 ch. ▦ ▨

¶¶ *Rey Fernando,* Pza Coca de la Piñera, 7 (plan C2 ; ☎ 25-18-40) 36 ch. ✕ ▨

¶¶ *Europa,* Pza Belén, 1 (☎ 22-27-00) 36 ch. ▦ ▨

Restaurants :

¶¶ *Jockey Club,* Paseo de la Estación, 20 (plan C2 ; ☎ 25-10-18).

¶¶ *Mesón Nuyra,* Pasaje Nuyra (plan C3 ; ☎ 25-39-32) dans un décor andalou, cuisine locale.

¶ *Nelson,* Paseo de la Estación, 33 (Pasaje ; plan B1 ; ☎ 22-92-01) style pub anglais ; spécialité : demandez le plat que prépare le chef tous les j. et qui ne figure pas sur la carte !

¶ *Rincón de Juán,* Antonio Herrera Murillo, s/n (☎ 22-59-74) traditionnelle cuisine de «bonne femme».

✉ Poste et Télégraphe : Pza de los Jardinillos (☎ 22-01-12).

🚗 Autocars : Gare routière, Plaza Coca de la Piñera, s/n (plan C2 ; ☎ 25-01-06).

🚂 Gare : RENFE, Bureau central (☎ 25-56-07).

JANDIA (GC)   ☎ 928

Hôtels :

¶¶¶¶ *Casa Atlántica* (☎ 87-60-17) ▨ ▨ ♨ sauna ; à 300 m de la plage ; location de studios.

¶¶¶ *Jandia Plata* (☎ 87-60-25) ▨ ▨ (chauffée) ♨ ▣ gymnase, sauna ; nombreuses installations sportives ; ambiance «club».

JARANDILLA DE LA VERA (CC)   ☎ 927

Hôtels :

¶¶¶ *Parador Carlos V,* Route de Plasencia (☎ 56-01-17) 43 ch. ✕ ▦ ▨ ▨ ▣ dans le palais-château de Charles Quint ; élégant et calme.

¶¶ *Jaranda,* Avda Calvo Sotelo, s/n (☎ 56-02-06) 22 ch. ✕ ▦ ▨ ▣ fonctionnel ; belle vue sur la montagne.

¶ *Marbella,* Calvo Sotelo, 103 (☎ 56-02-18) 10 ch. ✕ ▦ ▣

⛺ Camping : *Jaranda* (2ᵉ c.), Route Garganta-Jaranda (C501 ; ☎ 56-04-54) 251 pl. ; ouv. d'avr. à sept. ; bien ombragé ; douches.

🛍 Achats : pâtisseries typiques *(perrunillas), Pastelería S. Muñoz,* Avda Calvo Sotelo, 81.

JATIVA (V)   ☎ 96

Hôtels :

¶¶ *Vernisa,* Académico Maravall, 1 (☎ 227-10-11) 39 ch. ✕ ▦ ▦ ▨ ▨ situation privilégiée ; cuisine très soignée, spécialités valenciennes.

¶ *Murta,* Angel Lacalle, 1 (☎ 227-66-11) ▨ ▨

Restaurants :

¶¶ *La Abuela,* Reina, 17 (☎ 227-05-25) le restaurant le plus représentatif de l'histoire de Játiva ; f. dim.

JAVEA (A)   ☎ 96

Hôtels :

¶¶¶¶ *Parador Costa Blanca,* Playa del Arenal, 2 (☎ 579-02-00) 65 ch. ✕ ▦ ▨ ▨ ▨ ▨ ▨ ▨ ▨ magnifiquement situé au bord de la mer ; spécialités de plats de riz.

¶¶ *Villa Naranjos,* Route Montañar (☎ 579-00-50) 147 ch. ▨ simple et accueillant, sur la plage.

Restaurants :

¶¶¶¶ *Girasol,* Route Moraira-Calpe, km 1,5 (☎ 574-43-73) ▦ ▣ petit restaurant où décoration et cuisine sont devenus art ; f. lun. et du 1ᵉʳ nov. au 1ᵉʳ fév.

¶ *Villa Selina,* Partida Puchol, 96 (☎ 579-06-98).

JEREZ DE LA FRONTERA (CA)   ☎ 956

Hôtels :

¶¶¶¶¶ *Jérez,* Avda Alvaro Domecq, 35 (☎ 33-06-00) 120 ch. ✕ ▦ ▨ ▨ ▨ ♨ ▣ beaux jardins.

¶¶ *Aloha,* Route N. IV, km 637 (☎ 30-25-00) ▦ ▨ ▨ ▨ ▣

¶¶¶ *Capele,* Corredera, 58 (☎ 34-64-00) 30 ch. ▦ ▦ ▨

¶¶ *Serit,* Higueras, 7 (☎ 34-07-00) 38 ch. ▦ ▨

¶¶ *El Coloso,* Pedro Alonso, 13 (☎ 34-90-08) 36 ch. ▨

⁋⁋ *Avila,* Avila, 3 (☏ 33-48-08) 30 ch.

⁋ *Torres,* Arcos, 29 (☏ 32-34-00) 30 ch.

Restaurants :

⁋⁋⁋ *El Bosque,* Avda Alcalde Alvaro Domecq, 26 (☏ 30-33-33) poissons au sel ; cadre rustique ; dans un beau parc.

⁋⁋ *Tendido 6,* Circo, 10 (☏ 34-48-35) cuisine andalouse, bon choix de tapas.

⁋⁋ *Gaitán,* Gaitán, 3 (☏ 34-58-59 et 34-17-13) cuisine andalouse.

⁋ *Venta Antonio,* Route Jerez-Sanlúcar, km 5 (☏ 14-05-35) poissons frais de Sanlúcar de Barrameda.

⁋ *Mesón del Jamón,* Lealas, 10 (☏ 34-86-88) jambon et dérivés du cochon de Jabugo.

⅋ Achats : gastronomie, *Garvey S.A.,* Guadalete, 14 (☏ 33-05-00) ; vinaigre de xérès — Caves : *Domecq, Gonzalez Byass, Sandeman,* pour le fameux xérès.

🚃 Gare : *RENFE* (☏ 34-23-19).

✈ Avions : *Aéroport* (☏ 33-43-00). — *IBERIA,* Pza Arenal, 2 (☏ 34-40-54).

🚌 Autocars (☏ 34-52-07).

JUBIA (C)   ☏ 981

Hôtels :

⁋⁋ *Casa Basoa,* General Mola, s/n (☏ 38-41-92) 26 ch. ✕ ▥ central, près de la plage.

⁋ *Excelsior,* Plaza Ayuntamiento, 1 Narón (☏ 38-21-04) 12 ch. ✕ ▥

Restaurant :

⁋⁋ *Casa Paco,* Route générale, 11 (☏ 38-02-30) cuisine galicienne ; poissons et excellents coquillages.

JUMILLA (MU)   ☏ 968

Hôtel :

⁋ *Comercio,* Cánovas del Castillo, 107 (☏ 78-04-44) 29 ch. ▣ central.

Restaurant :

⁋ *Casa Sebastián* (dans le marché ; ☏ 78-01-94) cuisine murcienne.

⅋ Achats : vins de Jumilla, *Bodegas Asensio Carcelen ; García Carrón.*

JUNQUERA [LA] (GE)   ☏ 972

ℹ Office du tourisme : Porta Catalana,

Aire de péage La Jonquera, A-7 (☏ 54-06-42).

Hôtels :

⁋⁋⁋ *Porta Catalana,* Autopista A-17, km 6 (☏ 55-46-40) 81 ch. ▥ ▤ ▣ ⊡ ▣

⁋⁋⁋ *Puerta de España,* Route N.II, km 782 (☏ 55-41-20) 26 ch. ✕ ▥ ▣ ⊡

⁋⁋ *Frontera,* Route N.II, km 781 (☏ 55-40-50) 28 ch. ✕ ▥ ▣ ⊡ ▣

Restaurant :

⁋⁋ *Duran,* Avda. de España 13, Els Límits (☏ 55-42-40) si vous pensez vous arrêter en route, faites le crochet pour cette bonne table.

LA LAGUNA (TF)   ☏ 922

Hôtels :

⁋⁋⁋⁋ *Atlantic,* Avda Piscinas, 2 (à Bajamar ; ☏ 54-05-00) 265 ch. ▨ ▣ ⌀ ⊻ près de la mer.

⁋⁋⁋ *Delfín Laguna,* La Cornisa, s/n (à Bajamar ; ☏ 54-02-00) 66 ch. ▣ ⌀ ▣ belles vues.

⁋⁋⁋ *Neptuno,* Route de Punta Hidalgo, km 14 (à Bajamar ; ☏ 54-04-04) 97 ch. ▣ ⌀ près de la plage.

⁋⁋⁋ *Tinguaro,* Urbanización Montamar (à Bajamar ; ☏ 54-11-54) 115 ch. ▨ ▣

Restaurant :

⁋ *El Yate,* Avda Sol, 5 (à Bajamar ; ☏ 54-00-05) produits de la mer.

⅋ Artisanat : tapis, couvertures traditionnelles, *J. de la Cruz,* Manuel de Osuna, 2. — poterie artisanale, *F. Díaz Maza,* Camino del Tornero.

LA MANGA DEL MAR MENOR (MU)   ☏ 968

Hôtels :

⁋⁋⁋⁋ *Cavanna,* Gran Vía de la Manga, s/n (☏ 56-36-00) 407 ch. ▤ ▨ ▣ ⌀ près de la mer.

⁋⁋⁋⁋ *Doble Mar Casino,* Gran Vía de la Manga, s/n (☏ 56-39-10) 485 ch. ✕ ▤ ▣ ▣ grande terrasse avec jardins.

⁋⁋⁋ *Entremares,* Gran Vía de la Manga, s/n (☏ 56-31-00) 245 ch. ✕ ▨ ▨ ▣ ⌀ salle de conférences.

Restaurants :

⁋⁋ *San Remo,* Hacienda Dos Mares (☏ 14-08-13).

⁋⁋ *Dos Mares,* Hacienda Dos Mares (☏ 14-00-93) bons poissons, spécialités murciennes (mojete).

¶ *El Loro Verde*, Pza Bohemia (☏ 14-02-93).

⚄ Achats : *Galerie Commerciale du Casino*. — céramiques, à l'entrée de La Manga. — Plaza Bohemia, animation nocturne.

LA OROTAVA (TF) ☏ 922

⚄ Artisanat : dentelles faites à la main, *Casa de los Balcones*, San Francisco, 5.

LABASTIDA (VI) ☏ 945

Hôtels :
¶¶ *Jatorrena*, Florida, 10 (☏ 33-10-50) 48 ch. ✕ central, accueillant et confortable.
¶ *Tejada*, San Roque, s/n (☏ 33-11-36) 8 ch. ▥ Dans le centre, pittoresque.
Restaurant :
¶ *El Bodegón*, Frontín, 31 (☏ 33-10-27) cuisine basque et de la Rioja.
⚄ Achats : vins, *Bodegas Granja Remelluri*, Route d'Arribas de Tesoro ; dans un ancien couvent. — *Bodega Cooperativa Labastida*, Route de Vitoria, s/n, vins rouges.

LAGARTERA (TO) ☏ 925

Hôtel :
¶ *Huesped del Sevillano*, Route de Extremadura, km 149 (☏ 43-02-40) 12 ch. ▤ ▭ belle vue.
⚄ Achats : dentelles, broderies, *J. Calatrava*, Maestro Guerrero, 22 (☏ 43-09-37) ; *B. Jiménez*, Iglesia, 32 (☏ 43-09-49) ; *Bordados Iglesias*, Ramón y Cajal, 12 (☏ 43-09-07).

LAGUARDIA (VI) ☏ 945

Hôtels :
¶¶ *Pachico Martínez*, Sancho Abarca, 3 (☏ 10-00-09) 24 ch. ▨ central et animé.
¶ *Marixa*, Sancho Abarca, s/n (☏ 10-01-65) 10 ch. ✕ central ; cuisine locale.

LALIN (PO) ☏ 986

Hôtel :
¶¶ *El Palacio*, Matemático Rodríguez, 10

(☏ 78-00-00) 32 ch. ✕ ▥ ⊿ ▩ ▩ confortable et central.

LANJARON (GR) ☏ 958

Hôtels :
¶¶¶ *Miramar*, Avda. de Andalucía, 10 (☏ 77-01-61) ▨ ⚇ ▭ ▩ agréable pour se reposer.
¶¶ *Andalucía*, Avda. de Andalucía, 15-17 (☏ 77-01-36) 57 ch. ▨ ⚇ ▭
¶¶ *Nuevo Palas*, Avda. de Andalucía, 24 (☏ 77-01-11) 30 ch. ▭
¶¶ *Parque*, Avda. de Andalucía, 48 (☏ 77-00-62) ⚇ ▩
¶ *Royal*, Avda de Andalucía, 28 (☏ 77-00-08) 28 ch.
¶ *Central*, Avda de Andalucía, 21 (☏ 77-01-08) 37 ch. ▭ ๛

LAREDO (S) ☏ 942

Hôtels :
¶¶¶ *El Ancla*, González Gallego, 10 (☏ 60-55-00) 25 ch. ✕ ⚇ Ⓟ jolie terrasse.
¶¶¶ *Risco*, La Arenosa, 2 (☏ 60-50-30) 25 ch. ▥ ▩ ⚇ Ⓟ belles vues sur la ville et la mer.
¶¶ *Asador Orio*, Avda de José Antonio, 10 (☏ 60-70-93) ▥ près de la plage.
⚠ Campings : *Carlos V* (2ᵉ c.), Pza Carlos V, 1 (☏ 60-55-93) près de la plage ; ouv. de juin à août. — *Playa El Regatón* (2ᵉ c.), à 4 km de Laredo (☏ 60-69-95) près de la plage ; ouv. d'avr. à sept.
Fêtes patronales : en juil. et août, batailles de fleurs.

LAS PALMAS (GC) ☏ 928

ⓘ Office du tourisme : Parque Santa Catalina (plan C4 ; ☏ 26-46-23). — *Cia Transmediterránea* (pour la Péninsule, Tenerife et La Palma ; ☏ 26-56-50).
Hôtels :
¶¶¶¶¶ *Santa Catalina*, León y Castillo, 227 (plan A2 ; ☏ 24-30-40) 200 ch. ⚇ ▭ ๛ dans un édifice d'architecture canarienne.
¶¶¶¶¶ *Cristina*, Gomera, 4 (plan C2 ; ☏ 26-76-00) 316 ch. ▨ ▭ ▩ vue sur la mer.
¶¶¶¶¶ *Reina Isabel*, Alfredo Jones, 40 (plan B3 ; ☏ 26-01-00) 233 ch. ✕ ▨ ▭ ▩

au bord de la plage de Las Palmas ; cuisine internationale dans un cadre élégant.

¶¶¶¶ *Concorde,* Tomas Miller, 8 (plan AB3 ; ☎ 26-27-50) 127 ch. ▦ ▣ ▆ ▨ central.

¶¶¶¶ *Imperial Playa,* Ferreras, 1 (plan B1 ; ☎ 26-48-54) 173 ch. ▦ ▣ central ; près de la plage.

¶¶¶ *La Posada,* Caldera de Bandama, s/n (à Santa Brígida ; ☎ 35-12-90) 25 ch. ⚜ ⅄ confortable ; belles vues.

¶¶¶ *Astoria Club,* Pelayo, 17 (☎ 26-03-00) 160 ch. ▆ central et très animé.

¶¶¶ *Atlanta,* Alfredo Jones, 37 (plan B3 ; ☎ 26-50-62) 58 ch. près de la plage, confortable.

¶¶¶ *Corinto,* Prudencio Morales, 41 (☎ 26-49-74) 67 ch. ☎ central et fonctionnel.

¶¶¶ *Gran Canaria,* Paseo Canteras, 38 (plan A4 ; ☎ 27-50-78) 90 ch. au bord de la mer.

¶¶¶ *Villa Blanca,* Alfredo Jones, 35 (plan B3 ; ☎ 26-00-16) 45 ch. ☎ central et animé ; vue sur la mer.

¶¶¶ *Tenesqya,* Sagasta, 98 (plan BC2-3 ; ☎ 26-26-12) 44 ch. ☎ près de la plage, dans le centre.

¶¶ *Parque,* Muelle de Las Palmas, 6 (☎ 36-80-00) 120 ch. ▆ vue sur la mer.

¶¶ *Sina,* Luis Morote, 27 (plan B3 ; ☎ 27-06-00) 26 ch.

¶¶ *Pujol,* Salvador Cuyás, 5 (plan B2 ; ☎ 27-44-33) 48 ch.

Restaurants :

¶¶¶ *El Acuario,* Pza Victoria, 3 (plan A1 ; ☎ 27-34-32) nouvelle cuisine.

¶¶ *El Novillo Precoz,* Portugal, 9 (☎ 27-20-10) viande grillée ; ambiance latino-américaine.

¶¶ *El Pote,* José María Durán, 41 (☎ 27-80-58) cuisine galicienne (excellents produits frais).

¶¶ *Tenderete,* Urbanización Los Ruiseñores (☎ 36-83-75) cuisine traditionnelle canarienne.

¶ *Julio,* La Naval, 132 (plan C1 ; ☎ 27-10-39) produits de la mer.

¶ *Casa Pepe,* Gumidafe, 32 (☎ 27-80-65) cuisine locale.

Achats : nappes et chemisiers brodés, *D. Castro,* Malteses II (plan EF3). — tissages, *Felipe el Majorero,* Pza de Colón.

LASTRES (O)   ☎ 98

Hôtel :

¶¶ *Miramar,* Bajada del Puerte (☎ 585-01-20) 17 ch. ▨ ▆ ▟

Restaurants :

¶¶ *El Cafetín,* San Antonio, s/▆ (☎ 585-00-85) spécialité : oignons farcis au thon ; poissons frais.

¶¶ *Eutimio,* Pente du quai (☎ 585-00-12).

LECUMBERRI (San Miguel de Excelsis) (NA)
                                                  ☎ 94▆

Hôtel :

¶¶ *Ayestarrán II,* San Juan, 6 (☎ 50-41-27) 23 ch. ⚜ ▆ ⁄ ▨ dans u▆ édifice historique.

⊼ Camping : *Aralas* (2ᵉ c.), Route N. 24▆ km 32,8 (☎ 50-40-11) ▆ bien ombragé douches.

LEGANES (M)   ☎ 9▆

Hôtel :

¶¶ *Solimpar,* Route de Tolède, km 8,▆ (☎ 688-92-83) 32 ch. ☎ ▦ ▆ ⁄

⊼ Camping : *Solagua* (2ᵉ c.), Rout▆ Leganés-Alarcón ; acacias.

LEON (LE)   ☎ 98▆

ℹ Office du tourisme : Pl. de la Regla, 3 (plan D3 ; ☎ 23-70-82).

Hôtels :

¶¶¶¶¶ *San Marcos,* Pza San Marcos, 7 (pla▆ A1 ; ☎ 23-73-00) 200 ch. ⤬ ▦ ▦ ☎ ▆ ⚜ ▣ librairie, discothèque, coiffeur ; c▆ parador est un véritable musée, ins▆ tallé dans une demeure du xvɪᵉ s▆ (somptueuses collections de tableaux▆ meubles anciens et sculptures).

¶¶¶¶ *Conde Luna,* Independencia, 7 (pla▆ B4 ; ☎ 20-65-12) 150 ch. ⤬ ▦ ▦ ▆ ▣ sauna ; au cœur de la ville.

¶¶ *Quindós,* Avda J. Antonio, 24 (plan B1▆ ☎ 23-62-00) 96 ch. ▦ ☎ ▣ galeri▆ commerciale, librairie.

⊼ Camping : *Esla* (3ᵉ c.), Route Adaner▆ Gijón, km 309, à Mansilla de las Mula▆ (☎ 31-00-89) ouv. de juin à oct.

Restaurants :

¶¶ *Novelty,* Independencia, 4 (plan B3▆

⚡ 25-06-12) 🔲 produits de qualité, très bonnes viandes ; f. dim. soir et lun.

- ¶ *Adonias Pozo,* Santa Nonia, 16 (plan B4 ; ⚡ 20-67-68) 🔲 cuisine régionale, viandes rouges au gril, langue fumée ; f. dim.
- ¶ *Bodega Regia,* General Mola, 5 (plan C4 ; ⚡ 21-31-73) 🔲 spécialités de la région, dans une demeure seigneuriale du XIIᵉ s. ; f. dim. soir et du 1ᵉʳ au 15 sept.
- ¶¶¶ *El Racimo de Oro,* Caño Badillo, 2 (plan D4 ; ⚡ 25-75-75) 🔲 maison du XVIIᵉ s., avec admirable patio ; cuisine régionale ; f. mar.
- ¶¶¶ *Rey Don Sancho,* dans l'hôtel San Marcos ; bons asados et spécialités régionales.

- ⊠ Poste : Pza de Regla, 14 (⚡ 23-42-90).
- 🚃 Gare : Travesía Rosa de la Vega (⚡ 22-37-04). — *Gare du Nord,* Astorga (⚡ 22-37-04). — *Gare de Matallana,* Avda Padre Isla (⚡ 22-59-19).

LEPE (H) ⚡ 959

Hôtels :
- ¶¶ *Miramar,* Playa de la Antilla (⚡ 48-00-08) 16 ch.
- ¶ *La Antilla,* Pza La Parada (⚡ 48-00-56) 15 ch.

Restaurant :
- ¶ *Serafín,* Avda Castilla (⚡ 48-01-42) produits de la mer.
- ♣ Achats : gastronomie, *La Boca de Oro,* Route de la Antilla (⚡ 38-05-20) crevettes et fruits de mer cuits.

LEQUEITIO (BI) ⚡ 94

Hôtel :
- ¶¶ *Beitia,* Avda Pascual Abaroa, 25 (⚡ 684-01-11) 33 ch. ; près de la plage, simple et confortable.

Restaurants :
- ¶¶ *Mesón Arropaín,* Barrio Arropaín (⚡ 684-03-13) cuisine basque traditionnelle.
- ¶ *Santi,* Monseñor Azpiri, 6 (⚡ 684-08-09). Cuisine de la mer.

LERIDA (LLEIDA) (L) ⚡ 973

- ⓘ Office du tourisme : Av. de Blondel,

s/n (plan B3 ; ⚡ 27-20-85), Arc del Pont (⚡ 24-81-20).

Hôtels :
- ¶¶¶ *Condes de Urgell II,* Av. Barcelona, 17 (⚡ 20-23-00) 105 ch. 🔲🔲🔲🔲🔲🔲
- ¶¶ *Ilerda,* Route Nal II, km 467, (⚡ 20-07-50) 65 ch. 🔲🔲🔲🔲🔲🔲
- ¶¶ *Principal,* Pl. Paeria, 8 (plan B3 ; ⚡ 24-09-00) 53 ch. 🔲🔲🔲🔲
- ¶¶ *Jamaica,* Route Nal, km 462, 5 (⚡ 26-51-00-24). Hôtel de passage.
- ¶ *Ramon Berenguer IV,* plaça de Ramon Berenguer IV, 3 (plan D2 ; ⚡ 23-73-45). Recommandé pour ses prix et son service.

Restaurants :
- ¶¶¶¶ *Sheyton Pub,* Prat de la Riba, 39 (plan C1 ; ⚡ 23-81-97) restaurant de très grand luxe.
- ¶¶¶ *Cal Moli,* Partida dels Buixadors, 15 (⚡ 24-66-40) 🔲 f. mar.
- ¶¶¶ *Forn del Nastasi,* Salmerón, 10 (plan C1 ; ⚡ 23-45-10) f. dim. soir. Spécialités locales et créations très réussies dans un décor rustique.
- ¶¶¶ *Moli de la Nora,* à 6,2 km sur la route de Puigcerdà (⚡ 19-00-17) cuisine inventive dans un décor de bateau, surprenant pour un ancien moulin. Excellent service.
- ¶¶ *Borsalino,* Princep de Viana, 55 (plan D1-2 ; ⚡ 23-39-76).

- 🚌 Poste et téléphone : *bureau central,* Rbla Fernando, 16 (plan C3 ; ⚡ 23-64-49). — *télégrammes* par téléphone (⚡ 24-70-00).
- 🚌 Autobus : *Estació d'autobusos de Lleida,* Saracibar, 2 (⚡ 26-85-00), pour Tarragone, Tarrega, L'Espluga, Barcelone, El Cogul, Fraga, Montagul, Balaguer, Solsona, Seu d'Urgell, Cervera...
- 🚃 Gare : *RENFE* (plan D2), trains pour Barcelona, Tarragone, Reus, Saragosse, Madrid, Pobla de Segur ; *Réservations,* Lauria, s/n (⚡ 22-02-02).
- 🏛 Expositions : salle de la Caixa de Barcelona, *Sala Lleida,* Academia, I, entrée gratuite.
- 🏛 Manifestations : mi-mai, *fêtes de Saint-Anastase* (géants, grosses-têtes, courses de taureaux, concours de sardanes, Aplec del Caragol). — sept. : *grande foire* agricole et maraîchère régionale à la Saint-Michel.

Lieux et monuments : Château de la Suda ; Seu Vella ; Seu Nova ; Hospi-

tal Santa Maria ; Église Sant Llorenç ;
Église Sant Marti ; Paeria.

LERMA (BU)   ☏ 947

Hôtel :
¶¶ *Alisa,* Route Madrid-Irún, km 202
(☏ 17-02-75) ✕ ▥ 🕭 🅟 discothèque ; cuisine régionale.

LES (L)   ☏ 973

Hôtels :
¶¶ *Del Isard,* Bajada de San Jaime, 20
(☏ 64-80-00) 64 ch. ✕ ▥ ▦ ⊟ 🕭
¶ *Europa,* Aran, 8 (☏ 64-80-16) 37 ch. ✕
▥ ⊟ ⁄° ▣
ᖆ Manifestation : *fêtes de la Saint-Jean*
(24 juin), prolongées jusqu'à la fin du
mois.

LIERGANES (S)   ☏ 942

Hôtels :
¶¶ *Del Balneario,* Barrio de Calgar
(☏ 52-80-11) 74 ch. ▤ 🕭 ⁎ ⁄° 🅟 eaux
sulfureuses, traitement des maladies
respiratoires ; bien situé, avec une
calme ambiance fin-de-siècle.
¶¶ *Cantábrico,* Paseo Hombre Pez, 8
(☏ 52-80-48) ✕ ▥ ⊟ 🕭 cuisine régionale.
⛃ Achats : confiseries typiques, «lazos»,
Chez Vega, Paseo de Velasco, 35.

LINARES (J)   ☏ 953

Hôtel :
¶ *Victoria,* Cervantes, 7 et 9 (☏ 69-25-00)
39 ch.
Restaurants :
¶¶ *El Puente,* Puente, 6 (☏ 69-00-09).
¶ *Mesón Campero,* Route Pozo Ancho,
5 (☏ 69-35-02) cuisine andalouse.

LINAS DE BROTO (HU)   ☏ 974

Hôtels :
¶¶ *Jal,* Route 31 (☏ 48-61-06) 19 ch. ✕
central.
¶ *España,* Route d'Ordesa (☏ 48-60-00)
30 ch. ⁎ ▣

LLAFRANC (GE) → Palafrugell   ☏ 972

LLANES (O)   ☏ 98

ℹ Office du tourisme : Nemesio Sobrino
(☏ 540-01-64).
Hôtels :
¶¶¶ *Don Paco,* Parque de Posada Herrera
(☏ 540-01-50) 42 ch. ✕ ▥ ⊟ 🕭 ⊐ dans
un palais baroque, près de la mer.
¶¶ *Montemar,* Jenaro Riestra, s/n
(☏ 540-01-00) 40 ch. ▥ ⊟ 🕭 ⊐ ▣
tranquille, belles vues.
¶¶ *Peñablanca,* Pidal, 1 (☏ 540-01-66)
31 ch. ⊟ 🕭 ⊐ central, près de la plage.
⚑ Campings :
La Paz (1ʳᵉ c.), Vidiago (☏ 541-10-12)
1 200 pl., bien ombragé, près de la
plage.
Palacio de Garaña (1ʳᵉ c.), Nueva
(☏ 541-04-87) 650 pl.
María Elena, Celorio (☏ 540-00-28)
1 200 pl., plage.
Restaurants :
¶¶ *El Horno,* Buelna (N. 634) belle maison
typique ; cuisine régionale.
¶¶ *Venecia,* Pidal, 14 (☏ 40-05-52).

LLANÇA (GE)   ☏ 972

ℹ Office du tourisme : Av. d'Europa
(☏ 38-08-55).
Hôtels :
¶¶ *Grifeu,* Cau del Llod, s/n (☏ 38-00-50)
33 ch. ✕ ⊟ ▣ près d'une petite plage
ouv. mi-mai à sept.
¶¶ *Grimar,* Route de Port-Bou, s/n
(☏ 38-01-67) 38 ch. ✕ ▥ ▦ ⁎ ⊡ ⁄° ▣
au bord de l'eau
Sports : *Club Nàutic de Llançà*
(☏ 38-07-10).

LLES (L)   ☏ 973

Hôtels :
¶¶ *Sanillés,* Route de Sanillés, s/n
(☏ 51-50-00) 39 ch. ✕ ⊟ 🕭 ⁎ ⁄° ▣ isolé
avec vue sur la serra del Cadí ; avr. à
sept.
¶ *Mirador,* Plaza de San Pedro, 4
(☏ 51-50-75) 48 ch. ✕ ▥ ▦ ⁎ ⊡ ⁄° ▣ vue
sur la serra del Cadí.
Sports : *station de ski de fond et
refuge de Lles,* Pl. Sant Pere, 4
(☏ 51-50-75). — *station de ski de fond
et refuge d'Aranser,* mairie de Lles
(☏ 51-50-97).

LLIVIA (GE)   ☎ 972

Hôtel :

ΥΥΥ *Llivia,* (à l'entrée de Llivia par la route de Puigcerdà ; (☎ 89-60-00) 63 ch. ✕ ▥ ⊿ ⊠ ⊠ ♪ ♠ ⊠ Ⓟ

Restaurant :

ΥΥΥ *Can Ventura,* Pl. Major, 1 (☎ 89-61-78) Ⓔ. Cuisine traditionnelle de Cerdagne ; f. mar., et oct. (☎ 89-61-78).

LLODIO (VI)   ☎ 94

Restaurants :

Υ *Fonda Estanis,* Pza España, 11 (☎ 627-00-68) cuisine traditionnelle.

Υ *Gorka,* Pío XII, 7 (☎ 672-49-30) cuisine basque, dans un cadre rustique.

LLORET DE MAR (GE)   ☎ 972

ⓘ Office du tourisme : terminal d'autobus sur la route de Blanes (☎ 36-57-88) ; Pl. de la Villa (☎ 36-47-35).

Hôtels :

ΥΥΥΥ *Rigat Park,* Av. América, s/n (☎ 36-52-00) 98 ch. ✕ ▥ ▦ ⊠ ⊿ ⊠ ⊠ ⊠ ▨ dans une pinède à 100 m de la plage ; mai-sept.

ΥΥΥΥ *Santa Marta,* Platja de Sta. Cristina, s/n (☎ 36-49-04) 78 ch. ✕ ▥ ⊿ ⊠ ⊠ ♪ ▨ bungalows dans un parc-pinède ; l'une des meilleures adresses de la Costa Brava.

ΥΥΥ *Carolina,* Cami de les Cabres, 49 (☎ 36-50-58) 65 ch. ✕ ▥ ⊿ ⊠ ⊠ ♪

ΥΥΥ *Gran Hôtel Casino Royal,* Route de Hostalric-Tossa, km 23 (☎ 36-46-58) 417 ch. ✕ ▥ ▦ ⊿ ⊠ ⊠ ♪

ΥΥ *Bahamas,* Potosi, 25-27 (☎ 36-47-08) 239 ch. ✕ ▥ ▦ ⊿ ⊠ ⊠ ♪

Υ *Goya,* Av. Puig Castellet, 21 (☎ 36-44-87) 68 ch. ✕ ▥ ⊿ ⊠ ♪

Restaurants :

ΥΥΥΥ *Dafne* (casino de Lloret), Route de Hostalric-Tossa, s/n (☎ 36-65-12) Ⓔ le très grand luxe et l'ambiance du casino.

ΥΥ *El Trull,* à Canyelles (☎ 36-49-28) cuisine marinière réputée sur toute la côte.

🚌 Autocars : *Estació d'autobusos de Lloret de Mar,* Route de Blanes, s/n (☎ 36-57-76) ; *Transportes Urbanos y*

Playas TUPSA (☎ 36-69-76) ; *Transportes Pujol i Pujol S.L.* (☎ 36-44-76).

🚆 Gare : *RENFE,* trains à Maçanet-Maçanes.

Sports : centre de sport et détente de *Marineland* (☎ 761-28-02). — *Club Nàutic :* embarcadère Cala-Canyelles.

Casino : *Casino de Lloret,* Route de Hostalric-Tossa (☎ 36-65-12) ouv. de 17 h à 4-5 h du matin.

₩ Manifestations : grande fête d'été les 23 et 26 juil., *ball de les Almorratxes,* procession maritime à Santa Cristina.

LLUCMAJOR (PM)   ☎ 971

Hôtels :

ΥΥΥΥ *Playa de Palma-Sol,* Avda Nacional, s/n, S'Arenal (☎ 26-29-00) 113 ch. ✕ ▥ ⊿ ⊠ ⊠ au bord de la mer.

ΥΥΥ *Pamplona,* Urb. La Ribera, Polígono, 94, S'Arenal (☎ 26-49-00) 105 ch. ✕ ▥ ▦ ⊿ ⊠ ♪ coiffeur, salle de gymnastique ; service soigné ; bonne table.

ΥΥΥ *Playa Golf,* Route d'El Arenal, 366, S'Arenal (☎ 26-26-50) 222 ch. ✕ ▥ ⊿ ⊠ ⊠ ⊠ ♪ boutiques, bowling, mini-golf, coiffeur, gymnase.

ΥΥΥ *San Francisco,* Laúd, 24, S'Arenal, (☎ 26-46-50) 138 ch. ✕ ▥ ▦ ⊿ ⊠ ⊠ salle de réunions.

ΥΥ *Encant,* Amílcar, 1, S'Arenal (☎ 26-05-50) 116 ch. ✕ ▥ ⊿ ⊠ ⊠ salle de réunions, boutiques et coiffeur.

ΥΥ *Sofía,* San Ramón Nonato, s/n, S'Arenal (☎ 26-16-76) 328 ch. ✕ ▥ ⊿ ⊠

LOGROÑO (LO)   ☎ 941

ⓘ Office du tourisme : Miguel Villanueva, 10 (☎ 21-54-97). — *Información turística de la Comunidad Autonoma de la Rioja* (☎ 25-54-97).

Hôtels :

ΥΥΥΥ *Carlton Rioja,* Gran Vía D. Juan Carlos I, 5 (☎ 24-21-00) 120 ch. ▦ ⊠ ▥ Ⓔ salle de conférences ; central.

ΥΥΥ *Gran Hotel,* General Vara del Rey, 5 (☎ 25-21-00) 69 ch. ⊠ ⊠ ▨ salle de conférences ; édifice du début du siècle.

ΥΥΥ *Murrieta,* Marqués de Murrieta, 1 (☎ 22-41-50) 113 ch. ✕ ⊠ ▨ dans le centre.

ΥΥ *El Cortijo,* Route du Cortijo, km 2 (☎ 22-50-50) 40 ch. ⊠ ⊠ ⊠

¶¶ *Paris,* Avda de la Rioja, 8 (☏ 22-87-50) 36 ch. ☎ central et confortable.

¶ *Isasa,* Doctores Castroviejo, 13 (☏ 25-65-99) 30 ch. ☎

Restaurants :

¶¶¶ *La Merced,* Marqués de San Nicolás, 111 (☏ 22-11-66) dans un ancien petit palais.

¶¶ *Gonzalo de Berceo,* Avda Gonzalo de Berceo, 14 (☏ 22-69-58).

¶¶ *Machado,* Portales, 49 (☏ 24-84-56) service soigné ; beau cadre.

¶ *Mesón del Rey,* Avda Portugal, 31 (☏ 22-23-03).

¶ *La Fontana,* Laurel, 4 (☏ 22-20-48).

¶ *Buenos Aires,* Laurel, 17 (☏ 22-00-47) cuisine locale.

ᘓ Achats : charcuterie et vins, *Casa Piazuelo,* Gallarza, 9 (☏ 22-82-15).

LOJA (GR)   ☏ 958

Hôtels :

¶¶ *Manzanil,* Route Grenade-Málaga, km 480 (Loja ; ☏ 32-32-00) 49 ch. ▦▦ ▣ bon relais de route.

¶¶ *El Mirador,* Route Grenade-Málaga, km 485 (☏ 32-00-42) ▣ belles vues.

¶¶ *La Quiniela,* Route Grenade-Málaga, km 483 (☏ 32-00-35) ✕ cuisine andalouse familiale.

ᘓ Achats : gastronomie, *San Antonio,* Route Grenade-Málaga (☏ 32-00-15) biscuits.

LORCA (MU)   ☏ 968

🛈 Office du tourisme : Palacio de Guevara (plan C2).

Hôtels :

¶¶¶ *Alameda,* Museo Valiente, 8 (☏ 46-75-00) 43 ch. ; confort.

¶¶ *Felix,* Avda Fuerzas Armadas, 146 (☏ 46-76-50) 27 ch. ✕ confortable et central.

Restaurants :

¶¶ *Mesón Lorquino,* Route de Grenade (☏ 46-74-05).

¶ *El Teatro,* Pza Colón, 12 (☏ 46-99-09).

🚌 Autocars : Surullena (☏ 46-61-45).

🚃 Gare : au S. de la ville (☏ 46-69-98).

ᘓ Achats : *Artesania Marydol,* Corredera, 22. — *Modas Román,* Lopez Gisbert, 20. — broderies, *A. Díaz,* Los Guiraos, 91. — couvre-lits, *José Manuel Periago,* Queipo de Llano ; *J. D. Miras ;* Mártires de La Salle, 2. — cruches de verre, *Isidoro y Gregorio Hernandez,* S. Fernando, 10.

LOS CRISTIANOS (TF)   ☏ 922

Hôtels :

¶¶¶ *Belroy Moreque* (☏ 79-03-70) ☎ ▭ ⚲ belles vues.

¶¶¶ *Princesa Dacil,* Avda Penetración, s/n (☏ 79-08-00) 330 ch. ☎ ▭ ⚲ ▣ sauna ; près de la plage, dans de beaux jardins.

¶¶ *Reverón,* Avda Generalísimo Franco, 26 (☏ 79-06-00) 40 ch.

Restaurants :

¶¶ *Mesón Escala,* Paloma, 7 (☏ 79-10-51) cuisine internationale, terrasse ; musique.

¶ *Rancho Don Antonio,* Juan XXIII, s/n (☏ 79-00-92). Viandes, poissons, coquillages.

LOS REALEJOS (TF)   ☏ 922

Hôtel :

¶¶¶¶ *Maritim,* Burgado, 1 (☏ 34-20-12) 461 ch. ☎ ▣ central et confortable.

Restaurant :

¶ *El Monasterio,* La Montañeta (☏ 34-07-07) cuisine canarienne.

LOSAR DE LA VERA (CC)   ☏ 927

Hôtel :

¶¶ *Vadillo,* Pza Gen. Franco, s/n (☏ 56-09-01) 28 ch. ✕

Restaurant :

¶ *El Niño,* Avda José Antonio, 4 ▣

LOURO (C)   ☏ 981

Hôtels :

¶ *Padres Franciscanos,* Convento de los Padres Franciscanos (☏ 82-61-46) 25 ch. ✕ ᘓ petit hôtel tranquille installé dans un ancien couvent.

¶ *Playa Atlántico,* San Francisco de Louro, s/n (☏ 82-64-51) 15 ch. ✕ ▥ ᘓ situé sur la plage.

LUANCO (O)   ☎ 98

Hôtel :
¶ *Aramar*, Gijón, s/n (☎ 588-00-25) 31 ch.
▥ ⌐ ☎ ▱ ⌐

Restaurants :
¶ *Néstor*, Conde del Real Agrado, 6
(☎ 88-03-15) spécialité : «Rey a la
reina» (poisson de roche avec une
sauce à l'œuf et au citron) ; crustacés.
¶ *Guernica*, De la Riba, 20 (☎ 88-04-10)
crustacés ; bons poissons.
¶ *Bar Roces*, El Monte (Bañugues ;
☎ 88-12-72) spécialité : caldereta.

LUARCA (O)   ☎ 98

Hôtels :
¶¶¶ *Gayoso-Hotel*, Paseo de Gómez, 4
(☎ 564-00-54) 26 ch. ✕ ▥ ⌐ ☎ central.
¶¶ *Casa Consuelo*, route nationale 634,
km 511 (☎ 564-08-44) 26 ch. ✕ ⌐ ☎ bon
restaurant ; bien situé, avec de belles
vues et un beau jardin.
¶ *Gayoso*, Pza Alfonso X el Sabio
(☎ 564-00-50) ▥ ⌐ ☎ agréable.

Restaurants :
¶ *Leonés*, Alfonso X el Sabio, 1
(☎ 64-09-95) cuisine familiale régionale.
¶ *Leonés 2*, Pza de la Feria, 2
(☎ 64-02-20).

LUCENA (CO)   ☎ 957

Hôtels :
¶¶ *Baltanas*, Avda José Solis, s/n
(☎ 50-05-24) 32 ch.
¶¶ *Los Santos*, Route Madrid-Málaga,
km 468 (☎ 50-05-54) 30 ch. ☎ ▱
⌖ Achats : gastronomie, *Hostal Muñoz*,
jambons de la sierra de Cabra, fromage de la Manche, olives de la maison, pâtisserie...

LUGO (LU)   ☎ 982

ℹ Office du tourisme : Pza de la Soledad, 15 (☎ 21-13-61).
Hôtels :
¶¶¶¶ *Gran Hotel Lugo*, Avda Ramón Ferreiro, 21 (☎ 22-41-52) 169 ch. ✕ ▥ ▦ ▥
⌐ ☎ ☎ ▱ ♪ ▱ ▣ moderne et confortable ; cafétéria où le «Tout-Lugo» se
donne rendez-vous ; discothèque avec
spectacle le week-end.

¶¶¶ *Mendez Nuñez*, Reina, 1 (☎ 23-07-11)
94 ch. ▥ ▥ ⌐ ☎ ▱ près du centre ;
a conservé le charme du début du
siècle ; traditionnel et tranquille.
¶¶ *Miño*, Tolda de Castilla, 2 (☎ 22-01-50)
50 ch. ✕ ⌐ ☎ ▱ ⌐ à 2 km du centre,
sur le fleuve ; belle vue.
¶¶ *Portón do Recanto*, Route de Vegadeo, km 74 (☎ 22-34-55) 23 ch. ✕ ▥ ⌐
☎ ▣ ☎ ▣ moderne et confortable.
¶ *Río Neira*, Río Neira, 29 (☎ 22-23-81)
54 ch. ▥ ⌐ ☎ ▣ confortable et bon marché.
¶ *La Perla*, Catedral, 20 (☎ 21-11-00)
9 ch. ▥ ⌐ simple et central.
⌂ Camping : *La Parada*, Route Lugo-
Orense, km 3.

Restaurants :
¶¶¶ *Mesón de Alberto*, Cruz, 4
(☎ 22-83-10) cuisine galicienne et française recherchée ; bonne cave.
¶¶ *Verruga*, Cruz, 12 (☎ 22-98-55) cuisine
galicienne traditionnelle.
¶¶ *Campos*, Rua Nova, 4 (☎ 22-97-43)
cuisine galicienne de «bonne femme» ;
accueil aimable.
¶¶ *Ferreiros*, Rua Nova, 1 (☎ 22-97-28)
coquillages et plats traditionnels.
¶ *La Barra*, San Marcos, 27 (☎ 24-20-36)
bons produits naturels dans un cadre
typique.

Bars et discothèques : dans le vieux
quartier animé, la Calle Cruz propose
plusieurs bars sympathiques, *Tres
Vigas, A Tasca, Anda*. — discothèques : *Charly Max* de l'hôtel Lugo,
Iguazi, Exagono.
⌖ Achats : artisanat, intérieur de la
Puerta de Santiago (terre cuite) ; *marché de la Plaza de la Soledad* ; *Galería de Sargadelos*, Rua do Progreso, 39. — gastronomie, *Madarro*,
Reina, 13, pâtisserie traditionnelle ; *La
Despensa*, Doctor Castro, 15, vins,
liqueurs ; *Mercado de Abastos* (charcuterie, fromages).

MACEDA (OR)   ☎ 988

⌖ Achats : poterie artisanale typique,
José Antonio, 6. — jambons de
Maceda, *A. González*, José Antonio,
s/n.

MADRID (M) ⚓ 91

🚹 Office du tourisme : *bureau municipal*, Pza Mayor, 3 (plan coul. XXII, A2 ; ⚓ 266-54-77). — *bureau de la Communauté de Madrid*, Aéroport de Baragas, arrivées internationales (⚓ 205-86-56) ; Pza España, Torre de Madrid (plan coul. XVIII, C4 ; ⚓ 541-23-25) ; Duque de Medinaceli, 2 (plan coul. XXII, C2 ; ⚓ 429-59-51) ; Gare de Chamartín (plan coul. XVII, B1).

Hôtels :

🛏🛏🛏🛏🛏 *Villa Magna*, Paseo de la Castellana, 22 (plan coul. XX, A3 ; ⚓ 578-20-00) 194 ch. ✕ ▦ 🏧 🖭 🗷 🗷 coiffure, sauna, gymnase, salle de conférences. Le plus beau, mais aussi le plus cher de la capitale (l'équivalent du Crillon à Paris).

🛏🛏🛏🛏🛏 *Palace*, Pza de las Cortes, 7 (plan coul. XXII, C2 ; ⚓ 429-75-51) 518 ch. ✕ ▦ 🗐 🏧 🖭 🗷 coiffeur, salle de conférences. Superbe monument classé ; à deux pas de l'Assemblée nationale et à cinq minutes du Prado.

🛏🛏🛏🛏🛏 *Ritz*, Pza de la Lealtad, 5 (plan coul. XXIII, D2 ; ⚓ 521-28-57) 156 ch. ✕ ▦ 🏧 🗐 🖭 🗷 🗷 salle de conférences, coiffeur. C'est l'un des hôtels les plus prestigieux de Madrid. Classé monument historique, il offre entre autres avantages celui d'être situé juste à côté du Prado. Le bar-terrasse de l'hôtel, d'une reposante fraîcheur en été, est accessible même lorsqu'on n'est pas client de l'hôtel.

🛏🛏🛏🛏🛏 *Txyp Monte Real*, Arroyo Fresno, 17 (à Puerta de Hierro, hors plan XVII, AB2 ; ⚓ 316-21-40) 77 ch. ✕ ▦ 🗐 🏧 🖭 🗷 🗐 🗷 sauna, coiffeur, salle de conférences. L'un des hôtels les plus confortables de Madrid, malheureusement à 8 km du centre.

🛏🛏🛏🛏🛏 *Barajas*, Avda Logroño, 305 (⚓ 747-77-00) 230 ch. ✕ ▦ 🗐 🏧 🖭 🗷 🗐 🗷 sauna, coiffeur, salle de conférences. Éloigné du centre mais proche de l'aéroport.

🛏🛏🛏🛏🛏 *Meliá Castilla*, Capitán Haya, 43 (plan coul. XVII, B1 ; ⚓ 571-22-11) 936 ch. ✕ ▦ 🗐 🏧 🖭 🗷 🗐 coiffeur, sauna, salle de conférences. Immense hôtel situé à mi-chemin entre le palais des Congrès et la gare de Chamartín.

🛏🛏🛏🛏🛏 *Meliá Madrid*, Princesa, 27 (plan coul. XVIII, B3 ; ⚓ 541-82-00) 266 ch. ✕ ▦ 🗐 🏧 🖭 🗷 sauna. En face

du palais de Liria, le Melia est un des plus beaux exemples d'architecture moderne.

🛏🛏🛏🛏 *Alameda*, Avda Logroño, 100 (⚓ 747-48-00) 145 ch. ▦ 🗐 🏧 🖭 🗷 🗷 🗷 sauna, salle de conférences. Énorme complexe très luxueux sur la route de l'aéroport.

🛏🛏🛏🛏 *Gran Hotel Conde Duque*, Pza del Conde del Valle de Suchil, 5 (plan coul. XIX, D3 ; ⚓ 447-70-00) 138 ch. 🗐 🏧 🗷 coiffeur. Bel édifice de style art-déco à la façade joliment décorée de motifs végétaux. Situé un peu en retrait, sur une place silencieuse avec fontaine et jardin, c'est assurément l'un des hôtels les plus tranquilles de Madrid.

🛏🛏🛏🛏 *El Coloso*, Leganitos, 13 (plan coul. XXII, A1 ; ⚓ 559-76-00) 53 ch. ▦ 🗐 🏧 🖭 🗷

🛏🛏🛏🛏 *Sanvy*, Goya, 3 (plan coul. XX, A4 ; ⚓ 576-08-00) 109 ch. ▦ 🗐 🏧 🖭 🗷 🗷 🗐 🗷 salle de conférences. L'hôtel Sanvy est plus confortable que ne le laisse supposer sa façade. Attention, le n° 3 de la Calle Goya est situé en retrait dans une petite rue perpendiculaire : la Calle particular del Marques Zurgerra.

🛏🛏🛏🛏 *Emperador*, Gran Vía, 53 (plan coul. XXII, A1 ; ⚓ 547-69-00) 231 ch. ▦ 🗐 🏧 🖭 🗐 coiffeur. Bel hôtel 1930. Central, donc un peu bruyant.

🛏🛏🛏🛏 *Liabeny*, Salud, 3 (plan coul. XXII, B1 ; ⚓ 532-53-06) 158 ch. ▦ 🗐 🏧 🖭 🗷 très bien situé. Entièrement rénové en 1990.

🛏🛏🛏🛏 *Tryp Menfis*, Gran Vía, 74 (plan coul. XXII, A1 ; ⚓ 547-09-00) 122 ch. ✕ ▦ 🗐 🏧 🖭

🛏🛏🛏🛏 *Agumar*, Paseo Reina Cristina, 7 (plan coul. XXIII, F4 ; ⚓ 552-69-00) 252 ch. ▦ 🗐 🏧 🖭 🗷 🗷

🛏🛏🛏🛏 *Carlton*, Paseo de las Delicias, 26 (plan coul. XXIII, D4 ; ⚓ 539-71-00) 133 ch. ✕ ▦ 🗐 🏧 🖭 🗷 Confortable, mais n'a rien à voir avec son homonyme de Cannes.

🛏🛏🛏🛏 *Cuzco*, Paseo de la Castellana, 133 (plan coul. XVII, B1-2 ; ⚓ 556-06-00) 330 ch. ▦ 🗐 🏧 🖭 🗷 sauna, coiffeur, salle de conférences. Grande tour un peu triste sur la pza de Curco.

🛏🛏🛏🛏 *Gran Hotel Velázquez*, Velázquez, 62 (plan III, B3 ; ⚓ 575-28-00) 130 ch. ✕ ▦ 🗐 🏧 🖭 coiffeur, salle de conférences. Vieil hôtel au luxe un peu passé. Très intéressant pour sa situation en plein quartier de Salamanca.

¶¶¶¶ *Plaza,* Pza de España, 8 (plan coul. XVIII, C4 ; ☎ 547-12-00) 306 ch. ✕ ▤ ♨ ☎ ▣ ☐ coiffeur, salle de conférences.

¶¶¶¶ *Prado,* c. Prado, 11 (plan coul. XXII, C2 ; ☎ 369-02-34) 45 ch. ▤ ♨ ▣ ☎ ▣. Très central.

¶¶¶¶ *Gran Hotel Reina Victoria* Santa Ana, 14 (plan coul. XXII, B2 ; ☎ 531-45-00) 110 ch. ✕ ▤ ♨ ☎ ▣ (ant. parab.), ▣ salle de conférences. Connu pour son architecture délirante, cet hôtel classé monument historique offre en outre l'avantage d'être situé en plein quartier de la Movida. Très pratique pour ceux qui aiment sortir la nuit.

¶¶¶ *Trafalgar,* Trafalgar, 35 (plan coul. XIX, E3 ; ☎ 445-62-00) 45 ch. ▤ ☎ ♨ ▣ Sans charme particulier mais situé dans l'un des quartiers les plus à la mode actuellement.

¶¶¶ *Príncipe Pío,* Cuesta de San Vicente, 14 (plan coul. XXI, B1 ; ☎ 547-80-00) 157 ch. ✕ ♨ ▣ ▤ ☎ ▣ salle de conférences.

¶¶¶ *Tryp Rex,* Gran Vía, 43 bis (plan coul. XXII, A1 ; ☎ 547-48-00) 146 ch. ♨ ☎ coiffeur. Bruyant mais confortable.

¶¶¶ *San Antonio de la Florida,* Paseo de la Florida, 13 (plan coul. XXI, A1 ; ☎ 547-14-00) 96 ch. ☎ ▤ ♨ ▣ ▣. Un peu excentré, mais tout proche de la gare du Nord.

¶¶¶ *Reyes Católicos,* Angel, 18 (plan coul. XXI, A2 ; ☎ 265-86-00) 38 ch. ▤ ☎ ♨. Près du marché aux puces et de la place du Cascorro.

¶¶¶ *NH Zurbano,* Zurbano, 79-81 (plan coul. XIX, F1 ; ☎ 441-55-00) 262 ch. ▤ ☎ ▣ ▣ ✕ ♨ ▣ salle de conférences.

¶¶¶ *Carlos V,* Maestro Vitoria, 5 (plan coul. XXII, A2 ; ☎ 531-41-00) 67 ch. ▤ ☎ ♨ ▣ ▣ Vieil hôtel classé au charme discret, merveilleusement situé au cœur de la zone piétonnière, à quelques pas des grands magasins.

¶¶¶ *Inglés,* Echegaray, 10 (plan coul. XXII, C2 ; ☎ 429-65-51) 58 ch. ▤ ♨ ▣ sauna. Dans une des rues les plus animées.

¶¶¶ *Madrid,* Carretas, 10 (plan coul. XXII; B2 ; ☎ 521-65-20) 71 ch. ▤ ☎ ♨ Bel immeuble art-déco dont la façade rappelle un peu celle de la Samaritaine... très central.

¶¶¶ *Mercator,* Atocha, 123 (plan coul. XXIII, D3 ; ☎ 429-05-00) 90 ch. ☎ ♨ ▣ Pour sa construction, il ne vaudrait pas d'être

mentionné s'il n'offrait l'avantage d'être à mi-chemin du Centre de la Reine Sofia et du Prado.

¶¶¶ *N. H. Sur,* Paseo de la Infanta Isabel, 9 (plan coul. XXIII, D4 ; ☎ 539-94-00) 49 ch. ▤ ♨ ☎ ▣ (ant. parab.), trad. simult. Juste à côté du musée ethnologique ; également assez proche du Prado.

¶¶¶ *Embajada,* Santa Engracia, 5 (plan coul. XIX, F2 ; ☎ 594-02-13) 66 ch. ▤ ♨ ☎ Sympathique, proche des quartiers animés la nuit.

¶¶ *Alexandra,* San Bernardo, 29 et 31 (plan coul. XXII, A1 ; ☎ 542-04-00) 69 ch. ☎ ♨ ▣

¶¶ *Galicia,* Valverde, 1 (plan coul. XXII, B1 ; ☎ 222-10-12) 40 ch. ♨ ☎ Installé au quatrième étage d'un immeuble de Gran Via.

¶¶ *Jamic,* Pza de las Cortes, 4 (plan coul. XXII, C2 ; ☎ 429-00-68) 18 ch. ♨ ☎ En étage (pas de hall d'entrée). Jolie vue sur l'Assemblée nationale et la statue de Cervantès.

¶¶ *Atlántico,* Gran Vía, 38 (plan coul. XXII, B1 ; ☎ 522-64-80) 62 ch. ♨ ☎ ▤ ♨ ☎ ▣ coiffeur. Pas de hall, la réception est à l'étage.

¶¶ *California,* Gran Vía, 38 (plan coul. XXII, B1 ; ☎ 522-47-03) 27 ch. ♨ ☎ coiffeur. Situé dans le même bâtiment que le précédent, mais moins confortable.

¶¶ *Don Diego,* Velázquez, 45 (plan coul. XX, B4 ; ☎ 435-07-60) 58 ch. ☎ ♨ Vieil hôtel familial en plein Salamanca (l'un des quartiers les plus chics de Madrid). Un véritable anachronisme !

¶¶ *Fontela,* Gran Vía, 11 (plan coul. XXII, C1 ; ☎ 521-64-00) 66 ch. ▤ ☎ ♨ Pas de hall d'entrée (hôtel en étage). Charme début-de-siècle, l'hôtel est installé dans un des plus vieux immeuble de Madrid.

¶¶ *Salas,* Gran Vía, 38 (plan coul. XXII, B1 ; ☎ 521-64-00) 17 ch. ♨ ☎ ▣ coiffeur. Au quatrième étage d'un immeuble d'angle de la Gran Via. Modeste mais propre et relativement confortable.

¶ *Villar,* Principe, 18 (plan coul. XXII, B2 ; ☎ 531-66-09) 41 ch. ☎ Hôtel bon marché mais d'un confort tout à fait acceptable compte tenu de la situation exceptionnelle (seules quelques chambres ont une salle de bain). Idéal pour ceux qui souhaitent profiter au maximum des nuits madrilènes.

Restaurants :

❚❚❚❚ *Horcher,* Alfonso XII, 6 (plan coul. XXIII, E1 ; ☎ 532-35-96) le restaurant de Madrid par excellence ; cravate indispensable.

❚❚❚❚ *Café de Oriente,* Pza Oriente, 2 (plan coul. XXI, C2 ; ☎ 547-15-64) cuisine française ; bon accueil ; laissez le maître d'hôtel faire le menu.

❚❚❚❚ *Currito,* Casa del Campo, Pabellón de Vizcaya (plan coul. XVII, A2 ; ☎ 464-57-04) excellents poissons cuits au grill, cuisine basque. Jardin très agréable.

❚❚❚❚ *Jockey,* Amador de los Ríos, 6 (plan coul. XX, A4 ; ☎ 319-10-03) grande cuisine française. F. dim. et août.

❚❚❚❚ *Zalacaín,* Alvarez de la Baena, 4 (plan coul. XX, A1 ; ☎ 561-48-40). Très cher. Cuisine basque et internationale. F. dim. et j. f.

❚❚❚ *Combarro,* Reina Mercedes, 17 (plan coul. XVII, AB2 ; ☎ 554-77-84) cuisine galicienne, délicieux poulpe « a feira ». F. dim. soir et en août.

❚❚❚ *Príncipe de Viana,* Manuel de Falla, 5 (plan coul. XVII, B1 ; ☎ 457-15-49) cuisine basque et navarraise ; nombreuses spécialités comme les albóndigas : boulettes de viande (ou de poisson) mélangées d'épices, de pain et d'œufs ; table soignée. F. sam. midi et dim.

❚❚❚ *El Amparo* Puigcerdà, 8 (plan coul. XX, B4 ; ☎ 431-64-56) une des meilleures tables de la nouvelle cuisine, décor agréable, mais prix assez élevés.

❚❚❚ *Gastroteca de Stephane y Arturo,* Pza de Chueca, 8 (plan coul. XIX, F4 ☎ 532-25-64) cuisine française très imaginative en plein quartier de la Movida. F. sam. midi, dim. et du 15 août au 15 sept.

❚❚❚ *O' Pazo,* Reina Mercedes, 20 (plan coul. XVII, AB2 ; ☎ 553-23-33 et 234-37-48) cuisine galicienne. F. dim. et août.

❚❚❚ *Balzac,* Moreto, 7 (plan coul. XXIII, D3 ; ☎ 420-01-77 et 06-13) cuisine basque française et internationale. Terrasse en été. F. dim. sam. midi et en août.

❚❚❚ *L'Hardy,* San Jerónimo, 8 (plan coul. XXII, C2 ; ☎ 522-22-07) Une grande institution parmi les restaurants madrilènes. Goûtez son célèbre *cocido* et ses délicieux petits fours. On peut également acheter des plats à emporter dans la boutique de traiteur qui sert d'entrée au restaurant. F. le dim. soir et de la mi-juillet à la fin août.

❚❚❚ *Le Korynto,* Preciados, 36 (plan coul. XXII, A1 ; ☎ 521-59-63) poissons et fruits de mer.

❚❚❚ *Lur Maitea,* Fernando el Santo, 4 (plan coul. XIX, F3 ; ☎ 308-03-50 et 308-03-93) cuisine basque. F. sam. midi dim. et en août.

❚❚ *Botín,* Cuchilleros, 17 (plan coul. XXII, A2 ; ☎ 366-42-17) cuisine typique castillane ; spécialités de cochon de lait et d'agneau rôti au feu de bois ; le plus ancien restaurant de la ville. Réserver.

❚❚ *Taberna Carmencita,* Libertad, 16 (plan coul. XXII, C1 ; ☎ 531-66-12) vieux rendez-vous des poètes depuis 1850 ; très bonne petite maison. F. dim.

❚❚ *El Bocaïto,* Libertad, 4 (plan coul. XXII, C1 ; ☎ 532-12-19) très bon rapport qualité-prix ; excellents poissons (cuisine andalouse) et grand choix de tapas. F. sam. midi et dim..

❚❚ *Jaï-Alaï,* Balbina-Valverde, 2 (plan coul. XVII, B2 ; ☎ 561-27-42) typiquement basque ; ambiance chaleureuse. F. lun.

❚❚ *Pepe Botella,* San Andrés, 12 (plan coul. XIX, DE4 ; ☎ 522-43-09) restaurant français, situé dans un quartier animé de Madrid. Bon marché. F. dim. et fêtes.

❚❚ *La Barraca,* Reina, 29 (plan coul. XXII, C1 ; ☎ 532-71-54) Une adresse idéale pour découvrir la paella sous toutes ses formes (douze sortes différentes !) servie dans des petits salons intimes et confortables.

❚❚ *La Bola,* Guillermo Rollano, 1 (au coin de la rue de la Bola, plan coul. XXII, A1 ; ☎ 547-69-30) Ambiance de brasserie des années trente dans ce bistro toujours bondé où l'on sert de superbes grillades. F. le sam. midi.

❚❚ *Viridiana,* Fundadores, 23 (☎ 523-44-78) Nouvelle cuisine espagnole à partir des produits du marché, dans ce restaurant qui porte le nom d'un film de Luis Bunuel. Tout y est toujours très frais et très fin.

❚❚ *Embassy,* Paseo de la Castellana, 12 (plan coul. XX, A3 ; ☎ 435-94-80) cuisine internationale ; « chipriones en su tinta ». F. le dim. (en juil. et août uniquement).

¶¶ *Los Porches*, Paseo de Rosales, 1 (plan coul. XVIII, B4 ; ☎ 547-70-53) cuisine basque et navarraise de très haute qualité.

¶¶ *El Espejo*, Paseo de Recoletos, 31 (plan coul. XX, A4 ; ☎ 308-23-47) cuisine franco-basque ; en été agréable terrasse.

¶¶ *El Comedor*, Montalbán, 9 (☎ 531-69-68 et 61-91) cuisine espagnole et internationale. F. sam. midi et dim.

¶¶ *El Descubrimiento*, Marqués de la Ensenada, 16 (plan coul. XXII, A4 ; ☎ 419-29-78) poissons.

¶¶ *El Estragón*, Pza de la Paja, 10 (plan coul. XXI, C3 ; ☎ 266-06-34) cuisine franco-basque, très imaginative. F. lun.

¶¶ *Domine Cabra*, Huertas, 54 (plan coul. XXII, C3 ; ☎ 429-43-65) cuisine espagnole. F. sam. midi et dim. (du 20 juin au 15 août uniquement).

¶¶ *Café Viena*, Luisa Fernanda, 23 (plan coul. XVIII, B4 ; ☎ 248-15-91) charme un peu rétro, musique en direct. Soirées lyriques lun. F. dim. et août.

¶¶ *Casa Lucio*, Cava Baja, 35 (plan coul. XXII, A3 ; ☎ 365-32-52). Une maison très connue de tous les Madrilènes, où on déguste une délicieuse cuisine mi-basque, mi-castillane. F. sam. midi et en août.

¶¶ *La Trainera*, Lagasca, 60 (plan coul. XX, B3 ; ☎ 576-80-35) tous les poissons. F. dim. et août.

¶ *Malacatín*, Ruda, 5 (place del Cascorro, plan coul. XXII, A3 ; ☎ 365-52-41) L'un des endroits les plus pittoresques de la capitale. Décoration faite de vieux drapeaux et de photos d'avant-guerre (on ne sait même plus laquelle !). Clientèle de vieux Madrilènes toujours prêts à raconter leurs hauts faits. Spécialité de *cocido*, le pot-au-feu local, généreusement servi à un prix ridicule. F. dim. et fêtes.

Tascas :

¶¶ *El Bocaïto* → restaurants.

¶¶ *José Luis*, Serrano, 89 (plan coul. XX, B3, ☎ 563-09-58) Tapas au crabe, fromage ou saumon fumé.

¶¶ *Casa Paco*, Puerta Cerrada 11 (plan coul. XXII, A3 ; ☎ 266-31-66) ; excellentes viandes. F. dim.

¶¶ *Casa Humanes*, Embajadores, 80 (plan coul. XXII, B4) Tasca très connue de tous ceux qui fréquentent le mar-

ché du Rastro (les puces de Madrid). Le bar et les azulejos sont d'époque... Tapas très variées.

¶¶ *Casa Alberto*, Huertas, 18 (plan coul. XXII, C3 ; ☎ 429-93-56) L'un des bars « historiques » de Madrid, vieux de plus de 150 ans. Très grande variété de tapas. Admirez le splendide bar en onyx.

¶¶ *Museo del Jamon*, Gran Via, 72 (plan coul. XXII, A1), Carrera de San Jeronimo, 6 (plan V, B2) Paseo del Prado, 44 (plan V, D3). ☎ 541-20-23. Une chaîne très connue à Madrid où les jambons sont suspendus au-dessus de votre tête. On peut en déguster une infinie variété.

¶¶ *Taberna de Antonio Sanchez*, Mesón de Paredes, 13 (plan coul. XXII, B3 ; ☎ 239-78-26) L'une des plus vieilles tavernes de Madrid (plus de 200 ans). Spécialités : queue de toro, boudin, et pot-au-feu « gitana » (aux légumes). F. dim. soir.

¶ *La Llama*, San Leonardo, 3 (derrière l'hôtel Plaza ; plan coul. XVIII, C4 ; ☎ 542-08-89) Sympathique et délicieux petit restaurant péruvien (superbes ceviches de poisson). F. dim.

¶ *Artemisa*, Ventura de la Vega, 4 (plan coul. XXII, C2 ; ☎ 429-50-92) Sympathique restaurant végétarien perdu au milieu des bars branchés. Excellent et pas cher.

¶ *Hylogui*, Ventura de la Vega, 3 (plan coul. XXII, C2 ; ☎ 429-73-57) Une grande salle toujours bondée où règne à toute heure une ambiance chaleureuse. La cuisine est excellente et typiquement madrilène. F. le dim. soir et au mois d'août.

Tablaos flamencos :

¶¶ *Arco de Cuchilleros*, Arco de Cuchilleros, 7 (plan coul. XXII, A2, ☎ 266-58-67). Très fréquenté par les touristes mais spectacles plutôt honnête.

¶¶ *Corral de la Pacheca*, Juan Ramón Jiménez, 26 (☎ 458-11-13). Musique et danse flamencos tous les soirs jusqu'à 2 h du mat.

¶¶ *Café de Chinitas*, Torija, 7 (plan coul. XXII, A1 ; ☎ 248-51-35). Le plus cher et le plus chic des Tablaos de Madrid.

¶¶ *Corral de la Moreria*, Moreria, 17 (plan coul. XXI, C3 ; ☎ 265-84-46). Sans discussion possible, le meilleur spectacle flamenco de Madrid.

Restaurants-spectacles :

¶¶¶ *Scala Meliá Castilla,* Capitán Haya, 43 (plan coul. XVII, B1 ; ☎ 571-44-11) attractions internationales.

¶¶ *Florida Park,* Parque del Retiro, entrée par l'av. Menendez Pelayo face à la rue Ibiza ; plan coul. XXIII, F1 ; ☎ 273-78-04. Spectacle de ballet et dîners dansants avec orchestre. F. dim. et lun.

¶¶ *Noches de Cuple,* Palma, 51 (plan coul. XIX, D4 ; ☎ 232-71-15) vieilles chansons de Madrid. F. dim.

¶¶ *El Viejo Almacén de Buenos Aires,* Villacemil, 277 (☎ 316-13-17) tangos.

🚗 Location de voitures : *America,* Cartagena, 23 (☎ 246-79-19) ; *American Express,* Pza de las Cortes, 2 (☎ 429-68-75) ; *Atésa,* Rosario Pino, 18 (☎ 455-44-65) ; *Atlas,* Isaac Peral, 40 (☎ 449-75-80) ; *Europcar,* Orense, 29 (☎ 455-99-30) ; *Hertz,* Gran Vía, 80 (☎ 248-58-03). — *informations sur l'état des routes* (☎ 441-72-22). — *Real Automobil Club de España* (☎ 447-32-00).

Excursions organisées : *Pullmantur,* Pza Oriente, 8 (☎ 241-18-05) ; *Trapsatur,* San Bernardo, 23 (☎ 241-44-07) ; *Juliá Tours,* Gran Vía, 68 (☎ 248-96-05).

🚌 Autocars : *Estación Sur de Autobuses,* Canarias, 17 (hors plan coul. XXII, BC4 ; ☎ 468-42-00) lignes de banlieue, nationales et internationales.

🚆 *Chemin de fer : RENFE* (informations et réservations : ☎ 563-02-02) — Bureau central, Alcalá 44 (de 8 h 30 à 16 h-17 h du lun. au ven. et de 8 h 30 à 13 h 30, sam. et jours fériés). — Gare d'Atocha, Glorieta Emperador Carlos V (plan coul. XXIII, D4 ; ☎ 527-86-35) : trains pour le sud de l'Espagne, le Portugal et le Levant. AVE (TGV) pour Séville depuis 1992. — Gare del Príncipe Pio, Paseo de la Florida (☎ 733-30-00) : trains pour le N. et le N.-O. de l'Espagne et environs de Madrid. — Gare de Chamartin, AV Pio XII (plan coul. XVII, B1 ; ☎ 733-62-00) : trains pour Burgos, Bilbao, Hendaye, la France.

✈ Aéroports : *Madrid-Barajas,* route de Barcelone, km 16 (☎ 305-83-43/44/45).

— *Info-Iberia* (☎ 411-25-45). — bus, depuis la Pza Colón (souterrain du centre culturel ; ☎ 431-61-92).

MADRIDEJOS (TO)   ☎ 925

Hôtels :

¶¶ *Contreras,* Route Madrid-Cadix, km 119 (☎ 46-07-38) 38 ch. ▦ ☎ confortable.

¶¶ *Alto en el Camino,* Apartado, 1 (☎ 46-00-00) 17 ch. ▦ ☎ ⚘ belles vues.

🛍 Achats : poterie, *Alejandro Brunete,* Silos de Toledillo, 33.

MADRIGAL (CC)   ☎ 927

Hôtels :

¶ *Las Palmeras,* Route de Plasencia, 16 (☎ 56-50-11) 7 ch. ✕ salle de conférences.

¶ *Victoria,* Avda Sanz Catalán, s/n (☎ 56-51-10) 9 ch. ✕ salle de conférences.

⛺ Camping : *Alardos* (2ᵉ c.), Route Candelada-Madrigal (☎ 56-50-66) 147 pl. ; ouv. de mai à oct.

MAHON (PM)   ☎ 971

ℹ Office du tourisme (☎ 36-49-08)

Hôtels :

¶¶¶¶ *Port Mahón,* Avda Fort de l'Eau, s/n (☎ 36-26-00) 74 ch. ✕ ▦ ⊣ ☎ ⚘ ⛱ ▫ boutiques, coiffeur ; avec son air de gravité victorienne, cet hôtel est exceptionnellement bien géré ; calme et doté d'une belle vue sur la rade.

¶¶¶ *Capri,* San Esteban, 8 (☎ 36-14-00) 75 ch. ▦ ⊣ ☎ ▫ ▫

¶¶¶ *Rey Carlos III,* Miranda de Cala Corp, s/n, Villacarlos (☎ 36-31-00) 87 ch. ✕ ▦ ⊣ ☎ ▫

¶¶¶ *S'Algar,* Urb. S'Algar, s/n, Sant Lluís (☎ 36-17-00) 106 ch. ✕ ▦ ⊣ ☎ ⚘ ▫ dans la calanque de S'Algar.

¶¶ *El Paso,* Cos de Gracia, 157 (☎ 36-12-00) 40 ch. ▦ ⊣ ☎ ▫

¶¶ *Hamilton,* Paseo de Santa Agueda, 6, Villacarlos (☎ 36-20-50) 132 ch. ✕ ▦ ☎ ▫

¶ *Sur Menorca,* Urb. Biniancolla, Sant Lluís (☎ 36-18-12) 238 ch. ✕ ⊣ ☎ ⚘ ▫ ⚘ boutiques, coiffeur.

Restaurants :

¶¶ *Rocamar,* Fonduco, 32 (☏ 36-56-01) sur le port de Mahón; langoustes et fruits de mer.

¶ *Chez Gaston,* Conde de Cifuentes, 13 (☏ 36-00-44) cuisine française.

¶ *El Greco,* Dr. Orfila, 49 (☏ 36-43-67).

¶ *España,* Victori, 50, Villacarlos (☏ 36-32-99).

MÁLAGA (MA)   ☏ 95

ℹ️ Office du tourisme : passaje de Chinitas (plan B2; ☏ 221-34-45).

Hôtels :

¶¶¶¶¶ *Málaga Palacio,* Cortina del Muelle, 1 (plan C3; ☏ 221-51-85) 221 ch. ▦ 🅿️ 🖵 en plein centre, avec de belles vues.

¶¶¶¶ *Guadalmar,* Route de Cadix, km 238 (à 10 km; ☏ 223-17-03) 195 ch. ▦ 🖵 ⌀ près de la mer et de l'aéroport.

¶¶¶ *Parador Gibralfaro,* Monte de Gibralfaro (plan D2; ☏ 222-19-02) 12 ch. ⤬ ▨ ⚸ 🅿️ dans la forteresse historique; agréable et tranquille.

¶¶¶ *Bahia Málaga,* Somera, 8 (plan B3; ☏ 222-43-05) 44 ch. ▦ ▨

¶¶¶ *Don Curro,* Sancha de Lara, 7 (plan B3; ☏ 222-72-00) 104 ch. ▦

¶¶¶ *Las Vegas,* Paseo de Sancha, 28 (plan E3; ☏ 221-77-12) 73 ch. ⚸ 🖵

¶¶¶ *Los Naranjos,* Paseo de Sancha, 35 (plan E2; ☏ 222-43-17) 41 ch. ▦ 🅿️ 🔳 central et confortable.

¶¶¶ *Apartogar La Maestranza,* Avda Canovas del Castillo, 1 (plan D3; ☏ 221-36-18) 107 appart.

¶¶¶ *Carlos V,* Cister, 10 (☏ 221-51-20).

¶¶ *Residencial Olletas,* Cuba, 1-3 (☏ 225-20-00) 66 ch. ▨ 🅿️

¶¶ *Lis,* Córdoba, 7 (☏ 222-73-00) 53 ch. ▨

⛺ Camping : *Balneario del Carmen* (1ʳᵉ c.), Avda Pintor Sorolla (☏ 229-00-21) bien ombragé et près de la plage.

Restaurants :

¶¶ *Antonio Martín,* Paseo Marítimo, 4 (plan E3; ☏ 222-21-13) cuisine de la mer; magnifique terrasse.

¶¶ *Casa Pedro,* Playa de El Palo (6 km E.; ☏ 229-00-13) poissons et fruits de mer.

¶¶ *La Alegría,* Martín García, 10 (plan B2; ☏ 222-41-43) cuisine andalouse.

¶ *La Taberna del Pintor,* Maestranza, 6 (plan DE3; ☏ 221-53-15) viandes grillées, salades.

¶ *La Espuela,* Trinidad Grand, 14 (plan B3; ☏ 221-71-82) bel assortiment de tapas.

¶ *El Refectorio,* Fernando Lesseps, 7 (plan E3; ☏ 221-89-90) cuisine locale familiale.

& Achats :
Antigua Casa Guarda, Alameda 16, cave typique où l'on déguste les délicieux vins doux de Málaga. — *F. Aragonés,* Colonia de Santa Inés, s/n, céramique vitrifiée. — *A. Garcia,* Eduardo S. Martín, 4, cuivre repoussé. — *F. Rodriguez,* Armengual Mota, 15, fer forgé.

✉️ Postes et Télégraphes : Avenida de Andalucia (plan A3; ☏ 235-90-08). — *Téléphones,* Calle Molina Lario (☏ 003).

🚌 Autocars : Plaza de Toros Vieja, 14 (☏ 235-00-61).

🚂 Gare : *RENFE,* Calle Cuarteles (☏ 236-02-02).

MALGRAT (B)   ☏ 93

Hôtel :

¶¶ *Monte Playa,* Pg Maritim, 50-52 (☏ 765-40-78) 183 ch. ⤬ ▥ ▨ 🖵

MANACOR (PM)   ☏ 971

Hôtels :

¶¶¶ *Castell dels Hams,* Route Manacor-Porto Cristo, s/n, Porto Cristo (☏ 57-00-07) 131 ch. ⤬ ▥ ⊿ ⚸ 🖵 ⌀ boutiques et gymnase; dans une pinède, près des grottes.

¶¶¶ *Cala Murada,* Urb. Cala Murada, s/n, Cala Murada (☏ 57-31-00) 77 ch. ⤬ ▥ ⊿ ▨ ⚸ 🖵 dans une petite crique sympathique.

¶ *Felip,* Burdils, 67, Porto Cristo (☏ 57-00-05) 87 ch. ⤬ ⊿ hôtel du début du siècle, donnant sur le port.

¶ *Perelló,* San Jorge, 30, Porto Cristo (☏ 57-00-04) 95 ch. ⤬ ⊿ ⚸ 🅿️ l'un des premiers hôtels de Porto Cristo.

MANISES (V)   ☏ 96

Hôtel :

¶¶¶¶ *Azafata Sol,* Autopista Aeropuerto, s/n (☏ 154-61-00) 130 ch. ⤬ ▥ ▦ ▨ ⊿ ▨ ⚸ 🅿️ cadre élégant et confortable, accueil exceptionnel.

MANRESA (B)   ☎ 93

- ℹ Office du tourisme : Pl. Mayor, 1 (☎ 872-53-78).

  Hôtel :
- ❚❚❚ *Pedro III*, Muralla Sant Francesc, 49 (☎ 872-40-00) 113 ch. ▯ 🏧 ▯ 🛏 🐟 ▯ 🅿

  Restaurants :
- ❚❚ *Aligué*, Route de Vic, 8-10 (☎ 873-25-62) Cuisine catalane traditionnelle et innovations. f. dim. soir et lun. soir.
- ❚❚ *El Timbaler*, Angel Guimerà. Truites ou pieds de porc sont recommandés ; f. mer. et en août.

- 🚌 Autocars : *Estació d'autobusos de Manresa*, Route de Santpedor, s/n (☎ 874-66-66) pour Vic, Prats de Lluçanes, Monistrol de Calders, Sant Santpedor, Solsona, Rocafort, Barcelone, Igualada, Monastère de Mon Montserrat...

  Salle d'exposition : *Caixa de Barcelona*, Angel Guimerà, 54 (☎ 873-89-95) patrimoine catalan et art contemporain.

- ❀ Manifestations : en mai, grande foire à l'Ascension. — fête de Sant Andreu de Manresa, fin nov.

MANZANARES (C.R.)   ☎ 926

Hôtels :
- ❚❚❚ *Parador de Manzanares*, Route Madrid-Cadix, km 175 (☎ 61-04-00) 50 ch. ▦ 🅰 🖻 🅿 moderne et confortable.
- ❚❚❚ *El Cruce*, Route N.IV, km 173 (☎ 61-19-00) 37 ch. ▦ 🅰 🖻
- ❚❚ *Manzanares* (☎ 61-08-00) 23 ch.

Restaurants :
- ❚ *Josito*, Generalísimo, 2 (☎ 61-09-12) fromages et vins du Manzanares.
- ❚ *Mesón Sancho*, Jesús del Perdón, 22 (☎ 61-10-16) cuisine locale ; écrevisses en été.

- ✿ Achats : vins renommés, *Cooperativa Nuestro Padre Jesús del Perdón*, Polygone industriel ; *Las Cavas de la Mancha*, Route d'Andalucía, 15 (☎ 61-29-19) ; *Rodero*, Route Manzanares-Villarubia, km 13 (☎ 61-25-14).

MANZANARES EL REAL (M)   ☎ 91

Restaurants :
- ❚❚ *La Parra*, Panaderos, 15 (☎ 853-03-99) cuisine locale, avec de bonnes viandes.
- ❚ *Taurina*, Pza Generalísimo (☎ 853-02-90) cuisine castillane.

MANZANERA (TE)   ☎ 978

Hôtels :
- ❚❚ *Balnerio El Paraiso*, Route d'Abejuela, km 2 (☎ 78-18-18) 64 ch. 🗙 🅰 🖻 🅿 ▯
- ❚ *Manzanera*, Tomas M. Ariño, 112 (☎ 78-18-08) 31 ch. central

MAQUEDA (TO)   ☎ 925

Hôtels :
- ❚❚❚ *El Cazador*, Route N.V, km 74 (☎ 79-02-32) 30 ch. 🅰 🖻 🅿 confortable.
- ❚❚ *Castellano*, Route Extremadura (☎ 25) 10 ch.

MARBELLA (MA)   ☎ 95

Hôtels :
- ❚❚❚❚❚ *Melia Don Pepe*, Finca Las Merinas (☎ 277-03-00) 218 ch. ▦ 🅰 🅰 🖻 ⤴ ⤴ hôtel luxueux près de la plage.
- ❚❚❚❚❚ *Los Monteros*, Urbanización Los Monteros, s/n (☎ 277-17-00) 164 ch. ▦ 🖻 ⤴ ⤴ 🅿 jardin tropical.
- ❚❚❚❚❚ *Golf* Plaza del Urbanización Nueva Andalucía (☎ 281-12-50) 120 ch. ▯ 🅰 🖻 ⤴ 🗙 🅿 pour les fanatiques de golf.
- ❚❚❚❚❚ *Puente Romano*, Route de Cadix, km 184 (☎ 277-01-00) ▦ 🅰 ⤴ 🅿 luxe dans le style andalou.
- ❚❚❚❚ *Golf Hotel Guadalmina*, Urbanización Guadalmina (San Pedro Alcántara ; ☎ 278-14-10) 80 ch. ▦ 🖻 ⤴ ⤴ 🅿 belles terrasses ; près de la mer.
- ❚❚❚❚ *El Fuerte*, Llano de San Luís, s/n (☎ 286-15-00) 146 ch. 🅰 🖻 ⤴ dans le château de San Luís.
- ❚❚❚❚ *Andalucía Plaza*, Urb. Nueva Andalucía (☎ 281-20-00) 418 ch. ▦ 🅰 🖻 ⤴ ⤴ dans un édifice historique près de la mer.
- ❚❚❚ *Artola*, Route N.340, km 201 (☎ 283-13-90) 🅰 🖻 ⤴ ⤴ 🖻 décoration castillane.
- ❚❚❚ *Bellamar*, Severo Ochoa, 53 (☎ 277-23-00) 51 ch. 🅰 🖻 ⤴

¶¶¶ *Las Chapas,* Route N. 340, km 198 (✆ 283-13-75) ▦ ⊛ ⊡ ↗ ♪ près de la plage ; entouré de pins.

¶¶¶ *Cortijo Blanco,* Route N. 340, km 179 (✆ 278-09-00) ⊛ ⊡ ↗ architecture andalouse.

¶¶¶ *Las Fuentes del Rodeo,* Route N. 340, km 180 (✆ 281-40-17) 90 ch. ⊛ ⊡ ↗

¶¶¶ *Rincón Andaluz,* Route N. 340, km 179,5 (✆ 281-15-17) ▦ ⊛ près de la plage.

¶¶¶ *Skol,* La Fontanilla (✆ 277-08-00) 200 ch. ⊛ ⊡ ▣

¶¶ *Lima,* Avda Antonio Belón, 2 (✆ 277-05-00) 64 ch.

¶¶ *Belarcos,* In, CN 340 km 195 (✆ 283-17-38) 78 ch. ⊡ ↗

¶ *Nagueles,* route de Cadix, km 177 (✆ 277-16-88) 17 ch.

⚠ Campings : *La Buganvilla* (1ʳᵉ c.), Route N. 340, km 195,7 (✆ 283-19-73) ⊡ ↗ ♪ ✗
Marbella 191 (2ᵉ c.), Route N. 340, km 191 (✆ 277-83-91) Douches ; bien ombragé, près de la plage.

Restaurants :

¶¶¶¶ *La Meridiana,* Camino de la Cruz, s/n (✆ 277-61-90) cuisine et décor andalous.

¶¶¶¶ *La Hacienda,* Route N. 340, km 200 (✆ 283-11-16) très grande cuisine ; dans un agréable patio.

¶¶¶¶ *La Fonda,* Pza Santo Cristo, 9 (✆ 277-25-12) cuisine de grande classe dans une maison andalouse du XVIIIᵉ s.

¶¶¶ *El Corzo,* Urbanización Los Monteros, s/n (✆ 277-17-00) cuisine internationale.

¶¶¶ *Marbella Club,* Route de Cadix, km 185 (✆ 277-13-00) un des lieux les plus prestigieux de la Costa del Sol.

¶¶ *Los Piruelos,* Puerto de Cabo Pino, Route Cadix-Málaga, km 202,5 (✆ 283-19-75) cuisine traditionnelle, très bons produits.

¶¶ *Rodeo Beach Club,* Camino Edgar Neville, Route Cadix-Málaga, km 180 (✆ 278-11-08) un des « top » de Marbella.

¶¶ *Gran Marisquería Santiago,* Paseo Marítimo (✆ 277-00-78) poissons et coquillages.

MARIN (PO)   ✆ 986

Hôtels :

¶ *Hôtel del Mar,* Avda de Jaime Janer,

s/n (✆ 88-23-94) 30 ch. ▦ ⊟ ⊛ simple et central.

¶ *El Merendero,* Bastarreche, 29 (✆ 88-00-86) 31 ch. ✗ ▦ ⊟ vue pittoresque.

MARQUINA (BI)   ✆ 94

Hôtel :

¶¶ *Vega,* Abesua, 2 (✆ 686-60-15) 16 ch. ✗ central et fonctionnel ; cuisine traditionnelle.

MARTINET (L)   ✆ 973

Hôtel :

¶¶ *Boix,* Route Lérida-Puigcerdà, km 154 (✆ 51-50-50) 40 ch. ✗ ▦ ⊡ ⊟ ⊛ ⊡ ▣ ▣ cuisine recherchée qui s'inspire avec bonheur de la cuisine traditionnelle de Cerdagne ; rest. f. du 8 janv. au 15 fév.

MASNOU [EL] (B)   ✆ 93

Hôtel :

¶¶ *Torino,* Pere Grau, 21 (✆ 555-15-03) 13 ch. ouv. toute l'année ; dans le centre ville, simple mais confortable.

MASPALOMAS (GC)   ✆ 928

Hôtels :

¶¶¶¶¶ *Iberotel Maspalomas Oasis,* Playa de Maspalomas (✆ 14-14-48) 274 ch. ▦ ⊛ ⊡ ↗ jardin tropical ; moderne et très agréable.

¶¶¶¶¶ *Meliá Tamarindos,* Retama, 3 (à San Agustín ; ✆ 76-26-00) 318 ch. ▦ ⊠ ⊡ ↗ construction de style canarien.

¶¶¶¶ *El Caserío,* Avda Italia, 8 (à Playa del Inglés ; ✆ 76-10-50) 106 ch. confortable et près de la plage.

¶¶¶¶ *Catarina Playa,* Avda Tirajana, 1 (à Playa del Inglés ; ✆ 76-28-12) 399 ch. ▦ ⊡ ↗

¶¶¶¶ *Costa Canaria* (à San Agustín ; ✆ 76.02.04) 164 ch. ⊛ ⊡ ↗ animé et près de la plage.

¶¶¶¶ *Folias,* Las Retamas, 17 (S. Bartolomé de Tirajana ; ✆ 76-24-50) 79 ch. ⊛ ⊛ près de la plage.

¶¶¶¶ *Lucana,* Pza del Sol, s/n (✆ 76-27-00) 167 ch. ▦ ⊛ ▣ ⊛ ⊡ ↗ central et près de la plage.

¶¶¶¶ *Maspalomas Palm Beach* Avda Del Oasis, s/n (Playa de Maspalomas ;

⌁ 14-08-06) 357 ch. ▤ ▱ ♒ jolie terrasse et palmeraie avec de belles vues sur la mer. Restaurant l'Orangerie. Plats excellents.

¶¶¶ *Buenaventura Playa*, Pza Ansite, s/n (Playa del Inglés ; ⌁ 76-16-50) 716 ch. ▤ ▱ ♒ près de la plage.

¶¶¶ *Eugenia Victoria*, Avda Gran Canaria, 26 (Playa del Inglés ; ⌁ 76-25-00) 400 ch. ▱ ♒ ⚭ vue sur la mer.

¶¶¶ *Parque Tropical*, Avda Italia, 2 (Playa del Inglés ; ⌁ 76-07-12) 232 ch. ▨ ▱ ♒ bel édifice dans des jardins tropicaux ; près de la plage.

¶¶¶ *Rey Carlos* Playa del Inglés (⌁ 76-01-16) 160 ch. ▱ confortable.

⚑ Camping : *Guantanamo* (3e c.), Playa Tauro à Mogán (⌁ 24-17-01) ▱ douches, bien ombragé et près de la plage.

Restaurants :

¶¶¶ *La Cave*, Centre Commercial CITA (Playa del Inglés ; ⌁ 76-25-82) cuisine raffinée ; excellente cave.

¶¶¶ *San Agustín Beach Club*, Pza Cocoteros (San Agustín ; ⌁ 76-40-00) cuisine internationale ; spécialités de la mer.

¶¶ *Tenderete*, San Bartolomé de Tirajana, s/n (Playa del Inglés ; ⌁ 76-14-60) le seul restaurant de cuisine canarienne du sud de la Grande Canarie.

¶¶ *Chez Mario*, Los Pinos, 15 (S. Agustín ; ⌁ 76-18-17) cuisine italienne.

¶ *Miramar*, Centre commercial (San Agustín ⌁ 76-39-55) cuisine internationale.

MASSANET DE CABRENYS (GE)   ⌁ 972

Hôtels :

¶¶ *Els Caçadors*, Urb. Casa Nova (⌁ 54.41.36) 18 ch. ⚔ ▥ ⊟ ▨ ▱ ♒

¶ *Pirineos*, Burriana, 3 (⌁ 54-40-00) 30 ch. ⚔ ▥ ⊟ ▨ excellente cuisine populaire catalane.

MASSANET DE LA SELVA (GE)   ⌁ 972

Restaurant :

¶¶¶ *Casal del Cavaller*, Pl. de l'Esglesia (⌁ 85-80-58) ▣ f. mar. et en nov.

MATAELPINO (M)   ⌁ 91

Restaurants :

¶¶ *Azaya*, Muñoz Grandes, 1

(⌁ 855-90-92) bien situé ; plus de 50 soupes !

¶¶ *La Maliciosa*, Muñoz Grandes, 9 (⌁ 855-91-87) cuisine familiale, bon rapport qualité/prix.

MATALASCAÑAS (H)   ⌁ 959

Hôtels :

¶¶¶ *El Rocío*, Sector L. 68-69 (⌁ 44-03-50) 270 ch. ▨ ▱ ▣ boutique ; agréable et près de la plage.

¶¶¶ *Flamero*, Urbanización Playa (⌁ 44-80-20) 484 ch. ▱ ▱ ♒ ▣ galerie commerciale, librairie, discothèque, garderie pour enfants ; sur la plage ; belle vue.

¶¶¶ *Iberotel Tierra Mar*, Matalascañas Parc 120 sector M (⌁ 44-02-75) 253 ch. ▨ ▱ ♒ ▣ galerie commerciale, librairie ; proche des plages.

Restaurants :

¶¶ *Centro Atlántico*, Centro Atlántico, Playa de Matalascañas. Poissons et viandes « a la plancha ».

¶ *Ciervo Azul*, Centro Comercial, Playa de Matalascañas. Cuisine familiale ; tapas.

MATARO (B)   ⌁ 93

ℹ Office du tourisme : Riera, 48 (⌁ 796-01-08).

Hôtel :

¶¶¶ *Colón*, Colón, 6-8 (⌁ 790-58-04) 55 ch. ▥ ⊟ ▣

Restaurants :

¶¶¶ *Can Dimas*, Pg del Callao, s/n (⌁ 790-32-09) ▣. Poissons.

¶¶ *Can Bruguera*, Veïant Batlleix, 23 (⌁ 790-36-43) ▣ cuisine familiale, f. en nov.

MAZAGON (H)   ⌁ 95

Hôtel :

¶¶¶ *Parador Cristóbal Colón*, Route de Matalascañas (⌁ 53-63-00) 20 ch. ▤ ▨ ▱ ♒ ▣ dans une pinède au bord d'une falaise.

Restaurants :

¶¶ *El Faro*, Avda Fuentepiña, 6 (⌁ 37-61-77) bonnes tapas.

¶¶ *La Parrala*, Pza de José Antonio, 22 (⌁ 37-04-52) très bons poissons.

MAZARRON (MU) ☎ 968

Hôtel :
¶¶ *Rosamar,* S. Juan, 5 (☎ 59-04-50) 26 ch. ☎ confortable.

⚑ Campings : *Bolnuevo* (1ʳᵉ c.), Route Puerto de Mazarrón - Bolnuevo, km 3,5 ☒ ⚓. — *Playa de Mazarrón* (2ᵉ c.), Route Puerto de Mazarrón-Bolnuevo (☎ 59-45-35).

MEDINA DE RIOSECO (VA) ☎ 983

Hôtel :
¶¶¶ *Los Almirantes,* Paseo San Francisco, 2 (☎ 70-01-25) 30 ch. ✕ ▥ ▦ ☎ ☀ ☒ chiens admis au restaurant *Don Fabrique,* cuisine castillane.

🛍 Achats : *Arte Castellano,* Calvo Sotelo, 11, meubles castillans et très belles antiquités.

MEDINA DEL CAMPO (VA) ☎ 983

Hôtels :
¶¶ *La Mota,* Fernando el Católico, 4 (☎ 80-04-50) 40 ch. ▥ ☎

Restaurant :
¶ *Madrid,* Claudio Moyano, 2, N. VI, km 159 (☎ 80-01-34). Repas simple et rapide.

MEDINACELI (SO) ☎ 975

Hôtel :
¶ *Duques de Medinaceli,* N. II, km 150 (☎ 32-61-11) ✕ ▥ ☎ Ⓟ cuisine castillane ; le restaurant est f. en fév.

MELLID (C) ☎ 981

Hôtel :
¶ *Estilo II,* Progreso, 6 (☎ 50-51-53) 5 ch. ✕ ▥ ⊿ simple, pour étape.

MERCADAL (PM) ☎ 971

Hôtels :
¶¶¶¶ *Audax,* Cala Galdana (☎ 37-31-25) 244 ch. ✕ ▥ ▦ ⊿ ☎ ☒ dans une calanque admirable.
¶¶¶¶ *Santo Tomás,* plage de Santo Tomás (☎ 37-00-25) 60 ch. ✕ ▥ ⊿ ☎ ☀ ☒ boutiques, coiffeur ; hôtel isolé, face à la mer, près d'une petite plage.

¶¶¶¶ *Castell Playa Fiesta,* Arenal d'En Castell (☎ 37-98-88) 264 ch. ✕ ▥ ▦ ⊿ ☎ ☀ ☒ ☐ boutiques, gymnase, coiffeur.
¶¶¶¶ *Sol Cóndores,* plage de Santo Tomás (☎ 37-00-50) 188 ch. ✕ ▥ ⊿ ☎ ☒ boutiques , coiffeur.
¶¶ *Topacio,* Arenal En Castell (☎ 37-98-34) 276 ch. ✕ ⊿ ☎ ☀ ☒ ⟲ boutiques.
¶¶ *Cala Galdana,* Cala Galdana (☎ 37-30-00) 259 ch. ✕ ▥ ⊿ ☎ ☒ boutiques, gymnase, coiffeur.
¶¶ *S'Algaret,* Pza del Generalísimo, 7, Fornells (☎ 37-66-74) 23 ch. ✕ ⊿ dans le ravissant petit port de pêche de Fornells.

Restaurant :
¶¶ *Es Plà,* Pasaje d'Es Plà, Fornells (☎ 37-51-55) la meilleure langouste de Fornells.

MERIDA (BA) ☎ 924

Hôtels :
¶¶¶¶ *Parador Vía de la Plata,* Plaza de la Constitución, 3 (plan B1 ; ☎ 31-38-00) 182 ch. ✕ ▥ ▦ ⊿ ☀ ☒ dans le couvent baroque de S. Francisco ; belle décoration.
¶¶¶¶ *Tryp Medea,* Av. de Portugal s/n (☎ 37-24-00) 126 ch. ▥ ▦ ⊿ ☎ ☒ Ⓟ ☒ de construction récente, sa forme semi-circulaire rappelle les amphithéâtres romains ; jacuzzi dans toutes les chambres à partir du 4ᵉ étage ; sports divers.
¶¶¶¶ *Las Lomas,* Route Madrid-Lisbonne, km 340 (☎ 31-10-11) 35 ch. ▥ ⊿ ☎ hôtel d'étape, confortable.
¶¶¶ *Emperatriz,* Pza España, 9 (plan B2 ; ☎ 31-31-11) 41 ch. ✕ ▥ ⊿ ☎ ☀ dans un palais Renaissance.
¶¶ *Nova Roma,* Suárez Somonte, 42 (plan B2 ; ☎ 31-12-01) 55 ch. ▥ ☎ central.
¶ *Vettonia,* Calderón de la Barca, 26 (plan C3 ; ☎ 31-14-62) 11 ch.

⚑ Camping : *Lago Proserpina* (3ᵉ c.) (☎ 31-32-36) 90 pl. ; ouv. de mai à sept. ; près du fleuve.

Restaurants :
¶ *Antillano Nicolás,* F. Valverde, 13 (plan B2 ; ☎ 30-22-13) spécialité : œufs à la « flamenca ».
¶ *Aragón,* José Antonio, 20 (plan B1 ; ☎ 30-22-93) spécialité : merlu à la romane.

¶ *Barroso*, Santa Eulalia, 15 (plan B2 ; ☎ 30-22-93) cuisine régionale.

¶ *Briz*, Félix Valverde, 5 (plan B2 ; ☎ 30-22-00) cuisine régionale.

🚂 Gare : (☎ 31-20-05).

🛍 Achats : Santa Eulalia (plan B2) ; céramique populaire, *Arturo Vinagre*, Augusto, 12 (plan A1).

MIJAS (MA)   ☎ 95

Hôtels :

¶¶¶¶¶ *Byblos Andaluz*, Mija Golf, Fuengirola, Málaga (☎ 247-30-50) 135 ch. et suites ✕ ▦ ⊟ ⊠ ▣ ⊡ ⟋ ✗ salles de conférences, sauna, mini-bar, terrasses privées ; institut de thalassothérapie Louison-Bobet ; gastronomie française ; cuisine andaloue ou diététique.

¶¶¶¶ *Mijas*, Urbanización Tamisa, s/n (☎ 248-58-00) 106 ch. ▦ ⊠ ⊟ ⟋ ▣ construction andalouse ; belles vues sur la mer et la montagne.

¶¶¶¶ *Club Puerta del Sol*, Route Fuengirola-Mijas km 4 (☎ 248-64-00) 130 ch. récemment inauguré, l'établissement associe les services hôteliers et les traitements de médecine naturelle. Beaux jardins.

¶¶ *El Mirlo Blanco*, Pza de la Constitución, 13 (☎ 248-57-00).

Restaurants :

¶¶ *El Padrastro*, Paseo del Compás (☎ 248-50-00) ⊡ Vue sur la côte, cuisine régionale.

¶¶ *Valparaiso*, Route de Fuengirola (☎ 248-59-96) décor rustique.

¶ *La Alegría de Mijas*, Paseo del Compás (☎ 248-57-20) cuisine andalouse.

🛍 Achats : cuirs, *Modesta Puga*, Ramón y Cajal, 4.

MINGLANILLA (CU)   ☎ 96

Hôtel :

¶ *Mirador de Contreras*, Route N. III, km 235. Cava, 5 (☎ 218-61-71) 12 ch. agréable et tranquille.

MIÑO (C)   ☎ 981

Hôtel :

¶¶ *La Terraza*, Generalísimo, 74 (☎ 78-20-28) 17 ch. ✕ ▥ ⊣ central avec de belles vues.

MIRAFLORES DE LA SIERRA (M)   ☎ 91

Hôtel :

¶¶ *Palmy*, Eusebio Guadalix, 17 (☎ 844-37-12) 21 ch. ✕ ▧ ▣

Restaurants :

¶¶ *Maito*, Calvo Sotelo, 5 (☎ 844-35-67) plats locaux, excellentes tapas.

¶ *Las Llaves*, Calvo Sotelo, 2 (☎ 844-40-57) très bons produits.

MIRANDA DE EBRO (BU)   ☎ 947

Hôtels :

¶¶¶ *Tudanca*, Route Madrid-Irún, km 318 (☎ 31-18-43) 124 ch. ▥ ▧ ▣

¶¶ *Achuri*, Estación, 86 (☎ 31-00-40) ✕ ▥ ▧ le rest. est f. dim. soir, et du 20 déc. au 10 janv. ; cuisine de la région.

⚐ Camping : *Monumento al Pastor* (2e c.), Route N. I, km 308. (☎ 35-40-79)

Restaurant :

¶ *La Vasca*, Olmo, 3 (☎ 31-13-01) ▥ cuisine locale (gibier, asados et civelles) ; f. dim. et fériés.

MIRANDA DEL CASTAÑAR (SA)   ☎ 923

Hôtel :

¶ *Condado de Miranda*, Paraje de la Pedriza (☎ 43-20-26).

Fête : le 8 septembre, avec costumes traditionnels.

MOAÑA (PO)   ☎ 986

Hôtel :

¶¶ *La Paz*, Mendez Nuñez, 20 (☎ 31-42-54) 12 ch. ▥ ⊣ dans le centre, avec vue sur la ria.

⚐ Camping : *Tirán* (2e c., Tiran-Moaña ☎ 31-01-50-20) ; douches ; nombreux arbres ; près de la plage.

MOGAN (GC)   ☎ 928

Restaurants :

¶ *La Aquarela*, Playa de Patalavaca (☎ 73-51-75) cuisine internationale.

¶ *Puerto Rico*, Puerto Rico Playa (☎ 74-51-81).

MOJÁCAR (AL) ☎ 950

Hôtels :
- ¶¶¶¶ *Parador de Mojácar* Playa, s/n (☎ 47-82-50) 98 ch. ▦ ☃ ▱ moderne, belles vues sur la mer.
- ¶¶¶ *Indalo*, Route de Carboneras (☎ 47-80-01) 308 ch. ☃ ▱ ✗ ℗
- ¶¶¶ *El Moresco*, Avda Horizon, s/n (☎ 47-80-25) 147 ch. ▱ belles vues.
- ¶¶¶ *Continental*, Playa el Palmeral (☎ 47-82-25) 23 ch. ☃
- ¶¶ *Flamenco*, Playa Mojácar (☎ 47-82-27) 25 ch. Près de la mer.
- ¶¶ *Provenzal*, Playa del Descargador (☎ 47-83-08) 26 ch.
- ▲ Camping : *El Cantal de Mojácar*, Route Garrucha-Carboneras (☎ 47-82-04) douches ; bien ombragé, près de la plage.

Restaurants :
- ¶ *El Alamo* (☎ 47-81-33) terrasse sur la mer.
- ¶ *Palacio*, près de l'Arco Moresco (☎ 47-82-79) cuisine internationale et spécialités régionales ; très bons desserts.
- ⚿ Achats : verre et poterie, *El Alfar*, Pza Nueva.

MOLINA DE ARAGON (GU) ☎ 949

Hôtel :
- ¶ *Rosanz*, Paseo de Los Adarves, 12 (☎ 83-23-36) 33 ch. belles vues.

MOLINA [LA] (GE) ☎ 972

- ⓘ Office du tourisme : Av. Supermolina, s/n (☎ 89-21-75). — informations sur les pistes (☎ 89-21-64). — informations sur les refuges, à Barcelone, Rda de Sant Pere, 17.

Hôtels :
- ¶¶¶ *Palace*, Supermolina, s/n (☎ 89-20-16) 33 ch. ✗ ▥ ⊿ ☃ ☃ ▱ ✗ ▢
- ¶¶¶ *Adserà*, La Molina, s/n (☎ 89-20-01) 35 ch. ✗ ▥ ⊿ ☃ ☃ ▢
- ¶¶¶ *El Cau*, Supermolina (☎ 89-71-78) 12 ch. ▤ ℗ ▢ ouv. toute l'année.
- ¶¶ *Solineu*, Av. Supermolina (☎ 89-20-16) 54 ch. ✗ ▥ ⊿ ☃ ☃ ▱ ✗

MONDARIZ (PO) ☎ 986

Hôtels :
- ¶¶ *Cemar*, Suxans-Lapadrós, km 7 (☎ 66-23-77) 74 ch. ▥ ▦ ☃ ▥ ☃ ☃ ℗ ▢ ▱ ⌁
- ¶¶ *Roma*, Constitución, 13 (☎ 65-61-09) 16 ch. ✗ ▥ ⊿ ☃ ▢ traditionnel.
- ¶¶ *Villa-Flora*, Calvo Sotelo, s/n (☎ 65-61-08) 21 ch. ✗ ▥ ⊿ ☃ ▢ bien situé.
- ⚿ Achats : fromages et eaux minérales, *Balneario de Mondariz*, Ramón Peinador, 2.

MONDOÑEDO (LU) ☎ 982

Hôtels :
- ¶¶¶ *Los Paredones*, Route générale, km 420 (☎ 52-17-00) 20 ch. ✗ ▥ ⊿ ☃ ☃ ▱ ▢ bien situé, avec de belles vues sur la ville et la campagne.
- ¶¶ *Montero*, Avda San Lazaro, 7 (☎ 52-17-51) 24 ch. ✗ ▥ ⊿ ▢ central, dans un site pittoresque.
- ⚿ Achats : pâtisserie, *Obispo*, Sarmiento, 2 (☎ 52-11-78).

MONFORTE DE LEMOS (LU) ☎ 982

Hôtels :
- ¶¶ *Rio*, R. Baamonde, 30 (☎ 40-18-50) 26 ch. ✗ ▥ ⊿ ▢ confortable et central.
- ¶ *El Castillo*, Huertas, 36 (☎ 40-21-50) 38 ch. ✗ ▥ ⊿ ☃ central.

MONREAL DEL CAMPO (TE) ☎ 978

Hôtels :
- ¶¶ *El Botero*, Avda Madrid, 2 (☎ 86-31-66) 30 ch. ✗ ☃ ▢
- ¶ *Sol*, Mayor, 50 (☎ 86-30-09) 13 ch. ▦ central.

MONTALBAN (TE) ☎ 978

Hôtel :
- ¶ *Pepe*, Route 19 (☎ 75-02-91) 6 ch.

Restaurant :
- ¶ *Hito's-2*, Route N. 420 (☎ 75-02-90) ℗

MONTANCHEZ (CC) ☎ 927

Hôtels :
- ¶¶ *Montecalabria*, Gen. Margallo, 2

(☏ 38-02-16) 20 ch. ✕ ▥ simple et central.

MONTBLANCH (T)   ☏ 977

ⓘ Office du tourisme : Pl. Major, 1 (☏ 86-00-09).

Hôtel :

▮▮ *Coll de Lilla,* Route N.240, km 29 (☏ 86-09-07) 13 ch. ✕ ▥ ▦ ▩

Manifestations : *Grand Carnaval* en février ; fêtes *«Els Tres Tombs»* le 17 janv. ; *foire agricole* à la mi-mai.

MONTERROSO (LU)   ☏ 982

Hôtel :

▮ *Rivas,* General Salgado, 14 (☏ 37-71-32) ; 22 ch. ▥ ◁ ▩ simple et central.

MONTILLA (CO)   ☏ 957

Hôtels :

▮▮▮ *Don Gonzalo,* Route Madrid-Malaga, km 448 (☏ 65-06-58) 28 ch. ▩ ▩ ♫ établissement de route confortable et fonctionnel.

▮▮ *Los Felipes,* San Francisco Solano, 27 (☏ 65-04-96) 19 ch.

▲ Camping : *La Campiña* (3ᵉ c.), Route Aldea de Quintanilla-Santaella, km 11,5 (☏ 31-51-58) ▣ ♫ peu d'ombre.

Restaurant :

▮▮ *Las Camachas,* Route Madrid-Málaga, km 445 (☏ 65-00-04) cuisine andalouse dans un cadre très agréable.

🍴 Achats : Nombreuses caves pour acheter le vin de Montilla.

MONTSENY (B)   ☏ 93

Hôtel :

▮▮▮ *Sant Bernat,* Finca el Cot (☏ 847-30-11) 18 ch. ✕ ▥ ▣ ◁ ▦ ✈ ▩ très beau cadre.

MONTSERRAT (B)   ☏ 93

Hôtels :

▮▮▮ *Abad Cisneros,* Pl. de Montserrat (☏ 835-02-01) 41 ch. ✕ ▥

▮ *El Monasterio,* Pl. Monestir (☏ 835-02-01).

🚌 Autocars : depuis Barcelone, *autocars Julià,* Estació de Sants ; départs à 9 h et 10 h.

🚆 Gare : *Ferrocarril,* Pl. d'Espanya, départ à 9 h, 10 h et 11 h 10, correspondance avec le téléphérique assurée (☏ 318-38-95).

MONZON (HU)   ☏ 974

Hôtels :

▮▮ *Riosol,* San Juan Bosco, 25 (☏ 40-08-00) 40 ch. ▩ ▩ ▩ central.

▮▮ *Vianetto,* Avda de Lérida, 25 (☏ 40-19-00) 84 ch. ✕ ▩ ▩ central.

MONZON DE CAMPOS (PA)   ☏ 988

Hôtel :

▮▮ *Castillo de Monzón,* Monzón de Campos, s/n (☏ 80-80-75) 10 ch. ✕ ▥ ▩ ▩ cuisine régionale d'excellente qualité.

MORA (TO)   ☏ 925

Hôtels :

▮▮ *Agripino,* Pza Mártires, 8 (☏ 30-00-00) 23 ch. ▩ ▩ ▩ fonctionnel.

▮▮ *El Toledano,* Manzaneque, 4 (☏ 30-02-42) 19 ch.

MORA DE RUBIELOS (TE)   ☏ 978

Hôtel :

▮▮ *Mora de Aragón,* Puebla Valverde-Castellón (☏ 80-01-77) 40 ch. ✕ ▩ ▩ dans le centre.

MORAIRA (A)   ☏ 965

Restaurant :

▮▮▮ *El Girasol,* Route Moraira-Calpe, km 1,5 ; le meilleur restaurant de la Communauté Valencienne ; excellentes pâtisseries, plats recherchés.

MORELLA (CS)   ☏ 964

Hôtels :

▮▮ *Cardenal Ram,* Cuesta Suñer, 1 (☏ 16-00-00) 19 ch. ✕ ▥ ▩ installé dans une maison du xvıᵉ s., ce petit hôtel s'accorde parfaitement à l'atmosphère de Morella.

¶¶ *Elías,* Colomer, 7 (☏ 16-00-92) 17 ch. ▥ calme; splendides vues sur la montagne et le château.

¶ *El Cid,* Puerta San Mateo, 2 (☏ 16-01-25) 29 ch. ▥ ☎ agréable; service attentif.

Restaurant :

¶¶¶ *Mesón del Pastor,* Cuesta Jovani, 5 (☏ 16-02-49) ▦ dans le cadre d'un très beau village de montagne; plats typiques de la partie intérieure de Castellón; f. mer.

& Achats : artisanat textile, *Hermanos Moya Pitarch,* Virgen del Pilar, 4 (☏ 16-01-38); *David Garcia,* Cuartel de S. Francisco (☏ 16-03-87).

MOTA DEL CUERVO (CU)   ☏ 969

Hôtel :

¶¶¶ *Mesón de Don Quijote,* Francisco Costi, 2 (☏ 18-02-00) 36 ch. ⤬ ▦ ☎ ☎ ▣ ▣ confortable et fonctionnel; spécialités locales.

& Achats : poteries, *María Dolores Cruz,* Pza Cruz Verde, 10; *Asunción Contreras,* Afueras, 3; *Natividad y Francisco Cano,* Mayor, 55. — pain renommé, *Panadería Moreno Contreras,* S. Isidro, 7 (☏ 18-06-18); *Panadería Zarco,* Pza Verdinal 1 (☏ 18-01-07).

MOTILLA DEL PALANCAR (CU)   ☏ 969

Hôtels :

¶¶ *Gijón,* Route Madrid-Valence, km 198 (☏ 33-10-01) 16 ch. ⤬ ☎ cuisine régionale.

¶¶ *Del Sol,* Hotel del Sol (☏ 33-10-25) 37 ch. ☎ ▣

MOTRICO (SS)   ☏ 943

⚐ Campings : *Motriko* (3ᵉ c.), Route Deva-Guernica, km 58,5; peu d'ombre; à 1,5 km de la plage. — *Stᵃ Elena* (3ᵉ c.), Route Deva-Guernica (☏ 60-39-82) très ombragé; à 1 km de la plage ⤻ ⤙

Restaurant :

¶¶ *Mendixa,* Pza Churruca, 13 (☏ 60-34-94) dans un décor régional, cuisine de la mer.

MOTRIL (GR)   ☏ 958

Hôtels :

¶¶¶ *Costa Nevada,* Enrique Martín Cuevas, s/n (☏ 60-05-00) 52 ch. ☎ ▱ ⤻

¶¶¶ *Perla de Andalucía,* Carchuna, s/n (☏ 62-41-22) 57 ch. ▣ ▣ & ☎ ▣ ⤬ ▣

¶¶ *Alborán,* Vararedo Carrera del Mar, 1 (☏ 60-13-70) 16 ch.

¶¶ *Tropical,* Avda Rodriguez Acosta, 23 (☏ 60-04-50) 21 ch. ▦ ▣

Restaurants :

¶ *La Caramba,* Avda de Salobreña, 19 (☏ 60-25-78) cuisine andalouse.

¶ *Tropical,* Rodriguez Acosta, 23 (☏ 60-04-50) cuisine internationale et régionale.

¶ *Mesón Andaluz,* Cercado de la Virgen, s/n.

MULA (MU)   ☏ 968

Restaurant :

¶ *Venta de la Magdalena,* Baños de Mula km 21 (☏ 66-05-68) cuisine simple et naturelle.

& Deux magasins de poteries, *Agustín Artero* et *Andrés Boludo.* Olleriás.

MURCIE (MU)   ☏ 968

ⓘ *Office de tourisme :* Alejandro Seiguer Saurin, 4 (plan D3; ☏ 21-37-16)

Hôtels :

¶¶¶¶ *Siete Coronas Meliá,* Ronda de Garay, 5 (plan DE4; ☏ 21-77-71) 122 ch. ⤬ ▦ ☎ ☎ ▣ coiffeur, salle de conférences; sur la rive du Segura; terrasse-jardin.

¶¶¶¶ *Rincón de Pepe,* Pza Apostoles, 34 (plan D3; ☏ 21-22-39) 117 ch. ⤬ ▦ ☎ ▣ ▣ salle de conférences; central.

¶¶¶ *Fontoria,* Madre de Dios, 4 (plan C3; ☏ 21-77-89) 127 ch. ▦ ☎ dans le centre.

¶¶ *Hispano I,* Traperia, 8 (plan C3; ☏ 21-61-52) 50 ch. ▦ ☎

Restaurants :

¶¶¶ *Rincón de Pepe,* Pza Apóstoles, 34 (plan D3; ☏ 21-22-39) excellents légumes; poissons.

¶¶¶ *Hispano,* Arquitecto Cerdán, 1-7 (plan C3; ☏ 21-61-52) très bonne cuisine murcienne traditionnelle.

🚌 Autocars : *Estación Autobuses de San Andrés* (plan A3 ; ☎ 29-22-11).

🚆 Gare : *Estación del Carmen*, Pza de Perea (plan C4 ; ☎ 25-27-52).

MURO (PM)   ☎ 971

Hôtel :

🍴🍴🍴 *Las Gaviotas*, Urb. Las Gaviotas (☎ 89-04-26) 90 ch. ✕ ▥ ▤ ▧ ▣ ▨ 🏊 ▧ boutiques, bowling ; dans une pinède de la plage de Muro, située dans la baie d'Alcúdia.

Restaurants :

🍴🍴 *Es Segay*, Playa de Muro (☎ 54-45-35) au bord de la mer, dans la baie d'Alcúdia.

MUROS (C)   ☎ 981

Hôtel :

🍴🍴 *La Muradana*, Avda de la Marina, s/n (☎ 82-68-85) 13 ch. ✕ ▥ central, avec de belles vues sur la ria.

⛺ Camping : *A Bouga* (2e c. ; ☎ 82-60-25), à Louro (2,6 km) ; douches ; près de la plage.

NAJERA (LO)   ☎ 941

Hôtel :

🍴🍴 *San Fernando*, Paseo San Julián, 1 (☎ 36-37-00) 40 ch. ☎ central et animé.

Restaurants :

🍴🍴 *Palacios*, General Loma, 7 (☎ 36-10-29).

🍴 *The Queen's*, San Fernando, 98 (☎ 36-28-12).

NAVACERRADA (M)   ☎ 91

Hôtels :

🍴🍴🍴 *Arcipreste de Hita*, Praderas de San Sebastián (☎ 856-01-25) 30 ch. ✕ ▤ ▣ ▨ ▥ ᐟ ▣ tranquille ; belles vues.

🍴🍴🍴 *La Barranca*, Valle de la Barranca (☎ 856-00-00) 56 ch. ✕ ▨ ▧ ᐟ ▣ sauna ; confortable et tranquille.

🍴🍴🍴 *Doña Endrina*, Avda de Madrid, s/n (☎ 856-02-00) 40 ch. ▤ ▨ ▧ ▨ beau panorama.

🍴🍴🍴 *Las Postas*, Route N.601, km 50 (☎ 856-02-50) 21 ch. ✕ ▤ ▧ ᐟ ▣

🍴🍴🍴 *Venta Arias*, Puerto de Navacerrada (☎ 852-11-00) 11 ch. ▨ à 2 000 m d'alt. ; très fréquenté par les skieurs.

Restaurants :

🍴🍴🍴 *Fonda Real*, Route N.601, km 52,5 (☎ 856-03-05) dans une maison du xvⅢe s. joliment décorée ; cuisine castillane.

🍴🍴 *Venta Arias*, Route N.601, km 60, Cercedilla, (☎ 853-14-32) cuisine locale.

🍴 *La Cocina del Obispo*, Dr Villasante, 7 (☎ 856-09-36) agréable terrasse.

🍴 *Felipe*, Avda de Madrid (☎ 856-08-34) cuisine familiale.

NAVAL (HU)   ☎ 974

Hôtel :

🍴🍴 *Olivera*, Mayor, 1 (☎ 30-40-72) 15 ch. ✕ ▨ ▣ calme et confortable.

NAVALCARNERO (M)   ☎ 91

Hôtel :

🍴🍴 *El Labrador*, Route Extremadura (☎ 813-94-20) 38 ch. ✕ ▨ ▥ ▣ décoration castillane.

Restaurant :

🍴🍴 *Felipe IV* (☎ 811-09-13) vieille maison castillane.

NAVALMORAL DE LA MATA (CC)   ☎ 927

Hôtels :

🍴🍴 *La Bamba*, Route Madrid-Lisbonne, km 179 (☎ 53-08-50) 33 ch. ✕ ▥ ▨ simple et confortable.

🍴 *Brasilia*, Route N.V, km 180 (☎ 53-07-50) 43 ch. ▥ ▤ ▧ ▨ ▥

🍴 *Moya*, Route N.V, km 180 (☎ 53-05-00) 40 ch. ✕ ▥ ᐟ ▨ ▨

Restaurants :

🍴🍴 *Los Arcos de Baram*, Regimiento de Argel, 5 (☎ 53-30-60) cuisine typique d'Estrémadure.

🍴🍴 *El Club*, José Antonio, 26 ▣ central.

🍴🍴 *Gredos*, José Antonio, 43 ▥ cuisine traditionnelle « extremeña ».

NAVARREDONDA DE GREDOS (AV)   ☎ 920

Hôtel :

🍴🍴🍴 *Parador de Gredos*, Route San Martín de Pimpollar - El Barco de Avila (☎ 34-80-48) ▥ ▨ ▨ ▨ vues panoramiques sur la sierra de Gredos.

NAVARRETTE (LO)   ✆ 941

🛍 Achats : *Bodegas Corral*, Route de Logroño, s/n (✆ 44-01-93), réserves de rouge. — *Armando Torrado*, Ollerías, s/n, poteries typiques vernissées en blanc. — *Fajardo Lozano*, Route de Logroño, poteries.

NAVIA (O)   ✆ 98

Hôtel :
¶¶ *Blanco*, La Colorada (✆ 563-07-75) 36 ch. ▥ ᗤ dans le centre, confortable.

NEDA (C)   ✆ 981

Hôtel :
¶ *Maragoto*, General Franco, 12 (✆ 38-03-04) 6 ch.
Restaurant :
¶ *Casa Tomás*, Route El Ferrol - Jubia (✆ 38-02-40) spécialités galiciennes, coquillages ; belles vues sur la mer.

NEGREIRA (C)   ✆ 981

Hôtel :
¶ *Támara*, La Chancela (✆ 88-52-01) 40 ch. ▥ ᗤ simple.

NERJA (MA)   ✆ 95

ℹ Office du tourisme, Puerta del Mar, 1 (✆ 252-15-31).
Hôtels :
¶¶¶¶ *Parador de Nerja*, Almuñécar, 8 (✆ 252-00-50) 60 ch. ▦ ⊛ ᗤ ↗ ℗ sur une falaise ; de très belles vues.
¶¶¶ *Balcón de Europa*, Paseo Balcón de Europa, 1 (✆ 252-08-00) 105 ch. ▣ bien situé.
¶¶ *Don Luque*, Diputación, 12 (✆ 252-13-18).
¶¶ *Nerjaclub*, Route d'Almería, km 293 (✆ 252-01-00) 47 ch. ▥ ↗
¶¶ *Victoria*, Avda Ramón Castilla Pérez (✆ 252-04-14).
Restaurants :
¶¶ *Rey Alfonso*, Paseo Balcón de Europa (✆ 252-01-95) le décor l'emporte sur la cuisine !
¶ *Casa Luque*, Plaza de los Mártires, 2 (✆ 252-10-04) cuisine internationale dans un décor andalou.

¶ *Casa Paco y Eva*, Alemania, 50 (✆ 252-15-24) ambiance de *mesón* ; gibier, poissons.

NOYA (NOIA) (C)   ✆ 981

Hôtels :
¶¶ *Ceboleiro I*, Ruajalicia, 15 (✆ 82-05-31) 13 ch. ✕ ▥ ᗤ simple, central et agréable ; cuisine familiale.
¶¶ *Ceboleiro II*, Sande y Lago, s/n (✆ 82-05-31) 24 ch. ▥ ᗤ central et confortable.
🛍 Achats : chapeaux de paille, *El Curro*, Calle Felipe Castro.

OCAÑA (TO)   ✆ 925

Hôtels :
¶¶ *Amigo*, Route N. IV, km 57 (✆ 13-02-85) 20 ch. ✕ ▥ simple et confortable ; cuisine régionale.
¶¶ *Las Cuevecitas*, Route Madrid-Cadix, km 61 (✆ 13-07-95) 10 ch. ⊛ site agréable.
🛍 Achats : poteries locales (cruches), *Dolores y Emilio Coronado*, Norte, 7 ; *Antonio González*, Torrijos, 14 ; *Andres del Val*, Norte, 6.

OJEN (MA)   ✆ 95

Hôtel :
¶¶¶ *Refugio de Juanar* (Refuge national de chasse), Sierra Blanca (✆ 288-10-00) 17 ch. ⊛ ℗ dans un magnifique paysage plein de sérénité.
Achats : artisanat, *Eugenio Serrano Pareño*. — *Francisco Martín Peña*.

OLEIROS (C)   ✆ 981

Hôtels :
¶¶¶ *Porto Cobo*, Playa de Santa Cruz (✆ 61-41-00) 58 ch. ✕ ▥ ᗤ ⊛ ⊛ ↗ bien aménagé ; vues sur la mer.
¶¶¶ *Maxi*, Playa de Santa Cruz, 5 (✆ 61-40-00) 28 ch. ▥ ᗤ ⊛ confortable.

OLIANA (L)   ✆ 973

Hôtel :
¶¶ *Victor*, Major, 71 (✆ 47-00-10) 18 ch. ✕ ▥ ▦ très bon restaurant.

OLITE (NA)   ☏ 948

> Hôtel :
> ¶¶¶ *Parador Príncipe de Viana,* Pza Teobaldos, 2 (☏ 74-00-00) 48 ch. 🏤 ☒ ☎ dans le palais des rois de Navarre ; central, élégant, tranquille et confortable.
>
> ⚓ Achats : *Bodegas Ochoa,* Route de Saragosse, 21 (☏ 74-00-06), excellents vins. — *Bodegas Carricas,* Route de Saragosse, s/n (☏ 74-01-06), une des caves les plus intéressantes de Navarre ; dans le château ; rouge et rosé.

OLIVA (V)   ☏ 96

> Hôtels :
> ¶ *Rosaleda,* Denia, 14 (☏ 285-01-00) 9 ch. 🏤 dans une maison ancienne.
> ¶ *Cavall Bernat,* Route de Gandía, 22 (☏ 285-10-75) 15 ch. ⤫ cuisine locale.

OLOT (G)   ☏ 972

> ℹ Office du tourisme : Mulleres, s/n (Edifici Pl. del Mercat ; ☏ 26-01-41).
> Hôtel :
> ¶¶ *Montsacopa,* Mulleras, s/n (☏ 26-07-62) 73 ch. ⤫ 🏤 ☒ ☎ ℗
> Restaurant :
> ¶ *Can Eduard,* Alta Madoixa, 14 (☏ 26-15-94) f. dim. et fêtes du 15 au 30 juil.
> 🚌 Autobus : Pl. del Carme, pour Setcases ; Bisbe Lorenzana, 20, pour Besalù, Figueres, Gérone, Barcelone, Banyoles, Vic, Ripoll.
> ⚓ Artisanat : petits personnages et groupes sculptés en bois polychrome, barretina (bonnet rouge catalan).
> ⛊ Manifestation : les *géants d'Olot* ont grande réputation ; on les exhibe pour les *fêtes de la Tura* et vous pourrez les voir danser (semaine du 8 sept.).

OÑATE (SS)   ☏ 943

> Hôtel :
> ¶¶ *Sindika,* Barrio Aránzazu, 30 (☏ 78-13-03) 24 ch. ; simple et confortable.

> Restaurant :
> ¶ *Echeverria,* Berria, 19 (☏ 78-04-60) cuisine basque.

ONDARROA (BI)   ☏ 94

> Hôtel :
> ¶ *Vega,* Avda de la Antigua, 8 (☏ 683-00-02) 24 ch. ⤫ le seul hôtel d'Ondárroa, près du port ; poissons.
> Restaurant :
> ¶ *Penalty,* Eribera, 32 (☏ 683-00-00) excellents poissons.

ONTENIENTE (V)   ☏ 96

> Hôtel :
> ¶¶¶ *Pou Clar,* Mayans, 67 (☏ 238-12-00) 48 ch. ⤫ 🏤 ☒ ☎ ℗ calme et confortable, dans un merveilleux cadre d'arbres et de montagnes.
> Restaurant :
> ¶ *Rincón de Pepe,* Avda de Valencia, 1 (☏ 238-32-10) cuisine familiale.

ORDENES (C)   ☏ 981

> Hôtels :
> ¶¶ *Nogallas,* Alfonso Senra, 110-111 (☏ 68-01-55) 38 ch. ⤫ 🏤 ☒
> ¶ *La Chabola,* Route La Corogne-Vigo, km 35 (☏ 68-07-59) 9 ch. ⤫ 🏤 ☒ simple, dans un site pittoresque.

ORDUÑA (VI)   ☏ 945

> Restaurant :
> ¶ *Llarena,* Burgos 6 (☏ 39-39-99) cuisine familiale.
> ⚓ Achats : *Confitería F. Badillo,* Pza Fueros, 3 (☏ 89-40-29), mantecadas typiques.

ORENSE (OR)   ☏ 988

> ℹ Office du tourisme : Curros Enriquez, 1 (plan B2 ; ☏ 23-47-17).
> Hôtels :
> ¶¶¶¶ *Gran Hotel San Martín,* Curros Enriquez, 4 (plan B2 ; ☏ 37-18-11) 60 ch. ⤫ 🏤 ☒ ☎ ▣ moderne et fonctionnel.
> ¶¶¶ *Auriense,* El Cumial Xeixalbo, (☏ 23-49-00) 137 ch. ♪ ▣ ⤫ 🏤 ☒ ☎

moderne et fonctionnel, dans un lieu calme, situé à 10 mn du centre ville.

ᵀᵀᵀ *Sila*, Avda de La Habana, 61 (plan B2 ; ☏ 23-63-11) 64 ch. ✕ ▥ ▦ ⊿ ☒ ▨ tranquille et confortable.

ᵀᵀ *Padre Feijoo*, Eugenio Montes, 1 (☏ 22-31-00) 53 ch. ▥ ⊿ ☒ central et tranquille.

ᵀᵀ *Riomar*, Mateo de Prado, 15 (☏ 22-07-00) 39 ch. ▥ ⊿ ☒ ▨

Restaurants :

ᵀᵀ *San Miguel*, San Miguel, 12-14 (plan B3 ; ☏ 22-12-45) cuisine galicienne soignée.

ᵀᵀ *Martín Fierro*, Saenz Díaz, 65 (plan B2 ; ☏ 37-20-26) cuisine galicienne et argentine.

ᵀ *Carroleiro*, San Miguel, 10 (plan B3 ; ☏ 22-05-66) cuisine familiale.

Bars : deux rues particulièrement conseillées pour achever vos soirées autour d'un verre dans une ambiance agréable, Valle et Inclan, avec *El Café Club*, *Estudio 34*, *Isaac*. — aux abords des rues Lepanto et Hornos, zone des bars à vin.

᷍ Achats : gastronomie (vins et fromages), Progresso 77 (plan A3-4 ; ☏ 22-02-95) ; — *Queixo, pan e viño*, derrière la cathédrale (plan AB4). — confiserie, Sto Domingo, 66 (plan B3 ; ☏ 23-77-24). — artisanat, *Ceramicart*, Route de Celanova ; *Niñodaguia*, Route de Ponferrada.

ORGANYA (ORGAÑA) (L)   ☏ 973

Hôtel :

ᵀ *La Cabana*, Dr. Montaña, 2 (☏ 38-30-00) 13 ch. ✕ ▥ ⊿ ▨ bon restaurant ; f. du 1ᵉʳ au 15 juin.

Manifestations : *Carnaval* en février ; *Aplec* au sanctuaire de Santa Fé le dernier dim. de mai ; *grande foire* le dernier dim. de nov.

ORGAZ (TO)   ☏ 925

Hôtel :

ᵀᵀ *El Conde de Orgaz*, Route Madrid-Ciudad Real, km 102 (☏ 31-72-79) 18 ch. ✕ plats typiques des monts de Tolède ; confortable ; fréquenté par les chasseurs et les pêcheurs.

ORIHUELA (A)   ☏ 96

ℹ Office du tourisme : Duque de Tamames, 2-7 (☏ 530-07-66 et 520-00-00).

Hôtels :

ᵀᵀᵀ *La Zenia*, Urb. La Zenia (☏ 676-02-00) 220 ch. ✕ ▥ ▦ ⊿ ☒ ☒ ▤ ⊃ ⤶ calme et agréable, au bord de la mer.

ᵀᵀᵀ *Montepiedra*, Dehesa de Campoamor (☏ 532-03-00) 64 ch. ✕ ▥ ⊿ ☒ ☒ ▤ ⊃ ⤶

Restaurant :

ᵀᵀ *Cap Roig*, Urb. Cabo Roig, km 8 (☏ 532-02-90) ▥ ▣ admirablement situé face à la mer.

ORIO (SS)   ☏ 943

Hôtel :

ᵀᵀ *Toki-Alay*, Avda Lerchundi, 39 (☏ 83-03-49) 21 ch. près de la plage ; tranquille et confortable.

Restaurant :

ᵀᵀ *Jose Mari*, Herrino Emparantza (☏ 83-00-32) succulentes dorades.

OROPESA (CS)   ☏ 964

Hôtel :

ᵀᵀᵀ *El Cid*, Las Playetas, km 83 (☏ 30-07-00) 58 ch. ✕ ▥ ⊿ ☒ ☒ ⊃ ⤶ ▣ lieu pittoresque au bord de la mer ; très beau panorama.

OROPESA (TO)   ☏ 925

Hôtels :

ᵀᵀᵀᵀ *Parador Virrey de Toledo*, Pza Palacio, 1 (☏ 43-00-00) 44 ch. ▦ ☒ ▣ dans un palais gothico-mudéjar agréablement décoré ; tranquille ; spécialités castillanes et tolédanes, avec quelques plats d'Estrémadure.

ᵀᵀ *La Plata*, Route N.V, km 149 (☏ 43-00-67) 14 ch. ▦ ☒ simple et confortable ; belles vues.

᷍ Achats : broderies, *Nava*, Conde Gamazo, 5 (☏ 43-07-96) ; *P. González*, José Antonio, 29 (☏ 43-01-05).

ORTIGUEIRA (C)   ☏ 981

Hôtels :

ᵀᵀ *La Perla*, Avda de la Penela, s/n

(✆ 40-01-50) 22 ch. ⊞ ⊿ ☎ vues pittoresques.

¶ *Orillamar II* (✆ 40-80-14) ⊞ ⊿ central, avec de belles vues.

OSERA (Z)   ✆ 976

Hôtel :

¶ *Portal de Monegros,* Route Madrid-Barcelone, km 354 (✆ 16-72-12) 52 ch. ✕ ☎ ⬚ ⬚ ⬚ ⬚

OSSA DE MONTIEL (AB)   ✆ 967

Hôtel :

¶ *La Colgada* (✆ 52-80-25) 39 ch. ▦ ▧ confortable.

OVIEDO (O)   ✆ 98

❶ Office du tourisme : Pza de Alfonso II el Casto (plan C2 ; ✆ 521-33-85).

Hôtels :

¶¶¶¶¶ *Reconquista,* Gil de Jaz, 16 (plan A2 ; ✆ 524-11-00) 142 ch. ✕ ⊞ ⊿ ☎ ⬚ ⬚ dans un hôpital baroque du XVIIe s., luxueusement décoré ; cloître.

¶¶¶¶¶ *Gran Hotel España,* Jovellanos, 2 (plan C2 ; ✆ 522-05-96) 89 ch. ⊞ ☎ ⬚ ⬚ ⬚ très confortable.

¶¶¶¶ *La Jirafa,* Pelayo, 6 (plan B2 ; ✆ 522-22-44) 89 ch. ⊿ ☎ ⬚ dans un gratte-ciel ; belles vues sur la ville.

¶¶¶¶ *Regente,* Jovellanos, 31 (plan C1 ; ✆ 522-23-43) 134 ch. ⊞ ⊿ ☎ ⬚ très moderne et confortable.

¶¶¶¶ *Ramiro I,* Calvo Sotelo, 13 (✆ 523-28-50) 83 ch. ⊞ ⊿ ☎ ⬚ moderne et confortable.

¶¶¶ *Principado,* San Francisco, 6 (plan B2 ; ✆ 521-77-92) 70 ch. ✕ ⊞ ⊿ ☎ central.

¶¶¶ *La Gruta,* Alto de Buenavista, s/n (✆ 523-24-50) 105 ch. ✕ ⊞ ⊿ ☎ ⬚ ▧ jolies vues ; coquillages et poissons.

¶¶ *Barbón,* Covadonga, 7 (plan B1 ; ✆ 522-52-93) 40 ch. ⊞ ⊿ ☎

Restaurants :

¶¶¶ *Trascorrales,* Pza Trascorrales (plan C3 ; ✆ 522-24-41) ambiance élégante ; cuisine du marché.

¶¶¶ *Casa Fermín,* San Francisco, 8 (plan B2 ; ✆ 521-64-52) luxueuse décoration ; cuisine régionale.

¶¶¶ *Del Arco,* Pza de America (✆ 525-55-22).

¶¶ *Nuevo Marchica,* Dr. Casal, 10 (plan A1 ; ✆ 521-30-27) plats régionaux.

¶¶ *Pelayo,* Pelayo, 15 (plan B2 ; ✆ 522-00-04).

¶¶ *Casa Conrado,* Argüelles, 1 (plan BC2 ; ✆ 522-39-19) poissons et plats traditionnels.

¶¶ *La Goleta,* Covadonga, 32 (plan B1 ; ✆ 521-38-47) crustacés et poissons.

¶¶ *Fromagerie Babilonia,* Asturias, 17 (✆ 524-31-08) spécialité de fromages asturiens.

¶ *Nalón,* Fray Ceferino, 12 (✆ 521-20-16) spécialité : merlu au cidre.

¶ *La Máquina,* Lugones (Route Lugones-Avilés, km 5 ; ✆ 526-00-19) spécialités : fabada, riz au lait.

✉ Poste : Alonso Quintanilla, 1. — *Téléphone,* Plaza de Porlier.

🚌 Autobus : *A.L.S.A.,* Pza Primo de Rivera, 2 (✆ 528-12-00) connexions avec tous les points des Asturies et plusieurs en Espagne ; aussi avec la France, la Belgique, l'Allemagne, la Suisse. — *Turismo y Transportes,* J. Ibrán (✆ 528-50-69) pour Gijón, Santander, Bilbao et San Sebastián.

🚃 Gare : *RENFE* (Estación del Norte ; ✆ 524-33-64) pour Madrid, Barcelone, León, etc. — *FEVE,* Jerónimo Ibrán, s/n (✆ 521-90-26) province et aussi Santander et Galice. — *F.C. Vasco-Asturiano,* Jovellanos, s/n, pour Santander, Bilbao, San Sebastián.

✈ Aéroport : à 44 km, autoroute d'Avilés puis route de La Corogne (✆ 556-52-46). *Iberia* (Oviedo), Uría, 21 (✆ 524-02-50).

Agences de voyages : *Wagons-Lits,* Cabo Noval, 10 (✆ 521-34-65). — *Meliá,* Uría, 1 (✆ 524-38-00).

OYARZUN (SS)   ✆ 943

Hôtel :

¶¶ *Lintzirin,* Route Madrid-Irún, km 475 (✆ 49-20-00) 113 ch. ▦ ☎ établissement de route confortable.

Restaurants :

¶¶¶ *Gurutze-Berri,* Route Irún-Oyarzun, km 7 (✆ 49-06-25) grande cuisine basque.

¶¶¶ *Mateo,* Ugaldecho, 11 (✆ 49-11-94) d'excellentes créations.

¶¶ *Zuberoa,* Iturrioz, 8 (✆ 49-12-28) cuisine traditionnelle.

¶¶ *Albistur,* Pza Martintxo, 39 (☎ 49-07-11) cuisine du marché dans une belle maison typique.

OYON (VI)   ☎ 945

Hôtel :
¶¶ *Felipe IV,* Avda Navarra, 28 (☎ 11-00-56) 30 ch. ☎ ☐ ▨ central et accueillant.

Restaurant :
¶¶ *Mesón La Cueva,* Concepción, 15 (☎ 11-00-22) dans une cave typique et accueillante, cuisine populaire de la Rioja.

PADRON (C)   ☎ 981

Hôtels :
¶¶ *Casa Cuco,* Avda de Compostela, s/n (☎ 81-05-11) 23 ch. ▥ ▱ ☎ dans le centre ; jolies vues.
¶¶ *La Ponderosa,* Calvo Sotelo, 2 (☎ 81-03-02) 13 ch. ▥ ▱ ▨ central.
¶¶ *Rivera,* Enlace Parque, 7 (☎ 81-04-13) 14 ch. ✕ ▥ ▱ ☎ central et agréable ; cuisine internationale au *Chef Rivera.*

Restaurant :
¶¶ *Reina Lupa,* Route Pontevedra-St-Jacques-de-C., km 2, Esclavitud (☎ 81-04-60) cuisine galicienne de qualité, repas rapides (même maison que le *Don Gaiferos* de St-Jacques-de-C.) ; l'été, pique-nique préparé pour la plage.
🍴 Achats : à Herbón, *coopérative agricole* où vous trouverez les célèbres « pimientos ».

PAJARA (GC)   ☎ 928

Hôtels :
¶¶¶¶ *Fiesta Casa Atlántico,* Playa del Matorral (Tuineje ; ☎ 87-60-17) ▨ ☎ ☐ ⁓ ▨ central et près de la plage.
¶¶¶ *Los Gorriones Sol,* Playa Barca · Gran Tarajal (☎ 87-08-25) 309 ch. ☎ ☐ ⁓ fonctionnel.
¶¶¶ *Robinson Club Jandía Playa,* Morro Jable Pajara (☎ 87-63-75) 325 ch. ☎ ☐ ⁓ belles vues sur la mer ; ambiance « club ».

Restaurant :
¶ *Mama María* (à El Cotillo ; ☎ 86-80-49) cuisine canarienne.

PALAFRUGELL (GE)   ☎ 972

ℹ️ Office du tourisme : Av. Josep Pla, 9 (☎ 30-02-28).
Hôtel :
¶¶¶ *Hostalillo,* à Tamariu (5 km), Bellavista, 22 (☎ 30-01-58) ✕ ▥ ▱ ☎ ☎ ▣ belle vue sur la côte rocheuse.

Restaurants :
¶¶¶ *Cypsele,* Ample, 30 (☎ 30-01-92) ▣ f. lun.
¶¶ *Es Niu,* Quatre Cases, 16 (☎ 30-01-45) f. ven. et en déc.
🚌 Autobus : réguliers depuis Barcelone, *SARFA* (☎ 30-06-23).
Manifestation : *Festival de Habaneras* en juil.-août à Calella (chants nostalgiques composés au siècle dernier par les marins qui faisaient les voyages aux Antilles).

PALAMOS (GE)   ☎ 972

ℹ️ Office du tourisme, Pg del Mar, 8 (☎ 31-43-90).
Hôtels :
¶¶¶ *Trias,* Pg del Mar, s/n (☎ 60-18-00) 81 ch. ✕ ▥ ▦ ▱ ☎ ☎ ☐ ▣
¶¶ *Marina,* Avda 11 Septiembre, 48 (☎ 31-42-50) 62 ch. ✕ ▥ ▦ ▱ ☎ ☎
Restaurants :
¶¶ *Big Rock,* Pl. dels Arbres, 5 (☎ 31-63-45) carte traditionnelle et variée, d'excellente qualité.
¶¶ *Trias,* Pg del Mar s/n (☎ 60-18-00) f. du 14 oct. au 1ᵉʳ avr.
🚃 Gare : trains à Gérone.
Sports : *Club Nàutic Costa Brava* (☎ 31-43-24).
🎶 Manifestation : *Festival de musique* en juil.-août.

PALENCIA (P)   ☎ 979

ℹ️ Office du tourisme : Mayor, 105 (☎ plan B4 ; 74-00-68).
Hôtels :
¶¶¶ *Castilla La Vieja,* Casado del Alisal, 26 (plan C2-3 ; ☎ 74-90-44) 87 ch. ▥ ☎ ▨ chiens admis.
¶¶¶ *Rey Sancho de Castilla,* Avda Ponce de León, s/n (☎ 72-53-00) 100 ch. ▥ ☎ ☐ ⁓ ▨

¶¶ *Monclus,* Menendez Pelayo, 3 (plan B2-3; ✆ 74-43-00) ▥ ☎

Restaurants :

¶¶¶ *La Rosario,* General Franco, 3 (plan B3; ✆ 74-01-57) Décor quelconque, mais la cuisine est bonne et l'addition sans surprise.

¶¶¶ *Casa Damián,* Martínez de Azcoitia, 9 (plan C3; ✆ 74-46-28) très bonne macédoine de légumes; f. lun. et du 25 juil. au 25 août.

¶¶¶ *Lorenzo,* Casado del Alisal, 10 (plan C2-3; ✆ 74-35-45) ▦ ▣ f. dim. et du 5 sept. au 5 oct.

✉ Poste : Pza de León, 1 (plan C2; ✆ 74-21-80).

🚌 Autobus : Camino Cementerio Viejo, s/n (✆ 74-32-22).

🚆 Gare : *RENFE,* Jardinillos, s/n (✆ 74-30-19).

🛍 Achats : pâtisseries, *El Pastelero de Madrigal,* Mayor, 106. — fer forgé, *Artesanía Amor,* General Mola, 34. — couvertures, *Mantas David Rodríguez,* Batán de San Sebastián.

PALMA (PM)   ✆ 971

ℹ Office du tourisme : *Conselleria de Turismo de Baleares,* Avda Jaime III, 10 (plan coul. XXVII, C2; ✆ 71-22-16/72-27-44). — *Office du Consell de Mallorca,* aéroport de Palma (✆ 26-08-03). — *Office Municipal de Palma,* Santo Domingo (plan coul. XXVII, C2; ✆ 22-40-90); kiosque de la Plaza de España (plan coul. XXVII, D2; ✆ 21-15-27).

Hôtels :

Dans la vieille ville :

¶¶¶ *Saratoga,* Paseo de Mallorca, 6 (plan coul. XXVI, B2; ✆ 72.72.40) ⨯ ▥ ⊿ ☎ ℜ ▤ ▣ 123 ch. très bien situé dans le centre et relativement tranquille; piscine sur le toit.

¶¶¶ *Palladium,* P. Mallorca, 49 (plan coul. XXVII, C2; ✆ 71-28-41) 53 ch. ▣ ⨯ ☎ ▣ ⊿ central, un des établissements les plus accueillants de la ville.

¶¶ *Abelux,* Ramón Muntaner, 30 (plan coul. XXVII, D2; ✆ 75-08-40) 65 ch. ▥ ⊿ ☎

¶¶ *Menorquina,* Santacilia, 9 (✆ 22-21-06) 27 ch. ⨯ ▥ ⊿ près d'une petite place sympathique, dans un édifice Art nouveau.

¶ *Borne,* San Jaime, 3 (plan coul. XXVII, C2; ✆ 71-29-42) 48 ch. ▥ ⊿ à deux pas du « Born ».

¶ *Colón,* 31 de Diciembre, 31 (plan coul. XXVII, D1; ✆ 25-02-45) 36 ch. ⊿ ☎ très simple, mais situé près de la Plaza de España, point de départ des trains et autocars.

Dans la ville moderne (Paseo Marítimo et environs) :

¶¶¶¶¶ *Valparaíso Palace,* Francisco Vidal, s/n (✆ 40-04-11) 138 ch. ⨯ ▥ ⊿ ☎ ℜ ▣ ▦ ☓ ▤ salle de réunions, coiffeur, gymnase; vue spectaculaire sur la baie de Palma; luxe un peu impersonnel des grands palaces internationaux.

¶¶¶¶¶ *Meliá-Victoria,* Avda de Joan Miró, 21 (✆ 73-25-42) 171 ch. ⨯ ▥ ⊿ ☎ ℜ ℜ boutiques, salle de réunions, coiffeur; sompteux jardin tropical; piano-bar, boîte de nuit...; donne sur le Paseo Marítimo.

¶¶¶¶ *Palas Atenea-Sol,* Paseo del Ingeniero Gabriel Roca, 29 (plan coul. XXVI, A3; ✆ 28-14-00) 370 ch. ⨯ ▥ ⊿ ☎ ℜ ▤ boutiques, coiffeur, salles de réunions, halls luxueux et salles de conférences en font un lieu idéal pour congrès et réunions.

¶¶¶ *La Caleta,* Federico García Lorca, 19 (plan coul. XXVII, A3; ✆ 23-09-51) 19 ch. ▥ ☎ ℜ ▤ sur le Paseo Marítimo; piscine sur le toit de l'hôtel; vue splendide.

Au Terreno et à la Bonanova (sur les hauteurs, près du château de Bellver; hors plan coul. XXVI, A3) :

¶¶¶ *Araxa,* Alférez Cerdá, 22 (✆ 23-16-40) ▥ ⊿ ☎ ℜ ▤ non loin de la Plaza Gomila, mais un peu en retrait; calme et fort agréable.

¶¶ *Horizonte,* Vista Alegre, 1 (✆ 40-06-61) 199 ch. ⨯ ▥ ⊿ ☎ ℜ ▤ tranquille; vue splendide.

¶ *Paraíso del Mar,* Joan Miró, 79 (✆ 23-18-76) 21 ch. ▥ ⊿ belle vue; près de la Plaza Gomila.

Région des collines :

¶¶¶¶¶ *Son Vida,* Urb. Son Vida, 13 (plan A2; ✆ 79-00-00) 170 ch. ⨯ ▥ ▦ ⊿ ☎ ℜ ▤ ☓ ⅄ boutiques, coiffeur, salle de réunions; ancien palais dans un site verdoyant et agréable, proche de la ville; vue magnifique sur Palma et la baie.

¶¶¶¶ *Racquet Club,* Urb. Son Vida (plan A2; ✆ 28-00-50) 51 ch. ⨯ ▦ ⊿ ☎ ℜ ▤ ☓ ⅄ salle de réunions, gymnase; club de tennis de Son Vida, sorte de refuge de montagne, agréablement isolé, et tout près de Palma.

A Cala Major, à l'O. de Palma :

¶¶¶¶ *Nixe Palace,* Avda del Pintor Joan Miró, 269 (☎ 40-38-11) 130 ch. ⤬ ▥ ▦ ⬒ ▨ ♨ ▤ ⬒ boutiques, coiffeur, salle de réunions; belle vue sur la baie; baignade privée.

¶¶¶¶ *Santa Ana,* Gaviota, 9 (☎ 40-15-12) 190 ch. ⤬ ▥ ⬒ ▨ ♨ ▤ ⬒ sur la plage de Cala Major.

¶¶¶ *La Cala,* Gaviota, 4 (☎ 40-16-12) 70 ch. ▥ ⬒ ▨ ♨ ▤

¶¶¶ *Montblanc,* Joan Miró, 319 (☎ 40-23-12) 73 ch. ⤬ ▥ ⬒ ▨ sur la plage.

¶ *Condemar,* Joan Miró, 286 (☎ 40-32-11) 38 ch. ▥ ⬒ ♨ ▤ résidence-appartements.

A Can Pastilla, à l'E. de Palma :

¶¶¶¶ *Alexandra-Sol,* Avda Pineda, 15 (☎ 26-23-50) 164 ch. ⤬ ▥ ⬒ ▨ ▤ ▫ boutiques, coiffeur; bien situé, sur une plage un peu à l'écart.

¶¶¶ *Linda,* Pza Torre Redona, s/n (☎ 26-29-82) 189 ch. ⤬ ▥ ⬒ ▨ ♨

¶¶¶ *Oasis,* Bartolomé Riutort, 25 (☎ 26-01-50) 110 ch. ▥ ⬒ ▨ ♨ ▤ ▫ salle de réunions; construction des années 60, à l'entrée de Can Pastilla.

¶¶ *Brasilia,* Polacra, 4 (☎ 26-29-20) 63 ch. ⤬ ▥ ⬒ ▨ ▤ gymnase, coiffeur; hôtel-appartements.

¶ *Covi,* Lebeche, 1 (☎ 26-31-50) 98 ch. ⤬ ▥ ⬒ hôtel de type familial.

Baie de Palma :

à l'O. → CALVIA. — à l'E. → LLUC-MAJOR.

Restaurants :

Dans la vieille ville :

¶¶ *Es Rebost,* Agua, 5 (☎ 21-38-69) cuisine traditionnelle majorquine, dans un cadre soigné.

¶ *Caballito del Mar,* Paseo Sagrera, 5 (plan CD4; ☎ 72-10-74) poissons.

¶ *Celler Payés,* Felipe Bauzá, 2 (plan coul. XXVI, C3; ☎ 22-60-36) cuisine majorquine; cadre typique.

Dans la ville moderne :

¶¶¶ *Koldo Royo* Paseo Marítimo, 3 (☎ 45-70-21) cuisine innovante, poissons et fruits de mer.

¶¶ *Áncora,* Ensenada Ca'n Bárbara (☎ 40-11-61) décor raffiné; cuisine qui, à partir de la tradition locale, a su faire preuve d'invention.

¶¶ *El Portalón,* Bellver, 9 (☎ 23-78-66).

¶¶ *Can Pau Perdiueta,* Cotoner, 47 (☎ 28-84-89) tenu par une famille de pêcheurs; le poisson est toujours très frais!

¶¶ *Xoriguer,* Fábrica, 60 (☎ 28-83-32) bonnes matières premières.

¶ *Rififi,* Joan Miró, 186 (☎ 40-20-35) poissons et fruits de mer.

¶ *Villa Río,* Joan Miró, 115 (☎ 28-65-50) vue sur la baie; bonnes salades et pizzas.

A l'extérieur de Palma :

¶¶ *Honoris,* Route Vieja Bunyola (☎ 20-32-12).

¶ *S'Altell,* Avda Antonio Maura, 69, Pont d'Inca (☎ 60-10-01).

🚌 Autocars : *gare routière,* Plaza de España, vers les principales agglomérations de l'île.

🚂 Gare : Plaza de España, vers Sóller (paysages magnifiques) et Inca.

✈ Aéroport : Son Sant Joan (à 9 km de Palma) vols réguliers ou charters vers toutes les capitales et grandes villes européennes et espagnoles; service d'autocars vers Palma (☎ 26-46-24)

🚢 Compagnie Maritime : *Transmediterránea* (Paseo del Muelle) assure un service régulier vers Barcelone, Valence, Ibiza, Mahón (☎ 40-50-14)

Spectacles, boîtes de nuit et discothèques : Palma vit la nuit autour de la *Plaza Gomila* (très nombreuses discothèques). — boîtes de nuit des grands hôtels, du *Victoria* et du *Palas Atenea.* — bar où l'on écoute de la musique classique tard dans la nuit, dans un ancien palais, *Abaco,* San Juan, 1 (☎ 21-49-39).

Achats : antiquités : *Antiguedades Linares,* Pza de la Almudaina; *Belmonte,* La Rambla; *Gelabert Mas,* Arabí. — souvenirs : le commerce de luxe a, d'une façon générale, élu domicile dans l'*Avda Jaime III.* — cuir : *Pedro Pizà,* San Nicolás, 20. — artisanat (céramique, verre): *L'Angel Blau,* Sant Bernat, 2 (derrière la cathédrale). — verre soufflé : *Gordiola,* Jaime III, 14, où l'on perpétue une vieille tradition. — très beaux portraits N B : *Gabriel Ramón,* San Jaime, 3, photographe.

PALMEIRA (C) ☏ 981

Hôtel :
¶ *Río Azor,* Insuela (☏ 83-80-01) 28 ch. ▥ ◿ ☒ ☙ simple et agréable.

PALOS DE LA FRONTERA (H) ☏ 959

Hôtel :
¶¶¶ *Hosteria de la Rábida,* Paraje de la Rábida, La Rábida (☏ 35-03-12) 5 ch. ✕ ▦ ☙ ℗ belles vues sur les estuaires du río Tinto et du río Odiel.

PALS (GE) ☏ 972

ℹ Office du tourisme : Pl. d'Espanya, 5 (☏ 30-17-09).

PAMPELUNE (NA) ☏ 948

ℹ Office du tourisme : Duque de Ahumada, 3 (plan D2 ; ☏ 22-07-41) ; Beloso Alto (☏ 24-93-93) ; Arrieta, 11 *bis.*
Hôtels :
¶¶¶¶¶ *Los Tres Reyes,* Jardines de la Taconera, 1 (plan B2 ; ☏ 22-66-00) 168 ch. ✕ ▦ ☒ ▣ ☙ ▱ ℗ coiffeur, salle de conférences ; central et confortable.
¶¶¶ *Ciudad de Pamplona,* Iturrama, 21 (☏ 26-60-11) 117 ch. ▦ ☒ ▣ ▫ sauna, coiffeur, salle de conférences ; dans la ville moderne.
¶¶¶ *Maisonnave,* Nueva 20 (plan C2 ; ☏ 22-26-00) 160 ch. ✕ ☒ ▫ coiffeur, salle de conférences ; dans la vieille ville.
¶¶¶ *Orhi,* Leyre, 7 (plan CD3 ; ☏ 22-85-00) 55 ch. ▦ ☒ confortable.
¶¶ *Eslava,* Pza Virgen de la O. 7 (plan C1 ; ☏ 22-22-70) 28 ch. ☎ fonctionnel.
¶¶ *Valerio,* Avda de Zaragoza, 5 (plan C3-4 ; ☏ 24-54-66) 16 ch. simple et confortable.
Restaurants :
¶¶¶ *Josetxo,* Pl. Principe de Viana (plan C3 ; ☏ 22-20-97) ambiance élégante ; cuisine navarraise et française.
¶¶¶ *Hostal del Rey Noble,* Paseo de Sarasate, 6 et 8 (plan C2 ; ☏ 22-22-14) excellente cuisine navarraise.
¶¶ *Europa,* Espoz y Mina, 11 (☏ 22-18-00) un des meilleurs restaurants de Navarre, cuisine basque délicieuse et innovante ; cave excellente, service soigné.

¶¶ *Alhambra,* Bergamín, 7 (plan D4 ; ☏ 24-50-07).
¶¶ *Azkoyen,* J. Gayarre, 2 (☏ 24-10-76) cuisine locale.
¶ *Casa Flores,* Estafeta, 85 (plan D2 ; ☏ 22-21-75) cuisine simple et bonne.
¶ *Casa Otano,* San Nicolás, 5 (plan C2 ; ☏ 22-50-95).
🚐 Autobus : *Estación de Autobuses,* Conde de Oliveto, 2 (plan C3 ; ☏ 22-38-54) pour Bilbao, Estella, Tafalla, Tudela, Saint-Sébastien et tout le réseau routier de la province.
🚃 Chemin de fer : *informations et billets,* Estella, 8 (plan C3 ; ☏ 22-24-29) ; *gare,* Rochapla (☏ 13-02-02).
✈ Aéroport : *Noáin,* Route de Saragosse, 6,5 km (☏ 31-75-12) ; *Aviaco,* Paulino Caballero, 47 (plan D3-4 ; ☏ 24-13-00).
🛍 Achats : artisanat, *Artesania ibérica,* Avda Bayona, 42 (plan A1). — poteries, *Cerámica Pueblo,* San Antón, 31 (plan C2). — botas pour le vin, *Boteria Echarri,* Goniti, 32 (plan DE4).

PANCORVO (BU) ☏ 947

Hôtels :
¶¶¶ *El Molino,* Route N.I, km 306 (☏ 35-40-50) 48 ch. ▥ ☒ ☙ ▱ ♪ ▫
¶¶ *Desfiladero,* N.I, km 305 (☏ 35-40-27) 14 ch. ▥
¶¶ *Poli,* Route N.I, km 302 (☏ 34-43-20) 8 ch. ▥ ▫
⊼ Camping : *El Desfiladero* (2ᵉ c.), Route N.I, km 305 (☏ 35-40-27) ouv. de juin à sept.

PANES (O) ☏ 98

Hôtel :
¶¶ *Covadonga,* Panes (☏ 541-41-62) 10 ch. ✕ ▥ ◿ ☒ tranquille, agréable terrasse.
Restaurant :
¶ *Casa Julián,* Route Panes-Arenas (☏ 541-44-96) saumon, truites, fabada et flan.

PANTICOSA (HU) ☏ 974

Hôtels :
¶¶ *Arruebo,* La Cruz, s/n (☏ 48-70-52) 18 ch. ✕ ☒ ▫ central.

¶ *Escalar*, La Cruz, s/n (☏ 48-70-08) 30 ch. ℬ 🅿 central.
¶ *Morlans*, Laguna, 15 (☏ 48-70-57) 18 ch. ✕ ℬ
¶ *Panticosa*, Panticosa - La Cruz, s/n (☏ 48-70-00) 29 ch. central.
¶ *Valle de Tena*, Route, s/n (☏ 48-70-73) 28 ch. ✕ ℬ ▣ 🅿

PASAJES (SS)   ☏ 943

Hôtel :
¶¶ *Bahía*, Eskalantegi, 21 (☏ 51-44-50) 13 ch. ; simple et central.
Restaurants :
¶¶ *Camara*, San Juan, 79 (☏ 52-36-99) poissons et crustacés ; belles vues sur la mer.
¶¶ *Txulotxo*, San Juan, 76 (☏ 52-39-52) cuisine de la mer ; sur le port.
¶ *Izkiña*, Euskadi Etor Bidea, 19 (à Trintxerpe ; ☏ 39-90-43) cuisine simple.

PASTRANA (GU)   ☏ 91

Restaurants :
¶¶ *Princesa de Eboli*, Convento ; dans le couvent de Sainte-Thérèse ; cuisine locale.
¶ *Mesón Galindos*, Route de Tarancón, s/n (☏ 37-01-61) truites et agneau.

PAZOS (PO)   ☏ 986

Hôtel :
¶¶ *Plaza*, Amoedo - Pazos de Borben (☏ 40-03-33) 28 ch. ✕ ▥ ◿ ℬ ▣ site pittoresque.

PEDRAZA DE LA SIERRA (SG)   ☏ 921

Restaurants :
¶¶¶ *Hostería Nacional del Pintor Zuloaga*, Matadero, 1 (☏ 50-98-35) ℬ 🅿 f. mar. sf. en été.
¶¶ *El Yantar de Pedraza*, Pza Mayor, 32 (☏ 50-98-42) ; agneau au four ; f. lun. sf en été.
¶ *El Jardin*, La Calzada, 6 (☏ 50-98-62) ℬ Cuisine régionale ; ouv. les fins de semaine. F. du 1er au 15 janv.
🄰 Achats : *De Natura*, très beaux objets artisanaux et meubles castillans.

PEDROÑERAS [LAS] (CU)   ☏ 969

Hôtel :
¶¶ *Venta de Pedro Heras*, Avda Juan XXIII, km 105 (☏ 16-00-11) 31 ch. ℬ ◿ ▣ tranquille et agréable.

PEÑAFIEL (VA)   ☏ 983

Hôtel :
¶¶ *Infante Juan Manuel*, Route Valladolid-Soria, km 57 (☏ 88-03-61) 20 ch. ▥ ℬ ▣ chiens admis.
Restaurant :
¶¶ *Asador Mauro*, Subida a San Vicente (☏ 88-08-16) excellents asados ; f. dim. soir.

PEÑARANDA DE BRACAMONTE (SA)   ☏ 923

Restaurant :
¶¶ *Las Cabañas*, Carmen, 10 (☏ 54-02-03) cuisine régionale ; cochon de lait, chevreau et fruits de mer.

PEÑISCOLA (CS)   ☏ 964

Hôtels :
¶¶¶¶ *Hosteria Del Mar*, Route de Benicarló, km 6 (☏ 48-06-00) 85 ch. ✕ ▥ ▦ ▣ ◿ ℬ ⌁ ◿ ⌸ ⌐ ⤳ dîners médiévaux le sam.
¶¶¶ *Cartago*, Route Benicarló-Peñiscola, km 2 (☏ 48-01-00) 85 ch. ✕ ▥ ▣ ◿ ℬ ℬ ⌐ ⤳ ▣ 🅿 calme et confortable, au bord de la mer.
¶¶¶ *Benedicto XIII*, Urbanización La Atalayas (☏ 48-08-01) 30 ch. ℬ ⌸ ⤳ ▣ tranquille et résidentiel.
Restaurants :
¶¶ *Casa Severino*, Urb. Las Atalayas (☏ 48-07-03) ou Príncipe, 1 (☏ 48-01-16) cuisine valencienne et catalane.
¶ *Rocamar*, Portela, 3 (☏ 48-06-00) grand choix de poissons et de fruits de mer.

PERELADA (GE)   ☏ 972

Hôtels : à Figueres ou Roses.
Restaurant :
¶¶¶¶ *Casino Castell Perelada* (☏ 50-31-62) 🅿 déguster la cuisine raffinée de l'Empordà, arrosée des vins de la Comarca (les rosés sont conseillés).

Casino : *Casino de Perelada* (☎ 53-81-25) ouv. de 18 h à 4-5 h du mat.

Manifestation : *Festival de musique,* l'été (☎ 53-81-25).

PERILLO (C)   ☎ 981

Hôtel :
¶¶¶¶ *Rías Altas,* Playa de Santa Cristina (☎ 65-53-00) 103 ch. ✕ ▥ ⊿ ▧ ▨ ◿ ▫ très confortable et bien situé.

PICS D'EUROPE (O)

Refuges de montagne :
Refuge Entrelagos, à 1 120 m, tout près des lacs Enol et Ercina ; 18 pl. ✕ (informations à l'hôtel *Pelayo* de Covadonga).
Cabaña Municipal de Pastores de la Vega Enol, à 1 060 m et à 11 km de Covadonga ; 20 pl. (clefs à la mairie de Cangas de Onís).
Refuge de Vega Redonda, à 1 500 m ; situé sur la vega Redonda, à 2 h de marche par un sentier de la vega Enol.
Refuge Marqués de Villaviciosa de Asturias, à 1 640 m ; situé sur la vega de Ario, à 3 km de marche du lac Ercina. 36 pl. ; cantine et cuisine.
Refuge Vega Urriello, à 2 050 m ; situé au pied du Naranjo de Bulnes (accès seulement pour montagnards et alpinistes) ; 40 pl. (clefs à Camarmeña, Poncebos, Potes et Santa Marina de Valdeón).
Refuge José Ramón Lueje, à 2 130 m ; situé sur le massif de Cerredo. 25 pl. (clefs à la majada de Amuesa).

PIEDRAFITA (LU)   ☎ 982

Hôtels :
¶¶ *Rebollal,* Route N. VI (☎ 36-71-15) 18 ch. ▥ ⊿ simple et confortable.
¶¶ *San Giraldo de Aurillac,* El Cebrero (☎ 36-90-25) 6 ch. ▥ ⊿ ▫ dans une belle demeure, avec de jolies vues sur la montagne.

PINEDA DE MAR (B)   ☎ 93

Hôtel :
¶ *Koppers,* Iglesia, 76 (☎ 767-12-14) ✕ ▧ ◻

PLASENCIA (CC)   ☎ 927

Hôtels :
¶¶¶ *Alfonso VIII,* Alfonso VIII, 32 (☎ 41-02-50) 57 ch. ✕ ▥ ▤ ⊿ ▧ ▫ confortable et central.
¶¶ *Los Alamos,* Route N. 630, km 131,6 (☎ 41-15-50) 47 ch. ✕ ▥ ⊿ ▧ simple.
¶¶ *Mi Casa,* Patalon, 13 (☎ 41-14-50) 40 ch. ✕ ▥ ⊿ ▧ simple et confortable.
¶¶ *Real,* Route de Salamanque, km 128 (☎ 41-29-00) 33 ch. ✕ ▥ ⊿ ▧ fonctionnel.

Restaurants :
¶¶¶ *Alfonso VIII,* Avda Alfonso VIII, 32 (☎ 41-02-50) dans l'hôtel Alfonso VIII ; cuisine régionale.
¶¶ *Los Arcos,* Route de Salamanque, km 2 ▣
¶¶ *El California,* Cervantes, 2 ; central.
¶¶ *Rincón Extremeño,* Vidriera, 6 ; cuisine régionale.
¶ *Danubio,* Pza de España, 17 ; spécialité : gazpacho.

🚌 Autocars interurbains : (☎ 41-45-50).

🚆 Gare : (☎ 41-00-49).

Night-clubs : *Carols,* Gen. Mola, 3 (☎ 41-34-54) ; *Bariloche,* Sancho Polo, 7 (☎ 41-14-16).

🛍 Achats : artisanat, *Sederias Numancia,* Talavera, 7.

PLASENCIA DEL MONTE (HU)   ☎ 974

Hôtel :
¶ *El Cobertizo,* Route N. 230, km 230 (☎ 27-00-11) 13 ch. ✕ ▣

PLAYA DE ARO (GE)   ☎ 972

ℹ Office du tourisme : Verdaguer, 11 (☎ 81-71-79).
Hôtels :
¶¶¶¶ *Columbus,* Pg del Mar, s/n (☎ 81-71-66) 110 ch. ✕ ▥ ⊿ ▧ ▨ ▢ ◿ ▫
¶¶¶¶ *Carles Camos Big-Rock,* Barri de Fanals, 5 (☎ 81-80-12) 5 ch. ⊿ ✕ ▨ ⊇ petit hôtel équipé de tout ce que peut exiger un client raffiné ; luxueux et confortable ; un séjour parfait.
¶¶ *La Masia,* Sta Maria de Fanals, 8-10 (☎ 81-75-00) 37 ch. ✕ ▥ ⊿ ▫
¶ *Pinell,* Route de Sant Feliu de Guixols, s/n (☎ 81-70-67) 30 ch. ✕ ▥ ⊿ ▧

Restaurants :
¶¶¶¶ *Hostal de la Gavina*, à S'Agaró
(☏ 23-11-00) 🅿 une des grandes tables
de la Costa Brava; f. nov. à avr.
¶¶¶ *Mas Nou*, Urb. Mas Nou (☏ 81-78-53) f.
mer., et d'oct. à avr.
¶¶ *Aradi*, Route de Palamos (☏ 81-73-76)
🅿

⚓ Bateaux : *Marina de Port d'Aro* :
administration *Sierra de Mias S.A.*
(☏ 81-89-29).
Sports : *Golf* à Santa Cristina d'Aro
(6 km).

🛍 Achats : les boutiques sont innombrables, les cuirs de très belle qualité ;
mais sachez que vous achèterez certains articles... 30 % plus cher qu'à
Figueres.
Manifestations : *Carnaval* en fév.

PLENCIA (BI)   ☏ 94

Hôtel :
¶¶ *Bibi*, Arenal de Plencia (☏ 677-02-35)
22 ch. ; simple et central.
△ Camping : *Arrien* (2ᵉ c.), Andra-Mari
(☏ 677-00-34) près de la plage.

POBLA DE SEGUR [LA] (L)   ☏ 973

ℹ Office du tourisme : Av. Verdaguer, 12
(☏ 68-02-57).
Hôtel :
¶¶ *De la Montaña*, Sant Miquel del Puy,
25 (☏ 68-00-08) ✕ ▥ ⊿ 🎇 ☆

POBLET, Monestir de (T)   ☏ 977

Hôtel :
¶¶ *Senglar*, à Espluga de Francoli, Pl.
Montserrat, s/n (☏ 87-01-21) 39 ch. ✕
▥ ⊿ 🎇 ☆ 🖵 ⅋ excellente cuisine.

POLA DE SIERO (O)   ☏ 98

Hôtel :
¶¶¶ *Loriga*, c/17, s/n (☏ 572-00-26) 40 ch.
✕ ▥ ⊿ 🎇 🅐

POLLENÇA (PM)   ☏ 971

Hôtels :
Au port de Pollença :
¶¶¶ *Capri*, Anglada Camarasa, 69

(☏ 53-16-00) 33 ch. ✕ ▥ ⊿ 🎇 sur la promenade du port.
¶¶¶ *Miramar*, Paseo de Anglada Camarasa, 39 (☏ 53-14-00) 69 ch. ✕ ▥ ⊿ 🎇
⅋ 🅐 dans une des stations les plus
agréables de l'île, à quelques km de
Formentor.
¶¶¶ *Sis Pins*, Anglada Camarasa, 229
(☏ 53-10-50) 55 ch. ⊿ 🎇
¶ *Marina*, Anglada Camarasa, 57
(☏ 53-11-43) 30 ch. ✕ ▥ ⊿ 🅐
¶ *París*, Magallanes, 24 ch. petit «hostal» bon marché et ouvert toute
l'année.

A Formentor :
¶¶¶¶¶ *Formentor*, Playa de Formentor, s/n
(☏ 86-53-00) 131 ch. ✕ ▥ ▦ ⊿ 🎇 ☆ 🖵
⅋ 🅐 nombreux salons, coiffeur, gymnase ; dans un site exceptionnel, sur
une petite éminence d'où l'on
découvre l'admirable Cala Pi, une anse
cernée de pins ; terrasses fleuries qui
s'abaissent vers la plage de sable fin ;
symbole depuis les années 30 d'un
tourisme de grand luxe.

A la Cala de Sant Vicent :
¶¶¶¶ *Molins*, Playa Cala San Vicente, s/n
(☏ 53-02-00) 90 ch. ✕ ▥ ⊿ 🎇 ☆ 🖵 ⅋
🅐 bel hôtel moderne ; terrasses bien
orientées vers la calanque centrale.
¶¶¶ *Cala San Vicente*, Apartado 6, Pollença (☏ 53-02-50) 38 ch. ✕ ⊿ 🎇 ☆ 🖵 ⅋
dans les pins, au centre de la petite
agglomération.
¶¶¶ *Don Pedro*, Cala San Vicente
(☏ 53-00-50) 136 ch. ✕ ▥ ⊿ 🎇 🖵 sur
les rochers ; vue imprenable, mais service moyen.
¶ *Niu*, Cala Barcas (☏ 53-01-00) ✕ ⊿
hôtel assez ancien, donne sur la plage.

Restaurants :
¶¶ *Daus*, Escalonada Calvari,   10
(☏ 53-28-67).
¶¶ *Bec Fi*, Paseo Anglada Camarasa, 91 ;
port de Pollença (☏ 53-10-40) viandes
grillées.
¶¶ *La Lonja del Pescado*, sur le quai du
port de Pollença (☏ 53-00-23) apprécié
pour ses poissons et fruits de mer ;
belle vue.
¶ *El Pozo*, Juan XIII, 25, port de Pollença
(☏ 53-10-03).
¶ *Cal Patró*, Cala Barques, Cala de Sant
Vicent ; spécialité de poisson très frais,
nettoyé à l'eau de mer.

PONFERRADA (LE) ☏ 987

Hôtels :

ⴲⴲⴲ *Del Temple*, Avda Portugal, 2 (☏ 41-00-58) 114 ch. ▥ ☏ ▨ ▣

ⴲⴲⴲ *Berdigum*, Avda La Plata, 4 (☏ 40-15-12) 72 ch. ▥ ▤ ☏ ▨ ▨ ▣

Restaurant :

ⴲ *Ballesteros*, Fueros de León, 12 (☏ 41-11-60) fruits de mer et poissons, cuisine régionale.

PONS (L) ☏ 973

Hôtel :

ⴲⴲ *Pedra Negra*, Route Lérida-Puigcerdà, km 63,9 (☏ 46-00-19) 19 ch. ⤬ ▥ ▣ ▱

PONTEVEDRA (PO) ☏ 986

ⓘ Office du tourisme : General Mola, 1 (plan B3 ; ☏ 85-08-14).

Hôtels :

ⴲⴲⴲ *Parador Casa del Barón*, Maceda, s/n (plan A2 ; ☏ 85-58-00) 47 ch. ⤬ ▥ ▱ ▨ ▨ ▣ dans un « pazo » du XVIIᵉ s. restauré ; calme et agréable.

ⴲⴲⴲ *Rías Bajas*, Daniel de la Sota, 7 (plan C3 ; ☏ 85-51-00) 100 ch. ▥ ▱ ▨ ▣ moderne et central.

ⴲⴲⴲ *Virgen del Camino*, Virgen del Camino, 55-57 (plan C4 ; ☏ 85-59-04) 53 ch. ▥ ▤ ▱ ▨ ▣ central ; belles vues.

ⴲⴲ *Corinto*, Lugar Alba-Touceda (☏ 84-53-45) 16 ch. ▥ ▱ tranquille et confortable.

ⴲ *La Macanuda*, El Palacio - Salcedo (☏ 84-22-11) 23 ch. ⤬ ▥ ▱ central.

Restaurants :

ⴲⴲⴲ *Casa Solla*, Route de Pontevedra à La Toja, km 2 (☏ 85-26-78) dans une maison traditionnelle, cuisine galicienne de qualité.

ⴲⴲ *Casa Román*, Augusto García Sanchez, 12 (☏ 84-35-60) poissons et crustacés.

ⴲⴲ *Doña Antonia*, Soportales de la Herrería, 4 (☏ 84-72-74) situé au premier étage d'un édifice qui donne sur la grand-place de la ville ; cadre baroque et accueillant ; poissons et volailles, nouvelle cuisine.

ⴲ *Castaño*, Alameda, 12 ; cuisine familiale traditionnelle.

ⴲ *Urquín*, Alameda, 10 (☏ 84-00-10) cuisine simple dans un lieu rustique.

Bars : près du musée, *El Rianxo...* ; après la Calle Real, *Corrales, Bahía, Amparo, Lamas, Maristas...*

Discothèques : dans la zone Benito Corbal, *Equu, Shiva, Atlantida...*

🛍 Achats : pâtisseries, *Capri*, García Camba, 9, la meilleure ; *Llomar*, Riestra ; *Carmiña*, P. Olmedo. — vins, fromages, *Garrido*, Peregrina, 14 ; *Pintos*, Oliva, 25. — artisanat, poteries, *Torrado*, Oliva ; osier, Real.

PONZANO (HU) ☏ 974

Hôtel :

ⴲ *San Roman*, Route N. 240, km 178 (☏ 31-91-73) ⤬ ▣

PORRIÑO (PO) ☏ 986

Hôtels :

ⴲⴲⴲ *Acapulco*, Antonio Palacios, 147 (☏ 33-15-97) 34 ch. ▥ ▱ confortable.

ⴲⴲⴲ *Parque*, Servando Ramilo, 6 (☏ 33-16-04) 32 ch. ▥ ▱ ▨ ▨ ▣ central et confortable.

ⴲⴲ *Internacional*, Antonio Palacios, 137 (☏ 33-02-66) dans le centre.

ⴲⴲ *Brasil*, Atios, s/n (☏ 33-04-42) 14 ch. ▥ ▱ simple et confortable.

ⴲⴲ *Louro*, Avda Buenos Aires, 6 (☏ 33-00-48) 6 ch. ▥ ▱ ▣

PORT DE LA SELVA (GE) ☏ 972

Hôtel :

ⴲⴲ *Amberes* (☏ 38-70-30) 18 ch. ⤬ ▤ ▨ ▣ ouv. mai-sept.

Sports :

Club Nàutic del Port de la Selva (☏ 38-70-00).

🚃 Gare : à Llança.

PORT SEGUR ☏ 977

Embarcadère : administration *Port Segur S.A.* au Port de Calafell (☏ 69-35-50).

🚃 Trains : à Calafell.

PORT-BOU (GE) ☏ 972

ⓘ Office du tourisme : *Estació RENFE* (☏ 39-05-07) ; *Ajuntament*, Pg de la Sardana, 11 (☏ 39-02-84).

Hôtel :
¶ *Comodoro,* Mendez Núñoz, 1
(☎ 39-01-87) 16 ch. ✕ ▥ ⌿ ⊠ ▣
Sports : *Club Nàutic* de Portbou
(☎ 39-03-50).

PORTONOVO (PO)   ☎ 986

Hôtels :
¶¶ *Nuevo Cachalote,* Avda de la Marina,
s/n (☎ 72-34-54) 30 ch. ▥ ⌿ ⊠ central,
avec de belles vues.
¶¶ *Altariño,* Playa de Caneliñas
(☎ 72-08-35) 36 ch. ✕ ▥ ⌿ ⊠ bien
situé.
¶¶ *Solimar,* Comercio-Portonovo
(☎ 72-08-48) 18 ch. ✕ ▥ ⌿ central.

POTES (S)   ☎ 942

Hôtels :
¶¶ *La Cabaña,* La Molina, s/n (☎ 73-03-50)
24 ch. ▥ ⊠ ⊠ ⌿ ⊡ ▣ belles vues ; ouv. de
juin à sept.
¶¶ *Picos de Valdecoro,* Roscabado, s/n
(☎ 73-00-25) 24 ch. ▥ ⊠ ▱ ⌿ ▣ à l'entrée
de la ville.
⚘ Camping : *La Isla - Picos de Europa*
(2ᵉ c.), ouv. d'avr. à oct. ; (☎ 73-08-96)
très ombragé.
Restaurant :
¶¶ *Paco Wences,* Roscabado, s/n
(☎ 73-00-25) ▣ familial ; cuisine maison
bien élaborée, truites du río Deva,
jambons et fromages de La Liébana.
⚘ Achats : gastronomie, fromages et
jambons, *Agüeros,* Cantabra, 3.

POYO (PO)   ☎ 986

Hôtels :
¶ *Las Golondrinas,* Route de La Toja,
s/n Apdo 497 (☎ 85-03-25) 38 ch. ▥ ⌿
⊠ ▣
¶ *Estella Maris,* Combarro-Lacantera
(☎ 77-03-66) 27 ch. ▥ ⌿ ⊠ bien situé,
dans le centre.
¶ *Paris,* Route Pontevedra - La Toja,
km 2,7 (☎ 85-68-62) 34 ch. ▥ ⌿ ⊠ ⊠
vue sur la mer.

PRADES (T)   ☎ 977

Restaurant :
¶¶ *Racó d'en Manelic* (☎ 87-00-75) ▣

PREMIA DE MAR (B)   ☎ 93

Hôtel :
¶¶¶ *Bellamar,* Camí Ral, 122 (☎ 752-40-45)
24 ch.
Sports : *Club Nàutic,* Embarcadère
de Premia de Mar (☎ 751-14-45) ; problèmes constants d'ensablement.

PUEBLA DE SANABRIA (ZA)   ☎980

Hôtel :
¶¶¶ *Parador de Turismo,* Route de
Zamora (☎ 62-00-01) 18 ch. ▥ ⊠
⚘ Campings : *Los Robles* (1ʳᵉ c. ;
☎ 62-18-35), dans un très beau site
près du lac de Sanabria ; ouv. de juin à
août. — *El Folgoso* (3ᵉ c. ; ☎ 62-01-94).
Restaurant :
¶¶ *Peamar,* Pza del Arrabal, 10
(☎ 62-01-36) bonnes viandes et truites ;
f. du 15 sept. au 15 oct.

PUEBLA DE TRIVES (OR)   ☎ 988

Hôtels :
¶¶ *Queixa,* Estación invernal Cabeza
Manzaneda (☎ 30-97-47) 30 ch. ✕ ▥ ⌿
⊠ ⁄▱ ▣ très confortable ; vues magnifiques sur la montagne.
¶¶ *España,* San Roque, 29 ; 15 ch. ✕ ▥
⌿ central.

PUENTE ARCE (S)   ☎ 942

Restaurant :
¶¶¶¶ *El Molino,* Route générale, s/n
(☎ 57-40-52) ▣ f. lun. et en nov. ;
le restaurant le plus réputé de Cantabrie, fastueusement décoré ; nouvelle
cuisine régionale.

PUENTE CALDELAS (PO)   ☎ 986

Hôtel :
¶¶ *El Verdugo,* Balneario (☎ 75-01-72)
9 ch. ▥ ⌿ endroit très agréable.

PUENTE DEL ARZOBISPO [EL] (TO)   ☎ 925

⚘ Achats : céramiques, poteries, dans la
rue Generalísimo : *Hermanos
Díaz* (38) ; *Alvárez Martín* (148) ;
Moreno (108) et *Luis de la Hera.*

PUENTE LA REINA (NA)   ☎ 948

Hôtel :

¶¶ *Mesón del Peregrino*, Route Pampelune-Logroño, km 23 (☎ 34-00-75) 15 ch. 🅿 ⚟ 🄲 dans un édifice historique.

⚑ Achats : *Bodegas Señorio de Sarria* (☎ 34-00-00), célèbres caves situées dans un beau paysage, au pied de la sierra del Perdón ; rosé doux, frais et fruité, d'une agréable couleur de fraise.

PUENTE VIESGO (S)   ☎ 942

Hôtel :

¶¶ *Puente Viesgo*, Barrio de la Iglesia (☎ 59-80-61) 101 ch. 🍽 🅿 ⚟ station thermale ; bel édifice ancien ; ouv. de juil. à sept.

Restaurant :

¶ *El Retiro*, Route générale, s/n (☎ 59-80-65) f. le soir ; cuisine maison régionale.

PUENTEAREAS (PO)   ☎ 986

Hôtels :

¶ *Acuario*, Arcos Barral, s/n (☎ 64-02-45) 6 ch. 🍽 ⊿

¶ *Puenteareas*, Morales Hidalgo, s/n (☎ 64-08-37) 12 ch. 🍽 ⊿ confortable.

⚑ Camping : *A Freixa* (3ᵉ c.), Ribadetea (☎ 64-02-99) douches ; ombragé, près du fleuve.

PUENTECESURES (PO)   ☎ 986

Restaurant :

¶¶ *Casa Castaño*, José Novo, 2 (☎ 55-71-08) bonne cuisine galicienne traditionnelle.

PUENTEDEUME (C)   ☎ 981

Hôtels :

¶¶¶ *Eumesa*, Avda de La Coruña, s/n (☎ 43-09-25) 26 ch. 🍽 ⊿ ⚟ 🄼 moderne et fonctionnel ; belles vues sur la ria.

¶¶¶ *Sarga*, Playa de Cabañas (☎ 43-10-00) ✕ 🍽 ⊿ ⚟ 🄲 🄼 dans les pins avec vue sur la ria.

PUENTENUEVO (LU)   ☎ 982

Hôtel :

¶¶ *Rio Eo*, Generalísimo, 24 (☎ 34-23-59) ; 6 ch. 🍽 ⊿ central, avec vue sur la mer.

PUENTES DE GARCIA RODRIGUEZ (C)   ☎ 981

Hôtel :

¶ *Fornos*, Avda de Galicia, 72 (☎ 45-08-60) 25 ch. 🍽 ⊿ simple et central.

PUERTO DE LA CRUZ (TF)   ☎ 922

ℹ Office du tourisme : Plaza de la Iglesia, 3 (☎ 38-60-00). — Agustín Bethencourt, 16 (☎ 38-46-87).

Hôtels :

¶¶¶¶¶ *Meliá Botánico*, Avda Richard f. Yeoward, s/n (☎ 38-14-00) 282 ch. 🎬 ⚟ 🄲 ♪ 🅿 face au jardin botanique.

¶¶¶¶¶ *Meliá San Felipe*, Avda de Colón, 22 (☎ 38-33-11) 260 ch. ⚟ 🄲 ♪ 🄼 sauna.

¶¶¶¶ *Atlantis Playa*, Playa Martianez, s/n (☎ 38-53-51) 326 ch. 🎬 ⚟ 🄲 🄾 🄼 accueil et service agréables.

¶¶¶¶ *Río Canarife*, Urbanización La Paz, s/n (☎ 38-12-00) 215 ch. 🎬 ⚟ 🄲 ♪ 🄼 central, près de la mer.

¶¶¶¶ *Concordia Playa*, Avda del Generalísimo, 32 (☎ 38-54-11) 236 ch. 🎬 🄲 🄼 vue sur la mer.

¶¶¶¶ *Interpalace*, Aceviño, 13 (☎ 38-31-01) 291 ch. 🎬 ⚟ 🄲 ♪ 🄼 sur un promontoire dominant la ville.

¶¶¶¶ *Los Dogos Sol*, Urbanización El Durazno (☎ 38-51-51) 237 ch. 🎬 🄲 ♪ jardin tropical ; dans un édifice de style canarien.

¶¶¶¶ *Melia Puerto de la Cruz*, Avda Marqués de Villanueva del Prado, s/n (☎ 38-40-11) 300 ch. 🎬 🄲 ♪ 🄼 🅿 gymnase, sauna ; architecture canarienne dans de beaux jardins tropicaux.

¶¶¶¶ *Parque San Antonio*, Route d'Arenas, s/n (☎ 38-49-08) 211 ch. ⚟ 🄲 demeure historique.

¶¶¶¶ *Semiramis*, Urb. La Paz (☎ 37-32-00) 284 ch. 🎬 🄸 🄴 🄾 🎬 ☂ 🄲 🄼 🄓 ♪ face à la mer dans une zone résidentielle ; totalement rénové, son jardin tropical fait rêver.

¶¶¶¶ *Vallemar*, Avda de Colón, 2 (☎ 38-48-00) 171 ch. 🎬 🄼 ⚟ 🄲 central, près de la plage.

¶¶¶ *Chimisay,* Bethencourt, 14 (☏ 38-35-52) 37 ch. ⊠ central et confortable.

¶¶¶ *Condesa,* Quintana, 13 (☏ 38-10-50) 45 ch. confortable et fonctionnel.

¶¶¶ *Eden Esplanade,* Parque San Fernando, s/n (☏ 38-05-00) 148 ch. ⊛ ⊠ belles vues.

¶¶¶ *Haral,* San Juan, 3 (☏ 37-22-41) 34 ch. ⊠ central et près de la mer.

¶¶¶ *Internacional,* Route d'Arenas, 91 (☏ 38-51-11) 111 ch ⊠ ⊛ ⊠ ⊠

¶¶¶ *Marquesol,* Esquivel, 3 (☏ 38-37-53) 23 ch. central et confortable.

¶¶¶ *Onuba,* Blanco, 15 (☏ 38-44-98) 48 ch. ⊠

¶¶¶ *Los Príncipes,* Doctor Perez, s/n (☏ 38-33-53) 58 ch. bâtiment historique, avec vue sur la mer.

¶¶¶ *Tropical,* Pza Del Charco, 9 (☏ 38-31-13) 39 ch. ⊠ ⊡ ⊠

¶¶¶ *Guacimara,* Agustín de Bethencourt, 9 (☏ 38-51-12) 33 ch.

Restaurants :

¶¶ *Castillo San Felipe,* Playa San Felipe (☏ 38-21-13) dans un château du XVIIᵉ s.

¶¶ *El Rinconcito,* Route del Botánico, 22 (☏ 38-20-35) cuisine d'Europe centrale.

¶¶ *El Gordo Otto,* Avda Generalísimo, 3 (☏ 38-26-96) restaurant-brasserie.

¶¶ *Las Chozas,* Route del Jardín (Los Realejos ; ☏ 34-20-54) endroit à la mode.

¶¶ *La Magnolia,* Route del Botánico, 5 (☏ 38-56-14) près du jardin botanique.

¶¶ *Mi vaca y yo,* Cruz Verde (☏ 38-52-47) très sympathique ; dans un joli patio.

  ₰ Achats : artisanat, *El Telar,* Iriante 27. — broderie, *Segerman* (même rue).

PUERTO DE MAZARRON (MU)   ☏ 968

Hôtels :

¶¶¶¶ *Dos Playas,* Puerto de Mazarrón (☏ 59-41-00) 100 ch. ⊠ ⊛ ⊠ ℐ près de la mer.

¶¶¶ *Bahía,* Playa de la Reya (☏ 59-40-00) 54 ch. ☎ ⊛ coiffeur ; vue sur la mer.

¶¶ *Durán,* Playa de la Isla (☏ 59-40-50) 29 ch. ☎ sur la plage.

PUERTO DE SANTA MARIA (CA)   ☏ 956

Hôtels :

¶¶¶¶ *Meliá Caballo Blanco,* Avda de Madrid, 1 (☏ 56-25-41) 94 ch. ⊠ ⊛ ⊠ bungalows disséminés dans un très beau jardin.

¶¶¶¶ *Monasterio San Miguel,* Larga, 27 (☏ 54-04-40) 150 ch. ⊠ ⊛ ⊠ ✕ ⊛ ℙ ⊠ situé dans un ancien couvent, l'établissement conserve le cloître et la chapelle du XVIᵉ s. ; décor luxueux.

¶¶¶ *Puertobahía,* Avda de la Paz, 38-Urb. Valdelagrana (☏ 56-27-21) 330 ch. ⊛ ⊠ ℐ près de la plage.

¶¶ *Campomar,* Catalina Santos La Guachi, 3 (☏ 56-01-42) 16 ch.

¶¶ *San Nicolás,* San Bartolomé, 25 (☏ 85-32-24) 18 ch.

Restaurants :

¶¶ *El Faro de El Puerto,* Route Rota km 0,5 (☏ 85-80-03) un des meilleurs restaurants de la province ; poissons et crustacés ; bonne cave.

¶¶ *Casa Flores,* Ribera del Río, 9 (☏ 54-35-12) tapas ; produits d'excellente qualité.

¶¶ *Don Peppone,* Cáceres, 1, Valdelagrana (☏ 54-10-99) ⊛ cuisine locale ; belle terrasse.

¶¶ *El Fogón,* Avda de la Paz, 20, Valdelagrana (☏ 54-39-02) cuisine traditionnelle régionale (souvent à base de xérès).

¶¶ *El Patio,* Pza Herrería (☏ 54-45-06) dans une maison du XVIIᵉ s. ; bonne cuisine locale.

¶¶ *La Goleta,* Route de Rota, km 0,75 (☏ 85-42-32) belle décoration.

Achats : *Apolo,* Neverias, 26, poissons frits.

PUERTO DE SANTIAGO (TF)   ☏ 922

Hôtel :

¶¶¶¶ *Gigantes-Los Stil,* Puerto de Santiago (Guía ; ☏ 10-10-20) 225 ch. ⊛ ⊠ ℐ terrasse ; dominant la mer, sur les falaises.

Restaurant :

¶ *Aioli,* Acantilado de los Gigantes (☏ 86-77-28) terrasse.

PUERTO DEL ROSARIO (GC)   ☏ 928

ⅈ Office du tourisme (☏ 85-10-24). — *Cia Transmediterránea* (pour Lanzarote, Tenerife, et Gran Canaria) León y Castillo, 46 (☏ 85-08-77).

Hôtels :

¶¶¶¶ *Iberotel Tres Islas,* Playa de Corralejo (La Oliva ; ☏ 53-57-00) 356 ch. ⊠ ☎ ⊛ ⊠ gymnase, sauna ; animé, près de la plage ; belle vue.

ᵗ ᵗ ᵗ *Parador de Fuerteventura,* Playa
Blanca (☎ 85-11-50) 50 ch. 🏊 ⊡ 🅟 🅟
tranquille ; belles vues.

ᵗ ᵗ ᵗ *Iberotel Oliva Beach,* Playa de Corralejo (La Oliva ; ☎ 86-61-00) 386 ch. 🏨 🏊
⊡ 🅟 près de la mer.

PUERTO LAPICE (C.R.)   ☎ 926

Hôtels :

ᵗ ᵗ *El Aprisco,* Route N. IV, km 134
(☎ 57-61-50) 17 ch. ⊡ construction
« manchega » typique ; belles vues.

ᵗ ᵗ *El Puerto,* Route d'Andalucía, km 135
(☎ 57-60-00) 37 ch. 🏊

Restaurant :

ᵗ ᵗ ᵗ *Venta de Don Quijote,* Encinar, 4
(☎ 57-61-10) typique auberge peinte à
la chaux avec un beau patio de pierre
qui abrite la statue de Don Quichotte ;
cave traditionnelle avec de grandes
jarres ; spécialités du Don Quichotte :
pisto, duelos y quebrantos... ; très
agréable.

🍴 **Achats :** poteries, *Moreno,* Encinar, 4.
— fromages, *Buitrago,* Route N. IV,
km 136.

PUERTO LUMBRERAS (MU)   ☎ 968

Hôtels :

ᵗ ᵗ ᵗ *Parador de Puerto Lumbreras,* Avda
Juan Carlos I, 77 (☎ 40-20-25) 60 ch. 🎬
🏨 🏊 🅟

ᵗ ᵗ *Salas,* Avda Región Murciana, 6
(☎ 40-21-00) 26 ch. 🏨 confortable et
tranquille.

⚓ **Camping :** *Los Angeles* (3ᵉ c. ;
☎ 40-27-82), Route N. 340, km 256 ⤬
ombragé.

PUERTO REAL (CA)   ☎ 956

Hôtel :

ᵗ ᵗ *Bahía de Cádiz,* Palma, 68
(☎ 83-06-91).

⚓ **Camping :** *El Pinar* (2ᵉ c.), Route N. IV,
km 666 (☎ 83-08-97) douches.

Restaurants :

ᵗ *Venta el Chato,* Paseo de las Canteras
(☎ 83-00-37) cuisine andalouse.

ᵗ *Mesón El Escudero,* Pza de la Iglesia
(☎ 83-12-55).

Achats : *Freiduria Nueva,* Nueva, 63,
poissons frits.

PUERTOLLANO (C.R.)   ☎ 926

Hôtels :

ᵗ ᵗ *León,* Alejandro Prieto, 4 (☎ 42-73-00)
88 ch. 🅟 confortable et très fréquenté
par les chasseurs.

ᵗ *Cabañas,* Route Ciudad Real - Puertollano, km 3 (☎ 42-06-50) 45 ch. 🅟 simple
et confortable.

Restaurant :

ᵗ *Chiqui,* Puerto, 3 (☎ 42-31-61) cuisine
familiale.

PUERTOMARIN (LU)   ☎ 982

Hôtel :

ᵗ ᵗ *Pousada de Puertomarín,* Avda de
Sarria, 15 (☎ 54-52-00) 10 ch. ⤬ 🍽 🖵 🏨
🏊 situé à l'écart, sur une hauteur, d'où
l'on découvre le lac de Belesar et les
collines boisées de la vallée du Miño ;
étape sur le Chemin de Saint-Jacques ;
tranquille et agréable.

🍴 **Achats :** pâtisserie, Avda Castro, 6
(☎ 54-50-29). — eaux de vie, *Café
Bar Supenedo.*

PUIGCERDA (GE)   ☎ 972

🅸 **Office du tourisme :** Querol, rez-de-ch.
de l'Ajuntament (☎ 88-05-42).

Hôtels :

ᵗ ᵗ ᵗ ᵗ *Torre del Remey,* Camí Real s/n, Bol-
vir de Cerdanya (☎ 14-01-82) 11 ch. 🎬
🅟 🏊 📺 🖵 👤 ⊡ ◡ dans une villa
magnifique, jacuzzi dans toutes les
chambres ; confort maximum.

ᵗ ᵗ ᵗ *Chalet del Golf,* Devesa del Golf
(☎ 88-09-62 ou 88-09-63) 16 ch. ⤬ 🍽 🏊
👤 🅟

ᵗ ᵗ ᵗ *Puigcerdà Park Hotel,* Route de Barcelone (☎ 88-07-50) 54 ch. ⤬ 🍽 📺 🖵 🏨
🏊 ⊡

ᵗ ᵗ *Can Borrell,* Retorn, 3, Meranges
(☎ 88-00-33) 6 ch. petit établissement
dans la montagne ; excellente cuisine
catalane.

Restaurant :

ᵗ ᵗ ᵗ *Taverna i Tast de Can Borell,* Querol,
4 (☎ 88-11-87) f. lun.

PUNTA UMBRIA (H) ☎ 955

Hôtels :
- ¶¶¶ *Pato Amarillo,* Urbanización Everluz (☎ 31-12-50) 120 ch. ☀ ⌂
- ¶¶¶ *Pato Rojo,* Avda del Oceano, s/n (☎ 31-16-00) 58 ch. ⤬
- ¶¶ *Ayamontino,* et Avda Andalucía, 35 (☎ 31-14-50) 75 ch. ⤬ ☀ ℗ poissons et spécialités régionales.

Restaurants :
- ¶¶ *Don Diego,* Avda del Oceano, s/n (☎ 31-16-00).
- ¶ *La Choza,* Avda del Oceano (☎ 31-15-97) poissons frits.

PUZOL (V) ☎ 96

Hôtel :
- ¶¶¶¶¶ *Monte Picayo,* Urb. Montepicayo, Autor. A-7 Valence-Barcelone; ☎ 142-01-00) 82 ch. ⤬ ☷ ▦ ▥ ⌂ ☒ ▣ ☀ ⌂ ⤳ ⤢ ℗ hôtel de classe exceptionnelle, dans un cadre admirable d'où l'on domine la huerta valencienne; cuisine très soignée.

PYRENEES

Federació d'Entitats Excursionistes de Catalunya, *Comité catalan des sentiers de grande randonnée,* Ramblas, 61, 1er ét., Barcelone 08002 (☎ [93] 302-64-16). — *Randonnées Pyrénéennes (C.I.M.E.S.),* 3, square Balagué 09200 *Saint-Girons,* France (☎ [16] 61-66-40-10).

QUINTANAR DE LA ORDEN (TO) ☎ 925

Hôtels :
- ¶¶ *Castellano,* Route de Valence, 71 (☎ 18-00-50) 38 ch. ▦ ☒ fonctionnel.
- ¶¶ *Santa Marta,* Route Madrid-Alicante, km 122 (☎ 18-03-50) 34 ch.

Restaurant :
- ¶ *Costablanca,* Route Madrid-Alicante, km 119 (☎ 18-05-19) spécialités locales.
- Ɫ Achats : vins, *Bodegas Cueva del Granero,* Route de Valence, 29 (☎ 18-02-62); *Bodegas Pablo Vela,* Calvo Sotelo, 86 (☎ 18-02-41).

QUIROGA (LU) ☎ 982

Hôtel :
- ¶ *Río Lor,* Paradela de Lor, N. 120, km 76 (☎ 42-82-61) 24 ch. ⤬ ⲙ ⌂ site pittoresque.

RAMALES DE LA VICTORIA (S) ☎ 942

Hôtel :
- ¶¶ *Río Asón,* Barón de Adzaneta, 17 (☎ 64-61-57) 9 ch. ⤬ ⲙ ℗ simple et central; cuisine régionale et internationale, cochon de lait et agneau rôti au feu de bois; f. du 23 déc. au 23 janv.

RASCAFRIA (M) ☎ 91

Hôtel :
- ¶¶¶¶ *Santa María del Paular* (☎ 869-10-11) 58 ch. ▣ ☀ ⌂ ℗ dans un monastère du xive s.; élégant et tranquille, dans la verdure.

REBOREDO (PO) ☎ 986

Hôtel :
- ¶¶ *Mirador Ría de Arosa,* Route El Grove - San Vicente (☎ 73-08-38) 12 ch. ⤬ ⲙ ⌂ beau paysage.

REDONDELA (PO) ☎ 986

Hôtel :
- ¶ *Amoedo,* Playa de Cesantes (☎ 40-17-91) 15 ch. ⤬ ⲙ ⌂ central, avec de belles vues.

Restaurant :
- ¶ *Pajaro Pinto,* Route de Vigo, s/n (☎ 40-02-51) cuisine galicienne traditionnelle.

REINOSA (S) ☎ 942

Hôtels :
- ¶¶¶ *Vejo,* Avda de Cantabria, 15 (☎ 75-17-00) 71 ch. ⤬ ⲙ ☒ ☀ ▣ ℗ moderne et animé; cuisine régionale et bonne cave.
- ¶¶ *Tajahierro,* Pelilla, 8 (☎ 75-35-24) 13 ch. ▣ ☀ ⤳ ▣

REQUENA (V)   ☎ 96

Hôtels :
- *Avenida,* San Agustín, 10 (☎ 230-04-80) 35 ch.
- *Balneario Fuente Podrida,* Fuente Podrida (☎ 47-00-09) ⚜ ▣ dans un paysage pittoresque.

Restaurant :
- *Mesón del Vino,* Avenida, s/n (☎ 230-00-01) cuisine typique et vins régionaux ; cadre élégant ; f. mar. et en sept.

REUS (T)   ☎ 977

Hôtel :
- *Gaudí,* Arrabal Robuster, 49 (☎ 30-55-45) 70 ch. ✕ ▥ ▦ ⊿ ☒

Manifestations : foire nationale des roses en mai. — très importante Fiesta Mayor le 29 juin. — foire de Sant Jaume les 24-25 juin.

Aéroclub de Reus (☎ 30-35-01).

RIAZA (SG)   ☎ 921

Hôtel :
- *La Trucha,* Avda Doctor Tapia (☎ 55-00-61) ▥ ☒ ⚜ ▣ établissement de haute montagne.

Restaurant :
- *La Taurina,* Pza Mayor, 6 (☎ 55-01-05) agréable patio où vous pourrez manger en plein air ; bons asados et cuisine maison.

RIBADAVIA (OR)   ☎ 988

Hôtel :
- *Evencio II,* Avda Rodriguez Valcarcel, 30 (☎ 47-10-45) 13 ch. ✕ ▥ ⊿ ☒ ⚜ ▣ dans le centre.

RIBADEO (LU)   ☎ 982

Hôtels :
- *Parador de Ribadeo,* Amador Fernández, s/n (☎ 11-08-25) 47 ch. ✕ ▥ ☒ ⚜ ▣ moderne et confortable ; belles vues sur la ria.
- *Eo,* Avda de Asturias, 5 (☎ 11-07-50) 20 ch. ▥ ⊿ ☒ ▣ ▢ vue sur la mer.
- *Ribanova,* San Roque, 8-10

(☎ 11-06-25) 30 ch. ▥ ⊿ ☒ central et confortable.
- *Galicia,* Virgen del Camino, 1 (☎ 11-07-77) 10 ch. ✕ ▥ ⊿ ⚜ ▣ belles vues.

Restaurant :
- *O' Xardin,* Reinante, 20 (☎ 11-02-22) poissons et coquillages.

RIBADESELLA (O)   ☎ 98

Hôtels :
- *Gran Hotel del Sella,* La Playa (☎ 586-01-50) 82 ch. ✕ ▥ ▦ ⊿ ☒ ▣ ⚜ ▢ ✍ dans l'ancien palais du marquis de Argüelles ; très confortable.
- *La Playa,* La Playa, 42 (☎ 586-01-00) 12 ch. ✕ ▥ ⊿ ☒ ⚜ belles vues sur la mer.
- *Marina,* Gran Via, 36 (☎ 586-00-50) 44 ch. ✕ ▥ ⊿ ☒ central, près de la plage.

Restaurant :
- *Las Vegas,* Generalísimo, 20 (☎ 586-04-43) cuisine régionale ; spécialité : pommes de terre farcies de petites anguilles, ou bien de clovisses.

RIBAS DE FRESER (GE)   ☎ 972

- ℹ *Informations station de ski de Nuria,* hôtel Nuria (☎ 73-03-26).

Hôtels :
- *Cataluña Park Hotel,* Pg Salvador Mauri, 9 (☎ 72-71-98) 27 ch. ✕ ▥ ☒ ▣ ▢
- *Balneari Montagut,* Route N. 152 Aïgues de Ribes (à 3 km, sur la route de Barcelone ; ☎ 72-70-21) 100 ch. ✕ ▥ ⊿ ☒ ▥ ✍
- *Cataluña,* Sant Quintin, 37 (☎ 72-70-17) 22 ch. ✕ ▥ ⊿ ☒ ⚜ ▣ ▢

Manifestation : foire de l'élevage, à la mi-oct.

RIBEIRA (C)   ☎ 98

Hôtel :
- *Villa,* Diego Delicado, 4 (☎ 87-10-75) 10 ch. simple et central.

RIBERA DE CARDOS (L)   ☎ 973

Hôtels :
- *Sol y Neu,* Route de Tavascan, s/n (☎ 63-30-37) 29 ch. ✕ ▥ ⊿ ⚜ ▣ ✍

¶ *Cardos,* Route de Tavascan (☎ 63-30-00) 66 ch. ▥ ⊿ ☎ ☎ ☎ bon restaurant.

RINCON DE LA VICTORIA (MA)   ☎ 95

Hôtel :
¶¶¶ *Elimar,* Avda. del Mediterráneo, 230 (☎ 240-12-27) 60 ch. ℗ belles vues.

Restaurant :
¶¶ *La Cueva del Tesoro,* Cantal Alto (☎ 240-23-96).

RIOFRIO (GR)   ☎ 958

Restaurant :
¶¶ *Riofrio,* palacio de Riofrio (☎ 48-00-61). Cuisine régionale dans le bâtiment qui abrite la chasse ; f. tous les soirs, le mar. en hiver et du 6 au 31 janv.

RIOPAR (AB)   ☎ 967

Hôtel :
¶ *Sierra de la Mancha,* Buenavista, s/n (☎ 43-51-05) 25 ch. dans une belle région pittoresque en pleine montagne.

Restaurant :
¶ *Los Chorros,* Nacimiento del Río Mundo (☎ 43-50-49) cuisine locale familiale.

RIPOLL (GE)   ☎ 972

ℹ Office du tourisme : Pl. Abat Oliva, s/n (☎ 70-11-09).

Hôtel :
¶¶ *Solana de Ter,* Route Barcelone-Ripoll, s/n (☎ 70-10-62) 28 ch. ⤬ ▥ ⊿ ☎ ☎ ☎ ♫ ℗ bon restaurant.

🚌 Autobus : pour Gérone, Camprodón, Sant Quirze de Besora, Ribes de Freser ; au départ de la gare de chemin de fer.

🎉 Manifestations : rendez-vous de la sardane en juil. — foire de Sainte Thérèse à la mi-oct., journée de la laine (tonte).

RODA [LA] (AB)   ☎ 967

Hôtels :
¶ *Flor de la Mancha,* Route d'Alicante, km 211 (☎ 44-05-55) 26 ch. ☎

¶ *Juanito,* Mártires, 11 (☎ 44-04-00) 38 ch. ☎ ☎ confortable.

¶ *Molina,* Alfredo Alienza, 2 (☎ 44-13-48) 27 ch. ⤬ confortable ; spécialités locales (perdrix, agneau, gibier...).

Restaurant :
¶ *Figón de Sancho,* Route Madrid-Alicante (centre ville ; ☎ 44-16-44) dans une demeure du xvie s. ; cuisine «manchega».

RONCEVAUX (NA)   ☎ 948

⚑ Camping : *Urrobi* (2e c. ; ☎ 76-02-00), Route Pampelune-France, km 42 (Espinal-Auzperri) ▨ peu d'ombre ; près du fleuve Ulzama ; ouv. d'avr. à sept.

Restaurant :
¶ *Casa Sabina,* Route Pampelune-France, km 48 (☎ 76-00-12) cuisine traditionnelle navarraise.

RONDA (MA)   ☎ 95

ℹ Office du tourisme, Pza de España, 1 (plan B2 ; ☎ 87-12-72).

Hôtels :
¶¶¶¶ *Reina Victoria,* Jerez, 25 (plan A1 ; ☎ 287-12-40) 88 ch. ☎ ▨ ℗ hôtel classique, de style anglais, où vint se retirer pendant l'hiver 1912-1913 Rainer Maria Rilke ; magnifique vue sur le Tage.

¶¶¶ *Polo,* Mariano Soubirón, 8 (plan B1 ; ☎ 287-24-47) 33 ch. ☎ confortable.

¶¶¶ *Royal,* Virgen de la Paz, 42 (plan B2 ; ☎ 287-11-41) ☎

¶¶ *El Tajo,* Doctor Cajal, 7 (plan C1 ; ☎ 287-40-40) 37 ch.

Restaurants :
¶¶ *Don Miguel,* Pza España, 3 (plan B2 ; ☎ 287-10-90) cuisine locale, belle terrasse sur le Tage.

¶¶ *Mesón Santiago,* Marina, 3 (☎ 287-15-59) décoration typique, cuisine familiale.

ROQUETAS DE MAR (AL)   ☎ 950

Hôtels :
¶¶¶ *Zafiro,* Avda Mediterráneo, Urb. Roquetas de Mar (☎ 33-42-00) 254 ch. ☎ ▨ ♫ ⤬ moderne, près de la plage.

¶¶¶ *Mediterráneo Park Hotel,* Urb. Roquetas de Mar (☎ 33-32-50) 291 ch. ☎ ▨

❡❡❡ *Playasol*, Urb. Playa Serena
(☎ 33-38-02) ☃ ⌕ ↗
❡❡ *Los Angeles*, Estación, 2 (☎ 32-01-25).
Restaurants :
❡❡ *Mediterráneo*, Urb. Roquetas de Mar
(☎ 32-10-27) belle terrasse, cuisine de
la mer.
❡ *Delfin*, Urb. Club Tropicana. Coquillages.

ROSES (ROSAS) (GE)   ☎ 972

ℹ Office du tourisme : Av. de Rhode, s/n
(☎ 25-73-31).
Hôtels :
❡❡❡❡ *Almadraba Park Hotel*, Platja Almadraba, s/n (☎ 25-65-50) 66 ch. ✕ ⊞ ▦ ⊡
⊿ ☃ ☃ ⌕ ↗ ▫
❡❡❡ *Vistabella*, Diaz Pacheco, 26-30
(☎ 25-60-08) 43 ch. ✕ ⊞ ☃ ⌕ ↗ ▫
❡❡❡ *Monterrey*, Urb. Sta Margarita, s/n
(☎ 25-66-76) 138 ch. ✕ ⊞ ▣ ⊿ ☃ ☃ ⌕
❡❡❡ *La Terraza*, Paratge El Rastrell, s/n
(☎ 25-61-54) 111 ch. ✕ ⊞ ▦ ⊿ ☃ ☃ ⌕
↗ ▫
Restaurants :
❡❡❡❡ *El Bulli*, Montjoi (à 7 km ; ☎ 15-04-57)
grande cuisine catalane et française ;
f. lun. et mar. à midi, et du 15 jan. au
15 mars.
❡ *Hostal Garbi*, Av. de Rhode, 193
(☎ 25-60-91) cuisine marinière ; f. déc.-
jan.
🚃 Gare : trains à Figueres.
Sports : *Grup d'Esports Nàutics*
(☎ 25-70-03).

ROTA (CA)   ☎ 956

Hôtels :
❡❡❡ *Caribe*, Avda de la Marina, 68
(☎ 81-07-00) 42 ch. ☃ ⌕ ▫
❡❡❡ *Playa de la Luz*, Avda. Diputación, s/n
(☎ 81-05-00) 289 ch. ☃ ⌕ ↗ construction andalouse ; près de la mer.
❡❡ *Parque Victoria*, Avda. Juan Ramón
Jiménez, s/n (☎ 81-15-00) 24 ch. ▦ près
de la plage.
❡❡ *Nuestra Señora del Rosario*, Higue-
reta N. 25 et 27 (☎ 81-06-00) 40 ch.

RUA [LA] (OR)   ☎ 988

Hôtel :
❡❡ *Espada*, Route Orense - Ponferrada

(☎ 31-00-75) 35 ch. ✕ ⊞ ⊿ ☃ central
et confortable.

RUIDERA (C.R.)   ☎ 926

Hôtels :
❡❡❡ *Apartotel Albamanjón*, Camino de
Montesinos (☎ 52-80-88) 8 appart. dans
un cadre pittoresque.
❡❡ *La Colgada*, 5 km au S.-E., 39 ch. ▫
❡ *León*, Route Badajoz-Valence, km 345
(☎ 52-80-65) 13 ch. ☃ ▫

S'AGARO (GE)   ☎ 972

Hôtel :
❡❡❡❡❡ *De la Gavina*, Plaza de la Rosaleda
(☎ 32-11-00) 74 ch. ✕ ⊞ ▦ ▣ ⊿ ☃ ☃ ⌕
↗ très grand luxe, mobilier choisi ; dans
une pinède ; le restaurant, excellent,
est signalé à Playa de Aro.
❡❡❡ *Del Sol « Torre Mainegre »*, Route de
Palamos, 54 (☎ 32-01-93) ✕ ⊿ ☃ ☃ ⌕
▫ dans un immeuble moderne.

SABADELL (B)   ☎ 93

Hôtel :
❡❡❡❡ *Alta Sabadell*, Av. Francesc Macia, 66
(☎ 723-14-41) 68 ch. ⊞ ✕ ▫ ⊡ dans le
nouveau centre commercial de la ville ;
sauna et gymnase.
❡❡❡ *Urpi*, Av. 11 de Septiembre, 38
(☎ 723-48-48) 123 ch. ✕ ⊞ ▣ ⊿ ☃ ▫
🚌 Autobus : pour Barcelone, Martorell,
Caldes de Montbui, Badalona.
Club : *Real Aeroclub de Sabadell*
(☎ 710-16-40).

SABIÑANIGO (HU)   ☎ 974

Hôtels :
❡❡❡ *La Pardina*, Sta. Orosia, 36
(☎ 48-09-75) 64 ch. ✕ ☃ ☃ ⌕
❡❡ *Mi Casa*, Avda del Ejército, 32
(☎ 48-04-00) 72 ch. ✕ ☃ ▫ central.
❡❡ *Alpino*, General Franco, 58 (☎ 48-07-25)
18 ch.

SACEDON (GU)   ☎ 949

Hôtels :
❡❡ *Mariblanca*, Mártires, 2 (☎ 35-00-44)
27 ch. ✕ ☃ ▫ dans le centre ; agréable
et familial.

¶¶ *Plaza,* Pza del Caudillo, 1 (☎ 35-01-37)
9 ch. tranquille.

Restaurant :
¶¶ *Pino,* Route de Cuenca, s/n
(☎ 35-01-48) cuisine régionale ; belle
vue sur la Mer de Castille.

SADA (C)   ☎ 981

Hôtel :
¶¶ *Miramar,* General Franco, 34
(☎ 62-00-41) 19 ch. ▥ ⊿ ⌂ vue sur
la mer.

▲ Campings : *San Pedro* (3ᵉ c. ;
☎ 61-77-78), à San Pedro de Veigue ;
douches ; plage. — *Velo Mar* (3ᵉ c. ;
☎ 61-70-76), à Cirro-Veigue ; douches ;
ombragé.

Achats : *céramiques du Castro*
(☎ 62-02-25).

SAELICES (CU)   ☎ 965

Hôtel :
¶¶ *Segobriga,* Route Madrid-Valence,
km 102 (☎ 13-20-51) 12 ch. dans un
paysage pittoresque.

SAGONTE (V)   ☎ 96

Hôtel :
¶ *Bergantín,* Plaza del Sol, s/n
(☎ 267-33-23) 27 ch. ⤬ ▥ ⊿ atmosphère familiale très agréable.

SAINT-JACQUES-DE-COMPOSTELLE
(SANTIAGO DE COMPOSTELA) (C)   ☎ 981

ℹ️ Office du tourisme : Rua del Villar
(plan C3-4 ; ☎ 58-40-81).

Hôtels :
¶¶¶¶¶ *Reyes Católicos,* Pza del Obradoiro, 1
(plan B2 ; ☎ 58-22-00) 157 ch. ⤬ ▥ ▦ ▣
⊿ ▨ ▣ ▣ l'un des plus remarquables
hôtels d'Europe, dans l'un des plus
beaux monuments de la ville : un
hôpital de fondation royale du début du
xvıᵉ s. ; décoration raffinée ; calme.

¶¶¶¶ *Los Tilos,* Route St-Jacques-de-C.-La
Estrada, km 2 (☎ 52-37-97) 84 ch. ▥ ▣
⊿ ▨ ▨ ▣ confortable ; belles vues sur
la ville.

¶¶¶¶ *Compostela,* Hórreo, 1 (plan C4 ;
☎ 58-57-00) 99 ch. ⤬ ▥ ▣ ⊿ ▨ central ;
dans un vieil édifice.

¶¶¶ *Gelmirez,* Hórreo, 92 (☎ 56-11-00)
138 ch. ⤬ ▥ ▣ ⊿ ▨ central et confortable.

¶¶¶ *Windsor,* República de El Salvador, 16
(☎ 59-29-39) 50 ch. ▥ ⊿ ▨

¶¶ *Congreso,* Montouto, Route de La
Estrada km 3 (☎ 52-38-13) 30 ch. ▥ ⊿
▨ ▣ excellentes tortillas.

¶¶ *Suso,* Rua do Vilar, 65 (plan B4 ;
☎ 58-66-11) 9 ch. ▥ ⊿ vue pittoresque.

¶ *La Estela,* Rajoi, 1 (plan B3 ;
☎ 58-27-96) 14 ch. ▥ ⊿ belles vues.

▲ Campings : *Santiago de Compostela*
(1ʳᵉ c.), Route La Corogne - St-Jacques-
de-C., km 56 (☎ 88-80-02) douches ;
ombragé, près du fleuve. — *As Can-
celas* (2ᵉ c. ; ☎ 58-02-66) douches ;
ombragé.

Restaurants :
¶¶¶ *Don Gaiferos,* Rua Nova, 23 (plan C4 ;
☎ 58-38-94) dans un ancien édifice,
cuisine galicienne et internationale soignée.

¶¶ *La Tacita d'Juan,* Hórreo, 31
(☎ 59-32-55) cuisine galicienne familiale.

¶¶ *El Asesino,* Plaza de la Universidad,
16 (plan C3-4 ; ☎ 58-15-68) le plus vieux
restaurant de la ville, fréquenté par
Valle Inclán ; cuisine familiale.

¶ *Vilas,* Rosalia de Castro, 88
(☎ 59-10-00) cuisine galicienne recherchée ; bons produits naturels.

Bars : dans les trois rues parallèles
menant à la cathédrale, *La Charca, El
Submarino, El Cosechero, Nova Galicia ; Derby,* Huerfanos, 28, est un classique.

Discothèques : *Don Juan,* Alfredo
Brañas, 33 ; *Liberty,* au nº 6.

♿ Achats : *Convento de San Pelayo*
(plan C2), pâtisseries préparées par les
sœurs du cloître. — *Casa de los
Quesos,* Bautizados, 10 (plan B4), fromages. — *La Mora,* Rua del Villar, 60
(plan C3), pâtisseries. — *Doña Pura,*
La Trinidad (plan B2-3), tartas de Santiago. — artisanat, *Xanela,* Rua Nova
(plan C4) ; *Aurichu, Tenda,* Gelmirez
(plan C3). — orfèvrerie, *Malde,* Vilar,
38 (argent, jais).

SAINT-SEBASTIEN (DONOSTIA) (SS)   ☎ 943

ℹ️ Office du tourisme : Reina Regente
(plan I, D2 ; ☎ 48-11-66).

Hôtels :

¶¶¶¶¶ *María Cristina,* Paseo República Argentina, 4 (plan D2; ☎ 42-49-00) 168 ch. ☎ ▥ coiffeur; «Belle Époque».

¶¶¶¶ *Costa Vasca,* Avda Pío Baroja, 15 (plan II, B3; ☎ 21-10-11) 203 ch. ✕ ▥ ☎ ▥ ☀ ▱ ◢ salle de conférences; un peu en retrait de la plage.

¶¶¶¶ *Londres y de Inglaterra,* Zubieta, 2 (plan I, B3; ☎ 42-69-89) 120 ch. ✕ ▥ ◢ ▥ près de la plage; vue magnifique.

¶¶¶¶ *Monte Igueldo,* Monte Igueldo (plan II, A1; ☎ 21-02-11) 121 ch. ☎ ☀ ▱ ▥ coiffeur, salle de conférences; en haut de la colline; calme, belle vue.

¶¶¶¶ *Orly,* Pza de Zaragoza, s/n (plan I, B4; ☎ 46-32-00) 63 ch. ☎ ▥ coiffeur, salle de conférences; près de la plage.

¶¶¶¶ *San Sebastián* Avda de Zumalacarregui, 20 (plan II, A3; ☎ 21-44-00) 94 ch. ☎ ▱ ▥

¶¶¶ *Avenida,* Paseo de Igueldo, 55 (plan II, A2; ☎ 21-20-22) 47 ch. ☎ ☀ ▱ ▥ confortable.

¶¶¶ *Gudamendi,* Barrio de Igueldo (hors plan II, A3; ☎ 21-40-11) 30 ch. ☎ ☀ confortable.

¶¶¶ *Niza,* Zubieta, 56 (plan I, B4; ☎ 42-66-63) 41 ch. ☎ près de la plage.

¶¶ *Codina,* Avda Zumalacarregui, 21 (plan II, A3; ☎ 21-22-00) 78 ch. ✕ ☎

¶ *Isla,* Miraconcha, 17 (☎ 46-48-97) 38 ch. ▥

⚑ Camping : *Igueldo* (1ʳᵉ c.), Route Ondarreta-Igueldo, km 5 (☎ 21-45-02) bien ombragé, avec de belles vues.

Restaurants :

¶¶¶¶ *Arzac,* Alto de Miracruz, 21 (☎ 28-55-93) la nouvelle cuisine basque : une très grande table à 2 km E. du centre.

¶¶¶ *Casa Nicolasa,* Aldamar, 4 (plan I, C1; ☎ 46-62-32) cuisine basque de haut niveau.

¶¶¶ *Pachicu Quintana,* San Jerónimo, 22 (plan I, B1; ☎ 42-63-99) excellente cuisine basque traditionnelle, dans le cœur de la vieille ville. f. mar. soir, mer., du 20 déc. au 15 janv. et en juin.

¶¶ *Akelarre,* Bd de Igueldo (hors plan II, A3; ☎ 21-20-52) une excellente cuisine et une belle vue.

¶¶ *Buena Vista,* Barrio Igueldo (hors plan II, A3; ☎ 21-06-00) cuisine basque.

¶¶ *Casa Gandarias,* Sant Jerónimo, 25 (plan I, B1; ☎ 42-63-62) plats typiques.

¶¶ *Kokotxa,* Campanario, 2 (plan I, B1;

☎ 42-01-73) à la mode; cuisine française.

¶¶ *Lanciego,* Triunfo, 3 (plan I, B4; ☎ 46-23-84) cuisine du marché; accueillant.

¶ *Casa Anastasio,* Easo, 19 (plan I, C4; ☎ 42-63-20) poissons et viandes.

¶ *Gure Arkupe,* Iztingorra (plan II, A4; ☎ 21-15-09) ambiance chaleureuse.

¶ *La Cepa,* 31 de Agosto, 9 (plan I, B1; ☎ 42-63-94) cuisine basque et de la Rioja.

🚌 Autobus : Pza de Guipúzcoa (plan I, C2), pour Biarritz et Bayonne. — Peñaflorida, 6, pour Irún, Fontarabie, Santander, Oviedo et Gijón. — San Bartolomé, 8, pour Madrid. — Manterola, 6, pour Pampelune.

🚆 Gares : *Estación del Norte,* Paseo de Francia (☎ 27-27-71), pour Madrid, la France. — *Estación de Amara,* Victor Pradera, s/n, pour Bilbao, par la côte. — *Estación de la Frontera,* Pza del Centenario, s/n, pour Irún.

✈ Aéroport : *Fontarabie* (☎ 64-21-44).

SALAMANQUE (SA)   ☎ 923

ℹ Office du tourisme : Gran Vía, 39 (plan coul. XXVIII, D3; ☎ 26-85-71).

Hôtels :

¶¶¶¶ *Gran Hotel,* Pza Poeta Iglesias, 3-5 (plan coul. XXVIII, C3; 21-35-00) ▥ ▥ ▥ ▥ P

¶¶¶¶ *Parador de Salamanca,* Teso de la Feria, 2 (plan coul. XXIX, A5; ☎ 26-87-00) 108 ch. ✕ ▥ ▥ ☎ ☀ ▱ ▥ ▥ P

¶¶ *Hotel Imperatriz,* Compañia, 44 (plan coul. XXVIII, B3; ☎ 21-92-00), hôtel confortable installé dans un ancien palais.

¶¶ *Las Torres,* Concejo, 4 (plan coul. XXVII, C2; ☎ 21-21-00) 44 ch. ▥ ▥ P ▥ ♿ rénové récemment, très accueillant, un bon endroit pour se reposer.

⚑ Campings : *Regio* (1ʳᵉ c.), Route Salamanque-Madrid (☎ 20-02-50) ▱ et supermarché. Ouv. toute l'année.

Restaurants :

¶¶ *El Mesón,* Plaza Poeta Iglesias, 3 (plan coul. XXVIII, C3; ☎ 21-72-22) F. la première semaine d'août. Restaurant fameux pour ses spécialités de gibier.

¶¶ *El Candil Nuevo,* Pza de la Reina, 1 (plan coul. XXVIII, C3; ☎ 21-90-27) ▥ cuisine maison et excellentes tapas.

¶¶ *Chez Victor,* Espoz y Mina, 26 (plan coul. XXVIII, C2-3, *k*; ☎ 21-31-23) ▦ restaurant français qui jouit d'une excellente réputation ; f. dim. soir et lun. et en août.

¶¶ *Rio Chico,* Plaza del Ejército, 4 (plan coul. XXVIII, C1 ; ☎ 24-18-78) Bon rapport qualité prix.

¶¶ *Río de la Plata,* Pza del Peso, 1 (plan coul. XXVIII, C3 ; ☎ 21-90-05) ▦ asados et poisson ; bonne cave ; f. lun. et juil.

♿ Achats : artisanat, *Ricardo,* Pza del Mercado, 27 (plan coul. XXVIII, C3), bottes «Camperas» et articles en cuir.

☒ Poste : Gran Vía, 27 (plan coul. XXVIII, D2 ; ☎ 26-60-07).

🚃 Gare : (☎ 22-03-95).

SALARDU (L)   ☎ 973

Hôtels :

╲ ¶¶¶ *Montarto,* Baqueira Beret (à 4 km par la route du col de la Bonaigua ; ☎ 64-50-75) 166 ch. ⤬ ▥ ▦ ⊿ ☎ ▣ chauffée ♨ ▨

¶¶ *Garona,* Cardenal Casañas, s/n (☎ 64-50-10) 28 ch. ⤬ ▥ ⊿ ☎ ▨

SALAS DE LOS INFANTES (BU)   ☎ 947

Hôtel :

¶ *Benlloch,* Cardenal Benlloch, 5 (☎ 38-07-08) ☎ ☃

SALINAS DE SIN (HU)   ☎ 974

Hôtel :

¶¶ *Mesón de Salinas,* Route Ainsa-Bielsa (☎ 50-51-71) 16 ch. ⤬ ▣ calme et confortable.

SALLENT DE GALLEGO (HU)   ☎ 974

Hôtels :

¶¶¶¶ *Formigal,* Urb. el Formigal, s/n (☎ 48-80-00) 108 ch. ⤬ ☎ ▣ belle vue sur les montagnes.

¶¶¶ *Eguzki-Lore,* Urb. el Formigal (☎ 48-80-75) 32 ch. ⤬ ☎ ▣ central, bon restaurant.

¶¶ *Nievesol,* Estación de Formigal (☎ 48-80-34) 162 ch. ☎ ▱ ♨ ▨

SALOBREÑA (GR)   ☎ 958

Hôtels :

¶¶¶ *Salobreña,* Route Cadix-Barcelone, km 341 (☎ 61-02-61) 80 ch. ☎ ▱ ♨ bien situé, de belles vues sur la mer.

¶¶ *Salambina* (☎ 61-00-37) 13 ch. Vues sur la mer et plantations.

Restaurants :

¶¶ *Salomar 2000,* Playa de Salobreña (☎ 61-01-13).

¶ *Mesón Durán,* Route N. 340, km 341 (☎ 82-88-29), belle terrasse ; cuisine et décor régionaux.

SALOU (T)   ☎ 977

ⓘ Office du tourisme : Espigó del Moll (☎ 38-02-33).

Hôtels :

¶¶¶¶ *Salou Park,* Bruselas, 37 (☎ 38-02-08) 102 ch. ⤬ ▥ ▣ ⊿ ☃ ☎ ▱ ⊐ ▣ ouv. mai-sept.

¶¶¶ *Sol d'Or,* Playa del Reco (☎ 37-11-00) 84 ch. ⤬ ▥ ▣ ⊿ ☃ ▱ ▨ dans une pinède, à 200 m de la Playa del Reco ; ouv. avr.-oct.

¶¶¶ *Carabela Roc,* Pau Casals, 108 (☎ 37-01-66) 98 ch. ⤬ ▣ ⊿ ☃ ☃ ▨ dans une pinède, près de la plage de Pineda ; ouv. mai-oct.

¶ *Donaire Park,* Playa del Racó (☎ 38-10-66) 337 ch. ⤬ ▣ ⊿ ☃ ☃ ▨ dans une pinède, sur la plage ; ouv. mai-sept.

Restaurants → Cambrils.

🚤 Embarcadère : *Club Nàutic de Salou* (☎ 38-21-66), Port de Vilaseca-Salou.

SALVATIERRA (VI)   ☎ 945

Restaurant :

¶¶ *José Mari,* Mayor, 73 (☎ 30-00-42) succulente cuisine familiale.

SAN AGUSTIN DE GUADALIX (M)   ☎ 91

⚠ Camping : *Piscis* (2ᵉ c.), Route Guadalix-Navalafuente, km 20,9 (☎ 843-22-68) douches ; bien ombragé ; belles vues.

Restaurant :

¶¶ *Araceli,* José Antonio, 10 (☎ 841-85-31) bonne cuisine familiale, excellents produits.

SAN BARTOLOME (GC)   ☎ 928

  & Achats : vins de Malvoisie, *Bodegas El Grifo,* Route de Masteche (☎ 81-44-71).

SAN CLEMENTE (CU)   ☎ 969

  Hôtel :
- ¶¶ *Milán,* Calvo Sotelo, 20 (☎ 30-07-28) 16 ch. ☐ tranquille et central.

SAN FERNANDO (CA)   ☎ 956

  Hôtels :
- ¶¶¶¶ *Husa Bahía Sur,* Caño Herrera, s/n (☎ 89-91-04) 100 ch. ☐☐☐☐☐☐☐☐☐
- ¶¶¶ *Sal y Mar,* Pza del Ejército, 32 (☎ 88-34-40) 45 ch.
- ¶¶ *Roma,* Real, 52 (☎ 88-13-72) 28 ch. ☐ ☐ ☐ chiens acceptés.

  Restaurants :
- ¶¶ *Mesón El Castillo,* Pza Fondemora (☎ 89-06-04) dans les remparts du château de San Romualdo.
- ¶¶ *Venta de Vargas,* Route N. IV, km 677 (☎ 88-16-22) belle décoration typique ; cuisine régionale.

SAN JAVIER (MU)   ☎ 968

  ✈ Aéroport international (☎ 57-00-73).

SAN JOSE (AL)   ☎ 950

  Hôtel :
- ¶ *San José,* Barriada San José (☎ 38-01-16) 8 ch. ☐ ☐, terrasse ; charmant, joliment aménagé, au bord de la mer (mais pas de téléphone, ni d'eau douce !) ; idéal pour le dépaysement et le calme ; recherches culinaires réussies.

SAN JUAN (A)   ☎ 96

  Hôtel :
- ¶¶¶¶ *Sidi San Juan,* Partida Cabo La Huerta (☎ 516-13-00) 176 ch. ☐ ☐ ☐ ☐ ☐ ☐ ☐ ☐ ☐ service et restaurant exceptionnels, lieu pittoresque et bien situé.

SAN LORENZO DE EL ESCORIAL (M)   ☎ 91

  Hôtels :
- ¶¶¶¶ *Victoria Palace,* Juan de Toledo, 4 (☎ 890-15-11) 90 ch. ☐ ☐ ☐ ☐ dans un bel édifice.
- ¶¶ *Miranda Suizo,* Floridablanca, 18 (☎ 890-47-11) 47 ch. ☐ traditionnel, sans luxe mais bien tenu.

  Restaurants :
- ¶¶ *Charolés,* Floridablanca, 24 (☎ 890-59-75) excellentes viandes.
- ¶¶ *Casa Cipriano,* Juan de Toledo, 46 (☎ 890-17-83) cuisine simple et agréable, grand choix de tapas.
- ¶¶ *Mesón La Cueva,* San Antón, 4 (☎ 890-15-16) dans une ancienne auberge castillane.
- ¶ *Parque,* Pza Carmen Cabezuelo, 1 (☎ 890-17-01) en plein air.

SAN MARTIN DE LA VIRGEN DEL MONCAYO (Z)   ☎ 976

  Hôtel :
- ¶ *Gomar :* Camino de la Gayata, s/n (☎ 64-05-41) 20 ch. calme et confortable.

SAN MARTIN DE VALDEIGLESIAS (M)   ☎ 91

  Restaurant :
- ¶ *Los Arcos,* Mesón de Primi, Pza de la Corredera, 1 (☎ 861-04-34) cuisine locale.

SAN MILLAN DE LA COGOLLA (LO)   ☎ 941

  Restaurant :
- ¶ *San Lorenzo,* Route de San Millán (☎ 37-30-08) à 400 m du monastère, dans un paysage admirable ; cuisine familiale.

SAN ROQUE (CA)   ☎ 956

  Hôtels :
- ¶¶ *Río Grande,* Route N. 340, km 116 (☎ 78-61-25) 22 ch. ☐ ☐
- ¶¶ *San Roque,* N. 340, km 124 (☎ 78-01-00) 37 ch. ☐ ☐ ☐ ☐
- ¶ *Rosama,* General Lacy, 63 (☎ 78-00-80) 16 ch.
- **▲** Camping : *San Roque* (2ᵉ c.), Route N. 340 (☎ 78-01-00) ☐ ☐ ☐

Restaurants :

¶¶ *La Condesa,* Real, 55 (☎ 76-36-07) dans une villa ; cuisine internationale (gibier).

¶¶ *Don Benito,* Plaza de Armas, 10 (☎ 78-07-78) vieille maison à patio ; spécialités françaises.

SAN SEBASTIAN DE LA GOMERA (TF)   ☎ 922

Hôtels :

¶¶¶¶ *Parador Conde de la Gomera,* Llano de la Villa s/n (☎ 87-11-00) 21 ch. ▉ ▣ ⊠ ⊠ ℗ tranquille et très bien situé.

¶ *Garajonay,* Ruíz de Padrón, 15 (☎ 87-05-50) 30 ch.

🚢 Cia Transmediterránea, Gen. Franco, 35 (☎ 87-13-00) pour Tenerife.

SAN SEBASTIAN DE LOS REYES (M)   ☎ 91

Restaurant :

¶¶ *Mesón Tejas Verdes,* Route N.I (☎ 652-73-07) typique auberge castillane dans un beau jardin.

SAN VICENTE DE LA BARQUERA (S)   ☎ 942

Hôtels :

¶¶¶ *Miramar,* Pso. de la Basquera, s/n (☎ 71-00-75) 15 ch. ⤫ ▥ ⊠ ℗ très bien situé.

¶¶ *Boga-Boga,* Pza de José Antonio, 9 (☎ 71-01-35) 18 ch. ⤫ ▥ ⊠ ▣ 🛥 moderne ; poissons, crustacés.

¶¶ *Luzón,* Route Santander-Oviedo, s/n (☎ 71-00-50) ⊠ central.

🏕 Camping : *El Rosal* (2ᵉ c. ; ☎ 71-01-65) sur la plage ; ouv. de juin à sept.

Fêtes patronales : *La Folía* (2ᵉ ou 3ᵉ dim. de Pâques) de grand intérêt touristique.

SANGENJO (SANXENXO) (PO)   ☎ 986

Hôtels :

¶¶¶ *Rotilio,* Avda del Puerto, s/n (☎ 72-02-00) 32 ch. ⤫ ▥ ⊿ ⊠

¶¶¶ *Nuevo Vichona,* Lugar Vichona-Villalonga (☎ 72-30-11) 25 ch. ⤫ ▥ ⊿ ⊠ bien situé.

¶¶ *Cervantes,* Progreso, 29-31 (☎ 72-07-01) 18 ch. ▥ ⊿ près de la plage.

¶¶ *Paso El Revel,* Villalonga (☎ 74-30-00) 21 ch. ⤫ ▥ ⊿ ⊠ ⊠ ⊠ ⋋ dans un ancien « pazo ».

¶¶ *Minso,* Travesía do Porto, 1 (☎ 72-01-50) 21 ch. ▥ ⊿ ⊠ ⊿ moderne.

¶¶ *Lar Os Cacabelos,* La Granja (☎ 74-00-57) 20 ch. ▥ ⊿ ⋋ belles vues.

🏕 Campings : *Cachadelos* (2ᵉ c. ; ☎ 74-55-92) ; La Lanzada ; ombragé ; près de la plage ; douches. — *Montalvo Playa* (2ᵉ c. ; ☎ 72-40-87) ; douches. — *Paxariñas* (2ᵉ c. ; ☎ 72-30-55), Route Pontevedra - O Grove, km 2,2 ; près de la plage.

Restaurant :

¶¶ *Rotilio,* Avda del Puerto (☎ 72-02-00) cuisine galicienne soignée.

SANGÜESA (NA)   ☎ 948

Hôtels :

¶¶ *Yamaguchi,* Route de Javier, s/n (☎ 87-01-27) 40 ch. ⊠ confortable et animé.

¶¶ *Javier,* Pza del Santo, s/n (à Javier ; ☎ 88-40-06) 20 ch. ; central et confortable.

¶¶ *Hospedería de Leyre,* Leyre, s/n (à Yesa ; ☎ 88-40-11) ⊠ ▣ vues magnifiques.

SANLUCAR DE BARRAMEDA (CA)   ☎ 956

Hôtels :

¶¶¶ *Guadalquivir,* Calzada del Ejército, 10 (☎ 36-07-42) 80 ch.

¶¶ *El Marqués,* Playa de Sanlúcar (☎ 36-07-40) 21 ch. dans un vieil édifice.

¶¶ *Río,* Santo Domingo, 27 (☎ 36-15-81) 18 ch.

Restaurants :

¶¶ *Bigote,* Bajo de Guía (☎ 36-26-96) plats typiques de Sanlúcar.

¶¶ *Venta Hermosilla,* Avda de Huelva (route de Bonanza ; ☎ 36-11-62) simple et sympathique.

🛍 Achats : vins locaux (manzanilla), *Antonio Barbadillo,* Luís Egalaz, 11 (☎ 36-08-94). *Vinícola Hidalgo,* Banda de la Playa, 24 (☎ 36-05-16).

SANT ANDREU DE LLAVANERES   ☎ 93

🛈 Office du tourisme : à Caldes d'Estrac.

Hôtel :

¶¶ *Las Palmeras,* Route N. II, km 659 (☎ 792-60-02) 19 ch. cuisine traditionnelle de bonne réputation pour ce petit hôtel.

⛴ Port : El Balis.

SANT ANTONIO DE CALONGE (GE) ☎ 972

ℹ Office du tourisme : Av. de Catalunya, s/n (☎ 31-55-56).
Hôtels :

¶¶¶ *Rosa dels Vents,* Pg del Mar, s/n (☎ 65-13-11) 58 ch. ✕ 🖭 🗖 🛋 ☎ 🏩 🎿 🌐

¶¶¶ *Rosamar,* Pg del Mar, 33 (☎ 65-06-61) 63 ch. ✕ 🖭 🗖 ☎ 🏩

¶¶ *Aubi,* Sant Antoni, 253 (☎ 65-10-11) 55 ch. ✕ 🖭 🖭 🗖 ☎ 🏩 🎿 🌐 ouv. juin-sept.

SANT ANTONI DE PORTMANY (PM) ☎ 971

Hôtels :

¶¶¶¶ *Nautilus,* Bahía de S. Antonio, Route de Port Torrent (☎ 34-04-00) 168 ch. ✕ 🖭 🛳 🗖 ☎ 🖵 boutiques, coiffeur ; devant la plage de Cala de Bou.

¶¶¶¶ *Palmyra,* Doctor Fleming, s/n (☎ 34-03-54) 160 ch. ✕ 🖭 🛳 🗖 ☎ 🏩 🖵 devant la plage.

¶¶¶ *Acor-Playa,* Cala Gració, (☎ 34-02-51) 121 ch. ✕ 🖭 🗖 ☎ 🏩 🖵 boutiques, salle de réunions ; hôtel-appartements.

¶¶¶ *Cala Gració,* Cala Gració (☎ 34-08-62) 50 ch. ✕ 🖭 🗖 ☎ 🏩 🖵 🌐

¶¶¶ *Tanit-Fiesta,* Cala Gració (☎ 34-13-00) 386 ch. ✕ 🖭 🗖 ☎ 🏩 🖵 boutiques, coiffeur, salle de réunions ; l'un des premiers hôtels construits à Cala Gració.

¶¶¶ *S'Estanyol,* plage de S'Estanyol (☎ 34-11-16) 135 ch. ✕ 🖭 ☎ 🏩 🖵

¶¶¶ *Bergantín,* plage de S'Estanyol (☎ 34-09-50) 205 ch. ✕ 🖭 🗖 ☎ 🏩 🎿 🌐

¶¶¶ *Helios,* plage de S'Estanyol (☎ 34-05-00) 132 ch. ✕ 🖭 🗖 ☎ 🏩 🖵

¶¶¶ *Playa d'En Bossa,* plage d'En Bossa (☎ 30-21-00) 270 ch. ✕ 🖭 🗖 ☎ 🏩 🖵 boutiques ; l'une des plages de la baie de Sant Antoni.

¶¶¶ *Hawaii,* Isaac Peral, 5 (☎ 34-05-62) 210 ch. ✕ 🖭 🗖 ☎ 🏩 🖵 boutiques, coiffeur ; devant la plage.

¶¶ *Montblanch,* Del Mar, 1 (☎ 34-01-58) 55 ch. ✕ 🗖 ☎ 🖵

¶¶ *Ses Savines,* Playa San Antonio (☎ 34-00-66) 133 ch. ✕ 🖭 🗖 ☎ 🏩 🖵 🌐 🌐 sur la plage de sable de Sant Antoni.

¶ *Vedrà,* Del Mar, 7 (☎ 34-01-50) 28 ch. ✕ 🗖 ☎ sur le port de Sant Antoni.

¶ *Ibiza Pueblo,* Port des Torrent (☎ 34-05-12) 349 ch. ✕ 🖭 🗖 ☎ 🏩 🖵 dans un petit port de pêche de la baie de Sant Antoni.

¶ *Ses Pitreres,* Port des Torrent (☎ 34-08-46) 7 ch. 🗖
Restaurants :

¶¶¶ *Grill San Rafael,* Route de San Antonio, km 6, Sant Rafel (☎ 19-80-56) cuisine raffinée dans un décor élégant.

¶ *Celler El Refugio,* Bartolomé Vicente Ramón, 5 (☎ 34-01-29) cuisine familiale, à base de poisson.

¶ *Racó d'es Pins,* Port des Torrent (☎ 34-02-21) jardin ; poisson et fruits de mer.

SANT CARLES DE LA RAPITA (T) ☎ 977

ℹ Office du tourisme : Pl. Carles III (☎ 74-07-17).
Hôtels :

¶¶¶ *Miami Park,* Av. Constitució, 33 (☎ 74-03-51) 80 ch. 🖭 🗖 ☎

¶ *Mare Nostrum,* Marqués de Valtera (☎ 74-11-68) 6 ch. 🗖 ☎

¶ *Blau,* Governador Labadie, 1 (☎ 74-01-51) 32 ch. ✕ 🖭 🛳 🖭 🗖 ☎
Restaurants :

¶¶¶ *Fernandel,* Route Barcelone-Valence, km 160 (☎ 74-03-58) cuisine catalane, bonne carte des vins ; f. lun.

¶¶ *Miami,* Av. Constitució, 37 (☎ 74-05-51) excellents plateaux de fruits de mer.

🚃 Gare : trains à Ulldecona.

&️ Achats : l'après-midi, déguster les glaces de la *maison Jijonenca* (3 boutiques dans la ville).
Sports : *Club Nàutic* Sant Carles de la Rapità (☎ 74-11-03).

SANT CELONI (B) ☎ 93

ℹ Office du tourisme : Pl. de la Vila, s/n (☎ 867-04-25).

SANT CUGAT DEL VALLES (B) ☎ 93

ℹ Office du tourisme : Pl. de Barcelona, 17 (☎ 674-09-50).

Restaurant :
¶¶¶ *La Fonda*, Enrique Granados, 12 (☎ 675-54-26) cuisine originale et de qualité.

SANT FELIU DE GUIXOLS (GE)   ☎ 972

[i] Office du tourisme : Pl. d'Espanya, 1 (☎ 32-03-80).

Hôtels :
¶¶¶¶ *Reina Elisenda*, Pg dels Guixols, 8 (☎ 32-07-00) 70 ch. ⤬ ▥ ▦ ⊟ ⊠ ☏ ⊠

¶¶¶ *Montjoi*, Sant Elmo, s/n (☎ 32-03-00) 64 ch. ⤬ ▥ ▦ ⊟ ☏ ⊠ ⊠ sur un promontoire, terrasses s'abaissant jusqu'au rivage.

¶¶¶ *Hipocrátes*, Route de Sant Pol, 229 (☎ 32-06-62) 85 ch. ⤬ ▥ ▦ ⊟ ⊠ ☏ ⊠ ☏ ⊠

¶¶ *Les Noies*, Rbla Portalet, 10 (☎ 32-04-00) 45 ch. ⤬ ▥ ⊟ ⊠ ☏ ⊠

Restaurants :
¶¶¶ *Can Toni*, Garrofers, 54 (☎ 32-10-26) très bonne carte (fruits de mer) et très bons vins ; f. mar.

¶¶ *Eldorado Petit*, Rbla Vidal, 19 (☎ 32-10-29 et 32-18-18).

▥▥▥ Gare : trains à Maçanet-Maçanes.

Sports : *Club Nàutic* de Sant Feliu, Pg del Mar (☎ 32-17-00).

SANT FRANCESC DE FORMENTERA (PM)   ☎ 971

Hôtels :
¶¶¶¶ *La Mola*, plage de Migjorn (☎ 32-80-69) 328 ch. ⤬ ▥ ⊟ ⊠ ☏ ⊠ ☏ boutiques, salle de réunions, coiffeur.

¶¶ *Casbah*, plage de Migjorn (☎ 32-20-51) 29 ch. ⊟ sur une plage relativement sauvage ; naturisme.

¶ *Rocabella*, plage d'Es Pujols (☎ 32-01-85) 40 ch. ⊟ ⊠ ⊠

¶ *Cala Es Pujols*, plage d'Es Pujols (☎ 32-82-27) 30 ch. ⤬ ⊟ ⊠

¶ *Bahía*, port de La Savina (☎ 32-01-06) 39 ch. ⤬ ⊟

SANT HILARI SALCAM (GE)   ☎ 972

Hôtels :
¶¶¶ *Suizo*, Platja Verdaguer, 8 (☎ 86-80-00) 39 ch. ⤬ ▦ ⊟ ⊠

¶¶ *Del Grevol*, Pg Font Vella, 5 (☎ 86-80-58) 14 ch. ⤬ ▥ ▦ ⊟

Restaurant :
¶¶¶ *Hostal Maria Verdolet*, Pg del 14 d'Abril, 5-7 (☎ 86-81-06) ▥ ⊠

SANT JOAN DE LABRITJA (PM)   ☎ 971

Hôtels :
¶¶¶¶ *Hacienda Na Xamena*, Apdo. 423, port de San Miguel (☎ 33-30-46) 54 ch. ⤬ ▥ ⊟ ⊠ ☏ ⊟ ⊐ ☏ salle de réunions, gymnase, boutiques, coiffeur.

¶¶¶ *Cala San Vicente*, Cala de Sant Vicent (☎ 33-30-21) 120 ch. ⤬ ▥ ⊟ ⊠ ☏ ⊟ sur une très belle plage.

¶¶¶ *Galeón*, port de San Miguel (☎ 33-30-19) 182 ch. ⤬ ▥ ⊟ ⊠ ☏ dans le port de pêche.

¶¶¶ *Presidente-Playa*, Cala Portinatx (☎ 33-30-14) 270 ch. ⤬ ⊟ ⊠ ☏ ⊟

¶¶ *Cas Mallorquí*, Cala Portinatx (☎ 33-30-67) 11 ch. ⤬ ⊟ ☏ situation exceptionnelle, dans une crique, près d'une plage.

Restaurant :
¶¶ *Ama Lur*, Route de San Miguel, 2,3 km (☎ 30-40-13) non loin d'Ibiza ; un restaurant de cuisine basque, avec jardin.

SANT JOAN DE LES ABADESSES (GE)   ☎ 972

[i] Office du tourisme : Comte Guiffré i Beat Miró, 8 (☎ 72-00-92).

SANT JORDI D'ALFAMA (T)   ☎ 977

Sports : *Club Nàutic de l'embarcadère* (☎ 45-60-63), Apartat de Correus nº 84, Tortosa.

▥▥▥ Trains : trains à l'Ametlla de Mar.

SANT LLORENÇ DE MORUNYS (B)   ☎ 93

[i] Office du tourisme : Ajuntament (☎ 821-09-12). — *station de ski de fond de Tuixén :* informations mairie de Josa-Tuixén (☎ 37-00-46).

SANT PERE DE RIBES   ☎ 93

Restaurant :
¶¶¶¶ *Finca Mas Solers* (☎ 893-36-66) ▦ ⊠ buffet libre et restaurant du casino.

Casino : *Gran Casino de Barcelona*, à 42 km de Barcelone, entre Sitges et Vilanova i la Geltrú ; ouv. de 17 h à 4-5 h du mat.

SANTA BRIGIDA (GC)   ☎ 928

Restaurants :
❡❡ *Monte Verde,* Las Casillas, 101
(☎ 64-04-04) 16 ch. ⊛ ⌂ halte idéale
pour se restaurer dans le centre de
l'île.
❡❡ *Las Grutas de Artiles,* Las Meleguinas
(☎ 64-05-75) dans une grotte, au milieu
des fleurs.
❡ *Manohierro,* El Pino, 25 (☎ 64-03-88)
spécialités allemandes.

SANTA COLOMA DE FARNERS (GE)   ☎ 972

Hôtel :
❡❡ *Balneari Termas Orión,* Avda Termas
Orión (☎ 84-00-65) 42 ch. ✕ ▦ ⌂
⊛ ⌂ ⋰ ▣ dans une pinède ; ouv.
juin-sept.

Restaurant :
❡❡ *Mas Solà,* Route de Sils, km 2
(☎ 84-08-48). Cuisine catalane traditionnelle.

SANTA COLOMA DE QUERALT (T)   ☎ 977

🛈 Office du tourisme : Pati d'Armes
del Castell.
Achats : artisanat traditionnel du fer
forgé.
Manifestations : à la Pentecôte, fête
de l'*Espiga* (épi). — foire le 23 sept. et
Aplec à Sant Magí de la Brufaganya le
3e dim. de sept. — sacrifice du porc le
dernier dim. d'oct.

SANTA CRISTINA D'ARO (GE)   ☎ 972

Hôtel :
❡❡❡❡ *Golf Costa Brava,* Urb. club de golf de
Costa Brava (☎ 83-51-51) ✕ ▦ ▦ ▣ ⌂
▥ ⊛ ⌂ ⋰ ✕ ▣

SANTA CRUZ DE LA PALMA (TF)   ☎ 922

🛈 Office du tourisme : O'Daly, 22
(☎ 41-21-06) — *Cia Transmediterránea,* Avda Pérez de Buto, 2
(☎ 41-11-21) pour Tenerife, Gran Canaria, Fuerteventura, Lanzarote et la
Péninsule.

Hôtels :
❡❡❡ *Parador de Santa Cruz de la Palma,*
Avda Marítima, 34 (☎ 41-23-40) 32 ch.

magnifiquement situé ; décoré à la
canarienne.
❡❡❡ *Hacienda de San Jorge,* plage de los
Cancajos, 22, Breña Baja ☎ 43-40-75) ⊛
▣ ⌂ 155 bungalows sur la plage, décoration soignée, sauna et gymnase ; un
des meilleurs établissements de l'île.
❡❡❡ *Mayantigo,* Alvarez Abreu, 68
(☎ 41-17-40) 47 ch. central et animé ;
près de la plage.
❡❡❡ *San Miguel,* Avda El Puente, 33
(☎ 41-12-43) 72 ch.
❡ *Canarias,* A. Cabrera Pinto, 27
(☎ 41-31-82) 14 ch.
⌕ Achats : broderies typiques, *L. Peña,*
Real, 48.

SANTA CRUZ DE LA SEROS (HU)   ☎ 974

Hôtel :
❡ *Aragón,* Route Sabiñanigo-Pte la Reina
(☎ 36-21-89) 11 ch. ✕

SANTA CRUZ DE MUDELA (C.R.)   ☎ 926

⌕ Achats : couteaux, *Peláez,* Ramiro, 53
(☎ 34-24-28) ; *Rodríguez,* Quemada, 6
(☎ 34-23-67).

SANTA CRUZ DE TENERIFE (TF)   ☎ 922

🛈 Office du tourisme, Pza de España
(plan E3 ; ☎ 24-22-27). — *Cia Transmediterránea* (La Palma, Gran Canaria, Lanzarote, Fuerteventura, Gomera,
Péninsule) Marina, 59.

Hôtels :
❡❡❡❡❡ *Mencey,* José Naveiras, 38 (plan D1 ;
☎ 27-67-00) 303 ch. ⌂ ⋰ jardin tropical ; classique.
❡❡❡ *Diplomático,* Antonio Nebrija, 6
(☎ 22-39-41) ⊛ ⌂ central et animé.
❡❡❡ *Colón Rambla,* Viera y Clavijo, 49
(plan C1 ; ☎ 27-25-50) 40 ch. confortable et fonctionnel.
❡❡ *Taburiente,* Doctor Guigou, 25
(plan D1 ; ☎ 27-60-00) 90 ch. ⊛ ▣
❡❡ *Tanausú,* Padre Anchieta, 8
(☎ 21-70-00) 18 ch. ▣

Restaurants :
❡❡ *La Riviera,* Avda Generalísimo, 155
(plan E1 ; ☎ 27-58-12) le restaurant
«classe» de la ville.
❡❡ *La Caseta de madera,* Barrio de los
llanos (☎ 21-00-23) dans une ancienne

petite maison de pêcheurs ; spécialités canariennes de poissons.

¶ *Casa Donosti*, Avda Tomé Cano, s/n (✆ 22-04-47) nouvelle cuisine basque.

¶ *La Estancia*, Mendez Nuñez, 116 (plan D2 ; ✆ 27-20-49) viandes.

SANTA ELENA (J)   ✆ 953

Hôtel :

¶¶ *El Mesón*, Route N.IV, km 275 (✆ 62-31-00) ⤬

SANTA EULALIA DEL RIO (PM)   ✆ 971

Hôtels :

¶¶¶¶ *Fenicia*, Ca. N. Fita (✆ 33-01-01) 191 ch. ⤬ ▥ ⊿ ⊠ ▭ ♫ boutiques, coiffeur.

¶¶¶ *Cala Llonga*, Cala Llonga (5 km ; ✆ 33-08-87) 163 ch. ⤬ ⊿ ▨ ⊠ ▭

¶¶¶ *Sol S'Argamasa*, Urb. S'Argamasa, s/n, plage de S'Argamasa (2,5 km ; ✆ 33-00-75) 217 ch. ⤬ ▥ ⊿ ▨ ⊠ ▭ ♫ isolé dans une pinède, près de la plage.

¶¶¶ *Augusta*, Urb. S'Argamasa, plage de S'Argamasa (✆ 33-06-07) 196 ch. ⤬ ▥ ⊿ ▨ ⊠ ▭ dans une pinède, près de la plage.

¶¶¶ *Panorama*, plage d'Es Cana (4,5 km ; ✆ 33-00-00) 137 ch. ⤬ ▥ ⊿ ▨ ⊠ ▭ ♫ face à un petit port.

¶¶ *Coral Playa*, plage d'Es Cana (✆ 33-01-77) 265 ch. ⤬ ⊿ ▨ ⊠ ▭ boutiques, coiffeur ; assez isolé dans une pinède.

¶¶ *Riomar*, Playa dels Pins, s/n (✆ 33-03-27) 120 ch. ⤬ ⊿ ▨ ⊠ ▭ face à la plage.

Restaurant :

¶¶¶ *Sa Punta*, Isidoro Macabich, 36 (✆ 33-00-33) cuisine raffinée ; terrasse face à la mer.

SANTA MARGARITA (GE)   ✆ 972

⛴ Marine : informations *Canales de Santa Margarita*, Urb. (✆ 25-77-00).

🚂 Trains : à Figueres.

SANTA MARIA DE HUERTA (SO)   ✆ 975

Hôtel :

¶¶¶ *Parador Nacional Santa María de* *Huerta*, N.II, km 180 (✆ 32-70-11) 40 ch. ▥ ▦ ▨ ⊠ ▭

SANTA POLA (A)   ✆ 96

Hôtels :

¶¶¶ *Rocas Blancas*, Route Alicante-Cartagena, km 17 (✆ 541-13-12) 100 ch. ▦ ▨ ▭ ▣ à 300 m au-dessus de la mer.

¶¶¶ *Pola Mar*, Playa Levante, 6 (✆ 541-32-00) 76 ch. ▥ ▦ ⊿ ▨ ▨ ▭ ⊃

Restaurants :

¶¶ *Batiste*, Perez Ojeda, s/n (✆ 541-14-85) riz, poisson.

¶ *Mesón del Puerto*, Fernando Perez Ojeda, 31 (✆ 541-12-89) riz, poisson et coquillages.

¶ *Miramar*, Playa de Poniente (✆ 541-38-96) le riz sous toutes ses formes !

SANTANDER (S)   ✆ 942

🛈 Office du tourisme, Pza Velarde, 1 (plan B2 ; ✆ 31-07-08). — *S.E.T.*, Pza Porticada, 1 (plan B2 ; ✆ 21-24-25). — *S.M.U.R.*, Ensenada (✆ 21-12-14).

Hôtels :

¶¶¶¶¶ *Real*, Paseo de Pérez Galdós, 28, Sardinero (hors plan D1 ; ✆ 27-25-50) 124 ch. ⤬ ▨ ▨ ▭ ▣ belles vues.

¶¶¶¶ *Santemar*, Joaquín Costa, 28 au Sardinero (hors plan D1 ; ✆ 27-29-00) 350 ch. ▥ ▨ ▭ ▭

¶¶¶ *María Isabel Emijesa*, Avda de García Lago, 7, Sardinero (hors plan D1 ; ✆ 27-18-50) 63 ch. ⤬ ▥ ▨ ⊿ ▭ ▭ ▣ sur la plage.

¶¶¶ *Chiqui*, Av. García Lago, s/n, Sardinero (hors plan D1 ; ✆ 28-27-00) 161 ch. ▥ ⊿ ▨ ▭ ▭ chambres confortables donnant toutes sur l'extérieur ; sauna et gymnase.

¶¶¶ *Rex*, Avda de Calvo Sotelo, 9 (plan B3 ; ✆ 21-02-00) 54 ch. ▥ ▨

¶¶¶ *Sardinero*, Pza de Italia, 1, Sardinero (hors plan D1 ; ✆ 27-11-00) 112 ch. ▥ ▨ ▣

¶¶ *Rhin*, Avda de la Reina Victoria, 155 (hors plan D1 ; ✆ 27-43-00) 95 ch. ⤬ ▥ ▨ ▭

⛺ Campings : *Bellavista* (1re c.), Route Sardinero-Santander, km 2 (✆ 27-48-43) ouv. toute l'année. — *Cabo Mayor* (2e c.), Route Santander-Faro, s/n (✆ 27-58-49) ouv. de juin à sept. —

Virgen del Mar (2ᵉ c.) à San Ramón de la Lanilla (☎ 34-24-25); ouv. toute l'année.

Restaurants :

¶¶¶ **Bar del Puerto,** Hernán Cortés, 63 (plan D1, h ; Puerto Chico ; ☎ 21-93-93) ▦ ▨ fruits de mer et poissons.

¶¶¶ **Iris,** Castelar, 5 (plan D1 ; ☎ 21-52-25) cuisine imaginative ; excellent restaurant.

¶¶¶ **Il Giardinetto,** Joaquín Costa, 18, Sardinero (hors plan D1 ; ☎ 27-31-96) f. dim. soir et lun. et du 13 fév. au 2 mars ; cuisine italienne de qualité.

¶¶ **Cañadío,** Gómez Oreña, 15 (plan C2 ; ☎ 31-41-49) ▨ f. lun. et du 15 nov. au 30 nov. ; viandes et poissons de qualité.

¶¶ **La Sardina,** Doctor Fleming, 3, Sardinero (hors plan D1 ; ☎ 27-10-35) f. dim. soir ; nouvelle cuisine régionale à base essentiellement de poissons ; restaurant en forme de bateau.

¶¶ **Bodega Cigaleña,** Daoíz y Velarde, 19 (plan C2 ; ☎ 21-30-62) f. mar. soir et mer. ; très bonne cave ; cuisine maison.

¶¶ **Piquio,** Pl. de las Brisas, Sardinero (hors plan D1 ; ☎ 27-55-03) f. lun. en hiver.

¶¶ **Rhin,** Pza de Italia, Sardinero (hors plan D1 ; ☎ 27-30-34) ▨ ▣ restaurant traditionnel, cuisine de qualité ; vue sur la baie de Santander.

¶¶ **El Vivero,** Marqués Ensenada (Puerto Pesquero) f. sam. et dim. ; fruits de mer et poissons.

▭ **Gare,** Paseo de Pereda, 25 (☎ 28-02-02) FEVE (☎ 21-16-87).

✈ **Aéroport : Parayas** (Maliaño ; ☎ 25-10-04).

Casino : Pza de Italia, s/n (☎ 27-60-54).

& Achats : gastronomie, *Mantequerías Cántabras,* Pza de Italia, fromages, pâtés, vin. — dans les *rues piétonnes* entre la Pza Porticada et la Pza del Ayuntamiento.

SANTILLANA DEL MAR (S)   ☎ 942

Hôtels :

¶¶¶ **Los Infantes,** Avda Le Dorat, 1 (☎ 81-81-00) 50 ch. ▨ ▣ très belle « casona montañesa » magnifiquement décorée.

¶¶¶ **Parador Gil Blas,** Pza Ramón Pelayo, 11 (☎ 81-80-00) 56 ch. ✕ ▦ ▨ ▨

▣ maison seigneuriale d'intérêt historique.

¶¶¶ **Altamira,** Cantón, 1 (☎ 81-80-25) ▦ ▨ ▬ ▨ ▨ maison seigneuriale, tranquille, de style baroque.

⚓ **Camping : Santillana** (1ʳᵉ c. ; ☎ 81-82-50).

Restaurants :

¶¶¶ **Parador Gil Blas,** cuisine régionale, « cocido », poissons et fromages.

¶¶ **Los Blasones,** Pza Gándara (☎ 81-80-70) f. dim. soir en hiver ; produits de la mer.

& Achats : artisanat, *Conchita Navarro,* Pza Mayor, bois sculpté.

SANTO DOMINGO DE LA CALZADA (LO) ☎ 941

Hôtels :

¶¶¶ **Parador de Santo Domingo de la Calzada,** Pza del Santo, 3 (☎ 34-03-00) 27 ch. ▨ dans l'ancien hôpital des pèlerins ; seigneurial et tranquille.

¶¶ **Santa Teresita,** General Pinar, 2 (☎ 34-07-00) 78 ch. ▨ dirigé par les religieuses cisterciennes dans les meilleures règles de l'hospitalité.

¶¶ **Río,** Alberto Echegoyen, 2 (☎ 34-00-85) 12 ch. ; confortable.

Restaurants :

¶¶ **La Eibarresa,** Hermosilla, 26 (☎ 34-08-77).

¶¶ **El Peregrino,** Avda. Calahorra, 22 (☎ 34-02-02).

¶ **El Rincón de Emilio,** Pza de Bonifacio Gil, 7 (☎ 34-09-90) cuisine locale, ambiance agréable.

¶ **Albert's,** Hermosilla, 6 (☎ 34-08-27).

SANTO DOMINGO DE SILOS (BU)   ☎ 947

Hôtel :

¶¶¶ **Tres Coronas de Silos,** Pza Mayor, 6 (☎ 38-07-27) 16 ch. ✕ situé dans une maison seigneuriale du XVIIIᵉ s. ; le restaurant, *Casa Emeterio* (f. du 15 janv. au 15 fév.), offre une cuisine simple avec les spécialités de la région.

SANTOÑA (S)   ☎ 942

Hôtels :

¶¶ **Juan de la Cosa,** Playa de Berria

(☏ 66-12-38) ☒ ♨ 🅿 près de la plage ; ouv. de juin à sept.

¶¶ *Berria*, Nueva Berria (☏ 66-08-47) ▣ près de la mer ; ouv. de juin à sept.

¶¶ *Las Dunas*, Playa de Ris, s/n (à Noja ; ☏ 63-01-23) 74 ch. 🅿 près de la plage ; ouv. de juin à sept.

⚠ Campings : *Playa Joyel* (1ʳᵉ c.), Playa de Ris (à Noja ; ☏ 63-00-81) ouv. d'avr. à sept. ; près de la plage. — *Playa La Arena* (2ᵉ c.), Route N.634, km 38 (à Isla ; ☏ 67-93-59) ouv. de juin à sept. ; près de la plage. — *Derby de Loredo* (2ᵉ c.), Route de Somo à Santoña, km 2 (☏ 50-41-81) ouv. de juin à sept. ; près de la plage.

SANTURCE (BI)   ☏ 94

Hôtels :

¶¶ *Barlovento*, Capitán Mendizábal, 15 (☏ 461-20-84) 6 ch. ; près de la plage, simple et central.

¶¶ *Iruña*, Francisco Calles, 1 (☏ 461-06-01) 7 ch. ; simple et confortable.

Restaurants :

¶¶ *Lucas*, Iparraguirre, 34 (☏ 461-68-00) poissons ; vues magnifiques sur le port.

¶ *Kai-Alde*, Capitán Mendizábal, 7 (☏ 461-00-34) cuisine basque.

SARAGOSSE (Z)   ☏ 976

🅸 Office du tourisme : Torreón de la Zuda - Glorieta Pío XII (plan C1 ; ☏ 23-00-27).

Hôtels :

¶¶¶¶¶ *Meliá Zaragoza Corona*, Avda César Augusto, 13 (plan B3 ; ☏ 43-01-00) 251 ch. ✕ ▦ ☒ ▣ ☖ ▣ coiffeur.

¶¶¶¶¶ *N. H. Gran Hotel*, Costa, 5 (plan C4 ; ☏ 22-19-01) 138 ch. ✕ ▦ ☒ ▣ central.

¶¶¶¶ *Palafox*, Casa Jimenez, s/n (plan B3 ; ☏ 23-77-00) 184 ch. ✕ ▦ ☒ ▣ ☖ ▣ sauna.

¶¶¶¶ *Goya*, Cinco de Marzo, 5 (plan C3 ; ☏ 22-93-31) 150 ch. ✕ ▦ ☒ ▣ central.

¶¶¶¶ *Rey Alfonso I*, Coso, 17-19 (plan C3 ; ☏ 39-48-50) 117 ch. ✕ ▦ ☒ ▣ central.

¶¶¶¶ *La Romareda*, Asin y Palacios, 11 (☏ 35-11-00) 90 ch. ▦ ☒ ▣ ▣

¶¶¶¶ *Don Yo*, Bruil, 4-6 (plan C4 ; ☏ 22-67-41) 181 ch ✕ ▦ ☒ ▣ ▣

¶¶¶ *Europa*, Alfonso I, 19 (plan C2 ; ☏ 39-27-00) 54 ch. ☒

¶¶¶ *N. H. Oriente*, Coso, 11 et 13 (plan C3 ; ☏ 39-80-61) 87 ch. ✕ ☒ ▣

¶¶¶ *Paris*, Pedro María Ric, 14 (☏ 23-65-37) 62 ch. ✕ ▦ ☒

¶¶¶ *Ramiro I*, Coso, 123 (plan D3 ; ☏ 29-82-00) 105 ch. ✕ ▦ ☒ ▣

¶¶ *Avenida*, Avda César Augusto, 55 (plan B2 ; ☏ 43-93-00) 48 ch. ☒

¶¶ *Conde Blanco*, Predicadores, 84 (plan B2 ; ☏ 44-14-11) 83 ch. ▦ ☒ ▣

¶¶ *Cataluña*, Coso, 94-96 (plan D3 ; ☏ 21-69-38) 51 ch. ☒ central.

¶¶ *Cesaraugusta*, Avda Anselmo Clavé, 47 (plan A4 ; ☏ 21-08-87) 24 ch. ▣ central.

¶¶ *Ambos Mundos*, Pza del Pilar, 16 (plan CD2 ; ☏ 29-97-04) 54 ch. ☒ central.

¶¶ *Gran Vía*, Gran Vía, 38 (☏ 22-92-13) 41 ch. ☒

¶¶ *Los Molinos*, San Miguel, 28 (plan D3 ; ☏ 22-49-80) 40 ch. ☒

⚠ Camping :
Casablanca (1ᵉ c.), Route N. II Madrid-France (☏ 33-03-22) 576 pl. douches, ☖

Restaurants :

¶¶¶ *Costa Vasca*, Coronel Valenzuela, 13 (plan C3 ; ☏ 21-73-39) cuisine excellente.

¶¶¶ *Gayarre*, Route aéroport, km 4 (☏ 34-43-86) dans une villa de style anglais, excellente cuisine d'influence suisse, inventive et traditionnelle ; ne pas manquer ses desserts.

¶¶¶ *Goyesco*, Manuel Lasala, 4 (☏ 35-68-70).

¶¶¶ *Los Delfinis*, Santander 31. Cafétéria « branchée » au rez-de-chaussée, restaurant raffiné au sous-sol. Nouvelle cuisine espagnole. Ambiance calme et accueil chaleureux. Prix raisonnables.

¶¶¶ *La Mar*, Pza Aragón, 12 (plan C4 ; ☏ 21-22-64) décoration élégante et classique.

¶¶ *Rogelio's*, Eduardo Ibarra, 10 (☏ 35-89-50) 🅿

¶¶ *Zeus*, Santa Clemente, 8 (plan C4 ; ☏ 22-15-33).

¶¶ *El Cachirulo*, Route N.232, km 4,5 (☏ 33-16-74).

¶¶ *Savoy*, Coso, 42 (plan C3 ; ☏ 22-49-16) ▦

¶ *Rudy*, Violante de Hungria, 2 (☏ 35-54-51).

¶ *Chalet Suizo*, Avda Tenor Fleta, 46 (☏ 27-00-23).

¶ *Mesón de Tomas*, Avda de Las Torres, 92 (☏ 23-13-02).

¶ *El Serrablo*, Manuel Lasala, 44 (☎ 35-62-06) décor rustique.

¶ *La Aldaba*, Santa Teresa, 26 (☎ 35-63-79).

¶ *Venta de los Caballos*, Route N.II (☎ 33-23-00) terrasse.

¶ *Txin Gudi*, Agustin de Quinto, 4 (☎ 45-74-75) cuisine basque.

SARRIA (LU) ☎ 982

Hôtel :

¶¶ *Londres*, Calvo Sotelo, 153 (☎ 53-24-56) 20 ch. ✕ ▥ ⊒ central, confortable ; belles vues.

⚓ Achats : à *Samos*, eaux de vie et liqueurs des Bénédictins.

SARRION (TE) ☎ 974

Hôtel :

¶¶ *El Asturiano*, Route Sagunto-Burgos, km 84 (☎ 78-01-54) 15 ch. ✕ ▥

SAUCA (GU) ☎ 911

Hôtel :

¶¶ *Sauca*, Apartado, 25 (☎ 39-01-30) 50 ch. confortable ; établissement de haute montagne dans un site pittoresque.

SEGOVIE (SG) ☎ 921

ⓘ Office du tourisme : Pza Mayor, 10 (plan B2 ; ☎ 43-03-28).

Hôtels :

¶¶¶¶ *Parador de Segovia*, Route de Valladolid, s/n (☎ 44-37-37) 40 ch. ✕ ▥ ▦ ☎ ⚏ ▨ ▣ endroit fonctionnel et moderne ; superbe vue sur Ségovie ; très bonne cuisine castillane et internationale.

¶¶¶ *Acueducto*, Avda Padre Claret, 10 (plan C3 ; ☎ 42-48-00) 71 ch. ▥ ☎ ▣ ⚏ chiens admis.

¶¶¶ *Los Linajes*, Doctor Velasco, 9 (plan B2 ; ☎ 46-04-75) 55 ch. ▥ ☎ ▣ ⚏ ▣ ▣ discothèque.

¶¶¶ *Puerta de Segovia*, Route de Soria, s/n (☎ 43-71-61) 100 ch. ▥ ☎ ⚏ ⊠ ♪ ▣ ✕

Restaurants :

¶¶¶¶ *Mesón de Candido*, Pza del Azoguejo, 5 (plan C3 ; ☎ 42-59-11) ▩ si ce n'est le

meilleur, c'est certainement le restaurant le plus prestigieux d'Espagne ; dans une demeure du xvᵉ s. typiquement castillane.

¶¶¶ *Mesón Duque*, Cervantes, 12 (plan C3 ; ☎ 43-05-37) ▩ cuisine castillane, excellente.

¶¶¶ *La Cocina de San Millán*, San Millán, 5 (plan BC3 ; ☎ 43-62-26) ⚏ ▣ situé dans un ancien palais des marquis de Santa Eulalia ; cuisine originale et de qualité ; f. mer. soir en hiver et en fév.

¶¶ *Casa Amado*, Fernandez Ladreda, 9 (plan C3 ; ☎ 43-20-77) plats ségoviens de qualité ; f. mer. et en oct.

⚜ Fête patronale : le 25 oct.

🚌 Autocars : Paseo Ezequiel González, 10 (plan B3 ; ☎ 42-77-25).

🚃 Gare RENFE : Obispo Quesada, 1 (☎ 42-07-74).

⚓ Achats : *Madre Dominicas*, Capuchinas Alta, 2 ; sculptures selon les techniques du xvɪᵉ s.

SEGUR DE CALAFELL (T) ☎ 977

ⓘ Office du tourisme : Vistula, 1 (☎ 69-13-13).

SEPULVEDA (SG) ☎ 921

Restaurants :

¶¶ *Casa Paulino*, Calvo Sotelo, 2 (☎ 54-00-16) ▩ asados d'agneau ; f. lundi. et en nov.

¶¶ *Cristóbal*, Conde de Sepúlveda, 9 (☎ 54-01-00) ▣ cuisine de la région de Ségovie ; f. mar. et en nov.

SEU D'URGELL [LA] (L) ☎ 973

Hôtels :

¶¶¶ *Castell Motel*, Route Lérida, s/n (☎ 35-07-04) 39 ch. ✕ ▥ ▦ ⊒ ⚏ ▣

¶¶¶ *Parador de la Seu d'Urgell*, Sant Domènec, s/n (☎ 35-20-00) 85 ch. ✕ ▥ ▦ ⊒ ⚏ ⊠ ▣

🚌 Autocars : Pl. José Antonio pour Puigcerdà, Barcelone, Lérida, La Farga de Moles, Coll de Nargo.

✈ Aéroport : de La Seu d'Urgell (☎ 35-15-75).

Sports : informations *ski de fond à Sant Joan de l'Erm* (18 km) : mairie Monferrer-Castellbó (✆ 35-13-46 ou 35-13-43).

♦♦ **Manifestations :** marché mer. et ven. (les fromages de La Seu sont réputés). — carnaval en fév. — fêtes de saint Ot en juil. — festival de musique et Fiesta Mayor en août. — foire de Saint Ermengol début nov.

SEVILLA (S) ✆ 95

ℹ️ Office du tourisme :
Patronato Provincial de Turismo de Sevilla, Adolfo Rodriguez Jurado, 2, 41001 ; ✆ 421-10-91, 422-56-53 ; Fx 421-87-64, télex 72 846.
Oficina de Informacion Turistica, avda de la Constitución, 21, 41004 (plan XXXIV, plan) ; ✆ 422-14-04.
Edificio Costurero de la Reina, paseo de las Delicias ; ✆ 423-44-65.
Direction générale du tourisme (Junta de Andalucia), avda de la Rep. Argentina, 31-b-2º, 41011 ; ✆ 427-36-10.

Hôtels :

¶¶¶¶¶ *Alfonso XIII,* San Fernando, 2 (plan XXXVI-XXXV, BC3). ✆ 422-28-50, Tx 72-725, Fx 421-60-33. ⊁ 149 ch. ▦ ▥ ☎ ▣ mini-bar ☀ ▱ ▢ ℗ ♿ cafétéria, salle de réunion, coiffeur, change. C'est le grand hôtel de Séville qui conserve malgré les aménagements récents le charme des palaces début-de-siècle. Construit pour l'Exposition ibéro-américaine de 1929 et inauguré par Alphonse XIII, il est de style néomudéjar, à l'instar de nombreuses réalisations sévillanes de l'époque.

¶¶¶¶¶ *Tryp Colón,* Canalejas, 1 (plan XXXII, A3, b) ; ✆ 422-29-00, Tx 72-726, Fx 422-09-38 ⊁ 211 ch. ▦ ▥ ▣ ☎ ▣ mini-bar ☀ ▢ ℗ ➚ cafétéria, salles de réunion , coiffeur, sauna, change. Rénové en 1988, c'est l'établissement préféré des toreros et des gens du monde taurin.

¶¶¶¶ *Doña Maria,* Don Remondo, 19 (plan XXXV, C2, n). ✆ 422-49-90. 61 ch. ▦ ▤ ▥ ☎ ▣ mini-bar ☀ ▱ (sur le toit), cafétéria ; dans une petite rue tranquille, à deux pas de la Giralda que l'on peut voir des balcons. Ambiance assez distinguée de vieille demeure seigneuriale : porte provenant d'un ancien palais, mobilier de style.

¶¶¶¶¶ *Inglaterra,* pl. Nueva, 7 (plan XXXIV, B1, h) ; ✆ 422-79-70, Tx 72-244, Fx 456-13-36. ⊁ 120 ch. ▦ ▥ ☎ ▣ ▣ cafétéria, salles de réunions. Très central ; salons et patio, mais les chambres sont assez petites.

¶¶¶¶ *Al-Andalus Palace,* Av. de la Palmera, s/n (plan coul. XXXI, A3 ; ✆ 423-06-00) 678 ch. A quelques kilomètres du centre, un établissement moderne et fonctionnel entouré de jardins et d'aires de sport. Restaurant, bar, piscine, sauna, etc.

¶¶¶¶ *Los Lebreros,* Luis de Morales, 2 (hors plan XXXV, D2). ✆ 457-94-00, Tx 72-722, Fx 458-23-09. ⊁ 439 ch. ▦ ▦ ▥ ☎ ▣ mini-bar ☀ ▱ ▣ cafétéria, salle de réunion, coiffeur, sauna, change, discothèque. Architecture et décor modernes. Plus adapté aux voyages d'affaires qu'à la recherche du dépaysement.

¶¶¶¶ *Los Seises,* Segovia, s/n (✆ 422-94-95, Fx 422-43-34) ▱ ▥ ☀ ⊁ A l'orée du quartier de Santa Cruz (plan XXXV, C2).

¶¶¶¶ *Macarena,* San Juan de Ribera, 2 (plan XXXIII, C1, a). ✆ 437-57-00, Tx 72-815, Fx 438-18-03. ⊁ 305 ch. ▦ ▥ ▣ ☎ ▣ ▱ ▣ ♿ cafétéria, salle de réunion, change. A côté de l'hôpital de las Cinco Llagas dont il est séparé par un grand jardin ; quartier assez bruyant. Beau patio andalou.

¶¶¶¶ *Porta Coeli,* Avda Eduardo Dato, 49 (hors plan XXXV, D2). ✆ 453-35-00, Tx 72-913, Fx 457-85-80. ⊁ 260 ch. ▦ ▥ ☎ ▣ ☀ ▱ ▣ cafétéria, salle de réunion.

¶¶¶ *Alcázar,* Menéndez Pelayo, 10 (plan XXXV, C2, p). ✆ 441-20-11, Tx 72-360, Fx 442-16-59, 96 ch. ▦ ▦ ▥ ☎ ▣ ▣ ▣ cafétéria ; moderne et confortable.

¶¶¶ *América,* Jesús del Gran Poder, 2 (plan XXXII, B3, m). ✆ 422-09-51, Tx 72-709. 100 ch. ▦ ▥ ☎ ▣ mini-bar ☀ cafétéria, change.

¶¶¶ *Bécquer,* Reyes Católicos, 4 (plan XXXIV, A1, l). ✆ 422-89-00, Tx 72-884, Fx 421-44-00. 126 ch. ▦ ▥ ☎ ▣ ▣ cafétéria ; installé dans une maison ancienne ; confort classique.

¶¶¶ *Don Paco,* Pza Padre Jerónimo de Córdoba, 4-5 (plan XXXIII ; CD3). ✆ 422-49-31, Tx 72-332, Fx 422-28-24. ⊁ 220 ch. ▦ ▥ ☎ ▣ ▣ ▱ ▣ cafétéria, salle de réunion, change ; rénové en 1991.

❚❚❚ *Fernando III,* San José, 21 (plan XXXV, C1, o). ☎ 421-77-07, Tx 72-491, Fx 422-02-46. 156 ch. ▩ ▯ ▨ ▣ ☖ ▱ ▱ caféteria, salle de réunion, coiffeur; bien situé et confortable.

❚❚❚ *Monte Carmelo,* Turia, 9 (hors plan XXXIV, AB3). ☎ 427-90-00, Tx 73-195, Fx 427-10-04, 68 ch. ▩ ▯ ▨ ▣ ▱ caféteria, salle de réunion.

❚❚❚❚ *Gran Hotel Lar,* Pl. Carmen Benitez, 3 (plan XXXIII, C3, c) ☎ 441-03-61, Tx 72-816, Fx 441-04-52. ✕ 137 ch. ▩ ▩ ▯ ▨ mini-bar ▱ caféteria, salle de réunion, sauna, change.

❚❚ *La Rábida,* Castelar, 24 (plan XXXVI, B1, i). ☎ 422-09-60, Tx 73-062. ✕ 87 ch. ▩ ▯ ▨ ▣ caféteria, beau patio couvert, restaurant aux murs décorés d'azulejos.

❚❚ *Venecia,* Trajano, 31 (plan XXXII, B2, g) ☎ 438-11-61. 24 ch. ▩ ▯ ▨ ▣ ▱ caféteria.

❚❚ *Reyes Católicos,* Gravina, 57 (plan XXXIV, A1, u). ☎ 421-12-00, Tx 72-729. 26 ch. ▩ ▯ ▨ ▣ caféteria; confortable.

❚❚ *Murillo,* Lope de Rueda, 7-9 (plan XXXV, C2, q). ☎ 421-60-95, Fx 421-96-16. 61 ch. ▯ ▯ ▨ caféteria; maison typique et meubles de style au cœur de Santa Cruz mais confort moyen dans une rue piétonne très animée.

❚❚ *Ducal,* Pl. de la Encarnación, 19 (plan XXXIII, C3, e) ☎ 421-51-07. 51 ch. ▩ ▩ ▯ ▨

❚❚ *Montecarlo,* Gravina, 51 (plan XXXIV, A1, k). ☎ 421-75-03, Tx 72-729. ✕ 25 ch. ▯ ▨ Correct.

❚ *Goya,* Mateos Gazo, 31 (plan XXXV, C1, w). ☎ 421-11-70. 20 ch.

⚊ Campings :

Sevilla Carretera Madrid-Cadiz, km 534, ☎ 451-43-79. Ouv. t.a., 2ᵉ catég., 600 pl. ✕ ▨ bar, caféteria, change, boutique, bungalows; dans un parc ombragé de l'agglomération, près d'une route à grande circulation.

Club de campo, Avda de la Libertad, 13, à Dos Hermanas. ☎ 472-02-50. Ouv. t.a., 1ʳᵉ catég., 114 pl. ✕ ▨ ☖ bar, boutique, buanderie; ** motel ▯ ▩ ▨ ℙ ⚹ caféteria; dans un parc planté de pins, d'acacias et de palmiers, près de la route de Séville (faible trafic).

Villsom, km 554,8 Carretera Sevilla-Cadiz, à Dos Hermanas. ☎ 472-08-28. Ouv. t.a., 2ᵉ catég., 160 pl. ☖ ▨ bar, boutique; parc planté d'orangers.

Restaurants :

❚❚❚❚❚ *El Burladero,* Canalejas, 1; (plan XXXII, A3, b) ☎ 422-20-00. Restaurant de l'hôtel Colón, l'un des grands de Séville; cuisine de haut niveau, très élaborée, grande variété de desserts; menu dégustation.

❚❚❚❚❚ *San Marco,* Cuna, 6 (plan XXXII, B3, n); ☎ 421-24-40; f. dim., lun. midi et août; parking. Table de haut niveau, dans une ancienne demeure au grand patio décoré dans des tons chauds très étudiés, avec des marbres anciens, des verres de Murano, des tableaux, etc. Ambiance italianisante (les propriétaires sont italo-espagnols) qui se retrouve en partie dans la carte révélant une grande imagination culinaire. Création de plats d'inspiration andalouse, au vin de Jerez par exemple.

❚❚❚ *Don Raimundo,* Argote de Molina, 26 (plan XXXV, C1-d); ☎ 422-33-55; f. dim. soir. Au fond d'une ruelle, à deux pas de la Giralda, derrière le palais de l'Archevêché, vieille demeure à la décoration surchargée; un grand patio et une grande cheminée complètent le décor. Cuisines traditionnelles andalouse, et mozarabe pour les desserts; gibier en saison de chasse.

❚❚❚ *Enrique Becerra,* Gamazo, 2 (plan XXXIV, B1, x); ☎ 421-30-49; f. dim. midi et du 15 au 31 août. Décoration de bon goût, peu de tables, public d'habitués. Cuisine tranditionnelle andalouse. On peut aussi manger des tapas.

❚❚❚ *Ox's,* Betis, 61 (plan XXXIV, B3, a); ☎ 427-95-85; f. dim. soir et août. L'ancien restaurant basque Or-iza devenu rôtisserie : de la salle on peut voir, à travers une verrière, l'activité qui règne dans les cuisines. Poissons et viandes au gril, cuisine basque.

❚❚❚ *La Albahaca,* Pl. de Santa Cruz, 12 (plan XXXV, C2); ☎ 422-07-14; f. dim. Grande et vieille maison comportant trois salons indépendants dont la décoration évoque les vieilles demeures nobles : le cadre idéal pour les dîners romantiques, complété par le soin apporté à la présentation des plats.

Terrasse avec tables sur la place. Cuisine andalouse.

¶¶¶ *El Rincón de Curro*, Virgen de Lujan, 45 (hors plan XXXIV, A3) ; ☎ 445-02-38 ; f. dim. et août. Le plus célèbre de la chaîne sévillane de Manuel Hernandez Valle. Spéc. de viandes rouges. Bonne cave. Menu à prix fixe.

¶¶¶ *Rio Grande*, Betis (plan XXXIV, B3, g) ; ☎ 427-39-56. Un des classiques de Séville. L'été, terrasse-jardin où l'on peut dîner en contemplant la Tour de l'Or et la Giralda se reflétant dans le Guadalquivir. Très fréquenté par les touristes.

¶¶ *José Luis*, Avda de la Rep. Argentina, 13 (plan XXXIV, A3, l) ; ☎ 427-70-93 ; f. dim. soir. L'ambiance, la décoration et la cuisine « bourgeoise » en font un restaurant d'habitués. Spécialités de saumon.

¶¶ *Bodegón El Riojano*, Virgen de las Montañas, 1 (hors plan XXXIV, A3) ; ☎ 445-06-82. Presque en face d'El Rincón de Curro, la maison mère. Même style.

¶¶ *Figon del Cabildo*, Pl. del Cabildo (plan XXXIV, B2, c) ; ☎ 422-01-17, f. dim. soir et juil. Restaurant faisant partie d'une chaîne (voir Rincon de Curro, Meson del Riojano). Carte assez variée mêlant cuisines internationale et espagnole.

¶¶ *La Isla*, Arfe, 25 ☎ 421-53-76 (plan XXXIV, B2, k) ; f. lun. et août. Un des plus anciens restaurants de Séville ; un peu bruyant aujourd'hui mais réputé pour la qualité de ses produits.

¶¶ *La Parra*, Gustavo Gallardo, 14 ; ☎ 461-29-59 ; f. sam. midi, dim. et 1er août-10 sept. Patio au printemps et en été.

¶ *La Cocinilla*, Enriqueta Delicado, 1 (plan XXXIV, B3, p) ; ☎ 427-89-68 ; f. dim. soir, lun. et août. Cuisine de maison sévillane ; agneau et cochon de lait.

¶ *La Bahia*, Arcos, 31 (plan XXXIV, A3). Poissons et fruits de mer.

✉ **Poste** : bureau central, Avda de la Constitución, 22 (plan XXXIV, B2) ; si vous avez un objet encombrant à expédier : service des paquets postaux, avda de Molina, s/n ; ☎ 461-51-94.

🚌 **Autobus** :
Lignes régionales, Huelva, Badajoz,
Algeciras, Caceres, Valencia, Valladolid et Lisbonne : *Central*, Prado de S. Sebastián, 1 (☎ 441-71-11). — *Damas*, Segura, 18 (☎ 422-22-72). — *La Estellesa*, Arenal, 7 (☎ 422-58-20) ; *Lignes urbaines*, Diego de Riaño, 2 (☎ 441-63-11). — Diego Barrera, s/n (☎ 423-32-39).

Autocars interurbains. — Des cars quotidiens relient Séville à Lisbonne, Madrid, Valence, Barcelone, Huelva, Badajoz, Caceres, Valladolid, Algeciras et la plupart des grandes villes espagnoles. Une nouvelle gare routière doit entrer en service en 1992 à la place de l'ancienne garde de chemin de fer de Córdoba, pl. de la Legión, plan XXXIV, A1, au bord du Guadalquivir. — Renseignements à la gare routière centrale, prado de San Sebastian, 1 (plan XXXV, D3 ; ☎ 441-71-11), ou auprès de *DAMAS*, Segura, 18 (☎ 422-22-72).

🚆 **Chemin de fer** : les deux anciennes gares de Séville (Estación de Córdoba, pl. de Armas ou de la Legión, plan XXXIV, A1, ☎ 442-88-17, et de Cadiz, av. de Cadiz, plan XXXV, D2, ☎ 441-80-11) sont appelées à disparaître au profit d'une nouvelle, Santa Justa, plan XXXI, A2, ouv. depuis mai 1991, qui centralise progressivement tout le trafic ferroviaire. — *RENFE*, ☎ 441-41-11 ; — trains auto-couchettes et voitures accompagnées, ☎ 422-03-70 ; — billets internationaux, Zaragoza, 29 ; ☎ 421-79-98.

✈ **Aéroport** : *San Pablo* (☎ 451-61-11). — *Iberia Aéroport* (☎ 451-06-77). — *Iberia*, Almirante Lobo, 2 (☎ 422-89-01).

⚓ **Port maritime** : *Comandancia Militar de Marina*, Avda Molini, s/n (☎ 61-41-46). — *Douane nationale*, Avda de la Raza, s/n (☎ 61-55-45).

✤ **Artisanat, souvenirs** : *Éventails : Casa Rubio, Sierpes*, 56.
Antiquités : l'*Asociacion de Anticuarios*, Rodrigo Caro, 7, ☎ 421-65-58, peut donner les adresses des nombreux magasins de la ville.
Artisanat textile (mantilles, broderies) :
— *Julian Ruesga*, San Diego, 8, ☎ 422-96-08. — *Bordados Artesanãa*, pl. Doña Elvira, 4, ☎ 421-47-48. — *Bordados Las Teresas*, Santa Teresa, 3 (broderies anciennes 🏠). — *Juan*

Foronda, Argote de Molina, 18 (châles de Manille brodés).

Céramique : — *fabrique de la Cartuja,* crta de Mérida, km 529, ☎ 439-28-54 ou 439-28-50 ; magasin d'exposition, Alfonso XII, 25 (possibilité de faire personnaliser un service en faïence) ; nombreuses boutiques d'artisans, notamment à Triana ; — *Populart,* Sierpes 4 (artisanat et poteries anciennes).

Cuir : — *Guarnicioneria San Pablo,* Bailén. — *El Caballo,* Antonia Diaz, 7, ☎ 421-81-27 ; articles de très belle qualité (sacs, chaussures, etc.) ; et tout pour le cavalier).

Fer forgé : *Forja Hispalense,* Feria, 130.

Mode : *Victorio* y *Lucchino,* Sierpes, 87 (créateurs de mode ; 🖾) ; — *Fridos,* patio de San Laureano ; — *Missey,* Muñoz Olive ; — *Loewe,* pl. Nueva, 12.

Orfèvrerie : — *Segundo,* Sierpes, 88 (antiquaire spécialisé dans les bijoux anciens mais aussi les tableaux espagnols). — *Jesús Dominguez,* Santa Clara, 89. — *Seco Velasco,* Matahacas, 14. — *Triana,* Pureza, 66.

Grands magasins : — *El Corte Inglés,* Duque de la Victoria, 10, ☎ 422-09-31 et avda Luis Montoto, 122, ☎ 457-14-40. — *Galeria Preciados,* San Pablo, 1, ☎ 421-82-18. — *Simago,* Moscardo, 3, ☎ 421-64-09.

Marchés : *philatélique et numismatique,* dim. matin, Pza del Cabildo. — *aux oiseaux,* dim. matin, Pza de la Alfalfa. — *El «Jueves»* (marché aux puces), jeu. mat. Calle Feria. — *marché aux puces* de la Alameda de Hércules, dim. matin. — marché des gitans, Parque Alcosa (dim. mat. ; vêtements, chaussures, etc.).

SIERRA NEVADA (GR) ☎ 958

Hôtels :

¶¶¶¶ *Melia Sierra Nevada,* Prado Llano (☎ 48-04-00) 221 ch. ▦ ▨ sauna ; très fréquenté.

¶¶¶ *La General Sierra Nevada,* Pradollano (☎ 48-14-50) ▥ ▨ ▩ ▨ ▨ 80 ch. bien équipé pour familles ou groupes, prix très accessibles.

¶¶¶ *Melia Sol y Nieve,* Prado Llano (☎ 48-03-00) 200 ch. ▦ ▨ moderne et animé.

¶¶¶ *Nevasur,* Pradollano, s/n (☎ 48-03-50) 51 ch. ▨ le paradis des skieurs.

Restaurants :

¶¶ *Cunini,* Edificio Bulgaria (Prado Largo ; ☎ 48-01-70) cuisine andalouse, et spécialités de Grenade.

¶ *El Turco,* Plaza de Prodollano (☎ 48-01-17 ; réserver) spécialités turques.

SIGÜENZA (GU) ☎ 911

Hôtels :

¶¶¶¶ *Parador de Turismo Castillo de Siguenza,* Pza del Castillo, s/n (☎ 39-01-00) 82 ch. ✕ ▦ ▣ dans un beau château-palais du xiie s. ; cuisine régionale soignée.

¶¶ *El Doncel,* General Mola, 1 (☎ 39-10-90) 16 ch. agréable.

¶¶ *El Motor,* Route de Madrid (☎ 39-08-27) 10 ch. ✕ simple et confortable ; cuisine régionale.

Restaurants :

¶¶ *El Moderno* (El Pecas), General Mola, 1 (☎ 39-00-01) tapas, chevreau, écrevisses ; f. ven.

¶ *Sanchez,* Humilladero, 11 (☎ 39-05-45) agneau.

SILLA (V) ☎ 96

Hôtels :

¶¶ *Alain,* Reyes Católicos, 98 (☎ 120-08-50) 40 ch. ▦ ▨

¶¶ *El Cisne,* Route N. 332, s/n (☎ 120-09-29) 14 ch. ▨ ▣

¶¶ *Moreno,* Alicante, 80 (☎ 120-11-41) 30 ch. ▣ ▨

SITGES (B) ☎ 93

ℹ Office du tourisme : Pl. d'Eduard Maristany (☎ 894-12-30).

Hôtels :

¶¶¶¶ *Calipolis,* Pg Maritim, s/n (☎ 894-15-00) 170 ch. ✕ ▦ ▦ ▣ ▨ ▨ face à la plage ; confort insuffisant.

¶¶¶¶ *Terramar,* Pg Maritim, s/n (☎ 894-00-50) 209 ch. ✕ ▦ ▣ ▨ ▨ ▣ ▨ ↵

¶¶¶¶ *Antemare,* Avda Verge de Montserrat, 48-50 (☎ 894-70-00) 117 ch. ✕ ▦ ▣ ▨ ▨ ▨ ▣ ▨

¶¶ *Subur,* Espanya, 1 (☎ 894-00-66) 95 ch.

⋊ ▥ ▣ ◿ ▨ ▨ certaines chambres ont un balcon donnant sur la plage.

¶ *Platja d'Or,* Sant Bartolomé, 11 (☎ 894-53-54) 20 ch. ⋊ ▥ ◿

Restaurants :

¶¶¶ *Mare Nostrum,* Pg de la Ribera, 60 (☎ 894-33-93) spécialité de fruits de mer ; f. mer.

¶¶ *La Masia,* Pg de Vilanova, 164-166 (☎ 894-10-76) cuisine catalane.

¶¶ *El Velero «César»,* Pg de la Ribera, 38 (☎ 894-20-51) f. lun.

¶ *El Xalet,* Isla de Cuba, 31-33 (☎ 894-55-79) grand jardin ; f. mer.

Manifestations : *Grand Carnaval* et *rallye de voitures anciennes* Sitges-Barcelone en fév.-mars. — fêtes du Corpus, *tapis de fleurs,* en mai-juin, superbe. — Fiesta Mayor solennelle le 26 août avec représentation de *scènes de la Passion.* — Université Internationale Menendez i Pelayo en sept. — *Festival de cinéma fantastique et de théâtre,* en octobre. — *Festival de théâtre,* en juin.

SOLARES (S)   ☎ 942

Hôtel :

¶¶ *Casa Enrique,* Estación, 31 (☎ 52-00-73) 10 ch. ⋊ ▥ ▬ ▨ ▨ central et confortable ; cuisine typique de la « Montaña ».

SOLLER (PM)   ☎ 971

Hôtels :

¶¶¶ *Edén,* Es Traves, 26, port de Sóller (☎ 63-16-00) 152 ch. ⋊ ▥ ◿ ▨ ▨ ▥ sur le port de pêche.

¶¶¶ *Espléndido,* Marina Es Traves, 23, port de Sóller (☎ 63-18-50) 104 ch. ⋊ ▥ ◿ ▨ ▨

¶¶ *La Calobra,* Playa de La Calobra, s/n, Sa Calobra (☎ 51-70-16) 51 ch. ⋊ ▥ ◿ ▨ ▨ ▨ pour les amateurs de calme et de randonnées ; tout près d'une grève, entre les parois de la calanque.

¶ *Generoso,* Marina, 4, port de Sóller (☎ 63-14-50) 109 ch. ⋊ ▥ ◿ ▨

¶ *Costa Brava,* Playa de Sóller, port de Sóller (☎ 63-15-50) 57 ch. ⋊ ▥ ◿ ▨ ▨

¶ *Brisas,* Camino de Muleta, s/n, port de Sóller (☎ 63-13-52) 47 ch. ⋊ ◿ ▨

Restaurants :

¶ *El Guía,* Castañer, 3 (près de la gare de Sóller ; ☎ 63-02-27) cuisine familiale, d'excellente qualité.

¶ *Es Canyís,* Playa d'En Repic, port de Sóller (☎ 63-14-06) poisson fraîchement pêché.

¶ *Escorca,* Route Lluc-Sóller, Escorca (☎ 51-70-95) spécialité : chevreau rôti ; cuisine majorquine dans un cadre montagnard.

SOLSONA (L)   ☎ 973

ℹ Office du tourisme : Castell, 20 (☎ 811-00-50).

Hôtels :

¶¶¶ *Gran Sol,* Route de Manresa (☎ 48-09-75) 54 ch. ⋊ ▥ ▣ ◿ ▨ ▨ ▥ ◿ ▨

¶¶ *San Roc,* Pl. de Sant Roque, 2 (☎ 48-08-27) 31 ch. ⋊ ▥ ℗

Sports : informations station de ski de descente de *Prat del Comte,* Apt. 26 (☎ 811-04-81 ou 811-09-38, 811-09-50, 811-09-12).

Manifestation : belles fêtes du Corpus en juin.

SOMOSIERRA (M)   ☎ 91

Restaurant :

¶ *Mesón La Conce,* Route d'Irún, km 92 (☎ 869-90-14) viandes et ragoûts.

SORIA (SO)   ☎ 975

ℹ Office du tourisme : Alfonso VIII, 1 (plan A2-3 ; ☎ 22-48-55).

Hôtels :

¶¶¶ *Husa Alfonso VIII,* Alfonso VIII, 10 (plan A3 ; ☎ 22-62-11) 160 ch. ⋊ ▥ ▤ ▨ ▨

¶¶¶ *Parador de Turismo Nacional Antonio Machado,* Parque del Castillo, s/n (plan D3 ; ☎ 21-34-45) 14 ch. ⋊ ▥ ▨ ▨ ▨ ℗ très belles vues sur le Douro et la ville ; cuisine de bonne qualité.

¶¶¶ *Caballero,* Eduardo Saavedra, 4 (sortir par la route de Burgos ; ☎ 22-01-00) 84 ch. ⋊ ▥ ▨ ▨ ℗ discothèque.

⛺ Camping : *Fuente de la Teja* (2ᵉ c.), Route de Madrid (☎ 22-29-67) ouv. toute l'année.

Restaurants :

¶¶ *Maroto,* Paseo del Espolón, 20 (plan A2 ; ✆ 22-40-86) ▦ ☐ ▨ cuisine internationale et régionale de qualité.

¶¶ *Casa Garrido,* Manuel Vicente Tutor, 8 (plan A2 ; ✆ 22-20-68) ▦ spécialité viandes ; f. mer.

¶ *Mesón Castellano,* pl. Mayor, 2 (plan B2 ; ✆ 21-30-45) spécialités régionales.

▭▭ Gare : (✆ 23-02-02).

SORT (L)   ✆ 973

Hôtel :

¶¶ *Pessets II,* Route de Seo d'Urgell, s/n (✆ 62-00-00) 80 ch. ✕ ▥ ⊿ ❀ ☐ ❧ ▨

Sports : *station-école de ski de Llessui,* Comtes de Pallars, 40 (✆ 62-00-43). — *concours international de pirogue* en juil.-août sur la Noguera Pallaresa.

SOS DEL REY CATOLICO (Z)   ✆ 948

Hôtel :

¶¶¶ *Parador Fernando de Aragón* (✆ 88-80-11) 66 ch. ✕ ▦ ▨ ℗

SOTOGRANDE (CA)   ✆ 956

Hôtel :

¶¶¶¶ *Sotogrande,* Route N. 340, km 132 (✆ 79-21-00) 46 ch. ❀ ☐ ❧ ✕

SUANCES (S)   ✆ 942

Hôtel :

¶¶¶ *Vivero,* Ceballos 75-A (✆ 81-13-02) 29 ch. ▥ ▨ belles vues ; sur la plage.

Restaurant :

¶ *Sito,* Avda de la Marina, 3 (✆ 81-04-16) près de la plage ; très bonne cuisine, excellents poissons et crustacés.

SUECA (V)   ✆ 96

Hôtel :

¶ *Ariane,* Mareny del Vilches, s/n (✆ 176-07-16) 36 ch. ❀ près de la plage.

Restaurant :

¶ *Blayet,* Avda Gaviotas, 19 (El Perelló ; ✆ 177-01-84) cuisine locale familiale.

TACORONTE (TF)   ✆ 922

Hôtel :

¶¶¶ *Mar y Sol,* Urbanización Mesa del Mar (✆ 56-11-04) 108 ch. ❀ ☐ ▨ près de la plage, belles vues.

Restaurants :

¶¶ *Parque Mesa del Mar,* Urbanización Mesa del mar (✆ 56-13-00) cuisine internationale.

¶ *Las Cuevas de Tacoronte,* Route Nueva, 12 (✆ 56-04-14) cuisine canarienne.

¶ *Los Arcos,* Route General, 254 (✆ 56-09-65) produits de la mer.

TAFALLA (NA)   ✆ 948

Hôtels :

¶¶ *Tafalla,* Route de Saragosse (✆ 70-03-00) 30 ch. simple et confortable.

¶ *Quiñon,* Severino Fernández, 42 (✆ 70-01-00).

Restaurants :

¶¶ *El Rincón del Chato,* Pza de Navarra, 10 (✆ 70-00-28).

¶¶ *Tubal,* Pza de Navarra, 2 (✆ 70-08-52) cuisine navarraise.

¶ *Zapata,* Pza de Navarre, 7 (✆ 70-00-02).

TAFIRA ALTA (GC)   ✆ 928

Restaurants :

¶¶ *Jardín canario,* Route de Las Palmas (✆ 35-16-45) cuisine canarienne, belles vues sur le jardin botanique.

¶ *La Masia de Canarias,* Murillo, 36 (✆ 35-01-20) terrasse.

TALAMANCA DE JARAMA (M)   ✆ 91

Hôtel :

¶¶ *El Jarama,* Guadalajara, 16 (✆ 14) ; simple et confortable.

TALAVERA DE LA REINA (TO)   ✆ 925

Hôtels :

¶¶¶ *Beatriz,* Avda de Madrid, 1 (✆ 80-76-00) 161 ch. ▦ ▨ ✕ central et confortable ; restaurant *Anticuario.*

¶¶¶ *León,* Route d'Extremadura, km 119 (✆ 80-29-00) 30 ch. ▦ ❀ ☐ ℗

¶¶ *Perales,* Avda Pío XII, 3 (☏ 80-39-00) 65 ch. confortable.

¶¶ *Talavera,* Avda Gregorio Ruíz, 1 (☏ 80-02-00) 80 ch. ▣ bien situé.

¶ *Auto-Estación,* Avda de Toledo, 1 (☏ 80-03-00) 40 ch. confortable; au cœur de la ville.

Restaurants :

¶¶ *Mesón del Arcipreste,* Banderas de Castilla, 14 (☏ 80-40-92) bonnes spécialités régionales.

¶ *Antonio,* Avda de Portugal, 6 (☏ 80-40-17) cuisine familiale avec de bonnes tapas.

¶ *El Príncipe,* Avda Príncipe, 1 (☏ 80-36-47) cuisine internationale; quelques plats locaux.

¶ *Un alto en el camino,* Route N. V, km 119 (☏ 80-41-07) cuisine locale.

𝟳 Achats : céramiques, *Hermanos Galán,* Puerta Cuatro, 31 ; *Timoteo Paciencia,* Capitán Luque, 24 ; *La Talabricense,* Marqués de Mirasol, 30 ; *Luís Santamaría,* Charcón, 7 ; *Cooperativa El Carmen,* Route d'Extremadura, km 118 ; *Mave,* Avda Pío XII, 111.

TAPIA DE CASARIEGO (O)   ☏ 98

Hôtel :

¶¶ *San Antón,* Plaza San Blas, 2 (☏ 562-81-00) 18 ch. ▥ ◿ ☒ ◿ central, près de la plage.

Restaurant :

¶¶ *Palermo,* Bonifacio Amago, 13, derrière l'ayuntamiento (☏ 562-83-70) cuisine asturienne.

TARANCON (CU)   ☏ 969

Hôtels :

¶¶ *Polo,* Francisco Ruiz Jarabo, 39 (☏ 11-05-00) 31 ch. confortable et central.

¶¶ *Sur,* Route Madrid-Valence, km 82 (☏ 11-06-00) 33 ch.

¶ *Pilcar,* Route Madrid-Valence, km 82 (☏ 11-06-25) 9 ch.

Restaurants :

¶ *El Cruce,* Route Madrid-Valence, km 81 (☏ 11-07-11) cuisine et vins du pays.

¶ *Mesón del Cantarero,* Route Madrid-Valence, km 80, 300 (☏ 11-05-33) agneau à la graisse ; vins de pays ; f. mar.

TARAZONA (Z)   ☏ 976

Hôtels :

¶¶ *Brujas de Bécquer,* Route de Saragosse, s/n (☏ 64-04-04) 60 ch. ⤫ ☒ ☒ ℗

¶ *María Cristina,* Route de Castilla, 3 (☏ 64-00-84) 5 ch. central

---

TARIFA (CA)   ☏ 956

Hôtels :

¶¶¶ *Balcón de España,* route Cadix-Málaga, km 76 (☏ 68-43-26) ☒ ☒ ♫ 38 bungalows tranquilles et accueillants, près de la mer.

¶¶ *Dos Mares,* Route de Cadix, km 79,5 (☏ 68-40-35) 4 ch. et 15 bungalows ☒ ♫

¶¶ *Mesón de Sancho,* Route Cadix-Málaga, km 94 (☏ 68-49-00) 45 ch. et 7 bungalows ☒ ☒ ♫ dans un bois de chênes-lièges.

¶ *Villanueva,* Andalucía, 11 (☏ 68-41-49) 12 ch.

𝗔 Campings : *Paloma* (2ᵉ c.), Route N. 340, km 72,6 (☏ 68-42-03) ; douches ✈ près de la plage. — *Río Jara* (2ᵉ c.), Route N. 340, km 80 (☏ 68-05-70) douches, bien ombragé, près de la plage. — *Torre de la Peña* (2ᵉ c.), Route N. 340, km 76,5 (☏ 68-49-03) ; douches, belles vues sur le détroit de Gibraltar. — *Torre de la Peña II* (2ᵉ c.), Route N. 340, km 74 (☏ 68-41-74) ; douches, assez ombragé ; près de la plage.

Restaurants :

¶ *Chez Nous,* Puerto del Bujeo (☏ 66-15-18) dans une villa à flanc de montagne, cuisine française.

¶ *La Cordorniz,* Route N340, km 77 (☏ 68-47-44) cuisine andalouse.

Achats : gastronomie, *Martinez y Ródenas,* Pza de los Lances (☏ 68-40-03) thon...

⛴ *Station maritime :* ☏ 68-47-51 et 68-43-21.

TARRAGONE (T)   ☏ 977

𝗶 Office du tourisme : Rbla Nova, 46 (plan B2; ☏ 23-34-15); Pl. de la Font (Ajuntament; plan C2; ☏ 23-48-12); Mendez Nunez, 1 (plan C3; ☏ 23-89-22).

Hôtels :

▜▜▜▜ *Imperial Tarraco,* Rambla Vella, 2 (plan D3 ; ☎ 23-30-40) 170 ch. ✕ ▥ ▦ 🅟 ⊟ ▩ ❊ ▥ ♫ ▩ 🅟 admirablement situé sur le rebord d'un plateau qui domine la plage del Miracle.

▜▜▜ *Astari,* Via Augusta, 95 (plan D2 ; ☎ 23-69-11) 83 ch. ✕ ⊟ ▩ ❊ ▥ ▩ non loin de la mer ; confortable et doté d'un bon restaurant.

▜ *Urbis,* Reding, 20 (plan B3 ; ☎ 24-01-16) 58 ch. ⊟ ❊ ♫ ▩

▜ *Marina,* Via Augusta, 151 (plan D2 ; ☎ 23-30-27) 26 ch. ⊟ ❊ ♫

Restaurants :

▜▜ *Sol Ric,* Via Augusta, 227 (plan D2 ; ☎ 23-20-32) une belle carte et de bons vins ; f. lun. et mer. soir.

▜ *Cal Brut,* Sant Pere, 14 (plan A3 ; ☎ 24-14-05) spécialités de fruits de mer ; f. dim. soir.

✉ Poste et téléphone : *bureau central,* Pl. Corsini (plan B3). — *téléphones,* Rbla Nova (plan B2). — *télégrammes* par tél. (☎ 22-20-00).

🚂 Gare : *RENFE* informations (☎ 24-02-02 / 23-25-34) ; vente des billets, Rambla Nova, 40 (plan B2 ; ☎ 23-30-34) ; gare dans la ville basse, près de la mer, à 10 mn à pied de la Rambla Nova (plan C3) ; trains pour Barcelone, la France, Valence, Reus, Saragosse, Madrid.

✈ Aéroport de Reus : informations (☎ 75-75-15) ; *Iberia* (☎ 21-03-09).

Consulats : *Belgique,* Rbla Nova, 109, 2ᵉ ét. (plan B2 ; ☎ 21-70-64) ; *France,* Smith, 37 (☎ 22-30-51) ; *Grande-Bretagne,* Santian, 4 (☎ 23-25-02 et 23-71-49) ; *Italie,* Via de l'Imperi, 11 bis (plan C2 ; ☎ 23-43-18) ; *Suisse,* Apodaca, 27 1ᵉʳ et 2ᵉ ét. (☎ 22-49-11 et 22-49-12).

⛵ Port de plaisance : *Club Nàutic* de Tarragone (☎ 21-03-60).

❊ Manifestations : *Festival de Tarragone,* en juin, juil., août : théâtre, danse, musique, cinéma (se renseigner à l'Ajuntament et aux guichets de la Caixa de Barcelona). — le 19 août, *Sant Magi.* — le 23 septembre, *fêtes de Santa Tecla,* patronne de la ville.

Salle d'expositions : la Caixa, Pl. Ponent, 6 (☎ 22-79-53).

TARREGA (L) ☎ 973

ℹ Office du tourisme : Les Piques, 1 (☎ 31-07-31).

🚌 Autocars : Pl. de Rafael de Casanova, *(RENFE)* pour la Pobla de Segur, Barcelone, Reus, Lérida, Balaguer.

❊ Manifestations : important festival de théâtre de rue en sept.

TAZACORTE (TF) ☎ 922

Restaurant :

▜ *Playa Mont,* Playa de Tazacorte (☎ 48-04-43) produits de la mer, spécialités canariennes.

TEGUISE (GC) ☎ 928

Hôtel :

▜▜▜▜▜ *Meliá Las Salinas,* Costa Teguise (☎ 81-30-40) 310 ch. ✕ ▦ ▩ ❊ ▥ ♫ ✗ ▩ gymnase, sauna ; hôtel moderne à l'architecture originale, belles terrasses ; belle vue de la salle à manger ; cuisine internationale avec des spécialités canariennes.

Restaurants :

▜▜ *La Chimenea,* Las Cucharas (☎ 81-47-00) cuisine au grill.

▜▜ *Los Molinos,* Urbanización Los Molinos (☎ 81-20-16) ambiance agréable, belle vue.

▜ *Tipo Canario,* Punta Mujeres (Arrieta) « guinguette » offrant des poissons fraîchement pêchés et frits.

TEJEDA (GC) ☎ 928

Hôtel :

▜▜▜▜ *Parador Cruz de Tejeda,* Hernández Guerra, 9 (☎ 65-80-50) 7 ch. dans un beau paysage.

TEMBLEQUE (TO) ☎ 925

Hôtels :

▜▜ *Motel El Queso,* Route N.IV, km 102 (☎ 14-50-63) 30 ch. fonctionnel.

▜▜ *La Purísima,* Route N.IV, km 94 (☎ 14-50-78) 31 ch.

TEROR (GC) ☏ 928

Restaurant :
¶ *San Matías,* Route de Arucas (☏ 63-07-65) terrasse avec vue sur les montagnes et le village.

TERRASSA (TARRASA) (B) ☏ 93

Restaurant :
¶¶¶ *Casa Toni,* Route de Casteller, 124 (☏ 783-97-44) spécialité de fruits de mer ; f. lun.

TERUEL (TE) ☏ 978

ℹ️ Office du tourisme : Tomás Nogués, 1 (☏ 60-22-79).

Hôtels :
¶¶¶ *Parador de Teruel,* Route de Saragosse (☏ 60-18-00) 62 ch. ✕ ☎ ⌧ ⌕
¶¶¶ *Reina Cristina,* Paseo del Óvalo, 1 (plan B3 ; ☏ 60-68-60) 62 ch. ✕ ☎ ⌧ dans le centre.
¶¶ *Civera,* Avda Sagunto, 37 (☏ 60-23-00) 73 ch. ✕ ☎
¶ *Goya,* Tomás Nogués, 4 (plan B2 ; ☏ 60-14-50) 24 ch. ☎
¶ *Oriente,* Avda Sagunto, 5 (☏ 60-15-50) 31 ch. ☎
¶ *Alpino,* Route Sagunto-Burgos, km 114 (☏ 60-61-58) 32 ch. ✕ ⌕ ⌧
¶ *El Milagro,* Route Sagunto-Burgos, km 234 (☏ 60-30-95) 27 ch. ✕ ⌧ ⌧

TOJA [LA] (A TOXA) (PO) ☏ 986

Hôtels :
¶¶¶¶¶ *Gran Hotel de La Toja* (☏ 73-00-25) 201 ch. ✕ ⌬ ⌧ ⌧ ⌧ ⌧ ⌧ ⌧ ⌧ ⌧ ⌧ ⌧ dans une pinède, avec de belles vues sur la mer ; hôtel luxueux et feutré style « Belle Époque ».
¶¶¶¶ *Louxo,* (☏ 73-02-00) 96 ch. ⌬ ⌧ ⌧ ☎ ⌕ ⌧ ⌧ ⌧ excellentes installations dans la belle pinède de La Toja.
¶ *Balneario* (☏ 73-01-50) 41 ch. ⌬ ⌧ ☎ ⌕ ⌧ ⌧ ⌧ très confortable.

TOLEDE (TO) ☏ 925

ℹ️ Office du tourisme : Puerta de Bisagra (plan D1 ; ☏ 22-08-43).

Hôtels :
¶¶¶¶ *Parador Conde de Orgaz,* Cervo del Emperador, s/n (plan coul. XXXIX, D4 ; ☏ 22-18-50) 75 ch. ⌬ ⌕ ⌧ ⌧ ⌧ sur la colline del Emperador, magnifiques vues sur la ville ✕. C'est ici que le Greco aurait peint son fameux *Panorámica de Toledo.*
¶¶¶ *Alfonso VI,* General Moscardo, 2 (plan coul. XXXIX, E3 ; ☏ 22-26-00) 88 ch. ⌬ ⌧ près de l'Alcázar. Décoration typiquement castillane.
¶¶¶ *Hostal del Cardenal,* Paseo Recaredo, 24 (plan coul. XXXVIII, C1 ; ☏ 22-49-00) 27 ch. ✕ ⌧ beaux jardins ; chiens admis ; dans l'ancienne résidence d'été du cardinal Lorenzana ; tranquille et seigneurial ; excellentes spécialités castillanes.
¶¶ *Carlos V,* Trastamara, 1 (plan coul. XXXIX, D2 ; ☏ 22-21-00) 55 ch. ✕ ☎ ⌬ chiens admis ; dans le centre.
¶¶ *Los Cigarrales,* Route de Circunvalación, 32 (plan coul. XXXVIII, A4 ; ☏ 22-00-53) 36 ch. ⌬ ⌧ ✕ chiens admis.
¶¶ *Maravilla,* Barrio Rey, 7 (plan coul. XXXIX, D2 ; ☏ 22-33-04) 18 ch. central et pittoresque dont presque toutes les fenêtres donnent sur la place Zocodover, très animée (nombreuses terrasses de restaurants l'été).
¶¶ *Los Guerreros,* Avda Reconquista, 8 (plan coul. XXXVIII, C1 ; ☏ 21-18-07) 9 ch. tranquille, confortable ⌬ ✕ ⌕ ; près de la Puerta de Bisagra.
¶¶ *Los Gavilanes,* Route de Madrid, km 65 (☏ 22-46-22) 6 ch. ⌕ ⌧ ⌧
¶ *Madrid,* sortie vers Madrid (plan coul. XXXIX, D1 ; ☏ 22-11-14) 10 ch. confortables.

⛺ Campings : *Toledo* (1re c.), Route Madrid-Tolède, km 63,2 (☏ 38-80-13) ⌧ bien ombragé, douches ✕ (ouv. l'été). — *El Greco* (2e c.), Route Tolède-Talavera (El Cigarral ; ☏ 21-35-37) ⌧ douches ✕ ; tte l'année. — *Circo Romano* (2e c.), Avda Carlos III (☏ 22-04-42 ; ouv. de mars à sept.) ⌧ douches.

Auberge de jeunesse, Castillo de San Servando, près de la gare. Vue magnifique. Petits dortoirs impeccables. ⌧

Restaurants :
¶¶ *Casa Aurelio,* Sinagoga, 6 (plan coul. XXXIX, D2 ; ☏ 22-20-97) bonne cuisine régionale. Spéc. : la perdrix à l'étouffée.
¶¶ *Siglo XIX,* Cardenal Tavera, 10 (hors

plan coul. XXXIX, D1 ; ☎ 22-51-83) dans un style « Belle Époque » ; cuisine imaginative avec quelques plats traditionnels.

¶¶ *Venta de Aires,* Circo Romano, 25 (plan coul. XXXVIII, B1 ; plan B1 ; ☎ 22-05-45). Un classique de Tolède ; cuisine locale, dans une auberge du XIXᵉ s.

¶¶ *Asador Adolfo,* La Granada, 6 (plan coul. XXXIX, D2 ; ☎ 22-73-21). Bonne cuisine castillane dans une maison du XIVᵉ s. qui conserve un beau plafond mudéjar.

¶¶ *La Parrilla,* Horno de los Vizcochos, 8 (plan coul. XXXIX, E2 ; ☎ 21-22-45). Non loin de l'hôtel Carlos V. Sympathique et raisonnable. Spécialités régionales comme le lapin de La Mancha.

¶¶ *La Tarasca,* Hombre de Palo, 8 (plan coul. XXXIX, D2, ☎ 22-43-42). Délicieuse cuisine castillane. Goûtez les courgettes à la toledane ou encore l'agneau grillé.

¶ *Sinaí,* Reyes Católicos, 7 (plan coul. XXXVIII, B2-3 ; ☎ 22-26-23) cuisine orientale, casher.

¶ *Hierbabuena,* Cristo de la Luz, 9 (plan coul. XXXIX, D2 ; ☎ 22-34-63) belle construction arabe. Spécialités telles que les soupes de palourdes aux haricots blancs et les ris de veau aux pousses d'ail ou encore l'escalope de veau à la confiture de groseilles.

🛍 Achats : artisanat, *Francisco Gonzalez Burgueño,* S. Martín, 5 (plan coul. XXXVIII, A2 ; ☎ 22-31-17). — armes, *Fábrica de Armas de Toledo,* Vega Baja. — mazapanes, *Santo Tomé,* Santo Tomé, 5 (plan coul. XXXVIII, C3 ; ☎ 22-37-63) ; *Casa Telesforo,* Pza Zodocover, 47 (plan coul. XXXIX, E2 ; ☎ 22-33-79) ; *Convento de Jesús y María,* élaborés par les 19 dominicains.

TOLOSA (SS)   ☎ 943

Hôtel :

¶¶¶ *Laskibar,* Route Madrid-Irún, km 444 (☎ 69-21-16) 🍴 ▥ très confortable.

Restaurants :

¶¶ *Julián,* Sta Clara, 6 (☎ 67-14-17) cuisine basque, « chapelle sixtine » du chuletón.

¶¶ *Nicolás,* Zumalacárregui, 7 (☎ 65-47-59) cuisine traditionnelle, avec de bonnes grillades.

TOMELLOSO (C.R.)   ☎ 926

Hôtel :

¶¶ *Paloma,* Campo, 10 (☎ 51-33-00) 40 ch. confortable.

TOMIÑO (PO)   ☎ 986

Hôtel :

¶ *Tana,* Avda del Generalísimo, 2 (☎ 62-20-78) 18 ch. 🍴 ▥ ⬛ 🍽 central, avec une jolie vue sur la mer.

TONA (B)   ☎ 93

Hôtels :

¶¶ *Cuatro Carreteras,* Route Barcelone-Puigcerdà, km 58 (☎ 887-03-50) 22 ch. 🍴 ▥ ▥ ⬛ 🍽 ▣

¶ *Prat,* Dr. A. Bayes, 45 (☎ 887-00-18) 35 ch. 🍴 ▥ 🍽 🔲 ▣

Restaurant :

¶¶¶ *Aloha,* Route de Manresa, 6 (☎ 887-02-77) ▣

TORDESILLAS (VA)   ☎ 983

Hôtel :

¶¶¶ *Parador de Tordesillas,* Route de Salamanque, km 152 (☎ 77-00-51) 73 ch. 🍴 ▥ ▦ ▥ 🍽 ▣ ▣ ♨ dans un cadre agréable et reposant, au milieu d'une pinède.

Restaurant :

¶¶ *Asador Valderrey,* route de Madrid à La Corogne, 1 (☎ 77-11-72). Spécialité de cochon de lait et d'agneau rôti.

TORLA (HU)   ☎ 974

Hôtels :

¶¶ *Ordesa,* Route d'Ordesa (☎ 48-61-25) 69 ch. 🍴 ▦ 🍽 🔲 ▣ central.

¶ *Bujaruelo,* Route d'Ordesa, s/n (☎ 48-61-74) 27 ch. 🍴 ▣ central.

¶ *Edelweiss,* Route d'Ordesa, s/n (☎ 48-61-73) 33 ch. 🍴 🍽 ▣

¶ *Bella Vista,* Avda de Ordesa, 6 (☎ 48-61-53) 22 ch.

TORO (ZA)   ☎ 988

Hôtel :

¶¶¶ *Juan II,* Paseo del Espolón, 1

(☏ 69-03-00) 42 ch. ✕ ▥ ⊠ ▱ ⓟ cuisine régionale ; excellentes viandes.

  🛍 Achats : gastronomie, *Bodega Luis Mateos,* Eras de Santa Catalina (☏ 69-08-98) vins rouges de bonne qualité.

TORRALBA DE CALATRAVA (C.R.)   ☏ 926

Hôtel :
¶¶ *El Toledano,* Route N.430, km 256 (☏ 81-02-50) 16 ch. confortable.

TORRE DEL CAMPO (J)   ☏ 953

Hôtel :
¶¶ *Torrezaf,* ctra Cordoba, 90 (☏ 56-71-00) 33 ch. ▤ ▱

TORRE DEL MAR (MA)   ☏ 952

Hôtels :
¶¶ *Myriam,* Av. Andalucia, 102 (☏ 54-13-00) ⊕ ⊠
¶ *Mediterráneo,* Avda de Andalucía, 67 (☏ 54-08-43) 18 ch.

TORREBLANCA (CS)   ☏ 964

Hôtel :
¶¶ *Los Prados,* Avda Rey Juan Carlos, 2 (☏ 42-02-92) 15 ch. ⊕ ⊠
△ Camping : *Torrenostra* (2ᵉ c. ; ☏ 42-05-37) ; Route Valence-Barcelone, km 102 ; dans les eucalyptus, à 100 m de la plage.

TORREDEMBARRA (T)   ☏ 977

🛈 Office du tourisme : Av. de Pompeu Fabra, 3 (☏ 64-03-31).
Hôtels :
¶¶ *Costa Fina,* Av. Montserrat, s/n (☏ 64-00-75) 48 ch. ✕ ▥ ⊿ ⊠ ⊕
¶¶ *Morros,* Pérez Galdos, 8 (☏ 64-03-00) 81 ch. ✕ ▥ ⊿ ⊿ ⊠ ⊕ ouv. mi-mars-fin sept.
Restaurant :
¶¶¶ *Morros,* Pg del Mar, s/n (☏ 64-00-61) cuisine catalane et internationale.
🎎 Manifestation : *procession du tableau de Santa Rosalia,* le 15 juil.

TORREJON DE ARDOZ (M)   ☏ 91

Hôtel :
¶¶¶ *Torrejón,* Avda de la Constitución, s/n (☏ 675-26-44) 58 ch. ✕ ▤ ⊠ ⊕ ⓟ
Restaurants :
¶¶ *Vaquerín,* Ronda de Poniente, s/n (☏ 675-66-20) cuisine castillane, bonnes viandes.
¶ *Sanmoy,* Daganzo, s/n (☏ 675-55-94) cuisine locale, terrasse agréable.

TORRELAGUNA (M)   ☏ 91

△ Camping : *D'Oremor* (2ᵉ c.), à Cabanillas de la Sierra (☏ 843-90-34) ⊠ douches ; bien ombragé. — *Pico de la Miel* (2ᵉ c.), Finca Prado Nuevo, Route N.I, km 58 (à La Cabrera ; ☏ 868-08-82) ⊠ ⅋ douches.

TORRELAVEGA (S)   ☏ 942

Hôtels :
¶¶¶ *Marqués de Santillana,* Marqués de Santillana, 8 (☏ 89-29-34) 32 ch. ▥ ⊠ ⊕ ⊠ ⓟ dans le centre ; moderne.
¶¶¶ *Regio,* José María de Pereda, 34 (☏ 88-15-05) 24 ch. ✕ ▥ ⊠
Restaurants :
¶ *Le Morvan,* Avda de Solvay, 13 (☏ 89-54-53) ⓟ f. dim. ; cuisine régionale et quelques plats français.
¶¶ *Jockey,* Martíres, 15 (☏ 89-50-10) ▤ f. dim. ; nouvelle cuisine régionale ; très bons poissons.
🛍 Achats : gastronomie, *A. González,* Pereda, 50, fromages de Cantabrie. — cuir, *Carranza,* Julián Ceballos, 20.

TORREMOLINOS (MA)   ☏ 95

🛈 Office du tourisme, La Nogalera, 517 (☏ 238-15-78). — María Barrabino, 12 (☏ 238-00-38).
Hôtels :
¶¶¶¶¶ *Melia Torremolinos,* Avda Carlota Alessandri, 109 (☏ 238-05-00) 283 ch. ▤ ⊕ ⅋ ⊕ luxueuses installations dans un grand jardin.
¶¶¶¶ *Pez Espada,* Via Imperial, 11 (☏ 238-03-00) 149 ch. ▥ ⊕ ⊠ ⅋ ⊕
¶¶¶¶ *Parador del Golf,* Route N.340 (☏ 238-12-55) 40 ch. ▥ ⊕ ⊠ ⅋ ⅄ près de la plage et des terrains de golf.

¶¶¶¶ *Al Andalus,* Avda Montemar, s/n
(☎ 238-12-00) 177 ch. ▩ ⬚ ♪

¶¶¶¶ *Tropicana,* Trópico, 6, Montemar
(☎ 238-66-00) ▩ ⬚ ☒ ⬚ ▩ ℗ ⬚ 85 ch.
près de la plage, très animé.

¶¶¶¶ *Cervantes,* Las Mercedes, s/n
(☎ 238-40-33) 392 ch. ▩ ☆ ⬚ ⬚ près de
la plage.

¶¶¶ *Aloha Puerta Sol,* Via Imperial, 55
(☎ 238-70-66) 400 ch. ▩ ⬚ ♪ ℗

¶¶¶ *Amaragua,* Los Nidos, 23 (☎ 238-47-00)
198 ch. ☆ ⬚ ♪ ℗ près de la plage.

¶¶¶ *Don Pedro,* Avda del Lido, s/n
(☎ 238-68-44) 272 ch. ☆ ⬚ ♪ ℗ près de
la plage ; entouré de jardins.

¶¶¶ *Las Palomas Sol,* Carmen Montes, 1
(☎ 238-50-00) 298 ch. ▩ ☆ ⬚ ♪ ℗
agréable.

¶¶¶ *Montemar,* Avda Carlota Alessandri
(☎ 238-15-77) 40 ch. ☆ ⬚ ℗ édifice de
style andalou.

¶¶¶ *Principe-Sol,* Paseo Colorado, 26
(☎ 238-41-00) 577 ch. ▩ ☆ ⬚ ♪ ℗

¶¶¶ *San Antonio,* La Luna, 23
(☎ 238-66-11) 80 ch. ☆ ⬚ ℗

¶¶¶ *Blasón,* Avda Manantiales, 1
(☎ 238-66-55) confortable, dans le
centre.

¶¶¶ *Edén,* Las Mercedes, 24 (☎ 238-46-00)
☆ ⬚ près de la plage.

¶¶ *Don Paquito,* Avda del Lido, s/n
(☎ 238-68-44) 49 ch. ⬚ ♪

¶¶ *Miami,* Aladino, 14 (☎ 238-52-55) 26 ch.
☆ ⬚

¶¶ *Prudencio,* Carmen, 43 (☎ 238-14-52)
33 ch. ✕ terrasse.

⛺ Camping : *Torremolinos* (2ᵉ c.), Route
N. 340, km 235 (☎ 238-26-02) douches ;
bien ombragé ; près de la plage.

Restaurants :

¶¶ *Frutos,* Route de Cadix, km 235, Urbanización Los Alamos (☎ 238-14-50) cuisine familiale, poissons ; très fréquenté.

¶¶ *Antonio,* Bultó, 79, La Carihuela
(☎ 238-52-10) poissons, coquillages,
gigot d'agneau.

¶¶ *Casa Guaquin,* Carmen 37, La Carihuela (☎ 238-45-30) friture de poissons.

¶¶ *Juan,* Mar, 11 (☎ 238-56-56) cuisine
andalouse, produits de la mer.

¶ *El Roqueo,* Carmen, 35 (☎ 238-49-46)
savoureux poissons pêchés par la
famille du chef...

¶ *La Jabega,* Mar, 15 (☎ 238-63-75).

TORREVIEJA (A)   ☎ 96

Hôtels :

¶¶¶ *Fontana,* Rambla de Juan Mateo, 19
(☎ 670-11-25) 156 ch. ▩ ⬚ ⬚ ⬚

¶¶ *Mar Bella,* Avda Alfredo Nobel, 8
(☎ 571-08-28) 30 ch. près de la plage ;
belle vue.

¶¶ *Masa Internacional,* Alfredo Nóbel,
150 (☎ 571-15-37) 50 ch. ✕ ▥ ⬚ ☒ ⬚ ⬚
⬚ ♪ ℗ beau panorama ; spécialités
culinaires allemandes.

Restaurants :

¶ *La Tortuga,* María Parodi, 3
(☎ 571-09-60) cuisine locale.

¶ *Tamarindo,* Los Gases, s/n
(☎ 571-18-11) terrasse, cuisine typique.

TORRIJOS (TO)   ☎ 925

Hôtels :

¶¶ *Castilla,* Route Tolède-Avila, km 27
(☎ 76-18-00) 30 ch. ▩ ☆ confortable.

¶¶ *El Mesón,* Route Tolède-Avila, km 28 ;
44 ch. ☆ ⬚ ⬚

¶¶ *Ideal,* Generalísimo, 1 (☎ 76-04-00)
9 ch. ☆ ⬚

Restaurants :

¶ *El Mesón,* Route Tolède-Avila, km 28
(☎ 76-04-00) cuisine familiale.

¶ *Tinin,* Route Tolède, km 68
(☎ 76-11-65) cuisine locale.

TORROELLA DE MONTGRI (GE)   ☎ 972

Hôtels :

¶ *Vila Vella,* Porta Nova, 3 (☎ 75-80-54)
26 ch. ✕ ⬚ ☒

¶ *Las Cañas,* Passaje La Gola, s/n
16 ch. ✕ ⬚ ⬚ ⬚ ♪ ⬚

Restaurant :

¶ *Elias,* Mayor, 24 (☎ 75-80-09).

TORROX (MA)   ☎ 952

ℹ Office du tourisme : Centro Int. de
Torrox, Bloque 79 (☎ 53-02-25).

Restaurant :

¶ *Venta El Conejito,* Route d'Almería
(☎ 53-00-48) cuisine familiale.

TORTOSA (T) ☏ 977

ⓘ Office du tourisme : Pl. d'Espanya, s/n (☏ 44-00-00).

Hôtels :
¶¶¶¶ *Parador Castillo de la Zuda* (☏ 44-44-50) 82 ch. ✕ ⚏ 🏊 ⊞ 🎾 🅿 🛗 ▭
¶¶ *Berenguer IV,* Cervantes, 23 (☏ 44-08-16) 48 ch. ✕ ⚏ ⊞ 🎾

✉ Poste et téléphone : Pl. de l'Ajuntament (Pl. d'Espanya).

🚌 Autocars : pour Amposta, Mora d'Ebre, Tarragone, Sant Carles de la Rapità, El Perello, Vinaroz, Saragosse, Alcañiz, Les Cases d'Alcanar.

🚂 Gare : *RENFE,* Poeta Vicent Garcia (☏ 44-26-25).

᭝ Manifestations : procession du dimanche des Rameaux. — Fiesta Mayor et fête de la Mare Deu de la Cinta la première semaine de septembre.

TOSSA DE MAR (GE) ☏ 972

ⓘ Office du tourisme : Route de Lloret « Terminal » (☏ 34-01-08).

Hôtels :
¶¶¶¶ *Gran Hotel Reymar,* Platja Mar Menuda, s/n (☏ 34-03-12) 131 ch. ✕ ⚏ ⊞ 🎾 🅿 ▭ 🏊 ⚏
¶¶ *Diana,* Pl. d'Espanya, 10-12 (☏ 34-18-86) 45 ch. ✕ 🎾 autour d'un beau patio.
¶¶ *Ancora,* Av. de la Palma, 25 (☏ 34-02-99) 56 ch. ✕ ⚏ 🏊 🅿 près d'une petite plage de sable fin ; vue sur la forteresse.
¶ *Tonet,* Pl. de l'Iglesia (☏ 34-02-37) 36 ch. ✕ ⚏ à 5 mn de la plage ; le petit déjeuner vous sera servi sur la grande terrasse supérieure.

TOTANA (MU) ☏ 968

⛺ Camping : *Totana* (1ʳᵉ c.), Route N. 340 (☏ 40-06-09) ▭ douches ; bien ombragé.

🛍 Achats : poteries, *Hermanos Zamora,* Ollerias, s/n. — céramiques, rue Tinajenas.

TRAGACETE (CU) ☏ 969

Hôtel :
¶ *La Trucha,* Juan Pita, s/n, 15 ch. ✕ 🏊 ▭ 🅿 calme, dans la montagne.

Restaurant :
¶ *Cabaña La Tía Paz,* cabane-buvette dans le bois ; truites de la rivière ; ouv. printemps et été.

TRAIGUERA (CS) ☏ 964

Restaurant :
¶ *Bar-Restaurante J.-Sangüesa,* San Cristóbal, 10 (☏ 49-50-12) cuisine familiale.

Achats : poteries, San Vicente, 26 ; Route de Morella, s/n (☏ 49-50-55).

TREMP (L) ☏ 973

Hôtel :
¶¶ *Segle XX,* Pl. Lacreu, 8 (☏ 65-00-00) 56 ch. ✕ ⚏ ⊞ 🎾 ▭ 🅿

TRUJILLO (CA) ☏ 927

ⓘ Office du tourisme : pl. Mayor (plan C1 ; ☏ 32-06-53).

Hôtels :
¶¶¶¶ *Parador de Trujillo,* Santa Beatriz de Silva, 1 (☏ 32-13-50) 46 ch. ⚏ 🏊 ✕ 🅿 🅿 salle de conférences ; dans l'ancien couvent de Santa Clara à l'orée de la vieille ville.
¶¶ *Las Cigüeñas,* Route Madrid-Lisbonne, km 253 (☏ 32-12-50) 78 ch. ✕ ⚏ 🏊 🎾 moderne.

Restaurants :
¶¶ *La Majada,* N-V, Route Extremadura, km 259 (☏ 32-03-49) Plats régionaux délicieux, sur le bord de la route.
¶¶ *Mesón La Troya,* Plaza Mayor, 10 (plan C1 ; ☏ 32-03-49) dans un édifice du xviᵉ siècle.
¶¶ *Pizarro,* Plaza Mayor, 13 (plan C2 ; ☏ 32-02-55) cuisine du marché dans l'établissement le plus typique de la ville.

✉ Poste : Encarnación, 28 (plan B3 ; ☏ 32-02-37).

🛍 Achats : produits des couvents, *Sta Clara* (pâtisseries) ; *S. Miguel* (made-

leines); *S. Carlos* (confitures). — filigranes, *L. Chanqueté*, S. Francisco, 5.
. — tissages, *D.T. Bayal,* Domingo de
Ramos, 28.

TUDELA (NA) ☎ 948

🛈 Office du tourisme : Pza Vieja
(☎ 82-15-39).

Hôtels :

▼▼▼ *Tudela,* Route de Saragosse, N. 56
(☎ 41-07-78) 16 ch. ☎ moderne et fonctionnel.

▼▼ *Remigio,* Gaztambide, 4 (☎ 82-08-50)
39 ch. ☎ ▫ confortable.

▼▼ *Santamaría,* San Marcial, 14
(☎ 82-12-00) 54 ch. ☎ central.

▼▼ *Morase,* Paseo de Invierno, 2
(☎ 82-17-00) 26 ch. ✕ ☎ ▫

▼▼ *Delta,* Avda Zaragoza, 29 (☎ 82-14-00)
39 ch. ☎

▼▼ *N. H. Sancho el Fuerte,* Route de
Saragosse km 104 (☎ 86-40-25) ▦ ☎ ▭
♪ ℗

Restaurants :

▼▼ *Asador el Arco,* Cortadores, 1
(☎ 82-25-95).

▼▼ *El Choko,* Pza de los Fueros, 6
(☎ 82-10-19).

▼ *La Estrella,* Carnicerías, 14
(☎ 82-10-39).

▼ *La Parrilla,* Carlos III el Noble, 6
(☎ 82-24-00).

TUREGANO (SG) ☎ 921

Restaurant :

▼▼ *Casa Holgueras,* Pza de España, 11
(☎ 50-00-28) agneau rôti au feu de
bois ; ouv. seulement samedi et dim. F.
la deuxième quinzaine de septembre.
Réserver.

TUY (PO) ☎ 986

Hôtels :

▼▼▼ *Parador San Telmo,* Avda de Portugal, s/n (☎ 60-03-09) 16 ch. ✕ ▦ ▱ ☎
☎ ▭ ▫ accueillant et tranquille, dans
une vieille demeure galicienne surplombant le Miño ; cuisine galicienne soignée.

▼▼▼ *Colón Tuy,* Colon, 11 (☎ 60-02-23) ;
45 ch. ▦ ▱ confortable et calme.

▼▼ *Cruceiro do Monte,* Route de Bayona,
23 (☎ 60-09-53) 10 ch. ▦ ▱ belles vues.

♦ Achats : *Rosendo,* Calvo Sotelo, 11,
confiseries typiques.

UBEDA (J) ☎ 953

🛈 Office du tourisme : Pza de los
Caídos, 2 (☎ 75-08-97).

Hôtels :

▼▼▼ *Parador Condestable Davalos,* Pza
Vázquez Molina, 1 (☎ 75-03-45) 25 ch.
☎ ▫ dans un ancien palais du XVIIᵉ s.,
décoré avec goût.

▼▼ *La Paz,* Andalucía, 1 (☎ 75-08-48)
53 ch.

▼ *Los Cerros,* Peñarroya, 1 (☎ 75-16-21)
19 ch.

Restaurant :

▼▼ *Cusco,* Parque Vandelvira, 8
(☎ 75-24-12).

Achats : poteries locales, *Hermanos
Almarza,* Valencia, 36 ; *El Tito,* Valencia, 44 ; *Hermanos Alameda.* — sparterie, *Pedro Blanco,* Real, 47.

UBRIQUE (CA) ☎ 956

Hôtel :

▼▼ *Ocurris,* Avda Solis Pascual, 49
(☎ 46-39-39) 20 ch.

Achats : cuir, *Manufacturas Ortiz,*
Avda España, 29 (☎ 11-09-44) ; *Artesanía Galindo,* Jesús Nazareno s/n ;
J. L. Gonzalez, Avda España, 50
(☎ 11-10-84).

UCLES (CU) ☎ 966

Restaurant :

▼ *El Vasco,* Route Madrid-Valence,
km 94 (☎ 13-51-02) cuisine locale familiale.

URDAX (URDAZUBI) (NA) ☎ 948

Hôtels :

▼▼ *Lapitxurri,* Route Pampelune-France,
km 85 (☎ 59-90-19) 16 ch. ☎ simple et
confortable.

▲ Camping : *Josenea* (1ʳᵉ c.), à Urdax-
Dancharinea (☎ 59-90-11) ombragé ;
douches.

Restaurants :

▼ *Casa Menta,* Route Pampelune-France
(☎ 59-90-20) cuisine locale.

¶ *La Koska,* Salvador, 1 (☎ 59-90-42) cuisine navarraise et française.

VALCARLOS (NA)   ☎ 948

Hôtel :
¶¶ *Maitena,* Elizaldea, s/n (☎ 76-20-10) central ; belles vues.

VALDEMORO (M)   ☎ 91

Hôtels :
¶¶¶ *Maguilar,* Route N. IV, km 25 (☎ 895-04-00) 45 ch. 🏛 ≋ 🅿 ⊡ 🅿
¶¶ *Cruce de Chinchón,* Route N. IV, km 29,5 (☎ 895-09-65) fonctionnel.

VALDEPEÑAS (C.R.)   ☎ 926

Hôtels :
¶¶¶ *Meliá El Hidalgo,* Route N. IV, km 194 (☎ 32-32-54) 54 ch. 🎬 ≋ 🔲 🅿 bungalows dispersés dans un jardin.
¶¶ *Vista Alegre,* Route Madrid-Cadix, km 200 (☎ 32-22-04) 15 ch.
¶¶ *Cervantes,* Seis de Junio, 46 (☎ 32-26-00) 40 ch. 🏛
¶¶ *La Paloma,* José Antonio, 12 (☎ 32-36-00) 31 ch. 🏛
⚑ Camping : *La Aguzadera* (1ʳᵉ c.), Route N. IV, km 197,4 (☎ 32-32-08) 🔲 douches.

Restaurants :
¶ *El Gobernador,* Route Madrid-Cadix, km 199 (☎ 32-07-57) «potaje manchego» et grillades.
¶ *Mesón del Tigre,* Route Valdepeñas-La Solana, km 7 ; cuisine locale dans une oasis.

VALDERROBRES (TE)

Hôtel :
¶ *Querol,* Avda Hispanidad, 14 (☎ 85-01-92) 21 ch. ✕ central.

VALENCE (V)   ☎ 96

ⓘ Office du tourisme : Paz, 46 (plan I, D3, ou II, D2 ; ☎ 322-40-96) ; *Estación Marítima* (☎ 323-40-96) ; *Estación del Norte* (RENFE), Játiva (plan I, C3 ; ☎ 322-28-82) ; *Sindicato de Iniciativas Turísticas,* Pza del País Valenciano

(hôtel de ville ; plan I, C2 ou II, C4). — informations touristiques (☎ 352-40-00).

Hôtels :
¶¶¶¶ *Astoria Palace,* Pza Rodrigo Botet, 5 (plan I, C4 ou II, C2 ; ☎ 352-67-37) 208 ch. ✕ 🎬 🎬 🔲 🅿 🏛 ⊡ décoration somptueuse ; calme et central.
¶¶¶¶ *Dimar,* Gran Vía Marqués del Túria, 80 (plan I, F3 ; ☎ 395-10-30) 95 ch. 🎬 🎬 🔲 🅿 🏛 ⊡ 🅿 dans l'une des avenues les plus animées de la ville.
¶¶¶¶ *Reina Victoria,* Barcas, 4 (plan II, C2 ; ☎ 352-04-87) 92 ch. ✕ 🎬 🎬 🔲 🅿 🏛 🅿 très élégant.
¶¶¶ *Excelsior,* Barcelonina, 5 (plan II, C2 ; ☎ 351-46-12) 65 ch. ✕ 🎬 🎬 🔲 🅿 🏛 très bonne cuisine valencienne et internationale ; calme et très confortable.
¶¶¶ *La Carreta,* Route Nat. III, km 322, Chiva (☎ 251-11-00) 🎬 🅿 🅿 ⊡ 🔱 🔲 85 ch. dans un édifice de style colonial ; spécialités régionales.
¶¶¶ *Metropol,* Játiva, 23 (plan II, C3 ; ☎ 351-26-12) 109 ch. ; dans le centre, face aux arènes.
¶¶¶ *Inglés,* Marqués de Dos Aguas, 6 (plan II, D1 ; ☎ 351-64-26) 55 ch. ✕ 🎬 🔲 🅿 🏛 dans l'un des plus beaux quartiers de la ville ; calme, élégant et intime.
¶¶¶ *Oltra,* Pza Ayuntamiento, 4 (plan II, C2 ; ☎ 352-06-12) 93 ch. 🎬 🔲 🅿 🏛 en plein centre de la ville.
¶¶ *Continental,* Correos, 8 (plan II, D2 ; ☎ 351-09-26) 43 ch. 🎬 🎬 🔲 🅿 🏛 décoration élégante, confort et accueil exceptionnels.
¶¶ *Florida,* Padilla, 4 (plan II, C2 ; ☎ 351-12-84) 45 ch. 🎬 🔲 🅿 🏛 accueil familial.
¶¶ *Bristol,* Abadía San Martín, 3 (plan I, C3 ; ☎ 352-11-76) 40 ch.
⚑ Campings : *Devesa Gardens* (1ʳᵉ c.), Route d'Alicante (☎ 367-06-76) bonnes installations près de la Albufera et de la plage. — *El Saler* (1ʳᵉ c.), Mata del Fang, s/n (☎ 367-04-11) près de la plage ; peu d'ombre.

Restaurants :
¶¶¶ *La Hacienda,* Navarro Reverter, 12 (plan I, E4 ; ☎ 373-18-59) 🎬 🅿 beau cadre d'une élégance traditionnelle ; vins excellents ; f. sam. au déj., dim. et Semaine sainte.
¶¶¶ *Canyar,* Fegorbe, 5 (☎ 341-80-82) spécialités valenciennes et poisson ; cadre du siècle.

❡❡❡ *El Condestable,* Artes Gráficas, 15 (☎ 369-92-50) décoration luxeuse; quelques plats locaux.

❡❡❡ *Chambelán,* Chile, 4 (☎ 393-37-74) cuisine régionale et internationale.

❡❡ *Civera,* Lérida, 11 (plan C1; ☎ 347-59-17) viandes et crustacés.

❡❡ *El Gourmet,* Taquígrafo Martí, 3 (plan D3; ☎ 395-25-09) repas soignés à des prix très raisonnables.

❡❡ *El Comodoro,* Tránsito, 3 (plan II, C2; ☎ 351-38-15) ▄ ℗ au centre de la ville; excellent service; f. dim. et j. fériés.

❡❡ *Les Graelles,* Arquitecto Mora, 2 (plan I, F3; ☎ 360-47-00) dans un décor valencien, excellente paella; f. sam. soir, dim. et en août.

❡❡ *Lionel,* Pizarro, 9 (plan II, D3; ☎ 351-65-66 et 351-60-24) ambiance très agréable.

❡❡ *Mesón del Marisquero,* Felix Pizcueta, 7 et 9 (plan II, D3; ☎ 322-97-91) poisson et coquillages.

❡❡ *Venta del Toboso,* Mar, 22 (plan II, D1-2; ☎ 332-30-38) nouvelle cuisine dans un cadre agréable.

❡ *El Port,* Edificio Club Náutico (Puebla de Farnals, 14 km; ☎ 144-19-28) paella; pendant l'été, excellent buffet de plats valenciens.

❡ *Tu Casa,* Maestro Gonzalbo, 25 (plan II, E3-4; ☎ 373-12-67) poissons et coquillages.

⊠ **Poste et téléphone** : Pza del País Valenciano, 24 et 27 (plan II, C2; ☎ 321-12-35).

🚌 **Autobus** : *Estación central,* Menendez Pidal, 3 (plan I, A1; ☎ 340-08-55), toutes directions. — *Auto-Res,* Alberique, 15 (☎ 325-41-27), pour Madrid.

🚃 **Chemin de fer** : *RENFE,* Pza de Alfonso el Magnánimo, 2 (☎ 352-02-02). — *Estación del Norte,* Játiva, 15 (plan II, C3), pour Madrid, Saragosse, Barcelone, Alicante... — *Estación Puente de Madera* (plan I, D1; ☎ 321-00-43), banlieue.

✈ **Aéroport** : *Manises,* Route de Madrid, km 12 (plan II, A2; ☎ 370-95-00). — *Iberia,* Paz, 14 (☎ 322-05-00). — *Aérogare,* Alberique, 17 (☎ 325-85-44).

🚢 **Compagnie maritime** : *Cía Aucona,* Avda Manuel Soto, Ingeniero, 15 (☎ 367-07-04), pour les Baléares et les Canaries.

🚗 **Taxis** : (☎ 370-32-04).

Agences de voyage : *Melià,* Paz, 41 (☎ 322-33-90). — *Wagons-lits/tourisme,* Marqués de Sotelo, 7 (☎ 321-16-44).

Consulats : *Belgique,* Gran Vía Ramón y Cajal, 33 (☎ 325-32-48). — *France,* Cirilo Amorós, 48 (☎ 322-14-94). — *Suisse,* Moratín, 11 (☎ 321-59-33).

VALENCIA DE ALCANTARA (CC)   ☎ 927

Hôtels :

❡❡ *El Clavo,* Ramón y Cajal, 4 (☎ 58-02-68) 17 ch. ✕ ▦ ▤ ☎ simple et central.

❡ *Nairobi,* Hernán Cortés, 9 (☎ 58-01-36) 9 ch. restaurant simple.

Restaurants :

❡❡ *Figón,* Travesía Ramón y Cajal, 3; cuisine régionale.

❡ *Central,* Ramón y Cajal, 15.

VALENCIA DE DON JUAN (LE)   ☎ 987

Hôtels :

❡❡ *Guerrilla,* Alcázar Toledo, 2 (☎ 75-00-52) ▦

❡❡ *Villegas,* Pza Eliseo Ortíz, s/n (☎ 75-01-61) ▦

⛺ **Camping** : *Pico Verde* (1ᵉ c.), Route Mayorga-Astorga, km 28 (☎ 75-05-25) ouv. de juin à sept.

VALLADOLID (VA)   ☎ 983

ℹ **Office du tourisme** : Paseo Zorrilla, 48 (plan A4; ☎ 35-18-01).

Hôtels :

❡❡❡❡ *Felipe IV,* Gamazo, 16 (plan B4-5; ☎ 30-70-00) 129 ch. ✕ ▦ ▩ ☎ ▢ chiens admis.

❡❡❡ *Mozart,* Menéndez Pelayo, 7 (plan B4; ☎ 29-77-77). Situation centrale pour un hôtel neuf au service agréable.

❡❡❡ *N.H. Ciudad de Valladolid,* Av. de Ramón Pradera, 10-12 (plan A2; ☎ 35-11-11) ▄ ▤ ☎ ▢ ▢ ♿ décoration moderne; tarifs spéciaux.

Restaurants :

❡❡❡ *La Fragua,* Paseo Zorrilla, 10 (plan A4; ☎ 33-71-02) ▄ cuisine castillane, et nouvelle cuisine de la région, de qualité; f. dim. soir. Réserver.

❡❡❡ *Mesón Panero,* Marina Escobar, 1 (plan B4; ☎ 30-16-73) excellente cuisine; f. dim. soir.

¶¶ *La Goya,* Puente Colgante, 79 (☎ 35-57-24) ⓟ cuisine traditionnelle avec des produits de qualité; f. dim. soir et lun. en août.

¶¶ *La Pularda,* Paraiso, 10 (plan C3; ☎ 29-96-37). Bon rapport qualité-prix.

⚏ Achats : gastronomie, *Mantequerías La Gloria,* Avda de Zorrilla, 4; excellents produits de la région.

⚎ Autobus : Puente Colgante, 2 (☎ 23-63-08).

⚏ Gare : Estación (plan B5; ☎ 22-44-28).

⚓ Aéroport : *Villanubla,* Route de Gijón (☎ 25-92-12/16).

VALLDEMOSSA (PM)   ☎ 971

Hôtels :

A Deià :

¶¶¶¶ *La Residencia,* Son Moragues (☎ 63-90-11) 27 ch. ⚒ ▥ ⚏ ☒ ⚒ ⚏ ⚏ ⚏ installé dans deux «fincas» du XVIIe s., cet hôtel, par son emplacement exceptionnel, mais aussi par le soin apporté à la décoration (mobilier ancien, tableaux de peintres contemporains) et au confort (piscine de 32 m, parc de 12 ha) est probablement l'un des plus beaux de l'île.

¶¶¶¶ *Es Molí,* Route Valldemossa-Deià (☎ 63-90-00) 73 ch. ⚒ ▥ ▦ ▣ ⚏ ☒ ⚏ ⚏ boutiques, coiffeur; isolé, dans une vaste demeure majorquine, d'où l'on découvre la mer et le village.

¶¶ *Mundial C'an Quet,* Route Valldemossa-Sóller (☎ 63-90-10) 17 ch. ⚒ ⚏ ⚏ ⚏

¶ *Costa d'Or,* Lluc Alcari, s/n (☎ 63-90-25) 42 ch. ⚒ ⚏ dans le hameau de Lluc Alcari; accueil familial; idéal pour randonnées ou plongée sous-marine.

¶ *Miramar,* C'an Oliver, s/n (☎ 63-90-84) 9 ch. ⚒ ⚏ pension de famille; très belle situation en haut d'une colline, vue splendide sur la côte N. de l'île.

Restaurants :

A Valldemossa :

¶ *Ca'n Mario,* Uetam, 8 (☎ 61-21-22) spécialité de grives au chou.

A Deià :

¶¶¶ *El Olivo,* Son Moragues (☎ 63-90-11; restaurant de *La Residencia*) luxueux; alliance de la nouvelle cuisine et des spécialités méditerranéennes.

¶ *Jaime,* Archiduque Luis Salvador, 13 (☎ 63-90-29) spécialités majorquines.

VALLFOGONA DE RIUCORP (T)   ☎ 977

Hôtels :

¶¶¶ *Balneari,* Route de Santa Coloma de Queralt, km 2 (☎ 88-00-25) 96 ch. ⚒ ▥ ▦ ⚏ ☒ ⚒ ⚏ ⚏ agréablement situé près d'une rivière.

¶¶ *Regina,* Route de Santa Coloma de Queralt, km 2 (☎ 88-00-28) 79 ch. ⚒ ▥ ▦ ⚏ ☒ ⚏ ⚏

VALLS (T)   ☎ 977

ⓘ Office du tourisme : Pl. del Blat, 1 (☎ 60-10-43).

Restaurant :

¶¶ *Casa Felix,* Route de Tarragone, km 1,5 (☎ 60-13-50).

Manifestations : dernier dim. de janv., *Fiesta de la Calçotada :* on fait cuire à la braise sur la grande place de petits oignons, les *calçots,* accompagnés d'une sauce originale nommée *salvitxada;* cette entrée savoureuse est le prélude à un grand repas. — le dim. précédant le 2 fév. est célébrée, tous les dix ans (1991, 2001), *la Candelera.* — les 23-25 juin, *fêtes de Saint-Jean.* — 21 oct., *fête de Sainte-Ursule,* importantes démonstrations de *castellers.*

VALVERDE (TF)   ☎ 922

Hôtels :

¶¶¶ *Parador Isla de Hierro,* Las Playas, s/n (☎ 55-80-36) 47 ch. ⚏ calme; belles vues.

¶ *Casañas,* San Francisco, 9 (☎ 55-02-54) 11 ch.

¶ *Morales,* Licenciado Bueno, 7 (☎ 55-01-62) 14 ch.

¶ *Sanflei,* Santiago, 18 (☎ 55-08-57) 13 ch.

Restaurant :

¶ *Noche y Día,* Lajita, 7 (☎ 55-07-65) cuisine canarienne familiale.

⚏ Achats : tissages traditionnels, *Alvarita Padrón,* La Cajita.

VALVERDE DEL JUCAR (CU) ☎ 966

Hôtel :
¶¶ *Naútico,* Extramuros (☎ 20-11-11) 17 ch. beau jardin, site pittoresque.

VEGA DE PAS (S) ☎ 942

Restaurant :
¶ *Mexico,* Cruce de la Braguía (☎ 59-41-69) 🅟 cuisine maison, sans prétention, à base d'excellents produits ; goûtez les desserts « sobaos » et « quesadas », spécialités du village.

VEGADEO (O) ☎ 98

Hôtel :
¶¶ *La Bilbaina,* Plaza, 6 (☎ 563-40-35) simple et agréable.

VELEZ MALAGA (MA) ☎ 95

⚠ Camping : *Valle Niza* (2ᵉ c.), Route N. 340, km 269,8 (☎ 251-31-81) douches ; près de la plage.
Restaurant :
¶¶ *Los Mayorales,* Pasaje Pintor Antonio de Vélez (☎ 250-11-84) cuisine espagnole familiale ; flamenco.
Achats : poteries, *Manuel Recio,* Salvador Rueda, s/n ; *Antonio Crespillo,* Avda Vivar Téllez, 46. — bâts (d'ânes), *José Gutierrez Aragón,* Canalejas, 18.

VELEZ RUBIO (AL) ☎ 951

Hôtel :
¶¶ *Jardín,* Route de Murcia, 17 (☎ 41-01-06) 40 ch.

VENDRELL [EL] (T) ☎ 977

ℹ Office du tourisme : Doctor Robert, 18 (☎ 66-02-92).
Hôtel :
¶¶¶ *Europe San Salvador,* Llobregat, 11, Sant Salvador (☎ 68-06-11) 145 ch. ✕ ▥ 🅭 ⍈ 🅱 ⍟ 🅳
Manifestations : *Festival Pau Casals,* en août à Sant Salvador. — *foire et fête de sainte Thérèse,* du 12 au 17 oct.

VERA DE BIDASOA (NA) ☎ 948

Restaurant :
¶ *Machiarena,* Alzate, 46 (☎ 63-00-33) cuisine familiale navarraise.

VERDU (L)

⚒ Achats : cette petite ville est réputée pour ses *sillons,* jarres noires en terre rouge fumée après cuisson.

VERGARA (SS) ☎ 943

Hôtel :
¶¶¶ *Lasa,* Bidecruceta, 34 (☎ 76-10-55) 20 ch. ; magnifique !

VERIN (OR) ☎ 988

Hôtels :
¶¶¶ *Parador de Monterrey,* 1 km à la sortie vers Orense, puis 1 km de montée (☎ 41-00-75) 23 ch. ✕ ▥ ⍈ 🅱 ⍟ 🅳 🅰 dans l'ancien château, installations modernes ; dans un paysage impressionnant.
¶¶ *Aurora,* Luis Espada, 35 (☎ 41-00-25) 35 ch. ✕ ▥ ⍈ ⍟ confortable.
¶¶ *Vega,* Route de Villacastín à Vigo, km 482 (☎ 41-01-25) 19 ch. ▥ ⍈ ⍟ simple et central.
Restaurant :
¶ *Gallego,* Luis Espada, 24-26 (☎ 41-82-02) cuisine galicienne de viandes et de poissons.

VIANA DEL BOLLO (VIANA DO BOLO) (OR) ☎ 988

Hôtel :
¶ *Somoza,* General Franco, 82 (☎ 34-01-22) 11 ch. ▥ ⍈ 🅱 ⍟ 🅳 belles vues sur la campagne environnante.
⚒ Achats : charcuteries locales, *García,* General Franco, 8. — tissages typiques, *Guillermina Perez Couso.* — tissages, *Dolores Rodriguez,* à Celavente ; *Esperanza Rodriguez,* à San Martín.

VIC (B) ☎ 93

ℹ Office du tourisme : Ciutat, 1 (☎ 886-20-91).

Hôtels :

¶¶¶¶ *Parador de Vic,* Route Vic - Ronda de Ter, km 14 (☎ 812-23-23) 36 ch. ☎ ⚏ ▦ 📶 ⊐ ⚏ ⚿ ⚌ ↗ 🅿 isolé, sur une colline, dans un cadre admirable, au-dessus du lac de Sau.

¶¶ *Ausa,* Pl. Major, 4 (☎ 885-53-11) 26 ch. ✕ ▦ 📶 ⊐ ⚏ 🅿

Restaurant :

¶¶¶¶ *Anec Blau,* Verdaguer, 21-23 (☎ 885-31-51 ou 885-33-00) f. le lun.*

🚙 Autocars : *RENFE,* Pl. de l'Estació, pour Berga, Olot, Manresa, Tona, etc.

VIELHA (L)   ☎ 973

🛈 Office du tourisme : Vall d'Aran, Sar-riulera, 6 (☎ 64-09-79).

Hôtels :

¶¶¶¶ *Tuca,* Route de Salardú, s/n (☎ 64-07-00) 118 ch. ▦ 📶 ⊐ ⚏ 🅿

¶¶¶ *Parador du Vall d'Aran,* Route del Tunel, s/n (☎ 64-01-00) 135 ch. ▦ ⊐ ⚏ 🅿 🖂 🅿 situation exceptionnelle d'où l'on découvre le vall d'Aran.

¶¶ *Baricauba,* Sant Nicolas, 3 (☎ 64-01-50) 24 ch. ▦ 📶 ⊐ ⚏ 🅿

¶¶ *Aran,* Route de Tunel, km 1 (☎ 64-00-50) 36 ch. ▦ 📶 ⊐ ⚏ ⚿

Sports : *station de ski de la Tuca,* Sant Nicolau, 4 (☎ 64-08-55); *station de ski de Baqueira Beret,* Apt. Correus, 60 (☎ 64-50-50 ou 64-50-25).

VIGO (PO)   ☎ 986

🛈 Office du tourisme : Jardines de Elduayen (plan D1; ☎ 21-30-57).

Hôtels :

¶¶¶¶ *Bahía de Vigo,* Avda Canovas del Castillo, 5 (plan D1; ☎ 22-67-00) 107 ch. ✕ ▦ ⚏ 📶 ⊐ ⚏ 🖂 🅿 confortable et animé; belles vues sur la ria de Vigo.

¶¶¶¶ *Ciudad de Vigo,* Concepción Arenal, 4-6 (plan D2; ☎ 43-52-33) 101 ch. ▦ ⚏ 📶 ⊐ ⚏ 🅿 moderne et confortable.

¶¶¶¶ *Gran Hotel Samil,* Playa Samil, s/n (☎ 20-52-11) 127 ch. ✕ ▦ 📶 ⊐ ⚏ ⚿ 🖂 ⚌ 🅿 dans une pinède, face à la mer (5 km du centre); ouv. en saison seulement.

¶¶¶¶ *Coia,* Sangenjo, s/n (☎ 20-18-20) 126 ch. ▦ ⚏ 📶 ⊐ ⚏ 🅿 moderne.

¶¶¶ *Ensenada,* Alfonso XIII, 7 (plan D3; 22-61-00) 109 ch. ✕ ⚏ 📶 ⊐ 🅿 central.

¶¶¶ *México,* Vía Norte, 10 (☎ 43-16-66) ⊐ 🅿 🅿 112 ch. près de la gare, rénové; quelques chambres donnent sur la baie.

¶¶ *Almirante,* Pablo Morllo, 6 (☎ 43-89-22) ⚏ ⚏ ⚏ 🅿 31 ch. central.

¶ *Peninsular,* Victoria, 4 (plan D2; ☎ 22-32-11) 35 ch. ✕ ▦ 📶 ⊐ belle vue.

¶ *Orensano,* Lepanto, 9 (plan D3; ☎ 21-46-08) 16 ch. ▦ ⊐

🛆 Campings : *Islas Cies* (3ᵉ c.; ☎ 27-85-01) ombragé, près de la mer.

Restaurants :

¶¶¶ *El Canario,* Avda de Vigo, à Chapela (☎ 45-00-03) cuisine galicienne soignée.

¶¶¶ *Puesto Piloto Alcabre,* Avda Atlántica, 194 (☎ 29-79-75) excellente cuisine de poissons et coquillages; vue sur la mer.

¶¶¶ *El Castillo,* Monte del Castro (plan C2; ☎ 42-11-11) cuisine galicienne et internationale; belles vues sur la ville.

¶¶ *El Mosquito,* Pza Villavicencio, 4 (plan D1; ☎ 43-35-70) restaurant traditionnel de Vigo; cuisine galicienne; bonne cave.

¶¶ *Sibaris,* García Barnón, 168 (hors plan D3; ☎ 22-15-26) nouvelle cuisine à la galicienne.

¶¶ *El Timón Playa,* Carrasqueira, 12, à Corujo (☎ 49-08-15) cuisine du marché, de qualité; bien situé en face des îles Cies.

¶ *Neptuno,* Montero Rios, 38 (☎ 21-22-70) cuisine régionale de qualité.

¶ *El Manjar de Juan,* à Canido (plan D1; ☎ 49-07-16) cuisine familiale traditionnelle.

Bars : près du marché, *Rosendo* propose des vins nombreux et excellents; dans le vieux quartier de pêcheurs, El Berbés, *Eligio, El Brama, O Rincón, Sabuceco,* parmi tant d'autres...

Discothèques : *Nova Olimpia,* Uruguay, 3, select et sérieux; *Duque,* Nicaragua, à la mode; *Lord Byron,* Don Rua, élégant et accueillant.

🛍 *Achats* : gastronomie, *Vazey,* Reconquista, 6 (pâtés, fromages, charcuterie); *Vinoteca,* María Berdiales, 41 (vins et alcools); *Casa Solla,* Uruguay, 23 (pâtisseries locales). — artisanat, *Citania,* Galerías Urzaiz (poteries); *Arte Ibirico,* Puerta del Sol; *Arte,* Pza

de la Constitución; Calle del Príncipe...
Calle dos Cesteiros (osier).

VILABERTRAN (GE)

ⓘ Office du tourisme : à Figueres.

♨ Manifestation : en sept., *Festival international de musique* au monastère de Santa Maria.

VILABOA (PO)   ☏ 986

Hôtel :
¶ *Las Islas*, Arcade (☏ 70-84-84) 22 ch. ▥ ◿ ⚜ △ vue sur la mer.

VILADRAU (GE)   ☏ 93

Hôtels :
¶ *De la Gloria*, Torre Ventosa, 12 (☏ 884-90-34) 29 ch. ✕ ▥ ◿ ⚜ ◿ ▣
¶ *Bofill*, Sant Marcal, 2 (☏ 884-90-12) 30 ch. ✕ ▥ ◿ ⚜ ▣ possède un bon restaurant.

Restaurant :
¶¶ *Hotel Masia del Montseny*, Pg de la Pietat, 14 (☏ 884-91-08) cuisine familiale.

VILAFRANCA DEL PANADES (B)   ☏ 93

ⓘ Office du tourisme : Cort., 14 (☏ 892-03-58).

Restaurants :
¶¶¶ *Airolo*, Rbla de Nostra Senyora, 10 (☏ 892-17-98) cuisine française et catalane; f. jeu. et en oct.
¶¶ *Casa Juan*, Pl. de l'Estació, 8 (☏ 892-31-71) f. le soir et lun.

Manifestations : *Fiesta Mayor* du 29 août au 2 sept. à l'occasion de la Saint-Félix; processions, danses traditionnelles, concours de castellers, etc. — grande *foire du poulet* le 21 déc. (vente et concours d'animaux à plumes).

VILANOVA I LA GELTRU
(VILLANUEVA Y GELTRU) (B)   ☏ 93

ⓘ Office du tourisme : Ribes Roges (☏ 893-59-57); La Torre de Ribaroges (plage), Pl. de la Vila, 8 (☏ 893-00-00).

Hôtels :
¶¶¶ *César*, Isaac Peral, 8 (☏ 815-11-25) 30 ch. ✕ ▥ ◿ ⚜ ⚜ □ ▣
¶¶¶ *Calleferino*, Pg de Ribes Roges, s/n (☏ 815-17-19) 28 ch. ◿ ⚜ □

Restaurants :
¶¶¶ *La Cucanya*, Racó de Santa Llucia (☏ 815-19-34) restaurant italien; f. mar.
¶¶ *Chez Bernard et Marguerite*, Ramon Llull, 4 (☏ 815-56-04) restaurant français.
¶¶ *Peixerot*, Pg Maritim, 56 (☏ 815-06-25) fruits de mer et poissons; f. dim. soir et lun.

Sports : *Club Nàutic* de Vilanova i La Geltru (☏ 893-07-58).

Manifestation : *grand carnaval*, en fév.-mars.

VILLA BLANCA (H)   ☏ 955

Restaurant :
¶ *Mesón de la Chuleta*, Avda de José Antonio, 44 (☏ 31) repas et menus sur commande; spécialités de viande et gibier.

VILLA CARRILLO (J)   ☏ 953

Hôtel :
¶¶ *Las Villas*, Route N. 322 (☏ 44-01-25) 21 ch. vue sur les gorges du Guadalquivir.

VILLA DEL RIO (CO)   ☏ 957

Hôtel :
¶¶ *Del Sol*, Route N. IV (☏ 17-62-91) 13 ch.

VILLABONA (SS)   ☏ 943

Restaurant :
¶¶¶ *Amasa*, Caserío Arantzabi (☏ 69-12-55) dans un cadre rustique et tranquille, cuisine basque et internationale.

VILLAFRANCA DE EBRO (Z)   ☏ 976

Hôtel :
¶ *Pepa*, Route N. II, km 347 (☏ 10-05-00) 39 ch. ✕ ▣

VILLAFRANCA DEL BIERZO (LE)   ☏ 987

Hôtel :
¶¶¶ *Parador de Villafranca del Bierzo*,

Avda Calvo Sotelo, s/n (☎ 54-01-75)
40 ch. ⊁ ⅏ ☎ ⅏ ⬓ cuisine sans sur-
prises ; f. en nov.

Restaurant :
¶¶ *La Charola*, Doctor Arén, 19
(☎ 54-00-95) cuisine de qualité.

VILLAGARCIA DE AROSA (PO)   ☎ 986

Hôtel :
¶¶ *Stop*, Avda de Cambados, s/n
(☎ 50-05-44) 11 ch. ⊁ ⅏ ⬓ central, près
de la plage.

Restaurants :
¶¶¶ *Chocolate*, Route de Villagarcia - La
Toja (☎ 50-11-99) cuisine galicienne
très soignée ; belle cave.
¶¶ *Loliña*, à Carril, Pza del Muelle, 1
(☎ 50-12-81) poissons et coquillages ;
excellents produits.
¶¶ *El Lagar*, à Villajuan (Vilaxoan ;
☎ 50-09-09) plats typiques servis dans
un authentique « pazo » avec vue sur la
mer.
¶¶ *Silvia*, Rosalia de Castro, 179
(☎ 50-23-11) cuisine galicienne élaborée ; bons vins.
¶ *Mesón La Fragua*, Dr Morcira Casal,
s/n (☎ 50-64-32) grillades de viandes.
🛍 Achats : *caves Pazo de Bayón*, à
3 km, vins Albariño.

VILLAJOYOSA (A)   ☎ 96

Hôtel :
¶¶¶¶ *El Montiboli*, Partida Montiboli, s/n
(☎ 589-02-50) 52 ch. ⊁ ⅏ ▦ ⬓ ⬓ ☎ ⅏
⬓ ⬓ ⌖ ℗ très confortable ; haute cuisine.

VILLALBA (LU)   ☎ 982

Hôtels :
¶¶¶ *Parador Condes de Villalba*, Valde-
riano Valdesusos, s/n (☎ 51-00-11)
6 ch. ⊁ ⅏ ⬓ ⅏ ⅏ ⬓ dans le château,
décoration médiévale ; belles vues sur
la ville et la campagne ; cuisine galicienne traditionnelle à base de produits
frais régionaux (porc, chapons, empanada...).
¶ *Venezuela*, Calvo Sotelo, 10
(☎ 51-06-59) 14 ch. ⅏ ⬓ central.
🛍 Achats : fromages, General Franco, 5 ;
sabots, *Zoqueiro*, Calle Calvario.

VILLALCAZAR DE SIRGA (P)   ☎ 988

Restaurant :
¶ *Mesón de Villasirga*, Pza del Generalísimo (☎ 88-80-82) établissement pittoresque, cuisine régionale ; repas
médiéval sur commande.

VILLANUA (HU)   ☎ 974

Hôtels :
¶ *Reno*, Route de Francia-Por Somport
(☎ 37-80-66) 16 ch. ⊁ ⅏
¶ *Roca Nevada*, Route de Francia, s/n
(☎ 37-80-35) 33 ch. ⊁ ⅏ ⅏ ⬓ ⌖ ℗

VILLANUEVA DE AROSA (PO)   ☎ 986

Hôtels :
¶¶ *Leal*, Avda de las Sinas, s/n
(☎ 55-41-12) 13 ch. ⅏ ⬓ confortable,
belles vues.
¶ *Hermida 5000*, Caleiro (☎ 55-43-43)
16 ch. ⅏ ⬓ bien situé.
⛺ Camping : *El Terrón* (2ᵉ c.), Playa
El Terrón (☎ 55-43-94) douches ; bien
ombragé, près de la plage.

VILLANUEVA DE LA SERENA (BA)   ☎ 924

Hôtels :
¶¶ *Pedro de Valdivia*, Calvo Sotelo, 25
(☎ 84-03-00) 27 ch. ⅏ ☎ simple et
confortable ; dans le centre.
¶ *El Emigrante*, Viriato, 13 (☎ 84-19-46)
9 ch.

Restaurants :
¶ *España*, Pza España, 16 ; bar ; central.
¶ *Pedrero*, Primo de Rivera, 8 ; ambiance
agréable ⅏ ⬓

VILLANUEVA DE LOS INFANTES (C.R.)   ☎ 926

Hôtel :
¶¶ *Imperio*, Monjas Franciscas, 2
(☎ 36-00-77) 27 ch. tranquille et simple.
🛍 Achats : *Las Burracas*, Nieto, 21, une
des meilleures fromageries de la ville.
— vins, *Bodegas de las Revueltas*,
Cervantes, 21.

VILLARLUENGO (TE)   ☎ 974

Hôtel :
¶¶ *La Trucha*, Las Fabricas, s/n
(☎ 77-30-08) 53 ch. ⊁ ⅏ ⬓ ⌖ ⬓

VILLAROBLEDO (AB)   ☎ 967

Hôtel :
☗ *Nilo,* Avda Reyes Católicos, 96
(☎ 14-00-21) 18 ch. simple et central.

☖ Achats : poteries traditionnelles,
Benita Navas, Dos de Mayo, 59. —
Agustín Padilla e Hijo, Route de
Tomelloso, km 1.

VILLARREAL DE LOS INFANTES (CS)   ☎ 964

Hôtel :
☗☗ *Ticasa Motel,* Route N. 340 km 35
(☎ 51-02-00) 26 ch. ✕ ▥ ▤ ▱ ☒ ☞ ▭ ▣
lieu d'arrêt très agréable ; excellent
service.

VILLARTA DE SAN JUAN (C.R.)   ☎ 926

Hôtel :
☗☗ *La Viña,* Cervantes, 104 (☎ 64-02-65)
10 ch. ✕

VILLAVICIOSA (O)   ☎ 98

Hôtels :
☗☗☗ *La Casona de Amandi,* Amandi
(☎ 589-01-30) 9 ch. ▥ ☒ ▣ ☖ ⌿ Calme
et typique.
☗☗ *El Congreso,* Pza Generalísimo, 25
(☎ 589-11-80) 16 ch. ✕ ▥ ▱ dans le
centre.
⚓ Camping : *La Ensenada* (2ᵉ c.),
Rodiles (☎ 589-01-57) 250 pl., près de
la plage.
Restaurant :
☗ *La Nansa,* Route de Tazones, à 10 km
(☎ 589-70-38) poissons et crustacés,
paella.

VILLENA (A)   ☎ 96

Restaurant :
☗☗ *El Molino* (à Sax, 10 km ; ☎ 547-48-42)
dans un ancien moulin du xivᵉ s. ; cuisine familiale.

VINAROZ (CS)   ☎ 964

Hôtels :
☗☗☗ *Europa II,* Route Valence-Barcelone,
km 143 (☎ 45-12-50) ▦ ☖ ▭ ☞ ▣ tranquille et agréable.

☗☗☗ *Miramar,* P. Blasco Ibáñez, 12
(☎ 45-14-00) 16 ch. ☖ le classique de
la ville.
☗☗ *Roca,* Route N. 340, km 143
(☎ 45-03-50) 38 ch. ▥ ▦ ▱ ☒ ☖ ▭ ☞ ▣
accueil, service et confort exceptionnels.

Restaurants :
☗☗ *Casa Pocho,* San Gregorio, 53
(☎ 45-19-95) arroz a banda, fideos mari-
nera.
☗☗ *El Langostino de oro,* San Francisco,
31 (☎ 45-12-04) cuisine de la mer.
☗ *Colón,* Avda Colón, 13 (☎ 45-11-96)
cuisine de la mer ; terrasse.

VINIEGRA DE ABAJO (LO)   ☎ 941

Restaurant :
☗ *Mesón de Goyo,* Route Nájera-Lerma,
km 99 (☎ 37-80-07) auberge de route
typique ; plats traditionnels.

VITORIA (GASTEIZ) (VI)   ☎ 945

ⓘ Office du tourisme : jardin de la Florida (plan coul. XL, A3 ; ☎ 22-02-40). Av.
de Gasteiz, 81 (plan coul. XL, A1 ;
☎ 16-15-98).
Hôtels :
☗☗☗☗ *Gasteiz,* Avda de Gasteiz, 45 (plan
coul. XL, A2 ; ☎ 22-81-00) 150 ch. ✕ ▦
☒ ▣ ▨ salle de conférences ; moderne
et luxueux.
☗☗☗☗ *N. H. Canciller Ayala,* Ramón y Cajal,
5 (plan coul. XL, B4 ; ☎ 13-00-00)
185 ch. ☒ ▨ agréable.
☗☗☗ *General Alava,* Avda de Gasteiz, 79
(plan coul. XL, A1 ; ☎ 22-22-00) 114 ch.
☒ ▣ ▨ dans la périphérie ; moderne.
☗☗ *Florida,* Manuel Iradier, 33 (plan coul.
XL, C4 ; ☎ 26-06-75) 15 ch. ✕
☗ *Achuri,* Rioja, 11 (plan coul. XL, C4 ;
☎ 25-58-00) 40 ch. ☒ central et confortable.
☗ *La Bilbaína,* Prudencio María de Verás-
tegui, 2 (plan coul. XL, C2 ; ☎ 25-44-00)
29 ch. ☒
⚓ Camping : *Ibaya* (1ʳᵉ c.), Victoria Sur,
3 km (☎ 14-76-20) bien ombragé, avec
de la verdure ; ouv. de juin à fin sept.,
250 pl.

Restaurants :

❚❚❚ *El Portalón,* Correría, 151 (plan coul XL, B2; ☏ 14-27-55) cadre médiéval ; cuisine très soignée.

❚❚❚ *Dos Hermanas,* Madre Vedruna, 10 (plan coul. XL, A3 ; ☏ 13-29-34) cuisine soignée, régionale.

❚❚ *Circulo Vitoriano,* Dato, 6 (plan coul XL, BC3 ; ☏ 23-26-00).

❚❚ *Mesa,* Chile, s/n (plan coul. XL, A2 ; ☏ 22-84-94) cadre agréable, bonne cuisine.

❚❚ *Olarizu,* Beato Tomás de Zumárraga, 43 (hors plan coul. XL, A2 ; ☏ 24-77-52) cuisine basque.

❚❚ *Ikea,* Paraguay, 8 (plan coul. XL, A1 ; ☏ 14-47-47).

❚ *Elguea,* Cruz Blanca, 8 (plan coul. XL, A1 ; ☏ 22-50-40) cuisine basque.

❚ *Lagardere,* Chile, s/n (hors plan coul. XL, A2 ; ☏ 22-30-64) bonnes grillades.

❚ *Mesón Nacional,* Ortiz de Larate, 5 (plan coul. XL, C4 ; ☏ 23-21-11) cuisine internationale.

❚ *Poliki,* Fueros, 29 (plan coul. XL, C3 ; ☏ 25-85-19) cuisine basque.

❚ *Arkupe,* Mateo Moraza, 13 (plan coul. XL. B3 ; ☏ 23-00-80).

🚌 Autobus : Francia, 19 (plan coul. XL, C2 ; ☏ 25-84-00), pour Bilbao, Pampelune, Estella, Durango, Logroño...

🚉 Gare : *RENFE,* Dato (plan coul. XL, BC4 : ☏ 23-02-02).

✈ Aéroport : *informations et réservations,* Avda Gasteiz, 84 (☏ 27-33-00). — *Foronda* (☏ 28-73-36).

Agences de voyage : *Viajes Ecuador,* Pza General Loma, 1 (☏ 23-35-50). — *Baskotour S.A.,* Independencia, 34 (☏ 26-48-00). — *Viajes Aralar,* San Prudencia, 25 (☏ 23-16-50). — *Viajes Wagons-lits/Cook,* Diputación, 4 (☏ 25-98-10). — *Viajes Vincit,* General Alava, 11 (☏ 23-27-66).

VIVERO (LU)   ☏ 982

Hôtels :

❚❚❚ *Las Sirenas,* Sacido Covas Vivero (2 km vers El Ferrol ; ☏ 56-02-00) 29 ch. 🛏 ⊿ 🖾 🖾 🖬 confortable et animé ; belles vues sur la ria.

❚❚ *Ego,* Route Aguadoce-Faro Playa de Area (☏ 56-09-87) 22 ch. 🛏 ⊿ 🖾 près de la plage.

❚❚ *Tebar,* Nicolas Cora, 70 (☏ 56-01-00)

27 ch. 🛏 ⊿ 🖾 🖬 central ; dans un site pittoresque.

❚❚ *Serra,* Antonio Bas, 2 (☏ 56-03-74) 7 ch. ✕ 🛏 ⊿ 🖾 central.

⚑ Campings : *Vivero* (2ᵉ c.), Route Vivero-Linares, km 1 ; dans la verdure ; douches. — *Aguadoce* (3ᵉ c.), à Aguadoce ; très ombragé ; à 50 m de la plage.

Restaurants :

❚❚ *Serra,* Antonio Bas, 2 (☏ 56-03-74) cuisine du marché, soignée.

❚❚ *Nito,* Playa de Area (☏ 56-09-87) cuisine galicienne, poisson, fruits de mer.

Discothèques : *Atlanta,* Juan G. Navia, 14 ; *New Pussycat,* Nicolas Cora, 70 ; *Sirenas Boite,* à Covas...

⚔ Achats : gastronomie, *El Progreso,* Pastor Díaz, 2 (pâtisseries). — artisanat, *Conventos de las Concepcionistas* et *de las Dominicas* (dentelles) ; *Talleres Otero,* Cervantes, 21 (bois sculpté) ; *Sargadelos* (14 km) à Cervo/Burela (céramiques).

YAIZA (GC)   ☏ 928

Restaurants :

❚❚ *El Diablo,* Islote de Hilario (à Timanfaya ; ☏ 84-00-57) cuisine internationale ; quelques spécialités canariennes.

❚❚ *La Tra* (☏ 83-00-16) cuisine canarienne.

❚❚ *Del Cabildo Insular,* cuisine locale.

❚ *Playa Blanca* (à Playa Blanca) produits de la mer.

YECLA (MU)   ☏ 968

Hôtel :

❚ *Avenida,* San Pascual, 5 (☏ 75-12-15) 48 ch. ✕ 🖾 dans le centre ; tranquille ; très bonne cuisine locale dans un décor arabe à l'*Aurora.*

⚔ Achats : *Pastelería Puche,* La Corredera, 11 (☏ 79-05-90), pain typique que l'on confectionne pour la San Blas. — *Bodegas E. Ochoa,* España, 55, vins de Murcie.

ZAFRA (BA)   ☏ 924

Hôtels :

❚❚❚ *Parador Hernán Cortés,* Pza Corazón María (☏ 55-45-40) 45 ch. ✕ 🛏 ⊿ 🖾 🏊

▱ dans l'Alcázar, château du XVᵉ s. ;
calme et joliment décoré, patio style
Renaissance.

¶¶¶ *Huerta Honda,* López Asme, 30
(☎ 55-41-00) 46 ch. ⤫ ▥ ⌸ ▨ ▱ ▯
moderne, avec une décoration andalouse.

Restaurant :

¶ *El Timón,* Ferrocarril, 1 (☎ 55-00-79)
bon accueil.

✉ Poste : Plaza España, 12 (☎ 55-02-78).

🚂 Gare : (☎ 55-02-15).

ZAHARA DE LOS ATUNES (CA)   ☎ 956

Hôtels :

¶¶¶¶ *Sol Atlanterra,* Bahía de la Plata, s/n
(☎ 43-27-00) 284 ch. ▨ ✳ ▱ ⌇ ⤫ mini-
golf, tir à l'arc ; construction moderne
dans de beaux jardins.

¶¶ *Antonio,* Urbanización Quebranta
Micho (☎ 43-91-41) 11 ch.

Restaurant :

¶ *Cortijo de la Plata,* Route d'Atlanterra,
km 4 (☎ 43-09-01) cuisine andalouse,
belle terrasse.

ZAMORA (ZA)   ☎ 988

ℹ Office du tourisme : Santa Clara, 20
(☎ 53-18-45).

Hôtels :

¶¶¶¶ *Parador Condes de Alba y Aliste,* Pza
Viriato, 5 (plan C3 ; ☎ 51-44-97) ▥ ▨ ▱
▯ ▯ installé dans un ancien palais,
magnifique panorama.

¶¶¶ *Dos Infantas,* Cortinas de San
Miguel, 3 (plan DE1-2 ; ☎ 53-28-75)
68 ch. ▥ ▨ ▯ ▯

¶¶¶ *Rey Don Sancho,* Route Villacastín-
Vigo, km 276 (☎ 52-34-00) ⤫ ▥ ▨
▯ discothèque.

Restaurants :

¶¶¶ *Paris,* Avda de Portugal, 14 (plan E1 ;
☎ 51-43-25) ▨ ▯ cuisine régionale, très
bons poissons et fruits de mer ; décor
charmant.

¶¶¶ *Serafín,* Pza Maestro Haedo, 2 (plan
D2 ; ☎ 51-43-16) ▨ ▯ très bons desserts.

¶¶ *El Figón,* Av. Portugal, 18 (☎ 53-31-59).

¶¶ *Pizarro,* Cuesta de Pizarro, 7 (plan C3 ;
☎ 53.43.66). Vaut surtout pour son
cadre.

🚂 Gare : (☎ 52-11-10).

ZARAUZ (SS)   ☎ 943

Hôtels :

¶¶¶ *Zarauz,* Avda de Navarra, 26
(☎ 83-02-00) 82 ch. ▯ ✳ ▯ près de la
plage ; belle vue.

¶¶¶ *Karlos Arguiñano,* Mendilauta, 13
(☎ 13-00-00) ▨ ▯ ▯ 🍽 12 ch. très confortable, service familial, vue sur la plage.

¶¶ *Sol y mar,* Av. Navarra, 50 (☎ 83-23-19)
▨ ▯ 32 ch. fonctionnel, à 300 m de
la plage.

⚑ Campings : *Zarauz* (2ᵉ c.), Route Saint-
Sébastien - Bilbao, km 19,2 (☎ 83-12-38)
près de la plage. — *Talai-Mendi*
(2ᵉ c.), Route N 1, km 17 (☎ 83-00-42)
près de la plage.

Restaurants :

¶¶¶ *Karlos Arguiñano ;* Alfonso XIII, 3
(☎ 13-00-00) un des grands maîtres de
la cuisine basque.

¶¶ *Aiten-Etxe,* Route de Guetaria, s/n
(☎ 83-18-25) dans un cadre magnifique.

⚖ Achats : *Bodegas Hermanos Eyza-
guirre,* Avda San Ignacio, 26
(☎ 84-11-27), cave artisanale et familiale
qui élabore le *txakoli,* vin typique.

Index

Index

A

A Guia (Mirador de), 1087
Abadía, 802
Abadiano, 467
Abella de la Conca, 1029
Abelleira, 825
Ablita, 1036
Acantilado de los Gigantes, 996
Aceuchal, 207
Acibeiro, 480
Adahuesca, 560
Adamuz, 426
Adeje, 996
Adra, 448
Agaete, 515
Ager, 1029
Agoncillo, 610
Agramunt, 988
Agreda, 973
Agua Amarga, 707
Aguadulce, 750
Aguamensa, 998
Agüero, 253
Aguila Fuente, 404
Aguilar, 427
Aguilar de Campoo, 183
Aguilas, 437
Agüimes, 514
Aigües Tortes (Parc national de), 183
Ainsa, 844
Ajo, 905
Ajofrín, 1024
Alacon, 364
Alacuas, 1059
Alagon, 917
Alayor, 184
Alaiza, 880
Alájar, 230
Alangel, 207
Alarcón, 185
Alaró, 316
Alba de Tormes, 186
Albacete, 186
Albaida, 201
Albalete, 364

Albarracín, 187
Albendiego, 244
Alberca (La), 189
Albocácer, 715
Albox, 213
Albufera d'Es Grao, 682
Alburqueque, 255
Alcada de la Selva, 397
Alcalá de Chivert, 444
Alcala de Guadaira, 961
Alcalá de Henares, 678
Alcalá del Río, 960
Alcála la Real, 544
Alcánices, 1105
Alcañiz, 190
Alcántara, 193
Alcaracejos, 425
Alcaraz, 194
Alcaudete, 694
Alcázar de San Juan, 195
Alcira, 577
Alcócer, 849
Alcolea del Pinear, 965
Alcora, 374
Alcorisa, 192
Alcover, 823
Alcoy, 201
Alcúdia, 195
Aldeanueva, 802
Alfajarín, 918
Alfaro, 196
Alfaz del Pi, 430
Algaida, 608
Algemesí, 578
Algésiras, 453
Algodonales, 843
Alhama de Aragon, 800
Alhama de Granada, 543
Alhambra, 846
Alhaurin el Grande, 451
Alhendin, 543
Aliaga, 192
Alicante, 197
Allariz, 202
Allepuz, 397
Almadén, 203
Almagro, 203
Almansa, 205
Almaraz, 1033
Almazán, 206
Almenara, 445

Almendral, 582
Almendralejo, 207
Almería, 207
Almodóvar del Campo, 819
Almodóvar del Río, 428
Almoharín, 1033
Almonacid de Toledo, 1023
Almonacid de Zorita, 790
Almonaster la Real, 230
Almonte, 782
Almudébar, 560
Almuñecar, 450
Almuradiel, 1044
Alora, 688
Alozaina, 842
Alpujarras (las), 214
Alquézar, 215
Altafulla, 438
Altamira (Grottes d'), 215
Altea, 430
Alto Nalón, 216
Amandi, 1090
Ambel, 981
Ampuero, 593
Ampurias, 217
Amurrio, 733
Ancares (Parc national de los), 218
Andalousie, 219
Andratx, 226
Andújar, 575
Anguiano, 729
Aninon, 347
Anserall, 929
Ansó, 569
Antequera, 227
Antigua, 488
Aquadulce, 448
Aracena, 229
Aragon, 231
Aramil, 808
Aran (vall d'), 1083
Aranda de Duero, 236
Aranjuez, 237, 679
Aránzazu, 741
Arbúcies, 712
Arc de Berá, 438
Arceniega, 733
Archena, 723

Archidona, 228
Arcos de Jalón, 698
Arcos de la Frontera, 579
Ardales, 689
Arenys de Mar, 446
Ares del Mestre, 715
Arevalo, 697
Argamasilla de Alba, 847
Argómaniz, 1094
Ariza, 800
Armilla, 542
Arnedo, 346
Aroche, 230
Arona, 996
Arrecife, 590
Arriondas, 357
Arrizala, 880
Arrojo, 301
Arroyo de la Luz, 339
Arroyomolinos de Montán-
chez, 1033
Arta (grottes de), 239
Artá, 238
Artajona, 977
Arteaga (château d'), 550
Arteixo, 558
Artenara, 512
Artesa de Segre, 607
Arties, 1084
Arucas, 515
Arzua, 395
Ascó, 494
Astorga, 239
Asturies, 241
Atalaya, 1099
Ateca, 347
Atienza, 244
Aula Dei (chartreuse d'),
918
Ávila, 244
    Casas de los Dávilas, 249
    Cathédrale, 247
    Chapelle de Mosén Rubí
    de Bracamonte, 248
    Couvent de la Encarna-
    ción, 249
    Couvent   de   Santa
    Teresa, 249
    Église San Juan, 248
    Église San Pedro, 245
    Église San Vicente, 248
    Ermitage San Segundo,
    250
    Monastère   de   Santo
    Tomás, 250
    Musée provincial, 247
Avilés, 251, 614
Ayamonte, 556
Ayerbe, 253
Ayllón, 318
Ayora, 1060

Azaila, 364
Azcoitia, 883
Aznalcázar, 962
Azpeitia, 883
Azuaga, 608

B

Baamonde, 616
Badajoz, 254
Badalona, 299
Baena, 427
Baeza, 256
Bailén, 574
Bajamar, 994
Balafi, 890
Balaguer, 607
Balazote, 187
Balcón de la Rioja, 589
Baléares (Archipel des),
258
Balenciaga, 282
Balsareny, 691
Bande, 389
Baños de Cerrato, 262
Baños de Montemayor,
802
Banyalbufar, 262
Banyolés, 263
Baqueira-Beret, 1084
Barbastro, 264
Barbastro, 560
Barbate de Franco, 441
Barcarrota, 581
Barcelone, 264
    Ajuntament, 274
    Barceloneta, 281
    Barri Gòtic, 269
    Barrio Chino, 277
    Bibliothèque de Cata-
    logne, 276
    Cabinet de physique
    expérimentale, 286
    Caixa de Pensions, 291
    Capitania General, 278
    Carrer de Montcada, 279
    Casa Amatller, 289
    — del Ardiacra, 270
    — Batlló, 289
    — Calvet, 288
    — Comalat, 291
    — Golferichs, 288
    — Heribert Pons, 288
    — Lleó Morera, 289
    — Marfa, 289
    — Mila (la Pedrera), 289

    — Pallaresa, 283
    — de Pastas Figueras
    (Antigua), 291
    — Quadras, 291
    — Terrades ou casa de
    les Punxes, 290
    — Vicens, 289
    Castel dels tres Dragons,
    285
    Cathédrale, 270
    Chapelle de Marcús, 280
    — des Templiers, 275
    — Sant Jordi, 274
    — de Saint-Lazare, 281
    — Santa Llúcia, 272
    Château de Montjuïc, 284
    Collection Cambó, 292
    Collège des Architectes,
    269
    Enceinte romaine, 275
    Edifici Novíssum, 275
    Eglise de Betlem, 275
    — de la Mercè, 278
    — del Pi, 276
    — Sant Jaume, 277
    — Sant Just i Pastor, 275
    — Sant Pere de les
    Puelles, 280
    — Santa Maria del Mar,
    278
    Farmacia, 283
    Fondation Joan Miró, 283
    — Tapies, 289
    — de la Caixa de Pen-
    sions, 279
    Galerie des Catalans illus-
    tres, 270
    — Maeght, 279
    — de fouilles du Musée
    historique, 273
    Gracia, 292
    Gran Teatre d'Opera del
    Liceu, 276
    Hôpital de Sant Pau, 291
    Horta, 292
    Hospital de la Santa Creu
    (Antic), 276
    Hotel Fonda d'Espanya,
    291
    Institut municipal d'his-
    toire, 270
    Llotja, 278
    Maison des Chanoines,
    274
    Marché de la Boqueria,
    276
    — aux Fleurs, 275
    Mercat del Born, 279
    Mirador del Mar, 274
    Monastère de Pedralbes,
    287

Monastère Sant Pau del Camp, 280
Monument à Colom, 277
Montjuïc, 281
Musée d'Archéologie, 283
— d'Art de Catalogne, 280, 283
— des Arts décoratifs, 287
— d'Art moderne, 285
— des Arts et Traditions populaires, 283
— des Automates, 285
— de la Céramique, 286
— de Cire, 277
— de Clara, 292
— ethnologique, 284
— du football, 286
— Frederic Marès, 273
— de Géologie, 285
— historique de la ville, 274
— d'Histoire de la chaussure, 269
— d'Histoire de la médecine catalane, 289
— de l'Holographie, 274
— de l'Institut Amatller, 289
— du Livre et des Industries graphiques, 283
— maritime, 277
— de la musique, 289
— du palais de Pedralbes, 286
— du Parfum, 289
— Picasso, 279
— de la Science, 286
— du Théâtre et des Arts du spectacle, 276
— du Textile et du Vêtement, 280
— de Zoologie, 285
Palais Episcopal, 269
— de la Generalitat, 274
— Güell, 276
— Meca, 279
— de la Musique catalane, 291
— National, 282
— du vice-roi, 273
— de la Virreina, 275
Palau del Lloctinent, 273
Parc de la Ciutadella, 284
— de l'Escoxador, 282
— Güell, 291
Parc de Montjuïc, 282
Passeig de Gracia, 288
Pavillon de Mies van der Rohe, 284

Pia Almoina, 270
Pedralbes, 286
Place de Catalunya, 275
— d'Espanya, 282
— Nova, 269
— dels Països catalans, 282
— Portal de la Pau, 277
— del Rei, 273
— Reial, 277
— Sant Jaume, 274
Plages de Barcelone, 281
Planétarium, 286
Poble Nou, 281
Poble Espanyol, 282
Port, 277
Quartier gothique, 269
Rambla de Canaletes, 275
— dels Caputxins, 276
— dels Estudis, 275
— de les Flors, 275
— de Sant Josep, 275
Reial Acadèmia de Medicina, 276
Sagrada Familia, 190
Sants, 292
Sarria, 292
Tibidabo, 285
Vallvidrera, 286
Villa Joana, 286
Zoo, 285
Bárcena de Pie de Concha, 899
Barco de Ávila (El), 300
Bareyo, 905
Barlovento, 781
Baroña, 826
Barranco del Infierno, 996
Barranco de Valle Gran Rey, 504
Bárzana, 301
Bayona, 302
Baza, 302
Baztán (Vallée du), 303
Beas de Segura, 1040
Becerril de Campos, 761
Beget, 349
Begur, 433
Béjar, 305
Belálcazar, 425
Belante, 394
Belchite, 363
Bello, 466
Bellpuig d'Urgell, 988
Bellver de Cerdanya, 820
Belmez, 425
Belmonte, 305
Belmonte, 808
Beluso, 827

Belvis de Monroy, 1033
Bembibre, 810
Benalmádena, 451
Benalup de Sidonia, 441
Benavente, 306
Bendones, 755
Benia, 358
Benicarló, 444
Benicasim, 444
Benidorm, 431
Benisanó, 1059
Bercianos de Aliste, 1105
Berga, 307
Berja, 212
Berlanga de Duero, 317
Bermeo, 455
Berruguete (Alonso), 380
Besalú, 740
Betancuria, 488
Betanzos, 307
Betlem (ermitage de), 239
Bidasoa (Vallée de la), 308
Bielsa, 844
Biescas, 559
Bilbao, 309
Bimeda, 356
Biniaraix, 968
Biniés, 568
Binissalem, 565
Biota, 469
Blanca, 724
Blancas, 189
Blanes, 435
Boabdil, 229
Boadilla del Camino, 486
Bocairente, 201
Boí, 314
Boiro, 823
Bolaños de Calatrava, 204
Bolea, 253
Bollullos, 782
Bollullos de la Mitación, 962
Bolmir, 821
Bolonia, 440
Boltaña, 844
Boniches, 463
Borja, 981
Bornos, 581
Borrassà (Lluís), 297, 386
Bossost, 1084
Bóveda, 617
Braña Vieja, 821
Brazatortas, 819
Breña Alta, 780
Brihuega, 546
Briones, 552
Briviesca, 330
Bronchales, 189
Broto, 844

Brozas, 194
Brull, 712
Brunete, 679
Buenavista, 779
Buenavista, 996
Bueu, 827
Buitrago del Lozoya, 677
Bujalance, 426
Bujaruelo, 790
Buño, 443
Buñuel (Luis), 192, 432
Bunyola, 315
Burela, 1096
Burgo de Osma (El), 316
Burgomillo (barrage de), 927
Burgos, 319
    Casa del Cordón, 326
    Cathédrale, 320
    Chartreuse de Miraflores, 329
    Église San Esteban, 324
    Église San Gil, 325
    Église San Lesmes, 326
    Église San Nicolás, 324
    Hospital del Rey, 329
    Monastère de las Huelgas, 328
    Monastère de San Pedro de Cardeña, 329
    Musée archéologique, 326
    Musée Marceliano Santa María, 326
    Museo de Ricas Telas, 328
Burguete, 392
Burgui, 836
Burjasot, 1059
Burriana, 445

Cabanes, 374
Cabezón de la Sal, 332
Cabo de Gata, 213
Cabo de Home, 828
Cabo de Peñas, 614
Cabo de San Antonio-Cabo de la Nao, 430
Cabra, 814
Cabrera (île de), 332
Cáceres, 333
Cadalso de los Vidrios, 679
Cadaqués, 432
Cadavedo-Villademoros, 614

Cadix, 340, 344, 345
Caión, 443
Cala de Sant Vicent, 809
Cala de Sant Vicent, 891
Cala En Porter, 184
Cala Major, 777
Cala Portinatx, 890
Cala Ratjada, 239
Cala Xarraca, 890
Calaceite, 191
Calafell, 438
Calahonda, 449
Calahorra, 345
Calamocha, 466
Calanda, 192
Calasparra, 361
Calatayud, 346
Caldas de Reyes, 480
Caldes de Boí, 315
Caldes d'Estrac, 447
Caldes de Montbui, 516
Calella, 446
Caleruega, 236
Caleta Fuste, 488
Callosa de Segura, 472
Calpe, 430
Calviá, 347
Calzada de Calatrava, 205
Calzada de los Molinos, 393
Calzadilla de los Barros, 1098
Camariñas, 443
Cambados, 824
Cambre, 587
Cambrils, 439
Campanet, 564
Campdevánol, 835
Campillo, 1105
Campillo de Altobuey, 185
Campillo de Arenas, 576
Campisálabos, 244
Campo de Caso, 216
Campo de Criptana, 195
Campoamor, 431
Campomanes, 807
Campos del Puerto, 348
Camprodon, 348
Camuño, 506
Can Pastilla, 777
Can Picafort, 196
Cañada Blanca, 998
Cañadas del Teide, 997
Canalobre (cuevas de), 200
Canaries (archipel des), 349
Candás, 355
Candelaria, 997
Canet de Mar, 446
Cañete, 463

Cañete la Rea, 842
Cangas, 710
Cangas de Morrazo, 828
Cangas de Narcea, 355
Cangas de Onís, 357, 798
Canido, 828
Canjáyar, 212
Cano (Alonso), 210, 344, 420, 427
Cantabrie, 359
Cantavieja, 397
Cantillana, 960
Cantoria, 213
Cap Blanc, 608
Capdepera, 239
Capellades, 564
Capocorb Vell, 608
Carabias, 965
Caramero, 549
Caramujo, 997
Caravaca de la Cruz, 361
Caravia, 830
Carbajales de Alba, 1105
Carballo, 356
Carboneras, 707
Carboneras de Guadazaón, 463
Carbonero el Mayor, 404
Carcabuey, 814
Carcagente, 577
Cárcar, 978
Carcès, 358
Cardenete, 185
Cardona, 362
Cariñena, 362
Cariño, 1095
Carmona, 332
Carmona, 364
Carnota, 728
Caroyas, 614
Carracedo del Monasterio, 811
Carrascosa del Campo, 367
Carril, 824
Carrión de Calatrava, 399
Carrión de los Condes, 368
Cártama, 688
Cartaya, 556
Carteya, 453
Carthagène, 369
Casalarreina, 552
Casares, 452
Casas Ibáñez, 187
Cascante, 1036
Caspe, 372
Castañedo, 504
Castell de Ferro, 449
Castell de Guadalest, 201
Castellar de la Muela, 708

Castellciutat, 929
Castelldefels, 299
Castelló de Farfanya, 607
Castelló d'Empúries, 433
Castellón de la Plana, 373
Castille-La Manche, 375
Castille-León, 377
Castilleja de la Cuesta, 962
Castilleja del Campo, 962
Castillo de Buen Amor, 878
Castillo de Soutomaior, 814
Castrillo de los Polvazares, 241
Castro Caldelas, 745
Castro del Río, 426
Castro Urdiales, 382
Castrogeriz, 331
Castropol, 1076
Castroverde, 617
Catalogne, 382
Catí, 716
Caunedo, 808
Cazalla de la Sierra, 410, 960
Cazoria, 1041
Cebreros, 251
Ceclavín, 194
Cee, 443
Cehegín, 361
Celanova (Monastère de), 389
Cella, 189
Celorio, 603
Cereceda, 849
Cerro Muriano, 425
Cervantès, 280, 420, 426, 928
Cervatos, 822
Cervera, 389
Cervera de Pisuerga, 390
Cervera del Río Alhama, 391
Cervo, 1096
Cesantes, 828
Cestona, 883
Cetina, 800
Ceuta, 453
Chantada, 710
Charles Quint, 193, 273, 379
Chemin de Saint-Jacques, 391
Chiclana de la Frontera, 442
Chilarón del Rey, 848
Chiloeches, 546
Chinchilla de Monte Aragón, 395

Chinchón, 678
Chipeque (col de), 997
Chipiona, 888
Chiva, 1060
Chorros del Mundo, 194
Cid Campeador, 319, 368
Cies (îles), 1087
Cieza, 724
Cifuentes, 396
Cigales, 1072
Cinctorres, 715
Cintruenigo, 831
Circuit des sierras du bas Aragon, 396
Cisneros, 761
Ciudad Encantada, 463
Ciudad Real, 398
Ciudad Rodrigo, 399
Ciutadella, 402
Clunia, 236
Coaña, 614
Coca, 404
Cocentaina, 201
Cofrentes, 1060
Cogolludo, 569
Coín, 692
Colera, 432
Collado Hermosa, 926
Colmenar de Oreja, 678
Colomb (Christophe), 279, 280, 934, 958
Colunga, 830
Coma-Ruga, 438
Combarro, 827
Comillas, 902
Communauté valencienne, 405
Concepción (couvent de la), 973
Concud, 1004
Conil de la Frontera, 441
Conseil, 565
Constantí, 987
Constantina, 410
Consuegra, 845, 1023
Corao, 358
Córcoles, 849
Corconte, 832
Corcubión, 444
Cordoue, 411
   Alcázar de los Reyes Cristianos, 419
   Église de la Trinidad, 419
   Église San Lorenzo, 422
   Église San Pablo, 421
   Mosquée-cathédrale, 414
   Musée archéologique provincial, 420
   Musée des Beaux-Arts, 420

   Nuestra Señora de la Fuensanta, 423
   Palais de Viana, 422
   Plaza de los Dolores, 422
   Plaza del Potro, 420
   Quartier de la Judería, 413
   Temple romain, 421
Corella, 831
Coria, 428
Corias (monastère de), 356
Cornellana, 505
Corral del Niño, 997
Corralejo, 487
Cortegana, 230
Cortes, 831
Corullón, 811
Costa del Azahar, 444
Costa Blanca, 429
Costa Brava, 432
Costa Cálida, 435
Costa Daurada, 437
Costa de la Luz, 439
Costa del Maresme, 446
Costa de la Muerte, 442
Costa del Sol, 447
Costa Verde → Gijón, Luarca
Côte basque, 453
Cotuatero (cirque de), 789
Covadonga (sanctuaire de), 358
Covalanas (grottes de), 593
Covarrubias, 456
Covas, 1095
Covet, 1029
Cretas, 191
Crevillente, 472
Cruceiro de Roo, 825
Cruz de Tejeda, 512
Cuacos de Yuste, 803
Cuatro Puertas (montaña de), 513
Cuatrovitas (ermitage de), 962
Cubel, 466
Cubells, 607
Cudillero, 457
Cuéllar, 458
Cuenca, 458
Cuenca de Campos, 695
Cuerva, 1024
Cueva de la María, 829
Cuevas de Almanzora, 213
Cuevas de Santimamine, 551
Cuevas del Drach, 690
Cuevas del Valle, 301
Cuevas dels Hams, 690

Cúllar de Baza, 303
Culleredo, 587
Cumbres Mayores, 230
Cuntis, 480
Curiel, 1073

Daimiel, 399
Dali (Salvador), 299, 387, 432
Dalías, 212
Daroca, 465
Deià, 1074
Denia, 430
Desierto de las Palmas (couvent du), 445
Destorrents (Ramon), 274, 297
Deva, 454
Díaz de Oviedo (Pedro), 1035
Domènech i Montaner (Lluis), 289, 290
Don Benito, 705
Don Quichotte (route de), 845
Doñana (Parc national de), 466
Dóriga, 505
Dos Hermanas, 961
Dosbarrios, 845
Ducs de l'Infantado (château des), 676
Dueñas, 760
Durango, 467
Durcal, 543

Écija, 468
Eguilaz, 880
Eibar, 1077
Eiré, 710
Ejea de los Caballeros, 469
El Arahal, 1042
El Barquero, 1095
El Bocal del Rey, 831
El Bonillo, 846
El Bosque, 843
El Burgo, 842
El Cebrero, 393
El Coronil, 1042

El Cotillo, 487
El Desierto de las Palmas (couvent de), 445
El Egido, 212
El Espinar, 927
El Frago, 470
El Golfo, 591
El Grado, 844
El Masnou, 447
El Médano, 997
El Pilar de la Mola, 890
El Pinar, 554
El Pinell de Brai, 494
El Pito, 457
El Port de Llança, 432
El Port de la Selva, 432
El Portillo de la Villa, 998
El Poyo, 394
El Puente del Arzobispo, 980
El Puig, 445
El Queso (cueva de), 205
El Romeral (cueva de), 228
El Saler-Albufera, 1059
El Tiemblo, 251
El Toboso, 847
El Torcal, 228
Elcano (Juan Sebastián), 454
Elche, 470
Elciego, 588
Elda, 472
Elizondo, 304
Elorrio, 473
Els Degotalls, 713
Embalse de Aguilar, 183
Embalse de Alarcón, 185
Embalse de Almansa, 205
Embalse de Contreras, 185
Embalse de Proserpina, 704
Embalse de Puentes, 613
Embalse de Pumares, 810
Embalse de Tontoro, 819
Embassanient de Sau, 1082
Embid, 466
Embid, 708
Empúries, 217
Enguidanos, 185
Entrago, 884
Entralgo, 217
Ermita de Nuestra Señora de los Reyes, 554
Ermitage de Humilladero, 549
Erustres, 979
Es Caló, 890
Es Pujols, 890
Escároz, 879

Escatrón, 364
Escorial (Monastère de l'), 473
Esgos, 745
Esparza, 879
Espejo, 426
Espinama, 799
Espot, 184
Establiments, 778
Estaca de Bares (cap de la), 1095
Estallencs, 263
Esteiro, 825
Estella, 476
Estepa, 479
Estepona, 452
Estíbaliz (sanctuaire d'), 1094
Estrada, 480
Estrémadure, 480
Eunate (Chapelle d'), 736
Ezcaray, 482

Falset, 822
Fanlo, 844
Fataga, 514
Felanitx, 483
Ferdinand le Catholique, 974
Ferrer Bassa, 288, 297
Ferreries, 698
Ferreruela de Huerva, 466
Ferro (monte), 828
Ferrol, 484
Figueras, 1076
Figueres, 484
Fiñana, 550
Fisterra (cap), 444
Fitero, 831
Flor (Roger de), 277
Foncebadón (col de), 393
Fontibre, 821
Fonz, 264
Fonzaleche, 553
Formentor (presqu'île de), 809
Fornalutx, 968
Fornells, 69
Fornoles, 193
Fortuna, 724
Foz, 1096
Fregenal de la Sierra, 581
Frigiliana, 450
Frómista, 485
Fronfría, 394

Fuencaliente, 780
Fuencaliente, 819
Fuendetodos, 363
Fuengirola, 452
Fuenmayor, 610
Fuensaladaña, 1072
Fuensalida, 1025
Fuente de Cantos, 1099
Fuente Ovejuna, 425
Fuente pelayo, 404
Fuenteguinaldo, 402
Fuenterrabía, 486
Fuentes Carrionas, 391
Fuentes de Andalucia, 367
Fuentes de Oñovo, 402
Fuerteventura (île de), 486

Gabia la Grande, 543
Gaceo, 880
Gádor, 212
Galaroza, 230
Gáldar, 515
Galice, 489
Galilea, 263
Gálvez, 1024
Gandesa, 493
Gandía, 494
Gandul, 961
Garachico, 996
Garcimuñoz, 185
Garganta la Olla, 803
Garraf, 438
Garrovillas, 194
Gaudí (Antonio), 240, 278, 287 à 290, 292, 386
Gènova, 778
Gérone, 495
Gibraleón, 556
Gibraltar, 500
Gijón, 501
Godella, 1059
Gombrén, 835
Gomera (île de), 502
Gordaliza del Pino, 393
Gorges de la Yecla, 904
Gormaz, 317
Goya (Francisco), 314, 344, 363, 420, 422, 457, 660
Grado, 504
Gran Tarajal, 488
Granadilla de Abona, 996
Grande Canarie (île de la), 506
Grañen, 560

Granja de Torrehernosa, 608
Granollers, 516
Grañon, 904
Graus, 843, 844
Grazalema, 842
Greco, 298, 344, 457, 461, 654
Gredos, 301
Grenade, 517
  Albaicín, 537
  Alcazaba, 529
  Alhambra, 524
  Capilla Real, 533
  Casa de los Tiros, 535
  Cathédrale, 531
  Chartreuse, 541
  Église San Jerónimo, 537
  Église San Matías, 535
  Église Santa Maria, 527
  Église Santo Domingo, 535
  Ermitage de San Sebastián, 542
  Generalife, 529
  L'Alhambra et le Generalife, 521
  Musée archéologique provincial, 538
  Musée d'art grenadin, 535
  Musée de la cathédrale, 533
  Musée des beaux-arts, 527
  Palais de Charles Quint, 527
  Puerta de la Justicia, 524
  Quartier du Genil, 542
  Sacro Monte, 541
  Sagrario, 534
Griñon, 679
Gris, 200
Guadalajara, 544
Guadalquivir (vallée du), 220
Guadalupe, 547
Guadamur (château de), 1024
Guadix, 549
Guardamar del Segura, 431
Guardiola de Bergueda, 307
Guarromán, 575
Guecho, 455
Güells del Joeu,
Guernica y Luno, 550
Güesa, 878
Guetaria, 454

Guía de Gran Canaria, 515
Guía de Isora, 999
Guijo de Galisteo, 804
Güimar, 997
Guimerà, 988
Gumiel de Hizán, 236
Gurullés, 505

Hacienda de la Concepción, 689
Hadrien, 223
Haría, 592
Haro, 552
Hellín, 187
Hermida (défilé de la), 799
Hernani, 869
Herrera (Juan de), 380
Herrera de Pisuerga, 183
Hervás, 802
Hierro (île de), 553
Hinojosa del Duque, 425
Hio, 827
Hita, 570
Horcajo de Santiago, 847
Horche, 546
Hormos de Segura, 1040
Hornachos, 207
Hornachuelos, 428
Hoyos, 429
Hoyos del Espino, 300
Hoz de Beteta, 814
Huelva, 555
Huércal Overa, 213
Huesca, 557
Huete, 367
Huguet (Jaume), 274, 297, 386
Humboldt (Mirador de), 995
Husillos, 760

Ibiza, 561
Icod de los Vinos, 995
Igualada, 563
Illescas, 1023
Ilot de Santa Clara, 869
Inca, 564
Ingenio, 514
Irache (Monastère d'), 479
Iranzu (Monastère d'), 479

Irún, 565
Isaba, 837
Isabelle la Catholique, 186
Iscar, 458
Isla, 905
Isla Cristina, 556
Isuerre, 974
Italica (ruines d'), 958
Izal, 878
Izalzu, 879
Izurza, 467

Jabugo, 230
Jaca, 566
Jadraque, 570
Jaén, 570
Jaraba, 800
Jaraiz de la Vera, 803
Jarandilla de la Vera, 803
Játiva, 575
Jávea, 430
Javier, 887
Jerez de la Frontera, 577
Jerez de los Caballeros, 580
Jesus, 563
Jijona, 201
Jodár, 1041
Jumilla, 582
Junco, 829
Junquera de Ambia, 203
Junquera de Espadañedo, 745

L'Ametlla de Mar, 439, 1029
L'Escala, 433
L'Espluga de Francoli, 806
L'Estany, 1082
L'Estartit, 433
L'Hospitalet de l'Infant, 439
La Algaba, 959
La Almunia de Doña Godina, 363
La Atalaya del Pico de las Flores, 997
La Bañeza, 241
La Bisbal d'Empordá, 434
La Carlota, 428

La Carolina, 574
La Cartuja, 581
La Concha de Artedo, 457
La Corogne, 584
La Cova de la Verge, 714
La Cuesta, 995
La Cumbrecita, 780
La Escala, 433
La Galga, 781
La Garriga, 516
La Granja (palais de), 883
La Guardia, 587
La Guardia, 845
La Guardia de Jaén, 575
La Hiniesta, 1105
La huerta de Valence, 1059
La Iglesuela del Cid, 397
La Jonquera, 485
La Laguna, 994
La Lanzada, 826
La Luisiana, 469
La Madroa (Mirador de), 1087
La Maragatería, 241
La Mata, 505
La Molina, 820
La Muntanya de Sal, 362
La Oliva, 487
La Orotava, 995, 998
La Peregrina (sanctuaire de), 851
La Platja d'Aru, 434
La Portellaoa, 193
La Puebla de Cazalla, 750
La Puebla de Montalbán, 1024
La Puebla de Valverde, 1004
La Rabita, 449
La Robla, 601
La Roda, 846
La Seu d'Urgell, 928
La Solana, 846
La Unión, 372
La Victoria de Acentejo, 994
La Vid, 237
La Vieja (cueva de), 205
Labacolla, 395
Labastida, 589
Lacalahorra, 550
Lagartera, 970
Laguardia, 589
Lanjarón, 214
Lanzarote (île de), 589
Laredo, 592
Larrès, 559
Las Caldas de Besaya, 899
Las Caldes, 755

Las Cañadas (parc national de), 998
Las Carmelitas Descalzas (couvent de), 468
Las Maravillas (grottes de), 230
Las Mercedes (forêt de), 994
Las Navas de la Concepción, 410
Las Navas de Tolosa, 574
Las Nieves, 780
Las Palmas, 507
Las Raíces, 997
Las Torcas, 463
Las Ventas con Peña Aguilera, 1024
Lastres, 830
Laujar de Andarax, 212
Laxe, 443
Le Douro, 378
Le Grao, 1059
Le Pardo, 675
Le Pont du Diable, 988
Le boreiro, 395
Lebrija, 579
Ledesma, 877
León, 594
    Casa de Botines, 600
    Consistorio Antiguo, 599
    Église San Marcelo, 600
    Église San Martín, 599
    Église San Salvador de Palaz del Rey, 600
    Musée archéologique provincial, 601
    Palais de los Guzmanes, 600
    San Isidoro (basilique), 594
    San Marcos (monastère de), 600
    Santa María de Regla (cathédrale), 598
Lepe, 556
Lequeitio, 454
Lérez, 814
Lerín, 978
Lerma, 457
Les Medes (îles de), 433
Lesaca, 309
Leyre (Monastère de), 602
Lezuza, 187
Lieres, 808
Liérganes, 898
Limpias, 593
Linares, 575
Linares de Mora, 396
Linas de Broto, 844
Línea de la Concepción, 602

Liria, 1059
Lituénigo, 982
Llafranc, 434
Llanas del Mouro, 356
Llanes, 603
Llavorsí, 184
Lleida, 604
Llerena, 607
Llessui (vallée de), 184
Llivia, 820
Llodio, 732
Lloret de Mar, 435
Lluc (monastère de), 967
Llucmajor, 608
Llull (Ramon), 260, 386
Llusá, 1083
Loarre (château de), 253
Lobera, 974
Lobernos, 816
Logroño, 609
Logrosán, 549
Loja, 543
Longas (route de), 974
Longas, 976
Lope de Vega, 426
Lora del Río, 960
Lorca, 610
Los Alcázares, 436
Los Arcos, 395
Los Beyos (défilé de), 798
Los Cristianos, 996
Los Jameos del Agua, 592
Los Llanos de Aridane,
780
Los Millares, 212
Los Santos de Maimona,
1098
Los Sauces, 781
Los Silos, 997
Los Yébenes, 1024
Luanco, 613
Luarca, 614
Lucena, 229
Luco de Jiloca, 466
Lugas, 1090
Lugo, 615
Lumbrales, 402
Luyego, 241

M

Maçanet de Cabrenys, 485
Maçanet de la Selva, 712
Maceda, 745
Madrid, 618
   Académie d'histoire, 643

Académie de langue
espagnole, 643
Aténéo, 642
Banque d'Espagne, 641
Basilique San Francisco
el Grande, 629
— San Miguel, 626
Bibliothèque nationale,
637
Bourse, 642
Cabinet des Antiquités
de l'Académie royale, 672
Casa de Campo, 632
— de Cisneros, 625
— de Correos, 641
— Garay, 638
— de Gongoria, 637
— de Juan de Vargas,
626
— Lope de Vega, 643
— de las Sietes Chime-
neas, 637
— de Trespalacios, 627
— de Velazquez, 633
— de la Villa, 625
— de Villaamil, 643
Cason de Buen Retiro,
664
Cathédrale San Isidro,
646
— Santa Maria de Almu-
dena, 629
Centre d'Art Reina Sofia,
644, 665
— culturel de la Ville, 637
Cité universitaire, 633
Colegio de Areneros, 633
Corrala, 645
Couvent de Bénédictines
de San Placido, 634
— des Comendadoras
de Santiago, 632
— de la Encarnaciòn,
629
— des Mercederias Des-
calzas, 634
— de Sainte-Thérèse,
631
— des Trinitarias Des-
calzas, 643
Cuartel Conde Duque,
632
Ecole des Ingénieurs des
Mines, 639
Eglise des Bernadas, 626
— des Carmelitas, 640
— de la Concepciòn, 640
— de las Escuelas Pias,
645
— des Jeronimos, 644
— des Maravillas, 640

— Montserrat, 634
— de las Salesas (ou
Santa Barbara), 637
— San Andres, 626
— San Andres de los
Flamencos, 639
— San Antonio de los
Alemanes, 634
— San Cayetano, 645
— San Gines, 631
— de San Manuel et San
Benito, 640
— San Marcos, 631
— San Martin, 633
— San Nicolas de los
Servitas, 627
— San Sebastian, 643
— San Pedro el Real,
626
— Santiago et San Juan
Bautista, 627
Ermitage de San Antonio
de la Florida, 632
Fabrique de tabac, 646
Fondation Casa de Alba,
668
— Juan March, 640
Fontaines de Cibeles, 636
Glorieta d'Atocha, 644
— de Bilbao, 635
— de Ruben Dario, 638
— Ruiz Jimenez, 634
Gran Via, 631
Hémérothèque munici-
pale, 625
Institut Cervantes, 646
— San Isidro, 646
— Valencia de Don Juan,
638, 671
Jardin botanique, 644
— du Campo del Moro,
628
— de la Montaña del
principe Pio, 631
— de Sabatini, 627, 628
— de Vistillas, 629
Marché du Rastro, 646
Musée de l'Académie des
Beaux-Arts, 665
— d'Amérique, 633, 673
— archéologique natio-
nal, 638, 668
— de l'Armée, 643, 673
— des Arts décoratifs,
641, 671
— des Arts et des Tradi-
tions populaires, 671
— de Bebidas de Perico
Chicote, 673
— des Carrosses, 628
— Cerralbo, 631, 667

— de Cire, 637, 672
— national d'Ethnologie, 644, 671
— de la Fabrique nationale des monnaies et des timbres, 672
— royal de la Fabrique de Tapis, 672
— du Ferrocarril (train), 673
— national de Géologie, 674
— de l'Institut archéologique municipal, 670
— Lazaro Galdiano, 639, 666
— naval, 641, 673
— des Pères Escolapia, 633, 674
— du Prado, 643, 646
— national des Reproductions artistiques, 633, 673
— romantique, 635, 668
— des Sciences naturelles, 638, 674
— de sculptures à l'air libre, 638, 666
— Sorolla, 667
— Taurin, 674
— Thyssen-Bornemisza, 674
Observatoire, 641
Opéra, 627
Palais des Congrès, 639
— des Cortès, 642
— de Cristal, 641
— de Guadalcazar, 634
— de Justice, 637
— de Liria, 632
— des Marquis de Perales, 644
— de la Moncloa, 633
— de Punonrostro, 625
— O'Reilly, 625
— royal, 627
— du Sénat, 630
— Uceda, 626
— de Ugena, 626
— de Velazquez, 640
Parc de la Découverte, 637
— Oeste, 632
— du Retiro, 640
Paseos, 636
Place Alonzo Martinez, 636
— Anton Martin, 641
— de l'Armeria,
— del Callao, 631
— Cascorro, 645

— de Castilla, 639
— de Chamberi, 635
— Chueca, 637
— Colòn, 637
— Conde de Barajas, 625
— del Cordòn, 625
— des Cortes, 642
— de la Cruz Verde, 626
— du Dos de Mayo, 635
— de la Independencia, 641
— Lavapies, 645
— du Marquis de Salamanca, 640
— Matute, 643
— Mayor, 624
— de la Moncloa, 633
— Murillo, 644
— Neptune, 642
— d'Olavide, 635
— d'Oriente, 627
— de la Paja, 626
— de la Provincia, 624
— del Rey, 637
— San Javier, 626
— San Martin, 630
— Sante Domingo, 630
— Santa Ana, 626
— Tirso de Molina, 645
— de la Villa, 625
— de la Villa de Paris, 637
Puerta de Alcala, 641
— del Sol, 623
Quartier de Malasana, 635
— de Salamanca, 639
Real monasterio del Descalzas Reales, 630
San Fermin de los Navarros, 638
Temple, 640
Théâtre Espagnol, 643
— Olimpia, 645
— de la Zarzuela, 642
Torre de Lupanes, 625
Madridejos, 845
Madrigal de las Altas Torres, 697
Magallón, 982
Mahón, 680
Mairena del Alcor, 961
Málaga, 682
Malagón, 399
Malgrat de Mar, 446
Malpica, 443
Malpica de Tajo, 979
Maltravieso (grotte de), 339
Maluenda, 466

Manacor, 689
Mancha, 574
Mancha Real, 575
Manga, 436
Manilva, 452
Manises, 1059
Manresa, 690
Mansilla de las Mulas, 393
Manzanares, 845
Manzanera, 1004
Maqueda, 979
Maranges, 820
Marbella, 691
Marchena, 692
Marin, 827
Marquina, 692
Martinez (Gregorio), 1070
Martorell (Bernat), 297, 386
Martorell, 693
Martos, 693
Mascaraque, 1023
Maspalomas, 514
Matalascañas, 556
Mataró, 447
Mazagon, 556
Mazarrón, 437
Mazo, 780
Mazo de Meredo, 1076
Medellín, 705
Medina az Zahara, 423
Medina de las Torres, 1099
Medina de Rioseco, 694
Medina del Campo, 695
Medina Sidonia, 441
Medinaceli, 697
Meira, 616
Melgar de Arriba, 851
Melide, 395
Melilla, 689
Menéndez de Avilés (Pedro), 251
Menéndez y Pelayo (Marcelino), 897
Menga y Viera (cuevas de), 228
Mercadal, 698
Mercedes (forêt de las), 995
Mérida, 699
Mesas de Villaverde, 688
Mezquita, 1078
Migjorn (plage de), 890
Migjorn Gran, 698
Mijas, 451
Mijos, 1078
Miñateda, 187
Minglanilla, 185
Miraflores de la Sierra, 676
Mirabel, 803

Mirador, 512
Mirador de Aloya, 1037
Mirador de Coto Redondo, 814
Mirador de Don Martín, 996, 997
Mirador de Humboldt, 995
Mirador de Ortuño, 997
Mirambel, 397
Miranda de Arga, 977
Miranda del Castañar, 190
Miravet, 494
Miró (Joan), 200, 278, 285, 299, 387
Moaña, 828
Moarves, 390
Moguer, 706
Moià, 1083
Mojácar, 707
Molina de Aragón, 708
Molinaseca, 393
Molinos, 192
Mollina, 229
Molló, 349
Mombeltrán, 301
Mombuey, 816
Mondoñedo, 1077
Mondragón, 1077
Monfero, 308
Monforte de Lemos, 709
Monreal del Campo, 466
Mont Igueldo, 869
Mont Ulía, 869
Montalban (château de), 1024
Montalbán, 192
Montaña Blanca, 998
Montaña Mostaza, 998
Montaña Rajad, 998
Montaña Samara, 998
Montánchez, 1033
Montblanc, 711
Monte Coello, 513
Monte Naranco, 755
Monte Verde, 998
Monteagudo, 724
Monteagudo de las Vicarías, 206
Montealegre del Castillo, 205
Montehermoso, 804
Montejo de la Sierra, 677
Montemayor, 427
Monterroso, 394
Montesa, 576
Montfalcó Murallat, 390
Montiel, 1044
Montijo, 704
Montilla, 427
Montjoy, 395
Montoro, 426

Montseny (Sierra du), 711
Montserrat (Monastère de), 712
Monzón, 264
Monzón de Campos, 760
Mora, 1023
Mora de Rubielos, 396
Moral de Calatrava, 204
Morales (Luis de), 193, 255
Morata de Jiloca, 466
Morella, 714
Moreruela (Monastère de), 306
Moreta de Jalon, 347
Morón de Almazán, 206
Morón de la Frontera, 692
Mosqueruela, 397
Mota del Cuervo, 847
Motilla del Palancar, 185
Motrico, 454
Motril, 449
Moya, 516
Muel, 363
Mula, 723
Munera, 846
Muniesa, 364
Murcie (région), 717
Murcie, 716
Muriedas, 898
Murillo, 210, 316, 341, 420, 427, 945, 956
Muro, 724
Muro de Agreda, 973
Muros, 727
Muxia, 443

Na Sa de Gràcia (sanctuaire de), 608
Nª Sª de Melque, 1025
Nájera, 729
Nava, 808
Nava del Rey, 697
Naval, 844
Navalcarnero, 679
Navalmoral de la Mata, 1033
Navarcles, 691
Navardún, 974
Navarre, 730
Navarrete, 610
Naveta d'es Tudons, 403
Navetes de Rafal Rubí, 682
Navia, 614
Na Xamena, 890

Nembro, 614
Nerja, 450
Nervión (vallée du), 732
Niebla, 781
Nijar, 213
Noja, 905
Nora, 755
North Town, 500
Novelda, 472
Noya, 734
Nuestra Señora de Consolación, 1042
Nuestra Señora de la Peña de Francia (Monastère de), 190
Nuestra Señora de Regla (monastère), 888
Nuestra Señora de Salas (sanctuaire de), 560
Nuestra Señora de Vallivana (sanctuaire de), 374
Nuestra Señora del Puy (basilique), 479
Nueva, 604
Nuévalos, 800
Nuevo Baztán, 678
Numance, 735

O Grove, 824
Obanos, 736
Obre, 825
Ocaña, 737
Ochagaira, 879
Ohanes, 212
Ojén, 691
Ojos Negros, 189
Oleiros, 826
Olèrdola, 1089
Oliana, 929
Olite, 737
Olius, 968
Oliva (monastère de la), 738
Oliva, 446
Olivenza, 256
Olleros, 183
Olmedo, 696
Olot, 739
Oña, 330
Oñate, 740
Oncala, 973
Onda, 445
Ondárroa, 454
Oonteniente, 201
Orbigo (hospital de), 241

Ordesa, 843
Orduña, 741
Orense, 743
Organyá, 929
Orgaz, 1024
Orihuela, 476
Orihuela del Tremedal, 189
Oristá, 1083
Orjiva, 215
Oropesa, 980
Oropesa del Mar, 444
Ortigueira, 1095
Oseira (Monastère d'), 745
Osera (monastère d'), 748
Ossa de Montiel, 846
Osuna, 749
Otur, 614
Oviedo, 750

Pacheco (Francisco), 955
Padrón, 756
Padul, 543
Pájara, 488
Palafrugell, 434
Palamós, 434
Palas de Rey, 395
Palau-Solità, 516
Palencia, 757
Palenzuela, 760
Palma (Ciutat de Mallorca), 761
    Almudaina, 770
    Ayuntamiento, 774
    Bains arabes, 774
    Carrer de sa Plateria, 774
    Cathédrale, 770
    Château de Bellver, 777
    Consolat de mar, 776
    Église Sant Francesc, 772
    Llonja, 776
    Musée de Majorque, 773
    Musée diocésain, 771
    Parc de la Mar, 770
    Passeig des Born, 770
    S'Hort del Rei (jardins de), 770
    Vieux palais, 775, 776
Palma (île de La), 778
Palma del Condado, 781
Palma del Río, 428
Palos, 436
Palos de la Frontera, 707
Pámanes, 898
Pampaneira, 214
Pampelune, 782

Pampliega, 331
Panes, 799
Pano, 844
Panticosa, 560
Pantón, 710
Paradas, 692
Parc national d'Ordesa et Monte Perdido, 788
Paredes de Nava, 761
Pasajes, 453
Pastraña, 790
Patones, 677
Paular (Monastère del), 676
Pays basque, 791
Pazo de Oca, 862
Pedrafita do Cebreiro, 393
Pedraza de la Sierra, 927
Pedrola, 917
Pedrosa de la Vega, 369
Pegalajar, 576
Pego, 202
Peña Cabarga, 898
Peñafiel, 1073
Peñaflor, 428
Peñaflor, 505
Peñalba de Santiago, 810
Peñaranda de Bracamonte, 878
Peñaranda de Duero, 236
Peñarroya Pueblonuevo, 425
Peñíscola, 796
Peracense, 189
Perazancas, 390
Pere Falqués i Urpí, 289
Perelada, 485
Pérez de Guzmán (Alonso), 439
Pesquera de Duero, 1073
Petra, 727
Pexegueiro, 1037
Philippe V, 237, 884
Picasso (Pablo), 200, 272, 280, 281, 285, 314, 387, 432
Pico de Tres Mares, 821
Pics d'Europe, 797
Piedra (monastère de), 800
Piedras Blancas, 252
Pimiango, 603
Pina, 918
Pinar de Tamabada, 512
Pindal (grotte du), 603
Pineda de Mar, 446
Pinilla de Jadraque, 569
Pinos Puente, 544
Piornedo, 219
Plage de Rodiles, 1090
Plasencia, 801
Platja Miami, 439
Playa de las Américas, 996

Playa Talamanca, 563
Plencia, 455
Poblet (monastère de), 804
Pola de Laviana, 216
Pola de Lena, 807
Pola de Siero, 807
Pola de Somiedo, 808
Pollença, 808
Pombeiro, 710
Ponferrada, 810
Ponte-Ceso, 443
Pontevedra, 811
Porcuna, 575
Porqueres, 262
Porriño, 1087
Port-Bou, 432
Port-Lligat, 432
Porta Coeli (chartreuse de), 1059
Portezuelo, 429
Porto Colom, 483
Porto Cristo, 690
Porto do Son, 826
Portonovo, 827
Portosin, 826
Portugalete, 455
Posadas, 428
Potes, 799
Poyo, 827
Pozablanco, 425
Pozancas, 965
Prats de Lluçanés, 1083
Pravia, 504
Priego, 814
Priego de Córdoba, 814
Priesca, 1090
Principe (Casa del), 675
Proaza, 814
Puebla de Sanabria, 816
Puebla de Sancho Pérez, 1099
Puebla de Trives, 745
Puebla del Caramiñal, 823
Puebla del Salvador, 185
Puente Arce, 902
Puente la Reina, 816
Puente Viesgo, 898
Puenteareas, 1087
Puentedeume, 817
Puerto de Erjos, 996
Puerto de la Cruz, 995
Puerto de los Tornos, 593
Puerto de Naos, 781
Puerto de Navacerrada, 927
Puerto de Pajares, 807
Puerto de Palombera, 332
Puerto de Santa María (El), 818
Puerto de Santiago, 996, 997

Puerto de Tazacorte, 780
Puerto del Carmen, 590
Puerto del Rañadoiro, 357
Puerto del Rosario, 487
Puerto del Suspiro del Moro, 543
Puerto Lapice, 845
Puerto Lumbreras, 613
Puerto Pollença, 809
Puerto Rico, 515
Puerto Sóller, 967
Puertollano, 818
Puertomarin, 394
Puig de Santa Magdalena, 565
Puig i Cadafalch (Joseph), 285, 289, 291
Puigcerdà, 819
Punta de Jandía, 488
Punta Umbría, 556
Puntagorda, 781
Purullena, 550
Puzol, 445
Pyrénées (route des), 559

Q

Quejana, 733
Quesada, 1041
Quintanar de la Orden, 847
Quintanilla de las Viñas, 456
Quintanilla de Onésimo, 1073
Quiroga, 710

R

Rábida (Monastère de la), 556
Rafales, 193
Ramales de la Victoria, 593
Rasines, 593
Raties (col de), 202
Realejo Bajo, 995
Redondela, 828
Regil, 883
Reinosa, 821
Requena, 1060
Retortillo, 822
Reus, 822

Ría de Arosa, 823
Ría de Muros et de Noya, 825
Ría de Pontevedra, 826
Ría de Vigo, 827
Rianxo, 824
Ribadavia, 746
Ribadeo, 828
Ribadesella, 829
Ribalta (Francisco), 298, 373
Ribes de Freser, 835
Ribeira, 826
Ribera (Antonio), 228
Ribera (Jose de), 210, 298, 314, 316, 338, 344, 373, 401, 420
Ribera (La), 830
Ribera del Fresno, 207
Ricote, 724
Rincón de la Victoria, 451
Riofrio (palais de), 927
Rioja (La), 832
Riopar, 194
Ripoll, 833
Rocío (El), 835
Roda de Isabena, 844
Ródenas, 189
Roelas (Juan de las), 955
Rois Catholiques, 250
Romangordo, 1033
Romero de Torres (Julio), 420
Roncal, 836
Roncevaux, 837
Ronda, 839
Ronda la Vieja, 842
Rosal de la Frontera, 230
Roses, 432
Rota, 888
Route des Pyrénées, 559
Rubi de Bracamonte, 697
Rubielos de Mora, 396
Rubió, 563
Rueda, 696
Rueda de la Sierra, 708
Ruesta, 974
Ruidera, 846
Rupit, 1082
Rute, 229

S

S'Agaró, 434
Sa Cabaneta, 777
Sa Calobra, 967
Sa Canaba, 239

Sa Canal, 563
Sa Granja, 263
Sabadell, 848
Sabiñanigo, 559
Sabinosa, 554
Sabiote, 1040
Sabucedo, 480
Sacedón, 848
Sádaba, 469
Sagonte, 849
Sahagún, 850
Saint Dominique, 236
Saint Jean de la Croix, 245, 419
Saint-Jacques-de-Compostelle, 851
   Cathédrale, 854
   Couvent de San Francisco, 861
   Couvent de San Pelayo, 860
   Église San Benito del Campo, 861
   Église San Martín, 860
   Église San Miguel, 861
   Église Santa María del Camino, 861
   Hospital Real, 859
   Monastère de San Martín Pinario, 860
   Monastère Santo Domingo, 861
   Musée de la cathédrale, 857
   Palacio de Gelmirez, 859
   Plaza del Obradoiro, 854
   Portique de la Gloire, 856
   Puerta de las Platerías, 860
   Université, 862
Saint-Sébastien, 863
Sainte Thérèse d'Ávila, 186, 245
Saja, 332
Salamanque, 869
   Casa de las Muertes, 877
   Casa de los Conchas, 871
   Clerecía, 871
   Colegio de Anaya, 871
   Collège des Irlandais, 876
   Couvent de las Dueñas, 875
   Couvent de las Ursulas, 877
   Couvent de San Esteban, 875
   Église San Benito, 876
   Église San Julián, 876
   Église San Marcos, 877
   Église San Martín, 871

Église Sancti-Spiritus, 876
Église Santa María de los Caballeros, 877
Les Escuelas Menores, 874
Musée provincial, 874
Nouvelle cathédrale, 871
Palais de la Salina, 875
Palais de Monterrey, 876
Plaza Mayor, 870
Université, 873
Université pontificale, 871
Vieille cathédrale, 872
Salardú, 1084
Salas, 505
Salas de los Infantes, 904
Salazar (vallée du), 878
Saldaña, 369
Salinas, 252
Salinas de Añana, 1094
Salobreña, 449
Salou, 439
Salvaterra de Miño, 1037
Salvatierra, 879
Salvora (île de la), 825
Samos, 394
San Andrés, 781
San Andrés, 995
San Andrés del Arroyo, 390
San Andrés de Teixido, 1095
San Antonio de Padua (église de), 917
San Bartolomé de Tinajana, 514
San Baudelio (ermitage de), 317
San Bernardo de Valbuena (monastère de), 1073
San Carlos de Valle, 1043
San Ciprian (presqu'île de), 1096
San Claudio, 755
San Clemente, 846
San Estebán de Leces, 829
San Estebán de Ribas de Sil (monastère de), 745, 880
San Esteban de Saviñao, 710
San Felices de los Gallegos, 402
San Felíu de Codines, 516
San Felíu Saserra, 1083
San Fernando, 442
San Ignacio de Loyola (sanctuaire de), 881

San Ildefonso — La Granja, 883
San Jorge (sanctuaire de), 560
San Juan de Caaveiro (monastère de), 817
San Juan de la Peña (monastère de), 568
San Juan de Ortega, 331
San Juan del Puerto, 706
San Julian (monastère de), 394
San Just Desvern, 300
San Lorenzo (val de), 241
San Marcos, 395
San Marcos, 996
San Martín de Castañeda, 816
San Martín de la Plaza, 884
San Martín de Luiña, 457
San Martín de Mondoñedo, 1096
San Martín de Río, 466
San Martin de Trevejo, 429
San Martín de Valdeiglesias, 679
San Mateo, 513
San Mateo, 715
San Mateo de Gállego, 918
San Miguel de Breamo (église), 817
San Miguel de Escalada (monastère de), 601
San Miguel de las Victorias (monastère de), 841
San Miguel Excelsis (monastère), 885
San Millán de la Cogolla, 730, 885
San Nicolás de las Manchas, 780
San Ourente de Entis, 825
San Pedro de Alcantara (couvent de), 301
San Pedro de Alcántara, 452
San Pedro de Mérida, 705
San Pedro del Pinatar, 436
San Román de Candamo, 504
San Roque, 452
San Salvador, 884
San Salvador (monastère de), 603
San Sebastián de la Gomera, 503
San Vicente de la Barquera, 902

Sanabria (lac de), 816
Sanctuaire du Miracle, 969
Sangenjo, 827
Sangüesa, 886
Sanlúcar de Barrameda, 887
Sanlúcar la Mayor, 962
Sanpedor, 691
Sant Antoni de Portmany, 888
Sant Benet de Bages, 691
Sant Carles de la Rápita, 1029
Sant Carles de Peralta, 892
Sant Cugat del Vallès, 889
Sant Elm, 227
Sant Feliu de Guixols, 434
Sant Ferran, 890
Sant Francesc de Formentera, 889
Sant Hilari Sacalm, 712
Sant Jaume de Frontanya, 307
Sant Jeroni, 713
Sant Joan (ermitage de), 714
Sant Joan, 890
Sant Joan de les Abadesses, 835
Sant Joan les Fonts, 740
Sant Jordi, 348
Sant Josep, 888
Sant Lluís, 682
Sant Martí Sarroca, 1089
Sant Miquel (chapelle), 713
Sant Miquel, 890
Sant Miquel de Campmajor, 263
Sant Miquel del Fai, 517
Sant Pere Pescadorà, 433
Sant Pere de Rodes (monastère), 891
Sant Pol de Mar, 446
Sant Sadurni d'Anoia, 1089
Sant Salvador (castell de), 891
Sant Salvador (monastère de), 483
Sant Salvador (plage de), 438
Sant Salvador de Bianya, 740
Sant Sebastià (ermitage de), 434
Sant Sebastià dels Gorgs, 1089
Sant Sebastià de Montmajor, 516

Santa Ana (monastère de), 583
Santa Brígida, 513
Santa Cecilia (église de), 713
Santa Colona de Queralt, 564
Santa Cruz de la Seros, 567
Santa Cruz de la Sierra, 1033
Santa Cruz de Mudela, 1044
Santa Cruz de Tenerife, 992
Santa Elena, 575
Santa Eugènia de Berga, 1082
Santa Eulalia del Campo, 1004
Santa Eulália del Rio, 891
Santa Faz, 200
Santa Fe, 543
Santa Lucía, 514
Santa Margarida de Montbui, 564
Santa Margarida (ermitage de), 740
Santa María (monastère), 827
Santa María de Carrizo (monastère de), 241
Santa María de Conjo (monastère de), 862
Santa María de Huerta (Monastère de), 698, 892
Santa María de Lebeña (église), 799
Santa María de Tera, 306
Santa María del Camí, 565
Santa María la Real (monastère de), 183
Santa María la Real de Nieva (monastère de), 404
Santa María la Real del Sar (église de), 862
Santa María de Rezonzo (monastère), 395
Santa Pau, 740
Santa Pola, 431
Santa Tecla (Monte), 894
Santa Ursula, 995
Santander, 895
Santanies de Pravia, 504
Santanyí, 483
Santes Creus (monastère de), 899
Santiago del Teide, 996
Santillana del Mar, 900
Santiponce, 958
Santo Domingo de la Calzada, 902

Santo Domingo de Silos (monastère de), 904
Santo Tomás de las Ollas, 810
Santo Toribio de Liébana (monastère de), 799
Santoña, 905
Santurce, 455
Saragosse, 905
Sargadelos, 1096
Sarria, 394
Sarrión, 1004
Sasamón, 331
Sauca, 965
Sax, 472
Scala Dei (chartreuse de), 822
Segobriga, 368
Segorbe, 374
Ségovie, 918
    Alcázar, 923
    Aqueduc romain, 919
    Cathédrale, 922
    Couvent de San Antonio el Real, 926
    Couvent de San Juan de La Cruz, 925
    Couvent de Santa Cruz, 925
    Église de la Vera Cruz, 925
    Église San Clemente, 926
    Église San Esteban, 924
    Église San Juan de los Caballeros, 924
    Église San Justo, 926
    Église San Lorenzo, 925
    Église San Martín, 922
    Église San Millán, 926
    Monastère del Parral, 925
    Musée provincial des Beaux-Arts, 924
    Sanctuaire de la Fuencisla, 926
Segura de la Sierra, 1040
Segura de León, 583
Selaya, 1076
Selva, 564
Sénèque, 223, 413
Sepúlveda, 927
Serra, 297
Serradilla, 804
Serrania de Ronda, 842
Setenil, 841
Séville, 929
    Acueducto de Carmona, 947
    Alameda de Hércules, 949
    Alcázar, 941
    Asilo de los Venerables Sacerdotes, 945

Audiencia, 948
Ayuntamiento, 948
Barrio de Santa Cruz, 944
Bibliothèque Colombine, 934
Calle Betis, 951
— de la Cuna, 947
— de las Sierpes, 948
Capilla del Patrocinio, 951
Cartuja (Ile de la), 957
Casa Lonja, 939
— de Pilatos, 946
Cathédrale, 933
Chartreuse, 958
Cour des Orangers, 934
Couvent de la Encarnación, 939
— de la Madre de Dios, 945
— de la Merced Calzada, 953
— San Clemente, 950
— Santa Clara, 950
— Santa Isabel, 949
— Santa María de Jesus, 945
— Santa Paula, 949
Cruz del Campo, 947
Eglise de la Macarena, 949
— de la Madgdalena, 948
— Omnium Sanctorum, 950
— del Salvador, 947
— San Andrés, 950
— San Bartolomé, 945
— San Benito, 947
— San Buenaventura, 948
— San Esteban, 947
— San Gil, 949
— San Ildefonso, 946
— San Isidro, 947
— San Jacinto, 951
— San José, 948
— San Juan de la Palma, 950
— San Lorenzo, 950
— San Luis, 949
— San Marcos, 949
— San Martín, 950
— San Nicolás, 945
— San Román, 949
— Santa Ana, 951
— Santa Catalina, 947
— Santa Maria la Blanca, 945
— Santa Marina, 949
Expo'92, 957
Giralda, 934

Hospital de las Cinco Llagas, 949
— de la Caridad, 939
— de la Misericordía, 950
Institut d'Etudes Hispano-Cubaines, 951
Jardins de l'Alcázar, 78
Maestranza, 939, 941
Maison de don Miguel de Manara, 945
— de Murillo, 945
Manufacture de tabacs (Ancienne), 951
Musée archéologique provincial, 952
— d'Art contemporain, 939
— des Arts et Coutumes populaires, 953
— des Beaux-Arts, 953
Palacio de las Dueñas, 949
— de San Telmo, 951
Palais archiépiscopal, 938
— de la Comtesse de Lebrija, 947
Parc María Luisa, 951
Paseo Cristóbal Colón, 940
— de las Delicias, 953
Patio de las Banderas, 941, 944
— de los Naranjos, 934
Plaza de España, 952
— del Salvador, 948
— de Santa Cruz, 945
— de Toros, 941
— del Triunfo, 944
— Virgen de los Reyes, 933
Pont d'Isabelle II, 950
Prison de Cervantes, 948
Puerta de Jerez, 951
— de la Macarena, 948
Quartier d'El Arena, 941
— du centre, 947
— de la Macarena, 948
— de Los Remedios, 951
— de Triana, 950
Théâtre de la Maestranza, 941
Torre del Oro, 940
Triana, 950
Université (Ancienne), 947
Sierra de Guadarrama, 378
Sierra de Moscoso, 308
Sierra del Cadi, 307
Sierra Morena, 220
Sierra Nevada, 221, 542

Sierra Pobre, 677
Sigüenza, 963
Síl (gorges du), 881
Silió, 899
Simancas, 1073
Sineu, 727
Siresa, 568
Sitges, 965
Soaso (cirque de), 789
Sobrado, 395
Sograndio, 755
Solares, 898
Sóller, 966
Solsona, 968
Somiedo (réserve nationale), 808
Somorrostro, 455
Somport (route du), 568
Son Fortesa, 263
Son Servera, 239
Sonseca, 1024
Sorbas, 213
Soria, 969
Sort, 184
Sos del Rey Católico, 974
Soto de Luiña, 457
Soto de Sajambre, 798
Soto de Trevias, 614
Sotosalbos, 926
Sueca, 445
Sumbilla, 309

T

Tabernas, 213
Tablas de Daimiel (parc national de las), 399
Tacoronte, 994
Tafalla, 976
Tafira Alta, 513
Tage, 237
Talamanca de Jarama, 677
Talatí de Dalt, 682
Talavera de la Reina, 978
Támara, 760
Tapia de Casariego, 1076
Tapiès (Antoni), 299
Tarajalejo, 488
Taramundi, 1076
Tarazona, 980
Tarifa, 439
Tarragone, 982
Tàrrega, 988
Taüll, 315
Tauste, 470
Tavertet, 1082
Tazacorte, 780

Tazones, 1090
Teba, 689
Teguise, 591
Teide (Pico del), 998
Tejeda, 512
Telde, 513
Temblenque, 845
Temisas, 514
Tenerife (île de), 989
Teror, 512
Terrassa, 998
Teruel, 1000
Tiermas, 974
Tiermes, 318
Tina (monastère de), 603
Tinajo, 591
Tinor, 554
Tirgo, 553
Tirrigiani (Pietro), 955
Tivissa, 439
Toja (île de la), 824
Tolède, 1005
    Alcázar, 1021
    Arco de la Sangre, 1019
    Basilique Santa Leocadia, 1019
    Casa del Greco, 1016
    Cathédrale, 1006
    Église del Cristo de la Vega, 1019
    Église del Santo Cristo de la Luz, 1014
    Église San Juan Bautista, 1014
    Église San Juan de los Reyes, 1015
    Église San Pedro Mártir, 1014
    Église San Román, 1014
    Église San Salvador, 1018
    Église Santiago del Arrabal, 1013
    Église Santo Tomé, 1017
    El Tránsito, 1016
    Hôpital de San Juan Bautista, 1022
    Musée d'Art contemporain, 1018
    Musée de Santa Cruz, 1019
    Plaza de Zocodover, 1013
    Pont d'Alcántara, 1022
    Pont de San Martín, 1019
    Puerta de Bisagra, 1013
    Puerta del Cambrón, 1018
    Puerta del Sol, 1013
    Roca Tarpeya, 1016
    Santa María la Blanca, 1016
    Torreón de Alarçón, 1013

Tolosa, 869
Tomelloso, 846
Tordesillas, 1025
Torija, 546
Torla, 843
Toro, 1026
Torralba de Calatrava, 399
Torralba d'En Salort, 184
Torre d'En Gaumés, 184
Torre de Canyamel, 239
Torre dels Escipions, 438
Torrebesses, 607
Torrecilla de los Cameros, 610
Torredembarra, 438
Torrejoncillo, 429
Torrelaguna, 677
Torrelavega, 899
Torrelobatón, 695
Torremayor, 704
Torremolinos, 451
Torremormojón, 761
Torreperogil, 1040
Torres del Oeste, 824
Torres del Rio, 393
Torrevieja, 431
Torrijos, 1025
Torroella de Montgrí, 433
Torrox Costa, 450
Tortosa, 1027
Tossa de Mar, 435
Totana, 613
Toya, 1040
Trafalgar (cap), 441
Tragacete, 463
Traiguera, 374
Trajan, 223
Tremp, 1029
Tres Mares (pico de), 821
Trespuentes, 1094
Trevélez, 214
Triacastela, 394
Trigueros, 707
Trigueros del Valle, 1072
Trillo, 396
Trujillo, 1030
Tudela, 1033
Tudela de Duero, 1073
Tuineja, 488
Tulebras, 1036
Turégano, 826
Túy, 1036

Ucero, 317
Uclés, 368
Ugíjar, 215
Ujué, 1041
Ullastret, 434
Uncastillo, 974
Urueña, 695
Uscarrés, 878
Utebo, 917
Utiel, 1060
Utrera, 1041
Uztárroz, 837

Vadés (Palacio), 217
Valbona de les Morges, 806
Valcarlos, 392
Valdeargorfa, 192
Valdecabras, 463
Valdedios, 1090
Valdepeñas, 1043
Valderrobres, 192
Valdés Leal (Juan de), 945, 957
Valence, 1044
  Cathédrale, 1050
  Collège du Patriarche, 1056
  Église San Juan del Hospital, 1057
  Église San Martín, 1052
  Église Santo Domingo, 1053
  Lonja de la Seda, 1052
  Mercado Central, 1052
  Musée Benlliure, 1058
  Musée de la cathédrale, 1051
  Musée de préhistoire, 1058
  Musée des Beaux-Arts San Pio V, 1053
  Musée historique municipal, 1052
  Musée national de la Céramique «González Martí», 1055
  Palais de la Generalidad, 1051
  Plaza del País Valenciano, 1052
  Puerta de Quart, 1058
  Puerta de Serranos, 1057
  Tour du Miguelete, 1050
Valencia de Alcántara, 256
Valencia de Don Juan, 602

Valeria de Arriba, 463
Valerón (monastère de), 515
Vall, 823
Valladolid, 1060
  Capitanía General, 1064
  Casa de Cervantes, 1072
  Casa de Colón, 1072
  Casa del Sol, 1067
  Cathédrale, 1071
  Collège San Gregorio, 1064
  Collège Santa Cruz, 1072
  Couvent de las Francesas, 1069
  Diputación Provincial, 1064
  Église de El Salvador, 1070
  Église de la Magdalena, 1072
  Église Nuestra Señora de las Angustias, 1068
  Église San Benito, 1068
  Église San Felipe Neri, 1070
  Église San Miguel y San Julián, 1068
  Église San Pablo, 1061
  Église Santa María la Antigua, 1071
  Église Santiago, 1069
  Musée archéologique municipal, 1068
  Musée d'Art oriental, 1069
  Musée de Peinture, 1070
  Musée diocésain, 1071
  Musée national de Sculpture, 1064
  Palais de l'archevêché, 1068
  Plaza Mayor, 1069
  Université, 1072
Valldemossa, 1074
Valle de Arazas, 789
Valle de los Caídos, 675
Vallée de Ansó, 568
Vallée de l'Aragón, 567
Vallée de l'Iregua, 610
Vallée de Pineta, 844
Valmaseda, 1075
Valvanera (Monastère de), 729
Valverde, 554
Valverde, 185
Valverde de la Vera, 803
Vega de Río Palma, 488
Vega del Pas, 1075
Vegadeo, 1076
Vejer de la Frontera, 440

U

Úbeda, 1038
Úbrique, 843
Úcanca, 998

V

Velázquez, 298, 657
Vélez Rubio, 303
Velez-Málaga, 450
Velilla del río Carrión, 391
Venta de Cárdenas, 1044
Venta de Don Quichotte, 847
Vera, 213
Verdú, 988
Vergara, 1076
Verín, 1077
Veruela (monastère de), 981
Viana, 1078
Viano do Bolo, 746
Vicedo, 1095
Vic, 1079
Vidiago, 603
Vielha, 1083
Vigo, 1084
Vilabertran, 485
Vilafranca del Penedes, 1088
Vilanova d'Escornalbou, 822
Vilanova i la Geltrú, 1088
Vilar de Donas, 394
Vilassar de Mar, 447
Villa del Prado, 679
Villabona, 1090
Villacarillo, 1040
Villacarriedo, 1076
Villacastin, 927
Villaescusa de Haro, 306
Villaflor, 997
Villafranca de los Barros, 207
Villafranca del Bierzo, 811
Villafranca del Cid, 715
Villagarcia de Arosa, 824
Villagarcía de Campos, 695
Villajoyosa, 431
Villalar de los Comuneros, 1026
Villalba, 616
Villalba del Alcor, 782

Villalcampo, 1105
Villalcázar de Sirga, 369
Villallana, 807
Villalón de Campos, 695
Villalonso, 1027
Villalpando, 306
Villamanrique de la Condesa, 962
Villamartin, 580
Villanueva, 357
Villanueva, 884
Villanueva de Cameros, 610
Villanueva de Gállego, 918
Villanueva de la Serena, 705
Villanueva de la Vera, 803
Villanueva de los Infantes, 1043
Villanueva del Arrobispo, 1040
Villanueva del Río y Minas, 960
Villar del Cobo, 189
Villareal de los Infantes, 445
Villarluengo, 397
Villarrobledo, 846
Villarroya de los Pinares, 397
Villaroya de la Sierra, 397
Villarubia de los Ojos, 845
Villatoya, 187, 1060
Villaverde de Sandoval, 601
Villaviciosa, 1089
Villena, 472
Vinaroz, 444
Viniegra de Abajo, 730
Vinuesa, 973
Virgen del Camino (sanctuaire de), 393
Virgen de la Montana (sanctuaire de), 339
Viscarret, 392
Viso del Marqués, 1044
Vitoria, 1090

Vivero, 1094
Viznar, 542

Xert, 715
Xove, 1096

Yaiza, 591
Yecla, 583
Yegen, 214
Yémeda, 185
Yepes, 737
Yermo, 899
Yuste (monastère de), 1097

Zafra, 1098
Zahara, 843
Zahara de los Atunes, 440
Zalamea de la Serena, 705
Zalduendo, 880
Zamora, 1099
Zarauz, 454
Zarza de Granadilla, 802
Zorita de los Canes, 790
Zuera, 918
Zufre, 230
Zumaya, 1105
Zurbarán (Francisco de), 294, 298, 344, 422, 427, 454, 956

GUIDES BLEUS

PAYS

- Algérie
- Allemagne, Régions de l'Ouest
- Antilles Guyane, Mer des Caraïbes
- Autriche
- Belgique, Luxembourg
- Canada
- CEI
- Chine
- Egypte
- Espagne
- Etats-Unis Est et Sud
- Etats-Unis Centre et Ouest
- Finlande
- France
- Grande-Bretagne
- Grèce
- Hollande
- Inde du Nord, Bhoutan
- Inde du Sud
- Irlande
- Israël
- Italie Nord et Centre
- Italie du Sud, Sicile, Sardaigne
- Japon
- Jordanie
- Maroc
- Mexique, Guatemala
- Norvège
- Pérou, La Paz
- Portugal, Madère, Açores
- Suisse
- Tunisie
- Turquie
- Yougoslavie

VILLES

- Amsterdam
- Barcelone
- Berlin
- Bruxelles
- Francfort
- Istambul
- Lisbonne
- Londres
- Madrid
- Moscou
- Munich
- New York
- Rome
- St-Péterbourg
- Séville
- Venise
- Vienne

FRANCE

- Alsace
- Aquitaine
- Auvergne, Velay
- Bourgogne
- Bretagne
- Centre, châteaux de la Loire
- Corse
- Ile-de-France
- Languedoc-Roussillon
- Midi-Pyrénées
- Nord-Pas de Calais
- Normandie
- Paris
- Pays de la Loire
- Picardie
- Poitou-Charentes
- Provence-Alpes-Côte-d'Azur
- Rhône-Alpes

HACHETTE

Le guide du ROUTARD

Dans le monde

Afrique Noire
Allemagne
Amsterdam
Antilles
Atlas du Routard
Autriche
Bibliothèque du Routard
Brésil
Canada
Chili - Argentine
Egypte - Jordanie -Yémen
Espagne du nord
et du centre
Espagne : Andalousie
Etats-Unis Côte Est et Sud
Etats-Unis Côte Ouest
et Rocheuses
Finlande - Islande
Grande-Bretagne
Grèce
Inde - Népal - Ceylan
Indonésie
Irlande

Israël
Italie du Nord
Italie du Sud - Sicile
Laos - Cambodge
Londres
Malaisie - Singapour
Manuel du Routard
Maroc
Mexique - Guatemala
New York
Norvège - Suède -
Danemark
Pays de l'Est
Pérou - Bolivie - Equateur
Portugal
Prague
Syrie - Jordanie
Thaïlande
Tunisie
Turquie
Venise
Vietnam

La liberté pour seul guide

Tout ce qui intéresse les parents va désormais amuser les enfants.

Titres parus :

Alsace • Aquitaine • Bretagne • Le Centre Pompidou • Châteaux en Ile-de-France • Les Châteaux de la Loire • Londres • Le Louvre • Le musée d'Orsay • Paris • Paris des sciences • Provence • La Révolution • Rome •

LES PETITS BLEUS :
LES PETITS GUIDES BLEUS DES GRANDES VACANCES.
Hachette Littérature Générale